图书在版编目（CIP）数据

资治通鉴 /（宋）司马光著；高东海编译. --西安：三秦出版社，2017.9（2018.3重印）

（中华经典国学口袋书 / 徐喜平主编）

ISBN 978-7-5518-1567-3

Ⅰ. ①资… Ⅱ. ①司… ②高… Ⅲ. ①中国历史－古代史－编年体 ②《资治通鉴》－译文 Ⅳ. ①K204. 3

中国版本图书馆CIP数据核字（2017）第194229号

出 品 人　支旭仲
项目策划　匡俊英　白忠平
责　　编　赵　炜
封面设计　陈　非
版式设计　高东海
内文排版　白英华

出版发行　陕西新华出版传媒集团　三秦出版社
地　　址　西安市北大街147号
电　　话　（029）87205121
网　　址　http: / / www.sqcbs.cn

规　　格　720mm × 910mm　1/32
　　　　　印张8　彩插8　字数136千字
印　　刷　西安新华印务有限公司（独家承印）
版　　次　2017年9月第1版　　2018年3月第2次印刷
标准书号　ISBN 978-7-5518-1567-3
定　　价　18.00元

出版说明

中华文明源远流长，上下五千年，圣贤相继，英才辈出，他们殚精竭虑、呕心沥血，为后人留下了一部部经典作品。这些“经典”如同金砖玉瓦，构建成了一座金碧辉煌的殿堂，我们称之为“国学”。其内容宏富，博大精深，可谓是中华思想文明的浓缩，中国传统文化的精髓，是先贤遗留下的宝贵精神财富，值得好好传承和大力弘扬。越来越多的人们认识到其价值，读国学、诵经典的热潮正在蓬勃兴起，既有数字阅读的风生水起，更有坚守或者回归传统纸质阅读的蔚然成风。

读纸质书，无疑有着其他阅读方式所无法比拟的独特体验，一册在手，可以边读边做批注、写札记、勾画重点，也可以掩卷深思，细细品读。这种探究式阅读方式，有利于人们学习知识、启迪智慧、提升修养、提高境界，也有利于培养孩子们安静学习、锤炼思想、闻着书香做学问的良好习惯。

为了倡导全民阅读，特别是推进纸质阅读，营造爱书、品书氛围，同时考虑到当下人们的生活日趋丰富多彩且节奏加快，闲暇时间越来越碎片化，读书时间相对减少，我们从浩如烟海的国学经典中精心遴选了80部，并对书的内容作了适度精简，编辑出版了“中华经典国学口袋书”系列丛书，希望吸引更多的人回归传统阅读，重视国学经典。“口袋书”，顾名思义就是可以放在口袋里的书籍，其目的就是为读者奉献易于携带、便于翻阅、开卷有益的精神食粮。使他们于居家出行、茶余饭后，随时信手展读，含英咀华，增知怡情。

本丛书涵盖了经史子集、诗词曲赋、笔记信札、经典名句赏析，可谓贯通古今、包罗万象，能够最大限度满足各层面读者的阅读需求。书中既有对照古籍原文的“白话文”，又有介绍典故出处、时代背景、人物事迹等辅助阅读的“注释”，还配以帮助读者理解和提高的“赏析”。使对国学造诣程度各异的读者都可以做到读通、读懂，真正做到了老少皆宜、雅俗共赏。

这套书不仅在内容上编排严谨、注解精当；在外观上也充分彰显书籍之美，版式新颖，设计考究、印装精美，必定会成为您工作生活中的良师益友，带给您全新的阅读感受。

前 言

《资治通鉴》以历代治乱兴衰为线索，在记录历史的同时，阐述君主与人臣的品德善恶、军国大事与政策得失，总结王朝更替的原因和教训，以期使统治者取得鉴戒。该书完全用年、月、日的时间顺序纪事，结构严密，条理清晰，堪称我国古代最完善的一部编年体通史。

《资治通鉴》记载了上起周威烈王二十三年（前 403 年），下迄五代后周显德六年（959 年）间 1362 年的历史。所记内容以政治、军事和民族关系为主，兼及社会经济、思想文化和重要的历史人物。全书文字简明扼要，生动流畅，具有相当高的文学价值，历来与《史记》并列为中国史家之绝笔。

《资治通鉴》通过翔实的历史记载，向当时的统治者说明了历史的经验对于政治统治的重要性，在这一点上《资治通鉴》所提供的历史教训，是以往任何一部史书都不能相比的。另外从历史观点上，《资治通鉴》认为国家的兴衰在很大程度上取决于统治者们的修养。提倡君主应遵于礼，讲究仁义，在用人方面要量才而用，赏罚分明，还要能听取臣民的谏言，这一点对于后来的历代统治阶级都有一定的约束作用，直到今天也不失其意义。

《资治通鉴》内容繁多，由于篇幅受限，我们仅选取其中的重点篇章，使读者可以窥一斑而见全豹。

目 录

商鞅变法

[周显王七年]（前362年）

秦献公薨，子孝公立。孝公生二十一年矣。是时河、山以东强国六，淮、泗之间小国十余，楚、魏与秦接界。魏筑长城，自郑滨洛以北有上郡；楚自汉中，南有巴、黔中：皆以夷翟遇秦，摈斥之，不得与中国之会盟。于是孝公发愤，布德修政，欲以强秦。

大良造鞅镦　战国后期，通高5.7厘米，宽2.4厘米，重0.08千克，现收藏于北京故宫博物院。

【译文】

周显王七年（前362年）

秦献公去世，儿子秦孝公即位。孝公当时已二十一岁了。这时，黄河、崤山以东，有六个强国，淮河、泗水之间有十余个小国，楚国、魏国与秦国接界，魏国自郑县沿洛河向北直到上郡，修筑了长城。楚国拥有自汉中，南到巴城、黔中地区。他们都把秦国当作落后的夷狄部族看待，摈斥秦国，使它不能参加中原各国的会盟活动。于是，秦孝公发奋图强，广布恩德，整顿内政，决心使秦国迅速强盛起来。

八年，孝公下令国中曰："昔我穆公，自岐、雍之间修德行武，东平晋乱，以河为界，西霸戎翟，广地千里，天子致伯，诸侯毕贺，为后世开业，甚光美。会往者厉、躁、简公、出子之不宁，国家内忧，未遑外事。三晋攻夺我先君河西地，丑莫大焉。献公即位，镇抚边境，徙治栎阳，且欲东伐，复穆公之故地，修穆公之政令。寡人思念先君之意，常痛于心。宾客群臣有能出奇计强秦者，吾且尊官，与之分土。"于是卫公孙鞅闻是令下，乃西入秦。公孙鞅者，卫之庶孙也，好刑名之学。事魏相公叔痤，痤知其贤，未及进。会病，魏惠王往问之曰："公叔病如有不可讳，将奈社稷何？"公叔曰："痤之中庶子卫鞅，年虽少，有奇才，愿君举国而听之！"王嘿然。公叔曰："君即不听用鞅，必杀之，无令出境！"王许诺而去。公叔召鞅谢曰："吾先君而后臣，故先为君谋，后以告子。子必速行矣！"鞅曰："君不能用子之言任臣，又安能用子之言杀臣乎？"卒不去。王出，谓左右曰："公叔病甚，悲乎！欲令寡人以国听卫鞅也！既又劝寡人杀之，岂不悖哉！"卫鞅既至秦，因嬖臣景监以求见孝公，说以富国强兵之术。公大悦，与议国事。

【译文】

八年，秦孝公在国内发布命令说："从前，我们的国君穆公，在岐山、雍水之间励精图治，布德讲武，东面平定了晋国之患，以黄河为两国国界，向西称霸夷狄，拓地千里，天子委以主管西方之重任，各诸侯国都来祝贺，他为后世开辟了基业，极为光荣伟大。可是，后来经历了厉公、躁公、简公、出子，国无宁日，内忧连绵，无暇顾及外事。于是，三晋攻占了我们祖先的黄河西岸领土，这是莫大的耻辱。献公即位后，镇抚边境，迁都栎阳，并立志东征，收复穆公时的全部国土，恢复穆公时的政令传统。我每思念父亲壮志未遂，与世长辞，常常痛彻心脾。宾客和群臣中，如有人能出奇计，使秦国强大，我将恭恭敬敬地请他做高官，并划分国土，封以爵位。”卫国的公孙鞅听说发布了这个命令，就西入秦国。公孙鞅，是卫国国君的庶孙，喜好法家、名家的学说，对法律深有研究。在魏国宰相公叔痤手下做事，公叔痤深知他有才干，还未来得及推荐重用。正值公叔痤病重，魏惠王前往探视，问道：“公叔先生，您的病体如有三长两短，国家大事怎么办呢！”公叔痤说：“我的中庶子卫鞅，年纪虽轻，却有奇才。希望您把整个国家都交给他治理。”魏惠王沉默不语。公叔痤说：“君上既然不接受建议重用卫鞅，那就一定要把他杀死，不能让他出境！”魏惠王答应后离去。公叔痤召来卫鞅，向他道歉说：“我把国君放在前面，把臣子摆在后面，所以先为国君出谋划策，然后再告知你。你必须赶快离开这儿。”卫鞅说：“国君既不能听您的话重用我，又怎会听您的话杀我呢！”并没有离去。魏惠王出来后，对左右说：“公叔宰相病入膏肓，太可悲了！先想让我把国家大事交给卫鞅，然后又劝我杀他。岂不荒谬！”卫鞅到了秦国，通过宠臣景监求见秦孝公，以富国强兵之术说动他。秦孝公大喜，与他共商国家大事。

十年。卫鞅欲变法，秦人不悦。卫鞅言于秦孝公曰："夫民不可与虑始，而可与乐成。论至德者不和于俗，成大功者不谋于众。是以圣人苟可以强国，不法其故。"甘龙曰："不然。缘法而治者，吏习而民安之。"卫鞅曰："常人安于故俗，学者溺于所闻，以此两者，居官守法可也，非所与论于法之外也。智者作法，愚者制焉；贤者更礼，不肖者拘焉。"公曰："善。"以卫鞅为左庶长。卒定变法之令。令民为什伍而相收司、连坐，告奸者与斩敌首同赏，不告奸者与降敌同罚。有军功者，各以率受上爵。为私斗者，各以轻重被刑大小，僇力本业，耕织致粟帛多者，复其身。事末利及怠而贫者，举以为收孥。宗室非有军功论，不得为属籍。明尊卑爵秩等级，各以差次。名田宅、臣妾、衣服。有功者显荣，无功者虽富无所芬华。

令既具，未布，恐民之不信，乃立三丈之木于国都市南门，募民有能徙置北门者予十金。民怪之，莫敢徙。复曰："能徙者予五十金！”有一人徙之，辄予五十金。乃下令。令行期年，秦民之国都言新令之不便者以千数。于是太子犯法。卫鞅曰：“法之不行，自上犯之。”太子，君嗣也，不可施刑。刑其傅公子虔，黥其师公孙贾。明日，秦人皆趋令。行之十年，秦国道不拾遗，山无盗贼，民勇于公战，怯于私斗，乡邑大治。秦民初言令不便者，有来言令便。卫鞅曰：“此皆乱法之民也！”尽迁之于边。其后民莫敢议令。

【译文】

十年。卫鞅志在变法革新，秦国有些人很不高兴。卫鞅对秦孝公说：“普通人不能参与事业创始的谋划，而可以共同欢庆事业的成功。讲求高尚道德的人总是与世俗偏见格格不入，建立大功业的人不必与芸芸众生谋划机密大事。所以，圣贤之人只要能强国，并不恪守传统旧规。”甘龙说：“不对！按旧章法办事，官吏熟悉、习惯，而百姓也安然处之。”卫鞅说：“普通人习惯于陈规旧俗，学者们局限于所闻所见的狭小天地。这两种人，做官奉守成法是可以的，但不能与他们谈论成法以外的事情。智慧者创制法规，愚笨者因循旧制；贤明者变更礼法，无能者死守不变。”秦孝公赞道：“说得好！”任命卫鞅为左庶长。终于制定了变法条令。命令百姓以什伍之数组织起来，互相监督纠发，一家有罪，九家连坐。告发犯罪者，与在战场上斩杀敌人首级同样奖赏；知奸不报者，与在战场上降敌同样受罚。建立军功者，受上赏；私自殴斗者，视情节轻重处以不等的刑罚。致力于农业这个本业、勤于耕织使粮丰帛多的人，免除他们自身的赋税；从事工商等末业以及因懒惰而贫穷的人，一旦被纠举出来，就收录其家，将其妻子降为奴婢。王室宗亲，未有战功可论的一律不得入宗属之籍。地位尊卑、爵秩等级，都有明确规定，各有差别和秩序。田土宅第、奴婢姬妾、衣服式样，都有名分差别。有功于国的人，使其处处荣耀；无功于国的人虽富有，也不被人敬重，脸上无光。

变法令已拟订，尚未公布，唯恐人民不能相信。于是，在国都栎阳集市南门树立三丈高的木杆，招募能移置到北门的人，给予十金。百姓对这么高的赏额觉得奇怪，不敢移动。就又增加赏额说：“能移者，给五十金。”有一个人按要求移置了木杆，就真的给予五十金的奖赏。然后，下达了变法令。变法令实行了一年，秦国有上千人到国都诉说新法不好。此时，太子触犯了新法。卫鞅说：“新法之所以不能畅行无阻，在于上层特权人物阻挠、违犯！”太子是王储，不能动刑。于是，就将太子的傅公子虔处以劓刑，将太子师公孙贾处以黥刑。第二天，秦国人就全都谨慎地遵守变法令了。变法实行了十年，秦国路不拾遗，山上无盗贼，百姓勇于为国战斗，怯于私自斗殴。村镇城乡得到了很好的治理。当初说变法令坏话的秦国老百姓中，又有人来说变法令的好话。卫鞅说：“这些都是乱法之民！”全都流放到边陲。从此以后，民众再也不敢议论变法令了。

昭侯任贤

[周显王十八年]（前351年）

韩昭侯以申不害为相。申不害者，郑之贱臣也，学黄、老、刑名，以干昭侯。昭侯用为相，内修政教，外应诸侯。十五年，终申子之身，国治兵强。申子尝请仕其从兄，昭侯不许，申子有怨色。昭侯曰："所为学于子者，欲以治国也。今将听子之谒而废子之术乎，已其行子之术而废子之请乎？子尝教寡人修功劳，视次第；今有所私求，我将奚听乎？"申子乃辟舍请罪曰："君真其人也。"昭侯有弊袴，命藏之。侍者曰："君亦不仁者矣。不赐左右而藏之！"昭侯曰："吾闻明主爱一嚬一笑，嚬有为嚬，笑有为笑。今袴岂特嚬笑哉！吾必待有功者。"

【译文】

周显王十八年（前351年）

韩昭侯任用申不害为相。申不害原是郑国职位卑贱的小臣。他学习黄帝、老子的著作，研究法家刑名之学，以求韩昭侯的任用。韩昭侯用他为相国，对内修整政教，对外巧妙地应付各诸侯国。十五年间，申不害在世任职期间，韩国大治，军队强盛。申不害曾为他的堂兄求官，韩昭侯没答应，申不害面有不满之神色。韩昭侯说：“之所以向您学习，是为了把国家治理好。现在是听从您的请托而废弃您的学说呢？还是实行您的学说而拒绝您的请托呢？先生您曾经教导我修整以功劳入仕的道路，重视以次第叙用的原则，而今您却有所私求，那我将听您哪种意见呢？”申不害乃退避到殿堂的一侧，请罪说：“您真是我盼望的明君呀！”韩昭侯有条旧裤子，吩咐下人收藏保管。侍奉他的人说：“主上也是不仁慈的人啊！不把它赏赐给左右下人而收藏起来！”韩昭侯说：“我听说贤明的君主珍重每一次担忧和每一次欢笑。担忧有担忧的原因，欢笑有欢笑的理由。现在这条裤子岂不是如同愁眉和欢笑一样，也要特别珍重吗！我必须等待有功的人，值得赏赐才赏赐。”

合 纵 六 国

[周显王三十六年]（前333年）

初，洛阳人苏秦说秦王以兼天下之术，秦王不用其言。苏秦乃去，说燕文公曰：“燕之所以不犯寇被甲兵者，以赵之为蔽其南也。且秦之攻燕也，战于千里之外；赵之攻燕也，战于百里之内。夫不忧百里之患而重千里之外，计无过于此者。愿大王与赵从亲，天下为一，则燕国必无患矣。”

【译文】

周显王三十六年（前333年）

当初，洛阳人苏秦以兼并天下的谋略游说秦王，秦王不采纳他的话，苏秦于是离开秦国，前往游说燕文公，说：“燕国所以不被侵犯不受军兵骚扰的原因，是由于有赵国在南方作为屏蔽啊。如果秦国要攻伐燕国，是从千里之外作战；而赵国要攻伐燕国，是在百里之内相战。燕国不忧虑百里之内的战祸而注重防备千里之外的攻伐，没有什

么比这个错误更严重了，我希望大王与赵国结成合纵相亲的盟国，而且以天下为一体，那么燕国一定会没有忧患了。”

文公从之，资苏秦车马，以说赵肃侯曰：“当今之时，山东之建国莫强于赵，秦之所害亦莫如赵。然而秦不敢举兵伐赵者，畏韩、魏之议其后也。秦之攻韩、魏也，无有名山大川之限，稍蚕食之，傅国都而止。韩、魏不能支秦，必入臣于秦；秦无韩、魏之规则祸中于赵矣。臣以天下地图案之，诸侯之地五倍于秦，料度诸侯之卒十倍于秦。六国为一，并力西乡而攻秦，秦必破矣。夫衡人者皆欲割诸侯之地以与秦，秦成则其身富荣，国被秦患而不与其忧，是以衡人日夜务以秦权恐愒诸侯，以求割地。故愿大王熟计之也！窃为大王计，莫如一韩、魏、齐、楚、燕、赵为从亲以畔秦，令天下之将相会于洹水之上，通质结盟，约曰：‘秦攻一国，五国各出锐师，或桡秦，或救之。有不如约者，五国共伐之！’诸侯从亲以摈秦，秦甲必不敢出于函谷以

害山东矣。”肃侯大说，厚待苏秦，尊宠赐赉之，以约于诸侯。

【译文】

燕文公听从了苏秦的言论，供给苏秦车辆马匹，苏秦前往游说赵肃侯，说：“当今，崤山以东的国家没有比赵国更强大的，秦国最害怕的国家也没有哪个比得上赵国。然而秦国不敢发兵攻伐赵国的原因，是畏惧韩、魏在后面谋算它。秦国攻伐韩、魏，没有名山大川的阻挡，可以逐渐侵占它们，直侵占至它们的国都而后停止。韩、魏抵抗不住秦国，一定向秦国称臣，秦国没有韩、魏在暗中谋算它，那么祸患就要降临到赵国。我把天下的地图加以考察，诸侯的土地比秦国多五倍，估计诸侯的兵卒比秦国多十倍，六国合纵为一，合力向西去攻打秦国，秦国必然会大败。那些主张连横的人都想要诸侯割让土地给秦国，秦国成功他们便身享富贵荣耀，国家受秦国侵犯而他们不为国家担忧。这些主张连横的人日夜都拿秦国来恐吓诸侯各国，以使得他们割让土地。所以我希望大王仔细谋划这个大事！我私下为大王谋划，不如使韩、魏、齐、楚、燕、赵各国一致合纵以叛离秦国，令诸侯各国将相在洹水滨会议，相誓结盟，共同缔约：‘假若秦国攻打其中一国，其他五国应各出精兵，有的去袭扰阻止秦军，有的前往受侵国救助。有不履行此盟约的，五国共同讨伐它！’诸侯合纵以抗拒秦国，秦国军队一定不敢开出函谷关来侵害山东各诸侯国。”赵肃侯听了后很高兴，优厚地款待苏秦，尊敬宠信并赏赐他，让他去诸侯各国游说合纵约盟。

于是苏秦说韩宣惠王曰：“韩地方九百余里，带甲数十万，天下之强弓、劲弩、利剑皆从韩出。韩卒超足而射，百发不暇止。以韩卒之勇，被坚甲，蹠劲弩，带利剑，一人当百，不足言也。大王事秦，秦必求宜阳、成皋；今兹效之，明年复求割地。与则无地以给之；不与则弃前功，受后祸。且大王之地有尽而秦求无已，以有尽之地逆无已之求，此所谓市怨结祸者也，不战而地已削矣。鄙谚曰：‘宁为鸡口，无为牛后。’夫以大王之贤，挟强韩之兵，而有牛后之名，臣窃为大王羞之！”韩王从其言。

【译文】

于是苏秦游说韩宣惠王，说：“韩国的国土有九百余里，披甲的兵士有几十万，天下的强弓、劲弩、利剑都由韩国造出。韩国的兵卒举脚踏弩发射矢镞，连续发射百次而不停止。以韩国兵卒的勇敢，披上坚甲，足踏劲弩，携带利剑，以一当百，不在话下。大王你奉事秦国，秦国一定会要求你割让宜阳、成皋。今天你献了这些地方，明年他又要求割让土地。这样下去，你要给他土地，都没有地方割让了；你不给割让土地，那么就前功尽弃，承受后祸。况且大王你的土地有限，而秦国的贪求却无止境，以有限量的土地面对无止境的要求，这就是所谓买来怨恨自结祸根的情况啊，不经过交战而土地已先丧失了。俗谚说：'宁可做鸡口，不要做牛后。'以大王你的贤明，加上拥有强悍的韩国兵众，却有做牛后的声名，我私下为大王你感到羞愧！"韩王于是听从了苏秦的话。

苏秦说魏王曰："大王之地方千里，地名虽小，然而田舍庐庑之数，曾无所刍牧。人民之众，车马之多，日夜行不绝，輷輷殷殷，若有三军之众。臣窃量大王之国不下楚。今窃闻大王之卒，武士二十万，苍头二十万，奋击二十万，厮徒十万；车六百乘，骑五千匹；乃听于群臣之说，而欲臣事秦！故敝邑赵王使臣效愚计，奉明约，在大王之诏诏之。"魏王听之。

【译文】

梁伯戈　春秋前期兵器，长17.5厘米，宽9.4厘米，重0.28千克。

苏秦游说魏王，说："大王你的地方有千里，地方虽小，然而国内田舍很多，竟至于没有长刍草放牧牲畜的空地。人民之众，车辆马匹之多，日夜往来不停，车马轰鸣，像三军的广盛。我私下估量大王你的国势不在楚国之下。现在我听到传闻说，大王你的士卒，武士有二十万，苍头军二十万，精悍勇士二十万，杂役徒众十万；兵车有六百辆，马骑五千匹；却偏听了臣下们的议论，想顺从秦国！所以敝国的赵王派遣我来进献浅陋的计谋，奉上切实可行的盟约，只等大王你下诏答复订约。"魏王听从了苏秦的话。

苏秦说齐王曰："齐四塞之国，地方二千余里，带甲数十万，粟如丘山。三军之良，五家之兵，进如锋矢，战如雷霆，解如风雨，即有军役，未尝倍泰山、绝清河、涉渤海者也。临淄之中七万户，臣窃度之，不下户三男子，不待发于远县，而临淄之卒固已二十一万矣。临淄甚富而实，其民无不斗鸡、走狗、六博、阘鞠。临淄之涂，车毂击，人肩摩，连衽成帷，挥汗成雨。夫韩、魏之所以重畏秦者，为与秦接境壤也。兵出而相当，不十日而战，胜存亡之机决矣。韩、魏战而胜秦，则兵半折，四境不守；战而不胜，则国已危亡随其后；是故韩、魏之所以重与秦战而轻为之臣也。今秦之攻齐则不然，倍韩、魏之地，过卫阳晋之道，经乎亢父之险，车不得方轨，骑不得比行，百人守险，千人不敢过也。秦虽欲深入则狼顾，恐韩、魏之议其后也，是故恫疑、虚喝、骄矜而不敢进，则秦之不能害齐亦明矣。夫不深料秦之无奈齐何，而欲西面而事之，是群臣之计过也。今无臣事秦之名而有强国之实，臣是故愿大王少留意计之！”齐王许之。

【译文】

苏秦游说齐王，说：“齐国是四境有天险屏障的国家，国土两千多里，披铠甲的士卒有几十万人，粮食堆积得像山丘一样。军队精良，五都的兵员众多，前进就像飞速锋利的矢镞，出战像雷霆的威势，收兵散解时像风雨那样快捷，即使有军役征调，不必背离泰山、渡过清河、跨过渤海去征调。在临淄境内有七万户人家，我私下计算，每户不少于三个男子，不必等待从远方县邑发兵，而临淄的士卒就已有二十一万了。临淄这地方十分富庶殷实，这里的人民没有不是以斗鸡、走狗、六博、踢球为游戏的。在临淄的道路上，行进的车辆，车轴头相接触，行人肩背相摩擦，衣襟连接起来可成帷幕，挥洒下的汗水可以成雨。韩、魏畏惧秦国的原因，是由于同秦国国境的土地相连接。出兵相对抗，相战不到十日，胜败存亡的大势便确定了。韩、魏如果战胜了秦国，那么兵员当会损失一半，国家四周的边境也就无力防守；如果韩、魏不能战胜秦国，那么随之而来的就是国家灭亡的危险。正因为这个缘故，韩、魏便难于对秦作战，而会轻易顺服秦国。现在秦国要进攻齐国就不是这样，它要背向韩、魏的地方，经过卫国阳晋的道路，途经亢父的险要地段，战车不能并排前进，战马不能并排而奔跑，只要有一百人扼守险要，哪怕有一千人也不敢通过啊。秦军虽然想深入齐国却后顾疑虑，恐怕韩、魏在后面谋算它，因此自己恐惧怀疑、虚张声势吓唬韩、魏，骄躁矜夸而不敢进兵，那么秦国不敢侵害齐

齐萦姬盘　春秋后期，通高15厘米，宽55.5厘米，重11.39千克。

国也就很显明了。不深入估量秦国对齐国无可奈何，而却打算向西顺服秦国，这是你的臣子们谋略错误啊。现在没有顺服秦国的名声而却有强国的现实，因此我希望大王你稍加留意估量这事！”齐王同意了苏秦的话。

乃西南说楚威王曰：“楚，天下之强国也，地方六千余里，带甲百万，车千乘，骑万匹，粟支十年，此霸王之资也。秦之所害莫如楚，楚强则秦弱，秦强则楚弱，其势不两立。故为大王计，莫如从亲以孤秦。臣请令山东之国，奉四时之献，以承大王之明诏；委社稷，奉宗庙，练士厉兵，在大王之所用之，故从亲则诸侯割地以事楚，衡合则楚割地以事秦，此两策者相去远矣，大王何居焉？”楚王亦许之。

【译文】

苏秦于是前往西南去游说楚威王，说：“楚国，是天下的强国，国土有六千多里，披甲的士卒有百万，战车千辆，战马万匹，贮积的粮食可供应十年，这是成为天下霸王的资本啊。秦国所嫉恨的国家没有哪个比得上楚国的，楚国强大那么秦国就衰弱，秦国强大那么楚国就衰弱，秦与楚势不两立。所以为大王你谋划，最好不过的是合纵结盟以孤立秦国，臣我要使崤山以东的国家，向你供奉春、夏、秋、冬四季的礼物，以应承大王你的命令；各国把社稷宗庙托付给你，训练士卒，整备武器，只等大王你调动征用，所以实行合纵结盟那么诸侯各国就割献土地来奉事楚国，实行连横那么楚国就要割献土地去奉事秦国，这两种策略相差真是太远了，大王你要采取哪种策略呢?”楚王也同意了苏秦所说的话。

于是苏秦为从约长，并相六国，北报赵，车骑辎重拟于王者。

【译文】

于是苏秦成为合纵的盟主，同时兼作六国的相，返回北方向赵王报告合纵盟约的成功。苏秦乘坐的车骑和随从供应物资的车辆同诸侯各国国王享用的相当。

胡服骑射

[周赧王八年] （前 307 年）

赵武灵王北略中山之地，至房子，遂至代，北至无穷，西至河，登黄华之上。与肥义谋胡服骑射以教百姓，曰：“愚者所笑，贤者察焉。虽驱世以笑我，胡地、中山，吾必有之！”遂胡服。

【译文】

周赧王八年（前 307 年）

赵国武灵王向北略取中山国的土地，到达房子，又到达代郡，再往北至塞外大漠无穷之处，西到黄河边，登上黄华山。他与肥义谋划推行“胡服骑射”的改革，来教化百姓，说道：“愚顽之辈要嘲笑，贤能之人会明察。虽然会使世人都讥笑我，但胡人之地和中山国，我必能夺到手！”于是，在国内推行穿胡服。

国人皆不欲，公子成称疾不朝。王使人请之曰：“家听于亲，国听于君。今寡人作教易服而公叔不服，吾恐天下议己也。

制国有常，利民为本；从政有经，令行为上。明德先论于贱，而从政先信于贵，故愿慕公叔之义以成胡服之功也。”公子成再拜稽首曰：“臣闻中国者，圣贤之所教也，礼乐之所用也，远方之所观赴也，蛮夷之所则效也。今王舍此而袭远方之服，变古之道，逆人之心，臣愿王孰图之也！”

【译文】

赵国人都不愿改穿胡服，武灵王的叔父公子成称病不上朝。武灵王派人去请求，说：“在家要听命于父母尊亲，国事要听命于君主。现在，我已决定国民要将宽袍大袖的传统服装改为紧身灵便的胡人服装，而叔父却不肯改换服装。我怕天下人要议论这件事啊！国家有常制，以人民的利益为根本；从政有规律，以行令为前提。广布明德于黎庶，必须先在下层民众中宣传；推行法令有阻力，必须权贵先遵从，以取信于民。所以，我希望叔父以身作则来成就改穿胡服的大功。”公子成先行礼，然后说：“我听说中原之国，是圣贤教化的地方，是推行礼乐的地方，是远方外国向往的地方，是蛮夷之邦效仿的地方。现在，大王抛弃这些，而

袭用远方胡人的胡装。这改变了古代的风尚，违逆了人们的心愿。我劝大王三思。”

使者以报。王自往请之，曰：“吾国东有齐、中山，北有燕、东胡，西有楼烦、秦、韩之边。今无骑射之备，则何以守之哉？先时中山负齐之强兵，侵暴吾地，系累吾民，引水围鄗；微社稷之神灵，则鄗几于不守也。先君丑之，故寡人变服骑射，欲以备四境之难，报中山之怨。而叔顺中国之俗，恶变服之名，以忘鄗事之丑，非寡人之所望也！”公子成听命，乃赐胡服；明日服而朝。于是始出胡服令，而招骑射焉。

【译文】

使者回来如实报告。武灵王亲自往公子成家请安问好，说道：“我们赵国东有齐国、中山国，北有燕国、东胡，西有楼烦、秦国、韩国。现在，如果没有精锐的骑射之师作防备，将如何去守卫国土呢！先前，中山国依仗齐国的强兵，侵略我们的国土，施暴行于我们的人民，决河引水围灌鄗城（今河北柏乡），如果没有上天神灵保佑，则鄗城几乎不能保全。先君深以为耻辱。所以，我才改变服装推行骑射，是为了防备四境敌国的发难，以报中山国之仇。而叔父却固守中原之国的旧俗，厌恶改变服装的名声，忘记了鄗城的耻辱，这可不是我希望的啊!”公子成听从了赵武灵王的命令，武灵王就赐给他胡服。第二天，他穿胡服上朝。武灵王这才发布了胡服令。并招募骑兵，演习骑射。

【千里江山图】卷 局部［宋］江参 中国台北故宫博物院藏 21-1

【千里江山图】卷 局部 [宋] 江参 中国台北故宫博物院藏 21-1

完璧归赵

[周赧王三十二年]　(前283年)

赵王得楚和氏璧，秦昭王欲之，请易以十五城。赵王欲勿与，畏秦强；欲与之，恐见欺。以问蔺相如，对曰：“秦以城求璧而王不许，曲在我矣。我与之璧而秦不与我城，则曲在秦。均之二策，宁许以负秦。臣愿奉璧而往；使秦城不入，臣请完璧而归之！”赵王遣之。相如至秦，秦王无意偿赵城。相如乃以诈绐秦王，复取璧，遣从者怀之，间行归赵，而以身待命于秦。秦王以为贤而弗诛，礼而归之。赵王以相如为上大夫。

【译文】

周赧王三十二年（前283年）

赵王得到了楚国的和氏璧，秦昭王想得到它，提出用十五座城邑交换。赵王不想给，却畏惧秦国的强盛；想给他，又怕受欺骗。将此事去问蔺相如，相如回答说：“秦国用城邑请求换璧而大王不答应，我们就理亏了；我们给他玉璧而秦国不给我国城邑，

完璧归赵

则秦国理亏。衡量这两个办法的长短得失，宁可答应秦国，使秦国理亏。我愿敬捧和氏璧前往，假使秦国的城邑不交给我国，我保证使玉璧完好无损地回归我国。”赵王就派他去秦国。蔺相如到了秦国，秦王得到了玉璧竟无偿付城邑之意。蔺相如乃以计谋巧骗秦王，又取回了玉璧，派遣随从怀藏玉璧，走小道偷偷回到了赵国。而他自己在秦国等候发落。秦王认为他是贤能之人，决定不杀他，以礼相待，送他归赵。赵王委任蔺相如为上大夫。

负荆请罪

[周赧王三十六年]（前279年）

秦王使使者告赵王，愿为好会于河外渑池。赵王欲毋行，廉颇、蔺相如计曰："王不行，示赵弱且怯也。"赵王遂行，相如从。廉颇送至境，与王诀曰："王行，度道里会遇之礼毕，还不过三十日；三十日不还，则请立太子以绝秦望。"王许之。

会于渑池。王与赵王饮，酒酣，秦王请赵王鼓瑟，赵王鼓之。蔺相如复请秦王击缶，秦王不肯。相如曰："五步之内，臣请得以颈血溅大王矣！"左右欲刃相如，相如张目叱之，左右皆靡。王不怿，为一击缶。罢酒，秦终不能有加于赵；赵人亦盛为之备，秦不敢动。赵王归国，以蔺相如为上卿，位在廉颇之右。

廉颇曰："我为赵将，有攻城野战之功。蔺相如素贱人，徒以口舌而位居我上。吾羞，不忍为之下！"宣言曰："我见相如，

必辱之！”相如闻之，不肯与会；每朝，常称病，不欲争列。出而望见，辄引车避匿。其舍人皆以为耻。相如曰：“子视廉将军孰与秦王？”曰：“不若。”相如曰：“夫以秦王之威而相如廷叱之，辱其群臣。相如虽驽，独畏廉将军哉！顾吾念之，强秦之所以不敢加兵于赵者，徒以吾两人在也。今两虎共斗，其势不俱生。吾所以为此者，先国家之急而后私仇也！”廉颇闻之，肉袒负荆至门谢罪，遂为刎颈之交。

【译文】

周赧王三十六年（前279年）

秦王派使者告知赵王，愿意跟赵王在黄河南面的渑池友好相会。赵王不打算去。廉颇、蔺相如商量说：“大王不去，就显示了赵国力弱而又胆怯。”于是赵王出发赴会，蔺相如陪从。廉颇送到边境，与赵王告别，说：“大王的行程，估计里程加上会见礼节完毕，回到国内，总共不会超过三十天。到三十天不返回，请允许我们拥立太子为王，以打消秦国的企图。”赵王应允。

在渑池相会，秦王与赵王饮酒，正喝到兴头上，秦王请赵王鼓瑟，赵王就鼓了瑟。蔺相如也请秦王击缶，秦王不肯。蔺相如说：“五步之内，请允许小臣我以颈部的血溅大王！”秦王左右近臣欲杀相如，相如瞪眼怒斥，他们都吓得退缩一旁。秦王很不高兴。只得勉强敲了一下缶。直到饮酒完毕，秦国到底没能凌辱赵国，占赵国的上风。赵国人也做了充分的准备，秦国不敢轻举妄动。赵王回到国内，任用蔺相如为上卿，地位在廉颇之上。

廉颇说：“我为赵国将军，有攻城野战的功劳。蔺相如素来地位低贱，只凭口舌之劳而地位居然在我之上。我感到羞耻，不能容忍处在他下面！”扬言说：“我见了蔺相如，一定要侮辱他一番！”蔺相如听说了，不肯跟他碰面。每次上朝，常常称病，不想和他争朝列位次的高下。出门时望见廉颇，就指引车队躲避。蔺相如的门客都以此为羞耻。蔺相如说：“你看廉将军比得上秦王厉害吗？”门客回答说：“不如秦王。”蔺相如说：“凭秦王那样的淫威，而我在他的朝廷上却敢呵叱他，羞辱他的群臣。我虽不才，难道单单惧怕廉将军吗？只是我想到，强大的秦国所以不敢对赵国用兵，就是因为有我们两人在的缘故。现在，二虎相斗，势不能共存。我这样做的目的，是把国家的急务放在前面，而把私人的怨恨放在后头哇！”廉颇听了这话，袒露背膀，背着荆条，到蔺相如家门前谢罪。于是，两人结为生死之交。

长 平 之 战

[周赧王五十五年]（前260年）

秦数败赵兵，廉颇坚壁不出。赵王以颇失亡多而更怯不战，怒，数让之。应侯又使人行千金于赵为反间，曰："秦之所畏，独畏马服君之子赵括为将耳！廉颇易与，且降矣！"赵王遂以赵括代颇将。蔺相如曰："王以名使括，若胶柱鼓瑟耳。括徒能读其父书传，不知合变也。"王不听。初，赵括自少时学兵法，以天下莫能当；尝与其父奢言兵事，奢不能难，然不谓善。括母问其故，奢曰："兵，死地也，而括易言之。使赵不将括则已，若必将之，破赵军者必括也。"及括将行，其母上书，言括不可使。王曰："何以？"对曰："始妾事其父，时为将，身所奉饭而进食者以十数，所友者以百数，王及宗室所赏赐者，尽以与军吏士大夫；受命之日，不问家事。今括一旦为将，东乡而朝，军吏无敢仰视

之者；王所赐金帛，归藏于家，而日视便利田宅可买者买之。王以为如其父，父子异心，愿王勿遣！”王曰：“毋置之，吾已决矣！”母因曰：“即如有不称，妾请先随坐！”赵王许之。

【译文】

周赧王五十五年（前260年）

赵兵屡次被秦兵打败，廉颇便下令坚守壁垒，拒不出战。赵王以为廉颇损兵折将后更加胆怯，不敢迎敌，很是恼怒，多次斥责他。秦国应侯范雎又派人用千金巨款到赵国施行反间计，说：“秦国所怕的，只是马服君赵奢的儿子赵括来做大将；廉颇好对付，而且他也快投降了！”赵王于是便让赵括代替廉颇为将。蔺相如说：“大王因为赵括的名气而使用他，就好像是粘住调音的琴柱再弹琴啊！赵括只知道死读他父亲的兵书，不知道随机应变。”赵王不听。当初，赵括从小学习兵法时，就自以为天下无敌，曾经与他的父亲赵奢谈论兵法，赵奢也难不倒他，但总不说他有才能。赵括的母亲询问原因，赵奢说：“带兵打仗，是出生入死的事情，而赵括说起来却很随便。赵国不用他为大将也还罢了，如果用他作大将，使赵军覆灭的必是他！”待到赵括被任为大将将要出发，他母亲急忙上书说赵括不能用。赵王问："为什么？"赵括母亲回答说："当年我侍奉赵括的父亲，他做大将时，亲自捧着饭碗去招待的有几十人，他的朋友有几百人。大王及宗室王族给他的赏赐，他全都分发给将士。他自接受命令之日起，就不再理睬家事。现在赵括做了大将，就东向高坐，接受拜见，大小军官没人敢抬头正眼看他。大王赐给他的金银绸缎，他全都拿回家藏起来，而且天天忙着察看有什么良田美宅可买的就买下来。大王您以为他像他父亲，其实他们父子俩的用心完全不同。请大王千万不要派他去！"赵王说："老太太你不用管，我已经决定了。"赵括的母亲便说："如果赵括出了差错，请大王不要连累我一起治罪。"赵王同意了。

秦王闻括已为赵将，乃阴使武安君为上将军而王龁为裨将，令军中："有敢泄武安君为将者斩！"赵括至军，悉更约束，易置军吏，出兵击秦师。武安君佯败而走，张二奇兵以劫之。赵括乘胜追造秦壁，壁坚拒不得入；奇兵二万五千人绝赵军之后，又五千骑绝赵壁间。赵军分而为二，粮道绝。武安君出轻兵击之，赵战不利，因筑壁坚守以待救至。秦王闻赵食道绝，自如

河内，发民年十五以上悉诣长平，遮绝赵救兵及粮食。齐人、楚人救赵。赵人乏食，请粟于齐，王弗许。周子曰：“夫赵之于齐、楚，扞蔽也，犹齿之有唇也。唇亡则齿寒；今日亡赵，明日患及齐、楚矣。救赵之务，宜若奉漏瓮沃焦釜然。且救赵，高义也；却秦师，显名也；义救亡国，威却强秦。不务为此而爱粟，为国计者过矣！”齐王弗听，九月，赵军食绝四十六日，皆内阴相杀食。急来攻垒，欲出为四队，四，五复之，不能出。赵括自出锐卒搏战，秦人射杀之。赵师大败，卒四十万人皆降。武安君曰：“秦已拔上党，上党民不乐为秦而归赵。赵卒反覆，非尽杀之，恐为乱。”乃挟诈而尽坑杀之，遗其小者二百四十人归赵，前后斩首虏四十五万人，赵人大震。

【译文】

秦王听说赵括已经上任为大将，就暗中派武安君白起为上将军，改王龁为副将，在军中下令说：“谁敢泄露白起为上将军的消息，一律处死！”赵括到了赵军中，便全部推翻军中原来的规定，调换军官，下令出兵攻打秦军。白起佯装打败退走，预先布置下两支奇兵准备截击。赵括乘胜追击，直达秦军营垒，秦军坚守，无法攻克。这时，秦军两万五千人的奇兵已切断了赵军的后路，另一支五千名的骑兵堵截住赵军返回营垒的通道，赵军被一分为二，粮道也断绝。武安君白起便下令精锐轻装的部队前去袭击，赵军迎战失利，只好坚筑营垒等待救兵。秦王听说赵军运粮道已经切断，亲自到河内征发十五岁以上的百姓全部到达长平，阻挡赵国救兵及运粮。齐国、楚国援救赵国。赵军缺乏粮食，向齐国请求接济，齐王不给。周子说："赵国对齐国、楚国来说，是一道屏障，就像牙齿上面的嘴唇，唇亡而齿寒。今天赵国灭亡了，明天就是齐国、楚国。援救赵国这件事，应该像捧着漏瓦罐去浇烧焦了的铁锅那样，刻不容缓。何况援救赵国是高尚的道义；抵抗秦军，是显示威名的好事。必须主持正义援救亡国，显示兵威击退强秦。不致力于此事反而吝惜粮食，这样为国家决策是错误的！"齐王仍是不听。九月，赵军已断食四十六天，士兵们都在暗中残杀，互相吞吃。赵括穷急无路，便下令进攻秦军营垒，想派

白起　战国时期秦国名将。郿（今陕西眉县）人，中国历史上著名的军事家、统帅。

出四支队伍，轮番进攻，到第五次，仍无法突围。赵括亲自率领精兵上前搏战，被秦兵射死。赵军于是全线崩溃，四十万士兵全部投降。白起说：“当初秦军已攻克上党，上党百姓却不愿归秦而去投奔赵国。赵国士兵反复无常，不全部杀掉，恐怕会有后乱。”于是使用奸计把赵国降兵全部活埋，只放出二百四十个年岁小的回到赵国，前后共杀死赵军四十五万人，赵国大为震惊。

王命传任虎节　战国，长15.9厘米，宽10.7厘米。

毛 遂 自 荐

[周赧王五十七年] （前258年）

赵王使平原君求救于楚，平原君约其门下食客文武备具者二十人与之俱，得十九人，余无可取者。毛遂自荐于平原君。平原君曰："夫贤士之处世也，譬若锥之处囊中，其末立见。今先生处胜之门下三年于此矣，左右未有所称诵，胜未有所闻，是先生无所有也。先生不能，先生留！"毛遂曰："臣乃今日请处囊中耳！使遂蚤得处囊中，乃脱颖而出，非特其末见而已。"平原君乃与之俱，十九人相与目笑之。平原君至楚，与楚王言合从之利害，日出而言之，日中不决。毛遂按剑历阶而上，谓平原君曰："从之利害，两言而决耳！今日出而言，日中不决，何也？"楚王怒叱曰："胡不下！吾乃与而君言，汝何为者也？"毛遂按剑而前曰："王之所以叱遂者，以楚国之众也。今十步之内，王不得恃楚国之众也！王之命悬于遂手。吾君在前，叱者何也？且遂闻汤以七十里之地王天下，文王以百里之壤而臣诸侯，岂其士卒众多哉？诚能据其势而奋其威也。今楚地方五千里，持戟百万，此霸王之资也。以楚之强，天下弗能当。白起，小竖子耳。率数万之众，兴师以与楚战，一战而举鄢、郢，再战而烧夷陵，三战而辱王之先人，此百世之怨而赵之所羞，而王弗之恶焉。合从者为楚，非为赵也。吾君在前，叱者何也？”楚王曰：“唯唯，诚若先生之言，谨奉社稷以从。”毛遂曰：“从定乎？”楚王曰：“定矣。”毛遂谓楚王之左右曰：“取鸡、狗、马之血来！”毛遂奉铜盘而跪进之楚王曰：“王当歃血以定从；次者吾君，次者遂。”遂定从于殿上。毛遂左手持盘血而右手招十九人曰：“公等相与歃此血于堂下！公等录录，所谓‘因人成事’者也。”平原君已定从而归，至于赵，曰：‘胜不敢相天下士矣！”遂以毛遂为上客。

【译文】

周赧王五十七年（前258年）

赵王派平原君赵胜到楚国求救，平原君打算在门下食客中挑选二十名文武双全的，一同前往。但只挑出了十九个，剩下的却挑不出来了。有个叫毛遂的人向平原君自我推荐。平原君说："贤良的人才处在世上，就好比锥子放在口袋里，锥尖立即能露出来。如今先生在我赵胜门下已经三年了，我左右的人没有称赞过你，我也没有听说你有什么作为，说明先生没有什么长处。先生你不能去，你还是留下吧！"毛遂说："我不过今天才请你把我放到口袋中而已！如果早把我放进去，我早就脱颖而出了，岂止是露个锥尖呢！"平原君于是让毛遂一同赴楚，其余十九个人都以目示意嘲笑他。平原君到了楚国，向楚王阐述联合抗秦的必要性，从太阳升起一直谈到中午，楚王仍是犹豫不决。毛遂于是手按宝剑顺着台阶走上去，对平原君说："联合抗秦的重要性，两句话就可以决断了却！现在从日出说到日中还不能决断，到底是怎么回事？"楚王怒斥毛遂道："还不快滚下去！我在和你的主人说话，你跑上来干什么？"毛遂按剑上前说："大王你之所以斥责我，是仗着楚国人多势众。此刻你我相距十步之内，你不可能依仗楚国人多势众了！你的性命在我的手中。在我的主人面前，你为什么喝斥我！而且毛遂听说商朝开国的汤王以七十里的国土而最终称王天下，周朝创业的文王仅凭一百里的国土而使诸侯臣服，他们难道是仗着人多势众吗？只不过是顺应历史大势、发奋扬威而已。现在楚国方圆五千里，持戟战士一百万，这是建立霸王大业的资本呀！以楚国的强盛，各国都难以抵挡。白起，不过是个小人物，率领几万军队，兴师动众与楚国作战，却一战便夺去鄢、郢两城，再战便火烧夷陵，三战已将楚国宗庙平毁，侮辱楚王祖先。这是百世难解的仇怨，连赵国都替你羞愧，而大王却不以为然。联合抗秦，实在是为了楚国，不是为了赵国啊！我的主人在面前，你为什么喝斥我？”楚王连连点头：“是的是的。正像先生指教的那样，我愿意以全国的力量与你们合作。”毛遂问：“联合的事确定了吗？”楚王说：“确定了。”毛遂便对楚王左右的随从说：“取鸡、狗、马的血来！”毛遂捧着铜盘跪着上前对楚王说：“请大王歃血宣誓订立同盟，其次是我主人，再次是我毛遂。”于是在大殿上订立了同盟。毛遂左手持铜盘，右手招呼同行的十九人说：“你们也在堂下一起歃血宣誓吧！你们只是跟来跟去，还是靠着别人才办成了事情。”平原君订好盟约后回到赵国，叹息说：“从今后我再不敢说能识别天下的人才了！”于是尊奉毛遂为座上宾。

荆轲刺秦

[秦始皇帝二十年]（前227年）

荆轲至咸阳，因王宠臣蒙嘉卑辞以求见；王大喜，朝服，设九宾而见之。荆轲奉图而进于王，图穷而匕首见，因把王袖而揕之；未至身，王惊起，袖绝。荆轲逐王，王环柱而走。群臣皆愕，卒起不意，尽失其度。而秦法，群臣侍殿上者不得操尺寸之兵，左右以手共搏之，且曰："王负剑！"负剑，王遂拔以击荆轲，断其左股。荆轲废，乃引匕首擿王，中铜柱。自知事不就，骂曰："事所以不成者，以欲生劫之，必得约契以报太子也！"遂体解荆轲以徇。王于是大怒，益发兵诣赵，就王翦以伐燕，与燕师、代师战于易水之西，大破之。

【译文】

秦始皇帝二十年（前227年）

荆轲到了咸阳，通过秦王的宠臣蒙嘉低声下气地请求晋见。秦王大喜，穿着上朝的礼服，设九宾之礼接见了他。荆轲捧着地图进献给秦王，地图展示到最后，现出匕首。荆轲就势抓住秦王的衣袖，挥起匕首刺去；还没有刺进秦王的身体，秦王惊恐地跳起来，挣断了衣袖。荆轲追逐秦王，秦王绕着柱子跑。群臣皆惊愕木呆。由于事件猝然而起，出人意外，大家都不知如何办才好。而秦国的法律规定，群臣在殿上奉侍秦王是不许带尺寸兵器的。秦王左右的人只好徒手搏击荆轲，一面喊："大王往身后推剑！"秦王把剑推向身后，才得以拔出来挥击荆轲，砍断了他的左腿。荆轲跌倒，还用匕首投掷秦王，掷中了铜柱。荆轲自知事情不能成功了，骂道："因为要活捉你，以得到归还国土的契约回报太子，反而误事，未能成功。"于是，荆轲被肢解示众。秦王因此大怒，增发大军开赴赵地，就势以王翦军进攻燕国，与燕军、代军会战于易水之西，大破敌军。

秦始皇（前259—前210），首位完成中国统一的秦王朝的开国皇帝。后人称之为"千古一帝"。姓嬴，名政。

巨鹿之战

[秦二世皇帝二年]（前208年）

（后九月）章邯已破项梁，以为楚地兵不足忧，乃渡河，北击赵，大破之；引兵至邯郸，皆徙其民河内，夷其城郭。张耳与赵王歇走入巨鹿城，王离围之。陈馀北收常山兵，得数万人，军巨鹿北；章邯军巨鹿南棘原。赵数请救于楚。

【译文】

秦二世皇帝二年（前208年）

（闰九月）章邯击破了项梁的部队，以为楚地的兵事不必担忧了，就渡过黄河，向北攻打赵国，大破赵军；章邯带领军队到了邯郸，将全部邯郸百姓迁徙于河内，铲平了邯郸的城郭。张耳和赵王歇退入巨鹿城，王离包围了巨鹿。陈馀向北收集常山的士兵，得到几万人，驻扎在巨鹿的北面；章邯部队驻扎在巨鹿南面的棘原。赵国几次向楚国请求援助。

高陵君显在楚，见楚王曰："宋义论武信君之军必败；居数日，军果败。兵未战而先见败征，此可谓知兵矣！”王召宋义与计事而大说之，因置以为上将军，项羽为次将，范增为末将，以救赵。诸别将皆属宋义，号为“卿子冠军”。

【译文】

齐国使者高陵君显在楚国，去见楚王，说：“宋义议论武信君的军队必败，过了几天，果然失败。军队没有打仗就预见失败的征兆，这可以说是懂得军事了！”楚王召宋义来商量事情后而大为高兴，因此用他为上将军，项羽为次将，范增为末将，去援救赵国。各路军队的将领都统属于宋义，宋义号称“卿子冠军”。

（三年）

宋义行至安阳，留四十六日不进。项羽曰：“秦围赵急，宜疾引兵渡河；楚击其外，赵应其内，破秦军必矣！”宋义曰：“不然。夫搏牛之虻，不可以破虮虱。今秦攻赵，战胜则兵疲，我承其敝；不胜，则我引兵鼓行而西，必举秦矣。故不如先斗秦、赵。夫被坚执锐，义不如公；坐运筹策，公不如义。”因下令军中曰：“有猛如虎，狠如羊，贪如狼，强不可使者，皆斩之！”

【译文】

（秦二世皇帝三年）

宋义带领军队到了安阳，停留四十六天不进兵。项羽说：“秦军围赵紧急，应该赶快领兵渡河，楚军攻击于外，赵军接应于内，就一定击破秦军了！”宋义说：“不然。叮牛的牛虻，不可以伤害虮虱。现在秦军攻赵，打胜就军队疲惫，我们可乘秦军疲惫的机会进攻；秦军打不胜，我们便领兵大张旗鼓地向西进军，一定攻取秦地了。所以不如让秦和赵先打。上阵冲杀，我不如你；运筹帷幄，你不如我。”因此，向军中下令说：“凡是猛如虎，狠如羊，贪如狼，倔强不服从命令的人，一律斩首！”

乃遣其子宋襄相齐，身送之至无盐，饮酒高会。天寒，大雨，士卒冻饥。项羽曰：“将戮力而攻秦，久留不行。今岁饥民贫，士卒食半菽，军无见粮，乃饮酒高会。不引兵渡河，因赵食，与赵并力攻秦，乃曰‘承其敝’。夫以秦之强，攻新造之赵，其势必举。赵举秦强，何敝之承！且国兵新破，王坐不安席，扫境内而专属于将军，国家安危，在此一举。今不恤士卒而徇其私，非社稷之臣也！”

【译文】

宋义派遣自己的儿子宋襄去辅助齐国，亲自送他到无盐县，设筵招待宾客。当时，天寒大雨，士兵又冻又饿。项羽说：“本来应当合力攻秦，却长久地停留不前。现在年岁饥荒，百姓贫困，士兵吃的一半是蔬菜、豆子，军中没有存粮，他却设筵招待宾客。不领兵渡河，就地取赵地的粮食作为军粮，和赵军并力攻秦，却说‘乘秦军疲惫的机会进攻’。以强大的秦国，攻击新建立的赵国，必然把赵国打败。赵败，秦就更加强大，哪里还有疲惫的机会可乘！况且楚军刚被打败，怀王坐不安席，集中全楚兵力而托付于将军，国家安危，在此一举。如今不体恤士兵，而徇私情，不是国家的栋梁之臣啊！”

十一月，项羽晨朝上将军宋义，即其帐中斩宋义头。出令军中曰：“宋义与齐谋反楚，楚王阴令籍诛之！”当是时，诸将皆慑服，莫敢枝梧，皆曰：“首立楚者，将军家也；今将军诛乱。”乃相与共立羽为假上将军。使人追宋义子，及之齐，杀之。使桓楚报命于怀王。怀王因使羽为上将军。

【译文】

十一月，项羽早晨去进见上将军宋义，就在营帐中斩了宋义的头。出帐来号令军中说："宋义和齐国合谋反楚，楚王密令我杀他。"当时，将领们都因畏惧而屈服，不敢反抗，都说："首先拥立楚王的，是将军家的人，如今又是将军平乱。"于是大家一同推立项羽为假上将军。派人追赶宋义的儿子宋襄，追到齐国，杀了他。派遣桓楚去报告怀王，怀王就命令项羽为上将军。

项羽　名籍，字羽，下相（今江苏宿迁）人。堪称中国历史上最强的武将之一，秦亡后称"西楚霸王"。后与刘邦展开了长达四年的"楚汉之争"。公元前 202 年，被困垓下，自刎而死。

章邯筑甬道属河，饷王离。王离兵食多，急攻巨鹿。巨鹿城中食尽、兵少，张耳数使人召前陈馀。陈馀度兵少，不敌秦，不敢前。数月，张耳大怒，怨陈馀，使张黡、陈泽往让陈馀曰："始吾与公为刎颈交，今王与耳旦暮且死，而公拥兵数万，不肯相救，安在其相为死！苟必信，胡不赴秦军俱死；且有十一二相全。"陈馀曰：

“吾度前终不能救赵，徒尽亡军。且馀所以不俱死，欲为赵王、张君报秦。今必俱死，如以肉委饿虎，何益！”张黡、陈泽要以俱死。馀乃使黡、泽将五千人先尝秦军，至，皆没。当是时，齐师、燕师皆来救赵，张敖亦北收代兵，得万余人，来，皆壁馀旁，未敢出秦。

【译文】

章邯修筑甬道连接黄河，供应王离军粮。王离军粮食充足，加紧攻打巨鹿。巨鹿城中粮食已尽，士兵很少，张耳几次派人召陈馀前来解救巨鹿。陈馀估计兵少，打不过秦军，不敢前来。过了几个月，张耳大怒，埋怨陈馀，派遣张黡、陈泽去责备陈馀说：“起初我与您结为同生死共患难的朋友，如今赵王和我很快就要完了，而您拥兵几万，不肯前来救援，如何还能同死！如果一定守信，何不攻打秦军一同战死，况且还有十分之一二得以胜秦而保全生命的希望呢。”陈馀说：“我估计前去终不能救赵，白白地丧尽军队。而且我之所以不和张耳一同死，是要为赵王、张耳报仇于秦。如今一定要同死，好似将肉送给饿虎，有什么益处！”张黡、陈泽要陈馀一同战死。陈馀就派张黡、陈泽带领五千兵先尝试一下秦军的力量，到了那里，全军覆没。当时，齐军、燕军都来救赵，张敖也北收代地的士兵，得到一万多人，前来，都设营垒于陈馀军的旁边，不敢出击秦军。

项羽已杀卿子冠军，威震楚国，乃遣当阳君、蒲将军将卒二万渡河救巨鹿。战少利，绝章邯甬道，王离军乏食。陈馀复请兵。项羽乃悉引兵渡河，皆沉船，破釜、甑，烧庐舍，持三日粮，以示士卒必死，无一还心。于是至则围王离，与秦军遇，九战，大破之；章邯引兵却。诸侯兵乃敢进击秦军，遂杀苏角，虏王离；涉间不降，自烧杀。当是时，楚兵冠诸侯军；救巨鹿者十余壁，莫敢纵兵。及楚击秦，诸侯将（皆）从壁上观。楚战士无不一当十，呼声动天地，诸侯军无不人人惴恐。于是已破秦军，项羽召见诸侯将；诸侯将入辕门，无不膝行而前，莫敢仰视。项羽由是始为诸侯上将军，诸侯皆属焉。

【译文】

项羽已经杀了“卿子冠军”宋义，威震楚国，就派当阳君、蒲将军带领两万人渡过黄河救巨鹿。打得稍稍有利，切断章邯所筑的甬道，使得王离军缺乏粮食供应。陈馀再次要求以兵增援。项羽就率领全军渡河，都凿沉渡船，砸破锅灶，烧毁营舍，只带三天的口粮，以此表示全军决一死战，没有一点退还的意思。军队一到前线就围住了王离军，同秦军交战，经过九次战斗，大败秦军。章邯带兵退却，诸侯军才敢进击秦军，终于杀死了苏角，俘获了王离；涉间不投降，自焚而死。这时候，楚军的声势压倒了诸侯军；救援巨鹿的诸侯军有十多个营垒，都不敢发兵出战。在楚军攻击秦军的时候，诸侯军将领（都）凭着营垒观战。楚军战士人人以一当十，呼喊冲杀之声震动天地，诸侯军人人惊惧惶恐。已经打垮了秦军后，项羽召见诸侯将领；他们进入辕门，都跪着前来，不敢仰视。从此项羽就成为诸侯军的上将军，诸侯军都归他统率了。

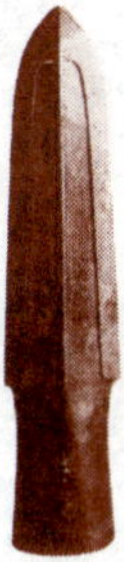
矛　秦代兵器。

垓下悲歌

[汉高祖五年]　(前202年)

十二月，项王至垓下，兵少，食尽，与汉战不胜，入壁。汉军及诸侯兵围之数重。项王夜闻汉军四面皆楚歌，乃大惊曰：“汉皆已得楚乎？是何楚人之多也！”则夜起，饮帐中，悲歌慷慨，泣数行下。左右皆泣，莫能仰视。于是项王乘其骏马名骓，麾下壮士骑从者八百余人，直夜溃围南出驰走。平明，汉军乃觉之，令骑将灌婴以五千骑追之。项王渡淮，骑能属者才百余人。至阴陵，迷失道，问一田父，田父绐曰“左”。左，乃陷大泽中，以故汉追及之。

【译文】

汉高祖五年(前202年)

十二月，项王到垓下，兵少，粮食吃完了，与汉军交战未能取胜，退入营垒。汉军和诸侯兵把他包围了好几层。项王在夜里听到四边的汉军都在唱楚歌，大惊道：“难道汉已经完全占领了楚地？何以汉军中楚人有这么多啊！”于是夜里起来，在帐

中喝酒，慷慨悲歌，眼泪不断流下来。左右的人都哭了，没有人能抬头看他。于是项王乘上他那匹名叫骓的骏马，带领着手下骑马跟随他的壮士八百多人，趁着夜色突破重围朝南方奔驰而去。到天亮后，汉军才发现，派骑将灌婴带领五千骑兵追击。项王渡过淮河，能跟上的骑士只剩下一百多人。项王到达阴陵，迷了路，问一个耕田的，耕田的骗他们说："向左。"他们向左走，就陷进大泽里，因此被汉军追赶上。

项王乃复引兵而东，至东城，乃有二十八骑；汉骑追者数千人。项王自度不得脱，谓其骑曰："吾起兵至今，八岁矣。身七十余战，未尝败北，遂霸有天下。然今卒困于此，此天之亡我，非战之罪也！今日固决死，愿为诸君快战，必溃围、斩将、刈旗，三胜之，令诸君知天亡我，非战之罪也。"乃分其骑以为四队，四乡。汉军围之数重。项王谓其骑曰："吾为公取彼一将。"令四面骑驰下，期山东为三

处。于是项王大呼驰下，汉军皆披靡。遂斩汉一将。是时，郎中骑杨喜追项王，项王瞋目而叱之，喜人马俱惊，辟易数里。项王与其骑会为三处，汉军不知项王所在，乃分军为三，复围之。项王乃驰，复斩汉一都尉，杀数十百人；复聚其骑，亡其两骑耳。乃谓其骑曰："何如？"骑皆伏曰："如大王言！"

【译文】

项王又带了兵马向东走，走到东城，只剩下二十八骑，汉骑追赶的有几千人。项王自料不能脱身，对他的骑士说："我起兵到现在，有八年了。身经七十余战，未曾败北，终于称霸天下。但现在竟然受困于此，这是天要亡我，不是我用兵打战的过失啊！今天肯定要决一死战，愿为诸君痛快地打一仗，一定做到突破包围，斩杀敌将，砍倒敌旗，取得这三项胜利，好让诸君知道，是天要亡我，不是我用兵打战的过失啊！"于是分骑士为四队，面对四方。当时汉军将他们包围了好几重。项王对骑士们说："我给诸公斩取他们的一个将领！"命令骑士从四方冲下，预先约定在山的东面分三处集合。于是项王大声呼号着飞驰而下，汉军都望风披靡。终于斩取了一名汉将。这时候，郎中骑杨喜追赶项王，项王瞪起眼睛大喝一声，杨喜人马都受惊，后退了好几里。项王和他的骑士会合成三处，汉军不知道项王在哪处，就分军为三，再次包围上来。项王纵马奔驰，又斩取汉军一名都尉，杀了上百人；再次会合他的骑士，只损失了两人。项王对骑士们说："怎么样？"骑士们都拜伏道："确实像大王所说的那样！"

于是项王欲东渡乌江，乌江亭长舣船待，谓项王曰："江东虽小，地方千里，众数十万人，亦足王也。愿大王急渡！今独臣有船，汉军至，无以渡。"项王笑曰："天之亡我，我何渡为！且籍与江东子弟八千人渡江而西，今无一人还；纵江东父兄怜而王我，我何面目见之！纵彼不言，籍独不愧于心乎！"乃以所乘骓马赐亭长，令骑皆下马步行，持短兵接战。独籍所杀汉军数百人，身亦被十余创。顾见汉骑司马吕马童，曰："若非吾故人乎？"马童面之，指示中郎骑王翳曰："此项王也。"项王乃曰："吾闻汉购我头千金，邑万户，吾为若德！"乃自刎而死。

【译文】

于是项王想要东渡乌江，乌江的亭长把船靠到岸边等待着，对项王说："江东虽然小，地盘也有千里见方，丁口几十万，也足以称王了。望大王赶快渡江！现在只有臣有船，汉军到了，他们没法渡过。"项王笑道："这是天要亡我，我渡过去干什么！况且我项籍和江东子弟八千人渡江而西，现在没有一个人回来；即使江东父老爱怜我，尊我为王，我有什么面目见他们！即使他们不说，我项籍难道不自愧于心吗！"于是把所乘的骓马赐给了亭长，下令骑士们都下马步行，持短兵器接战。单是项王所杀的汉军就有数百人，他身上也受了十多处创伤。当看到汉军的骑司马吕马童时，说："你不是我当年的朋友吗？"马童面对项王，指给中郎骑王翳看："这就是项王啊！"项王说："我听说汉家要用千金买我的头，还给一万户的封邑，我就来成全你吧！"于是自刎而死。

通 使 西 域

[汉武帝元朔三年]（前 126 年）

初，匈奴降者言："月氏故居敦煌、祁连间，为强国，匈奴冒顿攻破之。老上单于杀月氏王，以其头为饮器。余众遁逃远去，怨匈奴，无与共击之。"上募能通使月氏者。汉中张骞以郎应募，出陇西，径匈奴中；单于得之，留骞十余岁。骞得间亡，乡月氏西走，数十日，至大宛。大宛闻汉之饶财，欲通不得，见骞，喜，为发导译抵康居，传致大月氏，大月氏太子为王，既击大夏，分其地而居之，地肥饶，少寇，殊无报胡之心。骞留岁余，竟不能得月氏要领，乃还；并南山，欲从羌中归，复为匈奴所得，留岁余。会伊稚斜逐於单，匈奴国内乱，骞乃与堂邑氏奴甘父逃归。上拜骞为太中大夫，甘父为奉使君。骞初行时百余人，去十三岁，唯二人得还。

【译文】

汉武帝元朔三年（前126年）

当初，归降朝廷的匈奴人说：“月氏原来居住在敦煌和祁连山之间，是一个强国，匈奴冒顿单于攻破了它。老上单于杀了月氏国王，把他的头骨做成了饮酒的器皿。其余的月氏部众逃走到远方，极其怨恨匈奴。最好的办法莫过于联合月氏共同进攻匈奴。”武帝就招募能出使月氏的人。汉中人张骞以郎官的身份应募，从陇西郡出发，直接进入匈奴的腹地，结果被匈奴单于抓住了，被拘留了十多年。张骞找个机会逃了出来，向着月氏国所在的西方走去，过了数十日，到了大宛国。大宛国早就听说汉国物产丰富，想通使结好，却没有实现，见到张骞后非常高兴，为他安排了向导和翻译，直达康居国，再转送到大月氏国。大月氏原来的太子做了国王，进攻大夏国之后，分割了大夏国的土地安居下来，当地土地肥沃富饶，很少有外敌入侵，早就没有丝毫向匈奴复仇的打算了。张骞滞留了一年多，终究不知道月氏国打的什么主意，就往回走。他沿着南山走，想通过羌人的居住地返归，又被匈奴人捉住了，拘留了一年多。当时正逢伊稚斜驱逐前单于的太子於单，匈奴国内混乱，张骞就和堂邑氏的奴隶甘父逃脱归来。武帝任命张骞为太中大夫，甘父为奉使君。

【千里江山图】卷 局部［宋］江参 中国台北故宫博物院藏 21－2

【千里江山图】卷 局部 ［宋］江参 中国台北故宫博物院藏 21-2

张骞当初出发时有一百多人，往返历时十三年，只有他们二人得以回国。

[汉武帝元鼎二年]　（前 115 年）

浑邪王既降汉，汉兵击逐匈奴于幕北，自盐泽以东空无匈奴，西域道可通。于是张骞建言：“乌孙王昆莫本为匈奴臣，后兵稍强，不肯复朝事匈奴，匈奴攻不胜而远之。今单于新困于汉，而故浑邪地空无人，蛮夷俗恋故地，又贪汉财物，今诚以此时厚币赂乌孙，招以益东，居故浑邪之地，与汉结昆弟，其势宜听，听则是断匈奴右臂也。既连乌孙，自其西大夏之属皆可招来而为外臣。”天子以为然，拜骞为中郎将，将三百人，马各二匹，牛羊以万数，赍金币帛直数千巨万；多持节副使，道可便，遣之他旁国。

【译文】

[汉武帝元鼎二年]　（前 115 年）

浑邪王归降汉朝以后，汉军将匈奴势力驱逐到大漠以北，自盐泽往东广大地区已没有匈奴的踪影，前往西域的道路通行无阻。于是张骞建议说：“乌孙王昆莫本来是匈奴的藩属，后来兵力渐强，不肯再受匈奴的统治，匈奴派兵征服，未能取胜，只得舍他而去。如今匈奴刚刚受到我朝的沉重打击，而原来浑邪的地盘又空无一人，蛮夷的习俗本来就是依恋故地，何况又贪爱我朝的财物。如果我们用丰厚的礼物拉拢乌孙，招他们东迁到过去浑邪的地盘上居住，与我国结成友好邻邦，势必可使他们听从我朝的调遣，这就等于断了匈奴的右臂一般。与乌孙结盟之后，其西部的大夏等国也都能招来成为我朝的藩属。”汉武帝认为有理，便任命张骞为中郎将，率领三百人，每人马两匹，以及数万头牛羊和价值数千万钱的黄金、钱币、绸缎等物，又指定多人为手持天子符节的副使，沿途如有通往别国的道路，即派一个副使前往。

骞既至乌孙，昆莫见骞，礼节甚倨。骞谕指曰：“乌孙能东居故地，则汉遣公主为夫人，结为兄弟，共距匈奴，匈奴不足破也。”乌孙自以远汉，未知其大小；素服属匈奴日久，且又近之，其大臣皆畏匈奴，不欲移徙。骞留久之，不能得其要领，因分遣副使使大宛、康居、大月氏、大夏、安息、身毒、于阗及诸旁国。乌孙发译道

送骞还，使数十人，马数十匹，随骞报谢，因令窥汉大小。是岁，骞还，到，拜为大行。后岁余，骞所遣使通大夏之属者皆颇与其人俱来，于是西域始通于汉矣。

【译文】

张骞到达乌孙后，乌孙王昆莫接见张骞，态度傲慢，礼节不周。张骞转达汉武帝的旨意说："如果乌孙能够向东返回故土，那么我大汉将把公主许配给乌孙国王作夫人，两国结为兄弟之邦，共同抵抗匈奴，那么，击破匈奴将不是什么难事。"但是，乌孙因距汉朝太远，不知汉朝是大是小；且长期以来一直是匈奴的藩属，与匈奴相距又近，朝中大臣全都畏惧匈奴，不愿东迁。张骞在乌孙停留了很久，一直得不到满意的答复，便向大宛、康居、大月氏、大夏、安息、身毒、于阗及附近各国分别派出副使联络。乌孙派翻译、向导送张骞回国，又派数十人携数十匹马随张骞赴汉朝报谢，顺便了解汉朝的大小强弱。这一年，张骞派去出使大夏等国的副使大部分都与该国使臣一同回来，这样，西域各国与汉朝的联系通道就开始打开了。

逐戮匈奴

[汉武帝元朔五年]（前124年）

匈奴右贤王数侵扰朔方。天子令车骑将军青将三万骑出高阙，卫尉苏建为游击将军，左内史李沮为强弩将军，太仆公孙贺为骑将军，代相李蔡为轻车将军，皆领属车骑将军，俱出朔方；大行李息、岸头侯张次公为将军，俱出右北平；凡十余万人，击匈奴。右贤王以为汉兵远，不能至，饮酒，醉。卫青等兵出塞六七百里，夜至，围右贤王。右贤王惊，夜逃，独与壮骑数百驰，溃围北去。得右贤裨王十余人，众男女万五千余人，畜数十百万，于是引兵而还。

【译文】

汉武帝元朔五年（前124年）

匈奴右贤王屡次侵扰朔方。天子令车骑将军卫青率三万骑兵，从高阙出发，卫尉苏建任游击将军、左内史李沮任强弩将军、太仆公孙贺任骑将军、代相李蔡任轻车将军，都属车骑将军统领，从朔方出发；大行李息、岸头侯张次公任将军，都从

卫青　（?—前106），字仲卿，河东平阳（今山西省临汾市）人，汉武帝时大司马大将军。

右北平出发，共计十余万人，进击匈奴。匈奴右贤王认为汉军距离遥远，不能马上到来，饮酒大醉。卫青等率大军出塞六七百里，夜里到达，包围了右贤王。右贤王大吃一惊，乘夜逃走，仅与数百名壮健骑从，冲出包围，向北驰去。汉军掳得右贤王的裨将十余人、男女人众一万五千余人，牲畜近百万头，于是率军返还。

至塞，天子使使者持大将军印，即军中拜卫青为大将军，诸将皆属焉。夏，四月，乙未，复益封青八千七百户，封青三子伉、不疑、登皆为列侯。青固谢曰："臣幸得待罪行间，赖陛下神灵，军大捷，皆诸校尉力战之功也。陛下幸已益封臣青，臣青子在襁褓中，未有勤劳，上列地封为三侯，非臣待罪行间，所以劝士力战之意也。"天子曰："我非忘诸校尉功也。"乃封护军都尉公孙敖为合骑侯，都尉韩说为龙额侯，公孙贺为南窌侯，李蔡为乐安侯，校尉李朔为涉轵侯，赵不虞为随成侯，公孙

戎奴为从平侯，李沮、李息及校尉豆如意皆赐爵关内侯。

【译文】

到达边塞，天子派使者捧持大将军印，于军中即拜卫青为大将军，诸将均归他统率。夏季，四月初八，又增封卫青食邑八千七百户，封卫青三个儿子卫伉、卫不疑、卫登为列侯。卫青再三辞谢说："我有幸在军中为将，仰仗陛下神灵，出兵获大捷。这都是诸位将领奋战的功劳啊！陛下极为恩宠，已增加了我的食邑。我的儿子尚在襁褓之中，毫无功劳可言，皇上分割土地封为三侯，这不是我效力军中激励将士英勇作战的本意。"天子说："我没有忘记诸位校尉的功劳。"于是，封护军都尉公孙敖为合骑侯，都尉韩说为龙额侯，公孙贺为南窌侯，李蔡为乐安侯，校尉李朔为涉轵侯，赵不虞为随成侯，公孙戎奴为从平侯，李沮、李息及校尉豆如意都赐爵关内侯。

于是青尊宠，于群臣无二，公卿以下皆卑奉之，独汲黯与亢礼。人或说黯曰："自天子欲群臣下大将军，大将军尊重，君不可以不拜。"黯曰："夫以大将军有揖客，反不重邪！"大将军闻，愈贤黯，数请问国

家朝廷所疑，遇黯加于平日。大将军青虽贵，有时侍中，上踞厕而视之；丞相弘燕见，上或时不冠；至如汲黯见，上不冠不见也。上尝坐武帐中，黯前奏事，上不冠，望见黯，避帐中，使人可其奏。其见敬礼如此。

【译文】

于是，卫青得到的尊崇宠爱，在群臣中是独一无二的。公卿以下的大臣都卑身奉承他，唯独汲黯以平等的礼节相待。有人劝汲黯说："天子希望群臣向大将军下拜。大将军尊贵威重，您不可以不下拜。"汲黯说："身为大将军，而能有平等作揖的朋友，威望反而会更厚重！"大将军听说以后，更加钦敬汲黯的贤明，多次向他请教国家朝廷的疑难大事，待汲黯比往日更加尊敬。大将军卫青虽然尊贵，有时到宫中侍奉皇上，皇上就坐在床边接见他。丞相公孙弘谒见，皇上有时就不戴帽子。至于汲黯来见，皇上未戴帽子就不接见。皇上曾坐在武帐中，汲黯前来奏事。皇上未戴帽子，望见汲黯，忙躲避到帐子中，派人告知批准他的奏请。可见汲黯受尊崇礼敬的程度。

[汉武帝元朔六年]（前123年）

夏，四月，卫青复将六将军出定襄，

击匈奴，斩首虏万余人。右将军建、前将军信并军三千余骑独逢单于兵，与战一日余，汉兵且尽。信故胡小王，降汉，汉封为翕侯，及败，匈奴诱之，遂将其余骑约八百降匈奴。建尽亡其军，脱身亡，自归大将军。

【译文】

[汉武帝元朔六年]（前 123 年）

元朔六年，夏季，四月。卫青又率六位将军从定襄出发，进击匈奴。斩首、俘虏万余人。右将军苏建、前将军赵信共同率领三千余骑兵，单独与单于的军队遭遇。交战一天多，汉军死伤殆尽。赵信本是匈奴的小王，投降了汉朝。汉朝封为翕侯，及至兵败，匈奴诱降他。赵信遂率他剩余的约八百多骑兵投降了匈奴。苏建丧失了他的全部军队，脱身逃走，自己回到大将军处。

初，平阳县吏霍仲孺给事平阳侯家，与青姊卫少儿私通，生霍去病。去病年十八，为侍中，善骑射，再从大将军击匈奴，为票姚校尉，与轻勇骑八百，直弃大军数百里赴利，斩捕首虏过当。于是天子曰："票姚校尉去病，斩首虏二千余级，得相国、

当户，斩单于大父行藉若侯产，生捕季父罗姑，比再冠军，封去病为冠军侯。上谷太守郝贤四从大将军，捕斩首虏二千余级，封贤为众利侯。”

【译文】

当初，平阳县吏霍仲孺，在平阳侯家服役，与卫青的姐姐卫少儿私通，生下霍去病。霍去病十八岁时，任侍中。善于骑马射箭，又跟从大将军出击匈奴，担任票姚校尉，与轻骑勇士八百人，远离大军数百里，寻求战机，斩首俘获敌兵大大超过自己的兵力损失。于是，天子说：“票姚校尉霍去病，斩敌二千余人，生擒匈奴的相国和当户，斩单于的祖父辈藉若侯产，活捉单于季父罗姑，功劳再度冠于全军。封霍去病为冠军侯。上谷郡太守郝贤四次跟从大将军出征，捕获斩首二千余人，封郝贤为众利侯。”

霍去病　（前140—前117）西汉名将。河东平阳（今山西临汾）人。善骑射。元朔六年（前123）为票姚校尉，受封冠军侯。元狩二年（前121）任骠骑将军。后升任大司马，与卫青同掌兵权。元狩六年（前117）病卒。

昭 君 出 塞

[汉元帝竟宁元年] (前33年)

春，正月，匈奴呼韩邪单于来朝，自言愿婿汉氏以自亲。帝以后宫良家子王嫱字昭君赐单于。单于欢喜，上书："愿保塞上谷以西至敦煌，传之无穷。请罢边备塞吏卒，以休天子人民。"天子下有司议，议者皆以为便。郎中侯应习边事，以为不可许。上问状，应曰："周、秦以来，匈奴暴桀，寇侵边境；汉兴，尤被其害。臣闻北边塞至辽东，外有阴山，东西千余里，草木茂盛，多禽兽，本冒顿单于依阻其中，治作弓矢，来出为寇，是其苑囿也。至孝武世，出师征伐，斥夺此地，攘之于幕北，建塞徼，起亭隧，筑外城，设屯戍以守之，然后边境用得少安。幕北地平，少草木，多大沙，匈奴来寇，少所蔽隐；从塞以南，径深山谷，往来差难。边长老言：'匈奴失阴山之后，过之未尝不哭也！'如罢备塞吏卒，示夷狄之大利，不可一也。今圣德广被，天覆匈奴，匈奴得蒙全活之恩，稽首来臣。夫夷狄之情，困则卑顺，强则骄逆，天性然也。前已罢外城，省亭隧，才足以候望，通烽火而已。古者安不忘危，不可复罢，二也。中国有礼义之教，刑罚之诛，愚民犹尚犯禁；又况单于，能必其众不犯约哉！三也。自中国尚建关梁以制诸侯，所以绝臣下之觊欲也。设塞徼，置屯戍，非独为匈奴而已，亦为诸属国降民本故匈奴之人，恐其思旧逃亡，四也。近西羌保塞，与汉人交通，吏民贪利，侵盗其畜产、妻子，以此怨恨，起而背畔。今罢乘塞，则生嫚易分争之渐，五也。往者从军多没不还者，子孙贫困，一旦亡出，从其亲戚，六也。又边人奴婢愁苦，欲亡者多，曰：'闻匈奴中乐，无奈候望急何！'然时有亡出塞者，七也。盗贼桀黠，群辈犯法，如其窘急，亡走北出，则不可制，八也。起塞以来百有余年，非皆以土垣也，或因山岩、石、木、溪谷、水门，稍稍平之，卒徒筑治，功费久远，不可胜计。臣恐议者不深虑其终始，欲以壹切省繇戍，十年之外，百岁之内，卒有他变，障塞破坏，亭隧灭绝，当更发屯缮治，累岁之功不可卒复，九也。如罢戍卒，省候望，单于自以保塞守御，必深德汉，请求无已；小失其意，则不可测。开夷狄之隙，亏中国之固，十也。非所以永持至安、威制百蛮之长策也！”对奏，天子有诏：“勿议罢边塞事。”使车骑将军嘉口谕单于曰：“单于上书愿罢北塞吏士屯戍，子孙世世保塞。单于乡慕礼义，所以为民计者甚厚，此长久之策也。朕甚嘉之！中国四方皆有关梁障塞，非独以备塞外也。亦以防中国奸邪放纵，出为寇害，故明法度以专众心也。敬谕单于之意，朕无疑焉。为单于怪其不罢，故使嘉晓单于。”单于谢曰：“愚不知大计，天子幸使大臣告语，甚厚！”

【译文】

汉元帝竟宁元年（前 33 年）

春季，正月，匈奴呼韩邪单于来朝见，说自己愿娶汉女，当汉家女婿，以增进和汉家的亲密关系。汉元帝把后宫“良家女子”王嫱，字昭君，赐给单于。单于欢喜，上书说：“甘愿保卫东从上谷，西到敦煌的边塞，世代相传，以至永远。请撤销边塞防务，让吏卒复员，使天子的子民，得以休息。”天子下发给有关部门讨论。参加讨论的官员都认为方便可行，郎中侯应熟悉守边事宜，认为不可答应。皇上追问原因，侯应说：“周、秦以来，匈奴暴虐，侵扰边境。汉朝兴起，尤受其害。我听说，北部边塞到辽东，外有阴山，东西千余里，水草、树木，十分繁盛，多有禽兽出没。本有冒顿单于，依据险阻，占据其中，制造弓箭，出没为寇，把这片地方当作他的苑囿。到孝武皇帝之世，出师征伐，夺取了这片地方，把匈奴赶到大漠以北，修通道路，筑起城廓，设立屯戍，驻军防守。此后，边境才逐渐得到安宁。大漠以北，地面平坦，草木稀少，多大片沙碛。匈奴如来侵扰，缺少隐蔽的地方。边塞之南，山高谷深，往来困难。边塞上的老人们说：‘匈奴丧失阴山后，再经过时，没有不伤心痛哭的。’

王昭君　姓王名嫱，南郡姊归（今湖北省兴山县）人。与西施、貂蝉、杨玉环并称为中国古代四大美女。公元前33年出塞下嫁匈奴呼韩邪单于。

如果撤销边塞防务，复员吏卒，正是给夷狄莫大之利。这是不可答应的理由之一。现在皇上的恩德广施，像天空一样覆盖着匈奴。匈奴人幸蒙再生之恩，叩首臣服。但夷狄之人的性情，身陷困境则卑下顺从，一旦强盛则肆逆骄横，其天性就是这样。在此之前，已罢筑外城，停修道路，边防力量减少到只能担当瞭望、以烽火通军情而已。古人讲究居安思危，我们不可撤销防务。这是不可答应的理由之二。中国有礼义教化、刑罚诛杀，愚顽之人尚且违犯禁令，何况单于！难道一定能使其部众不违犯约定吗？这是不可答应的理由之三。就是中国，尚需设关卡以控制诸侯，从而杜绝臣下的觊觎。设立边塞城堡，建置屯戍，不仅仅是为防备匈奴，也因为诸属国降民中本是匈奴汗国之人，唯恐他们思念故旧而逃亡。这是不可答应的理由之四。接近西羌的边塞一带，与汉人交往，官吏小民贪图私利，侵夺盗取其畜产，强占其妻子儿女。由此怨恨，激起叛变。如果撤除防务，会逐渐产生欺侮和争斗。这是不可答应的理由之五。过去，从军的战士很多人在匈奴未还。他们的子孙贫困，一旦有了机会，就会逃亡出去，投降其亲戚。这是不可答应的理由之六。再说，沿边塞地区人家的奴婢愁苦无告，多想逃亡，说：“听说匈奴安乐，无奈边防守卫严密，怎么办？’即使如此，还是经常有逃亡出塞的。这是不可答应的理由之七。盗贼凶恶狡猾，群辈犯法不止，如果窘迫紧急，就会逃亡北窜，官府就不能惩治他们。这是不可答应的理由之八。沿边设塞，已有百余年，并非完全以土筑墙建塞，有的地方利用山岩、巨石、大木、深谷、水峡，士卒徒隶，修筑治理，逐渐平整，经年累月，费功不可胜计。我担心主张撤除防务的官员，未能对事情的来龙去脉搞清楚，未经深思熟虑，就想用一刀切的办法简单地全部省去徭役和戍守。十年之后，百年以内，突然发生变故，要塞已破坏，亭、隧等设施已毁坏，就必须重新征发屯守和缮治防守设施。可是，累世的工程不可能很快恢复。这是不可答应的理由之九。如果停罢戍守，撤除防务，省去守望，单于自以为守御要塞、保卫边疆有功，要汉朝对它感恩戴德，必会不断地请求赏赐，稍有不满意，祸不可测。这反而造成与夷狄之矛盾，有损中国的稳固。这是不可答应的理由之十。总之，这不是永保平安、控制外族的长远策略！”他的意见奏上以后，天子下诏说：“不要再讨论罢撤边塞防务的事了。”派车骑将军许嘉向单于传达口谕，说：“单于上书，请求撤除北方边塞防务和屯戍的官兵，子孙世世代代保卫边塞。单于一向

昭君出塞

仰慕礼义，十分诚恳地为中国百姓着想，这诚然是长久之策，我很赞赏。但中国四方边境都有边塞亭障，并非独独防备塞外，同时也是为了防止中国的奸邪之人，肆虐放纵，出塞寇掠为害。所以，宣明法度使众人之心专一。敬知单于之意，我决无怀疑。为了使单于对我们不撤除边防之举不发生误解，特派许嘉向单于解释。”单于道谢说：“我愚昧，不懂得国家大计，承蒙天子派大臣告知，恩德甚厚！”

初，左伊秩訾为呼韩邪画计归汉，竟以安定。其后或谗伊秩訾自伐其功，常鞅鞅，呼韩邪疑之；伊秩訾惧诛，将其众千余人降汉，汉以为关内侯，食邑三百户，令佩其王印绶。及呼韩邪来朝，与伊秩訾相见，谢曰：“王为我计甚厚，令匈奴至今安宁，王之力也，德岂可忘！我失王意，使王去，不复顾留，皆我过也。今欲白天子，请王归庭。”伊秩訾曰：“单于赖天命，自归于汉，得以安宁，单于神灵，天子之佑也，我安得力！既已降汉，又复归匈奴，是两心也。愿为单于侍使于汉，不敢听命！”单于固请，不能得而归。

【译文】

当初，左伊秩訾为呼韩邪出谋划策，使其归汉，终于得以安定。其后，有人进谗言，说左伊秩訾自矜有功，而心常怏怏不满，呼韩邪就对他产生疑忌。伊秩訾惧怕被诛，率领部众千人向汉朝投降。汉朝封他为关内侯，食邑三百户，令依匈奴王号佩印信绶带。及至呼韩邪来汉朝见，与伊秩訾见面，道歉并致谢说："你为我设计，恩德甚厚，使匈奴至今享有安宁，这是你的功力所致。此德岂可忘记！我使你失意，使你离去，不想再留居匈奴。这都是我的过错。现在，我想报告天子，请你重归单于庭。"伊秩訾说："单于遵从上天的旨意，自己归附于汉，得以安宁。这是单于英明，天子佑护，怎能说得力于我？既已降汉，又重归匈奴，是有二心。我愿为单于充使留侍于汉，不敢听命重归匈奴！"单于一再请求，不得应允，只好归去。

单于号王昭君为宁胡阏氏，生一男伊屠智牙师，为右日逐王。

【译文】

单于给王昭君的封号为宁胡阏氏，生一男孩伊屠智牙师，封为右日逐王。

诛杀董卓

[汉献帝初平三年]　(公元192年)

董卓以其弟旻为左将军，兄子璜为中军校尉，皆典兵事，宗族内外并列朝廷。卓侍妾怀抱中子皆封侯，弄以金紫。卓车服僭拟天子，召呼三台，尚书以下皆自诣卓府启事。又筑坞于郿，高厚皆七丈，积谷为三十年储，自云："事成，雄据天下，不成，守此足以毕老。"

【译文】

汉献帝初平三年（公元192年）

董卓让他的弟弟董旻为左将军，让他哥哥的儿子董璜为中军校尉，都掌兵权。其家族内外亲党，都在朝廷里当官。董卓的普通侍妾怀里抱着的儿子都封为侯，将金印和紫绶当玩具玩耍。董卓的车辆和服饰皆僭越制度，比拟天子，对三台官员随意驱使。尚书以下的官员，都得亲自到董卓府上请示报告工作。董卓又在郿县筑起坞堡，墙壁高和厚都是七丈，储存了够三十年用的谷米，他自己说过："大事成功，则称雄天下，事不成，守着它足以安度晚年。"

卓忍于诛杀，诸将言语有蹉跌者，便戮于前，人不聊生。司徒王允与司隶校尉黄琬、仆射士孙瑞、尚书杨瓒密谋诛卓。中郎将吕布，便弓马，膂力过人，卓自以遇人无礼，行止常以布自卫，甚爱信之，誓为父子。然卓性刚褊，尝小失卓意，卓拔手戟掷布，布拳捷避之。而改容顾谢，卓意亦解。布由是阴怨于卓。卓又使布守中阁，而私于傅婢，益不自安。王允素善待布，布见允，自陈卓几见杀之状，允因以诛卓之谋告布，使为内应。布曰："如父子何？"曰："君自姓吕，本非骨肉。今忧死不暇，何谓父子？掷戟之时，岂有父子情邪！"布遂许之。

【译文】

董卓杀人十分残忍，诸将说话稍有差错，便当即杀死，人人惊恐，朝不保夕。司徒王允与司隶校尉黄琬、仆射士孙瑞、尚书杨瓒秘密谋划诛杀董卓。中郎将吕布，精于骑射，力大超过常人。董卓自知待人无礼，起居行止常让吕布侍卫，对他十分宠爱信赖，发誓结为义父子。但董卓性情凶暴褊窄，曾有一次小小不合意，就拔出手戟，向吕布掷去。吕布敏捷地避开了，并改换成谦卑的神情连连谢罪，董卓的怒气也消解了。吕布从此就暗暗怨恨董卓。董卓又让吕布看守内宅，他便与婢女私通，于是心中更加不安。王允一向对吕布挺好。吕布见了王允，主动叙述了差点被杀的情况。王允乘机将谋划杀董卓的事告诉了吕布，让他做内应，吕布说："父子关系怎好下手？"王允说："你自姓吕，本非骨肉关系，现今担忧被杀还来不及呢，还说什么父子关系！他用手戟掷你的时候，哪有父子之情呢？"吕布遂应允。

夏，四月，丁巳，帝有疾新愈，大会未央殿。卓朝服乘车而入，陈兵夹道，自营至宫，左步右骑，屯卫周帀，令吕布等扞卫前后。王允使士孙瑞自书诏以授布，布令同郡骑都尉李肃与勇士秦谊、陈卫等十余人伪著卫士服，守北掖门内以待卓。卓入门，肃以戟刺之；卓衷甲，不入，伤臂，堕车，顾大呼曰："吕布何在！"布曰："有诏讨贼臣！"卓大骂曰："庸狗，敢如是邪！"布应声持矛刺卓，趣兵斩之。主簿田仪及卓仓头前赴其尸，布又杀之，凡所杀三人。布即出怀中诏版以令吏士曰："诏讨卓耳，余皆不问。”吏士皆正立不动，大称万岁。百姓歌舞于道，长安中士女卖其珠玉衣装市酒肉相庆者，填满街肆。弟旻、璜等及宗族老弱在郿，皆为其群下所斫射死。暴卓尸于市，天时始热，卓素充肥，脂流于地，守尸吏为大炷，置卓脐中然之，光明达曙，如是积日。诸袁门生聚董氏之尸，焚灰扬之于路。坞中有金二三万斤，银八九万斤，锦绮奇玩积如丘山。以王允录尚书事，吕布为奋威将军、假节，仪比三司，封温侯，共秉朝政。

【译文】

夏季，四月丁巳日，皇帝有病刚好，在未央殿大会群臣。董卓穿着朝服，乘车入朝。从大营到皇宫，夹道列兵：左侧是步兵、右侧是骑兵，团团层层护卫着，让吕布等人在前后保卫着。吕布命同乡、骑都尉李肃与勇士秦谊、陈卫等十多人伪装成卫士，穿着卫士服装，守候在北掖门内，等待董卓。董卓进了门，李肃举戟刺去。董卓内著铁甲，戟刺不进，只刺伤了手臂，跌下车来。董卓忙回头大叫：“吕布在哪里？”吕布应道：“奉诏书惩办贼臣！”董卓大骂：“癞皮狗，胆敢如此！”吕布应声持长矛，

向董卓刺去，催促士兵砍下了董卓的头。主簿田仪及董卓的老仆扑向董卓的尸首，吕布又杀死他俩，共杀了三人。吕布立即从怀里掏出诏书，向吏员和士兵宣布命令："诏书命令惩办董卓，其余的人一律不过问。"吏员和士兵都立正站着，一动不动，大呼万岁。老百姓在大街上载歌载舞。长安城中男女卖掉珠玉衣服，买来酒肉庆贺的人，挤满了大街小巷。董卓的弟弟董旻、侄子董璜等，以及董家宗族老弱之人，凡在郿县的，全被众人砍死或射死。将董卓的尸体拖到街市上示众。此时天气刚变热，董卓平素肥胖，肥脂流在地上。看守尸体的吏员，制了个大灯芯，放在董卓的肚脐眼中，用火点燃，灯芯大放光芒，直到天亮。就这样点了好几天。袁家的门生，将董氏的尸体堆到一起，焚烧成灰，扬弃在路上。董卓的坞堡中，有黄金二三万斤、银八九万斤，锦缎珍宝古玩堆积如山。朝廷任命王允为录尚书事，吕布为奋威将军、假节、仪同三司，封为温侯，共同主持国政。

官渡之战

[汉献帝建安五年]（公元200年）

曹操还军官渡，绍及议攻许，田丰曰："曹操既破刘备，则许下非复空虚。且操善用兵，变化无方，众虽少，未可轻也，今不如以久持之。将军据山河之固，拥四州之众，外结英雄，内修农战，然后简其精锐，分为奇兵，乘虚迭出以扰河南，救右则击其左，救左则击其右，使敌疲于奔命，民不得安业，我未劳而彼已困，不及三年，可坐克也。今释庙胜之策而决成败于一战，若不如志，悔无及也。"绍不从。丰强谏忤绍，绍以为沮众，械系之。于是移檄州郡，数操罪恶。二月，进军黎阳。

【译文】

汉献帝建安五年（公元200年）

曹操班师，驻扎在官渡，袁绍就商量准备进攻许县。田丰说："曹操既然已攻破刘备，那么，许县不会空虚。再说，曹操善于用兵，变化无常，部

曹操　字孟德，小名阿瞒、吉利，沛国谯县（今安徽亳州）人。东汉末年杰出的政治家、军事家和文学家。

众虽少，不可轻视。为今之计，不如按兵不动，长久相峙。将军据守山川险固，拥有四个州的人力，对外结交英雄，对内发展农业生产，加强战争准备。然后选拔精锐，分为数路奇兵，乘其空虚，分批出击，扰敌黄河以南。敌人救右，则进攻它的左方；敌人救左，则进攻它的右方，使敌人疲于奔命，它的民众不能平安从业。我方尚未辛劳而敌方已经困顿。不出三年，便可坐待胜利。现在放弃必胜的决策，却把成败付诸一战。如若不能如愿取胜，将后悔莫及啊！”袁绍不听从他的意见。田丰强硬的谏阻冒犯了袁绍。袁绍认为他故意扰乱军心，将他逮捕，戴上镣铐，关入监狱。于是向各州郡发布檄文，宣布曹操的罪恶。二月，进军黎阳。

袁绍遣其将颜良攻东郡太守刘延于白马。沮授曰：“良性促狭，虽骁勇，不可独任。”绍不听。夏，四月，曹操北救刘延。荀攸曰：“今兵少不敌，必分其势乃可。公到延津，若将渡兵向其后者，绍必西应之，然后轻兵袭白马，掩其不备，颜良可

禽也。”操从之。绍闻兵渡，即分兵西邀之。操乃引军兼行趣白马，未至十余里，良大惊，来逆战。操使张辽、关羽先登击之。羽望见良麾盖，策马刺良于万众之中，斩其首而还，绍军莫能当者。遂解白马之围，徙其民，循河而西。

【译文】

袁绍派遣他的大将颜良，进攻东郡太守刘延所在的白马。沮授说：“颜良性情急躁，心胸狭隘，虽然骁勇，不可独当重任。”袁绍不听他的话。夏季四月，曹操北进，援救刘延。荀攸说：“现今我们兵少，难以取胜，必须分散敌人的攻势才行。曹公到达延津，摆出将要兵渡黄河抄后路的势头，袁绍必然向西应战。然后，您却轻兵突袭白马，攻其不备，则颜良必可俘获。”曹操听从了他的主张。袁绍得知曹兵将北渡黄河，当即分兵向西阻截迎击。曹操就率军兼程急扑白马，尚有十余里路，颜良发觉，大吃一惊，忙来迎战。曹操派张辽、关羽率先出击。关羽望见颜良的戎车麾盖，跃马上前，

关羽　字云长，河东解良（今山西运城）人。三国时期蜀汉著名将领。死后被尊称为“关公”“武圣”。

在万众之中将颜良刺死，砍下首级，策马而回。袁绍军中，无人敢阻挡，于是解除了白马之围，将城中百姓，沿着黄河向西迁徙。

袁绍军阳武，沮授说绍曰："北兵虽众而劲果不及南，南军谷少而资储不如北；南幸于急战，北利在缓师。宜徐持久，旷以日月。"绍不从。八月，绍进营稍前，以沙塠为屯，东西数十里。操亦分营与相当。

冬，十月，绍复遣车运谷，使其将淳于琼等将兵万余人送之，宿绍营北四十里。沮授说绍："可遣蒋奇别为支军于表，以绝曹操之钞。"绍不从。

许攸曰："曹操兵少而悉师拒我，许下余守，势必空弱。若分遣轻军，星行掩袭，许可拔也。许拔，则奉迎天子以讨操，操成禽矣。如其未溃，可令首尾奔命，破之必也。"绍不从，曰："吾要当先取操。"会攸家犯法，审配收系之，攸怒，遂奔操。

【译文】

袁绍进军到阳武，沮授劝袁绍说："我们北边的军队，人数虽多，但战斗力不如南边的军队。南边的军队粮秣少，物资储备不如北军。南军利于急战，北军利在相持。应该旷日持久，拖而不战。”袁绍不采纳他的意见。八月，袁绍稍稍推进，依傍沙堆筑营。东西连绵数十里。曹操也分营与袁军遥相对峙。

冬季，十月，袁绍又派遣车辆运送谷米，让大将淳于琼等率军万余人护送，在袁绍大营北面四十里处宿营。沮授向袁绍建议：“请派蒋奇另外率一支军队在外保护，以防曹操抄截。”袁绍不听从。

许攸说：“曹操兵少，但出动全部兵力与我军相拒。许县剩余的守卫兵力，势必孤弱。如果派遣几股轻装部队，星夜前往突袭，许县必可攻拔。许县攻下，就迎接天子，用以讨伐曹操，曹操必可擒获。即使他尚未溃散，也会首尾不能兼顾，疲于奔命，最后击破他就是必然的了。”袁绍不听，说：“我要首先捉住曹操。”适逢许攸家人犯法，审配逮捕收监。许攸大怒，遂投奔曹操。

操闻攸来，跣出迎之，抚掌笑曰：“子卿远来，吾事济矣！”既入坐，谓操曰：“袁氏军盛，何以待之？今有几粮乎？”操曰：“尚可支一岁。”攸曰：“无是，更言之！”又曰：“可支半岁。”攸曰：“足下不欲破袁氏邪，何言之不实也！”操曰：

“向言戏之耳。其实可一月，为之奈何？”攸曰：“公孤军独守，外无救援而粮谷已尽，此危急之日也。袁氏辎重万余乘，在故市、乌巢，屯军无严备，若以轻兵袭之，不意而至，燔其积聚，不过三日，袁氏自败也。”操大喜，乃留曹洪、荀攸守营，自将步骑五千人，皆用袁军旗帜，衔枚缚马口，夜从间道出，人抱束薪，所历道有问者，语之曰：“袁公恐曹操钞略后军，遣兵以益备。”闻者信以为然，皆自若。既至，围屯，大放火，营中惊乱。会明，琼等望见操兵少，出陈门外，操急击之，琼退保营，操遂攻之。

绍闻操击琼，谓其子谭曰：“就操破琼，吾拔其营，彼固无所归矣！”乃使其将高览、张郃等攻操营。郃曰：“曹公精兵往，必破琼等，琼等破，则事去矣，请先往救之。”郭图固请攻操营。郃曰：“曹公营固，攻之必不拔。若琼等见禽，吾属尽为虏矣。”绍但遣轻骑救琼，而以重兵攻操营，不能下。

【译文】

曹操得知许攸来降，来不及穿鞋，光着脚出来迎接，鼓掌大笑，说：“子卿远道而来，我的大事必然成功！”入座后，许攸问曹操说：“袁军强盛，怎样对付？现在还有多少粮食？”曹操说：“还可维持一年。”许攸说：“没有的事，重新说吧！”又回答：“可维持半年。”许攸说：“您不想消灭袁氏吗？为什么不说实话呢？”曹操说：“刚才的话，是和你开玩笑，其实只可用一个月，怎么办呢？”许攸说：“您一支孤军，独守阵地，外无救兵，粮食已无，这是危急之日。袁绍的辎重车队一万多辆，屯在故市、乌巢，屯守的军人没有严密的戒备，如能用轻装精兵发动突袭，出乎意外，突然而至，将其积聚的粮食烧掉，不出三天，袁绍的军队就会自行溃败。”曹操大喜，就留下曹洪、荀攸守卫大营，自己率领步兵、骑兵五千人，全用袁军的旗帜，马口衔物用绳捆住，使不能出声，夜间从小道出发，每人抱一捆柴。路上有人询问，就告诉他说：“袁公恐怕曹操抄略后面的军队，派兵增加戒备力量。”听到这话的人也相信是这样，全都没放在心上。大军到达后，包围了粮屯，放起火来。袁军营中一片惊恐混乱。这时，天色已明，淳于琼等望见曹操兵少，指挥军队到营门外列阵，曹操急忙奋力出击，淳于琼退回营内固守。曹操就麾兵攻营。

袁绍得知曹操突袭淳于琼，对儿子袁谭说：“曹操即使攻破淳于琼，我攻拔了他的大营，他就没有退路了。”于是派部将高览、张郃等进攻曹操的大营。张郃说：“曹公率精兵前去，必能攻破淳于琼。淳于琼等被消灭，事情就全完了。请先去救援淳于琼。”郭图却固执地请求进攻曹操大营。张郃说：“曹公的营垒牢固，必然难以攻破。如果淳于琼等被擒，我们全都要当俘虏。”袁绍只派轻装骑兵去援救淳于琼，而以主力部队进攻曹操大营，但未能攻下。

绍骑至乌巢，操左右或言：“贼骑稍近，请分兵拒之。”操怒曰：“贼在背后，乃白！”士卒皆殊死战，遂大破之，斩琼等，尽燔其粮谷，士卒千余人，皆取其鼻，牛马割唇舌，以示绍军。绍军将士皆恟惧。郭图惭其计之失，复谮张郃于绍曰：“郃快军败。”郃忿惧，遂与高览焚攻具，诣操营降。曹洪疑不敢受，荀攸曰：“郃计画不用，怒而来奔，君有何疑！”乃受之。

于是绍军惊扰，大溃。绍及谭等幅巾乘马，与八百骑渡河。操追之不及，尽收其辎重、图书、珍宝。余众降者，操尽坑之，前后所杀七万余人。

【译文】

袁绍的骑兵到达乌巢，曹操左右有人说：“敌人的骑兵已靠近了，请分出兵力对付他们。”曹操发怒说：“贼兵到了背后，再报告！”士兵们都奋勇搏斗，遂大破淳于琼部，将淳于琼等斩首，将粮谷全部烧毁，杀死袁兵千余人，全割下鼻子，牛马割下嘴唇和舌头，让袁绍的军队观看。袁军将士大为震恐。郭图对自己计策的失败感到心中惭愧羞怒，又向袁绍说张郃的坏话：“我军失败，张郃暗暗高兴。”张郃既忿恨又惧怕，遂与高览焚烧了进攻器械，到曹营投降。曹洪狐疑不敢受降，荀攸说：“张郃因计策不被采纳，心中愤怒，前来投奔，您有什么可疑虑的？”于是就接受他投降。

这时袁绍的军队惊恐混乱，大败溃退。袁绍及袁谭等便衣打扮，身着幅巾，乘马逃走，与八百名骑兵渡过黄河。曹操没能追上，将袁绍军营中的辎重、图书文件、金银珍宝尽皆接收。袁军残余部队投降后，曹操将他们全部坑杀，前后共杀七万余人。

三顾茅庐

[汉献帝建安十二年]（公元207年）

初，琅邪诸葛亮寓居襄阳隆中，每自比管仲、乐毅。时人莫之许也，惟颍川徐庶与崔州平谓为信然。州平，烈之子也。

【译文】

汉献帝建安十二年（公元207年）

当初，琅邪人诸葛亮，寄居于襄阳隆中，常常把自己比作管仲、乐毅。当时人并不认可他，只有颍川人徐庶与崔州平认为确实如此。崔州平，是崔烈的儿子。

刘备在荆州，访士于襄阳司马徽。徽曰："儒生俗士，岂识时务，识时务者在乎俊杰。此间自有伏龙、凤雏。"备问为谁，曰："诸葛孔明、庞士元也。"徐庶见备于新野，备器之。庶谓备曰："诸葛孔明，卧龙也，将军岂愿见之乎？"备曰："君与俱来。"庶曰："此人可就见，不可屈致也，将军宜枉驾顾之。"备由是诣亮，凡三往，乃见。

【千里江山图】卷 局部 ［宋］ 江参 中国台北故宫博物院藏 21－3

【千里江山图】卷 局部 [宋] 江参 中国台北故宫博物院藏 21-3

因屏人曰："汉室倾颓，奸臣窃命，孤不度德量力，欲信大义于天下，而智术浅短，遂用猖蹶，至于今日。然志犹未已，君谓计将安出？"亮曰："今曹操已拥百万之众，挟天子而令诸侯，此诚不可与争锋。孙权据有江东，已历三世，国险而民附，贤能为之用，此可与为援而不可图也。荆州北据汉、沔，利尽南海，东连吴会，西通巴、蜀，此用武之国，而其主不能守，此殆天所以资将军也。益州险塞，沃野千里，天府之土；刘璋暗弱，张鲁在北，民殷国富而不知存恤，智能之士思得明君。将军既帝室之胄，信义著于四海，若跨有荆、益，保其岩阻，抚和戎、越，结好孙权，内修政治，外观时变，则霸业可成，汉室可兴矣。"备曰："善！"于是与亮情好日密。关羽、张飞不悦，备解之曰："孤之有孔明，犹鱼之有水也。愿诸君勿复言。"羽、飞乃止。

【译文】

刘备在荆州，向襄阳人司马徽询访人才。司马徽说："儒生和庸俗之辈，怎能认清当前政治形势？只有俊杰才能认清政治形势。这里就有‘伏龙’和‘凤雏’。”刘备忙问是谁。司马徽回答说：“诸葛孔明（诸葛亮字孔明）和庞士元（庞统字士元）。”徐庶在新野拜见刘备，刘备对他很器重。徐庶对刘备说：“诸葛孔明，是一条卧龙，将军愿意见他吗？”刘备说：“请您与他一同来。”徐庶说：“这位先生，只可去拜访，不可让他屈驾前来。将军应当屈驾亲自去探望他。”刘备于是前往拜会诸葛亮，共去了三趟，才见到。于是，刘备让别人避开，说道：“汉朝颓败，奸臣窃权。我不自量力，想向天下展示大义，但智谋短浅，遂遭挫败，直到现在，一事无成。然而志向依然，并不灰心，先生认为该怎么办呢？”诸葛亮说：“现今曹操已拥有百万大军，挟持天子以号令天下，实在难与他争高低。孙权占据江东，已经历三代，地势险要，百姓归附，贤能之人，为他尽力，对他只可交朋友互相援助，不能当敌人算计他。荆州北面据有汉水、沔水做屏障，南面直到南海尽头，富于财利，东方连结吴郡、会稽，西方通往巴郡、蜀郡，这是大有可为的地区，而当地主人（指刘表）不能守护。这大概是上天用来资助将军您的吧！益州边塞险要，土地肥沃，一望千里，是‘天府之国’。刘璋糊涂懦弱，张鲁在它北面虎视眈眈。当地百姓富庶，政府财力雄厚，但刘璋不知道珍惜爱护，有智慧和才能的人，希望得到英明的首领。将军既是皇家后代，信誉仁义，四海闻名。若能跨有荆州、益州，据守险要地形，安抚团结戎、越等少数民族，与孙权缔结盟好，对内修明政治，对外静观时局变化，等待时机，这样，霸主业绩定可成功，汉室复兴指日可待。”刘备兴奋地说：“太好了！”于是与诸葛亮的情谊，日益密切。关羽、张飞不高兴，刘备解释说：“我有了孔明先生，如鱼得水。希望诸位不要再多说了。”关羽、张飞这才罢休。

赤壁之战

[汉献帝建安十三年]（公元208年）

初，鲁肃闻刘表卒，言于孙权曰："荆州与国邻接，江山险固，沃野万里，士民殷富，若据而有之，此帝王之资也。今刘表新亡，二子不协，军中诸将，各有彼此。刘备天下枭雄，与操有隙，寄寓于表，表恶其能而不能用也。若备与彼协心，上下齐同，则宜抚安，与结盟好；如有离违，宜别图之，以济大事。肃请得奉命吊表二子，并慰劳其军中用事者，及说备使抚表众，同心一意，共治曹操，备必喜而从命。如其克谐，天下可定也。今不速往，恐为操所先。"权即遣肃行。

【译文】

汉献帝建安十三年（公元208年）

当初，鲁肃听说刘表死了，便对孙权说道："荆州和我国接邻，江山形势险要坚固，土地肥沃广阔，百姓殷实富足，如果咱们占有它，这就有了创建帝王大业的资本。现在刘表刚死，两个儿子不和，军队里的将领们，有的拥护这个，有的拥护那个。刘备是当今豪杰，和曹操有矛盾，寄居在刘表那里，刘表畏忌他的才能，不能重用他。如果刘备和荆州方面同心协力，上下团结一致，那么就应该安抚他们，和他们结成友好同盟；如果他们人心不齐，应该另做打算，以便成就我们的大业。我请求能够奉您的命令去吊慰刘表的两个儿子，并慰劳他们军中其他掌权的人，以及劝说刘备让他抚慰刘表方面的人士，同心同德，共同对付曹操，刘备一定很高兴，并且会听从我们的意见。这件事如果办妥，那么天下大局便可以确定了。如果不赶快派人前往荆州，恐怕就要被曹操占了先。”孙权立即派鲁肃前去荆州。

孙权 (182—252)，孙坚次子，字仲谋，吴郡富春（今浙江富阳）人。三国时吴国的建立者。

到夏口，闻操已向荆州，晨夜兼道，比至南郡，而琮已降。备南走，肃径迎之，与备会于当阳长坂。肃宣权旨，论天下事势，致殷勤之意。且问备曰：“豫州今欲何至？”

备曰："与苍梧太守吴巨有旧，欲往投之。"肃曰："孙讨虏聪明仁惠，敬贤礼士，江表英豪，咸归附之，已据有六郡，兵精粮多，足以立事。今为君计，莫若遣腹心自结于东，以共济世业。而欲投吴巨，巨是凡人，偏在远郡，行将为人所并，岂足托乎！"备甚悦。肃又谓诸葛亮曰："我，子瑜友也。"即共定交。子瑜者，亮兄瑾也，避乱江东，为孙权长史。备用肃计，进住鄂县之樊口。

【译文】

鲁肃到了夏口，听说曹操已经向荆州进发，便日夜赶路，等到他赶到南郡时，刘琮已经投降曹操。刘备往南逃跑，鲁肃直接去迎接刘备，和刘备在当阳长坂坡相会。鲁肃传达了孙权的意旨，和刘备讨论天下形势，并向刘备表达了深厚而恳切的希望。鲁肃又问刘备说："您现在打算到哪里？"刘备说："我和苍梧太守吴巨有旧交情，想前去投奔他。"鲁肃说："孙权将军英明仁慈，尊敬贤才，礼遇士人，江东的英雄豪杰，全都来归附他，现在已经占有六个郡，兵精粮广，足以成就大业。现在我替您打算，不如派遣亲信主动和东吴结交，来共同完成大业。而您打算投奔吴巨，吴巨不过是个平庸的人，又地处偏远的苍梧郡，将来总会被人吞并，哪里可以依靠呢？”刘备听了非常高兴。鲁肃又对诸葛亮说：“我是子瑜的朋友。”于是一起决定交好。子瑜，就是诸葛亮的兄长诸葛瑾，因为到江东避乱，当上了孙权的长史。刘备采用鲁肃的计策，进驻鄂县的樊口。

曹操自江陵将顺江东下。诸葛亮谓刘备曰：“事急矣，请奉命求救于孙将军。”遂与鲁肃俱诣孙权。亮见权于柴桑，说权曰：“海内大乱，将军起兵江东，刘豫州收众汉南，与曹操共争天下。今操芟夷大难，略已平矣，遂破荆州，威震四海。英雄无用武之地。故豫州遁逃至此。愿将军量力而处之！若能以吴、越之众与中国抗衡，不如早与之绝；若不能，何不按兵束甲，北面而事之！今将军外托服从之名而内怀犹豫之计，事急而不断，祸至无日矣。”权曰：“苟如君言，刘豫州何不遂事之乎？”亮曰：“田横，齐之壮士耳，犹守义不辱；况刘豫州王室之胄，英才盖世，众士慕仰，若水之归海。若事之不济，此乃天也，安能复为之下乎！”权勃然曰：“吾不能举

全吴之地，十万之众，受制于人。吾计决矣！非刘豫州莫可以当曹操者；然豫州新败之后，安能抗此难乎？”亮曰：“豫州军虽败于长坂，今战士还者及关羽水军精甲万人，刘琦合江夏战士亦不下万人。曹操之众，远来疲敝，闻追豫州，轻骑一日一夜行三百余里，此所谓‘强弩之末势不能穿鲁缟’者也。故《兵法》忌之，曰：‘必蹶上将军。’且北方之人，不习水战；又，荆州之民附操者，逼兵势耳，非心服也，今将军诚能命猛将统兵数万，与豫州协规同力，破操军必矣。操军破，必北还；如此，则荆、吴之势强，鼎足之形成矣。成败之机，在于今日！”权大悦，与其群下谋之。

【译文】

曹操将从江陵顺着大江向下游东进。诸葛亮对刘备说：“形势很紧急了，请派我去向孙将军求救。”诸葛亮就和鲁肃一起（到江东）去见孙权。诸葛亮在柴桑谒见了孙权，劝说孙权道：“现在天下大乱，将军在江东起兵，刘豫州在汉南集结部队，一齐跟曹操争夺天下。如今曹操最大的祸患已铲除削平，大致已经平定北方了，又攻下荆州，威势震动天下。

刘豫州（失去地盘，被逼得）没有施展本领的地方，所以才避逃到这里。希望将军估计一下自己的实力，应怎样来对付这种情况！如果您能凭借吴、越地方的力量来和曹操对抗，不如早点和他断绝关系；如果您觉得不能和曹操对抗，为什么不放下武器、收拾铠甲，向曹操投降称臣！现在将军表面上假托服从曹操的名义，而内心又揣着迟疑不决的主意，事情已经十分紧急，然而您却不能当机立断，大祸临头也就没有几天了。”孙权说：“倘若如您所说，刘豫州为什么不向曹操投降称臣呢？”诸葛亮说：“田横，不过是齐国的一个壮士而已，尚且能坚持道义，不受屈辱，何况刘豫州是皇家后代，才能英明盖世无双，众多士人爱戴拥护他，好像水流归向大海一般。如果大业不能成功，那也是天意，怎么能再做曹操的下属呢？”孙权勃然大怒说：“我不能拿整个东吴的土地，十万人的军队，去受别人约制。我的主意打定了！除了刘豫州，没有人可以来抵挡曹操的；然而，刘豫州刚吃败仗不久，怎么能对付得了这种强大的攻势呢？”诸葛亮说：“刘豫州的部队虽然在长坂坡打了败仗，但如今归队的战士加上关羽统率的水军，精兵还有一万人，加上刘琦、江夏的战士也不少于一万人。而曹操的军队远道而来，疲惫不堪，听说追赶刘豫州时，轻装的骑兵一天一夜赶三百多里路，这就是通常说的‘强弓发射的箭，到了射程终了时，连一层鲁国的薄绢也射不穿’的那种情况啊。所以《兵法》忌讳这样做，说这样‘一定会使冒进的大将受挫折’。何况北方人不习惯水上作战；而且，荆州的百姓归附曹操，是迫于武力的威胁罢了，并不是心悦诚服。现在将军果真能够派一员虎将统领几万军队，和刘豫州共同规划、同心协力，势必能打败曹操。一旦曹军吃了败仗，一定会撤回北方；这样一来，那荆州、东吴方面的势力就强大起来，三分天下的局面就形成了。成功和失败的关键，只在今天！”孙权听了十分高兴，便和他的部下共同商讨这件事。

是时，曹操遗权书曰：“近者奉辞伐罪，旌麾南指，刘琮束手。今治水军八十万众，方与将军会猎于吴。”权以示臣下，莫不响震失色。长史张昭等曰：“曹公，豺虎也，挟天子以征四方，动以朝廷为辞；今日拒之，事更不顺。且将军大势可以拒操者，长江也；今操得荆州，奄有其地，刘表治水军，蒙冲斗舰乃以千数，操悉浮于沿江，兼有步兵，水陆俱下，此为长江之险已与我共之矣，而势力众寡又不可论。愚谓大计不如迎之。”鲁肃独不言。权起更衣，肃追于

宇下。权知其意，执肃手曰："卿欲何言？"肃曰："向察众人之议，专欲误将军，不足与图大事。今肃可迎操耳，如将军不可也。何以言之？今肃迎操，操当以肃还付乡党，品其名位，犹不失下曹从事，乘犊车，从吏卒，交游士林，累官故不失州郡也。将军迎操，欲安所归乎？愿早定大计，莫用众人之议也！"权叹息曰："诸人持议，甚失孤望。今卿廓开大计，正与孤同。"

【译文】

这时，曹操派人给孙权送来一封信，信上写道："近来我奉朝廷的命令讨伐有罪的人，大军南进，刘琮束手投降。现在训练了水军八十万之多，正要和将军共同在东吴打猎。"孙权把这封信拿给部下看，没有不吓得变了脸色的。长史张昭等人说："曹操是豺狼虎豹，他挟持皇帝，动不动就拿朝廷的名义征讨四方，今天如果和他对抗，就于事理不顺。况且将军凭借抗曹的有利地形，不过是一条长江；如今曹操攻取了荆州，全部占有那一带的地方，原先刘表所训练的水军，战艇战舰多到以千艘来计算，曹操全部把它们布置在沿江一带，又加上步兵，水路陆路一起进军，这就是长江天险已经和我方共有了，至于军事力量悬殊又不可相提并论。我认为不如投降曹操为上策。”只有鲁肃一个人默不作声。孙权起身上厕所，鲁肃追上去，在檐下赶上他，孙权知道他的来意，拉着鲁肃的手说：“你想说点什么？”鲁肃说：“刚才我考察了大家的议论，觉得都专想贻误将军，实在不值得和他们商讨国家大事。至于我鲁肃，可以投降曹操，而像将军您却不可以。这话怎么说呢？如果我投降曹操，曹操会把我送还乡里，品评我的名位，还可以当个州郡的下级官吏，乘坐牛车，带几个随从，和士大夫们往来，积累资历逐渐升官职，仍旧可以做州郡一级的长官。将军您一旦投降了曹操，将会得到一个什么样的结局呢？希望您早定战略大计，不要听信那些人的意见！”孙权叹息道：“大家发表的意见，很使我失望。现在您阐发的战略大计，正和我的想法相同。”

时周瑜受使至番阳，肃劝权召瑜还。瑜至，谓权曰：“操虽托名汉相，其实汉贼也。将军以神武雄才，兼仗父兄之烈，割据江东，地方数千里，兵精足用，英雄乐业，当横行天下，为汉家除残去秽；况操自送死，而可迎之邪？请为将军筹之：今北土未平，马超、韩遂尚在关西，为操后患；

而操舍鞍马，仗舟楫。与吴、越争衡；今又盛寒，马无藁草，驱中国士众远涉江湖之间，不习水土，必生疾病。此数者用兵之患也，而操皆冒行之。将军禽操，宜在今日。瑜请得精兵数万人，进住夏口，保为将军破之！”权曰：“老贼欲废汉自立久矣，徒忌二袁、吕布、刘表与孤耳；今数雄已灭，惟孤尚存。孤与老贼势不两立，君言当击，甚与孤合，此天以君授孤也。”因拔刀斫前奏案曰：“诸将吏敢复有言当迎操者，与此案同！”乃罢会。

【译文】

这时周瑜已受命到番阳去，鲁肃建议孙权召回周瑜。周瑜回来后，对孙权说：“曹操打着汉朝丞相的名号，实际上却是汉朝的国贼。将军凭借非凡的才能，同时依靠父兄建立的功业，拥有江东，方圆几千里地，军队精锐、物资充足，英雄豪杰乐于为国家效力，应当驰骋于天下，替汉朝除掉残暴污秽的人；何况曹操自己前来送死，（更应该消灭他，）怎么可以投降他呢？请允许我替将军筹划这件事：现在北方并未完全平定，马超、韩遂还在函谷关以西活动，他们是曹操后方的大患，曹操又舍弃骑兵

周瑜　(175—210)，三国时期吴国将领，杰出的军事家。字公瑾，美姿容，精音律，多谋善断，人称周郎。208年赤壁之战中大败曹军，后不幸早逝。

不用，而依仗舟船来和我东吴争天下；现在正值严冬，马缺乏草料，驱赶中原地区的士兵们远来江河湖泊纵横的南方，不服水土，一定会生病。这几件事都是用兵的禁忌，而曹操都冒失地干了。将军擒拿曹操，应该就在今天。请您拨给我几万精兵，让我进驻夏口，我一定为将军击败曹操！”孙权说：“曹操那老贼想要废掉汉家皇帝自己登基已经很久了，只是顾忌袁绍、袁术、吕布、刘表和我而已；现在那几位豪杰都已被消灭，只有我还幸存着。这种情势使我和老贼双方不能同时并存，您说应该抗击曹操，很合我的心意，这是天意要使我成功，才把您赐给我。”于是拔刀砍断面前放置奏章文书的几案，又说：“各位武将文官有谁敢再说应当向曹操投降的，和这张几案下场相同！”于是，就宣布罢会。

是夜，瑜复见权曰：“诸人徒见操书言水步八十万而各恐慑，不复料其虚实，便开此议，甚无谓也。今以实校之，彼所将中国人不过十五六万，且已久疲；所得

表众亦极七八万耳，尚怀狐疑。夫以疲病之卒御狐疑之众，众数虽多，甚未足畏。瑜得精兵五万，自足制之，愿将军勿虑！”权抚其背曰：“公瑾，卿言至此，甚合孤心。子布、元表诸人，各顾妻子，挟持私虑，深失所望；独卿与子敬与孤同耳，此天以卿二人赞孤也。五万兵难卒合，已选三万人，船粮战具俱办。卿与子敬、程公便在前发，孤当续发人众，多载资粮，为卿后援。卿能办之者诚决，邂逅不如意，便还就孤，孤当与孟德决之。”遂以周瑜、程普为左右督，将兵与备并力逆操；以鲁肃为赞军校尉，助画方略。

【译文】

当天晚上，周瑜再次去见孙权说：“大家只看到曹操书信上写着水军步兵八十万，就各自害怕了，不再估量他们的真假，便发出投降的议论，是很没有意思的。现在按实际情况核对一下，曹操统率的中原士兵不过十五六万人，而且早已疲惫不堪；新收编刘表的水军最多也只有七八万，还都心怀疑虑。曹操用疲乏劳累的士卒，驱使犹豫动摇的人众，人数虽然很多，也是很不值得惧怕的。请拨给我五万精兵，就完全可以制伏曹军，希望将军不必多虑！”孙权抚着他的背说：“公瑾，您说到这里，很合我的心意，子布、元表这些人，只顾各自的妻小，带有私心，使我非常失望；只有您和子敬跟我同心而已，这是天意安排你们二位来协助我。五万精兵一时难于调集，我已挑选了三万人，船只粮草武器全都准备好。您和子敬、程公就先出发，我当继续调兵遣将，多运载些物资粮草，做您的后援。您能对付得了曹操的话，当然可以和他决战，万一遇到意外，便后撤来靠拢我，我将和孟德决一死战。”孙权就派周瑜、程普为左右都督，率领军队和刘备齐心协力迎击曹操；派鲁肃为赞军校尉，协助谋划策略。

刘备在樊口，日遣逻吏于水次候望权军。吏望见瑜船，驰往白备，备遣人慰劳之。瑜曰：“有军任，不可得委署；傥能屈威，诚副其所望。”备乃乘单舸往见瑜曰：“今拒曹公，深为得计。战卒有几？”瑜曰：“三万人。”备曰：“恨少。”瑜曰：“此自足用，豫州但观瑜破之。”备欲呼鲁肃等共会语，瑜曰：“受命不得妄委署；若欲见子敬，可别过之。”备深愧喜。

【译文】

刘备驻扎在樊口，每天派巡逻的官吏在江边探望，等候孙权军队的到来。官吏远远望见周瑜的来船，便飞马赶回营地禀告刘备，刘备马上派人前去慰劳周瑜。周瑜说：“有军务在身，不便擅离职守；倘若刘豫州能屈尊前来，那真是符合我所希望的。”刘备便乘坐单船前来会见周瑜，说：“现在咱们抗拒曹操，这是一个十分正确的决策。不知您的战斗部队有多少人？”周瑜道：“三万人。”刘备说：“可惜太少。”周瑜说：“这完全够用，豫州您只管看我击破曹军。”刘备想邀请鲁肃等人来一起会面交谈，周瑜说：“鲁肃等也有军务在身，不便擅离职守。假如您想会会子敬，可以另外找时间去看他。”刘备深感惭愧，又十分高兴。

刘备（161—223），三国蜀汉开国君王。字玄德，涿郡（今河北省涿州市）人。221年，于成都即位称帝，国号汉，年号章武。伐东吴兵败，因病崩逝，谥号昭烈帝，史称刘先主。

进，与操遇于赤壁。

时操军众已有疾疫。初一交战，操军不利，引次江北。瑜等在南岸，瑜部将黄盖曰："今寇众我寡，难与持久。操军方连船舰，首尾相接，可烧而走也。"乃取蒙冲斗舰十艘，载燥荻、枯柴，灌油其中，裹以帷幕，上建旌旗，预备走舸，系于其尾。先以书遗操，诈云欲降。时东南风急，盖以十舰最著前，中江举帆，余船以次俱进。操军吏士皆出营立观，指言盖降。去北军二里余，同时发火，火烈风猛，船往如箭，烧尽北船，延及岸上营落。顷之，烟炎张天，人马烧溺死者甚众。瑜等率轻锐继其后，雷鼓大震，北军大坏。操引军从华容道步走，遇泥泞，道不通，天又大风，悉使羸兵负草填之，骑乃得过。羸兵为人马所蹈藉，陷泥中，死者甚众。刘备、周瑜水陆并进，追操至南郡。时操军兼以饥疫，死者太半。操乃留征南将军曹仁、横野将军徐晃守江陵，折冲将军乐进守襄阳，引军北还。

【译文】

孙刘联军向前推进，在赤壁与曹军相遇。

这时曹操军中已经发生了传染病。双方刚一交战，曹军就失利，退驻长江北岸。周瑜等人驻扎在南岸，周瑜部下的将领黄盖提议道："目前敌众我寡，很难和他们长久相持。曹军正好把战船连接在一起，船头船尾相接，可采用火攻迫使他们溃逃。"（周瑜赞同这一计策，）就调集战艇战舰十艘，装载干芦荻、枯柴草，里边灌了油，用篷布包裹起来，上面竖立起黄盖的军旗，还准备了轻便快艇，拴在大船尾部。黄盖先派人给曹操送信，假称准备去投降。（到了约定投降的那天，）东南风刮得很急，黄盖派那十艘舰艇驶在最前面，到了江中升起帆来，其余的船只按次序一起前进。曹军中的将士都出营站着观看，指点来船说黄盖来投降了。距离北岸曹军还有二里多远，（前头的十艘船）同时点火，风势猛，火势大，船像箭一般飞驰，把北岸曹军的船只全都烧尽，火势还蔓延到岸上的兵营。顷刻间，火焰浓烟满天，曹军人马烧死的、淹死的非常多。周瑜等人率领轻装的精锐部队随后进击，擂起战鼓震天动地，北岸曹军彻底崩溃。曹操领着败兵从华容道陆路逃跑，碰上雨后道路泥泞，不便行走，天又刮着大风，就命令老弱士兵全部背草填路，骑兵才勉强通过。老弱士兵被人马践踏，陷在泥坑中，死的很多。刘备、周瑜水路、陆路齐头并进，追赶曹军直追到南郡。这时曹军又饿又病，死了一大半。于是曹操就留下征南将军曹仁、横野将军徐晃来防守江陵，折冲将军乐进防守襄阳，自己带领其余军队向北撤退了。

曹魏禅让

[晋武帝泰始元年]（公元265年）

十二月，壬戌，魏帝禅位于晋；甲子，出舍于金墉城。太傅司马孚拜辞，执帝手，流涕歔欷不自胜，曰：“臣死之日，固大魏之纯臣也。”丙寅，王即皇帝位，大赦，改元。丁卯，奉魏帝为陈留王，即宫于邺。优崇之礼，皆仿魏初故事。魏氏诸王皆降为侯。追尊宣王为宣皇帝，景王为景皇帝，文王为文皇帝；尊王太后曰皇太后。封皇叔祖孚为安平王，叔父干为平原王、亮为扶风王、伷为东莞王、骏为汝阴王、肜为梁王、伦为琅邪王，弟攸为齐王、鉴为乐安王、机为燕王，又封群从司徒望等十七人皆为王。以石苞为大司马，郑冲为太傅，王祥为太保，何曾为太尉，贾充为车骑将军，王沈为骠骑将军；其余文武增位进爵有差。乙亥，以安平王孚为太宰，都督中外诸军事。未几，又以车骑将军陈骞为大将军，与司徒义阳王望、司空荀颉，凡八公，同时并置。帝惩魏氏孤立之敝，故大封宗室，授以职任。又诏诸王皆得自选国中长吏；卫将军齐王攸独不敢，皆令上请。

【译文】

晋武帝泰始元年（公元 265 年）

十二月十三日，魏皇帝（曹奂）把帝位禅让给晋王；十五日，出宫暂居于金墉城。太傅司马孚叩拜辞别，握着魏帝的手，呜咽流涕，难以自制，说："我到死的那一天，仍然是大魏的忠贞纯臣！"十七日，晋王司马炎即皇帝位，大赦，改年号。十八日，封魏帝为陈留王，王宫设在邺城。优待和尊崇的礼遇，全都仿照曹魏初建时的做法。曹魏的诸王都降为侯。追尊宣王司马懿为宣皇帝、景王司马师为景皇帝、文王司马昭为文皇帝；尊王太后为皇太后。封皇叔祖司马孚为安平王，叔父司马干为平原王、司马亮为扶风王、司马伷为东莞

晋武帝司马炎　（236—290），字安世。司马昭长子。司马昭过世后，继承晋王的爵位。后逼迫魏元帝禅让，即位为帝，国号晋。谥号武皇帝，庙号世祖。

王、司马骏为汝阴王、司马肜为梁王、司马伦为琅邪王，弟弟司马攸为齐王、司马鉴为乐安王、司马机为燕王，又封堂叔伯兄弟司徒、司马望等十七人全都为王。任命石苞为大司马、郑冲为太傅、王祥为太保、何曾为太尉、贾充为车骑将军、王沈为骠骑将军；其余的文武百官，升官晋爵，各有等差。二十六日，任命安平王司马孚为太宰，都督中外诸军事。不久，又任命车骑将军陈骞为大将军，与司徒义阳王司马望、司空荀颤，共为八公，同时并立。晋武帝接受曹魏孤立无援而致灭亡的教训，故而大封宗室，授以要职。又下诏，命诸王都可以自行选任封国的长吏等官员；只有卫将军齐王司马攸独独不敢擅自做主，全都向上请示朝廷。

淝水之战

[晋孝武帝太元七年]（公元382年）

冬，十月，秦王坚会群臣于太极殿，议曰："自吾承业，垂三十载，四方略定，唯东南一隅，未沾王化。今略计吾士卒，可得九十七万，吾欲自将以讨之，何如？"秘书监朱肜曰："陛下恭行天罚，必有征无战，晋主不衔璧军门，则走死江海。陛下返中国士民，使复其桑梓，然后回舆东巡，告成岱宗，此千载一时也。"坚喜曰："是吾志也。"

【译文】

晋孝武帝太元七年（公元382年）

冬天，十月，前秦皇帝苻坚在太极殿会见群臣，和他们商议说："自从我继承前秦帝王大业，至今将近三十年，四方大略已经平定，只有东南一角，还没有归顺我们，承受教化。现在粗略统计一下我方兵力，士卒可达九十七万人之多，我将亲自率领他们去征讨东南，大家看怎么样？"秘书监朱肜说："陛下恭谨地执行天意进行讨伐，代天出征，一定不用交战便可以获胜。晋主如果不是口衔玉璧，到军门来投降，就是逃跑死在江海。那时，陛下就可以使南渡避难的人士返回北土，让他们回到各自的故乡。然后陛下便可回车向东巡行，祭祀泰山，禀告南征的成功，这真是千载难逢的好机会。”苻坚欣喜地说：“这正是我的志向。”

尚书左仆射权翼曰：“昔纣为无道，三仁在朝，武王犹为之旋师。今晋虽微弱，未有大恶；谢安、桓冲皆江表伟人，君臣辑睦，内外同心。以臣观之，未可图也。”坚嘿然良久，曰：“诸君各言其志。”

【译文】

尚书左仆射权翼说：“从前商纣暴虐无人道，微子、箕子、比干这三位仁人还在辅佐朝廷，周武王尚且为此回师不讨伐纣王。现在东晋虽然弱小，但没有什么大的罪恶；谢安、桓冲都是江南杰出的人才，国君与文武大臣和睦相处，朝廷内外同心协力。依我看来，还不能打它的主意。”苻坚沉默了好一会儿，才说：“各位请谈谈自己的意见。”

太子左卫率石越曰：“今岁镇守斗，福德在吴，伐之，必有天殃。且彼据长江

之险，民为之用，殆未可伐也。”坚曰：“昔武王伐纣，逆岁违卜。天道幽远，未易可知。夫差、孙皓皆保据江湖，不免于亡。今以吾之众，投鞭于江，足断其流，又何险之足恃乎？”对曰：“三国之君皆淫虐无道，故敌国取之，易于拾遗。今晋虽无德，未有大罪，愿陛下且按兵积谷，以待其衅。”于是群臣各言利害，久之不决。坚曰：“此所谓筑舍道傍，无时可成。吾当内断于心耳！”

【译文】

太子左卫率石越说：“从星象看来，现在太岁星和镇星正运行到南斗星附近守护东南，正是晋朝走运的时候，如果硬要讨伐东晋，一定会遭到天降灾祸。况且对方占有长江天险，百姓也乐于为他们所用，大概不便讨伐吧！”苻坚说：“从前周武王讨伐商纣，冲犯岁星，不理睬占卜的预兆。天意深远，不容易了解。吴王夫差、吴帝孙皓统治江南，都免不了亡国的命运。现在凭我这百万大军，只要每人丢下一根马鞭，就足以截断长江的流水，对方还有什么天险可供依恃呢？”石越答道：“商、吴、东吴的三个国君都荒淫暴虐无人道，所以敌对国攻取他们的国家，就比拾起掉落在地上的东西还容易。现在东晋虽然谈不上有大德，但也没有大罪，希望陛下姑且按兵不动，积蓄粮草，以等待可乘的时机。”于是，群臣都各自发表了或利或弊的见解，很久都没有取得一致的意见。苻坚说：“这就是通常所说的，靠近道路建房屋，（看见过路的人就跟他们商量，过路人意见各不相同，）房屋永远建不成。我应当自己来决断啊！”

群臣皆出，独留阳平公融，谓之曰：“自古定大事者，不过一二臣而已。今众言纷纷，徒乱人意，吾当与汝决之。”对曰：“今伐晋有三难：天道不顺，一也；晋国无衅，二也；我数战兵疲，民有畏敌之心，三也。群臣言晋不可伐者，皆忠臣也，愿陛下听之。”坚作色曰：“汝亦如此，吾复何望！吾强兵百万，资仗如山；吾虽未为令主，亦非暗劣。乘累捷之势，击垂亡之国，何患不克？岂可复留此残寇，使长为国家之忧哉！”融泣曰：“晋未可灭，昭然甚明。今劳师大举，恐无万全之功。且臣之所忧，不止于此。陛下宠育鲜卑、羌、羯，布满

畿甸，此属皆我之深仇。太子独与弱卒数万留守京师，臣惧有不虞之变生于腹心肘掖，不可悔也。臣之顽愚，诚不足采；王景略一时英杰，陛下常比之诸葛武侯，独不记其临没之言乎？”坚不听。于是朝臣进谏者众，坚曰：“以吾击晋，校其强弱之势，犹疾风之扫秋叶，而朝廷内外皆言不可，诚吾所不解也！”

【译文】

群臣都出去了，苻坚单独把阳平公苻融留下，对他说：“自古以来，决定大事，不过一两位大臣而已。现在大家议论纷纷，意见不统一，这只有扰乱人心而已，我应当和你一起来决定这件事（不要受他们干扰）。”苻融回答说：“目前讨伐东晋，有三大困难：天意不顺，这是第一难；东晋没有罪过，这是第二难；我方连年作战，将士疲惫，百姓有惧怕敌人的心理，这是第三难。群臣中说东晋不可以讨伐的，都是些忠臣。希望陛下听从他们的意见。”苻坚听后变了脸色，很不高兴地说：“你也是这种看法，我还指望什么！我有强兵一百万，军资武器堆积如山，我虽然不是贤主，但也不是昏庸无能的国君。乘屡次打胜仗的气势，进击垂死挣扎的国家，还用担忧有什么攻克不了的吗？难道可以再留下这伙残敌，给国家带来无穷的忧患吗？”苻融流着眼泪说：“东晋一时消灭不了，这是明明白白的事。现在劳累部队大举进兵，恐怕没有万无一失的成功把握。而且，我所忧虑的，不仅仅在此。陛下宠爱扶植鲜卑、羌、羯这些部族，使他们遍布京城附近，这些人都是我们的大敌。（一旦大军出征，）太子独自和那几万老弱兵丁留守京城，我惧怕会有料想不到的事变发生在京城腹心地带，到那时就后悔莫及了。当然，我不聪明，很蠢，的确不值得采纳我的意见；不过，王景略却是当代的英明豪杰，陛下常常将他比作武侯诸葛亮，难道不记得他临终的遗言吗？”苻坚不听从他的意见。在这种情况下，朝廷大臣进谏的人很多，苻坚说：“用我国的强兵进击晋国，比较敌我双方强弱的形势，好比疾风吹扫落叶一样容易，然而朝廷内外的官员都说不宜征伐，这实在是我所不能理解的！”

太子宏曰：“今岁在吴分，又晋君无罪，若大举不捷，恐威名外挫，财力内竭，此群下所以疑也。”坚曰：“昔吾灭燕，亦犯岁而捷，天道固难知也，秦灭六国，六国之君岂皆暴虐乎！”

【译文】

太子苻宏说："现在岁星在吴越分野，东晋国君又无罪，如果大举进兵不能获胜的话，恐怕在外就要挫伤威名，在内就要财力枯竭，这就是群臣对征伐一直持怀疑态度的原因！"苻坚说："以前我们灭燕国，也是冲犯岁星而告捷，天理本来就是难于知晓的。秦并吞六国，六国的国君难道都是暴虐的吗？"

冠军、京兆尹慕容垂言于坚曰："弱并于强，小并于大，此理势自然，非难知也。以陛下神武应期，威加海外，虎旅百万，韩、白满朝，而蕞尔江南，独违王命，岂可复留之以遗子孙哉！《诗》云：'谋夫孔多，是用不集。'陛下断自圣心足矣。何必广询朝众！晋武平吴，所仗者张、杜二三臣而已。若从朝众之言，岂有混壹之功！"坚大悦，曰："与吾共定天下者，独卿而已。"赐帛五百匹。

【译文】

冠军将军、京兆尹慕容垂对苻坚说："弱的被强的吞并，小的被大的吞并，这是自然的道理，不难理解。凭借陛下的神明威武，上应期天意而生，威扬四海，勇猛的军队百万，韩信、白起那样的名将满朝都是，而小小的江南，唯独违背大王的命令，难道可以再将这一祸患遗留给子孙后代吗？《诗经》上说：‘出主意的人太多，因此事情不能成功。’陛下圣明，自己决断就行了。何必广泛地询问朝臣呢？晋武帝灭吴，靠的不过是张华、杜预等两三位臣子的意见而已。如果听从朝臣们的意见，哪里有将来统一天下的功业呢？”苻坚非常高兴，说：“将和我一起平定天下的，满朝文武中只有您一个人而已。”说完，就赏赐慕容垂五百匹帛。

坚锐意欲取江东，寝不能旦。阳平公融谏曰：“‘知足不辱，知止不殆。’自古穷兵极武，未有不亡者，且国家本戎狄也，正朔会不归人。江东虽微弱仅存，然中华正统，天意必不绝之。”坚曰：“帝王历数，岂有常邪？惟德之所在耳！刘禅岂非汉之苗裔邪？终为魏所灭。汝所以不如吾者，正病此不达变通耳！”

【译文】

苻坚执意想攻取江南，睡不到天亮就醒了。阳平公苻融进谏道：“‘知道满足，就不会遭受侮辱；知道适可而止，就不会有危险。’自古以来滥用武力发动战争的人，没有不自取灭亡的。况且我国本是戎狄之人，中国正统的统治权总归不会落到外族人手里。江南表面上看起来虽然弱小，仅仅可以勉强维持局面，但是他们是华夏的正统，天意一定不会灭绝它。”苻坚说：“帝王的气数，难道有定数吗？只是看仁德在谁那里而已！刘禅难道不是汉朝的后裔吗？最终被曹魏灭亡。你所以不如我的原因，毛病正在于不通晓权变的道理罢了！”

坚素信重沙门道安，群臣使道安乘间进言。十一月，坚与道安同辇游于东苑，坚曰：“朕将与公南游吴、越，泛长江，临沧海，不亦乐乎？”安曰：“陛下应天御世，居中土而制四维，自足比隆尧、舜，何必栉风沐雨，经略遐方乎！且东南卑湿，沴气易构，虞舜游而不归，大禹往而不复，何足以上劳大驾也？”坚曰：“天生烝民，而树之君，使司牧之，朕岂敢惮劳，使彼一方独不被泽乎！必如公言，是古之帝王皆无征伐也！”道安曰：“必不得已，陛下宜驻跸洛阳，遣使者奉尺书于前，诸将总六师于后，彼必稽首入臣，不必亲涉江、淮也。”坚不听。

【译文】

苻坚平常很信任敬重高僧道安，群臣让道安找个机会向苻坚进谏。十一月，苻坚和道安同乘一辆车到东苑游玩，苻坚说："我如果和您一起往南去游览吴、越，在长江泛舟，到东海边观涛，不也很快活吗？"道安说："陛下顺应天命统治天下，身居中原而控制四方，国家兴隆自然足以和尧、舜相比；又何必栉风沐雨，去经营、占有远方呢！况且东南地方低湿，瘴气容易使人染病，传说虞舜巡行南方不能归来，夏禹东巡不能返回，哪里值得劳动您的大驾呢？"苻坚说："天生众民，同时为他们立了国君，让国君来治理他们。我岂敢怕劳苦，使东南那一方唯独没有承受恩泽呢？如果一定如您所说，那就是古代的帝王都没有征伐了！"道安说："如果必不得已要征伐，陛下应当暂驻洛阳，先派遣使者到晋国下劝降书，随后再派各位将领统领大军进发，他们一定来磕头称臣，陛下不必亲自去江、淮地区。"苻坚仍然不听。

坚所幸张夫人谏曰："妾闻天地之生万物，圣王之治天下，皆因其自然而顺之，故功无不成。是以黄帝服牛乘马，因其性也；禹浚九川，障九泽，因其势也；后稷播殖百谷，因其时也；汤、武帅天下而攻

【千里江山图】卷 局部［宋］江参 中国台北故宫博物院藏 21－4

【千里江山图】卷 局部 [宋] 江参 中国台北故宫博物院藏 21-4

坚谓苌曰："昔朕以龙骧建业，未尝轻以授人，卿其勉之！"左将军窦冲曰："王者无戏言，此不祥之征也！"坚默然。

【译文】

八月初二，苻坚派阳平公苻融率领张蚝、慕容垂等步兵骑兵二十五万人做前锋；委任兖州刺史姚苌为龙骧将军，指挥益州、梁州的军事行动。苻坚对姚苌说："从前我做龙骧将军的时候建立了帝业，因此这个官职我不曾轻易授给他人，您好好地干吧！"左将军窦冲说："帝王没有儿戏的话，陛下刚才那样说是不祥的兆头！"苻坚听罢默不作声。

慕容楷、慕容绍言于慕容垂曰："主上骄矜已甚，叔父建中兴之业，在此行也！"垂曰："然。非汝，谁与成之！"

【译文】

慕容楷、慕容绍对慕容垂说："皇上骄横自大已经到了相当严重的地步，叔父您重建燕国大业，就在此一举了！"慕容垂说："对。如果没有你们二位，谁能协助我完成这一大业！"

甲子，坚发长安，戎卒六十余万，骑二十七万，旗鼓相望，前后千里。九月，

坚至项城，凉州之兵始达咸阳，蜀、汉之兵方顺流而下，幽、冀之兵至于彭城，东西万里，水陆齐进，运漕万艘。阳平公融等兵三十万，先至颍口。

【译文】

八月初八，苻坚从长安出发，步兵六十多万，骑兵二十七万，旗鼓前后相望，浩浩荡荡足有千把里长。九月，苻坚到达项城，征发的凉州兵才到达咸阳，巴蜀、汉水方面的军队正顺长江东下，幽州、冀州方面的军队也抵达彭城，从东到西战线长达万里，水路与陆路齐头并进，运粮草的船只也有成千上万艘。阳平公苻融等的先锋部队三十万人首先到达淮水边上的颍口。

诏以尚书仆射谢石为征虏将军、征讨大都督，以徐、兖二州刺史谢玄为前锋都督，与辅国将军谢琰、西中郎将桓伊等众共八万拒之；使龙骧将军胡彬以水军五千援寿阳。琰，安之子也。

【译文】

晋孝武帝司马曜下诏任命尚书仆射谢石为征虏将军、征讨大都督，任命徐、兖二州刺史谢玄为前锋都督，协同辅国将军谢琰、西中郎将桓伊等共八万人抵御敌人；派遣龙骧将军胡彬带水军五千人支援寿县。谢琰，是谢安的儿子。

是时，秦兵既盛，都下震恐。谢玄入，问计于谢安，安夷然，答曰："已别有旨。"既而寂然。玄不敢复言。乃令张玄重请。安遂命驾出游山墅，亲朋毕集，与玄围棋赌墅。安棋常劣于玄，是日，玄惧，便为敌手而又不胜。安遂游陟，至夜乃还。桓冲深以根本为忧，遣精锐三千入卫京师；谢安固却之，曰："朝廷处分已定，兵甲无阙，西藩宜留以为防。"冲对佐吏叹曰："谢安石有庙堂之量，不闲将略。今大敌垂至，方游谈不暇，遣诸不经事少年拒之，众又寡弱，天下事已可知，吾其左衽矣。"

【译文】

这时，秦军人多势大，东晋京城建康官民大为震惊惶恐。谢玄进京，向谢安询问抗敌的计策，谢安平静地回答说："皇上已经另有指示。"随后就不再说什么了。谢玄也就不敢再发问，他就让张玄再次去请示。而谢安却吩咐准备车马，到山间别墅去游玩，一时亲戚朋友云集，谢安拿别墅做赌注和

谢玄　东晋名将。字幼度，陈郡阳夏（今河南太康）人。宰相谢安侄子。21 岁时为大司马桓温的部将，有经国才略，善于治军。

谢玄下围棋。平时谢安的棋艺低于谢玄，这一天谢玄由于记挂前线的战争，心里有些恐惧，结果下了个平手而取胜不了。谢安便登山游览，直到夜晚才回城。桓冲深为京城的安危担忧，便派三千精兵入京保卫；谢安执意拒绝，说："抗敌的事，朝廷全都安排定了，这里的守军并不缺少，西方重镇荆州应当留下精兵加以防卫。"桓冲对他的僚属们慨叹道："谢安具有决策于朝廷的器量，却不熟悉用兵之道。如今大敌当前，他却游览清谈，日不暇给，派那些没有处事经验的年轻人去抵御敌人，军队又少又弱。国家的前途可想而知，看来，我们得准备穿外族人衣襟开在左边的衣服（当亡国奴）了！"

冬，十月，秦阳平公融等攻寿阳；癸酉，克之，执平虏将军徐元喜等。融以其参军河南郭褒为淮南太守。慕容垂拔郧城。胡彬闻寿阳陷，退保硖石，融进攻之。秦卫将军梁成等帅众五万屯于洛涧，栅淮以遏东兵。谢石、谢玄等去洛涧二十五里而

军，惮成，不敢进。胡彬粮尽，潜遣使告石等曰："今贼盛，粮尽，恐不复见大军！"秦人获之，送于阳平公融。融驰使白秦王坚曰："贼少易擒，但恐逃去，宜速赴之！"坚乃留大军于项城，引轻骑八千，兼道就融于寿阳。遣尚书朱序来说谢石等以为："强弱异势，不如速降。"序私谓石等曰："若秦百万之众尽至，诚难与为敌。今乘诸军未集，宜速击之；若败其前锋，则彼已夺气，可遂破也。"

【译文】

冬，十月，前秦阳平公苻融等进攻寿阳；当月十八日攻占了寿阳，逮住了东晋平虏将军徐元喜等。苻融任命他的参军河南郡人郭褒做淮南太守。慕容垂也攻克了郧城。胡彬听说寿阳沦陷，便后撤据守硖石，苻融继续追击他。前秦卫将军梁成等率领五万将士驻扎在洛涧，并在淮水上设置栅栏，来阻止从东来的东晋战船。谢石、谢玄等在离洛涧二十五里的地方扎下军营，由于害怕梁成而不

敢继续前进。胡彬军营中的粮食吃光了，他暗中派使者向谢石等报告说：“当前敌人势力强大，而我营中的粮食却吃光了，这样下去，恐怕再也见不到你们了！”没想到使者却被前秦人捕获，并将他送到阳平公苻融的帐下。苻融派使者飞驰去向苻坚禀告：“敌人少，容易擒获，只怕他们逃走，应当快速派兵赴敌！”于是，苻坚就把大部队留在项城，自己带领轻装的骑兵八千人，一天赶两天的路，到寿阳与苻融会合。苻坚派尚书朱序来向谢石等人劝降，说：“两国强弱悬殊，不如赶快投降。”朱序私下却对谢石等人说：“如果前秦百万人马全部赶到前线，那时你们确实很难打得过。现在乘他们各路人马还没有会集，应当赶快向他们发起进攻；如果能击败敌方的前锋部队，那么就会挫伤他们的锐气，就可以破敌了。”

石闻坚在寿阳，甚惧，欲不战以老秦师。谢琰劝石从序言。十一月，谢玄遣广陵相刘牢之帅精兵五千趣洛涧，未至十里，梁成阻涧为陈以待之。牢之直前渡水，击成，大破之，斩成及弋阳太守王咏，又分兵断其归津，秦步骑崩溃，争赴淮水，士卒死者万五千人，执秦扬州刺史王显等，

【译文】

秦军逼近淝水摆开阵势，晋兵不能渡水而过。谢玄派使者对阳平公苻融说："您孤军深入，却逼近淝水布阵，这不过是一种持久战的计策，不是速战速决的策略。如果贵军移阵稍退，让晋军渡过淝水来决一胜负，不也是很好吗？"前秦其他将领说："我们兵多，敌人兵少，不如阻止他们，使对方不能上岸，就可以万无一失。"苻坚说："不过引兵稍退，使敌人渡过淝水一半时，我军用勇猛的骑兵逼迫攻杀他们，这样一来，就不会不取胜了！"苻融也认为这样做是对的，便指挥军队让他们后撤。秦兵一后撤，就失去控制，退个不停。谢玄、谢琰、桓伊等趁机带兵渡过淝水追击秦军。苻融骑马在阵地上飞跑巡视，想督帅众军，阻止溃退的将士，不料他的坐骑摔倒，他也被晋兵杀了，秦军于是溃散。谢玄等人乘胜追击，一直追到青冈；秦军大败，将士争着逃跑，自相践踏而死，尸体遮蔽田野、堵塞河流。那些侥幸得以逃命的人听到风吹鹤叫，都误以为晋兵即将赶到，日夜不敢停息，又不敢走大路，只好在草野中行走，在露天下过夜，加上饥寒交迫，丧命的多达十分之七八。当初，秦军稍为后撤时，朱序在阵后大喊："秦军败了！"秦兵们就大跑起来。朱序趁机就和张天锡、徐元喜都来投奔东晋。晋军缴获了秦王苻坚乘坐的云母车和礼服、兵器、粮草军用物资、珍珠财宝、畜产牲口，多得不计其数。晋军重新收复了寿阳，并逮住秦国的淮南太守郭褒。

坚中流矢，单骑走至淮北，饥甚，民有进壶飧、豚髀者，坚食之；赐帛十匹，绵十斤。辞曰："陛下厌苦安乐，自取危困。臣为陛下子，陛下为臣父，安有子饲其父而求报乎！"弗顾而去。坚谓张夫人曰："吾今复何面目治天下乎！"潸然流涕。

【译文】

苻坚中了流箭，单人匹马逃到淮北，肚子饿得很，有的百姓进献水泡饭、小猪腿，苻坚食用了；赏赐给这个百姓十匹帛，十斤绵。百姓推辞道："陛下本来厌恶艰苦而安于享乐，却自寻危险困窘。我是陛下的子民，陛下是我们的君父，哪里有儿子供养他的父亲而索取回报的呢？"头也不回就离去了。苻坚对张夫人说："如今，我还有什么面目来治理天下呢！"说完，泪水不停地往下淌。

谢安得驿书，知秦兵已败，时方与客围棋，摄书置床上，了无喜色，围棋如故。客问之，徐答曰："小儿辈遂已破贼。"既罢，还内，过户限，不觉屐齿之折。

【译文】

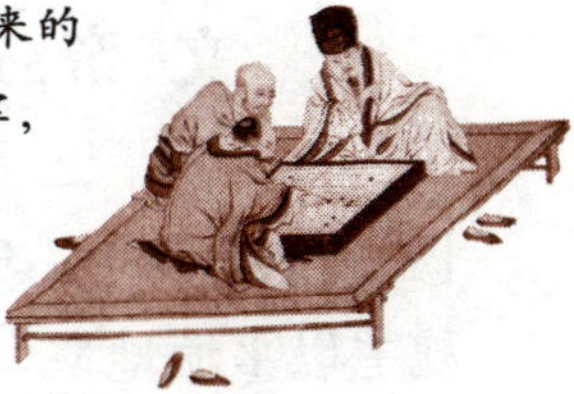

东山报捷图

谢安收到驿站传送来的军报，得知已经打败秦军，当时他正和客人下围棋，收起军报便放在小桌上，一点也没露出欣喜的神色，和刚才一样继续下他的围棋。对弈的客人问他，他才从容地回答说："孩子们已经把敌人打败了。"下完棋，回内室去，过门槛时，（由于太高兴，）竟没有觉察到木屐的齿被碰断了。

文帝迁都

[齐武帝永明十一年]（公元493年）

魏主以平城地寒，六月雨雪，风沙常起，将迁都洛阳；恐群臣不从，乃议大举伐齐，欲以胁众。斋于明堂左个，使太常卿王谌筮之，遇《革》，帝曰："'汤、武革命，应乎天而顺乎人。'吉孰大焉！"群臣莫敢言。尚书任城王澄曰："陛下奕叶重光，帝有中土；今出师以征未服，而得汤、武革命之象，未为全吉也。"帝厉声曰："繇云：'大人虎变'，何言不吉！"澄曰："陛下龙兴已久，何得今乃虎变！"帝作色曰："社稷我之社稷，任城欲沮众邪！"澄曰："社稷虽为陛下之有，臣为社稷之臣，安可知危而不言！"帝久之乃解，曰："各言其志，夫亦何伤！"

【译文】

齐武帝永明十一年（公元493年）

北魏孝文帝因为平城寒冷，六月还会下雪，常常刮起夹杂泥沙的大风，准备把国都迁到洛阳；但是又担心群臣百官不服从，于是故意和大家商议要大举讨伐南齐，想借此来胁迫众人（同意迁都）。孝文帝在大寝南堂东侧室斋戒，让太常卿王谌占卦卜算伐齐这件事的吉凶，卜到一个《革》卦，孝文帝说："'商汤、周武拓跋实行变革，上应天命下顺民心。'有什么比这一卦更吉利的呢！"群臣百官都不敢发表意见。只有尚书任城王拓跋澄说："皇上继承几代帝王的功德，称帝中原；现在派军队去征讨未归服的萧齐，占卜却得了'汤、武革命'的卦象，未必完全吉利。"孝文帝严厉地说："《革》卦的卦辞说：'大人发虎威'，为什么不吉！"拓跋澄说："皇上登上帝位已经很久了，怎么现在才'发虎威'！"孝文帝变了脸色说："国家是我的国家，任城王，你想使众人失掉信心吧！"拓跋澄说："国家虽然是您皇上所有，但我是国家的大臣，怎么能明知危险而不说！"孝文帝沉吟了好长一段时间，怒气才慢慢消解，说道："各位谈谈自己的见解，又有什么妨碍呢！"

既还宫，召澄入见，逆谓之曰："向者《革卦》，今当更与卿论之。明堂之忿，恐人人竞言，沮我大计，故以声色怖文武耳。想识朕意。"因屏人，谓澄曰："今日之举，诚为不易。但国家兴自朔土，徙居平城；此乃用武之地，非可文治。今将移风易俗，其道诚难，朕欲因此迁宅中原，卿以为何如？”澄曰：“陛下欲卜宅中土以经略四海，此周、汉所以兴隆也。”帝曰：“北人习常恋故，必将惊扰，奈何？”澄曰：“非常之事，故非常人之所及。陛下断自圣心，彼亦何所能为！”帝曰：“任城，吾之子房也！”

【译文】

孝文帝回宫后，召拓跋澄入宫会见，孝文帝迎上前去对他说：“刚才占卜到《革卦》，现在我再和你讨论讨论它。我在大寝南堂发一通火，是怕大伙儿争相发表意见，败坏我的计策，所以故意用严声厉色来吓住文武百官，想必你能领会我的用意。”他便屏退左右的人，对拓跋澄说：“现在迁都这一行动，实在是件不容易的事。但是，我们魏国是从北方兴起，后来才迁徙定都平城，平城这地方是适合用武的地方，而不利于实行政治思想文化统治。当今要改变风气和习俗，做起来实在很难，我想借这次南征的名义迁都中原，你认为怎么样？”拓跋澄说：“皇上打算迁都中原来经营天下，这样做正是周、汉所以兴隆发达的原因。”孝文帝说：“北呢？我们拓跋氏世代居住在北方，我想往南迁都中原；如果听从各位的意见不去南伐了，那么就应当把国都迁到这里来，各位王公认为怎么样？赞成迁都的就站到左边来，不赞成的站到右边去。”安定王拓跋休等人一个接一个站到右边。南安王拓跋桢进言道：“‘成就大功业的人不能光听众人七嘴八舌的主意。’现在皇上如果停止实施南伐的计划，迁都洛阳，这正符合我们的愿望，是万民百姓的幸福。”群臣百官都高呼万岁。当时臣僚们心里虽然不愿意内迁，而更怕南伐萧齐，所以再也没人敢说什么，于是，迁都的大计就定了下来。

李冲言于上曰：“陛下将定鼎洛邑，宗庙宫室，非可马上行游以待之。愿陛下暂还代都，俟群臣经营毕功，然后备文物、鸣和鸾而临之。”帝曰：“朕将巡省州郡，至邺小停，春首即还，未宜归北。”乃遣任城王澄还平城，谕留司百官以迁都之事，曰：“今日真所谓革也。王其勉之！”

【译文】

李冲对孝文帝说：“皇上将定都洛阳，新都宗庙宫殿等建筑，不是能在马上驰骋着等待得来的。

希望皇上暂时回到旧都，等到群臣把宗庙宫室建成，然后再预备各种仪仗，乘上响着铃铛的辇车光临新都。”孝文帝说：“我将巡视附近的州、郡，然后到邺城稍停些日子，初春就回洛阳，不适宜回到北方。”当即决定派遣任城王拓跋澄回平城，把迁都洛阳的事向留守的百官宣布，并说：“今天所做的，真是所谓的‘革’了。任城王，请努力吧!”

冬，十月，戊寅朔，魏主如金墉城，征穆亮，使与尚书李冲、将作大匠董尔经营洛都。己卯，如河南城；乙酉，如豫州；癸巳，舍于石济。乙未，魏解严，设坛于滑台城东，告行庙以迁都之意。大赦。起滑台宫。任城王澄至平城，众始闻迁都，莫不惊骇。澄援引古今，徐以晓之，众乃开伏。澄还报于滑台。魏主喜曰：“非任城，朕事不成。”

【译文】

冬天，十月初一，孝文帝到金墉城，征召穆亮，派他和尚书李冲、将作大匠董尔经营新都洛阳的建设。十月初二，孝文帝到河南城；初八，到豫州；十六日，住宿在石济。十八日，北魏解除戒严，在滑台城东设坛祭祀，向祖先神主禀告迁都的目的、意义。同时，大赦罪犯。建起了滑台宫。任城王拓跋澄到了平城之后，京都的人士刚听到迁都的消息时，没有一个不吃惊惶恐的。拓跋澄旁征博引历史上的事例，用道理慢慢来开导大家，众人这才开悟心服。拓跋澄又到滑台向孝文帝回报。孝文帝欢喜地说："如果不是任城王，我的大事就办不成。"

十二生肖四神镜

癸卯，魏主如邺城。

乙巳，魏主遣安定王休帅从官迎家于平城。

魏主筑宫于邺西，十一月，癸亥，徙居之。

【译义】

十月二十六日，孝文帝到邺城。

十月二十八日，孝文帝派安定王拓跋休带领众官到平城去接家眷。

孝文帝在邺城西建造宫室，十一月十六日，搬迁到新宫居住。

[齐明帝建武元年]（公元494年）

〔春，正月，〕乙亥，魏主如洛阳西宫。中书侍郎韩显宗上书陈四事：其一以为："窃闻舆驾今夏不巡三齐，当幸中山。往冬舆驾停邺，当农隙之时，犹比屋供奉，不胜劳费。况今蚕麦方急，将何以堪命！且六军涉暑，恐生疠疫。臣愿早还北京，以省诸州供张之苦，成洛都营缮之役。"其二以为："洛阳宫殿故基，皆魏明帝所造，前世已讥其奢。今兹营缮，宜加裁损。又，顷来北都富室，竞以第舍相尚；宜因迁徙，为之制度。及端广衢路，通利沟渠。"其三以为："陛下之还洛阳，轻将从骑。王者于闱闼之内犹施警跸，况涉履山河而不加三思乎！"其四以为："陛下耳听法音，目玩坟典，口对百辟，心虞万机，景昃而食，夜分而寝；加以孝思之至，随时而深；文章之业，日成篇卷；虽睿明所用，未足为烦，然非所以啬神养性，保无疆之祚也。伏愿陛下垂拱司契而天下治矣。"帝颇纳之。显宗，麒麟之子也。

【译文】

[齐明帝建武元年]（公元494年）

（春天，正月，）二十九日，孝文帝到洛阳西宫。中书侍郎韩显宗上书陈述四件事。第一件，他认为："我私下听说皇上今年夏天不是出巡三齐，而是前往中山郡。去年冬天，皇上在邺城逗留，正当农闲，民众还家家奉养，说不尽有多少劳烦和花费。何况今夏蚕忙麦忙，（皇上出巡）民众将怎么受得了！而且大部队在炎夏中跟随护卫皇上，恐怕要发生传染病。我希望皇上早日回平城，来减少中原各州各县供应的繁苦，以便腾出费用早日建成新都洛阳。"第二件，他认为："洛阳宫殿旧址，都是魏明帝所建造的，前代已有人批评他造得过于奢侈。当今在它的基础上继续营建，应当加以裁减。再说，最近一个时期平城的豪富之家，争着把宅第建得更华美，成了风尚；应当趁这次迁都的机会，制定修建住宅的法令，以便大家遵循。还应当修正、拓宽道路，疏通沟渠。"第三件，他认为："皇上从外地回到洛阳，只是随便地带些跟从的骑兵。帝王在宫廷内还得设置警戒，隔绝杀人，何况是跋山涉水，难道不该三思而行吗？"第四件，他认为："皇上耳听雅乐，眼看《三坟》《五典》，口对群臣百官，心忧各种政务，过午才进餐，半夜才入寝；加上孝思不忘，日益加深；写作文章，下笔一天便可成篇成卷地完成；虽然凭借皇上的圣明，算不得什么繁杂，但是，这毕竟不是惜神养性，保帝位无疆的办法。希望皇上抓住主要的东西，怡心养性，天下也就可以大治。”这些意见孝文帝采纳了一些。韩显宗是韩麒麟的儿子。

二月，壬寅，魏主北巡；癸卯，济河；三月，壬申，至平城。使群臣更论迁都利害，各言其志。燕州刺史穆罴曰：“今四方未定，未宜迁都。且征伐无马，将何以克？”帝曰：“厩牧在代，何患无马！今代在恒山之北，九州之外，非帝王之都也！”尚书于果曰：“臣非以代地为胜伊、洛之美也。但自先帝以来，久居于此，百姓安之；一旦南迁，众情不乐。”平阳公丕曰：“迁都大事，当讯之卜筮。”帝曰：“昔周、召圣贤，乃能卜宅。今无其人，卜之何益！且‘卜以决疑，不疑何卜！’黄帝卜而龟焦，天老曰‘吉’，黄帝从之。然则至人之知未然，审于龟矣。王者以四海为家，或南或北，何常之有！朕之远祖，世居北荒。平文皇帝始都东木根山。昭成皇帝更营盛

侯景之乱

[梁武帝太清二年] （公元548年）

戊戌，景反于寿阳，以诛中领军朱异、少府卿徐驎、太子右卫率陆验、制局监周石珍为名。异等皆以奸佞骄贪，蔽主弄权，为时人所疾，故景托以兴兵。

【译文】

梁武帝太清二年（公元548年）

八月初十，侯景在寿阳起兵反叛梁朝，以诛杀中领军朱异、少府卿徐驎、太子右卫率陆验、制局监周石珍为借口。朱异等人都因为奸诈谄佞，骄横贪欲，欺瞒皇帝，玩弄权术而深为民众痛恨，因此侯景正好借诛杀他们的名义举兵。

景初至建康，谓朝夕可拔，号令严整，士卒不敢侵暴。及屡攻不克，人心离沮。景恐援兵四集，一旦溃去；又食石头、常平诸仓既尽。军中乏食；乃纵士卒掠夺民米及金帛子女。是后米一升直七八万钱，人相食，饿死者什五六。

【译文】

侯景刚到建康时，以为很快就可以攻下城池，因此军纪严明，士兵不敢任意骚扰百姓。不料屡攻不下，军心便开始涣散起来。侯景害怕朝廷各处的援兵赶到时，不免失败；又因为建康城外石头、常平等粮仓的粮食已经耗尽。军中开始缺粮，便放任士兵大肆抢掠百姓的粮食、财物与子女。此后当地米价暴涨，一升高达七八万钱，饥饿的军民彼此相食。十人之中饿死者达五六人。

景募人奴，降者悉免为良。得朱异奴，以为仪同三司，异家赀产悉与之。奴乘良马，衣锦袍，于城下仰诟异曰："汝五十年仕宦，方得中领军；我始事侯王，已为仪同矣！"于是三日之中，群奴出就景者以千数，景皆厚抚以配军，人人感恩，为之致死。

【译文】

侯景招募的那些奴隶，一律解脱他们奴隶的身份，使之成为普通平民。侯景有意将中领军朱异的家奴任命为仪同三司，把朱异的家产尽数给他。这人骑着高大的骏马，穿着华贵的锦衣，在建康城墙下抬头骂朱异说："你当了五十年的官，才得到中领军的职务，我刚跟着侯王，已经荣升仪同三司了！”于是三天之内，出城投奔侯景的奴仆多达千人。侯景对他们重加赏赐，分派到军中，这些人个个都感恩戴德，为侯景拼死作战。

[梁武帝太清三年]　（公元549年）

高祖之末，建康士民服食、器用，争尚豪华，粮无半年之储，常资四方委输。自景作乱，道路断绝，数月之间，人至相食，犹不免饿死，存者百无一二。贵戚、豪族皆自出采稆。填委沟壑，不可胜纪。

【译文】

梁武帝太清三年（公元549年）

高祖在位的后期，建康城中士民的吃穿器用竞相比富，而存粮不够半年之用，常常需要各地调入维持。侯景叛乱以后，交通断绝，几个月下来，饥荒严重到了人吃人的地步，仍然免不了饿死大量民众，活下来的人不到百分之一二。那些高官大户人家只好自己出城去找野草籽充饥，饿死者陈尸各处，数不胜数。

[梁元帝承圣元年]（公元552年）

景与腹心数十人单舸走，推堕二子于水，将入海，瑱遣副将焦僧度追之。景纳羊侃之女为小妻，以其兄鹍为库直都督，待之甚厚；鹍随景东走，与景所亲王元礼、谢葳蕤密图之。葳蕤，答仁之弟也，景下海，欲向蒙山，己卯，景昼寝；鹍语海师："此中何处有蒙山，汝但听我处分。"遂直向京口。至胡豆洲，景觉，大惊；问岸上人，云："郭元建犹在广陵。"景大喜，将依之。鹍拔刀，叱海师向京口，因谓景曰："吾等为王效力多矣，今至于此，终无所成，欲就乞头以取富贵。"景未及答，白刃交下。景欲投水，鹍以刀斫之。景走入船中，以佩刀抉船底，鹍以稍刺杀之。尚书右仆射索超世在别船，葳蕤以景命召而执之。南徐州刺史徐嗣徽斩超世，以盐内景腹中，送其尸于建康。僧辩传首江陵，截其手，使谢葳蕤送于齐；暴景尸于市，士民争取食之，并骨皆尽；溧阳公主亦预食焉。初，景之五子在北齐，世宗剥其长子面而烹之，

【千里江山图】卷 局部［宋］江参 中国台北故宫博物院藏 21－5

【千里江山图】卷 局部［宋］江参 中国台北故宫博物院藏 21－5

幼者皆下蚕室。齐显祖即位，梦猕猴坐其御床，乃尽烹之。

【译文】

梁元帝承圣元年（公元552年）

侯景与几十个心腹合乘一只小船逃跑，为了逃命，不惜把两个亲生儿子推下船去淹死了，小船很快就要进入海城，侯瑱派副将焦僧度前往追击。侯景曾经把羊侃的女儿纳为妾，又任命了她的哥哥羊鹍为库直都督，待他们极为优厚；当时羊鹍跟着侯景东逃在船上，与侯景的亲信王元礼、谢葳蕤等人密谋反叛侯景。谢葳蕤是谢答仁的兄弟。侯景与众人漂流海上，准备逃往蒙山，四月十八日，大白天里侯景还在舱里蒙头大睡，羊鹍对舵手说："这汪洋大海里哪来什么蒙山，你只管听我吩咐就是了。"于是指挥改变航向直指京口而去。当船只行驶到胡豆洲时，侯景发觉航向不对，大吃一惊。向岸人打听情况，岸上人说："郭元建还在广陵。"侯景闻讯心花怒放，连忙命船前去投靠。羊鹍拔出利刀，威逼舵手将船开往京口方向，又对侯景说："我们几位为大王你出了不少力，不料落到这等地步，什么也没捞到。现在打算借你的脑袋换点钱来花花。"侯景还没来得及张口，刀子便纷纷砍了下来。侯景想跳水而逃，羊鹍用刀拦腰扫来。侯景又跳进船舱，

用佩刀去撬船底，羊鹍用长矛伸进去把他给捅死了。侯景任命的尚书右仆射索超世在另一条船上，谢葳蕤假传侯景的命令把他叫来抓了。南徐州刺史徐嗣徽亲手杀了索超世。他们把盐填在侯景的肚子里，将侯景的尸体送到了建康。王僧辩将侯景的头卸下，送到江陵。又砍下他的手，派谢葳蕤送到了北齐。当把侯景的尸首扔在建康城内闹市中时，人们纷纷前去争着割他的肉来吃，最后连骨头都被抢光了；侯景曾经十分宠爱的溧阳公主也加入了食肉的行列。此前，侯景有五个儿子在北齐，世宗下令把侯景的大儿子脸皮剥下来，下锅煮了。另外四个小儿子，统统被行了宫刑。显祖即位后，梦见有些猕猴坐在自己的龙椅上，心中猜疑，于是下令将侯景的四个小儿子全都下锅煮了！

北周灭齐

[陈宣帝太建九年]（公元577年）

壬辰，周师至邺城下；癸巳，围之，烧城西门。齐人出战，周师奋击，大破之。

【译文】

陈宣帝太建九年（公元577年）

正月十八日，北周的军队到达北齐国都邺城城下；十九日，包围邺城，火烧城西门。北齐人出战。北周的军队英勇奋战，大破北齐的军队。

于是齐之行台、州、镇，唯东雍州行台傅伏、营州刺史高宝宁不下，其余皆入于周。凡得州五十，郡一百六十二，县三百八十，户三百三万二千五百。高宝宁者，齐之疏属，有勇略，久镇和龙，甚得夷、夏之心。周主于河阳、幽、青、南兖、豫、徐、北朔、定置总管府，相、并二州各置宫及六府官。

【译文】

北齐的行台、州、镇，除了东雍州行台傅

伏、营州刺史高宝宁负隅顽抗以外，其余全都归入北周。北周共得到五十个州、一百六十二个郡、三百八十个县、三百零三万二千五百户居民。高宝宁是北齐宗室的远支，勇敢有谋略，长久镇守和龙，很得中原人和边疆少数民族的民心。北周国主在河阳、幽州、青州、南兖州、豫州、徐州、北朔、定州设置总管府，相州、并州各设置行宫以及六府官员。

一统归隋

[陈长城公祯明元年]（公元587年）

隋主问取陈之策于高颎，对曰："江北地寒，田收差晚；江南水田早熟。量彼收获之际，微征士马，声言掩袭，彼必屯兵守御，足得废其农时。彼既聚兵，我便解甲。再三若此，彼以为常；后更集兵，彼必不信。犹豫之顷，我乃济师；登陆而战，兵气益倍。又，江南土薄，舍多茅竹，所有储积皆非地窖。若密遣行人因风纵火，待彼修立，复更烧之，不出数年，自可财力俱尽。"隋主用其策，陈人始困。

【译文】

陈长城公祯明元年（公元587年）

隋主向高颎问取平陈的计策，高颎答："江北天气寒冷，田间收获稍晚；江南水稻早熟。估计对方收获的时候，略为征调一些兵马，声称进行偷袭，对方一定屯兵防守，这样必然耽误农时。对方集结了士兵，我们便休兵。一而再，再而三地这个样子，对方习以为常；然后再集结士兵，对方必然不相信。

当对方犹豫的时刻，我们就大举渡江；登上对岸作战，士气加倍。还有一点，江南土地低湿，房舍多是茅竹盖的，所以储积的物品都不在地窖里。如果暗里派人去乘风放火烧掉房屋和储积的物品，等到对方重新修建，我们再去焚烧，这样不出数年，对方的财力自然都完了。”隋主采用高颎的计策，陈人从此窘困。

于是杨素、贺若弼及光州刺史高劢、虢州刺史崔仲方等争献平江南之策。仲方上书曰：“今唯须武昌以下，蕲、和、滁、方、吴、海等州，更帖精兵，密营度计；益、信、襄、荆、基、郢等州，速造舟楫，多张形势，为水战之具。蜀、汉二江是其上流，水路冲要，必争之所。贼虽流头、荆门、延洲、公安、巴陵、隐矶、夏首、蕲口、湓城置船，然终聚汉口、峡口，以水战大决。若贼必以上流有军，令精兵赴援者，下流诸将即须择便横渡；如拥众自卫，上江诸军鼓行以前。彼虽恃九江、五湖之险，非德无以为固；徒有三吴、百越之兵，非恩不能自立矣。”隋主以仲方为基州刺史。

【译文】

贺若弼　(544—607)，字辅伯，河南洛阳人，隋朝著名将领。

于是杨素、贺若弼和光州刺史高劢、虢州刺史崔仲方等争献平定江南的计策。仲方上书说："现在只要在武昌以下的蕲、和、滁、方、吴、海等州，再增加精兵，秘密地谋划；在益、信、襄、荆、基、郢等州，赶快修造船只，扩大形势，做水战的器具。蜀江和汉水是长江的上流，水路的要冲，是兵家必争的地方。敌人虽然在流头、荆门、延洲、公安、巴陵、隐矶、夏首、蕲口、湓城安排船只，但终究是聚集在汉口、峡口，准备水战决定胜败。如果敌人断定我们只是在上游部署军队，因而令精兵赴援的话，那么我们下流的各位将领就要选择时机横渡长江；如果敌人聚众自卫，那么我们上流各军擂鼓前进。对方虽凭恃九江、五湖的险阻，但没有给百姓恩德就谈不上什么牢固；仅有三吴、百越的士兵，没有恩德就不能自立。"隋主任命崔仲方为基州刺史。

杨素在永安，造大舰，名曰"五牙"。上起楼五层，高百余尺；左右前后置六拍竿，并高五十尺，容战士八百人；次曰"黄龙"，置兵百人。自余平乘、舴艋各有等差。

【译文】

杨素在永安郡，造大舰，名叫“五牙”，上面起了五层楼，高一百多尺；左右前后设有六个拍竿，都是高五十尺，容纳战士八百人；稍小的舰名叫“黄龙”，安排一百名士兵。其余还有平乘、舴艋等大小船舰。

晋州刺史皇甫续将之官，稽首言陈有三可灭。帝问其状。曰：“大吞小，一也。以有道伐无道，二也。纳叛臣萧岩，于我有词，三也。陛下若命将出师，臣愿展丝发之效！”隋主劳而遣之。

【译文】

晋州刺史皇甫续将要到任，向隋主叩头说隋有三点理由可以灭陈。隋帝问他具体的看法，皇甫续说：“大吞小，是第一点。以有道伐无道，是第二点。对方接纳我们的叛臣萧岩，使我们师出有名，是第三点。陛下如果命将出兵，我愿意尽微薄的力量。”隋主加以抚慰而让他赴任。

[陈长城公祯明二年]（公元588年）

（三月）戊寅，隋主下诏曰：“陈叔宝据手掌之地，恣溪壑之欲，劫夺闾阎，资产俱竭，驱逼内外，劳役弗已；穷奢极侈，俾昼作夜；斩直言之客，灭无罪之家；欺天造恶，祭鬼求恩；盛粉黛而执干戈，曳罗绮而呼警跸；自古昏乱，罕或能比。君子潜逃，小人得志。天灾地孽，物怪人妖。衣冠钳口，道路以目。重以背德违言，摇荡疆场；昼伏夜游，鼠窃狗盗。天之所覆，无非朕臣，每关听览，有怀伤恻。可出师授律，应机诛殄；在斯一举，永清吴越。”又送玺书暴帝二十恶；仍散写诏书三十万纸，遍谕江外。

【译文】

陈长城公祯明二年（公元588年）

（三月）初九日，隋帝下诏说：“陈叔宝据有三掌大一块地方，却肆意扩大贪欲，劫夺百姓，资产都被抢光，驱使逼迫都城内外人民劳役不休；穷奢极侈，晨昏颠倒；杀了直言的人士，灭掉无罪的人家；欺天造孽，祭鬼求恩；与后宫妃嫔出游，侍卫手执干戈前呼后拥；自古以来的昏乱之君，难得有能比得上他的。君子偷偷逃走，小人洋洋得意。天降灾，地生孽，物为怪，人成妖。正人君子闭口不言，道路相逢以目而视。加上违背道德，波及疆场；日夜倒置，鼠窃狗盗。所有天下百姓，没有一个不是我的臣民，每当听到或看到他们的苦难，就伤心思念。可以出兵处治，顺应天命，诛灭逆贼；平定吴越地区，在此一举。”又送盖了印玺的文书揭露陈帝二十条罪恶；还散写诏书三十万张，向江南广泛宣传。

（十月）甲子，隋以出师，有事于太庙，命晋王广、秦王俊、清河公杨素皆为行军元帅。广出六合，俊出襄阳，素出永安，荆州刺史刘仁恩出江陵，蕲州刺史王世积出蕲春，庐州总管韩擒虎出庐江，吴州总管贺若弼出广陵，青州总管弘农燕荣出东海，凡总管九十，兵五十一万八千，皆受晋王节度。东接沧海，西拒巴、蜀，旌旗舟楫，横亘数千里。以左仆射高颎为晋王元帅长史，右仆射王韶为司马，军中事皆取决焉；区处支度，无所凝滞。

【译文】

（十月）二十八日，隋因为出兵，在太庙举行仪式，命令晋王杨广、秦王杨俊、清河公杨素三人都当行军元帅。杨广出兵于六合，杨俊出兵于襄阳，杨素出兵于永安，荆州刺史刘仁恩出兵于江陵，蕲州刺史王世积出兵于蕲春，庐州总管韩擒虎出兵于庐江，吴州总管管贺若弼出兵于广陵，青州总管弘农人燕荣出兵于东海，共有总管九十个，兵五十一万八千人，都受晋王杨广指挥。东连大海，西到巴、蜀，旌旗船只，横贯几千里。以左仆射高颎为晋王元帅长史，右仆射王韶为司马，军中大事都取决于他俩；处置安排，没有阻碍。

十一月，丁卯，隋主亲饯将士；乙亥，至定城，陈师誓众。

【译文】

十一月初二日，隋主亲自以酒食为将士送行；初十，隋主到了定城，摆开队伍，举行誓师大会。

（十二月）隋军临江，高颎谓行台吏部郎中薛道衡曰："今兹大举，江东必可克乎？"道衡曰："克之。尝闻郭璞有言：'江东分王三百年，复与中国合。'今此数将周，一也。主上恭俭勤劳，叔宝荒淫骄侈，二也。国之安危在所委任，彼以江总为相，唯事诗酒，拔小人施文庆，委以政事，萧摩诃、任蛮奴为大将，皆一夫之用耳，三也。我有道而大，彼无德而小，量其甲士不过十万，西自巫峡，东至沧海，分之则势悬而力弱，聚之则守此而失彼，四也。

席卷之势，事在不疑。”颎欣然曰：“得君言成败之理，令人豁然。本以才学相期，不意筹略乃尔。”

【译文】

（十二月）隋军到了江边，高颎对行台吏部郎中薛道衡说：“这次大举出兵，一定可以攻下江东吗？”薛道衡说：“攻得下来。曾听到郭璞说过这么一句话：‘江东分裂称王三百年，又要和中原统一。’现在三百年这个数快要满了，这是第一个原因。主上恭俭勤劳，陈叔宝荒淫骄侈，这是第二个原因。国家的安危在于用人，对方以江总为相，江总这个人只喜好做诗饮酒，选拔小人施文庆，将政事托付给他，任萧摩诃、任蛮奴为大将，都只是用的匹夫罢了，这是第三个原因。我们有道而且是大国，对方无道而且是小国，估计对方甲士不过十万，从西边的巫峡，到东边的大海，分开布置就势力分散薄弱，集中一起就顾此失彼，这是第四个原因。我们有席卷之势，这事不必置疑。”高颎愉快地说：“得您谈成败的道理，使人顿时领悟。本来寄希望于您的才学，想不到您有这样的谋略。”

及隋军临江，间谍骤至，宪等殷勤奏请，至于再三。文庆曰：“元会将逼，南郊之日，太子多从；今若出兵，事便废阙。”帝曰：“今且出兵，若北边无事，因以水军从郊，何为不可！”又曰：“如此则声闻邻境，便谓国弱。”后又以货动江总，总内为之游说，帝重违其意，而迫群官之请，乃令付外详议。总又抑宪等，由是议久不决。

【译文】

等到隋军到达江边的时候，间谍大批潜入，袁宪等再三恳切地向陈帝请求增强长江防备。施文庆说：“元旦朝会即将到来，南郊这天，太子等多随从前往；现在如果出兵，这事就办不成了。”陈帝说：“现在就出兵，如果北边没事，乘机以水军随从南郊，为什么不可！”施文庆又说：“如果这样，邻国听到这消息，就以为我国弱小。”后来施文庆又用财货贿赂江总，江总收下后替他游说，陈帝违背原来的想法，而被群臣的请求所迫，就令交给外廷详议。江总又压制袁宪等，因此议论长久而不得决定。

[隋文帝开皇九年]（公元589年）

（正月）陈主遑遽，将避匿，宪正色曰：“北兵之入，必无所犯。大事如此，陛下去欲安之！臣愿陛下正衣冠，御正殿，依梁武帝见侯景故事。”陈主不从，下榻驰去，曰：“锋刃之下，未可交当，吾自有计！”从宫人十余出后堂景阳殿，将自投于井，宪苦谏不从；后阁舍人夏侯公韵以身蔽井，陈主与争，久之，乃得入。既而军人窥井，呼之，不应，欲下石，乃闻叫声；以绳引之，惊其太重，及出，乃与张贵妃、孔贵嫔同束而上。沈后居处如常。太子深年十五，闭阁而坐，舍人孔伯鱼侍侧。军士叩阁而入，深安坐，劳之曰：“戎旅在涂，不至劳也！”军士咸致敬焉。时陈人宗室王侯在建康者百余人，陈主恐其为变，皆召入，令屯朝堂，使豫章王叔英总督之，又阴为之备，及台城失守，相帅出降。

【译文】

隋文帝开皇九年（公元589年）

（正月）陈主惊惧慌张，想要躲避，袁宪神色严肃地说：“隋军这次前来，一定无所侵犯。事已至此，陛下想到哪里去？我希望陛下端正衣冠，坐在正殿，依照梁武帝见侯景的前例去做。”陈主不听从，下床跑掉，说：“刀剑之下，不能与之对抗，我自有办法！”于是带领十多个宫人出了后堂景阳殿，将要跳下井去，袁宪苦苦规劝；后阁舍人夏侯公韵用身体挡住井口，陈主同他争抢，好一会儿，才得入井。一会儿隋军来窥井，叫喊他，不答应，想要扔下石头，才听到叫声；拿绳子牵引他，惊异他太重，等到出井，他是和张贵妃、孔贵嫔用同一根绳子上来的。沈皇后居处同往常一样。太子陈深十五岁，闭门而坐，舍人孔伯鱼在旁侍候。军士敲门进去，陈深安稳地坐着，抚慰隋军说："在路上行军，不疲劳吗？"军士都向他致敬。当时陈人宗室王侯在建康的有一百多人，陈主怕他们叛变，都召进去，命令聚集在朝堂，让豫章王陈叔英监管他们，又暗里加以防备，等到台城失守，互相带着出去投降。

于是陈国皆平，得州三十，郡一百，县四百。诏建康城邑宫室，并平荡耕垦，更于石头置蒋州。

【译文】

于是陈国全部平定，得到三十州，一百个郡，四百个县。诏命建康城邑宫室，都毁平种田，更于石头城设置蒋州。

玄武之变

[唐高祖武德九年]（公元626年）

六月，……秦王世民既与太子建成、齐王元吉有隙，以洛阳形胜之地，恐一朝有变，欲出保之。乃以行台工部尚书温大雅镇洛阳，遣秦府车骑将军荥阳张亮将左右王保等千余人之洛阳，阴结纳山东豪杰以俟变，多出金帛，恣其所用。元吉告亮谋不轨，下吏考验，亮终无言，乃释之，使还洛阳。

【译文】

唐高祖武德九年（公元626年）

六月，……秦王李世民已和太子建成、齐王元吉有嫌隙，考虑到洛阳在地理位置上的特殊，惟恐一旦政局变化，他们将出兵据守自保。派行台工部尚书温大雅坐镇洛阳，再派秦府车骑将军荥阳人张亮带领左右王保等一千多人去洛阳，暗中结纳山东豪杰以应付变故，拿出了大量金帛，任凭他们使用。元吉指控张亮图谋不轨，抓回来审讯，张亮始终没有招供，只好放了，让他回洛阳。

建成、元吉与后宫日夜谮诉世民于上，上信之，将罪世民。陈叔达谏曰：“秦王有大功于天下，不可黜也！且性刚烈，若加挫抑，恐不胜忧愤，或有不测之疾。陛下悔之何及！”上乃止。元吉密请杀秦王，上曰：“彼有定天下之功，罪状未著，何以为辞？”元吉曰：“秦王初平东都，顾望不还，散钱帛以树私恩，又违敕命，非反而何！但应速杀，何患无辞！”上不应。

【译文】

建成、元吉和后宫嫔妃日夜不停地对皇上讲李世民的坏话，皇上相信了，准备处理李世民。陈叔达进谏道：“秦王有大功于天下，可不能黜废啊！而且他的秉性刚烈，如果使他挫伤压抑，恐怕忧愤难忍，会有不测之疾，陛下将悔之莫及！”皇上这才作罢。元吉秘密奏请杀掉秦王，皇上说：“他有平定天下的大功，罪状又不落实，用什么理由来杀他？”元吉说：“秦王刚平定东都，就逗留观望不想回长安，散发钱帛以树私恩，又违抗敕命，这不是谋反又是什么！若要赶快杀掉，不怕没有理由！”皇上没有回答。

秦府僚属皆忧惧不知所出。行台考功郎中房玄龄谓比部郎中长孙无忌曰："今嫌隙已成，一旦祸机窃发，岂惟府朝涂地，乃实社稷之忧；莫若劝王行周公之事以安国家。存亡之机，间不容发，正在今日！"无忌曰："吾怀此久矣，不敢发口；今吾子所言，正合吾心，谨当白之。"乃入言世民。世民召玄龄谋之，玄龄曰："大王功盖天地，当承大业；今日忧危，乃天赞也，愿大王勿疑。"乃与府属杜如晦共劝世民诛建成、元吉。

【译文】

秦府的人都忧惧不知怎么办。行台考功郎中房玄龄对比部郎中长孙无忌说："如今嫌隙已成，一旦灾祸突然来临，岂止秦府彻底毁灭，实是国家大患；不如劝秦王照周公诛管叔、蔡叔的办法来安定国家。存亡之机，间不容发，正在今日！"长孙无忌说："我早有这样的想法，不敢讲出来，如今您所说的，正合我意，应当认真

长孙无忌　（594—659），唐初大臣。字辅玑，今河南洛阳人。

禀告秦王。”他就进秦府告诉李世民。李世民把房玄龄叫来商量，房玄龄说：“大王的功劳覆盖天地，理当继承大业；如今大家对局势担忧，正是上天在支持大王，愿大王不要迟疑不决。”就和秦府里的杜如晦一起劝说李世民诛讨建成、元吉。

建成、元吉以秦府多骁将，欲诱之使为己用，密以金银器一车赠左二副护军尉迟敬德，并以书招之，……敬德辞。……建成怒，遂与之绝。敬德以告世民，世民曰：“公心如山岳，虽积金至斗，知公不移。相遗但受，何所嫌也！且得以知其阴计，岂非良策！不然，祸将及公。”既而元吉使壮士夜刺敬德，敬德知之，洞开重门，安卧不动，刺客屡至其庭，终不敢入。元吉乃谮敬德于上。下诏狱讯治，将杀之，世民固请，得免。又谮左一马军总管程知节，出为康州刺史。知节谓世民曰：“大王股肱羽翼尽矣，身何能久！知节以死不去，愿早决计。”又以金帛诱右二护军段志玄，志玄不从。建成谓元吉曰：“秦府智略之士，可惮者独房玄龄、杜如晦耳。”

皆谮之于上而逐之。

世民腹心惟长孙无忌尚在府中，与其舅雍州治中高士廉、右候车骑将军三水侯君集，及尉迟敬德等，日夜劝世民诛建成、元吉。

【译文】

建成、元吉鉴于秦府骁将很多，想引诱过来给自己出力，暗中把一车金银器具送给秦府左二副护军尉迟敬德，并写了书信招纳他，……尉迟敬德推辞不接受。……建成生气了，就和他断绝了往来。尉迟敬德把事情告诉了李世民，李世民说："你的心意像山岳那样坚定，即使他们把金子堆到北斗星那样高，我知道你也不会变心。他们送的东西只管收下，怕犯什么嫌疑呢！而且因此可以了解他们的阴谋诡计，岂不很好！否则，祸害将会落到你身上。"不久元吉派壮士在黑夜里行刺尉迟敬德，尉迟敬德知道了，把门一重重都大开着，躺着不动，刺客好几次来到他的院子里，始终不敢再进去。元吉就在皇上那里诬告尉迟敬德。皇上把他下诏狱审讯，要杀掉他，李世民极力说情，

段志玄 (598—642)，唐初齐州人，唐代开国功臣。

才被赦免。他们又诬告秦府左一马军总管程知节，要他外任康州刺史。程知节对李世民说："大王的股肱羽翼都完了，本身怎能长久！知节死也不去康州，希望大王及早决策。"他们又用金帛收买秦府右二护军段志玄，段志玄也不干。建成对元吉说："秦府谋士里，可怕的只有房玄龄、杜如晦。"他们到皇上那里说坏话，把他俩都赶出秦府。

李世民的心腹只剩下长孙无忌还在府里，他和娘舅雍州治中高士廉、右候车骑将军三水人侯君集，还有尉迟敬德等人，日夜劝李世民诛讨建成、元吉。

会突厥郁射设将万骑屯河南，入塞，围乌城，建成荐元吉代世民督诸军北征，上从之，命元吉督右武卫大将军李艺、天纪将军张瑾等救乌城。元吉请尉迟敬德、程知节、段志玄及秦府右三统军秦叔宝等与之偕行，简阅秦王帐下精锐之士以益元吉军。……世民命卜之，幕僚张公谨自外来，取龟投地，曰："卜以决疑；今事在不疑，尚何卜乎！卜而不吉，庸得已乎！"于是定计。

【译文】

正在这时候，突厥郁射设率领了上万骑兵驻屯到黄河南岸，进入边塞，围困了乌城，建成就推荐元吉代替李世民督率各路兵马北征，皇上听从了，命令元吉督率右武卫大将军李艺、天纪将军张瑾等去救乌城。元吉要求让尉迟敬德、程知节、段志玄和秦府右三统军秦叔宝等人跟他同去，还挑选秦王帐下的精锐来补充元吉的部队。……李世民用龟卜来判断吉凶，幕僚张公瑾从外面进来，把龟甲往地上一扔，说："卜是用来判断有疑问的事情，现在已没有什么疑问，还卜什么！卜了不吉，难道就能够罢休吗！"于是定下了计划。

世民令无忌密召房玄龄等，曰："敕旨不听复事王，今若私谒，必坐死，不敢奉教！"世民怒，谓敬德曰："玄龄、如晦岂叛我邪！"取所佩刀授敬德曰："公往观之，若无来心，可断其首以来。"敬德往，与无忌共谕之曰："王已决计，公宜速入共谋之。吾属四人，不可群行道中。"乃令玄龄、如晦著道士服，与无忌俱入，敬德自他道亦至。

【译文】

李世民叫长孙无忌秘密地把房玄龄召来，房玄龄等说："敕旨不准我们再侍奉大王，今天如果私下进谒，必犯死罪，不敢奉大王之教！”李世民大怒了，对尉迟敬德说：“玄龄、如晦难道都背叛我吗？”取下佩刀给敬德说：“你去看他们，如果真不想前来，可以把他们的脑袋砍下带回来。”尉迟敬德前往，和长孙无忌一起对他们说：“王已经定下大计，公等该赶快进府一起谋划。我们这四个人，不能成群结队地在街上走。”就叫房玄龄、杜如晦穿上道士的衣服，和长孙无忌一起进入秦府，尉迟敬德从另一条道路也赶到。

己未，太白复经天。傅奕密奏：“太白见秦分，秦王当有天下。”上以其状授世民。于是世民密奏建成、元吉淫乱后宫，且曰：“臣于兄弟无丝毫负，今欲杀臣，似为世充、建德报仇。臣今枉死，永违君亲，魂归地下，实耻见诸贼！”上省之愕然，报曰：“明当鞫问，汝宜早参。”

【译文】

六月初三日，太白星再次经天，傅奕秘密上奏道：“太白星见于秦的分野，秦王当有天下。”皇上把他的奏章给李世民看。于是李世民上表密奏建成、元吉淫乱后宫，还说：“臣对兄弟丝毫没有亏负，现在想要杀臣，像是在给王世充、窦建德报仇。臣如今含冤死去，永远离别君亲，魂归地下，也实在耻见那些贼人！”皇上看了有点吃惊，回答道：“明天要审问，你该一早来朝参。”

庚申，世民帅长孙无忌等入，伏兵于玄武门。张婕妤窃知世民表意，驰语建成。建成召元吉谋之。元吉曰：“宜勒宫府兵，托疾不朝，以观形势。”建成曰：“兵备已严，当与弟入参，自问消息。”乃俱入，趣玄武门。上时已召裴寂、萧瑀、陈叔达等，欲按其事。

【译文】

初四日，李世民率领长孙无忌等入宫，派兵将埋伏在玄武门内。张婕妤探听到李世民上表的内容，派人快马通知建成。建成召元吉来商量，元吉说：“应该部署好东宫和齐府的军队，托病不入朝，观察形势再说。”建成说：“军队戒备已非常严密，我当和弟一起进大内朝参，亲自探问一下消息。”于是一起入朝，进入玄武门。皇上这时已经召集裴寂、萧瑀、陈叔达等大臣，准备审问李世民和建成、元吉的事情。

建成、元吉至临湖殿，觉变，即跋马东归宫府。世民从而呼之，元吉张弓射世民，再三不彀，世民射建成，杀之。尉迟敬德将七十骑继至，左右射元吉坠马。世民马逸入林下，为木枝所絓，坠不能起。元吉遽至，夺弓将扼之，敬德跃马叱之。元吉步欲趣武德殿，敬德追射杀之。翊卫车骑将军冯翊冯立闻建成死，叹曰："岂有生受其恩而死逃其难乎！"乃与副护军薛万彻、屈咥直府左车骑万年谢叔方帅东宫、齐府精兵二千驰趣玄武门。张公谨多力，独闭关以拒之，不得入。云麾将军敬君弘掌宿卫兵，屯玄武门，挺身出战，所亲止之曰："事未可知，且徐观变，俟兵集，成列而战，未晚也！"君弘不从，与中郎将吕世衡大呼而进，皆死之。君弘，显儁之曾孙也。守门兵与万彻等力战良久，万彻鼓噪欲攻秦府，将士大惧；尉迟敬德持建成、元吉首示之，宫府兵遂溃。万彻与数十骑亡入终南山。冯立既杀敬君弘，谓其徒曰："亦足以少报太子矣！"遂解兵，逃于野。

【译文】

建成、元吉走到临湖殿，发现事情不对，立即拨转马头，往东想回东宫、齐王府。李世民跟上叫他们，元吉拉弓要射世民，拉了几次都拉不满弓，李世民开弓把建成射死。尉迟敬德带上七十骑接着赶到，左右把元吉射落马下。李世民的马跑进树林里，被树枝绊住，跌下马来爬不起身。元吉很快赶上，夺过李世民手里的弓要扼死他，尉迟敬德跃马上前对元吉大喝一声。元吉想步行逃进武德殿，尉迟敬德追上去把他射死。翊卫车骑将军冯翊人冯立听到建成被杀，叹口气说："岂有生受其恩而死逃其难的道理！"就和副护军薛万彻、屈咥直府左车骑万年人谢叔方率领东宫、齐府精兵二千骑飞奔玄武门。张公瑾力气大，一个人闭上玄武门顶住，使他们进不来。云麾将军敬君弘统带宿卫禁军，驻屯玄武门，这时挺身而出和东宫、齐府兵对敌，亲近的人劝阻他说："事情还不清楚，姑且缓一下看事情有什么变化，待禁军都来到，摆好阵势再打，也不迟啊！"敬君弘不听，和中郎将吕世衡大声呼喊着冲杀过去都战死了。敬君弘是敬显儁的曾孙。守卫玄武门的军士和薛万彻等奋力相

张公瑾　字弘慎，魏州繁水人。唐代开国功臣。

持了好久，薛万彻擂鼓呐喊要攻打秦府，秦府将士大为恐惧；尉迟敬德把建成、元吉的头给东宫、齐府兵看，东宫、齐府兵就此溃散。薛万彻带了几十骑逃进终南山。冯立杀了敬君弘，对他的部下说：“多少可以报答太子了！”就丢下兵器，逃到郊外。

上方泛舟海池，世民使尉迟敬德入宿卫。敬德擐甲持矛，直至上所。上大惊，问曰：“今日乱者谁邪？卿来此何为？”对曰：“秦王以太子、齐王作乱，举兵诛之，恐惊动陛下，遣臣宿卫。”上谓裴寂等曰：“不图今日乃见此事，当如之何？”萧瑀、陈叔达曰：“建成、元吉本不预义谋，又无功于天下，疾秦王功高望重，共为奸谋，今秦王已讨而诛之。秦王功盖宇宙，率土归心，陛下若处以元良，委之国事，无复事矣！”上曰：“善！此吾之夙心也。”时宿卫及秦府兵与二宫左右战犹未已，敬德请降手敕，令诸军并受秦王处分，上从之。天策府司马宇文士及自东上阁门出宣敕，众然后定。上又使黄门侍郎裴矩至东宫晓谕诸将卒，皆罢散。

【译文】

皇上这时正在大内的海池里弄船，李世民派尉迟敬德去保卫。尉迟敬德披甲持矛，一直来到皇上身边。皇上见了大吃一惊，问道：“今天作乱的是谁？卿到这里来干什么？”尉迟敬德回答道：“秦王因为太子、齐王作乱，已经举兵把他们诛杀，怕惊动陛下，派臣来宿卫。”皇上对裴寂等人说：“想不到今天竟见到这样的事情，该怎么办？”萧瑀、陈叔达说：“建成、元吉本来就没有参预太原起兵，又无功于天下，妒忌秦王功高望重，勾结起来搞奸谋，秦王已对他们声讨诛杀。秦王功盖宇宙，天下归心，陛下如把他立为太子，把国家大事都交给他，就平安无事了！”皇上说：“好吧！这正是我素来的心愿。”当时禁军、秦府兵和东宫、齐府左右还继续打着，尉迟敬德请颁布手敕，命令各军都归秦王指挥，皇上依从了。天策府司马宇文士及从东阁门出宫宣布手敕，兵众这才安定下来，皇上又派黄门侍郎裴矩到东宫去开导将士们，他们都罢兵逃散。

是日，下诏赦天下，凶逆之罪，止于建成、元吉，自余党与，一无所问。……国家庶事，皆取秦王处分。……癸亥，立世民为皇太子。

【译文】

这天，下诏大赦天下，凶逆有罪的，只是建成、元吉，此外的党羽，都一概不问。……国家政务，全都由秦王处理。……八日，立李世民为皇太子。

八月……癸亥，制传位于太子。……甲子，太宗即皇帝位于东宫显德殿。

【译文】

八日……七日，皇上下诏传位于皇太子。……八日，太宗李世民即皇帝位于东宫的显德殿。

房 谋 杜 断

[唐太宗贞观三年] （公元 629 年）

二月，戊寅，以房玄龄为左仆射，杜如晦为右仆射，以尚书右丞魏徵守秘书监，参预朝政。

【译文】

唐太宗贞观三年（公元 629 年）

二月初六，唐太宗任命房玄龄为左仆射，杜如晦为右仆射，用尚书右丞魏徵署理秘书监，参预朝中政事。

丁巳，上谓房玄龄、杜如晦曰："公为仆射，当广求贤人，随才授任，此宰相之职也。比闻听受辞讼，日不暇给，安能助朕求贤乎！"因敕"尚书细务属左右丞，唯大事应奏者，乃关仆射"。

【译文】

三月十六日，唐太宗对房玄龄、杜如晦说："你们当仆射，理当广泛地征求贤人，并根据各人的才能任命，这是宰相的职责啊！近来听说你们接受诉

魏徵进谏

[唐太宗贞观六年] （公元 632 年）

三月，长乐公主将出降，上以公主，皇后所生，特爱之，敕有司资送倍于永嘉长公主。魏徵谏曰："昔汉明帝欲封皇子，曰：'我子岂得与先帝子比！'皆令半楚、淮阳。今资送公主倍于长主，得无异于明帝之意乎！"上然其言，入告皇后。后叹曰："妾亟闻陛下称重魏徵，不知其故，今观其引礼义以抑人主之情，乃知真社稷之臣也！妾与陛下结发为夫妇，曲承恩礼，每言必先候颜色，不敢轻犯威严；况以人臣之疏远，乃能抗言如是，陛下不可不从。"因请遣中使赍钱四百缗、绢四百匹以赐徵，且语之曰："闻公正直，乃今见之，故以相赏。公宜常秉此心，勿转移也。"上尝罢朝，怒曰："会须杀此田舍翁。"后问为谁，上曰："魏徵每廷辱我。"后退，具朝服立于庭，上惊问其故。后曰："妾闻主明臣直，今魏徵直，由陛下之明故也，妾敢不贺！”上乃悦。

【译文】

唐太宗贞观六年（公元632年）

三月，长乐公主将要下嫁，唐太宗认为她是公主，是皇后所生的，特别喜爱她，就下诏令给有关的官员，命令他们赠送贺礼要相当于永嘉长公主出嫁时的两倍。魏徵进谏说：“过去汉明帝要封自己几个儿子为王时，说：‘我的儿子怎么可以跟先帝的儿子相比呢！’就只给他们楚王、淮阳王一半的封地。现在，皇上您要求别人送给您女儿长乐公主的贺礼，相当于您姐姐长公主的两倍。这不是跟明帝的意思相反吗？”太宗认为他说得对，回后宫告诉皇后。皇后赞叹说：“我屡次听陛下称赞、推重魏徵，不知道其中的缘故，现在看他援引古人的礼义来抑制国君做不当的事，我这才知道他真正是国家的忠臣了！我与陛下结发为夫妻，还经常违反自己的本意，顺从陛下的意旨，每讲一句话都要先看看您的脸色，不敢轻易地冒犯您的威严；何况，魏徵凭着臣与君这样较疏远的关系，却

魏徵　（580—643），字玄成，唐初政治家，以陈谏太宗而出名。

能够这样违抗陛下的意旨而直言！陛下不可不听从他的话啊。”于是皇后就请求唐太宗派遣中使送钱四百串、绢四百匹赏赐给魏徵，并且告诉他说：“听说您很正直，现在我才看到了，所以把这些东西赏给你。您应该永远坚持这种公正，不要动摇。”唐太宗曾有一次下朝回来，怒气冲冲地说：“应该杀掉这个乡下佬！”皇后问要杀谁，太宗说：“魏徵总是在朝廷上当着众官侮辱我。”皇后退下，穿上整整齐齐的朝服站在宫庭前，唐太宗吃惊地问这是什么缘故，皇后说：“臣妾听说君主英明，臣就正直。如今魏徵这么正直，正是由于陛下英明的缘故啊，我怎么敢不祝贺呢！”太宗听了这才高兴起来。

武后称帝

[唐则天后天授元年]（公元690年）

九月，丙子，侍御史汲人傅游艺帅关中百姓九百余人诣阙上表，请改国号曰周，赐皇帝姓武氏。太后不许；擢游艺为给事中。于是百官及帝室宗戚，远近百姓，四夷酋长、沙门、道士合六万余人，俱上表如游艺所请，皇帝亦上表，自请赐姓武氏。戊寅，群臣上言："有凤皇自明堂飞入上阳宫，还集左台梧桐之上，久之，飞东南去；及赤雀数万集朝堂。"

【译文】

唐则天皇后天授元年（公元690年）

九月三日，侍御史汲县人傅游艺率领关中百姓九百多人，前往皇宫送上奏表，请求将国家的称号改作周，赐皇帝姓为武氏。太后没有许可，但擢升傅游艺为给事中。于是，百官以及皇室的宗族亲戚、远近百姓、周边少数民族的酋长、和尚、道士共六万多人，都上奏表章，和傅游艺所请求的相同。皇帝也上表章，自己请求赐给武氏姓。五日，赐给他好几万钱，从此唐玄宗更加信任安禄山，杨国忠的话再听不进去了。太子也知道安禄山一定会谋反，对唐玄宗说，唐玄宗也不听。

上欲加安禄山同平章事，已令张垍草制。杨国忠谏曰："禄山虽有军功，目不知书，岂可为宰相！制书若下，恐四夷轻唐。"上乃止。乙巳，加禄山左仆射，赐一子三品、一子四品官。

【译文】

唐玄宗想加封安禄山为同平章事，已经让张垍草拟了任命的文件。杨国忠知道后进谏说："安禄山虽然建立过军功，但目不识丁，怎么可以当宰相呢！如果陛下的文件一下发，恐怕四方的异族会轻视我大唐帝国啊！"唐玄宗听了杨国忠的进谏，这件事才作罢。正月初九，加封安禄山为左仆射，并赐给他一个儿子为三品官，一个儿子为四品官。

唐玄宗　李隆基，又称唐明皇，睿宗李旦第三子。与太平公主合谋发动政变，杀韦后，拥其父睿宗即位，被立为太子。

（二月，）己丑，安禄山奏：“臣所部将士讨奚、契丹、九姓、同罗等，勋效甚多，乞不拘常格，超资加赏，仍好写告身付臣军授之。”于是除将军者五百余人，中郎将者二千余人。禄山欲反，故先以此收众心也。

【译文】

（二月）十三日，安禄山又呈上奏章说：“我部所属的将士在讨伐奚、契丹、九姓、同罗等战役中，都建立了很大的功勋，乞求陛下不拘常规，破格给予奖赏，还请写好委任状，交付给我军授予他们。”于是朝廷授予安禄山部下五百多人为将军，二千多人为中郎将。安禄山想要反叛，所以先用这一套封官嘉奖的手段来笼络人心。

三月，丁酉朔，禄山辞归范阳。上解御衣以赐之，禄山受之惊喜。恐杨国忠奏留之，疾驱出关。乘船沿河而下，令船夫执绳板立于岸侧，十五里一更，昼夜兼行，日数百里，过郡县不下船。自是有言禄山反者，上皆缚送之，由是人皆知其将反，无敢言者。

【译文】

三月初一，安禄山辞别唐玄宗，要回范阳。唐玄宗脱下身上穿的御衣赐给他，安禄山又惊又喜地接受了。他担心杨国忠启奏皇上，把他扣留下来，所以赶紧驱马奔出潼关。乘船沿着黄河而下，命令船夫拿着纤绳和挽船板站在河岸的两侧，十五里就更换一批纤夫，乘船日夜兼行，一天走几百里，经过郡县也不下船。从此以后，朝中凡是有讲安禄山要谋反的人，唐玄宗都要把他捆绑起来，送给有关部门处置。因此，人人都知道安禄山将要谋反，但没有一个人敢说。

[唐玄宗天宝十四载]　(公元 755 年)

安禄山归至范阳，朝廷每遣使者至，皆称疾不出迎，盛陈武备，然后见之。裴士淹至范阳，二十余日乃得见，无复人臣礼。杨国忠日夜求禄山反状，使京兆尹围其第，捕禄山客李超等，送御史台狱，潜杀之。禄山子庆宗尚宗女荣义郡主，供奉在京师，密报禄山，禄山愈惧。六月，上以其子成婚，手诏禄山观礼，禄山辞疾不至。秋，七月，禄山表献马三千匹，每匹执控夫二人，遣蕃将二十二人部送。河南尹达奚珣疑有变，奏请“谕禄山以进车马宜俟至冬，官自给夫，无烦本军”。于是上稍寤，始有疑禄山之意。会辅璆琳受赂事亦泄，上托以它事扑杀之。上遣中使冯神威赍手诏谕禄山，如珣策；且曰：“朕新为卿作一汤，十月于华清宫待卿。”神威至范阳宣旨，禄山踞床微起，亦不拜，曰：“圣人安隐。”又曰：“马不献亦可，十月灼然诣京师。”即令左右引神威置馆舍，不复见；数日，遣还，亦无表。神威还，见上，泣曰：“臣几不得见大家！”

【译文】

唐玄宗天宝十四载（公元 755 年）

安禄山回到范阳，朝廷每次派遣使者到那里，他都称病不出来迎接。要出来会见时，总是要大张旗鼓地陈列军械、布置卫队，然后才会见。朝廷使者裴士淹到范阳，等了二十几天才得以见到安禄山，而且安禄山一点没有做臣子的礼节。杨国忠日夜搜寻安禄山谋反的证据，就派京兆尹包围他在京城的住宅，捉住安禄山的门客李超等人，押送到御史台的监狱，偷偷地把他们杀了。安禄山的儿子安庆宗娶了唐宗室的女儿荣义郡主为妻，在京都皇帝身边供职，得知这些情况，就秘密地报告安禄山，安禄山更加恐惧（阴谋败露）。六月，唐玄宗以儿子结婚为名，亲手写诏书召安禄山回京观礼，安禄山推辞有病，没到京师。秋季七月，安禄山上表献三千匹马，每匹要派两个牵马的人，另外派二十二个蕃将押送（想趁机袭击京师）。河南尹达奚珣怀疑将有事变，所以奏请朝廷要“明白告诉安禄山，进献车马应该等到冬季，官府自行派遣牵夫，无需烦劳本军士兵”。于是，唐玄宗稍有醒悟，开始有了怀疑安禄山的意思。正好辅璆琳受安禄山贿赂的事也败露了，唐玄宗就借托其他的事故，把辅璆琳打死了。唐玄宗按照达奚珣的计策，派遣中使冯神威送手诏通知安禄山；并让他转告说：“我最近特地替你造了一座新的温泉浴池，十月在华清宫等待你。”冯神威到范阳宣布圣旨，安禄山坐在榻上稍微起身，也不拜谢，只淡淡地说：“皇上安稳。”又说：“马不献也可以，十月一定到京师。”立即命令左右官员带领冯神威到馆舍住宿，再也不见他。几天之后，就遣送他回去，也没有给皇上上表谢恩。冯神威回京后，见了唐玄宗，哭着说：“我差一点就不能见到皇上了！”

安禄山专制三道，阴蓄异志，殆将十年，以上待之厚，欲俟上晏驾然后作乱。

会杨国忠与禄山不相悦，屡言禄山且反，上不听；国忠数以事激之，欲其速反以取信于上。禄山由是决意遽反，独与孔自官、太仆丞严庄、掌书记、屯田员外郎高尚、将军阿史那承庆密谋，自余将佐皆莫之知，但怪其自八月以来，屡飨士卒，秣马厉兵而已。会有奏事官自京师还，禄山诈为敕书，悉召诸将示之曰："有密旨，令禄山将兵入朝讨杨国忠，诸君宜即从军。"众愕然相顾，莫敢异言。十一月，甲子，禄山发所部兵及同罗、奚、契丹、室韦凡十五万众，号二十万，反于范阳。命范阳节度副使贾循守范阳，平卢节度副使吕知诲守平卢，别将高秀岩守大同；诸将皆引兵夜发。

【译文】

安禄山独霸范阳、平卢、河东三镇，暗地里蓄谋反叛，差不多将近十年了，因为唐玄宗对待他恩情很厚，所以他想等唐玄宗去世后再起兵作乱。碰到杨国忠与安禄山闹矛盾时，杨国忠经常说安禄山将要谋反，唐玄宗不听；杨国忠又多次挑起事端来刺激安禄山，想促使他赶快反叛，以便取得唐玄宗的信任。安禄山因此决定马上反叛，他单独和孔自官、太仆丞严庄、掌书记、屯田员外郎高尚、将军阿史那承庆密谋，其余的将吏都不知道，他们只是奇怪从八月以来，安禄山多次犒赏士兵，做好作战准备而已。正好这时有一个安禄山派到京师长安去的奏事官回来了，安禄山就趁机假造了皇帝的诏书，把部下的将军们都召集来，将假诏书给他们看，并且瞎说：“有皇帝秘密的命令，叫我带兵入朝，讨伐杨国忠，你们大家都应该随军进发。”大家看了都很惊讶，只是你看看我，我看看你，没有人敢说不同的意见。十一月初九，安禄山调发自己部下的军队和同罗、奚、契丹、室韦等部族军队，总计十五万人，号称二十万，在范阳发动叛乱。他命令范阳节度副使贾循守范阳，平卢节度副使吕知诲守平卢，别将高秀岩守大同；各将领都带兵连夜进发。

唐 · 孔武有力的武官

马嵬事变

[唐肃宗至德元载]（公元756年）

是时，天下以杨国忠骄纵召乱，莫不切齿。又，禄山起兵以诛国忠为名，王思礼密说哥舒翰，使抗表请诛国忠，翰不应。思礼又请以三十骑劫取以来，至潼关杀之，翰曰："如此，乃翰反，非禄山也。"或说国忠："今朝廷重兵尽在翰手，翰若援旗西指，于公岂不危哉！"国忠大惧，乃奏："潼关大军虽盛，而后无继，万一失利，京师可忧，请选监牧小儿三千于苑中训练。"上许之，使剑南军将李福德等领之。又募万人屯灞上，令所亲杜乾运将之，名为御贼，实备翰也。翰闻之，亦恐为国忠所图，乃表请灞上军隶潼关；六月，癸未，召杜乾运诣关，因事斩之；国忠益惧。

【译文】

唐肃宗至德元载（公元756年）

这时，天下人都认为是杨国忠骄纵才招致了安禄山的叛乱，因此，对杨国忠无不切齿痛恨；再说安禄山起兵，是以讨伐杨国忠为借口的，王思礼暗地里劝说哥舒翰，叫他向玄宗皇帝上表，强烈

唐·三彩胡人牵马俑

要求诛杀杨国忠，哥舒翰没有答应。王思礼又请求用三十名骑兵把杨国忠劫持，到潼关后把他杀掉，哥舒翰回答说："这样做，倒是我哥舒翰反叛，而不是安禄山反叛了。"有人到杨国忠那里游说道："现在朝廷重兵都掌握在哥舒翰手中，哥舒翰如果举旗西向，对您来说岂不是很危险吗！"杨国忠听了十分害怕，于是上奏唐玄宗说："守潼关的哥舒翰大军虽然强大，但是没有后继部队，潼关万一失利，京都长安就十分令人担忧了，请选择养马场的青年士兵三千人，在禁苑训练，以备万一。"唐玄宗答应了，杨国忠就叫剑南节度使下属的将领李福德统领这支部队。同时，又招募了一万名士兵屯驻灞上，命令自己的亲信杜乾运率领，名义上是为了防御安禄山，实际上是防备哥舒翰。哥舒翰听到这件事，也害怕被杨国忠暗算，就上表请求把灞上的驻军划归潼关率领。六月初一，哥舒翰把杜乾运召到潼关来，借故把他斩了；于是，杨国忠心里就更加恐惧。

会有告崔乾祐在陕，兵不满四千，皆羸弱无备，上遣使趣哥舒翰进兵复陕、洛。翰奏曰：“禄山久习用兵，今始为逆，岂肯无备！是必羸师以诱我，若往，正堕其计中。且贼远来，利在速战；官军据险以扼之，利在坚守。况贼残虐失众，兵势日蹙，将有内变；因而乘之，可不战擒也。要在成功，何必务速！今诸道征兵尚多未集，请且待之。”郭子仪、李光弼亦上言：“请引兵北取范阳，覆其巢穴，质贼党妻子以招之，贼必内溃。潼关大军，唯应固守以弊之，不可轻出。”国忠疑翰谋己，言于上，以贼方无备，而翰逗留，将失机会。上以为然，续遣中使趣之，项背相望。翰不得已，抚膺恸哭，丙戌，引兵出关。

【译文】

这时正好有人向唐玄宗报告，贼将崔乾祐在陕郡一带，他的军队还不满四千人，而且都是老弱残兵，没有防备，唐玄宗信以为真，就派人到潼关催促哥舒翰出兵收复陕郡、洛阳等地。哥舒翰根据当时实际情况上奏书：“安禄山长久以来都熟悉用兵的谋略，如今刚开始叛变，难道陕洛要地会毫无准备！这一定是用老弱残兵来引诱我们，如果冒失征讨，正好中他们的奸计。而且贼兵远来，最有利的策略就是速战；官军据守险要的地方，阻挡叛军的进攻，最有利的策略就是坚守。况且逆贼残酷暴虐，失去人心，军事形势一天天窘迫，将会发生内讧；那时我们因而乘机讨伐，可以不战就把他们擒获。取得胜利才是主要的，何必一定要急于求成！现在各方征发的兵士，还有许多没有集中，请暂且等待一段时间再说吧。”郭子仪、李光弼也上奏唐玄宗，说：“请求皇上允许我们向北进军，攻取范阳，端了叛军的老巢，扣押他们的妻子、儿女作人质，然后招降他们，这样，贼党内部必然分崩离析。潼关大军只应该坚守，时间一长，就会使敌人疲劳困顿，现在不可轻易出击。”但是，杨国忠一心怀疑哥舒翰图谋自己，就在唐玄宗面前说，贼军正好没有准备，而哥舒翰逗留潼关，将会坐失进攻取胜的良机。唐玄宗认为杨国忠说得对，就连续派遣宫中使者，去催促哥舒翰出兵，一路上使者一个接着一个，接连不断。哥舒翰悲愤极了，拍着胸脯放声大哭，不得已只好决定出兵。六月初四带兵出了潼关。

己丑，遇崔乾祐之军于灵宝西原。乾祐据险以待之，南薄山，北阻河，隘道七十里。庚寅，官军与乾祐会战。乾祐伏

兵于险，翰与田良丘浮舟中流以观军势，见乾祐兵少，趣诸军使进。王思礼等将精兵五万居前，庞忠等将余兵十万继之，翰以兵三万登河北阜望之，鸣鼓以助其势。乾祐所出兵不过万人，什什伍伍，散如列星，或疏或密，或前或却，官军望而笑之。乾祐严精兵，陈于其后。兵既交，贼偃旗如欲遁者，官军懈，不为备。须臾，伏兵发，贼乘高下木石，击杀士卒甚众。道隘，士卒如束，枪槊不得用。翰以毡车驾马为前驱，欲以冲贼。日过中，东风暴急，乾祐以草车数十乘塞毡车之前，纵火焚之。烟焰所被，官军不能开目，妄自相杀，谓贼在烟中，聚弓弩而射之。日暮，矢尽，乃知无贼。乾祐遣同罗精骑自南山过，出官军之后击之，官军首尾骇乱，不知所备，于是大败；或弃甲窜匿山谷，或相挤排入河溺死，嚣声振天地，贼乘胜蹙之。后军见前军败，皆自溃，河北军望之亦溃。瞬息间，两岸皆空。翰独与麾下百余骑走，自首阳山西渡河入关。关外先为三堑，皆广二丈，深丈，

人马坠其中，须臾而满；余众践之以度，士卒得入关者才八千余人。辛卯，乾祐进攻潼关，克之。

【译文】

六月初七，哥舒翰的部队在灵宝西部原野遭遇贼将崔乾祐的军队。崔乾祐事先占据了险要的地方，做好准备，等待官军的到来，这里南边靠近山，北边有黄河阻隔，中间只有一条长约七十里的狭窄道路。初八，官军与崔乾祐会战。崔乾祐事先在险要的地方埋伏了军队，哥舒翰和田良丘乘着船在黄河中流观看军势，看到崔乾祐兵少，就催促各军进攻。王思礼等带领五万精兵在最前面，庞忠等带领其余十万大军跟着前进，哥舒翰以三万士兵登上黄河北边的土山观战，同时擂鼓以助声势。崔乾祐派出的兵不过一万人，十个一堆，五个一群，散乱得像天上的星星，有的地方稀疏，有的地方密集，士兵们有的向前，有的后退，官军看到这样的队形，都讥笑他们。谁知贼将崔乾祐却把精兵部署在散兵的后面严阵以待。双方的军队开始交锋了，贼兵放下旗帜假装要逃跑的样子，官军思想上松懈了，毫无戒备。（被引进狭长小道）一会儿，

唐 · 武士俑

敌人的伏兵冲了出来，占据着高处有利地形，掷下木头石块，打死打伤了很多官军。那条路很狭窄，士兵挤压在一块儿，好像被捆绑在一起似的，枪和长矛都使不上。哥舒翰命令用兽皮做帷帐的毡车，由马驾着在前面冲开一条路。双方一直打到午后，东风突然越刮越大，贼将崔乾祐用几十辆装草的车子，堵塞在官军毡车的前面，放火焚烧。顿时，浓烟滚滚向官军扑来，官军被熏得睁不开眼睛，分不清敌我，相互乱砍乱杀，误认为贼兵就在浓烟当中，就聚集弓箭射击。到了傍晚，箭也射完了，才知道没有贼兵。崔乾祐派遣同罗精悍的骑兵，绕过南山，抄在官军的后面，突然冲击出来，官军首尾错乱，惊骇不定，不知应当从哪里防备，于是前军大败；有的丢盔弃甲，逃亡或躲藏在山谷里，有的互相拥挤，掉在黄河里淹死，喧嚣声震天动地，贼兵乘胜进击。后军看到前军打败了，自动溃退，在河北岸的三万军队看到这种情况也四散逃亡。一会儿工夫，两岸都没有人了。哥舒翰独与部下几百骑兵逃走，从首阳山向西渡河进了潼关。潼关外边有原先挖的三条宽两丈、深一丈的壕沟，这时溃逃的士兵只顾逃命，连人带马掉在沟里，一会儿就填满了；其余的人就踏着他们的尸体越过壕沟。官军逃回潼关的只有八千多人。初九，崔乾祐攻下了潼关。

翰至关西驿，揭榜收散卒，欲复守潼关。蕃将火拔归仁等以百余骑围驿，入谓翰曰："贼至矣，请公上马。"翰上马出驿，归仁帅众叩头曰："公以二十万众一战弃之，何面目复见天子！且公不见高仙芝、封常清乎？请公东行。"翰不可，欲下马。归仁以毛絷其足于马腹，及诸将不从者，皆执之以东。会贼将田乾真已至，遂降之，俱送洛阳。安禄山问翰曰："汝常轻我，今定何如？"翰伏地对曰："臣肉眼不识圣人。今天下未平，李光弼在常山，李祗在东平，鲁炅在南阳，陛下留臣，使以尺书招之，不日皆下矣。"禄山大喜，以翰为司空、同平章事。谓火拔归仁曰："汝叛主，不忠不义。"执而斩之。翰以书招诸将，皆复书责之。禄山知不效，乃囚诸苑中。潼关既败，于是河东、华阴、冯翊、上洛防御使皆弃郡走，所在守兵皆散。

【译文】

哥舒翰退到潼关西边的关西驿，贴出布告，收集散兵，想要重新坚住潼关。蕃将火拔归仁率领一百多骑兵，包围驿站，进去对哥舒翰说："贼兵到了，请您赶快上马。"哥舒翰就骑上马，出了驿站，火拔归仁率领众人跪下磕头，说："您率领的二十万大军，打了一仗就覆灭，有什么面目再回去见皇上！况且您没有看到高仙芝、封常清等人（兵败被杀）的下场吗？现在请您向东（去投降安禄山）吧。"哥舒翰不肯，想下马。火拔归仁就用毛绳把他的脚拴在马肚子上，不让他下来，其他不听劝降的将领，全都被捆绑起来，一齐向东而去。正好贼将田乾真已经到来，于是哥舒翰一伙人就向他投降了，他们全部都被送到洛阳。安禄山见到哥舒翰就问道："你平常看不起我，今天该怎么样？"哥舒翰听了，连忙伏在地上答道："是臣凡胎肉眼不识圣人。现在天下尚未平定，河北节度使李光弼在常山，吴王李祗在东平，山南节度使鲁炅在南阳，陛下留下我，让我用书信招降他们，过不了几天，这些地方就都可以拿下来。"安禄山听了十分高兴，就任命哥舒翰为司空、同平章事。安禄山对火拔归仁说："你背叛主人，不忠不义。"说着，就叫人把他抓起来斩了。哥舒翰用书信招降那几位将领，他们都写了回信，狠狠地谴责了哥舒翰。安禄山知道这种做法不会有

唐·彩绘武官俑

效果，就把哥舒翰软禁在洛阳的御花园里。潼关之役，官军告败，后来，附近的河东、华阴、冯翊、上洛等地的防御使都丢弃本郡纷纷逃跑，各郡的守兵也都溃散了。

是日，翰麾下来告急，上不时召见，但遣李福德等将监牧兵赴潼关。及暮，平安火不至，上始惧。壬辰，召宰相谋之。杨国忠自以身领剑南，闻安禄山反，即令副使崔圆阴具储偫，以备有急投之，至是首唱幸蜀之策。上然之。癸巳，国忠集百官于朝堂，惶懅流涕；问以策略，皆唯唯不对。国忠曰："人告禄山反状已十年，上不之信。今日之事，非宰相之过。"仗下，士民惊扰奔走，不知所之，市里萧条，国忠使韩、虢入宫，劝上入蜀。

【译文】

潼关陷落前的一天，哥舒翰派部下到长安来告急，唐玄宗没有及时召见，只派遣李福德等带领从养马员中选拔训练出来的三千人去潼关救援。到了晚上，不见报平安的烽火，唐玄宗才（知道潼关失守）开始恐惧起来。初十，连忙把宰相召来商量。杨国忠是兼任剑南节度使的，自从听说安禄山反叛，便早早命令副使崔圆暗地里储备各种器物，以便形势一旦紧急，就投奔到那里去，这时，他第一个提出唐玄宗到蜀地去的方案。唐玄宗同意了。十一日，杨国忠召集百官在朝堂上议事，内心恐慌焦急，不禁掉下眼泪；问大家有什么好的策略，文武大臣都唯唯诺诺，不发表意见。杨国忠说："有人告发安禄山有反叛的迹象，已经有十年了，可是皇上不相信。今天出现这种情况，不是我当宰相的过失。"退朝后，皇帝的仪仗队撤走了，长安的士人和市民都惊惧不定，到处奔走，不知往哪里去才好，大街小巷显得十分萧条。杨国忠（在这种形势下）就叫韩国夫人和虢国夫人进宫，劝说唐玄宗到蜀地去避难。

甲午，百官朝者什无一二。上御勤政楼，下制，云欲亲征，闻者皆莫之信。以京兆尹魏方进为御史大夫兼置顿使；京兆少尹灵昌崔光远为京兆尹，充西京留守；将军边令诚掌宫闱管钥。托以剑南节度大使颍王璬将赴镇，令本道设储偫。是日，上移仗北内。既夕，命龙武大将军陈玄礼整比六军，厚赐钱帛，选闲厩马九百余匹，外人皆莫之知。乙未，黎明，上独与贵妃姊妹、皇子、妃、主、皇孙、杨国忠、韦见素、魏方进、陈玄礼及亲近宦官、宫人出延秋门，妃、主、皇孙之在外者，皆委之而去。上过左藏，杨国忠请焚之，曰："无为贼守。"上愀然曰："贼来不得，必更敛于百姓；不如与之，无重困吾赤子。"是日，百官犹有入朝者，至宫门，犹闻漏声，三卫立仗俨然。门既启，则宫人乱出，中外扰攘，不知上所之。于是王公、士民四出逃窜，山谷细民争入宫禁及王公第舍，盗取金宝，或乘驴上殿。又焚左藏大盈库。崔光远、边令诚帅人救火，又募人摄府、县官分守之，杀十余人，乃稍定。光远遣其子东见禄山，令诚亦以管钥献之。

【译文】

（六月）十二日，百官入朝的不到平时的十分之一二。唐玄宗驾临勤政楼，下了诏书，说要亲自带兵讨伐安禄山，听到的人没有一个相信。唐玄宗命令京兆尹魏方进当御史大夫兼置顿使；京兆少尹灵昌人崔光远当京兆尹，临时充当西京留守；将军边令诚掌管宫廷的钥匙。唐玄宗假托颍王李璬将要去剑南节度大使的治所赴任，叫剑南道的官员预先做好准备。这一天，唐玄宗移居大明宫。傍晚，命令龙武大将军陈玄礼整顿护卫皇帝的军队，赏赐给他们很多的钱帛，挑选皇帝马圈里九百多匹好马，这些举动外面的人都不知道。十三日天刚亮，唐玄宗只同贵妃姊妹、皇子、妃子、公主、皇孙、杨国忠、韦见素、魏方进、陈玄礼以及亲近的宦官、宫人等走出延秋门，凡是在宫廷外面的妃子、公主、皇孙，统统都被抛弃不管了。玄宗经过国家金库时，杨国忠请求把金库烧掉，说："不要为叛贼保存这些资财。"唐玄宗凄怆地回答："贼兵来了得不到这些资财，一定会加倍地搜刮老百姓，不如留着吧，不要再使我的百姓遭受更深重的困苦。"这一天，文武百官还有来上朝的，走到宫门，仍然能听到铜壶滴漏的声音，三卫的仪仗和卫队依旧整齐而严肃地站在那里。宫门开了，就看到宫人从里面乱纷纷地跑出来，里里外外，一片慌乱吵嚷，不知道皇帝到哪儿去了。于是王公大人、长安的士大夫和居民都四出逃跑，山沟里的老百姓争先恐后地到平时不能进去的宫廷和王公大人的住宅里，任意取走金银财宝，有的骑着驴子踏上宫殿。还有人放火烧掉皇家专用的金库。留守的崔光远、将军边令诚得知消息后，连忙带人来救火，又招募人去代理太守、县令的职务分别守卫，杀了十多人，才稍微安定下来。崔光远派他的儿子向东去见安禄山，边令诚也把宫廷里的钥匙奉献给安禄山。

上过便桥，杨国忠使人焚桥。上曰：“士庶各避贼求生，奈何绝其路！”留内侍监高力士，使扑灭乃来。上遣宦者王洛卿前行，告谕郡县置顿。食时，至咸阳望贤宫，洛卿与县令俱逃，中使征召，吏民莫有应者。日向中，上犹未食，杨国忠自市胡饼以献。于是民争献粝饭，杂以麦豆；皇孙辈争以手掬食之，须臾而尽，犹未能饱。上皆酬其直，慰劳之。众皆哭，上亦掩泣。有老父郭从谨进言曰：“禄山包藏祸心，固非一日；亦有诣阙告其谋者，陛下往往诛之，使得逞其奸逆，至陛下播越。是以先王务延访忠良以广聪明，盖为此也。臣犹记宋璟为相，数进直言，天下赖以安平。自顷以来，在廷之臣以言为讳，惟阿谀取容，是以阙门之外，陛下皆不得而知。草野之臣，必知有今日久矣，但九重严邃，区区之心无路上达。事不至此，臣何由得睹陛下之面而诉之乎！”上曰：“此朕之不明，悔无所及。”慰谕而遣之。俄而尚食举御膳而至，上命先赐从官，然后食之。令军士散诣村落求食，期未时皆集而行。夜将半，乃至金城。县令亦逃，县民皆脱身走，饮食器皿具在，士卒得以自给。时从者多逃，内侍监袁思艺亦亡去。驿中无灯，人相枕藉而寝，贵贱无以复辨。王思礼自潼关至，始知哥舒翰被擒。以思礼为河西、陇右节度使，即令赴镇，收合散卒，以俟东讨。

【译文】

唐玄宗向西逃命，过了便桥，杨国忠就派人烧桥。唐玄宗说："老百姓各自逃避贼兵，谋求生路，怎么能断绝这条道路呢？"说罢，就留下内侍监高力士，要他把火扑灭了再赶上来。唐玄宗又派宦官王洛卿先走一步，通知沿路各郡县，安排吃饭、住宿等事。早饭的时候，走到咸阳城里的望贤宫，可是王洛卿和咸阳县令却都逃跑了。于是，唐玄宗再派宦官去征召当地的官吏和老百姓，但没有一个应召前来的。已经到中午，唐玄宗还没有吃的东西，杨国忠亲自去买来胡饼献给唐玄宗。老百姓这才争着献上糙米饭，里面夹杂着麦子和豆子；皇孙们争着用双手捧着吃，一会儿就吃光了，还没有吃饱。唐玄宗对那些老百姓都给予应有的报酬，并亲自慰问他们。大家都哭了，唐玄宗也不禁掩面哭泣。有个老大爷叫郭从谨的，向唐玄宗提出了意见，说：“安禄山包藏祸心，阴谋反叛，早已不是一天了，也有人到长安告发他的阴谋，皇上往往把告发的人杀了，使得安禄山能够毫无顾忌地干那些奸邪逆乱的勾当，以致皇上今天流离失所。所以，前辈君王要延访忠良的人，以便使自己更加聪明，

唐·三彩骑骆驼胡俑

就是这个道理吧！臣民还记得，宋璟当宰相时，多次向皇上进谏忠言，天下因为他而太平无事。最近一个时期以来，朝廷的臣子，都忌讳向皇上进谏忠言，只是用阿谀奉承来讨得皇上的欢喜，所以宫门以外的事情，皇上都不知道。住在乡野的臣民早就知道一定会有今天这样的不幸，只是皇上居住的地方森严深邃，我这区区小民的忠心，没有路子上达皇上。事情不弄到这地步，臣民哪里能看到陛下的面容，并亲自向您倾诉衷情呢！”唐玄宗听罢，说道：“这是我的糊涂，现在懊悔也来不及了。”接着慰劳、吩咐了一番，就打发他走了。没有多久，掌管皇帝伙食的官员，给唐玄宗送来了饭食，唐玄宗命令先给跟随的官员们吃，然后自己再吃。命令军士分散到村庄里寻求食物，约定到未时回来集中赶路。将近半夜，才走到金城。金城县令也逃跑了，县里的老百姓也都逃走了，不过，喝的、

吃的和用的各种器具都还在，士兵们能够自己来弄吃喝。这时随从人员逃跑了很多，内侍监袁思艺也逃走了。驿站里没有灯火，人们横七竖八地相枕而卧，也无法再分辨什么贵贱了。王思礼从潼关赶来，才知道哥舒翰已被捉去。唐玄宗任命王思礼为河南、陇右节度使，命令他立即赴任，招集、收拢四散的士兵，等待向东去讨伐安禄山。

丙申，至马嵬驿，将士饥疲，皆愤怒。陈玄礼以祸由杨国忠，欲诛之，因东宫宦者李辅国以告太子，太子未决。会吐蕃使者二十余人遮国忠马，诉以无食，国忠未及对，军士呼曰："国忠与胡虏谋反！"或射之，中鞍。国忠走至西门内，军士追杀之，屠割支体，以枪揭其首于驿门外，并杀其子户部侍郎暄及韩国、秦国夫人。御史大夫魏方进曰："汝曹何敢害宰相！"众又杀之。韦见素闻乱而出，为乱兵所挝，脑血流地。众曰："勿伤韦相公。"救之，得免。军士围驿，上闻喧哗，问外何事，左右以国忠反对。上杖屦出驿门，慰劳军士，令收队，军士不应。上使高力士问之，

玄礼对曰："国忠谋反，贵妃不宜供奉，愿陛下割恩正法。"上曰："朕当自处之。"入门，倚杖倾首而立。久之，京兆司录韦谔前言曰："今众怒难犯，安危在晷刻，愿陛下速决！"因叩头流血。上曰："贵妃常居深宫，安知国忠反谋？"高力士曰："贵妃诚无罪，然将士已杀国忠，而贵妃在陛下左右，岂敢自安！愿陛下审思之，将士安则陛下安矣。"上乃命力士引贵妃于佛堂，缢杀之。舆尸置驿庭，召玄礼等入视之。玄礼等乃免胄释甲，顿首请罪，上慰劳之，令晓谕军士。玄礼等皆呼万岁，再拜而出，于是始整部伍为行计。

【译文】

（六月）十四日，唐玄宗一行走到马嵬驿，将领和士兵又饥饿，又疲劳，心里都很恼火。将军陈玄礼认为安禄山叛乱的灾祸是由杨国忠引起的，想杀掉他，请太子东宫宦官李辅国转告太子，太子一时做不了决定。正好有二十多个吐蕃使者拦住杨国忠的马，诉说没有东西吃，杨国忠还来不及回答，士兵就叫嚷起来："杨国忠跟胡虏勾结谋反！"有人就弯弓搭箭向他射去，一箭射中了他的马鞍。杨国忠连忙逃到西门内，士兵们很快追上去把他斩了，四肢和身躯宰割成好几段，并且用长枪把脑袋挑起来，在马嵬驿站的门外示众，士兵们又杀了他的儿子户部侍郎杨暄以及韩国夫人、秦国夫人。御史大夫魏方进说："你们怎敢杀害宰相！"士兵们又把魏方进杀了。韦见素听到外面骚乱的声音，出来一看，就被乱兵抓住乱打，头破血流。许多人说："不要伤害韦相公！"这才救他免于一死。士兵们围住马嵬驿，唐玄宗听到外面喧哗的声音，就问外边发生了什么事情，左右的官员就用"杨国忠谋反"的话来回答。唐玄宗穿上鞋子撑着手杖走出驿门，亲自慰劳军士，叫他们撤围归队，士兵们不答应。唐玄宗叫高力士去问他们，陈玄礼回答说："杨国忠谋反，杨贵妃不适宜在皇上身边侍候，希望割断恩情，把她依法处决。"唐玄宗说："这事当由我自己来处理。"说罢，走进驿门，撑着手杖，低着脑袋，久久地站在那里。过了好一会，京兆司录韦谔上前说道："现在众怒难犯，是安是危必须在这很短的时间内抉择，希望皇上赶快做出决定。"说着就连续磕头，磕得额上流出鲜血。唐玄宗说：

杨贵妃

【千里江山图】卷 局部［宋］江参 中国台北故宫博物院藏 21－7

【千里江山图】卷 局部［宋］江参 中国台北故宫博物院藏 21-7

“贵妃一直住在深宫里，怎么知道杨国忠谋反的事呢？”高力士也说：“贵妃的确没有罪过，但是，将士们已经杀掉了杨国忠，如果贵妃仍然在皇上的身边，那么，他们的心里怎么会安定呢！希望皇上慎重地考虑。将士们安定了，皇上也就平安了。”唐玄宗觉得这话有理，于是就叫高力士把贵妃带到佛殿上，把她勒死。然后抬出尸体，放在驿站的庭院里。唐玄宗叫陈玄礼等人进来辨认尸体，陈玄礼就摘下头盔，解下甲衣，磕头请罪。唐玄宗对他们慰劳了一番，命令他们向士兵们宣布。陈玄礼等人一齐高呼“万岁”，再磕头而去。于是，才整顿队伍，做好行军的准备，继续向西行进。

甘露之变

[唐文宗太和九年]（公元835年）

始，郑注与李训谋，至镇，选壮士数百，皆持白棓，怀其斧，以为亲兵。是月，戊辰，王守澄葬于浐水，注奏请入护葬事，因以亲兵自随。仍奏令内臣中尉以下尽集浐水送葬，注因阖门，令亲兵斧之，使无遗类。约既定，训与其党谋："如此事成，则注专有其功，不若使行馀、璠以赴镇为名，多募壮士为部曲，并用金吾、台府吏卒，先期诛宦者，已而并注去之。"行馀、璠、立言、约及中丞李孝本，皆训素所厚也，故列置要地，独与是数人及舒元舆谋之，他人皆莫之知也。

【译文】

唐文宗太和九年（公元835年）

开始时，郑注与李训谋划，任节度使后，到达镇守的地方，就选拔数百名壮士，全都手持白木棒，怀中藏着利斧，作为自己的亲兵。这月（十一月）

唐·金团花纹把杯

二十七日，将把王守澄葬在浐水旁，郑注上奏请求进京城守护葬礼事宜，乘机让亲兵跟随着自己。并上奏请求命内臣中尉以下的宦官全都集中到浐水送葬，郑注乘机将门关上，命亲兵用斧头砍杀，不使一人逃脱。谋划确定以后，李训与他的党徒密谋："如果这件事办成了，那么，郑注会独占头功，不如让郭行馀、王璠以赴镇任节度使为名，多招募壮士作为亲兵，并用金吾和台府的吏员兵卒，在预定的期限以前将宦官一举诛灭。然后，一并将郑注的势力消灭掉。"郭行馀、王璠、罗立言、韩约，以及中丞李孝本，都是李训平素所厚待的人，所以，把他们安排在显要位置上，李训只与这几个人以及舒元舆密谋这件事，其他人都一概不知。

壬戌，上御紫宸殿。百官班定，韩约不报平安，奏称："左金吾厅事后石榴夜有甘露，臣递门奏讫。"因蹈舞再拜，宰相亦帅百官称贺。训、元舆劝上亲往观之，以承天贶，上许之。百官退，班于含元殿。日加辰，上乘软舆出紫宸门，升含元殿。先命宰相及两省官诣左仗视之，良久而还。

训奏："臣与众人验之，殆非真甘露，未可遽宣布，恐天下称贺。"上曰："岂有是邪！"顾左、右中尉仇士良、鱼志弘帅诸宦者往视之。宦者既去，训遽召郭行馀、王璠曰："来受敕旨！"璠股栗不敢前，独行馀拜殿下。时二人部曲数百，皆执兵立丹凤门外，训已先使人召之，令入受敕。独东兵入，邠宁兵竟不至。

【译文】

二十一日，皇上驾临紫宸殿。百官立班已定，韩约没有按常例报告内外平安，却奏说："左金吾厅事后院的石榴树上夜里有甘露降落，我已隔门递入奏章报告过。"说着起身再次舞拜，宰相们也带领百官表示祝贺。李训、舒元舆劝请皇上亲自前往观看，以接受上天的惠赐，皇上答应了。百官从紫宸殿退出，立班于前面的含元殿。过了一个时辰，皇上乘坐软座轿子，从紫宸门出来，进入含元殿。先命宰相以及两省官员前往左仗院里看看，过了很久，他们才回来。李训奏道："我和众人仔细验看了，可能并不是真甘露，未可冒然就宣布，以免天下人都要恭贺。"皇上说："哪能有这种事！"回头看了看左、右中尉仇士良和鱼志弘，示意他们带领宦官们前往验看甘露。宦官们出去以后，李训急忙召来郭行馀、王璠说：“来接受敕命诏旨！”王璠两腿颤抖不敢向前，只有郭行馀来到殿下叩拜。当时，他们两人有亲兵数百人，全都手执兵器站立在丹凤门外，李训已先派人召入，命进宫接受命令。只有河东镇的士兵进来了，邠宁镇的士兵竟然没到。

仇士良等至左仗视甘露，韩约变色流汗，士良怪之曰：“将军何为如是？”俄风吹幕起，见执兵者甚众，又闻兵仗声。士良等惊骇走出，门者欲闭之，士良叱之，关不得上。士良等奔诣上告变。训见之，遽呼金吾卫士曰：“来上殿卫乘舆者，人赏钱百缗！”宦者曰：“事急矣，请陛下还宫！”即举软舆，迎上扶升舆，决殿后罘罳，疾趋北出。训攀舆呼曰：“臣奏事未竟，陛下不可入宫！”金吾兵已登殿；罗立言帅京兆逻卒三百余自东来，李孝本帅御史台从人二百余自西来，皆登殿纵击，宦官流血呼冤，死伤者十余人。乘舆迤逦入宣政门，训攀舆呼益急，上叱之，宦者郗志荣奋拳殴其胸，偃于地。乘舆即入，

门随阖，宦者皆呼万岁，百官骇愕散出。训知事不济，脱从吏绿衫衣之，走马而出，扬言于道曰：“我何罪而窜谪！”人不之疑。王涯、贾竦、舒元舆还中书，相谓曰：“上且开延英，召吾属议之。”两省官诣宰相请其故，皆曰：“不知何事，诸公各自便！”士良等知上豫其谋，怨愤，出不逊语，上惭惧不复言。

【译文】

仇士良等人到左仗院里看甘露，韩约这时脸色骤变，汗也流了下来，仇士良奇怪地问：“将军为什么会这样呢？”一会儿，风吹起了帷幕，发现幕后手执兵器的人很多，又听到兵杖声。仇士良等人惊恐地逃走，看门人想闭上门，仇士良大声喝叱他，门未能关上。仇士良等人奔跑到皇上面前报告事变。李训看见了，急忙向金吾卫兵大喊道：“快上殿来保卫皇上，来者每人赏一百缗钱！”宦官们说：“事情危急，请陛下快回宫去！”说着，抬起软座轿子，迎上去把皇上扶进轿子，捣开殿后交疏透孔的窗棂，急忙向北跑出去。李训攀着轿子呼叫道：“我上奏的事情还未完呢，陛下不可进宫去！”这时，金吾的士兵已进殿；罗立言率领京兆巡逻的士兵三百多人，从东面赶来，李孝本率领御史台的随从人员二百多，自西边赶来，他们都闯上大殿奋力进击，宦官们身上流血，口呼冤枉，死伤者达十多人。轿子及随从曲折绵延进入宣政门，李训攀着轿子更加拼命呼喊，皇上喝叱他，宦官郗志荣奋起拳头猛击他的胸部，将他打倒在地上。轿子进宫后，随即将门关上了，宦官们都欢呼万岁，百官惊骇愕然，四散出走。李训知道事已失败，脱下随从吏员的绿衣衫穿在身上，快马加鞭出走，一路上扬言道："我有什么罪被贬官，远窜他乡！"人们没有怀疑他。王涯、贾悚、舒元舆回到中书省，相互说："皇上将要在延英殿开会，召我们研究这件事。"两省官员到宰相面前询问出了什么事，都回答说："不知什么事，各位请自便！"仇士良等人知道皇上参与杀害宦官的阴谋，抱怨、气愤，出言不逊，皇上又惭愧又惧怕，不再说什么。

士良等命左、右神策副使刘泰伦、魏仲卿等各帅禁兵五百人，露刃出阁门讨贼。王涯等将会食，吏白："有兵自内出，逢人辄杀！"涯等狼狈步走，两省及金吾吏卒千余人填门争出，门寻阖，其不得出者六百余人皆死。士良等分兵闭宫门，索诸司，捕贼党。诸司吏卒及民酤贩在中者皆死，死者又千余人。横尸流血，狼籍涂地，诸司印及图籍、帷幕、器皿俱尽，又遣骑各千余出城追亡者，又遣兵大索城中。舒元舆易服单骑出安化门，禁兵追擒之。王涯徒步至永昌里茶肆，禁兵擒入左军，涯时年七十余，被以桎梏，掠治不胜苦，自诬服，称与李训谋行大逆，尊立郑注。王璠归长兴里私第，闭门，以其兵自防。神策将至门，呼曰："王涯等谋反，欲起尚书为相，鱼护军令致意！"璠喜，出见之。将趋贺再三，璠知见绐，涕泣而行；至左军，见王涯曰："二十兄自反，胡为见引？"涯曰："五弟昔为京兆尹，不漏言于王守澄，岂有今日邪！"璠俯首不言，又收罗立言于太平里，及涯等亲属奴婢，皆入两军系之。户部员外郎李元皋，训之再从弟也，训实与之无恩，亦执而杀之。故岭南节度使胡证，家巨富，禁兵利其利，托以搜贾悚入其家，执其子溵，杀之。又入左常侍罗让、詹事浑𫓶、翰林学士黎埴等家，掠其赀财，扫地无遗。

锣，瑊之子也。坊市恶少年因之报私仇，杀人，剽掠百货，互相攻劫，尘埃蔽天。

【译文】

仇士良等人命令左、右神策军副使刘泰伦、魏仲卿等，各自率领五百名禁兵，举刀露刃从旁门奔出来讨伐贼人。王涯等人正要吃饭，来人报告："有军人从里面出来。见人就杀！"王涯等人狼狈地拔腿就跑，两省和金吾的吏员、士卒一千多人挤到门口，争先出逃，大门很快就关上了，没来得及出去的六百多人全都被杀死。仇士良等人分兵关闭宫门，搜索诸司衙门，捉拿贼党。诸司衙门的吏员士卒，以及在其中的商贩民众全都被杀，这部分人又死了一千多。真是尸横血流，满地狼藉，诸司衙门的印章以及图书、簿籍、帷幕、器皿一扫而空，又派遣骑兵，各千余人，出城追赶逃亡的人，又派兵在城中大肆搜索。舒元舆换了服装，单人匹马从安化门出走，被禁兵追上擒获。王涯徒步来到永昌里茶馆，禁兵将他捉住送到左神策军中。王涯此时已七十多岁，身带沉重的刑具，受不住严刑拷打的痛苦，自己屈招有罪，谎称与李训谋划大逆不道，要尊立郑注为皇帝。王播回到长兴里私人住宅，关闭了大门，让自己的军卒把守着。神策军的军官到了大门口，呼道："王涯等人谋反，朝廷要起用尚书为宰相，

唐 · 三彩宦官俑

鱼护军命我等来传达他的旨意。”王播喜不自胜，出门会见。军官一边快步走，一边再三祝贺。王播知道受骗了，边哭边跟着走；到左军，见到王涯，说：“二十兄，你自己谋反，为什么把我牵进来？”王涯说：“五弟，你从前当京兆尹，不把话泄漏给王守澄，哪能有今天的祸事！”王播低头无语。又在太平里收捕了罗立言，以及王涯等人的亲属奴婢，都送到左、右两军捆绑起来。户部员外郎李元皋，是李训同一个从祖的弟弟，李训和他并不密切，但也被抓来杀了。原岭南节度使胡证，家里极为富有，禁兵贪图他的财产，借口搜索贾餗进入他的家中，把他的儿子胡溵抓起来杀了。又进入左常侍罗让、詹事浑鏻、翰林学士黎埴等人的家中，抢掠财物，一扫而光，半点无余。浑鏻，是浑瑊的儿子。街坊中的恶少们，乘机报私仇，杀人，抢劫各种商品财物，互相攻击、劫夺，尘土扬起，遮天蔽日。

癸亥，百官入朝，日出，始开建福门，惟听以从者一人自随，禁兵露刃夹道。至宣政门，尚未开。时无宰相御史知班，百官无复班列。上御紫宸殿，问：“宰相何为不来？”仇士良曰：“王涯等谋反系狱。”因以涯手状呈上，召左仆射令狐楚、右仆射郑覃等升殿示之。上悲愤不自胜，谓楚等曰：“是涯手书乎？”对曰：“是也！”“诚如此，罪不容诛！”因命楚、覃留宿中书，参决机务。使楚草制宣告中外，楚叙王涯、贾悚反事浮泛，仇士良等不悦，由是不得为相。

【译文】

二十二日，百官入朝，太阳出来了，才打开建福门，只允许官员带一名随从跟随，禁兵持刀露刃，夹道站立。到达宣政门，尚未开门。当时，没有宰相、御史带领朝班，百官也没有班次、队列。皇上驾临紫宸殿，问：“宰相为什么不来？”仇士良说：“王涯等人谋反，关在监狱里。”接着将王涯的手写罪状呈给皇上看，召左仆射令狐楚、右仆射郑覃等人进殿里，给他们看。皇上悲愤，难以控制自己。对令狐楚等人说：“是王涯亲手写的吗？”回答说：“是的！”“诚然这样，罪该万死！”于是，命令狐楚、郑覃，在中书省留宿，参决机要事务。使令狐楚起草制书向中外宣告这件事，令狐楚叙述王涯、贾悚谋反的事，泛泛而谈，飘浮无据，仇士良等人不高兴，因此，失去了当宰相的机会。

时坊市剽掠者犹未止，命左、右神策将杨镇、靳遂良等各将五百人分屯通衢，击鼓以警之。斩十余人，然后定。

【译文】

当时京城街市中的抢掠仍未停止，文宗命令左、右神策军将杨镇、靳遂良等人各率领五百人分别驻扎在各街道的主要路口，击鼓加以警告。又杀了十多人，街市才安定下来。

贾悚变服潜民间经宿，自知无所逃，素服乘驴诣兴安门，自言："我宰相贾悚也，为奸人所污，可送我诣两军！"门者执送西军。李孝本改衣绿，犹服金带，以帽障面，单骑奔凤翔，至咸阳西，追擒之。

【译文】

贾悚换掉官服，在百姓家潜藏了一夜，自知无法逃脱，就穿上丧服，骑驴来到兴安门，自首说："我是宰相贾悚，被奸人所污陷，可送我到左、右神策军去。"守门人于是把他押送到右神策军那里。李孝本改穿了六品、七品官员的绿色官服，但还戴着只有五品以上官员才能戴的金带，用帽子遮住脸，一个人骑着马直奔凤翔，但走到咸阳城西时，被追兵擒住了。

甲子，以右仆射郑覃同平章事。

李训素与终南僧宗密善，往投之。宗密欲剃其发而匿之，其徒不可。训出山，将奔凤翔，为盩厔镇遏使宋楚所擒，械送京师，至昆明池，训恐至军中更受酷辱，谓送者曰："得我则富贵矣！闻禁兵所在搜捕，汝必为所夺，不若取我首送之！"送者从之，斩其首以来。

【译文】

二十三日，朝廷任命右仆射郑覃为同平章事。

李训平素与终南山和尚宗密要好，前往投奔。宗密想给他剃去头发以便藏匿，他的弟子们不同意。李训从山中出来，要奔向凤翔，被盩厔镇遏使宋楚捉住，带上刑具，送往京城长安，走到昆明池旁边，李训害怕送到神策军中会受到更残酷的刑辱，就对押送的人说："得到我就会得到富贵的！听说禁卫兵们到处搜捕我，你必然会遭他们的劫夺，不如带我的人头送去。"押送人依从他的话，斩下他的头颅送到京城。

乙丑，以户部侍郎、判度支李石同平章事，仍判度支，前河东节度使李载义复旧任。

【译文】

二十四日，朝廷任命户部侍郎、判度支李石为同平章事，仍兼任判度支。前河东节度使李载义官复原职。

左神策出兵三百人，以李训首引王涯、王璠、罗立言、郭行馀，右神策出兵三百人，拥贾悚、舒元舆、李孝本献于庙社，徇于两市，命百官临视，腰斩于独柳之下，枭其首于兴安门外。亲属无问亲疏皆死，孩稚无遗，妻女不死者没为官婢。百姓观者怨王涯榷茶，或诟詈，或投瓦砾击之。

【译文】

左神策军出兵三百人，拿着李训的头，带领王涯、王璠、罗立言、郭行馀，右神策军出兵三百人，推拥着贾悚、舒元舆、李孝本，到太庙、太社献礼，然后到长安东市、西市示众，命令百官到现场观看，在独柳树下把他们腰斩，并割下他们的头挂在兴安门外示众。亲属不管亲密或疏远，一律处死，连孩童也不留下，妻子、女儿没有被杀死的，沦为官婢。观看的老百姓，怨恨王涯加重茶税，有的辱骂他，有的投掷瓦块打他。

后梁代唐

[后梁太祖开平元年]（公元907年）

二月，唐大臣共奏请昭宣帝逊位。壬子，诏宰相帅百官诣元帅府劝进；王遣使却之。于是朝臣、藩镇乃至湖南、岭南上笺劝进者相继。

【译文】

后梁太祖开平元年（公元907年）

二月，唐朝的大臣共同奏请唐昭宣帝退位。初五，下诏命宰相率领百官到元帅府劝进；梁王（朱全忠）派遣使者辞退不妥。于是，朝臣、藩镇，以至湖南、岭南，上笺文劝进的，络绎不绝。

甲辰，唐昭宣帝降御札禅位于梁。以摄中书令张文蔚为册礼使，礼部尚书苏循副之；摄侍中杨涉为押传国宝使，翰林学士张策副之；御史大夫薛贻矩为押金宝使，尚书左丞赵光逢副之；帅百官备法驾诣大梁。

【译文】

（三月）二十七日，唐昭宣帝下诏禅位于梁王。

任命代理中书令张文蔚为册礼使，礼部尚书苏循为副；任命代理侍中杨涉为押传国宝使，翰林学士张策为副；任命御史大夫薛贻矩为押金宝使，尚书左丞赵光逢为副；率领百官，备齐仪仗，前往大梁。

壬戌，梁王更名晃。王兄全昱闻王将即帝位，谓王曰："朱三，尔可作天子乎！"

【译文】

（四月）十六日，梁王（朱全忠）改名朱晃。梁王的哥哥朱全昱得知梁王将即皇帝位，对梁王说："朱三，你可以做天子吗！"

甲子，张文蔚、杨涉乘辂自上源驿从册宝，诸司各备仪卫卤簿前导，百官从其后，至金祥殿前陈之。王被衮冕，即皇帝位。张文蔚、苏循奉册升殿进读，杨涉、张策、薛贻矩、赵光逢以次奉宝升殿。读已，降，帅百官舞蹈称贺。帝遂与文蔚等宴于玄德殿。帝举酒曰："朕辅政未久，此皆诸公推戴之力。"文蔚等惭惧，俯伏不能对；独苏循、薛贻矩及刑部尚书张祎盛称帝功德宜应天顺人。

【译文】

十八日，张文蔚、杨涉乘车从上源驿出发，跟从传禅册宝和传国宝，诸衙门都备有护从仪仗作为前导，百官跟在后面，到达金祥殿前面陈上。梁王身穿礼服，即皇帝位。张文蔚、苏循手捧册书，登殿宣读。杨涉、张策、薛贻矩、赵光逢手捧传国宝按顺序登殿。宣读完毕，退下来，带领百官舞拜，赞美祝贺。皇帝遂与张文蔚等人在玄德殿开宴。皇帝举起酒杯，说："我辅政时间不长，这都是靠了诸位推戴的力量。"张文蔚等人又惭愧又惧怕，伏在地不能对答；只有苏循、薛贻矩与刑部尚书张祎，极力称颂皇帝的功德无边，应该顺应天命民心，即位为帝。

帝复与宗戚饮博于宫中，酒酣，朱全昱忽以投琼击盆中迸散，睨帝曰："朱三，汝本砀山一民也，从黄巢为盗，天子用汝为四镇节度使，富贵极矣，奈何一旦灭唐家三百年社稷，自称帝王！行当灭族，奚以博为！"帝不怿而罢。乙丑，命有司告天地、宗庙、社稷。丁卯，遣使宣谕州、镇。戊辰，大赦，改元，国号大梁；奉唐昭宣帝为济阴王，皆如前代故事；唐中外旧臣官爵并如故。以汴州为开封府，命曰东都；

以故东都为西都；废故西京，以京兆府为大安府，置佑国军于大安府。更名魏博曰天雄军。迁济阴王于曹州，栫之以棘，使甲士守之。

【译文】

皇帝又与宗室、亲戚在皇宫中饮酒、赌博。酒意酣畅之时，朱全昱忽然抓起骰子向盆里摔去，迸得散落各处，他斜着眼看着皇帝说："朱三，你本是砀山一个平民百姓，跟随着黄巢当强盗，天子任用你做四镇节度使，富贵达到了极点，怎么忽然灭掉唐朝三百年的天下，自己称起了帝王！你就要被灭族，还有什么心思赌博！"皇帝怏怏不快地停止宴饮和赌博而去。十九日，命有关部门祭告天地、宗庙、社稷。二十一日，派遣使臣向各州、镇传谕。二十二日，大赦天下，改年号，国号大梁；奉唐昭宣帝为济阴王，一切都按前代的规矩办；唐朝中外旧臣的官爵全都照旧。以汴州为开封府，命为东都；以原来的东都洛阳为西都，废弃长安原西京的称号，以京兆府为大安府。在大安府设置佑国军。将魏博镇改名为天雄军。将济阴王迁到曹州，用荆棘把他的住所包围起来，派军人把守着。

认贼作父

[后晋高祖天福元年]（公元936年）

初，石敬瑭欲尝唐主之意，累表自陈羸疾，乞解兵柄移他镇；帝与执政议从其请，移镇郓州。房暠、李崧、吕琦等皆力谏，以为不可，帝犹豫久之。

【译文】

后晋高祖天福元年（公元936年）

起初，石敬瑭要试探唐主的意思，多次上表陈说自己体弱有病，请求解除兵权调到别处去当节度使；皇上和执政大臣们商量后同意他的请求，调任郓州。房暠、李崧、吕琦等都力谏不能这么做，皇上犹豫了好久。

五月，庚寅夜，李崧请急在外，薛文遇独直，帝与之议河东事，文遇曰："谚有之：'当道筑室，三年不成。'兹事断自圣志；群臣各为身谋，安肯尽言。以臣观之，河东移亦反，不移亦反，在旦暮耳，不若先事图之。"先是，术者言国家今年应得贤佐，出奇谋，定天下，帝意文遇当之，闻其言，大喜，曰："卿言殊豁吾意，成败吾决行之。"即为除目，付学士院使草制。辛卯，以敬瑭为天平节度使，以马军都指挥使、河阳节度使宋审虔为河东节度使。制出，两班闻呼敬瑭名，相顾失色。

【译文】

五月，初二日夜，李崧请假外出，薛文遇独自当值，皇上和他议论河东的事情，薛文遇说："俗话说：'当道筑室，三年不成。'此事当以圣上的意志来决断，臣下们各为自身打算，怎肯把话都说出来！照臣看来，河东调动也要反，不调动也要反，事情只在旦暮之间，不如提前下手。"在这以前，讲术数的说国家今年会得到贤能之人辅佐，出奇谋来安定天下，皇上认为薛文遇就是这样的人，听了他的话，大为高兴，说："卿讲的对我大有启发，不论成败我定要这么办。"马上写下任免名单，交付学士院起草诏制。初三，调石敬瑭任天平节度使，调马军都指挥使、河阳节度使宋审虔任河东节度使。诏制公

烈焰中的奔马

布，两班文武听叫到石敬瑭的名字，相互看着惊吓得变了脸色。

甲午，以建雄节度使张敬达为西北蕃汉马步都部署，趣敬瑭之郓州。敬瑭疑惧，谋于将佐曰："吾之再来河东也，主上面许终身不除代；今忽有是命，得非如今年千春节与公主所言乎？我不兴乱，朝廷发之，安能束手死于道路乎！今且发表称疾以观其意，若其宽我，我当事之；若加兵于我，我则改图耳。"幕僚段希尧极言拒之，敬瑭以其朴直，不责也。节度判官华阴赵莹劝敬瑭赴郓州。观察判官平遥薛融曰："融书生，不习军旅。"都押牙刘知远曰："明公久将兵，得士卒心；今据形胜之地，士马精强，若称兵传檄，帝业可成，奈何以一纸制书自投虎口乎！"掌书记洛阳桑维翰曰："主上初即位，明公入朝，主上岂不知蛟龙不可纵之深渊邪？然卒以河东复授公，此乃天意假公以利器。明宗遗爱在人，主上以庶孽代之，群情不附。公明宗之爱婿，今主上以叉逆

见待，此非首谢可免，但力为自全之计。契丹素与明宗约为兄弟，今部落近在云、应，公诚能推心屈节事之，万一有急，朝呼夕至，何患无成。”敬瑭意遂决。

【译文】

初六，任命建雄节度使张敬达为西北蕃汉马步都部署，叫他督促石敬瑭去郓州。石敬瑭顾虑恐惧，就和将佐们商量道：“我再次回到河东时，主上当面答应我终身不再除代；今天忽然有这样的任命，莫非真像今年千春节上对公主所说的那样吗？我不作乱，朝廷倒先下手，我怎能束手死于道路呢！如今姑且发个表章称病来看朝廷的意向，如果宽容我，我自应事奉他；如果对我动干戈，我就要另作打算了。”幕僚段希尧竭力反对，石敬瑭因为他为人朴直，没有责怪。节度判官华阴人赵莹劝石敬瑭去郓州。观察判官平遥人薛融说：“融是书生，不懂军旅之事。”都押牙刘知远说：“明公长期带兵，得到士卒拥护，如今据有形胜之地，士马精强，如举兵传檄，帝业可成，怎能凭一纸诏制就自投虎口呢！”掌书记洛阳人桑维翰说：“主上刚即位时，明公入朝，主上难道不知道蛟龙不可纵之于深渊的道理吗？但最后还是把河东再次交给明公，这是上天要给明公以利器。明宗遗爱犹在，主上以庶孽身份占有帝位，人心不附。公是明宗的爱婿，如今主上以反叛相待，这不是自首谢罪就能幸免，只好尽力替自身安全打算。契丹过去和明宗约为兄弟，现在他们的部落近在云、应，公如果真能诚心屈节来讨好他们，万一情况紧急，他们早上请晚上就到，还怕成不了大事！”石敬瑭的主意就这样定了下来。

戊戌，昭义节度使皇甫立奏敬瑭反。敬瑭表：“帝养子，不应承祀，请传位许王。”帝手裂其表抵地，以诏答之曰：“卿于鄂王固非疏远，卫州之事，天下皆知；许王之言，何人肯信！”壬寅，制削夺敬瑭官爵。

【译文】

初十，昭义节度使皇甫立奏报石敬瑭谋反。石敬瑭上表说：“帝是养子，不应继位，请传位给许王。”皇上亲手把表撕掉，丢在地上，下诏回答他道：“卿于鄂王本非疏远，卫州的事情天下人共知；现在说有关许王的话，有谁肯相信！”十四日，下诏制削去石敬瑭官职封爵。

石敬瑭遣间使求救于契丹，令桑维翰草表称臣于契丹主，且请以父礼事之，约事捷之日，割卢龙一道及雁门关以北诸州

与之。刘知远谏曰："称臣可矣，以父事之太过。厚以金帛赂之，自足致其兵，不必许以土田，恐异日大为中国之患，悔之无及。"敬瑭不从。表至契丹，契丹主大喜，白其母曰："儿比梦石郎遣使来，今果然，此天意也！"乃为复书，许俟仲秋倾国赴援。

【译文】

石敬瑭派使者去向契丹求救，叫桑维翰起草表章向契丹主称臣，并且请求用对父亲的礼节去侍奉他，约定胜利之日，割让卢龙一道及雁门关以北诸州给契丹。刘知远进谏道："称臣就可以了，以父礼侍奉太过分。多用金帛贿赂他们，就足以使他们出兵，不必许给他们土地，这样做怕以后给中国带来大患，后悔也就来不及了。"石敬瑭不听。表章送到契丹，契丹主十分高兴，对他母亲说："儿近日梦见石郎派使节来，今天果真来了，这是天意啊！"就写了复信，答应等到仲秋倾全国之力前来救援。

五代·观音像

九月，契丹主将五万骑，号三十万，自扬武谷而南，旌旗不绝五十余里。……

辛丑，契丹主至晋阳，陈于汾北之虎北口，先遣人谓敬瑭曰："吾欲今日破贼可乎？"敬瑭遣人驰告曰："南军甚厚，不可轻，请俟明日议战未晚也。"使者未至，契丹已与唐骑将高行周、符彦卿合战，敬瑭乃遣刘知远出兵助之。张敬达、杨光远、安审琦以步兵陈于城西北山下，契丹遣轻骑三千，不被甲，直犯其阵。唐兵见其羸，争逐之，至汾曲，契丹涉水而去。唐兵循岸而进，契丹伏兵自东北起，冲唐兵断而为二，步兵在北者多为契丹所杀，骑兵在南者引归晋安寨。契丹纵兵乘之，唐兵大败，步兵死者近万人，骑兵独全。敬达等收余众保晋安，契丹亦引兵归虎北口。敬瑭得唐降兵千余人，刘知远劝敬瑭尽杀之。

【译文】

九月，契丹主率领战骑五万，号称三十万，从扬武谷南下，旌旗五十多里连绵不绝。……十五日，契丹主到达晋阳，在汾河北面虎北口列阵。先派人对石敬瑭说："我准备在今天破敌好不好？"石敬瑭派人快马相告说："南军兵力雄厚，不可轻视，请等到明天再商量出战也不晚。"结果使者还没到，契丹已和唐军骑将高行周、符彦卿交战，石敬瑭便派刘知远出兵相助。张敬达、杨光远、安审琦统率步兵在城西北山下列阵，契丹派轻骑三千，不披盔甲，直冲唐军步阵。唐军见到他们并不厉害，争相追逐，追到汾河曲，契丹涉水而过。唐军沿着河岸前进，东北方契丹伏兵突起，把唐军冲成两截，步兵在北面的多数被契丹杀死，骑兵在南面退回到晋安寨。契丹纵兵掩杀，唐军大败，步兵死了近万人，只有骑兵没有损失。张敬达等收集了余众驻守晋安，而契丹也回军虎北口。石敬瑭收得唐降兵一千多，刘知远劝他都杀掉。

契丹主谓石敬瑭曰："吾三千里赴难，必有成功。观汝器貌识量，真中原之主也。吾欲立汝为天子。"敬瑭辞让者数四，将吏复劝进，乃许之。契丹主作册书，命敬瑭为大晋皇帝，自解衣冠授之，筑坛于柳林，是日即皇帝位。割幽、蓟、瀛、莫、涿、檀、顺、新、妫、儒、武、云、应、寰、朔、蔚十六州以与契丹，仍许岁输帛三十万匹。

【译文】

契丹主对石敬瑭说："我从三千里外来解救你的危难，一定要有所建树。看你的气质容貌和识见度量，真是中原之主。我想册立你做天子。”石敬瑭辞让了好几次，将吏们再三劝进，他才答应了。契丹主作册命诏书，让石敬瑭做大晋皇帝，亲自脱下衣冠给他穿戴上，在柳林筑了高坛，当天石敬瑭就登上皇帝宝座。割了幽、蓟、瀛、莫、涿、檀、顺、新、妫、儒、武、云、应、寰、朔、蔚十六州给予契丹，还答应每年进贡帛三十万匹。

郭威兵变

[后汉隐帝乾祐三年]（公元950年）

镇州、邢州奏："契丹主将数万骑入寇，攻内丘，五日不克，死伤甚众。有戍兵五百叛应契丹，引契丹入城，屠之，又陷饶阳。"太后敕郭威将大军击之，国事权委窦贞固、苏禹珪、王峻，军事委王殷。十二月，甲午朔，郭威发大梁。

【译文】

后汉隐帝乾祐三年（公元950年）

镇州、邢州上奏："契丹国主率领数万骑兵入侵，进攻内丘，五天没有攻克，死伤的人很多。有五百名戍守的士兵叛变投降了契丹，将契丹人引进城，进行了大屠杀，又攻陷了饶阳。"太后敕令郭威率领大军前往击退契丹人，国事权且委派窦贞固、苏禹珪、王峻处置，军事委派王殷处置。十二月一日，天刚亮，郭威兵发大梁。

壬子，郭威渡河，馆于澶州。癸丑旦，将发，将士数千人忽大噪，威命闭门，将士逾垣登屋而入曰："天子须侍中自为之，将士已与刘氏为仇，不可立也！"或裂黄旗以被威体，共扶抱之，呼万岁震地，因拥威南行。威乃上太后笺，请奉宗庙，事太后为母。丙辰，至韦城，下书抚谕大梁士民，以昨离河上，在道秋毫不犯，勿有忧疑。戊午，威至七里店，窦贞固帅百官出迎拜谒，因劝进。威营于皋门村。

【译文】

十九日，郭威渡黄河，宿于澶州。二十日天明，将要出发时，数千名将士忽然大声喧哗。郭威命令关上门，将士们逾墙登屋进来，说："天子须侍中您自己做，我们将士已经和刘家成为仇敌，不能拥立刘家人。"有人把黄旗撕开披在郭威身上，共同扶持簇拥着他，欢呼万岁的声音震动天地，于是，簇拥着郭威南下。郭威遂向太后奉上笺文，请求恭奉汉室宗庙，尊奉太后为母。二十三日，到达韦城，下书抚慰惊扰，于昨天离开黄河岸边，一路上秋毫无

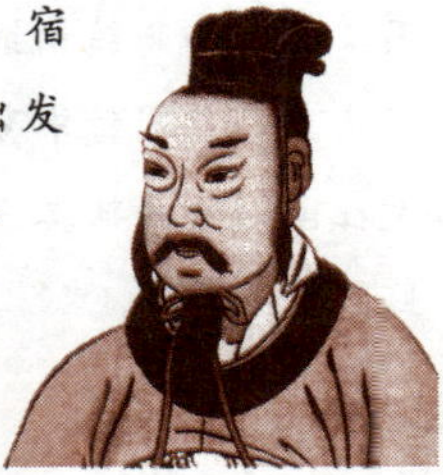

郭威　周太祖圣神恭肃文武孝皇帝，生于904年，951年称帝，954年病逝，在位不满4年。

犯，不要有担忧疑虑。二十五日，郭威到达七里店，窦贞固率领百官出来远迎，叩拜谒见，乘机劝说进位皇帝。郭威扎营于皋门村。

庚申，太后诰，以侍中监国。百官藩镇相继上表劝进。壬戌夜，监国营有步兵将校醉，扬言向者澶州骑兵扶立，今步兵亦欲扶立，监国斩之。

【译文】

二十七日，太后下诰文，任命侍中（郭威）监国。百官和藩镇相继上表章，劝郭威即位。二十九日夜里，监国营中有步兵将校喝醉了酒，扬言前几天在澶州骑兵扶立皇帝，现在步兵也要扶立皇帝。监国将他斩首。

21-8 【千里江山图】卷 局部 [宋] 江参 中国台北故宫博物院藏

21－8　【千里江山图】卷 局部［宋］江参　中国台北故宫博物院藏

编者名单

编　者（按姓氏笔画排序）

于　萍	于占革	于红丽	于晓光	马　宁	马丽娜	王　巨
王　玥	王　欣	王　玲	王　艳	王文波	王竹颖	王丽华
王丽敏	王秀宏	王玲弟	王俊玲	王雪峰	车承红	牛春峰
尹　梅	孔英君	艾　静	石　琨	石作为	石秋萍	卢方浩
田淑君	田静岩	史也夫	史立军	付　锦	白云龙	丛　丽
兰英华	匡洪宇	朴贤美	毕郑钢	曲书强	吕　振	吕雪莹
朱　文	朱雨岚	乔正学	乔国芬	任　欢	任立红	庄如锦
刘　平	刘　岩	刘　洋	刘　艳	刘　锐	刘宇鹏	刘连新
刘美娜	刘晓玲	刘梅梅	刘慧珍	刘鑫妍	闫冠韫	闫晓波
闫朝岐	闫景龙	孙　兰	孙　备	孙　勇	孙　辉	孙全胜
孙庆峰	孙宇辉	孙国栋	苏　杭	杜秀敏	李　勇	李　耘
李　莉	李　晖	李　峰	李　辉	李　强	李凤兰	李为民
李用国	李佩玲	李宝馨	李春媚	李昭柱	李艳波	李冀宏
杨卫良	杨幼林	杨成林	杨秀贤	杨树才	杨艳杰	吴　铮
邱晓慧	谷东方	邹朝霞	辛　凤	宋　光	宋科官	宋雪佳
初文峰	张　妍	张　荣	张　雪	张　颖	张　歆	张一梅
张凤民	张凤蕴	张伟辉	张宗峰	张思佳	张震宇	陆晓峰
陈　力	陈　鹤	陈丽丽	陈国林	陈学青	陈莉丽	陈晓红
陈敬绵	岳凤莲	金凤奎	金永华	金丽娟	金承洛	金晓明
周　晋	周宏博	周毅成	单宏丽	赵瑞波	赵霁阳	郝艳秋
胡韶山	钟照华	段秀庆	禹　亮	侯静波	姜爱民	袁　杰
聂英坤	夏　炎	顾良军	徐　柏	徐红薇	徐保峰	徐洪雨
栾　颖	高　旭	高　翔	高力军	高晓华	高善玲	郭劲松
唐立勇	陶永红	陶雨春	曹　杨	曹　佳	龚冬梅	崔岚巍
梁庆成	董　芬	董德利	韩志刚	富东旭	谢良军	靳占峰
靖雪妍	蔡本志	裴春颖	潘　琦	霍　蓉	戴吉成	

出版说明

我国执业医师资格考试已经进入第25个年头，这项政策对于加强我国医师队伍建设，提高执业医师的综合素质，保护医师合法权益，规范医师管理制度，完善医师培养制度，发挥了积极的作用。

为帮助考生在繁忙的临床实践期间更有效地复习，更方便地了解与掌握执业医师资格考试的要求，提高考生分析问题、解决问题的能力，从而顺利通过考试，中国协和医科大学出版社推出了“协和医考”系列丛书。25年来，中国协和医科大学出版社在本套丛书的出版过程中，以及每年与广大考生读者反馈交流的工作中，摸索出了我国执业医师资格考试的基本规律，积累了丰富的出版应试丛书的经验，为考生提供了不同层次、不同阶段和不同需求的应试参考书。

本套丛书由中国协和医科大学出版社组织相关专业专家编写，并邀请了专职从事执业医师资格考试研究的培训专家进行审定。内容紧扣最新版《医师资格考试大纲》，以规划教材为基础，以临床能力为重点，侧重于理论与实践的综合运用。本套丛书品类齐全，从应试指导、核心考点精讲，到各类习题集和模拟试卷等，能够满足广大考生复习考试的需要。

“当医生就当好医生，当好医生就读协和医书”，拥有25年执业医师资格考试用书出版经验的中国协和医科大学出版社为全国争当好医生的读者，提供这套全面、准确、实用的应试丛书。我们期望能够对广大考生顺利通过执业医师资格考试有所助益，为我国医学教育及医学事业的发展作出积极的贡献。丛书内容如有不当之处，欢迎各位考生和同仁批评指正。如有关于丛书内容及考试的相关问题，请扫描下方二维码，有专属微信客服为你解答。

前　言

《2024全国临床执业助理医师资格考试应试题库与解析》（上、下册）包括A型题和B型题，其中A_1型题为单句型最佳选择题；A_2型题为病例摘要型最佳选择题；A_3型题为病例组型最佳选择题；A_4型题为病例串型最佳选择题；B_1型题为标准配伍题。广大考生可根据这套习题进行练习，熟悉题型，了解考试的范围及深度。

本书在编写的过程中，力求覆盖大纲中的所有考点，并使试题的难度与实际考试中的难度保持一致，以方便考生掌握最全面的复习要点、难点。同时，试题编写了详细解析，以利于考生理解、记忆，更好地掌握考点，仅对于一些概念性、数字性等记忆性题目未做解析。另外，同一单元为在前面A_1或A_2型题中曾对某一考点做过解析，后面其他类型题中，若再次出现相同或相似考点，即未再赘述。参编人员均为医科大学任教教师及临床高年资医师，具有丰富的理论知识和扎实的临床实践经验。希望考生在复习时，先做题，再看参考答案与解析，必要时查阅《2024全国临床执业助理医师资格考试应试指导》。

医学在不断地发展与进步，执业医师资格考试水平也在不断地提高，我们编写的习题质量也需要不断地改进。由于题量大，时间有限，难免有疏漏之处，欢迎广大考生提出宝贵意见。最后，预祝阅读本套丛书的读者通过努力取得优异成绩，成为合格的执业助理医师！

编　者

2023年7月

目　录

上册（习题）

第一部分　基础医学综合

第二部分　医学人文综合

第三部分　预防医学综合

第四部分　临床医学综合

下册（答案与解析）

第一部分 基础医学综合

第二部分 医学人文综合

第三部分 预防医学综合

第四部分 临床医学综合

第一部分

基础医学综合

第一篇 生物化学

第一章 蛋白质的化学

【A_1 型题】

1. 维系蛋白质分子中，α-螺旋的化学键是
   A. 盐键
   B. 疏水键
   C. 氢键
   D. 肽键
   E. 二硫键
2. 维系蛋白质一级结构的主要化学键是
   A. 肽键
   B. 二硫键
   C. 氢键
   D. 离子键
   E. 范德华力
3. 关于蛋白质二级结构的叙述，正确的是
   A. 氨基酸的排列顺序
   B. 每一氨基酸侧链的空间构象
   C. 局部主链的空间构象
   D. 亚基间相对的空间位置
   E. 每一原子的相对空间位置
4. 蛋白质分子中不存在的氨基酸是
   A. 半胱氨酸
   B. 赖氨酸
   C. 鸟氨酸
   D. 脯氨酸
   E. 组氨酸
5. 关于蛋白质 α-螺旋的叙述，错误的是
   A. 链内氢键稳定其结构
   B. 有些侧链 R 基团不利于α-螺旋的形成
   C. 是二级结构的形式之一
   D. 一般蛋白质分子结构中都含有 α-螺旋
   E. 链内疏水作用稳定其结构
6. 蛋白质生物学价值的高低主要取决于
   A. 所含氨基酸的数量
   B. 表观消化率
   C. 含量
   D. 真消化率
   E. 所含必需氨基酸的含量和比值
7. HbA 的 α 亚基与 O_2 结合后产生变构效应，从而
   A. 促进 α 亚基与 O_2 结合，抑制 β 亚基与 O_2 结合
   B. 抑制 α 亚基与 O_2 结合，促进 β 亚基与 O_2 结合
   C. 促进其他亚基与 O_2 结合
   D. 促进 α 亚基与 O_2 结合，同时促进 β 亚基与 CO_2 结合
   E. 抑制其他亚基与 O_2 结合
8. 有关蛋白质变性的叙述，错误的是
   A. 蛋白质变性时其一级结构不受影响
   B. 蛋白质变性时其理化性质发生变化
   C. 蛋白质变性时其生物学活性降低或丧失
   D. 去除变性因素后变性蛋白质都可以复原
   E. 球蛋白变性后其水溶性降低
9. 关于肽的叙述，错误的是
   A. 2 个以上氨基酸借肽键连接而成的化合物
   B. 组成肽的氨基酸分子都不完整
   C. 多肽与蛋白质分子之间无明确的分界线
   D. 肽没有氨基末端和羧基末端
   E. 肽分为寡肽和多肽
10. 多肽链主链骨架的组成是
   A. —NCCNNCCNNCCN—
   B. —CHNOCHNOCHNO—
   C. —CONHCONHCONH—
   D. —CNOHCNOHCNOH—
   E. —CHNOCNHOCNHO—
11. 对蛋白质变性的描述正确的是
   A. 变性蛋白质的溶液黏度下降
   B. 变性的蛋白质不易被消化
   C. 蛋白质沉淀不一定就是变性
   D. 蛋白质变性后容易形成结晶
   E. 蛋白质变性不涉及二硫键破坏
12. 下列有关蛋白质的叙述哪项不正确
   A. 蛋白质分子都具有一级结构
   B. 蛋白质的二级结构是指多肽链的局部构象
   C. 蛋白质的三级结构是整条

肽链的空间结构
D. 蛋白质分子都具有四级结构
E. 蛋白质四级结构中亚基的种类和数量均不固定

13. 胰岛素分子中 A 链和 B 链之间的交联是靠
A. 盐键
B. 疏水键
C. 氢键
D. 二硫键
E. 范德华力

【B_1 型题】

（14~15 题共用备选答案）
A. 一级结构破坏
B. 二级结构破坏
C. 三级结构破坏
D. 四级结构破坏
E. 空间结构破坏

14. 亚基解聚时
15. 蛋白酶水解时

（16~19 题共用备选答案）
A. 构象改变
B. 亚基聚合
C. 肽键断裂
D. 二硫键形成
E. 蛋白质聚集

16. 蛋白质协同效应发生时可出现
17. 蛋白质一级结构被破坏时出现
18. 在一级结构基础上形成蛋白质三级结构时可伴有
19. 蛋白质四级结构形成时出现

（20~22 题共用备选答案）
A. 蛋白质一级结构
B. 蛋白质二级结构
C. 蛋白质三级结构
D. 蛋白质四级结构
E. 单个亚基结构

20. 不属于空间结构的是
21. 整条肽链中全部氨基酸残基的相对空间位置即是
22. 蛋白质变性时，不受影响的结构是

第二章 维生素

【A_1 型题】

1. 维生素 A 缺乏时可能发生
A. 夜盲症
B. 色盲症
C. 白内障
D. 软骨病
E. 白化病

2. 维生素 B_1 缺乏时出现的消化道蠕动慢、消化液分泌少、食欲缺乏等症状，是因为维生素 B_1 能够
A. 抑制胆碱酯酶的活性
B. 抑制乙酸胆碱的活性
C. 提高胃蛋白酶的活性
D. 提高胰蛋白酶的活性
E. 促进胃蛋白酶原的激活

3. 维生素 C 缺乏时可患
A. 坏血病
B. 败血症
C. 白血病
D. 痛风
E. 贫血症

4. 维生素 D 缺乏性佝偻病最早出现的骨骼改变是
A. 肋骨串珠
B. “O”形腿
C. 手镯、足镯
D. 方颅
E. 颅骨软化

5. 维生素 K 缺乏时发生
A. 贫血
B. 溶血
C. 红细胞增多症
D. 血友病
E. 维生素 K 依赖性凝血因子缺乏

6. 维生素 D 缺乏时可能发生
A. 佝偻病
B. 呆小症
C. 痛风症
D. 夜盲症
E. 肾结石

【B_1 型题】

（7~11 题共用备选答案）
A. 维生素 B_1
B. 维生素 K
C. 维生素 C
D. 维生素 D
E. 维生素 E

7. 有抗不孕作用的是
8. 在体内可促进凝血酶原合成的是
9. 在肝内参与胆固醇转变为胆汁酸的是
10. 谷氨酸残基 γ-羧化酶的辅酶是
11. 类固醇的衍生物是

第三章 酶

【A_1 型题】

1. 下列有关 K_m 值的叙述，哪项错误
A. K_m 值是酶的特征性常数
B. K_m 值是达到最大反应速度一半时的底物浓度
C. 它与酶对底物的亲和力有关
D. K_m 值最大的底物，是酶的最适底物
E. 同一酶作用于不同底物，则有不同的 K_m 值

2. 关于体内酶促反应特点的叙述，错误的是

A. 只能催化热力学上允许进行的反应
B. 可大幅降低反应活化酶
C. 温度对酶促反应速度没有影响
D. 具有可调节性
E. 具有高催化效率

3. 酶能催化化学反应是由于
A. 提供能量
B. 降低反应自由能变化
C. 降低底物能量水平
D. 提高产物的能量水平
E. 降低反应的活化能

4. 有关酶竞争性抑制剂特点的叙述，错误的是
A. 抑制剂与底物结构相似
B. 抑制剂与底物竞争酶分子中的底物结合
C. 当抑制剂存在时，K_m 值变大
D. 抑制剂恒定时，增加底物浓度，能达到最大反应速度
E. 抑制剂与酶分子共价结合

5. 关于关键酶的叙述正确的是
A. 其催化活性在酶体系中最低
B. 常为酶体系中间反应的酶
C. 多催化可逆反应
D. 该酶活性调节不改变整个反应体系的反应速度
E. 反应体系起始物常可调节关键酶

6. 关于共价修饰调节的叙述正确的是
A. 代谢物作用于酶的别位，引起酶构象改变
B. 该酶在细胞内合成或初分泌时，没有酶活性
C. 该酶是在其他酶作用下，某些特殊基团进行可逆共价修饰
D. 调节过程无逐级放大作用
E. 共价修饰消耗 ATP 多，不是经济有效方式

7. 有关变构调节（或变构酶）的叙述，哪项不正确
A. 催化部位与别构部位位于同一亚基
B. 都含有一个以上的亚基
C. 动力学曲线呈 S 形曲线
D. 变构调节可有效地和及时地适应环境的变化
E. 该调节可调节整个代谢通路

8. 关于同工酶的叙述，哪项正确
A. 酶分子的一级结构相同
B. 催化的化学反应相同
C. 各同工酶 K_m 相同
D. 同工酶的生物学功能可有差异
E. 同工酶的理化性质相同

9. 常见酶催化基团有
A. 羧基、羰基、醛基、酮基
B. 羧基、羟基、氨基、巯基
C. 羧基、羰基、酮基、酰基
D. 亚氨基、羧基、巯基、羟基
E. 羟基、羰基、羧基、醛基

【B_1 型题】

（10~11 题共用备选答案）
A. K_m 减小，V_{max} 减小
B. K_m 增大，V_{max} 增大
C. K_m 减小，V_{max} 增大
D. K_m 增大，V_{max} 不变
E. K_m 不变，V_{max} 减小

10. 竞争性抑制作用的特点是
11. 非竞争性抑制作用的特点是

（12~15 题共用备选答案）
A. 底物浓度
B. 酶浓度
C. 激活剂
D. pH
E. 抑制剂

12. 影响酶与底物解离的是
13. 能使酶活性增加的是
14. 酶被底物饱和时，反应速度与之成正比的是
15. 可与酶的必需基团结合，影响酶活性的是

（16~18 题共用备选答案）
A. 胃蛋白酶原
B. 胰淀粉酶
C. 辅脂酶
D. 胰蛋白酶原
E. 糜蛋白酶原

16. 盐酸可激活的消化酶或酶原是
17. 肠激酶可激活的消化酶或酶原是
18. 胰蛋白酶可激活的消化酶或酶原是

第四章　糖　代　谢

【A_1 型题】

1. 属于糖酵解途径关键酶的是
A. 6-磷酸葡萄糖酶
B. 丙酮酸激酶
C. 柠檬酸合酶
D. 苹果酸脱氢酶
E. 6-磷酸葡萄糖脱氢酶

2. 磷酸戊糖途径的生理意义是生成
A. 5-磷酸核糖和 NADH+H^+
B. 6-磷酸果糖和 NADPH+H^+
C. 3-磷酸甘油醛和 NADH+H^+
D. 5-磷酸核糖和 NADPH+H^+
E. 6-磷酸葡萄糖酸和 NADH+H^+

3. 关于三羧酸循环的叙述，错误的是
A. 是糖、脂、蛋白质三大营养素分解的共同途径
B. 三羧酸循环还有合成功能，提供小分子原料
C. 生糖氨基酸须经三羧酸循环的环节转变成糖
D. 氧化 1 分子乙酰 CoA 时，可提供 4 对氢原子
E. 三羧酸循环也是营养素生

成乙酰 CoA 的途径

4. 不能作为糖异生原料的是
A. 乳酸
B. 生糖氨基酸
C. 乙酰 CoA
D. α-酮戊二酸
E. 甘油

5. 下述糖异生的生理意义中哪项错误
A. 维持血糖浓度恒定
B. 补充肝糖原
C. 调节酸碱平衡
D. 防止乳酸酸中毒
E. 蛋白质合成加强

6. 糖原分子中一个葡萄糖单位经糖酵解途径分解成乳酸时能产生多少 ATP
A. 1
B. 2
C. 3
D. 4
E. 5

7. 短期饥饿时，血糖浓度的维持主要靠
A. 肌糖原分解
B. 肝糖原分解
C. 酮体转变成糖
D. 糖异生作用
E. 组织中葡萄糖的利用

8. 含有高能磷酸键的糖代谢中间产物是
A. 6-磷酸果糖
B. 磷酸烯醇式丙酮酸
C. 3-磷酸甘油醛
D. 磷酸二羟丙酮
E. 6-磷酸葡萄糖

9. 肝糖原合成中葡萄糖载体是
A. CDP
B. ADP
C. UDP
D. TDP
E. GDP

10. 不参与三羧酸循环的化合物是
A. 柠檬酸
B. 草酰乙酸
C. 丙二酸
D. α-酮戊二酸
E. 琥珀酸

11. 参与三羧酸循环的酶的正确叙述是
A. 主要位于线粒体外膜
B. Ca^{2+}可抑制其活性
C. 当 $NADH/NAD^{+}$ 比值增高时活性较高
D. 氧化磷酸化的速率可调节其活性
E. 当血糖较低时，活性较低

12. 线粒体中丙酮酸彻底氧化发生
A. 3 次脱羧，5 次脱氢
B. 2 次脱羧，5 次脱氢
C. 4 次脱羧，6 次脱氢
D. 3 次脱羧，7 次脱氢
E. 4 次脱羧，6 次脱氢

13. 有关糖酵解途径的生理意义，叙述错误的是
A. 成熟红细胞 ATP 是由糖酵解提供
B. 缺氧性疾病，由于酵解减少，易产生代谢性碱中毒
C. 神经细胞、骨髓等糖酵解旺盛
D. 糖酵解可迅速提供 ATP
E. 肌肉剧烈运动时，其能量由糖酵解供给

14. 在酵解过程中催化产生 NADH 和消耗无机磷酸的酶是
A. 乳酸脱氢酶
B. 3-磷酸甘油醛脱氢酶
C. 醛缩酶
D. 丙酮酸激酶
E. 烯醇化酶

15. 短期饥饿时，血糖浓度的维持主要靠
A. 肌糖原分解
B. 肝糖原分解
C. 酮体转变成糖
D. 糖异生作用
E. 组织中葡萄糖的利用

16. 关于糖异生生理意义的叙述，错误的是
A. 防止乳酸中毒
B. 促进氨基酸转变成糖
C. 促进肌肉中糖的消耗
D. 补充血液葡萄糖
E. 促进甘油的代谢

【B_1 型题】

（17～20 题共用备选答案）
A. 磷酸果糖激酶 2
B. 3-磷酸甘油醛脱氢酶
C. 丙酮酸激酶
D. 6-磷酸葡萄糖脱氢酶
E. 果糖双磷酸酶 1

17. 糖酵解糖异生共同需要
18. 仅糖异生需要的是
19. 仅糖酵解需要的是
20. 仅磷酸戊糖途径需要的是

（21～24 题共用备选答案）
A. 葡萄糖-6-磷酸酶
B. 磷酸烯醇式丙酮酸羧激酶
C. 异柠檬酸脱氢酶
D. 苹果酸脱氢酶
E. 己糖激酶

21. 糖酵解中催化不可逆反应的酶有
22. 糖异生途径的限速酶是
23. 调节三羧酸循环的最重要的酶是
24. 肝糖原可以补充血糖的原因是肝脏有

第五章 生物氧化

【A_1 型题】

1. 有关还原当量的穿梭叙述错误的是
A. 2H 经苹果酸穿梭在线粒体内生成 3 分子 ATP
B. 2H 经 α 磷酸甘油穿梭在线粒体内生成 2 分子 ATP
C. 胞液生成的 NADH 只能进

线粒体才能氧化成水
D. 2H 经穿梭作用进入线粒体需消耗 ATP
E. NADH 不能自由通过线粒体内膜

2. 通常，生物氧化是指生物体内
A. 脱氢反应
B. 营养物氧化成 H_2O 和 CO_2 的过程
C. 加氧反应
D. 与氧分子结合的反应
E. 释出电子的反应

3. CO 和氰化物中毒致死的原因是
A. 抑制 CytC 中 Fe^{3+}
B. 抑制 Cytaa3 中 Fe^{3+}
C. 抑制 Cytb 中 Fe^{3+}
D. 抑制血红蛋白中 Fe^{3+}
E. 抑制 Cytc1 中 Fe^{3+}

4. 有关 P/O 比值的叙述正确的是
A. 是指每消耗 1mol 氧分子所消耗的无机磷的摩尔数
B. 是指每消耗 1mol 氧分子所消耗的 ATP 的摩尔数
C. 是指每消耗 1mol 氧原子所消耗的无机磷的摩尔数
D. 不能反映物质氧化时生成 ATP 的数目
E. 反映物质氧化时所产生的 NAD^+数目

5. 体内肌肉能量的储存形式是
A. CTP
B. ATP
C. 磷酸肌酸
D. 磷酸烯醇或丙酮酸
E. 所有的三磷酸核苷酸

6. 1 克分子琥珀酸脱氢生成延胡索酸时，脱下的一对氢原子经过呼吸链氧化生成水，同时生成多少克分子 ATP
A. 1.5
B. 2
C. 2.5
D. 3
E. 5

7. 调节氧化磷酸化速率的主要因素是
A. O2
B. CO2
C. ADP
D. 呼吸链组成
E. 电子传递链的氧化还原电位

8. 线粒体内膜两侧形成质子梯度的能量来源是
A. 磷酸肌酸水解
B. ATP 水解
C. 磷酸烯醇式丙酮酸
D. 电子传递链在传递电子时所释放的能量
E. 各种三磷酸核苷酸

9. 电子传递中生成 ATP 的三个部位是
A. FMN→CoQ，Cytb→CytC，Cytaa3→O_2
B. FMN→CoQ，CoQ→Cytb，Cytaa3→O_2
C. NADH → FMN，CoQ → Cytb，Cytaa3→O_2
D. FAD→CoQ，Cytb→CytC，Cytaa3→O_2
E. FAD→CytB，Cytb→CytC，Cytaa3→O_2

10. 在胞质中进行的和能量代谢有关的代谢是
A. 三羧酸循环
B. 脂肪酸氧化
C. 电子传递
D. 糖酵解
E. 氧化磷酸化

11. 体内两条电子传递链分别以不同递氢体起始，经呼吸链最后将电子传递给氧，生成水。这两条电子传递链的交叉点是
A. CytB
B. FAD
C. FMN
D. CytC
E. CoQ

【B_1 型题】

（12～15 题共用备选答案）
A. 线粒体外膜
B. 线粒体内膜
C. 线粒体膜间腔
D. 线粒体基质
E. 线粒体内膜 F_1、F_0 复合体

12. 三羧酸循环的酶位于
13. 呼吸链多数成分位于
14. ATP 合成部位在
15. 脂肪酸的 β 氧化在

（16～17 题共用备选答案）
A. 含有寡霉素敏感蛋白
B. 具有 ATP 合酶活性
C. 结合 GDP 后发生构象改变
D. 存在单加氧酶
E. 存在 H^+通道

16. 线粒体内膜复合物 V 的 F_1
17. 线粒体内膜复合物 V 的 F_0

（18～20 题共用备选答案）
A. 异柠檬酸脱氢酶、α 酮戊二酸脱氢酶
B. 柠檬酸合成酶、琥珀酸脱氢酶
C. 柠檬酸合成酶
D. 琥珀酸合成酶
E. 苹果酸脱氢酶

18. 在三羧酸循环中既是催化不可逆反应的酶，又是调节点的是
19. 在三羧酸环中是催化不可逆反应的酶，但不是调节点的是
20. 催化三羧酸循环第一步反应的酶是

（21～24 题共用备选答案）
A. 1.5 分子 ATP
B. 2.5 分子 ATP
C. 2 分子 ATP
D. 3 分子 ATP
E. 5 分子 ATP

21. 还原当量经琥珀酸氧化呼吸链可得
22. 还原当量经 NAD 氧化呼吸链可得
23. 胞液 NADH 经苹果酸穿梭机制可得
24. 胞液 NADH 经 α 磷酸甘油穿梭机制可得

第六章 脂质代谢

【A_1 型题】

1. 不能利用脂肪酸的组织是
   A. 肝脏
   B. 肾脏
   C. 肌肉
   D. 脑组织
   E. 心肌
2. 体内脂肪大量动员时，肝内生成的乙酰辅酶A可生成
   A. 葡萄糖
   B. 二氧化碳和水
   C. 胆固醇
   D. 草酰乙酸
   E. 酮体
3. 体内脂肪酸合成的主要原料是
   A. NADPH和乙酰CoA
   B. NADH和乙酰CoA
   C. NADPH和丙二酰CoA
   D. NADPH和乙酰乙酸
   E. NADH和丙二酰CoA
4. 酮体不能在肝中氧化是因为肝中缺乏下列哪种酶
   A. HMGCoA合成酶
   B. HMGCoA还原酶
   C. HMGCoA裂解酶
   D. 琥珀酰CoA转硫酶
   E. 琥珀酸脱氢酶
5. 乙酰CoA是在线粒体内产生的，而FA及Ch是在胞液内以乙酰CoA为原料进行合成的，乙酰CoA通过下列哪种机制由线粒体进入胞液中
   A. 乳酸循环
   B. 柠檬酸-丙酮酸循环
   C. 鸟氨酸循环
   D. 三羧酸循环
   E. 丙氨酸-葡萄糖循环
6. 肝中乙酰CoA不能来自下列哪些物质
   A. 脂肪酸
   B. α-磷酸甘油
   C. 葡萄糖
   D. 甘油
   E. 酮体
7. 现代医学研究认为属于必需脂肪酸是
   A. 亚油酸、亚麻酸
   B. 油酸、亚麻酸、花生四烯酸
   C. 亚油酸、软脂酸、花生四烯酸
   D. 亚麻酸、硬脂酸、亚油酸
   E. 亚麻酸、亚油酸、软脂酸
8. 合成VLDL的主要场所是
   A. 脂肪组织
   B. 肾
   C. 肝
   D. 小肠黏膜
   E. 血浆
9. FA由血液中何种物质运输
   A. CM
   B. LDL
   C. HDL
   D. 清蛋白
   E. 球蛋白
10. 酮体包括
    A. 草酰乙酸、β羟丁酸、丙酮
    B. 乙酰乙酸、β羟丁酸、丙酮酸
    C. 乙酰乙酸、γ羟丁酸、丙酮
    D. 乙酰乙酸、β羟丁酸、丙酮
    E. 乙酰丙酸、β羟丁酸、丙酮
11. 关于酮体的描述错误的是
    A. 酮体包括乙酰乙酸、β羟丁酸和丙酮
    B. 合成原料是丙酮酸氧化生成的乙酰CoA
    C. 只能在肝的线粒体内生成
    D. 酮体只能在肝外组织氧化
    E. 酮体是肝输出能量的一种形式
12. 合成脂肪酸的乙酰CoA主要来自
    A. 糖的分解代谢
    B. 脂肪酸的分解代谢
    C. 胆固醇的分解代谢
    D. 生糖氨基酸的分解代谢
    E. 生酮氨基酸的分解代谢
13. 合成胆固醇的限速酶是
    A. HMGCoA合成酶
    B. HMGCoA裂解酶
    C. HMGCoA还原酶
    D. 鲨烯环氧酶
    E. 甲羟戊酸激酶
14. 何种情况下机体由脂肪提供能量
    A. 长期饥饿
    B. 空腹
    C. 进餐后
    D. 剧烈运动
    E. 安静状态
15. 胆固醇在体内的主要生理功能是
    A. 影响基因表达
    B. 合成磷脂的前体
    C. 控制胆汁分泌
    D. 影响胆汁分泌
    E. 构成细胞膜
16. 肝脏在脂肪代谢中产生过多酮体主要由于
    A. 肝功能不好
    B. 肝中脂肪代谢障碍
    C. 脂肪转运障碍
    D. 脂肪摄食过多
    E. 糖的供应不足或利用障碍
17. 甘油磷脂合成最活跃的下列组织是
    A. 肺
    B. 脑
    C. 骨
    D. 肝
    E. 肌肉
18. 胆固醇不能转化成
    A. 胆汁酸

B. 维生素 D_3
C. 睾丸酮
D. 雌二醇
E. 胆红素

19. 关于脂肪酸 β 氧化的叙述，错误的是
A. 酶系存在于线粒体中
B. 不发生脱水反应
C. 需要 FAD 及 NAD^+ 为受氢体
D. 脂肪酸的活化是必要的步骤
E. 每进行一次 β 氧化产生 2 分子乙酰 CoA

20. 胆固醇体内合成的原料是
A. 胆汁酸盐和磷脂酰胆碱
B. 17 羟类固醇和 17 酮类固醇
C. 胆汁酸和维生素 D 等
D. 乙酰 CoA 和 NADPH
E. 胆汁酸

21. 脂肪酸合成的原料乙酰 CoA 从线粒体转移至胞液的途径是
A. 三羧酸循环
B. 乳酸循环
C. 糖醛酸循环
D. 柠檬酸-丙酮酸循环
E. 丙氨酸-葡萄糖循环

22. 胆固醇合成的主要场所是
A. 肾
B. 肝
C. 小肠
D. 脑
E. 胆

23. 控制长链脂肪酰基进入线粒体氧化的关键因素是
A. ATP 水平
B. 肉碱脂酰转移酶的活性
C. 脂酰 CoA 合成酶的活性
D. 脂酰 CoA 的水平
E. 脂酰 CoA 脱氢酶的活性

24. 食物脂肪消化吸收后进入血液的主要方式是
A. 甘油及 FA
B. DG 及 FA
C. MG 及 FA
D. CM
E. TG

25. 组成卵磷脂分子的成分有
A. 乙醇胺
B. 胆碱
C. 肌醇
D. 丝氨酸
E. 甘氨酸

26. 下列物质中参加胆固醇酯化成胆固醇酯过程的是
A. LCAT
B. LDL
C. LPL
D. LDH
E. HMGCoA 还原酶

27. 脂肪酸合成过程中，脂酰基的载体是
A. CoA
B. 肉碱
C. ACP
D. 丙二酰 CoA
E. 草酰乙酸

【B_1 型题】

（28～32 题共用备选答案）
A. 贮能和供能
B. 磷脂、胆固醇和不饱和脂肪酸
C. 前列腺素、血栓噁烷及白三烯
D. 胆汁酸盐、辅脂酶与胰脂酶
E. 小肠

28. 生物膜组成成分是
29. 脂肪的主要生理功用是
30. 多不饱和脂肪酸的重要衍生物是
31. 脂肪乳化主要物质是
32. 乳糜微粒生成部位是

（33～35 题共用备选答案）
A. β-羟丁酸
B. β-羟脂酰 CoA
C. HMGCoA
D. 磷酸二羟丙酮
E. 琥珀酰 CoA

33. 胆固醇和酮体合成的中间产物是
34. 酮体氧化和三羧酸循环中共需的物质是
35. 甘油和糖分解代谢的共同中间产物是

（36～40 题共用备选答案）
A. 运送内源性 TG
B. 运送内源性 Ch
C. 运送外源性 TG
D. 蛋白质含量最高
E. 与冠状动脉粥样硬化的发生率呈负相关

36. VLDL
37. CM
38. LDL
39. HDL
40. HDL2

（41～43 题共用备选答案）
A. TG、C、CE、磷脂和游离脂肪酸
B. A、B、C、D 与 E
C. Ⅰ、Ⅱa、Ⅲb、Ⅲ、Ⅳ和Ⅴ
D. CM、HDL、LDL、VLDL
E. 乙酰 CoA

41. 高脂蛋白血症分型
42. 载脂蛋白分类
43. 血脂包括

第七章　氨基酸代谢

【A_1 型题】

1. 体内 NH_3 的主要来源是
A. 肠道吸收
B. 肾脏产氨
C. 氨基酸脱氨基
D. 胺分解
E. 碱基分解

2. NH_3 生成尿素通过

A. 柠檬酸循环
B. 嘌呤循环
C. 鸟氨酸循环
D. 丙酮酸循环
E. 核苷酸循环

3. 体内氨的主要去路是
A. 合成谷氨酰胺
B. 合成尿素
C. 生成铵盐
D. 生成非必需氨基酸
E. 参与嘌呤、嘧啶合成

4. 人体内合成尿素的主要脏器是
A. 脑
B. 肌组织
C. 肾
D. 肝
E. 心

5. 关于鸟氨酸循环的叙述，正确的是
A. 鸟氨酸循环直接从鸟氨酸与氨结合生成瓜氨酸开始
B. 鸟氨酸循环从氨基甲酰磷酸合成开始
C. 每经历1次鸟氨酸循环消耗1分子氨
D. 每经历1次鸟氨酸循环消耗2分子ATP
E. 鸟氨酸循环主要在肝内进行

6. 下列哪种氨基酸是生酮氨基酸
A. 谷氨酸
B. 酪氨酸
C. 亮氨酸
D. 甘氨酸
E. 蛋氨酸

7. 下列哪种氨基酸中能转化生成儿茶酚胺
A. 天冬氨酸
B. 色氨酸
C. 酪氨酸
D. 脯氨酸
E. 蛋氨酸

8. 肌酸的合成原料是
A. 精氨酸和瓜氨酸
B. 精氨酸、甘氨酸和蛋氨酸
C. 精氨酸和鸟氨酸
D. 鸟氨酸和甘氨酸
E. 鸟氨酸和瓜氨酸

9. 体内某些胺类在生长旺盛组织（胚胎、肿瘤）中含量较高，它是调节细胞生长的重要物质，该胺是
A. 牛磺酸
B. 多胺
C. 组胺
D. γ-氨基丁酸
E. 5-羟色胺

【B_1 型题】

（10~11题共用备选答案）
A. 丙氨酸和谷氨酰胺
B. 谷氨酸和丙氨酸
C. 瓜氨酸和精氨酸
D. 半胱氨酸和瓜氨酸
E. 组氨酸和赖氨酸

10. 氨在血液中的主要运输形式是
11. 氨在肝中合成尿素的主要中间物质是

（12~15题共用备选答案）
A. 鸟氨酸
B. 谷氨酸
C. 组氨酸
D. 色氨酸
E. 苏氨酸

12. 组胺的前体是
13. γ-氨基丁酸的前体是
14. 精脒、精胺的前体是
15. 5-羟色胺的前体是

（16~19题共用备选答案）
A. 甲硫氨酸循环
B. 嘌呤核苷酸循环
C. γ谷氨酰基循环
D. 鸟氨酸循环
E. 丙氨酸-葡萄糖循环

16. SAM生成过程是
17. 氨基酸的吸收通过
18. NH_3由肌肉向肝中运输是通过
19. 骨骼与心肌细胞中的脱氨基方式是

（20~23题共用备选答案）
A. 维生素B_1
B. 维生素B_6
C. 维生素PP
D. 叶酸
E. 泛酸

20. 参与一碳单位代谢的维生素是
21. 参与氧化脱氨的维生素是
22. 参与转氨基的维生素是
23. 参与辅酶A组成的维生素是

第八章　核酸的结构、功能与核苷酸代谢

【A_1 型题】

1. tRNA含有
A. 3′-CCA-OH
B. 帽子^{m7}Gppp
C. 密码子
D. 3′-末端的多聚腺苷酸结构
E. 大、小两个亚基

2. 核酸对紫外线的最大吸收峰是
A. 220nm
B. 230nm
C. 240nm
D. 250nm
E. 260nm

3. 真核生物的核糖体中rRNA包括
A. 5S、16S和23S rRNA
B. 5S、5.8S、18S 和 28S rRNA
C. 5.8S、16S、18S 和 23S rRNA
D. 5S、16S、18S 和 5.8S rRNA
E. 5S、5.8S和28S rRNA

4. 动物体内嘧啶代谢的终产物不包括
A. NH_3
B. CO_2
C. 尿酸
D. β-丙氨酸

E. β-氨基异丁酸

5. 痛风症是因为血中某种物质在关节、软组织处沉积，其成分为
A. 尿酸
B. 尿素
C. 胆固醇
D. 黄嘌呤
E. 次黄嘌呤

6. 嘧啶从头合成途径首先合成的核苷酸为
A. UDP
B. CDP
C. TMP
D. UMP
E. CMP

7. 下列关于核酶描述正确的是
A. 一种小分子量的核蛋白
B. 具有催化作用的小 RNA
C. 特异性的 DNA 片段
D. DNA 复制的辅酶
E. 转运氨基酸

8. 有关 RNA 的叙述，错误的是
A. tRNA 是氨基酸的载体
B. hnRNA 主要存在于胞质
C. rRNA 参与核蛋白体组成
D. mRNA 具有多聚 A 尾结构
E. mRNA 分子中含有遗传密码

9. 已知某双链 DNA 的一条链中 A = 30%，G = 24%，其互补链的碱基组成，正确的是
A. T 和 C 46%
B. A 和 T 46%
C. A 和 G 54%
D. T 和 G 46%
E. T 和 C 54%

10. DNA 碱基组成的规律是
A. [A]=[C]；[T]=[G]
B. [A]+[T]=[C]+[G]
C. [A]=[T]；[C]=[G]
D. ([A]+[T])/([C]+[G])=1
E. [A]=[G]；[T]=[C]

11. 嘌呤碱在体内分解的终产物是
A. 次黄嘌呤
B. 黄嘌呤
C. 别嘌呤醇
D. 氨、CO_2 和有机酸
E. 尿酸

12. 5-FU 是哪种碱基的类似物
A. A
B. U
C. C
D. G
E. T

13. 关于 tRNA 的描述哪一项是正确的
A. 5′端是 CCA
B. tRNA 是由 10^3 核苷酸组成
C. tRNA 的二级结构是二叶草型
D. tRNA 富有稀有碱基和核苷
E. 在其 DHU 环中有反密码子

14. 下列有关 RNA 的叙述哪项不正确
A. RNA 分子也有双螺旋结构
B. tRNA 是分子量最小的 RNA
C. 胸腺嘧啶是 RNA 的特有碱基
D. rRNA 参与核蛋白体的组成
E. mRNA 是生物合成多肽链的直接模板

15. 核酸中含量相对恒定的元素是
A. 氧
B. 氮
C. 氢
D. 碳
E. 磷

16. 细胞内含量较多的核苷酸是
A. 5′-ATP
B. 3′-ATP
C. 3′-dATP
D. 5′-UTP
E. 5′-dUTP

17. 下列有关遗传密码的叙述哪项不正确
A. 在 mRNA 信息区，由 5′→3′端每相邻的三个核苷酸组成的三联体称为遗传密码
B. 在 mRNA 信息区，由 3′→5′端每相邻的三个核苷酸组成的三联体称为遗传密码
C. 生物体细胞内存在 64 个遗传密码
D. 起始密码是 AUG 遗传密码
E. 终止密码为 UAA、UAG 和 UGA

18. 嘧啶核苷酸补救途径的主要酶是
A. 尿苷激酶
B. 嘧啶磷酸核糖转移酶
C. 胸苷激酶
D. 胞苷激酶
E. 氨基甲酰磷酸合成酶

19. 胸腺嘧啶在体内合成时甲基来自
A. N^{10} 甲酰四氢叶酸
B. 胆碱
C. N^5，N^{10}-甲烯四氢叶酸
D. S 腺苷甲硫氨酸
E. 肉碱

20. 组成核酸的基本结构单位是
A. 碱基和核糖
B. 核糖和磷酸
C. 核苷酸
D. 脱氧核苷和碱基
E. 核苷和碱基

21. 下列哪种脱氧核苷酸不是 DNA 的组分
A. dTMP
B. dCMP
C. dGMP
D. dUMP
E. dAMP

22. 体内嘧啶核苷酸合成的原料是
A. 甘氨酸＋氨基甲酰磷酸+PRPP
B. 谷氨酸＋氨基甲酰磷酸+PRPP
C. 谷氨酰胺＋氨基甲酰磷

酸+PRPP

D. 天冬氨酸+氨基甲酰磷酸+PRPP

E. 精氨酸+氨基甲酰磷酸+PRPP

23. 合成 IMP 和 UMP 的共同原料是

A. 天冬酰胺

B. 天冬氨酸

C. 甘氨酸

D. 甲硫氨酸

E. 一碳单位

24. 嘧啶环中的两个氮原子是来自

A. 谷氨酰胺和氮

B. 谷氨酰胺和天冬酰胺

C. 谷氨酰胺和氨甲酰磷酸

D. 天冬酰胺和氨甲酰磷酸

E. 天门冬氨酸和氨甲酰磷酸

25. 不属于嘌呤核苷酸从头合成直接原料的是

A. CO_2

B. 甘氨酸

C. 谷氨酸

D. 天冬氨酸

E. 一碳单位

26. 有关 RNA 分类、分布及结构的叙述错误的是

A. 主要有 mRNA、tRNA 和 rRNA 三类

B. tRNA 分子量比 mRNA 和 rRNA 小

C. 胞质中只有 mRNA

D. rRNA 可与蛋白质结合

E. RNA 并不全是单链结构

27. 在 DNA 双螺旋中，两链间碱基配对形成氢键，其配对关系是

A. T=A C≡G

B. G≡A C≡T

C. U=A C≡G

D. U=T T=A

E. C=U G≡A

【A_2 型题】

28. 患者，男性，51 岁。近 3 年来出现关节炎症状和尿路结石，进食肉类食物时，病情加重。该患者发生的疾病涉及的代谢途径是

A. 糖代谢

B. 脂代谢

C. 嘌呤核苷酸代谢

D. 嘧啶核苷酸代谢

E. 氨基酸代谢

【B_1 型题】

（29~33 题共用备选答案）

A. 不同的核酸链经变性处理，它们之间形成局部的双链

B. 一小段核苷酸聚合体的单链，用放射性核素或生物素来标记其末端或全链

C. 运输氨基酸

D. 单股 DNA 恢复成双股 DNA

E. 50% 双链 DNA 变性时的温度

29. tRNA 功能是

30. Tm 值是指

31. DNA 复性是指

32. 核酸杂交是指

33. 核酸探针是指

（34~36 题共用备选答案）

A. 核苷酸在核酸长链上的排列顺序

B. tRNA 的三叶草结构

C. DNA 的双螺旋结构

D. DNA 的超螺旋结构

E. DNA 的核小体结构

34. 属于核酸一级结构的描述是

35. 属于核糖核酸二级结构的描述是

36. 属真核生物染色质结构单位的是

（37~39 题共用备选答案）

A. 8-氮杂鸟嘌呤

B. 氨甲蝶呤

C. 阿糖胞苷

D. 5-氟尿嘧啶

E. 别嘌呤醇

37. 叶酸类似物抗代谢药物是

38. 抑制 CDP 还原成 dCDP 的药物是

39. 为次黄嘌呤类似物的药物是

（40~42 题共用备选答案）

A. 尿酸

B. 尿囊素

C. 尿囊酸

D. 尿素

E. β 氨基异丁酸

40. 精氨酸可分解产生

41. 黄嘌呤氧化酶的产物为

42. 嘧啶分解可产生

第九章　肝的生物化学

【A_1 型题】

1. 生物转化过程最重要的方式是

A. 使毒物的毒性降低

B. 使药物失效

C. 使生物活性物质灭活

D. 使某些药物药效更强或毒性增加

E. 使非营养物质极性增强，利于排泄

2. 在生物转化中最常见的一种结合物是

A. 乙酰基

B. 甲基

C. 谷胱甘肽

D. 葡糖醛酸

E. 硫酸

3. 血中哪一种胆红素增加会在尿中出现胆红素

A. 非结合胆红素

B. 结合胆红素

C. 肝前胆红素

D. 间接反应胆红素

E. 与白蛋白结合的胆红素

4. 下列化合物哪一个不是胆色素
   A. 血红素
   B. 胆绿素
   C. 胆红素
   D. 胆素原族
   E. 胆素族
5. 下列哪种情况尿中胆素原族排泄量减少
   A. 肝功能轻度损伤
   B. 肠道阻塞
   C. 溶血
   D. 碱中毒
   E. 胆道阻塞
6. 溶血性黄疸时，下列哪项不存在
   A. 血中游离胆红素增加
   B. 粪胆素原增加
   C. 尿胆素原增加
   D. 尿中出现胆红素
   E. 粪便颜色加深

【B_1 型题】

（7~10 题共用备选答案）
   A. 硫酸胆红素
   B. 胆红素白蛋白
   C. 胆红素配体蛋白
   D. 胆红素葡糖醛酸酯
   E. 胆素原族
7. 胆红素在血内运输形式是
8. 胆红素在肝细胞内存在形式是
9. 胆红素自肝脏排出主要形式是
10. 肠道重吸收的胆色素是

第二篇　生　理　学

第一章　绪　论

【A_1型题】

1. 正常成年人体液总量约占体重的多少
   A. 30%
   B. 40%
   C. 50%
   D. 60%
   E. 70%
2. 下列参与体液调节过程的化学物质来源，正确的是
   A. 胰岛素
   B. 肾上腺素
   C. 5-羟色胺
   D. 腺苷
   E. 以上均正确
3. 下列属于负反馈的是
   A. 排尿反射
   B. 体温调节
   C. 血液凝固
   D. 排便反射
   E. 分娩

第二章　细胞的基本功能

【A_1型题】

1. 神经纤维的跨膜电位从+30mV变为-70mV的过程是
   A. 极化
   B. 去极化
   C. 超极化
   D. 反极化
   E. 复极化
2. 主动转运是人体最重要的转运形式。下列哪项不是主动转运的特点
   A. 逆浓度梯度进行
   B. 消耗ATP
   C. 需要载体蛋白帮助
   D. 主要转运离子
   E. 逆电位梯度进行
3. 兴奋性是机体或组织对刺激
   A. 发生应激的特性
   B. 发生反应的特性
   C. 产生适应的特性
   D. 引起反射的特性
   E. 引起内环境稳态的特性
4. 关于Na^+泵生理作用的描述，不正确的是
   A. Na^+泵活动使膜内外Na^+、K^+呈均匀分布
   B. 将Na^+移出膜外，将K^+移入膜内
   C. 建立势能储备，为某些营养物质吸收创造条件
   D. 细胞外高Na^+可维持细胞内外正常渗透压
   E. 细胞内高K^+保证许多细胞代谢反应进行
5. 关于骨骼肌兴奋-收缩偶联，哪项错误
   A. 电兴奋通过横管系统传向肌细胞深部
   B. 横管膜产生动作电位
   C. 终末池中Ca^{2+}逆浓度差进入肌浆中
   D. 纵管终末池对Ca^{2+}通透性升高
   E. Ca^{2+}到达肌丝区，触发肌丝滑行
6. 兴奋性突触后电位是指突触后膜出现
   A. 极化
   B. 去极化
   C. 超极化
   D. 反极化
   E. 复极化
7. 阈电位是
   A. 造成膜对K^+通透性突然增大的临界膜电位
   B. 造成膜对K^+通透性突然减小的临界膜电位
   C. 造成膜对Na^+通透性突然增大的临界膜电位
   D. 造成膜对Na^+通透性突然减小的临界膜电位
   E. 超极化到刚引起动作电位时的临界膜电位
8. 组织兴奋性周期性变化中哪期的兴奋性最低
   A. 绝对不应期
   B. 相对不应期
   C. 超常期
   D. 低常期
   E. 静息期
9. 静息电位接近于
   A. 钠平衡电位
   B. 钾平衡电位
   C. 钠平衡电位与钾平衡电位之和
   D. 钠平衡电位与钾平衡电位之差
   E. 锋电位与超射之差
10. 兴奋-收缩偶联的结构基础是
    A. 肌质网
    B. 终末池
    C. 纵管
    D. 横管
    E. 三联管
11. 在神经-肌接头化学传递中，消除乙酰胆碱的酶是

A. 磷酸二酯酶
B. 腺苷酸环化酶
C. 胆碱酯酶
D. ATP 酶
E. 单胺氧化酶

12. 神经、肌肉和腺体受到阈刺激时产生反应的共同表现是
A. 收缩
B. 神经冲动
C. 动作电位
D. 感受器电位
E. 突触后电位

13. 动作电位沿神经纤维到达神经肌接头时，使终板膜产生终板电位，然后在什么部位引发动作电位
A. 肌细胞膜
B. 接头后膜
C. 横管膜
D. 三联管膜
E. 终板膜

14. 细胞膜在静息情况下，对下列离子通透性最大的是
A. Na^+
B. K^+
C. Cl^-
D. Ca^{2+}
E. Mg^{2+}

15. 当低温、缺氧或代谢障碍等因素影响 Na^+-K^+活动时，可使细胞的
A. 静息电位增大，动作电位幅度减小
B. 静息电位减小，动作电位幅度增大
C. 静息电位增大，动作电位幅度增大
D. 静息电位减小，动作电位幅度减小
E. 静息电位和动作电位幅度均不变

【B_1 型题】

（16～18 题共用备选答案）
A. K^+内流
B. Cl^-内流
C. Na^+内流
D. K^+外流
E. Ca^{2+}内流

16. 神经细胞动作电位上升支是由于
17. 骨骼肌细胞动作电位下降支是由于
18. 动作电位到达运动神经末梢时引起

（19～23 题共用备选答案）
A. 极化
B. 去极化
C. 复极化
D. 超极化
E. 反极化

19. 细胞受刺激兴奋时，膜内电位负值减小称为
20. 膜内电位负值增大时称为
21. 安静时细胞两侧存在着电位差的状态称为
22. 动作电位产生过程中，K^+外流增多，出现
23. 动作电位产生过程中，膜内电位由负变正称为

第三章 血 液

【A_1 型题】

1. 血浆晶体渗透压降低时可引起
A. 红细胞膨胀和破裂
B. 红细胞萎缩
C. 组织液增多
D. 组织液减少
E. 尿少

2. 组织液与血浆成分的主要区别在于
A. Na^+
B. K^+
C. Cl^-
D. 蛋白质
E. 无机酸

3. 血清与血浆的主要不同点是前者不含
A. 钙离子
B. 球蛋白
C. 清蛋白
D. 凝集素
E. 纤维蛋白原和凝血因子

4. 血浆中含量最多、缓冲能力最强的缓冲体系是
A. Na^+-Pr/H-Pr
B. Na_2HPO_4/NaH_2PO_4
C. $NaHCO_3/H_2CO_3$
D. K_2HPO_4/KH_2PO_4
E. $KHCO_3/H_2CO_3$

5. 红细胞的主要功能是
A. 缓冲温度
B. 运输激素
C. 运输 O_2和 CO_2
D. 使血液呈红色
E. 提供铁

6. 50kg 体重的正常成年人的血量为
A. 2.8～4.0L
B. 3.5～4.0L
C. 4.2～4.8L
D. 7.0～8.0L
E. 10.0～20.0L

7. 红细胞生成的基本原料是
A. 铁和维生素 B_{12}
B. 叶酸和维生素 B_{12}
C. 叶酸和蛋白质
D. 维生素 B_{12}和蛋白质
E. 铁和蛋白质

8. 正常人的血浆 pH 为
A. 6.8～7.0
B. 7.0±0.05
C. 7.2±0.05
D. 7.0～7.4
E. 7.4±0.05

9. 通常所说的血型指
A. 红细胞膜上的受体类型
B. 红细胞表面特异凝集原的类型
C. 红细胞表面特异凝集素的类型

D. 血浆中特异凝集素的类型
E. 血浆中特异凝集原的类型

10. 输血时主要考虑
A. 给血者红细胞不被受血者细胞所凝集
B. 给血者红细胞不被受血者血清所凝集
C. 给血者血浆不使受血者血浆发生凝集
D. 给血者血浆不使受血者红细胞凝集
E. 受血者红细胞不与其血浆发生凝集

11. 若将红细胞沉降率增快患者的红细胞置于正常人血浆中，其红细胞沉降的速度将
A. 增快
B. 下降
C. 正常
D. 无变化
E. 以上都不是

【A_2 型题】

12. 已知受血者为A型血，在交叉配血试验中，主侧不凝集，次侧凝集，给血者血型应该是
A. A型
B. B型
C. O型
D. AB型
E. O型、B型都可能

13. 某人红细胞与B型血的血清发生凝集，其血清与B型血的红细胞不凝集，此人的血型可能是
A. A_1型
B. B型
C. AB型
D. O型
E. A_2型

14. 某人血浆中含有抗A、抗B凝集素，则此人的血型可能是
A. A_1 型
B. B型
C. AB型
D. A_2B型
E. O型

【B_1 型题】

（15～16题共用备选答案）
A. 细胞外液
B. 细胞内液
C. 细胞内液和细胞外液
D. 血浆
E. 组织液

15. 体液是指
16. 内环境是指

（17～18题共用备选答案）
A. 葡萄糖
B. Na^+
C. 纤维蛋白
D. 球蛋白
E. 清蛋白

17. 血浆胶体渗透压最主要来自血浆的
18. 血浆晶体渗透压主要来自血浆的

（19～20题共用备选答案）
A. $(4\sim10)\times10^9/L$
B. $(100\sim300)\times10^9/L$
C. $(1.0\sim3.0)\times10^{12}/L$
D. $(3.8\sim4.6)\times10^{12}/L$
E. $(4.5\sim5.5)\times10^{12}/L$

19. 正常人安静时血液中的白细胞计数是
20. 正常成年女性红细胞计数是

（21～22题共用备选答案）
A. 20%～35%
B. 37%～48%
C. 40%～50%
D. 50%～60%
E. 60%～70%

21. 正常成年男性血细胞比容是
22. 正常成年女性血细胞比容是

（23～25题共用备选答案）
A. 红细胞膜上含A凝集原、血清中含抗A凝集素
B. 红细胞膜上含B凝集原、血清中含抗B凝集素
C. 红细胞膜上含A凝集原、血清中含抗B凝集素
D. 红细胞膜上含B凝集原、血清中含抗A凝集素
E. 红细胞膜上同时含有A和B两种凝集原，血清中无凝集素

23. A型血
24. B型血
25. AB型血

第四章 血液循环

【A_1 型题】

1. 儿茶酚胺对心肌细胞的作用主要是
A. 增加K^+通道的通透性
B. 增加Na^+通道的通透性
C. 增加Ca^{2+}和K^+的通透性
D. 降低K^+通道的通透性
E. 增加Ca^{2+}通道的通透性

2. 在影响动脉血压的诸因素中，搏出量增多而其他因素不变时，脉压增大的主要原因是
A. 收缩压、舒张压均降低
B. 收缩压、舒张压均升高
C. 收缩压升高，舒张压降低
D. 收缩压降低，舒张压变化不大
E. 收缩压升高，舒张压变化不大

3. 动脉血压升高时能引起
A. 窦神经传入冲动增加
B. 主动脉神经传入冲动减少
C. 心迷走中枢兴奋
D. 交感缩血管中枢兴奋
E. 心交感中枢兴奋

4. 心动周期中左心室容积最大的时期是
A. 快速射血期末
B. 快速充盈期末
C. 减慢充盈期末

D. 减慢射血期末
E. 心房收缩期末

5. 主动脉瓣关闭发生于
A. 快速射血期开始时
B. 快速充盈期开始时
C. 等容舒张期开始时
D. 等容收缩期开始时
E. 减慢充盈期开始时

6. 房室瓣关闭主要是由于
A. 心房收缩
B. 心室收缩
C. 乳头肌收缩
D. 房-室压差下降
E. 心房压力下降

7. 在等容舒张期，心脏各瓣膜的功能状态是
A. 房室瓣关闭，动脉瓣开放
B. 房室瓣开放，动脉瓣关闭
C. 房室瓣关闭，动脉瓣关闭
D. 房室瓣开放，动脉瓣开放
E. 二尖瓣关闭，三尖瓣开放

8. 心室肌细胞动作电位的锋电位由哪部分形成
A. 0 期去极和 4 期自动去极
B. 1 期复极和 2 期复极
C. 0 期去极和 1 期复极
D. 2 期复极和 3 期复极
E. 0 期去极至 3 期复极

9. 减压反射的生理意义是
A. 减弱心血管的活动
B. 降低动脉血压
C. 是动脉血压的负反馈调节
D. 是动脉血压的自身调节
E. 维持动脉血压相对稳定

10. 用于分析比较不同个体心功能的常用指标是
A. 每分输出量
B. 心指数
C. 射血分数
D. 心脏作功量
E. 心力贮备

11. 一般情况下，影响舒张压最主要的因素是
A. 每搏输出量
B. 心率
C. 大动脉管壁弹性
D. 外周阻力
E. 循环血量

12. 心室肌细胞动作电位的主要特征是
A. 0 期除极迅速
B. 1 期复极化快
C. 有缓慢的 2 期平台
D. 有快速的 3 期复极化
E. 有 4 期自动除极

13. 在心动周期中，占时间最长的是
A. 心房收缩期
B. 等容收缩期
C. 等容舒张期
D. 充盈期
E. 射血期

14. 心迷走神经末梢释放的递质是
A. 肾上腺素
B. 去甲肾上腺素
C. 胆碱
D. 乙酰胆碱
E. 组胺

15. 心室肌有效不应期的长短主要取决于
A. 动作电位 0 期去极的速度
B. 动作电位 1 期的长短
C. 动作电位 2 期的长短
D. 动作电位 3 期的长短
E. 阈电位水平的高低

16. 心室肌的后负荷指
A. 舒张末期容积
B. 射血期心室内压
C. 等容收缩期心室内压
D. 大动脉血压
E. 右心房压力

17. 体循环中血流阻力主要来自
A. 小动脉
B. 微动脉
C. 小动脉和微动脉
D. 微静脉
E. 静脉

18. 下列哪种情况下，可使心排血量增加
A. 心迷走神经兴奋时
B. 颈动脉窦压力升高时
C. 动脉血压升高时
D. 使用去甲肾上腺素时
E. 使用肾上腺素时

19. 主动脉瓣关闭主要由于
A. 乳头肌收缩
B. 瓣膜肌收缩
C. 心房肌收缩
D. 心室肌收缩
E. 心室舒张引起室内压下降

20. 自律细胞与非自律细胞的区别是
A. 1 期去极的快慢
B. 1 期复极的快慢
C. 2 期复极的快慢
D. 3 期复极的快慢
E. 4 期自动去极的有无

21. 关于心排血量的叙述错误的是
A. 左心室大于右心室
B. 等于搏出量乘以心率
C. 动脉血压可影响心排血量
D. 随机体代谢需要而增加
E. 与静脉回心血量保持动态平衡

22. 衡量自律性高低的指标是
A. 阈强度
B. 兴奋性
C. 不应期
D. 4 期自动去极速度
E. 绝对不应期

23. 引起心室肌细胞动作电位 0 期除极的主要离子是
A. Na^+
B. Cl^-
C. Ca^{2-}
D. K^+
E. Mg^{2+}

24. 心指数是指下列哪项计算的心排血量
A. 单位体重
B. 单位年龄
C. 单位身高
D. 单位体表面积
E. 单位能量代谢率

25. 心肌细胞可分为快反应细胞和慢反应细胞，主要是根据动作电位的
A. 0 期去极速度

B. 1期复极速度
C. 平台期复极速度
D. 3期复极速度
E. 4期自动去极速度

26. 心室肌细胞不具有哪种生理特性
A. 兴奋性
B. 自律性
C. 传导性
D. 收缩性
E. 有效不应期长

27. 窦房结是心脏正常起搏点的原因是
A. 静息电位仅-70mV
B. 阈电位为-40mV
C. 0期去极速度快
D. 没有明显的平台期
E. 4期去极速率快

28. 静脉注射去甲肾上腺素后出现血压升高，心率减慢。心率减慢出现的主要原因是
A. 去甲肾上腺素对心脏的抑制作用
B. 去甲肾上腺素对血管的抑制作用
C. 减压反射活动减弱
D. 减压反射活动增强
E. 大脑皮质心血管活动中枢活动减弱

29. 肾上腺素不具有下列哪种作用
A. 心肌收缩力增强
B. 心率加快
C. 内脏、皮肤血管收缩
D. 骨骼肌血管舒张
E. 组织液生成减少

30. 心室肌细胞动作电位各时期的跨膜电位变化不包括
A. 0期去极
B. 1期复极
C. 2期平台期
D. 3期复极
E. 4期自动去极

31. 心肌不产生完全强直收缩的原因是心肌
A. 为功能合胞体
B. 有自律性
C. 肌质网不发达
D. 呈全或无收缩
E. 有效不应期特别长

32. 心肌兴奋性变化的特点是
A. 绝对不应期短
B. 有效不应期特别长
C. 相对不应期短
D. 超常期特别长
E. 低常期特别长

33. 心室期前收缩后出现代偿间歇的原因是
A. 期前兴奋有自己的有效不应期
B. 窦房结少产生一次兴奋
C. 期前收缩的舒张期长
D. 心肌细胞需要充分恢复
E. 期前兴奋落于有效不应期内

【B_1型题】

（34~36题共用备选答案）
A. 窦房结
B. 心房肌
C. 房室交界
D. 心室肌
E. 浦肯野纤维

34. 传导速度最快的是
35. 传导速度最慢的是
36. 自律性最高的是

（37~38题共用备选答案）
A. 等容收缩期
B. 快速射血期
C. 减慢射血期
D. 等容舒张期
E. 快速充盈期

37. 左心室压上升速率最快是在
38. 左心室压下降速率最快是在

（39~40题共用备选答案）
A. 快反应自律细胞
B. 慢反应自律细胞
C. 快反应非自律细胞
D. 慢反应非自律细胞
E. 过渡细胞

39. 心室肌细胞属于
40. 窦房结P细胞属于

（41~44题共用备选答案）
A. 收缩压
B. 舒张压
C. 脉压
D. 平均动脉压
E. 循环系统平均充盈压

41. 在一个心动周期中，主动脉血压达到的最高值称为
42. 在一个心动周期中，主动脉血压达到的最低值称为
43. 一个心动周期中的血压波动范围称为
44. 血液循环停止后血液对血管壁的侧压称为

（45~47题共用备选答案）
A. Ca^{2+}内流
B. Cl^-内流
C. Na^+泵离子流
D. Na^+内流
E. K^+外流

45. 心室肌细胞1期动作电位的主要离子流是
46. 心室肌细胞3期动作电位的主要离子流是
47. 心室肌细胞4期动作电位的主要离子流是

第五章 呼 吸

【A_1型题】

1. 肺换气时气体通过的部位是
A. 支气管
B. 细支气管
C. 肺泡壁
D. 肺泡小管
E. 呼吸膜

2. 肺通气的原动力是
A. 呼吸运动
B. 胸内压的变化
C. 肋间内肌与外肌的收缩

D. 胸内压与肺内压之差
E. 肺内压与大气压之差
3. 每分钟肺泡通气量等于
A. 潮气量×呼吸频率
B. 肺通气量的1/2
C.（潮气量-生理无效腔）×呼吸频率
D. 功能余气量
E.（肺通气量-生理无效腔）×呼吸 频率
4. 肺泡内压在下列哪一呼吸时相中与大气压相等
A. 呼气初与呼气末
B. 吸气初与吸气末
C. 吸气初与呼气末
D. 吸气末与呼气末
E. 吸气初与呼气初
5. CO_2在血液中运输的主要形式是
A. 和水结合形成碳酸
B. 形成碳酸氢盐
C. 形成一氧化碳血红蛋白
D. 形成氨基甲酸血红蛋白
E. 物理溶解
6. O_2在血液中主要是和哪种蛋白结合来运输的
A. 血浆蛋白
B. 清蛋白
C. 肌红蛋白
D. 血红蛋白
E. 纤维蛋白
7. 正常成人时间肺活量第1秒末呼出气量占肺活量的百分比是
A. 60%
B. 63%
C. 80%
D. 96%
E. 99%
8. 最大吸气后，从肺内所能呼出的最大气量称为
A. 肺总量
B. 深吸气量
C. 补呼气量
D. 时间肺活量
E. 肺活量
9. 有关胸内压的叙述，错误的是
A. 一般情况下是负压
B. 胸内压 = 肺内压 - 肺回缩力
C. 胸内负压有利于静脉回流
D. 使肺维持一定的扩张程度
E. 产生气胸时负压增大
10. 体内CO_2分压最高的部位是
A. 动脉血
B. 静脉血
C. 毛细血管血液
D. 组织液
E. 细胞内液
11. 让受试者先用力作深吸气，然后以最快的速度尽力呼出气体，分别测量第1、2、3秒末的呼出气量，计算其占肺活量的百分数，分别称为第1、2、3秒的
A. 肺活量
B. 用力肺活量
C. 用力呼气量
D. 深吸气量
E. 最大通气量
12. 假设某人的肺通气量为7500ml/min，呼吸频率为20次/分，无效腔容量为125ml，每分肺血流量为5L，他的通气/血流比值应是
A. 0.7
B. 0.8
C. 0.9
D. 1.0
E. 1.1
13. 肺的通气/血流比值反映肺部气体交换时气泵和血泵的匹配情况。如果通气/血流比值增大，说明出现
A. 肺内气体交换障碍
B. 解剖无效腔增大
C. 肺泡无效腔增大
D. 解剖动静脉短路
E. 功能性动静脉短路
14. 下列有关肺泡表面活性物质生理作用的叙述，哪项错误
A. 降低肺泡表面张力
B. 稳定肺泡内压
C. 维持肺泡于适当的扩张状态
D. 维持肺的回缩力
E. 阻止血管内水分滤入肺泡
15. 关于胸膜腔负压生理意义的叙述，错误的是
A. 保持肺的扩张状态
B. 有利于静脉回流
C. 维持正常肺通气
D. 使中心静脉压升高
E. 胸膜腔负压消失可导致肺塌陷
16. 测定肺换气效率较好指标是
A. 潮气量
B. 肺活量
C. 时间肺活量
D. 通气/血流比值
E. 肺扩散容量

【B_1型题】

（17~19题共用备选答案）
A. 肺泡表面活性物质
B. 肺泡表面液体薄层
C. 肺泡上皮细胞
D. 间质
E. 毛细血管基膜和内皮细胞
17. 肺泡表面张力来自
18. 肺泡Ⅱ型上皮细胞分泌
19. 气体交换时肺泡内氧首先通过
（20~21题共用备选答案）
A. 余气量
B. 肺活量
C. 功能余气量
D. 用力肺活量
E. 肺泡通气量
20. 每分钟吸入肺泡的新鲜空气量是
21. 用力最大吸气，尽力、快速呼气所能呼出的气体量

第六章　消化和吸收

【A_1 型题】

1. 促进胃排空的主要因素是
   A. 大量食物入胃的机械和化学刺激
   B. 十二指肠内的酸性刺激
   C. 十二指肠内的脂肪增加
   D. 十二指肠内的渗透压增高
   E. 食糜进入十二指肠的机械和化学刺激
2. 关于胃液分泌的描述错误的是
   A. 壁细胞分泌盐酸
   B. 主细胞分泌胃蛋白酶原
   C. 黏液细胞分泌糖蛋白
   D. 幽门腺分泌糖蛋白
   E. 内因子是壁细胞分泌的
3. 能促进维生素 B_{12} 吸收的物质是
   A. 胃蛋白酶
   B. HCl
   C. 碳酸氢盐
   D. 内因子
   E. 黏液
4. 消化吸收最主要的部位是
   A. 胃
   B. 十二指肠
   C. 小肠
   D. 大肠
   E. 食管
5. 下列食物在胃中排空速度由快到慢依次是
   A. 蛋白质、脂肪、糖
   B. 脂肪、糖、蛋白质
   C. 糖、蛋白质、脂肪
   D. 蛋白质、糖、脂肪
   E. 糖、脂肪、蛋白质
6. 下列备选答案中胆汁中不含有的物质是
   A. 消化酶
   B. 胆盐
   C. 卵磷脂
   D. 胆色素
   E. 胆固醇
7. 对于保护胃黏膜具有重要作用的物质基础是
   A. 胃蛋白酶
   B. 内因子
   C. 水分
   D. 黏液-碳酸氢盐屏障
   E. 无机离子
8. 泌酸腺壁细胞可分泌
   A. 内因子
   B. 胃蛋白酶
   C. 促胃液素
   D. 缩胆囊素
   E. 抑胃肽
9. 调节胰液分泌的神经体液因素不包括
   A. 迷走神经兴奋
   B. 促胃液素
   C. 促胰液素
   D. 支配胰的内脏大神经
   E. 血管活性肠肽
10. 小肠特有的以环行肌舒缩为主的节律性运动形式是
    A. 蠕动
    B. 蠕动冲
    C. 紧张性收缩
    D. 分节运动
    E. 容受性舒张
11. 交感神经对胃肠运动与分泌的作用是
    A. 胃肠运动增强，分泌抑制
    B. 胃肠运动及分泌均抑制
    C. 胃肠运动及分泌均增强
    D. 胃肠运动抑制，分泌增强
    E. 胃肠内的括约肌抑制
12. 支配消化道的副交感神经兴奋时，下述哪一种活动不增强
    A. 胃液分泌
    B. 胰液分泌
    C. 胃运动
    D. 小肠运动
    E. 支配消化道的交感神经活动
13. 胃大部切除患者出现贫血，其主要原因是
    A. HCl 减少
    B. 黏液减少
    C. 内因子减少
    D. HCO_3^-减少
    E. 胃蛋白酶活性减弱
14. 小肠是吸收的最主要部位。这主要与小肠的哪项特点有关
    A. 长度长
    B. 肠壁厚
    C. 通透性高
    D. 面积大
    E. 消化酶多

【B_1 型题】

（15~16 题共用备选答案）
A. 胃
B. 十二指肠
C. 空肠
D. 回肠
E. 结肠

15. 胆盐的主要吸收部位是
16. 维生素 B_{12} 的主要吸收部位是

（17~19 题共用备选答案）
A. 壁细胞分泌
B. 主细胞分泌
C. S 细胞分泌
D. I 细胞分泌
E. G 细胞分泌

17. 内因子由
18. 盐酸由
19. 胃蛋白酶原由

（20~22 题共用备选答案）
A. 水少，盐和酶多
B. 水多，盐和酶少
C. 水少，酶少，盐多
D. 水多，盐多，酶少
E. 水少，盐少，酶多

20. 迷走神经兴奋引起胰液分泌特点是
21. 促胰液素引起胰液分泌特点是
22. 缩胆囊素引起胰液分泌特点是

第七章　能量代谢和体温

【A_1 型题】

1. 发挥体温调定点作用的中枢部位在
   A. 脑干网状结构
   B. 下丘脑弓状核
   C. 丘脑特异感觉接替核
   D. 视前区-下丘脑前部
   E. 延髓下部薄、楔束核
2. 寒冷时，机体增加产热量的主要方式是
   A. 寒战
   B. 甲状腺素释放量增加
   C. 肾上腺素释放量增加
   D. 去甲肾上腺素释放量增加
   E. 球管平衡
3. 剧烈运动状态，产热量最多的组织是
   A. 脑和脊髓
   B. 内脏
   C. 骨骼肌
   D. 甲状腺
   E. 肾上腺
4. 体温昼夜变化的特点是
   A. 昼夜间呈现周期性波动
   B. 清晨及午后体温均较高
   C. 傍晚体温最低
   D. 波动幅度在2℃以上
   E. 体温波动与生物钟无关
5. 炎热环境中（30℃以上），机体维持体热平衡是通过
   A. 增加有效辐射面积
   B. 增加皮肤与环境之间的温度差
   C. 交感神经紧张性增加
   D. 发汗及增加皮肤血流量
   E. 发汗及减少皮肤血流量
6. 正常人的腋窝温、口腔温和直肠温按温度由高至低排列顺序为
   A. 口腔温，腋窝温，直肠温
   B. 腋窝温，口腔温，直肠温
   C. 口腔温，直肠温，腋窝温
   D. 直肠温，腋窝温，口腔温
   E. 直肠温，口腔温，腋窝温
7. 影响皮肤辐射散热的主要因素是
   A. 环境温度
   B. 皮肤温度
   C. 机体与环境之间的温差
   D. 风速
   E. 环境的湿度
8. 体温调节中枢主要位于
   A. 脊髓
   B. 延髓
   C. 丘脑下部
   D. 小脑
   E. 大脑皮质
9. 下列哪项不影响体温的生理变动
   A. 昼夜变动
   B. 性别差异
   C. 情绪变化
   D. 年龄差异
   E. 体重差异
10. 在测定基础代谢率时，错误的是
    A. 在清晨、卧床、醒来前进行
    B. 无肌肉活动
    C. 无精神紧张
    D. 室温20~25℃
    E. 测定前至少禁食12h
11. 基础代谢率的正常范围是不超过正常平均值的
    A. ±5%~±10%
    B. ±0%~±5%
    C. ±10%~±15%
    D. ±20%~±30%
    E. ±30%~±40%

【B_1 型题】

（12~14题共用备选答案）
A. 辐射散热
B. 对流散热
C. 传导散热
D. 蒸发散热
E. 传导和蒸发散热

12. 给高热患者使用冰帽的散热方式属于
13. 用酒精给高热患者擦浴的散热方式属于
14. 通过游泳使机体散热的方式属于

（15~16题共用备选答案）
A. 身高
B. 体重
C. 体表面积
D. 心排血量
E. 年龄

15. 与基础代谢率成正比的是
16. 与基础代谢率几乎成反比的是

第八章　肾脏的排泄功能

【A_1 型题】

1. 正常情况下不能通过肾小球滤过膜的物质是
   A. Na^+
   B. 氨基酸
   C. 甘露醇
   D. 葡萄糖
   E. 血浆清蛋白
2. 正常终尿约占肾小球超滤液量的
   A. 1%
   B. 5%
   C. 10%
   D. 15%
   E. 20%
3. 下列情况中，能引起肾小球滤过率减少的是

A. 血浆胶体渗透压减低
B. 血浆胶体渗透压升高
C. 血浆晶体渗透压降低
D. 血浆晶体渗透压升高
E. 肾小球毛细血管血压升高

4. 原尿的成分
A. 和终尿近似
B. 比终尿多葡萄糖
C. 比终尿多 Na^+、K^+
D. 比血浆少葡萄糖
E. 比血浆少蛋白质

5. 滤过分数指
A. 肾小球滤过率/肾血浆流量
B. 肾血浆流量/肾血流量
C. 肾血流量/肾血浆流量
D. 肾小球滤过率/肾血流量
E. 肾血流量/心排血量

6. 正常成年人的肾小球滤过率约为
A. 100ml/min
B. 125ml/min
C. 250ml/min
D. 1L/min
E. 180L/min

7. 各段肾小管比较，重吸收量居首位的是
A. 近球小管
B. 髓袢降支细段
C. 髓袢升支细段
D. 远曲小管
E. 集合管

8. 决定尿量多少最关键的部位是
A. 肾小囊
B. 近曲小管
C. 髓袢升支
D. 髓袢降支
E. 远曲小管和集合管

9. 大量饮水引起尿量增多，主要是由于
A. ADH 分泌减少
B. 滤过率增加
C. 醛固酮分泌减少
D. 肾素分泌减少
E. 肾血流量下降

10. ADH 释放的有效刺激主要是
A. 血浆晶体渗透压降低
B. 血浆晶体渗透压升高
C. 血浆胶体渗透压升高
D. 血浆胶体渗透压降低
E. 循环血量增加

11. ADH 可以调节
A. 近曲小管对水的重吸收
B. 髓袢降支粗段对水的重吸收
C. 髓袢细段对水的重吸收
D. 髓袢升支粗段对水的重吸收
E. 远曲小管和集合管对水的重吸收

12. 静脉注射 20% 葡萄糖 50ml，尿量明显增加。尿量增多的主要原因是
A. 肾小球滤过率增加
B. 血容量增加
C. 肾小管对水的通透性降低
D. 肾小管溶质浓度增加
E. 肾小管对 Na^+重吸收减少

13. 下列哪项与尿的生成过程无关
A. 肾小球的滤过
B. 肾小管与集合管的重吸收
C. 肾小管与集合管的排泄
D. 肾小管与集合管的分泌
E. 输尿管的蠕动

14. 动脉血压在多大范围内变动时，肾小球毛细血管压和肾血流量保持相对恒定
A. 5.3~13.3kPa（40~100mmHg）
B. 6.7~18.6kPa（50~140mmHg）
C. 8.0~16.0kPa（60~120mmHg）
D. 10.7~24.0kPa（80~180mmHg）
E. 24.0~29.3kPa（180~220mmHg）

【B_1 型题】

（15~18 题共用备选答案）
A. 100ml/24h 以下
B. 100~500ml/24h
C. 1000~2000ml/24h
D. 2000~2500ml/24h
E. 2500ml/24h 以上

15. 正常人尿量为
16. 多尿指尿量长期保持在
17. 少尿指尿量为
18. 无尿指尿量为

（19~21 题共用备选答案）
A. 水利尿
B. 渗透性利尿
C. 尿崩症
D. 尿失禁
E. 尿潴留

19. 一次饮大量清水导致尿量增多称
20. 静脉滴注甘露醇引起
21. 糖尿病患者多尿属于

（22~23 题共用备选答案）
A. 近端小管
B. 髓袢降支细段
C. 髓袢升支细段
D. 髓袢升支粗段
E. 远曲小管和集合管

22. 小管液重吸收率与肾小球滤过率具有等比关系的部位是
23. 水的重吸收量不多但可被调节的部位是

第九章 神经系统的功能

【A_1 型题】

1. 关于儿茶酚胺与 α 受体结合后产生的效应，下列哪项错误
A. 血管收缩
B. 妊娠子宫收缩
C. 扩瞳肌收缩
D. 小肠平滑肌收缩
E. 竖毛肌收缩

2. 屈肌反射和腱反射
A. 感受器相同
B. 引起反射的刺激的性质

相同
C. 前者的效应器为屈肌，后者主要为伸肌
D. 都是短暂的反射活动
E. 都能引起肢体的位相性运动

3. 反射弧中，哪个环节最易疲劳
A. 中枢
B. 感受器
C. 效应器
D. 传入神经纤维
E. 传出神经纤维

4. 谈论梅子时引起唾液分泌是
A. 交感神经兴奋所致
B. 副交感神经兴奋所致
C. 第一信号系统的活动
D. 第二信号系统的活动
E. 非条件反射

5. 维持躯体姿势的最基本方式是
A. 屈肌反射
B. 对侧伸肌反射
C. 腱反射
D. 肌紧张反射
E. 翻正反射

6. 躯体运动神经末梢释放的递质是
A. 乙酰胆碱
B. 多巴胺
C. 去甲肾上腺素
D. 甘氨酸
E. 肾上腺素

7. 交感神经节后纤维释放的递质是
A. ACh
B. NE
C. 5-HT
D. DA
E. 多数为NE，少数为ACh

8. 人类小脑后叶中间带区受损时所特有的症状是
A. 肌张力降低
B. 腱反射增强
C. 静止性震颤
D. 意向性震颤
E. 眼震颤

9. 人类左侧大脑皮层在语言功能上占优势的现象是
A. 完全由遗传因素决定的
B. 2岁前就已建立的
C. 与后天生活实践无关的
D. 出生前就已建立的
E. 与习惯用右手劳动有关的

10. 突触后膜对哪些离子通透性增加引起抑制性突触后电位
A. K^+、Cl^-，尤其是K^+
B. Na^+、Cl^-，尤其是Na^+
C. K^+、Cl^-，尤其是Cl^-
D. Ca^{2+}、Cl^-，尤其是Ca^{2+}
E. Na^+、Cl^-，尤其是Cl^-

11. 支配心脏的交感神经所释放的递质是
A. 肾上腺素
B. 去甲肾上腺素
C. 多巴胺
D. GABA
E. 乙酰胆碱

12. 下列哪项属于副交感神经的作用
A. 瞳孔扩大
B. 糖原分解增加
C. 逼尿肌收缩
D. 骨骼肌血管舒张
E. 消化道括约肌收缩

13. 在突触传递过程中，引起递质释放的关键因素是
A. 兴奋传到神经末梢
B. 突触前膜发生去极化
C. Ca^{2+}进入突触前末梢
D. 前膜内轴浆黏度的高低
E. 前膜内侧负电位的大小

14. 脊髓突然被横断后，断面以下脊髓所支配的骨骼肌的紧张度
A. 增强，但能恢复正常
B. 降低，能恢复但与正常不同
C. 降低，但能恢复正常
D. 增强，但不能恢复正常
E. 基本不变

15. 去甲肾上腺素对心血管的作用主要是
A. 舒张血管
B. 升高血压
C. 心率加快
D. 强心
E. 增大脉压

16. 突触后电位包括兴奋性突触后电位和抑制性突触后电位。关于突触后电位的特征，下列哪项是错误的
A. 电位大小随刺激的强度改变
B. 有时间总和
C. 有空间总和
D. 是“全或无”的
E. 以电紧张方式扩布

17. 快速牵拉肌肉时发生的牵张反射是使
A. 受牵拉的肌肉发生收缩
B. 同一关节的协同肌抑制
C. 同一关节的拮抗肌兴奋
D. 其他关节的肌肉也收缩
E. 伸肌和屈肌同时收缩

18. 神经系统实现其调节功能的基本方式是
A. 正反馈与负反馈
B. 兴奋和抑制
C. 感受和处理信息
D. 条件反射与非条件反射
E. 记忆和思维

19. 突触前抑制的产生是由于
A. 突触前轴突末梢超极化
B. 突触前轴突末梢去极化
C. 突触后膜的兴奋性发生改变
D. 突触前轴突末梢释放抑制性递质
E. 突触后神经元超极化

20. 儿茶酚胺类递质包括
A. 肾上腺素和去甲肾上腺素
B. 肾上腺素、去甲肾上腺素和5-羟色胺
C. 肾上腺素、去甲肾上腺素和多巴胺
D. 肾上腺素和多巴胺
E. 多巴胺和5-羟色胺

21. 脊休克产生的原因是
A. 损伤性刺激对脊髓的抑制

作用
B. 脊髓中的反射中枢被破坏
C. 脊髓失去了高位中枢的调节作用
D. 血压下降使脊髓缺血
E. 躯体感觉传入冲动受阻

22. 在完整的动物机体建立条件反射的关键步骤是
A. 存在无关刺激
B. 没有干扰刺激
C. 存在非条件刺激
D. 无关刺激与非条件刺激在时间上多次结合
E. 非条件刺激出现在无关刺激之前

23. 中枢神经系统内，兴奋的化学传递特征中，下列哪项是错误
A. 单向传递
B. 中枢延搁
C. 总和
D. 兴奋节律不变
E. 易受内环境条件改变的影响

【B_1 型题】

（24~29 题共用备选答案）
A. α 受体
B. β 受体
C. β_2受体
D. M 受体
E. N_1受体

24. 副交感神经节细胞膜上的受体为
25. 导致内脏血管收缩的肾上腺素受体为
26. 导致支气管平滑肌舒张的肾上腺素受体为
27. 导致冠状血管收缩的肾上腺素受体为
28. 受交感神经支配的汗腺上的受体为
29. 导致心肌收缩加强的肾上腺素受体为

（30~32 题共用备选答案）
A. 翻正反射
B. 防御反射
C. 牵张反射
D. 状态反射
E. 对侧伸肌反射

30. 腱反射是
31. 肌紧张是
32. 屈肌反射是

（33~35 题共用备选答案）
A. 去甲肾上腺素
B. 肾上腺素
C. 乙酰胆碱
D. 多巴胺
E. GABA

33. 心迷走神经末梢释放的递质是
34. 心交感神经末梢释放的递质是
35. 躯体运动神经释放的是

（36~40 题共用备选答案）
A. 六烃季铵
B. 十烃季铵
C. 筒箭毒
D. 酚妥拉明
E. 普萘洛尔

36. α 受体阻断药是
37. β 受体阻断药是
38. N_1受体阻断药是
39. N_2受体阻断药是
40. N 受体阻断药是

第十章 内 分 泌

【A_1 型题】

1. 因分泌不足而引起呆小症的激素是
A. 胰岛素
B. 生长激素
C. 生长抑素
D. 甲状旁腺素
E. 甲状腺素

2. 下列关于甲状腺激素的作用，哪项错误
A. 增加组织耗氧量，促进产热
B. 促进婴幼儿脑和骨的发育
C. 引起黏液水肿
D. 增加糖原分解和糖异生
E. 提高神经系统的兴奋性

3. 下列含碘酪氨酸衍生物中哪种生物活性最强
A. T_4
B. γT_3
C. T_3
D. MIT
E. DIT

4. 对脑和长骨的发育最为重要的激素是
A. 生长素
B. 性激素
C. 促甲状腺激素
D. 甲状腺激素
E. 维生素 D_3

5. 影响神经系统发育最重要的激素
A. 生长素
B. 甲状腺激素
C. 糖皮质激素
D. 胰岛素
E. 性激素

6. 使血糖含量降低的激素是
A. 甲状腺激素
B. 胰高血糖素
C. 肾上腺素
D. 糖皮质激素
E. 胰岛素

7. 下列哪种激素不是由腺垂体合成、分泌的
A. 促甲状腺激素
B. 生长素

C. 缩宫素
D. 促肾上腺皮质激素
E. 黄体生成素

8. 长期大量使用糖皮质激素时会出现
A. 血中 ACTH 含量升高
B. 血中 ACTH 含量降低
C. 血中 ACTH 含量不变
D. 血中 ACTH 含量先降低后升高
E. 血中 ACTH 含量时高时低

9. 下列哪项不是生长素对机体的作用
A. 促进骨骼和肌肉生长
B. 促进蛋白质合成
C. 抑制糖利用，升高血糖
D. 加速脂肪氧化
E. 促进神经系统发育

10. 检测血液中哪种物质的浓度最能反映甲状腺功能
A. 促甲状腺激素
B. 结合型甲状腺激素
C. 游离型甲状腺激素
D. 甲状腺结合球蛋白
E. 甲状腺球蛋白

11. 肾上腺皮质功能不足的患者，需要补充哪种激素以缓解症状
A. 胰岛素
B. 胰高血糖素
C. 醛固酮
D. 肾上腺素
E. 糖皮质激素

12. 体内调节血钙浓度最重要的激素是
A. 胰岛素
B. 甲状腺激素
C. 甲状旁腺激素
D. 腺垂体激素
E. 肾上腺糖皮质激素

13. 降钙素的作用是
A. 升高血钙和血磷
B. 降低血钙和血磷
C. 调节血钙浓度
D. 促进骨骼生长
E. 调节血糖

【B_1 型题】

（14~18 题共用备选答案）
A. 呆小症
B. 巨人症
C. 侏儒症
D. 库欣（Cushing）综合征
E. 艾迪生（Addison）病

14. 幼年期生长素过多会出现
15. 幼年期生长素过少会出现
16. 幼年期甲状腺激素不足会出现
17. 肾上腺皮质功能低下会出现
18. 肾上腺皮质功能亢进会出现

第十一章　生　　殖

【A_1 型题】

1. 下列哪个组织中不能合成雌激素
A. 卵巢
B. 子宫
C. 胎盘
D. 黄体
E. 肾上腺皮质

2. 在月经周期中，引起排卵主要的直接作用激素是
A. 卵泡刺激素
B. 黄体生成素
C. 孕激素
D. 雌激素
E. hCG

3. 关于孕激素作用的叙述下列哪项错误
A. 刺激子宫内膜呈增生期变化
B. 使子宫肌活动减弱
C. 降低母体免疫排斥反应
D. 刺激乳腺腺泡的发育
E. 促进能量代谢，有产热作用

4. 绒毛膜促性腺激素的作用是
A. 在妊娠 8~10 周内维持妊娠
B. 在妊娠 8~10 周后继续维持妊娠
C. 增加淋巴细胞的活动达到“安胎”效应
D. 抑制黄体分泌孕酮
E. 降低母体利用糖，将葡萄糖转给胎儿

5. 血中哪种激素出现高峰可作为排卵的标志
A. 催乳素
B. 卵泡刺激素
C. 黄体生成素
D. 催乳素释放因子
E. 催乳素释放抑制因子

6. 关于雌激素的生理作用，错误的是
A. 促进子宫发育
B. 促进水和钠的排泄
C. 促进输卵管发育
D. 促进骨钙沉积
E. 促进阴道上皮细胞增生

【B_1 型题】

（7~8 题共用备选答案）
A. 睾丸
B. 肾上腺皮质
C. 卵巢
D. 胎盘
E. 垂本

7. 月经期妇女血中雌、孕激素主要来源于
8. 绒毛膜促性腺激素来源于

第三篇 病 理 学

第一章 细胞、组织的适应、损伤和修复

【A_1型题】

1. 下列哪种病变不属于机化
   A. 坏死组织由肉芽组织取代
   B. 大叶性肺炎合并肺肉质变
   C. 闭塞性心包炎
   D. 脾梗死瘢痕灶
   E. 疖破溃后由周围组织修补
2. 关于细胞水肿下列叙述中哪项不正确
   A. 细胞膜受损钠泵功能障碍所致
   B. 胞质疏松并透明
   C. 胞核淡染或稍大
   D. 属于可恢复性病变
   E. 继续发展，可形成玻璃样变
3. 下列哪项不属于细胞和组织的适应性反应
   A. 肥大
   B. 增生
   C. 萎缩
   D. 变性
   E. 化生
4. 下列哪一项不属于肉芽组织的功能
   A. 抗感染
   B. 保护创面
   C. 填补伤口
   D. 机化凝血块
   E. 伤口收缩
5. 下列哪一个脏器通常不发生凝固性坏死
   A. 肾
   B. 脑
   C. 肠
   D. 子宫
   E. 肺
6. 肉眼观察不能确定的坏死类型是
   A. 凝固性坏死
   B. 液化性坏死
   C. 纤维素样坏死
   D. 脂肪坏死
   E. 干酪样坏死
7. 结缔组织玻璃样变不可能发生于下列哪种疾病
   A. 结核的小干酪样坏死灶
   B. 纤维素性心外膜炎
   C. 硅沉着病
   D. 皮肤瘢痕
   E. 动脉粥样硬化症
8. 下列哪一项不属于化生
   A. 慢性萎缩性胃炎时胃黏膜内出现肠上皮
   B. 食管黏膜内出现灶状胃黏膜组织
   C. 骨化性肌炎时大量成纤维细胞增生并可见骨组织
   D. 慢性膀胱炎时可见移行上皮变为鳞状上皮
   E. 胆石症时胆囊黏膜出现鳞状上皮
9. 纤维素样坏死，常见于哪些组织
   A. 肌肉组织
   B. 结缔组织
   C. 骨组织
   D. 神经组织
   E. 脂肪组织
10. 下列器官常呈结节性增生，应除外
    A. 胸腺
    B. 甲状腺
    C. 乳腺
    D. 前列腺
    E. 肾上腺
11. 关于细胞凋亡，下列叙述中哪项不正确
    A. 凋亡见于许多生理和病理过程
    B. 发生单个细胞死亡或小灶状细胞死亡
    C. 凋亡不引起炎症反应
    D. 可见凋亡小体形成
    E. 凋亡是由酶解作用所致
12. Mallory 小体的本质是
    A. 肝细胞内玻璃样变性
    B. 肾小管上皮细胞内玻璃样变性
    C. 锥体细胞内嗜酸小体
    D. 浆细胞内免疫球蛋白体形成小体
    E. 肝细胞凋亡小体
13. 关于萎缩，下列哪项正确
    A. 凡是比正常小的器官、组织、细胞均可称为萎缩
    B. 缺氧及血供断绝均可引起
    C. 细胞内线粒体变小，数目不减少
    D. 萎缩组织细胞不消失
    E. 间质不减少，有时反而增生
14. 关于干性坏疽的叙述，下列哪项正确
    A. 发生机制为动脉闭塞而静脉回流受阻
    B. 腐败菌感染一般较重
    C. 全身中毒症状重
    D. 坏死区与周围组织没有界线
    E. 多见于四肢末端
15. 下列因素可使肝细胞内载脂蛋白减少，应除外的是
    A. 缺氧
    B. 严重感染
    C. 营养不良

D. 急性增生性肾小球肾炎
E. 糖尿病

16. 气球样变性的细胞最常见于
A. 心
B. 肝
C. 脾
D. 肺
E. 脑

17. 下列器官坏死，哪一种属于液化性坏死
A. 心脏
B. 肾
C. 肝
D. 脾
E. 脑

18. 下列病变中属于不可逆性改变的是
A. 细胞水肿
B. 线粒体膜破裂
C. 核碎裂
D. 线粒体肿胀
E. 粗面内质网脱颗粒

19. 湿性坏疽的叙述，下列哪项不正确
A. 常见于肺、肠和子宫等内脏器官
B. 坏死组织与周围组织分界不清
C. 由于动脉阻塞，静脉回流正常引起
D. 坏死组织内有大量腐败菌繁殖
E. 全身中毒症状重

20. 引起虎斑心的病变，属于下列哪一项变性
A. 水样变性
B. 脂肪变性
C. 黏液变性
D. 玻璃变性
E. 坏死

21. 下列哪项不是引起脂肪变性的原因
A. 四氯化碳中毒
B. 缺氧
C. 饥饿
D. 败血症
E. 食过多蛋白

22. 下列病变哪一项是正确的
A. 慢性肝淤血早期，脂肪变性主要位于肝小叶中心区
B. 磷中毒时肝脂肪变性主要位于小叶中心区
C. 白喉杆菌外毒素引起心肌脂肪变性，乳头肌常呈红黄相间
D. 贫血时心肌脂肪变呈弥漫分布
E. 脂性肾病时，远曲小管上皮脂肪变性最明显

23. 细胞质嗜酸性坏死最常见于
A. 脑梗死
B. 肺梗死
C. 病毒性肝炎
D. 脾梗死
E. 肾梗死

24. 完成瘢痕修复的物质基础是
A. 上皮组织
B. 肉芽组织
C. 毛细血管网
D. 纤维蛋白网架
E. 炎性渗出物

25. 由纤维包裹所致的病变是
A. 肺结核瘤
B. 梗死瘢痕
C. 硅沉着病结节
D. 动脉瘤
E. 纤维瘤

26. 细胞坏死镜下主要形态学标志是
A. 核浓缩，核膜破裂，胞质浓缩
B. 核溶解，胞质浓缩，核膜破裂
C. 核破裂，胞质浓缩，胞核破裂
D. 核浓缩，核碎裂，核溶解
E. 核碎裂，胞质浓缩，核膜破裂

27. 肉芽组织主要由下列哪项组成
A. 成纤维细胞、新生毛细血管和炎性细胞
B. 成纤维细胞、新生毛细血管和巨噬细胞
C. 纤维细胞、炎性细胞和新生毛细血管
D. 炎性细胞和成纤维细胞
E. 新生毛细血管和巨噬细胞

【A_2 型题】

28. 有一中年女性患者，患慢性肾小球肾炎，近年来症状加重，出现少尿、夜尿以及贫血等表现，此患者肾脏会出现何种改变
A. 肾脏体积增大，质地韧
B. 肾脏体积缩小，质地软
C. 肾脏萎缩，颜色红
D. 肾脏萎缩，质地硬
E. 以上都不是

29. 有一名学生，咽痛，高热数天，尿蛋白（+），此时患者的肾脏最会出现什么样病变
A. 近曲小管上皮细胞混浊、肿胀
B. 肾小管上皮细胞脂肪变性
C. 肾小球纤维素样变性
D. 肾小球入球动脉玻璃样变
E. 肾小管上皮坏死

30. 有一患者长期饮酒，而后出现肝区疼痛，该患者肝脏的主要病变最可能是哪一项
A. 肝细胞嗜酸性变
B. 肝细胞脂肪变性
C. 肝窦内皮增生
D. 肝细胞水样变性
E. 肝小动脉透明变性

31. 良性高血压病患者，如长期没有得到控制后，该患者全身血管会出现的主要病变是
A. 大动脉硬化
B. 中等动脉硬化
C. 小动脉黏液样变
D. 细小动脉玻璃样变
E. 细动脉脂质沉积

32. 有一名老年患者，诊断动脉粥样硬化症十几年，曾出现跛行，左下肢第一足趾逐渐变黑而疼痛，此足趾病变可能为

A. 贫血性梗死
B. 出血性梗死
C. 干性坏疽
D. 气性坏疽
E. 黑色素瘤

33. 有一名长期吸烟的患者，经常咳嗽，现以肺部感染入院，做痰涂片检查，发现脱落的气管黏膜上皮中有鳞状上皮，但细胞无明显异型性，此现象为
A. 气管黏膜上皮鳞状化生
B. 痰中混有食管上皮
C. 痰中混有口腔上皮
D. 气管黏膜上皮不典型增生
E. 气管黏膜上皮间变

34. 有一名患者经常胃痛，钡餐透视发现幽门区有一约1.5cm的缺损，临床诊断为慢性胃溃疡，溃疡处镜下可能见到何种主要病变
A. 病变区有肉芽组织长入
B. 病变区有钙化
C. 病变区有骨化
D. 病变区有平滑肌增生
E. 病变区有血管增生

【B_1 型题】

（35~42题共用备选答案）
A. 干酪样坏死
B. 脂肪坏死
C. 坏疽
D. 玻璃样变
E. 液化性坏死

35. 急性胰腺炎
36. 淋巴结结核
37. 产后子宫内膜炎
38. 乙型脑炎
39. 恶性高血压病细小动脉
40. 典型结核结节中心可见
41. 高血压腔隙性脑梗死
42. 肝脓肿

（43~46题共用备选答案）
A. 化生
B. 机化
C. 分化
D. 再生
E. 增生

43. 同一胚层分化成熟组织转化另一种成熟组织的过程
44. 肉芽组织取代坏死组织、血栓以及渗出物的过程
45. 组织细胞从胚胎期不成熟细胞到正常成熟细胞的生长发育过程
46. 组织损伤后，由其邻近的健康细胞分裂增生完成修复的过程

（47~48题共用备选答案）
A. 肝细胞体积增大，胞质内大小不等的空泡，苏丹Ⅲ（+）
B. 肝细胞体积增大，胞质疏松，淡染，透明度增加
C. 肝细胞体积缩小，胞质疏松，透明度增加
D. 肝细胞轮廓可见，胞核浓缩、核膜消失
E. 肝细胞体积增大，双核，核仁明显

47. 肝细胞水肿的病理变化是
48. 肝细胞脂肪变的病理变化是

第二章 局部血液循环障碍

【A_1 型题】

1. 淤血器官的形态特征是
A. 色暗红，体积增大，切面湿润，功能增强，温度降低
B. 色暗红，体积缩小，切面干燥，功能增强，温度降低
C. 色暗红，体积增大，切面湿润，功能减退，温度降低
D. 色鲜红，体积增大，切面干燥，功能减退，温度降低
E. 色鲜红，体积缩小，切面湿润，功能增强，温度降低

2. 急性肺淤血时，肺泡腔内的主要成分是
A. 水肿液
B. 纤维蛋白
C. 炎细胞
D. 红细胞
E. 心力衰竭细胞

3. 心力衰竭细胞是
A. 肺褐色硬化内含铁血黄素的嗜酸性粒细胞
B. 肺褐色硬化内含铁血黄素的淋巴细胞
C. 肺褐色硬化内含铁血黄素的中性粒细胞
D. 肺褐色硬化内含铁血黄素的巨噬细胞
E. 肺褐色硬化内含铁血黄素的嗜碱性粒细胞

4. 引起肺褐色硬化的最常见疾病是
A. 二尖瓣狭窄
B. 肺动脉瓣狭窄
C. 三尖瓣狭窄
D. 主动脉瓣闭锁不全
E. 肺动脉栓塞

5. 有关肝淤血时，下列哪项不正确
A. 中央静脉扩张
B. 肝细胞萎缩
C. 肝细胞脂肪变性
D. 肝血窦扩张
E. 小叶间静脉扩张、肝血窦狭窄

6. 槟榔肝的典型病变是
A. 肝小叶结构破坏
B. 肝细胞萎缩
C. 肝细胞坏死
D. 门静脉分支扩张淤血
E. 肝血窦扩张淤血，肝细胞

脂肪变性
7. 混合血栓通常见于
A. 静脉血栓尾部
B. 心瓣膜闭锁缘
C. 毛细血管内
D. 静脉血栓体部
E. 静脉血栓头部
8. 白色血栓形成的主要成分是
A. 纤维素
B. 中性粒细胞
C. 血小板
D. 单核细胞
E. 红细胞
9. 腹部大手术后好发血栓的部位是
A. 门静脉
B. 颈静脉
C. 肾动脉
D. 冠状动脉
E. 下肢静脉
10. 血栓转归中不会发生的是
A. 钙化
B. 溶解
C. 化生
D. 机化
E. 造成栓塞
11. 肺动脉及其分支栓塞的栓子来源于
A. 二尖瓣的疣状血栓
B. 主动脉瓣的赘生物
C. 下肢膝关节以上的深部静脉
D. 动脉及左心房的血栓
E. 左心室附壁血栓
12. 肺动脉栓塞引起猝死的原因不包括哪一项
A. 肺动脉痉挛
B. 支气管动脉痉挛
C. 支气管痉挛
D. 肺出血性梗死
E. 冠状动脉痉挛
13. 脂肪栓塞患者死亡原因常见于下列哪一种情况
A. 急性右心衰竭
B. 急性左心衰竭
C. 肾衰竭
D. 脑出血
E. 心肌梗死
14. 羊水栓塞时，病理诊断的主要依据是
A. 肺小动脉和毛细血管内有羊水成分
B. 微血管内透明血栓
C. 肺泡腔内有角化上皮和胎粪小体等
D. 肺水肿和出血
E. 肺透明膜形成
15. 股骨骨折后因处理不当，大量脂肪滴进入血液，该脂肪栓子常栓塞于
A. 肺静脉及其分支
B. 左心房
C. 左心室
D. 主动脉分支
E. 肺动脉及其分支
16. 下列有关梗死叙述中，哪项不正确
A. 双重血液循环的器官不易发生梗死
B. 全身血液循环状态对梗死发生无影响
C. 动脉痉挛促进梗死发生
D. 有效的侧支循环的建立可防止梗死发生
E. 梗死多由动脉阻塞引起
17. 出血性梗死常发生于
A. 肾、肠
B. 脾、肺
C. 肺、肠
D. 心、肠
E. 肾、心
18. 下列哪个器官的梗死灶常为地图形
A. 肺
B. 心脏
C. 肝
D. 脾
E. 肠管

【A_2 型题】

19. 一患者主诉心悸、气促，两下肢水肿。查体：颈静脉怒张，心尖区可闻及舒张期杂音，肝肋缘下 3cm，轻度压痛，AFP 正常。患者的肝脏最可能出现下列哪一种病变
A. 肝细胞癌
B. 慢性肝淤血
C. 肝脂肪变性
D. 慢性肝炎
E. 肝硬化
20. 有一患者患风湿性心脏病，二尖瓣狭窄合并关闭不全 5 年。如果对该患者做肺脏活检，在光镜下可能出现下列哪项病变
A. 肺泡壁毛细血管扩张充血
B. 肺泡腔内有红细胞
C. 肺泡腔内有心力衰竭细胞
D. 肺泡腔内有蛋白性液体
E. 以上各项病变都可出现
21. 有一位女教师，下肢静脉曲张，术中见静脉腔内有多个褐色物，堵塞管腔。该褐色物最可能是下列哪种病变
A. 静脉内血凝块
B. 静脉内血栓
C. 静脉内血栓栓子
D. 静脉内瘤栓
E. 静脉石
22. 24 岁男性患者。车祸时发生右股骨粉碎性及开放性骨折，在送往医院途中，该患者出现面部青紫、呼吸困难、口吐白沫而亡。其最可能的死因是
A. 心肌梗死
B. 气体栓塞
C. 脂肪栓塞
D. 脑出血
E. 气胸
23. 有一年轻妇女，在分娩过程中突然呼吸困难、口唇及四肢末端发绀，抢救无效死亡。尸检肺血管内有角化上皮等物。此患者死因是下列哪一种
A. 血栓栓塞
B. 气体栓塞
C. 脂肪栓塞
D. 羊水栓塞

E. 瘤细胞栓塞

24. 一患儿，腹部剧烈疼痛，伴恶心、呕吐，以急腹症入院。术中见肠套叠，肠管暗红，表面无光泽，该处可见纤维素样物附着。该肠管可能发生下列哪种病变
A. 静脉淤血
B. 动脉充血
C. 肠管梗死
D. 急性肠炎
E. 肠管化脓

【B_1 型题】

（25~29 题共用备选答案）
A. 心房颤动时脑软化
B. 肝硬化时食管静脉曲张
C. 雷诺病
D. 槟榔肝
E. 急性阑尾炎

25. 栓塞
26. 充血
27. 淤血
28. 局部贫血
29. 侧支循环建立

（30~34 题共用备选答案）
A. 梗死灶地图形
B. 梗死灶锥体形
C. 梗死灶节段状
D. 梗死灶发生液化
E. 梗死灶发生出血

30. 心肌梗死
31. 肺梗死
32. 脾梗死
33. 肾梗死
34. 脑梗死

第三章 炎 症

【A_1 型题】

1. 不属于肉芽肿性炎的疾病是
A. 淋病
B. 梅毒
C. 结核病
D. 血吸虫病
E. 伤寒

2. 创伤的基本病变反应是
A. 血管反应
B. 细胞和体液反应
C. 抗体和抗原反应
D. 炎症反应
E. 形成瘢痕

3. 判断体腔积液是渗出液还是漏出液的主要依据是
A. 积液数量多少
B. 积液的颜色
C. 纤维蛋白含量多少
D. 积液的成分
E. 有无静脉回流受阻

4. 血小板激活因子的作用不包括
A. 促进白细胞吞噬
B. 激活血小板
C. 对白细胞有趋化作用
D. 促进白细胞聚集和黏着
E. 使血管通透性增加

5. 炎症的变质是指病灶局部实质细胞发生
A. 增生和变性
B. 萎缩和坏死
C. 增生和坏死
D. 变性和坏死
E. 萎缩和变性

6. 下列哪项属于体液来源的炎症介质
A. 前列腺素
B. 缓激肽
C. IL-8
D. 5-羟色胺
E. 组胺

7. 关于纤维素性炎的描述，错误的是
A. 常发生于浆膜、黏膜和肺
B. 浆膜的纤维素性炎易导致浆膜粘连
C. 心外膜的纤维素性炎常形成绒毛心
D. 肺的纤维素性炎不会导致机化
E. 常伴中性粒细胞浸润

8. 浆液性炎时，其浆液内所含蛋白主要是
A. 纤维蛋白
B. 球蛋白
C. 清蛋白
D. 脂蛋白
E. 补体

9. 发生急性炎症的组织内浸润细胞主要是
A. 淋巴细胞
B. 浆细胞
C. 巨噬细胞
D. 中性粒细胞
E. 嗜酸性粒细胞

10. 组胺主要来源于
A. 巨噬细胞
B. 血管内皮细胞
C. 嗜酸性粒细胞
D. 肥大细胞
E. 淋巴细胞

11. 下列哪种炎症介质具有趋化作用
A. 组胺
B. C5a
C. C3b
D. 缓激肽
E. 活性氧代谢产物

12. 关于脓肿的叙述，下列哪项正确
A. 有大量中性粒细胞浸润
B. 是弥漫性化脓性炎
C. 是局限性化脓性炎
D. 一定有脓腔形成
E. 局部有肉芽组织增生

13. 类上皮细胞来源于
A. 成纤维细胞
B. 中性粒细胞
C. 巨噬细胞
D. 浆细胞
E. 淋巴细胞

14. 关于慢性肉芽肿性炎描述，错误的是

A. 指肉芽组织增生形成的结节状病灶
B. 病灶呈结节状，境界清楚
C. 结核病为肉芽肿性炎
D. 肉芽肿性炎是一种特殊性增生性炎
E. 梅毒为肉芽肿性炎

15. 感染性肉芽肿的特征性细胞成分是
A. 嗜酸性粒细胞及浆细胞
B. 淋巴细胞及巨噬细胞
C. 单核-吞噬细胞及中性粒细胞
D. 多核巨细胞及上皮样细胞
E. 异物巨细胞及淋巴细胞

16. 下列哪种细胞不是通过阿米巴样运动离开血管腔的
A. 中性粒细胞
B. 嗜酸性粒细胞
C. 红细胞
D. 淋巴细胞
E. 单核细胞

【A_2 型题】

17. 有一小孩左前臂不慎烫伤，局部红、肿、热、痛，随之出现水疱。其属于哪种炎症
A. 浆液性炎
B. 浆液纤维素性炎
C. 纤维素性炎
D. 出血性炎
E. 急性炎

18. 有一名患者，两天前突然感冒，发热、寒战、呼吸困难，今天咳嗽，痰为红色带铁锈样外观，叩诊肺有一大叶实变。该患者病变性质可能为何种病变
A. 化脓性炎
B. 浆液性炎
C. 出血性炎
D. 纤维素性炎
E. 肺脓肿

19. 有一名患者的阑尾切除，做病理切片检查，发现阑尾各层均有中性粒细胞浸润，血管明显充血。其诊断是
A. 单纯性阑尾炎
B. 蜂窝织炎性阑尾炎
C. 坏疽性阑尾炎
D. 阑尾类癌
E. 以上都不是

20. 病理检查一小儿肺脏切面时，两肺各叶均有大小不等的实变病灶，而且下叶为重呈灰白色或灰黄色，病灶边界不清。其病变应属于何种疾病
A. 大叶性肺炎
B. 不典型肺炎
C. 小叶性肺炎
D. 干酪样肺炎
E. 病毒性肺炎

21. 尸检发现肾脏肿大，包膜易剥，表面光滑，呈红色，可见小出血点，切面皮质增厚，皮髓分界尚清。该肾病变最可能是何种炎症
A. 变质性炎
B. 渗出性炎
C. 出血性炎
D. 增生性炎
E. 纤维素性炎

【B_1 型题】

（22~26 题共用备选答案）
A. 以血浆渗出为主的炎症
B. 以纤维蛋白渗出为主的炎症
C. 以疏松组织内广泛中性粒细胞的浸润为主的炎症
D. 以局限性化脓为主的炎症
E. 以中性粒细胞浸润为主的炎症

22. 烧、烫伤的水疱
23. 丹毒是
24. 脓肿是
25. 白喉是
26. 急性炎症是

（27~31 题共用备选答案）
A. 具有两端开口的病理性通道
B. 只有一端开口的盲管
C. 表面或黏膜上皮坏死脱落形成较深缺损
D. 单个毛囊发生的化脓性炎
E. 多个毛囊发生的化脓性炎

27. 溃疡
28. 窦道
29. 疖肿
30. 痈肿
31. 瘘管

第四章 肿 瘤

【A_1 型题】

1. 黑色素瘤是
A. 原位癌
B. 良性肿瘤
C. 恶性肿瘤
D. 交界性肿瘤
E. 瘤样病变

2. 恶性肿瘤向邻近器官侵犯的主要方式为
A. 直接蔓延
B. 淋巴道转移
C. 血道转移
D. 种植转移
E. 接触播散

3. 非间叶组织来源的肿瘤是
A. 乳头状瘤
B. 血管瘤
C. 淋巴管瘤
D. 脂肪瘤
E. 平滑肌瘤

4. 胃肠道恶性肿瘤多转移至
A. 肝
B. 肺
C. 骨
D. 脑
E. 肾

5. 恶性肿瘤的主要特征是
A. 核形态不规则，大小不一
B. 核分裂象多见
C. 胞质嗜碱性
D. 血管丰富
E. 浸润性生长和转移

6. 肿瘤细胞的生长分数主要是指处于
A. $S+G_2$ 期细胞的比例
B. G_2+M 期细胞的比例
C. G_1+S 期细胞的比例
D. $M+G_0$ 期细胞的比例
E. G_0+G_1 期细胞的比例

7. 癌细胞团中有较多癌珠存在，可诊断为
A. 低分化鳞状细胞癌
B. 高分化鳞状细胞癌
C. 高分化腺癌
D. 低分化腺癌
E. 未分化癌

8. 成熟畸胎瘤是
A. 交界性肿瘤
B. 良性肿瘤
C. 原位癌
D. 恶性肿瘤
E. 瘤样病变

9. 临床检查肿瘤患者的局部淋巴结，其目的是
A. 确定肿瘤的良恶性
B. 鉴别肿瘤或炎症
C. 了解是否有淋巴道转移
D. 明确有无多发性肿瘤
E. 了解是否存在淋巴瘤

10. 下列不属于抑癌基因的是
A. p53
B. p16
C. ras
D. APC
E. BRCA-2

11. 锁骨上淋巴结转移癌的原发部位最常见于
A. 甲状腺
B. 食管
C. 乳腺
D. 胃
E. 肝

12. “癌前病变”是指
A. 癌的早期阶段
B. 良性肿瘤发生癌变
C. 一种不可逆转的恶性病变
D. 有癌变潜在可能的良性病变
E. 必然会发展为癌的良性病变

13. 交界性肿瘤是
A. 混合性肿瘤
B. 癌前病变
C. 良性瘤局部恶性变
D. 分化好的恶性肿瘤
E. 组织形态和生物学行为介于良恶性肿瘤之间

14. 原位癌与浸润癌的主要区别是
A. 肿瘤大小
B. 边界清晰程度
C. 基膜是否受侵犯
D. 淋巴管有无瘤栓
E. 是否浸润血管

15. 诊断恶性肿瘤的主要依据是
A. 肿瘤迅速增大
B. 肿瘤局部疼痛
C. 瘤细胞出现明显异型性
D. 所属淋巴结肿大
E. 机体明显消瘦

16. 不能依靠脱落细胞学方法进行肿瘤诊断的部位是
A. 支气管
B. 食管
C. 阴道
D. 结肠
E. 膀胱

17. 良性肿瘤的异型性主要表现在
A. 瘤细胞的多形性
B. 瘤细胞核的多形性
C. 组织结构极性消失
D. 病理性核分裂象
E. 核质比值明显增大

18. 不属于影响肿瘤发生发展的内在因素是
A. HPV16、HPV18
B. p53
C. 遗传因素
D. 细胞免疫
E. 先天性免疫缺陷病

19. 含有两个以上胚层组织成分的肿瘤称为
A. 混合瘤
B. 畸胎瘤
C. 胚胎瘤
D. 错构瘤
E. 癌肉瘤

20. 淋巴结内转移癌首先见于
A. 淋巴结门
B. 淋巴结中央窦
C. 淋巴结边缘窦
D. 淋巴滤泡
E. 淋巴结被膜

21. 区别癌与肉瘤的主要依据是
A. 浸润性生长，无包膜
B. 异型性明显，有核分裂象
C. 通过血道转移
D. 组织来源
E. 肿瘤体积巨大

【A_2 型题】

22. 患者，女性，60 岁。右颈淋巴结肿大 3 个月，蚕豆大小。其可能性最小的病变是
A. 转移癌
B. 淋巴结反应性增生
C. 恶性淋巴瘤
D. 淋巴结结核
E. 转移性肉瘤

23. 患儿，男，2 岁。腹膜后肿块 5 个月，直径 3cm，病理诊断为恶性肿瘤。最可能的肿瘤是
A. 错构瘤
B. 神经鞘膜瘤
C. 神经母细胞瘤
D. 囊性畸胎瘤
E. 平滑肌肉瘤

24. 有一名男性患者，手术切除皮下结节状肿物，有完整包膜，切面为灰白色、有纹理，质地硬韧。镜下见呈束状排列的胶原纤维走行交错，细胞核多为梭形，但无异型性表现。此瘤可诊断为
A. 瘤样纤维组织增生

B. 纤维瘤
C. 平滑肌瘤
D. 纤维组织细胞瘤
E. 纤维肉瘤

25. 有一名男性患者，胃部患有肿瘤，经手术切除，见胃黏膜完好，胃壁肿物境界清，有包膜，大小如鸡蛋，镜下瘤细胞为梭形，胞质红染，胞核呈杆状，瘤细胞排成束状，局部有栅状结构。此瘤可诊断为
A. 纤维瘤
B. 瘤样纤维组织增生
C. 平滑肌瘤
D. 平滑肌肉瘤
E. 纤维肉瘤

【B_1 型题】

（26~28 题共用备选答案）
A. 交界性肿瘤
B. 早期癌
C. 良性肿瘤
D. 恶性肿瘤
E. 癌前病变

26. 直、结肠家族性多发性腺瘤性息肉属于
27. 仅浸润黏膜层及黏膜下层的胃肠道癌称
28. 未成熟型畸胎瘤属于

（29~30 题共用备选答案）
A. EB 病毒
B. 乳头状瘤病毒
C. 乙型肝炎病毒
D. HIV
E. 柯萨奇病毒

29. 与鼻咽癌发生有关的病毒是
30. 与宫颈癌发病有关的病毒是

（31~34 题共用备选答案）
A. 印戒细胞
B. Reed-Sternberg 细胞
C. 透明细胞
D. 组织细胞
E. 嗜银细胞

31. 霍奇金淋巴瘤可出现
32. 肾细胞癌可出现
33. 纤维组织细胞瘤可出现
34. 阑尾类癌来自

第五章 心血管系统疾病

【A_1 型题】

1. 高血压病脑出血破裂的血管最常见于
A. 大脑中动脉
B. 大脑基底动脉
C. 豆纹动脉
D. 内囊动脉
E. 大脑前动脉

2. 恶性高血压病的肾脏特征性病变是
A. 肾小球纤维化
B. 肾细动脉壁纤维素样坏死
C. 肾小叶间动脉内膜增厚
D. 肾小球毛细血管内血栓形成
E. 肾小管上皮变性

3. 关于动脉粥样硬化的叙述，错误的是
A. 病变多位于主动脉各分支开口处
B. 可引起夹层动脉瘤
C. 胸主动脉病变最重
D. 病变可继发钙化、出血
E. 可继发血栓形成

4. 粥样斑块内通常不具有的成分是
A. 苏丹Ⅲ染色阳性物质
B. 中性粒细胞
C. 纤维组织增生伴有透明变性
D. 泡沫细胞
E. 无定形坏死物质

5. 与动脉粥样硬化发病关系最密切的因素是
A. 高脂血症
B. 吸烟
C. 高血压
D. 遗传因素
E. 肥胖

6. 有关心肌梗死下列错误的是
A. 多为透壁性心肌梗死
B. 可仅累及心内膜下心肌
C. 是一种出血性梗死
D. 心脏破裂多在梗死后 1~2 周内发生
E. 心包炎多在心梗后 3 天左右出现

7. 肾表面出现多个宽大、边缘不整齐、切面呈楔形的瘢痕见于
A. 慢性肾小球肾炎
B. 慢性肾盂肾炎
C. 高血压病
D. 肾动脉粥样硬化
E. 多发性肾梗死

8. 心肌梗死室壁瘤形成最多发生在
A. 左心室侧壁
B. 室间隔
C. 右心室
D. 左心室前壁近心尖处
E. 左心室后壁

9. 风湿性心肌炎具有特征性诊断意义的病变是
A. 心肌变性、坏死
B. 纤维素大量渗出
C. 心肌间质水肿
D. 心肌血管扩张和充血
E. 心肌间质阿少夫小体形成

10. 风湿性心肌炎病变主要累及
A. 心肌细胞
B. 心肌间质的结缔组织
C. 心肌间质的小血管
D. 心肌间质的神经组织
E. 心肌间质的嗜银纤维

11. 风湿病心脏受累时，Mccallum 斑常见于
A. 右房前壁
B. 左房后壁
C. 右房后壁
D. 左房前壁

E. 左室后壁

12. 疣性风湿性心内膜炎时，赘生物常见部位是
A. 二尖瓣的心室面
B. 二尖瓣的闭锁缘
C. 二尖瓣的游离缘
D. 二尖瓣的腱索处
E. 左室乳头肌腱索附着处

13. 慢性风湿性瓣膜病中联合瓣膜病变常发生于
A. 二尖瓣和三尖瓣
B. 二尖瓣和主动脉瓣
C. 三尖瓣和主动脉瓣
D. 三尖瓣和肺动脉瓣
E. 主动脉瓣和肺动脉瓣

14. 关于风湿病的描述，错误的是
A. 属于变态反应性炎症
B. 发病与溶血性链球菌感染有关
C. 以心脏病变的后果最严重
D. 风湿性关节炎常可以导致关节畸形
E. 皮下结节和环形红斑有助于临床诊断

15. 引起亚急性感染性心内膜炎的最常见病原体是
A. 铜绿假单胞菌
B. 大肠埃希菌
C. 甲型溶血性链球菌
D. 乙型溶血性链球菌
E. 肠球菌

【A_2 型题】

16. 一例无主女尸。剖检发现死者两肾体积对称性缩小，重量减轻各为100g，质地硬，皮质变薄，表面呈细颗粒状。肾切片观察，均有细动脉透明变性，肾小球纤维化等改变。此患者生前可能患的疾病是
A. 慢性肾盂肾炎
B. 良性高血压病
C. 急性肾小球肾炎
D. 急性药物性间质性肾炎
E. 急性肾盂肾炎

17. 有一名中年妇女，患高血压病，心前区不适感，与其丈夫吵架后，出现头痛晕厥，急送医院途中死亡，家属拒绝解剖。引起患者死亡的可能性最大的病变是
A. 心肌梗死
B. 胰腺炎
C. 脑出血
D. 中毒
E. 心力衰竭

18. 有一名患者近年来劳累时，心前区经常疼痛，并向左肩部放射，因病情不缓解，住院治疗。入院后病情逐渐加重，心电图显示系统性心肌缺血，血中 CPK 增高，夜间突然死亡。该患者死亡原因最可能是
A. 冠心病合并心肌梗死
B. 心肌硬化合并心衰
C. 心肌病合并心衰
D. 高血压心脏病合并心衰
E. 心肌炎合并心衰

19. 有一名患者曾患游走性四肢大关节炎数年，近半年来心悸、气促、口唇发绀，近1个月双下肢水肿。查体颈静脉怒张，肝大，右肋缘下 3cm，二尖瓣听诊区可闻及双期杂音。本患者的正确诊断应为
A. 风湿性心瓣膜病二尖瓣狭窄
B. 二尖瓣关闭不全
C. 二尖瓣狭窄和关闭不全
D. 二尖瓣狭窄和关闭不全合并全心衰
E. 心力衰竭

20. 有一名患者，心悸、气促，有风湿病史，近半年症状加重。查体左心界扩大，心率 120 次/分，胸骨左缘 2~3 肋间可闻及舒张期杂音，脉为水冲脉。该患者的疾病最大可能是
A. 风湿性心脏病二尖瓣关闭不全
B. 风湿性心脏病主动脉瓣狭窄
C. 风湿性心脏病主动脉瓣关闭不全
D. 风湿性心脏病二尖瓣狭窄
E. 风湿性心脏病三尖瓣狭窄

21. 有一农村年轻妇女，婚后出现心悸 2 年。1 个月前牙痛拔牙后，开始发热，全身乏力。检查，皮肤有出血点，脾大，心尖区可闻及双期杂音。本患者最大可能的疾病是
A. 风湿病活动期
B. 肺部轻微感染
C. 亚急性感染性心内膜炎
D. 风湿性心瓣膜病
E. 流行性出血热

22. 有一名男性患者，40 岁。长时间不规则低热，最近出现脾区疼痛，有轻度贫血。查体二尖瓣区可闻及收缩期杂音，主动脉听诊区有舒张期杂音，但心律齐，心率 100 次/分。某日患者出现右半身瘫。本患者最大可能诊断为
A. 上呼吸道感染
B. 亚急性细菌性心内膜炎合并左侧脑栓塞
C. 暂时性脑缺血发作
D. 蛛网膜下腔出血
E. 左侧内囊区出血

23. 有一心脏标本，肉眼观察，见二尖瓣增厚变硬，瓣膜联合处粘连，主动脉瓣见一处瓣膜穿孔，另一瓣膜上有息肉状较大赘生物，灰褐色，左室乳头肌表面附有小的赘生物。此标本疾病是
A. 风湿性联合瓣膜病
B. 风湿性联合瓣膜病合并亚急性感染性内膜炎
C. 主动脉梅毒累及瓣膜合并亚急性感染性心内膜炎
D. 先心病伴有瓣膜损伤合并亚急性感染性心内膜炎
E. 主动脉粥样硬化累及瓣膜合并亚急性感染性内膜炎

24. 有一名来自城市患者的心脏标本，肉眼观察，心脏明显增大呈球形，心腔扩张，乳头肌、肉柱扁平，细看心室壁可见灰色小的瘢痕，有附壁血栓。请分析此心脏病标本病变最可能是
A. 扩张型心肌病
B. 限制型心肌病
C. 慢性克山病
D. 风湿性心脏病
E. 高血压心脏病

25. 有一患者年轻时患过风湿性关节炎，后又患肾炎数年，而且反复发作，病情加重。近来出现头晕、头痛、多尿以及夜尿等症状，查体呈慢性病容，皮肤有尿素霜，心前区可听到心包摩擦音，尿蛋白(++)，NPN 增高。本患者的心包摩擦音产生原因可能是
A. 风湿性心外膜炎
B. 尿毒症性心外膜炎
C. 结核性心外膜炎
D. 感染性心外膜炎
E. 毛霉菌性心外膜炎

【B_1 型题】

（26~30 题共用备选答案）
A. 球形心
B. 靴形心
C. 梨形心
D. 绒毛心
E. 虎斑心

26. 高血压病
27. 扩张型心肌病
28. 风湿性心外膜炎
29. 贫血
30. 二尖瓣狭窄

（31~34 题共用备选答案）
A. 夹层动脉瘤
B. 多发性微小动脉瘤
C. 真性动脉瘤
D. 假性动脉瘤
E. 梭形动脉瘤

31. 高血压病
32. 动脉粥样溃疡
33. 梅毒性主动脉炎
34. 血管壁外伤

（35~37 题共用备选答案）
A. 风湿性心肌炎
B. 高血压
C. 亚急性感染性心内膜炎
D. 动脉粥样硬化
E. 系统性红斑狼疮

35. 向心性肥大
36. 阿少夫小体
37. 败血症

第六章　呼吸系统疾病

【A_1 型题】

1. 慢性支气管炎最常见的并发症是
A. 肺炎
B. 支气管扩张
C. 肺气肿
D. 肺脓肿
E. 肺肉质变

2. 肺癌的肉眼所见不包括
A. 肺门巨大肿块
B. 肺膜下界限清晰球形结节
C. 散在两肺多发结节
D. 整个大叶实变
E. 厚壁空洞形成

3. 细支气管不完全阻塞所致的阻塞性通气障碍可造成
A. 肺不张
B. 肺纤维化
C. 支气管扩张
D. 气胸
E. 肺气肿

4. 慢性支气管炎所致的肺气肿通常属于
A. 腺泡中央型肺气肿
B. 全腺泡型肺气肿
C. 腺泡周围型肺气肿
D. 代偿性肺气肿
E. 老年性肺气肿

5. 有关大叶性肺炎的描述，下列哪项错误
A. 肺泡腔内有细菌
B. 肺泡腔内大量红细胞及白细胞
C. 肺泡壁充血腔内有渗出液
D. 肺泡壁结构破坏
E. 肺泡腔内纤维素可被机化

6. 大叶性肺炎属于哪种炎症
A. 卡他性炎
B. 纤维素性炎
C. 化脓性炎
D. 出血性炎
E. 浆液性炎

7. 最易发生肺肉质变的疾病是
A. 肺不张
B. 肺脓肿
C. 大叶性肺炎
D. 间质性肺炎
E. 小叶性肺炎

8. 大叶性肺炎时肺肉质变的发生主要是由于
A. 纤维素渗出太多
B. 病变范围广
C. 肺组织破坏严重
D. 细菌毒力过强
E. 中性粒细胞渗出过少，释放的蛋白酶量不足

9. 大叶性肺炎不会发生的合并症是
A. 胸膜炎
B. 脓气胸
C. 败血症
D. 肺褐色硬化
E. 脓毒败血症

10. 大叶性肺炎患者出现明显发绀等缺氧症状时，其病变基础是
A. 合并肺肉质变
B. 充血水肿期

C. 红色肝样变期
D. 灰色肝样变期
E. 溶解消散期

11. 下列哪项不符合小叶性肺炎
A. 可导致支气管扩张
B. 易出现并发症
C. 支气管淋巴结急性炎
D. 融合性病灶易发展为肺肉质变
E. 属于化脓性炎

12. 小叶性肺炎属于何种炎症
A. 化脓性炎
B. 浆液性炎
C. 纤维素性炎
D. 出血性炎
E. 卡他性炎

13. 慢性支气管炎黏膜上皮容易发生并可癌变的化生是
A. 黏液腺化生
B. 鳞状上皮化生
C. 肠上皮化生
D. 移行上皮化生
E. 杯状细胞化生

14. 中央型肺癌的特点不包括下列哪项
A. 起源于段以上支气管
B. 位于肺门部
C. 较易被纤维支气管镜发现
D. 多属于细支气管肺泡癌
E. 巨大癌肿围绕支气管

15. 大叶性肺炎渗出物清除不完全时可并发
A. 肺肉质变
B. 肺脓肿
C. 早期肺门淋巴结病变
D. 肺空洞形成
E. 蜂窝肺

【A_2 型题】

16. 患者，男性，72 岁。干咳、痰中带血丝 5 个月，有吸烟史。查体：左胸部饱满，左胸腔穿刺抽出血性胸水 300ml。X 线显示左肺下叶周边区见一 3cm×4.5cm 大小，边界毛糙的致密阴影。其诊断最可能为
A. 肺结核
B. 肺脓肿
C. 支气管扩张
D. 周围型肺癌
E. 硅沉着病（硅肺）

17. 一名成年男性患者，气促、呼吸困难，心浊音界缩小，肝浊音界下降，近日出现头痛、烦躁不安、昏迷。最大可能是
A. 脑出血
B. 肺心病
C. 脑栓塞
D. 精神异常
E. 肺气肿并发肺性脑病

18. 一名成年女性患者，咳嗽、咳痰伴喘息，每年持续 3 个月，连续 5 年发病。其原因最可能是
A. 急性肾炎
B. 硅沉着病
C. 急性呼吸窘迫综合征
D. 慢性支气管炎
E. 二尖瓣狭窄致右心衰竭

19. 一名男性患者，35 岁。3 天前受寒后头痛、畏寒，继而高热、咳嗽、咳铁锈色痰，左侧胸痛，气促，不能平卧。X 线检查：左肺下叶可见大片阴影。应诊断为
A. 肺转移瘤
B. 肺出血肾炎综合征
C. 肺癌继发感染
D. 大叶性肺炎
E. 支气管扩张症

20. 肺组织切片检查，光镜下见细支气管上皮脱落，腔内及周围肺泡腔内亦有多少不等的脓性渗出物。应诊断为
A. 慢性肺淤血
B. 大叶性肺炎灰色肝变期
C. 小叶性肺炎
D. 大叶性肺炎溶解消散期
E. 肺结核变质渗出期

21. 男性患者，53 岁。咳嗽，痰带血。胸片纵隔阴影增宽，有占位性病变。支气管镜取材活检，见支气管黏膜鳞状上皮化生，部分细胞异型性明显，有间桥，并见病理性核分裂象。该患者的正确诊断是
A. 腺癌
B. 鳞状上皮化生，重度不典型增生
C. 鳞状细胞癌
D. 小细胞癌
E. 大细胞癌

【B_1 型题】

（22~24 题共用备选答案）
A. 中央型多见
B. 周围型多见
C. 弥漫型多见
D. 发生于Ⅰ型肺泡上皮细胞
E. 发生于胸膜

22. 肺小细胞癌
23. 肺泡细胞癌
24. 肺腺癌

（25~27 题共用备选答案）
A. 纤维素性炎
B. 化脓性炎
C. 肉芽肿性炎
D. 浆液性炎
E. 一般慢性炎

25. 小叶性肺炎属于
26. 大叶性肺炎属于
27. 慢性支气管炎属于

（28~31 题共用备选答案）
A. 纤维支气管镜活体病理检查
B. Kulchitsky 细胞
C. 支气管腺体
D. 主支气管黏膜鳞状上皮化生
E. 小支气管黏膜上皮

28. 肺鳞状细胞癌主要起源于
29. 肺腺癌主要起源于
30. 小细胞癌起源于
31. 肺癌早期诊断最有价值的是

第七章 消化系统疾病

【A1型题】

1. 胃溃疡最少见的并发症是
   A. 癌变
   B. 呕血
   C. 幽门梗阻
   D. 穿孔
   E. 黑便
2. 关于十二指肠溃疡，下列哪项错误
   A. 比胃溃疡浅
   B. 比胃溃疡小
   C. 比胃溃疡易穿孔
   D. 易癌变
   E. 易引起腹膜炎
3. 关于乙型病毒性肝炎的肝细胞基本病变，下列哪项错误
   A. 气球样变
   B. 嗜酸性变
   C. 脂肪变性
   D. 肝细胞再生
   E. 嗜酸性坏死
4. 肝细胞呈碎片状坏死及桥接坏死主要见于
   A. 急性重型肝炎
   B. 亚急性重型肝炎
   C. 轻度慢性肝炎
   D. 重度慢性肝炎
   E. 急性普通型肝炎
5. 下列哪型肝炎的肝脏重量减轻最明显
   A. 急性普通型肝炎
   B. 急性重型肝炎
   C. 亚急性重症肝炎
   D. 轻度慢性肝炎
   E. 重度慢性肝炎
6. 重度慢性乙型病毒性肝炎时，肝细胞质出现磨玻璃样改变的原因是
   A. 细胞内蛋白质凝集
   B. 线粒体肿胀
   C. 滑面内质网内有大量HBsAg
   D. 粗面内质网内有大量HBsAg
   E. 细胞器的变性
7. 下列哪项不是肝硬化出血的原因
   A. 侧支循环形成后常引起呕血、便血导致大量血小板丢失
   B. 骨髓造血小板功能下降
   C. 肝合成凝血物质功能下降
   D. 脾大，脾功能亢进
   E. 胃肠淤血，对维生素K的吸收功能减弱
8. 下列哪项是肝硬化产生蜘蛛痣的原因
   A. 肝功能不全，凝血机制障碍
   B. 毛细血管内压升高
   C. 雌激素增多或灭活减少
   D. 侧支循环形成
   E. 毛细血管壁通透性增强
9. 引起肝硬化腹水的原因，下述哪项错误
   A. 肝窦内压升高
   B. 血浆蛋白减少
   C. 醛固酮、抗利尿激素增多
   D. 肝动脉与肝静脉异常吻合
   E. 小叶下静脉受压
10. 下列胃癌组织学类型中，哪种分化最好
    A. 管状腺癌
    B. 乳头状癌
    C. 胶样癌
    D. 黏液癌
    E. 印戒细胞癌
11. 除哪项外均为中、晚期食管癌的大体分型
    A. 蕈伞型
    B. 溃疡型
    C. 平坦型
    D. 髓质型
    E. 缩窄型
12. 肝硬化门静脉压升高不包括
    A. 腹水
    B. 脾大
    C. 肝性脑病
    D. 静脉曲张
    E. 胃肠淤血
13. 急性糜烂性胃炎的确诊应依据
    A. X线胃肠钡餐检查
    B. 胃液分析
    C. 上消化道出血的临床表现
    D. 急诊胃镜检查
    E. 腹部B超检查
14. 结肠癌最常转移的器官是
    A. 心
    B. 肺
    C. 肝
    D. 骨
    E. 脑
15. 目前认为下述哪种疾病与胃癌的发生关系密切
    A. 浅表性胃炎
    B. 糜烂性胃炎
    C. 疣状胃炎
    D. 萎缩性胃炎
    E. 肥厚性胃炎
16. 关于食管癌正确的是
    A. 多见于食管下段
    B. 腺癌最多见
    C. 早期有吞咽困难
    D. 早期即有血道转移
    E. 腺癌的发生与Barrett食管有关
17. 胃癌主要起源于
    A. 主细胞
    B. 幽门腺上皮细胞
    C. 腺颈部干细胞
    D. 壁细胞和主细胞
    E. 间质原始干细胞
18. 大肠癌的好发部位依次为
    A. 直肠、乙状结肠、降结

肠、横结肠、升结肠、盲肠

B. 直肠、乙状结肠、升结肠、横结肠、盲肠、降结肠

C. 直肠、乙状结肠、盲肠、升结肠、横结肠、降结肠

D. 升结肠、横结肠、盲肠、乙状结肠、直肠

E. 盲肠、升结肠、横结肠、乙状结肠、直肠

19. 原发性肝癌是指

A. 肝细胞发生的癌

B. 胆管上皮发生的癌

C. 肝细胞和肝内胆管上皮发生的癌

D. 肝细胞和胆管上皮发生的癌

E. 库普弗细胞的恶性肿瘤

【A_2 型题】

20. 患者，男性，36 岁。上腹部周期性疼痛、反酸、嗳气。钡剂胃透见胃窦小弯侧有一直径 2cm 溃疡，边缘整齐，溃疡周围黏膜呈放射状。应诊断为

A. 胃腐蚀性炎症

B. 胃黏膜糜烂

C. 胃溃疡病

D. 溃疡型胃癌

E. 应激性溃疡

21. 上腹部周期性钝痛、胃酸多 1 年余，胃小弯近幽门处有深达肌层的溃疡。诊断为

A. 早期胃癌，凹陷型

B. 进展期胃癌，溃疡型

C. 急性消化性溃疡

D. 慢性消化性溃疡

E. 应激性溃疡

22. 肝穿刺活检，镜下见肝细胞弥漫性疏松化，气球样变，点状坏死及嗜酸小体形成。病理诊断是

A. 急性普通型肝炎

B. 急性重型肝炎

C. 亚急性重型肝炎

D. 轻度慢性肝炎

E. 重度慢性肝炎

23. 肝体积轻度肿大，镜下见肝细胞疏松化，气球样变，易见碎片状及桥接坏死及肝细胞的结节状再生，有的肝小叶正常结构被增生的结缔组织分割而破坏。上述病变属于哪型病毒性肝炎

A. 急性普通型

B. 轻度慢性

C. 重度慢性

D. 急性重型

E. 亚急性重型

24. 患者，男性，40 岁。既往患过病毒性肝炎，因车祸脾破裂手术。术中见脾肿大为正常的 2.5 倍，肝稍大，表面不平，可见多个结节。镜检：此结节肝细胞核质比例大于正常，可见双核，核仁明显，部分肝小叶中央静脉偏左或缺如，假小叶间隔内见淋巴细胞浸润。此肝脏病变是

A. 结节性肝硬化

B. 肝硬化合并肝癌

C. 重度慢性肝炎

D. 肝血吸虫病

E. 肝棘球蚴病

25. 患者，男性，45 岁。6 年来经常腹胀，下肢水肿，面部有蜘蛛痣，腹水（+），肝未触及，脾肋缘下 1cm。应诊断为

A. 慢性肝炎

B. 慢性肝淤血

C. 酒精性肝炎

D. 门脉性肝硬化

E. 肝癌

26. 胃窦部有一圆形溃疡，直径 2cm，溃疡较浅，边缘不整齐，外形火山口状。其诊断最可能为

A. 急性胃溃疡

B. 胃溃疡病

C. 应激性溃疡

D. 早期凹陷型胃癌

E. 溃疡型胃癌

27. 一名患者做钡剂胃透检查，见胃壁僵硬胃腔变小，黏膜皱襞大部消失。应诊断为

A. 浅表扩散性胃癌

B. 弥漫浸润型胃癌

C. 局限浸润型胃癌

D. 溃疡型胃癌

E. 隆起型胃癌

28. 患者，男性，55 岁。6 年前诊断为肝硬化，近日来进行性消瘦，面色污秽，皮肤黄染，肝区疼痛，肝剑突下 5cm，质硬，表面可触及大结节，有腹水，下肢水肿。应诊断为

A. 原发性肝癌

B. 门脉性肝硬化

C. 坏死后性肝硬化

D. 肝硬化合并肝癌

E. 胆汁性肝硬化

29. 肿大的肝脏弥漫分布无数小结节，直径 0.1～0.5cm，散在分布较大结节，最大直径 6cm。镜检：假小叶形成，大型结节无包膜，由多角形，胞质丰富，核大深染的细胞组成，呈小梁状或巢状排列，其间有血窦。正确的病理诊断是

A. 结节型肝硬化

B. 结节型肝癌

C. 肝细胞癌，结节型肝硬化

D. 坏死后性肝硬化，肝癌

E. 胆汁性肝硬化，肝癌

【B_1 型题】

（30～32 题共用备选答案）

A. 上腹部有规律性疼痛

B. 幽门梗阻

C. 大便潜血试验阳性

D. 慢性穿孔

E. 癌变

30. 消化性溃疡底部与周围器官粘连

31. 胃溃疡边缘黏膜上皮增生并有明显的异型性改变

32. 胃溃疡表面毛细血管壁坏死破裂

（33~35 题共用备选答案）

A. 点状坏死

B. 桥接坏死

C. 溶解坏死

D. 嗜酸性坏死

E. 大片状坏死

33. 急性重型肝炎

34. 中、重度慢性肝炎

35. 急性普通型肝炎

第八章　泌尿系统疾病

【A_1 型题】

1. 慢性肾盂肾炎的肾呈现
   A. 凹陷性瘢痕伴脓肿形成
   B. 颗粒性固缩肾
   C. 蚤咬肾
   D. 大白肾
   E. 大红肾

2. 急进性肾小球肾炎最具特征的病变是
   A. 基膜增厚
   B. 肾小球血管袢坏死
   C. 肾血管内膜纤维化
   D. 大量新月体形成
   E. 肾间质炎细胞浸润

3. 急性弥漫性增生性肾小球肾炎特点是
   A. 弥漫性系膜细胞和基质增生
   B. 基膜和上皮细胞间有驼峰状或小丘状致密物质沉积
   C. 弥漫性肾小球内大量新月体或环状体形成
   D. 电镜下呈弥漫性肾小球脏层上皮细胞足突消失
   E. 是肾病综合征的重要原因

4. 下列符合慢性肾盂肾炎临床症状的是
   A. 急性肾炎综合征
   B. 慢性肾炎综合征
   C. 肾病综合征
   D. 蛋白尿、脓尿、菌尿
   E. 蛋白尿、血尿、管型

5. 儿童肾病综合征最常见的原因是
   A. 弥漫性毛细血管内增生性肾小球肾炎
   B. 弥漫性毛细血管外增生性肾小球肾炎
   C. 膜性肾病
   D. 脂性肾病
   E. IgA 肾病

6. 微小病变性肾小球病电镜下特征性病变是
   A. 系膜细胞增生
   B. 系膜内见致密沉积物
   C. 脏层上皮细胞足突消失融合
   D. 肾小球基膜增厚
   E. 肾小球毛细血管基膜上皮细胞下见致密沉积物

7. 肾盂肾炎最常见的病原体是
   A. 产气荚膜梭菌
   B. 变形杆菌
   C. 大肠埃希菌
   D. 葡萄球菌
   E. 链球菌

8. 弥漫性膜性增生性肾小球肾炎时，增生的细胞主要是
   A. 肾小球脏层细胞和中性粒细胞
   B. 肾小球壁层细胞和系膜细胞
   C. 肾小球系膜细胞和基质
   D. 肾小球的系膜细胞和系膜基质高度增生
   E. 肾小球各种细胞均有较明显增生

9. 慢性肾盂肾炎的主要病变特点是
   A. 呈颗粒性固缩肾
   B. 肾间质充血、水肿、大量中性粒细胞浸润
   C. 肾小球纤维化
   D. 肾小动脉壁常有纤维素样坏死
   E. 肾脏有凹陷性不正形瘢痕，肾盂肾盏变形

10. 急性链球菌感染后肾小球肾炎属于
    A. 新月体性肾炎
    B. 弥漫性毛细血管内增生性肾炎
    C. 膜性增生性肾炎
    D. 轻微病变性肾炎
    E. 膜性肾炎

11. 膜性肾病Ⅱ期典型六胺银特染的特点是
    A. 肾小球毛细血管壁出现多轨样
    B. 肾小球毛细血管壁出现双轨样
    C. 肾小球毛细血管壁出现蜂窝样
    D. 肾小球毛细血管壁出现钉突状或梳突状
    E. 肾小球毛细血管壁出现均质性增厚

12. 引起成年人肾病综合征最常见的肾炎是
    A. 膜性肾炎
    B. 新月体性肾炎
    C. 链球菌感染后肾炎
    D. 局灶性节段性肾小球硬化
    E. 硬化性肾炎

13. 晚期慢性肾小球肾炎最主要的改变是
    A. 肾小球纤维化，玻璃样变
    B. 肾小球萎缩
    C. 肾小球节段性玻璃样变
    D. 肾小球肥大
    E. 脏层上皮细胞增生

14. 电镜下脂性肾病最常见的变化是
    A. 肾小球脏层上皮细胞足突融合消失
    B. 肾小球脏层上皮细胞内见

大量脂滴
C. 肾小球的系膜细胞增生
D. 肾小球的系膜基质增生
E. 肾小球毛细血管内皮细胞增生

15. 脂性肾病光镜下的特点是
A. 肾小球系膜区增宽
B. 肾小管上皮细胞空泡变
C. 肾小球毛细血管基膜与球囊壁粘连
D. 肾小球无明显变化
E. 肾小球球囊壁增厚

16. 慢性肾盂肾炎肾脏变形，是因为
A. 肾小球萎缩
B. 肾小管萎缩
C. 肾间质大量炎细胞浸润
D. 慢性间质性炎症、纤维化和瘢痕形成所致
E. 大量的透明管型

17. IgA 肾病最显著的特点是
A. 系膜区大量的 IgA 沉积
B. 复发性血尿
C. 弥漫性系膜增生
D. 主要表现为肾病综合征
E. 呈膜性肾炎病变

18. 慢性肾盂肾炎时，肾小管内特征性的管型是
A. 胶样管型
B. 透明管型
C. 细胞管型
D. 颗粒管型
E. 色素管型

19. 局灶性节段性肾小球肾炎的主要病变特点是
A. 肾小球毛细血管内血栓形成
B. 肾小球毛细血管呈节段性坏死
C. 局灶性肾小球内毛细血管呈节段性硬化
D. 肾小球毛细血管丛呈节段性系膜基质增多
E. 肾小球局灶性新月体形成

20. 与免疫复合物无关的肾小球肾炎是
A. 膜性肾炎
B. 新月体性肾炎
C. 脂性肾病
D. 急性弥漫增生性肾炎
E. 膜性增生性肾炎

21. 膜增生性肾小球肾炎六胺银特染的特点是
A. 肾小球毛细血管壁出现双轨样或多轨样
B. 肾小球毛细血管壁出现钉突状或梳突状
C. 肾小球出现硬化样
D. 肾小球毛细血管壁出现均质性增厚
E. 肾小球球囊壁增厚

【A_2 型题】

22. 患儿 1 个月前患急性扁桃体炎治愈，近来面部水肿，尿量减少。尿检查蛋白（++），少量红细胞及管型。血压轻度增高。治疗 2 个月后痊愈。考虑是哪型肾炎及少尿的机制是
A. 快速进行性肾炎，大量新月体阻塞肾球囊引起少尿
B. 弥漫性毛细血管内增生性肾炎，肾小球内皮细胞及系膜细胞增生挤压毛细血管引起少尿
C. 弥漫性毛细血管内增生性肾炎，肾小管重吸收功能亢进引起少尿
D. 弥漫性新月体性肾炎，系膜和内皮及上皮细胞增生引起少尿
E. IgA 肾病，由于肾小球系膜增生引起少尿

23. 患儿，5 岁。半年来全身逐渐水肿，食欲缺乏，有时恶心呕吐，尿少。实验室检查：尿蛋白（++），血浆蛋白减少为 15g/L，血胆固醇升高为 13mmol/L。此病例临床表现属于
A. 急性肾炎综合征
B. 快速进行性肾炎综合征
C. 肾病综合征
D. 慢性肾炎综合征
E. 肺出血-肾炎综合征

24. 患者，男性，28 岁。面部及下肢水肿，尿蛋白（++），血压 150/100mmHg。肾穿刺活检：肾小球体积增大，电镜下见脏层上皮与基膜之间有驼峰样致密沉积物。本例肾炎属于
A. 膜性肾炎
B. 膜性增生性肾炎
C. 弥漫性增生性肾小球肾炎
D. 轻微病变型肾炎
E. IgA 肾病

25. 患者，男性，43 岁。临床表现为肾病综合征。肾活检光镜下肾小球毛细血管基膜呈弥漫性增厚，免疫荧光可见不典型的钉突样改变。电镜下应
A. 基膜的外侧、上皮细胞下和基底膜内可见大量的电子致密沉积物
B. 基膜无电子致密沉积物
C. 基膜的内皮细胞下可见致密沉积物
D. 基膜的外侧、上皮细胞下可见驼峰状电子致密沉积物
E. 系膜区内有电子致密沉积物

26. 患者，女性，56 岁。患高血压病、冠心病，死于急性心肌梗死。尸检发现两肾大小不等，右侧肾稍大，表面光滑，切面皮髓质分界清楚。左肾明显缩小，表面高低不平，有不规则的凹陷性瘢痕，切面皮髓界限不清，有的肾乳头萎缩，肾盂变形，黏膜粗糙。此肾的病变属于何种疾病
A. 高血压固缩肾
B. 动脉粥样硬化性固缩肾
C. 动脉栓塞后肾硬化

D. 慢性肾盂肾炎
E. 左肾先天发育不全

【B_1 型题】

（27~29 题共用备选答案）
A. 肾脏肿大，被膜易剥离，表面苍白，切面髓质呈片状出血
B. 肾脏肿大，被膜易剥离，表面苍白无光泽，切面膨出，边缘外翻
C. 肾脏肿大，被膜易剥离，表面呈红色，切面皮质略厚
D. 肾脏缩小，被膜不易剥离，表面呈细颗粒状，切面见小动脉哆开
E. 肾脏缩小，被膜不易剥离，表面有凹陷性瘢痕，切面皮髓界限不清
27. 急性肾小球肾炎
28. 慢性硬化性肾小球肾炎
29. 慢性肾盂肾炎
（30~33 题共用备选答案）
A. 新月体性肾炎
B. 膜性肾炎
C. 膜性增生性肾炎（Ⅰ型）
D. 轻微病变性肾炎
E. 膜性增生性肾炎（Ⅱ型）
30. 基膜呈虫蚀状
31. 基膜无明显变化
32. 基膜有钉状突起
33. 基膜局灶性破裂或缺损
（34~37 题共用备选答案）
A. 少尿，水肿，高血压
B. 多尿，夜尿，低比重尿
C. 脓尿
D. 无痛性血尿
E. 肾病综合征
34. 弥漫性膜性肾炎
35. 急性肾盂肾炎
36. 慢性弥漫性硬化性肾炎
37. 弥漫性毛细血管内增生性肾炎
（38~41 题共用备选答案）
A. 大红肾
B. 大白肾
C. 颗粒性固缩肾
D. 囊状肾
E. 肾萎缩并高度变形
38. 慢性肾小球肾炎
39. 毛细血管内增生性肾小球肾炎
40. 膜性肾病
41. 慢性肾盂肾炎

第九章　内分泌系统疾病

【A_1 型题】

1. 从滤泡旁细胞发生的甲状腺癌是
A. 乳头状腺癌
B. 滤泡性腺癌
C. 髓样癌
D. 小细胞型未分化癌
E. 大细胞型未分化癌
2. 分泌降钙素的甲状腺癌是
A. 乳头状腺癌
B. 滤泡性腺癌
C. 髓样癌
D. 小细胞型未分化癌
E. 大细胞型未分化癌
3. 甲状腺乳头状癌的病理组织学特点是
A. 癌细胞大小不一，可见奇异的巨核细胞
B. 乳头分支多，被覆上皮细胞核呈毛玻璃样
C. 癌细胞圆形或多边形，分泌降钙素
D. 滤泡上皮具有不同程度的异型性，浸润被膜和血管
E. 滤泡大小不一，间质增生形成间隔
4. 非毒性甲状腺肿胶质贮积期的主要病变是
A. 甲状腺不均匀肿大
B. 滤泡高度扩张，内含大量的胶质，上皮细胞扁平
C. 滤泡上皮高柱状，间质充血
D. 甲状腺形成结节
E. 滤泡上皮明显增生，呈立方状，伴小滤泡形成
5. 甲状腺腺瘤和结节性甲状腺肿的主要区别是
A. 发病年龄和性别不同
B. 结节的数目不同
C. 滤泡肿有无胶质
D. 滤泡的直径增大，胶质有吸收
E. 有无完整的包膜，瘤内组织结构是否一致
6. 颈部淋巴结转移的肿瘤灶中可见胶质成分，考虑的原发灶是
A. 鼻咽癌
B. 腮腺癌
C. 乳腺癌
D. 甲状腺癌
E. 肺小细胞癌

【A_2 型题】

7. 患者，女性，43 岁。一次体检彩超发现甲状腺有 3 个结节，最大的结节直径约 1.3cm×1.5cm，与周围组织无粘连、无疼痛，无咳嗽、无吞咽困难等。血清 T_3 和 T_4 值正常，血清甲状腺球蛋白（Tg）水平增高。术后病理诊断可能是
A. 亚急性甲状腺炎
B. 慢性甲状腺炎
C. 结节性甲状腺肿
D. 毒性甲状腺肿
E. 急性甲状腺炎
8. 患者，男性，55 岁。近段时间里，时常出现上腹不适或隐痛、胀痛，就诊前突发持续性剧烈腹痛，不能平卧，伴有恶心、呕吐。检查发现巩膜黄染，血中淀粉酶增高。高度怀疑如下哪种疾病

A. 急性腹膜炎
B. 十二指肠溃疡穿孔
C. 胃癌
D. 肝癌
E. 胰头癌

【B_1 型题】

（9~12题共用备选答案）
A. 砂粒体
B. 淀粉样物质
C. 滤泡高度扩张，内含大量的胶质
D. 滤泡增生，无胶质成分
E. 瘤细胞侵入被膜和血管

9. 结节性甲状腺肿胶质期
10. 结节性甲状腺肿增生期
11. 乳头状甲状腺癌
12. 滤泡状甲状腺癌

（13~14题共用备选答案）
A. 产生降钙素
B. 胰岛素绝对分泌不足
C. 胰岛素相对分泌不足
D. 缺碘
E. 基础代谢率亢进

13. 髓样癌
14. 非毒性甲状腺肿

第十章 乳腺及生殖系统疾病

【A_1 型题】

1. 乳腺癌最常见的发生部位是
A. 外上象限
B. 外下象限
C. 内上象限
D. 内下象限
E. 乳头部

2. 乳腺癌最易发生转移的是
A. 导管内癌
B. 筛状癌
C. 髓样癌
D. 硬癌
E. 黏液癌

3. 乳腺橘皮样外观最常见于
A. 导管内原位癌
B. 小叶原位癌
C. 浸润性导管癌
D. 浸润性小叶癌
E. 黏液癌

4. 乳腺导管内癌的主要特点是
A. 癌细胞穿过基膜 3mm
B. 癌细胞未穿破基膜
C. 易发生淋巴道转移
D. 多发生坏死
E. 以上都不是

5. 宫颈癌最常见的转移途径是
A. 直接蔓延
B. 子宫颈旁淋巴结
C. 血道
D. 腹腔淋巴结
E. 种植性转移

6. 关于子宫颈鳞癌发生发展过程下列哪项正确
A. 上皮增生—原位癌—浸润癌
B. 早期浸润癌—原位癌—浸润癌
C. 上皮不典型增生—早期浸润癌—浸润癌
D. 原位癌—早期浸润癌—浸润癌
E. 上皮不典型增生—原位癌—早期浸润癌—浸润癌

7. 子宫颈原位癌累及腺体是指
A. 子宫颈腺体充满癌细胞
B. 子宫颈表面发生的原位癌影响腺体分泌排出
C. 子宫颈表面和腺体先后发生了原位癌，并侵及腺体周围间质
D. 子宫颈原位癌突破基膜侵及腺体
E. 子宫颈原位癌沿基膜伸入腺体内致腺管上皮为癌细胞所取代，腺体基底膜完整

8. 早期浸润性宫颈癌是指宫颈上皮癌变，癌组织
A. 达基膜
B. 已延伸至宫颈腺体
C. 累及宫体内膜腺体
D. 穿透基膜，深度<5mm
E. 累及腺体穿透基膜至浅肌层

9. 子宫颈原位癌与不典型增生的鉴别主要在于原位癌
A. 细胞排列极向消失
B. 细胞具有异型性
C. 细胞增生活跃、层数增多
D. 增生的细胞表层角化不全
E. 累及上皮全层

10. 关于下列 CIN 的描述，错误的是
A. CIN 属于癌前病变
B. CIN 属于早期癌
C. CIN Ⅲ级即原位癌
D. CIN Ⅰ级等于不典型增生Ⅰ级
E. CIN Ⅱ级等于不典型增生Ⅱ级

11. 在子宫腔内见到的水泡状物是
A. 绒毛膜癌
B. 子宫内膜癌
C. 葡萄胎
D. 侵袭性葡萄胎
E. 胎盘部位滋养细胞肿瘤

12. 下列哪项不符合葡萄胎
A. 绒毛间质水肿，血管消失
B. 绒毛滋养层上皮细胞明显增生
C. 无胎动及胎心音
D. 子宫体积比正常妊娠月份大
E. 绒毛膜促性腺激素分泌减少

13. 绒毛膜癌最常转移的器官是
A. 脑
B. 肝
C. 肺
D. 骨
E. 肾上腺

14. 侵蚀性葡萄胎与绒毛膜癌主要的区别是
A. 阴道转移结节
B. 浸润肌层
C. 细胞异型性
D. 有绒毛结构
E. 出血坏死
15. 下列哪项不是绒毛膜癌的病理学特点
A. 是滋养层细胞发生的肿瘤，主要继发于葡萄胎
B. 肿瘤细胞一般不侵入子宫肌层
C. 肿瘤组织易产生出血、坏死
D. 肿瘤组织虽有间质，但不形成绒毛结构
E. 易侵入血管，多为血行转移
16. 下列关于前列腺增生症错误的是
A. 肉眼观呈结节状增大
B. 由纤维、平滑肌和腺体组成
C. 多发生在前列腺的中央区和移行区
D. 前列腺增生很容易发生恶变
E. 可发生尿潴留和膀胱扩张
17. 前列腺癌的血道转移主要转移至哪个部位
A. 肺
B. 肝
C. 骨
D. 胃
E. 肾

【A_2 型题】

18. 患者，成年女性。半年前发现左乳外上象限有一无痛性肿块，近期生长快，直径约5cm。术后病理检查：肿物色灰白，质脆，界限不清。镜下瘤细胞排列成实性团片状，瘤细胞量与间质量大致相等，瘤细胞异型性明显，呈浸润性生长。病理诊断应为
A. 恶性淋巴瘤
B. 乳腺粉刺样癌
C. 乳腺硬癌
D. 乳腺不典型髓样癌
E. 乳腺单纯癌
19. 患者，女性，52岁。阴道不规则出血，阴道镜检查见子宫颈有菜花样肿物，表面出血坏死。最可能的诊断是
A. 宫颈炎症
B. 宫颈息肉
C. 子宫颈癌
D. 宫颈囊肿
E. 宫颈肥大
20. 患者，青年女性。闭经3个月，阴道不规律出血，血块中夹有水泡。检查发现子宫体积大，阴道壁有暗紫色结节、出血、坏死。最大可能是
A. 宫外孕
B. 葡萄状肉瘤
C. 葡萄胎
D. 侵蚀性葡萄胎
E. 绒毛膜癌
21. 患者，女性，46岁。主诉有阴道不规则流血及分泌物带血等症状，妇科检查见子宫颈外口肥厚，活检病理诊断为鳞状细胞癌。光镜下见部分癌细胞已突破基膜达2.5cm。分析属下列哪一型
A. 原位癌
B. CIN Ⅲ级
C. 浸润性癌
D. 早期浸润癌
E. 内生浸润性癌
22. 患者，中年女性。左侧乳腺外上限触及一2.5cm×3.2cm大小肿块，病检诊断为浸润性导管癌。术后医生需要检测ER（雌激素受体）和PE（孕激素受体）的值。其意义是什么
A. 判断预后
B. 激素治疗
C. 预防复发
D. 判断有无淋巴结转移
E. 以上都不是

【B_1 型题】

（23~26题共用备选答案）
A. 癌前病变
B. 原位癌
C. 良性增生
D. 浸润性癌
E. 炎症
23. 乳腺导管内癌属于
24. 宫颈鳞状上皮重度不典型增生属于
25. 宫颈息肉属于
26. 乳腺实性癌属于
（27~29题共用备选答案）
A. 绒毛高度扩张、水肿
B. 滋养层上皮高度增生、呈铺石状
C. 绒毛侵入肌层
D. 胎盘早期死亡
E. 滋养层上皮细胞无明显变化
27. 葡萄胎
28. 侵蚀性葡萄胎
29. 绒毛膜癌
（30~33题共用备选答案）
A. 癌细胞未侵袭基膜
B. 导管内癌腔内充满大量坏死组织
C. 癌细胞三五成串地浸润间质内
D. 癌组织间含有大量的黏液
E. 癌细胞分泌胶质样成分
30. 粉刺样癌
31. 硬癌
32. 腺样囊泡癌
33. 导管内癌

第十一章　常见传染病及寄生虫病

【A_1型题】

1. 流行性乙型脑炎，病变最轻的部位是
   A. 脊髓
   B. 延髓
   C. 脑桥
   D. 基底核
   E. 小脑
2. 形成卫星现象的细胞是
   A. 小胶质细胞
   B. 星形胶质细胞
   C. 少突胶质细胞
   D. 室管膜细胞
   E. 神经细胞
3. 继发性肺结核的病变特点是
   A. 易发生干酪样坏死，不形成结核结节
   B. 病变在肺内主要经受侵的支气管播散
   C. 肺门淋巴结常有明显的干酪样坏死
   D. 空洞的形成比原发性肺结核病少见
   E. 肺内病变多位于下叶
4. 大量结核分枝杆菌进入胸导管后易发生
   A. 全身粟粒性结核
   B. 粟粒性肺结核
   C. 结核性胸膜炎
   D. 骨结核
   E. 肾结核
5. “驼背”是一种脊柱畸形，多由下列哪种病变引起
   A. 放线菌
   B. 脊髓炎
   C. 脊柱肿瘤
   D. 脊柱外伤
   E. 脊柱结核
6. 胶质瘢痕是由哪种细胞形成的
   A. 成纤维细胞
   B. 原浆型星形细胞
   C. 纤维型星形细胞
   D. 少突胶质细胞
   E. 小胶质细胞
7. 流行性乙型脑炎不具有的改变是
   A. 血管周围淋巴细胞浸润和血管套形成
   B. 筛网状软化灶和脑水肿
   C. 蛛网膜下腔以中性粒细胞为主的炎性渗出
   D. 胶质结节形成
   E. 神经细胞变性、坏死，出现噬神经细胞和卫星现象
8. 男性生殖系统结核中，有明显临床症状的主要是
   A. 附睾结核
   B. 睾丸结核
   C. 精囊结核
   D. 前列腺结核
   E. 输精管结核
9. 继发性肺结核的主要感染方式是
   A. 消化道感染
   B. 呼吸道感染
   C. 皮肤感染
   D. 内源性再感染
   E. 泌尿道感染
10. 结核病的细胞免疫，哪种细胞起主要作用
    A. B淋巴细胞
    B. T淋巴细胞
    C. 巨噬细胞
    D. 中性粒细胞
    E. 嗜酸性粒细胞
11. 下列关于卡波西肉瘤的叙述，正确的是
    A. 肿瘤边界清楚
    B. 仅累及皮肤
    C. 来源于纤维组织的恶性肿瘤
    D. 80%以上艾滋病患者受累
    E. 是由梭形细胞和血管构成的恶性肿瘤
12. 嗜神经细胞现象是指
    A. 少突胶质细胞环绕神经元
    B. 神经细胞吞噬崩解的脂质
    C. 胶质细胞增生取代死亡的神经元
    D. 小胶质细胞、巨噬细胞包围吞噬死亡的神经元
    E. 中性粒细胞吞噬死亡的神经元
13. 细菌性痢疾一般是何种性质的炎症
    A. 浆液性炎
    B. 纤维素性炎
    C. 化脓性炎
    D. 增生性炎
    E. 出血性炎
14. 干酪样肺炎通常是由急慢性结核性空洞内的细菌通过哪个途径播散所致
    A. 支气管
    B. 胸膜腔
    C. 肺动脉
    D. 肺静脉
    E. 肺门淋巴结
15. 常见于艾滋病的肿瘤是
    A. 恶性纤维组织细胞瘤
    B. 卡波西（Kaposi）肉瘤
    C. 横纹肌肉瘤
    D. 平滑肌肉瘤
    E. 滑膜肉瘤
16. 我国流行的血吸虫病由何种血吸虫感染引起
    A. 曼氏血吸虫
    B. 包氏毛毕血吸虫
    C. 埃氏血吸虫
    D. 日本血吸虫
    E. 土耳其斯坦东毕血吸虫
17. 伤寒杆菌的致病作用主要依赖于
    A. 外毒素
    B. 内毒素
    C. Vi抗原
    D. O抗原
    E. H抗原

18. 下述关于流行性脑脊髓膜炎的描写，哪项错误
A. 脑脊液中糖含量降低
B. 血性脑脊液
C. 脑膜刺激征
D. 颅内压升高症状
E. 皮肤黏膜瘀点、瘀斑
19. 急性细菌性痢疾患者的里急后重症状的根本原因是
A. 肠蠕动增强
B. 肠痉挛
C. 肠扭转
D. 肠壁溃疡
E. 炎症刺激直肠壁内的神经末梢及肛门括约肌
20. AIDS 常并发何种肿瘤
A. 纤维瘤
B. 纤维肉瘤
C. Kaposi 肉瘤
D. 上皮肿瘤
E. 间皮瘤
21. 结核病的变态反应属于哪型
A. Ⅰ型
B. Ⅱ型
C. Ⅲ型
D. Ⅳ型
E. Ⅴ型
22. 淋病的病变主要累及
A. 心血管系统
B. 呼吸系统
C. 消化系统
D. 泌尿生殖系统
E. 神经系统
23. 女性生殖系统结核病最常见的是
A. 子宫颈结核
B. 子宫内膜结核
C. 阴道结核
D. 卵巢结核
E. 输卵管结核
24. 肠血吸虫病病变最显著的部位是
A. 降结肠和横结肠
B. 乙状结肠和直肠
C. 横结肠和升结肠
D. 回盲部
E. 盲肠和升结肠
25. 伤寒带菌者的细菌一般存在于
A. 小肠
B. 结肠
C. 胆囊
D. 肝
E. 脾
26. 淋病是何种类型的炎症
A. 急性化脓性炎症
B. 慢性化脓性炎症
C. 急性变质性炎症
D. 出血性炎
E. 浆液性炎
27. 肠道血吸虫病一般不发生
A. 肠黏膜溃疡
B. 肠黏膜息肉
C. 肠腔梗阻
D. 肠壁有虫卵结节形成
E. 肠出血、肠穿孔
28. 伤寒细胞是由下列哪种细胞吞噬伤寒杆菌、淋巴细胞和红细胞等而形成的
A. 上皮样细胞
B. 中性粒细胞
C. 多核巨噬细胞
D. 巨噬细胞
E. NK 细胞
29. 细菌性痢疾的好发部位是
A. 回肠
B. 回盲部
C. 直肠和乙状结肠
D. 降结肠
E. 升结肠
30. 日本血吸虫病引起肝硬化为
A. 门脉性肝硬化
B. 胆汁性肝硬化
C. 坏死后性肝硬化
D. 淤血性肝硬化
E. 干线性肝硬化
31. 下列除哪项外都符合流行性乙型脑炎
A. 病毒引起的急性传染病
B. 也称日本夏季脑炎
C. 以蚊虫为传播媒介
D. 脑组织以渗出性病变为主
E. 病变以大脑皮质、基底节、视丘最为严重
32. 下列哪种情况下发生以增生为主的结核病变
A. 变态反应强
B. 免疫力弱
C. 结核分枝杆菌量多
D. 机体抵抗力比较强
E. 结核分枝杆菌毒力强
33. AIDS 患者晚期外周血细胞减少最显著的是
A. $CD4^+$细胞
B. $CD8^+$细胞
C. $CD16^+$细胞
D. $CD14^+$细胞
E. $CD56^+$细胞
34. 可引起人类血吸虫病感染的主要是
A. 毛蚴
B. 胞蚴
C. 尾蚴
D. 虫卵
E. 成虫
35. Widal 反应在临床用于辅助诊断
A. 伤寒
B. 结核
C. 梅毒
D. 麻风
E. 钩端螺旋体病
36. 下列关于 AIDS 的叙述错误的是
A. AIDS 的潜伏期长
B. AIDS 是由 HIV 感染所引起的
C. HIV 是一种反转录病毒
D. AIDS 可通过游泳和公共洗浴感染
E. AIDS 常伴有肿瘤的发生
37. 关于中毒性细菌性痢疾的叙述正确的是
A. 黏液脓血便
B. 滤泡性肠炎
C. 有严重脱水表现
D. 多由毒力强的志贺菌引起
E. 集合淋巴小结内见巨噬细胞增生

38. 成人肺结核临床最常见的类型是
A. 局灶性肺结核
B. 干酪样肺炎
C. 浸润性肺结核
D. 肺结核球
E. 慢性纤维空洞性肺结核
39. 导致血吸虫性肝硬化的是其
A. 毛蚴
B. 童虫
C. 尾蚴
D. 虫卵
E. 成虫
40. 下列哪种病变中不存在结核分枝杆菌
A. 纤维干酪样病灶
B. 钙化灶
C. 典型的结核结节
D. 病灶纤维化
E. 干酪样坏死病灶
41. 流行性脑脊髓膜炎时，脓液主要聚集于
A. 软脑膜与脑皮质之间的腔隙
B. 蛛网膜与软脑膜之间的腔隙
C. 蛛网膜与硬脑膜之间的腔隙
D. 蛛网膜本身的疏松纤维组织间
E. 软脑膜本身的疏松纤维组织间
42. 伤寒并发肠穿孔多发生于
A. 第1周
B. 第2周
C. 第3周
D. 第4周
E. 第5周
43. 关于暴发型流脑，下述哪项错误
A. 高热、头痛伴呕吐
B. 常见周围循环衰竭
C. 皮肤黏膜广泛瘀点、瘀斑
D. 蜘蛛膜下隙大量脓细胞
E. 双侧肾上腺出血
44. 急性痢疾典型的肠道病变是
A. 卡他性炎
B. 假膜性炎
C. 化脓性炎
D. 浆液性炎
E. 出血坏死性炎
45. 中毒性痢疾最严重的病变是
A. 结肠的病变
B. 肺水肿
C. 肾上腺皮质出血
D. DIC
E. 脑水肿

【A_2型题】

46. 女性童尸，尸检见双肺重量增加，充血，密布灰白色粟粒大小结节，微隆起于切面。病理诊断是
A. 间质性肺炎
B. 麻疹性肺炎
C. 粟粒性肺结核
D. 小叶性肺炎
E. 葡萄球菌性肺炎
47. 患儿，4岁。死亡前症状、体征为头痛、发热、神志不清、抽搐不止、皮肤有大片瘀斑。尸检见脾大，切面刀刮有脾泥，双侧肾上腺大片出血，脑膜充血，在脑膜的血管周围有少量中性粒细胞浸润。根据临床和尸检所见，诊断为
A. 流行性出血热
B. 结核性脑膜炎
C. 化脓性脑膜炎
D. 流行性乙型脑炎
E. 暴发型流行性脑脊髓膜炎
48. 一位血吸虫肝硬化患者，无黄疸，也无蜘蛛痣。肝肋缘下1cm，质硬，表面无明显结节；脾大，下缘平脐、质硬。经常有鼻出血及牙龈皮肤黏膜出血。出血的机制是
A. 凝血因子Ⅶ合成减少
B. 纤维蛋白原减少
C. 凝血因子Ⅹ减少
D. 脾功能亢进破坏血小板
E. 凝血酶原减少
49. 患儿，5岁。无明显原因体温升高，达39℃，伴头痛，恶心、呕吐，很快出现嗜睡，浅昏迷。医师检查发现颈部强直，伴肢体痉挛和抽搐。脑脊液：外观无色透明或微混。血象：白细胞计数升高。该患儿可能患有
A. 乙型脑炎
B. 重感冒
C. 中毒性痢疾
D. 结核性脑膜炎
E. 化脓性脑膜炎
50. 患者，男性，22岁。近几天来感觉胸闷、胸痛，而症状逐渐加重，胸部叩诊呈浊音，听诊时语颤和呼吸音减弱。X线检查发现胸腔有积液。该患者可能患有
A. 恶性胸膜瘤
B. 急性胸膜炎
C. 结核性胸膜炎
D. 化脓性胸膜炎
E. 肺癌致胸腔积液
51. 患者，男性，62岁。体检X线检查发现，右肺上叶有一个3.5cm大小的病灶，CT进一步检查发现内有小空洞，边缘光滑，外周有斑片状阴影。问病史，该患者在年轻时期曾患过肺结核。此时的病灶可能是
A. 炎性假瘤
B. 结核球
C. 肺癌
D. 硅沉着病（硅肺）
E. 转移瘤
52. 患者，男性，46岁。偶发腹股沟淋巴结肿大，无压痛。近段时间出现全身乏力，食欲缺乏，时有头晕、头痛症状，口腔易溃疡。追问病史和发病前接触史，曾到娱乐场所有过性接触。血常规：白细胞计数降低。免疫学检查：T细胞计数明显下降。高度怀疑

A. 淋巴瘤
B. 白血病
C. 恶性肿瘤
D. AIDS
E. 真菌病

53. 患者，男性，23 岁。近几天来时常出现尿痛、尿频，最近几天发现尿道口流出白色黏液样脓性物，时有排尿困难。检查发现前列腺肿大，有压痛。该患者可能患有
A. 尿道炎
B. 尿路感染
C. 前列腺炎
D. 前列腺增生
E. 淋病

54. 患者，女性，38 岁。会阴处皮肤发白，表面有散在小而尖的突起 4~5 个，呈疣状，顶端有溃疡，触之易出血。活检光镜下可见，角质层过度增生，棘细胞层增厚，其内可见凹空细胞。病理诊断为
A. 外阴营养不良
B. 外阴白斑
C. 尖锐湿疣
D. 外阴息肉
E. 外阴慢性炎症

【B_1 型题】

（55~58 题共用备选答案）
A. 变质性炎症
B. 浆液性炎症
C. 纤维素性炎症
D. 蜂窝织炎症
E. 化脓性炎症

55. 阿米巴肝脓肿属于
56. 乙型脑炎属于
57. 渗出性结核性胸膜炎属于
58. 细菌性痢疾属于

（59~62 题共用备选答案）
A. 原发性肺结核
B. 局灶肺结核
C. 结核球
D. 浸润性肺结核
E. 干酪样肺炎

59. 右肺尖有一厚壁空洞，右肺上叶及右肺下叶大部分肺组织实变，在渗出的基础上大面积呈干酪样坏死属于
60. 位于肺尖呈结节状，病变是以增生为主属于
61. 病变以渗出为主，X 线见锁骨下区有边缘不清的云雾状阴影属于
62. 直径 4.5cm 圆形，界限清楚结节，切面为纤维包囊，其内尚见少许干酪样坏死灶属于

（63~66 题共用备选答案）
A. 肺炎
B. 皮炎
C. 胆管炎
D. 嗜酸性脓肿和假结核结节
E. 肠系膜静脉及门静脉炎

63. 血吸虫之虫卵可引起
64. 血吸虫之尾蚴可引起
65. 血吸虫之童虫可引起
66. 血吸虫之成虫可引起

（67~70 题共用备选答案）
A. 乙状结肠、直肠
B. 回肠末端
C. 直肠
D. 盲肠、升结肠
E. 回盲部

67. 肠结核的好发部位
68. 肠伤寒的好发部位
69. 细菌痢疾的好发部位
70. 大肠癌的好发部位

（71~75 题共用备选答案）
A. 可合并中毒性休克
B. 可合并 DIC
C. 可合并支气管肺炎
D. 可合并病毒血症
E. 类白血病血象

71. 败血症
72. 伤寒病
73. 细菌性痢疾
74. 流行性乙型脑炎
75. 全身粟粒性结核病

（76~78 题共用备选答案）
A. 淋球菌所引起的
B. 单纯疱疹病毒感染所引起的
C. HPV 感染所引起的
D. HIV 感染所引起的
E. 梅毒螺旋体所引起的

76. AIDS 是由
77. 尖锐湿疣是由
78. 淋病是由

（79~81 题共用备选答案）
A. 病变部位急性化脓性炎症
B. 形成树胶肿
C. 表皮呈疣状或乳头状增生
D. 淋巴细胞和单核细胞增生
E. 形成恶性肿瘤

79. 尖锐湿疣特征性病理变化是
80. 淋病特征性病理变化是
81. AIDS 主要病理变化特点是

第四篇　药　理　学

第一章　总　　论

【A₁型题】

1. 受体激动药的特点是
   A. 与受体有亲和力，有内在活性
   B. 与受体有亲和力，无内在活性
   C. 与受体无亲和力，有内在活性
   D. 与受体有亲和力，有弱的内在活性
   E. 与受体有弱亲和力，有强的内在活性
2. 受体阻断药的特点是
   A. 与受体有亲和力，有内在活性
   B. 与受体有亲和力，无内在活性
   C. 与受体无亲和力，有内在活性
   D. 与受体有亲和力，有弱的内在活性
   E. 与受体有弱亲和力，有强的内在活性
3. 下列哪个参数最能表示药物的安全性
   A. 最小有效量
   B. 极量
   C. 半数致死量
   D. 半数有效量
   E. 治疗指数
4. 药物不良反应
   A. 一般都很严重
   B. 发生在大剂量情况下
   C. 产生原因与药物作用的选择性高有关
   D. 可发生在治疗剂量
   E. 只是一种变态反应
5. 影响生物利用度较大的因素是
   A. 给药次数
   B. 给药时间
   C. 给药剂量
   D. 给药途径
   E. 年龄
6. 首关消除最显著的给药途径是
   A. 舌下给药
   B. 吸入给药
   C. 静脉给药
   D. 皮下给药
   E. 口服给药
7. 影响药物转运的因素不包括
   A. 药物的脂溶性
   B. 药物的解离度
   C. 体液的 pH
   D. 胎盘屏障
   E. 血脑屏障
8. 用药的间隔时间主要取决于
   A. 药物与血浆蛋白的结合率
   B. 药物的吸收速度
   C. 药物的排泄速度
   D. 药物的消除速度
   E. 药物的分布速度
9. 某药的消除符合一级动力学，其 $t_{1/2}$ 为 4 小时，在定时定量给药后，需经多少小时才能达到稳态血药浓度
   A. 约 10 小时
   B. 约 20 小时
   C. 约 30 小时
   D. 约 40 小时
   E. 约 50 小时

【B₁型题】

（10～14 题共用备选答案）
A. 在剂量过大或药物在体内蓄积过多时发生的不良反应
B. 停药后血药浓度已降至阈浓度以下时残存的药理效应
C. 突然停药后原有疾病加剧
D. 反应性质与药物原有效应无关，用药理拮抗药解救无效
E. 一类先天遗传异常所致的反应

10. 停药反应是指
11. 变态反应是指
12. 毒性反应是指
13. 后遗效应是指
14. 特异质反应是指

（15～17 题共用备选答案）
A. 半衰期
B. 清除率
C. 消除速率常数
D. 零级动力学消除
E. 一级动力学消除

15. 单位时间内消除恒定的量是
16. $t_{1/2}$ 恒定的是
17. 单位时间内药物按一定比率消除是

第二章　传出神经系统药

【A₁型题】

1. β 受体阻断药
   A. 可使心率加快、心排血量增加
   B. 有时可诱发或加重哮喘发作
   C. 促进脂肪分解
   D. 促进肾素分泌

E. 升高眼压

2. 明显舒张肾血管，增加肾血流的药是

A. 肾上腺素

B. 异丙肾上腺素

C. 麻黄碱

D. 多巴胺

E. 去甲肾上腺素

3. 有机磷酸酯类中毒症状中，不属于M样症状的是

A. 瞳孔缩小

B. 流涎流泪

C. 腹痛腹泻

D. 小便失禁

E. 肌肉震颤

4. 关于普萘洛尔的叙述，哪项正确

A. 口服难吸收，生物利用度低

B. 选择性阻断 β_1 受体

C. 有内在拟交感活性

D. 可用于哮喘病患者

E. 对 β_1、β_2 受体无选择性

5. 治疗严重房室传导阻滞宜选用

A. 肾上腺素

B. 去甲肾上腺素

C. 异丙肾上腺素

D. 阿托品

E. 氨茶碱

6. 有机磷农药中毒的机制是

A. 抑制磷酸二酯酶

B. 抑制单胺氧化酶

C. 抑制胆碱酯酶

D. 抑制腺苷酸环化酶

E. 直接激动胆碱受体

7. 解救中度有机磷酸酯类中毒可用

A. 阿托品和毛果芸香碱合用

B. 氯解磷定和毛果芸香碱合用

C. 阿托品和毒扁豆碱合用

D. 氯解磷定和毒扁豆碱合用

E. 氯解磷定和阿托品合用

8. 阿托品用于治疗

A. 心源性休克

B. 过敏性休克

C. 失血性休克

D. 感染中毒性休克

E. 神经源性休克

9. 支配虹膜环形肌的是

A. N 受体

B. M 受体

C. α 受体

D. β 受体

E. 多巴胺受体

10. 下列哪个药物不宜做肌内注射

A. 肾上腺素

B. 去甲肾上腺素

C. 异丙肾上腺素

D. 间羟胺

E. 麻黄碱

11. 下列哪个药物属于胆碱酯酶复活药

A. 新斯的明

B. 碘解磷定

C. 毒扁豆碱

D. 安贝氯铵

E. 阿托品

12. 外周血管痉挛性疾病可选用

A. 山莨菪碱

B. 异丙肾上腺素

C. 酚妥拉明

D. 普萘洛尔

E. 间羟胺

13. 休克和急性肾衰竭最好选用

A. 多巴胺

B. 多巴酚丁胺

C. 肾上腺素

D. 间羟胺

E. 阿托品

14. 多巴胺药理作用不包括

A. 减少肾血流量，使尿量减少

B. 对血管平滑肌 β_2 受体作用很弱

C. 直接激动心脏 β_1 受体

D. 激动血管平滑肌多巴胺受体

E. 间接促进去甲肾上腺素释放

15. 下列 β 受体阻断药中哪个兼有 α 受体阻断作用

A. 普萘洛尔

B. 美托洛尔

C. 拉贝洛尔

D. 噻吗洛尔

E. 吲哚洛尔

16. 治疗心搏骤停宜首选

A. 静脉滴注去甲肾上腺素

B. 舌下含异丙肾上腺素

C. 静脉滴注地高辛

D. 肌内注射可拉明

E. 心内注射肾上腺素

17. 普萘洛尔没有下列哪种作用

A. 减弱心肌收缩力

B. 松弛支气管平滑肌

C. 收缩血管

D. 降低心肌耗氧量

E. 减少肾素释放

18. 为了延长局麻药的局麻作用和减少不良反应，可加用

A. 肾上腺素

B. 异丙肾上腺素

C. 多巴胺

D. 去甲肾上腺素

E. 麻黄碱

19. 美曲膦酯（敌百虫）口服中毒不能用下列哪种溶液洗胃

A. 高锰酸钾溶液

B. 生理盐水

C. 饮用水

D. 碳酸氢钠溶液

E. 醋酸溶液

20. 青霉素类引起的过敏性休克首选

A. 去甲肾上腺素

B. 异丙肾上腺素

C. 肾上腺素

D. 多巴胺

E. 麻黄碱

21. 阿托品抗休克的主要机制是

A. 加快心率，增加排出量

B. 扩张支气管，改善缺氧状态

C. 扩张血管，改善微循环

D. 兴奋中枢，改善呼吸

E. 收缩血管，升高血压

22. 急性肾衰竭时，可用何药与利

尿药配伍来增加尿量
A. 多巴胺
B. 麻黄碱
C. 去甲肾上腺素
D. 异丙肾上腺素
E. 肾上腺素

23. 能翻转肾上腺素升压作用的药物是
A. M受体阻断药
B. N受体阻断药
C. β受体阻断药
D. α受体阻断药
E. H_1受体阻断药

24. 下列哪个药物能诱发支气管哮喘
A. 酚妥拉明
B. 普萘洛尔
C. 酚苄明
D. 洛贝林
E. 阿托品

25. 肾上腺素与异丙肾上腺素共同的适应证是
A. 过敏性休克
B. 房室传导阻滞
C. 与局麻药配伍，延长局麻药的作用时间
D. 支气管哮喘
E. 局部止血

26. 阿托品禁用于
A. 胃痉挛
B. 虹膜睫状体炎
C. 青光眼
D. 胆绞痛
E. 缓慢型心律失常

27. 普萘洛尔阻断突触前膜上的β受体，可引起
A. 去甲肾上腺素释放减少
B. 去甲肾上腺素释放增加
C. 去甲肾上腺素释放无变化
D. 心率增加
E. 外周血管收缩

28. 毛果芸香碱对眼的调节作用是
A. 睫状肌松弛，悬韧带拉紧，晶状体变扁平
B. 睫状肌松弛，悬韧带放松，晶状体变凸
C. 睫状肌收缩，悬韧带拉紧，晶状体变凸
D. 睫状肌收缩，悬韧带拉紧，晶状体变扁平
E. 睫状肌收缩，悬韧带放松，晶状体变凸

【A_2型题】

29. 患者，女性，25岁。因心脏手术，术中麻醉药过量，患者出现呼吸、心搏骤停。此时除进行人工呼吸及心脏按压外，应采取哪项急救措施
A. 静脉注射毛花苷C
B. 静脉滴注去甲肾上腺素
C. 心内注射阿托品
D. 心内注射肾上腺素
E. 静脉注射异丙肾上腺素

30. 患者，男性，18岁。因寒战、发热、咽痛来诊。经检查：体温39℃，双侧扁桃体肿大Ⅱ度，诊断为急性扁桃体炎，决定用青霉素。青霉素皮试(-)。但注射青霉素后，患者突感头晕、恶心、呕吐，全身湿冷，面色苍白，血压已测不到。此时该用何药抢救
A. 去甲肾上腺素
B. 多巴胺
C. 肾上腺素
D. 间羟胺
E. 山莨菪碱

【B_1型题】

（31~33题共用备选答案）
A. α受体
B. $β_1$受体
C. $β_2$受体
D. M受体
E. N_2受体

31. 激动时引起支气管平滑肌松弛的是
32. 激动时使血管平滑肌收缩的是
33. 激动时使骨骼肌收缩的是

（34~36题共用备选答案）
A. 普萘洛尔
B. 拉贝洛尔
C. 阿托品
D. 酚妥拉明
E. 美托洛尔

34. 选择性阻断$β_1$受体的是
35. 既阻断$β_1$又阻断$β_2$受体的是
36. 既阻断β受体又阻断α受体的是

第三章 局部麻醉药

【A_1型题】

1. 毒性最大的局麻药是
A. 普鲁卡因
B. 利多卡因
C. 丁卡因
D. 布比卡因
E. 依替卡因

2. 局麻作用起效快、作用强维持时间长且安全范围大的药物是
A. 普鲁卡因
B. 利多卡因
C. 丁卡因
D. 布比卡因
E. 依替卡因

3. 普鲁卡因不宜用于哪种麻醉
A. 表面麻醉
B. 浸润麻醉
C. 传导麻醉
D. 硬膜外麻醉
E. 蛛网膜下腔麻醉

第四章　中枢神经系统药

【A_1 型题】

1. 对解热镇痛抗炎药的正确叙述是
   A. 对各种疼痛都有效
   B. 镇痛的作用部位主要在中枢
   C. 对各种炎症都有效
   D. 解热、镇痛和抗炎作用与抑制PG合成有关
   E. 抑制缓激肽的生物合成
2. 治疗癫痫持续状态的首选药物是
   A. 苯妥英钠
   B. 苯巴比妥钠
   C. 硫喷妥钠
   D. 地西泮
   E. 水合氯醛
3. 吗啡对中枢神经系统的作用是
   A. 镇痛，镇静，催眠，呼吸抑制，镇吐
   B. 镇痛，镇静，镇咳，缩瞳，致吐
   C. 镇痛，镇静，镇咳，呼吸兴奋
   D. 镇痛，镇静，镇吐，呼吸抑制
   E. 镇痛，镇静，扩瞳，呼吸抑制
4. 氯丙嗪引起的低血压状态应选用
   A. 多巴胺
   B. 肾上腺素
   C. 麻黄碱
   D. 异丙肾上腺素
   E. 去甲肾上腺素
5. 苯二氮䓬类药物作用特点为
   A. 对快动眼睡眠时相影响大
   B. 没有抗惊厥作用
   C. 没有抗焦虑作用
   D. 无停药反跳
   E. 可缩短睡眠诱导时间
6. 可引起水杨酸反应的药物是
   A. 阿司匹林
   B. 非那西丁
   C. 保泰松
   D. 对乙酰氨基酚
   E. 羟基保泰松
7. 广泛地应用于治疗海洛因成瘾的药物是
   A. 吗啡
   B. 美沙酮
   C. 哌替啶
   D. 纳曲酮
   E. 曲马朵
8. 解热镇痛抗炎药的作用机制是
   A. 直接抑制中枢神经系统
   B. 直接抑制PG的生物效应
   C. 抑制PG的生物合成
   D. 减少PG的分解代谢
   E. 减少缓激肽分解代谢
9. 长期应用氯丙嗪的患者停药后可出现
   A. 帕金森综合征
   B. 静坐不能
   C. 迟发性运动障碍
   D. 急性肌张力障碍
   E. 直立性低血压
10. 对癫痫小发作疗效最好的药物是
   A. 乙琥胺
   B. 卡马西平
   C. 丙戊酸钠
   D. 地西泮
   E. 扑米酮
11. 关于氯丙嗪的应用，哪项错误
   A. 人工冬眠疗法
   B. 精神分裂症
   C. 药物引起的呕吐
   D. 晕动病引起的呕吐
   E. 躁狂症
12. 氯丙嗪抗精神病的作用机制是阻断
   A. 中枢α肾上腺素受体
   B. 中枢β肾上腺素受体
   C. 中脑边缘系和中脑皮质通路D_2受体
   D. 黑质-纹状体通路中的5-HT_1受体
   E. 结节漏斗通路的D_2受体
13. 心源性哮喘宜选用
   A. 肾上腺素
   B. 去甲肾上腺素
   C. 异丙肾上腺素
   D. 哌替啶
   E. 多巴胺
14. 氯丙嗪引起的血压下降不能用哪种药纠正
   A. 甲氧明
   B. 肾上腺素
   C. 去氧肾上腺素
   D. 去甲肾上腺素
   E. 间羟胺
15. 小剂量阿司匹林预防血栓形成的机制是
   A. 抑制磷脂酶
   B. 抑制TXA_2的合成
   C. 减少PGI_2的合成
   D. 抑制凝血酶原
   E. 减少花生四烯酸的合成
16. 兼有镇静、催眠、抗惊厥、抗癫痫作用的药物是
   A. 苯妥英钠
   B. 地西泮
   C. 水合氯醛
   D. 扑米酮
   E. 司可巴比妥
17. 下列叙述中，错误的是
   A. 可待因的镇咳作用比吗啡强
   B. 纳洛酮是阿片受体阻断药
   C. 喷他佐辛久用不易成瘾
   D. 吗啡是阿片受体的激动剂
   E. 吗啡和哌替啶都能用于心源性哮喘
18. 关于苯妥英钠，哪项错误
   A. 不宜肌内注射
   B. 无镇静催眠作用
   C. 抗癫痫作用与开放钠通道

有关
D. 血药浓度过高则按零级动力学消除
E. 有诱导肝药酶的作用

19. 不用于治疗风湿性关节炎的药物是
A. 阿司匹林
B. 对乙酰氨基酚
C. 羟基保泰松
D. 吲哚美辛
E. 舒林酸

20. 米帕明（丙米嗪）抗抑郁症的机制是
A. 促进脑内 NA 和 5-HT 释放
B. 抑制脑内 NA 和 5-HT 释放
C. 促进脑内 NA 和 5-HT 再摄取
D. 抑制脑内 NA 和 5-HT 再摄取
E. 激活脑内 D_2受体

21. 成瘾性最小的镇痛药是
A. 吗啡
B. 芬太尼
C. 哌替啶
D. 喷他佐辛
E. 美沙酮

22. 吗啡禁用于分娩镇痛，是由于
A. 可致新生儿便秘
B. 易产生成瘾性
C. 易在新生儿体内蓄积
D. 镇痛效果差
E. 可抑制新生儿呼吸

23. 抑制 PG 合成酶作用最强的药物是
A. 阿司匹林
B. 吲哚美辛
C. 保泰松
D. 对乙酰氨基酚
E. 布洛芬

24. 吗啡禁用于
A. 分娩镇痛
B. 胃肠绞痛
C. 肾绞痛
D. 晚期癌痛
E. 心肌梗死剧痛

25. 胃溃疡患者宜选用哪种解热镇痛药
A. 对乙酰氨基酚
B. 吲哚美辛
C. 保泰松
D. 吡罗昔康
E. 布洛芬

26. 不属于苯二氮䓬类药物作用特点的是
A. 具有抗焦虑作用
B. 具有外周性肌松作用
C. 具有镇静作用
D. 具有催眠作用
E. 用于癫痫持续状态

27. 关于地西泮的叙述，哪项错误
A. 肌内注射吸收慢而不规则
B. 口服治疗量对呼吸和循环影响小
C. 较大剂量易引起全身麻醉
D. 可用于治疗癫痫持续状态
E. 其代谢产物也有生物活性

28. 三叉神经痛首选
A. 氯硝西泮
B. 苯妥英钠
C. 卡马西平
D. 氯丙嗪
E. 丙米嗪

29. 吗啡的适应证为
A. 颅脑外伤疼痛
B. 诊断未明急腹症疼痛
C. 哺乳期妇女镇痛
D. 分娩镇痛
E. 急性严重创伤、烧伤所致疼痛

【A_2 型题】

30. 患者，男，56 岁。有急性心肌梗死病史，经治疗好转后，停药月余，昨夜突发剧咳而憋醒，不能平卧，咳粉红色泡沫样痰，烦躁不安。心率 130 次/分，血压 160/95mmHg，两肺有小水泡音。诊断为急性左心衰竭、心源性哮喘。用哪种药物治疗最适宜
A. 阿托品
B. 吗啡
C. 去甲肾上腺素
D. 卡托普利
E. 纳洛酮

31. 患儿，女，12 岁。3 周前患急性扁桃体炎。突然出现窦性心动过速，心搏微弱，心尖区有收缩期吹风样杂音。实验室检查有链球菌感染。确诊为急性风湿热，除用青霉素控制链球菌感染外，应选哪种药治疗
A. 阿司匹林
B. 布洛芬
C. 对乙酰氨基酚
D. 保泰松
E. 吲哚美辛

【B_1 型题】

（32～33 题共用备选答案）
A. 喷他佐辛
B. 罗通定
C. 曲马多
D. 芬太尼
E. 纳洛酮

32. 阿片受体阻断药是
33. 镇痛作用最强的是

（34～36 题共用备选答案）
A. 乙琥胺
B. 苯妥英钠
C. 地西泮
D. 丙戊酸钠
E. 硫酸镁

34. 对各型癫痫都有效的药物是
35. 能诱导肝药酶加速自身代谢的药物是
36. 对癫痫小发作最好选用

第五章 心血管系统药

【A_1 型题】

1. 利尿药初期降压机制可能是
   A. 降低血管对缩血管剂的反应性
   B. 增加血管对扩血管剂的反应性
   C. 降低动脉壁细胞的 Na^+ 含量
   D. 排钠利尿，降低胞外液及血容量
   E. 诱导动脉壁产生扩血管物质
2. 降低总胆固醇和低密度脂蛋白最明显的药物是
   A. 烟酸
   B. 多烯脂肪酸
   C. 普罗布考
   D. 乐伐他汀
   E. 非诺贝特
3. 关于强心苷，哪项错误
   A. 有正性肌力作用
   B. 有正性心肌传导功能
   C. 有负性频率作用
   D. 安全范围小
   E. 用于治疗心衰，也可治疗室上性心动过速
4. 糖尿病、高血压伴有肾功能不全者最好选用
   A. 氢氯噻嗪
   B. 利血平
   C. 卡托普利
   D. 胍乙啶
   E. 哌唑嗪
5. 能扩张小动脉、小静脉，作用强大而短暂，可用于治疗慢性心功不全急性发作的扩血管药是
   A. 硝酸甘油
   B. 肼屈嗪
   C. 硝普钠
   D. 硝苯地平
   E. 哌唑嗪
6. 硝酸甘油舒张血管平滑肌的机制是
   A. 激活腺苷酸环化酶，增加 cAMP
   B. 直接作用于血管平滑肌
   C. 激动 $β_2$ 受体
   D. 体内代谢生成 NO
   E. 阻断 Ca^{2+} 通道
7. 便秘发生率最高的降压药是
   A. 氢氯噻嗪
   B. 维拉帕米
   C. 氯沙坦
   D. 普萘洛尔
   E. 卡托普利
8. HMG-CoA 还原酶抑制药的药理作用是
   A. 抑制体内胆固醇氧化酶
   B. 阻断 HMG-CoA 转化为甲羟戊酸
   C. 使肝脏 LDL 受体表达减弱
   D. 具有促进细胞分裂作用
   E. 具有增强细胞免疫作用
9. 属于苯烷胺类选择性钙通道阻滞药是
   A. 硝苯地平
   B. 维拉帕米
   C. 普尼拉明
   D. 哌克昔林
   E. 氟桂利嗪
10. 卡托普利常见的不良反应是
    A. 直立性低血压
    B. 刺激性干咳
    C. 多毛
    D. 阳痿
    E. 反射性心率加快
11. 强心苷对下列哪种原因所致的慢性心功能不全疗效较好
    A. 甲状腺功能亢进
    B. 维生素 B_1 缺乏
    C. 肺源性心脏病
    D. 心力衰竭伴房颤
    E. 缩窄性心包炎
12. 治疗急性心肌梗死引起的室性心动过速的首选药是
    A. 奎尼丁
    B. 普鲁卡因胺
    C. 普萘洛尔
    D. 利多卡因
    E. 维拉帕米
13. 胺碘酮
    A. 延长 APD，阻滞 Na^+ 内流
    B. 缩短 APD，阻滞 Na^+ 内流
    C. 延长 ERP，促进 K^+ 外流
    D. 缩短 APD，阻断 β 受体
    E. 缩短 ERP，阻断 α 受体
14. 强心苷心肌毒性的发生机制是
    A. 激活心脏细胞膜的 Na^+、K^+-ATP 酶
    B. 抑制心肌细胞膜的 Na^+、K^+-ATP 酶
    C. 增加心肌细胞中的 K^+
    D. 增加心肌细胞中的 Ca^{2+}
    E. 增加心肌细胞中的 Na^+
15. 血浆半衰期最长钙离子通道阻滞药是
    A. 硝苯地平
    B. 尼卡地平
    C. 氨氯地平
    D. 尼索地平
    E. 尼群地平
16. 与胺碘酮延长心室肌 APD 作用机制有关的主要离子通道是
    A. 钠通道
    B. 钙通道
    C. 镁通道
    D. 氯通道
    E. 钾通道
17. 变异型心绞痛患者首选药物是
    A. 胺碘酮
    B. 卡托普利
    C. 利多卡因
    D. 硝苯地平
    E. 普萘洛尔
18. 利多卡因对哪种心律失常无效
    A. 心室颤动
    B. 室性期前收缩

C. 室上性心动过速
D. 强心苷引起的室性心律失常
E. 心肌梗死所致的室性早搏

19. 对地高辛引起的窦性心动过缓和轻度房室传导阻滞最好选用
A. 阿托品
B. 异丙肾上腺素
C. 苯妥英钠
D. 肾上腺素
E. 氯化钾

20. 心力衰竭合并快速心房颤动患者，控制心室率首选
A. 依布利特
B. 腺苷
C. 维拉帕米
D. 毛花苷C
E. 美托洛尔

21. 关于硝苯地平，哪项错误
A. 是二氢吡啶类钙通道阻滞药
B. 口服吸收迅速而完全
C. 主要的不良反应是低血压
D. 可用于治疗心律失常
E. 可用于治疗高血压和心绞痛

22. 哪种药物能防止和逆转慢性心功能不全的心室肥厚并能降低病死率
A. 地高辛
B. 米力农
C. 氢氯噻嗪
D. 硝普钠
E. 卡托普利

23. 哪种药物对心房颤动无效
A. 奎尼丁
B. 地高辛
C. 普萘洛尔
D. 胺碘酮
E. 利多卡因

24. 能防止甚至逆转血管壁增厚和心肌肥大的抗高血压药是
A. 利尿降压药
B. β受体阻断药
C. 钙通道阻滞药
D. 血管紧张素转换酶抑制药
E. α受体阻断药

25. 强心苷对哪种心衰的疗效最好
A. 肺源性心脏病引起
B. 严重二尖瓣狭窄引起的
C. 甲状腺功能亢进引起的
D. 严重贫血引起的
E. 高血压或瓣膜病引起的

26. 选择性钙通道阻滞药是
A. 氟桂利嗪
B. 普尼拉明
C. 哌克昔林
D. 硝苯地平
E. 桂利嗪

27. 使用利尿药后期的降压机制是
A. 排Na^+利尿，降低血容量
B. 降低血浆肾素活性
C. 增加血浆肾素活性
D. 减少细胞内Na^+，降低血管对缩血管物质的反应性
E. 抑制醛固酮的分泌

28. 抗心律失常谱广而$t_{1/2}$长的药物是
A. 奎尼丁
B. 普萘洛尔
C. 胺碘酮
D. 普罗帕酮
E. 普鲁卡因胺

29. 关于卡托普利，下列哪种说法错误
A. 降低外周血管阻力
B. 可用于治疗心衰
C. 与利尿药合用可加强其作用
D. 可增加体内醛固酮水平
E. 双侧肾动脉狭窄的患者忌用

30. 不属于硝酸甘油作用机制的是
A. 降低室壁肌张力
B. 降低心肌氧耗量
C. 扩张心外膜血管
D. 降低左心室舒张末压
E. 降低交感神经活性

31. 地高辛治疗心房颤动的主要作用是
A. 缩短心房有效不应期
B. 抑制窦房结
C. 减慢房室传导
D. 降低浦肯野纤维的自律性
E. 直接降低心房的兴奋性

32. 关于普萘洛尔抗心律失常的机制，哪项错误
A. 阻断心肌β受体
B. 降低窦房结的自律性
C. 降低浦肯野纤维的自律性
D. 治疗量就延长浦肯野纤维的有效不应期
E. 延长房室结的有效不应期

33. 阵发性室上性心动过速首选
A. 维拉帕米
B. 硝苯地平
C. 尼卡地平
D. 尼索地平
E. 地尔硫䓬

34. 降低肾素活性最明显的药物是
A. 氢氯噻嗪
B. 可乐定
C. 肼苯哒嗪
D. 普萘洛尔
E. 利血平

35. 关于维拉帕米，哪项错误
A. 是治疗阵发性室上性心动过速的首选药
B. 对肥厚型心肌病无效
C. 能改善心室的舒张功能
D. 禁用于严重心衰的患者
E. 能增加缺血心肌的冠脉流量

36. 具有抗心律失常、抗高血压及抗心绞痛作用的药物是
A. 可乐定
B. 普萘洛尔
C. 利多卡因
D. 硝酸甘油
E. 氢氯噻嗪

37. 哪类降压药兼有改善肾功能、心功能，逆转心脏肥大，并能明显降低病死率
A. 可乐宁等中枢性降压药
B. 钙通道阻滞药
C. 血管紧张素转换酶抑制药
D. 利尿降压药

E. 神经节阻断药

38. 地高辛的 $t_{1/2}=33h$，按每日给予治疗量，问血药浓度何时达到稳态
A. 3 天
B. 6 天
C. 9 天
D. 12 天
E. 15 天

39. 治疗地高辛引起的室性早搏（期前收缩）的首选药是
A. 奎尼丁
B. 苯妥英钠
C. 利多卡因
D. 胺碘酮
E. 普鲁卡因胺

40. 维拉帕米对哪种心律失常疗效最好
A. 房室传导阻滞
B. 室性心动过速
C. 室性期前收缩
D. 阵发性室上性心动过速
E. 强心苷过量的心律失常

41. 关于普萘洛尔，哪项错误
A. 阻断突触前膜 β_2 受体减少去甲肾上腺素释放
B. 减少肾素的释放
C. 长期用药一旦病情好转应立即停药
D. 生物利用度个体差异大
E. 能诱发支气管哮喘

42. 关于普萘洛尔抗心绞痛方面，哪项错误
A. 对变异型心绞痛效果好
B. 与硝酸甘油合用效果好
C. 对兼有高血压的效果好
D. 久用后不宜突然停药
E. 对稳定型和不稳定型的都有效

【A_2 型题】

43. 患者，男性，62 岁。因房颤入院，用地高辛后心室率得到控制，并以 0.5mg/d 地高辛维持。因患者有心绞痛病史，为预防心绞痛而用一种抗心绞痛的药物，用药期间患者出现传导阻滞，你认为最可能是合并应用了哪种药物
A. 硝酸甘油
B. 硝苯地平
C. 维拉帕米
D. 硝酸异山梨酯
E. 美托洛尔

44. 患者，女性，54 岁。有甲亢病史，近日因过劳和精神刺激而出现失眠、心悸、胸闷。查体见心率 160 次/分，心电有明显的心肌缺血改变、窦性心律不齐。此时最好选用
A. 胺碘酮
B. 奎尼丁
C. 普鲁卡因胺
D. 普萘洛尔
E. 利多卡因

45. 患者，男性，59 岁。约有 10 年高血压病史，经强心、利尿治疗好转，但近日病情加重，出现心悸、气促、下肢水肿加重。诊断为原发性高血压、慢性心功能不全、心肌肥大。最好加用哪种药物继续治疗
A. 卡托普利
B. 硝苯地平
C. 肼屈嗪
D. 哌唑嗪
E. 氨茶碱

46. 患者，女性，54 岁。患风湿性二尖瓣关闭不全多年，用地高辛和氢氯噻嗪维持疗效。但近日呼吸困难加重，夜间频繁发作，心悸，两肺满肺野湿啰音。经检查左室舒张期充盈压明显升高。除上述药物外，该加用哪种药物进行治疗
A. 米力农
B. 多巴胺
C. 硝普钠
D. 氨力农
E. 卡托普利

47. 患者，男性，58 岁。患高血压性心脏病数年，有时因激动或过劳而发生心绞痛，最初经休息后尚可自行缓解，几天之后心绞痛加重并有心律失常。此时合理的治疗方案是
A. 硝酸甘油+硝酸异山梨酯
B. 普萘洛尔+维拉帕米
C. 地尔硫䓬+普萘洛尔
D. 硝酸甘油+普萘洛尔
E. 地尔硫䓬+维拉帕米

48. 患者，男性，60 岁。高血压病史近 20 年，经检查示心室肌肥厚，血压 170/100mmHg。最好选用哪种降压药
A. 氢氯噻嗪
B. 可乐定
C. 卡托普利
D. 维拉帕米
E. 普萘洛尔

49. 患者，女性，56 岁。头痛、头晕 2 个月，并有时心悸。经检查：血压 180/110mmHg，并有窦性心动过速。最好选用哪种治疗方案
A. 氢氯噻嗪+普萘洛尔
B. 氢氯噻嗪+可乐定
C. 硝苯地平+肼屈嗪
D. 硝苯地平+哌唑嗪
E. 卡托普利+肼屈嗪

【B_1 型题】

（50~52 题共用备选答案）
A. 奎尼丁
B. 普鲁卡因胺
C. 利多卡因
D. 胺碘酮
E. 维拉帕米

50. 可影响甲状腺功能的药物是
51. 可引起肺纤维化的药物是
52. 长期用药可引起全身红斑狼疮样综合征的药物是

（53~55 题共用备选答案）
A. 地高辛

B. 氨茶碱
C. 卡托普利
D. 肼屈嗪
E. 硝普钠
53. 具有抑制磷酸二酯酶，扩张血管和正性肌力作用的药物是
54. 具有血管紧张素Ⅰ转换酶抑制作用，能防止和逆转心室肥厚的药物是
55. 扩张小动脉、小静脉，作用强大、快速短的扩血管药物是
（56～60题共用备选答案）
A. 地高辛
B. 米力农
C. 卡维地洛
D. 硝普钠
E. 多巴酚丁胺
56. 抑制 Na^+,K^+-ATP 酶，使心肌细胞内 Ca^{2+}增加的药物是
57. 抑制磷酸二酯酶Ⅲ，提高细胞内 cAMP 含量，增加心肌细胞内 Ca^{2+}浓度的药物是
58. 扩张小动脉和小静脉，降低心脏的前、后负荷的药物是
59. 激动心脏β受体，增强心肌收缩力，增加心排血量的药物是
60. 阻断心脏的β受体，拮抗交感神经对心脏的作用的药物是
（61～62题共用备选答案）
A. 硝酸甘油
B. 普萘洛尔
C. 地尔硫䓬
D. 硝苯地平
E. 维拉帕米
61. 连续应用最易产生耐受性的药物是
62. 不宜用于变异型心绞痛的药物是
（63～65题共用备选答案）
A. 考来烯胺
B. 烟酸
C. 非诺贝特
D. 洛伐他汀
E. 普罗布考
63. HMG-CoA 还原酶抑制剂是
64. 具有抗氧化作用的药物是
65. 抑制胆固醇合成的药物是
（66～67题共用备选答案）
A. 利尿药
B. α受体阻断药
C. β受体阻断药
D. 二氢吡啶类钙通道阻滞药
E. 血管紧张素转换酶抑制药
66. 妊娠患者最不宜选用的降压药为
67. 哮喘患者最不宜选用的降压药为

第六章　利尿药与脱水药

【A_1 型题】

1. 下列关于甘露醇的叙述不正确的是
A. 脱水需静脉给药
B. 体内不被代谢
C. 不易通过毛细血管
D. 提高血浆渗透压
E. 易被肾小管重吸收
2. 关于噻嗪类利尿药，哪项是错误的
A. 有降血压作用
B. 利尿作用不受肾小球滤过作用的影响
C. 能升高血糖
D. 能升高血浆尿酸浓度
E. 能抑制碳酸酐酶
3. 伴有糖尿病的水肿患者，不宜选用
A. 氢氯噻嗪
B. 吲达帕胺
C. 氨苯蝶啶
D. 螺内酯
E. 乙酰唑胺
4. 最易引起电解质紊乱的药物是
A. 氢氯噻嗪
B. 螺内酯
C. 呋塞米
D. 氨苯蝶啶
E. 乙酰唑胺
5. 最适于治疗肺水肿的药物是
A. 呋塞米
B. 氢氯噻嗪
C. 氨苯蝶啶
D. 螺内酯
E. 乙酰唑胺
6. 脑压过高，为预防脑疝最好选用
A. 呋塞米
B. 阿米洛利
C. 螺内酯
D. 乙酰唑胺
E. 甘露醇

【A_2 型题】

7. 患者，男性，34岁。建筑工人。一次事故严重外伤，大量出血，血压下降、少尿，经抢救低血压和血容量已纠正后，尿量仍很少。为避免肾衰竭的进展，应给哪种药物
A. 氢氯噻嗪
B. 呋塞米
C. 螺内酯
D. 氨苯蝶啶
E. 卡托普利

【B_1 型题】

（8～9题共用备选答案）
A. 氢氯噻嗪
B. 呋塞米
C. 氨苯蝶啶
D. 螺内酯
E. 阿米洛利
8. 对抗醛固酮作用的药物是
9. 基础降压药宜选

第七章　抗过敏药

【A_1 型题】

1. 对苯海拉明，哪项错误
   A. 可用于失眠的患者
   B. 可用于治疗荨麻疹
   C. 是 H_1 受体阻断药
   D. 可治疗胃和十二指肠溃疡
   E. 可治疗过敏性鼻炎
2. 几乎无中枢神经抑制作用的 H_1 受体阻断药是
   A. 苯海拉明
   B. 异丙嗪
   C. 氯雷他定
   D. 氯苯那敏
   E. 以上都不是

第八章　呼吸系统药

【A_1 型题】

1. 关于平喘药物的作用，哪项错误
   A. 稳定肥大细胞膜
   B. β_2 受体激动
   C. 磷酸二酯酶抑制
   D. M 受体阻断
   E. H_2 受体阻断
2. 对 β_2 受体有选择性激动作用的平喘药是
   A. 茶碱
   B. 肾上腺素
   C. 沙丁胺醇
   D. 色甘酸钠
   E. 异丙肾上腺素
3. 急性哮喘发作首选
   A. 色甘酸钠吸入
   B. 氨茶碱口服
   C. 沙丁胺醇吸入
   D. 麻黄碱口服
   E. 倍氯米松口服
4. 氨茶碱的主要平喘机制为
   A. 直接舒张支气管
   B. 抑制磷酸二酯酶
   C. 激活鸟苷酸环化酶
   D. 抑制腺苷酸环化酶
   E. 促进肾上腺素的释放
5. 作用与吗啡相似但较弱，具有镇痛和中枢性镇咳作用的药物为
   A. 可待因
   B. 氨茶碱
   C. 右美沙芬
   D. 特布他林
   E. 异丙托溴铵

第九章　消化系统药

【A_1 型题】

1. 兼具抗幽门螺杆菌作用的抗酸药是
   A. 氢氧化铝
   B. 米索前列醇
   C. 西咪替丁
   D. 哌仑西平
   E. 奥美拉唑
2. 奥美拉唑抑制胃酸分泌的机制是
   A. 阻断 H_2 受体
   B. 抑制胃壁细胞 H^+ 泵的功能
   C. 阻断 M 受体
   D. 阻断促胃液素（胃泌素）受体
   E. 直接抑制胃酸分泌
3. 关于奥美拉唑，哪项错误
   A. 是目前抑制胃酸分泌作用最强的
   B. 抑制胃壁细胞 H^+ 泵作用
   C. 也能使促胃液素分泌增加
   D. 是 H_2 受体阻断药
   E. 对消化性溃疡和反流性食管炎效果好
4. 哪项不是奥美拉唑的不良反应
   A. 口干、恶心
   B. 头晕、失眠
   C. 胃黏膜出血
   D. 外周神经炎
   E. 男性乳房女性化
5. 下列关于西沙必利的描述，错误的是
   A. 属苯甲酰类药物
   B. 能促进肠壁肌层神经丛释放乙酰胆碱
   C. 能促进食管、胃、小肠直至结肠的运动
   D. 用于胃运动减弱和各种胃轻瘫
   E. 为 H_2 受体阻断药

第十章　子宫平滑肌收缩药

【A_1 型题】

1. 下列缩宫素的药理作用，正确的是
   A. 兴奋子宫平滑肌
   B. 促进排乳
   C. 降低血压
   D. 抗利尿
   E. 以上均正确

2. 下列关于麦角新碱的描述，错误的是
A. 禁用于催产引产
B. 选择性的兴奋子宫平滑肌
C. 用于产后、流产后子宫出血及月经过多
D. 可用于产后子宫复原
E. 可引起恶心、呕吐及血压升高等症状

第十一章 血液和造血系统药

【A_1 型题】

1. 哪种药物对抗肝素过量的自发性出血最有效
A. 维生素 K
B. 维生素 C
C. 垂体后叶激素
D. 鱼精蛋白
E. 右旋糖酐

2. 关于肝素，哪项错误
A. 肝素过量能引起骨质疏松
B. 肝素不能口服
C. 肝素是通过抗凝血酶Ⅲ起作用
D. 肝素用量越大，其抗凝活性 $t_{1/2}$ 越长
E. 肝素只在体外有抗凝血作用

3. 失血性休克扩充血容量宜选用
A. 硫酸亚铁
B. 叶酸
C. 维生素 B_{12}
D. 右旋糖酐
E. 红细胞生成素

4. 具有体内、外抗凝血作用的药物是
A. 肝素
B. 阿司匹林
C. 香豆素类
D. 链激酶
E. 右旋糖酐

【B_1 型题】

（5~7 题共用备选答案）
A. 铁剂
B. 叶酸
C. 维生素 B_{12}
D. 维生素 K
E. 肝素

5. 预防新生儿出血用
6. 恶性贫血用
7. 巨幼细胞贫血用

第十二章 激素类药及降血糖药

【A_1 型题】

1. 长期应用糖皮质激素后，突然停药所产生的反跳现象是由于患者
A. 对糖皮质激素产生耐药性
B. 对糖皮质激素产生了依赖或病情未能完全控制
C. 肾上腺皮质功能亢进
D. 肾上腺皮质功能减退
E. ACTH 分泌减少

2. 糖皮质激素不具有哪种药理作用
A. 快速强大的抗炎作用
B. 抑制细胞免疫和体液免疫
C. 提高机体对细菌内毒素的耐受力
D. 提高机体对细菌外毒素的耐受力
E. 增加血中白细胞数量，但却抑制其功能

3. 糖皮质激素类药物可用于治疗
A. 原发性血小板增多症
B. 急性淋巴细胞白血病
C. 慢性粒细胞白血病
D. 真性红细胞增多症
E. 骨质疏松

4. 严重肝功能不全的患者不宜用
A. 氢化可的松
B. 甲泼尼龙
C. 泼尼松龙
D. 泼尼松
E. 地塞米松

5. 长期大量应用糖皮质激素可引起哪种不良反应
A. 高血钾
B. 低血压
C. 低血糖
D. 高血钙
E. 水、钠潴留

6. 关于糖皮质激素抗炎作用的正确叙述是
A. 对抗各种原因，如物理、生物等引起的炎症
B. 能提高机体的防御功能
C. 促进创口愈合
D. 抑制病原体生长
E. 直接杀灭病原体

7. 水钠潴留作用最弱的糖皮质激素是
A. 泼尼松
B. 泼尼松龙
C. 甲泼尼龙
D. 地塞米松
E. 氢化可的松

8. 关于胰岛素的作用下列哪项错误
A. 促进脂肪合成，抑制脂肪分解
B. 抑制蛋白质合成，抑制氨基酸进入细胞
C. 促进葡萄糖利用，抑制糖原分解和产生

D. 促进钾进入细胞，降低血钾
E. 促进蛋白质合成及氨基酸转运

9. 下述哪种糖尿病不需首选胰岛素
A. 幼年重型糖尿病
B. 合并严重感染的糖尿病
C. 轻型糖尿病
D. 需作手术的糖尿病患者
E. 合并妊娠的糖尿病患者

10. 有严重肝病的糖尿病患者禁用哪种降血糖药
A. 氯磺丙脲
B. 甲苯磺丁脲
C. 苯乙双胍（苯乙福明）
D. 胰岛素
E. 二甲双胍（甲福明）

11. 磺酰脲类药物药理作用为
A. 可使电压依赖性钾通道开放
B. 可促进胰岛素释放而降血糖
C. 不改变体内胰高血糖素水平
D. 可使电压依赖性钠通道开放
E. 能抑制抗利尿激素的分泌

12. 有降血糖及抗利尿作用的药物是
A. 甲苯磺丁脲
B. 氯磺丙脲
C. 格列齐特
D. 二甲双胍
E. 苯乙双胍

13. 引起胰岛素抵抗性的诱因，哪项错误
A. 严重创伤
B. 酮症酸中毒
C. 并发感染
D. 手术
E. 暴饮暴食

14. 不促进胰岛素释放，不加重肥胖的降糖药为
A. 二甲双胍
B. 甲苯磺丁脲
C. 格列本脲
D. 格列吡嗪
E. 氯磺丙脲

15. 对切除胰腺或重度糖尿病患者无效的降糖药为
A. 阿卡波糖
B. 格列齐特
C. 二甲双胍
D. 苯乙双胍
E. 珠蛋白锌胰岛素

【A_2 型题】

16. 患者，男性，60 岁。患风湿性关节炎，口服泼尼松和多种非甾体抗炎药 5 个月，近日突发自发性胫骨骨折。其原因可能与哪种药物有关
A. 阿司匹林
B. 吲哚美辛
C. 布洛芬
D. 泼尼松
E. 保泰松

17. 患者，女性，25 岁。平素易患咽炎、扁桃体炎，近来不规则低热 3 个月，膝、踝关节红肿、热、痛明显，小腿有散在红斑，心肺（-），白细胞计数增多，患慢性迁延性肝炎多年。不宜选用的药物是
A. 氢化可的松
B. 泼尼松
C. 泼尼松龙
D. 阿司匹林
E. 布洛芬

【B_1 型题】

（18～19 题共用备选答案）
A. 米托坦
B. 地塞米松
C. 可的松
D. 氟轻松
E. 甲泼尼松

18. 全身用药抗炎作用最强，作用持续时间最长的糖皮质激素是
19. 不能作全身应用，而只能外用的糖皮质激素是

第十三章 抗微生物药

【A_1 型题】

1. 哪项不是对 β 内酰胺类抗生素产生耐药的原因
A. 细菌产生 β 内酰胺酶
B. PBPs 与抗生素亲和力降低
C. PBPs 数量减少
D. 菌细胞壁或外膜的通透性发生改变
E. 细菌缺少自溶酶

2. 对青霉素 G 最敏感的病原体是
A. 立克次体
B. 钩端螺旋体
C. 衣原体
D. 支原体
E. 真菌

3. 青霉素 G 最适于治疗
A. 伤寒、副伤寒
B. 肺炎杆菌性肺炎
C. 布鲁菌病
D. 溶血性链球菌感染
E. 细菌性痢疾

4. 抗铜绿假单胞菌作用最强的头孢菌素是
A. 头孢氨苄
B. 头孢他啶
C. 头孢孟多
D. 头孢噻吩
E. 头孢乙腈

5. 哪种疾病用青霉素治疗可引起赫氏反应
A. 流行性脑脊髓膜炎

B. 甲型溶血性链球菌性心内膜炎
C. 大叶性肺炎
D. 气性坏疽
E. 梅毒

6. 第三代头孢菌素的特点是
A. 主要用于轻、中度呼吸道和尿路感染
B. 对革兰阴性菌有较强的作用
C. 对β内酰胺酶的稳定性较第一、二代头孢菌素低
D. 对肾脏毒性较第一、二代头孢菌素大
E. 对组织穿透力弱

7. 可以治疗军团菌、支原体、衣原体的药物是
A. 人工合成类
B. 氨基苷类抗生素
C. 四环素类
D. 大环内酯类
E. 头孢类

8. 肺部支原体感染用
A. 阿莫西林
B. 红霉素
C. 头孢曲松
D. 林可霉素
E. 万古霉素

9. 红霉素最主要的临床用途是
A. 耐青霉素的金黄色葡萄球菌感染
B. 脑膜炎双球菌引起的流脑
C. 淋球菌引起的淋病
D. 梅毒螺旋体引起的梅毒
E. 布鲁菌病

10. 氨基糖苷类药物在体内分布浓度较高的部位是
A. 细胞内液
B. 血液
C. 耳蜗内淋巴液
D. 脑脊液
E. 结核病灶的空洞中

11. 喹诺酮类抗菌药抑制
A. 细菌二氢叶酸合成酶
B. 细菌二氢叶酸还原酶
C. 细菌RNA多聚酶
D. 细胞依赖于DNA的RNA多聚酶
E. 细菌DNA回旋酶

12. 服用磺胺类药物加服$NaHCO_3$的目的是
A. 增强抗菌疗效
B. 加快药物吸收速度
C. 防止变态反应
D. 防止药物排泄过快而影响疗效
E. 使尿偏碱性，增加药物的溶解度

13. 磺胺药抗菌机制是
A. 抑制DNA螺旋酶
B. 抑制二氢叶酸还原酶
C. 抑制二氢蝶酸合酶
D. 改变膜通透性
E. 抑制分枝菌酸合成

14. 各类型的结核病首选药是
A. 链霉素
B. 利福平
C. 异烟肼
D. 乙胺丁醇
E. 吡嗪酰胺

15. 可治疗麻风并具有广谱抗菌作用的是
A. 链霉素
B. 乙胺丁醇
C. 异烟肼
D. 氯喹
E. 利福平

16. 用异烟肼时合用维生素B_6的目的是
A. 增强疗效
B. 延缓耐药性
C. 中枢抑制
D. 降低对神经的毒性
E. 促进吸收

17. 单纯疱疹病毒（HSV）感染的首选药是
A. 阿昔洛韦
B. 利巴韦林
C. 氨苄西林
D. 利福平
E. 氟康唑

【A_2型题】

18. 患儿，男，2岁。高热、呼吸困难，双肺散在小水泡音，诊断为支气管肺炎，青霉素试敏(+)。宜用
A. 氯霉素
B. 四环素
C. 头孢唑啉
D. 磺胺嘧啶
E. 红霉素

【B_1型题】

（19~20题共用备选答案）
A. 增加肾毒性
B. 增加耳毒性
C. 延缓耐药性产生
D. 增强抗菌范围
E. 增加神经-肌肉接头阻滞

19. 氨基糖苷类抗生素+呋塞米
20. 氨基糖苷类抗生素+骨骼肌松弛药

（21~23题共用备选答案）
A. 甲氧苄啶
B. 磺胺多辛
C. 呋喃唑酮
D. 磺胺嘧啶
E. 环丙沙星

21. 抗菌增效剂是
22. 口服难吸收，用于肠道感染的药物是
23. 对铜绿假单胞菌有良好抗菌活性的药物是

（24~26题共用备选答案）
A. 可引起外周神经炎
B. 可引起视神经炎
C. 有流感样症状
D. 可引起耳鸣，耳聋
E. 可引起关节疼痛

24. 异烟肼
25. 利福平
26. 乙胺丁醇

第十四章　抗寄生虫药

【A_1型题】

1. 进入疟区时，作为病因性预防的常规用药是
   A. 伯氨喹
   B. 氯喹
   C. 乙胺嘧啶
   D. 周效磺胺
   E. 奎宁

【A_2型题】

2. 某疟疾病患者突然出现昏迷，给予二盐酸奎宁静脉滴注抢救，抢救过程中，患者又出现寒战、高热、血红蛋白尿。应改下列哪药继续抢救
   A. 氯喹
   B. 甲氟喹
   C. 伯氨喹
   D. 乙胺嘧啶
   E. 青蒿素

【B_1型题】

（3~5 题共用备选答案）

A. 氯喹
B. 奎宁
C. 伯氨喹
D. 乙胺嘧啶
E. 甲氟喹

3. 可根治间日疟和控制疟疾的传播药物是
4. 可用于治疗阿米巴肝脓肿的药物是
5. 可引起巨幼细胞贫血的药物是

第二部分
医学人文综合

第五篇　医学心理学

第一章　绪　　论

【A_1 型题】

1. 生物-心理-社会医学模式认为
   A. 心身是统一的
   B. 心理对健康和疾病有能动作用
   C. 心理因素、社会因素和生物因素都影响人体健康和疾病的发生
   D. 在健康和疾病问题上应将人视为一个整体
   E. 以上都是
2. 医学心理学的研究对象为
   A. 人类心理活动的规律
   B. 人类行为的科学发展
   C. 疾病发生发展的规律
   D. 影响健康的有关心理问题和行为
   E. 疾病预防和治疗的原则
3. 不属于医学心理学相关学科的是
   A. 健康心理学
   B. 变态心理学
   C. 神经心理学
   D. 药物心理学
   E. 教育心理学
4.《黄帝内经》提出的“天人合一”“形神合一”的心理学观点属于医学心理学发展的哪一阶段
   A. 神灵医学心理学时代
   B. 哲学医学心理学时代
   C. 科学医学心理学时代
   D. 现代医学心理学时代
   E. 以上都不是

【B_1 型题】

（5~6 题共用备选答案）
   A. 调查法
   B. 临床观察法
   C. 个案法
   D. 实验法
   E. 心理测验法
5. 通过交谈或问卷的方法了解一些人对某一事件的感受、态度和行为，在医学心理学的研究方法中属于
6. 通过严格控制条件，研究行为或活动条件与心理的因果关系，在医学心理学的研究方法中属于

第二章　医学心理学基础

【A_1 型题】

1. 心理过程包括哪 3 个过程
   A. 气质、性格和能力
   B. 动力、活动和评价
   C. 认识、情感和意志
   D. 认识、人格和活动
   E. 动力、情绪和意志
2. 人类心理过程的认识过程不包括
   A. 感觉
   B. 信念
   C. 记忆
   D. 思维
   E. 想象
3. 知觉是人脑对客观事物
   A. 个别属性的反映
   B. 整体属性的反映
   C. 本质属性的反映
   D. 特殊属性的反映
   E. 发展属性的反映
4. 情感对于情绪来说具有的特点是
   A. 强烈而冲动
   B. 伴有明显的行为变化
   C. 伴有明显的生理变化
   D. 稳定而深刻
   E. 带有明显的情境性
5. 与情绪形成有关的 3 个要素是
   A. 环境、心境、生理变化
   B. 情景、心境、条件反射
   C. 情景、刺激、生理过程
   D. 认知、反应、结果评价
   E. 情景、认知、生理状况
6. 情绪可通过哪些系统的生理反应对人体的健康产生影响
   A. 呼吸系统、循环系统和泌尿系统
   B. 神经系统、循环系统和泌尿系统
   C. 呼吸系统、循环系统和免疫系统

D. 神经系统、内分泌系统和免疫系统
E. 呼吸系统、内分泌系统和免疫系统

7. 按照需要起源，可把需要分为
A. 生理性需要和社会性需要
B. 生理性需要和心理性需要
C. 自然需要和精神需要
D. 物质需要和精神需要
E. 物质需要和心理需要

8. 人格核心是
A. 气质
B. 能力
C. 性格
D. 需要
E. 动机

9. 不属于性格特征的是
A. 对现实的态度特征
B. 意志特征
C. 情绪特征
D. 应激特征
E. 智力特征

10. 艾森克认为人格的维度有
A. 情绪性维度、气质性维度和稳定性维度
B. 情绪性维度、内外向维度和精神质维度
C. 气质性维度、内外向维度和稳定性维度
D. 理智性维度、情绪性维度和意志性维度
E. 理智性维度、内外向维度和精神质维度

11. 人类能创造出“猪八戒”这一并不客观存在的文学形象，这恰好说明了
A. 心理是脑的功能
B. 心理是对客观现实的反映
C. 心理是极其复杂的
D. 心理是客观现实在人脑中的主观能动的反映
E. 动物进化中产生了神经结构这一物质基础之后才有了心理功能

12. 反映直接作用于感觉器官的客观事物的个别属性的心理过程是
A. 感觉
B. 知觉
C. 记忆
D. 思维
E. 想象

13. 既想参赛锻炼自己，又怕成绩不好被人讥笑，此时的动机冲突是
A. 双趋冲突
B. 双避冲突
C. 趋避冲突
D. 双重趋避冲突
E. 多重趋避冲突

14. “感时花溅泪，恨别鸟惊心”，这种情绪状态是
A. 心境
B. 激情
C. 应激
D. 美感
E. 悲哀

15. 自觉地确定目的，并根据目的支配自己的行为，克服困难以实现目的的心理过程是
A. 认识
B. 意志
C. 情感
D. 感知
E. 思维

【A_2 型题】

16. 汽车正在行驶中，一名儿童突然冲向马路对面。司机急刹车，汽车在发出刺耳的刹车声后停住，儿童在车前的半米处跑过。这时司机顿感心搏加快、头上冒汗、手足无力。这种情绪状态是
A. 心境
B. 激情
C. 情感
D. 应激
E. 情操

【A_3/A_4 型题】

（17～18 题共用题干）

《红楼梦》中的林黛玉，其动作稳定缓慢，观察事物细致入微，敏感多疑，孤独多虑，情感体验深刻且持久。

17. 林黛玉的气质类型属于
A. 多血质
B. 黏液质
C. 胆汁质
D. 抑郁质
E. 兴奋质

18. 根据巴甫洛夫高级神经活动类型学说，林黛玉的神经活动类型属于
A. 抑制型
B. 兴奋型
C. 活泼型
D. 安静型
E. 均衡型

【B_1 型题】

（19～20 题共用备选答案）
A. 生理的需要
B. 安全的需要
C. 爱与被爱的需要
D. 尊重的需要
E. 自我实现的需要

19. 马斯洛需要层次论中最高层次需要是
20. 发挥自己的潜能，实现自己的理想与抱负的需要是

（21～23 题共用备选答案）
A. 双趋冲突
B. 双避冲突
C. 趋避冲突
D. 双重趋避冲突
E. 双趋双避冲突

21. “前有狼，后有虎”，这种动机冲突是
22. “鱼与熊掌不可兼得”，这种动机冲突是
23. “想吃糖，又怕胖”，这种动机冲突是

第三章 心理健康

【A_1 型题】

1. 心理卫生应从何时抓起
   A. 胎儿期
   B. 新生儿期
   C. 乳儿期
   D. 婴儿期
   E. 幼儿期
2. 智力发展的关键期在
   A. 3岁前
   B. 4岁前
   C. 5岁前
   D. 6岁前
   E. 7岁前
3. 同时能刺激多种感官的游戏或运动，叫作
   A. 感觉运动训练
   B. 体育活动训练
   C. 人格发展训练
   D. 自制能力训练
   E. 感觉整合训练

第四章 心理应激与心身疾病

【A_1 型题】

1. 心身疾病的界定条件是
   A. 在发病的原因中心理社会因素是重要的因素
   B. 具有由心理因素引起的躯体症状
   C. 具有明显的器质性病理改变或病理生理变化
   D. 不是神经症和精神病
   E. 以上都是
2. 与心身疾病的诊断无关的是
   A. 根据临床症状、体征和特殊检查明确器质性改变
   B. 疾病的发生有相平行的心理社会因素
   C. 排除神经症和精神疾病
   D. 单纯的生物医学疗法收效甚微
   E. 由某种躯体疾病引发心理障碍
3. 按照心身医学的观点，下列疾病中属于心身疾病的是
   A. 精神分裂症
   B. 抑郁症
   C. 消化性溃疡
   D. 大叶性肺炎
   E. 精神发育迟滞
4. 应激的概念可理解为
   A. 外界刺激和环境要求
   B. 对外界刺激和环境要求的反应
   C. 对环境不适应或适应的反应
   D. 对环境要求与应付能力评估后的状态
   E. 内外刺激因素
5. 在相同应激源作用下而产生不同的应激反应，其主要原因是个体的
   A. 体质不同
   B. 认知评价不同
   C. 敏感强度不同
   D. 反应强度不同
   E. 文化程度不同
6. 人们在遇到压力、痛苦、困境时，引起自杀的主要原因是
   A. 逃避应激源
   B. 排除应激源
   C. 难以应对应激源
   D. 没意识到应激源
   E. 想超越应激源
7. 不影响个体对应激的认知评价的是
   A. 人格特征
   B. 生活经历
   C. 应激源性质
   D. 对应激源的敏感度
   E. 当时个体的心身状态
8. 下列生活事件中，属于正性生活事件的是
   A. 夫妻分居
   B. 结婚
   C. 坐牢
   D. 子女离家
   E. 改行
9. 面对威胁性的应激源，通过各种适当的心理和行为对策来消除或缓解个体的紧张状态，称之为
   A. 激励
   B. 解脱
   C. 回避
   D. 应对
   E. 超脱
10. 人生会受到无数应激源的作用，只有那些对人有意义的刺激物才能引起心理应激反应，这些事物是否对人有意义，很大程度上取决于
    A. 应激源的强度
    B. 应激源的性质
    C. 应激源的数量
    D. 人的认知评价
    E. 人的智力水平
11. 布雷迪曾做过这样的实验，两只猴子各坐在自己被约束的椅子上，每隔一定时间通一次电，其中一只猴子（A）能自己断电而避免电击，另一只猴子（B）则不能，最终
    A. A得了溃疡病
    B. B得了溃疡病
    C. A、B均得了溃疡病
    D. A、B均未得病
    E. A、B均得了高血压

【A_3/A_4 型题】

（12~14题共用题干）

一女性，55岁。丧偶8年，现

独居，嗜烟酒，不爱运动。平时性情抑郁，过分容忍，办事无主见，常顺从于别人。1月前行胃癌切除，术中及术后情绪低落，兴趣下降，常独自流泪，有轻生之念。

12. 患者术后的情绪反应属于
   A. 焦虑
   B. 抑郁
   C. 恐惧
   D. 痛苦
   E. 内疚
13. 患者患胃癌的主要原因为
   A. 生活事件
   B. 易感性人格特征
   C. 情绪因素
   D. 不良生活习惯
   E. 以上都是
14. 对这种患者临床上应采取哪种措施
   A. 支持性心理治疗
   B. 认知疗法
   C. 精神分析疗法
   D. 药物治疗
   E. 以上都是

【B_1 型题】

（15~16题共用备选答案）
   A. 躯体性应激源
   B. 心理性应激源
   C. 社会性应激源
   D. 职业性应激源
   E. 文化性应激源
15. 个体的强烈需求或过高的期望属于
16. 语言、风俗习惯的改变属于

（17~18题共用备选答案）
   A. 应激的行为反应
   B. 应激的情绪反应
   C. 应激的生理反应
   D. 应激的防御反应
   E. 以上都不是
17. 一个家庭关系紧张的人，尽可能缩短在家逗留的时间，变成一个“工作迷”，这一现象是
18. 一位外科手术前的患者，坐卧不安，眉头紧锁，小动作多，这一现象是

（19~20题共用备选答案）
   A. 分散对消极应激源的注意
   B. 努力忘却消极应激源的情景状态
   C. 增加对威胁情境的回避能力
   D. 利用各种放松技术
   E. 锻炼意志
19. 有效应对应激的评价调整方法是
20. 应对应激以减轻紧张的措施是

（21~22题共用备选答案）
   A. 培养健全人格，锻炼应对能力，获取社会支持
   B. 药物治疗
   C. 病情变化与心理社会因素有关
   D. 心身相结合的原则
   E. 心理治疗
21. 心身疾病的治疗原则是
22. 心身疾病的诊断原则之一是

第五章　心理评估

【A_1 型题】

1. 临床心理评估是心理治疗和心理咨询的
   A. 前提
   B. 依据
   C. 效果判定
   D. 效果评价
   E. 以上都是
2. 心理测量的误差主要来源有
   A. 施测条件
   B. 主试者素质
   C. 应试者动机
   D. 应试者生理状态
   E. 以上都是
3. 心理评估常用的方法不包括
   A. 会谈法
   B. 调查法
   C. 实验法
   D. 作品分析法
   E. 心理测验法
4. 依据心理学的理论和方法对人的心理品质及水平作出的鉴定称为
   A. 心理诊断
   B. 心理测量
   C. 心理测验
   D. 心理调查
   E. 心理评估
5. 为了了解被检者的思维品质，检查者使用了填词测验，这种测验方法属于
   A. 投射法
   B. 问卷法
   C. 作业法
   D. 操作法
   E. 以上都不是

第六章　心理治疗与心理咨询

【A_1 型题】

1. 人本主义疗法有以下特点，但应除外
   A. 以询者为中心
   B. 放松训练
   C. 把心理治疗看成一个转变过程
   D. 非指令性治疗的技巧
   E. 言语操作性条件试验
2. 心理治疗医生是否成熟称职的重要条件以及心理治疗成败的

关键是
A. 医生的技术水平
B. 心理治疗实施的计划性
C. 是否坚持保密原则
D. 建立良好的医患关系
E. 治疗方法的灵活性

3. 不论进行何种心理治疗，治疗者均应遵守以下原则，但除外
A. 真诚原则
B. 保密原则
C. 耐心原则
D. 中立与回避原则
E. 标准化原则

4. 下列不属于行为疗法的是
A. 系统脱敏
B. 厌恶疗法
C. 冲击疗法
D. 自由联想
E. 前提控制

5. 为保证材料真实，也为了维护心理治疗本身的声誉及权威性，因此心理治疗要坚持
A. 真诚原则
B. 耐心原则
C. 保密原则
D. 中立原则
E. 回避原则

6. 属于精神分析疗法的是
A. 系统脱敏
B. 厌恶疗法
C. 自由联想
D. 森田疗法
E. 催眠疗法

7. 心理咨询的对象大多数是
A. 精神病患者
B. 躯体疾病患者
C. 心理异常的患者
D. 人格障碍者
E. 心理异常的正常人

8. 心理咨询的基本手段不包括
A. 宣泄
B. 领悟
C. 帮助选择和决定
D. 强化自我控制
E. 增强自信心

9. 心理治疗和心理咨询本质上是相同的，但也有下列差别，应除外
A. 工作任务不同
B. 工作时间长短不同
C. 对象和情境不同
D. 身份和工作方式不同
E. 解决问题的性质和内容不同

10. 在人本主义治疗技术中最重要的是
A. 表达
B. 分析
C. 指导
D. 同情
E. 倾听

11. 应用心理学的方法影响或改变患者的感受、认识、情感和行为，调整个体与环境之间的平衡，称之为
A. 心理诊断
B. 心理治疗
C. 心理卫生
D. 心理咨询
E. 心理适应

【A_2 型题】

12. 某患者，13 岁。在生活中养成不良的抽烟习惯，父母非常恼火。心理医师建议其采取的较有效地行为治疗是
A. 条件刺激和非条件刺激相结合
B. 环境因素和操作动作相结合
C. 厌恶刺激与不良行为相结合
D. 通过对不良行为的认识来矫正
E. 用转变注意力的方法来矫正

13. 女，20 岁。主诉自初中毕业后，越来越不能与陌生人接触，近 1 年来发展为见到熟人也害怕与之说话，且一说话就脸红。对于该患者心理治疗首选的方法为
A. 生物反馈
B. 系统脱敏
C. 自由联想
D. 催眠治疗
E. 人本主义

14. 一位来访者单位的同事，要求了解当事人心理治疗的情况，心理治疗师婉言谢绝。这是因为
A. 出于对来访者的尊重
B. 保持客观中立的立场
C. 不认识来访者的同事
D. 心理治疗的关系限定原则
E. 心理治疗的保密原则

15. 提出治疗过程要信任和依靠来访者自身的潜力，而不是依靠治疗师的指导性工作的心理学派观点是
A. 精神分析
B. 行为主义
C. 人本主义
D. 认知心理
E. 折衷主义

【A_3/A_4 型题】

（16~18 题共用题干）

一女大学生，19 岁。病前有强迫性人格特征，在一次动物实验中，因抓大白鼠的方法不对而被鼠咬，引起焦虑和恐惧发作。而后表现为见鼠就惊叫、害怕、心搏剧烈，发展到有人谈到鼠也出现焦虑、紧张、出汗症状。患者主动求医，要求治疗。

16. 对这位患者心理评估的最佳方法是
A. 调查法
B. 观察法
C. 会谈法
D. 作品分析法
E. 心理测验法

17. 根据临床表现，应诊断为
A. 焦虑性神经症
B. 疑病性神经症
C. 恐怖性神经症
D. 抑郁性神经症

E. 强迫性神经症

18. 心理治疗方法应首选
 A. 自由联想疗法
 B. 厌恶疗法
 C. 奖励方法
 D. 系统脱敏疗法
 E. 生物反馈疗法

【B_1 型题】

（19~21 题共用备选答案）
 A. 自由联想疗法
 B. 森田疗法
 C. 询者中心疗法
 D. 系统脱敏疗法
 E. 支持疗法

19. 以精神分析理论为基础的疗法是
20. 以行为主义理论为基础的疗法是
21. 以人本主义理论为基础的疗法是

第七章　医患关系与医患沟通

【A_1 型题】

1. 共同参与型的医患关系模式最适合于
 A. 急性患者
 B. 绝症患者
 C. 慢性患者
 D. 重症患者
 E. 精神病患者
2. 医师的临床知识和技能×患者的依从性，等于
 A. 治疗效果
 B. 技术交往
 C. 非技术交往
 D. 言语交往
 E. 非言语交往

【A_2 型题】

3. 男，55 岁。机关干部。患胃溃疡多年，本次因胃出血入院，手术治疗后，病情平稳。此时，医患关系模式为
 A. 共同参与型
 B. 指导-合作型
 C. 被动-主动型
 D. 主动-主动型
 E. 主动-被动型

【B_1 型题】

（4~5 题共用备选答案）
 A. 主动-被动型
 B. 指导-合作型
 C. 共同参与型
 D. 强制-被动型
 E. 指导-参与型

4. 一个昏迷患者被送到医院，医生对他进行处理，这种医患关系属于
5. 医生劝患者"你应该参加一些晨间锻炼"，这种医患关系属于

第八章　患者的心理问题

【A_1 型题】

1. 根据求医的决定权，可将求医行为分成
 A. 主动型、参与型、强制型
 B. 主动型、指导型、合作型
 C. 主动型、被动型、强制型
 D. 参与型、指导型、合作型
 E. 参与型、被动型、强制型
2. 不影响患者行为的因素是
 A. 患者的经济状况
 B. 季节因素
 C. 年龄
 D. 对疾病的认识水平
 E. 文化教育程序
3. 由患者的家长、家属或他人作出求医决定的求医类型是
 A. 主动型
 B. 被动型
 C. 强制型
 D. 顾虑型
 E. 合作型
4. 在患者常见的心理问题中，常表现为行为与年龄、社会角色不相符合，像回到婴儿时期，此患者的心理状态被称为
 A. 焦虑
 B. 回避
 C. 猜疑
 D. 愤怒
 E. 退化

【B_1 型题】

（5~6 题共用备选答案）
 A. 角色行为缺如
 B. 角色行为冲突
 C. 角色行为减退
 D. 角色行为强化
 E. 角色行为异常

5. 期望继续享有患者角色所获得的利益，是患者角色的
6. 否认自己有病，不及时就医是患者角色的

（7~8 题共用备选答案）
 A. 主动型
 B. 被动型
 C. 强制型
 D. 参与型
 E. 合作型

7. 昏迷患者的求医行为属
8. 儿童患者的求医行为属

第六篇　医学伦理学

第一章　伦理学与医学伦理学

【A_1 型题】

1. 对医术与医德之间关系错误的理解是
   A. “医乃仁术”
   B. 有能力做的就应该去做
   C. “大医精诚”
   D. 临床医学决策同时也是伦理决策
   E. 前沿医学技术应用于临床必须有医德参与
2. 能反映医学本质特征的是
   A. 人才
   B. 技术
   C. 设备
   D. 管理
   E. 道德
3. “医乃仁术”指医学伦理学是
   A. 医学的本质特征
   B. 医学活动中的一般现象
   C. 医学的非本质要求
   D. 医学的个别性质
   E. 个别医务人员的追求
4. 关于生物-心理-社会医学模式，下列提法中错误的是
   A. 人们关于健康和疾病的基本观点
   B. 21世纪建立起来的一种全新医学模式
   C. 临床实践活动和医学科学研究的指导思想
   D. 在更高层次上实现了对人的尊重
   E. 不仅重视人的生物生存状态，而且更加重视人的社会生存状态
5. 医学模式转变对医师提出的根本性医学伦理学要求是
   A. 学习伦理学
   B. 学习生命价值论
   C. 学习公益理论
   D. 更加关注处于社会关系中的、作为一个整体的患者的人文方面
   E. 注重改变传统的医学道德观念
6. 在医学伦理学任务的提法中，错误的是
   A. 为医学的发展导向
   B. 反映社会对医学的需求
   C. 为符合医学道德的行为辩护
   D. 制定与预防、诊断、治疗相对应的伦理准则
   E. 在医患关系中，只是竭力维护患者的权益
7. 高科技应用在医学中所产生的伦理负效应主要表现为下列现象，但应除外的是
   A. 诊治依赖高科技手段
   B. 高技术低情感
   C. 高技术手段集中于“三级医院”中
   D. 滥用高科技手段，造成看病贵
   E. 医患关系的“物化”趋势
8. 在高科技时代强调医学伦理教育的必要性，最主要的原因在于医学高新技术
   A. 给患者带来了福音
   B. 促进了医学发展
   C. 应用中的双重效应提出了新的医德要求
   D. 在西方被严重滥用的教训
   E. 应用中出现了许多医德两难选择问题
9. 医学伦理学的研究对象，除外以下
   A. 医际之间的关系
   B. 医务人员和社会的关系
   C. 政府行政部门之间的关系
   D. 医务人员和医学科学发展之间的关系
   E. 医务人员和患者的关系
10. 《希波克拉底誓言》的内容不涵盖以下哪一点
   A. 为病家保密
   B. 强调医生的品德修养
   C. 尊重同道
   D. 要有好的仪表和作用
   E. 为病家谋利益
11. 世界上第一部《医学伦理学》发表在
   A. 1913年
   B. 1903年
   C. 1883年
   D. 1813年
   E. 1803年

【A_2 型题】

12. 德国一位女牙医助理马里翁在一次车祸中受重伤，送到医院后被判定为脑死亡，后来的全面检查表明：当时该“患者”腹中4个月的胎儿完全正常，如果“患者”凭借现代医术使植物人状态长期维持下去，就可以保证胎儿发育成熟，直至出生；如果让“患者”体面地死去，就必须撤掉生命维持系统。这个难题，要求医学服务认真解决
   A. 医学中能不能做与伦理上应不应做的矛盾
   B. 临床诊断技术的问题
   C. 临床治疗技术的问题
   D. 服务态度的问题

E. 医药卫生资源宏观分配的矛盾

13. 一年轻人在打羽毛球时自己的球拍把额头碰破了一块皮，到某医院就医。接诊医生查看后，问明患者属公费医疗，于是开出了 CT 检查单。查后结果为阴性。此类现象产生的根源是

A. 医生诊断水平不高
B. 医生对高新技术手段过度迷信
C. 市场经济对医学服务的负面影响
D. 生物医学模式对医生的负面影响
E. 医院管理不到位

【A_3/A_4 型题】

（14~16 题共用题干）

陕西某高校一位副教授因高热住进职工医院，经 B 超、CT、抽血、抽骨髓化验等检查后，难以确诊。医生恐延误病情，于是给予高级抗生素治疗，但病情不好转。第 16 天，该院请某市医院会诊，仍依据上述检查结果而诊断为病毒性感冒，给予相应治疗后仍无济于事。患者在这两家医院里诊治达 20 多天，花费近万元，仍无明确诊断。后来，医院只好请西安医大第一附属医院某教授会诊。该教授并未盲目用理化检验手段，而是仔细问诊查体，当在患者身上发现了 3 个极易被忽视的小红点时，病情很快得到确诊：原来是患者在不久前游览西双版纳时被蚊虫叮咬，导致斑疹伤寒。确诊后，患者家属遵医嘱到药店花 1.2 元钱买了 20 片四环素，患者口服后痊愈

14. 前两家医院的医生出现误诊误治的原因是

A. 服务态度不好
B. 过分依赖技术手段
C. 患者病情太复杂
D. 诊断仪器不够档次
E. 医生学术水平太低

15. 某教授能为患者很快确诊的根本原因是

A. 对患者负责
B. 医术高明
C. 患者病情十分简单
D. 前两家医院为他提供了充分的检查结果数据
E. 正确看待诊疗仪器的作用，不盲目偏信仪器

16. 医疗仪器，尤其是高科技手段大量进入临床，要求临床医师注意防范的伦理问题应除外

A. 盲目购进，不能充分利用
B. 仪器检查代替医师问诊
C. 仪器检查代替医师查体
D. 仪器检查代替医德、责任心
E. 滥开检查单，不能合理利用

（17~18 题共用题干）

美国一女性患者，患有严重的脑综合征、压疮、心脏病、糖尿病等，对环境没有感觉，只有原始的脑功能，有自主呼吸，没有认识、行为能力，且无改善的希望，住院不久即插入鼻饲管以维持生命。她的监护人要求取走鼻饲管，被主管医师拒绝，监护人向法院起诉要求强迫取走，法院同意并下令取走；但受理上诉的法院否定了这个决定，认为中止喂饲就是杀人。3 年后，女患者死亡，她的鼻饲管仍保留着。

17. 从医学伦理学角度说，此案例反映出的突出问题应除外

A. 临床医学决策同时也是伦理判断
B. 医学上可能做的，不一定在伦理上是应该做的
C. 市场经济对医学实践的正、负效应并存
D. 生命神圣论与生命质量论的冲突
E. 传统医德规范与现代医德观念的矛盾

18. 主管医师拒绝患者监护人的请求，其理由是：医疗行为必须体现

A. 医乃仁术
B. 生命神圣
C. 不伤害原则
D. 尊重患者自主原则
E. 以上都是

（19~20 题共用题干）

凌晨，一位被汽车撞成重伤的少校军官被一位好心的老工人用三轮车送到某市医院急诊室。值班医师问刚刚苏醒过来的少校："带钱了吗?" 少校摇了摇头，又赶紧吃力地说："我是现役军人，能报销……" 话未说完又昏迷过去。医生给当地部队打电话，未能搞清伤者身份，于是睡觉去了。到早晨交接班时，发现少校军官已死于候诊室外长椅上。事后，某报记者走访了当事医师。他很委屈地说："我多倒霉呀！白受了个处分。半夜里，他既没钱又没有伴，我怎么能相信他的话呢?医院里患者住院一分钱不交就溜走的还少吗? 你去试试，不先交钱就给你看病的医院有哪家?"

19. 该值班医师出现过错的根源在于

A. 没有正确处理好市场经济带来的负效应问题
B. 没有正确处理好能不能做与应该不应该做的矛盾
C. 没有正确适应医学模式转变的要求
D. 没有正确适应高科技应用于医学的要求
E. 以上都不是

20. 医师在接诊此类患者时的最佳伦理选择应该是

A. 恪守先交钱，然后给予检查、处置、收入院、抢救的规定
B. 先积极抢救，然后再恰当解决收费问题
C. 只管抢救，收费是别人

的事
D. 把棘手患者推给上级医生
E. 以上都不对

【B_1 型题】

（21~23题共用备选答案）
A. 不仅关心患者的躯体，而且关心患者的心理
B. 注意克服物化趋势
C. 维护和尊重患者的知情同意权
D. 正确处理同行关系
E. 不能以医谋私

21. 由生物医学模式转到生物心理社会医学模式，要求临床医师
22. 为克服市场经济对医学服务产生的负面效应，要求临床医师
23. 为克服高科技应用于医学服务所产生的负面影响，要求临床医师

第二章 医学伦理的原则与规范

【A_1 型题】

1. 医学伦理学原则中的最高层次是
A. 不伤害患者
B. 有利于患者
C. 全心全意为人民身心健康服务
D. 尊重患者的自主性
E. 公正地对待患者
2. 某患者要做腰穿检查，有恐惧感。从医德要求考虑，临床医生应向患者做的主要工作是
A. 要得到患者知情同意
B. 告知做腰穿的必要性，嘱患者配合
C. 告知做腰穿时应注意的事项
D. 因诊断需要，先动员，后检查
E. 动员家属做患者思想工作
3.《医疗机构从业人员行为规范》是哪一年颁布的
A. 2011年
B. 2012年
C. 2013年
D. 2014年
E. 2015年
4. 手术治疗中一般患者知情权不包括
A. 有权自主选择
B. 有同意的合法权利
C. 有明确决定的理解力
D. 有家属代为决定的权利
E. 有作出决定的认知力
5. 下列有关医疗保密的描述明显有误的是
A. 医疗保密在医疗实践中具有特殊重要的作用
B. 孙思邈《大医精诚》中曾明确提及
C. 医学伦理中最古老的医德范畴
D.《希波克拉底誓言》中曾明确提及
E. 若不保密可能造成对患者的歧视
6. 保密的重要性可除外哪一项
A. 不引起医患矛盾
B. 不危害他人及社会
C. 不引起患者家庭纠纷
D. 不导致患者自残等后果
E. 不引起对患者的歧视
7. 医疗审慎的内容应除外
A. 医生在医疗各个环节始终做到慎言
B. 医生在医疗各个环节始终做到慎行
C. 医生在医疗各个环节始终做到自我保护
D. 医生在医疗各个环节始终做到精益求精
E. 医生在医疗各个环节始终做到认真负责
8. 患者的权利受到关注的社会背景是
A. 人的权利意识、参与意识增强和对人的本质的进一步认识
B. 医患间医学知识的差距逐渐缩小
C. 对人的本质有了进一步认识
D. 意识到医源性疾病的危害
E. 世界性的医患关系冷漠化
9. 反映医患之间权利关系的正确观点是：强调维护
A. 医生的权利
B. 医院院长的权利
C. 护士的权利
D. 患者的权利
E. 家属的权利
10. 关于医德规范，下列提法中错误的是
A. 调节医务人员人际关系的出发点和根本准则
B. 医务人员行为的具体医德标准
C. 社会对医务人员行为的基本要求
D. 医德原则的具体体现和补充
E. 把医德理想变成医德实践的中间环节
11. 对医德良心的不正确理解是
A. 医德良心是医务人员对患者履行义务的道德责任感
B. 医德良心是医务人员对患者履行义务的自我评估能力
C. 医德良心是医务人员医德情感的深化
D. 医德良心是医务人员天生的对患者的行善之心
E. 医德良心是医务人员在医

疗活动中养成的自律机制

12. 关于患者的道德权利，下述提法中正确的是
A. 患者都享有稀有卫生资源分配的权利
B. 患者都有要求开假休息的权利
C. 医师在任何情况下都不能超越患者要求保密的权利
D. 患者被免除社会责任的权利是随意的
E. 知情同意是患者自主权的具体形式

13. 现代的医生义务强调的是
A. 对患者负责任
B. 对集体负责任
C. 对集体和社会负责任
D. 对患者和社会负责任
E. 对社会负责任

14. 医疗机构从业人员的执业价值目标是
A. 廉洁行医
B. 人道行医
C. 对患者一视同仁
D. 为患者保守秘密
E. 为人民健康服务

15. 医学伦理学中尊重原则所涵盖的权利不包括
A. 自主选择权
B. 社会免责权
C. 个人隐私权
D. 知情同意权
E. 人格尊严权

16. 在保护患者隐私时应考虑除外
A. 患者不愿让他人知道的变态心理，要求绝对保密
B. 患者不愿让他人知道的个人行为，要求绝对保密
C. 患者不愿让他人知道的家庭生活，要求绝对保密
D. 患者不愿让他人知道的不良诊断，要求绝对保密
E. 患者不愿让他人知道的艾滋病病情，要求绝对保密

17. 患者义务应除外
A. 完全听从医师安排
B. 如实提供病情信息
C. 认真执行医嘱
D. 不将疾病传播他人
E. 尊重医师及其劳动

18. 欧美医学伦理学（生命伦理学）四原则不包含
A. 不伤害
B. 有利
C. 尊重
D. 胆识
E. 公正

19. 关于医务人员的同情感，错误的是
A. 它是医务人员发自内心的情感
B. 它是促使医务人员为患者服务的原始动力
C. 它是医德情感内容中低层次的情感
D. 它是责任感的基础
E. 它比责任感具有较大的稳定性

20. 医师义务和权利不包括
A. 承诺治疗效果
B. 保证患者平等医疗权
C. 保障患者医疗权利的实现
D. 促进患者身心健康
E. 履行自已的职责

21. 医德规范的本质是指
A. 医疗卫生行政官员对医务人员提出的基本道德要求
B. 医务人员对自己提出的基本道德要求
C. 患者对医务人员提出的基本道德要求
D. 医务人员在医学活动中的道德行为和道德关系普遍规律的反应
E. 患者在医学活动中的道德行为和道德关系普遍规律的反应

22. 公平合理分配卫生资源在微观方面的根据应除外
A. 预防与治疗的合理关系
B. 患者的年龄
C. 治疗成功的可能
D. 患者的潜在贡献
E. 科研价值

23. 医师可以行使特殊的干涉权的是
A. 对需要隔离的传染病患者拒绝隔离的
B. 在教学医院内住院的患者拒绝接受医学生实习
C. 在有科研任务的医院内住院的患者拒绝作为受试者
D. 门诊就医的患者拒绝按医师开出的特殊检查项目进行检查
E. 门诊就医的患者拒绝向医师吐露与疾病有关的隐私

24. 治疗要获得患者的知情同意，其实质是
A. 尊重患者自主性
B. 尊重患者社会地位
C. 尊重患者人格尊严
D. 患者不会作出错误决定
E. 患者提出的要求总是合理的

25. 不属于我国社会主义医学伦理学基本原则内容的一项是
A. 中西医并重
B. 防病治病
C. 救死扶伤
D. 实行社会主义人道主义
E. 全心全意为人民身心健康服务

26. 在处理保守医密与讲真话二者关系时应该对
A. 慢性患者保密，不讲疾病实情
B. 传染病患者保密，不讲疾病实情
C. 妇科患者保密，不讲疾病实情
D. 晚期癌症患者保密，不讲疾病实情
E. 早期癌症患者保密，不讲疾病实情

27. 关于医患双方权利与义务的下述口号和做法中，不可取的是

A. 医者不是上帝
B. 患者是上帝
C. 把维护患者正当权利放在第一位
D. 医者的正当权益也必须得到保证
E. 患者的权利往往意味着医者的义务

28. 对患者自主与医生做主之间关系的正确理解是
A. 患者自主与医生做主是对立的
B. 患者自主与医生做主不是对立的
C. 强调患者自主，也充分看到医生做主的存在价值
D. 强调医生决定，兼顾患者自主
E. 强调患者自主，目的在于减轻医生的责任

29. 关于医德良心，下述提法中错误的是
A. 医德良心是对道德情感的深化
B. 医德良心是对道德责任的自觉认识
C. 医德良心在行为前具有指导作用
D. 医德良心在行为中具有监督作用
E. 医德良心在行为后具有社会评价作用

30. 公正不仅指形式上的类似，更强调公正的
A. 本质
B. 内容
C. 基础
D. 内涵
E. 意义

31. 治疗要获得患者的知情同意，其道德价值应除外
A. 维持社会公正
B. 保护患者自主权
C. 解脱医生责任
D. 协调医患关系
E. 保证医疗质量

32. 对尊重患者自主权的正确理解是
A. 必须听从有地位的患者的决定
B. 此准则适用于所有患者
C. 此准则适用于患者的所有自我决定
D. 医生的任何干预都是不道德的
E. 承认患者有权根据自身状况作出理性决定

33. 关于患者享有平等医疗权利的表述中，错误的是
A. 公民享有生命健康权
B. 对所有患者都应一视同仁
C. 患者的需求应得到完全满足
D. 患者享有的医疗保健权在实现时是受条件限制的
E. 应满足患者的合理需求

34. 保密原则的具体要求在必要时可以除外
A. 保护患者隐私
B. 保护家庭隐私
C. 告知家属必要信息
D. 不公开患者提出保密的不良诊断
E. 不公开患者提出保密的预后判断

35. 关于医务人员决策权的下述认识和做法中，正确的是
A. 需要根据患者的意见，开具诊断书
B. 需要用强制的方法干涉某些患者嗜酒的不良行为
C. 如何运用药物治疗可以不必考虑患者的意见
D. 是住院治疗还是门诊治疗，由医者最后决策
E. 拒绝为因酒精中毒而不听劝告者就医

36. 医疗审慎的积极作用的突出表现应该是
A. 有利于保护医生的利益
B. 有利于保护医院的利益
C. 有利于医疗质量的提高
D. 有利于保护医学的发展
E. 有利于保护医际的和谐

37. 对患者不会造成伤害的是
A. 医务人员的知识和技能低下
B. 医务人员的行为疏忽和粗枝大叶
C. 医务人员强迫患者接受检查和治疗
D. 医务人员对患者呼叫或提问置之不理
E. 医务人员为治疗疾病适当地限制或约束患者的自由

38. 患者权利应除外
A. 基本医疗权
B. 自我决定权
C. 知情同意权
D. 要求保密权
E. 保管病志权

39. 下列做法中不违背医学伦理学无伤害（不伤害）原则的是
A. 因急于手术抢救患者，未由家属或患者签手术同意书
B. 发生故意伤害
C. 造成本可避免的残疾
D. 造成本可避免的患者自杀
E. 造成本可避免的人格伤害

40. 医学伦理学尊重原则应除外的内容是
A. 公平分配卫生资源
B. 尊重患者及家属的自主性或决定
C. 尊重患者的知情同意权
D. 保守患者的秘密
E. 保护患者的隐私

41.《中华人民共和国医师法》第二十三条规定的医师的法律义务同时也是其基本的道德义务，这些义务应除外的是
A. 遵循临床诊疗指南，遵守临床技术操作规范和医学伦理规范等
B. 尊重、关心、爱护患者，

依法保护患者隐私和个人信息
C. 维护医院形象，关心医院创收，积极推进公立医院营利性、市场化改革
D. 努力钻研业务，更新知识，提高医学专业技术能力和水平，提升医疗卫生服务质量
E. 宣传推广与岗位相适应的健康科普知识，对患者及公众进行健康教育和健康指导

42. 最先提出“不伤害原则”的西方医学家是
A. 希波克拉底
B. 盖仑
C. 维萨里
D. 白求恩
E. 桑德斯

43. 尊重患者自主性或决定，在患者坚持己见时，可能要求医生
A. 放弃自己的责任
B. 听命于患者
C. 无须具体分析
D. 必要时限制患者自主性
E. 不伤害患者

【A_2 型题】

44. 一因车祸受重伤的男子被送去医院急救，因没带押金，医生拒绝为患者办理住院手续，当患者家属拿来钱时，已错过了抢救最佳时机，患者死亡。本案例违背了患者权利的哪一点
A. 享有自主权
B. 享有知情同意权
C. 享有保密和隐私权
D. 享有基本的医疗权
E. 享有参与治疗权

45. 一位50多岁男性患者，患慢支肺气肿多年，某日上午因用力咳嗽，突感胸痛、气促，立即被送到医院急诊科。查体发现：血压100/70mmHg，呼吸120次/分，烦躁，唇、指发绀，气管明显偏左，右侧胸廓饱满，叩诊鼓音，呼吸音明显减弱。拟诊右侧气胸，未做相应处理，即送放射科作胸透。透视完后患者出现潮式呼吸，未及抢救就死亡了。为防止类似现象，应该
A. 充分检查，明确诊断，不伤害患者
B. 依据症状，请相关医生会诊作决策，不伤害患者
C. 当机立断，审慎地作出诊断并给以处置性穿刺，有利患者
D. 迅速判断并确定恰当目标，作出恰当的医疗决策，有利患者
E. 先行观察，再作处理，有利患者

46. 一位3岁患儿患急性菌痢住进医院，经治疗本已好转，行将出院。其父母觉得小儿虚弱，要求输血。碍于情面，医生同意了。可护士为了快点交班，提议给予静脉推注输血。当时病儿哭闹，医护齐动手给他输血过程中，病儿突发心搏骤停死亡。此案例中医护人员的伦理过错是
A. 无知，无原则，违背了有利患者的原则
B. 无知，无原则，违背了人道主义原则
C. 曲解家属自主权，违反操作规程，违背了有利患者的原则
D. 曲解家属自主权，违反操作规程，违背了不伤害患者的原则
E. 曲解家属自主权，违反操作规程，违背了人道主义原则

47. 据报道，现在有些医院已采取了一些隔离措施，使体格检查置于一个相对封闭的环境中，以免受检患者曝光于众人面前。更确切地说这些措施反映了医院和医生哪一种医德意识
A. 服务意识
B. 管理意识
C. 保护患者隐私意识
D. 有利于患者的意识
E. 热爱医学事业的意识

48. 患者，女，55岁。20年来因丈夫有外遇，夫妻感情不佳，总想离婚，但舍不得孩子，又怕丢面子，来到心理咨询门诊，想咨询离婚还是不离婚好。此时心理咨询师应注意采用的原则是
A. 回避原则
B. 中立原则
C. 耐心原则
D. 综合原则
E. 灵活原则

49. 一位妇产科病房的患者，手术后腹胀，哭闹着要找科主任给她看看。主任来后，经仔细查看，发现患者只是心理上有些问题，于是说了一些安慰她的话，患者便安静下来了。有同事见了不以为然地说，这也值得主任来管？主任说：“难道当主任的就非得看什么大病吗？”“有些劳动是平凡的，好像毋须一顾，但是，它的精神是神圣的，一个人没有这种神圣的感觉，他就不会每件事都那么仔细、耐心地去做。”这充分体现了
A. 传统医学观、不伤害原则、同情美德
B. 现代医学观、不伤害原则、同情美德
C. 现代医学观、公正原则、正直美德
D. 传统医学观、公正原则、正直美德
E. 以上都不是

50. 某医生在为患者施行右侧乳房肿瘤摘除术时，发现左侧乳房也有肿瘤，当即进行活检，确诊为乳腺病。医生判断将来可能癌变，未征求患者意见，同时切除了左侧乳房。医生的这种做法，违背了患者权利的哪一点
  A. 平等的医疗权
  B. 保密权
  C. 隐私权
  D. 知情同意权
  E. 获得信息权

【A_3/A_4 型题】

（51~53 题共用题干）

某患者夜间突发急腹症被送到某医院看急诊，初诊为急性胆囊炎。负责医生因自己年轻，怕担风险，未作任何处理，即让家属把患者送到 20 里外的中心医院就诊，延误了治疗时间，致使患者胆囊穿孔、中毒性休克。后虽经抢救挽救了生命，但医药费用去 2 万多元。

51. 对该医生的正确伦理评价是
  A. 没有什么问题，不想接诊的患者就可以让他转诊
  B. 没有什么问题，风险太大时首先要保护好自己
  C. 没有什么问题，当时情况可以转诊
  D. 错误，违反首诊负责制要求，给患者造成严重伤害
  E. 错误，没有把这件事报告给院长，擅自决定转诊
52. 对该医生的行为进行伦理评价时，应该主要考虑的是：是否做到了
  A. 有利原则中的努力使患者受益的要求
  B. 有利原则中的努力预防难以避免的伤害
  C. 有利原则中的对利害全面权衡，选择受益最大、伤害最小的行动方案
  D. 不伤害原则中的不应发生有意的伤害
  E. 不伤害原则中的不给患者造成本可避免的各种损害
53. 当事医生在为自己的作为作伦理反思和辩护时，下列看法中不能成立的是
  A. 过分审慎，胆识不足
  B. 疑难杂症，难以应付
  C. 对病情凶险估计不够，缺乏急救意识
  D. 习惯做法，转诊是向患者负责
  E. 以上都不是

（54~55 题共用题干）

有一年轻男患者，在得知自己患了黄疸性肝炎以后，很恐惧，怕女朋友离开他，怕同车间的伙伴疏远他，所以十分恳切地请求医师替他保密。医师看他很值得同情，就决定替他保守这个秘密，但要求他抓紧治疗，不要耽误了病情。

54. 医师的这种做法
  A. 基本是对的
  B. 全部是对的
  C. 是错误的
  D. 应该得到表扬，因为他很好地处理了矛盾
  E. 以上答案均不对
55. 医师的正确做法是
  A. 完全替患者保密，把他留在医院治疗
  B. 完全替患者保密，给他开一些对症的药，让他在家治疗，以免别人知道
  C. 应该拒绝保密，拒绝给他治疗，以免被传染
  D. 介绍他去别的医院
  E. 适当保密，让他住院隔离治疗

（56~57 题共用题干）

患儿，女，11 岁。患甲状腺癌，并有颈淋巴结转移。医生告诉患儿母亲，女孩需做甲状腺癌根治术，按常规手术后要造成颈部塌陷变形、肩下垂，身体的外观和功能都要受到一定损害。当患儿母亲听到要造成这些后遗症后，断然拒绝治疗，带孩子出院。过了不久，患儿家属考虑到癌症将危及到患者的生命，故再次来到医院，要求给予治疗，并请求医生尽可能不给孩子留下终身伤残的痛苦。医生经过再三考虑，决定打破常规，采用一种新的术式，既收到治疗效果，又使女孩子保留外形美观，功能不受破坏。患者及家属同意做此手术，尽管这种术式的治疗效果当时尚不能肯定。手术进行得很顺利，随访远期疗效也很好。

56. 在该事例中，涉及了患者权利的哪一项
  A. 享有基本的医疗权
  B. 享有自我决定权
  C. 享有自我选择权
  D. 享有知情同意权
  E. 以上都是
57. 下面说法，哪一点是错误的
  A. 患者应该在医师指导下对治疗作出负责的决定并与医师合作执行
  B. 既要为患者考虑眼前疗效，又考虑远期疗效
  C. 医生不可以强求患者做不同意做的手术
  D. 医生打破常规，采用治疗效果不肯定的术式的做法是不可取的
  E. 医生为患者着想、勇担风险是值得赞扬的

【B_1 型题】

（58~60 题共用备选答案）

  A. 医生检查患者时，由于消毒观念不强，造成交叉感染
  B. 医生满足患者的一切保密要求
  C. 妊娠危及母亲的生命时，医生给予引产

D. 医生对患者的呼叫或提问给予应答
E. 医生的行为使某个患者受益，但却损害了别的患者的利益

58. 属于医生违背不伤害原则的是
59. 属于医生违背有利原则的是
60. 属于医生违背尊重原则的是

（61~63 题共用备选答案）
A. 医生为患者选用疗效相当但价格低廉的药物
B. 医生为患者提供完全、真实的信息，供其选择表态
C. 医生使用艾滋病患者病情资料时，应作隐去姓名等处理
D. 医生诊断时应考虑患者的各方面因素
E. 医生治疗时应努力使患者受益

61. 最能体现不伤害原则的是
62. 最能体现保护患者隐私准则的是
63. 最能体现知情同意准则的是

（64~65 题共用备选答案）
A. 患者的权利
B. 患者的义务
C. 医生的权利
D. 医生的义务
E. 患者和医生共同的义务

64. 详细向患者讲清配合治疗的必要性，以获得患者与医生的合作是
65. 患者对经治医生不满意时，可以重新选择医生属于

（66~68 题共用备选答案）
A. 有利、公正
B. 权利、义务
C. 廉洁奉公
D. 医乃仁术
E. 等价交换

66. 属于医学伦理学基本范畴的是
67. 属于医学伦理学基本原则的是
68. 属于医学伦理学基本规范的是

（69~71 题共用备选答案）
A. 具有独立作出诊断和治疗的权利以及特殊干涉权
B. 对患者义务和对社会义务的统一
C. 绝对干涉权
D. 保持和恢复健康，积极配合医疗，支持医学科学研究
E. 支持医学科学研究

69. 医生的权利是
70. 医务人员的道德义务是
71. 患者道德义务是

第三章 医疗人际关系伦理

【A_1 型题】

1. 体现医患之间契约关系的有下列做法，但应除外
   A. 患者挂号看病
   B. 医生向患者作出应有承诺
   C. 先收费用然后给予检查处置
   D. 先签写手术协议书然后实施手术
   E. 患者被迫送红包时保证不给医生宣扬
2. 医患双方都具有独立人格，要求医师做到
   A. 不伤害患者
   B. 从各方面关心患者
   C. “患者是上帝”
   D. 平等对待患者
   E. 关心患者心理需求
3. 维护医患之间相互信任的关系，应除外
   A. 主动赢得患者信任
   B. 珍惜患者的信任
   C. 对患者所提要求言听计从
   D. 努力消除误解
   E. 对患者出现的疑虑尽量澄清
4. 在医患交往中，强调维护患者权益取决于
   A. 患者在信托关系中居于弱势地位
   B. 患者在信托关系中有明确要求
   C. 患者在信托关系中居于强者地位
   D. 医师对患者的承诺
   E. 医师对患者的关心
5. 对医患之间信托关系的正确理解是
   A. 陌生人关系
   B. 不同于一般陌生人关系
   C. 类似于陌生人关系
   D. “父子关系”
   E. 主动-被动关系
6. 医患之间信托关系的非陌生人关系特征，要求医师特别注意
   A. 使用文明语言
   B. 平等对待患者
   C. 保守患者秘密
   D. 遵守规章制度
   E. 恪守医德职责
7. 构成医患信托关系的根本前提是
   A. 患者求医行为中包含对医师的信任
   B. 患者在医患交往中处于被动地位
   C. 医师是“仁者”
   D. 现代医学服务是完全可以信赖的
   E. 医患交往中加入一些特殊因素
8. 患者家属加入医患关系中带来的负面效应是
   A. 加重了医务人员的责任
   B. 增加了对医务人员的监督
   C. 有时会损害患者正当权益
   D. 出现了从属关系
   E. 加大了社会意义
9. 最应具备公正廉洁医德素质的是
   A. 医院后勤保障人员

B. 医疗资源的管理和分配者
C. 妇产科医师
D. 内科医师
E. 临床护士

10. 不属于医疗资源管理和分配道德准则的是
A. 平等交往，患者利益中心
B. 医患利益兼顾，患者群体利益第一
C. 防治结合，预防为主
D. 经济效益与社会效益统一，社会效益第一
E. 投入与效益并重，提高效率优先

11. 正确处理医务人员之间关系的意义应除外
A. 有利于医学事业发展
B. 有利于医院集体力量发挥
C. 有利于医务人员成才
D. 有利于建立和谐医患关系
E. 有利于内部共同创收

12. 医务人员应共同遵守的道德原则以及建立良好医际关系的思想基础是
A. 患者利益至上
B. 医生利益至上
C. 医院利益至上
D. 社会利益至上
E. 以上都不是

13. 医务人员相互合作的基础和前提是
A. 医务人员彼此独立
B. 医务人员彼此信任
C. 医务人员彼此照顾
D. 医务人员服从院长
E. 护士高度尊重医生

14. 医务人员共同的首要义务和天职是
A. 维护患者的利益和社会公益
B. 维护医务人员和医院的声誉
C. 维护医务人员和医院的经济效益
D. 维护医务人员和医院的自身利益
E. 维护医务人员之间、医院间的和谐

15. 互相尊重、密切合作、互相学习是
A. 处理医患关系的原则
B. 处理医际关系的原则
C. 处理医师与医师关系的原则
D. 处理医师与护士关系的原则
E. 处理医师与医技人员关系的原则

【A_2 型题】

16. 某女患头痛数月，遇上感和月经来潮时疼痛加重，于是出于彻底检查的目的来院坚决要求做 CT 检查，被医师拒绝。医师开出脑电图检查单和请耳鼻喉科会诊单。患者大为不满。为形成正常医患关系，该医师应该
A. 维持契约关系，完全按患者要求办，开单做 CT 检查
B. 维持契约关系，坚决按医生意见办，脑电图检查后再定
C. 维持契约信托关系，说服患者先行体格检查再定
D. 维持信托关系，对不信赖者拒绝接诊
E. 维持信托关系，先查 CT 和脑电图、进行会诊，然后查体

【A_3/A_4 型题】

（17~18 题共用题干）

某地一位司机在车祸中受重伤，被同行的人送到附近一家医院抢救。经查：患者多发性骨折，多脏器破裂，如不及时手术，就会使患者死亡。手术需要亲属签协议书。可患者的同行者谁也不敢代替家属签名。这时，主刀医师的上级医生签了协议书，表示承担责任。经过医务人员的全力抢救，患者脱险。

17. 对该上级医生的做法作出的正确伦理评价应该是
A. 正确，医生在医患关系中居主导地位，最有权力决策
B. 正确，权威医生在任何时候都可以代替患者做主
C. 正确，医生既已受到患者信托，必要时必须承担责任
D. 错误，未经家属委托
E. 错误，医生本人和医院承担的风险太大

18. 该上级医生作出自己的选择之伦理依据是
A. 医患之间契约关系中医师有独立人格
B. 医患之间契约关系中患者自愿进入
C. 医患之间信托关系中患者处于弱势地位
D. 医患之间信托关系中双方不是陌生人关系
E. 医患之间信托关系中患者对医师信任无疑

【B_1 型题】

（19~20 题共用备选答案）
A. 双方冲突型
B. 患者主导型
C. 主动-被动型
D. 指导-合作型
E. 共同参与型

19. 一般来说，医患之间信托-契约关系所倡导的医患交往模式是

20. 对婴幼儿、处于休克状态需要急救等患者适用的模式是

（21~22 题共用备选答案）
A. 全面系统，认真细致
B. 综合分析，切忌片面
C. 全神贯注，语言得当
D. 合理配伍，细致观察
E. 精诚团结，密切协作

21. 手术中的道德要求最主要的是

22. 体格检查的道德要求最主要的是

第四章 临床诊疗伦理

【A_1 型题】

1. 既要维护患者利益，又要兼顾社会公益的具体表现
   A. 尊重患者的知情同意权，但要控制患者选择的权利
   B. 一视同仁地对待各种患者
   C. 对特殊的精神患者和意识模糊的患者，服务可以滞后一般患者
   D. 敢于批评有损患者利益的现象，但不宜采取行动抵制，要用温和的方式保护患者的生命与健康
   E. 对因病态心理支配有过激行为的患者，应尽快联系公安人员处理，使之远离医院
2. 临床诊治工作的基本道德原则不包括的内容
   A. 及时原则
   B. 准确原则
   C. 主体诱导原则
   D. 自主择优原则
   E. 有效原则
3. 以下不是对急危重患者抢救工作中的道德要求的是
   A. 树立时间就是生命的诊疗观
   B. 在诊疗一般患者时，不能立即放弃去抢救生命危机的患者
   C. 在诊疗行为上作出迅速快捷的反应，采取各项措施
   D. 对患者的要求，耐心作出应答
   E. 勤奋主动地做好治疗工作
4. 以下哪项不是在诊疗过程中，医务人员对患者的自主权主要体现
   A. 为患者自主选择提供充分条件
   B. 医生的诊疗措施与患者自主选择发生矛盾时，应遵循医生选择的对策
   C. 正确对待患者的拒绝
   D. 耐心说服患者不合理的要求
   E. 患者拒绝诊疗措施时，要对患者自主选择能力进行判断，确定患者拒绝是否有效
5. 医生在询问病史时应遵循的道德要求是
   A. 举止热情、态度亲如兄弟
   B. 全神贯注、语言得当
   C. 医生在询问病史过程中，不能发出惊叹、惋惜等语言
   D. 主导谈话，引导患者说出自己想听的内容
   E. 反复提问，尽量使用专业性术语
6. 临床医生在药物治疗中应遵循的道德要求是
   A. 对症下药，剂量尽可能大
   B. 尽量开价格较高、质量较好药物
   C. 严守法规，接受监督
   D. 为满足部分患者要求，可开大处方药
   E. 合理配伍，以“多头堵”“大包围”为原则
7. 临床手术与麻醉的特点不包括
   A. 损伤的必然性
   B. 技术的复杂性
   C. 患者的被动性及术前的焦虑心理
   D. 患者或家属的多项要求
   E. 过程中的风险性
8. 临床术前准备的道德要求不包括
   A. 严密观察、提前处理
   B. 认真操作、一丝不苟
   C. 手术过程告知患者进展情况
   D. 以三刀医生为主导，协作人员不得发表意见
   E. 麻醉医生只需做好麻醉工作，术中不得与手术人员交谈
9. 抢救危重患者工作的特殊性，不包括
   A. 病情变化急骤，带有突发性
   B. 病情严重，救治难度大
   C. 病情复杂，工作量大
   D. 家属焦躁情绪易发，易造成医患关系紧张
   E. 情况变化多端，难以预测
10. 急危重患者在抢救中的道德要求不包括
    A. 要争分夺秒，积极抢救患者
    B. 要满腔热忱，重视心理治疗
    C. 不承担风险，凡事必须患者或患者家属知情同意
    D. 全面考虑，维护社会公益
    E. 要加强业务学习，提高抢救成功率
11. 心理治疗应遵循的道德要求
    A. 掌握和运用心理治疗的知识、技巧去开导患者
    B. 要用焦虑、热切的心态去影响患者
    C. 医务人员必须把自己的情感加在解决患者问题中
    D. 医疗情况下患者的秘密和隐私权无须保护
    E. 无须回答患者问题
12. 医技工作的特点不包括
    A. 科室的专业性
    B. 服务的广泛性
    C. 与临床科室的协同性
    D. 设备的使用与管理的一体性

E. 自身防护与社会防护的独立性

13. 药剂科人员的道德要求不包含以下哪一点

A. 廉洁奉公，忠于职守

B. 执行各项规定和规程

C. 如处方有误，可以由药剂科人员更改处方

D. 态度和蔼，认真负责

E. 正确地向患者交代服药的方法和剂量

第五章 临终关怀与死亡伦理

【A_1 型题】

1. 临终关怀的伦理意义表现在

A. 它有利于建立和谐社会

B. 它体现生命神圣、质量和价值的统一

C. 它理解临终患者的需求

D. 它维护临终患者的生命尊严

E. 它同情和关心临终患者的家属

2. 临终关怀的根本目的是

A. 节约卫生资源

B. 减轻家庭的经济负担

C. 提高临终患者的生存质量

D. 缩短患者的生存时间

E. 防止患者自杀

3. 实施脑死亡标准的直接伦理目的是

A. 减轻家属的身心痛苦

B. 促进人体器官移植

C. 维护死者的尊严

D. 节约卫生资源

E. 尊重患者死亡的权利

4. 关于脑死亡的哈佛标准有4个具体基本标准。下列中不属于这四个具体基本标准的是

A. 大脑皮质功能不可逆丧失

B. 对外部刺激和内部需要无接受性和反应性

C. 自主的肌肉运动和自主的呼吸消失

D. 诱导反射消失

E. 脑电图示脑电波平直

5. 在美国，有40个州通过了《死亡权利法案》的时间是

A. 1947年

B. 1957年

C. 1967年

D. 1977年

E. 1987年

【A_2 型题】

6. 李某（殁年73岁）与邓某是母子关系。二十年来邓某赡养母亲一贯孝顺。2011年，长期卧病在床、不堪病痛折磨的李某请求邓某为其购买农药服食以结束自己生命，后被告人邓某同意，到一农药店购得农药两瓶，将农药勾兑后给李某饮用。李某喝下农药后即中毒身亡。法院判决认为，被告人明知农药具有毒性，仍帮助母亲饮用导致其死亡，构成故意杀人罪，依法应予惩处。但考虑到被告人的犯罪行为发生于家庭直系亲属之间，且是被害人在患病情况下请求而造成，念及被告人二十年来赡养母亲的一贯孝顺表现，其犯罪动机有值得宽宥之处，决定对被告人从轻处罚，判处有期徒刑三年，缓刑四年。法院的“缓刑四年”的判决可能主要基于以下考虑：

A. 邓某的行为是变相杀人

B. 人有生的权利，任何情况下都不能主动促其死亡

C. 只有法律部门才能依法结束一个人的生命

D. 邓某的行为可能使李某错过继续治疗得以恢复的机会

E. 李某的行为在某种程度上有利于邓某的自身利益

【B_1 型题】

（7~8题共用备选答案）

A. 有利于科学地确定死亡，真正维护人的生命

B. 有利于医生对患者积极抢救还是放弃治疗进行正确抉择

C. 有利于节约医疗卫生资源

D. 有利于公正分配卫生资源

E. 有利于器官移植的开展

7. 上述关于执行脑死亡标准的伦理意义的提法中，最具有说服力的是

8. 上述关于执行脑死亡标准的伦理意义的提法中，最易引发争执的是

第六章 公共卫生伦理与健康伦理

【A_1 型题】

1. 以下不是公共卫生工作的主要特点的是

A. 价值导向的超前性，服务对象的整体性，研究方法的独特性

B. 工作效率的紧迫性、时效性，工作过程的长期性和艰巨性

C. 工作效果评价的滞后性、效益影响的深远性

D. 社会效益、经济效益的可观性

E. 以上均不是

2. 公共卫生工作中存在的主要问题不包括
   A. 医学教育体制原因，使防和治产生“裂痕”
   B. 医学工作的分工，有部分预防工作者，没有向其他专业方向延伸
   C. 受科学发展所限制，使公共卫生、预防医学伦理原则、环境污染、食品研究、健康教育等伦理研究滞后
   D. 我国人口众多，东西部经济发展不平衡，预防工作人员及经费不足，影响预防工作有效开展
   E. 环境污染、食品安全和健康教育中的伦理问题越来越突出
3. 不属于公共卫生伦理要求的是
   A. 爱岗敬业，宣传大卫生观，言传身教
   B. 改善工作和学习环境，严把防疫和食品卫生观
   C. 严格监管，控制污染，保护生态环境，促进社会文明，科学严谨，实事求是，信息透明公开
   D. 防疫工作者有权在疫区切断传染病传播途径的各种措施
   E. 提高社区服务水平，保障妇女儿童和老年人权益
4. 大卫生观包括的主要内容
   A. 卫生事业结构简单，是一种刚起步的社会性事业
   B. 生物、心理、社会医学模式的确立给人类健康事业带来全方位的影响
   C. 重点是社会环境的完美化
   D. 基础医学、临床医学、预防医学三大学科的基本内容
   E. 保障人类健康仅取决于医学发展
5. 关于提高社区服务水平不正确的是
   A. 努力实现发展社区卫生服务，应对老龄化、城市化的战略举措
   B. 承担医疗任务，负责预防保健工作
   C. 改善社区的医疗卫生条件，为老、弱、病、残、少儿妇女的保健尽职尽责
   D. 改革城市卫生服务体系，积极发展高端医疗卫生服务决策
   E. 加强城市社区卫生人才队伍建设
6. 预防医学控制疾病发生两大关口
   A. 防疫和食品卫生
   B. 管理与监督
   C. 卫生知识的宣传与检查
   D. 对传染病、地方病、流行病进行调查与隔离
   E. 及时上报与及时隔离传染病
7. 世界卫生组织提出的初级卫生保健的基本内容不包括
   A. 对重要保健问题进行宣传教育；开展包括计划生育在内的妇幼工作
   B. 促进食品合理营养，保障安全用水供应；保障基本药物
   C. 对传染病开展预防接种，预防和治疗地方病、常见病和外伤
   D. 初级卫生保健的伦理审查工作
   E. 采取基本公共卫生措施，保护精神健康
8. 基层工作者的行为规范不包括
   A. 尊重患者人格，开展人性化服务和连续性服务
   B. 言传身教，以身作则，做好宣传工作，落实各项公共卫生措施；做到分工协作，认真履行自己职责
   C. 勤俭节约卫生资源
   D. 树立新的卫生管理道德理念，完善为基层群众服务的三级医疗预防体系
   E. 把维护所有人群的健康权益放在首位道德观
9. 以下健康教育的主要任务正确的是
   A. 建立或促进个人和社会对预防疾病和促进健康的大局观和全局责任感
   B. 促进个体和社会作出决策，选择自己最喜欢的健康行为
   C. 有效地促进全社会都来关心健康以及疾病预防问题
   D. 对卫生专业人员及有关人员进行健康教育原则及实践方面的培训
   E. 对老年人进行急救培训，减少突发疾病死亡率
10. 健康教育的意义不包括
   A. 提高全人类整体的身体素质
   B. 消除或降低危险因素，降低发病率、伤残率、死亡率
   C. 提高生活和生命质量，并对教育效果作出评价
   D. 改善、达到、维持和促进个体和社会健康的一种有效手段
   E. 帮助人们建立和选择健康的生活方式
11. 人类生态环境的危机主要表现
   A. 社会环境的污染
   B. 自然资源和生态环境的破坏
   C. 人类生存环境的破坏，引发经济危机
   D. 生态环境的危机，影响农业的发展
   E. 自然资源的破坏性开采，引发经济危机
12. 以下哪项不是人类生态环境保护的道德原则
   A. 尊重自然的道德原则
   B. 合理利用资源的道德原则

C. 系统综合和同步效应的道德原则
D. 本系统本单位制定运筹规划、落实措施的道德原则
E. 面向未来的道德原则

13. 医务人员在环境保护中，道德责任的表现
A. 自觉遵守刑事、民事法规
B. 加强对社会性污染的监测、管理的道德责任
C. 坚持眼前利益服从长远利益，物质与精神同步建设的道德责任
D. 适当允许先生产后污染治理、实现环境与经济同步发展的道德责任
E. 少数服从多数利益，认真履行环境道德的社会责任

第七章 医务人员医学伦理素质的养成

【A_1 型题】

1. 对医德修养的意义的正确表述是
A. 使医务人员养成良好的医德品质和人格，使医疗卫生单位形成良好形象，在医疗竞争中立于不败之地
B. 使医务人员养成良好的医德品质和人格，使医疗卫生单位形成良好的医德医风，从而促进社会精神文明
C. 使医务人员和医疗卫生单位树立良好的形象，从而促进社会精神文明
D. 使医务人员和医疗卫生单位树立良好的形象，在医疗竞争中立于不败之地
E. 使医务人员养成良好的医德品质和人格，使医疗卫生单位形成良好的医德医风，在医疗竞争中立于不败之地

2. 医德修养的主要内容是指
A. 卫健委领导提出的要求
B. 医院院长提出的要求
C. 患者提出的要求
D. 新闻媒体提出的要求
E. 医德原则、规范提出的要求

3. 医德修养的根本途径和方法是
A. 学习医德理论知识
B. 在医疗卫生保健实践中修养
C. 有的放矢
D. 持之以恒
E. 追求慎独

4. 依评价主体的不同，医德评价可分为两种，它们是
A. 患者评价和家属评价
B. 院长评价和同事评价
C. 社会评价和自我评价
D. 外在评价和自我评价
E. 社会评价和内在评价

5. 医德评价的标准不包含
A. 有利
B. 自主
C. 公正
D. 互助
E. 奉献

6. 医德评价应坚持依据的辩证统一是指
A. 动机与目的、效果与手段的统一
B. 动机与效果、目的与手段的统一
C. 动机与手段、目的与效果的统一
D. 目的与效果、目的与手段的统一
E. 目的与动机、动机与效果的统一

7. 在进行医德评价时，应防止的“四种片面依据论”不是指
A. 唯意志论
B. 唯动机论
C. 唯效果论
D. 唯目的论
E. 唯手段论

8. 在医德评价中，自我评价方式及主观评价力量是指
A. 社会舆论
B. 传统习俗
C. 内心信念
D. 患者评议
E. 院内评价

9. 对三种医德评价方式相互关系的正确理解是
A. 相辅相成、互相补充
B. 完全一致、可以替代
C. 互相冲突、都不可信
D. 比较混乱、说不清楚
E. 以上都不是

10. 以下哪一点不是社会舆论的特点
A. 传播具有广泛性
B. 对行为具有约束性
C. 具有一定的群众性
D. 具有自发性
E. 具有深刻性

11. 依据医学目的所选择的医疗手段，必须遵循一些原则，以下哪一点是不对的
A. 社会性原则
B. 一致性原则
C. 突发性原则
D. 优化性原则
E. 有效性原则

12. 以下哪一点是属于最优化原则的内容
A. 时间最早
B. 痛苦最少
C. 没有副作用
D. 知情同意
E. 保守秘密

第七篇 卫生法规

第一章 卫生法基础知识

【A₁ 型题】

1. 以下关于卫生法的分类，正确的是
   A. 公共卫生法
   B. 医疗法和药事法
   C. 中医药法
   D. 医疗保障法
   E. 以上均正确
2. 我国卫生法的立法依据是
   A.《中华人民共和国宪法》
   B.《中华人民共和国刑法》
   C.《中华人民共和国传染病防治法》
   D.《中华人民共和国食品卫生法》
   E.《中华人民共和国医师法》
3. 卫生法律文件的效力范围为
   A. 只包括时间效力
   B. 只包括空间效力
   C. 只包括对人的效力
   D. 不包括空间效力
   E. 包括时间效力、空间效力和对人的效力
4. 以下我国卫生法的表现形式，错误的是
   A. 宪法
   B. 卫生法律、法规、规章
   C. 卫生标准
   D. 政府红头文件
   E. 卫生国际条约
5. 卫生法的执法范围包括有
   A. 行政许可
   B. 行政强制
   C. 行政处罚
   D. 行政复议
   E. 以上均是

第二章 传染病防治法

【A₁ 型题】

1. 应当及时互相通报动物间和人间发生的人畜共患传染病疫情以及相关信息的两个部门是
   A. 县级以上人民政府和疾病预防控制机构
   B. 县级以上人民政府卫生行政部门和动物防疫部门
   C. 省级以上人民政府卫生行政部门与疾病预防控制机构
   D. 动物防疫机构和疾病预防控制机构
   E. 毗邻的以及相关地方人民政府卫生行政部门
2. 甲类传染病的报告时限是
   A. 2 小时
   B. 6 小时
   C. 12 小时
   D. 24 小时
   E. 48 小时
3. 现行的《中华人民共和国传染病防治法》施行的时间是
   A. 2004 年 8 月 28 日
   B. 2004 年 12 月 1 日
   C. 2005 年 8 月 28 日
   D. 2005 年 12 月 1 日
   E. 2013 年 6 月 29 日
4. 县级以上地方人民政府接到下一级人民政府关于需要采取传染病紧急控制措施的报告后，应在多长时间内作出决定
   A. 6 小时
   B. 12 小时
   C. 24 小时
   D. 36 小时
   E. 48 小时
5. 肺结核的报告时限是
   A. 2 小时
   B. 6 小时
   C. 12 小时
   D. 24 小时
   E. 48 小时
6. 以下哪个部门负责定期公布全国传染病疫情
   A. 国务院
   B. 国务院卫生行政部门
   C. 省级以上人民政府
   D. 省级以上人民政府卫生行政部门
   E. 县级以上人民政府
7. 有权增加甲类传染病病种的部门是
   A. 国务院
   B. 国家卫健委
   C. 县级以上地方政府
   D. 县级以上卫生行政部门
   E. 省、自治区、直辖市人民政府
8. 传染病预防接种中说法错误的是
   A. 国家实行有计划的预防接种制度
   B. 国务院卫生行政部门和省、自治区、直辖市人民政府卫生行政部门，根据传染病预防、控制的需要，制定传染病预防接种

规划并组织实施
C. 用于预防接种的疫苗必须符合省级质量标准，接种实行免费
D. 国家对儿童实行预防接种证制度
E. 医疗机构、疾病预防控制机构与儿童的监护人应当相互配合，保证儿童及时接受预防接种

9. 在传染病疫情控制时，医疗机构的职责中错误的是
A. 对本单位内被传染病病原体污染的场所，依法实施消毒和无害化处理
B. 对甲类传染病患者的密切接触者，在指定场所进行医学观察
C. 对所有传染病患者给予隔离治疗
D. 对拒绝隔离治疗的甲类传染病患者，由公安部门协助医疗机构采取强制隔离措施
E. 对甲类传染病患者，确诊前在指定场所单独隔离治疗

10. 根据《中华人民共和国传染病防治法》的规定，以下哪项不属于医疗机构的职责
A. 传染病病例报告
B. 传染病医疗救治
C. 对拒绝隔离的患者采取强制隔离措施
D. 防止医源性感染
E. 防止院内感染

11. 县级以上人民政府有关部门发现传染病疫情时，应当及时通报的部门是
A. 上级人民政府
B. 省级以上人民政府
C. 国务院
D. 省级以上人民政府卫生行政部门
E. 同级人民政府卫生行政部门

12. 传染病预警制度说法错误的是
A. 国务院卫生行政部门建立传染病预警制度
B. 国务院卫生行政部门根据传染病发生、流行趋势的预测，及时发出传染病预警，根据情况予以公布。
C. 省、自治区、直辖市人民政府根据传染病发生、流行趋势的预测，及时发出传染病预警
D. 传染病预警由国务院卫生行政部门根据情况予以公布
E. 传染病预警由省、自治区、直辖市人民政府根据情况予以公布

13. 解放军卫生主管部门发现传染病疫情时，应通报的部门是
A. 所在地县级以上人民政府卫生行政部门
B. 所在地县级以上人民政府
C. 省级人民政府卫生行政部门
D. 省级人民政府
E. 国务院卫生行政部门

14. 以下哪项不属于疾病预防控制机构在传染病预防与控制中的职责
A. 开展传染病的监测工作
B. 疫区的封锁
C. 对重大传染病流行趋势进行预测
D. 进入现场采样
E. 组织实施免疫规划

15. 属于乙类传染病的是
A. 鼠疫
B. 霍乱
C. 麻疹
D. 丝虫病
E. 黑热病

16. 属于丙类传染病的是
A. 风疹
B. 麻疹
C. 副伤寒
D. 百日咳
E. 白喉

17. 医务人员未按照规定报告传染病疫情，或者隐瞒、谎报、缓报传染病疫情的，根据情节轻重，可以给予以下处罚，其中不正确的是
A. 警告
B. 开除
C. 吊销执业证书
D. 罚款
E. 撤职

18. 以下属于乙类传染病的一组是
A. 鼠疫、霍乱
B. 麻疹、人感染高致病性禽流感
C. 艾滋病、风疹
D. 人感染高致病性禽流感、黑热病
E. 麻风、艾滋病

19. 有权增加或减少乙类传染病病种的部门是
A. 国务院
B. 国务院卫生行政部门
C. 县级以上地方政府
D. 县级以上卫生行政部门
E. 省、自治区、直辖市人民政府

20. 甲类、乙类传染病暴发、流行时，关于宣布疫区的说法正确的是
A. 县级以上地方人民政府卫生行政部门可以宣布本行政区为疫区
B. 县级地方人民政府可以自行决定宣布本行政区为疫区
C. 国务院可以决定并宣布跨省、自治区、直辖市的疫区
D. 省级人民政府卫生行政部门可以宣布本行政区为疫区
E. 国家疾病预防控制中心可以宣布跨省、自治区、直辖市的疫区

21. 患有以下哪种传染病的患者，

不需要予以隔离治疗
A. 鼠疫
B. 艾滋病
C. 霍乱
D. 肺炭疽
E. 人感染高致病性禽流感

22. 疾病预防控制机构在传染病的预防与控制中，不具有的职责是
A. 组织实施免疫规划
B. 开展健康教育、咨询
C. 进行流行病学调查
D. 疫区的宣布
E. 进入现场采样

23. 以下哪个部门有权决定增加或减少丙类传染病病种
A. 国务院
B. 国务院卫生行政部门
C. 省级人民政府
D. 省级人民政府卫生行政部门
E. 全国人大及其常委会

24. 以下关于传染病监测的说法错误的是
A. 国家、省级疾病预防控制机构负责对传染病发生、流行以及分布进行监测
B. 国家、省级疾病预防控制机构负责对重大传染病流行趋势进行预测
C. 县级疾病预防控制机构负责传染病预防控制规划、方案的落实
D. 市级疾病预防控制机构负责本地区疫情和突发公共卫生事件监测、报告
E. 省级疾病预防控制机构负责开展流行病学调查和常见病原微生物检测

25. 某机构想保藏鼠疫的菌种，请问需要经过哪个部门的批准
A. 县级以上人民政府
B. 县级以上人民政府卫生行政部门
C. 省级以上人民政府
D. 省级以上人民政府卫生行政部门
E. 国务院

26. 以下哪个部门应当加强和完善传染病医疗救治服务网络的建设，指定具备传染病救治条件和能力的医疗机构承担传染病救治任务，或者根据传染病救治需要设置传染病医院
A. 县级以上人民政府
B. 省级以上人民政府
C. 县级以上人民政府卫生行政部门
D. 省级以上人民政府卫生行政部门
E. 国务院卫生行政部门

27. 医疗机构开展医疗救治的管理性规定说法错误的是
A. 医疗机构应当对传染病患者或者疑似传染病患者提供医疗救护、现场救援和接诊治疗
B. 医疗机构应当对传染病患者或者疑似传染病患者书写病历记录以及其他有关资料，并妥善保管
C. 医疗机构不具备相应救治能力的，应当将患者及其原始病历记录一并转至具备相应救治能力的医疗机构
D. 医疗机构应当实行传染病预检、分诊制度
E. 医疗机构应当对传染病患者、疑似传染病患者，应当引导至相对隔离的分诊点进行初诊

28. 传染病患者、病原携带者和疑似传染病患者合法权益保护中说法错误的是
A. 国家和社会应当关心、帮助传染病患者、病原携带者和疑似传染病患者，使其得到及时救治
B. 任何单位和个人不得歧视传染病患者、病原携带者和疑似传染病患者
C. 传染病患者、病原携带者和疑似传染病患者，在治愈前不得从事法律、行政法规和国务院卫生行政部门规定禁止从事的易使该传染病扩散的工作
D. 传染病患者、病原携带者和疑似传染病患者，在排除传染病嫌疑前不得从事法律、行政法规和国务院卫生行政部门规定禁止从事的易使该传染病扩散的工作
E. 传染病患者、病原携带者和疑似传染病患者，不得从事法律、行政法规和国务院劳动保障部门规定禁止从事的易使该传染病扩散的工作

【A_2 型题】

29. 某实验室想保藏霍乱的菌种进行实验研究，需要经过哪个部门的批准
A. 县级以上人民政府卫生行政部门
B. 县级以上人民政府
C. 省级以上人民政府卫生行政部门
D. 省级以上人民政府
E. 国务院

30. 某医生发现一例霍乱患者，应该在几小时内报告至疾病预防控制机构
A. 2 小时
B. 6 小时
C. 12 小时
D. 24 小时
E. 48 小时

31. 某医疗机构发现一例严重急性呼吸综合征，该医疗机构应该在多长时间内向疾病预防控制机构报告
A. 2 小时
B. 6 小时
C. 12 小时
D. 24 小时

E. 48小时

32. 甲省和乙省同时暴发了传染病疫情，有权宣布这两个省为疫区的是哪个部门
A. 国务院
B. 国务院卫生行政部门
C. 国家疾病预防控制中心
D. 省级卫生行政部门
E. 省级疾病预防控制中心

【B_1型题】

（33～34题共用备选答案）
A. 鼠疫
B. 严重急性呼吸综合征
C. 肺结核
D. 艾滋病
E. 麻疹

33. 属于甲类传染病的是
34. 需要按照甲类传染病进行管理的是

（35～36题共用备选答案）
A. 医疗机构
B. 疾病预防控制机构
C. 各级人民政府卫生行政部门
D. 卫生监督机构
E. 各级人民政府

35. 当传染病暴发流行时，可以采取停工、停业、停课等措施的是
36. 对重大传染病流行趋势进行预测、预警的是

第三章 职业病防治法

【A_1型题】

1. 设立产生职业病危害的用人单位，其工作场所还应当符合下列职业卫生要求，但除外
A. 职业病危害因素的强度或者浓度符合国家职业卫生标准
B. 有与职业病危害防护相适应的设施
C. 生产布局合理，符合有害与无害作业分开的原则
D. 制定职业病防治计划和实施方案
E. 设备、工具、用具等设施符合保护劳动者生理，心理健康的要求

2. 发生职业病危害事故或者有证据证明危害状态可能导致职业病危害事故发生时，卫生行政部门可以采取下列临时控制措施，但不包括
A. 责令暂停导致职业病危害事故的作业
B. 封存造成职业病危害事故的材料和设备
C. 封存可能导致职业病危害事故发生的材料和设备
D. 组织，控制职业病危害事故现场
E. 责令用人单位人停业整顿

3. 职业卫生监督执法人员履行职责时，不得有下列行为，但除外
A. 泄露用人单位和秘密
B. 出示监督执法证件
C. 对不符合法定条件的，发给建设项目有关证明文件资质证明文件或者予以批准
D. 对已经取得有关证明文件的，不履行监督检查职责
E. 发现用人单位存在职业病危害的，可能造成职业病危害事故，不及时依法采取控制措施

4. 承担职业病诊断的机构进行职业病诊断时，应当组织几名取得职业病诊断资格的执业医师集体诊断
A. 2名
B. 3名
C. 2名以上
D. 3名以上
E. 4名以上

5. 用人单位有下列哪种情节严重的行为，卫生行政部门可以责令停止产业职业病危害的作业
A. 订立或者变更劳动合同时，未告知劳动者职业病危害真实情况的
B. 未按照规定及时，如实向卫生行政部门申报产生职业病危害的项目的
C. 工作场所职业病危害因素的强度或者浓度超过国家职业卫生标准
D. 未按照规定报告职业病，疑似职业病的
E. 拒不承担疑似职业病患者在诊断、医学观察期间的费用的

6. 卫生行政部门履行监督检查职责时，有权采取下列措施，但不包括
A. 进入被检查单位了解情况，调查取证
B. 进入职业病危害现场，了解情况，调查取证
C. 查阅或者复制与违反职业病防治法律、法规的行为有关的资料
D. 责令违反职业病防治法律，法规的单位和个人停止违法所为
E. 责令暂停导致职业病危害事故的作业

7. 职业病防治工作应坚持以下方针
A. 预防为主、防治结合
B. 分类管理、综合治理
C. 预防为主、综合治理
D. 防治结合、综合治理

E. 预防为主、分类管理

8. 职业病诊断鉴定委员会组成人员应当遵守以下要求，但除外
A. 客观、公正地进行诊断鉴定
B. 不得私下接触当事人
C. 不得收取当事人的财物或者其他好处
D. 与当事人有利害关系的，应当回避
E. 应当实行封闭式诊断鉴定

9. 建设单位有下列违法行为之一的，应承担相应法律责任，但不包括
A. 未按照规定进行职业病危害预评价或者未提交职业病危害预评价报告，或者职业病危害预评价未经卫生行政部门审核同意，擅自开工的
B. 建设项目的职业病防护设施未按照规定与主体工程同时投入生产和使用的
C. 职业病危害严重的建设项目，其职业病防护设施设计不符合国家职业卫生标准如卫生要求施工的
D. 未按照规定对职业病防护施进行职业病危害控制效果评价，未经卫生行政部门验收或者验收不合格，擅自投入使用的
E. 未按照规定公布有关职业病防治的规章制度，操作规程，职业病危害事故应急救援措施的

10. 用人单位应当履行下列责任，但除外
A. 在疑似职业病患者诊断或者医学观察期间，不得解除或者终止与其订立的劳动合同
B. 承担疑似职业病患者在诊断，医学观察期间的费用
C. 对不适宜连续从事原工作的职业病患者，应当调离原岗位，并妥善安置
D. 应当按照国家有关规定，安排职业病患者进行治疗、康复和定期检查
E. 组织控制职业病危害事故现场

11. 职业病是指
A. 劳动者在职业活动中，因接触粉尘、放射性物质和其他有毒、有害物质等因素而引起的疾病
B. 用人单位的劳动者，因接触粉尘、放射性物质和其他有毒、有害物质等因素而引起的疾病
C. 用人单位的劳动者在职业活动中，因接触粉尘、放射性物质和其他有毒、有害物质等因素而引起的疾病
D. 劳动者从事特定职业或者接触特定职业危害因素而引起的疾病
E. 用人单位的劳动者从事特定职业或者接触特定职业危害因素而引起的疾病

12. 医疗卫生机构未经批准擅自从事职业病诊断的，由卫生行政部门责令立即停止违法行为，没收违法所得。违法所得不足五千元的，并处多少罚款
A. 违法所得的二倍以上十倍以下
B. 五千元以上五万元以下
C. 违法所得的二倍以上五倍以下
D. 五千元以上二万元以下
E. 三千元以上五万元以下

13. 国家实行下列哪项制度
A. 职业卫生监督制度
B. 职业卫生监督管理制度
C. 职业病危害项目申报制度
D. 职业病防治责任制度
E. 职业病危害预评价报告制度

14. 当事人对职业病诊断有异议的，可以向哪个机构申请鉴定
A. 所在地地方人民政府卫生行政部门
B. 所在地地方人民政府劳动保障行政部门
C. 作出诊断的医疗卫生机构所在地地方人民政府卫生行政部门
D. 作出诊断的医疗卫生机构所在地地方人民政府劳动保障行政部门
E. 作出诊断的医疗卫生机构所在地的县级以上地方人民政府

15. 职业病诊断鉴定费用由谁来承担
A. 用人单位
B. 政府
C. 申请鉴定人
D. 用人单位和职业病患者共同
E. 职业病患者

16. 劳动者可以在以下机构进行职业病诊断
A. 用人单位所在地的医疗卫生机构
B. 本人居住地的医疗卫生机构
C. 用人单位所在地或者本人居住地依法承担职业病诊断的医疗卫生机构
D. 用人单位所在地或者本人居住地依法承担职业病诊断的医疗卫生防疫机构
E. 用人单位所在地依法承担职业病诊断的疾病防治机构

17. 职业病诊断应当由以下哪类机构承担
A. 省级以上人民政府卫生行政部门批准的医疗卫生机构
B. 县级以上人民政府卫生行政部门批准的医疗卫生机构
C. 省级以上人民政府卫生行

政部门指定的医疗卫生机构
D. 县级以上人民政府卫生行政部门指定的医疗卫生机构
E. 省级以上人民政府卫生行政部门批准的卫生防疫机构

18. 职业病诊断应当综合分析下列因素，但除外
A. 患者的职业史
B. 职业病危害接触史
C. 职业病现场危害调查与评价
D. 临床表现以及辅助检查结果
E. 患者的家族遗传病史

19. 职业病诊断证明书的有效条件是
A. 由医师签署并盖章
B. 由参与诊断的医师签署并盖章
C. 由参与诊断的医师共同签署，并经医疗卫生机构盖章
D. 由参与诊断的医师签署，并经承担职业病诊断的医疗卫生机构审核盖章
E. 由参与诊断的医师共同签署，并经承担职业病诊断的医疗卫生机构审核盖章

20. 用人单位和医疗卫生机构发现职业病患者或者疑似职业病患者时，应当及时向哪个部门报告
A. 卫生行政部门
B. 劳动保障行政部门
C. 所在地卫生行政部门
D. 所在地劳动保障行政部门
E. 省级以上卫生行政部门

【B_1 型题】

（21~23 题共用备选答案）
A. 发现疑似职业病患者时，应当告知劳动者本人并及时通知用人单位
B. 承担疑似职业病患者在诊断，医学观察期间的费用
C. 客观、公正地进行诊断鉴定
D. 签署职业病诊断证明书
E. 依法享受国家规定的职业病待遇

21. 医疗卫生机构
22. 用人单位
23. 职业病患者

（24~26 题共用备选答案）
A. 指用人单位的劳动者在职业活动中，因接触粉尘，放射性物质和其他有毒、有害物质等因素而引起的疾病
B. 指对从事职业活动的劳动者可能导致职业病的各种危害
C. 职业活动中存在的各种有害的化学、物理、生物因素以及在作业过程中产生的其他职业有害因素
D. 指劳动者从事特定职业或者接种，特定职业病危害因素时，比一般职业人群更易于遭受职业病危害和罹患职业病或者可能导致原有自身疾病病情加重，或者在从事作业过程中诱发可能导致对他人生命健康构成危险的疾病的个人特殊生理或者病理状态
E. 统一负责全国职业病防治的监督管理工作

24. 职业病
25. 职业病危害
26. 职业禁忌

第四章　突发公共卫生事件应急条例

【A_1 型题】

1. 监测机构发现突发公共卫生事件，向所在地县级人民政府卫生行政部门报告的时限是
A. 1 小时
B. 2 小时
C. 3 小时
D. 4 小时
E. 6 小时

2. 下列事件不属于突发公共卫生事件的是
A. 突然发生的造成社会公众健康损害的食物中毒
B. 突然发生的造成社会公众健康严重损害的重大传染病疫情
C. 突然发生的造成社会公众健康严重损害的群体性不明原因疾病
D. 突然发生的可能造成社会公众健康严重损害的重大传染病疫情
E. 突然发生的可能造成社会公众健康严重损害的群体性不明原因疾病

3.《突发公共卫生事件应急条例》规定，医疗卫生机构应当对传染病做到
A. 早发现、早观察、早隔离、早治疗
B. 早发现、早观察、早治疗、早康复
C. 早发现、早报告、早隔离、早治疗
D. 早发现、早报告、早隔离、早康复
E. 早预防、早发现、早治疗、早康复

4. 对流动人口中的严重急性呼吸综合征患者、疑似患者处理的原则是
A. 就地控制、就地治疗、就地康复
B. 就地隔离、就地治疗、就

地康复
C. 就地控制、就地观察、就地治疗
D. 就地隔离、就地观察、就地治疗
E. 就地观察、就地治疗、就地康复

5. 依据《突发公共卫生事件应急条例》的规定，建立重大、紧急疫情信息报告系统的机构是
A. 国务院
B. 国务院卫生行政部门
C. 省、自治区、直辖市人民政府
D. 省、自治区、直辖市人民政府卫生行政部门
E. 国务院办公厅

6. 国务院卫生行政部门对可能造成重大社会影响的突发事件，应当何时内向国务院报告
A. 1 小时
B. 2 小时
C. 3 小时
D. 4 小时
E. 立即

7. 下列情形中不属于县级突发事件监测机构应当在发现后 2 小时内向县级人民政府卫生行政部门报告的事件的是
A. 发生传染病暴发、流行的
B. 可能发生传染病暴发、流行的
C. 发生食物和职业中毒事件的
D. 发生不明原因的群体性疾病的
E. 发生传染病菌种、毒种丢失的

8. 突发事件发生后，应当及时向毗邻省、自治区、直辖市人民政府卫生行政部门通报的机构是
A. 国务院
B. 国务院卫生行政部门
C. 突发事件发生地的省、自治区、直辖市人民政府
D. 突发事件发生地的省、自治区、直辖市人民政府卫生行政部门
E. 国务院办公厅

【A_2 型题】

9. 2015 年，某省人民政府接到该省某市发生不明原因的群体性疾病的报告，此时省级人民政府应当在
A. 1 小时内向国务院卫生行政主管部门报告
B. 2 小时内向国务院卫生行政部门报告
C. 3 小时内向国务院卫生行政部门报告
D. 4 小时内向国务院卫生行政部门报告
E. 5 小时内向国务院卫生行政部门报告

10. 2014 年 5 月，某省突然发生传染病的流行，此时负责向社会发布突发事件信息的机构是
A. 国务院
B. 国务院卫生行政部门
C. 突发事件发生地的省、自治区、直辖市人民政府
D. 突发事件发生地的省、自治区、直辖市人民政府卫生行政部门
E. 国务院办公厅

【A_3/A_4 型题】

（11~13 题共用题干）

2016 年，某省内某县医疗机构发现该县发生重大食物中毒事件。

11. 此时该医疗机构应当在几小时内向所在县级人民政府卫生行政部门报告
A. 1 小时
B. 2 小时
C. 3 小时
D. 4 小时
E. 5 小时

12. 该县人民政府卫生行政部门应当在几小时内向本级人民政府报告
A. 1 小时
B. 2 小时
C. 3 小时
D. 4 小时
E. 5 小时

13. 该县级人民政府卫生行政部门在接到医疗机构的报告后，应做到下列事项，除外
A. 向本级人民政府报告
B. 立即组织力量对报告事项调查核实、确证
C. 采取必要的控制措施
D. 及时报告调查情况
E. 向毗邻的省市人民政府卫生行政部门通报

【B_1 型题】

（14~16 题共用备选答案）
A. 1 小时内
B. 2 小时内
C. 3 小时内
D. 4 小时内
E. 立即

14. 省、自治区、直辖市人民政府应当在接到发生或可能发生重大职业中毒事件的报告后何时向国务院卫生行政部门报告
15. 县级人民政府应当在接到发生传染病流行的报告后何时向市级人民政府或者上一级人民政府报告
16. 国务院卫生行政部门对可能造成重大社会影响的突发事件，应当何时向国务院报告

第五章　疫苗流通和预防接种管理条例

【A_1型题】

1. 根据国家免疫规划或者接种方案，开展与预防接种相关的宣传、培训、技术指导、监测、评价、流行病学调查、应急处置等工作，并依照规定做好记录
   A. 国务院卫生主管部门
   B. 国务院药品监督管理部门
   C. 省、自治区、直辖市人民政府卫生主管部门
   D. 省、自治区、直辖市人民政府药品监督管理部门
   E. 各级疾病预防控制机构
2. 疫苗批发企业从不具有疫苗经营资格的单位或者个人购进第二类疫苗
   A. 依法予以取缔，没收违法生产、销售的疫苗和违法所得，并处违法生产、销售的疫苗货值金额2倍以上5倍以下的罚款，构成犯罪的，依法追究刑事责任
   B. 由药品监督管理部门没收违法销售的疫苗，并处违法销售的疫苗货值金额2倍以上5倍以下的罚款；有违法所得的，没收违法所得；情节严重的，依法吊销疫苗生产资格、疫苗经营资格
   C. 责令改正，给予警告；情节严重的，吊销《药品经营许可证》
   D. 给予警告，责令限期改正；逾期不改正的，责令停产、停业整顿，并处5000元以上2万元以下的罚款；情节严重的，吊销《药品生产许可证》
   E. 给予警告，责令限期改正；逾期不改正的，责令停产、停业整顿，并处5000元以上2万元以下的罚款；情节严重的，吊销《药品经营许可证》
3. 根据传染病监测和预警信息，为了预防、控制传染病的暴发、流行，需要在本行政区域内部分地区进行群体性预防接种的，应当
   A. 由国务院卫生主管部门决定，并报国务院备案
   B. 由国务院卫生主管部门决定
   C. 由省、自治区、直辖市人民政府卫生主管部门报经本级人民政府决定，并向国务院卫生主管部门备案
   D. 由省、自治区、直辖市人民政府卫生主管部门决定，并向国务院卫生主管部门备案
   E. 报经本级人民政府决定，并向省、自治区、直辖市人民政府卫生主管部门备案
4. 依照《疫苗流通和预防接种管理条例》的规定接到质量可疑疫苗报告的卫生主管部门应
   A. 依法移交卫生行政部门
   B. 组织接种单位销毁
   C. 依法查封、扣押
   D. 采取应急处置措施
   E. 立即停止销售
5. 需要在省、自治区、直辖市行政区域全部范围内进行群体性预防接种的，应当
   A. 由国务院卫生主管部门决定，并报国务院备案
   B. 由国务院卫生主管部门决定
   C. 由省、自治区、直辖市人民政府卫生主管部门报经本级人民政府决定，并向国务院卫生主管部门备案
   D. 由省、自治区、直辖市人民政府卫生主管部门决定，并向国务院卫生主管部门备案
   E. 报经本级人民政府决定，并向省、自治区、直辖市人民政府卫生主管部门备案
6. 根据《疫苗流通和预防接种管理条例》可以向接种单位、其他疫苗批发企业销售第二类疫苗的是
   A. 定点药品零售企业
   B. 疫苗药品批发企业
   C. 县级疾病预防控制机构
   D. 设区的市级以上疾病预防控制机构
   E. 国家疾病预防控制机构
7. 医疗卫生人员在实施接种前应做哪些工作不包括
   A. 医疗卫生人员发现预防接种异常反应、疑似预防接种异常反应或者接到相关报告的，应当依照预防接种工作规范及时处理，并立即报告所在地的疾病预防控制机构
   B. 对符合接种条件的受种者实施接种，并依照国务院卫生主管部门的规定，填写并保存接种记录
   C. 告知受种者或者其监护人所接种疫苗的品种、作用、禁忌、不良反应以及注意事项
   D. 询问受种者的健康状况以及是否有接种禁忌等情况，并如实记录告知和询问情况
   E. 对于因有接种禁忌而不能接种的受种者，医疗卫生

人员应当对受种者或者其监护人提出医学建议

8. 儿童预防接种的管理说法错误的是
   A. 国家对儿童实行预防接种证制度。在儿童出生后1个月内，其监护人应当到儿童居住地承担预防接种工作的接种单位为其办理预防接种证
   B. 接种单位对儿童实施接种时，应当查验预防接种证，并作好记录
   C. 儿童离开原居住地期间，由现居住地承担预防接种工作的接种单位负责对其实施接种
   D. 预防接种证的格式由县级以上人民政府卫生主管部门制定
   E. 儿童入托、入学时，托幼机构、学校应当查验预防接种证，发现未依照国家免疫规划受种的儿童，应当向所在地的县级疾病预防控制机构或者儿童居住地承担预防接科工作的接种单位报告，并配合疾病预防控制机构或者接种单位督促其监护人在儿童入托、入学后及时到接种单位补种

9. 县级疾病预防控制机构可以向接种单位供应
   A. 第一类疫苗
   B. 第二类疫苗
   C. 第三类疫苗
   D. 第四类疫苗
   E. 第五类疫苗

10. 关于第一类疫苗说法错误的是
   A. 是指政府免费向公民提供，公民应当依照政府的规定受种的疫苗
   B. 包括国家免疫规划确定的疫苗
   C. 省、自治区、直辖市人民政府在执行国家免疫规划时增加的疫苗
   D. 省级以上人民政府或者其卫生主管部门组织的应急接种或者群体性预防接种所使用的疫苗
   E. 县级以上人民政府卫生主管部门组织的应急接种或者群体性预防接种所使用的疫苗

11.《疫苗流通和预防接种管理条例》规定，第二类疫苗是
   A. 国家免疫规划确定的疫苗
   B. 政府免费向公民提供，公民应当依照政府的规定受种的疫苗
   C. 省、自治区、直辖市人民政府在执行国家免疫规划时增加的疫苗
   D. 由公民自费并且自愿受种的其他疫苗
   E. 县级以上人民政府或者其卫生主管部门组织的应急接种所使用的疫苗

12. 不具有疫苗经营资格的单位或者个人经营疫苗的
   A. 依法予以取缔，没收违法生产、销售的疫苗和违法所得，并处违法生产、销售的疫苗货值金额2倍以上5倍以下的罚款，构成犯罪的，依法追究刑事责任
   B. 由药品监督管理部门没收违法销售的疫苗，并处违法销售的疫苗货值金额2倍以上5倍以下的罚款；有违法所得的，没收违法所得；情节严重的，依法吊销疫苗生产资格、疫苗经营资格
   C. 责令改正，给予警告；情节严重的，吊销《药品经营许可证》
   D. 给予警告，责令限期改正；逾期不改正的，责令停产、停业整顿，并处5000元以上2万元以下的罚款；情节严重的，吊销《药品生产许可证》
   E. 给予警告，责令限期改正；逾期不改正的，责令停产、停业整顿，并处5000元以上2万元以下的罚款；情节严重的，吊销《药品经营许可证》

13. 我国的疫苗分为几类
   A. 二类
   B. 三类
   C. 四类
   D. 五类
   E. 六类

14. 各级疾病预防控制机构依照各自职责，根据国家免疫规划或者接种方案，应开展与预防接种相关的工作，以下说法错误的是
   A. 宣传、培训
   B. 技术指导，监测、评价
   C. 流行病学调查
   D. 应急处置
   E. 依照省级以上卫生主管部门的规定作好记录

15. 县级疾病预防控制机构可以
   A. 向疾病预防控制机构销售第二类疫苗
   B. 向个体诊所销售第二类疫苗
   C. 向接种单位销售第二类疫苗
   D. 向其他疫苗批发企业销售第二类疫苗
   E. 向定点零售企业销售第二类疫苗

16. 根据《疫苗流通和预防接种管理条例》可以向省级疾病预防控制机构供应第一类疫苗的是
   A. 定点药品零售企业
   B. 疫苗药品批发企业
   C. 县级疾病预防控制机构
   D. 设区的市级以上疾病预防

控制机构
E. 国家疾病预防控制机构

17. 疫苗接种单位的管理说法错误的是
A. 接种单位应当具有医疗机构执业许可证件；具有经过县级人民政府卫生主管部门组织的预防接种专业培训并考核合格的执业医师、执业助理医师、护士或者乡村医生
B. 接种单位应当承担责任区域内的预防接种工作，并接受所在地的市级疾病预防控制机构的技术指导
C. 接种单位接收第一类疫苗或者购进第二类疫苗，应当建立并保存真实、完整的接收、购进记录。
D. 接种单位接种疫苗，应当遵守预防接种工作规范、免疫程序、疫苗使用指导原则和接种方案，并在其接种场所的显著位置公示第一类疫苗的品种和接种方法
E. 接种单位接种第一类疫苗不得收取任何费用。接种单位接种第二类疫苗可以收取服务费、接种耗材费，具体收费标准由所在地的省、自治区、直辖市人民政府价格主管部门核定

18. 下列关于疫苗的说法，错误的是
A. 第一类疫苗不得向个人供应
B. 疫苗批发企业在销售疫苗时，应当提供由生产企业出具的生物制品每批检验合格证明复印件，并加盖企业印章
C. 疫苗批发企业经营进口疫苗的，应当提供进口药品通关单复印件，并加盖企业印章
D. 疾病预防控制机构、接种单位在接收或者购进疫苗时，应索取证明文件，并保存至超过疫苗有效期2年备查
E. 设区的市级以上疾病预防控制机构不得直接向接种单位供应第二类疫苗

19. 根据《疫苗流通和预防接种管理条例》不得从事疫苗经营活动的是
A. 定点药品零售企业
B. 疫苗药品批发企业
C. 县级疾病预防控制机构
D. 设区的市级以上疾病预防控制机构
E. 国家疾病预防控制机构

20. 接种单位应当具备的条件不包括
A. 具有疫苗使用许可证
B. 具有医疗机构执业许可证件
C. 具有冷藏保管制度
D. 具有符合疫苗储存、运输管理规范的冷藏设施、设备
E. 具有经过县级人民政府卫生主管部门组织的预防接种专业培训并考核合格的执业医师、执业助理医师、护士或者乡村医生

21. 根据《疫苗流通和预防接种管理条例》，疫苗批发企业从疫苗生产企业购进疫苗时，应索取的有效证明文件是
A. 药品检验机构依法签发的生物制品每批检验合格和审核批准证明复印件，并加盖生产企业印章
B. 药品检验机构依法签发的生物制品检验合格或审核批准证明复印件，并加盖生产企业印章
C. 药品检验机构依法签发的生物制品检验合格或审核批准证明复印件，并加盖药品检验机构印章
D. 省级药品监督管理部门签发的生物制品审核批准证明复印件，并加盖生产企业印章
E. 市级药品监督管理部门签发的生物制品审核批准证明复印件，并加盖生产企业印章

22. 疫苗生产企业未依照规定建立并保存疫苗销售或者购销记录的
A. 给予警告，责令限期改正；逾期不改正的，责令停产、停业整顿，并处5000元以上2万元以下的罚款；情节严重的，吊销许可证
B. 依法予以取缔，没收违法生产、销售的药品和违法所得，并处违法生产、销售的药品（包括已售出的和未售出的药品）货值金额2倍以上5倍以下的罚款；情节严重的，吊销《药品生产许可证》
C. 责令改正，给予警告；情节严重的，吊销《药品生产许可证》
D. 责令改正，给予警告；情节严重的，吊销《药品经营许可证》
E. 依法予以取缔，没收违法生产、销售的药品和违法所得，并处违法生产、销售的药品（包括已售出的和未售出的药品）货值金额2倍以上5倍以下的罚款；构成犯罪的，依法追究刑事责任

23. 疫苗批发企业未依照规定建立并保存疫苗销售或者购销记录的
A. 给予警告，责令限期改正；逾期不改正的，责令

停产、停业整顿，并处5000元以上2万元以下的罚款；情节严重的，吊销许可证

B. 依法予以取缔，没收违法生产、销售的药品和违法所得，并处违法生产、销售的药品（包括已售出的和未售出的药品）货值金额2倍以上5倍以下的罚款；情节严重的，吊销《药品生产许可证》

C. 责令改正，给予警告；情节严重的，吊销《药品生产许可证》

D. 责令改正，给予警告；情节严重的，吊销《药品经营许可证》

E. 依法予以取缔，没收违法生产、销售的药品和违法所得，并处违法生产、销售的药品（包括已售出的和未售出的药品）货值金额2倍以上5倍以下的罚款；构成犯罪的，依法追究刑事责任

24. 根据《疫苗流通和预防接种管理条例》，第一类疫苗是指

A. 县级以上药品监督管理部门组织的应急接种所使用的疫苗

B. 县级以上药品监督管理部门组织的群体性预防接种所使用的疫苗

C. 基层人民政府组织的群体性预防接种所使用的疫苗

D. 由公民自费并且自愿受种的疫苗

E. 政府免费向公民提供，公民应当依照政府的规定受种的疫苗

25. 由公民自费并且自愿受种的其他疫苗

A. 第一类疫苗

B. 第二类疫苗

C. 第三类疫苗

D. 第四类疫苗

E. 第五类疫苗

26. 依照《疫苗流通和预防接种管理条例》的规定接到质量可疑疫苗报告的药品监督管理部门应

A. 依法移交卫生行政部门

B. 组织接种单位销毁

C. 依法查封、扣押

D. 采取应急处置措施

E. 立即停止销售

27. 疫苗生产企业、疫苗批发企业向疾病预防控制机构、接种单位、疫苗批发企业以外的单位或者个人销售第二类疫苗的

A. 依法予以取缔，没收违法生产、销售的疫苗和违法所得，并处违法生产、销售的疫苗货值金额2倍以上5倍以下的罚款，构成犯罪的，依法追究刑事责任

B. 由药品监督管理部门没收违法销售的疫苗，并处违法销售的疫苗货值金额2倍以上5倍以下的罚款；有违法所得的，没收违法所得；情节严重的，依法吊销疫苗生产资格、疫苗经营资格

C. 责令改正，给予警告；情节严重的，吊销《药品经营许可证》

D. 给予警告，责令限期改正；逾期不改正的，责令停产、停业整顿，并处5000元以上2万元以下的罚款；情节严重的，吊销《药品生产许可证》

E. 给予警告，责令限期改正；逾期不改正的，责令停产、停业整顿，并处、5000元以上2万元以下的罚款；情节严重的，吊销《药品经营许可证》

28. 根据国家制定的免疫程序、疫苗使用指导原则，结合本行政区域的传染病流行情况，制定本行政区域的接种方案

A. 国务院卫生主管部门

B. 国务院药品监督管理部门

C. 省、自治区、直辖市人民政府卫生主管部门

D. 省、自治区、直辖市人民政府药品监督管理部门

E. 各级疾病预防控制机构

29. 疫苗批发企业可以向疾病预防控制机构、接种单位、其他疫苗批发企业销售

A. 第一类疫苗

B. 第二类疫苗

C. 第三类疫苗

D. 第四类疫苗

E. 第五类疫苗

30. 需要在全国范围或者跨省、自治区、直辖市范围内进行群体性预防接种的，应当

A. 由国务院卫生主管部门决定，并报国务院备案

B. 由国务院卫生主管部门决定

C. 由省、自治区、直辖市人民政府卫生主管部门报经本级人民政府决定，并向国务院卫生主管部门备案

D. 由省、自治区、直辖市人民政府卫生主管部门决定，并向国务院卫生主管部门备案

E、报经本级人民政府决定，并向省、自治区、直辖市人民政府卫生主管部门备案

31. 制定、公布预防接种工作规范，并根据疫苗的国家标准，结合传染病流行病学调查信息，制定、公布纳入国家免疫规划疫苗的免疫程序和其他疫苗的免疫程序或者使用指导原则

A. 国务院卫生主管部门

B. 国务院药品监督管理部门
C. 省、自治区、直辖市人民政府卫生主管部门
D. 省、自治区、直辖市人民政府药品监督管理部门
E. 各级疾病预防控制机构

第六章 艾滋病防治条例

【A_1型题】

1. 下列关于艾滋病防治工作原则的表述不正确的是
   A. 坚持预防为主、防治结合的方针
   B. 建立政府组织领导、部门各负其责、全社会共同参与的机制
   C. 加强宣传教育
   D. 采取行为干预和关怀救助等措施
   E. 坚持预防为主、治疗为辅的方针
2.《艾滋病防治条例》规定，任何单位和个人不得歧视下列对象，除外
   A. 人类免疫缺陷病毒感染者
   B. 艾滋病患者
   C. 人类免疫缺陷病毒感染者的家属
   D. 艾滋病患者的家属
   E. 以上都不是
3.《艾滋病防治条例》中的不歧视规定的内容不包括
   A. 任何单位和个人不得歧视人类免疫缺陷病毒感染者及其家属
   B. 任何单位和个人不得歧视疑似人类免疫缺陷病毒感染者及其家属
   C. 艾滋病患者及其家属享有的婚姻、就业、就医、入学等合法权益受法律保护
   D. 人类免疫缺陷病毒感染者及其家属享有的婚姻、就业、就医、入学等合法权益受法律保护
   E. 任何单位和个人不得歧视艾滋病患者及其家属
4. 艾滋病防治的行为干预措施不包括
   A. 早期发现感染者和有助于危险行为改变的自愿咨询检测措施
   B. 规范、方便的性病诊疗措施
   C. 未经同意公布艾滋病患者的病情以引起社会对艾滋病的重视和关注
   D. 针对母婴传播艾滋病的抗病毒药物预防和人工代乳品喂养措施
   E. 健康教育措施
5. 艾滋病检测的对象不包括
   A. 人体血液
   B. 人体体液
   C. 组织器官
   D. 血液衍生物
   E. 以上都不是
6.《艾滋病防治条例》正式实施的时间是
   A. 2006年3月1日
   B. 2006年6月1日
   C. 2007年3月1日
   D. 2007年6月1日
   E. 2008年3月1日
7. 国家建立健全
   A. 艾滋病检测网络
   B. 艾滋病监测网络
   C. 艾滋病防治网络
   D. 艾滋病咨询网络
   E. 艾滋病宣传教育网络
8. 制定国家艾滋病监测规划和方案的机构是
   A. 国家卫健委
   B. 国务院
   C. 全国人民代表大会
   D. 国务院办公厅
   E. 全国人大常委会
9. 根据国家艾滋病监测规划和方案，制定本行政区域的艾滋病监测计划和工作方案的机构是
   A. 省、自治区、直辖市人民政府
   B. 省、自治区、直辖市人民政府卫生行政部门
   C. 省、自治区、直辖市人民代表大会
   D. 省、自治区、直辖市人大常委会
   E. 省、自治区、直辖市疾病预防控制机构
10. 出入境检验检疫机构负责对出入境人员进行艾滋病
   A. 检测
   B. 宣传教育
   C. 监测
   D. 调查
   E. 咨询
11. 依据《艾滋病防治条例》的规定，具体从事本行政区域内艾滋病监测的机构是
   A. 政府卫生行政部门
   B. 政府
   C. 医疗机构
   D. 疾病预防控制机构
   E. 艾滋病防治机构
12. 国家对艾滋病进行一系列行为干预措施，下列属于《艾滋病防治条例》规定的干预措施的是
   A. 强制咨询和强制检测制度
   B. 强制咨询和自愿检测制度
   C. 自愿咨询和强制检测制度
   D. 自愿咨询和自愿检测制度
   E. 强制检测制度
13. 县级以上地方人民政府卫生行政部门指定的医疗卫生机构，为自愿接受艾滋病咨询、检测的人员提供
   A. 有偿的咨询
   B. 有偿的初筛检测

C. 免费的咨询和免费的初筛检测
D. 免费的咨询和有偿的初筛检测
E. 有偿的咨询和免费的初筛检测

14. 依据《艾滋病防治条例》的规定，为自愿接受艾滋病咨询的人员免费提供咨询服务的机构是
A. 县级以上地方人民政府卫生行政部门指定的疾病预防控制机构
B. 省级以上地方人民政府卫生行政部门指定的疾病预防控制机构
C. 省级以上地方人民政府卫生行政部门指定的医疗卫生机构
D. 县级以上地方人民政府卫生行政部门指定的医疗卫生机构
E. 县级以上疾病预防控制机构指定的医疗卫生机构

15. 对确诊的儿童人类免疫缺陷病毒感染者，医疗机构的工作人员应当将其感染的事实
A. 告知本人
B. 告知本人和其监护人
C. 告知其监护人
D. 告知本人或其监护人
E. 以上都不是

【A_2 型题】

16. 王某，35 岁。有长期的吸毒史，因为和他人共用同一针头注射而感染了艾滋病。王某住所地的疾病预防控制机构欲以真实姓名公布他的相关病情和有关资料，以引起社会对艾滋病防治工作的关注，此时，应当得到谁的同意
A. 王某本人
B. 王某的父母
C. 王某的配偶
D. 王某的单位
E. 王某所在地的卫生行政部门

17. 张某，在校大学生，经医疗机构确诊为人类免疫缺陷病毒感染者，依据《艾滋病防治条例》的规定，医疗机构的工作人员应当将其感染的事实告知
A. 张某的父母
B. 张某本人
C. 医疗机构的负责人
D. 医疗机构所在地的卫生行政部门
E. 张某所在的学校

【A_3/A_4 型题】

（18~19 题共用题干）

赵某因为输血不幸成为一名人类免疫缺陷病毒感染者，现在妊娠 3 个月。赵某到其住所地的妇幼保健院进行正常的产前检查，医生钱某接待了她。

18. 医生钱某的下列做法不正确的是
A. 为赵某提供预防艾滋病母婴传播的咨询
B. 为赵某提供产前的指导
C. 为赵某提供治疗服务
D. 为赵某提供检测
E. 向医疗机构负责人请示后决定是否为该孕妇提供服务

19. 假设钱某在听到赵某说她是一名人类免疫缺陷病毒感染者后，就拒绝为赵某进行相关的产前检查服务，此时卫生行政部门应当作出的处罚是
A. 对钱某所在的医院通报批评，给予警告
B. 对妇幼保健院罚款 500 元
C. 吊销钱某的执业医师证书
D. 追究钱某的刑事责任
E. 开除钱某

【B_1 型题】

（20~22 题共用备选答案）
A. 由县级以上人民政府卫生行政部门责令限期改正，通报批评，给予警告
B. 对负有责任的主管人员和其他直接责任人员依法给予降级、撤职、开除的处分，并可以依法吊销有关机构或者责任人员的执业许可证
C. 罚款
D. 依法追究刑事责任
E. 依照传染病防治法的规定予以处罚

20. 医疗机构对临时应急采集的血液未进行艾滋病检测，造成患者多人感染艾滋病严重后果的
21. 医疗机构的医生将艾滋病检测阳性的血液用于临床，造成艾滋病传播，构成犯罪的
22. 医疗机构未对人类免疫缺陷病毒感染者或者艾滋病患者进行医学随访的

第七章　母婴保健法及其实施办法

【A_1 型题】

1. 母婴保健工作方针不包括
A. 母婴保健工作以保健为中心
B. 保障母亲和婴儿健康，提高出生人口素质
C. 以保障生殖健康为目的
D. 实行保健和临床相结合
E. 面向群体、面向基层和预防为主

2. 母婴保健技术服务不包括

A. 有关母婴保健的科普宣传、教育和咨询
B. 婚前医学检查
C. 产前诊断和遗传病诊断
D. 分娩期产后恢复
E. 新生儿疾病筛查

3.《中华人民共和国母婴保健法》规定，对于依法接受终止妊娠或者结扎手术的，应当给予
A. 有偿服务
B. 免费服务
C. 酌情收费服务
D. 酌情减半收费服务
E. 酌情免费服务

4. 根据《中华人民共和国母婴保健法》的规定，不属于孕产期保健内容的是
A. 母婴保健指导
B. 孕妇、产妇保健
C. 胎儿保健
D. 男女双方精神病检查
E. 新生儿保健

5. 婚前医学检查服务的内容是指
A. 进行性卫生知识、生育知识的教育
B. 进行遗传病知识的教育
C. 对有关婚配问题提供医学意见
D. 对有关生育健康问题提供医学意见
E. 对严重遗传疾病、指定传染病和有关精神病的检查

6. 属于《中华人民共和国母婴保健法》规定可以申请医学技术鉴定的是
A. 对孕妇、产妇保健服务有异议的
B. 对婚前医学检查结果有异议的
C. 对婚前卫生咨询有异议的
D. 对孕产期保健服务有异议的
E. 对医学指导意见有异议的

7. 关于母婴保健医学技术鉴定的规定，不正确的是
A. 对婚前医学检查有异议的，可以申请进行母婴保健医学技术鉴定
B. 母婴保健医学技术鉴定委员会委员由卫生行政部门提名
C. 母婴保健医学技术鉴定组织为母婴保健医学技术鉴定委员会
D. 母婴保健医学技术鉴定委员会分为省、市、县三级
E. 母婴保健医学技术鉴定委员会的成员必须具有主任医师的专业技术职务

8. 以下关于母婴保健医学技术鉴定的说法，错误的是
A. 母婴保健医学技术鉴定委员会成员须由卫生行政部门提名
B. 母婴保健医学技术鉴定的人员要具有较为丰富临床实践经验和相关的学科理论知识
C. 医学技术鉴定时，与当事人有利害关系，可能影响公正鉴定的人员应回避
D. 母婴保健医学技术鉴定委员会分为省、市两级
E. 对婚前医学检查或遗传病诊断有异议的，由母婴保健医学技术鉴定委员会鉴定

9. 从事以下哪种工作的医务人员，须经过省、自治区、直辖市人民政府卫生行政部门的考核，并取得相应的合格证书
A. 婚前医学检查
B. 施行结扎手术
C. 遗传病诊断
D. 终止妊娠手术
E. 从事家庭接生

10. 医疗、保健机构或者人员未取得母婴保健技术许可，擅自从事母婴保健技术的，由卫生行政部门给予
A. 警告，责令停止违法行为
B. 没收违法所得
C. 违法所得 5000 以上的，并处违法所得 3 倍以上 5 倍以下的罚款
D. 没有违法所得或违法所得不足 5000 元的，并处 5000 元以上 2 万元以下的罚款
E. 以上均是

【A_2 型题】

11. 公卫医师何某在取得执业医师资格证书和执业许可证后的 1 年里，擅自从事婚前医学检查、遗传病诊断和产前诊断，虽经卫生行政部门制止，仍不改正，并又实施终止妊娠手术。依据《中华人民共和国母婴保健法》的规定，可以给予何种行政处罚
A. 处以罚款
B. 没收违法所得
C. 没收非法财物
D. 吊销执业许可证
E. 行政拘留

12. 1994 年，某地农村产妇产下一女婴。由于第三产程子宫收缩无力，产妇的胎盘迟迟未娩出。此时，无证个体医师王某，在一不消毒，二不戴消毒手套的情况下，将手伸进子宫，误认为还有一胎儿未娩出而向外猛拉子宫，当场造成产妇大出血死亡。根据相关法律规定，应依照该法追究王某的法律责任，其法律责任不包括
A. 责令改正
B. 予以取缔
C. 没收违法所得及其药品、器械
D. 赔偿责任
E. 刑事责任

【B_1 型题】

（13~15 题共用备选答案）
A. 严重遗传性疾病
B. 孕妇患有传染病
C. 对生育保健问题提供医学

意见

D. 为胎儿生长发育进行监护

E. 医师发现或怀疑胎儿异常

13. 属于婚前医学检查的是

14. 属于胎儿保健的是

15. 需要对孕妇进行产前诊断的是

第八章　献　血　法

【A_1 型题】

1. 根据《中华人民共和国献血法》，医疗机构用于临床的血液应当符合
   A. 行业规定标准
   B. 地方规定标准
   C. 血站规定标准
   D. 国家规定标准
   E. 省级卫生行政部门规定标准
2. 国家鼓励下列人员率先献血
   A. 工人
   B. 农民
   C. 知识分子
   D. 现役军人
   E. 中等学校在校学生
3. 为保障公民临床急救用血的需要，国家提倡并指导择期手术的患者
   A. 率先献血
   B. 互助献血
   C. 自愿献血
   D. 自身储血
   E. 同型输血
4. 献血者两次采血的间隔时间不得少于
   A. 2个月
   B. 3个月
   C. 4个月
   D. 5个月
   E. 6个月
5. 血站对献血者每次采集血液一般量是多少，最多量不得超过
   A. 100ml，200ml
   B. 200ml，300ml
   C. 200ml，400ml
   D. 100ml，400ml
   E. 200ml，500ml
6.《中华人民共和国献血法》的施行日期是
   A. 1999年10月1日
   B. 1998年10月1日
   C. 1997年12月29日
   D. 1998年12月29日
   E. 2000年10月1日
7. 医务人员违反献血法规定，将不符合国家规定标准的血液用于患者的可能承担以下法律责任，除了
   A. 由县级以上卫生行政部门责令改正
   B. 由县级以上卫生行政部门处以罚款
   C. 给患者健康造成损害的，应当依法赔偿
   D. 对直接负责的主管人员，依法给予行政处分
   E. 构成犯罪的，依法追究刑事责任

【A_2 型题】

8. 某镇卫生院3名医务人员违反《中华人民共和国献血法》规定，将不符合国家规定标准的血液用于患者。由于患者家属及时发现，经治医生采取果断措施，幸好未给受血者健康造成损害。根据《中华人民共和国献血法》规定，当地卫生局应对3名医务人员给予的行政处理是
   A. 责令改正
   B. 警告
   C. 罚款1万元以下
   D. 暂停执业活动6个月以上1年以下
   E. 吊销医师执业证书
9. "献血大王"刘某，在过去的7年间，献血总量已达5600ml。快满50周岁的刘某告诉记者，如果身体一直保持健康状态，他满55周岁以前，还可争取无偿献血
   A. 7次
   B. 8次
   C. 9次
   D. 10次
   E. 11次
10. 某村发生一起民居垮塌事故，重伤者9人，急送乡卫生院抢救。市中心血站根据该院用血要求，急送一批无偿献血的血液到该院。抢救结束后，尚余900ml血液，该院却将它出售给另一医疗机构。根据《中华人民共和国献血法》规定，对于乡卫生院的这一违法行为，县卫生局除了应当没收其违法所得外，还可以对其处以罚款
    A. 10万元以下
    B. 5万元以下
    C. 3万元以下
    D. 1万元以下
    E. 5000元以下
11. 甲医院是某市三级甲等医疗机构，下列是甲医疗机构用血的一些做法，除了哪项外都符合《中华人民共和国献血法》的规定
    A. 甲医疗机构在供血充足的情况下将无偿献血者的血液出售给血液制品生产单位
    B. 甲医疗机构积极推行按血液成分针对医疗实际需要输血
    C. 甲医疗机构对临床用血进行核查，将不符合国家规定标准的血液弃之不用
    D. 甲医疗机构制定临床用血计划，并由市卫生局指定的血站供给
    E. 甲医疗机构临床用血的包装、储存、运输符合国家规定的卫生标准和要求

【B_1型题】

（12~14题共用备选答案）

A. 有偿献血制度
B. 无偿义务献血制度
C. 18~55周岁健康公民自愿献血
D. 18~50周岁健康公民自愿献血
E. 国家工作人员、现役军人和高等学校在校学生率先献血

12. 国家实行
13. 国家提倡
14. 国家鼓励

第九章 医 师 法

【A_1型题】

1. 被注销注册，收回医师执业证书的当事人有异议的，依法申请复议或者起诉的期限是自收到注销注册通知之日起
A. 七日内
B. 十日内
C. 十五日内
D. 二十日内
E. 三十日内

2. 医师在执业活动中发生医疗事故不按规定报告的，应承担的法律责任是
A. 行政罚款
B. 暂停一至六个月的执业活动
C. 暂停六至十二个月的执业活动
D. 吊销执业证书
E. 以上都不是

3. 医师使用的药品、消毒药剂和医疗器械应当是
A. 所在医疗单位允许使用的
B. 正式生产的
C. 有经营权的单位销售的
D. 经临床证明可以使用的
E. 经国家有关部门批准使用的

4. 以下属于医师在执业活动中，依法享有权利的是
A. 宣传普及卫生保健知识
B. 尊重患者隐私权
C. 人格尊严、人身安全不受侵犯
D. 努力钻研业务，及时更新知识
E. 爱岗敬业，努力工作

5. 管理本行政区域医师工作的机构是
A. 县级以上人民政府劳动人事部门
B. 县级以上人民政府工商行政部门
C. 县级以上人民政府卫生行政部门
D. 医师协会
E. 县级以上人民政府

6.《中华人民共和国医师法》适用于
A. 依法取得执业医师资格的人
B. 依法取得执业医师资格或者执业助理医师资格的专业医务人员
C. 依法取得执业医师资格或者执业助理医师资格，在医疗机构中执业的专业医务人员
D. 依法取得执业医师资格或者执业助理医师资格，经注册在医疗机构中执业的专业医务人员
E. 依法取得执业医师资格或者执业助理医师资格，经注册在医疗、预防、保健机构中执业的专业医务人员

7. 医师考核不合格者，县级以上人民政府卫生行政部门可以责令其暂停执业活动
A. 一至二个月
B. 一至三个月
C. 三至六个月
D. 六至十二个月
E. 十二个月以上

8. 取得执业助理医师资格考试证书后，具有高等学校医学专科学历，在医疗、预防、保健机构中工作满几年可以参加执业医师资格考试
A. 一年
B. 二年
C. 三年
D. 四年
E. 五年

9. 医师在执业活动中违反技术操作规范，造成严重后果的，给予警告或者责令暂停执业活动
A. 三个月至六个月
B. 六个月至一年
C. 六个月至一年半
D. 一年至一年半
E. 一年至二年

10. 参加执业医师资格考试，需具有高等学校医学专业本科以上学历，并在执业医师指导下，在医疗、预防、保健机构中试用期满
A. 六个月
B. 十八个月
C. 一年
D. 二年
E. 三年

11. 受理医师执业注册申请的卫生行政部门对不符合条件不予注册的，书面通知申请人并说明理由，期限是自收到申请之日起
A. 十日内
B. 十五日内
C. 三十日内
D. 六十日内
E. 九十日内

12. 根据《中华人民共和国医师法》规定，以下可以进行医师执业注册的是
A. 不具有完全民事行为能力的
B. 刑事处罚执行完毕三年的
C. 处于甲类、乙类传染病传染期的
D. 受吊销医师执业证书一年的
E. 重新申请注册，经卫生行政部门指定机构考核不合格的

13. 医师注册后应当由卫生行政部门注销注册的情形是
A. 受罚款行政处罚的
B. 受警告行政处罚的
C. 受责令暂停六个月执业活动行政处罚的
D. 中止医师执业活动满一年的
E. 受吊销执业证书行政处罚的

14. 以下情形中不予医师执业注册的是
A. 受过刑事处罚的
B. 受刑事处罚，自刑罚执行完毕之日起至申请注册之日止不满三年的
C. 不具有完全民事行为能力的
D. 受过吊销医师执业证书行政处罚的
E. 受吊销医师执业证书行政处罚，自处罚之日起至申请注册之日止不满三年的

15. 受理执业医师注册申请的卫生行政部门，对申请人提交的申请材料进行审核的期限是，自收到注册申请之日起
A. 七日内
B. 十日内
C. 十五日内
D. 三十日内
E. 六十日内

16. 以下关于医师资格考试制度的说法错误的是
A. 医师资格考试分为执业医师考试和执业助理医师考试
B. 医师资格考试每年举行一次
C. 考试方式分为实践技能考试和医学综合笔试
D. 实行国家统一考试
E. 考试类别分为临床、中医和公共卫生三类

17. 申请个体行医的，需经执业医师注册后在医疗、预防、保健机构中执业满
A. 一年
B. 二年
C. 三年
D. 四年
E. 五年

18. 经国家执业医师资格考试，取得执业医师资格的，可以申请注册，受理机构是
A. 县级以上人民政府卫生行政部门
B. 县级以上人民政府
C. 省（自治区）级以上人民政府卫生行政部门
D. 省（自治区）级以上人民政府
E. 医师协会

19. 获得执业医师资格或执业助理医师资格后，应在几年内注册
A. 半年
B. 一年
C. 二年
D. 三年
E. 五年

20. 医师注册后，以下哪种情形不需要注销注册
A. 死亡的
B. 受到警告行政处罚的
C. 被宣告失踪的
D. 受吊销医师执业证书行政处罚的
E. 中止医师执业活动满二年的

21. 具有中等专业学校医学专业学历，在医疗、预防、保健机构中工作满几年可以参加执业医师资格考试
A. 一年
B. 二年
C. 三年
D. 四年
E. 五年

22. 对医师的业务水平、工作成绩和职业道德状况，依法享有定期考核权的单位是
A. 县级以上人民政府
B. 县级以上人民政府卫生行政部门
C. 县级以上人民政府卫生行政部门委托的机构或组织
D. 医师所在地的医学会或者医师学会
E. 医师所在的医疗、预防、保健机构

【A_2 型题】

23. 张某没有上过任何层次的医学专业学校，以下哪种情形下，他不可以参加执业医师资格考试或执业助理医师资格考试
A. 以师承方式学习传统医学满三年，经县级以上卫生行政部门确定的传统医学专业组织考核合格并推荐
B. 以师承方式学习传统医学满三年，经医疗、预防、保健机构考核合格并推荐
C. 在执业医师指导下，在医疗、预防、保健机构中试用期满三年
D. 经多年实践医术确有专长，经县以上卫生行政部门确定的传统医学专业组织考核合格并推荐
E. 经多年实践医术确有专长，经医疗、预防、保健机构考核合格并推荐

24. 某医院未经批准新设医疗美

容科，从外地聘请了一位退休外科医师担任主治医师，该院行为的性质属于

A. 非法行医
B. 超范围执业
C. 正常医疗行为
D. 特殊情况
E. 开展新技术

25. 医生甲因犯罪被判处有期徒刑2年，2007年9月20日被捕，2009年9月20日释放，医生甲从哪日起可以重新申请执业注册

A. 1999年9月21日
B. 2000年3月21日
C. 2000年9月21日
D. 2001年3月21日
E. 2011年9月21日

26. 医生甲因病休息1年多，医生乙因医院效益不好也在家闲了不满2年，医生丙出去参与经营未从事医疗活动2年多，医生丁承包医院的第二门诊近3年。上述人员中，属于应当注销注册，收回医师执业证书的是

A. 医生甲
B. 医生乙
C. 医生丙
D. 医生丁
E. 以上都不是

27. 某厂医院医生甲从2008年10月起，离开医院岗位为工厂从事推销工作。若甲至2010年10月10日仍不回岗位，其所在医院向准予甲注册的卫生行政部门报告的期限是

A. 七日内
B. 十日内
C. 十五日内
D. 三十日内
E. 六十日内

28. 黄某，2013年11月因医疗事故受到吊销医师执业证书的行政处罚，2014年11月向当地卫生行政部门申请重新注册。卫生行政部门经过审查，决定对黄某不予注册，理由是自处罚决定之日起至申请注册之日止不满

A. 一年
B. 二年
C. 三年
D. 四年
E. 五年

【A_3/A_4型题】

（29~30题共用题干）

医生白某因挪用公款用于个人经营，被判有期徒刑1年。

29. 白某被判刑后

A. 其执业可以不受限制
B. 在监管部门规定范围内执业
C. 暂停执业活动二年
D. 服刑期满可再执业
E. 终止医师执业活动

30. 白某对关于其执业问题的决定有异议，可申请复议或向法院起诉，期限是自收到通知之日起

A. 五日内
B. 七日内
C. 十日内
D. 十五日内
E. 三十日内

（31~32题共用题干）

医生刘某看药品经营能挣钱，便与院领导拉关系，请假离岗搞药品销售近3年。

31. 对刘某离岗2年以上的行为，医院应当报告准予注册的卫生行政部门，期限是

A. 离岗满2年的10日内
B. 离岗满2年的15日内
C. 离岗满2年的30日内
D. 离岗满2年后3个月内
E. 离岗近3年的当时

32. 医院未按规定履行报告职责，若导致严重后果，由卫生行政部门给予警告，并对该机构的行政负责人给予

A. 行政处分
B. 行政罚款
C. 注销注册
D. 吊销执业证书
E. 以上都不是

【B_1型题】

（33~35题共用备选答案）

A. 从事医师执业活动
B. 中止医师执业活动
C. 申请执业医师注册
D. 不予医师执业注册
E. 注销执业医师注册

33. 取得医师资格的可以
34. 受吊销医师执业证书行政处罚，自处罚之日起不满二年的
35. 医师注册后受吊销医师执业证书行政处罚的

（36~38题共用备选答案）

A. 医师可以对所在机构的医疗、预防、保健工作和卫生行政部门的工作提出意见和建议，依法参加所在机构的民主管理
B. 对医学专业技术有重大突破，作出显著贡献的医师，应当给予表彰或者奖励
C. 对急危患者，医师应当采取紧急措施及时进行诊治，不得拒绝急救处置
D. 医师应当关心、爱护、尊重患者，保护患者的隐私
E. 对考核不合格的医师，可以责令其接受培训和继续医学教育

36. 属于医师执业权利的是
37. 属于医师执业义务的是
38. 属于医师执业规则的是

第十章　侵权责任法（医疗损害责任）

【A_1 型题】

1. 医疗损害责任的赔偿主体，说法正确的是
   A. 患者在诊疗活动中受到损害，医务人员有过错的，由医务人员承担赔偿责任
   B. 患者在诊疗活动中受到损害，医疗机构无过错的，也应适当承担民事赔偿比例
   C. 患者在诊疗活动中受到损害，医务人员无过错的，也应适当承担民事赔偿比例
   D. 患者在诊疗活动中受到损害，医疗机构及其医务人员有过错的，由医疗机构和医务人员承担连带赔偿责任
   E. 患者在诊疗活动中受到损害，医疗机构及其医务人员有过错的，由医疗机构承担赔偿责任
2. 患者有损害，不是推定医疗机构有过错的法定情形的是
   A. 违反法律、行政法规、规章以及其他有关诊疗规范的规定
   B. 隐匿与纠纷有关的病历资料
   C. 拒绝提供与纠纷有关的病历资料
   D. 伪造、篡改、销毁病历资料
   E. 医疗事故造成患者死亡的
3. 患者有损害，医疗机构不承担赔偿责任的情形，不是法律明文规定的是
   A. 患者不配合医疗机构进行符合诊疗规范的诊疗
   B. 患者的近亲属不配合医疗机构进行符合诊疗规范的诊疗
   C. 医务人员在抢救生命垂危的患者等紧急情况下已经尽到合理诊疗义务
   D. 医务人员无明显医疗过错 E 限于当时的医疗水平难以诊疗
4. 医疗机构承担的义务及赔偿责任的情形，说法不准确的是
   A. 医务人员在诊疗活动中应当向患者说明病情和医疗措施。医务人员未尽到说明义务，造成患者损害的，医疗机构应当承担赔偿责任
   B. 医务人员在诊疗活动中未尽到与当时的医疗水平相应的诊疗义务，造成患者损害的医疗机构应当承担赔偿责任
   C. 医疗机构及其医务人员应当对患者的隐私保密。泄露患者隐私或者未经患者同意公开其病历资料，应当承担侵权责任
   D. 需要实施手术、特殊检查、特殊治疗的，医务人员应当及时向患者说明医疗风险、替代医疗方案等情况，并取得其书面同意
   E. 不宜向患者说明的，应当向患者的近亲属说明，并取得其书面同意
5. 紧急情况实施相应医疗措施的条件和程序，说法准确的是
   A. 因抢救生命垂危的患者，经医疗机构负责人批准，可以立即实施相应的医疗措施
   B. 需要实施手术、特殊检查、特殊治疗的，不能取得患者或者其近亲属意见的，经医疗机构负责人批准，可以立即实施相应的医疗措施
   C. 因抢救生命垂危的患者，经医疗机构授权的负责人批准，可以立即实施相应的医疗措施
   D. 因紧急情况，经医疗机构负责人或者授权的负责人批准，可以立即实施相应的医疗措施
   E. 因抢救生命垂危的患者等紧急情况，不能取得患者或者其近亲属意见的，经医疗机构负责人或者授权的负责人批准，可以立即实施相应的医疗措施
6. 不是侵权责任法规定的关于医疗机构及其医务人员填写与保管病历资料的是
   A. 住院志、医嘱单、检验报告
   B. 手术及麻醉记录
   C. 病理资料、护理记录
   D. 医疗费用
   E. 会诊意见

第十一章　精神卫生法

【A_1 型题】

1. 精神卫生工作的方针、原则和管理机制说法有误的是
   A. 精神卫生工作实行预防为主的方针
   B. 坚持预防和治疗相结合的原则
   C. 实行政府组织领导、部门

各负其责
D. 实行家庭和单位尽力尽责、全社会共同参与
E. 实行综合管理机制

2. 精神障碍患者合法权益保护说法有误的是
A. 精神障碍患者的人格尊严、人身和财产安全不受侵犯
B. 精神障碍患者的教育、劳动、医疗以及从国家和社会获得物质帮助等方面的合法权益受法律保护
C. 有关单位和个人应当对精神障碍患者的姓名、肖像、住址、工作单位、病历资料以及其他可能推断出其身份的信息完全保密，不得泄露
D. 全社会应当尊重、理解、关爱精神障碍患者
E. 精神障碍患者的监护人应当履行监护职责，维护精神障碍患者的合法权益

3. 开展精神障碍诊断、治疗活动应当具备的条件说法有误的是
A. 有与从事的精神障碍诊断、治疗相适应的主任医师
B. 有与从事的精神障碍诊断、治疗相适应的护士
C. 有满足开展精神障碍诊断、治疗需要的设施和设备
D. 有完善的精神障碍诊断、治疗管理制度和质量监控制度
E. 从事精神障碍诊断、治疗的专科医疗机构还应当配备从事心理治疗的人员

4. 精神障碍诊断、治疗的原则说法有误的是
A. 应当遵循维护患者合法权益的原则
B. 应当遵循尊重患者人格尊严的原则
C. 保障患者在现有条件下获得良好的精神卫生服务
D. 精神障碍分类、诊断标准和治疗规范，由国务院卫生行政部门组织制定
E. 精神障碍分类、诊断标准和治疗规范，由省级以上卫生行政部门组织制定

5. 精神障碍的诊断说法有误的是
A. 诊断应当以精神健康状况为依据。除法律另有规定外，不得违背本人意志进行确定其是否患有精神障碍的医学检查
B. 除个人自行到医疗机构进行精神障碍诊断外，疑似精神障碍患者的近亲属可以将其送往医疗机构进行精神障碍诊断。对查找不到近亲属的流浪乞讨疑似精神障碍患者，由当地人民政府按照职责分工，帮助送往医疗机构进行精神障碍诊断
C. 疑似精神障碍患者发生伤害自身、危害他人安全的行为，或者有伤害自身、危害他人安全的危险的，其近亲属、所在单位、当地公安机关应当立即采取措施予以制止，并将其送往医疗机构进行精神障碍诊断
D. 医疗机构接到送诊的疑似精神障碍患者，不得拒绝为其作出诊断
E. 精神障碍的诊断应当由精神科执业医师作出

6. 精神障碍患者的病例资料及保管说法有误的是
A. 医疗机构及其医务人员应当在病历资料中如实记录精神障碍患者的病情、治疗措施、用药情况、实施约束、隔离措施等内容
B. 医疗机构及其医务人员应当如实告知患者或者其监护人
C. 患者及其监护人可以查阅、复制病历资料
D. 患者查阅、复制可能对其治疗产生不利影响的不得查阅复制病历资料
E. 病历资料保存期限不得少于二十年

7. 医疗机构擅自从事精神障碍诊断、治疗的法律责任说法有误的是
A. 不符合本法规定条件的医疗机构擅自从事精神障碍诊断、治疗的，由县级以上人民政府卫生行政部门责令停止相关诊疗活动
B. 不符合本法规定条件的医疗机构擅自从事精神障碍诊断、治疗的，由县级以上人民政府卫生行政部门给予警告，并处五千元以上一万元以下罚款
C. 不符合本法规定条件的医疗机构擅自从事精神障碍诊断、治疗，有违法所得的没收违法所得
D. 对直接负责的主管人员和其他直接责任人员依法给予或者责令给予降低岗位等级或者吊销其执业证书
E. 对有关医务人员，吊销其执业证书

8. 健康促进的核心策略包括
A. 保护环境
B. 职业卫生
C. 倡导、赋权、协调
D. 疾病控制
E. 学校卫生

第十二章　医疗机构管理条例及其实施细则

【A_1 型题】

1. 医疗机构服务宗旨是
   A. 救死扶伤，积极完成基本公共卫生服务工作
   B. 促进医疗卫生事业的发展，保障公民健康
   C. 以人为本，尽职敬业，服务于社会大众
   D. 医疗机构以救死扶伤，防病治病，为公民的健康服务为宗旨
   E. 提供公共卫生、基本医疗服务、基本医疗保障
2. 医疗机构的执业登记
   A. 医疗机构的执业登记，由批准其设置的省、自治区、直辖市人民政府卫生行政部门办理
   B. 按照国家统一规划的医疗机构设置的医疗机构的执业登记，由所在地的省、自治区、直辖市人民政府卫生行政部门办理
   C. 机关、企业和事业单位设置的为内部职工服务的门诊部、诊所、卫生所（室）的执业登记，由所在地的市级人民政府卫生行政部门办理
   D. 医疗机构的执业登记，由市级人民政府卫生行政部门办理
   E. 国家统一规划的医疗机构设置的医疗机构的执业登记，由批准其设置的人民政府卫生行政部门办理
3. 医疗机构应当于校验期满前几个月向登记机关申请办理校验手续
   A. 1
   B. 2
   C. 3
   D. 4
   E. 5
4. 不属于卫生行政部门对医疗机构诊疗活动超出登记范围的处罚
   A. 没收非法所得
   B. 警告
   C. 责令其改正
   D. 情节严重的，吊销其《医疗机构执业许可证》
   E. 可以根据情节处以三千元以下的罚款
5. 未经批准擅自开办医疗机构行医的，承担以下法律责任，除了
   A. 警告
   B. 没收其违法所得及其药品器械，并处十万元以下罚款
   C. 对医师吊销执业证书
   D. 给患者造成损害的，承担赔偿责任
   E. 构成犯罪的，追究刑事责任
6. 关于医师的职业规则，以下说法错误的是
   A. 应当使用经国家有关部门批准使用的药品、消毒药剂和医疗器械
   B. 发现患者非正常死亡时，应按有关规定向有关部门报告
   C. 医师不得进行实验性临床医疗
   D. 不得出具与自己执业范围无关的医学证明文件
   E. 医师不得隐匿、伪造或销毁医学文书及有关资料
7. 床位在 100 张以上的医疗机构，其《医疗机构许可证》多长时间校验一次
   A. 1 年
   B. 2 年
   C. 3 年
   D. 4 年
   E. 5 年
8. 床位不满 100 张的医疗机构，其《医疗机构许可证》多长时间校验一次
   A. 1 年
   B. 2 年
   C. 3 年
   D. 4 年
   E. 5 年
9. 任何单位或个人开展医疗活动，必须依法取得
   A.《设置医疗机构批准书》
   B.《设置医疗机构备案回执》
   C.《医疗机构执业许可证》
   D.《医疗机构校验申请书》
   E.《医疗机构申请变更登记注册书》
10. 未经医师（士）亲自诊查患者或亲自接产，医疗机构不得出具以下证明文件，除了
    A. 疾病诊断书
    B. 健康证明书
    C. 死产报告书
    D. 死亡证明书
    E. 医疗纠纷分析证言
11. 按诊疗同意制度，无法取得患者意见又无家属或者关系人在场，或者遇到其他特殊情况时，处理措施是
    A. 可以由经治医师决定施行
    B. 可以由经治医师与其他医生商量后决定施行
    C. 经治医师提出处置方案后，由无利害关系的人 2 人以上在场见证情况下施行
    D. 经治医师提出处置方案，取得医疗机构负责人批准后施行
    E. 经治医师决定，其他医护人员在场见证情况下施行

【B_1 型题】

（12~14题共用备选答案）

A. 批准其设置的人民政府卫生行政部门
B. 所在地的省、自治区、直辖市人民政府卫生行政部门
C. 所在地的县级人民政府卫生行政部门
D. 批准其设置的人民政府
E. 所在地的地市级人民政府卫生行政部门

12. 医疗机构执业登记的办理部门
13. 按照国家统一规划的医疗机构设置的医疗机构的执业登记办理部门
14. 机关、企业和事业单位设置的为内部职工服务的门诊部、诊所、卫生所（室）执业登记的办理部门

（15~17题共用备选答案）

A. 可以根据情节处以一万元以下的罚款
B. 可以处以五千元以下的罚款
C. 可以处以三千元以下的罚款
D. 可以处以一千元以下的罚款
E. 可以处以二千元以下的罚款

15. 未取得《医疗机构执业许可证》擅自执业的
16. 出卖、转让、出借《医疗机构执业许可证》的
17. 诊疗活动超出登记范围的

第十三章　医疗事故处理条例

【A_1 型题】

1. 不属于卫生行政部门对重大医疗过失行为报告处理的是
   A. 责令医疗机构及时采取必要的医疗救治措施
   B. 责令医疗机构及时防止损害后果扩大
   C. 卫生行政部门应当组织调查，判定是否属于医疗事故
   D. 卫生行政部门根据医疗事故性质，可交由医学会或人民法院处理
   E. 对不能判定是否属于医疗事故的，应当依有关规定交由负责医疗事故技术鉴定工作的医学会组织鉴定
2. 卫生行政部门收到负责组织医疗事故技术鉴定工作的医学会出具的医疗事故技术鉴定书后的工作不包括
   A. 审核参加鉴定的人员资格
   B. 审核参加鉴定的人员的专业类别
   C. 审核鉴定程序
   D. 对鉴定书进行形式审查
   E. 组织调查，听取医疗事故争议双方当事人的意见
3. 关于医疗事故构成要件的说法不准确的是
   A. 主体是医疗机构及其医务人员
   B. 行为具有违法性
   C. 过失行为与损害后果存在因果关系
   D. 一定是由于过于自信造成的
   E. 发生在医疗活动过程中
4. 《医疗事故处理条例》规定，造成患者轻度残疾，器官组织损伤导致一般功能障碍的，属于几级医疗事故
   A. 一级甲等
   B. 一级乙等
   C. 二级
   D. 三级
   E. 四级
5. 《医疗事故处理条例》规定，造成患者中度残疾，器官组织损伤，导致严重功能障碍的，属于几级医疗事故
   A. 一级甲等
   B. 一级乙等
   C. 二级
   D. 三级
   E. 四级
6. 因为抢救危急患者，未能及时书写病历的，有关医务人员应在抢救结束后几小时内据实补记，并加以注明
   A. 2小时
   B. 6小时
   C. 12小时
   D. 24小时
   E. 48小时
7. 发生医疗事故争议时，关于病历资料和现场实物的处理，做法不正确的是
   A. 疑似输液引起不良后果的，医患双方应当共同对现场实物进行封存
   B. 封存的病历资料必须是原件
   C. 封存的病历资料和实物由医疗机构保管
   D. 封存的现场实物需要检验的，由医患双方共同指定的依法具有检验资格的检验机构进行检验
   E. 医疗机构应妥善保管病历资料
8. 对患者死因有异议的，应在48小时内进行尸检，具备冷冻条件的可以延长至
   A. 3天
   B. 4天
   C. 5天
   D. 6天
   E. 7天

9. 患者死亡，医患双方当事人不能确定死因的，应当在患者死亡后多长时间内进行尸检
   A. 12 小时
   B. 24 小时
   C. 48 小时
   D. 72 小时
   E. 7 天
10. 疑似输血引起的不良后果的，医患双方应当共同对现场实物进行封存，封存的现场实物应由
   A. 患者保管
   B. 医疗机构保管
   C. 患者和医疗机构共同委托的第三人保管
   D. 患者和医疗机构任何一方均可以保管
   E. 医疗机构所在地的卫生行政部门保管
11. 医疗事故的技术鉴定应由
   A. 医师协会负责
   B. 医学会负责
   C. 医疗事故技术鉴定专家组负责
   D. 卫生行政部门负责
   E. 法院负责
12. 医学会应当自受理医疗事故技术鉴定之日起，几日内通知医疗事故争议双方当事人提交进行医疗事故技术鉴定所需的材料
   A. 1 日
   B. 2 日
   C. 5 日
   D. 7 日
   E. 10 日
13. 《医疗事故处理条例》规定，医疗机构发生下列重大医疗过失行为，应当在 12 小时内向所在地卫生行政部门报告，这些重大医疗过失行为不包括
   A. 因医疗过失导致患者死亡的
   B. 可能为二级医疗事故的
   C. 可能为三级医疗事故的
   D. 可能为一级医疗事故的
   E. 因医疗过失导致 3 人以上人身损害后果的
14. 医务人员在医疗活动中发生医疗事故的，应向哪个单位或部门报告
   A. 所在科室负责人
   B. 所在地卫生行政部门
   C. 所在地检察机关
   D. 当地医师协会
   E. 所在地医学会
15. 当事人自知道或应当知道其身体健康受到损害之日起，应当在多长时间内向卫生行政部门提出医疗事故争议处理申请
   A. 1 年
   B. 2 年
   C. 3 年
   D. 4 年
   E. 5 年
16. 某医疗机构向县卫生健康局报告，该机构可能发生了二级以上的医疗事故，该卫生健康局应在多长时间内移送至上级卫生行政部门
   A. 1 日
   B. 5 日
   C. 7 日
   D. 15 日
   E. 30 日
17. 卫生行政部门收到医疗事故争议处理申请进行审查并作出是否受理决定的期限是
   A. 5 日
   B. 7 日
   C. 10 日
   D. 15 日
   E. 30 日

【A_2 型题】

18. 某患者死亡后，家属对其死因有异议，向县卫生健康局提出医疗事故争议处理申请。该卫生健康局应在多长时间内移送至上级卫生行政部门
   A. 1 日内
   B. 3 日内
   C. 7 日内
   D. 15 日内
   E. 30 日内
19. 内科医生王某，在春节回家探亲的火车上遇到一位产妇临产，因火车上无其他医务人员，王某遂协助产妇分娩。在分娩过程中，因牵拉过度，导致新生儿左上肢臂丛神经损伤。王某行为的性质
   A. 属于违规操作，构成医疗事故
   B. 属于非法行医，不属于医疗事故
   C. 属于超范围执业，构成医疗事故
   D. 属于见义勇为，不构成医疗事故
   E. 造成了不良后果，属于医疗事故
20. 青年李某，右下腹疼痛难忍，到医院就诊。经医师检查、检验，当即诊断为急性阑尾炎，遂对其实施阑尾切除术。手术情况正常，但拆线时发现伤口愈合欠佳，有淡黄色液体渗出。手术医师告知，此系缝合切口的羊肠线不为李某人体组织吸收所致，在临床中少见。经过近 1 个月的继续治疗，李某获得痊愈。依据《医疗事故处理条例》的规定，李某被拖延近 1 个月后才得以痊愈这一客观后果，应当属于
   A. 二级医疗事故
   B. 三级医疗事故
   C. 四级医疗事故
   D. 因患者体质特殊而发生的医疗意外
   E. 因不可抗力而造成的不良后果

【B₁型题】

（21~23题共用备选答案）

A. 责令暂停6个月以上1年以下执业活动

B. 吊销执业证书

C. 追究刑事责任

D. 罚款

E. 承担赔偿责任

21. 造成医疗事故，情节严重的

22. 隐匿、伪造或者擅自销毁医学文书及有关资料，构成犯罪的

23. 擅自开办医疗机构行医给患者造成损害的

（24~25题共用备选答案）

A. 暂停执业活动3个月至6个月

B. 暂停执业活动6个月至1年

C. 给予行政处分

D. 吊销医师执业证书

E. 追究刑事责任

24. 未经患者或其家属同意，对患者进行试验性治疗的，由卫生行政部门给予的处理是

25. 不按规定使用麻醉药品、精神药物，情节严重的，由卫生行政部门给予的处理是

第十四章　人体器官移植条例

【A₁型题】

1. 以下适用《人体器官移植条例》的是

A. 人体细胞移植

B. 角膜移植

C. 骨髓移植

D. 人体器官移植

E. 以上都适用

2. 申请人体器官移植手术患者排序原则

A. 应当符合医疗需要，统一领导、集中管理的原则

B. 应当符合医疗需要，就近原则

C. 应当符合伦理、人体器官管理技术规范原则

D. 应当符合医疗需要，遵循公平、公正和公开的原则

E. 应当符合自愿、无偿原则

3. 人体器官捐献应当遵循的原则是

A. 自愿、有偿

B. 自愿、科学

C. 自愿、合理补偿

D. 捐献、自愿捐献

E. 自愿、无偿

4. 捐献人体器官的条件说法错误的是

A. 捐献人体器官的公民应当具有完全民事行为能力

B. 公民捐献其人体器官应当有书面形式的捐献意愿，对已经表示捐献其人体器官的意愿，有权予以撤销

C. 公民生前表示不同意捐献其人体器官的，任何组织或者个人不得捐献、摘取该公民的人体器官

D. 公民生前未表示不同意捐献其人体器官的，该公民死亡后，其配偶、成年子女、父母可以以书面形式共同表示同意捐献该公民人体器官的意愿

E. 公民生前未表示不同意捐献其人体器官的，该公民死亡后，其配偶、成年子女、父母均可以以书面形式表示同意捐献该公民人体器官的意愿

5. 活体器官捐献人的年龄条件

A. 任何组织或者个人不得摘取未满12周岁公民的活体器官用于移植

B. 任何组织或者个人不得摘取未满14周岁公民的活体器官用于移植

C. 任何组织或者个人不得摘取未满15周岁公民的活体器官用于移植

D. 任何组织或者个人不得摘取未满16周岁公民的活体器官用于移植

E. 任何组织或者个人不得摘取未满18周岁公民的活体器官用于移植

6. 活体器官的接受人不包括

A. 活体器官捐献人的配偶

B. 直系血亲

C. 三代以内旁系血亲

D. 有证据证明与活体器官捐献人存在因帮扶等形成亲情关系的人

E. 活体器官捐献人只要自愿即可捐献给予任何人

7. 违反《人体器官移植条例》规定，有权对买卖人体器官或者从事与买卖人体器官有关活动进行处理的机构是

A. 设区的市级以上地方人民政府卫生主管部门

B. 县级人民政府卫生主管部门

C. 省级人民政府卫生主管部门

D. 公安部门

E. 人民法院

8. 体器官移植诊疗科目登记和条件说法错误的是

A. 医疗机构从事人体器官移植，应当依照《医疗机构管理条例》的规定，向所在地省、自治区、直辖市人民政府卫生主管部门申请办理人体器官移植诊疗科目登记

B. 医疗机构从事人体器官移植，应当有与从事人体器

官移植相适应的执业医师和其他医务人员

C. 医疗机构从事人体器官移植，应当有满足人体器官移植所需要的设备、设施

D. 医疗机构从事人体器官移植，应当有由医学、法学、伦理学等方面专家组成的人体器官移植技术临床应用与伦理委员会，该委员会中从事人体器官移植的医学专家不能超过委员人数的1/3

E. 省、自治区、直辖市人民政府卫生主管部门应当及时公布已经办理人体器官移植诊疗科目登记的医疗机构名单

9. 人体器官移植的伦理审查说法错误的是

A. 在摘取活体器官前或者尸体器官捐献人死亡前，负责人体器官移植的执业医师应当向所在医疗机构的人体器官移植技术临床应用与伦理委员会提出摘取人体器官审查申请

B. 人体器官移植技术临床应用与伦理委员会不同意摘取人体器官的，医疗机构不得作出摘取人体器官的决定，医务人员不得摘取人体器官

C. 人体器官移植技术临床应用与伦理委员会收到摘取人体器官审查申请后，应当对人体器官捐献人的捐献意愿是否真实进行审查，并出具同意或者不同意的书面意见

D. 人体器官移植技术临床应用与伦理委员会收到摘取人体器官审查申请后，应当对有无买卖或者变相买卖人体器官的情形进行审查，并出具同意或者不同意的书面意见

E. 经1/2以上委员同意，人体器官移植技术临床应用与伦理委员会方可出具同意摘取人体器官的书面意见

10. 取活体器官应当履行的义务说法错误的是

A. 向活体器官捐献人说明器官摘取手术的风险、术后注意事项、可能发生的并发症及其预防措施等

B. 与活体器官捐献人签署知情同意书

C. 查验活体器官捐献人同意捐献其器官的书面意愿、活体器官捐献人与接受人存在规定关系的证明材料

D. 确认不会损害活体器官捐献人正常的生理功能

E. 从事人体器官移植的医疗机构应当保存活体器官捐献人的医学资料，并进行随访

11. 摘取尸体器官的要求说法错误的是

A. 摘取尸体器官，应当在依法判定尸体器官捐献人死亡后进行

B. 从事人体器官移植的医务人员不得参与捐献人的死亡判定

C. 从事人体器官移植的医疗机构及其医务人员应当尊重死者的尊严

D. 对摘取器官完毕的尸体，应当进行符合伦理原则的医学处理

E. 摘取后，应当尽量完整恢复尸体原貌

12. 人体器官移植中医疗机构的法律责任说法错误的是

A. 买卖人体器官或者从事与买卖人体器官有关活动的，由设区的市级以上地方人民政府卫生主管部门依照职责分工没收违法所得，并处交易额8倍以上10倍以下的罚款

B. 医疗机构参与上述活动的，还应当对负有责任的主管人员和其他直接责任人员依法给予处分，并由原登记部门撤销该医疗机构人体器官移植诊疗科目登记，该医疗机构3年内不得再申请人体器官移植诊疗科目登记；医务人员参与上述活动的，由原发证部门吊销其执业证书

C. 医疗机构未办理人体器官移植诊疗科目登记，擅自从事人体器官移植的，依照《医疗机构管理条例》的规定予以处罚

D. 不再具备人体器官移植条件，仍从事人体器官移植的医疗机构，对负有责任的主管人员和其他直接责任人员依法给予处分；情节严重的，由原登记部门撤销该医疗机构人体器官移植诊疗科目登记，该医疗机构3年内不得再申请人体器官移植诊疗科目登记

E. 医疗机构未定期将实施人体器官移植的情况向所在地设区的市级以上地方人民政府卫生主管部门报告的，由所在地卫生主管部门责令限期改正；逾期不改正的，对负有责任的主管人员和其他直接责任人员依法给予处分

13. 人体器官移植中医务人员的法律责任说法错误的是

A. 医务人员未经人体器官移植技术临床应用与伦理委员会审查同意摘取人体器官的，依法给予处分

B. 医务人员摘取活体器官前

未依照规定履行说明、查验、确认义务，情节严重的，由县级以上地方人民政府卫生主管部门依照职责分工暂停其6个月以上1年以下执业活动

C. 医务人员对摘取器官完毕的尸体未进行符合伦理原则的医学处理，恢复尸体原貌，情节特别严重的，由原发证部门吊销其执业证书

D. 医务人员未经人体器官移植技术临床应用与伦理委员会审查同意摘取人体器官，情节严重的，由所在地省、自治区、直辖市人民政府卫生主管部门依照职责分工暂停其6个月以上1年以下执业活动

E. 从事人体器官移植的医务人员违反人体器官移植条例规定，泄露人体器官捐献人、接受人或者申请人体器官移植手术患者个人资料的，依照《中华人民共和国医师法》或者国家有关护士管理的规定予以处罚

第十五章　放射诊疗管理规定

【A_1型题】

1. 放射诊疗工作按照诊疗风险和技术难易程度管理分为四类，不属于的是
   A. 放射治疗
   B. 医学影像学
   C. 核医学
   D. 介入放射学
   E. X线影像诊断

2. 医疗机构开展放射诊疗工作，应当具备的条件说法不准确的是
   A. 具有经核准登记的医学影像科诊疗科目
   B. 具有符合国家相关标准和规定的放射诊疗场所和配套设施
   C. 具有质量控制与安全防护专（兼）职管理人员和管理制度，并配备必要的防护用品和监测仪器
   D. 产生放射性废气、废液、固体废物的，具有污染物排放处理能力和应急监测方案
   E. 具有放射事件应急处理预案

3. 医疗机构配备并使用安全防护装置、辐射检测仪器和个人防护用品的要求，说法不准确的是
   A. 放射治疗场所应当按照相应标准设置多重安全联锁系统、剂量监测系统、影像监控、对讲装置和固定式剂量监测报警装置
   B. 放射治疗场所应当按照相应标准设置配备放疗剂量仪、剂量扫描装置和个人剂量报警仪
   C. 开展核医学工作的，设有专门的放射性同位素分装、注射、储存场所，放射性废物屏蔽设备和存放场所
   D. 开展核医学工作的配备活度计、放射性表面污染监测仪
   E. 介入放射学与其他X线影像诊断工作场所可以为工作人员配备防护用品，也可以为受检者配备个人防护用品

4. 放射性同位素和放射性废物设备和场所警示标识的设置，说法错误的是
   A. 装有放射性同位素和放射性废物的设备、容器，设有电离辐射标志
   B. 放射性同位素和放射性废物储存场所，设有电离辐射警告标志及必要的文字说明
   C. 放射诊疗工作场所的入口处，设有电离辐射警告标识
   D. 放射诊疗工作场所应当按照有关标准的要求分为控制区、监督区
   E. 放射诊疗工作场所在监督区进出口及其他适当位置，设有电离辐射警告标识和工作指示灯

5. 新安装、维修或更换重要部件后的放射诊疗设备和检测仪表，应当经何部门对其进行检测，合格后方可启用
   A. 国务院卫生行政部门
   B. 省级以上人民政府卫生行政部门
   C. 县级以上人民政府卫生行政部门
   D. 省级以上卫生行政部门资质认证的检测机构
   E. 国务院卫生行政部门资质认证的检测机构

6. 放射诊疗设备和检测仪表，定期进行稳定性检测、校正和维护保养，由省级以上卫生行政部门资质认证的检测机构每年至少进行几次状态检测
   A. 1
   B. 2
   C. 3
   D. 4
   E. 6

7. 以下针对放射诊疗场所防护要求说法错误的是

A. 医疗机构应当定期对放射诊疗工作场所、放射性同位素储存场所和防护设施进行放射防护检测，保证辐射水平符合有关规定或者标准
B. 医疗机构应当定期对放射诊疗工作场所进行放射防护检测，保证辐射水平符合有关规定或者标准
C. 医疗机构应当定期对防护设施进行放射防护检测，保证辐射水平符合有关规定或者标准
D. 放射性同位素如必须与腐蚀性物品同库储存；储存场所应当采取有效的防泄漏分隔等措施，并安装必要的报警装置
E. 放射性同位素储存场所应当有专人负责，有完善的存入、领取、归还登记和检查的制度，做到交接严格，检查及时，账目清楚，账物相符，记录资料完整

8. 针对放射诊疗工作人员的防护要求是
A. 放射诊疗工作人员应当按照有关规定穿戴防护服
B. 放射诊疗工作人员应当按照有关规定按时进行健康检查
C. 放射诊疗工作人员应当按照有关规定自建健康档案
D. 放射诊疗工作人员应当按照有关规定购买防护用品
E. 放射诊疗工作人员应当按照有关规定配带个人剂量计

9. 不是针对患者和受检者的防护要求的是
A. 放射诊疗工作人员对患者和受检者进行医疗照射时，应当遵守医疗照射正当化和放射防护最优化的原则
B. 有明确的医疗目的，严格控制受照剂量
C. 对邻近照射野的敏感器官和组织进行屏蔽防护
D. 在实施放射诊断检查前应当对不同检查方法进行利弊分析，在保证诊断效果的前提下，优先采用对人体健康影响较小的诊断技术
E. 事先告知患者和受检者辐射对健康的影响

10. 放射诊断检查的原则和实施说法错误的是
A. 严格执行检查资料的登记、保存、提取和借阅制度，不得因资料管理、受检者转诊等原因使受检者接受不必要的重复照射
B. 不得将核素显像检查和X线胸部检查列入对婴幼儿及少年儿童体检的常规检查项目
C. 对育龄妇女腹部或骨盆进行核素显像检查或X线检查前，应问明是否妊娠；非特殊需要，对受孕后7~15周的育龄妇女，不得进行下腹部放射影像检查
D. 应当尽量以胸部荧光透视检查为主
E. 实施放射性药物给药和X线照射操作时，应当禁止非受检者进入操作现场；因患者病情需要其他人员陪检时，应当对陪检者采取防护措施

11. 医疗机构开展放射治疗的实施要求错误的是
A. 对体外远距离放射治疗，放射诊疗工作人员在进入治疗室前，应首先检查操作控制台的源位显示，确认放射线束或放射源处于关闭位时，方可进入
B. 对近距离放射治疗，放射诊疗工作人员应当佩戴防护手套直接拿取放射源，对接受敷贴治疗的患者采取安全护理，防止放射源被患者带走或丢失
C. 在实施永久性籽粒插植治疗时，放射诊疗工作人员应随时清点所使用的放射性籽粒，防止在操作过程中遗失；放射性籽粒植入后，必须进行医学影像学检查，确认植入部位和放射性籽粒的数量
D. 治疗过程中，治疗现场至少应有2名放射诊疗工作人员，并密切注视治疗装置的显示及患者情况，及时解决治疗中出现的问题；严禁其他无关人员进入治疗场所
E. 放射诊疗工作人员应当验证治疗计划的执行情况，发现偏离计划现象时，应当及时采取补救措施并向本科室负责人或者本机构负责医疗质量控制的部门报告

12. 医疗机构未取得放射诊疗许可从事放射诊疗工作的，由县级以上卫生行政部门给予警告、责令限期改正，并可以根据情节处以多少元以下的罚款；情节严重的，吊销其《医疗机构执业许可证》
A. 二千元
B. 三千元
C. 五千元
D. 一万元
E. 二万元

13. 医疗机构使用不具备相应资质的人员从事放射诊疗工作的，由县级以上卫生行政部门责令限期改正，并可以处以多少元以下的罚款；情节严重

的，吊销其《医疗机构执业许可证》
A. 二千元
B. 三千元
C. 五千元
D. 一万元
E. 二万元

14. 医疗机构购置、使用不合格或国家有关部门规定淘汰的放射诊疗设备的，由县级以上卫生行政部门给予警告，责令限期改正；并可处多少元以下的罚款
A. 二千元
B. 三千元
C. 五千元
D. 一万元
E. 二万元

第十六章 处方管理办法

【A_1 型题】

1. 医师处方权的取得一般是经过
A. 医师执业注册
B. 医院考核合格
C. 医师资格考试合格
D. 卫生行政部门授予
E. 医师协会专业培训考核合格

2. 哪个机构负责全国处方的开具、调剂、保管等相关工作
A. 国务院
B. 国务院卫生主管部门
C. 国务院药品监督管理部门
D. 国务院疾病预防控制机构
E. 国务院办公厅

3. 下列符合处方书写规则的是
A. 患者一般情况、临床诊断与病历记载不一致
B. 药品用法中写明“遵医嘱”
C. 西药和中药饮片开具在一张处方上
D. 开具处方后的空白处画一斜线以示处方完毕
E. 处方存在修改现象，在修改处签名但没有注明修改日期

4. 下列不符合处方书写规则的是
A. 西药和中成药开具在一张处方上
B. 中药饮片处方的书写，一般应当按照“君、臣、佐、使”的顺序排列
C. 处方有修改，并且在修改处签名并注明修改日期
D. 患者年龄填写的是虚岁
E. 西药和中药饮片分别开具处方

5. 下列关于药品剂量与数量的说法正确的是
A. 药品剂量与数量用阿拉伯数字书写
B. 中药饮片以袋为单位
C. 片剂以袋为单位
D. 胶囊剂以丸为单位
E. 颗粒剂以粒为单位

6. 下列关于处方权的说法正确的是
A. 试用期人员开具的处方一律无效
B. 进修医师在进修的医疗机构不可能获得处方权
C. 执业助理医师开具的处方一律无效
D. 医师取得麻醉药品处方权后可以为自己开具该类药品处方
E. 经注册的执业医师在执业地点取得处方权

7. 下列关于麻醉药品处方权的说法错误的是
A. 执业医师获得麻醉药品处方权之前必须经过麻醉药品使用知识和规范化管理的培训
B. 执业医师经考核合格后才能取得麻醉药品的处方权
C. 执业医师取得麻醉药品处方权后，方可在本机构开具麻醉药品处方
D. 执业医师取得麻醉药品处方权后，不得为自己开具该类药品处方
E. 执业医师不需考核，只要注册就可以具有麻醉药品的处方权

8.《处方管理办法》规定，医疗机构应当按照经药品监督管理部门批准并公布的药品通用名称购进药品。同一通用名称药品的品种、注射剂型和口服剂型各不得超过
A. 1种
B. 2种
C. 3种
D. 4种
E. 5种

9. 处方开具当日有效，特殊情况下需延长有效期的，由开具处方的医师注明有效期限，但有效期最长不得超过
A. 1天
B. 2天
C. 3天
D. 4天
E. 5天

10. 处方一般不得超过几日用量
A. 1日
B. 3日
C. 5日
D. 7日
E. 10日

11. 急诊处方一般不得超过几日用量
A. 1日
B. 3日
C. 5日
D. 7日
E. 10日

12. 下列符合医师开具处方要求的是
A. 医师利用计算机开具、传

递普通处方时，应当同时打印出纸质处方，其格式与手写处方一致
B. 急诊处方一般不超过5日用量
C. 为住院患者开具的麻醉药品处方最长不超过3日
D. 为门（急）诊癌症疼痛患者和中、重度慢性疼痛患者开具的麻醉药品、第一类精神药品注射剂，每张处方不得超过5日常用量
E. 第二类精神药品一般每张处方不得超过15日常用量

13. 医疗机构限制处方权后，对仍连续几次以上出现超常处方且无正当理由的医师，进行的处罚是取消其处方权
A. 1次
B. 2次
C. 3次
D. 4次
E. 5次

【A_2型题】

14. 张某是某市中医院的一名注册执业医师，具有处方权，现在他开具了以下处方，其中符合《处方管理办法》规定的是
A. 在一张处方上开具了两名患者的用药
B. 处方上药品用法上写的是“自用”
C. 将中药饮片和中成药开具在一张处方上
D. 在一张处方上开具了六种中成药
E. 患者年龄填写的是实足年龄

15. 李某2008年毕业于省医科大学，毕业后就职于A市某三级甲等医院，现在正处于试用期，关于李某处方权的说法正确的是
A. 李某在试用期不可能获得处方权
B. 李某开具的处方经所在执业地点执业医师签名或加盖专用签章后方有效
C. 李某开具的处方有效，不需其他条件
D. 李某开具的处方应当经所在医疗机构有处方权的执业医师审核、并签名或加盖专用签章后方有效
E. 李某开具的处方经所在执业地点执业医师签名后方有效

16. 钱某是吉林省某医疗机构的执业医师，其在3个月内出现超常处方4次，经过调查没有正当理由，此时钱某所在的医疗机构对钱某的处罚应当是
A. 罚款
B. 罚款，限制其处方权
C. 警告
D. 警告，限制其处方权
E. 吊销执业医师资格证书

17. 李某是糖尿病患者，甲医疗机构为其开具了治疗糖尿病的药品处方，乙医疗机构是该处方药品的调剂机构，此时处方应由谁妥善保存
A. 甲医疗机构
B. 乙医疗机构
C. 患者本人
D. 患者本人或者其近亲属
E. 甲、乙医疗机构共同保管

18. 周某是甲医疗机构的执业医师，不按照《处方管理办法》的规定为患者开具处方药品，结果患者服用后造成肝脏不可逆性损伤的严重后果，此时应当对周某进行的处罚是
A. 给予警告
B. 责令暂停执业活动8个月
C. 罚款
D. 责令暂停执业活动1年
E. 吊销执业证书

【A_3/A_4型题】

（19~21题共用题干）

孙某是一肝癌晚期患者，现到其住所地的某医疗机构门诊就诊，要求长期使用麻醉药品。

19. 此时应当由谁亲自诊查患者并建立相应的病历
A. 主治医师
B. 主任医师
C. 治疗医师
D. 住院医师
E. 首诊医师

20. 假设该医师为其建立了病历资料，该病历资料中关于孙某诊断证明的复印件应当是由哪一级医院开具的
A. 一级以上医院
B. 二级以上医院
C. 三级以上医院
D. 接诊的医院
E. 以上都不是

21. 该医疗机构应当要求孙某多长时间复诊或者随诊一次
A. 1个月
B. 2个月
C. 3个月
D. 4个月
E. 6个月

【B_1型题】

（22~24题共用备选答案）
A. 1日
B. 2日
C. 3日
D. 5日
E. 7日

22. 为门诊中度疼痛患者开具的麻醉药品处方，每张处方不得超过几日常用量
23. 第二类精神药品一般每张处方不得超过几日常用量
24. 为住院患者开具的麻醉药品处方为几日常用量

（25~27题共用备选答案）
A. 1年

B. 2年
C. 3年
D. 4年
E. 5年

25. 依据《处方管理办法》的规定，第一类精神药品处方的保存期限为
26. 依据《处方管理办法》的规定，第二类精神药品处方的保存期限为
27. 依据《处方管理办法》的规定，儿科处方的保存期限为

第十七章　抗菌药物临床应用管理办法

【A_1 型题】

1. 抗菌药物临床应用的原则
A. 提高疗效，降低不良反应
B. 安全、有效、经济
C. 分级管理，控制价格
D. 明确治疗目的，规范化治疗
E. 剂型适宜，价格合理，公平获得

2. 抗菌药物临床应用的分级管理说法错误的是
A. 非限制使用级抗菌药物是指经长期临床应用证明安全、有效，对细菌耐药性影响较小，价格相对较低的抗菌药物
B. 特殊使用级抗菌药物是指具有明显或者严重不良反应，不宜随意使用的抗菌药物
C. 限制使用级抗菌药物是指经长期临床应用证明安全、有效，对细菌耐药性影响较大的抗菌药物
D. 限制使用级抗菌药物是指经长期临床应用证明安全、有效，价格相对较高的抗菌药物
E. 抗菌药物分级管理目录由各省级卫生行政部门制定，报卫健委审批通过

3. 医疗机构遴选和新引进抗菌药物品种，应当由临床科室提交申请报告，经哪个单位提出意见后，由抗菌药物管理工作组审议
A. 药剂部门
B. 临床药学部门
C. 药品供应部门
D. 药学部门
E. 药品调剂部门

4. 抗菌药物管理工作组多少以上成员审议同意，并经药事管理与药物治疗学委员会多少以上委员审核同意后方可列入采购供应目录
A. 1/3，2/3
B. 1/2，2/3
C. 2/3，2/3
D. 60%，80%
E. 50%，80%

5. 抗菌药物品种或者品规存在安全隐患、疗效不确定、耐药率高、性价比差或者违规使用等情况的，临床科室、药学部门、抗菌药物管理工作组可以提出清退或者更换意见。清退意见经抗菌药物管理工作组多少以上成员同意后执行
A. 1/3
B. 2/3
C. 1/2
D. 60%
E. 80%

6. 清退或者更换的抗菌药物品种或者品规原则上多长时间内不得重新进入本机构抗菌药物供应目录
A. 6个月
B. 12个月
C. 2年
D. 3年
E. 5年

7. 医疗机构应当对抗菌药物临床应用异常情况开展调查并处理，不是规定药物的是
A. 使用量异常增长的抗菌药物
B. 半年内使用量始终居于前列的抗菌药物
C. 经常超适应证、超剂量使用的抗菌药物
D. 企业违规销售的抗菌药物
E. 发生过严重不良事件的抗菌药物

8. 不属于抗菌药物临床应用知识和规范化管理培训和考核内容的是
A.《中华人民共和国药品管理法》《中华人民共和国医师法》《抗菌药物临床应用管理办法》《处方管理办法》《医疗机构药事管理规定》《抗菌药物临床应用指导原则》《国家基本药物处方集》《中国国家处方集》和《医院处方点评管理规范（试行）》等相关法律、法规、规章和规范性文件
B. 抗菌药物临床应用及管理制度
C. 常用抗菌药物的药理学特点与注意事项
D. 常见细菌的耐药趋势与控制方法
E. 抗菌药物预防感染的指证

9. 具有何种等级的医师，可授予特殊使用级抗菌药物处方权
A. 副主任医师
B. 主任医师
C. 主治医师
D. 高级专业技术职务任职资格
E. 中级以上专业技术职务任职资格

10. 具有何种等级的医师，可授予限制使用级抗菌药物处方权
  A. 副主任医师
  B. 主任医师
  C. 主治医师
  D. 高级专业技术职务任职资格
  E. 中级以上专业技术职务任职资格
11. 可授予非限制使用级抗菌药物处方权的医生，不包括
  A. 乡村医生
  B. 在乡、民族乡、镇的医疗机构独立从事一般执业活动的执业助理医师
  C. 在村医疗机构独立从事一般执业活动的执业助理医师
  D. 具有初级专业技术职务任职资格的医师
  E. 中级以上专业技术职务任职资格
12. 几级以上医院应当定期对医师和药师进行抗菌药物临床应用知识和规范化管理的培训。医师经本机构培训并考核合格后，方可获得相应的处方权
  A. 一级
  B. 一级乙等
  C. 二级
  D. 二级乙等
  E. 三级乙等
13. 规定医院以外的其他医疗机构中，依法享有处方权的医师、乡村医生和从事处方调剂工作的药师，由什么部门组织相关培训、考核。经考核合格的，授予相应的抗菌药物处方权或者抗菌药物调剂资格
  A. 县级以上地方卫生部门培训中心
  B. 省级以上地方卫生部门培训中心
  C. 省级以上地方卫生行政部门
  D. 市级以上地方卫生行政部门
  E. 县级以上地方卫生行政部门
14. 特殊使用级抗菌药物会诊人员由具有高级专业技术职务任职资格的医师、药师或具有高级专业技术职务任职资格的抗菌药物专业临床药师担任。以下不是应用管理规定的科室是
  A. 感染性疾病科
  B. 呼吸科
  C. 重症医学科
  D. 微生物检验科
  E. 泌尿科
15. 因抢救生命垂危的患者等紧急情况，医师可以越级使用抗菌药物。越级使用抗菌药物应当详细记录用药指证，补办越级使用抗菌药物必要手续的规定时间是
  A. 3 日
  B. 2 日
  C. 72 小时
  D. 48 小时
  E. 24 小时
16. 医疗机构抗菌药物管理机构应当定期组织相关专业技术人员对抗菌药物处方、医嘱实施点评，点评结果的作用是
  A. 对医务人员合理用药知识培训和教育的依据
  B. 是对医院及科室药事管理、处方管理、临床用药管理考察的依据
  C. 是科学抽样、制定细则、及时公示、奖惩制度的依据
  D. 作为医师定期考核、临床科室和医务人员绩效考核依据
  E. 重点抽查外科、内科、儿科、妇产科、急诊科等临床科室专项点评的依据
17. 医疗机构应当对出现抗菌药物超常处方多少次以上且无正当理由的医师提出警告，限制其特殊使用级和限制使用级抗菌药物处方权
  A. 1 次
  B. 2 次
  C. 3 次
  D. 5 次
  E. 10 次
18. 取消医师抗菌药物处方权的情形不包括
  A. 开具抗菌药物处方牟取不正当利益的
  B. 抗菌药物考核不合格的
  C. 限制处方权后，因特殊原因理由出现超常处方
  D. 未按照规定开具抗菌药物处方，造成严重后果的
  E. 未按照规定使用抗菌药物，造成严重后果的
19. 医疗机构的负责人、药品采购人员、医师等有关人员索取、收受药品生产企业、药品经营企业或者其代理人给予的财物或者通过开具抗菌药物牟取不正当利益的，由何部门依据国家有关法律法规进行处理
  A. 地方人民法院
  B. 地方人民检察院
  C. 县级以上人民政府
  D. 县级以上地方卫生行政部门
  E. 省级以上地方卫生行政部门

【B_1 型题】

（20～23 题共用备选答案）
医疗机构应当开展细菌耐药监测工作，建立细菌耐药预警机制，主要目标细菌耐药率超过多少抗菌药物
  A. 30%
  B. 40%
  C. 50%

D. 60%

E. 75%

20. 应当及时将预警信息通报本机构医务人员

21. 应当慎重经验用药

22. 应当参照药敏试验结果选用

23. 应当暂停针对此目标细菌的临床应用，根据追踪细菌耐药监测结果，再决定是否恢复临床应用

第十八章　医疗机构临床用血管理办法

【A_1 型题】

1. 加强医疗机构临床用血管理的目的
   A. 推进临床科学合理用血
   B. 保护血液资源
   C. 保障临床用血安全和医疗质量
   D. 以上都是
   E. 以上都不是

2. 医疗机构临床用血管理职责说法错误的是
   A. 医疗机构应当加强组织管理，明确岗位职责，健全管理制度
   B. 医疗机构临床用血管理委员会为临床用血管理第一责任人
   C. 二级以上医院和妇幼保健院应当设立临床用血管理委员会
   D. 临床用血管理委员会负责本机构临床合理用血管理工作
   E. 临床用血管理委员会主任委员由院长或者分管医疗的副院长担任

3. 临床用血管理委员会或者临床用血管理工作组应当履行职责说法错误的是
   A. 认真贯彻临床用血管理相关法律、法规、规章、技术规范和标准，根据省级卫生行政部门核发的临床用血管理的规章制度监督实施
   B. 评估确定临床用血的重点科室、关键环节和流程
   C. 定期监测、分析和评估临床用血情况，开展临床用血质量评价工作，提高临床合理用血水平
   D. 分析临床用血不良事件，提出处理和改进措施
   E. 指导并推动开展自体输血等血液保护及输血新技术

4. 不属于临床用血管理办法规定对临床用血管理的医务人员职责的是
   A. 认真执行临床输血技术规范
   B. 严格掌握临床输血适应证
   C. 根据患者病情和实验室检测指标
   D. 对输血指证进行综合评估
   E. 正确应用成熟的临床输血技术和血液保护技术

5. 临床用血申请说法错误的是
   A. 医疗机构应当建立临床用血申请管理制度
   B. 同一患者一天申请备血量少于800ml的，由具有中级以上专业技术职务任职资格的医师提出申请，上级医师核准签发后，方可备血
   C. 同一患者一天申请备血量在800ml至1600ml的，由具有中级以上专业技术职务任职资格的医师提出申请，经上级医师审核，科室主任核准签发后，方可备血
   D. 同一患者一天申请备血量达到或超过1600ml的，由具有中级以上专业技术职务任职资格的医师提出申请，科室主任核准签发后，报医务部门批准，方可备血
   E. 急救用血程序需严格参照执行

6. 医疗机构应当制订应急用血工作预案。为保证应急用血，医疗机构可以临时采集血液，但必须同时相关条件，以下说法错误的是
   A. 危及患者生命，急需输血
   B. 所在地血站无法及时提供血液，且无法及时从其他医疗机构调剂血液，而其他医疗措施不能替代输血治疗
   C. 具备开展交叉配血及乙型肝炎病毒表面抗原、丙型肝炎病毒抗体、人类免疫缺陷病毒抗体和梅毒螺旋体抗体的检测能力
   D. 遵守采供血相关操作规程和技术标准
   E. 医疗机构应当在临时采集血液后7日内将情况报告县级以上人民政府卫生行政部门

7. 医疗机构临床用血医学文书管理，以下说法正确的是
   A. 应当建立临床用血医学文书管理制度
   B. 确保临床用血信息客观真实、完整、可追溯
   C. 医师应当将患者输血适应证的评估、输血过程和输血后疗效评价情况记入病历
   D. 临床输血治疗知情同意书、输血记录单等随病历保存

E. 以上皆正确

8. 医疗机构未拟定临床用血计划或者一年内未对计划实施情况进行评估和考核的法律责任说法错误的是
A. 由县级以上人民政府卫生行政部门责令限期改正
B. 逾期不改的，进行通报批评，并予以警告
C. 对负有责任的主管人员和其他直接责任人员依法给予处分
D. 情节严重或者造成严重后果的，可处3万元以下的罚款
E. 由县级以上地方人民政府卫生行政部门给予警告，并处3万元以下罚款

9. 医疗机构未设立临床用血管理委员会或者工作组的法律责任说法错误的是
A. 由县级以上人民政府卫生行政部门责令限期改正
B. 逾期不改的，进行通报批评，并予以警告
C. 对负有责任的主管人员和其他直接责任人员依法给予处分
D. 由县级以上地方人民政府卫生行政部门给予警告，并处3万元以下罚款
E. 情节严重或者造成严重后果的，可处3万元以下的罚款

10. 医疗机构使用未经卫生行政部门指定的血站供应的血液的法律责任
A. 由县级以上人民政府卫生行政部门责令限期改正
B. 逾期不改的，进行通报批评，并予以警告
C. 对负有责任的主管人员和其他直接责任人员依法给予处分
D. 由县级以上地方人民政府卫生行政部门给予警告，并处3万元以下罚款
E. 情节严重或者造成严重后果的，可处3万元以下的罚款

第十九章 药品管理法及其实施条例

【A_1型题】

1. 下列关于药品含义的表述不正确的是
A. 药品用于预防、治疗、诊断人的疾病
B. 药品有目的地调节人的生理功能
C. 中药材、中药饮片、中成药、化学原料药属于药品
D. 药品包括抗生素、生化药品、放射性药品
E. 血液、疫苗、血液制品和诊断药品属于药品

2. 国家实行特殊管理的药品不包括
A. 麻醉药品
B. 疫苗
C. 精神药品
D. 医疗用毒性药品
E. 放射性药品

3. 下列按照劣药论处的是
A. 国务院药品监督管理部门规定禁止使用的药品
B. 变质的药品
C. 未注明有效期的药品
D. 所标明的功能超出规定范围的药品
E. 被污染的药品

4. 下列按照假药论处的是
A. 超过有效期的药品
B. 所标明的适应证超出规定范围的药品
C. 更改有效期的药品
D. 药品成分的含量不符合国家药品标准的药品
E. 未注明有效期的药品

5. 下列关于假药的说法不正确的是
A. 药品成分的含量不符合国家药品标准的为假药
B. 药品所含成分与国家药品标准规定的成分不符的为假药
C. 以非药品冒充药品的为假药
D. 以他种药品冒充此种药品的为假药
E. 国务院药品监督管理部门规定禁止使用的药品按照假药论处

6. 下列关于劣药的说法不正确的是
A. 药品成分的含量不符合国家药品标准的为劣药
B. 药品所含成分与国家药品标准规定的成分不符的为劣药
C. 不注明生产批号的药品按照劣药论处
D. 更改生产批号的药品按照劣药论处
E. 直接接触药品的包装材料和容器未经批准的药品按照劣药论处

7. 下列关于非处方药的描述，错误的是
A. 需要凭执业医师和执业助理医师处方
B. 由国务院药品监督管理部门公布
C. 不需要凭执业医师和执业助理医师处方
D. 消费者可自行判断、购买和使用
E. 根据其安全性，分为甲类非处方药和乙类非处方药

8. 医疗机构的负责人在药品购销

中暗地收受回扣或者其他利益，依法对其给予处分的机关是
A. 卫生行政部门
B. 药品监督管理部门
C. 工商行政管理部门
D. 劳动保障行政部门
E. 中医药管理部门

9. 医疗机构的负责人收受药品经营企业代理人给予的财物或者其他利益，应承担的法律责任中不包括
A. 卫生行政部门或者本单位给予处分
B. 赔礼道歉
C. 情节严重的，由卫生行政部门吊销医师执业证书
D. 没收违法所得
E. 构成犯罪的，依法追究刑事责任

10. 药品的生产企业给予使用其药品的医疗机构的负责人、医师等有关人员以财物，情节严重的，应当由哪个机构吊销其《药品生产许可证》
A. 卫生行政部门
B. 药品监督管理部门
C. 工商行政管理部门
D. 劳动保障行政部门
E. 药品的生产企业所在地的人民政府

【A_2 型题】

11. 甲市某药品经营企业为了使自己经营的药品顺利进入该市某三级甲等医院，就给予该医疗机构的相关人员人民币3万元，后被人举报，此时工商行政管理部门对该药品经营企业的行政处罚措施不能是
A. 罚款5万元
B. 罚款10万元
C. 罚款5000元
D. 没收违法所得
E. 罚款20万元

12. M药厂销售代表在和某医院几名医师达成协议后，医师在开处方时使用M药厂生产的产品，并按使用量的多少收受了药厂给予的提成。事情曝光以后，对M药厂按《中华人民共和国药品管理法》的有关规定处理；对于医师的错误行为，有权决定给予没收违法所得的部门是
A. 药品监督管理部门
B. 工商行政管理部门
C. 医师协会
D. 消费者权益保护协会
E. 卫生行政部门

【B_1 型题】

（13~16题共用备选答案）
A. 由工商行政管理部门处1万元以上20万元以下的罚款
B. 卫生行政部门或单位给予处分
C. 工商行政部门吊销其营业执照
D. 医疗机构依法承担赔偿
E. 工商行政部门吊销其《药品经营许可证》

13. 医疗机构违反法律规定，给药品使用者造成损害的
14. 医疗机构在药品购销中暗地给予、收受回扣或者其他利益的
15. 药品经营企业的代理人给予使用其药品的医疗机构的医师财物且情节严重的，除了对该药品经营企业罚款外，还可以对该药品经营企业
16. 医疗机构的负责人收受药品经营企业代理人的财物，但是不构成犯罪的，对该负责人

第二十章　麻醉药品和精神药品管理条例

【A_1 型题】

1. 精神药品处方的保存期限至少为
A. 1年
B. 2年
C. 3年
D. 4年
E. 5年

2. 下列关于精神药品的表述不正确的是
A. 精神药品是指列入精神药品目录的药品
B. 精神药品分为第一类精神药品和第二类精神药品
C. 精神药品也包括列入精神药品目录的其他物质
D. 精神药品分为第一类精神药品、第二类精神药品、第三类精神药品
E. 精神药品的进出口应当按照有关法律规定办理

3. 麻醉药品和精神药品目录由哪个或哪几个机构或部门制定、调整并公布
A. 国务院药品监督管理部门
B. 国务院药品监督管理部门会同国务院公安部门
C. 国务院药品监督管理部门会同国务院卫生主管部门
D. 国务院药品监督管理部门会同国务院公安部门、国务院卫生主管部门
E. 国务院卫生主管部门

4. 药品生产企业需要以第二类精神药品为原料生产普通药品，应当将年度需求计划报哪个部门
A. 所在地省、自治区、直辖市人民政府药品监督管理部门
B. 国务院药品监督管理部门

C. 所在地省、自治区、直辖市人民政府卫生行政部门
D. 所在地省、自治区、直辖市人民政府
E. 国务院

5. 食品、食品添加剂、化妆品、油漆等非药品生产企业需要使用咖啡因作为原料的，应当经哪个部门批准，向定点批发企业或者定点生产企业购买
A. 所在地省、自治区、直辖市人民政府药品监督管理部门
B. 国务院药品监督管理部门
C. 所在地省、自治区、直辖市人民政府卫生行政部门
D. 所在地省、自治区、直辖市人民政府
E. 国务院

6. 授予执业医师麻醉药品和第一类精神药品处方资格的机构是
A. 执业医师所在的医疗机构
B. 执业医师所在地的县级以上卫生行政部门
C. 执业医师所在地的省、自治区、直辖市人民政府卫生行政部门
D. 执业医师所在地的省、自治区、直辖市人民政府
E. 国务院卫生行政部门

7. 执业医师应当使用专用处方开具麻醉药品和精神药品，单张处方的最大用量应当符合哪个部门的规定
A. 省、自治区、直辖市人民政府药品监督管理部门
B. 国务院药品监督管理部门
C. 省、自治区、直辖市人民政府卫生行政部门
D. 国务院卫生主管部门
E. 国务院

8. 医疗机构应当对麻醉药品处方进行专册登记，加强管理。按照《麻醉药品和精神药品管理条例》的规定，麻醉药品处方至少保存
A. 1年
B. 2年
C. 3年
D. 4年
E. 5年

【A_2型题】

9. 某省甲企业是一知名的药品生产企业，其开发研制出一种普通新药，并且经过了批准获得了生产资格。但是该新药必须以第一类精神药品为原料才能生产，此时甲企业必须经哪个机构批准后才能向定点生产企业购买
A. 国务院
B. 所在地省、自治区、直辖市人民政府
C. 国务院药品监督管理部门
D. 国务院卫生行政部门
E. 所在地省、自治区、直辖市人民政府药品监督管理部门

10. 某省医科大学为了科学研究需要使用麻醉药品的标准品和对照品，现在已经通过所在地省人民政府药品监督管理部门的批准，下一步是购买该麻醉药品的标准品和对照品。按照《中华人民共和国药品管理法》的规定，该医科大学应当向哪个机构批准的单位购买
A. 国务院
B. 所在地省、自治区、直辖市人民政府
C. 国务院药品监督管理部门
D. 国务院卫生行政部门
E. 所在地省、自治区、直辖市人民政府药品监督管理部门

11. 哈尔滨市某医疗机构需要使用第一类精神药品，经哈尔滨市卫生健康委员会批准取得第一类精神药品购用印鉴卡，此时，哈尔滨市卫生健康委员会应当将取得印鉴卡的医疗机构情况抄送
A. 哈尔滨市药品监督管理部门
B. 黑龙江省人民政府卫生行政部门
C. 国务院药品监督管理部门
D. 国务院卫生行政部门
E. 黑龙江省人民政府药品监督管理部门

第二十一章　药品不良反应报告和监测管理办法

【A_1型题】

1.《药品不良反应报告和监测管理办法》是自什么时间起开始施行的
A. 2011年5月4日
B. 2011年7月1日
C. 2011年7月4日
D. 2012年7月1日
E. 2010年5月4日

2. 药品经营企业和医疗机构必须经常考察本单位所生产、经营、使用的药品质量、疗效和反应。发现可能与用药有关的严重不良反应，必须及时向
A. 当地省、自治区、直辖市人民政府报告
B. 当地省、自治区、直辖市人民政府药品监督管理部门报告
C. 当地省、自治区、直辖市人民政府卫生行政部门报告
D. 当地省、自治区、直辖市

人民政府药品监督管理部门和卫生行政部门报告

E. 当地省、自治区、直辖市人民政府和药品监督管理部门报告

【A_3/A_4 型题】

（3~4 题共用题干）

甲省某医疗机构在临床上确认多例因使用某种注射液发生严重药品不良反应的病例。

3. 此时有权采取停止生产、销售、使用该注射液的紧急控制措施的机构是

A. 甲省人民政府

B. 甲省人民政府卫生行政部门

C. 甲省人民政府药品监督管理部门

D. 甲省人民政府药品监督管理部门和卫生行政部门

E. 甲省人民政府和甲省人民政府药品监督管理部门

4. 对该注射液国务院或者省、自治区、直辖市人民政府的药品监督管理部门应当在几日内组织鉴定

A. 3 日

B. 5 日

C. 7 日

D. 9 日

E. 15 日

第三部分

预防医学综合

第八篇　预防医学

第一章　绪　　论

【A_1 型题】

1. 预防医学是研究
   A. 人体健康与环境的关系
   B. 个体与群体的健康
   C. 人群的健康
   D. 社会环境与健康的关系
   E. 健康和无症状患者
2. 健康生态模型是
   A. 环境-人类
   B. 环境-人群-健康
   C. 环境-生物
   D. 环境-生物-健康
   E. 环境-健康
3. 世界卫生组织（WHO）给健康下的定义是
   A. 无病就是健康
   B. 身体各器官结构完好，功能正常
   C. 没有疾病，身体又不虚弱
   D. 身体、心理和社会适应的完好状态，而不仅仅是没有疾病和虚弱
   E. 身体强壮，精神饱满
4. 以下哪项不属于影响健康的主要因素
   A. 环境因素
   B. 行为生活方式
   C. 医疗卫生服务
   D. 生物学因素
   E. 精神心理因素
5. 在疾病三级预防中，第一级预防的重点是
   A. 避免接触致病因素，提高机体抗病能力
   B. 寻找病因，及早诊断
   C. 早期发现和诊断敏感个体
   D. 对患者及早诊疗，促进康复
   E. 针对病因不明难以觉察预料的疾病
6. 预防疾病最有效的措施是
   A. 针对致病因素所采取的预防措施
   B. 改善环境措施
   C. 增进人体健康的措施
   D. 预防接种，提高人群免疫水平
   E. 增强自我保健意识

第二章　医学统计学方法

【A_1 型题】

1. 完全随机设计的单因素方差分析中，$F_{处理}>P_{0.05(\nu_1,\nu_2)}$，则统计推论是
   A. 各总体均数都不相等
   B. 各总体均数不全相等
   C. 各样本均数都不相等
   D. 各总体均数相等
   E. 各总体方差不全相等
2. 从一个呈正态分布的总体中随机抽样，$X \neq \mu$，该差别被称为
   A. 系统误差
   B. 个体差异
   C. 过失误差
   D. 抽样误差
   E. 测量误差
3. 同一批资料对回归系数 β 和相关系数 r 作假设检验，其结论是
   A. 是相同的
   B. 是不同的
   C. 不一定相同
   D. 肯定不同
   E. r 为负 β 为正
4. 可以全面描述正态分布资料特征的两个指标是
   A. 均数和中位数
   B. 均数和标准差
   C. 均数和极差
   D. 中位数和方差
   E. 几何均数和标准差
5. 小样本随机抽样中较准确而且便于实行的方法是
   A. 单纯随机抽样
   B. 机械抽样
   C. 分层抽样
   D. 整群抽样
   E. 分层加整群
6. 在随机区组设计的方差分析中，通常不考虑
   A. 区组因素的作用
   B. 研究因素与区组因素的交互作用
   C. 变异的分解
   D. 研究因素的作用
   E. 以上都不对

7. 已知 $Y \sim N(\mu, \sigma^2)$，则 Y 在区间 $[\mu-1.96\sigma, \mu+1.96\sigma]$ 的概率为
   A. 0.95
   B. 0.05
   C. 0.01
   D. 0.99
   E. 0.90
8. 多组资料的秩和检验，哪种情况下 H 值近似 χ^2 分布
   A. 组数≥3，同时例数≥5
   B. 组数≥3，同时例数≥6
   C. 组数≥5，同时例数≥5
   D. 组数≥3，例数无限制
   E. 以上均不对
9. 两个正态双变量资料，自变量记为 X，因变量记为 Y，进行回归分析，回归系数为 0.2，经统计学检验，$P<0.05$，则
   A. X 增大一个单位，Y 增大 0.2 个单位
   B. X 增大一个单位，Y 减少 0.05 个单位
   C. X 增大一个单位，Y 增大 0.05 个单位
   D. X 增大一个单位，Y 减少 0.2 个单位
   E. X 增大一个单位，Y 减少或增大 0.2 个单位都有可能
10. Ⅰ类错误的大小可以用哪种指标表示
   A. β
   B. 检验水准 α
   C. 概率值 P
   D. $1-\alpha$
   E. $1-\beta$
11. 两组呈正态分布的数值变量资料，但均数相差悬殊，若比较离散趋势，最好选用的指标为
   A. 全距
   B. 四分位数间距
   C. 方差
   D. 标准差
   E. 变异系数
12. 相对数的使用注意事项中，以下错误的是
   A. 不要混淆构成比和率
   B. 分母不宜过小
   C. 关于率的比较均需做标准化
   D. 注意资料的可比性
   E. 需考虑抽样误差
13. 统计工作的步骤不包括
   A. 统计设计
   B. 搜集资料
   C. 分析资料
   D. 整理资料
   E. 题目的制定
14. 经过统计得到 $\chi^2 > \chi^2_{(0.05)}$ 结果，正确的结论是
   A. $P=0.05$，拒绝 H_0，差异有统计学意义
   B. $P>0.05$，接受 H_0 的可能性较大
   C. $P=0.05$，接受 H_0，差异无统计学意义
   D. $P<0.05$，拒绝 H_0，差异有统计学意义
   E. $P>0.05$，接受 H_0，差异无统计学意义
15. 下列有关概率与频率，说法正确的是
   A. 概率常用符号 M 表示
   B. 频率常用符号 P 表示
   C. 概率是描述某随机事件发生可能性大小的指标
   D. 概率就是频率
   E. 概率的取值范围介于-1和+1之间
16. 在实际工作，样本率的抽样误差的大小用
   A. $\sigma_P = \sqrt{\dfrac{\pi(\pi-1)}{n}}$
   B. $S_P = \sqrt{\dfrac{p(1-p)}{n}}$
   C. $S_{\bar{X}} = \dfrac{S}{\sqrt{n}}$
   D. $\sigma_X = \dfrac{\sigma}{\sqrt{n}}$
   E. $X^2 = \sum\dfrac{(A-T)^2}{T}$
17. 来自同一总体的两样本，下列哪个指标小的样本均数估计总体均数时更可靠
   A. S_X
   B. CV
   C. S
   D. $t_{0.05}$
   E. X
18. 分析胎儿不同出生体重和围产儿死亡率之间是否有关，可以选用的统计方法是
   A. t 检验
   B. F 检验
   C. χ^2 检验
   D. 相关分析
   E. 秩和检验
19. 成组设计的方差分析中，若处理因素无作用，则理论上
   A. $F>1$
   B. $F<1$
   C. $F=0$
   D. $F=1$
   E. 以上均正确
20. 用某种新疗法治疗某病患者41人，治疗结果如下

治疗结果	治愈	显效	好转	恶化	死亡
治疗人数	8	23	6	3	1

   该资料的类型是：
   A. 等级资料
   B. 圆形资料
   C. 计数资料
   D. 计量资料
   E. 数据资料

【A_2 型题】

21. 某市流行性乙型脑炎逐年病死率（从1949年到1995年）为：48.9‰、43.1‰、27.3‰、21.5‰、20.0‰、18.2‰、12.7‰，据此资料画图，应选用
   A. 直条图
   B. 构成图
   C. 直方图
   D. 半对数线图
   E. 普通线图
22. 某市8岁正常男孩体重有95%的人在18.39~29.45kg，其标准差是

A. 2.14kg
B. 5.14kg
C. 2.82kg
D. 0.95kg
E. 无法计算

23. 8名高血压患者用药治疗后舒张压下降数为（mmHg）：8、20、-4、16、12、20、10、10，经 t 检验结论为（$t_{(0.05,\ 7)}=1.895$）
A. $t=5.15$，$P<0.05$
B. $t=4.19$，$P<0.05$
C. $t=0.92$，$P>0.05$
D. $t=1.67$，$P>0.05$
E. $t=3.62$，$P<0.05$

24. 对10名25岁以上的山区健康男子测量脉搏次数（次/分），用 t 检验与全国正常男子资料进行比较，按 $\alpha=0.05$ 的检验水准，自由度为
A. $\nu=9$
B. $\nu=19$
C. $\nu=8$
D. $\nu=20$
E. $\nu=18$

25. 某地两种疗法的治愈率的情况，见下表。

病情	甲疗法			乙疗法		
	病例数	治愈数	%	病例数	治愈数	%
轻型	40	36	90.0	60	54	90.0
重型	60	42	70.0	40	28	70.0
合计	100	78	78.0	100	82	82.0

据此资料可得出的结论是
A. 甲疗法治愈率为78%，乙为82%，故乙好
B. 甲疗法治愈的例数少，所以甲不如乙
C. 甲疗法治愈的重患者多，故甲好
D. 乙疗法治疗的轻型患者，故乙不如甲
E. 甲、乙两种疗法治愈率相同

26. 为比较工人、干部中高血压患者所占比例是否不同，进行了 χ^2 检验，算得 χ^2 值为9.56，查表得 $\chi^2_{(0.05,1)}=3.84$，应得出的结论是
A. 接受 $\pi_1=\pi_2$
B. 拒绝 $\pi_1=\pi_2$
C. 接受 $\pi_1>\pi_2$
D. 拒绝 $\pi_1>\pi_2$
E. 拒绝 $\mu_1=\mu_2$

27. 某医院用国产呋喃硝胺治疗十二指肠球部溃疡，用西咪替丁为对照，观察6周有如下结论：呋喃硝胺治疗62人，治愈44人，西咪替丁治疗78人，治愈38人。用什么样方法得出两种药物疗效相同或不同的结论
A. 计算两药物的治愈率直接比较
B. 进行率的标准化处理
C. 用四格表的 χ^2 检验
D. 用四格表的校正 χ^2 检验
E. 用配对资料的检验

28. 通过对10名20岁男青年身高（cm）与前臂与（cm）研究：求出离均差平方和 $\sum(x-\bar{x})^2=962.5$；$\sum(y-\bar{y})^2=78.4$；离均差积和 $\sum(x-\bar{x})(y-\bar{y})=226$。相关系数的值为
A. $r=0.8227$
B. $r=0.8127$
C. $r=0.9562$
D. $r=0.7489$
E. $r=0.8331$

【A_3/A_4 型题】

（29~30题共用题干）

某医生比较甲、乙两疗法对某病的效果，结果见下表。

疗法	治疗人数	痊愈人数
甲	33	26
乙	38	36
合计	71	62

29. 应选择的指标是
A. 治愈率
B. 构成比
C. 等级指标
D. 定性指标
E. 定量指标

30. 选择的假设检验是
A. F 检验
B. 配对 χ^2 检验
C. t 检验
D. 四格表 χ^2 检验
E. 行×列表 χ^2 检验

【B_1 型题】

（31~32题共用备选答案）
A. 获得原始资料
B. 统计设计
C. 统计归纳，进行分组和汇总
D. 撰写文章
E. 计算统计指标，选择合适的检验方法并作出恰当的结论

31. 收集资料是
32. 分析资料是

（33~34题共用备选答案）
A. 算术均数表示其平均水平
B. 中位数表示其平均水平
C. 几何均数表示其平均水平
D. 众数表示其平均水平
E. 百分位数表示其平均水平

33. 血清抗体滴度资料最常以
34. 食物中毒的潜伏期最常以

（35~36题共用备选答案）
A. 表示某病发生严重程度
B. 反映两个指标的相对关系
C. 反映某病在各疾病中所占的位次
D. 反映同种病不同时间动态变化情况
E. 反映同种病不同地区的严重情况

35. 发病率
36. 相对比

（37~38题共用备选答案）

A. $\chi^2=\frac{(ad-bc)^2n}{(a+b)(c+d)(a+c)(b+d)}$

B. $\chi^2=\frac{\left(|ad-bc|-\frac{n}{2}\right)^2n}{(a+b)(c+d)(a+c)(b+d)}$

C. $\chi^2=\frac{(b-c)^2}{(b+c)}$

D. $\chi^2=n\left(\sum\frac{A^2}{n_{行}n_{列}}-1\right)$

E. $P=\frac{(a+b)(b+d)(a+c)(c+d)}{abcd}$

37. 在四格表的χ^2检验中，若$1\leqslant T<5$且$n\geqslant40$时应选用

38. 行×列表的χ^2检验应选用

第三章　流行病学原理和方法

【A$_1$型题】

1. 衡量某疾病的原因归因于暴露某危险因素程度的最好指标是
   A. 归因危险度百分比
   B. 归因危险度
   C. 人群归因危险度
   D. 人群归因危险度百分比
   E. 相对危险度
2. 诊断试验主要用于，除了
   A. 疾病诊断
   B. 疾病随访
   C. 防残延寿
   D. 疗效考核
   E. 药物毒副作用监测
3. 计算多个率的平均率时，应
   A. 按求中位数的方法求平均值
   B. 以总的实际数值为依据求平均值
   C. 将各个率直接相加求平均值
   D. 先标化，再计算
   E. 以上都不是
4. 实验效果的主要评价指标不包括
   A. 有效率
   B. 符合率
   C. 生存率
   D. 保护率
   E. 治愈率
5. 现代病因的概念是
   A. 使人们患病概率增加的因素
   B. 使人们死亡概率增加的因素
   C. 使人们发病概率增加的因素
   D. 使人们伤残概率增加的因素
   E. 使人们病死概率增加的因素
6. 为尽量发现患者，在制订筛选方法标准过程中，常采用
   A. 提高方法的灵敏度
   B. 提高方法的特异度
   C. 降低假阳性率
   D. 提高假阴性率
   E. 使假阴性率与假阳性率接近
7. 不属于病例对照研究特点的是
   A. 属于观察性研究
   B. 设立对照组
   C. 可计算发病率
   D. 观察方向是“果”到“因”
   E. 回顾性
8. 用样本均数估计总体均数的可靠性大小时所用指标是
   A. σ
   B. S
   C. R
   D. CV
   E. $S_{\bar{X}}$
9. 筛检试验的特异度是指
   A. 筛检试验阴性者患病的可能性
   B. 实际有病，筛检试验被确定为有病的百分比
   C. 实际有病，筛检试验被确定为无病的百分比
   D. 实际无病，根据筛检试验被确定为无病的百分比
   E. 实际无病，根据筛检试验被确定为有病的百分比
10. 试验研究中对照组与实验组发病率之比，为
    A. 有效率
    B. 治愈率
    C. 生存率
    D. 保护率
    E. 效果指标
11. 不属于临床试验的设计原则
    A. 对照原则
    B. 随机原则
    C. 重复原则
    D. 编码原则
    E. 盲法原则
12. 统计研究设计按照对研究对象是否进行干预分为调查设计和
    A. 总体设计
    B. 样本设计
    C. 随机设计
    D. 研究设计
    E. 实验设计
13. 衡量某病和某暴露因素间联系强度的最佳指标是
    A. 暴露者的发病率
    B. 暴露者的死亡率
    C. 暴露者的致残率
    D. 相对危险度
    E. 特异危险度
14. 根据有无暴露某因素史分组的研究是
    A. 现况研究
    B. 病例对照研究
    C. 队列研究
    D. 实验流行病学研究
    E. 临床试验
15. 临床医生进行社区诊断时最常使用的流行病学调查方法是
    A. 暴发调查

B. 现况调查
C. 个案调查
D. 问卷调查
E. 典型调查

16. 适合做大规模筛检的疾病是
A. 原位子宫颈癌
B. 艾滋病
C. 麻疹
D. 流行性感冒
E. 全民检查 HBsAg

17. 病例对照研究中，选择偏倚不包括
A. 入院率偏倚
B. 出院偏倚
C. 检出症候偏倚
D. 无应答偏倚
E. 错误分类偏倚

18. 属于实验设计原则的是
A. 随机化原则
B. 任意原则
C. 一次性原则
D. 配伍原则
E. 以上都不是

19. 实际有病，用该诊断标准正确判定为阳性的能力称
A. 特异度
B. 阳性结果的预测值
C. 变异度
D. 阴性结果的预测值
E. 灵敏度

20. 不属于变异指标的是
A. 中位数
B. 标准差
C. 全距
D. 四分位间距
E. 变异系数

21. 衡量人群中在短时间内新发病例的频率，采用的指标为
A. 罹患率
B. 发病率
C. 患病率
D. 感染率
E. 发病比

22. 在病例对照研究中，估计某因素与疾病的联系程度，应计算
A. RR
B. RR-1
C. OR
D. OR-1
E. P1-P0

23. 反映疾病疗效的指标不包括
A. 治愈率
B. 发病率
C. 生存率
D. 有效率
E. 感染率

24. 如果孕妇在孕期暴露于某因素与婴儿畸形的相对危险度是5，意味着
A. 暴露组孕妇生畸形儿的危险是非暴露组的4倍
B. 暴露组孕妇生畸形儿的危险是非暴露组的5倍
C. 暴露组孕妇生畸形儿的危险比非暴露组大6倍
D. 暴露组孕妇生畸形儿的危险是非暴露组的6倍
E. 暴露组孕妇生畸形儿的危险比非暴露组大5倍

25. 某地区某种疾病的发病率明显超过历年的散发发病率水平，则认为该病
A. 大流行
B. 散发
C. 有季节性
D. 暴发
E. 流行

26. 关于定群研究的描述错误的是
A. 包括前瞻性研究
B. 将特定人群按是否暴露于某因素分组
C. 要计算发病率或死亡率
D. 不进行组间差异的统计学检验
E. 要追溯到过去某时期的暴露史

27. 推论病因与疾病因果关联的标准，错误的是
A. 关联的强度
B. 关联的时间性
C. 关联的特异性
D. 关联的可重复性
E. 关联的地区性

28. 不属于筛检试验评价指标的是
A. 可靠性
B. 正常值
C. 收获量和筛检费用
D. 真实性
E. 预测值

【A_2 型题】

29. 选定有特定疾病的人群组与未患这种疾病的对照组，比较两组人群过去暴露于某种可能危险因素的比例，分析暴露于该因素是否与疾病有关，该研究为
A. 现况调查研究
B. 病例对照研究
C. 队列研究
D. 实验性研究
E. 理论性研究

30. 在一项队列研究中，非暴露组150名中15人患高血压，暴露组200人中30人患高血压，归因危险度为
A. 0.15
B. 0.1
C. 1.5
D. 0.05
E. 0.25

31. 对某地25～30岁妇女进行一项研究发现：在服用口服避孕药者中，宫颈癌年发病率为6/10万，而未服用者为3/10万。据此认为服用口服避孕药是引起宫颈癌的危险因素，此结论
A. 不正确，因为没有做统计学性检验
B. 不正确，因为没有进行年龄标化
C. 正确
D. 不正确，因为此研究无法确定暴露与发病的时间关系
E. 不正确，因为没有区分新病例与现患病例

32. 为研究职业接触放射性物质与骨瘤发生的关系，某人选取1000名接触放射性物质的女职工和1000名电话员作为研究对象，观察1950~1980年的骨瘤发生率，结果接触放射性物质的女工中有20例骨瘤患者，而电话员中仅有4例，这种研究属于
A. 横断面研究
B. 实验研究
C. 队列研究
D. 临床研究
E. 病例对照研究

【A_3/A_4型题】

（33~34题共用题干）

某医生开展一项科研工作，按统计工作步骤进行。

33. 不属于搜集资料的内容是
A. 录入计算机
B. 实验
C. 专题调查
D. 统计报表
E. 医疗卫生工作记录

34. 分析资料包括
A. 对照、重复
B. 描述、推断
C. 随机、均衡
D. 计算、讨论
E. 归纳、整理

（35~37题共用题干）

2008年共发生200例某病患者，在2008年年初已知有800例患者，年内因该病死亡40例，年中人口数1000万，如果该病的发生和因该病死亡的事件均匀分布在全年中，则

35. 2008年，该病的发病率（1/10万）是
A. 2.0
B. 8.0
C. 10.0
D. 1.6
E. 0.4

36. 2008年，该病的患病率（1/10万）
A. 0.4
B. 8.0
C. 1.6
D. 10.0
E. 2.0

37. 2008年，该病的死亡率（1/10万）是
A. 2.0
B. 8.0
C. 10.0
D. 1.6
E. 0.4

（38~40题共用题干）

用尿糖定性试验检查糖尿病患者和正常成年人各500名，结果糖尿病患者中有300例阳性，200例阴性，正常成年人有50例阳性，450例阴性。

38. 尿糖定性试验筛检糖尿病的灵敏度为
A. 200/500×100/100=40%
B. 300/500×100/100=60%
C. 50/500×100/100=10%
D. 450/500×100/100=90%
E. 100/500×100/100=20%

39. 如果某人尿糖定性试验阳性，其患有糖尿病的可能性为
A. 300/350×100/100=85.71%
B. 200/450×100/100=44.44%
C. 450/500×100/100=90%
D. 200/500×100/100=40%
E. 300/500×100/100=60%

40. 如果某人尿糖定性试验阴性，你认为排除其患有糖尿病的把握为
A. 50/450×100/100=11.11%
B. 200/450×100/100=44.44%
C. 450/500×100/100=90%
D. 400/550×100/100=81.82%
E. 450/650×100/100=53.85%

【B_1型题】

（41~42题共用备选答案）
A. 生存率
B. 婴儿死亡率
C. 发病率
D. 治愈率
E. 患病率

41. 评价远期疗效常用的指标是
42. 某时点内受检人群中流行某种疾病的频率是

（43~44题共用备选答案）
A. 假阴性率
B. 灵敏度
C. 特异度
D. 预测值
E. 正确指数

43. 真阴性率又称
44. 公式［$C/(A+C)$］×100%计算的是

（45~46题共用备选答案）
A. 诊断试验
B. 队列研究
C. 筛检
D. 病例对照研究
E. 现况研究

45. 由果追因的研究属于
46. 确定小学生身高、体重正常值属于

（47~48题共用备选答案）
A. 实际有病，试验阴性
B. 实际无病，试验阳性
C. 实际有病，试验阳性
D. 实际无病，试验阴性
E. 试验阳性，实际有病的可能

47. 漏诊率是指
48. 阳性预测值是指

（49~50题共用备选答案）
A. 双盲
B. 单盲
C. 样本含量
D. 三盲
E. 随机分组

49. 目的是平衡实验组和对照组混杂因素的是
50. 包括连续变量和非连续变量样本大小的估计是

第四章　临床预防服务

【A₁型题】

1. 在三级预防观念上，健康促进更注重的是
   A. 一级预防
   B. 二级预防
   C. 三级预防
   D. 超前预防
   E. 干预预防
2. 流感病毒自1918年以来发生几次大的变异，这种变异属于
   A. 耐药性变异
   B. 抗原性变异
   C. 毒力变异
   D. 病种变异
   E. 杂交变异
3. 根据我国居民膳食习惯能量的主要来源是
   A. 蛋类
   B. 肉类
   C. 粮食
   D. 肉类和粮食
   E. 肉类和蛋类
4. 流行过程是指
   A. 疫源地的改变过程
   B. 病原体的改变场所过程
   C. 患者的改变场所过程
   D. 携带者的改变场所过程
   E. 医院改变场所的过程
5. 营养是
   A. 多摄入各种有利于健康的食物
   B. 机体从外界摄取食物为满足自身的生理需要
   C. 为了健康和生长发育而从外界获取能量的过程
   D. 机体摄取、消化、吸收、利用食物中的营养物质以满足机体生理需要的生物学过程
   E. 合理膳食，提高机体的免疫力
6. 国家出台禁止在公共场所吸烟的有关规定主要保护的是
   A. 吸烟者
   B. 不吸烟者
   C. 吸烟场所
   D. 普通人群
   E. 敏感人群
7. 在影响健康的因素中，最活跃的因素是
   A. 生物遗传
   B. 行为生活方式
   C. 自然气候
   D. 医疗卫生保健
   E. 社会环境
8. 营养素是
   A. 富含蛋白质、脂肪等一类化合物
   B. 是人类为生存、健康而从外界摄取的食物
   C. 无机盐、维生素等营养物质的总称
   D. 富含碳水化合物、蛋白质、脂肪等机体需要的营养物质
   E. 食物中所含的营养成分
9. 健康促进的基本内涵包括了
   A. 知识传播与发展个人技能
   B. 行为改变和社会环境改变
   C. 健康教育与环境支持改变
   D. 健康教育与经济环境改变
   E. 发挥健康潜能与政策改变
10. 下列哪一种食物优质蛋白含量最高
    A. 大米
    B. 小米
    C. 大豆
    D. 肉类
    E. 玉米
11. 人群易感性升高的主要因素是
    A. 免疫接种
    B. 新生儿增加
    C. 隐性感染
    D. 非易感人群迁入
    E. 传染病流行
12. 健康促过的基本内涵除了个体和群体的行为改变外，还包括
    A. 政策行为的改变
    B. 环境支持的改变
    C. 经济法规的改变
    D. 社区环境的改变
    E. 自然环境的改变
13. 针对不愿意戒烟者的快速干预策略可归纳为
    A. 5C
    B. 5P
    C. 5R
    D. 5E
    E. 5D
14. 社会认知理论中的观察学习概念是
    A. 在观察者观察其他人的行动及别人因此得到强化的情景下发生的
    B. 是个体对执行并坚持某一行为活动的能力的自信
    C. 个人身体之外的能影响个体行为的所有客观因素的总称
    D. 个体、个体的行为及行为所处环境之间不断进行的、持续的相互作用
    E. 发现和学习新事实，新思想、向支持健康行为方面努力
15. 不属于健康促进活动领域的是
    A. 创造健康支持环境
    B. 发挥社区资源
    C. 发展个人技能
    D. 调整卫生服务方向
    E. 增强社区能力
16. 很多人感到了“吸烟的危害”，但对戒烟顾虑多，这在健康信念模式反映的是
    A. 感知到严重性
    B. 知觉到易感性
    C. 知觉到改变的好处

D. 感知到改变的障碍
E. 知觉到改变的效果

17. 就我国目前控烟现状看，若想达到全面控烟的效果必须采取的措施是
A. 健康教育
B. 社会动员
C. 大众宣传
D. 综合干预
E. 发展个人技能

18. 体力活动标准是指成人在一周的每一天或绝大部分天内都应累计中等强度的体力活动达
A. 20分钟
B. 30分钟
C. 40分钟
D. 50分钟
E. 60分钟

19. 健康相关行为是指任何与
A. 疾病和康复有关的行为
B. 增进健康和疾病预防有关的行为
C. 预防和控制有关的行为
D. 促进健康有关的行为
E. 危害健康有关的行为

20. 静坐生活方式同时又进食高脂肪膳食，最终导致的常见疾病是
A. 消化道溃疡
B. 胆固醇升高
C. 血压升高
D. 冠心病
E. 体重增加

21. 国家颁布的与流行病学有关的防治法有
A. 糖尿病防治法
B. 艾滋病防治法
C. 心血管病防治法
D. 传染病防治法
E. 肿瘤防治法

22. 潜伏期是指
A. 病原体进入机体到死亡的时间
B. 病原体进入机体到临床死亡出现的时间
C. 病原体进入机体到临床症状恢复的时间
D. 病原体进入机体到临床症状结束的时间
E. 病原体进入机体到最早临床症状出现的时间

23. 5A戒烟法的第四步重点放在
A. 识别戒烟愿望
B. 建议戒烟者戒烟
C. 帮助制订戒烟计划
D. 劝阻吸烟者戒烟
E. 准备戒烟方案

24. 食用过量可引起中毒的维生素是
A. 维生素PP
B. 维生素B_2
C. 维生素C
D. 维生素A
E. 维生素B_6

25. 社会认知理论的代表人物是
A. 斯金纳
B. 班杜拉
C. 马斯洛
D. 弗洛伊德
E. 华生

26. 属于卫生服务利用行为的是
A. 合理营养
B. 平衡膳食
C. 适量运动
D. 免疫接种
E. 积极休息

27. 我国正常成人蛋白质的推荐摄入量（RNI）为
A. 0.4~1.0g/kg体重
B. 0.6~1.0g/kg体重
C. 0.8~1.0g/kg体重
D. 1g/kg体重
E. 1.0~1.2g/kg体重

28. 下列各类疾病中，主要应采取第一级预防的是
A. 职业病
B. 冠心病
C. 糖尿病
D. 高血压
E. 病因不明，难以觉察预料的疾病

29. 突发公共卫生事件是指下列哪类突然发生，造成或者可能造成社会公众健康损害的事件
A. 甲类或乙类传染病流行
B. 重大传染病疫情、群体性不明原因疾病、重大和职业中毒以及其他严重影响公众健康的事件
C. 环境污染
D. 寄生虫病疫情
E. 水灾、地震等严重危害公众生命财产安全的自然灾害

30. 咨询者既要注意咨询对象的名誉，也要保护其隐私权说的是
A. 如实信赖原则
B. 整体性原则
C. 发展性原则
D. 保密性原则
E. 预防性原则

31. 开展医院内感染的预防关键是一级预防，与一级预防有关的措施是
A. 对院内感染的患者开展合理治疗
B. 开展院内感染发病率监测
C. 建立健全院内感染的规章制度
D. 提高早期诊断院内感染的能力
E. 对感染患者采用流行病学调查追踪感染来源

32. 健康促进的核心策略是
A. 增加赋权
B. 部门协调
C. 个人参与
D. 宣传倡导
E. 鼓动传播

33. 对健康影响作用越来越大的因素是
A. 卫生服务
B. 自然环境
C. 生物学
D. 行为与生活方式
E. 社会环境

34. 人的健康行为属于
A. 生理行为
B. 本能行为
C. 社会行为
D. 先天行为
E. 规范行为
35. 不属于健康行为的是
A. 系安全带
B. 平衡膳食
C. 定期体检
D. 久坐不起
E. 积极休息
36. 健康教育是
A. 注重知识传播和信息扩散
B. 重点在态度和信念的转变
C. 针对“知-信-行”改变的一系列活动
D. 注重社会动员、倡导和协调工作
E. 注重提供政策和环境支持
37. 人的不健康行为也是后天习得的
A. 生理行为
B. 本能行为
C. 社会行为
D. 先天行为
E. 规范行为
38. 很多人尝试戒烟，但终因不相信自己有能力戒烟而失败，说明
A. 提示因素少
B. 自我效能低
C. 意愿不坚决
D. 行为改变难
E. 效果不肯定
39. 5A 戒烟法中第一步是
A. 评估
B. 计划
C. 建议
D. 帮助
E. 询问
40. 不属于健康行为的是
A. 合理营养
B. 平衡膳食
C. 适量运动
D. 吸烟行为
E. 积极休息
41. 人类行为可分为本能行为和
A. 外显行为
B. 社会行为
C. 生物行为
D. 遗传行为
E. 能动行为
42. 人在后天习得的行为都具有
A. 先天属性
B. 客观属性
C. 社会属性
D. 自然属性
E. 学习属性
43. 人们对于某种疾病严重性的看法是
A. 知觉到危险性
B. 知觉到严重性
C. 知觉到易感性
D. 后果严重性认识
E. 行为改变的障碍
44. 健康咨询的 5A 模式的第一步是
A. 咨询者对咨询对象的诊断
B. 咨询对象倾诉自己的感受
C. 咨询者评估咨询对象的问题
D. 咨询者明确咨询目标
E. 咨询者制订咨询方案
45. 适量运动行为属于
A. 生理行为
B. 本能行为
C. 社会行为
D. 先天行为
E. 规范行为
46. 在影响健康的因素中，占比例最高的是
A. 生物遗传
B. 行为生活方式
C. 自然气候
D. 医疗卫生保健
E. 社会环境
47. 戒烟干预最有效的措施是
A. 常规行为疗法
B. 尼古丁替代疗法
C. 药物疗法
D. 心理支持疗法
E. 综合性干预
48. 烟草依赖被世界卫生组织明确界定为
A. 呼吸系统疾病
B. 慢性流行病
C. 神经精神疾病
D. 精神神经疾病
E. 成瘾性疾病
49. 成功戒烟 10 个月的男性，虽然最近情绪压抑但坚持不吸烟，其在行为阶段变化模式中所处的阶段是
A. 意图
B. 打算
C. 准备
D. 行动
E. 维持
50. 平衡膳食属于
A. 生理行为
B. 本能行为
C. 社会行为
D. 先天行为
E. 规范行为
51. 健康咨询的成功与否很大程度上取决于
A. 咨询者对咨询对象施加影响
B. 咨询者发挥主体作用
C. 咨询者的交流技巧
D. 咨询对象可以有意见
E. 咨询者遵守职业道德
52. 静坐生活方式同时又进食高脂肪膳食，最直接的后果是引起
A. 肥胖
B. 胆固醇升高
C. 血压升高
D. 血糖升高
E. 体重增加
53. 在明确患者的戒烟愿望后，对有意戒烟者可以进行 5A 戒烟法的
A. 提供戒烟帮助
B. 建议戒烟者戒烟
C. 安排戒烟计划
D. 制定戒烟日期

E. 准备戒烟方案

54. 政府出资在社区安装各种运动器材属于健康促进活动领域的
A. 发展个人技能
B. 创造健康支持环境
C. 开发社区资源
D. 增强社区能力
E. 社区健康干预

55. 属于静坐生活方式的是在休闲时间内经常
A. 跳舞
B. 快速走
C. 骑自行车
D. 看足球电视
E. 慢跑

56. 若以控制体重为目的，从事静坐职业者每天至少需要进行的体力活动分钟数为
A. 20
B. 30
C. 40
D. 50
E. 60

57.《渥太华宣言》中确定了健康促进的基本策略有倡导、增权和
A. 教育
B. 传播
C. 协调
D. 干预
E. 动员

58.“世界无烟日”是每年的
A. 4月7日
B. 5月31日
C. 9月30日
D. 6月26日
E. 10月31日

59. 一吸烟者已经成功戒烟8个月，这一阶段的主要目标是
A. 继续提供治疗指导
B. 维持成果防止复吸
C. 讨论防止复吸方案
D. 支持自我行为控制
E. 减少诱惑减轻痛苦

60. 健康信念理论模式核心概念是相关疾病
A. 危险性的知觉
B. 威胁知觉和行为评估
C. 易感性认知
D. 后果严重性认识
E. 行为改变的障碍

【A_2 型题】

61. 某患者主诉多汗，临床检查甲状腺弥漫性肿大，临床医生诊断患者可能患有的营养缺乏病是
A. 锌缺乏病
B. 脚气病
C. 坏血病
D. 碘缺乏病
E. 缺铁性贫血

【A_3/A_4 型题】

（62～64题共用题干）

研究传染病的传播途径，有利于追踪传染源，控制传染病的发生。

62. 通过粪口传播的传染病有
A. 甲肝
B. 乙肝
C. 丙肝
D. 丁肝
E. 庚肝

63. 经过蚊虫叮咬传播的传染病有
A. SARS
B. 鼠疫
C. 森林脑炎
D. 禽流感
E. 猪链球菌病

64. 经过食物传播的传染病有
A. 血吸虫病
B. 疟疾
C. 新生儿破伤风
D. 禽流感
E. 麻疹

（65～66题共用题干）

某女性，45岁。体重68kg，身高160cm。甘油三酯4.5mmol/L（参考值0.56～1.70mmol/L），胆固醇5.1mmol/L（参考值2.33～5.70mmol/L），血压180/100mmHg。

65. 此女性的BMI值为
A. ≥28.0
B. 24.0～27.9
C. 18.5～23.9
D. 18.0～18.4
E. <18.5

66. 饮食治疗时应注意严格控制
A. 胆固醇的摄入
B. 蛋白质的摄入
C. 胆固醇和脂肪的摄入
D. 高糖类食物的摄入
E. 总热能和脂肪的摄入

（67～69题共用题干）

某患者，身高明显低于同龄人。临床检查可见骨骺端膨大，肋及肋软骨交界处可见圆形隆起，从上至下如串珠样突起。

67. 该患者可能是那一种营养缺乏病
A. 佝偻病
B. 锌缺乏病
C. 坏血病
D. 缺铁性贫血
E. 克山病

68. 该营养素的主要食物来源是
A. 蔬菜类
B. 动物肝脏
C. 奶及奶制品
D. 水果类
E. 薯类

69. 要对该患者进一步确诊应做的检查是
A. 血清锌
B. 血中硒含量
C. 尿负荷试验
D. 血清钙
E. 血红蛋白

【B_1 型题】

（70～71题共用备选答案）
A. 社会动员
B. 健康促进
C. 卫生宣传
D. 爱国卫生运动
E. 健康教育

70. 注重行为改变的是

71. 包含环境支持的是
（72~73 题共用备选答案）
A. 饮酒
B. 定期体检
C. 静坐生活方式
D. 跑步
E. 吃甜食
72. 属于健康行为的是
73. 被称为健康行为的是
（74~75 题共用备选答案）
A.《中华人民共和国食品安全法》
B.《烟草控制框架公约》
C.《中国公民健康素养 66 条（试行）》
D.《国家突发公共卫生事件应急预案》2006. 2. 26
E.《突发急性传染病预防控制战略》2007. 6. 20
74. 第一部具有法律约束力的公共卫生方面的国际多边公约是
75. 2006 年 1 月 9 日在我国生效的是
（76~77 题共用备选答案）
A. 减少被动吸烟的策略与措施
B. 减少新吸烟者的策略与措施
C. 适合社区吸烟的策略与措施
D. 适合于卫生保健系统水平上开展戒烟的系统策略及措施
E. 临床场所医生日常诊疗时的戒烟策略及措施
76. 提高烟草制品的价格属于
77. 医院应把识别烟草使用情况纳入常规诊疗属于
（78~79 题共用备选答案）
A. 自我效能
B. 行为与生活方式
C. 发展个人能力
D. 健康相关行为
E. 社会认知理论
78. 与增进健康或疾病预防有关的行为是
79. 属于健康促进活动领域之一的是
（80~82 题共用备选答案）
A. 坏血病
B. 夜盲症
C. 缺铁性贫血
D. 脚气病
E. 佝偻病
80. 长期阳光照射不足，造成维生素 D 缺乏的疾病是
81. 长期缺铁引起的疾病是
82. 长期缺乏维生素 C 引起的疾病
（83~85 题共用备选答案）
A. 粮谷类
B. 动物肝脏
C. 猕猴桃
D. 奶及奶制品
E. 马铃薯
83. 富含维生素 A 的食物是
84. 富含维生素 C 的食物是
85. 富含铁的食物是
（86~87 题共用备选答案）
A. 动物肝脏
B. 奶及奶制品
C. 蔬菜、水果
D. 豆制品
E. 粮谷类
86. 富含优质蛋白的食品是
87. 膳食纤维主要食物来源是

第五章 社区公共卫生

【A_1 型题】

1. 对社区诊断描述正确的是
A. 个体水平上的疾病判断
B. 依据的是症状、体征和实验室检查结果
C. 理论基础是临床专业知识
D. 通常采用的是流行病学方法
E. 是一种在疾病发生后的诊断
2. 对社区预防服务项目在项目实施地区的可持续性进行评价属于
A. 效果评价
B. 效率评价
C. 效益评价
D. 影响评价
E. 适宜度评价
3. 构成传染过程必须具备的因素是
A. 病原体、易感机体
B. 传染源、传播途径、易感人群
C. 患者、污染物、易感者
D. 寄生虫、中间宿主、终末宿主
E. 病原体微生物、媒介、宿主
4. 沙门菌属食物中毒致病性较强的病原菌是
A. 肠炎、猪霍乱、鸭沙门菌
B. 猪伤寒、鼠伤寒、肠炎沙门菌
C. 猪伤寒、火鸡、鸭沙门菌
D. 牛伤寒、肠炎沙门菌、鼠伤寒沙门菌
E. 猪霍乱、鼠伤寒、肠炎沙门菌
5. 以下属于社区二级预防服务的是
A. 婚姻咨询
B. 体检
C. 健康教育
D. 预防接种
E. 脑卒中患者康复训练
6. 传染源是指
A. 体内有病原体的人
B. 体内有病原体的人和动物
C. 体内有病原体繁殖的人和动物

D. 体内有病原体繁殖并能排出病原体的人和动物
E. 能排出病原体的人和动物

7. 硅沉着病（硅肺）的特征性病理改变是
A. 矽结节
B. 肺间质纤维化
C. 圆形小阴影
D. 肺泡结构破坏
E. 肺脏体积增大、含气量减少

8. 下列属于自然灾害的有
A. 地震、火山
B. 核反应堆泄漏
C. 战乱
D. 森林脑炎
E. 食物中毒

9. 对卫生问题解决程度或达到计划预期目标的实际程度进行的评价属于
A. 效果评价
B. 效率评价
C. 效益评价
D. 影响评价
E. 适宜度评价

10. 下列哪条不符合经空气传播的特点
A. 易感人群的多少是决定流行强度的重要因素之一
B. 在未经免疫的人群中，发病呈周期性升高
C. 在交通不便的山区发病呈典型的周期性现象
D. 在未经免疫预防的城市人群中，常在儿童期被感染
E. 具有冬春季节升高的现象

11. 发生光化学烟雾事件的主要污染物是
A. SO_2和颗粒物
B. SO_2和 NO_X
C. 颗粒物和烃类
D. 烃类和 NO_X
E. 烃类和 SO_2

12. 进入空气中毒物浓度很高的生产场所时应使用
A. 防毒口罩
B. 防护服
C. 隔离式防毒面具
D. 过滤式防毒面具
E. 涂防护油膏

13. 从防治心血管疾病出发，对高危人群最行之有效的是哪一项
A. 定期体格检查
B. 药物治疗措施
C. 改变不良饮食行为生活方式
D. 戒烟
E. 锻炼身体

14. 在孕期或分娩期，病原体从母体传给子代称为
A. 血源性传播
B. 遗传性传播
C. 交叉传播
D. 水平传播
E. 垂直传播

15. 健康监护的内容，不包括
A. 健康状况分析
B. 定期体检
C. 劳动能力鉴定
D. 职业流行病学调查
E. 建立健康监护档案

16. 不属于毒蕈中毒类型的是
A. 胃肠炎型
B. 溶血型
C. 神经精神型
D. 类伤寒型
E. 脏器损害型

17. 我国目前开展社区预防服务被认为最有效的服务单位是
A. 个人
B. 家庭
C. 人群
D. 社区
E. 疾病人群

18. 食物中毒具有以下特征除了
A. 突然暴发，易集体发病
B. 临床表现相似，多以胃肠道症状为主
C. 人与人之间具有传染性
D. 人与人之间无传染性
E. 发病者与某种食物有确切的关系

19. 决定粉尘对机体作用性质的主要因素是
A. 粉尘的化学成分
B. 接触浓度
C. 接触时间
D. 粉尘的分散度
E. 粉尘的类型

20. 细菌性食物中毒的治疗原则不包括
A. 迅速排出毒物（催吐、洗胃）
B. 对症治疗
C. 治疗腹痛腹泻，纠正酸中毒
D. 细菌性食物中毒的患者均可用抗生素
E. 特殊治疗

21. 以下属于社区三级预防服务的是
A. 家庭康复
B. 高血压患者管理
C. 糖尿病患者饮食控制
D. 优生保健
E. 筛查鉴定

22. 对个别深入访谈描述正确的是
A. 属于结构式访谈
B. 灵活性较小
C. 对访谈员要求不高
D. 结果可以外推
E. 一般只能在小样本人群中进行

23. 关于专题小组访谈，描述正确的是
A. 是一种定量研究的方法
B. 需要的时间长、费用高
C. 用于快速需求评估
D. 适合讨论非常敏感的主题
E. 不需要主持人

24. 铅主要蓄积在
A. 肾脏
B. 肝脏
C. 肺脏
D. 脾脏
E. 骨骼

25. 镉在体内主要的蓄积部位是

A. 骨髓、肾脏
B. 神经组织和消化道
C. 肺部和肝脏
D. 肝脏和肾脏
E. 脑和肾脏

26. 以下是食物中毒的主要预防措施，但不包括
A. 注意卫生，防止食品污染
B. 低温保藏，控制细菌繁殖及毒素形成
C. 对从业人员进行预防接种
D. 食用前彻底加热杀死病原体及破坏毒素
E. 加强食品的卫生管理，严格执行卫生法规及管理条例

27. 急性苯中毒主要损害
A. 中枢神经系统
B. 循环系统
C. 血液系统
D. 泌尿系统
E. 呼吸系统

28. 国务院于什么时间公布施行《突发公共卫生事件应急条例》
A. 2003 年 5 月
B. 2005 年 9 月
C. 2002 年 12 月
D. 1981 年 2 月
E. 1997 年 8 月

29. 以下属于社区一级预防服务的是
A. 高血压患者管理
B. 脑卒中患者康复
C. 糖尿病患者饮食控制
D. 计划免疫接种
E. 筛查鉴定

30. 关于健康监护的论述，错误的是
A. 通过健康监护评价劳动条件是否符合卫生标准
B. 通过各种健康检查和分析掌握职工健康状况
C. 是早期发现健康损害的重要手段
D. 就业前和定期健康检查是健康监护的基本内容之一
E. 目的在于及时发现健康损害，以便采取措施

31. 肿瘤的一级预防是指
A. 要求对癌症患者提供规范化的诊疗方案和康复指导
B. 应用遗传易感基因寻找生物标志物，计算个体危险度
C. 用常用的方法进行筛检，发现和防治高危人群，根治癌前病变
D. 根据目前对恶性肿瘤病因学和自然史的认识、结合机体的调节功能和代偿状况，采取相应措施，提高机体防癌能力，防患于未然
E. 提高癌症患者的治愈率、生存率和生存质量

32. 铅引起机体的主要早期变化之一是
A. 小血管痉挛
B. 卟啉代谢障碍
C. 对神经鞘细胞作用
D. 大脑神经细胞变性
E. δ-氨基-γ-酮戊酸的分解增加

33. 食物中毒的概念是指
A. 暴饮暴食造成的胃肠功能紊乱
B. 食物被有毒物质污染，食用后引起的中毒
C. 食用被细菌病毒污染的食品而引起的急性中毒
D. 吃了某种食物引起的变态反应疾病
E. 摄入了含有生物性、化学性有毒有害食品，或将有毒有害的物质当作食品摄入后所出现的非传染性的急性、亚急性疾病

34. 对卫生服务量与质的变化（产出）与项目实施所投入的资源之间的比较评价属于
A. 效果评价
B. 效率评价
C. 效益评价
D. 影响评价
E. 适宜度评价

35. 确定对其传染病接触者留验检疫或医学观察的主要依据是该传染病的
A. 临床症状期
B. 病原携带期
C. 传染期
D. 恢复期
E. 潜伏期

36. 关于参与性观察的特点，描述最恰当的是
A. 结果可以重复
B. 结果可以外推
C. 能够翔实准确地获得第一手资料
D. 需要的时间短
E. 结果不受主观因素影响

37. 关于我国肺癌发病主要趋势的描述，正确的是
A. 发病率和死亡率呈上升趋势
B. 发病率和死亡率呈下降趋势
C. 城乡间没有差距
D. 东北向南、由东向西逐步上升的趋势
E. 女性高于男性

38. 劳动过程中的有害因素，不包括
A. 不合理的生产工艺
B. 使用不合理的工具
C. 劳动制度不合理
D. 精神性职业紧张
E. 劳动强度过大

39. 环境中有害物质按其属性可分为
A. 物理性、化学性、放射性
B. 生物性、化学性、放射性
C. 化学性、物理性、生物性
D. 有机污染物、无机污染物、致癌物
E. 有机污染物、无机污染物、内分泌干扰物

40. 慢性轻度铅中毒患者的处理

原则是
A. 驱铅治疗，调离铅作业
B. 驱铅治疗后一般不必调离铅作业
C. 积极治疗，必须调离
D. 密切观察
E. 对症处理

41. 当体内缺乏下列哪些物质时可增加镉在胃肠道的吸收
A. 铜、锌、铁
B. 钙、镁、铜、锌
C. 铁、钙、蛋白质、锌
D. 蛋白质、脂肪、维生素
E. 脂肪酸、蛋白质、碳水化合物

42. 硅肺最常见和最重要的并发症是
A. 支气管炎
B. 肺结核
C. 肺癌
D. 肺心病
E. 肺气肿

43. 不属于环境污染引起的疾病是
A. 地方病
B. 传染病
C. 食物中毒
D. 职业病
E. 以上都不是

44. 恶性肿瘤的主要危险因素是
A. 吸烟、环境污染、病毒感染
B. 吸烟、糖尿病、高血压
C. 吸烟、肥胖、高血压
D. 吸烟、高血压、高血脂
E. 不合理饮食、肥胖、高血压

45. 对细菌性食物中毒的诊断原则是
A. 发病季节都在9月，并与食用某种食物有确切关系
B. 潜伏期在10~20小时，发病都在夏秋季节
C. 有明显的发病季节，同一时间集中发病，并能找到引起食物中毒的食品，其动物实验阳性，并有细菌和血清血检测结果
D. 可疑食物经动物实验阴性，并有细菌和血清学检验结果
E. 有明显的发病季节，同一时间大量患者发病，并有传染性

46. 目前认为1型糖尿病的发生主要与哪项因素有关
A. 体力活动不足
B. 肥胖或超重
C. 遗传因素
D. 早期营养
E. 高能饮食

47. 河豚毒素的主要毒作用是
A. 引起血压下降
B. 引起脑神经损伤
C. 引起体温下降
D. 抑制咳嗽反射
E. 阻断神经肌肉间的传导引起随意肌进行性麻痹

48. 河豚毒素主要存在于河豚鱼的
A. 肌肉
B. 脊髓
C. 肝、卵巢
D. 血液
E. 皮肤

49. 下列不属于项目结果评价的是
A. 效果评价
B. 效率评价
C. 效益评价
D. 影响评价
E. 适宜度评价

50. 矽尘作业指
A. 接触含游离 SiO_2 的粉尘作业
B. 接触含结合型 SiO_2 的粉尘作业
C. 接触含游离 $SiO_2$10%以上的粉尘作业
D. 接触含游离 $SiO_2$30%以上的粉尘作业
E. 接触含游离 $SiO_2$50%以上的粉尘作业

51. 引起介水传染病的污染是
A. 物理性污染
B. 化学性污染
C. 放射性污染
D. 生物性污染
E. 热污染

52. 为评价某种一级预防措施控制冠心病发病的效果，最适合的研究方法是
A. 前瞻性队列研究
B. 回顾性队列研究
C. 临床试验
D. 社区干预实验
E. 横断面研究

53. 目前我国发展社区卫生服务的基本原则描述最恰当的是
A. 以政府为领导
B. 经济效益为中心
C. 疾病治疗为主
D. 以市场化为主导
E. 以区域卫生规划为指导

54. 室内空气中甲醛主要来源于
A. 室外空气污染
B. 家具及室内装饰材料
C. 生活炉灶、烹调加工的废气
D. 机体代谢废物
E. 以上都不是

55. 传播途径是指
A. 传染病在群体或个体间的传播
B. 病原体更换宿主在外界环境下所经历的过程
C. 病原体侵入机体，与机体相互作用相互斗争的过程
D. 传染病在人群中发生的过程
E. 病原体由母亲到后代间的传播

56. 将卫生效果转换成货币量度之间进行的比较分析属于
A. 效果评价
B. 效率评价
C. 效益评价
D. 影响评价
E. 适宜度评价

57. 现行我国计划免疫工作（儿童基础免疫）规定接种的疫

苗是
A. 卡介苗、百白破、麻疹疫苗、脊髓灰质炎疫苗、乙肝疫苗
B. 麻疹疫苗、卡介苗、百白破、乙肝疫苗、流行性乙型脑炎疫苗、流行性腮腺炎疫苗
C. 乙肝疫苗、卡介苗、麻疹疫苗、流行性乙型脑炎疫苗
D. 卡介苗、麻疹疫苗、脊髓灰质炎疫苗、百日咳疫苗、流行性脑脊髓膜炎疫苗
E. 卡介苗、百白破、乙肝疫苗、脊髓灰质炎疫苗、流行性腮腺炎疫苗

58. 铅及其化合物主要以下列哪种形式进入人体
A. 烟
B. 蒸汽
C. 雾
D. 粉尘、烟或蒸汽
E. 以上都不是

59. 社区动员的根本目的描述最恰当的是
A. 提高健康水平
B. 提高知晓率
C. 提高群众参与性
D. 找出社区主要卫生问题
E. 确定社区卫生资源

60. 慢性汞中毒的三大主要临床症状为
A. 脑衰弱综合征、口腔-牙龈炎、腐蚀性胃肠炎
B. 震颤、口腔-牙龈炎、脑衰弱综合征
C. 口腔-牙龈炎、间质性肺炎、皮炎
D. 间质性肺炎、肾炎、皮炎
E. 震颤、肾炎、口腔-牙龈炎

61. 下列哪项不是社区诊断的基本内容
A. 确定社区的主要卫生问题
B. 确定社区的主要危险因素
C. 找出社区的高危人群
D. 了解社区资源
E. 社区卫生人才的培养

62. 属于电离辐射的物理因素是
A. 可见光
B. X 射线
C. 激光
D. 射频辐射
E. 紫外线

63. 下列哪项不是社区诊断的步骤
A. 确定所需要的信息
B. 收集信息
C. 分析信息
D. 社区诊断报告
E. 社区综合防治策略与措施

64. 热射病的主要发病机制为
A. 大量出汗导致血容量不足
B. 机体脱水后补充大量淡水
C. 机体蓄热导致中枢体温调节功能障碍
D. 外周血管扩张致脑供血不足
E. 头部受强热辐射直接照射致脑组织水肿

65. 生物标志物分为
A. 接触性生物标志物和易感性生物标志物
B. 易感性生物标志物和效应性生物标志物
C. 接触性生物标志物和易感性生物标志物和效应性生物标志物
D. 接触性生物标志物和效应性生物标志物
E. 以上都不是

66. 职业卫生的主要任务是
A. 提高劳动卫生科学水平
B. 积极防治职业病
C. 识别、评价和控制不良劳动条件中的职业性有害因素
D. 提高经济水平
E. 提高劳动生产率

67. 对社区预防服务的特点描述最恰当的是
A. 以疾病为中心
B. 以患者为中心
C. 以人的健康为中心
D. 以三级预防为主，一、二级预防服务为辅
E. 以医院内服务为基础

68. 防止职业病发生的根本措施是
A. 加强健康教育
B. 做好卫生保健工作
C. 加强毒物的安全保护工作
D. 合理使用个体防护用品
E. 将生产环境有害因素浓度或强度控制在职业接触限值以下

69. 不属于突发公共卫生事件主要特征的是
A. 时间分布各异
B. 地点分布各异
C. 有后期效应
D. 突发公共卫生事件的发生一般是难以预测的
E. 具有绝对性

【A_2 型题】

70. 某地某年 8 月发生了一起由食用蛋、奶、糖制作的雪糕引起的食物中毒，症状为腹痛，腹泻，大便如水样黄绿色便，少数患者有脓血便，部分患者体温为 38~39℃，多数人潜伏期为 12~24 小时。最可能是哪种食物中毒
A. 葡萄球菌肠毒素中毒
B. 副溶血性弧菌食物中毒
C. 变形杆菌食物中毒
D. 沙门菌属食物中毒
E. 肉毒毒素中毒

71. 蓄电池制造工，男性，41 岁。从事工作以来出现头痛、头晕、肌肉关节酸痛，继而发展到四肢末端呈手套和袜套样的感觉减退。其原因可能是
A. 汞中毒
B. 急性铅中毒
C. 慢性铅中毒
D. 镉中毒

E. 铬中毒

72. 某诊室血压计摔破，汞溅落到地面，造成污染，请问应当采用何种方法来消除该诊室空气中的汞
A. 清扫地面
B. 降低室内空气温度
C. 工作人员戴口罩
D. 用碘按 $1g/m^3$ 浓度加热熏蒸
E. 带防毒口罩

73. 某男性炉前工，在一个无通风设备的环境中连续工作 4 小时，出现剧烈的头痛、头晕、四肢无力，有轻度的意识障碍，但无昏迷。引起该患者出现上述表现的毒物最可能是
A. H_2S
B. NO_2
C. CS_2
D. CO
E. SO_2

74. 某男性，磨床操作工。工龄 15 年，例行检查胸片可见不规则小阴影，调离原接尘岗位 1 年后复查，小阴影密度减低，数量减少。考虑该患者为
A. 硅沉着病（硅肺）
B. 化学性肺炎
C. 粉尘沉着症
D. 变态反应性肺泡炎
E. 以上都不是

75. 女性，32 岁。某温度计厂烘表工，近 4 年来常感头痛、头晕、心烦、易怒、记忆力明显下降，近 1 年来出现手指震颤，在做精细活时尤为明显。其最可能接触的职业性有害因素是
A. 铅
B. 苯
C. 锰
D. 汞
E. 锌

【A_3/A_4 型题】

（76～78 题共用题干）

某县人口 50 万，约 80% 居民以河水为饮用水，该县设有一传染病科的综合医院，其污水未经处理直接排入河水中。该县 1986 年 1～11 月伤寒发患者数达 1063 例，超过该县历史（1958—1985 年）同期发患者数的 6.9 倍。初步调查，发现患者集中于河水排污口的下游地带。这一地区居民饮用河水者的伤寒发病率为 6.5%，而饮用地下水者的伤寒发病率为 0.62%。

76. 根据上述资料，可初步判定伤寒患者突然大幅度增多的最可能原因是
A. 工业用水管线泄漏，工业废水污染了水源
B. 医院污水污染了水源
C. 供水过程中有被投毒的可能
D. 供水设施和净化消毒措施未能正常运转
E. 以上都不是

77. 控制疫情蔓延最有效的措施是
A. 隔离伤寒患者
B. 停止供水
C. 对饮用水迅速采取氯化消毒
D. 迅速切断污染源
E. 加强饮用水的净化

78. 此种情况下最适宜的饮用水消毒方法是
A. 过量氯消毒法
B. 常量氯消毒法
C. 二氧化氯消毒法
D. 持续氯消毒法
E. 碘消毒法

（79～80 题共用题干）

一食堂，就餐者用餐 1 小时后，陆续出现唇、指甲以及全身皮肤青紫等症状

79. 根据中毒症状，中毒的原因最可能是
A. 钡盐中毒
B. 赤霉病毒中毒
C. 磷化锌中毒
D. 亚硝酸盐中毒
E. 黄变米中毒

80. 你采取何种措施进行急救
A. 洗胃、导泻
B. 洗胃、导泻、灌肠
C. 静脉注射维生素 C
D. 静脉注射亚甲蓝
E. 洗胃，灌肠，导泻，静脉注射维生素 C 和亚甲蓝

（81～82 题共用题干）

某造纸厂的工人在修复已停产 1 个多月的贮浆池时，管道破裂，纸浆从管内喷出，停泵以后，工人李某顺着梯子到池内修理，突然摔倒在池内，张某认为李某是触电，切断电源后下去抢救，也摔倒在池内。经分析认为有毒物，随即用送风机送风，然后其他 3 人陆续进入池内，3 人出现咽部发苦发辣，呼吸困难，相继摔倒在池内。

81. 使 6 人昏倒的池内毒物最可能是
A. HCN
B. CO
C. CO_2
D. H_2S
E. Na_2S

82. 预防此类中毒，重要的是应对工人进行
A. 安全卫生知识教育
B. 上岗前健康检查
C. 定期健康检查
D. 普查
E. 健康监护

（83～84 题共用题干）

某农药厂灌装车间发生 5 位工人集体中毒事件，主要临床表现为：眼痛、流泪、手部有瘙痒、烧灼等异常感觉；2 例严重病例有呼吸困难、流涎、腹痛和轻度意识障碍。现场调查结果：车间无通风排毒设备，工人均未戴防护手套和口罩，中午均在食堂集体就餐。

83. 最可能的中毒原因是

A. 有机磷农药
B. 氨基甲酸酯类农药
C. 拟除虫菊酯类农药
D. 有机氯与拟除虫菊酯混配农药
E. 化学性食物中毒

84. 应采取的治疗措施是
A. 阿托品
B. 胆碱酯酶复能剂
C. 对症治疗
D. 阿托品加胆碱酯酶复能剂
E. 阿托品加胆碱酯酶复能剂加对症治疗

（85~88 题共用题干）

男性，40 岁。某印刷厂工人。因持续性腹绞痛，阵发性加剧而入院。患者自诉近五年来经常有腹绞痛发作，部位多在脐周，发作时尚能坚持工作。但近一年来，腹痛发作频繁，发作时大汗淋漓，面色苍白，在地上打滚，并伴有头痛、头晕、乏力、关节酸痛。查体：一般情况尚可，体温正常，面色苍白，牙龈有色素沉着，眼底动脉痉挛，腹部平软，肝脾未扪及，肠鸣音正常，诊断为慢性铅中毒。

85. 患者从事的工种最可能是
A. 检字
B. 印刷
C. 浇板
D. 仓库保管
E. 以上都不是

86. 对此患者，首选的解毒剂是
A. 二巯基丁二酸钠
B. 依地酸二钠钙
C. 巯乙胺
D. 二巯基丙磺酸钠
E. 二巯基丙醇

87. 下列哪项不是其实验室的诊断指标
A. 血、尿铅
B. 尿 ALA
C. 白细胞计数
D. 尿粪卟啉
E. 诊断性驱铅试验

88. 对职业性铅中毒的预防措施最有效的是
A. 上岗前健康检查
B. 消除和控制生产环境中铅的浓度
C. 合理使用防毒用具
D. 加强健康教育
E. 加强健康监护

【B_1 型题】

（89~90 题共用备选答案）
A. 急性中毒
B. 慢性中毒
C. 致癌作用
D. 致畸作用
E. 致突变作用

89. 水俣病属于
90. 光化学烟雾属于

（91~92 题共用备选答案）
A. 肉制品、剩米饭
B. 鱼虾蟹贝类等
C. 禽蛋类
D. 面包、面条等食品
E. 臭豆腐、豆酱等

91. 沙门菌属食物中毒的好发食品是
92. 葡萄球菌食物中毒的好发食品是

（93~94 题共用备选答案）
A. 呼吸数频，面色苍白
B. 共济失调，全身麻痹瘫痪
C. 视物模糊，眼睑下垂，复视
D. 呕吐，腹痛，腹泻，绿色水样便
E. 酒醉步，自主神经功能紊乱

93. 河豚毒素中毒的主要临床表现
94. 沙门菌属食物中毒的主要临床表现

（95~96 题共用备选答案）
A. 阿托品
B. 胆碱酯酶复能剂
C. 对症治疗
D. 阿托品加对症治疗
E. 阿托品加胆碱酯酶复能剂加对症治疗

95. 治疗大多数品种的有机磷农药中毒采用
96. 治疗拟除虫菊酯类农药中毒采用

（97~98 题共用备选答案）
A. 骨骼
B. 肾脏
C. 肝脏
D. 骨髓
E. 神经组织

97. 铅的主要蓄积部位是
98. 汞的主要蓄积部位是

（99~100 题共用备选答案）
A. 滑囊炎
B. 造血系统损害
C. 神经系统的损害
D. 呼吸系统损害
E. 泌尿系统损害

99. 长期接触铅可引起
100. 长期接触苯可引起

第四部分

临床医学综合

第九篇　呼吸系统

第一章　慢性阻塞性肺疾病

【A_1 型题】

1. 慢性支气管炎急性加重期的治疗，最主要的措施是
   A. 镇咳祛痰
   B. 控制感染
   C. 解痉平喘
   D. 菌苗注射
   E. 吸氧补液
2. 慢性阻塞性肺疾病的酶系统改变，下面哪一项是正确的
   A. α_1-抗胰蛋白酶减少
   B. 腺苷酸环化酶增多
   C. 真性胆碱酯酶活性正常
   D. 磷酸二酯酶减少
   E. 蛋白分解酶减少
3. 与慢性支气管炎发病有关的最常见的细菌为
   A. 流感嗜血杆菌、肺炎链球菌、甲型链球菌、葡萄球菌
   B. 肺炎链球菌、流感嗜血杆菌、卡他莫拉菌、葡萄球菌
   C. 肺炎链球菌、奈瑟球菌、流感嗜血杆菌、乙型溶血性链球菌
   D. 肺炎链球菌、甲型链球菌、流感嗜血杆菌、大肠埃希菌
   E. 金黄色葡萄球菌、铜绿假单胞菌、大肠埃希菌、厌氧菌
4. 小叶中央型肺气肿的病理改变的特点是
   A. 二级呼吸性细支气管扩张，外周正常
   B. 终末细支气管以下结构全部扩张
   C. 肺泡管、肺泡囊、肺泡扩张
   D. 肺小叶和肺泡囊扩张
   E. 呼吸性细支气管破坏，肺泡破裂
5. 全小叶型阻塞性肺气肿的病理特点是
   A. 扩张部位在一、二、三级呼吸性细支气管
   B. 扩张的部位在所有呼吸性细支气管及其远端气腔
   C. 扩张部位在肺泡管、肺泡囊、肺泡
   D. 扩张部位在肺泡囊及肺泡
   E. 扩张部位仅限于肺泡
6. 慢性阻塞性肺疾病的临床分期是
   A. 急性加重期、稳定期
   B. 急性加重期、临床缓解期、活动期
   C. 急性加重期、慢性迁延期、临床缓解期
   D. 活动期、稳定期、迁延期
   E. 代偿期、失代偿期、间歇期
7. 慢性阻塞性肺疾病的分级不正确的是吸入支气管舒张剂后
   A. 0 级：$FEV_1/FVC > 70\%$，$FEV_1 \geq 80\%$预计值
   B. 1 级：$FEV_1/FVC < 70\%$，$FEV_1 \geq 80\%$预计值
   C. 2 级：$FEV_1/FVC < 70\%$，$50\% \leq FEV_1 < 80\%$预计值
   D. 3 级：$FEV_1/FVC < 70\%$，$30\% \leq FEV_1 < 50\%$预计值
   E. 4 级：极重度：$FEV_1/FVC < 70\%$，$FEV_1 < 30\%$预计值
8. 慢性支气管炎急性加重期最常见的表现为
   A. 中性粒细胞增多
   B. 嗜酸性粒细胞增多
   C. 咳嗽、咳痰、喘息突然加重
   D. 高热不退
   E. 大咯血
9. 对年老体弱、痰量较多且无力咳痰的慢性阻塞性肺疾病患者，不宜使用的药物为
   A. 氧氟沙星
   B. 溴己新
   C. 羧甲司坦
   D. 氨溴索
   E. 可待因
10. 下列各项肺功检查结果，哪项与慢性阻塞性肺疾病不符合
    A. 吸入支气管扩张剂后第 1 秒用力呼气容积占预计值百分比（FEV_1 占预计值%）<80%
    B. 残气容积与总肺活量的比值（RV/TLC）>40%
    C. 吸入支气管扩张剂后第

1秒用力呼气量容积与最大肺活量的比值（FEV_1/FVC）<70%
D. 肺活量（FVC）降低
E. 流速-容量曲线大致正常
11. 下列哪项不符合慢性支气管炎咳痰特点
A. 多为白色黏痰
B. 可为浆液泡沫痰
C. 偶有痰中带血
D. 夜间排痰较多
E. 急性加重期常为黏液脓痰
12. 慢性阻塞性肺疾病常见的并发症不包括
A. 慢性肺源性心脏病
B. 自发性气胸
C. 右心功能不全
D. 支气管扩张
E. 慢性呼吸衰竭
13. 小气道的概念是
A. 内径<2μm
B. 内径<1mm
C. 外径<2mm
D. 内径<2mm
E. 外径<2μm
14. 慢性支气管炎早期最可能发生的肺功能改变是
A. 第一秒用力呼气量（FEV_1）降低
B. 总肺活量（TLC）升高
C. 用力呼气量（PEF）降低
D. 小气道功能异常
E. 残气量（RV）升高
15. 慢性支气管炎与支气管扩张的主要鉴别点是
A. 咯血
B. 杵状指
C. 脓性痰
D. 肺部高分辨 CT 示支气管呈囊柱状扩张
E. 固定性湿啰音
16. 肺气肿的病理分型是
A. 小叶中央型、全小叶型、周围型
B. 弥漫型、局限型、混合型
C. 间质型、代偿型、局灶型
D. 小叶中央型、全小叶型、混合型
E. 小叶中央型、全小叶型、旁间隔型
17. 慢性支气管炎伴小气道阻塞时最早出现的肺功能改变是
A. 第一秒用力呼气量（FEV_1）降低（<预计值80%）
B. 最大呼气流速-容量曲线降低
C. 第一秒用力呼气量与最大肺活量的比值（FEV_1/FVC）<70%
D. 残气量与总肺活量的比值（RV/TLC）明显升高
E. 最大呼气流量（PEF）明显降低
18. 在慢性支气管炎导致肺气肿过程中最早出现的是
A. 闭合容积增大
B. 残气量增多
C. 动态肺顺应性增加
D. 二氧化碳分压增高
E. 最大通气量降低
19. 慢性支气管炎的诊断标准是
A. 咳嗽、咳痰或伴喘息反复发作2年以上
B. 咳嗽、咳痰或伴喘息反复发作，每年至少3个月，并持续2年或以上者，排除其他慢性气道疾病
C. 咳嗽、咳痰伴喘息3个月以上
D. 长期有咳嗽、咳痰伴喘息经一般内科治疗不愈者
E. 以上都不是
20. 慢性支气管炎急性加重期及缓解期的治疗不恰当的为
A. 应长期连续应用抗生素，以求彻底治愈
B. 急性感染控制后，及时停用抗生素
C. 长期应用抗生素易致二重感染和细菌耐药
D. 缓解期患者应避免有害气体和有害颗粒吸入
E. 缓解期可试用免疫调节剂
21. 有气流受限的肺气肿是
A. 代偿性肺气肿
B. 老年性肺气肿
C. 先天性肺气肿
D. 慢性支气管炎并发肺气肿
E. 旁间隔肺气肿
22. 慢性支气管炎早期肺部X线表现是
A. 两肺纹理粗、紊乱，呈网状阴影
B. 无特殊征象
C. 肺透明度增加
D. 膈肌下降
E. 胸廓扩张，肋间隙增宽
23. 诊断慢性阻塞性肺疾病的必备条件是
A. 肺总量（TLC）增高
B. 功能残气量（FRC）增高
C. 持续气流受限
D. 一氧化碳弥散量与肺泡通气量比值（DLCO/VA）下降
E. 吸入支气管扩张剂后第一秒用力呼气量与最大肺活量的比值（FEV_1/FVC）>70%
24. 在慢性气道阻塞的患者中最常见的肺气肿病理类型为
A. 全小叶型
B. 小叶中央型
C. 混合型
D. 旁间隔型
E. 间质型
25. 慢性阻塞性肺疾病包括
A. 慢性支气管炎、肺气肿、囊性肺纤维化
B. 具有气流受限特征的所有慢性肺疾病
C. 具有持续气流受限的慢性支气管炎和/或肺气肿
D. 已知病因并有气流受限的一些疾病，如闭塞性细支气管炎
E. 所有慢性支气管炎，支气

管哮喘和肺气肿

26. 慢性阻塞性肺疾病的家庭氧疗指征及方法不正确的是
  A. PaO_2 ≤ 55mmHg 或 SaO_2 ≤88%，有或没有高碳酸血症
  B. PaO_2 55 ~ 60mmHg 或 SaO_2<89%，并有肺动脉高压、心力衰竭、水肿或红细胞增多症
  C. 吸氧时间>15小时/天
  D. 使静息状态下 PaO_2 ≥60mmHg 或 SaO_2 升至90%
  E. 呼吸衰竭无论有无高碳酸血症吸氧浓度均可>35%

27. 与慢性支气管炎的发生关系最密切的是
  A. 有害气体和有害颗粒
  B. 感染因素
  C. 免疫功能
  D. 气候异常
  E. 过敏因素

28. 慢性阻塞性肺疾病与支气管哮喘最重要的区别是
  A. 治疗需应用支气管扩张剂
  B. 气流受限多为不完全可逆
  C. 胸部X线片示肺纹理增强
  D. 听诊双肺可闻及干啰音
  E. 多发生肺源性心脏病伴心力衰竭

29. 以下哪一项肺功能测定在吸入支气管扩张剂后可确定为不完全可逆性气流受限
  A. FEV_1/FVC<70%，FEV_1>60%预计值
  B. FEV_1/FVC>70%，FEV_1<80%预计值
  C. FEV_1/FVC<70%，FEV_1<80%预计值
  D. FEV_1/FVC<80%，FEV_1<70%预计值
  E. FEV_1/FVC<60%，FEV_1<60%预计值

30. 慢性阻塞性肺疾病最早出现的变化是
  A. 胸部X线片显示肺动脉段略突出
  B. 心电图显示电轴右偏
  C. 心界缩小
  D. 动脉血 CO_2 分压升高
  E. 第一秒用力呼气容积占预计值百分比（FEV_1 占预计值%）降低

【A_2 型题】

31. 女性，63岁。经常在冬季和季节转变时咳嗽、咳痰8年，近3年来活动时气促，近2天因受凉咳嗽，气促加重，咳黄痰。查体：双肺散在干、湿啰音，心率100次/分。下列哪项治疗措施是最重要的
  A. 持续低流量吸氧
  B. 使用氨茶碱等平喘药
  C. 选用氨溴索等祛痰药
  D. 超声雾化吸入
  E. 选用有效抗生素

32. 男性，65岁。慢性阻塞性肺疾病患者，因受凉后咳嗽、咳痰伴呼吸困难加重2天入院。查体：坐位，喘息貌，球结膜轻度水肿，口唇发绀，双肺可闻及散在哮鸣音，肺底少许湿啰音。动脉血气分析示 pH 7.21，$PaCO_2$ 65mmHg，PaO_2 52mmHg。该患者宜采取的治疗措施为
  A. 储氧面罩吸氧
  B. 有创通气
  C. 鼻导管吸氧
  D. 普通面罩吸氧
  E. 无创通气

33. 男性，63岁，吸烟40年。反复咳嗽、咳白色泡沫痰20余年，气促10年，近2天因受寒后出现发热伴咳黄脓痰，气喘不能平卧。查体：双肺语颤减弱，可闻及散在干、湿啰音，心界缩小，心率110次/分。肺功能示吸入支气管扩张剂后 FEV_1/FVC<70%，FEV_1<60%预计值。该患者最可能的诊断是
  A. 慢性支气管炎急性加重期
  B. 支气管哮喘
  C. 支气管扩张
  D. 肺结核
  E. 慢性阻塞性肺疾病急性加重期

34. 男性，58岁。慢性咳嗽、咳痰10余年，测VC为预计值的85%，FEV_1/FVC 为52%。此肺功能改变可能是
  A. 正常
  B. 限制性通气功能障碍
  C. 阻塞性通气功能障碍
  D. 混合性通气功能障碍
  E. V/Q比例失调

35. 男性，53岁。咳嗽、咳痰8年，肺功能测定为阻塞性通气功能障碍。下列哪项是错误的
  A. 肺活量减低
  B. 残气量增加
  C. 第1秒用力呼气量减低
  D. 残气容积占肺总量的百分比降低
  E. 最大呼气中期流速减低

36. 男性，61岁。慢性咳嗽、咳痰史5年，近1周发生反复咯血，每天100ml以上。该患者可能合并了
  A. 肺间质纤维化
  B. 肺气肿
  C. 肺心病
  D. 严重肺部疾病，如肿瘤
  E. 气胸

37. 男性，68岁。X线胸片透亮度增加，肺纹理增粗，膈肌降低，肋骨走行平举，肋间隙扩大，肺功能为阻塞性通气功能障碍，肺部有散在湿啰音。诊断可能为
  A. 双侧肺大疱
  B. 双侧自发性气胸
  C. 支气管哮喘
  D. 慢性阻塞性肺疾病
  E. 肺囊肿

38. 男性，50岁。慢性阻塞性肺

疾病病史6年，1小时前突然呼吸困难加重，右侧胸痛，大汗，发绀。首先考虑诊断

A. 干性胸膜炎
B. 急性心肌梗死
C. 自发性气胸
D. 细菌性肺炎
E. 急性肺栓塞

39. 男性，54岁。慢性咳嗽、咳痰10年，气促3年，逐渐加重。X线胸片示肋间隙增宽，两肺透亮度增加，右上圆形透亮区，两下肺纹理增粗、紊乱。诊断应先考虑

A. 支气管哮喘
B. 自发性气胸
C. 支气管扩张
D. 慢性阻塞性肺疾病
E. 慢性支气管炎

【A_3/A_4型题】

（40~42题共用题干）

男性，67岁。慢性咳嗽、咳痰20余年，活动后气促4年。查体：双肺散在干、湿啰音，心脏正常。血WBC $9.0\times10^9/L$，胸片双肺中下叶纹理增强。

40. 此患者最可能的诊断是

A. 支气管哮喘
B. 支气管扩张
C. 慢性阻塞性肺疾病
D. 细菌性肺炎
E. 支气管内膜结核

41. 该患者做胸部X线检查目的是

A. 确定诊断
B. 了解病情变化
C. 帮助判定预后
D. 疗效的客观指标
E. 鉴别诊断和确定有无并发症

42. 该患者最主要的治疗措施是

A. 应用支气管扩张剂
B. 应用糖皮质激素
C. 低流量吸氧
D. 控制感染
E. 中药治疗

（43~47题共用题干）

女性，60岁，吸烟35年。反复咳嗽、咳痰25年，心悸、气促、下肢间歇水肿3年，病情加重伴畏寒、发热1周入院。查体：体温38℃，呼吸急促，口唇发绀，颈静脉充盈，双肺叩诊过清音，中下肺有湿啰音，心率110次/分，心律齐，无杂音，双下肢轻度水肿。

43. 该病例最适当的诊断应为

A. 慢性支气管炎
B. 慢性阻塞性肺疾病
C. 慢性阻塞性肺疾病+慢性肺源性心脏病
D. 慢性阻塞性肺疾病+冠心病
E. 慢性阻塞性肺疾病+心肌病

44. 为明确诊断首选的检查是

A. 肺功能测定
B. 心电图检查
C. 动脉血气分析
D. 痰培养及药敏试验
E. 血胆固醇和甘油三酯测定

45. 主要治疗措施应为

A. 控制感染与改善呼吸功能
B. 祛痰与镇咳
C. 解痉与平喘
D. 低浓度持续吸氧
E. 给予利尿药和强心剂

46. 假设该病例呼吸困难突然进一步加重，右肺呼吸音明显较前减弱，应立即进行的检查是

A. 胸部X线检查
B. 心电图
C. 动脉血气分析
D. 肺功能
E. 胸腔B超

47. 假设病情仍继续恶化，出现昏睡或昏迷。血气分析：PaO_2 50mmHg，$PaCO_2$ 80mmHg。此时首先考虑的并发症为

A. ARDS
B. 脑出血
C. 肺性脑病
D. 感染中毒性脑病
E. 脑栓塞

（48~50题共用题干）

男性，50岁。咳嗽、咳痰史10余年，每年持续3个月以上，活动后气促2年，病情加重3天，呼吸困难。查体：双肺叩诊过清音，听诊双肺干、湿啰音。

48. 该患者的诊断应首先考虑

A. 慢性支气管炎急性加重期
B. 慢性阻塞性肺疾病急性加重期
C. 支气管哮喘急性发作期
D. 慢性支气管炎缓解期
E. 慢性阻塞性肺疾病缓解期

49. 为明确诊断应做下列哪项检查

A. 胸部X线片
B. 痰细菌学检查
C. 肺功能测定
D. 血常规检查
E. 血肝、肾功能检查

50. 该患者主要的治疗是

A. 应用抗生素
B. 镇咳祛痰
C. 吸氧
D. 雾化吸入
E. β_2受体激动药

（51~53题共用题干）

男性，48岁。慢性咳嗽史10年，咳少量黏痰，活动后气促4年，突然呼吸困难2小时。查体：口唇发绀，呼吸急促，桶状胸，左侧叩诊鼓音，右肺呼吸音弱，左肺呼吸音消失，无干、湿啰音。

51. 该患者诊断应考虑

A. 慢性阻塞性肺疾病并发左侧自发性气胸
B. 慢性阻塞性肺疾病
C. 慢性支气管炎
D. 急性左心力衰竭
E. 支气管哮喘急性加重期

52. 该患者急需做的检查是

A. 胸部X线检查
B. 肺功能检查

C. 血常规
D. 血气分析
E. 心脏彩超

53. 确诊后最重要的处置是
A. 吸氧
B. 抗生素应用
C. 支气管扩张剂应用
D. 胸腔排气
E. 呋塞米静脉注射

【B_1 型题】

（54~55 题共用备选答案）
A. 支气管哮喘
B. 支气管扩张症
C. 慢性阻塞性肺疾病
D. 支气管肺癌
E. 肺间质纤维化

54. 两肺散在湿啰音、伴哮鸣音及呼气延长
55. 局限性吸气性哮鸣音

第二章 肺源性心脏病

【A_1 型题】

1. 慢性肺源性心脏病呼吸性酸中毒最有效的治疗措施是
A. 给予碳酸氢钠
B. 应用抗生素
C. 改善呼吸功能
D. 应用强心剂
E. 应用利尿药

2. 肺源性心脏病应用血管扩张剂的指征是
A. 心率>120 次/分
B. 并发肺性脑病者
C. 呼吸衰竭者
D. 顽固性心力衰竭者
E. 吸氧后水肿不消除者

3. 肺源性心脏病患者出现心室颤动、心搏骤停以致突然死亡最常见的原因是
A. 急性广泛心肌梗死
B. 急性严重心肌缺氧
C. 右心功能不全
D. 左心功能不全
E. 合并脑血管意外

4. 慢性肺源性心脏病形成肺动脉高压的主要因素是
A. 支气管感染
B. 毛细血管床减少
C. 缺 O_2 使肺小动脉收缩、痉挛
D. 肺静脉压增高
E. 肺小血管炎

5. 典型慢性肺心病 X 线检查所见以下哪项是错误的
A. 肺气肿征
B. 右下肺动脉横径<15mm
C. 肺动脉段高度≥3mm
D. 肺动脉圆锥显著凸出
E. 右心室增大征

6. 慢性肺源性心脏病并发心律失常最多表现为
A. 室性期前收缩
B. 房性期前收缩
C. 心房扑动
D. 心房颤动
E. 心室颤动

7. 肺源性心脏病时最常见的心脏改变是
A. 右心房肥大
B. 左心房肥大
C. 右心室肥大
D. 左心室肥大
E. 左心房+左心室肥大

8. 苯巴比妥（鲁米那）用于下列哪种疾病是危险的
A. 肺源性心脏病合并肺性脑病
B. 心源性休克
C. 肺脓肿
D. 肺癌
E. 干性胸膜炎

9. 最容易发生洋地黄中毒的心脏病是
A. 风湿性心脏病
B. 肺源性心脏病
C. 先天性心脏病
D. 冠状动脉粥样硬化性心脏病
E. 高血压心脏病

10. 慢性肺源性心脏病最常见的酸碱失衡类型是
A. 呼吸性碱中毒
B. 呼吸性酸中毒
C. 代谢性酸中毒
D. 代谢性碱中毒
E. 高 AG 代酸

11. 下列哪项不能作为肺源性心脏病的诊断依据
A. 肺动脉瓣第二心音亢进
B. 剑突下心脏收缩期搏动
C. 肝肋下 3cm
D. 肝颈静脉回流征阳性
E. 双下肢水肿

12. 慢性肺源性心脏病肺、心功能代偿期不具有的体征是
A. 肺气肿征
B. $P_2>A_2$
C. 颈静脉充盈
D. 剑突下心脏收缩期搏动
E. 右心室奔马律

13. 肺、心功能失代偿的慢性肺源性心脏病患者，下列治疗措施哪项是错误的
A. 持续低流量吸氧
B. 积极控制呼吸道感染
C. 常规应用强心剂
D. 合理选用呼吸兴奋剂
E. 保持呼吸道通畅

14. 下列哪项超声心动图检查结果不支持肺源性心脏病的诊断
A. 右室流出道内径≥30mm
B. 右室前壁厚度≥5mm
C. 右心室内径≥20mm
D. 左、右心室内径的比值>2
E. 右肺动脉内径≥18mm

15. 慢性肺源性心脏病常见的原因疾病
A. 肺脓肿

B. Ⅳ型肺结核
C. 脊柱严重畸形
D. 支气管扩张症
E. 慢性阻塞性肺疾病

16. 关于慢性肺源性心脏病心力衰竭的患者使用利尿药，下列哪项是正确的
A. 出现水肿即可使用
B. 水肿严重者应迅速利尿
C. 宜选用作用温和的利尿药，联合保钾利尿药，小剂量短疗程使用
D. 为避免出现代谢性碱中毒，常用醋唑磺胺
E. 足量，持续使用效果较好

17. 慢性肺源性心脏病肺、心功能失代偿期患者应慎重使用的药物是
A. 抗生素
B. 祛痰药
C. 解痉平喘药
D. 呼吸兴奋剂
E. 镇静药

18. 下列有关肺源性心脏病和心力衰竭的说法哪项是错误的
A. 肺源性心脏病者肺动脉压均超过正常范围
B. 以右心力衰竭为主
C. 少数患者也可见左心力衰竭
D. 反复肺部感染，细菌毒素对心肌的毒性作用可促进心力衰竭
E. 心肌缺氧，乳酸堆积，高能磷酸键合成降低，使心肌功能受损

19. 慢性肺源性心脏病肺、心功能失代偿期关键性的治疗是正确应用
A. 平喘药物
B. 利尿药
C. 祛痰剂
D. 呼吸中枢兴奋剂
E. 抗生素

20. 导致慢性阻塞性肺疾病和慢性肺源性心脏病占第一位的原因是
A. Ⅳ型肺结核
B. 尘肺
C. 支气管哮喘
D. 弥漫性支气管扩张
E. 以上都不是

21. 判断慢性肺源性心脏病心力衰竭，在下列各项中无意义的是
A. 下肢水肿
B. 缺氧与高碳酸血症
C. 剑突下可闻及收缩期杂音
D. 颈静脉充盈与右肋下肝大
E. 发绀

22. 慢性肺源性心脏病肺心功能代偿期的表现中，下述哪项是错误的
A. 肺动脉第二音亢进提示肺动脉高压
B. 干、湿啰音提示支气管内有感染
C. 三尖瓣区听到收缩期杂音提示右心肥厚
D. 剑突下出现心脏收缩期搏动提示左心肥厚
E. 颈静脉充盈提示胸腔内压升高，并非都有心力衰竭

23. 肺性脑病不能用高浓度吸氧的主要原因是
A. 缺氧不是主要的因素
B. 可引起氧中毒
C. 解除了颈动脉窦的兴奋性
D. 促使二氧化碳排出过快
E. 诱发代谢性碱中毒

【A_2 型题】

24. 男性，56 岁。肺源性心脏病史 10 年，因有谵语、抽搐，欲使用镇静药，应选下列哪种药物
A. 苯巴比妥
B. 氯丙嗪
C. 异丙嗪
D. 水合氯醛
E. 哌替啶

25. 男性，67 岁。肺源性心脏病急性加重期患者。血气分析：pH 7.25，$PaCO_2$ 70mmHg，HCO_3^- 30mmol/L。对其酸碱失衡的治疗措施应为
A. 静脉滴注 5%碳酸氢钠
B. 静脉滴注盐酸精氨酸
C. 给予利尿药
D. 补充氯化钾
E. 改善通气功能

26. 男性，72 岁。慢性肺源性心脏病 5 年。人工通气过程中测血气，pH 7.5，$PaCO_2$ 24mmHg，HCO_3^- 20mmol/L。对此患者正确的治疗是
A. 不需处理
B. 加大吸气压力
C. 补充碱性药物
D. 补充酸性药物
E. 减少潮气量

27. 女性，58 岁。肺源性心脏病史 5 年，急性加重 2 天来院，既往无高血压病史。头痛，恶心，烦躁。血压 160/92mmHg，心率 100 次/分。对此患者主要的治疗应是
A. 降压药口服
B. 地西泮静脉注射
C. 改善通气、氧疗
D. 呼吸兴奋剂的使用
E. 甘露醇静脉滴入

28. 女性，52 岁。因肺源性心脏病急性加重住院。查体：双瞳孔不等大，对光反射迟钝，患者呈昏迷状态。对此患者除综合治疗外，目前应给予的主要药物是
A. 氢氯噻嗪
B. 螺内酯
C. 氨苯蝶啶
D. 醋唑磺胺
E. 甘露醇

29. 男性，67 岁。原有肺源性心脏病，受凉后加重，咳脓性痰，伴发热、烦躁、呼吸困难，入院前 4 小时神志模糊，嗜睡。查体：明显发绀，昏

迷，血压100/60mmHg，无病理反射。可能的并发症是

A. 休克
B. 肺性脑病
C. 弥散性血管内凝血
D. 脑血管意外
E. 消化道出血

30. 男性，65岁。慢性咳嗽已20余年，有肺气肿征，1周来咳嗽加重，黄痰不易咳出，气促加重。血气分析：pH 7.31，PaO_2 50mmHg，$PaCO_2$ 60mmHg。如何改善缺氧

A. 立即吸入高浓度氧
B. 间歇吸入纯氧
C. 呼气末正压呼吸
D. 持续低浓度给氧
E. 立即用双氧水，静脉内给氧

31. 男性，67岁。吸烟。家属发现患者呼之不应半小时急送医院。有COPD病史30余年。查体：BP 150/50mmHg，浅昏迷，球结膜水肿；双肺可闻及干、湿啰音，$A_2<P_2$；下肢水肿。为明确诊断首选的检查是

A. 动脉血气分析
B. 胸部X线片
C. 超声心动图
D. 动态心电图
E. 肺功能

32. 男性，50岁。患肺源性心脏病4年，住院后10天感染已控制，虽持续使用利尿药，但右心衰竭症状无改善，应选择的治疗是

A. 不用强心剂
B. 使用毒毛花苷K常规量
C. 使用毛花苷C常规量
D. 使用毒毛花苷K常规负荷量的4/5
E. 使用毛花苷C常规负荷量的1/2

33. 男性，59岁。咳嗽、咳痰6年，心悸、气促2年。查体：口唇发绀，颈静脉充盈，桶状胸，双下肢轻肿，肝颈静脉回流征阴性，三尖瓣区收缩期杂音，腹水征阴性。血气分析：$PaCO_2$ 56mmHg，PaO_2 49mmHg，pH 7.56。该患者应诊断为

A. 慢性支气管炎
B. 慢性阻塞性肺疾病
C. 慢性阻塞性肺疾病、慢性肺源性心脏病、呼吸衰竭
D. 慢性阻塞性肺疾病、慢性肺心病、心功能失代偿期
E. 慢性阻塞性肺疾病、慢性肺心病、心肺功能代偿期

34. 女性，65岁。反复咳嗽、咳痰20年，喘憋伴间断下肢水肿10年。查体：BP 145/90mmHg，双肺可闻及湿啰音。心电图检查见：Ⅱ、Ⅲ导联P波振幅为0.26mV；V_1导联P波直立，振幅为0.2mV；P波宽度均正常。最可能的心电图诊断是

A. 右心房扩大
B. 右心室肥大
C. 左心房扩大
D. 左心室肥大
E. 双心房扩大

35. 男性，56岁。咳嗽、咳痰10年。查体：桶状胸，双肺湿啰音，剑突下收缩期搏动，三尖瓣区收缩期杂音，肝、脾不大，下肢无水肿。应诊断为

A. 慢性支气管炎
B. 慢性阻塞性肺疾病
C. 慢性阻塞性肺疾病+肺源性心脏病（代偿期）
D. 慢性阻塞性肺疾病+肺源性心脏病伴右心衰竭
E. 以上都不是

36. 男性，63岁。有长期咳嗽史。其心电图QRS额面平均电轴≥90°，重度顺时钟向转位，$RV_1+SV_5\geq 1.05$mV，PⅡ>0.22mV。最可能的诊断是

A. 阻塞性肺气肿
B. 支气管哮喘
C. 慢性肺源性心脏病
D. 风湿性心脏病二尖瓣狭窄
E. 心房间隔缺损

【A_3/A_4型题】

（37~39题共用题干）

男性，64岁。有肺源性心脏病史5年，经常头痛、头晕，1周来咳嗽加重，咳黄痰，呼吸困难，头痛加重，昨日起嗜睡，谵语。查体：神志不清，颜面水肿，球结膜水肿，口唇发绀，颈静脉充盈，双肺广泛干、湿啰音，肝肋下4cm，腹水征（+），下肢水肿，膝反射减弱，巴宾斯基征（+）。pH 7.20，$PaCO_2$ 100mmHg，PaO_2 40mmHg，HCO_3^- 23mmol/L，BE −8mmol/L。

37. 该患者神志不清，最可能是由于发生了

A. 高血压脑病
B. 脑梗死
C. 肺性脑病
D. 感染中毒性脑病
E. 以上都不是

38. 患者发生了哪一类型的酸碱平衡失调

A. 失代偿性呼吸性酸中毒
B. 代偿性呼吸性酸中毒
C. 呼吸性酸中毒合并代谢性酸中毒
D. 代谢性酸中毒
E. 呼吸性酸中毒合并代谢性碱中毒

39. 该患者应立即采取的治疗措施是

A. 选用有效抗生素
B. 改善通气和低流量吸氧
C. 使用呼吸兴奋剂
D. 使用降压药
E. 甘露醇静脉滴注

（40~42题共用题干）

男性，71岁，吸烟患者。反复咳嗽、咳痰、气促40余年，胸

闷、心悸2年，加重伴发热1周，昏睡3小时入院。入院后查体：BP 140/90mmHg，嗜睡状，呼之能应，瞳孔等大等圆，对光反射存在，口唇发绀，双肺可闻及干、湿啰音，心率120次/分，期前收缩3次/分，下肢凹陷性水肿。

40. 该患者最可能的诊断是
 A. 冠状动脉硬化性心脏病
 B. 慢性肺源性心脏病
 C. 风湿性心脏病
 D. 原发性心肌病
 E. 高血压心脏病

41. 假设上述诊断成立，补充查体时还可出现的最主要体征是
 A. 心音强弱快慢不等
 B. 心界向左下扩大
 C. 心界向左、右两侧扩大
 D. 肺动脉瓣区第二心音亢进
 E. 心尖区可闻及3/6级粗糙吹风样全收缩期杂音

42. 假设上述诊断成立，其出现昏睡最可能的原因是
 A. 代谢性碱中毒
 B. 中毒性脑病
 C. 肺性脑病
 D. 脑梗死
 E. 脑出血

（43~44题共用题干）

男性，58岁，慢性肺源性心脏病患者。入院后咳嗽、呼吸困难、昏迷，经气管切开后症状好转，4天后咳黄痰增加。WBC 11×10^9/L。

43. 该患者入院时可能的并发症是
 A. 肺性脑病
 B. 脑血管意外
 C. 中毒性脑病
 D. 休克
 E. 以上都不是

44. 患者在气管切开机械通气后，可能出现的酸碱失衡是
 A. 呼吸性酸中毒
 B. 呼吸性碱中毒
 C. 呼吸性酸中毒合并代谢性酸中毒
 D. 呼吸性酸中毒合并代谢性碱中毒
 E. 代谢性碱中毒

【B_1型题】

（45~48题共用备选答案）

慢性肺心病血气分析结果如下
 A. pH 7.30，$PaCO_2$ 64mmHg，BE +2mmol/L
 B. pH 7.20，$PaCO_2$ 90mmHg，EE −10mmol/L
 C. pH 7.45，$PaCO_2$ 60mmHg，BE +15mmol/L
 D. pH 7.48，$PaCO_2$ 30mmHg，BE −3mmol/L
 E. pH 7.38，$PaCO_2$ 54mmHg，BE −4mmol/L

45. 呼吸性碱中毒
46. 呼吸性酸中毒合并代谢性酸中毒
47. 失代偿性呼吸性酸中毒
48. 呼吸性酸中毒合并代谢性碱中毒

（49~50题共用备选答案）
 A. 慢性缺氧所致肺血管重建
 B. 缺氧性肺血管收缩
 C. 支气管肺感染和阻塞
 D. 血液黏稠度增加
 E. 气道炎症

49. 肺源性心脏病肺动脉高压形成的解剖因素是
50. 肺源性心脏病肺动脉高压形成的功能因素是

（51~52题共用备选答案）
 A. 呼吸衰竭经大量利尿药治疗后
 B. 应用过量安眠镇静药后
 C. CO_2严重潴留气管切开机械通气后
 D. 静脉注射氨茶碱后
 E. 并发中毒性休克后

51. 容易出现代谢性碱中毒
52. 容易出现呼吸性酸中毒

第三章　支气管哮喘

【A_1型题】

1. 消除支气管哮喘气道炎症最有效的药物是
 A. 糖皮质激素
 B. 抗生素
 C. 抗组胺药
 D. β_2受体激动药
 E. 色甘酸钠

2. 关于支气管哮喘概念的描述，正确的是
 A. 支气管哮喘是一种气道慢性炎症性疾病，临床表现为反复发作的喘息、气促、胸闷或咳嗽等症状，常在夜间和/或清晨发作、加剧，多数患者可自行或经治疗后缓解
 B. 支气管哮喘是支气管黏膜的慢性非特异性炎症，临床表现为反复发作的喘息、气促、胸闷或咳嗽等症状，常在白天发作、加剧，多数患者可自行或经治疗后缓解
 C. 支气管哮喘是多种炎性细胞参与的气道慢性炎症，临床表现为反复发作的喘息、气促、胸闷或咳嗽等症状，常在夜间和/或清晨发作、加剧，多数患者虽经治疗仍不能缓解
 D. 支气管哮喘是支气管黏膜的慢性非特异性炎症，临床表现为持续的喘息、气促、胸闷或咳嗽等症状，多数患者虽经治疗仍不能缓解
 E. 支气管哮喘是只有肥大细

胞参与的气道慢性炎症，临床表现为反复发作性的喘息、气促、胸闷或咳嗽等症状，常在夜间和/或清晨发作、加剧，多数患者可自行或经治疗后缓解

3. 治疗支气管哮喘吸入用药的吸入方法有
   A. 定量气雾剂
   B. 定量气雾剂+储物罐
   C. 干粉吸入
   D. 雾化吸入
   E. 以上都是
4. 在鉴别支气管哮喘与急性左心衰竭时，下列哪项支持后者
   A. 两肺布满哮鸣音
   B. 咳嗽、咳痰病史
   C. 两肺底湿啰音
   D. 发热
   E. X线胸片：肺纹理增强
5. 引起支气管哮喘发作，释放细胞因子和炎性介质的细胞是
   A. 气道上皮细胞
   B. 肥大细胞
   C. 嗜酸性粒细胞
   D. 肺泡巨噬细胞
   E. 以上都包括
6. 支气管哮喘患者急性发作时，$PaCO_2$逐渐增高表示
   A. 没有临床意义
   B. 病情好转
   C. 病情严重
   D. 发作早期
   E. 有心血管并发症
7. 支气管哮喘发作时肺部典型体征是
   A. 两肺密布湿啰音
   B. 两肺密布哮鸣音
   C. 干湿啰音同时存在
   D. 两肺可听到支气管呼吸音
   E. 两肺语颤增强
8. 治疗支气管哮喘非急性发作期的患者，不正确的是
   A. 应进行哮喘知识教育和环境控制、避免诱发因素
   B. 任何情况都无须使用速效β_2受体激动药
   C. 第四步方案是中或高剂量吸入激素加长效β_2受体激动药+白三烯调节剂
   D. 对于未经治疗的持续性哮喘患者初始治疗可选用低剂量吸入激素
   E. 初始评估提示哮喘处于严重未控制可选用低剂量吸入激素加长效β_2受体激动药
9. 重症支气管哮喘发作时，除吸氧外，应首先采取下列哪项措施
   A. 尽可能找出变应原，除去诱因或进行抗原脱敏疗法
   B. 采用β_2受体激动药，抗生素和促肾上腺皮质激素
   C. 积极应用免疫抑制剂，色甘酸钠，必要时用菌苗疗法
   D. 缓解气道阻塞，使用支气管扩张剂，控制感染，纠正水电解质及酸碱平衡失调，应用糖皮质激素
   E. 大剂量广谱抗生素及抗原脱敏治疗
10. 哮喘严重发作时，下列哪项是通气不足的可靠指标
    A. 弥漫性哮鸣音
    B. 明显发绀
    C. 呼气性呼吸困难
    D. $PaO_2<60mmHg$
    E. $PaCO_2>50mmHg$
11. 诊断不典型支气管哮喘至少一项阳性中不包括
    A. 支气管激发试验阳性
    B. 运动试验阳性
    C. 支气管舒张试验阳性
    D. 昼夜PEF变异率≥20%
    E. IgE升高
12. 支气管哮喘发作时最常见的血气改变是
    A. pH上升，PaO_2下降，$PaCO_2$降低
    B. pH上升，PaO_2下降，$PaCO_2$上升
    C. pH下降，PaO_2下降，$PaCO_2$降低
    D. pH下降，PaO_2下降，$PaCO_2$上升
    E. pH正常，PaO_2下降，$PaCO_2$上升
13. 支气管激发试验不正确的是
    A. 测定气道反应性
    B. 一般适用于通气功能在正常预计值的70%以上的患者
    C. FEV_1下降≥20%，可诊断为激发试验阳性
    D. 通过吸入药物的累积剂量和浓度做定量判断
    E. 常用吸入剂为生理盐水
14. 有关支气管舒张试验，不正确的是
    A. 测定气道可逆性
    B. 常用吸入性的沙丁胺醇
    C. 阳性为PEF较治疗前≥12%
    D. 阳性为FEV_1较用药前增加≥12%
    E. 阳性为FEV_1绝对值较用药前增加≥200ml
15. 支气管哮喘与变态反应性支气管肺曲菌病不同点主要为
    A. 有变应原接触史
    B. 血中嗜酸性粒细胞增多
    C. 喘息
    D. 变应原阳性
    E. 胸部X线表现
16. 支气管哮喘发作时禁用
    A. 麻黄素
    B. 肾上腺素
    C. 吗啡
    D. 氨茶碱
    E. 特布他林
17. 支气管哮喘与慢性阻塞性肺疾病的鉴别最有价值的是
    A. 肺气肿体征
    B. 两肺普遍哮鸣音
    C. 支气管舒张试验阳性
    D. 咳嗽、咳痰、喘息病史

E. 呼气期带喘鸣的呼吸困难

18. 支气管哮喘的肺功能检查，哪项是错误的
A. FEV_1 下降
B. PEF 下降
C. FEV_1/FVC%下降
D. PEF 下降
E. FVC 升高

19. 支气管哮喘急性发作的严重程度分级不包括
A. 轻度
B. 中度
C. 重度
D. 危重度
E. 极危重度

20. 有关支气管哮喘发病机制的描述，不正确的是
A. 气道慢性炎症是哮喘的本质
B. 气道高反应性（AHR）者均可诊断哮喘
C. 变应原进入体内后可释放多种活性介质诱导哮喘发生
D. 迟发相哮喘反应（LAR）是气道慢性炎症的结果
E. 神经因素也被认为是哮喘发病的重要环节

21. 氨茶碱的安全有效浓度为
A. 10~20mg/L
B. 25mg/L
C. 25~30mg/L
D. 20~25mg/L
E. 6~15mg/L

22. 判断支气管哮喘控制水平的临床特征是
A. 日间症状
B. 活动受限
C. 夜间症状/憋醒
D. 对缓解药物治疗/急救治疗的需求
E. 以上都包括

23. 治疗支气管哮喘最有效的药物是
A. 沙丁胺醇
B. 布地奈德
C. 色甘酸钠
D. 曲尼司特
E. 氨茶碱

24. 下列何种疾病应用特布他林气雾剂吸入，可使呼吸困难很快改善
A. 急性左心力衰竭
B. 慢性支气管炎
C. 支气管哮喘
D. ARDS
E. 支气管肺癌

25. 典型支气管哮喘发作时最主要的临床表现为
A. 吸气性呼吸困难，双肺哮鸣音
B. 呼气性呼吸困难，双肺哮鸣音
C. 端坐呼吸，两肺密布中小水泡音
D. 呼气性呼吸困难，两肺散在干、湿啰音
E. 进行性呼吸困难，肺部局限性哮鸣音

【A_2 型题】

26. 男性，60 岁。2 年来劳累后心悸、气促，并常出现夜间阵发性呼吸困难，不能平卧，咳白色泡沫样痰。查体：心律齐，心率 120 次/分，双肺哮鸣音及肺底湿啰音。诊断应首先考虑为
A. 支气管哮喘
B. 支气管内膜结核
C. 急性左心衰竭
D. 慢性阻塞性肺疾病
E. 自发性气胸

27. 男性，62 岁。应用氨茶碱治疗支气管哮喘，既能使其发挥最好疗效，又不致产生毒性反应的最有效的方法是
A. 缓慢静脉注射
B. 缓慢静脉滴注
C. 口服
D. 与异丙托溴铵合用
E. 血浆药物浓度监测

28. 男性，19 岁。喘息半日，每年春秋季有类似发作。查体：体温 36.5℃，端坐呼吸，两肺广泛哮鸣音，白细胞 7.6×10^9/L，嗜酸性粒细胞 0.76。最可能的诊断是
A. 慢性阻塞性肺疾病
B. 支气管哮喘
C. 过敏性肺炎
D. 急性支气管炎
E. 急性左心衰竭

29. 男性，65 岁。突然呼吸困难、喘息、咳嗽，听诊双肺哮鸣音及湿啰音，心电图示左心室心肌肥厚劳损。应首先考虑下列哪一诊断
A. 支气管哮喘
B. 过敏性肺炎
C. 慢性支气管炎急性加重期
D. 急性左心衰竭
E. 支气管肺癌合并感染

30. 男性，20 岁。因反复喘息而求医，常在春季发病，为突然发作呼吸困难、咳嗽，凌晨加重，咳出白色黏痰后气促减轻，喘息停止。血常规检查有嗜酸性粒细胞 0.9，IgE 增高，X 线胸片正常。应首先考虑诊断为
A. 支气管哮喘
B. 慢性支气管炎急性加重
C. 肺嗜酸性粒细胞增多性浸润
D. 药物性肺损伤
E. 急性左心衰竭

31. 男性，18 岁。支气管哮喘重症发作，PaO_2 60mmHg，$PaCO_2$ 60mmHg，pH 7.34，病情严重的主要根据是
A. 双肺哮鸣音
B. 端坐呼吸
C. 发绀
D. 低氧血症
E. 二氧化碳潴留

32. 男性，58 岁。糖尿病 10 年，近半月夜间阵发性哮喘发作，

被迫坐位，气促，10分钟后自行缓解。查体：肥胖，BP 170/110 mmHg，R 25次/分，P 110次/分，两肺底部湿啰音，无哮鸣音。初步诊断为
A. 支气管哮喘
B. 急性左心衰竭
C. 急性支气管炎
D. 肺动脉栓塞
E. 以上都不是

33. 男性，20岁。近1周咳嗽、咳痰，2天来呼吸困难带喘鸣，无发热，大汗，面色苍白，肢凉，脉搏120次/分，血压90/60mmHg，双肺哮鸣音，心脏无杂音，口唇发绀。最可能的诊断是
A. 急性左心衰竭
B. 急性支气管炎
C. 肺炎链球菌肺炎
D. 支气管哮喘急性发作
E. 过敏性肺炎

【A_3/A_4型题】

（34~36题共用题干）

男，18岁。自幼年始反复出现发作性喘息，可自行缓解或经使用“抗炎、平喘药”缓解。6岁后症状逐渐消失。近3天来再次出现喘息，严重时影响睡眠。查体：T 37.1℃，肥胖。双肺可闻及哮鸣音。心率100次/分，律齐，$P_2>A_2$，双下肢无水肿。

34. 该患者最可能的诊断是
A. 支气管哮喘
B. 睡眠呼吸暂停综合征
C. 慢性阻塞性肺疾病
D. 特发性肺动脉高压
E. 先天性心脏病

35. 对明确诊断最有价值的检查是
A. 超声心动图
B. 肺功能检查
C. 动脉血气分析
D. 胸部X线片
E. 睡眠呼吸监测

36. 患者出现喘息发作时，为迅速缓解症状，宜首选的治疗是
A. 吸入糖皮质激素
B. 吸入M受体阻断药
C. 吸入短效β_2受体激动药
D. 舌下含硝酸甘油
E. 吸氧

（37~38题共用题干）

女性，30岁。反复发作性呼吸困难、胸闷2年，3天前受寒后咳嗽，咳少量脓痰，接着出现呼吸困难、胸闷，并逐渐加重。查体：无发绀，双肺广泛哮鸣音，肺底部有湿啰音。

37. 最可能的诊断为
A. 支气管内膜结核
B. 支气管哮喘
C. 慢性支气管炎
D. 慢性阻塞性肺疾病
E. 急性左心衰竭

38. 表明气流受限具有可逆性的是
A. 第一秒钟用力呼气容积（FEV_1）占预计值百分比<60%
B. 最大呼气流量（PEF）<60%
C. 吸入沙丁胺醇后FEV_1增加率≥12%
D. 吸入二丙酸倍氯米松后FEV_1增加率≥12%
E. 支气管激发试验阳性

（39~40题共用题干）

男性，42岁。自幼起咳嗽、咳痰、喘息，多为受寒后发作，静脉滴注“青霉素”可缓解，10~20岁无发作，20岁后又有1次大发作，发作时大汗淋漓、全身发绀、端坐不能平卧，肺部可闻及哮鸣音，静脉推注“氨茶碱、地塞米松”可完全缓解。而后反复出现夜间轻微喘息，每周发作3次以上不能入睡，PEF变异率为35%。查体：双肺听诊未闻及干、湿啰音，心率89次/分。

39. 最可能的诊断是
A. 支气管哮喘急性发作期
B. 支气管哮喘慢性持续期
C. 先天性心脏病急性左心衰竭
D. 肺源性心脏病心功能不全
E. 慢性支气管炎急性加重

40. 为了提高疗效，减少复发，教育患者需掌握
A. 正确使用气雾剂的方法
B. 哮喘患者不发作可不用药
C. 抗生素治疗可根治哮喘
D. 哮喘患者不发作不能使用激素
E. 哮喘者需长期规律使用速效β_2受体激动药

（41~42题共用题干）

男性，31岁。咳嗽，呈刺激性，干咳，偶有咳少量黏痰，受寒冷刺激加重，伴气促，每天晚间、清晨均有剧咳而影响睡眠，用过青霉素、氨苄青霉素、头孢菌素和多种祛痰镇咳剂症状未能缓解。查体：双肺散在干啰音，心脏正常。胸片示心、肺无异常，WBC 11×10^9/L，FEV_1占预计值80%。

41. 此患者最可能的诊断是
A. 急性上呼吸道感染
B. 急性支气管炎
C. 支气管内膜结核
D. 支气管哮喘
E. 复发性多软骨炎

42. 为缓解患者症状，应采用下列哪项治疗方法
A. 可待因+抗生素
B. 祛痰药安普索+抗生素
C. 镇静药地西泮+抗生素
D. 碱性药物+抗生素
E. β_2受体激动药+糖皮质激素吸入

【B_1型题】

（43~44题共用备选答案）
A. 氨茶碱
B. 孟鲁斯特
C. 异丙托溴铵
D. 氟替卡松
E. 酮替芬

43. 白三烯调节剂
44. 吸入型糖皮质激素

（45~46 题共用备选答案）

A. 降低迷走神经兴奋性
B. 激动呼吸道 β_2 受体
C. 拮抗腺苷引起的支气管痉挛
D. 抑制炎性细胞介质释放
E. 激素合成剂

45. 氨茶碱
46. 布地奈德

（47~48 题共用备选答案）

A. 呼气性呼吸困难，双肺普遍哮鸣音
B. 端坐呼吸，咳粉红色泡沫状痰，双肺底水泡音
C. 呼气性呼吸困难，两肺散在干湿啰音
D. 发热，咳嗽，夜间阵发性气促，肺无异常体征
E. 气促或喘鸣，咳嗽，痰中带血

47. 支气管哮喘
48. 原发性支气管肺癌

第四章 呼吸衰竭

【A_1 型题】

1. 急性呼吸衰竭最主要的临床表现是
   A. 呼吸费力伴呼气延长
   B. 呼吸频率增快
   C. 呼吸困难与发绀
   D. 神经精神症状
   E. 双肺有大量湿啰音
2. Ⅱ型呼吸衰竭最主要的发生机制是
   A. 通气/血流>0.8
   B. 通气/血流<0.8
   C. 弥散功能障碍
   D. 肺动-静脉样分流
   E. 肺泡通气不足
3. 引起呼吸衰竭最常见的疾病是
   A. 肺结核
   B. 肺栓塞
   C. 气管异物
   D. 膈肌麻痹
   E. 慢性阻塞性肺疾病
4. 对呼吸性酸碱失衡的判断，最有价值的指标是
   A. pH
   B. $PaCO_2$
   C. BE
   D. AB
   E. SB
5. 肺弥散功能障碍最常出现
   A. PaO_2正常，$PaCO_2$ 上升
   B. PaO_2下降，$PaCO_2$ 上升
   C. PaO_2正常，$PaCO_2$ 上升
   D. PaO_2正常，$PaCO_2$ 下降
   E. PaO_2下降，$PaCO_2$ 正常或下降
6. 下列哪项与呼吸性酸中毒并发代谢性碱中毒无关
   A. 使用排钾利尿药
   B. 通气功能改善过快
   C. 用碱性药物过量
   D. 频繁呕吐
   E. 高浓度吸氧
7. 肺性脑病与高血压脑病鉴别的主要依据是
   A. 气促
   B. 头痛
   C. 发绀
   D. 高血压
   E. 昏迷
8. 对Ⅰ型呼吸衰竭患者给予高浓度氧疗仍无效，其原因很可能为
   A. 严重肺通气功能障碍
   B. 严重肺动-静脉样分流
   C. 通气/血流比例增大
   D. 肺弥散功能障碍
   E. 耗氧量增加
9. 慢性呼吸衰竭用呼吸兴奋剂时的给氧方法是
   A. 不必给氧
   B. 给高浓度氧（50%以上）
   C. 给低浓度氧（25%~30%）
   D. 间断给氧
   E. 给氧浓度可稍高（40%）
10. 肺性脑病狂躁不安的处理是
    A. 必要时可用吗啡、哌替啶
    B. 可给大量地西泮
    C. 不宜用水合氯醛保留灌肠
    D. 可用大量的奋乃静肌内注射
    E. 重点改善通气功能
11. 呼吸中枢兴奋剂应用于下述哪种疾病
    A. 呼吸性碱中毒
    B. 胸外伤引起肺通气量减少
    C. 严重脊柱畸形引起呼吸衰竭
    D. 急性多发性神经根炎引起呼吸衰竭
    E. 慢性肺源性心脏病引起呼吸衰竭
12. 失代偿性呼酸时，血气分析及血清电解质的改变是
    A. $PaCO_2$ 升高、pH 升高、血钾升高
    B. $PaCO_2$ 升高、pH 降低、血钾升高
    C. $PaCO_2$ 升高、pH 降低、血氯升高
    D. $PaCO_2$ 升高、pH 升高、血氯降低
    E. $PaCO_2$ 升高、pH 升高、血氯血钾正常
13. 慢性呼吸衰竭时，下列哪项不利于呼吸道通畅
    A. 应用糖皮质激素
    B. 雾化吸入祛痰剂
    C. 大量补液
    D. 应用快速利尿药
    E. 帮助患者翻身拍背

【A_2 型题】

14. 女性，59 岁。肺源性心脏病，呼吸衰竭，心率 154 次/分，有多发房性期前收缩。血气分

析：PaO_2 55mmHg，$PaCO_2$ 75mmHg，pH 7.19。最重要的纠正心律失常的措施是
A. 普萘洛尔
B. 维拉帕米
C. 胺碘酮
D. 毛花苷C
E. 5%碳酸氢钠

15. 女性，72岁。慢性呼吸衰竭10年。血气分析：pH 7.3，PaO_2 60mmHg，$PaCO_2$ 50mmHg。除改善通气功能外，还应选择下列哪种治疗
A. 静脉滴注5%碳酸氢钠
B. 静脉滴注乳酸钠
C. 静脉滴注三羟甲基氨基甲烷
D. 不给碱性药
E. 静脉滴注乳酸钠

16. 男性，72岁。慢性肺源性心脏病3年。高热数日，发绀、昏迷入院，给大量利尿药、抗生素、激素及吸氧治疗后病情一度好转，后病情突然恶化，谵妄，抽搐。血气变化哪组可能性大

	pH	$PaCO_2$	BE	CO_2-CP	K^+	Cl^-
A.	正常	↑	+	↑	正常	↓
B.	↓	↑	+	↑	↑	↓
C.	↓	↑	-	↑	↓	↓
D.	正常	↑	+	↑	↓	↓
E.	↑	↑	++	↑	↓	↓

17. 女性，58岁。反复咳嗽、咳痰、喘息32年，加重3天。查体：桶状胸，双肺满布哮鸣音。血气分析：PaO_2 58mmHg，$PaCO_2$ 55mmHg。此时该患者呼吸功能检查结果最可能的是
A. VC正常、FEV_1%正常、RV/TLC<40%
B. VC降低、FEV_1%正常、RV/TLC <40%
C. VC降低、FEV_1%增加、RV/TLC>40%
D. VC正常、FEV_1%降低、RV/TLC<40%
E. VC降低、FEV_1%降低、RV/TLC>40%

18. 某慢性肺源性心脏病患者意识障碍2日入院。血气分析：pH 7.30，PaO_2 40mmHg，BE +6mmol/L，$PaCO_2$ 110mmHg。血尿素氮6mmol/L，血钠138 mmol/L，血钾3.8mmol/L，血浆渗透压280mmol/L。此意识障碍原因为
A. 肾衰竭
B. 低血钠症
C. 低渗血症
D. 低血钾症
E. 肺性脑病

19. 某慢性肺源性心脏病患者，受凉后咳喘加重，咳脓痰，伴发热、烦躁，发绀加重，次日神志模糊，嗜睡，血压110/60mmHg，无病理反射，最可能的诊断是
A. 肺源性心脏病并感染性休克
B. 肺源性心脏病并肺性脑病
C. 肺源性心脏病并急性脑血管病
D. 肺源性心脏病并DIC
E. 肺源性心脏病并消化道出血

20. 男性，64岁。胆结石术后5天突发呼吸困难1小时，有COPD史20余年。查体：血压110/80mmHg，呼吸35次/分，端坐呼吸，烦躁不安，大汗，口唇发绀，双肺可闻及湿啰音，心率120次/分。该患者呼吸困难最可能的原因是并发
A. 急性呼吸窘迫综合征
B. 急性左心衰竭
C. 继发肺部感染
D. 自发性气胸
E. 右心衰竭

21. 男性，65岁。COPD史30年，近3年来下肢水肿，活动后气促，3天前受凉后加重，神志恍惚，嗜睡。血气分析：pH 7.15，$PaCO_2$ 80mmHg，PaO_2 45mmHg，BE −10mmol/L，HCO_3^- 20mmol/L。此结果符合
A. 呼吸性酸中毒失代偿期
B. 呼吸性酸中毒代偿期
C. 呼吸性酸中毒+代谢性碱中毒
D. 代谢性碱中毒+代谢性酸中毒
E. 呼吸性酸中毒+代谢性酸中毒

22. 慢性肺源性心脏病患者，血气分析结果是：pH 7.43，$PaCO_2$ 73mmHg，BE +21mmol/L，HCO_3^- 46mmol/L。此血气结果应诊断为
A. 呼吸性酸中毒+代谢性碱中毒
B. 呼吸性碱中毒+代谢性碱中毒
C. 呼吸性酸中毒+代谢性酸中毒
D. 呼吸性碱中毒+代谢性酸中毒
E. 失代偿性代谢性碱中毒

【A_3/A_4型题】

（23~24题共用题干）

男性，50岁。慢性咳嗽5年，糖尿病史2年。咳喘加重1个月，发热1周来诊。血气分析：pH 7.25，PaO_2 40mmHg，$PaCO_2$ 85mmHg，BE −10mmol/L。

23. 该患者的诊断是
A. 失代偿性呼吸性酸中毒
B. 呼吸性酸中毒合并代谢性酸中毒
C. 呼吸性酸中毒合并代谢性碱中毒
D. 失代偿性代谢性酸中毒
E. 三重酸碱失衡

24. 该患者经抗感染、通畅气道、降血糖、纠酸等综合治疗后，咳喘明显减轻，肺部啰音明显减少，10 天后血气恢复至 pH 7.38，PaO_2 70mmHg，$PaCO_2$ 48mmHg，但患者仍发热。考虑应首先进行哪项检查
  A. 血细菌培养+药敏
  B. 痰细菌培养+药敏
  C. 胸 CT 检查
  D. 胸 X 线检查
  E. 骨髓穿刺检查

（25~26 题共用题干）

男性，60 岁。COPD 病史 20 年，冠心病史 5 年，呼吸困难加重 2 天，意识障碍 1 小时来诊。查体：浅昏迷，呼吸困难，口唇发绀，球结膜轻度水肿，BP 170/110mmHg，双肺散在干啰音，中下部湿啰音，HR 128 次/分，节律不整，肝略大，下肢水肿（±）。

25. 目前考虑主要诊断有
  A. 冠心病，心力衰竭，心律失常
  B. 高血压病，脑出血
  C. 肺源性心脏病并冠心病，呼吸衰竭，肺性脑病
  D. 呼吸衰竭，肺性脑病
  E. 肺源性心脏病并冠心病，心衰，呼衰，肺性脑病
26. 进一步采取下列哪项措施
  A. 地西泮 10mg 肌内注射
  B. 毛花苷 C 0.2mg 静脉注射
  C. 复查头 CT 或采取快速降颅压措施
  D. 急查血离子、肾功能、血气
  E. 加用广谱高效抗生素及降血压药

【B_1 型题】

（27~28 题共用备选答案）

  A. PaO_2 为 70mmHg，$PaCO_2$ 为 45mmHg
  B. PaO_2 为 70mmHg，$PaCO_2$ 为 40mmHg
  C. PaO_2 为 55mmHg，$PaCO_2$ 为 55mmHg
  D. PaO_2 为 50mmHg，$PaCO_2$ 为 40mmHg
  E. PaO_2 为 65mmHg，$PaCO_2$ 为 40mmHg
27. 符合Ⅰ型呼吸衰竭的动脉血气标准是
28. 符合Ⅱ型呼吸衰竭的动脉血气标准是

第五章 肺 炎

【A_1 型题】

1. 社区获得性肺炎中，主要病原体最常见的是
  A. 肺炎克雷伯菌
  B. 流感嗜血杆菌
  C. 金黄色葡萄球菌
  D. 肺炎链球菌
  E. 支原体
2. 下列哪种肺炎可呈暴发性流行
  A. 肺炎链球菌肺炎
  B. 肺炎支原体肺炎
  C. 肺炎克雷伯菌肺炎
  D. 严重急性呼吸综合征
  E. 金黄色葡萄球菌肺炎
3. 肺炎链球菌肺炎的抗生素治疗停药指标是
  A. 热退停药
  B. 热退 3 天
  C. 热退 5~7 天
  D. 症状、体征消失
  E. 胸片病变消散
4. 肺炎链球菌的主要致病作用在于
  A. 产生毒素
  B. 产生溶血素
  C. 产生杀白细胞素
  D. 产生组织坏死物质
  E. 荚膜对组织的侵袭力
5. 肺炎链球菌肺炎痊愈后，一般肺部常遗留什么样的病变
  A. 轻微肺纤维化
  B. 局限性肺气肿
  C. 局部机化性肺炎
  D. 小囊肿
  E. 完全吸收不留瘢痕
6. 下列哪项不是促进医院获得性肺炎发病增多的因素
  A. 抗肿瘤化疗
  B. 辅助呼吸
  C. 大量肾上腺皮质激素的应用
  D. 营养良好
  E. 三代头孢菌素的大量应用
7. 下列哪项对肺炎链球菌肺炎的诊断最有价值
  A. 高热、咳铁锈色痰
  B. 白细胞增多，核左移，胞质有中毒颗粒
  C. 胸片大片均匀致密影呈肺叶或肺段分布
  D. 肺部湿啰音
  E. 痰培养肺炎链球菌阳性
8. 肺炎链球菌可引起
  A. 支气管肺炎
  B. 肺脓肿
  C. 大叶性肺炎（即典型肺炎）
  D. 支气管哮喘
  E. 胸膜炎
9. 对耐甲氧西林金黄色葡萄球菌（MRSA）引起的肺炎，首选抗生素是
  A. 青霉素 G
  B. 头孢唑啉
  C. 苯唑西林
  D. 万古霉素
  E. 头孢呋辛
10. 关于葡萄球菌肺炎，以下哪项不正确
  A. 重症患者早期可发生休克
  B. 血浆凝固酶阳性的细菌致病力强

C. 急骤起病，高热、寒战、胸痛
D. 大剂量青霉素静脉滴注后，原发病灶一般不需处理
E. 病情较重，病死率较高

11. 胸部叩诊音呈浊鼓音可见于
A. 空洞型肺结核
B. 肺炎充血期
C. 胸膜肥厚
D. 肺气肿
E. 气胸

12. 肺炎链球菌肺炎合并感染性休克，抗生素治疗哪项不正确
A. 早期大剂量、联合用药：青霉素+妥布霉素
B. 静脉滴注给药
C. 疗程要略长
D. 可用头孢曲松、头孢他定
E. 确定病原菌后应调整用药

13. 肺炎链球菌肺炎应用足量青霉素治疗效果不满意应想到
A. 选药不当
B. 用药方法不当，立即将肌内注射改为静脉滴注
C. 没有联合用药
D. 诊断是否正确
E. 是否出现并发症

14. 下列哪项是肺炎链球菌肺炎有特殊意义的症状
A. 突然寒战、稽留热
B. 咳嗽、胸痛
C. 气促、发绀
D. 咳铁锈色痰
E. 恶心、呕吐、腹胀

15. 肺炎链球菌肺炎治疗的首选抗生素是
A. 红霉素
B. 庆大霉素
C. 氧氟沙星
D. 青霉素 G
E. 林可霉素

16. 肺炎支原体肺炎最常见的胸部X线表现是
A. 显示肺部多种形态的浸润影，呈节段性分布，以肺下野为多见
B. 肺叶和小叶实变，叶间隙呈弧形下坠，多发性蜂窝状脓肿形成
C. 肺叶或肺段实变，呈多发性、周围性肺浸润，可伴气囊肿
D. 呈叶、段分布的炎性实变阴影，在实变阴影中可见支气管气道征
E. 病变多在肺上部，呈大片浓密阴影，密度不均，历久不消散，可形成空洞

17. 肺炎伴感染性休克常见于以下肺部炎症，除了
A. 肺炎链球菌肺炎
B. 金黄色葡萄球菌肺炎
C. 克雷伯菌肺炎
D. 铜绿假单胞菌肺炎
E. 支原体肺炎

【A_2 型题】

18. 女性，30 岁。5 天前淋雨后畏寒、发热、胸痛、咳嗽、气促，既往有结核病史。查体：左肺下部叩浊音，可闻及水泡音，痰结核菌集菌阴性，白细胞 32×10^9/L，胸片示左肺下叶大片状致密阴影。考虑诊断为
A. 浸润型肺结核
B. 阻塞性肺炎
C. 肺脓肿
D. 肺炎链球菌肺炎
E. 病毒性肺炎

19. 女性，32 岁。1 周前足部有过疖肿，2 天前开始发热，头痛伴有高热、寒战，咳脓痰，痰中带血丝，胸痛，听诊两肺呼吸音增强，偶有少量湿啰音。WBC 21×10^9/L，N 0.9。胸片两肺散在密度较淡的圆形病变，其中部分病灶有空洞伴液体平面。应考虑为
A. 支气管扩张继发感染
B. 多发性肺囊肿伴感染
C. 肺炎链球菌性肺炎
D. 金黄色葡萄球菌肺炎
E. 肺转移瘤

20. 女性，30 岁。畏寒、高热、咳嗽 5 天。查体：右上肺语颤增强呼吸音减弱。血 WBC 15.2×10^9/L，N 0.92。该患者最可能的诊断是
A. 支气管扩张
B. 病毒性肺炎
C. 肺炎链球菌肺炎
D. 干酪性肺炎
E. 肺炎克雷伯菌肺炎

21. 男性，20 岁。突然寒战、高热、咳嗽，咳少量黏液痰，时有铁锈色痰。下列哪种疾病可能大
A. 支气管炎
B. 病毒性肺炎
C. 支原体肺炎
D. 肺炎链球菌肺炎
E. 肺炎杆菌肺炎

22. 男性，65 岁。诊断肺炎链球菌肺炎，出现呼吸困难、发绀、心悸，心率 150 次/分，第一心音低钝；肝右肋下 3cm，软，压痛（+）。可能为
A. 自发性气胸
B. 呼吸衰竭
C. 肺不张
D. 心力衰竭
E. 休克

23. 男性，25 岁，学生。近 2 周来因“备考”较劳累后感觉乏力，今日突发寒战、发热，咳铁锈色痰 1 日而就诊。查体：T 39℃，右上肺可闻及少许湿啰音。WBC 10.8×10^9/L，N 0.85，胸片见右上肺大片状密度均匀增高阴影。最可能的诊断是
A. 右上肺肺炎链球菌肺炎
B. 右上肺干酪性肺炎
C. 右上肺支原体肺炎
D. 右上肺过敏性肺炎
E. 右上肺癌

24. 男性，40 岁。糖尿病患者，

手外伤后1周。局部肿胀，跳痛，高热，咳脓性痰伴有右胸痛。查体：手外伤局部脓肿形成。胸片示右肺多个液气囊腔。治疗上下列哪项是错误的
A. 青霉素1000万单位，每日2次静脉滴注
B. 应用胰岛素
C. 手部换药
D. 万古霉素1克静脉滴注，每日2次
E. 营养支持，对症治疗

25. 男性，20岁。高热4天，咳铁锈色痰。查体：左肺上部叩诊呈实性，呼吸音弱。其胸片表现最大可能是
A. 左上肺纹理增粗
B. 双肺散在片絮状影
C. 左上肺淡片状模糊影
D. 左上肺大片状均匀致密影
E. 左上肺浓淡不均影，可见少许透亮区

26. 女性，17岁。高热，咳铁锈色痰，右下肺部呼吸音弱。以下哪项不正确
A. 卧床休息支持治疗
B. 首选青霉素
C. 青霉素过敏的选用呼吸喹诺酮类
D. 多重耐药菌株感染可用头孢曲松
E. 不必等待细菌培养结果，立即给予抗生素治疗

27. 女性，18岁。肺炎链球菌肺炎，意识模糊。血气分析：PaO_2 38mmHg，$PaCO_2$ 30mmHg。氧疗时应采用
A. 中浓度给氧
B. 高浓度给氧
C. 持续低流量给氧
D. 鼻导管低浓度给氧
E. 鼻塞低浓度间歇给氧

28. 女性，20岁。劳累后畏寒、高热，右胸痛。查体：急性病容，口周疱疹，右肺中下部闻及支气管性呼吸音。临床诊断右肺炎。最可能的病原体是
A. 肺炎支原体
B. 肺炎克雷伯菌
C. 肺炎链球菌
D. 肺炎衣原体
E. 金黄色葡萄球菌

29. 男性，51岁。食管癌术后留置胃管，术后4天，发热、咳嗽、气促，痰略呈黄色。查体：右下肺湿啰音。胸片：右肺下叶大片状炎性病变。其最可能的病原体是
A. 金黄色葡萄球菌
B. 铜绿假单胞菌
C. 流感嗜血杆菌
D. 军团菌
E. 肠道革兰阴性杆菌

30. 男性，15岁。咽痛、咳嗽、乏力2周，食欲缺乏。胸片：左下肺多发斑片浸润影，呈节段性分布。选择用药是
A. 青霉素
B. 红霉素
C. 氧氟沙星
D. 庆大霉素
E. 头孢菌素

【A_3/A_4型题】

（31~32题共用题干）

男性，55岁。因高热1天来诊。查体：精神萎靡，四肢末梢凉，T 36.9℃，BP 80/50mmHg，右肺下背部呼吸音弱，闻及湿啰音，右上腹触痛（±）。

31. 考虑诊断可能是
A. 急性胆道感染并感染性休克
B. 肺炎并感染性休克
C. 肝脓肿并感染性休克
D. 右气胸并休克
E. 休克原因待查

32. 应为该患者选用哪类抗生素
A. 大环内酯类
B. 氨基糖苷类+大环内酯类
C. 氟喹诺酮类
D. 三代头孢菌素+大环内酯类
E. 氨基糖苷类+青霉素

（33~34题共用题干）

40岁农民。诊断左下肺肺炎链球菌肺炎，治疗上该患者应用青霉素800万单位，每日3次静脉滴注，3天后体温未明显下降，左胸痛加重。

33. 你考虑可能为哪种情况
A. 肺炎的诊断有误
B. 肺炎并冠心病
C. 出现肺外感染
D. 用药不当
E. 药品质量差

34. 治疗方面下列哪项有误
A. 青霉素可以继续应用
B. 如能由浆膜腔抽出液体应做细菌培养
C. 浆膜腔冲洗
D. 加用头孢菌素类药物
E. 抗生素疗程5~7天

（35~36题共用题干）

男性，16岁。低热、咳嗽、咽部不适2周。胸部X线片示两肺下部网状及按小叶分布的斑片状浸润阴影，血WBC 10×10^9/L。

35. 患者最可能的诊断是
A. 支原体肺炎
B. 病毒性肺炎
C. 军团菌肺炎
D. 肺炎链球菌肺炎
E. 浸润型肺结核

36. 治疗药物首选
A. 青霉素
B. 红霉素
C. 氟康唑
D. 异烟肼+利福平
E. 利巴韦林（病毒唑）

（37~38题共用题干）

男性，60岁。肺气肿病史，发热、咳嗽1周，痰量多而黏稠，脓性。胸片：右上肺大片状阴影内有多个空腔，叶间隙下坠。

37. 最可能的诊断是
A. 肺脓肿

B. 干酪性肺炎
C. 阻塞性肺炎
D. 肺炎克雷伯菌肺炎
E. 金黄色葡萄球菌肺炎

38. 治疗上选择
A. 万古霉素
B. 苯唑西林
C. 庆大霉素+利福平
D. 阿米卡星+红霉素
E. 阿米卡星+头孢哌酮

【B_1 型题】

（39~40 题共用备选答案）
A. 青霉素
B. 红霉素
C. 阿米卡星
D. 磺胺类药物
E. 两性霉素

39. 治疗肺炎链球菌肺炎
40. 治疗军团菌肺炎

（41~42 题共用备选答案）
A. 金黄色葡萄球菌肺炎
B. 肺炎链球菌肺炎
C. 克雷伯菌肺炎
D. 病毒性肺炎
E. 肺炎支原体肺炎

41. 最易引起脓气胸的肺炎是
42. 可早期出现循环衰竭的肺炎是

第六章 肺 癌

【A_1 型题】

1. 下列哪项对肺鳞癌的描述不正确
A. 与吸烟关系密切
B. 常为中心型
C. 生长迅速，病程短
D. 对放疗、化疗较敏感
E. 血行转移发生晚

2. 肺癌的转移方式中，下列何者正确
A. 鳞癌血行转移出现早
B. 大细胞癌转移较小细胞未分化癌早
C. 腺癌早期发生淋巴转移，血行转移较晚
D. 小细胞癌早期出现血行、淋巴转移
E. 淋巴转移只发生在肺癌同侧

3. 早期中心型肺癌的常见症状是
A. 高热、胸痛
B. 声嘶
C. 上肢及颜面部肿胀
D. 咳嗽、血痰
E. 胸闷、呼吸困难

4. 对放疗最敏感的肺癌是
A. 小细胞未分化癌
B. 鳞癌
C. 腺癌
D. 肺泡细胞癌
E. 以上均不敏感

5. 放射疗法的禁忌证，下列哪项错误
A. 呈现恶病质者
B. 有广泛转移
C. 高度肺气肿
D. 癌性空洞，肿瘤过大
E. 肺门转移切除未彻底

6. 肺鳞状上皮细胞癌引起支气管阻塞的主要原因是
A. 肿瘤向管腔外生长
B. 支气管肿大淋巴结压迫
C. 肿瘤向管腔内生长
D. 支气管内黏稠分泌物积聚
E. 支气管继发感染

7. 下述哪项 X 线征象是周围型肺癌的特征
A. 肺段或肺叶的局限性肺气肿
B. 圆形或类圆形肿块呈分叶状，有脐样切迹或有毛刺
C. 阻塞性肺炎
D. 出现囊状空洞或斑片状浸润
E. 可有“S”形的肺不张和密度较高的片状阴影

8. 右肺上叶鳞癌位于支气管开口处，无淋巴结转移，最佳治疗方法是
A. 右肺上叶切除术
B. 右肺上叶袖状切除术
C. 右全肺切除术
D. 放射治疗
E. 化疗加免疫治疗

9. 临床上可引起 Horner 综合征的肺癌是
A. 中心型肺癌
B. 周围型肺癌
C. 肺上沟瘤
D. 细支气管-肺泡癌
E. 肺转移癌

10. 左肺上叶边缘性肺癌下列哪项检查意义最小
A. 用蓄痰集检法作细胞学检查
B. CT 检查
C. 气管镜检查
D. 胸部 X 线检查
E. B 超引导下经胸壁肿块穿刺活检

【A_2 型题】

11. 男性，40 岁。20 年前患过肺结核，平素健康。近 3 个月有刺激性咳嗽，痰中偶有血丝，有时发热。X 线片示：右肺上叶前段有 2.0cm×2.5cm 的块状阴影，边缘不整呈分叶状。痰查脱落细胞 3 次均阴性，诊断首先考虑
A. 肺结核
B. 肺脓肿
C. 肺囊肿
D. 肺癌
E. 肺良性肿瘤

12. 男性，49 岁。刺激性咳嗽 5 个月，视物不清 10 天。胸片示左肺上叶尖段边缘直径

8cm 不规则块状阴影。此病变造成的颈交感神经综合征不包括
A. 面部无汗
B. 瞳孔缩小
C. 眼球内陷
D. 声音嘶哑
E. 上眼睑下垂

13. 男性，37 岁。右上叶肺癌切除术后 24 小时，肺癌的非转移性全身症状即逐渐消失。此类症状不包括
A. 骨关节痛
B. 重症肌无力
C. 男性乳腺增大
D. Cushing 综合征
E. Horner 综合征

14. 男性，68 岁。晚期肺癌。若癌压迫侵犯邻近器官、组织或发生远处转移时，下列征象不正确的是
A. 侵犯膈神经，引起同侧膈肌麻痹
B. 侵犯喉返神经，引起声带麻痹，声音嘶哑
C. 肥大性肺性骨关节病
D. 侵犯胸膜，引起胸膜腔积液
E. 侵入纵隔，压迫食管，引起吞咽困难

15. 男性，30 岁。低热、咳嗽并痰中偶带血丝 20 天。胸片显示右肺上叶不张。最可能的诊断是
A. 肺癌
B. 肺脓肿
C. 肺结核球
D. 支气管肺炎
E. 纵隔淋巴肉瘤

16. 男性，65 岁。低热、咳嗽并痰中带血丝 3 个月。胸片显示左肺上叶不张，少量胸膜腔积液。为确诊，进一步检查应首选
A. 胸部 CT
B. 剖胸探查
C. 胸腔镜检查
D. 支气管镜检查
E. 经胸壁穿刺活组织检查

17. 男性，35 岁。刺激性咳嗽并痰中带血丝 6 个月。胸片示左肺中央型块影，左肺上叶不张，左胸腔中量积液，右纵隔阴影增宽，轮廓呈波浪形。右侧的病变应考虑是肺癌的
A. 交叉转移
B. 直接扩散
C. 细胞脱落种植
D. 经肺循环血行转移
E. 经体循环血行转移

18. 男性，61 岁。右颈部疼痛 3 个月，逐渐加重，呈持续性，且向右臂放射。查体：眼球内陷，余无异常。X 线胸片提示右肺尖胸膜增厚。本例最可能的诊断是
A. 肺结核
B. 胸膜增厚粘连
C. 肺上沟瘤
D. 肺结节病
E. 转移性肺肿瘤

19. 男性，50 岁。干咳、痰中带血丝已 4 月余，最近 2 周来胸闷、气促，逐渐加重，右前胸胀痛，无发热。2 个月前 X 线胸片示右肺下叶前基底段密度较高片状阴影，现胸片见右侧胸腔大量积液，红细胞沉降率 85mm/h，白细胞 7.8×10^9/L，纤维支气管镜可见右下叶支气管呈漏斗样狭窄。考虑诊断为
A. 肺结核并结核性胸腔积液
B. 肺癌并发癌性胸腔积液
C. 心力衰竭引起胸腔积液
D. 肺部化脓性炎症并发脓胸
E. 胸膜间皮瘤伴胸腔积液

【A_3/A_4型题】

（20~21 题共用题干）

男性，55 岁。刺激性咳嗽，痰中带血 2 周，胸片显示左肺门增大。

20. 最可能的诊断是
A. 肺癌
B. 肺结核
C. 肺良性肿瘤
D. 转移癌
E. 支气管扩张

21. 进一步需做
A. 纵隔镜检查
B. 结核菌素试验
C. 支气管镜检查
D. 晨痰培养加药敏试验
E. 放射性核素检查

（22~23 题共用题干）

男性，67 岁。咳嗽、痰中带血丝 2 个月，发热 10 天。胸片显示右肺上叶片状阴影，呈肺炎样征象。

22. 为明确诊断，应首选
A. 胸部 CT
B. 剖胸探查
C. 纵隔镜检查
D. 痰细胞学检查
E. 经胸壁穿刺活组织检查

23. 患者出现的以上症状，是由于肿瘤侵犯或压迫了
A. 膈神经
B. 喉返神经
C. 臂丛神经
D. 上腔静脉
E. 颈交感神经

（24~25 题共用题干）

男性，53 岁。右胸不适，咳嗽、咳痰 1 个月余，近 1 周痰中带血，无发热。吸烟 30 年，每日吸烟 16 支。

24. 为明确诊断需做的检查是
A. 纤维支气管镜检查
B. X 线检查
C. 免疫学检查
D. 胸穿检查
E. B 超检查

25. 经检查诊断为鳞状细胞癌，治疗为
A. 化疗
B. 放疗

C. 右肺肿块切除术
D. 化疗加免疫治疗
E. 放疗加化疗治疗

【B_1 型题】

（26~27 题共用备选答案）
A. 结核菌素试验
B. 痰细胞学检查
C. 支气管镜检查
D. 痰培养加药敏试验
E. 经胸壁穿刺活组织检查

26. 男性，30 岁。低热、乏力、咳嗽，痰中偶带血丝 1 年。胸片显示双肺片状阴影，轮廓模糊。进一步的检查是

27. 男性，50 岁。吸烟史 30 年，刺激性咳嗽，痰中带血丝 3 周。胸片显示右肺门处阴影增大，纵隔增宽，上叶不张。进一步检查是

第七章　支气管扩张

【A_1 型题】

1. 支气管肺组织的感染和阻塞所致的支气管扩张症的最常见原因是
A. 肺结核
B. 支气管曲菌感染
C. 婴幼儿麻疹、百日咳、支气管肺炎等感染
D. 肿瘤、异物吸入引起的支气管阻塞
E. 有害气体的吸入损害气道

2. 继发于支气管肺组织炎性病变的支气管扩张多见于
A. 右肺下叶
B. 左肺下叶
C. 右肺中叶
D. 左肺上叶
E. 右肺上叶

3. 目前对支气管扩张最有确诊价值的检查是
A. 胸透
B. 胸部正、侧位片
C. 肺动脉造影术
D. 肺部 HRCT
E. MRPA

4. 支气管扩张症的治疗下列哪项是错误的
A. 体位引流的作用有时较抗生素治疗尤为重要
B. 病变局限者，经充分的内科治疗仍反复发作者可手术切除
C. 经纤维支气管镜局部灌洗后，注入抗生素也有显著疗效
D. 大咯血者，多叶病变时手术治疗
E. 在引流痰量较多时，应注意将痰液逐渐咳出，以防发生窒息

5. 支气管扩张症出现咯血时，一般不主张应用
A. 镇咳药
B. 镇静药
C. 抗生素
D. 止血药
E. 中草药

6. 支气管扩张最有意义的体征是
A. 贫血貌
B. 杵状指
C. 发绀
D. 固定吸气性哮鸣音
E. 局限性固定持久湿啰音

【A_2 型题】

7. 男性，34 岁。间断咯血 5 年。曾行胸部 CT 示右肺中叶和左肺下叶囊状支气管扩张。近 2 年咯血频率逐渐增加，曾 3 次因为大咯血住院治疗。经静脉滴注垂体后叶激素及抗感染治疗控制。患者希望更好地控制咯血。最适宜的医疗建议是
A. 手术治疗
B. 支气管镜介入治疗
C. 注射肺炎链球菌疫苗
D. 支气管动脉栓塞术
E. 注射流感疫苗

8. 年轻男性患者，反复少量咯血多年，今天突然咯血 400~500ml，查体及胸 X 线片无明显异常。该患者最可能的诊断是什么
A. 支气管内膜结核
B. 支气管肺癌
C. 支气管扩张症
D. 急性支气管炎
E. 肺栓塞

9. 男性，60 岁。支气管扩张病史 20 年，突然咯血 2 天，总量 1000ml 左右。胸 CT 示右肺中下叶及左肺下叶呈多发成串囊样改变。下列哪种处置不可取
A. 应用垂体后叶激素
B. 应用高效广谱抗生素
C. 患侧卧位
D. 纤维支气管镜直视下止血
E. 考虑手术治疗

10. 一支气管扩张患者清晨突然咯血 200ml，中午 T 37.4℃，左胸闷，听诊左肺呼吸音减弱，最可能是以下哪种情况
A. 神经过度紧张
B. 肺内继发感染
C. 潜在结核病变播散
D. 血块阻塞气道
E. 心脏方面可能有问题

【A_3/A_4 型题】

（11~12 题共用题干）

男性，42 岁。长期咳嗽、经常咳脓痰 15 年，经常应用抗生素治疗。发热、咳脓臭痰 1 周来诊。查体：左肺下背部呼吸音弱，可闻及湿啰音。

11. 治疗药物应选择下列哪项
A. 青霉素

B. 青霉素+复方甘草片
C. 丁胺卡那
D. 哌拉西林/他唑巴坦+丁胺卡那
E. 丁胺卡那+甲硝唑

12. 确诊首选下列哪项检查
A. 胸X线片
B. HRCT
C. 纤维支气管镜
D. 痰细菌培养+药敏
E. 以上都不必做

（13~14 题共用题干）

女性，25 岁。反复少量咯血多年，今日突然咯血约 500ml。查体：心肺未见异常，胸X线片示双肺下野纹理增粗。

13. 为明确诊断可进一步做下列哪项检查
A. HRCT
B. 肺功能测定
C. 痰细菌培养+药敏
D. 痰抗酸杆菌涂片
E. 纤维支气管镜检查

14. 目前治疗的关键是
A. 保持呼吸道通畅
B. 应用垂体后叶激素
C. 高效广谱抗生素
D. 尽快做胸 CT 明确出血部位
E. 纤维支气管镜直视下止血

【B_1 型题】

（15~16 题共用备选答案）
A. 在气候多变的冬、春季节咳嗽、咳痰明显，多为白色黏液痰，听诊双肺可闻及散在干、湿啰音
B. 起病急，有高热、咳嗽、大量脓臭痰；X 线检查可见局部浓密炎症阴影，内有空腔液平
C. 常有低热、盗汗、乏力、消瘦症状，干、湿啰音多位于上肺局部
D. 有慢性咳嗽、咳痰、活动时呼吸困难，常伴有慢性鼻窦炎，胸片和胸部 CT 显示弥漫分布的小结节影
E. 有反复咳脓痰、咯血的病史，可闻及下胸部、背部固定而持久的局限性粗湿啰音

15. 慢性支气管炎
16. 肺结核

第八章　肺　结　核

【A_1 型题】

1. 对疑诊支气管内膜结核的患者，首选进行下列哪项检查
A. 肺部 CT
B. 肺部放射性核素扫描
C. 痰脱落细胞
D. 痰抗酸杆菌涂片
E. 纤维支气管镜

2. 左上继发型肺结核患者，痰结核菌阳性，初治可选
A. 异烟肼 300mg/d，顿服
B. 待药物试验结果出来后选用药物
C. 尽早手术
D. 对氨水杨酸、乙胺丁醇、氧氟沙星
E. 异烟肼、利福平、吡嗪酰胺、乙胺丁醇

3. 化学药物预防肺结核的适应证，下列哪项是错误的
A. 开放性肺结核患者家庭中结核菌素试验阳性且与患者密切接触的成员
B. 结核病房护士，结核菌素试验（+），咳嗽、发热 1 周
C. 受结核分枝杆菌感染易发病的高危人群
D. 非活动性结核病，正在接受大剂量皮质激素治疗者
E. 右上肺结核稳定 1 年后，接受免疫抑制剂治疗的红斑狼疮患者

4. 关于原发性肺结核，下列哪项正确
A. 好发生于双肺锁骨上下
B. 多发生明显结核中毒症状
C. 极少发生血行播散
D. 原发灶及淋巴结不会发生干酪坏死
E. 肺门或纵隔淋巴结结核较原发复合征更为常见

5. 发现早期肺结核的主要方法是
A. 查痰抗酸杆菌
B. 胸X线检查
C. 胸 CT 检查
D. 红细胞沉降率检查
E. 血清特异性抗体的检查

6. 因结核引起的支气管扩张最好发的部位是
A. 主支气管
B. 上叶前段
C. 上叶尖后段
D. 下叶基底段
E. 中叶

7. 继发性肺结核自然演变过程中，下列哪种情况最常见
A. 急性血行播散
B. 亚急性血行播散
C. 干酪性坏死
D. 空洞形成
E. 引起胸膜炎

8. 关于结核菌素试验，下述哪项是正确的
A. 检出结核病
B. HIV 感染后可强阳性，结核病越重越易呈强阳性
C. Ⅲ型变态反应
D. 检出结核分枝杆菌感染
E. 硬肿直径 5~9mm 为强阳性反应

9. 为减少结核病的传播，不提倡患者
A. 将痰吐在水池中冲净

B. 将痰吐在纸上直接烧掉
C. 经常用5%~10%的来苏刷洗痰盂
D. 烈日暴晒被褥
E. 尽量不要到公共场所

10. 不符合肺结核活动期特点的是
A. 痰涂片找到抗酸杆菌
B. X线胸片病灶扩大
C. 病灶边缘模糊
D. 空洞形成
E. 病灶密度高，边界清楚

11. 肺结核大咯血抢救时需特别注意的是
A. 血压监测
B. 测出血时间，预防DIC
C. 慎用镇咳、镇静药
D. 保持呼吸道通畅
E. 患侧卧位

12. 急性粟粒型肺结核治疗方案中可选
A. 异烟肼、卡那霉素、吡嗪酰胺
B. 异烟肼、链霉素、卷曲霉素
C. 氨硫脲、乙胺丁醇、对氨水杨酸
D. 利福平、异烟肼、丙硫异烟胺
E. 异烟肼、利福平、吡嗪酰胺、乙胺丁醇

13. 胸片可见环形透亮区、肺门上提、肺纹呈垂柳状改变的多为
A. 原发型肺结核
B. 血行播散型肺结核
C. 干酪样肺炎
D. 纤维空洞型肺结核
E. 结核球

14. 肺结核患者大咯血时应采取哪种体位
A. 患侧卧位
B. 健侧卧位
C. 坐位
D. 俯卧位
E. 仰卧位

15. 肺结核大咯血最危险的并发症是
A. 休克
B. 结核支气管播散
C. 肺不张
D. 窒息
E. 肺部感染

16. 判断肺结核患者有无传染性的主要方法是
A. 做结核菌素试验
B. 查痰结核菌
C. 询问患者有无咯血
D. 检查患者有无发热
E. 拍胸片检查有无空洞

17. 浸润型肺结核的好发部位是
A. 上叶尖后段
B. 上叶前段
C. 右中叶
D. 左舌叶
E. 下叶基底段

18. 结核病的传染源主要是
A. 排菌的患者
B. 所有活动性肺结核患者
C. 肺内有空洞型病变的患者
D. 血行播散型肺结核患者
E. 对抗结核化疗效果不明显的患者

19. 关于卡介苗接种，下述哪项是错误的
A. 对预防成人肺结核效果显著
B. 对预防结核性脑膜炎有一定作用
C. 对预防粟粒型肺结核有一定作用
D. 对新生儿要进行卡介苗接种
E. 接种方法为皮内接种

20. 关于痰结核分枝杆菌检查，下列哪项是错误的
A. 涂片法简单敏感
B. 培养法准确可靠，常作为诊断结核病的金标准
C. PCR法不够完善
D. 经纤维电子支气管镜可做刷片
E. 是确诊结核病的主要方法

21. 关于肺结核治疗效果的评价，以下哪条不正确
A. 结核菌素试验可协助判断病情
B. 临床治愈时，空洞仍可存在
C. 临床治愈时，病灶内仍可残留结核菌
D. 痰菌转阴为考核疗效的主要指标
E. 临床治愈则不再有咯血

22. 诊断肺结核最可靠的依据是
A. 结核中毒症状及明显的呼吸道局部症状
B. 胸片：锁骨上下浸润性病灶及空洞形成
C. 5单位结核菌素试验强阳性
D. 痰中找到结核菌
E. 红细胞沉降率明显增快

23. 下列哪项中的患者，不需要进行抗结核化疗
A. 发热、咳嗽1周，胸片正常，结核菌素试验5单位强阳性
B. 胸片示结核病灶正在好转
C. 继发性患者3年中复查5次胸片无变化，近1个月午后发热、乏力
D. 左结核性胸膜炎系统化疗10个月后，胸膜肥厚粘连
E. 女性28岁，咯血20天，胸片正常，痰结核菌涂片(+)

24. DOTS是下列哪一项的英文缩写
A. 全球肺结核防治规则
B. 肺结核治疗原则
C. 全程督导短程化学治疗
D. 卡介苗接种
E. 结核菌素试验

25. 肺结核痰菌阳性患者的短期化疗方案最好的是
A. 异烟肼、链霉素加对氨水杨酸1年
B. 异烟肼、对氨水杨酸加氨

硫脲1年
C. 利福平、异烟肼3~5个月，头2个月用链霉素或乙胺丁醇强化
D. 利福平、乙胺丁醇加对氨水杨酸1年
E. 利福平、异烟肼6~9个月，头2个月用乙胺丁醇和吡嗪酰胺强化

26. 肺结核患者咳痰带血少量，最恰当的处理是
A. 可待因0.03g
B. 垂体后叶激素5~10单位
C. 止血芳酸200mg
D. 10%葡萄糖酸钙10ml
E. 安静休息，避免紧张情绪

27. 关于肺结核患者激素的应用，下列哪项是错误的
A. 不能作为肺结核治疗的常规用药
B. 可以胸腔内给药
C. 可以与抗结核药一道发挥有效的协同制菌作用
D. 结核毒性症状减轻后，激素用量递减，至6周可停药
E. 干酪性肺炎患者，抗结核治疗高热不退时，可用激素

28. 肺结核患者在接受抗结核治疗时，对疗效的考核首先要看
A. 痰菌阴转
B. 症状消失
C. X线片示空洞闭合，炎性阴影消失
D. 红细胞沉降率正常
E. 血清结核抗体阴性

29. 以下哪种抗结核药物应用于儿童和青少年时，应特别注意严密观察其副作用
A. 异烟肼
B. 利福平
C. 乙胺丁醇
D. 吡嗪酰胺
E. 链霉素

30. 肺结核患者低热持续不退，多提示
A. 精神紧张
B. 咯血吸收
C. 病变播散
D. 支气管感染
E. 肺结核并肺癌

【A_2型题】

31. 女性，24岁。间断发热、咳嗽10余天。最高体温37.6℃，无痰。既往体健。查体：T 37.4℃，P 86次/分，R 19次/分，BP 100/70mmHg，右上肺叩诊呈浊音。血常规：WBC 8.6×10^9/L，N 0.68。胸部X线片示右上肺斑片状阴影，其内可见不规则透亮区。最可能的诊断是
A. 肺炎克雷伯菌肺炎
B. 金黄色葡萄球菌肺炎
C. 吸入性肺脓肿
D. 肺结核
E. 肺囊肿继发感染

32. 男性，30岁。咳嗽3个月，偶有咳痰带血，乏力，体重下降，无发热。查体双侧颈淋巴结蚕豆大，稍硬，无触痛，右上肺少许湿啰音。最可能的诊断是
A. 肺癌
B. 肺结核
C. 肺炎
D. 肺脓肿
E. 支气管扩张

33. 男性，50岁。20年前咳嗽、低热，当时胸片示右上肺结核伴空洞，曾长期应用异烟肼、利福平效果不佳，目前右上肺有纤维空洞形成，未见广泛播散病变，痰结核菌阳性。采用哪种治疗方法为好
A. 异烟肼、利福平、乙胺丁醇
B. 卡那霉素、吡嗪酰胺
C. 异烟肼、利福平、吡嗪酰胺
D. 肺叶切除术
E. 异烟肼、氨硫脲

34. 女性，25岁。突然大咯血，已妊娠5个月，胸片示右上肺结核。下列哪种药不能使用
A. 垂体后叶激素
B. 卡巴克络（安络血）
C. 6-氨基己酸
D. 抗血纤溶芳酸
E. 云南白药

35. 男性，50岁。既往高血压6~7年，2年前，曾患脑血栓，现仍有左肢体瘫痪，两天前突然大咯血，今日2小时内咯血约500ml。下列哪种药属于用药禁忌证
A. 止血芳酸
B. 安络血
C. 垂体后叶激素
D. 2%普鲁卡因
E. 鱼精蛋白

36. 女性，26岁。右上肺结核治愈后1年半，出现结核性渗出性胸膜炎。治疗应选
A. 异烟肼、链霉素
B. 异烟肼、链霉素、对氨水杨酸
C. 异烟肼、链霉素、青霉素
D. 利福平、对氨水杨酸
E. 利福平、异烟肼、乙胺丁醇

37. 女性，25岁。5年前曾患颈淋巴结结核，5天前过劳后高热，体温39~40℃，弛张热，午后明显，盗汗，厌食，卧床不起，肝脾肋下触及边缘，WBC 11×10^9/L，分类正常，胸片：心、肺未见异常。临床诊断最大可能是
A. 败血症
B. 伤寒
C. 急性粟粒型肺结核
D. 急性白血病
E. 急性胆道感染

38. 女性，25岁。近2月常有低

热、乏力、厌食、干咳、少量咯血、消瘦，用抗生素和镇咳药未见明显效果，胸片未见异常。你的印象诊断是

A. 肺结核

B. 支气管内膜结核

C. 肺泡细胞癌

D. 过敏性肺炎

E. 慢性支气管炎

39. 女性，30岁。发热1周，体温38.5～39.5℃，周身不适，近两天轻微咳嗽，无痰。胸部查体无异常体征。腹部查体示：肝右肋下2cm，脾左肋下1cm。WBC 7.0×10^9/L，中性粒细胞0.6，淋巴细胞0.4，ESR 70mm/h，痰结核菌涂片（-），血细菌培养（-），肥达反应（-）。胸片两肺可见细小、等大、均匀分布的粟粒样阴影。诊断最可能是

A. 伤寒

B. 败血症

C. 急性血行播散型肺结核

D. 细支气管-肺泡细胞癌

E. 以上都不是

40. 男性，48岁。5年前曾患肺结核，近两月咳嗽，右胸痛，少量咳痰，间断咳痰带血。痰结核菌3次阴性，胸片无活动性结核病变。进一步应首先检查

A. 胸CT

B. 支气管碘油造影

C. 红细胞沉降率

D. 结核菌素试验

E. 右肺门X线断层扫描

41. 男性，28岁，吸烟患者。因低热、咳嗽2个月，痰中带血1周来院门诊。查体：T 37.5℃，双侧颈部可触及多个淋巴结，可活动，右上肺可闻及少许湿啰音。胸片示右上肺云雾状阴影。最可能的诊断是

A. 原发型肺结核

B. 右肺炎

C. 继发性肺结核

D. 支气管肺癌

E. 颈淋巴结炎

42. 女性，17岁。近2个月胸闷、乏力、咳嗽。查体颈淋巴结肿大，心、肺（-）。胸片：肺门及纵隔淋巴结肿大。WBC 72×10^9/L，结核菌素试验（1：10 000）48小时观察（+++）。诊断应首先考虑

A. 淋巴肉瘤

B. 胸内淋巴结结核

C. 支气管肺癌

D. 淋巴细胞白血病

E. 肺结节病

43. 男性，25岁。发热3天，体温38℃，左胸痛。查体：左胸下部可闻胸膜摩擦音。诊断为

A. 结核性渗出性胸膜炎

B. 肺炎链球菌肺炎

C. 葡萄球菌肺炎

D. 干性胸膜炎

E. 癌性胸膜炎

44. 女性，35岁。过去曾有肺结核史，近两月咳嗽，无痰，少量间断咯血，乏力，胸片未见活动性结核病变，但痰结核菌两次（+）。进一步应首先检查

A. 胸CT

B. 红细胞沉降率

C. 纤维支气管镜

D. 结核菌素试验

E. 痰脱落细胞

45. 男性，30岁。3月前患胸膜炎。经抽液，异烟肼加利福平、吡嗪酰胺治疗2个月胸腔积液吸收。2周来发热、咳嗽、痰中带血。X线检查示右上肺浸润性阴影，痰抗酸杆菌阳性。宜用哪种抗结核方案

A. 异烟肼、链霉素、乙胺丁醇

B. 异烟肼、利福平、吡嗪酰胺、链霉素、乙胺丁醇

C. 异烟肼、利福平、乙胺丁醇

D. 异烟肼、利福平、吡嗪酰胺（继续原来方案）

E. 异烟肼、利福平、吡嗪酰胺、氧氟沙星

46. 女性，50岁。糖尿病10年。经常咳嗽半年，无发热。昨日突然咯血2口。胸片右肺上野斑片状影，内有空洞1个，直径1cm左右。最可能是

A. 支气管扩张继发感染

B. 肺囊肿

C. 肺结核

D. 肺癌

E. 肺炎

47. 女性，30岁。咳嗽2周，结核菌素试验1：2000阳性，你认为

A. 可排除结核分枝杆菌感染

B. 曾有结核分枝杆菌感染

C. 现正患活动性结核病

D. 需用抗结核药物治疗

E. 需做胸CT

48. 男性，60岁。咯血200ml后突然窒息，应立即采取的关键措施是

A. 吸氧

B. 输血

C. 静脉推注垂体后叶激素

D. 去除呼吸道梗阻

E. 静脉滴注呼吸兴奋剂

49. 一肺结核患者抗结核治疗3个月，出现视力减退、视野缩小，应考虑停用下列哪种药物

A. 异烟肼

B. 利福平

C. 吡嗪酰胺

D. 乙胺丁醇

E. 链霉素

50. 女性，21岁。因发热、干咳、乏力20天，咯血2天入院。查体：T 38.5℃，消瘦，右上肺触觉语颤增强、叩诊浊音、可闻及支气管呼吸音。PPD（1单位）硬结20mm，表面有

水疱。X 线胸片于右上2~4前肋处见密度高、浓淡不均阴影。最可能的诊断是
A. 右上肺癌
B. 右上肺结核
C. 右上包裹性积液
D. 右上大叶性肺炎
E. 右上支气管扩张症

【A_3/A_4型题】

（51~52 题共用题干）
男性，30 岁，既往健康。胸片示右上肺结核，痰菌（+），应用常规量异烟肼、利福平、乙胺丁醇口服，链霉素肌内注射，两周后，患者仍有低热、盗汗。
51. 你考虑以下哪种情况
A. 诊断无误
B. 肺内可能合并感染
C. 合并肺外结核
D. 同时患有其他发热性疾病
E. 抗结核药量相对不足
52. 该患者用药 20 天后，感觉眩晕，你认为应进行下列哪项处置
A. 停用异烟肼
B. 暂停异烟肼、利福平
C. 卧床休息，对症治疗
D. 停链霉素
E. 停乙胺丁醇
（53~54 题共用题干）
男性，50 岁。糖尿病 6 年，发热 3 天，咳痰，少量带血丝。肺部未闻啰音。胸片右肺上野及中野密度较淡浸润影，似有透光区。血 WBC 9.2×10^9/L。
53. 应首先考虑哪项诊断
A. 肺结核
B. 金黄色葡萄球菌肺炎
C. 肺癌
D. 克雷伯菌肺炎
E. 肺囊肿继发感染
54. 采取哪项治疗措施
A. 抗结核药+口服降糖药
B. 万古霉素
C. 氨基糖苷类抗生素
D. 抗结核药+胰岛素
E. 广谱抗生素
（55~56 题共用题干）
男性，26 岁。低热、咳嗽 2 周。胸部 X 线片示右下叶背段不规则斑片状阴影及纤维索条影，并有薄壁空洞，未见液平面。
55. 该患者最可能的诊断是
A. 肺癌
B. 肺囊肿继发感染
C. 支气管扩张
D. 肺结核
E. 肺脓肿
56. 为明确诊断应首选的检查是
A. 痰细胞学
B. 痰找结核菌
C. 痰培养+药敏
D. 胸部 CT
E. PPD 皮试
（57~58 题共用题干）
男性，50 岁。喉结核不规则服异烟肼半年，2 周前突发语言不清，右侧肢体肌力下降。胸片两肺弥漫性小结节影，上中部较多，部分有融合。头 CT 示脑梗死。
57. 诊断首先考虑
A. 血行播散型肺结核
B. 结节病
C. 细支气管肺泡细胞癌
D. 特发性肺含铁血黄素沉着症
E. 肺内转移性癌
58. 患者治疗后出现口周发麻、头晕，应停用
A. 异烟肼
B. 利福平
C. 链霉素
D. 吡嗪酰胺
E. 顺铂

【B_1 型题】

（59~60 题共用备选答案）
A. 喉、肠结核
B. 脓气胸
C. 肺心病
D. 脑膜结核
E. 支气管扩张症
59. 肺干酪样坏死破溃入胸腔可引起
60. 晚期肺结核可发生
（61~63 题共用备选答案）
A. 结核菌抑菌剂
B. 结核菌全杀菌剂
C. 结核菌半杀菌剂
D. 对结核菌无影响
E. 对末梢神经有损害
61. 卡那霉素
62. 吡嗪酰胺
63. 利福平

第九章　胸腔积液

【A_1 型题】

1. 感染性胸膜炎最常见的病原菌是
A. 肺炎链球菌
B. 溶血性链球菌
C. 金黄色葡萄球菌
D. 结核分枝杆菌
E. 铜绿假单胞菌
2. 诊断渗出性胸膜炎下列哪项检查最有价值
A. 临床症状和体征
B. 胸部 X 线检查
C. 超声检查
D. 胸部 CT
E. 胸腔穿刺液检查
3. 关于胸膜腔渗出液的叙述，下列哪项不正确
A. 胸液黏蛋白试验（-）
B. 细胞数$>500\times10^6$/L
C. 蛋白含量 ≥ 30g/L，胸

液/血清比值>0.5

D. 胸液 LDH>200U/L，胸液 LDH/血液 LDH 比值>0.6

E. 胸液中葡萄糖含量降低

4. 根据症状和体征提示有胸腔积液时，需确定是否有胸腔积液应首选的检查是

A. 胸片

B. 支气管镜

C. 胸部 CT

D. 胸部 MRI

E. 血常规

5. 结核性渗出性胸膜炎与癌性胸膜炎最主要的鉴别点是

A. 年龄和临床表现

B. 草黄色渗出液

C. 血性胸腔积液

D. 胸部 CT 检查

E. 胸腔积液细胞学和细菌学检查

6. 鉴别胸腔积液的性质下列哪项最重要

A. 胸腔积液的蛋白定性检测

B. 胸腔积液的 pH 测定

C. 胸腔积液常规检查

D. 胸腔积液中胆固醇结晶

E. 胸腔积液中红细胞数

7. 有关糖皮质激素在结核性胸膜炎治疗中的描述，错误的是

A. 可减轻机体的变态反应

B. 可改善结核中毒症状

C. 可作为常规治疗

D. 可导致结核播散

E. 需逐渐减量

8. 大量胸腔积液所致呼吸困难，最有效的治疗措施是

A. 持续吸氧

B. 使用强效利尿药

C. 静脉注射糖皮质激素

D. 立即胸腔穿刺排液

E. 静脉注射氨茶碱

9. 结核性渗出性胸膜炎，胸腔穿刺排液时，下列哪项是错误的

A. 严格无菌操作

B. 抽液不宜过快、过多

C. 每周可以 3 次

D. 穿刺发生“胸膜反应”不影响继续抽液

E. 抽液后胸腔内可以不用药

10. 对胸腔积液的患者，若作胸腔穿刺发现脓液并有臭味，应对脓液首先做下列哪项检查以确定病因

A. 涂片找癌细胞

B. 结核菌培养

C. 化脓菌培养

D. 厌氧菌培养

E. 真菌涂片及培养

11. 关于结核性胸膜炎特点的描述错误的是

A. 多见于青年人

B. 可出现胸闷、气促

C. 可有结核中毒症状

D. X 线胸片可呈肋膈角消失或外高内低影

E. 胸腔积液中 ADA 多低于 45U/L

12. 对结核性渗出性胸膜炎的治疗，下列哪项是最重要的

A. 反复穿刺抽胸腔积液

B. 胸腔内注入氢化可的松

C. 胸腔闭式引流

D. 胸腔内注入抗结核药物

E. 全身使用抗结核药物

【A_2 型题】

13. 男性，52 岁。因咳嗽、胸闷、胸部隐痛 1 周收入院。查体：T 36.5℃，R 24 次/分，口唇发绀，右锁骨上可触及一花生米大小的淋巴结，质硬、固定、无压痛，气管向左侧移位，右肺叩诊呈浊音、语颤明显减弱、呼吸音消失。胸液常规示蛋白含量 35g/L，WBC 850×10^6/L。细胞学见大量淋巴细胞。LDH 800U/L。最可能的诊断是

A. 右侧大叶性肺炎

B. 右侧结核性胸膜炎

C. 右侧恶性胸腔积液

D. 右侧化脓性胸腔积液

E. 右侧漏出性胸腔积液

14. 胸腔积液患者胸腔积液比重 1.017，蛋白定量 25g/L，黏蛋白试验阴性，LDH 200U/L，细胞数 100×10^6/L，细菌（-）。首先考虑是哪一种积液

A. 漏出液

B. 渗出液

C. 癌性积液

D. 乳糜性积液

E. 血性积液

15. 女性，24 岁。10 天前受凉后发热，T 39℃，右胸痛。查体：右胸第 3 肋间以下叩浊。胸腔积液比重 1.020，蛋白 31g/L，黏蛋白试验（+），RBC 6×10^9/L，WBC 530×10^6/L。最可能的诊断是

A. 肺炎链球菌肺炎

B. 葡萄球菌肺炎

C. 结核性胸膜炎

D. 脓胸

E. 胸膜肿瘤

16. 女性，39 岁。发热、干咳、胸痛 20 天，近 1 周气促。查体：右第二前肋以下叩诊浊音，呼吸音消失，气管左移。胸腔积液：黏蛋白试验（+），蛋白 39g/L，细胞总数 700×10^6/L，RBC 6×10^9/L，LDH 400U/L。下列哪项是最重要的治疗措施

A. 立即穿刺抽液

B. 使用大量青霉素

C. 使用异烟肼、利福平加吡嗪酰胺

D. 使用地塞米松

E. 使用多柔比星或顺铂胸腔内注入

17. 男性，32 岁。既往有类风湿关节炎史，因发热、胸痛、气促逐渐加重半个月入院。胸腔积液为草黄色，黏蛋白试验（+），比重 1.024，白细胞 300×10^6/L，淋巴细胞 0.6。X 线胸片示右胸腔中等量积

液，右肺门淋巴结略肿大。最可能的诊断是

A. 癌性胸腔积液
B. 风湿性胸膜炎
C. 漏出性胸腔积液
D. 化脓性胸膜炎
E. 结核性渗出性胸膜炎

18. 男性，59 岁。咳嗽，左胸痛，气促逐渐加重，低热，无咯血。胸透：左胸腔中等量积液，胸腔积液为血性，为渗出液。为进一步确诊首先做下列哪项检查

A. 胸部 CT 检查
B. 纤维支气管镜检查
C. 诊断性人工气胸
D. 胸腔积液癌胚抗原测定
E. 胸腔积液脱落细胞检查

19. 男性，11 岁。发热、胸痛、咳嗽约 2 周，近 5 天有呼吸困难。体温 39℃，脉搏 120 次/分，呼吸 30 次/分。胸片：第 7 后肋高度有液平面，胸穿抽出稀薄脓汁。治疗方法主要是

A. 全身抗生素治疗
B. 全身支持疗法
C. 胸腔闭式引流
D. 胸腔穿刺排脓
E. 胸腔内注入抗生素

20. 男性，19 岁。寒战、发热、咳脓痰 3 天，体温 40℃。X 线胸片示右肺下叶大片致密影，右胸腔积液。体格检查中不应该有的体征是

A. 气管移向健侧
B. 右胸叩诊浊音
C. 右胸活动度小
D. 右胸肋间隙变窄
E. 右肺呼吸音减弱

21. 男性，4 岁。发热、咳脓痰 2 周。体温波动于 38～39℃。X 线胸片示右肺下叶大片致密影，右胸腔积液。最常见的致病菌为

A. 链球菌
B. 厌氧菌
C. 肺炎链球菌
D. 大肠埃希菌
E. 葡萄球菌

【A_3/A_4型题】

（22～24 题共用题干）

女性，23 岁。寒战、高热、咳脓痰 2 天。查体：体温 39.2℃，左肺闻及湿啰音。X 线胸片示：左肺下叶大片状致密影，给予抗生素治疗。2 天后症状加重，胸痛并呼吸困难，左胸呼吸音降低，胸片示左侧胸腔积液。

22. 目前考虑为

A. 重症肺炎
B. 肺炎合并肺脓肿
C. 肺炎合并急性脓胸
D. 肺炎合并反应性胸膜腔积液
E. 结核性渗出性胸膜腔积液

23. 进一步诊断最有价值的方法是

A. 胸部 CT
B. 结核菌素试验
C. 胸部超声检查
D. 左侧胸膜腔穿刺
E. 痰细菌培养及药敏试验

24. 在治疗中的错误方法是

A. 胸膜腔穿刺
B. 全身支持治疗
C. 应用广谱抗生素
D. 胸膜腔闭式引流
E. 胸膜腔开放引流

（25～27 题共用题干）

男性，50 岁。胸闷、气促 2 个月，胸痛 20 余天，夜间重。查体：颜面及颈部、胸壁略肿胀，胸壁静脉曲张，腋下有一拇指大小的淋巴结，无压痛，活动尚好，心率 108 次/分，律整，左肺呼吸音消失。

25. 诊断可能为

A. 冠心病心力衰竭
B. 冠心病心绞痛
C. 左自发性气胸
D. 左结核性胸膜炎
E. 左癌性胸膜炎

26. 应做下列哪项检查以明确诊断

A. 胸 CT
B. 胸腔积液脱落细胞检查
C. 心电图心功能检查
D. 腋下淋巴结病理检查
E. 胸腔积液抗酸杆菌涂片

27. 采取哪项措施缓解患者的呼吸困难

A. 静脉注射快速利尿药
B. 缓慢静脉注射毛花苷 C
C. 静脉注射激素类药物
D. 胸穿排液减压
E. 合理吸氧

（28～30 题共用题干）

女性，30 岁。发热、乏力 1 周，呼吸困难 2 天。查体：T 38.4℃，右肺叩诊浊音，呼吸音消失。

28. 诊断可能是

A. 右大叶性肺炎
B. 右干酪性肺炎
C. 右结核性胸膜炎
D. 右肺癌、阻塞性肺炎
E. 右胸膜肥厚粘连

29. 选用下列哪种药物治疗方案

A. 异烟肼+利福平+乙胺丁醇
B. 异烟肼+乙胺丁醇+链霉素+泼尼松
C. 青霉素
D. 青霉素+丁胺卡那
E. 抗肿瘤化疗+免疫疗法

30. 拍胸片证实为右胸腔积液，胸穿抽液中该患者突然心悸、出汗、脉细、颜面苍白，应立即让患者平卧给予

A. 50%葡萄糖静脉注射
B. 地塞米松 20mg 加 20ml 糖静脉注射
C. 阿托品 1mg 肌内注射
D. 肾上腺素 0.5mg 皮下注射
E. 毛花苷 C 0.2mg 加 20ml 糖静脉注射

（31～32 题共用题干）

男性，8 岁。发热、胸痛、气促 1 周余。查体：右胸部饱

满，叩诊呈浊音，右肺呼吸音减弱。实验室检查：白细胞 $20\times10^9/L$，中性粒细胞 0.9。胸片示右胸腔积液。

31. 应首先考虑
  A. 胸导管损伤
  B. 急性脓胸
  C. 癌性胸膜炎
  D. 结核性胸膜炎
  E. 急性左心力衰竭
32. 首选诊断方法
  A. 胸穿
  B. 胸部 CT
  C. 纤维支气管镜
  D. MRI
  E. 胸腔镜检查

【B_1 型题】

（33~36 题共用备选答案）
  A. 漏出液
  B. 渗出液
  C. 脓性胸液
  D. 血性胸液
  E. 乳糜性胸液
33. 充血性心力衰竭所产生的胸腔积液为
34. 系统性红斑狼疮所产生的胸腔积液为
35. 金黄色葡萄球菌肺炎并发的胸腔积液为
36. 胸导管阻塞或破裂所致的胸腔积液为

第十章　气　　胸

【A_1 型题】

1. 开放性气胸的紧急处理原则是
  A. 立即清创胸壁伤口缝合
  B. 立即作胸腔穿刺抽气
  C. 用无菌纱布覆盖包扎伤口
  D. 立即行气管内插管辅助呼吸
  E. 立即作胸腔闭式引流
2. 下列哪种疾病可导致纵隔扑动
  A. 张力性气胸
  B. 闭合性气胸
  C. 多根多处肋骨骨折
  D. 进行性血胸
  E. 肺爆震伤
3. 在张力性气胸的病理生理改变中，下列哪项是错误的
  A. 较大较深的肺裂伤，裂口形成活瓣
  B. 纵隔左右摆动
  C. 严重呼吸循环障碍
  D. 严重皮下气肿形成
  E. 伤侧和健侧肺均被严重挤压
4. 张力性气胸，患者呼吸困难，最重要的治疗措施为
  A. 吸氧
  B. 呼吸机辅助
  C. 立即安放闭式引流管
  D. 开胸手术
  E. 胸腔穿刺抽气

【A_2 型题】

5. 男性，28 岁。左胸外伤，胸痛，气促，痰中带血。查体：R 36 次/分，P 110 次/分，BP 110/80mmHg，躁动，气管明显右移，左胸前壁有 3cm×3cm 大小反常呼吸区，可触及广泛的皮下气肿，左胸叩诊过清音，左胸呼吸音弱。首要的处理为
  A. 立即插管
  B. 应用镇静、镇痛药物
  C. 压迫法控制左前胸的反常呼吸
  D. 左胸放置闭式引流
  E. 心包穿刺

【B_1 型题】

（6~7 题共用备选答案）
  A. 严重闭合性气胸
  B. 开放性气胸
  C. 进行性血胸
  D. 非进行性血胸
  E. 闭合性多根多处肋骨骨折
6. 应及时开胸探查的是
7. 可出现反常呼吸的是

第十一章　血　　胸

【A_1 型题】

1. 胸部损伤下述哪种情况为开胸探查手术适应证
  A. 气胸肺萎陷超过 30%
  B. 多根多处肋骨骨折
  C. 胸部爆裂伤
  D. 进行性血胸
  E. 损伤性窒息发绀严重
2. 损伤性血胸、胸腔内积血不凝固的原因是
  A. 多种凝血因子的减少
  B. 胸腔内渗出血液稀释
  C. 主要是凝血酶原减少
  D. 下腔静脉出血
  E. 肺、心脏、膈活动去纤维蛋白作用
3. 血心包急救处理是
  A. 补充血容量
  B. 给升压药
  C. 胸腔闭式引流术
  D. 心包穿刺减压，准备手术
  E. 大量吸氧
4. 下述哪些情况不适合闭式引流术
  A. 开放性或张力性气胸
  B. 开胸手术
  C. 反复胸穿后肺脏仍不复张
  D. 凝固性血胸
  E. 需要使用机械通气的气胸

5. 诊断进行性血胸，错误的是
   A. Hb、RBC 反复测定呈进行性下降
   B. 经输血补液血压不回升或回升后又迅速下降
   C. 脉快、血压持续下降
   D. 胸穿抽不出血，X 线片示胸膜腔阴影增大
   E. 胸腔引流连续 3 小时总量达 200ml
6. 诊断心脏损伤的可靠的依据不包括
   A. 心肌酶学检查异常
   B. 心电图显示 ST 段抬高及 T 波低平
   C. 明确的外伤病史
   D. 呼吸急促伴有咯血
   E. 超声心动图显示心脏结构异常变化
7. 下述哪些情况不适合闭式引流术
   A. 开放性或张力性气胸
   B. 开胸手术
   C. 反复胸穿后肺脏仍不复张
   D. 凝固性血胸
   E. 需要使用机械通气的气胸

【A_2 型题】

8. 男，17 岁。3 小时前被自行车撞于右胸部，伤后疼痛，呼吸困难。查体：脉搏 120 次/分，血压 90/68mmHg，呼吸 19 次/分，右胸压痛（+），叩诊浊音，右肺听诊呼吸音消失。诊断最可能是
   A. 张力性气胸
   B. 血胸
   C. 闭合性气胸
   D. 血气胸
   E. 血心包
9. 男性，25 岁。伤后 12 小时，脉搏 100 次/分，血压 120/80mmHg，呼吸 30 次/分，伤侧胸腔有积液征，胸穿抽出血液，静置后血液不凝固。主要治疗是
   A. 立即开胸手术止血
   B. 输血输液
   C. 胸腔穿刺排出积血
   D. 全身抗生素防治感染
   E. 严密监护、吸氧、镇痛等
10. 右侧血胸患者，急诊入院。查体：脉搏 120 次/分，血压 80/50mmHg，气管向左移位，在输血同时，行右胸闭式引流术，第 1 小时引流量为 200ml，第 2 小时为 250ml，第 3 小时为 210ml，血压虽经输血不见回升。此时最有效的处置是
   A. 继续输血补液
   B. 给止血药
   C. 剖胸探查止血
   D. 闭式引流加负压吸引
   E. 给血管活性药

第十二章　肋骨骨折

【A_1 型题】

1. 肋骨骨折时采用胸壁宽胶布条固定以达到制动、镇痛目的，下列操作哪一项是错误的
   A. 取宽 7～8cm 胶布条，长度超过胸廓半径
   B. 伤员深吸气状态下粘贴固定胶布
   C. 胶布条由后向前粘贴
   D. 胶布依次自下而上粘贴
   E. 上下胶布条重叠 1/3
2. 闭合性肋骨骨折时，下列哪项说明肺或支气管有损伤
   A. 伤侧肺呼吸音减低
   B. 伤侧肺有啰音
   C. 伤侧胸内剧痛
   D. 伤侧皮下气肿
   E. 伤侧胸膜腔积液
3. 老年人肋骨骨折，咳嗽时引起胸部剧痛，最好采用
   A. 胸壁胶布固定
   B. 吗啡皮下注射
   C. 口服可待因
   D. 肋间神经阻滞
   E. 肋骨牵引固定
4. 急性胸外伤中开胸手术的指征是
   A. 胸膜腔内进行性出血
   B. 心脏大血管损伤
   C. 严重肺裂伤
   D. 食管破裂
   E. 以上都是

【A_2 型题】

5. 外伤患者，右 4～6 肋骨骨折，呼吸极度困难、发绀，出冷汗。检查：BP 65/40mmHg，右胸廓饱满，右肺呼吸音消失，叩诊鼓音，颈胸部有广泛皮下气肿，处理应首选
   A. 补液输血
   B. 胶布固定胸壁
   C. 胸腔穿刺排气
   D. 立即行开胸手术
   E. 气管插管辅助呼吸

【B_1 型题】

（6～7 题共用备选答案）
   A. 包扎固定
   B. 牵引固定加闭式引流
   C. 开胸止血加内固定
   D. 肋间神经阻滞
   E. 气管切开辅助呼吸
6. 两侧多根多处肋骨骨折伴大面积胸壁软化致反常呼吸
7. 多根多处肋骨骨折伴胸腔内进行性出血

第十三章 脓胸

【A_1 型题】

1. 脓胸纤维板剥除术的适应证是
   A. 病程短的慢性脓胸，纤维板粘连不紧密
   B. 急性包裹性脓胸
   C. 肺内有病灶，肺不能复张
   D. 伴支气管胸膜瘘
   E. 病程久，肺有纤维变性
2. 急性脓胸在病程上超过几周为慢性脓胸
   A. 3周
   B. 6周
   C. 12周
   D. 24周
   E. 48周
3. 急性脓胸经胸穿刺后，脓汁又迅速增多，其适当的治疗方法是
   A. 加大抗生素用量
   B. 增加胸穿次数
   C. 胸腔闭式引流
   D. 全身支持疗法
   E. 开胸手术清除脓汁
4. 适宜胸膜内胸廓成形术的脓胸是
   A. 病程久，肺有纤维变性的脓胸
   B. 急性包裹性脓胸
   C. 小儿脓胸
   D. 病程短，肺组织无病变的脓胸
   E. 以上都不是
5. 诊断急性脓胸最可靠的依据，是
   A. 高热，胸痛
   B. X线片所见胸部致密影
   C. 白细胞计数增多
   D. 胸穿抽出脓液
   E. 抗生素治疗有效
6. 脓胸患者咳出的脓痰与胸穿抽出的脓汁一样，说明合并
   A. 肺炎
   B. 肺脓肿
   C. 肺结核
   D. 对抗生素不敏感
   E. 支气管胸膜瘘
7. 急性脓胸并发支气管胸膜瘘者，首先选用的治疗，是
   A. 胸腔穿刺排脓
   B. 胸膜腔闭式引流术
   C. 开放引流
   D. 瘘口缝合
   E. 病肺切除
8. 急性脓胸拔除闭式引流管的主要依据是
   A. 体温恢复正常
   B. 脓腔消失，肺完全膨胀
   C. 白细胞计数降至正常
   D. 脓汁每日少于50ml
   E. 呼吸困难消失
9. 脓胸的致病菌多来自
   A. 肺部感染
   B. 纵隔感染
   C. 支气管炎
   D. 膈下脓肿
   E. 败血症
10. 脓胸致病菌多见
    A. 肺炎链球菌
    B. 肺炎链球菌和大肠埃希菌
    C. 金黄色葡萄球菌和厌氧菌
    D. 链球菌和金黄色葡萄球菌
    E. 金黄色葡萄球菌和大肠埃希菌
11. 急性脓胸脓汁有恶臭，治疗方法为
    A. 应用广谱抗生素
    B. 胸穿后注入抗生素
    C. 开放引流
    D. 闭式引流
    E. 纤维板剥脱术
12. 自溃性或外穿性脓胸是指
    A. 伴有脓痰者
    B. 伴有气管瘘者
    C. 伴有食管瘘者
    D. 伴有膈下脓肿者
    E. 穿破胸壁者

【A_2 型题】

13. 女性，7岁。患肺炎5天后，出现呼吸急促、胸闷等症状。查体：患侧语颤减弱，叩诊呈浊音，听诊呼吸音减弱。胸片示积液征。下列哪项是不正确的
    A. 立即进行手术治疗
    B. 立即给予吸氧并抽取胸液做细菌培养
    C. 反复穿刺排出脓液
    D. 脓液多可行胸腔闭式引流
    E. 选用有效抗生素
14. 患者，1个月前发热、胸痛、咳嗽，有大量脓痰，经抗感染治疗不见好转，1周前咳嗽加重，并有呼吸困难。胸部X线片见左胸大片状阴影，经胸穿抽出脓汁，反复穿刺排脓不能控制，其治疗应为
    A. 抗炎，输血，补液
    B. 继续胸穿并注入抗生素
    C. 开放引流
    D. 纤维板切除术
    E. 低位胸腔闭式引流

【B_1 型题】

（15~16题共用备选答案）
A. 应用广谱抗生素
B. 胸膜腔闭式引流
C. 消除致病原因和脓腔
D. 胸膜纤维板剥除手术
E. 彻底排净脓液，使肺早日复张

15. 急性脓胸的治疗原则
16. 慢性脓胸的治疗原则

第十篇 心血管系统

第一章 心搏骤停

【A_1 型题】

1. 发生心搏骤停后，应首先进行的抢救措施是
   A. 胸外按压
   B. 清理呼吸道
   C. 心前区撞击
   D. 注射肾上腺素
   E. 人工呼吸
2. 对于电击无效的反复心室颤动或无脉性室性心动过速应
   A. 静脉注射利多卡因
   B. 心内注射利多卡因
   C. 再次电复律
   D. 人工心脏起搏
   E. 静脉注射肾上腺素
3. 心脏性猝死是
   A. 疾病晚期自然死亡
   B. 在受外伤后的死亡
   C. 中毒后的死亡
   D. 溺水的死亡
   E. 因心脏原因意外地突然死亡
4. 猝死最常发生于
   A. 冠心病
   B. 主动脉瓣狭窄
   C. 二尖瓣脱垂
   D. 肥厚型心肌病
   E. 心内膜炎
5. 心搏骤停复苏后最易出现
   A. 心肌损伤
   B. 肺水肿
   C. 肾小管坏死
   D. 脑损伤
   E. 肝小叶中心坏死
6. 心肺复苏时用药通常首选药物是
   A. 异丙肾上腺素
   B. 肾上腺素
   C. 利多卡因
   D. 去甲肾上腺素
   E. 阿托品
7. 心搏骤停早期诊断最佳指标是
   A. 瞳孔突然明显散大
   B. 测不到血压
   C. 颈动脉和股动脉搏动消失
   D. 呼吸停止
   E. 面色苍白和口唇发绀
8. 胸外心脏按压时手掌的正确部位是
   A. 左锁中线第4肋间
   B. 剑突与胸骨交界处
   C. 胸骨下半部，双乳头之间
   D. 胸骨左缘第4肋间
   E. 心脏前方的胸壁

【A_2 型题】

9. 男性，66岁。发作性胸痛1小时。在问病史过程中突然跌倒，对呼唤和推搡无反应。此时应立即采取的措施是
   A. 做超声心动图
   B. 送往抢救室
   C. 触诊大动脉
   D. 做心电图
   E. 查看瞳孔

【A_3/A_4 型题】

（10～11题共用题干）

男性，48岁。胸痛，气促，心电图诊断：急性心肌梗死（广泛前壁）伴房室传导阻滞，血压50/40mmHg。临床诊断为心源性休克。

10. 最好的治疗方法是
    A. 主动脉内球囊反搏
    B. 去甲肾上腺素
    C. 异丙肾上腺素
    D. 苄胺唑啉
    E. 多巴胺
11. 患者经抢救后血压上升至90/60mmHg。今日突然出现胸骨左缘第3～4肋间响亮的4级收缩期杂音，伴震颤。最可能诊断为
    A. 乳头肌断裂
    B. 心房破裂
    C. 心室间隔破裂
    D. 心室膨胀瘤
    E. 左室游离壁破裂

（12～15题共用题干）

男性，52岁。阵发性心悸半年，时有胸闷，登2楼觉气促3个月，下肢水肿3天来门诊。心电图示窦性心律，心率64次/分，P-R间期0.24秒，伴完全性右束支传导阻滞，诊断为扩张型心肌病，心功能不全。入院后予以洋地黄、利尿药和扩血管药物治疗。第4天突然神志不清，抽搐，听诊心音消失，血压为0mmHg，经救治后神志清醒，心搏恢复，心率45次/分，并有频发室性期前收缩。

12. 患者神志不清、抽搐，应考虑为
    A. 心源性休克
    B. 室颤或无脉性室性心动过速
    C. 脑栓塞
    D. 一过性脑血管痉挛
    E. 重度心力衰竭
13. 心电图示三度房室传导阻滞，频发室性期前收缩，其原因考虑与下列哪项有关
    A. 洋地黄
    B. 利尿药
    C. 扩血管药物
    D. 心力衰竭加重
    E. 疾病的进展

14. 此时处理应
A. 临时心脏起搏下静脉滴注利多卡因
B. 静脉注射普罗帕酮（心律平）
C. 静脉滴注利多卡因
D. 多巴酚丁胺静脉滴注
E. 停用所有药物观察

15. 如果患者神志不清发作时，心电图显示下列哪种情况适宜做电复律治疗
A. 频发性室性期前收缩
B. 短阵成串室性心动过速
C. 心房颤动
D. 心房扑动
E. 心室扑动或心室颤动

【B_1 型题】

（16~18 题共用备选答案）
A. 肾上腺素（0.5~1.0mg）
B. 阿托品（0.6~2.0mg）
C. 胺碘酮［150~500mg 静脉注射，10mg/(kg·d) 静脉滴注］
D. 10%葡萄糖酸钙 5~10ml 静脉注射
E. 异丙肾上腺素（15~20μg/min）

16. 在心肺复苏期间，对于难治性室性心动过速和心室颤动，建议应用
17. 急性高钾血症引起的顽固性心室颤动，低血钙或应用钙通道阻滞药中毒者，可给予
18. 在未建立静脉通道时，若出现缓慢性心律失常，应心内注射

第二章 心力衰竭

【A_1 型题】

1. 下列哪种情况所致的急性左心衰竭禁用洋地黄类药物
A. 急性广泛心肌梗死 48 小时后
B. 急性心肌炎
C. 急进型高血压
D. 重度二尖瓣狭窄伴窦性心律
E. 重度二尖瓣狭窄伴快速心率的心房颤动

2. Killip 分级，心功能Ⅲ级指
A. 未闻及肺部啰音和第三心音
B. 肺部有湿啰音，但啰音的范围小于 50%肺野
C. 肺部有湿啰音，且啰音的范围大于 50%肺野（肺水肿）
D. 肺部可闻及散在的哮鸣音
E. 血压<70/40mmHg

3. 心力衰竭患者水肿通常首先出现在
A. 眼睑
B. 双手
C. 颜面
D. 身体最低部位
E. 腹部

4. 右心衰竭时产生水肿的始动因素是
A. 毛细血管滤过压增高
B. 毛细血管通透性增加
C. 肾小球滤过率下降
D. 血浆胶体渗透压降低
E. 淋巴液回流障碍

5. 心力衰竭时下述减轻心脏负荷的治疗措施中，哪一项是不正确的
A. 根据病情适当安排生活、劳动和休息
B. 凡是心力衰竭的患者均应卧床休息
C. 控制钠盐摄入
D. 合理应用利尿药
E. 合理应用血管扩张剂

6. 心力衰竭并发心房扑动时首选
A. 普萘洛尔
B. 普罗帕酮
C. 奎尼丁
D. 快速洋地黄制剂
E. 胺碘酮

7. 右心衰竭时较早出现的临床表现是
A. 上腹胀满
B. 颈静脉充盈和怒张
C. 肝大
D. 对称性下肢凹陷性水肿
E. 腹水

8. 不是容量负荷过重所致心力衰竭的疾病是
A. 主动脉瓣关闭不全
B. 甲状腺功能减退症
C. 二尖瓣关闭不全
D. 室间隔缺损
E. 动脉导管未闭

9. 对药物治疗无效的反复发作室性心动过速/心室颤动的心力衰竭患者，最适宜的治疗为
A. 服用阿托品
B. 植入型心脏转复除颤器
C. 服用奎尼丁
D. 安置房室顺序起搏器
E. 静脉使用维拉帕米

10. 治疗洋地黄中毒所致的阵发性室性心动过速，最有效的是
A. 维拉帕米和钾盐
B. 胺碘酮和钾盐
C. 苯妥英钠和钾盐
D. 慢心律和钾盐
E. 奎尼丁和钾盐

11. 贫血和甲亢对心脏产生的影响使
A. 左室压力负荷加重
B. 左室容量负荷加重
C. 右室压力负荷加重
D. 右室容量负荷加重
E. 左、右室容量负荷加重

12. 对未经治疗的患者，以下检查项目，哪项结果正常时最有助于排除心力衰竭
A. 心电图
B. 胸部 X 线检查
C. 冠状动脉造影

D. 血浆心钠肽水平
E. 血浆肌钙蛋白水平

13. 血管扩张剂治疗心力衰竭的主要作用机制是
A. 增强心肌收缩力
B. 改善心肌供血
C. 降低心脏前、后负荷
D. 降低心肌耗氧量
E. 减慢心率

14. 治疗洋地黄中毒伴缓慢性心律失常时宜选用
A. 利多卡因
B. 阿托品
C. 苯妥英钠
D. 普萘洛尔
E. 呋塞米

15. 单纯左心衰竭的典型体征是
A. 下垂性对称性水肿
B. 肝颈静脉回流征阳性
C. 双肺底闻及湿啰音
D. 胸腔积液
E. 颈静脉怒张

16. 左心衰竭的临床表现主要是由于
A. 肺淤血、肺水肿所致
B. 左心室扩大所致
C. 体循环静脉压增高所致
D. 肺动脉压增高所致
E. 心室重构所致

17. 老年人伴有心力衰竭的治疗
A. 不宜选用洋地黄类药物
B. 洋地黄类药物无效
C. 需要用较大剂量洋地黄类药物
D. 洋地黄类药物的剂量应减少
E. 洋地黄类药物可使病情恶化

18. 急性左心衰竭，重度呼吸困难，烦躁不安时立即给予
A. 吸氧
B. 地西泮肌内注射
C. 吗啡皮下注射
D. 氨茶碱静脉注射
E. 坐位，两腿下垂以减少静脉回流

19. 诊断急性肺水肿最具有特征意义的依据是
A. 严重的呼吸困难，发绀
B. 心尖部舒张早期奔马律
C. 交替脉
D. 两肺干、湿啰音
E. 严重呼吸困难伴咳粉红色泡沫样痰

20. 判定心力衰竭代偿期的主要指标是
A. 心脏扩大
B. 心肌肥厚
C. 心率加快
D. 心排血量增加甚至接近正常
E. 回心血量增加

21. 下列哪项可引起右室压力负荷过重
A. 三尖瓣关闭不全
B. 肺动脉瓣关闭不全
C. 静脉回流量增高
D. 肺动脉高压
E. 严重贫血

22. 肝颈静脉回流征阳性可见于
A. 右心衰竭
B. 感染性休克
C. 乙肝后肝硬化
D. 酒精性肝硬化
E. 急性重症肝炎

23. 下列哪一项与洋地黄中毒无关
A. 恶心、呕吐
B. 右束支传导阻滞
C. 频发室性期前收缩
D. 三度房室传导阻滞
E. 黄视、绿视

24. 左心衰竭与支气管哮喘的主要鉴别点为
A. 夜间呼吸困难
B. 伴咳嗽
C. 咳白色泡沫样痰
D. 坐起时能够缓解呼吸困难
E. 肺部干、湿啰音

【A_2 型题】

25. 男性，60 岁。冠心病患者，稍事活动后即可有心悸、气促。根据其临床表现可诊断为
A. 心功能Ⅰ级
B. 心功能Ⅱ级
C. 心功能Ⅲ级
D. 心功能Ⅳ级
E. 心功能 0 级伴老年性肺气肿

26. 风湿性心脏瓣膜病伴心力衰竭患者，服用地高辛治疗 1 周，前 3 日每天服用 0.5mg，后 4 日每天服用 0.25mg，现症状体征均明显改善，心率 80 次/分，心电图示 ST 段呈鱼钩样改变。目前正确的治疗措施就是
A. 停用地高辛
B. 减少地高辛用量
C. 增加地高辛剂量
D. 继续给予地高辛原剂量
E. 改用每日静脉注射毛花苷 C 0.2mg

27. 女性，35 岁。患风湿性瓣膜病二尖瓣狭窄及关闭不全，因慢性心力衰竭，每日服用地高辛 0.125mg，10 天前气促、水肿症状加重，心率 120 次/分，心律绝对不规则。首选的治疗是
A. 静脉注射毛花苷 C
B. 静脉注射呋塞米
C. 直流电同步电复律
D. 静脉滴注氨力农
E. 静脉滴注硝普钠

28. 女性，25 岁。突然出现呼吸困难，发绀，咳粉红色泡沫样痰。查体：血压 80/50mmHg，两肺散在干、湿啰音，心率 140 次/分，心律绝对不整，心尖部闻及隆隆样舒张中晚期杂音。心电图示心房颤动。抢救措施首选
A. 静脉注射呋塞米
B. 静脉滴注硝普钠
C. 静脉注射氨茶碱
D. 皮下注射吗啡
E. 静脉注射毛花苷 C

29. 男性，56 岁。患高血压性心脏病 6 年，近 1 年来，每天从事原有日常活动时出现心悸，气促，休息后好转。判定为
A. 心功能Ⅰ级
B. 心功能Ⅱ级
C. 心功能Ⅲ级
D. 心功能Ⅳ级
E. 以上都不是

30. 男性，28 岁。近 2 年时有夜间阵发性呼吸困难，入院前 1 天出现气促，咳粉红色泡沫痰。查体：心率 130 次/分，心尖部可闻及舒张期隆隆样杂音。心电图示窦速。下列哪项治疗措施不宜使用
A. 经酒精湿化吸氧
B. 皮下注射吗啡
C. 静脉注射呋塞米
D. 静脉注射硝酸甘油
E. 静脉注射毛花苷 C

31. 患者，50 岁。既往史不详，突然发生呼吸困难。查体：满肺哮鸣音，心率 120 次/分，心脏听诊听不清有无杂音。应首选何药
A. 硝普钠
B. 毛花苷 C
C. 维拉帕米
D. 氨茶碱
E. 普萘洛尔

32. 女性，28 岁。劳累后心悸、气促伴反复咯血 4 年，近来加重，夜间不能平卧。查体：心率 110 次/分，心音强弱不等，节律不整，心尖部舒张期隆隆样杂音，肺底可听到细小水泡音。下列哪项治疗是错误的
A. 静脉滴注低分子右旋糖酐
B. 静脉注射呋塞米
C. 吸氧
D. 口服硝酸异山梨酯
E. 口服地高辛

33. 男性，68 岁。患急性广泛前壁心肌梗死，入院后常出现夜间阵发性呼吸困难。查体：心率 120 次/分，心尖部闻及舒张早期奔马律，两肺底闻及湿啰音。正确的是急性心肌梗死伴有
A. 支气管哮喘发作
B. 左心衰竭
C. 右心衰竭
D. 左、右心衰竭
E. 急性心脏压塞

34. 一风湿性二尖瓣狭窄患者，近 1 个月呼吸困难不能平卧，间断自服氨茶碱，近日呼吸困难较前减轻，但自觉上腹部胀满，出现颈静脉怒张，肝大，下肢水肿，心率 124 次/分。该患者呼吸困难减轻的最主要原因是
A. 氨茶碱治疗有效
B. 二尖瓣狭窄的程度减轻
C. 在原有左心衰竭的基础上又发生了右心衰竭
D. 合并了二尖瓣关闭不全
E. 合并了主动脉瓣病变

35. 男性，17 岁。诊断为风湿性心肌炎，心功能Ⅲ级，心率 110 次/分。心电图示窦性心动过速，P-R 间期 0.28 秒。对其心力衰竭的治疗最正确的是
A. 不宜用洋地黄
B. 可按常规剂量使用洋地黄
C. 可使用较大剂量洋地黄
D. 应在密切观察下小心使用洋地黄
E. 可根据心率的快慢，调整洋地黄剂量

36. 一风湿性心脏瓣膜病患者，心率 80 次/分，心律不规整，肝肋下 3.0cm，下肢轻度水肿。优先选用哪一种药物治疗
A. 毛花苷 C 0.8mg，静脉注射
B. 呋塞米 20mg，静脉注射
C. 高流量吸氧
D. 硝普钠 25mg，静脉滴注
E. 地高辛 0.25mg，每日 1 次口服

37. 一风湿性心脏病二尖瓣狭窄伴快速房颤患者，服用地高辛 0.25mg/d，治疗 1 个月后出现哪种情况需立即停用洋地黄类药物
A. 胸骨左缘 3~4 肋间出现舒张期隆隆样杂音
B. 肺动脉瓣区舒张期吹风样杂音增强
C. 夜间尿量增多
D. 心电图示 ST 段呈鱼钩样斜形下移
E. 心率 60 次/分，节律规整

38. 女性，28 岁。风湿性心脏病，二尖瓣狭窄并关闭不全，心悸、气促、下肢水肿，每天服用地高辛 0.25mg，间断服氢氯噻嗪已 2 个月，心电图示室性期前收缩，二联律。首选哪种治疗措施
A. 停用地高辛，给钾盐和苯妥英钠
B. 慢心律
C. 利多卡因
D. 钾盐
E. 普萘洛尔

39. 男性，32 岁。风心病、心衰用洋地黄和利尿药治疗，出现恶心、食欲缺乏，心电图为室性期前收缩二联律。下列哪一种情况最可能
A. 心衰加重
B. 低钾血症
C. 风湿活跃
D. 洋地黄中毒
E. 洋地黄剂量不足

【A_3/A_4型题】

（40~41 题共用题干）

女性，35 岁。既往风湿性关节炎病史 10 年，劳累后心悸、气促 4 年，近来加重，夜间不能平卧。查体：心尖部舒张期隆隆样

杂音，肺底可听到细小水泡音，腹胀，双下肢水肿。

40. 该患者的可能诊断为
  A. 支气管哮喘
  B. 风湿性心脏病二尖瓣狭窄
  C. 肺部感染
  D. 急性心包炎
  E. 风湿性心脏病三尖瓣狭窄

41. 该患者心功能不全的类型为
  A. 左心衰竭
  B. 右心衰竭
  C. 全心衰竭
  D. 右心衰竭伴肺感染
  E. 左心衰竭伴肾功能不全

（42~43 题共用题干）

女性，31 岁。慢性心房颤动，患者应用洋地黄过程中，心室律突然转为绝对规则，每分钟 52 次。

42. 提示下列哪一种情况发生
  A. 心房颤动已转变为窦性心律
  B. 已达洋地黄化
  C. 为继续使用洋地黄的指征
  D. 可能为洋地黄中毒
  E. 已转复为心房扑动伴 2∶1 传导

43. 最有效的治疗措施是
  A. 利多卡因
  B. 阿托品
  C. 苯妥英钠
  D. 普萘洛尔
  E. 呋塞米

（44~48 题共用题干）

男性，65 岁。陈旧性广泛前壁心肌梗死 7 年，活动后胸闷、心悸、气促 2 年，近 1 周出现夜间阵发性呼吸困难。查体：端坐呼吸，BP 160/90mmHg，P 120 次/分。P_2 亢进，心脏各瓣膜区未闻及杂音。双肺底可闻及细湿啰音，双肺散在哮鸣音。腹平软，肝脾肋下未触及，双下肢无水肿。空腹血糖 4.2mmol/L。心电图：$V_1 \sim V_6$ 导联 ST 段压低 0.05 ~ 0.1mV。血清肌钙蛋白正常。

44. 该患者目前最可能的诊断是
  A. 气道梗阻
  B. 肺动脉栓塞
  C. 支气管哮喘
  D. 急性心肌梗死
  E. 急性左心衰竭

45. 该患者暂不宜立即使用
  A. 毛花苷 C
  B. 卡维地洛
  C. 硝普钠
  D. 硝酸甘油
  E. 呋塞米

46. 该患者心功能分级为
  A. Killip 分级Ⅱ级
  B. Killip 分级Ⅲ级
  C. Killip 分级Ⅳ级
  D. NYHA 分级Ⅲ级
  E. NYHA 分级Ⅳ级

47. 该患者血压控制目标至少是
  A. 160/90mmHg
  B. 150/90mmHg
  C. 140/90mmHg
  D. 130/90mmHg
  E. 130/80mmHg

48. 住院期间测餐后血糖 3 次，餐后 2 小时血糖为 14.0 ~ 16.0mmol/L，其降压药物宜首选
  A. 血管紧张素转换酶抑制药
  B. 利尿药
  C. α 受体阻断药
  D. 钙通道阻滞药
  E. 硝酸酯类药物

（49~51 题共用题干）

男性，17 岁。心肌炎全心衰竭患者，服用地高辛 0.25mg/d，1 周后检查心电图出现洋地黄中毒。

49. 其诊断依据可能是
  A. ST-T “鱼钩” 样下移
  B. 房速伴 2∶1 传导阻滞
  C. Q-T 间期缩短
  D. P-P 间期延长
  E. 出现 U 波

50. 最适当的治疗是
  A. 停地高辛，改用毛花苷 C 静脉注射
  B. 停地高辛，改用呋塞米静脉注射
  C. 停地高辛，改用苯妥英钠静脉注射
  D. 停地高辛，改用维拉帕米静脉注射
  E. 停地高辛，改用电复律

51. 可能与洋地黄中毒有关的临床表现为
  A. 呼吸困难
  B. 腹胀
  C. 黄视、绿视
  D. 咳嗽，咳泡沫样痰
  E. 水肿，尿少

【B_1 型题】

（52~55 题共用备选答案）
  A. 右心室容量负荷过重
  B. 心脏舒张受限
  C. 左心室容量负荷过重
  D. 右心室压力负荷过重
  E. 急性肺淤血

下列病例发生心力衰竭时属于哪项机制

52. 男性，19 岁。自幼有心脏杂音。查体：肺动脉瓣区可触及收缩期震颤，闻及收缩期吹风样杂音Ⅳ级，向左上胸部传导。P_2 几乎消失

53. 女性，30 岁。原有风心病重度二尖瓣狭窄，因与人争吵，突发气促，咳嗽，咳粉红色泡沫痰，大汗淋漓入院急诊。查体：心率 120 次/分，律齐；心尖部舒张期杂音；两肺满布哮鸣音及湿啰音

54. 男性，40 岁。因胸闷、气促来诊。心脏超声检查示肥厚型心肌病。心室壁明显增厚，心室腔正常

55. 女性，12 岁。自幼发现心脏杂音来诊。查体：胸骨左缘第 2 肋间收缩期杂音Ⅱ级，呈吹风样，P_2 亢进伴分裂，并可闻及收缩期喷射音。心电图示右束支传导阻滞

第三章 心律失常

【A_1 型题】

1. 窦性心动过速的频率范围多为
   A. 100~150 次/分
   B. 120~160 次/分
   C. 100~180 次/分
   D. 130~170 次/分
   E. 100~160 次/分
2. 下列关于正常窦性心律的描述，哪项是错误的
   A. 冲动起源于窦房结
   B. 频率为 60~100 次/分
   C. P 波在Ⅰ、Ⅱ、aVF 导联直立，在 aVR 导联倒置
   D. P-R 间期为 0.12~0.20 秒
   E. 心律绝对匀齐
3. 对于无器质性心脏病，无症状的室性期前收缩的患者，应采取的治疗是
   A. 去除病因和诱因
   B. 胺碘酮
   C. 维拉帕米
   D. 普罗帕酮
   E. 美西律
4. 鉴别室速与阵发性室上速最有力的证据是
   A. QRS 波群宽大畸形的程度
   B. 是否存在房室分离
   C. 心室率的快慢
   D. 静脉应用普罗帕酮是否可终止
   E. 对迷走神经刺激的反应
5. 最易引起房颤的疾病是
   A. 风湿性心脏病二尖瓣狭窄
   B. 冠心病
   C. 甲状腺功能亢进性心脏病
   D. 高血压性心脏病
   E. 缩窄性心包炎
6. 心房颤动时 f 波的频率为
   A. 300~600 次/分
   B. 250~350 次/分
   C. 350~600 次/分
   D. 100~160 次/分
   E. 250~600 次/分
7. 阵发性室上性心动过速发作时，用刺激迷走神经方法治疗，下列哪项不正确
   A. 双侧颈动脉窦按摩
   B. Valsalva 动作
   C. 压迫眼球
   D. 面部浸于冰水中
   E. 刺激腭垂
8. 不属于阵发性室上性心动过速临床特点的是
   A. 突发突止
   B. 心率>150 次/分
   C. 心律绝对规则
   D. 第一心音强弱不等
   E. 大部分由折返机制引起
9. 持续性房颤是指心房颤动持续时间
   A. 48 小时以上
   B. 72 小时以上
   C. 7 天以上
   D. 3 个月以上
   E. 1 年以上
10. 诊断阵发性室上性心动过速最有意义的是
    A. 心率>160 次/分
    B. 颈动脉窦按摩能增加房室传导阻滞
    C. 颈动脉窦按摩使心率突然减慢
    D. 颈动脉窦按摩时心率逐渐减慢，停止后心率复原
    E. 心律绝对规则
11. 急性心肌梗死后窦速伴有室性期前收缩优先使用的抗心律失常药物是
    A. 美西律（慢心律）
    B. 普鲁帕酮（心律平）
    C. 普萘洛尔（心得安）
    D. 奎尼丁
    E. 维拉帕米
12. 以下哪种情况不适合于应用电击复律治疗
    A. 室性心动过速伴有严重血流动力学障碍
    B. 急性心肌梗死，合并室性心动过速
    C. 扩张型心肌病合并室性心动过速
    D. 洋地黄中毒出现室性心动过速
    E. 心脏手术过程中出现室性心动过速
13. 治疗尖端扭转型室速时不宜选用下列哪种药物
    A. 镁盐
    B. 普萘洛尔
    C. 胺碘酮
    D. 异丙肾上腺素
    E. 阿托品
14. 心室颤动电除颤应首选直流电
    A. 150J 非同步除颤
    B. 200~300J 同步除颤
    C. 200~300J 非同步除颤
    D. 360J 同步除颤
    E. 200~360J 非同步除颤
15. 听诊心率正常，律不整齐，可除外
    A. 一度房室传导阻滞
    B. 心房颤动
    C. 室性期前收缩
    D. 二度Ⅰ型房室传导阻滞
    E. 伴有 4∶1 和 3∶1 房室传导阻滞的心房扑动
16. 二度Ⅱ型及三度房室传导阻滞，阻滞部位在双束支，心室率缓慢，曾有 Adams Stokes 综合征发作，治疗首选
    A. 阿托品
    B. 麻黄素
    C. 异丙肾上腺素
    D. 乳酸钠
    E. 安置永久性人工心脏起

搏器

17. 最易发生房室传导阻滞的心肌梗死是
  A. 前壁心肌梗死
  B. 前间壁心肌梗死
  C. 广泛前壁心肌梗死
  D. 下壁心肌梗死
  E. 高侧壁心肌梗死

【A_2 型题】

18. 男性，48 岁。突发心悸、喘憋 1 小时，既往有扩张型心肌病、慢性心力衰竭病史。窦性心动过缓 5 年，心率 50~60 次/分。接诊时查体：T 36.3℃，P 94 次/分，BP 150/70mmHg，心率 160 次/分，律不齐，S_1 强弱不等，双肺可闻及湿啰音。该患者喘憋的最可能的诱因是
  A. 心肌炎
  B. 过敏
  C. 心房颤动
  D. 电解质紊乱
  E. 感染

19. 男性，70 岁。反复心悸、头晕和黑矇 1 个月。查体：BP 70/40 mmHg，心率 36 次/分，律齐。心电图示三度房室传导阻滞。为防止患者反复心悸、黑矇，最适宜治疗措施是
  A. 静脉滴注异丙肾上腺素
  B. 继续观察，暂不处理
  C. 口服阿托品
  D. 静脉滴注多巴酚丁胺
  E. 植入心脏永久起搏器

20. 女性，42 岁。诊断风心病、二尖瓣狭窄、快速房颤。应用地高辛 0.25mg/d 1 个月，心室率突然转为规则，55 次/分，提示
  A. 已转为窦性心动过缓
  B. 已达到洋地黄化
  C. 仍应用洋地黄，给予维持量
  D. 可能为洋地黄中毒
  E. 转为心房扑动伴有房室传导阻滞

21. 男性，28 岁。阵发性心悸 3 年，每次心悸突然发生，持续半小时至 3 小时不等。本次发作时心律齐，200 次/分，按摩颈动脉窦心律能突然减慢至正常；心电图 QRS 波形态正常，P 波不明显。诊断为
  A. 心房扑动
  B. 窦性心动过速
  C. 心房颤动
  D. 阵发性室上性心动过速
  E. 阵发性室性心动过速

22. 男性，55 岁。诊断冠心病。近 2 周治疗后心悸，脉律不齐，心电图示窦率 78 次/分，频发房性期前收缩，短阵房速。除下列哪一药物外，均适用于治疗此心律失常
  A. 胺碘酮
  B. 利多卡因
  C. 普萘洛尔
  D. 普罗帕酮
  E. 维拉帕米

23. 男性，18 岁。既往健康，突发心悸 1 小时，心率 180 次/分，心律规整，无杂音，心界正常。首选措施
  A. 毛花苷 C 静脉注射
  B. 普萘洛尔静脉注射
  C. 维拉帕米静脉注射
  D. 甲氧胺静脉注射
  E. 刺激迷走神经方法

24. 女性，32 岁。风心病二尖瓣狭窄并关闭不全 8 年，近 2 周心悸、气促、不能平卧。查体：BP 95/70mmHg，心率 170 次/分，律齐，心尖部双期杂音，两肺底有湿啰音。心电图：阵发性室上性心动过速。治疗首选
  A. 维拉帕米
  B. 静脉注射氯化钾
  C. 同步电复律
  D. 压眼球或颈动脉窦
  E. 毛花苷 C

25. 男性，53 岁。突发心悸、晕厥。心电图：宽大畸形 QRS 波群，心动过速，QRS 波振幅和波峰方向呈周期性改变，围绕等电位线扭转。诊断为
  A. 室上性心动过速伴室内差异性传导
  B. 窦性心动过速
  C. 阵发性室性心动过速
  D. 尖端扭转型室性心动过速
  E. 加速性室性自主心律

26. 男性，49 岁。患急性前壁心肌梗死，溶栓后 1 小时突然心悸、晕厥伴抽搐。心电图宽大畸形 QRS 波，频率 166 次/分，可见心室夺获。治疗首选
  A. 利多卡因静脉注射
  B. 体外同步直流电复律
  C. 毛花苷 C 静脉注射
  D. 维拉帕米静脉注射
  E. 硝酸甘油静脉滴注

27. 男性，19 岁。腹泻 2 周后出现心悸。心电图：频发室性期前收缩。下述哪项不符合室性期前收缩心电图改变
  A. 提前出现宽大畸形的 QRS 波
  B. T 波方向与 QRS 主波方向相反
  C. QRS 波群前出现倒置 P 波
  D. 代偿间歇完全
  E. 室性融合波

28. 男性，78 岁。反复晕厥伴抽搐 2 天，既往无胸痛、发绀、水肿及气促。查体：血压 180/80mmHg，心率 45 次/分，律齐，心尖部第一心音强弱有变化，心底部有二级喷射性杂音。其反复晕厥伴抽搐的原因最可能的是
  A. 高血压脑病
  B. 窦性心动过缓伴室性期前收缩
  C. 完全性房室传导阻滞
  D. 二度Ⅰ型房室传导阻滞

E. 阵发性房颤伴部分房室传导阻滞

29. 女性，65岁。急性下壁、正后壁心肌梗死，当晚意识突然丧失，抽搐，心电图发现有窦性停搏和三度房室传导阻滞。此时应首先考虑哪项措施

A. 扩血管药物

B. 异丙肾上腺素

C. 阿托品

D. 抗凝治疗

E. 安装临时起搏器

30. 男性，28岁。病毒性心肌炎，病史1个月。Holter监测结果：夜间出现间歇性二度Ⅰ型房室传导阻滞，心率52次/分。此时的处理是

A. 人工心脏起搏

B. 异丙肾上腺素静脉滴注

C. 继续观察

D. 激素治疗

E. 干扰素治疗

【A_3/A_4型题】

（31～32题共用题干）

女性，38岁。诊断风心病二尖瓣狭窄（中度），突发心悸2天，伴呼吸困难，不能平卧。查体：BP 95/75mmHg，口唇发绀，双肺较多湿啰音，心率150次/分，第一心音强弱不等，节律绝对不规则，心尖部舒张期隆隆样杂音，肝不大，下肢无水肿。

31. 触诊桡动脉搏动最可能有

A. 脉短绌

B. 交替脉

C. 水冲脉

D. 奇脉

E. 以上均不是

32. 首选何种治疗措施

A. 利多卡因静脉注射、静脉滴注

B. 多巴胺静脉滴注

C. 电复律

D. 静脉注射毛花苷C

E. 静脉注射普罗帕酮

（33～34题共用题干）

女性，28岁。阵发性心悸3年，每次突然发生，可自行终止，持续10分钟至3小时不等。查体：甲状腺不大，心界稍大，心率180次/分，律齐，杂音听不清。

33. 为明确诊断应立即做

A. 心电图检查

B. 超声心动图检查

C. 心向量图检查

D. 心脏X线检查

E. T_3、T_4、TSH检查

34. 刺激腭垂后，心率突然降至75次/分，停止刺激未再变化，最可能诊断为

A. 阵发性室上性心动过速

B. 窦性心动过速

C. 心房扑动

D. 阵发性室性心动过速

E. 阵发性房颤

（35～36题共用题干）

男性，55岁。诊断冠心病，急性心梗，突感头晕、心悸、胸闷。查体：血压90/60mmHg，心率170次/分，节律不是绝对匀齐，心尖部第一心音强弱不等。心电图：房率慢于室率，两者无固定关系，QRS波增宽为0.12秒，可见室性融合波。

35. 本病诊断是

A. 多发性室性期前收缩

B. 心房颤动

C. 心房扑动

D. 室上性心动过速

E. 室性心动过速

36. 治疗心律失常首选

A. 利多卡因

B. 维拉帕米

C. 胺碘酮

D. 同步直流电复律

E. 普罗帕酮

（37～38题共用题干）

男性，60岁。急性下壁、正后壁心肌梗死，突发意识丧失、抽搐。查体：血压85/60mmHg，心率40次/分，心音强弱有变化，律规则。既往糖尿病、高血压多年。

37. 其晕厥最可能原因为

A. 心源性休克

B. 三度房室传导阻滞

C. 窦性心动过缓

D. 糖尿病酮症

E. 肺梗死

38. 如心电图示三度房室传导阻滞，阵发性室性心动过速，首选哪项措施

A. 利多卡因

B. 阿托品

C. 电复律

D. 心脏起搏治疗

E. 以上均不是

【B_1型题】

（39～42题共用备选答案）

A. P-P间期逐渐缩短，直至出现长间歇，最长P-P间期小于最短P-P间期的两倍

B. P-R间期逐渐延长，直到P波受阻，QRS波群脱落

C. P-P间期显著延长，长间歇与正常P-P间期无倍数关系

D. P-P间期显著延长，长间歇与正常P-P间期呈倍数关系

E. P-R间期逐渐缩短，直到P波受阻

39. 诊断二度Ⅰ型窦房传导阻滞的是

40. 诊断二度Ⅱ型窦房传导阻滞的是

41. 诊断窦性停搏的是

42. 诊断二度Ⅰ型房室传导阻滞的是

（43～46题共用备选答案）

A. 普罗帕酮静脉注射

B. 毛花苷C静脉注射

C. 电复律

D. 普萘洛尔口服

E. 奎尼丁口服
43. 甲状腺功能亢进，快速房颤，首选
44. 风心病二尖瓣狭窄，快速房颤
45. 预激综合征合并房颤，血流动力学稳定，首选
46. 冠心病，急性心梗，快速房颤，急性左心衰，心源性休克，首选
（47~50题共用备选答案）
A. 利多卡因
B. 体外同步直流电复律
C. 维拉帕米
D. 毛花苷C
E. 苯妥英钠
47. 阵发性室上性心动过速，首选
48. 洋地黄治疗中出现室性期前收缩二联律，首选
49. 预激综合征合并房颤，血流动力学不稳定，首选
50. 室性心动过速有严重血流动力学障碍，首选
（51~54题共用备选答案）
A. 异丙肾上腺素
B. 腺苷
C. 肾上腺素
D. 硝苯地平
E. 利多卡因
51. 尖端扭转型室速可选用
52. 阵发性室上性心动过速可选用
53. 阵发性室性心动过速可选用
54. 频发室性期前收缩可选用
（55~58题共用备选答案）
A. 同步直流电复律
B. 非同步直流电除颤
C. 体外反搏术
D. 心脏生理型永久起搏器
E. 以上都不宜应用
55. 急性心肌梗死时发生室颤尽快用
56. 三度房室传导阻滞
57. 室性心动过速药物疗效不满意应及早应用
58. 心室率不快的房颤（1年以上）

第四章 风湿性心脏瓣膜病

【A_1型题】

1. 易导致主动脉瓣狭窄患者晕厥的情况为
A. 服用地尔硫䓬
B. 静坐休息
C. 剧烈运动
D. 睡眠
E. 窦性心律，心率70次/分
2. 梨形心脏见于
A. 主动脉瓣狭窄
B. 二尖瓣狭窄
C. 肺动脉瓣狭窄
D. 三尖瓣狭窄
E. 动脉导管未闭
3. 当风湿性心脏病二尖瓣狭窄程度加重时
A. 心尖部舒张期隆隆样杂音增强，肺动脉第二音减低
B. 心尖部舒张期隆隆样杂音减低，肺动脉第二音减低
C. 心尖部舒张期隆隆样杂音减低，肺动脉第二音增强
D. 心尖部舒张期隆隆样杂音增强，肺动脉第二音增强
E. 心尖部收缩期吹风样杂音和舒张期隆隆样杂音增强
4. 二尖瓣关闭不全时后叶损害杂音特点
A. 音调高或粗糙
B. 传至胸骨左缘和心底部
C. 在呼气时增强
D. 伴第一心音减弱
E. 伴第三心音
5. 下列哪项可作为确诊主动脉瓣关闭不全的依据
A. 苍白面容
B. 心尖向左下移位呈抬举样搏动
C. 心尖区低调舒张期杂音
D. 周围血管征
E. 彩色多普勒主动脉瓣心室侧探及舒张期射流
6. 心尖部触及舒张期震颤最常见于
A. 二尖瓣狭窄
B. 二尖瓣关闭不全
C. 动脉导管未闭
D. 主动脉瓣狭窄
E. 室间隔缺损
7. 劳累时有心绞痛及晕厥发作的主动脉瓣狭窄患者首选治疗为
A. 静脉滴注硝酸甘油
B. 强心
C. 利尿
D. 主动脉瓣瓣膜置换术
E. 主动脉瓣球囊成形术
8. 二尖瓣狭窄右室负荷加大时心电图可见
A. P波增宽>0.12秒
B. 电轴右偏或右室肥大
C. PV_1双相波
D. RV_5>2.5mV
E. 左束支传导阻滞
9. 主动脉瓣狭窄引起心功能代偿反应最主要的是
A. 心率加快
B. 左心室肥厚
C. 回心血量增加
D. 左室腔扩大
E. 肾滤过功能减低
10. 主动脉瓣狭窄的手术适应证是
A. 主动脉瓣静息跨瓣压>50mmHg
B. 主动脉瓣瓣口面积1.6cm^2
C. 合并房性期前收缩
D. 主动脉瓣钙化
E. 病程>5年
11. 胸骨左缘第2肋间闻及收缩期杂音最常见的器质性病变是
A. 二尖瓣关闭不全
B. 二尖瓣狭窄
C. 房间隔缺损
D. 主动脉瓣关闭不全

E. 室间隔缺损

12. 以下哪项不是二尖瓣球囊成形术的适应证
A. 重度二尖瓣狭窄，心功能三级
B. 瓣叶轻度钙化
C. 外科分离术后再狭窄
D. 合并左房内血栓
E. 合并轻度二尖瓣关闭不全，超声示左室内径50mm

13. 主动脉瓣中度狭窄时瓣口面积为
A. <1.0cm²
B. 1.0~1.5cm²
C. 1.50~1.75cm²
D. 1.76~2.00cm²
E. 2.1~4.0cm²

14. 风湿性心瓣膜病并发感染性心内膜炎时，最支持感染性内心膜炎诊断的是
A. 体温38.5℃
B. 胸痛并有胸膜摩擦音
C. 超声心动图显示有赘生物
D. 白细胞增多
E. 心电图ST-T改变

15. Austin-Flint杂音的发生与以下哪项有关
A. 血流加速
B. 肺动脉高压
C. 左房巨大血栓形成
D. 主动脉瓣狭窄
E. 主动脉瓣关闭不全

16. 临床上可表现为心绞痛的心脏病是
A. 非特异性心肌炎
B. 扩张型心肌病
C. 主动脉瓣狭窄
D. 二尖瓣关闭不全
E. 二尖瓣狭窄

17. 风湿性心瓣膜病中，最易导致心绞痛的类型是
A. 二尖瓣狭窄
B. 二尖瓣关闭不全
C. 三尖瓣狭窄
D. 主动脉瓣狭窄
E. 主动脉瓣关闭不全

18. 最可能引起左心室前负荷增加的是
A. 二尖瓣狭窄
B. 肺动脉瓣狭窄
C. 主动脉瓣关闭不全
D. 主动脉瓣狭窄
E. 体循环动脉高压

19. 二尖瓣关闭不全与二尖瓣脱垂鉴别主要之点是
A. 前者心尖部有全收缩期杂音
B. 前者第一心音减弱
C. 前者第一心音增强
D. 后者少见
E. 后者除收缩期杂音外，心尖区常有收缩中期喀喇音

20. 二尖瓣关闭不全时可有
A. 心尖区全收缩期杂音，并在吸气时明显增强
B. 心尖内侧的收缩期杂音，向主动脉瓣区传导
C. 心尖区全收缩期杂音，并在收缩晚期增强
D. 心尖区第一心音亢进
E. 常伴有肺动脉瓣相对关闭不全的杂音

【A_2型题】

21. 女性，23岁。风心病，二尖瓣狭窄病史5年。本次因气促、咳嗽、咳粉红色泡沫痰2小时，拟诊急性肺水肿入院。根据上述表现，估测其肺血管病变程度及右心功能状况属于
A. 肺血管病变在早期，右心功能尚佳
B. 肺血管病变在晚期，右心功能代偿
C. 肺血管病变在早期，右心功能差
D. 肺血管病变在晚期，右心功能差
E. 肺血管无病变，右心功能差

22. 女性，25岁。心悸、气促5年，近2年加重。查体：心尖区听到舒张期隆隆样杂音，心律不齐。M型超声心动图示：二尖瓣前叶曲线EF斜率降低，A峰消失，后叶前向运动瓣叶增厚。其诊断为
A. 风心病，二尖瓣狭窄
B. 左房黏液瘤
C. 肥厚型梗阻性心肌病
D. 主动脉瓣关闭不全
E. 室间隔缺损

23. 男性，25岁。心悸、气促6年，近2周症状加重，伴下肢水肿。查体：心界向两侧扩大，心尖部有隆隆样舒张中晚期杂音及收缩期3/6级吹风样杂音，胸骨左缘第3肋间有哈气样舒张期杂音，血压145/50mmHg。最可能的诊断是
A. 二尖瓣狭窄合并主动脉瓣关闭不全
B. 二尖瓣狭窄合并肺动脉瓣关闭不全
C. 二尖瓣狭窄合并二尖瓣关闭不全
D. 二尖瓣关闭不全合并主动脉瓣关闭不全
E. 二尖瓣狭窄合并主动脉瓣关闭不全

24. 女性，45岁。气促8年。查体：心率108次/分，节律不整，心脏杂音听不清。超声示：二尖瓣前叶曲线EF斜率降低，A峰消失呈城垛样，后叶前向运动。心电图f波。诊断是
A. 冠心病合并多源性室性早搏
B. 心肌病合并室性心动过速
C. 原因不明的心房颤动
D. 二尖瓣狭窄合并心房颤动
E. 左房黏液瘤合并心房扑动

25. 风心病患者因心衰而用地高辛0.25mg，每日2次，共

10天，同时并用氢氯噻嗪，出现心动过速、频发室性期前收缩，血钾3.1mmol/L。正确处理是
A. 继续服用地高辛
B. 停用地高辛，加用毛花苷C
C. 停用地高辛，加用利多卡因
D. 停用地高辛，静脉滴注钾盐，静脉注射利多卡因
E. 停用地高辛，静脉滴注钾盐

26. 23岁，女性。心尖区可闻及收缩中晚期吹风样杂音及喀喇音，超声心动图可见二尖瓣前叶CD段呈吊床样波形。最可能的诊断是
A. 二尖瓣狭窄
B. 二尖瓣关闭不全
C. 主动脉瓣狭窄
D. 主动脉瓣关闭不全
E. 二尖瓣脱垂

27. 风心病联合瓣膜病伴快速型心房颤动3年，地高辛治疗1个月后出现以下哪种情况，需立即停用洋地黄类药物
A. 胸骨左缘第3~4肋间出现收缩期吹风样杂音
B. 肺动脉瓣区舒张期吹风样杂音增强
C. 夜间尿量增多
D. 心电图ST段呈斜形下移
E. 心率56次/分，节律规整

28. 风湿性心脏病二尖瓣狭窄与关闭不全患者，用地高辛治疗心力衰竭后基本得到控制，但发生室上性心动过速伴室性早搏，心率155次/分。应及时
A. 停地高辛改用毒毛花苷K
B. 停地高辛，注射呋塞米
C. 停地高辛，应用利多卡因
D. 电复律
E. 减少地高辛用量，加用阿托品

29. 男性，36岁。曾诊断二尖瓣狭窄，但不能除外关闭不全。两者最主要鉴别是，前者无下列哪项表现
A. 肺淤血
B. 左房扩大
C. 左室扩大
D. 心房颤动
E. 肺动脉高压

30. 女性，28岁。患风湿性心脏病二尖瓣狭窄6年，日常活动即出现胸闷、气促，做心脏彩超示重度二尖瓣狭窄。根据其临床表现，心功能为
A. 心功能Ⅰ级
B. 心功能Ⅱ级
C. 心功能Ⅲ级
D. 心功能Ⅳ级
E. 以上都不是

31. 女性，25岁。原有风湿性心瓣膜病主动脉瓣狭窄，近2周乏力不适，不发热。查体：皮肤有少数瘀点，主动脉瓣区有收缩期与舒张期杂音，脾可触及增大。血红蛋白80g/L，最符合下列哪项疾病
A. 风湿性心脏病心力衰竭
B. 贫血性心脏病
C. 风湿性心肌炎
D. 先天性心脏病主动脉瓣病变
E. 风湿性心脏病并发感染性心内膜炎

32. 男性，45岁。气促20年，两年来常有胸骨后疼痛，胸骨右缘第2肋间可闻及3级收缩期喷射性杂音，该处可以触到收缩期震颤，胸骨左缘第3肋间有舒张期哈气样杂音。诊断是
A. 冠心病合并心绞痛
B. 肺动脉瓣关闭不全
C. 肥厚型梗阻性心肌病
D. 梅毒性心脏病
E. 风湿性主动脉瓣狭窄合并关闭不全

33. 38岁，女性。活动后心悸、气喘1年余。查体轻度贫血，心率快，律整，胸骨右缘第2肋间闻及响亮而粗糙的收缩期杂音（3/6级）。首先应想到的疾病为
A. 动脉导管未闭
B. 主动脉瓣关闭不全
C. 二尖瓣关闭不全
D. 室间隔缺损
E. 主动脉瓣狭窄

34. 女性，28岁。既往有关节痛史。劳累后心悸、气促3年，下肢水肿3个月。X线片示左右心室扩大，左房增大，食管局限压迹。血压130/50mmHg，有枪击音。最可能的诊断
A. 风心病二尖瓣狭窄
B. 风心病二尖瓣狭窄并关闭不全
C. 风心病二尖瓣狭窄，主动脉瓣关闭不全
D. 风心病主动脉瓣关闭不全
E. 心肌病

35. 女性，60岁。发现主动脉瓣狭窄10年，快走时心前区憋闷3年。心电图示左心室肥厚，治疗宜首选
A. 主动脉瓣瓣膜置换术
B. 主动脉瓣球囊成形术
C. 心脏移植
D. 冠状动脉旁路移植术
E. 主动脉瓣修补术

【A_3/A_4型题】

（36~38题共用题干）

女性，28岁。风心病10年，心房颤动史3年，长期服用地高辛治疗，停经3个月，诊为早孕。1周来恶心、呕吐、食欲缺乏就诊。查体：心脏增大，心率70次/分，律不齐，心尖部第一心音减弱，可闻及3/6级收缩期杂音，向左腋下传导并可及舒张期杂音。胸骨左缘第2~4肋间2/6级收缩期杂音，P_2亢进，心电图示心房颤动（Af）、室性早搏（VPB）

36. 本例心脏瓣膜病应诊断为
A. 二尖瓣关闭不全伴相对性二尖瓣狭窄
B. 二尖瓣狭窄并关闭不全伴肺动脉高压
C. 二尖瓣狭窄伴肺动脉高压
D. 二尖瓣窄漏伴主动脉瓣狭窄
E. 二尖瓣狭窄伴二尖瓣关闭不全

37. 本例恶心、呕吐应考虑是哪种原因
A. 妊娠反应
B. 洋地黄中毒
C. 右心功能不全
D. 洋地黄不足
E. 低血钾

38. 下列哪项表现应与洋地黄中毒无关
A. 恶心，呕吐
B. 右束支传导阻滞
C. 频发室早
D. Ⅲ度房室传导阻滞
E. 黄视

（39~40 题共用题干）

女性，70 岁。风湿性心脏瓣膜病 20 年。因心悸 5 天就诊。查体：自动体位，BP 150/70mmHg，心率 119 次/分，心律绝对不齐，心音强弱不等。心电图示：心房颤动。

39. 为控制该患者的心室率不宜首选
A. 地高辛
B. 美托洛尔
C. 维拉帕米
D. 地尔硫䓬
E. 普罗帕酮

40. 宜首选的抗凝治疗是
A. 华法林
B. 阿司匹林
C. 肝素
D. 尿激酶
E. 复方丹参片

（41~43 题共用题干）

男性，34 岁。原有风湿性心脏病 10 年，反复心衰，平时服用地高辛半片，每日 2 次，以及利尿药，近日低热、食欲缺乏、周身酸痛伴气促入院。查体：半卧位，颈静脉充盈，心界扩大，心率 120 次/分，律不齐，S_1 强弱不等，心尖部双期杂音，两肺底少量细湿啰音，肝大肋下两指。X 线片示右侧少量胸腔积液。

41. 本例考虑有心力衰竭加重，其诱因首先考虑
A. 呼吸道感染
B. 感染性心内膜炎
C. 风湿活动
D. 洋地黄量不足
E. 本身病变恶化

42. 治疗后胸腔积液消失，能够平卧，食欲仍欠佳，恶心，为除外有否洋地黄中毒，可作哪项处置
A. 尿中地高辛浓度测定
B. 心电 ST 段有无鱼钩改变
C. 血地高辛浓度
D. 停用洋地黄，观察症状有否消失
E. 加用维拉帕米和洋地黄

43. 若血钾 3.9mmol/L，心电图为室速的洋地黄中毒患者，不宜用
A. 利多卡因
B. 苯妥英钠
C. 静脉滴注氯化钾
D. 硫酸镁
E. 同步电复律

（44~47 题共用题干）

男性，45 岁。诊断风心病二尖瓣病 5 年。房颤半年，为纠正房颤来院

44. 首先做超声心动图，目的是明确
A. 有否左室大
B. 有否主动脉瓣病变
C. 有否附壁血栓
D. 有否右室大
E. 有否肺动脉高压

45. 左房内有异常回声下列哪项正确
A. 复律之前 3 周和复律之后 4 周应用华法林治疗
B. 复律前应用华法林治疗 2 周
C. 复律后应用华法林治疗 2 周
D. 复律前后用阿司匹林和双嘧达莫 2 周
E. 不需治疗

46. 窦性心律的药物应用多长时间方可减量
A. 3 日后
B. 1 个月后
C. 1~2 周后
D. 半年后
E. 1 年后

47. 以后维持需多长时间
A. 半年
B. 1 年
C. 不需继续应用
D. 长期应用
E. 1 年半

（48~50 题共用题干）

女性，32 岁。反复发热在 37.5~38.0℃1 个月，伴关节肌肉酸痛。查体：轻度贫血，心界不大，心率 90 次/分，心尖有收缩期吹风样杂音三级。诊断为风心病，二尖瓣关闭不全，发热待查。

48. 入院后首先处理是
A. 第 1 日间隔 1 小时抽血 1 次
B. 尿常规检查有否镜下血尿
C. 抗生素静脉滴注
D. 检查红细胞沉降率，抗 O，除外风湿活动
E. B 超检查有否脾大

49. 最有助于诊断感染性心内膜炎的检查是
A. 胸部 X 线检查
B. 心电图
C. 超声心动图
D. 心血管造影
E. 心脏 CT

50. 本例抗生素治疗后体温下降，

症状改善，此时抗生素应用疗程是

A. 体温正常后3日可停用抗生素

B. 2周

C. 5个月

D. 4~8周

E. 10个月

（51~53题共用题干）

男性，28岁。心悸、气促10年，胸闷胸痛，活动中晕厥发作，下肢水肿。查体：心脏大，心尖部舒张期杂音，胸骨左缘第2肋间3/6收缩期杂音，肝大，下肢水肿。心电图：Af。超声检查示二尖瓣、主动脉瓣增厚，开放受限。

51. 本例诊断是

A. 感染性心内膜炎心衰

B. 扩张型心肌病

C. 风心病，二尖瓣狭窄并主动脉瓣狭窄

D. 风心病，二尖瓣窄漏并主动脉瓣窄漏

E. 风心病，二尖瓣狭窄并主动脉瓣关闭不全

52. 若考虑外科治疗以下哪项最佳选择

A. 二尖瓣闭式分离，主动脉瓣置换

B. 二尖瓣、主动脉瓣双瓣置换

C. 二尖瓣置换，主动脉瓣扩张

D. 二尖瓣扩张，主动脉瓣置换

E. 单纯二尖瓣置换

53. 该患者胸痛及晕厥的原因是由于

A. 癫痫发作

B. 心肌缺血，心排血量减少

C. 冠脉痉挛

D. 低血糖

E. 自主神经功能紊乱

（54~56题共用题干）

女性，40岁。心悸、气促8年，心前区疼痛、晕厥发作1年。查体：心尖部可及开瓣音及舒张期隆隆样杂音，胸骨左缘3肋间3/6收缩期杂音。X线片示左2弓突出，右侧双弧影。心电图示$PTFV_1$异常，双峰P，右室肥大。

54. 明确诊断需做下列哪项检查

A. 运动试验

B. 食管调搏

C. 心肌活检

D. 24小时Holter

E. 超声心动图

55. 若考虑行球囊扩张术下列哪项方案是正确的

A. 先扩主动脉瓣，其次扩二尖瓣

B. 先扩二尖瓣，再扩主动脉瓣

C. 先扩二尖瓣，择期扩主动脉瓣

D. 先扩主动脉瓣，择期扩二尖瓣

E. 主动脉瓣，二尖瓣同时扩

56. 该患者诊断为

A. 风心病，二尖瓣关闭不全并主动脉瓣狭窄

B. 风心病，二尖狭窄并主动脉瓣关闭不全

C. 风心病，二尖瓣窄漏并主动脉瓣关闭不全

D. 风心病，二尖瓣窄漏并主动脉瓣狭窄

E. 风心病二尖瓣狭窄并主动脉瓣狭窄

（57~59题共用题干）

女性，21岁，排球运动员。近半年体力下降，活动后心悸、气促，心前区不适。查体：身体细高，四肢细长，心脏扩大，主动脉瓣区舒张期叹息样杂音，点头征（+），周围血管征（+），BP 110/40mmHg。超声：主动脉扩张。

57. 最可能的诊断是

A. 风心病，主动脉瓣关闭不全

B. 感染性心膜炎

C. 先心病

D. 马方综合征

E. 特发性升主动脉扩张

58. 该患者家庭中可见多人发病，此与下列哪项有密切关系

A. 风湿活动

B. 感染

C. 环境因素

D. 情绪精神因素

E. 遗传性结缔组织病

59. 治疗最佳方案

A. 主动脉瓣修补术

B. 主动脉瓣置换术

C. 心脏移植术

D. 主动脉根部带瓣置换术

E. 主动脉置换术

（60~62题共用题干）

男性，23岁。心悸、气促4年，水肿2周。查体：BP 110/30mmHg，面色苍白，颈静脉怒张，心界大，心尖部双期杂音，肺动脉瓣区第2心音亢进，主动脉瓣区舒张期叹息样杂音，有水冲脉枪击音。超声：二尖瓣增厚，主动脉瓣关闭欠佳有反流。

60. 诊断

A. 风心病，多瓣膜病变，二尖瓣窄漏并主动脉瓣狭窄

B. 风心病，多瓣膜病变，二尖瓣狭窄并主动脉瓣狭窄

C. 风心病，多瓣膜病变，二尖瓣窄漏并主动脉瓣关闭不全

D. 风心病，多瓣膜病变，二尖瓣关闭不全并主动脉瓣狭窄

E. 风心病，多瓣膜病变，二尖瓣窄漏并主动脉瓣窄漏

61. 以下哪项指标是手术禁忌证

A. LVEF>0.2

B. LVEDD≥60mm

C. LVEF>0.5

D. LVEDD≥70mm

E. LVEDD≥80mm

62. 以下哪项措施不需要

A. 预防风湿活动
B. 积极控制感染
C. 长期服用硝苯地平扩张动脉可使右室容量及重量减少
D. ACEI 和 β 受体阻断药
E. 异丙基肾上腺素

【B_1 型题】

（63~65 题共用备选答案）
A. 二尖瓣口面积（4~6cm^2）
B. 二尖瓣口面积≥2cm^2
C. 二尖瓣口面积≤1.0cm^2
D. 肺毛细血管楔压>30mmHg
E. 肺毛细血管楔压>20mmHg

63. 肺水肿
64. 肺静脉压增高
65. 二尖瓣重度狭窄

（66~69 题共用备选答案）
A. 梨形心
B. 普大型心
C. 左室增大，主动脉明显扩张
D. 心室收缩时心房反向膨出
E. 心影正常或左室、左房轻度增大

66. 主动脉瓣关闭不全
67. 二尖瓣狭窄
68. 二尖瓣关闭不全
69. 主动脉瓣狭窄

（70~74 题共用备选答案）
A. 心尖区舒张中晚期隆隆样杂音
B. 心尖区全收缩期吹风样杂音
C. 胸骨左缘第 3 肋间舒张早期哈气样杂音
D. 胸骨右缘第 2 肋间 3 级以上喷射性收缩期杂音
E. 胸骨左缘功能性收缩期杂音

70. 主动脉瓣狭窄
71. 二尖瓣狭窄
72. 肥厚型梗阻性心肌病
73. 二尖瓣关闭不全
74. 主动脉瓣关闭不全

（75~78 题共用备选答案）
A. 肝脏收缩期搏动
B. Graham-Steell 杂音
C. Austin-Flint 杂音
D. 收缩中、晚期喀喇音
E. 胸骨左缘第 2 肋间连续性机器样杂音

75. 动脉导管未闭
76. 梅毒性心脏病
77. 二尖瓣狭窄
78. 二尖瓣脱垂

（79~81 题共用备选答案）
A. 重搏脉
B. 奇脉
C. 交替脉
D. 水冲脉
E. 短绌脉

79. 脉压增大时可出现
80. 左室功能不全可出现
81. 心脏压塞可出现

第五章 自体瓣膜亚急性感染性心内膜炎

【A_1 型题】

1. 急性感染性心内膜炎最常见的致病菌是
A. 甲型溶血性链球菌
B. 金黄色葡萄球菌
C. 淋球菌
D. 肺炎链球菌
E. 肠球菌

2. 亚急性感染性心内膜炎最常见的致病菌是
A. 甲型溶血性链球菌
B. 金黄色葡萄球菌
C. 淋球菌
D. 肺炎链球菌
E. 肠球菌

3. 下列哪项不是亚急性感染性心内膜炎的临床表现
A. Roth 斑
B. Janeway 损害
C. Osler 结
D. 瘀点
E. 指和趾甲下线状出血

4. 亚急性感染性心内膜炎最常见于下列哪种器质性心脏病
A. 先天性心血管病
B. 风湿性心瓣膜病
C. 心脏手术后
D. 梅毒性心脏病
E. 正常心脏

5. 诊断感染性心内膜炎的最重要方法是
A. 血培养
B. 红细胞沉降率
C. 血常规
D. 超声心动图
E. 血清免疫学检查

6. 在病原菌尚未培养出时，治疗亚急性感染性心内膜炎，首选抗生素是
A. 庆大霉素
B. 青霉素
C. 红霉素
D. 链霉素
E. 阿米卡星

7. 感染性心内膜炎预后不良因素中最为严重的是
A. 主动脉瓣损害
B. 革兰阴性杆菌或真菌致病
C. 心力衰竭
D. 肾衰竭
E. 瓣环或心肌脓肿

8. 关于感染性心内膜炎赘生物存在部位的说法，下列何种说明正确
A. 见于主动脉瓣关闭不全的瓣叶心室面
B. 见于室间隔缺损的间隔左心室侧
C. 见于二尖瓣关闭不全的瓣

叶心室面

D. 见于二尖瓣狭窄的心房面

E. 以上都不是

9. 下列感染性心内膜炎的抗生素治疗中，错误的是

A. 早期应用

B. 小剂量，长程治疗

C. 静脉用药为主

D. 急性者应用针对金黄色葡萄球菌、链球菌和革兰阴性杆菌的广谱抗菌治疗

E. 亚急性者采用针对包括肠球菌在内的链球菌的抗生素

10. 确诊感染性心内膜炎，依照Duke诊断标准，主要标准中除了血培养阳性外，还应有

A. 指甲下裂片状出血

B. 新出现杂音或杂音较前加重

C. Janeway损害

D. Roth斑

E. 转移性脓肿

11. 下列哪一项不是感染性心内膜炎Duke诊断标准中次要标准的内容

A. 发热

B. 风湿性心脏病

C. Osler结节

D. 脾大

E. Janeway损害

【A_2型题】

12. 女性，35岁。低热2月余。风湿性心脏病史15年余。查体：BP 110/60mmHg，轻度贫血貌，右手中指和示指各有豌豆大小红色结节1个，有触痛。心界扩大，心率100次/分，律齐，心尖部可闻及3/6级收缩期吹风样杂音及舒张期隆隆样杂音，脾肋下刚触及。该患者最可能出现的情况是

A. 风湿活动

B. 自身免疫性溶血性贫血

C. 感染性心内膜炎

D. 粟粒性肺结核

E. 系统性红斑狼疮

13. 女性，24岁。患风心病6年，因不明原因发热2周，拟诊合并感染性心内膜炎。关于感染性心内膜炎，下列哪项概念是错误的

A. 瓣膜狭窄时较关闭不全时多见

B. 可发生于先天性动脉导管未闭者

C. 也可发生于原来无基础心脏病者

D. 可发生于二尖瓣脱垂者

E. 近年来，非风湿性瓣膜病的心内膜炎发病率有所提高

14. 在诊断感染性心内膜炎时，下列哪项概念是错误的

A. 可以有不发热的病例

B. 脑栓塞罕见

C. 可发生于主动脉瓣二叶瓣畸形

D. 房间隔缺损和大室间隔缺损时少见

E. 可以出现房室传导阻滞的表现

15. 男性，30岁。原有风心病史，因持续性发热、乏力、食欲缺乏来诊。经检查拟诊为亚急性感染性心内膜炎，体格检查时下列哪个体征不可能出现

A. 蝶形红斑

B. 瘀点

C. 心脏杂音无变化

D. 心率40次/分，心电图示三度房室传导阻滞

E. 脾大

16. 女性，33岁。因风心病合并感染性心内膜炎收入院。下列哪项处理是错误的

A. 抽取血培养后开始使用抗生素

B. 选用杀菌剂

C. 根据血培养及药物敏感试验结果调整抗生素种类

D. 疗程至少4~6周

E. 积极抗生素治疗情况下持续发热8天以上，需手术治疗

17. 感染性心内膜炎的赘生物，下列哪项说法是错误的

A. 可引起栓塞

B. 以在二尖瓣和主动脉瓣上最为常见

C. 易发生于室缺的左心室心内膜上

D. 易发生在二尖瓣关闭不全瓣膜的心房面

E. 赘生物≥10mm时，易发生动脉栓塞

【A_3/A_4型题】

（18~21题共用题干）

女性，32岁。因不明原因发热2周来院门诊。查体：心脏有杂音。拟诊感染性心内膜炎入院。

18. 感染性心内膜炎，最常发生于下列哪种情况

A. 心脏正常的吸毒者

B. 先心病室间隔缺损

C. 先心病房间隔缺损

D. 肺源性心脏病

E. 风湿性瓣膜病

19. 关于超声心动图诊断感染性心内膜炎的叙述哪项是正确的

A. 经胸超声检查可检出90%的赘生物

B. 超声心动图未发现赘生物时并不能排除感染性心内膜炎

C. 经食管超声（TTE）可检出<3mm的赘生物，敏感性高达95%以上

D. 赘生物≥5mm时，易发生动脉栓塞

E. 感染治愈后，赘生物随即消失

20. 为明确诊断抽血培养的最佳时间是

A. 先用抗生素3天，体温不退时抽取

B. 停用原用的抗生素 2 天后，抽取 3~5 次血培养
C. 抗生素应用前，在第一日间隔 1 小时采血一次，共 3 次
D. 原先抗生素可继续应用，抽取 3 次血培养
E. 停用抗生素 1~2 周后抽取血培养 3~5 次

21. 感染性心内膜炎最常见的并发症是
A. 心力衰竭
B. 心肌炎或心包脓肿
C. 细菌性动脉瘤
D. 室性心律失常
E. 脏器栓塞

【B_1 型题】

（22~23 题共用备选答案）
A. 血清 AST 增高
B. 脾大
C. 颜面蝶形红斑
D. 病理性 Q 波
E. 抗“O”升高

22. 亚急性感染性心内膜炎可有
23. 风湿热可以有

第六章　原发性高血压

【A_1 型题】

1. 对血压显著增高多年的患者，应用降压药使血压短时间内骤降至正常水平可以
A. 改善症状
B. 改善心脑肾血液供应
C. 诱发肾功能不全
D. 诱发脑出血
E. 须防冠状动脉血栓形成

2. 下列各种高血压，哪种最适合 β 受体阻断药治疗
A. 高血压伴心功能不全
B. 高血压伴肾功能不全
C. 高血压伴支气管哮喘
D. 高血压伴心动过缓
E. 高血压伴肥厚型梗阻性心肌病

3. 合并双侧肾动脉狭窄的高血压患者降压不宜首选
A. 钙通道阻滞药
B. 血管紧张素转换酶抑制药
C. 利尿药
D. β 受体阻断药
E. α 受体阻断药

4. 高血压患者发生胰岛素抵抗时，以下哪项指标判断胰岛素敏感性
A. 空腹血糖水平
B. 空腹胰岛素水平
C. 葡萄糖耐量试验
D. 餐后血糖水平
E. 外周血液的糖化血红蛋白

5. 以下何为老年人高血压的最主要特点
A. 多属轻中型，恶性者罕见
B. 以纯收缩压升高为多见
C. 大部分系动脉粥样硬化导致动脉弹性减退
D. 周围血浆肾素活性降低
E. 血压波动明显

6. 高血压合并糖尿病患者，血压应控制在
A. <130/80mmHg
B. <130/85mmHg
C. <135/85mmHg
D. <140/90mmHg
E. <150/90mmHg

7. 关于高血压的流行病学调查，以下哪项因素未确定与发病有关
A. 年龄
B. 体重
C. 钠盐
D. 吸烟
E. 饮酒

8. 除哪项外，以下均是血管紧张素Ⅱ的功能
A. 直接使小动脉收缩
B. 使交感神经发放冲动增加
C. 刺激肾上腺皮质网状带，使醛固酮分泌增多
D. 使静脉收缩，回心血流量增多
E. 增加渴觉，导致饮水行为

9. 高血压患者，超声心动图示室间隔与左室后壁之比达 1∶4，下列何种药物最佳
A. 氢氯噻嗪
B. 依那普利
C. 氨酰心胺
D. 维拉帕米
E. 地尔硫䓬

10. 高血压危象的发生机制可能为
A. 机制尚不清楚
B. 过高血压突破脑血管的自身调节能力，脑灌注过多
C. 交感神经功能亢进和血液循环中儿茶酚胺过多
D. 先天性血管畸形
E. 血管肾素活性明显增高

11. 根据 WHO 诊断标准，高血压定义为
A. ≥130/85mmHg
B. ≥140/90mmHg
C. ≥150/95mmHg
D. ≥160/100mmHg
E. ≥180/110mmHg

12. 1999 年世界卫生组织和国际高血压学会（WHO/ISH）制定和修改的新的正常人血压标准为
A. BP<120/80mmHg
B. BP<130/85mmHg
C. BP<139/89mmHg
D. BP<140/90mmHg
E. BP<160/100mmHg

13. 诊断高血压依据的血压值的测量方法是
A. 未用降压药的情况下，

3次非同日血压值的均值
B. 未用降压药的情况下，3次同日血压值的均值
C. 用降压药的情况下，3次非同日血压值的均值
D. 用降压药的情况下，3次同日血压值的均值
E. 休息5分钟后测定的血压值

14. 高血压合并胰岛素抵抗的患者不会发生以下何项改变
A. 对胰岛素刺激和葡萄糖吸收抵抗
B. 高糖血症
C. 血清低密度脂蛋白与甘油三酯两者均增高
D. 血胆固醇升高
E. 高密度脂蛋白升高

15. 合并冠状动脉痉挛性心绞痛的高血压患者宜首选
A. β受体阻断药
B. 利尿药
C. 血管紧张素转换酶抑制药
D. 钙通道阻滞药
E. α受体阻断药

16. 高血压脑病时最常见的症状是
A. 一过性脑缺血
B. 意识丧失，抽搐
C. 脑出血
D. 偏瘫，失语
E. 头痛，头晕

17. 原发性高血压的主要病理生理是
A. 心排血量升高
B. 交感神经兴奋性增加
C. 肾素分泌过多
D. 周围血管阻力增加
E. 血管内皮细胞过多分泌内皮素

18. 高血压伴有低钾血症首先应考虑
A. 皮质醇增多症
B. 原发性醛固酮增多症
C. 嗜铬细胞瘤
D. 继发于慢性肾炎的高血压
E. 肾动脉狭窄

19. 用于高血压危险分层的并发症不包括以下哪项
A. 心绞痛
B. 脑卒中
C. 视网膜出血、渗出
D. 血肌酐106μmol/L
E. 主动脉夹层动脉瘤

20. 高血压危险分层标准最主要的依据是
A. 病程长短
B. 血压增高速度
C. 症状轻重
D. 器官损伤及功能代偿情况
E. 以上都不是

【A_2型题】

21. 男性，40岁。陈旧性心肌梗死3年，高血压病史4年。查体：BP 150/95mmHg，心率90/分。降压治疗宜首选
A. α受体阻断药
B. β受体阻断药
C. 利尿药
D. 二氢吡啶类钙通道阻滞药
E. 神经节阻断剂

22. 男性，65岁。测血压经常为180/120mmHg，同时发现血糖为8.7mmol/L，血胆固醇7.2mmol/L。以下何种药物不宜使用
A. 阿替洛尔
B. 卡托普利
C. 哌唑嗪
D. 甲基多巴
E. 尼群地平

23. 女性，76岁。因反复晕厥伴抽搐半天入院，既往有高血压病史20年。查体：血压200/50mmHg，心率慢，律齐，心尖部第一心音强弱不等，心底部有Ⅱ级喷射样收缩期杂音。此患者反复晕厥、抽搐的原因可能是
A. 高血压危象
B. 高血压脑病
C. 主动脉瓣狭窄
D. 完全性房室传导阻滞心室率过缓，致阿斯发作
E. 肥厚型梗阻性心肌病

24. 男性，68岁。查体：心底部有舒张期哈气样杂音，以胸骨右缘第2肋间最响，第二心音亢进，血压170/90mmHg。胸片提示主动脉增宽扭曲，心影靴形。最可能的诊断是
A. 风湿性主动脉瓣关闭不全
B. 先天性心脏病，二叶式主动脉瓣
C. 主动脉粥样硬化，主动脉瓣关闭不全
D. 肺动脉高压，相对肺动脉瓣关闭不全
E. 高血压性心脏病

25. 女性，45岁。2年来常突然头痛、头晕、出汗、呼吸困难，发作时血压200/120mmHg，均于2小时后症状自行消失，血压恢复正常。最可能的诊断是
A. 高血压危象
B. 嗜铬细胞瘤
C. 肾动脉狭窄
D. 皮质醇增多症
E. 高血压病

26. 男性，32岁。发现血压增高3年。近1年血压持续为(170～200)/(130～140)mmHg，近1周头痛、视物模糊。眼底检查发现视盘水肿，最可能的诊断为
A. 急性视盘病变
B. 脑出血
C. 恶性高血压
D. 脑梗死
E. 高血压脑病

27. 男性，75岁。高血压病史16年，平素血压170/70mmHg，实验室检查空腹血糖56mmol/L，血肌酐180μmol/L，尿蛋白(++)。该患者的收缩压至少控制在
A. 130mmHg以下
B. 110mmHg以下

C. 140mmHg以下
D. 120mmHg以下
E. 150mmHg以下

28. 男性，55岁。有轻度高血压，伴有心动过速，轻度充血性心力衰竭症状，有哮喘和痛风史。治疗药物首选为
A. α受体阻断药
B. β受体阻断药
C. 血管紧张素转换酶抑制药
D. 中枢抗交感神经药
E. 血管收缩剂

29. 男性，30岁。夜尿多，乏力。查体：血压120/100mmHg，血钠142mmol/L，血钾2mmol/L，血pH 7.5，尿钾350mmol/24h。诊断最可能的是
A. 高血压病
B. 嗜铬细胞瘤
C. 原发性醛固酮增多症
D. 皮质醇增多症
E. 肾动脉狭窄

30. 高血压患者，突然胸闷、气促、咳嗽、不能平卧。查体：血压180/100mmHg，心尖区舒张期奔马律，心率120次/分，两肺底湿啰音。下列哪组治疗最为适宜
A. 地高辛，氢氯噻嗪，美托洛尔
B. 呋塞米，硝酸甘油
C. 毛花苷C，呋塞米，硝普钠
D. 甘露醇、降压灵、地西泮
E. 酚妥拉明，氨茶碱

31. 男性，40岁。初测血压为180/110mmHg，应建议在什么时间内随诊处理
A. 2个月
B. 1个月
C. 半年内
D. 立即处理
E. 2周内

32. 男性，60岁。患高血压病多年，1年来血压经常为（170～180）/（110～120）mmHg。X线胸片示左室增大，肺淤血。眼底为高血压3级改变，尿常规正常。诊断为
A. 高血压病1级
B. 高血压病2级
C. 高血压病3级
D. 急性高血压
E. 高血压危象

33. 男性，40岁。近日出现明显头痛、烦躁、心悸、多汗、呕吐、面色苍白、视物模糊，测血压264/126mmHg。其诊断最可能是
A. 高血压脑病
B. 高血压危象
C. 恶性高血压
D. 高血压病2级
E. 高血压病3级

34. 男性，45岁。发现高血压病2年，近日血压170/110mmHg，心率100次/分，血浆肾素增高。首选哪种药物治疗
A. 氢氯噻嗪
B. 硝苯地平
C. 美托洛尔
D. 硝酸甘油
E. 地西泮

35. 某高血压患者，测其血压为220/120mmHg，急起呼吸困难，不能平卧，双肺满布湿啰音，宜选用哪种血管扩张剂治疗
A. 苄胺唑啉
B. 卡托普利
C. 硝普钠
D. 硝酸甘油
E. 硝苯地平

【A_3/A_4型题】

（36～38题共用题干）

男性，45岁。经常头痛、头晕近10年，头痛加重2天，伴有恶心、呕吐送往急诊。查体：神志模糊，血压230/120mmHg。尿蛋白（++），尿糖（+）。

36. 最可能的诊断是
A. 糖尿病酮症酸中毒
B. 恶性高血压
C. 高血压危象
D. 肾性高血压
E. 高血压脑病

37. 诊断已成立，其发病机制是
A. 心房利钠因子减少
B. 肾素活性增高
C. 交感神经过度兴奋
D. 周围小动脉痉挛
E. 脑血管自身调节障碍

38. 入院治疗，神志清，但血压仍为202/120mmHg，且气促不能平卧。查体：心率108次/分，期前收缩3次/分，两肺底有湿啰音。此时正确治疗是
A. 毛花苷C
B. 硝普钠静脉滴注
C. 利多卡因静脉滴注
D. 普罗帕酮静脉注射
E. 快速利尿药静脉注射

（39～40题共用题干）

男性，46岁。体检发现血压升高6个月。查体：血压150/100mmHg，心率86次/分，律齐。实验室检查：血肌酐96μmol/L，血尿酸500μmol/L。

39. 该患者控制血压的目标值是血压低于
A. 140/80mmHg
B. 120/70mmHg
C. 130/90mmHg
D. 140/90mmHg
E. 130/80mmHg

40. 该患者不宜选用的降压药是
A. β受体阻断药
B. 噻嗪类利尿药
C. 血管紧张素转换酶抑制药
D. 钙通道阻滞药
E. 血管紧张素受体阻断药

（41～44题共用题干）

男性，65岁。高血压病史10余年，既往有哮喘病史，昨日突然出现神志不清，左侧肢体瘫痪，测血压200/120mmHg。

血糖 11.2mmol/L，血胆固醇 7.8mmol/L。

41. 目前患者的主要诊断是
A. 高血压脑病
B. 高血压病 1 级
C. 高血压病 2 级
D. 高血压病 3 级
E. 急性脑血管病

42. 初始阶段降压治疗应将血压降至下列哪种水平为宜
A. 150/90mmHg
B. 180/105mmHg
C. 130/90mmHg
D. 120/85mmHg
E. 170/105mmHg

43. 为何要将血压降至上述水平
A. 防止患者出现血压降低过速的头晕等临床症状
B. 患者平时服用降压药物亦应控制在此水平
C. 防止重要脏器灌注不足，出现功能障碍
D. 防止出现冠状动脉痉挛
E. 以上都不是

44. 若此患者平素口服降压药，不应选择下列哪种药物
A. 硝苯地平
B. 索他洛尔
C. 卡托普利
D. 哌唑嗪
E. 甲基多巴

【B_1 型题】

（45~48 题共用备选答案）
A. 卡托普利
B. 硝苯地平
C. 氢氯噻嗪
D. 氨甲蝶啶
E. 美托洛尔

45. 可引起心动过缓的降压药是
46. 常致反射性心动过速
47. 常见的不良反应是干咳
48. 可引起低血钾

（49~50 题共用备选答案）
A. 血钾 2.8mmol/L
B. 尿 VMA 增高
C. 血糖 8.6mmol/L
D. 血浆肾素活性增加
E. 血红蛋白 56g/L

49. 女性，24 岁。多饮、多尿、乏力，伴血压升高，螺内酯（安体舒通）试验阳性
50. 男性，42 岁。反复水肿，10 年，伴血压升高，尿比重 1.010，血肌酐 485μmol/L

（51~53 题共用备选答案）
A. 尿 VMA 增高
B. 螺内酯试验
C. 地塞米松抑制试验
D. 肾动脉造影
E. 尿浓缩稀释试验

51. 有助于原发性醛固酮增多症的诊断
52. 有助于嗜铬细胞瘤的诊断
53. 有助于皮质醇增多症的诊断

（54~56 题共用备选答案）
A. 上腹部可听到血管杂音
B. 高血压发生于尿蛋白之后
C. 尿中白细胞、脓细胞较多，且有尿频、尿急史
D. 满月脸，多毛
E. 发作时血压骤升伴剧烈头痛、心悸，发作间期血压可正常

54. 慢性肾炎高血压
55. 肾动脉狭窄
56. 嗜铬细胞瘤

（57~58 题共用备选答案）
A. 普萘洛尔
B. 呋塞米
C. 硝普钠
D. 地尔硫䓬
E. 卡托普利

57. 糖尿病不宜使用
58. 活动性肝病不宜使用

第七章 冠状动脉性心脏病

【A_1 型题】

1. 急性心肌梗死合并急性病态窦房结综合征常见原因是
A. 右冠状动脉病变
B. 左冠状动脉主干病变
C. 左冠状动脉前壁支
D. 左冠状动脉回旋支
E. 以上都不是

2. 严重冠状动脉狭窄是指冠脉狭窄程度达
A. 50%以上
B. 70%以上
C. 80%以上
D. 90%以上
E. 95%以上

3. 急性心肌梗死时，特异性最高的血清标志物是
A. LDH
B. α-HBDH
C. SGOT
D. TnI
E. CPK

4. 急性心肌梗死后 24 小时内避免使用
A. 洋地黄
B. 罂粟碱
C. 呋塞米
D. 吗啡
E. 哌替啶

5. 急性 ST 段抬高型心肌梗死时不宜溶栓治疗的情况是指同时伴有
A. 血压 160/100mmHg
B. 6 个月前腔隙性脑梗死
C. 主动脉夹层
D. 2 周前曾行桡动脉穿刺
E. 萎缩性胃炎 1 年

6. 急性心肌梗死静脉滴注硝酸甘

油的起始剂量是（μg/min）

A. 10~20
B. 30~40
C. 50~70
D. 80~90
E. 100~200

7. 冠心病常引起血脂异常是哪个
A. 胆固醇
B. 甘油三酯
C. 血清高密度脂蛋白
D. 血清低密度脂蛋白
E. 极低密度脂蛋白

8. 急性ST段抬高型心肌梗死早期最重要的治疗措施是
A. 抗心绞痛
B. 消除心律失常
C. 补充血量
D. 心肌再灌注
E. 增加心肌营养

9. 慢性冠脉病变不包括的是
A. 稳定型心绞痛
B. 冠脉正常的心绞痛
C. 无症状心肌缺血
D. 不稳定型心绞痛
E. 缺血性心肌病

10. 急性心肌梗死发生后，最早升高的血清心肌酶是
A. 肌酸磷酸激酶
B. 天门冬酸氨基转移酶
C. 乳酸脱氢酶
D. 肌酸磷酸激酶同工酶
E. 肌钙蛋白I

11. 心绞痛的哪一点与急性心肌梗死相同
A. 心电图ST段抬高
B. 胸痛不能以硝酸甘油缓解
C. 剧烈胸痛伴恶心、呕吐和大汗
D. 胸痛部位
E. 血压波动

12. 急性心肌梗死症状中最先出现下列哪一项
A. 发热
B. 疼痛
C. 恶心、呕吐
D. 呼吸困难
E. 昏厥

13. 急性心肌梗死后心肌坏死组织逐渐纤维化形成瘢痕需要
A. 2~3周
B. 4~5周
C. 6~8周
D. 9~10周
E. 11~12周

14. 大部分急性ST段抬高型心肌梗死的病因是
A. 冠状动脉内动脉粥样斑块破裂，血栓形成
B. 冠状动脉痉挛，血栓形成
C. 动脉粥样斑块逐渐进展直至完全阻塞冠状动脉管腔
D. 冠状动脉炎，血栓形成
E. 冠状动脉栓塞，继发血栓形成

15. 不能用于判断急性ST段抬高型心肌梗死后溶栓成功的临床指标为
A. 胸痛缓解
B. 心电图示ST段下降
C. 频发的室性期前收缩
D. CK-MB峰值前移
E. 窦性心动过速

16. 缓解急性心肌梗死剧烈疼痛效果最好的是
A. 硝酸甘油
B. 硝酸异山梨酯
C. 罂粟碱
D. 吗啡
E. 可待因

17. 冠心病患者出现心前区收缩期喀喇音及收缩晚期吹风样杂音，是由于
A. 心力衰竭
B. 二尖瓣相对性关闭不全
C. 二尖瓣脱垂
D. 室间隔穿孔
E. 心肌硬化

18. 急性ST段抬高型心肌梗死的超急期心电图改变是
A. ST段明显抬高
B. 异常宽深的Q波
C. T波高耸
D. T波倒置
E. R波降低

19. 确定冠状动脉狭窄部位和严重程度的最佳检查是
A. 心电图
B. 胸部X线检查
C. 超声心动图
D. 动态心电图
E. 冠状动脉造影

20. 缺血性心脏病最常见的病因是
A. 主动脉瓣狭窄
B. 心肌肥厚
C. 严重贫血
D. 冠状动脉粥样硬化
E. 主动脉瓣关闭不全

21. 下列各项临床表现中最不支持心绞痛诊断的是
A. 疼痛多在睡眠中发生
B. 含服硝酸甘油，疼痛在3~5分钟内缓解
C. 疼痛在劳累时发生，运动、情绪激动可诱发
D. 反复出现的局限性心前区刺痛，每次持续仅2~3秒
E. 疼痛常在休息时发生，持续可达30分钟以上

22. 急性心肌梗死与心绞痛的主要鉴别点是
A. 疼痛的部位
B. 疼痛的性质
C. 是否伴有多源性期前收缩
D. 是否伴有ST段抬高
E. 肌酸磷酸激酶同工酶升高

23. 引起急性前间壁心肌梗死闭塞的冠状动脉分支是
A. 左冠状动脉前降支
B. 右冠状动脉后降支
C. 左冠状动脉主干
D. 左冠状动脉回旋支
E. 右冠状动脉右室前支

24. 急性心肌梗死后最晚恢复正常的心肌坏死标志物是
A. 肌红蛋白
B. 肌酸激酶
C. 肌酸激酶同工酶MB
D. 天门冬酸氨基转移酶

E. 肌钙蛋白

25. 下列哪一项不是急性 ST 段抬高型心肌梗死的并发症
A. 心脏破裂
B. 梗死后综合征
C. 二尖瓣脱垂
D. 室壁瘤
E. 主动脉窦瘤破裂

26. 急性心肌梗死合并休克时禁用
A. 间羟胺
B. 多巴胺
C. 去甲肾上腺素
D. 异丙肾上腺素
E. 硝普钠，多巴胺

27. 关于不稳定型心绞痛治疗中错误的是
A. 溶栓疗法
B. 抗凝疗法
C. 调脂治疗
D. 冠脉介入疗法
E. 冠脉旁路移植术

28. 诊断冠心病最常用的非创伤性检查方法是
A. 休息时心电图
B. 24 小时动态心电图
C. 心电图运动负荷试验
D. 超声心动图
E. 冠脉 CT 检查

29. 与急性心包炎相鉴别，诊断急性心肌梗死的依据是
A. 心电图 ST 段弓背向下抬高
B. 心电图 ST 段弓背向上抬高
C. 无异常 Q 波
D. 有心包摩擦音
E. 持久的心前区疼痛

【A_2 型题】

30. 男性，65 岁。诊断为急性心梗入院，住院第 3 天患者突然呼吸困难，青紫，神志不清，四肢抽搐，听诊心音消失，颈动脉搏动消失。此时首选
A. 立即做心电图，了解是否停搏或室颤
B. 安置心脏起搏器
C. 心内注射肾上腺素
D. 胸外心脏按压及人工呼吸
E. 静脉注射利多卡因

31. 男性，59 岁。诊断为急性前壁心梗，经治疗病情稳定，1 个月后又出现心绞痛。这类患者易发生
A. 心力衰竭
B. 心律失常
C. 室壁瘤
D. 再梗死
E. 栓塞

32. 男性，45 岁。因心前区剧痛 2 小时来急诊，心电图检查结论为后壁心肌梗死。梗死图形应出现在下列哪些导联
A. $V_1 \sim V_3$
B. $V_4 \sim V_6$
C. Ⅰ，aVL
D. V_4+V_6及Ⅰ，aVL
E. $V_7 \sim V_8$

33. 男性，72 岁。因持续性胸痛 6 小时入院。查体：双肺底有少量湿啰音，诊断为急性心肌梗死。该患者心功能分级为
A. NYHA 分级Ⅰ级
B. NYHA 分级Ⅳ级
C. NYHA 分级Ⅱ级
D. Killip 分级Ⅱ级
E. Killip 分级Ⅲ级

34. 急性心梗第 2 周出现发热和心包摩擦音，红细胞沉降率 30mm/h，血白细胞 6.1×10^9/L。中性粒细胞 0.55。可能是
A. 急性心梗的反应性心包炎
B. 心脏破裂
C. 急性心梗后综合征
D. 伴发病毒性心包炎
E. 室壁瘤

35. 女性，50 岁。患心绞痛 2 年余，因情绪激动突然发作比以前严重的胸痛，疑为急性心肌梗死。以下哪项最有诊断价值
A. ST 段明显下移
B. T 波明显倒置
C. Q 波大于同导联 R 波 1/5
D. 血中肌钙蛋白增高
E. GPT 升高

36. 男性，65 岁。高血压 10 年，近半年经常半夜胸闷、胸痛，心电图：$V_1 \sim V_3$ 导联 ST 段下移。诊断为
A. 早期左心衰竭
B. 变异型心绞痛
C. 不稳定型心绞痛
D. 食管裂孔疝
E. 混合型心绞痛

37. 男性，52 岁。原有劳力性心绞痛，近 2 周来每于清晨 5 时发作，疼痛持续时间较长入院，住院期间发作时心率 50 次/分，期前收缩 4～5 次/分，血压 95/60mmHg，心电图Ⅱ、Ⅲ、aVF 导联 ST 段抬高，加用硝苯地平后未再发作。应用硝苯地平的机制是
A. 减慢心率，降低心肌耗氧
B. 增快心率，增加心排，改善心肌供血
C. 缓解冠脉痉挛
D. 提高血压，改善心肌灌注
E. 增快心率，消除早搏

38. 男性，70 岁。糖尿病 10 年，以往无心悸、胸痛史，今日早餐后 1 小时，突然胸闷明显，面色苍白，烦躁，出汗，恐惧感，2 小时未缓解。查体：心率 100 次/分，血压 86/70mmHg。最可能的诊断为
A. 糖尿病酮症酸中毒
B. 不典型心绞痛
C. 低血糖
D. 变异型心绞痛
E. 急性心肌梗死

39. 男性，65 岁。因胸痛 10 小时来院急诊，心电图证实为急性前壁心肌梗死。下列哪项检查

特异性最高
A. 血清 CK-MB 增高
B. SGOT 增高
C. 红细胞沉降率加快
D. 血清 CPK 增高
E. 血清 LDH 增高

40. 女性，62 岁。既往有高血压病史。突然呼吸困难，查心电图 V_1、V_2、导联 R>S，V_7、V_8 导联有 Q 波达 0.04 秒，CPK 200U。最可能诊断为
A. 下壁心肌梗死
B. 前壁心肌梗死
C. 肺梗死
D. 高侧壁心肌梗死
E. 正后壁心肌梗死

41. 女性，48 岁。胸痛部位在乳头外，为刺痛，发作数秒钟，含硝酸甘油 1~2 秒疼痛即消失。最可能诊断为
A. 心绞痛（不典型）
B. 心脏神经症
C. 变异型心绞痛
D. 稳定型心绞痛
E. 自发型心绞痛

42. 男性，50 岁。因发作性胸前区疼痛 1 个月入院，静息心电图示 V_4、V_5、V_6导联 ST 段压低>2mm，T 波倒置，行冠脉造影检查各冠脉血管光滑，无狭窄，血流通畅。最可能的诊断是
A. 稳定型心绞痛
B. 不稳定型心绞痛
C. X 综合征
D. 变异型心绞痛
E. 心脏神经症

43. 男性，64 岁。因急剧胸痛 8 小时入院，含服硝酸甘油效果不佳，血压 168/95mmHg，心率 110 次/分，伴偶发性室性期前收缩，心电图示胸导联 T 波高尖。哪种治疗效果佳
A. 口服卡托普利
B. 口服地尔硫䓬
C. 静脉注射利多卡因
D. 口服美西律
E. 静脉注射美托洛尔，继以口服

44. 男性，60 岁。因发作性胸前区疼痛 5 年，加重 1 周入院，近 1 周无明显诱因突然胸痛，持续时间较久。心电图示 ST 段压低>1m。生化检查示 TC 5.7mmol/L，LDL 2.0mmol/L，TG 3.1mmol/L。最合理的诊断是
A. 冠心病 不稳定型心绞痛 高甘油三酯血症
B. 冠心病 不稳定型心绞痛 高胆固醇血症
C. 冠心病 不稳定型心绞痛 混合性高脂血症
D. 冠心病 不稳定型心绞痛 高低密度脂蛋白血症
E. 冠心病 不稳定型心绞痛 低高密度脂蛋白血症

45. 男性，51 岁。急性前壁心肌梗死，起病第 2 天发生心房颤动。心室率 184 次/分，血压 84/60mmHg，气促、发绀。宜首选哪项治疗措施
A. 静脉注射毛花苷 C
B. 同步电击除颤
C. 静脉注射美托洛尔
D. 静脉注射多巴酚丁胺
E. 静脉注射胺碘酮

46. 男性，57 岁。血压 180/105mmHg，胸骨后反复疼痛 3 周，心率 128 次/分，伴房性期前收缩 8 次/分及短暂心房颤动。选哪项治疗效果最佳
A. 口服尼群地平
B. 口服美托洛尔
C. 含服硝苯地平
D. 口服卡托普利
E. 口服硝酸甘油

47. 男性，55 岁。冠心病，发生急性剧烈胸骨后疼痛，血 CPK 明显升高，颈静脉充盈，肝大，血压下降至 80/40mmHg。应诊断为
A. 冠心病心力衰竭型
B. 急性右心梗死
C. 冠心病合并急性心脏压塞
D. 急性前壁心肌梗死伴泵衰竭
E. 急性心肌梗死并室间隔破裂

48. 女性，48 岁。间断发作心前区闷痛 1 个月，常夜间发作。发作时心电图Ⅱ、Ⅲ、aVF 导联 ST 段上抬，考虑为冠心病心绞痛。缓解期治疗最好选用哪种药物
A. 长效硝酸甘油
B. 普萘洛尔
C. 双嘧达莫
D. 异山梨酯
E. 地尔硫䓬

49. 男性，58 岁。3 小时前急起剧烈胸痛，大汗，尿量减少，脉细弱。PCWP 与左室舒张末期压力均明显升高。为早期进行冠脉再灌注。宜首选哪种方法
A. 链激酶溶栓治疗
B. 急诊冠脉旁路移植术
C. 急诊 PCI
D. 大量输液补充血容量
E. 主动脉内气囊反搏

【A_3/A_4型题】

（50~54 题共用题干）

患者，女性，65 岁。因阵发性胸闷 8 年，持续胸痛 8 小时收入院。入院时血压为 150/90mmHg，诊断急性前壁心肌梗死。

50. 支持诊断的心电图改变为
A. Ⅱ、Ⅲ、aVF 导联出现异常 Q 波，伴 ST 段弓背向上抬高
B. V_1~V_4导联出现异常 Q 波伴 ST 段弓背向上抬高
C. Ⅰ、aVL 导联出现肺性 P 波
D. 频发室性期前收缩

E. 三度房室传导阻滞

51. 此时最具特征性的实验室改变是

A. 血清 LDH 上升

B. 血清 AST 上升

C. 血清 ALT 上升

D. 血清 CK-MB 上升

E. 血清肌红蛋白下降

52. 上述患者出现频发室性期前收缩，伴短阵室性心动过速，此时最恰当的处理是

A. 静脉推注毛花苷 C（西地兰）

B. 口服美西律

C. 静脉注射利多卡因

D. 口服普鲁卡因胺

E. 口服妥卡尼

53. 住院第 2 日患者出现胸闷、大汗、面色苍白。查体：心率 126 次/分，律齐，双肺未闻及干、湿啰音，血压 90/50mmHg。考虑合并心源性休克。此时不宜使用

A. 主动脉内气囊反搏术

B. 静脉注射呋塞米（速尿）

C. 静脉滴注多巴胺

D. 静脉滴注多巴酚丁胺

E. 皮下注射低分子肝素

54. 起病 4 周后，患者反复低热，左肺底有湿啰音，心前区闻及心包摩擦音，此时应考虑并发

A. 肺结核

B. 尿毒症

C. 感染性心内膜炎

D. 心肌梗死后综合征

E. 肺栓塞

（55～57 题共用题干）

男性，65 岁。以往有劳力性心绞痛，长期服用硝酸甘油，病情尚稳定，近 1 个月来胸痛又发作，部位于胸骨下段，且多发生在午睡时或晚间入睡后，服硝酸甘油无效，起床站立后可缓解。以往有胆石史但从无发作。

55. 近 1 个月胸痛发作原因应除外下列哪种可能性

A. 不稳定型心绞痛

B. 恶化型劳力性心绞痛

C. 自发性心绞痛

D. 胆心综合征

E. 食管裂孔疝

56. 为了进一步明确诊断应做下列哪项检查

A. 头低脚高位钡餐检查

B. 心电图平板运动试验

C. 口服胆囊造影

D. 冠状动脉造影

E. 核素心肌显像

57. 1 周来患者胸痛，发作在清晨 5 时，且疼痛时间较长，心电图示 $V_1 \sim V_3$ 导联 ST 段抬高，此时诊断应考虑是

A. 不稳定型心绞痛

B. 恶化型劳力性心绞痛

C. 食管裂孔疝

D. 变异型心绞痛

E. 胆结石

（58～59 题共用题干）

男性，45 岁。1 年来反复发作胸骨后疼痛，发作和劳累关系不大，常在面迎冷风疾行时或凌晨 5 时发作。发作时含硝酸甘油可缓解。平时心电图示 Ⅱ、Ⅲ、aVF 导联 ST 段水平压低 0.75mm。发作时心电图正常。

58. 最可能的诊断是

A. 劳力性心绞痛

B. 变异型心绞痛

C. 急性心肌梗死极早期

D. 心绞痛合并心包炎

E. 不稳定型心绞痛

59. 以下情况可发生心肌梗死，除了

A. 冠脉内膜下出血使管腔闭塞

B. 冠状动脉持续痉挛使管腔闭塞

C. 原有冠脉病变严重发生室速

D. 已建立充分的侧支循环的冠状动脉分支发生闭塞

E. 患者进食大量脂肪食物后

（60～61 题共用题干）

男性，75 岁。心绞痛发作持续 4 小时，含硝酸甘油无效。心电图示 Ⅱ、Ⅲ、aVF 导联呈弓背样抬高 0.6mm，$V_1 \sim V_3$ 导联 ST 段水平样压低 0.4mm，偶发室性期前收缩 1 次，诊断为急性心肌梗死。

60. 最合适的处理是

A. 溶栓治疗

B. 心电监护

C. 静脉注射吗啡

D. 静脉滴注利多卡因

E. 静脉滴注极化液

61. 10 小时后出现烦躁不安，血压偏低，心率 45 次/分，心电示三度房室传导阻滞，频发房性期前收缩。此时治疗应首先

A. 静脉滴注异丙肾上腺素

B. 静脉滴注普罗帕酮

C. 应用升压药

D. 临时心脏起搏

E. 静脉滴注阿托品

【B_1 型题】

（62～65 题共用备选答案）

A. 非同步直流电除颤

B. 同步直流电复律

C. 心室抑制型按需起搏器临时起搏

D. 体外反搏术

E. 以上都不宜用

62. AMI 时发生心室颤动，尽快采用

63. 房室传导阻滞发展到二度或三度时宜用

64. 室性心动过速药物疗效不满意时也立及早用

65. 心室率慢的心房颤动（1 年以上）者宜用

第八章　病毒性心肌炎

【A_1 型题】

1. 心肌炎急性期能确诊的检查是
   A. 心肌活检
   B. 血清检查
   C. 心电图检查
   D. 超声心动图检查
   E. 心肌放射性核素显像法
2. 心肌炎最常见的致病微生物为
   A. 柯萨奇 B 组病毒
   B. 腺病毒
   C. 单纯疱疹病毒
   D. 流感病毒
   E. 脊髓灰质炎病毒
3. 下列心肌炎的治疗措施哪项是错误的
   A. 尚无特异性治疗
   B. 出现心力衰竭时使用利尿药、血管扩张剂、ACEI
   C. 出现高度房室传导阻滞时可用临时心脏起搏器
   D. 常规使用糖皮质激素
   E. 出现快速心律失常时使用抗心律失常药物
4. 心肌炎患者最常见的心律失常为
   A. 室性期前收缩及房室传导阻滞
   B. 房性期前收缩
   C. 房颤
   D. 阵发性室上性心动过速
   E. 室内传导阻滞
5. 关于心肌炎的预后哪项是错误的
   A. 急性心肌炎的预后差
   B. 多数可以治愈
   C. 可在短时间内急剧恶化或死亡
   D. 可能转为心肌病
   E. 可出现心功能失代偿

【A_2 型题】

6. 男性，18 岁。3 周前感冒后心悸、气促、胸闷、食欲缺乏。查体：心音低钝，心律不齐。心电图：频发房性期前收缩、室性期前收缩。以下哪项检查对诊断无意义
   A. 心肌酶学检查
   B. 超声心动图
   C. 心内膜心肌活检
   D. 血常规
   E. 心脏磁共振
7. 女性，22 岁。3 周前感冒发热后心悸、胸闷，近日出现呼吸困难、水肿。查体：心律不齐。心电图：频发室性期前收缩。为进一步明确诊断。下列哪项检查应做积极考虑
   A. 冠脉造影
   B. 心肌断层显像
   C. 心肌活检
   D. 心脏电生理检查
   E. 24 小时 Holter

【A_3/A_4 型题】

（8～10 题共用题干）

男性，17 岁。着凉感冒后胸闷、气促、恶心、呕吐、心悸、乏力、低热。查体：T 38.1℃，心率快，BP 80/60mmHg，心音低钝。心肌酶升高。心电图：ST 段抬高，低电压。

8. 该患者可能的诊断是
   A. 急性心包炎
   B. 败血症
   C. 急性暴发性心肌炎
   D. 急性风湿性心脏炎
   E. 急性克山病
9. 该患者有发生下列哪项的可能性
   A. 大面积心肌梗死
   B. 肺栓塞
   C. 脑出血
   D. 阿-斯综合征发作
   E. 心脏破裂穿孔
10. 治疗时不正确的是
   A. 安静卧床
   B. 避免情绪波动
   C. 易消化、营养丰富饮食
   D. 营养心肌，改善心肌代谢，稳定心功能
   E. 鼓励患者尽快离床活动

（11～12 题共用题干）

女性，23 岁。1 个月前感冒后心悸、胸闷、乏力、食欲缺乏、低热、盗汗。查体：心界不大，心音低，心率快，心律不齐。心电图示：室性期前收缩，短阵室速。

11. 该患者可能的诊断是
   A. 急性风湿性心脏炎
   B. 急性心包炎
   C. 急性心肌梗死
   D. 感染性心内膜炎
   E. 急性病毒性心肌炎
12. 为明确诊断应做哪项检查
   A. 心脏 ECT
   B. 心脏磁共振
   C. 冠状动脉造影
   D. 心肌活检
   E. 食管调搏

（13～14 题共用题干）

女性，23 岁。诊断急性病毒性心肌炎，心律失常，三度房室传导阻滞。

13. 下列措施首选哪一项
   A. 射频消融术
   B. 安置除颤式起搏器
   C. 持续静脉滴注阿托品
   D. 安置临时心室起搏器
   E. 安置埋藏式 DDD 起搏器
14. 对于三度房室传导阻滞的解释是
   A. 不能恢复
   B. 能够恢复
   C. 有可能不恢复
   D. 有可能恢复
   E. 需要治疗观察

第九章　心　肌　病

【A_1 型题】

1. 肥厚型梗阻性心肌病左室流出道狭窄的主要病理基础是
   A. 心肌弥漫性结缔组织增生
   B. 室壁心肌普遍增生肥厚
   C. 二尖瓣收缩期前向运动
   D. 心室内有附壁血栓
   E. 非对称性室间隔肥厚
2. 肥厚型梗阻性心肌病胸骨左缘的收缩期杂音变化下列哪项是正确的
   A. 左室流出道狭窄加重时减轻
   B. 含服硝酸甘油时减轻
   C. 做 Valsalva 动作时增强
   D. 增加心肌收缩力时减轻
   E. 下蹲时增强
3. 肥厚型梗阻性心肌病患者导管检查，具有诊断意义的是
   A. Janeway 现象阳性
   B. Brockenbrough 现象阳性
   C. Roth 试验阳性
   D. Raynaud 现象阳性
   E. Buerger 现象阳性
4. 下列哪种药物可使肥厚型梗阻性心肌病杂音减弱
   A. 硝酸甘油
   B. 地高辛
   C. 异丙肾上腺素
   D. 亚硝酸异戊酯
   E. 普萘洛尔
5. 对诊断肥厚型梗阻性心肌病最有意义的是
   A. 心电图出现深而宽的病理性 Q 波
   B. 胸骨左缘第 3~4 肋间有响亮的收缩期杂音
   C. 用力时心前区闷痛及晕厥史
   D. 超声心动图发现舒张期室间隔左室后壁的厚度之比≥1.3，伴二尖瓣前叶收缩期向前运动
   E. 可闻第三心音及第四心音
6. 属于扩张型心肌病特征的是
   A. 主要表现为舒张功能障碍
   B. 为伴有特异性系统性疾病的心肌病
   C. 心室扩大，室壁运动普遍减弱
   D. 心室充盈受限和舒张期容量下降
   E. 右室心肌被纤维脂肪组织所替代
7. 扩张型心肌病左、右心室同时衰竭时，与临床症状和体征最有关的因素是
   A. 静脉回流增加
   B. 肺淤血
   C. 心排血量减少
   D. 心律失常
   E. 心肌缺血
8. 扩张型心肌病最主要的临床表现为
   A. 充血性心力衰竭
   B. 猝死
   C. 栓塞
   D. 食欲缺乏
   E. 肺部感染
9. 扩张型心肌病的主要体征是
   A. 第三心音
   B. 心房颤动
   C. 第三心音奔马律
   D. 呼吸困难
   E. 心界扩大
10. 扩张型心肌病的彻底治疗方法是
    A. 安装 DDD 型起搏器
    B. 休息及使用血管扩张剂
    C. 强心剂
    D. 药物治疗及休息，低盐饮食
    E. 心脏移植术
11. 体循环或肺循环出现栓塞频率较高的是
    A. 酒精性心肌病
    B. 肥厚型心肌病
    C. 扩张型心肌病
    D. 围生期心肌病
    E. 病毒性心肌炎

【A_2 型题】

12. 男性，35 岁。心悸、气促 1 年，下肢水肿 3 个月。查体：BP 90/60mmHg，颈静脉怒张，心界向两侧扩大，第一心音减弱，心尖部闻及 2/6 级收缩期吹风样杂音，移动性浊音阳性，肝大。心电图示左束支传导阻滞。最可能的诊断是
    A. 冠心病
    B. 心肌炎
    C. 风心病二尖瓣关闭不全
    D. 扩张型心肌病
    E. 心包积液
13. 男性，30 岁。活动后心悸、气促 3 年，腹胀、水肿 1 个月。查体：心界扩大，心尖部可闻及舒张期奔马律，心音低钝。心电图：低电压，多发多源室性期前收缩。超声心动图：左室内径 64mm，呈大心腔小瓣口征，室壁运动减弱。诊断是
    A. 风心病联合瓣膜病
    B. 冠心病心律失常心衰
    C. 扩张型心肌病
    D. 心包积液
    E. 先心病，房缺
14. 女性，36 岁。心悸、气促 2 年，夜间喘憋半年，下肢水肿 3 个月。查体：心脏大，心音低钝，肝大，下肢水肿。X 线片：心影明显增大，心胸比率>60%，肺淤血。心电图示 V_1、V_2 导联病理性 Q 波，低电压，ST-T 改变。以

下检查最有意义的是
A. 脑电图
B. 脑 CT
C. 心脏 ECT
D. 超声心动
E. 食管钡餐透视

15. 女性，34 岁。2 年前诊为扩张型心肌病，一直口服药物治疗，症状改善不明显，以下哪种方法可以优先考虑
A. 外科手术修补
B. 主动脉内球囊反搏
C. 心脏移植
D. 搭桥术或打孔灌注术
E. 双腔起搏器

16. 男性，28 岁。活动后心悸、气促、胸闷、乏力 3 年，1 年前于活动中晕厥，以后发作 3 次。查体：胸骨左缘第 3~4 肋间闻及 3/6 级收缩期杂音。X 线片示心影轻度增大。心电图：Ⅱ、Ⅲ、aVF 导联有 Q 波。超声：室间隔 18mm。诊断是
A. 心肌炎
B. 心包炎
C. 心肌梗死
D. 肥厚型梗阻性心肌病
E. 先心病，室缺

17. 男性，26 岁。心悸、气促、胸闷、晕厥。查体：胸骨左缘第 3~4 肋间可闻及 3/6 级收缩期杂音。超声心动图：室间隔左室流出道处肥厚。该杂音在以下哪种药物时会增强
A. 普萘洛尔
B. 硝酸甘油
C. 卡托普利
D. 呋塞米
E. 硝苯地平

18. 男性，42 岁。心悸、气促，有时心前区疼痛。查体：胸骨左缘第 3~4 肋间粗糙喷射样收缩期杂音。心电图：$V_1 \sim V_3$ 导联 T 波倒置。超声心动图：室间隔肥厚。该患者易发生
A. 心脏破裂
B. 心包缩窄
C. 感染性心内膜炎
D. 猝死
E. 脑栓塞

19. 男性，42 岁。心悸、气促、胸闷、胸痛 5 年。查体：心前区收缩期杂音。超声心动图：室间隔肥厚。心电图见异常 Q 波。以下超声所见正确的是
A. 鼓帆征
B. 城垛征
C. 蛙泳征
D. SAM 征
E. 钻石征

20. 男性，42 岁。运动时胸闷 1 周。查体：胸骨左缘第 3~4 肋间可闻及粗糙的喷射性收缩期杂音。心电图示Ⅱ、Ⅲ、aVF 导联出现病理性 Q 波。超声心动图示室间隔流出道部分向左心室内突出，二尖瓣前叶在收缩期向前方运动。该患者最可能的诊断是
A. 室间隔缺损
B. 风湿性主动脉瓣狭窄
C. 肥厚型心肌病
D. 急性心肌梗死
E. 劳力性心绞痛

【A_3/A_4型题】

（21~23 题共用题干）

男性，34 岁。气促、少尿 1 周。查体：半坐位，全心扩大，心率 134 次/分，律不齐，S_1 强弱不等，心音低钝，心尖部 2/6 级收缩期吹风样杂音，两肺湿啰音，肝大，腹水征（+）。超声心动图：全心扩大，室壁运动明显减弱。

21. 为明确诊断应做以下哪项检查
A. 心脏核素扫描
B. 心脏 CT
C. 普萘洛尔试验
D. 糖耐量试验
E. 心肌活检

22. 下列哪种药物可首选
A. 维拉帕米
B. 毛花苷 C
C. β 受体阻断药
D. 普罗帕酮
E. 奎尼丁

23. 右心衰竭和心包积液最可靠的鉴别点是
A. 静脉压增高
B. 肝颈静脉回流征阳性
C. 大量腹水
D. 奇脉
E. 全心扩大

（24~25 题共用题干）

男性，43 岁。活动后胸痛 3 年，曾诊断为肥厚型心肌病，要求明确诊断就诊。

24. 下列哪项不可能是肥厚型梗阻性心肌病的表现
A. 心绞痛
B. 病理性 Q 波
C. 晕厥
D. 心尖部可闻及收缩期杂音
E. 含硝酸甘油后胸骨左下缘收缩期杂音减轻

25. 梗阻性肥厚型心肌病诊断最有意义的是
A. 超声心动图检查示室间隔厚度：左室后壁 ≥ 1.3：1，二尖瓣前叶收缩期向前移动
B. 用力后心前区闷痛
C. 站立后易晕厥
D. 胸骨左缘 3~4 肋间有响亮收缩期杂音
E. 左室流出道存在压力阶差

（26~28 题共用题干）

男性，68 岁。心悸、气促、腹痛、下肢水肿 2 周入院，诊断为扩张型心肌病，心功能不全。

26. 在住院治疗过程中出现洋地黄中毒，除停用洋地黄外，出现哪项心电图异常需立即处理

A. 一度房室传导阻滞
B. 非阵发性室性心动过速
C. 窦性心动过缓，心室率54次/分
D. 完全性右束支传导阻滞
E. 阵发性室性心动过速

27. 此时应首先采取哪项措施
A. 电复律
B. 维拉帕米静脉注射
C. 利多卡因静脉滴注
D. 食管调搏
E. β受体阻断药静脉注射

28. 停用洋地黄后心力衰竭仍明显，首选哪种药物以增强心肌收缩力
A. 多巴胺
B. 多巴酚丁胺
C. 异丙肾上腺素
D. 硝普钠
E. ACEI

（29~31题共用题干）
女性，30岁。活动后心悸、气促2年，夜间阵发性呼吸困难，乏力。查体：心界轻大，心尖部奔马律，2/6级收缩期杂音，肝大，双下肢水肿。超声心动图：可见大心腔、小瓣口征。心电图ST-T改变。

29. 下列哪项检查有确定诊断意义
A. X线片
B. 心脏CT
C. 24小时Holter
D. 心肌活检
E. 运动负荷试验

30. 治疗不正确的药物是
A. 肾上腺素
B. 利尿药
C. ACEI
D. β受体阻断药
E. 血管扩张剂

31. 该患者应考虑下列哪项措施
A. DDD起搏器
B. 冠脉支架术
C. 射频消融术
D. 主动脉内气囊反搏术
E. 心脏移植术

（32~34题共用题干）
男性，27岁。心悸、气促、胸闷、胸痛、发作性晕厥。查体：胸骨左缘第3~4肋间3/6级收缩期杂音。超声心动图：室间隔厚度与左室后壁之比为1.5：1，SAM征（+）。

32. 该患者诊断是
A. 先心病，室缺
B. 风心病二尖瓣、主动脉瓣病
C. 肥厚型梗阻性心肌病
D. 二尖瓣脱垂
E. 主动脉窦瘤破裂

33. 超声心动图SAM征指的是
A. 二尖瓣前叶收缩期前向运动
B. 二尖瓣后叶与前叶同向运动
C. 三尖瓣前叶舒张期向前运动
D. 三尖瓣后叶舒张期向后运动
E. 主动脉瓣收缩期向前运动

34. 肥厚型心肌病的治疗可考虑
A. 安置DDD起搏器
B. 射频消融术
C. 狭窄处球囊成形术
D. 冠脉内旋磨支架术
E. 心肌打孔血运重建术

【B_1型题】

（35~36题共用备选答案）
A. 心肌细胞肥大，变性，纤维化
B. 心肌细胞排列紊乱，瘢痕形成，小血管病变
C. 心肌细胞溶解，间质水肿，单核细胞浸润
D. 心肌细胞及间质水肿，纤维化，线粒体变性
E. 心肌变性呈弥漫性，坏死呈灶状分布

35. 肥厚型心肌病
36. 扩张型心肌病

（37~41题共用备选答案）
A. 感染性心内膜炎
B. 急性病毒性心肌炎
C. 急性风湿热
D. 红斑狼疮
E. 肥厚型心肌病

37. 抗“O”效价超过1：400
38. CK-MB及TnI升高
39. 遗传因素
40. 免疫指标阳性
41. 血培养细菌阳性

（42~45题共用备选答案）
A. 患者血压明显升高。查体：血压200/130mmHg，眼底出血渗出、视盘水肿。实验室报告：肾功能不全
B. 患者血压明显升高，伴有剧烈头痛、呕吐、抽搐
C. 患者平日有心悸、胸痛、劳力时气促、起立或运动时眩晕。查体：胸骨左缘第3~4肋间可闻较粗糙的喷射性收缩期杂音，屏气时杂音增强
D. 患者1周前出现发热，全身无力，现自觉心悸、胸闷。查体：心率120次/分，偶闻室性期前收缩，实验室回报CPK、AST、LDH增高
E. 患者气促，端坐呼吸。查体：心脏扩大，听诊可闻及第三心音奔马律，双下肢水肿，超声心动图：左心室腔明显扩大

42. 扩张型心肌病
43. 有左室流出道梗阻的肥厚型心肌病
44. 病毒性心肌炎
45. 恶性高血压

第十章　急性心包炎

【A_1 型题】

1. 关于急性心包炎病因叙述不正确的是
   A. 急性心包炎可见于系统性红斑狼疮患者
   B. 急性心肌梗死亦可导致急性心包炎
   C. 目前肿瘤性心包炎成为最常见的病因
   D. 病毒感染可导致急性心包炎
   E. 急性心包炎亦可见于尿毒症的患者
2. 急性心包炎心包积液时最突出的症状是
   A. 心前区疼痛
   B. 发热
   C. 呼吸困难
   D. 声嘶
   E. 吞咽困难
3. 不属于急性心包炎的表现的是
   A. 心前区疼痛
   B. 呼吸困难
   C. 有心包摩擦音
   D. 心音增强
   E. 颈静脉怒张
4. 下列哪项不是急性心脏压塞的表现
   A. 明显心动过速
   B. 心前区疼痛
   C. 血压下降
   D. 静脉压明显上升
   E. 脉压变小
5. 对诊断心包积液简单易行，迅速可靠的方法是
   A. 心电图
   B. 超声心动图
   C. 冠状动脉造影
   D. 核素心肌显像
   E. 心包穿刺
6. 关于X线检查在心包炎诊断价值中的叙述，错误的是
   A. 可无异常发现
   B. 成人液体量少于250mm，儿童少于150mm时，X线检查难以检出积液
   C. X线检查对急性心包炎有很高的诊断价值
   D. 如心包积液较多，可见心影增大
   E. 以上均正确
7. 缩窄性心包炎最常见的病因是
   A. 结核性心包炎
   B. 急性非特异性心包炎
   C. 化脓性心包炎
   D. 肿瘤性心包炎
   E. 心脏损伤后综合征
8. 下列哪一项是心包炎的典型体征
   A. Ewarrt 征
   B. 奇脉
   C. 心界扩大
   D. 心包摩擦音
   E. Kussmaul 征
9. 关于心包炎治疗的下列叙述哪项是错误的
   A. 患者宜卧床休息
   B. 心包穿刺的主要指征是心脏压塞
   C. 疼痛时给予镇痛治疗
   D. 对其他药物治疗积液吸收效果不佳的患者，可给予糖皮质激素治疗
   E. 有心脏压塞时应立即心包切除
10. 不符合急性心包炎的心电图变化的是
   A. 弓背向下型ST段抬高
   B. T波平坦或倒置
   C. QRS波呈低电压
   D. 电交替
   E. 弓背向上型ST段抬高
11. 提示心包积液的体征是
   A. Musset 征
   B. 脉短绌
   C. Ewart 征
   D. Roth 斑
   E. Duroziez 征

【A_2 型题】

12. 女性，35岁。左胸持续性疼痛5天，平卧位时加重，心电图示aVR导联ST段压低，其余导联ST段凹面向上抬高，血清肌酸磷酸激酶正常。最可能的诊断为
   A. 病毒性心肌炎
   B. 急性心包炎
   C. 急性心肌梗死
   D. 扩张型心肌病
   E. 变异型心绞痛
13. 男性，44岁。因气促伴腹胀半年，近1周症状加重入院。查体：半卧位，颈静脉怒张，心界不大，心尖搏动不明显。心率100次/分，律齐。心音低钝，各瓣膜区无杂音。两肺底有少量湿啰音。腹膨隆，肝肋下4指，有压痛，肝颈静脉回流征阳性。腹水征（+），下肢不肿，血压95/80mmHg，心电图示低电压，胸导T波低平。最可能的诊断是
   A. 肝硬化腹水
   B. 扩张型心肌病
   C. 限制型心肌病
   D. 缩窄性心包炎
   E. 慢性心包炎
14. 男性，46岁。因心脏进行性扩大6年，曾住院诊断为扩张型心肌病，本次因气促加重，水肿明显1周来诊，门诊检查后疑有大量心包积液。下列哪项最支持此诊断
   A. 吸气时收缩压较呼气时降低20mmHg
   B. 心电图示肢导联低电压
   C. 心音弱

D. 心界向两侧扩大
E. 颈静脉怒张

15. 男性，18 岁。不慎被车床击伤左胸部来急诊，检查时高度怀疑有心包积血。此时可能出现下列哪种脉搏
A. 短绌脉
B. 交替脉
C. 奇脉
D. 水冲脉
E. 细脉

16. 男性，22 岁。胸痛，同时伴发热、气促。查体：心界明显扩大，心尖搏动位于心浊音界左缘内侧约 2cm，肝肋下 5cm。心电图示窦性心动过速，低电压。最可能的诊断是
A. 急性心肌梗死
B. 急性心包炎
C. 感染性心内膜炎
D. 扩张型心肌病
E. 病毒性心肌炎

17. 男性，38 岁。因半个月来发热、乏力就诊，无胸痛与关节痛。查体：颈静脉充盈，心界向两侧扩大，心音遥远，心率 103 次/分，肝大。实验室检查血，白细胞计数 10×10^9/L，红细胞沉降率 25mm/h。B 超检查为心包积液，心包穿刺抽出 800ml 浅草黄色液体，光镜检查白细胞 400×10^6/L（400/mm^3），中性粒细胞 0.4，淋巴细胞 0.6，心包积液中 ADA 升高。本例心包炎的病因以哪项可能性最大
A. 急性非特异性
B. 肿瘤性
C. 化脓性
D. 结核性
E. 心脏损伤后综合征

18. 女性，23 岁。诉发热伴心前区隐痛数日，吸气时疼痛。查体：体温 39.2℃，血压 107/78mmHg，心率 110 次/分。心电图示：ST 段抬高，呈弓背向下型。最可能的诊断是
A. 肺炎
B. 急性心肌梗死
C. 肺梗死
D. 急性心包炎
E. 急性胸膜炎

19. 女性，23 岁。胸部隐痛 5 日，伴低热、气促。查体：心界明显扩大，心尖搏动位于心浊音界内 2cm，肝于肋下 5cm。心电图示窦性心动过速，低电压，广泛性 T 波低平。本例最可能的诊断为
A. 病毒性心肌炎
B. 感染性心内膜炎
C. 急性心包炎
D. 扩张型心肌病
E. 风湿性心肌炎

20. 男性，45 岁。心前区持续性疼痛 1 周。查体：重病容，T 38.8℃，BP 100/70mmHg，颈静脉怒张，心界向两侧扩大，心率 120 次/分，心音弱，心律整，无杂音，心电图 Ⅰ、Ⅱ、Ⅲ、aVF、aVL、V_1 ~ V_5 导联，ST 段弓背向下抬高，T 波倒置，最可能的诊断
A. 变异型心绞痛
B. 急性下壁并广泛前壁心肌梗死
C. 中间综合征
D. 急性肺动脉栓塞
E. 急性心包炎

21. 女性，36 岁。低热伴胸闷、气促 3 周入院，经检查拟诊心包积液。下列哪一项体征不符合心包积液
A. 奇脉
B. 心脏向两侧增大
C. 肝大，有压痛
D. 心音遥远
E. 心尖搏动增强

22. 男性，30 岁。因 1 个月来发热伴心悸、气促来诊，超声心动图示左室后壁和右心室前壁有 2.5 ~ 3cm 液性暗区。此时查体，下列哪项体征是不会存在的
A. 心绝对浊音界向两侧增大
B. 吸气时脉搏增强
C. 背部左肩胛下角呈浊音，左肺可闻及支气管呼吸音
D. 胸骨左缘第 3 ~ 4 肋间可闻及心包叩击音
E. 腹部移动性浊音阳性

【A_3/A_4 型题】

（23 ~ 25 题共用题干）

男性，34 岁。劳累后气促 1 年，近 2 个月来乏力、食欲缺乏伴腹胀就诊。查体：颈静脉充盈显著，心界轻度增大，心率 100 次/分，律齐，可闻及舒张早期额外心音，两肺呼吸音清，肝因大量腹水未能扪清，下肢水肿。X 线检查示右侧胸腔轻至中度积液，心影呈三角形，搏动减弱，左、右心缘平直，未见心包钙化影。

23. 本例最可能的诊断是
A. 扩张型心肌病
B. 限制型心肌病
C. 风心病
D. 缩窄性心包炎
E. 肝硬化

24. 本例测量血压时，发现吸气时血压下降 30mmHg，此现象可见于下列疾患，除了
A. 缩窄性心包炎
B. 大量胸腔积液
C. 支气管哮喘
D. 心脏压塞
E. 右心衰竭

25. 为进一步确诊，应首先做
A. 心电图
B. 胸部 X 线片
C. 超声心动图
D. 心导管检查
E. 心血管造影

（26 ~ 29 题共用题干）

男性，25 岁。主诉心前区疼

痛2小时，向左肩放射，吸气时疼痛加重，坐位时减轻，伴有畏寒、发热就诊。查体：血压105/75mmHg，体温38℃；心率110次/分，规则，心脏无杂音；两肺未见异常，有血吸虫病史。心电图示除aVR与V_1外各导联ST段抬高。

26. 其最可能的诊断是
A. 肺梗死
B. 心肌梗死
C. 急性心包炎
D. 心肌梗死伴继发性心包炎
E. 心肌炎

27. 入院第3天，BP 90/75mmHg，颈静脉怒张，气促不能平卧，病情变化应考虑为
A. 再次肺栓塞
B. 心肌梗死扩大范围
C. 心脏压塞
D. 败血症
E. 心脏腱索断裂

28. 此时做X线检查可能显示
A. 左肺野楔状实质性阴影，伴左胸腔积液
B. 正常
C. 肺部无明显充血而心影显著增大
D. 左肺野多发炎症阴影
E. 两侧肺门影增大

29. 本例正确的治疗应是
A. 手术取出肺栓子
B. 冠脉造影伴紧急PTCA
C. 心包穿刺
D. 大剂量抗生素静脉滴注
E. 应用升压药以及强心利尿药

【B_1型题】

（30～32题共用备选答案）
A. 肿瘤性心包炎
B. 结核性心包炎
C. 化脓性心包炎
D. 急性非特异性心包炎
E. 尿毒症性心包炎

30. 常有原发感染病灶，高热，积液性质呈脓性
31. 上呼吸道感染史，胸痛，呼吸时加重，心电图ST段弓背向下型抬高
32. 心包腔内大量血性积液，结核菌素试验阳性

第十一章　休　克

【A_1型题】

1. 休克的根本问题是
A. 组织细胞受累
B. 低血压
C. 酸中毒
D. 心功能不全
E. 尿少

2. 诊断休克的主要依据是
A. 临床表现
B. 脉率变快
C. 血压下降
D. 动脉氧分压<60mmHg
E. 尿少

3. 决定心肌微循环灌注量的主要因素是
A. 动脉收缩压
B. 动脉舒张压
C. 外周血管阻力
D. 心脏每搏量
E. 心肌收缩力

4. 从病理生理角度看，休克的本质是
A. 低血压
B. 交感-肾上腺系统兴奋
C. 氧供给不足和需求增加
D. 酸中毒
E. 心血管功能紊乱

5. 休克患者早期尿的变化哪项是错的
A. 尿量少
B. 尿比重高
C. 尿钠高
D. 尿pH下降
E. 尿钾改变不明显

6. 关于休克代偿期微循环的变化，下列哪项是错误的
A. 动静脉短路开放
B. 直捷通路开放
C. 微动脉收缩
D. 微静脉收缩
E. 毛细血管内血液淤积

7. 血容量不足时中心静脉压往往低于多少（cmH_2O）
A. 14
B. 12
C. 10
D. 8
E. 5

8. 关于休克患者预防急性肾衰竭的措施，不正确的是
A. 及时纠正低血容量性休克，避免肾缺血
B. 矫治休克时不宜使用易引起肾血管收缩的药物
C. 对有溶血倾向的患者应保持肾小管通畅、碱化尿液，避免肾小管损害
D. 休克合并DIC时，要及时应用肝素治疗
E. 患者只要出现尿量减少时，要及时使用利尿药

9. 判断休克已纠正，除血压正常外，尿量每小时至少应稳定在
A. 25ml以上
B. 30ml以上
C. 40ml以上
D. 50ml以上
E. 60ml以上

10. 成人每24小时排尿量不足多少为无尿
A. 50ml
B. 100ml
C. 110ml

D. 120ml
E. 10ml

11. 对于休克治疗近年强调氧供应和氧消耗超常值的复苏概念，以下哪项标准是正确的
A. DO_2>400ml/(min·m^2)
B. DO_2>500ml/(min·m^2)
C. DO_2>600ml/(min·m^2)
D. VO_2>160ml/(min·m^2)
E. 心脏指数 CI > 3.5 L/(min·m^2)

12. 循环骤停的临界时间是
A. 1 分钟
B. 2 分钟
C. 4 分钟
D. 8 分钟
E. 10 分钟

13. 决定休克患者补液量最可靠的依据是
A. 血压
B. 尿量
C. 中心静脉压
D. 脉搏
E. 精神状态

14. 休克患者动态监测中心静脉压值为 25cmH_2O，表示
A. 肺梗死
B. 静脉血管床过度收缩
C. 肺循环阻力增加
D. 血容量不足
E. 充血性心力衰竭

15. 休克患者经补液后，血压仍低，中心静脉压不高，5~10分钟内经静脉注入等渗盐水 250ml，如血压升高，而中心静脉压不变，提示
A. 心功能不全
B. 血容量过多
C. 血容量不足
D. 血管张力过高
E. 以上均不是

16. 休克患者治疗过程中中心静脉压为 20cmH_2O，血压 120/80mmHg，处理原则为
A. 适当补液
B. 收缩血管
C. 舒张血管
D. 补液试验
E. 充分补液

【A_3/A_4型题】

（17~19 题共用题干）

男性，25 岁。背部刀伤，伤口流血 2 小时。查体：神志尚清楚，诉口渴，皮肤苍白，稍冷，脉搏 110 次/分，血压 12/9.33kPa（90/70mmHg），脉压小，表浅静脉塌陷，尿少。

17. 此患者休克达何种程度
A. 中度
B. 轻度
C. 重度
D. 晚期
E. 代偿期

18. 估计此患者失血量占全身血容量的多少
A. <20%
B. 20%
C. 20%~40%
D. 40%左右
E. 50%左右

19. 应采取何种措施
A. 门诊观察
B. 胸部 X 线片
C. 全血细胞计数
D. 测中心静脉压
E. 输血

（20~23 题共用题干）

女性，52 岁。有胆管结石病史，近 2 天来右上腹痛，体温 37.8℃，2 小时前突然畏寒、寒战，体温达 40℃，精神紧张兴奋、口渴、面色苍白、脉搏 98 次/分，有力，血压 110/96mmHg，尿量每小时 26ml。

20. 患者处于何种情况
A. 急性胆管炎，无休克
B. 休克代偿期
C. 中度休克
D. 重度休克
E. 高排低阻型休克

21. 下列哪一项不是其微循环变化的特征
A. 微动脉、微静脉收缩
B. 动静脉短路开放
C. 直捷通道开放
D. 组织灌流减少
E. 静脉回心血量减少

22. 为排除发生弥散性血管内凝血的可能，做了多项检查，下列哪项监测检查结果是无意义的
A. 血小板计数低于 80×10^9/L
B. 纤维蛋白原少于 1.5g/L 或呈进行性降低
C. 凝血酶原时间较正常延长 3 秒以上
D. 3P（血浆鱼精蛋白副凝）试验阳性
E. 凝血时间明显缩短

23. 下列哪项治疗原则是错误的
A. 积极补充血容量
B. 联合应用抗菌药物
C. 尽早做胆管引流
D. 纠正酸中毒
E. 静脉滴注间羟胺

【B_1 型题】

（24~26 题共用备选答案）
A. 中心静脉压很低，尿量多
B. 中心静脉压偏低，尿量少
C. 中心静脉压偏低，尿量多
D. 中心静脉压偏高，尿量多
E. 中心静脉压很高，尿量少

24. 提示血容量不足
25. 说明液体量已补充足
26. 可能有心功能不全存在

第十二章　下肢静脉疾病

【A_1 型题】

1. 与原发性下肢静脉曲张发病不相关的是
   A. 长期站立
   B. 妊娠
   C. 慢性腹泻
   D. 遗传因素
   E. 重体力劳动
2. 形成水冲脉的原因是
   A. 脉压增大
   B. 收缩压降低
   C. 舒张压升高
   D. 吸气时右心室充盈压增高
   E. 心包内压增加
3. 下肢静脉曲张的主要并发症是
   A. 深静脉血栓形成
   B. 深静脉瓣功能不全
   C. 小腿溃疡
   D. 小腿丹毒
   E. 足部溃疡
4. 下肢静脉曲张患者手术前应做的深静脉通畅试验，又称
   A. Trendelenburg 试验
   B. Perthes 试验
   C. Pratt 试验
   D. Buerger 试验
   E. Finkelstein 试验

【A_2 型题】

5. 男性，35 岁。稍长距离步行后感右小腿疼痛，肌肉抽搐而跛行，稍休息后症状消失，平时感右足发凉、怕冷、有麻木感。右足背动脉搏动减弱。应考虑
   A. 血栓性浅静脉炎
   B. 深静脉血栓形成
   C. 下肢静脉曲张
   D. 血栓闭塞性脉管炎
   E. 动脉粥样硬化症
6. 女性，40 岁，教师。右下肢静脉迂曲扩张 15 年，长期站立有酸胀感，近 2 年右足靴区颜色加深、肿胀，大隐静脉瓣膜功能试验（+），深静脉通畅试验（-）。诊断可能是
   A. 原发性下肢静脉曲张
   B. 原发性下肢深静脉瓣膜功能不全
   C. 下肢深静脉血栓形成
   D. 动静脉瘘
   E. 血栓性浅静脉炎
7. 男性，56 岁。患冠心病多年，3 小时前突然出现双下肢剧烈疼痛，行走困难，局部皮肤苍白。查体：双下肢股动脉搏动消失，双股以下皮温低，肌力 4 级。诊断为
   A. 血栓闭塞性脉管炎
   B. 髂股动脉栓塞
   C. 动脉硬化性动脉闭塞症
   D. 糖尿病性动脉闭塞
   E. 大动脉炎
8. 女性，28 岁。足月顺产后 2 周开始下床活动，觉左下肢痛，肿胀，左下肢皮肤略发绀，皮温高，表浅静脉曲张，沿左股静脉走行区有明显压痛。应考虑
   A. 血栓性股静脉炎
   B. 血栓性大隐静脉炎
   C. 局限性股深静脉血栓形成
   D. 左髂、股静脉血栓形成
   E. 以上均不对

【A_3/A_4 型题】

（9～12 题共用题干）

女性，56 岁。右下肢静脉迂曲扩张 20 年，伴下肢酸胀、水肿，活动或抬高患肢减轻，近 2 年右足靴区皮肤发红，时有瘙痒，逐渐加重。查体：右下肢大腿内侧、小腿后迂曲扩张之静脉团，足靴区色素沉着，皮肤变厚。

9. 该患者属于哪一类病变
   A. 下肢静脉回流障碍疾病
   B. 下肢静脉逆流性疾病
   C. 动静脉瘘
   D. 静脉瘤
   E. 以上均不是
10. 为进一步明确病因应进行哪项检查
   A. 下肢皮温测定
   B. 下肢静脉压测定
   C. 下肢多普勒血流检查
   D. 静脉造影（右下肢）
   E. 深静脉瓣膜功能试验
11. 为明确手术治疗方法，术前必须进行哪项检查
   A. 下肢皮温测定
   B. 下肢静脉压测定
   C. 下肢多普勒超声检查
   D. 右下肢静脉造影
   E. 深静脉瓣膜功能试验
12. 该患者可能发生的最严重并发症是
   A. 右小腿溃疡
   B. 血栓性浅静脉炎
   C. 右下肢坏死
   D. 溃疡破裂出血
   E. 右踝关节强直

【B_1 型题】

（13～14 题共用备选答案）

A. 高位结扎术
B. 静脉剥脱及切除术
C. 筋膜下交通支结扎术
D. 硬化剂注射疗法
E. 忌做有关治疗下肢静脉曲张手术

13. 深部静脉功能试验，提示深静脉阻塞应行
14. 静脉剥脱术后患肢仍有小范围残余曲张静脉应做

第十一篇　消化系统

第一章　胃食管反流病

【A_1 型题】

1. 胃食管反流病治疗措施不包括
   A. 应用促胃肠动力药
   B. 抗酸治疗
   C. 高脂肪饮食
   D. 减肥
   E. 避免饮用咖啡和浓茶

【A_2 型题】

2. 男性，40岁。胸痛、反酸、胃灼热、嗳气2个月。胃镜检查食管黏膜未见明显异常。最有助于明确诊断的检查是
   A. 上消化道气钡双重造影
   B. ^{13}C 尿素呼气试验
   C. 24小时胃食管 pH 监测
   D. 腹部B超
   E. 24小时心电监测

【B_1 型题】

（3~4题共用备选答案）

A. 24小时食管 pH 监测
B. 胃镜及活检
C. 食管压力测定
D. 胸部X线检查
E. 食管酸滴注试验

3. 诊断胃食管酸反流病最适用的辅助检查是
4. 诊断反流性食管炎最可靠的辅助检查是

第二章　食　管　癌

【A_1 型题】

1. 食管癌好发部位是
   A. 颈部食管
   B. 胸部食管上段
   C. 胸部食管中段
   D. 胸部食管下段
   E. 腹部食管
2. 食管癌病理分型，哪项是错误的
   A. 缩窄型
   B. 蕈伞型
   C. 梗阻型
   D. 髓质型
   E. 溃疡型
3. 较早出现食管阻塞的食管癌的病理类型常是
   A. 溃疡型
   B. 缩窄型
   C. 蕈伞型
   D. 髓质型
   E. 癌侵及周围组织
4. 食管癌的典型症状是
   A. 胸骨后烧灼感
   B. 食管内异物感
   C. 咽下食物哽噎感
   D. 咽下食物停滞感
   E. 进行性吞咽困难
5. 食管癌早期诊断简易而有效的方法是
   A. X线食管钡餐透视
   B. 食管镜检查
   C. 带网气囊检查
   D. 气管镜检查
   E. 放射性核素扫描
6. 早期食管癌的病变范围是
   A. 限于黏膜层或黏膜下层
   B. 侵入或侵透肌层
   C. 远处淋巴能够转移
   D. 其他器官转移
   E. 病变长度超过5cm
7. 食管癌患者进食呛咳，提示
   A. 癌侵犯吞咽神经
   B. 上段食管癌
   C. 食管气管瘘
   D. 癌肺转移
   E. 伴有气管炎
8. 食管炎与早期食管癌的鉴别，主要鉴别点与方法是
   A. 胸骨灼痛
   B. 食管钡餐透视示黏膜紊乱
   C. 脱落细胞检查
   D. 免疫诊断方法
   E. 试验治疗
9. 早、中期食管癌常用的手术方法是
   A. 食管胃转流术
   B. 食管癌切除，用结肠食管重建术
   C. 食管癌切除，用胃食管重建术
   D. 食管癌切除，用空肠食管重建术
   E. 胃造瘘术
10. 早期食管癌患者治疗，首选是
    A. 化学疗法
    B. 放射疗法
    C. 激光疗法
    D. 手术疗法
    E. 免疫疗法
11. 食管癌患者有持续性胸背痛，多表示
    A. 癌肿部有炎症
    B. 癌已侵犯食管外组织
    C. 有远处血行转移

D. 癌肿面积大
E. 食管气管瘘

12. 食管癌早期临床表现为
A. 锁骨上窝淋巴结转移
B. 声音嘶哑
C. 持续性背痛
D. 吞咽困难
E. 食管异物感和哽噎感

13. 晚期食管癌X线表现
A. 食管呈光滑鸟嘴样狭窄
B. 长的细线状狭窄
C. 光滑的半月形缺损
D. 黏膜断裂或小的充盈缺损
E. 不规则龛影和充盈缺损，管壁僵硬

14. 食管癌诊断主要依靠方法
A. X线食管钡餐透视和放射性核素扫描
B. X线食管钡餐透视和食管镜检查
C. 食管镜检查和放射性核素扫描
D. 放射性核素扫描和带网气囊检查
E. 带网气囊检查和食管镜检查

15. 常见的食管癌术后并发症
A. 发热
B. 肺感染
C. 脓胸
D. 食管反流
E. 吻合口瘘和吻合口狭窄

【A_2型题】

16. 男性，65岁。进行性吞咽困难2个月，现仅能进流质食物。查体：消瘦，锁骨上未触及肿大淋巴结。食管X线钡餐透视显示：食管中段黏膜破坏，充盈缺损，管腔狭窄。应考虑的诊断是
A. 食管癌
B. 食管腐蚀性狭窄
C. 食管平滑肌瘤
D. 食管贲门失弛缓症
E. 胃食管反流病

17. 男性，54岁。进行性吞咽困难已半年。食管钡餐透视见中段食管有6cm长狭窄，管壁僵硬，黏膜破坏。最适宜的治疗方法
A. 放射疗法
B. 化学疗法
C. 激光疗法
D. 放疗和手术切除
E. 胃造瘘术

18. 男性，55岁。进行性吞咽困难7个月，近20天只能进少量牛奶。查体：明显消瘦，脱水，锁骨上可触及肿大淋巴结。X线食管造影见中下段食管有约8cm狭窄，黏膜不规整，上段食管轻度扩张。其治疗方法是
A. 病变食管切除，食管重建
B. 食管内置管术
C. 放射疗法
D. 放疗后手术切除
E. 胃造瘘术

19. 男性，70岁。吞咽困难3个月。食管钡餐透视：中段有3cm的不规则食管充盈缺损，取活体组织病检为鳞癌。心电图有ST段下降，T波倒置。肺功能严重障碍。其治疗方法为
A. 药物疗法
B. 根治性手术切除
C. 姑息性手术
D. 放射治疗
E. 胃造瘘术

20. 男性，40岁。平时喜欢饮热开水及热粥，近5个月有进食困难，并逐渐加重。钡餐透视检查：食管中段有5cm狭窄，黏膜断裂。最可能的诊断是
A. 食管癌
B. 食管瘢痕性狭窄
C. 食管炎
D. 贲门失弛缓症
E. 食管静脉曲张

21. 下列哪一项不是食管癌手术禁忌证
A. 全身情况差，已呈恶病质
B. 有严重心、肺或肝肾功能不全者
C. 病变侵犯范围大，已有明显外侵及穿孔征象
D. 已有远处转移
E. 病程较长，有梗阻者

【A_3/A_4型题】

（22~23题共用题干）

男性，50岁。吞咽困难3个月，现尚能进半流质食物。体格检查：锁骨上未触及肿大淋巴结。

22. 最先考虑的诊断是
A. 食管炎
B. 食管癌
C. 食管平滑肌瘤
D. 食管静脉曲张
E. 贲门失弛缓症

23. 首先应选择的检查是
A. 食管镜
B. 胸部X线检查
C. 食管X线钡餐透视
D. 胸部及纵隔CT
E. 腹部超声检查和肝功能检查

（24~26题共用题干）

男性，65岁。进行性吞咽困难2个月，现仅能进流质食物。查体：消瘦，锁骨上未触及肿大淋巴结。食管X线钡餐透视显示：食管中段黏膜破坏，充盈缺损，管腔狭窄。

24. 进一步检查，应首选
A. 食管镜
B. 食管拉网
C. 放射性核素
D. 胸部及纵隔CT
E. 腹部超声检查和肝功能检查

25. 如患者出现声音嘶哑，提示：肿瘤已侵犯
A. 声带
B. 气管隆突

C. 迷走神经
D. 喉返神经
E. 喉上神经

26. 腹部超声检查发现肝内有多发性转移瘤，提示，来自食管癌的
A. 直接浸润
B. 血行转移途径
C. 淋巴转移途径
D. 种植转移途径
E. 消化道黏膜下浸润

【B_1 型题】

（27~29 题共用备选答案）
A. 溃疡型
B. 缩窄型
C. 髓质型
D. 腔内型
E. 蕈伞型

27. 食管癌瘤肿呈环形生长，阻塞症状出现早的是
28. 食管癌瘤肿浸润管壁各层及全周，恶性程度高的是
29. 食管癌阻塞症状出现较晚的是

第三章　急性胃炎

【A_1 型题】

1. 急性糜烂出血性胃炎的常见病因不包括
A. 非甾体抗炎药
B. 脑外伤
C. 酒精
D. 幽门螺杆菌感染
E. 严重烧伤

2. 针对急性胃炎的治疗，错误的是
A. 解痉镇痛药物对症处理
B. 若为细菌感染所致，应给予抗感染治疗
C. 可给予抑制胃酸分泌的 H_2 受体阻断药
D. 可使用具有黏膜保护作用的药物
E. 可食用一些刺激性的食物

第四章　慢性胃炎

【A_1 型题】

1. 慢性活动性胃炎最主要的病因是
A. 饮食和环境因素
B. 自身免疫
C. 幽门螺杆菌感染
D. 药物
E. 应激

2. 血清壁细胞抗体阳性多见于哪种疾病
A. 慢性萎缩性胃体胃炎
B. 慢性萎缩性胃窦胃炎
C. 胃溃疡
D. 胃癌
E. 急性糜烂性胃炎

3. 自身免疫性胃炎的治疗，哪项是正确的
A. 西咪替丁
B. 氢氧化铝凝胶
C. 链霉素口服
D. 丙谷胺
E. 恶性贫血时，注射维生素 B_{12}

4. 诊断慢性胃炎最可靠的依据是
A. 慢性上腹部疼痛
B. 胃酸降低
C. X 线钡餐检查
D. 胃脱落细胞检查
E. 胃镜检查及胃黏膜活检

5. 慢性胃窦炎发病的病因最重要的是
A. 急性应激性疾病
B. 沙门菌感染
C. 幽门螺杆菌感染
D. 自身免疫
E. 以上都不是

6. 慢性胃炎活动期判定根据是
A. 胃黏膜有糜烂
B. 胃黏膜出血
C. 胃黏膜中性粒细胞增多
D. 胃黏膜主要呈淋巴细胞、浆细胞浸润
E. 胃黏膜呈红细胞浸润

7. 自身免疫性胃炎的诊断依据是
A. 上腹部疼痛、恶心、呕吐
B. 血清抗壁细胞抗体阳性
C. X 线钡餐可见龛影
D. 胃液 MAO 升高
E. 以上都不是

8. 慢性胃炎，有胆汁反流，治疗上最好用
A. 肾上腺糖皮质激素
B. 生胃酮（甘珀酸）
C. 西咪替丁
D. 硫糖铝
E. 口服链霉素

9. 不宜用于慢性胃炎治疗的药物是
A. 考来烯胺
B. 解痉药
C. 制酸药
D. 肾上腺糖皮质激素
E. 抗生素

10. 慢性胃炎常见的症状和体征是
A. 上腹饱胀不适，食后加重
B. 长期上腹痛，进食后缓解
C. 上腹不适，反酸，腹泻
D. 上腹部疼痛，向肩背部放射
E. 贫血，消瘦，上腹部可见胃型

11. 慢性胃体炎的主要表现为
A. 血清抗壁细胞抗体阳性
B. 血清内因子抗体阴性
C. 胃液酸度正常
D. 血清促胃液素含量低下
E. 约10%发生癌变

12. 慢性胃炎的特异症状是
A. 进食后中上腹疼痛
B. 饥饿时上腹痛
C. 呕吐苦水
D. 反复上消化道出血
E. 以上都不是

13. 非萎缩性胃炎胃镜下可见错误的是
A. 病变多呈弥漫性
B. 黏膜呈红白相间或花斑状
C. 黏液分泌增多
D. 表面常覆盖白色渗出液
E. 黏膜皱襞变平或变细

14. 非萎缩性胃炎的病理，下列哪项是错误的
A. 黏膜充血、水肿或伴有渗出液
B. 少数有糜烂及出血
C. 胃腺体部分消失
D. 黏膜有淋巴细胞、中性粒细胞浸润
E. 某些呈疣状胃炎的表现

15. Hp相关性胃炎需选用
A. 胶体次枸橼酸铋（CBS）
B. 阿托品
C. 多潘立酮（吗丁啉）
D. 甲氧氯普胺
E. 胃蛋白酶

16. 慢性胃炎经检查Hp阳性需选用
A. 质子泵抑制剂
B. 西沙必利
C. 多潘立酮
D. 稀盐酸
E. 铁剂

17. Hp相关性胃炎推崇的治疗方法
A. 单一用药
B. 2种药物联合治疗
C. 3种药物联合治疗
D. 铋剂+对症治疗
E. 铋剂+硫糖铝

18. 慢性胃炎Hp阳性推崇的治疗是
A. 铋剂+两种抗生素
B. 铋剂+西沙必利
C. 铋剂+硫糖铝
D. 铋剂+稀盐酸
E. 铋剂+胃蛋白酶+西沙必利

19. 慢性萎缩性胃炎的病理改变中属癌前病变的是
A. 明显肠上皮化生
B. 异形增生
C. 胃小凹上皮增生
D. 假幽门腺化生
E. 假幽门腺化生伴肠上皮化生

20. 胃炎的急诊胃镜检查应在上消化道出血后
A. 1周内进行
B. 5天内进行
C. 4天内进行
D. 3天内进行
E. 1~2天内进行

【A_2型题】

21. 女性，32岁。间歇性上腹不适4年，餐后加重，嗳气。基础胃酸分泌量（BAO）为0，最大胃酸分泌量（MAO）为10mmol/L，壁细胞总数（PCM）为正常的1/4。其最可能的疾病是
A. 慢性非萎缩性胃炎
B. 十二指肠球部溃疡
C. 慢性萎缩性胃炎
D. 胃溃疡
E. 胃癌

22. 女性，31岁。间断上腹隐痛4年。疼痛无规律，多餐后发生，无反酸、胃灼热、消瘦。查体：心肺无异常，腹部无压痛，未触及包块，肝脾肋下未触及。腹部B超未见异常。最有可能的诊断是
A. 慢性胆囊炎
B. 慢性阑尾炎
C. 慢性胃炎
D. 慢性胰腺炎
E. 胃食管反流病

23. 男性，54岁。间断上腹不适疼痛4年，餐后加重，嗳气。胃液分析BAO为0，MAO为5mmol/L，胃pH 4.5。最大可能是
A. 慢性非萎缩性胃窦炎
B. 慢性萎缩性胃窦炎
C. 慢性肥厚性胃炎
D. 十二指肠溃疡
E. 十二指肠球后溃疡

24. 女性，31岁。上腹痛2年，疼痛发作与情绪、饮食有关。查体：上腹部轻压痛，胃镜：胃窦皱襞平坦，透见黏膜下血管分布。此病例可诊断为
A. 消化性溃疡
B. 胃黏膜脱垂症
C. 慢性非萎缩性胃炎
D. 胃癌
E. 慢性萎缩性胃炎

25. 男性，52岁。上腹饱胀感5年，嗳气，近2个月加重。查体及钡餐透视未见异常。胃镜活检，炎症细胞浸润及肠上皮活化，未见腺体萎缩。应诊断为
A. 胃黏膜脱垂
B. 慢性非萎缩性胃炎
C. 慢性萎缩性胃炎
D. 早期胃癌
E. 胃神经症

26. 男性，46岁。近2年反复上腹不适，胀痛，嗳气，无反酸。查体：上腹轻压痛，胃镜：胃窦黏膜红白相间，以白为主。可能是下列哪种疾病
A. 慢性非萎缩性胃炎
B. 慢性萎缩性胃体炎
C. 慢性萎缩性胃窦炎
D. 十二指肠球炎
E. 浅表萎缩性胃炎

第五章　消化性溃疡

【A_1 型题】

1. 对球后溃疡的正确描述是
   A. 多发生在距幽门 2～3cm 以内
   B. 指十二指肠球部后壁溃疡
   C. 易并发出血
   D. 临床症状多不明显
   E. 内科治疗效果好
2. 胃大部切除术后近端空肠综合征的主要表现为
   A. 呕吐胆汁及食物
   B. 呕吐大量胆汁
   C. 呕吐食物不伴胆汁
   D. 上腹部疼痛
   E. 黄疸
3. 易发生幽门梗阻的溃疡是
   A. 胃窦溃疡
   B. 幽门管溃疡
   C. 胃角溃疡
   D. 球后溃疡
   E. 胃多发溃疡
4. 初次诊断活动期十二指肠溃疡，下列治疗中最适合的是
   A. 联合应用两种黏膜保护剂
   B. 促动力剂+H_2 受体阻断药
   C. 质子泵抑制剂+黏膜保护剂
   D. 质子泵抑制剂+两种抗生素
   E. 抗酸剂
5. 毕Ⅱ式胃大部分切除术吻合口近端空肠位置必须高于远端空肠是为了避免发生
   A. 内疝
   B. 食物向近端空肠反流
   C. 吻合口远端空肠梗阻
   D. 吻合口梗阻
   E. 近端空肠梗阻
6. 溃疡病合并瘢痕性幽门梗阻，频繁呕吐，最易出现
   A. 代谢性酸中毒
   B. 代谢性碱中毒
   C. 低镁血症
   D. 低钙血症
   E. 高渗性脱水
7. 胃迷走神经切断术有时加幽门成形术的目的是
   A. 进一步降低胃酸
   B. 防止术后腹泻
   C. 有利于消化功能
   D. 减低溃疡复发率
   E. 解除胃潴留
8. 下列术式中哪种最易发生吻合口溃疡
   A. 毕Ⅰ式胃切除术
   B. 毕Ⅱ式胃切除术
   C. 胃空肠吻合术
   D. 全胃切除术
   E. 选择性迷走神经切断加胃窦切除术
9. 十二指肠溃疡并发急性穿孔，下列哪一项适用于非手术治疗
   A. 顽固性溃疡穿孔
   B. 饮食后穿孔
   C. 单纯性小穿孔
   D. 伴有幽门梗阻
   E. 伴有大出血
10. 胃大部切除术后吻合口溃疡好发于
   A. 吻合口的空肠侧
   B. 吻合口的胃侧
   C. 胃小弯
   D. 近端空肠
   E. 远端空肠
11. 溃疡病外科治疗的理论基础最终在于
   A. 消除分泌胃蛋白酶原——主细胞
   B. 消除分泌胃酸——壁细胞
   C. 消除分泌胃泌素——G 细胞
   D. 切除溃疡病灶
   E. 阻断神经和体液对胃酸的调节
12. 十二指肠后壁溃疡大出血，如果患者条件允许，最好的术式为
   A. 高选择性迷走神经切断术
   B. 包括溃疡在内的胃大部分切除术
   C. 贯穿缝扎出血动脉主干
   D. 单纯缝扎出血点
   E. 结扎出血点加选择性迷走神经切除加胃窦切除术
13. 不属于十二指肠球部溃疡并发症的是
   A. 急性穿孔
   B. 幽门梗阻
   C. 癌变
   D. 出血
   E. 慢性穿孔
14. 毕Ⅱ式胃大部切除术后碱性反流性胃炎的治疗严重者宜采用
   A. 药物治疗
   B. 饮食调整
   C. 再行胃切除术
   D. 胃迷走神经切断
   E. 改行空肠 Y 型吻合术
15. 因溃疡病做胃大部切除术，适当的胃切除是
   A. 30%～40%
   B. 40%～50%
   C. 50%～60%
   D. 60%～70%
   E. 70%～80%
16. 关于消化性溃疡的治疗，正确的说法是
   A. 需长期应用黏膜保护剂以降低溃疡复发率
   B. 为降低复发率，需长期服用质子泵抑制剂
   C. 只要内镜证实溃疡已经愈合，溃疡就不会复发
   D. 根除幽门螺杆菌可以降低

溃疡复发率
E. 有消化道出血的溃疡患者必须长期维持治疗
17. 消化性溃疡的命名是由于
A. 溃疡影响消化功能
B. 溃疡局限于胃和十二指肠
C. 溃疡由消化道功能穿孔引起
D. 溃疡是由胃酸和胃蛋白酶作用形成
E. 溃疡发生在消化道任何部位
18. 能抑制 Hp 的药物有
A. 硫糖铝
B. 胶体次枸橼酸铋（CBS）
C. 甲氧氯普胺
D. 胃舒平
E. 阿托品
19. 十二指肠溃疡伴有幽门不全梗阻者应选择的治疗方法是
A. 胃管减压，输液疗法
B. 胃大部切除术
C. 高选择性迷走神经切断术
D. 选择性迷走神经切断术加幽门成形
E. 胃空肠吻合术
20. 胃十二指肠急性穿孔最易形成
A. 右侧膈下脓肿
B. 左侧膈下脓肿
C. 盆腔脓肿
D. 肠间脓肿
E. 肝脓肿
21. 溃疡病穿孔后，最早出现的体征是
A. 脉搏增加
B. 高热
C. 血压升高
D. 全腹呈“板状”强直
E. 膈下游离气体
22. 胃窦部溃疡的最佳手术方式是
A. 胃大部切除胃十二指肠吻合术
B. 胃大部切除胃空肠吻合术
C. 高选择性迷走神经切断术
D. 胃窦切除、选择性迷走神经切断术
E. 迷走神经干切断术
23. 关于消化性溃疡的临床症状不正确的是
A. 胃溃疡多为餐后痛
B. 十二指肠溃疡多为空腹和夜间痛
C. 消化性溃疡患者均有上腹痛
D. 十二指肠溃疡易发展为穿透性溃疡
E. 球后溃疡易发生大出血
24. 下述哪种情况应考虑消化性溃疡发生后壁慢性穿孔
A. 突然剧烈腹痛
B. 全腹肌紧张呈板状
C. 膈下游离气体
D. 患者处于休克状态
E. 腹痛顽固而持续
25. 空腹痛常见于
A. 胃溃疡
B. 十二指肠球部溃疡
C. 胰腺炎
D. 胆囊炎
E. 溃疡性结肠炎
26. 关于消化性溃疡下述哪些情况为手术适应证
A. 上消化道出血
B. 反复发作的十二指肠球溃疡
C. 胃溃疡疑癌变
D. 并幽门不全梗阻
E. 复合溃疡
27. 毕Ⅰ式与毕Ⅱ式胃大部分切除术的主要区别是
A. 切断十二指肠
B. 切除胃的多少
C. 胃肠吻合口的部位
D. 近端空肠与胃小弯的关系
E. 结肠前或结肠后胃肠吻合
28. 倾倒综合征常发生于
A. 迷走神经干切断术后
B. 毕Ⅰ式胃切除术后
C. 毕Ⅱ式胃切除术后
D. 幽门成形术
E. 高选择性胃迷走神经切断术后
29. 治疗消化性溃疡患者上腹部疼痛效果最好的药物是
A. 黏膜保护剂
B. 质子泵抑制剂
C. H_2 受体阻断药
D. 抗酸药
E. 促动力剂
30. 胃溃疡最常发生的部位
A. 贲门旁
B. 胃后壁
C. 胃角和胃窦小弯
D. 胃大弯
E. 幽门前壁
31. 瘢痕性幽门梗阻的临床表现，错误的是
A. 呕吐量大，一次可达 1000～2000ml
B. 呕吐物多为宿食，有酸臭味，含有胆汁
C. 上腹隆起，可有蠕动波
D. 可有振水音
E. 可有低钾低氯性碱中毒
32. 胃溃疡的特点是
A. 发病年龄较十二指肠溃疡早
B. 好发于胃大弯
C. 基础胃酸高
D. X 线钡餐见位于胃腔轮廓内的龛影
E. X 线钡餐见凸出于胃轮廓之外的龛影
33. 胃溃疡急性穿孔，最理想的治疗方法是
A. 非手术治疗（包括胃肠减压）
B. 穿孔修补术
C. 溃疡楔形切除术
D. 胃大部切除术
E. 迷走神经切断和穿孔修补术
34. 十二指肠球部后壁溃疡并发大出血，血管多来自
A. 胃右动脉
B. 胃网膜右动脉
C. 腹腔动脉
D. 脾动脉的分支

E. 胰十二指肠上动脉

35. 可适用于各种情况的胃十二指肠溃疡的手术方式是
A. 毕Ⅰ式胃大部切除术
B. 选择性迷走神经切断加引流术
C. 选择性胃迷走神经切断加胃窦切除术
D. 毕Ⅱ式胃大部切除术
E. 高选择性迷走神经切断术

36. 消化性溃疡在病理上组织损害深达哪一层
A. 黏膜层
B. 黏膜下层
C. 黏膜肌层
D. 肌层
E. 浆膜层

37. 消化性溃疡的发病机制中，所谓损伤因素主要是指
A. 粗糙食物的损害作用
B. 胃酸/胃蛋白酶的消化作用
C. 反流的胆汁/胰酶的侵袭作用
D. 神经/精神因素的长期作用
E. Hp 感染

38. 胃大部切除术治疗十二指肠溃疡的原因是
A. 切除溃疡病变
B. 预防癌变
C. 阻断迷走神经刺激
D. 降低胃酸分泌
E. 预防穿孔

39. 胃溃疡节律性疼痛的特点是
A. 餐后 0.5~1 小时出现疼痛
B. 空腹痛
C. 餐时痛
D. 夜间痛
E. 餐后 3~4 小时出现疼痛

40. 关于幽门梗阻不正确的是
A. 饭后即引起呕吐
B. 呕吐含酸酵宿食
C. 呕吐后患者较轻松
D. 可出现脱水、酸碱失衡
E. 查体胃区有振水音

41. 治疗消化性溃疡的药物中，抑酸最强、疗效最佳的是
A. 西咪替丁
B. 阿托品
C. 硫糖铝
D. 奥美拉唑
E. 胶体次枸橼酸铋（CBS）

42. 胃迷走神经切断术的基本要求是术后
A. 神经性胃酸分泌完全消失
B. 胃蛋白酶分泌完全消失
C. 胃相所致的胃酸分泌消失
D. 非壁细胞的分泌完全消失
E. 肠相所致的胃酸分泌消失

43. 消化性溃疡所引起的疼痛，以何者最具特征性
A. 中上腹疼痛
B. 饥饿性疼痛
C. 反复发作性疼痛
D. 节律性疼痛
E. 长期疼痛

44. 胃穿孔具有特征性的 X 线影像是
A. 胃泡增大影像
B. 膈下游离气体征象
C. 气液平面像
D. 两侧膈肌升高像
E. 肠管膨胀像

45. 胃切除术后呕吐的原因不包括
A. 胃排空延迟
B. 输入段梗阻
C. 吻合口梗阻
D. 输出段梗阻
E. 倾倒综合征

46. 胃、十二指肠溃疡急性穿孔，最常见于
A. 胃或十二指肠后壁的穿透性溃疡
B. 幽门附近的胃或十二指肠前壁溃疡
C. 胃小弯前壁或十二指肠球部外侧壁溃疡
D. 胃窦部或十二指肠球部内侧壁溃疡
E. 高位胃溃疡或球后壁溃疡

47. 胃十二指肠急性穿孔施行非手术疗法最关键的治疗措施为
A. 禁食
B. 胃肠减压
C. 补液，输血
D. 针灸　中药
E. 选用抗生素

48. 在消化性溃疡的发病机制中最重要的因素是
A. 胃蛋白酶
B. 酒精
C. 胃酸
D. 反流的胆汁
E. 不规则进食

49. 对诊断消化性溃疡穿孔最有价值的临床表现是
A. 突发上腹部剧痛
B. 腹式呼吸消失
C. 上腹部压痛明显
D. 上腹部有反跳痛
E. 肝浊音界消失

【A_2 型题】

50. 男性，35 岁。有胃溃疡病史，今日早饭后，突然上腹痛，拒按。查体：腹壁呈板状僵硬。可能为
A. 阑尾炎
B. 胰腺炎
C. 胆囊炎
D. 溃疡穿孔
E. 肠梗阻

51. 女性，47 岁。反复右上腹痛 3 年，向背部放射，3 次上消化道出血。BAO 为 9mmol/L，PAO 30mmol/L。钡餐透视 2 次十二指肠球及胃无异常。最大可能为
A. 十二指肠球后溃疡
B. 胃泌素瘤
C. 慢性胆囊炎
D. 胃癌
E. 慢性胃炎

52. 男性，59 岁。不规则反复上腹痛 3 年，食欲缺乏。突然呕血 3 次，每次约 300ml，积极治疗 24 小时不能止血。血压

12.3/6.8kPa（92/52mmHg），脉搏120次/分。进一步治疗宜用哪种措施

A. 注射巴曲酶（立止血）
B. 雷尼替丁静脉滴注
C. 服用去甲肾上腺素
D. 尽快手术
E. 输血输液

53. 男性，40岁。胃溃疡3年。突然上腹剧痛，面色苍白，出冷汗。查体：全腹压痛、反跳痛、肌紧张。应急诊作哪项检查

A. 胃镜
B. 钡餐透视
C. 立位腹部平片
D. 胸部透视
E. 腹腔试验性穿刺

54. 男性，42岁。胃溃疡史1年。今日突然上腹胀痛难忍。查体：全腹压痛、反跳痛、肌紧张，肝界叩不清，疑有急性穿孔。应做哪项处理最合适

A. 急请外科会诊
B. 立即用促动力药
C. 胃肠钡餐透视
D. 下胃管抽吸有无血液
E. 急查便潜血试验

55. 女性，43岁。患十二指肠球部溃疡24年。近日又有疼痛发作，反酸。下列哪种药物抑酸效果最好

A. 硫糖铝
B. 西咪替丁
C. 法莫替丁
D. 胃舒平
E. 奥美拉唑

56. 男性，52岁。患胃溃疡已12年。近2个月又有复发。下列哪项提示有恶变可能

A. 进行性疼痛，消瘦，贫血
B. 食欲缺乏
C. 反酸不明显
D. 嗳气
E. 上腹部压痛

57. 男性，50岁。8年来每于春秋季规律性上腹疼痛，伴反酸、嗳气。近2个月来疼痛规律性消失。胃镜：胃窦小弯侧见一小龛影，胃窦黏膜红白相间，以红为主。其诊断为

A. 胃溃疡并萎缩性胃炎
B. 慢性浅表性胃体炎
C. 慢性浅表性胃窦炎
D. 胃溃疡并慢性非萎缩性胃炎
E. 胃溃疡

58. 男性，49岁。胃溃疡病史25年，反复发作，每于抑酸对症治疗好转。2个月来，又有疼痛发作，经内科治疗8周不见好转，且逐渐消瘦。最大可能是

A. 消化性溃疡复发
B. 消化性溃疡癌变
C. 抗药，不敏感
D. 复合溃疡
E. 多发溃疡

59. 女性，42岁。间断性上腹痛2年，疼痛多在餐前，进食后缓解。查体：腹平软，剑下偏右压痛。钡餐透视：十二指肠球部变形。此患者最可能是

A. 十二指肠球炎
B. 慢性胃炎
C. 十二指肠球后溃疡
D. 十二指肠球部溃疡
E. 非溃疡性消化不良

60. 男性，47岁。慢性上腹痛伴腹泻，经系统抗溃疡治疗效果不佳，胃液分析BAO为20mmol/L，MAO为66 mmol/L。该患者的诊断为

A. 胃溃疡
B. 十二指肠球溃疡
C. 十二指肠球后溃疡
D. Zollinger-Ellison综合征
E. 胃癌

61. 男性，35岁。慢性上腹痛1年来出现上消化道出血1次，用H_2受体阻断药无效。钡餐透视：十二指肠降段多发性溃疡，空腹血清胃泌素测定为500ng/L。诊断应考虑是

A. 十二指肠球后溃疡
B. 复合性溃疡
C. Zollinger-Elligon综合征
D. Crohn病
E. 十二指肠球溃疡活动期

62. 男性，40岁。间歇性上腹痛3年。近日出现呕吐，吐后自觉舒适，吐物有酸臭味。查体：上腹饱满，有振水音。诊断可能为

A. 消化性溃疡并幽门梗阻
B. 十二指肠淤滞症
C. 胃癌
D. 急性胃炎
E. 神经性呕吐

63. 男性，42岁。胃溃疡史10年。近2个月上腹疼痛，失去原规律性，伴反酸、嗳气，内科药物治疗疗效不满意。急需下列哪项检查

A. 钡餐透视检查
B. B超检查
C. 胃酸测定
D. 便潜血试验
E. 胃镜+活检检查

64. 男性，37岁。因反复上腹疼痛，做胃镜检查诊断为十二指肠球溃疡，Hp（+）。应选择下列哪组药物治疗最合适

A. 奥美拉唑+CBS+抗生素
B. 奥美拉唑+阿托品
C. 硫糖铝+阿托品+抗生素
D. 前列腺素+硫糖铝
E. 法莫替丁+抗生素

65. 男性，56岁。胃溃疡10年，近1个月又有上腹部疼痛，制酸药治疗效果不明显。钡餐透视：胃腔轮廓之内见直径2.0cm龛影，周围皱襞中断。为进一步确诊应选择哪项检查

A. 再做气钡双重造影
B. 胃镜+活检

C. 癌胚抗原测定
D. 胃酸测定
E. 抗壁细胞抗体阳性

66. 男性，50 岁。1 个月上腹胀满不适，餐后稍轻，明显反酸，恶心，呕吐。查体：腹部见蠕动波，触之有振水音。可能为
A. 十二指肠球溃疡并幽门梗阻
B. 胃体溃疡并幽门梗阻
C. 慢性胃体炎并幽门梗阻
D. 慢性胃窦炎并幽门梗阻
E. 胃角溃疡并幽门梗阻

67. 男性，39 岁。已诊断十二指肠球溃疡并幽门梗阻，经内科禁食、胃肠减压、补液等治疗 3 天后缓解。其幽门梗阻的原因可能为
A. 因局部炎症水肿造成幽门梗阻
B. 因瘢痕收缩造成幽门梗阻
C. 因胃癌造成幽门梗阻
D. 因胃内良性肿瘤造成幽门梗阻
E. 因胃外肿块压迫造成幽门梗阻

68. 男性，45 岁。间断上腹痛 3 年，加重 2 个月，胃镜检查发现胃角切迹溃疡，幽门螺杆菌阳性。其治疗方案首选
A. 质子泵抑制剂治疗，6 周复查胃镜
B. 黏膜保护剂治疗，6 周复查胃镜
C. 质子泵抑制剂+黏膜保护剂治疗，4 周复查胃镜
D. 抗幽门螺杆菌治疗+质子泵抑制剂治疗，6 周复查胃镜
E. 抗幽门螺杆菌治疗，2 周复查胃镜

69. 男性，48 岁。1 周来上腹痛、反酸。今日中午疼痛加重，3 小时后呕血约 200ml，呕血后疼痛减轻。可能是哪种疾病
A. 急性胃炎
B. 慢性胃炎
C. 消化性溃疡
D. 应激性溃疡
E. 肝硬化

70. 男性，55 岁。胃溃疡病史 15 年，近 2 个月疼痛复发，经 8 周内科药物治疗无效，便潜血试验持续阳性。最可能的疾病是
A. 胃溃疡活动
B. 十二指肠球溃疡活动
C. 胃溃疡癌变
D. 慢性胃体炎
E. 慢性胃窦炎

71. 男性，47 岁。消化性溃疡史 13 年，近 3 个月复发，经 2 个月内科药物治疗无效。为明确诊断应做哪项检查最有助诊断
A. 反复便潜血试验
B. 胃镜+活检
C. 胃液分析
D. 钡餐透视
E. B 超

72. 男性，60 岁。近 2 个月餐后很快上腹痛、反酸，制酸治疗无效，仍嗳气。近 1 个月反复呕吐，吐物为酸酵性宿食。可能的疾病是
A. 慢性胃体炎并幽门梗阻
B. 慢性胃窦炎并幽门梗阻
C. 胃体溃疡并幽门梗阻
D. 幽门管溃疡并幽门梗阻
E. 巨大溃疡

73. 女性，35 岁。2 个月来每于饭前上腹痛进食缓解、反酸。钡餐透视：十二指肠球变形，局部压痛。考虑可能是什么疾病
A. 胃溃疡
B. 十二指肠球溃疡
C. 十二指肠球后溃疡
D. 复合性溃疡
E. 巨大溃疡

74. 女性，35 岁。2 个月来每于饭后 1 小时上腹疼痛。进食不缓解，呕吐后减轻。需做以下哪项检查有助于诊断
A. 胃液分析
B. 胃镜
C. 腹部 B 超
D. CT
E. 便潜血试验

75. 女性，40 岁。3 月来饥饿时感上腹痛，进食缓解，有时反酸。查体：剑下偏右压痛。可能的疾病是
A. 胃溃疡
B. 十二指肠球炎
C. 十二指肠溃疡
D. 浅表性胃炎
E. 应激性溃疡

76. 男性，38 岁。间歇性上腹痛 2 年，受凉后加重，嗳气。近 2 天疼痛加重，突然呕血 500ml，继而排黑便 200ml，出血后腹痛缓解。其最可能的出血原因是
A. 胃癌
B. 消化性溃疡
C. 慢性胃炎
D. 急性胃黏膜病变
E. 食管静脉曲张破裂

77. 男性，48 岁。周期性上腹痛 2 年，近 1 周持续左肋下疼痛，钡餐透视见胃角部龛影，直径 1cm；胃酸分泌正常偏低。内科治疗 8 周后疼痛稍减轻。进一步处理首选
A. 胃镜检查+活检
B. 继续保守治疗，反复查便潜血试验
C. 钡餐透视
D. 继续保守治疗
E. 手术治疗

78. 女性，30 岁。反复上腹痛 3 年，近日腹胀伴呕吐，吐物量多，有隔餐食物。抗酸治疗无效。查体：上腹有振水音。最可能的诊断是
A. 胃黏膜脱垂症
B. 十二指肠淤滞症
C. 消化性溃疡并幽门梗阻

D. 胃癌
E. 胃下垂

79. 男性，30岁。已确诊为十二指肠球溃疡。选择下列哪组药物治疗最合适
A. 奥美拉唑
B. 奥美拉唑+CBS+抗生素
C. 硫糖铝+阿托品
D. 硫糖铝+前列腺素
E. 抗生素

80. 男性，50岁。消瘦、无力3个月，呕吐宿食。X线钡餐透视见胃小弯侧胃窦部有充盈缺损。最可能诊断为
A. 胃溃疡
B. 十二指肠溃疡
C. 胃癌
D. 胃溃疡并幽门梗阻
E. 胃癌并幽门梗阻

81. 男性，55岁。胃溃疡病史5年。近1个月来症状加重，2小时前餐后突发上腹部剧痛，并扩散至全腹，诊断为胃溃疡穿孔。最佳的治疗方法是
A. 非手术治疗
B. 穿孔修补术
C. 全胃切除术
D. 胃大部切除术
E. 穿孔修补加选择性迷走神经切断术

82. 男性，40岁。近3日腹胀，呕吐，呕吐物中有宿食。临床诊断首先考虑为
A. 急性胃炎
B. 急性胃扩张
C. 高位小肠梗阻
D. 幽门梗阻
E. 肥大性幽门狭窄

83. 男性，34岁，有多年消化性溃疡病史。近半年来发生瘢痕性幽门梗阻。在出现的临床特点中，哪项不符合实际情况
A. 呕吐量大，多发生于傍晚
B. 呕吐物中含有食物和胆汁
C. 呕物中有酸臭味和宿食
D. 有胃型和胃蠕动波
E. 消瘦，脱水，低氯低钾性碱中毒

84. 男性，49岁。胃窦部巨大溃疡直径2cm，经内科治疗4周无效，拟行手术。首选手术方式为
A. 胃大部切除术，Billroth Ⅰ式
B. 胃大部切除术，Billroth Ⅱ式
C. 高选择性迷走神经切断术
D. 全胃切除术
E. 胃楔形切除术

85. 男性，42岁。上腹隐痛不适，近1个多月来逐渐加重，服用制酸剂后有所改善，食欲尚可，大便潜血（++），胃肠钡餐摄片见胃小弯水平部黏膜纹理紊乱，胃壁僵直不规则。应考虑的诊断是
A. 胃溃疡
B. 胃窦炎
C. 慢性萎缩性胃炎
D. 胃黏膜脱垂
E. 胃癌

86. 男性，38岁。因十二指肠溃疡大出血急诊行胃大部切除毕Ⅱ式，术后第5天突感右上腹剧痛，向右放射，伴高热，呼吸急促。查体右上腹明显压痛，伴肌紧张，未扪及肿块，肝浊音界存在。胸腹透视右膈肌抬高，活动减弱，右肋膈角模糊，膈下未见游离气体。白细胞计数$24\times10^9/L$。最可能的诊断是
A. 急性胰腺炎
B. 急性胆囊炎
C. 右下肺炎
D. 右膈下感染
E. 十二指肠残端瘘

87. 男性，46岁。胃痛10余年，近半年症状加重持续上腹痛，尚能进食。上腹部偏右可扪及5cm×6cm肿块，移动浊音阳性。肛诊检查，直肠前壁触及质坚硬节。临床诊断胃癌，下列哪种治疗是合理的
A. 胃癌根治术
B. 胃大部切除术
C. 姑息性胃癌切除术
D. 胃、空肠吻合术
E. 不宜手术

88. 男性，40岁。因十二指肠溃疡出血住院抢救，6小时内已输血600ml。血压75/45mmHg，脉率120次/分，肠鸣音活跃。此时宜做哪项治疗
A. 输血加西咪替丁静脉滴注
B. 输血加去甲肾上腺素冰盐水口服
C. 输血加垂体后叶激素静脉滴注
D. 输血加胃大部切除术
E. 输血加迷走神经切除术

89. 男性，40岁。有胃痛史多年，并向腰背部放射，经内科药物治疗效果不显著。经胃镜检查诊断为胃角后壁溃疡，向胰腺穿透，病理检查排除癌肿。首先手术方式
A. 选择性迷走神经切断术
B. 毕Ⅰ式胃大部切除术
C. 毕Ⅱ式胃大部切除术
D. 胃大部切除术，溃疡旷置
E. 胃空肠吻合术

90. 男性，46岁。上腹部胀痛不适伴呕吐宿食半月余。查体于上腹部可扪及一个3.5cm×3.0cm之肿块，质地偏硬，活动度小。其最可能的诊断为
A. 胰头癌
B. 十二指肠溃疡伴幽门梗阻
C. 胃窦部癌
D. 胃溃疡
E. 萎缩性胃炎

91. 男性，35岁。已有胃痛史4年，以往有黑便史。4小时前突发上腹部刀割样疼痛，腹部板样强直。术中证实为十二指肠前壁穿孔，穿孔直径为0.5cm。下列哪一种手术方法最理想

A. 穿孔修补术
B. 胃大部切除术，毕Ⅰ式
C. 胃大部切除术，毕Ⅱ式
D. 穿孔修补术加胃、空肠吻合术
E. 穿孔修补术加迷走神经切除术

92. 男性，38岁。3日来上腹隐痛，4小时前突发上腹部剧烈疼痛，持续性无放射，呼吸时加剧，伴恶心。全腹压痛和肌紧张，以上腹部最为明显，肝浊音界缩小，无移动性浊音。应首先考虑
A. 急性胆囊炎
B. 急性胰腺炎
C. 小肠急性扭转
D. 溃疡病急性穿孔
E. 急性阑尾炎

93. 男性，35岁。因十二指肠溃疡做胃大部切除，毕Ⅱ式。术后第5天，突然出现上腹部剧烈疼痛，局部压痛，肌紧张及反跳痛，继而发热37.8℃。应先考虑
A. 急性胆囊炎
B. 近侧空肠段梗阻
C. 十二指肠残端破裂
D. 内疝
E. 急性小肠梗阻

94. 男性，45岁。5年来有上腹部规律性疼痛。近半年来加剧，厌食，消瘦，大便潜血持续阳性。应首先考虑
A. 胃溃疡
B. 胃溃疡恶变
C. 胃溃疡并发出血
D. 胃溃疡伴胃窦炎
E. 慢性萎缩性胃炎

95. 男性，50岁。十二指肠球部溃疡多年。近2月来，食后上腹胀满，呕吐宿食。体格检查：消瘦，脱水征，上腹稍膨隆，偶见胃型，有振水声。治疗首先选择
A. 使用抗酸、解痉药物治疗
B. 胃肠减压，补液，温氯化钠液洗胃后行胃大部切除术
C. 急诊胃大部切除术
D. 选择性迷走神经切断+幽门成形术
E. 补液，洗胃继续观察

96. 男性，62岁。十二指肠球部溃疡出血，行旷置式胃大部切除术。术后当晚，胃管流出大量鲜血，血压下降，心率加快。出血原因可能是
A. 吻合口出血
B. 小弯侧胃断端出血
C. 旷置的十二指肠溃疡出血
D. 术后残胃出血
E. 血小板减少引起出血

97. 男性，32岁。上腹隐痛半年，无节律性。钡餐检查，见胃角部有2.5cm突出腔外的龛影。近3天来每天排成形黑便2次，量不多，血压正常，血红蛋白95g/L。最可能的诊断是
A. 慢性浅表性胃炎
B. 十二指肠球部溃疡
C. 胃角溃疡
D. 胃癌
E. 胃黏膜脱垂

98. 女性，40岁，有消化性溃疡病史。今日出现呕血及黑便。患者出冷汗，脉搏细速，呼吸浅促，血压下降。估计出血量为
A. 400~500ml
B. 500~600ml
C. 600~700ml
D. >800ml
E. 700~800ml

99. 男性，胃大部切除术后4天，毕Ⅱ式。突发右上腹剧痛，右侧腹膜炎体征。白细胞$11\times10^9/L$。最可能的诊断是
A. 胃肠吻合口破裂
B. 十二指肠残端破裂
C. 急性胆囊炎穿孔
D. 急性胰腺炎
E. 应激性溃疡穿孔

100. 男性，60岁。溃疡穿孔单纯修补术后7天。体温38℃，右上腹痛，肝区叩痛，右肺下野呼吸音弱，X线检查示右膈升高。可能并发
A. 右下肺炎
B. 急性胆囊炎
C. 再穿孔
D. 右膈下脓肿
E. 急性胰腺炎

101. 女性，60岁。反复黑便，呕吐咖啡色液体1月余，消瘦，腹胀，未触及肿块。血红蛋白50g/L，白细胞$6.6\times10^9/L$。最大可能是
A. 急性胃炎
B. 慢性胃炎
C. 胃癌
D. 胃溃疡
E. 十二指肠溃疡

102. 男性，45岁。上腹隐痛，便潜血阳性。钡餐透视见胃窦小弯侧黏膜纹理紊乱，胃壁僵直。首先考虑
A. 慢性胃炎
B. 胃溃疡
C. 胃癌
D. 胃淋巴肉瘤
E. 萎缩性胃炎

103. 男性，30岁。2小时前劳动中突发上腹刀割样疼痛，迅速波及全腹。舟状腹，全腹膜刺激征，肝浊音界不清，肠鸣音消失。诊断是
A. 阑尾穿孔腹膜炎
B. 胃十二指肠溃疡穿孔腹膜炎
C. 胆囊穿孔腹膜炎
D. 绞窄性肠梗阻
E. 急性出血性胰腺炎

104. 男性，35岁。饱食后突发持续性疼痛，扩散至全腹。X线检查示膈下新月形气体。诊断为
A. 急性胰腺炎

B. 绞窄性肠梗阻
C. 胃十二指肠溃疡穿孔
D. 急性阑尾炎穿孔
E. 急性化脓性胆管炎

105. 男性，20岁。突发上腹刀割样剧痛，迅速波及全腹，腹呈板状硬，右下腹压痛明显，膈下无游离气体。应考虑为
A. 急性阑尾炎
B. 急性胆囊炎
C. 急性肠扭转
D. 肠伤寒穿孔
E. 溃疡病穿孔

106. 男性，45岁。十二指肠溃疡大出血。6小时内输血900ml，现脉搏110次/分，血压70/50mmHg。宜进行
A. 输血加静脉滴注甲氧胺
B. 输血，口服去甲肾上腺素10ml
C. 输血，冰水灌洗胃腔
D. 输血，三腔两囊管压迫止血
E. 输血，急行胃大部切除术

【A_3/A_4型题】

（107~109题共用题干）

女性，48岁。胃溃疡史10年，近1年症状加剧，胃纳不佳。胃镜示胃角溃疡，幽门螺杆菌检查阳性。

107. 最有诊断价值的病史是
A. 上腹无规律性痛
B. 饥饿痛为主，进食缓解
C. 午夜痛为主
D. 发作性剧痛
E. 腹痛发生于饭后0.5~1小时

108. 鉴别胃良性与恶性溃疡的主要根据是
A. 疼痛程度
B. 全身情况
C. 大便潜血持续阳性
D. 胃镜与钡餐透视检查
E. 内科治疗无效

109. 最佳治疗方案是
A. 阿莫西林+甲硝唑
B. 多潘立酮（吗丁啉）+阿莫西林
C. 手术切除
D. PPI+克拉霉素+阿莫西林
E. 生胃酮

（110~112题共用题干）

男性，28岁。十二指肠球溃疡史5年，突感上腹剧痛5小时，继之全腹痛，大汗淋漓。查体：全腹压痛及反跳痛。似有溃疡穿孔可能。

110. 哪项体征最有助于溃疡穿孔的诊断
A. 腹肌紧张
B. 腹叩诊呈鼓音
C. 肝浊音界消失
D. 腹部移动性浊音
E. 肠鸣音消失

111. 急诊应做哪项检查
A. 胃镜
B. X线腹部透视
C. X线胸透
D. 钡餐透视
E. 腹腔穿刺

112. 十二指肠穿孔哪一部位较多见
A. 十二指肠球部小弯侧
B. 十二指肠球部前壁
C. 十二指肠球部后壁
D. 十二指肠降部
E. 十二指肠水平部

（113~114题共用题干）

男性，56岁。胃溃疡15年，近3个月复发，经8周内科药物治疗无效，便潜血试验持续阳性。

113. 该患者最可能的疾病是
A. 胃溃疡活动
B. 并十二指肠球溃疡
C. 胃溃疡癌变
D. 慢性胃体炎
E. 慢性胃窦炎

114. 该患者做哪项检查有助确诊
A. 胃镜+活检
B. 钡餐透视
C. 腹部平片
D. 胸腹联透
E. 胃液分析

（115~116题共用题干）

男性，32岁。胃溃疡史3年，今突上腹剧痛，面色苍白，大汗。查体：全腹压痛，腹肌紧张。现疑似穿孔。

115. 胃溃疡穿孔在哪一部位多见
A. 胃大弯
B. 胃小弯
C. 胃体
D. 胃窦
E. 胃底部

116. 急性穿孔诊断后几小时内手术治疗效果最好
A. 48小时
B. 12小时
C. 24小时
D. 8小时内
E. 10小时

（117~118题共用题干）

男性，56岁。反复上腹部痛，多在餐后很快发生，不易用制酸剂控制，每于发作时频繁呕吐。

117. 最可能的诊断为
A. 胃角溃疡
B. 十二指肠球溃疡
C. 十二指肠球后溃疡
D. 幽门管溃疡
E. 胃体溃疡

118. 最常采用的治疗方法是
A. 手术
B. 制酸治疗
C. 抗生素治疗
D. 铋剂
E. 联合治疗

（119~120题共用题干）

男性，36岁。患者呕血不止，烦躁，出冷汗。曾有胃溃疡史。

119. 呕血的原因可能为
A. 胃溃疡
B. 十二指肠球溃疡
C. 慢性胃炎
D. 胃癌
E. 十二指肠球炎

120. 应首选哪项处理

A. 静脉滴注止血酶
B. 口服去甲肾上腺素
C. 快速输血
D. 静脉滴注垂体后叶激素
E. 手术治疗

（121~122题共用题干）

男性，36岁。1周来上腹痛，反酸，2小时前疼痛加重，继呕血约200ml，呕血后疼痛减轻。

121. 考虑是哪种疾病
A. 急性胃炎
B. 消化性溃疡
C. 慢性胃炎
D. 胃癌
E. 应激性溃疡

122. 如为确诊出血原因，应立即做哪项检查
A. 紧急胃镜检查
B. 紧急钡餐透视
C. 胃液分析
D. 急查血常规
E. 急查便潜血试验

（123~124题共用题干）

男性，40岁。近5个月来上腹胀痛，反酸，近3月反复呕吐，吐物为酸酵性宿食，按幽门梗阻内科治疗5天后缓解。

123. 幽门梗阻的原因可能为
A. 黏膜炎症、水肿
B. 溃疡愈合瘢痕形成
C. 复合性溃疡
D. 癌变
E. 胃腔外压迫性梗阻

124. 如内科治疗1周不见好转，应如何处理
A. 继续胃肠减压，补液
B. 手术治疗
C. 抑酸治疗
D. 抗生素治疗
E. 口服胃黏膜保护剂

（125~127题共用题干）

男性，32岁。饱食后突感右上腹部剧痛，迅速转移到右下腹和下腹部，伴恶心，呕吐不能减轻腹痛。发病6小时来院急诊。查体：痛苦貌，血压12/8kPa，脉搏120次/分，全腹肌紧张、压痛、反跳痛，以上腹和右上腹部为著，肠鸣音消失，肝浊音界存在。白细胞16×10^9/L，中性粒细胞0.9。

125. 最可能的诊断是
A. 肠扭转
B. 十二指肠溃疡急性穿孔
C. 急性胆囊炎伴穿孔
D. 急性胰腺炎
E. 阑尾炎穿孔致腹膜炎

126. 为明确诊断首先要进行
A. 血清淀粉酶测定
B. 急诊钡餐造影
C. 急诊静脉胆道造影
D. 腹部立位平片
E. 腹腔穿刺

127. 经检查决定剖腹手术，术前准备中最关键的措施是
A. 禁食
B. 插胃管，胃肠减压
C. 半卧位
D. 应用抗生素
E. 补液，输血

（128~130题共用题干）

男性，45岁。患十二指肠溃疡反复出血，行胃大部切除术，毕Ⅱ式。术后第三天诉右上腹剧痛不能忍受，右侧腹部压痛明显，伴肌紧张及反跳痛，右上腹较著。诊为十二指肠残端瘘。

128. 此情况多见于
A. 十二指肠巨大溃疡行胃大部切除术后
B. 胃大弯溃疡行胃大部切除术后
C. 胃底贲门溃疡行胃大部切除术后
D. 胃窦溃疡行胃大部切除术后
E. 胃小弯溃疡行胃大部切除术后

129. 产生这一并发症的原因主要是
A. 胃切除过多
B. 十二指肠残端关闭不严
C. 腹腔未放置引流
D. 胃肠减压失效
E. 未加做迷走神经切断

130. 最佳治疗方法
A. 加强抗生素抗感染
B. 胃肠减压
C. 手术引流
D. 补液，观察
E. 中药治疗

（131~133题共用题干）

男性，47岁。半年前开始出现餐后上腹疼痛，经服用西咪替丁缓解，1周前又出现此症状，至医院就诊。胃镜发现胃小弯侧溃疡性病变，病理证实良性。

131. 如行X线钡餐透视，有何结果
A. 龛影
B. 充盈缺损
C. 胃黏膜紊乱，壁僵直
D. 胃黏膜纹理破坏，中断
E. 小弯侧指状压迹

132. 何种治疗方法为首选
A. 内科治疗
B. 毕Ⅰ式胃大部切除
C. 毕Ⅱ式胃大部切除
D. 迷走神经切断术
E. 近端胃切除

133. 患者术后第6天，胃管内流出咖啡色胃液300ml，最可能是因为
A. 吻合口感染
B. 吻合口瘘
C. 术后正常出血
D. 吻合口部分黏膜坏死脱落
E. 术中止血不确切

【B_1型题】

（134~140题共用备选答案）
A. 呕吐物为食物，无胆汁
B. 呕吐物为胆汁，无食物
C. 呕吐物既有胆汁，又有食物
D. 呕吐物呈酸臭味，有宿食
E. 无呕吐

134. 急性完全性输入袢梗阻
135. 胃术后近端空肠段综合征
136. 残胃无张力
137. 胃术后近端空肠段反流

138. 胃术后远端空肠段梗阻
139. 胃术后低血糖综合征
140. 近端空肠内疝形成
（141～143题共用备选答案）
A. 急性完全性输入段梗阻
B. 慢性不完全性输入段梗阻
C. 吻合口梗阻
D. 输出段梗阻
E. 碱性反流性胃炎
141. 胃大部切除术后2年，剑突下持续性疼痛，进食后加重，常有胆汁性呕吐，呕吐后仍有疼痛，抗酸剂无效
142. 胃大部切除术后，餐后20分钟上腹部胀痛，随后呕吐大量胆汁，不含食物，呕吐后症状缓解
143. 胃大部切除术后，餐后上腹部饱胀，伴呕吐物既含胆汁，又有食物

第六章 胃　癌

【A_1型题】

1. 胃癌好发于
A. 胃小弯
B. 胃大弯
C. 胃窦
D. 胃底
E. 胃体
2. 胃癌最常发生的转移途径
A. 直接蔓延
B. 血行转移
C. 种植转移
D. 淋巴转移
E. 沿肠管转移
3. 早期胃癌指
A. 局限于胃窦部
B. 局限于黏膜或黏膜下层
C. 直径在2cm以内
D. 尚无淋巴转移
E. 尚未侵及浆膜层
4. 提高胃癌治愈率的关键是
A. 早期诊断
B. 根治性手术
C. 早期应用抗癌药物
D. 术后放疗
E. 综合治疗
5. 胃癌的治疗方法哪项正确
A. 早期化疗
B. 扪及肿块者做全胃切除
C. 化疗+放疗
D. 早期胃癌做胃癌根治术
E. 早期胃癌做胃大部切除术
6. 胃癌在下列哪种情况下不能行根治性手术
A. 肝总动脉淋巴结有转移时
B. 腹腔动脉淋巴结有转移时
C. 肝、腹膜、肠系膜广泛转移时
D. 癌浸润到横结肠或脾脏时
E. 肝左外叶局限性癌浸润时
7. 提高早期胃癌诊断率的三项关键性手段是
A. 纤维胃镜检查，胃液细胞学检查，X线钡餐检查
B. 纤维胃镜检查，胃液酸碱度检查，X线钡餐检查
C. 胃液细胞学检查，粪便潜血试验，X线钡餐检查
D. 胃液细胞学检查，粪便潜血试验，纤维胃镜检查
E. 纤维胃镜检查，粪便潜血试验，X线钡餐检查

【A_2型题】

8. 男性，60岁。近日出现上腹不适、疼痛，进食后加重，消瘦、贫血。应高度警惕的是
A. 消化性溃疡
B. 慢性胃炎
C. 胃癌
D. 肝癌
E. 胰腺炎

【A_3/A_4型题】

（9～11题共用题干）
男性，62岁。近3个月逐渐出现上腹部不适，进食后饱胀、嗳气。纤维胃镜发现大弯侧胃壁上1cm大小块状肿物，与周围组织界限不清，病理回报恶性。
9. 该肿瘤Borrmann分型
A. Ⅰ型
B. Ⅱ型
C. Ⅲ型
D. Ⅳ型
E. Ⅴ型
10. 如行根治手术，可以保留的淋巴结为
A. 沿胃小弯淋巴结
B. 肝总动脉周围淋巴结
C. 幽门下区淋巴结
D. 腹主动脉旁淋巴结
E. 贲门左区淋巴结
11. 该疾病治疗最关键是
A. 彻底清除淋巴结
B. 切除范围距肿瘤边缘6～8cm
C. 术后坚持化疗
D. 早诊早治
E. 设法保留部分胃底

第七章 肝　硬　化

【A_1型题】

1. 反映肝储备功能试验的是
A. 血胆红素测定
B. 血清清蛋白测定
C. 吲哚青绿清除试验
D. ALT测定
E. 免疫球蛋白测定
2. 小结节性肝硬化的特征错误

的是
A. 起病多隐匿
B. 进展较缓慢
C. 多由血吸虫病引起
D. 症状不明显
E. 结节大小均匀，最大不超过 1.0cm

3. 门脉高压的特异性表现是
A. 腹水
B. 脾大
C. 脾功能亢进
D. 侧支循环开放
E. 肝掌，蜘蛛痣

4. 肝硬化脾大的主要原因是
A. 腹水压迫使脾血回流受阻
B. 门静脉高压
C. 肝动脉压力增高
D. 毒物刺激
E. 肝静脉压力增高

5. 肝硬化患者肝功能减退的临床表现不包括
A. 牙龈出血
B. 脾大
C. 黄疸
D. 水肿
E. 肝掌

6. 肝硬化门静脉高压症最具诊断价值的表现是
A. 腹水
B. 脾大，脾功能亢进
C. 腹壁静脉曲张
D. 食管下段、胃底静脉曲张
E. 黄疸

7. 关于肝硬化自发性腹膜炎，正确的描述是
A. 一般起病急，伴高热、寒战，剧烈腹痛，出现板状腹、反跳痛
B. 致病菌多为金黄色葡萄球菌
C. 易出现顽固性腹水
D. 治疗时应加强利尿治疗
E. 应进行腹水培养，待培养结果出来后有针对性应用抗生素治疗

8. 肝硬化腹水治疗，一般不主张采用
A. 高蛋白饮食
B. 低盐饮食
C. 卧床休息
D. 强烈利尿
E. 腹水浓缩回输

9. 关于肝硬化腹水形成的因素，不正确的是
A. 门静脉压力增高
B. 原发性醛固酮增多
C. 低清蛋白血症
D. 肝淋巴液生成过多
E. 抗利尿激素分泌过多

10. 肝细胞严重坏死时，肝功能异常主要表现是
A. 血胆红素增高
B. 清球蛋白比例倒置
C. 胆固醇酯降低
D. ALT（GPT）增高
E. AST（GOT）高于 ALT

11. 我国引起肝硬化的最常见的原因是
A. 酒精中毒
B. 营养障碍
C. 病毒性肝炎
D. 胆汁淤积
E. 循环障碍

12. 鉴别肝内胆汁淤滞性黄疸与肝外梗阻性黄疸最确切的方法是
A. 尿三胆测定及总胆红素测定
B. 十二指肠镜逆行胆管造影
C. 碱性磷酸酶测定
D. 氨基比林试验
E. 谷丙转氨酶测定

13. 肝硬化肝实质损害的最重要依据是
A. 血清胆红素增加
B. 胆固醇降低
C. 清蛋白减少，凝血酶原时间延长
D. 透明质酸增加
E. 血氨升高

14. 对判断肝硬化患者预后意义不大的指标是
A. 腹水
B. 清蛋白
C. 血清电解质
D. 凝血酶原时间
E. 肝性脑病

15. 肝硬化失代偿期诊断主要依据是
A. 乏力，食欲缺乏
B. 消瘦
C. 腹胀、腹泻
D. 少量腹水
E. 肝掌

16. 反映肝纤维化的血清学指标是
A. 胆固醇
B. 乳酸脱氢酶（LDH）
C. γ-谷氨酰转肽酶（γ-GGT）
D. 透明质酸（HA）
E. 胆汁酸

17. 肝硬化患者上消化道出血后，为预防肝性脑病的重要治疗措施为
A. 加强保肝治疗
B. 应用左旋多巴
C. 弱酸溶液洗肠
D. 复方氨基酸静脉滴注
E. 纠正酸碱平衡

18. 肝硬化早期诊断最可靠的方法是
A. 肝功能检查
B. B 型超声
C. 腹腔镜直视下活检
D. CT
E. 食管钡餐透视

19. 对肝硬化有确诊价值的是
A. 肝大质地偏硬
B. 脾大
C. 丙种球蛋白升高
D. 肝穿刺活检有假小叶形成
E. 食管吞钡 X 线检查有虫蚀样充盈缺损

20. 肝硬化门脉高压患者，出现全血细胞减少最主要的原因是
A. 营养不良
B. 脾功能亢进
C. 溶血
D. 消化道出血

E. 病毒感染

21. 肝硬化并发肝肾综合征是
 A. 肝硬化失代偿期合并肾小管坏死
 B. 肝硬化失代偿期发生氮质血症及少尿等肾功能损害
 C. 肝硬化晚期合并急性肾炎
 D. 肝硬化代偿期并慢性肾炎
 E. 肝硬化失代偿期并慢性肾炎

22. 对肝硬化诊断最有价值的是
 A. 脾大
 B. B超肝内回声粗糙不匀
 C. 肝掌，蜘蛛痣
 D. 肝功能试验异常
 E. 钡餐透视食管下端有蚯蚓状充盈缺损

23. 肝硬化患者最严重的并发症是
 A. 低钠血症
 B. 肺部感染
 C. 肝肾综合征
 D. 自发性腹膜炎
 E. 肝性脑病

24. 肝硬化失代偿期突出的临床表现是
 A. 食管-胃底静脉曲张
 B. 全血细胞减少
 C. 腹腔内出现漏出液
 D. 皮肤色泽变黑
 E. 消瘦、贫血、营养不良

25. 男性肝硬化患者性欲减退、睾丸萎缩、肝掌的原因是
 A. 雄激素过多
 B. 肾上腺皮质激素过多
 C. 雌激素过多
 D. 甲状腺激素过多
 E. 醛固酮过多

26. Child肝功能分级依据，不包括
 A. 血清胆红素值
 B. 血清清蛋白值
 C. 食管静脉曲张程度
 D. 是否有腹水及其程度
 E. 营养状态

【A_2 型题】

27. 肝硬化患者血清免疫学检查，发现免疫球蛋白的IgM显著增加，血清抗线粒体抗体强阳性（1∶128）。最可能的诊断是
 A. 肝炎后肝硬化
 B. 原发性胆汁性肝硬化
 C. 酒精性肝硬化
 D. 血吸虫性肝硬化
 E. 血色病所致肝硬化

28. 男性，38岁。肝硬化病史6年。因上消化道出血不止行TIPS治疗后，患者出现睡眠障碍。此时较没有意义的检查方法是
 A. 血氨
 B. 脑电图
 C. 诱发电位
 D. 脑CT
 E. 智力测验

29. 48岁，肝硬化病史5年。大量放腹水后出现睡眠障碍，扑翼样震颤。脑电异常。最可能的诊断是
 A. 肝性脑病Ⅰ期
 B. 肝性脑病Ⅱ期
 C. 肝性脑病Ⅲ期
 D. 肝性脑Ⅳ期
 E. 亚临床肝性脑病

30. 男性，38岁。肝硬化病史2年。高蛋白饮食后出现睡眠障碍，计算力障碍，脑电异常。下列治疗措施哪种不合适
 A. 限制蛋白饮食
 B. 弱酸性溶液灌肠
 C. 弱碱性溶液灌肠
 D. 乳果糖口服
 E. 精氨酸滴注

31. 男性，48岁。肝硬化病史6年。1天前呕血500ml，出现神志淡漠，吐词不清且较缓慢。下列治疗措施哪种不合适
 A. 用酸性溶液灌肠
 B. 硫酸镁导泻
 C. 甘露醇导泻
 D. 肥皂水导泻
 E. 支链氨基酸静脉输注

32. 一肝硬化患者，发生睡眠时间倒错，语言不清。检查血钾3.5mmol/L，血钠136mmol/L，血氨90mmol/L，血清pH为7.48。下列药物中首选哪种
 A. 谷氨酸钠
 B. 谷氨酸钾
 C. 精氨酸
 D. 左旋多巴
 E. 复方氨基酸

33. 急性昏迷患者，轻度黄疸，双侧肢体肌张力对称性增高，瞳孔等大，尿蛋白及糖定性均阴性。下列哪项最可能
 A. 肝性脑病
 B. 脑血管意外
 C. 安眠药中毒
 D. 尿毒症
 E. 糖尿病昏迷

34. 男性，45岁。因肝硬化（失代偿期）入院。1天前出现明显呼吸困难。查体：体温正常，双肺呼吸音清。血气分析示低氧血症。抗感染治疗无效。最可能发生的并发症是
 A. 肺炎
 B. 肝肾综合征
 C. 肝肺综合征
 D. 支气管哮喘
 E. 急性左心衰

35. 男性，42岁。肝硬化病史5年，3天前呕血500ml，今日出现淡漠少言，脑电图正常。最可能的
 A. 亚临床肝性脑病
 B. 肝性脑病Ⅰ期
 C. 肝性脑病Ⅱ期
 D. 肝性脑病Ⅲ期
 E. 肝性脑病Ⅳ期

36. 男性，43岁。肝硬化病史3年，3天前呕血后出现昏迷，经治疗今日能够回答问题，但不能完成简单的计算。目前可能的诊断是

A. 肝性脑病Ⅳ期
B. 肝性脑病Ⅲ期
C. 肝性脑病Ⅱ期
D. 肝性脑病Ⅰ期
E. 亚临床肝性脑病

37. 肝硬化患者近日发热，全腹压痛，抽出腹水混浊。为有效合理治疗，应尽快采取的措施为
A. 腹水细菌培养
B. 血细菌培养
C. 腹水涂片染色查细菌
D. 腹部平片
E. 抗生素早期联合应用

38. 男性，47 岁。既往有慢性乙型病毒性肝炎病史 10 余年，1月前出现右上腹隐痛不适。查体：右腹部膨隆，可扪及质地坚硬、表面凹凸不平的肿块，移动性浊音阳性。腹水为血性。最可能的诊断是
A. 肝包虫病
B. 原发性肝癌
C. 肝囊肿
D. 肝脓肿
E. 肝血管瘤

39. 男性，36 岁。腹部胀大，下肢水肿半年，加重 1 个月，近 1 周少尿。查体：颈静脉无怒张，心率 104 次/分，腹水征（+），肝脾未触及，尿常规蛋白（+），红细胞 0~1 个/HP，白细胞 0~2 个/HP，尿蛋白 1.8g/24h（正常 3~5g/24h），血 BUN 16mmol/L。最可能为
A. 慢性肾炎并尿毒症
B. 缩窄性心包炎
C. 肾小球肾病并尿毒症
D. 肝硬化并肾病综合征
E. 慢性充血性心力衰竭

40. 男性，36 岁。肝硬化腹水，尿少，四肢水肿。查体：心率 125 次/分，呼吸 40 次/分，端坐位，有脐疝。治疗中首选
A. 毛花苷 C 静脉注射
B. 氢氯噻嗪口服
C. 放腹水
D. 口服甘露醇
E. 硫酸镁导泻

41. 男性，32 岁。平素健康，昨夜晚饭后感腹胀，2 小时后，呕红色血 200~400ml，排柏油便 3 次。查体：血压 11/8kPa（83/60mmHg），心率 120 次/分，腹平软无压痛，肝未触及，脾侧位 1.0cm。可能诊断是
A. 消化性溃疡出血
B. 急性胃黏膜损害
C. 食物中毒
D. 肝硬化并出血
E. 胃癌

42. 30 岁，男性腹水患者。查体腹壁稍紧张，轻压痛，肝脾未触及，无颈静脉怒张，心界不大，心率 90 次/分，律齐，无杂音，血压 113/68mmHg，呼吸音正常。Hb 为 100g/L，白细胞 9.8×10^9/L，中性粒细胞 0.7，ALT 50U，血总蛋白 52g/L，清/球蛋白 23/30。腹水常规：浅黄色比重 1.018，Revalta（+），细胞数为 560×10^6/L，淋巴细胞 0.74。诊断最大可能是
A. 肝硬化并肝癌
B. 肝硬化并结核性腹膜炎
C. 肝硬化并自发性腹膜炎
D. 原发性肝脏腹膜转移
E. 腹膜恶性肿瘤

43. 肝硬化腹水患者，近 1 周发热，腹胀，稍有呼吸困难。腹水较前增多，心率 96 次/分。最大可能诊断是
A. 脾周围炎
B. 肝功能异常
C. 自发性腹膜炎
D. 并发心力衰竭
E. 肝癌破裂

44. 男性，68 岁。肝右叶巨大肿瘤，腹水征阳性。血清生化检查：清蛋白 20g/L，总胆红素 60μmol/L。血管造影示：门静脉右支闭塞。最适合的治疗方法为
A. 扩大肝右叶切除术
B. 肝动脉结扎术
C. 全身化疗
D. 肝动脉内抗癌药持续注入法
E. 放射疗法

45. 肝硬化腹水患者，近日发热、腹痛，腹水量增加。腹水常规：利凡他试验（+），比重 1.019，蛋白 25g/L，细胞数 600×10^6/L，多形核细胞 0.8，最可能并发
A. 结核性腹膜炎
B. 自发性腹膜炎
C. 原发性肝癌
D. 肝肾综合征
E. 癌性腹膜炎

46. 女性，40 岁。9 个月来持续黄疸，伴皮肤瘙痒。查体：巩膜、皮肤明显黄染，肝肋下 3cm、质硬、光滑，脾大，肋下 6cm。血清抗线粒体阳性，血胆红素 134mmol/L，1 分钟胆红素 88mmol/L，5′-核苷酸酶升高，ALT 30U，γ-GT 200U。最可能诊断为
A. 慢性活动性肝炎
B. 原发性肝癌
C. 原发性胆汁性肝硬化
D. 肝炎后肝硬化
E. 继发性胆汁性肝硬化

47. 男性，41 岁。不规则发热 3 个月，右肋下胀痛。颈肩部见蜘蛛痣，肝肋下 4cm、质硬、轻触痛，脾肋下一指。血白细胞数 4.8×10^9/L，中性粒细胞 0.6，ALT 60U，γ-GT 为 400U，AKP 350U（正常 35~15CU）。最大可能是
A. 肝炎后肝硬化
B. 肝脓肿
C. 慢性活动性肝炎
D. 肝硬化并肝细胞癌
E. 慢性胆囊炎

48. 男性，40岁。晚饭后上腹不适，继而恶心，呕鲜血800ml，排柏油便2次。查体：血压98/68mmHg，脉搏102次/分，肝未触及，脾肋下2.0cm。有HBsAg（+）史，在输血同时。下列哪项紧急措施最合适
A. 食管静脉硬化治疗
B. 食管静脉套扎治疗
C. 三腔二囊管压迫
D. 紧急胃镜检查
E. 去甲肾上腺素口服

49. 肝硬化腹水患者，大量利尿后。嗜睡、多语，呼吸14次/分，有时四肢抽搐，血pH 7.5，CO_2 CP 34mmol/L，HCO_3^- 32mmol/L，BE +5.5，尿pH 5.0，$PaCO_2$ 53mmHg，血K^+ 3.0mmol/L，Cl^- 90mmol/L，Na^+ 145mmol/L。诊断为
A. 肝硬化并肝性脑病
B. 肝硬化并肝肾综合征
C. 肝硬化并低钾低氯性代谢性碱中毒
D. 肝性脑病并呼吸性碱中毒
E. 肝硬化并酸中毒

50. 男性，42岁。慢性肝炎史。近2个月右上腹持续闷痛，低热，消瘦明显。查体：贫血貌，肝于右肋弓下触及边缘、质硬、轻度压痛。Hb 80g/L，AFP（+），便潜血试验阳性。最可能是
A. 慢性胆囊炎急性发作
B. 肝脓肿并胆道出血
C. 阿米巴性肝脓肿
D. 慢性肝炎，肝硬化
E. 晚期肝癌

【A_3/A_4型题】

（51~53题共用题干）

男性，53岁。肝硬化腹水。近1周发热、腹胀，稍有呼吸困难，腹水较前增长，心率96次/分，应用呋塞米治疗2天后出现沉默寡言、性格改变。

51. 下列检查哪项最可能正常
A. 血钾钠氯离子测定
B. 血氨
C. 脑电图
D. 扑翼样震颤检查
E. 腹水常规

52. 下列异常哪项最不可能包括在内
A. 血钾升高
B. 血氨升高
C. 脑电图正常
D. 扑翼样震颤
E. 腹水常规检查呈渗出性

53. 下列治疗较不合适的是
A. 静脉补钾
B. 抗生素早期、足量联合应用
C. 乳果糖口服
D. 精氨酸静脉滴注
E. 复方氨基酸静脉滴注

（54~56题共用题干）

男性，48岁。乙型肝炎病史10年。因乏力、低热、腹胀、少尿来院就诊。检查发现巩膜黄染，腹部膨隆，有大量腹水存在。肝略缩小，脾大。超声显像见肝内纤维增生，肝硬化结节形成，门静脉和脾静脉增宽。诊断为肝炎后肝硬化、门脉高压症。

54. 下列哪项指标不能提示肝功能严重损害
A. 清蛋白明显降低
B. 转氨酶明显提高
C. 重度黄疸
D. 大量腹水
E. 扑翼样震颤

55. 对该患者不适当的治疗措施为
A. 卧床休息
B. 忌盐饮食
C. 给予复方氨基酸和清蛋白
D. 合并应用保钾和排钾利尿药
E. 反复多次抽放腹水

56. 如果治疗不当（如上题）可能会出现
A. 上消化道出血
B. 低蛋白血症
C. 肝性脑病
D. 代谢性酸中毒
E. 高钾血症

（57~59题共用题干）

男性，45岁。肝硬化大量腹水，呼吸困难，用利尿药后仍尿少，如需放腹水。

57. 第一次单纯放腹水，放多少合适
A. 1000ml
B. 1500~2000ml
C. 2500~3500ml
D. 6000~8000ml
E. <500ml

58. 放腹水加输注白蛋白疗法，每次放多少腹水合适
A. <500ml
B. 1500~2000ml
C. 2500~3500ml
D. 4000~6000ml
E. 6000~8000ml

59. 腹水排放不合适，可能不会引起
A. 肝性脑病
B. 肝肾综合征
C. 低钾性碱中毒
D. 低血容量，乏氧
E. 上消化道出血

【B_1型题】

（60~61题共用备选答案）
A. 腹水为漏出液
B. 腹水为渗出液
C. 腹水为血液
D. 腹水介于渗出液与漏出液之间
E. 腹水为脓性

60. 肝硬化并自发性腹膜炎
61. 肝硬化腹水

（62~64题共用备选答案）
A. 休息，低盐饮食，限制入水量，补蛋白质，给利尿药

B. 休息，高热量、高蛋白饮食，保肝治疗
C. 休息，高热量限制蛋白质饮食，输入支链氨基酸
D. 休息，禁食，积极补足血容量及采用各种止血措施
E. 休息，控制输液量，纠正电解质紊乱，限制蛋白质

62. 治疗肝硬化肝性脑病
63. 治疗肝硬化腹水
64. 治疗肝硬化并上消化道出血

第八章 门静脉高压症

【A_1 型题】

1. 门静脉高压症手术治疗最主要的目的是
A. 消除脾功能亢进
B. 治疗食管-胃底静脉破裂出血
C. 降低门静脉压力以减少腹水
D. 增加门静脉向肝灌注血流以减少肝性脑病的发生
E. 治疗门静脉血液淤滞所致的胃黏膜病变

2. Couinaud 分段法将肝脏分为 8 段，其中尾状叶在
A. Ⅰ段
B. Ⅱ段
C. Ⅲ段
D. Ⅴ段
E. Ⅷ段

3. 门静脉高压症的主要原因是
A. 门静脉主干先天性畸形
B. 肝静脉血栓形成、狭窄
C. 肝段下腔静脉阻塞
D. 肝硬化
E. 各种原因致脾静脉血流量过大

4. 包在肝脏 Glisson 纤维鞘内的管道有
A. 门静脉，肝静脉，肝胆管
B. 肝动脉，门静脉，胆总管
C. 肝动脉，门静脉，肝静脉
D. 肝动脉，肝胆管，门静脉
E. 肝动脉，肝胆管，肝静脉

5. 门静脉的正常压力为
A. 2~5cmH_2O（0.2~0.5kPa）
B. 6~12cmH_2O（0.6~1.2kPa）
C. 13~24cmH_2O（1.3~2.4kPa）
D. 25~40cmH_2O（2.5~3.9kPa）
E. 41~60cmH_2O（4.0~5.9kPa）

6. 正常的中心静脉压为
A. 2~5cmH_2O（0.2~0.5kPa）
B. 6~12cmH_2O（0.6~1.2kPa）
C. 13~24cmH_2O（1.3~2.4kPa）
D. 25~40cmH_2O（2.5~3.9kPa）
E. 41~60cmH_2O（4.0~5.9kPa）

7. 门静脉高压症时受影响最早的侧支血管为
A. 脐静脉
B. 胃食管静脉丛
C. 直肠上静脉
D. 腹膜后静脉
E. 腹壁上静脉

8. 门静脉高压症大出血的特点是
A. 发生急，来势猛，迅速引起休克
B. 发生急，出血量不大
C. 右上腹绞痛后黑便
D. 剧烈呕吐、呕血及黑便
E. 只有便血，无呕血

9. 门静脉高压症分流术后，门静脉压力下降最明显，同时肝性脑病发生率最高的术式是
A. 脾肾静脉分流术
B. 门腔静脉分流术
C. 脾腔静脉分流术
D. 肠系膜上、下腔静脉分流术
E. 下腔静脉与肠系膜上静脉之间“桥式”吻合术

10. 门静脉高压症患者，实行分流术，哪一项是正确的
A. 患者有明显黄疸
B. 血清清蛋白低于 50g/L 时不宜进行
C. 适用于食管-胃底静脉曲张破裂出血的患者
D. 适用于严重腹水患者
E. 术后不会再发生食管-胃底静脉曲张

11. 门静脉高压食管曲张静脉破裂出血最有效的止血方法是
A. 垂体后叶加压素静脉滴注
B. 立即输新鲜全血
C. 应用各种止血药物
D. 三腔两囊管气囊压迫
E. 去甲肾上腺素加入冷盐水口服

12. 门静脉与腔静脉之间的交通支临床上最有重要意义的是
A. 胃底、食管下段的交通支
B. 直肠下段，肛管交通支
C. 腹壁交通支
D. 腹膜后交通支
E. 以上都不是

13. 门腔静脉分流术后发生脑病的原因是
A. 摄入大量蛋白
B. 氨中毒
C. 胃肠道出血
D. 饥饿
E. 以上都是

14. 门脉高压症最主要的原因是
A. 门静脉炎
B. 肝静脉阻塞
C. 肝硬化
D. 门静脉干血栓
E. 多囊肝

第九章 肝性脑病

【A_1 型题】

1. 有关肝性脑病，正确的治疗是
   A. 患者狂躁不安时使用水合氯醛灌肠
   B. 肥皂水灌肠清除肠腔积血
   C. 静脉使用甲硝唑抑制肠道细菌生长
   D. 低蛋白饮食
   E. 口服乳果糖
2. 症状出现之前肝性脑病的早期检测方法是
   A. 血氨
   B. 脑电图
   C. 诱发电位
   D. 空腹血糖
   E. 肝功能
3. 对亚临床肝性脑病最有诊断价值的是
   A. 视觉诱发电位
   B. 躯体诱发电位
   C. 脑电图
   D. 简易智力测验
   E. 血氨
4. 肝性脑病前期最突出的表现是
   A. 表情欣快，昼睡夜醒
   B. 精神错乱
   C. 肌张力增高
   D. 行为异常、吐词不清
   E. 意识模糊、扑翼震颤
5. 肝性脑病的处理，无效的措施是
   A. 用弱酸液洗肠
   B. 中止蛋白质饮食
   C. 口服新霉素
   D. 静脉滴入多巴胺
   E. 静脉滴注精氨酸
6. 肝性脑病患者出现抽搐时最好选用
   A. 氯丙嗪
   B. 吗啡
   C. 副醛
   D. 异丙嗪
   E. 硫喷妥钠
7. 预后最差的肝性脑病患者是
   A. 肝硬化伴腹水者
   B. 暴发性肝炎所致者
   C. 诱因明确，且易消除者
   D. 肝硬化伴黄疸者
   E. 肝硬化伴自发性腹膜炎者
8. 肝性脑病的诱因不包括
   A. 消化道出血
   B. 高钾性酸中毒
   C. 便秘
   D. 低血糖
   E. 缺氧
9. 肝性脑病前驱期的临床表现有
   A. 可有扑翼样震颤
   B. 脑电图异常
   C. 定向力减退
   D. 昏睡
   E. 计算力下降
10. 缓慢发生的肝性脑病最早出现的症状为
    A. 意识模糊
    B. 肝臭
    C. 行为异常，欣快
    D. 定向力障碍
    E. 意识模糊
11. 肝性脑病昏迷期哪项不正确
    A. 昏迷
    B. 可有抽搐
    C. 扑翼样震颤阳性
    D. 脑电图异常
    E. 反射可消失
12. 肝性脑病的发病机制是
    A. 氨中毒
    B. 假神经递质
    C. 氨硫醇和短链脂肪酸的协同毒性作用
    D. 氨基酸代谢不平衡
    E. 上述多种因素综合作用所致
13. 最主要产氨场所是
    A. 肾脏
    B. 肠道
    C. 肝脏
    D. 大脑
    E. 骨骼肌
14. 关于肝性脑病，下述哪项是错误的
    A. 血中 NH_3 易入血脑屏障
    B. 低钾性碱中毒时 NH_3 易入脑组织
    C. 肠道 pH 在 6 以下易使 NH_4^+ 变为 NH_3
    D. 肠道 pH 在 5 时 NH_3 不易被吸收
    E. 缺氧和高热增加氨的毒性
15. 关于肝性脑病的氨代谢，下述哪项不正确
    A. 大多数门腔分流术患者血氨及脑脊液中氨含量都增高
    B. 暴发性肝衰竭时血氨往往明显增高
    C. 动脉血和脑脊液中氨含量明显相关
    D. 便秘时会引起血氨增高
    E. 结肠呈碱性环境时产氨增多

【A_2 型题】

16. 男性，46 岁。有腹水，6 天前起出现呕吐、黑便，经治疗好转。近日来嗜睡、定向障碍。患者可能出现下列哪种情况
    A. 贫血
    B. 失血性休克
    C. 氮质血症
    D. 电解质紊乱
    E. 肝性脑病

【A_3/A_4 型题】

（17～19 题共用题干）

男性，40 岁。腹水 1 个月，6 天前反复呕血、黑便经抢救治疗后好转、稳定，近日来嗜睡、认人不清。

17. 下列哪项诊断最合适
   A. 贫血
   B. 失血性休克
   C. 氮质血症
   D. 电解质紊乱
   E. 肝性脑病
18. 下列检查哪项对诊断最无帮助
   A. 脑电图
   B. 扑翼震颤
   C. 血氨
   D. 诱发电位
   E. 脑 CT
19. 下列哪项措施最有利于肠道血氨的排出
   A. 弱碱性液灌肠
   B. 弱酸液灌肠
   C. 中性液灌肠
   D. 肥皂水灌肠
   E. 精氨酸静脉注滴

(20~22 题共用题干)

男性，45 岁。急性昏迷，轻度黄疸，双侧肢体肌张力对称性增高，瞳孔等大，尿蛋白以及糖定性均阴性，尿酮体阴性。

20. 下述哪项检查最可能出现异常
   A. 颅脑 CT
   B. 腰穿脑脊液常规检查
   C. 肾功能
   D. 血糖
   E. 脑电图
21. 最合适的诊断是
   A. 肝性脑病
   B. 脑血管意外
   C. 脑炎
   D. 尿毒症
   E. 糖尿病昏迷
22. 下列措施无效的是
   A. 用弱酸液灌肠
   B. 中止蛋白质饮食
   C. 支链氨基酸静脉滴注
   D. 静脉滴入多巴胺
   E. 静脉滴注精氨酸

(23~24 题共用题干)

男性，38 岁，肝硬化病史 5 年。近日出现睡眠时间倒错、语言不清。检查：血钾 3.5mmol/L，血钠 136mmol/L，血氨 90mmol/L，血清 pH 7.48。

23. 下列检查哪项可能正常
   A. 简易智力测验
   B. 脑电图
   C. 扑翼样震颤
   D. 颅脑 CT
   E. 血氨
24. 下列诊断哪项最正确
   A. 亚临床肝性脑病
   B. 肝性脑病Ⅰ期
   C. 肝性脑病Ⅱ期
   D. 肝性脑病Ⅲ期
   E. 肝性脑病Ⅳ期
25. 下列药物中首选哪种
   A. 谷氨酸钠
   B. 谷氨酸钾
   C. 精氨酸
   D. 左旋多巴
   E. 复方氨基酸

【B_1 型题】

(26~28 题共用备选答案)

   A. 乳果糖
   B. 左旋多巴
   C. 肾上腺皮质激素
   D. 溴隐亭
   E. 新霉素

26. 补充正常神经递质，竞争性地排斥假神经递质
27. 使肠内酸化，减少氨的吸收形成
28. 抑制肠道细菌生长，减少氨的形成

(29~30 题共用备选答案)

   A. 精氨酸
   B. 氯化钾
   C. 维生素 B_1
   D. 左旋酸
   E. 高渗糖

29. 肝性脑病出现代谢性碱中毒时宜用
30. 肝性脑病出现脑水肿时用

第十章　细菌性肝脓肿

【A_1 型题】

1. 细菌性肝脓肿最常见的原因
   A. 坏疽性阑尾炎
   B. 溃疡性结肠炎
   C. 细菌性心内膜炎
   D. 胃十二指肠溃疡穿孔
   E. 胆道感染
2. 肝脓肿的特点正确的是
   A. 细菌性肝脓肿常为单发、较大
   B. 阿米巴肝脓肿起病急，伴寒战、高热
   C. 阿米巴肝脓肿较少，多为多发性
   D. 阿米巴肝脓肿脓液为褐色，无臭味
   E. 阿米巴肝脓肿患者粪便中可找到阿米巴原虫
3. 细菌性肝脓肿中等大小、位于肝左外叶，主要治疗措施为
   A. 全身应用抗生素
   B. 输血，应用抗生素
   C. 穿刺抽脓，应用抗生素
   D. 全身支持疗法，应用抗生素
   E. 手术切开引流

【A_2 型题】

4. 男性，45 岁。突起寒战、高热、右上腹痛，体温 39~40℃，为弛张热，肝大，右上腹触痛伴肌紧张。白细胞计数升高，核左移。胸腹部透视见右膈升高，运动受限。超声示液平，放射性核素扫描见肝占位病变。应先考虑
   A. 肝癌
   B. 急性肝炎

C. 阿米巴性肝脓肿
D. 细菌性肝脓肿
E. 胆道感染

【A_3/A_4型题】

（5~7题共用题干）

男性，35岁。突发性中上腹痛，1天后出现下腹部疼痛，特别是右下腹痛，诊断为急性阑尾炎入院，患者入院后拒绝手术治疗，给予庆大霉素等抗感染治疗，两天后热不退，突然出现寒战、高热、黄疸等症状。查体发现右上腹压痛明显，伴肝大，白细胞计数增多。

5. 应考虑
A. 急性胆囊炎
B. 急性传染性肝炎
C. 急性化脓性胆管炎
D. 血源性肝脓肿
E. 膈下感染

6. 治疗方案应首先考虑
A. 加强抗感染并积极处理原发灶
B. 即刻行手术引流
C. 继续补液支持
D. 查各项生化指标并纠正之
E. 强心，应用消除黄疸药物

7. 下列哪种方案不恰当
A. 查AFP、CEA排除肝癌可能
B. 行阑尾切除术
C. 加强抗炎药物应用及支持疗法
D. 纠正水、电解质及酸碱失衡
E. 出现休克时先纠正休克，同时抗感染治疗

第十一章 原发性肝癌

【A_1型题】

1. 对肝癌的临床诊断最具特异性的是
A. 肝区疼痛
B. 进行性肝大，质硬
C. 恶病质
D. 梗阻性黄疸
E. 肺部转移病灶

2. 原发性肝癌按大体形态分型下述哪项不正确
A. 巨块型癌直径>10cm
B. 孤立的直径<3cm的癌结节称为小肝癌
C. 巨块型易发生坏死引起肝破裂
D. 结节型易发生癌结节破裂出血
E. 弥漫型往往因肝衰竭而死亡

3. 甲胎蛋白的阳性可早于肝癌出现临床症状
A. 2~3个月
B. 4~5个月
C. 6~7个月
D. 8~11个月
E. 12个月以上

4. 下列哪项有助于鉴别肝癌和良性活动性肝病
A. HBsAg阳性
B. AFP阳性
C. AFP阴性
D. 肝功能明显损害
E. AFP和ALT动态曲线

5. 原发性肝细胞性肝癌最理想的肿瘤标志物是
A. AFP
B. GGT2
C. CA19-9
D. CA125
E. CEA

6. 除原发性肝癌，哪种疾病能引起AFP>500μg/L
A. 多囊肝
B. 慢性肝炎
C. 生殖腺胚胎瘤
D. 肾脏胚胎瘤
E. 肝硬化

7. 肝癌血行肝外转移最多见于
A. 肾
B. 胰
C. 脑
D. 肺
E. 胃

8. 原发性肝癌的临床特点不正确的是
A. 肿块增长迅速，肝包膜被牵拉引起疼痛
B. 门脉内癌栓可导致门脉高压
C. 门脉外癌栓可以产生血管杂音
D. 癌块侵犯肝门胆管引起黄疸
E. 肿瘤生长缓慢，可以无痛

9. 根治原发性肝癌最好的办法是
A. 化学抗癌药物治疗
B. 手术切除治疗
C. 放射治疗
D. 中医治疗
E. 生物和免疫治疗

10. 原发性肝癌经淋巴转移最常见的部位是
A. 锁骨上淋巴结
B. 主动脉旁淋巴结
C. 胰腺旁淋巴结
D. 肝门淋巴结
E. 脾门淋巴结

11. 原发性肝癌定位诊断下述哪个方法最敏感
A. X线肝血管造影
B. CT肝动脉碘油造影
C. CT肝动脉造影
D. 放射性核素肝显像
E. X线门静脉造影

12. 原发性肝癌主要应鉴别的疾病是
A. 肝硬化
B. 慢性肝炎
C. 肝内胆管结石

D. 多囊肝
E. 肝肉瘤

13. 原发性肝癌早期转移途径为
A. 肺内转移
B. 淋巴转移
C. 直接浸润转移
D. 肝内进行转移
E. 骨转移

14. AFP > 200μg/L，排除活动性肝病诊断肝癌的标准为
A. ALT 同步升降持续 1 个月
B. ALT 同步升降持续 2 个月
C. ALT 正常，AFP > 200μg/L 持续 1 个月
D. ALT 正常，AFP > 200μg/L 持续 8 周
E. ALT 正常，AFP > 200μg/L 持续 8 个月

15. 原发性肝癌肝外血行转移最常见的部位是
A. 脑
B. 骨髓
C. 肺
D. 肾上腺
E. 肾

16. 对疑有早期原发性肝癌的患者，应首先用哪一种方法检查较好
A. 放射性核素肝扫描
B. 血清甲胎蛋白动态观察检查
C. 肝区超声检查
D. 血清 γ-GT
E. 选择性肝动脉造影

17. 与原发性肝癌发病最密切的因素是
A. 肝硬化
B. 病毒性肝炎
C. 黄曲霉毒素
D. 饮用水污染
E. 寄生虫

18. 治疗早期原发性肝癌疗效最好的非手术疗法是
A. 放射治疗
B. 肝动脉栓塞化疗
C. 肝动脉灌注化疗
D. 经皮穿刺酒精注射疗法
E. 生物治疗

19. 亚临床肝癌是指
A. 肝细胞 DNA 代谢异常
B. AFP 检出而无任何症状和体征的肝癌
C. B 超检出<2cm 的肝癌
D. CT 检出<2cm 的肝癌
E. 患者仅有肝区疼痛的肝癌

20. 确认原发性肝细胞癌最早指标是
A. 肝脏 B 超
B. 肝脏 CT
C. AFP
D. AP
E. γ-GT

21. 目前肝癌早期宜采用哪一种治疗为主
A. 放射疗法
B. 化学疗法
C. 手术切除
D. 中医中药
E. 免疫疗法

【A_2 型题】

22. 男性，45 岁。右肋痛 3 个月，微热，巩膜轻度黄染，肝于吸气时肋下 1.0cm，质中等，右膈外侧抬高。B 超：肝内大小不等的结节样回声，边缘不整齐，HBsAg（+），甲胎蛋白为 100μg/L。最大可能的诊断是
A. 乙型肝炎
B. 肝硬化
C. 阿米巴肝脓肿
D. 原发性肝癌
E. 淤胆性肝炎

23. 女性，52 岁。B 超检查发现肝占位性病变 1 周，查肝功能正常。下列哪项阳性最有助于诊断原发性肝癌
A. γ-GT
B. AFP
C. MRI
D. CT
E. B 超

24. 男性，48 岁。右季肋区疼痛半年。CT 检查示：肝右叶 12cm×10cm 肿块，包绕、压迫下腔静脉，肝左叶内多个小的低密度结节。进一步检查确诊为原发性肝癌。考虑的治疗方法不包括
A. 肝动脉结扎术
B. 肝动脉栓塞术
C. 肝动脉灌注化疗
D. 肝移植手术
E. 肝叶切除术

25. 男性，60 岁。上腹部隐痛不适 3 月余，伴食欲缺乏、乏力。查体：腹平坦，无压痛，未及肿块，移动性浊音（-）。B 超检查，肝左叶见一直径 1.5cm 光团。胃镜示胃窦部溃疡病变，组织学检查高分化腺癌。最适宜的治疗方案
A. 化疗
B. 肝动脉插管化疗
C. 胃大部切除加肝左叶切除
D. 免疫治疗
E. 放疗

26. 男性，32 岁。右上腹疼痛不适，无畏寒、发热、黄疸，血 AFP 阳性。B 超：肝右叶 1.5cm 占位病变。最适宜的治疗方法
A. 手术切除
B. 化疗
C. 放疗
D. 免疫治疗
E. 肝移植

27. 男性，60 岁。右上腹疼痛伴黄疸 3 个月余。B 超检查示肝脏多发性散在性光团，AFP（-），诊断继发性肝癌。其诊断的关键
A. 肝穿刺
B. 找出原发灶
C. CT
D. MRI
E. 肝血管造影

【A_3/A_4型题】

（28~30题共用题干）

男性，40岁。右上腹胀痛2个月，肝肋下3cm，脾肋下2cm，移动浊音阳性，HBsAg阳性，B超检查见肝右叶有一直径5cm占位病变。

28. 最可能的诊断
  A. 肝硬化
  B. 细菌性肝脓肿
  C. 肝血管瘤
  D. 肝癌
  E. 肝包虫病
29. 最合适的实验室检查
  A. AFP
  B. γ-GT
  C. 血培养
  D. 包虫囊液皮试
  E. 血清胆红素测定
30. 对该病最有确定诊断意义的检查
  A. B超
  B. 腹部CT
  C. X线检查
  D. 肝功能检查
  E. 肝穿刺针吸细胞学检查

（31~33题共用题干）

男性，60岁。右上腹胀痛4个月伴黄疸1个月余。查体：肝肋下4cm，剑突下5cm，质硬，移动性浊音（+）。

31. 最可能的诊断
  A. 晚期肝癌
  B. 肝硬化
  C. 细菌性肝脓肿
  D. 胆总管结石
  E. 肝炎
32. 可能引起该患者死亡的最少见病因
  A. 肝性脑病
  B. 肝癌破裂出血
  C. 全身衰竭
  D. 上消化道出血
  E. 脑转移
33. 与该病最无关的因素是
  A. 病毒
  B. 射线
  C. 真菌
  D. 亚硝胺
  E. 酒精

（34~36题共用题干）

男性，45岁。近2个月出现肝区疼痛，乏力，消瘦明显，消化不良，腹胀，食欲缺乏，无黄疸。查体：肝于右肋下可触及3.0cm，移动性浊音（-），诊断肝癌。

34. 对诊断有重要意义的实验室检查
  A. 血常规
  B. 两对半
  C. 肝功能
  D. AFP
  E. 血浆蛋白测定
35. 诊断价值不大的检查
  A. CT
  B. B超
  C. MRI
  D. ERCP
  E. ECT
36. 在可能实施的情况下，治疗最有效的方法
  A. 手术切除病灶
  B. 肝动脉结扎
  C. 肝动脉栓塞
  D. 化疗
  E. 钴-60照射

【B_1型题】

（37~38题共用备选答案）

A. AFP<20μg/L
B. AFP>500μg持续4周
C. AFP增高多不超过200μg/L
D. AFP>200μg/L
E. AFP>100μg/L

37. 肝细胞癌
38. 胆管细胞癌

（39~41题共用备选答案）

A. 肝局部切除
B. 左半肝切除
C. 肝动脉结扎和插管
D. 肿瘤局部无水酒精注射
E. 中医治疗

39. 男性，47岁。明确诊断为肝左外叶肝癌7cm，肝肾功能正常，治疗方案首选
40. 男性，55岁。体格检查发现，肝右叶中央10cm占位，肝肾功能正常，治疗方案首选
41. 男性，33岁。肝癌术后2个月，发现切缘1cm可疑占位，治疗方案首选

第十二章　胆　石　症

【A_1型题】

1. B型超声对哪种结石诊断准确率高
  A. 胆囊结石
  B. 胆总管结石
  C. 肾结石
  D. 肝内胆管结石
  E. 胰腺结石
2. 对疑有胆结石所致梗阻性黄疸较深者，应选择哪种检查法较合适
  A. 口服胆囊造影
  B. 静脉胆道造影
  C. ERCP
  D. PTC
  E. 气钡对比十二指肠造影
3. 关于胆囊结石描述，错误的是
  A. 胆囊结石均有症状
  B. 进食油腻食物后症状加重
  C. 大的单发结石不易发生嵌顿
  D. 结石嵌顿于胆囊壶腹后，导致急性胆囊炎

E. 胆绞痛向右肩部放射

4. 诊断胆囊结石的简单而可靠的方法是

A. BUS

B. ERCP

C. PTC

D. 口服法胆囊造影

E. 十二指肠引流术

5. 引起右上腹胆绞痛及黄疸的最常见的原因是

A. 胆道蛔虫病

B. 急性胆囊炎

C. 胆总管结石

D. 先天性胆总管扩张

E. 复发性慢性胰腺炎

6. Charcot 三联征最常出现在

A. 胰头或法特壶腹癌患者

B. 胆囊结石患者

C. 肝内胆管结石患者

D. 胆总管结石患者

E. 肝门部胆管癌患者

7. 胆管结石和急性胆管炎急性发作的典型症状是

A. 腹痛、呕吐、寒热

B. 腹痛、呕吐、黄疸

C. 腹痛、黄疸、腹泻

D. 腹痛、腹胀、昏迷

E. 腹痛、黄疸、寒热

【A_2 型题】

8. 男性，53 岁。4 年前曾行胆总管切开取石术，现持续黄疸 1 个月。肝大肋下 3cm，血清胆红素为 70μmol/L，BUS 显示胆总管直径 2cm。下述何种检查方法是最优

A. 口服法胆囊造影术

B. 静脉法胆道造影术

C. 低张性十二指肠造影

D. CT

E. PTC

9. 女性，49 岁。于 2 年前曾行胆总管探查取石，T 形管引流术。术后至今先后发作性右上腹绞痛，黄疸 4 次，每次均经消炎疗法而愈。此次又发作性疼痛，黄疸，肝大肋下 2cm，血清胆红素为 20μmol/L，BUS 显示直径为 1.0cm。为进一步诊断应采用何种方法

A. PTC

B. ERCP

C. 低张性十二指肠造影

D. MRI

E. 静脉法胆道造影

10. 女性，43 岁。因右上腹阵发性绞痛，伴恶心、呕吐 4 小时来院。查体：体温 37℃，右上腹深在轻度压痛，无腹肌紧张，Murphy 征阴性。为确诊进一步检查应首选

A. 白细胞计数和分类

B. 腹部 X 线平片

C. BUS

D. 测血清淀粉酶

E. PTC

11. 女性，47 岁。胆囊结石病史 4 年，曾先后发作性胆绞痛 4 次，BUS 显示胆囊内充满结石。首选的治疗方法是下列哪一种

A. 口服排石饮液

B. 口服熊去氧胆酸片

C. 口服利胆素片

D. 胆囊切除术

E. 经皮胆镜取石术

【A_3/A_4 型题】

（12～15 题共用备选答案）

A. 胆囊切除术

B. 胆囊造口术

C. Oddi 括约肌切开成形术

D. 胆囊切除加胆管空肠 Roux-Y 吻合术

E. 胆囊切除加胆总管探查引流术

12. 胆囊多发性小结石有黄疸史宜采用

13. 慢性胆囊炎合并胆囊积水宜采用

14. 肝内胆管大量泥沙样结石宜采用

15. 胆囊积脓穿孔合并感染性休克宜采用

第十三章　急性胆囊炎

【A_1 型题】

1. Murphy 征阳性则提示

A. 细菌性肝脓肿

B. 急性胆管炎

C. 肝总管结石

D. 左肝管结石

E. 急性胆囊炎

2. 急性胆囊炎致病菌主要来源于

A. 肠道逆行入侵胆囊

B. 淋巴管道

C. 邻近脏器

D. 经门静脉

E. 经胃十二指肠动脉

3. 急性胆囊炎最严重的并发症是

A. 细菌性肝脓肿

B. 胆囊积脓

C. 胆囊坏疽穿孔致胆汁性腹膜炎

D. 急性胰腺炎

E. 胆囊十二指肠内瘘

【A_2 型题】

4. 女性，60 岁。诊断为急性胆囊炎，经非手术治疗已 5 天。目前仍疼痛加剧，伴高热。右上腹广泛压痛、反跳痛、腹肌紧张，肠音减弱。体温 39℃，白细胞计数 18×10^9/L。应做

A. 胆囊切除术

B. 胆囊切除及胆总管引流

C. 胆囊造瘘及腹腔引流术

D. 胆囊切除及腹腔引流术
E. 胆总管十二指肠引流术

【A_3/A_4型题】

（5~7题共用题干）

女性，49岁。近半年数次发作性右上腹疼痛，恶心呕吐，多为夜间睡眠后发作，并向右肩部放射。检查：肥胖体质，BP 110/80mmHg，P 90次/分，右上腹轻度压痛，无腹肌紧张。

5. 此患者最可能的诊断是
   A. 高位急性阑尾炎
   B. 胆囊腺瘤性息肉
   C. 十二指肠溃疡穿孔
   D. 急性胰腺炎
   E. 胆囊结石
6. 虽经治疗未缓解，反而持续性疼痛加重，右上腹压痛、反跳痛，腹肌紧张，体温38.5℃，此时可诊断为
   A. 急性坏死性胰腺炎
   B. 十二指肠溃疡穿孔并弥漫性腹膜炎
   C. 胆总管结石
   D. 结石性急性坏疽性胆囊炎
   E. 急性化脓性胆管炎
7. 病情进一步加重，并出现黄疸，应首先考虑有
   A. 急性坏死性胰腺炎
   B. 胆囊穿孔性腹膜炎
   C. 亚急性肝坏死
   D. 胆囊癌侵犯肝总管
   E. 胆囊结石进入胆总管并堵塞远端

第十四章　急性梗阻性化脓性胆管炎

【A_1型题】

1. 急性梗阻性化脓性胆管炎在我国最常见的原因是
   A. 胆总管结石
   B. 胆总管末端狭窄
   C. 胆道出血继发感染
   D. 胆总管癌
   E. 先天性胆总管扩张症
2. 急性梗阻性化脓性胆管炎，最关键的治疗是
   A. 输液、输血维持有效血容量
   B. 纠正代谢性酸中毒
   C. 静脉输入大量抗生素
   D. 胆道减压引流解除梗阻
   E. 急诊行胆囊切除术
3. Courvoisier征阳性的疾病最可能是
   A. 胆管上段癌
   B. 胆管下端癌
   C. 胆管结石
   D. 胆囊管癌
   E. 胆囊体癌

【A_2型题】

4. 女性，45岁。突发右上腹及心窝部刀割样绞痛伴阵发性加剧1天。发病后12小时寒战、高热，巩膜黄染，剑突偏右侧深压痛，右上腹轻度肌紧张，体温38℃，WBC 14×10^9/L。血清总胆红素30μmol/L，尿胆原（－），尿胆素（＋＋）。应诊断为
   A. 溃疡病穿孔
   B. 急性胰腺炎
   C. 急性胆囊炎
   D. 胆总管结石
   E. 急性阑尾炎
5. 女性，43岁。突发右上腹剧痛并阵发性加剧3天，寒战高热，恶心呕吐。查体：全身黄染，体温39℃，脉搏120次/分，血压80/60mmHg，谵妄，神志不清，剑突偏左腹肌紧张，肝肋下2cm，WBC 15×10^9/L，中性粒细胞0.8，血清总胆红素50μmol/L。本例治疗首选
   A. 抗休克，抗感染治疗
   B. 胆囊切除，腹腔引流术
   C. 胆囊造口术
   D. 胆总管减压引流
   E. 溃疡病穿孔缝合

【A_3/A_4型题】

（6~8题共用题干）

男性，62岁。右上腹阵发性绞痛伴恶心、呕吐20小时，急诊入院，寒战高热，明显黄疸。检查：巩膜及全身皮肤黄染，P 120次/分，T 40℃，BP 90/60mmHg，剑突下压痛，腹肌紧张，WBC 20×10^9/L。

6. 此患者应诊断为
   A. 急性胆源性胰腺炎
   B. 肝脓肿
   C. 急性化脓性胆囊炎
   D. 十二指肠溃疡急性穿孔
   E. 急性梗阻性化脓性胆管炎
7. 本例的治疗原则是
   A. 大量使用抗生素
   B. 胃肠减压，维持水电解质平衡
   C. 解痉挛、镇痛
   D. 服用大量中药利胆
   E. 胆道减压引流，解除梗阻
8. 急诊剖腹探查术，术中见胆总管直径为1.8cm，穿刺有脓性胆汁，P 130次/分，BP 50/30 mmHg，此时应采用术式
   A. 胆囊切除并胆总管切开引流减压
   B. 胆囊切除术
   C. 胆囊空肠改良式Roux-Y吻合
   D. 胆总管空肠Roux-Y吻合
   E. 胆总管切开引流减压T管引流

（9~11题共用题干）

女性，35岁。临床表现为腹痛、寒热、黄疸。

9. 临床上应首先考虑为

A. 胆囊结石
B. 壶腹周围癌
C. 急性化脓性胆囊炎
D. 肝内胆管结石
E. 结石阻塞的继发性胆管炎

10. 首选的辅助检查方法是
A. ERCP
B. CT
C. B超
D. ECT
E. MRI

11. 进一步的治疗原则是
A. 胰十二指肠切除术
B. 减压胆道取石T形管引流
C. 胆总管空肠 Roux-Y 吻合术
D. 胆囊空肠 Roux-Y 吻合术
E. 胆囊切除术

第十五章 急性胰腺炎

【A_1 型题】

1. 胰液的正常 pH 为
A. 7.4~8.4
B. 6.0~7.4
C. 3.0~5.0
D. 7.0
E. 4.0~6.0

2. 急性胰腺炎患者中，血钙低于 1.87mmol/L 常提示
A. 病情严重
B. 血钙降低，四肢抽搐
C. 腹部体征缓解
D. 呕吐加重
E. 胃肠无改变

3. 慢性胰腺炎最突出的症状是
A. 呕吐
B. 发热
C. 腹部包块
D. 便秘
E. 腹痛

4. 急性出血坏死型胰腺炎特征性病变是
A. 上腹部可触及包块
B. 脐周及侧腹呈青紫色
C. 黄疸
D. 腹痛向腰背部放射
E. 腹痛持续1周以上

5. 不属于急性胰腺炎局部并发症的是
A. 胰腺脓肿
B. 胰腺坏死
C. 胰腺水肿
D. 急性胰腺假性囊肿
E. 胃肠道瘘

6. 出血性坏死型胰腺炎最复杂性、严重性的病理生理是
A. 上消化道出血
B. 黄疸
C. 呕吐
D. 感染性休克，失血性休克
E. 脓肿形成

7. 鉴别水肿型和出血坏死型胰腺炎最有价值的是
A. 上腹剧痛向左腰背部放射
B. 黄疸
C. 发热
D. Cullen 征
E. 呕吐

8. 急性胰腺炎的基本病理改变是
A. 纤维性变
B. 水肿、充血、出血、坏死
C. 假性囊肿
D. 脓肿
E. 萎缩，退化

9. 患急性胰腺炎时，尿淀粉酶与血清淀粉酶增高的关系为
A. 前者与后者同时增高
B. 前者增高先于后者
C. 前者增高迟于后者
D. 前者不增高，后者增高
E. 前者持续增高，后者先高后低

10. 我国急性胰腺炎的主要病因是
A. 慢性酒精中毒
B. 胆道疾病
C. 内分泌与代谢障碍
D. 胰管阻塞
E. 手术与创伤

11. 用于判断急性胰腺炎严重程度的血清学检查项目是
A. 血清钙
B. 碱性磷酸酶
C. 丙氨酸氨基转移酶
D. 淀粉酶
E. 血清钾

12. 下列提法正确的是
A. 只有血、尿淀粉酶增高才能诊断急性胰腺炎
B. 血清淀粉酶在8小时达峰值
C. 血清淀粉酶超过正常2倍可确诊急性胰腺炎
D. 淀粉酶的高低并不一定反映病情的严重程度
E. 尿淀粉酶增高可持续2~4周

13. 患严重急性胰腺炎的患者不需要
A. 抗生素
B. 哌替啶
C. 液体治疗
D. 氯化钠
E. 钙

14. 下列说法错误的是
A. A细胞分泌胰高血糖素
B. B细胞分泌胰岛素
C. G细胞分泌促胃液素
D. PP细胞分泌胰多肽
E. D细胞分泌 VIP

15. 提示急性胰腺炎预后不良反应的指标是
A. 血钙低于 1.5mmol/L
B. 血清淀粉酶超过 500U/L (Somogyi)
C. 淀粉酶、肌酐清除率比值超过正常3倍
D. 血清淀粉酶升高持续不降超过5天
E. 血钾、血镁同时降低

16. 急性胰腺炎的创伤因素不包括

A. MRCP
B. 上腹部钝器伤
C. 上腹部穿通伤
D. ERCP
E. 内镜取石

17. 急性胰腺炎多有
A. 白细胞数增多
B. 血钙值升高
C. 白细胞数减少
D. 磷脂酶值升高
E. 血小板数升高

18. 急性胰腺炎诊断中，不正确的是
A. 血清淀粉酶在发病后3~12小时开始升高
B. 血清淀粉酶在发病后24~48小时达到高峰
C. 血清淀粉酶值高于128 Winslow单位
D. 血清淀粉酶值高低与病情轻重成正比
E. 尿淀粉酶在发病12~24小时后开始上升

19. 胆道结石并胰腺炎的治疗
A. 立即手术
B. 作好术前准备后再手术
C. 抗感染，对症处理
D. 若非手术治疗不缓解，再手术治疗
E. 中西医结合治疗

20. 急性胰腺炎的非手术治疗不包括
A. 禁食
B. 补液
C. 吗啡镇痛
D. 抗生素
E. 营养支持

21. 急性胰腺炎不常见的临床表现是
A. 腹痛
B. 低血压
C. 腹泻
D. 发热
E. 呕吐

22. 急性胰腺炎在我国最常见的诱因是
A. 胆道梗阻，胆汁逆流
B. 饮食因素
C. 精神因素
D. 感染
E. 创伤

23. 急性胰腺炎患者中，呕吐后腹痛可
A. 减轻
B. 缓解
C. 加重
D. 消失
E. 不减轻

【A_2 型题】

24. 男性，62岁。急性重症胰腺炎患者，于保守治疗中，尿量逐渐减少，无尿2日，出现气促、全身水肿。血压180/92mmHg，心率120/分，听诊闻及两下肺布满细湿啰音，查血钾6.9mmol/L，BUN 25.2mmol/L，肌酐577μmol/L。目前应采取的最有效治疗手段是
A. 袢利尿药静脉注射
B. 静脉滴注甘露醇利尿
C. 口服甘露醇或硫酸镁导泻
D. 控制入液量，停止补钾
E. 及时紧急透析

25. 男，35岁。1天前饮酒后出现上腹剧烈疼痛，伴恶心、呕吐及腹胀，尿便正常。查体：上腹偏左腹肌紧张，明显压痛，腹部平片膈下未见游离气体。最可能的诊断是
A. 消化性溃疡穿孔
B. 肠梗阻
C. 急性阑尾炎
D. 胆石症
E. 急性胰腺炎

26. 男性，49岁。4小时前上腹剧烈疼痛。查体：上腹压痛。为明确诊断，下列检查哪项是不必要的
A. 心电图
B. 血淀粉酶
C. X线腹部平片
D. 肝胆胰B超检查
E. 尿淀粉酶

27. 男性，38岁。平素身体健康。饮酒后4小时出现上腹痛，14小时后出现呼吸困难，呼吸40次/分。最恰当的诊断是
A. 急性胃炎
B. 右叶性肺炎
C. 急性肠梗阻
D. 急性水肿型胰腺炎
E. 急性出血坏死型胰腺炎合并急性呼吸窘迫综合征

28. 男性，36岁。工作中突然出现右上腹疼痛，12小时后出现上腹疼痛，腹胀，向腰背部放射，豆油色尿。最可能的诊断是
A. 急性胆囊炎
B. 急性胰腺炎（胆源性）
C. 肾绞痛
D. 高位阑尾穿孔
E. 肠系膜血管栓塞

29. 男性，48岁。餐后上腹胀满，恶心，呕吐，上腹部隆起两周，3个月前有跌跤上腹部触及台阶史。检查：一般情况好，上腹正中膨隆，可触及一个15cm×12cm略呈椭圆形稍囊性的肿块，轻度压痛，X线钡餐透视见胃及横结肠均向下移位，诊断应首选考虑
A. 肝囊肿
B. 肠系膜囊肿
C. 腹膜后囊肿
D. 胰腺假性囊肿
E. 胆总管囊肿

30. 男性，60岁。急性重症胰腺炎保守治疗中，无尿3日。查体：BP 180/92mmHg，P 120次/分，双下肺满布细湿啰音。实验室检查：血钾6.9mmol/L，BUN 25.2mol/L，肌酐577μmol/L。目前应采取的最有效治疗手段是
A. 静脉滴注甘露醇利尿

B. 口服甘露醇或硫酸镁导泻
C. 紧急血液透析
D. 袢利尿药静脉注射
E. 控制入液量，停止补钾

31. 男性，42 岁。丰盛酒宴饱餐后，上腹剧痛，伴恶心、呕吐，吐物为胃内容物，吐后腹痛更加剧，如刀割样，注射阿托品后疼痛不止，已 6 小时。查体：脉搏 124 次/分，血压 80/50mmHg，痛苦容貌，腹胀，全腹肌紧张，压痛及反跳痛，上腹部为重，肠鸣音消失，肝浊音界存在，右下腹穿刺得淡红色血性液体。白细胞 12×10^9/L，血清淀粉酶 320 单位（温氏法），血钙 1.5mmol/L（6mg/dl）。经 3 小时治疗观察，病情无好转。诊断应考虑为
A. 溃疡病穿孔，弥漫性腹膜炎
B. 胆囊穿孔，弥漫性腹膜炎
C. 急性胃炎
D. 急性出血坏死性胰腺炎
E. 急性绞窄性肠梗阻

【A_3/A_4 型题】

（32~34 题共用题干）

男性，36 岁。12 小时前工作中突然出现右上腹痛，继之出现豆油色尿。半小时前出现上腹痛向腰背部放射，俯首弯腰可减轻腹痛，血压 120/80mmHg，呼吸 18 次/分。

32. 下列检查哪项可能出现异常且最有意义
A. 心电图
B. 血淀酚酶
C. X 线腹部平片
D. 肝脏 B 超
E. 血脂肪酶

33. 下列诊断哪项可能性最大
A. 急性胆囊炎
B. 急性胰腺炎
C. 肾绞痛
D. 阑尾穿孔
E. 肠系膜血管栓塞

34. 下列哪项治疗措施不合适
A. 禁食
B. 胃肠减压
C. 肌内注射阿托品镇痛
D. 及早应用肾上腺糖皮质激素
E. 奥美拉唑静脉滴注

（35~38 题共用题干）

男性，35 岁。暴饮暴食后心窝部突然疼痛，恶心呕吐，吐物为胃内容物，吐后疼痛不缓解。查体：体温 38.3℃。脉搏 96 次/分，脐周压痛，反跳痛，肌紧张不明显，无移动性浊音，肠鸣音减弱。血 WBC 12.0×10^9/L，中性粒细胞 0.88。

35. 诊断怀疑
A. 急性胰腺炎
B. 急性胃肠炎
C. 急性胆囊炎
D. 急性单纯性肠梗阻
E. 急性阑尾炎

36. 为进一步明确诊断需进行以下哪项检查
A. 腹部立位平片
B. 肝胆胰脾彩色超声检查
C. 血、尿淀粉酶测定
D. 心电图
E. 动脉造影

37. 该患者应采取以下哪项治疗方法
A. 流食，中药治疗
B. 半流食，针刺疗法
C. 禁食水，抗生素注射，补液，解痉镇痛
D. 禁食水，解痉镇痛
E. 抗生素，补液治疗

38. 该患者最可能发生以下哪种并发症
A. 胰腺假性囊肿
B. 肠梗阻
C. 肠出血
D. 肠瘘
E. 腹腔脓肿

【B_1 型题】

（39~41 题共用备选答案）
A. 胆道疾病
B. 过量饮酒
C. 暴饮暴食
D. 高脂血症
E. 十二指肠液反流

39. 我国胰腺炎最常见病因
40. 国外胰腺炎最常见病因
41. 胰腺炎最常见诱因

第十六章　胰　腺　癌

【A_1 型题】

1. 胰腺癌最常见的组织类型为
A. 腺泡细胞癌
B. 导管细胞腺癌
C. 多形性腺癌
D. 纤维细胞腺癌
E. 黏液癌

2. 胰腺癌最好发的部位是
A. 胰腺头部
B. 胰腺体部
C. 胰腺尾部
D. 全胰腺
E. 异位胰腺

3. 疑胰腺癌首选的检查方法是
A. MRI
B. B 超
C. CT
D. X 线气钡双重造影
E. 血尿淀粉酶测定

4. 胰腺癌与胆总管结石的主要鉴别点是
A. 进行性黄疸
B. 肝功能改变

C. 淀粉酶改变
D. 胆囊肿大
E. 皮肤瘙痒

5. 胰腺癌最常见的首发症状是
A. 上腹痛和上腹饱胀不适
B. 黄疸
C. 消化道症状
D. 消瘦和乏力
E. 发热

第十七章 急性肠梗阻

【A_1 型题】

1. 肠梗阻的四大共同表现
A. 腹痛、肠型、呕吐、便闭
B. 便闭、呕吐、腹胀、腹痛
C. 便闭、腹痛、腹胀、肠鸣音亢进
D. 便闭、腹痛、肠鸣音减弱、腹胀
E. 腹痛、便闭、肠型、腹胀

2. 不完全性肠梗阻不同于完全性肠梗
A. 腹胀不显著或无腹胀
B. 腹痛不剧烈或无腹痛
C. 偶见肠型或不见肠型
D. 腹部轻压痛或无压痛
E. 呕吐可有可无，少量排气排便

3. 机械性肠梗阻出现的阵发性绞痛的原因是
A. 梗阻近端肠管的膨胀
B. 梗阻近端肠管的阵缩
C. 梗阻肠段神经受压
D. 肠腔渗出液刺激
E. 上述因素都不是

4. 机械性肠梗阻与动力性肠梗阻的主要区别在于早期
A. 有无腹痛、腹胀及肛门停止排便排气
B. 有无绞痛、腹胀和肠鸣音变化
C. 呕吐是否剧烈且频繁
D. 有无休克
E. 有无酸碱失衡、电解质紊乱

5. 关于肠梗阻哪些是错误的
A. 绞窄性肠梗阻发病突然，进展迅速
B. 绞窄性肠梗阻疼痛持续、阵发性加剧，无缓解期
C. 绞窄性肠梗阻肠鸣音往往减弱
D. 单纯性肠梗阻反射性呕吐比绞窄性明显
E. 绞窄性肠梗阻原则应早期手术

6. 机械性肠梗阻患者，当腹部X线显示下列哪种变化时，应考虑绞窄性肠梗阻的可能
A. 近段肠管扩张，远端肠管未见气体
B. 扩张肠段呈阶梯形排列
C. 孤立性肠段扩张且较固定
D. 扩张肠段黏膜呈鱼刺状
E. 大小肠均胀气

7. 绞窄性肠梗阻的临床表现哪一项是错误的
A. 有腹膜刺激征
B. 腹痛持续、严重、无缓解
C. 呕吐血性或棕褐色的液体
D. 肠鸣音极微弱或消失
E. X线检查见膨胀突出的孤立性肠袢，随时间而改变位置

8. 肠梗阻患者血清钾检测值为2.9mmol/L，临床上一般不表现为
A. 四肢无力
B. ST段降低
C. 皮肤苍白
D. 反常性酸性尿
E. 口苦

9. 关于肠梗阻的论述，下列哪种不正确
A. 绞窄性肠梗阻必然是急性肠梗阻
B. 慢性和不完全性肠梗阻多为单纯性肠梗阻
C. 无机械因素存在的肠梗阻多是动力性肠梗阻
D. 梗阻肠段有血液循环障碍的就是绞窄性肠梗阻
E. 回肠梗阻属于高位肠梗阻

10. 肠梗阻的基础疗法哪项不对
A. 不论需要手术与否均要采用
B. 胃肠减压是治疗肠梗阻重要手段之一
C. 矫正水电解质、酸碱失衡是重要措施
D. 同时需要防治感染和中毒
E. M-A管作为常规应用

11. 肠管无生机的根据哪项不对
A. 肠管无弹性及张力
B. 相应的肠系膜终末小动脉无搏动
C. 肠管的颜色变黑
D. 肠管对刺激有反应，能收缩
E. 肠管无蠕动能力

12. 单纯性粘连肠梗阻手术指征是
A. 手术后早期粘连梗阻
B. 非手术治疗不见好转者
C. 单纯性粘连肠梗阻，肠鸣音亢进
D. 粘连性不完全性肠梗阻
E. 广泛粘连性不完全性肠梗阻

【A_2 型题】

13. 男性，31岁。有胃溃疡穿孔手术史，3天前出现腹胀、腹痛伴呕吐、肛门停止排便排气，经检查诊断为肠梗阻。现最为重要的是了解梗阻的
A. 原因
B. 部位
C. 程度
D. 发生速度
E. 是否绞窄

14. 男性，30岁。10年前行阑尾切除术，近期出现腹痛、腹胀，无发热。4小时前突然出现持续性腹痛，阵发性加剧，口渴，烦躁不安，WBC 12×10^9/L。诊断最大可能是
 A. 输尿管结石
 B. 单纯性机械性肠梗阻
 C. 水肿性胰腺炎
 D. 胆道蛔虫症
 E. 绞窄性肠梗阻
15. 男性，50岁。阵发性腹痛、腹胀，无排便排气5天。2年前有阑尾手术史。查体：腹膨隆，可见肠型，腹软无压痛，肠鸣音亢进。腹部X线平片见中下腹部小肠有数个液气平面，盲肠、升结肠肠腔扩张。下列各病中以哪种可能性最大
 A. 机械性肠梗阻
 B. 麻痹性肠梗阻
 C. 高位小肠梗阻
 D. 低位小肠梗阻
 E. 绞窄性肠梗阻
16. 男性，60岁。半年来经常便秘，3天前出现腹部持续疼痛，阵发性加剧，呕吐2次系胆汁性液体，约500ml，过去无类似发作史。查体：BP 135/98mmHg，T 37.5℃，腹胀，右下腹稍压痛，腹软，未触及肿块，肠鸣音亢进。白细胞9×10^9/L。其可能为
 A. 急性胃炎
 B. 急性胆囊炎
 C. 急性胰腺炎
 D. 肠梗阻
 E. 急性肠扭转
17. 某患者因急性阑尾炎穿孔手术，切除术后6天，腹部胀痛不适，呈持续性，伴恶心呕吐，未排便排气。查体：全腹膨胀，肠鸣音消失。腹部X线平片，小肠及结肠均有多量充气及液气平面。进一步应采取
 A. 剖腹探查
 B. 全胃肠钡餐透视
 C. 胃肠减压支持疗法
 D. 腹腔穿刺，灌洗
 E. 以上均不合适
18. 男性，36岁。十二指肠溃疡穿孔修补术后5天，腹胀痛不适，恶心，停止排气排便。查体：全腹胀，未见肠型，全腹压痛，尤其以右下腹明显，轻度肌紧张，肠鸣音消失。血常规：白细胞 11×10^9/L，中性粒细胞0.86。腹部X线平片示肠腔积气并可见小液气平面。应考虑为
 A. 急性阑尾炎
 B. 十二指肠溃疡穿孔
 C. 粘连性肠梗阻
 D. 麻痹性肠梗阻
 E. 弥漫性腹膜炎

【A_3/A_4型题】

（19~21题共用题干）

男性，26岁。腹部阵发性胀痛半年余，时重时轻，常因饮食不注意或餐后诱发腹痛加重，有时排便、排气停止，经对症治疗好转，无发热及黄染。既往1年前因腹外伤脾破裂，行脾切除，脾片大网膜移植术。查体：腹胀可见肠型，腹软无压痛，肠鸣音亢进。

19. 下列检查最有意义的是
 A. 纤维结肠镜
 B. 腹部CT
 C. 腹部X线平片
 D. 全胃肠钡餐透视
 E. 钡剂灌肠
20. 最可能的诊断是
 A. 胃炎胃绞痛
 B. 粘连性肠梗阻
 C. 绞窄性肠梗阻
 D. 结肠癌
 E. 幽门梗阻
21. 最有效的治疗措施是
 A. 禁食水，胃肠减压
 B. 低压肥皂水洗肠
 C. 饮食疗法
 D. 手术探查
 E. 以上都不是

（22~24题共用题干）

男性，45岁。1周前因急性阑尾炎进行手术治疗时，阑尾系膜出血，缝扎止血时致回肠末段血运障碍，行回肠部分切除吻合术。腹腔引流，间断性引出血性液体每日约200ml。查体：腹胀，右侧腹压痛，未触及肿块，肠鸣音弱，BP 120/83mmHg，P 20次/分。白细胞 12×10^9/L，中性粒细胞0.8。

22. 诊断首先应考虑为
 A. 粘连性肠梗阻
 B. 绞窄性肠梗阻
 C. 麻痹性肠梗阻
 D. 小肠吻合口狭窄、梗阻
 E. 以上都不是
23. 进一步检查首先应选择
 A. 腹部X线平片
 B. B超
 C. CT
 D. 钡剂灌肠
 E. 腹腔穿刺
24. 应采取主要措施
 A. 剖腹探查
 B. 支持疗法
 C. 腹腔灌洗
 D. 肠造口术
 E. 以上均不是

第十八章　急性阑尾炎

【A_1型题】

1. 急性阑尾炎的体征中最有诊断意义的是
   A. 右腹肌紧张
   B. 转移性腹痛和右下腹部压痛
   C. 右腹 Murphy 征阳性
   D. 腰大肌试验阳性
   E. 闭孔内肌试验阳性
2. 诊断慢性阑尾炎，下列哪一项最重要
   A. 慢性右下腹隐痛史
   B. 有过典型的急性发作病史
   C. 右下腹有轻度压痛
   D. X 线钡餐检查阑尾未显影
   E. 排除阑尾以外疾病的可能
3. 急性阑尾炎最常见的并发症是
   A. 阑尾穿孔腹膜炎
   B. 门静脉炎
   C. 膈下脓肿
   D. 盆腔脓肿
   E. 肠间脓肿
4. 急性阑尾炎穿孔最易形成弥漫性腹膜炎者为
   A. 老年人
   B. 儿童
   C. 孕妇
   D. 慢性阑尾炎急性发作
   E. 全身抵抗力低下者
5. 关于小儿急性阑尾炎，叙述错误的是
   A. 病情发展快且重
   B. 右下腹体征明显
   C. 穿孔率达 30%
   D. 并发症及死亡率较高
   E. 宜早期手术
6. 阑尾残端安全处理的最好方法是
   A. 结扎
   B. 结扎和包埋
   C. 单纯包埋
   D. 挤压
   E. 石炭酸烧灼

【A_2型题】

7. 成人阑尾切除术后 1 天出现烦躁、剧烈腹痛，心率 112 次/分，血压 90/60mmHg，腹胀，全腹压痛，肠鸣音弱。为除外腹腔内出血首要的检查是
   A. B 超
   B. CT
   C. MRI
   D. 腹腔穿刺
   E. 立位腹平片
8. 男性，60 岁。2 天前上腹持续性胀痛，12 小时后右下腹痛，阵发加剧，腹胀。近 4 年来常有饭前上腹灼痛，常在冬春季发作。查体：38℃，脉搏 120 次/分，血压 150/90mmHg。腹稍胀，满腹有压痛，但右下腹更明显，有肌紧张及反跳痛，肝浊音界存在，肠鸣音未听到。白细胞 13×10^9/L，中性粒细胞 0.88。右下腹穿刺抽得黄色混浊液 2ml，镜检：脓细胞(++)/HP。最可能的诊断是
   A. 胃十二指肠溃疡穿孔
   B. 阑尾炎穿孔并弥漫性腹膜炎
   C. 急性胰腺炎
   D. 绞窄性肠梗阻
   E. 伤寒肠穿孔
9. 女性，45 岁。脐周痛 12 小时伴恶心、呕吐，吐物为胃内容，量少，2 小时前扩散至全腹痛。右下腹部压痛，反跳痛，腹肌紧张，以右下腹为著，结肠充气试验（+），白细胞数 26×10^9/L。应考虑
   A. 急性胰腺炎
   B. 急性胆囊炎
   C. 右输尿管结石
   D. 右输卵管妊娠破裂
   E. 急性阑尾炎穿孔
10. 一患者因化脓性阑尾炎行阑尾切除术，术后 3 天切口红肿，有脓性分泌物，10 天后再次缝合而愈合，切口愈合类型应记为
   A. Ⅱ/乙
   B. Ⅱ/丙
   C. Ⅲ/甲
   D. Ⅲ/乙
   E. Ⅲ/丙

【A_3/A_4型题】

（11～14 题共用题干）

男性，30 岁。转移性右下腹痛 10 小时，并恶心、呕吐，吐物为胃内容，量少。发热，体温约 38.2℃，脉搏 98 次/分，右下腹压痛、反跳痛、肌紧张。血 WBC 12×10^9/L，中性粒细胞 0.9，尿 WBC 8～10 个/HP，RBC 2～3 个/HP。

11. 该患者最可能诊断是
   A. 急性胆囊炎
   B. 消化性溃疡穿孔
   C. 急性化脓性阑尾炎
   D. 急性胰腺炎
   E. 急性肠梗阻
12. 该患者最佳治疗方法为
   A. 观察
   B. 急诊行手术治疗
   C. 抗炎补液
   D. 中药治疗
   E. 对症治疗
13. 该患者可能出现的最严重并发症为
   A. 门静脉炎
   B. 肠梗阻
   C. 化脓性腹膜炎
   D. 腹腔脓肿
   E. 水、电解质紊乱
14. 该患者手术后最常出现的并发症为
   A. 肠粘连梗阻

B. 肠瘘
C. 腹腔残余脓肿
D. 腹腔出血
E. 切口感染

【B_1 型题】

（15~17 题共用备选答案）

A. 急性胆囊炎
B. 急性阑尾炎
C. 胃十二指肠溃疡穿孔
D. 急性胰腺炎
E. 右输尿管结石

15. 转移性右下腹痛
16. 上腹部束带状疼痛，多呈持续性
17. 右腰部阵发性绞痛向会阴部扩散

第十九章 结、直肠癌

【A_1 型题】

1. 下列哪种疾病与结肠癌关系最密切
A. 回盲部结核
B. 家族性结肠息肉病
C. 溃疡性结肠炎
D. 血吸虫性肉芽肿
E. 克罗恩病
2. 下列哪种疾病与结肠癌无关
A. 溃疡型结肠炎
B. 结肠腺瘤
C. 家族性息肉病
D. 增生型肠结核
E. 结肠血吸虫性肉芽肿
3. 结肠癌肿块型哪一项错误
A. 好发于左半结肠
B. 肿瘤向肠腔内生长，瘤体大
C. 生长慢、转移晚
D. 易发生溃烂、出血
E. 不易引起肠狭窄及梗阻
4. 降结肠癌最早常见的临床表现是
A. 贫血，黏液血便
B. 恶心、呕吐
C. 大量频繁腹泻
D. 排便习惯改变
E. 左腹部触及肿块
5. 哪项不是结肠癌的手术禁忌证
A. 全身皮肤，黏膜黄染
B. 中等量以上腹水
C. 左锁骨上淋巴结转移
D. 腹部肿块或出现肠梗阻
E. 广泛肝内转移

【A_2 型题】

6. 男性，45 岁。近 3 个月来自觉全身乏力、头晕、低热、腹泻，便无脓血，近 1 周出现腹部阵发性疼痛，3 天未排便，少量排气，既往行阑尾切除术。查体：右下腹可触及肿块压痛明显，肠鸣音亢进。白细胞 $10\times10^9/L$，血红蛋白 80g/L。X 线腹平片见多处液气平面。诊断最大可能是
A. 粘连性肠梗阻
B. 回盲部结核
C. 阑尾残端脓肿
D. 回盲部癌
E. 溃疡性结肠炎

【A_3/A_4 型题】

（7~9 题共用题干）

女性，50 岁。腹部阵发性胀痛 1 天，呕吐胃内容物。近 3 个月来有时腹胀，大便带黏液、无脓血。查体：BP 128/90mmHg，P 86 次/分，腹胀，未见肠型，右下腹触及一斜行肿块，质韧压痛。腹部透视见一个气液平面。白细胞 $11\times10^9/L$，血红蛋白 87g/L。

7. 下列检查意义最大的是
A. X 线钡餐透视
B. 纤维结肠镜
C. 腹部 B 超
D. 腹部 CT
E. 以上都不是
8. 诊断首先考虑为
A. 阑尾周围脓肿
B. 卵巢囊肿
C. 结肠癌
D. 回盲部结核
E. 回盲部套叠
9. 应采取的治疗措施为
A. 中药治疗
B. B 超引导下穿刺
C. 手术治疗
D. 结肠充气复位
E. 对症支持疗法

第二十章 溃疡性结肠炎

【A_1 型题】

1. 重型溃疡性结肠炎首选的药物是
A. 肾上腺糖皮质激素
B. 水杨酸偶氮磺胺吡啶
C. 免疫抑制剂
D. 抗生素
E. 乳酸杆菌制剂
2. 下列哪项不是溃疡性结肠炎的治疗原则
A. 控制急性发作
B. 缓解病情
C. 减少复发
D. 防止并发症

E. 早期手术切除全结肠可根治本病

3. 下列哪项不是溃疡性结肠炎的手术适应证
   A. 中毒性巨结肠
   B. 肠穿孔
   C. 癌变
   D. 暴发型溃疡性结肠炎
   E. 脓肿和瘘管形成

4. 溃疡型结肠炎最严重的并发症是
   A. 结肠假息肉形成
   B. 结肠狭窄
   C. 瘘管形成
   D. 中毒性巨结肠
   E. 肛门直肠周围脓肿

5. 对溃疡性结肠炎最有价值的诊断方法是
   A. 临床表现
   B. 便常规
   C. X线钡剂灌肠
   D. 血清 α_2 球蛋白测定
   E. 结肠镜检查

6. 下列哪项不是溃疡性结肠炎的X线表现
   A. 肠壁边缘呈锯齿样
   B. 结肠袋消失，肠壁变硬
   C. 病变部位呈跳跃征象
   D. 肠腔见圆或卵圆形充盈缺损
   E. 肠管缩短，肠腔变窄，呈铅管状

7. 有关糖皮质激素治疗溃疡性结肠炎的说法，正确的是
   A. 柳氮磺吡啶治疗无效时应用激素治疗效果亦差
   B. 特别适合于重型活动性溃疡性结肠炎
   C. 不可用于灌肠治疗
   D. 不可与柳氮磺吡啶联合治疗
   E. 可以作为试验性治疗用于溃疡性结肠炎的鉴别诊断

8. 典型溃疡性结肠炎患者粪便的特点是
   A. 稀水样便
   B. 黏液便
   C. 蛋花汤样便
   D. 糊状便
   E. 黏液脓血便

9. 关于溃疡性结肠炎的病理改变错误的是
   A. 病变呈广泛浅小溃疡
   B. 病变常侵入肌层易出现穿孔及巨结肠
   C. 炎症反复发作可形成炎性息肉
   D. 病变反复发作可致结肠变形缩短
   E. 溃疡性结肠炎可出现癌变

10. 里急后重症状最常见于
   A. Crohn 病
   B. 溃疡性结肠炎
   C. 溃疡型肠结核
   D. 增生型肠结核
   E. 血吸虫病

11. 溃疡性结肠炎患者容易并发中毒性巨结肠的情况是
   A. 重症患者接受激素治疗时
   B. 重症患者接受水杨酸柳氮磺吡啶治疗时
   C. 重症患者接受胆碱受体阻断药时
   D. 重症患者接受抗生素治疗时
   E. 重症患者接受全胃肠道外营养治疗时

【A_2 型题】

12. 男性，25岁。左下腹痛伴脓血便6年，查体腹部无异常。首选的检查方法是
   A. 便常规+菌培养
   B. B超
   C. 钡灌肠透视
   D. 全胃肠钡剂检查
   E. 全结肠镜检查

13. 男性，36岁。半年来时有腹泻与便秘，3个月来腹部有隐痛，近两天大量便鲜血。直肠指诊和腹部触诊没有发现异常。X线钡餐透视检查见距肛门约25cm处肠腔有约4.0cm充盈缺损，近端肠腔有扩张。诊断应考虑为
   A. 直肠壶腹癌
   B. 升结肠结核
   C. 乙状结肠癌
   D. 降结肠结核
   E. 溃疡性结肠炎

14. 女性，18岁。因下腹部隐痛月余就诊。低热，腹泻，贫血外观，右下腹触及肿块，压痛明显，白细胞 $10\times10^9/L$，红细胞沉降率25mm/h，既往有结核病史。X线腹平片检查，小肠多处小液气平面。钡剂灌肠盲肠充盈缺损，黏膜破坏，阑尾未充盈。为明确诊断进一步检查应做
   A. 腹部B超
   B. 纤维结肠镜
   C. 选择性肠系膜血管造影
   D. 腹部CT
   E. 放射性核素显像

15. 男性，36岁。1年来反复出现脓血便，抗生素系统治疗无效。结肠镜检查发现病变位于直肠和乙状结肠，黏膜弥漫性充血水肿，颗粒不平、质脆，血管纹理消失。最可能的诊断是
   A. 结肠癌
   B. 溃疡性结肠炎
   C. 细菌性痢疾
   D. 克罗恩病
   E. 肠结核

16. 男性，30岁。近5年腹泻，多次细菌培养阴性，结肠镜检查见直肠、乙状结肠黏膜血管纹理模糊，黏膜细颗粒状，Hb 110g/L。下面哪项治疗是适当的
   A. 禁食
   B. 静脉高营养
   C. 输血
   D. 肾上腺糖皮质激素
   E. 水杨酸制剂

17. 女性，29 岁。反复发作脓血便，伴膝关节疼痛，多次细菌培养阴性。X 线钡剂检查示乙状结肠袋消失，管壁平滑变硬，肠管缩短，肠腔狭窄。下列哪种诊断可能性大
A. Crohn 病
B. 溃疡性结肠炎
C. 结肠过敏
D. 肠结核
E. 慢性细菌性痢疾
18. 女性，32 岁。有溃疡性结肠炎病史，3 天前出现脓血便，未行系统治疗。1 天前又出现高热、明显腹胀。体格检查：腹膨隆，明显压痛和反跳痛，肠鸣音减弱。X 线腹部平片可见结肠扩张，结肠袋形消失。此患者最可能出现的并发症是
A. 结核性腹膜炎
B. 自发性腹膜炎
C. 中毒性巨结肠
D. 肠穿孔
E. 肠梗阻
19. 男性，25 岁。腹泻 5 年，2 次/日，伴里急后重感，偶有便血，无发热，大便细菌培养阴性。肠镜检查：乙状结肠血管纹理不清，黏膜颗粒状，轻触易出血。下列可能的诊断是
A. 肠道功能紊乱
B. 溃疡性结肠炎中度
C. 溃疡性结肠炎轻度
D. 溃疡性结肠炎重度
E. Crohn 病
20. 女性，40 岁。腹泻 7 年，7~8 次/日，便血伴低热。血常规 Hb < 100g/L，红细胞沉降率 >30mm/h。结肠镜检查见乙状结肠多发性散在分布溃疡，边缘不规则。诊断应为
A. 溃疡性结肠炎轻度
B. 溃疡性结肠炎中度
C. 溃疡性结肠炎重度
D. Crohn 病
E. 肠伤寒
21. 女性，42 岁。腹泻 7 年，4~5 次/日，间断便血，有腹痛-便意-便后缓解的规律。曾在某医院诊断为溃疡性结肠炎。本次结肠镜检查：黏膜光滑，血管纹理清晰。诊断应为
A. 肠道功能紊乱
B. 疑诊溃疡性结肠炎
C. 确诊溃疡性结肠炎轻度
D. 确诊溃疡性结肠炎中度
E. Crohn 病

【A_3/A_4型题】

（22~24 题共用题干）

男性，28 岁。黏液脓血便 2 年，伴里急后重感。查体：一般状态佳，左下腹轻度压痛。

22. 应补充询问下列哪项最无诊断意义
A. 不洁饮食史
B. 精神创伤史
C. 疫水接触史
D. 家族史
E. 盗汗、午后潮热史
23. 进一步做哪项检查最合适
A. 红细胞沉降率
B. α_2 球蛋白测定
C. 大便检查
D. 结肠镜检查
E. 腹腔镜检查
24. 预期结肠镜检查及病检可能发现的病变有
A. 病变位于回肠、盲肠
B. 黏膜血管模糊，黏膜糜烂，小溃疡，或溃疡较大呈多发性散在分布于直肠和/或乙状结肠
C. 黏膜呈铺路石样改变
D. 匍行沟样纵行溃疡
E. 非干酪性肉芽肿

（25~27 题共用题干）

男性，30 岁。黏液脓血便 2 年，下腹轻度疼痛。近日腹痛加重，高热，衰弱。查体：消瘦，体温 39℃，心率 110 次/分，律整，肺部无异常，腹部膨隆，全腹有压痛，肠鸣音消失。

25. 选做下列哪项检查最合适
A. 血细胞计数
B. 红细胞沉降率
C. 心电图
D. 腹部 B 超
E. 腹部 X 线平片
26. 不宜做下列哪项检查
A. 血白细胞计数
B. 红细胞沉降率
C. 血清 α_2 球蛋白
D. 钡剂灌肠
E. 腹部 B 超
27. 最可能的诊断是
A. 肠结核并发肠梗阻
B. 溃疡性结肠炎并发中毒性巨结肠
C. Crohn 病
D. 肠痉挛
E. 大肠癌

第二十一章 痔

【A_1 型题】

1. 混合痔是指
A. 痔与瘘同时存在
B. 两个以上内痔
C. 直肠上下静脉丛彼此相通所形成的痔
D. 内痔与外痔分别在不同位置存在
E. 内痔多发，遍置一周
2. 内痔的常见早期症状是
A. 肛门疼痛

B. 大便时滴血
C. 痔核脱出
D. 黏液血便
E. 肛门周围红肿

3. 关于痔的治疗，哪项是错误的
A. 单纯内痔可用注射疗法
B. 二度内痔可用单纯结扎治疗
C. 嵌顿内痔可先做湿敷再复位
D. 环状内痔可行 PPH 法
E. 外痔可用胶圈套扎法

【A_2 型题】

4. 男性，40 岁。排便后肛门外剧烈疼痛，并出现一触痛明显的肿块。最可能的诊断是
A. 内痔脱出嵌顿
B. 直肠息肉脱出
C. 肛周脓肿
D. 血栓性外痔
E. 肛裂并前哨痔

5. 一患痔多年的患者突感肛门剧痛，排便、走路，咳嗽时疼痛加剧。检查：肛门部有一圆形肿块突出，与周围分界清楚，触痛。应诊断为
A. 内痔嵌顿
B. 直肠息肉脱出
C. 肛门旁皮下脓肿
D. 外痔血栓形成
E. 外痔合并感染

6. 男性，60 岁。患慢性支气管炎多年，经常便秘。近来大便带血，便后觉有肿物自肛门脱出，可以还纳。考虑为
A. 内痔脱出
B. 直肠部分脱出
C. 直肠完全脱出
D. 直肠息肉脱出
E. 环痔

7. 男性，25 岁。近 3 个月经常排便后滴鲜血，量不多。肛门指检无异常发现，肛镜检截石位见 3、7 点各有一突出肛管内暗红色圆形软结节。诊断为
A. 直肠息肉
B. 肛裂
C. 内痔
D. 肛管癌
E. 慢性痢疾

【A_3/A_4 型题】

（8~9 题共用题干）

男性，45 岁。排便后痛，昨日突然加剧，肛口可及一肿块，直径 1.5cm，紫色，触痛。

8. 应诊断为
A. 直肠癌
B. 直肠息肉脱出
C. 内痔脱出
D. 血栓外痔脱出
E. 肛瘘

9. 应采取哪种治疗最佳
A. 坐浴
B. 封闭
C. 口服药物
D. 注射硬化剂
E. 血栓外痔剥离术

（10~11 题共用题干）

男性，50 岁。间歇性便血 10 余年，近 1 个月持续便血，量多，常呈喷射状，感头晕。肛诊齿状线上黏膜呈较大的串珠形隆起。

10. 应诊断为
A. 外痔
B. 内痔
C. 混合痔
D. 直肠癌
E. 直肠息肉

11. 应选择哪种治疗为佳
A. 注射疗法
B. 冷冻疗法
C. 胶圈套扎疗法
D. 手术切除
E. 坐浴

第二十二章　肛　　裂

【A_1 型题】

1. 关于肛裂，下列哪一项是错误的
A. 肛裂是肛管皮肤全层裂开并形成慢性溃疡
B. 肛裂是肛管皮肤浅层裂开
C. 肛裂可继发于肛窦炎
D. 肛裂主要因粪便干燥，用力过猛
E. 肛管括约肌痉挛致溃疡不易愈合

2. 肛裂常发生在肛管的
A. 前正中位
B. 后正中位
C. 左侧
D. 右前位
E. 右后位

3. 大便时和便后肛门剧痛并带少量鲜血的病有
A. 肛管直肠周围脓肿
B. 直肠息肉
C. 肛裂
D. 混合痔
E. 血栓性外痔

4. 肛裂“三联征”是指
A. 内痔，外痔，肛裂
B. 肛裂，内痔，前哨痔
C. 内痔，外痔，前哨痔
D. 肛裂，前哨痔，齿状线上乳头肥大
E. 肛裂，前哨痔，外痔

5. 肛裂患者肛门疼痛的特点正确的是
A. 疼痛为隐痛
B. 排便前出现括约肌挛缩痛
C. 排便后出现肛门隐痛可延续到数小时
D. 排便时与排便后疼痛之间有间歇期
E. 疼痛无规律

第二十三章　肛　瘘

【A_1 型题】

1. 肛瘘多由肛门部位哪种手术引起
   A. 内痔注射疗法
   B. 肛裂切除术
   C. 血栓性外痔切开取栓术
   D. 肛周脓肿切开（或穿破）
   E. 内痔环切术
2. 肛瘘的类型颇多，其中常见者为
   A. 全外瘘
   B. 单口外瘘
   C. 复杂性内外瘘
   D. 单纯性内外瘘
   E. 单口内瘘
3. 肛瘘手术治疗中，最重要的是
   A. 麻醉充分
   B. 肛管括约肌松弛
   C. 找出外口
   D. 明确瘘管与括约肌关系
   E. 手术后呈“V”形创面
4. 肛瘘手术中影响手术效果的关键步骤在于
   A. 要广泛切除瘘管周围瘢痕组织
   B. 切除瘘管后应一期缝合
   C. 正确找出内口，根据与括约肌关系选择术式
   D. 必须用探针穿入肛管造成内口再切开
   E. 麻醉选择
5. 肛瘘治疗的最佳方法是
   A. 1∶5000 高锰酸钾温水坐浴
   B. 挂线疗法
   C. 局部换药治疗
   D. 瘘道搔刮
   E. 使用抗菌药物

【A_2 型题】

6. 女性，39 岁。半年前因肛旁脓肿切开引流，之后局部皮肤反复红肿、破溃、局部痒。应考虑为
   A. 肛旁疖肿
   B. 肛瘘
   C. 混合痔
   D. 血栓性外痔
   E. 肛旁慢性肉芽肿

第二十四章　直肠肛管周围脓肿

【A_1 型题】

1. 肛管直肠周围脓肿常继发于
   A. 肛裂
   B. 肛瘘
   C. 嵌顿性内痔
   D. 肛窦炎
   E. 直肠息肉继发感染
2. 肛管直肠周围脓肿最多见的是
   A. 肛门旁皮下脓肿
   B. 坐骨肛管间隙脓肿
   C. 直肠后间隙脓肿
   D. 骨盆直肠间隙脓肿
   E. 直肠黏膜下脓肿
3. 坐骨直肠间隙脓肿早期切开引流指征
   A. 体温升高
   B. 白细胞计数增多
   C. 局部有波动
   D. 局部发红，触痛明显
   E. 伴有排尿困难

【A_2 型题】

4. 男性，36 岁。畏寒，发热 3 天，觉肛管内胀痛，排尿困难，继之肛周发红，出现压痛区，切开后排出脓汁 60ml。应诊断为哪种脓肿
   A. 肛门旁皮下脓肿
   B. 坐骨肛管间隙脓肿
   C. 骨盆直肠间隙脓肿
   D. 直肠后间隙脓肿
   E. 以上都不是
5. 男性，25 岁。肛门胀痛、排尿困难 5 天。畏寒，高热，肛门外观无异常。直肠指检：肛管左侧局限性隆起，压痛明显。可诊断为
   A. 骨盆直肠间隙脓肿
   B. 肠后间隙脓肿
   C. 坐骨肛管间隙脓肿
   D. 前列腺脓肿
   E. 直肠黏膜下脓肿

第二十五章　消化道大出血

【A_1 型题】

1. 确诊消化性溃疡出血最可靠的方法是
   A. 胃液分析
   B. 钡餐透视
   C. 便潜血试验
   D. 急诊胃镜检查
   E. 询问病史
2. 在确定急性上消化道出血的原因时不合适的检查是
   A. 急诊胃镜

B. 急诊X线钡剂造影检查
C. 血常规
D. 肝、肾功能检查
E. 腹部B超

3. 消化性溃疡最常见的并发症是
A. 出血
B. 穿孔
C. 电解质紊乱
D. 癌变
E. 幽门梗阻

4. 下列哪种消化性溃疡最易发生出血
A. 十二指肠球部溃疡
B. 十二指肠球后溃疡
C. 胃小弯溃疡
D. 幽门管溃疡
E. 复合性溃疡

5. 消化性溃疡并上消化道大出血的特点，不正确的是
A. 定有呕血
B. 定有黑便
C. 呕血常为咖啡色
D. 出血后疼痛减轻
E. 出血后可有发热及氮质血症

6. 对鉴别上下消化道出血有帮助的是
A. 大便潜血阳性
B. 血尿素氮升高
C. 血肌酐升高
D. 血红蛋白下降
E. 血氨升高

7. 消化道大出血是指短时间内出血量多于
A. 500ml
B. 750ml
C. 1000ml
D. 1250ml
E. 1500ml

8. 成人出现便潜血阳性时，消化道出血量至少大于
A. 10ml
B. 9ml
C. 8ml
D. 6ml
E. 5ml

9. 上消化道出血最常见的病因是
A. 消化性溃疡
B. 胆道疾病
C. 急性糜烂性胃炎
D. 贲门黏膜撕裂症
E. 肝硬化食管静脉曲张破裂

10. 上消化道大出血最常见的原因是
A. 门脉高压症
B. 出血性胃炎
C. 胃癌
D. 胃十二指肠溃疡
E. 应激性溃疡

11. 上消化道出血的临床表现为
A. 呕血
B. 呕血与黑便
C. 呕血、便血、休克
D. 呕血、便血、休克、全身皮肤出血
E. 失血性休克

12. 上消化道出血，可表现为呕血及黑便，主要取决于
A. 出血的速度和量
B. 出血部位和高低
C. 病变的性质
D. 凝血机制
E. 胃肠蠕动情况

13. 突然呕血1500ml出现休克的患者，在了解一般情况后，首先应
A. 止血药物的应用
B. 静脉补液并作中心静脉压测定
C. 检查出血原因
D. 静脉切开输血
E. 剖腹检查手术

14. 上消化道出血的患者，伴有发热及右上腹痛，应考虑
A. 胃十二指肠溃疡
B. 门静脉高压症
C. 出血性胃炎
D. 胃癌
E. 胆道出血

15. 患者有上腹痛史，经常黑便及呕血、反酸，应考虑
A. 胃十二指肠溃疡出血
B. 胃癌出血
C. 食管静脉破裂出血
D. 应激性溃疡出血
E. 胆道出血

16. 对上消化道大出血最有价值的诊断方法是哪项
A. 临床观察判定
B. 吞少量稀钡检查
C. 血细胞比容测定
D. 凝血因子的检查
E. 急诊胃镜检查

17. 关于处理门静脉高压症并发上消化道大出血，哪一项是不恰当的
A. 对有黄疸、腹水患者宜选用脾切除加大网膜腹膜后固定术
B. 对年轻且肝功能良好者，可选用急症分流术
C. 对有黄疸患者，宜行三腔双囊管处理
D. 切开胃前壁，缝扎曲张静脉法止血效果不确切
E. 贲门周围血管离断术，可收到立即止血效果

18. 慢性胃十二指肠溃疡并发大出血，最常见的部位在
A. 胃底部
B. 胃大弯部
C. 胃窦部
D. 十二指肠球前壁
E. 十二指肠球后壁

19. 上消化道大出血，发病急，出血凶猛，易致休克，出血常是
A. 胃小弯溃疡出血
B. 门静脉高压症出血
C. 十二指肠溃疡出血
D. 胃体癌出血
E. 胃黏膜病变出血

【A_2型题】

20. 男性，67岁。20分钟前呕咖啡色液1次，量约300ml，伴上腹不适。否认肝脏病史。1个月来口服阿司匹林。查体：P 84次/分，BP 130/70mmHg。

腹软，剑突下轻压痛，肝脾肋下未触及。最重要的处理措施是
A. 口服胃黏膜保护剂
B. 口服阿托品
C. 口服止血剂
D. 静脉滴注止血剂
E. 急诊胃镜及镜下止血

21. 男性，45 岁。呕血不止，烦躁，面色苍白，出冷汗。此时应首先做哪项处理
A. 快速输血
B. 快速补液
C. 口服去甲肾上腺素
D. 肌内注射巴曲酶（立止血）
E. 手术止血

22. 男性，25 岁。晚睡前突然头晕、出冷汗，继呕血约 100ml，2 小时后排黑便 1 次，约 300ml，立即去医院就诊。此上消化道出血最可能的疾病是
A. 急性胃炎
B. 慢性胃炎
C. 消化性溃疡
D. 胃癌
E. 应激性溃疡

23. 男性，30 岁。3 年来间断性上腹痛，多在春秋发作。近 10 天又有上腹痛，晨呕血 400ml，排柏油便 4 次，自觉头晕、心悸。BP 98/68mmHg，心率 108 次/分，肝脾未触及。HBsAg（+）。可能的诊断为
A. 肝硬化食管静脉曲张破裂出血
B. 消化性溃疡出血
C. 急性胃黏膜损伤
D. 食管贲门黏膜撕裂症
E. 胃癌出血

24. 男性，38 岁。半月来上腹不适疼痛，反酸。2 小时前上腹疼痛加重，继而呕血约 150ml，呕血后疼痛稍缓解。最可能的疾病是
A. 胰腺炎并出血
B. 慢性胃炎
C. 胆囊炎
D. 消化性溃疡
E. 胃癌

25. 男性，40 岁。胃溃疡史 6 年，半年来加重，尤以进食后明显，近 2 天来呕血 2 次，排黑便 4 次。不宜选择的治疗是
A. 口服去甲肾上腺素止血
B. 三腔二囊管压迫止血
C. 输血补液
D. 禁食
E. 肌内注射巴曲酶（立止血）

26. 男性，32 岁。今日中午突然呕血 150ml，继而排黑便 2 次，共约 400ml。查体：剑突下轻压痛，肝脾未触及。上消化道出血的原因可能为
A. 应激性溃疡
B. 消化性溃疡
C. 胃癌
D. 慢性胃炎
E. 食管静脉曲张破裂

27. 男性，28 岁。2 天来排柏油样便 8 次，今晨昏倒送医院。以往无上腹痛及肝病史，近期无服药史。查体：BP 80/50mmHg，脉搏 130 次/分。首选的措施是
A. 口服抑酸药
B. 补充血容量
C. 冰盐水洗胃
D. 口服去甲肾上腺素
E. 内镜下出血

28. 男性，30 岁。长期饮酒，突然呕大量咖啡色胃内容物。查体：脉细速，收缩压 80mmHg，面色苍白，四肢湿冷。急救中应首先
A. 插入三腔二囊管
B. 补充血容量
C. 输血
D. 内镜止血
E. 胃肠减压

29. 女性，36 岁。突然发生右上腹阵发性绞痛，伴发热、寒战，排柏油样便少量。查体：急性病容，巩膜黄染。应考虑是
A. 门静脉高压症
B. 胃十二指肠溃疡
C. 出血性胃炎
D. 胆道出血
E. 应激性溃疡出血

30. 男性，45 岁。有慢性肝炎病史。近日呕血 3 次，约在 1500ml 以上。查体：脉快，巩膜黄染，腹水征（+）。下列哪项治疗是不正确的
A. 输血
B. 贲门周围血管离断术
C. 补液
D. 止血药物
E. 护肝药物

31. 女性，40 岁。因十二指肠溃疡大出血而行手术，术中发现十二指肠溃疡，位置很低，且穿透入胰腺。应采用术式
A. 毕Ⅱ式胃大部切除术
B. 迷走神经切断加幽门成形术
C. 旷置溃疡的胃大部切除术
D. 结扎十二指肠周围血管，旷置溃疡的胃大部切除术
E. 缝扎出血点，结扎胃十二指肠及胰十二指肠动脉，旷置溃疡的胃大部切除术

32. 男性，34 岁。因左肱骨及双股骨开放性骨折手术。4 天后突发腹胀痛，呕鲜血 500ml，上腹部轻压痛。无溃疡病和肝炎史。应考虑为
A. 胃穿孔
B. 出血性胃炎
C. 胃十二指肠溃疡出血
D. 食管-胃底静脉曲张破裂出血
E. 胃底癌出血

33. 男性，40 岁。反复呕血 1 周，

每次呕血量约500ml。无溃疡病及肝炎史。为明确出血原因应首先选用何种检查
A. X线钡餐检查
B. 选择性腹腔动脉造影
C. 纤维胃镜
D. 三腔二囊管
E. 血液学检查

34. 女性，32岁。间歇发生呕血1周，每次量300～1000ml，伴有柏油样便一日两次。无溃疡病和肝炎病史。查体：贫血外观，心率100次/分，血压正常。最为可能的病因是
A. 胃十二指肠溃疡
B. 出血性胃炎
C. 门静脉高压症
D. 肝内胆道感染
E. 胃、十二指肠肿瘤

【A_3/A_4型题】

（35～37题共用题干）

男性，40岁。劳累后突然呕大量咖啡色胃内容物。查体：面色苍白，巩膜轻度黄染，四肢湿冷，脉细速，血压正常。

35. 其出血原因最可能是
A. 胃十二指肠溃疡
B. 门静脉高压症
C. 出血性胃炎
D. 胆道出血
E. 胃癌

36. 首选的治疗措施
A. 静脉滴注止血药物
B. 内镜止血
C. 输血
D. 应用三腔二囊管
E. 急诊手术

37. 较为合理的诊断方法
A. 纤维胃镜
B. 上消化道钡餐透视
C. 血管造影
D. 床头腹部B超
E. 床头X线照像

（38～40题共用题干）

女性，35岁。1周前有上腹部挫伤史，上腹部剧烈阵发性绞痛，发热、寒战，伴少量柏油样大便2天，经非手术治疗，病情缓解。7日后反复且病情恶化。查体：急性病容，巩膜黄染，肝大压痛。

38. 其诊断可能是
A. 出血性胃炎
B. 胆道结石
C. 胆道出血
D. 上消化道出血
E. 门静脉高压症

39. 非手术治疗的首选方法是
A. 输血
B. 静脉滴注止血药
C. 补液
D. 抗生素
E. 护肝药物

40. 目前合理的治疗方法是
A. 手术治疗
B. 增加抗生素的用量
C. 大量输血
D. 应用止血药物
E. 护肝药物

【B_1型题】

（41～42题共用备选答案）
A. 三腔二囊管压迫
B. 胃大部切除
C. 服西咪替丁
D. 肝动脉结扎
E. 高选择迷走神经切除

41. 胃溃疡大出血
42. 应激性溃疡出血

第二十六章　结核性腹膜炎

【A_1型题】

1. 结核性腹膜炎的最主要病理类型是
A. 渗出型
B. 粘连型
C. 干酪型
D. 渗出型+粘连型
E. 粘连型+干酪型

2. 结核性腹膜炎起病方式最多见的是
A. 缓慢起病
B. 急骤起病
C. 隐袭，尸检时发现
D. 以急腹症起病
E. 以发热起病

3. 结核性腹膜炎腹水性质最常见的是
A. 漏出液
B. 渗出液
C. 血性
D. 乳糜性
E. 介于渗出与漏出液之间

4. 结核性腹膜炎腹部肿块特点错误的是
A. 大小不定
B. 易推动
C. 边缘不整
D. 表面不平
E. 多有压痛

5. 结核性腹膜炎常见并发症是
A. 急性穿孔
B. 慢性穿孔
C. 便血
D. 腹腔脓肿
E. 肠梗阻

6. 结核性腹膜炎腹水检查的目的是
A. 确定腹水常规性质
B. 腹水浓缩找结核分枝杆菌
C. 腹水结核分枝杆菌培养
D. 腹水动物接种
E. 腹水涂片找结核分枝杆菌

7. 对结核性腹膜炎最有诊断价值的检查是
A. PPD试验
B. 结肠镜检查
C. 红细胞沉降率

D. 腹水常规
E. 腹腔镜检查+腹膜活检
8. 结核性腹膜炎手术指征错误的是
A. 完全性肠梗阻
B. 肠穿孔引起腹膜炎
C. 肠瘘经内科治疗未闭合
D. 不全肠梗阻内科治疗好转
E. 难与急腹症鉴别时，可剖腹检查

【A_2 型题】

9. 男性，35 岁。突然腹痛 1 小时。肝右肋下 2cm、质硬、触痛，脾未及，腹部弥漫性压痛，腹水征阳性。应首先采取的诊断方法是
A. 胸片
B. B 超
C. 实验室检查
D. 胃钡餐透视
E. 腹穿抽液检查
10. 女性，55 岁。3 个月来腹胀，食欲缺乏，低热。查体：腹饱满，移动性浊音（+）。抗结核治疗 2 周不见好转，为进一步明确诊断，应做哪项检查
A. 腹水常规
B. 红细胞沉降率
C. 腹腔镜+活检
D. 全胃肠钡餐透视
E. 剖腹探查
11. 女性，24 岁。诊断结核性腹膜炎已 3 年，近 3 月频繁呕吐，右下腹可见肠形。需首选哪种检查
A. 胸透
B. 立位腹平片
C. 钡餐透视
D. 腹腔镜检查
E. 红细胞沉降率
12. 女性，23 岁。腹胀、腹痛 3 个月，近 1 个月发热、盗汗。查体：移动性浊音（+）。腹水常规：比重 1.018，蛋白定量 37g/L，白细胞 580×10^6/L，淋巴细胞 0.8，HBsAg（+），肝功能正常。最可能的疾病是
A. 结核性腹膜炎
B. 肝硬化并自发性腹膜炎
C. 肝硬化并结核性腹膜炎
D. 卵巢囊肿
E. 腹膜癌
13. 女性，24 岁。低热、腹胀 4 个月，消瘦，停经。查体：全腹膨隆，未触及肿块，移动性浊音（+）。腹水检查：比重 1.018，蛋白 37g/L，细胞数 580×10^6/L，淋巴细胞 0.8。最可能的疾病是
A. 肝炎后肝硬化
B. 肝硬化并自发性腹膜炎
C. 肝癌并腹膜转移
D. 结核性腹膜炎
E. 卵巢癌腹膜转移
14. 女性，32 岁。1 个月腹胀、腹痛、低热。查体：腹饱满，全腹轻压痛，移动性浊音（+）。为明确诊断立即检查
A. 肝功能
B. 腹水常规
C. 腹水细菌培养
D. 红细胞沉降率
E. 血常规
15. 女性，32 岁。4 个月腹胀、低热、盗汗。查体：全腹压痛，右上腹可触及不易推动肿块，边不整。近 3 天频繁呕吐，考虑诊断可能是
A. 结核性腹膜炎粘连型
B. 结核性腹膜炎并肠梗阻
C. 结核性腹膜炎并胃炎
D. 结核性腹膜炎并神经性呕吐
E. 结核性腹膜炎并消化性溃疡
16. 女性，24 岁。低热、腹胀 4 个月，消瘦，闭经。查体：移动性浊音（+），腹水为洗肉水样。最可能的疾病是
A. 肝硬化，失代偿
B. 原发性肝癌，腹膜转移
C. 卵巢囊肿
D. 肝硬化并自发性腹膜炎
E. 结核性腹膜炎
17. 女性，26 岁。3 个月来全腹胀，右上腹触及不易推动、边缘不整肿块，有压痛，近 1 个月低热，盗汗不明显。最大可能是
A. 胆囊肿大，伴炎症
B. 肝结核
C. 结核性腹膜炎
D. 肾结核
E. 肾囊肿
18. 女性，28 岁。近 2 个月来腹胀且腹增大。查体：移动性浊音阳性，冲击触诊于脐右下触及边界不清肿块。红细胞沉降率 40mm/h，腹水常规 Rivalta（+），细胞数 600×10^6/L，淋巴细胞 0.6，癌细胞未查到。最大可能的疾病是
A. 腹膜癌
B. 结核性腹膜炎渗出型
C. 结核性腹膜炎粘连型
D. 结核性腹膜炎混合型
E. 卵巢癌并腹膜转移

【A_3/A_4 型题】

（19~20 题共用题干）

37 岁，已婚，农村妇女。2 年来感下腹隐痛不适。12 小时前突起转移性右下腹痛，伴恶心、呕吐、发热。查体：右下腹明显压痛、反跳痛，肌紧张。血常规 WBC 17×10^9/L，N 0.88。尿常规无异常。

19. 应诊断为
A. 急性阑尾炎并腹膜炎
B. 胃十二指肠溃疡穿孔腹膜炎
C. 急性胃肠炎
D. 盆腔炎
E. 泌尿系感染
20. 术后 4 天，下腹坠胀不适，便

次增多，里急后重，排尿困难，应考虑

A. 急性胃肠炎
B. 泌尿系感染
C. 急性附件炎
D. 直肠癌
E. 盆腔脓肿

（21~22题共用题干）

女性，20岁。因低热、腹痛就诊。查体：移动性浊音阳性，右下腹及脐下触及不易推动肿块。确诊为结核性腹膜炎。

21. 最常见的并发症为
A. 肠梗阻
B. 慢性穿孔
C. 急性穿孔
D. 消化道出血
E. 腹腔脓肿

22. 什么情况下并用肾上腺糖皮质激素
A. 在抗结核药物治疗前
B. 严重结核毒性症状
C. 停用抗结核药物治疗后
D. 并肠梗阻者
E. 诊断未确定者，可试用看疗效

【B_1 型题】

（23~26题共用备选答案）

A. 渗出型
B. 粘连型
C. 干酪型
D. 可确定结核性腹膜炎
E. 对确诊结核性腹膜炎有参考价值

23. 腹水动物接种阳性
24. 腹腔镜+活检
25. 结核性腹膜炎最常见的病理类型
26. 结核性腹膜炎最严重的病理类型

第二十七章　继发性腹膜炎

【A_1 型题】

1. 继发性腹膜炎不应包括下列哪一项
A. 可发生于腹腔内急性炎症
B. 可发生于肝硬化腹水
C. 可发生于腹腔内脏器穿孔
D. 可发生于腹腔内脏器的损伤破裂
E. 可发生于手术污染

2. 原发性腹膜炎与继发性腹膜炎的主要区别点是
A. 是儿童或是成人患者
B. 是第一次发病或多次发病
C. 致病细菌的种类不同
D. 腹腔有无原发病灶
E. 患者全身抵抗力的好坏

【A_2 型题】

3. 患者阑尾炎穿孔腹膜炎24小时，下列处置最关键是
A. 补液，纠正水、电解质紊乱
B. 输血
C. 应用大量有效抗生素
D. 禁食、水，胃肠减压
E. 急诊手术

4. 患者胃十二指肠溃疡穿孔腹膜炎24小时，伴有休克，应选择哪种治疗
A. 积极抗休克，如休克不能纠正，不手术
B. 积极抗休克，休克好转后手术
C. 立即手术
D. 抗休克同时手术
E. 积极抗休克，如休克纠正，则非手术治疗

5. 女性，34岁。上腹痛72小时，右下腹痛12小时，体温37.8℃，术前诊断急性阑尾炎行手术治疗。术中发现阑尾外观无明显异常，右髂窝内有淡黄色混浊液。应考虑原发病为
A. 急性盆腔炎
B. 原发性腹膜炎
C. 阑尾黏膜化脓
D. 右侧尿路结石
E. 十二指肠球部溃疡穿孔

6. 女性，20岁。转移性右下腹痛30小时，伴呕吐、发热。体温38.5℃，下腹部有压痛，右侧为重，并有反跳痛、肌紧张。腹腔穿刺液应为
A. 黄色透明液体
B. 带臭味脓性液
C. 黄色混浊无臭味
D. 浅红色水样液体
E. 暗红色血样液

7. 男性，22岁。上腹突发刀割样剧痛2小时，全腹压痛，反跳痛，以剑突下为著，肌紧张呈木板状，肠鸣音消失。治疗原则中应不包括
A. 早期注射抗生素
B. 禁食，胃肠减压
C. 术后必须腹腔内放引流条
D. 确诊后可用镇痛药
E. 清除引起腹膜炎的病因

8. 女性，10岁。1周前患上感，1天来全腹痛。体温38℃，全腹压痛，轻度肌紧张，肠鸣音消失，穿刺腹腔抽出5ml稀薄无臭味脓液。诊断应考虑
A. 消化性溃疡穿孔
B. 胆囊穿孔
C. 原发性腹膜炎
D. 急性胰腺炎
E. 阑尾炎穿孔

【A_3/A_4 型题】

（9~11题共用题干）

男性，29岁。饱餐后突然发生上腹痛，蔓延至全腹8小时，

腹痛呈持续性。查体：舟状腹，全腹明显压痛、反跳痛，肝浊音界缩小，移动性浊音阳性，肠鸣音消失。

9. 应考虑为
   A. 急性胆囊穿孔腹膜炎
   B. 消化性溃疡穿孔腹膜炎
   C. 急性阑尾穿孔腹膜炎
   D. 重症胰腺炎并感染
   E. 急性肠扭转

10. 上述患者最适当的处理是
   A. 胃肠减压，使用抗生素
   B. 补充血容量
   C. 穿刺引流
   D. 急诊手术
   E. 观察 4~8 小时病情不见好转再手术

11. 如诊断为十二指肠前壁溃疡穿孔，并幽门梗阻，采取手术治疗，选哪种方法最适宜
   A. 胃大部切除毕Ⅰ氏
   B. 溃疡穿孔修补术
   C. 胃大部切除毕Ⅱ氏
   D. 旷置性胃大部分切除术
   E. 胃大部切除胃空肠吻合术

（12~13 题共用题干）

男性，38 岁。突然上腹剧痛波及全腹，患者面色苍白，出冷汗，全腹压痛、反跳痛、肌紧张。

12. 该患者首选的检查是
   A. 腹部 CT
   B. 腹部 X 线
   C. 血清淀粉酶
   D. 尿便常规
   E. 血常规

13. 应诊断哪种疾病
   A. 急性阑尾炎
   B. 急性胆囊炎
   C. 急性胃肠炎
   D. 急性胰腺炎
   E. 胃十二指肠溃疡穿孔腹膜炎

第二十八章　腹　外　疝

【A_1 型题】

1. 腹股沟斜疝的特点是
   A. 多见于老年
   B. 经 Hesselbach 三角突出
   C. 精索在疝囊后方
   D. 回纳疝块后压住深环疝块仍可突出
   E. 疝囊颈在腹壁下动脉内侧

2. 最容易引起嵌顿的疝是
   A. 切口疝
   B. 斜疝
   C. 脐疝
   D. 腹股沟直疝
   E. 腹股沟的斜疝

3. 加强腹股沟管前壁的疝修补方法是
   A. Bassini 法
   B. Halsted 法
   C. Ferguson 法
   D. McVay 法
   E. Shouldice 法

4. 嵌顿性疝与绞窄性疝的根本区别是
   A. 肠壁动脉血流障碍
   B. 肠壁静脉血流障碍
   C. 疝囊内有渗液积累
   D. 疝块迅速增大
   E. 发生急性机械性肠梗阻

5. 滑动疝最易发生的部位是
   A. 外伤处
   B. 小网膜孔
   C. 脐血管穿过的脐环
   D. 髂窝区后腹膜与后腹壁结合处
   E. 愈合不良的手术切口

【A_2 型题】

6. 女性，42 岁。嵌顿性股疝 6 小时，经用力按压还纳疝块后 2 小时，腹部持续性痛伴下腹压痛、肌紧张、反跳痛，肠鸣音消失。此时应考虑
   A. 股疝内容物血运不佳
   B. 回纳疝内容物为大网膜并坏死
   C. 嵌顿疝内容物未完全还纳
   D. 肠坏死穿孔腹膜炎
   E. 并发附件炎

7. 男性，36 岁。右腹股沟肿块 10 年，可回纳，今晨突然咳嗽后，突然出现肿块增大，局部出现持续性痛，阵发性加重。查体：肿块局部红肿有压痛，穿出暗红液少许。手术方法为
   A. Ferguson 法
   B. Bassini 法
   C. Halsted 法
   D. 疝成形术
   E. 腹部探查肠切除术

8. 患儿，1 岁 3 个月。其母发现其右腹股沟区肿块 3 个月，在哭闹时明显。查体：右腹股沟区肿块约鸽卵大小，压迫内环后肿块不出现。其手术治疗的方法为
   A. McVay 法
   B. Ferguson 法
   C. Halsted 法
   D. 疝囊高位结扎法
   E. 疝成形术

9. 男性，30 岁。右腹股沟梨形肿块 5 年，时隐时现，逐渐增大，站立时出现，平卧后消失。查体：外环超过一指，压迫内环后肿块不出现。诊断最可能是
   A. 先天性睾丸鞘膜积液
   B. 精索肿物
   C. 精索鞘膜积液
   D. 腹股沟斜疝
   E. 腹股沟直疝

10. 男性，70 岁。有多年排尿不畅，呈滴淋状，近 2 年双侧腹股沟区出现半圆形肿块，站立时明显，平卧后消失。查体时压迫内环肿块仍出现。诊断为
   A. 腹股沟斜疝

B. 腹股沟直疝
C. 股疝
D. 切口疝
E. 巨大疝

【A_3/A_4型题】

（11～14题共用题干）

男性，35岁。右腹股沟肿块10年，站立时明显，平卧后消失，有时可降入阴囊，可还纳。查体：右腹股沟肿块，手拳大小还纳腹腔，外环容3指，压迫内环后肿块不再出现。

11. 该患者最可能的诊断为
A. 精索鞘膜积液
B. 股疝
C. 腹股沟直疝
D. 腹股沟斜疝
E. 先天性鞘膜积液

12. 该患者最佳手术方式为
A. 疝囊高位结扎
B. 紧缩内环
C. 疝前壁修补术
D. 疝后壁修补术
E. 疝囊高位结扎+紧缩内环+疝后壁修补术

13. 该患者最容易出现的并发症
A. 逆行性嵌顿
B. 急性肠梗阻
C. 感染性休克
D. 嵌顿疝并绞窄性肠梗阻
E. 以上均不是

14. 如上述患者，行Halsted修补术，精索的位置是
A. 腹外斜肌腱膜下，腹内斜肌外侧
B. 腹内斜肌下，腹横肌外
C. 皮下，腹外斜肌腱膜外
D. 腹内斜肌内侧，腹膜外
E. 没有改变精索位置

【B_1型题】

（15～17题共用备选答案）

A. 未闭的鞘状突为一条细小管道
B. 鞘状突下段闭锁而上段未闭
C. 鞘状突两段闭锁而中段不闭
D. 右侧睾丸下降迟于左侧
E. 腹内斜肌弓状下缘发育不全或位置偏高

15. 腹股沟疝或复发疝的发病机制
16. 右腹沟疝多见的原因
17. 交通性睾丸鞘膜积液

（18～20题共用备选答案）

A. 小肠
B. 大网膜
C. 乙状结肠和膀胱
D. 盲肠、阑尾和膀胱
E. 乙状结肠和盲肠

18. 难复性疝最常见的疝内容物
19. 最常见的疝内容物
20. 左侧滑动性疝的疝内容物

第二十九章　腹部损伤

【A_1型题】

1. 腹部闭合性损伤中，较多见的实质性脏器损伤为哪一项
A. 肝
B. 肾
C. 脾
D. 胰
E. 肾上腺

2. 对某些脾破裂，行裂口修补术及部分脾切除术，是为了
A. 节约时间
B. 保留造血功能不受影响
C. 避免日后可能因免疫低下招致严重感染
D. 脾内贮有血液，避免失血过多
E. 降低手术难度

3. 下列情况不需行脾切除术的是
A. 游走脾
B. 脾囊肿
C. 脾肿瘤
D. 脾梗死
E. 脾脓肿

4. 腹部外伤合并失血性休克，主要处理原则为
A. 快速补充液体
B. 给予大量止血药物
C. 输血以补足血容量
D. 应用大量抗生素控制感染
E. 在积极治疗休克的同时手术探查止血

5. 腹部闭合性损伤患者，腹部X线平片发现腹膜后积气，最可能的损伤部位是
A. 横结肠
B. 乙状结肠
C. 直肠上段
D. 十二指肠球部
E. 十二指肠水平部

6. 诊断外伤性脾破裂下列哪项最重要
A. 左上腹有外伤史
B. 有早期休克表现
C. 腹部有压痛而且逐渐扩大
D. 有进行性贫血
E. 诊断性腹腔穿刺，有不凝固血液

7. 关于脾破裂以下哪项是不正确的
A. 行脾切除术
B. 行脾缝合修补术
C. 待失血性休克好转后手术
D. 可收集腹腔内出血行自家输血
E. 白细胞计数多升高

8. 脾切除术的年龄限制为
A. 大于2岁
B. 大于4岁
C. 大于6岁
D. 青春期以后
E. 没有限制

9. 在诊断闭合性腹部外伤合并内

出血中以下哪项最重要
A. 左季肋部挫伤合并肋骨骨折
B. 血红蛋白 80g/L，红细胞 $2.5\times10^{12}/L$
C. 左上腹明显压痛及肌紧张
D. 腹腔穿刺抽出不凝固血液
E. 血压 80/60mmHg，脉搏 110 次/分

10. 脾切除的主要适应证是
A. 血液系统疾病
B. 造血系统疾病
C. 外伤性脾破裂
D. 脾脓肿
E. 脾肿瘤

11. 关于肝破裂诊断下列哪项是错误的
A. 右上腹外伤
B. 局部疼痛及压痛
C. 血红蛋白值逐渐下降
D. 心率加快
E. 必须等待腹腔穿刺抽出血液

12. 关于脾功能亢进正确的是
A. 主要由于门静脉高压引起代偿性脾大
B. 巨型脾大仅见于血吸虫病性肝硬化
C. 周围血细胞减少是由于脾脏破坏过多所致
D. 临床主要表现为红细胞降低明显
E. 脾切除效果良好，可使周围血液恢复正常

13. 腹部损伤行腹腔穿刺抽得不凝血液，应考虑诊断为
A. 空腔脏器破裂
B. 实质脏器破裂
C. 后腹膜血肿
D. 误穿入腹腔血管
E. 前腹壁血肿

14. 腹部闭合性损伤患者，最有价值的症状体征
A. 腹部压痛
B. 腹膜刺激征
C. 肠鸣音亢进
D. 肠鸣音减弱
E. 恶心、呕吐

15. 胰腺损伤手术后最主要的观察项目是
A. 血清淀粉酶
B. 尿淀粉酶
C. 引流液的质和量
D. 白细胞计数
E. 血胆红素

16. 外伤性脾下极小裂伤，其最佳手术方式是
A. 脾修补术
B. 脾切除术
C. 脾部分切除术
D. 脾动脉结扎术
E. 明胶海绵堵塞

17. 腹部闭合性损伤诊断的关键在于确定有无
A. 休克
B. 内脏损伤
C. 腹壁损伤
D. 腹膜后血肿
E. 颅脑损伤

18. 诊断腹部闭合性损伤胃破裂，最有意义的是
A. 白细胞计数及中性粒细胞数增多
B. 腹部肌紧张及反跳痛
C. 有固定压痛点
D. 膈下游离气体
E. 超声检查示腹腔内有积液

19. 腹腔空腔脏器损伤的主要临床表现是
A. 腹内出血
B. 腹膜炎
C. 胃肠道症状
D. 全身感染表现
E. 休克

20. 诊断腹腔内脏损伤最有价值的方法是
A. 超声检查
B. 腹腔穿刺腹腔灌洗术
C. 腹部压痛
D. X 线检查
E. 放射性核素扫描

21. 腹部外伤伴有内出血休克，最重要的处理原则是
A. 补充液体
B. 给予镇静药
C. 使用血管活性物质
D. 控制感染
E. 及时手术探查

【A_2 型题】

22. 一患者腹部闭合性损伤，腹痛，烦躁，口渴，血压下降，诊断尚未确定。应给予处理是
A. 吗啡镇痛
B. 给水止渴
C. 苯巴比妥镇静
D. 扶持患者去放射科透视
E. 以上都不对

23. 一患者第 9、10 肋闭合性骨折，肝破裂。查体：脉搏 106 次/分，血压 90/60mmHg。血红蛋白 9.0g。适当的治疗是
A. 吸氧，输血，观察
B. 抗休克，病情好转后手术
C. 抗休克同时开腹手术
D. 先抗休克 2~3 小时，不好转一面抗休克一面手术
E. 肋骨骨折处封闭及橡皮膏固定后手术

24. 一患者乙状结肠破裂。立位腹部 X 线平片，下列部位出现半月形气影，哪个正确
A. 右侧腹部
B. Dauglas 腔
C. 回盲部
D. 膈下
E. 左侧腹

25. 一患者腹部闭合性损伤，未明确诊断时，下述观察、处理哪项是错误的
A. 绝对卧床休息
B. 禁饮食，输液
C. 注射吗啡镇痛
D. 定时测定血压、脉搏
E. 反复检查腹部体征

26. 一患者上腹部汽车撞伤 4 小时，患者面色苍白、四肢厥

冷，脉搏140次/分，血压60/40mmHg，全腹轻度压痛、肌紧张及反跳痛。首先应考虑为
A. 胃破裂
B. 十二指肠破裂
C. 肝脾破裂
D. 严重的腹壁软组织损伤
E. 腹膜后血肿

27. 男性，40岁。胸腹部摔伤，呼吸困难，腹痛，呕吐。查体：血压90/70mmHg，右肺呼吸音弱，右上腹压痛，腹肌紧张、反跳痛明显，腹部无明显移动性浊音，肠鸣音弱。X线检查，右侧膈肌升高，活动受限，右7、8、9肋骨骨折。诊断
A. 胃破裂
B. 肠破裂
C. 脾破裂
D. 肝破裂
E. 损伤性气胸

28. 男性，30岁。2天前左胸被自行车把撞伤。拍胸部正侧位片见左7、8肋骨骨折，余未见异常。今日上午下楼梯突然腹痛，面色苍白，急送医院。查体：BP 50/30mmHg，P 140次/分，弥漫性腹膜炎，腹穿抽出1ml不凝血。诊断
A. 上消化道出血
B. 外伤后腹膜后血肿破裂
C. 迟发性脾破裂
D. 虚脱
E. 肝被膜下血肿破裂

29. 患者被汽车撞伤，右上腹剧痛。查体：呼吸36次/分，脉搏100次/分，BP 90/65mmHg。诊断不明，禁用
A. 异丙嗪
B. 地西泮
C. 6-氨基己酸
D. 吗啡
E. 苯巴比妥

30. 男性，22岁。腹部被拳击2小时。经查体、实验室检查、X线腹透及腹腔穿刺未明确诊断。现应如何处理为宜
A. 立即剖腹探查，免于误诊
B. 注射哌替啶镇痛
C. 严密观察腹部体征的变化
D. 多活动，使体征明朗化，便于确诊
E. 禁饮食补液，作好术前准备

【A_3/A_4型题】

（31~32题共用题干）

男性，24岁。腹部闭合性损伤后2小时。查体：血压120/80mmHg，脉搏96次/分，全腹压痛、反跳痛、肌紧张，移动性浊音不明显，肠鸣音消失，尿无异常。

31. 应诊断为
A. 腹腔内实质脏器损伤
B. 腹腔内空腔脏器损伤
C. 泌尿系损伤
D. 胰腺损伤
E. 肝破裂

32. 应如何处置
A. 立即手术
B. 观察12小时后手术
C. 非手术治疗
D. 抗炎，补液，如血压脉搏异常则手术
E. 补液2000ml后手术

（33~34题共用题干）

一患者被车撞伤4小时，右上腹痛。查体：血压80/60mmHg，脉搏120次/分，右肋部见皮擦伤，右上腹压痛明显，全腹轻度肌紧张，移动性浊音阳性，肠鸣音弱，尿色正常。

33. 应首先进行下列哪项检查
A. 腹部CT
B. 腹部B超
C. 腹部X线检查
D. 尿常规
E. 腹腔穿刺

34. 应诊断为
A. 肝破裂失血性休克
B. 脾破裂失血性休克
C. 肾破裂失血性休克
D. 胃破裂失血性休克
E. 胰腺破裂失血性休克

【B_1型题】

（35~36题共用备选答案）
A. 左肩放射性痛
B. 尿淀粉酶升高
C. 膈下游离气体
D. 腹膜后积气
E. 腹部外伤后直肠指检指套染血

35. 脾破裂
36. 胃破裂

第十二篇　泌尿系统（含男性生殖系统）

第一章　尿液检查

【A_1 型题】

1. 老年人出现无痛性全程肉眼血尿，应首先考虑的疾病的是
   A. 肾囊肿
   B. 肾结核
   C. 膀胱肿瘤
   D. 肾盂肾炎
   E. 肾结石
2. 根据血尿来源不同临床上将血尿分为
   A. 功能性血尿
   B. 器质性血尿
   C. 肉眼血尿，镜下血尿
   D. 原发性血尿，继发性血尿
   E. 肾小球性及非肾小球性血尿
3. 有助于鉴别肾盂肾炎与膀胱炎的尿液检查是
   A. 白细胞计数
   B. 尿培养
   C. 蛋白定量
   D. 红细胞计数
   E. 白细胞管型
4. 临床上最常出现血尿的疾病是什么
   A. 肾脏的先天畸形
   B. 免疫系统疾病
   C. 红斑狼疮
   D. 糖尿病
   E. 肾小球肾炎
5. 在肾脏疾病中出现血尿的最常见原因是
   A. 多囊肾
   B. 肾结核
   C. 肾小球肾炎
   D. 肾血管病变
   E. 肾挫伤
6. 对鉴别是否肾小球源性血尿最有意义的是
   A. 全程血尿
   B. 合并尿道刺激征
   C. 尿潜血阳性
   D. 肉眼血尿
   E. 变形红细胞尿
7. 下列中哪项属于生理性蛋白尿
   A. 肾淤血产生的蛋白尿
   B. 肾动脉硬化引起的蛋白尿
   C. 体位性蛋白尿
   D. 凝溶性蛋白尿
   E. 血管内溶血引起的血红蛋白尿
8. 蛋白尿是指
   A. 成人每日尿蛋白持续超过 50mg
   B. 成人每日尿蛋白持续超过 100mg
   C. 成人每日尿蛋白持续超过 150mg，尿蛋白/肌酐比率>200mg/g
   D. 成人每日尿蛋白持续超过 200mg
   E. 成人每日尿蛋白持续超过 250mg
9. 根据蛋白尿的发生机制，尿蛋白可分为四类，下列哪一类是错误的
   A. 肾小球性蛋白尿
   B. 肾小管性蛋白尿
   C. 溢出性蛋白尿
   D. 生理性蛋白尿
   E. 组织性蛋白尿
10. 选择性蛋白尿的特点是以
   A. 溶菌酶为主
   B. 白蛋白为主
   C. 本-周蛋白为主
   D. IgA 为主
   E. $β_2$ 微球蛋白为主
11. 大量蛋白尿说明是
   A. 肾小管对蛋白的回收障碍
   B. 肾小球滤过膜改变
   C. 组织性蛋白尿
   D. 溢出性蛋白尿
   E. 功能性蛋白尿
12. 尿中 $β_2$ 微球蛋白增多而血中 $β_2$ 微球蛋白不增多，此时出现的蛋白尿属于
   A. 肾小球性蛋白尿
   B. 溢出性蛋白尿
   C. 分泌性蛋白尿
   D. 肾小管性蛋白尿
   E. 组织性蛋白质
13. 区别血尿与血红蛋白尿的主要方法是
   A. 观察血尿颜色
   B. 尿胆原测验
   C. 尿潜血试验
   D. 尿三杯试验
   E. 尿沉渣镜检

【A_2 型题】

14. 男性，25 岁。反复检查尿蛋白阳性，尿液分析以白蛋白为主，此种蛋白尿属于
   A. 溢出性蛋白尿
   B. 生理性蛋白尿
   C. 肾小管蛋白尿
   D. 选择性蛋白尿
   E. 非选择性蛋白尿

【B_1 型题】

（15~16 题共用备选答案）
   A. <40mg/24h
   B. 40~100mg/24h
   C. 100~150mg/24h
   D. 150mg/24h
   E. 3.5g/24h
15. 临床中大量蛋白尿是指尿中排出蛋白超过
16. 蛋白尿是指蛋白质持续超过

第二章　肾小球疾病概述

【A_1 型题】

原发性肾小球疾病的临床分类，错误的是
A. 肾病综合征
B. 急性肾小球肾炎
C. 慢性肾小球肾炎
D. 急进性肾小球肾炎
E. 系统性红斑狼疮

第三章　急性肾小球肾炎

【A_1 型题】

1. 急性肾小球肾炎的发病机制是
A. 感染后的免疫反应
B. 感染所致的中毒反应
C. 机体代谢紊乱
D. 病毒对肾脏的损伤
E. 细胞直接对肾脏的损害

2. 引起急性肾小球肾炎的常见病因是
A. 甲型肝炎病毒感染
B. 乙型肝炎病毒感染
C. 葡萄球菌感染
D. 乙型溶血性链球菌 A 组 12 型感染
E. 乙族甲组溶血性链球菌感染

3. 急性肾小球肾炎水肿的发生机制主要是
A. 肾小球滤过率降低
B. 大量蛋白由尿排出
C. 醛固酮增加造成水、钠潴留
D. 急性心力衰竭
E. 毛细血管壁通透性增加

4. 急性肾小球肾炎临床表现中消失或恢复正常最慢的是
A. 高血压
B. 水肿
C. 血尿及微量蛋白尿
D. 补体 C3
E. 管型尿

5. 下列哪项对诊断急性肾小球肾炎最有价值
A. 红细胞沉降率增快
B. 抗“O”增高
C. 尿沉渣可见红细胞管型
D. 血清 C3 下降
E. 蛋白尿

6. 关于急性肾炎的治疗，错误的是
A. 一般有自愈倾向，可不治疗
B. 对于反复发作的慢性扁桃体炎，待病情稳定后可考虑扁桃体摘除
C. 应常规应用糖皮质激素治疗
D. 有时需急诊透析治疗
E. 应低盐饮食

7. 急性肾小球肾炎的治疗原则是
A. 以休息及对症处置为主
B. 以减轻水肿，利尿为主
C. 以降低血压，应用联合降压药物为主
D. 以止血、治疗血尿为主
E. 以治疗并发症为主

8. 急性肾炎饮食中不限制食盐摄入的时机是
A. 症状消失，红细胞沉降率正常
B. 水肿消退，血压正常
C. 水肿消退，肉眼血尿的消失
D. 镜下血尿消失
E. 血清补体恢复正常

9. 急性肾小球肾炎的诊断根据中哪一项是关键
A. 全身水肿
B. 高血压
C. 尿少
D. 血尿及红细胞管型尿
E. 蛋白尿及透明管型尿

10. 临床表现与急性肾小球肾炎不符合的是
A. 链球菌感染后 2 周出现血尿、蛋白尿
B. 病程中出现 C3 下降
C. 高血压持续 2 个月以上
D. 可并发心力衰竭
E. 部分患者可有 ASO 水平升高

11. 急性肾小球肾炎与急进性肾小球肾炎临床相似之处为
A. 中度贫血
B. 预后不佳
C. 以急性肾炎综合征起病
D. 肾功能急剧恶化
E. 早期出现急性肾损伤

12. 急进性肾炎与急性肾炎的最主要鉴别点为
A. 蛋白尿及血尿的严重程度
B. 有无高血压及心脏并发症
C. 水肿的严重程度
D. 肾功能下降的速度及严重程度
E. 有无前驱链球菌感染的证据

13. 急性肾炎，水肿，高血压，并发左心衰竭、肾衰竭时应选
A. 噻嗪类利尿药
B. 氨苯蝶啶
C. 渗透性利尿药
D. 利尿合剂
E. 呋塞米

【A_2 型题】

14. 男性，15 岁。少尿、水肿 5 天，咳嗽、气促、不能平卧 1 天，起病前 2 周曾有咽痛 3 天。查体：BP 170/110mmHg，端坐呼吸，两肺底有散在湿啰音。尿

比重1.022，尿蛋白（+++），红细胞30~90个/HP，血补体C3降低。诊断为

A. 急性肾炎并左心衰竭
B. 慢性肾炎急性发作
C. 高血压病并左心衰竭
D. 急进性肾炎并左心衰竭
E. 肾病综合征并左心衰竭

15. 男性，30岁。颜面水肿3天，无力，尿量400ml/24h，血压130/80mmHg，血红蛋白130g/L，尿蛋白（+++），尿红细胞20~40个/HP，颗粒管型0~2个/HP。可能性最大的诊断是

A. 隐匿性肾炎
B. 急进性肾炎
C. 急性肾炎
D. 慢性肾炎
E. 肾盂肾炎

16. 男性，18岁。3周前咽痛，近1周面部水肿、尿少，尿蛋白（++），尿红细胞10~20个/HP，红细胞管型0~1个/HP，颗粒管型0~1个/HP。诊断考虑

A. 急性肾盂肾炎
B. 慢性肾炎急性发作
C. 急性肾炎
D. 隐匿性肾炎
E. 急性前列腺炎

17. 男性，15岁。3周前低热、咽痛，1周来眼睑轻度水肿，1天前突然剧烈头痛，全身抽搐，意识不清，数分钟后清醒。BP 170/100mmHg，尿蛋白（++），可见红细胞管型。最可能的诊断是

A. 高血压合并高血压脑病
B. 慢性肾炎
C. 颅内占位性病变
D. 高血压病
E. 急性肾炎并发高血压脑病

18. 急性肾炎2周，血压160/100 mmHg，尿常规示红细胞散在满视野。首先选用

A. 降压对症治疗
B. 应用抗菌药物
C. 应用止血药物治疗
D. 泼尼松
E. 中药治疗

19. 男性，20岁。尿少、水肿、肉眼血尿2周。血压140/90mmHg，尿常规示红细胞满视野，蛋白（++）。首先选用

A. 休息对症治疗
B. 泼尼松
C. 环磷酰胺
D. 氮芥
E. 吲哚美辛

20. 急进性肾炎，不同于急性肾小球肾炎的临床表现主要是

A. 链球菌感染后4天内发病
B. 以肉眼血尿为主
C. 有显著高血压及心、脑并发症
D. 对肾上腺皮质激素治疗反应不好
E. 进行性肾功能损伤

【A_3/A_4型题】

（21~22题共用题干）

男性，15岁。3周前发热、咽痛，1周来眼睑轻度水肿，1天前突然剧烈头痛，全身抽搐，意识不清，数分钟后意识清醒，自述头痛，既往无高血压史，BP 170/110mmHg，血红蛋白120g/L。尿常规示：尿蛋白（++），红细胞20~30个/HP，颗粒管型2~3个/HP，尿比重1.025。血尿素氮13.3mmol/L。眼底视盘轻度水肿。

21. 出现抽搐最可能的原因是

A. 高血压
B. 脑出血
C. 脑血管痉挛
D. 脑水肿
E. 脑炎

22. 出现高血压的原发病是

A. 急性肾小球肾炎
B. 急进性肾小球肾炎
C. 急性肾盂肾炎
D. 慢性肾炎急性发作
E. 肾结核

（23~25题共用题干）

女性，13岁。3周前因急性化脓性扁桃体炎发热，治疗后好转，近日来出现眼睑水肿、血压增高、少尿、呼吸困难、不能平卧而就诊

23. 首先应该选择哪项检查

A. 血常规、尿常规、便常规
B. 血常规，尿常规，血补体C3、补体C4测定
C. 肾脏B超、超声心动图
D. 心电图、血脂分析
E. 血尿蛋白

24. 最可能的诊断是

A. 急性肾小球肾炎合并左心衰竭
B. 急性上呼吸道感染
C. 急性心肌炎并左心衰竭
D. 急进性高血压
E. 急进性肾小球肾炎

25. 血压增高的最可能原因为

A. 原发性高血压病
B. 心功能不全所致
C. 水、钠潴留
D. 低蛋白血症
E. 高胆固醇血症

第四章　慢性肾小球肾炎

【A_1型题】

1. 有关慢性肾小球肾炎，下列哪一项是正确的

A. 发病与链球菌感染有明确关系
B. 大部分与急性肾小球肾炎之间有确定的因果关系
C. 发病机制的起始因素为免

疫介导性炎症
D. 不同的病例其肾小球的病变是相同的
E. 可发生于任何年龄，其中女性居多

2. 以急性肾炎综合征起病的慢性肾小球肾炎与感染后急性肾小球肾炎的主要鉴别点是
A. 尿中红细胞多
B. 血压中等度升高
C. 出现明显的水肿
D. 有氮质血症
E. 潜伏期及补体

3. 慢性肾炎水肿产生的主要因素是
A. 全身毛细血管通透性增加
B. 肾分泌前列腺素减少
C. 肾小球超滤及滤过率下降
D. 继发醛固酮分泌增多
E. 抗利尿激素分泌增多

4. 慢性肾炎与过敏性紫癜性肾炎的鉴别点是
A. 高血压程度
B. 血尿程度
C. 肾功能损害程度
D. 水肿程度
E. 既往过敏性紫癜史

5. 慢性肾炎治疗的主要目的是
A. 消除蛋白尿
B. 消除血尿
C. 控制感染
D. 应用血小板解聚药
E. 防止或延缓肾衰竭

6. 慢性肾炎合并高血压、尿毒症，同时有水肿，下列药物应选用
A. 氢氯噻嗪与氨苯蝶啶
B. 甘露醇
C. 氢氯噻嗪
D. 呋塞米
E. 利尿合剂

7. 慢性肾炎高血压的治疗哪项是错误的
A. 力争把血压控制在理想水平：130/80mmHg以下
B. 选择延缓肾功能恶化，具有肾保护作用的降压药
C. 限盐<3g/d，有钠、水潴留可选用噻嗪类利尿药
D. 可用钙离子通道阻断药
E. 甘露醇静脉滴注

【A_2 型题】

8. 男性，25岁。近年夜尿增多，偶有水肿。BP 190/110mmHg，血红蛋白60g/L，尿蛋白（+），尿红细胞0～1个/HP，白细胞0～1个/HP，颗粒管型1～2个/HP，肌酐清除率降低。应诊断为
A. 急性肾炎
B. 急进性肾炎
C. 隐匿性肾炎
D. 慢性肾炎
E. 高血压病肾动脉硬化

9. 男性，23岁。2年来实验室检查发现尿蛋白持续为（+）～（++），每当上呼吸道感染或劳累后，尿蛋白可增至（+++），2天前感冒。尿红细胞5～10个/HP，其诊断最可能为
A. 急性肾炎
B. 隐匿性肾炎
C. 慢性肾炎
D. 慢性肾盂肾炎
E. 肾病综合征

10. 男性，25岁。近日腰痛，双下肢出现凹陷性水肿。尿常规检查示：尿蛋白（+++），红细胞0～1个/HP。血浆蛋白降低，白蛋白>30g/L，胆固醇正常，血肌酐102μmol/L。应诊断为
A. 慢性肾炎
B. 肾病综合征
C. 急进性肾炎
D. 隐匿性肾炎
E. 以上都不是

11. 慢性肾炎5年，近年出现衰弱、无力、尿少，水肿较前加重，并有轻度贫血。血压160/100mmHg，在下列检查中应首选哪一项
A. 尿浓缩试验
B. PSP排泄试验
C. 肌酐清除率
D. 血尿素氮浓度
E. 血肌酐浓度

【A_3/A_4 型题】

（12～14题共用题干）

一患慢性肾炎5年的患者，长期低盐、低蛋白饮食，乏力、恶心、呕吐20天，血压140/100mmHg，无水肿，血红蛋白60g/L，尿蛋白（+），颗粒管型0~3个/HP，血清清蛋白30g/L，球蛋白25g/L，血尿素氮20mmol/L，血肌酐1220μmol/L，血钠125mmol/L。

12. 此患者首先采取哪项治疗饮食
A. 蛋白饮食1g/(kg·d)，多给动物蛋白，不限盐
B. 蛋白饮食0.6g/(kg·d)，以动物蛋白为主，限盐
C. 蛋白饮食0.3g/(kg·d)，以植物蛋白为主，不限盐
D. 高蛋白饮食，以植物蛋白为主，限盐
E. 高蛋白饮食，不限盐

13. 同时首先选择下列哪项治疗
A. 降血压
B. 呋塞米100mg，每日1次静脉注射
C. 补充血浆、红细胞
D. 透析治疗
E. 0.85%氯化钠注射液500ml静脉滴注

14. 患者出现贫血的主要原因是
A. 失血
B. 缺铁
C. 低蛋白血症
D. 红细胞生存时间缩短
E. 促红细胞生成因子分泌减少

【B_1 型题】

（15～16题共用备选答案）
A. β受体阻断药

B. 呋塞米
C. ACE 抑制药类
D. 钙通道阻滞药
E. α 受体阻断药

15. 慢性肾小球肾炎，主要原因为水、钠潴留的高血压，治疗可首选

16. 治疗慢性肾小球肾炎，可引起高血钾的药物是

第五章 肾病综合征

【A_1 型题】

1. 肾病综合征最重要的诊断依据是
A. 24 小时尿蛋白>3. 5g，血浆白清蛋白<30g/L
B. 血浆白蛋白<30g/L，血胆固醇及甘油三酯升高
C. 24 小时尿蛋白>3. 5g，双下肢凹陷性水肿
D. 24 小时尿蛋白>3. 5g，血胆固醇及甘油三酯升高
E. 血胆固醇及甘油三酯升高，双下肢凹陷性水肿

2. 肾病综合征合并脑梗死者，治疗中作用肯定的药物是
A. 阿司匹林
B. 双嘧达莫
C. 低分子肝素
D. 低分子右旋糖酐
E. 氯吡格雷

3. 不属于原发性肾病综合征常见的病理类型是
A. 微小病变病
B. 系膜增生性肾炎
C. 毛细血管内增生性肾炎
D. 膜性肾病
E. 局灶性节段性肾小球硬化

4. 肾病综合征低蛋白血症的主要原因是
A. 肾小管重吸收蛋白不足
B. 肝脏合成清蛋白不足
C. 血浆蛋白分解代谢增强
D. 肾小球毛细血管壁通透性增强，大量的清蛋白（白蛋白）从尿中丢失
E. 蛋白质摄入不足

5. 肾病综合征最常见的并发症是
A. 循环衰竭
B. 肾衰竭
C. 感染
D. 静脉血栓形成
E. 蛋白及脂肪代谢紊乱

6. 肾病综合征患者发生血栓并发症，最常见于
A. 肾静脉
B. 冠状血管
C. 下肢静脉
D. 肺静脉
E. 下腔静脉

7. 哪一种疾病最适合用肾上腺皮质激素
A. 慢性肾炎
B. 急性肾炎
C. 肾盂肾炎
D. 肾静脉血栓形成
E. 肾病综合征

8. 关于肾病综合征的治疗下列哪项是错误的
A. 只要血肌酐不升高，应给予正常量优质蛋白饮食
B. 限制食盐和水的摄入
C. 免疫抑制剂与糖皮质激素可以合用
D. 可应用抑制血小板凝集药物
E. 因血浆胶体渗透压低，尿量虽少也不能用利尿药

9. 微小病变型肾病综合征最主要的治疗是
A. 正常量优质蛋白低盐饮食
B. 卧床休息
C. 糖皮质激素
D. 利尿药
E. 非激素类免疫抑制剂

【A_2 型题】

10. 男性，16 岁。近半个月全身水肿，检查尿蛋白（+++），透明管型 2~3 个/HP，血红蛋白 12g/L，血压正常，24 小时尿蛋白>3. 5g。最可能的诊断是
A. 急性肾炎
B. 急进性肾炎
C. 慢性肾炎
D. 肾病综合征
E. 肾盂肾炎

11. 男性，18 岁。水肿，尿蛋白（+++），应用激素治疗中突然出现右下肢疼痛。最可能的原因是
A. 右下肢静脉炎
B. 右下肢血栓形成
C. 肾性骨病
D. 动脉栓塞
E. 高尿酸血症，痛风

12. 女性，15 岁。无原因出现眼睑及下肢水肿。查体：BP 100/70mmHg，心、肺正常。尿蛋白（+++），红细胞 0~1 个/HP。血浆白蛋白 30g/L。最可能的诊断为
A. 急性肾炎
B. 肾病综合征
C. 慢性肾炎
D. 肾淀粉样变
E. 泌尿系感染

13. 某患者，全身高度水肿伴有腹水。检查：尿蛋白（+++），24 小时尿蛋白>3. 5g，合并高脂血症，血浆清蛋白<30g/L。诊断为肾病综合征，其主要依据是
A. 高度水肿伴腹水
B. 尿蛋白（+++）
C. 高脂血症
D. 24 小时尿蛋白>3. 5g
E. 血浆清蛋白<30g/L

14. 某肾病综合征患者应用泼尼松 1mg/(kg · d) 治疗 1 周，

临床医生判断此患者对激素治疗有效，主要根据是
A. 患者尿量明显增多，水肿消退
B. 患者食欲增加
C. 患者尿中红细胞减少
D. 血常规示红细胞增加
E. 血钾降低

15. 男性，25岁。肾病综合征患者，血压130/70mmhg，尿蛋白（+++），尿红细胞2~4个/HP。应用激素治疗2周突然出现发热及右下肢剧烈疼痛。这时要考虑
A. 全身感染
B. 下肢静脉血栓形成
C. 淋巴管炎
D. 股骨头坏死
E. 下肢静脉栓塞

16. 肾病综合征患者高度水肿，尿量400~500ml/d，持续2周，尿蛋白（++++），血浆清蛋白20g/L，肌酐清除率为100ml/min。本患者的治疗主要是
A. 呋塞米
B. 消炎药
C. 输血浆或白蛋白
D. 肾上腺皮质激素
E. 血液透析

17. 男性，15岁。高度水肿，尿蛋白（+++），管型少许，血清蛋白15g/L，血胆固醇10mmol/L，应用泼尼松治疗4周，尿量增加，水肿消退，尿蛋白（++）。此时应用哪项措施
A. 泼尼松原剂量继续治疗
B. 泼尼松开始减量
C. 加用清蛋白、泼尼松减量
D. 加用ACTH、泼尼松减量
E. 加用吲哚美辛、泼尼松减量

18. 男性，24岁。1年前诊断肾病综合征，应用激素治疗4周，尿蛋白转阴后减量，治疗共8周，停药已半年，近1个月来又出现水肿，尿蛋白（+++）。应首选应用
A. 泼尼松1mg/kg
B. 甲泼尼龙，冲击治疗
C. 环磷酰胺
D. 吲哚美辛治疗
E. 雷公藤治疗

19. 男性，18岁。诊断肾病综合征，应用激素治疗无效，改用环磷酰胺治疗，总量不超过
A. 4~6g
B. 6~8g
C. 8~12g
D. 12~14g
E. 16g

【A_3/A_4型题】

（20~22题共用题干）

男性，20岁。全身水肿半个月，近日来出现呼吸困难、少尿。检查：BP 140/90mmHg，全身高度水肿，并伴有右侧胸腔及腹水。在外院诊断肾病综合征。

20. 此患者首选治疗药物应是哪一种
A. 阿司匹林
B. 雷公藤多苷
C. 青霉素
D. 双嘧达莫
E. 泼尼松

21. 泼尼松应如何应用
A. 泼尼松10mg，1日3次
B. 泼尼松10mg，1日2次
C. 泼尼松30mg/（kg·d），1日1次，晨服
D. 泼尼松1mg/（kg·d），1日1次，晨服
E. 泼尼松1mg/（kg·d），1日1次，睡前服

22. 泼尼松减量的标准是什么
A. 水肿消退
B. 尿量增加
C. 食欲增加
D. 胸腹水消失
E. 尿蛋白消失

【B_1型题】

（23~25题共用备选答案）
A. 肾病综合征对激素高度敏感
B. 肾病综合征对激素敏感
C. 肾病综合征对激素低度敏感
D. 肾病综合征对激素耐药
E. 肾病综合征对激素依赖

23. 用药治疗2周尿蛋白阴性见于
24. 用药治疗4周尿蛋白减少见于
25. 用药治疗8周，尿量增加，尿蛋白减少见于

第六章 尿路感染

【A_1型题】

1. 下列指标中不能鉴别上、下尿路感染的是
A. 尿沉渣示白细胞管型
B. 抗生素治疗后症状消失，停药2周内复发
C. 发热伴腰痛、肾区叩击痛
D. 清洁中段尿培养杆菌菌落计数≥10^5/ml
E. 尿抗体包裹细菌阳性

2. 慢性肾盂肾炎患者经系统治疗，尿常规已正常，还应做哪项检查，以判断治疗效果
A. 定期复查尿常规
B. 尿白细胞计数
C. 静脉肾盂造影
D. 尿细菌培养

E. 检查肾区有无叩痛

3. 对于一患慢性肾盂肾炎患者，经系统治疗，尿菌已阴性，为防止复发，下列哪项措施是错误的
A. 停药后，复查尿常规和细菌培养
B. 尽量避免尿路器械的应用
C. 多饮水，定时排尿
D. 与性生活有关的尿感，应于性交后立即排尿
E. 大剂量抗生素联合应用

4. 对鉴别上、下尿路感染最有意义的是
A. 中段尿细菌培养阳性
B. 尿路刺激症状
C. 畏寒、发热、腰痛
D. 肾小管浓缩功能正常
E. 尿中白细胞管型

5. 急性肾盂肾炎的疗程通常是
A. 1 周
B. 2 周
C. 3 周
D. 4 周
E. 6 周

6. 不出现管型尿的疾病是
A. 肾病综合征
B. 急性肾小球肾炎
C. 急进性肾小球肾炎
D. 急性肾盂肾炎
E. 急性膀胱炎

7. 慢性肾盂肾炎的易感因素有
A. 胸膜炎
B. 胃炎
C. 甲状腺功能亢进
D. 糖尿病
E. 药物性皮炎

8. 孕妇患急性肾盂肾炎应首选
A. 青霉素
B. 氨苄西林
C. 红霉素
D. 四环素
E. 庆大霉素

9. 对诊断慢性肾盂肾炎最有意义的是
A. 尿频、尿急、尿痛反复发作
B. 清洁中段尿细菌培养计数>10^5/ml
C. 畏寒、发热，尿白细胞数增多
D. 尿亚硝酸盐还原试验阳性
E. 肾小管功能持续性损害

10. 慢性肾盂肾炎诊断的主要依据是
A. 影像学检查有局灶粗糙的肾皮质瘢痕，伴有相应的肾盏变形
B. 反复多次出现尿频、尿急、尿痛
C. 病程在半年以上
D. 尿路有梗阻
E. 腰痛低热

【A_2 型题】

11. 女性，25 岁。出现尿频、尿急、尿痛。实验室检查尿中有白细胞管型 2~3 个/HP，红细胞 3~5 个/HP，白细胞 10~15 个/HP，常见于
A. 膀胱炎
B. 急性肾小球肾炎
C. 慢性肾炎急性发作
D. 尿道炎
E. 肾盂肾炎

12. 女性，24 岁。突然出现尿频、尿痛，进而发热。尿检查：尿蛋白（+），红细胞 5~7 个/HP，白细胞 20~30 个/HP。诊断为急性肾盂肾炎，感染途径考虑
A. 血行感染
B. 上行感染
C. 淋巴道感染
D. 直接感染
E. 以上都不是

13. 某女性突然出现尿频、尿急、尿痛，尿常规示白细胞满视野，口服呋喃坦啶后症状好转。最可能的诊断是
A. 肾盂肾炎
B. 尿道感染
C. 膀胱炎
D. 肾结石
E. 肾结核

【A_3/A_4 型题】

（14~16 题共用题干）

女性，36 岁。突然寒战、高热、腰痛并尿频、尿痛 1 周，既往无类似发作史。检查：体温 39.4℃，右侧肾区叩痛阳性。尿蛋白（+），白细胞 20~30 个/HP，白细胞管型 0~2 个/HP，比重 1.022。

14. 此患者最可能是
A. 感染
B. 肾结石合并泌尿系感染
C. 膀胱炎
D. 急性肾盂肾炎
E. 肾炎合并泌尿系感染

15. 诊断的主要依据是
A. 突然寒战、高热
B. 腰痛
C. 尿频、尿痛
D. 右侧肾区叩击痛（+）
E. 尿蛋白（+），白细胞 20~30 个/HP，白细胞管型 0~2 个/HP

16. 为了确定诊断还需要做的最主要的检查是
A. 血 β_2 微球蛋白
B. 尿 β_2 微球蛋白
C. 血 BUN
D. 尿细菌培养
E. 血肌酐

（17~19 题共用题干）

女性，27 岁。产后第 4 天，出现寒战、高热、腰痛，并尿痛、下腹痛、肾区叩击痛、耻骨上压痛（+）。尿常规示：白细胞 30 个/HP，尿蛋白（+）。血常规示：WBC 18×10^9/L。

17. 首先应考虑产后并发何种疾病
A. 产褥热
B. 败血症
C. 上呼吸道感染
D. 急性肾盂肾炎

E. 急性膀胱炎

18. 应该如何选择用药
A. 先观察体温热型，查出病因后再作处理
B. 暂不用抗生素，待细菌培养结果、药敏结果出来后再用抗生素
C. 治疗应在取尿标本送检后立即进行
D. 首先运用广谱抗生素
E. 抗生素治疗时少饮水

19. 治疗后症状不缓解多长时间考虑更换抗生素
A. 72 小时内无效可换药
B. 48 小时内无效可换药
C. 36 小时内无效可换药
D. 24 小时内无效可换药
E. 8 小时内无效可换药

【B_1 型题】

（20~21 题共用备选答案）
A. 尿中细菌表面有无抗体包裹
B. 尿中细菌的血清型
C. 尿原浆型菌株培养
D. 尿细菌培养及菌株培养
E. 尿沉渣涂片找细菌

20. 区别肾盂肾炎的复发还是新的再感染

21. 区别膀胱炎和肾盂肾炎

（22~23 题共用备选答案）
A. 敏感抗生素分组轮流使用
B. 用药后症状消失即停药
C. 用药 72 小时无效应换药，疗程 2 周
D. 用糖皮质激素
E. 应用吲哚美辛

22. 急性肾盂肾炎的治疗应是

23. 慢性肾盂肾炎的治疗应是

第七章 前列腺炎

【A_2 型题】

1. 男性，35 岁。不洁性生活史后 7 天出现尿道口发痒、红肿，随后尿道流出脓性分泌物，可能的诊断为
A. 急性前列腺炎
B. 淋病性尿道炎
C. 急性膀胱炎
D. 尿道炎
E. 梅毒

2. 男性，30 岁。尿频，尿不尽感，腰痛。前列腺液内白细胞 20 个/HP，应考虑
A. 慢性前列腺炎
B. 慢性膀胱炎
C. 精囊炎
D. 附睾炎
E. 尿道炎

【A_3/A_4 型题】

（3~5 题共用题干）

男性，40 岁。1 个月前行左肾切开取石术，现左腰痛伴畏寒、高热，腰无法伸直。尿液检查：少量蛋白，少许白细胞。

3. 应首先考虑
A. 急性膀胱炎
B. 急性肾盂肾炎
C. 肾周围炎
D. 肾积脓
E. 肾结核

4. 上述病例腹平片可出现哪种征象
A. 左肾轮廓不清
B. 右侧腰大肌阴影模糊
C. 脊柱凸向左侧
D. 右侧横膈活动受限
E. 左侧横膈活动正常

5. 上述病例治疗应首先考虑
A. 抗炎治疗
B. 立即切开引流
C. 局部热敷
D. 局部冷敷
E. 肾囊封闭

第八章 肾结核

【A_1 型题】

1. 肾结核最常见的临床表现是
A. 血尿、脓尿
B. 尿频、尿急、尿痛
C. 全身结核中毒症状
D. 肾区疼痛
E. 肾区包块

2. 病理改变主要在肾脏，但临床表现主要在膀胱的疾病是
A. 肾结石
B. 肾结核
C. 肾肿瘤
D. 肾积水
E. 多囊肾

3. 肾结核的血尿表现为
A. 全程血尿
B. 间歇性无痛血尿
C. 初始血尿
D. 终末血尿
E. 镜下血尿

4. 肾结核常见晚期并发症是
A. 结核性尿道狭窄
B. 结核性膀胱、阴道瘘
C. 附睾结核
D. 前列腺结核
E. 膀胱挛缩和对侧肾积水

5. 一侧无功能结核肾脏，对侧轻度肾积水，膀胱容量正常，处理方法是
A. 积水侧肾造瘘
B. 暂保守治疗
C. 切除结核无功能肾，观察积水肾进展情况，再决定是否行输尿管膀胱再植
D. 切除无功能肾 3~6 个月后

行积水侧肾造瘘
E. 切除无功能肾3~6个月行积水侧输尿管膀胱再植术

6. 一侧肾下盏结核，充分抗结核治疗后最好的治疗方法是
A. 病灶清除术
B. 肾部分切除术
C. 肾切除术
D. 保守治疗抗结核药物应用
E. 根治性肾切除术

7. 泌尿、男性生殖器结核原发灶多在
A. 肾
B. 输尿管
C. 膀胱
D. 附睾
E. 前列腺

8. 肾结核的原发灶多在
A. 骨关节
B. 淋巴结
C. 肠道
D. 肺
E. 腹腔

9. 肾结核早期唯一严重的阳性发现是
A. 大量血尿
B. 肾区包块
C. 结核中毒症状
D. 尿常规有少量红细胞和脓细胞
E. 肾盂造影示有破坏病灶

10. 决定肾结核的治疗方法，除全身情况外主要依据
A. 膀胱刺激症状
B. 血尿程度
C. 尿中找到结核分枝杆菌
D. 膀胱镜检查所见
E. 静脉尿路造影或逆行肾盂造影

11. 肾结核单纯使用抗结核药物的指征是
A. 静脉肾盂造影一侧不显影
B. 静脉肾盂造影一侧广泛破坏
C. 肾盂造影显示病变轻
D. 一侧肾钙化
E. 肾结核并结核性挛缩膀胱

12. 位于肾实质，表浅，不与肾盏、肾盂相通的结核病灶，理想的治疗是
A. 抗结核药物治疗
B. 病灶清除术
C. 患肾切除术
D. 患肾部分切除术
E. 抗结核治疗3~6个月，无效时病灶清除术

13. 确定肾结核下列哪项最可靠
A. 尿中查到红白细胞
B. 附睾有硬结
C. 肺结核同时伴膀胱刺激症状
D. 膀胱镜检查可见膀胱内充血水肿
E. 肾盂造影片可见肾盏“虫蚀”样破坏

14. 肾结核肾切除指征，哪项不对
A. 单肾结核，对侧肾功能正常，肾脏破坏严重且广泛
B. 双肾结核，轻侧能担负起肾功能，严重侧切除
C. 一侧肾结核对侧肾积水，但肾功正常可切除病肾
D. 一侧肾结核合并膀胱挛缩，对侧无积水，可切除病肾
E. 一侧肾结核，对侧肾正常，即使病变轻也可做病肾切除

15. 延误肾结核的诊断原因，哪一项是错误的
A. 满足于膀胱结核的诊断，不追究其继发于肾结核
B. 满足于一般膀胱炎的诊治，不追究其原因
C. 满足于肾积水的诊断，不追究积水原因
D. 满足于附睾结核的诊断，不追究继发肾结核
E. 满足于前列腺结核诊断，不追究其是继发肾结核

16. 肾结核手术治疗原则，哪项不正确
A. 无泌尿、男性生殖系统以外活动病灶存在
B. 有附睾结核存在不切除病肾
C. 手术前足够抗结核药物
D. 手术后足够抗结核药物
E. 术中尽量保存正常肾组织

17. 肾结核患者膀胱镜检中，下列哪项不可见
A. 充血水肿
B. 结核结节
C. 溃疡及瘢痕形成
D. 输尿管可呈“洞穴”状
E. 膀胱内可见乳头状肿物样改变

【A_2型题】

18. 女性，38岁。尿频、尿急、尿痛半年余，抗感染治疗不见好转。IVU示右肾不显影。尿常规：白细胞满视野，红细胞10~20个/HP。右肾穿刺造影可见广泛破坏灶，肾盂、肾盏严重积水扩张。诊断右肾结核，应选用哪种治疗最好
A. 继续抗结核治疗
B. 右肾切除术
C. 全身支持疗法+抗结核治疗
D. 术前抗结核药物治疗+右肾切除术
E. 术前抗结核药物治疗+右肾切除术+术后抗结核治疗

19. 男性，32岁。右侧肾结核无功能伴左肾严重积水，膀胱挛缩。血肌酐800μmol/L，血红蛋白82g/L。应选择哪项处理最好
A. 右肾切除术
B. 右肾切除+左肾造瘘术
C. 左肾造瘘术
D. 肠道扩大膀胱术
E. 抗结核治疗同时行左肾尿道改流术

20. 女性，28岁。因左肾结核

1年前行左肾切除术，术后应用抗结核药物，尿频不见好转，现每次尿量40ml左右。实验室检查：红细胞沉降率正常，尿镜检白细胞2～3个/HP，红细胞0～1个/HP，尿抗酸菌2次阳性，IVU示右肾盂肾盏显示有轻度积水，膀胱小而圆形，首选治疗
A. 继续抗结核治疗
B. 右肾造瘘术
C. 右输尿管、皮肤造口术
D. 结肠扩大膀胱术
E. 中药治疗

21. 女性，22岁。尿频、尿急2年，有米汤样尿和终末血尿。尿检：脓细胞（+++），红细胞（+）。尿细菌培养阴性。IVU：左肾未显影，左肾区可见斑片状高密度阴影，右肾盂、肾盏显示光滑，有轻度积水。诊断应为
A. 左肾结核
B. 右肾结核
C. 双肾结核
D. 左输尿管结石肾积水
E. 左肾癌

22. 男性，26岁。右肾结核肾切除术后1年，左肾有中度积水，膀胱容量50ml。现尿常规：白细胞3～5个/HP，红细胞0～1个/HP。尿抗酸菌三次阴性。尿道扩张器对尿道探查，不能扩大，仅能插入8号尿管。如何治疗
A. 左肾造口术
B. 膀胱造瘘术
C. 左输尿管腹壁造口
D. 乙状结肠扩大膀胱术
E. 尿道成形术

23. 女性，29岁。尿频、尿急、尿痛2年余，有终末血尿。尿检：脓细胞（+++），红细胞（++），尿细菌培养阴性。IVU：右肾不显影，左肾上下盏均有“虫蚀”样改变，有轻度积水。血肌酐100μmol/L，血红蛋白110g/L。诊断为双肾结核，该患者应怎样治疗
A. 非手术抗结核治疗
B. 右肾切除，左肾造口
C. 左肾造口
D. 右肾切除
E. 抗结核治疗后右肾切除

24. 男性，25岁。膀胱刺激征2年，一般抗感染无效，且逐渐加重，有米汤尿及终末血尿，现每天排尿30余次。考虑下列哪种疾病
A. 慢性肾盂肾炎
B. 慢性前列腺炎
C. 膀胱结石
D. 肾结核
E. 膀胱肿瘤

25. 女性，25岁。尿频、尿痛1周。尿常规：白细胞（+），红细胞（+），抗感染治疗好转。因过去有尿频、尿痛病史，行肾造影找其原因，做IVU检查时发现右肾区为一高密度影，其钙化区呈肾脏的轮廓，左肾盂、肾盏显示正常。右肾病变应是
A. 肿瘤钙化
B. 结石
C. 胆囊结石
D. 肾结核自截肾
E. 肠道粪块

26. 女性，25岁。尿频、尿急、尿痛3个月，一般抗生素治疗不见好转，目前每次尿量30ml。IVU示右肾未显影，为早期确诊，还应给予哪项检查
A. 尿沉渣查抗酸杆菌
B. 尿结核分枝杆菌培养
C. 尿动物接种
D. 膀胱镜检查
E. 放射性核素肾图

27. 男性，40岁。左肾切除术2年，抗结核治疗后尿频，25次/天，现恶心、呕吐，B超见右肾积水，行右肾穿刺造影，可见上段输尿管狭窄，尿常规正常，血肌酐620μmol/L，该患者适合于哪项治疗
A. 结肠膀胱扩大术
B. 输尿管狭窄切除对端吻合术
C. 输尿管皮肤造口术
D. 肾造口术
E. 输尿管膀胱吻合术

28. 男性，35岁。尿频、尿急、尿痛1年，有米汤尿史。尿常规：白细胞镜下满视野。IVU：左肾实质内有数个大小不等异常充盈区，肾盂显示不佳，右肾盂、肾盏显示有轻度积水。治疗方法是
A. 左肾部分切除
B. 左肾病灶清除术
C. 右肾造瘘术
D. 左肾切除术
E. 抗结核药物治疗

【A_3/A_4型题】

（29～31题共用题干）

女性，24岁。尿频、尿痛1年余，用一般消炎药不见好转，有米汤尿和终末血尿史

29. 根据病史怀疑哪种疾病
A. 膀胱炎
B. 肾结核
C. 膀胱肿瘤并感染
D. 肾盂肾炎
E. 膀胱结石

30. 为了确诊哪样检查意义大
A. 膀胱镜
B. IVU
C. B超
D. CT
E. 肾图

31. 如确诊为早期肾结核，其治疗应为
A. 病灶清除
B. 肾部分切除
C. 肾切除
D. 抗结核药物治疗

E. 肾造瘘

（32~34 题共用题干）

男性，27 岁。尿频、尿急、尿痛 1 年，一般抗炎治疗无好转，时有低热、无力，尿检：白细胞 20~30 个/HP，红细胞 5~8 个/HP，肾图：右肾严重受损，左肾积水，初诊为肾结核。

32. 为了确诊还应做哪项检查意义更大
A. IVU
B. B 超
C. CT
D. 肾动脉造影
E. 血常规

33. 确诊右肾结核、左肾积水，为了治疗哪项检查更好
A. 血肌酐
B. 尿结核菌培养
C. 左肾穿刺造影
D. 右肾穿刺造影
E. 肾扫描

34. 检查结果左肾功能不佳，现最佳治疗是
A. 右肾切除
B. 左肾造瘘
C. 结核药物治疗
D. 右肾切除，左肾造瘘
E. 抗结核治疗+左肾造瘘

【B_1 型题】

（35~38 题共用备选答案）
A. 肾结核的主要临床表现
B. 肾结石的主要临床表现
C. 膀胱癌的主要临床表现
D. Wilms 瘤的主要临床表现
E. 前列腺增生症的主要临床表现

35. 尿频、尿痛、血尿和脓尿为
36. 无痛性肉眼血尿为
37. 老年男性进行性排尿困难为
38. 小儿腹部巨大肿块为

第九章 肾损伤

【A_1 型题】

1. 下列哪种检查，不适合于肾损伤
A. 大剂量静脉肾盂造影
B. 逆行尿路造影
C. B 超检查
D. CT 检查
E. 肾动脉造影

2. 肾损伤非手术疗法应除外
A. 抗休克治疗
B. 密切观察
C. 应用止血剂、镇痛和镇静药
D. 抗感染治疗
E. 血尿转清后即可下床活动

3. 肾损伤早期手术指征，应除外
A. 开放性肾损伤
B. 严重肾裂伤
C. 肾血管损伤
D. 合并其他脏器损伤
E. 合并休克

4. 肾损伤密切观察过程中哪项不应手术治疗
A. 抗休克治疗不好转
B. 观察过程中发现有合并脏器损伤
C. 血尿越来越重
D. 血尿仍存在，但血压在上升
E. 腹部包块越来越大

5. 肾损伤下列哪种情况可有血尿
A. 肾挫裂伤
B. 肾血管断裂
C. 肾盂广泛撕裂
D. 输尿管断裂
E. 输尿管血管堵塞

6. 大多数肾损伤采取的治疗方法是
A. 肾切除术
B. 部分肾切除术
C. 肾周引流术
D. 非手术治疗
E. 肾修补术

7. 闭合性肾损伤必须绝对卧床休息
A. 到休克纠正后
B. 到血尿转清后
C. 腰部肿块不再增大
D. 1 周
E. 2~4 周

8. 肾下极严重裂伤可考虑哪种手术治疗
A. 肾修补术
B. 肾部分切除术
C. 肾周引流
D. 肾切除术
E. 肾动脉栓塞后再肾切除术

9. 对肾重度损伤患者施行手术时宜采用的切口是
A. 经 11 肋间切口
B. 经 12 肋下切口
C. 腰背部切口
D. 经腹切口
E. 胸、腹联合切口

【A_2 型题】

10. 男性，32 岁。1 小时前从 3 米高处坠落，左侧腰部受伤，肉眼血尿。查体：BP 60/40mmHg，腹软，无压痛。最可能的诊断是
A. 输尿管损伤
B. 膀胱损伤
C. 肾盂撕裂伤
D. 肾裂伤
E. 肾挫伤

11. 男性，30 岁。从高处跌下，左腰部着地，伤后腰痛并有肉眼全程血尿，有小血块。查体：BP 110/70mmHg，P 100 次/分；左腰部青紫、压痛，腹部无压痛、反跳痛。可初步诊断为
A. 膀胱损伤
B. 输尿管损伤
C. 脾损伤并肾损伤

D. 肾损伤
E. 肾挫伤

12. 男性，21岁。骑自行车摔在右腰部，伤后腰部痛，无肉眼血尿。尿常规：红细胞镜下满视野。血压、脉搏正常，右腰部无包块，但有叩击痛。诊断哪种损伤确切
A. 重度肾损伤
B. 肾挫伤
C. 中度肾损伤
D. 肾血管损伤
E. 输尿管损伤

13. 男性，28岁。被车撞伤在左腰部，伤后腰部痛，全程血尿伴血块8小时。查体：BP 70/50mmHg，P 120次/分，左腰部包块季肋下5指并触痛，经输血800ml，血压仅上升到80/60mmHg，尿色无改变，左腰部肿块增大。B超为肾裂伤，对侧肾正常。该患者应立即采取的最佳治疗方法是
A. 快速输血、补液
B. 经11肋间切口肾切除术
C. 经腹行肾切除术
D. 继续输血下经腹行肾切除术
E. 继续输血下经腹先阻断肾蒂探查肾脏，根据情况采取肾修补，肾部分切除或肾切除术

14. 男性，36岁。被车撞在左腰部和上腹部，伤后血尿伴血块，全腹痛8小时来院。查左腰部触痛，全腹有压痛，左11肋骨有骨折，BP 100/70mmHg，P 92次/分，以左肾外伤入院，入院后输血400ml，血尿有所减轻，右下腹抽出不凝血，B超发现脾有裂伤，左肾裂伤，右肾正常。该患者应立即采取最好治疗方法
A. 经腹探查肾同时探查脾
B. 经11肋间探查肾，经腹探查脾
C. 经腹探查脾并经腹行肾切除
D. 行腹腔引流并继续输血
E. 经腹探查脾，先阻断肾蒂后探查肾脏

15. 男性，22岁。因打架被他人用刀从左腰部刺入体内，伤后血尿、腹痛、伤口流血不止2小时来院。查体：BP 100/70mmHg，P 100次/分，左腰三角处伤口4cm长，深度7~8cm，伤口流出新鲜血，全腹触痛，肌紧张。患者输血、补液后，采取的最佳治疗方案是
A. 腰部切口进入探查肾脏和腹腔脏器
B. 腰部切口进入探查肾脏
C. 经腹切口探查腹腔脏器及阻断肾蒂后探查肾脏
D. 经腹切口探查腹腔脏器及肾脏
E. 输血补液密切观察治疗

16. 男性，46岁。左腰部撞伤后，即刻面色苍白，脉细弱，BP 70/50mmHg，左腰膨隆，腹平软，无压痛，导出150ml淡黄色透明尿液，快速输血800ml无好转。诊断哪种损伤较确切
A. 脾破裂
B. 肠破裂
C. 肾重度损伤
D. 肾中度损伤
E. 肾蒂损伤

【B_1型题】

（17~20题共用备选答案）
A. 肾切除术
B. 血管修复术
C. 选择性肾动脉栓塞术
D. 部分肾切除术
E. 肾脏修补术

17. 肾下极严重裂伤可施行
18. 对侧肾良好，伤肾严重肾积水，可施行
19. 对侧肾良好，患侧肾严重碎裂，可施行
20. 对侧肾良好，患侧肾动脉损伤，可施行

第十章 尿道损伤

【A_1型题】

1. 球部尿道损伤后出现严重尿外渗，局部处理方法应是
A. 局部穿刺抽吸外渗的尿和血液
B. 局部热敷
C. 理疗
D. 尿外渗部位多处切开引流
E. 消炎预防感染即可

2. 下列哪种症状、体征和检查可确诊为后尿道完全断裂
A. 会阴部血肿
B. 下腹及骨盆部皮下瘀斑
C. 骨盆挤压痛
D. 插导尿管不能进入膀胱
E. 尿道造影，见造影剂外溢于后尿道周围未进入膀胱

3. 骑跨伤常造成尿道哪部位损伤
A. 阴茎部
B. 球部
C. 膜部
D. 前列腺部
E. 膀胱颈部

4. 骨盆骨折最易损伤的尿道部位
A. 阴茎部
B. 球部

C. 膜部
D. 前列腺部
E. 膀胱颈部

5. 球部尿道损伤尿外渗部位
A. 膀胱周围
B. 会阴浅袋
C. 会阴深袋
D. 阴茎部
E. 阴囊部

6. 尿道膜部损伤，尿生殖膈未损伤时，尿外渗至
A. 会阴部
B. 阴囊部
C. 阴茎部
D. 膀胱、前列腺周围
E. 下腹壁

【A_2 型题】

7. 男性，25 岁。因骑跨伤 4 小时排尿困难来院。查体：尿道口滴血，会阴青紫，皮下瘀斑，在严密消毒下插入双腔导管流出正常尿液。该患者继续治疗的最佳方案是
A. 继续留置导尿管 2 周，以后适当尿道扩张
B. 继续留置导尿管 1 周，以后适当尿道扩张
C. 手术施行尿道修补术
D. 耻骨上膀胱造瘘
E. 不留置导尿管，让其自然排尿

8. 男性，23 岁。因骑跨伤 4 小时，排尿通畅但尿道痛。查体：会阴部有青紫瘀斑，无血肿，尿道口有血迹。该患者的治疗方法最好选择
A. 留置导尿 2 周
B. 抗炎对症治疗
C. 尿道探查
D. 留置导尿 1 周
E. 耻骨上膀胱造瘘

9. 男性，42 岁。被车撞伤致骨盆骨折，不能排尿 1 天。查体：抬入病室，BP 70/50mmHg，P 120 次/分。该患者入院后紧急治疗的最好方法是
A. 尿道会师术
B. 膀胱造瘘术
C. 抗休克治疗后膀胱造瘘术
D. 镇痛、止血、镇静消炎
E. 尿道缝合术

10. 男性，27 岁。因墙倒被压骨盆骨折 10 小时来院。查体：BP 80/50mmHg，P 110 次/分，全身擦皮伤，骨盆处瘀斑重，插入导尿管流出新鲜血性液体 400ml，膀胱仍胀满。肛门指检：可触及浮动的前列腺。该患者最佳治疗是
A. 继续留置导尿管
B. 立即行膀胱造瘘
C. 抗休克下观察，如休克很快纠正可做尿道探查，根据情况采取尿道会师或缝合治疗，如休克不易纠正，在抗休克下做膀胱造瘘
D. 抗休克下行膀胱造瘘或尿道缝合
E. 立即行尿道会师或尿道缝合术

11. 男性，35 岁。车从骨盆压过 6 小时来院。BP 100/70mmHg，P 98 次/分，骨盆及下腹瘀斑，下腹及全腹有压痛；右下腹抽吸出血性液体，色淡红；下腹未触及膀胱，直肠指诊前列腺浮动，尿管不能插入膀胱，可诊为后尿道断裂，膀胱破裂。最佳治疗为
A. 立即膀胱修补和膀胱造瘘
B. 立即行膀胱修补和尿道会师或尿道缝合
C. 输血、补液下行膀胱修补
D. 输血、补液下行膀胱修补，根据情况尿道行会师或缝合术
E. 输血、补液下行尿道会师或修补术，膀胱留置尿管等待愈合

12. 男性，26 岁。骑跨伤后 4 天，排尿困难，尿道口仍流血。查体：体温 38.5℃，阴囊明显肿大，青紫，能触有波动感；下腹可触到胀大膀胱。最佳治疗应是
A. 立即行双腔尿管导尿并留置
B. 立即用金属尿管导尿
C. 立即行尿道修补术
D. 立即行尿道会师术
E. 耻骨上膀胱造瘘及引流会阴部积血

【A_3/A_4 型题】

（13～16 题共用题干）

男性，32 岁。因汽车从骨盆压过不能排尿 4 小时，抬入诊室。查体：BP 70/50 mmHg，P 120 次/分，膀胱位于脐耻之间，小腹及骨盆处皮下淤血，直肠指诊可触及浮动的前列腺。输血、补液后血压上升不明显。

13. 该患者诊断哪种病
A. 球部尿道损伤
B. 骨盆骨折并后尿道损伤
C. 骨盆骨折并膜部尿道损伤
D. 膀胱损伤
E. 前列腺部尿道损伤

14. 该患者尿外渗的部位是
A. 三角韧带内
B. 会阴浅袋
C. 腹壁浅筋膜
D. 腹腔内
E. 膀胱、前列腺周围腹膜外

15. 该患者最好的治疗是
A. 立即高位膀胱造瘘
B. 立即低位膀胱造瘘
C. 留置导尿管
D. 经会阴尿道切开尿道吻合
E. 尿道复位术

16. 该患者术后尿道狭窄再手术的最短时间是
A. 2 周
B. 1 个月
C. 2 个月
D. 3～6 个月

E. 1年以上

（17~20题共用题干）

男性，25岁。下船时，会阴部骑跨在船沿上，立即出现尿道口滴血，之后不能排尿，发生尿潴留。查体发现会阴部、阴茎和阴囊明显肿胀。

17. 对该患者的初步诊断是
A. 前尿道损伤
B. 球部尿道损伤
C. 后尿道损伤
D. 膜部尿道损伤
E. 前列腺部尿道损伤

18. 对该患者诊断考虑为球部尿道断裂，但无尿外渗，应做哪项处理
A. 耻骨上膀胱造瘘
B. 耻骨上膀胱穿刺造瘘
C. 留置导尿
D. 会阴血肿清除+尿道断端吻合
E. 尿道会师术

19. 若患者术后3周发生排尿困难，尿线变细，可做哪项处理
A. 尿道扩张
B. 尿道会师术
C. 经会阴部尿道切除吻合
D. 经尿道镜狭窄切除术
E. 膀胱造瘘术

20. 该患者行会阴血肿清除加尿道端端吻合术后3周，拔导尿管后能自行排尿，但不久出现手术切口处肿痛，逐渐出现会阴部伤口漏尿，考虑最可能原因是
A. 吻合口愈合不佳
B. 术后伤口感染
C. 尿道吻合口远端狭窄
D. 尿路感染
E. 合并尿道直肠瘘

第十一章 尿 石 症

【A_1型题】

1. 膀胱结石最佳确诊方法是
A. 依据典型症状尿流中断
B. 双合诊检查
C. 金属尿道探子检查
D. 腹部平片检查
E. 膀胱镜检查

2. 膀胱结石直径2cm，尿检白细胞3~5个/HP，最佳治疗方法是
A. 膀胱镜碎石
B. 膀胱切开取石
C. 留置导尿消炎后，膀胱切开取石
D. 体外震波碎石
E. 药物排石

3. 哪种细菌致尿路感染有利于磷酸盐结石形成
A. 大肠埃希菌
B. 变形杆菌
C. 产气荚膜梭菌
D. 铜绿假单胞菌
E. 金黄色葡萄球菌

4. 关于尿路结石预防机制，以下正确的是
A. 服维生素B_6以增加尿中草酸盐溶解
B. 服氧化镁以减少尿中草酸盐排出
C. 碱化尿液以利于磷酸盐的溶解
D. 患草酸盐结石应多吃菠菜、西红柿，多吃高蛋白、高糖饮食
E. 别嘌呤醇可使尿酸形成减少

【A_2型题】

5. 男性，31岁。B超可见肾上盏结石0.6cm，经解痉，中、西药治疗和大量饮水，现出现尿频、尿急、尿痛，现结石的位置应在
A. 肾盂
B. 输尿管中段
C. 膀胱
D. 输尿管膀胱入口段
E. 尿道

6. 女性，30岁。因右肾结石行ESWL治疗3天后排出结石，2周复查右肾结石已排净，结石成分分析为磷酸盐结石，预防磷酸盐结石的方法是
A. 口服维生素B_6或氧化镁
B. 口服别嘌呤醇
C. 碱化尿液，服卡托普利
D. 碱化尿液，少食动物内脏
E. 控制感染，服氢氧化铝凝胶

7. 男性，32岁。右腰部痛，尿频、尿急、尿痛及向阴茎头放射痛，患者有排石史。查体：右肾叩击痛阳性。尿常规：白细胞3~5个/HP，红细胞10~20个/HP。该患者可诊为泌尿系结石，其结石部位应在
A. 输尿管下段
B. 膀胱内
C. 输尿管间壁段
D. 后尿道
E. 前尿道

【A_3/A_4型题】

（8~11题共用题干）

男性，58岁。尿频、排尿困难3年，尿流中断半年，下腹平片及B超可见膀胱区2枚3.0cm×2.5cm×2.5cm和2.5cm×2.0cm×2.0cm结石，上尿路未见异常改变。

8. 治疗后为预防结石，下列措施中哪项不对
A. 定期X线或B超检查
B. 大量饮水
C. 膀胱镜检查
D. 依结石成分调节饮食
E. 少吃盐和糖

9. 尿中无感染患者宜采用哪种治疗
A. 饮用磁化水
B. 膀胱内碎石术
C. 膀胱切开取石
D. 套石术
E. 药物排石
10. 查尿白细胞高倍视野下满视野，采用哪种方法最佳
A. 先留置尿管，抗炎后再膀胱切开取石
B. 立即膀胱切开取石
C. 膀胱镜碎石
D. 先留置尿管抗炎后，再碎石
E. 消炎等非手术治疗
11. 该患者膀胱结石的原因是
A. 膀胱炎
B. 前列腺增生症
C. 膀胱颈硬化
D. 神经源性膀胱
E. 前列腺癌

【B_1 型题】

（12~15 题共用备选答案）
A. 氧化镁或维生素 B_6
B. 氯化铵
C. 碳酸氢钠
D. 氯化钾
E. 别嘌呤醇
12. 预防尿酸盐结石可服用
13. 预防磷酸盐结石可服用
14. 减少尿酸形成时可服用
15. 预防草酸盐结石时可服用

第十二章　肾、输尿管结石

【A_1 型题】

1. 肾绞痛发作时，首选的治疗方法是
A. 抗感染治疗
B. 口服中药
C. 局部热敷
D. 针灸
E. 解痉镇痛
2. 诊断上尿路结石首选的检查方法是
A. 腹部平片+静脉尿路造影
B. 逆行造影
C. CT
D. 肾动脉造影
E. MRI
3. 下面哪种血尿应考虑为上尿路结石
A. 无痛性血尿
B. 活动后血尿
C. 终末血尿
D. 初期血尿
E. 血尿伴血块
4. 关于上尿路结石的治疗哪项是不确切的
A. 结石引起肾病前时应手术
B. 双侧肾结石应先手术简单、安全的一侧
C. 双侧输尿管结石，先取梗阻重的一侧
D. 一侧肾结石一侧输尿管结石，先取输尿管结石
E. 结石引起梗阻，肾功能严重受损应手术
5. 左肾下盏多发性结石并明显扩张，最好的治疗方法是
A. 肾盂切开取石
B. 肾切开取石
C. 肾切除
D. 肾部分切除
E. 体外震波碎石术
6. 对侧肾功能良好的肾结石患者，下列哪种情况可做患侧肾切除
A. 肾盂结石功能尚好
B. 肾盏结石
C. 肾下极多发结石
D. 鹿角形结石合并肾积水
E. 肾多发结石合并积水，肾功能丧失
7. 关于泌尿系结石对泌尿系的损害，下列哪项是错误的
A. 直接损害
B. 泌尿系梗阻
C. 泌尿系感染
D. 恶性变
E. 诱发憩室
8. 有关上尿路结石的临床表现，下列哪项是错误的
A. 结石可引起钝痛或酸痛
B. 结石越大，越易引起疼痛
C. 可引起肉眼和镜下血尿
D. 伴感染时可有尿频、尿痛等症状
E. 双侧或孤立肾上尿路结石完全梗阻可无尿
9. 上尿路结石典型的症状是
A. 血尿+尿痛
B. 腰痛+血尿
C. 腰痛+脓尿
D. 尿频+血尿
E. 腰痛+尿痛
10. 右肾结石直径 0.6cm，光滑，肾轻度积水，应采取哪种治疗方法
A. 肾盂切开取石
B. 肾实质切开取石
C. 套石术
D. 非手术治疗
E. 肾镜取石
11. 肾结石行体外冲击波碎石的主要禁忌证是
A. 高血压
B. 糖尿病
C. 前列腺增生
D. 结石急性发作
E. 结石远端尿路梗阻

【A_2 型题】

12. 男性，37 岁。左肾绞痛 3 天，经解痉药应用后好转。排泄性尿路造影：双肾显示好，左肾有轻度积水，左输尿管上段有

结石 1.0cm×0.8cm。非手术治疗2周，结石下移1cm。该患者现最佳治疗应是
A. 继续非手术治疗
B. 肾镜取石
C. 体外震波碎石
D. 输尿管镜取石
E. 输尿管切开取石

13. 女性，27岁。活动后突感右下腹放射痛，伴恶心，1个月前有同样发作史。查体：右肾区叩痛，腹软，右下腹有深压痛，无肌紧张。尿液检查：白细胞3~4个/HP，红细胞20~30个/HP，腹部平片示右输尿管上段有阴影0.8cm，B超示右肾轻度积水。目前最好的治疗方法是
A. 体外震波碎石
B. 输尿管切开取石
C. 肾镜取石
D. 解痉镇痛后体外震波碎石
E. 非手术排石

14. 男性，32岁。右肾绞痛后尿闭1天，腹部平片可见双侧输尿管中部各有结石一枚，约1cm大小，左肾内还有鹿角形结石，急诊处理应先采用
A. 服中药排石
B. 中西医结合解痉排石
C. 膀胱镜下输尿管插管引流尿液缓解肾功能损伤
D. 利尿药物应用
E. 立即手术输尿管切开取石

15. 男性，70岁。排尿困难2年，腹部平片提示膀胱区有2.0cm椭圆形致密影。典型的临床症状是
A. 膀胱刺激症状
B. 进行性排尿困难
C. 血尿
D. 腰痛、血尿、脓尿
E. 尿流中断，改变体位后好转

16. 男性，25岁。诊断左肾结核，右输尿管结石，直径0.8cm。静脉肾盂造影示：左肾未显示，右肾轻度积水，结石下输尿管显示正常。肾功能检查正常。宜先行哪种治疗
A. 切除左肾
B. 引流右肾积水
C. 急行右输尿管切开取石
D. 抗结核治疗，等待结石自然排出
E. 抗结核治疗，并输尿管结石体外震波碎石治疗

17. 男性，36岁。腰痛2年，半月前B超发现右肾结石3.0cm，并有右肾中度积水，5天前感冒发热并右腰痛加重，伴高热、尿频、尿痛。查体：体温38.5℃，右肾区叩痛明显。尿检：红细胞镜下满视野。肾图示：右肾功能严重受损，左侧正常。B超示：右肾中度积水，肾盂内透声不好疑感染。右肾穿刺为脓性，其治疗方法是
A. 右肾切除
B. 右肾造瘘
C. 右肾切开取石
D. 继续消炎治疗
E. 体外震波碎石

18. 男性，42岁。右腰痛5年。查B超：右肾中度积水。腹部平片可见右中段输尿管结石1.2cm。肾盂静脉造影：左肾显示正常，右肾盏显示扩张，肾盂未显示。行右肾穿刺造影示：右肾中度积水，输尿管上段扩张2cm，结石下输尿管有狭窄。对该患者最好的治疗方法是
A. 右肾盂造瘘
B. 经输尿管镜取石
C. 右输尿管切开取石，输尿管成形术
D. 右肾切除术
E. 继续中、西药排石

19. 男性，45岁。右腰钝痛3年，未经诊治。2周前B超可见右肾区有鹿角结石，直径2cm，有轻度积水。肾图示：右肾轻度受损，IVU示：左肾正常，双输尿管正常。应最好采取的治疗方法是
A. 经皮肾镜碎石
B. 体外震波碎石
C. 肾切除术
D. 肾盂切开取石
E. 肾实质切开取石

【A_3/A_4型题】

（20~21题共用题干）

男性，46岁。左肾区疼痛，间歇性肾绞痛1个月。尿常规：红细胞10~15个/HP。B超可见左肾轻至中度积水。静脉肾盂造影：左肾中段可见直径1.0cm的结石，其上段输尿管轻度扩张1.2cm，肾盂、肾盏显影好，右肾盂、肾盏显影好。

20. 最佳的治疗方案是
A. 输尿管切开取石
B. 输尿管套石术
C. 左肾造瘘术
D. 体外震波碎石
E. 中、西药物排石

21. 配合治疗方法哪项不对
A. 解痉药黄体酮
B. 硝苯地平
C. 多饮水，每天排尿2000ml以上
D. 每天饮水2000ml以上
E. 应用排石中药

（22~24题共用题干）

男性，35岁。右肾疼痛3天。尿常规：红细胞镜下满视野，白细胞2~3个/HP。尿路平片可见右下段输尿管走行区高密度阴影0.6cm。IVU可见右输尿管下段结石，其上输尿管轻度扩张，右肾轻度积水。

22. 输尿管结石绞痛发作时应给予的治疗是
A. 大量饮水，促使结石排出
B. 体外震波碎石

C. 立即手术取石
D. 输尿管导管套石
E. 用药物解除绞痛症状

23. 患者中、西药物治疗和大量饮水及活动后绞痛解除，突然出现尿流中断及排尿终末痛，原因是
A. 急性前列腺炎
B. 结石在输尿管间壁段
C. 结石到膀胱
D. 结石到尿道
E. 尿道炎

24. 对该患者应采用哪种治疗方法
A. 膀胱切开取石术
B. 套石术
C. 药物排石
D. 大量饮水等待自然排出
E. 体外震波碎石

第十三章　肾 肿 瘤

【A_1 型题】

1. 一侧肾癌的主要治疗方法是
A. 肾肿瘤剜除术
B. 单纯肾切除
C. 根治性肾切除术
D. 肾、输尿管全切除
E. 化疗

2. 哪一种肾肿瘤应做肾、全输尿管和膀胱部分切除
A. 肾癌
B. 肾盂癌
C. 肾错构瘤
D. 肾胚胎瘤
E. 肾肉瘤

3. 肾癌淋巴结转移最先到何处
A. 主动脉旁淋巴结
B. 腔静脉旁淋巴结
C. 肾蒂淋巴结
D. 腰淋巴结
E. 髂淋巴结

4. 肾胚胎瘤最早出现的症状是
A. 腹痛
B. 血尿
C. 高血压
D. 腹部包块
E. 发热

【A_2 型题】

5. 男性，58 岁。右腰痛 2 年，无痛性全程肉眼血尿 3 天。查体：右肾区叩痛，右肾可触及季肋下 3 指。尿常规：红细胞镜下满视野。肾盂静脉造影可见右肾中盏移位拉长变形。应诊断为
A. 肾癌
B. 肾囊肿
C. 肾结核
D. 肾盂癌
E. 肾胚胎瘤

6. 女性，42 岁。肉眼血尿 1 月余。IU 显示双肾功能正常，右肾盂有充盈缺损 15.0cm × 1.2cm。尿细胞学检查发现肿瘤细胞。治疗方法首选
A. 放疗
B. 右肾+输尿管全切术
C. 化疗
D. 右肾切除术
E. 肿瘤切除术

7. 男性，48 岁。间歇性肉眼血尿 2 个月，消瘦低热，右腰酸痛。查体：体温 37℃，脉搏 80 次/分。白细胞 12×10^9/L，血红蛋白 75g/L，血压 120/70mmHg，右肾区饱满有触痛。X 线平片：右肾外形增大，有点絮状钙化。IVU 右肾未显影；肾动脉造影，右肾中下极血管丰富，有肿瘤血管染色，应诊断
A. 右肾结核
B. 右肾积水无功能
C. 右肾囊肿
D. 右肾肿瘤
E. 右肾周围脓肿

8. 患儿，4 岁。发现左上腹包块如拳头大小，质硬，可活动，无压痛，排尿正常。应首先考虑
A. 左肾积水
B. 左肾母细胞瘤
C. 脾大
D. 胰腺囊肿
E. 左肾结核

9. 男性，48 岁。体检时发现右肾下有 2cm×2cm 占位病变，IVU 尿路造影未见右肾盂、肾盏形态改变；CT 可诊断右肾下极恶性肿瘤，左肾形态和功能正常。下列治疗方案哪项正确
A. 根治性右肾切除
B. 右肾切除
C. 右肾部分切除
D. 右肾动脉栓塞
E. 右肾部分切除加放化疗

10. 男性，62 岁。间歇性无痛性肉眼血尿 4 个月，伴蚯蚓状血块。膀胱镜检查：膀胱内未见肿瘤，见右输尿管口喷血。B 超可见右肾轻度积水。下列哪项检查最好
A. CT
B. 磁共振
C. 肾盂镜检查
D. 右肾盂、输尿管逆行造影
E. 右肾穿刺造影

【A_3/A_4 型题】

（11~13 题共用题干）

男性，52 岁。间歇性无痛性全程肉眼血尿半年，尿脱落细胞检查可见恶性肿瘤细胞。

11. 该患者的诊断，下述哪个是错误的
A. 前列腺癌
B. 膀胱癌
C. 输尿管癌
D. 肾盂癌
E. 肾盏癌

12. 为进一步明确诊断，下列哪项检查意义不大
A. B超检查
B. CT检查
C. 膀胱镜检查
D. 尿路造影
E. 肾图

13. 检查后发现该患者上尿路正常，左输尿管口上方0.5cm处有2.0cm×2.0cm基底宽的乳头状肿瘤，应采取的最佳治疗方案是
A. 膀胱部分切除
B. 膀胱部分切除+输尿管、膀胱再植
C. 经尿道膀胱肿瘤切除术
D. 左肾、输尿管及膀胱部分切除
E. 膀胱肿瘤单纯切除术

（14～15题共用题干）
女性，48岁。血尿1个月来诊。B超可见左肾4cm×4cm实质肿瘤。尿路造影见右肾正常，左肾肾盂、肾盏显影，但肾盏拉长移位。

14. 对该患者治疗方法最佳选择是
A. 肾切除后放疗
B. 肾切除+全输尿管+部分膀胱切除
C. 肾切除+肾周筋膜及肾蒂淋巴结切除，先结扎肾蒂
D. 肾切除
E. 放疗后再肾切除

15. 肾癌的细胞类型哪项是错误的
A. 透明细胞癌
B. 颗粒细胞癌
C. 移行细胞癌
D. 梭形细胞癌
E. 透明细胞+颗粒细胞

（16～18题共用题干）
男性，66岁。无痛性肉眼血尿伴条状血块2个月，B超可见左肾轻度积水，2次细胞学检查未见癌细胞。

16. 为进一步诊治下列哪项检查最有价值
A. 血尿常规，肝、肾功能
B. 尿路平片和排泄性尿路造影
C. 膀胱镜检查
D. 膀胱造影
E. MRI

17. 若检查发现左肾盂内似有充盈缺损，尿细胞学检查为可疑细胞，进一步选择什么方法检查
A. CT
B. MRI
C. IVU
D. 左肾逆行造影
E. 左肾穿刺造影

18. 确诊为左肾盂癌并轻度肾积水，刷取活组织检查找到癌细胞，下列哪项错误
A. 移行细胞癌
B. 肾盂鳞癌
C. 早期可淋巴结转移
D. 根治性左肾切除
E. 一般不出现血尿

第十四章　膀胱肿瘤

【A_1型题】

1. 确诊膀胱肿瘤最可靠的依据是
A. B超
B. 膀胱镜检查+活检
C. CT
D. 膀胱造影
E. 尿脱落细胞学检查

2. 膀胱肿瘤早期症状哪个是正确的
A. 镜下血尿
B. 终末血尿
C. 间歇性无痛性肉眼血尿终末加重
D. 腰痛伴血尿
E. 血尿伴膀胱刺激症状

3. CT检查示膀胱肿瘤已浸润深肌层，这属于临床分期哪一期
A. Tis
B. T_1
C. T_2
D. T_3
E. T_4

4. 膀胱癌最常见的组织类型是
A. 非上皮性肿瘤
B. 鳞状细胞癌
C. 腺癌
D. 绒毛膜上皮癌
E. 移行细胞癌

5. 膀胱癌在病理上最重要的是
A. 组织类型
B. 分化程度
C. 病变部位
D. 浸润深度
E. 生长方式

6. 膀胱左侧壁有带蒂的乳头状肿瘤1.5cm，最佳的治疗方法是
A. 膀胱部分切除术
B. 膀胱全切除术
C. 膀胱切开，肿瘤单纯切除术
D. 经膀胱镜电切术
E. 经尿道灌注抗癌药物治疗

7. 诊断膀胱癌最主要的检查方法是
A. 尿脱落细胞检查
B. 膀胱镜检查，必要时活检
C. 膀胱双合诊
D. B超
E. 静脉尿路造影

【A_2型题】

8. 男性，65岁。间歇性无痛性肉眼血尿1年，近2个月左腰痛。膀胱镜检：膀胱内距输尿管口0.5cm，可见2.5cm乳头状肿瘤，无蒂。静脉肾盂造影可见左肾轻度积水，输尿管全段轻度扩张。该患者最佳治疗方案是

A. 膀胱部分切除
B. 膀胱部分切除+输尿管膀胱再植
C. 膀胱全切
D. 经尿道膀胱肿瘤电切术
E. 膀胱切开肿瘤单纯切除术

9. 男性，48岁。间歇性无痛性肉眼血尿3个月。膀胱镜检：膀胱内右输尿管口外方有1.0cm肿瘤，乳头状，有蒂约0.2cm。静脉肾盂造影：双肾及输尿管正常。该患者应采取的最佳治疗方法是
A. 膀胱部分切除
B. 膀胱切开肿瘤单纯切除
C. 经尿道膀胱肿瘤电切术
D. 膀胱部分切除+膀胱输尿管再植术
E. 膀胱内灌注抗肿瘤治疗

10. 男性，47岁。间歇性无痛性肉眼血尿5个月，右腰痛2个月。查膀胱镜检见膀胱三角区多个乳头状肿物，0.5～1.0cm^{2}不等，右输尿管口处有一1.0cm肿物堵塞输尿管口。肾盂造影示右肾积水。既往2年前曾因膀胱癌行膀胱部分切除术。对该患者治疗应采取的最佳方案是
A. 膀胱部分切除
B. 膀胱全切
C. 膀胱切开，肿瘤分别切除
D. 膀胱部分切除，右输尿管膀胱再植
E. 经尿道膀胱肿瘤电切

11. 男性，38岁。间歇性无痛性肉眼血尿4个月。膀胱镜见左输尿管口外上方1cm处有一带蒂的肿瘤约2.5cm，“水草”样改变。静脉肾盂造影示上尿路正常。术中肿瘤注射噻替哌见肿物隆起。该患应采取的最佳方法是
A. 膀胱部分切除
B. 膀胱全切
C. 膀胱肿瘤单纯切除
D. 膀胱部分切除+左输尿管膀胱再植
E. 膀胱肿瘤单纯切除+左输尿管膀胱再植

第十五章　良性前列腺增生症

【A$_1$型题】

1. 良性前列腺增生最重要的症状是
A. 无痛性肉眼血尿
B. 进行性排尿困难
C. 尿频
D. 尿急
E. 尿痛

2. 前列腺增生梗阻症状主要决定于
A. 前列腺增生的部位
B. 前列腺体积大小
C. 患者年龄
D. 前列腺硬度
E. 有无并发癌

3. 前列腺增生症状与哪项无关
A. 梗阻的程度
B. 病变发展的速度
C. 合并膀胱炎症
D. 合并膀胱结石
E. 前列腺增生体积大小

4. 前列腺增生症，残余尿过多，使膀胱失去收缩能力，膀胱过度膨胀，尿不自主从尿道口溢出，称为
A. 压力性尿失禁
B. 充盈性尿失禁
C. 急迫性尿失禁
D. 真性尿失禁
E. 尿滴沥

5. 前列腺增生症伴尿潴留，首先考虑的处理方法是
A. 导尿一次，拔除导尿管
B. 导尿，并保留导尿管
C. 耻骨上膀胱穿刺排尿
D. 用金属导尿管导尿
E. 急诊行膀胱造瘘

6. 前列腺增生症鉴别诊断下列哪项无意义
A. 前列腺癌和膀胱癌
B. 神经源性膀胱
C. 膀胱颈挛缩
D. 无力性膀胱
E. 尿道狭窄

7. 前列腺增生症手术切除部位应是
A. 受压迫而狭窄的后尿道
B. 全部前列腺
C. 前列腺增生部分
D. 前列腺增生部分和前列腺外科包膜
E. 后尿道和精阜

8. 前列腺增主症与神经源性膀胱鉴别，除了神经源性膀胱有其他相应的神经损害症状外，其他两者区别，前者有
A. 排尿困难
B. 可合并感染
C. 尿潴留
D. 肾积水
E. 可合并结石

【A$_2$型题】

9. 男性，67岁。渐进性排尿困难3年，夜尿5～6次。直肠指检：前列腺增生Ⅲ度，光滑，弹性硬，中间沟消失。血肌酐100μmol/L。B超：残余尿200ml，前列腺侧叶增大，中叶无明显增长。心脏、肝功正常，尿常规正常。此患者治疗应采用
A. 经膀胱前列腺切除术
B. 经耻骨后前列腺切除术
C. 膀胱造瘘术
D. 药物治疗
E. 前列腺尿道网状支架

10. 男性，72岁。排尿困难5年，夜尿4～5次。直肠指检可触及前列腺增生Ⅲ度。B超可查残余尿220ml，双肾中度积水。血肌酐360μmol/L。尿常规：白细胞20～30个/HP。此患者目前选择哪项治疗方法最佳
  A. 经耻骨后前列腺切除术
  B. 膀胱造瘘术
  C. 留置导尿
  D. 药物治疗
  E. 经膀胱前列腺切除术
11. 男性，72岁。排尿困难2年，有终末排尿痛，1个月前因尿潴留，留置导尿7天，拔除尿管后仍排尿困难。肛诊前列腺Ⅰ度增生；B超可见中叶向膀胱内突出4cm左右，膀胱内有结石3cm，双肾无积水。心脏、肝功能好。其最佳治疗
  A. 耻骨后膀胱外前列腺切除术
  B. 经膀胱前列腺切除术
  C. 膀胱造瘘
  D. 前列腺尿道支架网置入
  E. 留置导尿管
12. 男性，76岁。排尿困难3年，多次尿潴留，每次导尿后拔除尿管仍不能排尿，现留置导尿管。查体：肛门指诊前列腺Ⅱ度增生，质地硬。B超：双肾无积水，前列腺Ⅱ度增生。患者不能平卧，心力衰竭，长期慢性气管炎病史。该患者最佳治疗方法是
  A. 耻骨后膀胱前列腺切除术
  B. 经膀胱前列腺切除术
  C. 经尿道前列腺电切除
  D. 局麻下膀胱造瘘
  E. 继续留置导尿
13. 男性，78岁。排尿困难2年，曾有尿潴留病史。查体：BP 160/105mmHg。心电图有陈旧性心梗。肛诊：前列腺Ⅰ度增生。B超：双肾正常，前列腺面积18cm^2。尿常规：白细胞3～5个/HP。最佳治疗是
  A. 经膀胱前列腺切除术
  B. 经耻骨后前列腺切除术
  C. 膀胱造瘘
  D. 经尿道前列腺切除术
  E. 药物治疗
14. 男性，68岁。5年来有尿频及排尿困难。查体：BP 160/100mmHg，肛诊查前列腺Ⅲ度大。B超：双肾正常，前列腺28cm^2，残余尿200ml。无心、肺疾病。理想的治疗方法是
  A. α受体阻断药
  B. 留置导尿
  C. 双睾丸切除，膀胱造瘘
  D. 前列腺尿道网状支架
  E. 前列腺切除术

【A_3/A_4型题】

（15～17题共用题干）

男性，68岁。因患前列腺增生症，排尿困难，需手术治疗。

15. 在前列腺手术指征中，下列哪种情况不是绝对手术指征
  A. 膀胱残余超过60ml
  B. 有尿潴留史
  C. 伴膀胱结石
  D. 有下尿路梗阻症状
  E. 前列腺明显增大
16. 该患者不需与哪个疾病鉴别
  A. 膀胱颈硬化
  B. 膀胱炎
  C. 前列腺癌
  D. 神经源性膀胱
  E. 膀胱癌
17. 现患者残余尿200ml，以中叶大为主，心、肺、肾功能好，最好采用哪种治疗
  A. 经尿道切除前列腺
  B. 药物治疗
  C. 膀胱造瘘
  D. 热疗
  E. 经膀胱耻骨上前列腺切除术

（18～20题共用题干）

男性，63岁。因渐进性排尿困难，夜尿增多就诊，医生询问病史后给患者做检查。

18. 关于直肠指诊，下述哪项不正确
  A. 直肠指检在排尿后进行
  B. 前列腺位于直肠前壁外
  C. 了解肛管括约肌功能
  D. 了解前列腺大小、质地、有无结节及中间沟情况
  E. 直肠指检前列腺越大梗阻症状越重
19. 该患者需测残余尿，下列方法中哪项损伤小、最简便并可反复测定
  A. 排尿后导尿
  B. 排尿后B超
  C. 膀胱镜检查
  D. 膀胱造影
  E. 排尿性尿路造影
20. 前列腺增生症的治疗方法很多，下列哪项治疗适合该患者
  A. 根据全身情况及梗阻程度及前列腺增生部位选择治疗方法
  B. 药物治疗为主
  C. 连同前列腺包膜一同手术切除
  D. 经尿道前列腺切除术
  E. 激光等热疗治疗无效

【B_1型题】

（21～24题共用备选答案）

A. 结石，损伤，肿瘤或结核
B. 盆腔内疾病
C. 先天性畸形
D. 前列腺增生症
E. 包皮过长

21. 小儿泌尿系梗阻常见原因是
22. 成人泌尿系梗阻常见原因是
23. 妇女泌尿等梗阻常见原因是
24. 老年男性泌尿系梗阻常见原因是

第十六章　急性尿潴留

【A1 型题】

1. 急性尿潴留病因中，属于非机械性梗阻的是
   A. 尿道结石
   B. 外伤性高位截瘫
   C. 尿道断裂
   D. 尿道肿瘤
   E. 前列腺增生
2. 急性尿潴留的治疗，哪项是错误的
   A. 留置导尿
   B. 耻骨上膀胱穿刺抽吸尿液
   C. 耻骨上膀胱穿刺造瘘
   D. 应用利尿药
   E. 耻骨上膀胱切开造瘘

第十七章　鞘膜积液

【A1 型题】

1. 下列哪种情况可出现睾丸鞘膜积液
   A. 睾丸肿瘤
   B. 附睾炎
   C. 先天性睾丸发育不全
   D. 睾丸外伤
   E. 以上都不对
2. 单纯性睾丸鞘膜积液最可靠的诊断依据是
   A. 阴囊肿大
   B. 阴囊肿块表面光滑
   C. 阴囊肿块有波动感
   D. 透光试验阳性
   E. 右侧阴囊无睾丸

【A2 型题】

3. 男孩，5 岁。右侧阴囊包块，卧位不消失，右睾丸未扪及，透光试验阳性，正确诊断是
   A. 右侧斜疝
   B. 精索鞘膜积液
   C. 交通性鞘膜积液
   D. 右睾丸鞘膜积液
   E. 右侧隐睾
4. 男性，28 岁。左阴囊内肿块半年，时有挤压痛，无发热，不影响活动。查体：左阴囊肿大，触之睾丸上部有一鹅卵大小囊性肿块，牵拉睾丸可随之活动，挤压不变小，睾丸可触及正常大小，透光试验阳性。应诊断
   A. 睾丸鞘膜积液
   B. 精索鞘膜积液
   C. 交通性鞘膜积液
   D. 左斜疝
   E. 精液囊肿
5. 男性，12 岁。右阴囊肿大 3 年，晨起变小，活动后增大。查体：右阴囊肿大，可触及囊性感，挤压时缩小，缩小时可触到睾丸。应诊断为
   A. 右斜疝
   B. 右睾丸鞘膜积液
   C. 右精索鞘膜积液
   D. 右睾丸交通性鞘膜积液
   E. 右精索静脉曲张

第十八章　急性肾损伤（急性肾衰竭）

【A2 型题】

1. 急性肾损伤、高钾血症患者，心率 40 次/分，应首先采取的治疗措施是
   A. 静脉滴注 5%碳酸氢钠
   B. 静脉滴注 10%葡萄糖+胰岛素
   C. 口服降钾树脂
   D. 静脉注射 10%葡萄糖酸钙
   E. 血液透析

【A3/A4 型题】

（2~4 题共用题干）

女性，50 岁。因呕吐、腹泻、低热于门诊应用庆大霉素 32 万 U/d，共 5 天，近日来觉尿量有所减少，为 700～800ml/d，伴乏力、头晕。实验室检查：尿蛋白（+），Hb 100g/L，血清钾 6.5mmol/L，BUN 33.5mmol/L。血肌酐 884μmol/L。

2. 该例最可能的诊断是
   A. 庆大霉素导致急性肾损伤
   B. 庆大霉素过敏
   C. 急性胃肠炎致肾损害
   D. 腹泻脱水致急性肾功能异常
   E. 急性间质性肾炎
3. 最有助于诊断的进一步检查是
   A. 肾脏 B 超
   B. 静脉肾盂造影
   C. 放射性核素肾图
   D. 肾活检
   E. 血气分析
4. 最应采取的治疗手段是

A. 口服离子交换树脂
B. 大剂量呋塞米静脉注射
C. 按3~6g葡萄糖：1U胰岛素比例静脉滴注补液
D. 限制入水量
E. 透析治疗

第十九章 慢性肾脏病（慢性肾衰竭）

【A_1型题】

1. 尿毒症最早期的表现为
   A. 贫血
   B. 高血压
   C. 出血
   D. 心力衰竭
   E. 胃肠道症状
2. 尿毒症患者贫血的主要原因是
   A. 失血
   B. 促红细胞生成素减少
   C. 缺铁
   D. 低蛋白血症
   E. 恶心、呕吐
3. 慢性肾衰竭按肾功能损害程度可分为
   A. 代偿期、失代偿期、尿毒症期
   B. 氮质血症期、尿毒症期
   C. 氮质血症期、尿毒症前期、尿毒症期
   D. 肾贮备能力下降期；氮质血症期；肾衰竭期；尿毒症期
   E. 代偿期、氮质血症期、尿毒症期
4. 慢性肾衰竭恶化的常见诱因，应除外的是
   A. 感染、发热
   B. 外伤、失血
   C. 呕吐伴腹泻
   D. 血尿酸或血钙过低
   E. 心力衰竭
5. 尿毒症患者发生纤维性骨炎的主要原因是
   A. 尿钙排泄增多
   B. 继发性甲状旁腺功能亢进
   C. 尿磷排泄减少
   D. 营养不良和低蛋白血症
   E. 活性维生素
6. 慢性肾衰竭周围神经病变中较明显的症状是
   A. 弛缓性瘫痪
   B. 震颤
   C. 不宁腿综合征
   D. 肌无力
   E. 偏身瘫痪
7. 慢性肾衰竭尿毒症期血肌酐应是
   A. Cr>707μmol/L
   B. Cr>178μmol/L
   C. Cr>884μmol/L
   D. Cr>278μmol/L
   E. Cr>450μmol/L
8. 典型慢性肾衰竭时的水、电解质紊乱是
   A. 代谢性酸中毒、低血钙、高血磷、高血钾
   B. 代谢性酸中毒、低血钙、低血磷、高血钾
   C. 代谢性酸中毒、低血钙、低血磷、高血钠
   D. 代谢性酸中毒、低血钙、低血磷、低血钠
   E. 代谢性碱中毒、低血钙、高血磷、高血钾
9. 尿毒症患者血液系统的临床表现为
   A. 小细胞低色素性贫血
   B. 白细胞出现中毒颗粒、核左移
   C. 血小板异常增多
   D. 贫血可为中、重度
   E. 促红细胞生成素增加
10. 有关慢性肾衰竭的治疗错误的是
   A. 高磷血症——氢氧化铝凝胶
   B. 末梢神经炎——肾上腺皮质激素
   C. 高钾血症——钠交换树脂
   D. 贫血——输浓缩红细胞
   E. 充血性心衰——减量应用地高辛
11. 对控制慢性肾脏病变肾功能进行性减退无明确作用的措施是
   A. 限制蛋白质的摄入
   B. 减少蛋白尿
   C. 控制血压
   D. 消除水肿
   E. 纠正血脂异常
12. 引起慢性肾衰竭的最常见继发性肾脏病是
   A. 乙肝相关性肾炎
   B. 淀粉样变肾病
   C. 糖尿病肾病
   D. 良性肾小动脉硬化
   E. 系统性红斑狼疮

【A_2型题】

13. 女性，36岁。已诊断肾病综合征，近2日右下肢痛、凉，右足背动脉搏动不清，趾指皮肤发绀。应首先考虑的并发症是
   A. 下尿路感染
   B. 右下肢静脉血栓
   C. 心源性休克
   D. 急性肾衰竭
   E. 右下肢动脉栓塞
14. 男性，40岁。因大量蛋白尿、高度水肿，诊断肾病综合征入院。肾穿活检病理为：微小病变型。给予泼尼松60mg/d口服，症状有所控制。治疗3周后，又出现大量蛋白尿，双下肢水肿加重，肾功能减退。此时首先应考虑
   A. 感染
   B. 肾静脉血栓形成
   C. 加用细胞毒药物
   D. 糖皮质激素冲击

E. 急性肾损伤

15. 慢性肾炎5年，近来出现衰弱无力，尿少，水肿较前加重，并有轻度贫血，BP 160/100mmHg，下列检查中哪项最先出现异常
A. 尿浓缩试验
B. PSP排泄试验
C. 肌酐清除率
D. 血尿素氮浓度
E. 血肌酐浓度

16. 男性，42岁。重症胰腺炎行胰腺坏死组织清除，腹腔引流术后4天。查体：R 28次/分，BP 120/90mmHg，心率106次/分，中心静脉压 $10cmH_2O$，PaO_2 86mmHg，尿量10ml/h，血钾5.6mmol/L，此患者目前的主要问题是
A. 心力衰竭
B. 呼吸衰竭
C. 肾衰竭
D. 血容量不足
E. 弥散性血管性凝血

17. 男性，28岁。血压升高、反复水肿4年，近年牙龈出血，夜尿增多，口渴、气促，血红蛋白60g/L，昨起排稀水及柏油便，逐渐昏迷，半年前患急性肝炎，已愈。为尽快确诊，下列哪项最首选检查
A. 骨髓穿刺涂片
B. 肝功能
C. 血尿素氮
D. 血糖及尿糖
E. 血肌酐测定

18. 男性，26岁。咽痛4天后少尿，水肿加重，出现意识障碍。检查：贫血，呼吸深大，BP 170/110mmHg，全身水肿。尿蛋白（++），BUN 30mmol/L，二氧化碳结合力10mmol/L。诊断为
A. 急性肾小球肾炎，肾衰竭
B. 高血压脑病
C. 急进性肾小球肾炎，肾衰竭
D. 肾病综合征，肾衰竭
E. 慢性肾炎，肾衰竭

19. 尿毒症患者，血压180/120mmHg，贫血外观，全身中度水肿，鼻出血，BUN 50mmol/L，血钾6.17mmol/L，钙2.0mmol/L，CO_2结合力13mmol/L，在纠酸过程中突然手足搐搦，意识清楚。其原因可能是
A. 脑出血
B. 酸中毒引起
C. 高血压引起
D. 尿毒症性脑病
E. 补碱引起

20. 慢性肾炎患者，近来少尿、嗜睡，血压170/110mmHg，血BUN 40mmol/L，CO_2CP 12mmol/L，血 K^+ 7.4mmol/L，心电图示T波高尖。今日突然抽搐，意识丧失，心搏骤停而死亡。其死亡原因是
A. 代谢性酸中毒
B. 高钾血症
C. 尿毒症脑病
D. 心功能不全
E. 脑出血

21. 恶心、呕吐伴腹泻1个月，有关节炎及肾绞痛史，尿比重1.015，尿蛋白（+），红细胞10~20个/HP，血尿素氮20mmol/L，血尿酸739mmol/L，血肌酐560μmol/L。诊断是
A. 狼疮肾炎，尿毒症
B. 痛风肾，肾衰竭
C. 肾结石并尿毒症
D. 肾结核伴尿毒症
E. 肾动脉硬化伴尿毒症

22. 男性，35岁。头晕、乏力，血压160/100mmHg，无水肿，血红蛋白80g/L，尿比重1.012，尿蛋白（+），颗粒管型0~1个/HP，血BUN 20mmol/L。可能性最大的诊断是
A. 慢性肾小球肾炎，慢性肾衰竭氮质血症期
B. 高血压病Ⅱ期
C. 慢性肾小球肾炎，慢性肾衰竭尿毒症期
D. 急进性高血压
E. 慢性肾盂肾炎

23. 男性，30岁。慢性肾炎，水肿、少尿1个月，呕吐3天，血压160/90mmHg，两肺底散在水泡音，颈静脉怒张，尿素氮40mmol/L，血钾6.5mmol/L。最宜采用
A. 5%碳酸氢钠
B. 生理盐水
C. 50%葡萄糖
D. 血液透析
E. 以上都不是

24. 慢性肾炎，肾衰竭病史已数年，因再次出现尿毒症中毒入院。尿量少，利尿效果不好，出现呼吸困难，肺底少许水泡音，心率120次/分。此时进一步处置是
A. 5%碳酸氢钠
B. 改用利尿合剂
C. 给强心、扩血管药物治疗
D. 吸氧
E. 应用乳酸钠

25. 男性，20岁。反复出现咯血1周，进行性少尿5天，血压160/100mmHg，尿蛋白（+++），红细胞满视野。入院后病情进行性恶化，出现肾衰竭。急需采取的治疗是
A. 止血药物应用
B. 降低血压
C. 纠正酸中毒
D. 应用泼尼松
E. 透析治疗

26. 男性，26岁。上感4天后，出现水肿加重，牙龈出血，呼吸困难不能平卧。检查：BP 230/120mmHg，全身水肿，尿蛋白（++），红细胞

8~10个/HP，BUN 40mmol/L，血肌酐1300μmol/L，二氧化碳结合力18mmol/L，紧急措施是

A. 静脉滴注抗感染药物
B. 应用止血药物
C. 应用泼尼松治疗感染
D. 应用呋塞米减轻水肿
E. 应用血管扩张药，降压，强心利尿

27. 慢性肾炎、肾衰竭的患者，有高度水肿及轻度左心衰竭，同时又有严重的代谢性酸中毒，应给药物纠正酸中毒最好用

A. 11.2%乳酸钠
B. 10%葡萄糖
C. 10%葡萄糖酸钙
D. 7.28%三羟甲基氨基甲烷
E. 5%碳酸氢钠

28. 一患肾炎5年的患者，近1周来乏力、呼吸深大。查体：双肺无啰音，心率90次/分，应采取下列哪项措施

A. 静脉缓注毛花苷C
B. 静脉注射呋塞米
C. 肌内注射喘定
D. 静脉滴注碳酸氢钠
E. 呼吸中枢兴奋剂

29. 患慢性肾炎10年患者，近2周来持续性少尿、水肿、恶心，伴呼吸困难，BP 180/100mmHg，心率110次/分，两肺底可闻湿啰音，BUN 54mmol/L，二氧化碳结合力15mmol/L，静脉注射呋塞米60mg无效。下列最有效治疗措施

A. 透析疗法
B. 低盐饮食
C. 静脉注射毛花苷C
D. 静脉滴注血管扩张药
E. 加大呋塞米剂量

【A_3/A_4型题】

（30~32题共用题干）

一昏迷患者，病史不详，呼吸深大。查体：BP 180/120mmHg，颈软无黄疸，心、肺、腹无异常，Hb 70g/L，RBC 1.9×10^{12}/L，尿蛋白（+），比重1.010，沉渣见蜡样管型0~1个/HP，RBC 0~1个/HP，血氨正常，BUN 20mmol/L，CO_2CP 18mmol/L，血糖4.4 mmol/L。

30. 此患者最可能的诊断是

A. 肝性脑病
B. 糖尿病酮症酸中毒
C. 低血糖昏迷
D. 低血压昏迷
E. 尿毒症昏迷

31. 诊断主要根据哪一项

A. 高血压
B. 贫血
C. 尿比重低1.010
D. 二氧化碳结合力降低
E. 尿中蜡样管型及血BUN增高

32. 患者出现昏迷的主要原因是

A. 高血压
B. 贫血
C. 脑水肿
D. BUN增高
E. 酸中毒

（33~35题共用题干）

女性，25岁。突然水肿、尿少、血尿，3周后进入昏迷，尿蛋白（+++），RBC 10~15个/HP，WBC 1~3个/HP，颗粒管型0~3个/HP，BP 180/110mmHg，BUN 27mmol/L，急诊入院。

33. 患者入院后各种其他检查没有回报前的紧急措施应采取

A. 止血药物应用
B. 静脉滴注地塞米松
C. 静脉滴注甘露醇
D. 应用呋塞米及降压治疗
E. 抗炎治疗

34. 经治疗患者意识清楚，但BUN进一步升高，血Cr达到1030μmol/L，进一步治疗应采取最有效的措施是

A. 静脉滴注必需氨基酸
B. 加大呋塞米用量
C. 改善肾血流
D. 扩血管药物应用
E. 透析治疗

35. 为了进一步确定诊断应采取有效的检查是

A. 血脂分析，血流动力学
B. 肾脏B超
C. 肾盂造影
D. 尿细菌培养
E. 肾活体组织检查

（36~37题共用题干）

慢性肾炎患者近来少尿、嗜睡，血压200/140mmHg，血BUN 20mmol/L，血钙2.1mmol/L，心电图示T波高尖，今日突然抽搐、意识丧失。

36. 此患者紧急采取的措施是

A. 呋塞米200mg，静脉推注
B. 降压
C. 呼吸中枢兴奋剂
D. 血液透析
E. 强心

37. 采取治疗措施的主要根据是

A. 高血压
B. 少尿
C. 嗜睡
D. BUN增高
E. 血钾增高，有高钾心电图表现

（38~39题共用题干）

男性，28岁。反复眼部水肿10年，近日出现乏力、皮肤苍白、尿少，BP 160/100 mmHg，呼吸困难，两肺底可闻及小水泡音，不能平卧，BUN 30mmol/L，血肌酐1001μmol/L，诊断尿毒症。

38. 目前治疗的主要方法应该采取

A. 应用降压药物降压
B. 呋塞米100mg，每日2次，静脉注射
C. 毛花苷C 0.2mg，每日1次，静脉注射
D. 扩张血管药物同时应用毛花苷C治疗
E. 5% $NaHCO_3$ 60ml，每日1次，静脉注射

39. 尿毒症患者肌酐清除率在10ml/min以下时患者有明显左心衰竭，此时最好的治疗应该是
A. 利尿
B. 强心药物
C. 血管扩张药
D. 降压
E. 透析治疗

（40～42题共用题干）

男性，30岁。水肿、尿少、呕吐2个月，血压180/120mmHg，尿蛋白（+++），红细胞5～8个/HP，白细胞8～10个/HP，颗粒管型5～10个/HP，BUN 29mmol/L，Cr 860μmol/L，血红细胞12.8×10^{12}/L，该患者诊断慢性肾炎、尿毒症合并泌尿系感染。

40. 诊断慢性肾炎、尿毒症的主要依据是
A. 高血压
B. 水肿
C. 尿少
D. 恶心、呕吐
E. 检查尿蛋白（+++），BUN 29mmol/L，Cr 860μmol/L

41. 慢性肾炎尿毒症期血肌酐应该是
A. Cr>707μmol/L
B. Cr>178μmol/L
C. Cr>884μmol/L
D. Cr>278μmol/L
E. Cr>450μmol/L

42. 诊断泌尿系感染的主要依据是
A. 发热
B. 腹痛
C. 尿频、尿急、尿痛
D. 血肌酐升高
E. 尿中WBC 8～10个/HP，RBC 5～8个/HP

（43～44题共用题干）

男性，25岁。反复间断水肿5年，近日来出现恶心、呕吐、头痛、呼吸困难。查体：BP 240/140mmHg，心前区可听到广泛的心包摩擦音，发热。尿常规示尿比重1.010，Hb 60g/L，BUN 40mmol/L，Cr 1890μmol/L。1年前患者血液透析治疗，现停止血透1个月。

43. 病情突然加重的原因是
A. 发热
B. 高血压
C. 贫血
D. 劳累
E. 停止血液透析

44. 此患者病情危重的表现是
A. 高血压
B. 心包摩擦音
C. 贫血
D. 少尿
E. 内分泌失调

第十三篇 女性生殖系统

第一章 女性生殖系统解剖

【A_1型题】

1. 输卵管的组织解剖及生理作用是
   A. 长6~8cm
   B. 峡部为输卵管腔最狭窄部
   C. 伞部有“拾卵”作用
   D. 内膜为复层柱状上皮
   E. 输卵管黏膜不受性激素影响
2. 关于子宫的解剖，下述哪项正确
   A. 成年的子宫长7~8cm，宽4~5cm，厚2~3cm
   B. 成年人子宫体与子宫颈的比例为1：2
   C. 子宫峡部的黏膜无周期性变化
   D. 子宫颈主要由平滑肌构成
   E. 成年妇女子宫颈管长4~5cm
3. 下列哪项为骨盆测量的正常值
   A. 对角径10~11cm
   B. 坐骨棘间径9cm
   C. 坐骨切迹<2指
   D. 耻骨弓角度90°
   E. 骨盆倾斜度80°
4. 骨盆对角径的正常值是
   A. 9cm
   B. 10cm
   C. 11cm
   D. 12cm
   E. 12.5~13.0cm
5. 关于子宫韧带的解剖，正确的是
   A. 圆韧带起于子宫角，止于腹股沟
   B. 阔韧带富于肌纤维，与子宫体肌纤维相连
   C. 卵巢固有韧带使子宫倾向后方
   D. 主韧带横行于宫颈两侧和骨盆侧壁之间
   E. 子宫动、静脉从阔韧带上部穿过
6. 卵巢表面的组织为
   A. 腹膜
   B. 卵巢白膜
   C. 卵巢皮质
   D. 结缔组织
   E. 生发上皮
7. 子宫动脉来自
   A. 髂外动脉
   B. 髂内动脉
   C. 腹主动脉
   D. 臀上动脉
   E. 肾动脉
8. 关于子宫颈的解剖学，下列哪项不正确
   A. 子宫颈分为阴道上部和阴道部
   B. 宫颈峡部下端是组织学内口
   C. 宫颈管黏膜上皮在组织学内口处由柱状上皮变为鳞状上皮
   D. 宫颈黏膜上皮有分泌腺液功能
   E. 青春期宫颈宫体之比为1：2
9. 关于子宫，正确的是
   A. 成年的子宫长7~8cm，宽4~5cm，厚4~5cm
   B. 子宫体与子宫颈的比例，成年人为1：2
   C. 子宫体与子宫颈之间形成最狭窄的部分为子宫峡部
   D. 子宫峡部的上端是组织学内口
   E. 已产妇的子宫颈外口是圆形
10. 子宫峡部是
    A. 子宫颈阴道部
    B. 子宫颈阴道上部
    C. 子宫颈管最狭窄部分
    D. 子宫颈与子宫体之间最狭窄部分
    E. 子宫体最狭窄部分
11. 右卵巢动脉是从哪条动脉分支来的
    A. 髂内动脉
    B. 髂外动脉
    C. 肾动脉
    D. 腹主动脉
    E. 髂总动脉
12. 关于输卵管各部，正确的是
    A. 通入子宫壁内的为间质部
    B. 间质部外侧的为壶腹部
    C. 峡部比间质部的管腔窄
    D. 漏斗部（伞部）为输卵管宽大部分
    E. 以上都不是
13. 关于女性外生殖器淋巴引流哪项是正确的
    A. 阴蒂周围淋巴汇入腹股沟浅淋巴结
    B. 阴道下段淋巴汇入腹股沟深淋巴结
    C. 阴道上段和宫颈淋巴汇入腹股沟浅淋巴结
    D. 子宫体两侧沿圆韧带汇入腹股沟深淋巴结
    E. 子宫体、子宫底、输卵管和卵巢淋巴均汇入腰淋巴结
14. 维持子宫正常位置的是
    A. 盆底肌肉及筋膜的支托作用
    B. 膀胱和直肠的支托
    C. 子宫韧带和盆底肌肉筋膜

的支托
D. 子宫四对韧带的作用
E. 腹腔压力作用

15. 做子宫切除时，下列注意事项哪项是错误的
A. 推离膀胱腹膜反折时，避免损伤膀胱
B. 推离直肠子宫腹膜反折时，避免损伤直肠
C. 切除子宫骶骨韧带时，避免损伤输尿管
D. 切除阔韧带时，避免损伤膀胱
E. 切断子宫动脉时，注意勿损伤输尿管

16. 髂内动脉前干分支不直接供血的是
A. 卵巢
B. 子宫
C. 阴道
D. 膀胱
E. 输卵管

17. 维持子宫前倾位置的主要韧带是
A. 阔韧带
B. 子宫圆韧带
C. 卵巢固有韧带
D. 主韧带
E. 子宫骶骨韧带

18. 骨盆底的组成，下列哪项不正确
A. 骨盆底分内、中、外三层，中层又称尿生殖膈
B. 盆膈由肛提肌及其筋膜组成，是支托盆内脏器的最主要成分
C. 尿生殖膈由两层筋膜及一对会阴深横肌组成
D. 骨盆底外层包括肛门外括约肌
E. 会阴体不属盆底组成部分

19. 左侧卵巢动脉不同于右侧卵巢动脉，还可以来自
A. 髂外动脉
B. 髂内动脉
C. 腹主动脉
D. 肾动脉
E. 以上都不是

20. 卵巢囊肿发生蒂扭转时，其蒂的组成是
A. 骨盆漏斗韧带、输卵管、卵巢固有韧带、圆韧带
B. 骨盆漏斗韧带、输卵管、卵巢固有韧带
C. 骨盆漏斗韧带、卵巢韧带、圆韧带
D. 骨盆漏斗韧带、输卵管、圆韧带
E. 输卵管、卵巢韧带

21. 关于女性外生殖器解剖，正确的是
A. 女性外生殖器即外阴
B. 女性阴毛分布呈菱形
C. 双侧小阴唇前端为腹股沟韧带终止点
D. 前庭大腺开口于阴道内
E. 阴道前庭为双侧大阴唇之间的菱形区

【A_2 型题】

22. 女性，38 岁。于高处取物时不慎摔下，呈骑跨式，伤及外阴部位，疼痛难忍。外阴血肿最易发生的部位是
A. 大阴唇
B. 小阴唇
C. 阴阜部
D. 阴蒂部
E. 会阴部

【A_3/A_4 型题】

（23～26 题共用题干）

女性，35 岁。G_1P_0，孕 39^{+6} 周，上午 6 时起宫缩 32～37 秒/4～5 分，强度（++）～（+++），胎心率 140 次/分，LOA，上午 8 时入院。入院时肛查：宫口开 1cm，先露 S^{-1}。下午 8 时，宫缩 20～25 秒/7～8 分，强度（++）～（+++），宫口开大 8cm，胎心率 155 次/分。阴道检查：坐骨切迹<2 指，骶凹平坦，坐骨结节间径 7.5cm。

23. 可能的诊断是
A. 高龄初产
B. 骨盆入口狭窄
C. 骨盆入口和出口狭窄
D. 出口狭窄
E. 中骨盆和出口狭窄

24. 下列哪项处理不恰当
A. 胎心监测（OCT）
B. 吸氧
C. 静脉滴注缩宫素
D. 重新估计胎儿体重
E. 检查耻骨联合上方是否有压痛

25. 随产程时间延长，下列哪种体征不会出现
A. OCT 提示胎心率减速
B. 羊水清亮
C. 宫缩减弱
D. 胎心突然消失
E. 耻骨联合上方压痛

26. 尽快结束分娩的措施是
A. 急诊剖宫产
B. 胎头吸引术
C. 产钳助产
D. 静待自然分娩
E. 待宫口开全后再讨论分娩方式

【B_1 型题】

（27～29 题共用备选答案）
A. 9cm
B. 10cm
C. 11cm
D. 12cm
E. 12.5～13cm

27. 坐骨棘间径平均是
28. 坐骨结节间径是
29. 骨盆对角径是

第二章　女性生殖系统生理

【A_1 型题】

1. 围绝经期的特点中下述哪项是正确的
   A. 围绝经期就是绝经期
   B. 围绝经期卵巢中卵泡已耗尽
   C. 围绝经期是无排卵功血的好发时期
   D. 围绝经期一般是在 55 岁以上
   E. 围绝经期是恶性肿瘤的好发时期
2. 月经周期的长短取决于下列哪项因素
   A. 增生期的长短
   B. 分泌期的长短
   C. 经期的长短
   D. 黄体的寿命
   E. 黄体退化成白体的时间
3. 关于月经的特点下述哪项是正确的
   A. 有排卵才有月经
   B. 排卵发生在两次月经之间
   C. 月经期基础体温是上升的
   D. 排卵发生在下次月经来潮前 14 天
   E. 排卵发生在月经来潮后第 14 天
4. 性激素的合成与分泌，下述哪项是正确的
   A. 孕激素是雌激素和雄激素的前身
   B. 雌酮是雌二醇的前身
   C. 雄激素主要来源于卵巢门
   D. 排卵后的黄体只分泌孕激素
   E. 排卵前卵泡内膜细胞分泌雌激素和少量孕激素
5. 性激素的周期性变化中下述何项是正确的
   A. 孕激素在排卵前有一个低峰，排卵后才有高峰
   B. 雌激素有两个峰值，排卵后的峰值较平坦
   C. 雌、孕激素的峰值在排卵后第 10 天形成
   D. 黄体分泌雌激素和孕激素，如不受精 20 天后退化
   E. 在月经周期中均有较大量的雌孕激素
6. 孕激素的生理作用下述哪项是正确的
   A. 使子宫肌纤维对缩宫素的敏感性增强
   B. 使阴道上皮角化，糖原增加
   C. 单独使子宫内膜呈分泌期变化
   D. 使宫颈口闭合，黏液减少变稠，拉丝度减少
   E. 促进骨中钙的沉积
7. 雌激素的生理作用，下列哪项是正确的
   A. 使宫颈口松弛，黏液分泌增加，稀薄，拉丝度增长
   B. 使子宫肌纤维对缩宫素的敏感性下降
   C. 使阴道上皮细胞脱落
   D. 对下丘脑只有负反馈作用
   E. 可升高胆固醇，不利于冠心病预防
8. 宫颈黏液最丰富、伸展性最大、“羊齿”状结晶最多出现在正常月经周期中的哪一期
   A. 增生早期
   B. 增生中期
   C. 排卵期
   D. 分泌早期
   E. 分泌中期
9. 不发生周期性变化的组织是
   A. 阴道黏膜上皮
   B. 卵巢生发上皮
   C. 子宫内膜
   D. 宫颈黏膜
   E. 输卵管黏膜
10. 关于激素的代谢下述哪项是正确的
    A. 卵巢主要合成雌二醇和雌酮这两种雌激素
    B. 雌酮是雌二醇的降解产物
    C. 雌三醇由雌酮降解而来
    D. 卵巢分泌的孕激素主要是孕二醇
    E. 孕二醇的降解产物是孕酮
11. 关于性腺轴的描述下列哪项是错误的
    A. FSH 在整个周期中都产生，但在排卵前 1~2 日有峰值
    B. FSH、LH 被下丘脑产生的激素控制
    C. 卵巢周期性变化，直接受到下丘脑和垂体控制
    D. 孕激素在月经周期中出现 2 个峰值，后面峰值较高
    E. 雌激素在月经周期中表现为排卵后的峰值比前面平坦
12. 下述描述哪项是错误的
    A. 月经是子宫内膜周期性变化的临床表现
    B. 子宫内膜的周期性变化受卵巢激素的影响
    C. 卵巢周期性变化直接受垂体、下丘脑的控制
    D. 孕激素对下丘脑产生正、负反馈的作用
    E. 雌激素对下丘脑产生正、负反馈调节
13. 关于卵巢的功能，下述哪项是错误的
    A. 卵巢分泌雌孕激素和雄激素
    B. 新生儿的卵巢内含有 300 多万个原始卵泡
    C. 妇女一生中有 400 个左右卵泡发育成熟而被排出

D. 卵巢每月有数个卵泡发育，但只有一个卵泡发育成熟被排出
E. 青春期有排卵并有月经来潮

14. 关于月经周期中宫颈黏液的变化下列哪项是错误的
A. 雌激素使宫颈黏液分泌量增多，稀薄而透明
B. 孕激素使宫颈黏液分泌量减少，但伸展性增强
C. 雌激素使宫颈黏液拉丝度在10cm以上
D. 孕激素使宫颈黏液中结晶逐渐模糊
E. 排卵期雌激素对宫颈分泌物的影响达高峰

15. 关于子宫内膜在月经周期中的变化，下述哪项是错误的
A. 子宫内膜有功能层和基底层
B. 功能层受卵巢激素影响而呈周期性变化
C. 基底层是孕卵种植的部分
D. 雌激素使子宫内膜呈增生期变化
E. 孕激素使增生期子宫内膜转化为分泌期内膜

16. 关于性激素的作用机制，下述哪项是错误的
A. 雌二醇是雌激素中生物活性最高的一种
B. 雌激素的大部分与血浆蛋白结合，小部分为游离状态并产生生物活性，二者处于动态平衡
C. 雌激素与胞质受体结合后才能发挥生理作用
D. 雌激素使孕激素受体含量升高
E. 孕激素使雌激素受体含量升高

17. 月经周期中期能够起正反馈作用的下丘脑-垂体激素为
A. 孕激素
B. 雄激素
C. 雌激素
D. 甲状腺素
E. 促性腺激素

18. 老年期妇女卵巢主要分泌
A. 雌激素
B. 孕激素
C. 雄激素
D. 催乳素
E. 肾上腺皮质激素

19. 促进排卵和黄体生成的激素为
A. FSH
B. PRL
C. LH
D. PG
E. GnRH

【A_2 型题】

20. 女性，27岁。结婚2年未孕（不分居，未避孕），作为了解卵巢功能的一个方法，决定做阴道组织学涂片检查，医生在考虑采样和分析结果时，下列哪项考虑不对
A. 阴道黏膜受雌激素、孕激素的变化而改变
B. 阴道黏膜的变化在阴道中1/3处最明显
C. 排卵前上皮细胞在雌激素作用下增生、角化
D. 排卵前阴道细胞富含糖原，并被阴道杆菌分解而呈酸性
E. 排卵后在孕激素作用下上皮细胞大量脱落

21. 女性，26岁。结婚3年未孕，月经周期正常，做宫颈黏液涂片检查，见大量椭圆体结晶，判断此时应为月经周期的第几天
A. 第3~5天
B. 第10~12天
C. 第14~15天
D. 第18~20天
E. 第22~27天

22. 女性，50岁。月经周期紊乱2年，现停经40天，基础体温单相，宫颈黏液“羊齿”状结晶明显，此时下列哪项为相应的子宫内膜表现
A. 增生期图像
B. 分泌期图像
C. 萎缩图像
D. 分泌早期图像
E. 增生过长图像

【A_3/A_4 型题】

（23~25题共用题干）

女性，45岁。既往月经正常，近1年来经期延长10~15天，量多，此次停经50天后阴道流血20天。血红蛋白80g/L，盆腔检查（-），基础体温单相。

23. 为排除子宫内膜癌应该进行下列哪项辅助检查
A. CA125测定
B. 腹腔镜检查并做活检
C. 分段诊刮并送病理
D. 超声检查
E. 子宫输卵管造影

24. 如通过检查排除子宫内膜癌后，应考虑为
A. 子宫黏膜下肌瘤
B. 子宫内膜炎
C. 子宫内膜息肉
D. 无排卵性功血
E. 排卵性功血

25. 对该患者最佳治疗原则是
A. 雌激素周期疗法，以调整周期
B. 雌-孕激素联合周期治疗
C. 促排卵药以调整周期
D. 促进卵巢功能恢复
E. 止血、调整月经、减少经量

【B_1 型题】

（26~28题共用备选答案）
A. 使阴道上皮细胞增生、角化
B. 使阴道上皮细胞脱落加快
C. 促进阴毛与腋毛的生长
D. 直接控制卵巢的周期性

变化
E. 刺激泌乳

26. 雄激素
27. 孕激素
28. 雌激素

第三章 妊娠生理

【A_1 型题】

1. 底蜕膜在妊娠过程中将发育为
A. 羊膜
B. 固定绒毛
C. 胎膜
D. 胎盘的母体部分
E. 叶状绒毛膜
2. 女性胎儿卵巢开始分化发育是在妊娠
A. 15~16 周
B. 17~18 周
C. 9~10 周
D. 11~12 周
E. 13~14 周
3. 妊娠早期卵巢变化的特征是
A. 卵巢不断增大，黄体持续发育
B. 卵巢滤泡囊肿持续存在
C. 双侧卵巢黄体囊肿存在
D. 双侧卵巢妊娠黄体形成
E. 妊娠黄体功能在孕 10 周后由胎盘取代
4. 妊娠期乳腺的生理变化，下列哪项正确
A. 胎盘分泌雌激素刺激腺泡发育
B. 胎盘分泌孕激素刺激腺管发育
C. 乳腺发育只需催乳素的作用
D. 妊娠期直至胎儿娩出前，挤压乳房不应有乳汁溢出
E. 妊娠晚期无乳汁分泌与母体雌激素、孕激素水平高有关
5. 胎盘合成的激素中，哪一种含有特异性 β 亚基
A. 胎盘激素
B. 绒毛膜促性腺激素
C. 雌激素
D. 孕激素
E. 绒毛膜促甲状腺激素
6. 正常妊娠期间肾功能应有下列哪项变化（较非孕时）
A. 肾血流量增加，肾小球滤过率增加
B. 肾血流量增加，肾小球滤过率不变
C. 肾血流量不变，肾小球滤过率增加
D. 肾血流量不变，肾小球滤过率略降低
E. 肾血流量减少，肾小球滤过率增加
7. 下列哪项不是受精卵着床的必备条件
A. 透明带消失
B. 合体滋养细胞形成
C. 子宫内膜蜕膜变
D. 囊胚和子宫内膜的发育同步
E. 有足量的孕酮支持
8. 下列哪项不是妊娠期子宫变化
A. 妊娠之初，子宫增大以前后径增加为最明显表现
B. 早期妊娠，子宫峡部变软最显著
C. 妊娠后期，子宫大多有不同程度右旋
D. 妊娠中期，子宫肌壁逐渐增厚直至足月
E. 足月妊娠时子宫下段可伸长至 7~10cm
9. 关于妊娠子宫血液供应，下列哪项是错误的
A. 随着妊娠进展，子宫动脉及子宫胎盘血管床阻力越来越低
B. 妊娠晚期左侧卧位子宫胎盘血流供应最好
C. 子宫收缩时子宫血流量减少
D. 妊娠期间子宫动脉血流在舒张末期亦不断地向前流
E. 剖宫术术前麻醉情况下，由于子宫呈松弛状态，因而子宫血流量并不减少
10. 乳汁形成与分泌的机制，下列哪项是错误的
A. 雌激素促进乳腺管发育，孕激素刺激乳腺泡发育
B. 大量雌激素抑制乳汁生成
C. 催乳素是产后促使乳汁排出的主要激素
D. 大量孕激素抑制乳汁生成
E. 缩宫素是产后促使乳汁排出的主要激素
11. 关于胎儿脐带血管氧含量，下列哪项是错误的
A. 脐静脉含氧量较高
B. 胎儿下腔静脉血为混合血
C. 脐动脉含氧量最高
D. 胎儿主动脉氧含量较少
E. 胎儿肺静脉氧含量较少
12. 下述哪项产生绒毛膜促性腺激素
A. 蜕膜
B. 羊膜
C. 合体滋养细胞
D. 细胞滋养细胞
E. 以上均不是
13. 胎盘的组成为
A. 羊膜、叶状绒毛膜和底蜕膜
B. 羊膜、平滑绒毛膜和包蜕膜
C. 羊膜、叶状绒毛膜和包蜕膜
D. 羊膜、平滑绒毛膜和底蜕膜
E. 羊膜、平滑绒毛膜和真蜕膜

14. 绒毛膜促性腺激素的分泌量达高峰的时间是
A. 停经 11~15 天
B. 妊娠 8~10 周
C. 妊娠 16 周
D. 妊娠 32~34 周
E. 临产时
15. 垂体分泌的激素在妊娠期增加的有
A. 促性腺激素
B. 垂体催乳素
C. 促甲状腺素
D. 生长素
E. 促肾上腺皮质激素
16. 妊娠后半期羊水的重要来源是
A. 羊膜的透析
B. 胎儿皮肤的透析
C. 胎儿呼吸道黏膜的透析
D. 胎儿尿液
E. 脐带表面的透析
17. 关于妊娠期血液系统的变化，下列哪项是错误的
A. 妊娠期血液处于高凝状态
B. 妊娠期出现血液稀释
C. 孕妇红细胞沉降率减慢
D. 妊娠期纤溶活性降低
E. 妊娠期血容量增加，于第 32~34 孕周达高峰
18. 胎盘附着部位的子宫内膜完全修复需到产后
A. 3 周
B. 4 周
C. 5 周
D. 6 周
E. 8 周
19. 关于妊娠期内分泌系统的变化，下列哪项是错误的
A. 脑垂体增加
B. 大量雌激素促使卵泡发育，但无成熟排卵
C. 垂体催乳素随妊娠进展而增加，到分娩前达到高峰
D. 胎盘分泌大量雌激素、孕激素对丘脑下部及脑垂体产生负反馈作用，促性腺激素分泌减少
E. 由于胎盘的功能和胎儿肝脏以及肾上腺的作用使雌三醇大量合成

【A_2 型题】

20. 一年轻妇女正常阴道分娩刚结束，检查胎盘和脐带时，应注意符合下列哪种情况才是正常的
A. 1 条动脉，1 条静脉
B. 1 条动脉，2 条静脉
C. 2 条动脉，1 条静脉
D. 2 条动脉，2 条静脉
E. 以上都不是
21. 女性，26 岁。月经规则，周期为 28 天，末次月经为 4 月 1 日，下列哪项是错误的
A. 排卵期约在 4 月 15 日
B. 若受孕，孕卵着床时间约在 4 月 18 日
C. B 超下可能发现妊娠环的最早日期约在 5 月 5 日后
D. B 超开始能观察到原始胎心搏动的时间在 5 月 20 日后
E. 预产期应在 1 月 8 日
22. 女性，停经 35 天，疑为早孕，下列哪项与之不符
A. 胃脘部略胀，乏力
B. 乳房胀感
C. 检查发现子宫偏软略大
D. B 超发现子宫增大，以横径增加为主
E. 阴道分泌物增多

【B_1 型题】

（23~24 题共用备选答案）
A. 黑加征
B. 蜕膜斑
C. Montgomery 结节
D. Braxton Hicks 收缩
E. 仰卧位低血压综合征
23. 乳头、乳晕着色，乳晕上皮脂腺肥大形成一个个小隆起
24. 孕 12~14 周起，子宫出现不规则的无痛性收缩

第四章 妊娠诊断

【A_1 型题】

1. 胎方位是指
A. 胎儿纵轴与母体纵轴的关系
B. 胎儿顶骨与母体骨盆的关系
C. 最先进入骨盆入口的胎儿部分与母体骨盆的关系
D. 胎儿先露部的指示点与母体骨盆的关系
E. 以上都不是
2. 孕妇出现早孕反应，一般是在停经后的
A. 5 周左右
B. 6 周左右
C. 7 周左右
D. 8 周左右
E. 以上都不是
3. 妊娠中晚期，正常胎动每小时
A. 3~5 次
B. 5~7 次
C. 8~10 次
D. 10~12 次
E. 以上都不是
4. 头先露中最常见的是
A. 枕先露
B. 前囟先露
C. 额先露
D. 面先露
E. 以上都不是
5. 产前检查时，骨盆外测量中最重要的径线是
A. 骶耻外径
B. 髂棘间径
C. 髂嵴间径

D. 坐骨棘间径
E. 坐骨结节间径

6. 在孕妇腹壁上听诊，与母体心率一致的音响是
A. 胎心音
B. 脐带杂音
C. 腹主动脉血管杂音
D. 胎动音
E. 以上都不对

7. 早期妊娠的确诊依据是
A. 停经史
B. 早孕反应
C. 血 hCG 试验
D. 黑加征
E. B 型超声检查

8. 关于胎盘物质交换功能，下述各项中哪项是不正确的
A. 促进葡萄糖经胎盘的转移
B. 脂肪酸不能通过胎盘屏障
C. 胎盘以扩散与主动转运方式吸收营养物质
D. 胎盘能合成多种激素和酶
E. 氨基酸在胎儿血中浓度高于母血

9. 下述哪项作为推算预产期的根据最不准确
A. 早孕反应出现的时间
B. 末次月经
C. 手测宫底高度
D. 胎动开始时间
E. 体重

10. 哪项诊断不用尿妊娠试验
A. 早期妊娠
B. 异位妊娠
C. 过期妊娠
D. 先兆流产
E. 葡萄胎

11. 早孕出现最早及最重要的症状是
A. 尿频
B. 恶心、呕吐
C. 停经史
D. 腹痛
E. 乳房胀痛

12. 早期妊娠的诊断，下列哪项最为准确
A. 停经伴恶心、呕吐
B. 阴道充血变软，呈紫蓝色
C. 子宫增大
D. B 超探及胚芽和胎心管搏动
E. 自觉胎动

13. Hegar 征是指
A. 子宫前倾前屈位
B. 子宫增大变软
C. 子宫峡部柔软，宫颈与宫体之间似不相连
D. 子宫颈充血变软，呈紫蓝色
E. 乳头和乳晕色素加深，乳头周围有多个褐色小结节

14. 初孕妇初感胎动时间一般在
A. 妊娠 12~16 周
B. 妊娠 16~18 周
C. 妊娠 18~20 周
D. 妊娠 20~22 周
E. 妊娠 22~26 周

15. 关于检查胎位四步触诊法的描述，下列哪项是错误的
A. 用以了解子宫的大小、胎先露、胎方位
B. 第一步，双手置于宫底部，了解宫底高度，并判断是胎头还是胎臀
C. 第二步，双手分别置于腹部两侧，辨别胎背方向
D. 第三步，双手置于耻骨联合上方，弄清先露部为头还是臀
E. 第四步，双手置于胎先露两侧，进一步检查先露部，并确定入盆程度

【A_2 型题】

16. 女性，25 岁。既往月经 5~6/28 天，月经过期 1 周。结婚6个月从未用过避孕药，既往月经正常。宫颈软，着色，子宫正常大小，双附件（-）。下列哪项是诊断妊娠的最早方法
A. B 型超声
B. 放射免疫测定 β-hCG
C. 基础体温
D. 听胎心
E. 尿 hCG 测定

17. 初孕妇，24 岁。末次月经记不清，行产科检查，量腹围 94cm，宫高 33cm（宫底在脐与剑突之间），胎头入盆，胎心位于脐右下方，其孕周为
A. 孕 40 周
B. 孕 28 周
C. 孕 32 周
D. 孕 36 周
E. 孕 24 周

18. 女性，28 岁。初产妇，末次月经 2007 年 4 月 7 日，于 2007 年 11 月 10 日就诊，检查宫底在脐上 3 横指，枕左前位，胎心率正常。现在应是
A. 妊娠满 30 周，宫底高度符合正常情况
B. 妊娠满 30 周，宫底高度低于正常
C. 妊娠满 31 周，宫底高度符合正常情况
D. 妊娠满 31 周，宫底高度低于正常
E. 妊娠满 32 周，宫底高度高于正常

【B_1 型题】

（19~22 题共用备选答案）
A. 胎方位
B. 胎先露
C. 胎产式
D. 骨盆轴
E. 胎体轴

19. 胎体纵轴与母体纵轴的关系称为
20. 胎儿先露部指示点与母体骨盆的关系称为
21. 最先进入骨盆入口的胎儿部分为
22. 胎儿通过的骨盆各假想平面中点的连线代表

第五章 产前检查与孕期保健

【A_1 型题】

1. 目前我国采用的围生（产）期是
   A. 妊娠满 20 周到产后 4 周
   B. 妊娠满 28 周到产后 1 周
   C. 妊娠满 20 周到产后 1 周
   D. 妊娠满 28 周到产后 4 周
   E. 胚胎形成到产后 1 周
2. 子宫下段形成的时期是
   A. 妊娠早期
   B. 分娩早期
   C. 分娩末期
   D. 妊娠末期
   E. 妊娠中期
3. 自骶岬上缘中点到耻骨联合下缘的距离是
   A. 骨盆入口前后径
   B. 产科结合径
   C. 真结合径
   D. 对角径（骶耻内径）
   E. 中骨盆前后径
4. 评价胎儿宫内情况最简便有效的方法是
   A. 胎儿电子监护
   B. 羊膜镜检查
   C. 胎动计数
   D. 胎儿影像学监测
   E. 缩宫素激惹试验
5. OCT 阳性是指
   A. 宫缩 10 分钟少于 3 次
   B. 无晚期减速和明显的变异减速
   C. 有间隙的晚期减速或有明显的变异减速
   D. 超过 50% 宫缩有晚期减速，即使宫缩频率少于 10 分钟 3 次
   E. 每次宫缩持续时间大于 90 秒，且每次宫缩胎心均减速
6. 足月妊娠时胎心率正常值应是每分钟
   A. 90～130 次
   B. 100～140 次
   C. 110～150 次
   D. 110～160 次
   E. 130～170 次
7. 正常妊娠 38 周时的羊水量约为
   A. 500ml
   B. 800ml
   C. 1000ml
   D. 1200ml
   E. 1500ml
8. 关于中期妊娠的诊断与监护，下列哪项是错误的
   A. 从妊娠早期至妊娠中期，胎动逐渐增多
   B. 从妊娠 20 周左右起孕妇自觉胎动
   C. 妊娠 18～20 周利用听诊即可听到胎心音
   D. 妊娠 20 周后可经腹壁触及宫内胎体
   E. 妊娠 20～24 周时子宫增长速度较快，平均每周增长 1.6cm
9. 关于骨盆径线，下述哪项错误
   A. 髂棘间径是两髂前上棘外缘的距离
   B. 骶耻外径<18cm 时有可能骨盆入口狭窄
   C. 坐骨结节间径<8cm，表示骨盆出口狭窄
   D. 对角径长度减去 1.5～2cm，即为骨盆入口前后径长度
   E. 耻骨弓角度小于 80° 不正常
10. 下列哪项不属于胎盘功能检查
    A. 孕妇尿雌三醇值
    B. 胎动
    C. 孕妇尿中 β-hCG 值
    D. 孕妇血清人胎盘生乳素值
    E. 以上均正确

【A_2 型题】

11. 女性，28 岁。G_1P_0，末次月经是 2013 年 4 月 25 日，预产期应是
    A. 2014 年 1 月 2 日
    B. 2014 年 2 月 11 日
    C. 2014 年 2 月 1 日
    D. 2014 年 3 月 21 日
    E. 2014 年 1 月 30 日
12. 女性，28 岁。孕 36 周，产前检查：子宫呈纵椭圆形，胎先露部较软且不规则，胎心在脐上偏左。本例应诊断为
    A. 枕先露
    B. 臀先露
    C. 面先露
    D. 肩先露
    E. 复合先露
13. 女性，27 岁。停经 2 个月，阴道流血 3 天，下腹痛 1 天。检查：子宫增大如鹅蛋大小，宫口闭。下列哪项检查对确诊最有意义
    A. 尿妊娠试验
    B. 宫颈黏液检查
    C. B 型超声
    D. 诊断性刮宫
    E. 基础体温测定
14. 25 岁，初产妇，停经 20 周，不觉胎动。产科检查：宫底高度在脐上 2 横指，胎方位及胎心不清。监测宫内胎儿情况首选的方法是
    A. 腹部 X 线片
    B. 胎儿电子监护
    C. B 型超声检查
    D. 测定羊水甲胎蛋白
    E. 孕妇尿中 β-hCG 值
15. 已婚妇女，停经 40 天。下列哪项结果对诊断早孕无帮助
    A. 基础体温双相且高温持续

21天不下降
B. 妊娠免疫试验（血β-hCG测定）
C. 超声多普勒检查
D. 乳房变化
E. 尿雌三醇测定

16. 女性，孕36周。产前检查中发现胎儿近3周宫高增长缓慢。下列哪项检查不能反映胎盘功能
A. 胎动计数
B. 雌三醇（E3）测定
C. 尿雌激素/肌酐比值（E/C比）
D. 血清人胎盘生乳素
E. hCG测定

17. 一产妇孕37周，产前检查时出现下列何种情况时，医生正确作出决定还需做进一步检查，因为还不能确定是否有胎儿宫内缺氧（储备能力下降）
A. 12小时胎动计数小于3次
B. 胎动消失
C. 胎动频繁
D. 观察20分钟无胎动
E. 胎动受声振刺激后加强

【B_1型题】

（18~21题共用备选答案）
A. 孕18~24周
B. 孕37周起
C. 孕24~36周
D. 孕30周后
E. 孕16~21周

18. 产前检查应常规每周1次
19. 宜做骨盆径线内测量
20. 胎儿影像学检查筛查脑积水等畸形
21. 抽羊水细胞做染色体分析

第六章 正常分娩

【A_1型题】

1. 单臀先露的两下肢姿势是
A. 髋关节屈曲，膝关节屈曲
B. 髋关节伸直，膝关节伸直
C. 髋关节伸直，膝关节屈曲
D. 髋关节屈曲，膝关节伸直
E. 以上都不是

2. 初产妇第一产程活跃期停滞是指进入活跃期后宫口不再扩张超过
A. 1小时
B. 1小时30分钟
C. 2小时
D. 2小时30分钟
E. 4小时

3. 初产妇枕先露时，开始保护会阴的时间是
A. 胎头着冠时
B. 胎头复位时
C. 胎头可见时
D. 胎头拨露使阴唇后联合紧张时
E. 宫口开全时

4. 肛查了解胎头下降程度的骨性标志是
A. 骶岬
B. 骶骨
C. 坐骨结节
D. 坐骨棘
E. 坐骨切迹

5. 胎头衔接是指
A. 枕骨进入骨盆入口平面
B. 顶骨进入骨盆入口平面
C. 双顶径进入骨盆入口平面
D. 双顶径到达坐骨棘平面
E. 双顶径到达坐骨结节平面

6. 临产时，下列哪种可以灌肠
A. 胎膜已破，先露S^{+1}，胎心音正常
B. 阴道出血，量较多
C. 胎头未衔接
D. 胎膜未破，宫口开2cm，先露（+），胎心音正常，血压140/90mmHg
E. 产程顺利，估计1小时内胎儿即可娩出

7. 下列哪项属于肛查了解的范围
A. 先露的高低
B. 软产道情况
C. 骶耻内径长度
D. 骨产道情况
E. 胎儿大小

8. 接产要领不包括下列哪项
A. 无菌操作，保护会阴
B. 协助胎头俯屈与仰伸
C. 胎头仰伸时令产妇屏气
D. 必须让产妇与接产者充分合作
E. 让胎头在宫缩间歇缓慢通过阴道口

9. 下列哪个现象不属于临产诊断依据
A. 节律性宫缩
B. 阴道流水
C. 子宫颈管消失
D. 宫口进行性扩张
E. 先露部下降

10. 关于分娩机转的含义，下列哪项是错误的
A. 下降动作贯穿于俯屈、内旋转、仰伸、复位、外旋转分娩全过程中
B. 胎头进入骨盆入口时以枕下前囟径衔接
C. 俯屈是胎头下降至骨盆轴弯曲处即骨盆底时受肛提肌的阻力而发生的
D. 内旋转是胎头最低的枕部在盆底受肛提肌收缩力而被推向母体前方即后囟门被推移至耻骨的下方
E. 仰伸是在枕骨下部到达耻骨联合下缘时发生的

11. 关于子宫下段，下列哪项是错误的
A. 由子宫峡部形成，非孕时长约1cm
B. 临产后由于子宫收缩极性的缘故，峡部被拉长形成

子宫下段
C. 下段为被动扩张段，随产程进展而越来越长越薄，成为软产道的一部分
D. 产程中子宫上下段肌壁厚薄不同，在两者间的子宫内面形成一环状隆起，称生理性缩复环
E. 子宫下段常被产科医师选择为剖宫术子宫切开处

12. 临产后的宫颈变化，正确的是
A. 宫颈管消失过程——先形成漏斗状，逐渐短缩直至消失
B. 初产妇宫颈管消失与宫口扩张同步进行居多
C. 经产妇宫颈管先消失，宫口后扩张居多
D. 前羊水囊形成使宫口不易扩张
E. 破膜后胎先露部直接压迫宫颈，影响宫口扩张

13. 胎头在进行内旋转动作时，除子宫收缩力外，下列哪项为主要参与因素
A. 腹肌收缩力
B. 膈肌收缩力
C. 胎儿胸锁乳突肌收缩力
D. 肛提肌收缩力
E. 会阴深横肌收缩力

14. 下列哪项不符合正常胎盘剥离征象
A. 阴道少量流血
B. 宫底向上升达脐上
C. 阴道口外露脐带自行延长
D. 向下压迫宫底脐带延长
E. 在耻骨联合上方轻压子宫下段，脐带不回缩

15. 正常分娩时，胎头俯屈后以哪个周径通过产道
A. 枕下前囟径
B. 枕额径
C. 枕颏径
D. 双顶径
E. 双颞径

16. 正常枕先露分娩时，仰伸发生于
A. 胎头拨露时
B. 胎头着冠时
C. 胎头枕骨在耻骨弓后时
D. 胎头枕骨下部达耻骨联合下缘时
E. 胎头后囟在耻骨弓后时

17. 枕左前位分娩时，胎儿双肩径沿左斜径进入骨盆入口的同时，胎头的动作是
A. 复位
B. 外旋转
C. 仰伸
D. 拨露
E. 着冠

18. 胎儿完成内旋转动作是指
A. 胎头双顶径与母体骨盆入口斜径一致
B. 胎头双顶径与母体骨盆入口横径一致
C. 胎头矢状缝与母体骨盆横径一致
D. 胎头双顶径与母体骨盆出口前后径一致
E. 胎头矢状缝与母体中骨盆出口前后径一致

19. 下列哪项不是决定分娩难易的重要因素
A. 胎方位
B. 胎心率
C. 胎儿大小
D. 骨盆大小
E. 产力强弱

20. 临产的重要标志是
A. 见红，破膜，规律宫缩
B. 见红，规律宫缩，宫口扩张不明显
C. 见红，先露下降，伴有尿频
D. 规律宫缩，破膜，伴有见红
E. 规律宫缩，逐渐增强，伴随进行性宫颈管消失，宫口扩张和先露下降

21. 关于正常产道，下列哪项是正确的
A. 中骨盆平面的横径是骨盆各平面最短的横径
B. 骨盆入口平面前后径比横径长
C. 骨盆出口平面横径比前后径长
D. 骨盆轴的上段向下、向后，中段向下，下段向下、向前
E. 骨盆正常倾斜度为70°

22. 分娩过程中，下列哪项是错误的
A. 宫缩时，接产者以手掌向上向为托、压会阴体保护会阴
B. 宫缩时，协助胎头俯屈
C. 待胎儿枕骨下部显露于母体耻骨弓下时，协助胎头仰伸
D. 在宫缩期不屏气情况下娩出胎头较在宫缩间歇期稍向下屏气娩出更利于保护会阴
E. 胎头娩出后仍应注意保护会阴

23. 进入第二产程的标志是
A. 宫口开全
B. 胎头拨露
C. 产妇屏气，肛门放松
D. 宫缩时会阴膨出，肛门放松
E. 胎先露降至坐骨棘水平

24. 当决定从阴道手术助产时，为了确诊胎方位，应从哪条颅缝结合囟门检查来做依据
A. 冠状缝
B. 人字缝
C. 矢状缝
D. 额缝
E. 颞缝

25. 有关分娩机转的概念中，下列哪项是正确的
A. 俯屈：变枕下前囟径为枕额周径
B. 内旋转：前囟转向母体前方

C. 仰伸：下颏部紧贴胸部
D. 外旋转：胎头枕部在外继续旋转45°以保持胎头与胎肩的垂直关系
E. 衔接：无论初产妇还是经产妇均在临产后衔接

26. 产程中胎心监护，下列哪项是错误的
A. 听胎心应在宫缩间歇期，宫缩刚结束时进行
B. 潜伏期应每隔1~2小时听胎心1次
C. 活跃期每15~30分钟听胎心1次
D. 第二产程应每15分钟听胎心1次
E. 每次胎心听诊应听1分钟

27. 下列哪项是正常产褥期的表现
A. 产后24小时体温超过38℃
B. 产后第1天宫底达脐平
C. 产后脉搏一般偏快
D. 产后24小时白细胞应恢复至正常范围
E. 产后2周恶露开始转为浆液性

28. 枕先露肛查胎头下降程度为+2是指
A. 胎头双顶径在坐骨棘平面下2cm
B. 胎头颅骨最低点在坐骨结节平面下2cm
C. 胎头颅骨最低点在坐骨棘平面下2cm
D. 胎头颅骨最低点在坐骨棘平面上2cm
E. 胎头顶骨在坐骨结节平面下2cm

29. 进入产程中的正常子宫收缩的特征，下列哪项是错误的
A. 是不随意的节律性收缩
B. 宫缩具有对称性
C. 宫缩时子宫底部最强烈，子宫下段收缩最弱
D. 子宫肌纤维在宫缩时变短变宽，间歇时松弛恢复如旧
E. 子宫收缩间隔越来越短，持续时间越来越长

30. 能够经阴道自然分娩的胎方位是
A. 枕右前位
B. 肩左前位
C. 颏左后位
D. 枕右后位
E. 颏左前位

31. 新生儿娩出后首先应
A. 断脐
B. 擦洗新生儿面部
C. 清理呼吸道
D. 刺激新生儿足部
E. 抓紧娩出胎盘及胎膜

【A_2型题】

32. 初孕妇，23岁，孕38周。规律宫缩10小时就诊。查体：胎心率136次/分，宫口开大8cm，胎头+2，胎膜未破。正确的处理措施是
A. 人工破膜并注射缩宫素
B. 5单位的缩宫素静脉滴注
C. 立刻行剖宫产术
D. 继续观察产程
E. 100mg哌替啶静脉注射

33. 一产妇临产8小时，肛查头先露，宫口已开全，先露+4，请问此时产力组成是下列哪种情况
A. 子宫收缩力
B. 子宫收缩力+腹肌收缩力
C. 子宫收缩力+膈肌收缩力
D. 子宫收缩力+腹肌收缩力+膈肌收缩力
E. 子宫收缩力+腹肌收缩力+膈肌收缩力+肛提肌收缩力

34. 初产妇，孕39周，食欲正常，昨晚8时起有腹部阵痛，一夜未睡，今晨就诊，精神疲乏。宫缩10~20秒，间隔10~35分钟，宫缩强度弱。肛查先露头，未入盆，宫口开1指尖，前羊膜囊不明显。骨盆测量无异常，最恰当的处理是
A. 肥皂水灌肠
B. 缩宫素静脉滴注
C. 人工破膜
D. 哌替啶（杜冷丁）100mg肌内注射
E. 补液支持疗法

35. 经产妇，产后第1天，诉下腹痛，有低热，出汗，咽不充血，无恶心、呕吐、腹泻。脐下二横指处触及一硬块上界，白细胞11.0×10^9/L，中性粒细胞0.75。最可能的诊断是
A. 产后子宫内膜炎
B. 子宫肌瘤红色变性
C. 产后宫缩痛
D. 卵巢囊肿扭转
E. 子宫肌炎

36. 临产4小时，宫缩25~35秒，间隔4~5分钟，胎心率150次/分，先露浮，突然阴道流水，色清，宫口开1指，下列哪项处理不当
A. 立即听胎心
B. 记录破膜时间
C. 鼓励产妇在宫缩时，运用腹压加速产程进展
D. 超过12小时尚未分娩，加用抗生素
E. 避免不必要的肛诊及阴道检查

37. 24岁，初产妇。规律宫缩10小时，连续观察2小时，宫口从6cm开大至7cm，胎头S^{+1}，胎心率140次/分。本例正确的处理是
A. 严密观察产程进展
B. 肌内注射哌替啶
C. 静脉注射缩宫素
D. 立即行人工破膜
E. 立即行剖宫产术

38. 经产妇，孕3产2，无难产史，孕39^{+2}周，3小时前开始规则宫缩。急诊检查：宫缩持续45秒，间隔3分钟，胎心

率140次/分，头位，宫口开4cm，羊膜囊明显膨出，骨盆内诊正常。此时最恰当的处理是
A. 急诊室留观
B. 破膜后住院
C. 立即住院待产
D. 急送产房消毒接生
E. 灌肠以促进产程，减少污染

39. 孕40周临产，规则宫缩12小时，破膜10小时。肛查：宫口开大5cm，先露+0.5。下列诊断哪项是正确的
A. 胎膜早破
B. 正常潜伏期
C. 正常活跃期
D. 潜伏期延长
E. 第一产程延长

40. 初产妇，足月妊娠，宫口开全1小时30分尚未分娩。阴道检查：头先露，宫口开全，胎头位于坐骨棘水平下3cm，枕左横位（LOT），胎膜已破，羊水清，胎心率145次/分，估计胎儿重3200g。本例正确处理应是
A. 行剖宫产术
B. 缩宫素静脉滴注
C. 等待阴道自然分娩
D. 徒手将胎头枕部转向前方，然后阴道分娩
E. 行产钳助产术

【A_3/A_4型题】

（41~42题共用题干）
产妇，31岁。宫口已开全，阴道检查：胎头矢状缝与骨盆横径一致，后囟门在3点，前囟门在9点。

41. 属于哪种胎位
A. LOT
B. ROT
C. LOA
D. ROA
E. LOP

42. 胎头向哪个方向转动才能娩出
A. 顺时针转90°
B. 逆时针转90°
C. 逆时针转45°
D. 顺时针转45°
E. 不需转动

（43~44题共用题干）
26岁，临产17小时，阴道有少量淡绿色液体流出，宫缩25秒/6~8分，胎心率162次/分，肛查宫口开大2cm，宫颈轻度水肿，S^{-2}。

43. 下列哪项诊断正确
A. 活跃期延长
B. 潜伏期延长
C. 原发性宫缩乏力
D. 胎儿窘迫
E. 头盆不称

44. CST监护出现频繁的晚期减速，胎心率160次/分，此时应首选哪项处理
A. 左侧卧位
B. 静脉滴注50%葡萄糖
C. 剖宫产结束分娩
D. 继续给氧
E. 静脉滴注小剂量缩宫素

（45~46题共用题干）
女性，31岁。孕1产0，孕39^{+1}周，不规则宫缩2天，阴道少许血性分泌物。查体：血压120/80mmHg，宫高35cm，腹围100cm，胎心率158次/分，宫缩20秒/10~15分，肛查宫口开指尖，NST出现早期减速。

45. 哪项诊断不正确
A. 胎儿宫内窘迫
B. 胎方位LOA
C. 活胎巨大儿
D. 先兆临产
E. 宫内足月妊娠

46. 产妇入院经处理后24小时，腹阵痛加密，宫缩35秒/3~5分，胎心率140次/分，S^{-1}，宫口开1cm。此时不应采取哪项措施
A. 入产房待产
B. 肥皂水灌肠
C. 每隔1~2小时听一次胎心音
D. 静脉滴注缩宫素加速产程
E. 每4小时做一次肛查

【B_1型题】

（47~49题共用备选答案）
A. 妇女型骨盆
B. 均小型骨盆
C. 扁平型骨盆
D. 男子型骨盆
E. 类人猿型骨盆

47. 骨盆入口呈长椭圆形，入口前后径大于横径
48. 骨盆入口呈扁椭圆形，入口横径大于前后径
49. 骨盆入口略呈三角形，坐骨棘突出，耻骨弓较窄

第七章　正常产褥

【A_1型题】

1. 符合产褥期正常临床表现的是
A. 产后呼吸浅快、脉率缓慢
B. 血性恶露持续1个月
C. 宫底在产后第1日略上升至脐平
D. 产后5~7日出现宫缩痛
E. 产后24小时有<39℃的泌乳热

2. 下列哪项正确地描述了初乳与成熟乳的比较
A. 初乳及成熟乳中，均含有大量免疫球蛋白IgA
B. 初乳中含有较多蛋白质，

主要是清蛋白
C. 初乳中脂肪及糖类含量较高
D. 初乳持续约3天以后，逐渐变为成熟乳汁
E. 大多数药物不经母血渗入乳汁中

3. 关于恶露，下述哪项不正确
A. 血性恶露有少量胎膜和坏死蜕膜组织
B. 浆液性恶露有较多坏死蜕膜组织
C. 白色恶露中含有细菌
D. 浆液性恶露持续时间为1周
E. 血性恶露持续时间为3日

4. 关于初乳，下列哪项不正确
A. 呈淡黄色，含有丰富的脂质
B. 含蛋白质多
C. 含乳糖较少
D. 含β胡萝卜素多
E. 含大量免疫抗体，如分泌型IgA

5. 母乳喂养时，避免母亲乳头皲裂最主要的措施是
A. 喂哺前消毒乳头
B. 喂哺后清洗乳头
C. 苯甲酸雌二醇涂乳头以防皲裂
D. 让新生儿早吸吮、多吸吮母乳
E. 保持新生儿正确吸吮母乳的姿势

6. 正常产后第3天，乳房胀满而痛，无红肿，乳汁少，伴低热。解决方法首选
A. 芒硝敷乳房
B. 生麦芽煎汤喝
C. 用吸奶器吸乳
D. 让新生儿多吸吮双乳
E. 少喝汤水

7. 产后第4天，双乳房胀，乳汁排流不畅，最常见的原因是
A. 进食少
B. 卧床不活动
C. 未及早按摩，热敷乳房
D. 未给新生儿早吸吮多吸吮
E. 乳头凹陷

【B_1型题】

（8~11题共用备选答案）
A. 3~5日
B. 1周
C. 10天
D. 4周
E. 6周

8. 产后胎盘附着处子宫内膜全部修复需
9. 产后子宫颈口完全恢复到正常形态需
10. 产后子宫复旧缩小至降入骨盆腔内时需
11. 轻度会阴撕裂在产后几日能自行愈合

第八章 病理妊娠

第一节 自然流产

【A_1型题】

1. 关于流产的定义，下列哪项是正确的
A. 妊娠<28周，胎儿体重<1000g
B. 妊娠<20周，胎儿体重<500g
C. 妊娠20~27周，胎儿体重<500g
D. 妊娠20~27周，胎儿体重<1000g
E. 妊娠12~20周，胎儿体重<500g

2. 关于流产，下列哪项是正确的
A. 完全流产，有腹痛，宫口松
B. 先兆流产，出血量少，宫口闭
C. 不全流产，宫口闭，出血少
D. 难免流产，宫口闭，出血少
E. 稽留流产，胚胎死亡达4周以上未自然排出

3. 先兆流产与难免流产的主要鉴别要点是
A. 出血时间长短
B. 下腹痛的程度
C. 早孕反应是否存在
D. 宫口开大与否
E. 妊娠试验结果

4. 关于自然流产的症状，下列哪项是错误的
A. 妊娠12周后，先阴道流血后腹痛
B. 晚期流产一般出血不多
C. 妊娠8~12周，阴道流血较多
D. 妊娠8周前出血不多
E. 妊娠8周后，不完全流产较多

5. 妊娠早期流产的主要原因是
A. 生殖器官异常
B. 母体全身疾病
C. 遗传基因缺陷
D. 外界不良因素
E. 免疫因素

6. 复发性晚期流产最常见于
A. 先天性卵巢发育异常
B. 妊娠合并卵巢囊肿
C. 子宫解剖异常
D. 孕卵发育异常
E. 黄体发育不健全

7. 关于流产的治疗原则，下列哪项是错误的
   A. 难免流产应行刮宫术
   B. 不全流产应行刮宫术
   C. 患者自述阴道有组织物从阴道内排出，但阴道流血未见减少，应行刮宫术
   D. 流产合并感染出血不多，应抗感染及刮宫同时进行
   E. 子宫颈内口松弛者，应在妊娠14~18周时行宫颈环扎术
8. 妊娠12周，阴道流血7天，体温38℃，白细胞12×10^9/L，首先处理方法是
   A. 立即刮宫后再给抗生素
   B. 立即给抗生素后再刮宫
   C. 观察阴道出血时再刮宫
   D. 立即给麦角注射
   E. 保胎治疗
9. 停经10周的宫颈妊娠，其最佳处理是
   A. 刮宫术后，注射缩宫素
   B. 刮宫术后，宫颈塞纱条
   C. 必要时输血
   D. 术前给予MTX治疗，再予刮宫处理
   E. 子宫全切除术
10. 子宫小于孕3个月的稽留流产，其处理原则应是
   A. 先给予抗生素，后行钳刮术
   B. 立即行宫颈扩张及钳刮术
   C. 先给予缩宫素，后行钳刮术
   D. 先给予雌激素，后行钳刮术
   E. 药物引产
11. 关于难免流产哪项是错误的
   A. 阴道流血增加
   B. 下腹痛加剧
   C. 有部分胎盘嵌顿于宫颈口，部分胎盘排出
   D. 宫口开
   E. 子宫体与孕周相符或略小于孕周
12. 关于复发性流产，下列哪项是错误的
   A. 每次流产往往发生在相同妊娠月份
   B. 临床过程和一般流产相同
   C. 自然流产连续发生2次或以上者
   D. 病因之一与染色体异常有关
   E. 晚期习惯性流产常因宫口松弛引起
13. 下列哪项不是稽留流产严重出血的原因
   A. 妊娠子宫血运丰富易出血
   B. 胎盘机化，粘连宫壁，易致残留
   C. 稽留日久，易发生凝血功能障碍
   D. 雌激素不足，子宫对缩宫素不敏感，易宫缩不良
   E. 胚胎组织粘连宫壁，刮宫易致子宫穿孔
14. 关于流产合并感染的处理，下列何项是错误的
   A. 立即刮宫以清除宫腔内容物，同时给予广谱抗生素
   B. 原则上先给予抗生素控制感染，再行刮宫
   C. 出血多者在静脉应用抗生素同时取出宫内大块残留，以减少出血，感染控制后再行清宫术
   D. 患者出现感染性休克，应积极抗休克
   E. 如出现盆腔脓肿应做切开引流术
15. 关于稽留流产的处理，下述何项是错误的
   A. 刮宫前先做凝血功能检查，防止术时因凝血障碍而大出血
   B. 刮宫前必须先用雌激素以提高子宫肌肉对缩宫素的敏感性
   C. 刮宫前做好备血、输液准备
   D. 力争做到一次刮净，以防因不全而出血
   E. 过期流产胎盘机化，术中谨防穿孔

【A_2型题】

16. 患者，女，29岁。下腹部阵发性疼痛及阴道流血2天，停经48天。妇科检查：子宫稍大，宫口开大2cm，胎囊堵塞于宫颈口内，本例最可能的诊断是
   A. 难免流产
   B. 不全流产
   C. 稽留流产
   D. 复发流产
   E. 先兆流产
17. 患者，女，25岁。停经48天，1个月前曾不正规服用过探亲避孕片。现阴道少量出血5天，伴腹痛，B超示宫内早孕，下列哪项为最佳处理方案
   A. 注射黄体酮
   B. 注射绒毛膜促性腺激素
   C. 吸宫术终止妊娠
   D. 中药安胎
   E. 注射缩宫素
18. 患者，女，24岁。妊娠19周无胎动，下腹膨隆不明显。检查：宫颈口闭，无血染，子宫2个月妊娠大小。B超示胎心消失，入院后应最重视下列哪项实验室检查
   A. 凝血功能检查
   B. 肝功能
   C. 肌酐
   D. 尿蛋白
   E. 血红蛋白
19. 患者，女，25岁。婚后2年，漏服避孕药3天后停经50天，妊娠试验阳性，阴道流血1周，略少于月经量，时伴有腹痛，她希望有1个健康的孩子，应选择哪项措施最佳
   A. 注射黄体酮保胎

B. 口服大量甲羟孕酮
C. 卧床休息，服用苯巴比妥
D. 行刮宫术
E. 复查妊娠试验

20. 患者，女，30岁。停经16周，1个多月来有少量阴道出血，检查腹部无明显压痛、反跳痛，子宫颈口未开，子宫增大如孕8周。最可能的诊断为
A. 先兆流产
B. 难免流产
C. 不全流产
D. 完全流产
E. 稽留流产

21. 患者，女，25岁。停经10周，阴道少量流血1周，大量流血3天，伴下腹胀痛，昨日起有畏寒、发热。查血压80/60mmHg，脉搏120次/分，面色苍白，神清，阴道有活动性流血，子宫如妊娠50天大、软，宫口松，可容1指，宫口外仍有组织堵塞，子宫压痛明显，双侧穹隆未触及肿块，但有压痛。血红蛋白80g/L，白细胞18×10^9/L，中性粒细胞0.85，除立即抗休克抗炎治疗外，应做何恰当处理
A. 立即钳夹出残留之胚胎组织
B. 3天后再行刮宫术
C. 立即行刮宫术
D. 立即静脉滴注缩宫素
E. 静脉滴注止血药

22. 初孕妇，25岁。停经50天，阵发性腹痛伴阴道流血3天。妇科检查：宫口开大1cm，有羊膜囊堵塞子宫口，子宫孕50天大小。最可能的诊断是
A. 过期流产
B. 先兆流产
C. 难免流产
D. 完全流产
E. 复发性流产

23. 患者，女，23岁。停经10周前来就诊，诊断为“难免流产”，下列病史及查体哪项与诊断不符
A. 宫口闭，阴道出血少于经量
B. 宫颈口可见羊膜囊
C. 阴道多量出血伴腹痛
D. 多由先兆流产发展而来
E. 宫口扩张，宫体如孕9周大小

【A_3/A_4型题】

（24~25题共用题干）

患者，女，34岁。有连续3次晚期自然流产史，现妊娠16^{+6}周，阴道少量出血、下坠感。检查：阴道少量出血，宫颈口开约2cm，宫体前倾4^+月妊娠大小，无宫缩，附件（-）。

24. 孕妇最可能的诊断是
A. 不全流产
B. 过期流产
C. 早期流产
D. 复发性（习惯性）流产
E. 完全流产

25. 下列处理哪项最为重要
A. 镇静药
B. 禁止性生活
C. 黄体酮注射
D. 维生素E
E. 宫颈内口环扎术

（26~28题共用题干）

孕2月孕妇，平时体健，昨晚始下腹痛伴出血，量多，今日出血仍多并感头晕、视物模糊，来医院途中昏倒，急救入院。检查：外阴有大量血迹，阴道内积血块，宫颈口开，内可触及软性胚胎组织，宫体2月妊娠大小，面色苍白，血压9.3/7.3kPa（70/50 mmHg），脉搏120次/分。

26. 估计出血量
A. 100ml
B. 200ml
C. 300ml
D. 400ml
E. >500ml

27. 最可能诊断
A. 难免流产伴休克
B. 不全流产伴休克
C. 前置胎盘伴休克
D. 输卵管妊娠伴休克
E. 胎盘早剥伴休克

28. 此时最合适处理是纠正休克的同时给
A. 清宫
B. 缩宫素静脉滴注
C. 维生素K
D. 前列腺素
E. 升压药

（29~31题共用题干）

患者，女，28岁。诉妊娠16^{+6}周，昨搬重物后，腰酸、下坠感，今上午下腹始有阵痛，持续加重。半小时前阴道有流液，量较多，湿透内裤，急诊来院。

29. 最可能的诊断是
A. 先兆流产
B. 难免流产
C. 不全流产
D. 完全流产
E. 复发性流产

30. 最有助于该诊断的检查是
A. 测宫缩
B. 听胎心
C. 测阴道液体pH
D. 尿hCG定性
E. 血常规

31. 如确诊胎膜已破，此患者最适当处理是
A. 安胎
B. 刮宫
C. 用宫缩药物尽早使胚胎，胎盘组织排出
D. 抗炎
E. 输血

（32~34题共用题干）

患者，女，28岁。因停经52天，阴道出血1周，诊断先兆流产，入院安胎。次日腹痛伴阴道流血增多，蹲厕时见有组织物排出，阴道出血仍不止，腹痛

减轻。

32. 最可能的诊断是
   A. 难免流产
   B. 不全流产
   C. 完全流产
   D. 稽留流产
   E. 复发性流产
33. 最有助于诊断的检查是
   A. B型超声检查
   B. 阴道检查子宫大小和宫口扩张情况
   C. 血β-hCG定量测定
   D. 后穹隆穿刺有不凝血液
   E. 阴道检查宫颈举痛
34. 此时最恰当的处理是
   A. 清宫
   B. B超检查宫腔有无残留胚胎，然后决定处理方案
   C. 缩宫素静脉滴注
   D. 抗炎+观察
   E. 宫腔镜检查

【B_1型题】

（35~37题共用备选答案）
   A. 流产感染
   B. 稽留流产
   C. 先兆流产
   D. 难免流产
   E. 不全流产
35. 停经3月余，子宫如妊娠40天大小
36. 停经11周，少量阴道流血3天，子宫符合孕月，宫口未开
37. 停经3个月，下腹胀痛，伴中等量阴道流血1天，子宫大小如50天，宫口松，容1指，宫内似有组织可触及

（38~39题共用备选答案）
   A. 易引起DIC
   B. 易引起失血性休克
   C. 易引起颈管粘连
   D. 易引起迷走神经综合征
   E. 最易致肠管损伤
38. 稽留流产
39. 不全流产

第二节　早　　产

【A_1型题】

1. 下列关于早产的概念正确的是
   A. 妊娠20足周至不满37足周间终止者
   B. 妊娠24足周至不满36足周间终止者
   C. 妊娠28足周至不满36足周间终止者
   D. 妊娠28足周至不满37足周间终止者
   E. 妊娠28足周至不满38足周间终止者
2. 不属于早产原因的是
   A. 孕妇患慢性肾炎
   B. 胎儿脑积水
   C. 胎膜早破
   D. 双子宫的一侧妊娠
   E. 营养不良

第三节　过期妊娠

【A_1型题】

1. 与过期妊娠无关的是
   A. 羊水过多
   B. 头盆不称
   C. 巨大胎儿
   D. 雌、孕激素比例失调
   E. 无脑儿畸胎
2. 关于过期妊娠，下列哪项是正确的
   A. 凡预产期超过2周，尚未临产者均为过期妊娠
   B. 妊娠过期越久，胎儿体重越大
   C. 过期妊娠易发生胎儿窘迫
   D. 与孕妇孕激素相对过少有关
   E. 过期妊娠孕妇尿中E3水平正常

第四节　异位妊娠

【A_1型题】

1. 输卵管壶腹部妊娠，其多见的结果为
   A. 输卵管妊娠流产
   B. 输卵管妊娠破裂
   C. 胚胎可发育至3个月以上
   D. 输卵管妊娠中最危险的一种
   E. 胚胎死亡吸收
2. 有关异位妊娠，下述哪项是正确的
   A. 以间质部妊娠最常见
   B. 一般子宫增大情况与停经天数相符
   C. 子宫内膜也发生蜕膜变化
   D. 阴道流血多，易致失血性休克

E. 后穹隆穿刺阴性可否定异位妊娠

3. 关于早期异位妊娠的诊断下述哪项最重要
A. 病史
B. 腹部检查及阴道检查
C. 后穹隆穿刺
D. hCG 测定
E. 诊刮

4. 输卵管妊娠应立即手术治疗的是
A. 阴道持续出血
B. 休克
C. 后穹隆穿刺抽出血液
D. 妊娠试验阳性
E. 一侧附件扪及包块

5. 输卵管妊娠胚胎死亡的可靠依据是
A. 阴道少量流血
B. 排出蜕膜管型
C. 尿妊娠试验阴性
D. 早孕反应消失
E. 腹痛减轻

6. 异位妊娠是指
A. 受精卵着床于子宫以外
B. 受精卵着床于子宫+附件以外
C. 受精卵着床于子宫体腔以外
D. 受精卵着床于腹腔以外
E. 受精卵着床于宫颈管以外

7. 输卵管妊娠最常见的部位是
A. 输卵管部
B. 输卵管峡部
C. 输卵管间质部
D. 输卵管间质部与峡部之间
E. 输卵管壶腹部

8. 输卵管妊娠的特征下列哪项是错误的
A. 输卵管峡部妊娠发生破裂的时间较早
B. 输卵管间质部妊娠破裂时，出血最多，后果最严重
C. 输卵管妊娠中以壶腹部妊娠最多见
D. 妊娠试验常阳性
E. 后穹隆穿刺常可抽得正常可凝血液

9. 关于输卵管妊娠的诊断哪项是错误的
A. 有时没有停经史诊断仍可成立
B. 后穹隆穿刺抽不出血液可排除异位妊娠
C. 阴道有蜕膜管型排出有助诊断
D. 输卵管妊娠破裂常有晕厥与休克
E. 盆腔检查时宫颈可有举痛

10. 急性输卵管妊娠破裂或流产手术应遵循哪项原则
A. 尽快钳夹出血处，切除或保留患侧输卵管
B. 切除子宫
C. 进行对侧输卵管整形术
D. 切除患侧附件
E. 尽量吸出腹腔血液做自体输血

【A_2 型题】

11. 26 岁，初孕妇。停经 48 日后出现阴道少量流血伴右下腹隐痛。今晨起床时突然右下腹剧痛来院。检查：血压 90/60mmHg，面色苍白，下腹稍膨隆，右下腹压痛明显，肌紧张不明显，叩诊移动性浊音（±）。妇科检查：子宫稍大稍软，右附件区触及有压痛包块。正确诊断应是
A. 输卵管妊娠流产
B. 输卵管间质部妊娠破裂
C. 急性阑尾炎
D. 急性输卵管炎
E. 右侧卵巢肿瘤蒂扭转

12. 停经 5 周，子宫稍大、软，附件可触及包块，妊娠试验阳性，宫腔吸出物约 5g，下沉于水中。当晚突然下腹撕裂样痛，肛门坠胀感，血压下降，诊断是
A. 子宫内膜炎
B. 子宫穿孔
C. 血液流入腹腔
D. 子宫颈管裂伤
E. 输卵管妊娠破裂

13. 女性，30 岁。停经 46 天后，下腹部隐痛半月余，然后阴道持续少量出血 3 天多，右侧附件触及鸡蛋大韧性包块，考虑为
A. 子宫肌瘤
B. 卵巢囊肿
C. 子宫内膜异位症
D. 陈旧性异位妊娠
E. 妊娠黄体

【A_3/A_4 型题】

（14~16 题共用题干）

女性，30 岁。已婚。平时月经规律。停经 40 天，右下腹剧痛 4 小时伴头晕及肛门坠胀感。查体：BP 80/56mmHg，面色苍白，痛苦貌。下腹部压痛及反跳痛（+），尤以右侧为著，肌紧张不明显，移动性浊音（+）。妇科检查：宫颈举痛，宫体稍大，右附件区触及不规则包块，大小约 4cm×3cm×3cm，压痛（+）。血红蛋白 100g/L。

14. 该患者最可能的诊断是
A. 卵巢滤泡囊肿破裂
B. 卵巢黄体囊肿破裂
C. 卵巢囊肿蒂扭转
D. 输卵管妊娠破裂
E. 卵巢子宫内膜异位囊肿破裂

15. 该患者简单可靠的辅助检查是
A. 腹部 X 线检查
B. 宫腔镜检查
C. 腹部 CT 检查
D. 腹腔镜检查
E. 阴道后穹隆穿刺

16. 该患者正确的处理措施是
A. 手术治疗
B. 中药活血化瘀
C. 局部注射氨甲蝶呤

D. 对症处理，严密观察
E. 肌内注射氨甲蝶呤
（17~18 题共用题干）
女性，32 岁。停经 56 天，3 天前开始有少量断续阴道出血，昨日始右下腹轻痛，今晨加重，呕吐 2 次。妇科检查：子宫口闭，宫颈举痛（+），子宫前倾前屈，较正常稍大、软，子宫右侧可触及拇指大小较软之块物，尿 hCG（±），后穹隆穿刺吸出 10ml 不凝血液。血象：白细胞 10×10^9/L，中性粒细胞 0.8，血红蛋白 75g/L，体温 37.5℃，血压 75/45mmHg。
17. 最可能的诊断是
A. 不完全流产
B. 右卵巢黄体破裂
C. 右输卵管妊娠
D. 急性附件炎
E. 卵巢囊肿蒂扭转
18. 处理方法下列哪项是正确的
A. 抗休克同时立即手术
B. 白细胞计数较高先用抗生素
C. 次日复验 hCG 定量
D. 为排除流产可能先刮宫
E. 药物止血
（19~20 题共用题干）
女性，36 岁。停经 106 天，尿妊娠试验阳性。妇科检查见阴道有不完全横隔，子宫左前方有 15 孕周大的圆形肿块，与子宫相连但可分离，B 超宫腔内无胚胎，而宫旁肿块内有胚胎图像，手术所见妊娠肿块居于圆韧带附着处的外侧。
19. 最可能诊断是
A. 输卵管间质妊娠
B. 卵巢妊娠
C. 子宫残角妊娠
D. 腹腔妊娠
E. 宫颈妊娠
20. 最合适的处理是
A. 全子宫切除术
B. 切除残角子宫
C. 全子宫切除+双附件切除
D. 残角子宫切除+圆韧带复位
E. 缩宫素静脉滴注

第五节　妊娠期高血压疾病

【A₁ 型题】

1. 硫酸镁治疗妊娠期高血压疾病剂量过大时，最先出现的毒性反应是
A. 头晕，血压过低
B. 呼吸减慢
C. 心率减慢
D. 膝反射减退或消失
E. 尿量过少
2. 妊娠期高血压疾病的诊断方面，下述哪项是正确的
A. 妊娠后期血压有一次在 130/90mmHg 以上
B. 高血压、水肿、蛋白尿三者具备，为重度子痫前期
C. 重度子痫前期血压必须在 180/110mmHg 以上
D. 子痫一般有前驱症状
E. 妊娠期高血压疾病大多有后遗症
3. 妊娠期高血压疾病时 24 小时尿蛋白定量达到或超过下述何项列为重度子痫前期
A. ≥1.0g/24h
B. 3.0g/24h
C. 5.0g/24h
D. ≥10g/24h
E. ≥15g/24h
4. 妊娠期高血压疾病的产科处理，下述哪项是错误的
A. 孕<36 周，经治疗病情好转而稳定，可继续妊娠
B. 孕 28~34 周，积极治疗 24~48 小时病情仍加重，促胎肺成熟后，应考虑终止妊娠
C. 孕 37 周，经积极治疗 24~48 小时病情继续恶化，应继续积极治疗至病情稳定后终止妊娠
D. 子痫患者应积极治疗，控制抽搐 2 小时终止妊娠
E. 引产失败应行剖宫术
5. 妊娠期高血压疾病中，下列哪项不表明需要扩容治疗
A. 血细胞比容 0.39
B. 中心静脉压降低
C. 尿比重 1.025，尿量偏少
D. 血浆纤维蛋白原增多
E. 低蛋白性水肿

【A₂ 型题】

6. 妊娠期高血压病患者，正常分娩胎盘自然娩出时失血不多，产后突然发生面色苍白、血压下降、脉搏细弱，其发病原因不考虑下列哪一项
A. 患者对失血的耐受性降低
B. 孕期长期限盐，引起低钠血症
C. 产后腹压突降，内脏血管扩张，回心血量减少
D. 并发子宫破裂，内出血
E. 产前有血容量偏低，未很好纠正

第六节 前置胎盘

【A_1 型题】

1. 阴道大流血、休克，疑为前置胎盘，以下哪一项检查最合适
   A. 肛诊
   B. 阴道检查
   C. 窥器检查
   D. 超声检查胎盘定位
   E. 以上均不恰当
2. 中央性前置胎盘大出血的治疗方法哪项是正确的
   A. 如为臀位，行足牵引
   B. 缩宫素引产
   C. 胎头吸引助产
   D. 剖宫产
   E. 人工破膜，头皮钳牵引压迫止血
3. 前置胎盘病例，仅适用于阴道分娩的是
   A. 部分性前置胎盘而胎儿为头位
   B. 边缘性前置胎盘而胎儿为头位
   C. 部分性前置胎盘而胎儿为臀位
   D. 低置胎盘而胎儿为臀位
   E. 以上都不是
4. 前置胎盘的正确处理是
   A. 有阴道出血，即终止妊娠
   B. 分娩方式，宫口开，剖宫产
   C. 胎儿死亡，均以阴道分娩
   D. 疑有前置胎盘，肛诊时宜轻柔
   E. 大出血时，可不经阴道检查，做剖宫产
5. 完全性前置胎盘不可能发生在下述何种情况
   A. 胎位 LST，单臀，先露未入盆
   B. 胎位 RSCP
   C. 胎位 LOP，胎头未入盆
   D. 胎位 ROA，先露已衔接
   E. 胎位 LOT，先露高浮
6. 下列哪项不符合中央性（完全性）前置胎盘的常见临床表现
   A. 胎位不正的发生率高
   B. 先露高浮
   C. 第一次出血多在孕 36 周以后
   D. 易发生出血性休克
   E. 较其他类型前置胎盘易发生胎儿宫内窘迫
7. 下列哪项不符合前置胎盘的表现
   A. 先露下降受阻
   B. 无痛性阴道流血
   C. 子宫下段闻及胎盘血流音
   D. 子宫张力较高，胎心音不易闻及
   E. 宫底高度与孕周相符

【A_2 型题】

8. 初孕妇，确诊为部分性前置胎盘，流血多，BP 90/60mmHg，宫口开大 4.0cm，胎头棘下 2.0cm，胎心尚好，应在输血的同时行
   A. 人工破膜
   B. 头皮钳
   C. 胎头吸引
   D. 剖宫产
   E. 臀位时，牵引胎足压迫止血
9. 25 岁，初孕妇，孕 36 周。B 超诊断为前置胎盘，阴道流血多，血压 80/60 mmHg，宫口开大 4.0cm，先露头棘上 2.0cm，胎心尚好，最恰当的处理是
   A. 人工破膜
   B. 剖宫产
   C. 头皮钳
   D. 产钳
   E. 胎头吸引
10. 经产妇，妊娠 37 周，无原因出现无痛性阴道出血，经卧床休息，给予镇静药未见明显好转，阴道仍有活动性出血，初步诊断为前置胎盘，为了决定分娩方式，拟确定前置胎盘类型，应进行
    A. 输液配血行肛门检查
    B. 输液配血行阴道检查
    C. 超声检查胎盘定位
    D. X 线检查软组织
    E. 放射性核素扫描法
11. 初孕妇，27 岁。妊娠 39 周，枕右前，无明显诱因出现无痛性阴道流血已 3 天，流血量达 400ml，胎心良好，140 次/分，无明显宫缩，诊断为前置胎盘。本病例恰当的处理应是
    A. 绝对卧床，给镇静药物观察病情变化
    B. 立即行人工破膜
    C. 静脉滴注缩宫素引产
    D. 行剖宫产术
    E. 以上都不是
12. 初孕妇，妊娠 33 周。无痛性阴道少量出血，无贫血外观，血压 120/80mmHg，臀位，先露浮，胎心率 132 次/分，B 超确认为前置胎盘，其处理是
    A. 立即剖宫产
    B. 输血
    C. 人工破膜引产
    D. 人工破膜静脉滴注缩宫素
    E. 期待疗法
13. 27 岁，G_1P_0，孕 32 周，头位。阴道出血 3 天、量少，无腹痛，胎心正常，无明显宫缩，诊断为前置胎盘，恰当处理是
    A. 绝对卧床，给予镇静药，观察病情变化
    B. 立即行人工破膜
    C. 立即行缩宫素引产，宫口

开大后行碎胎术
D. 立即行剖宫产术
E. 立即人工破膜及点滴缩宫素

14. 24岁，G_2P_1，孕30周。阴道流血3天，增多2小时，急诊入院，查血压90/60mmHg，脉搏112次/分，宫底剑突下三横指，臀先露，LSA，胎心136次/分，有规则宫缩。为进一步确诊，首选下列哪项检查
A. 肛查
B. 阴道检查
C. B型超声检查
D. 颈管内指诊
E. 腹部平片

15. 妊娠37周患者，早晨醒来时发现躺在血泊中，急诊送入院。查体：血压90/60mmHg，脉搏120次/分，神清，宫高37cm，臀先露，高浮，胎心音160次/分，骨盆正常，阴道少量活动性流血。选哪项处理最恰当
A. 人工破膜
B. 期待疗法
C. 在输血输液同时行剖宫产
D. 臀位牵引术
E. 缩宫素滴注引产

【A_3/A_4型题】

（16~18题共用题干）

29岁孕妇，妊娠32周。3周内阴道少量流血2次，今凌晨突然阴道流血多于月经量，无腹痛，血压100/80mmHg，脉率96次/分，宫高30cm，腹围85cm，臀先露，未入盆，胎心音清楚，144次/分。

16. 应最先考虑的疾病是
A. 早产
B. 前置胎盘
C. 胎盘早期剥离
D. 宫颈息肉
E. 妊娠合并宫颈癌

17. 以下辅助检查中应首选哪一项对确定诊断意义最大
A. 血常规
B. 血小板测定
C. B超
D. X线片
E. 阴道检查

18. 下述何项处理是错误的
A. 住院观察
B. 绝对卧床休息
C. 配血备用
D. 口服镇静药片
E. 肛指检查

（19~21题共用题干）

初产妇，孕37周。清晨骤醒发现躺在血中，急诊入院。查：血压90/60 mmHg，脉搏120次/分，神清。胎心音160次/分，阴道少量活动性流血。

19. 其胎方位下述哪种可能性最小
A. LOT，胎头高浮
B. ROA，先露已衔接
C. 臀位
D. 横位
E. ROP，先露未入盆

20. 此时所需的检查不应包括哪一项
A. 血红蛋白+出凝血时间
B. 配血
C. OCT（缩宫素激惹试验）
D. B超
E. 普鲁卡因皮试

21. 你认为最恰当的处理是
A. 止血、输液，等待足月终止妊娠
B. 争取破膜后头皮钳牵引压迫止血
C. 输血补液，待血压、心率稳定，胎心正常后行剖宫产术
D. 立即备血，急诊剖宫产术
E. 备血或输血情况下根据胎方位及胎产式决定分娩方式

第七节 胎盘早剥

【A_1型题】

1. 关于胎盘早剥时的处理，正确的是
A. 纠正休克，大量补液
B. 确诊为轻型者，可行期待疗法
C. 经阴道分娩者不宜破膜
D. 孕妇情况恶化，不论胎儿是否存活，均应及时行剖宫产术
E. 应用肝素治疗凝血功能障碍

2. 胎盘早期剥离的严重并发症是
A. 失血性休克
B. 产后出血
C. 产后感染
D. 凝血功能障碍
E. 子宫卒中

3. 关于胎盘早剥哪项是正确的
A. 先期待疗法，后考虑终止妊娠
B. 多无诱因，往往在半夜阴道出血
C. 易发生产后出血，为软产道损伤所致
D. 贫血程度与阴道出血量成正比
E. 胎盘早剥Ⅲ度子宫坚硬，压痛，宫底逐渐升高，胎心不清

4. 最易发生DIC的疾病是
A. 妊娠期高血压疾病
B. 前置胎盘
C. 胎盘早期剥离
D. 死胎
E. 羊水过多症

5. 初孕妇胎盘早剥Ⅲ度，宫口开大4cm，最佳的处理方法是

A. 人工破膜加静脉滴注缩宫素
B. 剖宫产
C. 人工破膜加头皮钳牵引
D. 静脉滴注缩宫素
E. 抗休克同时给予抗凝药

6. 正常位置胎盘早剥，哪一项是错误的
A. 附着在子宫下段，胎盘发生剥离
B. 妊娠晚期阴道流血，腹痛，首先考虑胎盘早剥
C. 胎盘早剥一旦确诊，应尽快终止妊娠
D. 症状出现争取6小时内结束分娩
E. 重症胎盘早剥可诱发DIC

7. 诊断胎盘早剥Ⅲ度的依据，下列哪项是错误的
A. 胎盘异常
B. 胎心听不到
C. 子宫底不断升高
D. 少量阴道流血
E. 子宫常大于孕周

8. 下列哪种情况不是胎盘早剥Ⅲ度的临床表现
A. 剧烈腹痛后，阴道流血
B. 阴道出血量与全身症状不成正比
C. 子宫底升高
D. 子宫板状
E. 胎位、胎心清晰

9. 下列哪项处理胎盘早剥是错误的
A. 重度胎盘早剥，不能在短时间内结束分娩者剖宫产
B. 发现子宫胎盘卒中，立即行子宫切除术
C. 轻度胎盘早剥，胎儿存活，胎儿窘迫者剖宫产
D. 破膜后产程无进展，孕妇情况恶化，胎儿死亡，亦要行剖宫产
E. 初产妇轻度胎盘早剥，估计短时间能结束分娩者可阴道分娩

10. 关于胎盘早剥的描述，哪项不准确
A. 常发生于妊娠期高血压疾病患者
B. 附着在子宫下段的胎盘发生剥离而引起临床症状
C. 胎盘早剥Ⅲ度提示胎盘剥离面超过1/2
D. 重型隐性胎盘早剥易诱发DIC
E. 胎盘早剥一经确诊应迅速结束分娩

【A_2型题】

11. 妊娠36周，突然发生剧烈腹痛，面色苍白，血压降至80/60mmHg，脉弱，腹部检查子宫硬如板状，有压痛，胎位触不清，胎心听不清，确诊为重型胎盘早期剥离。宫口开大1cm，本病例最恰当的处理是
A. 行剖宫产
B. 静脉滴注缩宫素
C. 人工破膜后静脉滴注缩宫素
D. 人工破膜后头皮钳牵引
E. 以上都不是

12. 孕1产0，妊娠35周，因外伤后腹痛，伴少许阴道出血，胎心变快，诊断为胎盘早剥，正确处理是
A. 进行肛查了解宫口开大情况
B. 给镇痛镇静药以减轻症状
C. 立即剖宫产
D. 立即内诊，根据宫口开大情况，进一步决定分娩方式
E. 因孕月小、有胎心，宜尽量等待、保守观察

13. 初孕妇，孕37周。为羊水过多患者，规律宫缩10小时，破膜后突然剧烈腹痛，少量阴道流血。查体：血压90/60mmHg，脉搏110次/分，宫底剑突下一横指，有压痛，胎心胎位不清，宫口开2cm，先露S^{+1}。该例患者最恰当的处理是
A. 头皮钳牵引
B. 静脉滴注缩宫素
C. B超
D. 给抗凝药物
E. 肌内注射哌替啶

【A_3/A_4型题】

（14～16题共用题干）

初孕妇，妊娠39周，剧烈持续腹痛4小时入院。贫血貌，血压130/80mmHg，脉搏120次/分，子宫硬，不松弛，有局限性压痛，胎位不清，胎心率110次/分，阴道少量流血，肛查宫口未开。

14. 可能的诊断是
A. 前置胎盘
B. 子痫前期
C. 继发性贫血
D. 低张性子宫收缩乏力
E. 胎盘早剥

15. 为明确诊断，最有价值的辅助检查是
A. 胎心监护
B. 阴道检查
C. B超
D. 血红细胞计数及血红蛋白值
E. 血白细胞计数及分类

16. 此时最正确的处理应是
A. 输血输液
B. 静脉滴注缩宫素引产
C. 给予镇静药等待产程发动
D. 剖宫产结束分娩
E. 以上都不是

第八节　死　　胎

【A_1 型题】

1. 有关死胎的叙述，下列哪项不正确
   A. 胎死宫内约有一半为胎儿缺氧所致
   B. 胎死宫内 3 周以上未娩出可引发凝血功能障碍
   C. 宫底停止升高是死胎最可靠的诊断依据
   D. 雌激素能提高死胎患者子宫对缩宫素的敏感性
   E. 颅骨重叠或脊柱成角变曲是死胎的征象

【A_3/A_4 型题】

（2~4 题共用题干）

女性，28 岁，于妊娠早期有早孕反应，尿 hCG 阳性。于妊娠 17 周时感有胎动。B 超示单胎，头位，见心脏搏动。现为妊娠 26 周，近 2 周来自觉胎动停止，腹部不再增大，来门诊检查。宫底平脐，未闻及胎心，复查 B 超未见胎心搏动和胎动。

2. 临床诊断是
   A. 过期流产
   B. 习惯性流产
   C. 死胎
   D. 死产
   E. 葡萄胎
3. 最需要的实验室检查是
   A. 白细胞计数分类
   B. 血糖
   C. 凝血功能检查
   D. 肝功能
   E. 肾功能
4. 实验室检查正常，此时首选的治疗方法应是
   A. 钳刮
   B. 雌激素+刮宫
   C. 雌激素+刮宫+抗感染
   D. 中期妊娠引产
   E. 肌内注射缩宫素

第九节　胎儿窘迫

【A_1 型题】

1. 引起胎儿窘迫最常见的原因是
   A. 胎盘功能不良
   B. 脐带先露
   C. 妊娠期高血压疾病
   D. 脐带脱垂
   E. 羊水过少
2. 下列各项，不属于胎儿窘迫临床表现的是
   A. 胎动减弱，次数减少
   B. 胎心率 100 次/分
   C. 头位临产后羊水有胎粪污染
   D. 胎心率基线变异率 < 3 次/分
   E. 胎儿头皮血 pH 7.25
3. 关于胎儿窘迫的治疗原则，正确的是
   A. 急性胎儿窘迫者，应根据孕周、胎儿成熟度和窘迫程度决定处理方案
   B. 胎儿窘迫不严重者可给予吸氧，嘱产妇左侧卧位，如胎心率变正常者可继续观察
   C. 如果宫口开全，胎先露已达坐骨棘以下 3cm 者，应剖宫娩出胎儿
   D. 胎儿窘迫严重者，且处理无效者，应尽快助产经阴道娩出胎儿
   E. 慢性胎儿窘迫，应根据孕周和窘迫程度决定处理方案，可不考虑胎儿成熟度

第十节　胎膜早破

【A_1 型题】

1. 下列各项，胎膜早破时阴道流液的 pH 是
   A. ≤4.5
   B. 4.6~5.4
   C. 5.5~6.0
   D. 6.1~6.4
   E. ≥6.5
2. 以下关于胎膜早破的定义，叙述正确的是
   A. 指胎膜在预产期前破裂
   B. 指临产前胎膜破裂
   C. 指妊娠未足月（不满 37 周）时胎膜破裂
   D. 妊娠满 37 周后，发生胎膜破裂
   E. 胎头娩出前，发生胎膜破裂

第九章　妊娠合并内、外科疾病

【A_1型题】

1. 孕早期心脏病患者，决定是否能继续妊娠的最重要依据是
   A. 心脏病种类
   B. 心脏病变部位
   C. 心功能分级
   D. 症状严重程度
   E. 有否以往生育史
2. 妊娠合并风湿性心脏病，下列哪个体征是早期心衰的可靠诊断依据
   A. 心界扩大
   B. 心尖部闻及Ⅱ级收缩期杂音
   C. 肺底部持续性湿啰音
   D. 休息时心率>110次/分
   E. 下肢凹陷性水肿Ⅰ度
3. 促使心脏病孕妇死亡的主要因素是
   A. 心脏病病程长
   B. 产程中用力过度致心衰
   C. 孕妇年龄大
   D. 心衰与感染
   E. 产后哺乳致心衰
4. 妊娠合并心脏病孕妇分娩期血流动力学变化，下述哪项是错误的
   A. 第一产程，规律宫缩使周围循环阻力增加，回心血量减少
   B. 第二产程，宫缩加上腹压，周围阻力增大
   C. 第二产程，腹压增高使内脏血流涌向心脏，回心血量增加
   D. 第三产程，子宫迅速缩小，腹压减低，大量血液流回内脏血管，回心血量减少
   E. 第三产程，胎儿娩出后子宫胎盘循环停止，大量血液进入体循环，回心血量增加
5. 关于妊娠合并心脏病的处理下列哪项是错误的
   A. 发绀型心脏病患者经手术矫治，心功能改善为Ⅰ~Ⅱ级者，可以妊娠
   B. 早孕期有心衰发作者，应于心衰控制后终止妊娠
   C. 换瓣手术的心脏病妇女，由于凝血功能的特殊要求，不宜妊娠
   D. 单纯因二尖瓣病变而心功能恶化的孕期妇女，可以在孕期做心脏矫治手术后继续妊娠
   E. 心功能Ⅲ级以上者，产后不宜哺乳，应予产褥早期回乳
6. 妊娠合并心脏病者，下列哪项不是早期心衰体征
   A. 轻微活动后有胸闷、气促及心悸感
   B. 休息时心率>110次/分
   C. 休息时呼吸>20次/分
   D. 肺底有湿啰音，咳嗽后消失
   E. 阵发性夜间呼吸困难
7. 心脏病孕妇最容易发生心力衰竭的时期是
   A. 妊娠20~22周
   B. 妊娠24~26周
   C. 妊娠28~30周
   D. 妊娠32~34周
   E. 妊娠36~38周
8. 风湿性心脏病孕妇于分娩时，正确的是
   A. 宫口开全后，鼓励孕妇用力屏气尽快结束分娩
   B. 胎儿娩出后，在腹部放置沙袋加压
   C. 预防产后出血，静脉注射麦角新碱
   D. 产后24小时内行输卵管结扎术
   E. 产后24小时鼓励下床轻微活动，有助于子宫复旧
9. 可以妊娠的心脏病妇女是
   A. 一般体力活动时有心悸和轻度气促
   B. 活动量少于一般日常体力活动时即感疲劳、心悸、气促
   C. 严重二尖瓣狭窄伴有肺动脉高血压的风湿性心脏病
   D. 风湿性心脏病心率快难于控制者
   E. 伴有严重的内科并发症如慢性肾炎，肺结核等
10. 心脏病产妇胎儿娩出后应立即
   A. 腹部放置沙袋
   B. 静脉注射麦角新碱
   C. 鼓励下床活动
   D. 抗感染
   E. 行绝育手术

【A_2型题】

11. 一风湿性心脏病，病情稳定，心功能Ⅱ级。孕妇临产入待产室，医生在考虑对她的处理时，下列何项不应列入考虑之列
   A. 临产即用抗生素，至少维持至产后1周
   B. 可适当应用镇静药
   C. 若非病变需要，不主张常规使用洋地黄预防心衰
   D. 产程进展慢，估计有头盆不称可能时，早做剖宫产
   E. 产后流血较多时，尽量避免输血
12. 初孕妇，21岁。妊娠38周，双胎妊娠，第二胎儿娩出后10分钟，突然多量阴道流血，色暗红。本例阴道流血最可能的原因是
   A. 胎盘剥离不全

B. 凝血功能障碍
C. 胎盘植入
D. 子宫收缩乏力
E. 软产道裂伤

【A_3/A_4型题】

（13～15题共用题干）

32岁，第二胎，孕34周。出现皮肤瘙痒、巩膜发黄1周，无其他不适，血压120/80mmHg，以往妊娠有同样发作史，产后黄疸自行消退；实验室检查ALT 140U/L。

13. 下列诊断何项可能性最大
A. 妊娠期高血压病致肝损
B. 急性病毒性肝炎
C. 妊娠急性脂肪肝
D. 妊娠期肝内胆汁淤积症
E. 药物性肝炎

14. 若要明确是否妊娠期肝内胆汁淤积症，下列检查应首选何项
A. 血清总胆红素+1分钟胆红素
B. 血胆固醇
C. 血清TBA
D. 尿胆素
E. 麝香草酚浊度试验

15. 若是传染性乙型肝炎，一般必定有
A. 黄疸
B. ALT剧烈升高
C. 胆固醇升高
D. 食欲缺乏、恶心、呕吐等消化道症状
E. HBsAg（+）

（16～17题共用题干）

女，G_1P_0，孕32周。感头晕、乏力及食欲差，半个月余。查体：胎位，胎心及骨盆测量均正常，血红蛋白80g/L，血细胞比容0.25，血清铁6.3μmol/L。

16. 较准确的诊断是
A. 巨幼细胞贫血
B. 缺铁性贫血
C. 珠蛋白生成障碍性贫血
D. 再生障碍性贫血
E. 以上都不是

17. 治疗药物应首选
A. 叶酸
B. 硫酸亚铁
C. 少量多次输血
D. 维生素B_{12}肌内注射
E. 右旋糖酐铁

【B_1型题】

（18～20题共用备选答案）
A. 轻微活动即有胸闷、气促，静息心率114次/分，呼吸22次/分
B. 心悸、气促，心界稍扩大，心尖区可闻及Ⅱ级柔和收缩期杂音
C. 气促、发绀，不能平卧，肺底部持续湿啰音，颈静脉充盈
D. 心悸、气促，心尖区可闻及Ⅲ级收缩期杂音及舒张期杂音
E. 心悸、气促，自幼即发绀，从未参加体力劳动，能平卧，肺无啰音

18. 孕34周，心脏改变
19. 妊娠心力衰竭
20. 妊娠并早期心力衰竭

（21～23题共用备选答案）
A. 严密监护下继续妊娠
B. 立即人工流产
C. 手术助产缩短第二产程
D. 等待自然分娩
E. 剖宫产

21. 某妇，38岁。风心病，孕10周，孕前曾心衰1次，现心率100次/分，呼吸18次/分
22. 风心病初孕妇，孕35周。心衰经治疗以后心率降至110次/分，已能平卧，胎心音好
23. 风心病，孕38周。无心衰及头盆不称，宫口开大10cm，S^{+3}

第十章 异常分娩

【A_1型题】

1. 关于协调性宫缩乏力正确的是
A. 宫缩极性正常，对称性正常，收缩力弱
B. 多数产妇觉持续腹痛，且产程延长
C. 容易发生胎儿窘迫
D. 不宜静脉滴注缩宫素
E. 不易发生胎盘残留

2. 初孕妇临产后胎头仍未入盆，首先应考虑
A. 羊水过多
B. 腹壁松弛
C. 脑积水
D. 头盆不称
E. 宫缩乏力

3. 第一产程活跃期是指宫口扩张
A. 0～3cm
B. 2～4cm
C. 3～6cm
D. 3～9cm
E. 3～10cm

4. 第一产程活跃期停滞是指宫口不再扩张达
A. 0.5小时以上
B. 1小时以上
C. 1.5小时以上
D. 4小时以上
E. 2.5小时以上

5. 不协调性子宫收缩乏力，为使其恢复极性，应给予
A. 剖宫产
B. 静脉滴注缩宫素
C. 肌内注射哌替啶
D. 手术破膜
E. 以上都不是

6. 协调性子宫收缩乏力。宫口开大5cm，无头盆不称，正确的

处理应是
A. 人工破膜后缩宫素静脉滴注
B. 缩宫素静脉滴注
C. 等待产程自然进展
D. 缩宫素静脉推注
E. 剖宫产

7. 关于臀位，下述哪项是正确的
A. 骶右前位时，胎臀的粗隆间径衔接于骨盆入口左斜径上
B. 子宫收缩乏力的发生率并不增多
C. 胎臀已进入盆腔，排出胎便是胎儿窘迫的征象
D. 产妇于第一产程期间不宜灌肠
E. 以上都不对

8. 下述情况出现宫缩乏力时，可用缩宫素助产的是
A. 头盆不称
B. 子宫不协调收缩
C. 子宫颈水肿
D. 协调性宫缩乏力
E. 迟发性胎心减慢

9. 子宫病理收缩环是指
A. 子宫上、下段之间形成缩窄环并随宫缩渐次上升
B. 子宫某部肌肉呈不协调收缩形成环状狭窄
C. 子宫上下段之间形成环，但不随宫缩而上升
D. 宫缩时硬，子宫松弛时软
E. 常发生于孕期

10. 关于骨盆径线下列哪项是错误的
A. 对角径小于 11.5cm 为入口前后径狭窄
B. 坐骨结节间径与后矢状径之和小于 15cm 时为出口狭窄
C. 坐骨棘间径小于 9cm 为中骨盆狭窄
D. 测量髂棘间径可以间接推测中骨盆横径
E. 耻骨弓角度可反映骨盆出口横径之宽度

11. 关于骨盆狭窄的诊断，哪项是错误的
A. 入口前后径长<10cm 为骨盆入口狭窄
B. 骨盆各径线比正常值小 1cm 为均小骨盆
C. 坐骨棘间径 9cm 为中骨盆狭窄
D. 耻骨弓<80°可能为骨盆出口狭窄
E. 骨盆出口横径+后矢状径=15cm 属于正常范围

12. 坐骨结节间径 7cm，后矢状径 7cm，足月妊娠应采取何种分娩方式
A. 自然分娩
B. 会阴侧切
C. 胎头吸引
D. 产钳术
E. 剖宫产

13. 临产后胎头迟迟不入盆，应首先作以下哪种检查
A. 耻骨弓角度
B. 坐骨棘间宽度
C. 坐骨棘突出程度
D. 坐骨切迹宽度
E. 对角径

14. 下述哪项不是妇女型骨盆的特点
A. 入口横径较前后径长
B. 髂骨翼宽浅
C. 坐骨棘向内突出
D. 两侧坐骨棘间径≥10cm
E. 耻骨弓较宽

15. 下列哪种情况可以试产
A. 头位，骨盆入口狭窄（相对性）
B. 头位，骨盆出口狭窄
C. 横位，骨盆入口狭窄
D. 臀位，骨盆入口狭窄
E. 臀位，骨盆出口狭窄

16. 持续性枕后位、枕横位时的第二产程处理，正确的是
A. 产程进展缓慢时，应行肛诊检查
B. 如胎头已达坐骨棘平面，用手将胎头转成枕前位或枕后位，再以胎头吸引术或产钳术结合分娩
C. 枕后位娩出时，一般无须行会阴侧切术
D. 疑有头盆不称时，宜行剖宫产术
E. 以上都不是

17. 妊娠足月胎儿，下列哪种胎位不可能经阴道分娩
A. 横位
B. 枕后位
C. 枕横位
D. 颏前位
E. 臀位

18. 下述哪项是正确的
A. 中骨盆狭窄影响胎头内旋转
B. 枕左后位时，胎头矢状缝在右斜径上，大囟在前小囟在后
C. 单臀分娩时，必须用手堵阴道口
D. 初产妇臀位应于 28 周前作外倒转术
E. 臀位是剖宫产的绝对指征

【A_2 型题】

19. 26 岁初产妇。分娩过程中，宫口开全 2 小时 10 分钟，先露 S^{+2}，胎位 LOT，宫缩强度由强转为中，持续 40 分钟，宫缩间歇时间由 2.5 分钟延长为 4～5 分钟，诊断为第二产程延长。造成这种情况最常见的原因是下列哪一项
A. 宫缩乏力
B. 产妇疲惫
C. 中骨盆平面狭窄
D. 骨盆出口狭窄
E. 胎儿过大

20. 初产妇，妊娠 40 周。临产 10 小时，ROA，胎心 100 次/分，胎儿监护见频繁晚期减速波型。下述哪种情况有

条件立即行阴道助产术（产钳或胎头吸引术）
A. 先露+2，宫口开8cm，骨盆内测量无异常
B. 先露-1，宫口开全，阴道检查骨盆无异常，矢状缝已与中骨盆前后径一致，触及大囟门
C. 先露+3，宫口开全，骨盆内测量无异常，但宫缩乏力
D. 先露+1，耻骨联合上方母腹触及胎头较大部分
E. 先露+2，宫口开全，骶骨凹度差，尾骨固定上翘

21. 患者，28岁。妊娠38周，上午9时有规律宫缩而入院。宫缩持续35秒，宫缩间歇3~4分钟，19时宫口开一指，先露S-1，给予缩宫素2.5单位加入静脉滴注，宫缩转为中等强度，宫缩持续40秒，间隔2~3分钟，产妇一般情况好，3小时后宫口开4cm，先露为S-1。此时应如何处理
A. 哌替啶100mg肌内注射使产妇休息
B. 阴道检查，排除骨产道异常后人工破膜
C. 剖宫产
D. 宫颈注射阿托品
E. 5单位缩宫素静脉滴注

22. 初产妇，妊娠40周。产力正常，胎心140次/分，头位，双顶径10cm，先露浮，宫口2cm，对角径11cm。正确处理是
A. 哌替啶肌内注射
B. 葡萄糖静脉滴注
C. 继续观察产程进展
D. 稀释缩宫素静脉滴注
E. 剖宫产

23. 初产妇，35岁。妊娠41周，足先露，宫缩50秒/3~4分，胎心148次/分，先露浮，宫口3cm，胎儿双顶径10cm，测对角径长11cm，最恰当处理是
A. 静脉滴入稀释缩宫素
B. 葡萄糖静脉注射
C. 宫口开全臀助产术
D. 宫口开全臀牵引术
E. 剖宫产

24. 初产妇，妊娠足月。入院时：临产2小时、枕右前、胎心140次/分、宫口开大4cm；4.5小时后再次肛诊检查宫口扩张无进展。本病例恰当的诊断是
A. 潜伏期延长
B. 活跃期延长
C. 活跃期停滞
D. 第二产程延长
E. 第二产程停滞

25. 初产妇，30岁。妊娠40周，胎心158次/分，足先露，宫口开全，破水后脐带脱垂。最恰当处理是
A. 观察经过
B. 臀位助产
C. 立即行臀牵引术
D. 稀释缩宫素静脉滴注
E. 剖宫产

26. 初产妇，妊娠39周。估计胎儿体重3800g，临产10小时入院待产。查体：宫底剑突下1指，枕左前位，胎心150次/分，宫缩强，宫口开大4cm，胎头跨耻征阳性。应采取何项处理
A. 等待自然分娩
B. 观察经过
C. 剖宫产术
D. 缩宫素静脉滴注
E. 三联注射

27. 初产妇，25岁。妊娠39周，临产后产程进展顺利，胎头拨露时，胎心110次/分。应采取什么措施
A. 点滴稀释缩宫素
B. 立即剖宫产
C. 吸氧等待自然分娩
D. 会阴侧切，胎头吸引分娩
E. 用胎儿监护仪监测是否缺氧

28. 初产妇，26岁。孕1产0，妊娠40周，阵发性腹痛6小时入院。骶耻外径18cm，坐骨结节间径8cm，宫高38cm，腹围98cm，骶左前，胎心149次/分，肛诊检查，宫口扩张3cm，胎膜未破，足先露，入院后5小时宫缩30秒/6~7分，产程无进展。其处理哪项最恰当
A. 静脉滴注缩宫素
B. 温肥皂水灌肠
C. 人工破膜
D. 不需处理，继续观察
E. 剖宫产

【A_3/A_4型题】

（29~31题共用题干）

患者女性，孕1产0。妊娠足月临产14小时，宫口开大7cm，产程进展缓慢，胎心140~150次/分，胎头矢状缝与坐骨棘间径一致，枕骨在母体右侧，S^{+1}。

29. 其诊断是
A. 右枕前位
B. 持续性右枕横
C. 持续性左枕后
D. 持续性左枕横
E. 持续性右枕后

30. 上述产妇临产30小时，检查：平脐处可见缩复环，子宫下段压痛明显，血尿，胎心听不清，已破膜，羊水混浊，宫口近开全，先露头，S^{+1}。其诊断考虑为
A. 高张性宫缩乏力
B. 胎盘早剥
C. 先兆子宫破裂
D. 子宫破裂
E. 痉挛性狭窄环

31. 下列处理哪项恰当
A. 立即剖宫产
B. 产钳术
C. 胎头吸引器
D. 穿颅术

E. 待其自然分娩

（32~33 题共用题干）

初产妇，26 岁。妊娠足月，临产后宫口已开全 2 小时，阴道检查胎头矢状缝与中骨盆横径一致，小囟门在 3 点处，大囟门在 9 点处。

32. 是下列何种胎位

A. LOT

B. ROT

C. LOA

D. ROA

E. LOP

33. 胎头方位应向哪个方向转动才能正常娩出

A. 逆时针转 90°

B. 顺时针转 90°

C. 逆时针转 45°

D. 顺时针转 45°

E. 不需转动

【B_1 型题】

（34~35 题共用备选答案）

A. 骶耻外径<18cm

B. 粗隆间径和坐骨结节间径过短

C. 出口横径（坐骨结节间径）过短

D. 髂棘间径过短

E. 坐骨结节间径加后矢状径 15cm

34. 骨盆出口狭窄

35. 漏斗型骨盆

（36~40 题共用备选答案）

A. 从规律宫缩开始，经 16 小时宫口扩张至 2cm

B. 初产妇宫口开全 2 小时尚未分娩

C. 宫口在开至 5cm 后，4 小时仍 5cm

D. 8 小时前宫口扩张 3cm，现宫口尚未开全

E. 宫口开全已 1 小时，胎头下降无进展

36. 潜伏期延长

37. 活跃期延长

38. 活跃期停滞

39. 第二产程停滞

40. 第二产程延长

（41~44 题共用备选答案）

A. 低张性宫缩乏力

B. 高张性宫缩乏力

C. 原发性宫缩乏力

D. 继发性宫缩乏力

E. 正常子宫收缩乏力

41. 临产后宫缩一直短而弱，间歇时间长，产程进展慢

42. 产程进展到一定阶段后，宫缩减弱，出现宫缩乏力

43. 子宫收缩保持正常特性，仅间歇长，持续短，弱而无力

44. 子宫收缩失去正常特性，间歇时子宫不放松

（45~46 题共用备选答案）

A. 活跃期延长

B. 活跃期停滞

C. 胎头下降延缓

D. 第二产程停滞

E. 第二产程延长

45. 宫口扩开 9cm，1 小时后儿头下降 0.5cm

46. 初产妇，宫口开 3cm，行人工破膜后 9 小时宫口 9cm

第十一章　分娩期并发症

【A_1 型题】

1. 下列哪项提示胎儿宫内窘迫

A. 胎心率 130 次/分

B. 妊娠近足月时，胎动>20 次/24 小时

C. 孕妇尿雌三醇值 15 mg/24 小时

D. 胎心率 100 次/分

E. 雌激素/肌苷（E/C）比值>15

2. 关于产后出血的定义下述哪项是正确的

A. 分娩过程中出血量超过 500ml

B. 胎盘娩出后 24 小时内阴道流血量超过 500ml

C. 胎儿娩出后 24 小时内阴道流血量超过 500ml

D. 产后 24 小时到产后 10 天阴道出血超过 500ml

E. 胎儿娩出后，阴道流血超过 500ml

3. 羊水栓塞最早出现的症状是

A. 急性左心衰竭

B. 急性肝衰竭

C. 急性肾损伤

D. 急性呼吸衰竭

E. 急性 DIC

4. 下列疾病中哪项不易发生因 DIC 导致的产后出血

A. 死胎

B. 重度妊娠期高血压疾病

C. 羊水栓塞

D. 过期妊娠

E. 妊娠合并肝炎

5. 关于产后出血的预防，下列哪项是错误的

A. 对具有较高产后出血危险的产妇做好及早处理的准备工作如配血

B. 第一产程要避免产妇过度疲劳

C. 第二产程时要指导产妇适时、正确地使用腹压

D. 双胎妊娠，在第一胎肩部娩出后应肌内注射麦角新碱 0.2mg

E. 产后 2 小时内在产房内观察宫缩及阴道流血情况

6. 下述哪项不是抢救羊水栓塞的措施

A. 抗循环衰竭

B. 抗呼吸衰竭

C. 纠正 DIC 及继发纤溶
D. 在第一产程发生者应加强缩宫素应用，促使其尽早分娩
E. 在第二产程发生者可根据情况经阴道助产

7. 胎儿娩出后 4 分钟，产妇出现大量阴道流血，最可能的原因是
A. 阴道静脉破裂
B. 宫颈裂伤
C. 子宫收缩乏力
D. 胎盘部分剥离
E. 凝血功能障碍

8. 下述何项不是胎儿缺氧的表现
A. 晚期减速
B. 胎动计数<10 次/12 小时
C. 羊水黄绿色
D. 胎儿头皮血 pH 7.28
E. CST 示早期减速

9. 病理性缩复环最常见于
A. 高张性宫缩乏力
B. 女型骨盆
C. 软产道损伤
D. 头盆不称
E. 枕后位

10. 胎儿娩出后，随即阴道大量出血，最佳的处理方法是
A. 立即人工剥离胎盘，并注射宫缩剂
B. 抽血做交叉配血
C. 阴道检查有无软产道裂伤
D. 检查凝血功能
E. 立即静脉输入生理盐水

11. 臀位妊娠时，胎儿宫内窘迫的诊断依据是
A. 胎动频，40 次/24 小时
B. 破水可见羊水胎粪污染
C. 胎心监护示“早期减速”
D. 胎心听诊 110~150 次/分
E. 胎动时胎心率加速不明显，基线变异小于 3 次/分

【A_2 型题】

12. 患者女性，25 岁。妊娠 40 周，初产妇，规律宫缩 1 小时来院。入院后查体宫口扩张 4cm，宫缩强，半小时后宫口开全，第二产程仅 10 分钟即顺利娩出一男婴，胎儿娩出后阴道即有鲜红血流出，5 分钟后胎盘自然完整娩出，此后出血量仍较多，有血块。此时分析其出血原因最可能为
A. 子宫收缩乏力
B. 胎膜残留
C. 胎盘残留
D. 宫颈裂伤
E. 凝血功能障碍

13. 初产妇，21 岁。急产分娩一男婴，体重 3900g，胎盘娩出后半小时内有较多量间歇性阴道出血，色红，宫底、宫颈及肌肉各注射缩宫素 10U，查看胎盘完整，胎膜有一处见血管中断于胎膜边缘，究其出血原因最可能是
A. 胎盘剥离不全
B. 软产道损伤
C. 胎盘残留
D. 产后宫缩乏力
E. 凝血功能障碍

14. 初产妇，妊娠 40 周。临产 6 小时，检查宫口开全，先露头+2，破膜羊水呈绿色混浊，胎心 168 次/分，胎先露 LOA，无头盆不称征象。应选用何种方式分娩较妥
A. 剖宫产
B. 静脉滴注缩宫素
C. 产钳助产
D. 前列腺素催产
E. 等待自然分娩

15. 初产妇，25 岁。低位产钳分娩，胎儿娩出后即出现阴道持续流血 600ml，色鲜红，血压 90/50mmHg，心率 100 次/分，子宫收缩良。最适宜的处理是
A. 注射缩宫素
B. 注射麦角新碱
C. 输液，配血
D. 开放静脉输液，检查阴道及宫颈，如有裂伤则缝合
E. 仔细检查阴道及宫颈，有裂伤即缝合

16. 患者 26 岁，孕 1 产 0。妊娠 41 周，宫口开大 4~5cm 时，胎心 120 次/分，胎心监测示“晚期减速”，胎儿头皮血 pH 7.16。最恰当的处理为
A. 产妇左侧卧位，观察产程，等待自然分娩
B. 面罩吸氧提高胎儿血氧供能
C. 静脉推注葡萄糖+维生素 C+可拉明，加强胎儿对缺氧的耐受力
D. 立即剖宫产
E. 待宫口开全，阴道助产缩短第二产程

【A_3/A_4 型题】

（17~18 题共用题干）

初产妇，因第二产程延长，行左侧会阴切开+低位产钳助产，分娩出 4000g 一活男婴，产后 2 小时主诉伤口疼痛，肛门坠胀并有便意，便常规检验正常。查体：贫血外观，血压 90/60mmHg，左侧会阴稍肿，阴道出血不多，宫缩良好。

17. 下列哪项诊断可能性最大
A. 菌痢
B. 宫颈撕裂
C. 阴道壁血肿
D. 会阴Ⅲ度撕裂
E. 肠胃炎

18. 首先应做下列哪项处理
A. 宫缩剂
B. 阴道镜检查
C. 肛诊检查
D. 抗炎
E. 止血剂

（19~20 题共用题干）

患者女性，32 岁。妊娠 40

周，妊娠合并子宫肌瘤，阴道分娩。胎盘娩出后阴道出血量多、暗红色。查体：宫底脐上3横指，子宫软，软产道无裂伤，血自宫腔流出，有血块，检查胎盘完整，血压110/90mmHg。

19. 最可能诊断为
 A. 子宫收缩乏力
 B. 凝血功能障碍
 C. 胎盘残留
 D. 产道损伤
 E. 胎盘粘连

20. 除给予宫缩剂外首先处理的是
 A. 止血剂
 B. 抗炎
 C. 按摩子宫
 D. 子宫腔内纱布填塞
 E. 髂内动脉结扎

（21~23题共用题干）

患者为经产妇，36岁。妊娠40周，今晨3时突然大量阴道出血，急诊来院。查体：血压120/75mmHg，尿蛋白（-）。腹部检查：宫高35cm，胎头高浮，子宫前壁无压痛。阴道检查：阴道内有大量凝血块，宫口开大一指，先露部未及胎盘组织。

21. 请考虑哪项出血原因
 A. 先兆子宫破裂
 B. 宫颈裂伤
 C. 胎盘早剥
 D. 边缘性前置胎盘
 E. 正常临产见红

22. 产妇分娩后5分钟突然出现：烦躁不安、寒战、咳嗽、呼吸困难、发绀，血压80/40mmHg，脉细弱。首先应考虑下列何种情况
 A. 失血性休克
 B. 脑血管意外
 C. 羊水栓塞
 D. 感染与休克
 E. 子宫破裂

23. 即刻应采取的措施中哪一项应除外
 A. 加压给氧改善呼吸循环功能
 B. 盐酸罂粟碱静脉缓注
 C. 抗过敏治疗
 D. 抗休克治疗
 E. 立即切除子宫

【B_1型题】

（24~25题共用备选答案）
 A. 有妊娠期高血压疾病病史
 B. 突然剧烈腹痛
 C. 阴道出血与休克不成正比
 D. 呼吸困难、咳嗽、发绀等呼吸衰竭状态
 E. 子宫呈板状，胎心消失

24. 与羊水栓塞早期相符的症状是
25. 与Ⅲ度胎盘早剥症状不相符的是

（26~28题共用备选答案）
 A. 胎盘残留
 B. 胎盘粘连
 C. 胎盘剥离不全
 D. 胎盘嵌顿
 E. 胎盘植入

26. 第三产程中，子宫不协调性收缩可造成
27. 胎盘未剥离时过早挤揉子宫可造成
28. 胎盘与宫壁界限不清

第十二章　产褥感染

【A_1型题】

1. 产褥病率的定义是
 A. 指分娩24小时内每小时测体温，测量4次，体温有2次达到或超过38℃
 B. 产褥期内有两次体温达到或超过38℃
 C. 分娩24小时以后的10日内，每日用口表测量体温4次，间隔时间4小时，有2次体温≥38℃
 D. 产后24小时以后1周内用口表每日测量4次体温，有2次达到或超过38℃
 E. 产后24小时以后的1个月内用口表每日测量4次，体温有2次达到或超过38℃

2. 有关产褥感染下列哪项是正确的
 A. 指分娩及产褥期生殖道受病原体侵袭，引起局部和全身感染
 B. 多为单种细菌感染
 C. 凡产褥期体温升高均为生殖器感染所致
 D. 产后未发生产褥感染后，宫腔内培养不出细菌
 E. 以上都不是

3. 关于产褥感染的细菌及病原体，哪项是错误的
 A. 大肠埃希菌是菌血症和感染性休克最常见的病原菌
 B. 金黄色葡萄球菌因能产生青霉素酶，易对青霉素耐药
 C. 支原体和衣原体不是产褥感染的病原体
 D. 厌氧性链球菌与大肠埃希菌混合感染，有异常臭气味
 E. 链球菌产生外毒素与溶组织酶，使其致病力、毒力、播散能力较强，可引起严重感染

【A_2型题】

4. 初产妇，32岁。剖宫产一男活婴，产后1周，寒战、高热、左下肢持续性疼痛1天，恶露量多，头晕、乏力，体温39.5℃，脉搏120次/分，血压110/70mmHg，此患者最可能的

诊断是
A. 子宫肌炎
B. 盆腔结缔组织炎
C. 血栓性静脉炎
D. 盆腔腹膜炎
E. 败血症

5. 初产妇，26岁。妊娠38周胎膜早破入院，48小时后因持续性枕横位以产钳术助娩一活男婴3300g，术后3天发热达39℃。查体：咽部轻度充血，乳房胀满疼痛，局部皮肤不红，按之无波动感，宫底脐下一横指，宫体有压痛，下腹壁无反跳痛，恶露混浊，稍有异味。该患者最可能的诊断是
A. 急性子宫内膜炎
B. 急性子宫内膜炎及肌炎
C. 上呼吸道感染
D. 乳腺炎
E. 盆腔腹膜炎

【A_3/A_4型题】

（6~8题共用题干）

初产妇，37岁，孕1产0。胎膜已破3天，临产2天，自觉胎动消失半天，由乡卫生院转来。查体：体温39.9℃，脉搏124次/分，血压90/60mmHg，胎位LOA，先露头+2，胎心110次/分，胎儿监测提示晚期减速，宫体压痛，尿色清，宫口开张2cm。血分析结果：白细胞2.2×10^9/L，中性粒细胞0.95，淋巴细胞0.5。

6. 下列诊断，哪项是错误的
A. 高龄初产
B. 胎膜早破
C. 产时感染
D. 先兆子宫破裂
E. 胎儿宫内窘迫

7. 下列处置哪项是错误的
A. 吸氧
B. 静脉抗生素
C. 高渗葡萄糖+维生素C静脉推注
D. 静脉注射缩宫素促进阴道分娩
E. 剖宫产

8. 产后24小时，产妇寒战、高热，体温为41℃，心率140次/分，血压45/15mmHg，腹部压痛、反跳痛阳性，宫体压痛阳性，升压药无效，即刻处理哪项最恰当
A. 静脉滴注抗生素以抗感染
B. 使用肾上腺皮质激素以抗休克
C. 纠正酸中毒和抗感染
D. 抗休克抗感染同时输注清蛋白
E. 抗休克抗感染同时行子宫切除术

【B_1型题】

（9~10题共用备选答案）
A. 葡萄球菌
B. 乙型溶血性链球菌
C. 大肠埃希菌
D. 淋球菌
E. 厌氧性链球菌

9. 致病性最强，可产生多种致热外毒素与溶组织酶，导致严重感染
10. 产生内毒素，是菌血症和感染性休克的最常见的病原菌

第十三章 女性生殖系统炎症

【A_1型题】

1. 以下各项诊断细菌性阴道病，哪一项是错误的
A. 分泌物均质、稀薄、白色
B. 阴道壁水肿、红斑
C. 线索细胞阳性
D. 阴道分泌物pH大于4.5
E. 胺臭味试验阳性

2. 女性生殖道炎症时，以下哪种情况不宜用酸性溶液冲洗阴道
A. 外阴阴道假丝酵母菌病
B. 慢性宫颈炎
C. 滴虫阴道炎
D. 外阴瘙痒症
E. 萎缩性阴道炎

3. 能够吞噬精子，导致不孕的病原体是
A. 白念珠菌
B. 解脲型支原体
C. 人型支原体
D. 阴道毛滴虫
E. 淋球菌

4. 滴虫阴道炎的传播方式不包括
A. 衣物传播
B. 性交传播
C. 公共浴池传播
D. 母婴垂直传播
E. 不洁器械和敷料传播

5. 关于宫颈炎的病因，下列哪项是错误的
A. 淋球菌
B. 沙眼衣原体
C. 支原体
D. 大肠埃希菌
E. 细菌性阴道病

6. 盆腔炎性疾病后遗症的临床特点不包括
A. 异位妊娠
B. 下腹坠痛
C. 高热
D. 不孕
E. 盆腔炎性疾病反复发作

7. 关于急性盆腔炎性疾病的手术治疗，下列哪项是错误的
A. 原则以切除病灶为主
B. 不适合腹腔镜手术
C. 年轻女性尽量保留卵巢功能
D. 可经阴道切开排脓
E. 超声引导下经皮引流术

8. 下列何项不是急性盆腔炎性疾病的手术指征
A. 药物治疗48~72小时体温

不降，中毒症状加重或肿块增大者
B. 脓肿破裂引起全身中毒症状
C. 脓肿形成，药物治疗病情缓解，肿块局限化，但不消失
D. 药物治疗，病情缓解，双侧附件虽未及肿块，但有增厚感和压痛
E. 病情有所控制，但脓肿形成，并向阴道后穹隆突出

9. 下列哪项与外阴阴道假丝酵母菌病的发病无关
A. 妊娠
B. 糖尿病
C. 甲状腺功能亢进症
D. 大量使用雌激素
E. 长期使用抗生素

10. 维持阴道生态平衡中，哪项起重要作用
A. 乳酸杆菌、雌激素和孕激素
B. 乳酸杆菌、雌激素和阴道 pH
C. 加德纳菌、雌激素和阴道 pH
D. 雌激素、孕激素和阴道 pH
E. 乳酸杆菌、糖原和雌激素

11. 关于盆腔炎的感染途径，下列哪项是正确的
A. 产褥及流产后感染主要是血行性播散
B. 结核性盆腔炎主要是沿黏膜上行性感染
C. 沙眼衣原体是沿生殖器黏膜上行蔓延
D. 阑尾炎等消化道炎症可通过淋巴系统蔓延到内生殖器
E. 淋球菌是通过性接触后先入侵泌尿系统后再蔓延到生殖道

12. 对于阴道炎的治疗，下列哪项是不恰当的
A. 滴虫阴道炎的治愈标准，是在滴虫转阴后每次月经后复查白带，3 次阴性为治愈
B. 外阴阴道假丝酵母菌病反复发作应查尿糖、血糖，以了解是否伴有糖尿病
C. 萎缩性阴道炎的治疗原则是增加阴道抵抗力及抑制细菌生长
D. 阴道炎患者在应用药物控制炎症外，注意个人卫生和公共卫生，防止交叉感染
E. 阴道炎的治疗必须在局部用药外加全身抗炎治疗

13. 关于盆腔炎性疾病诊断标准的特异标准，下列何项是错误的
A. 子宫内膜活检组织学证实子宫内膜炎
B. 阴道超声显示输卵管增粗、积液
C. 磁共振检查显示输卵管、卵巢肿块
D. 腹腔镜检查盆腔积液
E. 腹腔镜检查输卵管壁水肿

14. 关于急性宫颈炎，下列哪项是正确的
A. 急性宫颈炎常见病因是淋球菌感染
B. 淋球菌引起的急性宫颈炎侵入较深，通过淋巴管引起蜂窝织炎
C. 链球菌、葡萄球菌引起的急性宫颈炎多见于感染性流产或产褥感染呈浅表扩散
D. 急性宫颈炎的治疗措施是局部用药或冷冻术
E. 急性宫颈炎不伴全身症状

15. 输卵管卵巢囊肿与单纯卵巢囊肿的鉴别，下述哪项是错误的
A. 解剖部位不同
B. 病理机制不同，前者是炎症
C. 前者与子宫关系密切，后者一般不密切
D. 前者多为双侧，后者多为单侧
E. 前者壁厚，后者壁薄

16. 关于盆腔炎性疾病诊断标准的附加标准，下列哪项是错误的
A. 体温超过 38.5℃
B. 宫颈或阴道异常黏液脓性分泌物
C. 血 C 反应蛋白升高
D. 红细胞沉降率升高
E. 实验室证实的宫颈淋球菌或衣原体阳性

17. 关于宫颈炎症的病原体检测，哪项是错误的
A. 分泌物淋球菌培养为诊断淋病的金标准
B. 核酸扩增方法诊断淋球菌感染敏感性高
C. 衣原体培养方法简单，为临床常用的方法
D. 分泌物涂片革兰染色敏感性差
E. 核酸扩增方法诊断衣原体感染敏感性高

18. 女性生殖道防御功能中哪项不是阴道的自然防御功能
A. 盆底肌作用，阴道口紧闭
B. 阴道前后壁紧贴，防止外界污染
C. 乳酸杆菌可抑制其他细菌生长
D. 阴道分泌物维持巨噬细胞活性
E. 阴道分泌物中含有乳铁蛋白、溶菌酶

19. 对细菌性阴道病的治疗，下列哪项是错误的
A. 甲硝唑是首选药物
B. 推荐甲硝唑 2g 顿服治疗
C. 性伴侣不必同时常规治疗
D. 克林霉素 300mg，每日两次，连服三日

E. 治疗后无症状者不需随访

20. 下列哪种情况不是急性生殖器炎症后病变
A. 输卵管积水
B. 输卵管卵巢囊肿
C. 卵巢巧克力囊肿
D. 慢性盆腔结缔组织炎
E. 慢性输卵管卵巢炎

21. 关于女性生殖道的自然防御功能，下列哪项是错误的
A. 两侧大阴唇自然合拢，遮掩阴道口、尿道口
B. 阴道菌群可抑制其他细菌生长
C. 子宫内膜周期性剥脱，消除宫腔感染
D. 输卵管黏膜上皮细胞的纤毛向伞端摆动阻止病原体侵入
E. 生殖道黏膜有不同数量的淋巴细胞，发挥抗感染作用

22. 盆腔炎性疾病的病理，下列哪项是正确的
A. 急性子宫内膜炎严重者内膜坏死、脱落形成溃疡
B. 急性盆腔结缔组织炎的病原体通过血液进入盆腔结缔组织
C. 急性卵巢炎很常见
D. 20%～30%输卵管炎可出现肝周围炎
E. 输卵管间质炎导致输卵管堵塞

23. 下列哪项属于子宫颈炎愈合过程
A. 轻度不典型增生
B. 中度不典型增生
C. 重度不典型增生
D. 非典型鳞状上皮化生
E. 鳞状上皮化生

24. 正常的阴道菌群中占优势的是
A. 乳酸杆菌
B. 棒状杆菌
C. 大肠埃希菌
D. 类杆菌
E. 梭状杆菌

25. 以下哪项是盆腔炎性疾病诊断标准的最低标准
A. 宫颈或阴道异常黏液脓性分泌物
B. 腹痛、性生活后加重
C. 宫颈举痛或子宫压痛或附件区压痛
D. 体温超过38℃
E. 红细胞沉降率升高

26. 盆腔炎性疾病的发病诱因中，下列哪项是错误的
A. 频繁的性活动、多个性伴侣
B. 淋球菌性宫颈炎
C. 宫腔内手术操作后感染
D. 不经常阴道灌洗
E. 阑尾炎等蔓延至盆腔

27. 盆腔炎的合并症或后遗症极少见的是
A. 输卵管卵巢囊肿
B. 输卵管积水
C. 弥漫性腹膜炎
D. 输卵管妊娠
E. 粘连性子宫后屈

28. 关于外阴阴道假丝酵母菌病的临床分类，下列哪项是正确的
A. 根据微生物学分为单纯性VVC和复杂性VVC
B. 单纯性VVC宿主免疫功能正常
C. 单纯性VVC和复杂性VVC治疗方案相同，都是全身和局部用药
D. 妊娠合并VVC的治疗同严重VVC
E. 复杂性VVC的病原体多为白假丝酵母菌

【A_2型题】

29. 女性，32岁。白带增多，外阴瘙痒，性交后出血3天。妇科检查：宫颈、阴道充血，分泌物呈黏液脓性，宫颈黏膜外翻。下列哪项治疗方案最佳
A. 物理疗法
B. 局部活检+局部药物腐蚀+全身消炎
C. 抗生素药物治疗
D. 宫颈锥形切除术
E. 局部消炎后，局部活检，若为阴性，则物理疗法

30. 32岁女性，阴道分泌物增多，外阴瘙痒，性交痛2天。妇科检查：阴道后穹隆大量黄色泡沫样分泌物，宫颈草莓样出血斑点。最佳的治疗方案为
A. 口服甲硝唑
B. 甲硝唑泡腾片阴道填塞
C. 口服氟康唑
D. 制霉菌素栓阴道填塞
E. 微波治疗

31. 女性，30岁。白带增多伴腥臭味1个月，妇科检查：阴道分泌物呈稀薄灰白色。镜检发现线索细胞。考虑诊断
A. 滴虫阴道炎
B. 外阴阴道假丝酵母菌病
C. 细菌性阴道病
D. 支原体性阴道炎
E. 衣原体性阴道炎

32. 女性，35岁。腹痛、腹部肿块伴发热1周。不孕症10年（原发）。查体：T 38.5℃，消瘦，心肺（－），下腹部可触及质韧肿块，压痛（+），活动欠佳。妇科检查：子宫常大，偏右，于子宫左侧可及新生儿头大肿块，触痛（+）。曾用抗生素1周，体温及症状无缓解。如何处理
A. 抗生素静脉、肌内同时给药
B. 抗生素应用的同时剖腹探查行脓肿切除或切开引流术
C. 立即剖腹探查
D. 应用退热药（激素等）并手术治疗
E. 经阴道穿刺排脓

33. 女性，30岁。继发不孕5年，经后4天突起高热、寒战、下

腹痛。右侧甚，血压110/80mmHg，P 120次/分，体温39℃。白细胞18×10^9/L，中性粒细胞0.8。下腹轻压痛。妇科检查：宫颈稍大稍软，有压痛，双侧附件增厚，压痛。诊断为
A. 急性阑尾炎
B. 急性盆腔结缔组织炎
C. 急性盆腔腹膜炎
D. 急性子宫内膜炎
E. 以上均不是

【A_3/A_4型题】

（34～35题共用题干）

女性，36岁，阴道黏液脓性分泌物增多，性交后出血，尿急、尿频、尿痛3天。妇科检查：尿道口、阴道口黏膜充血，多量脓性分泌物。宫颈充血、水肿、黏膜外翻，宫颈管内可见大量脓性分泌物，宫颈触血阳性。

34. 该患者可能的诊断为
A. 急性淋病
B. 急性宫颈炎
C. 急性盆腔炎
D. 急性尿路感染
E. 慢性盆腔炎

35. 下一步治疗应选择
A. 理疗
B. 观察经过
C. 抗炎治疗
D. 子宫全切术
E. 宫颈电锥切术

（36～38题共用题干）

女性，32岁。外阴瘙痒伴分泌物增多4～5天。妇科检查：阴道黏膜散在红色斑点，阴道内多量脓性泡沫状分泌物，有臭味。

36. 对此患者进行检查时，不正确操作是
A. 取分泌物前不能做双合诊
B. 取分泌物前先行碱性液体冲洗
C. 取分泌物行悬滴法检查
D. 可疑患者多次悬滴法阴性时做培养
E. 检查标本应注意保暖

37. 此患者确切诊断为
A. 细菌性阴道病
B. 外阴阴道假丝酵母菌病
C. 滴虫阴道炎
D. 淋球菌阴道炎
E. 外阴瘙痒症

38. 此患者治疗应首选
A. 局部用药即可达治愈
B. 全身及局部同时用药效果最佳
C. 使用碱性液冲洗阴道可提高疗效
D. 症状消失复查分泌物转阴即停药
E. 男方不易感染，无须用药治疗

（39～40题共用题干）

女性，25岁。人工流产术后2周，腹痛伴高热3天，阴道分泌物增多，大便里急后重感。妇科检查：宫颈管内大量脓性分泌物。宫颈举痛。子宫前位、饱满、质中等、活动不良、压痛明显，附件增厚，下腹压痛、反跳痛及肌紧张阳性。查体：体温38.5℃。

39. 该患者最可能的诊断是
A. 子宫内膜异位症
B. 慢性盆腔炎
C. 急性盆腔腹膜炎
D. 宫腔粘连
E. 生殖器官结核

40. 下一步治疗应选择
A. 手术切除子宫
B. 抗生素口服
C. 抗生素静脉滴注
D. 利福平、异烟肼联合应用9个月
E. 链霉素肌内注射半年

【B_1型题】

（41～42题共用备选答案）
A. 急性子宫内膜炎及子宫肌炎
B. 急性输卵管炎、输卵管积脓、输卵管卵巢脓肿
C. 急性盆腔腹膜炎
D. 急性盆腔结缔组织炎
E. 败血症及脓毒血症

41. 腹膜充血水肿，含少量纤维素的渗出液，形成盆腔脏器粘连
42. 盆腔宫旁结缔组织增厚，向两侧盆壁扇形浸润

（43～44题共用备选答案）
A. 较大子宫壁间肌瘤
B. 输卵管炎症
C. 急性宫颈炎
D. 宫颈原位癌
E. 子宫内膜异位症

43. 女性不孕症最常见的原因是
44. 阴道脓血性分泌物最常见的原因是

（45～46题共用备选答案）
A. 卵巢囊肿蒂扭转
B. 急性盆腔炎
C. 急性阑尾炎
D. 宫外孕
E. 卵巢巧克力囊肿

45. 高热、腹痛，触诊宫旁两侧片状增厚，拟诊为
46. 经期腹痛，子宫一侧或双侧可及肿物，活动受限，拟诊为

（47～48题共用备选答案）
A. 滴虫阴道炎
B. 外阴阴道假丝酵母菌病
C. 细菌性阴道病
D. 萎缩性阴道炎
E. 婴幼儿外阴阴道炎

47. 无症状的性伴侣无须治疗
48. 因吞噬精虫可引起不孕

（49～50题共用备选答案）
A. 滴虫阴道炎
B. 外阴阴道假丝酵母菌病
C. 萎缩性阴道炎
D. 婴幼儿外阴阴道炎
E. 淋球菌阴道炎

49. 妊娠、糖尿病患者及接受大量雌激素治疗者易于发生
50. 白带呈脓性泡沫状，用酸性液体冲洗阴道可提高疗效

（51～52题共用备选答案）
A. 甲硝唑

B. 土霉素
C. 2%醋酸冲洗
D. 制霉菌素栓剂
E. 5%碳酸氢钠冲洗

51. 外阴瘙痒白带呈泡沫状，阴道黏膜散在红斑点，局部用
52. 外阴瘙痒，白带呈豆渣状，阴道黏膜红肿，局部用

（53~54 题共用备选答案）
A. 高热、子宫两侧压痛明显，白细胞增加
B. 停经，恶心、呕吐，阴道少量出血
C. 痛经逐渐加重，盆腔有肿块
D. 不孕，输卵管碘油造影呈串珠样
E. 阴道大量脓性分泌物，宫颈触血，尿频、尿痛

53. 急性宫颈炎是
54. 急性盆腔炎是

（55~56 题共用备选答案）
A. 直接或间接传播
B. 血液传播
C. 内源性感染
D. 飞沫感染
E. 垂直感染

55. 滴虫阴道炎的主要感染方式是
56. 外阴阴道假丝酵母菌病的主要感染方式是

第十四章 女性生殖器官肿瘤

【A₁ 型题】

1. 关于子宫肌瘤，下述哪项是错误的
   A. 黏膜下肌瘤较常发生月经量过多与不规则出血
   B. 浆膜下肌瘤较少出现月经过多
   C. 膀胱充盈时，较大肌瘤可升至腹部，患者因此就医
   D. 较大浆膜下肌瘤可发生蒂扭转
   E. 浆膜下肌瘤最易引起不孕
2. 恶性卵巢肿瘤的主要治疗手段为
   A. 手术治疗
   B. 手术加化疗
   C. 手术加放疗
   D. 化疗
   E. 手术加免疫治疗
3. 下列疾病中，哪种不容易发生生殖器异常出血
   A. 颗粒细胞瘤
   B. 黄体萎缩不全
   C. 萎缩性阴道炎
   D. 卵巢纤维瘤
   E. 子宫内膜异位症
4. 良性卵巢肿瘤伴右侧胸腔积液形成可见于
   A. 浆液性囊腺瘤
   B. 黏液性囊腺瘤
   C. 卵泡膜细胞瘤
   D. 纤维瘤
   E. 皮样囊肿
5. 最常用于诊断卵巢肿瘤的辅助手段为下列何项
   A. CT 检查
   B. B 超
   C. 腹部平片
   D. 腹腔镜检
   E. 细胞学检查
6. Ⅰ期子宫内膜癌患者的治疗首选
   A. 手术治疗
   B. 化学治疗
   C. 放射治疗
   D. 内分泌治疗
   E. 免疫治疗
7. 子宫肌瘤最常见的并发症是
   A. 红色变性
   B. 继发性贫血
   C. 浆膜下肌瘤蒂扭转
   D. 肌瘤压迫输尿管引起肾盂积水
   E. 肌瘤恶变
8. 子宫内膜癌镜检分型
   A. 内膜样腺癌
   B. 腺棘癌或鳞腺癌
   C. 浆液性腺癌
   D. 透明细胞癌
   E. 以上都是
9. 卵巢的良性肿瘤是
   A. 无性细胞瘤
   B. 卵泡膜细胞瘤
   C. 颗粒细胞瘤
   D. 库肯勃瘤
   E. 内胚窦瘤
10. 子宫肌瘤合并妊娠易发生下述哪种变性
    A. 玻璃样变
    B. 囊性变
    C. 坏死感染
    D. 红色变
    E. 肉瘤变
11. 成年人最常见的卵巢癌为
    A. 浆液性囊腺癌
    B. 黏液性囊腺癌
    C. 子宫内膜样癌
    D. 透明细胞癌
    E. 转移性癌
12. 发现宫颈癌的最可靠方法是
    A. 阴道镜检查
    B. 碘试验
    C. 宫颈刮片细胞学检查
    D. 宫颈和宫颈管活体组织检查
    E. 宫颈锥形切除
13. 子宫颈癌淋巴转移一级组不包括
    A. 宫颈旁淋巴
    B. 腹主动脉旁淋巴结
    C. 闭孔淋巴
    D. 髂内淋巴
    E. 髂外淋巴
14. 子宫颈癌直接蔓延最常见的方式有
    A. 向下至阴道黏膜
    B. 向上至子宫内膜
    C. 向前侵犯膀胱
    D. 向后侵犯直肠

E. 向左右至主韧带

15. 宫颈癌与哪个因素无关
A. 慢性宫颈炎
B. HPV 感染
C. 性生活过早
D. 性传播疾病
E. 多产

16. 最常见的卵巢肿瘤是
A. 浆液性囊腺瘤
B. 黏液性囊腺瘤
C. 畸胎瘤
D. 库肯勃瘤
E. 颗粒细胞瘤

17. 宫颈癌的病因主要为
A. 初次性生活小于 16 岁、早年分娩、多产
B. 与高危男子（阴茎癌或性伴侣患宫颈癌）性接触
C. 高危型人类乳头状瘤病毒感染
D. 吸烟
E. 以上多种因素的协同作用

18. 关于宫颈 CINⅢ，下列哪项是错误的
A. 好发部位为子宫颈鳞-柱状交接部
B. 异型细胞不穿透基底膜，限于上皮层，无间质浸润
C. 不能用阴道镜检查来区别镜下早期浸润癌
D. 只包括原位癌，不包括不典型增生
E. 无淋巴结转移

19. 子宫颈癌的临床分期是根据
A. 有无淋巴结转移
B. 手术后所见修订分期
C. 病理分级
D. 病灶侵犯范围
E. 临床症状的严重程度

20. 卵巢肿瘤最常见的并发症是
A. 恶变
B. 破裂
C. 瘤体内出血
D. 感染
E. 蒂扭转

21. 关于卵巢肿瘤，下述哪项是正确的
A. 实质性肿瘤多为恶性
B. 卵巢恶性肿瘤的分期在手术前确定
C. 伴有腹水的卵巢肿瘤不适合手术
D. 无性细胞瘤多发生于更年期
E. 黏液性囊腺癌对放疗敏感性高

22. 子宫颈癌的预后主要与哪项因素有关
A. 及时放疗
B. 临床期别、病理类型、有无淋巴结转移
C. 一般状态
D. 是否贫血，能否耐受化疗
E. 以上均不是

23. 关于黏膜下肌瘤的临床表现下列哪项是错误的
A. 不规则阴道出血
B. 不孕
C. 易发生蒂扭转
D. 白带增多
E. 子宫呈均匀增大

24. 关于子宫内膜癌下列哪项是错误的
A. 子宫内膜发生的癌，绝大多数为腺癌
B. 为女性生殖道常见三大恶性肿瘤之一
C. 多见于老年妇女
D. 占女性生殖道恶性肿瘤的 20%～30%
E. 在我国其发生率明显下降

25. 宫颈锥切标本显微镜下见低分化鳞状细胞癌，间质浸润深度 2mm，宽度 6mm，正确的分期为
A. ⅠA2 期
B. ⅠB1 期
C. ⅠB2 期
D. ⅡA 期
E. ⅠA1 期

26. 早期确诊子宫内膜癌的主要方法是
A. 诊断性刮宫
B. 分段诊断性刮宫
C. 阴道脱落细胞检查
D. 宫腔冲洗液细胞检查
E. 宫腔镜

27. 子宫肌瘤短期内迅速增大或伴有阴道出血应考虑
A. 感染
B. 囊性变
C. 红色变性
D. 脂肪样变
E. 肉瘤变

28. 子宫颈癌主要转移途径是
A. 血行转移
B. 腹膜播散
C. 直接蔓延和淋巴转移
D. 跳跃转移
E. 以上都是

29. 子宫壁间肌瘤最主要的症状为
A. 月经不调
B. 绝经后出血
C. 经量增多及经期延长
D. 接触性出血
E. 不规则阴道出血

30. 浆膜下子宫肌瘤最常见的症状是
A. 月经量过多
B. 血性白带
C. 痛经
D. 继发性贫血
E. 下腹包块

31. 确诊子宫颈癌最可靠的方法是
A. 宫颈刮片细胞学检查
B. 阴道镜检查
C. 碘试验
D. 宫颈及颈管活体组织检查
E. 分段诊刮

32. 下述哪项是早期子宫颈癌的症状
A. 阴道大量排液
B. 反复阴道出血
C. 接触性阴道出血
D. 大腿及腰骶部疼痛
E. 恶病质

33. 下列哪种情况不是卵巢良性肿瘤的常见鉴别诊断

A. 卵巢瘤样病变
B. 子宫肌瘤
C. 子宫内膜异位症
D. 妊娠子宫
E. 输卵管卵巢囊肿

34. 下列哪些因素与子宫内膜癌有关
A. 肥胖
B. 高血压
C. 糖尿病
D. 未婚、少产
E. 以上都是

35. 子宫内膜癌的癌前病变是
A. 萎缩型子宫内膜
B. 增生期子宫内膜过长
C. 子宫内膜不典型增生
D. 子宫内膜腺囊型增生
E. 子宫内膜分泌反应不良

36. 醋酸甲羟孕酮治疗子宫内膜癌的每天量通常为
A. 10～50mg
B. 50～100mg
C. 100～200mg
D. 200～400mg
E. 400～600mg

37. 能产生胸腔积液的卵巢肿瘤是
A. 黏液性囊腺瘤
B. 浆液性囊腺瘤
C. 子宫内膜样瘤
D. 纤维瘤
E. 透明细胞瘤

38. 子宫颈癌的好发部位是
A. 子宫颈管内
B. 宫颈阴道部
C. 子宫颈阴道上部
D. 鳞-柱状交接部
E. 柱状上皮处

39. 晚期子宫内膜癌患者应选用
A. 放疗
B. 化疗
C. 孕酮类药物治疗
D. 手术、放疗、药物等综合治疗
E. 睾丸酮治疗

40. 卵巢肿瘤蒂扭转的主要症状是
A. 急性腹痛
B. 发热
C. 恶心、呕吐
D. 白细胞计数增多
E. 休克

41. 卵巢恶性肿瘤的特点是
A. 肿瘤生长迅速
B. 常为单侧性
C. 一般状态良好
D. 病程较长
E. 肿瘤表面光滑

【A_2 型题】

42. 女性，35 岁。月经周期规律，经期延长，经量增加半年，阴道出血 10 天。查体：贫血貌，妇科检查发现子宫增大如 8 周大小，质中，B 超提示宫腔实性占位，直径 4cm。最可能的诊断是
A. 子宫浆膜下肌瘤
B. 子宫黏膜下肌瘤
C. 子宫颈肌瘤
D. 子宫阔韧带肌瘤
E. 子宫肌壁间肌瘤

43. 32 岁，妇女，孕 3 产 0。自然流产 3 次。B 超：子宫前壁可探及 9cm×12cm×10cm 大小的强回声光团，附件正常。最适宜的治疗方法
A. 药物保守治疗
B. 肌瘤切除术
C. 子宫全切术
D. 子宫次全切除术
E. 诊断性刮宫

44. 某妇女，30 岁。孕 1 产 0，宫内妊娠 20 周，合并子宫壁间肌瘤，主诉：下腹痛 7 天，合并低热，无阴道流血。WBC 9×10^9/L。最可能的诊断是
A. 子宫肌瘤合并感染
B. 子宫肌瘤红色变性
C. 子宫肌瘤囊性变
D. 子宫肌瘤蒂扭转
E. 妊娠合并阑尾炎

45. 女性，22 岁。月经周期规律，查体：左侧卵巢实性肿物，直径 6cm，表面光滑，规则。无压痛。血 AFP 明显升高。卵巢肿物的性质最可能是
A. 浆液性腺癌
B. 黏液性腺癌
C. 卵黄囊瘤
D. 支持-间质细胞瘤
E. 颗粒细胞瘤

46. 50 岁妇女，细胞学已证实为子宫内膜癌，宫腔长 8cm，宫颈无癌侵犯，腹腔冲洗液无癌细胞。应选用
A. 单纯手术
B. 放疗
C. 化疗
D. 孕激素治疗
E. 放疗+手术

47. 48 岁妇女，绝经 1 年，阴道少许接触性出血。妇科检查：宫颈中度糜烂，宫体大小正常，宫颈刮片二次均为阴性。若进一步确诊，应选下述哪项检查
A. 宫腔镜检查
B. 染色体检查
C. 宫腔冲洗液细胞学检查
D. 分段诊刮
E. 随访

48. 60 岁妇女，绝经 11 年，阴道流血 2 个月，一般状态尚好。妇科检查：子宫约孕 8 周大小，质软，分段诊刮病理报告：子宫内膜癌腺癌累及宫颈。胸片（-），心电图正常，其最佳手术方式是
A. 子宫全切术
B. 子宫全切术＋双附件切除术
C. 广泛性子宫切除术
D. 广泛性子宫切除术+双侧盆腔淋巴结清扫术
E. 子宫次全切除术

49. 22 岁妇女，婚检发现：子宫后位，大小正常，直肠窝扪及一如孕 2 个月妊娠子宫大小半囊半实包块，活动，无压痛，X 线盆腔检查右侧可见钙化

点。下述哪项是正确的
A. 包块可能为恶性
B. 包块通常由单胚层细胞构成
C. 常为双侧
D. 发病高峰年龄是40岁
E. 最易发生扭转

50. 38岁初孕妇，妊娠2个月，合并半拳大小的卵巢囊肿。何时可手术治疗
A. 足月行剖宫产术同时切除肿瘤
B. 人流后立即手术
C. 立即手术同时作保胎治疗
D. 1个月后可行手术
E. 产后再考虑手术

51. 28岁妇女，左下腹肿块多年。妇科检查：子宫正常大小，左侧可触及约3个月妊娠子宫大小的囊性肿物，在解大便后突然感到左下腹持续疼痛、拒按。这一征象表明
A. 囊肿破裂
B. 囊肿蒂扭转
C. 囊内感染
D. 囊内出血
E. 恶性变

52. 56岁妇女，绝经7年又出现少量不规则阴道流血，于子宫右侧可触及一能与子宫分开如女拳大小的实质性肿物，诊断性刮宫为子宫内膜腺囊型增生。本例最可能诊断是
A. 卵巢纤维瘤
B. 子宫内膜癌前期病变
C. 卵巢颗粒细胞瘤
D. 卵巢成熟“实性”畸胎瘤
E. 以上都不是

53. 42岁妇女，扪及下腹肿块半年，并有月经不规则。近3年来，经常感觉胃区不适。妇科检查：子宫正常大小、活动、无压痛，双附件均触及实性包块、呈肾形，约孕2个月子宫大小、活动。其诊断可能是
A. 卵巢颗粒细胞瘤
B. 库肯勃瘤
C. 胚胎性瘤
D. 黄素囊肿
E. 卵巢囊腺瘤

54. 17岁女孩，下腹包块2个月，增大迅速。查体：肿物如妊娠3个月大小、质地不均匀、实性，血性腹水，血清AFP测定阳性。最可能诊断是
A. 浆液性囊腺癌
B. 无性细胞瘤
C. 内胚窦瘤
D. 颗粒细胞瘤
E. 黏液性囊腺癌

55. 13岁女孩，右下腹包块3个月，肛诊子宫右侧触及约12cm×10cm×8cm囊性肿物、光滑、活动佳。腹部平片右下腹有3个大小不等钙化点。其诊断是
A. 无性细胞瘤
B. 成熟畸胎瘤
C. 内胚窦瘤
D. 胀大的膀胱
E. 颗粒细胞瘤

56. 48岁妇女，绝经5年，腹胀、腹部长大3个月。妇科检查：宫颈光滑，子宫水平位，稍小于正常，右附件扪及10cm×8cm×6cm大小实质性包块，活动。腹穿抽出清亮腹水。胸片：双侧胸腔少量积液。下述哪种卵巢瘤可能性最大
A. 卵巢纤维瘤
B. 颗粒细胞瘤
C. 内胚窦瘤
D. 库肯勃瘤
E. 浆液性囊腺瘤

57. 51岁妇女，绝经3年，阴道流血3个月，TBS分类为高度鳞状上皮内病变。进一步处理
A. 切除子宫
B. 子宫次广泛切除
C. 阴道镜检查
D. 诊断性刮宫+宫颈活体组织检查
E. 宫颈锥形切除术

58. 40岁妇女，孕5产1。阴道不规则出血达8个月。妇科检查：宫颈肥大，可见凹陷样溃疡，边缘硬。左侧宫颈旁组织厚而硬，双穹隆（-），宫颈活检为鳞状上皮癌。其分期
A. 子宫颈癌ⅡA期
B. 子宫颈癌ⅡB期
C. 子宫颈癌ⅢA期
D. 子宫颈癌ⅢB期
E. 子宫颈癌ⅣA期

59. 42岁妇女，阴道不规则出血1年，白带有味。妇科检查：宫颈可见乳头样增生，触及出血，表面多量白色分泌物呈黄绿色，宫旁结节状增厚，未达盆壁，阴道穹隆部硬，可见小溃疡。宫颈活检为鳞状上皮癌。其治疗原则为
A. 全子宫及双附件切除术
B. 子宫根治术+盆腔淋巴结清扫术
C. 放疗+手术治疗
D. 放射治疗
E. 化疗

60. 48岁妇女，绝经1年，阴道少许接触出血。妇科检查：宫体稍小，子宫颈刮片检查2次均阳性，阴道镜下宫颈活检阳性。应选择哪种方法排除子宫颈癌
A. 分段诊刮
B. 随访
C. 染色体检查
D. 子宫颈锥形切除
E. 子宫腔冲洗液诊断

61. 29岁妇女，孕5产0。白带中有血丝，曾患外阴尖锐湿疣，现已治愈。妇科检查：子宫正常大小，子宫活动好，附件（-），双穹隆（-），宫颈刮片检查1次阳性。阴道镜下宫颈活检，CINⅢ。该患者要求保留生育功能，应采取何种治疗方法

A. 子宫全切术
B. 扩大子宫切除术
C. 宫颈锥切术，术后密切定期随访
D. 子宫根治术
E. 子宫根治术+盆腔淋巴结清扫术

62. 50岁妇女，白带带血1月。妇科检查：易出血，子宫大小质地正常，附件正常，阴道镜下多点活检报告为“CINⅢ”。其处理下述哪项恰当
A. 子宫全切术
B. 子宫根治术
C. 诊断性刮宫
D. 定期随访
E. 激光治疗

63. 宫颈癌患者，64岁。肥胖，患有高血压、心脏病不能平卧。查宫颈肥大，结节状，硬，阴道无浸润，子宫正常大小，双附件正常，最佳治疗方案是
A. 广泛性子宫切除+盆腔淋巴结清扫术
B. 次广泛性子宫切除
C. 全子宫切除
D. 放疗
E. 化疗

64. 48岁妇女，孕3产2。接触性出血3月，既往有慢性支气管炎病史。妇科检查：较硬，碘试验不着色，阴道穹隆部变硬，子宫正常大小，双附件(-)。X线胸片显示肺动脉段明显突出。心电图显示电轴右偏，室上性心动过速。宫颈活检：宫颈鳞状上皮癌。妇科治疗首选
A. 放疗
B. 子宫根治术
C. 化疗
D. 宫颈锥切
E. 激素治疗

【A_3/A_4型题】

(65~67题共用题干)

62岁妇女，绝经后12年，出现阴道不规则出血。体胖，患有高血压，158/98mmHg，尿蛋白(-)，尿糖(+)。妇科检查：外阴阴道(-)，宫颈(+)，糜烂质中，无出血，宫体平位稍大，稍软，形态正常，活动好，附件(-)，双穹(-)。

65. 该患者的诊断考虑
A. 子宫肌瘤
B. 子宫肌炎
C. 功血
D. 子宫内膜癌
E. 子宫颈癌

66. 进一步确诊宜选用
A. B超
B. 阴道镜
C. 宫颈活检
D. 分段诊刮+病理检查
E. 诊断性治疗

67. 最佳治疗方法是
A. 子宫全切
B. 子宫全切+双附件切除术
C. 化疗
D. 放疗
E. 广泛子宫全切+盆腔淋巴清扫术

(68~69题共用题干)

40岁妇女，月经量增多5年，月经周期正常，经量多时如小便样外流。妇科检查：子宫如孕3个月妊娠大小，表面凹凸不平，子宫左侧可扪及鸭蛋大小包块，质硬与子宫分不开，无压痛，血红蛋白60g/L。

68. 该妇女患有何种疾病
A. 子宫内膜异位症
B. 卵巢实质性肿瘤
C. 多发性子宫肌瘤
D. 盆腔炎性包块
E. 巧克力囊肿

69. 该妇女应进行的治疗为
A. 药物保守治疗
B. 肌瘤挖除术
C. 单附件切除术
D. 子宫全切术
E. 广泛根治术

(70~73题共用题干)

35岁妇女，孕3产2。普查发现盆腔包块3天就诊，无特殊不适。妇科检查：外阴、阴道(-)，宫颈光滑、大小、质地正常，子宫前位、稍大，右侧扪及一个孕3个月大小包块、有囊性感、活动尚可。

70. 为进一步确诊可行
A. B型超声
B. 红细胞沉降率
C. 腹部平片
D. 乳酸脱氢酶测定
E. 细胞学检查

71. B超检查发现：子宫正常大小，子宫右侧有一12cm×14cm×9cm大小液性暗区，中有强光团。血清LDH 5.4×10^3U/L。哪项诊断最佳
A. 卵巢畸胎瘤
B. 子宫浆膜下肌瘤
C. 卵巢子宫内膜异位症
D. 卵巢纤维瘤
E. 无性细胞瘤

72. 诊断确定后，患者要求及时治疗，下述哪项治疗最恰当
A. 子宫全切+右附件切除术
B. 单纯右侧附件切除术
C. 单纯右侧肿块切除术
D. 右侧肿块切开术
E. 双附件切除术

73. 如果患者卵巢肿瘤合并妊娠时，又需要小孩，其处理原则下述哪项不恰当
A. 宜孕3个月后再手术
B. 3个月内可以短时间观察
C. 孕晚期发现可等足月
D. 如确诊为恶性应及早手术
E. 等到足月临产，即行剖宫产加肿瘤切除

(74~75题共用题干)

49岁妇女，少许接触性出血

3个月。妇科检查：宫颈重度糜烂外观，宫体前位，大小正常，宫旁浸润达盆壁，活检报告为鳞癌。

74. 其临床分期为
   A. ⅡA期
   B. ⅡB期
   C. ⅢA期
   D. ⅢB期
   E. Ⅳ期

75. 最恰当的治疗是
   A. 子宫全切术
   B. 扩大性子宫全切术
   C. 广泛子宫全切术+盆腔淋巴结清扫术
   D. 放射治疗
   E. 扩大性子宫切除术+盆腔淋巴结清扫术

（76~77题共用题干）

32岁妇女，孕3产2。阴道排液及接触性出血3月。一般状态良好。妇科检查：宫颈轻糜外观，宫体前位，大小正常，活动好，双附件（-）。宫颈活检：宫颈鳞癌细胞呈泪滴状向间质浸润，深度<3mm，无病灶融合及脉管侵犯。

76. 其诊断应为
   A. Ⅳ期
   B. ⅠA期
   C. ⅠB期
   D. ⅡA期
   E. ⅢA期

77. 应采用何种治疗方法
   A. 宫颈锥形切除术
   B. 经腹子宫切除术
   C. 放射治疗
   D. 广泛性子宫切除术+盆腔淋巴结清扫术
   E. 子宫切除术

（78~80题共用题干）

45岁妇女，接触性出血1个月，月经规律。妇科检查：宫颈重度糜烂外观，宫体后倾，大小正常，活动好，双附件（-），宫颈细胞学涂片高度可疑，阴道镜下活检报告为癌细胞突破基底膜3~5mm。

78. 该患者诊断应该是
   A. 宫颈原位癌
   B. 宫颈癌ⅠA期
   C. 宫颈癌ⅠB期
   D. ⅡA期
   E. ⅢA期

79. 最佳处理是
   A. 宫颈锥形切除病灶
   B. 子宫全切
   C. 扩大全子宫切除术
   D. 改良根治性子宫切除术+盆腔淋巴结清除术
   E. 激光治疗

80. 若要清扫淋巴结，下列哪组不是清扫范围
   A. 髂外淋巴结
   B. 腹股沟浅淋巴结
   C. 髂总淋巴结
   D. 髂内淋巴结
   E. 闭孔淋巴结

【B_1型题】

（81~84题共用备选答案）
   A. 观察
   B. 阴式肌瘤剜除术
   C. 肌瘤剜除术
   D. 子宫全切术
   E. 子宫全切+双附件切除术

81. 肌瘤小，无明显症状
82. 肌瘤>3个月妊娠大小，无生育要求
83. 肌瘤有肉瘤变
84. 单个浆膜下肌瘤，要求生育者

（85~88题共用备选答案）
   A. ⅢB期
   B. Ⅰ期
   C. Ⅱ期
   D. ⅢA期
   E. ⅣA期

关于子宫内膜癌分期

85. 侵犯颈管
86. 局限在子宫体部
87. 侵犯附件
88. 侵犯膀胱

（89~91题共用备选答案）
   A. 月经来潮前1周或来潮6~12小时内
   B. 立即
   C. 先用抗生素控制感染
   D. 月经周期第5天
   E. 先口服己烯雌酚5天

刮宫时机选择

89. 证实或排除子宫内膜癌
90. 疑为子宫内膜结核
91. 稽留流产

（92~95题共用备选答案）
   A. 皮样囊肿
   B. 黏液性囊腺瘤
   C. 浆液性囊腺瘤
   D. 纤维瘤
   E. 库肯勃瘤

92. 产生麦格斯综合征
93. 最易发生蒂扭转
94. 其上皮与子宫颈上皮相似，常为多房
95. 其上皮与输卵管黏膜上皮相似，肿瘤常为单房

（96~98题共用备选答案）
   A. 淋巴转移和种植
   B. 血行转移和淋巴转移
   C. 直接蔓延和种植
   D. 直接蔓延和淋巴转移
   E. 血行转移

96. 子宫颈癌主要播散的方式
97. 卵巢癌主要播散的方式
98. 绒毛膜癌主要播散的方式

（99~100题共用备选答案）
   A. 黄体囊肿
   B. 黄素囊肿
   C. 多囊卵巢
   D. 卵巢囊肿
   E. 卵泡囊肿

99. 绒毛膜促性腺激素刺激引起
100. 促卵泡素刺激引起

（101~104题共用备选答案）
   A. 库肯勃瘤
   B. 卵泡膜细胞瘤
   C. 卵巢支持细胞-间质细胞瘤
   D. 绒毛膜癌
   E. 内胚窦瘤

101. 能合成AFP
102. 能分泌hCG

103. 能分泌雄激素
104. 镜下见分泌黏液的印戒样细胞
（105~109 题共用备选答案）
A. ⅠA 期
B. ⅡA 期
C. ⅡB 期
D. ⅢA 期
E. ⅣA 期
子宫颈癌临床分期
105. 子宫颈癌临床分析有明显宫旁浸润，未达盆壁
106. 镜下早期浸润癌
107. 侵犯阴道上 2/3，无宫旁浸润
108. 侵犯阴道下 1/3 宫旁浸润未达盆壁
109. 侵犯膀胱
（110~111 题共用备选答案）
A. 分段诊断性刮宫
B. 诊断性刮宫
C. 阴道镜取材活检
D. 宫颈刮片细胞学检查
E. B 型超声显像法
110. 诊断子宫颈癌哪种方法最合适
111. 诊断子宫内膜癌哪种方法最合适
（112~113 题共用备选答案）
A. CIN Ⅰ
B. CIN Ⅲ
C. 镜下早浸癌
D. 浸润癌ⅠB 期
E. 浸润癌ⅠA2 期
112. 根治性子宫切除术+盆腔淋巴结清扫术
113. 改良根治性子宫切除术+盆腔淋巴结清扫术
（114~117 题共用备选答案）
A. 宫颈癌
B. 子宫内膜癌
C. 外阴癌
D. 绒毛膜癌
E. 卵巢癌
114. 发病率最高
115. 最难早期发现
116. 化疗效果好
117. 预防措施较得力

第十五章 妊娠滋养细胞疾病

【A_1 型题】

1. 侵蚀性葡萄胎首选的治疗方法是
A. 化学治疗
B. 全子宫切除术
C. 病灶切除术
D. 广泛性子宫切除术
E. 放射治疗
2. 关于滋养细胞肿瘤下述哪项是正确的
A. 侵蚀性葡萄胎发生于流产、足月产后
B. 绒癌可发生于流产、足月产后
C. 异位妊娠后不可能发生滋养细胞肿瘤
D. 合体细胞性子宫内膜炎是恶性改变
E. 绒癌尿妊娠试验均（+）
3. 下述哪项能否定完全性葡萄胎的诊断
A. 停经后阴道出血
B. 子宫大于妊娠月份
C. 妊娠试验（+）
D. 超声多普勒
E. 卵巢黄素囊肿
4. 下列哪项组合是错误的
A. 子宫内膜异位症——假孕疗法
B. 子宫内膜癌晚期——孕酮治疗
C. 卵巢黄素囊肿——手术切除
D. 子宫内膜萎缩型功血——雌激素治疗
E. 青春期无排卵功血——雌孕激素序贯疗法
5. 绒癌最常见的死亡原因是
A. 肺转移
B. 脑转移
C. 肾转移
D. 肠道转移
E. 肝转移
6. 化疗对下述哪种肿瘤疗效最好
A. 卵巢上皮性癌
B. 子宫内膜癌
C. 绒癌
D. 子宫颈癌
E. 内胚窦瘤
7. 葡萄胎与侵蚀性葡萄胎可靠的鉴别点是
A. 子宫增大的速度
B. 有无黄素囊肿
C. 尿妊娠试验稀释倍数
D. 阴道有无转移病灶
E. 阴道流血量多少
8. 对于葡萄胎的诊断价值最大的是
A. 子宫大于孕月
B. 停经后阴道流血
C. B 型超声
D. 妊娠试验
E. 出现妊娠期高血压疾病征象
9. 确诊侵蚀性葡萄胎和绒癌主要取决于
A. 距良性葡萄胎后发生时间的长短
B. hCG 水平的高低
C. 子宫大小程度不同
D. 有无黄素囊肿
E. 有无绒毛结构
10. 处理葡萄胎时，最常用的方法是
A. 吸刮术清除内容物
B. 利凡诺引产
C. 全子宫切除术
D. 缩宫素引产
E. 预防性化疗
11. 侵蚀性葡萄胎的特点是

A. 水泡样组织局限宫腔
B. 葡萄胎未排出前不会转变为侵葡
C. 可无葡萄胎史
D. 不发生宫旁、肺及阴道转移
E. 水泡状组织侵入子宫肌层

12. 下列各项哪项是错误的
A. 侵蚀性葡萄胎病理检查无绒毛结构
B. 子宫颈息肉极少恶变
C. 子宫脱垂多伴有膀胱膨出
D. 卵巢实质性肿瘤多是恶性
E. 长期用广谱抗生素，易引起外阴阴道假丝酵母菌病

13. 关于葡萄胎随访，下述哪项不需要
A. 定期做阴道细胞学涂片检查
B. 避孕措施不可采取上环
C. 相当时期内指导避孕
D. 定期做hCG定量检查
E. 必要时做胸部X线检查

14. 葡萄胎处理，下述哪项是错误的
A. 一经确诊，应尽快清宫
B. 必要时第2次刮宫
C. 宫腔内刮出物病理检查
D. 术后严密随访至妊娠试验（-）为止
E. 嘱患者术后避孕1年

15. 关于葡萄胎随访概念中，下述哪项是正确的
A. 葡萄胎有50%的恶变率
B. 葡萄胎排出后，基础体温双相，恶变机会很大
C. 葡萄胎排出8周内，妊娠试验持续（+），恶变可能大
D. 葡萄胎排出后持续（+），恶变可能性小
E. 葡萄胎排出后，应随访2年

【A_2型题】

16. 49岁妇女，人工流产后3个月，阴道中等量流血2周。尿妊娠试验（+）。子宫常大、稍软。胸部平片见双肺散在粟粒状阴影。诊断为
A. 葡萄胎
B. 侵蚀性葡萄胎
C. 绒毛膜癌
D. 吸宫不全
E. 合体细胞性子宫内膜炎

17. 42岁妇女，有葡萄胎史。闭经3个月，宫底脐下2指，阴道不规则出血1周，咯血3天。今日突然出现剧烈腹痛，血压下降。查体：腹肌紧张，压痛、反跳痛均（+），有移动性浊音，尿妊娠试验（+）。诊断是
A. 葡萄胎
B. 绒癌穿孔
C. 侵蚀性葡萄胎穿孔
D. 妊娠合并肌瘤红色变性
E. 妊娠合并卵巢囊肿蒂扭转

18. 27岁已婚妇女，停经13周时出现不规则阴道出血，持续10余天，量不多，暗色。妇科检查：子宫新生儿头大，张力较大，两侧附件均可触及手拳大、活动好、光滑的肿物。最可能的诊断为
A. 妊娠合并卵巢囊肿
B. 妊娠合并子宫肌瘤及卵巢囊肿
C. 先兆流产
D. 葡萄胎
E. 双胎妊娠

19. 40岁妇女，近1年来月经欠规则，7~10/40~60天，进行性头痛2个多月，突然偏瘫、失语、抽搐，继之昏迷3小时，5年前患过葡萄胎。检查：子宫较大、稍软，附件正常。下一步需行什么检查
A. 脑脊液检查
B. 脑血管造影
C. hCG定量测定+头部CT
D. 宫腔镜
E. 诊刮

20. 患者，26岁。人流术后半年，阴道不规则流血，近1个月开始食欲缺乏、恶心、肝区痛，肝脏超声见多个异常回声，血hCG明显增高，诊断为绒癌肝转移。其分期为
A. Ⅰ期
B. Ⅱ期
C. Ⅲ期
D. Ⅳ期
E. 分期依据不足

21. 患者，25岁。停经11周，阴道少量流血。检查：子宫底耻上三横指，子宫壁张力较大，B超示宫腔内为落雪状回声。最可能的诊断为
A. 先兆流产
B. 葡萄胎
C. 侵葡
D. 绒癌
E. 难免流产

22. 患者，38岁。10年前曾患葡萄胎，无诱因开始阴道流血，持续2个月，量时多时少。诊刮病理报告结果为：见滋养细胞增生活跃，未见绒毛结构。最可能诊断
A. 绒癌
B. 子宫内膜癌
C. 侵蚀性葡萄胎
D. 功血
E. 子宫肌瘤

23. 停经10周，阴道流血3天，伴轻微下腹痛，首选检查应为
A. hCG定量
B. 尿妊娠试验
C. 腹平片
D. B超
E. 盆腔CT

【A_3/A_4型题】

（24~25题共用题干）

患者，32岁。人流后1年，近日咳嗽，咳血丝痰，肺片示肺多个结节影，血hCG定量明显升高。诊断：绒癌肺转移。

24. 下步治疗为
A. 理疗
B. 抗炎
C. 肺叶切除
D. 放疗
E. 化疗

25. 患者化疗治疗方案首选
A. 5-FU+KSM（更生霉素）
B. MTX（氨甲蝶呤）
C. 顺铂
D. 5-FU（5-氟尿嘧啶）
E. KSM

（26~28 题共用题干）

患者，27 岁。停经 3 个月，阴道流血 1 周，血量不多，伴有轻微腹胀。查体：轻度贫血貌，宫底脐下 2 指，未闻及胎心音。

26. 下述哪种检查首选
A. 血 hCG
B. 尿 hCG
C. X 线平片
D. B 超
E. A 超

27. 上述患者诊断为葡萄胎，下步处置应为
A. 葡萄胎清宫术
B. 化疗
C. 缩宫素引产
D. 子宫切除术
E. 利凡诺尔引产

28. 上述患者，术后 3 个月，仍有阴道流血，子宫大，hCG 值无下降，伴有咳嗽，进一步治疗应为
A. 观察经过
B. 化疗
C. 抗结核
D. 抗炎
E. 手术行子宫切除

（29~31 题共用题干）

患者 24 岁，药物流产后 2 个月，阴道持续少量流血。查体：肺平片正常，腹软。内诊：阴道无异常所见，子宫前位，正常大小，软，于子宫左侧可及一包块约 5cm×4cm×6cm，活动不良，与子宫分不开。

29. 为进一步诊断应行
A. 盆腔 CT
B. 胃肠钡餐透视
C. 血 hCG+B 超
D. 尿妊娠试验
E. 诊刮

30. 该患者诊断绒癌，分期为
A. Ⅰ期
B. Ⅱ期
C. Ⅲ期
D. Ⅳ期
E. 分期依据不足

31. 上述患者的下步治疗应为
A. 剖腹探查行子宫切除
B. 化疗
C. 腹腔镜
D. 二次刮宫
E. 宫腔镜

（32~33 题共用题干）

患者，29 岁。产后 3 个月，阴道持续少量流血，近日伴咳嗽，咳血丝痰。查体：子宫正常大小，软，附件正常，血 hCG 值明显增高。

32. 首先考虑的诊断是
A. 合体细胞性子宫内膜炎
B. 盆腔结核
C. 绒癌
D. 产后子宫复旧不良
E. 子宫肌瘤

33. 该患者下步的诊疗措施
A. 诊刮
B. 化疗
C. 子宫切除
D. 放疗
E. 抗结核治疗

【B_1 型题】

（34~35 题共用备选答案）
A. 5-氟尿嘧啶（5-FU）
B. 更生霉素（KSM）
C. 氨甲蝶呤（MTX）
D. 6 巯基嘌呤（6-MP）
E. 5-FU+KSM

34. 葡萄胎预防性化疗选用
35. 绒癌肺转移，化疗选用

第十六章 生殖内分泌疾病

【A_1 型题】

1. 继发性闭经中，最为常见的闭经是
A. 下丘脑性闭经
B. 垂体性闭经
C. 卵巢性闭经
D. 子宫性闭经
E. 以上都不是

2. 鉴别功血和子宫内膜息肉的最好方法是
A. 阴道脱落细胞检查
B. 基础体温测定
C. 诊刮、内膜活检
D. 子宫、输卵管造影
E. 由病史及妇科检查鉴别

3. 功血最常见于下列哪种情况
A. 服短效避孕药后
B. 人工流产术后
C. 急性子宫内膜炎
D. 颗粒细胞瘤
E. 卵巢性激素对下丘脑、垂体失去正常反馈作用

4. 下列各项中，哪项为子宫性闭经
A. 给予孕酮——有子宫出血
B. 给予孕酮——无子宫出血
C. 雌激素、孕激素序贯用药——有子宫出血
D. 雌激素、孕激素序贯用药——无子宫出血
E. 给予促性腺激素——有子宫出血

5. 黄体萎缩不全所致的功血，哪项是错误的
A. 生育年龄妇女居多

B. 月经周期正常而经期延长
C. 阴道脱落细胞检查有助诊断
D. 基础体温双相，但不典型，体温下降延迟
E. 于月经第5天刮宫，见有分泌反应

6. 下列哪项用孕激素治疗有效
A. 结核性子宫内膜炎
B. 子宫内膜萎缩
C. 子宫内膜对雌激素不起反应
D. 子宫内膜已受雌激素影响者
E. 垂体性闭经

7. 月经后3~7天，下列哪项检查或治疗不适当
A. 取子宫内膜检查，确定是否有分泌期改变
B. 放置节育器
C. 腹腔镜
D. 剖腹探查术
E. 子宫输卵管造影术

8. 无排卵型月经的临床诊断及病理特征是
A. 多见于生育年龄妇女
B. 月经量少而持续点滴状出血
C. 基础体温呈单相
D. 内膜腺上皮高柱状，有核下空泡
E. 间质细胞肥大，呈多边形

9. 闭经时孕激素试验（+）表示
A. 用孕激素后无撤药性出血
B. 子宫内膜有雌激素影响
C. 病变在子宫内膜
D. 卵巢无性激素分泌
E. 下丘脑-垂体-卵巢轴尚有功能

10. 无排卵型功血正确的是
A. 子宫内膜为混合型内膜
B. 多发生在青春期和更年期
C. 出血主要由于孕激素撤退
D. 基础体温双相
E. 产后哺乳期为最常见的发生时间

11. 功能失调性子宫出血是指
A. 生育年龄的子宫异常出血
B. 青春期子宫异常出血
C. 更年期子宫异常出血
D. 生殖器无器质性病变的出血
E. 伴有轻度子宫内膜非特异性炎症的子宫出血

12. 关于闭经的诊断，下列哪项是错误的
A. 孕激素试验（+）——卵巢能分泌雌激素
B. 雌激素试验（-）——原因在子宫
C. 刮取内膜检查可确定闭经类型
D. 女性第二性征发育良好——原因在子宫
E. 基础体温双相——原因在子宫

13. 功能性月经失调促进排卵的最好方法有
A. 人工周期疗法
B. 雌激素周期治疗
C. 氯米芬治疗
D. 黄体生成素释放激素
E. 刮宫

14. 更年期内分泌最早变化的是
A. 卵巢功能衰退
B. 下丘脑功能退化
C. 垂体功能退化
D. 雌激素分泌增多
E. 促性腺激素分泌下降

15. 40岁患功血，下述哪种变化以手术切除子宫为佳
A. 增生期子宫内膜
B. 萎缩型子宫内膜
C. 子宫内膜复杂型不典型增生
D. 子宫内膜单纯型不典型增生
E. 子宫内膜剥脱不全

16. 闭经患者做垂体兴奋试验（+），表示
A. 雌激素水平不足
B. 有排卵
C. Turner综合征
D. 垂体性闭经
E. 下丘脑性闭经

17. 诊断黄体萎缩不全功血的可靠依据是
A. 孕激素分泌量少
B. 月经第5天内膜有分泌反应
C. 雌激素分泌过多
D. 宫颈黏液呈椭圆体型
E. 基础体温呈双相

18. 关于排卵型功血，下述哪项正确
A. 多见于青春期、更年期
B. 基础体温呈单相
C. 周期短，规律，经量多少不定
D. 月经中期缺LH高峰
E. 月经前刮宫，内膜无分泌反应

19. 不属于卵巢功能检查范畴的是
A. 基础体温测定
B. 性激素测定
C. 宫颈细胞学检查
D. 月经期前子宫内膜活组织检查
E. 宫颈黏液检查

20. Asherman综合征是指
A. 先天性染色体异常闭经
B. 闭经溢乳综合征
C. 垂体功能损害所致的闭经
D. 先天性无子宫
E. 子宫内膜损伤，宫腔粘连引起的闭经

21. 无排卵型功血最常见的症状是
A. 出血时伴有下腹痛
B. 不规则子宫出血
C. 月经周期缩短
D. 经期延长
E. 贫血及全身不适

22. 下列哪项应考虑为功血
A. 月经过多+进行性痛经
B. 月经周期紊乱+贫血
C. 月经过多+甲低
D. 月经过多+子宫增大不平
E. 月经不调+卵巢囊肿

23. 未婚女青年闭经，检查其卵巢功能简便易行的方法是
A. 阴道脱落细胞检查
B. 基础体温测定
C. 子宫颈黏液检查
D. 子宫内膜活体组织检查
E. 尿中雌孕激素测定
24. Sheehan 综合征最常见的原因是
A. 胎盘早期剥离
B. 输卵管妊娠
C. 前置胎盘
D. 产后失血性休克
E. 不全流产大出血

【A_2 型题】

25. 黄体功能不足患者，基础体温双相，周期缩短。应给下述何种治疗
A. 雌-孕激素序贯疗法
B. 排卵后黄体酮 10mg/d，10~14 日
C. 低温相时给予绒毛膜促性腺激素（hCG）
D. 低温相时给予雌激素
E. 低温相时给予孕激素
26. 15 岁，月经周期 7~10/15~20 天，量多，此次月经持续 10 余天未净，量多，基础体温单相。采用下列哪种止血较合适
A. 诊断性刮宫
B. 孕激素 20mg/d×5 肌内注射
C. 克罗米酚
D. 大量雌激素止血后逐渐减量，2 周后加用孕激素
E. 止血芳酸
27. 月经不调患者基础体温双相，但高温相持续时间为 10 天。应给治疗是
A. 雌-孕激素序贯疗法
B. 低温相时给予雌激素
C. 低温相时给予 hCG
D. 月经第 5 天给克罗米酚
E. 月经后期给黄体酮肌内注射
28. 25 岁原发不孕，月经周期不规则，妇科检查正常，基础体温呈单相。诊断为
A. 黄体功能不足
B. 无排卵型功血
C. 子宫内膜不规则脱落
D. 有排卵型功血
E. 排卵型功血，月经过多
29. 30 岁，月经 4~5/24~25 天，习惯性流产 3 次，基础体温呈双相，高温相持续 8~10 天。应诊断为
A. 黄体功能不足
B. 子宫内膜不规则脱落
C. 无排卵型功血
D. 有排卵功血，月经过少
E. 正常月经
30. 45 岁，月经 4~9/18~30 天，量多，基础体温呈单相。诊断为
A. 无排卵型功血
B. 黄体功能不足
C. 子宫内膜不规则脱落
D. 先兆流产
E. 正常月经
31. 28 岁，产后 8 个月，月经周期延长，基础体温呈双相，但高温相下降迟缓。诊断为
A. 妊娠
B. 无排卵型功血
C. 黄体功能不足
D. 子宫内膜不规则脱落
E. 稽留流产
32. 30 岁，月经周期为 8~10/28 天，基础体温呈双相，但高温相下降迟缓，月经第 5 天刮宫病理应为
A. 变性坏死的子宫内膜
B. 晚期分泌期子宫内膜
C. 增生早期及具有分泌反应的腺体
D. 增生期子宫内膜
E. 蜕膜样组织
33. 患者，37 岁。闭经半年，雌激素试验（+），FSH>40U/L。闭经诊断为
A. 垂体性
B. 卵巢性
C. 子宫性
D. 下丘脑性
E. 肾上腺性
34. 患者，35 岁。继发闭经 1 年，雌激素试验（+），FSH、LH 值均>5U/L，多次重复垂体兴奋试验无反应。闭经的原因在
A. 丘脑下部
B. 卵巢
C. 垂体前叶
D. 子宫
E. 垂体后叶
35. 雌激素试验（+），FSH、LH 均<5U/L，应用何种试验确定病变在垂体或下丘脑
A. 孕激素试验
B. 垂体兴奋试验
C. 雌孕激素测定
D. 甲状腺功能检查
E. 基础体温测定
36. 未婚青年，原发性闭经，第二性征发育正常，孕激素试验（-），下一步应做的检查
A. FSH，LH，PRL 放免测定
B. 垂体兴奋试验
C. 雌激素试验
D. 基础体温测定
E. 宫颈黏液结晶检查
37. 人工流产后 1 年未见月经来潮，子宫、附件均正常，孕激素试验（-），基础体温双相，人工周期治疗 3 个月仍不见月经，其闭经原因可能是
A. 子宫内膜损伤
B. 卵巢病变
C. 垂体病变
D. 下丘脑病变
E. 高催乳素血症
38. 为确定排卵或黄体功能应在
A. 月经周期第 5 日刮宫
B. 月经来潮 10~12 小时刮宫
C. 月经中期刮宫
D. 经前期或月经来潮 6 小时内刮宫
E. 月经周期的任何时候刮宫
39. 患者，26 岁。分娩后出现产

后出血，现产后2年，无月经，伴毛发脱落，最可能为
A. Swyer综合征
B. Asherman综合征
C. Sheehan综合征
D. Turner综合征
E. Stein-Leventhal综合征
40. 患者，34岁。继发闭经1年，伴有潮热、出汗、心烦，血FSH>40U/L，闭经原因可能是
A. 卵巢功能早衰
B. 子宫内膜结核
C. 垂体性闭经
D. 下丘脑性闭经
E. 精神因素
41. 患者，45岁。停经42天开始阴道流血持续2周，基础体温单相。首选的措施是
A. 止血敏
B. 大量孕激素止血
C. 大量雌激素止血
D. 促排卵
E. 诊刮+病理

【A_3/A_4型题】

（42~43题共用题干）

35岁，曾生育2女孩，近半年来月经不调，8~12/26天，基础体温双相。月经第6天刮出子宫内膜病理：仍可见分泌期内膜。

42. 应考虑什么诊断
A. 更年期月经紊乱
B. 不全流产
C. 黄体发育不全
D. 黄体萎缩不全
E. 无排卵型功血
43. 上述病例，该患者的下步治疗应为
A. 月经前半期给雌激素
B. 月经后第5天给予克罗米酚
C. 下次月经前8~10天给予孕激素
D. 雌孕激素序贯
E. 雌孕激素联合

（44~46题共用题干）

患者，47岁。近二年月经周期紊乱、血量多，此次又阴道流血20余天，伴头晕、心悸。查体：轻度贫血貌，子宫、附件正常。

44. 该患者首先考虑的诊断是
A. 子宫肌瘤
B. 宫颈息肉
C. 无排卵型功血
D. 有排卵型功血
E. 子宫腺肌症
45. 对上述患者，下步处置应为
A. 给予止血芳酸
B. 给予大量雌激素
C. 给予大剂量雄激素
D. 诊刮
E. 给予大量孕激素
46. 假如该患者病理结果为子宫内膜重度不典型增生，下一步治疗应为
A. 观察经过
B. 全子宫切除
C. 再次刮宫
D. 放疗
E. 全子宫+双附件+盆腔淋巴结切除

（47~49题共用题干）

25岁，已婚妇女。婚后2年不孕，月经尚规律，停经45天后，阴道流血1个月、量少，无腹痛。妇科检查：宫颈充血、较软，子宫稍大、亦较软，附件（-）。宫颈黏液涂片为羊齿状结晶，尿妊娠试验（-）。

47. 应诊断为
A. 宫外孕
B. 稽留流产
C. 葡萄胎
D. 功血
E. 以上都不是
48. 下步的诊疗措施应为
A. 诊刮
B. 黄体酮20mg/d×5 肌内注射
C. 避孕药口服
D. 大量雌激素止血
E. 子宫切除
49. 为同时解决不孕问题，同步进行的治疗应为
A. 雌-孕激素合并疗法
B. 克罗米酚50mg/d×5，月经第5天口服
C. hCG于月经来潮前肌内注射
D. 口服避孕药
E. 人工授精

（50~52题共用题干）

患者，37岁。闭经，伴有潮热、易出汗。查体：子宫、附件无异常所见。曾做雌激素试验（+）。

50. 该患者的诊断首先考虑为
A. 子宫性闭经
B. 下丘脑性闭经
C. 垂体性闭经
D. 多囊卵巢综合征
E. 卵巢功能早衰
51. 上述患者实验室检查血的结果应为
A. hCG↑
B. LH、RH↑
C. LH、FSH↑
D. LH、FSH↓
E. E↑
52. 上述患者下一步治疗应为
A. 雌-孕激素序贯
B. 促排卵
C. 大剂量雌激素
D. 大剂量孕激素
E. 雄激素

【B_1型题】

（53~55题共用备选答案）

A. 经前诊刮子宫内膜分泌不足
B. 经期第5天子宫内膜为混合型
C. 经前诊刮子宫内膜呈增殖期
D. 经前诊刮子宫内膜为分泌期
E. 子宫内膜为蜕膜

53. 子宫内膜不规则脱落
54. 黄体功能不足

55. 无排卵型功血

（56~58 题共用备选答案）

A. 宫腔粘连

B. 性染色体异常

C. 39 岁绝经

D. 产后出血休克

E. 闭经及乳汁分泌

56. Asherman 综合征

57. Turner 综合征

58. Sheehan 综合征

第十七章 子宫内膜异位症和子宫腺肌病

【A_1 型题】

1. 子宫内膜异位症较少累及的部位是

A. 子宫后壁下段

B. 直肠子宫陷凹

C. 输卵管

D. 宫骶韧带

E. 卵巢

2. 子宫内膜异位症最主要的临床特点是

A. 腹痛于经期第 1~2 天开始，经血畅后缓解

B. 下腹两侧疼痛

C. 经期腹痛伴发热

D. 经期腹痛伴肛门坠胀感

E. 痛经是典型症状，逐年加剧

3. 有关子宫腺肌病，下述表达不正确的是

A. 均合并外在性子宫内膜异位症

B. 多发生在初产妇

C. 病灶中子宫内膜对卵巢激素敏感

D. 假孕疗法无效

E. 月经量增多，经期延长，继发痛经，子宫均匀增大和质较硬

4. 子宫内膜异位症最主要的临床特点是

A. 月经失调

B. 不孕症发生率高达 40%

C. 痛经和持续性下腹痛

D. 咯血

E. 腹痛，腹泻或便秘

5. 子宫内膜异位症痛经的特点是

A. 痛经发生于月经前期

B. 痛经发生于月经前，经期加重，经后缓解

C. 痛经与月经周期无关

D. 痛经经期较轻微，经后加重

E. 痛经多为原发性痛经

6. 关于子宫内膜异位症的预防，哪项是禁忌的

A. 防止经血倒流

B. 月经期应避免不必要的盆腔检查

C. 避免手术操作时引起的内膜种植

D. 人工流产时，不要突然降低负压

E. 输卵管通液术，应在月经前期进行

【A_2 型题】

7. 女，41 岁。继发性痛经进行性加重 1 年。妇科检查：子宫增大，如 2 个月妊娠大小，质硬，有压痛，双侧附件正常。本例应诊断为

A. 子宫肥大症

B. 子宫肌瘤

C. 子宫内膜癌

D. 子宫腺肌病

E. 妊娠子宫

8. 某妇女，38 岁。子宫下段剖宫产术后 10 年，近 4 年痛经，且逐年加剧。妇科检查：子宫活动欠佳，后穹隆可触及多个小结节。其诊断首先考虑为

A. 慢性盆腔炎

B. 卵巢癌

C. 子宫内膜异位症

D. 子宫腺肌病

E. 多发性浆膜下肌瘤

9. 33 岁妇女，婚后 7 年未孕，痛经逐年加重。妇科检查：宫底韧带处可触及黄豆大结节 2 个，触痛明显，右侧附件可及一 5cm×6cm 大小，包块活动差、半囊半实。最有效的确诊方法是

A. B 超

B. 诊断性刮宫

C. 宫腔镜检查

D. 腹腔镜+组织病理检查

E. CA125

10. 29 岁妇女，痛经 3 年，婚后 2 年未孕。妇科检查：子宫鸭蛋大、质硬、后位、活动受限，后穹隆可触及多个小结节，未经治疗。应首选哪种治疗方法

A. 甲基睾丸素长期应用

B. GnRH-α 治疗

C. 保留生育功能手术

D. 克罗米酚

E. hCG 诱发排卵

11. 40 岁妇女，人工流产术后 10 年未孕，近 3 年来，月经量多，经期腰腹坠痛加重。妇科检查：子宫鹅蛋大、球形、硬，附件正常。首选诊断是

A. 子宫肌瘤

B. 子宫腺肌病

C. 盆腔炎性肿物与子宫粘连

D. Asherman 综合征

E. 子宫内膜癌

【A_3/A_4 型题】

（12~13 题共用题干）

28 岁妇女，原发不孕进行性痛经 5 年。妇科检查：子宫大小正常、后倾、欠活动，后壁有 2 个黄豆大小痛性结节，左侧附件可扪及直径约 3cm 大小的囊性包

块、不活动，右侧附件增厚。

12. 其诊断考虑为
    A. 慢性盆腔炎
    B. 结核性盆腔炎
    C. 子宫内膜异位症
    D. 双侧附件炎性包块
    E. 卵巢恶性肿瘤
13. 其处理应首选
    A. 双侧附件切除术
    B. 卵巢子宫内膜病灶切除术
    C. GnRH-α 治疗
    D. 雄激素治疗
    E. 根治术

【B_1 型题】

（14~17 题共用备选答案）
A. 高效孕激素疗法
B. 假孕疗法
C. 假绝经疗法
D. 孕激素受体水平拮抗剂
E. 药物性卵巢切除疗法

14. 口服避孕药属于
15. GnRH-α 是哪种疗法的用药
16. 无周期性的低雌激素状态
17. 米非司酮作用机制

（18~20 题共用备选答案）
A. 保留卵巢功能手术
B. 观察
C. 性激素治疗
D. 病灶清除
E. 根治术

子宫内膜异位症患者
18. 病变不严重，症状轻微者
19. 无子女迫切要求生育，病变累及卵巢者
20. 年轻无生育要求

第十八章　子宫脱垂

【A_1 型题】

1. 下列哪项损伤与子宫脱垂的发生无关
    A. 主韧带
    B. 子宫骶韧带
    C. 阔韧带
    D. 肛提肌
    E. 卵巢固有韧带
2. 哪一对韧带对防止子宫脱垂最重要
    A. 圆韧带
    B. 骨盆漏斗韧带
    C. 阔韧带
    D. 子宫卵巢韧带
    E. 主韧带
3. 子宫脱垂最主要的病因是
    A. 长期腹压增加
    B. 先天发育异常
    C. 分娩损伤和产褥早期体力劳动
    D. 长期慢性咳嗽
    E. 缺乏雌激素
4. Ⅱ度重型以上子宫脱垂患者的主要临床表现是
    A. 下腹坠胀感
    B. 外阴部有肿物脱出
    C. 排尿困难
    D. 排便困难
    E. 张力性尿失禁
5. 下列疾病，哪一项常与子宫脱垂相混淆
    A. 膀胱膨出
    B. 子宫黏膜下肌瘤或宫颈肌瘤
    C. 单纯阴道前后壁脱垂或阴道壁囊肿
    D. 子宫内翻
    E. 以上都是
6. 患者用力屏气时，子宫颈脱出阴道口外，临床诊断
    A. 膀胱膨出
    B. 子宫脱垂Ⅰ度
    C. 子宫脱垂Ⅱ度轻型
    D. 子宫脱垂Ⅱ度重型
    E. 子宫脱垂Ⅲ度
7. 重度子宫脱垂（Ⅲ度）常伴有
    A. 宫颈溃疡
    B. 膀胱、直肠膨出
    C. 张力性尿失禁
    D. 阴道壁溃疡
    E. 以上都是

【A_2 型题】

8. 一农妇，56 岁。诉阴道一物脱出 3 年。妇科检查：宫颈已脱出至阴道口外，子宫体在阴道内，双附件正常。应该诊断子宫脱垂几度
    A. Ⅰ度轻型
    B. Ⅰ度重型
    C. Ⅱ度轻型
    D. Ⅱ度重型
    E. Ⅲ度
9. 27 岁，妇女，无职业。孕 2 产 2，产后阴道脱出一物 2 年，日渐加重而来就诊。一般状态良好。妇科检查：加腹压时见宫颈及部分宫体脱出阴道口外，宫颈长 4cm，阴道前后壁膨出。其处理应是
    A. 使用子宫托
    B. Manchester 手术
    C. 阴式子宫全切+阴道前后壁修补术
    D. 行宫颈部分切除术
    E. 经腹行子宫全切术
10. 59 岁妇女，孕 5 产 4。阴道脱出一物已 4 年。妇科检查：宫颈及宫体全部脱出至阴道口外，阴道前后壁有小溃疡。最有效的治疗方法为
    A. 子宫托
    B. Manchester 手术
    C. 阴式子宫全切术
    D. 阴道前后壁修补术
    E. 经阴道全子宫切除+阴道前后壁修补术
11. 一妇女，78 岁。爱人已故，一般状态差。妇科检查：宫颈光滑，子宫颈和宫体全部脱出阴道口外。细胞涂片未发现变异细胞，其治疗方法应是

A. 子宫托
B. Manchester 手术
C. 阴道纵隔成形术
D. 阴式子宫全切术
E. 腹式子宫全切术

12. 某妇女，33 岁，孕 3 产 1。主诉大便时阴道脱出一物，妇科检查：宫颈外口距阴道口约 2cm，宫体及附件正常。该患者的诊断为
A. 单纯阴道脱垂
B. 子宫Ⅰ度脱垂合并膀胱膨出
C. 子宫Ⅱ度脱垂
D. 子宫Ⅱ度脱垂合并膀胱膨出
E. 子宫Ⅰ度脱垂

【B_1 型题】

（13~14 题共用备选答案）
A. 阴式子宫全切术及前后壁修补术
B. Manchester 手术
C. 纯阴道前后壁修补术
D. 阴道纵隔成形术
E. 腹式子宫全切术

关于子宫脱垂的术式选择

13. Ⅱ度、Ⅲ度子宫脱垂并发阴道前后壁膨出
14. Ⅱ度、Ⅲ度子宫脱垂，年轻、宫颈较长，需保留生育功能者

第十九章　不　孕　症

【A_1 型题】

1. 不孕症是指婚后有正常的性生活，未避孕同居时间达下列哪项而未孕者
A. 1 年
B. 1 年半
C. 2 年
D. 3 年
E. 4 年

2. 不孕患者，检测排卵功能，对诊断关系不大的辅助检查方法为
A. B 超检测卵巢排卵
B. 月经周期后半期宫颈黏液检查
C. 肾上腺功能检测
D. 基础体温测定
E. 月经周期前半期子宫内膜活检

3. 女性不孕最常见的因素是
A. 不排卵
B. 输卵管因素
C. 子宫因素
D. 宫颈因素
E. 阴道因素

4. 精子在女性生殖道内，能存活
A. 6 小时
B. 12 小时
C. 2~3 天
D. <24 小时
E. 3~5 天

5. 排卵后在体内卵子的寿命是
A. 24 小时
B. 8 小时
C. 2 天
D. 3 天
E. <8 小时

6. 与精子产生无关的因素是
A. 双侧隐睾引起曲细精管萎缩
B. 慢性中毒（吸烟、酗酒）
C. 过度精神紧张
D. 幼年腮腺炎并发睾丸炎
E. 输精管结核

7. 关于精液正常值下述哪项是错误的
A. 精液量为 2~6ml，一般 3~4ml
B. pH 为 7.0~7.8
C. 精子密度为（20~200）×10^9/L
D. 精子活率>50%
E. 正常形态精子占 40%~60%

8. 下列哪项不属于生殖医学技术
A. 人工周期
B. AID
C. AIH
D. IVF-ET
E. 卵细胞浆内单精子注射

9. 试管婴儿是
A. 人工授精
B. 配子输卵管内移植
C. 宫腔配子移植
D. 体外授精与胚胎移植
E. 胚泡移植

10. 诱发排卵的药物是
A. 氯米酚
B. 绝经促性素（hMG）
C. 黄体生成激素释放激素（LHRH）
D. 溴隐亭
E. 以上都是

【A_2 型题】

11. 某妇，28 岁，孕 1 产 0。继发不孕 2 年，月经 5~6 天/28~30 天。妇科检查：宫颈光滑，宫体大小正常，宫旁左侧及后方有粘连及压痛，右侧附件可及。进一步处理首选
A. 人工周期
B. 全身抗炎治疗
C. 氯米芬
D. 输卵管通液
E. 宫颈扩张

12. 某妇，30 岁。原发不孕 3 年，月经 5~6 天/20^+~50^+天，量中等，无痛经，妇科检查未发现特殊异常。进一步检查应首选
A. 输卵管通液
B. B 型超声
C. 性交后试验
D. X 线腹部平片
E. 经前或见红 12 小时内诊刮

13. 某妇，32岁，孕0产0。婚后不孕3年，月经3～5天/20～30天。妇科检查：左侧穹隆稍增厚，余正常。进一步检查首先考虑
A. 月经前诊断性刮宫
B. 输卵管通液
C. 子宫输卵管造影
D. 宫腔镜
E. 腹腔镜

【A_3/A_4型题】

（14～15题共用题干）

某妇，33岁，孕3产0。最后一次妊娠至今已5年，未采取任何避孕措施。妇科检查：宫体正常大小，双侧附件区压痛明显，可触及不规则片状物。

14. 此患者最可能的诊断是
A. 继发不孕+附件炎
B. 绝对不孕+附件炎
C. 继发不孕
D. 原发不孕
E. 原发不孕+附件炎

15. 此患者的最佳治疗方案是
A. 人工周期
B. 宫颈扩张
C. 全身抗炎治疗+输卵管通液
D. 氯米芬
E. IVF/ET

【B_1型题】

（16～17题共用备选答案）

A. 凡婚后未避孕，有正常性生活，同居1年以上而未妊娠者
B. 既往从未有过妊娠史，无避孕且未妊娠者
C. 曾有过妊娠而后来未避孕连续1年不孕者
D. 夫妇一方在先天或后天解剖生理方面的缺陷，无法纠正而不能妊娠者
E. 夫妇一方因某种原因阻碍受孕，导致暂时不孕，一旦得到纠正仍能受孕者

16. 继发不孕
17. 原发不孕

第二十章　计划生育

【A_1型题】

1. 属于人工流产负压吸引术禁忌证的是
A. 剖宫产术后1年
B. 慢性宫颈炎
C. 妊娠9周
D. 间隔4小时两次体温超过37.5℃
E. 哺乳期

2. 人工流产术后72小时突然阴道流血，最可能的诊断是
A. 吸宫不全
B. 子宫穿孔
C. 术后感染
D. 羊水栓塞
E. 空气栓塞

3. 宫内节育器的不良反应中不正确的是
A. 月经过多
B. 经期延长、周期中点滴出血
C. 腰酸
D. 下腹坠胀
E. 恶心、呕吐

4. 关于人工流产下述哪项是错误的
A. 人工流产是指妊娠10～21周以内用人工方法终止妊娠
B. 妊娠10周以内可用吸宫术
C. 妊娠11～14周可用钳刮术
D. 体温两次高于37.5℃，为禁忌证
E. 急性生殖器炎症为手术禁忌

5. 关于输卵管结扎哪项是错误的
A. 结扎部位在输卵管峡部较好
B. 抽心包埋法成功率高
C. 取到输卵管要追溯至伞端再结扎
D. 经阴道手术较复杂，易发生感染
E. 因手术时间短，不必排空膀胱

6. 人工流产最常见的并发症是
A. 吸宫不全
B. 子宫穿孔
C. 漏吸
D. 术后感染
E. 羊水栓塞

7. 我国现在最常用的避孕措施为
A. 避孕套
B. 阴道隔膜
C. 宫内节育器
D. 口服避孕药
E. 安全期避孕

8. 放置宫内节育器应注意事项不包括
A. 术后休息3日
B. 术后2周禁性交及盆浴
C. 术后月经来潮注意节育器有无脱落
D. 保持外阴部清洁
E. 带铜节育器可放置5年

9. 人工流产术中突然头晕、胸闷、血压下降、脉搏变慢，首先考虑
A. 子宫穿孔
B. 人工流产综合征
C. 术中出血
D. 羊水栓塞
E. 空气栓塞

10. 人工流产综合征主要是由于
A. 机械刺激子宫或宫颈引起迷走神经反射

B. 精神过度紧张
C. 术中出血过多
D. 吸宫不全
E. 羊水栓塞

11. 妊娠16周需终止妊娠，最常用的方法是
A. 钳刮术
B. 缩宫素静脉滴注
C. 天花粉肌内注射
D. 负压吸引术
E. 利凡诺尔羊膜腔内注射

12. 宫内节育器并发症不包括
A. 感染
B. 宫内节育器嵌顿或断裂
C. 子宫穿孔
D. 带路妊娠
E. 闭经

13. 为预防人工流产综合征，下列哪项是错误的
A. 操作轻柔
B. 扩张宫颈不可粗暴，要逐步扩张
C. 反复吸刮宫壁
D. 吸宫时掌握适度的负压
E. 术前宫颈管内可放置卡孕栓

14. 人工流产术后12日，仍有较多阴道流血，应首先考虑的是
A. 子宫穿孔
B. 子宫复旧不良
C. 吸宫不全
D. 子宫内膜炎
E. 绒毛膜癌

15. 关于更年期保健内容，下列哪项不正确
A. 防治更年期月经失调
B. 定期接受妇女病普查
C. 更年期保健是指年龄<50岁妇女的保健
D. 合理安排生活，注意锻炼身体
E. 进行肛提肌锻炼

16. 关于输卵管结扎术时间选择哪项不正确
A. 非孕妇女月经干净后3~4天
B. 产后48小时内
C. 人工流产术后48小时内
D. 非孕妇女在月经来潮前3~7天
E. 哺乳期排除早期妊娠

17. 关于节育原理，下述哪项是错误的
A. 工具避孕——阻止精卵相遇
B. 宫内节育器——阻止受精卵着床
C. 口服避孕药——抑制排卵，改变宫颈黏液性状
D. 输卵管结扎——阻断精卵相遇
E. 探亲避孕药——防止受精

18. 下述哪项是输卵管结扎的禁忌证
A. 已婚妇女要求绝育
B. 第2次剖宫产时
C. 急性盆腔炎
D. 正常分娩后48小时内
E. 心脏病心功能Ⅰ级

【A_2型题】

19. 女，26岁。产后42天复查，要求进行避孕指导，现处于哺乳期。查体子宫恢复正常，已排除慢性全身性疾病。不适于该妇女的避孕方式是
A. 阴道套
B. 宫内节育器
C. 复方口服避孕药
D. 长效孕激素避孕针
E. 阴茎套

20. 某患者，人工流产术后，不规则流血15天，药物治疗无效，子宫稍大、软，宫口开大，应考虑
A. 子宫内膜炎
B. 吸宫不全
C. 功血
D. 宫颈粘连
E. 子宫复旧不全

21. 人工流产术后3天微热，下腹坠痛并有血性分泌物，子宫稍大，触痛明显，附件正常，应考虑
A. 吸宫不全
B. 子宫肌炎
C. 子宫颈粘连
D. 子宫复旧不全
E. 宫腔积血

22. 女性，28岁。已婚，生育1子，两地分居，丈夫最近将回家探亲，拟服用探亲片(甲地孕酮)。正确的服药方法是
A. 月经来潮第5天服1片，12天后再服1片
B. 月经周期第5天开始，每晚1片，连服22天
C. 性交前8小时服1片，当晚再服1片，以后每晚1片，每月不少于12片
D. 性交后即服1片，次日晨加服1片
E. 探亲当日中午含服1片，以后每次性交后服1片

23. 女，45岁。患Ⅱ度子宫脱垂伴阴道前后壁明显膨出。2个月前患乙型肝炎住院治疗50天，现来院咨询避孕方法。应选用
A. 宫内节育器
B. 口服避孕药
C. 安全期避孕
D. 外用避孕药膜
E. 男用阴茎套

24. 人工流产手术，患者突然感到头晕、胸闷。检查：脉搏54次/分，血压70/50mmHg。此时应选何种药物
A. 苯巴比妥
B. 哌替啶
C. 异丙嗪
D. 阿托品
E. 50%葡萄糖+维生素C

25. 患者，30岁，孕2产1。月经过少1年，患滴虫阴道炎，选用何种方法避孕
A. 宫内节育器

B. 安全期避孕
C. 避孕套
D. 阴道隔膜
E. 口服避孕药

26. 女，42 岁。患慢性肾炎 3 年，半年前因早孕行药物流产，现要求避孕指导。本例最正确的避孕措施应是
A. 安全期避孕
B. 口服短效避孕药
C. 皮下埋植避孕
D. 阴茎套避孕
E. 行输卵管结扎术

27. 30 岁，孕 5 产 3。月经 3~4/24~34 天，量中等，阴道前后壁膨出，宫口松，子宫后位正常大，附件正常，要求避孕，何法最好
A. 阴道隔膜
B. 宫内节育器
C. 口服避孕药
D. 输卵管结扎
E. 安全期避孕

【A_3/A_4 型题】

（28~30 题共用题干）

患者，24 岁。人工流产术后 1 周，突然阴道流血增多，伴腹痛，无发热。查子宫稍大软，压痛（±），附件正常。

28. 可能的诊断是
A. 漏吸
B. 吸宫不全
C. 子宫内膜炎
D. 子宫穿孔
E. 羊水栓塞

29. 上述病例，为确诊应行的检查是
A. 血 hCG
B. 宫腔镜
C. B 超
D. 腹平片
E. 子宫造影

30. 该患者诊断为吸宫不全的下一步处置应为
A. 刮宫术
B. 子宫切除
C. 缩宫素肌内注射
D. 益母丸口服
E. 观察经过

（31~33 题共用题干）

患者，27 岁。早孕 7 周，行人工流产术中，患者突然恶心，出冷汗。查体：面色苍白，BP 70/50mmHg，P 60 次/分。

31. 该患者首先考虑为
A. 子宫穿孔
B. 羊水栓塞
C. 空气栓塞
D. 人工流产综合征
E. 漏吸

32. 该患者下一步处置为
A. 阿托品 0.5mg im
B. 异丙嗪 25mg im
C. 氯丙嗪 25mg im
D. 哌替啶 50mg im
E. 哌替啶、异丙嗪半量肌内注射

33. 如何操作能减少上述情况的出现
A. 反复吸刮以防残留
B. 扩张宫颈要轻柔
C. 人工流产手术尽量在孕 40 天内进行
D. 人工流产手术时负压要大
E. 人工流产手术时要保证足够的手术时间

（34~36 题共用题干）

患者，34 岁。既往有风心病史，心功能无改变，重复剖宫产术。

34. 术中应选的避孕措施是
A. 上环
B. 输卵管结扎术
C. 口服避孕药
D. 工具避孕
E. 安全期避孕

35. 关于结扎时间的选择哪项正确
A. 二次剖宫产时
B. 剖宫产后 1 个月
C. 人工流产术后 1 周内
D. 月经前 3~7 天
E. 滞产产后

36. 结扎术中的注意事项哪个不正确
A. 抽心包埋法，成功率高
B. 提出输卵管，追溯到伞端后再结扎
C. 有生殖器感染者不宜手术
D. 经阴道手术操作简单，不易感染
E. 术前排空膀胱

【B_1 型题】

（37~40 题共用备选答案）
A. 易引起 DIC
B. 易引起失血性休克
C. 易引起宫腔粘连
D. 易引起人流综合征
E. 易引起子宫穿孔

37. 人工流产术中反复吸刮宫腔
38. 哺乳期妊娠人流时
39. 人工流产术中过度刺激宫颈
40. 不全流产

第二十一章 妇女保健

【A_1 型题】

1. 以下不是各期妇女保健内容的是
A. 青春期保健
B. 中年期保健
C. 生育期保健
D. 围生保健
E. 围绝经期保健

2. 青春期保健的三级预防包括
A. 对女青年疾病的治疗与康复

B. 合理的营养，培养良好的个人生活习惯
C. 减少疾病危险因素
D. 早期发现疾病和行为偏异
E. 适当的体格锻炼和劳动，进行心理卫生和性知识等的教育

3. 围婚保健包括
A. 婚前医学检查、婚前卫生指导和婚后婚姻咨询
B. 婚前精神病学、婚前卫生指导和婚前卫生咨询
C. 婚前医学检查、围婚期健康教育和婚前卫生咨询
D. 婚前医学检查、婚前婚姻关系指导和婚前卫生咨询
E. 婚前遗传检查、婚前心理学指导和婚后婚姻关系咨询

4. 生育期保健一级预防包括
A. 提高对高危孕产妇的处理水平
B. 妇女在生育期因孕育或节育导致的各种疾病，能做到早发现、早防治，提高防治质量
C. 降低孕产妇死亡率及围生儿死亡率
D. 产褥期保健和哺乳期保健
E. 普及孕产期保健和计划生育技术指导

5. 以下不属于围生保健的是
A. 孕前期保健
B. 产时保健
C. 新生儿保健
D. 产褥期保健
E. 孕期保健

6. 以下不属于围绝经期保健的是
A. 进行肛提肌锻炼，以加强盆底组织的支持力，预防子宫脱垂及张力性尿失禁
B. 定期体检，接受妇女病及肿瘤普查
C. 加强身体锻炼，提高自身免疫力
D. 应避孕至月经停止 12 个月以上
E. 重视蛋白质、维生素及微量元素的摄入

7. 妇女的老年期保健不包括
A. 定期体格检查
B. 防治老年期常见病、多发病
C. 提高生命质量
D. 多与子女沟通交流，保持家庭紧密
E. 加强身体锻炼

8. 妇女保健指标正确的项目是
A. 孕产妇死亡率 = 年内孕产妇死亡数/年内孕产妇数×100%
B. 产前检查率 = 产前检查人数/期内产妇数×100%
C. 产后访视率 = 产后访视人数/期内产妇数×100%
D. 妇女病普查率 = 实查人数/应查人数×100%
E. 计划生育率 = 符合计划生育要求的活胎数/同年活产总数×100%

9. 女性心理保健有几方面问题，不包括
A. 与月经有关的心理问题
B. 与分娩有关的心理问题
C. 与妇科手术有关的心理问题
D. 与绝经有关的心理问题
E. 与身体健康有关的心理问题

第十四篇 血液系统

第一章 贫血概述

【A_1型题】

1. 根据国内标准，血红蛋白测定值下列哪项可诊断为贫血
   A. 成年男生低于130g/L
   B. 成年女性低于110g/L
   C. 妊娠期低于105g/L
   D. 哺乳期低于115g/L
   E. 初生儿至3个月低于150g/L
2. 按贫血的病因机制下列哪项组合是错误的
   A. 红细胞破坏过多-慢性感染性贫血
   B. 红细胞生成减少-再生障碍性贫血
   C. 红细胞慢性丢失过多-缺铁性贫血
   D. 骨髓红细胞生成被干扰-伴随白血病的贫血
   E. 造血原料缺乏-巨幼细胞贫血
3. 关于贫血的病理生理基础，下列哪项是错误的
   A. 红细胞内2,3-DPG含量减少
   B. 心脏扩大，脉压加大
   C. 性功能减退，月经紊乱
   D. ST段压低，T波倒置
   E. 多尿

【A_2型题】

4. 女性，30岁。发热、寒战，轻度黄疸，脾肋下3cm，Hb 70g/L，网织红细胞0.09，血清铁1200μg/L，肝功能正常，Ham试验阴性，Coombs试验阳性。诊断应考虑为
   A. 阵发性寒冷性血红蛋白尿
   B. 阵发性睡眠性血红蛋白尿
   C. 自身免疫性溶血性贫血
   D. 肝炎后合并继发性贫血
   E. Evans综合征
5. 男性，38岁。畏寒、发热、寒战、头晕3天。查体：体温38℃，巩膜黄染，肝肋下2.5cm。尿胆原阳性，尿镜下无红细胞，尿潜血阳性。过去有肝炎史。诊断
   A. 慢性肝炎急性发作
   B. 胆石症
   C. 急性黄疸型肝炎
   D. 溶血性贫血
   E. 以上全不是
6. 男性，26岁。轻度黄疸，肝肋下1.5cm，Hb 70g/L，Coombs试验阳性。诊断应先考虑
   A. 黄疸性肝炎
   B. 早期肝硬化
   C. 缺铁性贫血
   D. 肝炎合并贫血
   E. 自身免疫性溶血性贫血
7. 男性，35岁。半年来逐渐贫血，不发热，无出血症状，尿呈浓茶色，巩膜轻度黄染，肝、脾不大。实验室检查：Hb 82g/L，白细胞5.6×10^9/L，血小板93×10^9/L，网织红细胞0.05。为确诊首选哪项检查
   A. 骨髓穿刺
   B. 血清铁
   C. 尿含铁血黄素
   D. 抗人球蛋白试验
   E. 酸化血清溶血试验
8. 男性，自幼常发生黄疸，贫血检查证实为遗传性球形细胞增多症，治疗最好采用
   A. 糖皮质激素
   B. 反复多次少量输血
   C. 脾切除
   D. 酌情应用免疫抑制剂
   E. 可不必治疗
9. 自身免疫性溶血贫血患者，长期以来反复发生溶血，近1周上呼吸道感染，其后贫血日渐加重，Hb 50g/L，网织红细胞0.001，白细胞2.8×10^9/L，分类中性粒细胞0.52，淋巴细胞0.48，骨髓三系细胞增生减低，网状细胞、浆细胞多见。最大可能是
   A. 急性溶血状态
   B. 脾功能亢进
   C. 再障危象
   D. 骨髓纤维化
   E. 以上均不是
10. 男性，20岁。3年来在冬天或遇冷即出现寒战、腰痛、排酱油色尿，巩膜无黄染，网织红细胞0.065，Hb 78g/L，Ham试验阴性，冷、热溶血试验阳性。诊断何病
    A. 自身免疫性溶血性贫血
    B. 阵发性寒冷性血红蛋白尿
    C. 运动性血红蛋白尿
    D. 冷凝集素血症
    E. 阵发性睡眠性血红蛋白尿
11. 男性，50岁。腰痛2个月，近1周右下肢活动困难，外院诊断坐骨神经痛。实验室检查：Hb 85g/L，ESR 90mm/h，尿蛋白（++）。诊断首先考虑
    A. 类风湿关节炎
    B. 风湿性关节炎
    C. 肾肿瘤骨髓转移
    D. 慢性肾炎
    E. 多发性骨髓瘤

【A_3/A_4型题】

（12~13题共用题干）

男性，29岁。低热、酱油色

尿2个月。查体：巩膜黄染，贫血面容，肝、脾不大。实验室检查：Hb 73g/L，血小板 $105\times10^9/L$，白细胞 $4.4\times10^9/L$，网织红细胞计数0.15，尿潜血阴性。

12. 最可能的诊断是
    A. 急性早幼粒细胞白血病伴DIC
    B. 急性红白血病
    C. 阵发性睡眠性血红蛋白尿
    D. 缺铁性贫血
    E. 慢性感染性贫血
13. 除以上治疗外还可进行的治疗为
    A. 同种异基因造血干细胞移植
    B. 化疗
    C. 放疗
    D. 放疗+化疗
    E. 放血疗法

第二章　缺铁性贫血

【A_1 型题】

1. 正常人消化道内铁吸收效率最高的部位是
    A. 胃
    B. 十二指肠及空肠上部
    C. 空肠
    D. 回肠
    E. 回盲部
2. 在下列缺铁性贫血的临床表现中，属于组织缺铁表现的是
    A. 头晕
    B. 视物模糊
    C. 心悸
    D. 异食癖
    E. 气促
3. 缺铁性贫血的血象特点是
    A. RBC 减少比 Hb 减少明显
    B. 粒细胞分叶多
    C. MCH<32pg
    D. 红细胞中央淡染区大
    E. 粒细胞左移
4. 体内缺铁初期的最早、最可靠的诊断依据是
    A. 典型的小细胞低色素性贫血血象
    B. 血清总铁结合力增高
    C. 血清铁减低
    D. 骨髓贮存铁减少或缺乏
    E. 血清转运铁蛋白饱和度下降
5. 早期缺铁性贫血形态学改变为
    A. 小细胞正色素性贫血
    B. 小细胞低色素性贫血
    C. 正细胞正色素性贫血
    D. 大细胞性贫血
    E. 以上全不是
6. 缺铁性贫血的改变顺序是
    A. 低血清铁——骨髓贮存铁减少——贫血
    B. 低血清铁——贫血——骨髓贮存铁减少
    C. 骨髓贮存铁减少——贫血——低血清铁
    D. 贫血——骨髓贮存铁减少——低血清铁
    E. 骨髓贮存铁减少——低血清铁——贫血
7. 血清铁减低，总铁结合力增高及转运铁蛋白饱和度减低见于
    A. 珠蛋白生成障碍性贫血
    B. 感染性贫血
    C. 缺铁性贫血
    D. 再生障碍性贫血
    E. 铁粒幼细胞性贫血
8. 不属于小细胞性贫血的是
    A. 缺铁性贫血
    B. 珠蛋白生成障碍性贫血
    C. 慢性感染性贫血
    D. 铁粒幼细胞性贫血
    E. 再生障碍性贫血
9. 治疗缺铁性贫血的主要目的是
    A. 血红蛋白恢复正常
    B. 血清铁水平恢复正常
    C. 补足贮存铁
    D. 红细胞水平恢复正常
    E. 血清铁和总铁结合力均恢复正常
10. 缺铁性贫血，铁剂治疗5~10天首先出现的治疗反应是
    A. 红细胞总数增高
    B. 血清铁增加
    C. 骨髓外铁增加
    D. 网织红细胞数升高
    E. 红细胞平均直径恢复正常
11. 口服铁剂治疗缺铁性贫血的正规治疗应该是
    A. 不间断地服用6~8周
    B. 一直服用到血红蛋白达到正常水平
    C. 到略低于正常血红蛋白值然后待其自然增长到正常水平
    D. 服至血红蛋白高于正常水平，以免复发
    E. 血红蛋白达正常后至少持续4~6个月

【A_2 型题】

12. 30岁农民。头晕、乏力，大便中钩虫卵（+++），血红蛋白60g/L。治疗应是
    A. 驱钩虫
    B. 驱钩虫+口服铁剂
    C. 驱钩虫+注射右旋糖酐铁
    D. 输血+注射右旋糖酐铁
    E. 口服叶酸或注射维生素 B_{12}
13. 贫血患者 Hb 50g/L，血细胞比容0.2，白细胞 $4.8\times10^9/L$，网织红细胞0.02，红细胞平均体积76fl，红细胞平均血红蛋白浓度（MCHC）0.24，血小板 $120\times10^9/L$。最可能的诊断是
    A. 甲状腺功能减退所致贫血
    B. 再生障碍性贫血
    C. 溶血性贫血

D. 缺铁性贫血
E. 巨幼细胞贫血

14. 贫血患者，实验室检查为小细胞正色素性贫血，伴有慢性下肢溃疡，血清铁700μg/L，总铁合力 1900μg/L，骨髓外铁(++)。诊断为
A. 缺铁性贫血
B. 巨幼细胞贫血
C. 失血性贫血
D. 铁粒幼细胞性贫血
E. 慢性感染性贫血

15. 女性，24 岁。贫血 1 年。实验室检查：Hb 80g/L，红细胞 3.0×10^{12}/L，网织红细胞 0.027，白细胞、血小板正常，经用铁剂治疗 7 天后，血红蛋白不升，网织红细胞 4.3%。最可靠的诊断是
A. 巨幼细胞贫血
B. 缺铁性贫血
C. 铁粒幼细胞性贫血
D. 溶血性贫血
E. 以上都不是

16. 一贫血女性，34 岁。妊娠 6 个月，既往月经过多。实验室检查：Hb 75g/L，红细胞 3.3×10^{12}/L，网织红细胞 0.02，血清铁 460μg/L，总铁结合力 4600μg/L，血清总胆红素 2.0μmol/L。最大可能诊断是
A. 失血性贫血
B. 妊娠期巨幼细胞贫血
C. 缺铁性贫血
D. 溶血性贫血
E. 铁粒幼细胞性贫血

17. 女性，18 岁。1 年来逐渐面色苍白，无力。实验室检查：Hb 50g/L，白细胞 5.0×10^{9}/L，血清铁 400μg/L。最可能的诊断是
A. 感染性贫血
B. 巨幼细胞贫血
C. 缺铁性贫血
D. 再生障碍性贫血
E. 溶血性贫血

18. 男性，35 岁。胃区常隐痛 3 年，与饮食有关，间有黑便。实验室检查：Hb 75g/L，红细胞 3.1×10^{12}/L，白细胞 5.9×10^{9}/L，血小板 130×10^{9}/L。患者贫血最大可能是以下哪种
A. 营养不良性贫血
B. 缺铁性贫血
C. 慢性肝病贫血
D. 巨幼细胞贫血
E. 溶血性贫血

19. 青年女性，农民。头晕、心悸、颜面苍白 5 年，并感吞咽困难。实验室检查：Hb 45g/L，红细胞 2.0×10^{12}/L，白细胞及血小板正常，血片见红细胞大小不均，以小细胞为主，中心染色过浅。首选抗贫血制剂为
A. 维生素 B_{12}
B. 叶酸
C. 口服铁剂
D. 雄激素
E. 泼尼松

20. 女性，26 岁。头晕 1 年，吞咽困难半年，舌乳头萎缩。实验室检查：Hb 50g/L，血小板 130×10^{9}/L，白细胞 5.0×10^{9}/L，中性粒细胞 0.7，淋巴细胞 0.3。应考虑什么病
A. 食管癌并发贫血
B. 巨幼细胞贫血
C. 缺铁性贫血
D. 铁粒幼细胞性贫血
E. 以上都不是

21. 男性，25 岁。半年来苍白无力。实验室检查：Hb 70g/L，白细胞、血小板正常，血清铁 300μg/L，骨髓铁阴性，诊断缺铁性贫血，经口服铁剂治疗 3 周后无效。其原因除哪一项外，均有可能
A. 诊断不正确
B. 未按医嘱服药
C. 胃肠吸收障碍
D. 出血不止
E. 存在干扰铁利用的因素

【A_3/A_4 型题】

（22~23 题共用题干）

女性，36 岁。主诉头晕、乏力，3 年来月经量多，浅表淋巴结及肝、脾未触及。实验室检查：Hb 58g/L，白细胞 8×10^{9}/L，血小板 185×10^{9}/L，血片可见红细胞中心淡染区扩大，网织红细胞计数 0.005。

22. 明确诊断需做的检查应除外哪项
A. 骨髓检查
B. 血清铁和总铁结合力
C. 染色体检查
D. 血清铁蛋白检查
E. MCV、MCH、MCHC

23. 对上述治疗效果反应最早的指标是
A. 白细胞数量
B. 血红蛋白含量
C. 网织红细胞计数
D. 叶酸、维生素 B_{12} 含量
E. 铁蛋白浓度

第三章　再生障碍性贫血

【A_1 型题】

1. 再障最主要的诊断依据是
A. 全血细胞减少，有出血或感染表现
B. 网织红细胞减少
C. 骨髓增生不良
D. 肝、脾淋巴结不肿大
E. 铁剂叶酸治疗无效

2. 再障的病理改变哪项是正确的
   A. 全身红髓容量增多
   B. 呈离心性损害
   C. 组织切片可见造血细胞每平方毫米的数目减少
   D. 全身淋巴组织轻度增生
   E. 超微结构无明显的异常
3. 下列实验室检查结果中，支持再生障碍性贫血的是
   A. 外周血出现有核红细胞
   B. 外周血淋巴细胞比例减低
   C. 中性粒细胞碱性磷酸酶积分减低
   D. 骨髓中巨核细胞减低
   E. 骨髓中非造血细胞减低
4. 雄激素治疗再障的机制是
   A. 改变骨髓微环境
   B. 提高机体抵抗力，减少非造血细胞的数量
   C. 直接刺激骨髓干细胞增加，提高内源性 EPO 生成
   D. 稳定内皮细胞，减少出血
   E. 兴奋中枢神经改善微环境
5. 再障与下列哪种疾病难鉴别
   A. 低增生性白血病
   B. 缺铁性贫血
   C. 脾功能亢进
   D. PNH 不发作型
   E. 巨幼细胞贫血
6. 慢性再生障碍性贫血患者出现酱油色尿，为与 PNH 鉴别，最特异的诊断性检查是
   A. 热溶血试验
   B. 蔗糖溶血试验
   C. 酸溶血试验
   D. 荧光斑点试验
   E. 抗人球蛋白试验
7. 慢性再障的治疗首选
   A. 丙酸睾丸酮肌内注射
   B. 造血干细胞移植
   C. 维生素 B_{12} 肌内注射
   D. 抗胸腺球蛋白
   E. 肾上腺糖皮质激素口服
8. 属于正常细胞性贫血的是
   A. 急性失血性贫血
   B. 骨髓增生异常综合征
   C. 缺铁性贫血
   D. 慢性失血性贫血
   E. 铁粒幼细胞性贫血
9. 急性重型再障患者发生感染最多见于
   A. 皮肤、黏膜
   B. 呼吸道
   C. 颅内
   D. 肛周感染
   E. 肠道
10. 全血细胞减少，骨髓增生低下，造血细胞减少，这样的血象、骨髓象不见于下列哪种疾病
   A. 溶血性贫血
   B. 低增生性白血病
   C. 再障
   D. PNH
   E. 骨髓纤维化
11. 骨髓中不出现幼红细胞的疾病是
   A. 溶血性贫血
   B. 急性失血后贫血
   C. 骨髓纤维化
   D. 低增生性白血病
   E. 再障
12. 有关再生障碍性贫血发病机制的检查结果，错误的是
   A. 血清 IL-2 水平增高
   B. 血清 TNF 水平增高
   C. $CD4^+T$ 细胞增多
   D. $CD8^+T$ 细胞增多
   E. $CD25^+T$ 细胞增多
13. 外周血反映骨髓幼红细胞增生程度准确的指标是
   A. 血红蛋白和红细胞数
   B. 网织红细胞百分数
   C. 网织红细胞绝对数
   D. 出现有核红细胞
   E. 出现染色质小体
14. 下列哪种疾病抗人球蛋白试验阳性
   A. 6-磷酸葡萄糖脱氢酶（G6PD）缺乏症
   B. 珠蛋白生成障碍性贫血
   C. 遗传性球形细胞增多症
   D. 阵发性睡眠性血红蛋白尿
   E. 自身免疫性溶血性贫血
15. 属于红细胞破坏过多性贫血的是
   A. 巨幼细胞贫血
   B. 骨髓病性贫血
   C. 铁粒幼细胞性贫血
   D. 珠蛋白生成障碍性贫血
   E. 慢性病性贫血
16. 用于胃切除后引起的缺铁性贫血
   A. 切脾术
   B. 糖皮质激素
   C. 雄激素
   D. 右旋糖酐铁注射
   E. 输血
17. 用于治疗再生障碍性贫血
   A. 切脾术
   B. 糖皮质激素
   C. 雄激素
   D. 右旋糖酐铁注射
   E. 输血

【A_3/A_4 型题】

（18~20 题共用题干）

女性，18 岁。发热、鼻出血、皮肤紫癜 2 周，舌尖可见血疱，双下肢可见瘀斑，浅表淋巴结及肝、脾未及，胸骨压痛阴性。实验室检查：Hb 52g/L，白细胞 2.0×10^9/L，分类中性粒细胞 0.24，淋巴细胞 0.75，嗜碱粒 0.01，血小板 22×10^9/L，网织红细胞 0.001。胸部 X 线片示右下肺炎。

18. 本例最可能的诊断是
   A. 脾功能亢进
   B. 再生障碍性贫血
   C. 淋巴瘤
   D. 慢性粒细胞白血病
   E. 多发性骨髓瘤
19. 明确诊断应先做哪一项检查
   A. B 超
   B. 硫酸亚铁或右旋糖酐铁
   C. 骨髓检查
   D. MRI
   E. 放射性核素骨扫描

20. 关于该患者的预后，哪项描述是正确的
   A. 不积极治疗多于6～12个月内死亡
   B. 较好，生存期长
   C. 一般治疗即可缓解症状
   D. 骨髓有病态造血者部分可转变为白血病
   E. 有染色体异常者预后不良

第四章　白　血　病

【A_1型题】

1. 类白血病反应不同于慢粒白血病的主要实验室检查结果是
   A. 外周血出现幼稚细胞
   B. 白细胞数目增多
   C. NAP活性增高
   D. 血小板和血红蛋白量大多正常
   E. 白细胞胞质中有中毒颗粒和空泡
2. 不支持慢性粒细胞白血病加速期的是
   A. 外周血中原始粒细胞≥5%
   B. 骨髓中原始粒细胞≥10%
   C. 外周血嗜碱性粒细胞>20%
   D. 不明原因的血小板进行性减少
   E. 不明原因的血小板进行性增加
3. 急性白血病骨髓移植治疗错误的是
   A. 应采用HLA匹配的同胞异基因骨髓
   B. 应在第一次化疗缓解后进行
   C. 应及早进行，与年龄、性别无关
   D. 可选择自体干细胞移植
   E. 异基因骨髓移植可能治愈急性白血病
4. 治疗中枢神经系统白血病首选药物是
   A. 长春新碱
   B. 环磷酰胺
   C. 三尖杉酯碱
   D. 6-巯基嘌呤
   E. 氨甲蝶呤
5. 下列哪项符合AML-M_3的特点
   A. 过氧化物酶阴性
   B. 无Aüer小体
   C. 非特异酯酶阴性
   D. 苏丹黑染色阴性
   E. 糖原PAS反应（+）或成块或颗粒状
6. 有关白血病的叙述，错误的是
   A. Ph染色体仅见于慢性粒细胞白血病
   B. 急性淋巴细胞白血病无Aüer小体
   C. 慢性粒细胞白血病中性粒细胞碱性磷酸酶活性减低
   D. 急性粒细胞白血病过氧化物酶染色阳性
   E. 红白血病幼红细胞糖原染色呈强阳性
7. 对于AML-M1的描述正确的是
   A. 骨髓增生活跃，原粒细胞占未分化细胞>90%
   B. 最易发生DIC及中枢神经系统白血病
   C. Ph染色体多阳性
   D. NAP升高
   E. CD19（+），CD33（-），HLA-DR（+）
8. 慢粒白血病下列哪项错误
   A. 晚期骨髓内纤维组织增多
   B. 中性粒细胞碱性磷酸酶慢性期增多、急性期下降
   C. 骨髓中原始细胞<10%，而以中晚幼粒细胞为主
   D. 血清维生素B_{12}浓度增高
   E. 周围血中中性粒细胞百分数增多
9. 中性粒细胞碱性磷酸酶积分降低多见于
   A. 类白血病反应
   B. 再生障碍性贫血
   C. 慢粒白血病
   D. 脾功能亢进
   E. 骨髓纤维化
10. 急、慢性白血病鉴别主要依靠
   A. 肝、脾、淋巴结肿大
   B. 发病急缓，病程长短
   C. 骨髓增生程度，粒、红比值
   D. 外周血原始细胞的多少
   E. 骨髓原始细胞的多少
11. 支持CML急变期的检查结果是
   A. 血中原粒细胞>5%
   B. 血中原粒+早幼粒细胞>20%
   C. 骨髓中原粒细胞>20%
   D. 骨髓中原粒细胞+早幼粒细胞>40%
   E. 骨髓活检显示胶原纤维显著增生
12. 急性白血病诊断的主要依据是
   A. 发热、贫血、出血
   B. 白细胞计数$>50\times10^9/L$
   C. 骨髓增生极度活跃
   D. 胸骨压痛（+）
   E. 骨髓中原始细胞明显增多
13. 易发生DIC的白血病是
   A. AML-M_1
   B. ALL-L_2
   C. AML-M_5
   D. AML-M_3
   E. CML-BC
14. NAP活性明显增高见于
   A. 慢粒白血病慢性期
   B. 急淋白血病缓解期
   C. 恶性淋巴瘤Ⅳ期
   D. 类白血病反应
   E. 多发性骨髓瘤
15. 易侵犯中枢神经系统的白血病是
   A. 急性粒细胞性白血病

B. 急性单核细胞性白血病
C. 急性早幼粒细胞性白血病
D. 急性淋巴细胞性白血病
E. 慢性粒细胞性白血病

16. 中枢神经系统白血病发病机制是
A. 进入脑组织的白血病细胞对化疗药耐受
B. 化疗方案不彻底，不能杀死白血病细胞
C. 多数化疗药物不能透过血脑屏障
D. 化疗不够早，白血病细胞大量繁殖
E. 患者个体差异

17. 治疗慢性粒细胞白血病慢性期首选的化疗药物是
A. 马利兰（白消安）
B. 羟基脲
C. 靛玉红
D. 美法仑
E. 高三尖杉酯碱

18. 急性白血病出血的主要原因是
A. DIC
B. 血小板减少
C. 纤维蛋白溶解
D. AT-Ⅲ减少
E. 小血管被白血病细胞浸润破坏

19. 类白血病反应的特点是
A. 外周血白细胞>50×10^9/L
B. 外周血出现幼稚细胞，NAP 活性增高
C. 骨髓中幼稚粒细胞增多
D. 脾脏显著增大
E. 外周血嗜碱、嗜酸性粒细胞增多

20. 慢粒患者有哪条染色体改变
A. t(15;1)
B. t(9;22)(q34;q11)
C. t(8;14)
D. t(11;8)(q34;q11)
E. 16 号染色体结构异常

21. FAB 分类，哪项 POX 反应及非特异酯酶均阴性
A. M_3
B. ALL-L_3
C. M_2
D. M_5
E. M_4

22. 慢粒患者，WBC 650×10^9/L，巨脾，出现左上腹剧痛，诊断最可能是
A. 急性胰腺炎
B. 肺梗死
C. 心绞痛
D. 脾梗死、脾周围炎
E. 肾结石

23. 下列哪项组合不正确
A. 急粒白血病——可见 Aüer 小体
B. M_3 白血病——t(15∶17)
C. 急淋白血病——过氧化物酶阳性
D. 慢粒白血病——NAP 下降
E. 慢淋白血病——以成熟小淋巴细胞为主

【A_2 型题】

24. 男性，29 岁。高热、咳嗽、咳黄痰 1 周。血白细胞 40×10^9/L。哪项与慢粒白血病不符
A. 外周血有幼稚细胞出现
B. 血小板计数正常或略增多
C. 骨髓中可见大量幼稚细胞及嗜酸、嗜碱性粒细胞
D. NAP 活性增高
E. 骨髓增生极度活跃

25. 男性，病史 2 周，贫血伴周身出血点，浅表淋巴结不肿大，胸骨压痛（+），肝脏轻度增大，外周血白细胞 25×10^9/L，可见幼稚细胞，血小板 50×10^9/L，Hb 40g/L。该患者最可能的诊断是
A. 败血症
B. 再生障碍性贫血
C. 过敏性紫癜
D. 急性白血病
E. 恶性淋巴瘤

26. 男性，25 岁。发热、牙龈出血、皮肤瘀斑 5 天，胸骨压痛明显，肝、脾肋下可触及。实验室检查：Hb 70g/L，白细胞 50×10^9/L，血小板 20×10^9/L。骨髓：原始细胞占 90%，POX（-），PAS 阳性呈粗颗粒状，非特异性酯酶阴性，血清溶菌酶正常。诊断为
A. 急性粒细胞白细胞
B. 急性早幼粒细胞白血病
C. 急性单核细胞白血病
D. 急性淋巴细胞白血病
E. 急性红白血病

27. 慢性粒细胞白血病患者白细胞计数 200×10^9/L，服用大量马利兰后出现趾、指关节肿痛。其原因为
A. 中毒性关节炎
B. 类风湿关节炎
C. 继发性痛风
D. 白血病关节浸润
E. 风湿性关节炎

28. 女性，29 岁。贫血、出血、感染，全血细胞减少，外周血未见幼稚细胞，为鉴别低增生性白血病与再生障碍性贫血。应检查
A. 肝脾淋巴结有否肿大
B. 网织红细胞多少
C. 骨髓增生程度及原始细胞多少
D. 皮肤黏膜有无浸润
E. 巨核细胞多少

29. 男性，40 岁。发热、皮肤出血点 2 周。骨髓原始细胞>80%，过氧化物酶（++），Aüer 小本（+）。最可能的诊断是
A. 急淋白血病
B. 急粒白血病
C. 急性单核细胞白血病
D. 急性红白血病急变
E. 慢粒白血病急变

30. 男性，25 岁。急非淋 M_2 型经 DA 方案治疗后部分缓解，近日自觉左下肢疼痛，腰椎 4~5 椎旁压痛（+），直腿抬

高试验（+）。应如何治疗
A. 腰穿脑脊液检查，鞘内注射MTX
B. 骨科治疗
C. 大剂量化疗
D. 放疗
E. 细胞因子，如IL-2或IFN-α

31. 女性，18岁。发热、咽痛、鼻出血10天，胸骨压痛明显，右下肢皮肤可触及3cm×3cm大小肿块，质硬。外周血红细胞2×10^{12}/L，Hb 60g/L，白细胞2×10^9/L，血小板20×10^9/L，骨髓增生极度活跃，原始细胞80%，部分胞质中可见Aüer小体，POX染色弱阳性，PAS染色胞质淡红色，醋酸酚酯酶染色阳性，能被NaF抑制。诊断是
A. 急性粒细胞白血病
B. 急性早幼粒细胞白血病
C. 急性单核细胞白血病
D. 急性红白血病
E. 急性淋巴细胞白血病

32. 女性，20岁。头晕、乏力、鼻出血伴牙龈出血1周。Hb 82g/L，WBC 45×10^9/L，血小板25×10^9/L，骨髓增生极度活跃，原始细胞50%，早幼粒细胞21%，POX强阳性，NAP阴性，非特异性酯酶部分呈阳性反应，不被NaF抑制，确诊急性非淋巴细胞白血病，其FAB分型是
A. M_2
B. M_1
C. M_4
D. M_3
E. M_5

33. 男性，30岁。发热、出血、贫血、牙龈增生，全血细胞减少，骨髓增生极度活跃，原始细胞占85%，过氧化物酶（+），非特异性酯酶（+++）。诊断为
A. 急淋L_2型
B. 急粒M_1型
C. 急粒M_5型
D. 急粒M_3型
E. 急粒M_6型

34. 女性，30岁。慢粒病史1年，近1周高热伴脾大平脐。实验室检查：Hb 5g/L，白细胞20×10^9/L，分类原粒占30%，中晚幼粒占40%，血小板50×10^9/L。诊断慢粒白血病
A. 急性变
B. 合并感染
C. 合并类白血病反应
D. 合并骨髓纤维
E. 慢性期

35. 女性，20岁。病史10天，发热，贫血，出血，肝、脾轻度大，颈部淋巴结肿大，伴关节痛。实验室检查：Hb 60g/L，白细胞35×10^9/L，血小板80×10^9/L。首先考虑
A. 风湿热
B. 病毒感染
C. 急性白血病
D. 淋巴病
E. SLE

【A_3/A_4型题】

（36~37题共用题干）

男性，36岁。5天前发热、咽痛，应用抗生素治疗无效，颈部浅表淋巴结肿大，咽部充血。扁桃体Ⅱ度肿大，下肢少许瘀斑。实验室检查：白细胞16.6×10^9/L，原始细胞60%，Hb 80g/L，血小板34×10^9/L。

36. 最可能的诊断是
A. 特发性血小板减少性紫癜
B. 缺铁性贫血
C. 再生障碍性贫血
D. 溶血性贫血
E. 急性白血病

37. 为明确诊断应做的检查是
A. 血小板抗体
B. 血清铁蛋白
C. 骨髓扫描
D. 淋巴结活检
E. 骨髓涂片细胞学检查

（38~39题共用题干）

男性，20岁。发热2周，体温38~39℃。检查：皮肤散在紫癜，颈部及腋下可触及0.5cm×1.5cm大小淋巴结5~6个，脾肋下3cm。实验室检查：Hb 85g/L，白细胞10×10^9/L，血小板25×10^9/L。

38. 对诊断帮助最大的检查是
A. 血细菌培养
B. 白细胞分类
C. 胸部X线检查
D. 骨髓象检查
E. 血小板抗体测定

39. 此患者在治疗3周后，出现高热、头痛、呕吐、Kernig征（+）。应采取的治疗方案是
A. 应用广谱抗生素
B. 链霉素、异烟肼、利福平联合治疗
C. 化疗+鞘内注射MTX
D. 肾上腺糖皮质激素+先锋霉素
E. 输血小板

（40~42题共用题干）

男性，30岁。主诉乏力3个月，伴左上腹饱胀感。查体：浅表淋巴结未及，肝未触及，脾肋下5cm。实验室检查：Hb 90g/L，白细胞170×10^9/L，血小板300×10^9/L，原粒1%，晚幼粒40%，杆粒34%，分叶粒10%，嗜碱性粒细胞2%，NAP（-）。

40. 如需明确诊断，应先做的检查是
A. 肝脾B超
B. 腹部CT
C. 骨髓检查和活检
D. 红细胞沉降率
E. 蛋白电泳

41. 要进一步检查需做
A. 铬-51红细胞半寿命期
B. 染色体检查
C. MRI
D. 放射性核素骨扫描

E. 淋巴管造影

42. 最有希望达到根治的治疗方法是
A. 同种异基因骨髓移植
B. 脾切除
C. 脾移植
D. 干扰素
E. 维A酸

【B_1 型题】

（43~44 题共用备选答案）
A. NAP 强阳性
B. t（9；22）（q34；q11）
C. PAS 阳性
D. 过氧化物酶阳性
E. 非特异性酯酶阳性，能被 NaF 抑制

43. 类白血病反应
44. 急性单核细胞白血病

（45~46 题共用备选答案）
A. 可见 Aüer 小体
B. 红细胞大小不等，中心淡染区扩大
C. 细胞中含粗大嗜天青颗粒比例≥30%
D. 骨髓增生低下，造血细胞减少
E. 红细胞中有染色质小体

45. 再生障碍性贫血
46. 缺铁性贫血

第五章　白细胞减少和粒细胞缺乏症

【A_1 型题】

1. 关于粒细胞缺乏症的临床表现，不正确的是
A. 多表现为原发症状
B. 2~3 天内发生严重感染
C. 常见的感染部位是呼吸道、皮肤及泌尿生殖道
D. 可出现高热、败血症和脓毒血症
E. 感染的症状和体征非常明显

2. 关于粒细胞缺乏症的治疗，不正确的是
A. 需住院治疗，争取严密消毒隔离
B. 注意口腔、鼻咽部清洁卫生
C. 发生感染应进行理化检查，明确感染性质和部位
D. 发生轻度感染原因未明时，可不给予抗生素治疗
E. 严重感染患者可应用 G-CSF

【A_2 型题】

3. 男性，47 岁。因癫痫病长期服用苯妥英钠，近 1 个月来头晕、乏力就诊。查血常规示中性粒细胞 0.8×10^9/L。其中性粒细胞水平为
A. 轻度减少
B. 中度减少
C. 重度减少
D. 粒细胞缺乏症
E. 水平正常

4. 女性，37 岁。2 周来头晕、乏力来院急诊。Hb 136g/L，WBC 1.9×10^9/L，PLT 260×10^9/L。病史中应详细询问
A. 长期服药情况
B. 家族史
C. 营养及饮食情况
D. 月经史
E. 消化性溃疡病史

第六章　出血性疾病概述

【A_1 型题】

1. 能同时启动内源和外源性凝血途径引起 DIC 的是
A. 羊水栓塞
B. 急性早幼粒细胞白血病
C. 广泛创伤
D. 大型手术
E. 严重感染

2. 急性型 DIC 高凝期患者的治疗原则，除消除病因、治疗原发病外，应首先考虑
A. 补充水与电解质
B. 应用抗血小板药物
C. 积极抗纤溶治疗
D. 及早应用肝素
E. 输注全血或血浆

3. 凝血酶原时间（PT）正常见于
A. 维生素 K 缺乏
B. 慢性肝病肝功能失代偿
C. 血友病
D. 口服双香豆素
E. 先天性 V 因子缺乏

4. 属于纤溶异常的实验室检查是
A. 血 vWF 测定
B. 血栓素 B_2 测定
C. 血 FDP 测定
D. 血 TAT 测定
E. 血 PC 测定

【A_2 型题】

5. 男性，34 岁。诊断急粒白血病 M_3，化疗时突发 DIC，并迅速发展到消耗性低凝期。下列检查结果，哪项是不符合的
A. 血小板数明显减少
B. 凝血酶原时间缩短
C. 纤维蛋白原浓度降低
D. 血小板因子 4 水平增高
E. 抗凝血酶Ⅲ水平减低

6. 男性，16 岁。3 天来左膝关节肿胀。自幼于外伤后易出血不

止。查体：皮肤黏膜未见出血及紫癜，出血时间为2分钟，凝血时间30分钟，凝血酶原时间正常。疾病分类应为
A. 纤维蛋白生成障碍
B. 凝血酶生成障碍
C. 血小板异常
D. 凝血活酶生成障碍
E. 血管壁功能异常

7. 女性，20岁。肢体紫癜反复发作伴月经过多3年，肝、脾不大，血小板计数 $100\times10^9/L$，出血时间3分钟，凝血时间7分钟，束臂试验阳性，血小板聚集功能正常，骨髓象正常。最可能的诊断是
A. 过敏性紫癜
B. 单纯性紫癜
C. 血小板减少性紫癜
D. 因子Ⅺ缺乏症
E. 血管性血友病

【B_1型题】

（8~9题共用备选答案）
A. 血 vWF 测定
B. PF3 有效性测定
C. 血栓素 B_2 测定
D. 血 PC 测定
E. 血 D-二聚体测定

8. 属于抗凝异常的实验室检查的是
9. 属于纤溶异常的实验室检查是

第七章 过敏性紫癜

【A_1型题】

1. 过敏性紫癜哪种类型最常见
A. 皮肤型
B. 腹型
C. 关节型
D. 肾型
E. 中枢神经系统受累

2. 双下肢对称性紫癜伴荨麻疹者常见于
A. 过敏性紫癜
B. 再生障碍性贫血
C. 激素性紫癜
D. 血小板减少
E. 特发性血小板增多症

3. 不符合关节型过敏性紫癜临床表现的是
A. 关节肿胀
B. 多发生于大关节
C. 部位固定，非游走性
D. 呈反复性发作
E. 不遗留关节畸形

【A_3/A_4型题】

（4~6题共用题干）

女性，10岁。阵发性腹痛、黑便2天，双下肢散在出血点，双膝关节肿胀。查体：腹软，右下腹压痛。血白细胞 $12.5\times10^9/L$，血小板 $200\times10^9/L$，Hb 110g/L。尿常规：蛋白质（+），红细胞（+）/HP，颗粒管型0~3个/HP。

4. 诊断可能是
A. 急性阑尾炎
B. 肠套叠
C. 风湿性关节炎
D. 过敏性紫癜
E. 急性肾小球肾炎

5. 首选治疗措施是
A. 急诊手术
B. 肾上腺皮质激素
C. 抗生素
D. 氯苯那敏
E. 雷尼替丁

6. 如上述治疗无效可合用
A. 环磷酰胺
B. 西咪替丁
C. 维生素 C
D. 输血
E. 阿托品

【B_1型题】

（7~9题共用备选答案）
A. 消耗性凝血障碍
B. 某些凝血因子合成减少
C. 血管壁变态反应
D. 因子Ⅷ缺乏
E. 抗凝物质合成增多

7. 过敏性紫癜
8. 肝病出血倾向
9. 血友病

第八章 特发性血小板减少性紫癜

【A_1型题】

1. 特发性血小板减少性紫癜（ITP）主要发病机制是
A. 脾脏吞噬血小板增多
B. 骨髓巨核细胞生成减少
C. 骨髓巨核细胞成熟障碍
D. 雌激素抑制血小板生成
E. 有抗血小板抗体

2. ITP做骨髓检查的主要目的是
A. 证明有无巨核细胞增生
B. 证明有无幼稚巨核细胞
C. 证明有无血小板减少
D. 排除引起血小板减少的其他疾病
E. 上述均不是

3. 特发性血小板减少性紫癜较少出现
A. 肌肉血肿
B. 鼻出血
C. 月经过多

D. 口腔黏膜出血
E. 皮肤瘀点

【A_2 型题】

4. 女性，12 岁。鼻出血，躯干及四肢瘀点、瘀斑，发病前 2 周有感冒史，脾不大。实验室检查：血小板 20×10^9/L，出血时间 12 分钟，凝血时间正常，束臂试验阳性，PT 正常，骨髓象增生，巨核细胞增多，幼稚型巨核细胞 40%，产血小板型巨核细胞缺少。诊断为
A. 再生障碍性贫血
B. 急性 ITP
C. 急性白血病
D. 过敏性紫癜
E. 慢性 ITP

【A_3/A_4 型题】

（5～6 题共用题干）

女性，26 岁。10 天来全身皮肤出血点伴牙龈出血来诊。实验室检查：PLT 35×10^9/L。临床诊断为慢性特发性血小板减少性紫癜（ITP）。

5. 支持 ITP 诊断的实验室检查是
A. 凝血时间延长
B. 血块收缩良好
C. 抗核抗体阳性
D. 骨髓巨核细胞增多，产板型增多
E. 骨髓巨核细胞增多，幼稚型增多
6. 该患者的首选治疗是
A. 糖皮质激素
B. 脾切除
C. 血小板输注
D. 长春新碱
E. 达那唑

（7～10 题共用题干）

女性，26 岁，牙龈出血伴月经过多 1 年。查体：双下肢可见散在出血点及紫癜，肝、脾不大。实验室检查：血 Hb 90g/L，白细胞 5.5×10^9/L，分类正常，血小板 25×10^9/L；尿常规正常。

7. 最可能的诊断为
A. 急性白血病
B. 过敏性紫癜
C. 特发性血小板减少性紫癜
D. 再生障碍性贫血
E. 缺铁性贫血
8. 明确诊断需做
A. 骨髓检查
B. 铁蛋白测定
C. 出血时间
D. Coombs 试验
E. 网织红细胞
9. 首选治疗为
A. 输血小板浓缩液
B. 抗纤溶药物
C. 免疫抑制剂
D. 肾上腺皮质激素
E. 脾切除
10. 如治疗半年无效，可选用下列治疗，除了
A. 脾切除
B. 长春新碱 1～2mg/次，每周 1 次连用 4～6 周
C. 大剂量丙种球蛋白 0.4g/kg，连用 5 天
D. 血浆置换
E. 骨髓移植

第九章　输　血

【A_1 型题】

1. 最常见的早期输血不良反应是
A. 溶血反应
B. 发热反应
C. 细菌污染反应
D. 出血倾向
E. 酸中毒
2. 不属于输血适应证的是
A. 大量失血
B. 凝血异常
C. 贫血
D. 脓毒症
E. Hb>100g/L
3. 麻醉中的手术患者输入几十毫升血后即出现手术区渗血和低血压，应考虑
A. 出血倾向
B. 变态反应
C. 发热反应
D. 细菌污染反应
E. 溶血反应
4. 不能通过输血传播的病原是
A. 单纯疱疹病毒
B. 梅毒
C. 巨细胞病毒
D. 肝炎病毒
E. HIV
5. 引起输血发热反应，最常见的原因是
A. 细菌污染
B. 致热原
C. 血型不合
D. 红细胞破坏
E. 过敏物质
6. 根据卫健委输血指南，Hb 大于多少时不需要输血
A. 100g/L
B. 200g/L
C. 250g/L
D. 300g/L
E. 400g/L
7. 库存枸橼酸钠血，一般超过几周不宜再用
A. 3 周
B. 4 周
C. 6 周
D. 8 周
E. 12 周
8. 保证血液安全的前提和基础是
A. 无偿献血
B. 血液检测
C. 成分输血
D. 自身输血

E. 避免不必要的输血

9. 不属于自体输血的禁忌证的是
A. 血液受尿液污染
B. 严重贫血
C. 胸部开放性损伤超过3小时
D. 肝功能不全
E. 菌血症患者

10. 不属于大量输血的影响的是
A. 低体温
B. 高血钾
C. 酸中毒
D. 低血钙
E. 凝血异常

【A_2型题】

11. 女性，48岁。行胃大部分切除术，输血150ml后，出现寒战，肌内注射异丙嗪25mg，继续输血，半小时后，体温39.7℃，血压70/60mmHg，脉搏160次/分，发绀，意识不清，烦躁不安。可能原因是
A. 输血后出血倾向
B. 发热反应
C. 溶血反应
D. 细菌污染反应
E. 输血传染疟疾

12. 男性，35岁。体重80kg，因外伤引起急性失血2000ml，给予补液扩容、手术止血，继而输血治疗。当开始输血5分钟左右时，患者突然寒战、发热、恶心，T 39.5℃，BP 70/50mmHg，尿液呈酱油色。此时该患者出现的输血不良反应可能是
A. 变态反应
B. 输血传播细菌性感染
C. 循环超负荷
D. 非溶血性发热性输血反应
E. 溶血性输血反应

【A_3/A_4型题】

（13~15题共用题干）

给一患者输血20ml，患者感觉头痛、恶心、寒战、呼吸困难、心前区压迫感。

13. 应怀疑发生了
A. 溶血反应
B. 细菌污染反应
C. 变态反应
D. 免疫反应
E. 发热反应

14. 首要治疗措施是
A. 采静脉血观察血浆颜色
B. 测尿血红蛋白
C. 重新化验血型并做交叉配合试验
D. 采血袋内剩余血和患者血做细菌涂片和培养
E. 停止输血，核对受血者和供血者姓名和血型

15. 不属于保护肾功能的预防措施的是
A. 酸化尿液
B. 利尿药
C. 血液透析
D. 输注碳酸氢钠
E. 促进血红蛋白结晶溶解

【B_1型题】

（16~18题共用备选答案）
A. 短期内大量输入冷藏血
B. 输血速度超过心脏负荷能力
C. 大量输入含枸橼酸钠的血制品
D. 血液受污染
E. 输入受细菌污染的血制品

16. 低体温
17. 循环超负荷
18. 低血钙

第十五篇　代谢、内分泌系统

第一章　总　论

【A_1 型题】

1. 关于激素的生理作用，下述哪一条是错误的
   A. 激素只对具有其受体的靶细胞起作用
   B. 调节机体的新陈代谢，包括消化道和消化腺运动
   C. 调节细胞外液的量和组成成分，维持内环境稳定
   D. 不仅能影响细胞原有的代谢过程，还能创造或产生新的功能或反应
   E. 调节机体的生长发育和生殖功能
2. 与外分泌腺相比，下述哪一点最符合内分泌腺的特征
   A. 腺体组织中血运丰富
   B. 分泌化学物质
   C. 可作用于远部位组织
   D. 为无导管腺体
   E. 可进入血液循环
3. 下述哪个器官不属于经典内分泌腺
   A. 甲状腺
   B. 前列腺
   C. 肾上腺
   D. 垂体
   E. 性腺
4. 下列哪个器官不含内分泌组织
   A. 胃肠
   B. 脑
   C. 骨
   D. 心脏
   E. 肾脏
5. 下列哪个激素更符合异位激素的条件
   A. 由膀胱壁间神经节嗜铬细胞分泌的儿茶酚胺
   B. 由肾上腺皮质网状带分泌的睾丸酮
   C. 由心房细胞分泌的利钠多肽
   D. 由小细胞未分化肺癌分泌的抗利尿激素
   E. 由胰岛细胞分泌的生长抑素
6. 下述哪个激素与细胞膜受体结合后发挥作用
   A. 1, 25-(OH)$_2$D$_3$
   B. 维 A 酸
   C. 肽类激素
   D. 甲状腺激素
   E. 类固醇激素
7. 下列哪个因子不属于激素的第二信使
   A. cGMP
   B. Ca^{2+}
   C. DAG
   D. cAMP
   E. Mg^{2+}
8. 关于含氮类激素的作用机制，下述哪一点是错误的
   A. 所有含氮类激素通过与膜受体结合发挥作用
   B. 不同的激素其第二信使也可以不同
   C. 不同的激素可以使同一第二信使升高或降低
   D. 对某种激素而言，其第二信使可以为两种物质
   E. 多肽激素使蛋白质磷酸化或去磷酸化而呈现效应
9. 有高血压的内分泌疾病中，尿儿茶酚胺增多见于
   A. 甲状腺功能亢进症
   B. 库欣综合征
   C. 肢端肥大症
   D. 原发性醛固酮增多症
   E. 嗜铬细胞瘤
10. 神经内分泌组织是指
    A. 腺垂体
    B. 神经垂体
    C. 下丘脑
    D. 垂体门脉系统
    E. 鞍区的颅咽管组织
11. 下述哪一点不符合神经内分泌细胞的特征
    A. 属于一些特化的神经细胞
    B. 可以接受神经冲动
    C. 由轴突释放神经递质
    D. 可以分泌生物活性物质
    E. 释放的激素经血运输后，发挥作用
12. 下述哪种激素是由下丘脑产生的
    A. 催乳素
    B. 黄体生成素
    C. 精氨酸加压素
    D. 促甲状腺素
    E. 黑色素细胞刺激素
13. 关于抗利尿激素，下述哪点是错误的
    A. 由下丘脑前部视上核和室旁核合成
    B. 沿视上垂体束和视旁垂体束运输
    C. 贮存在垂体后叶
    D. 参与血压、血容量和血浆渗透压的调节
    E. 损伤下丘脑的视上核、室旁核时，可发生特发性尿崩
14. 对内分泌患者的诊断中，首先易于确定的是
    A. 病理诊断
    B. 病因诊断
    C. 细胞学诊断
    D. 功能诊断
    E. 鉴别诊断

15. 鉴别原发性和继发性靶腺功能减低时，最好的方法是下列哪种
  A. 代谢状态的测定
  B. 靶腺激素的测定
  C. 促激素的测定
  D. 游离靶腺激素的测定
  E. 影像学检查
16. 下述哪两个物质之间不具有反馈关系
  A. 甲状旁腺素与钙离子
  B. 胰岛素与葡萄糖
  C. 加压素与渗透压
  D. 胰岛素与胰高血糖素
  E. 甲状腺激素与钾离子
17. 下列哪项检查不是内分泌疾病的病因学检查
  A. 激素受体抗体的测定
  B. 白细胞染色体检查
  C. 视野测定
  D. HLA 鉴定
  E. 激素或受体基因的分析
18. 对功能减退性内分泌疾病应首选下述哪种治疗
  A. 病因治疗
  B. 替代治疗
  C. 对症治疗
  D. 支持治疗
  E. 放疗及化疗
19. 对内分泌功能亢进的原因，下述哪个是错误的
  A. 内分泌腺破坏
  B. 多内分泌腺瘤 1 型
  C. 激素受体突变
  D. 异位内分泌综合征
  E. 内分泌肿瘤

【A_2 型题】

20. 女性，30 岁。3 年前产一死婴，近 2 年烦渴多饮，日饮水量波动在 1.5~15.0L，夜间饮水量明显少于白天，月经正常，无消瘦或乳房萎缩，入院后对主动限水耐受性好，禁水试验尿比重达 1.018，CT 检查未见垂体或鞍区异常。最可能的诊断是
  A. 希恩（Sheehan）综合征
  B. 颅咽管瘤
  C. 完全性尿崩
  D. 部分性尿崩
  E. 精神性多饮
21. 男，14 岁。自幼身材矮小，近 3 年增长<5cm，学习成绩好，就诊查体身高 98cm，童音童貌，外生殖器未发育，睾丸小，骨年龄 9~10 岁，染色体正常，生长激素基础值 1.11μg/L（正常 0~5μg/L），胰岛素低血糖兴奋试验各时间点值均<5μg/L。最可能的诊断是
  A. Laron 侏儒
  B. 垂体性侏儒
  C. 克汀病性侏儒
  D. 体质性侏儒
  E. 青春期延迟
22. 一位因甲状腺肿就诊的患者，临床有轻度甲低表现，血浆 FT_3、FT_4均高，TSH 值高，应当首先考虑的诊断是
  A. Graves 病
  B. 继发性甲亢
  C. 外周组织对 T_3、T_4抵抗
  D. TSH 的受体或受体后缺陷
  E. 原发性甲低
23. 一例 38 岁女性患者，双肾上腺手术后 5 年，病理为增生，近 3 年消瘦，进行性皮肤色素沉着，头痛伴视力下降，垂体 CT 示蝶鞍明显扩大，初步诊断为 Nelson 综合征。最不符合诊断的检查结果是
  A. 血皮质醇高
  B. 血 β 促脂素高
  C. 血糖低
  D. 血 N-POMC 高
  E. 血 ACTH 明显升高

【A_3/A_4 型题】

（24~26 题共用题干）

女性，35 岁。6 年前分娩时失血过多伴晕厥，产后无乳汁，闭经 2~3 年伴怕冷乏力，体位性头晕，餐前经常手抖，心悸，饥饿感。查体：消瘦，嗓音低哑，毛发稀疏，双乳房萎缩，血压 80/50mmHg。血糖 4.0mmol/L（正常 3.68~6.12mmol/L），血皮质醇、雌二醇均低，FSH、LH 基础值不低。B 超示子宫体积小。

24. 最可能的临床诊断是
  A. Addison 病
  B. 卵巢功能早衰
  C. 原发性性腺功能低减
  D. 希恩综合征
  E. 黏液性水肿
25. 当进一步鉴别原发性或继发性内分泌功能低减时，下述哪个试验对患者具有危险性
  A. TSH 兴奋试验
  B. TRH 兴奋试验
  C. LRH 兴奋试验
  D. CRH 兴奋试验
  E. 胰岛素负荷试验
26. 为纠正患者腺体功能低减，下述哪种治疗最为理想
  A. 靶腺激素替代
  B. 用促激素刺激靶腺
  C. 应用促激素释放激素
  D. 抑制靶腺激素的拮抗激素
  E. 补充靶腺激素所调节的物质

【B_1 型题】

（27~28 题共用备选答案）
  A. 用腺体提取的激素对切除该腺体的动物进行替代治疗
  B. 分析腺体提取物的有效成分
  C. 用相应的激素抗体对恶性肿瘤组织学切片进行免疫化学染色
  D. 用核苷酸序列分析技术筛选激素或受体的基因突变
  E. 以上叙述都不是
27. 分子内分泌学研究

28. 组织内分泌学研究

（29~32 题共用备选答案）

A. 阻碍分泌过多的激素合成

B. 对抗激素对组织器官的作用

C. 利用激素之间生理效应的拮抗作用

D. 利用靶腺激素对促激素的负反馈作用

E. 利用激素之间的允许作用

29. 螺内酯治疗原发性醛固酮增多症

30. 糖皮质激素治疗先天性肾上腺皮质增生

31. 甲巯咪唑治疗甲状腺功能亢进

32. 糖皮质激素配合儿茶酚胺用于升压治疗

第二章 腺垂体功能减退症

【A_1 型题】

1. 生长激素瘤多发生于

A. 下丘脑

B. 腺垂体

C. 神经垂体

D. 脑膜

E. 脑室

2. 偏盲型视野缺损最常见于

A. 糖尿病性视神经乳头水肿

B. Graves 病浸润性突眼

C. 嗜铬细胞瘤阵发高血压眼底出血

D. 垂体腺瘤鞍上发展

E. 希恩综合征垂体梗死

3. 在功能性垂体瘤中，最常见的是

A. 生长激素瘤

B. 生长激素催乳素混合瘤

C. 催乳素瘤

D. 促甲状腺素瘤

E. 促肾上腺皮质激素瘤

4. 腺垂体组织受损时，哪项激素缺乏的症状出现最早

A. 促性腺激素

B. 促肾上腺皮质激素

C. 促甲状腺激素

D. 催乳素

E. 生长激素

5. 腺垂体功能减退症最常见的原因是

A. 希恩综合征

B. 各种垂体肿瘤

C. 原发性空蝶鞍症

D. 糖尿病血管病变

E. 颅内感染后遗症

6. 垂体门脉系统损伤时，哪种激素可不减少或升高

A. 促性腺激素

B. 促甲状腺素

C. 催乳素

D. 促肾上腺皮质激素

E. 抗利尿激素

7. 严重的腺垂体功能减退症易发生低血糖，主要是缺乏

A. PRL 及 LH

B. PRL 及 TSH

C. PRL 及 ACTH

D. GH 及 TSH

E. GH 及 ACTH

【A_2 型题】

8. 男性，32 岁。头部外伤史 2 个月，口渴多饮，多尿 1 月余，尿比重介于 1.000~1.004，主动限水后尿比重 1.006，伴烦渴恶心，禁水试验后尿比重达 1.008，垂体后叶激素注射后 1 小时，尿比重达 1.020。最适宜本例治疗的是

A. 精氨酸加压素（aDAVP）

B. 垂体后叶激素

C. 卡马西平

D. 氢氯噻嗪

E. 鞣酸加压素

9. 女性，38 岁。10 年前分娩后出现无乳、闭经、食欲缺乏、怕冷、面色苍白、毛发脱落。最可能的诊断是

A. 腺垂体功能减退症

B. 原发性甲状腺功能减退症

C. 神经性厌食症

D. 肾上腺皮质功能减退症

E. 卵巢功能早衰症

【A_3/A_4 型题】

（10~11 题共用题干）

男性，14 岁。因近 5~6 年身材过长，近 2 年头痛、视力下降伴多饮、乏力就诊。查体：身高 194cm。血糖（FBG）10.1 mmol/L。蝶鞍矢状位 CT 示垂体增大向鞍上发展。临床诊断：巨人症，垂体生长激素瘤。

10. 下述哪项是错误的

A. 血生长激素升高

B. 馒头试验中生长激素不降低

C. 继发性高血糖对胰岛素治疗反应良好

D. 血磷升高

E. TRH 刺激试验中生长激素升高

11. 下述哪种治疗对该患者最适宜

A. 溴隐亭

B. 放疗

C. 经蝶垂体瘤手术

D. 经额垂体瘤手术

E. 经额手术及术后放疗

（12~13 题共用题干）

男性，38 岁。因进行性消瘦伴体位性头晕，饭前经常心悸、手抖就诊，既往结核病史（-）。查体：消瘦，皮肤无色素沉着，BP 78/50mmHg。血糖 3.0mmol/L，抗肾上腺抗体（-），皮质醇 72mmol/L（正常 165~441mmol/L）。

12. 本例最可能的诊断是

A. Addison 病

B. 特发性慢性肾上腺皮质功能减低

C. 继发性肾上腺皮质功能减低
D. 低血糖症
E. 库欣综合征

13. 为进一步鉴别原发性或继发性肾上腺皮质功能减低，下述哪种检查最有意义
A. 测血浆肾素、醛固酮
B. 测24小时尿17-羟类固醇
C. 测24小时尿游离皮质醇
D. 测24小时尿17-酮类固醇
E. ACTH刺激试验

【B_1型题】

（14~15题共用备选答案）
A. 酮康唑
B. 溴隐亭
C. 链脲佐菌素
D. 螺内酯
E. 地塞米松

14. 治疗库欣综合征宜采用
15. 治疗闭经-溢乳综合征宜用

（16~19题共用备选答案）
A. 注射加压素后，尿量不减少，尿比重不增加
B. 注射加压素后，尿量减少，尿比重增加
C. 禁水后尿量减少，尿比重增加
D. 多饮，多尿，血糖升高
E. 多饮，多尿，低钾软瘫，血氯高，血pH低，尿pH 7~8

16. 肾小管酸中毒
17. 垂体性尿崩症
18. 糖尿病
19. 肾性尿崩症

第三章 甲状腺功能亢进症

【A_1型题】

1. 14岁初中二年级女学生，患Graves病。治疗宜选用
A. 抗甲状腺药物
B. 立即手术治疗
C. ^{131}I治疗
D. 镇静药
E. 鼓励多食海带

2. 甲亢患者突然出现下肢不能动，最可能的是下列哪种疾病
A. 重症肌无力
B. 周期性瘫痪
C. 周围神经炎
D. 甲亢性肌病
E. 肌营养不良症

3. Graves病最可能的检查结果为
A. 血FT_3、FT_4升高，TSH升高
B. 血FT_3、FT_4正常，甲状腺摄碘率升高
C. 血FT_3、FT_4升高，TSH降低
D. 血FT_3、FT_4升高，甲状腺摄碘率降低
E. 血FT_3、FT_4降低，TSH升高

4. 对严重浸润性突眼的甲亢患者治疗可用
A. ^{131}I治疗
B. 甲状腺次全切
C. 复方碘溶液
D. 抗甲状腺药物+糖皮质激素+甲状腺片
E. 抗甲状腺药物治疗

5. 甲状腺功能亢进症术前准备通常不包括
A. T_3、T_4测定
B. 喉镜检查
C. 控制心率
D. 给予氢化可的松
E. 测基础代谢率

6. 甲状腺大部切除术，主要并发症中最危急的是
A. 术后呼吸困难和窒息
B. 喉返神经损伤
C. 手足抽搐
D. 喉上神经损伤
E. 甲状腺危象

7. 预测Graves病停用抗甲状腺药物是否易复发的指标是
A. 甲状腺摄^{131}I率
B. 抗甲状腺抗体
C. TSH、T_3、T_4及FT_3
D. T_4
E. TSAb

8. 用于鉴别原发性与继发性甲状腺功能减退症的指标是
A. TSH
B. TT_3
C. TT_4
D. FT_3
E. FT_4

9. 关于甲亢患者术前碘准备下列哪项是错误的
A. 抑制蛋白水解酶，减少甲状腺球蛋白分解
B. 抑制甲状腺素的合成
C. 停服碘剂后，甲状腺素大量释放
D. 不准备手术者，不宜服碘
E. 碘剂能减少甲状腺的血流量

10. 关于碘营养状态的描述下列哪项不正确
A. 碘与甲状腺肿的患病率呈现一条U字形曲线
B. 尿碘是监测碘营养水平的公认指标
C. 最适当的碘营养状态是尿碘的中位数达到150~250μg/L
D. WHO认为碘过量与自身免疫性甲状腺炎和甲状腺功能亢进症发病率升高相关
E. 食盐加碘应该根据地区的自然碘环境有区别的推行

11. 确诊甲状腺自主高功能腺瘤，最有意义的检查是

A. TRH 兴奋试验
B. T_3抑制试验
C. 吸^{131}I 率
D. 放射性核素扫描
E. 甲状腺 MRI

12. 甲亢时最具有诊断意义的体征是
A. 心率加快，第一心音亢进
B. 弥漫性甲状腺肿伴血管杂音
C. 突眼
D. 脉压增大
E. 心脏增大

13. 下述哪项表现是由 T_3 和 T_4分泌增多直接所致
A. 甲状腺肿大
B. 浸润性突眼
C. 心率增快
D. 胫前黏液性水肿
E. 甲状腺血管杂音

14. 甲亢治疗方法中，最易引起甲状腺功能减退的是
A. 丙基硫氧嘧啶
B. 甲巯咪唑（他巴唑）
C. 放射性^{131}I 治疗
D. 手术次全切除甲状腺
E. 复方碘溶液

15. 原发性甲亢是指
A. 甲状腺肿大的同时，出现功能亢进症状
B. 在甲状腺肿的基础上并发功能亢进症状
C. 在结节性甲状腺肿的基础上并发功能亢进症状
D. 自主性甲状腺肿（高功能腺瘤）
E. 先出现甲状腺肿大，后出现甲亢症状

16. 下述哪项检查结果不符合 Graves 症的诊断
A. ^{131}I 摄取率 3 小时 4%，24 小时 15%
B. TSAb 阳性
C. TGAb 和 TPOAb 阳性
D. TSH 降低
E. rT_3升高

17. Graves 病患者血清中可以查到下列哪些抗体
A. TSH 受体抗体（TRAb）
B. 甲状腺刺激性抗体（TSAb）
C. TSH 结合抑制免疫球蛋白（TBII）
D. 甲状腺过氧化物酶抗体（TPOAb）
E. 以上都是

18. 下列哪项不是浸润性突眼的特征
A. 突眼度超过正常上限 4mm
B. 伴眼部异物感、胀痛、复视等症状
C. 病因与交感神经兴奋性增高有关
D. 可以发生在没有甲亢的患者
E. 治疗可以使用糖皮质激素

19. 甲状腺功能亢进诊断主要依靠
A. 临床表现
B. 基础代谢率测定
C. 放射性碘摄取试验
D. 甲状腺扫描
E. PBI 测定（血清蛋白结合碘）

20. 不能列为甲状腺大部切除术适应证的是
A. 继发性甲亢或高功能腺瘤
B. 中度以上的原发性甲亢
C. 青少年甲亢患者
D. 有压迫症状或胸骨后甲状腺肿并发甲亢
E. 抗甲状腺药物或碘治疗复发者

21. 妊娠早期合并甲亢最有意义的指标是
A. 甲状腺肿大
B. 多食，心率快
C. TT_3 和 TT_4升高
D. 消瘦
E. FT_3 和 FT_4升高

22. 抗甲状腺药停药的关键指征是
A. T_3 和 T_4正常
B. 甲状腺明显缩小，TRAb 转阴
C. TSH 正常
D. rT_3 正常
E. 临床甲亢表现消失

23. 下述甲状腺疾病中哪一种必须手术
A. 结节性甲状腺肿，并发甲亢
B. 轻度原发性甲状腺功能亢进
C. 青春期甲状腺肿
D. 妊娠早期甲状腺肿
E. 青少年甲亢

24. 甲亢治疗时粒细胞减少多见于
A. 放射性核素^{131}I 治疗
B. 复方碘溶液治疗
C. 抗甲状腺药物治疗
D. 甲状腺次全切除术
E. 甲状腺素治疗

25. 对于妊娠女性，可疑甲亢时，下述哪项检查不应该做
A. 甲状腺摄^{131}I 率测定
B. FT_3 和 FT_4
C. TRAb
D. TT_3
E. TSH

26. 预防甲亢术后甲状腺危象的关键是
A. 防止术中副损伤，操作粗暴
B. 术后加强护理
C. 术时尽量选用全身麻醉
D. 术后应用镇静药
E. 术前使基础代谢率降至正常

27. 丙基硫氧嘧啶治疗甲亢过程中，需停药处理的为
A. 规则用药已 6 个月，甲亢仍未控制
B. T_3 和 T_4恢复正常
C. 甲状腺较治疗前明显增大
D. 突眼情况加重
E. 血中性粒细胞<1.5×10^9/L

28. 甲亢手术，预防术后并发甲状腺危象的关键是

A. 手术切除腺体适当
B. 术中勿过多挤压甲状腺
C. 术中止血彻底
D. 术毕冲洗切口
E. 基础代谢率降到正常范围再进行手术

29. 单纯性甲状腺肿是指
A. 甲状腺弥漫性肿大
B. 甲状腺结节性肿大
C. 吸^{131}I率正常的甲状腺肿大
D. 甲状腺功能正常的甲状腺肿大
E. 慢性甲状腺炎引起的甲状腺肿大

【A_2型题】

30. 女性，32岁。心悸、烦躁、怕热伴消瘦2个月。查体：BP 120/60mmHg，心率112次/分，心尖部闻及收缩期柔和吹风样杂音。最可能的诊断是
A. 糖尿病
B. 心肌炎
C. 甲状腺功能亢进症
D. 心血管神经症
E. 风湿性心脏病

31. 32岁，农村女性。甲亢6年，疏于治疗，长期不愈，临床疑诊甲亢心脏病，心功能Ⅱ级，甲状腺Ⅰ度肿大，甲状腺吸碘率3小时68%，24小时91%。下列哪项治疗应首先考虑
A. 甲巯咪唑治疗
B. 丙基硫氧嘧啶治疗
C. 手术治疗
D. 甲巯咪唑+普萘洛尔治疗
E. ^{131}I治疗

32. 女性，18岁。心悸、怕热、多汗、体重下降3个月。双手有细颤，突眼不明显，甲状腺Ⅱ度弥漫性肿大、质地软、有血管性杂音，心率108次/分，两肺呼吸音清，考虑为Graves病。为明确诊断，首先要检查
A. 甲状腺摄碘率
B. 血TSH、FT_3、FT_4
C. 抗甲状腺抗体TGA
D. 甲状腺B型超声
E. 甲状腺放射性核素扫描

33. 男性，50岁。甲亢患者，甲状腺Ⅱ度肿大，有房颤。经丙基硫氧嘧啶治疗3个月后，甲状腺未缩小，房颤未消失。此病治疗应
A. 继续原有治疗
B. 继续原治疗+普萘洛尔
C. 继续原治疗+地高辛
D. 改用放射性^{131}I治疗
E. 改用手术治疗

34. 一女性甲亢患者，丙基硫氧嘧啶+普萘洛尔治疗2个月，T_3、T_4恢复正常，但甲状腺肿及突眼加重，应加用
A. 普萘洛尔
B. 甲状腺片
C. 复方碘液
D. 再加一种抗甲状腺药
E. 皮质醇

35. 女性，24岁。因心悸、多食、消瘦、月经量少就诊，经查体及实验室检查确诊为Graves病，患者幼年时有哮喘史。下述何种药物应禁忌
A. 甲基硫氧嘧啶
B. 甲巯咪唑
C. 卡比马唑
D. 甲状腺素片
E. 普萘洛尔

36. 男性，54岁。甲亢、房颤史5年，药物治疗后3年，因消瘦、便频、心前区不适再次就诊。查体：心界扩大，双胫前水肿，心率120次/分，节律极不规整。疑为甲亢性心脏病。在诊断时，以下何种试验为禁忌
A. FT_3、FT_4、TSH
B. TSAb
C. 甲状腺吸碘率
D. T_3抑制试验
E. TRH兴奋试验

37. 女性，28岁。21岁时因心悸、怕热、多汗、消瘦就诊，确诊Graves病，甲巯咪唑规则治疗2年。25岁时甲亢复发，再次甲巯咪唑治疗，2个月后甲状腺功能正常，继续治疗一年半停药，最近2个月甲亢的症状、体征再现，查血T_3、T_4及TSH确认为甲亢第2次复发。患者结婚5年，尚未生育，希望治疗甲亢后妊娠，甲亢的治疗拟
A. 大剂量碘剂
B. 再次甲巯咪唑治疗，疗程延长至3~4年
C. 用甲巯咪唑，甲状腺功能正常后加用^{131}I治疗
D. 用甲巯咪唑，甲状腺功能正常后行甲状腺大部切除手术
E. 直接行甲状腺大部切除术

38. 女性，30岁。Graves病患者，抗甲状腺药物治疗已2年，是否停药。最有参考意义的指标是
A. 甲状腺摄^{131}I试验
B. 血清反T_3测定
C. 血清FT_3、FT_4测定
D. 血清sTSH的测定
E. TSAb测定

39. 男性，32岁。系甲亢规律药物治疗复发患者，现第二次药物治疗6个月，FT_3、FT_4正常，甲状腺Ⅲ度肿大，TSAb滴度仍高，且较前无明显下降。下一步的治疗应选择
A. 加大抗甲状腺药物剂量
B. 减少抗甲状腺药物剂量
C. 继续目前治疗
D. 手术治疗
E. 除原治疗外，加免疫抑制剂

40. 女性，28岁。Graves病患者，

应用国产丙基硫氧嘧啶+普萘洛尔治疗2周，患者出现低热，乏力加重，咽痛，血白细胞 2.7×10^9/L，中性粒细胞 1.1×10^9/L。下述哪种处置最为合适

A. 继续现有治疗
B. 改用进口丙基硫氧嘧啶
C. 维持现有治疗+升白细胞药
D. 改用放射性核素治疗
E. 停抗甲状腺药，加用升白细胞药，预防治疗感染

41. 女性，45岁。甲亢，^{131}I治疗后出现下列症状，其中哪种不是^{131}I治疗的并发症表现

A. 水肿
B. 甲状腺肿大加重
C. 便秘
D. 打鼾，嗜睡
E. 突眼加重

42. 女性，25岁。无意中发现甲状腺肿块7天，近3天肿块迅速增长，伴有胀痛，甲状腺SPECT检查甲状腺右叶冷结节。应初步诊断为

A. 单纯性甲状腺肿
B. 结节性甲状腺肿
C. 甲状腺腺瘤
D. 甲状腺癌
E. 甲状腺囊腺瘤并发囊内出血

43. 女性，16岁。1个月前出现食量明显增加，不到就餐时间便出现饥饿，近来经常与同学争吵，检查发现右侧甲状腺部有一直径2cm结节，SPECT检查报告为热结节。另一有诊断意义的检查是

A. 心电图检查
B. 血糖测定
C. FT_3、FT_4、TSH测定
D. 血脂检查
E. TGA、MCA测定

44. 女性，40岁。3年来劳累后气促，曾诊为哮喘。X线片示前上纵隔类圆阴影压迫气管。最可能的诊断是

A. 淋巴瘤
B. 神经源性肿瘤
C. 肺癌
D. 胸骨后甲状腺肿
E. 心包囊肿

45. 女性，56岁。近期因心悸、怕冷来诊。查体发现甲状腺Ⅱ度肿大，质韧，心率62次/分。辅助检查提示：FT_3、FT_4正常，TSH 12mIU/L，T-Ch 7.8mmol/L，LDL 5.9mmol/L。下列哪项处置是正确的

A. 使用调脂药物，定期随诊甲状腺功能
B. 应用L-T_4治疗，50μg起始
C. 手术行甲状腺大部分切除术
D. 25μg L-T_4晨起顿服，1个月后复查甲状腺功能
E. 查垂体MRI，明确TSH增高的原因

46. 男性，40岁。家住山区，发现甲状腺结节20年，因逐渐增大影响呼吸而入院，术中见甲状腺右叶内一大结节，左叶内亦发现2个小结节。术中可诊断为

A. 甲状腺多发腺瘤
B. 结节性甲状腺肿
C. 甲状腺腺瘤
D. 单纯性甲状腺肿
E. 弥漫性甲状腺肿

47. 巨大甲状腺肿患者，气管插管全麻下手术，历时7小时，术后发现患者烦躁不安，口唇发绀，不能说话，呼吸极度困难，脉搏130次/分，血压160/100mmHg，检查切口无肿胀，引流管内仅少许陈旧性血液。此患者的手术并发症是

A. 甲状腺危象
B. 双侧喉上神经损伤
C. 出血致气管受压
D. 喉头水肿
E. 双侧喉返神经损伤

48. 因巨大结节性甲状腺肿并发甲亢行双侧甲状腺大部切除术，第3天清晨，患者突然发生手足疼痛，持续性痉挛，且呼吸困难。其处理应立即

A. 肌内注射地西泮10mg
B. 气管切开
C. 口服DT_{10}10滴
D. 口服葡萄糖酸钙片3g
E. 静脉注射10%氯化钙15ml

49. 女性，18岁。甲状腺弥漫性肿大，无突眼。甲状腺摄碘试验：2小时25%，24小时50%。清晨空腹测定脉搏70次/分，血压120/80mmHg，SPECT检查甲状腺无结节。最可能的诊断是

A. 甲状腺功能减退
B. 甲状腺功能亢进
C. 甲状腺炎
D. 单纯性甲状腺肿
E. 结节性甲状腺肿

50. 女性，20岁。颈前区中线甲状软骨下方可扪及2cm直径大小肿块，随吞咽上下移动。^{131}I扫描示冷结节，B超示该肿块为实性有包膜。可诊断为

A. 颈淋巴结炎
B. 颏下皮样囊肿
C. 甲状腺腺瘤
D. 甲状腺舌管囊肿
E. 囊状淋巴管瘤

【A_3/A_4型题】

（51~54题共用题干）

女性，28岁，已婚。因消瘦、乏力、多食、心悸3个月就诊。近2年应用口服避孕药。

51. 下述哪项体征最有诊断意义

A. 心动过速
B. 双手震颤
C. 双眼裂增宽
D. 皮肤潮润

E. 甲状腺Ⅱ度肿大，双上极可闻及血管杂音

52. 哪项检查对患者诊断最有意义
A. TT_3、TT_4、TSH 测定
B. FT_3、FT_4、sTSH 测定
C. 甲状腺吸碘率测定
D. TSH 受体抗体测定
E. TGAb，TPOAb 测定

53. 当临床及实验室检查确诊为 Graves 病后，本例患者应选择哪项治疗
A. 丙基硫氧嘧啶治疗
B. 甲巯咪唑治疗
C. 丙基硫氧嘧啶治疗+普萘洛尔治疗
D. 过氯酸钾治疗
E. 碳酸钾治疗

54. 患者于抗甲亢药物减药期发生妊娠，希望保胎，哪种治疗措施是正确的
A. 立即行甲状腺手术
B. 继续药物治疗，待妊娠中期行甲状腺手术
C. 放射性核素治疗
D. 加大药物治疗剂量，以防止甲亢加重影响胎儿发育
E. 以上都不对

（55~56 题共用题干）

男性，24 岁。心悸、多食、消瘦、易激动 4 个月，甲状腺Ⅰ度肿大，甲状腺吸碘率 3 小时 60%，24 小时 72%，诊断为 Graves 病。

55. 首选的治疗为下列哪种
A. 丙基硫氧嘧啶治疗
B. 过氯酸钾治疗
C. 复方碘溶液治疗
D. 手术治疗
E. ^{131}I 治疗

56. 进一步治疗时，以下哪个方案是错误的
A. 定期随访
B. 定期查 FT_3、FT_4
C. 定期查 WBC+DC
D. 症状消失，甲状腺功能正常时可停药
E. 为了较快地控制症状，可以加用普萘洛尔

（57~59 题共用题干）

女性，46 岁。消瘦、心悸 6 个月，甲状腺Ⅱ度肿大，无触痛，临床诊断为 Graves 病。给予丙基硫氧嘧啶（300mg/d）及普萘洛尔治疗 2 周，患者出现怕冷、易困倦，手足发胀，查 FT_3、FT_4低于正常，TSH 高。

57. 此时应考虑的诊断是
A. Graves 病，患者对抗甲状腺药物敏感
B. 碘甲亢，药物性甲低
C. 慢性甲状腺炎伴甲亢（桥本甲亢），药物性甲低
D. 亚急性甲状腺炎伴甲亢，药物性甲低
E. 结节性甲状腺肿伴甲亢，药物性甲低

58. 应首先考虑下列哪项检查
A. TSAb 测定
B. TGAb、TPOAb 测定
C. 复查 FT_3、FT_4、TSH
D. 甲状腺超声检查
E. 甲状腺远红外线扫描

59. 此时应选择的治疗方案是
A. 继续原有治疗
B. 继续原有治疗+甲状腺制剂
C. 减少丙基硫氧嘧啶和普萘洛尔剂量+甲状腺制剂
D. 停药观察
E. 改用放射性核素治疗或手术治疗

（60~61 题共用题干）

女，14 岁。主诉活动后心悸，查甲状腺Ⅰ度肿大，TT_4 为 160. 8mmol/L（正常值 51. 6 ~ 154. 8mmol/L），甲状腺吸碘率 3 小时 31. 2%，24 小时 67%。既往慢性活动性肝炎史 2 年。

60. 下述哪项检查更有助于诊断
A. TT_3 测定
B. TSAb 测定
C. FT_4测定
D. rT_3 测定
E. TGAGb，TPOAb 测定

61. 如 FT_3、FT_4、TSH 结果正常，本例应如何治疗
A. 次全甲状腺切除术
B. 放射性碘治疗
C. 放射治疗
D. 抗甲状腺药物治疗
E. 以上都不是

（62~64 题共用题干）

女性，45 岁。诊断为巨大结节性甲状腺肿，在颈丛麻醉下行一侧甲状腺全切，另一侧甲状腺大部切除术，术后第 2 天突然发生窒息，面肌和手足持续性痉挛。

62. 此时首要的处理是
A. 检查引流管通畅与否
B. 拆除颈部切口缝线，检查有否积血
C. 气管切开
D. 立即静脉注射 10% 氯化钙 20ml
E. 立即喉镜检查

63. 进一步的检查是
A. 抽血查血清钙、磷浓度
B. 抽血查 T_3、T_4
C. 抽血查血糖
D. 抽血进行血气分析
E. 抽血查肝功能

64. 预防此种并发症的关键是
A. 结扎、切断甲状腺上动脉应紧贴甲状腺上极
B. 结扎甲状腺下动脉要靠近颈总动脉
C. 保留腺体要适当
D. 术中常规做气管切开
E. 必须保存两叶腺体背面部分

（65~66 题共用题干）

女性，35 岁。颈部增粗，伴失眠，易激动，食欲亢进半年。查体：甲状腺弥漫性肿大，眼球突出，脉搏 100 次/分，血压 130/80mmHg。CT 示胸骨后甲状腺肿。

65. 为明确诊断抽血测 T_3、T_4 和

TSH，预计下列哪项检查结果，与病情最为相符

A. T_3略增高，T_4显著增高，TSH增高

B. T_3显著增高，T_4略为增高，TSH增高

C. T_3略增高，T_4显著增高，TSH降低

D. T_3显著增高，T_4略为增高，TSH降低

E. T_3、T_4和TSH均显著增高

66. 该患者首选的治疗方法是

A. ^{131}I治疗

B. 用普萘洛尔治疗

C. 甲状腺大部切除术

D. 抗甲状腺药物治疗

E. 多吃含碘丰富的食物，如海带、紫菜

【B_1型题】

（67~69题共用备选答案）

A. 自身免疫性疾病

B. 病毒感染

C. 细菌感染

D. 血钙降低

E. 碘缺乏

67. 甲状腺髓样癌可能出现

68. Graves病是

69. 单纯性甲状腺肿是由于

（70~73题共用备选答案）

A. 抑制甲状腺激素合成

B. 抑制甲状腺激素释放

C. 抑制甲状腺激素与其受体的结合

D. 抑制外周组织中5′-脱碘酶，抑制T_4向T_3的转化

E. 破坏甲状腺腺泡细胞

70. 甲基硫氧嘧啶

71. 普萘洛尔

72. 复方碘溶液

73. 放射性^{131}I治疗

（74~75题共用备选答案）

A. 白细胞数降低

B. 甲状腺功能减退

C. 术后呼吸困难和窒息

D. 肝功能损害

E. 发热

74. Graves病，手术治疗最严重的并发症是

75. Graves病，抗甲状腺药物治疗，最常见的并发症是

（76~77题共用备选答案）

A. Graves病

B. 结节性甲状腺肿

C. 单纯性甲状腺肿

D. 慢性淋巴细胞性甲状腺炎

E. 亚急性甲状腺炎

76. TgAb、TpoAb阳性率最高的疾病是

77. 急性突眼常见于

第四章 甲状腺功能减退症

【A_1型题】

1. 预防甲状腺功能减退症黏液性水肿昏迷的关键是

A. 坚持甲状腺素替代治疗

B. 水摄入量不宜过多

C. 禁用镇静、安眠药

D. 增强免疫力

E. 避免过度劳累

2. 用于鉴别原发性与继发性甲状腺功能减退症的指标是

A. TSH

B. TT_3

C. TT_4

D. FT_3

E. FT_4

第五章 甲状腺癌

【A_1型题】

1. 关于甲状腺滤泡状腺癌，正确的是

A. 多见于儿童

B. 生长慢，属低度恶性

C. 来源于滤泡旁降钙素分泌细胞

D. 有侵入血管的倾向

E. 预后优于甲状腺乳头状腺癌

2. 关于甲状腺乳头状癌的描述，正确的是

A. 是罕见的甲状腺肿瘤

B. 多见于中年男性

C. 部分肿瘤可见同心圆的钙盐沉积

D. 较早出现血行转移

E. 恶性程度较高

3. 关于甲状腺髓样癌，论述错误的是

A. 甲状腺髓样癌起源于甲状腺滤泡上皮

B. 髓样癌占甲状腺癌7%

C. 甲状腺髓样癌的肿瘤标志物是降钙素

D. 手术原则同乳头状腺癌

E. 可兼有淋巴和血行转移

4. 哪一种病理类型的甲状腺癌预后最差

A. 乳头状腺癌

B. 滤泡状腺癌

C. 未分化癌

D. 髓样癌

E. 甲状腺瘤恶变

5. 甲状腺肿大并出现Horner综合征时，最可能的诊断是

A. 甲状腺功能亢进症

B. 甲状腺腺瘤

C. 甲状腺癌
D. 甲状腺炎
E. 单纯性甲状腺肿

6. 关于甲状腺乳头状腺癌的特点正确的是
A. 常见于男性
B. 多见于老年人
C. 分化程度低
D. 恶性程度高
E. 最主要为淋巴转移

7. 关于甲状腺结节的论述，下列哪项是错误的
A. 儿童出现甲状腺结节50%是恶性的
B. 冷结节提示甲状腺癌
C. 热结节常提示为高功能腺瘤
D. 多发结节多为良性病变
E. 多发结节不会恶变

8. 鉴别甲状腺单发结节为良性或恶性时，下述哪项最重要
A. 详细的病史
B. 确切的查体
C. ^{131}I扫描
D. 同侧扪到肿大淋巴结
E. 穿刺细胞学检查

9. 手术中发现甲状腺病变为单发实质性结节，最好做
A. 结节切除术
B. 腺体大部切除术
C. 全腺叶切除术
D. 腺体大部切除加冷冻切片检查
E. 颈部淋巴结清除术

【A$_2$型题】

10. 男性，20岁。被他人发现颈部肿块2天而就诊。体格检查气管右侧可扪及一结节，质硬，可随吞咽上下移动，同侧胸锁乳突肌前缘可扪及2个肿大淋巴结，首先考虑的诊断是
A. 颈淋巴结炎
B. 颈淋巴结结核
C. 恶性淋巴瘤
D. 甲状腺腺瘤
E. 甲状腺癌

11. 女性，35岁。因甲状腺肿块在当地行甲状腺肿块切除术后5天，病理学诊断为甲状腺乳头状腺癌Ⅱ级，对该患者的进一步处理是
A. 终生服用甲状腺素片
B. 行放射性外照射
C. 行放射性碘治疗
D. 再次手术，行患侧全切及对侧全切
E. 再次手术，行患侧全切、峡部切除及对侧大部切除

12. 女性，27岁。发现甲状腺结节3个月，近1个月来出现Horner综合征，喉镜检查发现右侧声带麻痹。最可能的诊断是
A. 重度甲亢
B. 甲状腺腺瘤并发囊内出血
C. 结节性甲状腺肿恶变
D. 桥本甲状腺炎
E. 甲状腺癌

【A$_3$/A$_4$型题】

（13～15题共用题干）

男性，30岁。右侧甲状腺单发结节，质硬，生长迅速，近1周伴声音嘶哑，ECT示右甲状腺冷结节。

13. 为明确诊断下列哪项检查最有意义
A. 确切的查体
B. 颈部X线检查
C. 穿刺细胞学检查
D. 甲状腺B超
E. 甲状腺CT

14. 如未能确诊，拟行手术，应采用何种术式
A. 结节切除术
B. 患侧腺体全切
C. 颈部淋巴结清除术
D. 患侧腺体大部切除加冷冻切片检查
E. 患侧全切、峡部切除，对侧大部切除

15. 如病理报告为甲状腺乳头状癌，又无远处转移表现应采用何种术式
A. 患侧全切加颈淋巴结清除
B. 患侧全切、峡部切除，对侧大部切除
C. 双侧甲状腺全部切除
D. 患侧腺体大部切除、峡部切除
E. 患侧腺体大部切除加颈淋巴结清除

第六章 糖 尿 病

【A$_1$型题】

1. 判断糖尿病血糖控制程度的指标是
A. 空腹血糖
B. 饭后血糖
C. 糖化血红蛋白
D. 空腹血浆胰岛素含量
E. OGTT

2. 糖尿病的高危因素不包括
A. 共同生活者患有糖尿病
B. 巨大胎儿分娩者
C. 肥胖（BMI≥28）
D. 曾有糖调节受损
E. 年龄在45岁以上

3. 糖尿病酮症酸中毒的主要治疗是
A. 中枢兴奋剂，纠正酸中毒
B. 纠正酸中毒，补充体液和电解质
C. 纠正酸中毒，应用胰岛素
D. 补充体液和电解质，应用胰岛素
E. 应用中枢兴奋剂及胰岛素
4. 妊娠糖尿病是指
A. 既往有糖尿病的妇女出现妊娠
B. 妊娠过程中初次发生的任何程度的糖耐量异常
C. 妊娠中发现糖尿病，产后复查仍为糖尿病
D. 妊娠中发现糖尿病，产后复查转为正常
E. 以上都是
5. 1型糖尿病死亡的主要原因是
A. 冠心病
B. 脑血管病
C. 糖尿病肾病
D. 酮症酸中毒
E. 感染性休克
6. 糖尿病酮症酸中毒的临床表现是
A. 原有症状加重或首次出现“三多”伴乏力
B. 食欲缺乏、恶心、呕吐、极度口渴、尿量增多
C. 有代谢性酸中毒症状
D. 严重脱水伴循环衰竭体征
E. 以上都是
7. 碳酸氢钠处理糖尿病酮症酸中毒的指征为
A. 治疗酸中毒的起初2小时
B. 出现血钾过高
C. 出现心律紊乱
D. 血 pH<7.1
E. 血 pH<7.3
8. 关于糖尿病的胰岛素治疗，正确的是
A. 肥胖的糖尿病患者较适宜用胰岛素治疗
B. 1型糖尿病患者可不用胰岛素治疗
C. 清晨高血糖而半夜有饥饿感、出冷汗的糖尿病患者应增加胰岛素剂量
D. 因感染发热而厌食的糖尿病患者应将胰岛素剂量加倍
E. 经一段时间的胰岛素治疗后，可能产生胰岛素抗体
9. 糖尿病性血管病变，最具有特征性的是
A. 合并高血压
B. 常伴冠状动脉粥样硬化
C. 微血管病变
D. 周围动脉硬化-下肢坏疽
E. 脑血管病变
10. 下列疾病的患者中，最易合并疖病的是
A. 消化性溃疡
B. 门静脉高压症
C. 肝炎
D. 胃癌
E. 糖尿病
11. 糖尿病眼底病变中，出现哪一种情况最易引起失明
A. 微血管瘤
B. 新生血管破裂
C. 硬性渗出物
D. 软性渗出物
E. 新生血管出血
12. 应用胰岛素治疗糖尿病不恰当的方法是
A. 从小量开始以避免 Somogyi 效应
B. 以饮食疗法为基本治疗
C. 1型糖尿病患者血糖波动大可加用双胍类药物
D. 酮症酸中毒时首选普通胰岛素（RI）
E. 高渗昏迷宜选用鱼精蛋白锌胰岛素（PZI）
13. 1型糖尿病的主要特点是
A. 多见于40岁以上的成年人
B. 易发生高渗性非酮症性糖尿病昏迷
C. 自身免疫介导的胰岛B细胞破坏
D. 早期常不需要胰岛素治疗
E. 大部分有体重超重或肥胖
14. 依据糖尿病诊断标准，确诊糖尿病选用
A. 全血血糖
B. 血浆血糖
C. 糖化血红蛋白
D. 尿糖定性
E. 24小时尿糖定量
15. 有关高渗高血糖综合征的论述，正确的是
A. 多见于1型糖尿病
B. 一定有重症糖尿病病史
C. 常有明显酸中毒
D. 治疗必须用低渗盐水
E. 多见于老年轻型糖尿病
16. 若诊断临床糖尿病，应首先选择下述哪项检查
A. 尿糖
B. 空腹血糖
C. 糖化血红蛋白
D. 口服糖耐量试验
E. 空腹胰岛素测定
17. 成人糖尿病酮症酸中毒胰岛素治疗采用
A. 每4小时静脉注射50U胰岛素
B. 每4小时静脉滴注5~10U RI
C. 每2小时静脉滴注5~10U PZI
D. 每小时静脉滴注4~6U RI
E. 每小时静脉滴注5~10U PZI
18. 关于糖化血红蛋白正确的是
A. 可以反映12~16周的血糖水平
B. 是葡萄糖与血红蛋白发生的可逆的蛋白糖化反应产物
C. 浓度与血糖升高程度呈负相关
D. 可以作为血糖控制程度的指标

E. 控制的目标值是≤7.5%

19. 糖尿病合并妊娠的治疗正确的是
A. 肥胖患者可使用二甲双胍
B. 为保证胎儿发育完善，需保胎到40周分娩
C. 使用胰岛素控制血糖
D. 血糖控制不宜过严以防止低血糖
E. 以上都对

20. 磺脲类药物的主要不良反应是
A. 恶心、呕吐
B. 低血糖反应
C. 肝功能损害
D. 白细胞减少
E. 皮肤瘙痒

21. 关于LADA的描述正确的是
A. 属于1A型糖尿病
B. 早期应使用磺脲类降糖药物控制血糖
C. 胰岛B细胞抗体阴性
D. 肥胖可以排除本病
E. 胰岛素释放曲线呈高峰延迟曲线

22. 血中直接调节胰岛素分泌而且经常起调节作用的重要因素是
A. 游离脂肪酸
B. 血糖浓度
C. 肾上腺素
D. 胃肠道激素
E. 血酮体浓度

23. 2型糖尿病最基本的病理生理改变是
A. 极度肥胖
B. 长期大量摄糖
C. 长期使用糖皮质激素
D. 胰岛素分泌绝对或相对不足及靶组织对胰岛素敏感性降低
E. 老年

24. 糖尿病的诊断是糖尿病症状加上随机血糖
A. ≥7.1mmol/L
B. ≥9.1mmol/L
C. ≥10.1mmol/L
D. ≥11.1mmol/L
E. ≥12.1mmol/L

25. 糖尿病饮食治疗下列哪种是正确的
A. 病情轻可以不用饮食治疗
B. 有并发症者不用饮食治疗
C. 用药治疗时，可不用饮食治疗
D. 肥胖者宜给高热量饮食治疗
E. 不论病情轻重都需饮食治疗

26. 不宜使用胰岛素的患者为
A. 糖尿病合并肺结核
B. 糖尿病合并急性心肌梗死
C. 糖尿病患者妊娠或分娩
D. 糖尿病患者过度肥胖
E. 糖尿病患者手术、前后

【A_2 型题】

27. 男性，40岁。患糖尿病10余年，尿蛋白阴性，近1个月感下腹部胀，排尿不畅伴尿失禁。B超显示“膀胱扩大，尿潴留”。其原因应考虑
A. 糖尿病自主神经病变
B. 糖尿病合并泌尿系感染
C. 糖尿病合并慢性前列腺炎
D. 糖尿病肾病
E. 糖尿病合并泌尿系结石

28. 男性，26岁。明显的“三多一少”症状10年，经胰岛素治疗，症状时轻时重，有明显的低血糖症状，近2个月眼睑及下肢水肿，乏力，腰痛，BP 160/100mmHg，尿蛋白(++)，颗粒管型少许，尿糖(++)。应诊断为
A. 糖尿病肾病
B. 肾动脉硬化
C. 肾盂肾炎
D. 肾炎
E. 胰岛素副作用

29. 男性，45岁。体胖，平素食欲佳。近1个月饮水量逐渐增多，每日1500ml左右，尿量多，空腹血糖6.7mmol/L(120mg/dl)，尿糖(+)。应做哪些检查来确诊糖尿病
A. 24小时尿糖定量
B. 24小时尿C肽测定
C. 皮质素葡萄糖耐量试验
D. 葡萄糖耐量试验
E. 24小时尿糖定量

30. 男，45岁。身高171cm，体重85kg，口服葡萄糖耐量试验血糖结果：空腹6.7mmoL/L，1小时9.8mmol/L，2小时7.0mmol/L，结果符合
A. 正常曲线
B. 空腹血糖受损
C. 糖耐量减低
D. 1型糖尿病
E. 2型糖尿病

31. 女性，28岁。既往无糖尿病病史。妊娠8个月，“三多”症状2个月。查体：血压120/80mmHg，甲状腺Ⅰ度肿大，HR 82次/分，下肢无水肿。实验室检查：空腹血糖11.7mmol/L，2小时血糖16.3mmol/L，尿糖(+++)，尿蛋白(+++)。其诊断应该是
A. 1型糖尿病合并妊娠
B. 2型糖尿病合并妊娠
C. 妊娠糖尿病
D. 糖尿病肾病
E. 继发性糖尿病

32. 男性，65岁。患糖尿病15年，长期应用苯乙双胍。检查结果：浅昏迷，呼吸深大，中度脱水，膝反射极弱，血压80/65mmHg，血糖15mmol/L，血钠140mmol/L，血钾5.6mmol/L，CO_2CP 12mmol/L，BUN 15mmol/L，尿糖(+++)，尿酮体(+)，尿蛋白(++)。最可能的诊断是
A. 糖尿病酮症酸中毒昏迷
B. 非酮症高渗性糖尿病昏迷

C. 乳酸性酸中毒昏迷
D. 糖尿病肾病尿毒症昏迷
E. 脑血管意外所致昏迷

33. 某患者轻度肥胖，空腹血糖5.6mmol/L，口服葡萄糖75g后60分钟血糖达高峰，为11.1mmol/L，2小时值为8.7mmol/L，3小时为4.6mmol/L。其血浆胰岛素浓度及变化可能是
A. 空腹时100μIU/ml（正常5~24μIU/ml）
B. 空腹时<5μIU/ml
C. 空腹时正常或升高，口服葡萄糖后缓慢升高，达峰延迟，以后下降
D. 空腹时正常，口服葡萄糖后迅速升高，持续时间长，以后下降
E. 空腹时正常，口服葡萄糖后迅速升高，然后逐渐下降

34. 男性，65岁。身高160cm，体重70kg，尿糖（-），糖耐量试验结果为空腹5.0mmol/L，1小时7.6mmol/L，2小时7.0 mmol/L，3小时5.4mmol/L。应考虑为
A. 可诊为糖尿病
B. 可排除糖尿病
C. 糖耐量低减
D. 无临床意义
E. 以上都不是

35. 女性，22岁。患糖尿病7年，一直用胰岛素治疗。1小时前昏迷，检查皮肤湿冷，血压120/80mmHg，BUN 4.3mmol/L，CO_2CP 22.0mmol/L，最可能的诊断是
A. 糖尿病酮症酸中毒昏迷
B. 糖尿病非酮症性高渗性昏迷
C. 乳酸性酸中毒昏迷
D. 低血糖昏迷
E. 脑血管疾病

36. 男性，52岁。确诊2型糖尿病1年，予合理饮食和运动治疗并口服二甲双胍500mg，每日3次。查体：身高173cm，体重78kg，血压130/90mmHg，心、肺和腹部检查未见异常。复查空腹血糖5.2mmol/L，三餐后2小时血糖分别为11.4mmol/L、13.1mmol/L和12.6mmoL/L，HbA1c 7.5%，下一步最合理的治疗是
A. 二甲双胍加大剂量
B. 改用胰岛素
C. 改用磺脲类降血糖药
D. 加用磺脲类降血糖药
E. 加用α-葡萄糖苷酶抑制剂

37. 女性，27岁。患糖尿病5年，消瘦，血糖常在16.7mmol/L（300mg/dl）以上，易出现酮症，胰岛素释放试验低平型，目前较好的治疗方案是
A. 运动疗法+饮食疗法+胰岛素
B. 饮食疗法+胰岛素
C. 饮食疗法+胰岛素+格列吡嗪
D. 单纯胰岛素治疗
E. 二甲双胍+饮食疗法，必要时加胰岛素

38. 女性，20岁。有明显糖尿病症状，三餐前普通胰岛素早6U，午6U，晚6U，睡前NPH 18U，夜里出现多汗、心悸、手抖，晨起查血糖10.3mmol/L（186mg/dl），应给予
A. 增加晚餐胰岛素用量
B. 增加睡前胰岛素剂量
C. 减少晚餐胰岛素用量
D. 减少早饭前胰岛素剂量
E. 减少睡前胰岛素用量

39. 女性，72岁。糖尿病病史8年，瑞格列奈2mg每日3次，近期血糖控制不佳，既往高血压病史10年，冠心病病史5年。身高158cm，体重50kg，BMI 20。实验室检查：空腹血糖12.5mmol/L，3餐后2小时血糖分别为7.8mmol/L、8.4mmol/L和8.8mmol/L，夜间血糖10.5mmol/L，糖化血红蛋白9.2%。目前最适宜的治疗是加用
A. 噻唑烷二酮类降糖药
B. 胰岛素
C. 双胍类降糖药
D. α-葡萄糖苷酶抑制剂
E. 磺脲类降糖药

40. 男性，59岁。2型糖尿病史16年。二甲双胍0.25g及格列齐特30mg，每日3次，糖尿病控制良好，近2个月感乏力，体重下降4~5kg，血便，肠镜检查发现乙状结肠癌拟行手术治疗。围手术期糖尿病处理
A. 停口服降糖药、减少饮食量
B. 改用长效胰岛素
C. 改用短效及中效胰岛素
D. 胰岛素及胰岛素增敏剂联合治疗
E. 改用葡萄糖苷酶抑制剂

41. 女性，40岁。患糖尿病1年，身高156cm，体重为70kg，无酮症，空腹血糖7.8mmol/L，HbA1c 6.9%，最佳治疗方案是
A. 卧床休息+饮食治疗+二甲双胍
B. 适当运动+饮食治疗
C. 饮食疗法+胰岛素
D. 格列本脲+饮食治疗
E. 二甲双胍+饮食治疗+运动疗法

42. 中年女性，患糖尿病多年，现饮食控制并服用格列本脲治疗中，糖尿病控制良好。近日受凉后出现高热、咳嗽，X线检查证实为肺内炎症，尿糖（+++），住院治疗。除按照肺炎常规处理处，对糖尿病应如何调整治疗

A. 加强饮食控制，继续服用格列本脲
B. 加大格列苯脲用量
C. 改用二甲双胍
D. 格列苯脲+二甲双胍
E. 改用胰岛素

43. 女性，24岁。临床诊断糖尿病1型，给予胰岛素治疗后，患者经常于清晨3~4点出现手抖、大汗、饥饿感，空腹血糖11mmol/L，尿糖（++++），尿酮体（++++），夜间尿糖阴性，应采取的措施是
A. 减少晚餐的热量
B. 增加睡前中效胰岛素用量
C. 加用双胍类药物
D. 减少睡前中效胰岛素用量
E. 后夜加餐

44. 男性，45岁。肥胖7年，口渴、多饮2个月，伴经常餐后3~5小时心悸、多汗、饥饿感，进餐后缓解，空腹血糖8.3mmol/L，尿糖（+），最可能的诊断是
A. 胰岛素瘤
B. 胰岛素性低血糖
C. 糖尿病
D. 胰岛细胞增生症
E. 2型糖尿病，反应性低血糖

45. 女性，26岁。1型糖尿病。今日因感冒，食欲缺乏、少食，餐前按常规注射胰岛素，近午时突然心悸、出汗，继而头晕、视物模糊。急诊处理应采用
A. 胰岛素静脉注射
B. 静脉滴注生理盐水
C. 葡萄糖静脉注射
D. 碳酸氢钠注射
E. 急查血糖待结果后处理

46. 女性，26岁。1型糖尿病。中断胰岛素治疗3日突发昏迷，血糖33.3mmol/L，血pH 7.0，尿糖、尿酮强阳性。静脉滴注胰岛素、碳酸氢钠，血糖有所下降，酸中毒改善，一度清醒后又陷于昏迷。此现象可能为
A. 并发脑水肿
B. 并发脑血管意外
C. 并发低血糖
D. 并发尿毒症
E. 并发乳酸性酸中毒

47. 女性，26岁。1型糖尿病。采用强化胰岛素治疗方案，夜间血糖控制良好，无低血糖发生，但清晨空腹血糖仍然较高。原因可能是
A. 糖耐量减低
B. 夜间胰岛素作用不足
C. Somogyi现象
D. 反应性高血糖
E. 黎明现象

【A_3/A_4型题】

（48~50题共用题干）

男性，70岁。软弱无力，进食减少，口渴、多尿2周，近2天嗜睡。急诊检查：血压70/50mmHg，意识蒙眬，皮肤干燥失水，呼吸28次/分，心率108次/分，尿糖（++++），尿酮（±）。既往无糖尿病史。

48. 最可能的诊断是
A. 糖尿病肾病
B. 糖尿病性神经病变
C. 糖尿病酮症酸中毒
D. 糖尿病乳酸性酸中毒
E. 高渗高血糖综合征

49. 为明确诊断，除血糖测定外，首选的检查是
A. 血电解质+BUN、Scr
B. 糖基化血红蛋白+BUN、Scr
C. 血气分析+BUN、Scr
D. 血酮体+血气分析
E. 血乳酸+血气分析

50. 最主要的治疗措施是
A. 抗感染
B. 肾上腺皮质激素
C. 口服降血糖药
D. 小剂量胰岛素及补液
E. 补充碱性药物

（51~53题共用题干）

女性，48岁。近1个月感口渴，饮水量增至每天2000ml。身高156cm，体重71kg，空腹血糖180mg/dl（10.0mmol/L），餐后血糖252mg/dl（14.0mmol/L）。系初次发现血糖高，过去无糖尿病史。

51. 给患者的治疗建议是
A. 饮食及运动治疗
B. 双胍类降血糖药
C. 磺脲类降血糖药
D. α-葡萄糖苷酶抑制剂
E. 胰岛素

52. 按以上建议治疗3个月后空腹血糖163mg/dl（8.6mmol/L），餐后血糖225mg/dl（12.5mmol/L），进一步治疗建议
A. 氯磺丙脲
B. 格列齐特
C. 二甲双胍
D. 阿卡波糖
E. 正规胰岛素

53. 4年后该患者被发现有浸润型肺结核，降血糖治疗宜
A. 原降血糖药增加剂量
B. 改用降血糖作用更强的口服降血糖药
C. 增加一种口服降血糖药
D. 双胍类、磺脲类、α-葡萄糖苷酶抑制剂联合使用
E. 胰岛素治疗

（54~56题共用题干）

女性，45岁。肥胖多年，口渴5个月，尿糖（+），空腹血糖7.9mmol/L，餐后2小时血糖12.1mmol/L。

54. 本患者可诊断为
A. 1型糖尿病
B. 肾性糖尿
C. 食后糖尿
D. 2型糖尿病
E. 类固醇性糖尿病

55. 本患者应首选下列哪种药物

或治疗
A. 双胍类降糖药
B. 磺脲类降糖药
C. 胰岛素
D. 饮食治疗+双胍类降糖药
E. 运动疗法

56. 下述哪一组生化指标，达到糖尿病临床“满意”控制空腹血糖（mmol/L），餐后 2 小时血糖（mmol/L），HbA1c（%）
A. <5.6，<7.2，≤4
B. <6.1，<7.8，≤6.5
C. <7.2，<8.3，≤6
D. <7.8，<8.3，≤8
E. <8.3，<10.0，<10

（57~58 题共用题干）
女性，68 岁。因呕吐、腹泻、意识障碍 2 天入院，既往有糖尿病史，查血糖 44.2mmol/L，疑诊高渗高血糖综合征。

57. 拟用公式计算患者有效渗透压，应进一步检查
A. 中心静脉压
B. 尿比重和尿渗透压
C. 血钾、钠及尿素氮
D. 阴离子间隙
E. 血钾、钠

58. 如患者血钠为 162mmol/L，下述哪个治疗是适宜的
A. 大量低渗盐水，快速静脉滴注
B. 大量等渗盐水静脉滴注
C. 等渗盐水+小剂量胰岛素静脉滴注
D. 低渗盐水+大剂量胰岛素静脉滴注
E. 低渗盐水+小剂量胰岛素静脉滴注

（59~60 题共用题干）
女性，36 岁。多尿、多饮伴体重下降 1 个月。身高 162cm，体重 51kg。无糖尿病家族史。血糖 11.5mmol/L，HbA1c 9.8%。给予口服格列吡嗪 5mg，一日 3 次，空腹血糖控制在 6~7mmol/L。5 个月后血糖控制不佳，常达到 11~15mmol/L，经常出现酮症。

59. 最恰当的诊断是
A. 营养不良性糖尿病
B. 2 型糖尿病
C. LADA
D. 1 型糖尿病
E. 继发性糖尿病

60. 为明确诊断应进一步做哪项检查
A. GAD65 抗体，IAA，IA-2 抗体联合检测
B. 基因型检测
C. 胰岛素释放试验
D. HbA1c 检测
E. OGTT

（61~64 题共用题干）
女性，28 岁。妊娠期体格检查，尿糖（+++），血糖：空腹 7.8mmol/L，随机 16.7mmol/L。

61. 诊断考虑
A. 应激性高血糖
B. 糖尿病
C. 糖耐量减低
D. 反应性高血糖
E. 妊娠糖尿病

62. 治疗主要选择
A. 饮食治疗
B. 体育锻炼
C. 口服降糖药
D. 胰岛素
E. 无须治疗

63. 若该患者已在妊娠晚期，终止妊娠的时期应是
A. 40~42 周
B. 38~40 周
C. 36~38 周
D. 34~36 周
E. 28~32 周

64. 若妊娠结束后 6 周，复查血糖：空腹 4.6mmol/L，餐后 2 小时 8.0mmol/L。诊断考虑
A. IGT
B. IFG
C. GDM
D. MODY1
E. MODY2

（65~69 题共用题干）
男性，26 岁。糖尿病病程 10 年，胰岛素治疗。血糖未监测，时有低血糖症。近 3 个月眼睑及下肢水肿，血糖 300mg/L，尿蛋白（++），WBC 0~3/HP，颗粒管型少许，血尿素氮、肌酐正常。

65. 诊断考虑
A. 胰岛素性水肿
B. 肾动脉硬化
C. 肾盂肾炎
D. 急性肾炎
E. 糖尿病肾病

66. 病期为
A. 高滤过期
B. 间歇性蛋白尿期
C. 微量白蛋白尿期（早期肾病）
D. 临床肾病期
E. 尿毒症期

67. 减轻蛋白尿可选用
A. 利尿药
B. 钙拮抗剂
C. β 受体阻断药
D. 血管紧张素转换酶抑制药
E. α_1 受体阻断药

68. 饮食治疗应注意
A. 减少碳水化合物含量
B. 增加脂肪含量
C. 减少蛋白质含量
D. 增加动物蛋白质含量
E. 减少纤维素含量

69. 饮食中蛋白质含量应限制在
A. 1.5~2.0g/(kg·d)
B. 1.2~1.5g/(kg·d)
C. 0.8~1.2g/(kg·d)
D. 0.8g/(kg·d)
E. 0.6g/(kg·d)

【B_1 型题】

（70~72 题共用备选答案）
A. 阿卡波糖
B. 格列吡嗪
C. 格列喹酮
D. 罗格列酮
E. 二甲双胍

70. 使用后可引起水肿
71. 可引起乳酸性酸中毒
72. 可引起排气增多
（73~75 题共用备选答案）
A. 糖尿病合并肾小球硬化症
B. 肾性糖尿
C. 应激性糖尿
D. 糖尿病 1 型
E. 甲状腺功能亢进
73. 血糖升高，尿糖阳性，空腹血浆胰岛素水平明显降低
74. 血糖正常，尿糖（+），OGTT 正常，空腹血浆胰岛素正常
75. 血糖中度以上升高，尿糖阴性，尿蛋白（±），空腹血浆胰岛素水平正常或偏低
（76~78 题共用备选答案）
A. Addison 病
B. 糖原贮积病
C. 肝硬化
D. 胰岛素瘤
E. 2 型糖尿病初期
76. 拮抗胰岛素的激素不足致低血糖
77. 器质性低血糖最常见的原因是
78. 饭后早期胰岛素分泌不足，饭后后期水平居高不下致低血糖
（79~81 题共用备选答案）
A. 库欣综合征
B. Graves 病应用甲巯咪唑治疗
C. 线粒体基因突变糖尿病
D. 青年人中的成年发病型糖尿病
E. 特发性 1 型糖尿病
79. 可引起低血糖
80. 属于常染色体显性遗传病
81. 伴有神经性耳聋
（82~85 题共用备选答案）
A. 结节性肾小球硬化症
B. 弥漫性肾小球硬化症
C. 渗出性病变
D. 尿微量白蛋白排除率 150μg/min
E. 尿蛋白总量 1g/24h
82. 高度特异性的糖尿病肾病病理改变
83. 对肾功能影响最大的病理改变
84. 糖尿病肾病Ⅲ期
85. 临床肾病

第七章　水、电解质代谢和酸碱平衡失调

【A₁ 型题】

1. 鉴别酸碱失衡的种类，最有价值的测定组合是
A. 尿液 pH 和 $PaCO_2$
B. 动脉血 pH 和 $PaCO_2$
C. 静脉血的 pH 和动脉血 pH
D. 静脉血 pH 和 HCO_3^-
E. 动脉血和静脉血 $PaCO_2$
2. 下列哪一项不是低钾血症的原因
A. 长期使用呋塞米
B. 代谢性酸中毒
C. 禁食
D. 肾上腺皮质功能亢进
E. 代谢性碱中毒
3. 血浆中含量最多的阳离子是
A. Na^+
B. K^+
C. Mg^{2+}
D. Ca^{2+}
E. H^+
4. 患者口渴，尿少，尿中钠高，血清钠>145mmol/L，其水与电解质平衡紊乱的类型是
A. 等渗性脱水
B. 水中毒
C. 高渗性脱水
D. 水肿
E. 低渗性脱水
5. 正常血钾值的范围
A. 2.5~2.8mmol/L
B. 2.9~3.4mmol/L
C. 3.5~5.5mmol/L
D. 5.5~6.5mmol/L
E. 6.5~7.5mmol/L
6. 高渗性脱水是指
A. 失水>失钠，细胞外液渗透压>310mOsm/(kg·H_2O)，血清钠>145mmol/L 的脱水
B. 失水>失钠，细胞外液渗透压>280mOsm/(kg·H_2O)，血清钠>135mmol/L 的脱水
C. 失钠>失水，细胞外液渗透压<310mOsm/(kg·H_2O)，血清钠<135mmol/L 的脱水
D. 失钠>失水，细胞外液渗透压<280mOsm/(kg·H_2O)，血清钠<145mmol/L 的脱水
E. 失钠<失水，细胞外液渗透压=280mOsm/(kg·H_2O)，血清钠=135mmol/L 的脱水
7. 高渗性缺水的早期主要症状是
A. 幻觉
B. 谵妄
C. 恶心
D. 口渴
E. 心悸
8. 等渗性缺水多发生在
A. 胃肠液急性丧失
B. 吞咽困难
C. 大量出汗
D. 慢性肠梗阻
E. 低位小肠瘘
9. 代谢性碱中毒常伴发
A. 低钾血症
B. 低钙血症
C. 低钠血症
D. 低磷血症
E. 低镁血症
10. 患者头晕、乏力、恶心、呕吐，血清 Na^+ 130mmol/L、血清 K^+ 4.5mmol/L、尿比重 1.010，是哪种电解质失调
A. 高渗性缺水
B. 等渗性缺水

C. 低渗性缺水
D. 低钾血症
E. 高钾血症

11. 重度高渗性失水是指失水量达到体重的
A. 1%~2%
B. 2%~3%
C. 3%~4%
D. 4%~6%
E. 7%~14%

12. 体液平衡中，细胞外液最重要的阴离子是
A. HCO_3^-
B. HPO_4^{2-}
C. SO_4^{2-}
D. Cl^-
E. 蛋白质

13. 低渗性缺水，血清钠往往低于
A. 155mmol/L
B. 150mmol/L
C. 145mmol/L
D. 130mmol/L
E. 110mmol/L

14. 某患者做消化道手术后禁食一周，仅静脉输入葡萄糖盐水，此患者最容易发生的电解质紊乱是
A. 低血钠
B. 低血钙
C. 低血镁
D. 低血磷
E. 低血钾

15. 代谢性酸中毒是
A. 原发性 HCO_3^- 减少
B. 继发性 HCO_3^- 减少
C. 原发性 H_2CO_3 减少
D. 原发性 H_2CO_3 增多
E. 继发性 H_2CO_3 减少

16. 低钾血症时，心电图表现为
A. T 波低平、Q-T 间期缩短
B. T 波高尖、Q-T 间期缩短
C. S-T 段压低，T 波压低或双相、T 波后出现 U 波
D. T 波高尖、Q-T 间期延长
E. S-T 段压低、T 波高尖

17. 细胞内的钾转移到细胞外引起高钾血症见于
A. 碱中毒
B. 静脉输入大量葡萄糖
C. 静脉输入大量胰岛素
D. 溶血性贫血
E. 静脉输入大量氨基酸

18. 正常人血中 HCO_3^- 与 H_2CO_3 之比为
A. 10：1
B. 15：1
C. 20：1
D. 25：1
E. 30：1

19. 下列哪项不是引起外科手术后低血钾的原因
A. 术后禁食或食欲缺乏
B. 胃肠引流
C. 术后注射大量葡萄糖液
D. 呕吐
E. 术后肾衰竭，少尿

20. 低渗性缺水时，一般不出现下列哪项改变
A. 口渴明显
B. 恶心、呕吐、肌肉痉挛
C. 尿比重低
D. 尿内 Cl^- 很少
E. 血清 Na^+ 降低

21. 代谢性酸中毒患者一般不表现为
A. 乏力、恶心和呕吐
B. 心率加快，心律失常
C. 呼吸深而快
D. 尿液呈中性
E. 严重者可表现为嗜睡，甚至昏迷

22. 高钾血症和低钾血症均可引起
A. 代谢性酸中毒
B. 代谢性碱中毒
C. 肾小管泌氢增加
D. 心律失常
E. 肾小管泌钾增加

23. 静脉补钾速度一般每小时不应超过
A. 10mmol
B. 20mmol
C. 30mmol
D. 40mmol
E. 50mmol

24. 高钾血症时，血清钾高于
A. 5mmol/L
B. 4.5mmol/L
C. 4mmol/L
D. 5.5mmol/L
E. 3.5mmol/L

25. 高渗性缺水时，血清 Na^+ 至少高于
A. 145mmol/L
B. 155mmol/L
C. 160mmol/L
D. 165mmol/L
E. 170mmol/L

【A_3/A_4 型题】

（26~28 题共用题干）

男性，40 岁。体重 60kg，因食管癌进食困难 1 月余。主诉：乏力、极度口渴、尿少而色深。检查：血压、体温均正常，眼窝凹陷、舌干燥、皮肤弹性差。

26. 该患者的水、电解质失衡诊断为
A. 轻度高渗性脱水
B. 中度高渗性脱水
C. 重度高渗性脱水
D. 等渗性脱水
E. 低渗性脱水

27. 该患者当天补充液量约为（不包括当天生理需水量）
A. 500ml
B. 1000ml
C. 3000ml
D. 4000ml
E. 4500ml

28. 补液后口渴减轻，尿量增多，测血清钾浓度为 3.1mmol/L，应在尿量达下列哪项指标时补给钾盐
A. 20ml/h
B. 25ml/h
C. 30ml/h
D. 35ml/h

E. 40ml/h

（29~30题共用题干）

男性，50岁。体重50kg，上腹隐痛不适，并不思进食已3个月，胃镜检查证实为胃体癌。实验室检查：Hb 80g/L，血浆清蛋白30g/L，血清钠130mmol/L，钾4.5mmol/L，动脉血pH 7.35。

29. 该患者可能存在
  A. 高渗性脱水
  B. 等渗性脱水
  C. 低渗性脱水
  D. 高钾血症
  E. 稀释性低血钠症

30. 按血清钠浓度和公式计算需补充的钠盐量为
  A. 12×50×0.4mmol/L
  B. 12×50×0.5mmol/L
  C. 12×50×0.6mmol/L
  D. 12×50×0.7mmol/L
  E. 12×50×0.8mmol/L

【B_1型题】

（31~33题共用备选答案）
  A. 急性肠梗阻
  B. 感染性休克
  C. 肺炎高热
  D. 慢性十二指肠瘘
  E. 挤压综合征

31. 低渗性脱水的常见病因是
32. 代谢性酸中毒最易发生于
33. 高钾血症的常见病因是

（34~37题共用备选答案）
  A. 高渗性脱水
  B. 低渗性脱水
  C. 等渗性脱水
  D. 水中毒
  E. 水肿

34. 血钠浓度正常而细胞外液减少见于
35. 血钠浓度增高而细胞内液减少见于
36. 血钠浓度降低而细胞外液减少见于
37. 血钠浓度降低而细胞内、外液均增加见于

（38~41题共用备选答案）
  A. 低渗性脱水
  B. 高渗性脱水
  C. 低钾血症
  D. 高钾血症
  E. 低镁血症

38. 口服补钾或静脉低浓度、慢速补钾可治疗
39. 补水为主、补钠为辅可治疗
40. 葡萄糖和胰岛素静脉输入可治疗
41. 适量补充盐水以恢复细胞外液渗透压和容量可治疗

第十六篇 精神、神经系统

第一章 神经系统疾病概论

【A_1 型题】

1. 内囊型上运动神经元病变时瘫痪的特点为
   A. 可出现一个上肢、下肢或面部的中枢性瘫痪
   B. 偏瘫、偏身感觉障碍和偏盲
   C. 病变侧脑神经麻痹和对侧肢体中枢性瘫痪
   D. 单侧或双侧肢体的瘫痪
   E. 节段性、弛缓性瘫痪而无感觉障碍
2. 上运动神经元瘫痪的特点，错误的是
   A. 肢体远端肌肉受累较近端重
   B. 上肢伸肌群比屈肌群瘫痪程度重
   C. 上肢屈肌群比伸肌群瘫痪程度重
   D. 手的屈肌比伸肌重
   E. 外旋肌群比内收肌群重
3. 支配小腿前腿区域感觉的脊髓节段为
   A. $L_1 \sim L_2$
   B. $L_2 \sim L_3$
   C. $L_3 \sim L_4$
   D. $L_4 \sim L_5$
   E. $L_5 \sim S_1$
4. 核间性眼肌麻痹的病变部位在
   A. 皮质侧视觉中枢
   B. 脑桥侧视觉中枢
   C. 内侧纵束
   D. 外展神经核
   E. 动眼神经核
5. 下列哪项不符合一个半综合征的临床表现
   A. 患侧眼球不能内收
   B. 患侧眼球不能外展
   C. 对侧眼球不能外展
   D. 对侧眼球不能内收
   E. 水平眼震
6. 不属于小脑半球病损的表现为
   A. 下肢比上肢重
   B. 同侧肢体共济失调
   C. 远端比近端重
   D. 精细动作比粗略动作重
   E. 常有水平性也可为旋转性眼球震颤
7. 有关阿-罗瞳孔正确的说法是
   A. 又称强直性瞳孔
   B. 一侧瞳孔散大
   C. 对光反射消失，调节反射存在
   D. 在暗处强光照射，瞳孔缓慢收缩
   E. 可伴有节段性无汗
8. 面神经属于哪种类型的神经
   A. 感觉神经
   B. 混合性神经，主要成分为运动神经
   C. 混合性神经包括运动、感觉和副交感神经
   D. 交感神经
   E. 副交感神经
9. 舌咽神经和迷走神经属于哪种类型的神经
   A. 感觉神经
   B. 运动神经
   C. 混合神经，包括感觉，运动和副交感神经
   D. 交感神经
   E. 副交感神经
10. 右侧同向性偏盲的病损位于
   A. 右侧视神经
   B. 视交叉
   C. 左侧视束
   D. 左侧颞叶视辐射
   E. 左侧顶叶视辐射
11. 脊髓病变所致的位置觉及运动觉缺失的病变部位是
   A. 红核脊髓束
   B. 脊髓小脑束
   C. 薄束和楔束
   D. 脊髓丘脑束
   E. 前庭脊髓束
12. 下列哪项不属于锥体束损害的体征
   A. Babinski 征
   B. Brudzinski 征
   C. Oppenheim 征
   D. Gordon 征
   E. Chaddock 征
13. 脊髓前根病损的瘫痪特点是
   A. 单瘫
   B. 节段型分布的弛缓性瘫，伴感觉障碍
   C. 四肢远端肌肉瘫痪
   D. 损伤节段呈弛缓性瘫痪，亦无感觉障碍
   E. 截瘫
14. 下运动神经元性瘫的肌张力改变的特点是
   A. 痉挛性折刀样肌张力增高
   B. 强直性铅管样肌张力增高
   C. 强直性齿轮样肌张力增高
   D. 去脑强直或去皮层强直
   E. 肌张力减低
15. 右侧胸髓损伤的主要表现是
   A. 右上下肢痉挛性瘫，左侧半身痛觉障碍
   B. 左下肢瘫，右侧损伤平面以下痛、温觉障碍
   C. 右下肢瘫及深感觉障碍，左侧损伤平面以下痛、温觉障碍
   D. 右下肢膝腱反射消失、Babinski 征（+）
   E. 左下肢瘫，右侧损伤平面

以下痛、温觉障碍

16. 舌下神经支配的肌肉是
    A. 软腭肌
    B. 咽喉肌
    C. 同侧舌肌
    D. 对侧舌肌
    E. 双侧舌肌
17. 不属于锥体外系病损表现的是
    A. 震颤
    B. 舞蹈样运动
    C. 手足徐动症
    D. 出现病理征
    E. 偏身投掷
18. 舌咽神经和迷走神经共有的神经核是
    A. 上涎核和下涎核
    B. 疑核和孤束核
    C. 疑核和迷走神经背核
    D. 上涎核和孤束核
    E. 下涎核和孤束核
19. 支配躯干和肢体运动的脊髓束是
    A. 红核脊髓束
    B. 皮质脊髓束
    C. 顶盖脊髓束
    D. 前庭脊髓束
    E. 网状脊髓束
20. 不属于上运动神经元瘫痪的特点是
    A. 痉挛性瘫
    B. 肌张力增高
    C. 出现病理反射
    D. 弛缓性瘫
    E. 腱反射亢进
21. 左侧颈膨大（C_5～T_2）病变不出现
    A. 左上肢弛缓性瘫，左下肢痉挛性瘫
    B. 病变水平以下右侧痛、温觉减退
    C. 病变水平以下左侧痛、温觉减退
    D. 左上、下肢深感觉减退
    E. 左侧瞳孔缩小
22. 根性感觉障碍表现的错误表述是
    A. 感觉障碍呈节段性分布
    B. 可出现分离性感觉障碍
    C. 可出现根性痛
    D. 症状出现于病变同侧
    E. 可见于髓外占位性病变
23. 面神经支配的肌肉不包括哪一项
    A. 咀嚼肌
    B. 颈阔肌
    C. 镫骨肌
    D. 枕肌
    E. 眼轮匝肌
24. 当C_5～T_2脊髓前连合受损时可出现
    A. 双上肢深浅感觉均减退或消失
    B. 双上肢痛、温觉减退或缺失，但触觉及深感觉保留
    C. 双上肢及上胸部痛、温觉减退，但触觉深感觉保留
    D. 双上肢痛、温觉及触觉缺失，但深感觉保留
    E. 双上肢深感觉缺失，但触觉及痛、温觉保留
25. 假性球麻痹的损害部位为
    A. 舌咽神经和迷走神经
    B. 疑核
    C. 对侧皮质延髓束
    D. 双侧皮质延髓束
    E. 对侧内囊以上运动纤维
26. 下列哪项不符合一侧动眼神经麻痹
    A. 上睑下垂，眼球不能向上、下和内侧转动
    B. 眼球向对侧、向上、向下注视时出现复视
    C. 眼球向外或外下方斜视
    D. 瞳孔散大，光反射消失，调节反射存在
    E. 瞳孔散大，光反射及调节反射均消失
27. 运动系统不包括
    A. 下运动神经元
    B. 丘脑
    C. 上运动神经元
    D. 锥体外系统
    E. 小脑
28. 一侧脊髓丘脑束损害时可出现
    A. 对侧上运动神经元瘫痪
    B. 对侧下运动神经元瘫痪
    C. 对侧深感觉缺失
    D. 对侧皮肤痛、温觉减退或缺失
    E. 大小便障碍
29. 属于牵涉性疼痛的是
    A. 三叉神经痛引起的疼痛
    B. 神经根受到肿瘤或椎间盘的压迫
    C. 牙痛时，疼痛扩散到其他三叉神经的分支区域
    D. 感到被切断的肢体仍然存在，且出现疼痛
    E. 胆囊病变可引起右肩痛
30. 锥体系统是指
    A. 上运动神经元
    B. 下运动神经元
    C. 小脑皮层细胞
    D. 脊髓后角细胞
    E. 上及下运动神经元
31. 深感觉障碍不包括
    A. 运动觉
    B. 位置觉
    C. 振动觉
    D. 图形觉
    E. 以上都不是
32. 浅感觉检查不应包括
    A. 痛觉
    B. 冷觉
    C. 热觉
    D. 振动觉
    E. 触觉
33. 以下哪种神经核与迷走神经功能无关
    A. 迷走神经背核
    B. 疑核
    C. 上涎核
    D. 孤束核
    E. 三叉神经脊束核
34. 面神经中枢性和周围性损伤最重要的区别是
    A. 鼻唇沟是否变浅
    B. 鼓腮、示齿是否正常

C. 皱眉是否正常，额纹是否对称，眼睑闭合是否正常
D. 咀嚼运动是否正常
E. 是否流口水

35. 下列有关核上性眼肌麻痹不正确的说法是
A. 双眼可同时受累
B. 无复视
C. 累及内侧纵束
D. 可见于脑出血患者
E. 反射性运动仍保留

36. 哪种结构与深感觉传导有关
A. 脊髓丘脑前束
B. 脊髓丘脑后束
C. 胶状质
D. 楔束
E. 外侧丘束

37. 真性球麻痹的表现不包括
A. 声音嘶哑
B. 饮水呛咳
C. 咀嚼费力
D. 吞咽困难
E. 咽反射消失

38. 下列哪项不符合视盘水肿
A. 常见于颅内压增高的患者
B. 眼底检查可见视盘充血，边缘模糊
C. 眼底检查有时可见视盘周边出血
D. 早期即可出现视力减退
E. 晚期可继发视神经萎缩

39. 脊髓半侧损害感觉障碍表现为
A. 受损平面以下同侧痛、温觉障碍，对侧深感觉障碍
B. 受损节段呈节段性痛、温觉障碍，对侧深感觉障碍
C. 受损平面以下同侧深感觉障碍，对侧痛、温觉障碍
D. 对侧深感觉障碍
E. 受损平面以下深、浅感觉障碍

40. 右侧角膜直接反射存在，间接反射消失，病变在
A. 右侧三叉神经
B. 左侧三叉神经
C. 右侧动眼神经
D. 左侧动眼神经
E. 左侧面神经

41. 在没有任何外界刺激的情况下，患者感到某些部位有蚁行感、麻木、瘙痒等，而客观检查无感觉障碍，称为
A. 感觉过敏
B. 感觉异常
C. 感觉过度
D. 感觉倒错
E. 痛性麻痹

42. 一侧舌下神经麻痹可来源于何处损害
A. 孤束核
B. 疑核
C. 对侧皮质脑干束
D. 双侧皮质延髓束
E. 同侧皮质延髓束

43. 脊髓前角细胞病损的瘫痪特点是
A. 单瘫
B. 节段型分布的弛缓性瘫，伴感觉障碍
C. 节段型分布的弛缓性瘫，不伴感觉障碍
D. 四肢远端肌肉瘫痪
E. 截瘫

44. 内囊受损的感觉障碍特点是
A. 对侧单肢感觉减退或缺失
B. 对侧偏身感觉减退或消失
C. 对侧偏身感觉减退或消失，伴自发性疼痛
D. 对侧偏身感觉减退或消失，伴感觉过度
E. 交叉性感觉减退或缺失

45. 舌咽神经司职的感觉功能不包括
A. 舌后 1/3 味觉
B. 咽部感觉
C. 耳后皮肤感觉
D. 鼻黏膜感觉
E. 鼓室黏膜感觉

46. 延髓麻痹的主要表现是
A. 眼球外斜、瞳孔扩大、视物双影和上睑下垂
B. 伸舌偏斜、视物双影、面部麻木和眩晕耳鸣
C. 瞳孔缩小、眼球内陷、睑裂变小和面部无汗
D. 声音嘶哑、饮水反呛、吞咽困难和构音障碍
E. 额纹消失、闭眼无力、口角下垂和味觉缺失

47. 一侧三叉神经脊束核的病变可表现为
A. 同侧面部痛温觉均障碍
B. 同侧面部洋葱皮样分布分离性痛、温觉障碍
C. 同侧面部洋葱皮样分布痛温觉及触觉障碍
D. 对侧面部洋葱皮样分布痛温觉及触觉障碍
E. 咀嚼无力，下颌反射消失，张口时下颌向同侧偏斜

48. Hunt 综合征不包括哪种表现
A. Bell 征
B. 舌前 2/3 味觉障碍
C. 泪腺分泌障碍
D. 听力下降
E. 唾液腺分泌障碍

49. 脊髓半侧损害感觉障碍表现为
A. 受损平面以下同侧痛温觉障碍，对侧深感觉障碍
B. 受损节段呈节段性痛温觉障碍，对侧深感觉障碍
C. 受损平面以下同侧深感觉障碍，对侧痛、温觉障碍
D. 对侧深感觉障碍
E. 受损平面以下深、浅感觉障碍

50. 表现为行走时两腿分开，步基宽大，站立时向一侧倾倒，行走不稳且向一侧偏斜，此步态为
A. 摇摆步态
B. 跨阈步态
C. 痉挛性截瘫步态
D. 小脑步态
E. 慌张步态

51. 一侧面部及对侧躯体痛、温觉缺失的病损部位在
A. 中脑被盖部

B. 脑桥被盖部
C. 脑桥基底部
D. 延髓背外侧部
E. 延髓基底部

52. 一侧瞳孔散大，直接和间接光反射消失，对侧间接光反射正常，病损位于
A. 对侧视神经
B. 同侧视神经
C. 对侧动眼神经
D. 同侧动眼神经
E. 同侧视神经及动眼神经

53. 偏盲型视野缺损最常见于
A. 糖尿病性视神经盘水肿
B. Graves 病浸润性突眼
C. 嗜铬细胞瘤阵发高血压眼底出血
D. 颞叶内侧肿瘤
E. 垂体瘤卒中

54. 不属于小脑性共济失调的表现的是
A. 辨距不良，动作越接近目标时震颤越明显
B. 说话缓慢、发音不清和声音断续、顿挫或爆发式
C. 双眼粗大眼震
D. 对侧患肢不同程度的共济失调，闭眼时症状明显
E. 患者站立不稳，步态蹒跚，坐位时将双手和两腿呈外展位分开

55. 脑干病损时瘫痪的特点是
A. 完全性均等性偏瘫
B. 单瘫
C. 截瘫
D. 交叉性瘫
E. 伴明显肌肉萎缩

56. 属于下运动神经元瘫痪的是
A. 无病理反射
B. 肌张力增高
C. 腱反射活跃或亢进
D. 浅反射正常
E. 失用性肌萎缩

【A_2 型题】

57. 男性，30 岁。突发头痛伴右上睑下垂。查体：右侧瞳孔散大，直接、间接对光反射消失，右侧眼球仅能外展。最可能的病变部位是
A. 右侧面神经
B. 右侧三叉神经
C. 左侧面神经
D. 左侧动眼神经
E. 右侧动眼神经

58. 女性，70 岁。既往高血压病史，晨起发现右眼可外展，伴眼震，左眼不能内收，但双眼会聚正常。此为
A. 后核间性眼肌麻痹
B. 核上性眼肌麻痹
C. 前核间性眼肌麻痹
D. 核性眼肌麻痹
E. 左侧动眼神经麻痹

59. 女性，62 岁。因口角歪斜 2 日来诊。查体：右眼眼闭合不全，右侧额纹消失，示齿口角左偏。该体征是
A. 中枢性面瘫
B. 周围性面瘫
C. 三叉神经运动支损害
D. 舌咽神经损害
E. 迷走神经损害

60. 患者右上肢深、浅感觉减退，实体觉、皮肤定位觉及两点辨别觉明显障碍，并伴有右上肢发作性感觉异常。其病损部位位于
A. 右侧颈髓后根
B. 右侧颈膨大后角
C. 左侧丘脑
D. 左侧顶叶皮层下白质
E. 左侧顶叶皮层

61. 男性，40 岁。扛重物时突然出现颈部疼痛，继之四肢瘫痪。查体：神清，脑神经正常，双上肢弛缓性瘫痪，双下肢痉挛性瘫痪。最可能的病变部位在
A. 脑桥
B. 延髓
C. 高位颈髓
D. 颈膨大
E. 胸髓

62. 患者左下肢无力 3 个月，伴右下半身麻木。查：右乳头水平以下痛、温觉减退，左膝腱反射亢进，左巴氏征（+），左髂前上棘以下音叉振动觉减退，左足趾位置觉减退病变为
A. 胸髓 4 水平横贯损害
B. 左侧胸髓 4 水平半侧损害
C. 右侧胸髓 4 水平半侧损害
D. 左侧胸髓 4 水平后索损害
E. 右侧胸髓 4 水平后索损害

63. 男性，90 岁。讲话缓慢，走路时两腿分开，向两侧摇摆，睁、闭眼站立均有倾倒现象。病变可能在
A. 小脑
B. 脊髓后索
C. 前庭系统
D. 基底神经节
E. 丘脑

64. 患者肩以下右侧深感觉障碍，左侧痛、温觉障碍，右上肢周围性瘫，右下肢中枢性瘫。其病变位于
A. 右侧上颈髓（$C_2 \sim C_4$）
B. 右侧颈膨大
C. 左侧颈膨大
D. 左侧延髓
E. 左侧上位胸髓

65. 某患者，上肢屈肌张力高，下肢伸肌张力高，腱反射亢进，浅反射减弱，病理征（+），提示病变部位在
A. 脊神经后根
B. 脊髓前角
C. 脊髓后索
D. 锥体束
E. 锥体外系

66. 男性，30 岁。双上肢针刺不知疼痛，热水烫无知觉。查体：双上肢痛、温觉丧失，触觉存在。病变最可能的部位是
A. 脊髓前角
B. 脊髓前角，锥体束

C. 脊髓后索
D. 脊髓前连合
E. 脊髓半侧损害

67. 男性，50 岁。近半年自觉四肢麻木。查体：双上肢肘以下、双下肢膝以下各种感觉均缺失。此患者可能是
A. 神经干损伤
B. 多发性神经病
C. 脊髓后角病变
D. 后根受压
E. 横贯性脊髓病变

【A_3/A_4型题】

（68~69 题共用题干）

患者，46 岁。右下肢麻木，左下肢无力 4 个月。检查：右腹股沟以下痛觉减退，触觉存在，左下肢音叉振动觉消失，左下肢肌力 4 级，左膝反射、踝反射亢进，左侧 Babinski 征（+）。

68. 病变位于
A. 左半 T_{10}节段
B. 右半 T_{10}节段
C. 左半 T_{12}节段
D. 右半 T_{12}节段
E. 左半 L_1 节段

69. 该患者体征为
A. 脊髓横贯损害
B. 脊髓半离断
C. 脊髓后索损害
D. 脊髓前 2/3 损害
E. 脊髓侧索损害

（70~71 题共用题干）

男性，45 岁。3 个月前觉左季肋部疼痛、咳嗽或喷嚏时加重。4 天前出现双下肢无力、麻木，同时排尿困难。查体：双侧肋缘下痛觉减退，双上肢肌力正常，双下肢肌力 1 级，病理征阳性。

70. 根据病史与检查，此患者最可能是
A. 肌病
B. 周围神经病
C. 神经肌肉接头病
D. 脊髓病
E. 颅内疾病

71. 脊髓病损的水平是
A. 颈髓
B. 胸髓
C. 腰髓
D. 骶髓
E. 尾髓

【B_1 型题】

（72~73 题共用备选答案）
A. 视神经病变
B. 视束病变
C. 视交叉中部病变
D. 视辐射部分病变
E. 枕叶病变

72. 同侧全盲是
73. 双颞侧偏盲是

（74~75 题共用备选答案）
A. Kernig 征阳性
B. 分离性感觉障碍
C. Babinski 征阳性
D. 共济失调
E. 屈颈试验阳性

74. 小脑病变
75. 上运动神经元性瘫

（76~77 题共用备选答案）
A. 苍白球黑质
B. 新纹状体
C. 小脑蚓部
D. 左小脑半球
E. 右小脑半球

76. 舞蹈病
77. 左侧肢体共济失调

（78~79 题共用备选答案）
A. 周围神经
B. 脊髓后角细胞
C. 脊神经后根神经节
D. 丘脑腹后外侧核
E. 延髓下部薄束核及楔束核

78. 痛觉传导路第 2 级神经元
79. 痛觉传导路第 3 级神经元

（80~82 题共用备选答案）
A. 去脑强直
B. 去皮层强直
C. 锥体束受损
D. 锥体外系受损
E. 小脑受损

80. 肌强直，双上肢屈曲，双下肢伸直
81. 四肢肌强直呈“折刀”样阻力
82. 四肢肌强直呈“铅管”样阻力

（83~84 题共用备选答案）
A. 节段性分离性感觉障碍，晚期出现括约肌功能障碍
B. 节段性分离性感觉障碍，早期出现括约肌功能障碍
C. 早期有明显的根性疼痛，脑脊液蛋白高，压颈试验通畅
D. 早期有明显的根性疼痛，脑脊液蛋白高，压颈试验完全性梗阻
E. 右下肢深浅感觉障碍

83. 脊髓髓外病变
84. 大脑病变

（85~86 题共用备选答案）
A. 累及脊髓灰质前连合
B. 累及脊髓前角细胞
C. 累及脊髓后根
D. 累及脊髓后索
E. 累及脊髓前索

85. 脊髓空洞症
86. 肌萎缩侧索硬化

第二章 急性炎症性脱髓鞘性多发性神经炎

【A_1 型题】

1. 典型吉兰-巴雷综合征（急性炎症性脱髓鞘性多发性神经炎）的临床特征是
A. 近端为主的感觉障碍
B. 突出的大小便功能障碍
C. 交叉性瘫痪
D. 不对称性瘫痪

E. 对称性弛缓性瘫痪

2. 吉兰-巴雷综合征的典型临床表现之一为四肢远端
A. 感觉障碍比运动障碍明显
B. 感觉障碍和运动障碍均十分严重
C. 仅有感觉障碍
D. 疼痛明显
E. 感觉障碍比运动障碍轻

3. 吉兰-巴雷综合征脑脊液蛋白-细胞分离现象出现的时间最多见于
A. 起病后1周内
B. 起病后1~2周
C. 起病后第3周
D. 起病后1个月
E. 起病后2个月

4. 急性吉兰-巴雷综合征，哪种治疗较为适宜
A. 大量抗生素静脉注射
B. 吡啶斯的明口服
C. 大量糖皮质激素
D. 血浆交换疗法
E. 氯化钾口服

【A_2 型题】

5. 男性，20岁。四肢无力4天，无尿便障碍，无发热。查体：四肢肌力3级，四肢远端痛觉减退，腱反射弱，无病理反射，腰椎穿刺结果正常。首先考虑的疾病是
A. 吉兰-巴雷综合征
B. 脊髓灰质炎
C. 周期性瘫痪
D. 急性脊髓炎
E. 重症肌无力

【A_3/A_4 型题】

（6~8题共用题干）

女性，30岁。既往健康，晨起发病，四肢无力，进行性加重，2天后来诊。查体：脑神经正常，四肢肌力0级，腱反射弱，病理反射阴性，无感觉障碍。

6. 首先应考虑的疾病是
A. 周期性瘫痪
B. 吉兰-巴雷综合征
C. 癔病性瘫痪
D. 急性脊髓炎
E. 重症肌无力

7. 首先应做的检查是
A. 血钾测定
B. 腰椎穿刺检查
C. 头部CT
D. 高位颈椎X线片或MRI
E. 脑电图

8. 以上检查均正常，如何治疗适宜
A. 大量糖皮质激素
B. 大量抗生素
C. 新斯的明口服
D. 暗示心理疗法
E. 血浆交换疗法

第三章 偏头痛

【A_1 型题】

1. 典型偏头痛的特点是
A. 紧缩性头痛，伴恶心、呕吐、畏光、畏声，活动后加重
B. 胀痛，伴恶心、呕吐、畏光、畏声，活动后加重
C. 胀痛，不伴恶心、呕吐、畏光、畏声，活动后加重
D. 搏动性头痛，伴恶心、呕吐、畏光、畏声，活动后加重
E. 搏动性头痛，不伴恶心、呕吐、畏光、畏声，活动后加重

2. 最常见的偏头痛为
A. 有先兆偏头痛
B. 偏头痛持续状态
C. 基底型偏头痛
D. 偏瘫性偏头痛
E. 无先兆偏头痛

3. 下面哪种表现属于偏头痛并发症
A. 视网膜性偏头痛
B. 先偏瘫，麻木、失语数十分钟后发生头痛
C. 慢性偏头痛
D. 眼肌麻痹性偏头痛
E. 发作迅速，持续1~2小时可完全缓解

4. 偏头痛的防治，下面哪一项不正确
A. 避免过度疲劳和精神紧张
B. 不要过饥、过饱
C. 不饮酒和摄入高脂肪食物
D. 避免摄入已知激发发作的食物
E. 发作后可用血管扩张药

【A_2 型题】

5. 女性，25岁。头痛3年多，每次头痛前有烦躁不安、视物模糊，头痛发作以右侧为主，并扩展至整个头部，呈搏动性，持续时间约10小时。神经系统检查未见异常，脑电图正常。诊断应考虑
A. 偏头痛
B. 三叉神经痛
C. 颅内占位性病变
D. 癔病
E. 癫痫精神运动性发作

6. 年轻女性，反复发作性头痛3年。每次发作前均有2小时左右烦躁，饥饿感，随之自觉一眼出现异彩，持续约30分钟，缓解后出现头痛，并常以眼症状对侧出现。头痛呈钻痛，搏动性，往往有恶心、呕吐，持续4~5小时后进入睡眠可缓解。考虑为
A. 头痛型癫痫

B. 丛集性头痛
C. 紧张型头痛
D. 低颅压性头痛
E. 偏头痛

7. 女性，35 岁。发作性头痛 4 年，部位不定，每次持续数小时至 1 天，发作前视物有模糊暗影，神经系统检查未见明显异常。脑 CT 未见异常，其母有类似发作史。头痛发作早期的首选药物是
A. 卡马西平
B. 麦角胺
C. 苯噻啶
D. 阿司匹林
E. 苯巴比妥

【B_1 型题】

（8~11 题共用备选答案）
A. 非甾体类抗炎药
B. 发作早期给麦角胺
C. 5-羟色胺受体激动药
D. 氟桂利嗪
E. 皮质激素

8. 不常发作也不很强烈的偏头痛应用
9. 不常发作但很强烈的偏头痛应用
10. 偏头痛预防性治疗可用
11. 对麦角胺无效的偏头痛可用

第四章　面神经炎

【A_1 型题】

1. 特发性面神经麻痹不应有的症状是
A. 额纹消失
B. Bell（贝尔）现象
C. 耳后或下颌角后疼痛
D. 舌前 1/3 味觉障碍
E. 外耳道或鼓膜出现疼痛疱疹

【A_2 型题】

2. 男性，24 岁。既往健康，午睡时出现口角歪斜。查体：左额纹浅，Bell 征阳性，左鼻唇沟浅，伸舌居中，其他未见异常。应首先采用的治疗是
A. 针灸
B. 糖皮质激素
C. 青霉素
D. 血塞通
E. 维生素

【A_3/A_4 型题】

（3~4 题共用题干）
男性，54 岁。上班时他人发现其口角歪斜，诊断为左侧面神经麻痹。

3. 不应有的体征是
A. 左额纹消失
B. 左眼裂大
C. 左鼻唇沟浅
D. 张口下颌向左偏斜
E. 左口角下垂

4. 本病例治疗时应先用
A. 大量抗生素
B. 皮质激素
C. 针灸
D. 维脑路通
E. 卡马西平

第五章　急性脊髓炎

【A_1 型题】

1. 腰椎穿刺的禁忌情况是
A. 高热
B. Kernig 征阳性
C. Babinski 征阳性
D. 癫痫发作后
E. 脊柱结核

【A_2 型题】

2. 某建筑工人，从高处坠落，腰背挫伤，双下肢弛缓瘫痪，来院急诊。查体：腰部不能活动，双侧腹股沟以下感觉、运动及反射消失。X 线显示 T_{12} 椎体压缩性骨折。入院后 2 小时其双下肢功能逐渐恢复。该患者的脊髓伤可能是
A. 脊髓震荡
B. 脊髓出血
C. 脊髓水肿
D. 脊髓受压
E. 马尾损伤

【A_3/A_4 型题】

（3~4 题共用题干）
青年男性，2 天来胸背部疼痛，今晨出现双下肢无力，伴二便障碍，查体：脐以下各种感觉障碍，双下肢肌力 0 级，无病理反射。

3. 最可能的诊断是
A. 脊髓出血
B. 脊髓肿瘤
C. 急性脊髓炎
D. 吉兰-巴雷综合征
E. 大脑旁脑膜瘤

4. 首先应做的有诊断意义的检查是
A. 腰穿脑脊液检查
B. 头部 MRI
C. 颈椎 MRI
D. 胸椎 MRI
E. 腰椎 MRI

（5~6 题共用题干）
47 岁的男性，左下肢麻木 2 月余，从下往上发展，近 1 个月出现右下肢无力。查体：脑神经

及双上肢正常，左腹股沟以下痛温觉减退，右下肢肌力4级，右Babinski征（+）。

5. 最可能是
   A. 脊髓髓内肿瘤
   B. 左髓外硬膜内肿瘤
   C. 右髓外硬膜内肿瘤
   D. 脊柱结核
   E. 大脑肿瘤

6. 应首先做的检查是
   A. 头部CT
   B. C_5为中心X线片
   C. T_4为中心X线片
   D. T_7为中心X线片
   E. T_9为中心X线片

第六章　颅内压增高

【A_1型题】

1. 颅内压增高的昏迷患者，出现上呼吸道梗阻应最先采取的措施是
   A. 吸氧
   B. 胃肠减压
   C. 加强翻身、拍背、吸痰
   D. 应用呼吸兴奋剂
   E. 气管插管

2. 急性颅内压增高的典型表现是
   A. 剧烈头痛，频繁呕吐
   B. Cushing征
   C. 意识障碍加深
   D. 去大脑强直发作
   E. X线片示脑回压迹加深

3. 颅压高所致脑神经麻痹容易出现的是
   A. 动眼神经
   B. 滑车神经
   C. 展神经
   D. 面神经
   E. 听神经

4. 哪一项不是颅内压增高所致头颅X线平片特点
   A. 颅缝裂开
   B. 枕骨大孔扩大
   C. 脑回压迹加深
   D. 蝶鞍扩大，前后床突骨质吸收
   E. 蛛网膜颗粒加深

5. 治疗脑水肿，下列药物哪一种效果较好，最常用
   A. 50%葡萄糖
   B. 30%尿素
   C. 25%山梨醇
   D. 20%甘露醇
   E. 浓缩血清白蛋白

6. 易早期出现颅压高症状的是
   A. 额叶肿瘤
   B. 颞叶肿瘤
   C. 顶叶肿瘤
   D. 枕叶肿瘤
   E. 第四脑室肿瘤

7. 处理颅内压增高，哪一项是错误的
   A. 频繁呕吐时宜禁食
   B. 限制输液量及速度
   C. 便秘4天以上给予高位、高压灌肠
   D. 静脉滴注地塞米松
   E. 早期行病因治疗

8. 排除颅内占位病变，哪一项是准确的
   A. 无视盘水肿
   B. 颅平片无颅内压增高表现
   C. 叩诊小儿头颅无破壶音
   D. 脑超声中线波无移位
   E. CT扫描无异常改变

9. 颅内压增高的容积代偿（即空间代偿）主要依靠
   A. 脑组织的压缩
   B. 颅腔的扩大
   C. 脑脊液被排出颅外
   D. 血压的下降
   E. 脑血流量减少

10. 颅内压增高“三主症”包括
    A. 偏瘫、偏盲、偏身感觉障碍
    B. 头痛、呕吐、偏瘫
    C. 头痛、抽搐、意识障碍
    D. 头痛、呕吐、视盘水肿
    E. 头痛、呕吐、血压增高

11. 关于颅内压增高，下列哪项是错误的
    A. 喷射性呕吐多见
    B. 后期常伴视力障碍
    C. 阵发性头痛是主要症状之一
    D. 某些病例可始终不出现“三主症”
    E. 在婴幼儿头痛出现较早且较重

12. 视盘水肿在临床诊断颅内病变的意义是
    A. 出现视盘水肿，可肯定颅内有占位病变
    B. 无视盘水肿，可排除颅内占位病变
    C. 视盘水肿，对颅内占位病变性质有鉴别价值
    D. 无视盘水肿，可排除颅内压增高
    E. 视盘水肿，是颅内压增高的重要体征之一

13. 降低颅内压的最有效易行的方法是
    A. 腰椎穿刺大量引流脑脊液
    B. 施行人工冬眠物理降温
    C. 进行控制性过度换气
    D. 使用脱水剂或利尿药
    E. 将患者置于高压氧舱内

14. 颅内压增高患者，病情有加重表现，处理的关键措施是
    A. 头颅CT，明确病变的性质和部位
    B. 安静卧床，头高30°
    C. 保持大便通畅
    D. 20%甘露醇250ml，1日2~4次，静脉滴注
    E. 限制水、盐入量

15. 颅内压增高患者的一般处理中，下列哪项是不正确的
    A. 注意观察意识、瞳孔及生

命体征的变化
B. 频繁呕吐时，予以禁食，用脱水剂
C. 意识不清且痰多者做气管切开吸痰
D. 做高位灌肠以疏通大便
E. 静脉补液以保持尿量

16. 颅内压增高患者昏迷，治疗呼吸道梗阻最有效的措施是
A. 通过鼻腔口腔导管吸痰
B. 气管插管，呼吸机辅助呼吸
C. 环甲膜穿刺
D. 气管切开
E. 用开口器侧卧位引流

【A_2 型题】

17. 有一患者颅内压增高，其原因不可能的是
A. 颅内新生物生长
B. 脑积水
C. 颅腔内有出血
D. 颅腔内有感染
E. 颅内压的生理调节功能失调

18. 颅内压增高患者，哪项不是其头颅 X 线平片的改变
A. 颅缝增宽
B. 脑回压迹增多
C. 蝶鞍扩大，前后床突骨质吸收
D. 蛛网膜颗粒压迹扩大
E. 一侧或双侧内听道扩大

19. 颅内压增高患者，持续颅内压增高导致病理生理紊乱，但应除外
A. 脑血管自动调节功能失调
B. 胃肠道出血，溃疡
C. 脑疝形成
D. 肺水肿
E. 早期血压下降，脉搏变快，呼吸增快

【A_3/A_4 型题】

（20～22 题共用题干）

男性，30 岁。病程 4 个月，头痛发病，入院前出现左侧肢体无力和呕吐。入院检查：意识清，眼底视盘水肿，左上下肢肌力 4 级，腱反射活跃，病理征（+）。

20. 诊断是
A. 脑梗死
B. 脑出血
C. 蛛网膜下腔出血
D. 脑水肿
E. 颅内压增高

21. 应采用的检查是
A. X 线颅片
B. 脑电图
C. 脑血管造影
D. CT
E. ECT

22. 根本治疗原则是
A. 脱水治疗
B. 给予镇痛药
C. 冬眠物理降温
D. 去病因治疗
E. 去骨开颅减压

（23～24 题共用题干）

男性，40 岁。病程 4 个月，右侧肢体无力发病，逐渐出现头痛和语言笨拙。入院检查：眼底视盘水肿，不全运动性失语，右上下肢肌力 4 级，右下肢病理征（+）。

23. 考虑病变部位是
A. 右额部
B. 左额部
C. 右顶部
D. 左顶部
E. 右小脑

24. 采用的辅助检查是
A. X 线颅平片
B. 脑电图
C. 脑血管造影
D. CT
E. ECT

第七章　头皮损伤

【A_1 型题】

1. 钝器致成人头皮血肿的打击伤，处理时要重点考虑
A. 及时抽吸血肿或引流
B. 颅骨及脑损伤的可能
C. 局部镇痛或冷敷
D. 血肿位于头皮的层次
E. 血肿的大小及出血量

2. 关于头皮裂伤，下列哪项是错误的
A. 创口有脑组织外溢，须立即缝合头皮，变开放损伤为闭合损伤
B. 处置时着重检查有无颅骨和脑损伤
C. 尽早清创缝合
D. 清创时限放宽至 24 小时
E. 即使创口不大，出血也较多

3. 关于头皮裂伤，错误的是
A. 钝性撞击不会发生裂伤
B. 急救时应立即包扎止血
C. 24 小时的裂伤清创后可一期缝合
D. 清创后，采用分层缝合为好
E. 头皮缺损应予修补

4. 处理头部创伤时，必须遵循的外科原则是
A. 头皮下出血点必须一一结扎
B. 尽量切除可能污染的头皮创缘组织
C. 伤口一律全层缝合
D. 大块的头皮缺损只能留作二期处理
E. 清创术应争取在 6～8 小时内进行，无明显污染时可延长至 72 小时

【A_2型题】

5. 男性，20岁。因交通事故头顶部可见直径10cm血肿，意识清楚，恶心、呕吐。急救处置时不正确的措施是
   A. 血压、脉搏、呼吸监测
   B. 注意意识状态
   C. 穿刺抽吸头皮下血肿
   D. 给予镇静药
   E. 给予脱水剂
6. 12岁男孩，患全头型帽状腱膜下血肿，首选的治疗措施是
   A. 加压包扎，静脉滴注止血药物
   B. 穿刺抽血，静脉滴注止血药物
   C. 待其自行吸收，静脉滴注止血药物
   D. 穿刺抽血+加压包扎
   E. 切开引流+加压包扎

【A_3/A_4型题】

（7~8题共用题干）

6岁男孩，3天前右额碰在桌子角上，当时能哭，现右额颞部头皮隆起，局部触之有12cm×12cm波动区，无神经系统定位症状，头颅CT片示右额颞头皮肿胀。

7. 诊断是
   A. 头皮挫伤
   B. 皮下血肿
   C. 骨膜下血肿
   D. 帽状腱膜下血肿
   E. 头皮下积液
8. 处置应该是
   A. 加压包扎
   B. 局部不做处置
   C. 理疗，促其吸收
   D. 穿刺抽血+加压包扎
   E. 切开引流+加压包扎

第八章 颅骨骨折

【A_1型题】

1. 诊断颅盖骨折通常依据是
   A. 头颅X线片
   B. 头皮伤痕
   C. 局部触诊闻及骨擦音
   D. 剧烈头痛伴呕吐
   E. 对侧肢体偏瘫
2. 诊断颅底骨折通常依据是
   A. 头颅X线片
   B. 受伤机制
   C. 剧烈头痛伴呕吐
   D. 临床体征
   E. 意识障碍
3. 诊断颅底骨折最确切的依据是
   A. 头面部受暴力史
   B. 眼睑青紫
   C. X线片示额骨线形骨折
   D. 鼻出血
   E. 脑脊液鼻漏
4. 关于颅底骨折，下列哪项是错误的
   A. 形态多为线形骨折
   B. 根据部位可分为三型
   C. 若伤及颈动脉，形成海绵窦瘘
   D. 可表现为中枢性面瘫
   E. X线片仅显示30%~50%的骨折线
5. 颅前窝骨折最易损伤的脑神经是
   A. 嗅神经
   B. 面神经
   C. 三叉神经
   D. 外展神经
   E. 滑车神经
6. 颅中窝骨折最易损伤的脑神经是
   A. 嗅神经
   B. 外展神经
   C. 动眼神经
   D. 迷走神经
   E. 面神经

【A_2型题】

7. 颅底骨折患者，合并脑脊液鼻漏，其错误的治疗方法是
   A. 肾上腺素纱布填塞鼻腔
   B. 抗生素治疗
   C. 安静卧床
   D. 防止便秘及上呼吸道感染
   E. 禁止腰椎穿刺
8. 颅底骨折患者，哪项是正确的
   A. 血性脑脊液患者，腰椎穿刺放脑脊液
   B. 脑脊液耳漏，需尽早修补硬膜漏口
   C. 伤后视力减退，超过1个月可手术减压
   D. 颅底骨折，需手术治疗，以便神经减压
   E. 着重观察有无脑损伤，并处理脑脊液漏，神经损伤等
9. 女性，20岁。外伤后有血性脑脊液自鼻腔溢出，应采取的处置是
   A. 鼻腔填塞压迫止血
   B. 鼻腔冲洗
   C. 给予抗生素治疗
   D. 腰椎穿刺放血性脑脊液
   E. 头低位以利引流

【A_3/A_4型题】

（10~11题共用题干）

女性，30岁。2小时前车祸致左顶枕部着地，当时有约10分钟意识不清，醒后头痛，左耳流血性脑脊液，四肢活动好，病理征（-），头颅CT示左顶枕部头皮软组织肿胀。

10. 诊断是
    A. 脑震荡
    B. 脑挫伤，脑脊液耳漏
    C. 颅底骨折，脑脊液耳漏
    D. 颅骨骨折，脑脊液耳漏
    E. 脑干损伤

11. 下列哪项处置是错误的
A. 卧床休息
B. 观察病情
C. 给予止血药物
D. 给予广谱抗生素
E. 左外耳道冲洗

（12~14 题共用题干）

16 岁男孩，2 小时前被 3 楼掉下一花盆击伤左顶部，当时有短暂意识障碍，左顶部有 1.5cm 长头皮不全裂伤，局部头皮肿胀，正侧切位颅片示左顶 1.0cm 凹陷骨折：头颅 CT 示左顶凹陷骨折，局部头皮肿胀。

12. 诊断是
A. 脑震荡
B. 头皮裂伤
C. 开放性凹陷性颅骨骨折
D. 闭合性凹陷性颅骨骨折
E. 头皮血肿

13. 下列哪项处理是错误的
A. 不全裂伤头皮有活动出血应止血
B. 应行凹陷骨折整复
C. 给予抗生素
D. 观察有无颅内血肿形成
E. 加压包扎

14. 凹陷骨折的整复指征，哪项是错误的
A. 骨折片刺入脑内
B. 骨折引起瘫痪
C. 左顶部深 0.6cm
D. 右顶部深 1.0cm
E. 左顶部深 1.0cm

【B_1 型题】

（15~17 题共用备选答案）
A. 鼻流血
B. 双眼睑皮下青紫，逐渐加重
C. 乳突下或咽后壁黏膜下淤血
D. 脑脊液耳漏
E. 颞部头皮肿胀淤血

15. 前颅窝骨折
16. 中颅窝骨折
17. 后颅窝骨折

第九章　脑　损　伤

【A_1 型题】

1. 下列颅脑损伤最急需处理的是
A. 脑震荡
B. 顶部的凹陷骨折，深度达 1.5cm
C. 颅底骨折引起外耳道出血
D. 开放性颅脑损伤，脑组织外溢
E. 颅内血肿并脑疝形成

2. 下列哪项不是诊断脑震荡的依据
A. 伤后立即出现意识障碍
B. 伤后逆行性遗忘
C. 意识障碍期间可有皮肤苍白，血压下降，呼吸浅慢
D. 清醒后头痛，恶心，呕吐
E. 脑脊液红细胞阳性

3. 关于弥漫性轴索损伤，下列哪项是错误的
A. 受伤当时立即出现的昏迷时间较长
B. 神志好转后，可因继发脑损伤而再次昏迷
C. 造成广泛的脑皮层损伤
D. 昏迷原因主要是皮层与皮层下中枢失去联系
E. CT 可见皮髓质交界处、胼胝体等区域有多个点状出血灶

4. 关于外伤性下视丘损伤，下列哪项是错误的
A. 早期意识障碍
B. 早期锥体束征
C. 高热或低温
D. 消化道出血或穿孔
E. 尿崩症

5. 急性小脑幕上硬膜外血肿，最常见的出血来源是
A. 脑膜中静脉
B. 脑膜中动脉
C. 静脉窦
D. 骨折的板障静脉
E. 脑表面桥静脉

6. 外伤性颅内血肿形成后，其严重性在于
A. 由对冲性脑损伤所致广泛的额颞部受累
B. 血肿位于白质深部
C. 脑膜中动脉受损，出血速度快
D. 引起颅内压增高而导致脑疝
E. 伴发脑水肿程度

7. 抢救颅内血肿患者，最根本措施是
A. 20%甘露醇 250ml 快速静脉滴注
B. 气管切开，减轻脑水肿
C. 清除血肿
D. 人工冬眠及物理降温
E. 去骨瓣减压

8. 脑挫裂伤的临床表现中，下列哪项不符合
A. 伤后昏迷持续数小时到数周以上
B. 迟发性瞳孔散大而无脑疝表现
C. 常有生命体征改变
D. 可有肢体瘫痪，失语等
E. 腰椎穿刺脑脊液有血液

9. 急性硬膜外血肿，最具特征性的表现是
A. 中间清醒期
B. 两侧瞳孔不对称
C. 颅骨骨折线跨过脑膜中动脉沟
D. 进行性意识障碍
E. 对侧肢体瘫痪或锥体束征阳性

10. 关于慢性硬膜下血肿，下列哪

种说法是错误的
A. 可有精神症状
B. 可有肢体偏瘫
C. 一定有外伤史
D. 多见于中老年
E. 可有颅内压增高症状

11. 外伤后急性脑受压，最可靠的早期临床表现是
A. 血压升高，呼吸脉搏变慢
B. 头痛、呕吐、视盘水肿
C. 头痛、呕吐、进行性意识障碍
D. Cushing 反应
E. 瞳孔由正常变为不等大

12. 外伤性颅内血肿的致命因素是
A. 急性脑受压导致脑疝
B. 脑脊液循环受阻
C. 弥漫性脑水肿
D. 蛛网膜下腔出血
E. 昏迷-肺感染

13. 开放性颅脑损伤清创中，最主要的处置原则是
A. 清除污染物及异物
B. 充分修剪创缘皮肤
C. 严密缝合或修补硬膜
D. 及时使用广谱抗生素
E. 皮下放置引流

【A_2 型题】

14. 男性，50 岁。2 小时前木棒击伤左颞部，伤后头痛、呕吐，1 小时前意识不清。查体：中度昏迷，左瞳孔散大，右侧肢体病理征（+）。诊断考虑为
A. 颅骨凹陷骨折伴脑疝
B. 硬膜下血肿伴脑疝
C. 硬膜外血肿伴脑疝
D. 脑损伤伴脑疝
E. 原发脑干损伤

15. 某患者，脑损伤后 6 小时，意识清，头痛，下列哪项处理原则不可取
A. 意识清，故回家观察
B. 观察意识、瞳孔、生命征等变化
C. 做头颅 CT 检查
D. 对症处置
E. 向家属交代有迟发性颅内血肿可能

16. 右顶枕部着地摔伤患者，伤后 2 小时，左侧瞳孔散大，血肿部位是
A. 右顶枕部
B. 右额颞部
C. 左顶枕部
D. 左额颞部
E. 颅后窝

17. 外伤后 4 小时患者，头痛、呕吐，哪项肯定血肿存在
A. 颞部外伤局部有头皮血肿
B. 枕部受伤，有软组织肿胀
C. 伤后立即出现神经功能障碍
D. 意识障碍进行性加深
E. 头颅 CT 检查结果

18. 男性，40 岁。确诊为脑挫裂伤，哪项不是诊断脑挫伤的依据
A. 脑脊液含红细胞
B. 意识障碍超过 30 分钟
C. 可表现局灶脑损伤体征
D. 脑脊液鼻漏
E. CT 有额部点状高密度灶

19. 脑外伤患者，CT 示右颞部梭形高密度影像，脑室中线受压移位，其诊断是
A. 脑挫伤
B. 硬膜下血肿
C. 硬膜外血肿
D. 脑内血肿
E. 高血压脑出血

20. 脑外伤患者，CT 示右额颞顶部新月状高密度影像，其诊断为
A. 急性硬膜外血肿
B. 急性硬膜下血肿
C. 慢性硬膜下血肿
D. 脑内血肿
E. 高血压脑出血

21. 65 岁患者，2 个月前有头外伤史，现头痛，CT 示右额颞顶新月状低密度影像。诊断是
A. 急性硬膜外血肿
B. 急性硬膜下血肿
C. 慢性硬膜下血肿
D. 脑内血肿
E. 高血压脑出血

22. 女性，30 岁。车祸头部受伤患者，深昏迷，刺激有去脑强直发作。CT 未见颅内血肿及脑挫伤，环池未受压。诊断应是
A. 脑震荡
B. 脑挫伤
C. 轴索损伤
D. 脑干损伤
E. 颅底骨折

23. 对开放性颅脑损伤患者，预防创口和颅内感染的首要措施是
A. 严密观察病情变化
B. 应用广谱抗生素
C. 理疗，改善局部血液循环
D. 加强营养，增强创口愈合能力
E. 早期施清创术

24. 重度颅脑损伤深昏迷患者，维持呼吸道通畅，防止缺氧的最有效方法是
A. 维持吸氧
B. 放置通气道
C. 彻底吸痰
D. 气管插管
E. 给予呼吸兴奋剂

25. 男性，27 岁。头部受伤后立即昏迷，5 分钟后清醒，3 小时后再度昏迷。X 线发现颅骨线状骨折，且骨折线越过脑膜中动脉沟。提示为
A. 脑挫伤
B. 急性硬膜外血肿
C. 急性硬膜下血肿
D. 外伤性脑内血肿
E. 脑水肿

26. 女性，40 岁。入院 3 天，头部受伤后立即昏迷，10 分钟后清醒，有呕吐，对受伤情况不能回忆。诊断是
A. 脑震荡

B. 脑挫裂伤
C. 颅内血肿
D. 脑干损伤
E. 脑供血不全

27. 急性硬膜外血肿患者，中间清醒期的长短，主要取决于
A. 原发脑损伤的程度
B. 出血的来源
C. 血肿的部位
D. 血肿形成的速度
E. 血肿的大小

28. 男性，40 岁。从汽车上跌下，左枕部着地，出现进行性意识障碍，继以右侧瞳孔散大。诊断是
A. 左顶枕硬膜外血肿
B. 左额颞硬膜外血肿
C. 左额颞硬膜下血肿
D. 右额颞硬膜外血肿
E. 右额颞硬膜下血肿

29. 女性，50 岁。头部棍击伤，无昏迷史及意识障碍，无颅骨骨折，1 个月后出现颅内压增高症状。最可能为
A. 慢性硬膜外血肿
B. 多发颅内血肿
C. 慢性硬膜下血肿
D. 急性颅内血肿
E. 脑震荡后遗症

30. 女性，30 岁。头部受伤后昏迷半小时，清醒后左侧肢体力弱，腰椎穿刺血性脑脊液，以后逐渐好转。最可能为
A. 脑震荡
B. 脑挫伤
C. 急性硬膜外血肿
D. 急性硬膜下血肿
E. 脑内血肿

【A_3/A_4型题】

（31~33 题共用题干）

女性，45 岁。3 小时前车祸头部受伤，伤后立即昏迷，做 CT 后入院，入院检查中度昏迷，右瞳孔散大，光反射消失，左上下肢肌张力增高，病理征（+），左顶枕有直径 4.0cm 头皮下血肿，CT 示右额颞部高密度新月影像。

31. 诊断是
A. 右额颞脑挫伤，脑疝
B. 右额颞急性硬膜下血肿，脑疝
C. 右额颞急性硬膜外血肿，脑疝
D. 右额颞急性硬膜下积液，脑疝
E. 右额颞脑内血肿，脑疝

32. 出血来源为
A. 脑膜中动脉
B. 脑表面挫伤小动脉
C. 桥静脉
D. 矢状窦
E. 蛛网膜颗粒

33. 最重要治疗是
A. 冬眠物理降温
B. 气管切开
C. 脱水治疗
D. 止血，预防感染治疗
E. 血肿清除术

（34~36 题共用题干）

男性，30 岁。车祸致右额颞部着地，伤后意识不清，约半小时后清醒，醒后头痛，有呕吐，3 小时后又出现意识障碍，正侧位颅片示右颞线状骨折，骨折线跨过脑膜中动脉沟。CT 示右颞梭形高密度影，脑室中线受压移位，入院时右瞳孔散大。

34. 诊断是
A. 右颞硬膜下血肿，脑疝
B. 右颞硬膜外血肿，脑疝
C. 右颞脑挫伤，脑疝
D. 右颞脑内血肿，脑疝
E. 蛛网膜下腔出血，脑疝

35. 首先应采取的措施是
A. 0.4g 止血芳酸静脉滴注
B. 20% 甘露醇静脉滴注（250ml）
C. 冬眠物理降温
D. 气管切开
E. 血肿清除术

36. 治疗的根本措施是
A. 0.4g 止血芳酸静脉滴注
B. 20% 甘露醇 250ml 静脉滴注
C. 冬眠物理降温
D. 气管切开
E. 血肿清除术

（37~39 题共用题干）

女性，60 岁。2 个半月前有车祸头受伤史，当时有一过性意识障碍，伤后头痛，逐渐好转，近半个月又出现头痛，越来越重。头颅 CT 示右额颞顶低密度新月状影像，脑室中线受压移位。

37. 诊断是
A. 右额颞顶急性硬膜下血肿
B. 右额颞顶慢性硬膜下血肿
C. 右额颞顶急性硬膜外血肿
D. 右额颞顶慢性硬膜外血肿
E. 右额颞顶硬膜下积液

38. 根本治疗是
A. 冬眠物理降温
B. 止血治疗
C. 预防感染
D. 钻孔冲洗引流术
E. 血肿清除术

39. 术后哪项处理是错误的
A. 0.4g 止血芳酸静脉滴注
B. 20% 甘露醇 250ml 静脉滴注
C. 给予抗生素预防感染
D. 支持疗法
E. 头痛可给予镇痛药物

【B_1型题】

（40~43 题共用备选答案）
A. 伤后无昏迷，3 小时后意识障碍
B. 伤后啼哭，抽搐
C. 伤后立即昏迷，伴去脑强直发作
D. 伤后昏迷，片刻后清醒
E. 伤后浅昏迷，脑脊液血性

40. 脑震荡
41. 原发性脑干损伤
42. 脑挫伤
43. 急性硬膜外血肿

（44~46题共用备选答案）
A. X线颅片
B. 脑电图
C. 脑血管造影
D. CT
E. ECT
44. 确定有无颅骨骨折
45. 蛛网膜下腔出血病因诊断
46. 颅内肿瘤的诊断

第十章 出血性卒中

【A_1 型题】

1. 蛛网膜下腔出血最可靠的诊断依据是
A. 痫性发作
B. 头痛和呕吐
C. 一侧动眼神经麻痹
D. 脑膜刺激征
E. 均匀一致血性脑脊液
2. 脑出血的预后与
A. 部位有关
B. 出血量有关
C. 并发症严重程度有关
D. 出血量、部位有关
E. 以上都是
3. 高血压脑出血最好发的部位是
A. 小脑
B. 内囊及基底神经节附近
C. 脑室
D. 脑桥
E. 丘脑
4. 蛛网膜下腔出血最常见的脑神经损害是
A. 动眼神经麻痹
B. 滑车神经麻痹
C. 外展神经麻痹
D. 舌咽神经和迷走神经损害
E. 面神经麻痹
5. 蛛网膜下腔出血不出现
A. 急骤起病
B. 剧烈头痛、呕吐
C. 脑膜刺激征
D. 血性脑脊液
E. 侧视麻痹
6. 脑出血最常见的病因为
A. 动静脉畸形
B. 先天性脑动脉瘤
C. 脑淀粉样血管病
D. 高血压
E. 脑动脉粥样硬化
7. 患者的脑脊液呈血性，区分穿刺损伤和蛛网膜下腔出血的根据是
A. 离心后脑脊液上清液的颜色
B. 脑脊液的蛋白定量
C. 脑脊液中的白细胞数
D. 脑脊液中的红细胞数
E. 脑脊液中的糖、氯化物含量
8. 脑出血的内科疗法中，最重要的是
A. 降低血压
B. 控制出血
C. 控制脑水肿，预防脑疝
D. 加强护理，注意水与电解质平衡
E. 气管切开，吸氧
9. 脑出血患者CT图像为
A. 起病后即可见低密度异常影
B. 起病24~48小时后可见异常高密度影
C. 起病后即可见高密度异常影
D. 可见脑室扩大
E. 起病后24小时内无改变
10. 脑桥出血可出现
A. 中枢性高热
B. 双侧针尖样瞳孔
C. 昏迷
D. 眼球浮动
E. 以上全部体征
11. 急性脑血管病伴脑疝形成，最需要的措施是
A. 脑MRI
B. 脑CT
C. 腰椎穿刺
D. 静脉滴注甘露醇
E. DSA
12. 脑出血患者死亡的最主要原因是
A. 心律紊乱
B. 呼吸道感染
C. 休克
D. 心力衰竭
E. 脑疝
13. 由脑内动脉瘤引起蛛网膜下腔出血伴一侧眼睑下垂。该动脉瘤的部位在
A. 基底动脉
B. 前交通动脉
C. 椎动脉
D. 后交通动脉
E. 大脑中动脉
14. 高血压脑出血最常出血的动脉是
A. 大脑中动脉
B. 豆纹动脉
C. 大脑前动脉
D. 后交通动脉
E. 大脑后动脉
15. 蛛网膜下腔出血不常见的症状是
A. 玻璃体下片块状出血
B. 脑膜刺激征
C. 脑脊液压力增高
D. 偏瘫
E. 剧烈头痛、呕吐
16. 脑出血患者出现一侧瞳孔大，对光反射消失，考虑为
A. 颞叶钩回疝
B. 丘脑受累
C. 动眼神经麻痹
D. 枕骨大孔疝
E. 出血破入脑室
17. 高血压脑出血最常见的诱因是
A. 劳累
B. 外伤
C. 情绪激动或活动过度

D. 感染
E. 寒冷

18. 蛛网膜下腔出血的最常见病因是
A. Moyamoya 病
B. 脑动脉炎
C. 先天性颅内动脉瘤
D. 颅脑外伤
E. 颅内肿瘤

19. 左侧丘脑出血，直径约 3cm，可出现
A. 双侧中枢性面瘫，右侧中枢性肢体偏瘫
B. 右侧中枢性面瘫，左侧中枢性肢体偏瘫
C. 左侧中枢性面瘫，左侧中枢性肢体偏瘫
D. 左侧中枢性面瘫，右侧中枢性肢体偏瘫
E. 右侧中枢性面瘫，右侧中枢性肢体偏瘫

20. 脑出血最常见的部位是
A. 脑室
B. 内囊外侧部
C. 脑叶
D. 脑桥
E. 小脑

【A_2 型题】

21. 男性，21 岁。突然昏迷 1 小时。查体：神志浅昏迷，左侧肢体偏瘫。CT 显示右额叶脑内血肿。临床诊断最可能是
A. 原发性癫痫
B. 脑动脉硬化
C. 脑动脉瘤
D. 脑血管畸形
E. 高血压脑出血

22. 男性，60 岁。突发不能说话，右上、下肢无力，约 20 分钟恢复，反复发作，发作后检查神经系统正常。首先要考虑的诊断
A. 局限性癫痫
B. 脑栓塞
C. 癔病发作
D. 颈内动脉系统 TIA
E. 椎基底动脉系统 TIA

23. 男性，58 岁。晨起出现右侧偏瘫、言语不清，持续 20 分钟，头 CT 检查正常，考虑为
A. 腔隙性脑梗死
B. 短暂性脑缺血发作
C. 高血压脑病
D. 壳核出血
E. 脑栓塞

24. 女性，62 岁。晨起出现讲话不清，右侧肢体无力，2 天后因病情渐加重就诊。血压 105/83mmHg，意识清，运动性失语，右侧偏瘫，可完全排除的诊断是
A. 脑栓塞
B. 脑血栓形成
C. 短暂性脑缺血发作
D. 脑出血
E. 腔隙性脑梗死

25. 男性，56 岁。有高血压病史 10 年，急起言语不清，口角歪斜，左侧肢体活动障碍 3 小时。为明确诊断，首选哪项辅助检查：
A. 头部 CT 扫描
B. 腰椎穿刺脑脊液检查
C. 脑电图检查
D. TCD 检查
E. 脑干诱发电位

26. 男性，60 岁。活动中突感眩晕、头痛、呕吐、步行不稳，20 分钟后昏迷，呼吸节律不整，诊断脑出血，其部位是
A. 脑颞叶
B. 小脑
C. 脑桥
D. 基底节
E. 脑室

27. 女性，63 岁。3 小时前生气时突然头痛、呕吐和左侧肢体无力，10 分钟后昏迷。检查：血压 210/120mmHg，中昏迷，右鼻唇沟浅，右侧肢体痛刺激无反应，右 Babinski 征(+)，脑 CT 示右基底节有一直径为 5cm 左右类圆形的高密度影，入院 2 小时后，右瞳孔 5mm，对光反应消失；左瞳孔 2mm，光反应存在。最可能的诊断为
A. 脑出血合并脑疝
B. 脑栓塞合并脑疝
C. 蛛网膜下腔出血
D. 脑血栓形成合并脑疝
E. 脑出血

28. 男性，67 岁。有高血压以及糖尿病史。于入院前一天晨起时突发言语含混，右侧肢体活动不灵，约几分钟缓解。1 天内反复发作 10 余次。该患者最可能的诊断是
A. 右侧大脑中动脉血栓形成
B. 椎基底动脉血栓形成
C. 短暂性脑缺血发作
D. 右基底节出血
E. 蛛网膜下腔出血

29. 男性，56 岁。高血压病史。3 小时前生气后突然头痛、呕吐、右侧肢体活动不灵，5 分钟后患者意识不清。检查：血压 180/120mmHg，中度昏迷，瞳孔 2mm，对光反应存在，右侧鼻唇沟浅，右侧上、下肢痛刺激无反应，右侧病理征阳性。急查脑 CT 见左侧豆状核区有一高密度影，左侧脑室体部有高密度影。来院 2 小时后，瞳孔左侧 5mm，右侧 2mm，对光反应左侧消失，右侧存在。最可能的诊断为
A. 基底节出血
B. 基底节出血，继发性脑室出血
C. 基底节出血，继发性脑室出血，颞叶钩回疝形成
D. 脑梗死，脑疝形成
E. 基底节出血，颞叶钩回疝形成

30. 女性，28 岁。跳舞时突感剧烈头痛、呕吐，检查脑膜刺激

征阳性，无肢体瘫痪。应首先做何种辅助检查来确定诊断

A. 脑电图
B. 经颅多普勒超声
C. 数字减影血管造影
D. 腰椎穿刺
E. 头颅CT

31. 男性，22岁。3小时前活动时突然感剧烈头痛和呕吐，出现全面性强直-阵挛性癫痫发作一次，脑膜刺激征（+）。最可能的诊断是

A. 蛛网膜下腔出血
B. 脑干出血
C. 小脑出血
D. 癫痫发作
E. 脑膜脑炎

32. 女性，73岁。先天性颅内动脉瘤破裂，造成蛛网膜下腔出血。下列治疗不正确的是

A. 绝对卧床休息4~6周
B. 预防血管痉挛
C. 静脉滴注甘露醇
D. 静脉滴注罂粟碱
E. 预防再出血

【A_3/A_4型题】

（33~34题共用题干）

男性，62岁。2天前突然右眼黑矇。左侧肢体无力，约10分钟后恢复，今日又有类似发作一次。查体未发现异常。血压135/90mmHg。

33. 依据临床表现，病变定位

A. 颈内动脉颅外段
B. 颈内动脉颅内段
C. 大脑中动脉
D. 大脑前动脉
E. 大脑后动脉

34. 诊断为

A. 脑栓塞
B. 脑血栓形成
C. 多发性脑梗死
D. 脑出血
E. 短暂性脑缺血发作

（35~37题共用题干）

女性，70岁。突起右侧肢体麻木、乏力6小时，伴言语不清、流涎、头痛、呕吐一次。既往有高血压史10年，平时坚持服用降压药。查体：嗜睡，右侧鼻唇沟浅，颈软，右侧肢体肌力3级，肌张力低，腱反射减弱，病理反射未引出。

35. 最有助于诊断的检查方法是

A. 头颅CT
B. 空腹血糖
C. 胸部平片
D. 头颅X线片
E. 脑电图

36. 最可能的诊断是

A. 脑栓塞
B. 脑血栓形成
C. 脑出血
D. 蛛网膜下腔出血
E. 腔隙性脑梗死

37. 当明确诊断后，最主要的处理是

A. 降颅压
B. 扩脑血管
C. 降血糖
D. 抗炎治疗
E. 降血脂

（38~40题共用题干）

男性，58岁。高血压病史，演讲时突发头痛、呕吐、右侧偏瘫，行头CT检查示左基底节区高密度影。

38. 最可能的诊断是

A. 脑出血
B. 蛛网膜下腔出血
C. 动脉瘤破裂
D. 短暂性脑缺血发作
E. 脑血栓形成

39. 在急诊室检查时患者昏迷，左侧瞳孔大，光反射消失，诊断最可能为

A. 左颞叶钩回疝
B. 右颞叶钩回疝
C. 小脑扁桃体疝
D. 枕骨大孔疝
E. 小脑幕裂孔上疝

40. 此时应迅速给予

A. 止血治疗
B. 降血压治疗
C. 降颅压治疗
D. 维持生命体征
E. 防治血管痉挛

（41~44题共用题干）

男性，42岁。突然出现剧烈头痛、恶心和呕吐8小时，无发热、无高血压病。查体：神清，血压轻度增高。右瞳孔散大，对光反射消失，右上睑下垂，眼球向上、向下、向内运动不能。颈强直，Kernig征（+）。头CT示脑正中裂、大脑外侧裂呈高密度影。

41. 首先考虑的诊断是

A. 脑膜瘤病
B. 脑实质出血
C. 脑膜炎
D. 脑瘤
E. 蛛网膜下腔出血

42. 其受累的脑神经为

A. 右侧动眼神经
B. 右侧外展神经
C. 右侧面神经
D. 右侧三叉神经
E. 右侧视神经

43. 进行脑脊液检查，以下哪项最可能是检查所见

A. 脑脊液出现大量白细胞
B. 脑脊液正常
C. 均匀一致血性脑脊液
D. 洗肉水样脑脊液
E. 脑脊液出现蛋白升高

44. 该病主要的急性并发症是

A. 再出血
B. 脑血管痉挛
C. 急性脑积水
D. 癫痫发作
E. 脑实质出血

【B_1型题】

（45~49题共用备选答案）

A. 脑血栓形成
B. 脑出血
C. 蛛网膜下腔出血

D. 脑栓塞
E. 脑膜炎

45. 男性，41 岁。2 小时前突然出现剧烈头痛，伴呕吐，四肢活动好，体温正常，克氏征阳性

46. 男性，61 岁。3 天前睡觉醒后发现视野范围缩小。神志清楚，血压正常，心脏正常，右侧同向性偏盲，言语正常，肢体肌力正常，感觉正常

47. 女性，65 岁。高血压 10 年，糖尿病 8 年，突发右上下肢无力，说话不流利，逐渐加重 2 天。神志清楚，血压正常，混合性失语，右侧鼻唇沟浅，伸舌右偏，脑 CT 未见异常，右上、下肢肌力 0 级，肌张力低，腱反射低下，右下肢病理征阳性

48. 女性，57 岁。高血压 6 年。6 小时前因生气突发头痛，呕吐，右侧肢体不能动，20 分钟后出现意识不清。血压 180/120mmHg，中度昏迷，双瞳孔 2mm，对光反射存在，右侧鼻唇沟浅。右上、下肢肌力 2 级，右侧膝反射弱，右侧病理征阳性

49. 男性，43 岁。心脏病 20 年，房颤 2 年。1 天前突发意识丧失，四肢抽搐 3 分钟左右，10 分钟后清醒，左侧上下肢不能活动。神清，血压正常，心房颤动。右眼无光感，左上下肢肌力 0 级，左侧半身感觉丧失，左侧病理征阳性

（50~53 题共用备选答案）
A. 大脑中动脉
B. 大脑后动脉
C. 大脑前动脉
D. 椎动脉
E. 基底动脉

50. 供应大脑外侧面血液的血管是
51. 供应枕叶血液的血管是
52. 供应脑桥血液的血管是
53. 供应延髓外侧部血液的血管是

第十一章 缺血性卒中

【A_1 型题】

1. 下列哪条血管闭塞最易导致偏瘫
A. 小脑下后动脉
B. 大脑中动脉
C. 脊髓前动脉
D. 小脑下前动脉
E. 大脑前动脉

2. 脑血栓形成最常发生于下列哪条动脉
A. 大脑前动脉
B. 颈内动脉
C. 大脑中动脉
D. 大脑后动脉
E. 椎基底动脉

3. 一侧颈内动脉闭塞，可无临床症状，是因为
A. 同侧颈外动脉未闭塞
B. 对侧颈内动脉未闭塞
C. 正常脑底动脉环可迅速建立侧支循环
D. 双侧椎动脉未闭塞
E. 颅内血管变异

4. 脑血栓形成的最常见病因是
A. 高血压
B. 脑动脉粥样硬化
C. 各种脑动脉炎
D. 血压偏低
E. 红细胞增多症

5. 脑梗死临床表现中，不应有的症状或体征是
A. 意识不清
B. 肢体瘫痪
C. 头痛
D. 抽搐
E. 脑膜刺激征

6. 心源性脑栓塞 3 小时内最宜选用的药物治疗是
A. 罂粟碱
B. 低分子肝素
C. 尿激酶
D. 降纤酶
E. 阿司匹林

7. 患者有偏瘫、偏身感觉障碍和偏盲，最可能有下述哪条血管闭塞
A. 大脑前动脉
B. 大脑中动脉
C. 大脑后动脉
D. 内听动脉
E. 脊髓前动脉

8. 大脑中动脉皮层支闭塞后引起的对侧偏瘫有什么特点
A. 不伴有脑神经瘫痪
B. 偏瘫以下肢为重
C. 为均等性轻偏瘫
D. 偏瘫以下肢较轻
E. 上下肢均为 0 级瘫

9. 哪条血管闭塞可引起延髓背外侧综合征
A. 大脑前动脉
B. 大脑中动脉
C. 大脑后动脉
D. 椎动脉或小脑后下动脉
E. 后交通动脉

10. 椎基底动脉血栓形成不出现以下哪个症状
A. 眩晕
B. 眼球运动障碍
C. 吞咽困难
D. 失语
E. 交叉性瘫痪

11. 对急性脑梗死患者，下列哪种情况不适于溶栓治疗
A. 发病 4、5 小时以内
B. CT 证实无出血灶
C. 患者无出血素质
D. 出凝血时间正常
E. 头部 CT 出现低密度灶

12. 闭锁综合征见于
A. 大脑前动脉闭塞
B. 大脑中动脉闭塞
C. 小脑梗死

D. 双侧脑桥基底部梗死
E. 脊髓前动脉闭塞

13. 脑梗死病灶在CT上可出现低密度改变一般多在发病后
A. 3~6小时
B. 6~8小时
C. 8~12小时
D. 12~24小时
E. 24~48小时

14. 查体示左侧鼻唇沟浅，两侧额纹对称。眼睑闭合有力，伸舌左偏无肌萎缩，左上、下肢中枢性瘫痪，左侧偏身感觉障碍，左侧同向偏盲。病变部位是
A. 右枕叶皮质
B. 左侧内囊
C. 右侧内囊
D. 左侧脑桥
E. 右侧脑桥

15. 中枢性瘫痪与周围性瘫痪最有肯定意义的鉴别点为
A. 肌肉瘫痪范围的大小与程度
B. 有无肌肉萎缩
C. 肌张力增高或减低
D. 腱反射亢进或减低
E. 有无病理反射

16. 脑栓塞的临床表现中，下述哪项是不正确的
A. 起病多急骤
B. 年龄多较轻
C. 多有脑膜刺激征
D. 常见局限性抽搐、偏瘫、失语
E. 多有风湿性心脏病

17. 脑栓塞的栓子来源最常见于
A. 心源性
B. 动脉粥样硬化性斑块
C. 脂肪栓子
D. 空气栓子
E. 癌细胞栓子

18. 心源性脑栓塞时，栓塞多发生在
A. 大脑前动脉
B. 大脑中动脉
C. 大脑后动脉
D. 椎动脉
E. 基底动脉

19. 脑栓塞的常见病因为
A. 高血压
B. 脑动脉硬化
C. 脑动脉炎
D. 心脏病
E. 长骨骨折

【A_2型题】

20. 男性，64岁。高血压病史6年，某日晨起出现复视，右侧肢体活动不灵。查体：血压113/90mmHg，左眼睑下垂，左眼外斜位，左眼球向上下内活动受限，右侧偏瘫，住院2天，无明显好转。初诊最大可能是
A. 脑出血（基底节区）
B. 短暂性脑缺血发作
C. 脑栓塞
D. 椎基底动脉系统血栓形成
E. 颈内动脉系统血栓形成

21. 女性，54岁。脑动脉硬化症病史3年，突感眩晕、呕吐、言语不清。查体：声音嘶哑、吞咽困难、言语含混，左眼裂小、瞳孔小、水平眼震、左面部、右半身痛觉减退，左侧指鼻试验不准。诊断
A. 左侧大脑前动脉血栓形成
B. 右侧颈内动脉血栓形成
C. 左侧颈内动脉血栓形成
D. 右侧小脑后下动脉血栓形成
E. 左侧小脑后下动脉血栓形成

22. 女性，39岁。既往有风湿性心脏病病史10余年。突起口角歪斜，口齿不清，左上肢无力2天。最可能的诊断是
A. 脑出血
B. 脑血栓形成
C. 蛛网膜下腔出血
D. 脑栓塞
E. TIA

23. 女性，68岁。左侧肢体乏力1天就诊。查体：神清，左侧中枢性面、舌瘫，左侧肢体肌力4级。最有助于鉴别诊断的辅助检查是
A. 心电图
B. 脑脊液检查
C. 头颅CT
D. 肌电图
E. 脑电图

24. 女性，70岁。家人早晨6时许发现其倒在卫生间外，呼之不应，身旁有呕吐物，急送医院急诊科。查体：深昏迷，左侧瞳孔大于右侧，腱反射消失，病理反射未引出。目前最首要的处理为
A. 给氧
B. 头颅CT检查
C. 腰椎穿刺脑脊液检查
D. 降颅压
E. 收住病房

25. 女性，38岁。洗衣时突发右侧肢体活动不灵。查体：意识清，失语，二尖瓣区可闻双期杂音，心律不齐，右侧偏瘫，上肢重于下肢，偏身痛觉减退。首先考虑的诊断是
A. 脑血栓形成
B. 脑栓塞
C. 脑出血
D. 蛛网膜下腔出血
E. 短暂性脑缺血发作

26. 男性，43岁。心脏病20年，房颤2年。1天前突发意识丧失，四肢抽搐3分钟左右，10分钟后清醒，左侧上下肢不能活动。神清，血压正常，心房颤动。右眼无光感，左上、下肢肌力0级，左侧半身感觉丧失，左侧病理征阳性
A. 脑血栓形成
B. 脑出血
C. 短暂性脑缺血发作
D. 脑栓塞

E. 脑膜炎

27. 男性，62 岁。6 小时前劳动中突然头痛，右侧偏瘫，6 分钟后意识不清，血压 200/110mmHg。头 CT 示基底节有一类圆形高密度影。不正确的治疗是

A. 抗炎

B. 抗凝治疗

C. 脱水

D. 降血压

E. 止血

【A_3/A_4 型题】

（28~29 题共用题干）

女性，38 岁，突然右侧偏瘫 3 小时。查体：失语，双眼向左凝视，右鼻唇沟浅，伸舌偏右，右侧肌张力低，肌力 0 级，角膜反射右（-），左（+）。腱反射右侧无反应，血压 120/75mmHg，心率 100 次/分钟。心尖区收缩期伴舒张期杂音Ⅲ级，房颤。

28. 最可能的临床诊断是

A. 左半球出血

B. 左半球脑栓塞

C. 左半球脑血栓形成

D. 左脑桥出血

E. 右脑桥出血

29. 最有助于诊断的辅助检查是

A. 头颅 CT

B. 腰椎穿刺脑脊液检查

C. 心电图

D. 超声心动图

E. 脑电图

【B_1 型题】

（30~33 题共用备选答案）

A. 椎基底动脉系统 TIA

B. 颈内动脉血栓形成

C. 大脑前动脉血栓形成

D. 大脑中动脉血栓形成

E. 大脑后动脉血栓形成

30. 病灶侧单眼失明

31. 病灶对侧下肢中枢性瘫痪

32. 眩晕

33. 跌倒发作

第十二章　癫　痫

【A_1 型题】

1. 癫痫的表述下列哪项是不正确的

A. 按病因可分为特发性癫痫、症状性癫痫和隐源性癫痫

B. 遗传因素和环境因素均可影响痫性发作

C. 每一癫痫患者只有一种发作类型

D. 女性患者常在月经期和排卵期发作频繁

E. 癫痫的临床表现可分痫性发作和癫痫综合征两方面

2. 下列哪项痫性发作的表述是不正确的

A. 痫性发作可分为部分性发作和全面性发作两个主要类型

B. 单纯部分性发作的痫性放电起始于脑局部，不伴意识障碍

C. 全面性发作起始于脑局部，伴意识障碍

D. 部分性发作的痫性放电起源于一侧脑部

E. 全面性发作的痫性放电起源于两侧脑部

3. 最需注意与癫痫全面强直-阵挛发作鉴别的疾病是

A. 破伤风

B. 舞蹈病

C. 去大脑强直

D. 去皮质强直

E. 癔病

4. 癫痫诊断的有效检查项目是

A. 头部 CT

B. 腰椎穿刺

C. 头部 MRI

D. 脑电图

E. 脑血管造影

5. 成人部分性发作的首选治疗药物是

A. 卡马西平

B. 丙戊酸钠

C. 托吡酯

D. 乙琥胺

E. 苯巴比妥

6. 癫痫患者服用抗癫痫药切忌

A. 用药剂量太小

B. 同时合用两种药

C. 只在夜间服

D. 药物价格太高

E. 突然停药

7. 全面强直-阵挛性发作治疗间突然停药，可引起

A. 失眠

B. 精神萎靡

C. 失神发作

D. 抗癫痫用药量增加

E. 癫痫持续状态

8. 治疗癫痫持续状态的首选用药是

A. 地西泮注射液静脉注射

B. 10%水合氯醛灌肠

C. 氯硝西泮静脉注射

D. 利多卡因静脉滴注

E. 丙戊酸静脉滴注

9. 阵挛性发作见于

A. 老年人

B. 中青年

C. 学龄儿童

D. 婴幼儿

E. 任何年龄

10. 癫痫中应用 PET（正电子发射计算机体层显像）检查的重要目的是

A. 鉴别癫痫发作与假性癫痫

B. 癫痫发作形式分类

C. 鉴别原发和继发性癫痫

D. 指导药物的选择应用
E. 癫痫病灶定位

11. 症状性癫痫的定义是指
A. 临床上不能分类的癫痫
B. 从婴儿起始的癫痫
C. 抗癫痫药物无法控制的癫痫
D. 脑部无病损或代谢异常的癫痫
E. 脑部有病损或代谢异常的癫痫

12. 临床上癫痫发作与假性癫痫发作的主要鉴别为发作时有
A. 全身抽搐
B. 突然跌倒
C. 呼吸急促，喉中发出叫声
D. 双手紧握，下肢僵直
E. 伴瞳孔散大，对光反应消失

【A_2 型题】

13. 男性，39 岁。发作时先觉胃部一股气体上升，并有咀嚼、吞咽动作，喃喃自语，走动，似在找东西，呼唤无反应，持续约 4 分钟。发作类型是
A. 强直-阵挛性发作
B. 失神发作
C. 复杂部分性发作
D. 脑缺血发作
E. 假性发作

14. 8 岁智力低下的男孩，发作时出现强烈的点头、屈体样动作，持续此姿势 5~8 秒，常摔伤头部，伴颜面青紫、瞳孔散大。该患儿的发作类型是
A. 肌阵挛发作
B. 强直性发作
C. 复杂部分性发作
D. 全面强直-阵挛发作
E. 发作性睡病

15. 男性，41 岁。近半年来反复发生左上肢抽动，每次约半分钟自行缓解。最可能的诊断是
A. 单纯部分性发作
B. 肌阵挛发作
C. 自动症
D. 小舞蹈病
E. 低钙性手足搐搦

16. 男，11 岁。在一次考试中突然将手中钢笔掉在地上，两眼向前瞪视，呼之不应，持续数秒钟。事后对上述情况全无记忆，以后反复有类似发作，有时一日犯几次。本患者可诊断为
A. 癔病
B. 失神发作
C. 局限性癫痫
D. 精神运动性发作
E. 肌阵挛发作

17. 女性，30 岁。1 年来反复出现瞪视不动，意识模糊，奔跑、游走等情况，持续约 3 分钟后逐渐清醒，事后对行为毫无记忆。最可能的诊断是
A. 精神分裂症
B. Jackson 癫痫
C. 癔病
D. 感染性精神病
E. 复杂部分性发作

18. 男性，26 岁。突然出现从一侧手指开始的抽动，向腕部、臂部、肩部及半身扩展。最可能的诊断是
A. 全面强直-阵挛发作
B. 精神运动性发作
C. 失神发作
D. Jackosn 发作
E. 部分性感觉性发作

19. 男性，15 岁。3 年前开始出现发作性意识丧失，全身抽动，持续 4~5 分钟后恢复，发作时面色青紫，有时伴尿失禁、舌咬伤，常在夜间睡眠中发作；体格检查及其他各项检查均正常。患者叔父有相同病史，最可能的诊断是
A. 癔病
B. 特发性失神发作
C. 症状性失神发作
D. 特发性全面强直-阵挛发作
E. 症状性全面强直-阵挛发作

【A_3/A_4 型题】

（20~21 题共用题干）

6 岁女童，发作性意识丧失，动作中止，发作中脑电图可见 3Hz 棘-慢波。智力基本正常。

20. 该患儿的发作类型是：
A. 部分性发作
B. 典型失神发作
C. 非典型失神发作
D. 复杂部分性发作
E. 肌阵挛发作

21. 该患儿的首选治疗药物是：
A. 卡马西平
B. 苯妥英钠
C. 苯巴比妥
D. 托吡酯
E. 丙戊酸钠

（22~24 题共用题干）

女性，24 岁。2 年来有发作性神志丧失，四肢抽搐。服药不规则。今日凌晨开始又有发作，意识一直不清醒。来院后又有一次四肢抽搐发作。

22. 首先应选用的治疗药物是
A. 地西泮 10mg 静脉注射
B. 苯妥英钠 0.25g 肌内注射
C. 地西泮 20mg 肌内注射
D. 副醛 5ml 灌肠
E. 苯巴比妥 0.5g 肌内注射

23. 患者目前处于下列哪一种状态
A. 癫痫持续状态
B. 癫痫强直-阵挛发作
C. 单纯部分发作继全面性发作
D. 复杂部分发作继全面性发作
E. 癫痫发作后昏睡期

24. 患者发作控制，清醒后应做何种处理
A. 调换其他抗癫痫药物
B. 询问近期服药情况，嘱正

规服药
C. 加大服药剂量，嘱正规服药
D. 加用另一种抗癫痫药物
E. 停药观察1周后再考虑用药

第十三章　精神障碍

【A_1型题】

1. 按照等级诊断的观点，诊断时应优先考虑
A. 精神分裂症
B. 情感障碍
C. 脑器质性精神障碍
D. 神经症
E. 人格障碍
2. 协调性精神运动性兴奋常见于
A. 精神分裂症青春型
B. 躁狂症
C. 精神分裂症紧张型
D. 谵妄状态
E. 药物中毒
3. 诊断精神障碍最好的办法是
A. 实验室检查
B. 横向的现症精神状况结合纵向的病史材料
C. 既往病史资料
D. 现症精神状况检查
E. 心理测验
4. 易出现逆行性遗忘症状的疾病是
A. 脑外伤
B. 老年性痴呆
C. 焦虑性神经症
D. 精神分裂症
E. 抑郁症
5. 痴呆综合征一般不出现的精神障碍是
A. 记忆障碍
B. 思维障碍
C. 人格障碍
D. 意识障碍
E. 情绪障碍
6. 刻板言语或动作常见于
A. 强迫症
B. 抑郁症
C. 精神分裂症
D. 器质性精神病
E. 癔症
7. 妄想的描述正确的是
A. 大量涌现的不自主的观念
B. 不能被说服的病态信念
C. 无法摆脱的重复出现的观念
D. 抽象的概念荒谬地具体化
E. 思维联想连贯性障碍
8. 关于自知力以下哪项正确
A. 自知力就是指病感
B. 自知力是指患者对自己所患精神疾病的认识和判断能力
C. 神经症患者都有充分的自知力
D. 重性精神病患者都没有自知力
E. 有自知力的患者较没有自知力的患者预后好
9. 幻觉是指
A. 对客观事物的错误感受
B. 对客观事物的胡思乱想
C. 缺乏相应客观刺激时的知觉体验
D. 客观刺激作用于感觉器官的感知体验
E. 对外界一般强度的刺激感受性增高，感觉阈值降低
10. 蜡样屈曲常在什么基础上发生
A. 木僵
B. 违拗症
C. 情感淡漠
D. 情绪不稳
E. 情绪高涨
11. 思维形式障碍不包括
A. 思维散漫
B. 赘述症
C. 被洞悉感
D. 思维中断
E. 思维化声
12. 违拗症多见于
A. 抑郁症
B. 神经衰弱
C. 恐惧症
D. 精神分裂症
E. 强迫症
13. 谵妄状态常由下列哪种疾病引起
A. 抑郁症
B. 躁狂症
C. 精神分裂症
D. 感染中毒
E. 癔症
14. 患者坚持不在床上睡，因为他感到床在运动，实际上床是静止的，此症状是
A. 妄想
B. 感觉倒错
C. 非真实感
D. 幻觉
E. 空间感知障碍
15. 患者认为自己的血液凝固了，身体干枯了，变成了僵尸。该症状属于
A. 感知综合障碍
B. 错觉
C. 内脏幻觉
D. 妄想
E. 感觉障碍
16. 对于木僵的描述哪项是错误的
A. 面无表情
B. 不吃不喝
C. 意识障碍
D. 对刺激无反应
E. 呆坐呆立
17. 患者听到有人斥责、讽刺、辱骂他，有人为他辩护，同情、赞扬他，实际上四处无人，此症状为
A. 争论性幻听
B. 评论性幻听
C. 命令性幻听

D. 言语运动性幻觉
E. 读心症

18. 记忆障碍在脑器质性精神障碍的早期主要表现为
A. 顺行性遗忘
B. 逆行性遗忘
C. 记忆减退
D. 虚构
E. 错构

19. 患者自觉大脑突然涌现出大量不自主的、杂乱无章的陌生思维内容是
A. 强制性思维
B. 思维散漫
C. 强迫性思维
D. 思维奔逸
E. 被洞悉感

20. 精神检查的技巧哪项不对
A. 学会观察患者的言行、表情及对外界刺激的反应
B. 耐心倾听患者的表述
C. 有针对性的开放式和封闭式提问
D. 对有妄想的患者及时予以纠正，以免妄想进一步加重
E. 要寻找患者感兴趣的话题作为检查性交谈的切入点

21. 对精神分裂症的研究表明，精神分裂症的阳性症状可能与以下因素有关
A. 皮层下边缘系统 DA 功能亢进
B. 皮层下边缘系统 DA 功能低下
C. 5-HT 系统功能亢进
D. 5-HT 系统功能低下
E. 去甲肾上腺素系统功能不足

22. 思维破裂指
A. 联想过程缺乏一定方向，概念间缺乏内在联系
B. 大脑中反复出现的观念，明知不必要，却摆脱不了，感到非常痛苦
C. 以往经验在记忆中大量脱失
D. 持续地重复某一单调的语句
E. 缺乏事实依据，患者却坚信不疑的病理信念

23. 关于超价观念的叙述不正确的是
A. 常有一定的现实基础
B. 有一定的性格基础
C. 有强烈的情感体验及需要
D. 观念片面而偏激
E. 有逻辑推理错误

24. 关于病态焦虑的描述，哪项不对
A. 主观感觉紧张不安、顾虑重重
B. 焦虑的对象常为现实中的人和事
C. 可以出现濒死感、失控感及呼吸困难
D. 可见于恐惧症
E. 可以出现自主神经症状

25. 急性中毒性精神障碍最重要的一个临床症状是
A. 兴奋失眠
B. 错觉
C. 烦躁不安
D. 不同程度意识障碍
E. 行为异常

26. 关于思维贫乏的说法，正确的是
A. 患者思维联想松弛，缺乏主题，一个问题与另外一个问题之间缺乏联系
B. 联想数量减少，概念与词汇贫乏
C. 患者意识模糊，说出的话令人难以理解，句子之间缺乏联系，缺乏主题
D. 患者思维联想迂回曲折，枝节较多，对一些细节容易作详细的描述，难以打断及纠正
E. 患者思维过程突然中断，片刻后又重新说话，但所说内容与前面的话题无任何联系

27. 脑器质性精神障碍的主要特点是
A. 智力障碍
B. 幻觉、妄想
C. 兴奋躁动
D. 沉默孤僻
E. 情绪低落

28. 以下哪项不是自杀行为的高危因素
A. 严重的抑郁症患者、酒和药物依赖患者
B. 老年男性
C. 支持系统差，社会经济地位低
D. 以往出现过自伤或自杀
E. 文化程度低的患者

29. 注意转移主要见于
A. 精神分裂症
B. 神经衰弱
C. 疑病症
D. 躁狂症
E. 精神发育迟滞

30. 不属于思维内容障碍的是
A. 思维散漫
B. 被监视感
C. 被洞悉感
D. 被控制感
E. 罪恶妄想

31. 木僵通常不会出现在
A. 精神分裂症
B. 抑郁症
C. 反应性精神障碍
D. 脑器质性精神障碍
E. 焦虑症

32. 下列关于精神活动的说法，哪项是错误的
A. 精神活动是大脑功能的产物
B. 精神活动是以客观现实为基础的
C. 病态精神活动与客观现实脱离，因此与客观现实无关
D. 精神活动包括认知、情感、意志等过程

E. 一般认为，人类是具有精神活动的唯一动物

33. 看到周围的楼房、树木、人物变得比正常时大许多的是
A. 人格解体
B. 视物显小症
C. 错觉
D. 视物显大症
E. 空间知觉障碍

34. 下列疾病中，最常出现思维贫乏的是
A. 精神分裂症
B. 神经衰弱
C. 抑郁症
D. 血管性痴呆
E. 精神发育迟滞

35. 由于大脑弥漫性器质性损害，导致的智力各个方面障碍为
A. 心因性痴呆
B. 部分性痴呆
C. 全面性痴呆
D. 童样痴呆
E. 假性痴呆

36. 患者觉得被跟踪，被监视，饭中有人下毒，属于
A. 被害妄想
B. 被控制妄想
C. 妒忌妄想
D. 夸大妄想
E. 关系妄想

37. 正常思维一般都具有
A. 目的性
B. 连贯性
C. 逻辑性
D. 实践性
E. 以上都对

38. 患者将一盏灯看成是一个牛头
A. 空间知觉障碍
B. 错觉
C. 幻视
D. 妄想
E. 非真实感

39. 患者静脉滴注时将输液管看成是一条蛇是
A. 感知综合障碍
B. 虚构
C. 错觉
D. 幻觉
E. 谵妄

40. 关于虚构，下列哪种说法正确
A. 虚构的内容固定不变
B. 虚构的内容经常改变
C. 虚构是病理性谎言
D. 虚构常见于人格障碍
E. 虚构就是错构

41. 谵妄状态最常见的症状是
A. 恐怖性错觉、幻觉
B. 自我定向力丧失
C. 情感喜悦
D. 坚定不移的妄想
E. 思维中断

42. 在各种生物、心理以及社会环境因素的影响下，大脑功能失调，导致以认知、情感、意志和行为等精神活动出现不同程度障碍为临床表现的疾病，称为
A. 精神分裂症
B. 情感性精神障碍
C. 神经症
D. 心身疾病
E. 精神疾病

43. 突然发生，完全不能用患者当时的处境和心理背景来解释的妄想是
A. 继发性妄想
B. 关系妄想
C. 被害妄想
D. 原发性妄想
E. 超价观念

44. 朦胧状态的特点，下列哪项是错误的
A. 突然发生，突然清醒
B. 意识范围狭窄
C. 可出现有条理的复杂行为
D. 定向力不全
E. 发作后有回忆

45. 开始有关检查性交谈时应注意的问题中哪项不合适
A. 以诚恳、体贴、关心的态度对待患者，让患者情绪放松，消除顾虑
B. 提供安静、不受干扰的交谈环境
C. 请患者就座，倒茶、递烟，取得患者的好感
D. 医生做适当的自我介绍，为医患关系定下一个平等的基调
E. 检查前应对病史有一个大致的了解，以利于询问时有的放矢

46. 患者原先无任何精神异常，某次听广播时突然坚信播音员在说他，而他的生活经历与当时的广播内容并无明显联系。这个患者可能的症状为
A. 听幻觉
B. 原发性妄想
C. 继发性妄想
D. 思维散漫
E. 病理性象征性思维

47. 看到周围的人及动物、树木像木偶戏一样均变小了是
A. 幻视
B. 错觉
C. 人格解体
D. 视物显大症
E. 视物显小症

48. 思维迟缓多见于
A. 强迫症
B. 精神分裂症
C. 抑郁症
D. 癔症
E. 癫痫

49. 不一定有诊断意义的听幻觉为
A. 争论性幻听
B. 评论性幻听
C. 命令性幻听
D. 原始性幻听
E. 内容为指责、辱骂的听幻觉

50. 关于假性痴呆的说法，哪项不对
A. 常有强烈的精神创伤刺激
B. 可见于癔症及反应性精神障碍
C. 可见于抑郁症

D. 一般预后较好
E. 假性痴呆如不及时治疗常会变成真性痴呆

51. 感知觉的定义为
A. 缺乏相应的客观刺激时的感知体验
B. 客观刺激作用于感觉器官而被意识到的过程
C. 对客观事物的错误感受
D. 客观刺激作用于人脑的过程
E. 对客观事物个别属性的反映

52. 界限性遗忘常见于
A. 脑外伤
B. 颅内器质性疾病
C. 精神分裂症
D. 分离（转换）障碍
E. 情感性精神障碍

53. 表现为强迫思维的疾病是
A. 抑郁症
B. Ⅰ型精神分裂症
C. Ⅱ型精神分裂症
D. 强迫性神经症
E. 游离转换障碍

【A_2 型题】

54. 男性，18岁，高三学生。近1年来听课注意力不集中，发呆发愣，对周围的人和事漠不关心，时有自语自笑，动作迟缓，吃一顿饭要1个多小时。5天前开始终日卧床，不吃饭，不知上厕所。精神检查：意识清晰，卧床不动不语，针刺其身体无反应。肌张力增高。令患者张嘴，反把嘴闭得更紧，把患者肢体摆成不舒服的姿势，可以保持很久不变，躯体及神经系统检查未见其他异常体征，患者不具有的症状是
A. 情绪低落
B. 情感淡漠
C. 蜡样屈曲
D. 主动违拗
E. 木僵

55. 患者经常感到生殖器痒痛不适，似有小虫子在爬动，经过皮肤科反复检查却未发现任何异常，对于医生的解释患者拒绝接受。这种症状可能是
A. 内脏性幻觉
B. 内感性不适
C. 幻触
D. 错觉
E. 躯体化症状

56. 女性，50岁。突然听到儿子意外去世，立即不认亲人，看到儿子就在眼前，说：“妈给你弄点好吃的。”随即给做龙虾等，家人劝阻不理睬，两天后突然清楚，病情经过不能完全回忆，该症状是
A. 强迫状态
B. 朦胧状态
C. 谵妄状态
D. 抑郁状态
E. 幻觉妄想状态

57. 医生问患者：“你住在哪里?”答：“我的眼睛不好，有两个问题我不懂，我参加运动会，但手指不好，明天告诉你。”此患者的症状是
A. 思维中断
B. 思维涌现
C. 思维奔逸
D. 思维破裂
E. 以上都不是

58. 女性，45岁。3个月来，心情很差，兴趣索然，自觉“高兴不起来”，生不如死，“自己的脑子不灵了”“像是生了锈的机器”，认为自己成了家庭和社会的累赘，“成了废物”，有胸闷、心悸的症状，自认为有严重心脏病，不能治愈。主动性言语及活动明显减少，生活被动，愿独处。曾多次自杀未遂，睡眠不好，早醒。该患者的症状不包括
A. 疑病观念
B. 思维迟缓
C. 情绪低落
D. 思维云集
E. 意志减退

59. 男性，35岁。亲属告诉他相依为命的老母亲突然意外去世时，患者哈哈大笑，该症状是
A. 病理性激情
B. 情感高涨
C. 情感脆弱
D. 强制性哭笑
E. 情感倒错

60. 女性，32岁。表现为紧张恐惧，坐立不安，有大祸临头之感，惶惶不可终日，说不清具体原因，属于
A. 焦虑
B. 恐惧
C. 情感爆发
D. 易激惹
E. 情感不稳

61. 男性，17岁。某日上课时听女教师朗诵诗句：“伟大的女性引导我们上升”，突然产生该教师是想引诱他，并很快发现老师的目光和表情都是在诱惑他，下课后感到同学们的表情和举止都在暗示他：老师就是对他“有意思”。此症状是
A. 错听
B. 超价观念
C. 原发性妄想
D. 思维逻辑障碍
E. 思维被洞悉感

62. 女性，30岁。患者原先无任何精神异常，某次看电视时突然坚信主持人在说她，而她的生活经历与当时的电视内容并无明显联系。此患者可能的症状为
A. 听幻觉
B. 原发性妄想
C. 继发性妄想

D. 思维散漫
E. 病理性象征性思维

63. 男性，50 岁。患者 15 年来，无事实根据地认为单位上下合伙谋害他，反复到各级信访机关及公安局上访告状，劝说无效。该症状为
A. 意志缺乏
B. 意志减退
C. 意志增强
D. 意向倒错
E. 矛盾意向

64. 女性，46 岁。情绪低落，对周围一切感到兴趣索然。自觉工作太吃力，一切懒于料理，不参加外界活动，整日卧床少动。该症状为
A. 意志缺乏
B. 意志增强
C. 意志减退
D. 作态
E. 蜡样屈曲

65. 一酒精中毒患者刚进诊室，看到地上的电风扇说道："你这小鬼站在这里干什么，还不快走。"此症状是
A. 错觉
B. 幻觉
C. 定向障碍
D. 妄想
E. 感觉障碍

66. 男性，20 岁。患者自述 2 个月来脑子里总出现学校校长的半身头像，有时很清晰，有时不清晰，但却不是用眼睛看见的。该症状是
A. 记忆障碍
B. 错觉
C. 假性幻觉
D. 真性幻觉
E. 人格解体

67. 一个患者意识清晰，有嗜酒史，智力相对良好，但有近事记忆障碍及言谈虚构倾向。该患者最可能的综合征是
A. 谵妄综合征
B. 酒中毒性幻觉症
C. 酒中毒性妄想症
D. 痴呆综合征
E. 遗忘综合征

68. 男性，38 岁。患者自称有特异功能，看到自己身后站着一个人，并且听到这个人表扬自己的声音，这真是"远在天边，近在脑内"。该症状属于
A. 定向障碍
B. 幻听
C. 幻视
D. 真性幻觉
E. 假性幻觉

69. 26 岁，女性。患者称"有时眼前看到彩色光圈和几何图形，耳朵能听到一个乐团演奏肖邦的交响乐"。此症状是
A. 心因性幻觉
B. 真性幻觉
C. 假性幻觉
D. 幻视
E. 幻听

70. 女性，26 岁。半年来无原因认为同事指桑骂槐地议论她，街上行人的举动及电视内容都针对她，为之心情烦躁，不敢上班。该患者的精神症状最可能是
A. 被害妄想
B. 情感脆弱
C. 影响妄想
D. 关系妄想
E. 焦虑

71. 问患者："你想什么?"患者答："详细地讲就是细菌问题，细菌在我们脑子里有些冲动力，空气不大新鲜，也不奇怪，冻死苍蝇。"该患者的精神症状属于
A. 强迫观念
B. 思维散漫
C. 音联意联
D. 强制性思维
E. 思维奔逸

72. 男性，18 岁。近半年来一直低头不敢看人，经医生反复询问，答'看很多人脸都像在哈哈镜中的模样，有的很胖，有的很瘦，看上去很可怕"。该症状是
A. 视物变形症
B. 人格解体
C. 空间知觉障碍
D. 感觉到错
E. 幻觉

73. 女性，19 岁。告诉医生"整个世界已经停滞不前，岁月不再流逝，时间过得很慢很慢，真正体会到度日如年的感觉"。此症状是
A. 心因性幻觉
B. 假性幻觉
C. 空间感知综合障碍
D. 时间感知综合障碍
E. 感觉障碍

74. 女性，23 岁。问她："你是哪里人?"患者快速回答说："我是中国人，祖国在我心中，我三中毕业，到山中去，矿务局山中，我在矿山当会计……人类进入新的历史阶段，新的时代，培养一代新人，我们都是革命接班人……"此症状是
A. 思维不连贯
B. 思维松弛
C. 思维奔逸
D. 思维破碎
E. 思维扩散

75. 男性，28 岁。自述脑子空洞洞的，整天什么事也不想，常沉默不语，交谈时词汇量特别少，如问"谁送你来的"答"父亲"问"以前做什么工作"答"不知道"。该症状是
A. 思维迟缓
B. 思维贫乏
C. 思维中断
D. 思维松弛
E. 病理性赘述

76. 女性，25 岁。给丈夫回信：“××：你好，冰天雪地，身体好吗？春暖花开了，你应该努力工作，汽车老在公路上……”此患者的症状是
A. 思维破裂
B. 思维黏滞
C. 思维奔逸
D. 思维迟缓
E. 病理性赘述

77. 男性，65 岁。脑出血，有意识障碍，不时大喊：“床上有毛毛虫，树、生、飞、我写字……塑料盒……一去不复返……”该症状是
A. 思维破碎
B. 思维松弛
C. 思维不连贯
D. 思维中断
E. 思维插入

78. 女性，28 岁。机械地重复一句话：“我要去北京……我要去北京……我要去北京……”该症状是
A. 刻板言语
B. 重复言语
C. 持续言语
D. 模仿言语
E. 思维不连贯

79. 医生如询问患者工作环境如何，是否舒适安全，单位领导和同事是否好相处，同学和邻居对他态度怎么样，是否有人对他有些意见，以前得罪过什么人，这些人现在对他怎么样，是否有故意刁难、非议他的人，领导是否有不点名地批评过他，群众、报纸、广播、电视有无含沙射影地讲他，是否他的一举一动受到某些人的特别注意等问题。其主要目的是想了解患者有无以下何种症状
A. 幻觉
B. 牵连观念与被害妄想
C. 关系妄想
D. 情绪异常
E. 认知功能损害

【B_1 型题】

（80～81 题共用备选答案）
A. 多巴胺（DA）
B. 5-羟色胺（5-HT）
C. 去甲肾上腺素（NE）
D. γ-氨基丁酸（GABA）
E. 谷氨酸

80. 精神分裂症阳性症状可能与哪种神经递质功能亢进有关
81. 抑郁症患者的抑郁心境、食欲缺乏、昼夜节律紊乱、失眠等与哪种神经递质功能低下有关

（82～83 题共用备选答案）
A. 谷氨酸
B. 甘氨酸
C. 多巴胺
D. 乙酰胆碱
E. 脑啡肽

82. 属于兴奋性氨基酸的是
83. 属于单胺类递质的是

（84～85 题共用备选答案）
A. 思维被夺
B. 思维被洞悉
C. 思维贫乏
D. 思维散漫
E. 思维迟缓

84. 患者认真讲了一番话，但周围的医生们都不理解他要说什么问题，该症状为
85. 患者对医生的问题只能在表面上产生反应，缺乏进一步的联想，该症状为

（86～87 题共用备选答案）
A. 言语运动性幻觉
B. 被控制感
C. 错觉
D. 听幻觉
E. 似曾相识

86. 患者感到自己的身体不由自主的由外力操纵为
87. 患者在不言不语时自觉和正在说话一样为

（88～89 题共用备选答案）
A. 赘述症
B. 持续言语
C. 模仿言语
D. 刻板言语
E. 思维散漫

88. 患者在回答问题时对前一个问题的答案要重复多次才能转入后一个问题。该症状为
89. 患者无目的地模仿别人的言语，该症状为

（90～91 题共用备选答案）
A. 强制性思维
B. 思维插入
C. 联想散漫
D. 思维奔逸
E. 强迫思维

90. 患者反复出现一些想法，明知不必要或不合理，但无法控制。该症状为
91. 患者体验到脑内概念不断涌现，一个意念接着一个意念。该症状为

（92～93 题共用备选答案）
A. 物理影响妄想
B. 强制性思维
C. 痴呆
D. 关系妄想
E. 木僵

92. 在意识清晰情况下出现全面智力减退为
93. 认为周围环境中的无关事物和自己有关为

（94～95 题共用备选答案）
A. 情感淡漠
B. 情绪低落
C. 情感高涨
D. 情感不稳
E. 恐惧

94. 属于抑郁症的是
95. 属于躁狂症的是

（96～97 题共用备选答案）
A. 童样痴呆
B. 情感高涨
C. 睡眠障碍
D. 强制性哭笑

E. 情感倒错
96. 属于精神分裂症的是
97. 属于分离障碍的是
（98~99 题共用备选答案）
A. 思维联想内容障碍
B. 思维联想速度障碍
C. 思维联想数量障碍
D. 联想自主性障碍
E. 思维形式障碍
98. 被洞悉感
99. 强制性思维
（100~101 题共用备选答案）
A. 联想过程缺乏一定方向，概念间缺乏内在联系
B. 大脑中反复出现的观念，明知不必要，却摆脱不了，感到非常痛苦
C. 以往经验在记忆中大量脱失
D. 持续地重复某一单调的语句
E. 缺乏事实依据，患者却坚信不疑的病理信念
100. 思维破裂
101. 强迫思维
（102~104 题共用备选答案）
A. CCMD
B. ICD
C. DSM
D. SSRIs
E. MMPI
102. 中国精神疾病分类与诊断标准
103. 美国精神疾病分类与诊断标准
104. 国际疾病分类与诊断标准
（105~106 题共用备选答案）
A. SCL-90
B. MMPI
C. Hamilton rating scale for depression
D. PANSS
E. MMSE
105. 用于评定不同群体的心理卫生水平
106. 了解受评者的个性特征，也可以对精神科诊断起到一定的提示

第十四章　脑器质性疾病所致精神障碍

【A_1 型题】

1. 下列哪一项不是脑器质性精神障碍的表现
A. 神经系统阳性体征
B. 脑病的病史
C. 提示脑部疾病的物理化验异常
D. 精神症状
E. 明确的躯体疾病
2. 脑器质性疾病精神症状的有无在于
A. 左侧大脑半球受累
B. 右侧大脑半球受累
C. 双侧大脑半球受累
D. 大脑局部受累
E. 以上各项均可
3. 下列哪项不属于脑器质性精神障碍
A. 脑炎伴发精神障碍
B. 老年痴呆
C. 脑血管病所致精神障碍
D. 躯体疾病所致精神障碍
E. 癫痫伴发精神障碍
4. 不是血管性痴呆和阿尔茨海默病的临床鉴别要点的是
A. 早期人格是否保持良好
B. 病程是否呈波动性
C. 痴呆的严重程度
D. Hachinski 量表评分
E. 是否有高血压史
5. 阿尔茨海默病的早期症状主要为
A. 言语功能障碍
B. 记忆减退
C. 情绪急躁易怒
D. 幻觉
E. 妄想
6. 患者 18 岁以后由于各种原因所致的智力减退，称为
A. 痴呆
B. 遗忘
C. 精神发育迟滞
D. 虚构
E. 记忆减退
7. 关于谵妄，下列哪种说法错误
A. 患者可发生冲动行为
B. 患者的视幻觉多为恐怖性
C. 常有定向障碍
D. 患者可出现被害妄想
E. 患者突然变得安静，说明病情好转
8. 关于 HIV 感染所致精神障碍的说法，哪项不对
A. HIV 感染是一种慢性传染病
B. HIV 直接侵犯中枢神经系统，可引起一系列神经病理学改变
C. 10%~20% 的艾滋病患者可伴发痴呆
D. 精神症状表现为认知功能障碍、谵妄、精神病性症状和情感障碍
E. 如能及时治疗，多数患者可痊愈
9. 老年性痴呆的病理学特征性诊断依据是
A. 脑神经细胞减少
B. 脑神经细胞缩小
C. 老年斑、神经原纤维缠结
D. 染色体溶解
E. 胶质细胞增生

【A_2 型题】

10. 男性，65 岁。近 3 天夜间行为紊乱，说房间地板上有老鼠、蛇，能看见死人，表情恐

怖、紧张，不认识家人；白天较安静，喜卧床，不能回忆夜间行为，能认识家人。头部CT示：顶枕叶片状梗死灶。考虑患者处于

A. 痴呆状态
B. 幻觉妄想状态
C. 抑郁状态
D. 谵妄状态
E. 木僵状态

11. 男性，36岁。患者23岁结婚后半年开始怀疑爱人作风不正，常争吵，打爱人，过后又同爱人说："我也不信，就是耳朵里有人说你和别人有两性关系。"一次在田间劳动时突然看到全家人被一起埋在一个大坑里，当天突然将农场一台拖拉机砸毁，过后解释说是听到国家领导人在空中说："快砸。"患者14~15岁时有抽搐发作4~5次，其祖母患癫痫病，体格和神经系统检查正常，脑电各区暴发性尖慢活动，头部CT正常。其诊断是

A. 癫痫性精神障碍
B. 精神分裂症
C. 偏执性精神病
D. 脑肿瘤所致精神障碍
E. 脑炎所致精神障碍

12. 男性，35岁。患者1年前头部受外伤，后渐出现性格改变，孤僻、待人冷漠，爱发脾气，自私、不关心家人。该患者考虑诊断为

A. 躁狂病
B. 抑郁症
C. 双相情感障碍
D. 脑外伤所致精神障碍
E. 人格改变

13. 男性，22岁。1年来性格变得固执任性，放弃工作而一心钻研数学、哲学，有时突然变得茫然，乱翻床铺，持续时间短暂，过后否认是自己弄的，认为是别人搞得这样，一次回家路上听到母亲在桥上哭，走到桥上又听到母亲在河里哭，于是跳进河里找，被救出，意识恢复后感到奇怪。患者4岁和16岁时有癫痫发作史。脑电图见阵发性棘慢波。其诊断是

A. 精神分裂症
B. 癫痫所致精神障碍
C. 人格障碍
D. 偏执性精神病
E. 脑外伤性精神障碍

14. 王某，男，49岁。高血压病史10年，近3年来失眠，记忆力减退，工作效率下降，近1年来上述症状加重，言语不清，双手震颤，情绪低落，自责自罪，有时不认识周围人，裸体外跑。查体：眼底动脉细呈铜丝状，双膝腱反射亢进，病理反射未引出，头部CT扫描可见数个小的梗死灶。其诊断最可能是

A. 早老性痴呆
B. 抑郁症
C. 脑血管病所致精神障碍
D. 人格障碍
E. 精神分裂症

15. 男性，51岁。5年前患左侧大脑中动脉血栓形成，遗留右半身轻瘫，1年来认为自己患了癌症，到处求医检查均被否定，但患者仍坚信不疑，多次自杀未遂。查体：意识清醒，有命令性幻听、幻嗅、疑病妄想、被害妄想、情感脆弱、记忆力减退、理解力和判断力差，血压180/100mmHg。其诊断最可能是

A. 精神分裂症
B. 抑郁症
C. 早老性痴呆
D. 人格障碍
E. 脑血管病所致精神障碍

16. 郭某，女，24岁。患者13岁时脑外伤昏迷1小时抢救脱险，此后性格有极大变化，易激惹，敏感多疑，20岁结婚后总怀疑丈夫有外遇，凡爱人和女同志接触，即怀疑有不正当关系。因怀疑爱人同事杨某是爱人的情妇，嫉妒不已，让爱人打杨某，遭爱人拒绝，一日发现杨某10岁女儿独自一人，便将其打伤。躯体检查未见异常。其诊断应为

A. 精神分裂症偏执型
B. 偏执性精神病
C. 躯体疾病所致精神障碍
D. 脑外伤所致精神障碍
E. 人格障碍

17. 男性，21岁，农民。2个月来在劳动中有3次突然站立不稳要跌倒，4天前在村里看电影时突然看到身体前方有两个火球，因害怕跑出影院，当天在家突然持木棒将电视砸毁，其妹拦阻时被其咬伤，又用铁锹将邻居家门窗砸碎，被众人扭送公安局，患者过后回忆说："当天回家屋里一群人放火、打仗，以后就什么也不知道了。"脑电图双额前部出现棘波和尖波，躯体检查正常。该患者诊断是

A. 癫痫性精神障碍
B. 精神分裂症
C. 脑外伤性精神障碍
D. 癔症
E. 反应性精神障碍

18. 男性，17岁。近半月低热37.8℃，讲话含糊，情绪易激惹，对父母态度粗暴，有时打骂，胡言乱语，自笑，乱窜病室，抽搐1次，有大小便失禁。躯体检查：体温37.5℃，心率100次/分，血压140/90mmHg。下肢肌张力增高，右侧巴氏征（+），克氏征（-）。脑脊液检查：潘式试验阳性。精神检查：意

识模糊，表情呆滞，言语减少，偶有一言半语，称父母是“后爹娘”，无故自笑。头部CT正常，脑电图：弥漫性δ波以额颞为主，有阵发性尖波发放。该患者诊断是
A. 病毒性脑炎所致精神障碍
B. 精神分裂症
C. 脑肿瘤所致精神障碍
D. 癔症
E. 癫痫性精神障碍

19. 男性，33岁。1年来反复出现情绪低落，有自杀企图，有时又说：“我肯定被人害死。”癫痫大发作一次。神经系统检查：站立不稳，走路跌跌撞撞，右侧上下肢肌张力增高，右侧巴征（+）。精神检查意识清晰，被害妄想，反应迟钝，随地小便，表情呆板。脑脊液压力1.862kPa（190 mmH_2O），成分正常。头颅平片：蝶鞍明显扩大，鞍背及后床突已吸收消失。诊断是
A. 抑郁症
B. 精神分裂症
C. 脑炎所致精神障碍
D. 脑肿瘤所致精神障碍
E. 脑血管病所致精神障碍

【A_3/A_4型题】

（20~22题共用题干）

女性，53岁。3个月前在火车上急性起病，突然不认识女儿，恐惧说：“头痛，眼前有甲虫飞舞，兴奋，应当杀死她。”耳边听到儿子、女儿说话声，经当地治疗症状消失。1周前当听到儿子死亡的消息复发，症状同前，既往高血压史5年。躯体检查：血压200/90mmHg，神经检查正常。精神检查：意识模糊，恐惧，有幻觉，思维不连贯，智力减退，记忆力差，有时意识清晰，叙述自己儿子已死亡，性格急躁，易激动，血压升高时精神症状加重。

20. 最有意义检查
A. 头部CT
B. EEG
C. CSF
D. 人格测定
E. 头部超声

21. 本病例诊断考虑为
A. 脑血管病所致精神障碍
B. 老年性痴呆
C. 反应性精神病
D. 躯体疾病伴发精神障碍
E. 精神分裂症

22. 本病例治疗应采取
A. 抗精神病治疗
B. 治疗血管病
C. 脑血管制剂
D. 脑血管病治疗+抗精神病治疗
E. 心理治疗

（23~25题共用题干）

商某，男，60岁。半年前因精神因素起病，表现为失眠，好忘事，说话啰唆、重复近4个月，愁眉苦脸，要自杀，少言少语，觉得对不起子女，翻箱倒柜，认错家人，既往高血压，无卒中史，曾诊断为“抑郁症”“原发性高血压”，经治疗，一度病情好转，表现为豁然开朗，对往事感到莫明其妙，2天后病情复发。躯体检查：血压160/110mmHg，四肢肌张力增高，双手震颤，无病理反射。精神检查：阵发性意识不清，表情淡漠，缄默违拗，拒饮、拒食，近记忆力明显减退，告诉的事转眼即忘，远记忆尚可，能正确回忆重大生活事件。

23. 下列哪项检查最有意义
A. 地塞米松抑郁试验
B. 测血压心脏功能，心脏X线检查
C. 头颅CT
D. 脑脊液
E. 智力测试

24. 最可能诊断是
A. 抑郁症
B. 老年性痴呆
C. 脑血管病所致精神障碍
D. 精神分裂症
E. 反应性木僵

25. 最有效治疗措施为
A. 抗抑郁治疗
B. 抗精神病治疗
C. 心理治疗
D. 脑血管病治疗
E. 按脑血管病所致精神障碍治疗

（26~27题共用题干）

高某，男，63岁。4年前开始有症状，近1年日益加重，主要表现为不认识女儿，捧废旧物品，出门找不到家，不会穿衣，常呆坐、呆立、呆望，不言不语，对人冷淡，不关心家人。既往有冶游史。躯体神经系统检查：无异常。精神检查：意识清醒，定向障碍，记忆障碍，个位数加法计算正确，两位数加法常错，夜间不眠，到处摸索，说身边有人唱歌内容听不清，流露出悲观情绪，未见自杀行为，生活不能自理。辅助检查：血清和脑脊液梅毒试验阴性，脑脊液检查正常。CT表现为脑萎缩，额颞叶明显。

26. 最可能诊断是
A. 阿尔茨海默病
B. 脑血管性痴呆
C. 脑肿瘤
D. 麻痹性痴呆
E. 正常压力脑积水所致痴呆

27. 目前治疗效果、预后如何
A. 无有效治疗，预后不良
B. 手术治疗预后较好
C. 抗梅毒治疗，预后较好
D. 治疗脑血管病后尚可
E. 脑脊液分流手术，预后尚可

（28~30题共用题干）

男性，22岁。半年前起病，表现为有时头痛、头晕，部位不定，未予处理。话多，要办一个1000人的二厂，要当经理，周游

全世界，有好几个女朋友，情绪高涨。诊断躁狂症，经碳酸锂、氯丙嗪治疗后症状消失。神经系统检查无异常，2个月后意识清醒，情感淡漠，话少动作缓慢，不洗澡，不换衣服，记忆力好，无自杀观念，阵发性剧烈头痛，用头撞墙，每次半小时左右，曾癫痫大发作1次，喷射性呕吐1次。神经系统检查：眼底视乳头水肿，右侧肢体肌张力增高，巴氏征阳性，脑电图中度异常，大量病理高波幅θ波，左侧较多，脑超声中线向右移0.3cm。

28. 首先应做哪项检查
   A. 头部CT
   B. 复查脑电图
   C. CSF
   D. 抑郁症评定量表
   E. 躁狂症评定量表

29. 最可能诊断是
   A. 躁狂症
   B. 抑郁症
   C. 躁狂抑郁症
   D. 脑肿瘤所致精神障碍
   E. 癫痫所致精神障碍

30. 最有意义治疗措施是
   A. 抗躁狂治疗
   B. 抗抑郁治疗
   C. 抗癫痫治疗
   D. 手术治疗
   E. 抗精神病治疗

（31~33题共用题干）

患者，男性，43岁。近20年来每年发作一次鬼神附体，以大仙口气说话，要求父亲烧香拜佛，持续数小时后痊愈，一个半月前开始疲乏无力，不认家人，好忘事，小便尿在裤内，右侧轻偏瘫，右手拿不住东西，好跟别人说话。既往史：23岁时有冶游史。神经系统检查：两侧瞳孔不等大，右瞳孔边缘不整齐，左侧椭圆形，右侧瞳孔光反射消失。

31. 哪项检查最有必要
   A. 心理测验
   B. EEG
   C. CSF
   D. 血清和脑脊液梅毒试验
   E. 头部CT

32. 最可能是哪个诊断
   A. 梅毒所致精神障碍
   B. 早老性痴呆
   C. 精神分裂症
   D. 癔症
   E. 脑肿瘤

33. 最有效治疗
   A. 脑手术
   B. 氯丙嗪
   C. 大脑代谢剂
   D. 心理治疗
   E. 青霉素治疗

（34~35题共用题干）

女性，54岁。优秀话务员，近几年怀疑丈夫有外遇，看电视时激动，控制不住，外出走失1周找不到自己家，住在露天场所，公安人员收留将其送回家，吃饭用手抓着吃，记忆力下降，行为幼稚。既往高血压7年，脑梗死后10个月。神经系统检查：血压225/110 mmHg，说话口齿不清，右侧下肢轻偏瘫症状，肌张力增高，巴氏征（+）。精神检查：意识清晰，智力减退，个人生活不能自理，有大小便失禁。

34. 最有意义检查是哪项
   A. 头部CT
   B. EEG
   C. CSF
   D. 智商测定
   E. 脑血流图

35. 该患者考虑诊断为
   A. 阿尔茨海默病
   B. 血管性痴呆
   C. 脑炎所致精神障碍
   D. 脑外伤所致精神障碍
   E. 颅内肿瘤所致精神障碍

（36~38题共用题干）

男性，48岁。既往有冶游史，25岁时有皮肤损害，31岁时结婚，妻子第2年妊娠流产，3年前因精神因素呈兴奋状态，大声喊叫，焦虑、苦闷、坐立不安，夜间看见一个人腾云驾雾。躯体检查：无显著异常，神经系统检查：右瞳孔缩小，对光反射消失，面神经不全麻痹，手指及眼睑轻微震颤，右上肢霍夫曼征（+）。精神检查：有幻听，“耳边听到滔滔不绝的说话声和粗鲁的谩骂声”，记忆力减退，情绪低落，易激动。

36. 首先应检查哪项
   A. 血清和脑脊液梅毒试验
   B. 头CT
   C. CSF常规
   D. EEG
   E. 智商测定

37. 本病例诊断考虑
   A. 脑血管病所致精神障碍
   B. 梅毒所致精神障碍
   C. 早老性痴呆
   D. 精神分裂症
   E. 抑郁症

38. 本病例治疗
   A. 脑血管病治疗
   B. 抗梅毒+抗精神病
   C. 抗精神病
   D. 抗抑郁
   E. 按老年痴呆治疗

（39~40题共用题干）

女性，72岁。银行职员，高中文化，3年前开始记忆力下降，逐渐加重，刚吃完饭后就忘记，说没吃饭，记不住孙子的名字，把子女错认为别人，远记忆力尚可，经常吵闹要回原来的家，有时焦虑，简单计算尚可，复杂计算力差，在家乱翻东西，自己存折忘记放在什么地方，找不到认为被女儿偷去了，躯体及神经系统检查无显著异常。

39. 该患者做哪项检查最有诊断意义
   A. 头部CT
   B. CSF
   C. 脑电图
   D. 智商测定

E. 精神症状总体量表

40. 最可能诊断为
A. 老年性痴呆
B. 脑肿瘤
C. 脑血管病
D. 人格改变
E. 抑郁症

(41~43 题共用题干)

高某，女性，40 岁。半月前患“感冒”，头痛、恶心、呕吐两次，发热，当时按“感冒”治疗。此后逐渐出现精神萎靡，疲乏无力，表情淡漠，卧床不起，不食，不语，问话不答，时而独自发笑。既往健康。躯体检查：体温 38.5℃，脉搏 100 次/分钟，呼吸 20 次/分钟，血压 120/70mmHg，急性重症面容，体表消瘦，轻度脱水。神经系统检查：嗜睡状态，右下肢肌张力增高，腱反射亢进，有踝阵挛。精神检查：两眼呆滞，缄默不语，表情淡漠，蜡样屈曲，处于木僵状态。脑电图呈广泛中度异常。

41. 下列哪项检查最有意义
A. CSF
B. CT
C. 血常规，心电图
D. 头颅平片
E. MRI

42. 最可能的诊断是
A. 精神分裂症紧张型
B. 反应性木僵
C. 病毒性脑炎所致精神障碍
D. 脑肿瘤所致精神障碍
E. 抑郁性木僵

43. 最有效的治疗是
A. 抗精神病治疗
B. 心理治疗
C. 抗抑郁治疗
D. 手术治疗
E. 抗病毒+抗精神病治疗

(44~46 题共用题干)

女性，13 岁。两年前起病，于生气后突然大叫一声，随之倒地呼之不应，牙关紧闭，双眼上视，头颈后仰，四肢抽搐，无大小便失禁，无舌咬伤。发作停止后对整个过程不能回忆，未给予特殊处置，照常上学。2 个月后于夜间入睡后又出现抽搐，有小便失禁。抽搐停止后，突然起床冲出门外，无目的漫游，呼之不应，冲动毁物，持续 2 小时后恢复清醒，对经过全无记忆，此后反复有类似发作，平均每月 3 次。

44. 在以下检查中最可能见到异常的是
A. 心理测试
B. CT
C. MRI
D. EEG
E. 头颅平片

45. 该患者最可能的诊断是
A. 神经症
B. 癔症
C. 急性应激障碍
D. 癫痫
E. 脑肿瘤所致精神障碍

46. 最有效的治疗措施是
A. 心理治疗
B. 氯丙嗪治疗
C. 卡马西平治疗
D. 手术治疗
E. 电休克

第十五章 躯体疾病所致精神障碍

【A_1 型题】

1. 躯体疾病所致精神障碍的精神症状，除了
A. 脑衰弱综合征
B. 急性脑病综合征
C. 精神自动综合征
D. 慢性脑病综合征
E. 情感障碍

2. 躯体疾病所致精神障碍，临床表现的共同特点，不正确的是
A. 精神症状多有“昼轻夜重”的波动性
B. 可表现出急性或慢性脑病综合征
C. 精神症状一般发生在躯体疾病的恢复期
D. 病程及预后取决于原发躯体疾病的状况与治疗是否得当
E. 具有躯体疾病的临床表现和实验室阳性发现

3. 甲状腺功能减退症（简称甲减）的精神症状很少表现为
A. 情感平淡
B. 情绪低落
C. 精神运动性抑制
D. 精神运动性不安
E. 幻觉妄想

4. 症状性精神病最特征性症状是
A. 幻觉
B. 失语症
C. 不同程度的意识障碍
D. 被害妄想
E. 智力障碍

5. 最常见的急性脑病综合征的意识障碍是
A. 嗜睡
B. 昏睡
C. 昏迷
D. 意识模糊
E. 谵妄状态

6. 关于急性脑病综合征的意识障碍表现，错误的是
A. 错觉
B. 幻觉
C. 被害妄想
D. 关系妄想
E. 逻辑障碍

7. 对躯体疾病所致谵妄状态的处理，不正确的方法是
A. 积极治疗原发疾病
B. 精神症状对症处理
C. 加强护理与支持治疗

D. 环境干预，越安静越好
E. 告知家属相关知识，消除紧张情绪

8. 患者，男性。甲状腺功能减退并伴有幻觉妄想，使用抗精神病药治疗。最好应用以下哪种药物
A. 利培酮
B. 氯丙嗪
C. 多塞平
D. 地西泮
E. 氯氮平

9. 甲状腺功能亢进所致精神障碍主要的表现是
A. 意识混乱
B. 失眠
C. 幻觉
D. 妄想
E. 情绪低落，缺乏主动性

10. 躯体疾病所致的精神障碍的处理原则以下哪项不对
A. 首先必须治疗引起精神障碍的原发躯体疾病
B. 支持疗法包括维持水电解质平衡、充足的营养供应等
C. 护理包括安静、安全的环境和防止意外发生等
D. 对精神症状的控制应遵从大剂量、足疗程的原则
E. 要考虑治疗药物对患者的副作用

【A_2 型题】

11. 女性，34 岁。1 年来，情绪激动、失眠、心悸、疲乏、消瘦、话多、动作多、注意力不集中、突眼，诊断为甲状腺功能亢进所致精神障碍。其治疗原则哪项是错误的
A. 积极治疗原发病
B. 控制甲状腺功能亢进
C. 防止感染
D. 禁用精神药物
E. 心理治疗

12. 女性，42 岁。10 年来，畏寒、少汗、乏力、食欲缺乏、嗓音粗、月经不调、便秘、少言、少动、表情淡漠，近来出现面色苍白蜡黄，眼睑、颊部虚肿、呆钝、愚蠢，一过性幻视。该患者最可能的诊断是
A. 甲状腺功能低下所致精神障碍
B. 甲状腺功能亢进所致精神障碍
C. 肾上腺皮质功能减退所致精神障碍
D. 肾上腺皮质功能亢进所致精神障碍
E. 精神分裂症

13. 女性，46 岁。全身乏力，嗜睡，少言，动作缓慢，畏寒，体温低于正常，皮肤干燥、增厚、粗糙，呈非凹陷性水肿，智力、记忆力减退，听觉减退，步态不稳，共济失调，幻觉、妄想。该患者诊断为甲状腺功能减退所致精神障碍。其治疗措施哪项是错误的
A. 甲状腺素治疗
B. 防止感染
C. 足量抗精神病药物治疗
D. 慎用催眠药
E. 慎用麻醉药

【A_3/A_4 型题】

（14~16 题共用题干）

男性，28 岁。过去 6 个月中主要表现为焦虑，警觉性增高，集中注意的能力降低，易激惹，心悸，食欲增加但体重下降。该患者没有躯体或精神疾病史，没有药物滥用史。精神检查发现患者注意力下降、瞪目凝视、双手细震颤、语速快，焦虑。

14. 下列哪项检查对诊断最有帮助
A. 血常规
B. 尿常规
C. 血糖测定
D. T_3、T_4、TSH 测定
E. ACTH 兴奋试验

15. 该患者最可能的诊断是
A. 糖尿病所致精神障碍
B. 甲状腺功能亢进所致精神障碍
C. 肾上腺皮质功能亢进所致精神障碍
D. 甲状腺功能减退所致精神障碍
E. 肾上腺皮质功能减退所致精神障碍

16. 该患者的治疗可以选择
A. 应用肾上腺皮质激素
B. 甲状腺素
C. 雌激素
D. 手术治疗
E. 降糖药

（17~19 题共用题干）

男性，35 岁。3 年来多尿，口渴，多饮，多食，疲倦无力，注意力不集中，失眠，情绪低落，少言、少动，主动性差，反应迟钝，心烦，紧张。1 周来因兴奋不安、躁动、语无伦次而住院。

17. 下列哪项检查对诊断最有帮助
A. 血常规
B. 尿常规
C. 血糖测定
D. T_3、T_4、TSH 测定
E. ACTH 兴奋试验

18. 该患者最可能的诊断是
A. 糖尿病所致精神障碍
B. 甲状腺功能亢进所致精神障碍
C. 肾上腺皮质功能亢进所致精神障碍
D. 甲状腺功能减退所致精神障碍
E. 肾上腺皮质功能减退所致精神障碍

19. 该患者的治疗原则是
A. 应用肾上腺皮质激素
B. 甲状腺素
C. 雌激素
D. 控制糖尿病
E. 控制精神症状

（20～21 题共用题干）

女性，33 岁。1 年来情绪激动、失眠、心悸、疲乏、消瘦、话多、动作多、注意力不集中、突眼。2 个月来，患者表现为兴奋、躁动，幻听、幻视，被害妄想，关系妄想。

20. 以下哪项检查对诊断最有帮助
  A. T_3、T_4、TSH 测定
  B. Coombs 试验
  C. 抗核抗体
  D. 红细胞沉降率
  E. 抗“O”

21. 该患者最可能的诊断是
  A. 精神分裂症
  B. 甲状腺功能亢进所致精神障碍
  C. 肾上腺皮质功能亢进所致精神障碍
  D. 甲状腺功能减退所致精神障碍
  E. 肾上腺皮质功能减退所致精神障碍

第十六章　精神活性物质所致精神障碍

【A_1 型题】

1. 酒精戒断症状不包括哪项
  A. 单纯戒断反应
  B. 震颤谵妄
  C. 酒精性癫痫
  D. 酒精性幻觉症、妄想症
  E. 人格改变

2. 在临床上常用来缓解酒精依赖戒断症状的是
  A. 大剂量维生素
  B. 小剂量抗精神病药物
  C. 苯二氮䓬类
  D. 能量合剂
  E. 新型抗抑郁药

3. 单纯酒精戒断症状的处理正确的是
  A. 一般不需要处理，或使用苯二氮䓬类药物
  B. 常规使用抗精神病药物预防精神症状
  C. 一般不需要补充维生素类药物
  D. 常规使用抗癫痫药物以预防癫痫发生
  E. 应长期使用苯二氮䓬类药物以防戒断症状反跳

4. 下列不属于阿片类物质的是
  A. 海洛因
  B. 吗啡
  C. 苯丙胺
  D. 美沙酮
  E. 丁丙诺啡

5. 长期大量饮酒者如突然断酒，震颤谵妄常出现在断酒
  A. 48 小时后
  B. 24 小时后
  C. 12 小时后
  D. 72 小时后
  E. 8 小时后

6. 慢性酒精中毒的震颤谵妄的临床表现是
  A. 长期饮酒过程中出现的慢性精神症状群
  B. 长期饮酒过程中出现的记忆障碍
  C. 停酒后缓慢出现的记忆障碍
  D. 长期饮酒停酒后出现的急性精神症状群
  E. 长期饮酒过程中出现的行为改变

7. 导致精神障碍的精神活性物质中哪项是依赖性药物
  A. 泼尼松
  B. 哌替啶
  C. 异烟肼
  D. 阿托品
  E. 颠茄

8. 有关可卡因的叙述不正确的是
  A. 具有阿片类的药理作用
  B. 有高度精神依赖性
  C. 中毒时可出现小人国样幻视
  D. 与苯丙胺有类似的药理作用
  E. 戒断后不会出现与酒精依赖时相似的躯体表现

9. 酒精在体内的主要代谢部位是
  A. 肝脏
  B. 肾脏
  C. 脾脏
  D. 胃肠道
  E. 呼吸道

10. 中枢神经兴奋剂是指以下哪种
  A. 哌替啶
  B. 司可巴比妥
  C. 甲丙氨酯（眠尔通）
  D. 可卡因
  E. 苯丙胺

11. 下列物质均为毒品，除外
  A. 海洛因
  B. 大麻
  C. 可卡因
  D. 咖啡因
  E. 阿片

12. 吗啡和海洛因等短效药物的戒断反应的极期常出现于停药后
  A. 8～12 小时
  B. 48～72 小时
  C. 4～7 天
  D. 8～10 天
  E. 12～24 小时

13. 下列不符合酒精性震颤谵妄的是
  A. 在戒酒后发生
  B. 有意识障碍
  C. 有大量的感知异常
  D. 全身肌肉有粗大的震颤
  E. 症状多迁延，可持续数月

14. 有关美沙酮替代治疗，下列叙述不正确的是
  A. 替代时间一般不超过 21 天

B. 逐日减量，只减不加
C. 首日剂量为60~90mg
D. 首日使用剂量可通过观察瞳孔、脉搏、血压及其他戒断症状来判定
E. 减量过程可以先快后慢，限时减完

15. 下列不属于苯丙胺类兴奋剂的是
A. 安非他明
B. 冰毒
C. 麻黄碱
D. 匹莫林
E. 海洛因

16. 药物依赖是指
A. 对药物强烈的渴求
B. 对药物的需要
C. 躯体依赖
D. 精神依赖
E. 服药后获得的特殊快感

17. 在引起药瘾的因素中，以下哪项是错误的
A. 药物的可获得性
B. 遗传学因素
C. 人格的易感性
D. 社会文化因素
E. 人主观因素

18. 下列哪项不是吗啡成瘾的精神症状
A. 痴呆
B. 情绪低落、消沉、易激惹
C. 用成瘾药后情绪高涨、活跃
D. 记忆力下降
E. 人格改变

19. 精神活性物质又称为成瘾物质，在哪方面对人类没有作用
A. 情绪
B. 思维
C. 行为
D. 意识状态
E. 提高智力

20. 慢性酒精中毒不包括
A. 依赖综合征
B. 病理性醉酒
C. 酒精中毒性幻觉症
D. 酒精中毒性妄想症
E. 酒精中毒性痴呆

21. 大麻中所含精神活性物质最主要成分是
A. Δ9-四氢大麻酚
B. 咖啡因
C. 海洛因
D. 麻黄碱
E. 多巴胺

22. 酒精性震颤谵妄为
A. 一次大量饮酒出现的精神障碍
B. 长期饮酒后出现的幻觉妄想状态
C. 慢性酒精中毒突然停饮后出现的急性精神障碍
D. 慢性酒精中毒后出现的Korsakoff综合征
E. 慢性酒精中毒后出现的Wernick脑病

23. 关于阿片类物质滥用的认知行为治疗，哪条不是其主要目的
A. 改变导致适应不良行为的认知方式
B. 改变导致吸毒的行为方式
C. 帮助患者应付急性或慢性渴求
D. 提高患者社会技能、强化不吸毒行为
E. 缩短其急性脱毒期的时间

24. 关于阿片类物质依赖的非替代治疗，常用的药物及治疗手段不包括
A. 可乐宁
B. 中草药、针灸
C. 美沙酮
D. 镇静催眠药
E. 莨菪碱类药物

25. 一般认为，使用成瘾性物质后产生“快感”是由于
A. 突触间隙DA减少
B. 突触间隙DA增加
C. 突触间隙NE减少
D. 突触间隙NE增加
E. 突触间隙5-HT增加

26. 有关酒精的代谢吸收，下面错误的是：
A. 主要在小肠上部吸收
B. 主要代谢场所在肝脏
C. 最终代谢产物是乙酸
D. 代谢中需要一些酶及辅酶参加
E. 参与酒精代谢的是乙醛脱氢酶系统和微粒体乙醇氧化系统

27. 关于戒断状态一般的表现哪项是错误的
A. 情绪改变
B. 幻觉或错觉
C. 人格改变
D. 判断力增强
E. 失眠

28. 我国的毒品不包括
A. 阿片类
B. 酒精
C. 大麻
D. 苯丙胺
E. 可卡因

29. 以下哪一项不是酒依赖的特征
A. 强烈的饮酒欲望
B. 耐受性增加
C. 难以控制自己的饮酒行为
D. 无戒断症状
E. 明知饮酒会导致各种不良后果，仍坚持饮用

30. 急性酒中毒不包括以下哪个类型
A. 普通醉酒状态
B. 单纯醉酒
C. 病理性醉酒
D. 复杂性醉酒
E. 酒中毒性脑病

【A_2型题】

31. 男性，40岁。多年饮酒，不饮酒则身体难受、失眠、出汗等。终止饮酒2天后，患者出现激越症状，凭空听到其他患者称他是同性恋，而意识清晰，定向力完整。患者诊断为

A. 精神分裂症
B. 酒精中毒性幻觉症
C. 心因性精神障碍
D. 抑郁症
E. 癫痫性精神障碍

32. 男性，55 岁。有长期饮酒史，近期患者出现严重的近记忆力障碍，遗忘、错构、虚构和定向力障碍。此为
A. Wernick 脑病
B. Korsakoff 综合征
C. 精神发育迟滞
D. 老年性痴呆
E. Ganser 综合征

【A_3/A_4 型题】

（33~36 题共用题干）

男性，24 岁。入院 6 小时后急起出现头痛、呕吐、腹泻、流泪、流涕、打哈欠、全身骨头痛、坐立不安。

33. 对该患者采集病史时应特别注意询问
A. 头痛史
B. 平时睡眠情况
C. 药物滥用史
D. 吸烟史
E. 呕吐、腹泻的程度

34. 如果患者乞求医生注射哌替啶，其主要目的可能是
A. 镇痛
B. 止呕
C. 镇静
D. 止泻
E. “过瘾”

35. 如果予以盐酸吗啡 10mg 静脉注射后，所有症状很快缓解甚至消失，则可基本确诊该患者有
A. 可卡因依赖
B. 大麻依赖
C. 巴比妥类依赖
D. 阿片类物质依赖
E. 苯丙胺依赖

36. 怎样才能准确而又方便地识别一个人是否有阿片类物质依赖
A. 询问用药史
B. 威胁要送派出所
C. 由公安审问
D. 予以吗啡注射，看是否出现欣快感
E. 尿毒品检测

【B_1 型题】

（37~40 题共用备选答案）
A. 巴比妥类
B. 苯丙胺
C. Δ9-四氢大麻酚
D. 丁丙诺啡
E. 丙酮

37. 属于中枢神经系统兴奋剂的是
38. 属于中枢神经系统抑制剂的是
39. 大麻类物质的主要成分是
40. 作用于阿片受体发挥其生物学活性的是

（41~44 题共用备选答案）
A. 48~72 小时
B. 8~12 小时
C. 3~8 天
D. 48 小时左右
E. 12~48 小时

41. 酒精依赖患者癫痫发作的时间常在戒断后
42. 酒精依赖患者震颤谵妄常发生在戒断后
43. 海洛因依赖患者出现戒断反应的时间常在戒断后
44. 海洛因依赖患者戒断症状达极期的时间常在戒断后

（45~47 题共用备选答案）
A. 哌替啶
B. 地西泮
C. 苯丙胺
D. 麦角酸二乙酰胺
E. 尼古丁

45. 属于致幻剂的是
46. 属于兴奋剂的是
47. 属于阿片类的药物是

第十七章　精神分裂症

【A_1 型题】

1. 精神分裂症患者最常见的幻觉是
A. 味幻觉
B. 触幻觉
C. 视幻觉
D. 听幻觉
E. 嗅幻觉

2. 不属于精神分裂症的阳性症状的是
A. 联想散漫
B. 妄想
C. 幻觉
D. 注意力不集中
E. 行为紊乱

3. 关于精神分裂症偏执型，不正确的说法是
A. 临床表现以相对稳定的妄想为主
B. 不常伴幻觉
C. 妄想内容比较荒谬
D. 缓慢发病者多
E. 及时治疗效果好

4. 紧张综合征主要见于
A. 精神分裂症紧张型
B. 精神分裂症青春型
C. 癔症
D. 神经衰弱
E. 躁狂症

【A_2 型题】

5. 男性，23 岁。3 个月前起病，说话语无伦次，常自言自语，说自己是神仙，是伟人，对异性有非分之想，攻击亲人。查体：意识清晰，兴奋躁动，思维破裂，内容离奇，难以理解，认为门外有人要杀他，有一台

电脑在影响他的大脑，使大脑在不停地转。躯体及神经系统检查未见显著异常。该患者诊断是
A. 躁狂症
B. 抑郁症
C. 精神分裂症
D. 分离性障碍
E. 神经症

6. 男性，18岁，高三学生。既往学习成绩一贯优良，品德良好。据父母反映该生近半年来，可能因为学习任务太重，高考压力太大，出现学习成绩明显下降，且变得孤僻不与人交往，对父母态度冷漠又粗暴，失眠，有时自语自笑。精神检查时，该学生回答问题语词单调，对上述表现回答说压力太大、脑子变得空白、听不进老师讲课、记忆力变差，回答时面无表情。该学生最可能的病情诊断是
A. 焦虑症
B. 抑郁症
C. 精神分裂症
D. 神经衰弱
E. 应激相关障碍

7. 女性，29岁。10个月前起病，言语错乱，让人难以理解，骂人毁物，逐渐言语活动减少，不能与周围人沟通，近3个月来呆坐少语，自笑，认为自己的事别人都能知晓，有人要害自己。查体：意识清晰，目光表情呆滞，耳边有命令性幻听，被害妄想，被洞悉感，有思维中断，躯体及神经系统检查无显著异常。该患者诊断为
A. 抑郁症
B. 精神分裂症
C. 脑肿瘤所致精神障碍
D. 内分泌疾病所致精神障碍
E. 偏执性精神障碍

8. 男性，27岁。病程5年，性格孤僻，不上班，将自己的东西都卖掉，流浪街头，睡门洞，在饭店讨饭吃，时有自言自语，经常呼唤着因病过世的母亲的名字。精神检查：意识清晰，衣着不整，表情淡漠，对人冷淡，常对人冷笑，孤僻离群，时有奇怪想法，如“不能利用出现的一种倾向掩盖另一种倾向”。躯体及神经系统检查无异常。该患者诊断是
A. 分裂性人格
B. 精神分裂症
C. 抑郁症
D. 精神发育迟滞
E. 脑器质性精神障碍

9. 男性，59岁。病程3~4年，主要表现不愿与他人接触，喜独处沉思，自言自语，大吵大闹，无故打人，言语少，情感淡漠，孤僻，赤足露胸，生活懒散，衣着不整，不洗澡，随地大小便，需要什么用手打手势示意，思维贫乏，自发言语杂乱无章。躯体检查：神经系统检查均正常。诊断为
A. 精神分裂症
B. 老年性痴呆
C. 人格改变
D. 脑器质性精神障碍
E. 抑郁症

【A_3/A_4型题】

（10~12题共用题干）

男性，30岁。约1年时间孤僻、寡言，近期由于被上级批评后出现失眠，不上班并紧闭门窗，声称有人监视自己，在家中不敢谈话，说家中已被安装窃听器，公安局也要逮捕自己，不吃妻子做的饭，认为妻子已同他人合伙在饭菜中放了毒药，因此殴打妻子

10. 本病例最可能的诊断是
A. 精神分裂症紧张型
B. 精神分裂症偏执型
C. 抑郁症
D. 反应性精神病
E. 躁狂症

11. 药物治疗应首选
A. 丙米嗪
B. 利培酮
C. 氯硝西泮
D. 碳酸锂
E. 氯丙咪嗪

12. 除药物治疗外要注意的是
A. 说服患者放弃怀疑
B. 外出旅行、疗养
C. 防止发生意外
D. 更换工作单位
E. 请上级、同事改变对患者的态度

（13~15题共用题干）

女性，35岁。半年前其母亲突然病故，此后失眠、情绪低沉、不愿与人交往。近3个月来独处时常听见有声音对她讲话，说母亲病故与某人有关，故多次给公安机关写信反映母亲被害之事，后来又感到自己的思维、情感不由自己支配，自己的想法还未说出已人人皆知，常独自哭泣。神经系统检查未见异常，有慢性肝炎病史3年，目前肝功ALT 80U/L。

13. 该患者没有出现的症状是
A. 被害妄想
B. 强制性思维
C. 情感低落
D. 被洞悉感
E. 言语性幻听

14. 该患者最可能的诊断是
A. 抑郁症伴精神病性症状
B. 反应性精神病
C. 神经衰弱
D. 精神分裂症伴抑郁症状
E. 躯体疾病所致精神障碍

15. 该患者治疗首选的药物是
A. 氯硝西泮
B. 氟西汀
C. 地西泮
D. 丙米嗪
E. 利培酮

（16~18题共用题干）

男性，22岁，大学二年级学

生。近1年来听课发愣，不做笔记，时有自语自笑，动作迟缓，吃一顿饭要1个多小时，患者5天前开始终日卧床，不吃饭，不知上厕所。精神检查：意识清晰，卧床不动不语，针刺其身体无反应，肌张力增高，令患者张嘴，其反把嘴闭得更紧，把患者肢体摆成不舒服的姿势，可以保持很久不变，躯体及神经系统检查无异常。

16. 患者不具备下列哪一项症状
A. 情绪低落
B. 情感淡漠
C. 蜡样屈曲
D. 违拗
E. 木僵

17. 该患者的正确诊断是
A. 抑郁症
B. 脑炎
C. 精神发育迟滞
D. 癔症
E. 精神分裂症

18. 最有效的治疗措施是
A. 抗抑郁治疗（阿米替林）
B. 抗躁狂治疗（碳酸锂）
C. 抗焦虑治疗（地西泮）
D. 抗精神病治疗（舒必利）
E. 应用抗生素（头孢曲松）

第十八章　心境障碍

【A_1 型题】

1. 抑郁发作的生物学特征一般不包括
A. 情绪呈昼重夜轻的节律改变
B. 早醒
C. 便秘
D. 食欲和性欲减退
E. 焦虑不安

2. 下列关于躁狂发作的描述，哪项不正确
A. 具有感染力
B. 可情绪反应不稳定
C. 注意力增强，持久
D. 病前可有乏力，失眠等症状
E. 起病可急性或亚急性

3. 有关情感性障碍伴随睡眠障碍的叙述，错误的是
A. 抑郁症患者常主诉早醒
B. 双相障碍的抑郁患者可抱怨睡眠过多
C. 睡眠潜伏期（从入睡到REM睡眠的时间）常缩短
D. 睡眠剥夺可能使抑郁症状有短暂的恢复
E. 躁狂患者因活动过度，通常需要大量睡眠

4. 抑郁发作患者的木僵哪项是错误的
A. 面无表情
B. 不吃不喝
C. 意识障碍
D. 对体内外刺激无反应
E. 呆坐呆立

5. 情感性精神障碍的鉴别诊断，不包括下述哪项
A. 精神分裂症
B. 躯体疾病所致精神障碍
C. 药物所致精神障碍
D. 精神发育迟滞
E. 脑器质性精神障碍

6. 有关心境障碍下列描述不正确的是
A. 躁狂发作多为急性或亚急性起病
B. 发作间歇期一般缓解完全
C. 抑郁发作多慢性起病
D. 一般抑郁发作的发病年龄要晚于躁狂发作
E. 多数预后较好

7. 碳酸锂重度中毒时治疗措施不正确的是
A. 减少碳酸锂剂量
B. 停用碳酸锂
C. 补液
D. 透析
E. 利尿

8. 心境障碍一般具有以下特点
A. 发作一次，加重一次，残留阴性症状
B. 一次发作，永不缓解
C. 反复发作，从无缓解期
D. 反复发作，大多数能缓解
E. 一次发作，终生不发

9. 以下哪一类不属于抗抑郁药
A. 三环类抗抑郁药
B. 单胺氧化酶抑制剂
C. 四环类抗抑郁药
D. 苯二氮䓬类
E. SSRI类

10. 通常三环类抗抑郁药物的每天治疗剂量为
A. 50mg
B. 50~75mg
C. 75~100mg
D. 100~200mg
E. 300~400mg

11. 对轻、中度抑郁发作治疗一般首选
A. MAOIs
B. 电休克治疗
C. SSRIs
D. 抗精神病药
E. 锂盐

12. 抗抑郁药物治疗原则不包括
A. 个体化合理用药
B. 停药时逐渐减量
C. 起始剂量应足量、足疗程
D. 尽可能单一用药
E. 倡导全程治疗

13. 诊断抑郁发作的首要症状是
A. 精力明显减退、疲乏
B. 思维困难、联想缓慢
C. 情绪低落、兴趣下降
D. 自卑、自责、自杀观念
E. 失眠、早醒、体重减轻

14. 碳酸锂中毒的早期表现是
A. 发热、定向障碍
B. 震颤、共济失调
C. 厌食、恶心、呕吐等胃肠道反应
D. 癫痫大发作
E. 下肢水肿、多尿

15. 影响抑郁复发的因素除了哪项
A. 维持治疗的药物剂量或时间不足
B. 心理、生理应激
C. 社会适应不良
D. 有心境障碍家族史
E. 抑郁发作时的严重程度

16. 关于躁狂发作的临床表现，你认为哪项说法正确
A. 躁狂发作患者没有幻觉、妄想、思维散漫
B. 躁狂发作患者都有幻觉、妄想、思维散漫
C. 部分躁狂发作患者有精神症状，但随情感症状的好转而消失
D. 部分躁狂发作患者有精神症状，且不随情感症状的好转而消失
E. 躁狂发作患者的生活、工作和学习常受到病态的明显影响

17. 下列哪项不符合躁狂发作的特点
A. 以显著而持久的情感高涨为主要表现
B. 伴有思维奔逸、活动增多等
C. 多数为持续性病程
D. 神经系统及躯体检查一般无阳性发现
E. 有较高的同类疾病的阳性家族史

18. 抑郁发作的核心症状包括
A. 情绪低落，兴趣缺乏，快感缺失
B. 思维迟缓，运动性迟滞，睡眠障碍
C. 自责自罪，自杀行为，焦虑
D. 情绪低落，思维迟缓，运动性迟滞
E. 食欲缺乏，思维迟缓，自责自罪

19. 躁狂发作患者活动增多表现，除了哪项
A. 整日忙碌
B. 好管闲事
C. 引人注意
D. 生活节俭
E. 行为轻浮

20. 躁狂发作的基本症状
A. 思维奔逸
B. 活动增多
C. 夸大观念及夸大妄想
D. 情感高涨
E. 睡眠需要减少

21. 抑郁发作时，1日之内的规律是
A. 晨轻夜重
B. 晨重夜轻
C. 中午起逐渐加重
D. 中午最严重以后减轻
E. 半夜最重

22. 关于抑郁发作的诊断标准，正确的是
A. 病程应持续3个月以上
B. 自责、内疚，但不能达到妄想程度
C. 特征性睡眠障碍为入睡困难
D. 可出现精神运动性激越
E. 严重者可出现思维贫乏

23. 躁狂发作的典型临床症状是
A. 情感高涨、思维奔逸、活动增多
B. 情感高涨、夸大观念及夸大妄想、活动增多
C. 思维奔逸、活动增多、食欲增加
D. 情感高涨、思维奔逸、睡眠需求减少
E. 思维奔逸、睡眠需求减少、活动增多

24. 躁狂发作患者的躯体症状最不可能是
A. 面色红润
B. 躯体不适
C. 体重减轻
D. 心率加快
E. 便秘

【A_2型题】

25. 女性，40岁。10年前因胆结石行胆囊切除术，术后病情痊愈。2年前单位倒闭，患者被安排到另一单位看大门，觉得看大门很没面子，但为生活着想又不得不去上班。1年前患者出现胆囊区皮肤触摸疼痛、胃胀不适伴阵发性心悸、胸闷、失眠、心情不好。患者四处求医，反复做腹部B超、胃镜、心电图、全套血液生化检查，结果均正常。服过一些药物，病情时好时坏。患者不相信任何检查结果及医生的解释，仍要继续医治。该患者的诊断是
A. 抑郁症
B. 焦虑症
C. 强迫症
D. 胆囊切除术后综合征
E. 躯体形式障碍

26. 女性，30岁。3个月来工作较累，近3周出现兴趣缺乏，易疲劳，言语少，动作迟缓，自觉脑子笨，没有以前聪明，早醒，食欲缺乏，腹胀，便秘，全身酸痛，有时感心悸、气促。总觉得自己患了不治之症，给家庭带来了许多麻烦。该患者最可能的诊断是
A. 焦虑症
B. 神经衰弱
C. 疑病症
D. 抑郁症
E. 心身疾病

27. 男性，32岁。近半月来自觉聪明过人，能力非凡，精力旺盛，逢人打招呼，整天喜气洋

洋。乱买东西送人，喜欢唱歌、跳舞，喜欢结交朋友，尤其喜欢接近异性。交谈时，滔滔不绝，自觉思维加快，脑子里一个念头接一个念头出现，写文章一挥而就。好管闲事，做事虎头蛇尾，举止轻浮，不顾后果，情绪不稳，常为小事而勃然大怒。该患者最可能的诊断为

A. 精神分裂症
B. 反应性精神障碍
C. 人格障碍
D. 无病
E. 躁狂发作

【A_3/A_4型题】

（28~31题共用题干）

男性，26岁。1个月来，兴高采烈，话多，自觉思维敏捷"脑子特别灵""自己有超人才能"，整日忙碌不停，精力旺盛，爱表现自己，举止轻浮，好接近异性，食欲亢进，体重减轻，睡眠时间减少，无疲倦感。

28. 其精神症状不包括哪项
A. 心境高涨
B. 思维奔逸
C. 罪恶妄想
D. 夸大妄想
E. 活动增多

29. 该病主要表现为
A. 一般无幻觉
B. 明显的思维联想松散
C. 紊乱性兴奋躁动
D. 协调的精神运动性兴奋
E. 行为轻浮

30. 该患者的典型症状不包括
A. 情感高涨
B. 思维形式障碍
C. 思维内容障碍
D. 活动增多
E. 意志减退

31. 该患者治疗的首选药是
A. 氯氮平
B. 碳酸锂
C. 氯丙嗪
D. 氟哌啶醇
E. 卡马西平

（32~33题共用题干）

女性，42岁。2个月来，情绪低落，兴趣索然，自觉"高兴不起来"，生不如死，"自己的脑子不灵了""像是生了锈的机器"，认为自己成了家庭和社会的累赘，"成了废物"，有胸闷、心悸、心悸的症状，自认为有严重心脏病，不能治愈。主动性言语及活动明显减少，生活被动，愿独处。曾多次自杀未遂，睡眠不好，早醒。

32. 该患者的精神症状不包括
A. 情绪低落
B. 思维迟缓
C. 自责自罪观念
D. 夸大妄想
E. 意志活动减退

33. 该患者的思维表现不包括
A. 思维云集
B. 思维迟缓
C. 自杀企图
D. 疑病观念
E. 自责自罪观念

34. 该患者首要注意的问题是防止
A. 活动少而引起的合并感染
B. 拒食导致营养不良
C. 自杀行为
D. 冲动伤人
E. 症状波动

（35~38题共用题干）

女性，20岁。1年前升入重点高中，学习比较紧张，又不适应住宿环境，睡眠差，经常睡不着觉。学习能力和学习成绩均下降，压力大，家人发现其"提不起精神""不如以前活泼"，3个月前表现出厌学的情绪，脑子反应非常迟钝，上课根本听不懂老师在讲些什么，自卑，自责，觉得自己一无是处，想用死来解脱，用铅笔刀割伤手腕自杀未遂。

35. 该患者最可能的诊断是
A. 焦虑症
B. 神经衰弱
C. 疑病症
D. 抑郁症
E. 心身疾病

36. 该患者治疗首选
A. 电抽搐治疗
B. 心境稳定剂
C. 抗抑郁药物
D. 心理治疗
E. 抗精神病药物

37. 该患者应用一种SSRIs类药物足量治疗1周无明显效果，下一步该如何治疗
A. 换用另一种SSRIs类药物
B. 换用三环类抗抑郁药物
C. 合用两种以上抗抑郁药
D. 继续原药物治疗至足疗程
E. 合月抗精神病药

38. 如患者经过8周治疗后，症状缓解，还需要巩固治疗多长时间
A. 2~3个月
B. 3~4个月
C. 4~5个月
D. 8~9个月
E. 10~12个月

第十九章 神经症性及分离（转换）性障碍

【A_1型题】

1. 关于神经症性障碍，正确的叙述是
A. 多数伴有人格障碍
B. 多在强烈心理刺激下发病
C. 症状的特异性较差
D. 起病一般较急
E. 患者的社会功能不受影响

2. 焦虑障碍患者不应出现下述哪一条症状
A. 焦虑
B. 紧张
C. 恐惧
D. 幻听
E. 自主神经系统症状
3. 不属于神经衰弱常见症状的是
A. 易兴奋、易疲劳
B. 意志减退
C. 紧张性头痛
D. 情感脆弱
E. 缺乏睡眠感
4. 关于脑衰弱综合征，错误的叙述是
A. 核心症状是易兴奋和易疲劳
B. 睡眠障碍是其常见症状之一
C. 可继发于许多躯体疾病
D. 可见于精神分裂症
E. 对于神经衰弱具有诊断特异性
5. 针对焦虑障碍下列哪一种说法是错误的
A. 焦虑障碍的发作者有遗传基础
B. 焦虑障碍患者运动后血中乳酸较对照组高
C. 焦虑障碍患者有去甲肾上腺素能活动增加
D. 焦虑障碍的发生可能与5-羟色胺功能增高有关
E. 焦虑障碍患者的发病与脑内病毒感染有关
6. 对强迫障碍最有效的是下列哪一种药物
A. 氯氮平
B. 多虑平
C. 阿普唑仑
D. 氯丙嗪
E. 氯丙米嗪
7. 行为疗法对下列哪种强迫症状有效
A. 强迫性回忆
B. 强迫性穷思竭虑
C. 强迫性对立思维
D. 强迫性仪式动作
E. 强迫性计数
8. 不属于分离性运动和感觉障碍症状的是
A. 分离性遗忘
B. 分离性感觉障碍
C. 分离性运动障碍
D. 癔症球
E. 分离性抽搐
9. 关于分离（转换）性障碍的发病，下列哪种说法不正确
A. 农村人群患病率明显高于城市
B. 女性高于男性
C. 近年有逐渐升高趋势
D. 发病年龄多在16~35岁
E. 文化落后地区患病率较高
10. 下列哪一条不属于分离（转换）性障碍患者的常见性格
A. 情感丰富
B. 暗示性高
C. 自我中心
D. 富于幻想
E. 谨小慎微
11. 诊断分离（转换）性障碍最重要的是
A. 症状呈发作性
B. 暗示治疗有效
C. 有癔症性格
D. 排除器质性疾病
E. 有精神刺激
12. 分离性抽搐下列哪项是错误的
A. 发作时无固定先兆
B. 无舌咬伤及尿便失禁
C. 抽搐时间一般比癫痫短
D. 发作时瞳孔不散大
E. 一般无面色发绀
13. 分离（转换）性障碍的临床症状下列哪条不会出现
A. 情感暴发
B. 意识障碍
C. 可有失明症状
D. 运动感觉障碍
E. 智力全面减退
14. 分离（转换）性障碍的主要治疗方法是
A. 心理治疗
B. 电休克治疗
C. 药物治疗
D. 体育锻炼
E. 休息疗养
15. 分离（转换）性障碍患者神经系统检查下列哪条正确
A. 患肢肌张力持续增高
B. 巴宾斯基征阳性
C. 霍夫曼征阳性
D. 单侧瞳孔对光反射消失
E. 一般无神经系统阳性体征
16. 分离（转换）性抽搐和癫痫大发作，下列哪一条不能作为鉴别要点
A. 夜间入睡后是否有发作
B. 发作时是否有脑电图特征性变化
C. 发作时有无角弓反张
D. 发作时有无尿便失禁
E. 发作时瞳孔是否散大，对光反射是否消失

【A_2 型题】

17. 女性，22岁。1年前开始复习准备报考研究生，近半年出现没有精力，反应迟钝，注意力不集中，记忆力差，心情紧张而不能松弛，易激惹，有时感觉头痛、乏力，入睡困难，最近1个月加重。最可能的诊断是
A. 抑郁症
B. 焦虑症
C. 恐惧症
D. 强迫症
E. 神经衰弱
18. 男性，40岁。1年前提拔到领导岗位，近半年出现脑力活动效率明显下降，该患者易疲劳，有时回忆和联想增多且控制不住，兴奋伴有不快感，但无言语运动增多，易激惹，肢体肌肉酸痛，醒后感到不解乏，不愿上班。该患者最可能

是患有
A. 躁狂症
B. 焦虑症
C. 神经衰弱
D. 抑郁症
E. 恐惧症

19. 女性，32岁。患神经衰弱近1年，未治疗，现来诊，应首先选择下列哪种药物治疗
A. 抗焦虑药
B. 营养脑神经药物
C. 抗躁狂药
D. 抗精神病药
E. 催眠药

20. 女性，32岁。患神经衰弱3个月余，未经治疗，主要表现头痛、失眠、脑力疲乏、精神易兴奋，应选择下列哪种药物进行治疗
A. 地西泮
B. 氯氮平
C. 利培酮
D. 喹硫平
E. 氯丙嗪

21. 女性，19岁。在与同学争吵过程中突然晕倒，呼之不应，推之不动，四肢发硬，僵卧于床，双目紧闭，眼睑颤动，同学急抬入病房，询问家属，患者既往有类似发作史，神经系统检查未见阳性体征。最可能诊断为
A. 恐惧症
B. 焦虑症
C. 人格障碍
D. 抑郁症
E. 分离（转换）性障碍

22. 女性，21岁。平素感情丰富，好幻想，自幼家里娇惯，4个月前在与家人发生矛盾后，突然出现夸张行为，有时故作小孩状，不认识家人，用歌谣的形式回答问题，有时自言自语，多是与父母发生矛盾的内容，持续约半小时，后反复发作多次，均有精神诱因。该患者最可能的诊断为
A. 急性应激反应
B. 创伤后应激障碍
C. 恐惧症
D. 分离（转换）性障碍
E. 焦虑症

23. 女性，28岁。3个月前因工作失误，造成企业损失，在经理批评其时突然号啕痛哭，时而大笑，大吵大闹，声嘶力竭为自己辩解，撕衣服，以头撞墙，在地上打滚，持续近1小时，后肌内注射地西泮10mg后稳定，近两日，因家庭问题多次出现上述症状，神经系统检查未见阳性体征。该患者最可能的诊断是
A. 急性应激反应
B. 创伤后应激障碍
C. 人格障碍
D. 恐惧症
E. 分离（转换）性障碍

24. 女性，23岁。半年前祖父去世送葬，极为悲伤，回家后，自称村里一位已死2年的青年男性附在其身上，并以“男青年”的身份和口气与人说话，持续约4小时，之后反复发作十几次，均有精神诱因，神经系统检查未见阳性体征。该患者最可能的诊断是
A. 恐惧症
B. 精神分裂症
C. 分离（转换）性障碍
D. 强迫症
E. 焦虑症

25. 男性，24岁。两日前因与邻居发生口角，对方用镰刀砍中其右臀部，之后其右下肢马上瘫痪，不能活动，经当地各种方法治疗不能恢复，查体：神经系统无阳性体征，肌电正常，后经暗示疗法恢复运动功能。该患者最可能的诊断是
A. 分离（转换）性障碍
B. 坐骨神经损伤
C. 急性应激障碍
D. 恐惧症
E. 肌肉损伤

26. 女性，16岁。平素要强，学习成绩好，1周前上课过程中，老师提问其未能正确回答，受到老师批评，回家后即不能用语言交谈，常用手势或书写表达自己的思想，但患者可以正常咳嗽，查体：唇、舌、腭、声带无任何器质性障碍。该患者最可能的诊断为
A. 急性应激障碍
B. 分离（转换）性障碍
C. 恐惧症
D. 精神分裂症
E. 脑器质性精神障碍

27. 女性，35岁。两周前因与丈夫争吵后，出现左侧身体感觉麻木，自述从头到脚均为左侧身体麻木，以正中为界限，持续存在，查体：左侧头面部及躯干四肢感觉略迟钝，余无阳性体征，头部CT、MRI均未见异常。该患者最可能的诊断是
A. 腔隙性脑梗死
B. 急性应激反应
C. 末梢神经炎
D. 分离（转换）性障碍
E. 疑病症

28. 女性，24岁。2周前夜间路上遇劫，未受外伤，回家后即双目失明，自述只能看到模糊的一片白光，不能看见物体，经眼科检查无器质性疾病证据。该患者最可能的诊断为
A. 脑器质性疾病
B. 急性应激反应
C. 分离（转换）性障碍
D. 精神分裂症
E. 恐惧症

29. 女性，18岁。1个月前上课时学校受流氓骚扰，班内一男同

学被打成重伤，患者突然失去听力，对他人问话无反应，持续至今，经检查缺乏器质性耳聋证据，后经暗示治疗，听力恢复正常。该患者最可能的诊断为

A. 脑器质性疾病
B. 急性应激反应
C. 分离（转换）性障碍
D. 精神分裂症
E. 恐惧症

30. 女性，30 岁。近 3 年来常在生气后发生突然倒地，全身僵硬，呈角弓反张，四肢不规则抖动，呼吸急促，呼之不应，表情痛苦，一般持续 20~30 分钟，发作时无咬伤唇舌，无跌伤，无尿便失禁，神经系统检查无阳性体征。该患者最可能的诊断为

A. 脑器质性疾病
B. 急性应激反应
C. 精神分裂症
D. 焦虑症
E. 分离（转换）性抽搐

【B_1 型题】

（31~32 题共用备选答案）

A. 分离性抽搐
B. 情感暴发
C. 出神与附体
D. 分离性木僵
E. 分离性感觉障碍

31. 患者在受到精神刺激后出现精神活动全面抑制，很长时间维持固定姿势，不语不动，检查无躯体疾病的证据，数十分钟可自行缓解。再次提到受刺激事件时，可反复发作，考虑诊断可能是

32. 患者发作时肢体不规则抖动，但无意识障碍，无大小便失禁和唇舌咬伤，脑电图未见异常，考虑诊断为

第十七篇　运动系统

第一章　骨　折

【A_1型题】

1. 2岁小儿股骨干骨折，最好选用哪种治疗
   A. 平衡皮牵引
   B. 石膏绷带固定
   C. 垂直悬吊皮牵引
   D. 胫骨结节牵引
   E. 切开复位内固定
2. 脊柱骨折患者在搬运过程中，最正确的体位是
   A. 侧卧位
   B. 仰卧屈曲位
   C. 仰卧过伸位
   D. 俯卧过伸位
   E. 半坐卧位
3. 反科雷（Colles）骨折（Smith骨折）的典型移位，是
   A. 远侧端向掌侧移位
   B. 远侧端向尺侧移位
   C. 远侧端向桡侧移位
   D. 近侧端向掌侧移位
   E. 近侧端旋转移位
4. 股骨闭合性骨折后，体温可能出现的情况是
   A. 上午正常，下午高热
   B. 通常不超过38℃
   C. 时高时低不规则
   D. 常在38.5℃以上
   E. 一般低于正常
5. 骨筋膜室综合征晚期的并发症是
   A. 缺血性挛缩
   B. 缺血性骨坏死
   C. 发热
   D. 肾功能损伤
   E. 慢性骨髓炎
6. 股骨粗隆间骨折与股骨颈骨折临床主要不同点是
   A. 肢体明显短缩
   B. 功能严重丧失
   C. 肿胀不明显
   D. 骨擦音、骨擦感不明显
   E. 远端骨折段处于极度外旋位
7. 压缩性骨折，最常发生于
   A. 肱骨头
   B. 股骨头
   C. 脊椎骨
   D. 腕舟状骨
   E. 足舟状骨
8. 颈椎椎体粉碎性骨折一般多见于
   A. C_1、C_2
   B. C_3、C_4
   C. C_5、C_6
   D. C_7
   E. C_1、C_2、C_3、C_4
9. 齿状突骨折可以分成三型，其中不易愈合的类型包括
   A. 第Ⅰ型
   B. 第Ⅱ型
   C. 第Ⅲ型
   D. 第Ⅰ型和第Ⅲ型
   E. 均不易愈合
10. 骨盆骨折合并尿道完全断裂，最好的处理是
    A. 采用橡皮导尿管导尿
    B. 采用金属导尿管导尿
    C. 膀胱穿刺
    D. 膀胱造瘘
    E. 尿道吻合术
11. 脊柱外伤造成脊髓休克，是由于
    A. 脊髓神经细胞遭受震荡，产生暂性时功能抑制，发生传导障碍
    B. 骨折片刺入脊髓
    C. 因脊髓受血肿等压迫
    D. 外伤后脊髓神经细胞遭破坏
    E. 脊髓上、下行神经传导束断裂
12. 胫骨骨折常出现开放性骨折和粉碎性骨折，其主要原因是
    A. 局部软组织少且暴力多是直接的
    B. 胫骨的脆性较大
    C. 暴力间接的通过腓骨传导
    D. 因腓骨细小，缺乏对胫骨的支持
    E. 胫骨在解剖上多有变异
13. 肱骨中段骨折，为横形骨折，选择哪种治疗方法为好
    A. 骨牵引治疗
    B. 髓内针固定
    C. 加压钢板固定
    D. 普通钢板固定
    E. 手法复位，夹板固定
14. 运动系统最主要和基本的检查方法是
    A. X线
    B. CT
    C. 物理学
    D. B超
    E. MRI
15. 骨折急救时主要应进行
    A. 抗炎治疗
    B. 脱水治疗
    C. 妥善固定
    D. 通报家属
    E. 开放骨折复位
16. 锁骨骨折常用的治疗方法是
    A. 切开复位，内固定
    B. 手法复位，横8字绷带固定
    C. 牵引治疗
    D. 手法复位，夹板固定
    E. 手法复位，石膏外固定
17. 下列哪项不属于原始骨痂形

成期范围
A. 内骨痂
B. 外骨痂
C. 环状骨痂
D. 腔内骨痂
E. 应力轴线以外的骨痂逐渐被清除

18. 肱骨中下1/3骨折，最易发生的并发症是
A. 肱动脉损伤
B. 正中神经损伤
C. 尺神经损伤
D. 桡神经损伤
E. 肱二头肌断裂伤

19. 骨折引起脂肪栓塞是由于
A. 患者肥胖
B. 脂肪肝
C. 骨筋膜室压力过高
D. 创伤的应激作用
E. 静脉压力增高

20. 下述类型的骨折中，最不稳定的是
A. 嵌插骨折
B. 螺旋形骨折
C. 横形骨折
D. 青枝骨折
E. 裂缝骨折

21. 伸直型肱骨髁上骨折的断端最常见的移位方向是
A. 远折端向后移位
B. 近折端向后移位
C. 远折端向前移位
D. 近折端向桡侧移位
E. 近折端向尺侧移位

22. 24岁男性，因车祸致开放性胫腓骨骨折，4小时后入院，急诊手术，手术的重点在于
A. 胫腓骨折的复位和内固定
B. 胫骨骨折的复位和内固定
C. 腓骨骨折的复位和内固定
D. 彻底清创，确保伤口一期愈合
E. 骨牵引，待伤口二期愈合

23. 脊髓排尿中枢相当于脊椎哪一水平
A. 第1骶椎
B. 尾椎
C. 第12胸椎至第1腰椎
D. 第10胸椎
E. 第9胸椎

24. 骨折的特有体征，是
A. 疼痛
B. 功能障碍
C. 异常活动
D. 肿胀
E. 瘀斑

25. 骨盆骨折最危险的并发症是
A. 盆腔内出血
B. 膀胱破裂
C. 尿道断裂
D. 骶丛神经损伤
E. 直肠损伤

26. 股骨上1/3骨折，近折端的移位方向是
A. 屈曲外展外旋位
B. 屈曲内收内旋位
C. 后伸外展外旋位
D. 后伸外展内旋位
E. 后伸内收内旋位

27. 胫骨中下1/3交界处易骨折，其主要原因是
A. 胫骨形状有棱角
B. 负重较大
C. 位于皮下软组织少
D. 易受直接或间接暴力
E. 骨的形态转变移行处

28. 不属于肱骨髁上骨折的临床表现是
A. 肘部疼痛肿胀
B. 肘部皮下瘀斑
C. 肘后三角异常
D. 手部皮肤苍白、皮温较低
E. 前臂缺血性肌坏死

29. 发生压疮的主要原因是
A. 脊髓损伤
B. 周围神经损伤
C. 营养不良
D. 周围循环障碍
E. 长期卧床，护理不良

30. Colles骨折，最有诊断意义的体征是
A. 局部肿胀
B. 典型畸形
C. 局部压痛
D. 反常活动
E. 手功能受限

31. 治疗骨折不可轻易切开复位内固定，最主要的原因是
A. 易损伤大血管，引起肢体坏死
B. 损伤神经，引起肢体瘫痪
C. 术中发生意外
D. 影响骨折血运，导致延迟愈合或不愈合
E. 手术后发生感染，形成骨髓炎

32. 脊柱骨折造成脱位并脊髓半横切损伤，其损伤平面以下的改变是
A. 双侧肢体完全截瘫
B. 同侧肢体运动消失，双侧肢体深浅感觉消失
C. 同侧肢体运动和深感觉消失，对侧肢体痛温觉消失
D. 同侧肢体运动和痛温觉消失，对侧肢体深感觉消失
E. 同侧肢体痛温觉消失，对侧肢体运动及深感觉消失

33. 双侧耻骨上下支骨折，无明显移位，哪种治疗方法最理想
A. 蛙式石膏固定
B. 仅卧床休养即可
C. 骨盆悬吊牵引
D. 切开复位
E. 手法复位，夹板固定

34. 颈椎压缩性骨折最先选择的治疗方法是
A. 颌枕带牵引
B. 手法复位，石膏固定
C. 颈部支具固定
D. 两桌复位法
E. 切开复位

35. 较稳定的股骨颈骨折是
A. 外展型
B. 内收型
C. 粗隆间型
D. 头下型
E. 颈基底部

36. 股骨颈骨折好发于
A. 儿童
B. 青年人
C. 成年人
D. 老年人
E. 无年龄差别

37. Colles 骨折远段的典型移位是
A. 远侧端向尺侧移位
B. 近侧端向背侧移位
C. 远侧端向背侧移位
D. 近侧端向尺侧移位
E. 远侧端向桡侧移位

38. 股骨头血液供给的主要来源是
A. 股骨干的滋养动脉升支
B. 股骨头圆韧带的小凹动脉
C. 旋股内、外侧动脉的分支
D. 腹壁下动脉的分支
E. 腹壁浅动脉的分支

39. 骨盆骨折并腹膜后出血休克，经积极抢救，未见好转时，应立即
A. 结扎髂外动脉
B. 结扎髂内动脉
C. 结扎髂总动脉
D. 结扎髂内髂外动脉
E. 结扎髂内髂外动脉和静脉

40. 股骨颈骨折时，股骨头缺血性坏死率最高的是
A. 完全性股骨头下骨折
B. 不完全性股骨颈基底骨折
C. 完全性股骨颈基底骨折
D. 不完全性经股骨颈骨折
E. 完全性经股骨颈骨折

41. Chance 骨折是指
A. 脊柱楔形压缩性骨折
B. 脊柱前柱和中柱爆破型骨折
C. 脊柱椎体水平撕裂骨折
D. 脊柱屈曲-牵拉型骨折
E. 脊柱骨折伴脱位

42. 股骨中段骨折后，骨折向外成角，主要是由于
A. 股二头肌的牵拉
B. 半膜肌的牵拉
C. 半腱肌的牵拉
D. 内收肌群的牵拉
E. 缝匠肌的牵拉

43. 下列哪项骨折，为稳定性骨折
A. 单-桡骨干的斜形骨折
B. 股骨干的横形骨折
C. 伸直型肱骨髁上骨折
D. 尺、桡骨双骨的青枝骨折
E. 股骨颈骨折内收型

44. “银叉”畸形见于
A. 尺骨上端骨折
B. 桡骨上端骨折
C. 桡骨下端骨折
D. 尺骨下端骨折
E. 肱骨髁上骨折

45. 右股骨干上 1/3 骨折患者，其牵引治疗时的最好体位是
A. 水平牵引
B. 髋关节前屈位牵引
C. 内收位牵引
D. 外展位牵引
E. 大腿外旋外展，髋屈曲位牵引

46. 肱骨上 1/3 骨折，骨折线在三角肌止点以上，远位骨折段移位，主要是由于
A. 胸大肌牵拉
B. 背阔肌牵拉
C. 大圆肌牵拉
D. 三角肌，喙肱肌，肱二头肌，肱三头肌牵拉
E. 肱桡肌牵拉

47. 脊髓震荡是指
A. 脊髓受压
B. 脊髓挫伤
C. 脊髓裂伤
D. 脊髓血运障碍
E. 脊髓暂时性功能抑制

48. 股骨干骨转移瘤合并病理性骨折时，为减轻骨折的症状，应采用
A. 皮牵引
B. 患肢抬高，置下肢外展屈曲位
C. 髓内针固定
D. 石膏外固定
E. 夹板固定

49. 在治疗肱骨髁上骨折时，最应防止出现的畸形是
A. 向前成角畸形
B. 肘内翻畸形
C. 肘外翻畸形
D. 旋转畸形
E. 向后成角畸形

50. 骨盆环由下列哪些结构构成
A. 髂骨与骶尾骨
B. 耻坐骨与骶尾骨
C. 髋骨与骶尾骨
D. 髋骨与尾骨
E. 耻、坐骨与骶骨

51. 骨盆骨折最重要的体征，是
A. 畸形
B. 反常活动
C. 局部压痛及间接挤压痛
D. 骨擦音及骨擦感
E. 肿胀及瘀斑

52. 骨折后最易发生骨缺血性坏死的部位是
A. 股骨头
B. 肱骨头
C. 桡骨远端
D. 锁骨远端
E. 胫骨内髁

53. 判断脊柱骨折脱位是否并发脊髓损伤，下列哪项检查最重要
A. X 线片
B. CT
C. MRI
D. 神经系统检查
E. 腰穿做奎肯试验及脑脊液生化检查

54. 伸直型肱骨髁上骨折，常见的并发症是
A. 肱骨下端缺血性坏死
B. 血管、神经损伤
C. 骨折局部感染
D. 脂肪栓塞
E. 损伤性休克

55. 患者外伤致腓骨小头处骨折，伤后患足不能背伸，其原因是
A. 坐骨神经损伤
B. 胫前肌损伤
C. 胫后肌损伤

D. 腓总神经损伤
E. 胫后神经损伤

56. 股骨颈内收型骨折是指 Pauwels 角
A. 大于 30°
B. 大于 35°
C. 大于 40°
D. 大于 45°
E. 大于 50°

57. 开放性骨折体温升高应考虑
A. 感染
B. 疼痛刺激
C. 休克
D. 失血
E. 组织液丢失

58. 骨折患者长期卧床可发生
A. 脂肪栓塞
B. 创伤性关节炎
C. 损伤性骨化
D. 缺血性骨坏死
E. 坠积性肺炎

59. 属于骨折晚期并发症的是
A. 肝、脾破裂
B. 创伤性关节炎
C. 血管损伤
D. 脂肪栓塞
E. 神经损伤

60. 骨折临床愈合后，骨痂的改造塑形，取决于
A. 外固定的牢固性
B. 肢体活动和负重所形成的应力
C. 局部血液供应情况
D. 骨痂的多少
E. 是否配合治疗

61. 肱骨髁上骨折，有尺侧侧方移位，未能矫正时，最常见的后遗症是
A. 肘关节后脱位
B. 尺神经损伤
C. 肘内翻畸形
D. 肘关节前脱位
E. 前臂缺血性肌挛缩

62. 原始骨痂形成需要
A. 1~2 周
B. 2~3 周
C. 3~4 周
D. 4~8 周
E. 12~24 周

63. 下肢骨折引起整个肢体外旋 50°位时，最可能的损伤是
A. 股骨颈骨折
B. 股骨粗隆间骨折
C. 股骨干骨折
D. 股骨髁上骨折
E. 髋关节中心型脱位

64. 科雷（Colles）骨折，发生在
A. 桡骨近端
B. 桡骨干
C. 桡骨的任何部位
D. 尺骨的远端
E. 桡骨的远端

65. 对于骨盆骨折合并尿道损伤及失血性休克患者的处理，顺序是
A. 骨盆骨折-尿道损伤-休克
B. 休克-尿道损伤-骨盆骨折
C. 休克-骨盆骨折-尿道损伤
D. 尿道损伤-休克-骨盆骨折
E. 同时处理休克和尿道损伤-骨盆骨折

66. 锁骨骨折可发生的合并损伤是
A. 颈 2、3 神经根损伤
B. 胸锁乳突肌
C. 副神经损伤
D. 膈神经损伤
E. 臂丛神经损伤

67. 最容易导致上肢缺血性肌挛缩的骨折是
A. 肱骨髁粉碎骨折
B. Colles 骨折
C. 尺骨鹰嘴骨折
D. 桡骨小头骨折
E. 肱骨髁上骨折

68. 骨折功能复位标准，正确的说法是
A. 长骨干横骨折对位至少达 3/4
B. 下肢侧方成角移位不需矫正
C. 前臂双骨折只需对位良好
D. 下肢缩短移位成人不超过 2cm
E. 旋转移位必须矫正

69. 关于脊柱外伤与脊髓损伤的关系的叙述，下列哪项是错误的
A. 脊髓损伤节段与椎骨受伤平面不一致
B. 胸椎较固定，所以胸椎骨的脱位多无脊髓损伤
C. 有的病例表现为明显脊髓损伤，但 X 线片却无骨折脱位
D. 屈曲型骨折脱位造成骨髓损伤最多见
E. 椎管狭窄患者，脊柱创伤更易发生脊髓损伤

【A_2 型题】

70. 男性，60 岁。外伤后致胫腓骨中下 1/3 开放性骨折，经治疗，3 个月后 X 线片复查见：骨折略有移位，骨折线清晰。影响骨折愈合的最主要的原因是
A. 年龄较大
B. 骨折段血液供应不足
C. 伤口有感染
D. 周围软组织挫伤严重
E. 骨折复位不良

71. 一名前臂骨折患者，经手法复位，小夹板固定 4 小时，感觉剧痛，手指麻木、肿胀、活动不灵，其主要原因是
A. 神经损伤
B. 神经受压和静脉受压
C. 动脉受压和静脉受压
D. 静脉受压
E. 动脉损伤

72. 右前臂尺、桡骨开放性骨折，清创后复位，石膏外固定后 36 小时，患者高热，脉快，白细胞计数明显增高，伤口剧痛，有大量恶臭渗出液，X 线片显示皮下有气体，触诊有握雪感，应首先考虑
A. 血肿吸收

B. 组织坏死
C. 伤口严重化脓感染
D. 气性坏疽
E. 骨筋膜室综合征

73. 男性，44 岁。1 年前因胫骨、腓骨骨折，行手法复位，石膏外固定，现检查见骨折处有反常活动。X 线显示胫骨上下端髓腔被硬化骨封闭，骨折端有 3mm 间隙，并向后成角 15°。其治疗应采用
A. 手法复位，小夹板固定
B. 手法复位，石膏外固定
C. 切开复位，内固定加外固定
D. 切开复位，外固定
E. 切开复位，植骨、内固定加外固定

74. 女性，50 岁。车祸 3 小时入院，诊断：骨盆骨折，左股骨干骨折及左胫骨开放性骨折。首先应密切观察的是哪种并发症
A. 休克
B. 泌尿系统感染
C. 创口感染
D. 疼痛
E. 坠积性肺炎

75. 男性，19 岁。5 小时前摔伤左前臂，来院检查发现前臂肿胀、瘀斑、剧痛，并有缩短成角畸形，诊断首先考虑
A. 前臂软组织挫伤
B. 尺神经损伤
C. 尺骨、桡骨双骨折
D. 桡骨骨折
E. 尺骨骨折

76. 运动员百米赛跑途中突然闻及左膝撕裂声，然后倒地，查体左膝不能主动伸，X 线片显示髌骨中段骨折，考虑造成骨折的原因是
A. 直接暴力
B. 间接暴力
C. 病理性骨折
D. 肌肉拉力
E. 积累性劳损

77. 某工地，工人因外伤致股骨干闭合性骨折，在运往医院途中，应该
A. 用木板床运送
B. 置左下肢外展屈曲位
C. 置左下肢内收内旋位
D. 人力牵引置下肢中立位
E. 将左下肢和右下肢捆扎一起

78. 男性，28 岁。因外伤造成左肱骨干骨折，来院时检查：上臂较对侧短 4cm，有轻度成角畸形，听诊骨传导音明显减弱。骨折的移位是
A. 缩短移位
B. 混合移位
C. 侧方移位
D. 成角移位
E. 分离移位

79. 男性患者，因外伤致股骨内、外髁骨折，关节面不平，相差 0.8cm，虽经治疗，骨折移位未见改变，最可能出现的晚期并发症是
A. 骨化性肌炎
B. 压疮
C. 膝关节创伤性关节炎
D. 膝关节僵硬
E. 膝关节外翻畸形

80. 胫腓骨中 1/3 骨折患者，复位后，用长腿石膏管型固定，4 个月骨折愈合拆除石膏后，发现膝关节功能发生障碍，其原因是
A. 肌肉萎缩
B. 关节僵硬
C. 关节强直
D. 骨折复位不理想
E. 骨折畸形愈合

81. 男性，45 岁。右下肢跛行 15 年，查体发现胫前肌只有轻度收缩，但不产生运动，其肌力为
A. 0 级
B. 1 级
C. 2 级
D. 3 级
E. 4 级

82. 男，15 岁。于 3 小时前干农活时被铡草机绞伤右手，拇指骨折，皮肤及软组织损伤严重，对其正确的做法是
A. 骨折可以暂不处理
B. 清创从浅层到深层进行
C. 清创不用止血带
D. 肌腱神经损伤必须一期修复
E. 清创不迟于 24 小时

83. 男性，40 岁。因外伤性股骨干骨折而入院。入院次日突然出现呼吸困难，继发昏迷，皮下出血，血压 80/60mmHg，其诊断最可能是
A. 继发感染
B. 大血管破裂
C. 脂肪栓塞
D. 骨筋膜室综合征
E. 骨折断端严重再移位

84. 男性，32 岁。右上臂摔伤后疼痛，腕不能背伸，上臂中段畸形，异常活动。正确的处理是
A. 手法复位、外固定架固定
B. 手法复位、石膏外固定
C. 切开复位内固定、探查神经
D. 切开复位内固定
E. 手法复位、夹板外固定

85. 老年患者，前臂外伤 25 小时余来诊。查体：体温 37.9℃，前臂畸形，反常活动，创口流血，腕手活动自如。应考虑
A. 桡神经损伤
B. 尺神经损伤
C. 开放性骨折
D. 正中神经损伤
E. 前臂肌腱损伤

86. 患者肱骨中段骨折已 6 个月，局部有异常活动。X 线片显示对位对线良好，但仍有骨折

线，骨痂极少，骨端有硬化现象。采用何种治疗为宜
A. 继续小夹板固定
B. 胸肩肱石膏外固定
C. 钢板内固定
D. 植骨+外固定
E. 钢板内固定加植骨加石膏外固定

87. 8岁男孩，右肘关节外伤，当地拍X线片诊断肱骨髁上骨折，经两次手法复位未成功，来院时为伤后48小时。查体：右肘关节半屈位，肿胀较重，压痛明显，手指活动障碍，桡动脉搏动弱，手指凉、麻木。应诊断为肱骨髁上骨折合并
A. 广泛软组织挫伤
B. 主要静脉损伤
C. 血管、神经损伤
D. 肌肉断裂伤
E. 正中、尺、桡神经损伤

88. 5岁女孩，肘关节半屈位跌倒，手掌着地，致肱骨髁上伸直型骨折，远侧骨折断端向后上方与桡侧移位，手法复位时。下列哪项操作是错误的
A. 仰卧，屈肘50°，前臂置于中立位
B. 拔伸牵引，充分矫正缩短移位与成角移位
C. 充分矫正旋转移位
D. 充分矫正远侧段的向后移位
E. 必须完全矫正桡侧方移位

89. 前臂尺、桡骨双骨折青年患者，经手法复位失败，此时应采取的合理治疗是
A. 小夹板固定，3周后再手术治疗
B. 石膏管型固定，3周后再手术治疗
C. 持续骨牵引治疗
D. 手术切开复位内固定加外固定
E. 待骨折愈合后，再行矫形手术

90. 肩部外伤致锁骨骨折患者，检查时发现肩外展、伸肘、屈肘功能及腕、手的功能完全丧失，并有感觉障碍，此患者应选择哪种治疗
A. 早期手术切开复位，内固定，同时探查臂丛神经
B. 手法复位，横8字绷带固定
C. 手法复位，石膏外固定
D. 手法复位，夹板固定
E. 牵引复位

91. 外伤致肱骨中下1/3骨折合并垂腕、垂指畸形2天，该患者最适合哪项治疗
A. 复位后夹板固定
B. 复位后，石膏固定
C. 牵引治疗
D. 手术切开复位，内固定
E. 手法复位后，夹板或石膏固定，观察2~3个月，伸腕伸指不见恢复，再手术治疗

92. 男性，28岁。外伤致肱骨中下1/3骨折，伴有桡神经损伤。临床上除骨折体征外，还可出现的体征是
A. 手指不能靠拢
B. 伸指、伸腕功能丧失
C. 屈指、屈腕功能丧失
D. 屈指、伸指功能丧失
E. 伸腕功能存在，伸指功能丧失

93. 男性，40岁，8个月前外伤致肱骨干骨折，行手法复位，夹板外固定治疗，来院检查发现肱骨干骨折部位有反常活动。X线片示骨折线存在，断端有0.3cm的间隙，断端骨髓腔，已封闭硬化。此时应选择哪种治疗
A. 继续夹板固定
B. 手术切除硬化骨，钢板固定，植骨，加牢固的外固定
C. 改为石膏外固定
D. 改为牵引固定
E. 手术切除硬化骨，钢板固定加牢固的外固定

94. 65岁女性，跌倒后右手掌着地，腕部疼痛，肿胀，压痛，无反常活动，但银叉状畸形明显。该患者最可能的诊断是
A. 右腕关节脱位
B. 右舟状骨骨折
C. 右腕Colles（科雷）骨折
D. 尺骨茎突骨折
E. 右腕关节挫伤

95. 老年患者外伤后致桡骨下端（Colles）骨折。骨折对位、对线良好，并有嵌插。该患者应选择哪项治疗
A. 牵引治疗
B. 对症治疗
C. 手术治疗
D. 消肿治疗
E. 夹板固定或石膏固定

96. 女性，70岁。下台阶时摔伤髋部。查体：右下肢短缩2cm，足外旋90°，髋部叩压痛明显，旋转痛阳性，髋部明显肿胀。该患者最可能的诊断是
A. 右股骨干骨折
B. 右髋骨折
C. 右髋脱位
D. 右股骨颈骨折
E. 右粗隆间骨折

97. 女性，60岁。1年前因股骨颈骨折，行三刃钉固定术，髋活动仍有疼痛。X线片示股骨头密度增高，纹理不清。应考虑为
A. 化脓性关节炎
B. 创伤性关节炎
C. 股骨头缺血发生坏死
D. 老年性退行性关节炎
E. 关节结核

98. 某老年人跌倒后，右髋疼痛，步行到医院，X线片示外展型嵌插型股骨颈骨折。正确的治疗方法是

A. 持续皮牵引固定6~8周
B. 皮牵引6~8周后，三刃钉内固定
C. 立即手术行三刃钉内固定
D. 髋人字石膏固定
E. 夹板固定

99. 76岁老人，平素健康，跌倒后，致股骨头下型骨折有移位。选择哪种治疗最合适
A. 皮牵引治疗
B. 髋人字石膏固定
C. 骨牵引治疗
D. 股骨粗隆间截骨术
E. 人工股骨头置换术

100. 右大腿被撞伤，下1/3向后成角，局部明显肿胀，不能扪及足背动脉搏动，足趾发凉，最大的可能是
A. 软组织挫伤
B. 血肿
C. 股骨下1/3骨折伴股动脉损伤
D. 股骨下1/3骨折
E. 股动脉损伤

101. 55岁男性，右大腿被汽车撞伤1天，中段明显肿胀，压痛，向外成角畸形，皮温高于对侧，体温38℃，白细胞计数正常。最可能的诊断
A. 右股骨骨髓炎
B. 右大腿软组织化脓感染
C. 右腿血肿
D. 右股骨干中段骨折
E. 右大腿软组织挫伤

102. 25岁男性，右股骨干骨折已1年半，目前仍有短缩畸形和反常活动，X线片示两骨折端已被硬化骨封闭。目前应采取的治疗
A. 手法复位，牵引固定
B. 手法复位，石膏外固定
C. 加强营养，促进骨愈合
D. 加强功能锻炼
E. 手术切除硬化骨，植骨加钢板固定，加牢固外固定

103. 男性，26岁。入院前2小时，被他人用斧砍伤致股骨下段骨折。来院查体：足背动脉触不到，足苍白，发凉，血压测不到。正确的诊断是
A. 股骨下段开放性骨折
B. 股骨下段骨折伴休克
C. 股骨下段开放性骨折，股动脉损伤
D. 股骨下段开放性损伤伴股动脉损伤伴休克
E. 股骨下段开放性骨折伴休克

104. 24岁男性，3小时前车祸致左股骨上段骨折，骨端外露，X线片示为小斜折。此时该患者的最佳治疗是
A. 清创缝合，夹板固定
B. 清创，骨折复位，髓内针内固定加外固定
C. 清创缝合，骨折待二期处理
D. 清创缝合，石膏固定
E. 清创缝合，手法复位，夹板固定

105. 胫腓骨骨折，行切开复位钢板内固定，手术结束时，因肿胀重，张力大，闭合创口困难，此时，闭合创口的最佳方法是
A. 尽力直接缝合
B. 暂不缝合，做延期缝合
C. 开放换药，直到愈合
D. 两侧做减张切口，缝合原创口
E. 两侧做减张切口，缝合原创口，减张切口处，游离植皮覆盖

106. 男性青年，因车祸致胫腓骨中上1/3处开放性粉碎性骨折，行彻底清创术，摘除所有的粉碎的骨片，术后行牵引治疗8个月后，骨折仍未愈合。其最可能的原因是
A. 骨折处血液供应差
B. 伤肢固定不确切
C. 清创时摘除了过多的碎骨片
D. 功能锻炼不够
E. 未做内固定

107. 青年男性，骑自行车跌倒，左小腿下1/3腓侧有压痛，局部肿胀，可闻骨擦音，该患者步行到医院。其诊断最大可能是
A. 腓骨闭合性骨折
B. 胫腓骨闭合性双骨折
C. 胫骨骨折
D. 左小腿软组织损伤
E. 左小腿下1/3软组织挫伤

108. 男性，32岁。车祸伤2小时。排尿困难，尿道出血。查体：BP 70/40mmHg，骨盆挤压分离试验阳性，会阴部瘀斑，疼痛明显。B超显示腹膜后血肿。首先应进行的处理是
A. 即刻行尿道会师术
B. 即刻行骨折切开复位内固定
C. 下肢牵引
D. 抗休克治疗
E. 打开后腹膜止血

109. 枢椎齿状突基底部骨折，但无移位，寰椎亦无移位。枕颌吊带牵引2周后，颈痛减轻，活动范围增加。3周后离床活动，6周后颈痛再次加剧，活动明显受限，并逐渐出现四肢无力与瘫痪。这种迟发性瘫痪的原因是
A. 迟发性血肿压迫
B. 椎管内纤维质增生压迫
C. 脊髓血运障碍
D. 黄韧带增厚
E. 寰椎迟发性前脱位

110. 男性，35岁。2个月前由高处跌落，发生第1腰椎压缩性骨折，双下肢不全瘫。CT片显示脊髓被向后突出的第1腰椎后缘骨嵴压迫。此时应采用

A. 自身功能复位
B. 双踝悬吊复位
C. 椎板切除减压术
D. 两桌法复位
E. 椎管侧后方减压术

111. 从马车上摔下，头后枕部着地，颈部活动受限，下颈椎压痛明显，四肢弛缓性瘫，躯干感觉平面在胸骨柄以下，痛、温觉消失，不能自行排尿，诊断首先考虑
A. 颈椎间盘突出症
B. 颈椎骨折脱位并颈髓损伤
C. 颈部软组织损伤
D. 颈椎骨折脱位并臂丛神经与腰骶丛神经损伤
E. 胸椎骨折并脊髓损伤

112. 20岁，男性。夜间骑自行车，头朝下跌于壕沟，发生四肢不全瘫，X线片显示齿状突骨折伴半脱位。此时在治疗上最先采取的措施是
A. 石膏领固定
B. 颅骨牵引固定
C. 吊带牵引
D. 环枕固定术
E. 切开复位内固定

113. 女性，20岁。因外伤致第4、5颈椎骨折并发颈髓损伤，四肢呈弛缓性瘫痪，高热40℃，持续数日不降。应采取何种降温方法
A. 口服APC
B. 冬眠疗法
C. 使用抗生素
D. 物理降温
E. 以上都不是

114. 男性，马车翻车时砸伤下腹部。查体：耻骨联合处压痛，挤压试验阳性，膀胱胀满，橡皮导尿管插入一定深度未引出尿液，导尿管尖端见血迹。此时应考虑
A. 导尿管插入深度不足
B. 导尿管插入方法不对
C. 导尿管阻塞
D. 骨盆骨折合并尿道断裂
E. 骨盆骨折合并膀胱损伤

115. 一学生训练时，站立不稳，枕部触及垫上，出现双上肢麻木，活动无力，头稍歪向一侧，不敢活动，估计为何种损伤
A. 寰椎前脱位
B. 寰椎单侧半脱位
C. 枢椎齿状突基底骨折
D. 寰椎后弓骨折
E. 寰椎后脱位

【A_3/A_4型题】

（116~117题共用题干）

男性，26岁。外伤致肱骨中下1/3骨折，来院检查时发现有垂腕、垂指畸形。

116. 该患者合并哪条神经损伤
A. 尺神经损伤
B. 臂丛神经损伤
C. 正中神经损伤
D. 桡神经损伤
E. 正中、尺神经同时损伤

117. 该患者选择哪种治疗方法痛苦小，稳妥
A. 立即切开复位，内固定
B. 骨牵引治疗
C. 手法复位，夹板固定
D. 手法复位，石膏管型固定
E. 手法复位，上肢悬垂石膏固定，观察2个月，垂腕、垂指无恢复，再行手术治疗

（118~119题共用题干）

男性，45岁。车祸致左小腿持续性疼痛。查体：左小腿肿胀严重，拒按，足背动脉触及不清，足背屈时疼痛剧烈。

118. 可能出现的是
A. 静脉血栓
B. 脂肪栓塞
C. 血管损伤
D. 骨筋膜室综合征
E. 神经损伤

119. 紧急治疗的方法为
A. 制动休息
B. 立即切开复位
C. 切开减压
D. 消肿治疗
E. 观察

（120~121题共用题干）

36岁，男性。翻车致肩部外伤，半小时后来院，查左锁骨中外1/3处明显畸形，局部肿胀明显，淤血，桡动脉搏动触不到，手部发凉，皮色苍白，血压80/40mmHg。

120. 该患者应首先做哪项处置
A. 立即拍照X线片
B. 立即做各项实验室检查
C. 做血管造影
D. 立即补液，输血
E. 整复骨折，固定

121. 该患者正确的治疗方法是
A. 手法复位，横8字绷带固定
B. 手法复位，石膏固定
C. 牵引治疗
D. 手术切开复位，内固定探查臂丛神经
E. 立即手术探查受损血管并修复血管，骨折复位内固定，再加适当的外固定

（122~123题共用题干）

青年男性外伤致右肱骨干骨折，折端外露，查体有垂腕、垂指畸形，虎口局部感觉障碍。

122. 该患者的正确诊断是
A. 右肱骨干开放性骨折
B. 右肱骨干开放性骨折伴桡神经损伤
C. 右肱骨干骨折伴桡神经损伤
D. 右肱骨干闭合性骨折
E. 右肱骨干闭合性骨折伴桡神经损伤

123. 该患者正确的治疗方案是
A. 清创缝合，手法复位，内固定
B. 清创后，手法复位，内固定，观察2个月，桡神经功能不恢复，再次手术

治疗
C. 清创缝合，手法复位，石膏固定
D. 清创后，手法复位，加压钢板内固定，探查桡神经并修复加外固定
E. 清创缝合，牵引治疗

（124~125 题共用题干）

患儿，6 岁。跌倒时手掌着地。查体：肘关节半屈状，肘部明显肿胀及压痛，皮下有瘀斑，呈向外突出畸形，桡动脉搏动减弱，肘后三角存在，被动伸指时有剧烈疼痛。

124. 该患者最有可能的诊断是
A. 伸直型肱骨髁上骨折
B. 屈曲型肱骨髁上骨折
C. 肘关节脱位
D. 桡骨小头半脱位
E. 尺骨鹰嘴骨折

125. 该患者正确的治疗方案是
A. 立即切开筋膜减压
B. 尺骨鹰嘴牵引
C. 手法复位，石膏托固定
D. 切开复位，内固定
E. 臂丛神经麻醉或应用血管扩张剂无效后，手术探查肱动脉，同时行骨折复位，内固定

（126~128 题共用题干）

男性，70 岁。下楼时不慎摔伤右髋部。查体：右下肢短缩，外旋 50° 畸形，右髋肿胀不明显，但有叩痛。

126. 该患者最可能的诊断，是
A. 右髋后脱位
B. 右髋前脱位
C. 右股骨颈骨折
D. 右股骨粗隆间骨折
E. 右髋软组织损伤

127. 为证实诊断首先需要的检查，是
A. 普通 X 线片
B. CT 检查
C. MRI 检查
D. 核素骨扫描
E. 关节造影

128. 该患者最易发生的并发症，是
A. 脂肪栓塞
B. 坐骨神经损伤
C. 髋内翻畸形
D. 股骨头缺血性坏死
E. 髋关节周围创伤性骨化

（129~130 题共用题干）

30 岁女性，半小时前从高处坠下，右股骨下端肿痛，腹部疼痛。查体：神志淡漠，股骨下端有成角畸形。

129. 该患者应首先检查哪项
A. 右股骨下端有无反常活动
B. 右股骨下端有无骨擦音
C. 生命体征的检查
D. 诊断性腹腔穿刺
E. 检查有无足背动脉搏动

130. 该患者最后诊断为右股骨下 1/3 斜折，骨盆坐骨支及耻骨支损伤，3 天后患者腹部症状消失，生命体征平稳，但出现右足背动脉搏动减弱，足发凉，色苍白，此时应采了哪种治疗
A. 手法复位，石膏外固定
B. 切开复位，内固定加探查血管
C. 手法复位，夹板固定
D. 探查血管后，石膏外固定
E. 继续观察

（131~133 题共用题干）

建筑工人不慎坠楼，腰剧痛，双下肢感觉运动障碍，大、小便功能障碍。

131. 现场搬运的正确方法
A. 平托或滚动法
B. 单人搂抱法
C. 双人搂抱法
D. 侧卧搬运法
E. 背驮法

132. 经 X 线平片检查，诊断为胸腰段屈曲型压缩骨折合并脊髓损伤。为进一步明确骨折片向椎管内的移位情况，下列哪项检查是最有价值的
A. MRI
B. CT
C. ECT
D. 脊髓造影
E. X 线断层摄影

133. 除手术外，伤后早期最重要的治疗措施是
A. 抗生素
B. 镇痛药
C. 甘露醇与大剂量糖皮质激素
D. 防止压疮
E. 留置尿管

（134~136 题共用题干）

马车从小腹压过，腰与骨盆区疼痛，休克，不能自行排尿，膀胱胀满，直肠指诊，指套上染有血迹。

134. 正确的诊断是
A. 骨盆骨折
B. 骨盆骨折合并休克
C. 骨盆骨折合并休克与尿道损伤
D. 骨盆骨折合并休克，尿道与直肠损伤
E. 骨盆骨折合并膀胱破裂

135. 治疗措施的先后顺序是
A. 抗休克，修复尿道、直肠损伤，处理骨折
B. 修复尿道、直肠损伤，处理骨折，抗休克
C. 抗休克，处理骨折，修复尿道、直肠损伤
D. 处理骨折，抗休克，修复尿道、直肠损伤
E. 处理骨折，修复尿道、直肠损伤，抗休克

136. 休克难以矫正时，应采用的最主要的措施是
A. 加快输血速度
B. 使用升压药物
C. 使用止血药物
D. 结扎髂内动脉
E. 结扎髂外动脉

【B₁型题】

（137～139题共用备选答案）
A. 粉碎性骨折
B. 病理性骨折
C. 疲劳性骨折
D. 压缩性骨折
E. 撕脱性骨折

137. 肌肉拉力可引起
138. 直接暴力可引起
139. 骨组织疾患可引起

（140～141题共用备选答案）
A. 内骨痂
B. 外骨痂
C. 两者都有
D. 两者全无
E. 纤维组织钙化

140. 膜内化骨
141. 软骨内化骨

（142～143题共用备选答案）
A. 皮肤瘀斑
B. 功能障碍
C. 异常活动
D. 死骨形成
E. 肿胀疼痛

142. 骨折的专有体征是
143. 慢性骨髓炎的表现

（144～146题共用备选答案）
A. 肱骨髁上伸直型骨折
B. 肱骨干骨折
C. 桡骨远端骨折
D. 锁骨骨折
E. 尺骨上1/3骨折

144. 前臂缺血性肌挛缩多见于
145. 桡神经损伤多见于
146. 老年人常见的骨折

（147～149题共用备选答案）
A. 股骨颈骨折
B. 股骨粗隆间骨折
C. 股骨上1/3骨折
D. 股骨上中段骨折
E. 股骨髁上骨折

147. 骨折近折段外展，外旋屈曲移位
148. 远折段向后倾斜移位
149. 下肢短缩，外展，极度外旋位

（150～151题共用备选答案）
A. 切开复位内固定
B. 闭合复位外固定支架固定
C. 垂直悬吊皮牵引
D. 骨牵引
E. 手法复位，石膏外固定

150. 75岁老人，跌倒手掌着地，致桡骨下端骨折
151. 2岁小儿外伤致股骨干骨折

（152～154题共用备选答案）
A. 立即窒息死亡
B. 四肢全瘫
C. 上肢屈肘动作存在，伸肘及手的功能丧失，下肢瘫
D. 下肢痉挛性瘫
E. 下肢弛缓性瘫

152. 第2～3颈椎骨折脱位合并脊髓严重损伤
153. 第4～5颈椎骨折脱位合并脊髓损伤
154. 第6～7颈椎骨折脱位合并脊髓损伤

第二章 常见的关节脱位

【A₁型题】

1. 下述关节脱位的特有体征，哪项是正确的
   A. 肿胀，畸形，功能障碍
   B. 压痛，肿胀，瘀斑
   C. 畸形，异常活动，关节空虚
   D. 畸形，异常活动，弹性固定
   E. 畸形，弹性固定，关节空虚
2. 新鲜肩关节前脱位患者，治疗上首选的方法是
   A. 悬吊牵引
   B. 皮肤牵引
   C. 骨牵引
   D. 手法复位外固定
   E. 手术切开复位内固定
3. 桡骨头半脱位常见发生年龄及常用处理方法是
   A. 5～10岁小儿，手法复位，三角巾悬吊
   B. 6～8岁小儿，手法复位，石膏外固定
   C. 10岁儿童，切开复位内固定
   D. 5岁以下幼儿，手法复位
   E. 成年人，切开复位内固定
4. 治疗新鲜髋关节后脱位的措施，不应选择
   A. Allis法手法复位
   B. 复位后持续皮牵引固定于伸直、外展位3～4周
   C. 早期进行股四头肌收缩活动及踝部功能锻炼
   D. 伤后6个月患肢不能负重，以免股骨头缺血坏死
   E. 即刻手术切开复位
5. 复位方法操作不当会发生股骨头骨折的是
   A. Allis法
   B. Kocher法
   C. Bigelow法
   D. Stimson法
   E. Hippocrates法
6. 何谓关节脱位
   A. 关节分离
   B. 关节囊扭伤并断裂
   C. 关节面失去正常对合关系
   D. 关节韧带断裂
   E. 关节出现畸形和弹性固定
7. 何谓开放性脱位
   A. 脱位伴皮肤裂伤
   B. 同时伴关节面骨折
   C. 手术探查时发现关节囊有裂伤
   D. 同时伴关节韧带断裂
   E. 关节腔与外界相通
8. 发生脱位率最高的关节是

A. 肩关节
B. 肘关节
C. 髋关节
D. 膝关节
E. 骶髂关节

9. 关节脱位的特有体征
A. 疼痛与压痛
B. 反常活动
C. 运动消失
D. 关节面外露
E. 弹性固定

10. 髋关节脱位的最多见类型是
A. 前脱位
B. 后脱位
C. 中心型脱位
D. 合并髋臼骨折的脱位
E. 合并股骨头骨折的脱位

11. 肩关节脱位最多见的类型是
A. 前脱位
B. 后脱位
C. 下脱位
D. 盂上脱位
E. 中心型脱位

12. 髋关节后脱位复位以下列哪种方法最常用、最简便、最安全
A. Bigelow 法
B. Stimson 法
C. Allis 法
D. 骨牵引复位
E. 切开复位

13. 先天性髋关节脱位的病理改变主要为
A. 髋部肌肉、韧带
B. 髋臼，股骨头、颈和关节囊
C. 髋部的神经、血管
D. 骨盆
E. 脊柱

14. 肘关节脱位的特有体征是
A. 肘后三角关系正常
B. 肘后三角关系异常
C. 关节处于半伸直位
D. 以健手托患臂
E. 肘关节肿胀不能活动

15. 髋关节后脱位的典型畸形是
A. 屈曲内收内旋
B. 屈曲内收外旋
C. 屈曲外展内旋
D. 屈曲外展外旋
E. 屈曲外旋

16. 肩关节脱位治疗好转的专有体征是
A. 疼痛消失
B. 肿胀消失
C. Dugas 征阴性
D. Dugas 征阳性
E. 可以活动肩关节

17. 新鲜脱位是指
A. 小于 1 周
B. 小于 2 周
C. 小于 3 周
D. 小于 4 周
E. 小于 5 周

18. 临床上髋关节后脱位占髋关节脱位的
A. 35%～45%
B. 50%～65%
C. 65%～75%
D. 85%～90%
E. 90%～97%

【A_2 型题】

19. 25 岁，男性。驾车撞树受伤，伤后右髋关节疼痛剧烈不能活动。查体：患肢短缩，呈屈曲、内收、内旋畸形。应首先考虑的诊断是
A. 股骨颈骨折
B. 股骨干骨折
C. 髋关节后脱位
D. 髋关节前脱位
E. 坐骨神经损伤

20. 3 岁患儿上楼梯时，其父向上牵拉右上肢，患儿哭叫，诉肘部疼痛，不肯用右手取物。最可能的诊断是
A. 肘关节脱位
B. 桡骨头骨折
C. 桡骨头半脱位
D. 肌肉牵拉伤
E. 尺骨鹰嘴撕脱伤

21. 跌倒，手掌撑地，肩外展外旋，出现肩痛，肿胀，活动受限，查体：Dugas 征阳性。该患者肩部的畸形是
A. 屈曲外展、外旋
B. 屈曲内收、内旋
C. 方肩
D. 肩过度后伸
E. 肩过度膨隆

22. 65 岁女患，车祸致右髋部疼痛，畸形。查体见右下肢屈曲内收短缩畸形，右下肢足尖指向左足背。考虑的诊断是
A. 股骨颈骨折
B. 粗隆间骨折
C. 髋关节后脱位
D. 髋关节前脱位
E. 股骨干骨折

【A_3/A_4 型题】

（23～26 题共用题干）

乘车时，急刹车，右膝前方受到撞击，出现右髋剧痛，髋关节运动障碍，处于屈曲、内收、内旋畸形状态。

23. 应诊断为
A. 股骨颈骨折
B. 股骨粗隆间骨折
C. 股骨粗隆下骨折
D. 髋关节后脱位
E. 髋关节前脱位

24. 可能出现哪些合并损伤
A. 坐骨神经
B. 股神经
C. 闭孔神经
D. 胫神经
E. 腓总神经

25. 应首先选择哪种治疗方法
A. Hippocrates 法
B. Kocher 法
C. Bigelow 法
D. 骨牵引
E. 皮牵引

26. 该患者治疗 4 周后，自行下地负重行走，正常活动，预计可能发生下列哪一种情况

A. 关节强直
B. 关节周围组织损伤
C. 习惯性关节脱位
D. 股骨头缺血性坏死
E. 髋关节周围创伤性骨化

（27～29题共用题干）

3岁患儿，母亲穿衣时牵拉左腕，患儿突然大哭，左肘不能活动。

27. 作为接诊医生首先应该做的是
A. 安排拍片
B. 安排实验室检查
C. 安排入院
D. 手法复位
E. 急诊手术

28. 拟诊为
A. 左肘关节脱位
B. 左腕关节脱位
C. 左桡骨头半脱位
D. 左肱骨髁上骨折
E. 左肱骨外髁撕脱性骨折

29. 以下情况表示治疗有效最可能的是
A. 拍片证实骨折复位
B. 患儿停止哭闹敢用手取物
C. 各项实验室检查正常
D. 肿胀消除
E. 肘后三角关系正常

【B_1型题】

（30～32题共用备选答案）
A. 肩关节脱位
B. 肘关节脱位
C. 髋关节后上脱位
D. 髋关节前下脱位
E. 髋关节中心脱位

30. Dugas征阳性
31. Hippocrates法复位
32. 下肢短缩，髋关节屈曲、内收、内旋畸形

第三章 手外伤及断肢（指）再植

【A_1型题】

1. 手的肌腱断裂后，出现的体征是
A. 手指的被动活动丧失
B. 局部出现剧烈的疼痛
C. 出现手的成角畸形
D. 手的休息位发生改变
E. 出现侧方摆动

2. 单纯指深屈肌腱断裂后，临床可发生
A. 手指过伸畸形
B. 手指出现锤状指
C. 手指的伸、屈功能丧失
D. 手指屈曲功能丧失
E. 手指远位指间关节屈曲功能丧失

3. Allen试验是用于检查手的
A. 感觉情况
B. 供血情况
C. 运动情况
D. 发汗情况
E. 皮温情况

4. 手外伤后创口出血，在转送途中，首先采用的止血方法是
A. 手压法
B. 患肢抬高
C. 缚止血带
D. 局部加压包扎
E. 钳夹止血

5. 手外伤清洗创口的具体步骤是
A. 用0.1%的新洁尔灭冲洗创口
B. 用生理盐水冲洗创口后冲洗创口周围
C. 先用碘酒、酒精消毒，再清洗创口
D. 用0.1%的新洁尔灭冲洗创口内外
E. 先用肥皂水刷洗创口周围皮肤，再用生理盐水洗净创口周围，最后再冲洗创口

6. 右手环指远端缺损骨外露，下列哪种方法不适采用
A. 缩短指骨，缝合皮肤
B. 中厚皮片植皮
C. 带蒂皮瓣移植
D. 邻近皮瓣移植
E. 鱼际皮瓣转移

7. 带蒂皮瓣移植术，适用于下列哪种类型的手外伤
A. 手部有肌腱骨外露及皮肤缺损者
B. 手部皮肤浅度烧伤
C. 手部感染者
D. 手部骨折
E. 手部皮肤单纯缺损伤

8. 关于手部皮肤切割伤的处理，下列哪项不正确
A. 清创术，应在伤后6～8小时内进行
B. 最好在止血带下进行清创
C. 切除皮缘宁多勿少，以防感染
D. 创口应力争一期闭合
E. 伤后超过24小时，可行二期处理

9. 鼻咽窝的深部组织是
A. 第一掌指关节
B. 大多角骨
C. 腕舟骨
D. 桡侧伸腕肌止点
E. 外展拇短肌止点

10. 屈指肌腱损伤，修复后提倡
A. 固定3周后，逐渐练习功能
B. 保护性被动活动
C. 固定4周后，开始活动
D. 术后即开始功能练习
E. 固定2周后，开始功能练习

11. 关于断肢（指）再植，下列哪项是错误的
A. 断肢平面越近躯干，再植后全身反应越大
B. 断肢平面越低，术后反应

越轻
C. 断肢时间越短，术后存活的机会越大
D. 断肢保存良好者，术后存活的可能性大
E. 断肢保存的温度越高，断肢成活的机会越大

12. 关于断肢再植原则，下列哪项是错误的
A. 首先进行彻底的清创
B. 可将骨骼短缩
C. 肌腱常做二期缝合
D. 主要的动、静脉均应做吻合
E. 神经应一期修复

13. 再植的断手，最好的保存方法是
A. 放于无菌生理盐水中
B. 放于林格液中
C. 放于75%的酒精溶液中
D. 无菌纱布包裹常温保存
E. 干燥冷藏法保存

14. 断肢再植术中操作，对肢体存活影响最大的因素是
A. 骨支架建立是否牢固
B. 神经缝接的质量
C. 肌腱缝合的质量
D. 皮肤对合的好坏
E. 血管吻合的质量

15. 根据断肢损伤的性质，断肢一般可分为
A. 切割性和撕裂性两大类
B. 完全性与不完全性断肢两大类
C. 撕裂性和辗压性两大类
D. 切割性和辗压性两大类
E. 部分离断和撕裂性离断两大类

16. 断肢再植成功率最高的上臂外伤种类是
A. 被机床压断的上臂
B. 被搅拌机绞断的上臂
C. 被火车辗压断的上臂
D. 被滚动皮带绞断的上臂
E. 被劫匪利刀砍断的上臂

17. 断肢再植术后，血管吻合通畅，患肢（指）的皮温应比健侧
A. 高1~2℃
B. 高2~3℃
C. 高3~4℃
D. 低1~2℃
E. 一致

18. 成人双手占体表面积的
A. 3%
B. 5%
C. 7%
D. 9%
E. 12%

19. 肌腱损伤近年来缝合方法有所改变，主要是改用显微外科技术，指的是
A. 间断缝合
B. 抽出缝合
C. 双垂直缝合
D. 编织缝合
E. 用4/0~8/0的显微缝合线进行缝合

【A_2型题】

20. 男性，27岁。工作中被壁纸割伤左手示指，创口长3cm，出血不止。现场紧急处理首要措施是
A. 清洁伤口
B. 清洁布类创口加压包扎
C. 伤口缝合
D. 使用破伤风抗毒素
E. 清创

21. 患者右手掌被一薄而窄的铁器插入至第三掌骨，造成中指屈指肌腱及桡侧固有神经损伤。该患者应为
A. 切割伤
B. 刺伤
C. 撕脱伤
D. 压伤
E. 复合伤

22. 24岁男性患者，入院前3小时被他人砍伤右桡骨小头部致桡骨小头完全骨折。该患者最可能伤及
A. 桡神经深支
B. 正中神经
C. 尺神经
D. 桡神经和尺神经
E. 桡神经和正中神经

23. 82岁老人，左环指末节离断伤并环指掌侧面有纵行长约6cm皮裂伤。考虑治疗方法是
A. 指骨短缩，右掌侧面皮肤直接缝合
B. 示指残端做邻指皮瓣，掌侧面皮肤缝合
C. 示指残端做中厚植皮，掌侧面皮肤直接缝合
D. 短缩指骨，缝合皮肤，掌侧面创口做“Z”字形缝合
E. 换药待其自然愈合

24. 25岁男性，2小时前，腕掌侧切割伤 致深、浅屈指肌腱，正中、尺神经，尺、桡动脉损伤。应采用的治疗方法
A. 立即缝合皮肤，其他组织待二期处理
B. 清创后，吻合尺桡动脉，其他组织待二期处理
C. 清创后，吻合尺桡动脉，并一期修复其他组织
D. 清创后，吻合桡动脉，结扎尺动脉，并一期修复其他组织
E. 清创后，结扎尺桡动脉，一期修复其他组织

25. 3小时前，76岁男性，因外伤致右手大鱼际，第一掌骨桡侧有5cm×6cm的皮肤缺损，大鱼际肌肉部分挫伤，第一掌骨有1.0cm×0.5cm的骨外露。该患者应采用哪种治疗方法为妥
A. 清创后，并局部软组织覆盖第一掌骨的外露，然后行中厚皮片植皮覆盖创面
B. 清创后，行游离足背皮瓣移植
C. 清创后，行前臂逆行岛状

皮瓣移植
D. 清创后，用全厚皮片植皮
E. 清创后，行游离背阔肌皮瓣移植

26. 32岁，男性患者，52天前，右前臂因锐器刺伤，经清创缝合，现伤口愈合，但遗有爪形手畸形和骨间肌萎缩。该患者最可能损伤为
A. 正中神经损伤
B. 桡神经损伤
C. 尺神经损伤
D. 骨间肌损伤
E. 正中神经和桡神经损伤

27. 24岁男性，1小时前右手拇指近端被刀完全切断。清创后，应按哪个顺序进行再植手术
A. 吻合动、静脉→固定骨骼→修复肌腱
B. 固定骨骼→修复神经、肌腱
C. 固定骨骼→修复肌腱→吻合动、静脉→修复神经→闭合创口
D. 修复肌腱→固定骨骼→修复神经→静脉→吻合动、静脉→闭合创口
E. 修复肌腱、神经→吻合动、静脉→固定骨骼→闭合创口

28. 断指再植术后28小时患者，发现患指指甲发绀，指腹肿胀，毛细血管反应存在，皮温尚正常。其原因可能是
A. 动脉痉挛或栓塞
B. 静脉痉挛或栓塞
C. 再灌注综合征所致
D. 创口有活动性出血
E. 创口感染

29. 21岁男性，右腕完全离断伤，再植术后当天，患者诉说有疼痛。此时应重点观察
A. 疼痛的变化
B. 血压的变化
C. 脉搏的变化
D. 体温的变化
E. 患指血液循环的变化

30. 27岁男性。入院前1小时右腕上6cm处被机器绞断，软组织挫伤严重，神经、血管均较骨骼短缩2cm。该患者最好的治疗方案是
A. 清创后，残端缝合
B. 清创后，残端缝合，断肢保存，待二期再植
C. 包扎换药
D. 立即行断肢再植术
E. 清创后，做前臂分叉成形术

31. 某中指离断伤患者，再植术后10小时，发现，患指苍白，皮温低于健侧3℃，经解除包扎、解痉药物等处理，不见好转。此时应采取
A. 抬高患肢，保温
B. 臂丛神经阻滞麻醉
C. 应用抗凝溶栓药物
D. 立即手术探查吻合的血管情况
E. 继续观察

【A_3/A_4型题】

（32~34题共用题干）

34岁女性，入院2小时左手中指掌指关节处掌面，被宽3cm锐器刺伤，查体发现中指呈伸直位，感觉障碍，手指苍白、发凉，Allen试验阳性。

32. 该患者诊断考虑为
A. 皮肤裂伤
B. 手指不全离断伤
C. 开放性指骨骨折
D. 手指固有神经损伤
E. 左手中指屈指肌腱，指两侧固有神经和指动脉开放性损伤

33. 该患者的治疗方案是
A. 清创后，修复屈指肌腱、神经，吻合动脉，缝合创口
B. 清创后，修复神经，吻合动脉，肌腱二期修复
C. 清创后，修复肌腱，吻合动脉，神经二期修复
D. 清创后，修复肌腱和神经
E. 清创后，缝合伤口，其他组织二期修复

34. 该患者术后48小时突然出现中指色泽苍白、发凉，皮温较健指低2.5℃，指腹发瘪。此时应采取什么措施
A. 患肢抬高，保温
B. 应用镇静，镇痛药
C. 立即手术探查吻合的指动脉
D. 臂丛神经麻醉
E. 应用抗血管痉挛药物

（35~36题共用题干）

青年患者入院前1小时，右肱骨中段被机器绞伤，致上臂仅后侧有宽2cm的皮肤相连，该皮肤有较重的挫伤，其余组织完全离断。

35. 该患者应诊断为
A. 右肱骨严重的开放性骨折
B. 右上臂完全离断伤
C. 右上臂不完全离断伤
D. 右肱骨开放性骨折伴血管损伤
E. 右肱骨开放性骨折伴神经损伤

36. 该患者的治疗方案应选择
A. 清创术，右肱骨内固定术
B. 清创后，右肱骨内固定，修复损伤的血管
C. 清创后，右肱骨内固定，修复损伤的神经
D. 断肢再植术
E. 清创后，残端缝合

（37~38题共用题干）

该患者术后20小时，发现患手轻度肿胀，指甲略发绀，毛细血管反应存在，针刺指尖部有鲜红的血液溢出，皮温较健侧高0.5℃。

37. 其原因可能是
A. 静脉栓塞或痉挛
B. 动脉栓塞或痉挛

C. 动、静脉同栓塞或痉挛
D. 属正常现象
E. 创口部有活动性出血

38. 此时，该患者应如何处理
A. 解除压迫因素后，采用血管解痉措施，观察 1 小时后不见好转，手术治疗
B. 选用有效的抗生素
C. 理疗，抬高患肢
D. 拆除缝线止血
E. 手术切开，取动、静脉血栓

【B_1 型题】

（39~41 题共用备选答案）
A. 创口无任何规律可循
B. 创口小而深，可损伤深部组织
C. 创口整齐，污染较轻，但出血多
D. 可有皮肤脱套伤，肌腱被拉出，骨骼可能破坏
E. 创口不规则，伴有多发性骨折，和内在肌挫伤

39. 手部开放性损伤中刺伤的特点是
40. 手部开放性损伤中切割伤的特点是
41. 手部开放性损伤中撕脱伤的特点是

（42~44 题共用备选答案）
A. 拇指完全离断
B. 老人一指多节段断指
C. 儿童小指完全断指
D. 两处以上的断指
E. 多指断指，仅拇指断指远端无再植条件

42. 千方百计再植
43. 不宜再植
44. 移位再植

第四章 常见的神经损伤

【A_1 型题】

1. 患者外伤致腓骨小头处骨折，伤后患足不能背屈，其原因是
A. 胫前肌损伤
B. 坐骨神经损伤
C. 胫后肌损伤
D. 腓总神经损伤
E. 胫后神经损伤

2. 正中神经损伤患者，以下哪种表现说明该患者为肘上损伤
A. 拇指对掌功能障碍
B. 拇指和示、中指屈曲功能障碍
C. 中指近节感觉消失
D. 示指远节感觉消失
E. 手的桡侧半感觉障碍

3. 正中神经挤压所致闭合性损伤，应予
A. 争取行一期修复
B. 肌腱移位修复
C. 伤口愈合后尽早手术修复
D. 中医按摩治疗
E. 短期观察，如无恢复表现则应手术探查

4. 以下不是尺神经损伤表现的是
A. Froment 征
B. 手指内收、外展障碍
C. 手部尺侧半和尺侧一个半手指感觉障碍
D. 小指爪形手畸形
E. 拇指感觉消失

5. 桡神经损伤典型畸形是
A. 垂腕
B. “银叉”手
C. 伸直状态
D. “猿”手
E. 爪形手

6. 以下不符合肱骨骨折所致桡神经损伤的是
A. 若判断可能是神经断裂伤或嵌入骨折断端之间时，应立即手术探查
B. 骨折复位固定后，应观察 2~3 个月
C. 开放性损伤应在骨折复位时同时探查神经并行修复
D. 不可自行恢复
E. 晚期功能不恢复者，可行肌腱移位重建伸腕、伸拇、伸指功能

7. 以下不是坐骨神经损伤表现的是
A. 高位损伤，引起股后部肌肉及小腿和足部所有肌肉全部瘫痪
B. 高位损伤，导致膝关节不能屈、踝关节与足趾运动功能完全丧失，呈足下垂
C. 膝关节呈屈曲状态，行走时呈震颤步态
D. 足部出现神经营养性改变
E. 小腿后外侧和足部感觉丧失

8. 股骨髁上骨折及膝关节脱位易损伤
A. 胫神经
B. 坐骨神经
C. 腓总神经
D. 桡神经
E. 正中神经

9. 腓总神经易损伤部位是
A. 腘部及腓骨小头
B. 股骨髁上
C. 踝关节
D. 肱骨中、下 1/3 交界处
E. 膝关节

【A_2 型题】

10. 男性，18 岁。车祸致伤右膝关节及小腿，伤后即出现足跖屈、内翻、内收功能障碍，足底感觉消失。最有可能损伤的神经是
A. 腓肠神经
B. 足底内侧神经
C. 腓总神经

D. 胫神经
E. 股神经

11. 患者外伤致腓骨小头处骨折，伤后患足不能背屈，其原因是
A. 胫前肌损伤
B. 坐骨神经损伤
C. 胫后肌损伤
D. 腓总神经损伤
E. 胫后神经损伤

【A_3/A_4型题】

（12~13题共用题干）

男性，26岁。外伤致肱骨中下1/3长斜形骨折，来院检查时发现有垂腕、垂指畸形。

12. 该患者合并哪条神经损伤
A. 尺神经损伤
B. 臂丛神经损伤
C. 正中神经损伤
D. 桡神经损伤
E. 正中、尺神经同时损伤

13. 该患者选择哪种治疗方法痛苦小，稳妥
A. 立即切开复位，内固定，同时探查并修复受损的神经
B. 给予神经营养药
C. 手法复位，小夹板固定，观察
D. 手法复位，U形石膏固定，观察
E. 手法复位，悬垂石膏固定，观察2~3个月。如垂腕、垂指无恢复再行手术治疗

（14~16题共用题干）

坐位乘车时，急刹车，右膝前方受到撞击，出现右髋剧痛，髋关节运动障碍，处于屈曲、内收、内旋畸形状态。

14. 应诊断为
A. 股骨颈骨折
B. 股骨转子间骨折
C. 股骨转子下骨折
D. 髋关节后脱位
E. 髋关节前脱位

15. 可能出现哪些合并损伤
A. 坐骨神经损伤
B. 股神经损伤
C. 闭孔神经损伤
D. 胫神经损伤
E. 腓总神经损伤

16. 应选择哪种治疗方法
A. Hippocrates 法
B. Kocher 法
C. Allis 法
D. 骨牵引
E. 皮牵引

第五章 化脓性骨髓炎

【A_1型题】

1. 急性骨髓炎转为慢性骨髓炎的主要原因是
A. 机体抵抗力低
B. 细菌毒力过于强大
C. 治疗不及时和不恰当
D. 局部血运不好
E. 肢体活动过早

2. 急性血源性骨髓炎最常见的致病菌是
A. 白色葡萄球菌
B. 真菌
C. 溶血性金黄色葡萄球菌
D. 大肠埃希菌
E. 肺炎链球菌

3. 慢性骨髓炎迁延不愈、反复发作的最主要原因是
A. 窦道的形成
B. 死骨、死腔的残留
C. 瘢痕组织增生
D. 机体抵抗力低
E. 细菌毒力太强

4. 形成急性血源性骨髓炎大块死骨的原因主要是
A. 骨膜血管断裂
B. 骨的滋养血管栓塞
C. 脓肿直接破坏骨组织
D. 病理性骨折
E. 机体抵抗力差

5. 儿童化脓性骨髓炎的脓肿不易进入关节腔的原因是
A. 儿童的关节对化脓性炎症的抵抗力强
B. 关节囊对关节腔具有保护作用
C. 脓肿容易局限和吸收
D. 脓肿容易向软组织溃破
E. 干骺端的骺板起屏障作用

6. 儿童期急性骨髓炎脓肿穿破干骺端骨皮质后，可直接进入关节的部位是
A. 胫骨上端
B. 胫骨下端
C. 股骨上端
D. 股骨下端
E. 肱骨上端

7. 小儿股骨上端急性骨髓炎并发化脓性髋关节炎的主要途径是
A. 血行感染
B. 脓肿穿破骺板进入关节
C. 脓肿穿破干骺端骨皮质进入关节
D. 骨膜下脓肿破入关节
E. 软组织脓肿破入关节

8. 急性骨髓炎，在骨膜下或骨髓内抽得脓液后，最关键的治疗措施是
A. 多次抽脓并注入抗生素
B. 进行脓液细菌培养及药敏试验，根据结果调整用药
C. 联合使用大量抗生素
D. 局部引流
E. 局部固定防止病理性骨折

9. 慢性骨髓炎死骨摘除术指征是
A. 有死骨、死腔，骨包壳薄弱
B. 发热，局部红肿，有死

骨、死腔

C. 开放性骨折感染，骨折尚未愈合，有大块死骨

D. 骨包壳充分形成，有死骨、死腔

E. 死骨分界不清，有死腔与窦道

10. 急性化脓性骨髓炎行局部引流的原则，是

A. 应尽量避免切开，以免形成窦道

B. 应待X线片显示骨质破坏时进行

C. 临床诊断已经明确，抗生素治疗数日无效即行引流手术

D. 在软组织内可触及脓肿时方施行

E. 待全身中毒症状改善后再施行

11. 化脓性关节炎与关节结核的鉴别，下列哪项最有价值

A. 是否有高热等急性全身表现

B. 局部是否有红肿、疼痛与皮温明显增高

C. 血和关节液的白细胞总数和中性粒细胞增多的程度

D. 浮髌试验阳性

E. 关节液是否培养出革兰阳性球菌

12. 急性血源性骨髓炎早期局部穿刺的正确方法是

A. 一次穿入骨髓腔

B. 一次穿入骨膜下

C. 逐层穿刺

D. 不可穿入骨髓内

E. 仅刺入软组织即可

【A_2 型题】

13. 12岁男孩，跌跤后当晚自感全身不适，发热，左膝部疼痛，经用青霉素3日无效来院。检查：左股骨下端肿胀，有局限性深压痛，膝关节内有积液，活动障碍，潮红不显著，体温39.5℃，白细胞计数 $18 \times 10^9/L$，中性粒细胞0.9，红细胞沉降率80mm/h。诊断

A. 风湿性膝关节炎

B. 化脓性膝关节炎

C. 股骨下端化脓性骨髓炎

D. 创伤性膝关节炎

E. 股骨下端骨肉瘤

14. 男性患者，20岁。半年前曾患右股骨急性化脓性骨髓炎，经治疗后好转，但局部有窦道形成，常有少许稀黄色脓液流出，近四日窦道口闭合，但出现高热，局部压痛明显，并有红肿。X线片示有死骨存留，而且包壳形成充分。应立即

A. 窦道切除，一期缝合

B. 骨钻孔手术

C. 死骨摘除，植骨术

D. 切开引流

E. 窦道搔刮术

15. 8岁男孩，右小腿轻微外伤后寒战发热（39.5℃）5天，右小腿上端肿胀，剧痛，局部皮温高，肤色正常，白细胞计数 $25 \times 10^9/L$，X线片未见明显变化，局部穿刺，针达骨膜下时抽出黄色脓液。首先应考虑为

A. 急性蜂窝织炎

B. 急性化脓性膝关节炎

C. 急性化脓性骨髓炎

D. 滑囊炎感染

E. 胫骨上端单纯骨结核转变为膝关节全关节结核

16. 幼儿，7岁。骤然起病，恶寒高热3周，右小腿肿痛，膝关节活动受限，右小腿弥漫性红肿，广泛压痛，膝关节积液，浮髌试验阳性，关节穿刺为浆液性渗出，X线片示右胫骨上端骨皮质散在虫蚀样骨破坏，骨膜反应明显。实验室检查：白细胞总数 $15.6 \times 10^9/L$。分层穿刺见软组织内与骨膜下大量蓄脓。切开引流后体温下降，急性症状消退。其转归是

A. 痊愈

B. 形成慢性骨髓炎

C. 形成硬化性骨髓炎

D. 形成Brodie骨脓肿

E. 以上都不是

17. 男孩，8岁。左大腿下端肿痛。查体：体温39.5℃，局部皮温高，深压痛，骨膜下穿刺抽出少量脓性液体。在进一步治疗措施中，下列哪项是最关键的

A. 联合应用大剂量抗生素

B. 患肢制动

C. 全身支持疗法，注意水电解质平衡

D. 局部减压引流

E. 避免外伤骨折

18. 5岁男孩，突起高热，畏寒3天，伴左膝关节肿、痛就诊。查体：左侧膝关节红肿、压痛，活动时疼痛剧烈，浮髌试验（±）。下列处理哪项欠佳

A. 局部固定

B. 大剂量静脉注射抗生素

C. 关节内注射抗生素

D. 全身支持疗法

E. 立即切开引流

【A_3/A_4 型题】

（19~21题共用题干）

10岁，右大腿下端疼痛伴高热达39.5℃ 1天，怀疑为急性化脓性骨髓炎。

19. 体格检查有力的证据是

A. 右股骨下端皮温升高

B. 右股骨下端（干骺端）深压痛

C. 右股骨下端肿胀

D. 局部血管充盈怒张

E. 右膝关节伸屈受限

20. 最有价值的辅助检查是

A. X线片检查

B. CT检查

C. 血培养

D. 局部穿刺

E. 血常规检查

21. 若已确定诊断，最关键的治疗方法为
A. 卧床休息
B. 大量广谱抗生素
C. 肢体制动
D. 输液，注意水电平衡
E. 大量广谱抗生素+钻孔引流

【B_1 型题】

（22~24 题共用备选答案）

A. 关节痛：病情缓慢，肿而不红，穿刺：脓液
B. 关节痛：游走性，轻度红、肿、热，与天气变化有关
C. 关节痛：多发性，有畸形及功能障碍，穿刺液：白细胞数增多，中性粒细胞比例占 75%
D. 关节痛：急性发作，高热、红肿明显，不能活动，白细胞数增多，关节液白细胞甚多，中性粒细胞比例占 90%
E. 关节附近痛，急性发作，高热、红肿不明显，深压痛，不愿意活动关节，白细胞数明显增高

22. 关节结核
23. 类风湿关节炎是
24. 急性骨髓炎

第六章 骨与关节结核

【A_1 型题】

1. 对脊柱结核具有早期诊断价值的检查是
A. MRI
B. X 线
C. CT
D. 核素扫描
E. B 超

2. 成人脊椎结核和椎体肿瘤在 X 线上的主要鉴别点是观察
A. 椎体破坏的程度
B. 椎体破坏的数目
C. 椎旁软组织阴影的形态
D. 椎间隙是否变狭窄或消失
E. 椎体骨质疏松的程度

3. 脊柱结核最常发生的部位是
A. 颈椎
B. 胸椎
C. 腰椎
D. 骶骨
E. 尾骨

4. 脊柱结核主要侵犯
A. 椎体
B. 横突
C. 棘突
D. 关节突
E. 椎弓

5. 脊柱附件结核并发截瘫发病率高的原因是
A. 寒性脓肿压迫
B. 结核性肉芽组织压迫
C. 死骨压迫
D. 坏死椎间盘压迫
E. 椎弓三面环绕椎管

6. 髋关节全关节结核合并寒性脓肿形成。诊断确定后最好应
A. 立即进行切开引流
B. 立即进行病灶清除
C. 应用抗结核药物 2~4 周后行病灶清除术
D. 应用抗结核药物 2~4 周后行脓肿搔刮
E. 髋人字石膏固定。并应用抗结核药物

7. 骨关节结核最常见的发生部位是
A. 肌肉最不发达的腕关节
B. 全身滑膜面积最大的膝关节
C. 负重最大的踝关节
D. 脊柱椎体
E. 活动最多的髋关节

8. 骨关节结核不适合手术治疗的情况是
A. 有明显死骨及脓肿
B. 经久不愈的窦道
C. 早期全关节结核，为抢救关节功能
D. 脊椎结核并截瘫
E. 全身中毒症状严重、虚弱、重度贫血

9. 拾物试验阳性的骨关节疾病是
A. 髋关节结核
B. 膝关节结核
C. 化脓性髋关节炎
D. 化脓性膝关节炎
E. 腰椎结核

【A_2 型题】

10. 骨与关节结核患者，混合感染、发热、体质虚弱，最好的处理方法是
A. 抗结核药+抗化脓菌感染药
B. 穿刺抽脓，注入抗结核药物
C. 切开排脓
D. 彻底的病灶清除术
E. 局部 $MgSO_4$ 湿敷，谨防破溃，禁忌切开

11. 一个 5 岁男孩，低热、颈痛数月，检查见颈部旋转受限，X 线侧位片可见寰椎向前脱位，咽后壁增宽，其诊断最大可能为
A. 外伤性寰椎脱位
B. 自发性寰椎脱位
C. 咽后壁脓肿
D. 寰、枢椎结核
E. 寰、枢椎畸形

12. 一女性患者，28 岁。妊娠后期出现进行性背痛，下肢乏力，食欲缺乏。查体见第 7 胸椎轻度后突，有叩痛。X 线片示第 6、7 胸椎间隙变窄，椎

旁软组织阴影膨隆。红细胞沉降率 60mm/h。最可能的诊断是
A. 胸椎转移癌
B. 胸椎结核
C. 胸椎血管瘤
D. 化脓性脊椎炎
E. 胸椎间盘脱出

13. 26 岁，女性患者。平素有背痛、乏力与低热，分娩后出现下肢瘫痪，检查见胸椎 9、10 压痛，平脐以下痛觉减退，下肢痉挛性瘫痪，红细胞沉降率加快。首先应考虑是
A. 脊髓蛛网膜炎
B. 脊髓肿瘤
C. 硬膜外脓肿
D. 胸椎结核
E. 横断性脊髓炎

14. 24 岁，女性患者。体检发现胸椎角状后突畸形。主要考虑是
A. 脊椎肿瘤
B. 强直性脊柱炎
C. 脊柱骨性关节炎
D. 胸椎结核
E. 脊椎化脓性骨髓炎

15. 第 7、8 胸椎结核病灶清除术后，恢复工作已 1 年。近 3 个月来又出现背痛、乏力、盗汗、低热和双下肢无力症状。查体：$T_{7\sim8}$胸椎局部有明显叩击痛，双下肢肌力 3 级，巴宾斯基反射（+）。红细胞沉降率增快。最适当的治疗措施是
A. 非手术治疗，卧石膏床
B. 以非手术治疗为主，必要时行病灶清除术
C. 在抗结核药物保护下尽早行病灶清除术
D. 按急症行病灶清除术
E. 后路植骨融合术

16. 5 岁，男孩。驼背、疼痛 5 个月，消瘦、贫血，无神经症状，经检查见双肺浸润性结核，6～8 胸椎结核，无椎旁脓肿，ESR 112mm/h，在支持疗法及全身抗结核治疗同时。应首选
A. 病灶清除术
B. 胸椎石膏固定
C. 局部制动
D. 冷脓肿穿刺
E. 矫正驼背

17. 男，30 岁。右髋部疼痛一年，伴低热、盗汗、食欲缺乏及体重减轻。查体：右髋关节呈屈曲畸形，活动受限，Thomas 征（+），ESR 30mm/h。X 线片示右髋关节间隙变窄，关节面有骨质破坏，右髋臼有 2cm 大小空洞，内有坏死骨片。最可能的诊断是
A. 化脓性髋关节炎
B. 髋关节滑膜结核
C. 髋关节骨型结核
D. 全髋关节结核
E. 类风湿髋关节炎

【A_3/A_4型题】

（18～19 题共用题干）

5 岁患儿，突发寒战、高热，左大腿下端深压痛，患肢不敢活动，白细胞计数增多。

18. 应首先考虑的诊断为
A. 骨结核
B. 骨肿瘤
C. 急性化脓性骨髓炎
D. 慢性化脓性骨髓炎
E. 风湿性骨髓炎

19. 确诊后须立即采取的治疗方法是
A. 加强营养
B. 静脉滴注足量有效抗生素
C. 少量多次输血
D. 患肢皮牵引
E. 患肢石膏固定

（20～21 题共用题干）

女性，18 岁。咳嗽 4 个月，伴低热，1 个月前右膝部外伤。体格检查：跛行，右股四头肌萎缩，右膝肿胀，浮髌试验（+）。

20. 该患者应首先进行哪项检查
A. 右膝 CT
B. 血常规
C. 红细胞沉降率
D. 右膝穿刺抽液，生化检查及细菌培养
E. 胸部平片及右膝正、侧位片

21. 肺部平片示右上肺有散在钙化灶，红细胞沉降率 90mm/h，这时初步诊断是
A. 类风湿关节炎
B. 化脓性关节炎
C. 结核性关节炎
D. 创伤性关节炎
E. 风湿性关节炎

（22～23 题共用题干）

女性，30 岁。以往有肺结核史，近 1 个月来腰背痛，伴低热，盗汗。体格检查：$T_{11\sim12}$ 棘突明显压痛。

22. 对该患者最简便有效的诊断方法为
A. 血常规及红细胞沉降率
B. 摄胸腰段 X 线片
C. CT
D. OT 试验
E. 核素骨扫描

23. 早期诊断确立后，下列哪项治疗措施不妥
A. 正规抗结核治疗
B. 卧硬板床休息
C. 立即手术，病灶清除
D. 全身支持疗法
E. 注意检查全身其他部位有无结核

【B_1 型题】

（24～25 题共用备选答案）
A. 手术应做到死骨摘除彻底
B. X 线片可见 Codman 三角
C. 杜加征阳性
D. 伤后出现“餐叉”样畸形
E. 早期局部分层穿刺有助于诊断

24. 肩关节脱位

25. 慢性骨髓炎
（26~27题共用备选答案）
A. 皮色正常，皮温略高，表面静脉怒张
B. 疼痛与压痛在长骨干骺端，压痛局限深在，红肿不明显
C. 疼痛与压痛在关节，红肿明显，关节活动障碍
D. 疼痛与压痛表浅，红肿广泛、明显
E. 疼痛与压痛在长骨骨干
26. 蜂窝织炎
27. 化脓性关节炎
（28~29题共用备选答案）
A. 咽后壁脓肿
B. 食管后脓肿
C. 椎旁脓肿
D. 骶前脓肿
E. 髂窝脓肿
28. 上位颈椎结核可出现
29. 腰椎结核可出现

第七章 运动系统慢性损伤

【A_1型题】

1. 腰椎间盘突出症，感觉减退出现在外踝部及足背外侧，踝反射减弱或消失，最常受压迫的神经根是
A. 腰$_3$神经根
B. 腰$_4$神经根
C. 腰$_5$神经根
D. 骶$_1$神经根
E. 骶$_2$神经根
2. 腰椎间盘突出症下肢放射痛最常见于
A. 坐骨神经分布区
B. 闭孔神经分布区
C. 阴部神经分布区
D. 股神经分布区
E. 股外侧皮神经分布区
3. 狭窄性腱鞘炎，疗效较好的方法是
A. 理疗
B. 限制活动和石膏固定
C. 理疗加内服药物
D. 伤湿镇痛膏局部贴敷
E. 醋酸泼尼松龙局部封闭
4. 治疗成人股骨头缺血性坏死，下列哪项措施应特殊强调
A. 理疗
B. 非甾体类抗炎药
C. 减少负重
D. 高压氧
E. 扩血管药物
5. 单节段颈椎间盘突出症压迫颈髓，最佳治疗方法是
A. 非手术治疗
B. 后路减压
C. 前路减压融合术
D. 人工间盘置换术
E. 介入治疗
6. 治疗髌骨软骨软化症，下列哪项措施应慎用
A. 制动休息
B. 理疗
C. 口服氨糖美辛
D. 关节内注射醋酸泼尼松龙
E. 股四头肌运动练习
7. 腰椎$_{4\sim5}$或腰$_5$~骶$_1$间盘突出症，出现鞍区麻木及大、小便功能障碍，为突出椎间盘压迫
A. 脊髓腰膨大部
B. 脊髓圆锥
C. 马尾神经
D. 骶$_1$神经根
E. 骶$_2$神经根
8. 胫骨结节骨软骨病好发年龄是
A. 6~9岁
B. 10~11岁
C. 12~14岁
D. 15~17岁
E. 18~20岁
9. 膝关节疾病与有关试验中，下列哪项是错误的
A. 浮髌试验（+）：膝关节积液
B. 前抽屉试验（+）：后交叉韧带断裂
C. 后抽屉试验（+）：后交叉韧带断裂
D. 麦氏（McMmurray）试验（+）：半月板损伤
E. 髌骨摩擦试验（+）：髌骨软骨软化症
10. 腰椎间盘突出症与腰椎管狭窄症临床症状的主要不同点为
A. 腰痛及下肢放射痛的程度
B. 有否间歇性跛行
C. 鞍区感觉改变情况
D. 双下肢无力情况
E. 大、小便是否障碍
11. 椎动脉型颈椎病最突出的症状是
A. 恶心
B. 猝倒
C. 头痛、眩晕
D. 视物不清
E. 耳鸣、耳聋
12. 颈椎病最常见的类型为
A. 神经根型
B. 脊髓型
C. 交感神经型
D. 椎动脉型
E. 混合型
13. 神经根型颈椎病的手术指征是
A. 颈痛伴手麻木
B. 头痛、头晕、眩晕
C. 颈肩痛较重，手握力减退
D. 反复发作，症状严重，长期保守疗法无效
E. X线片有骨棘生成，椎间隙狭窄
14. 腰椎间盘突出症与腰椎管内肿瘤最有鉴别意义的辅助检查是
A. X线片
B. CT

C. MRI
D. 肌电图
E. 超声
15. 下列哪种情况，不是狭窄性腱鞘炎的体征
A. 弹响指
B. 弹响拇
C. 扳机指
D. 鼓槌指
E. 握拳尺偏试验阳性
16. 肩关节周围炎（肩周炎）不正确的治疗方法是
A. 理疗
B. 封闭
C. 按摩
D. 服用非甾体抗炎药
E. 限制肩关节活动
17. 胫骨结节骨软骨病好发年龄是
A. 6~9 岁
B. 10~11 岁
C. 12~14 岁
D. 15~17 岁
E. 18~20 岁
18. 神经根型颈椎病最宜采用的治疗方法是
A. 按摩
B. 针灸
C. 牵引
D. 封闭
E. 手术
19. 胫骨结节骨软骨病常用的治疗方法是
A. 局部封闭
B. 手术治疗
C. 针灸
D. 体育锻炼
E. 制动、理疗
20. 股骨头骨软骨病，多见于
A. 3~10 岁
B. 青少年
C. 中年
D. 老年
E. 股骨颈骨折后

【A_2 型题】

21. 男性，25 岁。喜好网球运动，右肘关节外侧疼痛 1 个月，加重 3 天，持物无力，拧毛巾痛。体格检查：除右肘关节外侧局限性压痛外。下列哪项试验最有助于诊断
A. Froment
B. Mills
C. Finkelstein
D. Gaenslen
E. Dugas
22. 14 岁，男孩。平素喜踢足球，近 1 周右小腿上端前侧疼痛。查体：右小腿上端前侧隆起，皮肤无红肿发热及静脉怒张，压痛明显。X 线片示胫骨结节骨骺增大、致密。应首先考虑的诊断是胫骨结节
A. 撕脱骨折
B. 骨髓炎
C. 骨结核
D. 骨软骨瘤
E. 骨软骨病
23. 男性，20 岁，青年工人。抬东西而致腰痛，右下肢亦痛，直腿抬高试验阳性，而加强试验阴性，腰部右侧有压痛，站立时压痛区可触到指肚大之肿块，平卧时即消失。其诊断为
A. 腰椎间盘突出症
B. 肌疝
C. 腰肌筋膜炎
D. 第 3 腰椎横突综合征
E. 棘间韧带损伤
24. 青年男性患者，腰痛、腰僵硬，逐渐出现驼背，X 线片见骶髂关节模糊，间隙消失。可能的诊断是
A. 慢性腰扭伤
B. 腰肌劳损
C. 腰椎结核
D. 腰椎间盘突出症
E. 强直性脊柱炎
25. 中年男子，猛抬重物后腰剧痛并向右下肢放射，右足麻木。其诊断最大可能是
A. 腰椎骨折
B. 腰椎滑脱
C. 腰部肌筋膜炎
D. 腰椎间盘突出症
E. 腰扭伤
26. 有一患者伤后表现单侧坐骨神经痛及腰痛，直腿抬高试验及加强试验阳性，脊柱侧弯，踝反射异常，足趾跖屈力减退。此时最可能的诊断为
A. $L_{1\sim2}$间盘突出
B. $L_{2\sim3}$间盘突出
C. $L_{3\sim4}$间盘突出
D. $L_{4\sim5}$间盘突出
E. $L_5\sim S_1$ 间盘突出
27. 男性，40 岁，车工。因近两个月来经常加班劳动而引起腰背痛及活动障碍，约 5 日前又扭伤腰部，疼痛加剧，且向右下技后侧放射，每于弯腰、咳嗽及用力排便时加重，脊髓造影显示 $L_{4\sim5}$间盘水平偏右有一圆形压迹。最可能的诊断是
A. 腰部肌筋膜炎
B. 慢性腰部损伤
C. 强直性脊柱炎
D. 劳累性腰痛
E. 腰椎间盘突出症
28. 颈椎病患者，MRI 检查见 $C_{5\sim6}$间盘突入椎管压迫颈脊髓，保守治疗无效，瘫痪逐渐加重，应选择哪种治疗方案
A. 前路人工椎间盘置换术
B. 后路椎管扩大成形术
C. 后路椎板切除手术
D. 前外侧椎管减压术
E. 前路髓核摘除植骨术
29. 女性，45 岁。诉头痛，眩晕，颈侧弯后伸后头晕加重并出现猝倒。肱二头肌腱反射亢进，颈椎斜位片显示钩椎关节增生，过伸过屈位片显示 $C_{5\sim6}$椎间不稳。该患者最大可

能是
A. 梅尼埃病
B. 体位性眩晕
C. 脊髓肿瘤
D. 椎动脉型颈椎病
E. 粘连性蛛网膜炎

30. 女性，49岁。颈肩痛5年余，出现四肢麻木、乏力半年，行走时步态不稳，查体见双手尺侧以下皮肤感觉减退，双下肢肌张力增高，肌力3~4级，X线片见颈椎骨质明显退行性改变。其诊断可能为
A. 颈椎增生
B. 神经根型颈椎病
C. 脊髓型颈椎病
D. 交感神经型颈椎病
E. 椎管内肿瘤

31. 男性，50岁。四肢麻木、乏力逐渐加重近2年，1个月前不慎滑倒，当即出现四肢活动障碍。查体：神志清楚，头部活动无明显受限，第2肋以下皮肤痛觉减退，四肢不能主动活动，肌张力增高，病理征（+）。X线片示颈5~6椎体后缘骨质增生，椎间隙变窄。诊断为
A. 颈椎骨折颈髓损伤
B. 颈椎脱位
C. 脊髓型颈椎病，颈髓损伤
D. 颈椎肿瘤
E. 颈椎结核

32. 女性，49岁。近半年来反复出现头痛，头晕，并感四肢麻木，周身发热，情绪不稳，查体无神经系统体征，X线片示$C_{5\sim6}$椎体后缘轻度骨质增生，MRI示颈髓无明显受压。最可能的诊断是
A. 神经根型颈椎病
B. 脊髓型颈椎病
C. 交感神经型颈椎病
D. 椎动脉型颈椎病
E. 自主神经功能紊乱

【A_3/A_4型题】

（33~35题共用题干）

女性，65岁。绝经10年，无外伤史。主诉腰痛。

33. 其可能的病因为
A. 肾结石
B. 骨质疏松症
C. 椎间盘突出症
D. 骨关节炎
E. 以上均可能

34. 不必要为她所做的辅助检查是
A. 腰椎X线检查
B. 腰椎CT
C. 骨密度检测
D. 类风湿因子测定
E. 肾脏B超

35. 若X线检查后确诊为“腰椎骨关节炎”，不应采取的治疗措施为
A. 糖皮质激素静脉注射
B. 非甾体抗炎药治疗
C. 减肥
D. 理疗
E. 卧硬板床，少负重

（36~40题共用题干）

男性，51岁。双下肢乏力半年，右侧明显，近2个月步态不稳，右手不能扣纽扣。无外伤史，无发热。体格检查：颈背部无明显压痛，两上肢前臂、手及上臂尺侧皮肤感觉减退，躯干部及双下肢感觉减退，四肢肌力减弱，左上肢肌力Ⅲ级，右上肢及双下肢肌力Ⅳ级，肌张力增高，肱二、三头肌反射亢进，双侧膝踝反射亢进，右髌阵挛阳性，双侧巴宾斯基征阳性。

36. 最可能的诊断是
A. 脑卒中
B. 颈椎病
C. 颈椎肿瘤
D. 颈椎结核
E. 颈神经根炎

37. 最有助于鉴别诊断的辅助检查为
A. 颈椎X线检查
B. 颈椎X线断层摄片
C. 肌电图
D. 颈椎MRI
E. 全身骨显像

38. 应考虑的治疗是
A. 颈枕吊带牵引
B. 激素治疗
C. 推拿按摩治疗
D. 手术治疗
E. 颈托围领制动

39. 致病因素是
A. 病毒感染
B. 细菌感染
C. 退行性改变
D. 变态反应
E. 高血压

40. 下列哪项对该患者最不利
A. 长时间低头伏案写作
B. 枕头过高
C. 头过度后伸
D. 颈部突然前后摆动
E. 牵引

（41~43题共用题干）

女性，69岁。有长年吸烟史，糖尿病发现10年，双下肢疼痛3个月，有间歇性跛行。

41. 其可能的病因为
A. 腰椎间盘突出症
B. 骨关节炎
C. 腰椎管狭窄症
D. 下肢动脉闭塞性脉管炎
E. C、D均有可能

42. 不必要做的辅助检查
A. 腰椎MRI
B. 腰椎X线检查
C. 双下肢动脉彩超
D. 血糖
E. 双膝关节X线检查

43. 若影像学检查后，确诊为“腰椎管狭窄症”，不应采取的治疗措施为
A. 卧床休息
B. 硬膜外腔封闭
C. 非甾体抗炎药物
D. 手术治疗

E. 加强腰背肌功能锻炼

【B_1 型题】

（44~46 题共用备选答案）

A. 抗核抗体检查

B. 类风湿因子测定

C. HLA-B27 阳性

D. Heberden 结节

E. 血尿酸升高

44. 手骨性关节炎的特征性表现为

45. 90%强直性脊柱炎患者具有的特征为

46. 系统性红斑狼疮的筛选试验为

（47~49 题共用备选答案）

A. 肩关节外展受限

B. 肩部疼痛、无活动受限

C. 肘关节外侧疼痛

D. 肘关节活动受限

E. Finkelstein 试验阳性

47. 肩关节周围炎

48. 桡骨茎突狭窄性腱鞘炎

49. 肱骨外上髁炎

（50~52 题共用备选答案）

A. 间歇性跛行，下肢动脉彩超示动脉无闭塞

B. 下肢直腿抬高试验及加强试验阳性

C. 髋关节外展外旋抗阻力时，下肢放射痛

D. “4”字试验阳性

E. 血尿酸升高

50. 腰椎间盘突出症

51. 股骨头坏死

52. 腰椎管狭窄症

第八章　非化脓性关节炎

【A_1 型题】

1. 缓解骨关节炎疼痛的首选药物是

A. 泼尼松

B. 对乙酰氨基酚

C. 氨基葡萄糖

D. 透明质酸钠

E. 碳酸钙

2. 骨关节炎的主要病变是

A. 关节内化脓性感染

B. 关节特异性炎症

C. 关节软骨退行性变和继发性骨质增生

D. 关节骨质疏松

E. 骨与关节慢性疼痛

3. 50 岁以上髋关节骨关节炎患者有明显疼痛和运动障碍者，应首选

A. 髋关节融合术

B. 截骨术

C. 人工关节置换术

D. 关节清理术

E. 钻孔减压术

4. 骨关节炎的病理特点为

A. 滑膜炎

B. 附着点炎

C. 关节软骨变性

D. 小血管炎

E. 关节腔炎症

5. 骨关节炎最常累及的关节是

A. 腕关节，踝关节，远端指间关节

B. 膝关节，肩关节，近端指间关节

C. 腕关节，肘关节，近端指间关节

D. 膝关节，髋关节，远端指间关节

E. 掌指关节，远端指间关节，近端指间关节

6. 骨关节炎的病因为

A. 遗传因素

B. 性激素

C. 机械因素

D. 肥胖

E. 以上均是

7. 不符合骨性关节炎特点的是

A. 晨僵

B. 骨擦音

C. 关节肿痛

D. 好发于青壮年人

E. 压痛和被动痛

8. 以关节活动弹响（骨擦音）为特征性体征的风湿病是

A. 类风湿关节炎

B. 强直性脊柱炎

C. 风湿热关节受累

D. 骨性关节炎

E. 痛风性关节炎

【A_2 型题】

9. 女性，68 岁。双膝关节疼痛、活动弹响 10 余年，无关节肿胀，膝关节有骨擦音。X 线片示膝关节间隙窄，髁间嵴增生，骨赘形成。最可能的诊断是

A. 类风湿关节炎

B. 骨关节炎

C. 骨质疏松症

D. 强直性脊柱炎

E. 痛风

第九章　骨　肿　瘤

【A_1 型题】

1. 内生性软骨瘤的治疗方案应选择

A. 刮除植入松质骨

B. 肿瘤段切除

C. 必要时可行人工关节置换手术

D. 截肢术

E. 放疗、化疗、手术相结合

2. 骨软骨瘤外科分期属于
   A. $G_0T_1M_1$
   B. $G_0T_0M_0$
   C. $G_1T_0M_1$
   D. $G_2T_1M_0$
   E. $G_2T_2M_0$
3. 骨软骨瘤临床表现为
   A. 生长较快，伴明显疼痛
   B. 肿块明显，并可见其表面静脉怒张
   C. X线检查见骨膜反应
   D. 本身可无症状，但压迫周围组织可影响功能
   E. 肿块与周围界限不清
4. 骨巨细胞瘤的性质，属于
   A. 良性
   B. 交界性
   C. 恶性
   D. 高度恶性
   E. 性质不明
5. 骨巨细胞瘤X线表现
   A. 外生性，可见明显破坏
   B. 偏心性，位于骨端，溶骨性破坏
   C. 位于干骺端，可见有分隔
   D. 骨破坏，可见Codman三角
   E. 骨性破坏，可见片状钙化
6. 骨巨细胞瘤外科分期，属于
   A. $G_0T_{1\sim2}M_{0\sim1}$
   B. $G_{0\sim1}T_0M_0$
   C. $G_{0\sim1}T_{0\sim2}M_{0\sim1}$
   D. $G_2T_0M_1$
   E. $G_2T_0M_0$
7. 骨巨细胞瘤治疗方案的确定，取决于
   A. X线表现
   B. 临床表现
   C. G、T、M分期
   D. 病理检查
   E. 放疗后有无恶变
8. 骨肉瘤X线片可见病变
   A. 发生于骨端
   B. 短管状骨多见
   C. 可见“日光射线”现象
   D. 可为膨胀性生长
   E. 与正常组织界限清楚
9. 内生软骨瘤的X线表现，是
   A. 溶骨性骨破坏
   B. 葱皮样骨膜反应
   C. 日光放射状骨膜反应
   D. 膨胀性低密度区内夹杂钙化斑块
   E. 密度增高的肿瘤骨
10. 骨囊肿好发于
   A. 长管状骨干骺端
   B. 扁骨骨端
   C. 长管状骨骨端
   D. 短骨骨端
   E. 短骨干骺端
11. 单纯使用根治性切除手术治疗骨肉瘤，5年存活率不高，其主要原因是
   A. 早期髓腔内广泛蔓延
   B. 早期淋巴管内瘤栓形成
   C. 早期血液中发现瘤细胞
   D. 早期广泛侵犯软组织
   E. 多见于年轻人

【A_2型题】

12. 38岁，女性。右手中指近节指骨肿、疼痛。查体：右手中指近节指骨膨隆，皮肤颜色正常，轻微压痛，关节运动不受限。诊断可能性最大的是
   A. 骨囊肿
   B. 内生软骨瘤
   C. 骨巨细胞瘤
   D. 骨软骨瘤
   E. 骨结核
13. 25岁男性，右手中、环指肿胀、疼痛，X线片显示中、环指近节指骨膨胀性骨吸收，夹杂钙化斑。诊断内生软骨瘤，施刮除植骨术。术后1年复发，进一步的治疗是
   A. 肿瘤段切除，植骨术
   B. 肿瘤段切除人工关节置换术
   C. 刮除植骨术
   D. 截指术
   E. 放射治疗
14. 40岁男性，股骨下端疼痛，膝关节活动轻微受限。查体：股骨下端偏外侧局限性隆起，压痛，皮温略高。X线片：股骨外侧髁可见偏心性生长的骨吸收病灶，皮质向外膨隆，变薄，无骨膜反应。诊断为
   A. 骨纤维异样增殖症
   B. 骨巨细胞瘤
   C. 骨嗜酸性肉芽肿
   D. 内生软骨瘤
   E. 骨囊肿
15. 患者已确诊为骨巨细胞瘤，局部皮肤表浅，静脉怒张，肿胀与压痛均显著，触诊有乒乓球样感觉。X线片：骨皮质已破坏、断裂。病理报告：骨巨细胞瘤Ⅲ级。治疗应选择
   A. 截肢术
   B. 刮除植骨术
   C. 刮除骨水泥充填术
   D. 刮除灭活植骨术
   E. 刮除灭活骨水泥充填术
16. 16岁男性患者，洗浴时无意中触及右大腿下端内侧硬性突起，无疼痛，膝关节运动良。最可能的诊断是
   A. 软骨瘤
   B. 骨软骨瘤
   C. 骨巨细胞瘤
   D. 骨囊肿
   E. 骨化性肌炎
17. 20岁男性患者，诊断右股骨下端内侧长蒂状骨软骨瘤，3天前跌倒后，出现局部疼痛，伴膝关节活动轻微受限。其原因是
   A. 骨软骨瘤恶变
   B. 骨软骨瘤基底部折断
   C. 骨软骨瘤周围出现滑囊炎
   D. 局部软组织挫伤
   E. 骨软骨瘤外层软骨帽损伤
18. 学生，19岁。右股骨下端疼痛3个月，夜间尤甚。查体：

右股骨下端偏内侧局限性隆起，皮温略高，皮肤浅静脉怒张，明显压痛，膝关节运动受限。X线片、股骨下端溶骨性骨破坏，可见Codman三角。诊断为

A. 软骨肉瘤
B. 纤维肉瘤
C. 骨肉瘤
D. 骨巨细胞瘤
E. 尤文肉瘤

19. 9岁男孩，右胫骨上端疼痛、肿胀，压痛，关节活动受限。X线片：右胫骨上端偏右骨密度增高，边界不清，有骨膜反应。诊断是

A. 软骨肉瘤
B. 骨巨细胞瘤
C. 骨肉瘤
D. 骨瘤
E. 骨软骨瘤

20. 男性，25岁。股骨下端疼痛2个月，内侧局部肿胀1周，局部明显压痛，无发热，无活动性疼痛。X线片：髁上内侧骨皮质破坏。诊断最可能为

A. 骨结核
B. 良性骨转移
C. 软组织恶性肿瘤
D. 恶性骨肿瘤
E. 转移性肿瘤

21. 男，19岁。9个月前开始右上臂肿胀、疼痛，诊断为右肱骨上端骨肉瘤。优选的治疗方案是

A. 化疗
B. 化疗加放疗
C. 左肩关节离断术
D. 肿瘤刮除术
E. 术前化疗加根治性手术加术后化疗

【A_3/A_4型题】

（22~24题共用题干）

16岁女孩，左小腿上段肿胀疼痛半年，近1个月来肿胀明显，夜间痛明显。查体：左胫骨上端肿胀严重，压痛明显，浅静脉怒张，扪及一6cm×7cm硬性肿块，固定，边界不清。X线片示左胫骨上段呈虫蚀状溶骨性破坏，骨膜反应明显，可见Codman三角。

22. 最可能的诊断是

A. 左胫骨慢性骨髓炎
B. 左胫骨软骨肉瘤
C. 左胫骨骨巨细胞瘤恶变
D. 左胫骨骨肉瘤
E. 左胫骨骨软骨瘤恶变

23. 在住院行手术治疗前，应常规进行下列哪项检查

A. 淋巴结活检
B. 头颅CT
C. 胃肠道钡餐检查
D. 胸部X线片
E. 骨髓穿刺

24. 最佳治疗方案是

A. 单纯化疗
B. 单纯放疗
C. 保肢术，术前术后化疗
D. 刮除植骨术，术前术后化疗
E. 截肢术

（25~27题共用题干）

女性，25岁。左膝外上方逐渐隆起包块伴酸痛半年。X线片提示左股骨下端外侧有一病灶，边缘膨胀，中央有肥皂泡样改变，无明显的骨膜反应。

25. 其诊断考虑为

A. 骨纤维异样增殖症
B. 骨髓瘤
C. 骨肉瘤
D. 骨巨细胞瘤
E. 骨囊肿

26. 确立诊断，最有力的检查方法是

A. 外周血中碱性磷酸酶检测
B. 局部穿刺活组织检查
C. CT检查
D. 核素骨扫描
E. 外周血白细胞计数和分类

27. 以下准备采用的治疗方案中，哪一个不恰当

A. 病灶刮除，骨水泥填塞
B. 病段骨切除，胫骨翻转植骨膝关节融合
C. 病段骨切除，同种异体半关节移植术
D. 病段骨切除，带血管骨移植
E. 股骨中上1/3截肢，安装义肢

（28~30题共用题干）

女，14岁。右小腿酸痛2个月，进行性加重近1周，疼痛难忍，夜间尤其明显，伴发热38℃。体格检查：右胫骨中段膨隆，压痛，局部皮温增高。X线片显示胫骨中段骨质破坏，骨膜呈葱皮样改变。

28. 诊断为尤因肉瘤，主要应与以下哪一种病变相鉴别

A. 骨结核
B. 化脓性骨髓炎
C. 骨囊肿
D. 骨纤维肉瘤
E. 骨纤维异样增殖症

29. 对诊断、鉴别诊断最有价值的是哪一项检查

A. X线平片
B. 核素骨扫描
C. CT
D. 血白细胞计数及分类
E. 组织活检，病理检查

30. 采取哪一种治疗为最佳

A. 化疗药物治疗
B. 放射治疗
C. 截肢+化疗
D. 放射治疗+化疗+截肢
E. 病段切除，灭活再植

（31~34题共用题干）

男性，35岁。右膝关节内侧疼痛、肿胀半年，曾在外院摄X线片，见右胫骨上端内侧有一5cm×4cm大小透光区，中间有肥皂泡样阴影，骨端膨大。近1个月来肿胀明显加重，夜间疼痛难

忍，右膝关节活动受限。入院后X线摄片示胫骨上端病变扩大，肥皂泡样阴影消失，呈云雾状阴影，病变侵入软组织。

31. 该患者最可能的诊断是
  A. 骨肉瘤
  B. 骨软骨瘤恶变
  C. 骨囊肿
  D. 骨纤维肉瘤
  E. 骨巨细胞瘤恶变
32. 下列治疗措施哪项最合适
  A. 病灶刮除+植骨
  B. 病灶刮除+骨水泥填充
  C. 广泛切除+大块骨或假体植入
  D. 截肢
  E. 放射治疗或化疗
33. 复查时最重要的项目是
  A. 血、尿常规
  B. 局部与胸部X线检查
  C. 局部检查
  D. 血碱性磷酸酶测定
  E. 尿本周蛋白测定
34. 上述患者若病变处于早期阶段时，治疗应选择
  A. 病灶刮除+植骨
  B. 病灶不处理，严密观察
  C. 瘤段切除，假体植入
  D. 瘤段切除，植骨
  E. 放射治疗

（35~38题共用题干）

女性，36岁。右股骨上端疼痛20天，查体：右股骨上端肿胀、压痛，右髋关节活动受限。X线片：右股骨颈及转子下溶骨性骨破坏。3年前患乳腺癌，施乳腺癌根治术。局部无复发。

35. 最可能的诊断是
  A. 骨肉瘤
  B. 软骨肉瘤
  C. 纤维肉瘤
  D. 骨巨细胞瘤
  E. 乳腺癌骨转移
36. 最佳治疗方案
  A. 皮牵引，镇痛，化疗
  B. 单纯化疗
  C. 单纯放疗
  D. 瘤段切除，假体置入
  E. 瘤段切除，假体置入，化疗
37. 最重要的辅助检查项目是
  A. 胸部X线检查
  B. 局部CT检查
  C. 局部MRI检查
  D. 血生化检查
  E. 腹部B超检查
38. 拟检查其他部位的骨骼是否有并存的病灶，最重要的检查项目是
  A. CT
  B. ECT
  C. MRI
  D. X线断层摄影
  E. 骨髓穿刺

【B_1型题】

（39~41题共用备选答案）

A. 局部肿块，无触痛，外伤后始发现
B. 表面静脉怒张
C. 多发生于扁平骨及不规则骨
D. 发病后迅速出现瘫痪
E. 病理性骨折后可自愈

39. 骨软骨瘤可见到
40. 骨囊肿可见到
41. 骨肉瘤可见到

（42~44题共用备选答案）

A. 骨膜反应
B. 骨端膨胀呈肥皂泡样
C. 葱皮样改变
D. 脊椎竹节样改变
E. 死骨形成并有包壳

42. 骨巨细胞瘤
43. 强直性脊柱炎
44. 尤文瘤

（45~46题共用备选答案）

A. 化疗
B. 放疗
C. 根治性手术
D. 化疗和根治性手术
E. 放疗和根治性手术

45. 骨肉瘤采取的治疗方法是
46. 软骨肉瘤采取的治疗方法是

第十八篇 风湿免疫性疾病

第一章 总 论

【A_1 型题】

1. 风湿性疾病是指
   A. 累及骨、关节及周围软组织的一组疾病
   B. 过敏性疾病
   C. 血白细胞增多的一类疾病
   D. 病毒感染的一类疾病
   E. 血尿酸增高的一组疾病
2. 关于风湿性疾病的临床特点，不正确的是
   A. 病程多呈慢性经过
   B. 临床表现差异很大
   C. 反复发作与缓解交替出现
   D. 免疫学异常表现复杂
   E. 对治疗反应的个体差异不大
3. 晨僵在哪类关节炎中表现最为突出
   A. 骨性关节炎
   B. 类风湿关节炎
   C. 化脓性关节炎
   D. 反应性关节炎
   E. 痛风性关节炎
4. 改变病情抗风湿药，下列哪项是错误的
   A. 氨甲蝶呤
   B. 硫唑嘌呤
   C. 环磷酰胺
   D. 氯喹或羟氯喹
   E. 双氯芬酸（扶他林）
5. 类风湿关节炎的主要病理特点为
   A. 滑膜炎
   B. 附着点炎
   C. 肌炎
   D. 小血管炎
   E. 关节腔炎症
6. 类风湿关节炎表现下列哪项不常见
   A. 晨僵
   B. 关节肿胀
   C. 关节压痛
   D. 肘关节不能完全伸直
   E. 手的掌指关节有桡侧偏斜
7. 肥胖是下列哪种风湿病的易感因素
   A. 强直性脊柱炎
   B. 骨性关节炎
   C. 类风湿关节炎
   D. 反应性关节炎
   E. 银屑病性关节炎
8. 弥漫性结缔组织病不包括下列哪种疾病
   A. 强直性脊柱炎
   B. 类风湿关节炎
   C. 系统性红斑狼疮
   D. 硬皮病
   E. 血管炎
9. 系统性红斑狼疮的诊断标志抗体是指
   A. ANA
   B. 抗 RNP 抗体
   C. 抗 Sm 抗体
   D. 抗组蛋白抗体
   E. 抗核小体抗体
10. 下列药物哪种为 COX-2 特异性抑制剂
    A. 双氯氛酸钠
    B. 对乙酰氨基酚
    C. 美洛昔康
    D. 塞来昔布
    E. 萘丁美酮

【B_1 型题】

（11～13 题共用备选答案）
A. 干燥综合征
B. 系统性红斑狼疮
C. 类风湿关节炎
D. 痛风
E. 骨关节炎

11. 颊部蝶形皮疹及蛋白尿见于
12. 腕关节、掌指关节、近指关节受累见于
13. 大量龋齿提示

第二章 系统性红斑狼疮

【A_1 型题】

1. SLE 患者最典型的面部表现
   A. 痤疮
   B. 湿疹
   C. 蝶形红斑
   D. 色素沉着
   E. 紫癜
2. SLE 的疾病活动性有关的免疫学检测指标是
   A. 抗着丝点抗体
   B. 抗双链 DNA 抗体
   C. 抗 Sm 抗体
   D. 抗 SSA 抗体
   E. 抗中性粒细胞胞质抗体
3. 美国风湿病学会 1997 年推荐的 SLE 分类标准中不包括
   A. 盘状红斑
   B. 口腔溃疡
   C. 浆膜炎
   D. 溶血性贫血
   E. 抗 Scl-70 阳性
4. 几乎所有 SLE 患者免疫病理检查均可出现病变的脏器是

A. 心脏
B. 肾
C. 肺
D. 肝
E. 胰腺

5. 对狼疮肾炎的诊断最有价值的病理检查是
A. 肾活检
B. 骨髓穿刺检查
C. 肺活检
D. 淋巴结活检
E. 皮肤狼疮带试验

6. 下列哪项不符合 SLE 的血液系统改变
A. 白细胞减少
B. 血小板减少
C. 自身免疫性溶血性贫血
D. 正常细胞性贫血
E. 类白血病样改变

7. 目前治疗 SLE 的最常用的基础药物为
A. 非甾体抗炎药
B. 氯喹或羟氯喹
C. 雷公藤多苷
D. 环磷酰胺
E. 泼尼松

8. 关于 SLE 患者妊娠问题，哪项不正确
A. 易发生流产、早产
B. 应病情稳定，心肾功能正常，方可妊娠
C. 可出现新生儿狼疮
D. 妊娠时可使 SLE 病情恶化
E. 妊娠头 3 个月内可应用免疫抑制剂

9. 治疗Ⅳ型狼疮肾炎常选的免疫抑制剂为
A. 环磷酰胺
B. 氨甲蝶呤
C. 长春新碱
D. 依姆兰
E. 雷公藤

【A_2 型题】

10. 患者，女性，18 岁。发热 1 个月，近 1 周出现面颊对称性红斑、手指关节肿痛。实验室检查：Hb 90g/L，白细胞 3.0×10^9/L，尿蛋白（+++），抗 dsDNA 抗体阳性。应首先考虑诊断
A. 缺铁性贫血
B. 慢性肾炎
C. 类风湿关节炎
D. 系统性红斑狼疮
E. 风湿热

【B_1 型题】

（11～13 题共用备选答案）
A. 面部皮肤对称性红斑
B. 手关节天鹅颈样畸形
C. 口腔、外阴溃疡
D. 眼睑向阳性皮疹
E. 面容刻板、张口困难

11. SLE 可出现
12. 类风湿关节炎可出现
13. 系统性硬化症可出现

（14～17 题共用备选答案）
A. 抗核抗体
B. 抗 Sm 抗体
C. 抗双链 DNA 抗体
D. 抗磷脂抗体
E. 类风湿因子

14. 特异性高，但与 SLE 活动性无关
15. 特异性高，效价随 SLE 病情缓解而下降
16. 哪种抗体阳性的 SLE 患者易形成动、静脉血栓
17. 是 SLE 的标准筛选试验，但特异性低

第三章　类风湿关节炎

【A_1 型题】

1. 以下关节中，类风湿关节炎较少累及的是
A. 髋关节
B. 手指关节
C. 跖趾关节
D. 近端指间关节
E. 腕关节

2. 下列哪项不属于类风湿关节炎的关节外表现
A. 腘窝囊肿
B. 发热
C. 皮下结节
D. 贫血
E. 心包炎

3. 下列哪项不属于 Felty 综合征的特点
A. 白细胞减少
B. HLA-B7 阳性
C. 脾肿大
D. 贫血
E. 高滴度类风湿因子

4. 早期类风湿关节炎，除药物治疗外，还应选择
A. 截骨术
B. 关节清理术
C. 关节成形术
D. 滑膜切除术
E. 钻孔减压术

5. 类风湿关节炎的主要表现是
A. 游走性大关节肿痛
B. 全身关节肿痛伴发热、皮疹者
C. 对称性小关节肿痛伴晨僵
D. 多关节肿痛伴四肢末梢感觉障碍
E. 腰骶痛伴晨僵

【A_2 型题】

6. 患者，女性，42 岁。因双手近端指间关节、掌指关节、腕关节肿痛伴晨僵半年，查血尿酸 430mmol/L，抗 CCP 抗体（+），X 线片示腕关节骨质疏松，可见个别关节间隙狭窄。最可能的诊断是
A. 强直性脊柱炎

B. 骨关节炎
C. 系统性红斑狼疮
D. 类风湿关节炎
E. 干燥综合征
7. 患者，女性，47 岁。腕关节肿痛 3 个月，掌指关节肿痛 6 周，伴晨僵。下列哪项检查对确定诊断意义最大
A. 抗 CCP 抗体检查
B. 红细胞沉降率检查
C. C 反应蛋白检查
D. 双手 X 线片
E. 类风湿因子检查

【B_1 型题】

（8~10 题共用备选答案）
A. 布洛芬
B. 双氯芬酸
C. 萘丁美酮
D. 美洛昔康
E. 塞来昔布
8. 属选择性 COX-2 抑制剂，胃肠道不良反应少
9. 属非选择性 COX 抑制剂，镇痛作用强
10. 属非选择性 COX 抑制剂，半衰期长

第四章 痛　　风

【A_1 型题】

1. 腹部平片不易显影的尿路结石是
A. 磷酸盐结石
B. 草酸盐结石
C. 碳酸盐结石
D. 尿酸结石
E. 混合结石
2. 痛风的临床表现有
A. 尿酸性尿路结石
B. 痛风石及慢性关节炎
C. 痛风肾病
D. 好发于跗趾关节的急性关节炎
E. 以上均是
3. 富含嘌呤的食物是
A. 牛奶
B. 鸡蛋
C. 动物内脏
D. 黄瓜
E. 米饭
4. 痛风性关节炎早期主要病理改变发生在
A. 软骨下骨组织
B. 关节软骨
C. 关节滑膜
D. 关节周围肌腱韧带
E. 关节周围皮下软组织

【A_3/A_4 型题】

（5~6 题共用题干）

男性，45 岁。1 年前体检发现血尿酸升高，当时无症状，未予重视，平时也不注意饮食控制。患者 1 日前参加同学聚餐，吃较多海鲜及肉食，并饮啤酒约 500ml，晨起感觉右跗趾关节疼痛，局部肿胀、发热。

5. 目前考虑最可能的诊断是
A. 痛风
B. 类风湿关节炎
C. 糖尿病足
D. 风湿性关节炎
E. 足部细菌性感染
6. 不恰当的治疗和处理是
A. 足部制动，抬高患肢
B. 口服苯溴马隆
C. 口服秋水仙碱
D. 禁酒
E. 口服吲哚美辛

【B_1 型题】

（7~8 题共用备选答案）
A. 苯溴马隆
B. 秋水仙碱
C. 碳酸氢钠
D. 别嘌醇
E. 糖皮质激素
7. 急性痛风性关节炎期首选药物是
8. 尿酸生成过多的高尿酸血症的首选药物是

第五章 脊柱关节炎

【A_1 型题】

1. 下列哪种细胞因子对强直性脊柱炎的发病最有意义
A. TNF-α
B. IL-10
C. IL-6
D. CTLA-4
E. HLA-B27
2. X 线片骶髂关节出现关节侵蚀、间隙变窄或部分融合属
A. 0 级
B. Ⅰ级
C. Ⅱ级
D. Ⅲ级
E. Ⅳ级

【A_3/A_4 型题】

（3~5 题共用题干）

患者，女性，30 岁。20 天前排尿时疼痛，7 天前出现左膝肿痛，3 天前右腕肿痛，压痛明显，查膝关节积液为 WBC 50 000 个/ml，HLA-B27 阳性。

3. 诊断首先考虑
A. 强直性脊柱炎
B. 肠病性关节炎
C. 反应性关节炎
D. 感染性关节炎
E. 类风湿关节炎

4. 可增加检查项目中最有意义的是
   A. 骶髂关节CT
   B. 滑液培养结果为阴性
   C. 抗环瓜氨酸抗体
   D. 类风湿因子阴性
   E. 膝关节MRI可见关节积液
5. 首选的治疗应包括
   A. 氨甲蝶呤
   B. 抗生素
   C. 糖皮质激素
   D. NSAIDs
   E. 生物制剂

【B_1 型题】

（6~8题共用备选答案）
A. 强直性脊柱炎
B. 银屑病关节炎
C. 肠病性关节炎
D. 幼年型强直性脊柱炎
E. 反应性关节炎
6. 肯定会累及骶髂关节的是
7. 易发生结膜炎或巩膜炎的是
8. 继发于近期明显感染的是

第十九篇 儿 科 学

第一章 绪 论

【A_1 型题】

1. 我国将围生（产）期定义为
   A. 自妊娠 20 周到生后 7 足天
   B. 自妊娠 28 周到生后 7 足天
   C. 自妊娠 20 周到生后 14 足天
   D. 自妊娠 28 周到生后 14 足天
   E. 自妊娠 28 周到生后 28 足天
2. 新生儿期指的是
   A. 从孕期 28 周至生后 28 天内
   B. 从孕期 28 周至生后 1 个月内
   C. 从出生后脐带结扎时起至生后 28 天之前
   D. 从出生后脐带结扎时起至生后 30 足天
   E. 从出生后脐带结扎时起至生后 1 个月内
3. 婴儿期指的是
   A. 从出生到 1 周岁之前
   B. 从出生后 28 天到满 1 周岁之前
   C. 从出生 1 个月到 1 周岁之前
   D. 从 1 周岁到 2 周岁之前
   E. 从 1 周岁到 3 周岁之前
4. 幼儿期指的是
   A. 生后 28 天到满 2 周岁之前
   B. 生后 1 个月到满 2 周岁之前
   C. 生后 1 周岁到满 2 周岁之前
   D. 生后 1 周岁到满 3 周岁之前
   E. 生后 2 周岁到满 3 周岁之前
5. 正常足月儿的皮肤外观特点是
   A. 肤色苍白，皮下脂肪丰满
   B. 肤色稍黄，皮下脂肪少
   C. 肤色红润，皮下脂肪少
   D. 肤色红润，皮下脂肪丰满
   E. 肤色稍黄，毳毛少

第二章 生长发育

【A_1 型题】

1. 符合幼儿期特点的是
   A. 免疫力增强，传染病发生率低
   B. 体格生长发育速度最快
   C. 不易发生营养缺乏和腹泻病
   D. 识别危险的能力较强
   E. 语言思维和应人应物能力迅速
2. 小儿体格发育的两个高峰期是
   A. 青春期、学龄期
   B. 学龄期、学龄前期
   C. 青春期、幼儿期
   D. 青春期、婴儿期
   E. 学龄期、新生儿期
3. 小儿，5 岁。身高为 105cm，体重为 18kg，其生长发育属于
   A. 身高体重均正常
   B. 身高体重均低于正常
   C. 身高体重均大于正常
   D. 身高正常体重异常
   E. 体重正常身高异常
4. 小儿出牙延迟的判断标准是
   A. >4 个月未出牙
   B. >24 个月未出牙
   C. >6 个月未出牙
   D. >12 个月未出牙
   E. >10 个月未出牙
5. 小儿生长发育的一般规律，不正确的是
   A. 由下到上
   B. 由近到远
   C. 由粗到细
   D. 由低级到高级
   E. 由简单到复杂
6. 小儿腕部骨化中心出全的年龄是
   A. 5 岁
   B. 6 岁
   C. 8 岁
   D. 10 岁
   E. 12 岁
7. 1~12 岁小儿体重（kg）计算公式是
   A. 年龄（岁）×2+9
   B. 年龄（岁）×3+8
   C. 年龄（岁）×1+8
   D. 年龄（岁）×1+9
   E. 年龄（岁）×2+8
8. 小儿在何月龄凯尔尼格征阳性是正常的
   A. 3~4 个月前
   B. 5~6 个月前
   C. 7~8 个月前
   D. 9~10 个月前
   E. 11~12 个月前
9. 小儿语言发育三个阶段的顺序是

A. 发音、理解、表达
B. 理解、表达、发音
C. 表达、理解、发音
D. 听觉、发音、理解
E. 模仿、表达、理解

10. 小儿前囟闭合延迟见于
A. 脱水
B. 营养不良
C. 头小畸形
D. 甲状腺功能低下
E. 颅压增高

【A_2 型题】

11. 一个健康儿前囟 2.0cm × 2.0cm，体重 7kg，能独坐一会、用手摇玩具，能认识熟人和陌生人，其月龄为
A. 3 个月
B. 6 个月
C. 8 个月
D. 10 个月
E. 12 个月

12. 一个健康儿体重 7.5kg，身长 62cm，会翻身，能独坐很久，不会爬，能无意识发出“爸爸”“妈妈”等复音，能听懂自己的名字，其月龄最可能为
A. 3~4 个月
B. 5 个月
C. 6 个月
D. 7 个月
E. 8 个月

13. 一健康儿前囟约 0.5cm × 0.5cm，出牙 8 个，体重 10kg，开始能独走，能叫出物品名字，指出自己的手、眼，其月龄大约为
A. 6 个月
B. 8 个月
C. 12 个月
D. 16 个月
E. 20 个月

14. 1 岁小儿体格发育正常，体重 9kg，头围 46cm，身高 75cm，其胸围最可能是
A. 32cm
B. 34cm
C. 46cm
D. 48cm
E. 50cm

15. 9 岁男孩，营养发育正常，体重 26kg，身长 133cm，头围 53cm，胸围最可能是
A. 53cm
B. 57cm
C. 61cm
D. 63cm
E. 65cm

16. 女孩，5 岁。营养发育正常，其标准体重、身长最可能为
A. 16kg，100cm
B. 16kg，105cm
C. 18kg，105cm
D. 18kg，110cm
E. 20kg，110cm

17. 4 岁小儿，体重 16kg，身高 105cm，上臂围 13cm，出牙 20 个，考虑为
A. 体重、身高略低
B. 营养不良
C. 肥胖
D. 身材高大
E. 正常范围

【A_3/A_4 型题】

（18~19 题共用题干）

婴儿出生体重 3.5kg，生后吃奶好，现体重仍为 3.5kg。

18. 最可能的年龄是
A. 生后 1 周
B. 生后 2 周
C. 生后 3 周
D. 生后 4 周
E. 生后 5 周

19. 生理性体重下降的范围是
A. 1%~6%
B. 2%~8%
C. 3%~9%
D. 5%~10%
E. 6%~12%

（20~21 题共用题干）

一小儿，体重 20kg，身长 110cm，身长之中点位于脐与耻骨联合之间，腕部骨化中心出现 7 个，已出现第一磨牙，未开始换牙。

20. 最可能的年龄是
A. 3 岁
B. 4 岁
C. 5 岁
D. 6 岁
E. 7 岁

21. 10 岁小儿腕部骨化中心共有
A. 8 个
B. 9 个
C. 10 个
D. 11 个
E. 12 个

（22~23 题共用题干）

女孩，12 岁，身材矮小，且比例不匀称，伴智力低下，测其身高及坐高。

22. 坐高是指
A. 头顶至耻骨联合上缘的距离
B. 头顶至耻骨联合下缘的距离
C. 头顶至坐骨结节的距离
D. 头顶至耻骨联合中点的距离
E. 头顶至尾骨的距离

23. 测量结果身高为 100cm，坐高为 65cm，诊断为
A. 正常儿童
B. 佝偻病
C. 先天愚型
D. 垂体性侏儒
E. 先天性甲状腺功能减退症

第三章　儿童保健

【A_1 型题】

1. 6 个月小儿需要接种的疫苗为
   A. 卡介苗、乙肝疫苗、麻疹疫苗、百白破三联针
   B. 乙肝疫苗
   C. 乙肝疫苗、麻疹疫苗、脊髓灰质炎糖丸、乙脑疫苗
   D. 脊髓灰质炎糖丸、百白破三联针、麻疹疫苗、乙脑疫苗
   E. 卡介苗、乙肝疫苗、乙脑疫苗、脊髓灰质炎糖丸
2. 下列何者为卡介苗的初种年龄
   A. 出生时
   B. 1 个月
   C. 2 个月
   D. 3 个月
   E. 4 个月
3. 脊髓灰质炎疫苗初种的年龄是
   A. 2 个月
   B. 3 个月
   C. 4 个月
   D. 5 个月
   E. 6 个月
4. 百白破疫苗的初种年龄是
   A. 2 个月
   B. 3 个月
   C. 4 个月
   D. 5 个月
   E. 6 个月
5. 卡介苗接种后所致结核菌素阳性反应是指硬结直径
   A. <5mm
   B. 5 ~ 9mm，3 ~ 5 天后反应消失
   C. 10 ~ 15mm，1 周后留有色素沉着
   D. 15 ~ 20mm
   E. >20mm

第四章　营养和营养障碍疾病

【A_1 型题】

1. 营养不良皮下脂肪最后消失的部位是
   A. 胸部
   B. 背部
   C. 腹部
   D. 面颊部
   E. 腰部
2. 营养性维生素 D 缺乏性手足搐搦症在幼儿及儿童多见的典型表现是
   A. 无热惊厥
   B. 手足搐搦
   C. 喉痉挛
   D. 枕秃
   E. 肋骨串珠
3. 面神经征检查时叩锤骤击患儿
   A. 眼角
   B. 颧弓与口角间的面颊部
   C. 口角
   D. 颧弓与眼角之间面颊部
   E. 下颏
4. 营养性维生素 D 缺乏性手足搐搦在痉挛发作时哪项处理最正确
   A. 迅速静脉推注甘露醇
   B. 立即注射维生素 D
   C. 先用镇静药再用钙剂
   D. 先立即静脉注射钙剂
   E. 保持安静待其自然缓解
5. 营养不良最先出现的症状是
   A. 体重不增
   B. 身长低于正常
   C. 皮下脂肪减少或消失
   D. 皮肤干燥，苍白，失去弹性
   E. 肌张力低下，体温偏低，智力迟钝
6. 2 岁儿童按供热能计算，三种营养素产能蛋白质、脂肪和糖类之间正确的比例是
   A. 蛋白质占 20%，脂肪占 30%，糖类占 50%
   B. 蛋白质占 25%，脂肪占 30%，糖类占 45%
   C. 蛋白质占 20%，脂肪占 35%，糖类占 45%
   D. 蛋白质占 25%，脂肪占 35%，糖类占 40%
   E. 蛋白质占 10% ~ 15%，脂肪占 25% ~ 30%，糖类占 50% ~ 60%
7. 维生素 D 缺乏性手足搐搦症的隐性体征是
   A. 喉痉挛
   B. Kernig（克氏）征阳性
   C. Bruczinski（布氏）征阳性
   D. Trousseau（陶瑟）征阳性
   E. Barbinski（巴氏）征阳性
8. 维生素 D 缺乏性佝偻病初期的临床表现是
   A. 肌肉松弛
   B. 非特异性神经精神症状
   C. 运动减少
   D. 免疫力低下
   E. 语言发育落后
9. 营养不良中度消瘦的中位数为
   A. −1SD
   B. −2SD ~ −1SD
   C. −4SD ~ −3SD
   D. −3SD ~ −2SD
   E. −3SD 以下
10. 佝偻病激期 X 线所见为
   A. 骨质密度正常
   B. 骨骺软骨变窄
   C. 临时骨钙化带模糊、消失
   D. 骨骺与干骺端的距离多无

变化
E. 骨膜增生

11. 初期佝偻病的主要表现
A. 骨骼系统改变
B. 运动系统改变
C. 语言发育落后
D. 非特异性神经精神症状
E. 反复感染

12. 佝偻病恢复期长骨X线片改善的特点是
A. 骨临时钙化带重新出现
B. 临时钙化带消失
C. 干骺端增宽
D. 骨质稀疏，密度减低
E. 干骺端呈毛刷状

13. 佝偻病活动早期的治疗，每日给维生素D剂量为
A. 0.5万~1.0万U
B. 0.2万~0.4万U
C. 1万~2万U
D. 3万~4万U
E. 5万~6万U

14. 患维生素D缺乏性佝偻病的9~10个月婴儿多见的骨骼改变是
A. 颅骨软化
B. 肋骨串珠
C. 方颅
D. 鸡胸
E. 肋膈沟

15. 蛋白质-能量营养不良常见并发的维生素缺乏是
A. 维生素A
B. 维生素B_1
C. 维生素C
D. 维生素D
E. 维生素E

16. 营养性维生素D缺乏性手足搐搦症钙剂疗法，下述哪项是错误的
A. 10%葡萄糖酸钙5~10ml
B. 用生理盐水或葡萄糖稀释
C. 缓慢静脉注射
D. 重症者每日注射2~3次
E. 连用5天后停用

17. 营养性维生素D缺乏性手足搐搦症与佝偻病发病机制的不同点在于
A. 钙吸收代谢障碍
B. 磷吸收代谢障碍
C. 甲状旁腺功能不足
D. 维生素D缺乏
E. 神经系统兴奋性增高

18. 婴儿佝偻病颅骨软化多发生于
A. 1~3个月
B. 6月龄内
C. 6~9个月
D. 6~12个月
E. 12个月以上

19. 营养性维生素D缺乏性手足搐搦症的治疗步骤应该是
A. 补钙-止惊-维生素D
B. 止惊-补钙-维生素D
C. 维生素D-止惊-补钙
D. 补钙-维生素D-止惊
E. 维生素D-补钙-止惊

20. 佝偻病串珠特点哪项是错误的
A. 好发于1岁左右小儿
B. 部位在肋骨与肋软骨交界处
C. 可看到或触及到钝圆形隆起
D. 骨样组织堆积所致
E. 以胸骨旁最明显

21. 治疗佝偻病激期维生素D肌内注射法剂量是
A. 20万~30万U一次
B. 10万~20万U一次
C. 30万~40万U一次
D. 40万~50万U一次
E. 50万U一次

22. 佝偻病枕秃是由于
A. 多汗，摇头，擦枕
B. 哭闹
C. 结核
D. 血钙降低
E. 颅骨软化

23. 治疗佝偻病活动早期给予维生素D口服给药时间
A. 半月后改预防量
B. 1月后改预防量
C. 2月后改预防量
D. 3月后改预防量
E. 4月后改预防量

24. 人体维生素D主要来源于
A. 皮肤合成的内源性D_3
B. 蛋黄中的维生素D
C. 猪肝中的维生素D
D. 人乳中的维生素D
E. 牛奶中的维生素D

25. 母乳喂养优于牛乳在于
A. 含蛋白质总量高
B. 含饱和脂肪酸的脂肪较多
C. 含铁量多
D. 含乳糖量多
E. 含钙、磷高

26. 维生素D缺乏可靠的早期诊断指标是
A. 血钙降低
B. 血磷降低
C. 血镁降低
D. 血25-(OH)D_3降低
E. 血碱性磷酸酶增高

【A_2型题】

27. 小儿，10个月。方颅，多汗，胸骨肋膈沟，血钙正常，血磷低，X线可见骨骺软骨增宽，干骺端临时钙化带模糊，并呈毛刷状改变。诊断为
A. 佝偻病初期
B. 佝偻病激期
C. 佝偻病恢复期
D. 佝偻病后遗症期
E. 先天性佝偻病

28. 小儿，1岁。可见肋骨串珠，膈肋沟，手镯及脚镯，前囟为1.5cm×1.5cm，血钙为2.25mmol/L，血磷1.0mmol/L。X线可见干骺端呈杯口改变，临时钙化带消失。该小儿应诊断为
A. 甲状腺功能低下
B. 软骨营养不良
C. 低血磷抗D佝偻病
D. 维生素D缺乏性佝偻病
E. 维生素D依赖性佝偻病

29. 小儿，8个月。突然抽搐，持

续2分钟，发作时意识不清，自行缓解，不伴发热，3天内抽搐4次，醒后活泼如常，血钙为1.73mmol/L，血糖4.0mmol/L。可诊断为
A. 低血糖
B. 化脓性脑膜炎
C. 婴儿痉挛症
D. 营养性维生素
D. 维生素D缺乏性手足搐搦症
E. 营养性低镁血症

30. 3个月婴儿，体重5kg，需人工喂养，每日喂8%糖牛奶量应为
A. 400ml
B. 450ml
C. 500ml
D. 650ml
E. 700ml

31. 一女童，体重按同龄正常儿童低中位数-3SD，消瘦中位数-3SD，同时伴有皮肤干燥，肌张力减低应诊断为
A. 营养不良轻度
B. 营养不良中度
C. 营养不良重度
D. 属正常儿童范畴
E. 糖尿病

32. 5个月婴儿，体重6kg，每日需喂8%糖牛奶量及额外供给温水量为
A. 牛奶量为440ml，除牛奶外尚需给水160ml
B. 牛奶量为550ml，水为200ml
C. 牛奶量为600ml，水为300ml
D. 牛奶量为770ml，水为280ml
E. 牛奶量为880ml，水为320ml

33. 3个月婴儿，每日供给的热量为0.42kJ/kg（100kcal/kg），需要蛋白质、脂肪、碳水化合物分别占总热量为
A. 蛋白质35%，脂肪15%，碳水化合物50%
B. 蛋白质15%，脂肪50%，碳水化合物35%
C. 蛋白质10%～15%，脂肪25%～30%，碳水化合物50%～60%
D. 蛋白质50%，脂肪15%，碳水化合物35%
E. 蛋白质35%，脂肪50%，碳水化合物15%

34. 1岁男婴，母乳少，长期以米汤、稀饭喂养，不规律添加辅食，食欲差，精神差，皮下脂肪厚度为0.5cm，诊断为：Ⅰ度营养不良。下面表现哪个最先出现
A. 皮肤干燥
B. 肌张力不低于，肌肉松弛
C. 身高低于正常
D. 皮下脂肪减少
E. 体重不增或减轻

35. 一男婴冬季出生，足月顺产，现已4个月，体重5.8kg，只母乳喂养，未添加辅食，近日来，婴儿多烦躁，易激惹，夜惊，多汗，血钙、血磷、碱性磷酸酶正常。最可能的诊断是
A. 惊吓
B. 营养不良
C. 佝偻病活动期
D. 佝偻病早期
E. 先天性佝偻病

36. 6个月婴儿，半天来突然抽搐3次，抽时双眼上翻，四肢抖动，持续2分钟自然缓解，抽后意识清，吃奶，询问病史，生后人工喂养，近日夜惊多汗，查体：营养中等，枕秃明显，囟门2.5cm×2.5cm，颈软，患儿再度抽搐。最恰当的处理原则
A. 先用维生素D，同时补充钙，再吸氧
B. 先补充钙，同时止惊，吸氧
C. 先补充钙剂及维生素D，然后吸氧，止惊
D. 先补钙，同时吸氧，止惊，然后用维生素D
E. 先止惊及缓慢静脉注射钙剂，后改为口服钙，再用维生素D

37. 一婴儿突发惊厥，无热，反复发作3次，惊厥后意志清醒，活泼如常，患儿为人工喂养，极少户外活动，未服鱼肝油，查体：出牙延迟，郝氏沟明显，方颅。血钙1.0mmol/L。最确切的诊断为
A. 佝偻病早期
B. 佝偻病活动期
C. 营养性维生素D缺乏性手足搐搦症
D. 低血糖症
E. 低血镁症

38. 男婴，8个月。自幼人工喂养，未补充维生素D制剂，近来出现多汗、烦躁、夜惊。查体：方颅，出牙延迟，肋骨串珠，诊断为佝偻病活动期。发病机制下列哪项是错误的
A. 尿磷排出增加
B. 血中钙磷乘积降低
C. 维生素D缺乏
D. 钙、磷在肠道吸收减少
E. 甲状腺代偿功能不足

39. 2月男婴，出生体重3000g，生后即于进乳、进水后出现呕吐，逐渐加重，而入院治疗，患儿食欲强，大便少。查体：体重3kg。血浆总蛋白降低。最易出现的体征
A. 皮下脂肪明显减少
B. 皮肤、巩膜黄染
C. “O”形腿
D. 肋串珠及哈氏沟
E. 双足背水肿

40. 一患儿，8个月。诊断为佝偻病活动期，正在治疗时，患儿出现发热、咳嗽，且肺部听诊闻及中小水泡音。此时选择哪种方法治疗佝偻病更好
A. 暂不治疗佝偻病，先治疗肺炎
B. 口服大剂量维生素D，每日2万U，1个月后改预

防量口服
C. 肌内注射维生素 D 360 万 U，肌内注射 1 次，同时补钙
D. 肌内注射维生素 D 330 万 U，肌内注射 1 次，3 个月后改为预防量
E. 肌内注射维生素 D 380 万 U，2 次肌内注射

41. 10 月患儿，已在当地医院诊断为佝偻病活动期，给予治疗，效果不好。为进一步判定诊断是否正确，不需要做下列哪些检查
A. 腕部 X 线片
B. 测血清钙、磷
C. 血常规
D. 体格检查
E. 骨密度

42. 患儿，7 日。近日经常夜惊、多汗，且抽搐 2 次，停止后意识清醒，进奶好，医生诊断为营养性维生素 D 缺乏性手足搐搦症。本病以下哪项不具备
A. 喉痉挛
B. 全身性抽搐
C. 腓反射阳性
D. 面神经征阳性
E. 婴儿期呈婴儿痉挛性发作

43. 一婴儿，11 月龄。腕部 X 线片示骨骺端临时钙化带消失，呈杯口状、毛刷状改变。哪一点不是骨样组织堆积所致
A. 手镯
B. 脚镯
C. 方颅
D. 肋骨串珠
E. 肋膈沟

【A_3/A_4型题】

（44~46 题共用题干）

男孩，2 岁。1 岁时患麻疹后食欲差，常有腹泻，身高 83cm，体重 7600g，面色苍白，皮肤干燥，腹部皮下脂肪 0.3cm，心音低钝，脉搏缓慢。

44. 其主要诊断应是
A. 营养性贫血
B. 婴幼儿腹泻
C. 先天性甲状腺功能减低症
D. 蛋白质-能量营养不良
E. 心功能不全

45. 假设该患儿出现哭而少泪，眼球结膜有毕脱斑，则并发有
A. 维生素 A 缺乏
B. 维生素 B_2 缺乏
C. 维生素 C 缺乏
D. 维生素 D 缺乏
E. 维生素 E 缺乏

46. 假设此患儿清晨突然面色苍白、体温不升、呼吸暂停、神志不清，最可能的原因是
A. 低钙血症引起的喉痉挛
B. 低钾血症引起的呼吸肌麻痹
C. 自发性低血糖
D. 急性心力衰竭
E. 脱水引起休克

（47~48 题共用题干）

4 个月女婴，突然惊厥发作，患儿从出生后牛奶喂养，未加辅食，近 1 日流涕，时有哭闹，但无发热及咳嗽，不呕吐，大小便正常。查体：体温 37.8℃，面色灰白，双眼上翻，面部肌肉颤动，四肢抖动，心肺正常，前囟平坦，颈强直（-），枕部有乒乓球感。

47. 该患儿诊断是
A. 高热惊厥
B. 癫痫
C. 脑炎
D. 颅内出血
E. 营养性维生素 D 缺乏性手足搐搦症

48. 首选的急救措施为
A. 立即给予 10% 水合氯醛 3ml 灌肠，然后给予葡萄糖酸钙静脉注射
B. 立即给予维生素 D 330 万 U（750μg）肌内注射，然后给予葡萄糖酸钙
C. 立即给予 10% 葡萄糖酸钙 5~10ml，加 10% 的葡萄糖 10~20ml 静脉注射
D. 立即选择青霉素静脉滴注，同时给予苯巴比妥肌内注射
E. 20% 甘露醇静脉注射 0.5~1g/（kg · 次），同时肌内注射苯巴比妥

（49~50 题共用题干）

1.5 岁男婴，第一胎第一产，足月，出生后母乳喂养，平时体质弱，常患病，如“肺炎”“气管炎”“腹泻”等，一直未添加辅食，近 2 日呕吐 1~2 次/日，为胃内容物。查体：精神萎靡，营养状况差，体重 5kg，前囟已闭，心肺无异常，皮肤弹性差，皮下脂肪消失，四肢肌张力低下。

49. 该男婴的诊断是
A. 营养不良Ⅰ度
B. 营养不良Ⅱ度
C. 营养不良Ⅲ度
D. 营养不良Ⅲ度，伴重度脱水
E. 营养不良Ⅰ度，伴重度脱水

50. 开始治疗时，下列哪项措施不能用
A. 辅助用苯丙酸诺龙，促进蛋白合成
B. 必要时可采用鼻饲，供给足够的热量
C. 10%~15% 的葡萄糖每日 10ml/kg 供给
D. 每日供给热量 250kJ/kg（60kcal/kg），然后逐渐增加剂量
E. 口服一些消化酶类制剂

（51~53 题共用题干）

8 月女婴，生后一直人工喂养，尚未加辅食，近日时有夜惊多汗，今日突然惊厥发作，四肢抖动，面色苍白，约 1 分钟自行缓解，抽后玩耍如常，近 2 日流涕，但无发热及咳嗽。查体：营养发育较差，前囟平坦，方颅，

颈强直（-），心、肺正常。

51. 该患儿诊断为
  A. 高热惊厥
  B. 病毒性脑炎
  C. 癫痫
  D. 低血糖症
  E. 营养性维生素D缺乏性手足搐搦症

52. 若在就诊时再度惊厥发作，急救措施是
  A. 立即10%水合氯醛0.5~1.0ml/(kg·次)灌肠，然后给予葡萄糖酸钙静脉注射
  B. 立即维生素D_3 30万U肌内注射一次，然后给予葡萄糖酸钙静脉注射
  C. 立即10%葡萄糖酸钙5~10ml加入5%葡萄糖10~20ml中静脉注射
  D. 立即静脉滴注抗生素，然后肌内注射苯巴比妥
  E. 20%甘露醇0.5~1.0g/(kg·次)静脉注射

53. 急需做哪项检查，对诊断最有帮助
  A. 血钙，磷，AKP
  B. 血常规
  C. 脑脊液检查
  D. 病毒分离
  E. 脑电图

（54~56题共用题干）

10月男婴，经常出现夜惊不宁，近1周加重，多汗，烦闹。该患儿生后一直母乳不足，混合喂养，尚未添加辅食，此患儿到门诊就诊。

54. 体格检查最易发现的阳性体征为
  A. 皮肤弹性差
  B. 皮下脂肪明显减少
  C. 查体正常
  D. 方颅，前囟大，乳牙未萌出
  E. 双下肢瘀点、瘀斑

55. 该患儿最可能的诊断
  A. 佝偻病
  B. 营养不良
  C. 正常儿
  D. 上呼吸道感染
  E. 消化不良

56. 本病发生的病因，哪些不正确
  A. 日光照射不足
  B. 维生素D摄入不足
  C. 维生素D需要量增加
  D. 食物中钙磷含量过低或比例不当
  E. 甲状旁腺功能不足

【B_1型题】

（57~60题共用备选答案）
  A. 1000ml
  B. 700ml
  C. 660ml
  D. 500ml
  E. 300ml

婴儿每日所需8%的糖牛乳量为

57. 3个月婴儿
58. 5个月婴儿
59. 1个月新生儿
60. 7个月婴儿

（61~64题共用备选答案）
  A. 150ml/kg
  B. 125ml/kg
  C. 100ml/kg
  D. 75ml/kg
  E. 40ml/kg

每日所需水分为

61. 婴儿
62. 成人
63. 学龄儿
64. 学龄前儿

第五章　新生儿及新生儿疾病

【A_1型题】

1. 新生儿是指从出生到生后
  A. 14天内的婴儿
  B. 28天内的婴儿
  C. 30天内的婴儿
  D. 32天内的婴儿
  E. 60天内的婴儿

2. 新生儿ABO血型不合是指
  A. 母亲为A型，婴儿是O型
  B. 母亲为B型，婴儿是O型
  C. 母亲为AB型，婴儿是O型
  D. 母亲为O型，婴儿是A或B型
  E. 母亲为O型，婴儿是AB型

3. 正常足月儿生后可抱至母亲处给予吸吮的时间是
  A. 生后半小时左右
  B. 生后1小时左右
  C. 生后2小时左右
  D. 生后4小时左右
  E. 生后8小时左右

4. 新生儿病理性黄疸的特点是
  A. 生后24小时内出现黄疸
  B. 足月儿2周内消退
  C. 早产儿3~4周内消退
  D. 血清胆红素85~205 μmol/L
  E. 血清结合胆红素10μmol/L左右

5. 新生儿缺氧缺血性脑病多见于
  A. 早产儿
  B. 小于胎龄儿
  C. 足月儿
  D. 低体重儿
  E. 足月小样儿

6. 新生儿尤其是早产儿易发生寒冷损伤综合征的病理生理中，错误的是
  A. 体温调节中枢发育不成熟
  B. 皮肤表面积相对较大
  C. 血流较丰富
  D. 棕色脂肪含量较多
  E. 体内能量储存少

7. 新生儿早发型败血症是指
  A. 生后1天内发病

B. 生后7天内发病
C. 生后7~10天发病
D. 出生7天后发病
E. 出生14天后发病

8. 引起新生儿早发型败血症最常见的病原菌是
A. 表皮葡萄球菌
B. 大肠埃希菌等革兰阴性杆菌
C. 克雷伯菌
D. 铜绿假单细菌
E. 李斯特菌

9. 新生儿生理性黄疸，下列哪项是错误的
A. 生后2~3天出现黄疸
B. 一般情况良好
C. 足月儿14天内消退
D. 早产儿4周内消退
E. 血清胆红素<257μmol/L

10. 判定新生儿轻度窒息是指生后1分钟的Apgar评分为
A. 0~1分
B. 2~3分
C. 4~7分
D. 5~8分
E. 8~10分

11. 母乳性黄疸出现黄疸的时间
A. 多于生后1天
B. 多于生后2~3天
C. 多于生后3~8天
D. 多于生后10~14天
E. 多于生后1月左右

12. 新生儿神经系统反射，下列哪项不正确
A. 觅食反射阳性
B. 吸吮反射阳性
C. 克氏征阳性
D. 拥抱反射阳性
E. 腹壁反射稳定

13. 先天性甲状腺功能减退症新生儿检查是
A. T_3
B. T_3+T_4
C. TSH
D. $TSH+T_4$
E. T_4

14. 新生儿生后
A. 6小时内排出胎便
B. 12小时内排出胎便
C. 18小时内排出胎便
D. 24小时内排出胎便
E. 36小时内排出胎便

15. 新生儿窒息复苏时最根本的是
A. 尽量吸尽呼吸道黏液
B. 触觉刺激
C. 复苏器加压给氧
D. 胸外心脏按压
E. 喉镜下经口气管插管

16. 新生儿出生3天后出现黄疸者，下列哪项不可能
A. 败血症
B. 新生儿肝炎
C. 胆道闭锁
D. 母乳性黄疸
E. 新生儿溶血病

17. 足月新生儿血压平均为
A. 50/30mmHg
B. 60/30mmHg
C. 60/40mmHg
D. 70/50mmHg
E. 80/60mmHg

18. 新生儿每日共需热量约为
A. 209 ~ 334.4kJ/kg（50 ~ 80kcal/kg）
B. 334.4 ~ 376.2kJ/kg（80 ~ 90kcal/kg）
C. 376.2 ~ 418kJ/kg（90 ~ 100kcal/kg）
D. 418 ~ 502kJ/kg（100 ~ 120kcal/kg）
E. 502 ~ 534kJ/kg（120 ~ 130kcal/kg）

19. 新生儿生后2~3天出现黄疸者最常见的是
A. 败血症
B. 母乳性黄疸
C. 新生儿肝炎
D. 生理性黄疸
E. 胆道闭锁

20. 新生儿血液中免疫球蛋白从母体通过胎盘获得的是
A. IgA
B. IgD
C. IgG
D. IgM
E. IgE

21. 足月儿是指
A. 胎龄>28周至<37周的新生儿
B. 胎龄>37周至<40周的新生儿
C. 胎龄≥37周至<42周的新生儿
D. 胎龄≥28周至第37周的新生儿
E. 胎龄>37周至<43周的新生儿

22. 约60%足月儿可于生后
A. 生后1~2天出现黄疸
B. 生后2~3天出现黄疸
C. 生后3~5天出现黄疸
D. 生后5~7天出现黄疸
E. 生后7~9天出现黄疸

23. 新生儿缺氧缺血性脑病所致颅内出血多见于
A. 早产儿
B. 足月小样儿
C. 巨大儿
D. 适于胎龄儿
E. 足月儿

24. 治疗新生儿缺氧缺血性脑病控制惊厥首选苯巴比妥，其负荷量为
A. 5mg/kg
B. 10mg/kg
C. 15mg/kg
D. 20mg/kg
E. 25mg/kg

25. 治疗新生儿缺氧缺血性脑病控制惊厥首选
A. 苯巴比妥钠
B. 地西泮
C. 水合氯醛
D. 氯丙嗪
E. 苯妥英钠

26. 新生儿消化系统特点中，下列哪项是错误的
A. 胃底发育差，呈水平位

B. 幽门括约肌较发达
C. 食管下部括约肌松弛
D. 能分泌充足的淀粉酶
E. 肠管壁较薄，通透性高

27. 生后 24 小时内出现黄疸者，应首先考虑
A. 新生儿肝炎
B. 胆道闭锁
C. 新生儿溶血病
D. 败血症
E. 母乳性黄疸

28. 新生儿安静时呼吸频率约为
A. 20 次/分
B. 30 次/分
C. 40 次/分
D. 50 次/分
E. 60 次/分

29. 新生儿早发型败血症的感染途径最常见的是
A. 母亲垂直传播感染胎儿
B. 胎膜早破
C. 产时胎儿通过产道时吸入污染的分泌物
D. 脐带感染
E. 皮肤感染

30. 新生儿胎便的特点下列哪项是错误的
A. 新生儿生后 12 小时内排出胎便
B. 由肠黏膜脱落的上皮细胞、羊水及消化液组成
C. 墨绿色
D. 2~3 天排完
E. 早产儿胎便排出常延迟

31. 引起新生儿败血症的病原菌种类随不同的地区和年代而异，我国一直最常见的是
A. 葡萄球菌
B. 大肠埃希菌
C. B 组溶血性链球菌（GBS）
D. 表皮葡萄球菌
E. 铜绿假单胞菌

32. 正常足月新生儿
A. 出生体重 2000~2499g
B. 出生体重 2500~4000g
C. 出生体重 2500~3000g
D. 出生体重 3000~3999g
E. 出生体重>4000g

33. 新生儿寒冷损伤综合征的硬肿最先出现于
A. 头
B. 下肢
C. 臀部
D. 面颊
E. 上肢

34. 新生儿初步复苏不包括
A. 保温
B. 摆好体位
C. 清理呼吸道
D. 正压通气
E. 刺激呼吸

【A_2 型题】

35. 女婴，7 天。足月顺产，出生体重 3.2kg，母乳喂养，一般情况尚好，但生后第 3 天面部出现黄染，近 2 日加重。实验室检查：Hb 152g/L，血清总胆红素 171μmol/L，直接胆红素 17.1μmol/L。其最可能的诊断是
A. 新生儿母乳性黄疸
B. 新生儿败血症
C. 新生儿肝炎
D. 新生儿溶血病
E. 新生儿生理性黄疸

36. 男婴，足月顺产，22 天。出生体重 3100g，生后母乳喂养。第 3 天出现皮肤黄染，至今黄疸不退。食欲好，体温正常。体格检查：体重 3750g，除皮肤黄染外，无其他异常。血常规及尿常规均正常，血清胆红素 204μmol/L。应如何处理
A. 血培养
B. 测 G6PD 活性
C. 暂停母乳喂养
D. 网织红细胞计数
E. 以上都不是

37. 女婴，足月顺产，生后 15 小时出现黄疸，总胆红素 102μmol/L，第 2、3 天血清胆红素分别为 204μmol/L 和 306μmol/L。为明确诊断，首选哪项检查
A. 血型及血型抗体检查
B. 肝功能检查
C. 红细胞 G-6-PD 活性测定
D. 血培养及白细胞分类计数
E. 血清甲胎蛋白含量测定

38. 男婴，足月，有宫内窘迫史，羊水Ⅱ度污染，经产钳助产娩出。生后 1 分钟四肢青紫，心率每分钟 95 次，刺激时皱眉，呼吸浅弱，肌张力低。下列哪项措施不正确
A. 擦干，保暖
B. 吸出污染的羊水，保持呼吸道通畅
C. 给氧
D. 注射氨茶碱刺激呼吸
E. 若心率<60 次/分，进行胸外心脏按压

39. 新生儿生后 1 分钟检查，皮肤苍白，无呼吸和心搏，肌张力松弛，弹足底无反应。其 Apgar 评分为
A. 0 分
B. 1 分
C. 2 分
D. 3 分
E. 4 分

40. 新生儿生后 1 分钟检查，四肢青紫，心率 110 次/分，弹足底有皱眉动作，四肢略屈曲，呼吸不规则。其 Apgar 评分应为
A. 2 分
B. 3 分
C. 4 分
D. 5 分
E. 6 分

41. 足月儿出生 7 天后出现黄疸，下列哪项诊断是不可能的
A. 败血症
B. ABO 溶血病
C. 新生儿肝炎

D. 胆道闭锁
E. 母乳性黄疸
42. 足月儿生后3天出现黄疸，母血AB型，第4天血清胆红素171μmol/L（10mg/dl）。本例诊断最大可能是
A. ABO溶血病
B. Rh溶血病
C. 生理性黄疸
D. 败血症
E. 胆道闭锁
43. 一新生儿，母患糖尿病，胎龄30周，剖宫产娩出，生后呼吸困难、呻吟，呈进行性加重。其病因主要是
A. 母亲患糖尿病
B. 胎粪吸入
C. 新生儿肺炎
D. 剖宫产
E. 肺表面活性物质缺乏
44. 患儿日龄3天，足月顺产，生后2天出现黄疸，迅速加重，一般状态尚好。血清胆红素298μmol/L，母血O型，子血A型，抗体释放试验阳性。下列治疗措施哪一项应先考虑
A. 光照疗法
B. 换血疗法
C. 输血浆
D. 纠正酸中毒
E. 口服苯巴比妥
45. 生后2天的新生儿，一般状态良好，但其网织红细胞5%，血涂片发现计100个白细胞，可见大量的有核红细胞和少量幼稚中性粒细胞，提示
A. 新生儿溶血病
B. 髓外造血
C. 先天性营养性贫血
D. 先天性小儿白血病
E. 正常血象
46. 男婴，孕36周出生，日龄3天，拒乳，不哭，活动少，腋温35℃，双下肢皮肤硬肿，复温方法正确的是
A. 使体温在2小时内恢复正常
B. 逐渐复温，希望12～24小时内使体温恢复正常
C. 使体温在6～12小时内恢复正常
D. 使体温在36小时内恢复正常
E. 使体温在48小时内恢复正常
47. 男婴，胎龄291天，出生体重3850g，其体重位于同胎龄平均体重的第80百分位，下列诊断哪个是正确而全面的
A. 过期产儿，巨大儿
B. 过期产儿，大于适龄儿
C. 足月儿，适于胎龄儿
D. 足月儿，大于胎龄儿
E. 足月儿，巨大儿
48. 男婴，胎龄266天，自然分娩，生后1分钟和5分钟Apgar评分均为10分，体检时，下列哪项反射阴性是正常的
A. 拥抱反射
B. 颈肢反射
C. 腹壁反射
D. 觅食反射
E. 握持反射
49. 男婴，娩出1分钟时，心率为104次/分，呼吸不规则而且慢，四肢活动好，青紫，弹足底有反应，躯干皮肤粉红，Apgar评分为
A. 9分
B. 8分
C. 7分
D. 6分
E. 5分
50. 女婴，胎龄256天，生后第2天，家长见她每隔15～20秒后有5～8秒“不呼吸”，但无皮肤颜色及心率改变。应作何处理
A. 给氨茶碱
B. 供氧
C. 给咖啡因
D. 向家长解释
E. 教家长弹足底刺激呼吸
51. 男婴，足月，自然分娩，娩出时脐带绕颈1周，1分钟与5分钟Apgar评分分别为3分、7分。体格检查：小儿激惹，拥抱反射增强，肌张力高。最可能诊断是
A. 新生儿低血钙
B. 新生儿低血糖
C. 新生儿脑膜炎
D. 室管膜下出血
E. 新生儿缺氧缺血性脑病
52. 女婴，足月顺产，生后8天，母乳喂养，食欲缺乏2天，伴烦躁，呕吐。体格检查：小儿烦躁，皮肤黄染，体温36℃，呼吸45次/分，心率160次/分，血压68/47mmHg。Hb 120g/L，总胆红素255μmol/L。该患儿最可能的诊断是
A. 宫内感染
B. 新生儿败血症
C. 母婴血型不合溶血病
D. 母乳性黄疸
E. 甲状腺功能减退
53. 男婴，足月。母乳喂养，生后第2天，血清总胆红素289μmol/L，小儿血型A，Rh阳性，母血型O，Rh阳性，小儿血直接抗人球蛋白试验弱阳性，已查血常规及网织红细胞计数。进一步应做何种检查以确诊
A. 血培养
B. 肝功能检查
C. 血涂片看红细胞形态
D. 抗体释放试验
E. 查TORCH抗体

【A_3/A_4型题】

（54～55题共用题干）

患儿足月顺产，出生24小时内出现黄疸，嗜睡，吸吮无力，肝脾轻度大。

54. 此患儿诊断最大可能是

A. 生理性黄疸
B. 新生儿肝炎
C. 母乳性黄疸
D. 新生儿溶血症
E. 胆道闭锁

55. 该患儿拟采用光照疗法，光疗副作用不应包括
A. 发热
B. 腹泻
C. 皮疹
D. 核黄素减少
E. 视网膜损伤

（56~58 题共用题干）
男婴，孕 36 周出生。出生体重 2000g，生后 1 天，吸吮欠佳。睾丸未降，皮肤毳毛多。

56. 判断该新生儿应为
A. 足月儿
B. 早产儿
C. 超低出生体重儿
D. 足月小样儿
E. 正常体重儿

57. 该患儿拟补给液体，其需要量为
A. 第 1 天补液量 30~50ml/kg
B. 第 1 天补液量 50~60ml/kg
C. 第 1 天补液量 60~100ml/kg
D. 第 1 天补液量 90~120ml/kg
E. 第 1 天补液量 120~150ml/kg

58. 该患儿如出现黄疸，可持续多久消退
A. 5~7 天消退
B. 7~10 天消退
C. 1~2 周消退
D. 2~3 周消退
E. 3~4 周消退

（59~61 题共用题干）
患儿，男。出生时 Apgar 评分 4 分，生后 2 天，嗜睡，肌张力低，瞳孔缩小，时而出现惊厥。头颅 CT 扫描可见右颞叶、枕叶密度降低。

59. 该患儿临床诊断最可能为
A. 新生儿窒息
B. 新生儿缺氧缺血性脑病
C. 新生儿蛛网膜下腔出血
D. 新生儿硬膜下出血
E. 胆红素脑病（核黄疸）

60. 控制该患儿的惊厥，应首选
A. 静脉注射地西泮
B. 水合氯醛灌肠
C. 静脉注射甘露醇
D. 肌内注射苯巴比妥钠
E. 静脉注射利尿药

61. 该患儿的支持疗法应采取哪些措施，除了
A. 供氧
B. 纠正酸中毒
C. 纠正低血糖
D. 静脉滴注地塞米松
E. 补液

（62~64 题共用题干）
女婴，足月顺产，出生体重 3200g。生后第 7 天黄疸加重。无发热，进乳后有时呕吐，大便浅黄，尿色深黄，肝于肋下可触及 3.0cm，3 周后黄疸仅略有减轻。

62. 母亲病史中应注意的线索是
A. 孕母的胎次与产次
B. 既往妊娠的流产史或活产儿的黄疸史
C. 孕期感染史
D. 妊娠晚期高血压和水肿情况
E. 孕期营养情况

63. 对此患儿，临床诊断首先应考虑
A. 母乳性黄疸
B. 新生儿溶血症
C. 生理性黄疸
D. 新生儿肝炎
E. 胆道闭锁

64. 首先考虑要做的一项实验室检查是
A. 血常规，网织红细胞计数
B. 腹部 B 超
C. 血培养
D. 母儿血型鉴定
E. 肝功能

【B_1 型题】

（65~69 题共用备选答案）
A. 皮肤发亮，水肿，毳毛多
B. 皮肤红润，皮下脂肪丰满，毳毛少
C. 尿苷二磷酸葡糖醛酸基转移酶活性低
D. 呼吸常不规则，甚至出现呼吸暂停
E. 男女足月新生儿生后 4~7 天出现乳腺肿大

65. 新生儿常见的特殊生理状态之一是
66. 早产儿的外观特点之一是
67. 足月儿的外观特点之一是
68. 早产儿的呼吸特点是
69. 新生儿生理性黄疸的主要原因是

第六章　遗传性疾病

【A_1 型题】

1. 21-三体综合征属
A. 常染色体畸变
B. 常染色体显性遗传
C. 常染色体隐性遗传
D. X 连锁显性遗传
E. X 连锁隐性遗传

2. D/G 易位型 21-三体综合征最常见的核型是
A. 46，XY（或 XX），-13，+t(13q21q)
B. 46，XY（或 XX），-14，+t(14q21q)
C. 46，XY（或 XX），-15，

+t(15q21q)

D. 46，XY（或 XX），－21，+t(21q21q)

E. 46，XY（或 XX），－22，+t(21q22q)

3. 21-三体综合征最具有诊断价值的是

A. 骨骼 X 线检查

B. 染色体检查

C. 血清 T_3、T_4检查

D. 智力低下

E. 特殊面容，通贯手

4. D/G 易位型 21-三体综合征的母亲为平衡易位染色体携带者，其核型应为

A. 46,XX

B. 46,XX，-14，+t(14q21q)

C. 45,XX，-14，-21，+t(14q21q)

D. 46,XX，-21，+t(14q21q)

E. 45,XX，-21，+t(14q21q)

5. 苯丙酮尿症属

A. 染色体畸变

B. 常染色体显性遗传

C. 常染色体隐性遗传

D. X 连锁显性遗传

E. X 连锁隐性遗传

6. 典型的苯丙酮尿症是因肝脏缺乏

A. 酪氨酸羟化酶

B. 谷氨酸羟化酶

C. 苯丙氨酸羟化酶

D. 二氢生物蝶呤还原酶

E. 羟苯丙酮酸氧化酶

7. 苯丙酮尿症患儿出现症状通常在

A. 生后 1~3 个月

B. 生后 3~6 个月

C. 生后 6~9 个月

D. 生后 9~12 个月

E. 生后 1~3 岁

8. 苯丙酮尿症新生儿筛查采用的是

A. 尿有机酸分析

B. 血氨基酸分析

C. 尿蝶呤分析

D. 尿三氯化铁试验

E. 苯丙氨酸浓度测定

【A_2 型题】

9. 男，2 岁。因间断性抽搐就诊，不会走路和说话。皮肤色泽浅，可见湿疹，头发较黄，双肺听诊无异常。确诊该病的检查是

A. 血钙测定

B. 血氨基酸分析

C. 尿三氯化铁实验

D. 血清 T_3、T_4、TSH 测定

E. 染色体核型分析

10. 女，2 岁，因智力低下就诊，查染色体核型为 46，XX，－21，+t（21q21q），其母亲核型为 45，XX，-21，-21，+t（21q21q）。若再生育，其下一代发生本病的风险为

A. 10%

B. 25%

C. 50%

D. 75%

E. 100%

11. 患儿 6 岁，精神运动发育明显落后，只会说简单话，两眼外侧上斜，两眼距宽，鼻梁低平，经染色体核型分析，诊断为易位型 21-三体综合征，其母正常，其父为 D/G 易位，家长准备要第二胎来遗传咨询，应告诉再发风险率为

A. 1%

B. 4%

C. 10%

D. 20%

E. 100%

12. 患儿，男性，3 岁，生后半年发现智力发育落后，反复惊厥，且尿有鼠尿臭味。查体：目光呆滞，毛发棕黄，心、肺正常，四肢肌张力高，膝腱反射亢进。尿三氯化铁试验阳性。该患儿可能诊断为

A. 苯丙酮尿症

B. 半乳糖血下

C. 高精氨酸血症

D. 组氨酸血症

E. 肝糖原贮积症

13. 患儿 2 岁，生后半年发现尿有霉臭味，且经常呕吐，1 岁时发现智力较同龄儿落后，目光呆滞，皮肤白皙，毛发浅黄。下列哪项对该患儿诊断最有帮助

A. 头颅 CT

B. 脑电图

C. 染色体核型分析

D. 尿三氯化铁试验

E. 血液 T_3、T_4测定

14. 患儿 2 岁，生后半年发现智力落后，尿有霉臭味，8 个月开始出现癫痫小发作，诊断为典型苯丙酮尿症，给予低苯丙氨酸饮食，血苯丙氨酸浓度理想的控制范围应为

A. 60~120μmol/L

B. 120~240μmol/L

C. 180~360μmol/L

D. 180~480μmol/L

E. 180~600μmol/L

【A_3/A_4 型题】

（15~16 题共用题干）

患儿，4 岁，智力运动发育落后，两眼内侧距离宽，鼻梁低平，双眼外侧上斜，经常伸舌，通贯手。

15. 其最可能的诊断为

A. 先天性甲状腺功能低下

B. 21-三体综合征

C. 苯丙酮尿症

D. 18-三体综合征

E. 黏多糖病

16. 为确定诊断需做下述哪项检查

A. 血清 TSH、T_3、T_4测定

B. 尿三氯化铁试验

C. 染色体核型分析

D. 骨龄测定

E. 尿蝶呤分析

（17～18 题共用题干）

患儿，1 岁，生后半年经常呕吐，且逐渐发现智力及体格发育均低于同龄儿，尿有霉臭味，近 1 个月经常抽搐发作。查体：表情呆滞，毛发棕黄，面部见湿疹，皮肤白皙，血苯丙氨酸升高。

17. 最可能的诊断为
A. 21-三体综合征
B. 苯丙酮尿症
C. 呆小病
D. 癫痫
E. 佝偻病性手足抽搐症

18. 应采取的措施是
A. 观察，抽搐时给予止抽搐药物
B. 口服甲状腺素片
C. 静脉推注 10% 葡萄糖酸钙，同时口服维生素 D
D. 限制苯丙氨酸摄入量
E. 口服碘化钾

【B_1 型题】

（19～20 题共用备选答案）
A. 21-三体综合征
B. 18-三体综合征
C. 先天性甲状腺功能减退症
D. 苯丙酮尿症
E. 黏多糖病

19. 患儿，1 岁，表情呆滞，眼距宽，眼裂小，鼻梁低平，双眼外侧上斜，通贯手
20. 患儿，1 岁，表情呆滞，眼距宽，舌常伸出口外，鼻梁宽平，毛发稀少，面部黏液性水肿，皮肤粗糙，躯干长，四肢短

第七章　风湿免疫性疾病

【A_1 型题】

1. 风湿性舞蹈病的临床特征中哪一项是错误的
A. 多见于女性患者
B. 以四肢和面部为主的不自主、无目的的快速运动
C. 兴奋和注意力集中时消失
D. 病程呈自限性
E. 其动作入睡后可消失

2. 治疗风湿性心脏炎的首选药是
A. 阿司匹林
B. 维体舒
C. 吲哚美辛（消炎痛）
D. 布洛芬
E. 肾上腺皮质激素

3. 唯一能通过胎盘进入胎儿体内的免疫球蛋白是
A. IgA
B. IgG
C. IgM
D. IgD
E. IgE

4. 导致风湿热的病原菌是
A. 金黄色葡萄球菌
B. 肺炎链球菌
C. A 族乙型溶血性链球菌
D. 流感嗜血杆菌
E. 大肠埃希菌

5. 关于风湿热实验室检查结果的判定，下列哪项是错误的
A. 抗链“O”增高，只能说明近期有过链球菌感染
B. 20% 患者抗链“O”不增高
C. 舞蹈病患儿抗链“O”一定增高
D. 红细胞沉降率增快是风湿活动的重要标志
E. C 反应蛋白可提示风湿活动

6. 急性风湿热青霉素治疗至少需要多长时间
A. 2 周
B. 3 周
C. 1 个月
D. 2 个月
E. 10 天

7. 风湿性心脏炎最常见的心电图改变是
A. P-R 间期延长
B. 期前收缩（早搏）
C. 室上性心动过速
D. 右心室肥厚
E. Q-T 间期延长

8. 确诊风湿热的主要表现哪项是错误的
A. 心脏炎
B. 游走性多发性关节炎
C. 舞蹈病
D. 发热
E. 环形红斑

9. 心包炎早期心电图改变错误的是
A. 高电压
B. ST 段抬高（早期）
C. 以后 ST 段下降
D. T 波平坦
E. T 波亦可倒置

10. 急性风湿热合并心衰的治疗，下列哪一项是错误的
A. 吸氧、低盐饮食
B. 大剂量激素
C. 洋地黄制剂给予足量
D. 利尿药
E. 维持电解质平衡

11. 风湿性心包炎的特点，以下哪项是错误的
A. 心脏搏动减弱或消失
B. X 线检查心影向两侧扩大，呈烧瓶状
C. 可有心前区疼痛
D. 可于心底部听到心包摩擦音
E. 初次发作的急性期变化是由于瓣膜病变所致

12. 风湿热最常见的皮肤损害是
A. 环形红斑
B. 结节性红斑
C. 多形红斑

D. 蝶状红斑
E. 圆形红斑

13. 关于皮下结节的描述以下哪项是错误的
A. 粟米或豌豆大小，圆形，质硬
B. 分布于肘、腕、踝、膝关节屈侧
C. 见于 2%～16% 的风湿热患儿
D. 起病数周后出现
E. 2～4 周自然消失

14. 治疗风湿热急性期伴有心脏炎的患儿时，下述治疗哪项是错误的
A. 宜绝对卧床休息至急性症状消失，红细胞沉降率接近正常值
B. 如有心衰，待心衰控制后再卧床 3～4 周
C. 首选阿司匹林治疗
D. 总疗程为 2～8 周
E. 停药后的反跳现象在 2～3 天内自动消失

15. 风湿性心脏炎激素治疗的总疗程为
A. 2～4 周
B. 4～8 周
C. 8～12 周
D. 12～24 周
E. 半年

16. 有关风湿热的预后下述哪项有错误
A. 舞蹈病的预后一般良好
B. 首次发作累及心脏者，预后较差
C. 反复发作累及心脏者预后不良
D. 并发心功能不全者预后不良
E. 伴发心包炎者预后良好

17. 下列哪一项是链球菌感染证据
A. 抗“O”>500U
B. 红细胞沉降率增快
C. CRP 阳性
D. 扁桃体化脓
E. 白细胞计数增多

18. 揭示风湿活动的诊断依据以下哪项是错误的
A. 白细胞计数增多
B. 红细胞沉降率增快
C. CRP 黏蛋白增高
D. α_2 球蛋白增高
E. 黏蛋白增高

19. 急性风湿热不伴有心脏炎的患儿，阿司匹林治疗的总疗程约为
A. 1～3 周
B. 4～8 周
C. 6～12 周
D. 半年
E. 1 年

20. 风湿性心肌炎的临床表现下列哪项是错误的
A. 出现期前收缩和心动过速
B. 心率增快
C. 心前区第一心音减弱
D. 严重时可出现奔马律
E. 心尖区可听到隆隆样收缩期杂音

21. 关于风湿热环形红斑的描述，以下哪项是错误的
A. 多见于躯干及四肢屈侧
B. 呈环形或半环形，中心苍白
C. 红斑出现缓慢
D. 数小时或 1～2 天内消失
E. 消退后不留痕迹

22. 风湿性心包炎的特点，以下哪项是错误的
A. 心前区疼痛，呼吸困难
B. 早期可听到心包摩擦音
C. 心音遥远少见
D. 发病早期积液量增多
E. X 线检查示心脏搏动减弱

23. 风湿热心脏炎最常受累的是
A. 心包
B. 左心房内膜
C. 心肌
D. 右心瓣膜
E. 右心房内膜

24. 确诊风湿热的次要表现哪一项是错误的
A. 发热
B. 关节酸痛
C. 皮下结节
D. 红细胞沉降率加快
E. 有风湿热既往史

25. 急性风湿热抗链“O”增高与下降的时间是
A. 链球菌感染后 7 天增高，持续 2 周下降
B. 链球菌感染后 10 天增高，持续 4 周下降
C. 链球菌感染后 1 周增高，持续 2 个月下降
D. 链球菌感染后 4 周增高，持续 2 个月下降
E. 链球菌感染后 2 周增高，持续 1 个月下降

26. 风湿性关节炎特点中下列哪项是错误的
A. 主要累及大关节
B. 呈游走性和多发性
C. 局部可呈红肿热痛和功能障碍
D. 经治疗后可治愈
E. 但常留有畸形

27. 小儿体液免疫特点中，下述哪项是错误的
A. 免疫球蛋白包括 IgA、IgG、IgM、IgD 及 IgE 五类
B. IgG 在出生日即可达成人水平
C. IgA 含量增高揭示有宫内感染可能性
D. 免疫球蛋白大多存在于丙种球蛋白中
E. 小儿体液免疫的发育随年龄增长逐步完善

【A_2 型题】

28. 女孩，12 岁。发热，双膝关节肿痛 1 个月，心尖区吹风样Ⅱ～Ⅲ级收缩期杂音，红细胞沉降率第 1 小时 50mm/h，心电图：P-R 间期 0.15 秒。可能的诊断是

A. 病毒性心肌炎
B. 风湿热
C. 链球菌感染后状态
D. 贫血
E. 风心病、二尖瓣关闭不全

29. 男孩，8岁。发热1周，体温38~40℃，双膝、双踝关节红肿痛，心悸、气促，静脉滴注抗生素无好转，2周前曾患化脓性扁桃体炎。下述哪项检查不需要做
A. 咽拭子培养
B. ASO、C反应蛋白
C. 红细胞沉降率
D. 血电解质
E. 心电图

30. 女孩，9岁。因患风湿热住院，经治疗后症状、体征消失，出院后要进行预防复发的指导，首选药物及方法是
A. 青霉素，每次60万单位，每日2次，共10天
B. 青霉素，每次60万单位，每日2次，共14天
C. 青霉素，每次60万单位，每日2次，共20天
D. 长效青霉素，每次120万单位，每月1次，共5年
E. 长效青霉素，每次120万单位，每月2次，共5年

31. 患儿，女，6岁。近2周发热，伴肘膝大关节不规则肿痛。查体：发现心音低钝，心率176次/分，肝于右肋下可触及3cm，实验室检查，抗“O”>500U，红细胞沉降率65mm/h，诊断为风湿热，并伴有心功能不全，治疗需给洋地黄制剂，剂量应如何掌握
A. 给一般剂量
B. 给足剂量
C. 给1/3~1/2
D. 给1/4~1/3
E. 给1/4~1/2

32. 患儿，8岁。因发热、关节肿痛而入院，经检查确定为风湿性关节炎。查体时未发现心脏异常，医生嘱其服用阿司匹林。其总疗程一般为
A. 2~4周
B. 3~6周
C. 4~8周
D. 8~12周
E. 10~12周

33. 女孩，9岁。发热2周，大关节肿痛，活动受限1周入院。1个月前曾患化脓性扁桃体炎。查体右肘关节肿痛，局部皮肤潮红、热。血白细胞12.5×10^9/L，中性0.80，淋巴0.20，红细胞沉降率90mm/h，ASO 800U，CRP（++），OT（-），心电图、超声心动图、X线胸片均正常，关节X线片是软组织肿胀，关节面正常。以下哪项治疗措施最合适
A. 青霉素+泼尼松
B. 青霉素+阿司匹林
C. 青霉素+泼尼松+阿司匹林
D. 阿司匹林
E. 泼尼松

34. 患儿，女，5岁。近半年反复患咽扁桃体炎，现发热2周，每日热退时，精神状态良好，但面色渐苍白，肘膝关节不固定痛。查体，发现心音低钝，心尖区可听到吹风样收缩期杂音。提示该患儿可能患有
A. 风湿性心肌炎
B. 二尖瓣狭窄
C. 伴有先天性心脏病
D. 发热所致
E. 无临床意义

35. 患儿，女，5岁。因发热10天不退，皮肤出现环形红斑，并伴有肘、膝关节游走性疼痛而入院，查抗“O”>500U，考虑为风湿热，治疗中给予青霉素静脉滴注，目的是
A. 防止心脏病变
B. 控制皮肤和关节症状
C. 制止风湿的活动
D. 清除链球菌感染病灶
E. 防止感染加重

36. 患儿，男，10岁。发热20余天，伴游走性关节疼痛，查体抗“O”≥500U，临床诊断为风湿性关节炎。引起此病的病原是
A. 肺炎链球菌
B. 腺病毒
C. A族乙型溶血性链球菌
D. 葡萄球菌
E. 肺炎支原体

37. 患儿，4岁。半月前确诊为风湿热，并出现心功不全表现，经治疗，心功能刚刚恢复。该患儿应卧床休息多长时间
A. 心功能恢复再卧床1~2周
B. 心功能恢复再卧床2~3周
C. 心功能恢复再卧床3~4周
D. 心功能恢复再卧床4~5周
E. 心功能恢复再卧床5~6周

38. 患儿，3岁。因发热、四肢关节游走性肿痛而入院。查体发现，心率快，176次/分，心音低钝，颈静脉怒张，肝大。立即进行治疗。下列措施中不正确的是
A. 吸氧
B. 洋地黄制剂
C. 利尿药
D. 维持电解质平衡
E. 阿司匹林

39. 患儿，5岁。半年来不规则发热，游走性大关节疼痛，伴局部红肿。查体可见四肢屈侧有环形红斑。为了明确诊断医生做了一些实验室检查，请找出对诊断没有意义的指标
A. 抗“O”
B. 红细胞沉降率
C. 血常规
D. C反应蛋白
E. 谷草转氨酶

40. 患儿，4岁。近1个月来发

热、面色渐苍白、多汗、易疲倦，近几日四肢大关节游走性疼痛。为确定是否为风湿性关节炎，医生做了一些检查，下列哪一项对风湿性的可能有提示作用

A. C反应蛋白
B. 抗“O”
C. 红细胞沉降率
D. 心电图
E. 血常规

41. 患儿，5岁。2个月前确诊为风湿热，近日又开始不规则发热，为了确定是否为风湿活动，医生做了下列一些检查，请找出与风湿活动不相关的指标

A. 红细胞沉降率增快
B. C反应蛋白增高
C. 抗“O”>500U
D. 血常规白细胞计数增多，血红蛋白降低
E. 心电图P-R间期延长

42. 患儿，6岁。近半个月不规则发热，伴关节肿痛。查体：心率稍增快，心音低钝。心电图可见T波平坦，医院确诊为风湿热。该患儿应首选什么药物治疗

A. 泼尼松
B. 阿司匹林
C. 抗生素
D. ATP、COA、维生素C等
E. 强心药物

【A_3/A_4型题】

（43~45题共用题干）

女孩，6岁。近2个月来出现发热及关节肿痛，患儿先出现左膝关节痛，几天后又出现双肘、腕关节红肿、疼痛，到当地医院服用抗生素后疗效不佳。近1个月患儿自诉心悸、偶有胸闷。查体：体温38℃，心率135次/分，第一心音减弱，心尖区可闻及吹风样收缩期杂音，偶可闻及期前收缩。左膝、双肘、腕关节红肿、有触痛。实验室检查：血白细胞$12\times10^9/L$，中性粒细胞0.8，红细胞沉降率40mm/h，血ASO 600U；心电图示Ⅰ度房室传导阻滞，ST段下移，T波平坦。

43. 该患儿可能的诊断是

A. 化脓性关节炎
B. 结核性关节炎
C. 儿童类风湿关节炎
D. 风湿性心肌炎
E. 风湿性全心炎

44. 该患儿需卧床休息

A. 2周
B. 急性症状完全消失
C. 4周
D. 5~6周
E. 红细胞沉降率正常后即可

45. 对该患儿的治疗重要的药物是

A. 抗心律失常药
B. 阿司匹林
C. 洋地黄制剂
D. 泼尼松
E. 利尿药

（46~48题共用题干）

患儿，5周岁。两周前曾患上感，目前不规则发热，易疲倦，脸色略苍白。查体发现，心率增快，心尖部第一心音减弱，并可闻及早搏，心电图检查：P-R间期延长，ST段下移。实验室检查：C反应蛋白增高。

46. 该患儿的临床诊断最可能是什么

A. 病毒性心肌炎
B. 风湿性心肌炎
C. 风湿性心包炎
D. 结核性心包炎
E. 类风湿性心包炎

47. 下列哪项检查可以帮助确诊

A. 抗透明质酸酶
B. 谷草转氨酶
C. 红细胞沉降率
D. 心脏X线检查
E. 肌酸磷酸激酶

48. 该患儿首选药物是

A. 水杨酸制剂
B. 洋地黄类药物
C. 地塞米松制剂
D. 镇静药
E. 抗生素

【B_1型题】

（49~52题共用备选答案）

A. 6周
B. 2周
C. 4~8周
D. 4周
E. 8~12周

49. 急性风湿热青霉素治疗疗程，不可少于多长时间
50. 急性风湿热伴有心脏炎者，激素治疗总疗程为
51. 无心脏炎的急性风湿热，阿司匹林治疗的总疗程为
52. 预防风湿热复发，长效青霉素肌内注射间隔时间为

（53~56题共用备选答案）

A. 瓣膜病
B. 皮下结节
C. 抗链“O”>500U
D. 红细胞沉降率增快，CRP阳性
E. 心电图可见ST段下移及T波平坦或倒置

53. 属于急性风湿热的主要表现可有
54. 属于急性风湿热风湿活动的证据
55. 属于急性风湿热的次要表现
56. 属于链球菌感染证据

第八章 感染性疾病

【A₁ 型题】

1. 关于麻疹流行病学下述错误的是
   A. 麻疹患者是唯一传染源
   B. 出疹前 5 天至出疹后 5 天均有传染性
   C. 病毒存在于眼结膜、鼻、口咽和气管等分泌物中
   D. 通过喷嚏、咳嗽等由飞沫传播
   E. 也可通过粪便传播
2. 典型麻疹首先出现皮疹的部位是
   A. 面部、颈部
   B. 耳后、颈部发际边缘
   C. 躯干
   D. 四肢
   E. 手、足
3. 麻疹的出疹顺序为
   A. 面部→躯干→四肢，1 日出齐
   B. 颈部→四肢→躯干，1 日出齐
   C. 耳后、颈部发际→面部、躯干、上肢→下肢足部，3 日出齐
   D. 耳后、颈部发际→面部、躯干、上肢→下肢足部，1 日出齐
   E. 面部→四肢→躯干，3 日出齐
4. 对麻疹前驱期诊断极有帮助的是
   A. 低中度发热
   B. Koplik 斑
   C. Pastia 线
   D. 皮疹
   E. 草莓舌
5. 接触麻疹后多长时间行被动免疫可预防麻疹
   A. 5 天内
   B. 7 天内
   C. 10 天内
   D. 12 天内
   E. 14 天内
6. 最有效预防麻疹的措施是
   A. 应用免疫球蛋白
   B. 采用麻疹减毒活疫苗
   C. 应用胎盘球蛋白
   D. 应用成人血浆
   E. 应用维生素 A
7. 一般麻疹患儿应隔离至
   A. 出疹后 3 天
   B. 出疹后 5 天
   C. 出疹后 7 天
   D. 出疹后 10 天
   E. 出疹后 14 天
8. 麻疹合并肺炎应隔离至
   A. 出疹后 3 天
   B. 出疹后 5 天
   C. 出疹后 7 天
   D. 出疹后 10 天
   E. 出疹后 14 天
9. 风疹与麻疹的主要鉴别点是
   A. 全身症状轻
   B. 皮疹为全身性分布
   C. 呈充血性斑丘疹
   D. 皮疹 1 日内出齐
   E. 外周血白细胞减少
10. 在预防麻疹的被动免疫中，下列哪项正确
   A. 在接触麻疹后 10 天内立即给予免疫血清球蛋白 0.25ml/kg 可预防发病
   B. 在接触麻疹后 5 天内立即给予免疫血清球蛋白 0.25ml/kg 可预防发病
   C. 在接触麻疹后 5 天内立即给予免疫血清球蛋白 0.05ml/kg 可预防发病
   D. 在接触麻疹后 10 天内立即给予免疫血清球蛋白 0.05ml/kg 可预防发病
   E. 以上都不是
11. 麻疹具有传染性的时间是
   A. 潜伏期至出疹后 5 天
   B. 潜伏期至出疹后 10 天
   C. 出疹前 5 天至出疹后 5 天
   D. 接触麻疹后 7 天至出疹后 10 天
   E. 接触麻疹后 5 天至出疹后 5 天
12. 水痘的潜伏期为
   A. 2 周左右
   B. 5~7 天
   C. 3~5 天
   D. 1~2 天
   E. 3 周左右
13. 典型水痘皮疹的特点中，哪项是错误的
   A. 初起于四肢
   B. 分批出现的红色斑疹或斑丘疹，并迅速发展成为小水疱
   C. 黏膜皮疹可出现在口腔、结膜、生殖器等处
   D. 水痘从中心处开始干瘪，迅逗结痂
   E. 在病症高峰期可见到丘疹、新旧水疱和结痂同时存在
14. 风疹的典型临床表现是
   A. 潜伏期 5~7 天
   B. 高热
   C. 热退后全身出疹
   D. 颈后、枕后、耳后淋巴结肿痛
   E. 出疹后脱皮
15. 猩红热是由产红疹毒素的何种病原菌引起
   A. A 族甲型溶血性链球菌
   B. 乙型溶血性链球菌
   C. B 族甲型溶血性链球菌
   D. B 族乙型溶血性链球菌
   E. 金黄色葡萄球菌
16. 关于中毒性痢疾下述哪项是错误的
   A. 多见于 2~7 岁体质较好

小儿
B. 本病的发生与患儿特异性体质有关
C. 由痢疾杆菌裂解后释放出大量外毒素进入血液循环所致
D. 未腹泻前即出现严重的感染中毒症状
E. 临床分型：休克型、脑型、混合型

【A_2 型题】

17. 女孩，2岁。高热4天，皮疹1天。伴咳嗽、流涕、流泪。查体：T 39.5℃，P 120次/分，睑结膜充血，耳后、发际、颌面及颈部散在红色斑丘疹，疹间皮肤正常，心肺无异常。最可能的诊断是
A. 猩红热
B. 水痘
C. 幼儿急诊
D. 风疹
E. 麻疹

18. 患儿，1岁。发热3天，流涕、咳嗽，咽部及眼结膜充血，在下眼睑边缘见 Stimson 线，口腔黏膜充血，既往未接种麻疹疫苗。该患儿诊断麻疹，属麻疹病程哪一期
A. 潜伏期
B. 前驱期
C. 卡他期
D. 出疹期
E. 恢复期

19. 患儿，1岁。未接种过麻疹疫苗，于半个月前曾接触过麻疹病儿，近4天发热，流涕，打喷嚏，畏光，咳嗽，昨日体温稍降，今日又发热，耳后发际部出现红色斑丘疹，疹间有健康皮肤，血白细胞 4.5×10^9/L。最可能的诊断是
A. 猩红热
B. 麻疹
C. 幼儿急疹
D. 风疹
E. 荨麻疹

20. 患儿，1岁。发热、咳嗽、畏光，第4天起从耳后开始出现红色斑丘疹，发疹5天热仍不退，咳嗽加重，伴喘，口周发绀，鼻翼扇动，肺部有中、小水泡音，心率180次/分，肝肋下3.0cm。诊断为
A. 麻疹并发肺炎
B. 风疹并发肺炎
C. 麻疹并发肺炎、心衰
D. 风疹并发肺炎、心衰
E. 猩红热并发肺炎

21. 患儿，5岁。平素体质较差，8个月时曾接种麻疹疫苗，今在幼儿园中接触一麻疹患儿。该小儿应检疫观察多长时间
A. 5天
B. 7天
C. 10天
D. 14天
E. 21天

22. 患儿，2岁。发热1天出现皮疹，为红色斑丘疹，由面部开始1日遍及全身，伴枕部、耳后及颈部淋巴结肿大。诊断最可能为
A. 麻疹
B. 风疹
C. 幼儿急疹
D. 猩红热
E. 荨麻疹

23. 8个月婴儿发热，体温高达39℃，咽红，精神状态尚好，静脉滴注3日头孢唑啉及双黄连，第4天热退，但患儿皮肤出现红色斑丘疹，颈部及躯干明显，既往曾用过头孢唑啉。诊断最可能为
A. 麻疹
B. 药疹
C. 风疹
D. 幼儿急疹
E. 荨麻疹

24. 患儿，6岁。昨日开始发热、咽痛、腹痛，口服速效感冒胶囊热退，今晨又发热。查体：颜面潮红，口周苍白，咽部充血，双扁桃体肿大，躯干皮肤见红色细小丘疹，压之退色，心肺正常。诊断最可能为
A. 麻疹
B. 风疹
C. 药疹
D. 肠道病毒感染
E. 猩红热

25. 患儿，6岁。发热2天，伴咽痛、皮疹1日。查体：体温38.7℃，咽部充血，草莓舌，面部潮红，躯干部见细小鲜红色充血性皮疹。诊断为猩红热。治疗首选
A. 红霉素
B. 头孢唑啉
C. 氯霉素
D. 青霉素
E. 磷霉素

26. 男婴，10个月。4天前发热、流涕、干咳，体温逐渐增高，面、颈部见少许红色斑丘疹，今晨开始四肢厥冷、嗜睡、气促、皮疹消退而来诊。查体：T 40℃，P 169次/分，皮肤呈花斑状，结膜充血，颊黏膜充血、粗糙，隐约可见白色膜状物，心音较弱，两肺散在细湿啰音，肝肋下2cm，脑膜刺激征（-）。下列哪种诊断可能性最大
A. 病毒性肺炎并休克
B. 支气管肺炎并休克
C. 麻疹并肺炎、心力衰竭
D. 金黄色葡萄球菌肺炎、败血症
E. 以上都不是

27. 男孩，3岁。2天前发热伴畏寒、呕吐3次，4小时前突然抽搐1次。查体：T 39.6℃，意识模糊，面色苍白，颈软，心、肺正常，腹软，肠鸣音活

跃，四肢冷，末梢发绀，脉快而弱。血 WBC 18×10^9/L，N 0.85。该患儿最可能的诊断是
A. 乙型脑炎
B. 败血症
C. 脑型疟疾
D. 中毒型菌痢
E. 流行性脑脊髓膜炎

28. 患儿，5岁。高热2小时，反复惊厥3次，于8月20日晚6点就诊。追问病史，该患儿上午曾去公园进食玉米及葡萄等。查体：体温40.5℃，神志不清，呈抽搐状，面色发青，四肢凉，血压8/6kPa，双瞳孔等大，光反应迟钝，心肺正常，腹软，颈强阳性，克氏征阴性。该患儿最可能诊断为
A. 癫痫
B. 中暑
C. 中毒性细菌性痢疾
D. 病毒性脑炎
E. 流行性乙型脑炎

【A_3/A_4型题】

（29~31题共用题干）

患儿，2岁。1周前无明显诱因发热，流泪、畏光，当地医院疑"上感"给予口服抗生素，4天后患儿病情加重，咳嗽，出现皮疹，今日来我院。查体见皮肤红色斑丘疹，双肺闻及湿啰音。诊断：麻疹合并肺炎。

29. 麻疹出疹的特点是
A. 自耳后，颈部沿发际边缘出疹渐及躯干、四肢，3日出齐
B. 自面部出疹渐及躯干、四肢，1日内遍及全身
C. 红色斑丘疹，颈及躯干部多见，1日出齐，次日消退
D. 皮疹见于颈、胸、腹部，1日内遍及全身，呈弥漫鲜红色
E. 皮疹见于面部、躯干及四肢、形态多样

30. 此患儿应隔离至
A. 出疹后5天
B. 出疹后1周
C. 出疹后10天
D. 出疹后2周
E. 出疹后3周

31. 其表弟未接种麻疹疫苗，与此患儿有接触史，应采取何措施
A. 立即接种麻疹疫苗
B. 立即注射丙种球蛋白
C. 注射青霉素
D. 口服复方新诺明
E. 口服转移因子

（32~34题共用题干）

患儿，4岁。发热3天伴流涕、咳嗽、流泪就诊。查体：T 40℃，球结膜充血，心、肺检查阴性，耳后发际处可见少许红色斑丘疹。

32. 该患儿应考虑为何病
A. 麻疹
B. 风疹
C. 幼儿急疹
D. 猩红热
E. 水痘

33. 为明确诊断，应立即做哪项检查
A. 血常规
B. 用免疫荧光法检查血、尿或鼻咽部分泌物中的病原体
C. 便常规
D. 血清抗体检查
E. 皮疹印片

34. 在患儿的处理中，哪项不正确
A. 烦躁时可用少量镇静药
B. 高热时用少量退热剂
C. 大量抗生素治疗
D. 剧咳时可用镇咳祛痰药
E. 在维生素A缺乏区的患儿应补充维生素A

（35~36题共用题干）

患儿，5岁。于8月中旬发病，高热2小时抽搐1次，有进不洁食物史，无呕吐、腹泻。查体：面色苍白，意识蒙眬，四肢凉，血压：70/40mmHg。

35. 诊断首先考虑
A. 高热惊厥
B. 中毒性菌痢
C. 乙型脑炎
D. 阿米巴痢疾
E. 病毒性脑炎

36. 为进一步确诊首选做哪项检查
A. 脑脊液检查
B. 血常规
C. 便常规
D. 脑电图
E. 血培养

【B_1型题】

（37~40题共用备选答案）
A. 风疹
B. 麻疹
C. 幼儿急疹
D. 猩红热
E. 荨麻疹

37. 患儿，7个月。发热4天，体温最高为39℃，当地医院诊断为"上感"，静脉滴注3天头孢唑啉及利巴韦林，今晨热退，但见面、颈及躯干皮肤有红色斑丘疹

38. 患儿，2岁。4天前开始发热、流涕、打喷嚏、畏光，今日体温升高且咳嗽，出现皮疹，急来就诊。查体：体温40.5℃，口腔黏膜粗糙，耳后、颈部沿发际边缘见红色斑丘疹，双肺呼吸音粗

39. 患儿，9岁。发热、咽痛1日就诊。查体：体温38.9℃，咽部充血，双扁桃体肿大Ⅱ度，有脓性分泌物，舌红、乳头粗，颈部及躯干见红色鸡皮疹，压之退血，腋窝处明显，心、肺正常

40. 患儿，3岁。上午开始流涕，发热，体温最高38.2℃，在家服用小儿退热药及双黄连

口服液，吃晚饭时发现患儿面部有皮疹。查体：精神状态良好，耳后、枕部触及黄豆及花生大小淋巴结，有触痛，面、颈及躯干有红色斑丘疹

第九章　小儿结核病

【A_1 型题】

1. 婴儿不典型结核性脑膜炎首发的症状是
   A. 急起高热
   B. 嗜睡
   C. 惊厥
   D. 前囟膨隆
   E. 喷射性呕吐
2. 结核病的主要传染源为
   A. 健康带菌者
   B. 红细胞沉降率增快者
   C. PPD 试验为（++）者
   D. 结核菌涂片阳性患者
   E. 胸部 X 线片有钙化灶者
3. 结核性脑膜炎最常见的类型是
   A. 浆液型
   B. 脑底脑膜炎型
   C. 脑膜脑炎型
   D. 脊髓型
   E. 高颅压型
4. 支气管淋巴结结核出现类似百日咳样痉挛性咳嗽是由于
   A. 淋巴结压迫肺动脉
   B. 淋巴结压迫支气管使其部分阻塞
   C. 淋巴结压迫支气管使其完全阻塞
   D. 淋巴结压迫气管分叉处
   E. 干酪样物质破入支气管
5. 结核性脑膜炎早期的主要症状是
   A. 发热
   B. 头痛
   C. 性格改变
   D. 呕吐
   E. 便秘
6. 小儿时期患结核病最常见的类型为
   A. 原发型肺结核
   B. 结核性胸膜炎
   C. 粟粒性肺结核
   D. 结核性脑膜炎
   E. 结核性腹膜炎
7. 抗结核病的首选药和必选药是
   A. 异烟肼
   B. 利福平
   C. 乙胺丁醇
   D. 吡嗪酰胺
   E. 链霉素
8. 下列哪项不是结核性脑膜炎中期临床表现
   A. 头痛剧烈
   B. 呕吐加重
   C. 脑膜刺激征
   D. 脑神经障碍
   E. 嗜睡、频繁惊厥
9. 一般情况下结核菌素何浓度时，PPD 试验结果可作为诊断结核病的重要参考
   A. 1 个单位
   B. 2 个单位
   C. 3 个单位
   D. 4 个单位
   E. 5 个单位
10. 结核性脑膜炎典型的脑脊液改变是
    A. 压力增高
    B. 外观呈磨玻璃样
    C. 白细胞增多，分类以淋巴细胞为主
    D. 糖及氯化物含量同时减低
    E. 蛋白量增高
11. 结核病预防性化疗的疗程是
    A. 3~6 个月
    B. 6~9 个月
    C. 12~18 个月
    D. 18~24 个月
    E. 24~30 个月
12. 婴儿结核性脑膜炎中期的主要特征为
    A. 嗜睡或惊厥
    B. 脑膜刺激征
    C. 喷射性呕吐
    D. 前囟膨隆
    E. 骨缝闭合延迟
13. 抗结核预防应用的化疗药物是
    A. 利福平
    B. 异烟肼
    C. 链霉素
    D. 乙胺丁醇
    E. 吡嗪酰胺
14. 结核性脑膜炎出现脑神经障碍最常见的为
    A. 外展神经
    B. 面神经
    C. 听神经
    D. 舌咽神经
    E. 迷走神经
15. 预防哪种传染病对预防结核病有较大意义
    A. 猩红热
    B. 肝炎
    C. 麻疹
    D. 菌痢
    E. 流脑
16. 皮内注入结核菌素后经多长时间观察结果
    A. 12~24 小时
    B. 24~48 小时
    C. 48~72 小时
    D. 3~4 天
    E. 4~5 天
17. 关于结核病发病机制错误的是
    A. 机体受结核菌感染后产生免疫力，同时也产生变态反应
    B. 结核的免疫主要是体液免疫
    C. 结核变态反应属Ⅳ型变态反应
    D. 结核变态反应在一定条件下与免疫是平行一致的

E. 结核变态反应对免疫的影响有双重作用

18. 确诊结核性脑膜炎最可靠的依据为
A. PPD 试验阳性
B. 脑膜刺激征阳性
C. 胸部 X 线有原发结核病灶
D. 脑脊液糖和氯化物含量同时减低
E. 脑脊液中有蜘蛛网薄膜形成，取其涂片检菌阳性

19. 结核性脑膜炎的病理改变最明显处在
A. 大脑
B. 小脑
C. 脑桥
D. 脑顶
E. 脑底

20. 1 岁小儿未接种过卡介苗，PPD 阳性表示
A. 近 2~3 周感染结核
B. 体内已有免疫力，不会再感染结核
C. 体内有活动结核
D. 对结核无免疫力，需立即接种卡介苗
E. 受过结核感染，不一定有活动结核

21. 肾上腺皮质激素治疗结核性脑膜炎的疗程是
A. 2~3 周
B. 3~6 周
C. 6~8 周
D. 8~12 周
E. 3~6 个月

22. 关于 PPD 试验下列哪项最准确
A. PPD 试验阳性可肯定有结核病
B. 凡是 PPD 试验阴性可除外结核病
C. 卡介苗接种成功 PPD 试验呈强阳性
D. 无症状，仅呈一般阳性反应，表示曾感染过结核分枝杆菌
E. 初次感染结核菌后 2 周，PPD 试验呈阳性

23. 支气管淋巴结核出现喘鸣是由于
A. 淋巴结压迫气管分叉处
B. 淋巴结压迫支气管使其部分阻塞
C. 淋巴结压迫支气管使其完全阻塞
D. 干酪样物质破入支气管
E. 淋巴结压迫肺动脉

24. 小儿受结核菌感染多长时间后做 PPD 试验即呈现阳性反应
A. 2~4 周
B. 4~8 周
C. 8~10 周
D. 10~12 周
E. 12~14 周

【A_2 型题】

25. 男孩，3 岁。反复咳嗽 1 个月，偶伴发热，既往体健，规范接种疫苗。查体：浅表淋巴结不大。心、肺、腹未见异常。PPD 试验局部硬结直径 20mm。血抗 10mmol/L。胸部 X 线片未见异常。最可能的临床情况是
A. 新近结核感染
B. 上呼吸道感染
C. 接种卡介苗反应
D. 肺炎支原体肺炎
E. 既往有过结核感染

26. 男孩，8 岁。发热 2 周，食欲差，乏力，近 2 天高热，头痛，喷射性呕吐，1 天来烦躁，嗜睡。查体：嗜睡状，右侧鼻唇沟变浅，心、肺（-），未见卡介苗瘢痕。PPD（++），脑膜刺激征（+），巴氏征（+）。脑脊液压力高，外观透明，白细胞 $100 \times 10^6/L$，单核细胞 0.7，多核细胞 0.3，蛋白 500mg/L，氯化物 105mmol/L。该患儿最可能的诊断是
A. 病毒性脑炎
B. 乙型脑炎
C. 结核性脑膜炎
D. 化脓性脑膜炎
E. 新型隐球菌脑膜炎

27. 患儿，3 岁。半月来低热、盗汗、食欲缺乏、消瘦、胸片诊断为原发复合征，PPD 试验（++）。治疗首选的抗结核药物应为
A. 异烟肼+乙胺丁醇
B. 异烟肼+利福平+链霉素
C. 异烟肼+链霉素
D. 异烟肼+利福平
E. 异烟肼

28. 患儿，4 岁。近 3 个月低热、乏力，PPD（++），胸片显示有肺门淋巴结增大。治疗首选
A. 异烟肼
B. 异烟肼+利福平
C. 利福平+链霉素
D. 链霉素+乙胺丁醇
E. 利福平

29. 患儿，4 岁。近 1 个月低热、乏力、易怒且消瘦。查体：颈部淋巴结肿大，肺部无啰音，肝肋下 1.5cm，结核菌素试验（++）。胸片：右肺可见哑铃状阴影。诊断为
A. 支气管肺炎
B. 支气管淋巴结核
C. 原发复合征
D. 浸润性肺结核
E. 颈部淋巴结核+支气管淋巴结核

30. 患儿，2 岁。结核菌素硬结直径 9mm，无临床症状，既往未接种卡介苗。下列哪项处理正确
A. 定期复查结核菌素试验
B. 定期拍胸部 X 线片
C. 应用异烟肼治疗 3~5 个月
D. 应用异烟肼治疗 6~12 个月
E. 应用异烟肼+利福平治疗 6 个月

31. 男孩，7 岁。因其父母正患活

动性肺结核，故来体检，体检时发现患疱疹性结膜炎，心肺听诊未见异常，做 PPD 试验。其浓度应是
A. 0.5 个单位结核菌素
B. 0.1 个单位结核菌素
C. 3 个单位结核菌素
D. 2 个单位结核菌素
E. 1 个单位结核菌素

32. 患儿，4 岁。其母患浸润性肺结核，该患儿近半个月低热，咳嗽，疑为结核病，做 PPD 试验：其硬结直径为 21mm。结果为
A. “-”
B. “+”
C. “++”
D. “+++”
E. “++++”

33. 患儿，2 岁。近 20 天低热、咳嗽、盗汗、乏力，双肺呼吸音粗。胸部 X 线见左肺哑铃“双极影”。下列哪项不是判断活动性肺结核的主要指征
A. 未接种卡介苗，PPD 试验 ≥20mm
B. 结核中毒症状
C. 红细胞沉降率增快，无其他原因解释
D. 痰液中找到 G^- 杆菌
E. 纤维支气管镜检查有明显支气管结核病变

34. 患儿，4 岁。因乏力、低热、多汗疑结核病，做 PPD 试验，结果为“+++”。其意义恰当的说法是
A. 曾接种卡介苗，人工免疫所致
B. 表示受过结核菌感染
C. 表示体内有新的结核病灶
D. 表示体内有活动性结核病
E. 表示新近有结核菌感染

35. 患儿，2 岁。百日咳后持续发热半月余，体温在 38℃ 左右，易倦、食欲缺乏，消瘦，近 1 周头痛，烦躁，时有呕吐。查体：心肺听诊无异常，肝肋下 1.0cm，颈强（±）。脑脊液：外观清，蛋白（+），细胞数 80×10^6/L，糖 2.5mmol/L，氯化物 115mmol/L。诊断为
A. 百日咳合并脑炎
B. 中毒性脑病
C. 结核性脑膜炎
D. 病毒性脑膜炎
E. 化脓性脑膜炎

36. 患儿，5 岁。发热 5 天，头痛、呕吐 3 天。查体：心肺无异常，脑膜刺激征阳性。脑脊液：外观透明，细胞数 100×10^6/L，蛋白 0.8g/L，糖 3.0mmol/L，氯化物 122mmol/L，脑脊液留置 24 小时无薄膜形成。诊断为
A. 中毒性脑病
B. 病毒性脑膜炎
C. 结核性脑膜炎
D. 化脓性脑膜炎
E. 新型隐球菌脑膜炎

37. 女婴，1 岁。低热 10 余日，喜哭易怒，嗜睡，有时便秘。查体：前囟膨隆，心肺正常，肝肋下 1.5cm，颈软，克氏征阴性，腹壁反射减弱。脑脊液外观磨玻璃样，蛋白（++），细胞数 200×10^6/L，糖 2.4mmol/L，氯化物 107 mmol/L。诊断为
A. 结核性脑膜炎
B. 化脓性脑膜炎
C. 中毒性脑病
D. 新型隐球菌脑膜炎
E. 病毒性脑膜炎

38. 患儿，10 个月。发热 2 天，抽搐 1 次，急诊入院，询问病史，其母患浸润性肺结核。查体：心肺正常，前囟饱满，颈软，肝、脾轻度大。脑脊液外观清，细胞数 100×10^6/L，中性粒细胞 0.3，淋巴细胞 0.7，糖 1.1mmol/L，氯化物 101mmol/L。首先考虑
A. 高热惊厥
B. 中毒性脑病
C. 结核性脑膜炎
D. 化脓性脑膜炎
E. 病毒性脑膜炎

39. 患儿，15 个月。哭闹，烦躁半个月，时有喷射性呕吐。查体：体温 37.8℃，心肺正常，前囟隆起，克氏征阴性，膝腱反射亢进。脑脊液：白细胞 250×10^6/L，中性粒细胞 0.35，淋巴细胞 0.65，糖 1.5mmol/L，氯化物 93mmol/L。PPD 试验阴性。胸部 X 线示两肺散在点状阴影。最可能的诊断
A. 病毒性肺炎+病毒性脑膜炎
B. 病毒性肺炎+化脓性脑膜炎
C. 病毒性肺炎+结核性脑膜炎
D. 粟粒性肺结核+结核性脑膜炎
E. 粟粒性肺结核+化脓性脑膜炎

40. 患儿，4 岁。发热，呕吐半月，间断抽搐 5 天，颈强（+），克氏征阴性。脑脊液白细胞 480×10^6/L，淋巴细胞 0.8，中性粒细胞 0.2，糖 1.2mmol/L，氯化物 95mmol/L。诊断为结核性脑膜炎。治疗应选
A. 异烟肼+利福平+链霉素
B. 异烟肼+利福平+泼尼松
C. 异烟肼+利福平+链霉素+泼尼松
D. 异烟肼+利福平+链霉素+乙胺丁醇
E. 异烟肼+利福平+链霉素+吡嗪酰胺+泼尼松

41. 患儿，6 岁。低热、乏力半个月余，头痛、呕吐 1 周。查体：精神不振，颈强（+），

克氏征（+）。疑结核性脑膜炎，做脑脊液检查。下列哪项检查最具灵敏性和特异性
A. 抗结核抗体
B. 聚合酶链反应（PCR）
C. 脑脊液糖及氯化物测定
D. 脑脊液细胞数及分类
E. 脑脊液淋巴细胞亚群
42. 患儿，4岁。既往接种卡介苗，做PPD试验。以下哪项结果不是接种卡介苗后的反应
A. 硬结直径多为5~9mm
B. 硬结质地较软
C. 硬结边缘不整
D. 试验阳性持续时间较短
E. 阳性反应变化少，无减弱倾向，持续终身

【A_3/A_4型题】

（43~45题共用题干）
患儿，3岁。发热半月余，咳嗽、乏力、消瘦、盗汗。查体：双肺呼吸音粗。X线检查为原发复合征，PPD试验为（+++）。
43. 该病基本病理改变为
A. 肿胀、渗出、增殖
B. 肿胀、渗出、坏死
C. 肿胀、增生、坏死
D. 渗出、增生、坏死
E. 渗出、增生、硬化
44. 该患儿强化阶段治疗选择
A. 异烟肼+利福平
B. 异烟肼+链霉素
C. 异烟肼+利福平+链霉素
D. 异烟肼+利福平+乙胺丁醇
E. 异烟肼+链霉素+乙胺丁醇
45. 该患儿应用异烟肼疗程是
A. 3~6个月
B. 6~9个月
C. 9~12个月
D. 12~18个月
E. 18~24个月
（46~48题共用题干）
女孩，5岁。其母患结核性胸膜炎，故来体检，双肺听诊呼吸音粗，胸部透视未见异常，欲做PPD试验。
46. PPD稀释液0.1ml内含结核菌素单位为
A. 0.1单位
B. 1单位
C. 2单位
D. 5单位
E. 10单位
47. 观测反应结果应在
A. 15分钟
B. 30分钟
C. 12~24小时
D. 24~48小时
E. 48~72小时
48. 该患儿PPD试验结果，硬结直径15mm，为
A. “-”
B. “+”
C. “++”
D. “+++”
E. “++++”
（49~51题共用题干）
女孩，5岁。因间断发热伴痉挛性咳嗽20天来诊。查体：体温38℃，神志清，慢性病容，右眼结膜充血，内眦部有一疱疹，咽部有充血，右颈部可触及豌豆大小淋巴结，无明显压痛，心、肺无异常，肝肋下1.0cm。胸透肺门可见3cm×3cm阴影。外周血白细胞$5.6\times10^9/L$，淋巴细胞0.7。
49. 该患儿最大可能的诊断是
A. 百日咳合并肺炎感染
B. 支原体肺炎
C. 支气管淋巴结结核
D. 真菌性肺炎
E. 肺门淋巴肉瘤
50. 该患儿最佳治疗方案
A. 红霉素
B. 红霉素+氨苄西林
C. 异烟肼+利福平
D. 异烟肼+对氨水杨酸
E. 长春新碱+环磷酰胺+泼尼松
51. 对该患儿的同胞兄弟应采取哪项最佳预防措施
A. 呼吸道隔离
B. 红霉素口服7~10天
C. 异烟肼口服6个月
D. 定期体检，早期发现
E. 尽早接种卡介苗
（52~54题共用题干）
患儿，2岁。低热、盗汗、乏力半个月余，头痛、间断抽搐5天。查体：精神萎靡，颈强，克氏征阳性。胸片正常，PPD试验（+++）。脑脊液细胞数$320\times10^6/L$，中性粒细胞0.4，淋巴细胞0.6，蛋白（+）。诊断为结核性脑膜炎。
52. 该患儿强化治疗应选择
A. 异烟肼+利福平+链霉素+泼尼松
B. 异烟肼+利福平+乙胺丁醇+泼尼松
C. 异烟肼+利福平+吡嗪酰胺+泼尼松
D. 异烟肼+链霉素+吡嗪酰胺+泼尼松
E. 异烟肼+利福平+链霉素+吡嗪酰胺+泼尼松
53. 该患儿应用泼尼松的总疗程是
A. 4~6周
B. 4~8周
C. 6~8周
D. 8~12周
E. 12~16周
54. 应用强的松的目的不是
A. 抑制炎症渗出
B. 减轻脑水肿
C. 降低颅内压
D. 防止脑室孔道及颅底部纤维粘连
E. 减轻症状，缩短病程

【B_1型题】

（55~58题共用备选答案）
A. 异烟肼
B. 利福平
C. 乙胺丁醇
D. 链霉素

E. 吡嗪酰胺

55. 大剂量可致神经兴奋、多发性神经炎
56. 不良反应为肝损害，关节痛
57. 不良反应为球后视神经炎
58. 听神经损害，婴儿慎用

（59~60 题共用备选答案）

A. 利福平
B. 异烟肼
C. 链霉素
D. 吡嗪酰胺
E. 乙胺丁醇

59. 半杀菌药，能杀死在碱性环境中生长、分裂、繁殖活跃的细胞外的结核菌
60. 半杀菌药，能杀灭在酸性环境中细胞内结核菌及干酪病灶内代谢缓慢的结核菌

第十章 消化系统疾病

【A_1 型题】

1. 哪一项提示低血钾
   A. 神经肌肉兴奋性增加
   B. 肠鸣音消失，四肢肌力低下
   C. 心音亢进，心率减慢
   D. 呼吸深大
   E. 肠鸣音亢进
2. 中度脱水的临床表现哪项是不正确的
   A. 失水量为体重的5%~10%
   B. 皮肤弹性较差
   C. 眼窝、前囟明显凹陷
   D. 四肢厥冷
   E. 尿量明显减少
3. 小儿腹泻重度脱水，第一天静脉补液总量为（ml/kg）
   A. 60~90
   B. 90~120
   C. 120~150
   D. 150~180
   E. 180~210
4. 小儿消化系统解剖特点下列哪项不正确
   A. 新生儿贲门括约肌发育不成熟
   B. 婴儿胃呈水平位
   C. 婴儿幽门括约肌发育不成熟
   D. 婴儿肠道相对较长
   E. 婴儿肠道固定性较差
5. 小儿腹泻中重度脱水伴低血钾时应
   A. 立即快速给予补钾
   B. 纠正脱水不必补钾
   C. 纠正脱水同时以 0.5%浓度缓慢补钾
   D. 口服氯化钾
   E. 纠正酸中毒同时缓慢补钾
6. 小儿腹泻轻度酸中毒时，早期诊断的可靠依据是
   A. 呕吐、腹泻次数
   B. 脱水程度
   C. 酸中毒症状
   D. 呼吸症状
   E. 血气分析
7. 婴儿腹泻重型与轻型的主要区别点是
   A. 发热、呕吐
   B. 每日大便超过 10 次
   C. 有水、电解质紊乱
   D. 大便含黏液、腥臭
   E. 镜检有大量脂肪滴
8. 引起小儿假膜性小肠炎的最常见的病原是
   A. 难辨梭状芽孢杆菌
   B. 侵袭性大肠埃希菌
   C. 空肠弯曲菌
   D. 金黄色葡萄球菌
   E. 白念珠菌
9. 中度脱水的临床表现，下列哪项是错误的
   A. 精神萎靡或烦躁不安
   B. 眼窝及前囟明显凹陷
   C. 哭时泪少，尿量明显减少
   D. 四肢厥冷，血压下降
   E. 皮肤干燥，弹性极差
10. 高渗性脱水补液应选择
    A. 等张含钠溶液
    B. 5%葡萄糖
    C. 1/2 张含钠液
    D. 1/3 张含钠液
    E. 2/3 张含钠液
11. 婴儿腹泻治疗原则包括以下内容，哪项除外
    A. 调整和适当限制饮食
    B. 纠正水、电解质紊乱
    C. 加强护理，防止并发症
    D. 控制肠道内外感染
    E. 长期应用广谱抗生素
12. 婴儿腹泻重度脱水的主要诊断依据是
    A. 眼眶前囟深凹
    B. 皮肤弹性极差
    C. 哭无泪，尿量极少
    D. 精神极度萎靡
    E. 外周循环衰竭
13. 小儿腹泻应用 2∶1 等张含钠液的适应证是
    A. 重度或中度脱水有明显周围循环障碍者
    B. 中度脱水无循环衰竭者
    C. 补充继续损失量
    D. 补充生理需要量
    E. 高渗性脱水
14. 除哪一项外，均为高渗性脱水的特点
    A. 高热、出汗多而饮水不足
    B. 烦躁不安、肌张力高、惊厥
    C. 细胞内、外液均减少
    D. 无明显口渴
    E. 可出现脑出血或脑血栓形成
15. 婴儿感染性腹泻的治疗原则不包括
    A. 调整饮食
    B. 加强护理
    C. 控制感染
    D. 用止泻剂

E. 纠正脱水

16. 小儿腹泻脱水无明显循环障碍时，前 8~12 小时最合适的补液速度［ml/(kg·h)］是
A. 2~4
B. 5~7
C. 8~10
D. 11~13
E. 14~16

17. 婴儿腹泻的饮食治疗，下述哪项不正确
A. 腹泻严重者应禁食
B. 母乳喂养者可继续哺乳，暂停辅食
C. 双糖酶显著缺乏者慎用糖类食品
D. 病毒性肠炎应暂停乳类，改为豆制代乳品
E. 人工喂养者，可给等量米汤或水稀释的牛奶，或脱脂奶

18. 除哪一项外，均为低渗性脱水的特点
A. 主要是细胞外液减少，重点为低钠血症
B. 多见于营养不良伴腹泻的病儿
C. 易高热、烦渴
D. 易脱水、休克
E. 易嗜睡、昏迷

19. 重度脱水临床表现哪项是错误的
A. 口腔黏膜极干燥
B. 四肢厥冷
C. 失水量为 50~100ml/kg
D. 尿量极少或无尿
E. 眼窝和前囟深陷

20. 小儿腹泻重度低渗性脱水第 1 天补液，下列哪项最适合
A. 2∶1 含钠液
B. 2∶3∶1 含钠液
C. 3∶2∶1 含钠液
D. 4∶3∶2 含钠液
E. 2∶6∶1 含钠液

21. 小儿腹泻时低钾症状见于血钾（mmol/L）低于
A. 2
B. 2.5
C. 3
D. 3.5
E. 4

22. 2∶3∶1 含钠液下列哪项是错误的
A. 0.9%氯化钠 2 份
B. 5%葡萄糖 3 份
C. 1.4%碳酸氢钠 1 份
D. 1.87%乳酸钠 1 份
E. 1.2%氯化钾 1 份

23. 不造成肠黏膜损伤的腹泻致病菌是
A. 空肠弯曲菌
B. 耶尔森菌
C. 金黄色葡萄球菌
D. 产毒性大肠埃希菌
E. 侵袭性大肠埃希菌

24. 婴幼儿秋冬季腹泻的最常见病原是
A. 腺病毒
B. 诺沃克病毒
C. 轮状病毒
D. 埃可病毒
E. 柯萨奇病毒

25. 小儿腹泻代谢性酸中毒的治疗，下列哪项是错误的
A. 轻症不需要另给碱性溶液
B. 碳酸氢钠为首选药物
C. 碱性溶液需要量可按公式计算
D. 先给总需要量的 1/2
E. 1.4%碳酸氢钠每次 5ml/kg

26. 不能测血钠时补液种类应选择
A. 等张含钠液
B. 2/3 张含钠液
C. 1/2 张含钠液
D. 1/3 张含钠液
E. 1/4 张含钠液

27. 小儿腹泻第一天补液方法，下列哪项是错误的
A. 低渗性脱水用 4∶3∶2 溶液
B. 高渗性脱水用 3∶2∶1 溶液
C. 等渗性脱水用 2∶3∶1 溶液
D. 脱水性质不明用 2∶3∶1 溶液
E. 同时见尿补钾 4~6 天

28. 小儿腹泻每日补钾量正确的是（mmol/kg）
A. 一般按 3~4mmol/kg
B. 缺钾明显者按 6~8mmol/kg
C. 轻者按 1~2mmol/kg
D. 重者按 500mg/kg
E. 极少数病例可按 600mg/kg

【A_2 型题】

29. 女婴，10 个月。腹泻每日 5~7 次，水样便。伴呕吐 2 次。每日尿量较平日略少些。查体：前囟平，哭有泪。口唇略干，四肢温暖，无腹胀。皮肤弹性尚可。该儿腹泻病情为轻型与重型的区别点主要是
A. 有无发热呕吐
B. 每日大便>10 次以上为重型
C. 有无水、电解质紊乱
D. 大便含黏液、血性为重型
E. 镜检有大量脂肪滴为重型

30. 男婴，3 个月。母乳喂养，腹泻 2 个月，大便 5~6 次/天，稀或糊便，无脓血，食欲好，面有湿疹，体重 5.6kg。最可能的诊断是
A. 迁延性腹泻
B. 慢性腹泻
C. 生理性腹泻
D. 饮食性腹泻
E. 感染性腹泻

31. 男婴，11 个月。发热咳嗽 3~4 天，食后呕吐，腹泻 5~6 次/天，蛋花汤样。T 39.5℃，P 140 次/分，R 60 次/分，神萎，气促，唇周青紫，口唇干燥，心音略低，两肺底湿啰音，腹部皮肤弹性减退。其酸碱平衡紊乱；

血 pH 7.24，$PaCO_2$ 60mmHg，SB 24mmol/L，BE－6mmol/L。应考虑

A. 代谢性酸中毒，代偿性
B. 呼吸性酸中毒，代偿性
C. 呼吸性酸中毒，失代偿性
D. 代谢性酸中毒，失代偿性
E. 代谢性合并呼吸性酸中毒

32. 对一例低渗重度脱水患儿进行补液，第1天用4：3：2（2/3）混合液按100～120ml/kg给予（暂先禁食6～8小时）。所用4：3：2液的组成是

A. 4份10%葡萄糖，3份生理盐水，2份1.4%碳酸氢钠
B. 4份生理盐水，3份10%葡萄糖，2份5%碳酸氢钠
C. 4份5%葡萄糖，3份生理盐水，2份5%碳酸氢钠
D. 4份生理盐水，3份5%葡萄糖盐水，2份11.2%乳酸钠
E. 4份生理盐水，3份5%葡萄糖，2份1.4%碳酸氢钠

33. 一腹泻婴儿，体重6kg，中度脱水，血 Na^+ 135mmol/L，第1天补液总量为

A. 600～720ml
B. 720～900ml
C. 900～1000ml
D. 900～1080ml
E. 1000～1200ml

34. 婴儿腹泻经第1天补液后脱水症状改善，第2天后的处理应为

A. 停止补液，恢复正常饮食
B. 口服补液，恢复正常饮食
C. 补充累积损失+继续损失量
D. 补充异常的继续损失+生理需要量
E. 仅补充生理需要量+钾盐

35. 男婴，6个月。因呕吐、腹泻3天，加剧1天，尿少来院急诊。体温38℃，眼窝前囟显凹，皮肤弹性较差，血 Na^+ 140mmol/L，动脉血气：pH 7.2，BE－12mmol/L。最适宜处理是

A. 禁食6小时，以后牛奶喂养
B. 静脉注射25%葡萄糖溶液
C. 静脉注射呋塞米（速尿）
D. 2：3：1溶液静脉滴注
E. 1.4%碳酸氢钠静脉滴注

36. 患儿，男，7个月。因腹泻1天，体温39℃，于9月13日入院。查体：精神可，无明显脱水征，咽红。粪便呈蛋花汤样，脂肪球（+）。其引起腹泻的最可能病因是

A. 细菌性痢疾
B. 进食过量或喂养不当
C. 病毒性肠炎
D. 生理性腹泻
E. 致病性大肠埃希菌肠炎

37. 女孩，2岁。发热、腹泻腹痛1天，大便5～6次，黏冻便，镜检示RBC 25个/HP，WBC 25～30个/HP。下列哪种疾病不考虑

A. 细菌性痢疾
B. 产毒性大肠埃希菌肠炎
C. 空肠弯曲菌肠炎
D. 金黄色葡萄球菌肠炎
E. 侵袭性大肠埃希菌肠炎

38. 男婴，6个月。腹泻2天，稀水样便5～6次/天，量中等，偶吐奶，尿略减少。前囟及眼窝稍凹陷。下列处理哪项不妥

A. 喂母奶，暂停辅食
B. 口服补液盐
C. 给予鞣酸蛋白
D. 加强护理
E. 补充各种维生素

39. 患儿腹泻4天，中度脱水。经2天补液后脱水基本纠正，但仍四肢软，心音稍钝，进食甚少。在整个补液治疗过程中对补钾按以下方案进行。但哪一项是错误的

A. 治疗时注意到给钾前6小时曾排尿
B. 静脉钾盐点滴浓度不超过0.3%
C. 滴注时间不少于6～8小时
D. 脱水纠正后第2天停止补钾
E. 补钾量一般为3～4mmol/(kg·d)

40. 1岁患儿，10月患腹泻大便呈水样或蛋花汤样，无腥臭味，有少量黏液但无脓血；有脱水征，考虑病原是

A. 致病性大肠埃希菌
B. 金黄色葡萄球菌
C. 白念珠菌
D. 黏附性大肠埃希菌
E. 肠道或呼吸道病毒

41. 8个月女孩，发热、腹泻、轻咳2天入院，大便10余次/日，蛋花汤样。大便镜检：白细胞2～3个/HP，大便细菌培养阴性，血WBC为 7.5×10^9/L，除轻度脱水征外，无其他异常。最可能的诊断是

A. 致病性大肠埃希菌肠炎
B. 细菌性痢疾
C. 病毒性肠炎
D. 金黄色葡萄球菌肠炎
E. 真菌性肠炎

42. 3个月婴儿，出生体重2.8kg，母乳喂养，未加辅食，食欲好。大便次数每日6～8次，为黄色软便，无特殊臭味，经治疗无好转，现在体重5.5kg，体格检查无异常所见。哪一种情况最可能

A. 生理性腹泻
B. 慢性痢疾
C. 迁延型腹泻
D. 真菌性肠炎
E. 肠结核

43. 患儿，6个月。腹泻20余天，每日10余次稀水样便，体重5.3kg，精神萎靡，皮肤弹

性极差，前囟及眼窝明显凹陷，四肢凉，血压偏低，口渴轻度，尿量极少，血钠125mmol/L。考虑诊断为
A. 中度等渗脱水
B. 重度等渗脱水
C. 中度低渗脱水
D. 重度低渗脱水
E. 重度高渗脱水

44. 2个月小儿，腹泻2天，大便1日10余次，蛋花汤样，呕吐，尿少，精神萎靡，拒奶、面色苍白、前囟明显凹陷，大便镜检每高倍视野2～3个白细胞。应考虑小儿腹泻伴有
A. 休克
B. 酸中毒
C. 低钾血症
D. 食物中毒
E. 败血症

45. 8个月患儿，腹泻5天，稀水便1日10余次，现烦躁，想喝水，两眼窝下陷，尿减少，体重5.5kg，皮下脂肪0.4cm，足稍凉，二氧化碳结合力为9mmol/L，血钠128mmol/L。本例脱水程度及性质是
A. 轻度脱水，等渗性
B. 轻度脱水，低渗性
C. 中度脱水，等渗性
D. 中度脱水，低渗性
E. 重度脱水，低渗性

46. 6个月患儿，吐泻2天，呼吸46次/分，脉搏124次/分，皮肤弹性较差，哭时泪少，血钠136mmol/L，血钾4.0 mmol/L，二氧化碳结合力14mmol/L。此患儿脱水程度及性质考虑
A. 轻度脱水，等渗性
B. 轻度脱水，低渗性
C. 中度脱水，低渗性
D. 中度脱水，等渗性
E. 重度脱水，高渗性

47. 8个月男孩呕吐，腹泻3天，无尿12小时。T 37.8℃，嗜睡与烦躁交替，双眼深陷，口唇干燥，皮肤弹性差，四肢冷，见花纹，脉细弱160次/分，心音低，呼吸深长60次/分，腹部肠鸣音亢进。实验室检查：Hb 150g/L，WBC 13.0×10^9/L，S 0.40，L 0.60。初步诊断小儿腹泻伴有
A. 重度脱水，代谢性酸中毒
B. 中度低渗性脱水，代谢性酸中毒
C. 重度脱水，低钾血症，代谢性酸中毒
D. 败血症休克，低钾血症，代谢性酸中毒
E. 重度高渗性脱水，代谢性酸中毒

48. 10个月女孩，近1周先吐后泻，大便呈蛋花汤样，腥臭黏液但无脓血。精神萎靡，皮肤弹性较差，眼窝凹陷，唇樱红，呼气深快有丙酮味，尿量明显减少，四肢稍凉，需静脉补液
A. 第1天总量120～150ml/kg
B. 第1天用2/3含钠液
C. 开始的30～60分钟用2∶1等张含钠液60ml
D. 补充累积损失应按20ml/(kg·h)
E. 补充氯化钾3%浓度，40ml/(kg·d)

49. 8kg小儿，临床表现重度酸中毒，CO_2CP 8mmol/L，初次为提高CO_2CP达到13mmol/L需补1.4%碳酸氢钠液是
A. 75ml
B. 100ml
C. 140ml
D. 200ml
E. 250ml

50. 患儿，8个月。腹泻4天，水样便，1日10余次。12小时无尿，呼吸深大，前囟、眼窝明显凹陷，四肢凉，血钠127mmol/L，血钾4mmol/L，血钙9mg%，CO_2CP 11.2mmol/L。首批应输入下述哪种混合液
A. 4∶3∶2液（2/3张）
B. 3∶2∶1液（1/2张）
C. 2∶1等张含钠液
D. 1∶2液（1/3）
E. 1∶1液（1/2张）

51. 10kg患儿，腹泻后精神萎靡，皮肤弹性差，四肢稍凉，尿量明显减少，CO_2CP为11.2mmol/L，选用以下哪种混合液最恰当（混合液组成按着生理盐水∶5%葡萄糖∶1.4%碳酸氢钠或1.87%乳酸钠配剂）
A. 3∶3∶1液
B. 2∶3∶1液
C. 4∶3∶2液
D. 2∶2∶1液
E. 2∶6∶1液

52. 14个月男孩发热，腹泻、呕吐3天入院，精神萎靡，呼吸45次/分，略气促及深长；中度失水征，腹软气胀，余无异常。血钠为127mmol/L，血钾为4mmol/L，氯100mmol/L，CO_2CP 15mmol/L，第1天补液应是
A. 100ml/(kg·d) 1∶1液，不补钾
B. 100ml/(kg·d) 4∶3∶2液，不补钾
C. 150ml/(kg·d) 2∶3∶1液，见尿后补钾
D. 150ml/(kg·d) 4∶3∶2液　见尿后补钾
E. 200ml/(kg·d) 4∶3∶2液，见尿后补钾

53. 1岁小儿，腹泻7天，经第一阶段输液后现已排尿，呼吸渐平稳，脉搏有力，血钠为136mmol/L，CO_2CP为13.6mmol/L，血钾为3.0mmol/L。第二阶段应用哪种液体，继续输给
A. 含0.15%氯化钾的4∶3∶2含钠液

B. 含 0.15% 氯化钾的生理盐水
C. 含 0.15%氯化钾的 1∶4 含钠液
D. 含 0.15% 氯化钾的 2∶1 等张含钠液
E. 含 0.15% 氯化钾的 2∶3∶1 含钠液

54. 秋季流行腹泻中，6 个月小儿，2 天吐泻 20 余次，精神萎靡，皮肤干燥，弹性较差，眼窝明显凹陷，尿量明显减少，唇干肢冷，血压 70/40mmHg，体温 36.5℃，恰当补液应为
A. 90ml/(kg · d)
B. 90～120ml/(kg · d)
C. 120～150ml/(kg · d)
D. 150～180ml/(kg · d)
E. >180ml/(kg · d)

55. 6 个月患儿，腹泻水样便 5 天，精神萎靡，眼窝及前囟明显凹陷，四肢稍凉，尿量明显减少，呼吸稍快，血清钠未测，应补给 0.9% 氯化钠∶5%葡萄糖∶1.87%乳酸钠的溶液的比例的毫升数为
A. 450∶300∶150
B. 400∶300∶200
C. 300∶450∶150
D. 200∶600∶100
E. 400∶600∶200

【A_3/A_4型题】

（56～58 题共用题干）

男，4 个月，体重 5kg，腹泻 3 天，每日 7～8 次，蛋花汤样、无腥臭，奶后呕吐 2 次。面色稍苍白，上腭裂，精神较差，皮肤稍干燥，眼窝、前囟凹陷，皮下脂肪 0.3cm，皮肤弹性较差。哭有泪。四肢末梢较冷，血清钠 128mmol/L。

56. 估计该患儿的脱水程度及性质是
A. 轻度等渗性脱水
B. 中度等渗性脱水
C. 轻度低渗性脱水
D. 中度低渗性脱水
E. 重度低渗性脱水

57. 其第 1 天补液总量应补充每千克为
A. 60～80ml
B. 81～90ml
C. 90～120ml
D. 120～150ml
E. 150～180ml

58. 当患儿痊愈出院时，对家长可作以下指导，哪项除外
A. 继续母乳喂养，避免夏季断乳
B. 先天性畸形（上腭裂）矫治
C. 注意食具、尿布、玩具消毒
D. 加强气候变化时的护理
E. 迅速添加辅食如蛋黄、炼乳

（59～60 题共用题干）

10 个月患儿，轻咳伴发热半天，晚上呕吐 4 次，不久频泻水样便，初色黄后转白，量多黏液少，无腥臭，尿极少，于 10 月底就诊。T 39℃，面色苍白，前囟、眼窝凹陷，哭泪少，咽充血，心肺无异常，腹稍胀，皮肤弹性减退。

59. 最可能诊断是
A. 产毒性大肠埃希菌肠炎
B. 致病性大肠埃希菌肠炎
C. 轮状病毒肠炎
D. 诺沃克病毒肠炎
E. 侵袭性大肠埃希菌肠炎

60. 对该儿下列处理哪项不是必需的
A. 暂禁食 6 小时
B. 口服 ORS
C. 动脉血气分析
D. 血钠钾氯测定
E. 大便镜检和培养

（61～62 题共用题干）

女婴，4 个月。腹泻、中度脱水，经静脉补液后脱水纠正，突然出现精神萎靡，嗜睡，呼吸变浅，心率 140 次/分，心音低钝，腹胀，膝反射未引出。血清钠 145mmol/L，钾 3.2mmol/L，ECG 示窦性心动过速，T 波低平

61. 最可能的诊断是
A. 败血症
B. 重症肌无力
C. 中毒性心肌炎
D. 低钾血症
E. 中毒性肠麻痹

62. 对患儿应立即给予
A. 血浆 20ml/kg 静脉滴注
B. 10%葡萄糖酸钙 10ml 稀释后静脉注射
C. 10%氯化钾 3～4ml/kg 加入液体中静脉滴注
D. 1.4%碳酸氢钠 20ml/kg 静脉滴注
E. 10%氯化钾 1～2ml/kg 加入液体中静脉滴注

（63～64 题共用题干）

男婴，2 岁。呕吐、腹泻 1 天。突然脐周阵发性腹痛，继恶心、呕吐 3～4 次，大便 5～6 次。初蛋花汤样后呈“赤豆汤”血水样便，腥臭，无脓。T 39℃，腹软，稍胀，不固定压痛，无肌紧张，未及包块，皮疹（-）。

63. 可能的诊断是
A. 婴儿腹泻
B. 急性坏死性肠炎
C. 细菌性痢疾
D. 过敏性紫癜
E. 肠套叠

64. 为早期确诊，哪项检查最有价值
A. 血白细胞计数分类
B. 大便常规加潜血试验
C. 大便培养加药敏
D. 动脉血气分析
E. 腹部 X 线检查

（65～67 题共用题干）

6个月患儿，腹泻水样便，每天 10 余次。今日病儿昏睡，呼吸深快，尿量极少，查体：四肢厥冷，

二氧化碳结合力为 8mmol/L，血钾为 4.0mmol/L，血钠为 140mmol/L。

65. 最可能的诊断是
  A. 重度脱水，酸中毒
  B. 中度脱水，酸中毒
  C. 重度脱水，低钾血症
  D. 中度脱水，低钾血症
  E. 重度脱水，酸中毒，低钾血症

66. 该患儿第 1 天补液首选下列哪种液体
  A. 2：1 液
  B. 4：3：2 含钠液 860ml
  C. 2：3：1 含钠液 860ml
  D. 2：6：1 含钠液 860ml
  E. 5%碳酸氢钠 360ml

67. 该患儿第 1 天补液的总量是
  A. 720ml
  B. 800ml
  C. 880ml
  D. 980ml
  E. 1080ml

（68~70 题共用题干）

6 个月婴儿，呕吐、腹泻 3 天，排便 10 余次/日，呈蛋花汤样，有腥臭味，尿量极少，皮肤弹性差，前囟、眼窝明显凹陷，四肢厥冷。粪便镜检白细胞偶见。血清钠 135mmol/L。

68. 病原学诊断最可能是
  A. 金黄色葡萄球菌肠炎
  B. 难辨梭状芽孢杆菌肠炎
  C. 空肠弯曲菌肠炎
  D. 产毒性大肠埃希菌肠炎
  E. 白念珠菌肠炎

69. 脱水的程度和性质为
  A. 中度等渗性脱水
  B. 中度低渗性脱水
  C. 重度等渗性脱水
  D. 重度低渗性脱水
  E. 重度高渗性脱水

70. 进行补液治疗，首日静脉输液应给予
  A. 2：1 等张含钠液 20ml/kg
  B. 2：1 等张含钠液100~120ml/kg
  C. 1/2 张含钠液100~200ml/kg
  D. 2/3 张含钠液50~100ml/kg
  E. 1/2 张含钠液50~100mmHg

（71~74 题共用题干）

6 个月女孩，中度脱水、酸中毒，经纠正酸中毒与补液 12 小时后出现嗜睡，呼吸较前为浅，心音低钝，心率 160 次/分，腹胀，肠鸣音弱，血钠为 135mmol/L。

71. 应考虑
  A. 血液低渗所致脑水肿
  B. 低镁血症
  C. 水中毒
  D. 低钾血症
  E. 低钙血症

72. 为明确诊断应做的辅助检查是
  A. 二氧化碳结合力测定
  B. 电解质测定
  C. 血渗透压测定
  D. 腰穿脑脊液检查
  E. 心脏超声心动图

73. 治疗应采取的措施是
  A. 继续纠酸
  B. 补钠
  C. 脱水
  D. 补钾
  E. 能量合剂

74. 输液的成分是
  A. 5%碳酸氢钠 5ml/kg
  B. 2：1 含钠液 20ml/kg
  C. 20%甘露醇 5ml/kg
  D. 10%氯化钾 3ml/kg
  E. 1.6 二磷酸果糖 3ml/kg

【B_1 型题】

（75~79 题共用备选答案）
  A. 便色黄或暗绿，有腥臭味
  B. 便次较多，发育不受影响
  C. 黏液脓血便，常伴有发热
  D. 血便或呈“赤豆汤”样便
  E. 便泡沫多，含黏液，“豆渣”样

75. 生理性腹泻
76. 侵袭性细菌性肠炎
77. 坏死性肠炎
78. 金黄色葡萄球菌肠炎
79. 白念珠菌肠炎

（80~81 题共用备选答案）
  A. 等渗性脱水
  B. 低渗性脱水
  C. 高渗性脱水
  D. 高钾血症
  E. 高钙血症

80. 脱水加低钠血症
81. 烦渴、高热、肌张力增高，甚至惊厥

第十一章　呼吸系统疾病

【A_1 型题】

1. 6 个月以内婴儿无热性支气管肺炎应考虑
  A. 葡萄球菌肺炎
  B. 合胞病毒肺炎
  C. 革兰阴性杆菌肺炎
  D. 肺炎支原体肺炎
  E. 衣原体肺炎

2. 对于病毒性肺炎早期快速的病原学检查法是
  A. 病毒分离及鉴定
  B. 冷凝集试验
  C. 双份血清抗体测定
  D. 免疫荧光法
  E. 抗原检测

3. 下列哪一项不是咳嗽变异性哮喘的诊断依据
  A. 咳嗽持续或反复发作 > 1 个月
  B. 临床无感染征象，或经较长期抗生素治疗无效
  C. 支气管扩张剂可使咳嗽发作缓解

D. 有个人或家族过敏史
E. 常在白天发作，运动后减轻

4. 下列有关咳嗽变异性哮喘的特点，哪项是不正确的
A. 表现为反复和慢性咳嗽
B. 均有喘息症状
C. 夜间和清晨发作
D. 运动可加重咳嗽
E. 部分患儿最终发展为典型哮喘

5. 支原体肺炎X线的特点主要是
A. 内中带，中下野，小点片状阴影
B. 大小不等片状阴影，融合成大病灶
C. 肺纹理增强及肺气肿
D. 两肺下野、中内带出现大小不等的点状或小斑片状影
E. 多发性脓肿、脓胸、脓气胸

6. 腺病毒肺炎最易出现的并发症是
A. 脓气胸、脓胸
B. 肺大疱
C. 张力性气胸
D. 心力衰竭
E. 肺脓肿

7. 关于支气管哮喘的预防不恰当的是
A. 避免接触变应原
B. 清除感染灶
C. 去除各种诱发因素
D. 经激素治疗缓解的患儿不需继续用激素
E. 自我管理教育

8. 支气管肺炎合并呼吸性酸中毒的原因有
A. CO_2 潴留
B. 需氧代谢障碍
C. 高热
D. 饥饿
E. 吐泻

9. 支气管肺炎一般用鼻前庭导管氧流量为
A. 0.25～0.5L/min
B. 0.5～1L/min
C. 1～2L/min
D. 2～3L/min
E. 3～4L/min

10. 金黄色葡萄球菌肺炎，首选的抗生素是
A. 青霉素
B. 红霉素
C. 氨苄西林
D. 苯唑西林钠
E. 头孢菌素

11. 对于患支原体肺炎的患儿，首选抗生素是
A. 红霉素
B. 青霉素
C. 氨苄西林
D. 头孢菌素
E. 庆大霉素

12. 引起病毒性肺炎占首位的是
A. 腺病毒
B. 流感病毒
C. 合胞病毒
D. 副流感病毒
E. 肠道病毒

13. 婴幼儿时期最常见的肺炎是
A. 支气管肺炎
B. 大叶性肺炎
C. 间质性肺炎
D. 毛细支气管肺炎
E. 节段性肺炎

14. 支气管肺炎诱发心力衰竭的主要原因是
A. 肺动脉高压，中毒性心肌炎
B. 肺动脉高压，微循环障碍
C. 中毒性心肌炎，代谢性酸中毒
D. 肺动脉高压，代谢性酸中毒
E. 肺动脉高压，呼吸性酸中毒

15. 支气管肺炎缺氧明显时，面罩给氧浓度为
A. 40%～50%
B. 50%～60%
C. 60%～70%
D. 70%～80%
E. 30%～40%

16. 支气管肺炎合并心力衰竭时，应立即给予何种处理
A. 立即口服地高辛
B. 立即静脉给予心肌营养剂
C. 立即静脉给予酚妥拉明
D. 立即静脉给予地塞米松
E. 立即静脉给予毒毛K制剂

17. 小儿重症肺炎出现腹胀明显，其原因多是
A. 低锌血症
B. 消化不良
C. 中毒性肠麻痹
D. 高钾血症
E. 低钠血症

18. 下列哪一项不是哮喘的特点
A. 喘息反复发作
B. 发作前可有流涕、打喷嚏和胸闷
C. 病情严重肺部哮鸣音反可消失
D. 一定伴有发热
E. 一、二级亲属中有哮喘病史

19. 支气管肺炎一般用鼻前庭导管氧浓度不超过
A. 10%
B. 20%
C. 40%
D. 50%
E. 60%

20. 引起疱疹性咽峡炎的病毒为
A. 合胞病毒
B. 腺病毒
C. 柯萨奇病毒A组
D. 流感病毒
E. 副流感病毒

21. 对哮喘持续状态的处理哪一项是错误的
A. 吸 O_2
B. 补液、纠正酸中毒
C. 糖皮质激素类静脉滴注
D. 支气管扩张剂
E. 脱敏疗法

22. 引起急性上呼吸道感染的主

要病原为
A. 细菌
B. 病毒
C. 真菌
D. 原虫
E. 螺旋体

23. 在哮喘的药物治疗中，以何种为主导
A. β_2 受体激动药
B. 糖皮质激素
C. 免疫抑制剂
D. 肥大细胞膜稳定剂
E. 茶碱类药物

24. 下列哪一种药物不属于支气管扩张剂
A. 沙丁胺醇
B. 喘乐宁
C. 苯妥英钠
D. 异丙托溴铵
E. 肾上腺皮质激素类

25. 急性支气管炎的主要症状是
A. 发热
B. 咳嗽
C. 气促
D. 发绀
E. 吐泻

26. 诊断小儿金黄色葡萄球菌肺炎，哪项特点最具价值
A. 起病急，全身中毒症状重
B. 白细胞总数高，出现核左移
C. 有猩红热样皮疹
D. 呈弛张热型，有长达 2 周
E. 易发生脓胸、肺大疱、脓气胸、多发性脓肿

27. 急性肺炎病程为
A. 1 个月内
B. 2 个月内
C. 3 个月内
D. 4 个月内
E. 5 个月内

28. 支气管肺炎缺氧明显者，宜用面罩给氧，氧流量为
A. 1~2L/min
B. 2~4L/min
C. 4~5L/min
D. 5~6L/min
E. 6~7L/min

29. 小儿肺活量为
A. 30~50ml/kg
B. 50~70ml/kg
C. 70~90ml/kg
D. 90~110ml/kg
E. 110~130ml/kg

30. 小儿急性毛细支气管肺炎的病原体，常常最主要的是
A. 金黄色葡萄球菌
B. 呼吸道合胞病毒
C. 腺病毒
D. 支原体
E. 肺炎链球菌

31. 引起小儿支气管肺炎脓胸的病原菌主要是
A. 肺炎链球菌
B. 链球菌
C. 金黄色葡萄球菌
D. 革兰阴性杆菌
E. 厌氧菌

32. 支原体肺炎确诊时，最有参考价值的检验是
A. 血常规
B. 血清嗜异凝集反应
C. C 反应蛋白
D. 冷凝集试验
E. 血清病毒抗体滴定

33. 小儿肺炎合并脓胸时应给予的最佳治疗是
A. 大剂量有效抗生素治疗
B. 胸腔闭式引流
C. 胸腔穿刺排脓
D. 胸廓成形术治疗
E. 中成药治疗

34. 最易合并脓胸的肺炎是
A. 合胞病毒肺炎
B. 金黄色葡萄球菌肺炎
C. 支原体肺炎
D. 腺病毒肺炎
E. 间质性肺炎

35. 支气管哮喘患儿长期控制治疗首选
A. 糖皮质激素吸入
B. 茶碱类（如氨茶碱）静脉滴注
C. 抗生素静脉滴注
D. β_2 受体激动药吸入
E. M 受本阻断药吸入

36. 新生儿呼吸频率是
A. 20~30 次/分
B. 30~40 次/分
C. 40~44 次/分
D. 90~100 次/分
E. 100~110 次/分

37. 支气管肺炎，患儿停用抗生素的时间是
A. 抗生素用至体温正常后 2~3 天
B. 抗生素用至体温正常后 5~7 天
C. 抗生素用至体温正常后 7~9 天
D. 抗生素用至体温正常后 1~2 周
E. 抗生素用至体温正常后 9~11 天

【A_2 型题】

38. 男孩，5 个月。发热、咳嗽、喘憋 3 天。查体：体温 37.5℃，呼吸 68 次/分，呼气性呼吸困难，呼气时有呻吟，伴明显鼻扇及三凹征，满肺喘鸣音，底部有细湿啰音。白细胞 7.0×10^9/L，淋巴细胞 0.78。本病例诊断最大的可能是
A. 呼吸道合胞病毒肺炎
B. 腺病毒肺炎
C. 葡萄球菌肺炎
D. 革兰阴性杆菌肺炎
E. 肺炎支原体肺炎

39. 女孩，6 个月。突然出现极度烦躁不安　呼吸困难加重。查体：心率 191 次/分，呼吸 69 次/分，精神不振，唇周明显发绀，面色苍白，心音低钝，双肺叩诊正常，可闻及较密集的细湿啰音，肝肋下 3.5cm 中度硬。本病例诊断最大的可能是
A. 支气管肺炎合并心肌炎

B. 支气管肺炎合并中毒性脑病
C. 支气管肺炎合并心力衰竭
D. 支气管肺炎合并中毒性肠麻痹
E. 支气管肺炎合并 DIC

40. 男孩，18 个月。高热稽留 7 天，伴咳嗽、呼吸困难。查体：精神不振，面色苍白，气促，心音低钝，心率 171 次/分，心律不齐，右肺背部叩诊发浊，呼吸音减低，可闻及散在湿啰音，肝肋下 1.0cm。心电图显示窦性心动过速，ST 段下移 1.2，T 波平坦。根据以上病例诊断最大的可能是
A. 呼吸道合胞病毒肺炎合并心肌炎
B. 腺病毒肺炎合并心肌炎
C. 金黄色葡萄球菌肺炎合并心肌炎
D. 革兰阴性杆菌肺炎合并心肌炎
E. 肺炎支原体肺炎合并心肌炎

41. 患儿，女，2 岁。发热、咳嗽、气促 1 周，查体：精神不振，面色苍白，呼吸困难，皮肤可见荨麻疹样皮疹，双肺可闻及细湿啰音。X 线检查显示：多发性小脓肿、易变。根据本病例诊断最大可能性是
A. 革兰阴性杆菌肺炎
B. 肺炎支原体肺炎
C. 腺病毒肺炎
D. 呼吸道合胞病毒肺炎
E. 金黄色葡萄球菌肺炎

42. 患儿，8 个月。高热 5 天伴喘憋，双肺密布哮鸣音，白细胞 8×10^9/L，疑为毛细支气管炎，做病毒抗体测定阳性。该抗体 IgG 的亚类是
A. IgG_1
B. IgG_2
C. IgG_3
D. IgG_4
E. IgG_3 及 IgG_4

43. 男孩，1 岁。发热、咳嗽、气促 1 周，近 1 天惊厥 4 次，意识不清。查体：嗜睡，双眼凝视，球结膜水肿，前囟隆起，双肺散在中细湿啰音，脑膜刺激征阳性，巴氏征阳性，脑脊液除压力增高外，其他均正常。根据病例诊断最大的可能是
A. 肺炎合并轻度缺氧
B. 肺炎合并结脑
C. 肺炎合并化脑
D. 肺炎合并心衰
E. 肺炎合并脑水肿

44. 患儿，男，5 个月。发热、咳嗽、呼吸困难 1 周。查体：体温 37.4℃，呼吸 56 次/分，心率 210 次/分，精神不振，唇周发绀，三凹征阳性，双肺满布喘鸣音，叩诊清音，肝肋下 4cm，中度硬。胸部 X 线双肺显示散在的小片状阴影及肺气肿。根据病例诊断最大的可能是
A. 呼吸道合胞病毒肺炎合并心力衰竭
B. 腺病毒肺炎合并心力衰竭
C. 葡萄球菌肺炎合并心力衰竭
D. 革兰阴性杆菌肺炎合并心力衰竭
E. 肺炎支原体肺炎合并心力衰竭

45. 女孩，14 个月。稽留高热 2 周。咳嗽较剧，喘憋和发绀明显，左肺下叩之发浊，听诊呼吸音减弱，腹胀明显，肠鸣音消失，胸部 X 片：左肺下可见大片状阴影。白细胞 5.3×10^9/L，淋巴细胞 0.77。根据病例诊断最大可能是
A. 支原体肺炎合并中毒性肠麻痹
B. 革兰阴性杆菌肺炎合并中毒性肠麻痹
C. 葡萄球菌肺炎合并中毒性肠麻痹
D. 革兰阴性杆菌肺炎合并心衰
E. 腺病毒肺炎合并中毒性肠麻痹

46. 男孩，1.5 岁。发热、咳嗽、气促 1 周，突然呼吸困难加重。查体：体温 39.5℃，心率 161 次/分，呼吸 62 次/分，左胸部呼吸运动受限，语颤减弱，叩诊浊音，听诊呼吸音消失，腹部平坦，肝肋下 1.5cm。根据病例诊断最大的可能是
A. 肺炎合并心衰
B. 肺炎合并心肌炎
C. 肺炎合并中毒性脑病
D. 肺炎合并脓胸
E. 肺炎合并脓气胸

47. 男孩，2 岁。发热、咳嗽、气促 2 周余，近 2 天呼吸困难突然加重，咳嗽剧烈。查体精神不振，烦躁不安，面色青紫，右肺叩诊上方呈鼓音，下方呈浊音，呼吸音消失，肝肋下 1.0cm。根据病例诊断最大的可能是
A. 肺炎合并心肌炎
B. 肺炎合并脓胸
C. 肺炎合并心衰
D. 肺炎合并脓气胸
E. 肺炎合并 DIC

48. 女孩，1.5 岁。咳嗽 1 周，气促，精神正常，食欲尚可，无明显异物史。查体：体温 37.8℃，双肺呼吸音粗糙及有不固定的干、湿啰音。胸部 X 线显示肺纹理增粗。根据病例诊断最大的可能是
A. 支气管异物
B. 肺结核
C. 急性支气管炎
D. 支气管炎
E. 哮喘性支气管炎

49. 患儿，男，2.5 岁。突然起

病，高热持续38.5～41.3℃，面色苍白，咳嗽，气促，给青霉素治疗1周疗效不佳。查体：呼吸56次/分钟，心率171次/分钟。胸部X线示右侧肋膈角变钝，呈一片致密阴影，肋间隙增宽，纵隔及心向左侧移位。根据病例诊断最大可能是

A. 金黄色葡萄球菌肺炎合并脓胸
B. 金黄色葡萄球菌肺炎合并脓气胸
C. 金黄色葡萄球菌肺炎合并肺大疱
D. 金黄色葡萄球菌肺炎合并肺气肿
E. 肺不张

50. 男孩，1岁。高热6天，持续38.5～40.7℃，伴咳嗽、气促。查体：精神不振，面色苍白，呼吸急促，皮肤可见猩红热样皮疹，双肺闻及细湿啰音。X线胸片可见多发性肺脓肿。根据病例诊断最大可能是

A. 呼吸道合胞病毒肺炎
B. 腺病毒肺炎
C. 金黄色葡萄球菌肺炎
D. 革兰阳性杆菌肺炎
E. 支原体肺炎

51. 患儿，女，4个月。咳嗽、喘憋4天。查体：体温37℃，呼吸70次/分，有明显的鼻扇及三凹征，口唇周围发绀，两肺布满喘鸣音，底部有少许细湿啰音。胸部X线可见肺纹理增强、小片阴影及肺气肿。本病例诊断最大可能是

A. 金黄色葡萄球菌肺炎
B. 革兰阴性杆菌肺炎
C. 肺炎支原体肺炎
D. 腺病毒肺炎
E. 呼吸道合胞病毒肺炎

52. 男孩，1岁。因发热、咳嗽、气促10天来诊。查体：体温38.5～41.2℃，嗜睡，皮肤可见荨麻疹样皮疹，呼吸急促，鼻扇及三凹征阳性，两肺可闻及散在中细湿啰音。实验室检查：白细胞27×10^9/L，中性粒细胞0.9。X线检查：两肺可见小片状阴影。根据病例诊断

A. 葡萄球菌肺炎
B. 腺病毒肺炎
C. 肺炎支原体肺炎
D. 革兰阴性杆菌肺炎
E. 呼吸道合胞病毒肺炎

53. 男孩，1岁。发热2天，咳嗽、气喘1日，已诊断为支气管肺炎。确诊最主要的体征是

A. 三凹征（+）
B. 双肺闻及细水泡音
C. 呼吸急促
D. 口唇发绀
E. 双肺闻及哮鸣音

54. 女婴，6个月。流涕、咳嗽3天，近半天高热，体温39.4℃，抽搐1次约3分钟自行缓解。查体：精神萎靡，前囟平，咽充血，双肺未闻及中、小水泡音，脑膜刺激征阴性。血常规示白细胞5×10^9/L。该患儿诊断最可能是

A. 肺炎，高热惊厥
B. 上感，高热惊厥
C. 中毒性脑病
D. 手足搐搦症
E. 脑炎

55. 患儿，3岁。咳嗽3天。查：呼吸急促，三凹征阴性，双肺呼吸音粗，闻少许哮鸣音，心率（律）正常，诊断为急性支气管炎。支气管肺炎与本病主要区别是

A. 刺激性咳嗽，频繁
B. 喘息
C. 肺部固定湿啰音
D. 口唇发绀
E. 白细胞计数增多，以中性为主

56. 门诊就诊，10岁患儿，干咳4天，伴胸痛、发热3天。体温37.5℃，双肺未闻及中小水泡音。血白细胞9.0×10^9/L，中性粒细胞0.65。X线正位片示右下肺片状阴影。为诊断应首选哪项检查

A. OT试验
B. ESR
C. 血常规
D. 冷凝集试验
E. 嗜异凝集试验

57. 患儿，7个月。咳嗽、喘息3天。查体：体温37.0℃，鼻翼扇动，口唇轻度发绀，双肺闻及广泛哮鸣音及少许中小水泡音。临床初步诊断是毛细支气管肺炎。本病最突出的临床特点是

A. 体温一般不超过38℃
B. 有明显的中毒症状
C. 肺部有明显的湿啰音
D. 突发喘憋、呼吸困难
E. 肺部残留死腔减少

58. 男孩，18个月。咳嗽5天，发热，气喘1天。查体：体温38℃，咽赤（+），呼吸急促，唇轻度发绀。诊断为急性支气管肺炎。对于诊断有利的体征是

A. 呼吸急促，口周发绀
B. 肺间不固定的水泡音及哮鸣音
C. 鼻翼扇动及三凹征阳性，肺部固定中小水泡音
D. 呼气性呼吸困难
E. 三凹征阳性

59. 患儿，女，8岁。近1周乏力、身体不适、咳嗽剧烈、微热，近3天胸痛及头痛、咳嗽加重，影响睡眠。肺部听诊仅在肺下部局限性呼吸音减低。X线示右肺下部呈云雾状，浸润影。此患儿最应考虑的诊断是

A. 急性支气管肺炎
B. 金黄色葡萄球菌肺炎

C. 病毒性肺炎
D. 支原体肺炎
E. 毛细支气管肺炎

60. 患儿，男，1岁半。咳嗽、发热3天，双肺闻及散在的细湿啰音及广泛呼气时哮鸣音。血常规：白细胞 $15\times10^9/L$，中性粒细胞0.6。胸部正位片示两下肺散在斑片影。诊断最可能是
A. 合胞病毒肺炎
B. 支气管肺炎
C. 支原体肺炎
D. 腺病毒肺炎
E. 金黄色葡萄球菌肺炎

61. 男孩，6个月。患肺炎入院第2天突然烦躁不安，面色苍白，呼吸增快为120次/分，心率180次/分，音钝，双肺闻及密集的小水泡音，肝肋下3cm，心电图示T波低平。考虑患儿出现了哪种并发症
A. 肺不张
B. 肺大疱
C. 气胸
D. 脓胸
E. 心力衰竭

62. 女婴，1岁半。由于皮肤脓疱疹破溃感染后出现咳嗽、弛张热4天，喘息1日。查体：精神状态极差，呼吸快，右上肺闻及细啰音，右肺叩诊浊音。血白细胞 $28\times10^9/L$，中性粒细胞0.88。胸片检查示多发性脓肿。该诊断为
A. 支原体肺炎合并胸腔积液
B. 腺病毒肺炎合并胸腔积液
C. 金黄色葡萄球菌肺炎合并脓气胸
D. 金黄色葡萄球菌肺炎合并脓胸
E. 合胞病毒肺炎合并脓胸

63. 患儿，2个月。发热1天，咳嗽3天，有痰咳不出，偶有喘息，哺乳时明显，三凹征（-），双肺未闻及中、小湿啰音，心脏听诊正常。最可能的诊断是
A. 支气管肺炎
B. 支气管炎
C. 上呼吸道感染
D. 支气管哮喘
E. 支气管扩张

64. 男孩，2岁。患肺炎住院期间，突然自觉呼吸困难，全身中毒症状加重，频繁咳嗽不止，血压正常。此患儿出现了哪项并发症
A. 中毒性脑病
B. 支气管扩张
C. DIC
D. 休克
E. 脓胸

65. 患儿，男，1岁。咳嗽持续1个月，近3日突然高热，咳嗽频繁，痰多，患儿按时预防接种，3年前有结核接触史。查体：体温39℃，R 40次/分，面色苍白，心脏正常，右肺底闻及细小水泡音，肝肋下2cm质软。白细胞 $4.0\times10^9/L$，淋巴细胞0.65，OT试验阴性。最可能诊断
A. 支气管炎
B. 支气管肺炎
C. 原发肺结核
D. 粟粒性肺结核
E. 支气管异物

66. 女孩，10个月。咳嗽5天，喘4天。查体：T 37℃，鼻扇（+），双肺闻及哮鸣音及少许水泡音，肝大、质软。血白细胞 $11\times10^9/L$，胸部正位片示双肺纹理增强，双肺透过度增加。该患儿初步诊断
A. 支气管哮喘
B. 喘息性支气管炎
C. 急性支气管炎
D. 急性毛细支气管肺炎
E. 肺炎伴心力衰竭

67. 男孩，9个月。咳嗽、喘息已3天，呼吸增快，心率142次/分钟，喘憋，闻及两肺广泛哮鸣音，诊断为毛细支气管肺炎。该患儿的治疗加用何种药物对缓解喘憋效果最好
A. 异丙肾上腺素
B. 肾上腺皮质激素
C. 肾上腺素
D. α 糜蛋白酶雾化吸入
E. 氨茶碱

68. 男孩，4岁。近日来咳嗽，少量痰液，昨夜突然出现呼吸困难，大汗，面色发白，肢冷，脉搏120次/分，血压90/60 mmHg，双肺普遍哮鸣音，心脏无杂音，口唇发绀，胸片无异常。最可能的诊断
A. 急性左心衰竭
B. 支气管炎
C. 肺炎链球菌肺炎
D. 支气管哮喘
E. 过敏性肺炎

69. 男孩，9岁。气喘半日，每年春秋季发病，体温36.5℃，两肺有普遍哮鸣音，白细胞 $7.6\times10^9/L$，中性粒细胞0.76。诊断可能为
A. 喘息性支气管炎
B. 支气管哮喘
C. 过敏性肺炎
D. 急性支气管炎
E. 支原体肺炎

70. 患儿，8岁。突然出现喘憋、烦躁不安、大汗、不能平卧，既往曾有喘息发作2次。查体：两肺布满哮鸣音。考虑为支气管哮喘。目前治疗首选
A. 糖皮质激素
B. 支气管扩张剂
C. 免疫抑制剂
D. 肥大细胞膜稳定剂
E. 脱敏疗法

71. 女孩，6岁。反复喘息发作2年，近3天又出现喘息发作，双肺广泛哮鸣音，考虑诊断支气管哮喘。此病与过敏性肺炎不同点主要为

A. 有变应原接触史
B. 血中嗜酸性粒细胞增多
C. 喘息
D. 有致敏原
E. 胸部X线表现

72. 患儿，6岁。近2个月反复出现发作性咳嗽，尤其在夜间或清晨为著，痰少，运动后加重，无发热，一直使用头孢菌素和琥乙红霉素治疗，效果不明显，近日使用沙丁胺醇却有较好疗效。此病该做哪种诊断
A. 呼吸道异物
B. 呼吸道合胞病毒性肺炎
C. 儿童哮喘
D. 支气管炎
E. 咳嗽变异性哮喘

73. 患儿，4岁。突然出现喘憋、烦躁不安、大汗淋漓、不能平卧。曾有毛细支气管肺炎病史。查体：两肺布满哮鸣音。此症状及体位已持续26个小时未缓解。下列治疗措施哪项不正确
A. 吸氧
B. 补液，纠正酸中毒
C. 静脉滴注地塞米松
D. 脱敏疗法
E. 支气管扩张剂

【A_3/A_4型题】

（74~76题共用题干）

7个月女孩，以发热、咳嗽、喘憋6天为主诉入院。入院后第2天患儿突然面色灰白，极度烦躁不安，呼吸明显增快，60次/分，听心音低钝，节律整。心率180次/分，呈奔马律，双肺闻及广泛的水泡音，肝肋下3cm，下肢有水肿。血白细胞55×10^9/L。胸片双肺见小片状影、肺纹理增强、肺气肿。

74. 该患儿最可能的诊断
A. 支气管肺炎合并心力衰竭
B. 支气管肺炎合并中毒性脑病
C. 支气管肺炎合并休克
D. 支气管肺炎合并肝炎
E. 支气管肺炎合并心肌炎

75. 产生本病并发症的病因是
A. 循环充血和高血压
B. 肺动脉高压合并中毒性心肌炎
C. 心率过快
D. 弥散性血管内凝血
E. 末梢循环衰竭

76. 该并发症的急救措施，首选是
A. 2∶1等张含钠液扩容
B. 能量合剂、丹参等营养心肌
C. 静脉给予毒毛苷K制剂
D. 护肝、保肝
E. 降低脑水肿，营养脑细胞

（77~79题共用题干）

患儿，1岁。弛张热，发热5天，咳嗽，气喘4天，用青霉素静脉滴注4天症状好转不明显，今日突然烦躁，呼吸困难，阵发性咳嗽。查体：体温39℃，R 60次/分，心率增快，170次/分，节律整，气管出现右移。胸片示左肺液气胸。

77. 该患儿最可能的诊断是
A. 腺病毒肺炎
B. 金黄色葡萄球菌肺炎
C. 毛细支气管肺炎
D. 支原体肺炎
E. 肺炎链球菌肺炎

78. 该患儿紧急急救措施应首选
A. 吸氧
B. 解痉药
C. 镇咳药
D. 强心利尿
E. 胸腔闭式引流

79. 该病的治疗，应选择何种抗生素
A. 头孢拉定
B. 红霉素
C. 氨苄青霉素
D. 氨苄青霉素+青霉素
E. 耐青霉素酶的青霉素

（80~82题共用题干）

男孩，1岁半。已发热、咳嗽1周，近3天气促、喘息加重。查体：面色苍白，烦躁，双肺听诊闻及中小水泡音，病史中曾有过皮肤脓疱疹。血白细胞19×10^9/L，分叶90%，淋巴细胞10%。

80. 该患儿下述哪项治疗不当
A. 吸氧
B. 用敏感抗生素
C. 支气管解痉药
D. 保持呼吸道通畅
E. 静脉滴注氢化可的松

81. 患儿用抗生素3天后，突然出现烦躁不安，呼吸困难加重，咳嗽频繁，左肺呼吸音减弱，肺底叩诊呈浊音，此时最重要的治疗是
A. 再加一种抗生素
B. 大流量吸氧
C. 用呼吸机进行辅助治疗
D. 给予镇静药
E. 左胸腔穿刺排脓

82. 该患儿最可能的诊断是
A. 金黄色葡萄球菌肺炎
B. 肺炎链球菌肺炎
C. 腺病毒肺炎
D. 呼吸道合胞病毒肺炎
E. 支原体肺炎

（83~84题共用题干）

患儿，男，8个月。咳嗽、发热1周，喘憋3天，逐渐加重，今日开始嗜睡，抽搐2次，体温不退高达39.5℃。查体：呼吸急促，呼吸56次/分，心率100次/分，双肺广泛的中小水泡音，肝肋下1cm。血白细胞4×10^9/L。脑脊液检查：压力升高，糖、氯化物正常，细胞数8×10^6/L，蛋白定性阴性。

83. 此时最首选的紧急措施是
A. 镇静止抽
B. 物理降温+退热剂
C. 应用广谱抗生素
D. 给予毒毛苷K快速洋地黄制剂

E. 静脉给10%葡萄糖酸钙

84. 该患儿最可能的诊断是
A. 腺病毒肺炎合并中毒性脑病
B. 瑞氏综合征
C. 病毒性脑炎
D. 肺炎，高热惊厥
E. 金黄色葡萄球菌肺炎合并中毒脑病

（85~87题共用题干）

患儿，男，7岁。咳嗽1周，喘3天，无发热，门诊就诊。

85. 为证实患肺炎，下列哪项检查最有价值
A. 观察一般状态，生命体征
B. 有无三凹征
C. 肝是否增大
D. 心音是否低钝，有无奔马律
E. 肺部有无水泡音

86. 哪项检查对诊断有帮助
A. 血常规
B. 病毒分离
C. X线正位片
D. 冷凝集试验
E. OT试验

87. 患儿治疗，哪项不必要
A. 止咳祛痰
B. 平喘
C. 抗生素
D. 输血
E. 适当镇静

（88~89题共用题干）

患儿，6个月。咳喘3天入院，下午突然喘憋加重，口唇发绀，鼻翼扇动。查体：呼吸80次/分，三凹征阳性，两肺闻及广泛哮鸣音，右肺底闻及少许小水泡音。血白细胞4.0×10^9/L，淋巴细胞0.6。胸部正位片：少量点片状影及肺气肿。

88. 最可能的诊断是
A. 腺病毒肺炎
B. 肺炎链球菌肺炎
C. 合胞病毒肺炎
D. 金黄色葡萄球菌肺炎
E. 哮喘性支气管炎

89. 该患儿最易出现的并发症是
A. 心力衰竭
B. 脓胸
C. 脓气胸
D. 代谢性酸中毒
E. 中毒性肠麻痹

【B_1型题】

（90~93题共用备选答案）
A. 喘憋为突出表现
B. 咳频，喘憋，发绀
C. 常见猩红热样或荨麻疹样皮疹
D. 全身中毒症状明显，重者意识障碍甚至休克
E. 刺激性咳嗽为突出表现

90. 肺炎支原体肺炎
91. 葡萄球菌肺炎
92. 腺病毒肺炎
93. 呼吸道合胞病毒肺炎

（94~96题共用备选答案）
A. 稽留高热
B. 弛张高热
C. 低热
D. 不发热
E. 热型不定

94. 腺病毒肺炎
95. 肺炎支原体肺炎
96. 葡萄球菌肺炎

（97~100题共用备选答案）
A. 小片阴影，肺纹理增多，肺气肿多见
B. X线早于体征，大小不等的片状阴影或融合成大病灶
C. 肺浸润，多发性肺脓肿
D. 多种多样，基本改变为支气管肺炎征象
E. 以肺门阴影增浓为突出

97. 葡萄球菌肺炎
98. 腺病毒肺炎
99. 呼吸道合胞病毒肺炎
100. 肺炎支原体肺炎

（101~103题共用备选答案）
A. 呼吸道合胞病毒肺炎
B. 葡萄球菌肺炎
C. 革兰阴性杆菌肺炎
D. 腺病毒肺炎
E. 肺炎支原体肺炎

101. 体征以喘鸣音为主的肺炎是
102. 体征以实变为主的肺炎是
103. 多伴稽留高热的肺炎是

第十二章　心血管系统疾病

【A_1型题】

1. 胸部X线检查，肺门舞蹈多见于哪种先心病
A. 房间隔缺损
B. 肺动脉瓣狭窄
C. 动脉导管未闭
D. 法洛四联症
E. 艾森门格综合征

2. 先心病X线检查，有肺缺血性改变的是
A. 房间隔缺损
B. 室间隔缺损
C. 动脉导管未闭
D. 法洛四联症
E. 艾森门格综合征

3. 房间隔缺损最常见的类型为
A. 卵圆孔未闭
B. 原发孔缺损
C. 继发孔缺损
D. 原发孔缺损伴二尖瓣裂
E. 继发孔缺损伴部分肺静脉异位引流

4. 卵圆孔解剖上关闭的时间为
A. 生后3周内
B. 生后5周内
C. 生后8~10周
D. 生后3~4个月
E. 生后5~7个月

5. 小儿心脏听诊可闻及生理性杂

音，其特点如下，但其中一点例外
A. 位于心尖区或肺动脉瓣区
B. 可伴轻度震颤
C. 卧位比坐位清楚
D. 性质柔和，一般为Ⅰ~Ⅱ级
E. 杂音局限不传导

6. 法洛四联症常见的并发症，下述哪项不正确
A. 脑缺氧发作
B. 脑血栓
C. 脑脓肿
D. 感染性心内膜炎
E. 梗阻型肺动脉高压

7. Roger 病是指
A. 原发性房间隔缺损
B. 继发性房间隔缺损
C. 小型室间隔缺损
D. 中型室间隔缺损
E. 大型室间隔缺损

8. 导致右心室舒张期负荷过重的先心病是
A. 室间隔缺损
B. 房间隔缺损
C. 动脉导管未闭
D. 法洛四联症
E. 肺动脉瓣狭窄

9. 房间隔缺损患儿于胸骨左缘2、3肋间可闻及收缩期杂音产生的机制是
A. 血流通过缺损口
B. 主动脉瓣相对狭窄
C. 肺动脉瓣相对狭窄
D. 三尖瓣相对狭窄
E. 二尖瓣相对狭窄

10. 诊断室间隔缺损，下述哪一项不符合
A. 胸骨左缘3、4肋间粗糙收缩期杂音
B. 肺动脉第二音亢进
C. 心电图电轴右偏，不完全性右束支阻滞
D. X线检查示肺门血管增粗，肺野充血
E. 反复患呼吸道感染

11. 动脉导管未闭，在婴幼儿期或形成肺动脉高压或合并心衰时，常见
A. 胸骨左缘第2肋间连续性杂音
B. 胸骨左缘第4肋间连续性杂音
C. 胸骨左缘第4肋间舒张期杂音
D. 胸骨左缘第2肋间收缩期杂音
E. 胸骨左缘第2肋间舒张期杂音

12. 法洛四联症治疗原则以下哪项不正确
A. 防止脱水和并发症
B. 积极防治感染
C. 缺氧发作治疗
D. 纠正酸中毒
E. 本病根治术的死亡率在不断升高

13. 动脉导管解剖上闭合绝大多数发生于
A. 3个月内
B. 5个月内
C. 6个月内
D. 9个月内
E. 1岁以内

14. 对法洛四联症为何出现蹲踞现象，下述哪项解释是错误的
A. 下肢血管扭曲
B. 静脉回流减少，心脏负担减轻
C. 右向左分流增加
D. 体循环阻力增加
E. 缓解缺氧症状

15. 膜周部室间隔缺损位于
A. 主动脉下
B. 室间隔膜部、室上嵴上方
C. 室上嵴下方
D. 肺动脉瓣下
E. 主动脉瓣下

16. 室间隔缺损血流动力学改变首先引起
A. 右心室增大
B. 左心室增大
C. 左心房增大
D. 主动脉扩张
E. 肺动脉扩张

17. 肺循环血流量增多，而左心室、主动脉及体循环血流量减少的先心病是
A. 动脉导管未闭
B. 室间隔缺损
C. 房间隔缺损
D. 法洛四联症
E. 肺动脉狭窄

18. 第一孔未闭型房间隔缺损的解剖所见，下述哪种是错误的
A. 房间隔下部缺损
B. 缺损口较大
C. 二尖瓣裂
D. 三尖瓣裂
E. 肺动脉瓣裂

19. 动脉导管未闭时，血液的分流方向是下述哪项
A. 肺动脉→主动脉
B. 主动脉→肺动脉
C. 左室→右室
D. 右房→左房
E. 左房→右房

20. 法洛四联症其青紫的轻重和出现的早晚取决于
A. 肺动脉狭窄的程度
B. 室间隔缺损的大小
C. 主动脉骑跨的程度
D. 有无右心室明显增大
E. 以上全是

21. 差异性青紫可发生于下述哪种情况下
A. 肺动脉狭窄
B. 法洛四联症
C. 房缺合并肺动脉高压
D. 室缺合并肺动脉高压
E. 动脉导管未闭合并肺动脉高压

22. 室间隔缺损患儿有时出现声音嘶哑，其原因是
A. 扩张的右心房压迫喉返神经
B. 扩张的左心房压迫喉返神经

C. 扩张的主动脉压迫喉返神经
D. 扩张的肺动脉压迫喉返神经
E. 扩张的左、右心房压迫喉返神经

23. 胎儿血液循环出生后的改变，下列哪项是不正确的
A. 肺小动脉肌层退化
B. 肺循环压力增高
C. 卵圆孔未闭
D. 体循环压力增高
E. 动脉导管闭塞

24. 肺动脉瓣区第二音亢进和固定分裂多见于
A. 房间隔缺损
B. 室间隔缺损
C. 动脉导管未闭
D. 法洛四联症
E. 肺动脉瓣狭窄

25. 下列有关血压的测定哪一项是错误的
A. 正常情况下，下肢血压高于上肢血压
B. 收缩压高于按公式测算值20mmHg为高血压
C. 小儿年龄愈小，血压愈低
D. 袖带的宽度应为上臂长度的1/4
E. 一般收缩压低于75mmHg为低血压

26. 正常胎儿血液循环中血氧含量最高的部位是
A. 主动脉
B. 肺动脉
C. 左心房
D. 脐静脉
E. 脐动脉

27. 心脏胚胎发育的关键时期是
A. 第2~4周
B. 第2~8周
C. 第3~8周
D. 第4~8周
E. 第8~12周

28. 何组年龄范围内响亮的心脏杂音对诊断先心病最有价值
A. 6岁以上
B. 5~6岁
C. 4~5岁
D. 3岁以后
E. 3岁以前

29. 下列哪项符合动脉导管未闭的检查所见
A. X线检查示主动脉结小
B. 心电图检查示电轴右偏，右室肥厚
C. 心导管检查示肺动脉血氧含量高于右心室
D. 舒张压正常
E. 奇脉

30. 动脉导管未闭，不应出现下述哪项体征
A. 脉压增宽
B. 胸骨左缘第2肋间连续性杂音
C. 三尖瓣区舒张期杂音
D. 二尖瓣区舒张期杂音
E. 水冲脉

31. 心导管检查平均血氧含量右房高于上下腔静脉的先心病是
A. 房间隔缺损
B. 室间隔缺损
C. 动脉导管未闭
D. 肺动脉狭窄
E. 法洛四联症

32. 心导管检查右心室血氧含量高于右心房的先心病是
A. 房间隔缺损
B. 室间隔缺损
C. 动脉导管未闭
D. 法洛四联症
E. 肺动脉狭窄

33. 室间隔缺损伴有肺动脉高压时，不应出现的表现是
A. 原有心脏杂音显著增强
B. 右心室显著增大
C. 肺动脉第二音显著亢进
D. X线胸片肺动脉段显著膨出
E. 右心室压力显著升高

34. 法洛四联症，不应存在下述哪种
A. 肺动脉狭窄
B. 右心室肥大
C. 室间隔缺损
D. 主动脉骑跨
E. 动脉血氧饱和度>95%

35. 室间隔缺损的先天性心脏病的主要杂音是
A. 第2肋间Ⅱ级柔和的收缩期杂音
B. 第4肋间Ⅱ级柔和的舒张期杂音
C. 第2肋间Ⅱ级柔和的舒张期杂音
D. 第4肋间Ⅳ级粗糙的收缩期杂音
E. 第4肋间Ⅳ级粗糙的舒张期杂音

36. 第二孔未闭型房间隔缺损血流动力学改变，不应出现的是
A. 左房、左室增大
B. 右房、右室增大
C. 肺循环血流量增多
D. 体循环血流量减少
E. 以上均不是

【A_2型题】

37. 女孩，2岁。经常患感冒和肺炎。查体：心前区隆起，无震颤，胸骨左缘第2肋间可闻及Ⅱ级喷射性杂音，$P_2>A_2$伴有固定分裂。心电图显示电轴右偏，V_1呈rsR′波型，RV_1 14mm，PV_1 2mm，P-R间期0.16秒。该患儿考虑何种先心病
A. 房间隔缺损
B. 室间隔缺损
C. 动脉导管未闭
D. 肺动脉狭窄
E. 法洛四联症

38. 女孩，6岁。出生后反复患呼吸道感染，平时少活动。查体：无发绀，心前区稍隆起，胸骨左缘3、4肋间Ⅲ级粗糙全收缩杂音、伴震颤，P_2亢进。最可能的诊断是
A. 房间隔缺损

B. 室间隔缺损
C. 动脉导管未闭
D. 法洛四联症
E. 肺动脉狭窄

39. 患儿，6岁。经常咳嗽、气促，不爱玩耍，活动后乏力。查体：发育落后，胸骨左缘2、3肋间闻及Ⅲ级收缩期杂音，无震颤，传导范围小，P_2亢进伴固定分裂。胸片：右房右室增大，肺动脉段突出，肺野充血。最可能的诊断是
A. 房间隔缺损
B. 室间隔缺损
C. 动脉导管未闭
D. 法洛四联症
E. 肺动脉狭窄

40. 女孩，8岁。于4个月前开始不规则发热，体温38～39℃，2个月前出现气促、咳嗽、下肢水肿，抗结核治疗后无效，1岁时诊断为"先心病"。查体：T 38.5℃，P 114次/分，R 48次/分，颈静脉怒张，心前区隆起，于胸骨左缘2、3肋间可闻及连续杂音，伴震颤，肝肋下4.0cm。尿常规：蛋白（+）。本例应诊断为
A. 先心病（动脉导管未闭）合并心力衰竭
B. 先心病（动脉导管未闭）合并肺炎
C. 先心病（动脉导管未闭）合并肺结核
D. 先心病（动脉导管未闭）合并亚急性感染性心内膜炎
E. 先心病（动脉导管未闭）合并心力衰竭，亚急性感染性心内膜炎

41. 女孩，5岁。已确诊房间隔缺损，听诊于胸骨左缘2、3肋间可闻及Ⅲ级收缩期杂音，胸骨左缘下端短促舒张期杂音，肺动脉第二音亢进提示
A. 产生右向左分流
B. 左向右分流量较大
C. 左向右分流量较小
D. 预兆将发生心力衰竭
E. 合并主动脉瓣关闭不全

42. 患儿，2岁。生后4个月出现发绀，哭吵甚，时有抽搐史。查体：发育差，发绀明显，心前区可闻及Ⅲ级左右收缩期的喷射音。胸片示肺门血管影少，右心室增大，心腰凹陷，呈靴形心。此患儿的诊断应是
A. 法洛四联症
B. 动脉导管未闭
C. 肺动脉狭窄
D. 室间隔缺损
E. 房间隔缺损

43. 患儿，10岁。发育正常，无明显症状。听诊于胸骨左缘2、3肋间Ⅱ级收缩期杂音，心电图显示右心室肥厚及不完全性右束支传导阻滞。本例诊断最大可能是
A. 肺动脉狭窄
B. 法洛四联症
C. 室间隔缺损
D. 房间隔缺损
E. 右位心

44. 患儿，6岁。出生后反复呼吸道感染，平时较少活动。查体：无发绀，心前区隆起，于胸骨左缘第3、4肋间闻及Ⅲ级粗糙全收期杂音，有震颤，肺动脉第二音亢进。最可能的诊断是
A. 房间隔缺损
B. 室间隔缺损
C. 法洛四联症
D. 动脉导管未闭
E. 艾森门格综合征

45. 男孩，6岁。患先天愚型，消瘦、乏力、气促、多汗。近年来发生青紫。查体：营养发育差，于胸骨右缘3、4肋间闻及粗糙的全收缩期杂音，可触及震颤，肺动脉第二音亢进。X线检查以右室大为主，此例可能的诊断
A. 房间隔缺损
B. Rogers综合征
C. 高位室间隔缺损
D. 艾森门格综合征
E. 动脉导管未闭

46. 患儿，11个月。生后反复患肺炎，2天前开始发热、咳嗽、气促、烦躁不安。查体：口唇发绀，呼吸48次/分钟，心率198次/分钟，心音低钝，胸骨左缘3、4肋间可闻及Ⅲ级收缩期杂音，双肺中、小水泡音，肝肋下3.0cm，双足背轻度水肿。本例可能的诊断
A. 室间隔缺损
B. 室间隔缺损合并肺炎
C. 室间隔缺损合并肺炎和心力衰竭
D. 室间隔缺损合并亚急性细菌性心内膜炎
E. 室间隔缺损合并心力衰竭

47. 患儿，2岁。既往确诊先心病室缺。近1周发热、咳嗽，近3天喘。查体：双肺可闻及中小水泡音，胸骨左缘3、4肋间闻及Ⅲ级收缩期杂音，肝肋下4cm。下述哪项处置是错误的
A. 吸氧
B. 快速洋地黄化
C. 静脉滴注抗生素
D. 应用利尿药
E. 以上均不是

48. 患儿，4岁。自1岁出现口唇青紫，活动后加剧，喜坐少动，胸骨左缘2、3肋间可闻及收缩期杂音，有震颤，动脉血氧饱和度75%。此例可能的诊断是
A. 原发性肺动脉高压症
B. 肺动脉狭窄
C. 艾森门格综合征
D. 较大型室间隔缺损
E. 法洛四联症

49. 男孩，4岁。查体时发现胸骨左缘第3、4肋间Ⅳ级粗糙收缩期杂音，肺动脉第二音稍增强。为确诊需进一步做哪一项无创性检查
A. X线胸片
B. 心血管造影
C. 心导管检查
D. 超声心动图
E. 心电图

50. 女孩，4岁。咳嗽、呼吸困难2天入院。查体：口唇微绀，心率130次/分，胸骨左缘第3、4肋间闻及Ⅲ粗糙收缩期杂音，肺动脉第二音稍强，两肺细小水泡音。该患儿诊断是
A. 室间隔缺损并发肺炎
B. 房间隔缺损并发肺炎
C. 动脉导管未闭并发肺炎
D. 法洛四联症并发肺炎
E. 房缺伴肺炎心衰

51. 女孩，6岁。3岁时发现有室间隔缺损，当时未曾手术治疗，最近来门诊检查时发现有显著的肺动脉高压。在这种情况下主要引起哪一方面的改变
A. 肺充血显著
B. 右心房增大
C. 左心房增大
D. 右心室增大
E. 左心室增大

52. 女孩，4岁。因外院诊断为先天性心脏病而来。查体：胸骨左缘可闻及响亮而粗糙的全收缩期杂音，肺动脉第二音稍增强。经超声心动图检查诊断为中型室间隔缺损。由于该畸形首先可以引起以下哪一方面的改变
A. 左心室增大
B. 右心室增大
C. 左心房扩大
D. 主动脉扩张
E. 肺动脉扩张

53. 患儿，4岁。消瘦，活动后有气促、心悸。查体：于胸骨左缘第2肋间听到粗糙而响亮的连续性机器杂音，初步诊断为动脉导管未闭。该畸形首先可以引起以下哪一方面的改变
A. 右心室增大
B. 左心房增大
C. 肺动脉扩张
D. 左心室增大
E. 右心房增大

54. 患儿，男，1岁。生后全身青紫，哭泣后青紫更为明显。心前区隆起，胸骨左缘第2~4肋间听到Ⅱ~Ⅲ级喷射性收缩期杂音。胸片心脏呈靴型，超声心动图检查后诊断为法洛四联症。该畸形首先引起以下哪一方面的改变
A. 左心室收缩期负荷过重
B. 右心室收缩期负荷过重
C. 左心室舒张期负荷过重
D. 右心室舒张期负荷过重
E. 肺动脉负荷过重

55. 患儿，女，2岁半。心前区听到Ⅱ~Ⅲ级收缩期杂音。胸部X线片显示两肺野肺纹理减少。以下哪一种先天性心脏病的可能性最大
A. 房间隔缺损
B. 室间隔缺损
C. 动脉导管未闭
D. 法洛四联症
E. 肺动脉狭窄

56. 男孩，2岁半。患有法洛四联症。每当哭闹后出现呼吸困难，即出现抽搐，这种现象是由于肺动脉漏斗部狭窄的基础上，突然发生该处肌肉的痉挛。出现上述缺氧发作时最有效的抢救措施是
A. 加压面罩吸氧
B. 身体取胸膝位
C. 静脉注射普萘洛尔(心得安)
D. 静脉滴注碳酸氢钠
E. 口服吲哚美辛（消炎痛）

57. 室间隔损、房间隔缺损、动脉导管未闭及法洛四联症，上述的先天性心脏病患儿平时最常见的并发症是
A. 肺炎
B. 脑栓塞
C. 心律失常
D. 喉返神经麻痹
E. 感染性心内膜炎

58. 患儿，1个月。查体：左侧心前区有Ⅲ~Ⅳ级收缩期粗糙杂音。以后经多方面检查确诊为室间隔缺损。缺损自然闭合一般发生在
A. 生后3个月内
B. 生后5个月内
C. 生后6个月内
D. 生后9个月内
E. 5岁以下

59. 早产儿，胎龄35周，查体：发现胸骨左缘第2肋间有粗糙响亮的连续性机器样杂音，后经超声心动图检查为动脉导管未闭。可以选用下列哪一种药物治疗使其导管闭合
A. 阿司匹林
B. 吲哚美辛
C. 氨基比林
D. 肾上腺皮质激素
E. 肾上腺素

60. 动脉导管未闭、室间隔缺损、房间隔缺损当有肺动脉高压时，以下哪一项胸部X线摄片时的改变为动脉导管未闭所特有的
A. 肺动脉段突出
B. 肺门血管增粗
C. 肺野充血
D. 主动脉弓有所增大
E. 可有左右心室扩大

61. 男孩，11岁。体格检查心脏有杂音而就诊。血压105/75mmHg，胸骨左缘未扪及震颤，在左侧第2肋间闻及Ⅱ~Ⅲ级收缩期喷射性杂音，P_2亢进。胸片示梨形心脏，

右心房、右心室增大，肺动脉段饱满，主动脉结小，肺纹理增多。ECG 示电轴右偏，V_1 呈 rsR′ 型。最可能的诊断是

A. 室间隔缺损
B. 房间隔缺损
C. 动脉导管未闭
D. 法洛四联症
E. 肺动脉狭窄

62. 男孩，5 岁半。生后发现心脏杂音。平时易感冒。曾患过肺炎 3 次，体重 16kg，无发绀。查体：心前区隆起，胸骨左缘第 3 肋间可闻及Ⅳ级收缩杂音伴震颤，心尖区Ⅱ级舒张期滚筒样杂音，P_2 亢进。ECG 示电轴不偏，$RV_5 + SV_1 = 46mm + 12mm$，$RV_1 24mm$。初步最可能的诊断为

A. 房间隔缺损（第一孔）
B. 房间隔缺损（第二孔）
C. 动脉导管未闭
D. 不典型法洛四联症
E. 室间隔缺损

63. 患儿，女，5 岁。自幼易感冒，生长发育尚可，心前区隆起，肺动脉瓣区有收缩期震颤，P_2 亢进。胸骨左缘第 2~3 肋间闻及Ⅲ~Ⅳ级收缩期、Ⅱ级舒张期杂音，血压 90/30mmHg。胸片示左右心室肥大（左室为主），肺充血明显，肺动脉段突出，主动脉弓增宽。考虑最可能的诊断为

A. 室间隔缺损
B. 房间隔缺损
C. 动脉导管未闭
D. 肺动脉狭窄
E. 主动脉瓣狭窄伴关闭不全

64. 女孩，6 岁。自幼啼哭时唇面青紫，会行走后喜蹲踞。轻度杵状指（趾）。血压 90/60mmHg。胸骨左缘第 2~3 肋间可闻及Ⅲ级收缩期杂音伴收缩期震颤，P_2 单一感。胸片心脏外形靴状，心腰凹陷，心尖上翘，肺纹理稀少。最可能的诊断为

A. 房间隔缺损伴肺动脉高压
B. 室间隔缺损伴肺动脉高压
C. 动脉导管未闭伴肺动脉高压
D. 法洛四联症
E. 单纯性肺动脉狭窄

【A_3/A_4型题】

（65~67 题共用题干）

男孩，3 岁。经常反复呼吸道感染，体格检查发现胸骨左缘第 2 肋间有Ⅱ~Ⅲ级收缩期杂音，无震颤，P_2 亢进伴固定分裂。胸透示肺门血管增粗，搏动强烈，右心室饱满。心电图示电轴右偏，V_1 呈 rsR′型，Rv 115mm。

65. 该患儿最可能的诊断是

A. 室间隔缺损
B. 房间隔缺损
C. 病毒性心肌炎
D. 动脉导管未闭
E. 法洛四联症

66. 根据其血流动力学改变，主要表现为

A. 右心房、右心室增大
B. 左心房、左心室增大
C. 左心房、右心房增大
D. 左心室、右心室增大
E. 右心室、肺动脉增大

67. 最佳的治疗措施是

A. 长期随访，待自行闭合
B. 建议 3~5 岁时手术修补
C. 随访至学龄期手术
D. 可以等到成人期手术
E. 增加营养，促使缺损自己闭合

（68~69 题共用题干）

男，2 岁半。发热、咳嗽 3 天，气促半天。出生后 3 个月发现心脏有杂音。曾患肺炎 5 次，并发心力衰竭 1 次。体格检查：消瘦，唇周青紫，有轻度鼻扇。体温 39℃，心率 150 次/分，呼吸 50 次/分。心前区隆起，胸骨左缘第 3~4 肋间有收缩期震颤伴Ⅲ级全收缩期杂音，广泛传导。两肺背部有细湿啰音。肝肋下 2cm。心电图示 RV_5 30mm。胸片示两肺下部有炎性渗出病灶。肺动脉段凸出，左心室扩大，主动脉弓小。

68. 根据以上资料考虑其诊断为

A. 法洛四联症合并肺炎
B. 动脉导管未闭合并心力衰竭
C. 室间隔缺损合并肺炎
D. 房间隔缺损合并肺炎
E. 室间隔缺损合并心力衰竭

69. 入院后给予以下治疗，哪一项是不妥的

A. 氧气吸入
B. 毛花苷 C
C. 酚妥拉明
D. 退热药物
E. 头孢拉定

（70~71 题共用题干）

患儿，10 岁，发育正常，无明显症状。听诊于胸骨左缘 2、3 肋间Ⅱ级收缩期杂音，心电图显示右心室肥厚及不完全性右束支传导阻滞。

70. 本例可能的诊断是

A. 肺动脉狭窄
B. 法洛四联症
C. 室间隔缺损
D. 房间隔缺损
E. 右位心

71. 为确诊，选用下列哪项无创性检查最好

A. 心电图
B. 超声心动图
C. 多普勒彩色血流显像
D. 心导管检查
E. 心血管造影

（72~74 题共用题干）

患儿，4 岁。自 1 岁出现口唇青紫，活动后加剧，喜坐少动，胸骨左缘 2、3 肋间可闻及收缩期杂音，有震颤，动脉血氧饱和度 75%。

72. 此例可能的诊断是
A. 原发性肺动脉高压症
B. 肺动脉狭窄
C. 艾森门格综合征
D. 较大型室间隔缺损
E. 法洛四联症

73. 该患儿X线检查可见心脏呈
A. “靴状”心影
B. 右心房、右心室增大
C. 左心房、左心室增大
D. 右心室、左心房增大
E. 右心室增大，肺动脉突出

74. 该病常见的并发症是
A. 支气管肺炎
B. 肺水肿
C. 充血性心力衰竭
D. 脑脓肿
E. 喉返神经麻痹

（75~77题共用题干）

女孩，12岁。经常患感冒和肺炎。查体：心前区隆起，无震颤，胸骨左缘第2肋间可闻及Ⅱ级喷射性杂音，$P_2>A_2$伴有固定分裂。心电显示电轴右偏，V_1呈rsR′波型，RV_1 14mm，PV_1 2mm，P-R间期0.16秒。

75. 该患儿考虑何种先心病
A. 房间隔缺损
B. 室间隔缺损
C. 动脉导管未闭
D. 肺动脉狭窄
E. 法洛四联症

76. 该患儿的超声心动图改变是
A. 左心房、右心房、右心室内径增宽，室间隔活动正常
B. 右房增大，右室流出道增宽，室间隔与左室后壁呈矛盾运动
C. 左心房和左心室内径增宽，主动脉内径增宽
D. 右心室和右心房内径增宽，右心室前壁及室间隔增厚
E. 主动脉骑跨于室间隔之上，内径增宽

77. 该患儿典型X线改变是
A. 肺动脉段突出，肺门血管影增粗，主动脉影缩小
B. 肺动脉段突出，肺门血管影增粗，主动脉弓增大
C. 肺纹理减少，肺野清晰
D. 肺野呈网状肺纹理
E. 肺纹理增多，肺充血

（78~80题共用题干）

女孩，6岁。出生后反复呼吸道感染，平时少活动。查体：无发绀，心前区稍隆起，胸骨左缘3、4肋间Ⅲ级粗糙全收缩期杂音、伴震颤。

78. 最可能的诊断是
A. 房间隔缺损
B. 室间隔缺损
C. 动脉导管未闭
D. 法洛四联症
E. 肺动脉狭窄

79. 哪一项不是该病常出现的并发症
A. 肺水肿
B. 支气管肺炎
C. 脑血栓
D. 充血性心力衰竭
E. 亚急性感染性心内膜炎

80. 该病血流动力学改变首先引起
A. 右心室增大
B. 左心室增大
C. 左心房增大
D. 主动脉扩张
E. 肺动脉扩张

【B_1型题】

（81~84题共用备选答案）
A. 室间隔缺损
B. 动脉导管未闭合并肺动脉高压
C. 房间隔缺损
D. 法洛四联症
E. 动脉导管未闭

81. X线检查肺动脉段凹陷见于
82. 周围血管征见于
83. 下半身青紫见于
84. 脑缺氧发作常见于

（85~88题共用备选答案）
A. 右房、右室大
B. 左、右室大，左房、右房也大
C. 左房、左室大
D. 左室、右室大
E. 右室大

85. 房间隔缺损X线检查可见
86. 室间隔缺损X线检查可见
87. 动脉导管未闭X线检查可见
88. 肺动脉狭窄X线检查可见

第十三章　泌尿系统疾病

【A_1型题】

1. 肾病综合征用激素正规治疗后频繁复发者应选用
A. 中药
B. 免疫抑制剂
C. 肾上腺皮质激素+中药
D. 肾上腺皮质激素+免疫抑制剂
E. 中药+免疫抑制剂

2. 肾病综合征的特征中最主要的是
A. 大量蛋白尿
B. 低蛋白血症
C. 高胆固醇血症
D. 不同程度水肿
E. 红细胞沉降率明显增快

3. 诊断小儿肾病综合征的必备条件是
A. 明显水肿及低蛋白血症
B. 明显水肿及大量蛋白尿
C. 明显水肿及高脂血症
D. 大量蛋白尿及高脂血症
E. 大量蛋白尿及低蛋白血症

4. 新生女婴尿道长仅
   A. 0.5cm
   B. 1cm
   C. 1.5cm
   D. 2cm
   E. 2.5cm
5. 治疗原发性肾病综合征错误的是
   A. 有高血压和水肿时应低盐饮食
   B. 病性缓解后仍要严格限盐
   C. 应用激素期间给予钙及维生素 D
   D. 蛋白质摄入量应每日 1.5~2.0g/(kg·d)
   E. 严重水肿者给予利尿药
6. 关于急性肾炎下列哪项不正确
   A. 水肿为最早出现的症状，常呈上行性
   B. 起病时几乎都有血尿
   C. 起病后头数日有高血压
   D. 起病 2 周内可出现循环充血
   E. 病程早期突然抽搐应考虑高血压脑病
7. 肾炎性肾病不同于单纯性肾病的是
   A. 水肿明显
   B. 大量蛋白尿
   C. 血尿、高血压
   D. 胆固醇增高
   E. 血浆蛋白降低
8. 引起急性肾小球肾炎常见致病菌为
   A. A 族乙型溶血性链球菌
   B. 肺炎链球菌
   C. 葡萄球菌
   D. 甲型溶血性链球菌
   E. B 族乙型溶血性链球菌
9. 治疗急性肾炎错误的是
   A. 卧床休息水肿消退，肉眼血尿消失
   B. 红细胞沉降率接近正常可恢复上学
   C. 尿 Addis 计数正常才能正常活动
   D. 水肿及高血压的患儿应限制钠盐摄入
   E. 初期给予青霉素至少 2 周
10. 以下是肾病综合征常见的并发症，但除外
   A. 感染
   B. 电解质紊乱
   C. 血栓形成
   D. 肾小管功能障碍
   E. 营养不良
11. 小儿可自动控制排尿的年龄约为
   A. 0.5 岁
   B. 1 岁
   C. 3 岁
   D. 2 岁
   E. 2.5 岁
12. 下列哪项不符合肾病综合征
   A. 大量蛋白尿
   B. 明显水肿
   C. 血胆固醇明显增高
   D. 多为非选择性蛋白尿
   E. 低蛋白血症
13. 急性肾小球肾炎起病常在前驱感染后
   A. 1 周内
   B. 1~3 周
   C. 3~4 周
   D. 2~4 周
   E. 4~5 周
14. 急性肾小球肾炎首先出现水肿的部位常为
   A. 面部
   B. 胫前
   C. 双足
   D. 眼睑
   E. 腹部
15. 急性肾小球肾炎的主要临床表现是
   A. 少尿、水肿、蛋白尿、低蛋白血症
   B. 血尿、蛋白尿、水肿、低蛋白血症
   C. 水肿、少尿、血尿、高血压
   D. 血尿、少尿、水肿、蛋白尿
   E. 水肿、少尿、蛋白尿、高血压
16. 急性肾炎限盐饮食每日供盐
   A. 0.5~1.0g/(kg·d)
   B. 60mg/(kg·d)
   C. 20~30mg/(kg·d)
   D. 30~40mg/(kg·d)
   E. 40~50mg/(kg·d)
17. 肾病综合征发病年龄高峰为
   A. 婴儿
   B. 1~3 岁
   C. 3~5 岁
   D. 7~10 岁
   E. 10~14 岁
18. 关于急性肾炎实验室检查不正确的是
   A. 尿沉渣镜检均有红细胞增多
   B. 早期尿白细胞可增多，并非感染
   C. 常有轻度贫血
   D. ASO 滴度与肾炎严重程度呈正相关
   E. 总补体及 C3 补体于起病 2 周内明显下降
19. 肾病综合征首选药物治疗是
   A. 青霉素
   B. 泼尼松
   C. 环磷酰胺
   D. 双嘧达莫
   E. 吲哚美辛
20. 急性肾小球肾炎在病程早期突然发生惊厥，应首先考虑
   A. 高热惊厥
   B. 低钙惊厥
   C. 低钠惊厥
   D. 低血糖
   E. 高血压脑病
21. 急性肾炎小儿恢复上学的指标是
   A. 血压正常
   B. C3 补体正常
   C. 红细胞沉降率正常
   D. 血尿消失
   E. Addis 计数正常

22. 急性肾炎严重病例发生的时间多在起病后
A. 1~2天内
B. 2周内
C. 3周左右
D. 2~3周
E. 4周左右
23. 下列是肾炎性肾病的临床特点，除了
A. 血尿，红细胞>10个/HP（2周内3次离心尿）
B. 持续性氮质血症
C. 持续性高血压
D. 血总补体或C3反复降低
E. 对激素无效应
24. 小儿肾功能达成人水平的年龄为
A. 0.5~1岁
B. 1~2岁
C. 1.5~2岁
D. 2~2.5岁
E. 2.5~3岁

【A_2型题】

25. 患儿，8岁。3周前曾患脓疱病，近3天水肿、少尿，肉眼血尿，血压150/105mmHg。尿常规：尿蛋白（+++），有大量红细胞，管型1~2个/HP。抗“O”500U，补体C3减少。最可能的诊断是
A. 单纯性肾病
B. 肾炎性肾病
C. 急性肾炎
D. 慢性肾炎
E. IgA肾病
26. 患儿，7岁。急性肾炎，血压140/100mmHg，水肿明显，尿量明显减少，呼吸困难不能平卧。心率140次/分，心音低钝，肝肋下2cm。X线胸片：肺纹理增强。该患儿可能出现
A. 肺炎、心衰
B. 高血压脑病
C. 肾衰竭
D. 循环充血
E. 支气管炎
27. 患儿，5岁。尿少2天，晨起眼睑水肿，下肢凹陷性水肿，查尿蛋白（+++），红细胞0~3个/HP，BP 100/70mmHg。首先考虑的诊断是
A. 肾炎性肾病
B. 单纯性肾病
C. 急进性肾炎
D. 急性肾炎
E. 慢性肾炎
28. 患儿，11岁。因急性肾炎住院治疗1个月，现水肿消退，血压正常，红细胞沉降率9mm，尿蛋白（±），尿红细胞2~4个/HP。出院后医嘱哪项是合适的
A. 卧床休息2周
B. 休学静养
C. 高蛋白低盐饮食
D. 可做户外活动不能上学
E. 可上学不能做剧烈活动
29. 患儿，5岁。水肿1周，加重2日，开始为眼睑，渐及全身，自昨日起尿量明显减少，1日150~200ml。尿检：蛋白（+），红细胞20个/HP。血压120/75mmHg。治疗应选
A. 口服氢氯噻嗪
B. 静脉注射50%葡萄糖
C. 静脉注射20%甘露醇
D. 静脉注射呋塞米
E. 肌内注射利血平
30. 患儿，6岁。4天前患上呼吸道感染，今日发现血尿，眼睑无水肿，血压100/60mmHg，CH50、C3均正常，抗“O”200U。尿检：蛋白（+），红细胞20~30个/HP。最可能是
A. 急性肾炎
B. 单纯性肾病
C. 肾炎性肾病
D. 肾盂肾炎
E. 病毒性肾炎
31. 患儿，9岁。咽痛2天后出现颜面及下肢水肿，平素食欲不佳。近3年夜尿增多，血压130/90mmHg。尿检：蛋白（+），红细胞10~15个/HP，尿比重1.010，血红细胞2.5×10^9/L，Hb 80g/L，尿素氮9.2mmol/L。最可能的诊断是
A. 急性肾炎伴贫血
B. 慢性肾炎急性发作
C. 肾炎性肾病
D. 肾盂肾炎
E. 以上都不是
32. 患儿，9岁。水肿、少尿3天，头痛、呕吐1日，因突然抽搐急来就诊。查体：意识不清，颜面明显水肿，四肢抽搐，血压165/120mmHg。给予紧急处理，错误的是
A. 吸氧
B. 注射地西泮
C. 20%甘露醇滴注
D. 硝普钠静脉滴注
E. 二氮嗪快速静脉推注
33. 患儿，12岁。水肿、少尿、血尿1月余，病情加重1周，发病前10余日曾患“上感”，近1周尿极少，腹胀、乏力、恶心。查体：全身高度水肿，血压140/110mmHg，双肺有湿啰音。血尿素氮22.8mmol/L。尿常规：红细胞15~20个/HP，蛋白（++），颗粒管型1~2个/HP，血清清蛋白21g/L，胆固醇6.9mmol/L。诊断为
A. 急性肾炎
B. 急进性肾炎
C. 单纯性肾病
D. 肾炎性肾病
E. 慢性肾炎
34. 患儿，5岁。水肿、少尿4天。尿检：蛋白（+++），红细胞0~3个/HP，血浆总蛋白40g/L，白蛋白20g/L，胆固醇12mmol/L，尿素氮4.5mmol/L。本例最可能诊

断为
A. 单纯性肾病
B. 肾炎性肾病
C. 急性肾炎
D. 慢性肾炎
E. 尿路感染

35. 患儿，4岁。诊断为单纯性肾病，泼尼松治疗不规律，反复出现水肿，自病后一直低盐饮食，近日来精神萎靡，嗜睡，且水肿加重，血压70/40mmHg，最可能发生
A. 低钙血症
B. 低钠血症
C. 低钾血症
D. 低镁血症
E. 低蛋白血症

36. 患儿，8岁。反复水肿8个月，血压150/100mmHg，尿常规蛋白（++），红细胞满视野，血浆蛋白15g/L，球蛋白20g/L，胆固醇12.5mmol/L。诊断最可能是
A. 急性肾炎
B. 单纯性肾病
C. 肾炎性肾病
D. 慢性肾炎
E. 急进性肾炎

37. 患儿，3岁。已确诊为单纯性肾病，下列检查除哪项外均符合该诊断
A. 呈选择性蛋白尿
B. 尿24小时定量>50mg/kg
C. 血浆血蛋白明显下降，α_2-球蛋白及γ球蛋白明显下降
D. 血清胆固醇明显增高
E. 红细胞沉降率明显增快

38. 患儿，10岁。反复水肿、少尿1年。查体：四肢明显水肿，呈凹陷性，血压130/90mmHg，心肺正常，腹软。尿检：蛋白（+++），红细胞15~20个/HP，血浆清蛋白23g/L，胆固醇9.2mmol/L。该患儿做肾病理活检可呈以下改变，但除了
A. 微小病变型
B. 系膜增生性
C. 局灶、节段性肾小球硬化
D. 膜性肾病
E. 膜增生性肾炎

39. 患儿，4岁。4天前开始发热、咳嗽，近2日尿少、水肿。查体：体温37.8℃，眼睑及下肢水肿，咽部充血，血压90/60mmHg，心、肺正常。尿常规：蛋白（++），红细胞5~8个/HP。各项血的实验室检查暂未出结果。治疗应
A. 低盐高蛋白饮食
B. 给予利尿药物
C. 泼尼松
D. 给予青霉素治疗上呼吸道感染
E. 给予白蛋白

40. 患儿，5岁。水肿、少尿10余日，既往健康。查体：神志清，血压100/70mmHg，颜面及四肢凹陷性水肿。尿检：蛋白（+++），红细胞8~10个/HP，血浆清蛋白25g/L，胆固醇9mmol/L。治疗应选
A. 泼尼松口服8~12周
B. 泼尼松口服6~9个月
C. 泼尼松+环磷酰胺口服8~12周
D. 静脉注射呋塞米+青霉素
E. 静脉注射呋塞米+苯丁酸氮芥口服8周

41. 患儿，5岁。既往曾患肾病综合征，近5日患水痘，颜面及四肢水肿。查体：体温37.5℃，颜面及四肢明显水肿。血压100/60mmHg，躯干部皮肤和黏膜见水痘疹及结痂。尿常规：蛋白（+++），红细胞5~8个/HP。以下治疗不妥当的是
A. 给予抗生素控制感染
B. 给予利尿药物口服
C. 给予泼尼松口服
D. 给予丙种球蛋白注射
E. 给予减盐饮食

42. 患儿，7岁。水肿1周。查体：全身明显水肿，血压120/80mmHg。尿常规：蛋白（+++），红细胞10~15个/HP。血白蛋白22g/L，胆固醇7.8mmol/L。诊断为肾病综合征，给予泼尼松1.5~2.0mg/(kg·d)口服，2周后尿蛋白转阴性。进一步治疗应
A. 停药
B. 继续用原量2周再逐渐减量
C. 继续用原量4周再逐渐减量
D. 继续用原量至8周骤然停药
E. 上述剂量改为隔日晨顿服2~4周减量一次

【A_3/A_4型题】

（43~44题共用题干）

患儿，7岁。3周前曾患上呼吸道感染，3日来眼睑水肿，尿少，有肉眼血尿。查体：咽部不充血，眼睑水肿，血压150/110mmHg。尿蛋白（+++），有大量红细胞，抗“O”500U，CH50、C3减少，诊断为急性肾炎。给予利尿、降压治疗同时给予青霉素治疗。

43. 应用青霉素的疗程是多少
A. 3~5天
B. 5~7天
C. 7~10天
D. 10~14天
E. 14~21天

44. 应用青霉素的目的是
A. 控制肾脏炎症
B. 预防肾炎复发
C. 治疗并发症
D. 防止交叉感染
E. 清除体内残存的链球菌

（45~47题共用题干）

患儿，9岁。眼睑水肿4天，近2日加重，水肿渐及全身，尿少，今晨感觉上腹部不适，频咳，气促。查体：体温37.5℃，眼睑及下肢水肿，血压150/100mmHg，心率116次/分，心音钝，两肺闻及水泡音，肝肋下2.0cm。尿常规：蛋白（++），红细胞20~30个/HP，血尿素氮6mmol/L。

45. 诊断考虑为
A. 急性肾炎伴肺炎
B. 急性肾炎伴肾功能不全
C. 急性肾炎伴循环充血
D. 急性肾炎伴高血压脑病
E. 急性肾炎伴心肌炎

46. 该病急性期应卧床休息至
A. 红细胞沉降率降至正常
B. 抗“O”恢复正常
C. 肉眼血尿消失，血压正常
D. 镜下血尿消失，水肿消退
E. 尿Addis计数正常

47. 该患儿应做何处置最适当
A. 限制水、钠摄入
B. 肌内注射利血平
C. 肌内注射呋塞米
D. 快速洋地黄化
E. 静脉滴注硝普钠

（48~50题共用题干）

患儿，3岁。眼睑及双下肢明显水肿，少尿1周。查体：精神状态尚好，眼睑水肿，双下肢呈凹陷性水肿，血压90/60mmHg，心肺正常。尿常规：蛋白（+++），红细胞0~3个/HP，血浆总蛋白45g/L，清蛋白22g/L，抗“O”正常，C3补体正常，胆固醇11.2mmol/L。

48. 该患儿诊断为
A. 急性肾炎
B. 单纯性肾病
C. 肾炎性肾病
D. 急进性肾炎
E. 病毒性肾炎

49. 该患儿病理类型最可能为
A. 微小病变型
B. 系膜增生性
C. 局灶性节段性肾小球硬化
D. 膜性肾病
E. 膜增生性肾炎

（50~51题共用题干）

患儿，5岁。因发热、咳嗽1周，水肿、尿少5天入院。查体：全身明显水肿，呈凹陷性，血压110/60mmHg。尿检：蛋白（+++），红细胞5~7个/HP。血浆清蛋白23g/L，胆固醇9.2mmol/L。

50. 该患儿最可能的诊断为
A. 急性肾炎
B. 病毒性肾炎
C. 单纯性肾病
D. 肾炎性肾病
E. 慢性肾炎

51. 该患儿在治疗中出现腹胀无力，膝反射弱，且心电图出现T波低平且有U波，应用以下何药物最恰当
A. 静脉给予葡萄糖酸钙
B. 清蛋白静脉滴注
C. 口服果味钾
D. 3%氯化钠缓慢静脉滴注
E. 给予洋地黄制剂

（52~53题共用题干）

患儿，10岁，水肿、少尿4日，今日头晕、眼花，恶心、呕吐2次，抽搐1次。查体：体温37.6℃，血压165/120mmHg，眼睑及双下肢水肿。尿检：蛋白（++），红细胞15~20个/HP，血尿素氮5.8mmol/L。

52. 诊断考虑为
A. 急性肾炎合并肾功能不全
B. 急性肾炎合并高血压脑病
C. 急性肾炎合并循环充血
D. 急进性肾炎
E. 慢性肾炎

53. 急诊处置原则为
A. 利尿、镇静、吸氧
B. 降颅压、镇静、吸氧
C. 控制感染、降颅压、镇静吸氧
D. 利尿、降压、镇静、吸氧
E. 利尿、降尿素氮

【B_1型题】

（54~56题共用备选答案）
A. 8~12周
B. 4~6个月
C. 6~9个月
D. 9~12个月
E. 1~1.5年

54. 肾病综合征激素短程疗法时间为
55. 肾病综合征激素中程疗法时间为
56. 肾病综合征激素长程疗法时间为

（57~59题共用备选答案）
A. 激素敏感
B. 激素部分敏感
C. 激素耐药
D. 激素依赖
E. 激素高度敏感

57. 激素治疗8周，尿蛋白完全转阴性
58. 对激素敏感，但减量或停药1个月内复发，重复2次以上者
59. 激素治疗8周尿蛋白仍>+++

第十四章 血液系统疾病

【A_1 型题】

1. 1岁小儿营养性贫血时肝、脾大多由于
   A. 感染
   B. 铁和维生素 B_{12} 缺乏
   C. 营养不良
   D. 心力衰竭
   E. 骨髓外造血
2. 胚胎造血首先出现在
   A. 肝脏
   B. 胸腺
   C. 卵黄囊
   D. 骨髓
   E. 淋巴结
3. 叶酸缺乏性巨幼细胞贫血的主要诊断依据是
   A. 皮肤色黄、虚胖
   B. 典型血象改变
   C. 血清叶酸含量降低
   D. 骨髓中出现巨幼红细胞
   E. 毛发稀疏发黄
4. 下列哪项是营养性缺铁性贫血的主要原因
   A. 生长发育加快
   B. 从食物中摄入的铁不足
   C. 贮存铁耗尽
   D. 铁的消耗过多
   E. 造血功能增加
5. 营养性缺铁性贫血的预防措施是
   A. 提倡人工喂养
   B. 预防感染
   C. 注意饮食卫生
   D. 多晒太阳
   E. 及时添加含铁丰富的辅食
6. 营养性缺铁性贫血实验室检查中下述哪项错误
   A. 血清铁蛋白<12μg/L
   B. 红细胞游离原卟啉>500μg/L
   C. 血清铁<50μg/dl
   D. 血清总铁结合力<350μg/dl
   E. 骨髓铁粒幼细胞数<15%
7. 治疗初期，由于大量新生红细胞，易引起
   A. 低氯
   B. 低钾
   C. 低钙
   D. 高钾
   E. 低镁
8. 下列哪些症状不是营养性巨幼细胞贫血的表现
   A. 面色苍黄，疲乏无力
   B. 虚胖，毛发稀疏发黄
   C. 肝、脾轻度大
   D. 异食癖
   E. 舌炎、腹泻
9. 维生素 B_{12} 缺乏性巨幼细胞贫血，肌内注射维生素 B_{12} 的停药指征是
   A. 网织红细胞降至正常
   B. 临床症状明显好转、血象恢复正常
   C. 骨髓象中幼红细胞恢复正常
   D. 血清维生素 B_{12} 含量恢复正常
   E. 皮肤黏膜红润
10. 营养性巨幼细胞贫血的患儿出现精神、神经症状的治疗应是
    A. 维生素 B_{12}+输血
    B. 维生素 B_{12}+叶酸
    C. 维生素 B_{12}+维生素C
    D. 维生素 B_{12}+铁剂
    E. 维生素 B_{12} 每日1mg，连续肌内注射2周以上
11. 营养性缺铁性贫血的血涂片检查为
    A. 红细胞大小不等，以大者为多，中央淡染区不明显
    B. 红细胞大小不等，可见异形、靶形红细胞
    C. 红细胞大小不等，大者中央淡染区扩大
    D. 红细胞大小不等，以小者为多，中央淡染区扩大
    E. 红细胞大小不等，染色较深
12. 足月新生儿在生后4个月内很少患营养性缺铁性贫血，其原因是
    A. 生长发育速度相对较慢
    B. 有充足的母乳喂养
    C. 铁的排泄量较少
    D. 红细胞破坏较少
    E. 从母体获得足够的贮存铁
13. 营养性缺铁性贫血在什么情况下可给予输血治疗
    A. 重症贫血，伴有呕吐、腹泻
    B. 重症贫血，伴有嗜睡或烦躁
    C. 重症贫血，伴有头晕、乏力、耳鸣
    D. 重症贫血，伴有心率增快
    E. 重症贫血，伴有明显感染
14. 正常小儿血象白细胞分类以淋巴细胞占优势的年龄为
    A. 生后7~10天前及7~10岁后
    B. 生后4~6天前及4~6岁后
    C. 生后2~4天前及4~6岁后
    D. 1~2岁
    E. 生后30天及20岁后
15. 刚出生的新生儿白细胞总数为
    A. (21~28)×10^9/L
    B. (18~25)×10^9/L
    C. (15~20)×10^9/L
    D. (13~18)×10^9/L
    E. (10~15)×10^9/L
16. 缺铁性贫血实验室检查最灵敏的指标是
    A. 血清铁蛋白降低
    B. 血清铁降低

C. 红细胞原卟啉增高
D. 总铁结合力增高
E. 红细胞中央淡染区扩大

17. 营养性缺铁性贫血患儿最适合的治疗应是
A. 餐前服用富马酸铁
B. 餐后服用硫酸亚铁
C. 反复多次少量输血及服用硫酸亚铁
D. 肌内注射右旋糖酐铁及维生素C口服
E. 餐间服用硫酸亚铁及维生素C

18. 维生素B_{12}治疗营养性巨幼细胞贫血时，网织红细胞的变化规律是怎样的
A. 2~4天开始升高，6~7天达到高峰，2周降至正常
B. 3~4天开始升高，7~10天达到高峰，3周降至正常
C. 4~5天开始升高，10~15天达到高峰，3周降至正常
D. 6~7天开始升高，15~20天达到高峰，4周降至正常
E. 1周后开始升高，3周达到高峰，1个月恢复正常

19. 重症营养性缺铁性贫血典型的血象应是
A. 以红细胞减少为主
B. 血红蛋白减少比红细胞减少的更加明显
C. 血红蛋白、红细胞成比例地减少
D. 血红蛋白正常，红细胞减少
E. 血红蛋白减少，红细胞正常

20. 小儿因叶酸缺乏所致营养性巨幼细胞贫血的原因不包括
A. 叶酸转运功能障碍
B. 生长发育较快
C. 单纯羊奶喂养
D. 慢性腹泻
E. 内因子缺乏

21. 营养缺铁性贫血的主要治疗原则是
A. 加强护理，给予铁剂
B. 预防感染，给予铁剂
C. 给予铁剂，必要时输血
D. 去除病因，给予铁剂
E. 给予铁剂同时给予维生素C治疗

22. 维生素B_{12}缺乏性巨幼细胞贫血确诊重要依据是
A. 明显的精神神经症状
B. 典型血象改变
C. 血清叶酸含量降低
D. 血清维生素B_{12}含量降低
E. 典型的骨髓象改变

23. 6个月以后婴儿容易发生营养性缺铁性贫血的主要原因是
A. 先天储铁不足
B. 铁摄入量不足
C. 生长发育快
D. 铁吸收障碍
E. 铁的丢失过多

24. 下列哪一项与营养性巨幼细胞贫血的发病机制无关
A. DNA合成减少
B. 红细胞的分裂增生时间延长
C. 红细胞中血红蛋白合成减少
D. 红细胞的胞体变大，形成巨幼红细胞
E. 巨幼红细胞在骨髓内易遭破坏

25. 婴儿期“生理性贫血”发生在什么时间
A. 生后15天至1个月
B. 生后1~2个月
C. 生后2~3个月
D. 生后3~4个月
E. 生后4~5个月

26. 营养性巨幼细胞贫血的患儿，当其无神经系统症状时，首先的治疗药物是
A. 维生素B_{12}+叶酸
B. 叶酸
C. 维生素B_{12}
D. 维生素C
E. 维生素B_6

27. 下列哪一项不是营养性巨幼细胞贫血的病因
A. 长期羊奶喂养
B. 严重感染
C. 慢性腹泻
D. 长期服用维生素C
E. 肝脏疾病

28. 缺铁性贫血根治的关键是
A. 铁剂治疗
B. 病因治疗
C. 输血治疗
D. 饮食治疗
E. 预防各种感染

29. 小儿骨髓外的造血器官是
A. 胆囊
B. 肾上腺
C. 淋巴管
D. 肝脏
E. 盲肠

30. 下列贫血表现中哪一项不符合营养性缺铁性贫血
A. 皮肤、黏膜苍白
B. 肝脾轻度肿大
C. 头晕、眼花、耳鸣
D. 肢体震颤
E. 食欲缺乏，常有呕吐、腹泻

31. 极重症营养性贫血的患儿，需输红细胞治疗时，其输血量应如何掌握
A. 每次输血1~5ml/kg
B. 每次输血5~10ml/kg
C. 每次输血10~15ml/kg
D. 每次输血15~20ml/kg
E. 应采用等量换血方法

32. 营养性巨幼细胞贫血对治疗最早出现反应的是
A. 网织红细胞增多
B. 红细胞数增多
C. 血红蛋白量增多
D. 骨髓中巨幼红细胞恢复正常
E. 白细胞和血小板恢复正常

33. 维生素 B_{12} 缺乏性巨幼细胞贫血治疗反应恢复最慢的是
A. 贫血外貌
B. 网织红细胞
C. 精神、神经症状
D. 红细胞数
E. 血红蛋白量

34. 下列哪一项代表体内贮存铁减少
A. 血清铁减少
B. 血清铁蛋白减低
C. 总铁结合力增高
D. 红细胞原卟啉增高
E. 血常规可见血红蛋白降低

35. 营养性缺铁性贫血临床主要特点是
A. 婴幼儿发病率高
B. 为小细胞低色素性贫血
C. 发病缓慢，病程较长
D. 红细胞和血红蛋白均减少
E. 头晕、乏力、眼花、耳鸣

36. 营养性巨幼细胞贫血出现精神症状主要由于
A. 缺乏维生素 B_{12}
B. 缺乏叶酸
C. 缺乏维生素 C
D. 缺乏铁
E. 缺乏四氢叶酸

37. 营养性缺铁性贫血的确诊，除铁的生化检查外，下列哪一项亦可以协助确诊
A. 喂养史
B. 临床表现
C. 血象特点
D. 骨髓象特点
E. 铁剂治疗有效

38. 小儿时期中性粒细胞与淋巴细胞两次比例相等发生在什么时间
A. 1~2 天与 1~2 岁
B. 2~4 天与 2~4 岁
C. 4~6 天与 4~6 岁
D. 6~8 天与 6~8 岁
E. 8~20 天与 8~10 岁

39. 下列哪一项改变证实体内红细胞生成所需的铁开始减少
A. 血清铁蛋白减低
B. 血清总铁结合力增高
C. 红细胞游离原卟啉增高
D. 血清铁减少
E. 血常规可见血红蛋白降低

40. 铁剂治疗缺铁性贫血时，最早显示疗效的是
A. 血红蛋白及红细胞增多
B. 网织红细胞增多
C. 血清铁增多
D. 口唇色泽开始变红
E. 血小板增多

41. 营养性缺铁性贫血实验室检查中下述哪项正确
A. 血清铁降低，总铁结合力增高，铁粒幼红细胞增多
B. 血清铁蛋白降低，血清铁降低，总结合力降低
C. 总铁结合力升高，转铁蛋白饱和度降低，血清铁降低
D. 总铁结合力降低，血清铁降低，铁粒幼红细胞减少
E. 红细胞游离原卟啉增高，铁幼粒红细胞增多，血清铁降低

42. 早期诊断缺铁性贫血最灵敏的指标为
A. 末梢血中红细胞减少
B. 末梢血中血红蛋白减少
C. 红细胞游离原卟啉增高
D. 血清铁减少
E. 血清铁蛋白减低

43. 营养性缺铁贫血临床特征性症状是哪一项
A. 皮肤黏膜苍白
B. 头晕、乏力
C. 肝、脾轻度大
D. 记忆力减退
E. 异食癖

44. 刚出生的新生儿血红蛋白量为
A. 110~170g/L
B. 120~180g/L
C. 130~190g/L
D. 140~210g/L
E. 150~220g/L

【A_2 型题】

45. 女婴，9 个月。疑贫血住院，试验检查血清叶酸小于 3μg/L，诊断营养性巨幼细胞贫血，给予叶酸治疗，为了提高疗效，应同时服
A. 维生素 B_{12}
B. 维生素 D
C. 维生素 C
D. 维生素 A
E. 维生素 E

46. 男婴，18 个月。因长期腹泻入院。查体：患儿面色苍白，表情呆滞，皮肤散在出血点。实验室检查：RBC $2.0\times10^{12}/L$，Hb 90g/L，WBC $3.5\times10^{9}/L$，血清铁 14.32μmol/L (80μg/dl)。此患儿应诊断为
A. 营养性缺铁性贫血
B. 营养性巨幼细胞贫血
C. 再生障碍性贫血
D. 营养性混合性贫血
E. 珠蛋白生成障碍性贫血

47. 女婴，12 个月。近日来手足震颤，面色苍黄，智力落后、少哭不笑。查体：皮肤黏膜苍黄，肝脾轻度肿大，踝阵挛（+）。实验室检查：RBC $2.0\times10^{12}/L$，Hb 90g/L，WBC $4\times10^{9}/L$，中性粒细胞分叶过多。其诊断应是
A. 再生障碍性贫血
B. 营养性缺铁性贫血
C. 营养性巨幼细胞贫血
D. 营养性混合性贫血
E. 感染性贫血

48. 男婴，9 个月。近 2 个月表情呆滞，活动减少，便稀，呈蛋花汤样便，舌常抖动。查体：面色黄，发黄稀疏，腱反射亢进。实验室检查：RBC $1.5\times10^{12}/L$，Hb 80g/L，WBC $4\times10^{9}/L$。最可能的诊断为
A. 营养性缺铁性贫血
B. 感染性贫血

C. 再生障碍性贫血
D. 营养性巨幼细胞贫血
E. 溶血性贫血

49. 患儿，男，1岁。因长期腹泻引起营养性缺铁性贫血，近1个月来患支气管肺炎。实验室检查：Hb 40g/L，RBC 2.5×10^{12}/L。应首先采用哪项措施
A. 硫酸亚铁口服
B. 肌内注射右旋糖酐铁
C. 增加富含铁质的饮食
D. 抗感染治疗
E. 输血

50. 女婴，10个月。单纯母乳喂养，面色渐苍白2个月，烦躁，食欲不佳，不愿活动，肝肋下2cm，脾肋下可触及边缘。实验室检查：Hb 70g/L，RBC 3.6×10^{12}/L，MCV 70fl，MCH 23pg，MCHC 29%。最可能的诊断是
A. 营养性巨幼细胞贫血
B. 营养性缺铁性贫血
C. 再生障碍性贫血
D. 地中海性贫血
E. 铁粒幼红细胞性贫血

51. 男婴，14个月。牛奶和稀粥喂养，近2个月腹泻不愈，食欲欠佳，但时而自食墙皮或泥块，皮肤黏膜渐苍白，肝脾轻度肿大。实验室检查：Hb 60g/L，RBC 3.5×10^{12}/L。最可能是
A. 生理性贫血
B. 再生障碍性贫血
C. 营养性缺铁性贫血
D. 地中海性贫血
E. 营养性巨幼细胞贫血

52. 患儿，8个月。因皮肤黏膜苍白，食欲欠佳来诊，查体发现肝脾轻度肿大。实验室检查：Hb 70g/L，RBC 3.5×10^{12}/L，血涂片可见RBC大小不等，以小细胞为主，中心淡染区扩大。最可能是
A. 珠蛋白生成障碍性贫血
B. 再生障碍性贫血
C. 铁粒幼红细胞性贫血
D. 营养性巨幼细胞贫血
E. 营养性缺铁性贫血

53. 患儿，女，10个月。牛奶喂养，未加辅食，近半月患儿皮肤渐苍白，进食少，不愿活动。实验室检查：Hb 100g/L，RBC 3.08×10^{12}/L。为明确贫血的原因，下列哪项检查具有早期诊断价值
A. 骨髓穿刺
B. 红细胞游离原卟啉测定
C. 血清铁测定
D. 血清铁蛋白的测定
E. 总铁结合力测定

54. 患儿，14个月。慢性腹泻2个月，近日发现面色发黄，皮肤散在出血点。查体：心肺正常，肝脾轻度肿大，无震颤。实验室检查：Hb 90g/L，RBC 2.65×10^{12}/L。要早期诊断，应首先做什么检查
A. 骨髓穿刺
B. MCV、MCH、MCHC
C. 血清维生素B_{12}测定
D. 血涂片：查中性粒细胞分叶过多现象
E. 血清叶酸测定

55. 患儿，1岁。以面色苍白1个月入院，查体：心率138次/分，心尖区闻及Ⅳ级收缩期杂音。实验室检查：Hb 50g/L，RBC 2.54×10^{12}/L，临床诊断为缺铁性贫血。该患儿的贫血程度如何判定
A. 正常血象
B. 轻度贫血
C. 中度贫血
D. 重度贫血
E. 极重度贫血

56. 刚出生的新生儿，尚未哺乳，无黄疸。实验室检查：血白细胞 20×10^{9}/L，中性粒细胞0.65，淋巴细胞0.35。最大可能是
A. 宫内感染
B. 正常现象
C. 新生儿败血症
D. 先天性白血病
E. 以上都不是

57. 患儿，9个月。一个月前肺炎，治愈后始终不愿进食，仅吃母乳。近半个月，面色渐白，活动减少。实验室检查：血RBC 3.05×10^{12}/L，Hb 70g/L，WBC 8×10^{9}/L，PLT 156×10^{9}/L，MCV 72pg，CH 25fl，MCHC 30%。该患儿诊断应考虑什么
A. 巨幼细胞贫血
B. 缺铁性贫血
C. 营养性混合性贫血
D. 再生障碍性贫血
E. 急性白血病

58. 患儿，10个月。母乳喂养近1个月面色渐苍白，不愿活动，食欲差。查体：肝脏增大，于右肋下可触及3cm，心率124次/分，节律不整，心音尚有力。其肝大的原因最大的可能是
A. 心功能不全
B. 急性肝炎
C. 正常现象
D. 骨髓外造血
E. 营养不良

59. 患儿，11个月。近1个月面色渐苍白，该患儿出生时为足月顺产，生长发育正常，未患过任何疾病，母乳喂养，其母孕期和哺乳期身体均健康，该患儿经检查诊断为缺铁性贫血。其缺铁的主要原因是什么
A. 先天储铁不足
B. 铁摄入量不足
C. 生长发育过快
D. 铁吸收障碍
E. 铁丢失过多

60. 患儿，8个月。单纯母乳喂

养，近半个月脸色渐苍白。查体：肝脾轻微肿大。实验室检查：Hb 80g/L，RBC $3.06\times10^{12}/L$，血清铁8.59μmol/L（48μg/dl）。临床确诊为缺铁性贫血，拟给予铁剂治疗。铁剂治疗的注意事项有以下各项，除了

A. 铁剂用量按元素铁计算
B. 铁剂应选用二价铁盐
C. 用药应在两餐之间服用
D. 铁剂治疗的同时给予维生素C口服
E. 口服铁剂1周仍无效者考虑诊断错误

61. 一新生儿36周，体重2kg，家长咨询，生后什么时间给予铁剂预防贫血

A. 生后1个月
B. 生后2个月
C. 生后3个月
D. 生后4个月
E. 生后5个月

62. 患儿，9个月。母乳喂养，其母明显偏食，鱼肉类均不吃，患儿近2个月面色苍黄，呆滞，尚不能独坐。查体：嗜睡，伸手时手颤，心肺正常，肝肋下4cm，脾未触及，膝反射亢进，踝阵挛阴性。实验室检查：Hb 75g/L，RBC $2.0\times10^{12}/L$，WBC $3.09\times10^{9}/L$，PLT $96\times10^{9}/L$。此患儿诊断可能性最大的是

A. 营养性缺铁性贫血
B. 营养性巨幼细胞贫血
C. 营养性混合性贫血
D. 再生障碍性贫血
E. 急性白血病

63. 一个正常小儿，其血白细胞分类为：杆状核粒细胞0.01，分叶核粒细胞0.35，淋巴细胞0.6，单核细胞0.02。该小儿的年龄约为

A. 生后1天
B. 生后5天
C. 生后1周岁
D. 生后5周岁
E. 生后8周岁

64. 患儿，8个月。因面色苍白20天入院。查体：贫血外观，肝于右肋下触及2.5cm。实验室检查：Hb 80g/L。RBC $3.08\times10^{12}/L$。诊断为小细胞低色素性贫血，给予铁剂治疗，如有效，网织红细胞何时可达高峰

A. 2~3天
B. 3~4天
C. 4~5天
D. 5~7天
E. 7~10天

65. 1岁患儿因腹泻就诊。血RBC $2.5\times10^{12}/L$，Hb 90g/L，MCV 99fl，MCH 37pg，MCHC 35%，血涂片嗜多色性和嗜碱色性点彩红细胞易见。其最可能诊断为

A. 营养性缺铁性贫血
B. 再生障碍性贫血
C. 感染性贫血
D. 溶血性贫血
E. 巨幼细胞贫血

66. 1岁男婴，因反复患感染性疾病就诊。实验室检查：RBC $2.6\times10^{12}/L$，Hb 70g/L，RBC大小不等明显，大细胞中心淡染区扩大。应选用下列哪组药物治疗

A. 铁剂+维生素C+稀盐酸
B. 叶酸+维生素B_{12}+维生素C
C. 维生素B_{12}+维生素C+稀盐酸
D. 叶酸+维生素C+铁剂
E. 叶酸+维生素C+稀盐酸

【A_3/A_4型题】

（67~69题共用题干）

患儿，男，4岁。一向偏食，不吃鱼、肉、蛋，仅食蔬菜，近日发现面色渐苍白，不愿活动，时而腹泻。查体：心、肺正常，肝脏于肋下触及3cm，脾未及。实验室检查：Hb 60g/L，RBC $2.90\times10^{12}/L$。血涂片：红细胞大小不等，以小为主，中心淡染区扩大。

67. 该患儿最可能的诊断是

A. 溶血性贫血
B. 再生障碍性贫血
C. 巨幼细胞贫血
D. 缺铁性贫血
E. 营养性混合性贫血

68. 确定此疾最灵敏的指标是

A. 血涂片见中性粒细胞多分叶现象
B. 血清铁蛋白测定
C. 骨穿及骨髓象分析
D. MCV、MCH、MCHC
E. 血清维生素B_{12}测定

69. 引起此病的主要病因是什么

A. 长期腹泻
B. 生长发育过快
C. 先天贮备不足
D. 摄入量不足
E. 患有慢性失血性疾病

（70~72题共用题干）

患儿，男，3岁。偏食，不吃鱼肉类制品，近1个月来，家长发现其脸色渐苍白，自诉全身无力。查体心尖部可闻及Ⅳ级收缩期杂音，肝于右肋下可触及3.0cm，脾肋下可触及边缘。实验室检查：Hb 50g/L，RBC $2.95\times10^{12}/L$，MCV 74fl，MCH 26pg，MCHC 30%。考虑为缺铁性贫血。

70. 铁剂治疗的剂量是多少

A. 元素铁0.5~1.0mg/kg，每日2~3次
B. 元素铁1.0~1.5mg/kg，每日2~3次
C. 元素铁1~2mg/kg，每日2~3次
D. 元素铁1.5~4.0mg/kg，每日3~4次
E. 元素铁2~4mg/kg，每日3~4次

71. 铁剂治疗后，如果有效，首先

出现什么变化
A. 红细胞上升
B. 血红蛋白上升
C. 血清铁蛋白上升
D. 网织红细胞上升
E. 总铁结合力升高

72. 铁剂治疗后，Hb 恢复正常，还需继续用药多长时间
A. 10 天左右
B. 1 个月左右
C. 1.5 个月左右
D. 2 个月左右
E. 半年左右

（73～75 题共用题干）

患儿，男，15 个月。单纯母乳喂养，不愿进辅食，其母不吃肉类鱼类食品，近 1 个月面色渐苍黄，目光呆滞，肝肋下 2.5cm，脾未及，伸手时手有震颤。实验室检查：Hb 90g/L，RBC $2.05\times10^{12}/L$。

73. 该患儿诊断最大可能是什么
A. 营养性缺铁性贫血
B. 混合性贫血
C. 营养性巨幼细胞贫血
D. 再生障碍性贫血
E. 溶血性贫血

74. 要想确诊应做什么检查
A. MCV、MCH、MCHC
B. 血胆红素测定
C. 血清铁蛋白
D. 骨髓穿刺
E. 血清叶酸测定

75. 该患儿未查出病因前的最佳治疗方案是什么
A. 铁剂、维生素 C、维生素 B_{12}
B. 维生素 B_{12}、叶酸
C. 泼尼松、维生素 B_{12}、叶酸、铁剂
D. 给予瘦肉、蛋、肝类
E. 维生素 B_{12}、镇静药、铁剂、维生素 C

（76～78 题共用题干）

患儿，女，14 个月。仍单纯母乳喂养，不愿进辅食，近 1 个月面色渐苍白，活动少，捡土块吃。实验室检查：Hb 60g/L，RBC $3.05\times10^{12}/L$，WBC $8\times10^{9}/L$，PLT $225\times10^{9}/L$，MCV 74pg，MCH 26fl，MCHC 28%。

76. 该患儿最可能的诊断是
A. 巨幼细胞贫血
B. 再生障碍性贫血
C. 混合性贫血
D. 缺铁性贫血
E. 溶血性贫血

77. 要想进一步确诊，该患儿应做什么检查
A. 血清维生素 B_{12}测定
B. 血清铁蛋白测定
C. 血清叶酸测定
D. 骨髓穿刺
E. 血涂片检查

78. 该患儿最佳治疗方案是
A. 铁剂加维生素 C
B. 铁剂加维生素 B_{12}
C. 铁剂加叶酸
D. 泼尼松加铁剂
E. 铁剂加输血

【B_1 型题】

（79～81 题共用备选答案）
A. 红细胞游离原卟啉 >500μg/L
B. 血清铁 < 10.74μmol/L（<60μg/dl）
C. 红细胞数和血红蛋白量减低
D. 血清铁蛋白<12μg/L
E. 骨髓象提示增生性贫血

79. 铁减少期实验室的特征性指标
80. 红细胞生成缺铁期的实验室特征性指标
81. 缺铁性贫血期的实验室检查的特征性指标

（82～83 题共用备选答案）
A. Hb>120g/L
B. Hb 90～120g/L
C. Hb 60～90g/L
D. Hb 30～60g/L
E. Hb<30g/L

82. 6 岁小儿轻度贫血的诊断指标是
83. 8 岁小儿重度贫血的诊断指标是

第十五章 神经系统疾病

【A_1 型题】

1. 3 个月内的小儿患化脓性脑膜炎的典型表现是
A. 拒食、吐奶、面色发青灰
B. 嗜睡、凝视、尖叫
C. 惊厥
D. 脑膜刺激征阳性
E. 以上都不是

2. 对脑水肿，何者疗效为佳
A. 可的松
B. 氢化可的松
C. 去氢化可的松
D. 促肾上腺素皮质激素
E. 地塞米松

3. 小儿化脓性脑炎的脑脊液变化为
A. 细胞数增高，蛋白正常，糖降低
B. 细胞数增高，蛋白增高，糖降低
C. 细胞数正常，蛋白正常，糖降低
D. 细胞数增高，蛋白升高，糖升高
E. 细胞数升高，蛋白正常，糖正常

4. 新生儿化脓性脑膜炎，脑膜刺激征不明显的原因是
A. 机体的反应能力差
B. 脑膜炎症不如年长儿严重
C. 颅缝及前囟未闭，对颅内

压升高起缓冲作用
D. 颈肌尚不发达
E. 大脑处于抑制状态

5. 在化脓性脑膜炎与病毒脑膜炎在CSF检查中有根本区别的项目是
A. 脑脊液透明
B. 脑脊液压力
C. 脑脊液细胞总数
D. 蛋白增高程度
E. 糖减少

6. 6个月的婴儿患化脓性脑膜炎，疑有硬膜下积液，为明确诊断，首先需做下列哪项检查
A. 做腰穿，观察脑脊液蛋白是否增高
B. 做腰穿，观察脑脊液细胞数升高否
C. 拍摄头骨X线平片
D. 头颅超声检查，观察中线有无移位
E. 颅骨透光检查

7. 化脓性脑膜炎合并硬膜下积液的治疗方法是
A. 加大青霉素剂量
B. 加大地塞米松剂量
C. 用甘露醇脱水
D. 应做硬膜下穿刺放液
E. 以上都不是

8. 小儿化脓性脑膜炎合并脑积水原因是
A. 由于炎症累及下丘脑和垂体
B. 由于不规律用药
C. 由于血脑屏障功能差
D. 由于炎性渗出物阻碍脑脊液循环而致
E. 以上都不是

9. 小儿化脓性脑膜炎，最可靠的诊断依据是
A. 脑脊液外观混浊或脓性
B. 脑脊液细胞数显著增加
C. 糖定量降低
D. 脑脊液检菌阳性
E. 脑膜刺激征阳性

10. 化脓性脑膜炎和结核性脑膜炎的主要区别为
A. 病史
B. PPD试验
C. 胸部X线检查
D. 周围血象变化
E. 脑脊液检查

11. 婴幼儿患化脓性脑膜炎时，最常见的病原菌是
A. 大肠埃希菌，金黄色葡萄球菌
B. 肺炎链球菌，流感嗜血杆菌
C. 脑膜炎双球菌，大肠埃希菌
D. 肺炎链球菌，金黄色葡萄球菌
E. 铜绿假单胞菌，乙型溶血性链球菌

12. 新生儿时期最常见的脑膜炎是
A. 病毒性脑膜炎
B. 流行性脑膜炎
C. 大肠埃希菌脑膜炎
D. 流感嗜血杆菌脑膜炎
E. 脑膜炎双球菌脑膜炎

13. 化脓性脑膜炎的致病菌可通过多种途径进入脑膜，以下哪种途径最多见
A. 呼吸道侵入
B. 皮肤黏膜
C. 新生儿脐部
D. 消化道
E. 腰骶部皮肤窦道使脑脊液与外界交通

14. 治疗化脓性脑膜炎，选择易透过血脑屏障的药物，以哪种抗生素为最好
A. 青霉素
B. 氨苄西林
C. 庆大霉素
D. 第三代头孢菌素
E. 头孢菌素

15. 脑脊液涂片找病原菌，是诊断小儿化脓性脑膜炎的重要依据，找菌的阳性率不正确是
A. 革兰染色查致病菌简便易行
B. 检出阳性率较细菌培养高
C. 血培养可帮助找致病菌
D. 皮肤瘀斑、瘀点不可能找到细菌
E. 细菌培养阳性者应送药物敏感试验

【A_2型题】

16. 男孩，10个月。诊断为流感嗜血杆菌脑膜炎，经抗生素治疗1周后，病情好转，体温正常，近2天又出现发热、搐搦，前区饱满、颅缝分离。应首先考虑的诊断是
A. 脑膜炎复发
B. 脑膜炎后遗症
C. 脑脓肿
D. 脑水肿
E. 硬膜下积液

17. 2岁男孩因感冒2天伴发热来诊。查本：T 39℃，P 130次/分，神清，咽及右鼓膜中度充血，其余检查正常。在查体过程中，突然发呆，双眼上翻，出现四肢强直性阵挛性运动。对该患儿首先应该进行
A. 全面查体
B. 保持呼吸道通畅，解痉
C. 腰穿刺术
D. 静脉注射地西泮
E. 以上都不是

18. 8个月女婴，频繁抽搐，高热4天。脑脊液检查：压力升高，外观微混，细胞数$1200\times10^9/L$，中性粒细胞0.7，淋巴细胞0.3，糖2.2mmol/L，氯化物100mmol/L，该患儿诊断为脑膜炎。首选治疗方案是
A. 异烟肼+链霉素
B. 头孢曲松
C. 两性霉素B
D. 青霉素+庆大霉素
E. 青霉素+氨苄西林

19. 9个月男婴，高热、呕吐3日，抽搐2次。查体：嗜睡，

前囟膨隆，颈强（+），腰穿脑脊液的外观混浊，白细胞数 5000×10^6/L，蛋白阳性，糖、氯化物正常。大剂量青霉素治疗5天后，体温恢复正常，复查脑脊液好转，几天后，再度出现高热，呕吐惊厥，前囟又隆起。应考虑为
A. 化脓性脑炎
B. 结核性脑膜炎
C. 化脓性脑膜炎合并脑脓肿
D. 结核性脑膜炎合并脑积水
E. 化脓性脑膜炎合并硬膜下积液

20. 7个月婴儿，已患化脑2周，经大剂量青霉素加氯霉素静脉滴注治疗，但发热持续不退。查体：嗜睡，前囟膨，颈强直，布氏征（+）。应采取何种措施
A. 加大抗生素剂量
B. 改用其他抗生素
C. 硬膜下穿刺
D. 鞘内注射抗生素
E. 侧脑室穿刺

21. 一男婴，8个月。已发热、惊厥3天，诊断为“化脓性脑膜炎”。下述哪项处理不当
A. 及时退热，控制惊厥发作
B. 及早选用有效抗生素进行治疗
C. 保证足够的热量及液体
D. 急性期可应用激素
E. 必要时抽放脑脊液以降压

22. 7月女婴，近1周易激惹，烦躁不安，呕吐2次，大便稀，2次/日。查体：嗜睡，前囟膨，有张力，颈强（±），心肺正常，布氏征（+），巴氏征（±）。为明确诊断，应做哪项检查
A. 脑电图
B. 脑 CT
C. 脑脊液检查
D. PPD 试验
E. X线胸片

23. 男孩，10个月。诊断为“化脓性脑膜炎”，青霉素加氯霉素治疗10天，病情好转，体温正常，近3天又出现发热、抽搐，前囟饱满、颅缝分离。应首先考虑并发
A. 脑性低钠血症
B. 脑水肿
C. 硬膜下积液
D. 脑室管膜炎
E. 脑积水

24. 男孩，6个月。已诊断为化脓性脑膜炎，近2日，突然烦躁哭闹，头围增大，疑有硬膜下积液。为进一步确诊，应选择哪项检查
A. 腰穿
B. 硬膜下穿刺
C. 眼底检查
D. 头 CT
E. 摄颅骨X线片

25. 6个月患儿，发热、咳嗽5天，近1日呕吐，喷射状，抽搐1次，静脉滴注抗生素3天。查体：嗜睡，前囟饱满，两肺闻及少许中小水泡音。X线片：右下肺少许斑片状阴影。血常规：白细胞 14.8×10^9/L，淋巴细胞0.31。脑脊液检查：外观混浊，白细胞 500×10^6/L，蛋白阳性，糖、氯化物均下降。做PPD试验，硬结直径为0.5cm。考虑可能为
A. 结核性脑膜炎
B. 病毒性脑膜炎
C. 肺炎链球菌脑膜炎
D. 流行性乙型脑炎
E. 肺炎，中毒性脑病

26. 女孩，4岁。发热、头痛3天，呕吐2次，喷射状，当天晚上开始抽搐，而入院。体温39℃，面色较苍白，白细胞 22×10^9/L，中性粒细胞0.88。如果该患儿诊断为化脓性脑膜炎，在查体时，最常发现的是
A. 深昏迷，呼吸不规则
B. 瞳孔不等大，对光反应迟钝
C. 颈强存在，神经系统检查有异常
D. 肢体张力增高
E. 血压明显升高

27. 1岁小儿，高热、剧烈呕吐2天入院，经腰穿脑脊液检查，确诊为“化脓性脑膜炎”。近1日昏睡，意识不清，颈强（+），反复抽搐，给予相应处理后，持续高热，并出现双瞳孔不等大，肢体张力增强。进一步紧急处理为
A. 给予退热，止惊
B. 配伍更有效抗生素
C. 给予地塞米松静脉滴注
D. 20%甘露醇脱水
E. 给予呋塞米脱水

28. 8月男婴，反复2次皮肤脓疱疹，伴发热已5天，近1天呕吐，呈喷射状，且抽搐1次，诊断为化脓性脑膜炎，给大剂量青霉素治疗7天后停药，近几日发现头围增大，前囟门隆起，叩诊头颅呈破壶声，两眼球向下看似落日。应考虑诊断
A. 并发硬膜下积液
B. 并发脑室管膜炎
C. 并发脑积水
D. 并发脑脓肿
E. 发生颅内肿瘤

29. 正常新生儿，足月顺产，无窒息史，第4天突然出现拒乳，体温不升，双眼凝视，前囟膨隆，抽搐1次，颈强不明显，心肺正常，血白细胞 20×10^9/L。其致病菌最可能是
A. 金黄色葡萄球菌
B. 肺炎链球菌
C. 流感嗜血杆菌
D. 大肠埃希菌
E. 脑膜炎球菌

【A_3/A_4型题】

（30~32 题共用题干）

男孩，5 岁。发热、喷射性呕吐 3 天，伴剧烈头痛 1 天，全身性抽搐 2 次，每次约 3 分钟缓解，抽后嗜睡。查体：神志恍惚，面色灰白，体温 38.8℃。血白细胞数明显增多，以中性粒细胞为主。

30. 若患儿拟诊化脑，最可能见到的体征为
A. 呼吸不规则，深昏迷，对光反射消失
B. 颈强，瞳孔不等大
C. 颈强，神经系统检查有异常
D. 腱反射亢进
E. 四肢瘫软，肌张力低下

31. 为确定诊断为化脓性脑膜炎，最重要的检查是
A. 血常规，白细胞总数和分类
B. 腰穿做脑脊液，常规及生化
C. 腰穿做脑脊液，免疫球蛋白测定
D. 脑电图检查
E. 脑 CT 检查

32. 该患儿疾病的病变部位主要见于
A. 硬脑膜
B. 软脑膜
C. 软脑膜及蛛网膜
D. 大脑皮质
E. 脑室膜

（33~35 题共用题干）

男婴，生后 24 天。近 4 天哭闹剧烈，拒乳、呕吐 1 天，抽搐 3 次入院。患儿生后无窒息史。查体：体温不升，反应差，消瘦，脐部见少量脓性分泌物，前囟膨满，双眼凝视，心肺正常，脑膜刺激征（-）。

33. 该患儿最可能的诊断是
A. 颅内出血
B. 新生儿缺氧缺血性脑病
C. 化脓性脑膜炎
D. 脑发育不全
E. 低钙惊厥

34. 该患儿最易出现的并发症是
A. 脑积水
B. 智力低下
C. 硬膜下积液
D. 低钙抽搐
E. 脑萎缩

35. 为了明确是否发生了并发症应首选
A. 腰穿，查脑脊液
B. 查瞳孔的大小，做对光反射
C. 叩头颅骨是否有“破壶”音
D. 做颅骨透照检查
E. 血生化检查

【B_1 型题】

（36~38 题共用备选答案）

A. 1 岁之内患儿患化脑易合并
B. 结核性脑膜炎
C. 脑膜炎双球菌脑炎
D. 新生儿化脓性脑膜炎
E. 肺炎链球菌性脑膜炎

36. 硬膜下积液
37. 面神经受损
38. 皮肤瘀斑，涂片检菌阳性

（39~40 题共用备选答案）

A. 糖正常，氯化物升高，蛋白明显下降，细胞数增多，以中性粒细胞为主
B. 糖明显下降，氯化物下降，蛋白明显升高，细胞数增多，以中性粒细胞为主
C. 糖明显下降，氯化物下降，蛋白明显升高，细胞数增多，以淋巴细胞增高为主
D. 细胞数增多，淋巴细胞为主，糖正常，氯化物正常，蛋白升高
E. 糖明显升高，氯化物正常，蛋白正常，细胞数正常

39. 化脓性脑膜炎
40. 病毒性脑膜炎

（41~43 题共用备选答案）

A. 肺炎链球菌脑膜炎
B. 脑膜炎双球菌脑膜炎
C. 金黄色葡萄球菌脑膜炎
D. 流感嗜血杆菌性脑膜炎
E. 结核性脑膜炎

41. 青霉素 30 万 U/(kg·d)
42. 选用青霉素 G，头孢噻肟
43. 萘夫西林，头孢呋辛

第十六章　内分泌系统疾病

【A_1 型题】

1. 先天性甲状腺功能低下分类为
A. 原发性、继发性、散发性
B. 散发性、地方性
C. 碘缺乏性、非碘缺乏性
D. 遗传性、非遗传性
E. 碘缺乏性、非碘缺乏性、混合性

2. 无甲状腺组织的先天性甲状腺功能减低症出现症状的时间是
A. 出生时
B. 婴儿早期
C. 3~6 个月
D. 6~9 个月
E. 9~10 个月

3. 地方性甲状腺功能减低症的原因是
A. 孕妇饮食中缺乏碘
B. 孕妇患甲状腺炎
C. 孕妇血液中有抗体

D. 孕妇服用甲状腺素
E. 孕早期病毒感染

4. 新生儿甲状腺功能减退症下列哪项是错误的
A. 精神及动作反应迟钝
B. 食量少，吞咽缓慢，常腹泻
C. 很少哭吵、声音嘶哑
D. 生理性黄疸时间延长
E. 不爱活动，多睡

5. 新生儿甲状腺功能减退症常见于
A. 早产儿
B. 足月儿
C. 小于胎龄儿
D. 过期产儿
E. 低出生体重儿

6. 多数先天性甲状腺功能减退症患儿出现明显症状的时间是
A. >1 个月
B. >3 个月
C. >6 个月
D. >9 个月
E. >12 个月

7. 先天性甲状腺功能减退症服用甲状腺制剂治疗时间是
A. 1~2 年
B. 2~4 年
C. 4~6 年
D. 6~8 年
E. 终生

8. 先天性甲状腺功能减退症的新生儿筛查下列哪项是错误的
A. 生后 2~3 天的新生儿
B. 应用干血滴纸片
C. 测 TSH 的浓度
D. TSH>20mU/L 时即可确诊
E. 该方法简便实用

9. 新生儿甲减应在
A. 开始治疗 1~2 周内使血清 T_4 水平上升至正常高限
B. 开始治疗 2~4 周内使血清 T_4 水平上升至正常高限
C. 开始治疗 4~6 周内使血清 T_4 水平上升至正常高限
D. 开始治疗 6~8 周内使血清 T_4 水平上升至正常高限
E. 开始治疗 8~10 周内使血清 T_4 水平上升至正常高限

10. 先天性甲状腺功能减退症用 L-甲状腺片钠治疗，下列错误的是
A. 治疗开始时间越早越好
B. 终生治疗
C. 初始剂量为 8 ~ 9 μg/(kg·d)
D. 维持剂量为 8 ~ 9 μg/(kg·d)
E. 维持量个体差异较大

11. 治疗先天性甲状腺功能减退症用 L-甲状腺片钠治疗开始剂量［μg/(kg·d)］，下列哪项是正确的
A. 11~12
B. 8~9
C. 5~8
D. 2~5
E. 1~3

12. 治疗先天性甲状腺功能减退症 6 个月至 1 岁患儿用 L-甲状腺片钠的维持量［μg/(kg·d)］
A. 16~18
B. 13~16
C. 10~13
D. 8~10
E. 5~8

【A_2 型题】

13. 女婴，30 天。过期产，出生体重 4.5kg，母亲无糖尿病史。生后人工喂养，常鼻塞，时有呼吸困难，吃奶差。哭声弱、反应差、便秘。查体：35℃，呼吸 90 次/分，皮肤轻度黄染。实验室检查：Hb 90g/L，RBC 3.6×10^{12}/L，WBC 11×10^9/L。对该儿最主要的治疗是
A. 应用抗生素抗感染
B. 保肝、利胆、退黄
C. 不需用药，继续观察
D. 保暖给氧，支持呼吸
E. 服用甲状腺制剂

14. 某地山村，不少小儿生后表现智力低下，对声音无反应，运动障碍，有的皮肤粗糙，身材矮小，四肢粗短。为预防此病，下列措施哪项不正确
A. 给育龄妇女服碘油
B. 孕妇多食含碘食物
C. 给村民发放碘化食盐
D. 改善水源，饮水消毒
E. 给孕妇多食含氟食物

15. 患儿，4 岁。诊断为先天性甲状腺功能减退症，给甲状腺素片治疗，医生嘱咐，出现下列情况考虑为甲状腺素片过量，但哪项除外
A. 食欲欠佳
B. 消瘦
C. 发热
D. 多汗
E. 腹泻

16. 患儿，6 岁。黏液水肿面容，智力低下，口服甲状腺素片治疗 3 个月，病儿近日出现心悸、多汗、性情烦躁、食欲亢进，血压 150/90mmHg，心率 130 次/分，心尖区Ⅱ级收缩期杂音。该患儿诊断是
A. 心肌炎
B. 小儿神经症
C. 原发性高血压
D. 糖尿病
E. 甲亢

17. 患儿，1 岁。不会走，不会叫爸爸、妈妈。查体：眼距宽，鼻梁宽平，唇厚，舌大反应差，皮肤粗糙，脐疝，下部量短。为确诊，应做下列哪项检查
A. X 线腕骨片
B. 染色体检查
C. 三氯化铁试验
D. GH 测定
E. T_3、T_4、TSH

18. 患儿，20 天，过期产儿。出生体重 4.2kg，哭声低哑，反

应迟钝，食量少，黄疸未退，便秘，腹胀。该患儿最可能的诊断是
A. 甲状腺功能减低症
B. 苯丙酮尿症
C. 先天愚型
D. 先天性巨结肠
E. 黏多糖病

19. 女孩，7个月。因逗笑少，对玩具不感兴趣，矮小，而去医院检查，医生疑为智力低下。对其病因如先天性甲状腺功能低下未能肯定。如需确诊，进一步应做的实验室检查是
A. 干血滴纸片检测 TSH 浓度
B. 测血清 T_4 和 TSH 浓度
C. TRH 刺激试验
D. X 线腕骨片判定骨龄
E. 核素检查（甲状腺 SPECT）

【A_3/A_4 型题】

（20~22 题共用题干）

男婴，40 天。过期产，出生后第 3 天出现黄疸，至今尚未完全消退。生后少哭，少动。吃奶尚可，大便 2 天 1 次，色黄。腹软较胀，有脐疝，肝肋下 2cm。血清总胆红素 170μmol/L，结合胆红素 21μmol/L，Hb 110g/L，RBC 3.8×10^9/L。

20. 该儿最可能的诊断是
A. 新生儿肝炎
B. 先天性胆道闭锁
C. 先天性甲状腺功能减低症
D. 败血症
E. 先天性巨结肠

21. 为确诊，应选择哪项检查
A. 血清病毒特异抗体检测
B. 肝胆 B 超
C. 血清 T_3、T_4、TSH 检查
D. 血培养
E. 钡剂灌肠

22. 应及时给予何种治疗
A. 保肝利胆类药物
B. 外科手术
C. 甲状腺素片口服
D. 应用有效抗生素
E. 应用抗病毒药

（23~24 题共用题干）

患儿，6 个月。因便秘，食欲差，嗜睡，反应迟钝来诊。查体：体温 35.5℃，脉搏 100 次/分，呼吸 30 次/分，皮肤粗糙，干燥，头大，颈短，眼距宽，鼻梁宽平，腹胀，脐疝。

23. 该患儿的诊断是
A. 苯丙酮尿症
B. 先天愚型
C. 甲状腺功能减低症
D. 黏多糖病
E. 佝偻病

24. 为明确诊断应做哪项检查
A. 三氯化铁试验
B. T_3、T_4、TSH
C. 染色体检查
D. 血离子
E. 代谢病筛查

【B_1 型题】

（25~27 题共用备选答案）
A. 先天性甲状腺功能减低症
B. 佝偻病
C. 软骨发育不全
D. 垂体性侏儒症
E. 先天性巨结肠

25. 智力低下，特殊面容是
26. 外观矮小，全身比例匀称是
27. 头大、四肢短小，智力正常是

（28~30 题共用备选答案）
A. 先天愚型
B. 软骨发育不全
C. 承霤病
D. 垂体性侏儒症
E. 先天性甲状腺功能减低症

28. 有黏液性水肿的是
29. 匀称性矮小的是
30. 尿中黏多糖增高的是

第二十篇 传染病、性传播疾病

第一章 传染病总论

【A₁型题】

1. 感染的含义是
   A. 病原体侵入人体的过程
   B. 又称传染，是病原体对人体的一种寄生过程
   C. 病原体侵入人体的一种方式
   D. 人对病原体缺乏抵抗力而发病
   E. 病原体与人体相互作用的过程
2. 病原体进入人体后，是否引起疾病，主要取决于
   A. 病原体的数量
   B. 病原体的毒力
   C. 病原体的致病能力和机体的免疫功能
   D. 病原体的侵袭力
   E. 机体的抵抗能力
3. 潜伏性感染的意义是
   A. 病原体侵入人体后，只引起轻微症状
   B. 病原体与人体相互作用，保持暂时性平衡，当人体防御功能减弱时，可引起疾病
   C. 病原体与人体保持永久平衡，不引起症状
   D. 病原体侵入人体发生免疫反应，不出现症状
   E. 病原体侵入人体，引起免疫反应，不出现症状
4. 病原体侵袭人体后，不出现或仅出现不明显的临床表现，但通过免疫学检查可发现对入侵病原体产生了特异性免疫反应，应称为
   A. 健康携带者
   B. 潜在性感染
   C. 隐性感染
   D. 显性感染
   E. 不典型病例
5. 传染病流行过程的基本条件是
   A. 病原体、人体和它们所处的环境
   B. 病原体、感菌动物、易感人群
   C. 传染源、传播途径、易感人群
   D. 传染源传播途径
   E. 社会环节、自然环节
6. 影响传染病流行过程的因素是
   A. 病原体、人体和环境
   B. 病原体、感菌动物
   C. 传染源、传播途径，易感人群
   D. 社会因素、自然因素
   E. 病原体和环境
7. 感染过程的五种表现在不同传染病中各有侧重，一般最常见的是
   A. 病原体被清除
   B. 隐性感染
   C. 显性感染
   D. 潜伏性感染
   E. 病原携带状态
8. 急性传染病的潜伏期是
   A. 从病原体侵入人体起，至开始出现临床症状为止的时间
   B. 从起病至临床症状明显开始为止的时间
   C. 从病原体侵入到特异性抗体产生的时间
   D. 从起病到特异性抗体产生的时间
   E. 从发热到特异性抗体产生的时间
9. 可通过母婴传播的传染病是
   A. 甲型病毒性肝炎
   B. 艾滋病
   C. 流行性乙型脑炎
   D. 疟疾
   E. 狂犬病
10. 传染病的基本特征为
   A. 有传染源、传播途径、免疫性
   B. 有传染源、传染性、易感人群
   C. 有病原体，有传染性，有流行病学特征，有感染后免疫
   D. 有病原体、流行性、易感性
   E. 有传染性、流行性、免疫性
11. 传染病的诊断依据是
   A. 临床症状、查体及生化检查
   B. 临床资料、流行病学资料、实验室检查
   C. 临床资料、疫苗注射情况、实验室检查
   D. 临床症状、流行病学资料、病原学检查
   E. 流行病学的检查、病原学检查
12. 传染病的治疗原则是
   A. 一般治疗和特效治疗
   B. 治疗、护理和消毒隔离
   C. 病原治疗和消毒隔离
   D. 对症治疗、康复治疗和中药治疗
   E. 病原治疗、康复治疗和中药治疗
13. 传染病的防治原则是
   A. 管理传染源，切断传播途径，保护易感人群
   B. 切断社会因素和自然因素

C. 管理食物、水源、粪便，消灭蚊蝇
D. 管理水，管理饮食，卫生管理，灭蝇
E. 环境卫生管理，水源、食物管理，灭蝇

14. 下列疾病属于甲类传染病的是
A. 禽流感
B. 伤寒
C. 鼠疫
D. 艾滋病
E. 炭疽

15. 下列疾病不属于乙类传染病的是
A. 风疹
B. 肺炭疽
C. 严重急性呼吸综合征
D. 禽流感
E. 肺结核

【A_2 型题】

16. 男性，30 岁。结核菌素试验 1∶2000 弱阳性，而无结核症状、体征及 X 线发现。考虑为
A. 病原携带状态
B. 重复感染
C. 潜在性感染
D. 显性感染
E. 既往有过感染

17. 28 岁，男性。持续发热 17 天，伴食欲缺乏，腹泻。查体：脉搏 80 次/分，肝肋下 2cm。实验室检查：血白细胞 5×10^9/L，中性粒细胞 0.7。肥达反应"O"1∶160，"H"1∶320，"A"1∶80，"B"1∶40，6 个月前有血吸虫疫水接触史。最可能是
A. 败血症
B. 急性血吸虫病
C. 慢性血吸虫病
D. 伤寒合并血吸虫病
E. 副伤寒甲

18. 女性，29 岁。发病 1 周，巩膜重度黄染，肝界缩小，神志不清，躁动不安，血清总胆红素 310μmol/L，ALT 200 单位，凝血酶原活动度为 19%。最可能的诊断是
A. 急性黄疸型肝炎
B. 亚急性重型肝炎
C. 急性重型肝炎
D. 淤胆型肝炎
E. 中毒性肝炎

19. 6 岁患儿，8 月 1 日突然高热，发病 5 小时后反复抽搐，四肢凉，血压下降，项强（±），血白细胞 21×10^9/L。最可能的诊断为
A. 流行性脑脊髓膜炎
B. 恶性疟疾
C. 流行性乙型脑炎
D. 病毒性脑膜炎
E. 中毒性菌痢

20. 男性，16 岁。无任何不良反应，体检时，发现血清 HBsAg 阳性，转氨酶等其他肝功能检查均正常
A. 既往感染过
B. 显性感染
C. 潜在性感染
D. 病原体携带
E. 重复感染

【A_3/A_4 型题】

（21~22 题共用题干）

男性，32 岁，农民。11 月来诊，发热 4 天，头痛、腰痛、恶心、呕吐，皮膜，黏膜可见条状出血，神志清，颜面潮红，结膜充血。颈软，心、肺未见异常，腹软，肝未及，肾区有叩痛，血压 100/70mmHg。

21. 为确定临床诊断，应首先做哪项检查
A. 血白细胞计数
B. 胸部 X 线检查
C. 尿常规检查、肾功能检查
D. 出血时间
E. 肥达反应

22. 最有效的治疗措施是
A. 控制输液量，早期利尿
B. 应用平衡盐液，维生素
C. 抗病毒治疗，应用低分子右旋糖酐
D. 应用高渗葡萄糖液
E. 应用高效利尿药

（23~24 题共用题干）

男性，30 岁。持续发热 20 天，伴有周身不适，巩膜轻度黄染，体温 39℃，神志清，表情淡漠，肝肋下 2.0cm，脾肋下 1.0cm，白细胞 3.0×10^9/L，中性粒细胞 0.8，淋巴细胞 0.2。

23. 为明确诊断，应首先做哪项检查
A. 血培养
B. 骨髓培养
C. 肝功能
D. 粪便培养
E. 尿培养

24. 应采取哪项治疗措施最有效
A. 大剂量解热镇痛药
B. 保肝疗法
C. 应用青霉素
D. 应用喹诺酮类药
E. 应用红霉素

【B_1 型题】

（25~26 题共用备选答案）
A. 消毒、杀虫
B. 药物预防
C. 个人防护
D. 隔离、留验、医学观察
E. 预防接种

25. 属于针对传播途径的措施是
26. 属于针对传染源的措施是

第二章 常见传染病

【A_1型题】

1. 成人急性细菌性痢疾病原治疗的首选药物是
   A. 环丙沙星
   B. 头孢菌素
   C. 链霉素
   D. 红霉素
   E. 青霉素
2. 细菌性痢疾散发流行的主要途径是
   A. 井水、池塘或供水系统被污染造成经口感染
   B. 集体食堂食物被污染造成经口感染
   C. 接触患者的血液经伤口感染
   D. 与患者密切接触经呼吸道传染
   E. 健康人的手或蔬菜、瓜果等食物被污染造成经口感染
3. 流脑发生的皮肤瘀点病理基础是
   A. 血管脆性增加
   B. 广泛血管内凝血
   C. 血小板减少，凝血因子消耗
   D. 细菌外毒素引起小血管栓塞性炎症
   E. 细菌及内毒素引起小血管栓塞性炎症
4. 下列哪种是戊型肝炎病毒的主要传播途径
   A. 注射、输血
   B. 蚊虫叮咬传播
   C. 唾液传播
   D. 垂直传播
   E. 粪、口传播
5. 被乙型肝炎患者血液污染针头刺破皮肤后主要宜采取
   A. 局部碘酒、酒精消毒
   B. 注射干扰素
   C. 注射乙肝疫苗
   D. 注射丙球蛋白
   E. 注射乙型肝炎免疫球蛋白（HBIG）
6. 对病毒性肝炎下列哪项是正确的
   A. 重型肝炎不会发展为肝硬化
   B. 甲型肝炎无慢性带毒状态
   C. 慢性肝炎均由乙型肝炎病毒引起
   D. 丙型肝炎不会发展成肝硬化
   E. 肝细胞癌与慢性乙型肝炎病毒感染无关
7. 下列哪个不是感染人类的疟原虫种类
   A. 间日疟
   B. 三日疟
   C. 四日疟
   D. 卵形疟
   E. 恶性疟
8. 确诊日本血吸虫病的依据为粪便检出活卵或孵出
   A. 尾蚴
   B. 雷蚴
   C. 幼虫
   D. 毛蚴
   E. 成虫
9. 下列哪项不是肾综合征出血热出血原因
   A. 肝素类物质增加
   B. 毛细血管损伤
   C. 血小板减少
   D. 凝血机制障碍
   E. 血液浓缩
10. 细菌性痢疾的病变部位主要是
    A. 乙状结肠、直肠
    B. 空肠
    C. 十二指肠
    D. 回肠
    E. 以上都不是
11. 下列哪项不是肝性脑病的诱因
    A. 大量利尿
    B. 肥皂水灌肠
    C. 消化道出血
    D. 呼吸道感染
    E. HBV 大量复制
12. 间日疟的典型发作中，不存在
    A. 前驱期
    B. 寒战期
    C. 高热期
    D. 大汗期
    E. 间歇期
13. 孕妇和儿童宜服用哪种抗疟药预防疟疾
    A. 氯喹
    B. 甲氟喹
    C. 乙胺嘧啶
    D. 多西环素
    E. 阿奇霉素
14. 血清酶检测对病毒性肝炎的诊断哪项最为敏感和有意义
    A. AST
    B. ALT
    C. AKP
    D. γ-谷氨酰转肽酶
    E. 乳酸脱氢酶
15. 慢性肝病时血清球蛋白升高的原因是
    A. 白蛋白合成减少
    B. 氨基酸吸收障碍
    C. 肝脏清除来自门脉的抗原能力下降
    D. 体液免疫能力增强
    E. 球蛋白破坏减少
16. 急性肝衰竭与急性妊娠脂肪肝鉴别的主要依据是
    A. 孕妇年龄较大
    B. 有无抗生素应用史
    C. 肝脏有无明显缩小
    D. 血糖不降低
    E. 虽有严重黄疸而尿中胆红素阴性
17. 肾综合征出血热早期出血的原因主要为

A. 弥散性血管内凝血
B. 尿毒症所致凝血障碍
C. 肝素类物质增加
D. 血管脆性增加及血小板减少
E. 凝血因子不足

18. 乙型肝炎可以采用下列哪种生物制品人工被动免疫
A. 抗毒素
B. 丙种球蛋白
C. 胎盘球蛋白
D. 特异性高效价免疫球蛋白
E. 乙型肝炎疫苗

19. 在全球致死的寄生虫病中，下列哪种排第一位
A. 疟疾
B. 血吸虫病
C. 阿米巴病
D. 黑热病
E. 囊尾蚴病

20. 关于艾滋病的艾滋病期表现，下列哪种是错的
A. 肺孢子菌肺炎
B. 神经系统症状
C. 消化系统症状
D. 免疫缺陷所致肿瘤
E. 顽固休克

21. 近年来输血后肝炎主要由哪种病毒引起
A. 甲型肝炎病毒
B. 乙型肝炎病毒
C. 丙型肝炎病毒
D. 戊型肝炎病毒
E. 丁型肝炎病毒

22. 临床上常用于血吸虫病的驱虫药物哪项最常用
A. 吡喹酮
B. 甲苯咪唑
C. 阿苯达唑
D. 硫酸二氯酚
E. 喹诺酮类

23. 血清中常规检查检测不到的 HBV 标志物是
A. HBsAg
B. HBeAg
C. HBcAg
D. 抗-HBe
E. 抗-HBc

24. 鉴别细菌性痢疾和阿米巴痢疾最可靠的依据是
A. 潜伏期的长短
B. 毒血症状的轻重
C. 大便常规发现红细胞的多少，是否有吞噬细胞或夏-雷结晶
D. 大便检出病原体
E. 抗生素治疗是否有效

25. 甲型肝炎病程中，传染性最强的阶段是
A. 潜伏期
B. 黄疸前期
C. 黄疸期
D. 恢复期
E. 慢性期

26. 急性肝衰竭主要病理变化是
A. 肝内淤胆
B. 肝细胞局灶性坏死
C. 汇管区纤维组织增生
D. 汇管区单核细胞浸润
E. 肝细胞广泛坏死

27. 肾综合征出血热属于
A. 蚊传性出血热
B. 蜱传性出血热
C. 自然疫源性疾病
D. 动物源性出血热
E. 传播途径不明的出血热

28. 对细菌性痢疾来说哪项是对的
A. 近年来在临床上很少见
B. 潜伏期 1~4 天
C. 粪便中有大量单核细胞
D. 通常结肠与小肠均有炎症
E. 治疗菌痢，首选氯霉素

29. 我国先后发生多次的流脑的脑膜炎球菌菌群以下列哪群为主
A. A 群
B. B 群
C. C 群
D. D 群
E. E 群

30. 关于慢性肝炎，下列哪项说法是错误的
A. 病程超过半年
B. 分为 HBeAg 阳性或阴性慢性乙型肝炎
C. 分为轻、中、重度
D. 肝穿组织可见碎屑状及桥状坏死
E. HBeAg 阴性者不需要抗病毒治疗

31. 下列检验中对重型肝炎诊断错误的是
A. 血清 ALT 明显升高
B. 血清胆碱酯酶活性明显降低
C. 血清胆固醇明显降低
D. 凝血酶原时间及活动度明显异常
E. 血清胆红素明显升高

32. 日本血吸虫病早期的病理变化主要由下列哪种因素引起
A. 虫卵
B. 毛蚴
C. 母胞蚴
D. 子胞蚴
E. 尾蚴

33. 与 HIV 感染进入宿主细胞密切相关的跨膜蛋白是
A. gp17
B. gp36
C. gp41
D. gp104
E. gp120

34. 可用于流行性乙型脑炎早期诊断的实验室检查是
A. 补体结合试验
B. 血凝抑制试验
C. 中和试验
D. 特异性 IgM 抗体检测
E. 病毒分离

35. 肾综合征出血热的“三大”主征是
A. 发热、休克、少尿
B. 出血、休克、肾损害
C. 发热、出血、肾损害
D. 发热、出血、“三痛”
E. 休克、少尿、“三痛”

36. 截至 2011 年底，中国现有人

类免疫缺陷病毒感染者
A. 65万人
B. 78万人
C. 85万人
D. 95万人
E. 105万人

37. 对于丙型肝炎下列哪项是不正确的
A. 急性丙型肝炎症状较轻
B. 黄疸型患者仅占1/3
C. 易转为慢性肝炎
D. HCV感染主要通过输血获得
E. 肝细胞癌和丙肝病毒感染无关

38. 重型病毒性肝炎出血的最主要原因是
A. 血小板减少
B. 毛细血管脆性增加
C. 凝血因子合成减少
D. 肝素样物质增多
E. 骨髓造血功能受抑制

39. 全球流行的HIV主要毒株是
A. HIV-1
B. HIV-2
C. HIV-3
D. HIV-4
E. HIV-5

40. 下列哪项不是慢性肝炎抗病毒治疗适应证
A. 血清ALT≥2×ULN，如用干扰素ALT≤10×ULN
B. HBeAg阴性
C. HBV-DNA≥10^5拷贝/ml
D. HCV RNA阳性
E. TBIL≤2×ULN

41. 急性重型肝炎防治肝性脑病措施中，哪项是不正确的
A. 高蛋白饮食
B. 口服乳果糖
C. 给以六合氨基酸
D. 脱水治疗
E. 给予左旋多巴治疗

42. 急性戊型肝炎，下列哪项不是其特点
A. 肝内淤胆现象常见
B. 病情较重，尤其重叠感染乙肝病毒
C. 妊娠合并戊型肝炎者死亡率高
D. 易发展成慢性肝炎
E. 经粪-口途径感染

43. 人类免疫缺陷病毒主要侵害人体细胞中的
A. $CD4^+$T淋巴细胞
B. $CD4^-$T淋巴细胞
C. $CD8^+$T淋巴细胞
D. $CD4^-$T淋巴细胞
E. B淋巴细胞

44. 肾综合征出血热潜伏期一般为
A. 3~5天
B. 1周
C. 1~2周
D. 2~3周
E. 一个月

45. 引起恶性疟发作不规则的主要原因是
A. 恶性疟原虫侵犯各期红细胞
B. 潜伏在肝脏中的裂殖子侵犯红细胞
C. 恶性疟原虫在红细胞内发育时间不一致
D. 黏附在血管内的疟原虫再度侵犯新的红细胞
E. 疟原虫释放毒素

46. 肝衰竭应用乳果糖的目的是
A. 维持氨基酸的平衡
B. 减少氨从肠道吸收
C. 增加肝脏营养
D. 促进肝细胞再生
E. 恢复正常神经递质

47. 典型流脑脑膜炎期，脑脊液改变的特点是什么
A. 外观呈黄白色脓样
B. 蛋白质含量升高
C. 细胞数常达每立方毫米数千，分类中性粒细胞和淋巴细胞各半
D. 糖正常或略低
E. 压力正常

48. 疟疾典型临床发作的机制是由于
A. 疟原虫在肝细胞内增殖
B. 疟原虫在红细胞内增殖
C. 大量裂殖子入血
D. 裂殖子及其代谢产物释放入血
E. 大量配子体入血

49. 肾综合征出血热早期休克的主要原因是
A. 病毒血症
B. 血浆外渗
C. 心肌损害
D. 微血管痉挛
E. 电解质紊乱

50. 我国肾综合征出血热的主要传染源
A. 东方田鼠
B. 小家鼠
C. 黑家鼠
D. 棕背鼠
E. 黑线姬鼠

51. 急性肝衰竭最有诊断意义的临床表现是
A. 黄疸加深
B. 肾功能障碍
C. 出血倾向明显
D. 腹水出现
E. 2周内出现肝性脑病

52. 对乙肝病毒感染具有保护作用的是
A. 抗-HBe
B. 抗-HBs
C. DNA聚合酶
D. 抗核抗体
E. 抗-HBc

53. 流行性脑脊髓膜炎的综合性预防措施正确的是
A. 早期发现和隔离治疗患者
B. 对接触者不必给予处置
C. 流行期间儿童可以到拥挤的公共场所
D. 密切接触者需观察3天
E. 脑膜炎球菌A群多糖体菌苗保护率为50%

54. 肾综合征出血热少尿期治疗原则哪一项是错的

A. 稳定内环境
B. 高蛋白饮食
C. 促进利尿
D. 导泻和放血
E. 透析

55. 下列哪个是间日疟与卵形疟复发的根源
A. 速发型子孢子
B. 迟发型子孢子
C. 速发型裂殖子
D. 迟发型裂殖子
E. 动合子

56. 下列哪项不是肾综合征出血热早期外周血象改变
A. 白细胞计数增高
B. 类白血病样反应
C. 嗜酸性粒细胞减少以至消失
D. 异常淋巴细胞增多
E. 血小板减少

57. 日本血吸虫病最常见的异位损害在肺和哪个部位
A. 肾脏
B. 脑
C. 关节
D. 肌肉
E. 眼睛

58. 肾综合征出血热治疗原则"三早一就"是
A. 早诊断、早休息、早期就近治疗
B. 早发现、早诊断、早休息就近治疗
C. 早休息、早治疗、就近治疗
D. 早发现、早休息、早期就近治疗
E. 早治疗、早控制、早期就近治疗

59. 晚期血吸虫病中，最常见的临床类型是
A. 巨脾型
B. 腹水型
C. 侏儒型
D. 脑型
E. 肺型

60. 中毒型菌痢的发病机制可能是
A. 细菌侵入数量多且毒力强
B. 细菌毒力强
C. 细菌侵入量多
D. 特异性体质对细菌的强烈变态反应
E. 特异性体质对细菌毒素呈强烈变态反应

61. 流脑的流行病学特点
A. 带菌者是主要传染源
B. 冬春季流行
C. 病菌由飞沫直接经空气传播
D. 9个月至2岁的婴幼儿发病率最高
E. 以上均是

62. 在疟疾的表现中（典型），下列哪项是错误的
A. 定时性，周期性寒热，大汗发作
B. 有完全缓解间歇
C. 脾大
D. 白细胞增多，中性粒细胞升高
E. 贫血

63. 预防日本血吸虫病的关键是消灭
A. 猪
B. 牛
C. 鼠
D. 羊
E. 钉螺

64. 中毒性菌痢的临床特征哪项除外
A. 急性高热，反复惊厥，昏迷
B. 大便常规检查发现大量炎性细胞
C. 迅速发生休克，呼吸衰竭
D. 腹痛、腹泻明显
E. 脑脊液实验室检查正常

65. 艾滋病患者肺部机会性感染最常见的病原体是
A. 白念珠菌
B. 结核分枝杆菌
C. 疱疹病毒
D. 巨细胞病毒
E. 肺孢子菌

66. 艾滋病的潜伏期可长达
A. 14年
B. 15年
C. 16年
D. 17年
E. 18年

67. 艾滋病的传染源是
A. 猪
B. 蚊
C. 鼠
D. 人
E. 螨

68. 对肾综合征出血热来说，下列哪项是错的
A. 是自然疫源性疾病
B. 野生鼠类是主要传染源
C. 病原体是RNA病毒
D. 可经呼吸道传播
E. 每年7~9月为流行高峰

69. 重型肝炎和肝硬化时腹水产生的原因，下列哪项是不正确的
A. 肝细胞合成白蛋白减少
B. 淋巴液回流障碍
C. 醛固酮增高
D. 低钠
E. 门脉高压

70. 痢疾杆菌的致病性主要取决于
A. 内毒素
B. 外毒素
C. 对肠黏膜上皮细胞具有侵袭力
D. 能对抗肠黏膜局部免疫力，分泌性IgA
E. 有对抗肠黏膜正常菌群的能力

71. 在暴发型流脑休克型的治疗中，经充分扩容、纠酸治疗无效时，应用血管活性药物可首选
A. 654-2
B. 多巴胺
C. 阿拉明
D. 苄按唑啉

E. 异丙基肾上腺素

72. 确诊流行性脑脊髓膜炎最可靠的证据是
A. 高热、头痛、呕吐
B. 脑膜刺激征（+）
C. 皮肤有瘀点及瘀斑
D. 脑脊液符合化脓性脑膜炎改变
E. 以上都不是

73. 对慢性丙型肝炎的治疗，下列哪项不是应用干扰素治疗的目的
A. 抑制或清除血清和组织中HCV
B. 使血清ALT恢复正常
C. 中止或减缓病程，防止肝硬化
D. 改善肝脏组织学病变
E. 消除血清中抗-HCV

74. 急性病毒性肝炎病程一般为
A. <2个月
B. 2~4个月
C. <5个月
D. <半年
E. >半年

75. 慢性菌痢的病程应该超过的时间是
A. 1个月
B. 2个月
C. 3个月
D. 半年
E. 1年

76. 甲型肝炎病毒具有哪项特点
A. 是脱氧核糖核酸（DNA）病毒
B. 黑猩猩和狨猴易感，但不能传代
C. 甲型肝炎病毒感染后易成慢性携带者
D. 在细胞培养中HAV引起细胞病变
E. 只有一个血清型和一个抗原抗体系统

77. 肾综合征出血热休克期，下列哪种药物不宜首先使用
A. 血管活性药物
B. 碳酸氢钠
C. 低分子右旋醣酐
D. 平衡盐
E. 高渗葡萄糖

78. 对于暴发型流脑休克型治疗哪项是错误的
A. 控制DIC
B. 控制感染
C. 纠正休克
D. 禁用肾上腺皮质激素
E. 冬眠疗法

79. 肾综合征出血热的传染源主要是
A. 啮齿类
B. 猪
C. 病毒携带者
D. 犬
E. 急性期患者

80. 下列各项中，对于中毒性痢疾脑型和乙脑的鉴别最有意义的是
A. 起病急骤
B. 早期休克
C. 高热、昏迷、抽搐
D. 呼吸衰竭
E. 大便检查有无炎性成分

81. 菌痢流行间歇期间的重要传染源是
A. 急性期患者
B. 轻症患者
C. 重症患者
D. 急性恢复期患者
E. 慢性患者和带菌者

82. 下列哪项不是暴发型流脑（休克型）的典型表现
A. 高热，中毒症状重
B. 脑膜刺激征
C. 脑脊液“米汤样”，糖、氯减少
D. 迅速扩大的全身瘀点、瘀斑
E. 血培养脑膜炎球菌阳性

83. 日本血吸虫的中间宿主是
A. 川卷螺
B. 豆螺
C. 钉螺
D. 沼螺
E. 扁卷螺

84. 测定乙型肝炎病毒表面抗原的亚型有助于
A. 病原学诊断
B. 流行病学调查
C. 评定传染性大小
D. 确定抗病毒治疗措施
E. 判断预后

85. 传播途径中哪一项同艾滋病无关
A. 性接触
B. 静脉注射
C. 虫媒
D. 母婴传播
E. 器官移植

86. 细菌性痢疾的传播途径是
A. 消化道
B. 呼吸道
C. 血液
D. 虫媒传播
E. 接触传播

87. 日本血吸虫病的病理改变以肝和哪个部位最显著
A. 胃
B. 结肠
C. 小肠
D. 直肠
E. 阑尾

88. 蚊虫叮咬人体时，随蚊唾液进入人体的是
A. 裂殖体
B. 裂殖子
C. 配子体
D. 动合子
E. 子孢子

89. 日本血吸虫成虫寄生在人体的哪个部位
A. 肝动脉系统
B. 肝静脉系统
C. 门静脉系统
D. 肠壁
E. 肠系膜下静脉

90. 艾滋病高危人群中哪项错误
A. 50岁以上的人
B. 男同性恋

C. 性乱者
D. 静脉药瘾者
E. 多次输血者

91. 平原地区间日疟传播的主要媒介是
A. 淡色库蚊
B. 中华按蚊
C. 三带喙库蚊
D. 刺扰伊蚊
E. 微小按蚊

92. 脑水肿多产生在肾综合征出血热哪一病期
A. 发热期
B. 低血压休克期
C. 少尿期
D. 多尿期
E. 恢复期

93. 流脑的流行病学特点哪项是正确是
A. 人不是唯一的传染源
B. 人群带菌率超过10%提示有发生流行的可能
C. 流行期的带菌群以A群为主
D. 经消化道传播
E. 发病常无明显的季节性

94. 不是肾综合征出血热的主要传播途径的是
A. 呼吸道传播
B. 垂直传播
C. 消化道传播
D. 虫媒传播
E. 与发热期患者接触传播

95. 妊娠期肝炎特点，下列哪项是不正确的
A. 消化道症状明显
B. 产后大出血多见
C. 重型肝炎比例高
D. 病死率高
E. 对胎儿无影响

【A_2 型题】

96. 12岁女孩，近10天来食欲缺乏，恶心、呕吐、乏力、尿色黄来院就诊，病前4周曾注射丙种球蛋白1支。查体：巩膜黄染，肝肋下1cm，触痛（+），脾未及。实验室检查：ALT 1000U/L，胆红素85.5mmol/L，抗-HAV IgM（-），抗-HAV IgG（+），HBsAg（+），HBeAg（+），抗-HBc IgM（+）。应诊断为
A. 急性甲型肝炎，乙肝病毒携带者
B. 急性乙型肝炎，既往感染过甲型肝炎
C. 急性甲型肝炎、乙型肝炎
D. 被动获得甲肝抗体，急性甲型肝炎，乙肝病毒携带者
E. 被动获得甲肝抗体，急性乙型肝炎

97. 男性，发现乙肝2年，出现乏力，腹胀，食欲缺乏，病情不稳定。查体：肝病面容，肝肋下触及1.0cm，质中等，脾界扩大，血清ALT 200U/L，清蛋白34g/L，球蛋白37g/L。应诊为
A. 慢性乙型肝炎，中度
B. 慢性乙型肝炎，重度
C. 慢性肝衰竭
D. 肝硬化
E. 慢性重症肝炎

98. 男性，40岁。有慢性乙肝、胆囊炎史，因劳累，近1周发热，体温39℃，右季肋区不适，腹胀，下肢水肿，巩膜、皮肤深度黄染，腹水征（+），凝血酶原活动度30%。应诊断为
A. 肝硬化失代偿
B. 肝硬化自发腹膜炎
C. 慢加急性肝衰竭
D. 淤胆型肝炎
E. 亚急性重型肝炎

99. 女性，25岁。无慢性肝炎史，妊娠6个月，重度乏力、食欲缺乏、腹胀1个月，黄疸进行性加深。查体：皮肤、巩膜深度黄染，肝界不缩小，移动性浊音（+），凝血酶原时间29秒（对照11秒）。最可能的诊断是
A. 急性肝衰竭
B. 亚急性肝衰竭
C. 淤胆型肝炎
D. 急性黄疸型肝炎
E. 妊娠急性脂肪肝

100. 男性，35岁。病程2个月，轻度乏力，腹胀，皮肤瘙痒，粪便颜色变浅，肝肋下触及2cm。实验室检查结果：ALT、AKP、BIL均明显升高。肝胆B超未见肿瘤、结石，肝内胆管无扩张。应诊断为
A. 梗阻性黄疸
B. 胆汁性肝硬化
C. 慢性活动性肝炎
D. 淤胆型肝炎
E. 慢性胆囊炎急性发作

101. 患者有肝硬化史，未抗病毒治疗，因劳累受凉后发热5天，黄疸进行性加深，乏力，腹胀，出现腹水，下肢水肿。实验室检查：ALT 200U/L，血清清蛋白28g/L，总胆红素300μmol/L，凝血酶原时间24秒。应诊断为
A. 肝硬化失代偿
B. 急性肝衰竭
C. 亚急性肝衰竭
D. 慢加急性肝衰竭
E. 胆汁性肝硬化

102. 亚急性重型肝炎患者，近2日出现上腹部不适，烧灼感，反酸，继而出现神志不清，躁动，扑翼样震颤（+），此时心率加快，测血氨增高。最可能的原因是
A. 静脉滴注氨基酸所致
B. 离子紊乱所致
C. 胃黏膜病，引起消化道出血 诱致肝性脑病
D. 药物引起精神异常
E. 继发感染，导致病情加重

103. 男性患者，1个月前因外伤手术输血800ml，近1周出现乏力，食欲缺乏，尿色加深。实验室检查：肝功能ALT 500U/L，抗-HCV（+），HCV RNA（+），抗-HBc（+）。诊断应考虑
A. 急性丙型肝炎，既往有乙肝病毒感染史
B. 慢性丙型肝炎
C. 乙、丙型肝炎病毒合并感染
D. 急性乙、丙型肝炎
E. 急性乙型肝炎

104. 女性，55岁。近20天周身乏力，腹胀，食欲缺乏，尿色深如浓茶。实验室检查：ALT 600U/L，胆红素定量40μmol/L，血清球蛋白45g/L，肝炎病原学阴性，抗核抗体1：1000（+），类风湿因子（+）。诊断为
A. 急性黄疸型肝炎
B. 慢性肝炎活动
C. 自身免疫性肝炎
D. 胆囊炎
E. 淤胆型肝炎

105. 男性，20岁。发热起病3天后，自行缓解，高度乏力，腹胀，黄疸进行性加深，病程第9天出现躁动，神志不清，重度黄疸，肝界缩小。应诊断为
A. 急性黄疸型肝炎
B. 急性肝衰竭
C. 亚急性肝衰竭
D. 慢性肝衰竭
E. 中毒性肝炎

106. 患者诊为慢性肝衰竭伴腹水，2天以来发热、腹痛、腹泻，全腹有压痛及反跳痛，腹水量增加。患者最可能并发
A. 肠道感染
B. 原发性腹膜炎
C. 胆道感染
D. 阑尾炎
E. 门静脉炎

107. 患者诊断为肝炎后肝硬化失代偿期，3天前开始发热，腹痛，腹泻，全腹有压痛，腹水量增加，应尽快做哪项检查
A. 血培养
B. 便常规及便培养
C. 腹水常规及细菌培养
D. 腹部B彩超检查
E. 肝胆脾CT检查

108. 男性，17岁。发热38℃，伴乏力、食欲缺乏、恶心、呕吐，3天后体温正常并发现尿色加深，如深茶样，巩膜皮肤中度黄染。诊断应考虑最可能为
A. 急性黄疸型肝炎
B. 急性胆囊炎
C. 胆石症
D. 慢性肝炎活动
E. 淤胆型肝炎

109. 患者20岁，发热37.5℃，伴周身乏力，食欲缺乏，尿色加深如深茶样。实验室检查：肝功ALT 500U/L，胆红素80μmol/L，抗-HAV IgM（+），HBsAg（+），抗-HBc IgG（+），抗-HBc IgM（-）。应诊断为
A. 急性甲型黄疸型肝炎
B. 慢性乙型黄疸型肝炎
C. 急性乙型黄疸型肝炎
D. 急性乙型肝炎，既往感染甲肝病毒
E. 急性甲型黄疸型肝炎，乙肝病毒携带

110. 女性，患慢性乙型肝炎10年。血实验室检查：HBsAg（+）、HBeAg（+）、抗-HBc IgG（+）。其3岁女儿体检时血清抗-HBs（+），追问病史，无任何临床症状，未注射乙肝疫苗。患者女儿属于
A. 隐性感染
B. 潜伏性感染
C. 显性感染
D. 病毒携带状态
E. 垂直感染

111. 妊娠6个月，乏力、食欲缺乏，腹胀、上腹部疼痛半个月，皮肤、巩膜黄染进行性加深，肝界缩小，TBIL 200μmol/L，ALT 80U/L，尿胆红素阴性。诊断应考虑
A. 急性肝衰竭
B. 亚急性肝衰竭
C. 妊娠性黄疸
D. 急性黄疸型肝炎
E. 妊娠急性脂肪肝

112. 15岁男性，轻度乏力，腹胀，ALT 350U/L，抗-HAV IgM（+），抗-HBs（+），胆红素定量正常。应诊断为
A. 急性乙型肝炎
B. 急性黄疸型肝炎，甲型
C. 急性无黄疸型肝炎，甲型
D. 甲肝病毒携带者
E. 急性无黄疸型肝炎，甲型、乙肝病毒携带者

113. 慢性乙型肝炎患者，病情稳定，近10天突然出现乏力，腹胀，食欲缺乏。实验室检查：ALT 300U/L，胆红素56μmol/L，HBsAg（+），抗-HBe（+），抗-HDV IgM（+）。应诊断
A. 慢性乙型肝炎
B. 慢性乙型肝炎重度
C. 肝炎后肝硬化
D. 慢性乙型肝炎重叠丁型肝炎病毒感染
E. 慢性乙、戊型肝炎重叠感染

114. 慢性乙肝患者，发热4天，体温38℃，伴恶心、呕吐，尿色加深。实验室检查：ALT 800U/L，胆红素定量120μmoL/L，抗-HEV IgM（+）。诊断应考虑
A. 慢性乙型肝炎重叠戊型肝炎病毒感染

B. 慢性乙型肝炎重度
C. 慢性乙型肝炎，急性丁型肝炎
D. 慢加急性肝衰竭
E. 亚急性肝衰竭

115. 肝硬化患者，近 2 天发热，体温 38℃，伴腹痛、腹泻、腹胀。查体：肝肋下未及，脾界大，肋下 3cm，腹水征（+），下腹部有压痛及反跳痛。首先应做何项检查
A. 血常规，便常规
B. 肝功能实验室检查
C. 血常规，腹水常规
D. 凝血酶原时间
E. 便培养

116. 7 月初，6 岁小儿突发高热，抽搐，昏迷，脑膜刺激征（±），初步诊为乙脑，首先要和哪种疾病鉴别
A. 中毒性菌痢
B. 流行性脑脊髓膜炎
C. 散发性脑炎
D. 感染中毒性脑病
E. 结核性脑膜炎

117. 女性，35 岁。确诊为自身免疫性肝炎，ALT 600U/L，肝炎病毒指标（-）。治疗首先考虑应用
A. 保肝药物
B. 胸腺肽
C. 皮质激素
D. 降酶治疗
E. 对症治疗

118. 男性，39 岁。发热起病，轻度乏力，腹胀，皮肤、巩膜黄染逐渐加深，持续不退已 2 个月，皮肤瘙痒，粪便颜色变浅，实验室检查呈梗阻性黄疸表现，PTA 70%，CT 检查未见肝外梗阻征象，肝内胆管不扩张。诊断应考虑
A. 急性黄疸型肝炎
B. 亚急性肝衰竭
C. 胆汁性肝硬化
D. 淤胆型肝炎
E. 硬化性胆管炎

119. 慢性乙肝患者，实验室检查乙肝五项指标，HBsAg（+），抗-HBc（+），HBeAg（+），ALT 120U/L。其意义
A. 病毒有复制，肝脏有损伤
B. 病毒无复制，无传染性
C. 有传染性
D. 肝脏有损伤，无传染性
E. 病毒有复制，有传染性，肝脏有损害

120. 慢性丙型肝炎，抗-HCV（+），HCV RNA（+），ALT 120U/L，肝肋下 1.0cm，脾界不大，侧卧未触及。此患者根本治疗是
A. 护肝治疗
B. 应用甘利欣降酶
C. 应用促肝细胞生长因子
D. 免疫调节治疗
E. 应用干扰素抗病毒治疗

121. 男性，30 岁。自 10 月 30 日起出现发热，头痛，皮肤、黏膜出血，3 天后出现少尿，此时血白细胞 35×10^9/L，尿蛋白（+++）。此时最可能诊断是
A. 肾小球肾炎
B. 尿毒症
C. 白血病
D. 肾综合征出血热
E. 重感冒

122. 已确诊为肾综合征出血热的患者，突然出现右侧腹部剧痛，并有心率加快，血压下降趋势。其原因最可能
A. 肠出血
B. 胆囊炎
C. 阑尾炎
D. 肾破裂
E. 腹膜炎

123. 肾综合征出血热患者，少尿 5 天，近日无尿，晨起活动后，右腹部及腰部剧痛，医生高度怀疑其可能肾破裂，哪项检查不合适
A. 肾盂造影
B. 肾 B 超
C. 肾 CT
D. 局部穿刺
E. 测血象

124. 患者经临床血象检查和 B 超已确定为肾综合征出血热肾破裂，采取下列什么措施不适宜
A. 根据失血情况输血
B. 适当止血药物
C. 立即送省城大医院手术
D. 严密观察病情变化
E. 绝对卧床减少活动

125. 肾综合征出血热，少尿期，并高血容量，脉搏洪大，心率增快，明显呼吸困难，继而咯血，其原因是
A. 肺感染
B. 肺水肿
C. 支气管扩张
D. DIC
E. 尿毒症酸中毒

126. 肾综合征出血热患者，少尿期，突然出现呼吸困难，心率快，并咯血，临床诊断：心力衰竭、肺水肿。下列原因哪项是主要的
A. 肺感染
B. 酸中毒
C. 凝血障碍
D. 肾衰竭
E. 高血容量

127. 40 岁，男性。5 天前入院，诊断为肾综合征出血热，近日尿量增多 3000ml/d，今晨自述乏力、腹胀、心悸。此种情况同下列哪种原因关系最大
A. 低血糖
B. 肾功不全
C. 低血钾
D. 脱水
E. 高钠血症

128. 患者肾综合征出血热，多尿期，近日表现为乏力、腹胀、

心悸，经诊察，确诊为低钾血症，其主要原因
A. 进食不足
B. 多尿
C. 过量输注葡萄糖
D. 肾上腺坏死
E. 甲亢

129. 确诊肾综合征出血热，多尿期，低血钾，此时患者补钾哪项措施是危险的
A. 静脉推注
B. 等比例静脉输液
C. 大量口服
D. 适当静脉滴注
E. 停用利尿药

130. 临床上对肾综合征出血热多尿期，低血钾的监测有很多方法，下列一组中哪一项是错的
A. 心电
B. 胸透
C. 血钾
D. 入量
E. 尿量

131. 某患者于1月3日起发病，3天来发热，恶心，呕吐，食欲缺乏，头痛，四肢酸痛，腰痛。查体：重病容，球结膜充血，无水肿，咽充血，腋下可见点状抓痕样出血点，肝脾未及。血常规：WBC 12×10^9/L，N 0.72，L 0.28，可见异型淋巴细胞。尿常规：尿蛋白（+++），RBC 2~5个/HP。该患者首先考虑的诊断为
A. 钩端螺旋体病
B. 败血症
C. 肾综合征出血热
D. 流行性脑脊髓膜炎
E. 结核性脑膜炎

132. 30岁，男性。来自农村，发病4天，主要表现为发热，出血，少尿，如果怀疑肾综合征出血热。最应做的实验室检查是
A. 血常规
B. 尿常规
C. 便常规
D. 出凝血时间
E. 血、尿常规

133. 诊断明确的肾综合征出血热的患者，其发热期尿的常规检查中特征性的变化是
A. 大量白细胞
B. 大量盐类
C. 大量管型
D. 大量蛋白
E. 大量凝血块

134. 男性农民，42岁。于1月初发病，头痛、发热、恶心呕吐，2天后来我院门诊，此时可见颜面潮红，咽部充血，腹肌紧张，全腹压痛，皮下淤血，自昨晚起无尿。其诊断何病更恰当
A. 病毒性肝炎
B. 急腹症
C. 肾综合征出血热
D. 过敏性疾病
E. 风湿症

135. 患者女性，因发热、恶心、呕吐，全身痛入院，查体时发现全腹压痛，肌紧张，反跳痛，以急腹症剖腹，术中未见腹腔明显异常，后出现少尿，诊为肾综合征出血热。其误诊原因
A. 发热
B. 恶心、呕吐
C. 全身疼痛
D. 全腹压痛、肌紧张、反跳痛
E. 查体不准确

136. 20岁，男性。发热，腰痛6天，少尿4天，近3天无尿，皮肤多处有出血点，面色潮红，烦躁不安，眼睑水肿，体表静脉充盈，血压180/120mmHg，脉洪大，尿蛋白（+++），尿中有膜样物。应诊断肾综合征出血热合并
A. 高血压脑病
B. 高血容量综合征
C. 尿毒症脑病
D. 心力衰竭
E. 弥散性血管内凝血

137. 男性，30岁。发热，腰痛，皮下出血，少尿伴烦躁不安，眼睑水肿，脉洪大，高血压，蛋白尿（+++），诊断为肾综合征出血热，并高血容量综合征。此病的原因中哪项是不对的
A. 少尿
B. 重吸收增加
C. 肾素分泌亢进
D. 肾滤过率下降
E. 低蛋白血症

138. 诊断为肾综合征出血热患者，病程第6天尿量80ml/天，血压186/110mmHg，脉洪大，面水肿，体表静脉充盈，双肺底有散在湿啰音。此时在治疗上应采取下列何组措施为好
A. 严格控制输液量，高效利尿药，早期导泻、降压
B. 采用平衡盐液，降压，促进利尿，导泻
C. 采用高渗葡萄糖液，降压，利尿
D. 采用利尿合剂，纠正酸中毒，扩血管药
E. 纠正酸中毒，降压，激素，利尿

139. 患者诊断为肾综合征出血热，少尿期，并发高血容量综合征，经控制输液，利尿、导泻仍不见改善并出现呼吸困难、肺水肿，尿素氮40mmol/L。此时最好治疗方法是
A. 停止补液
B. 透析疗法
C. 大量护肾药的应用
D. 放血

E. 导尿

140. 1例肾综合征出血热，少尿期第5天患者出现肌张力下降，手足蚁走感，刺痛感反射迟钝。心电图：心率68次/分，T波高尖，QRS丛增宽。应首先考虑
A. 低钠
B. 低钙
C. 高钾
D. 低钾
E. 高镁

141. 患者诊断为肾综合征出血热，持续少尿6天，近3天无尿，并伴呼吸困难，咯血，心悸。试问该患者应为肾综合征出血热临床分型中的哪一型
A. 轻型
B. 重型
C. 普通型
D. 危重型
E. 非典型

142. 出血热少尿期6天，BUN 38mmol/L，尿量100ml/d，血压180/115mmHg，脉洪大，体表静脉充盈，呼吸快，双肺底有散在水泡音。下面的治疗哪项最有效
A. 大量利尿药
B. 充分降压治疗
C. 纠酸强心
D. 透析疗法（血液透析）
E. 控制液体入量

143. 肾综合征出血热休克，因患者渗出严重，血容量不足，经扩容治疗效果不佳。此时应根据哪项实验室检查指标来确定扩容治疗
A. 白细胞计数
B. 血红蛋白量
C. 血小板数
D. 尿常规
E. 离子测定

144. 出血热患者少尿7天，BUN 32mmol/L，脉洪大，黑便，实验室检查结果显示：血小板明显减少。此时首先要考虑患者合并
A. 电解质紊乱，酸中毒
B. 尿毒症
C. DIC
D. 高血容量综合征
E. 消化道出血

145. 男性，28岁。下水道工人，发热3天，伴头痛乏力，全身肌肉酸痛，轻咳，8月初就诊，查体：体温40℃，脉搏120次/分，呼吸40次/分，血压120/80mmHg，急性病容，结膜充血，咽充血，皮肤少量出血点，肺部少许啰音，肝肋下1.5cm肾区叩击痛（+），腹股沟蚕豆大淋巴结数个，有压痛。实验室检查：WBC 14×10^9/L，RBC 4.3×10^{12}/L，N 0.6，尿蛋白（+），每高倍镜下RBC 2~5个，WBC 1~2个。诊断应考虑
A. 肾综合征出血热
B. 无黄疸型肝炎
C. 伤寒
D. 钩端螺旋体病
E. 流行性脑脊髓膜炎

146. 6岁，女孩。发热1天，腹泻5~6次，为黏液性脓血便，腹痛伴里急后重，病前进食过夜食物，粪便常规检查：黏液便，红白细胞满视野，诊断为细菌性痢疾。其类型属于
A. 普通型
B. 轻型
C. 重型
D. 中毒型
E. 慢性型

147. 10岁女孩，1日前因突起高热、剧烈头痛入院。查体：神清，全身皮肤散在瘀点、瘀斑，颈强直，心率110次/分，两肺无异常，腹软无压痛。实验室检查：血WBC 18×10^9/L，中性粒细胞0.89，淋巴细胞0.05，单核细胞0.06。最可能的诊断是
A. 流行性脑脊髓膜炎
B. 结核性脑膜炎
C. 伤寒
D. 流行性乙型脑炎
E. 病毒性脑炎

148. 男性，28岁。突然不规则发热15日，查体：巩膜黄染，肝脾在肋下1.0cm。血WBC 6.0×10^9/L，总胆红素85mmol/L（正常<17.1mmol/L），ALT 120U/L，尿蛋白（+）。肥达反应“O”1∶80，“H”1∶160，抗-HBs（+）。下列哪项检查最有利于确定诊断
A. 骨髓细菌培养
B. 粪便细菌培养
C. 血涂片检疟原虫
D. 肝炎系列
E. 肝活检

149. 伤寒患者经治疗后体温渐降，但未降至正常，此后体温再次升高，血培养阳性，属于
A. 复发
B. 再感染
C. 复燃
D. 混合感染
E. 重复感染

150. 男性，25岁。诊断伤寒，现病程3周，近2天出现巩膜及皮肤黄染，尿呈暗红色或棕色，血ALT 125U/L，AST 118U/L，TBIL 70mmol/L。应考虑发生
A. 急性胆囊炎
B. 合并中毒性肝炎
C. 中毒性肺炎
D. 继发感染败血症
E. 溶血性尿毒综合征

151. 男性，12岁。发热10天伴食欲缺乏。查体：体温39.6℃，脉搏74次/分，肝肋下2.0cm，脾肋下1.0cm。

外周血白细胞 2.6×10^9/L，中性粒细胞0.85，淋巴细胞0.15，嗜酸性粒细胞0，临床上拟诊断伤寒。为确定诊断选用下列哪一种培养最正确

A. 血培养
B. 尿培养
C. 粪便培养
D. 胆汁培养
E. 玫瑰疹刮取物培养

152. 某男生吃水果后出现腹痛腹泻，伴里急后重，体温38.0℃。实验室检查血常规：白细胞 12×10^9/L，N 0.9。便常规：红细胞6个/HP，白细胞10个/HP。最可能诊断

A. 细菌性痢疾
B. 肠伤寒
C. 病毒性肠炎
D. 霍乱
E. 食物中毒

153. 患儿，4岁。于夏季高热8小时，抽搐2小时，呕吐一次，体温40℃，血压46/18mmHg，昏睡状，面色苍白，腮腺不大，四肢紧张，肢冷，腱反射亢进，皮肤花纹状，心肺腹未见异常。实验室检查：WBC 18×10^9/L，N 0.86。粪便镜检：WBC 2～8个/HP。应首选考虑

A. 流行性乙型脑炎
B. 腮腺炎脑炎
C. 中毒性菌痢
D. 脑型疟疾
E. 流行性脑脊髓膜炎

154. 男性，20岁。突发寒战高热，伴腹痛，腹泻，腹泻10余次，粪便质少，为黏液脓血便，便细菌培养痢疾杆菌阳性。便常规：脓液(++)，红细胞6个/HP，白细胞满视野。该患者首选治疗

A. 氯霉素
B. 诺氟沙星
C. 头孢霉素
D. 红霉素
E. 利巴韦林

155. 男性，7岁。突然发热1天，同时伴有头痛，腹痛，腹泻，脓血便，里急后重，每日腹泻10余次。查便常规：RBC≥15个/HP，WBC 20～30个/HP。病原治疗首选

A. 氨苄西林
B. 环丙沙星
C. 呋喃唑酮
D. 黄连素
E. 庆大霉素

156. 男性，50岁。慢性起病，病程3个月，每日腹痛腹泻数次，伴里急后重，为黏液脓血便，患者消瘦明显，被诊断为菌痢。尚需与哪种疾病鉴别

A. 结肠癌
B. 霍乱
C. 伤寒
D. 血吸虫病
E. 病毒性肠炎

157. 男性，48岁。8周前开始腹泻腹痛，黏液脓血便，每日10余次，经当地用呋喃唑酮治疗无效。病后1个月，因右踝关节肿痛，行走不便入院。查体：轻度贫血，无黄疸，肝脾未触及，左下腹轻压痛，双侧踝关节、膝关节肿胀，压痛阳性。便常规：红细胞50个/HP，白细胞30个/HP，红细胞沉降率80mm/1h末。最可能的诊断是

A. 急性阿米巴痢疾
B. 慢性溃疡性结肠炎伴类风湿关节炎
C. 慢性菌痢合并多发性渗出性关节炎
D. 急性菌痢合并多发性渗出性关节炎
E. 慢性肝炎伴肝外多系统损害

158. 4岁儿童，因高热10小时，2小时前发生惊厥急诊来院，体温40.3℃，呼吸42次/分，面色苍白，四肢发凉，皮肤有“花纹”，血WBC 18.0×10^9/L，N 0.86，L 0.14。做下列哪项检查最有助于早期诊断

A. 脑脊液检查
B. 血培养
C. 胸部放射线检查
D. 生理盐水灌肠液镜检
E. 粪便培养

159. 男性，30岁。突然寒战，高热，头痛，呕吐，烦躁不安，意识障碍。查体：T 37.6℃，P 100次/分，BP 70/40 mmHg，心肺未见异常，皮肤可见瘀点和瘀斑。需要首先处置是

A. 抗生素
B. 补充血容量及纠正酸中毒
C. 肾上腺皮质激素
D. 升压药
E. 脱水治疗

160. 3岁小儿，发热3天，有头痛，呕吐。查体：皮肤有瘀点，瘀斑，脑膜刺激征(+)。腰穿脑脊压升高，外观混浊，细胞数 2000×10^6/L，糖和氯化物明显降低，蛋白含量明显升高，脑脊液直接涂片检菌阳性。临床诊断

A. 结核性脑膜炎
B. 肺炎链球菌性脑膜炎
C. 普通型流脑
D. 脑膜脑炎型流脑
E. 病毒性脑膜炎

161. 间日疟患者经奎宁治疗3天，临床症状消失，2个月后又出现疟疾，外周血可查到疟原虫，其间再无感染此种情

况应考虑
A. 疟疾再感染
B. 疟疾复发
C. 疟疾再燃
D. 不同疟原虫混合感染
E. 疟原虫重复感染

162. 男性，26 岁。家住沈阳，于 12 月突然发病，表现为发冷、寒战、高热、大汗后而缓解，隔日发作 1 次，已 10 天。查体：脾肋下 1cm，余未见异常。实验室检查：血 WBC $5.0\times10^9/L$，中性粒细胞 0.68，血红蛋白 100g/L，血培养阴性。患者同年 8 月曾去海南旅游半个月。该患者发热最可能的原因是
A. 伤寒
B. 疟疾
C. 败血症
D. 急性血吸虫病
E. 急性粒细胞型白血病

163. 男性，78 岁。既往患冠心病 30 余年，因寒热，大汗，在当地医院诊断为疟疾。下列哪种药慎用
A. 氯喹
B. 奎宁
C. 伯氨喹啉
D. 磺胺类
E. 青霉素

164. 男性，35 岁，浙江人。1 个月前因捕鱼着凉，近日发热，体温 38.5℃，腹泻稀便。查体：无欲外观，周身可见荨麻疹，无黄染，肝肋下 1.0cm，脾肋下 2.0cm，脾轻压痛。实验室检查：血 WBC $15\times10^9/L$，嗜酸性粒细胞 0.4。其最可能的诊断是
A. 伤寒
B. 副伤寒
C. 阿米巴肝脓肿
D. 急性血吸虫病
E. 粟粒性结核

165. 男性，40 岁。不规则发热，半年余，反复抗菌无效，明显消瘦，侨居国外多年，临床考虑是否同艾滋病有关。下列哪项检查既便捷又具特异性
A. 痰培养
B. 胸部 CT
C. 血清抗-HIV
D. HIV 分离
E. CD4/CD8 比值，CD4 计数

166. 男性，发热，咳嗽，腹泻，消瘦，血清 HIV 抗体阳性，考虑为艾滋病。最终经哪一项检查确定了艾滋病的诊断
A. p24 抗原阳性
B. 便培养
C. 痰培养
D. 胸部 X 线检查
E. 以上皆不是

167. 男性，39 岁，商人。有冶游史。1 周来发热，头痛，全身不适，无食欲，全身淋巴结均肿大，无痛。白细胞 $3.5\times10^9/L$，CD4/CD8 1.0，其他无特殊。此例哪种疾病可能性大
A. 传染性单核细胞增多症
B. 急性淋巴结炎
C. 艾滋病
D. 霍奇金病
E. 钩体病

168. 患者，男性，40 岁。不否认有性乱行为，近月来发热，食少，消瘦，全身淋巴结肿大，白细胞减少，疑其感染 HIV 病毒。首选下列哪项有助于初诊
A. 血常规
B. CD4 细胞计数
C. 免疫印染法查抗体
D. 酶免测抗体
E. 放免测抗体

169. 患者，40 岁。同性恋者。近日出现腹泻，消瘦，低热，经多方检查，最后诊断为艾滋病。问下列哪组药物对人类免疫缺陷病毒有抑制作用
A. α 干扰素
B. 叠氮脱氧胸苷
C. 戊烷脒
D. 胸腺肽
E. 核糖核酸

170. 患者已确诊为艾滋病，为了防止其感染其他人，应采取哪项措施预防更合理
A. 饮食隔离
B. 呼吸道隔离
C. 避免探视
D. 严格管理患者的排泄物，医用器械
E. 注射疫苗

【A_3/A_4 型题】

（171～173 题共用题干）

男性，20 岁。发热起病，体温 38℃，3 天后体温下降伴周身乏力，食欲缺乏，恶心呕吐，近 2 天发现尿色深如豆油样。胆红素定量 80μmol/L，抗-HBs（+），抗-HAV IgM（+），巩膜及皮肤中度黄染，肝区轻度叩痛，肝肋下 1.0cm，质软，脾侧卧未及，胆囊区无压痛。

171. 此患者临床诊断应考虑
A. 急性黄疸型肝炎
B. 急性重型肝炎
C. 亚急性重型肝炎
D. 淤胆型肝炎
E. 胆囊炎伴肝损害

172. 从病原学诊断应考虑
A. 急性乙型肝炎
B. 急性甲型肝炎
C. 急性戊型肝炎
D. 急性甲、乙型肝炎
E. 急性丁型肝炎

173. 此患者目前主要治疗措施
A. 保肝治疗
B. 卧床休息
C. 调节免疫功能治疗
D. 抗病毒治疗
E. 支持治疗

（174～176题共用题干）

患者，35岁。皮肤巩膜黄染20余天，伴恶心腹胀，食欲缺乏，尿如浓茶样。查体：神志清，深度黄染，注射部位可见瘀斑，慢性肝病容（-），鼓肠，腹水征（+），肝右肋下1.0cm，脾侧卧未及。ALT 300U/L，胆红素定量300μmol/L，白蛋白29g/L，凝血酶原时间24秒（对照12秒），AFP 80ng/ml。

174. 此患者诊断应考虑
A. 急性肝衰竭
B. 亚急性肝衰竭
C. 慢加急性肝衰竭
D. 淤胆型肝炎
E. 原发性肝癌

175. 下列哪项检查对诊断最有意义
A. 血清丙氨酸转氨酶（ALT）
B. 血胆红素定量
C. 甲胎蛋白（AFP）
D. 凝血酶原时间
E. 血清白蛋白

176. 此患者最终易发展为
A. 慢性肝炎
B. 原发性肝癌
C. 淤胆型肝炎
D. 胆汁性肝硬化
E. 坏死后肝硬化

（177～178题共用题干）

男性，23岁，农民。11月因发热、头痛、呕吐3天入院。查体：面颈部潮红，双腋下少许出血点。尿常规：蛋白（++），红细胞3～10个/HP。血常规：WBC $23.0\times10^9/L$，异型淋巴细胞0.1，PLT $48\times10^9/L$。

177. 该患者的诊断可能为
A. 流行性脑脊髓膜炎
B. 斑疹伤寒
C. 肾综合征出血热
D. 钩端螺旋体病
E. 败血症，DIC

178. 住院2天后，热退但症状加重，出血点增加，四肢厥冷，脉搏细弱，血压80/60mmHg，此时对该患者的治疗原则是
A. 以扩容为主
B. 以应用血管活性药物为主
C. 以应用激素为主
D. 以纠正酸中毒为主
E. 以输入胶体液为主

（179～181题共用题干）

患者，31岁。12月末发病，头痛、发热、恶心、呕吐、腰痛4天。查体：面色潮红，结膜充血，腋下可见点状出血。实验室检查：血WBC $15\times10^9/L$，中性粒细胞0.72，淋巴细胞0.2，异淋0.8，尿蛋白（+++）。已确诊为肾综合征出血热。

179. 上述情况中哪项在诊断上最重要
A. 流行病
B. 症状
C. 体征
D. 实验室检查
E. 以上都不是

180. 下列诸项中哪项是肾综合征出血热特征性改变
A. 病程长短
B. 热退后症状加重
C. 血尿的情况
D. 贫血程度
E. 颅内压力

181. 如果分期此时应为何期更准确
A. 发热期
B. 休克期
C. 发热末期
D. 少尿初期
E. 移行期

（182～184题共用题干）

患者，30岁。11月中旬发病，发热，全身痛，尿少，入院时发病5天。查体可见面部充血，结膜出血，皮下可见瘀点、瘀斑。经实验室检查，最后确诊为肾综合征出血热。

182. 其出血原因中哪项错误
A. 血管损伤
B. 血小板减少
C. 肝素物质增多
D. DIC早期
E. 以上都不是

183. 此后的实验室检查中有一项是多余的，应是
A. 肾功能
B. 离子
C. CO_2CP
D. 血小板
E. 尿酮

184. 哪一脏器的出血危害性最大
A. 脑
B. 肺
C. 肠
D. 肾
E. 心房

（185～188题共用题干）

男性，突发寒战，体温39℃左右，腹泻10余次，伴里急后重，起初为稀便，后转为脓血便。便常规：红细胞5个/HP，白细胞10个/HP，脓液（++）。

185. 该患者最可能的诊断是
A. 细菌性痢疾
B. 阿米巴痢疾
C. 伤寒
D. 肠炎
E. 食物中毒

186. 该患者如确诊，还需何种检查
A. 血细菌培养
B. 血常规
C. 尿常规
D. 粪便细菌培养
E. 腹部平片

187. 该患者治疗首选药物为
A. 头孢菌素
B. 黄连素
C. 红霉素
D. 氯霉素
E. 氧氟沙星

188. 该患者需与哪一种病相鉴别
A. 肠炎
B. 伤寒

C. 霍乱
D. 肝炎
E. 肠结核
(189~191 题共用题干)
男性，25 岁。春季，主诉寒战、高热、剧烈头痛 1 天，呕吐 3 次。查体：神志清楚，体温 39.8℃，颈强直（±），皮肤有瘀点，咽部略充血，心、肺、腹无异常，克氏征（-）。血白细胞 20×10^9/L，中性粒细胞 0.85。腰穿：脑脊液米汤样，细胞数 3000×10^6/L，中性粒细胞 0.8，糖 1.12mmol/L。
189. 最可能的诊断是
A. 流行性乙型脑炎
B. 结核性脑膜炎
C. 化脓性脑膜炎
D. 流行性脑脊髓膜炎
E. 脑型疟疾
190. 可能出现的并发症有
A. 化脓性关节炎
B. 中耳炎
C. 肺炎
D. 心内膜炎
E. 以上均是
191. 最有效的治疗措施是
A. 青霉素 G
B. 头孢霉素
C. 环丙沙星
D. 氯霉素
E. 庆大霉素
(192~194 题共用题干)
男性，30 岁。2 周前曾去南方出差，2 天前突然寒战、高热，体温最高达 39.5℃，4 小时后大汗淋漓，热退。
192. 该患应首先考虑为
A. 上呼吸道感染
B. 肺结核
C. 疟疾
D. 败血症
E. 以上均不是
193. 为确定诊断应做哪项检查
A. 血常规
B. 血液涂片查疟原虫
C. 骨髓象检查
D. 疟原虫抗体检查
E. 血细菌培养
194. 临床有典型的疟疾症状发作，出现于
A. 当疟原虫在肝细胞与红细胞内增殖时
B. 红细胞破坏，大量裂殖子、疟色素与代谢产物释放入血
C. 一部分裂殖子侵入红细胞内增殖后再释放入血
D. 一部分裂殖子侵入肝细胞内进行红细胞外期生活
E. 裂殖子经几代增殖后，一部分发育成雌或雄配子体
(195~197 题共用题干)
男性，40 岁，农民。1 个月前，因下稻田着凉，近日发热 2 周，畏寒，体温在 38℃ 上下，自觉腹痛，有腹泻，稀便。查体：表情淡漠，腹部有轻压痛，肝肋下 1.0cm，剑突下 2.5cm，周身可见荨麻疹。
195. 以下检查中最可能出现异常的是
A. 血白细胞在正常范围
B. 血嗜酸性粒细胞增多
C. 血小板减少
D. 血嗜酸性粒细胞减少
E. 血液浓缩
196. 预计肝功能异常表现在
A. 血清 ALT 显著升高
B. 血清 AST 显著升高
C. 血球蛋白显著升高
D. 血白蛋白一般正常
E. 以上都不是
197. 最有效的治疗措施是
A. 甲苯咪唑
B. 硫双二氯酚
C. 阿苯达唑
D. 左旋咪唑
E. 吡喹酮
(198~199 题共用题干)
男性，40 岁。曾在国外居住多年，3 年前回国，近半年持续低热，伴乏力，周身淋巴结肿大，口腔黏膜反复感染，大量抗生素治疗效果不佳，近来体重减轻，血常规示白细胞低和贫血。
198. 此时应注意哪种疾病更合适
A. 结核病
B. 贝赫切特病
C. 传染性单核细胞增多症
D. 艾滋病
E. 亚急性变应性败血症
199. 要诊断艾滋病还应做哪项检查
A. 红细胞沉降率
B. 抗-HIV
C. 嗜异性凝集试验
D. 抗-HEV
E. 病毒培养

【B_1 型题】

(200~206 题共用备选答案)
A. 甲型肝炎病毒
B. 乙型肝炎病毒
C. 丙型肝炎病毒
D. 丁型肝炎病毒
E. 戊型肝炎病毒
200. 属 DNA 病毒的是
201. 哪型肝炎病毒属缺陷病毒
202. 常见输血后肝炎是哪型病毒引起的
203. 我国慢性肝炎患者主要由哪型肝炎病毒引起
204. 最易变异的是哪种肝炎病毒
205. 转为慢性肝炎比例最高的是
206. 哪型肝炎病毒感染后，临床淤胆型肝炎常见
(207~211 题共用备选答案)
A. HBsAg
B. 抗-HBs
C. HBeAg
D. 抗-HBe
E. 抗-HBc
207. 乙肝疫苗的主要成分是
208. 保护性抗体是
209. 乙肝病毒复制指标是
210. 表示有传染性指标是
211. 曾经感染乙肝病毒指标是
(212~214 题共用备选答案)
A. 头孢类

B. 大环内酯类
C. 氨基糖苷类
D. 喹诺酮类
E. 甲硝唑类
212. 肾综合征出血热少尿期，肺感染治疗首选药物
213. 肾综合征出血热少尿期，忌用的抗生素是
214. 合并厌氧菌感染时需选
（215~217 题共用备选答案）
A. 发热
B. 低血压
C. 少尿
D. 无尿
E. 意识改变
215. 休克期同少尿期的鉴别点是
216. 发热末期少尿的常见原因是
217. 多尿移行期很少见的合并症应为
（218~220 题共用备选答案）
A. 倦怠无力
B. 肾脏缺血
C. 恶心呕吐
D. 低渗性脑水肿
E. 肌肉僵硬
218. 低钾表现为
219. 低钠表现为
220. 低血压表现
（221~223 题共用备选答案）
A. 抗-HIV 阳性
B. 抗-HAV 阳性
C. 抗-EBV 阳性
D. 抗-HBc 阳性
E. 抗“O”阳性
221. 传染性单核细胞增多症
222. 甲肝感染
223. 艾滋病
（224~226 题共用备选答案）
A. 肾综合征出血热的传染源
B. 艾滋病的传染源
C. 布鲁菌病的传染源
D. 乙脑的传染源
E. 狂犬病的传染源
224. 鼠
225. 猪
226. 人
（227~232 题共用备选答案）
A. 消化道传播
B. 蚊虫传播
C. 血液传播
D. 直接接触传播
E. 母婴传播
227. 甲型肝炎的传播途径
228. 我国慢性乙型肝炎的主要传播途径
229. 丙型肝炎的传播途径
230. 戊型肝炎的传播途径
231. 钩体病的传播途径
232. 乙脑的传播途径
（233~234 题共用备选答案）
A. 起病较急，热型不规则，呕吐，腹泻明显，肠道并发症少见
B. 发热持续不退，病程达5周以上至数月
C. 体温 38℃左右，病情轻，1~3 周可恢复
D. 起病急，严重毒血症，并有谵妄，昏迷，循环衰竭
E. 毒血症较轻，无明显自觉症状，有些病例直至发生肠并发症时才被发现
233. 儿童伤寒的特点
234. 逍遥型伤寒特点
（235~237 题共用备选答案）
A. 志贺痢疾杆菌
B. 舒密次痢疾杆菌
C. 福氏痢疾杆菌
D. 宋内痢疾杆菌
E. 鲍氏痢疾杆菌
235. 我国近年来引起菌痢最常见的病原菌是
236. 所引起菌痢多数症状轻，非典型病例较多者
237. 能产生神经毒素的痢疾杆菌是
（238~239 题共用备选答案）
A. 伤寒杆菌
B. 霍乱弧菌
C. 痢疾杆菌
D. 大肠埃希菌
E. 副伤寒甲杆菌
238. 分泌肠毒素，激活环磷酸腺苷介质系统引起小肠过度分泌，造成剧烈水泻
239. 具有侵袭力的菌株进入肠黏膜固有层并在其中繁殖，引起炎症与溃疡
（240~241 题共用备选答案）
A. 皮肤及内脏血管损害更严重和广泛血管腔内有血栓
B. 血管内皮损害，血管壁有炎症，坏死和血栓形成
C. 病变以脑组织为主，有明显的充血和水肿，颅内压升高，可形成脑疝
D. 病变主要在大脑两半球表面和颅底
E. 以上都不是
240. 流脑败血症期病理变化是
241. 流脑脑膜炎期的病理变化
（242~245 题共用备选答案）
A. 氯喹
B. 卡巴胂
C. 磷酸伯氨喹
D. 甲硝唑
E. 依米丁
242. 能够杀灭各型阿米巴原虫，适于肠内、外急慢性阿米巴病
243. 在高疟区成人常服用哪种药物来预防疟疾
244. 杀灭红细胞内疟原虫裂殖体增殖的药物是
245. 杀灭红细胞内疟原虫配子体和迟发型子孢子的药物是
（246~249 题共用备选答案）
A. 嗜酸性粒细胞比例升高
B. 嗜酸性粒细胞比例下降或消失
C. 中性粒细胞比例升高
D. 淋巴细胞比例升高
E. 单核细胞比例升高
246. 日本血吸虫病外周血象
247. 流行性出血热
248. 流行性脑脊髓膜炎
249. EB 病毒感染
（250~252 题共用备选答案）
A. 生吃鱼虾

B. 生吃猪肉
C. 生吃毛蚶
D. 喝生牛奶
E. 生吃三文鱼
250. 肝吸虫病可由哪种途径感染
251. 布鲁菌病可由哪种途径感染
252. 甲型肝炎可由哪种途径感染
（253~255 题共用备选答案）
A. 叠氮脱氧胸苷
B. α 干扰素
C. 喷他脒
D. 病毒灵
E. 麻疹疫苗
253. 抑制 HIV
254. 常用抗乙肝病毒
255. 肺孢子菌肺炎

第三章　性传播疾病

【A_1 型题】

1. 急性淋病的治疗，首选药物是
A. 青霉
B. 大观霉素
C. 头孢曲松
D. 红霉素
E. 阿奇霉素
2. 以下哪一项不是梅毒的感染途径
A. 性接触
B. 血液传播
C. 垂直传播
D. 接吻
E. 蚊虫叮咬
3. 下列哪种药物不能治疗梅毒
A. 苄星青霉素 G
B. 四环素
C. 阿昔洛韦
D. 红霉素
E. 头孢曲松钠
4. 妊娠期淋病的治疗哪种药物可应用
A. 四环素
B. 氟喹诺酮类
C. 青霉素
D. 环丙沙星
E. 干扰素
5. 尖锐湿疣的治疗下列哪种方法不正确
A. 激光
B. UVB 光疗
C. 微波
D. 冷冻
E. 电灼
6. 梅毒的分期不包括下列哪一项
A. 一期梅毒
B. 亚急性期梅毒
C. 三期梅毒
D. 早期先天性梅毒
E. 二期梅毒
7. 下列哪种情况与淋病无关
A. 潜伏期短
B. 传染性强
C. 易复发
D. 导致多种并发症
E. 有后遗症
8. 治疗淋菌性尿道炎无效的药物是哪一种
A. 环孢素
B. 大观霉素
C. 氧氟沙星
D. 头孢曲松
E. 环丙沙星
9. 与生殖道沙眼衣原体感染临床特征不符合的是
A. 过程隐匿
B. 迁延
C. 症状明显
D. 症状轻微
E. 并发上生殖道感染
10. 生殖道沙眼衣原体感染途径是
A. 接吻
B. 性接触
C. 输血
D. 注射
E. 握手
11. 生殖道沙眼衣原体感染治疗的有效药物是
A. 头孢曲松
B. 大观霉素
C. 环孢素
D. 阿奇霉素
E. 制霉菌素
12. 尖锐湿疣的传播途径主要是
A. 血液传播
B. 垂直传播
C. 性接触
D. 虫媒
E. 乳汁
13. 性传播疾病的防治措施是
A. 完善法律保障
B. 重视宣传教育
C. 规范疫情报告
D. 加强行为干预
E. 以上都是
14. 关于一期梅毒的叙述错误的是
A. 可出现硬下疳
B. 梅毒血清学阴性
C. 有神经梅毒
D. 有不洁性交史
E. 外阴表面溃疡，有浆液性分泌物

【A_2 型题】

15. 女，24 岁。外阴瘙痒伴阴道分泌明显增多 1 周。妇科检查：阴唇后联合散在粉色小乳头状突起。最可能的诊断是
A. 淋病
B. 外阴炎
C. 尖锐湿疣
D. 外阴肿瘤
E. 梅毒
16. 男，45 岁，商人。有不洁性交史 5 天，1 天前尿道疼痛出脓。查体：尿道口可见大量黄色脓性分泌物。下列哪种检查即便捷又准确
A. 淋球菌涂片
B. 淋球菌培养

C. HIV 分离
D. 血清抗-HIV
E. RPR

17. 女性，34 岁。离异，服务业人员。外阴起丘疹、肿物 1 个月，皮疹逐渐扩大，无明显不适感，查大小阴唇可见鸡冠状肿物，表面呈乳头状，实验室检查醋酸白试验阳性，诊断应首选
A. 梅毒
B. 扁平湿疣
C. 尖锐湿疣
D. 淋病
E. 生殖器疱疹

【A_3/A_4 型题】

（18~20 题共用题干）

女性，20 岁，服务业人员。未婚，不否认有性交行为。半月前躯干、四肢、双手掌跖出现红斑，无痒痛感，查躯干、四肢可见玫瑰色椭圆形斑疹，对称分布，掌跖部黄豆大小铜红色领圈样脱屑。

18. 该患者应考虑为哪种疾病
A. 玫瑰糠疹
B. 梅毒
C. 红斑狼疮
D. 麻疹
E. 结节性红斑

19. 要诊断梅毒还应做哪项检查
A. RPR TPPA
B. 抗-HIV
C. 抗-HEV
D. RPR
E. 红细胞沉降率

20. 若确诊为梅毒首选治疗药物是
A. 四环素
B. 红霉素
C. 头孢曲松钠
D. 青霉素类
E. 拜复乐

（21~22 题共用题干）

男性，20 岁。网管员，未婚。有性交行为 5 天。1 天前自觉尿道有灼热感，并出现黄色脓性分泌物，尿急、尿痛。

21. 此例患者首先考虑诊断为
A. 梅毒
B. 软下疳
C. 淋病
D. 生殖器疱疹
E. 硬下疳

22. 若诊断淋病还需做哪项检查
A. 真菌涂片
B. 淋球菌涂片
C. HIV
D. 真菌培养
E. RPR TPPA

【B_1 型题】

（23~24 题共用备选答案）
A. 难辨梭菌
B. 苍白密螺旋体
C. 甲型溶血性链球菌
D. 人类乳头瘤病毒
E. HIV

23. 引起梅毒的病原体是
24. 可引起尖锐湿疣的病原体是

（25~27 题共用备选答案）
A. 硬下疳
B. 阴茎群集性水疱
C. 尿道黄色大量脓性分泌物
D. 玫瑰疹
E. 躯干部红斑

25. 一期梅毒可出现
26. 生殖器疱疹可见
27. 淋病可有

（28~29 题共用备选答案）
A. TPPA RPR
B. 醋酸白试验
C. HIV
D. 衣原体检查
E. 真菌涂片

28. 尖锐湿疣患者需做
29. 二期梅毒患者需做

第二十一篇 其 他

第一章 围术期处理

【A_1型题】

1. 手术后早期恶心、呕吐常见的原因是
   A. 颅内压增高
   B. 麻醉反应
   C. 术后腹胀
   D. 肠梗阻
   E. 低血钾
2. 术前常规禁食的时间是
   A. 禁食4小时，禁水2小时
   B. 禁食6小时，禁饮2小时
   C. 禁食10小时，禁饮3小时
   D. 禁食10小时，禁饮3小时
   E. 禁食12小时，禁饮4小时
3. 成人术前需要应用降压药的血压（mmHg）指标是超过
   A. 130/90
   B. 140/90
   C. 150/100
   D. 160/100
   E. 170/110
4. 手术患者从术前12小时禁食，4小时禁水是为了
   A. 减少术后感染
   B. 防止术后腹胀
   C. 防止吻合口瘘
   D. 防止术后伤口裂开
   E. 防止麻醉或手术中呕吐
5. 高压灭菌后的物品一般可保留
   A. 4天
   B. 1周
   C. 2周
   D. 3周
   E. 1个月
6. 多器官疾病术前不正确的是
   A. 心力衰竭需控制3~4周
   B. 经常发作哮喘患者，术前可口服地塞米松
   C. 肝功能严重损害的患者，一般不宜施行任何手术
   D. 肾功能不全的患者，在有效的透析疗法支持下，可耐受手术
   E. 糖尿病患者术前血糖应控制到正常
7. 手术区皮肤消毒的范围最少距手术切口
   A. 5cm
   B. 10cm
   C. 15cm
   D. 20cm
   E. 30cm
8. 器械浸泡在70%乙醇或0.1%新洁尔灭溶液中需要多少时间方可使用
   A. 15分钟
   B. 30分钟
   C. 60分钟
   D. 90分钟
   E. 120分钟
9. 腹部手术后多采取
   A. 平卧位
   B. 侧卧位
   C. 俯卧位
   D. 高坡卧位
   E. 低半坐位
10. 关于戴无菌手套，脱污染手套，下述描述哪项是错误的
   A. 戴无菌手套时，注意勿触及手套外面
   B. 脱污染手套时，手套外面不能触及皮肤
   C. 常规洗手后，如用干手套，先穿手术衣后戴手套
   D. 常规洗手后，如用温手套，先戴手套后穿手术衣
   E. 常规洗手后，如用干手套，先戴手套后穿手术衣

【A_3/A_4型题】

（11~13题共用题干）

男性，18岁。因转移性右下腹痛12小时入院，诊断为“急性阑尾炎”，当晚行阑尾切除术，病理为坏疽性阑尾炎。自术后次晨起，患者表现为腹痛，烦躁不安，未解小便。查体：面色较苍白，皮肤湿冷，心率110次/分钟，较弱，血压80/60mmHg，腹稍胀，全腹压痛，轻度肌紧张，肠鸣音减弱。

11. 该患者目前情况，应考虑为何种可能
   A. 术后肠麻痹
   B. 术后疼痛所致
   C. 术后尿潴留
   D. 术后腹腔内出血
   E. 机械性肠梗阻
12. 为明确诊断，最好选择采取何种措施
   A. 继续观察病情变化
   B. 腹部X线透视
   C. 腹部B超
   D. 诊断性腹腔穿刺
   E. 导尿
13. 诊断明确后，应采取何种治疗方法
   A. 镇静、镇痛治疗
   B. 留置导尿管
   C. 输液输血治疗
   D. 持续胃肠减压
   E. 剖腹探查术

【B_1型题】

（14~16题共用备选答案）

A. 不必特殊处理
B. 毛花苷C 0.4mg加入25%葡萄糖20ml，静脉缓慢

推注
C. 皮下注射阿托品 0.5mg
D. 口服地高辛 0.25mg，每日 1 次
E. 少量多次输血
14. 偶发性期前收缩的患者手术前
15. 冠心病患者心室率每分钟 50 次以下者手术前
16. 心房颤动患者心室率在每分钟 100 次以上者手术前
（17～18 题共用备选答案）
A. 术后 4～5 天
B. 术后 6～7 天
C. 术后 14 天
D. 术后 7～9 天
E. 术后 10～12 天
17. 头、面、颈部手术切口拆线的时间应
18. 减张缝线拆除时间应为

第二章 外科营养

【A_1 型题】

1. 比标准体重减少多少为营养不良
A. 5%
B. 15%
C. 20%
D. 25%
E. 10%
2. 清蛋白低于多少表示重度营养不良
A. 35g/L
B. 29g/L
C. 25g/L
D. 15g/L
E. 21g/L
3. 正常人每日需能量为
A. 5000kJ
B. 6325kJ
C. 7535kJ
D. 8000kJ
E. 9735kJ
4. 肠内营养并发症与输入速度及溶液浓度有关的是
A. 误吸
B. 腹胀、腹泻
C. 肠炎
D. 肠道细菌移位
E. 胆囊结石
5. 长期采用全胃肠外营养，理想静脉为
A. 颈内或锁骨下静脉
B. 颈外静脉
C. 头静脉
D. 大隐静脉
E. 上肢静脉
6. 全胃肠外营养液中必需氨基酸和非必需氨基酸的比例一般应为
A. 1∶1
B. 1∶2
C. 1∶3
D. 2∶1
E. 3∶1

第三章 感 染

【A_1 型题】

1. 预防手术后感染的最重要的措施是
A. 提高机体抵抗力
B. 术前、术中、术后大量应用抗生素
C. 避免休克发生
D. 术后早期离床活动
E. 严格遵守无菌操作的原则
2. 诊断丹毒最有意义的临床表现是
A. 头痛、畏寒、高热
B. 好发部位
C. 色鲜红界限清楚
D. 局部发生水疱
E. 所属淋巴结肿大
3. 丹毒的致病菌是
A. 梭状芽孢杆菌
B. 乙型血性链球菌
C. 金黄色葡萄球菌
D. 白念珠菌
E. 表皮葡萄球菌
4. 关于深部脓肿，下列哪项是错误的
A. 局部有疼痛与压痛
B. 有凹陷性水肿
C. 可扪及波动感
D. 有明显全身症状
E. 穿刺有脓
5. 伤口附近出现“红线”是
A. 浅层静脉炎
B. 深层静脉炎
C. 网状淋巴管炎
D. 浅层管状淋巴管炎
E. 深层管状淋巴管炎
6. 关于破伤风，正确的描述是
A. 颈部肌肉强烈收缩最早出现
B. 光线不能诱发全身肌肉抽搐
C. 严重者神志不清
D. 可出现尿潴留
E. 不会发生骨折
7. 破伤风最初出现典型的肌肉强烈收缩是
A. 咬肌
B. 面肌
C. 颈项肌
D. 背腹肌
E. 四肢肌
8. 发生外科感染的必要条件不包括
A. 外界病菌大量侵入组织
B. 人体正常菌群变成病菌

C. 病菌在组织内大量繁殖
D. 人体抵抗能力有一定缺陷
E. 组织内的有氧环境

9. 关于痈的治疗正确的是
A. 初期只有红肿时，热敷治疗
B. 当表面紫褐色已破溃流脓时，不必切开
C. 切开引流时做“+”形切口
D. 切口应达病变边缘皮肤
E. 切口应深达深筋膜深面

10. 化脓性感染形成脓肿后，外科治疗的基本原则是
A. 全身加大抗生素剂量
B. 改用其他抗生素
C. 加用肾上腺皮质激素
D. 配合局部物理疗法
E. 立即切开引流

11. 不能引起败血症的细菌是
A. 葡萄球菌
B. 链球菌
C. 大肠埃希菌
D. 破伤风梭菌
E. 铜绿假单胞菌

12. 不能引起特异性感染的是
A. 破伤风梭菌
B. 结核分枝杆菌
C. 乙型溶血性链球菌
D. 真菌
E. 梭状芽孢杆菌

13. 脓血症的主要特点是
A. 寒战
B. 高热
C. 病情发展迅速
D. 白细胞计数明显增多
E. 转移性脓肿

【A_3/A_4型题】

（14~16 题共用题干）

男性，8 岁。额部多发性疖肿，未治，红肿扩大，弛张性高热，4 天后臀部皮下又发现一肿块，疼痛，压痛明显，且有波动感。

14. 进一步确诊的方法是
A. 头部 X 线片
B. 臀部肿块 B 超检查
C. 臀部 X 线片
D. 查血常规
E. 臀部肿块穿刺抽脓

15. 诊断应考虑
A. 菌血症
B. 败血症
C. 毒血症
D. 寒性脓肿
E. 脓毒血症

16. 治疗方案为
A. 醇浴退热
B. 额部疖肿换药
C. 臀部脓肿切开引流及抗生素治疗
D. 加强营养，增强抵抗力
E. 综合应用多种抗生素

（17~19 题共用题干）

女性，30 岁。背部肿块，红、肿、疼痛 3 天，寒战、发热 39℃。查体：背部肿物 3cm×5cm，触之有波动感。

17. 当病灶做局部引流和全身应用抗生素后，仍有寒战、高热，最合适的治疗措施是
A. 联合应用抗生素，并加大剂量
B. 尽快明确细菌种类和药敏试验
C. 寻找有无其他感染病灶
D. 使用抗真菌药物治疗
E. 加用肾上腺皮质激素

18. 为了提高患者血培养的阳性率，最好的抽血时间是
A. 发热开始时
B. 寒战开始时
C. 发热最高峰时
D. 寒战结束时
E. 寒战、发热时

19. 根据临床表现，该患者有脓血症征象，其主要特点是
A. 寒战后，高热呈稽留热
B. 白细胞计数 30×10^9/L
C. 休克出现早
D. 肝、肾功能损害
E. 转移性脓肿

【B_1 型题】

（20~22 题共用备选答案）
A. 革兰阴性细菌败血症
B. 革兰阳性细菌败血症
C. 脓血症
D. 真菌性败血症
E. 毒血症

20. 男性，43 岁。因右臂红、肿、热、痛 1 周，发热 38.9℃，红肿局限，2 天来寒战，高热体温 40.5℃，白细胞 20.3×10^9/L，中性粒细胞 0.9，血培养阳性。考虑为

21. 女性，50 岁。10 天前做胆道手术，近几天来时有突然寒战，体温 38~39℃有时体温接近正常，白细胞 8.5×10^9/L，中性粒细胞 0.7，血培养阳性。考虑为

22. 男性，16 岁。因咽喉疼痛 5 天，昨天感寒战，发热 39.5℃，白细胞 18.5×10^9/L，中性粒细胞 0.9，血培养阴性。考虑为

第四章 损 伤

【A_1 型题】

1. 对浅Ⅱ度烧伤的描述，正确的是
A. 常有增生性瘢痕
B. 如无感染，需 3~4 周恢复
C. 伤及真皮层及皮下组织
D. 皮肤有水疱，去疱皮后创面红润、潮湿

E. 创面痛觉较迟钝

2. 二期处理火器伤延期缝合应在清创处理后的
   A. 12小时至1天
   B. 2~3天
   C. 4~7天
   D. 8~14天
   E. 14天以后

3. 成年女性，背部、会阴和双臀部烧伤时，烧伤面积估计是
   A. 22%
   B. 24%
   C. 16%
   D. 18%
   E. 20%

4. 烧伤最常见的死亡原因是
   A. 休克
   B. ARDS
   C. 肾衰竭
   D. 感染
   E. 心力衰竭

5. 8个月男婴Ⅱ度烧伤时，每1%面积、千克体重额外丢失补液量为
   A. 1.0ml
   B. 1.5ml
   C. 2.0ml
   D. 2.5ml
   E. 3.0ml

6. 大面积烧伤早期发生的休克，多为
   A. 神经源性休克
   B. 心源性休克
   C. 低血容量性休克
   D. 过敏性休克
   E. 感染性休克

7. 不符合电烧伤特点的是
   A. 皮肤的损伤轻微，而全身性损伤较重
   B. 主要损害心脏，引起血流动力学改变
   C. 可发生电休克，甚至心搏呼吸骤停
   D. 有“入口”和“出口”，均为三度烧伤
   E. 深部损伤范围不超过皮肤“入口”处

【A_2型题】

8. 男婴，11个月。Ⅱ度烧伤面积10%，体重10kg。额外丢失液量为
   A. 100ml
   B. 150ml
   C. 200ml
   D. 250ml
   E. 300ml

9. 男性，18岁。右足和右小腿被开水烫伤，有水疱伴剧痛。创面基底部肿胀发红。该患者烧伤面积和深度的诊断为
   A. 5%浅Ⅱ度
   B. 5%深Ⅱ度
   C. 10%浅Ⅱ度
   D. 10%深Ⅱ度
   E. 15%浅Ⅱ度

【A_3/A_4型题】

（10~12题共用题干）

男性，19岁。车祸致伤，即来院急诊，神志蒙眬、咯血、口鼻均有泥砂夹血外溢，呼吸困难、烦躁不安。左侧胸部严重擦伤，肿胀，心率98次/分，血压120/90mmHg，四肢活动尚可，左大腿中下段中度肿胀，有瘀斑和严重擦伤。

10. 此时最紧迫的抢救措施是
   A. 请胸外科医师会诊处理
   B. 清除上呼吸道异物，保持呼吸道通畅
   C. 输血
   D. 吸氧
   E. 左下肢夹板固定

11. 下列哪项诊断可不予考虑
   A. 颅脑创伤
   B. 鼻骨骨折
   C. 肋骨骨折
   D. 左股骨骨折
   E. 血气胸

12. 下列处理中不必紧急做的是
   A. 吸氧
   B. 颅脑与胸部、左股骨X线摄片
   C. 多科会诊处理
   D. 左下肢包扎固定
   E. 输血

（13~15题共用题干）

成人，体重60kg，烧伤，于下午4时送入医院急诊室。检查：意识清，能合作，心率100次/分，血压120/84mmHg，面部、胸、腹部，两前臂、两手及两小腿和足部Ⅱ、Ⅲ度烧伤。下午5时开始静脉输液，下午6时入手术室、清创，晚上8时送病房。

13. 烧伤总面积为
   A. 47%
   B. 48%
   C. 49%
   D. 50%
   E. 51%

14. 输液计划起算时间
   A. 下午2时
   B. 下午4时
   C. 下午5时
   D. 下午6时
   E. 下午8时

15. 烧伤后第一个24小时应补给胶、晶体液计算量为
   A. 5600ml
   B. 6200ml
   C. 6800ml
   D. 5400ml
   E. 6000ml

【B_1型题】

（16~18题共用备选答案）

A. 切口分类及愈合记录为“Ⅰ/甲”
B. 切口分类及愈合记录为“Ⅲ/丙”
C. 切口分类及愈合记录为“Ⅱ/甲”
D. 切口分类及愈合记录为“Ⅱ/乙”
E. 切口分类及愈合记录为“Ⅲ/甲”

16. 腹股沟疝修补术，切口愈合良好
17. 右胫腓骨开放骨折，清创内固定后切口愈合良好
18. 腰椎结核伴椎旁冷脓肿病灶清除术，切口愈合良好

（19~20题共用备选答案）

A. 败血症
B. 菌血症
C. 创面脓毒症
D. 脓毒血症
E. 真菌败血症

19. 男，32岁。Ⅲ度烧伤40%，伤后10天，体温40℃，心率140次/分，呼吸36次/分，创面湿，灶性积脓，创周炎症明显，血白细胞计数20×10^9/L，血培养无菌生长
20. 女，6岁，烧伤50%，Ⅲ度20%，体温37℃，心率136次/分，呼吸36次/分，创面可见坏死斑，血培养为革兰阴性杆菌

第五章 乳房疾病

【A_1型题】

1. 一侧乳腺具有的腺叶数大约为
   A. 25~30个
   B. 35~40个
   C. 45~50个
   D. 5~10个
   E. 15~20个
2. 根据乳腺癌在不同部位发生率的多少，扪诊时最需要注意的是乳腺的
   A. 内上象限
   B. 内下象限
   C. 外下象限
   D. 外上象限
   E. 中央区
3. 乳癌最早表现为
   A. 乳房多发肿块
   B. 乳房疼痛
   C. 乳房单发小肿块
   D. 皮肤呈“橘皮样”改变
   E. 乳头内陷
4. T_1期乳腺癌其肿块最长径不超过
   A. 1cm
   B. 2cm
   C. 3cm
   D. 4cm
   E. 5cm
5. 急性乳腺炎的首发症状为
   A. 局部硬块
   B. 发热
   C. 搏动性疼痛
   D. 患侧腋窝淋巴结肿大
   E. 乳房肿胀疼痛
6. 乳房后脓肿切开引流最好采用
   A. 乳房表现放射状切口
   B. 乳房表现横切口
   C. 乳晕下缘弧形切口
   D. 乳房下缘弧形切口
   E. 乳房外侧斜切口
7. 关于乳腺囊性增生病，下述哪项是错误的
   A. 与内分泌功能失调有关
   B. 25~40岁妇女多见
   C. 常见于两侧乳房
   D. 可以发生癌变
   E. 基本病变是乳腺腺泡的增生
8. 下列哪项是乳癌出现表面橘皮征的机制
   A. 乳房皮下淋巴管被癌细胞堵塞
   B. 癌肿侵入乳管使其收缩
   C. 癌肿侵犯Cooper韧带使其收缩
   D. 癌细胞浸润大片皮肤
   E. 以上都不是
9. 乳头鲜红色血性溢液多见于
   A. 乳管内癌
   B. 乳管内乳头状瘤
   C. 乳腺囊性增生病
   D. 急性乳腺炎
   E. 乳房纤维腺瘤
10. 确定乳房肿块性质最可靠的方法为
    A. 临床表现
    B. 溢液涂片
    C. 乳房X线检查
    D. 活组织切片检查
    E. B超断层仪检查
11. 乳腺囊性增生病的处理是
    A. 药物治疗
    B. 放射治疗
    C. 肾上腺皮质激素治疗
    D. 全乳腺切除
    E. 增生部位局部切除术
12. 下列哪项不是乳癌的临床表现
    A. 肿块生长速度较快
    B. 癌块表面皮肤凹陷
    C. 肿块表面光滑，活动度良好
    D. 橘皮样外观
    E. 最早表现为无痛，单发，质硬，界限不清小肿块
13. 急性乳腺炎的重要病因是
    A. 全身和局部抵抗力下降
    B. 乳汁淤积加细菌入侵
    C. 乳腺组织发育不良
    D. 哺乳次数增多
    E. 乳腺分泌障碍
14. 乳房Paget病是指
    A. 乳头湿疹样乳腺癌
    B. 炎性乳腺癌
    C. 浆细胞性乳腺炎
    D. 乳腺结核病
    E. 男性乳房肥大症
15. 随月经周期疼痛的乳腺肿块可能是
    A. 乳腺癌
    B. 导管内乳头状瘤
    C. 乳房囊性增生病
    D. 乳腺纤维腺瘤
    E. 乳房脂肪坏死
16. 预后最差的乳癌局部表现是

A. 乳头湿疹样表现
B. 乳房皮肤急性炎症表现
C. 乳房皮肤橘皮样表现
D. 乳房皮肤局限凹陷
E. 乳头牵缩

17. 急性乳腺炎脓肿形成后的主要治疗方法是
A. 应用广谱抗生素
B. 促使乳汁通畅排出
C. 局部注射抗生素
D. 切开引流
E. 局部热敷

【A_2 型题】

18. 女性，右乳房内肿块 4cm×3cm，皮肤略回缩，基底不固定，右腋下有 2.5cm×1.5cm 活动的淋巴结两个，质硬，病理证实为乳癌腋淋巴结转移，按国际标准，应属于
A. $T_2N_1M_0$
B. $T_1N_1M_0$
C. $T_3N_2M_0$
D. $T_3N_3M_0$
E. $T_2N_2M_0$

19. 女，43 岁。左乳头溢液 10 余天。无不适症状。查体：乳房视诊无异常发现，未扪及肿块，无压痛，按压左乳晕外上方可见黄褐色溢液。首选的检查是
A. 热图像检查
B. 钼靶 X 线片
C. B 型超声检查
D. 溢液涂片细胞学检查
E. 近红外线扫描

20. 女，40 岁。双侧乳腺月经前明显胀痛，月经后可自行缓解。乳腺超声提示双侧乳腺多发小结节，大小约 0.4cm，无明显血流信号，双侧腋窝未见肿大淋巴结。最可能的诊断是
A. 乳腺结核
B. 乳腺囊性增生病
C. 非哺乳期乳腺炎
D. 乳腺癌
E. 乳腺纤维腺瘤

21. 45 岁女性，乳腺硬癌伴腋窝淋巴结转移，ER（++），PR（++），行根治术后，辅助治疗应首选
A. 放射治疗
B. 放射治疗+化疗
C. 放射治疗+化疗+内分泌治疗
D. 放射治疗+化疗+双侧卵巢切除
E. 抗癌药物治疗

22. 乳癌直径 4cm 腋下扪及 3 个淋巴结，其治疗原则是
A. 乳腺单纯切除
B. 单纯切除+放疗
C. 仅用化疗
D. 单纯切除+化疗
E. 乳癌根治术

23. 中老年妇女，一侧乳房内单一无症状，质硬，界限欠清包块，对侧阴性，最可能的诊断是
A. 乳房囊性增生病
B. 纤维腺瘤
C. 乳房结核
D. 乳癌
E. 积乳囊肿

24. 40 岁女性，右乳房内上象限有 4.0cm×4.5cm 肿块，皮肤略回缩，基底不固定，腋下触及 2.5cm×1.5cm 和 2.0cm×1.5cm 淋巴结两个，质硬，尚活动，细胞学检查为硬癌，你认为病情应属于哪一期
A. 第Ⅰ期
B. 第Ⅱ期
C. 第Ⅲ期
D. 第Ⅳ期
E. 第Ⅱ期与第Ⅲ期之间

25. 女，20 岁。乳房肿块，质韧，边缘清晰，活动度大，生长缓慢，无压痛，应诊断为
A. 乳管内乳头状瘤
B. 乳腺结核
C. 乳腺炎性肿块
D. 乳腺纤维性腺瘤
E. 乳腺囊性增生病

26. 患者行乳癌根治术时已发现有腋下淋巴结转移，应手术后 2~3 周行放疗，其目的是
A. 防止瘤细胞扩散
B. 抑制乳癌及其转移物生长
C. 防止局部复发
D. 提高机体免疫力
E. 以上都不是

27. 患者，女，49 岁。发现右乳外上象限，无痛，单发，质硬，边界欠清肿块。最常见的疾病是
A. 纤维腺瘤
B. 乳腺癌
C. 乳管内乳头状瘤
D. 乳腺结核
E. 乳腺炎

28. 患者，26 岁。初产妇，右乳外上象限红肿，压痛，有波动，该处抽出脓汁，下列处置哪项是错的
A. 不要分离脓肿隔膜以防扩散
B. 切口应按轮辐方向
C. 切口应达到引流通畅
D. 必要时做对口引流
E. 手术治疗

【A_3/A_4 型题】

（29~30 题共用题干）

女性，55 岁。发现右乳腺肿物 1 周。查右乳外上象限肿物 1.5cm×1.0cm，质硬，活动度小。

29. 如想确定肿物性质最可靠的检查方法是
A. 针吸细胞学
B. 钼靶 X 线
C. B 超
D. 放射性核素扫描
E. 活组织冰冻切片

30. 最可能的诊断是
A. 乳腺癌
B. 乳腺囊性增生病

C. 乳腺纤维腺病
D. 乳腺结核
E. 乳腺炎

（31～32 题共用题干）

女性，50 岁。右乳外上象限肿物，1.5cm×1.5cm，质硬，活动差，腋淋巴结未触及。

31. 假设诊断为乳腺癌，应为哪期
A. $T_2N_1M_0$
B. $T_1N_1M_0$
C. $T_1N_0M_0$
D. $T_2N_0M_0$
E. $T_1N_2M_0$

32. 应如何治疗
A. 病灶切除术
B. 乳癌根治术
C. 局部放疗
D. 生物治疗
E. 化疗

（33～34 题共用题干）

产后 10 天，左乳胀痛、发热。查体：体温 38.7℃，左乳外上象限皮温高，红肿有压痛，肿块约 5cm×5cm 大小，中心有波动感。

33. 最可能的诊断是左乳
A. 炎性乳癌
B. 脂肪坏死液化
C. 急性乳腺炎未成脓肿
D. 乳腺脓肿
E. 乳癌

34. 最恰当的治疗方法是
A. 收入院行乳腺癌治疗
B. 手术切除坏死液化脂肪组织
C. 大量抗生素应用
D. 立即切开引流排脓
E. 疏通乳管

【B_1 型题】

（35～37 题共用备选答案）
A. 周期性疼痛
B. 肿块边界清楚，活动，增大缓慢
C. 肿块巨大，活动，淋巴结不大，有肺部转移
D. 肿块固定，腋窝淋巴结肿大
E. 肿块具有明显压痛

35. 乳腺癌
36. 乳腺纤维腺瘤
37. 急性乳腺炎

第六章　急性中毒

【A_1 型题】

1. 中毒后不能用高锰酸钾洗胃的是
A. 杀虫脒
B. 对硫磷
C. 磷化锌
D. 盐酸吗啡
E. 解磷定

2. 解除有机磷农药中毒是毒蕈碱样毒性作用首选
A. 阿托品
B. 解磷定
C. 贝美格
D. 尼可刹米
E. 甘露醇

3. 下列哪个不是有机磷农药中毒的毒蕈碱样表现
A. 恶心呕吐
B. 多汗
C. 腹痛腹泻
D. 心率减慢
E. 肌束颤动

4. 诊断有机磷农药中毒最重要的指标是
A. 接触史
B. 出现毒蕈碱和烟碱样症状
C. 血胆碱酯酶活力降低
D. 阿托品试验诊断阳性
E. 呕吐物和衣物有大蒜味

5. CO 中毒时下列哪项是不正确的
A. 老人和孩子易患
B. 老人应与脑血管意外鉴别
C. 严重中毒血液 COHb 浓度可高于 50%
D. 应立即原地抢救
E. 迟发脑病恢复较慢

6. 解除有机磷农药中毒时烟碱样毒性作用首选
A. 阿托品
B. 解磷定
C. 贝美格
D. 尼可刹米
E. 甘露醇

7. 有机磷农药中毒的机制是
A. 胆碱酯酶失活
B. 磷酰化胆碱酯酶减少
C. 胆碱酯酶活性增强
D. 交感神经兴奋
E. 肝功损伤

8. 解磷定和氯解磷定对哪种有机磷中毒疗效差
A. 内吸磷
B. 对硫磷
C. 甲胺磷
D. 甲拌磷
E. 敌百虫

9. 急性有机磷农药中毒发生肺水肿，首要措施是
A. 彻底洗胃
B. 强心苷静脉注射
C. 静脉注射阿托品
D. 吗啡静脉推注
E. 解磷定静脉注射

10. 有机磷中毒时应用阿托品，下列哪项是错误的
A. 用量应根据病情适当使用
B. 达到阿托品化后减少阿托品的剂量或停用
C. 与胆碱酯酶复活剂合用时，阿托品的剂量应减少
D. 重度中毒时应静脉给药
E. 当出现阿托品中毒时应立即间隔给药

11. 不明原因的中毒洗胃液宜选用
A. 生理盐水
B. 1∶5000 高锰酸钾
C. 2%碳酸氢钠
D. 0.3%双氧水
E. 5%硫酸钠

12. 以下哪个药物不是用于有机磷中毒的解救药物
A. 碘解磷定
B. 氯解磷定
C. 阿托品
D. 双解磷
E. 亚硝酸钠

13. 加速已经进入肠道的毒物排泄的方法不包括
A. 洗胃
B. 导泻
C. 催吐
D. 灌肠
E. 血液净化

14. 下列关于中毒的诊治过程的描述，错误的是
A. 待毒物标本检验结果汇报后治疗
B. 了解工作环境，毒物接触史
C. 留取可能含毒物的相关标本
D. 了解既往史，药物服用史
E. 进行系统的体格检查

15. 解磷定治疗有机磷中毒的机制是
A. 使胆碱酯酶恢复活性，消除或减轻烟碱样症状
B. 解除有机磷中毒的毒蕈碱样症状
C. 与有机磷结合排出体外
D. 使有机磷氧化还原成无毒物质
E. 以上都不是

16. 中度有机磷农药中毒时胆碱酯酶活性应为
A. 50%~70%
B. 70%以上
C. 30%~50%
D. 30%以下
E. 20%以下

17. 有机磷农药中毒的烟碱样症状是
A. 多汗
B. 肌束颤动
C. 瞳孔缩小
D. 支气管痉挛
E. 流涎

18. 关于有机磷杀虫剂的叙述，错误的是
A. 其主要机制是抑制乙酰胆碱酯酶
B. 主要在肝脏进行生物转化
C. 在肝脏氧化后浓度减小
D. 吸收 6~12 小时血中浓度达高峰
E. 吸收后 48 小时完全排出体外

19. 确诊 CO 中毒最主要的依据是
A. 空气中 CO 的浓度
B. 与 CO 接触的时间
C. 血液中碳氧血红蛋白的有无
D. 昏迷的深度
E. 缺氧的程度

20. 急性有机磷农药中毒最主要的死因是
A. 中毒性休克
B. 急性肾衰竭
C. 呼吸衰竭
D. 中毒性心肌炎
E. 脑水肿

21. 关于急性中毒的洗胃治疗，下列哪项不正确
A. 每次注入 200~250ml 洗胃液
B. 每次灌液后尽量排出
C. 洗胃液总量至少 6~8L
D. 直至回收液清亮为止
E. 应注意预防吸入性肺炎，窒息

22. 中毒的一般处理方法不包括
A. 清除未吸收的毒物
B. 加速药物排泄，减少药物吸收
C. 对昏迷状态的患者催吐
D. 使用特殊解毒剂
E. 支持对症治疗

23. 下列哪种有机磷农药中毒可以从尿中检出硝基酚
A. 敌百虫（美曲膦酯）
B. 对硫磷
C. 内吸磷
D. 马拉硫磷
E. 甲拌磷

24. 急性 CO 中毒，下列哪项治疗是错误的
A. 脱离现场、转移到空气新鲜的地方
B. 鼻管吸氧、严重者高压氧舱疗法
C. 防治肺水肿
D. 控制高热
E. 首先注射苏醒剂

25. 与有机磷农药中毒无关的症状是
A. 肌束颤动
B. 多汗
C. 瞳孔缩小
D. 呕吐物有酸酵味
E. 唾液多

26. 有机磷农药中毒所致的呼吸肌麻痹用
A. 新斯的明
B. 阿托品
C. 可拉明
D. 碳酸氢钠
E. 解磷定

27. 有机磷农药中毒所致急性肺水肿抢救首选
A. 呋塞米
B. 毛花苷 C
C. 阿托品
D. 解磷定
E. 吗啡

28. 下列哪种有机磷农药中毒可以从尿中检出三氯乙醇
A. 对硫磷
B. 敌百虫（美曲膦酯）
C. 内吸磷
D. 马拉硫磷
E. 甲拌磷

29. 在应用碘解磷定时的注意事项中哪一项是错误的
A. 对毒蕈碱样作用和防止呼吸中枢的作用较差
B. 在碱性溶液中易水解为氰化物，故忌与碱性药物配伍
C. 用量过大，注射过快或未经稀释直接注射均可引起中毒
D. 对有机磷农药急性中毒、慢性中毒均有效
E. 与阿托品合用可取得协同效果

30. CO 中毒时首选
A. 细胞色素 C
B. 给氧
C. 甘露醇及利尿药
D. 中枢兴奋剂
E. 抗生素

31. 有机磷农药吸收入人体后，分布浓度最高的是
A. 肝
B. 心
C. 肾
D. 肺
E. 脾

32. 重度有机磷农药中毒的表现正确的是
A. 瞳孔缩小，大汗，流涎，视物模糊，肌无力
B. 瞳孔缩小，大汗，流涎，意识不清，心动过速
C. 瞳孔散大，大汗，流涎，意识不清，发绀
D. 瞳孔散大，大汗，流涎，意识不清，血压升高
E. 以上都不是

33. CO 中毒的症状与下列哪项无关
A. 空气中 CO 的浓度
B. 与 CO 接触时间长短
C. 患者中毒前的健康状况
D. 中毒时体力活动情况
E. 以上都不是

34. 抢救急性 CO 中毒时防止脑水肿应
A. 静脉注射甘露醇、葡萄糖、呋塞米
B. 吸氧、高压氧舱疗法
C. 药物冬眠，给予 ATP 及细胞色素 C
D. 保持呼吸道通畅，翻身及抗生素的应用
E. 立即将患者移到空气新鲜的地方

35. 有机磷中毒应用阿托品治疗时，下列哪项指标不是阿托品治疗的有效指标
A. 口干、皮肤干燥
B. 颜面潮红
C. 心率加快
D. 瞳孔较前缩小
E. 肺部啰音减少或消失

36. 抢救 CO 中毒时纠正缺氧疗法
A. 静脉注射甘露醇、葡萄糖、呋塞米
B. 吸氧、高压氧舱疗法
C. 药物冬眠，给予 ATP 及细胞色素 C
D. 保持呼吸道通畅，翻身及抗生素的应用
E. 立即将患者移到空气新鲜的地方

37. 口服中毒者，最常用的吸附剂是
A. 牛奶
B. 树脂
C. 活性炭
D. 鸡蛋清
E. 使用油

38. 处理由皮肤和黏膜吸收的中毒方法不正确的是
A. 除去污染衣物，清洗被污染的皮肤与黏膜
B. 皮肤接触腐蚀性毒物者，立即冲洗，5 分钟后用适当中和液冲洗
C. 由伤口进入局部的药物中毒，要用止血带结扎，必要时局部引流
D. 眼内污染毒物，必须立即用清水冲洗至少 5 分钟，并滴入相应中和剂
E. 眼内污染固体的腐蚀性毒物颗粒，用器械的方法取出结膜和角膜的异物

39. 有机磷中毒治疗过程中出现阿托品中毒，应立即给予
A. 阿托品
B. 输液及毛果芸香碱
C. 毛花苷 C
D. 利他林
E. 呋塞米

40. 属于高毒类的有机磷农药是
A. 敌百虫
B. 敌敌畏
C. 对硫磷
D. 马拉硫磷
E. 二嗪农

【A_2 型题】

41. 女，60 岁。清晨在家中被发现昏迷，急诊入院。查体：昏迷，皮肤潮红，口唇樱桃红色，双侧瞳孔大小正常。最可能的诊断是
A. 镇静催眠药中毒
B. 有机磷杀虫药中毒
C. 酒精中毒
D. 阿托品中毒
E. 一氧化碳中毒

【A_3/A_4 型题】

（42～44 题共用题干）

女性，28 岁。被人发现昏迷且休克，屋内有火炉，且发现有敌敌畏空瓶。查体：体温 36℃，BP 90/60mmHg，四肢厥冷、腱反射消失。心电图示度房室传导阻滞。尿糖（+），尿蛋白（+）。血液的 COHb 为 60%。

42. 最可能的诊断是什么
A. 急性巴比妥类中毒
B. 急性有机磷农药中毒
C. 急性 CO 中毒
D. 糖尿病酸中毒
E. 急性亚硝酸盐中毒

43. 首要的治疗方法是
   A. 20%甘露醇250ml快速静脉滴注
   B. 冬眠疗法
   C. 血液透析
   D. 能量合剂
   E. 氧气疗法
44. 下列哪项并发症最不常见
   A. 肺水肿
   B. 心律失常
   C. 上消化道出血
   D. 中毒性肝炎
   E. 肾衰竭

【B_1型题】

（45～47题共用备选答案）
   A. 1∶2000～1∶5000高锰酸钾溶液
   B. 药用炭2份，鞣酸、氧化镁各1份的混合物5g加温水500ml
   C. 3%过氧化氢溶液10ml加入100ml水中
   D. 1%～2%氯化钠溶液或生理盐水
   E. 3%～5%鞣酸溶液
45. 常用于中毒药物不明的急性中毒的洗胃液是
46. 可吸附、沉淀或中和药物的洗胃液是
47. 可使大部分有机及无机化合物沉淀的洗胃液

（48～49题共用备选答案）
   A. 静脉注射甘露醇、葡萄糖、呋塞米
   B. 吸氧、高压氧舱疗法
   C. 药物冬眠、给予ATP和细胞色素C
   D. 保持呼吸道畅通翻身及抗生素的应用
   E. 立即将患者移到空气新鲜出
48. 抢救急性一氧化碳中毒时防止脑水肿
49. 抢救急性一氧化碳中毒时纠正缺氧疗法

第七章　中　　暑

【A_1型题】

1. 中暑发病的主要原因是
   A. 体内产热过多
   B. 散热障碍
   C. 体温调节中枢功能障碍
   D. 不能充分适应高温环境
   E. 环境高温、高湿度及通风不良
2. 热射病的主要临床表现是
   A. 高热、肌肉痉挛
   B. 高热、循环衰竭
   C. 高热、神志障碍
   D. 低热、肌肉痉挛
   E. 低热、循环衰竭

【A_2型题】

3. 患者，男性，19岁，在烈日下踢足球1小时，大量出汗，出现头晕、胸闷、心悸、恶心，左侧小腿肌肉痉挛。查体：腋温38℃，脉搏105次/分，血压90/50mmHg，神志清楚，双肺未闻及干湿啰音，心率105次/分，律齐。最可能的诊断是
   A. 热痉挛
   B. 热休克
   C. 热虚脱
   D. 热衰竭
   E. 劳力性热射病

第二十二篇 实践综合

第一章 发热、咳嗽与咳痰、咯血、呼吸困难、发绀

【A_1 型题】

1. 发热患者。血培养最佳的抽血时间是
   A. 体温下降时
   B. 午后
   C. 清晨空腹时
   D. 寒战、发热时
   E. 体温最高时
2. 最可能出现“三凹征”的是
   A. 大叶肺炎
   B. 胸膜肥厚
   C. 大气道狭窄
   D. 胸腔积液
   E. 间质性肺病
3. 不直接通过体温调节中枢，仅需外源性致热原发挥作用的致热原是
   A. 肿瘤坏死因子
   B. 嗜酸性粒细胞
   C. 病原微生物
   D. 干扰素
   E. 白介素-1
4. 体温在39℃以上，24小时内波动<1℃，这种热型为
   A. 弛张热
   B. 间歇热
   C. 稽留热
   D. 波状热
   E. 不规则热
5. 咳嗽与咳痰中，下列哪项是错误的
   A. 咳嗽是一种保护性反射动作
   B. 咳嗽亦属一种病理现象
   C. 咳嗽控制中枢在延髓
   D. 咳痰是一种病态现象
   E. 胸膜疾病或心血管疾病不会出现咳嗽
6. 何谓大量咯血
   A. 日咯血量>100ml
   B. 日咯血量>200ml
   C. 日咯血量>300ml
   D. 日咯血量>400ml
   E. 日咯血量>500ml
7. 下列哪项是正确的
   A. 每日咯血量<150ml为小量咯血
   B. 咯血前患者常有胸闷、咳嗽等
   C. 一次咯血量>500ml为大量咯血
   D. 咯出的血液常呈酸性
   E. 咯血患者宜健侧卧位，以利血液排除
8. 血中还原血红蛋白至少达多少时，皮肤黏膜可出现发绀
   A. >70g/L
   B. >65g/L
   C. >60g/L
   D. >55g/L
   E. >50g/L
9. 静脉血经异常通道进入体循环动脉血中所致发绀常见于
   A. 肺炎
   B. 右心衰竭
   C. 严重休克
   D. 法洛四联症
   E. 阻塞性肺气肿
10. 对发绀的描述，下列哪项是错误的
   A. 重度贫血，有时难发现发绀
   B. 发绀是由于血液中还原血红蛋白绝对含量增多所致
   C. 发绀是由于血液中存在异常血红蛋白衍生物
   D. 某些药物或化学物质中毒可引起发绀
   E. 某些药物或化学物质中毒时可引起发绀，经氧疗青紫可改善
11. 对发绀的描述，下列哪项是错误的
   A. 发绀是指血中还原血红蛋白增多
   B. 广义的发绀还包括高铁血红蛋白血症和硫化血红蛋白血症
   C. 中心性发绀可分为：肺性发绀和心性混合性发绀
   D. 周围性发绀可分为：淤血性和缺血性周围性发绀
   E. 真性红细胞增多症所致发绀不属于周围性发绀
12. 吸气性呼吸困难见于
   A. 脑外伤
   B. 气管异物
   C. 心肌病
   D. 大量胸腔积液
   E. 有机磷中毒
13. 呼气性呼吸困难见于
   A. 急性喉炎
   B. 甲状腺肿大
   C. 阻塞性肺气肿
   D. 肺结核
   E. 肺不张
14. 混合性呼吸困难见于
   A. 急性喉炎
   B. 气管异物
   C. 支气管哮喘
   D. 大量胸腔积液
   E. 颅脑外伤
15. Kussmaul 呼吸常见于
   A. 急性传染病
   B. 巴比妥类药物中毒
   C. 尿毒症
   D. 脑出血
   E. 重度贫血
16. Cheyne-Stokes 呼吸常见于

A. 急性传染病
B. 巴比妥类药物中毒
C. 尿毒症
D. 癔病
E. 重度贫血

17. Biots 呼吸常见于
A. 急性传染病
B. 巴比妥类药物中毒
C. 尿毒症
D. 癔症
E. 重度贫血

18. 呼吸频率快而浅，伴有叹息样呼吸或出现手足搐搦常见于
A. 肺源性呼吸困难
B. 心源性呼吸困难
C. 中毒性呼吸困难
D. 神经精神性呼吸困难
E. 血源性呼吸困难

【A_2型题】

19. 女性，55 岁。患 Graves 病 3 年，1 周来心悸、咳嗽，夜间重。查体：心房颤动，两肺底水泡音。下列哪种因素与其夜间咳嗽加重有关
A. 大脑皮层对延髓呼吸中枢抑制减弱
B. 迷走神经兴奋性增高
C. 交感神经兴奋性增高
D. 痰量增多
E. 以上均有关

20. 男性，42 岁。冬季咳嗽 4 年，诊断为慢性支气管炎，下列哪项最有意义
A. 咳嗽无咳痰
B. 咳嗽有痰液
C. 咳嗽伴咯血
D. 咳嗽伴发热
E. 吸烟史

21. 男性，38 岁。近日自觉感冒后出现咳嗽伴大量脓痰，该患者最可能诊断为
A. 肺结核
B. 支气管扩张症
C. 支气管哮喘
D. 肺癌
E. 胸膜炎

22. 女性，32 岁。进餐时与人口角后，突觉呼吸困难，查体：呼吸浅表、频数达 80 次/分，无啰音。该患者最可能的诊断是
A. 癔病
B. 气胸
C. 心绞痛
D. 急性心肌梗死
E. 气管异物

23. 女性，30 岁。与人口角后突觉呼吸困难。查体：呼吸浅表、频数达 80 次/分，无啰音。该患易发生哪种酸碱平衡失调
A. 呼吸性酸中毒
B. 呼吸性酸中毒合并代谢性酸中毒
C. 呼吸性碱中毒
D. 呼吸性碱中毒合并代谢性酸中毒
E. 呼吸性酸中毒合并代谢性碱中毒

24. 女性，30 岁。与人口角后突觉呼吸困难，血气分析结果为呼吸性碱中毒。下列哪种表现与该酸碱平衡失调有关
A. 意识障碍
B. 周围循环衰竭
C. 大小便失禁
D. 腱反射减弱或消失
E. 口周及肢体麻木

【A_3/A_4型题】

（25~26 题共用题干）

一发热患者，近 5 天来体温维持在 39~41℃，24 小时内体温波动相差不超过 1℃。查体：腹部玫瑰疹，肝、脾大。

25. 该患者的热型是
A. 间歇热
B. 波状热
C. 回归热
D. 稽留热
E. 弛张热

26. 该患者最可能的诊断是
A. 大叶肺炎
B. 流行性出血热
C. 伤寒
D. 疟疾
E. 风湿热

（27~30 题共用题干）

男性，32 岁。突然呼吸困难，右侧胸痛。查体：发绀，大汗。既往肺结核史。

27. 该患者最可能的诊断是
A. 结核性纤维素性胸膜炎
B. 急性左心衰竭
C. 自发性气胸
D. 急性心肌梗死
E. 支气管哮喘

28. 为鉴别气胸与支气管哮喘，下列哪项检查有意义
A. 心电图
B. 超声心动图
C. 查找变应原
D. 胸部 X 线检查
E. 血嗜酸性粒细胞计数

29. 对该患者胸部查体可检查到
A. 干啰音
B. 叩诊鼓音
C. 胸语音
D. 羊鸣音
E. 爆裂音

30. 对该患者胸部听诊可听到
A. 响亮性湿啰音
B. 粗湿啰音
C. 呼吸音减弱或消失
D. 高调干啰音
E. 低调干啰音

（31~33 题共用题干）

男性，35 岁。突发呼吸困难伴窒息感。查体：呼吸 30 次/分，呼气延长，双肺哮鸣音，无湿啰音。

31. 该患者的呼吸困难属于
A. 吸气性呼吸困难
B. 呼气性呼吸困难
C. 混合性呼吸困难
D. 阵发性呼吸困难

E. 心源性哮喘
32. 该患者可能的诊断是
A. 自发性气胸
B. 支气管哮喘
C. 急性左心衰竭
D. 气管异物
E. 肺气肿
33. 该病例排除心源性哮喘的主要依据是
A. 性别
B. 年龄
C. 突然发病
D. 呼吸未达40次/分
E. 肺内无湿啰音

【B_1 型题】

（34~37题共用备选答案）
A. 发热伴寒战
B. 发热伴口角疱疹
C. 发热伴肝、脾大
D. 发热伴出血
E. 发热伴昏迷
34. 急性肾盂肾炎
35. 流行性出血热
36. 流行性感冒
37. 白血病
（38~41题共用备选答案）
A. 咯血颜色鲜红
B. 铁锈色血痰
C. 砖红色胶冻样黏痰
D. 粉红色乳样痰
E. 粉红色浆液性泡沫样痰
38. 肺炎克雷伯菌肺炎
39. 肺炎链球菌肺炎
40. 出血性疾病
41. 左心衰竭肺水肿
（42~45题共用备选答案）
A. 咳嗽声音低微或无声
B. 咳嗽声音嘶哑
C. 金属音调咳嗽
D. 阵发性连续剧咳伴有高调吸气回声（鸡鸣样咳嗽）
E. 咳嗽、咳粉红色泡沫痰伴呼吸困难
42. 极度衰弱或声带麻痹患者
43. 喉返神经麻痹者
44. 纵隔肿瘤或淋巴瘤、结节病者
45. 急性肺水肿
（46~49题共用备选答案）
A. 大量咯血伴低热
B. 持续痰中带血伴Horner综合征
C. 稍有痰中带血伴剧咳
D. 间断咯血伴大量脓痰
E. 周期性咯血
46. 支气管子宫内膜异位症
47. 支气管扩张
48. 肺结核空洞
49. 支气管肺癌
（50~53题共用备选答案）
A. 肺性发绀
B. 心性混合性发绀
C. 淤血性周围性发绀
D. 缺血性周围性发绀
E. 混合性发绀
50. Eisenmenger综合征
51. 缩窄性心包炎
52. 休克
53. 全心衰竭
（54~57题共用备选答案）
A. 发绀伴呼吸困难
B. 发绀伴杵状指（趾）
C. 发绀伴意识障碍和衰竭
D. 发绀伴红细胞增多
E. 发绀伴心脏瓣膜显著杂音
54. 急性呼吸道阻塞性疾病
55. 慢性肺部化脓性疾病
56. 某些药物或化学物质急性中毒
57. 真性红细胞增多症

第二章　水肿、心悸、胸痛、心脏杂音

【A_1 型题】

1. Graham-Steell杂音常见于
A. 三尖瓣狭窄
B. 中、重度主动脉瓣关闭不全
C. 二尖瓣关闭不全
D. 二尖瓣狭窄伴明显肺动脉高压
E. 扩张型心肌病
2. 心悸时下列哪项正确
A. 心悸可以是低血糖突出特征
B. 心悸伴发甲状腺功能低下比伴甲状腺功能亢进更常见
C. 二尖瓣狭窄的患者突然呼吸困难加重，通常是由于心律失常引起
D. 青年男子不规则的心悸常由室上性心动过速引起
E. 伴有头痛、出汗及高血压考虑为去甲肾上腺分泌肿瘤
3. 急性肾炎时，产生水肿的主要始动因素是
A. 毛细血管滤过压增高
B. 毛细血管通透性增高
C. 钠与水的潴留
D. 血浆胶体渗透压降低
E. 淋巴液回流受阻
4. Austin Flint杂音见于
A. 二尖瓣狭窄
B. 二尖瓣关闭不全
C. 中、重度主动脉瓣关闭不全
D. 主动脉瓣狭窄
E. 三尖瓣狭窄
5. 可出现震颤的收缩期杂音的强度是
A. 1级
B. 2级
C. 3级
D. 4级
E. 以上都不对
6. 肾病综合征时，产生水肿的主要始动因素是
A. 毛细血管滤过压增高

B. 毛细血管通透性增高
C. 钠与水的潴留
D. 血浆胶体渗透压降低
E. 淋巴液回流受阻

7. 诊断急性纤维蛋白性心包炎最具特征性的是
A. 心前区疼痛
B. 心包摩擦音
C. 心浊音界向两侧扩大
D. 心尖搏动减弱或消失
E. 心音遥远

8. 继发性醛固酮增多症时，产生水肿的主要始动因素是
A. 毛细血管滤过压增高
B. 毛细血管通透性增高
C. 水与钠的潴留
D. 血浆胶体渗透压降低
E. 淋巴液回流受阻

9. 动脉导管未闭的杂音是
A. 递增型杂音
B. 递减型杂音
C. 递增递减型杂音
D. 连续性杂音
E. 一贯性杂音

10. 水肿这一术语不包括下列哪种情况
A. 阴囊积液
B. 腹水
C. 心包积液
D. 胸腔积液
E. 脑水肿

11. 关于心包摩擦音，错误的是
A. 可见于各种感染性心包炎
B. 可见于贫血
C. 可见于急性心肌梗死
D. 可见于尿毒症
E. 可见于心脏损伤后综合征

12. 下列有关心悸的叙述正确的是
A. 提示有患有器质性心脏病
B. 仅发生在心率增快时
C. 仅发生在心率减弱时
D. 有很重要的临床意义
E. 一种自觉心脏跳动的不适感

13. 心尖搏动位于左锁骨中线外第6肋间，考虑为
A. 左心室增大
B. 右心室增大
C. 左心房增大
D. 右心房增大
E. 心包积液

14. 关于二尖瓣关闭不全杂音的描述，说法错误的是
A. 吹风样全收缩期杂音
B. 向颈部传导
C. 向左腋下传导
D. 心尖区最响亮
E. 较为粗糙

15. 关于第二心音分裂的描述，错误的是
A. 生理性分裂在青少年中更多见
B. 肺动脉高压时可出现通常分裂
C. 固定分裂可见于房间隔缺损
D. 反常分裂可见于完全性右束支传导阻滞
E. 逆分裂可见于主动脉瓣狭窄

16. 丝虫病时，产生水肿的主要因素是
A. 毛细血管滤过压增高
B. 毛细血管通透性增高
C. 钠与水的潴留
D. 血浆胶体渗透压降低
E. 淋巴液回流受阻

17. 高抬下肢可增强、坐位或立位可减弱或消失的心音是
A. 第一心音
B. 第二心音
C. 第三心音
D. 第四心音
E. 第五心音

18. 舒张早期奔马律的组成是
A. S_3 与 S_1、S_2
B. 病理 S_3 与 S_1、S_2
C. S_4 与 S_1、S_2
D. 病理 S_4 与 S_1、S_3
E. S_4 与 S_2、S_3

19. 舒张晚期奔马律的组成是
A. S_3 与 S_1、S_2
B. 病理 S_3 与 S_1、S_2
C. S_4 与 S_1、S_2
D. 病理 S_4 与 S_1、S_3
E. S_4 与 S_2、S_3

20. 右心衰竭时，产生水肿的主要始动因素是
A. 毛细血管滤过压增高
B. 毛细血管通透性增高
C. 水与钠潴留
D. 血浆胶体渗透压降低
E. 淋巴液回流受阻

21. 单纯二尖瓣狭窄时第一心音强度的改变正确的是
A. 增强
B. 减弱
C. 不变
D. 强弱不等
E. 以上都不对

22. 心悸伴晕厥或抽搐最常见于
A. Ⅰ度窦房传导阻滞
B. 心室颤动或阵发性室性心动过速、病态窦房结综合征
C. 甲状腺功能亢进
D. 心脏神经官能症
E. 急性失血

23. 由心室舒张开始时主动脉瓣和肺动脉瓣突然关闭引起振动所产生的心音属于
A. 第一心音
B. 第二心音
C. 第三心音
D. 第四心音
E. 额外心音

24. 下列哪种情况常有震颤
A. 主动脉瓣关闭不全
B. 肺动脉瓣关闭不全
C. 动脉导管未闭
D. 二尖瓣关闭不全
E. 三尖瓣关闭不全

25. 心脏触诊关于震颤的描述，哪项错误
A. 震颤又称猫喘
B. 器质性心脏病不一定有震颤
C. 震颤肯定有器质性心脏病

D. 有震颤一定能听到杂音
E. 听到杂音不一定能触到震颤

26. 心底部听诊最清晰的心音是
A. 第一心音
B. 第二心音
C. 第三心音
D. 第四心音
E. 第五心音

27. 心脏触诊关于震颤的描述，哪项错误
A. 系血液经狭窄的口径或循异常方向流动造成瓣膜、血管壁或心腔壁震动产生
B. 常见于某些先天性心血管病
C. 常见于狭窄性瓣膜病变
D. 轻度瓣膜关闭不全时常有震颤
E. 在深吸气后较易触及

28. 额外心音大多出现在
A. S_1 之前、S_2 之后
B. S_2 之前、S_1 之后
C. S_3 之前、S_2 之后
D. S_4之前、S_3 之后
E. S_1 之前、S_4之后

29. 主要发生在体位骤然改变时，如由卧位或蹲位突然站起时发生的晕厥，称为
A. 单纯性晕厥
B. 短暂性脑出血发作
C. 心源性晕厥
D. 直立性低血压
E. 癔病性晕厥

30. 通常只在部分青少年可听到的心音是
A. 第一心音
B. 第二心音
C. 第三心音
D. 第四心音
E. 第五心音额外心音

31. 关于第一心音和第二心音的判定，错误的是
A. S_1 音调较 S_2 低
B. S_1 至 S_2 的距离较 S_2 至下一心搏 S_1 的距离短
C. 桡动脉的向外搏动与 S_1 同步或几乎同步
D. S_2 在心底部较响
E. S_1 时限较 S_2 长

32. 心脏生理性杂音的特征不包括
A. 无震颤
B. 杂音柔和
C. 吹风样
D. 只限于收缩期
E. 也可见于舒张期

33. 心脏触诊检查震颤，通用的正确手法是用
A. 全手掌
B. 手掌尺侧
C. 手掌桡侧
D. 2~4 指指腹
E. 拇指指腹

【A_2 型题】

34. 某高中女生，感冒后发热 2 天，热退后感心悸、胸闷、乏力，脉率 45 次/分，律不齐，临床诊断为病毒性心肌炎。住院第五天，该同学在病床上突然发生晕厥、四肢抽搐、心音消失，数秒后心音恢复，抽搐停止，逐渐转醒，应首先考虑
A. 低血糖
B. 阿-斯综合征
C. 癫痫小发作
D. 直立性低血压
E. 癔病性晕厥

35. 女性，45 岁。甲状腺^{131}I 放射治疗史，3 年来水肿、畏寒，实验室检查血 FT_3 及 FT_4 均降低。该患者水肿的特征表现是
A. 炎症性水肿
B. 身体下垂部位水肿
C. 全身性水肿
D. 压陷性水肿
E. 非压陷性水肿

36. 女性，40 岁。心脏听诊有心尖区舒张期局限性隆隆样杂音，肝大，下肢水肿。实验室检查：肝功能正常，尿蛋白（+），血清白蛋白 30g/L。该患者水肿是来自
A. 心源性水肿
B. 肾源性水肿
C. 肝源性水肿
D. 营养不良性水肿
E. 下腔静脉阻塞

37. 男性，50 岁。咳痰带血。查体：颈部、上肢水肿，胸前部淤血及静脉曲张，该患者水肿的原因考虑为
A. 下腔静脉阻塞
B. 上腔静脉阻塞
C. 胸导管阻塞
D. 缩窄性心包炎
E. 丝虫病

38. 男性，40 岁。水肿、乏力、腹胀 2 个月，有乙肝病史。查体：全身水肿，腹壁静脉曲张，腹水征（+）。下列哪项与该患者腹水形成无关
A. 钠与水的潴留
B. 血管滤过压增高
C. 血管通透性增加
D. 血浆胶体渗透压降低
E. 淋巴液生成过多

39. 支气管肺癌患者，近来出现头面部、颈部和上肢水肿。查体可见颈静脉怒张。其发生是由于
A. 上腔静脉阻塞
B. 下腔静脉阻塞
C. 癌转移致心包积液
D. 癌转移致胸腔大量积液
E. 以上均有可能

40. 女性，25 岁。心悸、气促、下肢水肿 4 年。望诊心脏负性心尖搏动，已排除粘连性心包炎。可发现下列何项体征
A. 叩诊心脏呈靴型增大
B. 心前区隆起
C. 心音遥远
D. 胸骨左缘扪及收缩期震颤
E. 交替脉

41. 女性，15 岁。因心悸就诊，查体时发现胸骨左缘 3~4 肋

间收缩期震颤。诊断应首先考虑
A. 主动脉瓣狭窄
B. 肺动脉瓣狭窄
C. 动脉导管未闭
D. 室间隔缺损
E. 重度二尖瓣关闭不全

42. 男性，9岁。因心悸就诊，查体时发现胸骨左缘第二肋间连续性震颤。诊断应首先考虑
A. 主动脉瓣狭窄
B. 肺动脉瓣狭窄
C. 动脉导管未闭
D. 室间隔缺损
E. 重度二尖瓣关闭不全

43. 男性，69岁。高血压病史15年余，近1个月来心悸、气促，活动明显受限。查体时最可能发现的是
A. 心尖搏动向左移位，略向上
B. 心尖搏动向左向下移位
C. 心界向左右两侧增大
D. 剑突下搏动
E. 心界如梨形

44. 男性，35岁。3个月前因起立时眩晕来诊，当时查体心脏轻度增大，可闻及第四心音。3天前肺感染后出现心悸气促，查体心尖区闻及舒张期奔马律。关于该患奔马律的描述，哪项不正确
A. 由病理S_4与S_1、S_2构成
B. 为舒张早期奔马律
C. 为房性奔马律
D. 由心室压力负荷过重所致
E. 呼气末最响

45. 风心病二尖瓣狭窄患者，因发热1周住院。查体：肺底水泡音，肝大伴压痛，下肢水肿。心电图示心率130次/分，P-R间期0.28s。心脏听诊可听到哪种奔马律
A. 左室奔马律
B. 右室奔马律
C. 重叠奔马律
D. 火车头奔马律
E. 房性奔马律

46. 患儿，女，5岁。自幼体弱。查体：心前区稍隆起，未触及震颤，胸骨左缘第二肋间闻及3/6级收缩期杂音，P_2亢进，固定分裂。应考虑为
A. 肺动脉瓣狭窄
B. 室间隔缺损
C. 动脉导管未闭
D. 房间隔缺损
E. 生理性杂音

47. 女性，25岁。心悸、水肿4年。视诊心尖搏动左移，触及心尖区舒张期震颤。对该患者心脏听诊时，可听到的最重要的杂音或异常心音是
A. 心尖区舒张期杂音
B. 心尖区第一心音亢进
C. 肺动脉第二心音亢进
D. 肺动脉瓣区舒张期杂音
E. 主动脉瓣区舒张期杂音

48. 男性，32岁。呼吸困难4~5年，渐重。1天前突然咯鲜血，量较大。查体：心尖区舒张期杂音及开瓣音。对该患者心脏听诊不能听到的体征是
A. 心尖区第一心音亢进
B. 三尖瓣区全收缩期吹风性杂音
C. 肺动脉瓣区第二心音亢进
D. Austin Flint 杂音
E. Graham-Steel 杂音

49. 风心病二尖瓣狭窄患者，超声心动图示二尖瓣钙化、僵硬。对该患者心脏听诊时，哪项不正确
A. 心尖区舒张期隆隆性杂音
B. 心尖区第一心音亢进
C. 心尖区未闻及开瓣音
D. 肺动脉第二心音亢进
E. Graham-Steel 杂音

50. 男性，32岁。呼吸困难3~4年。查体：心尖区舒张期杂音及三尖瓣区全收缩期吹风性杂音。心脏望诊时可看到
A. 心尖搏动向左向下移位
B. 心尖搏动增强
C. 心尖搏动减弱
D. 负性心尖搏动
E. 胸骨上窝搏动

51. 男性，32岁。呼吸困难3~4年。查体：负性心尖搏动，心尖区舒张期杂音及开瓣音。该患者负性心尖搏动说明
A. 左室轻度增大
B. 左室明显增大
C. 右室轻度增大
D. 右室明显增大
E. 左右室皆增大

52. 女性，20岁。心悸、气促、下肢水肿4年。查体：心音低弱，BP 90/70mmHg。X线检查示心影大小正常，左、右心缘变直，心包钙化。心脏望诊可见到
A. Murphy 征
B. Grey-Turner 征
C. Ewart 征
D. Broadbent 征
E. Cullen 征

53. 男性，18岁。四肢细长，高度近视。胸部X线片示升主动脉呈梭形瘤样扩张，心脏听诊可闻及主动脉第二区的舒张期叹气性杂音外，还能听到的杂音是
A. 心尖区舒张期隆隆性杂音
B. 三尖瓣区收缩期吹风性杂音
C. Austin-Flint 杂音
D. A及C均正确
E. B及C均正确

【A_3/A_4型题】

（54~55题共用题干）

男性，45岁。反复出现胸骨后烧灼样痛，多在餐后出现。

54. 该患者最可能的诊断是
A. 变异型心绞痛

B. 陈旧性心肌梗死
C. 食管癌
D. 反流性食管炎
E. 纵隔肿瘤

55. 补充追问病史，哪项对明确诊断最有意义
A. 劳累是否加重疼痛
B. 紧张是否加重疼痛
C. 咳嗽是否加重疼痛
D. 服用硝酸甘油可否减轻疼痛
E. 服用抗酸剂可否减轻疼痛

(56~57 题共用题干)

女性，40 岁。下肢水肿。查体：心尖区局限性舒张期隆隆样杂音，肺部听诊正常，肝大（-），腹水（-），双下肢水肿（+）及皮肤呈暗紫色，右侧重于左侧。月经期未检查尿。

56. 该患者下肢水肿最可能的原因是
A. 右心衰竭
B. 皮肤过敏
C. 经前期紧张综合征
D. 下肢静脉曲张
E. 特发性水肿

57. 对上述病例，要排除心源性水肿哪项检查最有意义
A. 心电图
B. 超声心动图
C. 心脏 X 线片
D. 血浆蛋白测定
E. 静脉压测定

(58~60 题共用题干)

男性，55 岁。冠心病史，6 小时前突然出现呼吸困难，咳粉红色泡沫状痰。查体：极度烦躁不安，心尖区舒张期奔马律。

58. 该患者出现的是哪种奔马律
A. 舒张早期奔马律
B. 舒张晚期奔马律
C. 收缩前期奔马律
D. 房性奔马律
E. C+D 重叠奔马律

59. 该患者出现的是哪种奔马律
A. 左房奔马律
B. 右房奔马律
C. 左室奔马律
D. 右室奔马律
E. C+D 重叠奔马律

60. 该患者奔马律的发生机制是
A. 左室舒张末期压力负荷过度
B. 左室舒张早期容量负荷过度
C. 左室收缩期负荷过度
D. 左室舒张晚期容量负荷过度
E. 左室舒张期容量及压力负荷过度

(61~63 题共用题干)

男性，32 岁。胸骨左缘第 3 肋间有舒张早期递减型吹风性杂音，诊断可考虑主动脉瓣关闭不全。

61. 本杂音应与哪种情况相鉴别
A. 动脉导管未闭
B. 三尖瓣狭窄
C. 房间隔缺损
D. 室间隔缺损
E. 肺动脉瓣相对关闭不全

62. 欲排除 Graham-Steel 杂音的可能，下列哪项最有价值
A. 第一心音亢进
B. 左心室扩大
C. 奇脉
D. 血压正常
E. 心尖搏动向左移位

63. 由于肺动脉扩张引起瓣膜相对关闭不全所产生的杂音称为
A. Austin-Flint 杂音
B. Graham-Steel 杂音
C. Gibson 杂音
D. Duroziez 杂音
E. Oliver 征

(64~65 题共用题干)

男性，54 岁。心前区反复疼痛及气促 4 年，BP 150/30mmHg，X 线示心脏呈靴型扩大。

64. 以下哪项所见与本患者情况不符
A. 心尖搏动向左向下移位
B. 心尖搏动呈抬举性
C. 心尖区开瓣音
D. 心尖区舒张期杂音
E. Duroziez 杂音

65. 本患者最可能的诊断是
A. 扩张型心肌病
B. 肥厚型心肌病
C. 室间隔缺损
D. 主动脉瓣关闭不全
E. 二尖瓣狭窄

(66~68 题共用题干)

男性，62 岁。10 年前体检曾被告知患心脏病，近 1~2 年来心前区不适，心悸，逐渐加重。查体：BP 160/60mmHg，心浊音界增大呈靴型。

66. 该患者心脏靴型增大说明
A. 右室增大
B. 左室增大
C. 左右室均增大
D. 主动脉扩张
E. 主动脉瘤

67. 对该患者心脏听诊时，可能听到的杂音是
A. 胸骨左缘第 2 肋间收缩期杂音
B. 胸骨左缘第 2 肋间舒张期杂音
C. 胸骨左缘第 3 肋间收缩期杂音
D. 胸骨左缘第 3 肋间舒张期杂音
E. 胸骨右缘第 2 肋间舒张期杂音

68. 该患者最可能的诊断是
A. 二尖瓣关闭不全
B. 动脉导管未闭
C. 主动脉瘤
D. 主动脉瓣关闭不全
E. 陈旧性心肌梗死

【B_1 型题】

(69~71 题共用备选答案)
A. Graham-Steel 杂音
B. Austin-Flint 杂音
C. 胸骨左缘 3~4 肋间收缩期

喷射性杂音
D. 心尖区收缩中期喀喇音
E. 胸骨左缘第2肋间连续性杂音

69. 二尖瓣脱垂
70. 肥厚型梗阻性心肌病
71. 动脉导管未闭

第三章　消化系统、泌尿系统、血液系统、神经精神系统、运动系统症状

【A_1 型题】

1. 意识障碍伴瞳孔散大可见于
   A. 颠茄类中毒
   B. 吗啡类中毒
   C. 巴比妥类中毒
   D. 有机磷农药中毒
   E. 毒蕈类中毒
2. 左侧卧位可使腹痛减轻提示何种疾病
   A. 十二指肠淤滞症
   B. 胰体癌
   C. 反流性食管炎
   D. 胃黏膜脱垂
   E. 胃溃疡
3. 下列哪项不是急性腰腿痛的临床特点
   A. 肌肉痉挛
   B. 严重者多卧床不起
   C. 直腿抬高试验阴性
   D. 疼痛剧烈、急骤，压痛点较固定
   E. 腰椎前屈、后伸、侧弯、左右旋转受限
4. 恶心伴随症状的临床意义下列哪项正确
   A. 腹泻——十二指肠淤滞症
   B. 呕吐物量大且有粪臭——幽门梗阻
   C. 眩晕——梅尼埃病
   D. 右上腹痛及发热——食物中毒
   E. 头痛及喷射性呕吐——基底动脉供血不全
5. 腹泻至少超过多长时间称为慢性腹泻
   A. 5个月
   B. 4个月
   C. 3个月
   D. 2个月
   E. 1个月
6. 巨大卵巢囊肿与腹水鉴别最具有意义的体征是
   A. 脐上移
   B. 腹部明显膨隆
   C. 腹部叩呈浊音
   D. 腹部两侧叩诊呈浊音
   E. 尺压试验时直尺随腹主动脉搏动
7. 24小时尿量少于多少为无尿
   A. 100ml
   B. 200ml
   C. 300ml
   D. 400ml
   E. 500ml
8. 呕血最常见的原因是
   A. 胃底、食管静脉曲张破裂
   B. 食管癌
   C. 消化性溃疡
   D. 钩端螺旋体病
   E. 急性胃黏膜病变
9. 膝胸或俯卧位可使呕吐减轻，常见于下列哪种情况
   A. 幽门梗阻
   B. 十二指肠淤滞症
   C. 消化性溃疡
   D. 早孕
   E. 胃肠神经症
10. 腹痛发生的三种基本机制是
    A. 急性腹痛、慢性腹痛和牵涉痛
    B. 腹腔内、腹腔外和全身性疾病
    C. 内脏性腹痛、躯体性腹痛和牵涉痛
    D. 内脏性腹痛、反射性腹痛和牵涉痛
    E. 神经性腹痛、反射性腹痛和牵涉痛
11. 皮下出血面积的直径多大称为瘀点
    A. <2mm
    B. 2~3mm
    C. 3~5mm
    D. >5mm
    E. 以上均可
12. 中度昏迷与深昏迷最有价值的鉴别是
    A. 各种刺激无反应
    B. 不能唤醒
    C. 无自主运动
    D. 深、浅反射均消失
    E. 大、小便失禁
13. 符合浅昏迷的临床表现是
    A. 对疼痛刺激有反应
    B. 可以唤醒
    C. 无意识的自主运动消失
    D. 四肢腱反射消失
    E. 定向力障碍
14. 强烈提示有脑膜炎存在的表现是头痛伴有
    A. 眩晕
    B. 发热
    C. 精神症状
    D. Kernig征阳性
    E. 癫痫样发作
15. 造成颈肩部疼痛的病因，错误的是
    A. 退行性病变
    B. 化脓性感染
    C. 转移性肿瘤
    D. 肌肉牵拉
    E. 风湿热
16. 下列哪项不属于意识障碍
    A. 嗜睡
    B. 谵妄
    C. 精神萎靡

D. 昏睡
E. 昏迷

17. 轻度肿大的脾脏在仰卧位时触不到，医生可用双手触诊，患者应取哪种体位
A. 右侧卧位，右下肢伸直，左下肢屈曲
B. 右侧卧位，右下肢屈曲，左下肢伸直
C. 右侧卧位，双下肢屈曲
D. 左侧卧位，双下肢屈曲
E. 左侧卧位，双下肢位置同B

18. 皮下出血面积的直径多大称为瘀斑
A. <2mm
B. 2~3mm
C. 3~5mm
D. >5mm
E. 以上均可

19. 哪种药物试验治疗可用来鉴别肝外阻塞性黄疸与非梗阻性胆汁淤积性黄疸
A. 螺内酯（安体舒通）
B. 普萘洛尔（心得安）
C. 酚妥拉明
D. 泼尼松
E. 多巴胺

20. 引起出血性疾病较常见的因素是
A. 血管外因素
B. 凝血因子缺乏
C. 肝素或香豆素类药物
D. 抗凝血物质活性增加
E. 血小板因素

21. 上体前屈时腹痛明显，直立位时减轻，提示何种疾病
A. 十二指肠淤滞症
B. 胰体癌
C. 反流性食管炎
D. 胃黏膜脱垂
E. 胃溃疡

22. 胃肠黏膜分泌过多液体引起的腹泻称为
A. 动力性腹泻
B. 吸收不良性腹泻
C. 渗出性腹泻
D. 渗透性腹泻
E. 分泌性腹泻

23. 重度肝大不见于
A. 肝癌
B. 早期肝硬化
C. 血吸虫病
D. 原发性胆汁性肝硬化
E. 多囊肝

24. 镜下血尿的正确概念是
A. 离心尿沉渣每高倍镜视野3个以上红细胞
B. 离心尿沉渣低倍镜下偶见个别红细胞
C. 尿呈洗肉水样
D. 显微镜下大量红细胞
E. 离心尿沉渣高倍镜下每视野10个以上红细胞

25. 关于意识状态的概念，下列哪项是错误的
A. 意识状态是大脑高级神经中枢功能活动的综合表现，即对环境的知觉状态
B. 凡能影响大脑功能活动的疾病皆会引起不同程度的意识改变
C. 根据意识障碍的程度，简要分为嗜睡、意识模糊、昏睡、昏迷以及谵妄
D. 临床上检查意识状态的方法一般多用视诊来判断
E. 意识状态的正常取决于大脑半球功能的完整性

26. 下列引起意识障碍的疾病，其中哪项属颅内感染
A. 高血压脑病
B. 脑梗死
C. 脑血栓形成
D. 脑型疟疾
E. 癫痫

27. 腹部反跳痛的发生机制是
A. 肠腔胀气
B. 内脏肿大、充血
C. 肿瘤淋巴结转移
D. 炎症波及腹膜壁层
E. 胆管结石并梗阻

28. 关于头痛以下哪项不正确
A. 头痛伴脑膜刺激征者提示有脑膜炎或蛛网膜下腔出血
B. 头痛伴剧烈呕吐者提示颅内压增高
C. 头痛伴眩晕提示为神经功能性头痛
D. 慢性进行性头痛伴精神症状者应注意颅内肿瘤
E. 慢性头痛突然加剧并有意识障碍者提示可能发生脑疝

29. 哪种情况可引起全身淋巴结肿大
A. 急性咽炎
B. 慢性鼻炎
C. 再生障碍性贫血
D. 链霉素过敏
E. 足癣合并感染

30. 24小时尿量少于多少为少尿
A. 100ml
B. 200ml
C. 300ml
D. 400ml
E. 500ml

31. 24小时尿量超过多少为多尿
A. 2000ml
B. 2500ml
C. 3000ml
D. 3500ml
E. 4000ml

32. Budd-Chiari综合征时肝大是由于
A. 肝淤血
B. 代谢异常
C. 肿瘤
D. 血液病
E. 中毒

33. 可引起腹痛的全身性疾病不包括
A. Crohn病
B. 过敏性紫癜
C. 风湿热
D. 铅中毒
E. 血卟啉病

34. 下列哪项不是躯体性腹痛的特点
A. 疼痛定位准确
B. 疼痛程度剧烈而持久
C. 可有局部腹肌强直
D. 咳嗽、体位变化可加重疼痛
E. 常伴自主神经兴奋症状

35. 仰卧位时腹痛明显，前倾位或俯卧位时减轻，提示何种疾病
A. 十二指肠淤滞症
B. 胰体癌
C. 反流性食管炎
D. 胃黏膜脱垂
E. 胃溃疡

36. 意识障碍伴瞳孔缩小可见于
A. 颠茄类中毒
B. 有机磷农药中毒
C. 酒精中毒
D. 氰化物中毒
E. 癫痫

37. 有助于区别关节病变是炎症性或非炎症性的检查是
A. 红细胞沉降率和CRP测定
B. 血清抗链球菌溶血素“O”效价测定
C. 血尿酸测定
D. 抗核抗体
E. 血常规

38. 正常人脾浊音界在左腋中线的第几肋之间
A. 7~10
B. 8~10
C. 8~11
D. 9~11
E. 10~肋缘

39. 下列哪项不是内脏性腹痛的特点
A. 疼痛部位含混
B. 疼痛部位接近腹中线
C. 常伴自主神经兴奋症状
D. 腹痛可因体位变化加重
E. 疼痛感觉模糊

【A_2 型题】

40. 糖尿病患者，感冒高热后出现恶心、呕吐。实验室检查：血酮体5.2mmol/L（54.17mg/dl），CO_2CP 18mmol/L。该患者呕吐是由于
A. 代谢产物刺激延髓化学感受器触发器
B. 代谢产物刺激延髓胃肠道化学感受器
C. 代谢产物刺激延髓呕吐中枢
D. 高热刺激延髓化学感受器触发器
E. 高热刺激延髓呕吐中枢

41. 男性，30岁。以急性阑尾炎住院，早期腹痛位于脐周，伴恶心、呕吐。其腹痛发生机制是
A. 牵涉痛
B. 反射性腹痛
C. 躯体性腹痛
D. 中枢性腹痛
E. 内脏性腹痛

42. 急性阑尾炎患者，10小时前脐周痛，现腹痛加剧，转移至右下腹，病变尚未波及腹膜壁层。其腹痛发生的机制是
A. 牵涉痛
B. 反射性腹痛
C. 躯体性腹痛
D. 中枢性腹痛
E. 内脏性腹痛

43. 男性，36岁。溃疡病史，近2天来黑便，每天1~2次。估计其出血量大约为
A. 50~70ml
B. 60~80ml
C. 70~90ml
D. 80~100ml
E. 90~110ml

44. 有溃疡病史的男性患者，因1小时前呕血住院，自觉出汗、心悸。查体：心率120次/分，四肢湿冷。根据上述临床表现估计出血量大约为血容量的
A. 1%
B. 5%
C. 10%
D. 15%
E. 20%

45. 男性，42岁。因呕血急诊住院。查体：心率160次/分，呼吸急促，BP 8.0/4.0kPa（60/30mmHg）。估计其出血量大约是血容量的
A. 5%
B. 10%
C. 30%
D. 15%
E. 1%

46. 男性患者，因黄疸来诊。实验室检查符合阻塞性黄疸。查体：胆囊肿大，为鉴别壶腹区癌与胆囊底部结石。下列体征哪项支持后者
A. 皮肤呈黄绿色
B. 皮肤呈金黄色
C. 皮肤呈柠檬色
D. 胆囊坚硬而不规则
E. 胆囊光滑

47. 一重度水肿患者，查体：全身高度水肿，呈凹陷性，腹平坦，移动性浊音（+）。估计其腹水量大约是
A. 300~500ml
B. 500~1000ml
C. 1000~1500ml
D. 1500~2000ml
E. 2000~2500ml

48. 一肝硬化腹水患者，近日腹水进行性加重，伴腹胀、低热。首先应考虑合并哪种情况
A. 肝病活动
B. 肝肾综合征
C. 上消化道出血
D. 癌变
E. 自发性腹膜炎

49. 肝硬化腹水患者，近日来低热，腹水进行性加重，疑发生自发性腹膜炎。为确定诊断，最具诊断价值的检查是
A. 腹水细胞数>500×10^6/L

B. 腹水培养有 G^- 杆菌生长
C. 腹水外观不透明
D. 腹水蛋白量>30g/L
E. 腹水比重>1.0180

50. 男性，58岁。咳嗽4年，2个月来痰中带血，消瘦。X线胸片示左上肺密度较高圆形阴影。如果该患者淋巴结肿大，哪组区域的浅表淋巴结最先肿大的可能性大
A. 左颈深淋巴结上群
B. 右颈深淋巴结上群
C. 左锁骨上窝淋巴结
D. 右锁骨上窝淋巴结
E. 左颈深淋巴结下群

51. 女性，40岁。慢性肾盂肾炎史8年，2年来乏力，24小时尿量为2100ml，其中夜间尿量800ml。该患者排尿异常的诊断符合哪项
A. 多尿
B. 夜尿增多
C. A+B
D. 少尿
E. 无排尿异常

52. 男性，15岁。糖尿病史1年，3天前感冒发热，食欲下降而停用胰岛素。1天来恶心呕吐，查体：睡眠状态，大声呼唤可醒，很快又入睡，醒时答话含糊。该患者意识障碍属于
A. 嗜睡
B. 意识模糊
C. 昏睡
D. 浅昏迷
E. 无意识障碍

【A_3/A_4型题】

（53~54题共用题干）

男性，45岁。反复出现胸骨后烧灼样痛，多在餐后出现。

53. 该患最可能的诊断是
A. 变异型心绞痛
B. 陈旧性心肌梗死
C. 食管癌
D. 反流性食管炎
E. 纵隔肿瘤

54. 补充追问病史，哪项对明确诊断最有意义
A. 劳累是否加重疼痛
B. 紧张是否加重疼痛
C. 咳嗽是否加重疼痛
D. 服用硝酸甘油可否减轻疼痛
E. 服用抗酸剂可否减轻疼痛

（55~56题共用题干）

男性，35岁。腹痛1天，初位于脐周，后转移至右下腹，现腹痛加剧，呈持续性。查体：右下腹压痛，伴肌紧张及反跳痛。

55. 该患者腹痛的发生属于
A. 牵涉痛
B. 反射性腹痛
C. 躯体性腹痛
D. 中枢性腹痛
E. 内脏性腹痛

56. 该患者腹痛特点提示其病理基础是
A. 病变局限于阑尾本身
B. 病变波及腹膜脏层
C. 病变波及腹膜壁层
D. 泛发性腹膜炎
E. 阑尾内粪石

（57~60题共用题干）

40岁，女性。参加婚宴后右上腹痛，呈剧烈绞痛。查体：表情痛苦，不安。

57. 对该患者诊治，紧急又有价值的处置是
A. 镇痛药镇痛
B. 抗生素消炎
C. 急查血常规
D. 行PTC检查
E. 紧急行腹部超声检查

58. 对该患者在确诊前应禁忌的处置是
A. 镇痛药镇痛
B. 抗生素消炎
C. 急查血常规
D. 行PTC检查
E. 紧急行腹部超声检查

59. 该患者可出现的体征是
A. Grey-Turner 征
B. Trousseau 征
C. Culler 征
D. Murphy 征
E. Courvoisver 征

60. 该患者最可能的诊断是
A. 急性胰腺炎
B. 急性胆囊炎
C. 急性心肌梗死
D. 急性阑尾炎
E. 急性胃炎

（61~64题共用题干）

女性，45岁。右上腹绞痛，查体：皮肤、巩膜未见黄染。辅助检查：腹部超声示胆总管结石，血清总胆红素26μmol/L。

61. 关于黄疸的诊断，该患者符合哪项
A. 无黄疸
B. 隐性黄疸
C. 轻度黄疸
D. 中度黄疸
E. 重度黄疸

62. 该患者行血胆红素测定时，可出现哪种改变
A. 血清总胆红素和非结合胆红素升高
B. 血清总胆红素和结合胆红素升高
C. 血清总胆红素和结合胆红素及非结合胆红素均升高
D. 结合胆红素/总胆红素比值<20%
E. 结合胆红素/总胆红素比值>35%

63. 该患者的尿胆红素代谢检查，可出现哪种改变
A. 尿胆原正常，胆红素阴性
B. 尿胆原明显升高，胆红素阴性
C. 尿胆原减少，胆红素强阳性
D. 尿胆原中度升高，胆红素阳性
E. 尿胆原减少，胆红素阴性

64. 该患者黄疸发生的机制为

A. 肝内胆汁淤积
B. 肝内阻塞性黄疸
C. 肝外胆管外阻塞
D. 肝外胆管内阻塞
E. 肝细胞性黄疸

（65~67题共用题干）

腹水患者，腹水检查：外观微混，白细胞 50×10^6/L，比重1.010。

65. 该患者腹水蛋白质定量测定时，其含量大约为
A. <10g/L
B. <15g/L
C. <20g/L
D. <25g/L
E. <30g/L

66. 疑癌性腹水，下列哪项检查最具参考价值
A. 腹水腺苷脱氨酶测定
B. 腹水甘油三酯测定
C. 腹水/血清乳酸脱氢酶比值测定
D. 腹水鲎试验
E. 腹水乙醚试验

67. 哪项检查对癌性腹膜炎有确定诊断价值
A. 腹水ADA测定
B. 腹水细胞学检查
C. 腹水/血清LDH比值测定
D. 腹水TG测定
E. 腹水鲎试验

（68~70题共用题干）

男性，49岁。上腹部隐痛10年，半年来消瘦、黑便。查体：左锁骨上窝触及2cm×3cm淋巴结2枚。吸烟史20年。

68. 检查左锁骨上窝淋巴结的正确手法是
A. 患者头向前屈，右手触诊左锁骨上区，由浅至锁骨深部
B. 患者头向前屈，左手触诊，手法同上
C. 患者头向右侧屈，右手触诊，手法同上
D. 患者头向左侧屈，右手触诊，手法同上
E. 患者头向前屈，左手触诊，手法同上

69. 该患者哪些部位发生炎症或肿瘤的可能性大
A. 口底、头面部
B. 鼻咽部
C. 咽喉部、甲状腺
D. 食管、胃
E. 气管、胸膜、肺

70. Virchow淋巴结是哪种癌转移的标志
A. 甲状腺癌
B. 胃癌
C. 肺癌
D. 乳癌
E. 胸腺癌

（71~72题共用题干）

女性，18岁。皮肤反复紫癜和瘀斑、月经量多2年。既往经常关节痛，并因此经常服用保泰松等药物。家中无类似疾患者。10岁起经常刷牙出血。

71. 本患者的诊断，不应考虑哪种情况
A. 先天性血小板功能异常
B. 获得性血小板功能异常
C. 血友病
D. 维生素C缺乏
E. 过敏性紫癜

72. 该患者紫癜如疑为血小板功能不良所致，应进一步选择哪项检查
A. 阿司匹林耐量试验
B. 复钙试验
C. 血小板相关抗体测定
D. 血小板因子Ⅳ测定
E. 血小板聚集试验及黏附试验

协和医考

2024

全国临床执业助理医师资格考试
应试题库与解析（下册）

临床执业助理医师资格考试专家组　编

· 医学综合 ·

答案与解析

扫码赠送历年考题

中国协和医科大学出版社
北　京

图书在版编目（CIP）数据

2024全国临床执业助理医师资格考试应试题库与解析：上、下册／临床执业助理医师资格考试专家组编．—北京：中国协和医科大学出版社，2023.10

（协和医考）

ISBN 978-7-5679-2286-0

Ⅰ．①2…　Ⅱ．①临…　Ⅲ．①临床医学-资格考试-题解　Ⅳ．①R4-44

中国国家版本馆CIP数据核字（2023）第190207号

协和医考

2024全国临床执业助理医师资格考试应试题库与解析

（上、下册）

编　　者：临床执业助理医师资格考试专家组
策划编辑：魏亚萌
责任编辑：魏亚萌
封面设计：邱晓俐
责任校对：张　麓
责任印制：张　岱

出版发行：中国协和医科大学出版社
（北京市东城区东单三条9号　邮编100730　电话010-65260431）
网　　址：www.pumcp.com
经　　销：新华书店总店北京发行所
印　　刷：三河市龙大印装有限公司

开　　本：850mm×1168mm　1/16
印　　张：59
字　　数：1940千字
版　　次：2023年10月第1版
印　　次：2023年10月第1次印刷
定　　价：199.00元（上、下册）

ISBN 978-7-5679-2286-0

编者名单

编　者（按姓氏笔画排序）

于　萍　于占革　于红丽　于晓光　马　宁　马丽娜　王　巨
王　玥　王　欣　王　玲　王　艳　王文波　王竹颖　王丽华
王丽敏　王秀宏　王玲弟　王俊玲　王雪峰　车承红　牛春峰
尹　梅　孔英君　艾　静　石　琨　石作为　石秋萍　卢方浩
田淑君　田静岩　史也夫　史立军　付　锦　白云龙　丛　丽
兰英华　匡洪宇　朴贤美　毕郑钢　曲书强　吕　振　吕雪莹
朱　文　朱雨岚　乔正学　乔国芬　任　欢　任立红　庄如锦
刘　平　刘　岩　刘　洋　刘　艳　刘　锐　刘宇鹏　刘连新
刘美娜　刘晓玲　刘梅梅　刘慧珍　刘鑫妍　闫冠韫　闫晓波
闫朝岐　闫景龙　孙　兰　孙　备　孙　勇　孙　辉　孙全胜
孙庆峰　孙宇辉　孙国栋　苏　杭　杜秀敏　李　勇　李　耘
李　莉　李　晖　李　峰　李　辉　李　强　李凤兰　李为民
李用国　李佩玲　李宝馨　李春媚　李昭柱　李艳波　李冀宏
杨卫良　杨幼林　杨成林　杨秀贤　杨树才　杨艳杰　吴　铮
邱晓慧　谷东方　邹朝霞　辛　凤　宋　光　宋科官　宋雪佳
初文峰　张　妍　张　荣　张　雪　张　颖　张　歆　张一梅
张凤民　张凤蕴　张伟辉　张宗峰　张思佳　张震宇　陆晓峰
陈　力　陈　鹤　陈丽丽　陈国林　陈学青　陈莉丽　陈晓红
陈敬绵　岳凤莲　金凤奎　金永华　金丽娟　金承洛　金晓明
周　晋　周宏博　周毅成　单宏丽　赵瑞波　赵霁阳　郝艳秋
胡韶山　钟照华　段秀庆　禹　亮　侯静波　姜爱民　袁　杰
聂英坤　夏　炎　顾良军　徐　柏　徐红薇　徐保峰　徐洪雨
栾　颖　高　旭　高　翔　高力军　高晓华　高善玲　郭劲松
唐立勇　陶永红　陶雨春　曹　杨　曹　佳　龚冬梅　崔岚巍
梁庆成　董　芬　董德利　韩志刚　富东旭　谢良军　靳占峰
靖雪妍　蔡本志　裴春颖　潘　琦　霍　蓉　戴吉成

出版说明

我国执业医师资格考试已经进入第25个年头，这项政策对于加强我国医师队伍建设，提高执业医师的综合素质，保护医师合法权益，规范医师管理制度，完善医师培养制度，发挥了积极的作用。

为帮助考生在繁忙的临床实践期间更有效地复习，更方便地了解与掌握执业医师资格考试的要求，提高考生分析问题、解决问题的能力，从而顺利通过考试，中国协和医科大学出版社推出了"协和医考"系列丛书。25年来，中国协和医科大学出版社在本套丛书的出版过程中，以及每年与广大考生读者反馈交流的工作中，摸索出了我国执业医师资格考试的基本规律，积累了丰富的出版应试丛书的经验，为考生提供了不同层次、不同阶段和不同需求的应试参考书。

本套丛书由中国协和医科大学出版社组织相关专业专家编写，并邀请了专职从事执业医师资格考试研究的培训专家进行审定。内容紧扣最新版《医师资格考试大纲》，以规划教材为基础，以临床能力为重点，侧重于理论与实践的综合运用。本套丛书品类齐全，从应试指导、核心考点精讲，到各类习题集和模拟试卷等，能够满足广大考生复习考试的需要。

"当医生就当好医生，当好医生就读协和医书"，拥有25年执业医师资格考试用书出版经验的中国协和医科大学出版社为全国争当好医生的读者，提供这套全面、准确、实用的应试丛书。我们期望能够对广大考生顺利通过执业医师资格考试有所助益，为我国医学教育及医学事业的发展作出积极的贡献。丛书内容如有不当之处，欢迎各位考生和同仁批评指正。如有关于丛书内容及考试的相关问题，请扫描下方二维码，有专属微信客服为你解答。

目　　录

上册（习题）

第一部分　基础医学综合

第二部分　医学人文综合

第三部分 预防医学综合

第四部分 临床医学综合

下册（答案与解析）

第一部分 基础医学综合

第二部分 医学人文综合

第三部分 预防医学综合

第四部分 临床医学综合

答案与解析

第一部分 基础医学综合

第一篇 生物化学

第一章 蛋白质的化学

【A_1型题】

1.【答案】C

【解析】α-螺旋的每个肽键的N—H和第四个肽键的羰基氧形成氢键。肽链中的全部肽键都可以形成氢键以稳固α-螺旋结构。故选C。

2.【答案】A

【解析】蛋白质分子中，从N端到C端的氨基酸排列顺序称为蛋白质的一级结构。故一级结构中的主要化学键是肽键。此外，蛋白质分子中所有的二硫键的位置也属于一级结构的范畴，但二硫键不是主要的化学键。故选A。

3.【答案】C

【解析】蛋白质二级结构的定义是蛋白质分子中某一肽链的局部空间结构，也就是该段肽段主链骨架原子的相对空间位置，并不涉及氨基酸残基侧链的构象。故选C。

4.【答案】C

【解析】鸟氨酸是精氨酸酶在催化精氨酸产生尿素时同时产生的。因此，鸟氨酸作为尿素循环的一部分与尿素生成相关。由于鸟氨酸不是为DNA而编码，所以是不会涉及蛋白质生物合成。它虽然不属于组成蛋白质的20种氨基酸，但存在于短杆菌酪肽、短杆菌肽S等的抗菌性肽中，另外从深山紫堇根中发现了δ-N-乙酰鸟氨酸。故选C。

5.【答案】E

【解析】α-螺旋常具有两性特点，即由3~4个疏水性氨基酸残基组成的肽段和由3~4个亲水性氨基酸残基组成的肽段交替出现，致使α-螺旋的一侧为疏水性氨基酸，另一侧为亲水性氨基酸，使之能在极性或非极性环境中存在。α-螺旋靠肽键之间形成的氢键稳固其结构，故选E。

6.【答案】E

【解析】蛋白质的氨基酸评分，是用被测食物蛋白质的必需氨基酸评分模式与推荐的理想模式或参考蛋白模式进行比较，因此是反映蛋白质构成和利用率的关系，即所含必需氨基酸的含量和比值主要决定了蛋白质生物学价值的高低。故选E。

7.【答案】C

【解析】Hb的一个亚基与O_2结合后会促进其他亚基与O_2的结合，这种效应称为正协同效应。故选C。

8.【答案】D

【解析】蛋白质变性后不是所有的蛋白质都可以复性，如蛋白质的凝固作用是不可逆的。故选D。

9.【答案】D

【解析】最简单的二肽是一个氨基酸的羧基和另一个氨基酸的氨基脱水缩合而成的，其中的氨基酸分子因脱水缩合而基团不全称为氨基酸残基，但他们还保留了第一个氨基酸的氨基和最后一个氨基酸的羧基，所以仍然有氨基末端和羧基末端。故选D。

10.【答案】C

【解析】蛋白质中氨基酸连接的基本方式是肽键CONH。故选C。

11.【答案】C

【解析】当超过蛋白质的溶解度时，蛋白质会沉淀出来，但没有变性。故选C。

12.【答案】D

【解析】仅由一个亚基组成，并因此无四级结构的蛋白质，如核糖核酸酶等称为单体蛋白质，故不是所有的蛋白质都有四级结构。故选D。

13.【答案】D

【解析】胰岛素A、B两条链之间的交联是靠二硫键。故选D。

【B_1型题】

14.【答案】D

【解析】亚基是构成四级结构的单位，所以亚基的解聚破坏的是蛋白质的四级结构。故选D。

15.【答案】A

【解析】蛋白酶水解得到的产物是各种大小不等的肽段和氨基酸，破坏的是蛋白质的一级结构。故选A。

16.【答案】A

【解析】如Hb和O_2结合不仅发生了协同效应，而且发生了别构效应。故选A。

17.【答案】C

【解析】肽键是一级结构的主要化学键，所以一级结构被破坏的时候会发生肽键的断裂。故选C。

18.【答案】D

【解析】蛋白质的三级结构是指整条肽链中全部氨基酸残基的相对空间位置，也就是整条肽链所有原子在三维空间的排布位置。二硫键是维系蛋白质三维结构的一种作用力，故选D。

19.【答案】B

【解析】亚基通过非共价键彼此结合，形成蛋白质的四级结构，故选B。

20.【答案】A

【解析】蛋白质的一级结构仅是指从N端到C端的氨基酸排列顺序，并不涉及空间构象，故选A。

21.【答案】C

【解析】蛋白质二级结构的定义是蛋白质分子中某一肽链的局部空间结构，也就是该段肽段主链骨架原子的相对空间位置，并不涉及氨基酸残基侧链的构象；而蛋白质的三级结构是指整条肽链中全部氨基酸残基的相对空间位置，也就是整条肽链所有原子在三维空间的排布位置，故选C。

22.【答案】A

【解析】在某些物理和化学因素作用下，蛋白质特定的空间构象被破坏，从而导致其理化性质的改变和生物学活性的丧失，称为蛋白质的变性。一般认为蛋白质的变性主要发生在二硫键和非共价键的破坏，不涉及一级结构中氨基酸序列的改变。故选A。

第二章　维　生　素

【A_1型题】

1.【答案】A

【解析】维生素A构成视网膜感光色素视紫红质而在夜视中起重要作用，并参与碳水化合物代谢和糖蛋白的合成，以维持上皮组织的生长分化。缺乏时视网膜视紫红质和视蛋白水平降低，导致夜盲。故选A。

2.【答案】A

【解析】维生素B_1为水溶性，在人体内除肠内细菌可合成一部分外，人体自身不能合成维生素B_1，主要来源于食物，常与其他B族维生素同存于食物中，在谷类、坚果、动物内脏、蛋类及酵母中含量丰富，人乳和母乳中含量较少，谷类多存在于外胚层（糠、麸）中，故精制时易丢失，洗米过度可致损失，煮饭加碱时亦可遭破坏。维生素B_1尚可抑制胆碱酯酶对乙酰胆碱的水解作用，故维生素B_1缺乏时，乙酰胆碱水解加速，导致神经传导障碍以及胃肠蠕动减慢、消化液分泌减少等消化系统症状。故选A。

3.【答案】A

【解析】维生素C缺乏症又称坏血病，因缺乏维生素C（抗坏血酸）引起，临床特征为出血和骨骼病变。故选A。

4.【答案】E

【解析】颅骨软化多见于3~6个月婴儿，是维生素D缺乏性佝偻病最早出现的骨骼改变，E项正确。手镯、足镯多见于6个月以上小儿，方颅多见于7~8个月以上小儿，“O”形腿见于1岁后小儿。故选E。

5.【答案】E

【解析】维生素K是脂溶性的，主要是提供给肝脏合成凝血酶原用，维生素K缺乏可致广泛性出血。维生素K在凝血过程中起重要作用，缺乏时可引起维生素K依赖性凝血因子（凝血酶原、因子Ⅶ、Ⅸ和X）缺乏，这些因子，需由维生素K参与，在肝合成，通过细胞膜释放至细胞外。故选E。

6.【答案】A

【解析】维生素D缺乏病是由于日晒少（皮肤经紫外线照射后，可使维生素D前体转变为有效的维生素D）、摄入不足（奶、蛋、肝、鱼等食物）、吸收障碍（小肠疾病）及需要量增加（小儿、孕妇、乳母）等因素，使体内维生素D不足而引起的全身性钙、磷代谢失常和骨骼改变。其突出的表现是小儿的佝偻病和成人骨软化症，同时影响神经、肌肉、造血、免疫等组织器官的功能，严重影响儿童的生长发育。故选A。

【B_1型题】

7.【答案】E

【解析】维生素E，又名生育酚，是指具有α-生育酚生物活性的一类物质，能改善性冷淡、月经不调、不孕。故选E。

8.【答案】B

【解析】维生素K能促进血液凝固，所以维生素K也称凝血维生素，是凝血因子γ-羧化酶的辅酶。而其他凝血因子7、9、10的合成也依赖于维生素K。人体缺少它，凝血时间延长，严重者会流血不止，甚至死亡。故选B。

9.【答案】C

【解析】维生素C又叫L-抗坏血酸，是一种水溶性维生素，水果和蔬菜中含量丰富。在氧化还原代谢反应中起调节作用，缺乏它可引起坏血病。维生素C在肝内可使体内多余的胆固醇转变为胆汁酸，降低胆固醇。故选C。

10.【答案】B

【解析】维生素K是一些凝血因子的辅因子。例如作为谷氨酰羧化酶的辅因子，参与凝血酶原特定谷氨酸残基的羧化。故选B。

11.【答案】D

【解析】维生素D为固醇类衍生物，具有抗佝偻病作用，又称抗佝偻病维生素。维生素D家族成员中最重要的成员是D_2和D_3。维生素D均为不同的维生素D原经紫外线照射后的衍生物。故选D。

第三章 酶

【A_1型题】

1.【答案】D

【解析】K_m是米氏常数，等于酶促反应速率为最大速率一半时的底物浓度。是酶的特征常数之一，只与酶的结构、底物和反应环境有关，与酶的浓度无关。K_m值越小，酶对底物的亲和力越大。故选D。

2.【答案】C

【解析】记忆题。酶促反应的特点：①具有极高的效率。②具有高度的特异性。③酶活性的可调节性。④酶活性的不稳定性。酶是蛋白质，酶促反应要求一定的pH、温度等温和的条件，强酸、强碱、有机溶剂、重金属盐、高温、紫外线、剧烈震荡等任何使蛋白质变性的理化因素都可能使酶变性而失去其催化活性。因此C项有误。

3.【答案】E

【解析】酶是一类生物催化剂，遵守一般催化剂的共同规律。它只能催化热力学上允许进行的反应，不能新生反应；只能使反应加速达到平衡点而不能改变平衡点；反应前后酶的质量不变。酶具有极高的催化效率，其高效催化是通过降低反应所需的活化能实现的。故选E。

4.【答案】E

【解析】竞争性抑制剂可与底物竞争酶的活性中心，从而阻碍酶和底物结合成中间产物，它与酶分子之间的结合是可逆的。故选E。

5.【答案】A

【解析】酶促反应的关键酶是在酶促体系中催化活性最低，也称为限速酶。故选A。

6.【答案】C

【解析】酶蛋白肽链上的一些基团可与某种化学基团发生可逆的共价结合，从而改变酶的活性称为酶的共价修饰。这种酶的失活和有活性的互变是由两种催化可逆反应的酶所催化。故选C。

7.【答案】A

【解析】酶分子的催化部位和调节部位有的在同一亚基内，也有的不在同一亚基。故选A。

8.【答案】B

【解析】同工酶是催化相同化学反应但一级结构不同的一组酶。故选B。

9.【答案】B

【解析】常见的酶催化基团有丝氨酸的羟基、半胱氨酸的巯基、谷氨酸的羧基，是构成酶活性中心的常见基团。故选B。

【B_1型题】

10.【答案】D

【解析】根据米氏方程推导的竞争性抑制剂、底物和反应速率之间的动力学关系，其双倒数方程为：$1/V=K_m/V_{max}(1+[I]/K_i)\times 1/[S]+1/V_{max}$。可见无论竞争性抑制剂的浓度如何，各直线在纵轴上的截距均为$1/V_{max}$，这说明酶促反应的V_{max}不因有竞争性抑制剂的存在而改变，此外，横轴截距量的K_m（表观K_m）大于无抑制剂存在时的K_m值，竞争性抑制剂作用使酶的K_m值增大，故选D。

11.【答案】E

【解析】非竞争性的双倒数方程为：$1/V=K_m/V_{max}(1+[I]/K_i)\times 1/[S]+1/V_{max}(1+[I]/K_i)$。故选E。

12.【答案】D

【解析】pH通过改变酶和底物分子解离状态影响反应速率，故选D。

13.【答案】C

【解析】激活剂可加快酶促反应速率，故选C。

14.【答案】B

【解析】酶被底物饱和时，反应速率达到最大，此时反应速率和酶浓度变化呈正比关系。故选B。

15.【答案】E

【解析】抑制剂多与酶活性中心内外必需基团相结合，从而抑制酶的催化活性。故选E。

16.【答案】A

【解析】胃蛋白酶原在pH低于5时，酶原自动激活。故选A。

17.【答案】D

【解析】胰蛋白酶原是进入小肠后，在有 Ca^{2+} 的环境中受到肠激酶的激活。胰液中的胰蛋白酶原可被肠黏膜上皮刷状缘产生的肠激酶激活。故选 D。

18.【答案】E

【解析】胰蛋白酶不仅可以激活胰蛋白酶原、胰凝乳蛋白酶原、弹性蛋白酶原及羧肽酶原，还可以激活糜蛋白酶原，而糜蛋白酶作用是分解蛋白质胨和胨，还有凝乳作用。故选 E。

第四章　糖　代　谢

【A_1 型题】

1.【答案】B

【解析】糖酵解途径有三个关键酶：己糖激酶、6-磷酸果糖激酶-1 和丙酮酸激酶。故选 B。

2.【答案】D

【解析】磷酸戊糖途径的生理意义在于生成 NADPH 和 5-磷酸核糖。故选 D。

3.【答案】E

【解析】三羧酸循环运转一周的净结果是氧化一分子的乙酰 CoA，而不是生成乙酰 CoA。故选 E。

4.【答案】C

【解析】乙酰辅酶 a 在 TCA 中氧化生成 CO_2 和 H_2O 并释放能量，不能作为糖异生的原料。故选 C。

5.【答案】E

【解析】维持血糖水平的恒定是糖异生最主要的生理作用，糖异生是补充或恢复肝糖原储备的重要途径，肾糖异生增强有利于维持酸碱平衡，肌中产生的乳酸运输至肝进行糖异生形成乳酸循环以避免损失乳酸并防止因乳酸堆积引起的酸中毒。故选 E。

6.【答案】C

【解析】1 分子葡萄糖在缺氧的条件下转变为 2 分子乳酸，同时伴随着能量的产生，净产生 2 分子 ATP；糖原开始 1 分子葡萄糖单位糖酵解成乳酸，净产生 3 分子 ATP。故选 C。

7.【答案】D

【解析】糖异生的生理意义：饥饿时维持血糖水平相对恒定是糖异生最主要的生理作用；空腹时主要由肝糖原分解维持血糖水平。故选 D。

8.【答案】B

【解析】烯醇化酶催化 2-磷酸甘油酸脱水生成磷酸烯醇式丙酮酸尽管这个反应的标准自由能改变比较小，但反应时可引起分子内部的电子重排和能量重新分布，形成一个高能磷酸键。故选 B。

9.【答案】C

【解析】1-磷酸葡萄糖与 UTP 反应生成 UDPG 及焦磷酸，UDPG 可看作活性葡萄糖在体内充作葡萄糖供体。故选 C。

10.【答案】C

【解析】三羧酸循环由 8 步代谢反应组成：乙酰 CoA 与草酰乙酸缩合成柠檬酸，柠檬酸经顺乌头酸转变为异柠檬酸，异柠檬酸氧化脱羧转为 α-酮戊二酸，α-酮戊二酸氧化脱羧生成琥珀酰 CoA，琥珀酰 CoA 合成酶催化底物水平磷酸化反应，琥珀酸脱氢生成延胡索酸，延胡索酸加水生成苹果酸，苹果酸脱氢生成草酰乙酸。故选 C。

11.【答案】D

【解析】三羧酸循环中有 4 次脱氢反应，如不能有效地进行氧化磷酸化，$NADH+H^+$ 及 $FADH_2$ 仍保持还原状态，则三羧酸循环中的脱氢反应都将无法继续进行。故选 D。

12.【答案】A

【解析】丙酮酸在线粒体经过 5 步反应氧化脱羧生成乙酰 CoA，其中包含一次脱羧两次脱氢，而乙酰 CoA 进入三羧酸循环完全氧化则需要两次脱羧和 4 次脱氢。故选 A。

13.【答案】B

【解析】缺氧时糖酵解增加，乳酸产生增加，易产生代谢性酸中毒。故选 B。

14.【答案】B

【解析】糖酵解第 6 步 3-磷酸甘油醛由 3-磷酸甘油醛脱氢酶催化，以 NAD^+ 为辅酶接受氢和电子并生成 ATP。故选 B。

15.【答案】D

【解析】糖异生的主要作用就是维持血糖水平恒定。故选 D。

16.【答案】C

【解析】肌肉缺乏葡萄糖 6 磷酸酶，肌糖原分解不能直接成糖，可成 G6P 后进入糖酵解途径，或氧化分解，或生成乳酸后经乳酸循环再利用。故选 C。

【B_1 型题】

17.【答案】B

【解析】糖异生和糖酵解途径的多数反应是共有的可逆反应，但有 3 个不可逆反应：丙酮酸经丙酮酸羧化支路变为磷酸烯醇式丙酮酸；1, 6-二磷酸果糖转变为 6-磷酸果糖；6-磷酸葡萄糖水解为葡萄糖。分析 5 个答案，可选两者共用 3-磷酸甘油醛脱氢酶。

18.【答案】E

19.【答案】C

【解析】参见第 17 题解析。

20.【答案】D

【解析】磷酸戊糖的第一步是 6-磷酸葡萄糖由 6-磷酸葡萄糖脱氢酶催化生成 6-磷酸葡萄糖酸内酯。其他途径不需要，故选 D。

21.【答案】E

【解析】己糖激酶催化葡萄糖

磷酸化生成6-磷酸葡萄糖，反应是不可逆的。糖酵解途径有三个关键酶：己糖激酶、6-磷酸果糖激酶-1和丙酮酸激酶。故选E。

22.【答案】B

【解析】磷酸烯醇式丙酮酸羧激酶是糖异生重要的限速酶，胰高血糖素可以诱导该酶的表达，而胰岛素可以降低该酶的表达。故选B。

23.【答案】C

【解析】三羧酸循环的关键酶是柠檬酸合成酶、异柠檬酸脱氢酶和α-酮戊二酸脱氢酶。故选C。

24.【答案】A

【解析】葡萄糖-6-磷酸酶只存在于肝肾中，所以只有肝和肾可以补充血糖。故选A。

第五章 生物氧化

【A_1 型题】

1.【答案】D

【解析】苹果酸穿梭系统将电子以还原性等效物的形式进入线粒体的电子传递链中以生成ATP，不耗能。故选D。

2.【答案】B

【解析】生物氧化的定义是指生物体内有机物被氧化成CO_2和H_2O，并释放能量，其余选项都包含在过程内。故选B。

3.【答案】B

【解析】氰化物、叠氮化物、CO、H_2S等，阻断由细胞色素aa3到氧的传递。故选B。

4.【答案】C

【解析】呼吸过程中无机磷酸（Pi）消耗量（即生成ATP的量）和氧消耗量的比值称为磷氧比。故选C。

5.【答案】C

【解析】肌肉中磷酸肌酸的含量是ATP的4倍。故选C。

6.【答案】A

【解析】琥珀酸脱氢酶催化琥珀酸氧化成为延胡索酸。该酶结合在线粒体内膜上，含有铁硫中心和共价结合的FAD，来自琥珀酸的电子通过FAD和铁硫中心，然后进入电子传递链到O。FAD作为质子载体时，$P/O \approx 1.5$。故选A。

7.【答案】C

【解析】正常机体氧化磷酸化的速率主要受ADP浓度的调节。当机体利用ATP增多，ADP浓度增高，转运入线粒体后使氧化磷酸化速度加快；反之ADP不足，使氧化磷酸化速度减慢。故选C。

8.【答案】D

【解析】质子是在电子传递过程中偶联传递到线粒体内膜外的，该能量由电子传递提供。故选D。

9.【答案】A

10.【答案】D

【解析】糖酵解发生在细胞质，三羧酸循环、脂肪酸氧化等其余项发生在线粒体。故选D。

11.【答案】E

【解析】复合体Ⅰ即NADH：辅酶Q氧化还原酶复合体，由NADH脱氢酶（一种以FMN为辅基的黄素蛋白）和一系列铁硫蛋白（铁-硫中心）组成。它从NADH得到两个电子，经铁硫蛋白传递给辅酶Q。铁硫蛋白含有非血红素铁和酸不稳定硫，其铁与肽类半胱氨酸的硫原子配位结合。铁的价态变化使电子从$FMNH_2$转移到辅酶Q。复合体Ⅱ由琥珀酸脱氢酶（一种以FAD为辅基的黄素蛋白）和铁硫蛋白组成，将从琥珀酸得到的电子传递给辅酶Q。故选E。

【B_1 型题】

12.【答案】D

【解析】三羧酸循环，脂肪酸氧化发生在线粒体基质中，呼吸链主要发生在线粒体内膜，ATP合成主要是质子流通过ATP合酶时生成的，ATP合酶由两部分组成（F_0-F_1）。故12题选D、13题选B、14题选E、15题选D。

13.【答案】B

14.【答案】E

15.【答案】D

16.【答案】B

【解析】ATP合酶由两部分组成（F_0-F_1），球状的头部F_1突向基质液，水溶性催化ATP合成。亚单位F_0埋在内膜的底部，是疏水性蛋白，构成H^+通道。在生理条件下，H^+只能从膜外侧流向基质，通道的开关受柄部某种蛋白质的调节。故16题选B、17题选E。

17.【答案】E

18.【答案】A

【解析】三羧酸循环中最重要的调节点是两次脱羧基的过程。第一次氧化脱羧：在异柠檬酸脱氢酶作用下，异柠檬酸的仲醇氧化成羰基，生成草酰琥珀酸的中间产物，后者在同一酶表面，快速脱羧生成α-酮戊二酸、NADH和CO_2，此反应为β-氧化脱羧，此酶需要Mg^{2+}作为激活剂。此反应是不可逆的，是三羧酸循环中的限速步骤，ADP是异柠檬酸脱氢酶的激活剂，而ATP与NADH是此酶的抑制剂。第二次氧化脱羧：在α-酮戊二酸脱氢酶系作用下，α-酮戊二酸氧化脱羧生成琥珀酰CoA、NADH+H^+和CO_2，反应过程完全类似于丙酮酸脱氢酶系催化的氧化脱羧，属于α-氧化脱羧，氧化产生的能量中一部分储存于琥珀酰CoA的高能硫酯键中。α-酮戊二酸脱氢酶系也由三个酶（α-酮戊二酸脱羧酶、硫辛酸琥珀酰基转移酶、二氢硫辛酸脱氢酶）和五个辅酶（tpp、硫辛酸、hscoa、NAD^+、FAD）组成。此反应也是不可逆的。α-酮戊二酸脱氢酶复合体受ATP、GTP、NADH和琥珀酰CoA抑制，但其不受磷酸化/去磷酸化的调控。故选A。

19.【答案】C

【解析】乙酰CoA具有硫酯键，乙酰基有足够能量与草酰乙酸的羧基进行醛醇型缩合。首先柠檬酸合成酶的组氨酸残基作为碱基与乙酰-CoA作用，使乙酰-CoA的甲基上失去一个H^+，生成的碳阴离子对草酰乙酸的羰基碳进行亲核攻击，生成柠檬酰-CoA中间体，然后高能硫酯键水解放出游离的柠檬酸，使反应不可逆地向右进行。该反应由柠檬酸合酶催化，是很强的放能反应。由草酰乙酸和乙酰-CoA合成柠檬酸是三羧酸循环的重要调节点，柠檬酸合成酶是一个变构酶，ATP是柠檬酸合酶的变构抑制剂，此外，α-酮戊二酸、NADH能变构抑制其活性，长链脂酰-CoA也可抑制它的活性，AMP可对抗ATP的抑制而起激活作用。故第19题选C、20题选C。

20.【答案】C

21.【答案】A

【解析】NADH和$FADH_2$经呼吸链氧化产生的ATP是无法从化学反应式直接推出的，是用一定的方法测量、计算得到的。根据以前的测定数值，经呼吸链氧化NADH可生成3个ATP分子，$FADH_2$可生成2个ATP分子；后来根据Hinkle P C，Kumar M A等人的最新研究，NADH经呼吸链氧化应该生成2.5个ATP分子，$FADH_2$可生成1.5个ATP分子。故21题选A、22题选B。

22.【答案】B

23.【答案】B

【解析】磷酸甘油穿梭系统：这一系统以3-磷酸甘油和磷酸二羟丙酮为载体，在两种不同的α-磷酸甘油脱氢酶的催化下，将胞液中NADH的氢原子带入线粒体中，交给FAD，再沿琥珀酸氧化呼吸链进行氧化磷酸化。因此，如NADH通过此穿梭系统带一对氢原子进入线粒体，则只得到1.5分子ATP。苹果酸穿梭系统：此系统以苹果酸和天冬氨酸为载体，在苹果酸脱氢酶和谷草转氨酶的催化下。将胞液中NADH的氢原子带入线粒体交给NAD^+，再沿NADH氧化呼吸链进行氧化磷酸化。因此，经此穿梭系统带入一对氢原子可生成2.5分子ATP。故23题选B、24题选A。

24.【答案】A

第六章 脂质代谢

【A_1型题】

1.【答案】D

2.【答案】E

【解析】脂酸经β-氧化后生成的乙酰CoA，一部分在线粒体内通过三羧酸循环彻底氧化，一部分在线粒体缩合成酮体，通过血液运送到肝外组织氧化利用。故选E。

3.【答案】A

【解析】乙酰CoA是合成脂酸的主要原料。脂酸的合成所需要的氢全部由NADPH提供。故选A。

4.【答案】D

【解析】琥珀酰CoA转硫酶在心、肾、脑和骨骼肌的线粒体中含量较高，可以活化乙酰乙酸。故选D。

5.【答案】B

【解析】线粒体内的乙酰CoA不能自由透过线粒体内膜，主要通过柠檬酸-丙酮酸循环转移至胞液中。故选B。

6.【答案】E

【解析】乙酰CoA是酮体合成的原料。酮体在产生以后可以离开肝细胞进入血液，经由血液循环到达肝外组织，其中丙酮经肺被呼出体外，而另两种酮体则可重新转变为乙酰CoA进入三羧酸循环。这过程在肝外细胞发生。肝细胞中没有琥珀酰CoA转硫酶和乙酰乙酸硫激酶，所以肝细胞不能利用酮体。故选E。

7.【答案】A

【解析】以往认为必需脂肪酸共有三种，亚油酸、亚麻酸和花生四烯酸。但是现代医学研究表明只有亚油酸、亚麻酸是必需脂肪酸，只要亚油酸供给充足，人体可以利用亚油酸合成花生四烯酸。故选A。

8.【答案】C

【解析】极低密度脂蛋白（VLDL）是运输内源性甘油三酯的主要形式，肝细胞可以葡萄糖为原料合成甘油三酯，也可利用食物及脂肪组织动员的脂酸合成脂肪，然后加上ApoB100和E以及磷脂、胆固醇等即形成VLDL。故选C。

9.【答案】D

【解析】清蛋白能与许多物质结合产生广泛可逆构形的改变。清蛋白能结合阳离子，也能结合阴离子，所以清蛋白能输送许多性能不同的物质，如脂肪酸、激素、微量金属离子、酶、维生素和药物等。故选 D。

10.【答案】D

【解析】酮体包括乙酰乙酸、β-羟丁酸及丙酮，是脂酸在肝细胞分解氧化时产生的特有中间代谢物。故选 D。

11.【答案】B

【解析】酮体合成的原料是脂酸在肝细胞线粒体中经 β 氧化生成的大量乙酰 CoA。故选 B。

12.【答案】A

【解析】CoA 是合成脂酸的主要原料，主要来自葡萄糖。故选 A。

13.【答案】C

【解析】胆固醇的合成代谢基本过程分三个阶段：①甲基二羟戊酸合成：HMG-GoA 还原酶是胆固醇合成的限速酶。②鲨烯的合成。③胆固醇的合成：胆固醇的合成调节主要是膳食胆固醇、合成的胆固醇及几种激素对 HMG-CoA 还原酶活性的影响。故选 C。

14.【答案】A

【解析】长期饥饿时脑及肌组织主要靠酮体氧化供能。故选 A。

15.【答案】E

【解析】胆固醇有三个主要生理功能：①形成胆酸：胆汁产于肝脏而储存于胆囊内，经释放进入小肠与被消化的脂肪混合。胆汁的功能是将大颗粒的脂肪变成小颗粒，使其易于与小肠中的酶作用。在小肠尾部，85%~95%的胆汁被重新吸收入血，肝脏重新吸收胆酸使之不断循环，剩余的胆汁（5%~15%）随粪便排出体外。肝脏需产生新的胆酸来弥补这 5%~15%的损失，此时就需要胆固醇。②构成细胞膜：胆固醇是构成细胞膜的重要组成成分，细胞膜包围在人体每一细胞外，胆固醇为它的基本组成成分。有人曾发现给动物喂食缺乏胆固醇的食物，结果这些动物的红细胞脆性增加，容易引起细胞的破裂。因此，可以想象要是没有胆固醇，细胞就无法维持正常的生理功能，生命也将终止。③合成激素：激素是协调多细胞机体中不同细胞代谢作用的化学信使，参与机体内各种物质的代谢，包括糖、蛋白质、脂肪、水、电解质和矿物质等的代谢，对维持人体正常的生理功能十分重要。人体的肾上腺皮质和性腺所释放的各种激素，如皮质醇、醛固酮、睾酮、雌二醇以及维生素 D 都属于类固醇激素，其前体物质就是胆固醇。故选 E。

16.【答案】E

【解析】糖供应不足或利用障碍时，糖代谢减弱，3-磷酸甘油及 ATP 不足，脂酸酯化减少，主要进入线粒体进行 β 氧化，酮体生成增多。故选 E。

17.【答案】D

【解析】全身各组织细胞的内质网均可合成磷脂，但肝、肾及肠等组织最活跃。故选 D。

18.【答案】E

【解析】无论是肝内还是肝外组织合成的胆固醇，并不被彻底氧化，而是经氧化、还原转变为其他含环戊烷多氢菲母核的化合物，如胆酸、肾上腺皮质激素、性激素（睾酮、雌二醇）、维生素 D_3 等重要的生理活性物质。因此，选项 B、C、D 均不正确。胆固醇在肝中经羟化，侧链氧化断裂，转变为胆汁酸，是胆固醇在体内代谢的主要去路。胆红素大部分来自衰老红细胞中血红蛋白的分解。胆固醇是不能转化成胆红素的。故选 E。

19.【答案】E

20.【答案】D

【解析】乙酰 CoA 是胆固醇合成的直接原料，它来自葡萄糖、脂肪酸及某些氨基酸的代谢产物。另外，还需要 ATP 供能和 NADPH 供氢。合成 1 分子胆固醇需消耗 18 分子乙酰 CoA、36 分子 ATP 和 16 分子 NADPH。故选 D。

21.【答案】D

【解析】线粒体体内的乙酰 CoA 必须进入胞液才能成为脂酸的合成原料，乙酰 CoA 不能自由透过线粒体内膜，主要通过柠檬酸-丙酮酸循环完成。故选 D。

22.【答案】B

【解析】几乎全身各组织均可合成胆固醇，肝是合成胆固醇的主要场所。故选 B。

23.【答案】B

【解析】脂酰 CoA 进入线粒体是脂肪酸 β-氧化的主要限速步骤，肉碱脂酰转移酶 I 是脂酸 β 氧化的限速酶。故选 B。

24.【答案】D

【解析】食物脂肪消化吸收后以 CM 的形式进入血液循环。故选 D。

25.【答案】B

【解析】卵磷脂又称为磷脂酰胆碱。故选 B。

26.【答案】A

【解析】LCAT 为卵磷脂胆固醇酰基转移酶，是循环中游离胆固醇酯化的主要酶，它转移卵磷脂 sn-2 位的脂肪酰基至胆固醇，生成胆固醇酯和溶血卵磷脂。LCAT 与高密度脂蛋白（HDL）结合，故胆固醇酯化主要发生于 HDL，LCAT 在 HDL 代谢和胆固醇逆转运中发挥重要作用。故选 A。

27.【答案】C

【解析】ACP 全称为 arcyl carrier protein，译为酰基载体蛋白。故选 C。

【B_1 型题】

28.【答案】B

【解析】生物膜主要成分有蛋白质、膜脂质、糖类。故选 B。

29.【答案】A

【解析】脂肪的主要功能是氧

化供能和储存能量，脂肪是生物体所需能量的一种来源。故选A。

30.【答案】C

【解析】多不饱和脂肪酸的重要衍生物包括前列腺素、血栓烷及白三烯。故选C。

31.【答案】D

【解析】脂肪消化的主要部位是小肠，小肠中消化脂肪靠胆汁和胰液来完成。胆汁能使脂质乳化成细小的微团，增加各种消化脂类的酶和脂类的接触面积，有利于脂类的水解。同时，胰腺分泌大量的消化脂类的酶，包括胰脂肪酶（辅脂酶）、磷脂酶 A_2、胆固醇酯酶等。胰脂肪酶水解大部分脂肪为甘油一酯和脂肪酸，少量脂肪为甘油和脂肪酸；磷脂酶 A_2 水解磷脂为溶血磷脂和脂肪酸；胆固醇酯酶促进胆固醇酯水解生成游离胆固醇和脂肪酸。故选D。

32.【答案】E

【解析】乳糜微粒为直径为10.3～1.5μm的血浆脂蛋白颗粒，是在流经小肠的淋巴系统中生成。颗粒中心为中性脂肪，周围为磷脂。故选E。

33.【答案】C

【解析】胆固醇和酮体合成的共同中间产物是HMG-CoA。故选C。

34.【答案】E

【解析】酮体在产生以后可以离开肝细胞进入血液，经由血液循环到达肝外组织，其中丙酮经肺被呼出体外，而另两种酮体则可重新转变为乙酰CoA进入三羧酸循环。这过程在肝外细胞发生（肝细胞内缺乏相关的酶），包括：β-羟丁酸被 NAD^+ 氧化为乙酰乙酸；乙酰乙酸与琥珀酰CoA在β-酮酰转移酶的催化下转变为乙酰乙酰CoA和琥珀酸；乙酰乙酰CoA与CoA作用，产生两分子乙酰CoA。CoA的SH基与琥珀酸形成硫酯键，为α-酮戊二酸通过α-酮戊二酸脱氢酶氧化时生成。是三羧酸循环的组成环节之一。琥珀酰CoA合成酶是三羧酸循环中的一种酶。琥珀酰CoA在琥珀酸硫激酶的作用下，高能硫酯键水解，能量转移给GDP生成GTP和琥珀酸。生成的GTP可直接利用，也可将其高能磷酸基团转移给ADP生成ATP。这是三羧酸循环中唯一的一次底物磷酸化反应。故选E。

35.【答案】D

【解析】磷酸二羟丙酮是糖酵解的中间产物，同时也是甘油异生成糖的中间产物，故为联络甘油和葡萄糖的化学物质。甘油可以在甘油激酶作用下接受ATP的磷酸基成为甘油-3-磷酸，再经 NAD^+ 氧化成为磷酸二羟丙酮，进入糖酵解。糖酵解中，醛缩酶催化1,6-二磷酸果糖生成磷酸二羟丙酮和3-磷酸甘油醛，此反应是可逆的。故选D。

36.【答案】A

【解析】极低密度脂蛋白（VLDL）的主要功能是运输肝脏中合成的内源性甘油三酯。故选A。

37.【答案】C

【解析】乳糜微粒CM是运输外源性甘油三酯及胆固醇的主要形式。故选C。

38.【答案】B

【解析】LDL是血浆脂蛋白的一种，是血液中胆固醇的主要载体。故选B。

39.【答案】D

【解析】血浆脂蛋白主要由蛋白质、甘油三酯、磷脂、胆固醇及其酯组成。乳糜微粒含甘油三酯最多，蛋白质最少，故密度最小；VLDL含甘油三酯亦多，但其蛋白质含量高于CM；LDL含胆固醇及胆固醇酯最多；HDL含蛋白质最多，故密度最高。故选D。

40.【答案】E

【解析】高密度脂蛋白是动脉粥样硬化及冠心病的负因素，其保护作用的机制可能是促进外周细胞（包括动脉血管壁的平滑肌细胞、内皮细胞、动脉粥样硬化斑块处的巨噬细胞）内胆固醇的逆转运，促进胆固醇在肝内代谢转化及拮抗低密度脂蛋白的致动脉粥样硬化作用。故选E。

41.【答案】C

【解析】1976年WHO建议将高脂血症分为六型：①Ⅰ型高脂蛋白血症：主要是血浆中乳糜微粒浓度增加所致。将血浆置于4℃冰箱中过夜，见血浆外观顶层呈“奶油样”，下层澄清。测定血脂主要为甘油三酯升高，胆固醇水平正常或轻度增加，此型在临床上较为罕见。②Ⅱ型高脂蛋白血症，又分为Ⅱa型和Ⅱb型。③Ⅲ型高脂蛋白血症：又称为异常β-脂蛋白血症，主要是血浆中乳糜微粒残粒和VLDL残粒水平增加，其血浆外观混浊，常可见一模糊的“奶油样”顶层。血浆中胆固醇和甘油三酯浓度均明显增加，且两者升高的程度（以mg/dl为单位）大致相当。此型在临床上很少见。④Ⅳ型高脂蛋白血症：血浆VLDL增加，血浆外观可以澄清也可以混浊，主要视血浆甘油三酯升高的程度而定，一般无“奶油样”顶层，血浆甘油三酯明显升高，胆固醇水平可正常或偏高。⑤Ⅴ型高脂蛋白血症：血浆中乳糜微粒和VLDL水平均升高，血浆外观有“奶油样”顶层，下层混浊，血浆甘油三酯和胆固醇均升高，以甘油三酯升高为主。故选C。

42.【答案】B

【解析】载脂蛋白一般分为载A、B、C、D、E五大类，每类中又有亚类。故选B。

43.【答案】A

【解析】血脂为血液中所含脂类物质的总称。血液中的脂类主要包括甘油三酯、磷脂、胆固醇和游离脂肪酸等。故选 A。

第七章 氨基酸代谢

【A_1 型题】

1.【答案】C

【解析】氨基酸脱氨基作用产生的氨是体内氨的主要来源。胺的分解也可以产生氨。此外，嘌呤、嘧啶分解也可产生少量氨。故选 C。

2.【答案】C

【解析】尿素的生成在体内主要是通过鸟氨酸循环合成的。鸟氨酸循环，肝脏中 2 分子氨（1 分子氨是游离的，1 分子氨来自天冬氨酸）和 1 分子 CO_2 生成 1 分子尿素的环式代谢途径。故选 C。

3.【答案】B

【解析】氨主要去路是在肝脏合成尿素、随尿排出；一部分氨可以合成谷氨酰胺和门冬酰胺，也可合成其他非必需氨基酸；少量的氨可直接经尿排出体外。故选 B。

4.【答案】D

【解析】尿素是在肝中经鸟氨酸循环合成的，肝含有合成尿素所需的各种酶。故选 D。

5.【答案】E

【解析】鸟氨酸循环是指肝脏中 2 分子氨（1 分子氨是游离的，1 分子氨来自天冬氨酸）和 1 分子 CO_2 生成 1 分子尿素的环式代谢途径。故选 E。

6.【答案】C

【解析】生酮氨基酸，分解代谢过程中能转变成乙酰乙酰辅酶 A 的氨基酸，共有亮氨酸、赖氨酸、色氨酸、苯丙氨酸和酪氨酸 5 种。故选 C。

7.【答案】C

【解析】酪氨酸经羟化酶催化加上羟基形成多巴，再经多巴脱羧酶脱去 CO_2，形成多巴胺（含邻苯二酚的胺），即儿茶酚胺。故选 C。

8.【答案】B

【解析】肌酸可以由精氨酸、甘氨酸和蛋氨酸为前体在人体肝脏、肾脏和胰脏合成。故选 B。

9.【答案】B

【解析】多胺是生物体内调节细胞生长的重要物质，普遍存在于体内的各种组织中。多胺分子是一种直链脂肪胺，有多个氮原子，带有较多的阳电荷，能与带阴电荷的 DNA 和 RNA 分子结合，稳定其结构，促进核酸和蛋白合成的某些环节。生物体内的多胺主要是指腐胺、精脒和精胺，它们有一特殊的途径通过合成、摄取、降解和排泄来维持细胞内多胺池的平衡。在生长旺盛的组织，如胚胎和肿瘤组织中多胺特别丰富。故选 B。

【B_1 型题】

10.【答案】A

【解析】氨在体内的运输主要有丙氨酸和谷氨酰胺两种形式。故选 A。

11.【答案】C

【解析】正常情况下，体内的氨主要在肝中通过鸟氨酸循环合成尿素而解毒。首先，氨和二氧化碳在 ATP 参与下经酶催化、合成氨基甲酰磷酸，后者与鸟氨酸缩合生成瓜氨酸。瓜氨酸再与另一分子氨（由天冬氨酸供给）结合生成精氨酸，精氨酸在肝精氨酸酶的催化下水解生成尿素和鸟氨酸。鸟氨酸再重复上述反应。每循环一次便将 2 分子氨和 1 分子二氧化碳变成 1 分子尿素。故选 C。

12.【答案】C

【解析】组氨酸为组胺以及肌肽生物合成的前体。故选 C。

13.【答案】B

【解析】谷氨酸经谷氨酸脱羧酶催化脱去 CO_2 即为 γ-氨基丁酸。故选 B。

14.【答案】A

【解析】精脒、精胺的前体是鸟氨酸。故选 A。

15.【答案】D

【解析】色氨酸经氧化脱羧后可转变为 5-羟色胺。故选 D。

16.【答案】A

【解析】甲硫氨酸分子中含有 S-甲基，通过各种转甲基作用可生成多种含甲基的生理活性物质，如肾上腺素、肉碱、胆碱及肌酸等。在转甲基反应前，甲硫氨酸必须在腺苷转移酶的催化下与 ATP 反应，生成 S-腺苷甲硫氨酸（SAM），SAM 中的甲基成为活性甲基，SAM 称为活性甲硫氨酸。SAM 经甲基转移酶催化，将甲基转移至另一种物质，使其甲基化，而 SAM 去甲基后生成 S-腺苷同型半胱氨酸，后者脱去腺苷生成同型半胱氨酸。同型半胱氨酸再接受 N_5-CH_3-FH_4 上的甲基，重新生成甲硫氨酸，形成一个循环过程，称为甲硫氨酸循环。故选 A。

17.【答案】C

【解析】氨基酸从肠黏膜细胞吸收，通过定位于膜上的 γ-谷氨酰转肽酶催化使吸收的氨基酸与 G-SH 反应 生成 γ-谷氨酰基-氨基酸而将氨基酸转入细胞内。由于该过程具有循环往复的性质，故称其为 r-谷氨酰循环。故选 C。

18.【答案】E

【解析】肌肉中的氨基酸将氨基转给丙酮酸生成丙氨酸，后者经血液循环转运至肝脏经过联合脱氨基作用再脱氨基，放出的氨用于合成尿素；生成的丙酮酸经糖异生转变为葡萄糖后再经血液循环转运至肌肉重新分解产生丙酮酸，丙酮酸再接受氨基生成丙氨酸。丙氨酸和葡萄糖反复地在肌肉和肝之间进行氨的转运，故将这一循环过程称为丙氨酸-葡萄糖循环。丙氨酸-葡萄糖循环是肌肉与肝之间氨的转运形式，使肌肉中的氨以无毒的丙氨酸形式运送至肝，同时肝也为肌肉提供了生成丙酮酸的葡萄糖。故选E。

19.【答案】B

【解析】由于骨骼肌和心肌中L-谷氨酸脱氢酶活性较低，氨基酸借联合脱氨基作用方式脱氨基，但可通过转氨基反应与嘌呤核苷酸循环的联合脱去氨基。故选B。

20.【答案】D

【解析】叶酸参与的一碳单位代谢过程是体内重要的代谢过程之一。四氢叶酸是一碳单位的运载体，一碳单位不能游离存在，常与FH_4结合而运转和参与代谢。故选D。

21.【答案】C

【解析】氧化脱氨基作用是指氨基酸在酶的作用下伴有氧化的脱氨基反应。催化这个反应的酶称为氨基酸氧化酶或氨基酸脱氢酶，主要有L-氨基酸氧化酶、D-氨基酸氧化酶和L-谷氨酸脱氢酶。L-谷氨酸脱氢酶的辅酶是NAD^+或$NADP^+$，这两种辅酶含有维生素PP的衍生物，如烟酰胺。故选C。

22.【答案】B

【解析】转氨基作用指的是一种α-氨基酸的α-氨基转移到一种α-酮酸上的过程，反应由转氨酶和其辅基磷酸吡哆醛催化。磷酸吡哆醛是维生素B_6的衍生物。故选B。

23.【答案】E

【解析】辅酶A是一种含有泛酸的辅酶，在某些酶促反应中作为酰基的载体。由泛酸、腺嘌呤、核糖核酸、磷酸等组成的大分子，与醋酸盐结合为乙酰辅酶A，从而进入氧化过程。故选E。

第八章　核酸的结构、功能与核苷酸代谢

【A_1型题】

1.【答案】A

【解析】tRNA的3′端是CCA，氨基酸可以通过酯键连接在A上。mRNA有帽结构和密码子以及多聚腺苷酸尾，rRNA与核糖体蛋白结合形成大小亚基。故选A。

2.【答案】E

【解析】在中性条件下，核酸的最大吸收值在260nm附近。故选E。

3.【答案】B

【解析】真核生物的核糖体rRNA有5S、5.8S、18S、28S，原核生物是5S、16S和23S。故选B。

4.【答案】C

【解析】嘧啶碱包括：U-尿嘧啶，C-胞嘧啶，T-胸腺嘧啶。嘧啶核苷酸首先通过核苷酸酶及核苷磷酸化酶的作用，除去磷酸及核糖，产生的嘧啶碱再进一步分解。胞嘧啶脱氨基转变成尿嘧啶。尿嘧啶还原成二氢尿嘧啶，并水解开环，最终生成CO_2，NH_3及β-丙氨酸。胸腺嘧啶分解成β-氨基异丁酸，其可直接随尿排出进一步分解。故选C。

5.【答案】A

【解析】嘌呤碱的最终分解产物是尿酸。体内尿酸过多可引起痛风症。故选A。

6.【答案】D

【解析】磷酸核糖合成简要途径：CO_2与谷氨酰胺先合成氨基甲酰磷酸，经多步反应先合成UMP；UTP转变成CTP；dUMP转变成dTMP。故选D。

7.【答案】B

【解析】核酶，又称核酸类酶、酶RNA、类酶RNA，是具有催化功能的RNA分子。大多数核酶通过催化转磷酸酯和磷酸二酯键水解反应参与RNA自身剪切、加工过程。故选B。

8.【答案】B

【解析】hnRNA是mRNA的初级产物，在核内存在的时间极短，经过剪接成为成熟的mRNA。故选B。

9.【答案】E

【解析】根据Chargaff规则：A和T的摩尔数相等，C和G的摩尔数相等。故选E。

10.【答案】C

【解析】根据Chargaff规则：A和T的摩尔数相等，C和G的摩尔数相等。故选C。

11.【答案】E

【解析】嘌呤碱的代谢终产物为尿酸。故选E。

12.【答案】E

【解析】5-氟尿嘧啶（5-FU）在体内可转变为5氟尿嘧啶核苷酸，后者可抑制胸腺嘧啶核苷酸合成酶，干扰胸苷嘧啶（T）的合成。故选E。

13.【答案】D

【解析】tRNA的3′端是CCA，由74~95个核苷酸组成，其二级结构是三叶草，反密码环居中的三个核苷酸构成一个反密码子。故选D。

14.【答案】C

【解析】T是构成DNA的碱基，U是RNA所特有的碱基。故选C。

15.【答案】E

【解析】无论哪种单核苷酸（组成核酸的单位），它的磷的含量是恒定的，而C、H、O和N却含量不一。故选E。

16.【答案】A

【解析】在生物化学中，ATP作为细胞内能量传递的“分子通货”，储存和传递化学能，是核糖5′-OH基上的核苷酸。人体每天的能量需要水解100~150摩尔的ATP即相当于50~75kg。这意味着人一天将要分解掉相当于他体重的ATP。所以每个ATP分子每天要被重复利用1000~1500次。ATP不能被储存，因为ATP在合成后必须于短时间内被消耗。当然，活细胞中也有其他的高能三磷酸盐如三磷酸鸟苷、三磷酸尿苷。能量可以在这些三磷酸盐和ATP中由磷酸激酶催化反应之类的反应转移。故选A。

17.【答案】B

【解析】从mRNA分子5′-末端起的第一个AUG开始，每三个核苷酸为一组定义了一个密码子或三联体密码。故选B。

18.【答案】B

【解析】嘧啶核苷酸的补救途径，可通过补救合成的主要酶嘧啶磷酸核糖转移酶催化，使各种嘧啶碱接受PRPP供给的磷酸核糖基直接生成嘧啶核苷酸。也可在核苷磷酸化酶催化下，嘧啶碱先与核糖-1-磷酸反应生成嘧啶核苷，而后，在嘧啶核苷激酶（尿苷激酶、胸苷激酶）催化下，磷酸化生成核苷酸。故选B。

19.【答案】C

【解析】某些氨基酸在分解代谢过程中可以产生含一个碳原子的基团，即一碳单位，主要的一碳单位有：甲基、甲烯基、甲酰基、甲炔基、亚氨甲基，须与FH_4（四氢叶酸）结合，以N^5-，N^{10}-甲烯四氢叶酸的形式转运和参加代谢。其主要来源的氨基酸有丝氨酸、甘氨酸、蛋氨酸及色氨酸。胸苷酸中甲基也是来源于N^5-，N^{10}-甲烯四氢叶酸，故一碳单位将氨基酸与核酸代谢联系起来。故选C。

20.【答案】C

【解析】核苷酸是构成核酸的基本组成单位。碱基和核糖或脱氧核糖生成核苷或脱氧核苷。故选C。

21.【答案】D

【解析】U是RNA所特有的碱基。故选D。

22.【答案】D

【解析】嘧啶核苷酸的合成原料是天冬氨酸、谷氨酰胺、CO_2、PRPP、一碳单位（仅胸苷酸合成）。嘧啶环的合成开始于氨基甲酰磷酸的生成，而氨基甲酰磷酸则是在细胞质中用谷氨酰胺为氮源，由氨基甲酰磷酸合成酶Ⅱ催化生成的。故选D。

23.【答案】B

【解析】合成IMP的原料有天冬氨酸、谷氨酰胺、甘氨酸、一碳单位和CO_2，合成UMP的原料有天冬氨酸、谷氨酰胺和CO_2。谷氨酰胺不算是直接的原料，一碳单位参与胸腺嘧啶核苷酸的合成，而不直接参与尿嘧啶核苷酸和胞嘧啶核苷酸的合成。故选B。

24.【答案】E

【解析】嘧啶是间位上有两个氮原子的六元杂环有机化合物，亦称间二氮杂苯。与嘌呤一样，其衍生物构成人体核苷酸中的含氮碱。先由谷氨酰胺与二氧化碳（CO_2）在消耗两个三磷酸腺苷（ATP）的情况下，由氨甲酰磷酸合成酶催化生成氨甲酰磷酸（CAP），继而氨甲酰磷酸与天门冬氨酸在天门冬氨酸转氨甲酰酶催化下，生成氨甲酰天门冬氨酸（CAA），获得嘧啶环中两个氮原子，这可看作嘧啶核苷酸合成的第一步。最终生成尿嘧啶核苷酸（UMP）。其他嘧啶核苷酸均来自UMP。故选E。

25.【答案】C

26.【答案】C

【解析】胞质中还有一种胞质小RNA。故选C。

27.【答案】A

【解析】腺嘌呤与胸腺嘧啶之间形成两个氢键，鸟嘌呤和胞嘧啶之间形成三个氢键。U是RNA所特有的碱基。故选A。

【A_2型题】

28.【答案】C

【解析】分解代谢反应基本过程是核苷酸在核苷酸酶的作用下水解成核苷，进而在酶作用下生成自由的碱基及1-磷酸核糖。嘌呤碱最终分解成尿酸，随尿排出体外。黄嘌呤氧化酶是分解代谢中重要的酶。嘌呤核苷酸分解代谢主要在肝、小肠及肾中进行。嘌呤代谢异常：尿酸过多引起痛风症，患者血中尿酸含量升高，尿酸盐晶体可沉积于关节、软组织、软骨及肾等处，导致关节炎、尿路结石及肾疾病。该患者发生的疾病涉及的代谢途径是嘌呤核苷酸代谢。故选C。

【B_1型题】

29.【答案】C

【解析】tRNA是蛋白质合成的氨基酸载体，故选C。

30.【答案】E

【解析】Tm值是DNA在解链过程中，紫外吸光度的变化达到最大变化值一半时的温度，此时50%的DNA双链被打开。故选E。

31.【答案】D

【解析】当变性条件缓慢去除

后，两条解离的互补链可重新配对，恢复原来的双螺旋结构。这一现象称为复性。故选D。

32.【答案】A

【解析】互补的核苷酸序列（DNA与DNA、DNA与RNA、RNA与RNA等）通过Watson-Crick碱基配对形成非共价键，从而形成稳定的同源或异源双链分子的过程，称为核酸分子杂交技术，又称核酸杂交。故选A。

33.【答案】B

【解析】放射性核素、生物素或荧光染料进行标记的已知序列的核酸片段，即为核酸探针。故选B。

34.【答案】A

【解析】核酸的一级结构是核苷酸的排列顺序。故选A。

35.【答案】B

【解析】tRNA属于核糖核酸，其二级结构是三叶草，故选B。

36.【答案】E

【解析】核小体是染色质的基本组成单位。故选E。

37.【答案】B

【解析】四氢叶酸是在体内合成嘌呤核苷酸和嘧啶脱氧核苷酸的重要辅酶，氨甲蝶呤作为一种叶酸还原酶抑制剂，主要抑制二氢叶酸还原酶而使二氢叶酸不能还原成有生理活性的四氢叶酸，从而使嘌呤核苷酸和嘧啶核苷酸的生物合成过程中一碳基团的转移作用受阻，导致DNA的生物合成受到抑制。故选B。

38.【答案】C

【解析】阿糖胞苷可抑制CDP还原为dCDP而抑制DNA合成。阿糖腺苷在体内受激酶作用磷酸化为阿糖腺三磷后抑制DNA聚合酶，且对病毒DNA聚合酶的亲和性高于宿主细胞，因而对抑制病毒增殖有较高选择性。阿糖胞苷在体内脱氨后转变为无活性尿嘧啶衍生物。故选C。

39.【答案】E

【解析】别嘌呤醇：是结构上（嘌呤环上第7位是C，第8位是N）类似于次黄嘌呤的化合物，对黄嘌呤氧化酶有很强抑制作用。故选E。

40.【答案】D

【解析】正常情况下，体内的氨主要在肝中通过鸟氨酸循环合成尿素而解毒。首先，氨和二氧化碳在ATP参与下经酶催化、合成氨基甲酰磷酸，后者与鸟氨酸缩合生成瓜氨酸。瓜氨酸再与另一分子氨（由天冬氨酸供给）结合生成精氨酸，精氨酸在肝精氨酸酶的催化下水解生成尿素和鸟氨酸。鸟氨酸再重复上述反应。每循环一次便将2分子氨和1分子二氧化碳变成1分子尿素。尿素合成消耗ATP。故选D。

41.【答案】A

【解析】黄嘌呤氧化酶的作用是氧化次黄嘌呤生成黄嘌呤，进而氧化成尿酸。故选A。

42.【答案】E

【解析】嘧啶核苷酸的分解代谢途径与嘌呤核苷酸相似。首先通过核苷酸酶及核苷磷酸化酶的作用，分别除去磷酸和核糖，产生的嘧啶碱再进一步分解。嘧啶的分解代谢主要在肝脏中进行。分解代谢过程中有脱氨基、氧化、还原及脱羧基等反应。胞嘧啶脱氨基转变为尿嘧啶。尿嘧啶和胸腺嘧啶先在二氢嘧啶脱氢酶的催化下，由 $NADPH+H^+$ 供氢，分别还原为二氢尿嘧啶和二氢胸腺嘧啶。二氢嘧啶酶催化嘧啶环水解，分别生成β-丙氨酸和β-氨基异丁酸。β-丙氨酸和β氨基异丁酸可继续分解代谢。β-氨基异丁酸亦可随尿排出体外。故选E。

第九章 肝的生物化学

【A_1型题】

1.【答案】E

【解析】肝脏生物转化是指机体将一些内源性或外源性非营养物质进行化学转变，增加其极性（或水溶性），使其易随胆汁或尿液排出。即使非营养物质极性增强，利于排泄。故选E。

2.【答案】D

【解析】生物转化中葡糖醛酸结合是最为重要和普遍的结合方式。尿苷二磷酸葡糖醛酸（UDP-GA）为葡糖醛酸的活性供体，由糖醛酸循环产生。肝细胞微粒体中有UDP葡糖醛酸转移酶，能将葡糖醛酸基转移到毒物或其他活性物质的羟基、氨基及羧基上，形成葡糖醛酸苷。结合后其毒性降低，且易排出体外。胆红素、类固醇激素、吗啡、苯巴比妥类药物等均可在肝脏与葡糖醛酸结合而进行生物转化。临床上，用葡糖醛酸类制剂（如葡醛内酯）治疗肝病，其原理即增强肝脏的生物转化功能。故选D。

3.【答案】B

【解析】肝细胞损伤时其对胆红素的摄取、结合、排除功能均可能受损。由于肝细胞摄取血浆中未结合胆红素能力下降使其在血中的浓度升高，所产生的结合胆红素又可能由于肝细胞肿胀、毛细胆管受压，而在肿胀与坏死的肝细胞间弥散经血窦进入血液循环，导致血中结合胆红素亦升高，因其可溶于水并经肾排出，使尿胆红素试验呈阳性。因此，血中结合胆红素增高会在尿中出现胆红素。故选 B。

4.【答案】A

【解析】胆色素是指血红素的一系列代谢产物，包括胆红素、胆绿素、胆素原族和胆素族化合物。胆色素是动物胆汁的主要基本成分之一，由红褐色的胆红素和青绿色的胆绿素组成，由于两者的含量比例和浓度的不同而使胆汁呈现各种颜色。胆色素中不包括血红素。故选 A。

5.【答案】E

【解析】当胆红素来源增加时，如溶血，随胆汁排入肠腔的胆红素增加，肠道中形成胆素原增加，重吸收进入体循环，从尿排出的胆素原增加；肝细胞功能损伤时，从肠道重吸收的胆素原不能有效地进行肠肝循环随胆汁再排出，则逸入体循环的量增加，尿中胆素原的排出量也会增加；胆道梗阻排入肠道胆红素减少，粪胆原形成减少，再吸收入血的尿胆素原减少。所以导致尿胆素原排泄减少的主要是胆道梗阻。故选 E。

6.【答案】D

【解析】溶血性黄疸，主要是红细胞本身的内在缺陷或红细胞受外源性因素损伤，使红细胞遭到大量破坏，释放出大量的血红蛋白，致使血浆中非脂型胆红素含量增多，超过肝细胞的处理能力则出现黄疸。另外，脾功能亢进时，使红细胞破坏，由于大量红细胞的破坏，形成大量的非结合胆红素，超过肝细胞的摄取、结合与排泌能力，另一方面，由于溶血性造成的贫血，缺氧和红细胞破坏产物的毒性作用，削弱了肝细胞对胆红素的代谢功能、使非结合胆红素在血中潴留，超过正常的水平而出现黄疸。尿中尿胆原增加而无胆红素，急性发作时有血红蛋白尿，呈酱油色，慢性溶血时尿内含铁血黄素增加，24 小时粪中尿胆原排出量增加。故选 D。

【B_1 型题】

7.【答案】B

【解析】在单核吞噬细胞中生成的胆红素可进入血液循环，在血浆内主要以胆红素-清蛋白复合体的形式存在和运输。一般说清蛋白与胆红素的结合是可逆的。故选 B。

8.【答案】C

【解析】血中胆红素以“胆红素-清蛋白”的形式输送到肝脏，很快被肝细胞摄取。肝细胞摄取血中胆红素的能力很强。实验证明，注射具有放射性的胆红素后，大约只需 18 分钟就可从血浆中清除 50%。肝脏能迅速从血浆中摄取胆红素，是由于肝细胞内两种载体蛋白 Y 蛋白和 Z 蛋白所起的重要作用。故又称“配体结合蛋白”。故选 C。

9.【答案】D

【解析】肝细胞内质网中有胆红素-尿苷二磷酸葡糖醛酸转移酶（BR-UDPGA-T），它可催化胆红素与葡糖醛酸以酯键结合，生成胆红素葡糖醛酸酯。由于胆红素分子中有两个丙酸基的羧基均可与葡糖醛酸 C1 上的羟基结合，故可形成两种结合物，即胆红素葡糖醛酸-酯和胆红素葡糖醛酸二酯。在人胆汁中的结合胆红素主为红素葡糖醛酸二酯（占 70%～80%）。其次为胆红素葡糖醛酸-酯（占 20%～30%），也有小部分与硫酸根、甲基、乙酰基、甘氨酸等结合。胆红素经上述转化后称为结合胆红素，结合胆红素较未结合胆红素脂溶性弱而水溶性增强，与血浆清蛋白亲和力减小，故易从胆道排出，也易透过肾小球从尿排出。但不易通过细胞膜和血脑屏障，因此不易造成组织中毒，是胆红素解毒的重要方式。故选 D。

10.【答案】E

【解析】经肝转化生成的葡糖醛酸胆红素随胆汁进入肠道，在肠菌的作用下大部分脱去葡糖醛酸基，并被逐步还原生成中胆素原、粪胆素原和 d-尿胆素原。这些物质统称为胆素原。酯型胆红素随胆汁排入肠道后，自回肠下段至结肠内细菌的作用下，脱去葡萄糖醛基，并被还原成为无色的胆素原（粪胆素原及尿胆素原）。这些胆素原在肠道下段或随粪便排出后经空气氧化，可氧化为棕黄色，它是正常粪便的主要色素。生理情况下，肠道中有 10%～20%的胆素原可被重吸收入血，经门静脉进入肝脏。其中大部分再随胆汁排入肠道形成胆素原的肠肝循环。只有少量胆素原进入体循环，可通过肾小球滤出，由尿排出，即为尿胆素原。正常人每天从尿排出的尿胆素原 0.4～4.0mg，尿胆素原在空气中被氧化成尿胆素，后者是尿的主要色素。胆素原族化合物，即胆素原、粪胆素原及尿胆素原。故选 E。

第二篇　生　理　学

第一章　绪　　论

【A_1 型题】

1.【答案】D

【解析】正常成年人体液总量约占体重的60%，按其分布部位的不同分为细胞内液（约占体重的40%）和细胞外液（约占体重的20%）两大部分。故选D。

2.【答案】E

【解析】参与体液调节过程的化学物质来源广泛：①内分泌细胞分泌的激素，如胰岛素、肾上腺素等。②组织细胞产生的生物活性物质，如激肽、5-羟色胺、细胞因子等。③细胞的某些代谢产物，如腺苷、CO_2 等。故选E。

3.【答案】B

第二章　细胞的基本功能

【A_1 型题】

1.【答案】E

【解析】神经细胞的跨膜电位数值由+30mV变为-70mV的过程是动作电位的复极过程。故选E。

2.【答案】D

【解析】主动转运是胞外物质转运的重要形式。其特点是逆浓度和电位梯度、消耗ATP、需要载体蛋白参与、不仅转运离子，还同时转运葡萄糖、氨基酸和核苷酸等物质。故选D。

3.【答案】B

【解析】兴奋性是机体或组织对刺激所发生反应的特性。故选B。

4.【答案】A

【解析】钠泵（Na^+-K^+-ATP酶）的生理作用是维持细胞内外 Na^+-K^+ 浓度梯度。即维持跨膜 Na^+-K^+ 梯度。故选A。

5.【答案】C

【解析】将肌细胞的电兴奋和机械收缩联系起来的机制称为兴奋-收缩偶联。骨骼肌兴奋-收缩偶联的基本过程是肌膜上的动作电位沿着肌膜和T管传播，激活L型钙通道；外钙内流，激活肌质网（终末池），钙离子顺着浓度差进入肌质中，即内钙释放，使胞内钙浓度明显升高；到达肌丝区，肌钙蛋白C与 Ca^{2+} 结合，引发肌丝滑行，肌肉收缩；钙回收入肌质网，肌肉舒张。故选C。

6.【答案】B

【解析】兴奋性突触后电位是指在突触后膜上出现了去极化。抑制性突触后电位是在突触后膜出现超极化。故选B。

7.【答案】C

【解析】阈电位是指发生动作电位的临界电位，即此时膜对 Na^+ 通透性突然增大，Na^+ 顺着浓度差而大量内流，膜电位去极化。故选C。

8.【答案】A

【解析】组织兴奋性周期变化是由绝对不应期、相对不应期、超常期、低常期组成。兴奋性最低的是绝对不应期。故选A。

9.【答案】B

【解析】静息电位是细胞静息时，细胞膜内外的正负电位差，称为静息电位。静息电位的产生是由于静息时，细胞膜对 K^+ 有一定的通透性，静息电位接近于钾平衡电位。故选B。

10.【答案】E

【解析】骨骼肌兴奋-收缩偶联的结构基础是骨骼肌的T管与两侧的终末池相连而构成的三联管结构。故选E。

11.【答案】C

【解析】神经-肌肉接头间隙中，能够分解乙酰胆碱的酶成为乙酰胆碱酯酶。它将乙酰胆碱分解为胆碱和乙酸。故选C。

12.【答案】C

【解析】神经、肌肉、腺体等可兴奋组织在受到刺激后产生的反应都是产生动作电位。故选C。

13.【答案】A

【解析】神经纤维上的动作电位会沿着纤维轴突到达神经肌肉接头处，通过接头前膜兴奋释放囊泡中的乙酰胆碱，乙酰胆碱通过接头间隙到达接头后膜，激活 N_2 受体，引起骨骼肌细胞膜上 Na^+ 和 K^+ 通道激活，Na^+ 顺着浓度差进入骨骼肌细胞，使骨骼肌发生去极化而引发动作电位。故选A。

14.【答案】B

【解析】在静息状态下，细胞膜对 K^+ 有较高的通透性，导致细胞的静息电位基本上等于 K^+ 的平衡电位，而对 Na^+ 及其他离子的通透性小。故选B。

15.【答案】D

【解析】Na^+-K^+-ATP 酶的作用是将 3 个 Na^+移出胞外，将 2 个 K^+移入胞内，维持细胞内外离子平衡。当外界因素使其功能障碍，则会出现细胞静息电位减少，动作电位幅度减少。故选 D。

【B_1 型题】

16.【答案】C

【解析】神经细胞动作电位的上升支是由于 Na^+内流而形成的，故选 C。

17.【答案】D

【解析】骨骼肌细胞动作电位下降支是由 K^+外流所形成的，故选 D。

18.【答案】E

【解析】动作电位到达运动神经末梢时引起 Ca^{2+}内流而释放囊泡中的乙酰胆碱。故选 E。

19.【答案】B

【解析】细胞受到刺激，其膜电位负值减少，称为去极化，故选 B。

20.【答案】D

【解析】膜内电位负值增大，叫做超极化。故选 D。

21.【答案】A

【解析】安静时细胞膜两侧存在电位差，叫极化，故选 A。

22.【答案】C

【解析】动作电位产生过程中 K^+外流增多，会出现复极化。故选 C。

23.【答案】B

【解析】动作电位产生时，膜内电位由负变正，叫作去极化。故选 B。

第三章　血　液

【A_1 型题】

1.【答案】A

【解析】红细胞具有可塑性、悬浮稳定性和渗透脆性。当血浆晶体渗透压降低，红细胞会出现膨胀、破裂，这种特性叫作红细胞的渗透脆性。故选 A。

2.【答案】D

【解析】组织液是由血浆中的液体经毛细血管滤过至组织间隙而形成的。由于毛细血管具有选择性的通透性，组织液中的各种离子成分与血浆相同，但组织液中蛋白质的浓度明显低于血浆。故选 D。

3.【答案】E

【解析】将经过抗凝处理的血液置于血液比容管中离心后，血液分为三层，上层淡黄色的液体为血浆；血清是指血液不使用抗凝剂，血液静置后自然凝固后 1~2 小时血凝块回缩释出淡黄色液体为血清。血清与血浆成分差别是血浆中含有纤维蛋白原和凝血因子。故选 E。

4.【答案】C

【解析】血浆 pH 相对恒定的原因是血液内有缓冲物质存在，以及肺和肾的正常功能。血浆缓冲物质主要包括 $NaHCO_3/H_2CO_3$、蛋白质钠盐/蛋白质以及 Na_2HPO_4/NaH_2PO_4 三个缓冲对。其中，含量最多、缓冲能力最强的是 $NaHCO_3/H_2CO_3$。故选 C。

5.【答案】C

【解析】红细胞的主要生理功能是运输氧气和二氧化碳。故选 C。

6.【答案】B

【解析】正常成人血量相当于体重的 7%~8%，即每千克体重有 70~80ml 血液。50kg 体重应该有 3.5~4.0L 血液。故选 B。

7.【答案】E

【解析】红细胞生成所需物质有铁和蛋白质。故选 E。

8.【答案】E

9.【答案】B

10.【答案】B

【解析】输血时主要考虑的因素是给血者红细胞不会被受者血清所凝集。故选 B。

11.【答案】C

【解析】正常红细胞具有悬浮稳定性。红细胞沉降率加快是由于某种疾病时，红细胞彼此能较快地互相以凹面相贴，发生红细胞叠连，叠连后红细胞沉降加快。决定红细胞叠连快慢的因素不在于红细胞，而在于血浆成分。故红细胞沉降快者的红细胞置于正常人的血浆中，其沉降率正常。故选 C。

【A_2 型题】

12.【答案】C

【解析】交叉配血时，主侧为供血者的红细胞与受血者的血清试验，次侧为受血者的红细胞与供血者的血清试验。故受血者为 A 型，主侧不凝集，次侧凝集，给血者的血型是 O 型。故选 C。

13.【答案】D

【解析】受者红细胞与给者血清发生凝集（次侧），血清与给者红细胞不凝集（主侧），此人血型为 O 型。故选 D。

14.【答案】E

【解析】血清中含有抗 A 抗 B 凝集素，其血型是 O 型。故选 E。

【B_1 型题】

15.【答案】C

【解析】体液是指体内所含的细胞外液和细胞内液之和。故选 C。

16.【答案】A

【解析】内环境是指机体内围绕细胞周围的体液，即细胞外液。

故选 A。

17.【答案】E

18.【答案】B

19.【答案】A

20.【答案】D

21.【答案】C

22.【答案】B

23.【答案】C

24.【答案】D

25.【答案】E

第四章 血液循环

【A_1 型题】

1.【答案】E

【解析】儿茶酚胺类物质能够作用于心肌细胞上的β受体而增加心肌细胞 Ca^{2+} 通道的通透性。故选 E。

2.【答案】E

【解析】当搏出量增加而其他因素不变时，脉压增大的原因是搏出量增加使收缩压增加，而舒张压没有明显改变。脉压 = 收缩压-舒张压。故选 E。

3.【答案】C

【解析】动脉血压升高后，颈动脉窦主动脉弓压力感受器兴奋，使窦神经传入冲动增加，而主动脉神经传入冲动减少，使心交感中枢抑制，交感缩血管紧张度降低，心迷走紧张度增加而使血压下降。故选 C。

4.【答案】E

【解析】心动周期中，左心室的容积在心房收缩末期最大，因为此时心房收缩使心房内压力升高，容积缩小，可使心室的充盈再增加 10%～30%。故选 E。

5.【答案】C

【解析】心室舒张分为两个期，即等容舒张期和心室充盈期。当心室开始舒张，心室内压下降，主动脉血液向心室方向反流，推动主动脉瓣关闭。故主动脉瓣关闭发生于等容舒张期开始时。故选 C。

6.【答案】B

【解析】当心室开始收缩后，心室内压升高超过心房内压，推动房室瓣关闭，使血液无法倒流入心房。故选 B。

7.【答案】C

【解析】在心脏等容舒张期，主动脉瓣关闭，房室瓣关闭，心室舒张但容积不变。故选 C。

8.【答案】C

9.【答案】E

【解析】减压反射是指通过颈动脉窦和主动脉弓压力感受器的刺激而引起的血压下降反射。其生理意义是维持动脉血压的相对稳定。故选 E。

10.【答案】B

【解析】因为不同身材的人体，具有不同的氧耗量和能量代谢水平，心排血量也不同。安静时的心输出量与体表面积成正比。心指数是以体表面积计算的心输出量。因此，分析比较不同个体心功能的指标是心指数。故选 B。

11.【答案】D

【解析】舒张压是在心脏舒张时，主动脉压下降，动脉血压的最低值叫舒张压。影响舒张压的最重要因素是外周阻力。故选 D。

12.【答案】C

13.【答案】D

14.【答案】D

15.【答案】C

【解析】心室肌的有效不应期的长短取决于动作电位的 2 期（平台期）的长短，因为 2 期的长短影响动作电位时程的长短。故选 C。

16.【答案】D

【解析】心室肌的后负荷是指大动脉内的血压。如果大动脉血压高，则心室等容收缩期室内压峰值增高，使等容收缩期延长而射血期缩短，射血速度减慢，搏出量减少。故选 D。

17.【答案】C

【解析】体循环血管阻力来自小动脉和微动脉。微静脉和静脉的压力很小，不对体循环产生阻力。故选 C。

18.【答案】E

【解析】能够增加心搏出量（前负荷、后负荷、心肌收缩力）和心率的因素都能够增加心排血量。迷走神经兴奋，心率减慢，心排出减少；颈动脉窦压力升高，表示大动脉血压高，即心脏的后负荷增加，排出量降低；动脉血压升高，后负荷增加，排出量减少；使用去甲肾上腺素后，血压升高，后负荷增加，故 A、B、C、D 不对。使用肾上腺素后，心率增加，心排血量增加。故选 E。

19.【答案】E

【解析】心室等容舒张期，主动脉瓣关闭是由于此时心室舒张，心室内压下降，主动脉血液向心室方向反流，推动主动脉瓣关闭。故选 E。

20.【答案】E

【解析】自律细胞与非自律细胞的区别在于是否有 4 期自动去极化作用。具有自动去极化作用才具有自律性。故选 E。

21.【答案】A

【解析】心排血量是指一侧心室每分钟射出的血液量。左右两侧心室的排出量基本相等；心排血量等于搏出量乘以心率；动脉血压影响心排血量；心排血量与机体代谢需要相适应，可因性别、年龄及其他情况不同而不同；心排血量与静脉回心血量保持动态平衡。故选 A。

22.【答案】D

【解析】衡量自律性高低的指标是 4 期自动去极化的速率。自动去极化越快，到达阈电位的时间越短，自律性就越高。故选 D。

23.【答案】A

24.【答案】D

【解析】心指数是以单位体表面积计算的心输出量。故选 D。

25.【答案】A

【解析】心肌细胞根据 0 期去极速度分为快反应细胞和慢反应细胞。故选 A。

26.【答案】B

【解析】心室肌细胞属于非自律细胞，因此，心室肌细胞没有自律性。心室肌细胞具有兴奋性、传导性和收缩性。且具有较长的有效不应期。故选 B。

27.【答案】E

【解析】窦房结称为心脏正常起搏点的原因是窦房结的 4 期自动去极化速度最快，自律性最高。故选 E。

28.【答案】D

【解析】静脉注射去甲肾上腺素后出现血压升高后，颈动脉窦和主动脉弓感受器冲动传入中枢，引起负反馈调节，而使心率减慢。此作用是由于减压反射增强所致。故选 D。

29.【答案】E

【解析】来自肾上腺髓质的肾上腺素能够通过激动心肌细胞膜上的 β_1 受体而增强心肌收缩力、加快心率，通过兴奋血管的 α 受体使皮肤内脏血管收缩，激动骨骼肌血管上的 β_2 受体使其舒张。对毛细血管通透性没有明显影响，对组织液生成没有影响。故选 E。

30.【答案】E

【解析】心室肌细胞动作电位跨膜电位变化包括了 0、1、2、3 期，然后进入静息期但没有 4 期。因为心室肌是非自律细胞，它没有 4 期自动除极作用。故选 E。

31.【答案】E

【解析】心肌有较长的有效不应期，因此，与骨骼肌不同，心肌不会产生完全强直收缩。故选 E。

32.【答案】B

【解析】细胞兴奋性是指细胞在受到适当刺激时可产生动作电位。心肌细胞的有效不应期是从动作电位 0 期开始到 3 期复极化至膜电位 -60mV 期间，给予足够强的刺激，不能发生动作电位。因此，心肌细胞的有效不应期长，心肌细胞的兴奋性就低。故选 B。

33.【答案】A

【解析】心室出现期前收缩后的代偿间歇的原因是，窦房结的兴奋落在了期前收缩的有效不应期内，使正常的窦房结兴奋不能下传，形成一次兴奋和收缩的脱失，等到下一个窦房结兴奋传来时才引起兴奋。故选 A。

【B_1 型题】

34.【答案】E

35.【答案】C

36.【答案】A

37.【答案】A

38.【答案】D

39.【答案】C

40.【答案】B

41.【答案】A

42.【答案】B

43.【答案】C

44.【答案】E

45.【答案】E

【解析】心室肌细胞动作电位 1 期由 K^+ 内流引起，故选 E。

46.【答案】E

【解析】动作电位 3 期由 K^+ 外流引起，故选 E。

47.【答案】C

【解析】动作电位 4 期由 Na^+，K^+-ATP 酶介导，故选 C。

第五章　呼　吸

1.【答案】E

【解析】肺换气是肺泡与肺毛细血管之间的气体交换，其通过的部位是肺呼吸膜（肺泡-毛细血管膜）。故选 E。

2.【答案】A

【解析】肺通气是指肺与外界环境之间的气体交换。由肺内压变化而建立的肺泡与外界环境之间的压力差是肺通气的直接动力，而呼吸肌的收缩和舒张引起的胸廓节律性扩大和缩小的呼吸运动则是肺通气的原动力。故选 A。

3.【答案】C

4.【答案】D

【解析】吸气时，肺容积增大，肺内压下降，外界气体被吸入肺泡，随着肺内气体量的增加，肺内压逐渐升高，至吸气末，肺内压升高到与大气压相等，气流就停止了。呼气时，肺容积减少，肺内压升高超过大气压，气体由肺呼出。随着气体的减少，肺内压下降，至呼气末，肺内压又降至与大气压相等，气流随之停止。故在吸气末和呼气末时，肺泡内压与大气压相等。选 D。

5.【答案】B

【解析】血液中的 CO_2 有两种形式，一种是物理溶解的 CO_2，约占总量的 5%，另一种是化学结合的 CO_2，约占 95%。化学结合的 CO_2 主要是碳酸氢盐和氨基甲酰血红蛋白，分别占总量的 88% 和 7%。故 CO_2 在血液中的主要运输形式是碳酸氢盐，选 B。

6.【答案】D

【解析】血液中以物理形式存在的 O_2 仅占总量的 1.5%，化学结合的约占 98.5%。血液中的血红蛋白与 O_2 形成氧合血红蛋白，是运输 O_2 的工具。故选 D。

7.【答案】C

8.【答案】E

【解析】肺活量是尽力吸气后，从肺内所能呼出的最大气体量。它是潮气量、补吸气量和补呼气量之和。故选 E。

9.【答案】E

【解析】胸膜腔内压即胸膜腔内压。平静呼吸时，胸膜腔内压始终低于大气压，是负压，并随着呼吸运动而发生周期性波动。胸膜腔内压=肺内压-肺回缩压。胸膜腔负压有利于静脉血液和淋巴液的回流。胸膜腔内压使肺牵拉而始终处于扩张状态。当外伤或疾病导致胸壁或肺破裂，胸膜腔与大气相通，空气将立即进入负压的胸膜腔内，形成气胸，此时，胸膜腔内压等于大气压。即胸膜腔内负压对维持肺的扩张具有非常重要的作用。故选 E。

10.【答案】E

【解析】动脉血中二氧化碳分压为 40mmHg，组织中为 50 mmHg，混合血中为 46mmHg。故组织中的二氧化碳分压最高。而细胞内的有氧代谢，O_2 被利用并产生 CO_2，故细胞内液中的 CO_2 分压最高。故选 E。

11.【答案】C

12.【答案】D

【解析】通气/血流比 = 每分肺泡通气量/每分肺血流量。而每分肺泡通气量 =（肺潮气量-无效腔）×呼吸频率。故该患者的通气/血流比为 1.0。选 D。

13.【答案】C

【解析】通气/血流比值越大，意味着通气过剩，血流相对不足，部分肺泡气体未能与血液气体充分交换，致使肺泡无效腔增大。故选 C。

14.【答案】D

【解析】肺泡表面活性物质能够降低肺泡表面张力，稳定肺泡内压，维持肺泡的扩张状态，阻止血管内水分滤入肺泡。对维持肺的回缩无作用。故选 D。

15.【答案】D

【解析】胸膜腔负压的生理意义是维持肺的扩张、有利于静脉回流、维持正常肺通气。如果胸膜腔负压消失（如气胸），则可导致肺部塌陷。胸膜腔负压对中心静脉压没有直接影响。故选 D。

16.【答案】D

【解析】通气/血流比 = 每分肺泡通气量/每分肺血流量。因此，该比值增大或减少都妨碍肺换气，导致机体缺氧和 CO_2 潴留。故测定肺换气效率较好的指标是通气/血流比值，故选 D。

【B_1 型题】

17.【答案】B

【解析】肺泡表面张力来自于肺泡表面液体的张力，故选 B。

18.【答案】A

【解析】肺泡表面活性物质由肺泡Ⅱ型细胞分泌，故选 A。

19.【答案】B

【解析】呼吸膜由 6 层结构构成，含肺泡表面活性物质的液体层、肺泡上皮细胞层、上皮基底膜、肺泡上皮和毛细血管膜之间基质层、毛细血管基膜和毛细血管内皮细胞层。气体交换时，肺泡内氧气首先通过肺泡表面液体层，故选 B。

20.【答案】E

【解析】每分钟吸入肺泡的新鲜空气量是肺泡通气量，故选 E。

21.【答案】D

【解析】用力最大吸气，尽力快速呼气所呼出的气体量为用力肺活量，故选 D。

第六章 消化和吸收

【A_1 型题】

1.【答案】A

【解析】促进胃排空的因素是胃内食物的量，量大，则对胃壁扩张刺激，通过壁内神经丛反射和迷走反射而促进胃排空。而十二指肠内的酸、脂肪、高渗溶液及食糜引起小肠黏膜释放促胰液素、缩胆囊素、抑胃肽等抑制胃运动，延缓胃排空。故选 A。

2.【答案】B

【解析】胃液中，盐酸和内因子是由胃壁细胞分泌；胃主细胞分泌胃蛋白酶原；胃黏液由黏膜上皮细胞、黏液颈细胞、贲门腺和幽门腺共同分泌。故选 B。

3.【答案】D

【解析】促进维生素 B_{12} 吸收的物质是内因子。它能够保护 B_{12} 不被小肠内水解酶的破坏并促进其吸收。故选 D。

4.【答案】C

5.【答案】C

【解析】食物形成食糜后，其排空速度与其物理性状和化学组成有关。糖类最快，蛋白质次之，脂肪最慢。故选 C。

6.【答案】A

7.【答案】D

8.【答案】A

【解析】胃壁细胞分泌内因子；胃主细胞分泌胃蛋白酶；胃窦 G 细胞分泌促胃液素；小肠黏膜 I 细胞分泌缩胆囊素；小肠黏膜 K 细胞分泌抑胃肽。故选 A。

9.【答案】D

【解析】调节胰液分泌的神经体液因素有促胃液素、缩胆囊素、促胰液素、血管活性肠肽及迷走神经兴奋。支配胰腺的内脏大神经没有促进胰液分泌作用。胰腺的痛觉纤维随内脏大神经、内脏小神经和腰交感干进入脊髓，再经脊髓丘脑束到达丘脑腹后外侧核。切断内脏大神经可阻断胰痛觉的传入通路，可达到缓解或解除胰腺癌的疼痛作用。故选D。

10.【答案】D

【解析】小肠节律性运动形式有紧张性收缩、分节运动和蠕动3种。其中，分节运动是以肠壁环行肌为主的节律性收缩和舒张活动。故选D。

11.【答案】B

【解析】交感神经兴奋时可引起消化道运动减弱，腺体分泌抑制和血流量减少，引起消化道括约肌收缩。故选B。

12.【答案】E

【解析】支配消化道的副交感神经的节后纤维兴奋后释放乙酰胆碱，通过激活M受体使消化道收缩，腺体分泌增多，消化道括约肌松弛。不会引起支配交感神经的活动增强。故选E。

13.【答案】C

【解析】胃大部切除，由于切除了胃底和胃体部，使得壁细胞减少，分泌内因子减少，影响维生素B_{12}的吸收而出现贫血。故选C。

14.【答案】D

【解析】小肠吸收面积大；小肠绒毛内富含毛细血管、毛细淋巴管、平滑肌纤维和神经纤维网；营养物质在小肠内已经被消化为结构简单的可吸收物质；食物在小肠内停留时间长。食物的吸收主要在小肠。故选D。

【B_1型题】

15.【答案】D

【解析】胆盐在胆汁中参与脂肪消化和吸收，随着胆汁排至小肠，约95%在回肠末端被重吸收入血，经门静脉进入肝脏再合成为胆汁，然后再排入肠内，形成胆盐的肠-肝循环。胆盐的吸收部位是回肠，故选D。

16.【答案】D

【解析】维生素B_{12}先与内因子结合，然后到回肠被主动吸收，故选D。

17.【答案】A

18.【答案】A

19.【答案】B

20.【答案】E

21.【答案】D

22.【答案】E

第七章 能量代谢和体温

【A_1型题】

1.【答案】D

【解析】人体体温调节中枢位于下丘脑的视前区-下丘脑前部(PO/AH)。它通过某种机制决定了体温调定点水平。故选D。

2.【答案】A

【解析】甲状腺素释放增加，可提高基础代谢产热；肾上腺素和去甲肾上腺素释放增加也增加基础代谢产热；管球平衡是指当肾小球滤过率增加时，近端小管对钠水重吸收也增大，反之，肾小球滤过率减少时，近端小管对钠水的重吸收也减少，这种现象称为管球平衡。与产热和散热无关。人体产热的形式有，基础代谢、骨骼肌运动、食物特殊动力效应、寒战和非寒战产热等。寒冷条件下，机体通过骨骼肌寒战的方式产热。故选A。

3.【答案】C

【解析】机体主要产热的器官有内脏（肝脏最多）、骨骼肌、脑和脊髓组织。安静时，产热以内脏（肝脏）为主；运动时，骨骼肌产热占机体总热量的90%。故选C。

4.【答案】A

【解析】在生理状况下，体温可随着昼夜、年龄、性别、肌肉活动、情绪激动、精神紧张、进食等因素而有变动。昼夜间呈现周期性波动、清晨最低午后最高、波动幅度不超过1℃、体温波动与生物钟有关。故选A。

5.【答案】D

【解析】人体的散热方式有辐射、传导、对流和蒸发散热（不感蒸发和发汗）。炎热环境，气温等于或高于体温时，蒸发成为唯一有效的散热方式。辐射、传导和对流的方式均无法散热。机体通过发汗和增加皮肤血流量的方式维持体热平衡。故选D。

6.【答案】E

7.【答案】C

【解析】辐射散热是指人体以热辐射的形式将体热传给外界较冷的物质的一种散热方式。辐射方式散热量的多少取决于皮肤与环境之间的温度差和机体有效散热面积。当散热面积不变时，影响因素就是皮肤与环境间的温度差。故选C。

8.【答案】C

9.【答案】E

【解析】影响体温生理变化的因素有昼夜变化、年龄、性别、肌肉活动等。情绪激动、精神紧张、进食等也会影响。体重差异对体温没有影响。故选E。

10.【答案】A

【解析】基础代谢是指基础状态下（人体在清醒而又非常安静，不受肌肉活动、精神紧张、食物及环境温度因素影响时的状态）的基础代谢。测定条件是：清醒、静卧、未做肌肉活动，无精神紧张、进食后12～14小时，室温保持在20～25℃。故选A。

11.【答案】C

【解析】基础代谢率随性别、年龄不同而有差别。男性比同年龄组女性高，儿童比成人高，年龄越大基础代谢率越低，相差在±10%～15%以内属于正常。故选C。

【B_1型题】

12.【答案】C

【解析】给高热患者使用冰帽方式散热属于传导散热方式，是将机体的热量直接传给与之接触的温度较低物体。故选C。

13.【答案】D

【解析】用酒精给高热患者擦浴的散热方式属于蒸发散热，是水分从体表汽化时吸收热量而散发体热的方式，故选D。

14.【答案】C

【解析】通过游泳使机体散热的方式也是传导散热方式，故选C。

15.【答案】C

【解析】因为在基础状态下，机体能量消耗主要以维持血液循环、呼吸等基本生命活动，因此，基础代谢率常作为评价机体能量代谢水平的指标。机体能量代谢率与体重不成比例关系，而与体表面积呈正比关系。故选C。

16.【答案】E

【解析】基础代谢率随性别、年龄不同而有差别。男性比同年龄组女性高，儿童比成人高，年龄越大基础代谢率越低。故选E。

第八章 肾脏的排泄功能

【A_1型题】

1.【解析】E

【解析】肾小球滤过膜是肾小球毛细血管内的血浆经滤过进入肾小囊，其间的结构称为滤过膜，由毛细血管内皮细胞、基膜和肾小囊脏层足细胞的足突构成。正常情况下不能通过的物质是血浆清蛋白。故选E。

2.【答案】A

【解析】尿生成包括三个阶段，血浆在肾小球毛细血管处滤过，形成超滤液；超滤液在流经肾小管和集合管的过程中经过选择性重吸收；肾小管和集合管的分泌，最后形成尿液，即终尿。正常终尿占超滤液的1%。故选A。

3.【答】B

【解析】单位时间内两侧肾脏生成的超滤液量称为肾小球滤过率。影响肾小球滤过率的因素有肾小球毛细血管血压、囊内压、血浆胶体渗透压、肾血浆流量和滤过系数。故选B。

4.【答案】E

【解析】原尿是指当血液流经肾小球毛细血管时，除蛋白质分子外的血浆成分被滤过进入肾小囊腔而形成超滤液，即原尿，这是尿生成的第一步。原尿比血浆相比少了蛋白质。故选E。

5.【答案】A

6.【答案】B

7.【答案】A

【解析】肾小管的近曲小管重吸收超滤液中的70%NaCl和水被重吸收；在髓袢部位，20% NaCl重吸收，水15%重吸收；远曲小管和集合管12% NaCl被重吸收。近曲小管重吸收是所有小管中最多的。故选A。

8.【答案】E

【解析】尿液的稀释主要发生于远曲小管和集合管。尿量的多少取决于此处的功能。故选E。

9.【答案】A

【解析】大量饮水后，血浆晶体渗透压降低，血管升压素（抗利尿激素ADH）释放减少，引起尿量增加，尿液稀释。故选A。

10.【答案】B

【解析】调节ADH释放的因素是体液渗透压、血容量、其他因素（恶心、疼痛、应激、酒精等）。其中，细胞外液渗透浓度的改变是调节ADH分泌的最重要因素。当血浆晶体渗透压升高刺激ADH释放。血浆晶体渗透压每增加1%，ADH浓度升高1pg/ml。故选B

11.【答案】E

【解析】ADH受体分为V_1和V_2。V_1受体分布于血管平滑肌，激活后可引起平滑肌收缩，血管阻力增加，血压升高；V_2受体主要分布于肾远曲小管后段和集合管上皮细胞，增加管腔膜对水通透性，小管液中的水在管内外渗透浓度梯度的作用下通过水通道而被重吸收，而对尿量产生明显影响。故选E。

12.【答案】D

【解析】注射高浓度葡萄糖后，血浆晶体渗透压升高，引起肾小管内溶质浓度增加，使尿量增加。故选D。

13.【答案】E

【解析】尿生成的过程有血浆在肾小球毛细血管处滤过，形成超滤液；超滤液在流经肾小管和集合管的过程中经过选择性重吸收；肾小管和集合管的分泌，最后形成尿液，即终尿。备选答案中，输尿管的蠕动与尿生成无关。故选 E。

14.【答案】D

【解析】正常情况下，当血压在 80～180mmHg 范围内变动时，由于肾血流量的自身调节机制，肾小球毛细血管血压可保持稳定，肾小球滤过率基本不变。故选 D。

【B_1 型题】

15.【答案】C

16.【答案】E

17.【答案】B

18.【答案】A

19.【答案】A

【解析】一次性大量饮水后，体液被稀释，血浆晶体渗透压降低，引起血管升压素释放减少或停止，肾小管和集合管对水的重吸收减少，尿量增加。故选 A。

20.【答案】B

【解析】静脉滴注甘露醇后，血浆晶体渗透压增加，产生渗透性利尿。故选 B。

21.【答案】B

【解析】糖尿病患者血糖升高，血浆晶体渗透压增加，产生渗透性利尿，故选 B。

22.【答案】A

23.【答案】E

第九章　神经系统的功能

【A_1 型题】

1.【答案】D

【解析】儿茶酚胺激动 α 受体后对平滑肌产生的效应是血管、子宫、虹膜睫状肌收缩，小肠舒张。故选 D。

2.【答案】D

【解析】屈肌反射是指脊动物在受到伤害性刺激时，受刺激的一侧肢体关节的屈肌收缩，而伸肌弛缓，肢体屈曲，称为屈肌反射；他们的感受器不同，前者是皮肤，后者是肌腱，故 A 不对；刺激的性质不同，前者是伤害性刺激，后者是牵拉刺激，B 不对；效应器相同，都是屈肌，故 C 不对；都是短暂反射，故选 D；屈肌反射可引起躯体位相运动，腱反射不引起位相运动，E 不对。

3.【答案】A

【解析】易疲劳的部分是中枢。故选 A。

4.【答案】D

【解析】能对第一信号发生反应的大脑皮质功能系统称为第一信号系统；能对第二信号（抽象信号如语言、文字）发生反应的大脑皮质功能系统称为第二信号系统。“谈论梅子”属于抽象信号。故选 D。

5.【答案】D

【解析】屈肌反射是指脊动物在受到伤害性刺激时，受刺激的一侧肢体关节的屈肌收缩，而伸肌弛缓，肢体屈曲，称为屈肌反射，不属于姿势反射，故 A 不对；对侧伸肌反射是指外界刺激强度增加，机体可在同侧肢体发生屈曲的基础上出现对侧肢体伸展，称为对侧伸肌反射，该反射是一种姿势反射，但不是最基本方式，故 B 不对；腱反射是指快速牵拉肌腱时发生的牵张反射，它不是维持姿势的反射，故 C 不对；肌紧张是指缓慢持续牵拉肌腱时发生的牵张反射，表现为受牵连的肌肉发生紧张性收缩，阻止被拉长，是维持躯体姿势的最基本反射，故选 D；翻正反射是指正常动物可保持站立姿势，若将其推倒则可翻正过来，这种反射叫翻正反射，不是维持姿势的基本反射，故 E 不对。

6.【答案】A

7.【答案】B

8.【答案】D

【解析】小脑后叶中间带受损后，患者不能完成精巧动作，肌肉在运动进行过程中抖动而把握不住方向，在动作终末出现震颤，称为意向性震颤，故选 D。整个脊髓小脑受损后方可出现肌张力减退，故 A 不选；小脑后叶对腱反射没有影响，故 B 不选；静止性震颤是帕金森病的特点，其全身肌紧张增高，肌肉强直，随意运动减少，动作缓慢，面部表情呆板，伴有静止性震颤，与小脑功能无关，故 C 不选；眼震颤是指当切除绒球小叶后出现的位置性眼震颤，当头部固定于某一特定位置时，出现眼震颤，故 E 不选。

9.【答案】E

10.【答案】C

【解析】抑制性突触后电位是突触后膜对 Cl^-、K^+ 通透性增加，且对 Cl^- 增加大于 K^+，发生净外流。故选 C。

11.【答案】B

12.【答案】C

13.【答案】C

【解析】突触传递的过程：当突触前神经元有冲动传到末梢时，突触前膜发生去极化，电压门控钙通道开放，胞外 Ca^{2+} 进入轴浆内，是胞内 Ca^{2+} 浓度升高，触发突触囊泡出胞，引起递质释放。故选 C。前膜轴浆内黏度与递质释放无关，故 D 不对；前膜去极化后，负电位的变小，这只是钙通道开放的前提，不是递质释放的关键因素，故 E 不对。

14.【答案】B

【解析】脊髓横断后断面以下

脊髓所支配的躯体和内脏反射活动减弱以致消失，骨骼肌的紧张度降低（脊休克），恢复后反射功能不完善，往往不再能很好地适应机体生理功能的需要。故选 B。

15.【答案】B

【解析】去甲肾上腺素作用于血管的 α 受体，引起血管平滑肌收缩，血压升高。故选 B

16.【答案】D

【解析】突触后电位的特点突触后电位的大小随刺激强度而改变；有时间总和和空间总和；突触后电位非全或无；以电紧张性扩布。故选 D。

17.【答案】A

【解析】牵张反射是指骨骼肌受到外力牵拉而伸长时，能反射性引起受牵拉一侧肌肉收缩。故选 A。

18.【答案】D

【解析】人体生理功能的调节方式有 3 种：神经调节、体液调节和自身调节。神经调节是通过反射影响生理功能的一种调节方式，是人体生理功能调节中最主要的形式。其基本方式是条件反射和非条件反射，故选 D。正反馈和负反馈则是机体内的控制系统中的控制系统，A 不符合；兴奋和抑制是指机体对环境刺激的反应的表现形式，B 不符合；感受和处理信息只是神经系统调节作用的一部分，C 不符合；记忆和思维是脑的高级活动，E 不符合。

19.【答案】B

【解析】突触前抑制是指通过改变突触前膜的活动而使突触后神经元兴奋活动减弱的现象。突触前抑制是由于突触前轴突末梢去极化，使得其释放的兴奋性递质减少，导致突触后神经元兴奋性突触后电位幅度减少。故选 B。

20.【答案】C

21.【答案】C

【解析】脊休克是指人和动物的脊髓在与高位中枢之间离断后反射活动能力暂时丧失而进入无反应状态的现象。产生的原因是脊髓失去高位中枢的调节作用。故选 C。

22.【答案】D

【解析】条件反射形成的基本条件是无关刺激与非条件刺激在时间上的多次结合，这个结合过程称为强化。故选 D。

23.【答案】D

【解析】神经系统兴奋的化学传递是指神经元之间的突触传递的媒介物为神经递质，其兴奋的特征是单向传递，由突触前膜向突触后膜；突触传递需要经历递质的释放、扩散、与突触后膜受体结合、产生突触后电位等过程，耗时较长，有延搁；突触传递通过产生兴奋性突触后电位而将信息传给突触后神经元，故兴奋可以总和（时间总和和空间总和）；突触后神经元的兴奋节律与突触前神经元的兴奋节律存在差异，即兴奋的节律性发生变化；兴奋传递对内环境条件变化敏感和易疲劳。故选 D。

【B_1 型题】

24.【答案】E

25.【答案】A

26.【答案】C

27.【答案】A

28.【答案】D

29.【答案】B

30.【答案】C

31.【答案】C

32.【答案】B

33.【答案】C

34.【答案】A

35.【答案】C

36.【答案】D

37.【答案】E

38.【答案】A

39.【答案】B

40.【答案】C

第十章 内 分 泌

【A_1 型题】

1.【答案】E

【解析】甲状腺素具有促进生长发育的作用，智力迟钝、身材矮小（呆小症）与先天性甲状腺功能减退有关。故选 E。

2.【答案】C

【解析】甲状腺素的作用是促进生长发育（婴幼儿脑、骨发育）、增强新陈代谢，增加组织氧耗量，促进产热；促进糖原分解和糖异生；影响器官功能，提高神经系统兴奋性。缺乏甲状腺素，可引起黏液水肿。故选 C。

3.【答案】C

【解析】甲状腺滤泡细胞合成的化合物有 T_4、T_3 和 rT_3，其中，T_3 活性是 T_4 的 5 倍，rT_3 无活性。MIT（一碘酪氨酸）和 DIT（二碘酪氨酸）均为中间产物，没有活性。故选 C。

4.【答案】D

【解析】甲状腺激素对婴儿脑及骨发育最重要，如果缺乏会出现呆小症。故选 D。

5.【答案】B

【解析】参见第 4 题解析。故选 B。

6.【答案】E

【解析】胰岛素的主要作用是降低血糖（通过促进全身组织摄取、利用葡萄胎，促进肝脏骨骼肌合成糖原，促进葡萄胎转化为脂肪），其他激素均能升高血糖。故选 E。

7.【答案】C

【解析】腺垂体分泌的激素有生长激素、催乳素、促黑激素、促甲状腺素、促肾上腺皮质激素、尿促卵泡素和黄体生成素。神经垂体分泌的激素是血管升压素和缩宫素。故选C。

8.【答案】B

【解析】长期大量使用糖皮质激素后，通过负反馈作用使腺垂体ACTH分泌抑制，肾上腺皮质束状带萎缩。故选B。

9.【答案】E

【解析】生长激素促进生长发育主要是促进骨骼和肌肉的生长发育，对神经细胞的发育没有作用。故E不是生长激素的作用，选E。

10.【答案】C

【解析】甲状腺素绝大多数是以结合的状态存在于血液中，但只有游离的甲状腺素T_3才具有生物活性。故选C。

11.【答案】E

【解析】肾上腺皮质分泌多种激素，主要为糖皮质激素与盐皮质激素。其中糖皮质激素对人体生命活动具有最广泛的影响，因而肾上腺皮质功能不全的患者，应补充糖皮质激素。故选E。

12.【答案】C

13.【答案】B

【B_1型题】

14.【答案】B

【解析】幼年时，生长激素过多，则骨骼发育异常，出现巨人症，故选B。

15.【答案】C

【解析】生长激素过少时，生长发育停滞，身材矮小，称为侏儒症，故选C。

16.【答案】A

【解析】幼年时，甲状腺激素不足，则神经系统及骨骼发运均受影响，智力迟钝，身材矮小，称为呆小症，故选A。

17.【答案】E

【解析】艾迪生病（Addison）又称原发性慢性肾上腺皮质功能减退症，是由于双侧肾上腺皮质萎缩、结核等严重感染或肿瘤等引起的严重破坏，引起的肾上腺皮质激素分泌不足所致的疾病，也可继发于下丘脑分泌CRH及垂体分泌ACTH不足所致，故选E。

18.【答案】D

【解析】肾上腺皮质功能亢进症主要指皮质醇增多症，又称库欣综合征，可由皮质增生、腺瘤或腺癌引起。故选D。

第十一章　生　殖

【A_1型题】

1.【答案】B

【解析】雌激素包括雌二醇、雌酮和雌三醇。机体合成雌激素的组织有卵巢、胎盘、黄体和肾上腺皮质。子宫不具有分泌雌激素的作用。故选B。

2.【答案】B

【解析】排卵是指成熟卵泡在黄体生成素（LH）分泌高峰的作用下，向卵巢表面移动，卵泡壁破裂，出现排卵孔，卵细胞与透明带、放射冠及卵泡液排出的过程。故引起排卵的直接激素是LH。故选B。

3.【答案】A

【解析】孕激素的生理作用有调节腺垂体激素分泌；影响生殖器官的生长发育和功能活动（刺激子宫内膜进一步增生并进入分泌期、抑制母体对胎儿的排斥、降低子宫肌细胞的兴奋性）；促进乳腺腺泡发育；升高女性基础体温（孕酮和去甲肾上腺素对体温中枢的协同作用）。刺激子宫内膜呈增生期变化是错误的。故选A。

4.【答案】A

【解析】绒毛膜促性腺激素（hCG）是由胎盘绒毛组织的合体滋养层细胞分泌的一种糖蛋白激素，其分子结构与LH有高度同源性，生物学效应及免疫学特性基本相同。它在妊娠早期大量分泌，到妊娠8～10周时达到高峰，到20周时降到较低水平。故其作用是在妊娠8~10周内维持妊娠。故选A。

5.【答案】C

【解析】排卵是指成熟卵泡在黄体生成素LH分泌高峰的作用下，向卵巢表面移动，卵泡壁破裂，出现排卵孔，卵细胞与透明带、放射冠及卵泡液排出的过程。故血液中黄本生成素LH出现高峰是排卵的标志。故选C。

6.【答案】B

【解析】雌激素的生理作用是促进女性生殖器官发育（促进卵泡发育，促进LH峰出现而诱导排卵，使子宫为膜呈增生变化）；促进第二性征和性欲产生；对代谢影响（加逗蛋白质合成、降低LDL、促进骨成熟及骨骺愈合、水钠潴留）等。故选B。

【B_1型题】

7.【答案】C

8.【答案】D

第三篇　病　理　学

第一章　细胞、组织的适应、损伤和修复

【A₁型题】

1.【答案】E

【解析】机化是指新生肉芽组织长入并取代坏死组织、血栓、脓液、异物等的过程。因此，疖破溃后由周围组织修补不属于机化。故选E。

2.【答案】E

【解析】细胞水肿时线粒体受损，ATP生成减少，细胞膜Na^+-K^+泵功能障碍，导致细胞内钠离子积聚，吸引大量水分子进入细胞，以维持细胞内外离子等渗。病理表现是细胞基质高度疏松呈空泡状，细胞核肿胀，淡染，胞质膜表面出现囊泡，通常属于可恢复病变，不会形成玻璃样变。故选E。

3.【答案】D

【解析】细胞组织的适应性反应有萎缩、肥大、增生、化生。变性不属于适应性反应，而是可逆性损伤。故选D。

4.【答案】E

5.【答案】B

【解析】蛋白质变性凝固且溶酶体酶水解作用弱时，坏死区呈现灰黄、干燥、质实状态称为凝固性坏死。常见于心、肝、肾、脾等实质性器官，因缺血缺氧、细菌毒素、化学腐蚀而引起。脑组织通常不发生凝固性坏死。故选B。

6.【答案】C

【解析】纤维素样坏死是结缔组织及小血管常见的坏死形式，病变部位形成细丝状、颗粒状或小条块状无结构物质，与纤维素染色相似。肉眼观察不能确定坏死的类型。故选C。

7.【答案】A

【解析】结缔组织玻璃样变见于萎缩的子宫和乳腺间质、瘢痕组织、动脉粥样硬化纤维斑块及各种坏死组织的机化。玻璃样变不会发生于结核的干酪坏死灶。故选A。

8.【答案】B

【解析】化生是指一种分化成熟的细胞类型被另一种分化成熟的细胞类型所取代的过程。食管黏膜内出现灶状胃黏膜组织，其细胞类型均为黏膜，不属于化生。故选B。

9.【答案】B

【解析】纤维素样坏死是结缔组织及小血管壁常见的坏死形式，病变部位呈现细丝状、颗粒状或小条块状无结构物质，染色性质与纤维素相似。常见于变态反应性疾病如风湿病、结节性多动脉炎、新月体性肾小球肾炎、急进性高血压和胃溃疡底部小血管。故选B。

10.【答案】A

【解析】增生有弥漫性（增生的组织器官均匀弥漫性增大）和结节性（在组织器官内形成单发或多发性结节）。甲状腺、乳腺、前列腺和肾上腺的增生呈现结节性。胸腺增生为弥漫性。故选A。

11.【答案】E

【解析】凋亡是由体内外因素触发细胞内预存的死亡程序而导致的细胞主动死亡方式，在形态和生化特征上都有别于坏死。生理和病理刺激因素均可诱发凋亡；凋亡散在单个细胞，凋亡细胞与周围细胞分离；形态表现是细胞固缩，核染色质边集，细胞膜和细胞器膜完整，膜发泡成芽，形成凋亡小体；周围不引起炎症反应和修复再生。故选E。

12.【答案】A

【解析】细胞内或间质中出现半透明状蛋白质蓄积称为玻璃样变或透明样变。酒精性肝病时，肝细胞胞质中细胞中间丝前角蛋白变性，形成Mallory小体。故选A。

13.【答案】E

【解析】萎缩是指已发育正常的细胞、组织或器官的体积缩小。萎缩时，细胞合成代谢降低，能量需求减少，原有功能下降。组织与器官萎缩时，除了实质细胞内物质丧失而致体积缩小外，还伴有实质细胞数量减少。间质不减少或反而增加。故选E。

14.【答案】E

【解析】干性坏疽常见于动脉阻塞但静脉回流畅通的四肢末端，因水分散失较多，坏死区干燥、皱缩呈黑色，与正常组织界限清楚，腐败变化较轻。全身中毒症状较轻。故选E。

15.【答案】D

【解析】当脂蛋白、载脂蛋白减少（缺血、缺氧、中毒、糖尿病或营养不良）时，肝细胞中脂蛋白和载脂蛋白合成减少，细胞输出脂肪受阻而堆积于细胞内。急性增生性肾小球肾炎与肝细胞内载脂蛋白减少无关。故选D。

16.【答案】B

【解析】细胞水肿发生到极

期，胞质膜出现囊泡，微绒毛变形消失，称为气球样变，常见于病毒性肝炎。故选 B。

17.【答案】E

【解析】液化性坏死是由于坏死组织中可凝固的蛋白质少，或坏死细胞自身及浸润的中性粒细胞释放大量水解酶，或组织富含水分和磷脂，则细胞组织坏死后易发生溶解液化。如脑组织。故选 E。

18.【答案】C

19.【答案】C

【解析】湿性坏疽多发生于与外界相同的内脏，如肺、肠、子宫、阑尾及胆囊，也可发生于动脉阻塞及静脉回流受阻的肢体。坏死区水分较多，腐败菌易于繁殖，肿胀成蓝绿色，与周围正常组织界限不清。故选 C。

20.【答案】B

【解析】脂肪变的心肌呈黄色，与正常心肌的暗红色相间，形成黄红色斑纹，称为虎斑心。是脂肪变性。故选 B。

21.【答案】E

【解析】甘油三酯蓄积于非脂肪细胞的细胞质中，称为脂肪变。多发生于肝、心肌、肾小管上皮和骨骼肌细胞。原因有感染、酗酒、中毒、缺氧、营养不良、糖尿病及肥胖等。进食蛋白过多不好引起脂肪变。故选 E。

22.【答案】A

【解析】慢性肝淤血时脂肪变首先发生于小叶中央区；磷中毒时小叶周边最明显；严重感染时脂肪变累及全部肝细胞；缺血引起的心肌脂肪变累及左心室内膜下和乳头肌；脂性肾病时主要位于近曲小管细胞基底部。故选 A。

23.【答案】C

【解析】坏死是以酶溶性变化为特点的活体内局部组织中细胞的死亡。除了细胞核变化外，由于核糖体减少丧失，胞质变性蛋白质增多，糖原颗粒减少，使坏死细胞质嗜酸性增强，溶酶体释放酸性水解酶溶解细胞成分。细胞质嗜酸性坏死最常见于病毒性肝炎。故选 C。

24.【答案】B

25.【答案】A

26.【答案】D

【解析】细胞坏死时，出现细胞核固缩、核碎裂和核溶解。故选 D。

27.【答案】A

【解析】新生的肉芽组织出现是坏死的结局之一。肉芽组织取代坏死组织、血栓、脓液、异物而形成机化；如坏死组织太大，无法完全长入或吸收，则肉芽组织将其包围形成包裹，最终机化和包裹形成纤维瘢痕。肉芽组织主要含有成纤维细胞、新生毛细血管和炎症细胞。故选 A。

【A_2 型题】

28.【答案】D

【解析】萎缩的器官体积减小，重量减轻，色泽变深，功能下降。故慢性肾小球肾炎出现少尿和贫血（肾脏分泌的促红细胞生成素减少），表示其出现萎缩、功能下降。故选 D。

29.【答案】A

【解析】患者为急性肾小球肾炎，此时器官发生细胞水肿，出现尿蛋白阳性。故近曲小管上皮细胞出现肿胀表现。选 A。

30.【答案】B

【解析】长期饮酒会导致肝脏慢性炎症，患者出现肝区疼痛。而肝细胞是脂肪代谢的主要场所，最常发生脂肪变性。故选 B。

31.【答案】D

【解析】高血压长期未控制，患者全身血管会出现细小动脉壁玻璃样变，又称细小动脉硬化。故选 D。

32.【答案】C

【解析】老年患者动脉粥样硬化出现足趾变黑、疼痛，是发生了干性坏疽。坏死呈现黑色是因为血红蛋白中的铁和腐败组织中的 H_2S 结合形成硫化铁的颜色。故选 C。

33.【答案】A

【解析】气管黏膜上皮中出现鳞状上皮，但细胞形态无明显异性，表示出现了化生而非癌变。故选 A。

34.【答案】A

【解析】慢性溃疡时，溃疡区域出现坏死，新生肉芽组织会长入并取代坏死组织。故可见肉芽组织长入。故选 A。

【B_1 型题】

35.【答案】B

【解析】急性胰腺炎时，由于胰腺组织损伤，胰腺产生的脂肪酶释放导致胰腺及周围组织出现脂肪坏死，故选 B。

36.【答案】A

【解析】结核病变组织常发生干酪样坏死。淋巴结核出现干酪样坏死，故选 A。

37.【答案】C

【解析】湿性坏疽多发生于与外界相同的内脏，如肺、肠、子宫、阑尾及胆囊。产后子宫内膜炎会出现湿性坏疽，故选 C。

38.【答案】E

【解析】脑组织富含水分和磷脂，发生坏死时常常出现溶解液化，即液化性坏死，故选 E。

39.【答案】D

【解析】高血压细小动脉壁因血浆蛋白渗入及基膜代谢物质沉积，使管壁增厚，动脉壁出现玻璃样变性，故选 D。

40.【答案】A

【解析】结核结节出现的病例表现就是干酪样坏死，故选 A。

41.【答案】E

【解析】脑组织易出现液化，

故选 E。

42.【答案】E

【解析】肝脓肿是由细菌感染引起的，坏死细胞及浸润的中性粒细胞释放大量水解酶使组织发生液化、溶解，故选 E。

43.【答案】A

44.【答案】B

45.【答案】C

46.【答案】D

47.【答案】B

【解析】肝细胞水肿时，细胞体积增大，胞质疏松淡染，质膜表面出现囊泡，肿胀如气球样。故选 B。

48.【答案】A

【解析】肝细胞脂肪变的表现为细胞体积增大，淡黄色。边缘圆钝，切面油腻感，胞质中见大小不等的空泡，苏丹染色阳性，细胞核偏向细胞一侧。故选 A。

第二章　局部血液循环障碍

【A_1 型题】

1.【答案】C

【解析】淤血是指器官或局部组织静脉回流受阻，血液淤积在小静脉和毛细血管内，导致血量增加。淤血后局部组织或器官体积增大、肿胀、重量增加，色泽暗红，温度低，切面湿润，功能减退。故选 C。

2.【答案】A

【解析】肺淤血有急性和慢性两种。急性肺淤血时肺泡壁毛细血管扩张充血，肺泡间隔水肿，肺泡内的充满水肿液，可见出血。故选 A。

3.【答案】D

【解析】心衰细胞是指肺淤血时，肺泡腔内的含有含铁血黄素颗粒的巨噬细胞即为心衰细胞。故选 D。

4.【答案】A

【解析】肺淤血性硬化时，肺实质质地变硬，呈棕褐色，称为肺褐色硬化。常见于风湿性二尖瓣狭窄。故选 A。

5.【答案】E

【解析】肝淤血由右心衰竭引起，肝静脉回流受阻，血液淤积在肝小叶循环的静脉端，致使肝小叶中央静脉及肝窦扩张淤血。镜下小叶中央静脉和肝窦扩张，充满红细胞，严重时小叶中央肝细胞萎缩、坏死，小叶外围汇管区出现肝细胞脂肪变。故选 E。

6.【答案】E

【解析】慢性肝淤血时，肝小叶中央区因严重淤血呈暗红色，小叶周边肝细胞因脂肪变而呈黄色，致使肝脏切面出现红（淤血区）、黄（脂肪变区）相间的似槟榔样条纹，称为槟榔肝。故选 E。

7.【答案】D

【解析】在静脉血栓中，白色血栓位于延续性血栓的头部，体部为混合血栓，呈现粗糙、干燥、圆柱状，与血管壁粘连。故选 D。

8.【答案】C

【解析】白色血栓镜下主要由血小板及少量纤维蛋白构成，又称析出性血栓。故选 C。

9.【答案】E

【解析】下肢深静脉和盆腔静脉血栓常发生于心力衰竭、久病和术后卧床患者。故选 E。

10.【答案】C

【解析】血栓的转归有软化、溶解和吸收，机化和再通，钙化，栓塞，广泛性出血，阻塞血管等。不会发生化生。故选 C。

11.【答案】C

【解析】造成肺动脉栓塞的栓子绝大多数来自下肢膝关节以上的深部静脉，特别是腘静脉、股静脉和髂静脉。故选 C。

12.【答案】D

【解析】肺栓塞引起猝死的原因是急性右心衰竭、心肌缺血、窒息、血管（肺动脉、冠状动脉、支气管动脉）痉挛和支气管平滑肌。故选 D。

13.【答案】A

【解析】循环血流中出现脂肪滴阻塞小血管称为脂肪栓塞。大量脂滴短期内进入肺循环，使75%的肺循环面积受阻，可引起窒息和急性右心衰竭而死亡。故选 A。

14.【答案】A

【解析】羊水栓塞的证据是在显微镜下观察到肺小动脉和毛细血管内有羊水成分，包括角化鳞状上皮、胎毛、胎脂、胎粪和黏液。故选 A。

15.【答案】E

【解析】脂肪栓塞的栓子常来源于长骨骨折、脂肪组织严重挫伤和烧伤，导致脂肪细胞破裂和释出脂滴，由破裂的骨髓血管窦状间隙进入血流引起脂肪栓塞。脂肪栓子由静脉进入右心，再到达肺动脉及其分支。故选 E。

16.【答案】B

【解析】血管血栓形成导致动脉血流中断或灌流不足是梗死的最常见原因。冠状动脉发生强烈的痉挛可引起心肌梗死。影响梗死形成的因素有器官血供特性，双重血液供应的器官不易发生梗死；有效侧支循环建立后不易发生梗死；全身血液循环状态如贫血、血氧含量低或心功能不全可促进梗死发生。故选 B。

17.【答案】C

【解析】出血性梗死常发生于严重淤血和组织疏松的器官。如肺、肠道。故选 C。

18.【答案】B

【解析】心肌梗死发生后，梗死灶与正常组织交界处因炎症反应常见一充血出血带，巨噬细胞吞噬红细胞后转变为黄褐色，呈现出不规则的地图状。故选 B。

【A_2 型题】

19.【答案】B

【解析】患者表现出风湿性心脏病的症状，肝大、压痛，表明出现了慢性肝淤血。故选 B。

20.【答案】E

【解析】风湿性心脏病慢性左心衰竭会出现肺淤血。肺淤血的表现有肺泡毛细血管扩张充血、肺泡腔内充满水肿液，为蛋白性液体，有红细胞、心衰细胞。故选 E。

21.【答案】B

【解析】下肢静脉曲张时，静脉血流受阻，易发生血栓形成。故选 B。

22.【答案】C

【解析】患者股骨骨折后出现呼吸困难、青紫，为脂肪栓塞表现。死亡原因是脂肪栓塞。故选 C。

23.【答案】D

【解析】患者分娩过程中出现呼吸困难、发绀，尸检发现血管内有角化上皮，为羊水栓塞表现。故选 D。

24.【答案】C

【解析】患儿肠套叠致使肠壁血管闭塞而发生肠壁组织肌肉缺氧，出现痉挛性剧烈疼痛，因肠道蠕动加强产生逆蠕动引起呕吐。为典型肠道梗死表现。肠壁呈现暗红色，浆膜面有纤维素样渗出物。故选 C。

【B_1 型题】

25.【答案】A

【解析】有心房颤动的患者，其心腔内形成血栓，血栓脱落后进入动脉形成动脉栓塞，当动脉栓塞发生于脑组织则出现脑梗死，梗死后的脑组织出现软化。故选 A。

26.【答案】E

【解析】急性阑尾炎由于局部炎症而出现充血水肿。故选 E。

27.【答案】D

【解析】槟榔肝是指当肝脏小叶中央区发生淤血时，小叶外周汇管区则出现脂肪变，使得肝脏出现槟榔样条纹。故选 D。

28.【答案】C

【解析】雷诺病是由于局部血管痉挛而使局部组织出现贫血表现，故选 C。

29.【答案】B

【解析】肝硬化时，由于肝内结缔组织增生，肝血窦周围纤维化引起窦性阻塞；假小叶压迫小叶下静脉引起窦后性阻塞；肝小动脉与小静脉异常吻合形成静脉压增加，最终形成门脉高压，出现侧支循环建立而使食管静脉曲张。故选 B。

30.【答案】A

【解析】梗死灶呈现地图样改变的是心肌梗死，故选 A。

31.【答案】E

【解析】肺梗死为出血性梗死，病灶内有出血坏死，故选 E。

32.【答案】B

【解析】脾脏和肾脏梗死均属于贫血性梗死，病灶呈现锥形，故选 B。

33.【答案】B

【解析】参见第 32 题解析。故选 B。

34.【答案】D

【解析】脑梗死也为贫血性梗死，梗死后的脑组织坏死、变软、液化。故选 D。

第三章　炎　　症

【A_1 型题】

1.【答案】A

【解析】记忆题。淋病是化脓性炎，梅毒、结核病、血吸虫病、伤寒属于肉芽肿性炎，故选 A。

2.【答案】D

【解析】凡能引起组织和细胞损伤的因子都能引起炎症，包括机械创伤。故创伤的基本病变反应是炎症反应。故选 D。

3.【答案】D

【解析】炎症局部组织血管内的液体成分、纤维素等蛋白质和各种炎症细胞通过血管壁进入组织间隙、体腔、体表和黏膜表面的过程叫渗出。所渗出的液体和细胞成分总称为渗出液。渗出液产生的原因是血管通透性增高和白细胞主动游出血管。故渗出液是炎症的产物。漏出液则是由于血浆渗透压降低、血管内压力升高、淋巴管梗阻等原因而产生的。两者的成分不同。故选 D。

4.【答案】A

【解析】血小板激活因子是细胞释放的炎症介质。它的作用包括：激活血小板、增加血管通透性以及引起支气管收缩，还可促进白细胞与内皮细胞黏附、白细胞趋化和脱颗粒。但没有促进白细胞吞噬的作用。故选 A。

5.【答案】D

【解析】炎症局部组织发生的变性和坏死称为变质。变质可发生于实质细胞也可发生于间质细胞。故选 D。

6.【答案】B

【解析】体液来源的炎症介质

来源于缓激肽、补体和凝血系统/纤溶系统。故选 B。

7.【答案】D

【解析】纤维素性炎症是以纤维蛋白原渗出为主，继而形成纤维素。易发生于黏膜、浆膜和肺组织。浆膜发生的纤维素性炎症可机化引发纤维性粘连。肺组织发生的纤维素性炎也可发生机化，还可见大量中性粒细胞渗出。故选 D。

8.【答案】C

【解析】浆液性炎是以浆液渗出为特征，渗出的液体主要来自血浆，含有 3%～5% 的蛋白质（主要为清蛋白），混有少量中性粒细胞和纤维素。故选 C。

9.【答案】D

【解析】急性炎症通常以渗出性病变为主，浸润的炎细胞主要是中性粒细胞。故选 D。

10.【答案】D

11.【答案】B

【解析】具有吸引白细胞定向移动的化学刺激物称为趋化因子。补体成分 C5a 是内源性趋化因子。组胺和缓激肽是血管活性肽，不是趋化因子；C3b 是促进吞噬作用；活性氧代谢产物可增强和放大炎症反应。故选 B。

12.【答案】C

【解析】脓肿是指器官或组织内的局限性化脓性炎症，特征是组织发生溶解坏死，形成充满脓液的腔。故选 C。

13.【答案】C

14.【答案】A

【解析】肉芽肿性炎是以局部巨噬细胞及其衍生细胞（上皮样细胞和多核细胞）增生形成境界清楚的结节状病灶为特征一种慢性炎症。故选 A。

15.【答案】D

【解析】感染性肉芽肿的细胞为巨噬细胞及其衍生细胞（上皮样细胞和多核细胞）。故选 D。

16.【答案】C

【解析】白细胞（中性粒细胞、嗜酸性粒细胞、淋巴细胞、单核细胞）均具有游走性。红细胞则不是。故选 C。

【A_2 型题】

17.【答案】A

【解析】患者皮肤烧伤后出现浆液性渗出，液体积聚在表皮下和表皮内形成水疱，故属于浆液性炎。故选 A。

18.【答案】D

【解析】大叶性肺炎属于纤维素性炎。故选 D。

19.【答案】B

【解析】蜂窝织炎是疏松组织的弥漫性化脓性炎，常发生于皮肤、肌肉和阑尾。故选 B。

20.【答案】C

21.【答案】D

【解析】肾脏增生性炎表现为肾脏肿大、包膜易剥、皮质增厚、皮髓分界清。故选 D。

【B_1 型题】

22.【答案】A

【解析】出现水泡的属于浆液性炎，以血浆渗出为主，故选 A。

23.【答案】A

【解析】丹毒也属于急性浆液性炎，故选 A。

24.【答案】D

【解析】脓肿是以局限性化脓为主的炎症，故选 D。

25.【答案】B

【解析】白喉是由白喉杆菌引起的纤维素性炎，故选 B。

26.【答案】E

【解析】急性炎症反应迅速，持续时间短，以渗出性病变为主，浸润的炎细胞主要为中性粒细胞，故选 E。

27.【答案】C

28.【答案】B

29.【答案】D

30.【答案】E

31.【答案】A

第四章　肿　　瘤

【A_1 型题】

1.【答案】C

2.【答案】A

3.【答案】A

【解析】间叶组织包括纤维组织、脂肪、肌肉、血管、淋巴管、骨和软骨等。间叶组织的恶性肿瘤称为肉瘤，这些肿瘤表现出向某些间叶组织分化的特点。血管瘤、淋巴瘤、脂肪瘤和平滑肌瘤均为间叶肿瘤，而乳头状瘤一般是上皮组织来源的肿瘤，不属于间叶瘤。故选 A。

4.【答案】A

【解析】胃肠道的肿瘤首先侵入门静脉系统，故首先发生肝脏转移。故选 A。

5.【答案】E

【解析】恶性肿瘤的主要特征就是浸润性生长和转移。故选 E。

6.【答案】A

【解析】生长分数是指肿瘤细胞群体中处于增生状态的细胞的比例，即 $S+G_2$ 期的细胞比例。故选 A。

7.【答案】B

【解析】鳞癌常发生于鳞状上皮被覆的部位。镜下，分化好的鳞癌的癌巢中央可出现层状角化物（癌珠），细胞间可见细胞间桥。分化差的鳞癌则无角化。故选 B。

8.【答案】B

9.【答案】C

【解析】恶性肿瘤细胞从原发

部位侵入淋巴管、血管或体腔，迁徙到其他部位，继续生长、形成同样类型的肿瘤。因此，检查局部淋巴结的目的是了解是否有淋巴道转移。故选 C。

10.【答案】C

【解析】ras 属于癌基因，它与肺癌、结肠癌、胰腺癌和白血病发生有关。其他均为抑癌基因。故选 C。

11.【答案】D

12.【答案】D

13.【答案】E

14.【答案】C

15.【答案】C

【解析】肿瘤组织的结构和形态与正常组织的差异称为肿瘤的异型性。良性肿瘤差异小，恶性肿瘤差异大。故选 C。

16.【答案】B

17.【答案】C

【解析】异型性是指肿瘤细胞结构和形态与正常细胞间的差异。良性肿瘤细胞没有多形性改变、没有核多形性、无核分裂象、无核质比例增大。故选 C。

18.【答案】A

【解析】HPV 为 DNA 肿瘤病毒。HPV16、HPV18 与宫颈的原位癌和浸润癌有关。不属于内在因素而属于环境致癌因素。故选 A。

19.【答案】B

20.【答案】C

【解析】肿瘤细胞侵入淋巴管，随淋巴流到局部淋巴结，肿瘤细胞先聚集于淋巴结的边缘窦，以后累及整个淋巴结，使淋巴结肿大，质地变硬。故选 C。

21.【答案】D

【解析】癌与肉瘤都是恶性肿瘤。从上皮发生的恶性肿瘤称为癌，如皮肤癌、食管癌；从间叶或结缔组织来源的恶性肿瘤称为肉瘤，如骨肉瘤、淋巴肉瘤。故选 D。

【A_2 型题】

22.【答案】E

【解析】肉瘤多经血道转移而非淋巴道转移。故引起淋巴结肿大的肿瘤可能性最小的是转移性肉瘤。故选 E。

23.【答案】C

【解析】2 岁患儿，腹膜后恶性肿瘤最可能是神经母细胞瘤。备选答案中只有这个是恶性肿瘤，其他 4 个均为良性肿瘤。故选 C。

24.【答案】B

【解析】肿瘤细胞无异型性，胶原纤维束状排列，有完整包膜，故该肿瘤为良性纤维瘤。故选 B。纤维肉瘤则在皮下组织呈浸润性生长，肿瘤内有出血、坏死，细胞呈异型的鲱鱼骨样。组织细胞纤维瘤是由组织成纤维细胞组成的干骺端错构瘤，位于干骺端的骨膜下。瘤样纤维组织增生是纤维结缔组织呈肿瘤样增生，形成瘤样肿块，又称纤维瘤病。常见的有结节性筋膜炎、增生性筋膜炎、增生性肌炎和带状瘤等。瘤样纤维组织增生与纤维瘤不同之处在于局部呈浸润性生长，没有包膜。

25.【答案】C

【解析】平滑肌瘤的瘤组织由梭形细胞构成，形态一致，核呈长杆状，排列成束状、编织状。故选 C。

【B_1 型题】

26.【答案】E

27.【答案】B

28.【答案】D

29.【答案】A

30.【答案】B

31.【答案】B

32.【答案】C

33.【答案】D

34.【答案】E

第五章　心血管系统疾病

【A_1 型题】

1.【答案】C

【解析】高血压脑出血多见于基底节区域是因为供应该区域的豆纹动脉从大脑中动脉呈直角分支，直接受到大脑中动脉压力较高的血流冲击和牵引，致豆纹动脉易破裂出血。故选 C。

2.【答案】B

【解析】高血压肾脏病变时，肾入球动脉玻璃样变和肌型小动脉硬化，管壁增厚，管腔狭窄，肾小球缺血发生纤维化、硬化或玻璃样变，肾小管萎缩，间质纤维组织增生，淋巴细胞浸润。故选 B。

3.【答案】C

【解析】动脉粥样硬化是心血管疾病中最常见的疾病，基本病变是动脉内膜脂质沉积，内膜灶状纤维化，粥样斑块形成，管壁变硬、管腔狭窄，引起器官缺血性改变。病变好发于主动脉后壁及其分支开口处，腹主动脉最严重，其次是胸主动脉、主动脉弓和升主动脉，因动脉中膜萎缩及弹力板断裂使管腔变得薄弱，可引起夹层动脉瘤，破裂可致致命性大出血。可形成血栓，继发钙化和出血。故选 C。

4.【答案】B

【解析】粥样斑块由纤维斑块深层细胞坏死发展而来，表层为大量胶原纤维（发生玻璃样变），纤维帽下有坏死崩解物、胆固醇结晶、钙盐沉积，斑块底部和边缘有肉芽组织，少量淋巴细胞和泡沫细胞，脂质呈苏丹Ⅲ染色阳性。故选B。

5.【答案】A

【解析】动脉粥样硬化危险因素有高脂血症、高血压、吸烟、代谢综合征、遗传、性别及年龄等。最密切的是高脂血症。故选A。

6.【答案】C

【解析】心肌梗死是由于冠状动脉供血中断，致供血区持续缺血而导致的较大范围的心肌坏死。是缺血性梗死而不是出血性梗死。故选C。

7.【答案】D

【解析】肾动脉粥样硬化最常累及动脉开口处及主动脉近侧端，也可累及叶间动脉和弓状动脉，因斑块所致管腔狭窄，致肾组织缺血，肾实质萎缩和间质纤维组织增生，斑块合并血栓形成肾组织梗死，梗死灶机化后遗留较大凹陷瘢痕，肾表面出现宽大瘢痕，切面呈楔形。故选D。

8.【答案】D

【解析】心肌梗死室壁瘤是由于梗死心肌或瘢痕组织在左心室内压力作用下形成的局限性向外膨隆，多发生于左心室前壁近心尖处，可引起心功能不全或发生血栓形成。故选D。

9.【答案】E

【解析】风湿性心肌炎病变主要累及心肌间质结缔组织，表现为灶状间质性心肌炎，间质水肿，间质血管附近可见Aschoff小体和少量淋巴细胞浸润。故选E。

10.【答案】B

【解析】风湿性心肌炎病变常见于左心室、室间隔、左心房及左心耳等处。常累及心肌间质结缔组织。故选B。

11.【答案】B

12.【答案】B

【解析】风湿性心内膜炎时受累瓣膜（最常见于二尖瓣）肿胀，瓣膜内出现黏液变性和纤维素样坏死，浆液渗出和炎细胞浸润，瓣膜闭锁缘上形成单行排列的疣状赘生物。故选B。

13.【答案】B

14.【答案】D

【解析】风湿性关节炎时关节局部出现红、肿、热、痛和功能障碍。关节腔内有浆液及纤维蛋白渗出，滑膜充血肿胀，急性期后渗出物易被完全吸收，不留后遗症。故选D。

15.【答案】C

【解析】引起亚急性感染性心内膜炎的病原菌主要是甲型溶血性链球菌（75%），其次肠球菌、革兰阴性杆菌、立克次体、真菌等。故选C。

【A_2型题】

16.【答案】B

【解析】肾体积缩小、质地硬、细动脉透明变性、肾小球纤维化改变均为高血压所致的肾脏改变。故选B。

17.【答案】C

【解析】患者有高血压病史，生气后出现头痛、晕厥，最终死亡。最可能的死亡病因是脑出血。脑出血的原因是由于长期高血压，脑血管细小动脉硬化使血管壁变脆，当血压突然升高（生气）引起破裂性出血。故选C。

18.【答案】A

【解析】患者有心前区疼痛病史，心电图有心肌缺血表现，心肌酶高，夜间突然死亡。可能的死因是冠心病合并心肌梗死。故选A。

19.【答案】D

【解析】患者有游走性关节炎病史，近来出现全心衰表现，有二尖瓣收缩期和舒张期杂音。可能的诊断是二尖瓣狭窄加关闭不全合并全心衰竭。故选D。

20.【答案】C

【解析】患者有风湿病史，有主动脉瓣区舒张期杂音（关闭不全表现），可能诊断是风湿性心脏病主动脉瓣关闭不全。故选C。

21.【答案】C

【解析】青年女性，有心悸史，拔牙后出现发热、皮肤有出血点、脾大，心尖部收缩舒张双杂音。可能诊断是亚急性感染性心内膜炎。故选C。

22.【答案】B

【解析】男性，长期低热，脾区疼痛，贫血，二尖瓣杂音。后出现半身瘫痪。可能诊断为亚急性细菌性心内膜炎合并左侧脑栓塞。故选B。

23.【答案】B

【解析】患者心脏二尖瓣和主动脉瓣膜增厚，有赘生物，联合处有粘连。诊断是风湿性心脏病联合瓣膜病合并亚急性感染性心内膜炎。故选B。

24.【答案】A

【解析】患者心脏增大，心腔扩张，心室壁有附壁血栓。可能诊断为扩张型心肌病。故选A。

25.【答案】B

【解析】患者有风湿性关节炎史，肾炎反复发作，出现头晕、头痛、多尿、皮肤尿素霜，尿蛋白强阳性，心包摩擦音。可能诊断为尿毒症性心外膜炎。故选B。

【B_1型题】

26.【答案】B

27.【答案】A

28.【答案】D

29.【答案】E

30.【答案】C

31.【答案】B

32.【答案】A

33.【答案】C

34.【答案】D

35.【答案】B

36.【答案】A

37.【答案】C

第六章 呼吸系统疾病

【A_1型题】

1.【答案】C

【解析】慢性支气管炎反复发作必然导致病程逐渐加重，累及的细支气管不断增多，终将引起管壁纤维性增厚，管腔狭窄甚至发生纤维性闭锁；炎症向周围组织及肺泡扩展，形成细支气管周围炎，最终，发展成慢性阻塞性肺气肿。故选C。

2.【答案】E

【解析】中央性肺癌在肺门部形成肿块，包绕支气管；周围型肺癌在肺周边肺膜下形成孤立的球形结节，与支气管关系不明显；弥漫型肺癌沿肺泡管及肺泡弥漫浸润生长，形成多个粟粒大小结节，布满大叶或全肺叶；也可形成大小不等的多发性结节散布于多个肺叶内。不包括厚壁空洞。故选E。

3.【答案】E

【解析】肺气肿是末梢肺组织因含气量过多伴有肺泡间隔破坏，肺组织弹性减弱，导致肺体积膨大，通气功能降低的一种疾病状态，是支气管和肺部疾病的最常见并发症。慢性炎症使细支气管管壁破坏、管壁增厚、管腔狭窄，使气道不完全阻塞，使排气不畅；长期慢性炎症破坏肺弹性纤维，使细支气管和肺泡回缩力减弱，无法排出肺内残余气体；阻塞性肺通气障碍使细支气管和肺泡长期处于高张力状态，弹性降低，使残气量进一步增加。故选E。

4.【答案】A

【解析】肺泡中央性肺气肿多见于中老年吸烟者或慢性支气管炎病史者。特点是肺腺泡中央的呼吸性细支气管呈囊状扩张，肺泡管和肺泡囊扩张不明显。故选A。

5.【答案】D

【解析】大叶性肺炎发病早期，肺泡腔内有大量浆液性渗出液，内有红细胞、中性粒细胞和巨噬细胞，可检出肺炎链球菌；之后，肺泡腔内充满纤维素和红细胞；后期，肺泡腔内的纤维素可被溶解吸收，肺组织结构和功能恢复正常。故选D。

6.【答案】B

【解析】大叶性肺炎主要病理变化为肺泡腔内的纤维素性炎。故选B。

7.【答案】C

【解析】大叶性肺炎的并发症有肺肉质变、胸膜肥厚和粘连、肺脓肿及脓胸、败血症或脓毒败血症、感染性休克。故选C。

8.【答案】E

【解析】肉质变又叫机化性肺炎，是由于肺炎病灶中中性粒细胞渗出过少，释放的蛋白酶不足以溶解渗出物中的纤维素，大量未被溶解吸收的纤维素被肉芽组织取代而机化，病变组织外观呈褐色肉样。故选E。

9.【答案】D

【解析】大叶性肺炎的并发症有肺肉质变、胸膜肥厚和粘连、肺脓肿及脓胸、败血症或脓毒败血症；感染性休克。不会发生肺褐色硬化。故选D。

10.【答案】C

【解析】大叶性肺炎的红色肝样变期，由于肺泡内充满纤维素和大量红细胞，导致患者动脉血氧分压因肺泡换气和肺通气功能障碍而降低，可出现发绀等缺氧症状。故选C。

11.【答案】D

【解析】小叶性肺炎是由化脓菌引起的炎症，以肺小叶为病变单位，病变以细支气管为中心，可导致支气管扩张。并发症多见，如呼吸功能不全、心力衰竭、脓毒血症、肺脓肿和脓胸。但不会出现肺肉质变。故选D。

12.【答案】A

【解析】小叶性肺炎是由化脓菌引起的炎症，病理表现为化脓性炎。故选A。

13.【答案】B

【解析】慢性支气管炎时，呼吸道黏膜上支细胞变性坏死、脱落，发生鳞状上皮化生。鳞状上皮化生可发生癌变。故选B。

14.【答案】D

【解析】细支气管肺泡癌属于弥漫型肺癌。癌组织起源于末梢肺组织，沿肺泡管及肺泡弥漫性浸润生长。不属于中央性肺癌。故选D。

15.【答案】A

【解析】大叶性肺炎有大量纤维素渗出，后期肺炎病灶中的中性粒细胞渗出过少，释放的蛋白酶不足以溶解渗出物中的纤维素，大量未被溶解吸收的纤维素被肉芽组织取代而机化，病变组织外观呈褐色肉样，故选A。

【A_2型题】

16.【答案】D

【解析】老年男性，吸烟史，左肺致密阴影边界模糊，合并胸腔积液，最可能的诊断为肺癌。故选D。

17.【答案】E

【解析】男性，呼吸困难、心界缩小、肝界下降，表明出现肺气肿，又出现头痛、昏迷，表明并发肺性脑病。故选E。

18.【答案】D

【解析】女性，咳嗽、咳痰、喘息反复发作多年。诊断是慢性支气管炎。故选D。

19.【答案】D

【解析】男性，受寒后出现头痛、发热、咳嗽，咳铁锈色痰伴胸痛，左肺大片阴影。诊断是大叶性肺炎。故选D。

20.【答案】C

【解析】患者病理检查显示细支气管上皮脱落，肺泡内有脓性分泌物。诊断是小叶性肺炎。故选C。

21.【答案】C

【解析】男性，咳嗽，痰中带血，纵隔增宽，支气管黏膜鳞状上皮化生，有核分裂象。诊断是肺鳞状上皮癌。故选C。

【B_1型题】

22.【答案】A

23.【答案】C

24.【答案】B

25.【答案】B

26.【答案】A

27.【答案】E

28.【答案】D

29.【答案】C

30.【答案】B

31.【答案】A

第七章 消化系统疾病

【A_1型题】

1.【答案】A

【解析】胃溃疡的并发症有出血、穿孔、幽门狭窄和癌变。其中，癌变的概率仅有1%。故选A。

2.【答案】D

【解析】溃疡病癌变见于长期胃溃疡患者，癌变来自溃疡边缘的黏膜上皮或腺体，因不当破坏及反复再生。但十二指肠溃疡几乎不发生癌变。故选D。

3.【答案】C

【解析】乙型病毒性肝炎病理改变有细胞水肿（气球样变）、嗜酸性变、嗜酸性坏死（现称为凋亡）、肝细胞再生。没有肝脂肪变，故选C。

4.【答案】D

【解析】肝碎片样坏死是指肝小叶周边部界板肝细胞灶性坏死和崩解；桥接坏死是指中央静脉与汇管区之间，两个汇管区之间或两个中央静脉之间出现的互相连接的坏死带。这两个改变均见于重度慢性肝炎。故选D。

5.【答案】B

【解析】急性重症肝炎肝体积明显缩小，重量减轻，切面呈黄色或红褐色，部分区域红黄色相间。肝细胞坏死广泛而严重。故选B。

6.【答案】C

【解析】毛玻璃样肝细胞是在肝细胞胞质内充满嗜酸性细颗粒物质，使胞质不透明似毛玻璃样。免疫组织化学染色HBsAg反应阳性。电镜下见滑面内质网增生，池内可见HBsAg颗粒。故选C。

7.【答案】B

【解析】肝硬化出血的原因有慢性淤血性脾大、脾功能亢进，侧支循环形成致胃底和食管下端静脉曲张，胃肠淤血，肝脏合成凝血因子减少。但没有骨髓造血功能的改变。故选B。

8.【答案】C

【解析】肝硬化后，肝脏对雌激素的灭活作用减弱，使雌激素水平增高，小动脉末梢扩张，在颈部、胸部和面部出现蜘蛛状血管痣。故选C。

9.【答案】D

【解析】肝硬化腹水的原因是门静脉压力增高使门静脉系统毛细血管静水压升高，管壁通透性增大，液体漏出腹腔；低蛋白血症，使血浆胶体渗透压降低；肝功能障碍，对醛固酮、抗利尿激素灭活减少，水钠潴留而出现腹水；假小叶压迫小叶下静脉。故选D。

10.【答案】A

【解析】胃癌组织学分类为高分化管状腺癌；乳头状癌；胶样癌：黏液癌、腺棘皮癌和鳞状细胞癌。管状腺癌是高分化癌。故选A。

11.【答案】C

【解析】中晚期食管癌的分型有髓质型、蕈伞型、溃疡型、缩窄型。故选C。

12.【答案】C

【解析】肝硬化门脉高压后出现慢性淤血性脾大、腹水、侧支循环形成和胃肠淤血、水肿。肝性脑病是肝功能障碍表现，不是门脉高压所致。故选C。

13.【答案】D

【解析】急性糜烂性胃炎确诊依赖急诊胃镜检查。内镜可见以弥漫分布的多发性糜烂、出血和浅表性溃疡为特征的胃黏膜病变。故选D。

14.【答案】C

【解析】大肠癌一般先转移至癌所在部位的局部淋巴结；晚期结肠癌细胞可沿血道转移至肝脏。故选C。

15.【答案】D

【解析】与胃癌发病密切相关的长期未治愈的慢性胃疾病有慢性萎缩性胃炎、胃息肉、胃溃疡伴异型增生及胃黏膜大肠型肠上皮化生。故选D。

16.【答案】E

【解析】食管癌最常见于食管中段，组织学鳞状细胞癌多见，早期无症状，早期无转移。腺癌由 Barrett 食管恶变而来。故选 E。

17.【答案】C

【解析】胃癌主要发生自胃腺颈部和胃小凹底部的组织干细胞，此处腺上皮的再生修复特别活跃，可向胃上皮及肠上皮分化，癌变常由此部位开始。故选 C。

18.【答案】C

【解析】大肠癌的好发部位最多见于直肠，其次乙状结肠、盲肠及升结肠、横结肠、降结肠。故选 C。

19.【答案】C

【解析】原发性肝癌是肝细胞或肝内胆管上皮细胞发生的恶性肿瘤。故选 C。

【A_2 型题】

20.【答案】C

【解析】患者上腹部反复疼痛，胃窦小弯侧 2cm 溃疡、边界清楚、周围黏膜放射状，此为典型胃溃疡表现。故选 C。

21.【答案】D

【解析】患者上腹部疼痛、反酸，胃小弯幽门见溃疡、深达肌层，此为慢性胃溃疡表现。故选 D。

22.【答案】A

【解析】患者肝穿刺见肝细胞气球样变、点状坏死、嗜酸小体形成，该特征为急性肝炎表现。故选 A。

23.【答案】C

【解析】患者肝大、细胞气球样变、碎片状及桥接坏死、结节样增生、肝小叶被分割破坏，此为重度慢性肝炎表现。故选 C。

24.【答案】A

【解析】患者有病毒性肝炎史，见脾大，肝脏表明结节、出现假小叶、有淋巴细胞浸润，此为结节性肝硬化表现。故选 A。

25.【答案】D

【解析】患者反复发作的腹胀、下肢水肿，有蜘蛛痣、腹水、脾大，此均为门静脉性肝硬化的表现。故选 D。

26.【答案】E

【解析】患者胃窦部溃疡、直径 2cm、边缘不整齐、似火山口样，此为典型溃疡性胃癌表现，故选 E。

27.【答案】B

【解析】患者胃壁僵硬、胃腔变小、黏膜皱襞消失，此为弥漫浸润型胃癌表现。故选 B。

28.【答案】D

【解析】患者有肝硬化史，进行性消瘦，肝脏增大、质硬、表面结节状，腹水，下肢水肿，诊断是肝硬化合并肝癌。故选 D。

29.【答案】C

【解析】患者肝大、表面结节、假小叶形成、肝细胞核大深染，可能的诊断是结节性肝硬化合并肝癌。故选 C。

【B_1 型题】

30.【答案】D

【解析】胃溃疡发生穿孔后，溃疡底部与周围组织粘连，故选 D。

31.【答案】E

【解析】胃溃疡发生癌变时，溃疡边缘黏膜上皮化生伴异型性改变，故选 E。

32.【答案】C

【解析】胃溃疡表面毛细血管壁坏死，血管破裂，会出现大便潜血实验阳性，故选 C。

33.【答案】E

【解析】急性重症肝炎时出现肝细胞大片状坏死，故选 E。

34.【答案】B

【解析】中重度慢性肝炎时，肝脏出现桥接性坏死，故选 B。

35.【答案】A

【解析】急性普通性肝炎时，肝脏出现点状坏死，故选 A。

第八章 泌尿系统疾病

【A_1 型题】

1.【答案】A

【解析】慢性肾盂肾炎大体改变有肾脏体积缩小，不规则瘢痕，急性发作时可伴有脓肿形成。故选 A。

2.【答案】D

【解析】组织学特征是肾小球球囊内有新月体形成。新月体由增生的壁层上皮细胞和渗出的单核细胞构成，有中性粒细胞和淋巴细胞浸润。这些成分附着于球囊壁层，在毛细血管外侧形成新月形或环状结构。故选 D。

3.【答案】B

【解析】急性弥漫增生性肾小球肾炎组织学特征是在脏层上皮细胞和肾小球基膜之间有驼峰状或小丘状沉积物。也可在内皮细胞下、基膜内或系膜区存在。故选 B。

4.【答案】D

【解析】慢性肾盂肾炎临床表现有腰背疼痛、发热、脓尿和菌尿。可伴有严重的蛋白尿。故选 D。

5.【答案】D

【解析】脂性肾病又称为微小病变性肾小球肾炎，是引起儿童肾病综合征最常见的原因。病变特点是弥漫性肾小球脏层上皮细胞足突消失。光学显微镜下肾小球基本正常，而肾小管上皮细胞内有脂质沉积。故选 D。

6.【答案】C

【解析】该型肾炎是引起儿童肾病综合征的最常见原因。其病理特征是弥漫性肾小球脏层上皮细胞足突消失。故选C。

7.【答案】C

8.【答案】D

【解析】该型肾炎的组织学特征是肾小球体积增大，内皮细胞和系膜细胞增生，内皮细胞肿胀，壁层上皮细胞也增生。故选D。

9.【答案】E

【解析】慢性肾盂肾炎病理改变是双侧肾脏体积缩小，出现不规则瘢痕，肾盂、肾盏变形。故选E。

10.【答案】B

11.【答案】D

【解析】由于肾小球系膜细胞增生和基质增多，沿毛细血管内皮细胞下向毛细血管基膜广泛插入，导致毛细血管基膜弥漫增厚，血管球小叶分隔增宽，呈分叶状。因插入的系膜基质与基膜染色特征相似，故六胺银染时呈现基膜呈双线或双轨状。外侧为原有的基膜，内侧为新形成的基膜样物质，其内有系膜细胞、内皮细胞或白细胞突起的嵌入，出现钉突状或梳突状。故选D。

12.【答案】A

【解析】膜性肾小球肾病是引起成人肾病综合征最常见的原因。病变特征是肾小球毛细血管壁弥漫性增厚，肾小球基膜上皮细胞侧出现含免疫球蛋白的电子致密沉淀物。故选A。

13.【答案】A

【解析】晚期肾小球肾炎最终引起肾小球纤维化、玻璃样变和硬化。故选A。

14.【答案】A

15.【答案】D

【解析】脂性肾病又称为微小病变性肾小球肾炎，是引起儿童肾病综合征最常见的原因。病变特点是弥漫性肾小球脏层上皮细胞足突消失。光学显微镜下肾小球基本正常，而肾小管上皮细胞内有脂质沉积。故选D。

16.【答案】D

【解析】慢性肾盂肾炎病理改变是双侧肾脏体积缩小，肾盂、肾盏变形。变形的原因是间质的非特异性炎症，纤维化和瘢痕形成。故选D。

17.【答案】A

18.【答案】A

【解析】慢性肾盂肾炎出现肾小球球囊壁增厚、纤维化；部分肾小管萎缩，部分肾小管扩张，腔内有胶样管型，间质纤维组织增生，有炎细胞浸润。故选A。

19.【答案】C

【解析】其病变特征是部分肾小球的部分小叶发生硬化。病理改变是病变的肾小球毛细血管呈节段性硬化，玻璃样变，毛细血管袢内系膜基质增多，基膜塌陷，严重者管腔闭塞。故选C。

20.【答案】C

【解析】微小病变性肾小球病又称“脂性肾病”，是儿童肾病综合征最常见的原因，其肾小球内免疫复合物沉积。故选C。

21.【答案】A

【A_2型题】

22.【答案】B

【解析】患者为儿童，有扁桃体炎史，现出现水肿、蛋白尿、血尿和管型尿，诊断为弥漫性血管内增生性肾炎，少尿的机制是肾小球内皮细胞增生压迫毛细血管所致。故选B。

23.【答案】C

【解析】患者为儿童，出现水肿、蛋白尿、少尿、低蛋白血症、高脂血症，诊断是肾病综合征。故选C。

24.【答案】C

【解析】患者表现为水肿、蛋白尿、高血压、肾大，病检有驼峰样致密沉积物，此为弥漫性增生性肾小球肾炎的典型表现。故选C。

25.【答案】A

【解析】患者肾活检见肾小球毛细血管基膜弥漫性增厚，钉突样改变，此为膜增生型肾小球肾炎的典型表现，电镜下毛细血管基膜外侧、上皮细胞下和基膜内可见电子致密沉淀物。故选A。

26.【答案】D

【解析】患者患高血压、急性心梗。大体见两肾大小不等，左肾不规则凹陷瘢痕，肾盂变形，此为慢性肾盂肾炎表现。故选D。

【B_1型题】

27.【答案】C

【解析】急性肾小球肾炎表现为肾脏肿大、表面红色、皮质稍厚。故选C。

28.【答案】D

【解析】慢性硬化性肾小球肾炎表现为肾脏缩小，表面细颗粒状，小动脉玻璃样变、内膜增厚，管腔狭窄，切面小动脉哆开，故选D。

29.【答案】E

【解析】慢性肾盂肾炎表现为肾脏缩小，表面凹陷瘢痕，皮质髓质不清，故选E。

30.【答案】B

31.【答案】D

32.【答案】B

33.【答案】A

34.【答案】E

35.【答案】C

36.【答案】B

37.【答案】A

38.【答案】C

【解析】慢性肾小球肾炎时，病理改变是颗粒性固缩肾，故选C。

39.【答案】A

【解析】弥漫性增生性肾小球肾炎时，肾脏外观为“大红肾”，故选 A。

40.【答案】B

【解析】膜性肾小球病时，双肾肿大，颜色苍白，称为“大白肾”，故选 B。

41.【答案】E

【解析】慢性肾盂肾炎时，肾脏缩小，凹陷瘢痕，肾盂变形，故选 E。

第九章　内分泌系统疾病

【A_1 型题】

1.【答案】C

【解析】髓样癌是由滤泡旁细胞（C 细胞）发生的恶性肿瘤。故选 C。

2.【答案】C

【解析】髓样癌是由甲状腺滤泡旁细胞发生的肿瘤，该肿瘤细胞分泌降钙素，产生严重的腹泻和低钙血症。故选 C。

3.【答案】B

【解析】乳头状癌病理特点是圆形，无包膜，质地硬，有囊形成，囊内有乳头，乳头分支多，中心有纤维血管间质，间质内有同心圆形钙化点，细胞核呈毛玻璃状，有核沟。故选 B。

4.【答案】B

【解析】非毒性甲状腺肿是由于缺碘使甲状腺素分泌不足，促甲状腺素分泌增多，甲状腺滤泡上皮增生，滤泡内胶质堆积而使甲状腺肿大。病理变化分为增生期、胶质储存期和结节期。胶质贮存期主要变化是滤泡高度扩张，腔内大量胶质贮存，上皮细胞扁平。故选 B。

5.【答案】E

【解析】甲状腺腺瘤的包块为单发，圆形或类圆形，有完整包膜，肿瘤组织有着与正常甲状腺相似的滤泡；结节性甲状腺肿是甲状腺肿的结节期，结节大小不一，无完整包膜，滤泡上皮增生，部分上皮萎缩。故选 E。

6.【答案】D

【A_2 型题】

7.【答案】C

【解析】患者成年女性，发现甲状腺有 3 个结节，血中有抗甲状腺抗体，诊断是结节性甲状腺肿。故选 C。

8.【答案】E

【解析】患者为成年男性，上腹部疼痛加重伴恶心、呕吐、黄疸，血胰淀粉酶高，高度怀疑胰腺癌。故选 E。

【B_1 型题】

9.【答案】C

【解析】结节性甲状腺肿分为增生期、胶质贮存期和结节期。胶质贮存期表现为滤泡腔高度扩大，腔内有大量胶质，故选 C。

10.【答案】D

【解析】增生期时滤泡增生，但无胶质贮存，故选 D。

11.【答案】A

【解析】乳头状甲状腺癌的特征是肿瘤囊中有乳头，乳头中心有纤维血管间质，间质内有同心圆状钙化小本，砂粒体，故选 A。

12.【答案】E

【解析】滤泡状甲状腺癌时瘤细胞侵入被摸和血管，故选 E。

13.【答案】A

【解析】甲状腺髓样癌是由滤泡旁细胞发生的肿瘤，瘤细胞分泌降钙素，故选 A。

14.【答案】D

【解析】非毒性甲状腺肿是由于缺碘造成的，故选 D。

第十章　乳腺及生殖系统疾病

【A_1 型题】

1.【答案】A

【解析】乳腺癌发生部位以外上象限最多（50%以上），其次是中央区。故选 A。

2.【答案】D

【解析】乳腺癌分为非浸润癌（导管内原位癌和小叶原位癌）、浸润癌（浸润性导管癌又称为硬癌和浸润性小叶癌）和特殊类型癌（髓样癌、小管癌、黏液癌和佩吉特癌）。故选 D。

3.【答案】C

【解析】浸润性导管癌是由导管内癌发展而来，癌细胞突破导管基膜向间质浸润，是最常见的乳腺癌类型。癌组织阻塞真皮皮内淋巴管，导致皮肤水肿，而毛囊汗腺处皮肤相对下陷，呈橘皮样外观。故选 C。

4.【答案】B

【解析】乳腺导管内癌其癌细胞局限于扩张的导管内，导管基膜完整。故选 B。

5.【答案】B

【解析】淋巴道转移是子宫颈癌最常见和最重要的转移途径。首先转移至子宫旁淋巴结，然后依次至闭孔、髂内、髂外、髂总、腹股沟及髂前淋巴结。晚期可转移至锁骨上淋巴结。故选 B。

6.【答案】E

【解析】子宫颈鳞癌的发展过程是子宫颈上皮异型增生（不典型增生）—原位癌—早期浸润

癌—浸润癌。故选E。

7.【答案】E

【解析】子宫颈原位癌是指异型增生的细胞累及子宫颈黏膜上皮全层，但病变局限在上皮层内，未突破基膜。癌细胞由表面沿基膜蔓延至子宫颈腺体内，取代部分或全部腺上皮，但仍旧未突破腺体的基膜。故选E。

8.【答案】D

【解析】宫颈早期浸润癌是指癌细胞突破基膜，向固有膜间质内浸润，在固有膜内形成不规则的癌细胞巢或条索，但浸润深度不超过基膜下5mm。故选D。

9.【答案】E

【解析】子宫颈上皮异型（不典型）增生与原位癌的区别是原位癌的异型细胞累及子宫颈上皮全层。异型增生最高级Ⅲ级其增生的异型细胞虽然超过全层的2/3，但未累及全层。故选E。

10.【答案】B

【解析】子宫颈上皮异型增生（CIN）属于癌前病变，是指子宫颈上皮部分被不同程度异型性细胞取代。根据病变程度分为3级：Ⅰ、Ⅱ、Ⅲ级。故选B。

11.【答案】C

【解析】葡萄胎又称水泡状胎块，是胎盘绒毛的一种良性病变，与卵巢功能不足或衰退有关。故选C。

12.【答案】E

【解析】葡萄胎时胎盘绒毛高度水肿，见少量无功能的血管；滋养层细胞（合体细胞滋养层和细胞滋养层）增生；子宫体积比正常月份大；听不到胎心，无胎动；血中及尿中绒毛膜促性腺激素明显增高。故选E。

13.【答案】C

【解析】绒毛膜癌是源自妊娠绒毛膜滋养层上皮的高度侵袭性恶性肿瘤。绒毛膜癌侵袭破坏血管能力很强，极易经血道转移，以肺（90%以上）最常见，其次为脑、胃肠道、肝和阴道壁。故选C。

14.【答案】D

【解析】侵蚀性葡萄胎与绒毛膜癌的区别是侵蚀性葡萄胎组织中有绒毛成分，其水泡状绒毛侵入子宫肌层，绒毛膜癌组织由分行不良的似细胞滋养层和似合体细胞滋养层两种细胞混合组成，细胞异型性明显，核分裂易见。癌细胞不形成绒毛和水泡状结构。故选D。

15.【答案】B

【解析】绒毛膜癌是妊娠绒毛滋养层上皮的高度侵袭性恶性肿瘤，50%继发于葡萄胎；肿瘤细胞侵入子宫肌层甚至穿透子宫壁达浆膜外；肿瘤自身无间质血管，癌组织有明显出血坏死；癌组织不形成绒毛结构，易侵入血管，血道转移。故选B。

16.【答案】D

17.【答案】C

【A_2型题】

18.【答案】E

19.【答案】C

【解析】老年女性，宫颈菜花样肿物、表面出血，最可能诊断是子宫颈癌。故选C。

20.【答案】D

【解析】年轻女性，闭经3个月。阴道出血，有水泡样组织，阴道壁出血坏死，最可能的诊断是侵蚀性葡萄胎。故选D。

21.【答案】D

【解析】女性，阴道不规则流血，子宫颈肥厚，病检示鳞状细胞癌，癌细胞突破基膜下2.5cm，未达5cm，分类属于早期浸润癌。故选D。

22.【答案】B

【解析】中年女性，左侧乳腺外上限肿块，病理为浸润导管癌。检测雌激素受体和孕激素受体检测的目的是进行激素治疗。故选B。

【B_1型题】

23.【答案】B

【解析】乳腺癌分为非浸润癌、浸润癌和特殊类型癌。非浸润癌有乳腺导管内原位癌和小叶原位癌。浸润癌有浸润性导管癌和浸润性小叶癌。故选B。

24.【答案】A

【解析】宫颈鳞状上皮重度异型增生是异性细胞累及上皮2/3，未累及全程，属于癌前病变，故选A。

25.【答案】E

【解析】慢性子宫颈炎导致子宫颈黏膜上皮、腺体和间质结缔组织局限性增生，可形成子宫息肉，故选E。

26.【答案】D

【解析】参见第23题解析。

27.【答案】A

【解析】葡萄胎又称水泡状胎块，是胎盘绒毛的良性病变，绒毛高度扩张、水肿，故选A。

28.【答案】C

【解析】侵袭性葡萄胎是介于葡萄胎和绒毛膜上皮癌之间的交界性肿瘤，其表现是水泡状绒毛侵入子宫肌层，引起子宫肌层出血坏死，故选C。

29.【答案】B

【解析】绒毛膜癌是妊娠绒毛滋养层上皮侵袭性恶性肿瘤，表现为滋养层细胞高度增生、排列成巢状或条索状（铺路石），故选B。

30.【答案】B

【解析】乳腺非浸润癌中的导管内原位癌组织分类有粉刺癌和非粉刺性导管内癌，粉刺癌导管内含大量坏死组织，故选B。

31.【答案】C

【解析】乳腺浸润癌中的浸润性导管癌（硬癌）可见癌细胞成

巢状、团索状浸润间质，故选 C。

32.【答案】D

【解析】腺样囊泡癌（黏液腺癌）属于乳腺特殊类型癌，其癌组织内含有大量黏液成分，故选 D。

33.【答案】A

【解析】乳腺导管内癌属于非浸润癌，癌细胞仅局限在导管内，导管基膜完整，故选 A。

第十一章　常见传染病及寄生虫病

【A_1 型题】

1.【答案】A

【解析】流行性乙型脑炎是由乙型脑炎病毒感染引起的急性传染病。病变广泛累及脑脊髓实质，引起神经细胞变性、坏死，胶质细胞增生和血管周围炎细胞浸润。病变以大脑皮质、基底核和视丘最为严重，小脑皮质、丘脑和脑桥次之，脊髓病变最轻，仅局限于颈段脊髓。故选 A。

2.【答案】A

【解析】在流行性乙型脑炎时，病毒在神经细胞内增殖，破坏其代谢、功能和结构，引起神经细胞肿胀，尼氏小体消失，胞质出现空泡，核偏位。神经细胞可发生核固缩、溶解，出现卫星现象和嗜神经细胞现象。卫星现象是小胶质细胞形成结节（小胶质细胞在坏死神经细胞附件或小血管呈弥漫性或局灶性增生，形成小胶质细胞结节）。故答案是 A。

3.【答案】B

【解析】继发性肺结核病变特点是形成单个或多个结节状病灶；结节有纤维包裹，病变以增生为主，中央为干酪样坏死；在肺内以受侵袭的支气管播散；肺门淋巴结不肿大；易形成空洞；病变多位于肺尖部。故选 B。

4.【答案】B

【解析】由于肺门、纵隔、支气管旁的淋巴结干酪样坏死破入邻近大静脉，或因含有结核分枝杆菌的淋巴液由胸导管回流，经静脉入右心，沿肺动脉播散于两肺，而引起两肺急性粟粒性结核病。故选 B。

5.【答案】E

6.【答案】E

【解析】乙型脑炎病变严重时，可发生灶性神经组织液化性坏死，形成质地疏松、染色较淡的镂空网状病灶，称为网状软化灶。软化灶可被吸收，由增生的小胶质细胞所取代而形成胶质瘢痕。故选 E。

7.【答案】C

【解析】乙型脑炎表现为脑实质散在出血，神经细胞变性、坏死、软化，胶质细胞增生。蛛网膜下隙没有以中性粒细胞为主的炎症渗出。故选 C。

8.【答案】A

【解析】男性生殖系统结核病与泌尿系统结核病有密切关系，结核分枝杆菌可使前列腺和精囊感染，并可蔓延至输精管、附睾等处。附睾结核是男性不育的重要原因之一。故选 A。

9.【答案】D

【解析】继发性肺结核可在原发肺结核病后很短时间内发生，大多数是在数年后机体抵抗力下降使静止的原发病灶再度活跃而形成。故选 D。

10.【答案】B

11.【答案】E

【解析】卡波西肉瘤是 HIV 感染后出现的恶性肿瘤。该肿瘤是由梭形细胞和血管构成的恶性肿瘤。是 AIDS 患者中最常见的恶性肿瘤，故选 E。

12.【答案】D

【解析】乙型脑炎时，病毒破坏神经细胞，引起细胞坏死液化，小胶质细胞、巨噬细胞包围吞噬死亡的神经细胞而形成嗜神经细胞现象。故选 D。

13.【答案】B

【解析】细菌性痢疾以大量纤维素渗出形成假膜为特征，假膜脱落伴有不规则浅表溃疡形成。故选 B。

14.【答案】A

【解析】干酪性肺炎可由浸润性肺结核恶化进展而来，也可由急、慢性空洞内的细菌经支气管播散所致。故选 A。

15.【答案】B

16.【答案】D

【解析】寄生于人体的血吸虫有 6 种，即日本血吸虫、埃及血吸虫、曼氏血吸虫、间插血吸虫、湄公血吸虫和马来血吸虫。我国只有日本血吸虫。故选 D。

17.【答案】B

【解析】伤寒杆菌菌体裂解后释放的内毒素是其致病的主要原因。故选 B。

18.【答案】B

【解析】流行性脑脊髓膜炎脑脊液表现有压力增高、混浊或脓性、细胞数及蛋白含量增多、糖量减少、涂片及培养均可找到脑膜炎双球菌。没有红细胞，故选 B。

19.【答案】E

【解析】急性菌痢患者病变肠管蠕动亢进并有痉挛，引起阵发性腹痛、腹泻症状，由于炎症刺激直肠壁的神经末梢及肛门括约肌，导致里急后重和排便次数增多。故选 E。

20.【答案】C

21.【答案】D

【解析】结核病的免疫反应和变态反应Ⅳ型常同时发生和相伴出现。变态反应的出现提示机体已获得免疫力，对病原菌有抵抗力，且变态反应同时伴随干酪样坏死。故选D。

22.【答案】D

【解析】淋病病原体淋球菌主要侵犯泌尿生殖系统，对柱状上皮和移行上皮有特殊亲和力。故选D。

23.【答案】E

【解析】女性生殖系统结核常由血道或淋巴道播散而来，也可由邻近器官的结核病蔓延而来。以输卵管结核最多见，其次是子宫内膜和卵巢结核。故选E。

24.【答案】B

【解析】肠血吸虫病病变部位主要在乙状结肠、直肠和降结肠。

25.【答案】C

26.【答案】A

【解析】淋病是由淋球菌引起的急性化脓性炎。故选A。

27.【答案】E

【解析】肠道血吸虫引起肠黏膜溃疡及纤维化、肠壁虫卵结节、肠黏膜息肉状增生、肠腔狭窄及肠梗阻，但一般不会引起肠穿孔。故选E。

28.【答案】D

【解析】伤寒是由伤寒杆菌引起的急性传染病，以全身单核巨噬细胞系统细胞增生为病变特征。其引起的炎症是以巨噬细胞增生为特征的急性增生性炎，增生活跃时，巨噬细胞胞质内吞噬有伤寒杆菌、红细胞和细胞碎片，这种巨噬细胞称为伤寒细胞。故选D。

29.【答案】C

【解析】细菌性痢疾病变多局限于结肠，尤其以乙状结肠和直肠为重。故选C。

30.【答案】E

【解析】血吸虫虫卵沉积在肝脏汇管区，引起纤维组织增生，增生的结缔组织沿门静脉分支呈树枝状分布，称为干线型或管道型肝硬化。故选E。

31.【答案】D

【解析】乙型脑炎是由病毒引起的急性传染病；本病首先发生于日本，又称日本夏季脑炎；传播媒介为库蚊、伊蚊和按蚊；病变以大脑、基底核和视丘最为严重；病变以出血、水肿和神经细胞坏死、液化、胶质细胞增生为主。不是渗出性病变。故选D。

32.【答案】D

【解析】结核病的病理改变与机体状况、细菌毒力有关，当细菌量少、毒力较低或人体免疫反应较强时，表现为以增生为主的变化。故选D。

33.【答案】A

【解析】CD4分子是HIV的主要受体。$CD4^+$T细胞在HIV直接和间接作用下，大量破坏、功能受损，导致细胞免疫缺陷。故在疾病晚期，外周血中$CD4^+$细胞减少最明显。故选A。

34.【答案】C

【解析】当人与疫水接触时，尾蚴借其头腺分泌的溶组织酶作用和其肌肉收缩的机械运动，钻入皮肤或黏膜并脱去尾部发育为童虫。童虫进入小静脉或淋巴管，随血流经右心到肺，由肺的毛细血管入大循环向全身散布。故选C。

35.【答案】A

【解析】伤寒杆菌菌体O抗原、鞭毛H抗原的抗原性强，可使感染者产生相应抗体，肥达反应是血清凝集反应，可测定患者血清中抗体水平，对疾病诊断有益。故选A。

36.【答案】D

【解析】AIDS是由人类免疫缺陷病毒HIV感染引起的疾病，特征为免疫功能缺陷伴机会性感染和/或继发肿瘤。HIV是反转录病毒，为单链RNA；该病潜伏期长；传播途径主要是性接触传播，其次是血道传播、母婴传播。不会通过公共洗浴或游泳感染。故选D。

37.【答案】B

【解析】细菌性痢疾是由痢疾杆菌所引起的一种假膜性肠炎。中毒性菌痢的特点是起病急骤、严重的全身中毒症状，肠道病变和症状轻微。肠道病变为卡他性炎，有时肠壁集合和孤立淋巴小结滤泡增生肿大，呈滤泡性肠炎改变。故选B。

38.【答案】C

39.【答案】D

【解析】血吸虫虫卵随门静脉血流到达肝脏，虫卵直径大于门静脉末梢，不能进入肝窦，病变主要在汇管区，长期感染致汇管区内有大量虫卵结节，周围大量纤维组织增生，肝小叶破坏不严重，没有假小叶，肝因为纤维化而变硬、变小，导致血吸虫性肝硬化，门静脉分支虫卵栓塞、静脉内膜炎、血栓形成和机化及门静脉周围纤维增生，使肝内静脉分支阻塞和受压，引起显著门静脉高压。故选D。

40.【答案】D

41.【答案】B

【解析】流行性脑脊髓膜炎是由脑膜炎球菌感染引起的脑脊髓膜的急性化脓性炎症。细菌到达脑膜后定位与软脑膜，引起化脓性脑膜炎，在蛛网膜下隙的脑脊液中繁殖、播散。蛛网膜下隙充满脓性分泌物。故选B。

42.【答案】C

【解析】伤寒的肠道病变分为4期：髓样肿胀期（第1周）；坏死期（第2周）；溃疡期（第3周）和愈合期（第4周）。肠穿孔发生于溃疡期。故选 C。

43.【答案】D

【解析】暴发性流脑患者主要是儿童，起病急骤，病情危重。表现为高热、头痛伴呕吐，皮肤黏膜广泛出血点和瘀斑，周围循环衰竭，双侧肾上腺广泛出血，脑膜病变轻，蛛网膜下腔无大量脓细胞。故选 D。

44.【答案】B

45.【答案】D

【解析】中毒性菌痢发病后数小时即可出现中毒性休克、DIC 或呼吸衰竭而死亡。故选 D。

【A_2 型题】

46.【答案】C

【解析】女童，其双肺重量增加，密布白色粟粒样结节，诊断应该是粟粒性肺结核。故选 C。

47.【答案】E

【解析】患儿，发热、头痛、抽搐。检查示皮肤瘀斑、脾大、肾上腺出血、脑膜出血，中性粒细胞浸润。诊断为暴发性流行性脑脊髓膜炎。故选 E。

48.【答案】D

【解析】患者为血吸虫性肝硬化，表现为脾大、鼻出血、皮肤黏膜出血。出血原因是脾功能亢进引起血小板破坏。故选 D。

49.【答案】A

【解析】患儿，高热、呕吐、昏迷、颈部强直、抽搐。脑脊液外观透明，白细胞多。诊断是乙型脑炎。故选 A。

50.【答案】C

【解析】青年男性，表现为胸痛、胸部浊音、呼吸音减弱、胸腔积液、胸膜炎，诊断是结核性胸膜炎。故选 C。

51.【答案】B

【解析】老年男性，检查示右肺上叶病灶、有小空洞、边缘光滑（非肿瘤），且有结核史，诊断是结核球。故选 B。

52.【答案】D

【解析】中年男性，腹股沟淋巴结肿大，有性接触史，T 细胞明显下降（AIDS 典型表现），可能的诊断是 AIDS。故选 D。

53.【答案】E

【解析】青年男性，有泌尿系感染症状，尿道有黏液脓性分泌物，前列腺肿大压痛。可能诊断是淋病。故选 E。

54.【答案】C

【解析】女性，会阴皮肤有散在尖锐突起，为尖锐湿疣表现。活检见凹空细胞（细胞较正常细胞大，胞质空泡状，细胞边缘残存带状胞质，核大居中，圆形，染色深，可见双核或多核），均为尖锐湿疣表现。故选 C。

【B_1 型题】

55.【答案】A

【解析】阿米巴肝脓肿属于肠外阿米巴病，也是肠阿米巴病最常见的并发症，阿米巴肝脓肿内容物呈棕褐色果酱样，由液化性坏死物和陈旧性血液混合而成（变质性炎症），炎症反应不明显，故选 A。

56.【答案】A

【解析】乙型脑炎病变累及脑脊髓实质，引起神经细胞变性、坏死、胶质细胞增生和血管周围炎细胞浸润，故选 A。

57.【答案】B

【解析】渗出性结核性胸膜炎病变为浆液纤维素性炎，故选 B。

58.【答案】C

【解析】细菌性痢疾病变以大量纤维素渗出形成假膜为特征，故选 C。

59.【答案】E

【解析】干酪性肺炎镜下为大片状干酪样坏死，肺泡腔内有大量浆液纤维素蛋白性渗出物，故选 E。

60.【答案】B

【解析】局灶性肺结核显示肺尖部单个结节状病灶，病变以增生为主，故选 B。

61.【答案】D

【解析】浸润性肺结核显示锁骨下边缘模糊的云雾状阴影，病变以渗出为主，故选 D。

62.【答案】C

【解析】结核球是直径在 2~5cm，有纤维包裹的孤立的境界分明的干酪样坏死灶，故选 C。

63.【答案】D

【解析】血吸虫虫卵引起的病变为嗜酸性肉芽肿，故选 D。

64.【答案】B

【解析】血吸虫尾蚴侵入皮肤，引起尾蚴性皮炎，故选 B。

65.【答案】A

【解析】血吸虫童虫引起肺炎，组织充血、水肿、点状出血及白细胞浸润，故选 A。

66.【答案】E

【解析】血吸虫成虫引起静脉周围炎和静脉内膜炎（肠系膜和门静脉），故选 E。

67.【答案】E

68.【答案】B

69.【答案】A

70.【答案】C

71.【答案】B

72.【答案】C

73.【答案】A

74.【答案】D

75.【答案】A

76.【答案】D

77.【答案】C

78.【答案】A

79.【答案】C

80.【答案】A

81.【答案】E

第四篇　药　理　学

第一章　总　　论

【A_1 型题】

1.【答案】A

【解析】受体激动药是既有亲和力又有内在活性的药物，它们能与受体结合并激动受体而产生效应。又分完全激动剂和部分激动剂。完全激动剂具有较强亲和力和较强内在活性；部分激动剂则是有较强亲和力但内在活性不强，当与激动剂同时应用时可以拮抗激动剂的部分效应。故选A。

2.【答案】B

【解析】受体阻断药又叫受体阻断药，是能与受体结合，有较强亲和力而无内在活性的药物。少数拮抗药以拮抗作用为主，同时尚有较弱的内在活性，即有较弱的激动受体作用。故选B。

3.【答案】E

【解析】通常将药物 LD_{50}/ED_{50} 的比值称为治疗指数，用以表示药物的安全性。故选E。

4.【答案】D

【解析】凡与用药目的无关、并为患者带来不适或痛苦的反应统称为不良反应。不良反应是药物固有的效应，一般情况下是可以预知的，但不一定能够避免。少数严重不良反应较难恢复。不良反应包括：副反应、毒性反应、后遗效应、停药反应、变态反应和特异质反应。故选D。

5.【答案】D

【解析】药物自用药部位进入血液循环的过程称为吸收。血管外给药途径均存在吸收过程。不同给药途径具有不同的吸收过程。如口服给药，其从胃肠道吸收入门静脉到达全身血液循环之前先经过肝脏代谢，如果肝脏代谢能力很强或由胆汁排泄量大，使得进入血液循环的有效药物量明显减少，这种作用称为首过消除。首过消除高时，机体可利用的有效药物量少，即生物利用度低。故选D。

6.【答案】E

【解析】舌下给药由颊黏膜吸收，直接进入全身循环，没有首关消除作用。吸入给药时药物吸收不经过胃肠道，直接吸入肺泡，肺泡面积很大，肺血流量丰富。药物直接进入血液循环。也没有首关消除作用。静脉给药时药物避开了吸收屏障直接进入血液循环，没有吸收过程，即没有首关消除作用。皮下给药后，药物也主要经过局部毛细血管而进入血液循环，没有首关消除作用。只有口服给药后，药物从胃肠道吸收入门静脉后，先进入肝脏代谢。因而，其进入血液循环的量会减少。故选E。

7.【答案】D

【解析】影响药物转运的因素有：药物脂溶性、药物的解离度、体液pH、血脑屏障。胎盘屏障是指胎盘绒毛与子宫血窦之间的屏障。而该结构对药物转运并无屏障作用，胎盘对药物的通透性与一般毛细血管无明显差别，几乎所有药物都能穿透胎盘进入胎儿体内。因此，影响药物转运的因素不包括胎盘屏障。故选D。

8.【答案】D

【解析】大多数药物治疗是采用多次给药方式。按照一级动力学规律消除的药物，其体内药物总量随着不断给药而逐步增多，直至从体内消除的药物量和进入体内的药物量相等时，体内药物总量不再增加而达到稳定状态，此时的血浆药物浓度称为稳态浓度。多次给药后药物达到稳态浓度的时间取决于药物的消除半衰期。提高给药频率或增加给药剂量均不能使稳态浓度提前到达，而只能改变体内药物总量或峰浓度与谷浓度之差。根据半衰期可确定给药间隔时间，通常给药间隔时间约为一个半衰期。故选D。

9.【答案】B

【解析】一级消除动力学是体内药物按恒定比例消除，在单位时间类的消除量与血浆药物浓度呈正比。多次给药后药物达到稳态血药浓度的时间仅仅取决于药物的消除半衰期。一般来讲，药物在剂量和给药间隔时间不变时，经过4~5个半衰期，可达到稳态浓度的94%和97%。故本药物的半衰期为4小时，经过5个半衰期，即20小时后，能够达到稳态血药浓度。故选B。

【B_1 型题】

10.【答案】C

【解析】停药反应是指突然停药后原有疾病加剧，又称回跃反应。故选C。

11.【答案】D

【解析】变态反应是一类免疫反应。非肽类药物作为半抗原与机体蛋白结合为抗原后，经过接触10天左右的敏感化过程而发生的反应，也称变态反应。常见于过敏体质患者。反应的性质与药物原有效应无关，用药理拮抗剂解救无效。反应的严重程度差异很大，与剂量无关。故选 D。

12.【答案】A

【解析】毒性反应是指在剂量过大或药物在体内蓄积过多时发生的危害性反应，一般较严重。可以预知。故选 A。

13.【答案】B

【解析】后遗效应是指停药后血药浓度已降至阈浓度以下时残存的药理效应。故选 B。

14.【答案】E

【解析】特异质反应是少数患者对某些药物反应特别敏感，反应性质也可能与常人不同，但与药物固有的药理作用基本一致，反应严重程度与剂量成正比，药理性拮抗剂救治可能有效。是一类先天遗传异常所致的反应。故选 E。

15.【答案】D

【解析】半衰期是指血浆药物浓度下降一半所需要的时间。清除率是指机体消除器官在单位时间内清除药物的血浆容积，即单位时间内有多少体积血浆中所含药物被机体清除，是体内肝脏、肾脏和其他所有消除器官消除药物的总和。消除速率常数 Kc 反映体内药物消除速率，为负数，表示药物经消除而减少。零级动力学消除是药物在体内以恒定的速率消除，即不论血浆药物浓度高低，单位时间内消除的药物量不变。通常是药物在体内消除能力达到饱和所致。一级动力学消除是体内药物按恒定比例消除，在单位时间内消除量与血浆药物浓度成正比。按照一级动力学消除的药物，其 $t_{1/2}$ 为一个常数，不受药物初始浓度和给药剂量的影响。故第 15 题选 D，第 16、17 题均选 E。

16.【答案】E

17.【答案】E

第二章　传出神经系统药

【A_1 型题】

1.【答案】B

【解析】β 肾上腺素受体阻断药能够阻断支气管平滑肌的 $β_2$ 受体，使支气管平滑肌收缩，从而诱发或加重支气管哮喘。故选 B。其他选项均不是 β 肾上腺素受体阻断药的作用。

2.【答案】D

【解析】肾上腺素、异丙肾上腺素、麻黄碱、多巴胺和去甲肾上腺素均为肾上腺素受体激动药。它们的区别是其对 α、β 受体的选择性不同。除了多巴胺以外，其他药物均不能兴奋多巴胺受体。故没有舒张肾血管增加肾血流量的作用。故选 D。

3.【答案】E

【解析】有机磷酸酯类中毒表现多样化，主要为毒蕈碱样（M 样）和烟碱样（N 样）症状。M 样症状有流涎、流泪、恶心、呕吐、头痛、视觉障碍、腹部绞痛、腹泻、支气管痉挛、心动过缓、血压下降和休克。骨骼肌运动终板上是 N 受体。N 受体兴奋出现肌肉震颤。肌肉震颤不是 M 样症状。故选 E。

4.【答案】E

【解析】普萘洛尔口服吸收大于 90%，但首关消除率高，生物利用度仅 30%；它是非选择性 β 受体阻断药；没有内在拟交感活性；不能用于哮喘患者，可诱发或加重哮喘症状。故选 E。

5.【答案】C

【解析】肾上腺素激动 α、β 受体临床用于治疗心搏骤停、过敏性休克、延长麻醉药物作用时间及治疗青光眼。故不选 A。去甲肾上腺素用于早期神经源性休克、嗜铬细胞瘤切除术后及药物中毒时的低血压。故不选 B。异丙肾上腺素用于心搏骤停、房室传导阻滞、支气管哮喘及低输出量性感染性休克。故选 C。阿托品用于解除平滑肌痉挛、抑制腺体分泌、治疗缓慢性心律失常、感染性休克治疗及解救有机磷酸酯中毒。故不选 D。氨茶碱用于治疗支气管哮喘。故不选 E。

6.【答案】C

【解析】有机磷农药进入人体后其亲电子性的磷原子与乙酰胆碱酯酶酯解部位上的氧原子以共价键结合，形成难以水解的磷酰化乙酰胆碱酯酶，使其失去水解乙酰胆碱的能力，造成乙酰胆碱在体内大量集聚引起一系列中毒症状。故选 C。

7.【答案】E

【解析】解救有机磷酸酯类中毒主要使用阿托品和胆碱酯酶复活药。阿托品能够缓解 M 样中毒症状。胆碱酯酶复活药不仅可以恢复胆碱酯酶活性，还能直接与有机磷酸酯类结合，迅速改善 N 样症状，对中枢中毒症状也有一定改善作用。毛果芸香碱为胆碱受体激动药，主要用于眼科；毒扁豆碱是易逆性胆碱酯酶抑制剂，作用与有机磷酸酯类似，可加重有机磷酸酯的毒性，不能使用。故选 E。

8.【答案】D

【解析】阿托品主要用于流行性脑脊髓炎、中毒性菌痢、中毒性肺炎所致的感染性休克。对于其他类型的休克不使用。故选 D。

9.【答案】B

【解析】虹膜有辐射肌和环状肌。辐射肌上有交感神经肾上腺素能 α_1 受体，环状肌上分布的则是副交感的胆碱能 M 受体。故选 B。

10.【答案】B

【解析】去甲肾上腺素由于其强烈血管收缩作用，在静脉滴注时间长、浓度过高或药液漏出血管，可引起局部组织缺血坏死。故不宜做肌内注射。故选 B。其他药物没有此作用。

11.【答案】B

【解析】胆碱酯酶复活药是一类能使被有机磷酸酯类抑制的乙酰胆碱酯酶恢复活性的药物。目前常用的药物有氯解磷定、碘解磷定和双复磷。故选 B。

12.【答案】C

【解析】外周血管痉挛性疾病需要使用 α 受体阻断药来舒张血管，而酚妥拉明为 α 受体阻断药，故选 C。山莨菪碱是胆碱受体阻断药，异丙肾上腺素是肾上腺素受体激动药，普萘洛尔是 β 肾上腺素受体阻断药，间羟胺是 α 受体肾上腺素能激动药。

13.【答案】A

【解析】休克伴有急性肾衰竭最好选用可以同时激动 α 及 β 受体和多巴胺受体的多巴胺。它可以在抗休克的同时，舒张肾血管，增加肾血流量。故选 A。多巴酚丁胺其化学结构类似多巴胺，但其主要激动 β_1 受体。主要用于治疗心肌梗死并发心力衰竭。故不选 B。肾上腺素主要用于过敏性休克治疗。故不选 C。间羟胺主要激动 α 受体，其收缩血管作用较去甲肾上腺素弱。故不选 D。阿托品为胆碱受体阻断药，主要用于感染性休克，不能舒张肾血管。故不选 E。

14.【答案】A

【解析】多巴胺主要激动 α、β 受体及外周多巴胺受体，并能促进神经末梢释放去甲肾上腺素。其药理作用；低浓度时可使肾、肠系膜及冠脉血管扩张，高浓度时，使心肌收缩力增强，心排血量增加；对血管的作用是使收缩压增高，舒张压不变，脉压加大；对肾脏是使肾血管舒张，肾血流量增加，肾小球滤过率增加，使尿量增加。故 A 不是多巴胺的药理作用。该题选 A。多巴胺对血管平滑肌 β_2 受体作用很弱。可以直接激动心脏 β_1 受体，也能激动血管平滑肌的多巴胺受体，能够促进去甲肾上腺素释放。

15.【答案】C

【解析】具有 α 肾上腺素受体阻断作用的 β 受体阻断药有拉贝洛尔、阿罗洛尔和卡维地洛。故选 C。

16.【答案】E

【解析】静脉滴注去甲肾上腺素可以收缩血管升高血压，但不能治疗心搏骤停。故不选 A。舌下含异丙肾上腺素主要用于治疗房室传导阻滞。故不选 B。地高辛为正性肌力药物，通过抑制心肌细胞膜上的钠钾 ATP 酶活性，最终导致细胞内钙离子浓度增加，心肌收缩力增强。静脉滴注地高辛用于治疗慢性充血性心力衰竭，故不选 C。尼可刹米为呼吸兴奋剂，可兴奋延髓呼吸中枢，使呼吸加深加快。肌内注射尼可刹米用于解救药物中毒引起的呼吸抑制。故不选 D。肾上腺素可同时激动 α、β 受体，心内注射用于各种原因引起的心搏骤停。故选 E。

17.【答案】B

【解析】普萘洛尔属于非选择性 β 肾上腺素受体阻断药，对 β_1、β_2 受体均有阻断作用。使用后，心率减慢，心肌收缩力和心排血量降低，冠脉血流量下降，心肌氧耗量减少；反射性引起交感神经兴奋，使血管收缩；能阻断肾小球旁器细胞 β_1 受体而抑制肾素释放。能够阻断支气管平滑肌细胞 β_2 受体，收缩支气管平滑肌而不是舒张支气管平滑肌。故选 B。

18.【答案】A

【解析】肾上腺素与局麻药物配伍可延缓局麻药的吸收，延长局麻作用时间。故选 A。其他药物没有此作用。

19.【答案】D

【解析】有机磷酸酯类在碱性溶液中分解失效，经口急性中毒时应该用 2%碳酸氢钠溶液或 1%盐水洗胃。但美曲膦酯（敌百虫）在碱性溶液中会转化为毒性更强的敌敌畏，故应用清水或生理盐水洗胃。故选 D。

20.【答案】C

【解析】肾上腺素对 α、β 受体均有激动作用。首选治疗过敏性休克。故选 C。去甲肾上腺素和异丙肾上腺素则分别主要激动 α 受体或 β 受体。故不选 A 和 B。多巴胺可以激动 α 受体及 β 受体和多巴胺受体，但其主要用于感染性休克、心源性休克及出血性休克。故不选 D。麻黄碱对 α、β 受体均有激动作用，但其作用较肾上腺素弱。过敏性休克不首选使用麻黄碱。麻黄碱主要用于支气管哮喘治疗、缓解皮肤黏膜充血水肿。故不选 E。

21.【答案】C

【解析】阿托品抗休克的机制是解除血管痉挛、舒张外周血管、改善微循环。故选 C。

22.【答案】A

【解析】多巴胺能够舒张肾血管，增加肾血流量，故可以与利尿药配伍增加尿量。故选 A。其他药物均不能激动多巴胺受体，不能舒张肾血管。

23.【答案】D

【解析】能翻转肾上腺素升压作用的药物是具有 α 肾上腺素受体阻断作用的药物，故选 D。

24.【答案】B

【解析】支气管平滑肌细胞上主要分布的是 $β_2$ 肾上腺素受体。能够诱发支气管哮喘的药物属于 $β_2$ 肾上腺素受体阻断药，普萘洛尔属于此类药，故选 B。酚妥拉明和酚苄明为 α 受体阻断药，对支气管平滑肌没有作用。故不选 A 与 C。洛贝林为呼吸兴奋剂，能够刺激颈动脉窦和主动脉体化学感受器，反射性地兴奋呼吸中枢，也能反射性的兴奋迷走神经及血管运动中枢。对支气管平滑肌没有直接作用。故不选 D。阿托品为 M 胆碱受体阻断药，主要作用于眼睛和骨骼肌，对支气管平滑肌没有明显作用。故不选 E。

25.【答案】D

【解析】肾上腺素用于过敏性休克，异丙肾上腺素则不行，故 A 不符合。异丙肾上腺素可以用于房室传导阻滞，肾上腺素则不能，故 B 不符合。肾上腺素与局麻药配合可延长局麻作用，但异丙肾上腺素不能，故 C 不符合。肾上腺素和异丙肾上腺素均可以用于治疗支气管哮喘，故选 D。肾上腺素可以局部止血，异丙肾上腺素没有此作用，故不选 E。

26.【答案】C

【解析】阿托品的禁忌证是青光眼和前列腺肥大。故选 C。胃痉挛、虹膜睫状体炎和缓慢性心律失常均是阿托品的适应证，故不选 A、B 和 E。胆绞痛时单独使用阿托品效果不佳，需合并使用阿片类镇痛药。故不选 D。

27.【答案】A

【解析】突触前膜的 β 受体阻断后，该处的递质去甲肾上腺素释放减少。故选 A。

28.【答案】E

【解析】毛果芸香碱对眼睛的调节作用是睫状肌收缩、悬韧带放松、晶状体变凸。这种作用称为调节痉挛。故选 E。

【A_2 型题】

29.【答案】D

【解析】患者出现心搏骤停，应该心内注射肾上腺素，恢复心搏，其他药物不能使心脏复跳。故选 D。

30.【答案】C

【解析】青霉素过敏性休克应该使用肾上腺素进行抢救。其他药物没有抗过敏性休克作用。故选 C。

【B_1 型题】

31.【答案】C

【解析】支气管平滑肌上的 $β_2$ 受体激动后，会引起平滑肌舒张，故选 C。

32.【答案】A

【解析】α 受体激动后血管平滑肌收缩。故选 A。

33.【答案】E

【解析】N_2 受体主要分布于神经肌肉接头处，激动后骨骼肌收缩。故选 E。

34.【答案】E

35.【答案】A

36.【答案】B

第三章　局部麻醉药

【A_1 型题】

1.【答案】C

【解析】毒性最大的局麻药是丁卡因。其他药物毒性均小于丁卡因。故选 C。

2.【答案】B

【解析】局麻药中，作用快、作用强、持续时间长且安全范围大的药物是利多卡因。故选 B。

3.【答案】A

【解析】普鲁卡因亲脂性低、对黏膜穿透力弱，一般不用于表面麻醉。故选 A。

第四章　中枢神经系统药

【A_1 型题】

1.【答案】D

【解析】解热镇痛药对于炎症和组织损伤引起的疼痛有效，对尖锐性一过性疼痛（直接刺激神经末梢）无效。镇痛的机制是抑制 PG 合成，使局部痛觉感受器对缓激肽等致痛物质引起的痛觉敏感性降低。镇痛部位主要在外周。其抗炎作用与其抑制 COX 活性、抑制 PG 合成有关。故并非对所有炎症均有效。其解热、镇痛、抗炎作用都与抑制 PG 合成有关。不能直接抑制缓激肽的生物合成。故选 D。

2.【答案】D

【解析】苯二氮䓬类具有抗焦虑、镇静催眠、抗惊厥、抗癫痫（癫痫持续状态首选）作用。故选 D。其他药物非首选。

3.【答案】B

【解析】吗啡对中枢神经系统的作用是镇痛、镇静、镇咳、缩瞳、致呕、抑制呼吸等。故选 B。

4.【答案】E

【解析】多巴胺、肾上腺素和麻黄碱可以同时激动肾上腺素 α、β 受体，会加重氯丙嗪的症状。而异丙肾上腺素仅能够激动 β 受体，没有对抗氯丙嗪的作用。氯丙嗪引起的低血压状态可以用去甲肾上腺素来对抗。因为氯丙嗪引起的血压下降与其拮抗肾上腺素α受体密切相关。应该使用肾上腺素α受体激动药来对抗。故选E。

5.【答案】E

【解析】苯二氮䓬类药物对睡眠的影响是明显缩短入睡时间，显著延长睡眠持续时间。主要是延长非快动眼睡眠的第二期。对快动眼睡眠影响小。停药后出现反跳性快动眼睡眠延长较轻。故选E。

6.【答案】A

【解析】引起水杨酸反应的药物是阿司匹林。故选A。其他药物不易出现。

7.【答案】B

【解析】吗啡为成瘾性镇痛药，对海洛因成瘾无治疗作用。美沙酮为阿片受体激动药，口服美沙酮后再注射吗啡则不能出现欣快感，也不出现戒断症状，使得吗啡的成瘾性减弱并能减少吗啡或海洛因成瘾者自我注射带来的血液传播性疾病的危险，故广泛用于治疗吗啡和海洛因成瘾。故选B。哌替啶是吗啡类似物。纳曲酮为与纳洛酮类似，是吗啡受体阻断药，用于吗啡急性中毒。曲马多为可待因类似物。用于中重度疼痛。

8.【答案】C

【解析】解热镇痛抗炎药的作用机制是抑制PG生物合成。故选C。

9.【答案】C

【解析】长期服用氯丙嗪后，可出现帕金森综合征、静坐不能、急性肌张力障碍。这些症状停药后可以消除。但长期服用停药后还会出现迟发型运动障碍，这些症状停药后无法消除。抗多巴胺药物可以缓解。直立性低血压在开始使用后即可产生。故选C。

10.【答案】A

【解析】乙琥胺是癫痫小发作首选药物。其他药物对小发作非首选或无效。故选A。

11.【答案】D

【解析】氯丙嗪为用于抗精神分裂症（对兴奋、激越、焦虑、攻击、躁狂等症状）、呕吐（对药物和疾病引起的呕吐）和顽固性呃逆、低温麻醉与人工冬眠。对晕动症引起的呕吐无效。故选D。

12.【答案】C

【解析】氯丙嗪抗精神病作用机制是通过拮抗中脑-边缘系统和中脑-皮层系统的D_2受体而发挥作用。故选C。

13.【答案】D

【解析】哌替啶为人工合成镇痛药，与吗啡作用基本相同。心源性哮喘是由左心衰竭引起急性肺水肿而出现呼吸困难，其治疗应用强心苷、氨茶碱及吸氧，静脉注射吗啡能够迅速缓解患者气促和窒息感，促进肺水肿液的吸收。故选D。其他药物均为肾上腺素受体激动药。

14.【答案】B

【解析】氯丙嗪引起的血压下降与其拮抗肾上腺素α受体密切相关。应该使用肾上腺素α受体激动药来对抗。但不能使用肾上腺素。因为肾上腺素能够同时激动肾上腺素α、β受体，而出现肾上腺素升压作用的翻转，使血压进一步下降。故选B。其他药物没有这种作用。

15.【答案】B

【解析】低浓度（小剂量）阿司匹林具有抑制血小板COX，减少TXA_2的合成。故选B。

16.【答案】B

【解析】地西泮具有镇静、催眠、抗焦虑、抗惊厥及抗癫痫。故选B。

17.【答案】A

【解析】可待因与阿片受体亲和力低，药理作用与吗啡相似但作用弱，镇痛作用为吗啡1/12~1/10，镇咳作用为吗啡的1/4。纳洛酮为吗啡受体阻断药，B选项对。喷他佐辛为吗啡受体部分激动药。成瘾性小。C选项对。吗啡为阿片受体激动药，可以用于心源性哮喘，D选项对。哌替啶为人工合成吗啡类似物。可替代吗啡用于心源性哮喘，E选项对。故选A

18.【答案】C

【解析】苯妥英钠刺激性强，不宜肌内注射，A选项对。无镇静催眠作用，B选项对；其抗癫痫作用与其膜稳定作用有关，它可降低细胞膜对Na^+、Ca^{2+}的通透性，抑制Na^+、Ca^{2+}内流，导致动作电位不宜产生。与钠通道开放无关，C选项不对。血药浓度过高时按照零级动力学消除，D选项对；可以诱导肝药酶产生，E选项对。故选C。

19.【答案】B

【解析】对乙酰氨基酚抗炎作用极弱，它不用于治疗风湿性关节炎。故选B。

20.【答案】D

【解析】丙米嗪抗抑郁的机制是阻断（抑制）脑内去甲肾上腺素NA和5-HT在神经末梢的再摄取。故选D。

21.【答案】D

【解析】吗啡、芬太尼和哌替啶都具有明显的成瘾性。美沙酮成瘾性出现较慢，但仍具有成瘾性。喷他佐辛是目前成瘾性最小的镇痛药。故选D。

22.【答案】E

【解析】吗啡禁用于分娩痛是因为吗啡能对抗缩宫素对子宫的兴奋作用而延长产程，且吗啡能够透过胎盘屏障进入胎儿体内，抑制新生儿的呼吸。故选E。

23.【答案】B

【解析】抑制 PG 合成作用最强的药物是吲哚美辛，其抗炎作用比阿司匹林强 10～40 倍。故选 B。

24.【答案】A

【解析】吗啡禁用于分娩镇痛和哺乳期镇痛、禁用于支气管哮喘和肺心病患者。颅脑损伤致颅内压增高患者、肝功能严重减退及新生儿和婴儿禁用。故选 A。

25.【答案】A

【解析】胃肠道功能紊乱是该类药物的最常见不良反应。对乙酰氨基酚无明显胃肠道刺激，不宜使用阿司匹林的头痛、发热患者，适用本药；吲哚美辛不良反应发生率高；保泰松具有很强的抗炎抗风湿作用，不良反应多见；吡罗昔康、为非甾体抗炎药，长期服用可出现胃溃疡和大出血；布洛芬最常见的是胃肠道反应，长期使用可引起胃出血。故选 A。

26.【答案】B

【解析】苯二氮䓬类具有抗焦虑、镇静、催眠、抗惊厥、抗癫痫（癫痫持续状态首选）作用，还有中枢性肌肉松弛作用，不是外周性肌肉松弛作用。故选 B。

27.【答案】C

【解析】地西泮肌内注射吸收缓慢而不规则；静脉注射速度过快可引起呼吸和循环抑制，口服没有此作用；它是治疗癫痫持续状态的首选药物；主要活性代谢产物为去甲西泮、奥沙西泮和替马西泮。地西泮没有全身麻醉作用。故选 C。

28.【答案】C

【解析】卡马西平治疗浓度时能阻滞 Na^+ 通道，抑制癫痫病灶及其周围神经元放电。故用于三叉神经痛。其他药物没有此作用。故选 C。

29.【答案】E

【解析】吗啡镇痛的适应证为严重创伤、烧伤、手术引起的剧痛，晚期癌症疼痛。故选 E。其他选项为禁忌。

【A_2 型题】

30.【答案】B

【解析】吗啡用于心源性哮喘。故选 B。阿托品是胆碱受体阻断药，去甲肾上腺素是 α 受体激动药，卡托普利是血管紧张素转换酶抑制药，纳洛酮是阿片受体阻断药，都不能使用。故选 B。

31.【答案】A

【解析】阿司匹林主要用于解热镇痛和急性风湿热。故选 A。布洛芬主要用于风湿性关节炎；对乙酰氨基酚主要用于退热和镇痛；保泰松具有抗炎抗风湿作用，解热作用弱．用于风湿性及类风湿关节炎、强直性脊柱炎。吲哚美辛抗炎及镇痛作用强，但不良反应多。

【B_1 型题】

32.【答案】E

【解析】阿片受体阻断药是纳洛酮，故选 E。

33.【答案】D

【解析】镇痛作用最强的药物是芬太尼，其镇痛效力是吗啡的 100 倍，故选 D。

34.【答案】D

【解析】对各种类型癫痫都有效的药物是丙戊酸钠，故选 D。

35.【答案】B

【解析】能诱导肝药酶加速自身代谢的药物是苯妥英钠，故选 B。

36.【答案】A

【解析】癫痫小发作首选乙琥胺，故选 A。

第五章　心血管系统药

【A_1 型题】

1.【答案】D

【解析】利尿药降压作用通过排钠利尿，降低细胞外液及血容量。长期使用后，细胞外液 Na^+ 浓度和血容量持续降低，平滑肌细胞内 Na^+ 浓度降低，导致细胞内 Ca^{2+} 浓度降低，血管平滑肌对缩血管物质反应性减弱。故选 D。

2.【答案】D

【解析】通过抑制胆固醇合成关键酶 HMG-CoA 还原酶，降低总胆固醇和低密度脂蛋白最明显的药物是乐伐他汀，故选 D。

3.【答案】B

【解析】强心苷作用是正性肌力、负性传导、负性频率，安全范围小。故选 B。

4.【答案】C

【解析】氢氯噻嗪为利尿药，可以用于高血压，但可导致高血糖和高血脂。故不符合题意。不选 A。利舍平与胍乙啶均是去甲肾上腺素能神经末梢阻断药，通过影响儿茶酚胺的贮存及释放而产生降低血压作用。用于重症高血压。对伴有糖尿病和肾功能不全者不宜使用。故不选 B 和 D。卡托普利为血管紧张素转换酶抑制药，在降低血压的同时，还能治疗糖尿病肾病及其他肾病。故选 C。哌唑嗪为 α 受体阻断药，通过阻断受体而降低血管阻力而降低血压。没有降低血糖和改善肾功能作用，故不选 E。

5.【答案】C

【解析】能够扩张小静脉及小动脉，作用强大而短暂，用于治疗慢性心功能不全急性发作的扩血管药是硝普钠。故选 C。

6.【答案】D

【解析】硝酸甘油舒张血管平滑肌的机制是药物进入体内后生成 NO，舒张平滑肌细胞。故选 D。

7.【答案】B

【解析】不良反应为便秘的降压药物是钙离子拮抗剂——维拉帕米。故选 B。

8.【答案】B

【解析】HMG-CoA 还原酶抑制剂的药理作用是阻断 HMG-CoA 转化为甲羟戊酸。故选 B。

9.【答案】B

【解析】属于苯烷胺类选择性钙通道阻滞药是维拉帕米。故选 B。

10.【答案】B

【解析】卡托普利常见的不良反应有刺激性干咳。其他不良反应还有：首剂低血压、高血钾、低血糖、肾功能损伤、血管神经性水肿、致畸。故选 B。

11.【答案】D

【解析】强心苷对心力衰竭伴有房颤的患者效果好。故选 D。

12.【答案】D

【解析】利多卡因对缺血或强心苷中毒引起的除极化型心律失常有较强的抑制作用。急性心肌梗死引起的室性心动过速首选药是利多卡因。故选 D。

13.【答案】A

【解析】胺碘酮为延长动作电位时程（延长 APD）药，可以阻滞 Na^+内流。故选 A。

14.【答案】B

【解析】强心苷心脏毒性的发生机制是抑制心肌细胞 Na^+-K^+-ATP 酶。故选 B。

15.【答案】C

16.【答案】E

【解析】Na^+通道阻滞药能够阻滞 Na^+通道，可延长有效不应期；普萘洛尔能够激活 L 型 Ca^{2+}通道，增加 Ca^{2+}内流。胺碘酮通过阻滞 K^+而延长心室肌 APD。Mg^{2+}通道和 Cl^-通道与抗心律失常作用无关。故选 E。

17.【答案】D

【解析】钙通道阻滞药能够显著解除冠状动脉痉挛，变异性心绞痛首选药物是硝苯地平。故选 D。

18.【答案】C

【解析】利多卡因对室性心动过速有效，对室上性心动过速无效。故选 C。

19.【答案】A

【解析】地高辛引起的窦性心动过缓和轻度房室传导阻滞最好选用阿托品。故选 A。

20.【答案】D

【解析】毛花苷 C 静脉给药最适合用于有心房颤动伴有快速心室率并已知有心室扩大伴左心室收缩功能不全者。故选 D。

21.【答案】D

【解析】硝苯地平是二氢吡啶类钙通道阻滞药，口服吸收迅速完全，可用于治疗高血压和心绞痛，主要不良反应是低血压。但对于心律失常没有治疗作用。故选 D。

22.【答案】E

【解析】卡托普利为血管紧张素转换酶抑制药，能够对抗血管紧张素Ⅱ和醛固酮引起的心肌细胞增生、胶原含量增加、心肌间质纤维化而导致的心肌及血管重构。因此，能够防止和逆转慢性心功能不全心室肥厚并降低病死率的药物是卡托普利。故选 E。

23.【答案】E

【解析】利多卡因对室性心动过速或心室纤颤有效，对心房颤动无效。故选 E。

24.【答案】D

【解析】血管紧张素转换酶抑制药具有抗高血压，同时能够防止甚至逆转血管壁增厚和心肌肥大，故选 D。

25.【答案】E

【解析】强心苷属于正性肌力药物，对于有心房颤动伴心室率快的心力衰竭疗效最佳，对瓣膜病、风湿性心脏病（高度二尖瓣狭窄病例除外）、冠心病和高血压心脏病所致心功能不全疗效好。对肺源性心脏病、活动性心肌炎或严重心肌损伤疗效差。对扩张型心肌病、心肌肥厚、舒张性心力衰竭则不宜使用。故选 E

26.【答案】D

【解析】选择性钙通道阻滞药是硝苯地平。故选 D。

27.【答案】D

【解析】长期使用利尿药降压机制是细胞内 Na^+浓度降低，导致细胞内 Ca^{2+}浓度降低，血管平滑肌对缩血管物质反应性减弱。故选 D。

28.【答案】C

【解析】广谱抗心律失常且半衰期长的药物是胺碘酮。故选 C。

29.【答案】D

【解析】卡托普利为血管紧张素转换酶抑制药，能够降低醛固酮分泌，降低体内醛固酮水平。故选 D。

30.【答案】E

【解析】硝酸甘油的作用机制是降低心肌氧耗量、扩张冠脉，增加缺血区血液灌注，降低左室充盈压，增加心内膜供血。改善左室顺应性、保护缺血心肌细胞，减轻缺血性损伤。会反射性引起交感神经兴奋。故选 E。

31.【答案】C

【解析】地高辛治疗心房颤动的主要作用是减慢房室传导，增加房室结中隐匿性传导、减慢心室率、增加心排血量，从而改善循环障碍。故选 C。

32.【答案】D

【解析】普萘洛尔能够降低窦房结、心房和浦肯野纤维的自律性，减少儿茶酚胺所致的迟后除极发生，减慢房室结传导，延长房室交界细胞的有效不应期。但不能延长浦肯野纤维的有效不应期。故选 D。

33.【答案】A

【解析】阵发性室上性心动过速首选维拉帕米。故选 A。

34.【答案】D

【解析】普萘洛尔具有减少心排血量、抑制肾素释放降低肾素活性，在多个水平上（中枢、压力感受器反射及外周神经）抑制交感神经活性，增加前列腺素的合成，能够阻断突触前膜 β_2 受体。氢氯噻嗪、可乐定和利血平均没有抑制肾素释放作用。肼屈嗪长期使用能够增加肾素分泌。因此，减少去甲肾上腺素的释放最明显的药物是普萘洛尔。故选 D。

35.【答案】B

【解析】维拉帕米是治疗室上性心动过速的首选药，能改善心室的舒张功能，能增加缺血心肌的冠脉流量，对肥厚型心肌病有效。禁用于严重心衰患者。故选 B。

36.【答案】B

【解析】同时具有抗心律失常、抗高血压、抗心绞痛的药物是普萘洛尔。故选 B。

37.【答案】C

38.【答案】B

【解析】达到稳态需要 5 个半衰期，$33 \times 5 = 165$ 小时，6 天左右。故选 B

39.【答案】B

【解析】地高辛属于强心苷类药物，中毒引起的心律失常以室性心律失常为主。苯妥英钠能够与强心苷竞争 Na^+，K^+-ATP 酶，抑制强心苷中毒所致的迟后除极。故选 B。

40.【答案】D

【解析】维拉帕米具有负性频率和负性传导作用。对于治疗室上性心动过速疗效最好。故选 D。

41.【答案】C

【解析】普萘洛尔为 β 受体阻断药。它能够减少心排血量、抑制肾素分泌、在多个水平上（中枢、压力感受器反射及外周神经）抑制交感神经活性，增加前列腺素的合成。能够阻断突触前膜 β_2 受体，减少去甲肾上腺素的释放；其生物利用度低且个体差异大。降压作用持续时间长，能诱发支气管哮喘。长期应用后突然停药，可引起反跳现象，使原来病情加重。因此，病情控制后应逐渐减量直至停药。故选 C。

42.【答案】A

【解析】普萘洛尔抗心绞痛作用是降低心肌氧耗量、改善心肌缺血区供血，β 受体阻断作用可抑制脂肪分解酶活性，减少心肌游离脂肪酸含量，改善心肌缺血区对葡萄糖摄取和利用而改善糖代谢和减少耗氧，促进氧合血红蛋白结合氧的解离而增加组织供氧。与硝酸甘油合用效果好、对兼有高血压的患者效果好，对稳定性和不稳定型心绞痛均有效，对变异性心绞痛无效。故选 A。

【A_2 型题】

43.【答案】C

【解析】维拉帕米可以减慢房室传导速度。故选 C。其他药物没有此作用。

44.【答案】D

【解析】甲亢患者，心率快、有心肌缺血和心律不齐。宜选用普萘洛尔。它能够治疗交感神经兴奋性过高、甲亢引起的窦性心动过速，同时改善心肌缺血。故选 D。

45.【答案】A

【解析】有高血压、心肌肥大的慢性心功能不全患者，最好选用血管紧张素转换酶抑制药，如卡托普利。故选 A。

46.【答案】C

【解析】慢性心功能不全的风湿性心脏病患者，已经使用了强心苷和利尿药，心功能不全加重，此时应该使用硝普钠来降低左室舒张期充盈压。故选 C。

47.【答案】D

【解析】高血压性心脏病患者，发生心绞痛伴有心律失常，合理的治疗方案是硝酸甘油加普萘洛尔。故选 D。

48.【答案】C

【解析】患者高血压伴有心肌肥厚，应该选用血管紧张素转换酶抑制药——卡托普利。故选 C。

49.【答案】A

【解析】患者高血压伴有窦性心动过速，应该选用利尿药+β 受体阻断药，故选 A。

【B_1 型题】

50.【答案】D

【解析】可影响甲状腺功能的药物是胺碘酮（会发生甲状腺功能亢进），故选 D。

51.【答案】D

【解析】可引起肺纤维化的药物是胺碘酮，故选 D。

52.【答案】B

【解析】长期使用可引起全身红斑狼疮样综合征的药物是普鲁卡因胺。故选 B。

53.【答案】B

【解析】具有抑制磷酸二酯酶，扩张血管和正性肌力作用的药物是氨茶碱，故选 B。

54.【答案】C

【解析】抑制血管紧张素转换酶，防止和逆转心室肥厚药物是卡托普利，故选 C。

55.【答案】E

【解析】扩张小动脉和小静脉，作用强、快、短的扩血管药是硝普钠，故选 E。

56.【答案】A

【解析】抑制 Na^+，K^+-ATP 酶，使心肌细胞内 Ca^{2+} 增加的药

物是地高辛，故选A。

57.【答案】B

【解析】抑制磷酸二酯酶Ⅲ，提高细胞内cAMP含量，增加心肌细胞内Ca^{2+}浓度的药物是米力农，故选B。

58.【答案】D

【解析】扩张小动脉和小静脉，作用强、快、短的扩血管药是硝普钠，故选D。

59.【答案】E

【解析】激动心脏β受体增加心肌细胞收缩力，增加心排血量的药物是多巴酚丁胺，故选E。

60.【答案】C

【解析】阻断心脏β受体，拮抗交感神经对心脏的作用的药物是卡维地洛，故选C。

61.【答案】A

【解析】连续使用最易产生耐受性的药物是硝酸甘油，故选A。

62.【答案】B

【解析】不宜用于变异性心绞痛的药物是普萘洛尔。故选B。

63.【答案】D

【解析】HMG-CoA还原酶抑制药是他汀类药物，备选答案中是乐伐他汀，故选D。

64.【答案】E

【解析】通过抗氧化作用而抗动脉粥样硬化的药物是普罗布考。故选E。

65.【答案】D

【解析】抑制胆固醇合成的药物也是他汀类，故选D。

66.【答案】E

【解析】因血管紧张素转换酶抑制药ACEI能够引起胎儿畸形。妊娠患者最不宜选择降压药物是血管紧张素转换酶抑制药。故选E。

67.【答案】C

【解析】β受体阻断药能够诱发或加重支气管哮喘，哮喘患者最不宜选用的降压药是β受体阻断药。故选C。

第六章　利尿药与脱水药

【A_1型题】

1.【答案】E

【解析】甘露醇具有脱水作用和利尿作用。均需要静脉给药。在体内不被代谢，且不易透过毛细血管，通过提高血浆渗透压而发挥作用。在肾小管不被重吸收。故选E。

2.【答案】B

【解析】噻嗪类利尿药的作用是利尿、抗利尿（减少尿崩症患者的尿量及口渴症状）和降压。同时，能够抑制碳酸酐酶活性，但该作用不是其利尿的主要机制。其利尿作用主要是通过抑制远曲小管NaCl重吸收。这一作用受肾小球滤过作用的影响。肾功能受损，则该药的利尿作用受影响。该药的不良反应有电解质紊乱、高尿酸血症、代谢改变（高血糖、高血脂）、变态反应。故选B。

3.【答案】A

【解析】噻嗪类利尿药能够升高患者血糖，故伴有糖尿病的水肿患者不宜选用该药物。故选A。

4.【答案】C

【解析】袢利尿药如呋塞米，由于其强大的排钠排水作用，最易引起电解质紊乱。用于治疗肺水肿和其他严重水肿及急性高血钙。故选C。

5.【答案】A

【解析】能够治疗肺水肿的利尿药是袢利尿药——呋塞米。故选A。

6.【答案】E

【解析】能够降低脑压，预防脑疝的药物是甘露醇。故选E。

【A_2型题】

7.【答案】B

【解析】患者因外伤出血，现血压降低、尿少，能够避免肾衰竭的药物是呋塞米。故选B。

【B_1型题】

8.【答案】D

【解析】对抗醛固酮作用的药物是螺内酯，故选D。

9.【答案】A

【解析】作为基础降压药的是氢氯噻嗪。故选A。

第七章　抗过敏药

【A_1型题】

1.【答案】D

【解析】苯海拉明也是第一代组胺H_1受体阻断药。具有中枢抑制作用。可用于失眠、荨麻疹和过敏性鼻炎治疗。不能抑制胃酸分泌。对胃及十二指肠溃疡没有作用。故选D。

2.【答案】C

【解析】第二代H_1受体阻断药对中枢的抑制作用均很弱。备选药物中，氯雷他定属于第二代H_1受体阻断药；而苯海拉明、异丙嗪和氯苯那敏均为第一代药物。故选C。

第八章　呼吸系统药

【A_1型题】

1.【答案】E

【解析】H_2受体阻断药能够抑制胃酸分泌，用于治疗胃及十二指肠溃疡。对支气管平滑肌没有作用。故选E。β_2受体激动药、M受体阻断药、磷酸二酯酶抑制药及稳定肥大细胞膜的药物均属于平喘药。

2.【答案】C

【解析】茶碱是磷酸二酯酶抑制药；肾上腺素对α、β受体均有激动作用（非选择性）；β_2受体选择性激动药是沙丁胺醇；异丙肾上腺素是β受体非选择性激动药；色甘酸钠是抑制肥大细胞脱颗粒药。故选C。

3.【答案】C

【解析】急性哮喘发作需要使用能够迅速舒张支气管平滑肌的药物，且需采用吸入的方式给药。选沙丁胺醇吸入。色甘酸钠不能直接舒张支气管平滑肌，故不采用。故选C。

4.【答案】B

【解析】氨茶碱是磷酸二酯酶抑制剂。其平喘的机制是抑制PDE活性，使细胞内cAMP水平升高而舒张支气管平滑肌。它还能阻断腺苷受体，减轻内源性腺苷所致的气道收缩作用；它还具有免疫调节和抗炎作用。抑制肥大细胞、嗜酸性粒细胞、巨噬细胞、T淋巴细胞的功能，减少炎症介质的释放，降低微血管通透性而降低气道炎症反应。故选B。

5.【答案】A

第九章　消化系统药

【A_1型题】

1.【答案】E

【解析】同时具有抑制胃酸分泌及抗幽门螺杆菌的药物是奥美拉唑。氢氧化铝只能中和胃酸，缓解疼痛；米索前列醇与胃壁细胞前列腺素受体结合，抑制胃酸分泌。西咪替丁H_2受体阻断药，阻断H_2受体而抑制胃酸分泌。哌仑西平是M_1受体阻断药，通过阻断胃壁细胞上的M_1受体而抑制胃酸分泌。故选E。

2.【答案】B

【解析】奥美拉唑通过抑制胃壁细胞H^+泵的功能而发挥作用。故选B。

3.【答案】D

【解析】奥美拉唑不是H_2受体阻断药。故选D。

4.【答案】C

【解析】奥美拉唑的不良反应有头痛、头晕、失眠、外周神经炎、恶心、呕吐、腹胀、男性乳房发育、溶血性贫血等。胃黏膜出血不是其不良反应。故选C。

5.【答案】E

【解析】西沙必利属苯甲酰类药物，5-HT_4受体激动药。能促进肠壁肌层神经丛释放乙酰胆碱，促进食管、胃、小肠直至结肠的运动。无锥体外系、催乳素释放和胃酸分泌的不良反应。临床应用：用于胃运动减弱和各种胃轻瘫；治疗胃肠反流性疾病、反流性食管炎；也可治疗慢性自发性便秘和结肠运动减弱。

第十章　子宫平滑肌收缩药

【A_1型题】

1.【答案】E

2.【答案】B

【解析】麦角新碱对宫体和宫颈无选择性，均同时兴奋。

第十一章　血液和造血系统药

【A_1型题】

1.【答案】D

【解析】肝素的不良反应首先是出血。可以静脉注射鱼精蛋白，该蛋白为碱性，带有正电荷，能够与肝素形成稳定复合物而使肝素失活。故选D。

2.【答案】E

【解析】肝素在体内体外均有抗凝作用；肝素口服不被吸收；肝素的半衰期与剂量有关，剂量越大半衰期越长；肝素长期应用可引起骨质疏松；肝素通过抗凝血酶Ⅲ发挥作用。故选E。

3.【答案】D

【解析】右旋糖酐是葡萄糖的聚合物。其分子量大，能提高血浆胶体渗透压而扩充血容量、维持血压。故失血性休克扩充血容量的药物是右旋糖酐。故选D。

4.【答案】A

【B_1型题】

5.【答案】D

【解析】预防新生儿出血用维生素K，故选D。

6.【答案】C

【解析】恶性贫血是由于维生素B_{12}缺乏引起，故选C。

7.【答案】B

【解析】巨幼细胞贫血用叶酸。叶酸缺乏引起巨幼细胞贫血。故选B。

第十二章　激素类药及降血糖药

【A_1型题】

1.【答案】B

【解析】耐药性是指病原微生物或肿瘤细胞对化疗药物敏感性降低，使正常剂量的药物不再发挥作用。A不正确。糖皮质激素长期使用后，突然停药后出现的反跳现象是患者对激素产生依赖或病情尚未完全控制。B正确。长期使用糖皮质激素后，会产生类肾上腺皮质功能亢进综合征，这是由于过量激素引起脂肪代谢和水盐代谢紊乱的结果。并非为真正的肾上腺皮质功能亢进。C不正确。长期使用糖皮质激素后，由于反馈性地抑制垂体-肾上腺皮质轴导致肾上腺皮质萎缩，会造成肾上腺皮质功能不全，D不正确。长期使用糖皮质激素后，由于其对垂体的抑制，垂体分泌的ACTH减少，这种减少是由于负反馈的作用，而不是垂体自身的作用。故E不正确。故选B。

2.【答案】D

【解析】糖皮质激素能够提高机体对细菌内毒素的耐受性，但对细菌外毒素没有防御作用。故选D。

3.【答案】B

【解析】糖皮质激素临床用于严重感染或炎症，免疫相关疾病（自身免疫性疾病、过敏性疾病、器官移植排斥反应），抗休克治疗，血液病（儿童急性淋巴细胞性白血病、再生障碍性贫血、粒细胞减少症、过敏性紫癜），局部应用及替代疗法。故选B。

4.【答案】D

【解析】泼尼松和可的松需要在肝脏转化生成泼尼松龙或氢化可的松才有活性。故严重肝功能不全的患者不宜使用泼尼松或可的松，而需要使用泼尼松龙或氢化可的松。除了泼尼松，其他备选药物均为已有活性的药物。故选D。

5.【答案】E

【解析】长期大量使用糖皮质激素，会产生水钠潴留。会出现低血钾、高血压、高血糖、低血钙。故选E。

6.【答案】A

【解析】糖皮质激素抗炎作用表现在抑制各种原因（物理、化学、免疫及病原微生物）引起的炎症反应。炎症早期，减轻渗出和水肿，减少炎症因子释放，改善红肿热痛症状。后期，抑制肉芽组织增生、防止粘连及瘢痕形成，减轻后遗症，降低机体防御功能，延迟伤口愈合。不能抑制病原体的生长也不能直接杀灭病原体。故选A。

7.【答案】D

【解析】水钠潴留最弱的糖皮质激素是地塞米松，其他备选药物对水盐代谢均有明显影响，容易造成水钠潴留。故选D。

8.【答案】B

【解析】胰岛素的作用是促进脂肪合成，抑制脂肪分解；促进糖原合成和贮存，加速糖氧化和酵解，抑制糖异生而降低血糖；增加蛋白质合成，抑制蛋白质分解；加快心率；促进钾离子进入细胞，降低血钾浓度。故选B。

9.【答案】C

【解析】首选胰岛素的疾病是幼年重型糖尿病、合并严重感染的糖尿病、需要手术的糖尿病、合并妊娠的糖尿病。轻型糖尿病不需要使用胰岛素。故选C。

10.【答案】A

【解析】有严重肝病的糖尿病患者禁用氯磺丙脲。因为氯磺丙脲能够造成肝损害。甲苯磺丁脲则没有此作用。双胍类药物也不会引起肝脏损害。胰岛素也没有肝脏损害。故选A。

11.【答案】B

【解析】磺酰脲类药物的药理作用是刺激胰岛B细胞释放胰岛素；降低血清糖原水平；增加胰岛素与靶组织的结合能力。故选B。

12.【答案】B

【解析】同时具有降血糖和抗利尿作用的药物是氯磺丙脲，它能够促进ADH分泌并增强其作用，用于尿崩症。故选B。

13.【答案】E

【解析】引起胰岛素抵抗的诱因有感染、手术、创伤、酮症酸中毒。暴饮暴食不会引起胰岛素抵抗。故选E。

14.【答案】A

【解析】二甲双胍为双胍类降

糖药，该类药物能够促进脂肪组织摄取葡萄糖，降低葡萄糖在肠道的吸收及糖原异生，抑制胰高血糖素释放。用于肥胖及单独饮食控制无效的糖尿病患者。没有促进胰岛素分泌的作用，也不会加重肥胖。故选 A。

15.【答案】B

【解析】降糖作用依赖于胰岛素功能的降糖药是磺酰脲类、格列齐特。阿卡波糖 α 葡萄糖苷酶抑制剂，降糖作用不依赖胰岛素的存在。二甲双胍和苯乙双胍为双胍类降糖药，它们的降糖作用也不依赖胰岛素的存在。故选 B。

【A_2 型题】

16.【答案】D

【解析】老年男性患者，患类风湿关节炎，已经服用糖皮质激素和解热镇痛抗炎药物 5 个月，现出现骨折，是由于药物引起的骨质疏松所致。能够引起骨质疏松的药物是泼尼松。其他 4 种药物均为解热镇痛抗炎药，没有引起骨质疏松的作用。故选 D。

17.【答案】B

【解析】女性年轻患者，不规则发热伴有关节红肿热痛，同时患有迁延性肝炎。需要使用糖皮质激素和解热镇痛抗炎药，但不能使用需要肝脏代谢后才具有活性的药物。而泼尼松是需要在肝脏代谢成泼尼松龙后才发挥作用。故选 B。

【B_1 型题】

18.【答案】B

【解析】全身用药抗炎作用强持续时间最长的糖皮质激素是地塞米松，故选 B。

19.【答案】D

【解析】不能全身应用只能外用的糖皮质激素是氟轻松，故选 D。

第十三章 抗微生物药

【A_1 型题】

1.【答案】C

【解析】β 内酰胺类抗生素耐药产生的原因是耐药菌产生 β 内酰胺酶，该酶能使药物分子中的 β 内酰胺环水解裂开，失去抗菌活性；还可以与药物结合，使药物无法进入细菌发挥作用；细菌改变 PBPs（结构改变、合成量增加或产生新的 PBPs），使其与抗生素结合减少而失去抗菌作用。故选 C。

2.【答案】B

【解析】青霉素 G 为窄谱青霉素类。仅对 G^+ 球菌和杆菌有效，部分 G^- 杆菌和球菌有效。对青霉素 G 最敏感的细菌是螺旋体，对立克次体、支原体、衣原体和真菌无作用。故选 B。

3.【答案】D

【解析】青霉素 G 最适宜治疗溶血性链球菌感染。伤寒、副伤寒、肺炎杆菌、布鲁菌细菌性痢疾等均不是青霉素 G 的敏感细菌。故选 D。

4.【答案】B

【解析】具有抗铜绿假单胞菌的头孢类药物是头孢他定。故选 B。

5.【答案】E

【解析】使用青霉素治疗后会出现赫氏反应的是梅毒。该反应是由于用药后，大量病原体被杀死后释放的物质，表现为全身不适、寒战、发热、咽痛、肌痛、心搏加快等症状。钩端螺旋体、雅司、鼠咬热或炭疽感染治疗时也会出现赫氏反应。故选 E。

6.【答案】B

【解析】第三代头孢菌素的特点是抗菌谱广、杀菌力强、对 β 内酰胺酶较稳定，变态反应少。对革兰阴性菌作用强。故选 B。

7.【答案】D

【解析】可以治疗军团菌、衣原体、支原体的药物是大环内酯类，故选 D。

8.【答案】B

【解析】阿莫西林对支原体无效。头孢曲松是第三代头孢菌素，主要是对革兰阴性菌如肠杆菌、铜绿假单胞菌及厌氧菌有效；林可霉素用于厌氧菌和需氧球菌感染。万古霉素用于革兰阳性菌严重感染，如败血症、心内膜炎、骨髓炎、呼吸道感染。肺部支原体感染使用红霉素。故选 B。

9.【答案】A

【解析】红霉素的临床用于耐青霉素的金黄色葡萄球菌感染和对青霉素过敏者，也用于厌氧菌引起的口腔感染和肺炎支原体、肺炎衣原体、溶脲脲原体所致呼吸道、泌尿道感染。故选 A。

10.【答案】C

【解析】氨基苷类药物在体内分布于细胞外液，在肾皮质和内耳内外淋巴液有高浓度聚集。可透过胎盘屏障并聚积在胎儿血浆和羊水，不能透过血脑屏障。故选 C。

11.【答案】E

【解析】喹诺酮类抗菌机制是抑制细菌 DNA 酶。故选 E。

12.【答案】E

【解析】磺胺类药物同时服用碳酸氢钠的目的是碱化尿液，以增加磺胺类药物在溶解度，避免形成结石损伤尿道。故选 E。

13.【答案】C

【解析】磺胺类抗菌机制是抑制二氢蝶酸合酶，故选 C。

14.【答案】C

【解析】链霉素在体内仅有抑菌作用，疗效不及异烟肼和利福平。穿透力弱，不易渗入细胞、纤维化及干酪化病灶，不易透过血脑屏障和细胞膜，易产生耐药，不良反应多，一般与其他抗结核药联合使用。不是首选药。A不符合。利福平对静止期和繁殖期的结核菌均有作用，还对麻风菌、多种革兰阳性阴性菌有效。单独使用易产生耐药性，可增加链霉素和异烟肼的抗菌活性。不是首选。B不符合。异烟肼对结核菌高度选择性，对活动前结核有强大杀菌作用，对各种结核病均为首选。C符合。乙胺丁醇干扰细菌RNA合成，抑制结核菌生长，对其他细菌无效。单独使用易产生耐药。用于与异烟肼和利福平联合治疗结核或用于对链霉素和异烟肼无效的患者。不是首选。D不符合。吡嗪酰胺单独使用易耐药，与异烟肼和利福平有协同作用。非首选。E不符合。故选C。

15.【答案】E

【解析】可治疗麻风的广谱抗菌药是利福平。其他备选药物均没有治疗麻风作用。故选E。

16.【答案】D

【解析】因为异烟肼的结构与维生素B_6相似，使用异烟肼后机体对维生素B_6排泄增加，导致维生素B_6缺乏而引起周围神经炎。补充维生素B_6是避免出现缺乏而引起的不良反应（神经毒性）。故选D。

17.【答案】A

【A_2型题】

18.【答案】E

【解析】儿童患支气管肺炎，对青霉素过敏。应使用红霉素。故选E。

【B_1型题】

19.【答案】B

【解析】呋塞米为袢利尿药，具有耳毒性，而氨基糖苷类抗生素也具有耳毒性，氨基糖苷类抗生素+呋塞米，会增加耳毒性，故选B。

20.【答案】E

【解析】氨基糖苷类抗生素有神经肌肉麻痹作用，氨基糖苷类抗生素+骨骼肌松弛药，会增加神经-肌肉接头阻滞，故选E。

21.【答案】A

22.【答案】C

23.【答案】E

24.【答案】A

【解析】异烟肼使用后增加机体对维生素B_6的排泄，使维生素B_6缺乏，主要引起外周神经炎，故选A。

25.【答案】C

【解析】利福平大剂量、间隔给药后会有流感样综合征。故选C。

26.【答案】B

【解析】乙胺丁醇的严重不良反应是球后视神经炎。故选B。

第十四章　抗寄生虫药

【A_1型题】

1.【答案】C

【解析】病因性预防的药物是乙胺嘧啶。故选C。

【A_2型题】

2.【答案】E

【解析】疟疾患者，有昏迷。使用奎宁治疗后出现寒战、高热、血红蛋白尿，需要更换抗疟药物。氯喹与奎宁相同，对奎宁耐药的不能使用氯喹。青蒿素可透过血脑屏障，对脑性疟抢救效果好。故选E。甲氟喹没有抗脑性疟作用，伯氨喹是控制复发的药物；乙胺嘧啶是病因性预防药物。

【B_1型题】

3.【答案】C

【解析】可根治间日疟和控制疟疾传播的药物是伯氨喹，故选C。

4.【答案】A

【解析】可用于治疗阿米巴肝脓肿的药物是氯喹，故选A。

5.【答案】D

【解析】可引起巨幼性红细胞贫血的药物是乙胺嘧啶，故选D。

第二部分

医学人文综合

第五篇 医学心理学

第一章 绪 论

【A_1 型题】

1.【答案】E

【解析】生物心理社会医学模式认为：①人是一个完整的系统，大脑通过神经系统将全身各系统、器官、组织、细胞、蛋白、分子、基因等部分统一起来。②人同时有生理活动和心理活动，心、身之间相互联系、相互作用。③人与环境是密切联系的，人不仅是自然的人，而且也是社会的人。④心理因素在人类调节和适应内外环境活动中具有一定的能动作用。故选E。

2.【答案】D

【解析】医学心理学要解决各种影响人们心身健康的心理学问题。故选D。

3.【答案】E

【解析】医学心理学是心理学与医学相结合的交叉学科，不仅涉及几乎所有的心理学分支学科，如基础心理学、异常心理学、神经心理学、生理心理学、临床心理学及健康心理学等，也涉及基础医学、临床医学、预防医学和康复医学有关知识和技能，还涉及人类学、社会学、生态学等人文社科领域广泛知识。故选E。

4.【答案】B

【解析】关于医学模式的划分，一般按神灵主义医学模式、自然哲学医学模式、机械论医学模式、生物医学模式、生物-心理-社会医学模式划分。神灵主义医学模式是远古时代的医学模式。我国的自然哲学医学模式时间经历较长，一直到近代西医东渐，才逐渐步入生物医学模式。本题考查的是医学心理学，但也可大致按此划分。故选B。

【B_1 型题】

5.【答案】A

6.【答案】D

第二章 医学心理学基础

【A_1 型题】

1.【答案】C

【解析】心理过程是指心理活动发生、发展的过程，也就是人脑对现实的反映过程。整个心理过程包括认识过程、情感过程和意志过程，这三个过程既互相区别又互相联系。故选C。

2.【答案】B

【解析】认识过程，即认知过程，指人们获取知识和运用知识的过程，包括感觉、知觉、记忆、思维想象和言语等。不包括信念。故选B。

3.【答案】B

【解析】感觉指人脑对直接作用于感觉器官的事物的个别属性的反映；知觉是人脑对直接作用于感觉器官的客观事物各种属性的整体反映。故选B。

4.【答案】D

【解析】情绪是和有机体的生理需要能否得到满足相联系的体验，而情感是指人在社会历史发展过程中产生的，与社会需要相联系的体验，是比较复杂的体验。情绪带有情境性，而感情是对事物的稳定态度，受情境影响小。情绪往往由事物的表面现象引起，因此带有冲动性；情感的产生则与对事物的深刻认识相联系，因而冲动性较少。故选D。

5.【答案】E

【解析】情绪认识理论是心理学中主张情绪产生于对刺激情境或对事物的评价的理论。认为情绪的产生受到环境事件（即情景）、生理状况和认知过程三种因素的影响，其中认知过程是决定情绪性质的关键因素。故选E。

6.【答案】D

【解析】情绪可通过神经系统、内分泌系统和免疫系统对各器官的作用而对人体健康发生影响。如乐观、稳定的心境有利于健康，而抑郁、焦虑、恐惧、紧张的情绪则不利于健康。愤怒、恐惧、焦虑、紧张、怀疑的情绪一方面可通过交感神经兴奋，促进儿茶酚胺、肾上腺皮质激素分泌影响器官活动，或作用于免疫细胞上相应受体，使免疫力低下；另一方面又通过神经体液，使内脏活动发生障碍，而患心身疾病。故选D。

7.【答案】A

【解析】需要是个体对生理的和社会的客观需求在人脑的反映，是个体的心理活动与行为的基本动力。按其起源，一般把需要分为生理性需要和社会性需要。当然也可根据需要的对象，把需要分为物质的需要和精神的需要。故选A。

8.【答案】C

【解析】人格包括需要、动机与挫折、能力、气质与性格等。其中，性格是个体在生活过程中形成，对客观现实稳固的态度以及与之相适应的习惯了的行为方式。它是一个人的心理面貌本质属性的独特结合，是人与人相互区别的主要方面，是人格中最重要的心理特征，具有核心的意义。故选C。

9.【答案】D

【解析】性格特征包括四个方面：对现实的态度特征、情绪特征、意志特征和理智（即智力）特征。故选D。

10.【答案】B

【解析】艾森克认为人格是由两个基本维度构成，它们分别是外向-内向维度和情绪稳定-不稳定维度，他还提出人格的第三个维度即精神质维度。故选B。

11.【答案】D

【解析】心理的生物基础包括神经系统、内分泌系统和遗传因素，故A不妥；猪八戒并非客观现实，故B错；C过于泛泛；E不成立。故选D。

12.【答案】A

【解析】认知过程是指人们获得知识或应用知识的过程，或信息加工的过程。它包括感觉、知觉、记忆、想象、思维和语言等。感觉是人脑对直接作用于感觉器官的客观事物的个别属性的反映，是最基本的认知过程。故选A。

13.【答案】C

【解析】趋避冲突又称正负冲突，是心理冲突的一种，指同一目标对于个体同时具有趋近和逃避的心态。这一目标可以满足人的某些需求，但同时又会构成某些威胁，既有吸引力又有排斥力，使人陷入进退两难的心理困境。本题中“既想参赛锻炼自己”属于“可以满足人的某些需求”，“又怕成绩不好被人讥笑”则属于“构成某些威胁”。故选C。

14.【答案】A

【解析】心境是指微弱而持久、带有渲染性的情绪状态。一种心境的持续时间依赖于引起心境的客观刺激的性质，“感时花溅泪，恨别鸟惊心”即为典型的心境。故选A。

15.【答案】B

【A_2型题】

16.【答案】D

【解析】应激是指个体对某种意外的环境刺激所作出的适应性反应，是个体觉察到环境的威胁或挑战而产生的适应或应对反应。比如，人们遇到突然发生的火灾、水灾、地震等自然灾害时，刹那间的身心都会处于高度紧张状态之中，会出现全身发抖、手脚冰凉、小便失禁、浑身瘫软等。故选D。

【A_3/A_4型题】

17.【答案】D

【解析】抑郁质的人对事物体验深刻，善于觉察他人难以发现的细小环节，对事物和他人羞怯、孤僻内向。动作迟钝，多愁善感。林黛玉属于典型的抑郁质。故选D。

18.【答案】A

【解析】抑制型亦称弱型。持续和较强的刺激都能引起他们精力的迅速消耗，类似于气质体液学说的抑郁质型。故选A。

【B_1型题】

19.【答案】E

20.【答案】E

【解析】自我实现的需要是在前四种需要获得满足的基础上产生的最高层次的需要。指个体的潜能和天赋得到充分的发挥。故选E。

21.【答案】B

【解析】双避冲突也称避-避冲突，指同时有两个可能对个体具有威胁性、不利的事发生，两种都想躲避，但受条件限制，只能避开一种，接受一种，在作抉择时内心产生矛盾和痛苦。如前有狼后有虎的两难境地。故选B。

22.【答案】A

【解析】双趋冲突也称接近-接近式冲突。两个目标具有相同的吸引力，引起同样强度的动机。但由于受条件等因素的限制，无法同时实现，二者必择其一。即所谓“鱼和熊掌不可兼得”。故选A。

23.【答案】C

【解析】趋避冲突也称接近-避式冲突。指一个人对同一事物同时产生两种动机，既向往得到它，同时又想拒绝和避开它。故选C。

第三章　心理健康

【A_1 型题】

1.【答案】A

【解析】生理发展是心理发展的物质基础，人的生命是从胎儿期开始的。故选 A。

2.【答案】E

【解析】大脑的发育和智力发展的速度相一致，3 岁以前大脑发展最快，以后逐渐减慢，5 岁以前即完成整个人脑发育的 80%，到 7 岁时大脑的结构和功能基本接近成人，故 7 岁以前是智力发展的关键期。故选 E。

3.【答案】E

【解析】感觉整合：人的大脑将从各种感觉器官传来的感觉信息进行多次分析、综合处理，并作出正确应答，使个体在外界环境的刺激中和谐有效的运作。感觉整合训练就是让幼儿受到充分的感觉信息刺激，使大脑充分生长发育。故选 E。

第四章　心理应激与心身疾病

【A_1 型题】

1.【答案】E

【解析】心身疾病一般具有以下几个特点：①以躯体症状为主，有明确的病理心理过程。②某种个性特征是疾病发生的易患素质。③疾病的发生和发展与心理社会应激和情绪反应有关。④生物或躯体因素是某些心身疾病的发病基础，心理社会因素往往起“扳机”作用。⑤心身疾病通常发生在自主神经支配的系统或器官。⑥心身综合治疗比单用生物学治疗效果好。故选 E。

2.【答案】E

【解析】心身疾病的诊断要点：①疾病的发生包括心理社会因素，其与躯体症状有明确的时间关系。②躯体症状有明确的器质性病理改变，或存在已知的病理生理学变化。③排除神经症性障碍和精神病。故选 E。

3.【答案】C

【解析】常见心身疾病包括：①原发性高血压。②冠状动脉硬化性心脏病。③糖尿病。④哮喘。⑤消化性溃烂和功能性胃肠病。⑥经前期情绪障碍。⑦肿瘤及其心理问题。故选 C。

4.【答案】D

【解析】所谓应激是机体在各种内外环境因素及社会、心理因素刺激时所出现的全身性非特异性适应反应，又称为应激反应。故选 D。

5.【答案】B

【解析】认知评价是指个体从自己的角度对遇到应激源的性质、程度和可能的危害情况作出估计，同时也估计面临应激源时个体可动用的应对应激源的资源。对应激源和资源的认知评价直接影响个体的应对活动和心身反应，因而是应激源是否会造成个体应激反应的关键因素。故选 B。

6.【答案】C

【解析】当人可以选择逃避来应对应激源，不会考虑自杀。只有当难以应对应激源时（即没有其他可选时），会考虑以死亡来终结应激状态。故选 C。

7.【答案】D

【解析】事件的认知评价在生活事件与应激反应之间确实起了十分重要的作用，但认知评价本身也受到其他各种因素的影响：应激源的可预期性、应激源的可控制性、个体的人格特征、个体的生活经历、当时的心身状态等。但不包括个体对应激源的敏感性。故选 D。

8.【答案】B

【解析】B 项明显属于正性事件。故选 B。

9.【答案】D

10.【答案】D

【解析】应激的认知评价模型认为，应激反应是个体对情境或事件认知评价的结果。人们感受和评价事物的方式、对应激源赋予的意义决定着应激反应的发生和程度。故选 D。

11.【答案】A

【解析】1958 年，布雷迪进行了一项名为“执行猴”的实验，他把一对猴子同时绑在两个并排的椅子上。一只猴子叫作“执行猴”，它可以按一杠杆来避免电击，如果间隔 20 分钟按一次杠杆，它就永远不会受到电击。如果到了 20 分钟的间隔时间它没有按杠杆，就要被电击，另一只猴子同时也受到一次电击；“执行猴”避开电击时，另一只猴也不受电击。也就是说，另一只猴子和“执行猴”所受的电击次数是相等的，所不同的是它无事可做，只有把命运交给“执行猴”。在这个实验过程中，“执行猴”患了胃溃疡，而无能为力的猴子却没有患胃溃疡。布雷迪解释称，“执行猴”的压力与紧张程度较大，故患了胃溃疡。故选 A。

【A_3/A_4型题】

12.【答案】B

【解析】肿瘤患者术后抑郁多见。本例中患者出现了典型的抑郁症状。故选B。

13.【答案】E

【解析】“丧偶8年，现独居”系生活事件；“嗜烟酒，不爱运动”属不良生活习惯；“平时性情抑郁”系情绪因素；“过分容忍，办事无主见，常顺从于别人”系易感性人格特征。故选E。

14.【答案】E

【解析】A、B、C、D均为有效的干预措施。故选E。

【B_1型题】

15.【答案】B

16.【答案】E

【解析】本题考查文化性应激源的内涵，注意与社会性应激源作区分。故选E。

17.【答案】A

【解析】应激的行为反应：伴随应激的心理反应，个体在外显行为上也可能发生某些变化，如谩骂、指责、脸部肌肉抽搐、眼球突出、呼吸急促等。有些人在应激状态下，一时找不出应对的办法，采用喝酒、吸烟或体力活动等方法作出反应，这称为“转换性行为”，本题即为一例。故选A。

18.【答案】B

【解析】应激的情绪反应主要表现出焦虑、恐惧、愤怒、抑郁等。故选B。

19.【答案】A

20.【答案】D

21.【答案】D

【解析】心身疾病是由心理社会因素诱发的躯体性疾病，所以，原则上心身疾病的治疗应包括躯体和心理两个方面。故选D。

22.【答案】C

【解析】心身疾病的诊断除了采集病史和体格检查之外，还应在心身疾病有关理论指导下，结合病史通过晤谈和相关心理测验对患者的心理社会因素作出评估。故选C。

第五章 心理评估

【A_1型题】

1.【答案】E

【解析】心理评估是心理状况的主要评价方法，它是应用多种方法所获得的信息，对个体或群体某一心理现象作全面、系统和深入的客观描述。它涉及心理治疗和心理咨询的效果判定和效果评价，是心理治疗和心理咨询的前提和依据。故选E。

2.【答案】E

【解析】在心理测量中，常见的误差来源于三个方面：测验内部、施测过程和受测者本身。其中，施测条件、主试者素质、应试者动机、应试者生理状态都可造成心理测量的误差。故选E。

3.【答案】C

【解析】心理评估的常用方法：①调查法：包括历史调查和现状调查两个方面。②观察法：通过对被评估者行为表现直接或间接（通过摄影录像设备）的观察或观测而进行心理评估的一种方法。③会谈法：也有称做“交谈法”“晤谈法”等。其基本形式是一种面对面的语言交流，也是心理评估中最常用的一种基本方法。④作品分析法：也称新产品分析法。所谓“作品”指被评估者所做的日记、书信、图画、工艺等文化性的创作，也包括了他（她）生活和劳动过程中所做的事和东西。⑤心理测验法：在心理评估中，心理测验占有十分重要的地位。故选C。

4.【答案】E

【解析】心理评估是依据心理学的理论和方法对人的心理品质及水平所作出的鉴定。所谓心理品质包括心理过程和人格特征等内容，如情绪状态、记忆、智力、性格等。故选E。

5.【答案】A

【解析】使用投射法的主要问题是操作方法、记分手段与解释方式。依测验刺激引起的反应性质投射法可分为5种类型。①创作法：由被试者编写或创造一些东西（如故事、图画）。②完成法：由被试者完成某项尚未完成的东西（如语句或图画）。③表露法：由被试者利用某种媒介自由表露其心理状态（如看图讲故事）。④选择法：由被试者对刺激物作出选择并予以排列（如看图选答案）。⑤联想法：由被试者说出因刺激物引起的联想（如墨渍、单字）。著名的投射技术有瑞士精神病学家H. 罗尔沙赫的墨渍测验、主题统觉测验（TAT）、语句完成测验、画像测验、玩偶测验等。故选A。

第六章　心理治疗与心理咨询

【A_1 型题】

1.【答案】B

【解析】人本主义疗法是以人为中心疗法的治疗观，其特点：①以询者为中心。②将治疗作为一个转变过程。③非指令性治疗的技巧。故选 B。

2.【答案】D

【解析】医患关系是指医生与患者在健康与疾病问题上建立起来的真诚、信任、彼此尊重的人际关系，是一种特殊的人际关系。在诊治患者的过程中，医患关系非常重要。故选 D。

3.【答案】E

【解析】不论进行何种心理治疗，治疗者均应遵守以下的原则。①真诚原则：这是心理治疗的一个重要条件。医生对患者要真诚。在此基础上，患者才能不断接受医生提供的各种信息，逐步建立治疗动机，并能无保留地吐露个人心理问题的细节，为医生的准确诊断及设计、修正治疗方案提供可靠的依据，同时医生向患者提出的各种治疗要求也能得到遵守和认真执行。②保密原则：心理治疗往往涉及患者的各种隐私。为保证材料的真实，保证患者得到正确及时的指导，同时也为了维护心理治疗本身的声誉及权威性，必须在心理治疗工作中坚持保密原则。医生不得将患者的具体材料公布于众，即使在学术交流中不得不详细介绍患者的材料时，也应隐去其真实姓名。③中立原则：心理治疗的目的是要帮助患者自我成长，心理治疗师不是“救世主”，因此在心理治疗过程中，不能替患者作任何选择，而应保持某种程度的“中立”。例如当遇到来访者来询问：“我该与谁结婚?”“我应该离婚吗?”等问题时，要让来访者自己做决定。④回避原则：心理治疗中往往要涉及个人的隐私，交谈是十分深入的。因此不宜在熟人之间做此项工作。亲人与熟人均应在治疗中回避。故选 E。

4.【答案】D

【解析】行为疗法主要包括系统脱敏疗法、厌恶疗法、满灌或冲击疗法、阳性强化疗法、发泄疗法、逆转意图疗法、阴性强化疗法、模仿疗法、生物反馈疗法等。前提控制法也是一种行为疗法。该技术是指通过对某些物理或社会环境等前提刺激的调节、控制，以促使期望行为的发生，并使对抗行为不易出现。故选 D。

5.【答案】C

【解析】心理治疗往往涉及患者的各种隐私。为保证材料的真实，保证患者得到正确及时的指导，同时也为了维护心理治疗本身的声誉及权威性，必须在心理治疗工作中坚持保密原则。故选 C。

6.【答案】C

【解析】精神分析的常用方法：①自由联想：是精神分析的基本手段。②移情。③阻抗：在自由联想过程中患者在谈到某些关键问题时所表现出来的自由联想困难。④释梦：梦的内容能反映人们的潜意识，可以通过对梦的分析间接了解患者的深层次心理真谛。⑤解释。⑥疏泄：让患者自由地表达被压抑的情绪，特别是过去强烈的情感体验。故选 C。

7.【答案】E

【解析】心理咨询的主要对象可分为三大类：①精神正常，但遇到了与心理有关的现实问题并请求帮助的人群。②精神正常，但心理健康出现问题并请求帮助的人群。③特殊对象，即临床治愈的精神疾病患者。其中，心理咨询最一般、最主要的对象，是健康人群，或者是存在心理问题的亚健康人群，而不是人们常误会的“病态人群”，病态人群例如躁狂、精神分裂症等患者是精神科医生的工作对象。故选 E。

8.【答案】C

【解析】心理咨询的基本手段包括：①宣泄；②领悟；③强化自我控制；④增强自信心。故选 C。

9.【答案】B

【解析】心理咨询和心理治疗两者无本质的区别，但在某些方面有一些不同之处。①服务对象和任务不同：心理咨询的服务对象是正常人，涉及日常生活问题，来访者主要表现为对某些事物的疑惑和不适，程度较轻。心理咨询的任务主要是促进成长和发展，为其正常发展消除心理障碍。而心理治疗的服务对象是心理异常的患者，其表现为心理障碍和疾病，程度较重，心理治疗的目的是弥补患者已经受到的损害。②解决问题的层次不同：心理咨询涉及有关就业、学习、工作、生活、交友等方面的问题，通过改变来访者的认知，使其能正确地面对现实。而心理治疗则涉及内在的人格问题，更多地与无意识打交道。故选 B。

10.【答案】E

【解析】人本主义治疗技术包括倾听、接纳、尊重、同感的表达、无条件的积极关注、对质等，其中倾听是最重要的。故选 E。

11.【答案】B

【A_2型题】

12.【答案】C

【解析】厌恶疗法：是心理治疗当中的行为疗法的一种，即用引起痛苦反应的非条件刺激与形成不良行为的条件刺激相结合，使患者在发生反应的同时感到痛苦，从而对不良行为厌恶，使不良行为逐渐消退。故选C。

13.【答案】B

【解析】有的人对有些事物因反应过敏而焦虑。如：见到陌生人就害怕（社交恐怖症）、见到血就有眩晕的感觉（恐血症）、因过分惧怕封闭的空间而不敢乘电梯（幽闭恐怖症）、见到蟑螂就惊恐甚至尖叫起来（动物恐怖症）等等。对付过敏的办法是使之“脱敏”。所谓脱敏，就是要从这种过敏状态中解脱出来，使心理恢复正常。故选B。

14.【答案】E

【解析】心理治疗的保密原则：心理治疗往往涉及患者的各种隐私。为保证材料的真实，保证患者得到正确及时的指导，同时也为了维护心理治疗本身的声誉及权威性，必须在心理治疗工作中坚持保密原则。医生不得将患者的具体材料公布于众，即使在学术交流中不得不详细介绍患者的材料时，也应隐去其真实姓名。故选E。

15.【答案】C

【解析】人本主义心理治疗将人看作一个统一体，从人的整体人格去解释其行为，把自我实现看作是一种先天的倾向，认为应该从来访者自身的主观现实角度而不是治疗师的客观角度去分析。由美国著名心理学家罗杰斯所建立的患者中心治疗，可以认为是人本主义心理治疗的集中体现。故选C。

【A_3/A_4型题】

16.【答案】B

【解析】观察法是心理学研究中最基本的方法，也是心理评估的基本方法之一。评估者通过对被评估者的可观察行为表现进行有目的、有计划的观察和记录进行心理评估。观察法的优点是材料比较真实和客观，对儿童的心理评估以及对一些精神障碍者的评估而言，观察法显得尤为重要。故选B。

17.【答案】C

【解析】恐怖性神经症（恐怖症）是以恐怖症状为主要临床表现的一种神经症。患者对某些特定的对象或处境产生强烈和不必要的恐惧情绪，而且伴有明显的焦虑及自主神经症状，并主动采取回避的方式来解除这种不安。患者明知恐惧情绪不合理、不必要，但却无法控制，以致影响其正常活动。恐惧的对象可以是单一的或多种的，如动物、广场、闭室、登高或社交活动等。本病以青年期与老年期发病者居多，女性更多见。故选C。

18.【答案】D

【解析】参见第13题解析。

【B_1型题】

19.【答案】A

【解析】自由联想法是弗洛伊德进行精神分析的主要方法之一。布楼勒是著名的瑞士精神病学家与精神分裂症的命名人；他发现精神分裂症的精神病理核心为联想障碍，并从精神分裂症患者的特殊病理联想方面归纳出诊断该病的主要标准，后人亦称谓“联想心理学”。故选A。

20.【答案】D

21.【答案】C

【解析】本疗法旧称非指导性心理疗法，或译为患者中心疗法，为罗杰斯以人本主义理论为基础于1942年提出的。它与心理分析疗法相反，不要患者回忆压抑在潜意识中的心理症结，而是帮助患者认识此时此地的现状，由于他缺乏自知不能正确认识和处理当前环境的现状，拒绝感受当时的情感体验而产生病态焦虑，因此治疗的目的就是让患者进行自我探索，了解与自我相一致的、恰当的情感，并用此感情体验来指导他的行动，也就是靠自己本身的力量来治疗自己存在的问题。故选C。

第七章　医患关系与医患沟通

【A_1型题】

1.【答案】C

【解析】共同参与型医患关系，是一种以生物-心理-社会学模式为指导思想而建立的医患关系。这种医患关系的特点是“医生帮助患者自我恢复”，在医疗活动中，患者不仅是积极的合作者，而且能够积极主动地参与到自己疾病的治疗过程中。这种模式适用于慢性疾病且具有一定知识的患者。故选C。

2.【答案】A

【解析】患者总是希望从医生那里得到对自己健康有益的医学专业知识的指导，医生在接受长程训练和教育中，学习了很多专业技术知识并将专业知识传递给患者，帮助患者理解自己的疾病及诊疗过程，使之配合治疗，最后得到康复。依从性是患者认可、接受并执行医生为其制定的诊疗方案的行为。良好的沟通可促进患者的依从性，而良好的依从性是有效治疗的前提。故选A。

【A_2型题】

3.【答案】B

【解析】指导-合作型医患关系模式是一种主要以疾病治疗为指导思想而建立的医患关系。这种医患关系的特点是“医生告诉患者做什么和怎么做”，模式的原型是“父母-儿童”。在医疗服务过程中，医生的权威性在医患关系中仍然起主要作用，但患者可以向医生提供有关自己疾病的信息，也可以向医生提出自己对疾病治疗的意见和观点。故选B。

【B_1型题】

4.【答案】A

【解析】主动-被动型医患关系是一种受传统生物医学模式影响而建立的医患关系模式。这种医患关系的特点是：“医生为患者做什么”，模式的原型是“父母-婴儿”。在医疗服务过程中，医生处于主动的、主导的地位，而患者完全处于被动的、接受医疗的从属地位。所有的医疗活动，只要医生认为有必要，即可施加于患者，无须征得患者同意。故选A。

5.【答案】B

【解析】指导-合作型医患关系是一种主要以疾病治疗为指导思想而建立的医患关系。这种医患关系的特点是“医生告诉患者做什么和怎么做”，模式的原型是“父母-儿童”。在医疗服务过程中，医生的权威性在医患关系中仍然起主要作用，但患者可以向医生提供有关自己疾病的信息，也可以向医生提出自己对疾病治疗的意见和观点。这种模式较主动-被动型医患关系前进了一步，允许患者参与到自己疾病和治疗过程中，尊重了患者的主观能动性。故选B。

第八章　患者的心理问题

【A_1型题】

1.【答案】C

【解析】求医行为是人类进行防病、治病和保持身体健康的一种重要行为，可分为主动求医行为、被动求医行为和强制性求医行为。故选C。

2.【答案】B

【解析】影响患者行为的因素：①年龄。②对疾病的认识水平。③个性因素。④文化教育程度。⑤社会经济状况。故选B。

3.【答案】B

【解析】被动型求医行为指的是患者无法和无能力作出求医决定和实施求医行为，而由第三者帮助代为求医的行为，如婴幼儿患者，处于休克、昏迷中的患者，垂危患者等，必须由家长、亲友或者其他护理人员帮助才能去求医。故选B。

4.【答案】E

【解析】治疗疾病的过程对患者来说也是一个以恢复健康为目的的意志活动，患病后患者主要表现为意志行为的主动性降低，对他人的依赖性增加，如有的患者意志力减退，不能按医生的要求完成治疗，使疗效受到影响。许多患者有行为退化的现象。行为退化指的是患者的行为表现与年龄、社会角色不相称，显得幼稚，退回到婴幼儿时期的模式。故选E。

【B_1型题】

5.【答案】D

【解析】角色行为强化：随着躯体的康复，患者的角色行为也应转化为正常的社会角色行为。如果这种转化发生阻碍，个体“安于”患者角色的现状，角色的行为与其躯体症状不相吻合，过分地对自我能力表示怀疑、失望和忧虑，行为上表现出较强的退缩和依赖性，这就是患者角色行为强化。故选D。

6.【答案】A

【解析】角色行为缺如：患者未能进入患者角色，不承认自己是患者。虽然医生已作出疾病的诊断，但患者尚未意识到自己已患病或不愿承认自己是患者。由于患病意味着社会功能下降，与求学、就业及婚姻等涉及个人利益的问题有关，致使患者不愿接受患者角色。故选A。

7.【答案】B

8.【答案】B

第六篇 医学伦理学

第一章 伦理学与医学伦理学

【A_1型题】

1.【答案】B

【解析】医者应有所为有所不为。故选B。

2.【答案】E

【解析】道德是医学的本质特征，是医疗卫生工作的目的。故选E。

3.【答案】A

【解析】“医乃仁术”，道德是医学的本质特征，是医疗卫生工作的目的，蕴涵在医学实践之中。故选A。

4.【答案】B

【解析】医学模式是人们关于健康和疾病的基本观点，是医学临床实践活动和医学科学研究的指导思想和理论框架。1977年，美国的医学教授恩格尔提出生物-心理-社会医学模式，是20世纪建立起来的医学模式。生物-心理-社会医学模式取代生物医学模式，不仅反映着医学技术进步，而且标志着医学道德进步。生物-心理-社会医学模式在更高层次上实现了对人的尊重。生物-心理-社会医学模式不仅重视人的生物生存状态，而且更加重视人的社会生存状态。人区别于狭义的动物，就在于能够以社会的方式生存，只有具有社会价值的生命才是真正的人的生命。故选B。

5.【答案】D

【解析】医学模式是人们关于健康和疾病的基本观点，是医学临床实践活动和医学科学研究的指导思想和理论框架。1977年，美国的医学教授恩格尔提出生物-心理-社会医学模式，是20世纪建立起来的医学模式。基于这一模式，从根本上而言医师需要更加关注处于社会关系中的、作为一个整体的患者的人文方面。故选D。

6.【答案】E

【解析】反映社会对医学的需求、为医学的发展导向、为符合道德的医学行为辩护是医学伦理学的任务。E项提法明显不对，故选E。

7.【答案】C

【解析】此题需要认真审题，即需要“除外”“伦理负效应”。考虑到社会经济因素，C项是较合理的现象。故选C。

8.【答案】C

【解析】高新技术应用中双重作用提出了新的道德要求。一方面，医学目的及其道德本质得到越来越充分体现；另一方面，医学呈物化趋势，技术造成医患隔阂，并带来许多医学难题。故选C。

9.【答案】C

【解析】医学伦理学以医学领域中医务人员的医德意识和医德活动为研究对象。故C选项属于应被排除的选项。故选C。

10.【答案】D

【解析】《希波克拉底誓言》强调尊重老师同行和医学传承，强调为患者谋利益，强调医生的品行修养，强调保守医学秘密。故选D。

11.【答案】E

【解析】1781年，英国医学家、医学伦理学家托马斯·帕茨瓦尔（1740～1804年）专门为曼彻斯特医院起草了《医院及医务人员行动守则》，并于1803年更名为《医学伦理学》，这是世界上第一部《医学伦理学》。故选E。

【A_2型题】

12.【答案】A

13.【答案】C

【解析】医生出具CT检查单的出发点是经济效益。故选C。

【A_3/A_4型题】

14.【答案】B

【解析】本题反映了当前过分依赖技术手段、过度医疗、导致小病大治的现象。故选B。

15.【答案】E

【解析】根本原因是对待诊疗仪器的态度。该教授通过查体和询问病史获得了诊断的关键线索。故选E。

16.【答案】A

【解析】盲目购进属于管理问题。此外，临床医师如果想“充分利用”已购置的仪器，反而会导致滥开检查单等问题。故选A。

17.【答案】C

【解析】本题中监护人与主管医师、上诉法院之争主要是伦理之争，即如何处理对该女患者更有利；不涉及经济层面的问题。故选C。

18.【答案】E

【解析】主管医师的出发点是利用现有医术，尽量维持患者生命。故选E。

19.【答案】A

【解析】值班医师把“钱”作

为接诊患者的首要考虑因素，故选A。

20.【答案】B

【解析】值班医师应积极抢救患者。故选B。

【B₁型题】

21.【答案】A

【解析】恩格尔1977年在《科学》杂志上发表的《需要新的医学模式——对生物医学的挑战》一文，对生物-心理-社会医学模式作了开创性的分析和说明。与生物医学模式不同，生物-心理-社会医学模式是一种系统论和整体观的医学模式，它要求医学把人看成是一个多层次的、完整的连续体，也就是在健康和疾病问题上，要同时考虑生物的、心理和行为的，以及社会的各种因素的综合作用。故选A。

22.【答案】E

【解析】"私"对应"市场经济"。需注意与B鉴别，因B中的"物"主要指的是高科技诊疗手段。故选E。

23.【答案】B

【解析】B中的"物"主要指的是高科技诊疗手段。故选B。

第二章　医学伦理的原则与规范

【A₁型题】

1.【答案】C

【解析】为人民健康是分层次的。为人民身心健康服务是基本要求、基本境界。全心全意为人民身心健康服务是最高要求、最高境界。故选C。

2.【答案】A

【解析】知情同意是指在医学服务过程中，医方告知患者病情、诊治决策等医学信息并求得对方承诺与患者知晓这些信息后作出自主选择（同意或不同意接受诊治）的互动过程。故选A。

3.【答案】B

4.【答案】D

【解析】代理知情同意的合理性和必要性取决于下列条件之一：患者与代理人意见完全一致，代理人受患者委托代行知行同意权；特殊患者，因本人不能行使知情同意权，而由其监护人、家属或其他适合的代理人代行此权。故选D

5.【答案】B

【解析】诚实守信是医务人员对待患者的一条普遍要求。唐代名医孙思邈在《大医精诚》中，用一个"诚"字来概括和诠释"大医风范"。故选B。

6.【答案】B

【解析】为了诊治的需要，患者有义务将自己与疾病有关的隐私如实告知医务人员，但患者也有权维护自己的隐私不受侵害，对于医务人员已经了解的患者隐私，患者享有不被擅自公开的权利。然而，如果患者的"隐私"涉及了他人或社会的利益，对他人或社会具有一定的危害性，则应当如实上报，但应对无关人员保密。故选B。

7.【答案】C

【解析】医德审慎是指医务人员在医疗活动中应当具备的详细周密、谨慎行事的医德作风。它既是医务人员的内心信念和良心的具体体现，又是医务人员对患者和社会的义务感、责任感的总体表现，是对患者高度负责的精神和严谨的科学作风的有机结合。医德审慎对医务人员的要求是慎言、慎行，做到处事慎重、严谨、周密、准确、无误，具体指诊断审慎、治疗审慎、言语审慎。故选C。

8.【答案】A

【解析】患者的权利是人的基本权利之一，它的思想基础是对全体社会成员的尊重和爱护。人的基本权利并不是抽象的，正如人本身不会是抽象的。人的权利意识，作为人的社会意识之一，总是不同时代社会存在的一种反映。故选A。

9.【答案】D

【解析】真正做到以患者为本是构建和谐医患关系极为重要的一点。故选D。

10.【答案】A

【解析】医德规范从维护医德主体和客体的利益出发，确定相应的义务、责任，集中体现医德的本质属性，是医德的主要内容与核心机制。通过规范与良心自律的途径，医德规范体系约束医者个人的行为，调整医学领域中各种利益关系，在医德的整体结构中发挥着极为重要的作用。故选A。

11.【答案】D

【解析】医德良心是指医务人员在履行医德义务过程中形成的一种道德意识，是其医德认识、情感、意志的有机统一，其中的核心要素是对所负医德责任的自我感知能力和对医德行为的自我评价能力。故选D。

12.【答案】E

【解析】患者的知情同意权是患者在医疗卫生服务中，享有知晓自己病情和医务人员所要采取的诊治措施，并自主选择合适的诊治决策的权利。这是患者的法律权利也是道德权利。故选E。

13.【答案】D

【解析】医生的义务包括：遵守法律、法规，遵守技术操作规范；树立敬业精神，遵守职业道德，履行医师职责，尽职尽责地为患者服务；关心、爱护、尊重患者，保护患者的隐私；努力钻研业务，更新知识，提高专业技术水平；宣传卫生保健知识，对患者进行健康教育。故选D。

14.【答案】E

15.【答案】B

16.【答案】E

【解析】一般来说，患者的权利与医务人员的义务是一致的，患者有获得诊治的权利，医务人员则有实施诊治的义务；患者有知情同意的权利，医务人员有告知并征得同意的义务；患者有保护隐私的权利，医务人员有保护患者隐私的义务等。但是二者也时常发生矛盾。例如艾滋病患者有要求医务人员为其保密的权利，而医务人员又担负着疫情报告的义务。患者仅考虑个人隐私权的享有而无视公众和社会利益，势必发生冲突。这些需要沟通来解决。故选E。

17.【答案】A

【解析】患者的义务包括：①如实提供病情和有关信息，配合医方诊疗。②遵守医院规章制度，尊重医务人员及其劳动。③给付医疗费用。④保持和恢复健康。⑤支持临床实习和医学发展。故选A。

18.【答案】D

【解析】由美国学者比彻姆和查尔瑞斯提出的生命伦理学四原则为：自主原则、不伤害原则、行善原则和公正原则。故选D。

19.【答案】E

【解析】同情感是最基本的医德情感，表现为对患者的遭遇、痛苦和不幸能够理解，在感情上产生共鸣，在道义上、行动上给予支持和帮助，是促使医务人员为患者服务的原始动力。故选E。

20.【答案】A

【解析】医务人员的权利包括：①医疗诊治权。②设备使用权。③科学研究权。④继续教育权。⑤人身安全权。⑥经济待遇权。⑦民主管理权。故选A。

21.【答案】D

【解析】医德规范是指由所有医德要求按照一定的逻辑关系共同组成的医学职业行为规范系统。医德规范就是医者角色的道德要求。故选D。

22.【答案】A

【解析】公平合理分配卫生资源在微观分配上是由医生针对特定患者在临床诊治中进行的分配，主要是住院床位、手术机会以及贵重、稀缺医疗资源的分配。故选A。

23.【答案】A

【解析】医生干涉权是医疗中相对于医生一般权利而言的一种特殊的权利。医生一般的诊断治疗的权利是服从于患者权利的基本要求，而医生干涉权这一特殊权利正好相反，它是在一些特定情况下，用来限制患者自主权利以达到完成医生应对患者尽义务的目的。比如，有些自杀未遂的患者，他们会拒绝一切抢救措施。还有，对具有较强传染性的传染病患者拒绝相关隔离治疗措施，医生可依据有关法律规定及公益原则，运用其特殊干涉权，对患者采取强制治疗措施。故选A。

24.【答案】A

【解析】治疗要获得患者的知情同意，其实质是尊重患者自主性。故选A。

25.【答案】A

【解析】社会主义医学伦理学基本原则内容包括：防病治病、救死扶伤、实行社会主义人道主义、全心全意为人民身心健康服务。故选A。

26.【答案】D

【解析】告诉患者的目的和意义是在治疗时取得患者的合作，而有些则不应该对患者讲真话，例如癌症晚期，因为告诉患者真实情况可能加速患者的死亡，或影响治疗，因此，保护性医疗要求是对某些病情诊断及预后不良的患者，应该采取隐瞒真情甚至说“善意谎言”的做法。故选D。

27.【答案】B

【解析】医患关系是医学关系中最基本、最核心的关系。医务人员与患者因健康利益而紧密相连。患者把健康和生命的希望都寄托在医务人员身上，医务人员则凭借自己的专业知识、技能及医德修养帮助患者实现健康利益追求，同时实现自身价值，也就是说，医患之间有着共同的利益和目标。故选B。

28.【答案】C

【解析】尊重患者自主权，必须处理好患者自主与医方做主之间的关系，尤其要正确运用医疗干涉权。因为患者自主与医方做主既相容，又矛盾；医疗干涉既必要，又不可滥用。故选C。

29.【答案】C

【解析】医德良心在医务人员的行为全过程中具有重要作用。首先，在行为之前具有选择作用。当医务人员准备从事职业活动时，良心支配其动机选择。其次，在行为过程中具有监督作用。最后，在行为之后具有评价作用。一个医务人员只有具备比较完善的良心机制，才能正确地评价自己的所作所为。故选C。

30.【答案】B

【解析】亚里士多德认为，所谓公正即有关方面相同的情况相同对待，不同的情况不同对待，也就是“给人应得”。这被看作形式上的公正。但如何确定谁该应得呢？这便涉及了内容公正，即依据为判断谁是应得者、应得什么、应得多少。故选 B。

31.【答案】C

【解析】治疗要获得患者的知情同意，其道德价值不包括解脱医生责任。故选 C。

32.【答案】E

【解析】患者自主权是指具有行为能力并处于医疗关系中的患者，在医患交流之后，经过深思熟虑，就有关自己疾病和健康问题所作出的合乎理性的决定，并据此采取负责的行动。故选 E。

33.【答案】C

【解析】平等医疗权：要求医务人员平等待患，对待不同患者一视同仁、普同一等；在分配医疗卫生资源时，要坚持公平公正。平等医疗权应当为患者所享有，必须得到尊重和保障。故选 C。

34.【答案】C

【解析】在实施手术、特殊检查、特殊治疗时，应当向患者作必要的解释。因实施保护性医疗措施不宜向患者说明情况的，应当将有关情况通知患者家属。故选 C。

35.【答案】D

【解析】在注册的执业范围内，医师有权根据患者的情况进行必要的医学诊疗检查，选择恰当的医疗方案、预防措施、保健方法帮助患者恢复健康；有权依据病情、疫情的需要进行疾病调查或流行病学调查，采取预防措施和必要的医学处置；同时医师有权根据患者的需要和医疗结果出具相应的医学证明。故选 D。

36.【答案】C

【解析】审慎的积极作用：①有助于保障患者的身心健康和生命安全。②有助于保证及时作出正确的诊断。③有助于选择最优化的治疗方案。④有助于建立和谐的医患关系。故选 C。

37.【答案】E

【解析】临床上可能对患者造成伤害的情况包括：①医务人员的知识技能水平低下。②对患者的呼叫或提问置之不理。③歧视、侮辱、谩骂患者或其家属。④强迫患者接受某项检查或治疗措施。⑤施行不必要的检查或治疗。⑥医务人员的行为疏忽、粗枝大叶。⑦不适当地限制、约束患者的自由。⑧威胁或打骂患者。⑨拒绝对某些患者提供医疗照护。⑩拖延或拒绝对急诊患者进行抢救。故选 E。

38.【答案】E

【解析】患者权利是患者在患病就医期间所拥有和应该享受的权益。其中包括：①平等医疗权。②知情同意权。③隐私保护权。④损害索赔权。⑤医疗监督权。故选 E。

39.【答案】A

【解析】不伤害原则在实践中应努力使患者免受不应有的医疗伤害，包括身体上、精神上的伤害和经济上的损失。因急于手术抢救患者，未由家属或患者签署知情同意书，这并不违背不伤害原则，因为：①拖延或拒绝对急诊患者进行抢救在临床上可能对患者造成伤害。②为了使患者真正不受到伤害，就要纠正片面的绝对理想化的自主性。③为了使患者不受到伤害，有时需要否定患者及其家属的错误决定。故选 A。

40.【答案】A

【解析】尊重原则是指医务人员尊重患者的伦理原则。其内容包括：①尊重患者的生命。②尊重患者的人格。③尊重患者的隐私权。④尊重患者的自主权。故选 A。

41.【答案】C

【解析】《中华人民共和国医师法》第二十三条对医师的义务作出了明确的规定。①树立敬业精神，恪守职业道德，履行医师职责，尽职尽责救治患者，执行疫情防控等公共卫生措施；②遵循临床诊疗指南，遵守临床技术操作规范和医学伦理规范等；③尊重、关心、爱护患者，依法保护患者隐私和个人信息；④努力钻研业务，更新知识，提高医学专业技术能力和水平，提升医疗卫生服务质量；⑤宣传推广与岗位相适应的健康科普知识，对患者及公众进行健康教育和健康指导；⑥法律、法规规定的其他义务。故选 C。

42.【答案】A

【解析】最先提出“不伤害原则”的西方医学家是希波克拉底。不伤害原则是指在诊治过程中不使患者的身心受到损伤。这是医务工作者应遵循的基本原则。故选 A。

43.【答案】D

【解析】尊重患者自主性或者决定。但是如果患者坚持己见不利于对患者的治疗时，那就只能限制患者自主性。故选 D。

【A_2 型题】

44.【答案】D

【解析】患者享有平等的基本医疗权，即每一个患者都享有基本的合理的诊治、护理的权利，有权得到公正、一视同仁的待遇。故选 D。

45.【答案】C

【解析】要树立科学的诊断目的。诊断活动不是孤立的，而是同诊治活动的其他环节密切联系的有机统一体。如果偏离为治疗服务的目的，单纯追求诊断的精确度，就会出现治疗机会丧失的情况。本例中患者的气胸需要及时给以处置性穿刺，故选 C。

46.【答案】D

【解析】在治疗过程中，患者

有询问病情、接受、拒绝或选择治疗方案的自主权。但自主原则并不是降低医务人员在诊治中的重要作用，而是相反。本题中医生同意输血即为曲解了家属自主权。静脉推注输血则为违反操作规程，违背了不伤害患者的原则。故选D。

47.【答案】C

48.【答案】B

【解析】心理治疗的原则：信任原则（关键）、保密原则、中立原则、回避原则。本题中心理咨询师与夫妻两人无直接利害关系，无须回避。故选B。

49.【答案】C

【解析】本题考查医患关系。医师质朴语言体现了公正原则和正直美德。故选C。

50.【答案】D

【解析】知情同意权是指患者在医疗卫生服务中，有权知道自己的病情，有权自己采取决定对医务人员及医疗措施的取舍。本题中医师的做法明显侵犯了患者的知情同意权。故选D。

【A_3/A_4 型题】

51.【答案】D

【解析】在临床诊治中实行首诊负责制，要求医院对诊疗范围内的患者一律不得拒诊。即使非诊疗范围内的患者，如果病情危急，危及生命，也应就地抢救。故选D。

52.【答案】C

【解析】此题考查有利原则与不伤害原则的区别。C更为全面和准确。故选C。

53.【答案】D

【解析】A、B、C多少虑及了一些主客观因素，D明显是不能成立的托词。故选D。

54.【答案】C

【解析】患者的权利与医务人员的义务是一致的，患者有保护隐私的权利，医务人员有保护患者隐私的义务等，但如果他人的隐私涉及了他人或社会的利益，对他人或社会具有一定的危害性，应当如实上报，但应对无关人员保密。故选C。

55.【答案】E

56.【答案】E

【解析】患者在患病就医期间拥有和享受的权益包括了A、B、C、D。故选E。

57.【答案】D

【解析】医德审慎是指医务人员在医疗活动中应当具备的详细周密、谨慎行事的医德作风。它既是医务人员内心信念和良心的具体体现，又是医务人员对患者和社会的义务感、责任感的总体现，是对患者高度负责的精神和严谨的科学作风。故选D。

【B_1 型题】

58.【答案】A

【解析】不伤害原则是指在医务人员的整个医疗行为中，无论动机，还是效果，均应避免对患者造成伤害。故选A。

59.【答案】E

【解析】有利原则是指医务人员的诊治行为以保护患者利益、促进患者健康、增进患者幸福为目的。故选E。

60.【答案】B

【解析】尊重原则是指医务人员要尊重患者及其作出的理性决定。当患者的自主选择与他人或社会利益发生冲突时，医师既要履行对他人、社会的责任也要保证使患者的损失降低到最低限度。故选B。

61.【答案】A

【解析】尽力提供最佳的诊治、护理手段，选择利益大于危险或伤害的措施。故选A。

62.【答案】C

【解析】医务人员有义务保护患者的隐私，在医疗活动中，医务人员应当发扬人道主义精神，关心、爱护、尊重患者。故选C。

63.【答案】B

【解析】知情同意是指在医学服务过程中，医方告知患者病情、诊治决策等医学信息，并求得对方承诺，与患者知晓这些信息后作出自主选择的互动过程。故选B。

64.【答案】D

【解析】医务人员的义务有如实告知和说明的义务。故选D。

65.【答案】A

【解析】患者权利是患者在患病就医期间所拥有和应该享受的权益。其中包括：平等医疗权、知情同意权、隐私保护权、损害索赔权、医疗监督权。重新选择医生属于其权利。故选A。

66.【答案】B

【解析】医学伦理学的基本范畴主要有权利、义务；情感、良心；审慎、保密等。故选B。

67.【答案】A

【解析】医学伦理学的基本原则主要有不伤害、有利、尊重、公正。故选A。

68.【答案】C

【解析】医学伦理学的基本规范包括：①救死扶伤，忠于职守。②钻研医术，精益求精。③平等交往，一视同仁。④举止端庄，语言文明。⑤廉洁行医，遵纪守法。⑥诚实守信，保守医密。⑦互尊互学，团结协作。此题中主要提及第⑤点。故选C。

69.【答案】A

【解析】医疗诊治权是医务人员的权利，医师有权根据患者的情况进行必要的医学诊疗检查，选择恰当的方法帮助患者恢复健康；有权依据病情、疫情的需要采取预防措施和必要的医学处置。故选A。

70.【答案】B

【解析】医学关系中行为主体尤其是医务人员应履行的道德责任主要包括医务人员的义务和患者的义务。故选 B。

71.【答案】D

【解析】保持和恢复健康、积极配合诊疗、支持医学科研的义务是患者相应的义务，是其权利实现的必要保障。故选 D。

第三章　医疗人际关系伦理

【A_1 型题】

1.【答案】E

【解析】送红包行为属于不正当交易行为，不受契约关系的保护。故选 E。

2.【答案】D

【解析】随着医学的发展和社会生活领域的诸多变迁，现代社会中的患者自主意识日益增强，尤其受教育水平的大幅度提升，网络医学信息的迅速公开和普及，“知识型患者”逐渐增加。患者不仅维护自己的知情同意权益，还主动和医生参与诊疗决策，医方也越来越注意遵循知情同意准则，面对患者，尽量以平等的方式进行沟通、交流。医患双方地位越来越平等。故选 D。

3.【答案】C

【解析】患者主动与医师合作，主动参与医师的诊治，提供情况，帮助医师作出正确的诊断。医师在诊疗过程中听取患者的意见，采取其中合理的部分。消除医患隔阂，建立真诚和相互信任的医患关系。但对患者所提要求言听计从则不可采，故选 C。

4.【答案】A

【解析】医疗消费的本质决定了患者与医院的服务关系中，总是处于劣势的地位，故应强调维护患者权益。故选 A。

5.【答案】B

【解析】医患交往中，双方关系更接近于无隐私的陌生人关系。故选 B。

6.【答案】E

【解析】医师和患者在医学知识上存在着信息不对称的现象。在诊疗中，基于对医师的信任，患者向医师叙述身体、心灵、家庭等私人问题，将健康托付给医师。医师则运用自己的专业知识和技能，努力维护患者的最佳利益，在患者的支持和配合下，尽最大的能力医治疾病，减少痛苦，给患者尽可能多的人文关怀和帮助。E 项较全面。故选 E。

7.【答案】A

【解析】在诊疗中，基于对医师的信任，患者向医师叙述身体、心灵、家庭等私人问题，将健康托付给医师。这是构建医患关系的前提。故选 A。

8.【答案】C

【解析】医院是治病救人的场所。患者及家属带着焦急和期盼的心情来到医院，希望治好病，解除痛苦，但由于医学科学的特殊性，未攻克的难题依然很多，技术本身的局限加上患者的个体差异，很多疾病的疗效难以预测。部分患者和家属不能理解和接受治疗效果的不理想以及不可预料的医疗意外，而导致纠纷发生，反而损害患者正当权益。故选 C。

9.【答案】B

【解析】医疗资源的分配是一个经典的社会管理问题。医疗资源，兼有公共资源稀缺性、供给对象广泛性、自身性质敏感性以及日常耗费庞杂性等特点。其管理者的医德素质尤其重要。故选 B。

10.【答案】A

【解析】（1）公正是关于卫生资源分配的基本道德原则，它是指：①使有限的资源发挥尽可能大的效用。②最大限度地满足社会绝大多数人的医疗保健需要。

（2）卫生资源的分配要注意效益，讲究科学，按医学科学的客观规律办事，坚持实事求是的原则。在宏观分配中要进行可行性研究，微观分配要坚持医学的科学标准，兼顾社会效益。

（3）坚持公正因人而异的原则，要求：①按照医学人道主义精神，坚持人人平等。②根据不同情况，按需要进行分配。③既要综合平衡，也要保证重点。④使最需要、最困难的人得到补偿。故选 A。

11.【答案】E

【解析】正确处理医务人员之间关系，有四个“有利于”：①有利于医学事业的发展。②有利于医院整体效应的发挥。③有利于医务人员成才。④有利于建立和谐的医患关系。故选 E。

12.【答案】A

【解析】在医疗实践过程中，医务人员之间的相互联系和交往是以患者为中心进行的。医务人员之间的相互支持和密切协作，有利于患者的诊治和康复。在某种意义上说，医务人员之间的相互关系是医患关系的依存条件；良好的医际关系有助于融洽医患关系的建立，不良的医际关系是引起医患矛盾和纠纷的根源之一。故选 A。

13.【答案】B

【解析】医务人员之间的彼此信任是互相协作的基础和前提。要立足于本职，从自我做起，以自己的积极工作和优异成绩去赢得同事的信任。同时，加强医际沟通和联系，积极消除误会，从而增强相互之间的理解、谅解。故选B。

14.【答案】A

【解析】维护患者利益即“患者利益至上”，是医务人员的共同义务和天职，是医务人员所应共同遵守的道德原则，也是建立医务人员之间良好关系的思想基础。故选A。

15.【答案】B

【解析】医务人员年龄不同，专业各异，智力优势和品格也有差别，互相学习可以取长补短，共同提高，从而发挥整体优势。C、D、E均不全面。故选B。

【A_2型题】

16.【答案】C

【解析】说服患者先行体格检查更符合患者利益。医生有权拒绝患者的不合理要求。C是最合理的选项。故选C。

【A_3/A_4型题】

17.【答案】C

【解析】在急危重患者抢救中，医务人员的道德要求包括争分夺秒、勇担风险等。上级医生很好地做到了这一点。故选C。

18.【答案】D

【B_1型题】

19.【答案】D

【解析】指导-合作型是一种一方指导、另一方配合的有限合作模式。按照这个模式，在临床实践活动中，医生的作用占优势，医生告诉患者做什么，同时又有限度地调动患者的主动性。也就是说，在这个模式中，医生是主角，患者是配角，很像父母-儿童。目前临床上的医患关系多属于此种模式，且也是医患之间信托-契约关系所倡导的医患交往模式。故选D。

20.【答案】C

【解析】主动-被动模式也可称为支配-服从模式。在这类模式中，医师处于主动或支配地位，患者完全是被动的。一般地说，对于昏迷、手术、婴幼儿或精神病患者适用于这一模式。由于患者此时没有主动性，完全听任医务人员的处置，医务人员务必以高度的责任感、高尚的道德和娴熟的技术诊治患者，不得给他们以损害。故选C。

21.【答案】E

【解析】手术中的道德要求是：①关心患者，体贴入微。②态度严肃，作风严谨。③精诚团结，密切协作。故选E。

22.【答案】A

【解析】体格检查是医生运用自己的感官和简便的诊断工具，对患者的身体状况进行检查的方法。在体格检查中，医生应遵循以下道德要求：①全面系统、认真细致。②关心体贴、减少痛苦。③尊重患者、心正无私。故选A。

第四章 临床诊疗伦理

【A_1型题】

1.【答案】B

【解析】在临床医学中，一切为了患者的利益是医务人员诊治疾病的出发点和归宿点，是取得最佳诊治效果的重要保证。要一视同仁地对待各种患者，不歧视精神病患者、残疾患者、老年患者、婴幼患儿以及其他边缘群体的患者。故选B。

2.【答案】C

【解析】临床诊治工作的基本道德原则：①及时诊断准则。②准确诊断准则。③有效准则。④择优准则。⑤自主准则。故选C。

3.【答案】B

【解析】根据急危重患者的病情特点和抢救特殊性，对医务人员提出如下道德要求：①要争分夺秒、积极抢救患者。②要团结协作、勇担风险。③要满腔热忱，重视心理治疗。④要全面考虑，维护社会公益。⑤要加强业务学习，提高抢救成功率。故选B。

4.【答案】B

【解析】自主准则是在治疗过程中，患者有询问病情、接受、拒绝或选择治疗方案的自主权。自主准则，就是要求医务人员尊重患者的自主权。这包含3个方面：①为患者的自主选择提供充分条件。②正确对待患者的拒绝。③拒绝患者的不合理要求。故选B。

5.【答案】B

【解析】询问病史的道德要求是：①举止端庄、态度热情。②全神贯注、语言得当。③耐心倾听、正确引导。故选B。

6.【答案】C

【解析】药物治疗的伦理要求：①对症下药、剂量安全。②合理配伍、细致观察。③节约费用、公正分配。④严守法规、接受监督。故选C。

7.【答案】D

【解析】临床手术与麻醉的特点包括：①技术的复杂性。②患者的被动性。③过程的风险性。④损伤的必然性。故选D。

8.【答案】E

【解析】术前准备的道德要求

包括：①严格掌握手术指征、动机正确。②尊重患者的知情同意权。③认真制定手术方案。④帮助患者作好术前准备。故选E。

9.【答案】D

【解析】抢救急危重患者工作的特殊性包括：①病情变化急骤，带有突发性。②病情严重，救治难度大。③病情复杂，工作量较大。④生命所系，责任重大。故选D。

10.【答案】C

【解析】根据急危重患者的病情特点和抢救特殊性，对医务人员提出如下道德要求：①要争分夺秒、积极抢救患者。②要团结协作、勇担风险。③要满腔热忱，重视心理治疗。④要全面考虑，维护社会公益。⑤要加强业务学习，提高抢救成功率。故选C。

11.【答案】A

【解析】在心理治疗中，医务人员应遵循以下道德要求：①要掌握和运用心理治疗的知识、技巧去开导患者。②要有同情、帮助患者的诚意。③要以健康、稳定的心理状态去影响和感染患者。④要保守患者的秘密、隐私。故选A。

12.【答案】E

【解析】医技工作的特点包括：①科室的专业性与服务的广泛性。②科室的独立性与临床科室的协同性。③设备的使用与管理的一体性。④自身防护与社会防护的统一性。故选E。

13.【答案】C

【解析】药剂科人员的道德要求包括：①态度和蔼、认真负责。②严格执行各项规定和操作规程。③廉洁奉公、忠于职守。故选C。

第五章　临终关怀与死亡伦理

【A_1型题】

1.【答案】B

【解析】临终关怀的伦理意义：①临终关怀是医学人道主义的重要发展。②体现了生命神圣论、生命质量论和生命价值论的统一。③是对医学中无伤害原则和有利原则的尊重和实践。故选B。

2.【答案】C

【解析】临终关怀的根本目的：①理解临终患者的心理。②保护临终患者的权利。③优化临终患者的生活。④关心临终患者的家属。故选C。

3.【答案】C

4.【答案】A

【解析】哈佛大学医学院提出判断脑死亡的四条具体标准，简称“哈佛标准”。具体如下：①对外部刺激和内部需要无接受性和反应性，即患者处于不可逆的深度昏迷，完全丧失了对外界刺激和内部需要的所有感受能力，以及由此引起的反应性全部消失；②自主的肌肉运动和自主呼吸消失。③诱导反射消失。④脑电图示脑电波平直。故选A。

5.【答案】D

【解析】1977年，美国有40个州通过了《死亡权利法案》，该法案要求医生尊重患者的权利，尊重他们临终时不采用人工手段延长生命的意愿。故选D。

【A_2型题】

6.【答案】E

【B_1型题】

7.【答案】A

【解析】题干中均属于执行脑死亡标准的伦理意义，但最具说服力的无疑是A项。故选A。

8.【答案】E

【解析】器官移植本身即存在诸多争议，尤其在涉及脑死亡标准的认定和执行时。故选E。

第六章　公共卫生伦理与健康伦理

【A_1型题】

1.【答案】D

【解析】公共卫生工作的特点：有如下的特点：①价值导向的超前性。②服务对象和研究对象的整体性。③研究方法的独特性。④工作范围的全球性和广泛性。⑤工作效率的紧迫性和时效性。⑥工作过程的长期性和艰巨性。⑦工作效果评价的滞后性和效益影响的深远性。故选D。

2.【答案】D

3.【答案】D

【解析】公共卫生的道德要求包括：①爱岗敬业，奉献实干，献身预防。②宣传大卫生观，贯彻预防为主的理念。③健康教育中言传身教，提倡健康和行为习惯双向互动的道德责任。④改善工作和学习环境，关怀劳动场所和学校卫生水平。⑤提高社区卫生服务水平，保障妇女儿童和老年人的健康权益。⑥严把防疫与食品卫生关，控制人群疾病发生的社会责任。⑦严格监管，控制污染，保护生态环境，促进社会文明。⑧科学严谨，实事求是，信息透明公开，尊重民众知情权。⑨清正廉洁，秉公执法，守护健康，甘于做幕后英雄。故选D。

4.【答案】B

【解析】"大卫生观"是用广阔变化的视角，整体审视自然生态环境，观察、认识、评价人的精神和物质属性以及人与社会、人与自然之间关系的新理念。这一概念是在生物、心理、社会医学模式确立的前提下提出的。故选B。

5.【答案】D

【解析】社区卫生服务是以解决社区主要卫生问题、满足基本卫生服务需求为目的，融预防、医疗、保健、康复、健康教育、计划生育技术服务功能等为一体的，有效、经济、方便、综合、连续的基层卫生服务。故不应积极发展高端医疗卫生服务决策。故选D。

6.【答案】A

7.【答案】D

【解析】世界卫生组织把卫生保健服务分为初级、二级和三级，实现初级卫生保健是当代世界各国的共同目标。其基本内容是：①健康教育。②供给符合营养要求的食品。③供给安全用水和基本环境卫生设施。④妇幼保健和计划生育。⑤开展预防接种。⑥采取适用的治疗方法。⑦提供基本药物。故选D。

8.【答案】E

【解析】基层卫生保健人员是实现政府道德责任与公众健康利益的桥梁，其行为不仅要遵循临床医疗和预防医学工作者的道德准则，还要根据其特殊的工作职责从以下方面进行规范：①尊重患者人格，开展人性化服务。②不辞辛苦，为患者提供连续性服务。③言传身教，科学地做好卫生宣教工作。④以身作则，认真落实各项公共卫生措施。⑤分工协作，认真履行自己的职责。⑥勤俭节约，不浪费卫生资源。⑦树立新的卫生管理道德理念，完善为基层群众服务的三级医疗预防体系。⑧把维护基层人群的健康权益放在首位的道德观。故选E。

9.【答案】C

【解析】健康教育的主要任务有：①提高健康教育知识普及率与卫生行为形成率。建立或促进个人或社会对预防疾病和保持自身健康的责任感；促使人们自愿地采纳健康和行为；帮助个人、家庭和社区理解和认识哪些行为有利于健康，哪些行为有害于健康；认识特定的生活方式引起的健康损害；促进和加强有助于健康的自觉行为，积极参与自我保健活动。②提高社会人群参与健康教育活动的参与率。促进个人和社会积极主动地参与制订和采用明智的决策，或选择有利于健康的行为，如减少吸烟危害和推动制订吸烟危害控制法律，以创造一个有利于改变某种行为的社会环境和自然环境。③为各级领导、权威人士或专业人员提供健康教育信息，有效地促进和影响领导决策层及时进行观念的改变，以采取明智的决策。④促进社会主义精神文明建设；提高全民族的科学文化水平；广泛建立正确的健康意识；提倡文明、健康、科学的生活方式；克服社会上存在的愚昧落后的不良习俗，改善一般不卫生行为。故选C。

10.【答案】A

【解析】健康教育是指为促使人们自愿地改变不良生活方式和损害健康的相关因素，消除或减轻影响健康的危险因素，预防疾病、促进健康和提高生活质量，而有计划、有组织、有系统地实施教育活动。故选A。

11.【答案】B

【解析】人类生态环境的危机主要是人类对资源过度开发和环境破坏、生态危机等。除B外的其他选项中都有干扰性信息。故选B。

12.【答案】D

【解析】人类生态环境保护的道德原则是：①尊重自然的道德原则。②合理利用资源的道德原则。③系统综合的道德原则。④同步效应的道德原则。⑤面向未来的道德原则。故选D。

13.【答案】C

【解析】医务人员在人类环境保护中的道德责任包括：①热爱自然，自觉遵守环境保护法规。②加强对医源性污染的监测和管理的道德责任。③以理服人，认真履行环境道德的社会责任。④坚持眼前利益服从长远利益，物质与精神同步建设的道德责任。⑤坚决抵制先生产后污染治理，实现人与社会同步发展的道德责任。故选C。

第七章 医务人员医学伦理素质的养成

【A_1型题】

1.【答案】B

【解析】医德修养具有重要意义：医德修养有助于医德教育的深化（医德教育发挥作用的基础，医德教育深化的条件）；它是形成医德品质的内在根据；它有助于形成良好的医德医风。故选B。

2.【答案】E

【解析】医德修养是指医务人员按照社会所倡导的医德理念及其规范，在医德实践中进行自我教育、自我评价、自我锻炼和自我陶冶的过程及其所达到的医德境界。故选E。

3.【答案】B

【解析】在医学实践中进行医德修养，是医德修养最根本的途径、最重要的方法。故选B。

4.【答案】C

【解析】医德评价的主体上可分两种：社会评价和自我评价。社会评价是指患者和社会其他成员对医务人员、医疗卫生保健单位的行为和活动的道德评价；自我评价是医务人员自身对其医疗卫生保健行为和活动的道德评价。故选C。

5.【答案】E

【解析】医德评价的标准包括：有利、自主、公正、互助。故选E。

6.【答案】B

【解析】医德评价应坚持动机与效果、目的与手段的辩证统一论，防止片面的动机论或效果论、目的论或手段论。故选B。

7.【答案】A

【解析】参见第6题解析。故选A。

8.【答案】C

【解析】医德评价有三种评价方式：社会舆论、传统习俗和内心信念。社会舆论和传统习俗是社会评价方式，是一种客观评价力量；内心信念是一种自我评价方式，是一种主观评价力量。故选C。

9.【答案】A

【解析】医德评价的三种评价方式相辅相成、相互补充，起到了全方位、多角度的评判、裁决作用；同时，它们相互作用、相互影响，即医务人员内心信念的评价离不开社会舆论和传统习俗，对个体而言，社会舆论和传统习俗的评价作用的发挥也必须通过医务人员的内心信念来实现。故选A。

10.【答案】E

【解析】整个社会、某一社会群体，以社会所倡导的医德规范体系作为标准，对医德行为，尤其是有普遍影响的医德事件和现象，在一定范围内公开进行评价，形成带有明确倾向的共同看法，从而对医德现实和医德建设施加有力的影响，这就是具有权威性医德评价的社会舆论。社会舆论包括正式社会舆论和非正式社会舆论，后者即所谓街谈巷议，是在小范围内自发形成的。正式社会舆论在医德评价中最具权威性，非正式社会舆论的直接影响力也不容忽视。本题中E项“具有深刻性”是指内心信念，不属于社会舆论的特点。故选E。

11.【答案】C

【解析】选择医疗手段需要遵循的原则：①有效性原则；②优化性原则；③一致性原则；④社会性原则。故选C。

12.【答案】B

【解析】中国医学伦理学界对最优化原则有狭义与广义两种理解和界定。狭义最优化原则把视野严格限定在生物医学模式内，其要求为：①尽最大努力争取最佳疗效，即医师体现出自己最高的综合素质，选择实施临床证明为最佳的诊治手段并达到当时当地医学实际发展的最高水平。②尽最大努力确保诊疗安全无害，即以科学的损伤观为指导，千方百计杜绝责任性伤害，防范意外伤害，控制必然性伤害。③尽最大努力减轻患者身心痛苦，即对一般患者应在确保诊断和同样疗效的前提下，精心选择运用痛苦最轻的诊治手段；而对晚期癌症等特殊患者，减轻或消除疼痛往往放在第一位考虑。④尽最大努力降低诊疗费用，即在确保诊治需要和效果的前提下，选择资源消耗少、患者经济负担轻的诊治手段，做到“少花钱看好病”。故选B。

第七篇　卫生法规

第一章　卫生法基础知识

【A₁型题】

1.【答案】E

【解析】按照卫生关系的不同主体、客体和权利义务内容，将调整卫生关系的法律规范进行分类，大致可以划分为以下几个部分：公共卫生法、医疗法、药事法、中医药法和医疗保障法等。它们共同构成卫生法体系。

2.【答案】A

3.【答案】E

4.【答案】D

5.【答案】E

第二章　传染病防治法

【A₁型题】

1.【答案】D

2.【答案】A

3.【答案】E

4.【答案】C

5.【答案】D

6.【答案】B

7.【答案】A

8.【答案】C

【解析】国家实行有计划的预防接种制度。国务院卫生行政部门和省、自治区、直辖市人民政府卫生行政部门，根据传染病预防、控制的需要，制定传染病预防接种规划并组织实施。用于预防接种的疫苗必须符合国家质量标准。故选C。

9.【答案】C

10.【答案】C

【解析】医疗机构必须严格执行国务院卫生行政部门规定的管理制度、操作规范，防止传染病的医源性感染和医院感染。医疗机构应当确定专门的部门或者人员，承担传染病疫情报告、本单位的传染病预防、控制以及责任区域内的传染病预防工作；承担医疗活动中与医院感染有关的危险因素监测、安全防护、消毒、隔离和医疗废物处置工作。拒绝隔离治疗或者隔离期未满擅自脱离隔离治疗的，可以由公安机关协助医疗机构采取强制隔离治疗措施。故选C。

11.【答案】E

12.【答案】A

【解析】国家建立传染病预警制度。故选A。

13.【答案】E

14.【答案】B

15.【答案】C

16.【答案】A

【解析】丙类传染病（11种）是指：流行性感冒（含甲型H1N1流感）、流行性腮腺炎、风疹、急性出血性结膜炎、麻风病、流行性和地方性斑疹伤寒、黑热病、包虫病、丝虫病，除霍乱、细菌性和阿米巴性痢疾、伤寒和副伤寒以外的感染性腹泻病、手足口病。故选A。

17.【答案】D

【解析】依法给予降级、撤职、开除的处分，并可以依法吊销有关责任人员的执业证书；构成犯罪的，依法追究刑事责任。故选D。

18.【答案】B

【解析】乙类传染病（26种）是指：传染性非典型肺炎（严重急性呼吸综合征）、艾滋病、病毒性肝炎、脊髓灰质炎、人感染高致病性禽流感、麻疹、流行性出血热、狂犬病、流行性乙型脑炎、登革热、炭疽、细菌性和阿米巴性痢疾、肺结核、伤寒和副伤寒、流行性脑脊髓膜炎、百日咳、白喉、新生儿破伤风、猩红热、布鲁氏菌病、淋病、梅毒、钩端螺旋体病、血吸虫病、疟疾、人感染H7N9禽流感。故选B。

19.【答案】B

20.【答案】C

21.【答案】B

22.【答案】D

【解析】实施传染病预防控制规划、计划和方案；收集、分析和报告传染病监测信息，预测传染病的发生、流行趋势；开展对传染病疫情和突发公共卫生事件的流行病学调查、现场处理及其效果评价；开展传染病实验室检测、诊断、病原学鉴定；实施免疫规划，负责预防性生物制品的使用管理；开展健康教育、咨询，普及传染病防治知识；指导、培训下级疾病预防控制机构及其工作人员开展传染病监测工作；开展传染病防治应用性研究和卫生评价，提供技术咨询。对医疗机构内传染病预防工作进行指导、考核，开展流行病学调查。

23.【答案】B

24.【答案】E

【解析】设区的市和县级疾病预防控制机构负责传染病预防控制规划、方案的落实，组织实施免疫、消毒、控制病媒生物的危害，普及传染病防治知识，负责本地区疫情和突发公共卫生事件监测、报告，开展流行病学调查和常见病原微生物检测。故选E。

25.【答案】D

26.【答案】A

27.【答案】C

【解析】医疗机构应当对传染病患者或者疑似传染病患者提供医疗救护、现场救援和接诊治疗，书写病历记录以及其他有关资料，并妥善保管。医疗机构应当实行传染病预检、分诊制度；对传染病患者、疑似传染病患者，应当引导至相对隔离的分诊点进行初诊。医疗机构不具备相应救治能力的，应当将患者及其病历记录复印件一并转至具备相应救治能力的医疗机构。故选C。

28.【答案】E

【解析】国家和社会应当关心、帮助传染病患者、病原携带者和疑似传染病患者，使其得到及时救治。任何单位和个人不得歧视传染病患者、病原携带者和疑似传染病患者。传染病患者、病原携带者和疑似传染病患者，在治愈前或者在排除传染病嫌疑前，不得从事法律、行政法规和国务院卫生行政部门规定禁止从事的易使该传染病扩散的工作。

【A_2 型题】

29.【答案】C

30.【答案】A

31.【答案】A

32.【答案】A

【B_1 型题】

33.【答案】A

【解析】甲类传染病（2种）是指鼠疫、霍乱。故选A。

34.【答案】B

35.【答案】E

36.【答案】B

第三章 职业病防治法

【A_1 型题】

1.【答案】D

2.【答案】E

3.【答案】B

4.【答案】D

5.【答案】C

6.【答案】E

7.【答案】A

8.【答案】E

9.【答案】E

10.【答案】E

11.【答案】C

12.【答案】B

13.【答案】A

14.【答案】C

15.【答案】A

16.【答案】C

17.【答案】A

18.【答案】E

19.【答案】E

20.【答案】C

【B_1 型题】

21.【答案】A

22.【答案】B

23.【答案】E

24.【答案】A

25.【答案】B

26.【答案】D

第四章 突发公共卫生事件应急条例

【A_1 型题】

1.【答案】B

2.【答案】A

【解析】发生或者可能发生传染病暴发、流行的；发生或者发现不明原因的群体性疾病的；发生传染病菌种、毒种丢失的；发生或者可能发生重大食物和职业中毒事件的。故选A。

3.【答案】C

4.【答案】D

5.【答案】B

6.【答案】E

7.【答案】C

8.【答案】D

【A_2 型题】

9.【答案】A

10.【答案】B

【A_3/A_4 型题】

11.【答案】B

12.【答案】B

13.【答案】E

【解析】县级人民政府应当在接到报告后2小时内向设区的市级人民政府或者上一级人民政府报告；设区的市级人民政府应当在接到报告后2小时内向省、自治区、直辖市人民政府报告。县级以上地方人民政府卫生行政主管部门应当对突发事件现场等采取控制措施，宣传突发事件防治知识，及时对易受感染的人群和其他易受损害的人群采取应急接种、预防性投药、群体防护等措施。故选E。

【B_1型题】

14.【答案】A

15.【答案】B

16.【答案】E

第五章 疫苗流通和预防接种管理条例

【A_1型题】

1.【答案】E

2.【答案】B

3.【答案】E

4.【答案】D

5.【答案】C

6.【答案】B

7.【答案】A

【解析】医疗卫生人员在实施接种前，应当告知受种者或者其监护人所接种疫苗的品种、作用、禁忌、不良反应以及注意事项，询问受种者的健康状况以及是否有接种禁忌等情况，并如实记录告知和询问情况。受种者或者其监护人应当了解预防接种的相关知识，并如实提供受种者的健康状况和接种禁忌等情况。

医疗卫生人员应当对符合接种条件的受种者实施接种，并依照国务院卫生主管部门的规定，填写并保存接种记录。

对于因有接种禁忌而不能接种的受种者，医疗卫生人员应当对受种者或者其监护人提出医学建议。故选A。

8.【答案】D

【解析】国家对儿童实行预防接种证制度。在儿童出生后1个月内，其监护人应当到儿童居住地承担预防接种工作的接种单位为其办理预防接种证。接种单位对儿童实施接种时，应当查验预防接种证，并做好记录。儿童离开原居住地期间，由现居住地承担预防接种工作的接种单位负责对其实施接种。预防接种证的格式由省、自治区、直辖市人民政府卫生主管部门制定。故选D。

9.【答案】B

10.【答案】D

【解析】第一类疫苗，是指政府免费向公民提供，公民应当依照政府的规定受种的疫苗，包括国家免疫规划确定的疫苗，省、自治区、直辖市人民政府在执行国家免疫规划时增加的疫苗，以及县级以上人民政府或者其卫生主管部门组织的应急接种或者群体性预防接种所使用的疫苗。故选D。

11.【答案】D

12.【答案】A

13.【答案】B

14.【答案】E

15.【答案】C

16.【答案】B

17.【答案】B

【解析】接种单位应当承担责任区域内的预防接种工作，并接受所在地的县级疾病预防控制机构的技术指导。故选B。

18.【答案】B

【解析】疫苗生产企业、疫苗批发企业在销售疫苗时，应当提供由药品检验机构依法签发的生物制品每批检验合格或者审核批准证明复印件，并加盖企业印章；疫苗批发企业经营进口疫苗的，还应当提供进口药品通关单复印件，并加盖企业印章。

疾病预防控制机构、接种单位在接收或者购进疫苗时，应当向疫苗生产企业、疫苗批发企业索取前款规定的证明文件，并保存至超过疫苗有效期2年备查。故选B。

19.【答案】A

【解析】药品批发企业依照《疫苗流通和预防接种管理条例》条例的规定经批准后可以经营疫苗。药品零售企业不得从事疫苗经营活动。故选A。

20.【答案】A

21.【答案】A

22.【答案】A

23.【答案】D

24.【答案】E

25.【答案】B

26.【答案】C

27.【答案】B

28.【答案】C

29.【答案】B

30.【答案】B

31.【答案】A

第六章 艾滋病防治条例

【A_1型题】

1.【答案】E

【解析】艾滋病防治工作坚持预防为主、防治结合的方针，建立政府组织领导、部门各负其责、全社会共同参与的机制，加强宣传教育，采取行为干预和关怀救助等措施，实行综合防治。

2.【答案】E

3.【答案】B

【解析】任何单位和个人不得歧视人类免疫缺陷病毒感染者、艾滋病患者及其家属。人类免疫缺陷病毒感染者、艾滋病患者及其家属享有的婚姻、就业、就医、入学等合法权益受法律保护。没有关于是否歧视疑似患者的规定。故选B。

4.【答案】C

【解析】行为干预措施包括：针对经注射吸毒传播艾滋病的美沙酮维持治疗等措施；针对经性传播艾滋病的安全套推广使用措施，以及规范、方便的性病诊疗措施；针对母婴传播艾滋病的抗病毒药物预防和人工代乳品喂养等措施；早期发现感染者和有助于危险行为改变的自愿咨询检测措施；健康教育措施；提高个人规范意识以及减少危险行为的针对性同伴教育措施。故选C。

5.【答案】E

6.【答案】A

7.【答案】B

8.【答案】A

9.【答案】B

10.【答案】C

11.【答案】D

12.【答案】D

13.【答案】C

14.【答案】D

15.【答案】C

【A_2型题】

16.【答案】A

17.【答案】B

【A_3/A_4型题】

18.【答案】E

19.【答案】A

【B_1型题】

20.【答案】B

21.【答案】D

22.【答案】A

第七章　母婴保健法及其实施办法

【A_1型题】

1.【答案】B

【解析】以保健为中心，以保障生殖健康为目的，实行保健和临床相结合，面向群体、面向基层和预防为主的方针。故选B。

2.【答案】D

【解析】有关母婴保健的科普宣传、教育和咨询；婚前医学检查；产前诊断和遗传病诊断；助产技术；实施医学上需要的节育手术；新生儿疾病筛查；有关生育、节育、不育的其他生殖保健服务。故选D。

3.【答案】B

4.【答案】D

5.【答案】E

6.【答案】B

7.【答案】E

【解析】母婴保健医学技术鉴定委员会分为省、市、县三级。县级母婴保健医学技术鉴定委员会成员应当具有主治医师以上专业技术职务；设区的市级和省级母婴保健医学技术鉴定委员会成员应当具有副主任医师以上专业技术职务。故选E。

8.【答案】D

9.【答案】C

10.【答案】E

【A_2型题】

11.【答案】D

12.【答案】A

【B_1型题】

13.【答案】A

【解析】婚前医学检查证明应当列明是否发现下列疾病：在传染期内的指定传染病；在发病期内的有关精神病；不宜生育的严重遗传性疾病；医学上认为不宜结婚的其他疾病。故选A。

14.【答案】D

15.【答案】E

【解析】医师应当对其进行产前诊断：羊水过多或者过少的；胎儿发育异常或者胎儿有可疑畸形的；孕早期接触过可能导致胎儿先天缺陷的物质的；有遗传病家族史或者曾经分娩过先天性严重缺陷婴儿的；初产妇年龄超过35周岁的。故选E。

第八章　献　血　法

【A_1型题】

1.【答案】D

2.【答案】D

3.【答案】D

4.【答案】E

5.【答案】C

6.【答案】B

7.【答案】B

【解析】由县级以上地方人民政府卫生行政部门责令改正；给患者健康造成损害的，应当依法赔偿，对直接负责的主管人员和其他直接责任人员，依法给予行政处分。构成犯罪的，依法追究刑事责任。故选 B。

【A_2 型题】

8.【答案】A

9.【答案】D

【解析】国家提倡 18~55 周岁的健康公民自愿献血。两次采集间隔不少于 6 个月。所以刘某还能献 10 次血。故选 D。

10.【答案】A

11.【答案】A

【解析】无偿献血的血液必须用于临床，不得买卖。血站、医疗机构不得将无偿献血的血液出售给采血浆站或者血液制品生产单位。故选 A。

【B_1 型题】

12.【答案】B

13.【答案】C

14.【答案】E

第九章 医 师 法

【A_1 型题】

1.【答案】C

【解析】易混淆于第 10 题，卫生行政部门对不符合条件不予注册的，应当自收到申请之日起三十日内书面通知申请人，并说明理由。本题是申请人有异议的，可以自收到通知之日起十五日内，依法申请复议或者向人民法院提起诉讼。故选 C。

2.【答案】C

3.【答案】E

4.【答案】C

【解析】易混淆权利和义务。其他均为义务。权利为：①在注册的执业范围内，按照有关规范进行医学诊查、疾病调查、医学处置、出具相应的医学证明文件，选择合理的医疗、预防、保健方案；②获取劳动报酬，享受国家规定的福利待遇，按照规定参加社会保险并享受相应待遇；③获得符合国家规定标准的执业基本条件和职业防护装备；④从事医学教育、研究、学术交流；⑤参加专业培训，接受继续医学教育；⑥对所在医疗卫生机构和卫生健康主管部门的工作提出意见和建议，依法参与所在机构的民主管理；⑦法律、法规规定的其他权利。

5.【答案】C

6.【答案】E

7.【答案】C

8.【答案】B

9.【答案】B

10.【答案】C

11.【答案】C

12.【答案】B

13.【答案】E

【解析】应予注销情形易混淆，细节要记牢。死亡或者被宣告失踪的；受刑事处罚的；受（吊销医师执业证书）行政处罚的；依照本法第三十一条规定暂停执业活动期满，再次考核仍不合格的；中止医师执业活动满二年的。故选 E。

14.【答案】C

【解析】不予注册主要有三种情形：不具有完全民事行为能力；因受刑事处罚，自刑罚执行完毕之日起至申请注册之日止不满二年的；受吊销医师执业证书行政处罚，自处罚决定之日起至申请注册之日止不满二年的。记忆时，记住处罚都是有一个二年内的时效。故选 C。

15.【答案】D

16.【答案】E

17.【答案】E

18.【答案】A

19.【答案】C

20.【答案】B

21.【答案】E

22.【答案】C

【A_2 型题】

23.【答案】C

【解析】可以参加执业医师资格考试的正常情况是，需要具有高等学校医学专业本科、专科学历、中等专业学校医学专业学历。而无上过任何医学专业学校的，只有以师承方式学习传统医学满三年或者经多年实践医术确有专长的。故选 C。

24.【答案】A

25.【答案】E

【解析】因受刑事处罚，自刑罚执行完毕之日起至申请注册之日止不满二年的，不予注册。

26.【答案】C

27.【答案】D

28.【答案】B

【A_3/A_4 型题】

29.【答案】E

30.【答案】D

31.【答案】C

32.【答案】A

【B_1 型题】

33.【答案】C

34.【答案】D

35.【答案】E

36.【答案】A

【解析】医师执业共七项权利：①在注册的执业范围内，按照有关规范进行医学诊查、疾病调查、医学处置、出具相应的医学证明文件，选择合理的医疗、预防、保健方案；②获取劳动报酬，享受国家规定的福利待遇，按照规定参加社会保险并享受相应待遇；③获得符合国家规定标准的执业基本条件和职业防护装备；④从事医学教育、研究、学术交流；⑤参加专业培训，接受继续医学教育；⑥对所在医疗卫生机构和卫生健康主管部门的工作提出意见和建议，依法参与所在机构的民主管理；⑦法律、法规规定的其他权利。故选A。

37.【答案】D

【解析】医师执业共五项义务：①树立敬业精神，恪守职业道德，履行医师职责，尽职尽责救治患者，执行疫情防控等公共卫生措施；②遵循临床诊疗指南，遵守临床技术操作规范和医学伦理规范等；③尊重、关心、爱护患者，依法保护患者隐私和个人信息；④努力钻研业务，更新知识，提高医学专业技术能力和水平，提升医疗卫生服务质量；⑤宣传推广与岗位相适应的健康科普知识，对患者及公众进行健康教育和健康指导；⑥法律、法规规定的其他义务。故选D。

38.【答案】C

第十章 侵权责任法（医疗损害责任）

【A_1型题】

1.【答案】E

【解析】行为人因过错侵害他人民事权益，应当承担侵权责任。根据法律规定推定行为人有过错，行为人不能证明自己没有过错的，应当承担侵权责任。患者在诊疗活动中受到损害，医疗机构及其医务人员有过错的，由医疗机构承担赔偿责任。故选E。

2.【答案】E

【解析】患者有损害，因下列情形之一的，推定医疗机构有过错：违反法律、行政法规、规章以及其他有关诊疗规范的规定。隐匿或者拒绝提供与纠纷有关的病历资料。伪造、篡改或者销毁病历资料。故选E。

3.【答案】D

【解析】患者有损害，因下列情形之一的，医疗机构不承担赔偿责任：患者或者其近亲属不配合医疗机构进行符合诊疗规范的诊疗。医务人员在抢救生命垂危的患者等紧急情况下已经尽到合理诊疗义务。限于当时的医疗水平难以诊疗。故选D。

4.【答案】C

【解析】医疗机构及其医务人员应当对患者的隐私保密。泄露患者隐私或者未经患者同意公开其病历资料，造成患者损害的，应当承担侵权责任。故选C。

5.【答案】E

6.【答案】E

【解析】医疗机构及其医务人员应当按照规定填写并妥善保管住院志、医嘱单、检验报告、手术及麻醉记录、病理资料、护理记录、医疗费用等病历资料。

第十一章 精神卫生法

【A_1型题】

1.【答案】B

【解析】精神卫生工作实行预防为主的方针，坚持预防、治疗和康复相结合的原则。故选B。

2.【答案】C

【解析】①精神障碍患者的人格尊严、人身和财产安全不受侵犯。②精神障碍患者的教育、劳动、医疗以及从国家和社会获得物质帮助等方面的合法权益受法律保护。③有关单位和个人应当对精神障碍患者的姓名、肖像、住址、工作单位、病历资料以及其他可能推断出其身份的信息予以保密；但是，依法履行职责需要公开的除外。故选C。

3.【答案】A

【解析】有与从事的精神障碍诊断、治疗相适应的精神科执业医师、护士；有满足开展精神障碍诊断、治疗需要的设施和设备；有完善的精神障碍诊断、治疗管理制度和质量监控制度。从事精神障碍诊断、治疗的专科医疗机构还应当配备从事心理治疗的人员。故选A。

4.【答案】E

【解析】精神障碍的诊断、治疗，应当遵循维护患者合法权益、尊重患者人格尊严的原则，保障患者在现有条件下获得良好的精神卫生服务。精神障碍分类、诊断标准和治疗规范，由国务院卫生行政部门组织制定。故选E。

5.【答案】B

【解析】①除个人自行到医疗机构进行精神障碍诊断外，疑似精神障碍患者的近亲属可以将其送往医疗机构进行精神障碍诊断。对查找不到近亲属的流浪乞讨疑似精神障碍患者，由当地民政等有关部门按照职责分工，帮助送往医疗机构进行精神障碍诊断。②疑似精神障碍患者发生伤害自身、危害他人安全的行为，或者有伤害自身、危害他人安全的危险的，其近亲属、所在单位、当地公安机关应当立即采取措施予以制止，并将其送往医疗机构进行精神障碍诊断。③医疗机构接到送诊的疑似精神障碍患者，不得拒绝为其作出诊断。故选B。

6.【答案】E

【解析】医疗机构及其医务人员应当在病历资料中如实记录精神障碍患者的病情、治疗措施、用药情况、实施约束、隔离措施等内容，并如实告知患者或者其监护人。患者及其监护人可以查阅、复制病历资料；但是，患者查阅、复制病历资料可能对其治疗产生不利影响的除外。病历资料保存期限不得少于30年。

7.【答案】D

【解析】不符合本法规定条件的医疗机构擅自从事精神障碍诊断、治疗的，由县级以上人民政府卫生行政部门责令停止相关诊疗活动，给予警告，并处5000元以上10 000元以下罚款，有违法所得的，没收违法所得；对直接负责的主管人员和其他直接责任人员依法给予或者责令给予降低岗位等级或者撤职、开除的处分；对有关医务人员，吊销其执业证书。故选D。

8.【答案】C

【解析】《渥太华宣言》明确健康促进的3个基本策略是倡导、赋权与协调。

第十二章　医疗机构管理条例及其实施细则

【A_1 型题】

1.【答案】D

2.【答案】B

3.【答案】C

4.【答案】A

【解析】处罚有：警告、责令其改正，并可以根据情节处以三千元以下的罚款；情节严重的，吊销其《医疗机构执业许可证》。

5.【答案】A

【解析】责令其停止执业活动，没收非法所得和药品、器械，并处以三千元以下的罚款；有下列情形之一的，责令其停止执业活动，没收非法所得的药品、器械，处以三千元以上一万元以下的罚款：因擅自执业曾受过卫生行政部门处罚，擅自执业的人员为非卫生技术专业人员，擅自执业时间在三个月以上，给患者造成伤害，使用假药、劣药蒙骗患者，以行医为名骗取患者钱物，省、自治区、直辖市卫生行政部门规定的其他情形。故选A。

6.【答案】C

7.【答案】C

8.【答案】A

9.【答案】C

10.【答案】E

【解析】未经医师（士）亲自诊查患者，医疗机构不得出具疾病诊断书、健康证明书或者死亡证明书等证明文件；未经医师（士）、助产人员亲自接产，医疗机构不得出具出生证明书或者死产报告书。故选E。

11.【答案】D

【B_1 型题】

12.【答案】A

13.【答案】B

14.【答案】C

15.【答案】A

16.【答案】B

17.【答案】C

第十三章　医疗事故处理条例

【A_1 型题】

1.【答案】D

2.【答案】D

【解析】收到鉴定书后的工作：对参加鉴定的人员资格和专业类别、鉴定程序进行审核；必要时，可以组织调查，听取医疗事故争议双方当事人的意见。

3.【答案】D

【解析】医疗机构及其医务人员在医疗活动中，违反医疗卫生管理法律、行政法规、部门规章和诊疗护理规范、常规，过失造成患者人身损害的事故。故选D。

4.【答案】D

【解析】一级医疗事故：造成患者死亡、重度残疾的；二级医疗事故：造成患者中度残疾、器官组织损伤导致严重功能障碍的；三级医疗事故：造成患者轻度残疾、器官组织损伤导致一般功能障碍的；四级医疗事故：造成患者明显人身损害的其他后果的。

5.【答案】C

6.【答案】B

7.【答案】B

【解析】发生医疗事故争议时，死亡病例讨论记录、疑难病例讨论记录、上级医师查房记录、会诊意见、病程记录应当在医患双方在场的情况下封存和启封。封存的病历资料可以是复印件，由医疗机构保管。故选B。

8.【答案】E

9.【答案】C

10.【答案】B

11.【答案】B

12.【答案】C

13.【答案】C

【解析】发生下列重大医疗过失行为的，医疗机构应当在12小时内向所在地卫生行政部门报告：导致患者死亡或者可能为二级以上的医疗事故；导致3人以上人身损害后果。故选C。

14.【答案】A

15.【答案】A

16.【答案】C
17.【答案】C

【A_2 型题】

18.【答案】C
19.【答案】D
20.【答案】D

【B_1 型题】

21.【答案】B
22.【答案】C
23.【答案】E
24.【答案】B
25.【答案】D

第十四章 人体器官移植条例

【A_1 型题】

1.【答案】D
2.【答案】D
3.【答案】E
4.【答案】E

【解析】捐献人体器官的公民应当具有完全民事行为能力。公民捐献其人体器官应当有书面形式的捐献意愿，对已经表示捐献其人体器官的意愿，有权予以撤销。

公民生前表示不同意捐献其人体器官的，任何组织或者个人不得捐献、摘取该公民的人体器官；公民生前未表示不同意捐献其人体器官的，该公民死亡后，其配偶、成年子女、父母可以以书面形式共同表示同意捐献该公民人体器官的意愿。故选 E。

5.【答案】E
6.【答案】E

【解析】活体器官的接受人限于活体器官捐献人的配偶、直系血亲或者三代以内旁系血亲，或者有证据证明与活体器官捐献人存在因帮扶等形成亲情关系的人员。故选 E。

7.【答案】A
8.【答案】D

【解析】医疗机构从事人体器官移植，应当依照《医疗机构管理条例》的规定，向所在地省、自治区、直辖市人民政府卫生主管部门申请办理人体器官移植诊疗科目登记。

有与从事人体器官移植相适应的执业医师和其他医务人员；有满足人体器官移植所需要的设备、设施；有由医学、法学、伦理学等方面专家组成的人体器官移植技术临床应用与伦理委员会，该委员会中从事人体器官移植的医学专家不超过委员人数的 1/4；有完善的人体器官移植质量监控等管理制度。故选 D。

9.【答案】E

【解析】经 2/3 以上委员同意，人体器官移植技术临床应用与伦理委员会方可出具同意摘取人体器官的书面意见。故选 E。

10.【答案】D

【解析】向活体器官捐献人说明器官摘取手术的风险、术后注意事项、可能发生的并发症及其预防措施等，并与活体器官捐献人签署知情同意书；查验活体器官捐献人同意捐献其器官的书面意愿、活体器官捐献人与接受人存在按条例规定关系的证明材料；确认除摘取器官产生的直接后果外不会损害活体器官捐献人其他正常的生理功能。

从事人体器官移植的医疗机构应当保存活体器官捐献人的医学资料，并进行随访。故选 D。

11.【答案】E

【解析】摘取尸体器官，应当在依法判定尸体器官捐献人死亡后进行。从事人体器官移植的医务人员不得参与捐献人的死亡判定。

从事人体器官移植的医疗机构及其医务人员应当尊重死者的尊严；对摘取器官完毕的尸体，应当进行符合伦理原则的医学处理，除用于移植的器官以外，应当恢复尸体原貌。故选 E。

12.【答案】E

【解析】医疗机构未定期将实施人体器官移植的情况向所在地省、自治区、直辖市人民政府卫生主管部门报告的，由所在地省、自治区、直辖市人民政府卫生主管部门责令限期改正；逾期不改正的，对负有责任的主管人员和其他直接责任人员依法给予处分。故选 E。

13.【答案】D

第十五章 放射诊疗管理规定

【A_1 型题】

1.【答案】B

【解析】分为放射治疗、核医学、介入放射学、X 射线影像诊断。故选 B。

2.【答案】D

【解析】具有经核准登记的医学影像科诊疗科目；具有符合国家相关标准和规定的放射诊疗场所和配套设施；具有质量控制与安全防护专（兼）职管理人员和管理制度，并配备必要的防护用品和监测仪器；产生放射性废气、废液、固体废物的，具有确保放射性废气、废物、固体废物达标排放的处理能力或者可行的处理方案；具有放射事件应急处理预案。故选D。

3.【答案】E

【解析】放射治疗场所应当按照相应标准设置多重安全联锁系统、剂量监测系统、影像监控、对讲装置和固定式剂量监测报警装置；配备放疗剂量仪、剂量扫描装置和个人剂量报警仪；开展核医学工作的，设有专门的放射性同位素分装、注射、储存场所，放射性废物屏蔽设备和存放场所；配备活度计、放射性表面污染监测仪；介入放射学与其他X射线影像诊断工作场所应当配备工作人员防护用品和受检者个人防护用品。故选E。

4.【答案】E

【解析】装有放射性同位素和放射性废物的设备、容器，设有电离辐射标志；放射性同位素和放射性废物储存场所，设有电离辐射警告标识及必要的文字说明；放射诊疗工作场所的入口处，设有电离辐射警告标识；放射诊疗工作场所应当按照有关标准的要求分为控制区、监督区，在控制区进出口及其他适当位置，设有电离辐射警告标识和工作指示灯。

5.【答案】D

6.【答案】A

7.【答案】D

【解析】医疗机构应当定期对放射诊疗工作场所、放射性同位素储存场所和防护设施进行放射防护检测，保证辐射水平符合有关规定或者标准。放射性同位素不得与易燃、易爆、腐蚀性物品同库储存；储存场所应当采取有效的防泄漏等措施，并安装必要的报警装置。放射性同位素储存场所应当有专人负责，有完善的存入、领取、归还登记和检查的制度，做到交接严格，检查及时，账目清楚，账物相符，记录资料完整。故选D。

8.【答案】E

9.【答案】D

10.【答案】C

【解析】严格执行检查资料的登记、保存、提取和借阅制度，不得因资料管理、受检者转诊等原因使受检者接受不必要的重复照射；不得将核素显像检查和X射线胸部检查列入对婴幼儿及少年儿童体检的常规检查项目；对育龄妇女腹部或骨盆进行核素显像检查或X射线检查前，应问明是否妊娠；非特殊需要，对受孕后8~15周的育龄妇女，不得进行下腹部放射影像检查；应当尽量以胸部X射线摄影代替胸部荧光透视检查；实施放射性药物给药和X射线照射操作时，应当禁止非受检者进入操作现场；因患者病情需要其他人员陪检时，应当对陪检者采取防护措施。故选C。

11.【答案】B

【解析】对体外远距离放射治疗，放射诊疗工作人员在进入治疗室前，应首先检查操作控制台的源位显示，确认放射线束或放射源处于关闭位时，方可进入；对近距离放射治疗，放射诊疗工作人员应当使用专用工具拿取放射源，不得徒手操作；对接受敷贴治疗的患者采取安全护理，防止放射源被患者带走或丢失；在实施永久性籽粒插植治疗时，放射诊疗工作人员应随时清点所使用的放射性籽粒，防止在操作过程中遗失；放射性籽粒植入后，必须进行医学影像学检查，确认植入部位和放射性籽粒的数量；治疗过程中，治疗现场至少应有2名放射诊疗工作人员，并密切注视治疗装置的显示及患者情况，及时解决治疗中出现的问题；严禁其他无关人员进入治疗场所；放射诊疗工作人员应当严格按照放射治疗操作规范、规程实施照射；不得擅自修改治疗计划；放射诊疗工作人员应当验证治疗计划的执行情况，发现偏离计划现象时，应当及时采取补救措施并向本科室负责人或者本机构负责医疗质量控制的部门报告。

12.【答案】B

13.【答案】C

14.【答案】D

第十六章 处方管理办法

【A_1型题】

1.【答案】A

2.【答案】B

【解析】国家卫健委负责全国处方开具、调剂、保管相关工作的监督管理。县级以上地方卫生行政部门负责本行政区域内处方开具、调剂、保管相关工作的监督管理。

3.【答案】D

【解析】患者一般情况、临床诊断填写清晰、完整，并与病历记载相一致。每张处方限于一名患者的用药。字迹清楚，不得涂改；如需修改，应当在修改处签名并注明修改日期。药品名称应当使用规范的中文名称书写，没有中文名称的可以使用规范的英文名称书写；医疗机构或者医师、药师不得自行编制药品缩写名称或者使用代号；书写药品名称、剂量、规格、用法、用量要准确规范，药品用法可用规范的中文、英文、拉丁文或者缩写体书写，但不得使用“遵医嘱”“自用”等含糊不清字句。患者年龄应当填写实足年龄，新生儿、婴幼儿写日、月龄，必要时要注明体重。西药和中成药可以分别开具处方，也可以开具一张处方，中药饮片应当单独开具处方。开具西药、中成药处方，每一种药品应当另起一行，每张处方不得超过5种药品。中药饮片处方的书写，一般应当按照“君、臣、佐、使”的顺序排列；调剂、煎煮的特殊要求注明在药品右上方，并加括号，如布包、先煎、后下等；对饮片的产地、炮制有特殊要求的，应当在药品名称之前写明。药品用法用量应当按照药品说明书规定的常规用法用量使用，特殊情况需要超剂量使用时，应当注明原因并再次签名。除特殊情况外，应当注明临床诊断。开具处方后的空白处画一斜线以示处方完毕。处方医师的签名式样和专用签章应当与院内药学部门留样备查的式样相一致，不得任意改动，否则应当重新登记留样备案。

4.【答案】D

5.【答案】A

【解析】药品剂量与数量用阿拉伯数字书写。剂量应当使用法定剂量单位：重量以克（g）、毫克（mg）、微克（μg）、纳克（ng）为单位；容量以升（L）、毫升（ml）为单位；国际单位（IU）、单位（U）；中药饮片以克（g）为单位。片剂、丸剂、胶囊剂、颗粒剂分别以片、丸、粒、袋为单位；溶液剂以支、瓶为单位；软膏及乳膏剂以支、盒为单位；注射剂以支、瓶为单位，应当注明含量；中药饮片以剂为单位。故选A。

6.【答案】E

7.【答案】E

【解析】医疗机构应当按照有关规定，对本机构执业医师和药师进行麻醉药品和精神药品使用知识和规范化管理的培训。执业医师经考核合格后取得麻醉药品和第一类精神药品的处方权，药师经考核合格后取得麻醉药品和第一类精神药品调剂资格。医师取得麻醉药品和第一类精神药品处方权后，方可在本机构开具麻醉药品和第一类精神药品处方，但不得为自己开具该类药品处方。药师取得麻醉药品和第一类精神药品调剂资格后，方可在本机构调剂麻醉药品和第一类精神药品。

8.【答案】B

9.【答案】C

10.【答案】D

11.【答案】B

12.【答案】A

13.【答案】B

【A_2型题】

14.【答案】E

15.【答案】D

16.【答案】D

17.【答案】B

18.【答案】E

【A_3/A_4型题】

19.【答案】E

20.【答案】B

21.【答案】C

【B_1型题】

22.【答案】C

23.【答案】E

24.【答案】A

25.【答案】C

26.【答案】B

27.【答案】A

第十七章 抗菌药物临床应用管理办法

【A_1型题】

1.【答案】B

2.【答案】E

【解析】抗菌药物分级管理目录由各省级卫生行政部门制定，报卫健委备案。故选E。

3.【答案】D

4.【答案】C

5.【答案】C

6.【答案】B

7.【答案】E

【解析】使用量异常增长的抗菌药物；半年内使用量始终居于前列的抗菌药物；经常超适应证、超剂量使用的抗菌药物；企业违规销售的抗菌药物；频繁发生严重不良事件的抗菌药物。故选E。

8.【答案】E

【解析】《中华人民共和国药品管理法》《中华人民共和国医师法》《抗菌药物临床应用管理办法》《处方管理办法》《医疗机构药事管理规定》《抗菌药物临床应用指导原则》《国家基本药物处方集》《中国国家处方集》和《医院处方点评管理规范（试行）》等相关法律、法规、规章和规范性文件；抗菌药物临床应用及管理制度；常用抗菌药物的药理学特点与注意事项；常见细菌的耐药趋势与控制方法；抗菌药物不良反应的防治。故选E。

9.【答案】D

10.【答案】E

11.【答案】E

【解析】具有初级专业技术职务任职资格的医师，在乡、民族乡、镇、村的医疗机构独立从事一般执业活动的执业助理医师以及乡村医生，可授予非限制使用级抗菌药物处方权。故选E。

12.【答案】C

13.【答案】E

14.【答案】E

【解析】特殊使用级抗菌药物会诊人员由具有抗菌药物临床应用经验的感染性疾病科、呼吸科、重症医学科、微生物检验科、药学部门等具有高级专业技术职务任职资格的医师、药师或具有高级专业技术职务任职资格的抗菌药物专业临床药师担任。故选E。

15.【答案】E

16.【答案】D

17.【答案】C

18.【答案】C

【解析】抗菌药物考核不合格的；限制处方权后，仍出现超常处方且无正当理由的；未按照规定开具抗菌药物处方，造成严重后果的；未按照规定使用抗菌药物，造成严重后果的；开具抗菌药物处方牟取不正当利益的。

19.【答案】D

【B_1型题】

20.【答案】A

21.【答案】B

22.【答案】C

23.【答案】E

第十八章　医疗机构临床用血管理办法

【A_1型题】

1.【答案】D

2.【答案】B

【解析】医疗机构应当加强组织管理，明确岗位职责，健全管理制度。医疗机构法定代表人为临床用血管理第一责任人。

3.【答案】A

【解析】认真贯彻临床用血管理相关法律、法规、规章、技术规范和标准，制订本机构临床用血管理的规章制度并监督实施；评估确定临床用血的重点科室、关键环节和流程；定期监测、分析和评估临床用血情况，开展临床用血质量评价工作，提高临床合理用血水平；分析临床用血不良事件，提出处理和改进措施；指导并推动开展自体输血等血液保护及输血新技术；承担医疗机构交办的有关临床用血的其他任务。故选A。

4.【答案】E

【解析】认真执行临床输血技术规范，严格掌握临床输血适应证，根据患者病情和实验室检测指标，对输血指征进行综合评估，制订输血治疗方案。故选E。

5.【答案】E

【解析】医疗机构应当建立临床用血申请管理制度。①同一患者一天申请备血量少于800ml的，由具有中级以上专业技术职务任职资格的医师提出申请，上级医师核准签发后，方可备血。②同一患者一天申请备血量在800～1600ml的，由具有中级以上专业技术职务任职资格的医师提出申请，经上级医师审核，科室主任核准签发后，方可备血。③同一患者一天申请备血量达到或超过1600ml的，由具有中级以上专业技术职务任职资格的医师提出申请，科室主任核准签发后，报医务部门批准，方可备血。以上第二款、第三款和第四款规定不适用于急救用血。故选E。

6.【答案】E

【解析】医疗机构应当制订应急用血工作预案。为保证应急用血，医疗机构可以临时采集血液，但必须同时符合以下条件：危及患者生命，急需输血；所在地血站无法及时提供血液，且无法及时从其他医疗机构调剂血液，而其他医疗措施不能替代输血治疗；具备开展交叉配血及乙型肝炎病毒表面抗原、丙型肝炎病毒抗体、人类免疫缺陷病毒抗体和梅毒螺旋体抗体的检测能力；遵守采供血相关操作规程和技术标准。医疗机构应当在临时采集血液后10日内将情况报告县级以上人民政府卫生行政部门。故选E。

7.【答案】E

8.【答案】E

【解析】由县级以上人民政府卫生行政部门责令限期改正；逾期不改的，进行通报批评，并予以警告；情节严重或者造成严重后果的，可处3万元以下的罚款，对负有责任的主管人员和其他直接责任人员依法给予处分。

9.【答案】D

【解析】由县级以上人民政府卫生行政部门责令限期改正；逾期不改的，进行通报批评，并予以警告；情节严重或者造成严重后果的，可处3万元以下的罚款，对负有责任的主管人员和其他直接责任人员依法给予处分。

10.【答案】D

第十九章　药品管理法及其实施条例

【A_1型题】

1.【答案】E

2.【答案】B

【解析】国家对麻醉药品、精神药品、医疗用毒性药品、放射性药品，实行特殊管理。故选B。

3.【答案】C

4.【答案】B

5.【答案】A

6.【答案】B

【解析】药品成分的含量不符合国家药品标准的，为劣药。有下列情形之一的药品，按劣药论处：未标明有效期或者更改有效期的；不注明或者更改生产批号的；超过有效期的；直接接触药品的包装材料和容器未经批准的；擅自添加着色剂、防腐剂、香料、矫味剂及辅料的。故选 B。

7.【答案】A

8.【答案】A

9.【答案】B

【解析】由卫生行政部门或者本单位给予处分，没收违法所得；对违法行为情节严重的执业医师，由卫生行政部门吊销其执业证书；构成犯罪的，依法追究刑事责任。故选 B。

10.【答案】B

【A_2 型题】

11.【答案】C

12.【答案】B

【B_1 型题】

13.【答案】D

14.【答案】A

15.【答案】C

16.【答案】B

第二十章　麻醉药品和精神药品管理条例

【A_1 型题】

1.【答案】B

2.【答案】D

【解析】麻醉药品和精神药品是指列入麻醉药品目录、精神药品目录的药品和其他物质。精神药品分为第一类精神药品和第二类精神药品。故选 D。

3.【答案】D

4.【答案】A

5.【答案】A

6.【答案】A

7.【答案】D

8.【答案】C

【A_2 型题】

9.【答案】C

10.【答案】C

11.【答案】A

第二十一章　药品不良反应报告和监测管理办法

【A_1 型题】

1.【答案】B

【解析】为加强药品的上市后监管，规范药品不良反应报告和监测，及时、有效控制药品风险，保障公众用药安全，2011 年 5 月 4 日卫生部发布了《药品不良反应报告和监测管理办法》，自 2011 年 7 月 1 日起施行。故选 B。

2.【答案】D

【A_3/A_4 型题】

3.【答案】C

4.【答案】B

第三部分 预防医学综合

第八篇 预防医学

第一章 绪 论

【A_1型题】

1.【答案】A

【解析】预防医学研究重点为影响健康的因素与人群健康的关系。故选A。

2.【答案】B

【解析】“生态健康”模式为“环境-人群-健康”，强调环境与人群的相互依赖、相互作用和协调发展，并以人群健康为目的。

3.【答案】D

【解析】世界卫生组织1948年提出的关于健康的概念，即“身体、健康和社会适应各方面均处于完好状态，而不只是无病或虚弱”。故选D。

4.【答案】E

【解析】影响健康的因素：环境因素、生活方式及行为因素、生物遗传因素、医疗卫生服务因素。故选E。

5.【答案】A

【解析】第一级预防即病因预防，在疾病（或伤害）尚未发生时针对病因或危险因素采取措施，降低有害暴露的水平，增强个体对抗有害暴露的能力，预防疾病（或伤害）的发生，或至少推迟疾病的发生。而第二级预防是早发现、早诊断、早治疗；第三级预防为临床预防或疾病管理。故选A。

6.【答案】A

【解析】为一级预防，了解疾病的致病因素后使相应的预防措施更具有针对性。故选A。

第二章 医学统计学方法

【A_1型题】

1.【答案】B

【解析】方差分析得出的统计量值$F_{(处理)}$大于0.05对应的界值，则概率小于0.05，拒绝原假设，认为各总体均数不全相等。故选B。

2.【答案】D

【解析】由于生物固有的个体变异的存在，从某一总体中随机抽取一个样本，所得样本统计量与相应的总体参数不同，即抽样误差。故选D。

3.【答案】A

【解析】同一批资料作总体相关系数的假设检验和作总体回归系数的假设检验分别得到的统计量值是相等的。鉴于相关系数的假设检验的简便性，可用相关系数的假设检验来回答回归系数假设检验的问题。故选A。

4.【答案】B

【解析】均数表示集中趋势，标准差表示离散程度。故选B。

5.【答案】A

【解析】单纯随机抽样是系统抽样、整群抽样、分层抽样的基础，主要用于总体不太大的情况。B选项的机械抽样即系统抽样。故选A。

6.【答案】B

【解析】随机区组设计的方差分析，将总变异分解成处理的变异、区组变异和随机误差；而析因设计能分析因素的单独效应、主效应和因素间的交互效应。故选B。

7.【答案】A

【解析】界值1.96对应的正态曲线双侧面积为0.05，则在区间范围内的面积为0.95。故选A。

8.【答案】A

9.【答案】A

10.【答案】B

【解析】第一类误差指如果实际情况与原假设H_0一致，仅仅由于抽样的原因，使得统计量的观察值落到拒绝域，拒绝原本正确的H_0，导致推断结论错误。概率用α表示，大小与检验水准相同。故选B。

11.【答案】E

【解析】变异系数主要用于量纲不同的变量间，或均数差别较大的变量间变异程度的比较。是变异的大小（S）相对于其平均水平（$\bar{X}$）的百分比，没有单位，消除量纲的影响。故选 E。

12.【答案】C

【解析】研究对象内部结构是否相同，若不同，则需进行标准化后再作比较。故选 C。

13.【答案】E

【解析】统计工作步骤：统计设计；收集资料；整理资料；分析资料。故选 E。

14.【答案】D

【解析】卡方检验统计量 $\chi^2>\chi^2_{(0.05)}$，落在 0.05 对应的界值的右侧，则对应的面积小于 0.05，即 P 值<0.05。故选 D。

15.【答案】C

【解析】当样本量大时，频率接近于概率，取值范围 0 和 1 之间，概率常用 P 表示。故选 C。

16.【答案】B

17.【答案】A

【解析】来自同一总体的两样本，抽样误差小的样本均数更接近总体均数。故选 A。

18.【答案】D

【解析】将出生体重变为等级变量，围产期是否死亡为二分类变量，进行交叉分类列联表的关联分析，检验出生体重的等级变量（如低出生体重、正常体重）与围产期是否死亡的关联性。故选 D。

19.【答案】D

【解析】成组设计（即完全随机设计），总变异分解为组间变异与组内变异，组间变异含处理因素与随机误差；而组内变异反映随机误差；若处理因素无作用，理论上，组间变异与组内变异相等，均为随机误差。故选 D。

20.【答案】A

【解析】结局变量为有序变量，取值存在次序，资料为等级资料。故选 A。

【A_2 型题】

21.【答案】E

【解析】线图用线段的升降表示统计指标的变化趋势。此资料以年份为横轴，病死率为纵轴画线图。半对数线图在比较几组数据的变化速度时，尤其几组数据相差悬殊时适用。故选 E。

22.【答案】C

【解析】根据参考值范围公式 $\bar{X}\pm1.96S$，可推导出 $29.45-18.39=2\times1.96S$，得出 $S=2.82$。故选 C。

23.【答案】B

【解析】根据配对设计，假设检验统计量 t 值的计算公式 $t=\dfrac{\bar{d}-0}{Sd/\sqrt{n}}$，算得 4.19，大于 t 分布上 0.05 的界值，则 $P<0.05$。故选 B。

24.【答案】A

【解析】独立样本 t 检验，自由度为 $\upsilon=n-1$，n 为样本量。故选 A。

25.【答案】E

【解析】甲乙两疗法的病情程度构成不同，不可比，采用直接标化法，以其中一个疗法的病情构成为标准，两疗法的标化治愈率相同。故选 E。

26.【答案】B

【解析】χ^2 大于界值，$P<0.05$，拒绝零假设 $\pi_1=\pi_2$。故选 B。

27.【答案】C

【解析】两药物的治愈率需进行假设检验，χ^2 可以比较两药物治愈率的差异，因总例数为 140>40，四格表中理论频数均大于 5，不需校正。故选 C。

28.【答案】A

【A_3/A_4 型题】

29.【答案】A

30.【答案】D

【解析】建立疗法为甲乙、治疗结果有无治愈的 2×2 四格表，定性资料分析采用 χ^2 检验。故选 D。

【B_1 型题】

31.【答案】A

【解析】收集资料是通过合理可靠的手段与渠道获得研究所需的原始数据。故选 A。

32.【答案】E

【解析】分析资料是对资料的统计分析，包括统计描述与统计推断。故选 E。

33.【答案】C

【解析】抗体滴度原始值分布不对称，但经对数转换后呈对称分布，用几何均数表示其平均水平。算术均数主要适用于对称分布或偏度不大的资料，尤其适合正态分布资料。例如，多数正常人的生理、生化指标宜用均数表达集中趋势。故选 C。

34.【答案】B

【解析】中位数适用于各种分布的资料，特别是偏态分布资料。故选 B。

35.【答案】A

【解析】表示一定时期内，在可能发生某病的一定人群中新发生某病的强度。发病率是表示发病危险的直接指标，可用于探讨疾病的危险因素。故选 A。

36.【答案】B

【解析】相对比是指两个有关联的指标之比，简称比；两个指标的性质可以相同，也可以不同。故选 B。

37.【答案】B

【解析】若四格表有理论数 $1\leq T<5$，则用校正公式。故选 B。

38.【答案】D

【解析】独立样本 R×C 列联表用选项 D 中公式计算统计量 χ^2。故选 D。

第三章　流行病学原理和方法

【A_1 型题】

1.【答案】B

【解析】归因危险度是暴露组发病率与对照组发病率相差的绝对值，表示危险特异地归因于暴露因素的程度。故选B。

2.【答案】B

【解析】筛检的目的主要体现在：①在外表健康的人群中发现可能患有某病的个体，进一步确诊与早期治疗，为二级预防。②发现高危个体，从病因学角度减少疾病发生，为一级预防。③识别疾病的早期阶段，揭示疾病“冰山现象”。疾病随访属于队列研究设计，而筛检常使用横断面设计。故选B。

3.【答案】B

【解析】合计率时，分子之和除以分母之和，不能简单地将分别计算的率相加后求平均。故选B。

4.【答案】B

【解析】诊断符合率是筛查试验判定的结果与标准诊断的结果相同的人数占总受检人数的比例。故选B。

5.【答案】C

【解析】目前流行病学的病因是：那些能使人群发病概率增加的因素。故选C。

6.【答案】A

【解析】提高灵敏度，尽量降低漏诊率，发现更多患者。故选A。

7.【答案】C

【解析】病例对照研究是一种回顾性的、由结果探索病因的研究方法。不能测定暴露组和非暴露组疾病的率。

8.【答案】E

【解析】抽样误差 $S_{\bar{x}}$ 反映样本均数估计总体均数的可靠性。故选E。

9.【答案】D

【解析】特异度指实际无病按该筛检标准被正确地判为无病的百分比。反映筛检试验确定非患者的能力。故选D。

10.【答案】E

【解析】效果指标是现场试验和社区试验评价效果的指标之一，即对照组发病率与实验组发病率之比。故选E。

11.【答案】D

【解析】临床试验属于实验性研究，包括四个原则：对照、随机化、盲法、重复。故选D。

12.【答案】E

【解析】实验设计有人为施加的干预措施，这是与观察性研究一个根本的不同点。故选E。

13.【答案】D

【解析】相对危险度RR（含危险度比和率比）是反映暴露与发病（死亡）关联强度的最有用指标，具有病因学意义。特异危险度（或归因危险度）虽与RR都是关联强度的重要指标，但更具有疾病预防和公共卫生学意义。故选D。

14.【答案】C

【解析】队列研究是将人群按是否暴露于某可疑因素及其暴露程度分为不同的亚组，追踪其各自的结局，比较不同亚组之间结局频率的差异，从而判定暴露因子与结局之间有无因果关联及关联大小的观察性研究。故选C。

15.【答案】B

【解析】现况调查为横断面调查，可以了解社区居民健康状况的时间、地区和人群分布。故选B。

16.【答案】A

【解析】实施筛检有三个最基本的条件：适当的筛检方法、确诊方法和有效的治疗手段。仅A项宫颈癌同时满足既是重大公共卫生问题，且目前筛检及早诊早治技术成熟，能及时、有效地发现和治疗癌前病变，防止宫颈癌发生。故选A。

17.【答案】E

【解析】回忆偏倚是信息偏倚的一种，信息偏倚指在研究实施过程中，获取研究所需信息时产生的系统误差；信息偏倚的表现是使研究对象的某种或某些特征被错误分类；因流行病学的暴露或疾病多为分类测量，故信息偏倚亦称错分偏倚。故选E。

18.【答案】A

【解析】试验设计原则包括对照、随机化、盲法、重复。故选A。

19.【答案】E

【解析】灵敏度为实际有病而按该筛检试验的标准被正确地判为有病的百分比。故选E。

20.【答案】A

【解析】中位数是表示集中趋势的指标。故选A。

21.【答案】A

【解析】罹患率是测量某人群某病新病例发生频率的指标，通常指在某一局限范围短时间内的发病率。故选A。

22.【答案】C

【解析】病例对照研究中表示疾病与暴露之间关联强度的指标为比值比OR。故选C。

23.【答案】B

【解析】发病率是一定期间内，一定范围人群中某病新发生病例出现的频率；诊断符合率是筛查试验判定的结果与标准诊断的结果相同的人数占总受检人数的比例。

24.【答案】B

【解析】队列研究中效应指标相对危险度（RR）指暴露组发病或死亡的危险是非暴露组的多少倍。故选B。

25.【答案】E

【解析】流行指某地区某病的发病率显著超过该病历年发病率水平；暴发是在一局部地区或集体单位中，短时间内突然发生很多症状相同的患者；大流行指发病率显著超过历年发病水平，蔓延迅速，涉及地区广；散发指发病率呈历年一般水平，在时间和地点上散在发生。

26.【答案】D

【解析】定群研究多为抽样研究，当发现两组率有差别时，首先要考虑抽样误差的可能性，需进行统计学检验。故选D。

27.【答案】E

【解析】关联的可重复性是病因推断的标准之一，即在不同研究背景下、不同研究者用不同的研究方法均可获得一致性的结论。E选项是不正确的，在不同地区，关联是可重复的，不具有地区性。故选E。

28.【答案】C

【解析】筛检试验的评价分别从真实性、可靠性、预测值、阳性结果截断值的确定四个方面来评价，而筛检效果的评价分别从收益（或收获量）、生物学效果（如病死率、死亡率等）与卫生经济学效果评价（如成本-效果分析、成本-效益分析等）。故选C。

【A_2型题】

29.【答案】B

【解析】根据有无疾病分组，回顾既往暴露史，由果及因的研究方法，为病例对照研究。故选B。

30.【答案】D

【解析】$AR=I_e-I_0$，I_e为暴露组发病率，I_0对照组发病率。故选D。

31.【答案】A

【解析】队列研究多为抽样研究，当发现两组率有差别时，首先要考虑抽样误差的可能性，需进行统计学检验。故选A。

32.【答案】C

【解析】队列研究是将人群按是否暴露于某可疑因素分组，追踪其各自的结局，比较不同组之间的结局频率的差异，从而判定暴露因子与结局之间有无因果关联及大小的观察性研究。此题将是否暴露放射性物质分为职工与电话员两组人群，随访观察1950～1980年，观察与比较各组出现骨瘤的例数。故选C。

【A_3/A_4型题】

33.【答案】A

【解析】A项为数据管理工作。

34.【答案】B

【解析】分析资料对资料的统计分析，包括统计描述与统计推断。故选B。

35.【答案】A

【解析】发病率为一定期间内，一定范围人群中某病新发生病例出现的频率。此题的发病率为2008年这一年新发病例200人与年中人口1000万的比。故选A。

36.【答案】D

【解析】患病率为某特定时间内总人口中某病新旧病例所占的比例。此题的患病率，因发生、死亡事件均匀分布在全年中，分子为年初病例800人与新发病例200人的和，分母为年中人口1000万。故选D。

37.【答案】E

【解析】死亡率为一定期间内，某人群中总死亡人数在该人群中所占比例。此题死亡率为死亡人数40与年中人口数1000人的比。故选E。

38.【答案】B

【解析】灵敏度为患者中被正确诊断为阳性的比例300/500。故选B。

39.【答案】A

【解析】此题为阳性预测值，指筛检试验阳性者患目标疾病的可能性。此题为300/(300+50)。故选A。

40.【答案】E

【解析】此题为阴性预测值，指筛检试验阴性者不患目标疾病的可能性。此题为450/(450+200)。故选E。

【B_1型题】

41.【答案】A

【解析】生存率指接受某种治疗的患者中，经n年随访尚存活的患者数所占的比例，反映疾病对生命的危害程度，评价远期疗效。故选A。

42.【答案】E

【解析】题意指时点患病率。故选E。

43.【答案】C

【解析】特异度即真阴性率。故选C。

44.【答案】A

【解析】对应筛检试验的四格表，A为真阳性数，C为假阴性数，C/(A+C)为假阴性率。故选A。

45.【答案】D

【解析】病例对照研究的研究时序是由果及因。故选D。

46.【答案】E

【解析】现况研究是暴露因素与结局在同一时点获得，难以确定前因后果的时序关系。此题确定参考值范围，可通过现况研究获得身高、体重的分布，采用百分位数法或正态分布法获得参考值范围。故选E。

47.【答案】A

【解析】漏诊率指假阴性率，指实际有病，根据筛检试验被确定为无病的百分比。故选A。

48.【答案】E

【解析】阳性预测值指筛检试验阳性者患目标疾病的可能性。故选E。

49.【答案】E

【解析】随机化指使用随机方法进行分组可以提高组间的均衡性，是研究结果具有良好的可比性。故选E。

50.【答案】C

【解析】样本量估计包括了对率（定性资料）、均数（定量资料）的估计。故选C。

第四章 临床预防服务

【A_1型题】

1.【答案】A

2.【答案】B

【解析】抗原转换是指流感病毒抗原变异幅度大，形成新亚型，是抗原的质变，转换的结果常引起流感的世界性大流行。故选B。

3.【答案】C

【解析】2000年，中国营养学会建议碳水化合物提供能量占膳食总能量的55%~65%。富含碳水化合物主要有面粉、大米、玉米、土豆、红薯等食物。故选C。

4.【答案】A

【解析】流行过程是传染病在人群中连续传播的过程，包括病原体从传染源排出，经过一定的传播途径，侵入易感者机体而形成新的感染的整个过程。故选A。

5.【答案】D

【解析】是人类摄食食物满足自身生理需要的必要生物学过程，包括食物供应、摄取、消化、吸收利用等。作为生命及其新陈代谢的物质基础，营养是机体生长发育、健康状况及寿命的必要条件和重要保证之一。故选D。

6.【答案】B

【解析】烟草烟雾中含4000多种化学物质，其中至少250个是已证实有害，50多种致癌。公共场所应禁烟，预防二手烟的危害，保护不吸烟人群。故选B。

7.【答案】B

【解析】影响健康的4个因素：行为与生活方式、生物学因素、环境因素、卫生保健因素。行为与生活方式因素最活跃。故选B。

8.【答案】B

【解析】营养素指为维持机体繁殖、生长发育和生存等一切生命活动和过程，需从外界环境中摄取的物质。故选B。

9.【答案】C

【解析】健康促进指一切能促使行为和生活条件向有益于健康改变的教育和环境支持的综合体，即健康教育+环境支持。故选C。

10.【答案】C

【解析】大豆提供丰富的优质蛋白质，保健功能越来越被认识。故选C。

11.【答案】B

【解析】引起人群易感性升高的主要因素包括：新生儿增加、易感人口迁入、免疫人口免疫力自然消退、免疫人口死亡。故选B。

12.【答案】B

【解析】参见第9题解析。

13.【答案】C

【解析】针对不愿戒烟者的快速干预策略为5R：Relevance，Risks，Rewards，Roadblocks，Repetition。

14.【答案】A

【解析】观察学习：社会认知理论对个体通过观察来学习，了解社会环境，进而形成行为作了系统的说明。故选A。

15.【答案】B

【解析】健康促进的五领域：建立促进健康的公共政策；创建健康支持环境；加强社区行动；发展个人技能；调整卫生服务方向。故选B。

16.【答案】D

【解析】此为对实施或放弃行为的障碍的认识：指人们对采取行动的困难的认识。对困难的足够认识，是行为巩固持久的必要前提。故选D。

17.【答案】D

【解析】提倡在社区、组织，以社区、学校、医院、工厂等场所为载体，以全人群为干预对象，采取包括政策、环境改变为主的综合策略来开展控烟工作。故选D。

18.【答案】B

【解析】美国卫生总署1996年推荐体力活动的标准：每个成年人在一周的每一天或绝大部分天内都应该有累计30分钟的中等强度的体力活动。故选B。

19.【答案】B

【解析】健康相关行为是指任何与疾病预防、增进健康、维护健康及恢复健康相关的行动。故选B。

20.【答案】D

【解析】静坐生活方式最终会导致冠心病、缺血性卒中、糖尿病、乳腺癌、大肠癌、骨质疏松等。故选D。

21.【答案】D

【解析】我国重视传染源的管理，先后颁布《国境卫生检疫条例》《中华人民共和国卫生检疫法》《中华人民共和国传染病防治法》。故选 D。

22.【答案】E

【解析】潜伏期是指自病原体侵入机体到最早临床症状出现这一段时间。故选 E。

23.【答案】C

【解析】重点在于帮助制订戒烟计划、处理出现的戒断症状、指导使用辅助戒烟药物、咨询指导服务等。

24.【答案】D

【解析】过量摄入维生素 A 可引起急性、慢性及致畸毒性。故选 D。

25.【答案】B

【解析】1986 年，班杜拉将“社会学习理论”更名为“社会认知理论”，提出“交互决定论”。故选 B。

26.【答案】D

【解析】免疫接种属于预防接种服务利用。故选 D。

27.【答案】E

28.【答案】A

29.【答案】B

【解析】是指突然发生，造成或者可能造成社会公众健康严重损害的重大传染病疫情、群体性不明原因疾病、重大食物和职业中毒以及其他严重影响公众健康的事件。故选 B。

30.【答案】D

31.【答案】C

【解析】第一级预防即病因预防，在疾病（或伤害）尚未发生时针对病因或危险因素采取措施。故选 C。

32.【答案】A

【解析】增权和社会参与是健康促进的核心策略。

33.【答案】D

34.【答案】C

【解析】参见第 11 题解析。故选 C。

35.【答案】D

【解析】久坐不起是心血管疾病的行为危险因素。故选 D。

36.【答案】C

【解析】“知－信－行”是知识、信念、行动简称。故选 C。

37.【答案】C

【解析】不健康行为属于后天行为，为社会行为，具有社会属性。故选 C。

38.【答案】B

【解析】对自己实施和放弃某行为的能力的自信，即自我效能。此题尝试戒烟，但不相信有能力戒烟而失败，自我效能低。故选 B。

39.【答案】E

【解析】5A 戒烟法。①询问：识别吸烟者，询问并记录患者吸烟情况。②建议：积极劝说所有吸烟者戒烟。③评估：每位吸烟者的戒烟动机与意愿。④帮助：提供戒烟帮助。故选 E。

40.【答案】D

【解析】吸烟有害健康。故选 D。

41.【答案】B

【解析】人的行为受生物因素和社会因素共同决定，可分为本能行为和社会行为。故选 B。

42.【答案】C

43.【答案】B

【解析】对疾病严重性的认识：指个体对罹患某种疾病的严重性的看法，包括对疾病引起的临床后果的判断，对疾病引起社会后果的判断。故选 B。

44.【答案】C

【解析】5A 模式：评估、建议、协商、帮助、安排随访。评估行为现状、知识、技能、自信心。故选 C。

45.【答案】C

【解析】在社会化过程中形成、主要由社会情境决定的行为视为社会行为。适量运动为社会行为。故选 C。

46.【答案】B

【解析】WHO 曾宣布，个人健康和寿命 60%取决于自己，而行为生活方式是个人的主要因素。故选 B。

47.【答案】E

【解析】参见第 17 题解析。

48.【答案】C

【解析】“烟草依赖”已被 WHO 作为一种疾病，列入国际疾病分类（ICD-10）F17.2，属神经精神疾病。故选 C。

49.【答案】E

【解析】此为行为维持阶段，已经维持新行为状态 10 个月，并努力防止吸烟行为复发。故选 E。

50.【答案】C

【解析】在社会化过程中形成、主要由社会情境决定的行为视为社会行为。平衡膳食也为社会行为。故选 C。

51.【答案】C

【解析】健康咨询是临床场所尤其是初级卫生保健场所帮助个体及家庭改变不良行为最常用的健康教育方式。咨询的成功取决于咨询者的交流技巧。故选 C。

52.【答案】E

53.【答案】A

54.【答案】B

【解析】为创造健康支持环境：创造安全、舒适、满意、愉悦的工作和生活条件，减少病因和疾病危险因素，降低疾病威胁。故选 B。

55.【答案】D

【解析】静坐生活方式指：在工作、家务、交通行程期间或在休闲时间内，不进行任何体力活动或仅有非常少的体力活动。故选 D。

56.【答案】E

【解析】体力活动是控制体重的关键，从事静坐职业者一周每天都要有 60 分钟的体力活动。故选 E。

57.【答案】C

【解析】《渥太华宣言》指明健康3个基本策略：倡导、增权、协调。故选C。

58.【答案】B

【解析】WHO将5月31日为世界无烟日。故选B。

59.【答案】B

【解析】此为行为维持阶段，已经维持新行为状态长达6个月以上，要维持成果。故选B。

60.【答案】B

【解析】健康信念理论的核心概念是感知，是对疾病威胁感知和行为评估。故选B。

【A_2型题】

61.【答案】D

【解析】碘缺乏的典型症状是甲状腺肿大，由于缺碘造成甲状腺素合成分泌不足，引起垂体大量分泌TSH，导致甲状腺阻滞代偿性增生而发生腺体肿大。故选D。

【A_3/A_4型题】

62.【答案】A

【解析】甲肝主要通过粪-口途径传播。故选A。

63.【答案】C

【解析】森林脑炎经节肢动物传播的传染病，寄生在鼠类身上的蜱为媒介传染给人。故选C。

64.【答案】D

【解析】禽流感是禽类流行性感冒病毒感染的简称，是由A型流感病毒引起禽类的一种从呼吸系统感染到败血症等多种症状的传染病。故选D。

65.【答案】B

【解析】BMI = 体重（千克）/身高（米）^{2} 为26.6。故选B。

66.【答案】E

【解析】肥胖的膳食治疗原则主要包括总能量摄入、改变宏量营养素构成，多摄入低血糖生成指数膳食、补充维生素、矿物质和生物活性物质。故选E。

67.【答案】A

【解析】维生素D缺乏时，由于骨骼不能正常钙化，易引起骨骼变软和弯曲变形，即佝偻病。故选A。

68.【答案】B

【解析】维生素D主要存在于海水鱼、肝、蛋黄等动物性食品及鱼肝油制剂中。人奶和牛奶是维生素D较差的来源，蔬菜、谷类及其制品和水果等只含有少量的维生素D。故选B。

69.【答案】D

【解析】血清钙磷乘积、血清碱性磷酸酶活性被用于判定佝偻病。故选D。

【B_1型题】

70.【答案】E

【解析】健康教育通过信息传播和行为干预帮助个人和群体采纳有利于健康的行为和生活方式。要注重行为改变。故选E。

71.【答案】B

【解析】健康促进的5个活动领域包括创造健康支持环境。故选B。

72.【答案】B

【解析】定期体检为健康行为。故选B。

73.【答案】B

【解析】定期体检为第二级预防，在无症状人群中尽早发现、诊断与处理无症状的患者，被称为健康行为。故选B。

74.【答案】B

【解析】世界卫生组织《烟草控制框架公约》（简称《公约》）作为医药卫生领域第一部具有法律约束力的多边条约，于2006年1月9日在我国正式生效。故选B。

75.【答案】B

76.【答案】B

【解析】提高烟草单位价格、政府立法提高烟草税，是减少新吸烟者的策略及措施。故选B。

77.【答案】E

【解析】利用标签等醒目标识督促卫生保健服务提供者劝阻吸烟的提醒系统、卫生保健服务提供者控烟培训及有或无患者健康教育等内容的多措施戒烟干预，是适合于卫生保健系统水平上开展戒烟的系统策略及措施。故选E。

78.【答案】D

79.【答案】C

【解析】健康促进的5个活动领域：建立促进健康的公共政策、创建健康支持环境、加强社区行动、发展个人技能、调整卫生服务方向。故选C。

80.【答案】E

【解析】维生素D缺乏引起佝偻病。故选E。

81.【答案】C

【解析】长期膳食铁供给不足，可引起体内铁缺乏或导致缺铁性贫血。故选C。

82.【答案】A

【解析】维生素C缺乏主要引起坏血病。故选A。

83.【答案】B

【解析】维生素A最好的来源是动物肝脏、鱼肝油等。故选B。

84.【答案】C

【解析】维生素C主要来源于新鲜蔬菜和水果。故选C。

85.【答案】B

【解析】动物性食物含有丰富且易吸收的血红素铁。故选B。

86.【答案】B

【解析】动物性蛋白质质量好、利用率高，牛奶是优质蛋白质的重要食物来源。故选B。

87.【答案】C

【解析】蔬菜与水果是膳食纤维的主要来源。故选C。

第五章　社区公共卫生

【A_1 型题】

1.【答案】D

【解析】社区诊断是应用社会学与流行病学方法手段，收集社区有关健康问题的资料，评估社区群众的需要与愿望及生活质量，找出存在的健康问题，了解社区卫生资源和卫生服务的提供和利用情况，为下一步制订计划提供依据。故选 D。

2.【答案】D

【解析】影响评价是项目执行后的直接效果，是确定项目实施后对最终目的或结果的作用。故选 D。

3.【答案】B

【解析】流行过程必须具备传染源、传播途径和易感人群三个基本环节。故选 B。

4.【答案】E

【解析】沙门菌属是肠杆菌科，是寄生于人和动物肠道的革兰阴性杆菌。常引起食物中毒的细菌有鼠伤寒、猪霍乱、肠炎沙门菌。故选 E。

5.【答案】B

【解析】A、C、D 为一级预防，E 为三级预防，B 为二级预防。故选 B。

6.【答案】D

【解析】传染源指体内有病原体生长、繁殖并且能排除病原体的人和动物。故选 D。

7.【答案】A

【解析】硅沉着病的基本病理改变是矽结节形成和弥漫性间质纤维化，矽结节是硅肺特征性病理改变。故选 A。

8.【答案】A

9.【答案】A

【解析】效果指治疗方案或卫生服务实施后所取得的结果，可以是好的或不好的结果。故选 A。

10.【答案】C

【解析】经空气传播的传染病流行特征：①因为传播途径易实现，传播广泛，发病率高。②冬春季高发。③少年儿童多见。④在未免疫预防人群中，发病率呈周期性升高现象。⑤受居住条件和人口密度的影响。故选 C。

11.【答案】D

【解析】光化学烟雾以汽油作为动力燃料后出现的一种新型大气污染物，是大气中碳氢化物和氮氧化物等在强烈日光紫外线作用下，经过一系列光化学反应而生成的浅蓝色烟雾。故选 D。

12.【答案】C

【解析】隔离式防毒面具即供气式防毒面具。故选 C。

13.【答案】C

【解析】一级预防来识别、评价并干预具有心血管病危险因素的高危个体，减少疾病的危险性。故选 C。

14.【答案】E

【解析】垂直传播指病原体通过母体传给子代的传播。包括经胎盘传播、上行性传播和分娩引起的 3 种方式。故选 E。

15.【答案】D

【解析】健康监护的基本内容包括健康检查、健康监护档案的建立和运用、健康状况分析以及劳动能力鉴定。故选 D。

16.【答案】D

【解析】毒蕈中毒类型：胃肠型、神经精神型、溶血型、中毒肝炎型。故选 D。

17.【答案】B

18.【答案】C

【解析】食物中毒的发病特点：发病与食物有关；潜伏期短，发病突然，呈暴发性；中毒患者临床表现相似；人与人之间无传染性。故选 C。

19.【答案】A

【解析】工作场所空气中粉尘的化学成分直接决定对人体危害性质，不同化学成分可导致纤维化、中毒和致敏作用等。故选 A。

20.【答案】D

【解析】治疗的急救原则为洗胃、催吐和导泻。治疗沙门菌食物中毒以对症处理为主，重者可用抗生素，另外采用镇静、升压、抗休克等治疗方法。故选 D。

21.【答案】A

22.【答案】E

【解析】深入访谈法指利用没有问卷或提纲的开放性谈话，或利用准备好的访谈提纲进行访谈，问题的顺序不是严格的。这种访谈可能是与非故意选择的个体间随意的非正式谈话，或是与关键的知情者的正式访谈。故选 E。

23.【答案】C

【解析】专题小组访谈根据研究目的确定好要讨论的主要问题和目标小组，然后召集一小组同类人员在主持人用事先准备的讨论提纲引导下进行开放式讨论。故选 C。

24.【答案】E

【解析】90%～95% 的铅储存于骨内。故选 E。

25.【答案】D

【解析】镉主要蓄积在肾脏和肝脏。故选 D。

26.【答案】C

27.【答案】A

【解析】急性苯中毒是指口服含苯的有机溶剂或吸入高浓度苯蒸气后，出现以中枢神经系统麻醉作用为主要表现的病理生理过程。故选 A。

28.【答案】A

【解析】2003年5月9日国务院公布施行《突发公共卫生事件应急条例》。故选A。

29.【答案】D

【解析】A、B、C为三级预防，E为二级预防，D为一级预防。故选D。

30.【答案】A

【解析】健康监护是通过各种检查和分析，掌握监护对象和人群的健康情况，早期发现健康损害征象的重要手段。故选A。

31.【答案】D

【解析】B与C项为筛检，二级预防；A与E为三级预防，改善预后。D为一级预防。故选D。

32.【答案】B

【解析】铅中毒机制研究中，铅对卟啉代谢和血红素合成影响的研究最为深入，出现卟啉代谢紊乱是铅中毒重要和较早的变化之一。故选B。

33.【答案】E

【解析】食物中毒指摄入含有生物性、化学性有毒有害物质的食品或把有毒有害物质当做食品摄入后所出现的非传染性急性、亚急性疾病，不包括因暴饮暴食、食源性肠道传染病、寄生虫病、摄入有毒有害物质而引起的慢性疾病。

34.【答案】B

【解析】效率评价是指干预措施实施后，卫生服务量与质的变化（产出）与项目实施所投入的资源之间的比较评价，也就是每提供单位资源所产生的符合质量要求的服务量。故选B。

35.【答案】E

【解析】潜伏期指自病原体侵入机体到最早临床症状出现这一段时间。其用途之一是确定接触者的留验、检疫和医学观察期限。故选E。

36.【答案】C

【解析】参与性观察指通过生活在另一种文化或亚文化环境中和参与被观察人的日常生活而收集资料。能够翔实准确地获得第一手资料。故选C。

37.【答案】A

【解析】我国肺癌发病率和死亡率自20世纪70年代以来呈明显上升趋势；发达地区、城市发病率高于农村，性别间有明显差异，男性高于女性。故选A。

38.【答案】A

【解析】劳动过程中的有害因素：①劳动组织和制度不合理、劳动作息制度不合理等。②精神（心理）性职业紧张。③劳动强度过大或生产定额不当。④个别器官或系统过度紧张。⑤长时间处于不良体位、姿势或使用不合理工具。⑥不良生活方式。故选A。

39.【答案】C

【解析】环境中有害物质按其性质可分为物理性、化学性和生物性有害物质。故选C。

40.【答案】B

【解析】轻度、中度中毒者，治愈后可恢复原工作，不必调离铅作业。故选B。

41.【答案】C

【解析】镉经消化道吸收一般不超过10%，但当有铁、蛋白质、钙或锌缺乏时，镉吸收增加。故选C。

42.【答案】B

【解析】硅沉着病并发症中最为常见和危害最大的是肺结核。故选B。

43.【答案】A

【解析】地方病是指各种原因所致的具有地方性发病特点的疾病，与地球化学、生物因素密切相关的地方病。故选A。

44.【答案】A

【解析】恶性肿瘤的主要危险因素分为环境致癌因子和机体内源性因素（免疫、内分泌和遗传因素）。故选A。

45.【答案】C

【解析】流行病学调查：根据发病急，短时间内同时发病，发病范围局限在食用同一种有毒食物的人群，找到引起中毒的食物。实验室诊断：细菌学及血清学检查，动物实验检测细菌毒素的存在。故选C。

46.【答案】C

【解析】1型糖尿病的危险因素为遗传因素、病毒感染、自身免疫、环境因素。故选C。

47.【答案】E

【解析】河豚中毒机制：可直接作用于胃肠道，引起局部刺激作用；选择性地阻断细胞膜对Na^+的通透性，使神经传导阻断，呈麻痹状态。故选E。

48.【答案】C

【解析】河豚毒素在体内分布广泛，以内脏为主，卵巢毒性最大，肝脏次之。故选C。

49.【答案】E

【解析】E为形成评价或适宜度评价，非结果评价。故选E。

50.【答案】C

【解析】将接触含有10%以上游离二氧化硅的粉尘作业称为硅肺作业。故选C。

51.【答案】D

【解析】因水污染而通过水传播疾病的属于生物性污染，生物性污染分为病原体污染、真菌污染、藻类污染。故选D。

52.【答案】D

【解析】社区干预试验是以社区人群整体为干预单位进行的试验，评价不易落实到个体的干预措施效果。故选D。

53.【答案】E

【解析】实施社区卫生服务应遵循以健康为中心、以人群为对象、以需求为导向、社区内多部门合作和人人参与的原则。故选E。

54.【答案】B

【解析】甲醛是一种挥发性有机化合物，大量存在于多种装饰物品和建筑材料。故选 B。

55.【答案】D

【解析】传播途径是指病原体从传染源排出后，侵入新的易感宿主前，在外环境中所经历的全部过程。故选 D。

56.【答案】C

【解析】将某治疗方案或卫生服务每个方案的成本与效益联系进行比较与评价的分析方法。用效益描述，即以货币的形式表达。故选 C。

57.【答案】D

【解析】“五苗防七病”：乙肝疫苗、卡介苗、脊灰疫苗、百白破疫苗、麻疹疫苗。故选 D。

58.【答案】D

【解析】铅及其化合物主要以粉尘、烟或蒸气的形式污染生产环境。故选 D。

59.【答案】C

【解析】社区动员指通过发动社区人民群众的广泛参与，让他们依靠自己力量实现特定社区健康发展目标的群众性运动。群众的参与和支持，是任何一项事业成功的基础。故选 C。

60.【答案】B

【解析】慢性汞中毒典型临床表现为易兴奋症、震颤和口腔炎。故选 B。

61.【答案】E

62.【答案】B

【解析】电离辐射可由不带电荷的光子组成，具有波的特性和穿透能力，如 X 射线、γ 射线和宇宙射线。故选 B。

63.【答案】E

【解析】社区诊断包括了解所需信息、收集资料、整理分析资料、报告诊断结果。故选 E。

64.【答案】C

【解析】热射病是由于人体在热环境下，散热途径受阻，体温调节机制失调所致。故选 C。

65.【答案】D

【解析】指生物系统接触外源化学物（或物理因素）后出现的改变。生物标志物可能是接触标志物，也可能是效应标志物。

66.【答案】C

【解析】职业卫生的主要任务是识别、评价、预测、控制和研究不良环境和职业性有害因素对职业从事者健康的影响。故选 C。

67.【答案】C

【解析】社区预防服务是采用健康促进的策略，以健康为中心，以社区为范畴和人群为对象、动员社区内多部门合作和人人参与的综合性服务。故选 C。

68.【答案】E

69.【答案】E

【解析】突发公共卫生事件的主要特征：突发性、准备和预防的困难性、表现呈多样性、处置和结局的复杂性、群体性、后果的严重性。故选 E。

【A_2 型题】

70.【答案】D

【解析】沙门菌属食物中毒主要为动物性食品，特别是畜肉类，其次为禽肉、蛋类、乳类及其制品；临床表现：呕吐、腹泻、腹痛，水样便，少数带有黏液或血，体温升高，可达 38～40℃。因此患者最可能是沙门菌属食物中毒。故选 D。

71.【答案】C

【解析】慢性铅中毒的早期表现为乏力、关节肌肉酸痛、胃肠道症状；继而出现头晕、头痛等神经症表现，肢端麻木、四肢末端呈手套、袜套样感觉障碍等中枢周围神经病表现。

72.【答案】D

【解析】用 $1g/m^3$ 碘加酒精点燃熏蒸，使空气中的汞生成不易挥发的碘化汞。故选 D。

73.【答案】D

【解析】无通风环境中连续工作 4 小时，为 CO 急性轻度中毒。以脑缺氧反应为主要表现：头痛、头晕、失眠、耳鸣等，恶心、呕吐和四肢无力等，意识模糊甚至轻度至中度意识障碍，但无昏迷。

74.【答案】C

【解析】粉尘沉着症：吸入生产性粉尘后，沉积于肺组织中呈现异物反应，X 线胸片上可以看到满肺野结节状阴影，脱离粉尘作业，病变可以不再继续发展，肺部阴影逐渐消退。故选 C。

75.【答案】D

【解析】温度计内含汞，患者职业接触汞；近 4 年来出现神经系统症状和 1 年来出现震颤，为慢性汞中毒症状。故选 D。

【A_3/A_4 型题】

76.【答案】B

【解析】传染病综合医院未经处理的污水直接排入河中，污染了 80%居民饮用的河水。故选 B。

77.【答案】C

【解析】供水过程的各个环节都存在致病菌的污染，通过消毒来切断饮用水水质中病原微生物的传播途径，预防传染病的发生和流行。故选 C。

78.【答案】A

【解析】为保证消毒效果，加氯量必须超过水的需氯量，使在氧化和杀菌后还能剩余一些有效氯。故选 A。

79.【答案】D

【解析】亚硝酸盐中毒的主要症状为口唇、指甲以及全身皮肤出现青紫等组织缺氧表现，即“肠源性青紫症”。故选 D。

80.【答案】E

【解析】急救措施：①催吐、洗胃和导泻尽快排出毒物。②给予解毒剂亚甲蓝和补充大剂量维生素 C。③对症治疗。故选 E。

81.【答案】D

【解析】H_2S 为剧毒气体，可引起刺激反应、急性中毒和慢性损害；患儿有短期内吸入较大量 H_2S 的职业接触史，出现中枢神经系统和呼吸系统损害为主的临床表现，其表现符合 H_2S 中毒症状。故选 D。

82.【答案】A

【解析】加强职业卫生安全教育和自救互救相关知识技能培训，增强自我保护意识。

83.【答案】C

【解析】拟除虫菊酯类农药的临床表现：①急性中毒经皮肤吸收和经呼吸道吸收引起，面部皮肤灼痒感或头晕，眼痛、流泪、眼睑红肿等。②中毒严重者上腹部灼痛、恶心或呕吐，胸闷、心悸等，意识模糊或昏迷。

84.【答案】C

【解析】目前无特效解毒治疗，以对症治疗及支持疗法为主。有皮肤污染者：肥皂水或清水彻底清洗；阿托品减轻口腔分泌和肺水肿，但切忌剂量过大。

85.【答案】C

86.【答案】B

【解析】首选依地酸二钠钙，每日 1.0g 静脉注射或加于 25%葡萄糖液静脉滴注。

87.【答案】C

88.【答案】B

【解析】降低生产环境空气中铅浓度，使之达到卫生标准是预防的关键。

【B_1 型题】

89.【答案】B

【解析】水俣病是世界上首次发现的因水体汞污染导致的出生缺陷病，母亲妊娠期间摄入甲基汞，通过胎盘引起胎儿中枢神经系统发育障碍所致。

90.【答案】A

【解析】光化学烟雾是由汽车尾气中的氮氧化物和挥发性有机物在日光紫外线的照射下，经过一系列的光化学反应生成的刺激性很强的浅蓝色烟雾。

91.【答案】C

【解析】引起沙门菌食物中毒的主要是动物性食品，特别是畜肉类及其制品，其次为禽肉、蛋类、乳类及其制品。

92.【答案】A

【解析】金黄色葡萄球菌引起中毒的食品主要是营养丰富且含水分较多的食品，如乳类及乳制品、肉类、剩饭等。故选 A。

93.【答案】B

【解析】河豚中毒特点：发病急速而剧烈，起初感觉手指、口唇和舌有刺痛，然后出现恶心、呕吐、腹泻等胃肠症状，伴有四肢无力、发冷、知觉麻痹、眩晕，重者瞳孔及角膜反射消失，四肢肌肉麻痹，共济失调，全身麻痹、瘫痪，语言不清以及血压、体温下降。

94.【答案】D

【解析】沙门菌食物中毒临床表现以胃肠炎最为常见，呕吐、腹泻、腹痛，水样便，少数带有黏液或血。

95.【答案】E

【解析】有机磷农药中毒用阿托品及胆碱酯酶复能剂解毒，并对症支持治疗，及时纠正缺氧，维持水、电解质及酸碱平衡。

96.【答案】C

【解析】对症处理：抽搐、惊厥用地西泮（安定）5～10mg 肌内注射或静脉注射，流涎、恶心等皮下注射阿托品 0.1～1mg。静脉输液、利尿以加速毒物排出，糖皮质激素、维生素 C、维生素 B_6 等可选用，以维持重要脏器功能及水电解质平衡。

97.【答案】A

98.【答案】B

【解析】汞主要分布在肾皮质，以近曲小管上皮组织内含量最多，导致肾小管重吸收功能障碍。

99.【答案】C

【解析】长期接触铅会导致神经系统、消化系统、血液及造血系统疾病。

100.【答案】B

【解析】长期接触苯会对血液造成极大伤害，引起慢性中毒。

第四部分 临床医学综合

第九篇 呼吸系统

第一章 慢性阻塞性肺疾病

【A_1 型题】

1.【答案】B

2.【答案】A

【解析】蛋白水解酶对组织有损伤、破坏作用，抗蛋白酶对弹性蛋白酶等多种蛋白酶具有抑制功能，其中 α_1 抗胰蛋白酶是活性最强的一种。蛋白酶增多或抗蛋白酶不足均可导致肺组织结构破坏，产生肺气肿。发生 COPD 时会有 α_1 抗胰蛋白酶的减少。故选 A。

3.【答案】B

【解析】病毒、支原体、细菌等感染是慢性支气管炎发生发展的重要原因之一。病毒感染以流感病毒、鼻病毒、腺病毒和呼吸道合胞病毒为多见。细菌感染常继发于病毒感染，常见病原体为肺炎链球菌、流感嗜血杆菌、卡他莫拉菌和葡萄球菌。故选 B。

4.【答案】A

5.【答案】C

6.【答案】A

7.【答案】A

【解析】慢阻肺患者肺功能评估可使用 GOLD 分级：吸入支气管扩张剂后 $FEV_1/FVC<0.7$；再依据其 FEV_1 下降程度进行气流受限的严重程度分级，见表 4-9-1-1。故选 A。

表 4-9-1-1 慢阻肺患者气流受限严重程度的肺功能分级

肺功能分级	患者肺功能 FEV_1 占预计值的百分比（FEV_1% pred）
GOLD 1 级：轻度	FEV_1%pred≥80%
GOLD 2 级：中度	50% ≤ FEV_1% pred<80%
GOLD 3 级：重度	30% ≤ FEV_1% pred<50%
GOLD 4 级：极重度	FEV_1%pred<30%

8.【答案】C

【解析】慢性支气管炎的特点是缓慢起病，病程长，反复急性发作而使病情加重。主要症状为咳嗽、咳痰或伴有喘息。急性加重的主要原因是呼吸道感染，病原体可以是细菌、病毒、衣原体等。急性发作期主要表现为咳嗽、咳痰、喘息等症状突然加重。故选 C。

9.【答案】E

【解析】COPD 急性加重期的治疗应为控制感染、镇咳、祛痰及平喘。氧氟沙星为喹诺酮类抗生素，可用于抗感染治疗。溴己新、羧甲司坦、氨溴索均为祛痰药物，而可待因为强效中枢镇咳药，老年人排痰困难，使用中枢镇咳药物使痰液更不易排出，对治疗不利。故选 E。

10.【答案】E

11.【答案】D

【解析】慢性支气管炎的痰液一般为白色黏液和浆液泡沫性，偶可带血。清晨排痰较多，起床后或体位变动可刺激排痰。急性加重期常为黏液脓性痰。D 项描述错误。故选 D。

12.【答案】D

【解析】COPD 常见并发症有：①慢性呼吸衰竭：常在慢性阻塞性肺疾病急性加重时发生，其症状明显加重，发生低氧血症和/或高碳酸血症，出现缺氧和二氧化碳潴留的临床表现。②自发性气胸：如有突然加重的呼吸困难，并伴有明显的发绀，患侧肺部叩诊为鼓音，听诊呼吸音减弱或消失，应考虑并发自发性气胸。③慢性肺源性心脏病：由于慢阻肺肺部病变引起肺血管床减少及缺氧致肺动脉收缩、血管重塑，导致肺动脉高压、右心室肥厚扩张，最终发生右心功能不全。而支气管扩张不是 COPD 的并发症。故选 D。

13.【答案】D

14.【答案】D

15.【答案】D

【解析】支气管扩张的典型表现为反复大量咳脓痰或反复咯血。X 线胸片示肺纹理增粗或呈卷发状。高分辨螺旋 CT 示支气管呈囊柱状扩张为其特征性表现，可以与慢性支气管炎相鉴别。故选D。

16.【答案】D

【解析】按累及肺小叶的部位，可将阻塞性肺气肿分为小叶中央型、全小叶型及介于两者之间的混合型三类，其中以小叶中央型为多见。小叶中央型是由于终末细支气管或一级呼吸性细支气管炎症导致管腔狭窄，其远端的二级呼吸性细支气管呈囊状扩张，其特点是囊状扩张的呼吸性细支气管位于二级小叶的中央区。全小叶型是呼吸性细支气管狭窄，引起所属终末肺组织，即肺泡管、肺泡囊及肺泡的扩张，其特点是气肿囊腔较小，遍布于肺小叶内。故选D。

17.【答案】B

【解析】慢性支气管炎早期肺功能检查多无异常，少数患者可检出小气道（<2mm）的功能异常。随着病情加重逐渐出现气道狭窄、阻力增加和气流受限。慢性支气管炎肺功能的早期改变是小气道功能异常。有小气道阻塞时，表现为最大呼气流速-容量曲线在75%和50%容量时明显降低，闭合气量和闭合容量明显增高。当使用支气管扩张剂后$FEV_1/FVC<0.7$提示已发展为慢性阻塞性肺疾病。故选B。

18.【答案】A

19.【答案】B

20.【答案】A

【解析】慢性支气管炎急性加重期的治疗为：①控制感染：视感染的主要致病菌和严重程度或根据病原菌药敏结果选用抗菌药物。急性感染控制后，应及时停用抗生素，以免长期应用引起二重感染和细菌耐药。②祛痰、镇咳：对急性发作期患者在抗感染治疗的同时，应用祛痰药及镇咳药物，以改善症状。③解痉、平喘：常选用氨茶碱口服，或β_2受体激动药吸入。缓解期的治疗为：①戒烟：避免吸入有害气体和其他有害颗粒。②增强体质，预防感冒。③反复呼吸道感染者可试用免疫调节剂或中药治疗。A项说法错误。故选A。

21.【答案】D

22.【答案】B

【解析】慢性支气管炎的X线检查早期可无异常。反复发作者表现为肺纹理增粗、紊乱，呈网状或条索状、斑点状阴影，以双下肺野明显。故选B。

23.【答案】C

【解析】慢性阻塞性肺疾病的诊断主要根据吸烟等高危因素史、临床症状、体征及肺功能检查等，并排除可以引起类似症状和肺功能改变的其他疾病，综合分析确定。肺功能检查见持续气流受限是慢阻肺诊断的必备条件，吸入支气管扩张剂后$FEV_1/FVC<0.7$为确定存在持续气流受限的界限。故选C。

24.【答案】B

25.【答案】C

【解析】慢阻肺与慢性支气管炎和肺气肿有密切关系。当慢性支气管炎、肺气肿患者肺功能检查出现持续气流受限时，则能诊断为慢阻肺；如患者只有慢性支气管炎和/或肺气肿，而无持续气流受限，则不能诊断为慢阻肺。故选C。

26.【答案】E

【解析】家庭氧疗对慢阻肺并发慢性呼吸衰竭者可提高生活质量和生存率。使用家庭氧疗的指征为：①$PaO_2\le 55mmHg$或$SaO_2\le 88\%$，有或没有高碳酸血症。②PaO_2 55～60mmHg，或$SaO_2<89\%$，并有肺动脉高压、心力衰竭所致水肿或红细胞增多症。一般用鼻导管吸氧，氧流量为1.0～2.0L/min，吸氧时间10～15h/d。目的是使患者在静息状态下，达到$PaO_2\ge 60mmHg$和/或使SaO_2升至90%以上。E项错误。故选E。

27.【答案】A

【解析】慢性支气管炎的病因包括：①吸烟。吸烟为最重要的环境发病因素。②职业粉尘和化学物质。③空气污染。④感染因素。⑤其他因素，免疫功能紊乱、气道高反应性、年龄增大及气候等环境因素。由此可见，与慢性支气管炎的发生关系最密切的是有害气体和有害颗粒。故选A。

28.【答案】B

【解析】慢阻肺患者多为中年发病，症状缓慢进展，多有长期吸烟史。哮喘患者多为早年（如儿童期）发病，每日症状变化快，夜间和清晨症状明显，也可有过敏史、鼻炎和/或湿疹，可有哮喘家族史。大多数哮喘患者的气流受限具有显著的可逆性，合理使用吸入糖皮质激素等药物常能有效控制病情，是其与慢阻肺相鉴别的一个关键特征。故选B。

29.【答案】C

30.【答案】E

【A_2型题】

31.【答案】E

【解析】根据患者的病史及体征，目前考虑诊断为慢性阻塞性肺疾病急性加重期，进一步需行肺功能等辅助检查明确诊断。慢阻肺急性加重期的治疗应以抗感染治疗为主，并辅以吸氧，及使用支气管扩张剂、糖皮质激素及祛痰药物治疗。故选E。

32.【答案】E

33.【答案】E

【解析】该患者有吸烟高危因素史，并有咳嗽、咳痰、气促典型病史，近2天受凉后出现急性加重的症状。查体有双肺语颤减弱及干、湿啰音等肺气肿及急性感染的体征。肺功能检查提示有持续气流受限，故考虑诊断为慢性阻塞性肺疾病急性加重期。故选 E。

34.【答案】C

【解析】患者有慢性咳嗽、咳痰的病史。阻塞性通气功能障碍的肺功能检查结果特点为肺活量（VC）正常或减低、第一秒用力呼气量（FEV_1）减低、残气量（RV）增加、肺总量（TLC）正常或增加、残气容积/肺总量（RV/TLC）明显升高，此患者的肺功能检查结果示 VC 为预计值的 85%（正常），FEV_1/FVC 为 52%（明显降低），符合阻塞性通气功能障碍的特点。故选 C。

35.【答案】D

36.【答案】D

【解析】患者病史符合慢性支气管炎的特点，近 1 周出现咯血，肺间质纤维化、肺气肿、肺心病、气胸一般不会出现咯血的症状；老年男性，出现咯血症状应考虑并发了肿瘤的可能。故选 D。

37.【答案】D

38.【答案】C

【解析】慢阻肺患者有突然加重的呼吸困难，并伴有明显发绀、胸痛，应考虑并发了自发性气胸，进一步可通过 X 线胸片明确诊断。故选 C。

39.【答案】D

【解析】患者有慢性咳嗽、咳痰、喘息病史，X 线胸片提示肺气肿改变，右上圆形透亮区考虑为肺大疱，故考虑诊断为慢性阻塞性肺疾病。故选 D。

【A_3/A_4型题】

40.【答案】C

【解析】结合患者慢性咳嗽、咳痰及喘息的病史，双肺干、湿啰音的体征及胸片双下肺纹理增强，考虑诊断为慢性阻塞性肺疾病。故选 C。

41.【答案】E

【解析】COPD 早期胸片可无变化，以后可出现肺纹理增粗、紊乱等非特异性改变，也可出现肺气肿改变。X 线胸片改变对 COPD 诊断特异性不高，但对于与其他肺疾病的鉴别具有非常重要的价值，对于明确自发性气胸、肺炎等并发症也十分有用。故选 E。

42.【答案】A

【解析】根据题干，考虑患者目前处于慢阻肺稳定期。在稳定期，支气管扩张剂是现有控制症状的主要措施，药物有 β_2 肾上腺素受体激动药、抗胆碱能药及茶碱类。故选 A。

43.【答案】C

【解析】患者有吸烟高危因素史，有慢性咳嗽、咳痰的病史，病情加重 1 周。查体有双肺叩诊过清音及双下肺湿啰音体征，考虑为慢性阻塞性肺疾病急性加重期。由于 COPD 肺病变引起肺血管床减少及缺氧致肺动脉痉挛、血管重塑，导致肺动脉高压、右心室肥厚扩大，最终发生右心功能不全。该患者已出现心悸、气促、双下肢水肿及口唇发绀、颈静脉充盈的右心功能不全的症状和体征，考虑已并发了慢性肺源性心脏病。故选 C。

44.【答案】A

【解析】慢性阻塞性肺疾病的诊断主要根据吸烟等高危因素史、临床症状、体征及肺功能检查等综合分析确定。持续气流受限是 COPD 诊断的必备条件。吸入支气管扩张药后 FEV_1/FVC < 70% 及 FEV_1<80%预计值可确定为持续气流受限。故选 A。

45.【答案】A

【解析】该患者为慢阻肺急性加重期，此时的治疗应以抗感染治疗及改善呼吸功能为主。故选 A。

46.【答案】A

【解析】慢阻肺患者突然出现呼吸困难加重，查体右肺呼吸音较前明显减弱，考虑并发了气胸，应行胸部 X 线片明确诊断。故选 A。

47.【答案】C

【解析】慢阻肺患者病情进展，出现缺氧和二氧化碳潴留，发展为慢性呼吸衰竭。Ⅱ型呼吸衰竭即高碳酸性呼吸衰竭，血气分析特点是 PaO_2<60mmHg，同时伴有 $PaCO_2$>50mmHg，本患者血气分析符合Ⅱ型呼吸衰竭特点。慢性呼吸衰竭伴二氧化碳潴留时，随 $PaCO_2$ 升高可并发肺性脑病，肺性脑病表现为神志淡漠、肌肉震颤或扑翼样震颤、间歇抽搐、昏睡，甚至昏迷等。故选 C。

48.【答案】B

49.【答案】C

50.【答案】A

51.【答案】A

【解析】患者有慢性咳嗽、咳痰、活动后气促的病史，并有肺气肿的体征，考虑诊断为慢性阻塞性肺疾病。该患者出现呼吸困难 2 小时，查体有左侧叩诊鼓音，左肺呼吸音消失的体征，考虑慢阻肺并发左侧自发性气胸。故选 A。

52.【答案】A

【解析】该患者慢阻肺并发了自发性气胸，应行 X 线检查可以确诊。气胸患者胸片上大多有明确的气胸线，为萎缩肺组织与胸膜腔内气体交界线，呈外凸线条影，气胸线外为无肺纹理的透光区，线内为压缩的肺组织。大量气胸时可见纵隔、心脏向健侧移位。故选 A。

53.【答案】D

【解析】此患者呼吸困难明显，确诊气胸后应立即行胸腔穿刺排气处理。故选 D。

【B_1 型题】

54.【答案】C

【解析】慢性阻塞性肺疾病患者听诊两肺呼吸音减弱，呼气延长，部分患者可闻及湿啰音和/或干啰音。故选C。

55.【答案】D

【解析】原发性支气管肺癌肿瘤向支气管内生长，或转移到肺门淋巴结致使肿大的淋巴结压迫主支气管或隆突，或引起部分气道阻塞时，可有呼吸困难、气促、喘息，偶尔表现为喘鸣，听诊时可发现局限或单侧吸气性哮鸣音。故选D。

第二章　肺源性心脏病

【A_1型题】

1.【答案】C

【解析】肺心病失代偿期常合并各种类型的酸碱失衡及电解质紊乱。呼吸性酸中毒以通畅气道，纠正缺氧和解除二氧化碳潴留为主。呼吸性酸中毒并代谢性酸中毒通常需补碱治疗。呼吸性酸中毒并代谢性碱中毒常合并低钠、低钾、低氯等电解质紊乱，应根据具体情况进行补充。故选C。

2.【答案】D

【解析】血管扩张药可减轻心脏前、后负荷，降低心肌氧耗量，增加心肌收缩力，对部分顽固性心力衰竭有一定效果，但并不像治疗其他心脏病那样效果明显。血管扩张药在扩张肺动脉的同时也扩张体动脉，往往造成体循环血压下降，反射性产生心率增快、氧分压下降、二氧化碳分压上升等不良反应。因而限制了血管扩张药在慢性肺心病的临床应用。故选D。

3.【答案】B

4.【答案】C

【解析】慢性肺源性心脏病形成肺动脉高压的因素如下。①肺血管阻力增加的功能性因素：缺氧、高碳酸血症和呼吸性酸中毒使肺血管收缩、痉挛，其中缺氧是肺动脉高压形成最重要的因素。缺氧时收缩血管的活性物质增多，使肺血管收缩。缺氧使平滑肌细胞膜对Ca^{2+}的通透性增加，细胞内Ca^{2+}含量增高，肌肉兴奋-收缩偶联效应增强，直接使肺血管平滑肌收缩。高碳酸血症时，由于H^+产生过多，使血管对缺氧的收缩敏感性增强，致肺动脉压增高。②肺血管阻力增加的解剖学因素：指肺血管解剖结构的变化，形成肺循环血流动力学障碍。主要原因是：长期反复发作的慢性阻塞性肺疾病及支气管周围炎，可累及邻近肺小动脉，引起血管炎，管壁增厚、管腔狭窄或纤维化，甚至完全闭塞，使肺血管阻力增加，产生肺动脉高压；随肺气肿的加重，肺泡内压增高，压迫肺泡毛细血管，造成毛细血管管腔狭窄或闭塞。肺泡壁破裂造成毛细血管网的毁损，肺泡毛细血管床减损超过70%时肺循环阻力增大。肺血管重塑；血栓形成。在慢性肺心病肺动脉高压的发生机制中，功能性因素较解剖学因素更为重要。③血液黏稠度增加和血容量增多：慢性缺氧产生继发性红细胞增多，血液黏稠度增加。缺氧可使醛固酮增加，使水、钠潴留；缺氧使肾小动脉收缩，肾血流减少也加重水、钠潴留，血容量增多。血液黏稠度增加和血容量增多，更使肺动脉压升高。故选C。

5.【答案】B

【解析】肺心病X线表现除肺、胸基础疾病及急性肺部感染的特征外，尚有肺动脉高压症。X线诊断标准如下：①右下肺动脉干扩张，其横径≥15mm或右下肺动脉横径与气管横径比值≥1.07，或动态观察右下肺动脉干增宽>2mm。②肺动脉段明显突出或其高度≥3mm。③中央动脉扩张，外周血管纤细，形成“残根”征。④圆锥部显著凸出或其高度≥7mm。⑤右心室增大征。具有上述一条均可诊断。故选B。

6.【答案】B

【解析】肺心病并发心律失常多表现为房性期前收缩及阵发性室上性心动过速，其中以紊乱性房性心动过速最具特征性。也可有心房扑动及心房颤动。少数病例由于急性严重心肌缺氧，可出现心室颤动以至心搏骤停。故选B。

7.【答案】C

【解析】肺循环阻力增加时，右心发挥其代偿功能，以克服肺动脉压升高的阻力而发生右心室肥厚。肺动脉高压早期，右心室尚能代偿，舒张末压仍正常。随着病情的进展，特别是急性加重期，肺动脉压持续升高，超过右心室的代偿能力，右心失代偿，右心排血量下降，右心室收缩末期残留血量增加，舒张末压增高，促使右心室扩大和右心室功能衰竭。慢性肺心病除发现右心室改变外，也有少数可见左心室肥厚。由于缺氧、高碳酸血症、酸中毒、相对血流量增多等因素，使左心负荷加重。如病情进展，则可发生左心室肥厚，甚至导致左心衰竭。故选C。

8.【答案】A

【解析】苯巴比妥为镇静催眠药物。肺性脑病患者切忌用镇静或催眠药，以免加重CO_2潴留，加重病情。故选A。

9.【答案】B

【解析】慢性肺心病患者由于慢性缺氧及感染，对洋地黄类药物的耐受性很低，易致中毒，且易发生心律失常。原则上选用作用快、排泄快的洋地黄类药物。故选 B。

10.【答案】B

11.【答案】C

12.【答案】E

【解析】肺心病肺、心功能代偿期的体征：可有不同程度的发绀，原发肺脏疾病体征，如肺气肿体征，干、湿啰音，$P_2>A_2$，三尖瓣区可出现收缩期杂音或剑突下心脏搏动增强，提示有右心室肥厚。部分患者因肺气肿使胸膜腔内压升高，阻碍腔静脉回流，可有颈静脉充盈甚至怒张，或使横膈下降致肝界下移。故选 E。

13.【答案】C

14.【答案】D

【解析】超声心动图诊断肺心病的阳性率为 60.6%~87.0%。肺心病的超声心动图诊断标准如下：①右心室流出道内径≥30mm。②右心室内径≥20mm。③右心室前壁厚度≥5mm 或前壁搏动幅度增强。④左、右心室内径比值<2。⑤右肺动脉内径≥18mm 或肺动脉干≥20mm。⑥右心室流出道/左心房内径>1.4。⑦肺动脉瓣曲线出现肺动脉高压征象者（a 波低平或<2mm，或有收缩中期关闭征等）。故选 D。

15.【答案】E

【解析】慢性肺源性心脏病的常见病因如下。①支气管、肺疾病：以慢性阻塞性肺疾病最为多见，其次为支气管哮喘、支气管扩张、肺结核、间质性肺疾病等。②胸廓运动障碍性疾病。③肺血管疾病。④其他：原发性肺泡通气不足及先天性口咽畸形、睡眠呼吸暂停低通气综合征等。故选 E。

16.【答案】C

【解析】利尿药通过抑制肾脏钠、水重吸收而增加尿量，消除水肿，减少血容量，减轻右心负荷。但是利尿药应用后可出现低钾、低氯性碱中毒，痰液黏稠不易排痰和血液浓缩。因此，原则上宜选用作用温和的利尿药，联合保钾利尿药，小剂量、短疗程使用。故选 C。

17.【答案】E

18.【答案】A

19.【答案】E

【解析】慢性肺源性心脏病肺、心功能失代偿期的治疗原则是积极控制感染，通畅呼吸道，改善呼吸功能，纠正缺氧和二氧化碳潴留，控制呼吸和心力衰竭，防治并发症。呼吸系统感染是引起慢性肺心病急性加重致肺、心功能失代偿的常见原因，需积极控制感染。控制感染参考痰菌培养及药敏试验选择抗生素。故选 E。

20.【答案】E

21.【答案】B

【解析】肺心病出现右心衰竭时可有发绀更明显，颈静脉怒张，心率增快，可出现心律失常，剑突下可闻及收缩期杂音，甚至出现舒张期杂音。肝大且有压痛，肝颈静脉回流征阳性，下肢水肿，重者可有腹水。少数患者可出现肺水肿及全心衰竭的体征。缺氧与高碳酸血症是呼吸衰竭的特点。故选 B。

22.【答案】D

【解析】剑突下出现心脏收缩期搏动提示右心室肥厚，D 项错误，其余选项描述均正确。故选 D。

23.【答案】C

【解析】肺性脑病患者呼吸中枢的化学感受器对 CO_2 反应差，呼吸主要靠低氧血症对颈动脉体、主动脉体化学感受器的刺激来维持。若吸入高浓度氧，使血氧迅速上升，解除了低氧对外周化学感受器的刺激，便会抑制患者呼吸，造成通气状况进一步恶化。故选 C。

【A_2 型题】

24.【答案】D

【解析】水合氯醛为催眠药、抗惊厥药，其催眠作用温和，不缩短快速动眼睡眠，无明显后遗作用。苯巴比妥为常用的长效镇静催眠药，具有镇静、催眠、抗癫痫及抗惊厥作用。氯丙嗪属二甲胺族吩噻嗪类药物，镇静作用明显。异丙嗪较易进入脑组织，故有明显的镇静作用；能加强催眠药、镇痛药及麻醉药的中枢抑制作用。哌替啶是一种镇痛药，但镇静、麻醉作用较小。肺源性心脏病患者使用镇静药易诱发肺性脑病，因此，此患者应使用水合氯醛。故选 D。

25.【答案】E

【解析】该患者为慢性肺源性心脏病急性加重，血气分析示：pH 下降，$PaCO_2$ 升高，HCO_3^- 略升高，符合急性失代偿性呼吸性酸中毒的血气特点，治疗上应该以改善通气功能为主。故选 E。

26.【答案】E

【解析】该患者血气分析示：pH 升高，$PaCO_2$ 下降，HCO_3^- 略下降，符合急性呼吸性碱中毒的血气特点。因患者使用呼吸机治疗，目前处于过度通气状态，应减少潮气量。故选 E。

27.【答案】C

【解析】肺心病患者，出现头痛、恶心、烦躁等症状，伴随血压升高、心率加快，考虑为肺心病肺、心功能失代偿期。此期的治疗原则为积极控制感染，通畅呼吸道，改善呼吸功能，纠正缺氧和二氧化碳潴留，控制呼吸衰竭和心力衰竭，防治并发症。故选C。

28.【答案】E

【解析】肺心病患者，出现昏迷、双侧瞳孔不等大、对光反射迟钝等体征，考虑为肺性脑病并发了脑疝，应用甘露醇脱水降颅压治疗。故选E。

29.【答案】B

30.【答案】D

【解析】患者的血气分析结果示 $PaO_2<60mmHg$，$PaCO_2>50mmHg$，为Ⅱ型呼吸衰竭，应给予持续低浓度吸氧。故选D。

31.【答案】A

【解析】患者有COPD病史30余年，现出现昏迷，查体有肺动脉高压的体征，考虑可能并发了呼吸衰竭、肺性脑病，应首先查血气分析。故选A。

32.【答案】E

【解析】根据题干可知患者目前感染已被控制、用利尿药后心力衰竭症状无改善，符合使用正性肌力药物的用药指征。肺心病患者对洋地黄类药物的耐受性很低，疗效较差，且易发生心律失常。正性肌力药的剂量宜小，一般约为常规剂量的1/2或2/3量，同时选用作用快、排泄快的洋地黄类药物，如毒毛花苷K 0.125～0.250mg，或毛花苷C 0.2～0.4mg加于10%葡萄糖液内静脉缓慢注射。故选E。

33.【答案】C

34.【答案】A

【解析】右心房扩大的心电图表现：P波电压增高，Ⅱ、Ⅲ、aVF导联出现高而尖的P波，振幅大于0.25mV，称为“肺型P波”；在 V_1～V_2 导联，P波振幅≥0.15mV，V_4～V_6导联P波可呈双峰型，第一波峰大于第二波峰。此患者的心电图表现符合右心房扩大的特点，故选A。

35.【答案】C

【解析】肺心病肺、心功能代偿期的体征可有不同程度的发绀和肺气肿体征。干、湿啰音，$P_2>A_2$，三尖瓣区可出现收缩期杂音或剑突下心脏搏动增强，提示有右心室肥厚。部分患者因肺气肿使胸膜腔内压升高，阻碍腔静脉回流，可有颈静脉充盈甚至怒张，此期肝界下移是膈下降所致。因此该患者的体征符合此题的特点。故选C。

36.【答案】C

【解析】慢性肺心病的心电图诊断标准为：①额面平均电轴≥+90°。②V_1 R/S≥1。③重度顺钟向转位。④RV_1+SV_5≥1.05mV。⑤aVR R/S或R/Q≥1。⑥V_1～V_3呈QS、Qr或qr。⑦肺型P波。具有一条即可诊断。此患者的心电图表现符合肺心病的心电图特点。故选C。

【A_3/A_4型题】

37.【答案】C

38.【答案】C

【解析】COPD患者，由于呼吸道阻塞，肺泡通气量下降，CO_2潴留，导致呼吸性酸中毒；又由于缺氧，体内乳酸堆积，导致代谢性酸中毒。血气改变的特点为：$PaCO_2$上升、正常或轻度下降，pH明显降低，AB、SB、BB减少、正常或轻度升高，BE负值增大。本例患者血气符合呼吸性酸中毒合并代谢性酸中毒的特点。故选C。

39.【答案】B

【解析】患者血气结果显示 $PaO_2<60mmHg$，$PaCO_2>50mmHg$，且 $PaCO_2$ 明显升高，考虑并发了Ⅱ型呼吸衰竭，并已出现了肺性脑病的症状、体征，应立即给予改善通气及低流量吸氧治疗。故选B。

40.【答案】B

【解析】根据患者有慢性支气管炎、肺气肿病史，并已引起口唇发绀、心率增快、心律失常、下肢水肿的右心功能不全的体征，考虑诊断为慢性肺源性心脏病。故选B。

41.【答案】D

【解析】肺心病肺、心功能代偿期的体征：可有不同程度的发绀和肺气肿体征，偶有干、湿啰音，$P_2>A_2$，三尖瓣区可出现收缩期杂音或剑突下心脏搏动增强，部分患者可有颈静脉充盈，此期肝界下移是膈下降所致。肺、心功能失代偿期的体征：发绀更明显，颈静脉怒张，心率增快，可出现心律失常，剑突下可闻及收缩期杂音，甚至出现舒张期杂音；肝大且有压痛，肝颈静脉回流征阳性，下肢水肿，重者可有腹水；少数患者可出现肺水肿及全心衰竭的体征。故选D。

42.【答案】C

43.【答案】A

44.【答案】B

【解析】呼吸性碱中毒是指由于过度通气使血浆 $PaCO_2$ 下降引起的一系列病理生理过程。各种导致肺泡通气增加，体内 CO_2 排出减少的疾病均可发生呼吸性碱中毒。机械通气应用不当亦可引起呼吸性碱中毒。故选B。

【B_1型题】

45.【答案】D

【解析】呼吸性碱中毒血气特点：$PaCO_2$ 下降，pH正常或升高，AB在急性呼吸性碱中毒时正常或轻度下降，慢性呼吸性碱中毒时下降明显，AB<SB，BE负值增大。故选D。

46.【答案】B

【解析】呼吸性酸中毒合并代谢性酸中毒的血气特点：$PaCO_2$ 增高、正常或轻度下降，pH明显降低，AB、SB、BB减少、正常或轻度升高，BE负值增大。故选B。

47.【答案】A

48.【答案】C

【解析】呼吸性酸中毒合并代谢性碱中毒的血气特点：$PaCO_2$ 增高，pH 升高、正常或下降，AB 明显增加，BE 正值增加。故选 C。

49.【答案】A

【解析】肺血管阻力增加的解剖学因素：①长期反复发作的慢性阻塞性肺疾病及支气管周围炎。②肺气肿导致肺泡内压增高，压迫肺泡毛细血管，造成毛细血管管腔狭窄或闭塞。肺泡壁破裂造成毛细血管网的毁损，肺泡毛细血管床减损超过 70% 时肺循环阻力增大。③肺血管重构：慢性缺氧使肺血管收缩，管壁张力增高，同时缺氧时肺内产生多种生长因子（如多肽生长因子），可直接刺激管壁平滑肌细胞、内膜弹性纤维及胶原纤维增生。④血栓形成。故选 A。

50.【答案】B

【解析】肺血管阻力增加的功能性因素：缺氧、高碳酸血症和呼吸性酸中毒使肺血管收缩、痉挛，其中缺氧是肺动脉高压形成最重要的因素。故选 B。

51.【答案】A

【解析】临床常见的引起代谢性碱中毒的原因，包括大量丢失胃液、严重低血钾或低血氯、库欣综合征等经肾脏丢失 H^+ 以及输入过多碱性物质等，大量利尿后容易造成低氯性碱中毒。故选 A。

52.【答案】B

第三章　支气管哮喘

【A_1 型题】

1.【答案】A

2.【答案】A

3.【答案】E

4.【答案】C

【解析】急性左心衰患者多有高血压、冠状动脉粥样硬化性心脏病、风湿性心脏病和二尖瓣狭窄等病史和体征。阵发性咳嗽，常咳出粉红色泡沫痰，两肺可闻及广泛的湿啰音和哮鸣音，左心界扩大，心率增快，心尖部可闻及奔马律。胸部 X 线检查可见心脏增大、肺淤血征，有助于鉴别。若一时难以鉴别，可雾化吸入 β_2 肾上腺素受体激动药或静脉注射氨茶碱缓解症状后，进一步检查。故选 C。

5.【答案】E

6.【答案】C

【解析】支气管哮喘动脉血气分析：严重发作时可有缺氧，PaO_2 降低，由于过度通气可使 $PaCO_2$ 下降，pH 上升。病情进一步发展，气道阻塞严重，可有缺氧及 CO_2 滞留，$PaCO_2$ 上升，故 $PaCO_2$ 逐渐升高说明病情加重。故选 C。

7.【答案】B

8.【答案】B

【解析】在哮喘非急性发作期也要选择包括短效吸入型抗胆碱能药物、短效 β_2 受体激动药、短效茶碱等缓解性药物，故 B 说法错误，故选 B。

9.【答案】D

【解析】重度至危重度支气管哮喘持续雾化吸入 β_2 受体激动药，联合雾化吸入短效抗胆碱药、激素混悬液以及静脉使用茶碱类药物。尽早应用静脉糖皮质激素。注意维持水、电解质平衡，纠正酸碱失衡。可给予氧疗，如病情恶化缺氧不能纠正时，进行无创通气或插管机械通气。故选 D。

10.【答案】E

11.【答案】E

12.【答案】A

【解析】支气管哮喘的动脉血气分析：严重发作时可有缺氧，PaO_2 降低，由于过度通气可使 $PaCO_2$ 下降，pH 上升，表现为呼吸性碱中毒。故选 A。

13.【答案】E

【解析】支气管激发试验用以测定气道反应性。常用吸入激发剂为醋甲胆碱和组胺，其他激发剂包括变应原、单磷酸腺苷、甘露醇、高渗盐水等。一般适用于非哮喘发作期、FEV_1 在正常预计值的 70% 以上的患者。如 FEV_1 下降≥20%，可诊断为激发试验阳性。通过剂量反应曲线计算使 FEV_1 下降 20% 的吸入药物累积剂量或累积浓度，可对气道反应性增高的程度作出定量判断。故选 E。

14.【答案】C

【解析】支气管舒张试验用以测定气道可逆性。常用的吸入支气管舒张剂有沙丁胺醇、特布他林。当吸入支气管舒张剂 20 分钟后重复测定肺功能，FEV_1 较用药前增加≥12%，且其绝对值增加≥200ml，判断结果为阳性，提示存在可逆性的气道阻塞。故 C 错误，选 C。

15.【答案】E

【解析】变态反应性支气管肺曲菌病常以反复哮喘发作为特征，可咳出棕褐色黏稠痰块或咳出树枝状支气管管型。痰嗜酸性粒细胞增多，痰镜检或培养可查及曲菌。胸部 X 线片呈游走性或固定性浸润病灶，CT 可显示近端支气管呈囊状或柱状扩张。曲菌抗原皮肤试验呈双相反应，曲菌抗原特异性沉淀抗体测定阳性，血清总 IgE 显著升高。故选 E。

16.【答案】C

17.【答案】C

【解析】COPD多见于中老年人，有慢性咳嗽史，喘息长年存在，有加重期。患者多有长期吸烟或接触有害气体的病史。有肺气肿体征，两肺或可闻及湿啰音。但临床上严格将COPD和哮喘区分有时十分困难，用支气管舒张剂和口服或吸入激素做治疗性试验可能有所帮助。COPD也可与哮喘合并同时存在。故选C。

18.【答案】E

【解析】支气管哮喘的通气功能检测：在哮喘发作时呈阻塞性通气功能改变，用力肺活量（FVC）正常或下降，1秒钟用力呼气容积（FEV_1）、1秒率（FEV_1/FVC）以及最高呼气流量（PEF）均下降。残气量及残气量与肺总量比值增加。其中$FEV_1/FVC<70\%$或FEV_1低于正常预计值的80%为判断气流受限的最重要指标。故选E。

19.【答案】E

20.【答案】B

【解析】气道高反应性是指气道对各种刺激因子，如变应原、理化因素、运动、药物等呈现的高敏感状态，表现为患者接触这些刺激因子时气道出现过强或过早的收缩反应，是哮喘的基本特征但并非确诊标准。故选B。

21.【答案】E

22.【答案】E

【解析】支气管哮喘非急性发作期哮喘控制水平的临床特征包括白天症状、活动受限、夜间症状/憋醒及肺功能几方面。故选E。

23.【答案】B

【解析】布地奈德为具有高效局部抗炎作用的糖皮质激素。治疗支气管哮喘最有效的药物即为糖皮质激素。故选B。

24.【答案】C

25.【答案】B

【A_2型题】

26.【答案】C

【解析】该患者有劳累后心悸、气促的病史，并出现夜间阵发性呼吸困难，查体有心率增快及双肺哮鸣音、肺底湿啰音，符合急性左心衰竭的病史、体征，考虑该诊断，进一步可行胸片、心电图、超声心动图、B型尿钠肽（BNP）等相关检查协助确诊。故选C。

27.【答案】E

28.【答案】B

【解析】患者为青年男性，有反复喘息发作的病史，并有明显的季节性发作史，查体有双肺广泛哮鸣音，血嗜酸性粒细胞增加。根据典型的病史、体征及辅助检查初步诊断为支气管哮喘，进一步可行支气管舒张试验、激发试验等检查以明确诊断。故选B。

29.【答案】D

【解析】患者老年男性，突发呼吸困难伴喘息，查体双肺有干、湿啰音，心电图示左心室心肌肥厚劳损。结合病史、体征及辅助检查，考虑患者的喘息应为心源性的，诊断应为急性左心衰竭。故选D。

30.【答案】A

31.【答案】E

【解析】患者为支气管哮喘重症发作，血气分析示$PaCO_2$ 60mmHg，明显升高，表明有二氧化碳潴留，有气道阻塞的可能，为病情严重的主要依据。故选E。

32.【答案】B

【解析】患者既往有糖尿病病史，此次有夜间阵发性呼吸困难，查体有血压升高，呼吸、心率加快，两肺底湿啰音，考虑患者喘息为心源性，诊断为急性左心衰竭，基础病变可能为糖尿病性心脏病。故选B。

33.【答案】D

【A_3/A_4型题】

34.【答案】A

【解析】综合分析题。根据患者自幼年始反复出现发作性喘息，可自行缓解或经使用“抗炎、平喘药”缓解病史+近3天来再次出现喘息，双肺可闻及哮鸣音，符合支气管哮喘的发病特点。故答案选A。

35.【答案】B

【解析】支气管哮喘发作时呈阻塞性通气功能改变，呼气流速指标均显著下降，1秒钟用力呼气容积（FEV_1）、1秒率［1秒钟用力呼气量占用力肺活量比值（$FEV_1/FVC\%$）］以及最高呼气流量（PEF）均减少。肺容量指标可见肺活量减少、残气量增加、功能残气量和肺总量增加，残气占肺总量百分比增高。缓解期上述通气指标可逐渐恢复。为明确诊断最有价值的检查是（B）。

36.【答案】C

【解析】记忆题。患者出现喘息发作时，为迅速缓解症状，宜首选吸入短效β_2受体激动药治疗，通过激动呼吸道的β_2受体，激活腺苷酸环化酶，使细胞内环磷酸腺苷含量增加，游离钙减少，从而松弛支气管平滑肌，故答案选C。

37.【答案】B

38.【答案】C

【解析】支气管舒张试验用以测定气道可逆性。常用的吸入支气管舒张剂有沙丁胺醇、特布他林。当吸入支气管舒张剂20分钟后重复测定肺功能，FEV_1较用药前增加≥12%，且其绝对值增加≥200ml，判断结果为阳性，提示存在可逆性的气道阻塞。故选C。

39.【答案】B

【解析】根据患者典型的病史考虑为支气管哮喘，目前患者无哮喘急性发作的体征，患者即使没有急性发作，但在相当长的时间内仍不同频度和/或不同程度地出现喘息，为支气管哮喘慢性持续期。故选 B。

40.【答案】A

【解析】哮喘患者的教育与管理是提高疗效，减少复发，提高患者生活质量的重要措施。应为每个初诊哮喘患者制定防治计划，应使患者了解或掌握以下内容：①了解哮喘的激发因素及避免诱因的方法。②熟悉哮喘发作先兆表现及相应处理办法。③学会在家中自行监测病情变化，并进行评定，重点掌握峰流速仪的使用方法，有条件的应记录哮喘日记。④学会哮喘发作时进行简单的紧急自我处理方法。⑤掌握正确的吸入技术。⑥知道什么情况下应去医院就诊。⑦与医生共同制订出防止复发、保持长期稳定的方案。故选 A。

41.【答案】D

42.【答案】E

【B_1 型题】

43.【答案】B

44.【答案】D

45.【答案】C

【解析】茶碱类药物通过抑制磷酸二酯酶，提高平滑肌细胞内的环腺苷酸（cAMP）浓度，拮抗腺苷受体，增强呼吸肌的力量以及增强气道纤毛清除功能等，从而起到支气管舒张和气道抗炎作用，是目前治疗哮喘的有效药物之一。故选 C。

46.【答案】D

【解析】布地奈德为糖皮质激素，其是目前控制哮喘最有效的药物。激素通过作用于气道炎症形成过程中的诸多环节，如抑制嗜酸性粒细胞等炎症细胞在气道的聚集、抑制炎症介质的生成和释放、增强平滑肌细胞 β_2 肾上腺素受体的反应性等，有效抑制气道炎症。故选 D。

47.【答案】A

48.【答案】E

【解析】原发性支气管肺癌原发肿瘤引起的症状和体征如下。①咳嗽：常为无痰或少痰的刺激性干咳，当肿瘤引起支气管狭窄后可加重咳嗽，多为持续性，呈高调金属音性咳嗽或刺激性呛咳。②痰血或咯血：多见于中央型肺癌。③气促或喘鸣：可有呼吸困难、气促、喘息，偶尔表现为喘鸣，听诊时可发现局限或单侧哮鸣音。④发热。⑤体重下降。故选 E。

第四章 呼吸衰竭

【A_1 型题】

1.【答案】C

【解析】急性呼吸衰竭的临床表现主要是低氧血症所致的呼吸困难和多器官功能障碍。①呼吸困难：是呼吸衰竭最早出现的症状。多数患者有明显的呼吸困难。②发绀：是缺氧的典型表现。③精神神经症状。④循环系统表现：多数患者有心动过速；严重低氧血症、酸中毒可引起心肌损害，亦可引起周围循环衰竭、血压下降、心律失常、心搏停止。⑤消化和泌尿系统表现：严重呼吸衰竭对肝、肾功能都有影响。故选 C。

2.【答案】E

【解析】呼吸衰竭按发病机制可分为通气性呼吸衰竭和换气性呼吸衰竭，也可分为泵衰竭和肺衰竭。通常泵衰竭主要引起通气功能障碍，肺泡通气量减少会引起 PaO_2 下降和 $PaCO_2$ 上升，从而引起缺氧和 CO_2 潴留，表现为Ⅱ型呼吸衰竭。严重的气道阻塞性疾病（如 COPD）影响通气功能，造成Ⅱ型呼吸衰竭。故选 E。

3.【答案】E

4.【答案】B

5.【答案】E

【解析】肺弥散障碍系指 O_2、CO_2 等气体通过肺泡膜进行交换的物理弥散过程发生障碍。静息状态时，流经肺泡壁毛细血管的血液与肺泡接触的时间约为 0.72 秒，而 O_2 完成气体交换的时间为 0.25～0.3 秒，CO_2 则只需 0.13 秒，并且 O_2 的弥散能力仅为 CO_2 的 1/20，故在弥散障碍时，通常以低氧血症为主。故选 E。

6.【答案】E

7.【答案】C

【解析】肺性脑病的症状主要系缺氧和高碳酸血症引起的二氧化碳麻醉所致。而高血压脑病系由血压突然升高超过脑血流自动调节的阈值而引起的一系列暂时性脑循环功能障碍的临床表现。发绀是缺氧的特征性表现，高血压脑病时不会出现。故选 C。

8.【答案】B

【解析】肺内动-静脉解剖分流增加时肺动脉内的静脉血未经氧合直接流入肺静脉，导致 PaO_2 降低，是通气/血流比例失调的特例，常见于肺动静脉瘘。在这种情况下，提高吸氧浓度并不能提高分流静脉血的血氧分压。分流量越大，吸氧后提高动脉血氧分压的效果越差；若分流量超过 30%，吸氧并不能明显提高 PaO_2。故选 B。

9.【答案】E

【解析】对慢性呼吸衰竭患者使用呼吸中枢兴奋剂时，应注意保持呼吸道通畅，必要时可加大吸氧浓度（40%），因为呼吸中枢兴奋剂的使用可使机体氧耗量增大。故选E。

10.【答案】E

【解析】肺性脑病的发病机制主要是肺部损害致二氧化碳潴留及缺氧，引起高碳酸血症及低氧血症。治疗上应首先改善通气功能，其他包括治疗原发病、抗感染、纠正酸碱平衡失调及对症支持治疗。故选E。

11.【答案】E

【解析】呼吸兴奋剂主要适用于以中枢抑制为主、通气量不足引起的呼吸衰竭，对以肺换气功能障碍为主所导致的呼吸衰竭患者，不宜使用。选项中只有E项慢性肺源性心脏病引起的呼吸衰竭是因通气功能障碍而引起的呼吸衰竭，故选E。

12.【答案】B

【解析】失代偿性呼吸性酸中毒临床多见，由于通气不畅导致CO_2潴留，表现为pH降低，$PaCO_2$升高，HCO_3^-升高，血氯略低，血钾略高。故选B。

13.【答案】D

【解析】慢性呼吸衰竭患者使用快速利尿药可使痰液黏稠，气道阻力增加，不利于呼吸道通畅。其他各项均利于慢性呼吸衰竭患者呼吸道通畅。故选D。

【A_2型题】

14.【答案】E

【解析】该患者有肺心病的病史，血气分析示：PaO_2 55mmHg（< 60mmHg），$PaCO_2$ 75mmHg（>50mmHg），判断该患者为Ⅱ型呼衰，加上pH 7.2（正常值7.35~7.45）偏酸，考虑为呼吸性酸中毒。酸碱平衡紊乱时易致心律失常，目前治疗关键是用5%碳酸氢钠纠酸，酸中毒纠正后心律失常可纠正。故选E。

15.【答案】D

【解析】该患者pH略下降，PaO_2及$PaCO_2$均为临界值，目前的治疗应以改善通气为主，不需要给予碱性药物。故选D。

16.【答案】E

【解析】利尿药可抑制肾小管氯化钠和水的重吸收，保钠排钾作用增强，导致低血钾，低血钾使H^+转移入细胞，并增加肾脏泌H^+与重吸收HCO_3^-，导致代谢性碱中毒。使用大剂量利尿药后可经肾脏丢失大量Cl^-，而使细胞外液Cl^-减少，进而发生代谢性碱中毒。代碱时pH降低，BE正值增加，K^+、Cl^-降低。因患者为肺心病患者，因此会有CO_2潴留，表现为$PaCO_2$及CO_2结合力升高。患者出现了谵妄、抽搐等碱中毒的症状，故血气表现上应为呼酸合并代碱，以碱中毒为主，pH应升高。综上所述，患者的血气分析应为E项。

17.【答案】E

【解析】结合患者慢性咳嗽、咳痰、喘息的病史及桶状胸、双肺哮鸣音的体征考虑为COPD，血气分析示PaO_2 58mmHg（<60mmHg），$PaCO_2$ 55mmHg（>50mmHg），考虑为Ⅱ型呼吸衰竭。患者为阻塞性通气功能障碍，肺功能中肺活量（VC）、第一秒用力肺活量占用力肺活量的百分比（FEV_1%）均降低，残气量/肺总量比值（RV/TLC）升高。故选E。

18.【答案】E

【解析】肺心病患者出现意识障碍，血气分析示$PaCO_2$110 mmHg（正常值35~45mmHg），明显升高，考虑为肺性脑病。其血钠、血钾、血尿素氮及血浆渗透压均在正常范围，因此不考虑因肾衰竭或电解质紊乱引起的意识障碍。故选E。

19.【答案】B

20.【答案】A

【解析】根据急性呼吸窘迫综合征（ARDS）柏林定义，满足如下4项条件方可诊断ARDS：①明确诱因下1周内出现的急性或进展性呼吸困难。②胸部X线平片/胸部CT显示双肺浸润影，不能完全用胸腔积液、肺叶/全肺不张和结节影解释。③呼吸衰竭不能完全用心力衰竭和液体负荷过重解释。④低氧血症。患者有COPD的病史，此次胆石症手术为诱因，1周内出现了明显的呼吸困难，初步考虑为ARDS，进一步需行X线胸片及血气分析等检查以协助诊断。故选A。

21.【答案】E

【解析】患者有COPD病史，目前出现意识障碍。血气分析示pH明显降低，提示为酸中毒；$PaCO_2$明显升高，提示呼吸性酸中毒；HCO_3^-降低及BE负值增加，均提示代谢性酸中毒；故此患者酸碱失衡类型为呼吸性酸中毒合并代谢性酸中毒。故选E。

22.【答案】A

【解析】肺心病患者，血气分析示pH在正常范围；$PaCO_2$明显升高，提示呼吸性酸中毒；HCO_3^-升高及BE正值增加，均提示代谢性碱中毒。故本患者酸碱失衡类型应为呼吸性酸中毒合并代谢性碱中毒。故选A。

【A_3/A_4型题】

23.【答案】B

【解析】患者血气分析示pH降低，提示为酸中毒；$PaCO_2$明显升高，提示呼吸性酸中毒；BE负值增加，均提示代谢性酸中毒。故本患者酸碱失衡类型应为呼吸性酸中毒合并代谢性酸中毒。

24.【答案】D

【解析】患者症状、体征明显改善，但是仍有发热，应行X线胸片检查以排除结核、肿瘤等其他可引起发热的疾病。故选D。

25.【答案】E

【解析】患者有COPD及冠心病病史，现出现呼吸困难，查体有球结膜水肿、血压升高、心率加快、下肺湿啰音、肝大及下肢水肿的心衰体征，考虑为全心衰竭；患者有呼吸困难、意识障碍的症状，查体有昏迷、口唇发绀的体征，考虑为肺心病并发了呼吸衰竭、肺性脑病。故选E。

26.【答案】D

【解析】目前患者可能合并了代谢性碱中毒，应立即抽血进行血清电解质、肾功能及血气分析的实验室检查，以了解酸碱失衡及电解质紊乱程度，再给予相应的治疗。故选D。

【B_1型题】

27.【答案】D

28.【答案】C

第五章 肺 炎

【A_1型题】

1.【答案】D

2.【答案】D

【解析】传染性非典型肺炎是由SARS冠状病毒引起的一种具有明显传染性、可累及多个器官系统的特殊肺炎。2002年首次暴发流行。世界卫生组织（WHO）将其命名为严重急性呼吸综合征。故选D。

3.【答案】B

【解析】肺炎应尽早进行抗生素治疗，一旦怀疑为肺炎即马上给予首剂抗生素。病情稳定后可从静脉途径转为口服治疗。疗程7~10天或更长疗程，如体温正常48~72小时，无肺炎任何一项临床不稳定征象可停用抗生素。故选B。

4.【答案】E

【解析】肺炎链球菌为革兰染色阳性球菌。有荚膜，其毒力大小与荚膜中的多糖结构及含量有关。肺炎链球菌不产生毒素，不引起原发性组织坏死或形成空洞。其致病力是由于有高分子多糖体的荚膜对组织的侵袭作用。故选E。

5.【答案】E

【解析】肺炎链球菌肺炎病理改变有充血期、红肝变期、灰肝变期及消散期。表现为肺组织充血水肿，肺泡内浆液渗出及红、白细胞浸润，白细胞吞噬细菌，继而纤维蛋白渗出物溶解、吸收、肺泡重新充气。病变消散后肺组织结构多无损坏，不留纤维瘢痕。极个别患者肺泡内纤维蛋白吸收不完全，甚至有成纤维细胞形成，形成机化性肺炎。故选E。

6.【答案】D

7.【答案】E

【解析】根据典型症状与体征，结合胸部X线检查，易作出初步诊断。而病原菌检测是确诊本病的主要依据。A、B、C、D项内容均是肺炎链球菌肺炎的临床特点，但对于诊断该病都不是最有价值的。故选E。

8.【答案】C

9.【答案】D

10.【答案】D

【解析】葡萄球菌肺炎是由葡萄球菌引起的急性肺化脓性炎症。葡萄球菌为革兰染色阳性球菌，可分为凝固酶阳性的葡萄球菌及凝固酶阴性的葡萄球菌。葡萄球菌致病力可用血浆凝固酶来测定，阳性者致病力较强。葡萄球菌肺炎多急骤起病，高热、寒战、胸痛，痰脓性，可早期出现循环衰竭。若治疗不及时或不当，病死率甚高。治疗上强调应早期清除、引流原发病灶，选用敏感的抗菌药物。故只有D项说法错误，选D。

11.【答案】B

12.【答案】A

【解析】肺炎链球菌肺炎抗感染治疗首选青霉素G，用药途径及剂量视病情轻重及有无并发症而定，对于并发休克的患者应使用静脉给药，并延长疗程。对青霉素过敏者，或耐青霉素或多重耐药菌株感染者，可用呼吸喹诺酮类、头孢噻肟或头孢曲松等药物，多重耐药菌株感染者可用万古霉素、替考拉宁等。确定病原菌后应根据药敏结果调整抗生素。A说法错误，不应使用妥布霉素，故选A。

13.【答案】E

【解析】肺炎链球菌肺炎经抗生素治疗后，高热常在24小时内消退，或数日内逐渐下降。若体温降而复升或3天后仍不降，症状不见改善者，应考虑肺炎链球菌的肺外感染，如脓胸、心包炎或关节炎等。故选E。

14.【答案】D

【解析】肺炎链球菌肺炎的症状：起病多急骤，高热、寒战，全身肌肉酸痛，体温通常在数小时内升至39~40℃，高峰在下午或傍晚，或呈稽留热，脉率随之增速。可有患侧胸部疼痛，放射到肩部或腹部，咳嗽或深呼吸时加剧。痰少，可带血或呈铁锈色，胃纳锐减，偶有恶心、呕吐、腹痛或腹泻，易被误诊为急腹症。而咳铁锈色痰是其与其他疾病不同的有意义的症状，故选D。

15.【答案】D

16.【答案】A

17.【答案】E

【A_2 型题】

18.【答案】D

【解析】患者发病前有淋雨史，有典型的畏寒、发热、咳嗽、胸痛、气促的症状。查体有左肺下部叩诊浊音及湿啰音，血白细胞明显增加，胸片有左肺下叶大片致密影，结合以上典型的病史、体征及辅助检查考虑诊断为左下肺炎链球菌肺炎，进一步可行病原菌检测以明确诊断。故选D。

19.【答案】D

【解析】血源性葡萄球菌肺炎常有皮肤伤口、疖、痈和中心静脉导管置入等病史。起病多急骤，寒战、高热，体温多高达39～40℃，胸痛，痰脓性，量多，带血丝或呈脓血状。早期可无体征，其后可出现两肺散在性湿啰音，病变较大或融合时可有肺实变体征。外周血白细胞计数明显增多，中性粒细胞比例升高，核左移。胸部X线片显示肺段或肺叶实变，可形成空洞，或呈小叶状浸润，其中有单个或多发的液气囊腔。本病例符合葡萄球菌肺炎的临床特点，而金黄色葡萄球菌是化脓性感染的主要原因，故考虑本患者为金黄色葡萄球菌肺炎。故选D。

20.【答案】C

21.【答案】D

【解析】青年男性，突起畏寒、高热、咳嗽、咳铁锈色痰，符合肺炎链球菌肺炎的临床特点。故选D。

22.【答案】D

23.【答案】A

24.【答案】A

【解析】根据题干描述，考虑患者诊断为金黄色葡萄球菌肺炎。治疗上强调应早期清除和引流原发病灶，选用敏感的抗生素。近年来，金黄色葡萄球菌对青霉素G的耐药率已高达90%左右，因此可选用耐青霉素酶的半合成青霉素或头孢菌素，联合氨基糖苷类亦有较好疗效。对于耐甲氧西林金黄色葡萄球菌（MRSA），则应选用万古霉素、替考拉宁等，万古霉素1～2g/d静脉滴注。患者有糖尿病，急性感染时应使用胰岛素控制血糖。故B、C、D、E项描述均正确。故选A。

25.【答案】D

【解析】青年男性，突起高热，咳铁锈色痰，考虑为肺炎链球菌肺炎。查体：左肺上部叩诊呈实性，呼吸音弱，考虑目前为肺实变期。此期X线胸片可表现为大片均匀致密实变影。故选D。

26.【答案】D

【解析】根据病史、体征考虑此患者诊断为肺炎链球菌肺炎。肺炎链球菌肺炎的抗生素治疗：一经诊断即应给予抗生素治疗，不必等待细菌培养结果。首选青霉素G，对青霉素过敏者，或耐青霉素或多重耐药菌株感染者，可用呼吸喹诺酮类、头孢噻肟或头孢曲松等药物，多重耐药菌株感染者可用万古霉素、替考拉宁等。另外，还应给予卧床休息，注意补充足够蛋白质、热量及维生素等对症支持治疗。D项不正确，故选D。

27.【答案】B

【解析】此患者 PaO_2 明显降低，低于60mmHg，而 $PaCO_2$ 不高，考虑已并发了Ⅰ型呼吸衰竭，应给予高浓度给氧治疗。故选B。

28.【答案】C

29.【答案】E

【解析】患者有食管癌慢性病史，并且留置胃管，可能有胃内容的吸入，有发热、脓痰、呼吸困难的症状，并且有右下肺湿啰音的体征，胸片有右肺片状炎性病变，符合肠道革兰阴性杆菌感染的特点。故选E。

30.【答案】B

【解析】支原体肺炎以儿童及青年人居多，症状主要为乏力、咽痛、头痛、咳嗽、发热、食欲缺乏、腹泻、肌痛、耳痛等。X线显示肺部多种形态的浸润影，呈节段性分布，以肺下野为多见，有的从肺门附近向外伸展。根据题干描述，本患者应诊断为支原体肺炎。支原体肺炎的抗生素治疗为：大环内酯类抗生素为首选，如红霉素、罗红霉素和阿奇霉素。故选B。

【A_3/A_4 型题】

31.【答案】B

【解析】患者高热，查体有右下肺呼吸音弱及湿啰音，考虑为右下肺炎，其目前查体精神萎靡、四肢末梢凉、血压下降且低于正常范围，考虑已并发了感染性休克。故选B。

32.【答案】D

【解析】患者已并发休克，病情较重，重症肺炎的治疗首先应选择广谱的强力抗生素，并应足量、联合用药。重症社区获得性肺炎常用β-内酰胺类联合大环内酯类或氟喹诺酮类；青霉素过敏者用氟喹诺酮类和氨曲南。故选D。

33.【答案】C

【解析】肺炎链球菌肺炎经抗生素治疗后，高热常在24小时内消退，或数日内逐渐下降。若体温降而复升或3天后仍不降者，应考虑肺炎链球菌的肺外感染，如脓胸、心包炎或关节炎等。持续发热应寻找其他原因。10%～20%肺炎链球菌肺炎伴发胸腔积液，应酌情取胸液检查及培养以确定其性质。若治疗不当，约5%并发脓胸，应积极排脓引流。故选C。

34.【答案】E

【解析】肺炎抗生素疗程需要7～10天或更长疗程，出现并发症后疗程可能会更长，具体时间根据临床症状、体征恢复情况及X线表现病灶吸收情况而定，故E项说法错误，其余各项均为正确的治疗方法。故选E。

35.【答案】A

【解析】支原体肺炎以儿童及青年人居多，症状主要为乏力、咽痛、头痛、咳嗽、发热、食欲缺乏、腹泻、肌痛、耳痛等。X线片显示肺部多种形态的浸润影，呈节段性分布，以肺下野为多见，有的从肺门附近向外伸展。患者的症状及X线胸片符合支原体肺炎的特点。故选A。

36.【答案】B

37.【答案】D

【解析】肺炎克雷伯菌肺炎是由肺炎克雷伯菌引起的急性肺部炎症，多见于老年、营养不良、慢性酒精中毒、慢性支气管-肺疾病及全身衰竭的患者。起病突然，主要症状为寒战、高热、咳嗽、咳痰、胸痛和呼吸困难，可有发绀、气促、心悸，约半数患者有畏寒，毒血症状明显，可早期出现休克。其痰常呈黏稠脓性、量多、带血，灰绿色或砖红色。胸部X线表现常呈多样性，肺叶或肺大叶实变，好发于右肺上叶、双肺下叶，有多发性蜂窝状肺脓肿、叶间隙下坠。根据题干描述，患者考虑诊断为肺炎克雷伯菌肺炎。故选D。

38.【答案】E

【解析】肺炎克雷伯菌肺炎的抗生素治疗应选用第二、三代头孢菌素联合氨基糖苷类抗生素。故选E。

【B_1型题】

39.【答案】A

40.【答案】B

41.【答案】A

【解析】葡萄球菌肺炎是由葡萄球菌引起的急性肺化脓性炎症。病理特点为经呼吸道吸入的肺炎常呈大叶性分布或呈广泛的、融合性的支气管肺炎。支气管及肺泡破溃可使气体进入肺间质，并与支气管相通。当坏死组织或脓液阻塞细支气管，形成单向活瓣作用，产生张力性肺气囊肿。浅表的肺气囊肿若张力过高，可溃破形成气胸或脓气胸，并可形成支气管胸膜瘘。故选A。

42.【答案】A

【解析】葡萄球菌肺炎多急骤起病，高热、寒战、胸痛，痰脓性，可早期出现循环衰竭。故选A。

第六章 肺　　癌

【A_1型题】

1.【答案】C

【解析】鳞状细胞癌与吸烟关系密切，男性占多数。大多起源于较大的支气管，常为中心型肺癌。鳞癌的分化程度不一，生长速度较缓慢，病程较长，肿块较大时可以发生中心坏死，形成厚壁空洞。通常先经淋巴转移，血行转移发生较晚。对放、化疗较敏感。由此可见，只有C项错误，故选C。

2.【答案】D

【解析】鳞癌发生血行转移较晚（A错误）；大细胞癌的转移较小细胞未分化癌晚，手术切除机会较大（B错误）；腺癌早期即可侵犯血管、淋巴管，常在原发瘤引起症状前即已转移（C错误）；小细胞癌为神经内分泌起源，恶性程度高，生长快，较早出现淋巴和血行转移（D正确）；纵隔和气管旁及颈部淋巴结转移一般发生在肺癌同侧，但也可以在对侧，即交叉转移（E错误）。故选D。

3.【答案】D

【解析】咳嗽为肺癌早期症状，常为无痰或少痰的刺激性干咳。血痰或咯血多见于中央型肺癌。肿瘤向管腔内生长者可有间歇或持续性痰中带血，如果表面糜烂严重侵蚀大血管，则可引起大咯血。故选D。

4.【答案】A

【解析】放射治疗是肺癌局部治疗手段之一。在各种类型的肺癌中，小细胞癌对放射疗法敏感性较高，鳞癌次之。故选A。

5.【答案】E

【解析】肺癌放射治疗的禁忌证：①癌性空洞和巨大癌肿。②高度肺气肿。③健康情况不佳，呈现恶病质。④癌变范围广泛。⑤全身或胸膜、肺广泛转移者。只有E项不是其禁忌证，故选E。

6.【答案】C

【解析】鳞癌包括乳头状型、透明细胞型、小细胞型和基底细胞样型。以中央型肺癌多见，并有向管腔内生长的倾向，早期常引起支气管狭窄导致肺不张或阻塞性肺炎。故选C。

7.【答案】B

【解析】周围型肺癌X线胸片早期多呈局限性小斑片状阴影，边缘不清，密度较淡，易误诊为炎症或结核。随着肿瘤增大，阴影渐增大，密度增高，呈圆形或类圆形，边缘常呈分叶状，伴有脐凹或细毛刺。故选B。

8.【答案】B

【解析】根据题干给出的信息，肺癌分期应该属于Ⅰ期，治疗应为手术治疗。肺癌患者癌变位于一个肺叶内，但已侵及局部主支气管或中间支气管，为了保留正常的邻近肺叶，避免做一侧全肺切除术，可以切除病变的肺叶及一段受累的支气管，再吻合支气管上下切端，即支气管袖状肺叶切除术。故选B。

9.【答案】C

【解析】肺尖部肺癌又称肺上沟瘤，易压迫颈部交感神经，引起病侧眼睑下垂、瞳孔缩小、眼球内陷，同侧额部与胸壁少汗或无汗。也常有肿瘤压迫臂丛神经造成以腋下为主、向上肢内侧放射的火灼样疼痛，在夜间尤甚。故选C。

10.【答案】C

【A_2型题】

11.【答案】D

【解析】无明显诱因的刺激性咳嗽持续2~3周，治疗无效；原有慢性呼吸道疾病，咳嗽性质改变；短期内持续或反复痰中带血或咯血，且无其他原因可解释时均应考虑肺癌的可能，题干描述支持上述情况。且此患者胸片提示右肺上叶有块状阴影，更应怀疑肺癌诊断。故选D。

12.【答案】D

13.【答案】E

【解析】肺癌非转移性胸外表现称之为副癌综合征，主要为以下几方面表现。①肥大性肺性骨关节病。②异位促性腺激素：主要为男性轻度乳房发育和增生性骨关节病。③分泌促肾上腺皮质激素样物：小细胞肺癌或支气管类癌是引起库欣综合征的最常见细胞类型。④分泌抗利尿激素。⑤神经肌肉综合征：包括小脑皮质变性、脊髓小脑变性、周围神经病变、重症肌无力和肌病等。⑥高钙血症。⑦类癌综合征。Horner综合征属于肺癌肺外胸腔内扩展引起的症状，故选E。

14.【答案】C

【解析】肥大性肺性骨关节病属于肺癌非转移性胸外表现，即类癌综合征的一种，不属于肺癌压迫侵犯邻近器官、组织或发生远处转移时的征象。故选C。

15.【答案】A

16.【答案】D

【解析】根据题干提供信息，老年男性，低热、咳嗽、痰中带血的病史及胸片示阻塞性肺不张与胸腔积液，考虑诊断为肺癌。支气管镜检查对诊断、确定病变范围、明确手术指征与方式有帮助。纤支镜检查时的灌洗物、刷检物的细胞学检查也可对诊断提供重要帮助。故选D。

17.【答案】A

【解析】交叉转移是支气管肺癌淋巴转移的一种。纵隔和支气管以及颈部淋巴结转移一般发生在肺癌同侧，但也可以在对侧，即所谓交叉转移。故选A。

18.【答案】C

【解析】肺尖部肺癌又称肺上沟瘤（Pancoast瘤），易压迫颈部交感神经，引起病侧眼睑下垂、瞳孔缩小、眼球内陷，同侧额部与胸壁少汗或无汗。也常有肿瘤压迫臂丛神经造成以腋下为主、向上肢内侧放射的火灼样疼痛，在夜间尤甚。该患者的症状、体征及辅助检查符合肺上沟瘤的特点，故选C。

19.【答案】B

【解析】肺癌患者最典型的表现就是干咳、痰中带血丝，其纤维支气管镜检查可见气管黏膜增厚，管壁出现纵行皱襞，管腔呈漏斗样狭窄。目前患者出现大量胸腔积液，红细胞沉降率加快，白细胞不高，考虑为肺癌并发癌性胸腔积液。故选B。

【A_3/A_4型题】

20.【答案】A

21.【答案】C

22.【答案】D

【解析】患者老年男性，咳嗽、痰中带血丝病史，胸片见右肺上叶片状阴影，以上符合中央型肺癌的特点。肺癌脱落的癌细胞可以随痰液咳出，痰细胞学检查查找到癌细胞可以明确诊断。中央型肺癌，特别是伴有血痰的病例，痰中找到癌细胞的机会较高。故选D。

23.【答案】E

24.【答案】A

【解析】患者中年男性，有长期吸烟史，有咳嗽、咳痰、痰中带血丝的症状，初步考虑为肺癌，为明确诊断应行支气管镜检查。故选A。

25.【答案】C

【解析】由于肺鳞癌发生转移晚，切除后预后较佳，所以手术治疗是首选的治疗方法。对于所有Ⅰ期、Ⅱ期和经过选择的ⅢA期患者，都应当进行手术治疗。争取根治性切除肿瘤并清扫区域内淋巴结。故选C。

【B_1型题】

26.【答案】A

【解析】青年男性，有低热、乏力的全身中毒症状，并有咳嗽、痰中带血丝的呼吸道症状，胸片示双肺片状阴影，轮廓模糊，初步考虑为肺结核的可能性大，故应进行结核菌素试验协助诊断。故选A。

27.【答案】C

第七章　支气管扩张

【A_1 型题】

1.【答案】C

2.【答案】B

3.【答案】D

【解析】可明确支气管扩张诊断的影像学检查为支气管造影，但由于是创伤性检查，现已被高分辨CT（HRCT）取代，后者也可在横断面上清楚地显示扩张的支气管。由于HRCT无创、易重复、易被患者接受，现已成为支气管扩张的主要诊断方法。故选D。

4.【答案】D

【解析】如果支气管扩张为局限性，且经充分的内科治疗仍顽固反复发作者，可考虑外科手术切除病变肺组织。如果大出血来自于增生的支气管动脉、经休息和抗生素等保守治疗不能缓解反复大咯血时，病变局限者可考虑外科手术，否则采用支气管动脉栓塞术治疗。故D说法错误，选D。

5.【答案】A

【解析】支气管扩张合并咯血时慎用镇咳药，以免因抑制咳嗽反射及呼吸中枢，使血块不能排出而引起窒息。故选A。

6.【答案】E

【解析】支气管扩张早期可无异常肺部体征，病变重或继发感染时常可闻及下胸部、背部固定而持久的局限性粗湿啰音，有时可闻及哮鸣音，部分慢性患者伴有杵状指（趾）。出现肺气肿、肺心病等并发症时有相应体征。故选E。

【A_2 型题】

7.【答案】D

8.【答案】C

9.【答案】E

【解析】患者支气管扩张，病变累及多个肺叶，不适宜手术治疗。手术治疗适用于病变局限者，故E说法错误，其他几项均为本患者的治疗措施。故选E。

10.【答案】D

【解析】支气管扩张症咯血患者，如积血不能及时咯出，血块可阻塞气道，出现胸闷、听诊呼吸音减弱等相应症状、体征。故选D。

【A_3/A_4 型题】

11.【答案】D

【解析】支气管扩张症出现痰量及其脓性成分增加等急性感染征象时需应用抗生素。可依据痰革兰染色和痰培养指导抗生素应用，但在开始时常需给予经验治疗（如给予氨苄西林、阿莫西林或头孢克洛）。存在铜绿假单胞菌感染时，可选择口服喹诺酮类，静脉给予氨基糖苷类或第三代头孢菌素。对于慢性咳脓痰的患者，还可考虑使用疗程更长的抗生素或间断并规则使用单一抗生素以及轮换使用抗生素。丁胺卡那为氨基糖苷类抗生素，故本患者抗生素可选择哌拉西林/他唑巴坦+丁胺卡那。故选D。

12.【答案】B

【解析】HRCT可在横断面上清楚地显示扩张的支气管，且由于其无创、易重复、易被患者接受等特点，现已成为支气管扩张症的主要诊断方法。其他如纤维支气管镜检查、胸部X线检查、痰液检查、肺功能检查等都有助于支气管扩张症的诊断，但不如HRCT特异性高。故选B。

13.【答案】A

14.【答案】A

【解析】支气管扩张症咯血患者，首先应注意保持呼吸道通畅，避免发生血块阻塞气道而引起窒息，其他治疗包括口服止血药物，静脉滴注垂体后叶激素或酚妥拉明，若经内科治疗无效，咯血量大，可考虑介入栓塞治疗或手术治疗。故选A。

【B_1 型题】

15.【答案】A

【解析】慢性支气管炎多发生在中年以上的患者，在气候多变的冬、春季节咳嗽、咳痰明显，或伴有喘息，多为白色黏液痰，听诊双肺可闻及散在干湿啰音。连续2年或2年以上。故选A。

16.【答案】C

【解析】肺结核常有低热、盗汗、乏力、消瘦等结核毒性症状，查体干、湿啰音多位于上肺局部，X线胸片和痰结核菌检查可作出诊断。故选C。

第八章　肺　结　核

【A_1 型题】

1.【答案】E

【解析】纤维支气管镜检查常应用于支气管结核和淋巴结支气管瘘的诊断，支气管结核表现为黏膜充血、溃疡、糜烂、组织增生、瘢痕形成和支气管狭窄，可以在病灶部位钳取活体组织进行病理学检查、结核分枝杆菌培养。对于肺内结核病灶，可以采集分泌物或冲洗液标本做病原体检查，也可以经支气管肺活检获取标本检查。痰涂片检查：是简单、快速、易行和可靠的方法，但欠敏感。每毫升痰中至少含5000~10000个细菌时可呈阳性结果。可见，可疑支气管内膜结核的患者应首选纤维支气管镜检查。故选E。

2.【答案】E

3.【答案】B

【解析】预防性化学治疗主要应用于受结核分枝杆菌感染易发病的高危人群。包括HIV感染者、涂阳肺结核患者的密切接触者、肺部硬结纤维病灶（无活动性）、硅肺、糖尿病、长期使用糖皮质激素或免疫抑制剂者、吸毒者、营养不良者、儿童及青少年结核菌素试验硬结直径达≥15mm者等。B项中患者在结核病房中工作，结素试验阳性反应可能是因为其接种了卡介苗，并不一定患病，其咳嗽、发热，有可能患呼吸道感染性疾病，故不需要化学药物预防；其余选项均为其适应证。故选B。

4.【答案】E

【解析】原发型肺结核多见于少年儿童，多有结核病家庭接触史，X线胸片表现为哑铃型阴影，即原发病灶、引流淋巴管炎和肿大的肺门淋巴结，形成典型的原发复合征。症状多轻微而短暂，原发病灶迅速吸收。肺门淋巴结炎常长期不愈，或蔓延至纵隔淋巴结，肺门或纵隔淋巴结结核较原发复合征更为常见。原发型肺结核病变中和淋巴结内的结核分枝杆菌侵入血管可致血行播散型肺结核，此型多发生明显的结核中毒症状。原发感染患者中可仍有少量结核分枝杆菌没有被消灭，长期处于休眠期，成为继发性结核的潜在来源。继发性结核病有明显的临床症状，容易出现空洞和排菌。其发病有两种类型，一种是发病慢，临床症状少而轻，多发生在肺尖或锁骨下。即双肺锁骨上下。另一种发病快，数周出现广泛病变、空洞和播散。可见双肺锁骨上下并非原发性肺结核的好发部位。综上可见，E项描述正确。故选E。

5.【答案】B

【解析】胸部X线检查是诊断肺结核的常规首选方法，可以发现早期轻微的结核病变，确定病变范围、部位、形态、密度、与周围组织的关系、病变阴影的伴随影像；判断病变性质、有无活动性、有无空洞、空洞大小和洞壁特点等。故选B。

6.【答案】C

【解析】支气管扩张的主要病因是支气管-肺组织感染和支气管阻塞。两者相互影响，促使支气管扩张的发生和发展。各种因素损伤了宿主气道清除机制和防御功能，使其清除分泌物的能力下降，易于发生感染和炎症。反复感染可使充满炎性介质和病原菌黏稠液体的气道逐渐扩大、形成瘢痕和扭曲。支气管壁由于水肿、炎症和新血管形成而变厚。支气管扩张常常是位于段或亚段支气管管壁的破坏和炎性改变，受累管壁的结构，包括软骨、肌肉和弹性组织破坏被纤维组织替代。肺结核病变多发生在上叶的尖后段和下叶的背段，故由其继发的支气管扩张最易发生于上叶尖后段、下叶背段。故选C。

7.【答案】D

【解析】继发性结核病的发病，目前认为有两种方式：原发性结核感染时期遗留下来的潜在病灶中的结核分枝杆菌重新活动而发生的结核病，此为内源性复发；据统计约10%的结核分枝杆菌感染者，在一生的某个时期发生继发性结核病。另一种方式是由于受到结核分枝杆菌的再感染而发病，称为外源性重染。继发性结核病与原发性结核病有明显的差异。继发性结核病有明显的临床症状，容易出现空洞和排菌，有传染性。所以，继发性结核病具有重要临床和流行病学意义，是防治工作的重点。而原发型肺结核病变中和淋巴结内的结核分枝杆菌侵入血管易致急性或亚急性血行播散。故选D。

8.【答案】D

【解析】结核菌素试验广泛应用于检出结核分枝杆菌的感染（D正确），而非检出结核病（A错误）。HIV感染时结核菌素试验结果多为阴性和弱阳性（B错误）。是基于Ⅳ型变态反应原理的一种皮肤试验（C错误）。硬结直径5~9mm为弱阳性反应（E错误）。故选D。

9.【答案】A

10.【答案】E

【解析】活动性病变在胸片上通常表现为边缘模糊不清的斑片状阴影，可有中心溶解和空洞，或出现播散病灶。胸片表现为钙化、硬结或纤维化。痰检查不排菌，无任何症状，为无活动性肺结核。只有E项不是活动期的特点。故选E。

11.【答案】D

【解析】咯血是肺结核的常见症状，在活动性和痰涂阳肺结核患者中，咯血症状分别占30%和40%。咯血处置措施要注意镇静、止血，患侧卧位，预防和抢救因咯血所致的窒息并防止肺结核播散。在大咯血时，患者突然停止咯血，并出现呼吸急促、面色苍白、口唇发绀、烦躁不安等症状时，常为咯血窒息，应及时抢救。置患者头低足高45°的俯卧位，同时拍击健侧背部，保持充分体位引流，尽快使积血和血块由气管排出，或直接刺激咽部以咳出血块。有条件时可进行气管插管，硬质支气管镜吸引或气管切开。综上可见，大咯血抢救措施最重要的原则是保持呼吸道通畅。故选 D。

12.【答案】E

【解析】初治涂阳肺结核治疗方案含初治涂阴有空洞形成或粟粒型肺结核。包括每日用药方案和间歇用药方案。两种方案所含药物相同，如下。①强化期：异烟肼、利福平、吡嗪酰胺和乙胺丁醇，2 个月。②巩固期：异烟肼、利福平，4 个月。故选 E。

13.【答案】D

【解析】纤维空洞性肺结核的特点是病程长，反复进展恶化，肺组织破坏重，肺功能严重受损，双侧或单侧出现纤维厚壁空洞和广泛的纤维增生，造成肺门抬高和肺纹理呈垂柳样，患侧肺组织收缩，纵隔向患侧移位，常见胸膜粘连和代偿性肺气肿。故选 D。

14.【答案】A

15.【答案】D

16.【答案】B

17.【答案】A

18.【答案】A

【解析】结核病在人群中的传染源主要是结核病患者，即痰直接涂片阳性者，主要通过咳嗽、喷嚏、大笑、大声谈话等方式把含有结核分枝杆菌的微滴排到空气中而传播。故选 A。

19.【答案】A

【解析】卡介苗接种对预防成年人肺结核的效果很差，但对预防由血行播散引起的结核性脑膜炎和粟粒型结核有一定作用。新生儿进行卡介苗接种后，仍须注意采取与肺结核患者隔离的措施。可见 A 项错误，故选 A。

20.【答案】A

【解析】痰结核分枝杆菌检查是确诊肺结核病的主要方法，其中痰涂片检查是简单、快速、易行和可靠的方法，但欠敏感。故 A 错误，其余各项描述均正确，选 A。

21.【答案】E

22.【答案】D

【解析】痰结核分枝杆菌检查是确诊肺结核病的主要方法，也是制订化疗方案和考核治疗效果的主要依据。每一个有肺结核可疑症状或肺部有异常阴影的患者都必须查痰。痰结核分枝杆菌检查包括痰涂片检查和培养法。其中，结核分枝杆菌培养为痰结核分枝杆菌检查提供准确可靠的结果，常作为结核病诊断的金标准。同时也为药物敏感性测定和菌种鉴定提供菌株。故选 D。

23.【答案】D

【解析】A 选项患者发热、咳嗽，PPD 试验强阳性，提示活动性肺结核可能，需抗结核治疗。B 选项患者胸片显示结核病灶好转中，需继续规律治疗。C 选项继发型肺结核患者近 1 月出现午后发热、乏力等症状，可疑结核分枝杆菌重新活动而致结核病复发，需抗结核治疗。E 选项患者症状为咯血，痰结核菌涂片阳性，为肺结核排菌患者，具有传染性，需抗结核治疗。而 D 选项结核性胸膜炎患者经系统化疗 10 个月，胸膜肥厚粘连，可停药。故选 D。

24.【答案】C

25.【答案】E

【解析】初治涂阳肺结核治疗方案包括每日用药方案与间歇用药方案。每日用药方案如下。①强化期：异烟肼、利福平、吡嗪酰胺和乙胺丁醇，顿服，2 个月。②巩固期：异烟肼、利福平，顿服，4 个月。间歇用药方案：①强化期：异烟肼、利福平、吡嗪酰胺和乙胺丁醇，隔日一次或每周 3 次，2 个月。②巩固期：异烟肼、利福平，隔日一次或每周 3 次，4 个月。故选 E。

26.【答案】E

【解析】肺结核的一般症状在合理化疗下很快减轻或消失，无须特殊处理。咯血是肺结核的常见症状。咯血处置措施为注意镇静、止血，患侧卧位，预防和抢救因咯血所致的窒息并防止肺结核播散。一般少量咯血，多以安慰患者、消除紧张、卧床休息为主。可用氨基己酸、氨甲苯酸（止血芳酸）、酚磺乙胺（止血敏）等药物止血。大咯血时先用垂体后叶激素 5～10U 加入 25% 葡萄糖液 40ml 中缓慢静脉注射，一般为 15～20 分钟，然后将垂体后叶激素加入 5% 葡萄糖液按 0.1U/(kg·h)速度静脉滴注。垂体后叶激素收缩小动脉，使肺循环血量减少而达到较好止血效果。可见，咳痰带少量血的患者的治疗应以安慰、消除紧张、卧床休息为主。故选 E。

27.【答案】C

【解析】糖皮质激素在结核病的应用主要是利用其抗炎、抗毒作用。仅用于结核毒性症状严重者。必须确保在有效抗结核药物治疗的情况下使用。使用剂量依病情而定，一般用泼尼松口服，每日 20mg，顿服，1～2 周，以后每周递减 5mg，用药时间为 4～8 周。并不能与抗结核药一起发挥协同制菌作用，C 错误，故选 C。

28.【答案】A

【解析】痰结核分枝杆菌检查是确诊肺结核病的主要方法，也是制订化疗方案和考核治疗效果的主要依据。故选 A。

29.【答案】E

【解析】常见抗结核病药物主要包括：异烟肼、利福平、乙胺丁醇、吡嗪酰胺、链霉素。主要不良反应如下。①异烟肼：偶可发生药物性肝炎，肝功能异常者慎用，需注意观察。②利福平：用药后如出现一过性转氨酶上升可继续用药，加保肝治疗，并密切观察，如出现黄疸应立即停药；流感样症状、皮肤综合征、血小板减少多在间歇疗法出现。③乙胺丁醇：不良反应为视神经炎，应在治疗前测定视力与视野，治疗中密切观察，提醒患者发现视力异常应及时就医。鉴于儿童无症状判断能力，故不用。④吡嗪酰胺：常见不良反应为高尿酸血症、肝损害、食欲缺乏、关节痛和恶心。⑤链霉素：对巨噬细胞外碱性环境中的结核分枝杆菌有杀菌作用。不良反应主要为耳毒性、前庭功能损害和肾毒性等，需严格掌握使用剂量，儿童、老人、孕妇、听力障碍和肾功能不全等要慎用或不用。故选E。

30.【答案】C

【A_2型题】

31.【答案】D

【解析】综合分析题。据题意分析：患者有间断性低热、咳嗽，右上肺叩诊呈浊音，胸部X线片示右上肺斑片状阴影，其内可见不规则透亮区，最可能的诊断应是肺结核。故选D。与克雷伯菌肺炎、金黄色葡萄球菌肺炎、吸入性肺脓肿、肺囊肿继发感染等鉴别，它们均为急性起病，有明显寒战、高热、咳嗽、咳痰、胸痛和呼吸困难，可有发绀、气促、毒血症状明显等特征。

32.【答案】B

【解析】肺炎多起病急，可有咳嗽、咳痰、发热，自然病程大致1~2周。发病5~10天，体温可自行骤降或逐渐消退；肺脓肿起病急，有高热、咳嗽、大量脓臭痰；支气管扩张多表现为慢性咳嗽、大量脓痰与体位改变有关及反复咯血；肺结核常有低热、盗汗、乏力、消瘦等结核毒性症状，干湿啰音多位于上肺局部；肺癌可表现为咳嗽、血痰或咯血、发热、体重下降等。该患者为青年男性，病史3个月，症状为：咳嗽、痰中带血、乏力、体重下降，体征为双侧颈淋巴结增大、右上肺少许湿啰音，症状及体征均缺乏特异性。综合其发病年龄、临床特点，考虑肺结核可能性大。故选B。

33.【答案】D

【解析】当前肺结核外科手术治疗主要的适应证是经合理化学治疗后无效、多重耐药的厚壁空洞、大块干酪灶、结核性脓胸、支气管胸膜瘘和大咯血保守治疗无效者。故选D。

34.【答案】A

【解析】垂体后叶激素收缩小动脉，使肺循环血量减少而达到较好止血效果，因而用于肺结核大咯血患者。高血压、冠状动脉粥样硬化性心脏病、心力衰竭患者禁用。因其可促进宫缩，故被广泛用于产后出血、产后复旧不全、引产等，孕妇禁用。故选A。

35.【答案】C

【解析】垂体后叶激素通过收缩小动脉使肺循环血量减少而达到较好止血效果。该患者既往有高血压、脑梗死病史，垂体后叶激素可使脑动脉收缩而致脑灌注减低，有诱发缺血性脑卒中的风险，同时，因收缩全身小动脉而导致血压升高，为禁忌证。故选C。

36.【答案】E

【解析】异烟肼（INH，H）是单一抗结核药物中杀菌力，特别是早期杀菌力最强者。INH对巨噬细胞内外的结核分枝杆菌均具有杀菌作用。利福平（RFP，R）对巨噬细胞内外的结核分枝杆菌均有快速杀菌作用，特别是对C菌群有独特的杀灭菌作用。INH与RFP联用可显著缩短疗程。故各种抗结核治疗方案中（耐药方案除外），均以二者联合作为基础用药。故选E。

37.【答案】C

【解析】急性血行播散型肺结核又称急性粟粒型肺结核，多见于婴幼儿和青少年，多同时伴有原发型肺结核。成人也可发生急性粟粒型肺结核，可由病变中和淋巴结内的结核分枝杆菌侵入血管所致。起病急，持续高热，中毒症状严重，约一半以上的小儿和成人合并结核性脑膜炎。虽然病变侵及两肺，但极少有呼吸困难。全身浅表淋巴结肿大，肝和脾大，有时可发现皮肤淡红色粟粒疹，可出现颈项强直等脑膜刺激征。X线胸片和CT检查开始为肺纹理重，在症状出现2周左右可发现由肺尖至肺底呈大小、密度和分布三均匀的粟粒状结节阴影，结节直径2mm左右。该患者过劳后起病，症状为高热、盗汗、厌食，查体见肝脾大，符合上述急性粟粒型肺结核的临床特点。发病时间5天，故胸片尚未见粟粒结节不能作为排除本病的依据。患者既往曾患颈淋巴结结核，存在潜在的致病危险因素。支持诊断本病。故选C。

38.【答案】B

39.【答案】C

40.【答案】A

【解析】肺结核的诊断方法包括以下几种。①病史和症状体征。②影像学诊断：胸部CT检查易发现隐蔽的病变而减少微小病变的漏诊；比普通胸片更早期显示微小的粟粒结节；能清晰显示各型肺结核病变特点和性质，与支气管关系，有无空洞，以及进展恶化和吸收好转的变化。常用于对肺结核的诊断以及与其他胸部疾病的鉴别诊断。③痰结核分枝杆菌检查：是确诊肺结核病的主要方法，也是制订化疗方案和考核治疗效果的主要依据。④纤维支气管镜检查：常应用于支气管结核和淋巴结支气管瘘的诊断。⑤结核菌素试验：广泛应用于检出结核分枝杆菌的感染，而非检出结核病。结核菌素试验对儿童、少年和青年的结核病诊断有参考意义。由于许多国家和地区广泛推行卡介苗接种，结核菌素试验阳性不能区分是结核分枝杆菌的自然感染还是卡介苗接种的免疫反应。该患者5年前曾诊断肺结核，近2月来胸痛、咳痰带血，需警惕结核病复发。对复发患者，结核菌素试验临床意义不大。已行痰结核菌检查3次均阴性，该患者应进一步行胸部CT检查。故选A。

41.【答案】C

【解析】原发型肺结核多见于少年儿童，无症状或症状轻微，X线胸片表现为哑铃型阴影，即原发病灶、引流淋巴管炎和肿大的肺门淋巴结，形成典型的原发复合征。继发型肺结核多发生在成人，肺内病变多为含有大量结核分枝杆菌的早期渗出性病变，易进展。其X线表现特点为多态性，好发在上叶尖后段和下叶背段。继发型肺结核分型包括浸润性肺结核、纤维空洞性肺结核和干酪样肺炎等。其中，浸润性肺结核之浸润渗出性结核病变和纤维干酪增生病变多发生在肺尖和锁骨下，影像学检查表现为小片状或斑点状阴影，可融合和形成空洞。结合该患者临床特点，最可能的诊断为浸润性肺结核，分类属于继发型肺结核。故选C。

42.【答案】B

【解析】原发型肺结核含原发复合征及胸内淋巴结结核。多见于少年儿童，无症状或症状轻微，多有结核病家庭接触史，结核菌素试验多为强阳性，X线胸片表现为哑铃型阴影，即原发病灶、引流淋巴管炎和肿大的肺门淋巴结，形成典型的原发复合征。原发病灶一般吸收较快，可不留任何痕迹。若X线胸片只有肺门淋巴结肿大，则诊断为胸内淋巴结结核。该患者为少年女性，症状为胸闷、乏力、咳嗽，PPD试验（+++）。首先考虑肺结核。胸片示肺门及纵隔淋巴结肿大，支持诊断胸内淋巴结结核。故选B。

43.【答案】D

【解析】干性胸膜炎又称纤维素性胸膜炎，大多由于肺部感染侵及胸膜所致，细菌性肺炎或肺结核均可并发此症。病变多局限于脏层胸膜，胸膜表面粗糙而无光泽，一般无渗出液或少量纤维蛋白性渗出液，渗出液迅速吸收后留存纤维素层形成粘连，可逐渐吸收。本病起病急、发热、胸痛，咳嗽或呼吸时疼痛加剧；胸部体征为呼吸运动受限制，呼吸音减弱及胸膜摩擦音，后者可在全部呼吸期间听到，借此可与啰音区别。该患者为青年男性，临床表现符合干性胸膜炎的特点，可诊断本病。故选D。

44.【答案】C

【解析】纤维支气管镜检查常应用于支气管结核和淋巴结支气管瘘的诊断，支气管结核表现为黏膜充血、溃疡、糜烂、组织增生、瘢痕形成和支气管狭窄，可以在病灶部位钳取活体组织进行病理学检查、结核分枝杆菌培养。对于肺内结核病灶，可以采集分泌物或冲洗液标本做病原体检查，也可以经支气管肺活检获取标本检查。该患者病史2个月，症状为咳嗽、咯血、乏力，既往曾有肺结核病史，痰结核菌检查2次均（+），考虑结核病复发。但胸片未见活动性结核病变，需进一步行支气管镜检查以明确。故选C。

45.【答案】B

【解析】复治涂阳肺结核治疗方案包括每日用药方案和间歇用药方案。药物如下。①强化期：异烟肼、利福平、吡嗪酰胺、链霉素和乙胺丁醇，2个月。②巩固期：异烟肼、利福平和乙胺丁醇，4~6个月。巩固期治疗4个月时，痰菌未阴转，可继续延长治疗期2个月。该患者为青年男性，结核性胸膜炎病史3个月，经异烟肼、利福平、吡嗪酰胺治疗2个月后胸腔积液吸收。近2周出现发热、咳嗽、痰血。X线片示右上肺浸润性阴影，痰抗酸杆菌阳性。可诊断继发型肺结核。其为复治涂阳患者，且为初治失败的患者。应选上述治疗方案。故选B。

46.【答案】C

【解析】继发型肺结核包括浸润型肺结核、纤维空洞型肺结核和干酪样肺炎等。其中，浸润型肺结核之浸润渗出性结核病变和纤维干酪增生病变多发生在肺尖和锁骨下，影像学检查表现为小片状或斑点状阴影，可融合和形成空洞。该患者为中年女性患者，病史半年，症状为咳嗽、咯血，胸片示右肺上野斑片状影，内有空洞1个；既往有糖尿病史，为结核病易感人群。结合上述病史特点及影像学表现，考虑最可能的诊断为浸润型肺结核。故选C。

47.【答案】B

【解析】结核菌素试验结果解读如下。①阳性反应：表明机体对结核分枝杆菌有变态反应，过去曾感染过结核，但不表示患病，因接种过卡介苗的人群也呈阳性反应。②强阳性反应：表明可能有活动性感染，应进一步检查是否有结核病。③阴性反应：表明没有受过结核分枝杆菌的感染，可以除外结核病。但在某些情况下，也不能完全排除结核病，因为结核菌素试验可受许多因素影响。结核分枝杆菌感染后需4~8周才建立充分变态反应，在此之前，结核菌素试验可呈阴性；如受试者处于原发感染早期，尚未产生变态反应，营养不良、HIV

感染、癌症、严重的细菌感染包括重症结核病如粟粒性结核病和结核性脑膜炎等，结核菌素试验结果则多为阴性和弱阳性。该患者病史2周，症状为咳嗽，结核菌素试验阳性，仅表明既往曾有结核分枝杆菌感染。故选B。

48.【答案】D

49.【答案】D

【解析】乙胺丁醇的不良反应为视神经炎，应在治疗前测定视力与视野，治疗中密切观察，提醒患者发现视力异常应及时就医。该患者抗结核治疗3个月后出现视力减退、视野缩小。考虑符合乙胺丁醇的不良反应，应停用。故选D。

50.【答案】B

【解析】青年女性患者，病史20天，症状为发热、咳嗽、乏力，2天前出现咯血；查体：消瘦、右上肺触觉语颤增强、叩诊浊音等，PPD试验强阳性。提示为活动性肺结核。X线胸片示右上肺高密度、浓淡不均阴影。支持浸润型肺结核的诊断。可诊断右上肺结核。故选B。

【A_3/A_4型题】

51.【答案】A

【解析】青年男性患者，胸片及痰菌检查均支持诊断肺结核。抗结核治疗两周后仍有低热、盗汗。考虑诊断无误，因抗结核治疗方案至少需要用药6个月，该例患者治疗时间尚短，需继续治疗观察疗效。故选A。

52.【答案】D

【解析】链霉素的不良反应主要为耳毒性、前庭功能损害和肾毒性等。该患者用药20天后出现眩晕，考虑为前庭功能异常所致，需停用链霉素。故选D。

53.【答案】A

54.【答案】D

【解析】糖尿病患者易患结核病，两者之间存在明显的相互不利影响。糖尿病并发肺结核的临床表现与单纯肺结核、单纯糖尿病的临床表现不同。大多数合并糖尿病的肺结核患者起病急骤，进展快，消瘦、乏力明显，持续时间较长，X线表现病变多为浸润或干酪样病灶，进展迅速，病灶融合，易形成空洞，支气管播散病灶较多，病灶分布广泛，多呈肺段或肺叶分布，密度较一致，呈干酪样肺炎表现较多见。糖尿病合并肺结核控制血糖应首选胰岛素治疗，可减轻胰岛B细胞负担，促进其功能恢复。糖尿病合并肺结核的抗结核治疗，与单纯肺结核一样，必须遵循抗结核治疗的原则，即早期、规律、全程、适量、联合。并且疗程应延长。故选D。

55.【答案】D

【解析】继发型肺结核多发生在成人，病程长，易反复。肺内病变多为含有大量结核分枝杆菌的早期渗出性病变，易进展，多发生干酪样坏死、液化、空洞形成和支气管播散；同时又多出现病变周围纤维组织增生，使病变局限化和瘢痕形成。病变轻重多寡相差悬殊，活动性渗出病变、干酪样病变和愈合性病变共存。因此，继发型肺结核X线表现特点为多态性，好发在上叶尖后段和下叶背段。该患者为青年男性患者，病史2周，症状为低热、咳嗽，胸部X线检查示右肺下叶背段不规则斑片状阴影及纤维索条影，有薄壁空洞，无液平面。可除外肺脓肿，其最可能的诊断应为肺结核。故选D。

56.【答案】B

57.【答案】A

【解析】血行播散型肺结核含急性血行播散型肺结核（急性粟粒型肺结核）及亚急性、慢性血行播散型肺结核。急性粟粒型肺结核多同时伴有原发型肺结核。可由病变中和淋巴结内的结核分枝杆菌侵入血管所致。起病急，持续高热，中毒症状严重，约一半以上的小儿和成人合并结核性脑膜炎。虽然病变侵及两肺，但极少有呼吸困难。全身浅表淋巴结肿大，肝和脾大，有时可发现皮肤淡红色粟粒疹，可出现颈项强直等脑膜刺激征。部分患者结核菌素试验阴性，随病情好转可转为阳性。X线胸片和CT检查开始为肺纹理重，在症状出现两周左右可发现由肺尖至肺底呈大小、密度和分布三均匀的粟粒状结节阴影，结节直径2mm左右。该患者为中年男性，既往喉结核病史，曾行不规则抗结核治疗，结合症状特点及胸片检查，诊断首先考虑血行播散型肺结核。故选A。

58.【答案】C

【B_1型题】

59.【答案】B

60.【答案】C

61.【答案】A

【解析】结核菌抑菌药物包括：乙胺丁醇（E）、对氨基水杨酸钠（P）、卡那霉素（K）。故选A。

62.【答案】C

【解析】吡嗪酰胺（Z）具有独特的杀灭菌作用，主要是杀灭巨噬细胞内酸性环境中的B菌群。为结核菌半杀菌剂。在6个月标准短程化疗中，吡嗪酰胺与异烟肼和利福平联合用药是第三个不可缺的重要药物。故选C。

63.【答案】B

【解析】结核菌全杀菌药物包括：异烟肼（H）、利福平（R）、链霉素（S）。利福平对巨噬细胞内外的结核分枝杆菌均有快速杀菌作用，特别是对C菌群有独特的杀灭菌作用。故选B。

第九章 胸腔积液

【A_1型题】

1.【答案】D

2.【答案】E

【解析】诊断性胸腔穿刺和胸腔积液检查对明确积液性质及病因诊断均至关重要，大多数积液的原因通过胸腔积液分析可确定。疑为渗出液必须做胸腔穿刺，如有漏出液病因则避免胸腔穿刺。不能确定时也应做胸腔穿刺抽液检查。故选E。

3.【答案】A

【解析】渗出液的白细胞常超过$500×10^6$/L。渗出液的蛋白含量较高（>30g/L），胸腔积液/血清比值大于0.5。渗出液乳酸脱氢酶（LDH）含量增高，大于200U/L，且胸腔积液/血清LDH比值大于0.6。大多数渗出液葡萄糖含量正常，而脓胸、类风湿关节炎、系统性红斑狼疮、结核和恶性胸腔积液中含量可<3.3mmol/L。渗出液的黏蛋白试验阳性。故只有A项错误，选A。

4.【答案】A

5.【答案】E

6.【答案】C

【解析】诊断性胸腔穿刺可区别积液的性质。漏出液外观清澈透明，无色或浅黄色，不凝固；而渗出液外观颜色深，呈透明或混浊的草黄或棕黄色，或血性，可自行凝固。两者划分标准多根据比重（以1.018为界）、蛋白质含量（以30g/L为界）、白细胞数（以$500×10^6$/L为界），小于以上界限为漏出液，反之为渗出液。故选C。

7.【答案】C

【解析】全身毒性症状严重、大量胸腔积液者，在抗结核药物治疗的同时，可尝试加用糖皮质激素。待体温正常、全身毒性症状减轻、胸腔积液量明显减少时，即应逐渐减量以至停用。停药速度不宜过快，否则易出现反跳现象，一般疗程为4~6周。注意不良反应或结核播散，应慎重掌握适应证。由此可见，糖皮质激素并不能作为结核性胸膜炎的常规治疗药物，故选C。

8.【答案】D

9.【答案】D

【解析】由于结核性胸膜炎胸腔积液蛋白含量高，容易引起胸膜粘连，原则上应尽快抽尽胸腔内积液或肋间插细管引流。大量胸腔积液者每周抽液2~3次，直至胸腔积液完全消失。首次抽液不要超过700ml，以后每次抽液量不应超过1000ml。若抽液时发生头晕、冷汗、心悸、面色微白、脉细等表现应考虑“胸膜反应”，应立即停止抽液，使患者平卧，必要时皮下注射0.1%肾上腺素0.5ml，密切观察病情，注意血压变化，防止休克。一般情况下，抽胸腔积液后，没必要胸腔内注入抗结核药物，但可注入链激酶等防止胸膜粘连。可见D项说法错误，故选D。

10.【答案】D

【解析】脓性胸腔积液并有臭味，可能为厌氧菌感染，故应首先行厌氧菌培养以协助诊断。故选D。

11.【答案】E

【解析】结核性胸膜炎时，因细胞免疫使淋巴细胞明显增多，故胸水中腺苷脱氨酶（ADA）多高于45U/L，其诊断结核性胸膜炎的敏感度较高。故E项错误，其余各项均为结核性胸膜炎的特点，故选E。

12.【答案】E

【A_2型题】

13.【答案】C

【解析】患者为中年男性，有咳嗽、胸闷、胸痛的症状及气管移位、叩诊浊音、语颤减弱、呼吸音消失的胸腔积液的体征，并有淋巴结肿大。胸液检查蛋白含量较高（>30g/L）、白细胞超过$500×10^6$/L均提示为渗出液，淋巴细胞为主多为结核性或肿瘤性，LDH>500U/L常提示为恶性肿瘤或胸腔积液已并发细菌感染。以上症状、体征及辅助检查结果符合恶性胸腔积液的诊断。故选C。

14.【答案】A

【解析】漏出液透明清亮，静置不凝固，比重<1.018；蛋白含量较低（<30g/L），以清蛋白为主，黏蛋白试验阴性；细胞数常少于$100×10^6$/L。根据题干描述，符合漏出液的特点。故选A。

15.【答案】C

【解析】该患者胸液：比重1.020（>1.018），蛋白41g/L（>30g/L），白细胞$530×10^6$（$>500×10^6$），黏蛋白试验阳性，符合渗出液的特点。我国渗出性胸膜炎最常见的为结核性胸膜炎，且其为青年女性，有发热、胸痛的症状；胸液蛋白>40g/L、红细胞超过$5×10^9$/L时均考虑为结核性。故选C。

16.【答案】C

【解析】该患者病史、体征及胸液检查特点支持结核性胸膜炎的诊断，治疗上应给予抗结核治疗。故选C。

17.【答案】E

18.【答案】E

【解析】患者中年男性，有咳嗽、胸痛病史，胸腔积液为血性渗出液，应怀疑为恶性胸腔积液。

恶性胸腔积液中有40%~90%可查到恶性肿瘤细胞，反复多次检查可提高检出率。胸液标本有凝块应固定及切片行组织学检查。胸液中恶性肿瘤细胞常有核增大且大小不一、核畸变、核深染、核质比例失常及异常有丝核分裂等特点。故选E。

19.【答案】C

【解析】患者发热、胸痛、咳嗽，并伴有呼吸困难，胸穿抽出脓汁，考虑为脓胸，胸片有液平面提示伴有气胸，对疑似伴有气胸的脓胸患者应及早进行胸膜腔闭式引流术。故选C。

20.【答案】D

【解析】根据患者高热、寒战、咳脓痰的症状及胸片右肺下叶大片致密影，考虑为急性脓胸。急性脓胸的体征有患侧语颤减弱，叩诊呈浊音，听诊呼吸音减弱或消失，纵隔向健侧移位，而无肋间隙变窄，应为肋间隙饱满。故选D。

21.【答案】E

【解析】结合患者的症状及胸片表现考虑诊断为脓胸。脓胸致病菌以肺炎链球菌多见。但由于抗生素的应用，这些细菌所致肺炎和脓胸已较前减少，而葡萄球菌特别是耐药性金黄色葡萄球菌却大大增多，尤以小儿更为多见，且感染不易控制。故选E。

【A_3/A_4型题】

22.【答案】C

【解析】急性脓胸常有高热、脉快、呼吸急促、食欲缺乏、胸痛、全身乏力、白细胞计数增加等征象。积脓较多者尚有胸闷、咳嗽、咳痰症状。胸片显示有积液所致的致密阴影。若有大量积液，患侧呈现大片浓密阴影，纵隔向健侧移位。患者先有肺炎的症状及体征，后症状加重考虑合并了急性肺脓肿。故选C。

23.【答案】D

24.【答案】E

25.【答案】E

【解析】患者中年男性，有胸闷、气促、胸痛的病史，查体发现胸壁静脉曲张说明可能有因肿瘤压迫造成的上腔或下腔静脉阻塞，并发现肿大的淋巴结，以上均提示恶性肿瘤的可能性大，现左肺呼吸音消失，考虑为癌性胸膜炎。故选E。

26.【答案】D

【解析】胸腔积液脱落细胞检查，很难找到癌细胞，阳性率低。腋下淋巴结病理检查，可判断有无肿瘤转移及其细胞类型。故选D。

27.【答案】D

28.【答案】C

29.【答案】B

【解析】患者诊断为结核性胸膜炎，治疗上应首先给予抗结核药物治疗，因其全身中毒症状严重，胸腔积液量大，故可加用泼尼松，其可使胸腔积液吸收加快，且能防止胸膜增厚和粘连。故选B。

30.【答案】D

【解析】抽液时发生头晕、冷汗、心悸、面色苍白、脉细等表现应考虑“胸膜反应”，应立即停止抽液，使患者平卧，必要时皮下注射0.1%肾上腺素0.5ml，密切观察病情，注意血压变化，防止休克。故选D。

31.【答案】B

32.【答案】A

【B_1型题】

33.【答案】A

【解析】漏出液常见病因是充血性心力衰竭，多为双侧胸腔积液，积液量右侧多于左侧。强烈利尿可引起假性渗出液。故选A。

34.【答案】B

【解析】系统性红斑狼疮等结缔组织病可使胸膜通透性增加而产生胸腔渗出液。故选B。

35.【答案】C

【解析】脓胸系胸腔内致病菌感染造成积脓，多与未能有效控制肺部感染，致病菌直接侵袭入胸腔有关，常见细菌为金黄色葡萄球菌、肺炎链球菌、化脓性链球菌及大肠埃希菌、肺炎克雷伯菌和铜绿假单胞菌等，且多合并厌氧菌感染。故选C。

36.【答案】E

【解析】乳糜胸分为先天性和创伤性两种。自发性乳糜胸少见，常使胸导管受压或浸润，使导管内压力增高，因而流入胸腔的侧支导管扩张、破裂，乳糜流入胸膜腔形成乳糜胸。故选E。

第十章　气　　胸

【A_1型题】

1.【答案】C

【解析】开放性气胸应尽快封闭胸壁创口，变开放性气胸为闭合性气胸。可用多层清洁布块或厚纱布垫，在患者深呼气末敷盖创口并包扎固定。故选C。

2.【答案】C

3.【答案】B

【解析】张力性气胸破裂口呈单向活瓣或活塞作用，吸气时胸廓扩大，胸膜腔内压变小，空气进入胸膜腔；呼气时胸膜腔内压升高，压迫活瓣使之关闭，致使胸膜腔内空气越积越多，内压持续升高，使肺脏受压，纵隔向健侧移位，影响心脏血液回流。由此可见，张力性气胸时纵隔向健侧移位，而不是左右摆动，B项错误，故选B。

4.【答案】E

【解析】张力性气胸出现呼吸困难等病情危急情况，应迅速解除胸腔内正压以避免发生严重并发症，紧急时亦需立即胸腔穿刺排气，无其他抽气设备时，为了抢救患者生命，可用粗针头迅速刺入胸膜腔以达到暂时减压的目的。故选E。

【A_2型题】

5.【答案】D

【解析】胸腔闭式引流适用于不稳定型气胸，呼吸困难明显、肺压缩程度较重，交通性或张力性气胸，反复发生气胸的患者。根据患者脉速、呼吸急促、躁动、纵隔移位等表现，考虑为张力性气胸，应立即给予放置胸腔闭式引流。故选D。

【B_1型题】

6.【答案】C

【解析】进行性出血应在补液、输血、纠正低血容量休克的同时，及时胸腔镜或开胸探查，查找出血部位，给予缝合止血。故选C。

7.【答案】E

【解析】正常人在吸气时胸廓抬起，呼气时胸壁下降；反常呼吸运动正好相反，在吸气时胸廓下降，呼气时胸壁抬起。在多处多根肋骨骨折时，胸廓的完整性遭到破坏，导致胸部伤处软组织失去胸廓的支撑，出现反常呼吸，又被称为连枷胸。故选E。

第十一章　血　胸

【A_1型题】

1.【答案】D

【解析】急诊开胸探查手术指征有：①进行性血胸。②心脏大血管损伤。③严重肺裂伤或气管、支气管损伤。④食管破裂。⑤胸腹或腹胸联合伤。⑥胸壁大块缺损。⑦胸内存留较大的异物。故此题选D。

2.【答案】E

【解析】此类题需记忆，当胸腔内血液量不多，肺、心脏、膈肌运动引起去纤维蛋白作用，使胸腔内积血不凝固。故选E。

3.【答案】D

【解析】血心包致心脏压塞，应立即行心包穿刺术减压，缓解心脏压塞症状，同时积极准备手术。故选D。

4.【答案】D

【解析】凝固性血胸处理应是待伤员情况稳定后尽早手术，清除血块，并剥除胸膜表面凝血块和机化形成的包膜，可提早到伤后2~3天，开胸引流则无益。故本题选D。

5.【答案】E

【解析】进行性血胸的征象是：①持续脉搏加快、血压降低，或虽经补充血容量血压仍不稳定。②胸腔闭式引流量每小时超过200ml，持续3小时。③血红蛋白量、红细胞计数和血细胞比容进行性降低，引流液的血红蛋白量和红细胞与周围血相近，且迅速凝固。故此题选E。

6.【答案】D

7.【答案】D

【解析】治疗非进行性血胸可根据积血量多少，采用胸腔穿刺或闭式胸腔引流术治疗。进行性血胸应及时开胸探查。凝固性血胸应待伤员情况稳定后尽早手术，清除血块，并剥除胸膜表面血凝块机化而形成的包膜。只有D项凝固性血胸不是闭式引流术的适应证，其余各项均可行闭式引流术。故选D。

【A_2型题】

8.【答案】D

【解析】张力性气胸：伤侧胸部饱满，叩诊鼓音，呼吸音消失。血胸：呼吸急促、肋间隙饱满、气管向健侧移位、伤侧叩诊浊音、呼吸音减低。闭合性气胸：伤侧胸部饱满，呼吸活动度降低，气管向健侧移位，叩诊鼓音，呼吸音降低。血心包有心脏压塞症状或是休克症状，情况危急。根据题干，有血胸表现，呼吸音消失则提示气胸　故该患者最可能的诊断是血气胸，选D。

9.【答案】C

【解析】根据题意，该患者诊断血胸，采用胸腔穿刺或胸腔闭式引流术治疗，及时排出积血，促使肺膨胀，改善呼吸功能，并使用抗生素预防感染治疗。故选C。

10.【答案】C

【解析】具备以下征象提示存在进行性血胸：①持续脉搏加快、血压降低，或虽经补充血容量血压仍不稳定。②闭式胸腔引流量每小时超过200ml，持续3小时。③血红蛋白量、红细胞计数和血细胞比容进行性降低，引流胸腔积血的血红蛋白量和红细胞计数与周围血相接近，且迅速凝固。根据题干描述该患者的病程特点符合进行性血胸，进行性血胸应及时开胸探查手术。故选C。

第十二章 肋骨骨折

【A_1 型题】

1.【答案】B

【解析】肋骨骨折时宽胶布条固定方法为：患者上肢外展，将宽7～8cm的胶布条，于患者深呼气后屏气时，紧贴胸壁，后端起自健侧脊柱旁，前端越过胸骨，从胸廓下缘开始，依次向上粘贴到腋窝，上下胶布重叠1/3，呈屋瓦状。B项说法错误，不应在深吸气状态下粘贴。故选B。

2.【答案】D

【解析】当肋骨骨折刺破肺组织或支气管时可使气体溢于皮下，形成皮下气肿。故选D。

3.【答案】D

【解析】肋骨骨折镇痛方法很多，可口服或肌内、静脉注射镇痛药和镇静药；或应用自控镇痛泵；也可肋间神经阻滞和痛点封闭。老年人的单纯性肋骨骨折如处理不当，可因疼痛限制其有效的呼吸运动和咳嗽排痰，使肺的顺应性在较低的基础上进一步下降，易造成呼吸窘迫和缺氧，肺部的感染率升高，镇痛时不宜使用对呼吸有抑制作用的药物。故选D。

4.【答案】E

【解析】急诊开胸探查手术适应证：①胸膜腔内进行性出血。②心脏大血管损伤。③严重肺裂伤或气管、支气管损伤。④食管破裂。⑤胸肌损伤。⑥胸壁大块缺损。⑦胸内存留较大的异物。故选E。

【A_2 型题】

5.【答案】C

【解析】根据题干描述患者有肋骨骨折病史，现有呼吸困难、发绀、出冷汗的症状及血压下降、右肺呼吸音消失、皮下气肿的体征，考虑为肋骨骨折并发张力性气胸，目前患者病情危急，应立即胸腔穿刺排气以迅速解除胸腔内正压，避免发生严重并发症。故选C。

【B_1 型题】

6.【答案】E

【解析】闭合性多根多处肋骨骨折胸壁软化范围大、反常呼吸运动明显的连枷胸患者，需在伤侧胸壁放置牵引支架，在体表用毛巾钳或导入不锈钢丝，抓持住游离段肋骨，并固定在牵引支架上，消除胸壁反常呼吸运动。对咳嗽无力、不能有效排痰或呼吸衰竭者，需做气管插管或气管切开，以利抽吸痰液、给氧和施行辅助呼吸。故选E。

7.【答案】C

第十三章 脓胸

1.【答案】A

【解析】胸膜纤维板剥除术是治疗慢性脓胸的主要原则之一。手术成功的机会只在病期不长、纤维板粘连不甚紧密的患者可能性较大。而很多患者由于病程已久，韧厚的胸膜纤维板与肺组织紧密粘连融合，以致不可能剥除，即使用“十”字切口，将纤维板分块切除，有时亦未能成功。此外，肺被压缩时间过久，肺组织已纤维化不能复张；或是肺内有广泛病变、结核性空洞或支气管扩张等，均不宜行胸膜纤维板剥除术。故只有A项可行纤维板剥除术，故选A。

2.【答案】B

3.【答案】C

【解析】急性脓胸发病快，积液多且黏稠，病情危重，有中毒症状的，胸腔穿刺后积液又迅速生成时需行胸腔闭式引流；合并有支气管胸膜瘘或食管胸膜瘘的脓气胸，也需行胸腔闭式引流。故选C。

4.【答案】A

【解析】胸廓成形术适用于肺内有病变，如严重的肺纤维化改变、结核病变、支气管扩张等，以及有支气管胸膜瘘的患者。此术式创伤较大，目前已很少使用。故选A。

5.【答案】D

【解析】脓胸常有高热、脉快、呼吸急促、食欲缺乏、胸痛、全身乏力、白细胞增多等症状。胸片显示有积液所致的致密阴影。超声检查所示积液反射波能明确范围和准确定位，有助于脓胸诊断和穿刺。胸腔穿刺抽得脓液，可诊断为脓胸。故选D。

6.【答案】E

7.【答案】B

【解析】急性脓胸排净脓液的方法有：及早反复胸腔穿刺抽脓，并向胸膜腔内注入抗生素。若脓液稠厚不易抽出，或经过治疗脓量不见减少，患者症状无明显改善，或发现有大量气体，疑伴有气管、食管瘘或腐败性脓胸等，均宜及早施行胸膜腔闭式引流术。故选B。

8.【答案】B

【解析】急性脓胸患者经胸腔

闭式引流术脓液排出后，肺逐渐膨胀，两层胸膜靠拢，空腔逐渐闭合，此时可拔除闭式引流管。故选 B。

9.【答案】A

【解析】脓胸的致病菌多来自肺内感染灶，也有少数来自胸内和纵隔内其他脏器或身体其他部位病灶，直接或经淋巴侵入胸膜引起感染化脓。致病菌以肺炎链球菌多见。故选 A。

10.【答案】A

11.【答案】D

【解析】急性脓胸脓汁有恶臭味考虑为腐败性脓胸，其治疗应及早进行胸膜腔闭式引流术。故选 D。

12.【答案】E

【A_2 题型】

13.【答案】A

【解析】根据患者的症状、体征及胸片表现考虑为急性脓胸。急性脓胸的治疗原则：①根据致病菌对药物的敏感性，选用有效抗生素。②彻底排净脓液，使肺早日复张。③控制原发感染，全身支持治疗。排净脓液的方法有：及早反复胸腔穿刺抽脓，并向胸膜腔内注入抗生素。若脓液稠厚不易抽出，或经过治疗脓量不见减少，宜及早施行胸膜腔闭式引流术。可见立即进行手术是不正确的，故选 A。

14.【答案】E

【B_1 题型】

15.【答案】E

16.【答案】C

【解析】慢性脓胸的治疗原则：①改善全身情况，消除中毒症状和营养不良。②消灭致病原因和脓腔。③尽力使受压的肺复张，恢复肺的功能。故选 C。

第十篇　心血管系统

第一章　心搏骤停

【A_1型题】

1.【答案】A

【解析】2010年心肺复苏指南建议成年人、儿童及其婴幼儿（不包括新生儿）的基本生命支持程序从“A-B-C”（开放气道、人工呼吸、胸外按压）改变为“C-A-B”（胸外按压、开放气道、人工呼吸）。因此发生心搏骤停后，应首先进行的抢救措施是胸外按压（A）。

2.【答案】E

【解析】肾上腺素是心肺复苏（CPR）的首选药物。可用于电击无效的室颤及无脉室速、心脏停搏或无脉性电生理活动。故选E。

3.【答案】E

4.【答案】A

【解析】绝大多数心脏性猝死发生在有器质性心脏病的患者。在西方国家，心脏性猝死中约80%由冠心病及其并发症引起，而这些冠心病患者中约75%有心肌梗死病史。故选A。

5.【答案】D

【解析】心搏骤停发生后，大部分患者将在4~6分钟内开始发生不可逆脑损害，随后经数分钟过渡到生物学死亡。心搏骤停发生后立即实施心肺复苏和尽早除颤，是避免发生生物学死亡的关键。心脏复苏成功后死亡的最常见的原因是中枢神经系统的损伤。故选D。

6.【答案】B

7.【答案】C

8.【答案】C

【解析】胸外按压的部位是胸骨下半部，双乳头之间。用一只手掌根部放在胸部正中双乳头之间的胸骨上，另一手平行重叠压在手背上，保证手掌根部横轴与胸骨长轴方向一致，保证手掌用力在胸骨上，避免发生肋骨骨折，不要按压剑突。故选C。

【A_2型题】

9.【答案】C

【A_3/A_4型题】

10.【答案】A

【解析】主动脉内球囊反搏术（IABP）适用于急性心肌梗死（AMI）并发心源性休克。当补充血容量及应用血管活性药物后血流动力学不能稳定时，应尽早经皮插入IABP导管，并在IABP支持下进行冠状动脉造影和血管重建治疗。故选A。

11.【答案】C

【解析】急性心肌梗死后可发生心脏破裂的并发症，多为心室游离壁破裂；偶为心室间隔破裂造成穿孔，在胸骨左缘第3~4肋间出现响亮的收缩期杂音，常伴有震颤，可引起心力衰竭和休克而在数日内死亡。根据题干描述考虑为心室间隔破裂，故选C。

12.【答案】B

【解析】心室颤动的临床症状包括意识丧失、抽搐、呼吸停顿甚至死亡、听诊心音消失、脉搏触不到、血压也无法测到。故选B。

13.【答案】A

【解析】洋地黄中毒最重要的反应是各类心律失常，最常见者为室性期前收缩，多表现为二联律，以及非阵发性交界区心动过速、房性期前收缩、心房颤动及房室传导阻滞。故选A。

14.【答案】A

【解析】三度房室传导阻滞伴有血流动力学障碍者应给予起搏治疗，患者有频发室性期前收缩，应在起搏治疗的基础上使用利多卡因。故选A。

15.【答案】E

【B_1型题】

16.【答案】C

【解析】在心肺复苏期间给予2~3次除颤加CPR及肾上腺素之后仍然是室颤/无脉室速，考虑给予抗心律失常药。常用药物为胺碘酮，也可考虑用利多卡因。故选C。

17.【答案】D

【解析】补充钙剂可以用于治疗高钾血症，同时亦能治疗低钙血症及钙通道阻滞药中毒。故选D。

18.【答案】A

第二章　心力衰竭

【A₁型题】

1.【答案】D

【解析】洋地黄类药物禁忌证：肥厚型心肌病患者增加心肌收缩性可能使原有的血流动力学障碍更为加重，洋地黄属于禁用。风湿性心脏病单纯二尖瓣狭窄伴窦性心律的肺水肿患者因增加右心室收缩功能可能加重肺水肿程度而禁用。严重窦性心动过缓或房室传导阻滞患者在未植入起搏器前禁用。故选D。

2.【答案】C

【解析】Killip分级适用于评价急性心肌梗死时心力衰竭的严重程度。Ⅰ级：无心力衰竭的临床症状与体征。Ⅱ级：有心力衰竭的临床症状与体征；肺部50%以下肺野湿啰音，心脏第三心音奔马律，肺静脉高压，胸片见肺淤血。Ⅲ级：严重的心力衰竭的临床症状与体征，严重肺水肿，肺部50%以上肺野湿啰音。Ⅳ级：心源性休克。故C选项为KillipⅢ级的表现。故选C。

3.【答案】D

【解析】右心衰竭时体静脉压力升高使皮肤等软组织出现水肿，表现为始于身体低垂部位的对称性凹陷性水肿。胸腔积液多见于同时有左、右心衰时，以双侧多见。故选D。

4.【答案】A

5.【答案】B

【解析】心衰急性期或病情不稳定者应限制体力活动，卧床休息，以降低心脏负荷，有利于心功能的恢复。但长期卧床易发生静脉血栓形成甚至肺栓塞，同时也使消化功能减低、肌肉萎缩、坠积性肺炎、压疮等。故B项说法错误，选B。

6.【答案】D

【解析】伴有快速心房颤动/心房扑动的收缩性心力衰竭是应用洋地黄的最佳指征，包括扩张型心肌病、二尖瓣或主动脉瓣病变、陈旧性心肌梗死及高血压心脏病所致慢性心力衰竭。故选D。

7.【答案】B

【解析】颈静脉搏动增强、充盈、怒张，是右心衰竭时较早出现的临床表现，肝颈静脉反流征阳性则更具特征性。右心衰竭时，一般静脉压升高出现较早，继而出现肝颈静脉反流征阳性，颈静脉怒张，淤血性肝大出现也较早，水肿发生于颈静脉充盈和肝大之后，胸腔积液出现较晚，腹水多发生在病变晚期。故选B。

8.【答案】B

【解析】容量负荷（前负荷）过重见于：①心脏瓣膜关闭不全，血液反流，如主动脉瓣关闭不全、二尖瓣关闭不全等。②左、右心或动、静脉分流性先天性心血管病，如间隔缺损、动脉导管未闭等。此外，伴有全身血容量增多或循环血量增多的疾病如慢性贫血、甲状腺功能亢进症等，心脏的容量负荷也必然增加。只有B项不是容量负荷过重所致心力衰竭。故选B。

9.【答案】B

10.【答案】C

【解析】发生洋地黄中毒后应立即停药。单发性室性期前收缩、一度房室传导阻滞等停药后常自行消失；对快速性心律失常者，如血钾浓度低则可用静脉补钾，如血钾不低可用利多卡因或苯妥英钠。电复律一般禁用，因易致心室颤动。故选C。

11.【答案】E

【解析】伴有全身血容量增多或循环血量增多的疾病如慢性贫血、甲状腺功能亢进症等，心脏的容量负荷也必然增加。容量负荷增加早期，心室腔代偿性扩大，心肌收缩功能尚能维持正常，但超过一定限度心肌结构和功能发生改变即出现失代偿表现。故选E。

12.【答案】D

【解析】心钠肽（ANP）主要储存于心房，心室肌内也有少量表达。心力衰竭时ANP的分泌明显增加，使血浆中ANP水平升高，其增高的程度与心衰的严重程度呈正相关。为此，血浆ANP水平可作为评定心衰的进程和判断预后的指标。故选D。

13.【答案】C

【解析】血管扩张剂治疗心力衰竭的主要机制是降低心脏前、后负荷。慢性心力衰竭的治疗并不推荐血管扩张药物的应用，仅在伴有心绞痛或高血压的患者可考虑联合治疗，对存在心脏流出道或瓣膜狭窄的患者应禁用。故选C。

14.【答案】B

【解析】洋地黄中毒有传导阻滞及缓慢性心律失常者可用阿托品静脉注射，此时异丙肾上腺素易诱发室性心律失常，不宜应用。故选B。

15.【答案】C

【解析】左心衰竭的体征如下。①肺部湿啰音：由于肺毛细血管压增高，液体可渗出到肺泡而出现湿啰音。随着病情的由轻到重，肺部啰音可从局限于肺底部直至全肺。②心脏体征：除基础心脏病的固有体征外，慢性左心衰竭的患者一般均有心脏扩大（单纯舒张性心衰除外）、肺动脉瓣区第二心音亢进及舒张期奔马律。故选C。

16.【答案】A

17.【答案】D

18.【答案】C

【解析】吗啡3~5mg静脉注射不仅可以使患者镇静，减少躁动所带来的额外的心脏负担，同时也具有小血管舒张的功能而减轻心脏的负荷。故选C。

19.【答案】E

【解析】急性肺水肿临床主要表现为：突然出现严重的呼吸困难，端坐呼吸，伴咳嗽，常咳出粉红色泡沫样痰，患者烦躁不安，口唇发绀，大汗淋漓，心率增快，两肺布满湿啰音及哮鸣音，严重者可引起晕厥及心搏骤停。故选E。

20.【答案】D

21.【答案】D

【解析】右室压力负荷过重主要见于肺动脉高压、肺源性心脏病、肺动脉瓣狭窄。故选D。

22.【答案】A

【解析】颈静脉搏动增强、充盈、怒张是右心衰竭时的主要体征，肝颈静脉反流征阳性则更具特征性。故选A。

23.【答案】B

【解析】洋地黄中毒最重要的反应是各类心律失常，最常见者为室性期前收缩，多表现为二联律，以及非阵发性交界区心动过速、房性期前收缩、心房颤动及房室传导阻滞。快速房性心律失常又伴有传导阻滞是洋地黄中毒的特征性表现。洋地黄类药物的胃肠道表现如恶心、呕吐，以及中枢神经的症状，如视物模糊、黄视、倦怠等较少见。故选B。

24.【答案】D

【解析】左心衰竭夜间阵发性呼吸困难，常称之为“心源性哮喘”，应与支气管哮喘相鉴别。前者多见于老年人有高血压或慢性心瓣膜病史，后者多见于青少年有过敏史；前者发作时必须坐起，重症者肺部有干、湿啰音，甚至咳粉红色泡沫痰，后者发作时双肺可闻及典型哮鸣音，咳出白色黏痰后呼吸困难常可缓解。故选D。

【A_2型题】

25.【答案】C

【解析】心力衰竭的严重程度通常采用NYHA分级。①Ⅰ级：心脏病患者日常活动量不受限，一般活动不引起乏力、呼吸困难等心衰症状。②Ⅱ级：心脏病患者体力活动轻度受限，休息时无自觉症状，一般活动下可出现心衰症状。③Ⅲ级：心脏病患者体力活动明显受限，低于平时一般活动即引起心衰的症状。④Ⅳ级：心脏病患者不能从事任何体力活动，休息状态下也出现心衰的症状，活动后加重。根据题干描述该患者的心功能属于Ⅲ级，故选C。

26.【答案】D

【解析】心衰患者使用洋地黄类药物治疗症状明显改善，虽然心电图出现“鱼钩”样改变，但不能据此诊断洋地黄中毒，因此可继续使用地高辛。故选D。

27.【答案】A

【解析】慢性心衰患者，出现呼吸困难加重，考虑为急性心衰。房颤心电图表现：①P波消失，代之以小而不规则的基线波动，形态与振幅均变化不定，称为f波；频率为350~600次/分。②心室律极不规则，通常为100~160次/分。③QRS波群形态通常正常。根据患者的心电图表现，符合房颤特点，急性心衰合并房颤时治疗应首选毛花苷C。故选A。

28.【答案】E

29.【答案】B

30.【答案】E

【解析】洋地黄类药物最适合用于有心房颤动伴有快速心室率并已知有心室扩大伴左心室收缩功能不全者，本患者为窦性心动过速，不适宜，故选E。其余各项均是急性心力衰竭的治疗措施。

31.【答案】D

【解析】患者既往史不详，查体满肺哮鸣音，心率增快，目前暂时无法判断其呼吸困难的病因是哮喘还是心衰，氨茶碱可解除支气管痉挛，并有一定的增强心肌收缩、扩张外周血管的作用，在心衰和哮喘时都可应用，故治疗上应先使用氨茶碱平喘，故选D。

32.【答案】A

【解析】根据患者青年女性，呼吸困难、咯血的病史，及房颤、舒张期隆隆样杂音、肺底湿啰音的体征，考虑为二尖瓣狭窄、急性心力衰竭、房颤。低分子右旋糖酐不是急性心衰合并房颤的治疗措施，故选A。

33.【答案】B

【解析】急性左心衰竭表现为突发严重呼吸困难，呼吸频率常达每分钟30~40次，强迫坐位、面色灰白、发绀、大汗、烦躁，同时频繁咳嗽，咳粉红色泡沫状痰。听诊时两肺满布湿啰音和哮鸣音，心尖部第一心音减弱，频率快，同时有舒张早期第三心音而奔马律，肺动脉瓣第二心音亢进。故选B。

34.【答案】C

【解析】二尖瓣狭窄患者呼吸困难不能平卧应考虑为左心衰竭，近日出现了颈静脉怒张、肝大、下肢水肿等典型的右心衰竭的症状，此时肺淤血可减轻，故考虑其呼吸困难减轻的原因是在原有左心衰竭的基础上又发生了右心衰竭。故选C。

35.【答案】D

36.【答案】B

【解析】利尿药是心力衰竭治疗中最常用的药物，通过排钠、排水减轻心脏的容量负荷，对缓解淤血症状，减轻水肿有十分显著的效果，而目前患者以体循环淤血症状为主，应首先使用利尿药治疗。故选 B。

37.【答案】E

【解析】使用洋地黄的房颤患者出现心室律变慢而规则（30~60 次/分），提示可能出现完全性房室传导阻滞，为洋地黄中毒的表现，此时应立即停用洋地黄类药物。故选 E。

38.【答案】A

【解析】洋地黄中毒最常见的表现为室性期前收缩，多表现为二联律。患者长期使用氢氯噻嗪可能导致低钾血症。对洋地黄中毒出现快速性心律失常者，如血钾浓度低则用静脉补钾，如血钾不低可用利多卡因或苯妥英钠。故选 A。

39.【答案】D

【A_3/A_4型题】

40.【答案】B

【解析】二尖瓣狭窄的症状有呼吸困难、咯血、咳嗽、声嘶，体循环栓塞、心衰及房颤时出现相应临床症状。二尖瓣狭窄患者常有“二尖瓣面容”，双颧绀红。二尖瓣狭窄的心脏体征：①心尖区可闻第一心音亢进和开瓣音。②心尖区有低调的隆隆样舒张中晚期杂音。故选 B。

41.【答案】C

【解析】患者有肺底湿啰音的左心衰竭的体征及腹胀、双下肢水肿的右心衰竭的体征，因此应为全心衰竭。故选 C。

42.【答案】D

【解析】使用洋地黄的房颤患者出现心室律变慢而规则（30~60 次/分），提示可能出现完全性房室传导阻滞，为洋地黄中毒的表现。故选 D。

43.【答案】B

44.【答案】E

【解析】患者老年男性，有陈旧心肌梗死病史，夜间出现阵发性呼吸困难，查体有血压升高、心率增快、双肺底湿啰音，应考虑为急性左心衰竭的诊断。故选 E。

45.【答案】B

【解析】卡维地洛属于 $β_2$ 受体阻断药。β 受体阻断药的禁忌证为支气管痉挛性疾病、严重心动过缓、二度及二度以上房室传导阻滞、严重周围血管疾病（如雷诺病）和重度急性心衰。本患者为急性左心衰竭患者，故不宜立即使用卡维地洛，故选 B。

46.【答案】E

47.【答案】E

【解析】目前一般主张高血压患者血压控制目标值应 < 140/90mmHg。糖尿病、慢性肾脏、心力衰竭或病情稳定的冠心病合并高血压患者，血压控制目标值<130/80mmHg。故选 E。

48.【答案】A

【解析】血管紧张素转换酶抑制药具有改善胰岛素抵抗和减少尿蛋白作用，在肥胖、糖尿病和心脏、肾脏靶器官受损的高血压患者具有相对较好的疗效，特别适用于伴有心力衰竭、心肌梗死、房颤、蛋白尿、糖耐量减退或糖尿病肾病的高血压患者。故选 A。

49.【答案】B

【解析】洋地黄中毒最重要的反应是各类心律失常，最常见者为室性期前收缩，多表现为二联律，以及非阵发性交界区心动过速、房性期前收缩、心房颤动及房室传导阻滞。快速房性心律失常伴有传导阻滞是洋地黄中毒的特征性表现。故选 B。

50.【答案】C

51.【答案】C

【B_1型题】

52.【答案】D

【解析】肺动脉瓣狭窄的主要体征是在肺动脉瓣区可听到Ⅲ~Ⅳ级响亮粗糙的喷射性吹风样收缩期杂音，向左颈部或左锁骨下区传导. 杂音最响亮处可触及收缩期震颤。P_2 常减弱、分裂。本患者考虑为肺动脉瓣狭窄，其发生心力衰竭时属于压力负荷（后负荷）过重。故选 D。

53.【答案】E

【解析】急性心脏瓣膜功能障碍可导致心肌收缩力明显降低、心脏负荷加重，造成急性心排量骤降、肺循环压力突然升高、周围循环阻力增加，出现急性肺淤血、肺水肿，表现为急性左心衰竭的症状。故选 E。

54.【答案】B

【解析】肥厚型心肌病由于心室肌的顺应性减退及充盈障碍，当左室舒张末压过高时，肺循环出现高压和淤血，即舒张性心功能不全，此时心肌的收缩功能尚可保持较好，心脏射血分数正常。故选 B。

55.【答案】A

【解析】此患者的心脏听诊特点符合房间隔缺损的诊断，后者可引起右心室容量负荷过重而发生心力衰竭。故选 A。

第三章 心律失常

【A₁型题】

1.【答案】A

2.【答案】E

3.【答案】A

【解析】室性期前收缩不会增加无器质性心脏病患者发生心脏性死亡的危险性，如无明显症状，不必使用药物治疗。避免诱发因素，如吸烟、咖啡、应激等。故选A。

4.【答案】B

【解析】室性心动过速与室上性心动过速伴有室内差异性传导的心电图表现十分相似。下列心电图表现支持室上性心动过速伴有室内差异性传导的诊断：①每次心动过速均由期前发生的P波开始。②P波与QRS波群相关，通常呈1∶1房室比例。③刺激迷走神经可减慢或终止心动过速。下列心电图表现提示为室性心动过速：①室性融合波。②心室夺获。③室房分离。④全部心前区导联QRS波群主波方向呈同向性，即全部向上或向下。故选B。

5.【答案】A

【解析】房颤常发生于原有心血管疾病者，常见于风湿性心脏病、冠心病、高血压性心脏病、甲状腺功能亢进症、缩窄性心包炎、心肌病、感染性心内膜炎以及慢性肺源性心脏病。故选A。

6.【答案】C

7.【答案】A

【解析】阵发性室上性心动过速患者如心功能与血压正常，可先尝试刺激迷走神经的方法。颈动脉窦按摩（患者取仰卧位，先行右侧，每次5~10秒，切莫双侧同时按摩）、Valsalva动作（深吸气后屏气、再用力作呼气动作）、诱导恶心、将面部浸没于冰水内等方法可使心动过速终止。故选A。

8.【答案】D

【解析】第一心音强弱不等属于房颤的特点。故选D。

9.【答案】C

10.【答案】C

11.【答案】C

【解析】普萘洛尔属于β受体阻断药，其作为抗心律失常药的适应证为：甲状腺功能亢进、嗜铬细胞瘤、麻醉、运动与精神因素诱发的心律失常；心房颤动与心房扑动，房室结内折返性心动过速，利用旁路的房室折返性心动过速；洋地黄中毒引起的房性、房室交界区性与室速、室性期前收缩等；长Q-T间期综合征和二尖瓣脱垂的室性心律失常；心肌梗死后。故选C。

12.【答案】D

【解析】下列情况不适于或需延期电转复：①病情危急且不稳定，例如严重心功能不全或风湿活动，严重电解质紊乱和酸碱失衡。②心房颤动发生前心室率缓慢，疑诊病窦综合征或心室率可用药物控制，尤其是老年患者。③洋地黄中毒引起的心房颤动。④不能耐受预防复发的药物，如胺碘酮、普罗帕酮等。故选D。

13.【答案】C

【解析】治疗尖端扭转型室速首先给予静脉注射镁盐，IA类或Ⅲ类药物可使Q-T间期更加延长，故不宜应用。利多卡因、美西律或苯妥英钠等常无效。亦可使用临时心房或心室起搏，起搏前可先试用异丙肾上腺素或阿托品。先天性长Q-T间期综合征治疗应选用β受体阻断药。胺碘酮属于Ⅲ类药物，不宜使用。故选C。

14.【答案】E

15.【答案】A

【解析】一度房室传导阻滞P-R间期延长，但心室律是整齐的。故选A。

16.【答案】E

【解析】二度Ⅱ型与三度房室阻滞如心室率显著缓慢，伴有明显症状或血流动力学障碍，甚至Adams-Strokes综合征发作者，应给予起搏治疗。故选E。

17.【答案】D

【A₂型题】

18.【答案】C

【解析】根据题意分析：扩张型心肌病，慢性心力衰竭患者+突发心悸，喘憋1小时+听诊：心律绝对不齐，第一心音强弱不等，符合心房颤动诊断。其心电图可见：P波消失代之以小f波每分钟350~600次，R-R间期不等。并可有脉搏短绌。故答案应选C。

19.【答案】E

【解析】患者反复心悸、头晕和黑矇，BP 70/40mmHg，心率36次/分，心电图示三度房室传导阻滞，对于症状明显、心室率明显缓慢者，应及早安置临时性或永久性人工心脏起搏器。故选E。

20.【答案】D

【解析】使用洋地黄的房颤患者出现心室律变慢而规则（30~60次/分），提示可能出现完全性房室传导阻滞，为洋地黄中毒的表现。故选D。

21.【答案】D

22.【答案】B

【解析】利多卡因用于治疗急性心肌梗死或复发性室性快速性心律失常治疗，心室颤动复苏后防止复发，不用于治疗房性心律失常。故选B。

23.【答案】E

【解析】根据患者的症状及体征特点考虑为阵发性室上性心动过速，首选刺激迷走神经方法。故选E。

24.【答案】E

【解析】风心病二尖瓣狭窄并关闭不全患者，出现心悸、气促、不能平卧，查体两肺底有湿啰音，考虑为急性心力衰竭。静脉注射洋地黄可终止阵发性室上性心动过速发作，目前洋地黄已较少应用，但对伴有心功能不全患者仍作首选。故选E。

25.【答案】D

【解析】尖端扭转是多形性室性心动过速的一个特殊类型，因发作时QRS波群的振幅与波峰呈周期性改变，宛如围绕等电位线连续扭转得名。频率200～250次/分。故选D。

26.【答案】B

【解析】室性心动过速的心电图特征为：①3个或以上的室性期前收缩连续出现。②QRS波群形态畸形，时限超过0.12秒；ST-T波方向与QRS波群主波方向相反。③心室率通常为100～250次/分；心律规则，但亦可略不规则。④心房独立活动与QRS波群无固定关系，形成房室分离。⑤通常发作突然开始。⑥心室夺获与室性融合波。患者溶栓后突然出现心悸、晕厥伴抽搐，心电图表现符合室速，考虑为再灌注性心律失常。室速的治疗是如患者已发生低血压、休克、心绞痛、充血性心力衰竭或脑血流灌注不足等症状，应迅速施行电复律。故选B。

27.【答案】C

【解析】室性期前收缩的心电图特征：①提前发生的QRS波群，时限通常超过0.12秒、宽大畸形，ST段与T波的方向与QRS主波方向相反。②室性期前收缩与其前面的窦性搏动之间期恒定。③室性期前收缩很少能逆传心房，提前激动窦房结，故窦房结冲动发放节律未受干扰，室性期前收缩后出现完全性代偿间歇。当主导心律（如窦性心律）的冲动下传与心室异位起搏点的冲动几乎同时抵达心室，可产生室性融合波。只有C错误，故选C。

28.【答案】C

【解析】三度（完全性）房室传导阻滞如果心率过慢可因大脑供血不足而发生晕厥、抽搐等症状。心电图特征为：①心房与心室活动各自独立、互不相关。②心房率快于心室率。③心室起搏点通常在阻滞部位稍下方。如位于希氏束及其附近，心室率为40～60次/分，QRS波群正常，心律亦较稳定；如位于室内传导系统的远端，心室率可低至40次/分以下，QRS波群增宽，心室律亦常不稳定。故选C。

29.【答案】E

【解析】对于症状明显、心室率缓的三度房室传导阻滞者，应及早给予临时性或永久性心脏起搏治疗。故选E。

30.【答案】C

【解析】一度房室阻滞与二度Ⅰ型房室阻滞心室率不太慢者，无须特殊治疗。故选C。

【A_3/A_4型题】

31.【答案】A

【解析】根据题干描述，患者风心病二尖瓣狭窄，现出现呼吸困难、不能平卧等急性左心衰症状。听诊心率快、第一心音强弱不等、节律不规则等符合房颤特点，房颤患者当心室率快时可发生脉搏短绌。故选A。

32.【答案】D

【解析】急性左心衰竭合并房颤患者的治疗首选洋地黄类药物。故选D。

33.【答案】A

34.【答案】A

35.【答案】E

36.【答案】D

【解析】室性心动过速患者如已发生低血压、休克、心绞痛、充血性心力衰竭或脑血流灌注不足等症状，应迅速施行电复律。故选D。

37.【答案】B

38.【答案】D

【解析】伴有临床症状的任何水平的完全或高度房室传导阻滞是植入永久性起搏器的适应证。故选D。

【B_1型题】

39.【答案】A

40.【答案】D

41.【答案】C

42.【答案】B

43.【答案】D

【解析】对于甲亢并发房颤的患者，应积极治疗原发病，甲亢得以控制后，与甲亢相关的房颤在不用药纠正房颤时，也可望完全转复。同时结合抗交感神经药物治疗，做到β受体阻断药的全程、足量应用，并适时调整剂量，是标本兼治的方法，大半部分患者可恢复为窦性心律。故选D。

44.【答案】B

45.【答案】A

【解析】预激综合征患者发作心房扑动与颤动时伴有晕厥或低血压，应立即电复律。治疗药物宜选择延长房室旁路不应期的药物，如普鲁卡因胺或普罗帕酮。应当注意，静脉注射利多卡因与维拉帕米会加速预激综合征合并心房颤动患者的心室率。假如心房颤动的心室率已很快，静脉注射维拉帕米甚至会诱发心室颤动。故选A。

46.【答案】C

【解析】当房颤患者出现严重心绞痛、低血压、充血性心力衰竭表现，应立即电复律。但应注意，已应用洋地黄者不应接受电复律治疗。故选C。

47.【答案】C

48.【答案】A

【解析】发生洋地黄中毒后应立即停药。单发性室性期前收缩、一度房室传导阻滞等停药后常自行消失；对快速性心律失常者，如血钾浓度低则可用静脉补钾，如血钾不低可用利多卡因或苯妥英钠。故选A。

49.【答案】B

50.【答案】B

51.【答案】A

【解析】尖端扭转型室速首先给予静脉注射镁盐。亦可使用临时心房或心室起搏，起搏前可先试用异丙肾上腺素或阿托品。故选A。

52.【答案】B

【解析】阵发性室上性心动过速首选治疗药物为腺苷，起效迅速。如腺苷无效可改静脉注射维拉帕米或地尔硫䓬。故选B。

53.【答案】E

【解析】室速患者如无显著的血流动力学障碍，首先给予静脉注射利多卡因或普鲁卡因胺，同时静脉持续滴注。故选E。

54.【答案】E

55.【答案】B

【解析】直流电非同步电除颤临床上用于心室颤动。此时已无心动周期，也无QRS波，更无从避开心室易损期，应即刻于任何时间放电。故选B。

56.【答案】D

57.【答案】A

【解析】室速患者如无显著的血流动力学障碍，首先给予静脉注射利多卡因或普鲁卡因胺，同时静脉持续滴注。静脉注射普罗帕酮亦十分有效，但不宜用于心肌梗死或心力衰竭的患者，其他药物治疗无效时，可选用胺碘酮静脉注射或改用直流电复律。故选A。

58.【答案】E

【解析】房颤超过1年应为慢性房颤，对于慢性房颤治疗应为控制心室率，在心室率不快的情况下只需注意血栓栓塞的预防。故选E。

第四章 风湿性心脏瓣膜病

【A_1型题】

1.【答案】C

【解析】晕厥见于15%～30%的有症状患者，部分仅表现为黑矇，可为首发症状。晕厥多与劳累有关，发生于劳力当时，少数在休息时发生。其机制为：①劳力时，外周血管扩张而心排血量不能相应增加，同时心肌缺血加重，心肌收缩力减弱引起心排血量的进一步减少。②劳力停止后回心血量减少，左心室充盈量及心排血量下降。③休息时晕厥多由于心律失常（如房颤、房室传导阻滞或室颤等）导致心排血量骤减所致。故选C。

2.【答案】B

【解析】梨形心，常见于二尖瓣狭窄，又称二尖瓣型心。故选B。

3.【答案】D

【解析】二尖瓣狭窄的心脏杂音：①二尖瓣狭窄的特征性杂音为心尖区舒张中晚期低调的隆隆样杂音，呈递增型，局限，左侧卧位明显，运动或用力呼气可使其增强，常伴有舒张期震颤。房颤时，杂音可不典型。当胸壁增厚、肺气肿、低心排血量状态、右心室明显扩大、二尖瓣重度狭窄时此杂音可被掩盖，称之为“安静型二尖瓣狭窄”。②肺动脉高压和右心室扩大的心脏体征：右心室扩大时可见心前区心尖搏动弥散，肺动脉高压时肺动脉瓣区第二心音亢进或伴分裂。当肺动脉扩张引起相对性肺动脉瓣关闭不全时，可在胸骨左缘第2肋间闻及舒张早期吹风样杂音，称Graham-Steell杂音。右心室扩大伴相对性三尖瓣关闭不全时，在三尖瓣区闻及全收缩期吹风样杂音，吸气时增强。故选D。

4.【答案】B

【解析】前叶损害为主者杂音向左腋下或左肩胛下区传导。后叶损害为主杂音则向胸骨左缘和心底部传导。故选B。

5.【答案】E

【解析】有典型主动脉瓣关闭不全的舒张期杂音伴周围血管征，可诊断为主动脉瓣关闭不全，超声心动图可协助确诊。M型超声显示舒张期二尖瓣前叶快速高频的振动，二维超声可显示主动脉瓣关闭时不能合拢。多普勒超声显示主动脉瓣下方（左室流出道）探及全舒张期反流，为诊断主动脉瓣反流高度敏感及准确的方法，与心导管术有高度相关性，可定量判断其严重程度。故选E。

6.【答案】A

7.【答案】D

【解析】人工瓣膜置换术，为治疗成人主动脉狭窄的主要方法。手术主要指征为重度狭窄伴心绞痛、晕厥或心力衰竭症状的患者。无症状患者，若伴有进行性心脏增大和/或左心室功能进行性减退，活动时血压下降，也应考虑手术。经皮主动脉瓣球囊成形术，它主要的治疗对象为高龄、有心力衰竭等手术高危患者，用于改善左心室功能和症状，其适应证包括：①由于严重主动脉瓣狭窄的心源性休克者。②严重主动脉瓣狭窄需急诊非心脏手术治疗，因有心力衰竭而具极高手术危险者，作为以后人工瓣膜置换的过渡。③严重主动脉狭窄的妊娠妇女。④严重主动脉瓣狭窄，拒绝手术治疗的患者。故选D。

8.【答案】B

【解析】二尖瓣狭窄的心电图表现：窦性心律者可见“二尖瓣型P波”（P波宽度大于0.12秒，伴切迹），提示左心房扩大；QRS波群示电轴右偏和右心室肥厚表现；病程晚期常合并房颤。故选B。

9.【答案】B

【解析】正常成人主动脉瓣口面积3~4cm^2。主动脉瓣口面积减少至正常1/3前，血流动力学改变不明显。当主动脉瓣口面积≤1.0cm^{2}时，左心室和主动脉之间的收缩期的压力阶差明显，致使跨左心室壁向心性肥厚，左心室游离壁和室间隔厚度增加，其顺应性下降，左心室壁松弛速度减慢，使左心室舒张末压进行性升高；该压力通过二尖瓣传导至左心房，使左心房后负荷增加；长期左心房负荷增加，将导致肺静脉压、肺毛细血管楔压和肺动脉压等相继增加，临床上出现左心衰竭症状。故选B。

10.【答案】A

【解析】主动脉瓣重度狭窄（瓣口面积<0.75cm^{2}或平均跨瓣压差>50mmHg）伴心绞痛、晕厥或心力衰竭症状为手术的主要指征。无症状的重度狭窄患者，如伴有进行性心脏增大和/或明显左心室功能不全，也应考虑手术。故选A。

11.【答案】C

【解析】①二尖瓣关闭不全的典型杂音为心尖区收缩期杂音。②二尖瓣狭窄特征性的杂音为心尖区舒张中晚期低调的隆隆样杂音，呈递增型，局限，左侧卧位明显，运动或用力呼气可使其增强，常伴有舒张期震颤。③房间隔缺损的杂音典型表现为胸骨左缘第2~3肋间闻及Ⅱ~Ⅲ级收缩期吹风样杂音，伴有第二心音亢进和固定分裂，收缩期杂音为肺动脉瓣血流速度增快所致，少数患者还可扪及收缩期震颤。④主动脉关闭不全的杂音为一高调叹气样递减型主动脉瓣区舒张早期杂音，坐位前倾位呼气末明显，心尖区传导。⑤室间隔缺损的杂音为胸骨左缘第3~4肋间全收缩期杂音，粗糙而响亮，不向腋下传导，可伴胸骨旁收缩期震颤。故选C。

12.【答案】D

【解析】经皮球囊二尖瓣成形术，适用于单纯的二尖瓣狭窄患者。有症状或有肺动脉高压（静息时>50mmHg，运动时>60mmHg）的中重度二尖瓣狭窄患者，若其二尖瓣无钙化且活动度较好，且无左心房内血栓形成，则可用该法进行干预。其禁忌证包括近期（3个月）内有血栓栓塞史，伴中重度二尖瓣关闭不全、右心房明显扩大及脊柱畸形等。故选D。

13.【答案】B

【解析】通过测定主动脉瓣口的最大血流速度，可计算最大跨瓣压力阶差及瓣口面积，从而评估其狭窄程度。轻度：射流速度<3m/s，平均压力阶差<25mmHg，瓣口面积>1.5cm^2；中度：射流速度3~4m/s，平均压力阶差25~40mmHg，瓣口面积1.0~1.5cm^2；重度：射流速度>4m/s，平均压力阶差>40mmHg，瓣口面积<1.0cm^2。故选B。

14.【答案】C

15.【答案】E

【解析】Austin-Flint杂音：主要见于中、重度主动脉瓣关闭不全，导致左室舒张期容量负荷过高，使二尖瓣基本处于半关闭状态，呈现相对狭窄而产生杂音。故选E。

16.【答案】C

【解析】主动脉瓣狭窄患者，无症状期长，直至瓣口面积≤1.0cm^{2}时才出现临床症状，心绞痛、晕厥和心力衰竭是典型主动脉瓣狭窄的常见三联征，劳力性呼吸困难为晚期患者常见的首发症状，见于95%的有症状患者。随病情发展，可出现阵发性夜间呼吸困难、端坐呼吸和急性肺水肿。故选C。

17.【答案】D

18.【答案】C

【解析】①二尖瓣狭窄，使左心房压升高，严重狭窄时左心房压需达到20~25mmHg才能使血流通过狭窄的瓣口，使左心室充盈并维持正常的心排血量。②肺动脉瓣狭窄，主要的表现为右心室的排血受阻，右室压力增高，右室代偿性肥厚，最终右室扩大以致衰竭。③主动脉瓣关闭不全，舒张期血流从主动脉反流入左心室，左心室同时接纳左心房的充盈血流，左心室容量负荷增加。④主动脉瓣狭窄，当主动脉瓣口面积≤1.0cm^{2}时，左心室和主动脉之间的收缩期的压力阶差明显，致使跨左心室壁向心性肥厚，左心室游离壁和室间隔厚度增加，其顺应性下降，左心室壁松弛速度减慢，使左心室舒张末压进行性升高；该压力通过二尖瓣传导至左心房，使左心房后负荷增加。故选C。

19.【答案】E

【解析】二尖瓣关闭不全的典型杂音为心尖区收缩期杂音。二尖瓣脱垂时可有收缩中期喀喇音，典型的二尖瓣脱垂为随喀喇音之后的收缩晚期杂音。故选E。

20.【答案】C

【A_2型题】

21.【答案】A

【解析】二尖瓣狭窄，使左心房压升高，严重狭窄时左心房压需达到20~25mmHg才能使血流通过狭窄的瓣口，使左心室充盈并维持正常的心排血量。左心房压力升高导致肺静脉压和肺毛细血管压力升高，继而导致肺毛细血管扩张和淤血，产生肺间质水肿。心率增快时（如房颤、妊娠、感染或贫血时）心脏舒张期缩短，左心房压更高，进一步增加肺毛细血管压力。当超过4.0kPa（30mmHg）时致肺泡水肿，出现呼吸困难、咳嗽、发绀等临床表现。肺静脉的压力增高导致肺动脉的压力被动升高，而长期肺动脉高压引起肺小动脉痉挛，最终导致肺小动脉硬化，更加重肺动脉高压。肺动脉高压增加右心室后负荷，引起右心室肥厚扩张，终导致右心衰竭。此时肺动脉压力有所下降，肺循环血液有所减少，肺淤血一定程度缓解。根据题干，患者出现了急性肺水肿。故选A。

22.【答案】A

【解析】患者查体心尖区舒张期隆隆样杂音；M型超声心动图显示：二尖瓣前叶曲线EF斜率降低，A峰消失，后叶前向运动瓣叶增厚。均提示二尖瓣狭窄。故选A。

23.【答案】E

【解析】心尖部隆隆样舒张中晚期杂音提示二尖瓣狭窄，心尖部收缩期3/6级吹风样杂音提示二尖瓣关闭不全，胸骨左缘第三肋间哈气样舒张期杂音提示主动脉瓣关闭不全。故选E。

24.【答案】D

【解析】患者超声显示：二尖瓣前叶曲线EF斜率降低，A峰消失呈城垛样，后叶前向运动，提示二尖瓣狭窄；心律不齐，心电图f波，提示心房颤动。故选D。

25.【答案】D

26.【答案】E

【解析】二尖瓣脱垂临床诊断主要是根据典型的听诊特征——收缩中期喀喇音及收缩中、晚期杂音，药物和动作对杂音的影响，结合超声心动图（显示脱垂的后瓣叶呈吊床样改变），一般多可确诊。故选E。

27.【答案】E

【解析】服用洋地黄过程中，心律突然转变（如心率突然显著减慢或加速，由不规则转为规则，或由规则转为有特殊规律的不规则），是诊断洋地黄中毒的重要依据。故选E。

28.【答案】C

29.【答案】C

【解析】单纯二尖瓣狭窄主要累及左心房、右心室，不累及左心室；二尖瓣关闭不全主要累及左心房、左心室，最终影响右心。故选C。

30.【答案】B

【解析】①心脏功能Ⅰ级：患有心脏病，但体力活动不受限制，一般体力活动不引起过度疲乏、心悸、呼吸困难或心绞痛。②心功能Ⅱ级（轻度）：患有心脏病，体力活动稍受限制，休息时无症状；感觉舒适，但一般体力活动会引起疲乏、心悸、呼吸困难或心绞痛。③心功能Ⅲ级（中度）：患有心脏病，体力活动大受限制，休息时无症状，尚感舒适，但一般轻微体力活动会引起疲乏、心悸、呼吸困难或心绞痛。④心功能Ⅳ级（重度）：患有心脏病，体力能力完全丧失，休息时仍可存在心力衰竭症状或心绞痛，即呼吸困难和疲乏，进行任何体力活动都会使症状加重。即轻微活动能使呼吸困难和疲乏加重。故选B。

31.【答案】E

【解析】患者乏力不适，不发热，皮肤出现瘀点，脾大，贫血，出现主动脉瓣关闭不全杂音（主动脉瓣区舒张期杂音），提示风心病并发亚急性感染性心内膜炎的可能性大。故选E。

32.【答案】E

【解析】患者胸骨右缘第2肋间可闻及3级收缩期喷射性杂音伴收缩期震颤，提示主动脉瓣狭窄可能性大；胸骨左缘第3肋间有舒张期哈气样杂音，提示主动脉瓣关闭不全可能性大。故选E。

33.【答案】E

【解析】患者胸骨右缘第2肋间可闻及响亮而粗糙的收缩期杂音（3/6级），提示主动脉瓣狭窄可能性大。故选E。

34.【答案】C

35.【答案】A

【解析】人工瓣膜置换术，为治疗成人主动脉狭窄的主要方法。手术主要指征为重度狭窄伴心绞痛、晕厥或心力衰竭症状的患者。无症状患者，若伴有进行性心脏增大和/或左心室功能进行性减退，活动时血压下降，也应考虑手术。故选A。

【A_3/A_4型题】

36.【答案】B

【解析】心尖部第一心音减弱，可闻及3/6级收缩期杂音，向左腋下传导提示有二尖瓣关闭不全的可能。可及舒张期杂音考虑合并二尖瓣狭窄。胸骨左缘第2~4肋间2/6级收缩期杂音，P_2亢进，是肺动脉高压的表现。故选B。

37.【答案】B

【解析】由于洋地黄类药物使用过量导致的一系列症状。主要表现在以下几个方面：①胃肠道反应：一般较轻，常见食欲缺乏、恶心、呕吐、腹泻、腹痛。②心律失常：服用洋地黄过程中，心律突然转变，是诊断洋地黄中毒的重要依据。如心率突然显著减慢或加速，由不规则转为规则，或由规则转为有特殊规律的不规则。洋地黄中毒的特征性心律失常有：多源性室性过早搏动呈二联律，特别是发生在心房颤动基础上；心房颤动伴完全性房室传导阻滞与房室结性心律；心房颤动伴加速的交界性自主心律呈干扰性房室分离；心房颤动频发交界性逸搏或短阵交界性心律；室上性心动过速伴房室传导阻滞；双向性交界性或室性心动过速和双重性心动过速。洋地黄引起的不同程度的窦房和房室传导阻滞也颇常见。应用洋地黄过程中出现室上性心动过速伴房室传导阻滞是洋地黄中毒的特征性表现。③神经系统表现：可有头痛、失眠、忧郁、眩晕，甚至神志错乱。④视觉改变：可出现黄视或绿视以及复视。⑤钾代谢紊乱：洋地黄中毒可以使细胞内 K^+ 释放增多从而导致高钾血症。故选 B。

38.【答案】B

39.【答案】E

【解析】普罗帕酮可致室性心律失常，严重器质性心脏病患者不宜使用。故选 E。

40.【答案】A

【解析】房颤患者的栓塞发生率较高，对于合并瓣膜病的患者，需应用华法林抗凝。故选 A。

41.【答案】C

42.【答案】C

43.【答案】E

【解析】洋地黄中毒所致房颤时，心肌应激性高，电复律易致室颤。故选 E。

44.【答案】C

【解析】心室律（率紊乱）、心功能受损和心房附壁血栓形成是房颤患者的主要病理生理特点。故选 C。

45.【答案】A

【解析】如心房颤动病程<1 年，左心房直径<60mm，无高度房室传导阻滞或完全性房室传导阻滞和病态窦房结综合征，可行电复律或药物转复，成功恢复窦性心律后需长期口服抗心律失常药物，预防或减少复发。复律之前 3 周和成功复律之后 4 周需服抗凝药物（华法林），预防栓塞。故选 A。

46.【答案】C

47.【答案】D

48.【答案】A

【解析】血培养是诊断菌血症和感染性心内膜炎的最重要方法。在近期未接受过抗生素治疗的患者血培养阳性率可高达 95%以上，其中 90%以上患者的阳性结果获自入院后第一日采取的标本。对于未经治疗的亚急性患者，应在第一日间隔 1 小时采血 1 次，共 3 次。如次日未见细菌生长，重复采血 3 次后，开始抗生素治疗。已用过抗生素者，停药 2~7 天后采血。急性患者应在入院后 3 小时内，每隔 1 小时 1 次共取 3 个血标本后开始治疗。故选 A。

49.【答案】C

【解析】超声心动图和血培养是诊断感染性心内膜炎的两大基石。超声心动图发现赘生物、瓣周并发症等支持心内膜炎的证据，可帮助明确感染性心内膜炎诊断。故选 C。

50.【答案】D

51.【答案】C

【解析】患者心尖部舒张期杂音，心电图显示有房颤，提示存在二尖瓣狭窄；胸闷胸痛，活动中晕厥发作，且胸骨左缘第 3 肋间 3/6 收缩期杂音，提示可能存在主动脉瓣狭窄。故选 C。

52.【答案】B

53.【答案】B

【解析】劳力时晕厥发生的机制为：外周血管扩张而心排血量不能相应增加，同时心肌缺血加重，心肌收缩力减弱引起心排血量的进一步减少；劳力停止后回心血量减少，左心室充盈量及心排血量下降。故选 B。

54.【答案】E

【解析】超声心动图是确诊心脏瓣膜病可靠的方法。故选 E。

55.【答案】A

56.【答案】E

【解析】患者查体：心尖部可及开瓣音及舒张期隆隆样杂音，提示二尖瓣狭窄；有心前区疼痛、晕厥，胸骨左缘第 3 肋间 3/6 收缩期杂音，考虑主动脉瓣狭窄。故选 E。

57.【答案】D

【解析】患者活动后心悸、气促、心前区不适。查体：主动脉瓣区舒张期叹息样杂音，点头征（+），周围血管征（+），提示主动脉瓣关闭不全，结合体型细高、四肢细长，超声心动图显示主动脉扩张，符合马方综合征的诊断。故选 D。

58.【答案】E

【解析】马方综合征是一种以结缔组织为基本缺陷的遗传性疾病。故选 E。

59.【答案】D

60.【答案】C

【解析】患者超声心动图显示二尖瓣增厚。查体：心尖部双期杂音，提示二尖瓣狭窄合并二尖瓣关闭不全；主动脉瓣区舒张期叹息样杂音，有水冲脉枪击音，超声心动图显示主动脉瓣关闭欠佳、有反流，考虑存在主动脉瓣关闭不全。故选 C。

61.【答案】E

【解析】主动脉瓣关闭不全手术的禁忌证为 LVEF ≤ 20%，LVEDD ≥ 80mm 或 LVEDVI ≥

300ml/m²。故选 E。

62.【答案】E

【B_1 型题】

63.【答案】D

【解析】肺动脉楔压或肺毛细血管楔压，是反映左心功能及其前负荷的可靠指标。正常值为 1.60～2.40kPa（12～18mmHg）。①当其值＞2.67kPa（20mmHg）时，说明左室功能轻度减退，但应限液治疗。②＞3.33kPa（25mmHg）时，提示左心功能严重不全，有肺水肿发生的可能。③其值＜1.07kPa（8mmHg）时，伴心排血量的降低，周围循环障碍，说明血容量不足。故选 D。

64.【答案】E

65.【答案】C

【解析】正常人的二尖瓣口面积 4～6cm²，瓣口面积减至 1.5～2.0cm² 属轻度狭窄；1.0～1.5cm² 为中度；小于 1.0cm² 属重度狭窄。故选 C。

66.【答案】C

【解析】①梨形心：常见于二尖瓣狭窄，又称二尖瓣型心。②普大型心：常见于扩张型心肌病、克山病、重症心肌炎、全心衰竭。③主动脉瓣关闭不全：慢性主动脉瓣关闭不全者左心室明显增大，升主动脉扩张，呈“主动脉型”心脏，即靴型心。急性者心脏大小正常或左心房稍增大，常有肺淤血或肺水肿表现。④二尖瓣关闭不全：收缩期左心室每搏喷出的血流一部分经关闭不全的二尖瓣口反流至左心房，使前向血流减少，致左心房和左心室舒张期负荷增加。⑤主动脉瓣狭窄：心影正常或左心室轻度增大，左心房可能轻度增大，75%～80%患者可呈现升主动脉扩张。在侧位透视下可见主动脉瓣膜钙化。故选 C。

67.【答案】A

68.【答案】D

69.【答案】E

70.【答案】D

【解析】①主动脉瓣狭窄：典型的杂音为粗糙而响亮的喷射性杂音，3/6 级以上，呈递增-递减型，向颈部传导，在胸骨右缘第 1～2 肋间听诊最清楚。②二尖瓣狭窄：特征性杂音为心尖区舒张中晚期低调的隆隆样杂音，呈递增型，局限，左侧卧位明显，运动或用力呼气可使其增强，常伴有舒张期震颤。③肥厚型梗阻性心肌病：胸骨左缘第 3～4 肋间闻及较粗糙的喷射性收缩期杂音。④二尖瓣关闭不全：典型杂音为心尖区全收缩期吹风样杂音，杂音强度≥3/6 级，可伴有收缩期震颤。⑤主动脉瓣关闭不全：杂音为一高调叹气样递减型主动脉瓣区舒张早期杂音，坐位前倾位呼气末明显，心尖区传导。故选 D。

71.【答案】A

72.【答案】E

73.【答案】B

74.【答案】C

75.【答案】E

【解析】①动脉导管未闭：胸骨左缘第 2 肋间及左锁骨下方可闻及连续性机械样杂音。②梅毒性心脏病：主要侵犯主动脉，初期表现为主动脉炎，然后主动脉扩大，主动脉瓣受损而出现主动脉关闭不全，可在心尖区闻及柔和低调的隆隆样舒张期杂音（Austin-Flint 杂音）。③ Graham-Steell 杂音：多由于肺动脉扩张导致相对性关闭不全所致的功能性杂音。杂音柔和、较局限、呈舒张期递减型、吹风样，于吸气末增强，常合并 P_2 亢进，常见于二尖瓣狭窄伴明显肺动脉高压。④二尖瓣脱垂：听诊特征收缩中期喀喇音及收缩中、晚期杂音。故选 E。

76.【答案】C

77.【答案】B

78.【答案】D

79.【答案】D

【解析】①重搏脉：正常脉波在其下降期中有一重复上升的脉波，但较第一个波为低，不能触及。在某些病理情况下，此波增高而可以触及称为重搏脉，常见病因：见于肥厚型梗阻性心肌病及伤寒、长期发热使外周血管紧张度降低患者。一般认为重搏脉与周围血管紧张度下降、外周阻力减低等多种因素有关。②交替脉：系节律规则而出现强弱交替变化的脉搏，是由左心室收缩力强弱交替所致，为左心衰竭、心肌严重损害的重要体征之一，见于高血压心脏病、急性心肌梗死等。③奇脉：又称吸停脉，是指平静吸气时脉搏明显减弱甚至消失。是心脏压塞的重要体征之一。因心包原因所致心脏舒张严重受限，回心血量减少，左心排血量减少所致。④水冲脉：又称陷落脉，是指脉搏急促有力，骤起骤落，如潮水涨落。医生紧握患者手腕掌面，将其手臂过头，则有明显的急促有力的冲击感。系脉压增大所致。常见于主动脉瓣重度关闭不全。⑤脉短绌：指脉率少于心律者为脉短绌，常见于期前收缩、心房颤动。故选 D。

80.【答案】C

81.【答案】B

第五章　自体瓣膜亚急性感染性心内膜炎

【A_1 型题】

1.【答案】B

【解析】链球菌和葡萄球菌是引起感染性心内膜炎的主要病原微生物。急性者主要由金黄色葡萄球菌引起，少数由肺炎链球菌、淋球菌、A 族链球菌和流感嗜血杆菌等所致。故选 B。

2.【答案】A

【解析】亚急性感染性心内膜炎，致病菌以甲型溶血性链球菌最常见，其次为 D 族链球菌（牛链球菌和肠球菌）、表皮葡萄球菌，其他细菌较少见。故选 A。

3.【答案】B

【解析】Janeway 损害，为手掌和足底处直径 1~4mm 无痛性出血红斑，主要见于急性感染性心内膜炎患者。其余各项均可见于亚急性者。故选 B。

4.【答案】B

【解析】亚急性感染性心内膜炎主要发生于器质性心脏病，首先为心脏瓣膜病，尤其是二尖瓣和主动脉瓣；其次为先天性心血管病，如室间隔缺损、动脉导管未闭、法洛四联症和主动脉缩窄。故选 B。

5.【答案】A

6.【答案】B

【解析】在病原菌尚未培养出时，亚急性感染性心内膜炎按常见的致病菌——链球菌的用药方案治疗，以青霉素为主或加庆大霉素。故选 B。

7.【答案】C

【解析】感染性心内膜炎预后不良因素中以心力衰竭最为严重，其他包括主动脉瓣损害、肾衰竭、革兰阴性杆菌或真菌致病、瓣环或心肌脓肿、老年等。故选 C。

8.【答案】A

【解析】赘生物常位于血流从高压腔经病变瓣口或先天缺损至低压腔产生高速射流和湍流的下游，如二尖瓣关闭不全的瓣叶心房面、主动脉瓣关闭不全的瓣叶心室面和室间隔缺损的间隔右心室侧，可能与这些处于湍流下部位的压力下降、内膜灌注减少、有利于微生物沉积和生长有关。只有 A 项正确，故选 A。

9.【答案】B

【解析】感染性心内膜炎的抗生素用药原则为：①早期应用，在连续送 3~5 次血培养后即可开始治疗。②充分用药，选用杀菌性抗微生物药物，大剂量和长疗程，旨在完全消灭藏于赘生物内的致病菌。③静脉用药为主，保持高而稳定的血药浓度。④病原微生物不明时，急性者选用针对金黄色葡萄球菌、链球菌和革兰阴性杆菌均有效的广谱抗生素，亚急性者选用针对大多数链球菌（包括肠球菌）的抗生素。⑤已分离出病原微生物时，应根据致病微生物对药物的敏感程度选择抗微生物药物。B 项不是其原则，故选 B。

10.【答案】B

【解析】感染性心内膜炎 Duke 诊断标准的主要标准为：①血培养阳性。②心内膜受累证据，包括超声心动图异常（赘生物、脓肿、人工瓣膜裂开）及新出现的瓣膜反流。故选 B。

11.【答案】D

【解析】Duke 诊断标准的次要标准：①易患因素：心脏本身存在易患因素，或静脉药物成瘾者。②发热：体温≥38℃。③血管征象：主要动脉栓塞，感染性肺梗死，细菌性动脉瘤，颅内出血，结膜出血以及 Janeway 损害。④免疫性征象：肾小球肾炎，Osler 结节，Roth 斑及类风湿因子阳性。⑤致病微生物感染证据：不符合主要标准的血培养阳性，或与感染性心内膜炎一致的活动性致病微生物感染的血清学证据。故选 D。

【A_2 型题】

12.【答案】C

【解析】青年女性，既往有风湿性心脏病病史，查体有贫血貌、周围血管征（Osler 结节）、心脏杂音及脾大，考虑为感染性心内膜炎。故选 C。

13.【答案】A

【解析】感染性心内膜炎时，赘生物常位于血流从高压腔经病变瓣口或先天缺损至低压腔产生高速射流和湍流的下游，如二尖瓣关闭不全的瓣叶心房面、主动脉瓣关闭不全的瓣叶心室面和室间隔缺损的间隔右心室侧，因此瓣膜关闭不全较瓣膜狭窄多见，A 项错误，故选 A。

14.【答案】B

【解析】约 1/3 感染性心内膜炎患者有神经系统受累的表现，脑栓塞占其中 1/2，大脑中动脉及其分支最常受累。B 项错误，故选 B。

15.【答案】A

16.【答案】E

【解析】活动性自体瓣膜心内膜炎的手术适应证如下。主要适应证：①由瓣膜功能衰竭所致心衰者。②尽管积极抗生素治疗情况下，仍有持续败血症。③再发栓塞。次要适应证：①脓肿、假性动脉瘤以及 1 个（多个）瓣叶破裂或瘘引起异常交通的征象表明局部感染扩散（局部感染没有控制）时。②不容易治愈（如真菌、布鲁菌和Q热病原体）或对心脏结构破坏力大的病原微生物感染时。③抗生素治疗后仍病原不明。④伴有心衰的左侧急性金黄色葡萄球菌性感染性心内膜炎。⑤血培养阴性，足够抗生素治疗，发热持续10天以上的再发。E项错误，故选E。

17.【答案】C

【解析】感染性心内膜炎的赘生物易发生在室间隔缺损的间隔右心室侧。C错误，故选C。

【A_3/A_4型题】

18.【答案】E

19.【答案】B

【解析】经胸超声检查可检出50%~75%的赘生物；经食管超声心动图（TTE）可检出<5mm的赘生物，敏感性高达95%以上，超声心动图未发现赘生物时并不能除外感染性心内膜炎，必须密切结合临床。赘生物≥10mm时，易发生动脉栓塞。感染治愈后，赘生物可持续存在。只有B项描述正确，故选B。

20.【答案】C

【解析】血培养是诊断菌血症和感染性心内膜炎的最重要方法。对于未经治疗的亚急性患者，应在第一日间隔1小时采血1次，共3次。如次日未见细菌生长，重复采血3次后，开始抗生素治疗。已用过抗生素者，停药2~7天后采血。急性患者应在入院后3小时内，每隔1小时1次共取3个血标本后开始治疗。故选C。

21.【答案】A

【B_1型题】

22.【答案】B

【解析】脾大见于15%~50%、病程>6周的患者，多见于亚急性感染性心内膜炎，急性者少见。故选B。

23.【答案】E

【解析】链球菌感染最直接的证据是在咽部培养出A组R溶血性链球菌。抗链球菌抗体效价升高也是新近链球菌感染的可靠指标，链球菌感染后约2周，大多数风湿热患者的ASO效价明显升高。故选E。

第六章　原发性高血压

【A_1型题】

1.【答案】C

【解析】长期高血压者，应用降压药使血压短时间内骤降至正常水平，虽有助于改善衰竭脏器的功能，但降压过快又会显著减少脏器的灌注，加重和诱发靶器官的功能障碍，如肾功能不全。故选C。

2.【答案】E

【解析】β受体阻断药是肥厚梗阻型心肌病的一线治疗用药，可改善心室松弛，增加心室舒张期充盈时间，减少室性及室上性心动过速，高血压伴肥厚梗阻性心肌病时最适合使用β受体阻断药。故选E。

3.【答案】B

【解析】双侧肾动脉狭窄、肾功能已受损或非狭窄侧肾功能较差患者禁忌使用ACEI或ARB。因为这类药物解除了缺血肾脏出球小动脉的收缩作用，使肾小球内囊压力下降，肾功能恶化。故选B。

4.【答案】B

5.【答案】B

【解析】高血压在老年人较为常见，尤以单纯收缩期高血压为多。故选B。

6.【答案】A

7.【答案】D

【解析】高血压在老年人较为常见，尤以单纯收缩期高血压为多。超重或肥胖是血压升高的重要危险因素。不同地区人群血压水平和高血压患病率与钠盐平均摄入量显著有关，摄盐越多，血压水平和患病率越高。饮酒量与血压水平线性相关，尤其与收缩压，每天饮酒量超过50g酒精者高血压发病率明显增高。故选D。

8.【答案】C

【解析】血管紧张素Ⅱ（ATⅡ）是RAAS的主要效应物质，作用于血管紧张素Ⅱ受体（AT1），使小动脉平滑肌收缩，刺激肾上腺皮质球状带分泌醛固酮，通过交感神经末梢突触前膜的正反馈使去甲肾上腺素分泌增加。ATⅡ作用于外周血管，使静脉收缩，回心血量增加，作用于中枢，引起渴觉。只有C项错误，故选C。

9.【答案】B

【解析】患者心脏彩超示室间隔与左室后壁之比为1：4，考虑为肥厚型心肌病，依那普利属于血管紧张素转换酶抑制药，具有逆转心室肥厚的作用。故选B。

10.【答案】C

11.【答案】B

12.【答案】C

13.【答案】A

14.【答案】E

【解析】胰岛素抵抗（IR）是指必须以高于正常的血胰岛素释放水平来维持正常的糖耐量，表示机体组织对胰岛素处理葡萄糖的能力减退。约50%原发性高血压患者存在不同程度的IR，在肥胖、血甘油三酯升高、高血压与糖耐量减退同时并存的四联症患者中最为明显。而高密度脂蛋白胆固醇为“好”胆固醇，抗动脉粥样硬化的胆固醇，高血压合并胰岛素抵抗的患者不会发生高密度脂蛋白胆固醇升高。故选 E。

15.【答案】D

【解析】冠状动脉痉挛性心绞痛是变异型心绞痛，钙通道阻滞药对动脉血管平滑肌有强效松弛作用，因此既能解除冠状动脉痉挛，又能降低外周阻力，使血压下降，所以宜首选钙通道阻滞药。故选 D。

16.【答案】E

【解析】高血压脑病发生在重症高血压患者，由于过高的血压突破了脑血流自动调节范围，脑组织血流灌注过多引起脑水肿。临床表现以脑病的症状与体征为特点，表现为弥漫性严重头痛、呕吐、意识障碍、精神错乱，甚至昏迷、局灶性或全身抽搐。故选 E。

17.【答案】D

【解析】从血流动力学角度，血压主要决定于心排血量和体循环周围血管阻力，平均动脉血压（MBP）= 心排血量（CO）×总外周血管阻力（PR）。高血压的血流动力学特征主要是总外周血管阻力相对或绝对增高。故选 D。

18.【答案】B

【解析】原发性醛固酮增多症是肾上腺皮质增生或肿瘤分泌过多醛固酮所致。临床上以长期高血压伴低血钾为特征。故选 B。

19.【答案】D

【解析】用于高血压危险分层的并发症：心脏疾病（心绞痛，心肌梗死，冠状动脉血运重建，心力衰竭）；脑血管疾病（脑出血，缺血性脑卒中，短暂性脑缺血发作）；肾脏疾病（糖尿病肾病，血肌酐升高男性超过 133μmol/L 或女性超过 124μmol/L，临床蛋白尿 > 300mg/24h）；血管疾病（主动脉夹层，外周血管病）；高血压性视网膜病变（出血或渗出，视盘水肿）。故选 D。

20.【答案】D

【解析】高血压的预后不仅与血压升高水平有关，而且与其他心血管危险因素存在以及靶器官损害程度有关。具体分层标准根据血压升高水平（1、2、3 级）、其他心血管危险因素、糖尿病、靶器官损害以及并发症情况。故选 D。

【A_2 型题】

21.【答案】B

【解析】高血压合并稳定型心绞痛的降压治疗，应选择 β 受体阻断药和长效钙通道阻滞药；发生过心肌梗死者，应选择 ACEI 和 β 受体阻断药，可预防心室重构。该患者心率偏快，对于心率偏快的高血压患者是 β 受体阻断药的适应证。故选 B。

22.【答案】A

【解析】β 受体阻断药对老年人高血压疗效相对较差。虽然糖尿病不是使用 β 受体阻断药的禁忌证，但它增加胰岛素抵抗，还可能掩盖和延长降糖治疗过程中的低血糖症，故合并糖尿病者不宜使用。阿替洛尔为 β 受体阻断药，故选 A。

23.【答案】D

【解析】完全性房室传导阻滞如心室率过于缓慢，尤其是心脏同时有明显的缺血或其他病变，或并发于广泛急性心肌梗死或严重急性心肌炎者，则症状可较重，可出现心力衰竭或休克，或因大脑供血不足而发生反应迟钝或神志模糊，进而发展为晕厥、阿-斯综合征。其心房与心室活动各自独立，心室律可以是整齐的，第一心音强弱不等。故选 D。

24.【答案】C

【解析】主动脉瓣关闭不全时收缩压升高，舒张压降低，脉压增大。主动脉关闭不全的杂音为与第二心音同时开始的高调叹气样递减型舒张早期杂音。慢性主动脉瓣关闭不全者 X 线表现为左心室明显增大，升主动脉结扩张，呈“主动脉型”心脏，即靴形心。故选 C。

25.【答案】B

【解析】嗜铬细胞瘤起源于肾上腺髓质、交感神经节和体内其他部位嗜铬组织，肿瘤间歇或持续释放过多肾上腺素、去甲肾上腺素与多巴胺。临床表现变化多端，典型的发作表现为阵发性血压升高伴心动过速、头痛、出汗、面色苍白。故选 B。

26.【答案】C

【解析】少数高血压患者病情急骤发展，舒张压持续 ≥ 130mmHg，并有头痛、视物模糊、眼底出血、渗出和视盘水肿，肾脏损害突出，持续蛋白尿、血尿与管型尿。根据题干描述，患者符合恶性高血压的特点，故选 C。

27.【答案】A

28.【答案】C

【解析】血管紧张素转换酶抑制药具有改善胰岛素抵抗和减少尿蛋白作用，在肥胖、糖尿病和心脏、肾脏靶器官受损的高血压患者具有相对较好的疗效，特别适用于伴有心力衰竭、心肌梗死后、糖耐量减退或糖尿病肾病的高血压患者。因患者有哮喘病史，禁用 β 受体阻断药；有痛风病史，禁用利尿药。故选 C。

29.【答案】C

【解析】原发性醛固酮增多症临床上以长期高血压伴低血钾为特征。由于电解质代谢障碍，本症可有肌无力、周期性麻痹、烦渴、多尿等症状。血压大多为轻、中度升高。实验室检查有低血钾、高血钠、代谢性碱中毒、血浆肾素活性降低、尿醛固酮增多。本患者病史符合原发性醛固酮增多症的特点，故选C。

30.【答案】C

【解析】患者突然出现的呼吸困难症状，并有血压升高、心率增快、心尖区舒张期奔马律、肺底湿啰音等体征，考虑为急性左心衰竭，治疗应予强心、扩冠、利尿。故选C。

31.【答案】D

32.【答案】C

【解析】根据高血压分级标准，3级高血压：收缩压≥140mmHg 和/或舒张压≥110mmHg。故选C。

33.【答案】B

【解析】因紧张、疲劳、寒冷、嗜铬细胞瘤发作、突然停服降压药等诱因，小动脉发生强烈痉挛，血压急剧上升，影响重要脏器血液供应而产生高血压危象。危象发生时，出现头痛、烦躁、眩晕、恶心、呕吐、心悸、气促及视物模糊等严重症状，以及伴有动脉痉挛累及相应的靶器官缺血症状。根据题干描述，该患者符合高血压危象的特点，故选B。

34.【答案】C

【解析】β受体阻断药适用于各种不同严重程度高血压，尤其是心率较快的中、青年患者或合并心绞痛患者。美托洛尔为β受体阻断药，故选C。

35.【答案】C

【解析】根据题干描述，患者目前为高血压急症，有呼吸困难及双肺湿啰音，考虑为急性肺水肿。硝普钠能同时直接扩张动脉和静脉，降低前、后负荷，可用于各种高血压急症。血管扩张剂对任何原因引起的急性肺水肿均有良好疗效。故选C。

【A_3/A_4型题】

36.【答案】E

【解析】该患者临床表现以脑病的症状与体征为特点，表现为头痛、头晕、恶心、呕吐、意识障碍，考虑为高血压脑病。故选E。

37.【答案】E

【解析】高血压脑病是因脑血管在血压持续性升高时，发生自身调节失控而导致的一种可逆性脑血管综合征。故选E。

38.【答案】B

【解析】根据题干描述，患者目前为急性左心衰竭、肺水肿，治疗上应使用硝普钠快速降低心脏前、后负荷。故选B。

39.【答案】E

【解析】分析记忆题。高血压的治疗原则，血压控制目标值原则上将血压降到患者能最大耐受水平。目前一般主张血压控制目标值至少<140/90mmHg。糖尿病或慢性肾病合并高血压患者血压控制目标值<130/80mmHg。本例患者实验室检查：血肌酐96μmol/L，血尿酸500μmol/L，提示有肾脏疾病及肾功能损伤，因此血压控制目标值应为<130/80mmHg，故答案选E。

40.【答案】B

【解析】分析记忆题。噻嗪类利尿药主要作用于髓袢升支厚壁段（皮质部）及远曲小管前段，通过抑制钠和氯的重吸收，增加钾的排泄而达到利尿效果如氢氯噻嗪。其不良反应有：①离子紊乱（低钠血症、低氯血症和低钾血症性碱血症：尤其以低钾血症为最常见的不良反应）。②高尿酸血症（干扰尿酸由肾小管排出）。③高血糖症等。袢利尿药主要作用机制是抑制髓袢升支对氯和钠的重吸收，如呋塞米和布美他尼（丁脲胺）为最强有力的利尿药。肾功能损害时的利尿药物首选呋塞米即袢利尿药。但肾功能损害禁用噻嗪类利尿药。由于患者血肌酐96μmol/L，血尿酸500μmol/L，故不宜选用噻嗪类利尿药降压。答案选B。

41.【答案】E

【解析】老年男性患者，既往高血压病史多年，此次突然出现意识障碍及偏侧肢体瘫痪，应考虑为高血压的并发症急性脑血管病，为急性脑出血的可能性大，进一步应行头颅CT以明确诊断。故选E。

42.【答案】A

【解析】急性脑出血属于高血压急症。高血压急症时短时间内血压急骤下降，有可能使重要器官的血流灌注明显减少，应采取逐步控制性降压，初始阶段（数分钟到1小时内）血压控制的目标为平均动脉压的降低幅度不超过治疗前水平的25%。患者治疗前平均动脉压约为150mmHg［（200+2×120）/3］，降低25%后平均动脉压约为110mmHg，推算血压应为150/90mmHg。故选A。

43.【答案】C

44.【答案】B

【解析】因患者有哮喘病史，故不应选用β受体阻断药。故选B。

【B_1型题】

45.【答案】E

46.【答案】B

47.【答案】A

48.【答案】C

49.【答案】A

【解析】原发性醛固酮增多症临床上以长期高血压伴低血钾为特征，由于电解质代谢障碍，本症可有肌无力、周期性麻痹、烦渴、多尿等症状。螺内酯有对抗醛固酮在肾远端小管保钠排钾的作用，可使醛固酮增多症患者的尿钾排量减少，低血钾得以纠正，并降低血压，有助于醛固酮增多症的诊断。故选A。

50.【答案】E

【解析】患者有长期水肿的病史，尿比重降低（正常 1.015～1.025），血肌酐明显升高，考虑为肾实质性高血压，而肾实质性高血压可以引起肾性贫血，出现血红蛋白减少。故选 E。

51.【答案】B

52.【答案】A

【解析】嗜铬细胞瘤临床表现变化多端，典型的发作表现为阵发性血压升高伴心动过速、头痛、出汗、面色苍白。在发作期间可测定血或尿儿茶酚胺或其代谢产物 3-甲氧基-4-羟基苦杏仁酸（VMA），如有显著增高，提示嗜铬细胞瘤。故选 A。

53.【答案】C

【解析】皮质醇增多症主要是由于促肾上腺皮质激素（ACTH）分泌过多导致肾上腺皮质增生或者肾上腺皮质腺瘤，引起糖皮质激素过多所致。24 小时尿中 17-羟和 17-酮类固醇增多，地塞米松抑制试验和肾上腺皮质激素兴奋试验有助于诊断。故选 C。

54.【答案】B

【解析】肾实质性高血压往往在发现血压升高时已经有蛋白尿、血尿和贫血，肾小球滤过功能减退，肌酐清除率下降。故选 B。

55.【答案】A

【解析】肾血管性高血压大多有舒张压中、重度升高，查体时在上腹部或背部肋脊角处可闻及血管杂音。故选 A。

56.【答案】E

【解析】嗜铬细胞瘤典型的发作表现为阵发性血压升高伴心动过速、头痛、出汗、面色苍白。故选 E。

57.【答案】A

【解析】虽然糖尿病不是使用 β 受体阻断药的禁忌证，但它增加胰岛素抵抗，还可能掩盖和延长降糖治疗过程中的低血糖症，故不宜使用。普萘洛尔属于 β 受体阻断药，故选 A。

58.【答案】D

【解析】地尔硫䓬在肝内代谢，由肾和胆汁排泄。肝、肾功能受损患者用本品应谨慎。故选 D。

第七章　冠状动脉性心脏病

【A_1 型题】

1.【答案】A

【解析】心肌梗死的部位与闭塞的冠状动脉供血区域一致，窦房结的血液供应由横贯该结中心的一条窦房结动脉供应，这条动脉多数来自右冠状动脉。故选 A。

2.【答案】B

3.【答案】D

4.【答案】A

【解析】急性心肌梗死时血中儿茶酚胺浓度增高而心肌的应激性增高，常伴有低血钾，洋地黄增加缺血心肌的应激性，可能导致或加重心律失常。另外，洋地黄类药物可增加心肌收缩力和外周阻力，因而增加了心肌氧耗量。故急性心肌梗死后 24 小时内避免使用洋地黄类药物，故选 A。

5.【答案】C

【解析】STEMI 溶栓禁忌证：①既往发生过出血性脑卒中，6 个月内发生过缺血性脑卒中或脑血管事件。②中枢神经系统受损、颅内肿瘤或畸形。③近期（2～4 周）有活动性内脏出血。④未排除主动脉夹层。⑤入院时严重且未控制的高血压（>180/110mmHg）或慢性严重高血压病史。⑥目前正在使用治疗剂量的抗凝药或已知有出血倾向。⑦近期（2～4 周）创伤史，包括头部外伤、创伤性心肺复苏或较长时间（>10 分钟）的心肺复苏。⑧近期（<3 周）外科大手术。⑨近期（<2 周）曾有在不能压迫部位的大血管行穿刺术。故选 C。

6.【答案】A

7.【答案】D

8.【答案】D

【解析】对 STEMI，治疗原则是尽快恢复心肌的血液灌注以挽救濒死的心肌、防止梗死扩大或缩小心肌缺血范围，保护和维持心脏功能，及时处理严重心律失常、泵衰竭和各种并发症。故选 D。

9.【答案】D

【解析】冠心病分为急性冠脉综合征（ACS）和慢性冠脉病（CAD）或称慢性心肌缺血综合征（CIS）两大类。前者包括不稳定型心绞痛（UA）、非 ST 段抬高型心肌梗死（NSTEMI）和 ST 段抬高型心肌梗死；后者包括稳定型心绞痛、冠脉正常的心绞痛、无症状性心肌缺血和缺血性心肌病。故选 D。

10.【答案】E

11.【答案】D

12.【答案】B

【解析】疼痛是 AMI 最先出现的症状，多发生于清晨，且常发生于安静时，程度较重，持续时间较长，可达数小时或更长，休息和含用硝酸甘油片多不能缓解。患者常烦躁不安、出汗、恐惧，胸闷或有濒死感。故选 B。

13.【答案】C

14.【答案】A

【解析】急性 ST 段抬高型心肌梗死（STEMI）是指急性心肌缺血性坏死，大多是在冠脉病变的基础上，发生冠脉血供急剧减少或中断，使心肌严重而持久地急性缺血所致。通常原因为在冠脉不稳定斑块破裂、糜烂基础上继发血栓形成导致冠状动脉血管持续、完全闭塞。故选A。

15.【答案】E

【解析】根据冠状动脉造影直接判断再通，或根据：①心电图抬高的ST段于2小时内回降>50%。②胸痛2小时内基本消失。③2小时内出现再灌注性心律失常（短暂的加速性室性自主节律，房室或束支传导阻滞突然消失，或下后壁心肌梗死的患者出现一过性窦性心动过缓、窦房传导阻滞或低血压状态）。④血清CK-MB酶峰值提前出现（14小时内）等间接判断血栓是否溶解。故选E。

16.【答案】D

17.【答案】C

【解析】急性心肌梗死后部分患者二尖瓣乳头肌因缺血、坏死等使收缩功能发生障碍，造成不同程度的二尖瓣脱垂并关闭不全，心尖区出现收缩中晚期喀喇音和吹风样收缩期杂音，第一心音可不减弱，可引起心力衰竭。故选C。

18.【答案】C

【解析】STEMI起病数小时内，可尚无异常或出现异常高大两支不对称的T波，为超急性期改变。故选C。

19.【答案】E

20.【答案】D

21.【答案】D

【解析】心绞痛疼痛的特点如下。①部位：主要在胸骨体之后，可波及心前区，有手掌大小范围。②性质：胸痛常为压迫、发闷或紧缩性，也可有烧灼感。③诱因：发作常由体力劳动或情绪激动（如愤怒、焦急、过度兴奋等）所诱发，饱食、寒冷、吸烟、心动过速、休克等亦可诱发。④持续时间：疼痛出现后常逐步加重，然后在3~5分钟内渐消失。⑤缓解方式：一般在停止原来诱发症状的活动后即可缓解；舌下含用硝酸甘油也能在几分钟内使之缓解。D项错误，故选D。

22.【答案】E

23.【答案】A

【解析】①左冠状动脉前降支闭塞，引起左心室前壁、心尖部、下侧壁、前间隔和二尖瓣前乳头肌梗死。②右冠状动脉闭塞，引起左心室膈面（右冠状动脉占优势时）、后间隔和右心室梗死，并可累及窦房结和房室结。③左冠状动脉回旋支闭塞，引起左心室高侧壁、膈面（左冠状动脉占优势时）和左心房梗死，可能累及房室结。④左冠状动脉主干闭塞，引起左心室广泛梗死。故选A。

24.【答案】E

【解析】急性心肌梗死（AMI）后血清心肌坏死标志物的变化为：①肌红蛋白起病后2小时内升高，12小时内达高峰；24~48小时内恢复正常。②肌钙蛋白I（cTnI）或T（cTnT）起病3~4小时后升高，cTnI于11~24小时达高峰，7~10天降至正常；cTnT于24~48小时达高峰，10~14天降至正常。③肌酸激酶同工酶CK-MB在起病后4小时内增高，16~24小时达高峰，3~4天恢复正常。可见最晚恢复正常的为肌钙蛋白，故选E。

25.【答案】E

【解析】STEMI的并发症有乳头肌功能失调或断裂、心脏破裂、栓塞、心室壁瘤及心肌梗死后综合征，不包括主动脉窦瘤破裂。故选E。

26.【答案】D

【解析】异丙肾上腺素为一种β受体激动药，可致心率加快，心率加快可使心肌氧耗增加，从而加重心肌缺血缺氧，导致心梗患者病情加重，心梗患者应禁用。故选D。

27.【答案】A

【解析】对于不稳定型心绞痛溶栓药物有促发心肌梗死的危险，不推荐应用。故选A。

28.【答案】C

29.【答案】B

【解析】急性心包炎尤其是急性非特异性心包炎可有较剧烈而持久的心前区疼痛。但心包炎的疼痛与发热同时出现，呼吸和咳嗽时加重，早期即有心包摩擦音，后者和疼痛在心包腔出现渗液时均消失；全身症状一般不如MI严重；心电图除aVR导联外，其余导联均有ST段弓背向下的抬高，T波倒置，无异常Q波出现。而STEMI的心电图ST段为弓背向上太高。故选B。

【A_2型题】

30.【答案】D

【解析】根据患者的症状及体征考虑为心搏骤停，应立即予心肺复苏。故选D。

31.【答案】D

32.【答案】E

【解析】见表4-10-7-1。

表 4-10-7-1　ST 段抬高型心肌梗死的心电图定位诊断

导联	前间壁	局限前壁	前侧壁	广泛前壁	下壁	下间壁	下侧壁	高侧壁	正后壁
V_1	+			+		+			
V_2	+			+		+			
V_3	+	+		+		+			
V_4		+		+					
V_5		+	+	+			+		
V_6			+				+		
V_7			+				+		+
V_8									+
aVR									
aVL		±	+	±	−	−	−	+	
aVF					+	+	+	−	
Ⅰ		±	+	±	−	−	−	+	
Ⅱ					+	+	+	−	
Ⅲ					+	+	+	−	

注："+"为正面改变，表示典型 ST 段抬高、Q 波及 T 波变化；"−"为反面改变，表示 QRS 主波向上，ST 段压低及与"+"部位的 T 波方向相反的 T 波；"±"为可能有正面改变。

33.【答案】D

【解析】根据有无心力衰竭表现及其相应的血流动力学改变严重程度，AMI 引起的心力衰竭按 Killip 分级法可分为以下几种。①Ⅰ级：尚无明显心力衰竭。②Ⅱ级：有左心衰竭，肺部啰音<50%肺野。③Ⅲ级：有急性肺水肿，全肺满布干、湿啰音。④Ⅳ级：有心源性休克等不同程度或阶段的血流动力学变化。根据题干描述，患者的心功能分级应为 Killip 分级Ⅱ级。故选 D。

34.【答案】C

【解析】心肌梗死后综合征发生率约为 10%。于 AMI 后数周至数月内出现，可反复发生，表现为心包炎、胸膜炎或肺炎，有发热、胸痛等症状，可能为机体对坏死物质的变态反应。故选 C。

35.【答案】D

36.【答案】C

【解析】患者有典型的心绞痛症状，心电图有典型的缺血性改变（ST 段下移），考虑为不稳定型心绞痛，进一步应查心肌损伤标志物以除外非 ST 段抬高型心肌梗死。故选 C。

37.【答案】C

【解析】根据患者的病史和临床特点，胸痛均发生于休息状态，心电图出现 ST 段抬高。考虑诊断为变异型心绞痛，其为冠状动脉痉挛引起的缺血性心绞痛，使用钙通道阻滞药可缓解冠脉痉挛。故选 C。

38.【答案】E

39.【答案】A

【解析】CK-MB 虽不如 cTnT、cTnI 敏感，但对早期（<4 小时）AMI 的诊断有较重要价值。故选 A。

40.【答案】E

【解析】患者既往有高血压病史，突然出现呼吸困难，心电图示 V_7、V_8出现 Q 波，并有心肌酶的升高，考虑为急性心肌梗死，定位应为正后壁。故选 E。

41.【答案】B

【解析】心脏神经症患者常诉胸痛，但为短暂（几秒钟）的刺痛或持久（几小时）的隐痛。胸痛部位多在左胸乳房下心尖部附近，或经常变动。症状多在疲劳之后出现，而不在疲劳的当时，做轻度体力活动反觉舒适，有时可耐受较重的体力活动而不发生胸痛或胸闷。含用硝酸甘油无效或在 10 多分钟后才"见效"，常伴有心悸、疲乏、头晕、失眠及其他神经症的症状。故选 B。

42.【答案】C

【解析】X 综合征又称微血管性心绞痛，多见于女性，是指具有劳力性心绞痛或心绞痛样不适的症状，活动平板心电图运动试验有 ST 段压低等心肌缺血的证据，而冠状动脉造影示冠脉正常或无阻塞性病变的一组临床综合征。本病例符合其特点，故选 C。

43.【答案】E

【解析】此患者持续胸痛不缓

解，心电图示胸导联T波高尖，考虑为急性心肌梗死超急性期。在急性心肌梗死最初几个小时，使用β受体阻断药可以缩小梗死面积，并能缓解疼痛，减少镇静药的应用。在无禁忌证的情况下要尽早常规应用。先静脉推注，后改口服。故选E。

44.【答案】C

【解析】患者有典型的心绞痛症状，心电图有ST段压低，考虑为不稳定型心绞痛。总胆固醇（TC）升高（正常2.8～5.17mmol/L），甘油三酯（TG）升高（正常0.56～1.7mmol/L），低密度脂蛋白（LDL）在正常范围（正常0～3.1mmol/L），故考虑为混合性高脂血症。故选C。

45.【答案】B

【解析】患者起病第2天发生心房颤动，血流动力学有明显变化，有呼吸、循环衰竭表现，需紧急纠正，最好采用同步电击除颤。故选B。

46.【答案】B

【解析】β受体阻断药可阻断拟交感胺类对心率和心收缩力受体的刺激作用，减慢心率、降低血压，减低心肌收缩力和氧耗量，从而减少心绞痛的发作，故应选用β受体阻断药治疗。故选B。

47.【答案】B

【解析】患者突发剧烈胸痛伴心肌酶升高，考虑为急性心肌梗死，发病即出现颈静脉充盈、肝大等右心衰竭症状，考虑为急性右心肌梗死。故选B。

48.【答案】E

【解析】根据病史特点该患者应为变异型心绞痛，应使用钙离子通道阻滞药治疗。故选E。

49.【答案】C

【解析】患者急起剧烈胸痛，考虑为急性心肌梗死，出现尿量减少、脉细弱、肺动脉楔压（PCWP）及左室舒张末压明显升高，可能合并了心源性休克及急性左心衰，此时应直接实施PCI而非溶栓。故选C。

【A_3/A_4型题】

50.【答案】B

51.【答案】D

52.【答案】C

【解析】急性心肌梗死患者一旦发现室性期前收缩或室性心动过速，立即用利多卡因50～100mg静脉注射，每5～10分钟重复1次，至期前收缩消失或总量已达300mg，继以1～3mg/min的速度静脉滴注维持（100mg加入5%葡萄糖液100ml，滴注1～3ml/min）。如室性心律失常反复可用胺碘酮治疗。故选C。

53.【答案】B

【解析】心源性休克的治疗：①补充血容量。②应用升压药，补充血容量后血压仍不升，而肺小动脉楔压和心排血量正常时，提示周围血管张力不足，可用多巴胺静脉滴注。③应用血管扩张剂，经上述处理血压仍不升，而肺动脉楔压（PCWP）增高，心排血量低或周围血管显著收缩以致四肢厥冷并有发绀时，可使用血管扩张剂。④治疗休克的其他措施包括纠正酸中毒、避免脑缺血、保护肾功能，必要时应用洋地黄制剂等。休克患者不宜使用呋塞米，故选B。

54.【答案】D

55.【答案】E

【解析】A、B、C项胸痛不会因站立而缓解，患者既往从无胆石史发作，且胆石发作时表现为胆绞痛，亦不因站立而缓解，故考虑食管裂孔疝，站立时疝入胸腔的胃回纳到腹腔里，于是症状缓解。故选E。

56.【答案】A

【解析】X线检查仍是目前诊断食管裂孔疝的主要方法。取特殊体位，如仰卧头低足高位等，其钡餐造影可显示直接征象及间接征象。故选A。

57.【答案】D

【解析】患者胸痛于休息状态下发生，心电图有ST段抬高，考虑为变异型心绞痛。故选D。

58.【答案】B

【解析】患者胸痛于休息状态下发作，与劳累关系不大，含服硝酸甘有效，平时心电图有ST段压低，发作时心电图正常，说明发作时有ST段的抬高，故考虑为变异型心绞痛。故选B。

59.【答案】D

【解析】STEMI的基本病因是冠状动脉粥样硬化（偶为冠脉栓塞、炎症、痉挛、畸形和冠状动脉口阻塞所致），造成一支或多支血管腔持续狭窄、闭塞和心肌供血严重不足，而侧支循环未充分建立。故D项已建立充分侧支循环的冠状动脉分支闭塞不会发生心肌梗死，故选D。

60.【答案】A

【解析】对STEMI患者进行溶栓治疗的适应证：①两个或两个以上相邻导联ST段抬高（胸导联≥0.2mV，肢导联≥0.1mV），或病史提示AMI伴左束支传导阻滞，起病时间<12小时，患者年龄<75岁。②ST段显著抬高的MI患者年龄>75岁，经慎重权衡利弊仍可考虑。③STEMI，发病时间已达12～24小时，但如仍有进行性缺血性胸痛，广泛ST段抬高者也可考虑。根据题干描述，患者为急性下壁心肌梗死，符合溶栓的适应证。故选A。

61.【答案】D

【解析】急性心肌梗死患者发生三度房室传导阻滞，伴有血流动力学障碍，宜用人工心脏起搏器。故选D。

【B_1 型题】

62.【答案】A

【解析】AMI 患者发生心室颤动或持续多形性室性心动过速时，尽快采用非同步直流电除颤或同步直流电复律。单形性室性心动过速药物疗效不满意时也应及早用同步直流电复律。故选 A。

63.【答案】C

【解析】房室传导阻滞发展到二度或三度，伴有血流动力学障碍者宜用人工心脏起搏器做临时的经静脉心内膜右心室起搏治疗，待传导阻滞消失后撤除。故选 C。

64.【答案】B

65.【答案】E

【解析】对于心室率慢的慢性房颤患者主要是抗凝治疗。故选 E。

第八章　病毒性心肌炎

1.【答案】A

【解析】病毒性心肌炎的诊断主要为临床诊断。根据典型的前驱感染史、相应的临床表现及体征、心电图、心肌酶学检查或超声心动图、CMR 显示的心肌损伤证据，应考虑次诊断。确诊有赖于心肌活检。故选 A。

2.【答案】A

3.【答案】D

【解析】对病毒性心肌炎糖皮质激素的疗效并不肯定，不主张常规使用。但对其他治疗效果不佳者，仍可考虑在发病 10 天至 1 个月使用。故 D 说法错误，其余各项均为心肌炎的治疗措施。故选 D。

4.【答案】A

5.【答案】A

【解析】病毒性心肌炎的大多数患者经过适当治疗后能痊愈。患者在急性期可因严重心律失常、急性心力衰竭和心源性休克而死亡。部分患者经过数周至数月后病情可趋稳定但可能留有一定程度的心脏扩大、心功能减退、伴或不伴有心律失常或心电图异常等，经久不愈，形成慢性心肌炎。有一部分扩张型心肌病是由心肌炎演变而来。只有 A 错误，故选 A。

【A_2 型题】

6.【答案】D

【解析】病毒性心肌炎的诊断主要为临床诊断，根据患者典型的前驱感染史、相应的临床表现及体征、心电图、心肌酶学检查或超声心动图、心脏磁共振显示的心肌损伤的证据，应考虑此诊断，确诊有赖于心内膜心肌活检。故选 D。

7.【答案】C

【A_3/A_4 型题】

8.【答案】C

【解析】青年男性，急性起病，着凉后出现胸闷、气促伴发热的症状，并有血压下降、心率快的体征，心肌酶升高，心电图示 ST 段抬高，考虑为病毒性心肌炎，因患者已出现血流动力学障碍，故考虑为急性暴发性心肌炎。故选 C。

9.【答案】D

10.【答案】E

【解析】病毒性心肌炎尚无特异性治疗。患者应避免劳累，适当休息。而不应该鼓励患者尽快离床活动。故选 E。

11.【答案】E

12.【答案】D

13.【答案】D

【解析】急性病毒性心肌炎出现高度房室传导阻滞或窦房结功能损害而出现晕厥或明显低血压时可考虑使用临时心脏起搏器。故选 D。

14.【答案】D

第九章　心　肌　病

【A_1 型题】

1.【答案】E

【解析】肥厚型心肌病的主要改变在心肌，尤其是左心室形态学的改变。其特征为不均等的心室间隔增厚（非对称性心室间隔肥厚）。故选 E。

2.【答案】C

【解析】胸骨左缘第 3~4 肋间所闻及的流出道梗阻所致的收缩期杂音，不同于主动脉瓣膜器质性狭窄所产生的杂音。增加心肌收缩力或减轻心脏后负荷的措施，如含服硝酸甘油片、应用正性肌力药、做 Valsalva 动作或取站立位等均可使杂音增强；相反凡减弱心肌收缩力或增加心脏后负荷的因素如使用 β 受体阻断药、取下蹲位等均可使杂音减轻。故选 C。

3.【答案】B

【解析】Brockenbrough 现象阳性：即在有完全代偿间歇的室性期前收缩时，期前收缩后的心搏增强，心室内压上升，但同时由于收缩力增强梗阻亦加重，所以主动脉内压反而降低，是肥厚型梗阻性心肌病的特异表现。故选 B。

4.【答案】E

5.【答案】D

【解析】超声心动图是临床上肥厚型心肌病的主要诊断手段，可显示室间隔的非对称性肥厚，舒张期室间隔的厚度达15mm，与后壁之比≥1.3。有流出道梗阻的病例可见室间隔流出道部分向左心室内突出、二尖瓣前叶在收缩期前移、左心室顺应性降低致舒张功能障碍等。故选D。

6.【答案】C

【解析】扩张型心肌病的超声心动图显示早期即可有左心室轻度扩大，后期各心腔均扩大，以左心室扩大为著。室壁运动普遍减弱，心肌收缩力下降，左心室射血分数显著降低。故选C。

7.【答案】C

8.【答案】A

【解析】扩张型心肌病起病隐匿，早期可无症状。临床主要表现为活动时呼吸困难和活动耐量下降。随着病情加重可以出现夜间阵发性呼吸困难和端坐呼吸等左心功能不全症状，并逐渐出现食欲缺乏、腹胀及下肢水肿等右心功能不全症状。故选A。

9.【答案】E

【解析】扩张型心肌病的主要体征为心界扩大，常可听到第三或第四心音，心率快时呈奔马律，有时可于心尖部闻及收缩期杂音。肺部听诊可闻及湿啰音，可以仅局限于两肺底，随着心力衰竭加重和出现急性左心衰时啰音可以遍布两肺或合并哮鸣音。颈静脉怒张、肝大及外周水肿等液体潴留体征也较为常见。故选E。

10.【答案】E

11.【答案】C

【A_2题型】

12.【答案】D

13.【答案】C

【解析】患者有心悸、气促、腹胀及水肿的症状，查体有心界扩大、心尖部舒张期奔马律的体征，心电图示室性期前收缩，超声心动图示左室内径增大。症状、体征及辅助检查符合扩张型心肌病的特点，故选C。

14.【答案】D

【解析】扩张型心肌病的X线表现为心影常增大，心胸比>50%，可出现肺淤血、肺水肿及肺动脉压力增高。通过该患者的症状、体征及X线、心电图表现考虑为扩张型心肌病，进一步需行超声心动图检查以明确诊断。故选D。

15.【答案】C

16.【答案】D

【解析】肥厚型心肌病最常见的症状是劳力性呼吸困难和乏力。1/3的患者可有劳力性胸痛。最常见的持续性心律失常是房颤。部分患者有晕厥，常于运动时出现。该病是青少年和运动员猝死的主要原因。查体可见心脏轻度增大，可闻及第四心音，流出道梗阻的患者可于胸骨左缘第3~4肋间闻及收缩期杂音。X线检查显示心影可以正常大小或左心室增大。心电图最常见的表现为左心室肥大，ST-T改变，深而不宽的病理性Q波可在Ⅰ、aVL或Ⅱ、Ⅲ、aVF和某些胸导联上出现。根据题干考虑患者为肥厚型梗阻性心肌病。故选D。

17.【答案】B

18.【答案】D

【解析】根据该患者的症状、体征及心电图、超声心动图表现，考虑诊断为肥厚型心肌病，其是青年和运动员心源性猝死的最常见病因。故选D。

19.【答案】D

【解析】该患者考虑为肥厚型心肌病。超声心动图特点为：心室不对称肥厚而无心室腔增大为其特征。舒张期室间隔的厚度达15mm，与后壁之比≥1.3。有流出道梗阻的病例可见室间隔流出道部分向左心室内突出、二尖瓣前叶在收缩期前移（SAM征）、左心室顺应性降低致舒张功能障碍等。故选D。

20.【答案】C

【A_3/A_4型题】

21.【答案】E

22.【答案】B

【解析】患者查体心律为房颤律的特点，目前患者有心衰的症状及体征，心衰合并快速房颤时应首选洋地黄类药物。故选B。

23.【答案】D

【解析】心包积液时舒张期心室充盈受限，吸气时肺循环血容量增加，血液滞留在血管内，致上、下腔静脉的血液向右心回流不能相应增加，使肺静脉血液流入左室的量较正常时减少，产生奇脉。右心衰竭时不会有奇脉。故选D。

24.【答案】E

25.【答案】A

26.【答案】E

【解析】单发性室性期前收缩、一度房室传导阻滞等停用洋地黄后常自行消失，对快速性心律失常者，如血钾浓度低则可用静脉补钾，如血钾不低可用利多卡因或苯妥英钠。故选E。

27.【答案】C

28.【答案】B

【解析】多巴酚丁胺是多巴胺的衍生物，可通过兴奋β_1受体增强心肌收缩力，扩血管作用不如多巴胺明显，对加快心率的反应也比多巴胺小。只能短期静脉应用，在慢性心衰加重时，起到帮助患者渡过难关的作用。故选B。

29.【答案】D

【解析】此患者考虑为扩张型心肌病，心肌活检对确定诊断有意义。故选D。

30.【答案】A

【解析】肾上腺素临床主要用于心搏骤停、支气管哮喘、过敏性休克等的治疗，不用于治疗扩张型心肌病。故选 A。

31.【答案】E

32.【答案】C

33.【答案】A

34.【答案】A

【解析】对有起搏器置入适应证的肥厚型心肌病患者，选择放置右心室心脏起搏可望减轻左心室流出道梗阻。对于药物治疗效果差而又不太适合手术或消融的患者可以选择双腔起搏（DDD 起搏）。故选 A。

【B_1 型题】

35.【答案】B

【解析】肥厚型心肌病组织学改变有 3 大特点：心肌细胞排列紊乱、小血管病变、瘢痕形成。故选 B。

36.【答案】A

【解析】扩张型心肌病组织学为非特异性心肌细胞肥大、变性，特别是程度不同的纤维化等病变混合存在。故选 A。

37.【答案】C

【解析】急性风湿热抗链球菌溶血素“O”（ASO）效价超过 1∶400 为阳性，在感染后 2 周左右出现，阳性率在 75%左右，抗 DNA 酶-B 阳性率在 80%以上，两者联合阳性率可提高到 90%。故选 C。

38.【答案】B

【解析】病毒性心肌炎时心肌损伤标志物检查可有心肌肌酸激酶（CK-MB）及肌钙蛋白（T 或 I）增高。故选 B。

39.【答案】E

【解析】肥厚型心肌病是一种遗传性心肌病，以心室非对称性肥厚为解剖特点，是青少年运动猝死的最主要原因之一。故选 E。

40.【答案】D

41.【答案】A

【解析】血培养是诊断菌血症和感染性心内膜炎的最重要方法。故选 A。

42.【答案】E

【解析】扩张型心肌病临床主要表现为活动时呼吸困难和活动耐量下降。三要体征为心界扩大，常可听到第三或第四心音，心率快时呈奔马律，有时可于心尖部闻及收缩期杂音。颈静脉怒张、肝大及外周水肿等液体潴留体征也较为常见。超声心动图显示早期即可有左心室轻度扩大，后期各心腔均扩大，以左心室扩大为著。故选 E。

43.【答案】C

【解析】肥厚型心肌病最常见的症状是劳力性呼吸困难和乏力。1/3 的患者可有劳力性胸痛。部分患者有晕厥，常于运动时出现。查体可见心脏轻度增大，可闻及第四心音，流出道梗阻的患者可于胸骨左缘第 3～4 肋间闻及收缩期杂音。故选 C。

44.【答案】D

45.【答案】A

第十章　急性心包炎

【A_1 型题】

1.【答案】C

【解析】急性心包炎最常见病因为病毒感染。其他包括细菌、自身免疫病、肿瘤侵犯心包、尿毒症、急性心肌梗死后心包炎、主动脉夹层、胸壁外伤及心脏手术后。C 错误，故选 C。

2.【答案】C

【解析】呼吸困难是心包积液时最突出的症状，可能与支气管、肺受压及肺淤血有关。呼吸困难严重时，患者呈端坐呼吸，躯体前倾、呼吸浅速、面色苍白，可有发绀。也可因压迫气管、食管而产生干咳、声音嘶哑及吞咽困难。故选 C。

3.【答案】D

【解析】胸骨后、心前区疼痛为急性心包炎的特征。部分患者可因心脏压塞出现呼吸困难、水肿等症状。急性心包炎最具诊断价值的体征为心包摩擦音。心脏压塞时可出现体循环静脉淤血、颈静脉怒张、静脉压升高、奇脉等。心音应该减弱而不是增强，D 错误，故选 D。

4.【答案】B

【解析】快速心包积液时可引起急性心脏压塞，出现明显心动过速、血压下降、脉压变小和静脉压明显上升，如心排血量显著下降，可产生急性循环衰竭、休克等。故选 B。

5.【答案】B

【解析】超声心动图可确诊有无心包积液，判断积液量，协助判断临床血流动力学改变是否由心脏压塞所致。故选 B。

6.【答案】C

【解析】急性心包炎患者 X 线检查可无异常发现，如心包积液较多，则可见心影增大。成人液体量少于 250ml、儿童少于 150ml 时，X 线难以检出其积液。C 项错误，故选 C。

7.【答案】A

【解析】我国缩窄性心包炎以结核性为最常见，其次为急性非特异性心包炎、化脓性或创伤性心包炎后演变而来。放射性心包炎和心脏手术后引起者逐渐增多。其他少见的病因包括自身免疫性疾病、恶性肿瘤、尿毒症、药物等。故选A。

8.【答案】D

9.【答案】E

【解析】心包渗液多引起急性心脏压塞时需立即行心包穿刺放液，顽固性复发性心包炎病程超过2年、激素无法控制的患者，或伴严重胸痛的患者可考虑外科心包切除术治疗。E错误，故选E。

10.【答案】E

【解析】急性心包炎时心电图主要表现为：①ST段抬高，见于除aVR及V_1导联以外的所有常规导联中，呈弓背向下型，aVR及V_1导联中ST段压低。②一至数日后，ST段回到基线，出现T波低平及倒置。③心包积液时有QRS低电压，大量渗液时可见电交替。④常有窦性心动过速。E项不符合，故选E。

11.【答案】C

【解析】心包积液的体征：心脏叩诊浊音界向两侧增大，皆为绝对浊音区；心尖搏动弱，位于心浊音界左缘的内侧或不能扪及；心音低而遥远。在有大量积液时可在左肩胛骨下出现浊音及左肺受压迫所引起的支气管呼吸音，称心包积液征（Ewart征）。少数病例中，在胸骨左缘第3~4肋间可闻及心包叩击音。大量渗液可使脉压变小。按积液时心脏压塞程度，脉搏可正常、减弱或出现奇脉。大量渗液可累及静脉回流，出现颈静脉怒张、肝大、腹水及下肢水肿等。故选C。

【A_2型题】

12.【答案】B

13.【答案】D

【解析】缩窄性心包炎常见症状为呼吸困难、疲乏、食欲缺乏。体征有颈静脉怒张、肝大、腹水、下肢水肿、心率增快，可见Kussmaul征。心脏体征：心尖搏动不明显，心浊音界不增大，心音减低，通常无杂音，可闻及心包叩击音。心律一般为窦性，有时可有心房颤动。心电图中有QRS低电压、T波低平或倒置。根据题干描述，本患者符合缩窄性心包炎的特点，故选D。

14.【答案】A

【解析】奇脉是指大量心包积液患者在触诊时桡动脉搏动呈吸气性显著减弱或消失、呼气时复原的现象。也可通过血压测量来诊断，即吸气时动脉收缩压较吸气前下降10mmHg或更多，而正常人吸气时收缩压仅稍有下降。故选A。

15.【答案】C

16.【答案】B

17.【答案】D

【解析】青年男性，有发热、乏力等全身中毒症状，查体有心包积液的体征，实验室检查示红细胞沉降率增快，心包积液为浅草黄色，淋巴细胞增多，并有ADA升高，考虑为结核性心包炎的可能性大。故选D。

18.【答案】D

【解析】患者有发热及胸痛的症状，心电图有典型的ST段弓背向下抬高，考虑为急性心包炎。故选D。

19.【答案】C

20.【答案】E

21.【答案】E

22.【答案】B

【A_3/A_4型题】

23.【答案】D

24.【答案】E

【解析】奇脉指吸气时脉搏明显减弱甚至消失，呼气时又出现或恢复原状的现象。可见于大量心包积液伴有心脏压塞、缩窄性心包炎、肺气肿、大量胸腔积液及哮喘等。右心衰竭患者不会发生奇脉，故选E。

25.【答案】C

26.【答案】C

27.【答案】C

【解析】心脏压塞的临床特征为Beck三联征：低血压、心音低弱、颈静脉怒张。此患者心包积液后出现呼吸困难及血压下降、颈静脉怒张，考虑为心脏压塞。故选C。

28.【答案】C

【解析】肺部无明显充血现象而心影显著增大是心包积液的有力证据。故选C。

29.【答案】C

【解析】心包穿刺引流是解除心脏压塞最简单有效的手段，对所有血流动力学不稳定的急性心脏压塞，均应紧急行心包穿刺或外科心包开窗引流，解除心脏压塞。故选C。

【B_1型题】

30.【答案】C

31.【答案】D

32.【答案】B

第十一章　休　　克

【A_1型题】

1.【答案】A

2.【答案】A

【解析】休克诊断的关键是应早期及时发现休克。要点是凡遇到严重损伤、大量出血、重度感染以及过敏患者和有心脏病史者，应想到并发休克的可能。临床观察中，对于有出汗、兴奋、心率加快、脉压小或尿少等症状者，应疑有休克。若患者出现神志淡漠、反应迟钝、皮肤苍白、呼吸浅快、收缩压降至 90mmHg 以下及尿少者，则标志患者已进入休克抑制期。因此诊断休克的主要依据是患者的临床表现，故选 A。

3.【答案】B

【解析】一般情况下，左心室冠脉血流量在收缩期为舒张期的 20%~30%，可见影响冠脉血流量的主要因素是舒张压的高低和心脏舒张期的长短。故选 B。

4.【答案】C

【解析】氧供给不足和需求增加是休克的本质，产生炎症介质是休克的特征，因此恢复对组织细胞的供氧、促进其有效的利用，重新建立氧的供需平衡和保持正常的细胞功能是治疗休克的关键环节。故选 C。

5.【答案】C

【解析】休克早期，血容量减少，醛固酮分泌增加，减少了钠和水的排泄，故尿钠减少。C 项错误，故选 C。

6.【答案】D

【解析】微静脉的功能在于其舒缩状态可影响毛细血管血压，从而影响体液交换和静脉回心血量。微动脉和微静脉之间可以通过直捷通路和动-静脉吻合支相互沟通。它们都为微循环提供了一条不经真毛细血管网的快速通路，可使一部分血液由动脉迅速流入静脉而返回心脏。休克早期时，机体处于一个代偿状态，微静脉扩张，以维持回心血量，若微静脉收缩，则影响回心血量。D 项错误，故选 D。

7.【答案】E

【解析】中心静脉压代表了右心房或者胸腔段腔静脉内压力的变化，可反映全身血容量与右心功能之间的关系。CVP 的正常值为 5~10cmH_2O。当 CVP<5cmH_2O 时，表示血容量不足；高于 15cmH_2O 时，则提示心功能不全、静脉血管床过度收缩或肺循环阻力增高；若 CVP 超过 20cmH_2O 时，则表示存在充血性心力衰竭。故选 E。

8.【答案】E

【解析】休克患者出现尿少可能提示为血容量不足，若血容量充足仍尿少，则提示有急性肾功能损害，酌情给利尿药。E 项错误，故选 E。

9.【答案】B

10.【答案】B

11.【答案】C

【解析】治疗休克重点是恢复灌注和对组织提供足够的氧。近年强调氧供应和氧消耗超常值的复苏概念，应达到以下标准：DO_2 > 600ml/(min · m^2)，VO_2 > 170ml/(min · m^2)，心脏指数 CI>4.5L/(min · m^2)；最终目的是防止多器官功能障碍综合征(MODS)。故选 C。

12.【答案】C

13.【答案】C

14.【答案】E

15.【答案】C

【解析】补液试验：取等渗盐水 250ml，于 5~10 分钟内经静脉注入。如血压升高而中心静脉压不变，提示血容量不足；如血压不变而中心静脉压升高 3~5cmH_2O，则提示心功能不全。故选 C。

16.【答案】C

【解析】患者血压正常而中心静脉压高，处理见表 4-10-11-1。

表 4-10-11-1　中心静脉压与补液的关系

中心静脉压	血压	原因	处理原则
低	低	血容量严重不足	充分补液
低	正常	血容量不足	适当补液
高	低	心功能不全或血容量相对过多	给强心药物，纠正酸中毒，舒张血管
高	正常	容量血管过度收缩	舒张血管
正常	低	心功能不全或血容量不足	补液试验

【A_3/A_4型题】

17.【答案】A

【解析】中度休克表现为神志尚清楚，表情淡漠，很口渴，皮肤苍白，发冷，脉搏 100~200 次/分，收缩压为 70~90mmHg，脉压小，表浅静脉塌陷，毛细血管充盈迟缓，尿少，估计失血量为 800~1600ml（20%~40%）。此患者符合中度休克的特点，故选 A。

18.【答案】C

19.【答案】E

【解析】患者急性失血性休克，失血量超过全身血容量的 30%应予输血治疗。故选 E。

20.【答案】B

【解析】在休克代偿期由于机体对有效循环血容量减少的早期有相应的代偿能力，患者的中枢神经系统兴奋性提高，交感-肾上腺轴兴奋。表现为精神紧张、兴奋或烦躁不安、皮肤苍白、四肢厥冷、心率加快、脉压小、呼吸加快、尿量减少等。根据题干描述的特点，患者应该处于休克代偿期。故选 B。

21.【答案】E

【解析】在休克代偿期由于内脏小动、静脉血管平滑肌及毛细血管前括约肌受儿茶酚胺等激素的影响发生强烈收缩，动静脉间短路开放，结果外周血管阻力和回心血量均有所增加。E 错误，故选 E。

22.【答案】E

【解析】弥散性血管内凝血的实验室检查同时有下列 3 项以上异常：①血小板<100×10^9/L 或进行性下降，肝病、白血病患者血小板<50×10^9/L。②血浆纤维蛋白原含量<1.5g/L 或进行性下降，或>4g/L，白血病及其他恶性肿瘤患者<1.8g/L，肝病患者<1.0g/L。③3P 试验阳性或血浆 FDP>20mg/L，肝病、白血病患者 FDP>60mg/L，或 D-二聚体水平升高或阳性。④凝血酶原时间（PT）缩短或延长 3 秒以上，肝病患者延长 5 秒以上，或 APTT 缩短或延长 10 秒以上。可见只有 E 项是无意义的，故选 E。

23.【答案】E

【解析】患者处于休克代偿期，血压经代偿后尚可维持，应积极治疗原发病，同时补充血容量，对症支持治疗。间羟胺属于血管活性药物，应在充分容量复苏的前提下再应用，故是错误的，故选 E。

【B_1 型题】

24.【答案】B

【解析】尿少通常是早期休克和休克复苏不完全的表现。尿量<25ml/h、比重增加者表明仍存在肾血管收缩和供血量不足；血压正常但尿量仍少且比重偏低者，提示有急性肾损伤可能。当尿量维持在 30ml/h 以上时，则休克已纠正。CVP<5cmH_2O 时，表示血容量不足；高于 15cmH_2O 时，则提示心功能不全、静脉血管床过度收缩或肺循环阻力增高；若 CVP 超过 20cmH_2O 时，则表示存在充血性心力衰竭。可见中心静脉压偏低、尿量少时提示血容量不足。故选 B。

25.【答案】D

26.【答案】E

第十二章　下肢静脉疾病

【A_1 型题】

1.【答案】C

【解析】静脉壁软弱、静脉瓣膜缺陷及浅静脉内压升高是引起浅静脉曲张的主要原因。静脉壁薄弱和静脉瓣缺陷与遗传因素有关。长期站立、重体力劳动、妊娠、慢性咳嗽、习惯性便秘等后天性因素，使瓣膜承受过度的压力，逐渐松弛，不能紧密关闭。故只有慢性腹泻与下肢静脉曲张发病无关，故选 C。

2.【答案】A

3.【答案】C

【解析】下肢静脉曲张病程进展可出现血栓性静脉炎、溃疡及曲张静脉破裂出血的并发症。其中溃疡主要发生于踝周及足靴区。故选 C。

4.【答案】B

【解析】Perthes 试验，即深静脉通畅试验，用于检查深静脉是否通畅，是决定原发性下肢静脉曲张手术与否的关键检查。故选 B。

【A_2 型题】

5.【答案】D

6.【答案】A

【解析】原发性下肢静脉曲张主要表现为下肢静脉迂曲扩张，多见于长期站立的人。交通静脉瓣膜破坏后，足靴区肿胀和颜色加深等皮肤营养性变化。大隐静脉瓣膜功能试验（+）提示大隐静脉瓣膜功能不全，而深静脉通畅试验（-）提示深静脉通畅。原发性下肢深静脉瓣膜功能不全各种症状相对较重。下肢深静脉血栓形成常伴有明显的肢体肿胀。动静脉瘘患肢皮肤温度升高。血栓性浅静脉炎为单纯性下肢静脉曲张的并发症。故选 A。

7.【答案】B

【解析】动脉栓塞是指动脉腔被进入血管内的栓子堵塞，造成血流阻塞，引起急性缺血的临床表现。栓子的来源主要为心源性，见于风心病、冠心病等。急性动脉栓塞的临床表现为“5P”，即疼痛、感觉异常、麻痹、无脉和苍白。故选 B。

8.【答案】D

【解析】深静脉血栓的病因为静脉损伤、血流缓慢和血液高凝状态。长期卧床可造成血流缓慢。中央型，即髂-股静脉血栓形成，表现为下肢肿胀，患侧髂窝、股三角区有疼痛和压痛，浅静脉扩张，患肢皮温升高，左侧发病多于右侧。故选 D。

【A_3/A_4 型题】

9.【答案】B

【解析】下肢慢性静脉功能不全是一组由静脉逆流引起的病症，常见症状为下肢沉重、疲劳、胀痛等。临床表现有七类：有自觉症状，但无明显体征；毛细静脉扩张或网状静脉扩张；浅静脉曲张；踝部和/或小腿水肿；皮肤改变；色素沉着、湿疹、皮下脂质硬化或萎缩；皮肤改变及已愈合的溃疡；皮肤改变及活动期静脉性溃疡。故选 B。

10.【答案】E

11.【答案】D

12.【答案】D

【B_1 型题】

13.【答案】E

【解析】下肢静脉曲张患者手术治疗是切除曲张的静脉，当深静脉阻塞时，若切除曲张的静脉会使静脉血无法回流或回流困难，加重肿胀甚至恶化病情。故选 E。

14.【答案】D

【解析】硬化剂注射疗法是利用硬化剂注入排空的曲张静脉后引起的炎症反应使之闭塞，也可作为手术的辅助疗法，处理残留的曲张静脉。故选 D。

第十一篇　消化系统

第一章　胃食管反流病

【A_1型题】

1.【答案】C

【解析】胃食管反流病的治疗措施包括：改变生活方式与饮食习惯及药物治疗。为了减少卧位及夜间反流可将床头抬高15～20cm，避免睡前2小时内进食，注意减少一切引起腹压增高的因素，如肥胖、便秘、紧束腰带等，应避免进食使LES压降低的食物，如高脂肪、巧克力、咖啡、浓茶等；药物治疗包括：促胃肠动力药、抑酸药等，故选C。

2.【答案】C

【解析】中年男性，症状为胸痛、反酸、胃灼热、嗳气。胃镜检查食管黏膜未见明显异常。需考虑拟诊胃食管反流病。本病发病率随年龄增长而增加，40～60岁为高峰发病年龄，男女发病无差异。胃灼热和反流是本病最常见的症状，由本病引起的胸痛是非心源性胸痛的常见病因。24小时食管pH监测是诊断胃食管反流病的重要检查方法。应用便携式pH记录仪在生理状态下对患者进行24小时食管pH连续监测，可提供食管是否存在过度酸反流的客观证据，并了解酸反流的程度及其与症状发生的关系。所以患者需进一步行24小时食管pH监测检查以明确诊断。故选C。

【B_1型题】

3.【答案】A

【解析】24小时食管pH监测是诊断胃食管反流病的重要检查方法。应用便携式pH记录仪在生理状态下对患者进行24小时食管pH连续监测，可提供食管是否存在过度酸反流的客观证据，并了解酸反流的程度及其与症状发生的关系。常用的观察指标：24小时内pH<4的总百分时间、pH<4的次数、持续5分钟以上的反流次数以及最长反流时间等指标。但要注意在行该项检查前3日应停用抑酸药与促胃肠动力的药物。故选A。

4.【答案】B

【解析】内镜检查是诊断反流性食管炎最准确的方法，并能判断反流性食管炎的严重程度和有无并发症，结合活检可与其他原因引起的食管炎和其他食管病变（如食管癌等）做鉴别。内镜下无反流性食管炎不能排除胃食管反流病。根据内镜下所见食管黏膜的损害程度可进行反流性食管炎分级，有利于病情判断及指导治疗。故选B。

第二章　食　管　癌

【A_1型题】

1.【答案】C

【解析】食管癌的病变部位以中段居多，下段次之，上段最少。故选C。

2.【答案】C

【解析】中晚期食管癌的病理形态分型可分为5型，即：髓质型、蕈伞型、溃疡型、缩窄型和未定型。故选C。

3.【答案】B

【解析】缩窄型呈环形生长，质硬，涉及食管全周，食管黏膜呈向心性收缩，出现梗阻较早，而出血和转移发生较晚；溃疡型表面常有较深的溃疡，边缘稍隆起，出血和转移较早，而发生梗阻较晚。故选B。

4.【答案】E

【解析】原发于食管的恶性肿瘤，以鳞状上皮癌多见。临床上以进行性吞咽困难为其最典型的症状。故选E。

5.【答案】C

【解析】食管癌的检查方法主要包括：食管黏膜脱落细胞检查、内镜检查与活组织检查、食管X线钡餐造影检查、食管CT扫描检查、超声内镜检查等。其中，内镜检查与活组织检查是发现与诊断食管癌首选方法，优点是可直接观察病灶的形态，并可在直视下做活组织病理学检查，以确定诊断。食管黏膜脱落细胞检查方法为吞入双腔塑料管线套网气囊细胞采集器，充气后缓缓拉出气囊，取套网擦取物涂片做细胞学检查，阳性率可达90%以上，常能发现一些早期病例。优点是简便易操作，主要用于食管癌高发区现场普查。故选C。

6.【答案】A

【解析】食管癌在发展过程中，其早期及中晚期有不同的病理形态，早期可分为隐伏型、糜烂型、斑块型、乳头型或隆起型，这些类型的病变均局限于黏膜表面或黏膜下层。隐伏型为原位癌，侵及上皮全层；糜烂型大多限于黏膜固有层；斑块形则半数以上侵及黏膜肌层及黏膜下层。故选 A。

7.【答案】C

【解析】食管癌患者当肿瘤侵及相邻器官并发生穿孔时，可发生食管气管瘘、纵隔脓肿、肺炎、肺脓肿及主动脉穿破大出血，导致死亡。食管气管瘘是食管癌的并发症之一，伴进食呛咳，故选 C。

8.【答案】C

【解析】收集食管脱落细胞进行细胞学检查可早期发现肿瘤细胞，食管癌患者敏感性达 90% 以上，操作简便易行，可作为食管炎与早期食管癌的有效鉴别手段。故选 C。

9.【答案】C

【解析】食管癌切除后常用胃、结肠代食管，以胃最为常用，因其血供丰富、愈合力强、手术操作简单。因胃可上提至颈部，可用于各段食管癌切除重建。结肠能够切取足够长度与咽或颈部食管吻合，可用于肿瘤不能切除患者的旁路手术或已行胃大部切除食管癌的重建。而早中期食管癌常用的术式应为食管癌切除，用胃食管重建术。故选 C。

10.【答案】D

【解析】我国食管外科手术切除率已达 80%~90%，术后 5 年存活率已达 30% 以上，而早期切除常可达到根治效果，早期食管癌及时根治预后良好，手术切除 5 年生存率>90%。故选 D。

11.【答案】B

【解析】食管癌患者出现持续性胸背痛，表示癌已侵犯食管外组织，为晚期症状。故选 B。

12.【答案】E

【解析】食管癌的中晚期表现包括如下几种。①进行性咽下困难：是绝大多数患者就诊时的主要症状，但却是本病的较晚期表现。②食物反流：因食管梗阻的近段有扩张与潴留，可发生食物反流。③咽下疼痛：由癌糜烂、溃疡、外侵或近段伴有食管炎所致，进食时尤以进热食或酸性食物后更明显，疼痛可涉及颈、肩胛、前胸和后背等处。④其他症状：如锁骨上窝淋巴结转移致左锁骨上淋巴结肿大，因癌肿扩散转移引起的其他表现，如压迫喉返神经所致的声嘶等。而食管异物感及哽噎感为食管癌的早期症状。故选 E。

13.【答案】E

【解析】早期食管癌 X 线钡餐造影的征象有：①黏膜皱襞增粗，迂曲及中断。②食管边缘毛刺状。③小充盈缺损与小龛影。④局限性管壁僵硬或有钡剂滞留。中晚期病例可见病变处管腔不规则狭窄、充盈缺损、管壁蠕动消失、管壁僵硬、黏膜紊乱、软组织影以及腔内型的巨大充盈缺损。故选 E。

14.【答案】B

【解析】食管内镜检查与活组织检查是发现与诊断食管癌的首选方法。可直接观察病灶的形态，并可在直视下做活组织病理学检查，以确定诊断。X 线钡餐造影检查除极早期食管癌不易显示外，大多能发现食管黏膜增粗、迂曲或虚线状中断，食管边缘毛刺征，小的充盈缺损，小龛影，局限性管壁发僵，或有钡滞留等较早期癌的征象。气-钡双重对比造影技术能更清楚地显示黏膜表面的细小结构，从而提高微小病变的发现率。故选 B。

15.【答案】E

【解析】食管癌术后常见的并发症包括以下 4 种。①吻合口瘘。②肺部并发症：包括肺炎、肺不张、肺水肿和 ARDS 等。③乳糜胸。④其他并发症：有血胸、气胸及胸腔感染。吻合口瘘为最常见并发症。故选 E。

【A_2 型题】

16.【答案】A

【解析】食管癌的典型症状为进行性吞咽困难，晚期出现消瘦、贫血、营养不良、脱水或恶病质等体征。据题意分析：患者有进行性吞咽困难、消瘦+X 线钡餐透视显示：食管中段黏膜破坏，充盈缺损，管腔狭窄，应考虑的诊断是食管癌。鉴别诊断：①食管腐蚀性狭窄：有误服或自杀性服用强酸或强碱史，X 线吞钡食管造影表现长段线样狭窄，与食管癌不难鉴别。②食管平滑肌瘤，好发年龄在 20~50 岁，大多数生长在食管中、下段，一般无咽下困难。吞钡食管造影可出现半圆形充盈缺损，黏膜完整。纤维食管镜表现食管外压，黏膜正常。③食管贲门失弛症：是食管运动功能障碍性疾病，吞咽时食管体部无蠕动，贲门括约肌松弛不良。多见于 20~40 岁，女性稍多。吞咽困难、反流、体重减轻是本病的三大症状。X 线吞钡食管造影见食管贲门呈典型的“鸟嘴样”改变，即食管下段贲门狭窄、食管明显扩张、食管壁无蠕动、钡剂潴留等改变。④胃食管反流病表现为胃灼热、吞咽性疼痛或吞咽困难。内镜检查可有黏膜炎症，糜烂或溃疡。

17.【答案】D

【解析】患者为中年男性，进行性吞咽困难半年，食管 X 线钡餐见食管中段 6cm 长狭窄、管壁僵硬、黏膜破坏，考虑诊断为食管癌。本病的治疗方法包括手术、放疗、化疗、内镜下治疗和综合治疗。我国食管癌外科手术切除率已达80%~90%，术后5年存活率已达30%以上，而早期切除常可达到根治效果。放射治疗主要适用于手术难度大的上段食管癌和不能切除的中、下段食管癌。上段食管癌放疗效果不亚于手术，故放疗作为首选。手术前放疗可使肿瘤缩小，提高切除率和存活率。该患者病变范围6cm，可采取先放疗后手术的治疗方案。故选D。

18.【答案】E

19.【答案】D

【解析】结合患者影像学检查及病理检查可确诊为食管中段鳞癌，手术为首选治疗方案，但该患者为老年男性，心电图提示ST-T改变，肺功能严重受限，考虑存在心肺疾病，为手术禁忌证，不宜行手术治疗。放射治疗主要适用于手术难度大的上段食管癌和不能切除的中、下段食管癌。因此该患者最适宜的治疗方案应为放射治疗。故选D。

20.【答案】A

【解析】食管癌是世界一些国家和地区常见的恶性肿瘤，中国是世界上食管癌的高发国家，男性高于女性，其比例为（1.3~3）：1；中老年易患。我国80%的患者发病在50岁以后，高发地区人群发病和死亡比低发地区提前10年。本患者为中年男性，为食管癌易发人群，喜进过烫食物，咽下困难进行性加重5月，X线钡餐检查示食管中段5cm狭窄、黏膜断裂，结合症状、饮食习惯及影像学表现，可诊断为食管癌。故选A。

21.【答案】E

【解析】食管癌手术的禁忌证包括：①癌肿侵及范围较大或侵及相邻的重要器官不能切除者。②已有穿孔征象或远处转移者。③有严重心、肺、肝、肾功能不全，不能耐受手术者。④全身状况差，已有恶病质者。而梗阻并非食管癌的手术禁忌，E项错误。故选E。

【A_3/A_4型题】

22.【答案】B

【解析】进行性咽下困难是绝大多数患者就诊时的主要症状，但却是食管癌的较晚期表现。由不能咽下固体食物发展至液体食物亦不能咽下。本病发病率男性高于女性，其比例为（1.3~3）：1；中老年易患，我国80%的患者发病在50岁以后。该患者为50岁男性，属本病高发年龄段，临床表现为吞咽困难，只能进半流质食物，首先应考虑食管癌可能。故选B。

23.【答案】A

【解析】内镜检查与活组织检查是发现与诊断食管癌的首选方法。可直接观察病灶的形态，并可在直视下做活组织病理学检查，以确定诊断。内镜下食管黏膜染色法有助于提高早期食管癌的检出率。该患者可疑食管癌，为明确诊断，应首选食管镜检查。故选A。

24.【答案】A

【解析】老年男性，病程2个月，症状为进行性吞咽困难，目前仅能进流质食物，伴消瘦，结合食管X线钡餐透视检查结果，考虑可拟诊食管癌。应进一步行食管镜检查以确诊及进行病理分型。故选A。

25.【答案】D

【解析】食管癌患者肿瘤转移如压迫喉返神经可导致声音嘶哑。故选D。

26.【答案】B

【解析】食管癌的扩散和转移方式包括：①直接扩散：早中期食管癌主要为壁内扩散，因食管无浆膜层，容易直接侵犯其邻近器官。②淋巴转移是食管癌转移的主要方式。③晚期血行转移至肝、肺、骨、肾、肾上腺、脑等处。该例患者肝内多发转移瘤来源于其血行转移途径。故选B。

【B_1型题】

27.【答案】B

【解析】中晚期食管癌的病理形态分型可分为5型，即：髓质型、蕈伞型、溃疡型、缩窄型和未定型。①髓质型呈坡状隆起，侵及食管壁各层及周围组织，切面灰白色如脑髓，本型多见，恶性程度最高。②蕈伞型多呈圆形或卵圆形，向食管腔内突起，边缘外翻如蕈伞状，表面常有溃疡，属高分化癌，预后较好。③溃疡型表面常有较深的溃疡，边缘稍隆起，出血和转移较早，而发生梗阻较晚。④缩窄型呈环形生长，质硬，涉及食管全周，食管黏膜呈向心性收缩，出现梗阻较早，而出血和转移发生较晚，本型较少见。⑤少数中、晚期食管癌不能归入上述各型者，称未定型。故选B。

28.【答案】C

29.【答案】A

第三章 急性胃炎

【A_1型题】

1.【答案】D

【解析】引起急性糜烂出血性胃炎的常见病因如下。①药物：常见的有非甾体抗炎药（NSAID）。②应激：严重创伤、大手术、大面积烧伤、颅内病变、败血症及其他严重脏器病变或多器官功能衰竭等均可引起胃黏膜糜烂、出血，严重者发生急性溃疡并大量出血，如烧伤所致者称 Curling 溃疡、中枢神经系统病变所致者称 Cushing 溃疡。③酒精：酒精具亲酯性和溶脂能力，高浓度酒精因而可直接破坏胃黏膜屏障。黏膜屏障的正常保护功能是维持胃腔与胃黏膜内氧离子高梯度状态的重要保证，当上述因素导致胃黏膜屏障破坏，则胃腔内氢离子便会反弥散进入胃黏膜内，从而进一步加重胃黏膜的损害，最终导致胃黏膜糜烂和出血。而幽门螺杆菌感染是慢性胃炎的最主要病因。D 项错误。故选 D。

2.【答案】E

第四章 慢性胃炎

【A_1 型题】

1.【答案】C

【解析】慢性胃炎的病理过程是胃黏膜损伤与修复的慢性过程，炎症表现为黏膜层以淋巴细胞和浆细胞为主的慢性炎症细胞浸润，当见有中性粒细胞浸润时显示有活动性炎症，称为慢性活动性胃炎，多提示存在幽门螺杆菌感染。故选 C。

2.【答案】A

【解析】慢性萎缩性胃炎是指胃黏膜已发生了萎缩性改变的慢性胃炎。慢性萎缩性胃炎又可再分为多灶萎缩性胃炎和自身免疫性胃炎两大类。前者萎缩性改变在胃内呈多灶性分布，以胃窦为主，多由幽门螺杆菌感染引起的慢性非萎缩性胃炎发展而来；后者萎缩改变主要位于胃体部，多由自身免疫引起的胃体胃炎发展而来。自身免疫性胃炎以富含壁细胞的胃体黏膜萎缩为主；患者血液中存在自身抗体——壁细胞抗体（PCA）。故选 A。

3.【答案】E

【解析】自身免疫性胃炎患者可伴有贫血，在典型恶性贫血时除贫血外还可伴有维生素 B_{12} 缺乏的其他临床表现。该病目前尚无特异治疗，有恶性贫血时注射维生素 B_{12} 后贫血可获纠正。故选 E。

4.【答案】E

【解析】胃镜检查并同时取活组织做病理组织学检查是诊断慢性胃炎的最可靠方法。故选 E。

5.【答案】C

【解析】幽门螺杆菌作为慢性胃炎最主要病因的确立基于如下证据：①绝大多数慢性活动性胃炎患者胃黏膜中可检出幽门螺杆菌。②幽门螺杆菌在胃内的分布与胃内炎症分布一致。③根除幽门螺杆菌可使胃黏膜炎症消退。④从志愿者和动物模型中可复制幽门螺杆菌感染引起的慢性胃炎。故选 C。

6.【答案】C

【解析】慢性胃炎的病理过程是胃黏膜损伤与修复的慢性过程，主要组织病理学特征是炎症、萎缩和肠化生。炎症表现为黏膜层以淋巴细胞和浆细胞为主的慢性炎症细胞浸润，幽门螺杆菌引起的慢性胃炎常见淋巴滤泡形成。当见有中性粒细胞浸润时显示有活动性炎症，称为慢性活动性胃炎。故选 C。

7.【答案】B

【解析】自身免疫性胃炎（AIG）是由 $CD4^+T$ 细胞介导的自身免疫性疾病。自身免疫性胃炎以富含壁细胞的胃体黏膜萎缩为主；患者血液中存在自身抗体如壁细胞抗体（PCA），自身抗体攻击壁细胞，使壁细胞总数减少，导致胃酸分泌减少或丧失。血清抗壁细胞抗体阳性是自身免疫性胃炎的诊断依据之一。故选 B。

8.【答案】D

【解析】胆汁反流、长期服用 NSAID 或其他对胃黏膜损害的物质，可引起以胃小凹增生为主且炎症细胞浸润很少为特征的反应性胃黏膜病变。胃大部分切除术后失去了幽门的功能，含胆汁、胰酶的十二指肠液长期大量反流入胃，由此而引起的残胃炎和吻合口炎是典型的化学性胃炎（病）改变，治疗上可予促胃肠动力药和吸附胆汁药物（如硫糖铝、铝碳酸镁或考来烯胺）。可见，慢性胃炎伴胆汁反流，可用硫糖铝保护胃黏膜治疗。故选 D。

9.【答案】D

10.【答案】A

【解析】由幽门螺杆菌引起的慢性胃炎多数患者无症状；有症状者表现为上腹痛或不适、上腹胀、饱胀不适、嗳气、恶心等消化不良症状 这些症状之有无及严重程度与慢性胃炎的内镜所见及组织病理学改变并无肯定的相关。自身免疫性胃炎患者可伴有贫血，在典型恶性贫血时，除贫血外还可伴有维生素 B_{12} 缺乏的其他临床表现。故选 A。

11.【答案】A

【解析】慢性萎缩性胃炎又可再分为多灶萎缩性胃炎和自身免疫性胃炎两大类。后者萎缩改变主要位于胃体部，多由自身免疫引起的胃体胃炎发展而来。患者血液中存在自身抗体如壁细胞抗体，伴恶性贫血者还可查到内因子抗体；壁细胞抗体攻击壁细胞，使壁细胞总数减少，导致胃酸分泌减少或丧失；内因子抗体与内因子结合，阻碍维生素 B_{12} 吸收，从而导致恶性贫血。故选 A。

12.【答案】E

【解析】由幽门螺杆菌引起的慢性胃炎多数患者无症状；有症状者表现为上腹痛或不适、上腹胀、饱胀不适、嗳气、恶心等消化不良症状。进食后上腹痛为胃溃疡的特点，而饥饿痛是十二指肠溃疡的典型临床表现，上消化道出血的常见病因为消化性溃疡，而慢性胃炎并非易发生上消化道出血的并发症。所有选项描述均不正确。故选E。

13.【答案】E

【解析】幽门螺杆菌引起的慢性胃炎，炎症弥漫性分布，内镜下非萎缩性胃炎可见红斑（点、片状或条状）、黏膜粗糙不平、出血点/斑、黏膜水肿、黏液渗出等基本表现。而黏膜皱襞变平甚至消失是萎缩性胃炎的胃镜下表现。E项错误。故选E。

14.【答案】C

【解析】慢性胃炎的过程是胃黏膜损伤与修复的慢性过程，主要组织病理学特征是炎症、萎缩和肠化生。炎症表现为黏膜充血、水肿、渗出，黏膜层可见以淋巴细胞和浆细胞为主的慢性炎症细胞浸润，幽门螺杆菌引起的慢性胃炎常见淋巴滤泡形成。当见有中性粒细胞浸润时显示有活动性炎症，称为慢性活动性胃炎，多提示存在幽门螺杆菌感染。萎缩性胃炎在慢性炎症过程中出现胃黏膜萎缩，主要表现为胃黏膜固有腺体（幽门腺或泌酸腺）数量减少甚至消失，内镜下非萎缩性胃炎和萎缩性胃炎皆可见伴有糜烂（平坦或隆起）、出血、胆汁反流。C项描述为萎缩性胃炎的病理特征，错误。故选C。

15.【答案】A

【解析】已证明在体内具有杀灭幽门螺杆菌作用的抗生素有克拉霉素、阿莫西林、甲硝唑（或替硝唑）、四环素、呋喃唑酮、某些喹诺酮类如左氧氟沙星等。PPI及胶体铋体内能抑制幽门螺杆菌，与上述抗生素有协同杀菌作用。目前尚无单一药物可有效根除幽门螺杆菌，因此必须联合用药。研究证明以PPI或胶体铋为基础加上2种抗生素的三联治疗方案有较高根除率。故选A。

16.【答案】A

17.【答案】C

18.【答案】A

19.【答案】B

【解析】慢性萎缩性胃炎是在慢性炎症过程中出现胃黏膜萎缩，主要表现为胃黏膜固有腺体数量减少甚至消失，组织学上有如下2种萎缩类型。①非化生性萎缩：胃黏膜固有腺体被纤维组织或纤维肌性组织代替或炎症细胞浸润引起固有腺体数量减少。②化生性萎缩：胃黏膜固有腺体被肠化生或假幽门腺化生所替代。萎缩常伴有肠化生，表现为胃固有腺体为肠腺样腺体所代替。慢性胃炎进一步发展，胃上皮或化生的肠上皮在再生过程中发生发育异常，可形成异型增生，表现为细胞异型性和腺体结构的紊乱，异型增生是胃癌的癌前病变。故选B。

20.【答案】E

【解析】胃镜检查是目前诊断上消化道出血病因的首选检查方法。多主张在出血后24~48小时内进行检查，称急诊胃镜检查。一般认为这可大大提高出血病因诊断的准确性，因为有些病变如急性糜烂出血性胃炎可在短短几天内愈合而不留痕迹；有些病变如血管异常在活动性出血时或近期有出血才易于发现；对同时存在2个或多个病变者可确定其出血所在。故选E。

【A_2型题】

21.【答案】C

【解析】青年女性，病史4年，上腹不适，餐后加重，伴嗳气，BAO、MAO均明显下降，壁细胞总数显著减少，考虑慢性萎缩性胃炎可能性大。故选C。

22.【答案】C

【解析】间断上腹隐痛，无规律，无反酸、胃灼热。超声未见异常。考虑慢性胃炎。

23.【答案】B

【解析】患者为中年男性，临床表现为上腹不适，餐后加重，嗳气。胃液分析示BAO为0，MAO为5mmol/L，明显降低，胃pH升高，因胃黏膜腺体萎缩导致泌酸功能下降。因此最可能的诊断应为慢性萎缩性胃炎。故选B。

24.【答案】E

【解析】胃镜检查并同时取活组织做病理组织学检查是诊断慢性胃炎的最可靠方法。内镜下非萎缩性胃炎可见红斑（点、片状或条状）、黏膜粗糙不平、出血点/斑、黏膜水肿、渗出等基本表现。内镜下萎缩性胃炎有2种类型，即单纯萎缩性胃炎和萎缩性胃炎伴增生。前者主要表现为黏膜红白相间/白相为主、血管显露、色泽灰暗、皱襞变平甚至消失；后者主要表现为黏膜呈颗粒状或结节状。该患者为青年女性，慢性病程，病史2年，症状为上腹痛，胃镜检查符合上述单纯萎缩性胃炎胃镜下特点，可诊断该病。故选E。

25.【答案】B

【解析】慢性胃炎的过程是胃黏膜损伤与修复的慢性过程，主要组织病理学特征是炎症、萎缩和肠化生。炎症表现为黏膜层以淋巴细胞和浆细胞为主的慢性炎症细胞浸润。慢性炎症过程中出现胃黏膜萎缩，主要表现为胃黏膜固有腺体数量减少甚至消失。慢性非萎缩性胃炎是指不伴有胃黏膜萎缩性改变、胃黏膜层见以淋巴细胞和浆细胞为主的慢性炎症细胞浸润的慢性胃炎。本病可无症状，有症状者表现为上腹痛或不适、上腹胀、早饱、嗳气、恶心等消化不良症状。该患者为中年男性，病史 5 年，上腹饱胀感、嗳气，胃镜活检示炎症细胞浸润及肠上皮化生，未见腺体萎缩，应诊断为慢性非萎缩性胃炎。故选 B。

26.【答案】C

第五章　消化性溃疡

1.【答案】C

【解析】DU 大多发生在十二指肠球部，发生在球部远段十二指肠的溃疡称球后溃疡，多发生在十二指肠乳头的近端。其具有 DU 的临床特点，但午夜痛及背部放射痛多见，对药物治疗反应较差，较易并发出血。故选 C。

2.【答案】B

3.【答案】B

【解析】幽门管位于胃远端，与十二指肠交界，长约 2cm。幽门管溃疡与 DU 相似，胃酸分泌一般较高。幽门管溃疡上腹痛的节律性不明显，对药物治疗反应较差，呕吐较多见，较易发生幽门梗阻、出血和穿孔等并发症。故选 B。

4.【答案】D

5.【答案】B

6.【答案】B

【解析】幽门梗阻伴有恶心、呕吐，患者严重呕吐时可致低钾血症，"H^+-K^+"交换致低氯低钾性碱中毒。故选 B。

7.【答案】E

【解析】胃迷走神经切断术后，胃酸分泌降低的同时，会造成胃蠕动功能减退，术后可能发生胃潴留，因此，仍需同时加作幽门成形、胃空肠吻合术、胃窦切除等胃引流手术。其目的是解除胃潴留。故选 E。

8.【答案】C

【解析】胃空肠 Roux-en-Y 吻合术即远端胃大部切除后，缝合关闭十二指肠残端，在距十二指肠悬韧带 10~15cm 处切断空肠，残胃和远端空肠吻合，距此吻合口以下 45~60cm 空肠与空肠近侧断端吻合。此法的优点在于能较好地预防胆汁、胰液反流，减少反流性胃炎的发生。手术操作较复杂，如不同时切断迷走神经，易引发吻合口溃疡是其主要缺点。毕Ⅰ式吻合的不足为溃疡易复发。毕Ⅱ式吻合的术后吻合口溃疡发生率低，其最大缺点为术后后遗症较多，胆汁、胰液必经胃空肠吻合口，易致碱性反流性胃炎。故选 C。

9.【答案】C

【解析】接近一半患者的溃疡穿孔可自行闭合或经非手术治疗而闭合。非手术治疗的具体适应证如下：①穿孔超过 24 小时，临床表现轻，腹膜炎体征趋于局限者。②一般情况好，症状体征较轻的空腹穿孔。③不属于顽固性溃疡，不伴有溃疡出血、幽门梗阻、可疑癌变等情况。④全身条件差，难以耐受麻醉与手术者。综上可见，非手术治疗不适用于顽固性溃疡、饮食后穿孔、伴有出血、幽门梗阻、疑有癌变等情况的穿孔患者。故选 C。

10.【答案】A

【解析】约 2/3 的胃大部切除术后吻合口溃疡发生在术后 2 年以内，其部位多为吻合口附近的空肠侧。故选 A。

11.【答案】E

【解析】胃酸分泌异常与胃十二指肠溃疡发病关系密切，1910 年就提出了"无酸则无溃疡"的观点。时至今日，胃液酸度过高，激活胃蛋白酶原，黏膜产生自身消化仍然是溃疡病的主要发病机制。胃酸分泌主要受迷走神经和胃泌素的调控。临床上治疗消化性溃疡的手术均以减少胃酸分泌为目的，其理论基础在于阻断或减少内分泌因素即体液因素对胃酸的调节。外科手术治疗的方式包括胃大部切除术和迷走神经切断术。前者切除了大部分胃，因壁细胞和主细胞数量减少，使得胃酸和胃蛋白酶分泌减少；切除了胃窦部，减少 G 细胞分泌胃泌素所引起的胃酸分泌。溃疡患者的迷走神经兴奋性明显高于正常人，迷走神经通过直接刺激胃壁细胞或促进胃窦部黏膜释放胃泌素刺激胃酸分泌。迷走神经切断术治疗溃疡病则基于阻断神经因素对胃酸的调节。综上，溃疡病外科治疗的理论基础最终在于阻断神经和体液对胃酸的调节。故选 E。

12.【答案】E

13.【答案】C

【解析】消化性溃疡的并发症主要包括：①出血。②穿孔。③幽门梗阻。④癌变。溃疡侵蚀周围血管可引起出血。出血是消化性溃疡最常见的并发症。溃疡病灶向深部发展穿透浆膜层则并发穿孔。急性穿孔的溃疡常位于十二指肠前壁或胃前壁。溃疡急性发作时可因炎症水肿和幽门部痉挛而引起暂时性梗阻，可随炎症的好转而缓解；慢性梗阻主要由于瘢痕收缩而呈持久性。少数 GU 可发生癌变，DU 则否。故选 C。

14.【答案】E

【解析】碱性反流性胃炎指碱性肠液、胰液和胆汁反流入残胃，胆盐、卵磷脂破坏胃黏膜屏障，

H^+逆向扩散而引起的化学性炎症。多在毕Ⅱ式吻合术或迷走神经切断加胃引流术后数月至数年发生。临床主要表现为呕吐胆汁样液；上腹或胸骨后烧灼样疼痛，进食后加重，抑酸治疗无效，较为顽固；胃液中无游离酸；体重减轻。治疗上采取少食多餐、餐后勿平卧及口服胃黏膜保护剂、胃动力促进药及胆汁酸结合药物考来烯胺（消胆胺）。症状严重者可行手术治疗，一般采用改行胃空肠Roux-en-Y吻合术，以减少胆汁反流入胃的机会。故选E。

15.【答案】C

【解析】胃大部切除术范围是切除胃的远侧2/3～3/4和部分十二指肠球部。包括胃体的远侧部分、胃窦部、幽门和十二指肠球部的近胃部分。一般认为宜切除60%，并根据患者的具体情况适当调整。切除要求：高泌酸的十二指肠溃疡与Ⅱ、Ⅲ型胃溃疡切除范围应不少于胃的60%；低泌酸的Ⅰ型胃溃疡则可略小（50%左右）。胃切除范围的解剖标志是从胃小弯胃左动脉第一降支的右侧到胃大弯胃网膜左动脉最下第一个垂直分支左侧的连线，按此连线大致可切除胃的60%。故选C。

16.【答案】D

【解析】对幽门螺杆菌感染引起的消化性溃疡，根除幽门螺杆菌不但可促进溃疡愈合，而且可预防溃疡复发，从而彻底治愈溃疡。因此，凡有幽门螺杆菌感染的消化性溃疡，无论初发或复发、活动或静止、有无并发症，均应予以根除幽门螺杆菌治疗。有效根除幽门螺杆菌及彻底停服NSAID，可消除消化性溃疡的两大常见病因，因而能大大减少溃疡复发。下列情况则需用长程维持治疗来预防溃疡复发：①不能停用NSAID的溃疡患者，无论幽门螺杆菌阳性还是阴性。②幽门螺杆菌相关溃疡，幽门螺杆菌感染未能被根除。③幽门螺杆菌阴性的溃疡（非幽门螺杆菌、非NSAID溃疡）。④幽门螺杆菌相关溃疡，幽门螺杆菌虽已被根除，但曾有严重并发症的高龄或有严重伴随病患者。而胃镜证实溃疡愈合，若危险因素不去除，仍有可能会复发。故选D。

17.【答案】D

【解析】消化性溃疡主要指发生在胃和十二指肠的慢性溃疡，即胃溃疡（GU）和十二指肠溃疡（DU），因溃疡形成与胃酸/胃蛋白酶的消化作用有关而得名。故选D。

18.【答案】B

【解析】已证明在体内具有杀灭幽门螺杆菌作用的抗生素有克拉霉素、阿莫西林、甲硝唑（或替硝唑）、四环素、呋喃唑酮、某些喹诺酮类如左氧氟沙星等。PPI及胶体铋体内能抑制幽门螺杆菌，与上述抗生素有协同杀菌作用。目前尚无单一药物可有效根除幽门螺杆菌，因此必须联合用药。研究证明以PPI或胶体铋为基础加上两种抗生素的三联治疗方案有较高根除率。故选B。

19.【答案】B

【解析】十二指肠溃疡手术治疗的适应证主要是出现严重并发症：急性穿孔、大出血和瘢痕性幽门梗阻，以及经正规内科治疗无效的顽固性溃疡。对十二指肠溃疡常采用减少胃酸分泌的策略，阻断迷走神经对壁细胞的刺激、降低胃窦部胃泌素的分泌以及减少壁细胞的数量。手术方法主要有胃大部切除术和选择性或高选择性迷走神经切断术。也可以采用迷走神经干切断术加幽门成形或迷走神经干切断术加胃窦切除术。十二指肠溃疡并发幽门梗阻宜首选胃大部切除术。故选B。

20.【答案】A

【解析】患者平卧时膈下部位最低，急性腹膜炎时腹腔内的脓液易积聚此处。细菌亦可由门静脉和淋巴系统到达膈下。约70%的急性腹膜炎患者经手术或药物治疗后腹腔内的脓液可被完全吸收；约30%的患者发生局限性脓肿。脓肿的位置与原发病有关。十二指肠溃疡穿孔、胆囊及胆管化脓性感染、阑尾炎穿孔，其脓液常积聚在右膈下；胃穿孔、脾切除术后感染，脓肿常发生在左膈下。故选A。

21.【答案】D

【解析】急性穿孔后，有强烈刺激性的胃酸、胆汁、胰液等消化液和食物溢入腹腔，引起化学性腹膜炎，导致剧烈的腹痛和大量腹腔渗出液。突发上腹部剧烈疼痛并迅速扩展为全腹疼痛伴腹膜刺激征是上消化道穿孔特征性的临床表现。查体时患者全腹痛、反跳痛，腹肌紧张呈“板样”强直，尤以右上腹最明显。叩诊肝浊音界缩小或消失，可有移动性浊音；听诊肠鸣音消失或明显减弱。患者有发热。立位X线检查，80%的患者可见膈下新月状游离气体影。答案5个选项中，腹肌强直为腹膜炎的特征，因穿孔后消化液漏入腹腔所致，发生于穿孔后即刻，是最早出现的体征。故选D。

22.【答案】A

【解析】胃大部切除术，在我国是治疗胃十二指肠溃疡首选术式。胃溃疡常用的手术方式是远端胃大部切除术，胃肠道重建以胃十二指肠吻合（毕Ⅰ式）为宜。即将远端胃大部切除后，残胃与十二指肠吻合。优点是吻合后的胃肠道接近于正常解剖生理状态，食物经吻合口进入十二指肠，减少胆汁、胰液反流入残胃，术后因胃肠功能紊乱而引起的并发症较少。该术式是胃溃疡的优选术式。故选 A。

23.【答案】C

【解析】上腹痛是消化性溃疡的主要症状，但部分患者可无症状或症状较轻以至不为患者所注意，约 15% 消化性溃疡患者可无症状，而以出血、穿孔等并发症为首发症状。NSAID 引起的溃疡近半数无症状。胃溃疡多为进食后疼痛，十二指肠溃疡多表现为空腹痛即餐后 2~4 小时及午夜痛，腹痛多为进食或服用抗酸药所缓解，典型节律性表现在 DU 多见。十二指肠或胃后壁的溃疡深至浆膜层时已与邻近的组织或器官发生粘连，穿孔时胃肠内容物不流入腹腔，称为慢性穿孔，又称为穿透性溃疡。发生在球部远段十二指肠的溃疡称球后溃疡，多发生在十二指肠乳头的近端，对药物治疗反应较差，较易并发出血。C 项描述错误，故选 C。

24.【答案】E

【解析】溃疡病灶向深部发展穿透浆膜层则并发穿孔。溃疡穿孔临床上可分为急性、亚急性和慢性三种类型，以第一种常见。急性穿孔的溃疡常位于十二指肠前壁或胃前壁，发生穿孔后胃肠的内容物漏入腹腔而引起急性腹膜炎。十二指肠或胃后壁的溃疡深至浆膜层时已与邻近的组织或器官发生粘连，穿孔时胃肠内容物不流入腹腔，称为慢性穿孔，又称为穿透性溃疡。这种穿透性溃疡改变了腹痛规律，变得顽固而持续，疼痛常放射至背部。邻近后壁的穿孔或游离穿孔较小，只引起局限性腹膜炎时称亚急性穿孔，症状较急性穿孔轻而体征较局限，且易漏诊。故选 E。

25.【答案】B

26.【答案】C

【解析】由于内科治疗的进展，消化性溃疡目前外科手术主要限于少数有并发症的患者，包括：①大量出血经内科治疗无效。②急性穿孔。③瘢痕性幽门梗阻。④胃溃疡癌变。⑤严格内科治疗无效的顽固性溃疡。故选 C。

27.【答案】C

【解析】胃大部切除后胃肠道重建基本方式是胃十二指肠吻合或胃空肠吻合。毕Ⅰ式胃大部切除术是将残胃与十二指肠吻合；毕Ⅱ式胃大部切除术即切除远端胃后，缝合关闭十二指肠残端，残胃和上端空肠吻合。

28.【答案】C

【解析】倾倒综合征系由于胃大部切除术后，原有的控制胃排空的幽门窦、幽门括约肌及十二指肠球部解剖结构不复存在，加上部分患者胃肠吻合口过大（特别是毕Ⅱ式），导致胃排空过速所产生的一系列综合征。治疗主要采用饮食调整疗法，即少量多餐，避免过甜食物、减少液体摄入量并降低渗透浓度等，症状常可明显改善。饮食调整后症状不能缓解者，以生长抑素治疗常可奏效。手术治疗应慎重，可改作毕Ⅰ式或 Roux-en-Y 胃肠吻合。可见，毕Ⅱ式胃大部切除术后易并发倾倒综合征。故选 C。

29.【答案】D

【解析】治疗消化性溃疡的药物可分为抑制胃酸分泌的药物和保护胃黏膜的药物两大类，主要起缓解症状和促进溃疡愈合的作用，常与根除幽门螺杆菌治疗配合使用。抗酸药具中和胃酸作用，可迅速缓解疼痛症状，但一般剂量难以促进溃疡愈合，目前多作为加强镇痛的辅助治疗。故选 D。

30.【答案】C

【解析】DU 多发生在球部，前壁比较常见；GU 多在胃角和胃窦小弯。故选 C。

31.【答案】B

【解析】幽门梗阻临床表现为：餐后上腹饱胀、上腹疼痛加重，伴有恶心、呕吐，大量呕吐后症状可以改善，呕吐物含发酵酸性宿食。严重呕吐可致失水和低氯低钾性碱中毒。可发生营养不良和体重减轻。查体可见胃型和胃蠕动波。清晨空腹时检查胃内有振水声。B 项描述中呕吐物含有胆汁，错误。故选 B。

32.【答案】E

【解析】GU 患者基础酸排量（BAO）及最大排酸量（MAO）多属正常或偏低。GU 多发生于胃角和胃窦小弯。GU 患者行 X 线钡餐检查可见龛影，龛影的形成是胃溃疡所致胃壁局限性缺损被造影剂钡剂充填后所形成的影像，从侧面观察可发现龛影突出胃壁轮廓之外。胃溃疡好发于 40~60 岁，而十二指肠溃疡好发于青少年，胃溃疡的平均发病年龄较十二指肠溃疡约推迟 10 年，十二指肠溃疡的起病与精神神经因素关系相对比较密切。E 项表述正确。故选 E。

33.【答案】D

【解析】胃溃疡急性穿孔的治疗包括非手术治疗及手术治疗。非手术治疗期间必须严密观察患者的症状和腹部体征的变化，如治疗 6~8 小时后病情无好转甚至加重，应及时中转手术治疗。手术治疗包括穿孔修补术和根治性手术，根治性手术的优点在于手术同时解决了穿孔和溃疡两个问题。患者一般状况较好，穿孔在 8~12 小时以内，腹腔内感染和胃十二指肠水肿较轻，且无重要器官并存病者可考虑行根治性手术。根治性手术包括：①胃大部切除术。②穿孔修补加壁细胞迷走神经切断术。③穿孔修补、迷走神经切断加胃窦部切除或幽门成形术。国内多采用胃大部切除术。可见，胃溃疡穿孔的理想治疗方法为胃大部切除术。故选 D。

34.【答案】E

35.【答案】D

36.【答案】C

【解析】消化性溃疡主要指发生在胃和十二指肠的慢性溃疡，溃疡的黏膜缺损超过黏膜肌层，不同于糜烂。故选C。

37.【答案】B

【解析】消化性溃疡主要指发生在胃和十二指肠的慢性溃疡，即胃溃疡（GU）和十二指肠溃疡（DU），因溃疡形成与胃酸/胃蛋白酶的消化作用有关而得名。消化性溃疡的最终形成是由于胃酸/胃蛋白酶对黏膜自身消化所致。因胃蛋白酶活性是pH依赖性的，在pH>4时便失去活性，因此在探讨消化性溃疡发病机制和治疗措施时主要考虑胃酸。无酸情况下罕有溃疡发生以及抑制胃酸分泌药物能促进溃疡愈合的事实均确证胃酸在溃疡形成过程中的决定性作用，是溃疡形成的直接原因。故选B。

38.【答案】D

【解析】对十二指肠溃疡常采用减少胃酸分泌的策略。手术方法主要有胃大部切除术和选择性或高选择性迷走神经切断术。胃大部切除术治疗胃十二指肠溃疡的理论基础在于：①切除了大部分胃，因壁细胞和主细胞数量减少，使得胃酸和胃蛋白酶分泌大为减少。②切除胃窦部，减少G细胞分泌胃泌素所引起的胃酸分泌。③切除了溃疡的好发部位，即十二指肠球部和胃窦部。④切除了溃疡。其中前3条是重要的，后1条并非绝对必需。十二指肠溃疡如估计溃疡病灶切除很困难时则不应勉强，可改用溃疡旷置术。毕Ⅱ式胃切除后，酸性胃内容物不再接触溃疡病灶，旷置的溃疡可自行愈合。由此可见，胃大部切除术治疗十二指肠溃疡的原理主要是降低胃酸分泌而非切除溃疡病灶本身。十二指肠溃疡患者的基础和餐后胃酸分泌均高于正常人，降低胃酸分泌还可有效防止溃疡复发。故选D。

39.【答案】A

【解析】胃溃疡腹痛没有十二指肠溃疡腹痛那样有规律，腹痛多发生在进餐后0.5~1小时，持续1~2小时，进食不能缓解疼痛，甚至加剧疼痛。而十二指肠溃疡患者多表现为饥饿痛即空腹痛，与基础胃酸分泌过高有关，服用抗酸药物或进食能使疼痛缓解。故选A。

40.【答案】A

【解析】幽门梗阻主要是由DU或幽门管溃疡引起。溃疡急性发作时可因炎症水肿和幽门部痉挛而引起暂时性梗阻，可随炎症的好转而缓解；慢性梗阻主要由于瘢痕收缩而呈持久性。幽门梗阻临床表现为：餐后上腹饱胀、上腹疼痛加重，伴有恶心、呕吐，大量呕吐后症状可以改善，呕吐物含发酵酸性宿食。严重呕吐可致脱水和低氯低钾性碱中毒。可发生营养不良和体重减轻。查体可见胃型和胃蠕动波，清晨空腹时检查胃内有振水声。进一步做胃镜或X线钡剂检查可确诊。但并非幽门梗阻的患者餐后即一定引起呕吐，A项描述错误。故选A。

41.【答案】D

42.【答案】A

【解析】胃迷走神经切断术适合治疗十二指肠溃疡，在国外应用广泛。其基本原理是切断支配胃的迷走神经，通过阻断迷走神经对壁细胞的刺激，消除神经性胃酸分泌；消除迷走神经引起的胃泌素分泌，减少体液性胃酸分泌。故选A。

43.【答案】D

【解析】上腹痛是消化性溃疡的主要症状，发作时上腹痛呈节律性，表现为空腹痛即餐后2~4小时或/及午夜痛，腹痛多为进食或服用抗酸药所缓解，典型节律性腹痛表现在DU多见。故选D。

44.【答案】B

45.【答案】E

【解析】胃大部切除术后发生呕吐的原因包括：术后梗阻及胃排空障碍。术后梗阻根据发生部位不同分为3种：①输入袢梗阻。②吻合口梗阻。③输出袢梗阻。而倾倒综合征多于进食后30分钟以内发生，原因为胃大部切除术后大量高渗食物过快地进入十二指肠或空肠，刺激肠道内分泌细胞分泌大量5-羟色胺、缓激肽样多肽、血管活性肽等，使大量的细胞外液渗入肠腔、循环血容量骤减而引起胃肠功能和血管舒张功能紊乱。临床表现为上腹饱胀不适、腹泻、心悸、乏力、出汗、晕厥等，并无呕吐表现。故选E。

46.【答案】B

【解析】90%的十二指肠溃疡穿孔发生在球部前壁；而胃溃疡穿孔60%发生在胃小弯，且多位于幽门附近小弯侧，40%分布于胃窦及其他各部。故选B。

47.【答案】B

【解析】胃十二指肠溃疡穿孔非手术治疗措施主要包括：①持续胃肠减压，减少胃肠内容物继续外漏。②输液以维持水、电解质平衡并给予营养支持。③全身应用抗生素控制感染。④经静脉给予H_2受体阻断药或PPI等制酸药物。非手术治疗6~8小时后病情仍继续加重，应立即转行手术治疗。其中，胃肠减压为最关键的治疗措施。故选B。

48.【答案】C

49.【答案】E

【解析】突发上腹剧痛，腹式呼吸消失，上腹部压痛、反跳痛，肝浊音界消失均为消化性溃疡穿孔的临床表现。但前四项非消化性溃疡穿孔患者的特异性表现，其他急腹症继发腹膜炎亦可有上述临床表现。而肝浊音界消失是因为消化道穿孔后气体进入腹膜腔导致，为本病的特异性表现，对其诊断最具价值。故选 E。

【A_2 型题】

50.【答案】D

【解析】青年男性，急性起病，突发上腹痛，拒按。查体可见板状腹，符合急性腹膜炎的诊断。因患者有胃溃疡病史，考虑为溃疡并发急性穿孔为其病因，发生穿孔后胃肠的内容物漏入腹腔而引起急性腹膜炎。故选 D。

51.【答案】A

【解析】发生在球部远段十二指肠的溃疡称球后溃疡。多发生在十二指肠乳头的近端。具 DU 的临床特点，午夜痛及背部放射痛多见，对药物治疗反应较差，较易并发出血。患者中年女性，慢性病程，反复右上腹痛，向背部放射，伴上消化道出血 3 次，BAO、PAO 均升高。拟诊断为消化性溃疡并发上消化道出血。但行钡餐透视检查 2 次，十二指肠及胃均未见异常。结合本患者临床表现，考虑可诊断十二指肠球后溃疡。故选 A。

52.【答案】D

【解析】上消化道大量出血病情急、变化快，严重者可危及生命，应采取积极措施进行抢救。抗休克、迅速补充血容量治疗应放在一切医疗措施的首位。内科积极治疗仍大量出血不止危及患者生命，须不失时机行手术治疗。该患者中年男性，上消化道出血，经积极治疗 24 小时后不能止血，出现血压下降、脉率增快等休克征象，考虑仍存在活动性出血。为抢救患者生命，应首选手术治疗。故选 D。

53.【答案】C

【解析】中年男性，突发上腹剧痛。查体：全腹压痛、反跳痛、肌紧张，为急性腹膜炎的典型临床表现。结合患者有胃溃疡病史，考虑拟诊为胃溃疡并发穿孔。该病影像学检查的表现应为膈下出现游离气体，可确诊。所以该患者应急诊行立位腹平片检查以明确诊断。故选 C。

54.【答案】A

55.【答案】E

56.【答案】A

57.【答案】D

【解析】中年男性，规律性上腹痛 8 年，胃镜见胃窦小弯侧小龛影，符合胃溃疡的表现，可诊断胃溃疡。近 2 个月疼痛规律性消失，胃镜下胃窦黏膜红白相间，以红为主，为慢性非萎缩性胃炎的表现。故选 D。

58.【答案】B

【解析】中年男性患者，胃溃疡病史 25 年，反复发作，抑酸对症治疗好转，近 2 个月发作腹痛，内科治疗 8 周效果差，伴进行性消瘦，需高度怀疑胃溃疡癌变可能。故选 B。

59.【答案】D

【解析】中年女性，临床表现为间断上腹痛，多于餐前发作，进食后缓解，考虑为十二指肠溃疡可能性大，结合患者钡餐透视结果示十二指肠球变形，考虑拟诊十二指肠球溃疡是合理的。故选 D。

60.【答案】D

【解析】胃泌素瘤亦称 Zollinger-Ellison 综合征，是胰腺非 B 细胞瘤分泌大量胃泌素所致。大量胃泌素可刺激壁细胞增生，分泌大量胃酸，使上消化道经常处于高酸环境，导致胃、十二指肠球部和不典型部位（十二指肠降段、横段、甚或空肠近端）发生多发性溃疡。胃泌素瘤与普通消化性溃疡的鉴别要点是该病溃疡发生于不典型部位，具有难治性特点，有过高胃酸分泌（BAO 和 MAO 均明显升高，且 BAO/MAO>60%）及高空腹血清胃泌素（>200pg/ml，常>500pg/ml）。中年男性，临床表现为慢性上腹痛伴腹泻，经系统抗溃疡治疗效果不佳，胃液分析 BAO、MAO 均明显升高，需考虑胃泌素瘤的可能性。故选 D。

61.【答案】C

62.【答案】A

【解析】中年男性，间歇性上腹痛 3 年，常见病因为消化性溃疡。患者近来出现呕吐，吐后自觉症状缓解，呕吐物有酸臭味。查体腹部有振水音，需考虑消化性溃疡并发幽门梗阻可能。依据：溃疡急性发作时可因炎症水肿和幽门部痉挛而引起暂时性梗阻，可随炎症的好转而缓解；慢性梗阻主要由于瘢痕收缩而呈持久性。幽门梗阻临床表现为：餐后上腹饱胀、上腹疼痛加重，伴有恶心、呕吐，大量呕吐后症状可以改善，呕吐物含发酵酸性宿食。查体可见胃型和胃蠕动波，清晨空腹时检查胃内有振水声。该患者症状、体征符合其特点，考虑该诊断。故选 A。

63.【答案】E

【解析】中年男性，慢性病程，胃溃疡病史 10 年，近 2 个月上腹疼痛失去原规律性，内科治疗效果欠佳，需考虑胃溃疡癌变可能。依据：少数 GU 可发生癌变，长期慢性 GU 病史、年龄在 45 岁以上、溃疡顽固不愈者应提高警惕。胃癌的诊断主要依据内镜检查加活检以及 X 线钡餐。对下列情况应及早和定期胃镜检查：①40 岁以上，特别是男性，近期出现消化不良、呕血或黑便者。②慢性萎缩性胃炎伴胃酸缺乏，有肠化或不典型增生者。③良性溃疡但胃酸缺乏者。④胃溃疡经正规治疗 2 个月无效，X 线钡餐提示溃疡增大者。⑤X 线发现>2cm 的胃息肉者。⑥胃切除术后10年以上者。该患者符合上述④，可疑癌变，需进一步行胃镜及活检检查以明确诊断。故选 E。

64.【答案】A

【解析】治疗消化性溃疡的药物可分为抑制胃酸分泌的药物和保护胃黏膜的药物两大类，常与根除幽门螺杆菌治疗配合使用。质子泵抑制剂（PPI）促进溃疡愈合的速度较快、溃疡愈合率较高，对根除幽门螺杆菌治疗，PPI 与抗生素的协同作用较 H_2 受体阻断药好，是根除幽门螺杆菌治疗方案中最常用的基础药物。枸橼酸铋钾（胶体次枸橼酸铋）因兼有较强抑制幽门螺杆菌作用，可作为根除幽门螺杆菌联合治疗方案的组分。以 PPI 或胶体铋为基础加上两种抗生素的三联治疗方案有较高根除率。治疗失败后的再治疗比较困难，可采用 PPI 和胶体铋合用再加四环素和甲硝唑的四联疗法。该患者为青年男性，十二指肠球溃疡，HP（+），下述治疗方案中 A 最合适。故选 A。

65.【答案】B

66.【答案】A

【解析】上腹痛为消化性溃疡的主要症状，一般为轻至中度持续性痛。疼痛常有典型的节律性，表现为空腹痛即餐后 2~4 小时或午夜痛，腹痛多为进食或服用抗酸药所缓解，典型节律性表现在 DU 多见。具或不具典型疼痛者均可伴有反酸、嗳气、上腹胀等症状。该患者为中年男性，病史1个月，症状有：上腹胀满不适，餐后减轻，明显反酸。考虑十二指肠溃疡可能。患者同时伴有恶心、呕吐，结合查体：腹部见蠕动波，触诊有振水音，考虑为并发幽门梗阻。故选 A。

67.【答案】A

【解析】幽门梗阻主要是由 DU 或幽门管溃疡引起。溃疡急性发作时可因炎症水肿和幽门部痉挛而引起暂时性梗阻，系活动性溃疡所致，有溃疡疼痛症状，梗阻症状为间歇性，经胃肠减压和应用解痉制酸药，在炎症消退、痉挛缓解后幽门恢复通畅，疼痛和梗阻症状可缓解。慢性梗阻是因为在溃疡愈合过程中形成过多瘢痕，造成幽门狭窄。瘢痕造成的梗阻是永久性的，需经过手术治疗方能解除。该患者诊断十二指肠溃疡并幽门梗阻，经禁食、胃肠减压等治疗 3 天后缓解，考虑为前者，其发生原因应为炎症水肿及幽门痉挛。故选 A。

68.【答案】D

69.【答案】C

【解析】中年男性，上腹痛1周，伴反酸，突发疼痛加重，伴呕血，考虑为上消化道出血。上消化道出血临床上最常见的病因是消化性溃疡、食管-胃底静脉曲张破裂、急性糜烂出血性胃炎和胃癌。结合患者病史，考虑消化性溃疡可能性大。故选 C。

70.【答案】C

【解析】中年男性，胃溃疡病史 15 年，近 2 个月疼痛复发，内科药物治疗 8 周无效，便潜血试验持续阳性，需考虑胃溃疡癌变可能。依据：少数 GU 可发生癌变，GU 癌变发生于溃疡边缘，据报道癌变率在 1%左右。长期慢性 GU 病史、年龄在 45 岁以上、溃疡顽固不愈者尤应提高警惕。故选 C。

71.【答案】B

72.【答案】D

【解析】幽门管溃疡与 DU 相似，胃酸分泌一般较高。幽门管溃疡对药物治疗反应较差，呕吐较多见，较易发生幽门梗阻、出血和穿孔等并发症。幽门梗阻临床表现为：餐后上腹饱胀、上腹疼痛加重，伴有恶心、呕吐，大量呕吐后症状可以改善，呕吐物含发酵酸性宿食。严重呕吐可致脱水和低氯低钾性碱中毒。可发生营养不良和体重减轻。该患者为老年男性，病史特点符合上述幽门梗阻表现，餐后很快出现上腹痛、反酸，制酸治疗无效，不符合 DU 空腹痛、进食或服用抗酸药缓解的疼痛节律性，考虑为幽门管溃疡并幽门梗阻。故选 D。

73.【答案】B

【解析】青年女性患者，病史2个月，症状表现为餐前上腹痛，进食后缓解，伴反酸，呈十二指肠溃疡（DU）的典型节律性腹痛特点。结合钡餐透视结果示十二指肠球变形，考虑诊断为十二指肠球溃疡。故选 B。

74.【答案】B

【解析】青年女性患者，病史2个月，症状表现为饭后 1 小时上腹疼痛，进食不缓解，呕吐后减轻，考虑胃溃疡可能。胃镜检查是确诊消化性溃疡首选的检查方法，胃镜检查不仅可对胃十二指肠黏膜直接观察、摄像，还可在直视下取活组织做病理学检查及幽门螺杆菌检测，因此胃镜检查对消化性溃疡的诊断及胃良、恶性溃疡鉴别诊断的准确性高于 X 线钡餐检查。该患者需进一步行胃镜检查以明确诊断。故选 B。

75.【答案】C

【解析】中年女性患者，病史3个月，症状表现为饥饿时上腹痛，进食缓解，有时反酸，为十二指肠溃疡（DU）的典型节律性腹痛特点。本病发作时上腹痛呈节律性，表现为空腹痛即餐后 2~4 小时或/及午夜痛，腹痛多在进食或服用抗酸药后缓解。溃疡活动时上腹部可有局限性轻压痛。结合患者病史，需考虑十二指肠溃疡可能。故选 C。

76.【答案】B

【解析】溃疡侵蚀周围血管可

引起出血，出血是消化性溃疡最常见的并发症，而消化性溃疡也是上消化道大出血最常见的病因（约占所有病因的50%）。该患者为青壮年男性，间歇性上腹痛2年，近2天疼痛加重，突然呕血及黑便，考虑其上消化道出血的最可能病因为消化性溃疡。故选B。

77.【答案】A

【解析】中年男性患者，周期性上腹痛2年，近1周持续左肋下疼痛，X线钡餐透视结果示胃角部直径1cm的龛影，龛影是消化性溃疡的直接X线征象，结合患者胃酸分泌正常偏低，考虑诊断为胃溃疡。内科治疗8周后症状稍减轻，需进一步行胃镜检查。依据：胃镜检查是确诊消化性溃疡首选的检查方法。可在直视下取活组织做病理学检查及幽门螺杆菌检测，对消化性溃疡的诊断及胃良、恶性溃疡鉴别诊断的准确性高于X线钡餐检查。本患者钡餐透视结果示胃溃疡，内科治疗8周未愈，需进一步行胃镜及取活检以明确溃疡的良、恶性及是否合并幽门螺杆菌感染，指导下一步治疗。故选A。

78.【答案】C

79.【答案】B

80.【答案】E

【解析】中年男性，病史3个月，症状表现为消瘦、无力，需警惕恶性肿瘤，患者症状有呕吐宿食，考虑幽门梗阻可能，X线钡餐检查示胃小弯侧胃窦部有充盈缺损，需考虑胃癌并幽门梗阻之可能。胃癌发病年龄以中老年居多，35岁以下较低，55~70岁为高发年龄段。胃腺癌的好发部位依次为胃窦、贲门、胃体、全胃或大部分胃。早期胃癌多无症状，进展期胃癌最早出现的症状是上腹痛，常同时伴有食欲缺乏、厌食、体重减轻。X线检查对胃癌的诊断仍然有较大的价值，可表现为充盈缺损、位于胃轮廓之内的龛影。该患者与上述表现相符合，可疑胃癌并幽门梗阻。故选E。

81.【答案】D

【解析】消化性溃疡合并穿孔治疗包括非手术治疗和手术治疗。前者适应证包括：①临床表现轻，腹膜炎趋于局限。②空腹穿孔者。③不属于顽固性溃疡，不伴有溃疡出血、幽门梗阻、可疑癌变等情况。④全身条件差，难以耐受麻醉与手术者。该患者胃溃疡病史5年，近1月来加重，2小时前餐后出现穿孔，手术治疗最为合适。可考虑行胃大部切除术，同时解决穿孔和溃疡两个问题。故选D。

82.【答案】D

83.【答案】B

84.【答案】A

【解析】胃十二直肠溃疡的手术方式包括胃大部切除术和迷走神经切断术两种。胃溃疡治疗的首选术式是胃大部切除术。胃肠道重建以毕Ⅰ式为好。毕Ⅰ式吻合术即残胃与十二指肠直接吻合，多用于胃溃疡患者。其优点有：①方法简单，符合生理。②能减少或避免胆汁、胰液反流入残胃，从而减少了残胃炎、残胃癌的发生。③毕Ⅰ吻合术后食物经过十二指肠，能有效地刺激缩胆囊素细胞分泌缩胆囊素，降低了术后胆囊炎、胆囊结石的发病率。该患者为中年男性，胃窦部巨大溃疡，首选术式当为毕Ⅰ式胃大部切除术。故选A。

85.【答案】E

【解析】中年男性，上腹隐痛，便潜血试验（+），结合X线钡餐检查示胃小弯水平部黏膜纹理紊乱，胃壁僵直不规则，诊断应考虑胃癌。故选E。

86.【答案】E

【解析】十二指肠残端破裂是胃大部切除术后的并发症之一，发生于毕Ⅱ吻合式术后，多发生于术后24~48小时。主要临床表现是突然发生右上腹部疼痛、发热、腹膜炎体征及血白细胞数升高。该患者为青壮年男性，毕Ⅱ式胃大部切除术后第5天突发右上腹剧痛、高热，查体见右上腹压痛、肌紧张（腹膜炎表现），白细胞计数升高，符合上述十二指肠残端破裂的病理过程。查体肝浊音界存在，胸腹透视膈下未见游离气体，可除外溃疡穿孔。故选E。

87.【答案】E

88.【答案】D

【解析】中年男性患者，十二指肠溃疡并发上消化道出血，6小时内输血600ml，血压75/45mmHg，脉率120次/分，已出现休克，结合听诊肠鸣音活跃，考虑仍有活动性出血，为抢救患者生命，应行手术加输血治疗。依据：上消化道大量出血病情急、变化快，严重者可危及生命，应采取积极措施进行抢救。抗休克、迅速补充血容量治疗应放在一切医疗措施的首位。内科积极治疗仍大量出血不止危及患者生命，须不失时机行手术治疗。手术指征包括：出血速度快，短期内发生休克，或较短时间内（6~8小时）需要输入较大量血液（800 ml）方能维持血压和血细胞比容者。该患者虽经积极内科抢救治疗仍出现休克，且仍有活动性出血，有手术指征，需及时选择手术治疗。故选D。

89.【答案】B

90.【答案】C

【解析】中年男性患者，上腹胀痛不适伴呕吐宿食，考虑存在幽门梗阻。查体上腹部可扪及一3.5cm×3cm肿块，质地偏硬，活动度小，考虑为恶性肿瘤可能性大。胃窦部是胃癌的好发部位，且病变位于胃窦近幽门部时易并发幽门梗阻。结合患者年龄、症状及体征，考虑最可能诊断为胃窦癌。故选C。

91.【答案】C

【解析】患者为青壮年男性，根据病史，考虑诊断十二指肠溃疡穿孔，既往曾有上消化道出血史。手术治疗应考虑根治性手术，优点是手术同时解决了穿孔和溃疡两个问题。具体适应证如下：①病史长、反复发作。②曾有溃疡穿孔或出血病史。③此次穿孔伴有出血、幽门狭窄或修补后易致狭窄。④疑有癌变。国内多采用胃大部切除术。毕Ⅱ式吻合术将残胃与近端空肠吻合，十二指肠残端关闭，对难以切除的十二指肠溃疡可行Bancroft溃疡旷置术，更适合十二指肠溃疡患者。故选C。

92.【答案】D

【解析】青年男性患者，上腹隐痛3日，4小时前腹痛突发加重，上腹持续性剧烈疼痛，随呼吸加剧，伴恶心。查体全腹压痛、肌紧张，肝浊音界缩小。考虑最可能的诊断为溃疡病急性穿孔。依据：溃疡病发生穿孔后胃肠的内容物漏入腹腔可引起急性腹膜炎，临床表现：多数患者既往有溃疡病史，骤起上腹部刀割样剧痛，迅速波及全腹，常伴恶心、呕吐。查体全腹压痛、反跳痛，腹肌紧张呈“板样”强直，尤以右上腹最明显。叩诊肝浊音界缩小或消失，可有移动性浊音，听诊肠鸣音消失或明显减弱。故选D。

93.【答案】C

94.【答案】B

【解析】少数胃溃疡可发生癌变，而十二指肠溃疡则不会恶变。长期慢性GU病史、年龄在45岁以上、溃疡顽固不愈者应提高警惕。患者中年男性，规律性上腹痛5年，为消化性溃疡的典型临床表现。近半年腹痛加剧，伴厌食、消瘦，便潜血试验持续阳性（粪便潜血实验呈持续阳性对胃癌有辅助诊断意义）。需考虑溃疡恶变可能。故选B。

95.【答案】B

【解析】中年男性，十二指肠球溃疡，近2月来出现呕吐宿食，查体见消瘦、脱水征、胃型及腹部振水声。根据病史特点，诊断考虑十二指肠球溃疡合并瘢痕性幽门梗阻。本病必须经手术治疗方能解除梗阻。手术前应注意改善患者的营养状态，纠正脱水、低氯低钾性碱中毒，持续性胃肠减压和温生理盐水洗胃以减轻胃组织水肿，有利于术后愈合。手术方式包括如下几种。①胃大部切除术：国内多采取此术式。②迷走神经切断加胃窦部切除术。③胃空肠吻合术：适用于胃酸低、全身状况差的老年人。故选B。

96.【答案】C

97.【答案】C

【解析】青年男性，上腹痛半年，伴黑便3天，实验室检查示贫血，X线钡餐检查见胃角部2.5cm突出腔外的龛影，为消化性溃疡的典型X线表现。结合临床表现，该患者应考虑诊断胃角溃疡。故选C。

98.【答案】D

【解析】消化道出血量的估计：据研究，成人每日消化道出血>5ml，粪便潜血试验出现阳性；每日出血量50～100ml，可出现黑便。胃内储积血量在250～300ml，可引起呕血。一次出血量不超过400ml时，因轻度血容量减少可由组织液及脾脏贮血所补充，一般不引起全身症状。出血量超过400ml，可出现全身症状，如头晕、心悸、乏力等。短期内失血量超过800 ml，可出现休克症状。短时间内出血量超过1000ml，可出现周围循环衰竭表现。该患者出现呕血、黑便，伴出冷汗、脉搏细速、呼吸浅促、血压下降等休克表现，出血量应为>800ml。故选D。

99.【答案】B

100.【答案】D

【解析】患者平卧时膈下部位最低，急性腹膜炎时腹腔内的脓液易积聚此处。细菌亦可由门静脉和淋巴系统到达膈下。约70%的急性腹膜炎患者经手术或药物治疗后腹腔内的脓液可被完全吸收；约30%的患者发生局限性脓肿。脓肿的位置与原发病有关。十二指肠溃疡穿孔、胆囊及胆管化脓性感染、阑尾炎穿孔，其脓液常积聚在右膈下，形成右膈下脓肿；胃穿孔、脾切除术后感染，脓肿常发生在左膈下。该患者为60岁男性，溃疡穿孔行单纯修补术，术后7天出现发热，伴右上腹痛；查体肝区叩痛，右肺下野呼吸音减弱；结合X线检查示右侧膈肌抬高，考虑最可能的诊断应为右膈下脓肿。故选D。

101.【答案】C

【解析】60岁女性，病程1月余，反复黑便，呕吐咖啡色样液体，辅助检查示Hb 50g/L，为重度贫血，系长期失血所致，考虑为上消化道出血。伴消瘦、腹胀，考虑最可能的诊断应为胃癌。故选C。

102.【答案】C

【解析】中年男性患者，上腹隐痛，伴上消化道出血病史。结合X线钡餐结果示胃窦小弯侧黏膜纹理紊乱、胃壁僵直，为胃癌的典型X线表现。故选C。

103.【答案】B

【解析】青年男性，劳动中发病，突发上腹刀割样疼痛，迅速波及全腹。查体见全腹膜刺激征，肝浊音界不清，肠鸣音消失，诊断应为消化性溃疡并发急性穿孔、腹膜炎。依据：患者骤起上腹部刀割样剧痛并迅速扩展为全腹，疼痛是上消化道穿孔的特征性的临床表现，该病查体有明显腹膜刺激征，叩诊肝浊音界缩小或消失，可有移动性浊音，听诊肠鸣音消失或明显减弱。该患者30岁，属消化性溃疡易发年龄，结合上述典型临床表现，可诊断消化性溃疡穿孔伴腹膜炎。故选B。

104.【答案】C

【解析】消化性溃疡穿孔多在夜间空腹或饱食后突然发生，表现为骤起上腹部刀割样剧痛，迅速波及全腹，在站立位X线检查时，80%的患者可见膈下新月状游离气体影。该患者青年男性，饱食后发病，结合症状及X线表现，可诊断胃十二指肠溃疡穿孔。故选C。

105.【答案】E

106.【答案】E

【解析】上消化道大量出血病情急、变化快，严重者可危及生命，应采取积极措施进行抢救。抗休克、迅速补充血容量治疗应放在一切医疗措施的首位。急性大出血严重程度的估计最有价值的指标是血容量减少所导致周围循环衰竭的临床表现，而周围循环衰竭又是急性大出血导致死亡的直接原因。下列情况为紧急输血指征：①改变体位出现晕厥、血压下降和心率加快。②失血性休克。③血红蛋白低于70g/L或血细胞比容低于25%。该患者十二指肠溃疡大出血，6小时内已输血900ml，脉率110次/分，血压70/50mmHg，出现休克，仍需紧急输血，内科积极治疗仍大量出血不止危及患者生命，须及时选择手术治疗。故选E。

【A_3/A_4型题】

107.【答案】E

【解析】消化性溃疡发作时上腹痛呈节律性，胃溃疡疼痛多发生在进餐后0.5~1小时，十二指肠溃疡则表现为空腹痛即餐后2~4小时或/及午夜痛，腹痛多为进食或服用抗酸药所缓解。故选E。

108.【答案】D

【解析】胃镜是确诊消化性溃疡首选的检查方法。胃镜检查不仅可对胃、十二指肠黏膜直接观察、摄像，还可在直视下取活组织做病理学检查及幽门螺杆菌检测，因此胃镜检查对消化性溃疡的诊断及胃良、恶性溃疡鉴别诊断的准确性高于X线钡餐检查。胃的良、恶性溃疡鉴别必须由活组织检查来确定。X线钡餐检查适用于对胃镜检查有禁忌或不愿接受胃镜检查者。故选D。

109.【答案】D

【解析】患者为中年女性，胃溃疡病史10年，近1年加重，胃镜示胃角溃疡，HP（+），宜选择根除HP治疗。以PPI为基础的方案所含PPI能通过抑制胃酸分泌提高口服抗生素的抗菌活性从而提高根除率，再者PPI本身具有快速缓解症状和促进溃疡愈合作用，因此是临床中最常用的方案。而其中，又以PPI加克拉霉素再加阿莫西林或甲硝唑的方案根除率最高。故选D。

110.【答案】C

111.【答案】B

【解析】消化道穿孔患者X线腹部透视检查可见膈下游离气体，为其特征性表现。而怀疑消化道穿孔患者，X线钡餐透视检查为禁忌。故选B。

112.【答案】B

【解析】溃疡病灶向深部发展穿透浆膜层则并发穿孔。溃疡穿孔临床上可分为急性、亚急性和慢性三种类型，以第一种常见。急性穿孔的溃疡常位于十二指肠前壁或胃前壁。故选B。

113.【答案】C

【解析】少数GU可发生癌变，长期慢性GU病史、年龄在45岁以上、溃疡顽固不愈者尤应提高警惕。题干示该患者为中年男性，胃溃疡病史15年，近3个月复发，内科药物治疗8周无效，便潜血试验持续阳性，需考虑胃溃疡癌变可能。故选C。

114.【答案】A

115.【答案】B

【解析】90%的十二指肠溃疡穿孔发生在球部前壁，而胃溃疡穿孔60%发生在胃小弯，40%分布于胃窦及其他各部。故选B。

116.【答案】D

【解析】消化道发生急性穿孔后，有强烈刺激性的胃酸、胆汁、胰液等消化液和食物溢入腹腔，引起化学性腹膜炎。导致剧烈的腹痛和大量腹腔渗出液，6~8小时后细菌开始繁殖并逐渐转变为化脓性腹膜炎。一般认为：穿孔时间超出8小时，腹腔内感染及炎症水肿严重，有大量脓性渗出液，由于强烈的化学刺激、细胞外液的丢失以及细菌毒素吸收等因素，患者可出现休克，导致患者病情加重。因此，急性穿孔诊断后手术时机宜选择8小时内。故选D。

117.【答案】D

【解析】幽门管位于胃远端，与十二指肠交界，长约2cm。幽门管溃疡与DU相似，胃酸分泌一般较高。幽门管溃疡上腹痛的节律性不明显，对药物治疗反应较差，呕吐较多见，较易发生幽门梗阻、出血和穿孔等并发症。根据上述对幽门管溃疡特点的描述，结合该患者症状发作特点及对制酸剂反应差，考虑其最可能的诊断应为幽门管溃疡。故选D。

118.【答案】A

119.【答案】A

【解析】溃疡侵蚀周围血管可引起出血。出血是消化性溃疡最常见的并发症，而消化性溃疡也是上消化道大出血最常见的病因。该患者为青年男性，主要症状为呕血，既往有胃溃疡病史，呕血原因应首先考虑胃溃疡并发出血。故选A。

120.【答案】C

【解析】周围循环衰竭是急性上消化道大出血导致死亡的直接原因。对急性消化道大出血患者，应将对周围循环状态的评估放在首位，并据此作出相应的紧急处理。若患者由平卧位改为坐位时出现血压下降（下降幅度大于15～20mmHg）、心率加快（上升幅度大于10次/分），已提示血容量明显不足，是紧急输血的指征。如收缩压低于90mmHg、心率大于120次/分，伴有面色苍白、四肢湿冷、烦躁不安或神志不清则已进入休克状态，属严重大量出血，需积极抢救。该患者为青年男性，烦躁、冷汗，提示已出现休克，且现仍呕血不止，需立即查血型和配血，建立有效的静脉输液通道，紧急输血，尽快补充血容量。故选C。

121.【答案】B

122.【答案】A

123.【答案】A

【解析】溃疡病引起幽门梗阻的原因有以下三种。①痉挛性：由幽门括约肌反射性痉挛引起。②水肿性：幽门附近溃疡炎症水肿所致。③瘢痕性：在溃疡愈合过程中形成过多瘢痕，造成幽门狭窄。前两种梗阻属于间歇性的、可逆性的，系活动性溃疡所致。溃疡疼痛症状、梗阻症状为间歇性，经胃肠减压和应用解痉制酸药，在炎症消退、痉挛缓解后幽门恢复通畅，疼痛和梗阻症状可缓解。而瘢痕造成的梗阻是永久性的，需经过手术治疗方能解除梗阻。该患者幽门梗阻内科治疗5天后缓解。考虑其幽门梗阻为痉挛性和/或水肿性，机制为溃疡周围黏膜炎症、水肿及痉挛所致。故选A。

124.【答案】B

【解析】幽门梗阻经内科治疗1周无好转，需考虑瘢痕性幽门梗阻可能。瘢痕性幽门梗阻必须经过手术治疗方能解除梗阻。据此，该患者应选择手术治疗。故选B。

125.【答案】B

【解析】溃疡穿孔多在夜间空腹或饱食后突然发生，表现为骤起上腹部刀割样剧痛，迅速波及全腹，患者疼痛难忍，可有面色苍白、出冷汗、脉搏细速、血压下降等表现。常伴恶心、呕吐。当胃内容物沿右结肠旁沟向下流注时，可出现右下腹痛，疼痛也可放射至肩部。查体时患者表情痛苦，腹式呼吸减弱或消失；全腹压痛、反跳痛，腹肌紧张呈“板样”强直，尤以右上腹最明显。叩诊肝浊音界缩小或消失，可有移动性浊音；听诊肠鸣音消失或明显减弱。实验室检查示白细胞计数增加。在站立位X线检查时，80%的患者可见膈下新月状游离气体影。该患者青年男性，为十二指肠溃疡易发人群，其病史、体格检查及实验室检查与上述相符合。最可能的诊断是十二指肠溃疡急性穿孔。故选B。

126.【答案】D

【解析】突发上腹部剧烈疼痛并迅速扩展为全腹疼痛伴腹膜刺激征等上消化道穿孔的特征性的临床表现，结合X线检查腹部发现膈下游离气体，诊断性腹腔穿刺抽出液含胆汁或食物残渣，消化性溃疡穿孔不难作出正确诊断。可疑溃疡穿孔首选的检查应为立位腹部平片。故选D。

127.【答案】B

128.【答案】A

【解析】胃大部切除术后并发十二指肠残端破裂的主要原因如下。①十二指肠残端处理不当：多因手术中强行切除低位、较大且与周围粘连较重的十二指肠溃疡，此时常因局部水肿和瘢痕的影响致十二指肠残端游离不够长、十二指肠残端血运与肠壁受损、缝合与包埋不满意等。②空肠输入袢梗阻：积聚在输入袢内的胆汁、胰液和肠液等使输入袢内张力过大，导致十二指肠残端破裂。该并发症最常见于十二指肠巨大溃疡行毕Ⅱ式胃大部切除术后。故选A。

129.【答案】B

130.【答案】C

【解析】十二指肠残端破裂若发生在术后48小时内，应急诊行破裂口缝合修补、十二指肠造口术及腹腔引流术；发生在48小时以后的患者，因局部炎症水肿重，缝补很难奏效应放弃，此时仅宜行经十二指肠裂口置管引流和腹腔引流。术后应注意纠正水电解质紊乱和酸碱失衡，给予营养代谢支持，全身应用广谱抗生素。该患者十二指肠残端破裂发生在术后第3天，已超过48小时，最关键的处理措施应为手术引流。故选C。

131.【答案】A

【解析】溃疡的X线征象有直接和间接两种：龛影是直接征象，对溃疡有确诊价值；局部压痛、十二指肠球部激惹和球部畸形、胃大弯侧痉挛性切迹均为间接征象，仅提示可能有溃疡。该患者胃镜检查发现胃小弯侧溃疡，X线钡餐透视检查应可见龛影。故选A。

132.【答案】B

【解析】胃溃疡手术适应证如下：①经内科系统治疗3个月以上仍不愈合或治愈后短期内又复发者。②并发急性穿孔、急性大出血、瘢痕性幽门梗阻或溃疡已穿透至胃壁外者。③经X线钡餐或胃镜检查证实溃疡直径较大、超过2.5cm，高位溃疡者或胃十二指肠复合溃疡。④不能除外癌变或已经癌变者。该患者治愈后短期内复发，有手术指征。胃溃疡手术治疗的首选术式是胃大部切除术，胃肠道重建以毕Ⅰ式为好。故选B。

133.【答案】D

【解析】胃大部切除术后出血包括如下2种。①腹腔内出血：原因是血管结扎不够确切或是腹腔内有感染或吻合口瘘，使裸露的血管受腐蚀而出血。术后患者有失血的临床表现，腹腔引流管有较多的新鲜血引出即可确诊。②胃出血：正常情况下术后经胃管可有少量出血，一般24小时不超过300ml，并逐渐减少至自行停止。术后24小时内的出血多属术中止血不确切；术后4~6天出血，常为吻合口处黏膜坏死脱落而致；若出血发生在10~20天，多为缝线处感染或黏膜下脓肿腐蚀血管所致。该患者出血出现于术后第6天，考虑原因应为吻合口处黏膜坏死脱落。故选D。

【B_1型题】

134.【答案】A

【解析】急性完全性输入袢梗阻多发生于结肠前毕Ⅱ式输入袢对胃小弯的吻合术式。输出袢系膜悬吊过紧压迫输入袢，或是输入袢过长穿过输出袢与横结肠系膜之间的间隙形成内疝，是造成输入袢梗阻的主要原因。临床表现为突发上腹部剧烈疼痛，呕吐频繁，呕吐物量少，多不含胆汁，呕吐后症状不缓解。故选A。

135.【答案】B

136.【答案】C

【解析】胃排空障碍，也称胃瘫。临床表现为：术后拔除胃管后，患者出现上腹持续性饱胀、钝痛，并呕吐带有食物和胆汁的胃液。X线上消化道造影检查，见残胃扩张、无张力，蠕动波少而弱，胃肠吻合口通过欠佳。故选C。

137.【答案】C

138.【答案】C

139.【答案】E

【解析】胃大部切除术后低血糖综合征也称晚期倾倒综合征。多在餐后2~4小时出现，表现为心悸、出汗、眩晕、无力、苍白、手颤等。其原因是胃大部切除术后切除了胃窦，含糖食物快速进入空肠后被过快吸收使血糖急剧升高，刺激胰岛B细胞释放大量胰岛素。而当血糖下降后，胰岛素未能相应减少，故出现上述症状，并无呕吐发生。故选E。

140.【答案】A

141.【答案】E

【解析】碱性反流性胃炎指胃大部切除术后碱性胆汁、胰液、肠液反流入残胃中，破坏胃黏膜屏障，导致胃黏膜充血、水肿、糜烂等改变。多在毕Ⅱ式吻合术后数月至数年发生。临床主要表现为呕吐胆汁样液；上腹部或胸骨后烧灼痛，进食后加重，抑酸治疗无效；体重减轻。该患者与上述表现符合，考虑该诊断。故选E。

142.【答案】B

【解析】慢性不完全性输入袢梗阻，发生在毕Ⅱ式输入袢对胃小弯的术式。临床表现为餐后30分钟左右即感上腹胀痛或绞痛，随即突然喷射性呕吐，呕吐物为大量不含食物的胆汁样液，呕吐后症状缓解消失。产生的原因是输入袢过长扭曲，或输入袢受牵拉在吻合口处呈锐角影响到肠道排空。由于消化液潴积在输入袢内，进食时消化液分泌增加，输入袢内压力突增并刺激肠管剧烈收缩，引发喷射样呕吐，也称输入袢综合征。该患者表现符合该病临床特点，可诊断。故选B。

143.【答案】D

【解析】输出袢梗阻原因为粘连压迫、大网膜炎性肿块压迫形成梗阻，或是结肠后胃空肠吻合，将横结肠系膜裂口固定在小肠侧，引起缩窄或压迫导致梗阻。临床表现为上腹部饱胀，呕吐含胆汁的胃内容物。该患者胃大部切除术后，餐后上腹部饱胀，呕吐物既含胆汁，又有食物，符合上述特点，考虑该诊断。故选D。

第六章 胃 癌

【A_1型题】

1.【答案】C

【解析】胃腺癌的好发部位依次为胃窦（58%）、贲门（20%）、胃体（15%）、全胃或大部分胃（7%）。故选C。

2.【答案】D

【解析】胃癌的转移扩散途径包括以下5种：①直接浸润：是胃癌的主要扩散方式之一。②淋巴转移：是胃癌的主要转移途径，早期胃癌的淋巴转移率近20%，进展期胃癌的淋巴转移率高达70%。③血行转移：胃癌晚期癌细胞经门静脉或体循环向身体其他部位播散，其中以肝转移最为常见。④种植转移：当胃癌浸透浆膜后，癌细胞可自浆膜脱落并种植于腹膜、大网膜或其他脏器表面，形成转移性结节。⑤胃癌微转移：是近几年提出的新概念，定义为治疗时已经存在但目前常规病理学诊断技术还不能确定的转移。故选D。

3.【答案】B

【解析】根据胃癌的进程可分为早期胃癌和进展期胃癌。早期胃癌是指病灶局限且深度不超过黏膜下层的胃癌，不论有无局部淋巴结转移。进展期胃癌深度超过黏膜下层，已侵入肌层者称中期，侵及浆膜或浆膜外者称晚期胃癌。故选B。

4.【答案】A

【解析】全球胃癌治疗的最佳临床证据表明，胃癌的预后直接与诊断时的分期有关。迄今，手术仍然是胃癌的最主要治疗手段，但由于胃癌早期（0~Ⅰ）诊断率低（约10%），大部分胃癌在确诊时已处于中晚期，5年生存率较低（7%~34%）。早期诊断是根治胃癌的前提，仍为提高胃癌治愈率的主要因素。故选A。

5.【答案】D

6.【答案】C

7.【答案】A

【解析】内镜检查结合黏膜活检，是目前最可靠的诊断手段。X线检查对胃癌的诊断仍然有较大的价值。应用气-钡双重对比法、压迫法和低张造影技术，采用高密度钡粉，能更清楚地显示黏膜结构，有利于发现微小病变。故选A。

【A_2型题】

8.【答案】C

【解析】该患者临床表现为上腹不适，疼痛，进食后加重，伴消瘦、贫血，需高度警惕胃癌。依据：该病在我国是最常见的恶性肿瘤之一。男性胃癌的发病率高于女性，男女之比约为2∶1。35岁以下较低，55~70岁为高发年龄段。早期胃癌多无症状，或者仅有一些非特异性消化道症状。进展期胃癌最早出现的症状是上腹痛，常同时伴有食欲缺乏、厌食、体重减轻。腹痛可急可缓，开始仅为上腹饱胀不适，餐后更甚，继之有隐痛不适，偶呈节律性溃疡样疼痛，但这种疼痛不能被进食或服用制酸剂缓解。缺铁性贫血较常见，系长期失血所致。故选C。

【A_3/A_4型题】

9.【答案】C

【解析】进展期胃癌按Borrmann分型法分为4型。①Ⅰ型：息肉（肿块）型。②Ⅱ型：无浸润溃疡型，癌肿与正常胃界限清楚。③Ⅲ型：有浸润溃疡型，癌灶与正常胃界限不清楚。④Ⅳ型：弥漫浸润型。该患者胃镜发现大弯侧胃壁1cm大小肿块，与周围组织界限不清，病理为恶性，按上述Borrmann分型标准，应属Ⅲ型。故选C。

10.【答案】D

11.【答案】D

【解析】由于胃癌病因未明，故缺乏有效的一级预防（病因预防）。二级预防的重点是早期诊断与治疗，早期诊断是根治胃癌的前提。故选D。

第七章 肝硬化

【A_1型题】

1.【答案】C

【解析】吲哚菁绿静脉注射后，由肝脏摄取，排泄于胆汁，无肠肝循环，主要用于血中滞留率、清除率和肝血流量等肝功能测定。故选C。

2.【答案】C

【解析】小结节性肝硬化其特征是结节大小相仿，直径小于3mm，不超过1cm，纤维间隔较窄，均匀。多见于酒精性肝硬化。所以C是错误的。血吸虫性肝硬化属于不完全分隔性肝硬化。故选C。

3.【答案】D

【解析】门-体侧支循环开放：门静脉高压时门静脉回流受阻导致这些交通支开放。主要侧支循环有：①食管和胃底静脉曲张：为门静脉系的胃左、胃短静脉与腔静脉系的奇静脉之间胃底和食管黏膜下静脉开放。②腹壁静脉曲张：门静脉高压时脐静脉重新开放，通过腹壁静脉进入腔静脉，而形成腹壁静脉曲张。③痔静脉扩张：为门静脉系的直肠上静脉与下腔静脉系的直肠中、下静脉交通，可扩张为痔核。故选D。

4.【答案】B

【解析】门静脉高压造成的后果有：脾大，脾脏因长期淤血而肿大，可发生脾功能亢进，表现为外周血白细胞、红细胞和血小板减少。故选B。

5.【答案】B

【解析】肝功能代偿期大部分患者可无症状或症状较轻，常缺乏特异性。肝功能失代偿期有明显的症状出现，主要有两大类：①肝功能损害所引起的血浆清蛋白降低、水肿、腹水、黄疸、肝性脑病等。②门静脉梗阻及高压所产生的侧支循环形成，包括脾大、脾功能亢进及腹水等。脾大属于门静脉梗阻及高压所产生的侧支循环造成，不属于肝功能损害所引起。故选B。

6.【答案】D

【解析】门脉高压的特异性表

现是侧支循环的建立和开放，最主要的侧支循环是食管-胃底静脉丛，加上食管-胃底静脉丛离门脉最近，门脉高压时，食管-胃底静脉丛也最早发生曲张，故相对其他静脉丛最能说明门脉高压存在。故选 D。

7.【答案】C

【解析】肝硬化有腹水的患者常并发自发性细菌性腹膜炎（SBP），SBP 是指在无任何邻近组织炎症的情况下发生的腹膜和/或腹水的细菌性感染。病原菌多为来自肠道的革兰阴性菌。临床表现为发热、腹痛、短期内腹水迅速增加，查体发现轻重不等的全腹压痛和腹膜刺激征。腹水检查如白细胞$>500\times10^6$/L 或多形核白细胞$>250\times10^6$/L，可诊断 SBP，腹水细菌培养有助确诊。应早期选择对肠道革兰阴性菌有效、腹水浓度高、肾毒性小的广谱抗生素，故选 C。

8.【答案】D

【解析】基础治疗无效或腹水较大量者应使用利尿药。临床常用的利尿药为螺内酯和呋塞米。过猛的利尿会导致水电解质紊乱，严重者诱发肝性脑病和肝肾综合征。因此，使用利尿药时应监测体重变化及血生化。故选 D。

9.【答案】B

【解析】腹水形成及机制如下。①门静脉压力升高：门静脉高压时肝窦压升高，大量液体进入 Disse 间隙，造成肝脏淋巴液生成增加，当超过胸导管引流能力时，淋巴液从肝包膜直接漏入腹腔而形成腹水。门静脉压增高时内脏血管床静水压增高，促使液体进入组织间隙，也是腹水成因之一。②血浆胶体渗透压下降：肝脏合成清蛋白能力下降而发生低蛋白血症，血浆胶体渗透压下降，至血管内液体进入组织间隙，在腹腔可形成腹水。③有效血容量不足：肝硬化时机体呈高心排血量、低外周阻力的高动力循环状态，此时内脏动脉扩张，大量血液滞留于扩张的血管内，导致有效循环血容量下降，从而激活交感神经系统、肾素-血管紧张素-醛固酮系统等，导致肾小球滤过率下降及水钠重吸收增加，发生水钠潴留。④其他因素：心房钠尿肽相对不足及机体对其敏感性下降、抗利尿素分泌增加可能与水钠潴留有关。B 选项错误，故选 B。

10.【答案】E

【解析】临床上常用 AST/ALT 的比值来反映肝细胞的损害情况。正常人 AST/ALT 比值为 1.15 左右，也就是 AST 较 ALT 稍高。当肝细胞轻度病变时，仅有肝细胞质内的酶释出，ALT 上升幅度较 AST 为大。当肝细胞严重损害时，胞质、线粒体中的酶释放血，以致血清 AST 升高幅度较 ALT 为大。如肝硬化时，比值可增高至 1.44，慢性活动性肝炎比值也常高于正常。总之，肝病时 AST/ALT 比值<1，常提示肝脏损害较轻；AST/ALT 比值>1，则提高肝脏损害较重。故选 E。

11.【答案】C

【解析】引起肝硬化病因很多，在我国以病毒性肝炎为主，欧美国家以慢性酒精中毒多见。故选 C。

12.【答案】B

【解析】ERCP（逆行性胰胆管造影）将十二指肠镜插入十二指肠降部，通过内镜活检孔道插入造影管至十二指肠乳头开口部，注入造影剂，做 X 线胰胆管造影，称为 ERCP。此检查方法已成为诊断胰腺、胆道疾病的重要手段。治疗性 ERCP 包括乳头肌切开，取石，放支架，可为 95%胆道梗阻的患者进行胆道减压。ERCP 可在内镜下直接判断病变，并可取活检，同时可进行治疗。故选 B。

13.【答案】C

【解析】肝硬化肝实质损害的最重要依据是清蛋白减少，凝血酶原时间延长。故选 C。

14.【答案】C

【解析】①腹水：门脉高压是使水分潴留在腹腔的主要原因，血清清蛋白减少是引起腹水的重要因素。出现腹水提示门脉高压已存在和/或清蛋白合成减少。②白蛋白：降低提示肝细胞损害严重，合成白蛋白减少，不能维持血浆白蛋白浓度。③血清电解质：肝硬化时肝脏对醛固酮的灭活减弱，导致水钠潴留。也可出现其他电解解质紊乱，但对预后相对影响不大。④凝血酶原时间：凝血酶原时间延长提示肝细胞损伤严重，不能合成足够的凝血酶原，导致机体凝血功能障碍。⑤肝性脑病：肝硬化发展到晚期才会出现肝性脑病，预示肝硬化的预后不良。故选 C。

15.【答案】D

【解析】肝硬化失代偿期诊断主要依据是腹水形成，此时门脉高压，侧支循环建立。其他几项非本病特异征象。故选 D。

16.【答案】D

【解析】反映肝纤维化的血清学指标包括Ⅲ型前胶原氨基末端肽（PⅢP）、Ⅳ型胶原、透明质酸、层粘连蛋白等。故选 D。

17.【答案】C

18.【答案】C

【解析】早期肝硬化在影像学上可无明显异常，但已经有了病理学上的改变，只有通过活检才可以明确诊断。故选 C。

19.【答案】D

【解析】肝活组织检查见假小叶形成是诊断肝硬化的金标准。故选 D。

20.【答案】B

【解析】肝硬化脾功能亢进时

白细胞、红细胞和血小板计数减少。故选 B。

21.【答案】B

【解析】肝硬化并发肝肾综合征是指发生在严重肝病基础上的肾衰竭，但肾脏本身并无器质性损害，故又称功能性肾衰竭。故选 B。

22.【答案】E

【解析】食管-胃底静脉曲张是诊断门静脉高压的最可靠指标，食管吞钡 X 线检查显示虫蚀样或蚯蚓状充盈缺损。腹部超声检查 B 型超声可提示肝硬化，但不能作为确诊依据，而且约 1/3 的肝硬化患者超声检查无异常发现。故选 E。

23.【答案】E

24.【答案】C

25.【答案】C

【解析】肝硬化后因为肝功能损害，对雌激素灭活能力降低，男性可有性功能减退、男性乳房发育，女性可发生闭经、不孕。故选 C。

26.【答案】C

【解析】Child（1964 年）将血清胆红素、腹水、血清白蛋白浓度、凝血酶原时间及一般状况等 5 个指标的不同程度，分为三个层次（1，2，3）进行计分，5 个指标的最低分为 5 分，最高分为 15 分，根据计分的多少分为 A、B、C 三级。5 个指标不包括食管静脉曲张程度，故选 C。

【A_2 型题】

27.【答案】B

【解析】原发性胆汁性肝硬化血清免疫球蛋白增加，特别是 IgM；90%～95% 以上患者血清抗线粒体抗体阳性，效价>1∶40 有诊断意义，AMA 的特异性可达 98%，其中以 M_2 型的特异性最好；约 50% 的患者抗核抗体阳性，主要是抗 GP210S 和抗 SP100 阳性，具有一定特异性。故选 B。

28.【答案】D

【解析】根据题意，该患者出现肝性脑病，A、B、C、D 项均为诊断肝性脑病常用检查，而急性肝性脑病患者进行头部 CT 或 MRI 检查时可发现脑水肿。慢性肝性脑病患者则可发现有不同程度的脑萎缩，对诊断肝性脑病没有特异性，故选 D。

29.【答案】B

【解析】一期（前驱期）患者出现焦虑、欣快激动、淡漠、睡眠倒错、健忘等轻度精神异常，可有扑翼样震颤。此期临床表现不明显，易被忽略。二期（昏迷前期）出现嗜睡、行为异常（如衣冠不整或随地大小便）、言语不清、书写障碍及定向力障碍。有腱反射亢进、肌张力增高、踝阵挛及 Babinski 征阳性等神经体征，有扑翼样震颤。三期（昏睡期）出现昏睡，但可唤醒，各种神经体征持续或加重，有扑翼样震颤，肌张力高，腱反射亢进，锥体束征常阳性。四期（昏迷期）出现昏迷，不能唤醒。由于患者不能合作，扑翼样震颤无法引出。浅昏迷时，腱反射和肌张力仍亢进；深昏迷时，各种反射消失，肌张力降低。根据题意，患者出现睡眠障碍，脑电异常，应属于Ⅱ期。故选 B。

30.【答案】C

【解析】肝性脑病灌肠禁用碱性液体如碱性肥皂水等，而应用生理盐水或弱酸性溶液，保持肠道酸性环境。故选 C。

31.【答案】D

32.【答案】C

【解析】精氨酸对氨合成尿素的鸟氨酸循环系统有催化作用，通过促进氨的代谢清除可降低血氨。精氨酸可以对于合并碱中毒的患者具有很好的疗效。其溶液为酸性，且不含钠，无导致水钠潴留之弊。故选 C。

33.【答案】A

【解析】患者尿蛋白及糖定性阴性，可除外尿毒症和糖尿病昏迷；瞳孔等大，没有瞳孔缩小，可除外安眠药中毒；患者肌张力对称性增高，脑血管意外可能性小；患者急性昏迷、肌张力增大、黄疸，最可能诊断为肝性脑病昏迷。故选 A。

34.【答案】C

【解析】肝肺综合征（HPS）是指发生在严重肝病基础上的低氧血症。临床特征为严重肝病、肺内血管扩张、低氧血症/肺泡-动脉氧梯度增加的三联征。晚期肝硬化患者常有轻度的低氧血症，主要与大量腹水导致膈肌抬高所引起的呼吸障碍有关，但当动脉氧分压明显下降而排除了相关的心肺疾病时应考虑 HPS。患者多伴有呼吸困难，尤以立位时加重。本症无有效治疗，预后差。故选 C。

35.【答案】B

36.【答案】C

【解析】患者昏迷期治疗后好转，现无昏睡，属于肝性脑病期（昏迷前期）：嗜睡、行为异常（如衣冠不整或随地大小便）、言语不清、书写障碍及定向力障碍。故选 B。

37.【答案】E

38.【答案】B

【解析】患者既往乙型病毒性肝炎病史，肝区疼痛，肝区可扪及肿块、质地坚硬，腹水为血性腹水，最可能的诊断为原发性肝癌。故选 B。

39.【答案】D

【解析】患者的病史和实验室检查血 BUN 16mmol/L，24 小时尿蛋白不高，不能支持诊断慢性肾炎或肾小球肾病合并尿毒症，故 A 和 C 项可除外。题中述“颈静脉无怒张”提示右心房的压力不高，那么右心功能不全致体循环淤血可以排除。缩窄性心包炎时颈静脉可见明显怒张，故也可除外。虽然题干中所给的条件不能明确诊断肝硬化合并肾病综合征，但却在所有选项中是最可能的。故选 D。

40.【答案】C

【解析】患者肝硬化腹水、尿少、四肢水肿，考虑低蛋白血症和门静脉高压的患者诱发了肾前性肾衰竭。肾衰竭造成了高血容量和腹水，引起膈肌上抬，患者出现端坐呼吸。在本题的选项中只有放腹水可以迅速缓解症状，利尿强度太小，不适合口服急救。故选 C。

41.【答案】D

【解析】患者出现消化道出血，最常见的原因为消化道溃疡，该患者有脾大体征，首先考虑肝硬化食管-胃底静脉曲张破裂出血。故选 D。

42.【答案】B

【解析】腹水的鉴别如下。①肝硬化并肝癌：需要 AFP 和 B 超的初步筛查。②肝硬化并结核性腹膜炎：有结核病史，结核性腹水血清腹水清蛋白梯度（SAAG）<11g/L。③肿瘤性腹水：肿瘤性腹水比重介于渗出液和漏出液之间，SAAG<11g/L，腹水 LDH>血 LDH。④肝硬化腹水：为漏出液，SAAG>11g/L。合并自发性腹膜炎时为渗出液，以中性粒细胞为主，腹水透明度降低，比重介于漏出液和渗出液之间，Rivalta 试验阳性，白细胞数增多，常在 500×10^6/L 以上，分类以中性粒细胞为主。并发结核性腹膜炎时，则以淋巴细胞为主。腹水呈血性者应高度怀疑癌变。该患者腹水常规：浅黄色比重 1.018，Revalta（+），细胞数为 560×10^6/L，淋巴细胞 0.74。所以最可能的诊断是 B。

43.【答案】C

【解析】有腹水的患者常并发自发性细菌性腹膜炎（SBP），SBP 是指在无任何邻近组织炎症的情况下发生的腹膜和/或腹水的细菌性感染。临床表现为发热、腹痛、短期内腹水迅速增加。该患者症状符合 SBP 表现，最可能诊断为 SBP，故选 C。

44.【答案】D

【解析】该患者有腹水、黄疸并且清蛋白 20g/L 很低，考虑不能耐受手术。又有门静脉右支闭塞，不适合做肝动脉结扎术。因为肝脏有两套血供：肝动脉和门静脉。现在患者门静脉已经不通了，再将动脉结扎，肝脏没有血液供应，很快会衰竭的。患者巨大肿瘤，放化疗不适合。故选 D。

45.【答案】B

46.【答案】C

【解析】原发性胆汁性肝硬化碱性磷酸酶（ALP）与 γ-谷氨酰转移酶（γ-GT）在黄疸及其他症状出现前多已增高，比正常高出 2~6 倍。美国肝病研究协会建议诊断标准如下：①胆汁淤积的生化指标如碱性磷酸酶等升高大于 6 个月。②B 超或胆管造影检查示胆管正常。③抗线粒体抗体（AMA）或 AMA-M_2 亚型阳性。④如血清 AMA/AMA-M_2 阴性，行肝穿刺组织学检查符合 PBC。故最可能诊断为 C。

47.【答案】D

【解析】肝硬化特别是病毒性肝炎肝硬化和酒精性肝硬化发生肝细胞癌的危险性明显增高。当患者出现肝区疼痛、肝大、血性腹水、无法解释的发热时要考虑此病，血清甲胎蛋白升高及 B 超提示肝占位性病变时应高度怀疑，CT 可确诊。该患者出现肝区疼痛、肝大，不规则发热，应考虑肝癌。故选 D。

48.【答案】C

【解析】患者有 HBsAg（+）史，现有呕血、黑便，考虑为肝硬化食管静脉曲张破裂出血，三腔双囊管压迫止血是首选的止血措施。故选 C。

49.【答案】C

【解析】患者大量利尿，造成 K^+ 和 Cl^- 大量丢失，根据患者血气分析提示代谢性碱中毒，考虑肝硬化合并低钾低氯性代谢性碱中毒。故选 C。

50.【答案】E

【A_3/A_4 型题】

51.【答案】C

【解析】患者为肝硬化、腹水，在使用利尿药后出现性情改变，应考虑肝性脑病前驱期（Ⅰ期）。Ⅰ期脑电图正常。故选 C。

52.【答案】A

【解析】患者考虑肝性脑病前驱期（Ⅰ期）。发生的原因是使用排钾利尿药后，导致低钾血症，使细胞内钾向细胞外转移补充，在此移动过程中细胞外液 H^+ 减少（H^+-K^+ 交换），有利于 NH_3 透过血脑屏障，诱发或加重肝性脑病。故选 A。

53.【答案】E

【解析】肝性脑病的治疗中，口服或静脉输注以支链氨基酸为主的氨基酸混合液，从理论上可纠正氨基酸代谢不平衡，提供能量，抑制大脑中假神经递质的形成，但对门体分流性脑病的疗效尚有争议。对于不能耐受蛋白食物者，补充支链氨基酸无疑有助于改善患者氮平衡。故选 E。

54.【答案】B

【解析】清（白）蛋白明显降低提示肝细胞合成蛋白能力下降，提示肝功能受损；转氨酶明显提高提示现症有肝细胞大量坏死，也提示仍有相当数量的肝细胞存活。重度肝硬化转氨酶可不升或降低；重度黄疸提示肝功能受损；

大量腹水是失代偿的表现；扑翼样震颤是失代偿的表现。故选B。

55.【答案】E

56.【答案】C

57.【答案】A

58.【答案】D

【解析】大量顽固性腹水用利尿药效果较差，一般给予腹穿及腹腔内注射药物，以利腹水排出。抽腹水加输清蛋白，首次不超过1000ml，以后每次4000～6000ml，3次/周。故选D。

59.【答案】E

【B_1型题】

60.【答案】D

【解析】无合并SBP的肝硬化腹水为漏出液性质，血清-腹水清蛋白梯度（SAAG）>11g/L；合并SBP时则为渗出液或中间型，腹水白细胞及PMN增高、细菌培养阳性。故选D。

61.【答案】A

62.【答案】C

【解析】肝性脑病应限制蛋白质饮食，起病数日内禁食蛋白质（Ⅰ～Ⅱ期肝性脑病可限制在20g/d以内），神志清楚后从蛋白质20g/d开始逐渐增加至1g/(kg·d)。植物蛋白较好，因其含支链氨基酸较多，且所含非吸收性纤维被肠菌酵解产酸有利氨的排出。故选C。

63.【答案】A

【解析】限钠饮食和卧床休息是肝硬化腹水的基础治疗，对上述基础治疗无效或腹水较大量者应使用利尿药。提高血浆胶体渗透压对低蛋白血症患者，每周定期输注白蛋白或血浆，可通过提高胶体渗透压促进腹水消退。故选A。

64.【答案】D

【解析】肝硬化合并上消化道出血应禁食水，止血，积极补充血容量。故选D。

第八章　门静脉高压症

【A_1型题】

1.【答案】B

【解析】门脉高压手术治疗的目的主要是切断或减少曲张静脉的血流来源、降低门静脉压力和消除脾功能亢进，一般用于食管-胃底静脉曲张破裂大出血各种治疗无效而危及生命者，或食管-胃底静脉曲张破裂大出血后用于预防再出血特别是伴有严重脾功能亢进者。故选B。

2.【答案】A

【解析】以肝裂和门静脉及肝静脉在肝内分布为基础的Couinaud分段法，将肝脏分为8段：相当于尾状叶为Ⅰ段，左外叶为Ⅱ、Ⅲ段，左内叶为Ⅳ段，右前叶为Ⅴ、Ⅷ段，右后叶为Ⅵ、Ⅶ段。故选A。

3.【答案】D

4.【答案】D

【解析】在肝实质内，由于门静脉、肝动脉和肝胆管的管道分布大体上相一致，且共同被包裹在Glisson纤维鞘内。故选D。

5.【答案】C

6.【答案】B

7.【答案】B

【解析】门静脉高压症时，在解剖上离门脉最近的是胃食管静脉丛，其压力升高亦最早。故选B。

8.【答案】A

9.【答案】B

【解析】非选择性门体分流术：是将人肝的门静脉血完全转流入体循环，代表术式是门静脉与下腔静脉端侧分流术。门静脉分流术将门静脉肝端结扎，防止发生离肝门静脉血流，致门静脉压下降明显；下腔静脉侧侧分流术是离肝门静脉血流一并转流入下腔静脉，减低肝窦压力，有利于控制腹水形成。非选择性门体分流术治疗食管胃底曲张静脉破裂出血效果好，但肝性脑病发生率高达30%～50%，易引起肝衰竭。非选择性门体分流术还包括肠系膜上静脉与下腔静脉“桥式”（H形）分流术和中心性脾-肾静脉分流术。故选B。

10.【答案】C

【解析】食管胃底曲张静脉一旦破裂引起出血，就会有很大可能反复出血，而每次出血必将给肝脏带来损害。积极采取手术止血，不但可以防止再出血，而且是预防发生肝性脑病的有效措施。故选C。

11.【答案】D

【解析】三腔管压迫止血：原理是利用充气的气囊分别压迫胃底和食管下段的曲张静脉，以达止血目的。三腔管压迫可使80%食管胃底曲张静脉出血得到控制，为选项中非手术治疗方法中最有效的止血方法。故选D。

12.【答案】A

13.【答案】B

【解析】门静脉高压自然发展成肝性脑病的原因为A、C、D选项，门腔静脉分流术后门静脉血绕行肝脏，导致氨等不能代谢与解毒而进入体循环。故选B。

14.【答案】C

第九章　肝性脑病

【A₁ 型题】

1.【答案】E

【解析】乳果糖口服后在小肠不会被分解，到达结肠后可被乳酸杆菌、粪肠球菌等细菌分解为乳酸、乙酸而降低肠道的 pH。肠道酸化后对产尿素酶的细菌生长不利，但有利于不产尿素酶的乳酸杆菌的生长，使肠道细菌所产的氨减少；此外，酸性的肠道环境可减少氨的吸收，并促进血液中的氨渗入肠道排出。口服抗生素可抑制肠道产尿素酶的细菌，减少氨的生成。常用的抗生素有新霉素、甲硝唑、利福昔明等。C 项为静脉用药不恰当。灌肠禁用碱性肥皂水，而用生理盐水或弱酸性溶液，保持肠道酸性环境，B 项错误。水合氯醛是肝性脑病的诱因之一，A 项错误。肝性脑病应限制蛋白饮食，D 项错误。故选 E。

2.【答案】C

【解析】诱发电位是大脑皮质或皮质下层接受到由各种感觉器官受刺激的信息后所产生的电位，其有别于脑电图所记录的大脑自发性电活动。可用于轻微肝性脑病的诊断和研究。肝性脑病的检查中，脑电诱发电位检查对轻微型肝性脑病价值较大。故选 C。

3.【答案】D

【解析】心理智力测验的方法简便，无须特殊器材，适合于肝性脑病的诊断和轻微肝性脑病的筛选。其缺点是受年龄、教育程度的影响。老年人和教育层次比较低者在进行测试时较为迟钝。故选 D。

4.【答案】E

【解析】肝性脑病的临床过程分为四期。一期（前驱期）有焦虑、欣快激动、淡漠、睡眠倒错、健忘等轻度精神异常，可有扑翼样震颤。故选 E。

5.【答案】D

6.【答案】D

【解析】镇静、催眠、镇痛药及麻醉剂可诱发肝性脑病，在肝硬化特别是有严重肝功能减退时应尽量避免使用。当患者发生肝性脑病出现烦躁、抽搐时禁用阿片类、巴比妥类、苯二氮䓬类镇静药，可试用异丙嗪、氯苯那敏（扑尔敏）等抗组胺药。故选 D。

7.【答案】B

【解析】暴发性肝炎又称急性坏死型肝炎也称急性重型肝炎，初期与黄疸性肝炎相似，但病情迅速恶化，肝脏进行性缩小。故选 B。

8.【答案】B

【解析】肝性脑病的常见诱因如下。①上消化道出血：最常见的诱因。大量血液在肠道内分解形成氨、或其他具有神经毒性物质吸收后而诱发肝性脑病。②摄入过多的含氮物质：如饮食中蛋白质过多，口服铵盐、蛋氨酸等。③水电解质紊乱及酸碱平衡失调。④缺氧与感染：增加组织分解代谢而增加产氨，缺氧与高热则增加氨的毒性。⑤低血糖：葡萄糖的氧化磷酸过程有助于 NH_3 与谷氨酸的结合，故低血糖可增加氨的毒性。⑥便秘：使含氨、胺类和其他有毒衍生物与结肠黏膜接触时间延长，有利于毒物吸收。⑦安眠药、镇静药及手术：麻醉及手术可增加肝、肾和脑功能的负担。镇静安眠药可直接抑制大脑，同时抑制呼吸中枢造成缺氧。故选 B。

9.【答案】A

10.【答案】C

11.【答案】C

【解析】四期（昏迷期）患者昏迷，不能唤醒。由于患者不能合作，扑翼样震颤无法引出。浅昏迷时，腱反射和肌张力仍亢进；深昏迷时，各种反射消失，肌张力降低。故选 C。

12.【答案】E

13.【答案】B

【解析】虽然肾脏和肌肉均可产氨，但消化道是氨产生的主要部位，当其被吸收后通过门静脉进入体循环。肠道氨来源于：①谷氨酰胺在肠上皮细胞代谢后产生。②肠道细菌对含氮物质（摄入的蛋白质及分泌的尿素）的分解。故选 B。

14.【答案】C

【解析】氨在肠道的吸收主要以 NH_3 弥散入肠黏膜，当结肠内 pH>6 时，NH_3 大量弥散入血；pH<6 时，可与 H^+ 结合成毒性小的 NH_4^+ 后随粪排泄。低钾性碱中毒促进 NH_3 透过血脑屏障进入脑内。故选 C。

15.【答案】B

【解析】暴发性肝功能衰竭时，血氨往往正常。故选 B。

【A₂ 型题】

16.【答案】E

【A₃/A₄ 型题】

17.【答案】E

18.【答案】E

19.【答案】B

20.【答案】E

21.【答案】A

22.【答案】D

23.【答案】D

24.【答案】C

【解析】根据意识障碍程度、神经系统体征和脑电图改变，可将肝性脑病的临床过程分为四期：①Ⅰ期（前驱期）表现为焦虑、欣快、激动、淡漠、睡眠倒错、健忘等轻度精神异常，可有扑翼样震颤。此期临床表现不明显，易被忽略。②Ⅱ期（昏迷前期）表现为嗜睡、行为异常、言语不清、书写障碍及定向力障碍。有腱反射亢进、肌张力增高、踝阵挛及Babinski征阳性等神经体征，有扑翼样震颤。③Ⅲ期（昏睡期）表现为昏睡，但可唤醒，各种神经体征持续或加重，有扑翼样震颤，肌张力高，腱反射亢进，锥体束征常阳性。④Ⅳ期（昏迷期）表现为昏迷，不能唤醒。由于患者不能合作，扑翼样震颤无法引出。浅昏迷时，腱反射和肌张力仍亢进；深昏迷时，各种反射消失，肌张力降低。该患者表现为睡眠倒错、言语不清，考虑为肝性脑病Ⅱ期。故选C。

25.【答案】C

【B_1型题】

26.【答案】B

【解析】兴奋性递质多巴胺不能透过血脑屏障，而其前体左旋多巴却能进入脑组织。在理论上大剂量左旋多巴可补充正常神经递质，竞争性地排斥假神经递质。早期报道此药对急性和慢性肝性脑病均有效，能使患者暂时苏醒，但在推广使用后疗效未得充分证实。故选B。

27.【答案】A

【解析】乳果糖口服到达结肠可被乳酸杆菌、粪肠球菌等细菌分解为乳酸、乙酸而降低肠道的pH。肠道酸化后对产尿素酶的细菌生长不利，但有利于不产尿素酶的乳酸杆菌的生长，使肠道细菌所产的氨减少；此外，酸性的肠道环境可减少氨的吸收，并促进血液中的氨渗入肠道排出。故选A。

28.【答案】E

【解析】口服抗生素可抑制肠道产尿素酶的细菌，减少氨的生成。常用的抗生素有新霉素、甲硝唑、利福昔明等。故选E。

29.【答案】A

30.【答案】E

【解析】脑水肿宜用高渗糖脱水。故选E。

第十章　细菌性肝脓肿

【A_1型题】

1.【答案】E

2.【答案】D

【解析】细菌性肝脓肿较小，常为多发性，继发于胆道感染或其他化脓性疾病病情急骤严重，全身中毒症症状明显，有寒战、高热，白细胞计数及中性粒细胞可明显增加，血液细菌培养可阳性；阿米巴肝脓肿较大，多为单发，多见于肝右叶，部分患者可找到阿米巴滋养体或包囊大，脓肿多为棕褐色脓液，无臭味，镜检有时可找到阿米巴滋养体。故选D。

3.【答案】E

【解析】经皮肝穿刺脓肿置管引流术适用于单个较大的脓肿，在B型超声引导下行穿刺。切开引流：①适用于较大脓肿，估计有穿破可能，或已穿破胸腔或腹腔。②胆源性肝脓肿。③位于肝左外叶脓肿，穿刺易污染腹腔。④慢性肝脓肿。故选E。

【A_2型题】

4.【答案】D

【解析】细菌性肝脓肿是指由化脓性细菌侵入肝脏形成的肝内化脓性感染病灶。临床上主要以寒战、高热、肝区疼痛、肝大和局部压痛为主要表现。全身性细菌感染，特别是腹腔内感染时，细菌可侵入肝脏，如患者抵抗力弱，就可能发生肝脓肿。患者临床表现及辅助检查符合上述特点。故选D。

【A_3/A_4型题】

5.【答案】D

【解析】患者出现寒战、黄疸、肝大、腹痛部位为右上腹，肝脓肿的诊断比较合适。故选D。

6.【答案】A

【解析】血源性肝脓肿，应积极治疗原发感染灶。故选A。

7.【答案】B

【解析】患者诊断为肝脓肿，行阑尾切除术并不能治疗肝脓肿。故选B。

第十一章　原发性肝癌

【A_1型题】

1.【答案】B

2.【答案】D

【解析】①块状型：最多见，呈单个、多个或融合成块，直径≥5cm。大于10cm者称巨块型。此型易液化、坏死及出血，故常出现肝破裂、腹腔内出血等并发症。②结节型：较多见，有大小和数目不等的癌结节，一般直径不超过5cm，单个癌结节直径小于3cm或相邻两个癌结节直径之和小于3cm者称为小肝癌。③弥漫型：最少见，有米粒至黄豆大的癌结节弥漫地分布于整个肝脏，不易与肝硬化区分，肝大不显著，甚至可以缩小，患者往往因肝功能衰竭而死亡。故选D。

3.【答案】D

4.【答案】E

【解析】病毒性肝炎活动时血清AFP往往呈短期低度升高，应定期多次随访测定血清AFP和ALT，或联合检测AFP异质体及其他肝癌标志物并进行分析，如：①AFP和ALT动态曲线平行或同步升高，或ALT持续增高至正常的数倍，则肝炎的可能性大；②二者曲线分离，AFP持续升高，往往超过400μg/L，而ALT正常或下降，呈曲线分离现象，则多考虑原发性肝癌。故选E。

5.【答案】A

6.【答案】C

【解析】在生殖腺胚胎瘤、少数转移性肿瘤以及妊娠、活动性肝炎、肝硬化炎症活动期时AFP可呈假阳性，但升高不如肝癌明显。在排除妊娠、肝炎和生殖腺胚胎瘤的基础上，血清AFP检查诊断肝细胞癌的标准为：①大于500μg/L持续4周以上。②AFP在200μg/L以上的中等水平持续8周以上；③AFP由低浓度逐渐升高不降。故选C。

7.【答案】D

8.【答案】C

【解析】原发性肝癌起病隐匿，早期缺乏典型症状；临床症状明显者，病情大多已进入中、晚期，E选项正确；肝区疼痛是肝癌最常见的症状，半数以上患者有肝区疼痛，多呈持续性胀痛或钝痛，是因癌肿生长过快、肝包膜被牵拉所致，A选项正确；黄疸一般出现在肝癌晚期，多为阻塞性黄疸，少数为肝细胞性黄疸。前者常因癌肿压迫或侵犯胆管或肝门转移性淋巴结肿大而压迫胆管造成阻塞所致，后者可由于癌组织肝内广泛浸润或合并肝硬化、慢性肝炎引起，B、D选项正确，而C选项错误。故选C。

9.【答案】B

【解析】手术切除仍是目前根治原发性肝癌的最好手段，凡有手术指征者均应积极争取手术切除。故选B。

10.【答案】D

11.【答案】B

12.【答案】A

【解析】原发性肝癌常需与继发性肝癌、肝硬化、肝脓肿等疾病进行鉴别。原发性肝癌常发生在肝硬化的基础上，二者的鉴别常有困难。若肝硬化病例有明显的肝大、质硬的大结节，或肝萎缩变形而影像检查又发现占位性病变，则肝癌的可能性很大，反复检测血清AFP或AFP异质体，密切随访病情，最终能做正确诊断。故选A。

13.【答案】D

【解析】肝癌的转移途径包括肝内转移和肝外转移。肝癌最早在肝内转移，易侵犯门静脉及分支并形成癌栓，脱落后在肝内引起多发性转移灶。如门静脉干支有癌栓阻塞，可引起或加重原有门静脉高压，形成顽固性腹水。故选D。

14.【答案】D

【解析】血清AFP浓度通常与肝癌大小呈正相关。在排除妊娠、肝炎和生殖腺胚胎瘤的基础上，血清AFP检查诊断肝细胞癌的标准为：①大于500μg/L持续4周以上。②AFP在200μg/L以上的中等水平持续8周以上。③AFP由低浓度逐渐升高不降。故选D。

15.【答案】C

16.【答案】B

【解析】甲胎蛋白的阳性可早于临床症状8~11个月。故选B。

17.【答案】B

【解析】在我国，慢性病毒性肝炎是原发性肝癌诸多致病因素中最主要的病因。原发性肝癌患者中约1/3有慢性肝炎史，流行病学调查发现肝癌患者HBsAg阳性率可达90%，提示乙型肝炎病毒（HBV）与肝癌高发有关。故选B。

18.【答案】B

【解析】肝动脉化疗栓塞治疗（TACE）为原发性肝癌非手术治疗的首选方案，疗效好，可提高患者的3年生存率。故选B。

19.【答案】B

【解析】经普查检出的肝癌可无任何症状和体征，称为亚临床肝癌。故选B。

20.【答案】C

【解析】甲胎蛋白的阳性可早于肝癌出现临床症状8~11个月，所以，确认原发性肝癌最早的指标是AFP。现已广泛用于原发性肝癌的普查、诊断、判断治疗效果及预测复发。故选C。

21.【答案】C

【A_2型题】

22.【答案】D

【解析】该患者主要特点为乙肝病毒抗原阳性，肝区疼痛、肝大。原发性肝癌常发生在肝硬化的基础上，二者的鉴别常有困难。若肝硬化病例有明显的肝大、质硬的大结节，或肝萎缩变形而影像检查又发现占位性病变，则肝癌的可能性很大。该患者B超提示肝内大小不等的结节样回声，AFP值升高，所以最大可能为原发性肝癌。故选D。

23.【答案】B

24.【答案】E

25.【答案】C

【解析】根据题意，患者为胃癌肝转移。小肠类癌和胃、胰腺的神经内分泌癌肝转移，容易切除，故该患者最适宜行胃大部切除加肝左叶切除术。故选C。

26.【答案】A

【解析】根据临床表现及辅助检查。患者为原发性肝癌。下述情况可作根治性肝切除：①单发的微小肝癌。②单发的小肝癌。③单发的向肝外生长的大肝癌或巨大肝癌，表面较光滑，周围界限较清楚，受肿瘤破坏的肝组织少于30%。④多发性肿瘤，但肿瘤结节少于3个，且局限在肝的一段或一叶内。B超示患者为单发微小肝癌，最适宜手术切除治疗。故选A。

27.【答案】B

【A_3/A_4型题】

28.【答案】D

【解析】患者有乙肝病史，现右上腹胀痛、肝脾大、腹水，检查示肝右叶占位，最可能的诊断为肝癌。故选D。

29.【答案】A

30.【答案】E

【解析】肝癌确诊应行肝穿刺细胞学检查。故选E。

31.【答案】A

【解析】肝癌患者的症状主要有肝区疼痛、肝大、黄疸，出现恶性肿瘤的全身性表现等。该患者右上腹胀痛、黄疸、肝大、腹水，应考虑肝癌。故选A。

32.【答案】E

【解析】肝癌的并发症包括肝性脑病、上消化道出血、肝癌结节破裂出血和继发感染，很少发生脑转移。故选E。

33.【答案】B

【解析】原发性肝癌的病因可能与下列因素有关：病毒性肝炎，肝硬化，黄曲霉毒素，饮用水污染，遗传因素，其他一些化学物质如亚硝胺类、偶氮芥类、有机氯农药、酒精等均是可疑的致肝癌物质。肝小胆管中的华支睾吸虫感染可刺激胆管上皮增生，为导致原发性胆管细胞癌的原因之一。故选B。

34.【答案】D

35.【答案】D

36.【答案】A

【B_1型题】

37.【答案】B

【解析】血清AFP检查诊断肝细胞癌的标准为：①大于500μg/L持续4周以上。②AFP在200μg/L以上的中等水平持续8周以上。③AFP由低浓度逐渐升高不降。故选B。

38.【答案】A

【解析】胆管细胞癌的AFP一般为阴性。故选A。

39.【答案】A

【解析】单发的向外生长的大肝癌，受肿瘤破坏的肝组织少（题干说肝功能正常）可行根治性肝切除术。因肿瘤局限在左外叶，所以考虑做肝局部切除。故选A。

40.【答案】C

【解析】患者肝右叶中央10cm占位，肿瘤较大，且位置于中间（右半肝脏是主要的肝脏部位，比例大），无法行切除术，对不能切除的肝癌的外科治疗为术中采用肝动脉结扎、肝动脉化疗栓塞、射频、冷冻、激光、微波等治疗，都有一定的疗效。故选C。

41.【答案】A

【解析】肝癌术后复发，对根治性切除术后患者进行定期随诊，检测甲胎蛋白和B超等影像学检查，早期发现复发。如一般情况良好、肝功能正常，病灶局限允许切除，可施行再次切除，故选A。

第十二章　胆　石　症

【A_1型题】

1.【答案】A

【解析】B超检查诊断胆囊结石的准确率接近100%。B超检查发现胆囊内有强回声团、随体位改变而移动、其后有声影即可确诊为胆囊结石。故选A。

2.【答案】D

【解析】经皮肝穿刺胆管造影（PTC）是在X线电视或B超监视下，经皮经肝穿刺入肝内胆管，直接注入造影剂而使肝内外胆管迅速显影，可显示肝内外胆管病变部位、范围、程度和性质等，有助于对胆道疾病，特别是梗阻性黄疸的诊断和鉴别诊断。本法对有胆管扩张者更易成功，结果不受肝功能和血胆红素浓度的影响。故选D。

3.【答案】A

【解析】胆囊结石主要为胆固醇结石或以胆固醇为主的混合性结石和黑色胆色素结石。主要见于成年人，发病率在40岁后随年龄增长而增高，女性多于男性。临床表现大多数患者可无症状，仅在体格检查、手术和尸体解剖时偶然发现，称为静止性胆囊结石，随着健康检查的普及，无症状胆囊结石的发现明显增多。故选A。

4.【答案】A

5.【答案】C

6.【答案】D

7.【答案】E

【解析】胆管结石和急性胆管炎发作的典型症状为 Charcot 三联征，即腹痛、寒战高热、黄疸的临床表现。故选 E。

【A_2 型题】

8.【答案】E

9.【答案】B

10.【答案】C

11.【答案】D

【A_3/A_4 型题】

12.【答案】E

【解析】行胆囊切除时，有下列情况应同时行胆总管探查术：①术前病史、临床表现或影像检查证实或高度怀疑胆总管有梗阻。②术中证实胆总管有病变。③胆囊结石小，有可能通过胆囊管进入胆总管。术中应争取行胆道造影或胆道镜检查，以避免盲目的胆道探查和不必要的并发症。胆总管探查后一般需做 T 管引流。故选 E。

13.【答案】A

14.【答案】D

15.【答案】B

第十三章　急性胆囊炎

【A_1 型题】

1.【答案】E

【解析】Murphy 征，即墨菲氏征，又称胆囊触痛征。检查方法：受检者仰卧下肢屈曲，检查者站其右侧，用左手拇指按压于胆囊点处（右腹直肌外缘与右肋缘交点），中等以上力度，其余四指及手掌平放于右前下胸壁。让受检者缓慢深吸气，如在吸气过程中因拇指压迫处疼痛而突然屏气者为 Murphy 征阳性。见于急性胆囊炎尚未突出于肋下缘者。故选 E。

2.【答案】A

【解析】由细菌感染导致的急性胆囊炎其致病菌多从胆道逆行进入胆囊，或循血液循环或淋巴途径进入胆囊，在胆汁流出不畅时造成感染。致病菌主要是革兰阴性杆菌，以大肠埃希菌最常见，其他有克雷伯菌、粪肠球菌、铜绿假单胞菌等，常合并厌氧菌感染。故选 A。

3.【答案】C

【A_2 型题】

4.【答案】C

【解析】患者急性胆囊炎经非手术治疗无好转，病情加重，体温升高，白细胞数增多，出现腹膜刺激症状，提示可能出现胆囊坏疽、穿孔或胆囊积脓，对高危患者或局部粘连解剖不清者，可先行造口术减压引流，3 个月后再行胆囊切除。故选 C。

【A_3/A_4 型题】

5.【答案】E

【解析】患者近半年数次发作性右上腹疼痛，伴有恶心、呕吐，多为夜间睡眠后发作，并向右肩部放射，符合胆囊结石的临床表现。故选 E。

6.【答案】D

【解析】胆囊结石经治疗未缓解，反而持续性疼痛加重、体温升高、出现腹膜刺激症状，提示结石引起急性坏疽性胆囊炎可能性大。故选 D。

7.【答案】E

第十四章　急性梗阻性化脓性胆管炎

【A_1 型题】

1.【答案】A

【解析】急性梗阻性化脓性胆管炎的病因在我国最常见的原因是肝内胆管结石，其次为胆道寄生虫和胆管狭窄。在国外，恶性肿瘤、胆道良性病变引起狭窄、先天性胆道解剖异常、原发性硬化性胆管炎等较常见。近年随着手术及介入治疗的增加，由胆肠吻合口狭窄、PTC、ERCP、置放内支架等引起者逐渐增多。故选 A。

2.【答案】D

【解析】急性梗阻性化脓性胆管炎的治疗原则是立即解除胆道梗阻并引流。当胆管内压降低后，患者情况常常能暂时改善，有利于争取时间继续进一步治疗。故选 D。

3.【答案】B

【A_2 型题】

4.【答案】D

【解析】患者表现为腹痛、寒战高热、黄疸即 Charcot 三联征，临床上考虑胆管结石继发胆管炎可能性大。故选 D。

5.【答案】D

【解析】患者有 Reynold 五联征：除 Charcot 三联症外，还有休克、神经中枢系统受抑制表现的临床表现，考虑为急性梗阻性化脓性胆管炎的可能性大。治疗原则是立即解除胆道梗阻并引流。当胆管内压降低后，患者情况常常能暂时改善，有利于争取时间继续进一步治疗。故选 D。

【A_3/A_4型题】

6.【答案】E

【解析】患者有 Charcot 三联征的临床表现，伴有恶心、呕吐，并出现休克的表现，临床上考虑急性梗阻性化脓性胆管炎可能性大。故选 E。

7.【答案】E

【解析】急性梗阻性化脓性胆管炎的治疗原则是立即解除胆道梗阻并引流。当胆管内压降低后，患者情况常常能暂时改善，有利于争取时间继续进一步治疗。故选 E。

8.【答案】E

9.【答案】E

【解析】患者表现为腹痛、寒战高热、黄疸即 Charcot 三联征，临床上考虑胆管结石继发胆管炎可能性大。故选 E。

10.【答案】C

【解析】B 超检查能发现结石并明确大小和部位，可作为首选的检查方法，如合并梗阻可见肝内、外胆管扩张，胆总管远端结石可因肥胖或肠气干扰而观察不清，但应用内镜超声检查可不受影响，对胆总管远端结石的诊断有重要价值。故选 C。

11.【答案】B

第十五章　急性胰腺炎

【A_1 型题】

1.【答案】A

2.【答案】A

3.【答案】E

【解析】慢性胰腺炎是各种原因所致的胰实质和胰管的不可逆慢性炎症，其特征是反复发作的上腹部疼痛伴不同程度的胰腺内、外分泌功能减退或丧失。临床表现腹痛最常见。故选 E。

4.【答案】B

【解析】急性出血坏死性胰腺炎病变以胰腺实质出血、坏死为特征。少数严重患者可因外溢的胰液经腹膜后途径渗入皮下造成出血。在腰部、季肋部和下腹部皮肤出现大片青紫色斑，称 Grey-Turner 征；若出现在脐周，称 Cullen 征。故选 B。

5.【答案】C

【解析】急性胰腺炎的局部并发症包括胰腺坏死、胰腺脓肿、急性胰腺假性囊肿及胃肠道瘘。胰腺水肿是急性胰腺炎的基本病理表现，急性胰腺炎的病理基本病理改变是胰腺呈不同程度的水肿、充血、出血和坏死。故选 C。

6.【答案】D

【解析】出血坏死性胰腺炎患者可有脉搏细速、血压下降，乃至休克。早期休克主要是由低血容量所致，后期继发感染使休克原因复杂化且难以纠正。故选 D。

7.【答案】D

8.【答案】B

【解析】急性胰腺炎的基本病理改变是胰腺呈不同程度的水肿、充血、出血和坏死。故选 B。

9.【答案】C

10.【答案】B

【解析】我国急性胰腺炎的病因以胆道疾病为主，占 50% 以上，称胆源性胰腺炎。故选 B。

11.【答案】A

【解析】高频考点。判断急性胰腺炎严重程度的血清学检查是血清钙，故选 A。暂时性低钙血症（<2mmol/L）常见于重症急性胰腺炎，低钙血症与临床严重程度平行，若钙低于 1.5mmol/L 以下提示预后不良。

12.【答案】D

【解析】血清淀粉酶在发病数小时开始升高，24 小时达高峰，4~5 天后逐渐降至正常；尿淀粉酶在 24 小时才开始升高，48 小时到高峰，下降缓慢，1~2 周后恢复正常。淀粉酶值越高诊断正确率也越大。但升高的幅度和病变严重程度不成正相关。故 A、B、E 错误，D 选项正确，血清淀粉酶超过正常 3 倍可确诊急性胰腺炎，C 错误。故选 D。

13.【答案】B

14.【答案】E

【解析】胰岛有多种细胞，以 B 细胞为主，分泌胰岛素；其次是 A 细胞分泌胰升糖素，以及 D 细胞分泌生长抑素；还有少数 PP 细胞分泌胰多肽，G 细胞分泌促胃液素（胃泌素）和 D1 细胞分泌血管活性肠肽（VIP）等。故选 E。

15.【答案】A

【解析】急性重症胰腺炎实验室检查：血糖升高（>11.1 mmol/L），血钙降低（<1.87 mmol/L）。其余选项急性轻型胰腺炎也可出现。故选 A。

16.【答案】A

【解析】急性胰腺炎的创伤因素包括：上腹部钝器伤、穿通伤、手术操作，特别是经 Vater 壶腹的操作，如内镜逆行胰胆管造影（ERCP）和内镜经 Vater 壶腹胆管取石术等。故选 A。

17.【答案】A

【解析】急性胰腺炎的实验室检查：白细胞增多（$>16\times10^9/L$），血糖升高（>11.1 mmol/L），血钙降低（<1.87 mmol/L），血尿素氮或肌酐增高，酸中毒。故选 A。

18.【答案】D

19.【答案】D

【解析】急性胰腺炎非手术治疗适应于急性胰腺炎全身反应期、水肿型胰腺炎及尚无感染的出血坏死性胰腺炎。手术适应证：①不能排除其他急腹症时。②胰腺和胰周坏死组织继发感染。③经非手术治疗，病情继续恶化。④暴发性胰腺炎经过短期（24 小时）非手术治疗多器官功能障碍仍不能得到纠正。⑤伴胆总管下端梗阻或胆道感染者。⑥合并肠穿孔、大出血或胰腺假性囊肿。故选 D。

20.【答案】C

【解析】急性胰腺炎的非手术治疗包括：①禁食、胃肠减压。②补液、防治休克。③镇痛解痉：在诊断明确的情况下给予镇痛药，同时给予解痉药（山莨菪碱、阿托品）。禁用吗啡，以免引起 Oddi 括约肌痉挛。④抑制胰腺分泌。⑤营养支持。⑥抗生素的应用：对重症急性胰腺炎，应经静脉使用致病菌敏感广谱抗生素。故选 C。

21.【答案】C

【解析】腹痛是急性胰腺炎的主要症状，腹胀与腹痛同时存在。恶心、呕吐症状早期即可出现，常与腹痛伴发，呕吐物为胃十二指肠内容物，偶可呈咖啡色，呕吐后腹痛不缓解。其他较轻的急性水肿性胰腺炎可不发热或轻度发热，合并胆道感染常伴有寒战、高热。一般不会出现腹泻症状。故选 C。

22.【答案】A

【解析】急性胰腺炎有多种致病危险因素，国内以胆道疾病为主，占 50% 以上，称胆源性胰腺炎。故选 A。

23.【答案】E

【解析】急性胰腺炎患者恶心、呕吐症状早期即可出现，常与腹痛伴发，呕吐物为胃十二指肠内容物，偶可呈咖啡色，呕吐后腹痛不缓解。故选 E。

【A_2 型题】

24.【答案】E

【解析】急性重症胰腺炎可伴休克，也可并发脏器功能障碍和严重的代谢障碍。结合病史及实验室检查，该患者出现少尿，肌酐及尿素氮明显增高，血钾也明显增高，为急性胰腺炎急性肾损伤，且患者现气促、全身水肿、两下肺湿啰音，提示同时合并心功能不全，应及时透析，故选 E。

25.【答案】E

【解析】急性胰腺炎多于暴饮暴食或饮酒后发病，上腹偏左侧腹痛，持续剧烈，可向肩部放射。恶心、呕吐后腹痛不缓解。实验室检查血或尿淀粉酶明显升高，血脂肪酶升高更有诊断价值。该患者饮酒后出现急腹症，疼痛部位为胰腺部位，腹平片未见膈下游离气体，除外穿孔，最可能的诊断是急性胰腺炎。故选 E。

26.【答案】E

【解析】尿淀粉酶在 24 小时才开始升高，48 小时才到高峰，且下降缓慢，1~2 周后恢复正常。患者患病，4 小时尿淀粉酶还未升高。故选 E。

27.【答案】E

【解析】急性重症胰腺炎可伴休克，也可并发脏器功能障碍和严重的代谢障碍。该患者上腹痛后出现呼吸困难，最可能的诊断是急性出血坏死型胰腺炎合并 ARDS。故选 E。

28.【答案】B

【解析】患者出现右上腹疼痛，有胆结石可能。后患者出现上腹部疼痛，向腰背部放射，伴豆油色尿，考虑患急性胰腺炎，且胆源性胰腺炎可能大。急性胆囊炎向右肩部放射，肾绞痛部位常在腰部；高位阑尾穿孔可出现转移性右下腹痛；肠系膜血管栓塞多表现为突然发生腹部持续性剧烈绞痛，伴有频繁呕吐，初起时腹软，压痛不明显，肠鸣音存在，与腹痛程度不相称。综上所述，该患者胆源性胰腺炎可能大。故选 B。

29.【答案】D

【解析】急性胰腺假性囊肿胰腺周围液体积聚，被纤维组织包裹形成假性囊肿。该患者有撞击上腹部病史，有胰腺损伤可能，囊性肿块最可能为胰腺假性囊肿。故选 D。

30.【答案】D

31.【答案】D

【解析】患者腹部剧痛、恶心、呕吐，合并休克，体格检查有腹膜刺激征，实验室检查白细胞增多、血清淀粉酶增高，血钙降低，应考虑诊断急性出血坏死性胰腺炎。故选 D。

【A_3/A_4 型题】

32.【答案】B

【解析】急性胰腺炎常于饱餐和饮酒后突然发作，腹痛剧烈，多位于左上腹，向左肩及左腰背部放射，弯腰时可减轻腹痛。胆源性者腹痛始发于右上腹，逐渐向左侧转移。病变累及全胰时，疼痛范围较宽并呈束带状向腰背部放射。根据患者症状，胆源性胰腺炎可能性大，应行血淀粉酶检查。故选 B。

33.【答案】B

34.【答案】D

35.【答案】A

【解析】急性胰腺炎常于饱餐和饮酒后突然发作，腹痛剧烈，多位于左上腹，呕吐后腹痛不缓解为其特点。急性出血坏死性胰腺炎压痛明显，并有肌紧张和反跳痛，范围较广或延及全腹。移动性浊音多为阳性。肠鸣音减弱或消失。患者临床表现及辅助检查符合急性胰腺炎的诊断。故选A。

36.【答案】C

37.【答案】C

38.【答案】A

【解析】急性胰腺炎的局部并发症包括胰腺坏死、胰腺脓肿、急性胰腺假性囊肿及胃肠道瘘。故选A。

【B_1型题】

39.【答案】A

40.【答案】B

41.【答案】C

第十六章 胰腺癌

【A_1型题】

1.【答案】B

【解析】90%的胰腺癌为导管细胞腺癌，少见黏液性囊腺癌和腺泡细胞癌。故选B。

2.【答案】A

3.【答案】B

4.【答案】A

【解析】黄疸是胰头癌最主要的临床表现，呈进行性加重。而胆总管结石不会出现进行性黄疸。故选A。

5.【答案】A

【解析】上腹疼痛、不适是胰腺癌最常见的首发症状。早期因胰管梗阻致管腔内压增高，出现上腹不适，或隐痛、钝痛、胀痛。少数患者可无疼痛。故选A。

第十七章 急性肠梗阻

【A_1型题】

1.【答案】B

【解析】肠梗阻临床表现尽管由于肠梗阻的原因、部位、病变程度、发病急慢的不同，可有不同的临床表现，但肠内容物不能顺利通过肠腔则是都具有的，其共同表现是腹痛、呕吐、腹胀及停止自肛门排气排便。故选B。

2.【答案】E

【解析】完全性梗阻呕吐频繁，如为低位梗阻腹胀明显，完全停止排便排气；X线腹部检查见梗阻以上肠袢明显充气和扩张，梗阻以下结肠内无气体。不完全梗阻呕吐与腹胀都较轻或无呕吐；X线所见肠袢充气扩张都较不明显，而结肠内仍有气体存在。故选E。

3.【答案】B

【解析】机械性肠梗阻发生时，由于梗阻部位以上强烈肠蠕动，表现为阵发性绞痛，疼痛多在腹中部，也可偏于梗阻所在的部位。故选B。

4.【答案】B

【解析】机械性肠梗阻发生时，由于梗阻部位以上强烈肠蠕动，表现为阵发性绞痛。听诊肠鸣音亢进，有气过水声或金属音，为机械性肠梗阻表现。麻痹性肠梗阻时，则肠鸣音减弱或消失。故选B。

5.【答案】D

【解析】有下列表现者，应考虑绞窄性肠梗阻的可能：①腹痛发作急骤，起始即为持续性剧烈疼痛，或在阵发性加重之间仍有持续性疼痛。肠鸣音可不亢进。有时出现腰背部痛，呕吐出现早、剧烈而频繁。B、C选项正确，而D选项错误。②病情发展迅速，早期出现休克，抗休克治疗后改善不显著。A选项正确。③有明显腹膜刺激征，体温上升、脉率增快、白细胞计数增高。④腹胀不对称，腹部有局部隆起或触及有压痛的肿块（胀大的肠袢）。⑤呕吐物、胃肠减压抽出液、肛门排出物为血性，或腹腔穿刺抽出血性液体。⑥经积极非手术治疗而症状体征无明显改善。E选项正确。⑦腹部X线检查见孤立、突出胀大的肠袢，不因时间而改变位置，或有假肿瘤状阴影；或肠间隙增宽，提示有腹水。故选D。

6.【答案】C

7.【答案】E

8.【答案】E

【解析】低钾血症最早的临床表现是肌无力，先是四肢软弱无力，以后可延及躯干和呼吸肌，一旦呼吸肌受累，可致呼吸困难或窒息。心脏受累主要表现为传导阻滞和节律异常。典型的心电图改变为早期出现T波降低、变平或倒置，随后出现ST段降低、Q-T间期延长和U波。低钾血症可致代谢性碱中毒，这是由于一方面K^+由细胞内移出，与Na^+-H^+的交换增加（每移出3个K^+，即有2个Na^+和1个H^+移入细胞内），使细胞外液的H^+浓度降低；另一方面，远曲肾小管Na^+-K^+交换减少，Na^+-H^+交换增加，使排H^+增多。这两方面的作用即可使患者发生低钾性碱中毒。此时，尿却呈酸性（反常性酸性尿）。肠梗阻患者可出现皮肤苍白，但肠梗阻患者有低钾血症一般不会出现口苦，故选E。

9.【答案】E

10.【答案】E

【解析】肠梗阻的基础疗法即不论采用非手术或手术治疗，均需应用的基本处理。①胃肠减压：是治疗肠梗阻的重要方法之一。通过胃肠减压，吸出胃肠道内的气体和液体，可以减轻腹胀，降低肠腔内压力，减少肠腔内的细菌和毒素，改善肠壁血液循环，有利于改善局部病变和全身情况。②矫正水、电解质紊乱和酸碱失衡：不论采用手术和非手术治疗，纠正水、电解质紊乱和酸碱失衡是极重要的措施。③防治感染和中毒：应用抗肠道细菌，包括抗厌氧菌的抗生素。一般单纯性肠梗阻可不应用，但对单纯性肠梗阻晚期，特别是绞窄性肠梗阻以及手术治疗的患者，应该使用。A、B、C、D均正确，故选E。

11.【答案】D

【解析】如在解除梗阻原因后有下列表现，则说明肠管已无生机：①肠壁已呈黑色并塌陷；②肠壁已失去张力和蠕动能力，肠管麻痹、扩大、对刺激无收缩反应；③相应的肠系膜终末小动脉无搏动。故选D。

12.【答案】B

【解析】非手术治疗：主要适用于单纯性粘连性（特别是不完全性）肠梗阻，麻痹性或痉挛性肠梗阻，蛔虫或粪块堵塞引起的肠梗阻，肠结核等炎症引起的不完全性肠梗阻，肠套叠早期等。手术治疗：各种类型的绞窄性肠梗阻、肿瘤及先天性肠道畸形引起的肠梗阻，以及非手术治疗无效的患者，适应手术治疗。故选B。

【A_2型题】

13.【答案】E

14.【答案】E

【解析】有下列表现者，应考虑绞窄性肠梗阻的可能：①腹痛发作急骤，起始即为持续性剧烈疼痛，或在阵发性加重之间仍有持续性疼痛。肠鸣音可不亢进。②病情发展迅速，早期出现休克，抗休克治疗后改善不显著。③有明显腹膜刺激征，体温上升、脉率增快、白细胞计数增高。该患者既往手术史，符合上述①③两点，最可能为绞窄性肠梗阻。故选E。

15.【答案】A

【解析】麻痹性肠梗阻无阵发性绞痛等肠蠕动亢进的表现，相反为肠蠕动减弱或消失，腹胀显著。而机械性肠梗阻胀气限于梗阻以上的部分肠管，即使晚期并发肠绞窄和麻痹，结肠也不会全部胀气。高位小肠梗阻的特点是呕吐发生早而频繁，腹胀不明显；低位小肠梗阻的特点是腹胀明显，呕吐出现晚而次数少，并可吐粪样物。根据患者肠鸣音亢进、腹胀，无排便排气5天，未描述呕吐症状，以及X线表现，符合机械性肠梗阻诊断。故选A。

16.【答案】D

【解析】患者常便秘，腹部持续性疼痛，阵发性加剧，呕吐胆汁，肠鸣音亢进，考虑机械性肠梗阻可能性大。故选D。

17.【答案】C

【解析】根据题意，患者术后出现肠梗阻，需应用的基本处理是胃肠减压支持疗法。故选C。

18.【答案】D

【解析】患者症状以腹胀痛、停止排气排便为主，首先考虑肠梗阻。腹部查体肠鸣音消失，考虑麻痹性肠梗阻。故选D。

【A_3/A_4型题】

19.【答案】C

【解析】根据患者餐后发作腹痛，时有停止排气排便，腹部体征可见肠型，肠鸣音亢进，诊断肠梗阻可能性大。腹部X线检查：一般肠梗阻发生4～6小时，X线检查即显示出肠腔内气体；立位或侧卧位透视或拍片，可见多数液平面及气胀肠袢。为诊断肠梗阻最有意义的检查。故选C。

20.【答案】B

【解析】诊断急性粘连性肠梗阻主要是小肠机械性肠梗阻的表现，患者多有腹腔手术、创伤或感染的病史，以往有慢性肠梗阻症状和多次急性发作者多为广泛粘连引起的梗阻。该患者有腹腔手术中，现腹胀，腹软无压痛，肠鸣者亢进，未出现绞窄性肠梗阻表现，最可能为粘连性肠梗阻。故选B。

21.【答案】A

【解析】胃肠减压是治疗肠梗阻的重要方法之一。通过胃肠减压，吸出胃肠道内的气体和液体，可以减轻腹胀，降低肠腔内压力，减少肠腔内的细菌和毒素，改善肠壁血液循环，有利于改善局部病变和全身情况。因为手术治疗并不能消除粘连，相反地，术后还可能形成新的粘连，所以对单纯性肠梗阻、不完全性梗阻，特别是广泛性粘连者，一般选用非手术治疗。故选A。

22.【答案】C

【解析】动力性肠梗阻是由于神经反射或毒素刺激引起肠壁肌功能紊乱，使肠蠕动丧失或肠管痉挛，以致肠内容物不能正常运行，但无器质性的肠腔狭窄。常见的如急性弥漫性腹膜炎、腹部大手术、腹膜后血肿或感染引起的麻痹性肠梗阻。根据患者腹部手术时出现回肠末端血运障碍，肠鸣音弱。首先考虑麻痹性肠梗阻。故选C。

23.【答案】A

24.【答案】B

【解析】非手术治疗：主要适用于单纯性粘连性（特别是不完全性）肠梗阻，麻痹性或痉挛性肠梗阻，蛔虫或粪块堵塞引起的肠梗阻，肠结核等炎症引起的不完全性肠梗阻，肠套叠早期等。患者未出现腹痛发作急骤，明显腹膜刺激征、休克等绞窄性肠梗阻表现，暂不行手术治疗，主要采用胃肠减压，矫正水、电解质紊乱和酸碱失衡，防治感染和中毒，应用抗肠道细菌等支持疗法。故选B。

第十八章　急性阑尾炎

【A_1 型题】

1.【答案】B

【解析】阑尾炎典型的腹痛发作始于上腹，逐渐移向脐部，数小时（6～8小时）后转移并局限在右下腹。此过程的时间长短取决于病变发展的程度和阑尾位置。70%～80%的患者具有这种典型的转移性腹痛的特点。右下腹压痛是急性阑尾炎最常见的重要体征。压痛点通常位于麦氏点，可随阑尾位置的变异而改变，但压痛点始终在一个固定的位置上。发病早期腹痛尚未转移至右下腹时，右下腹便可出现固定压痛。压痛的程度与病变的程度相关。腰大肌试验和闭孔内肌试验阳性可作为辅助诊断。故选B。

2.【答案】D

【解析】X线钡剂灌肠透视检查，可见阑尾不充盈或充盈不全，阑尾腔不规则，72小时后透视复查阑尾腔内仍有钡剂残留，即可诊断慢性阑尾炎。故选D。

3.【答案】A

4.【答案】B

【解析】小儿急性阑尾炎由于小儿大网膜发育不全，不能起到足够的保护作用，加之患儿也不能清楚地提供病史，最易穿孔形成弥漫性腹膜炎。其临床特点：①病情发展较快且较重，早期即出现高热、呕吐等症状。②右下腹体征不明显、不典型，但有局部压痛和肌紧张，是小儿阑尾炎的重要体征。③穿孔率较高，并发症和死亡率也较高。故选B。

5.【答案】B

6.【答案】B

【解析】阑尾残端的处理方法：在距盲肠0.5cm处用钳轻轻钳夹阑尾后用丝线或肠线结扎阑尾，再于结扎线远侧0.5cm处切断阑尾，残端用碘酒、酒精涂擦处理。于盲肠壁上缝荷包线将阑尾残端埋入。故选B。

【A_2 型题】

7.【答案】D

8.【答案】B

【解析】患者有典型的转移性腹痛的特点和右下腹压痛，提示阑尾炎。出现腹膜刺激征，右下腹穿刺抽得黄色混浊液，镜检脓细胞（++），故考虑阑尾炎穿孔合并弥漫性腹膜炎可能性大。故选B。

9.【答案】E

10.【答案】E

【解析】根据创伤和外科手术中污染的可能性将手术切口分为3类：①Ⅰ类切口即无菌切口。如颅脑、视觉器官、四肢躯干及不切开空腔脏器的胸、腹部手术切口。②Ⅱ类切口即可能污染的切口。即手术切口部位有污染的可能。如手术中必须切开或离断与体表相通连并有污染可能的空腔器疗的手术切口。包括消化道、呼吸道、泌尿道、阴道等以及阴囊、会阴部等不易彻底消毒皮肤的切口。③Ⅲ类切口即污染切口。即在邻近感染区域组织及直接暴露于感染物的切口。如各个系统或部位的脓肿切开引流，化脓性腹膜炎等手术切口均属此类。切口愈合分为三级。①甲级：愈合优良，即没有不良反应的初级愈合，用"甲"字表示。②乙级：愈合欠佳，即愈合有缺点，但切口未化脓。为了反应愈合欠佳具体情况，可备注说明，如血肿、积液、皮肤坏死、切口破裂等，用"乙"字表示。③丙级：切口化脓，并因化脓需要敞开切口或切开引流者。用"丙"字表示。故选E。

【A_3/A_4 型题】

11.【答案】C

【解析】患者转移性右下腹疼痛，伴恶心、呕吐，发热，出现腹膜刺激症状，提示阑尾炎可能性大。故选C。

12.【答案】B

【解析】绝大多数急性阑尾炎一旦确诊，应早期施行阑尾切除术。故选B。

13.【答案】A

14.【答案】E

【解析】阑尾炎切除术后并发症包括：①出血。②切口感染：是最常见的术后并发症。③粘连性肠梗阻：也是阑尾切除术后的较常见并发症，与局部炎症重、手术损伤、切口异物、术后卧床等多种原因有关。④阑尾残株炎。⑤粪瘘：很少见。故选E。

【B_1 型题】

15.【答案】B

【解析】①急性胆囊炎主要是上腹部疼痛，开始时仅有上腹胀痛不适，逐渐发展至呈阵发性绞痛；夜间发作常见，饱餐、进食肥腻食物常诱发发作。疼痛放射到右肩、肩胛和背部。②急性阑尾炎的典型表现为转移性腹痛和右下腹压痛。③胃十二指肠溃疡急性穿孔过去有溃疡病史，突然发生的持续性上腹剧烈疼痛，很快扩散到全腹，常伴有轻度休克症状。体格检查时有明显的腹膜刺激征，特别是肝浊音界缩小或消失。④急性胰腺炎多于暴饮暴食或饮酒后发病，上腹偏左侧腹痛，持续剧烈，可向肩部放射。⑤输尿管结石典型表现为阵发性腰部或上腹部疼痛，并沿输尿管行径放射至同侧腹股沟，还可涉及同侧睾丸或阴唇。故选B。

16.【答案】D

17.【答案】E

第十九章 结、直肠癌

【A_1型题】

1.【答案】B

【解析】结肠癌病因虽未明确，但其相关的高危因素渐被认识，如过多的动物脂肪及动物蛋白饮食，缺乏新鲜蔬菜及纤维素食品；缺乏适度的体力活动。遗传易感性在结肠癌的发病中也具有重要地位，如遗传性非息肉性结肠癌的错配修复基因突变携带的家族成员，应视为结肠癌的一组高危人群。有些病如家族性肠息肉病，已被公认为癌前期疾病；结肠腺瘤、溃疡性结肠炎以及结肠血吸虫病肉芽肿，与结肠癌的发生有较密切的关系。故选B。

2.【答案】D

3.【答案】A

【解析】肿块型肿瘤向肠腔内生长，好发于右侧结肠，特别是盲肠。故选A。

4.【答案】D

【解析】排便习惯与粪便性状的改变常为结肠癌最早出现的症状。多表现为排便次数增加、腹泻、便秘、粪便中带血、脓或黏液。故选D。

5.【答案】D

【解析】有远处转移为结肠癌的手术禁忌，故排除C、E项。全身皮肤、黏膜黄染，可能为肝转移表现。故排除A项。中等量以上腹水不除外腹腔转移可能，故排除B项。结肠癌的症状就会出现腹部肿块或肠梗阻，并非手术禁忌证。故选D。

【A_2型题】

6.【答案】D

【解析】大肠癌可有贫血、低热表现，多见于右侧大肠癌。晚期患者有进行性消瘦、恶病质、腹水等。左、右侧大肠癌临床表现有一定差异。一般右侧大肠癌以全身症状、贫血和腹部包块为主要表现；左侧大肠癌则以便血、腹泻、便秘和肠梗阻等症状为主。患者临床表现与体征、辅助检查符合回盲部癌的诊断。故选D。

【A_3/A_4型题】

7.【答案】B

8.【答案】C

9.【答案】C

【解析】结肠癌早期症状多不明显，易被忽视。凡40岁以上有以下任一表现者应列为高危人群：①Ⅰ级亲属有结直肠癌史者。②有癌症史或肠道腺瘤或息肉史。③大便潜血试验阳性者。④以下五种表现具两项以上者：黏液血便、慢性腹泻、慢性便秘、慢性阑尾炎史及精神创伤史。对此组高危人群，行纤维结肠镜检查或X线钡剂灌肠或气钡双重对比造影检查，不难明确诊断。肠结核一般无脓血和黏液，血红蛋白不会降低；肠套叠会出现腹痛、腹部肿块和血便。患者根据症状、体征首先考虑诊断结肠癌，首选手术治疗。故选C。

第二十章 溃疡性结肠炎

【A_1型题】

1.【答案】A

【解析】糖皮质激素对急性发作期有较好疗效。适用于对氨基水杨酸制剂疗效不佳的轻、中度患者，特别适用于重度患者及急性暴发型患者。一般予口服泼尼松40～60mg/d；重症患者先予较大剂量静脉滴注，如氢化可的松300mg/d、甲泼尼龙48mg/d或地塞米松10mg/d，7～10天后改为口服泼尼松60mg/d。病情缓解后以每1～2周减少5～10mg用量至停药。减量期间加用氨基水杨酸制剂逐渐接替激素治疗。故选A。

2.【答案】E

【解析】溃疡性结肠炎主要为内科治疗，治疗目的是控制急性发作，维持缓解，减少复发，防治并发症。所以E选项错误，故选E。

3.【答案】D

【解析】溃疡性结肠炎的紧急手术指征为：并发大出血、肠穿孔、重型者，特别是合并中毒性巨结肠经积极内科治疗无效且伴严重毒血症状者。择期手术指征：并发癌变、脓肿与瘘管形成、顽固性全结肠炎等内科治疗效果不理想者。故选D。

4.【答案】D

【解析】溃疡性结肠炎的并发

症中毒性巨结肠多发生在暴发型或重症溃疡性结肠炎患者。此时结肠病变广泛而严重，累及肌层与肠肌神经丛，肠壁张力减退，结肠蠕动消失，肠内容物与气体大量积聚，引起急性结肠扩张，一般以横结肠为最严重。常因低钾、钡剂灌肠、使用抗胆碱能药物或阿片类制剂而诱发。临床表现为病情急剧恶化，毒血症明显，有脱水与电解质平衡紊乱，出现鼓肠、腹部压痛，肠鸣音消失。血常规白细胞计数显著升高。X线腹部平片可见结肠扩大、结肠袋形消失。本并发症预后差，易引起急性肠穿孔，是溃疡性结肠炎最严重的并发症，故选D。

5.【答案】E

6.【答案】C

【解析】溃疡性结肠炎所见X线征主要有：①黏膜粗乱和/或颗粒样改变。②多发性浅溃疡，表现为管壁边缘毛糙呈毛刺状或锯齿状以及见小龛影，亦可有炎症性息肉而表现为多个小的圆或卵圆形充盈缺损。③肠管缩短，结肠袋消失，肠壁变硬，可呈铅管状。结肠镜检查比X线钡剂灌肠检查准确，有条件宜做结肠镜全结肠检查，检查有困难时辅以钡剂灌肠检查。病变部位呈跳跃征象是肠结核的X线钡餐造影表现，故选C。

7.【答案】B

8.【答案】E

9.【答案】B

【解析】溃疡性结肠炎的结肠病变一般限于黏膜与黏膜下层，很少深入肌层，所以并发结肠穿孔、瘘管或周围脓肿少见。少数暴发型或重症患者病变涉及结肠全层，可发生中毒性巨结肠，肠壁重度充血、肠腔膨大、肠壁变薄，溃疡累及肌层至浆膜层，常并发急性穿孔。故选B。

10.【答案】B

【解析】克罗恩病、肠结核、血吸虫病一般无里急后重表现，而溃疡性结肠炎累及直肠会有里急后重症状。故选B。

11.【答案】C

【解析】中毒性巨结肠常因低钾、钡剂灌肠、使用抗胆碱能药物或阿片类制剂而诱发。临床表现为病情急剧恶化，毒血症明显，有脱水与电解质平衡紊乱，出现鼓肠、腹部压痛、肠鸣音消失。故选C。

【A_2型题】

12.【答案】E

【解析】患者为青年男性，左下腹痛伴脓血便6年，发病时间较长，首先应考虑溃疡性结肠炎，不除外结肠癌可能，首选检查为结肠镜。故选E。

13.【答案】E

【解析】溃疡型结肠炎具有持续或反复发作腹泻和黏液脓血便、腹痛、里急后重，伴有（或不伴）不同程度全身症状，X线钡剂灌肠检查可有炎症性息肉而表现为多个小的圆或卵圆形充盈缺损。首先考虑诊断溃疡型结肠炎。肠结核一般不会出现便血，暂不考虑肠结核的诊断，可以排除B、D选项。该患者X线钡剂灌肠检查距肛门25cm，排除A、C项诊断。故选E。

14.【答案】B

15.【答案】B

【解析】溃疡性结肠炎具有持续或反复发作腹泻和黏液脓血便、腹痛、里急后重，具有以下结肠镜检查重要改变中至少1项及黏膜活检组织学所见可以诊断本病：①黏膜血管纹理模糊、紊乱或消失、充血、水肿、易脆、出血及脓性分泌物附着，并常见黏膜粗糙，呈细颗粒状。②病变明显处见弥漫性糜烂和多发性浅溃疡。③慢性病变见假息肉及桥状黏膜，结肠袋往往变浅、变钝或消失。患者结肠镜检查符合溃疡性结肠炎诊断。故选B。

16.【答案】E

17.【答案】B

18.【答案】C

【解析】中毒性巨结肠多发生在暴发型或重症溃疡性结肠炎患者。临床表现为病情急剧恶化，毒血症明显，有脱水与电解质平衡紊乱，出现鼓肠、腹部压痛，肠鸣音消失。X线腹部平片可见结肠扩大，结肠袋形消失。患者临床表现及辅助检查符合中毒性巨结肠诊断。故选C。

19.【答案】C

【解析】根据症状及结肠镜检查结果，可诊断溃疡性结肠炎。其临床分度如下。①轻度：腹泻每日4次以下，便血轻或无，无发热、脉速，贫血无或轻，红细胞沉降率正常。②重度：腹泻每日6次以上，并有明显黏液脓血便，体温>37.5℃、脉搏>90次/分，血红蛋白<100g/L，红细胞沉降率>30mm/h。③中度：介于轻度与重度之间。根据症状，该患者属于轻度。故选C。

20.【答案】C

21.【答案】B

【解析】患者表现为溃疡性结肠炎症状，但本次结肠镜下表现并无黏膜血管纹理模糊、紊乱或消失、充血、水肿、易脆、出血及脓性分泌物附着，以及黏膜粗糙呈细颗粒状等表现，只能疑诊为溃疡性结肠炎。故选B。

【A_3/A_4型题】

22.【答案】B

【解析】患者黏液脓血便，伴里急后重，左下腹轻压痛，溃疡性结肠炎可能性大，主要应与细菌性痢疾、肠结核、结肠癌等鉴别。故A、C、D、E项均需询问，而精神创伤史与以上几种疾病的鉴别无关。故选B。

23.【答案】D

24.【答案】B

25.【答案】E

【解析】患者出现黏液脓血便2年，最可能的诊断是溃疡性结肠炎。该病出现中毒性巨结肠并发症时临床表现为病情急剧恶化，毒血症明显，有脱水与电解质平衡紊乱，出现鼓肠、腹部压痛、肠鸣音消失。血常规白细胞计数显著升高。X线腹部平片可见结肠扩大，结肠袋形消失。该患者腹痛，病情急剧恶化，出现鼓肠、腹部压痛，肠鸣音消失，出现中毒性巨结肠并发症可能大，应行X线腹部平片检查。故选E。

26.【答案】D

【解析】中毒性巨结肠常因低钾、钡剂灌肠、使用抗胆碱能药物或阿片类制剂而诱发。应禁止用钡剂灌肠。故选D。

27.【答案】B

第二十一章　痔

【A_1型题】

1.【答案】C

【解析】内痔是肛垫的支持结构、静脉丛及动静脉吻合支发生病理性的改变或移位所形成。外痔是齿状线远侧皮下静脉丛的病理性扩张或血栓形成。内痔通过丰富的静脉丛吻合支和相应部位的外痔相互融合为混合痔。故选C。

2.【答案】B

【解析】内痔的主要临床表现是出血和脱出。内痔的分度如下。Ⅰ度：便时带血、滴血或喷射状出血，便后出血可自行停止，无痔脱出；Ⅱ度：常有便血，排便时有痔脱出，便后可自行还纳；Ⅲ度：偶有便血，排便或久站、咳嗽、劳累、负重时痔脱出，需用手还纳；Ⅳ度：偶有便血，痔脱出不能还纳或还纳后又脱出。故选B。

3.【答案】E

【解析】胶圈套扎疗法，可用于治疗Ⅰ、Ⅱ、Ⅲ度内痔。故选E。

【A_2型题】

4.【答案】D

5.【答案】D

6.【答案】A

7.【答案】C

【解析】内痔的常见症状为无痛性、间歇性便后鲜血，未发生血栓、嵌顿、感染时内痔无疼痛，且好发部位为截石位3、7、11点。患者临床表现及肛镜检查符合内痔的诊断。故选C。

【A_3/A_4型题】

8.【答案】D

9.【答案】E

10.【答案】B

11.【答案】A

第二十二章　肛　裂

【A_1型题】

1.【答案】B

2.【答案】B

【解析】肛裂多见于青中年人，绝大多数肛裂位于肛管的后正中线上，也可在前正中线上，侧方出现肛裂者极少。若侧方出现肛裂应想到肠道炎症性疾病（如结核、溃疡性结肠炎及克罗恩病等）或肿瘤的可能。故选B。

3.【答案】C

4.【答案】D

【解析】肛裂慢性裂口上端的肛门瓣和肛乳头水肿，形成肥大乳头；下端皮肤因炎症、水肿及静脉、淋巴回流受阻，形成袋状皮垂向下突出于肛门外，称为前哨痔。因肛裂、前哨痔、乳头肥大常同时存在，称为肛裂“三联征”。故选D。

5.【答案】D

【解析】肛裂患者有典型的临床表现，即疼痛、便秘和出血。疼痛多剧烈，有典型的周期性：排便时由于肛裂内神经末梢受刺激，立刻感到肛管烧灼样或刀割样疼痛，称为排便时疼痛；便后数分钟可缓解，称为间歇期；随后因肛门括约肌收缩痉挛，再次剧痛，此期可持续半小时到数小时，临床称为括约肌挛缩痛。直至括约肌疲劳、松弛后疼痛缓解，但再次排便时又发生疼痛。以上称为肛裂疼痛周期。故选D。

第二十三章　肛　瘘

【A_1型题】

1.【答案】D

【解析】大部分肛瘘由直肠肛管周围脓肿引起，脓肿自行破溃或切开引流处形成外口，位于肛周皮肤。故选D。

2.【答案】D

3.【答案】D

【解析】肛瘘手术治疗原则是将瘘管切开，形成敞开的创面，促使愈合。手术方式很多，手术应根据内口位置的高低、瘘管与肛门括约肌的关系来选择。手术的关键是尽量减少肛门括约肌的损伤，防止肛门失禁，同时避免瘘的复发。故选D。

4.【答案】C

5.【答案】B

【A_2型题】

6.【答案】B

【解析】肛周脓肿切开引流后，绝大多数形成肛瘘。临床表现为外口流出少量脓性、血性、黏液性分泌物为主要症状。由于分泌物的刺激，使肛门部潮湿、瘙痒，有时形成湿疹。当外口愈合，瘘管中有脓肿形成时，可感到明显疼痛，同时可伴有发热、寒战、乏力等全身感染症状，脓肿穿破或切开引流后，症状缓解。上述症状的反复发作是瘘管的临床特点。患者手术史及临床表现符合肛瘘诊断。故选B。

第二十四章　直肠肛管周围脓肿

【A_1型题】

1.【答案】D

【解析】绝大部分直肠肛管周围脓肿由肛腺感染引起。肛腺开口于肛窦，多位于内外括约肌之间。因肛窦开口向上，腹泻、便秘时易引发肛窦炎，感染延及肛腺后首先易发生括约肌间感染。故选D。

2.【答案】A

【解析】直肠肛管周围脓肿，临床表现为：①肛周脓肿，肛门周围脓肿最常见。常位于肛门后方或侧方皮下部，一般不大。②坐骨肛管间隙脓肿，又称坐骨肛门窝脓肿，也比较常见。③骨盆直肠间隙脓肿，又称骨盆直肠窝脓肿，较为少见，但很重要。④其他，有肛管括约肌间隙脓肿、直肠后间隙脓肿、高位肌间脓肿、直肠壁内脓肿（黏膜下脓肿）。故选A。

3.【答案】C

【A_2型题】

4.【答案】B

【解析】①肛门周围脓肿：主要症状为肛周持续性跳动性疼痛，行动不便，坐卧不安，全身感染性症状不明显。病变处明显红肿，有硬结和压痛，脓肿形成可有波动感，穿刺时抽出脓液。②坐骨肛管间隙脓肿：又称坐骨直肠窝脓肿，发病时患侧出现持续性胀痛，逐渐加重，继而为持续性跳痛，坐立不安，排便或行走时疼痛加剧，可有排尿困难和里急后重；全身感染症状明显，如头痛、乏力、发热、食欲缺乏、恶心、寒战等。早期局部体征不明显，以后出现肛门患侧红肿，双臀不对称；局部触诊或直肠指检时患侧有深压痛，甚至波动感。如不及时切开，脓肿多向下穿入肛管周围间隙，再由皮肤穿出，形成肛瘘。③骨盆直肠间隙脓肿：又称骨盆直肠窝脓肿。由于此间隙位置较深，空间较大，引起的全身症状较重而局部症状不明显。早期就有全身中毒症状，如发热、寒战、全身疲倦不适。局部表现为直肠坠胀感，便意不尽，排便时尤感不适，常伴排尿困难。直肠指诊可在直肠壁上触及肿块隆起，有压痛和波动感。诊断主要靠穿刺抽脓，经直肠以手指定位，从肛门周围皮肤进针。④其他有肛门括约肌间隙脓肿、直肠后间隙脓肿、高位肌间脓肿、直肠壁内脓肿黏膜下脓肿，由于位置较深，局部症状大多不明显，主要表现为会阴、直肠部坠胀感，排便时疼痛加重，患者同时有不同程度的全身感染症状。患者临床表现与体征符合坐骨肛管间隙脓肿的诊断。故选B。

5.【答案】C

第二十五章　消化道大出血

【A_1型题】

1.【答案】D

【解析】胃镜检查是目前诊断上消化道出血病因的首选检查方法。胃镜检查在直视下顺序观察食管、胃、十二指肠球部直至降段，从而判断出血病变的部位、病因及出血情况。多主张在出血后24~48小时内进行检查，称急诊胃镜检查。一般认为这可大大提高出血病因诊断的准确性，对同时存在2个或多个病变者可确定其出血所在。故选D。

2.【答案】C

【解析】病史、症状与体征可为出血的病因诊断提供重要线索，但确诊出血的原因与部位需靠器械检查。肝功能试验结果异常有助于肝硬化诊断。而血常规不能作为急性上消化道出血原因的判断。故选 C。

3.【答案】A

4.【答案】B

【解析】球后溃疡是指球部远端十二指肠的溃疡，易并发出血。故选 B。

5.【答案】A

【解析】呕血与黑便是上消化道出血的特征性表现。上消化道大量出血之后，均有黑便。出血部位在幽门以上者常伴有呕血。若出血量较少、速度慢亦可无呕血。呕血为多棕褐色呈咖啡渣样，消化性溃疡出血前疼痛加剧，出血后减轻或缓解，有助于消化性溃疡的诊断。上消化道大量出血后，多数患者在 24 小时内出现低热，持续 3~5 天后降至正常。在上消化道大量出血后，由于大量血液蛋白质的消化产物在肠道被吸收，血中尿素氮浓度可暂时增高，称为肠源性氮质血症。故选 A。

6.【答案】B

【解析】在上消化道大量出血后，由于大量血液蛋白质的消化产物在肠道被吸收，血中尿素氮可暂时增高，称为肠源性氮质血症。一般于一次出血后数小时血尿素氮开始上升，24~48 小时达高峰，大多不超出 14.3mmol/L（40mg/dl），3~4 日后降至正常。下消化道出血一般无此症状，所以鉴别上下消化道出血血尿素氮升高有帮助。故选 B。

7.【答案】C

【解析】据研究，成人消化道出血短时间内出血量超过 1000ml，可出现周围循环衰竭表现。急性大出血严重程度的估计最有价值的指标是血容量减少所导致周围循环衰竭的临床表现，而周围循环衰竭又是急性大出血导致死亡的直接原因。故选 C。

8.【答案】E

【解析】据研究，成人每日消化道出血>5ml，粪便潜血试验出现阳性；每日出血量 50~100ml 可出现黑便。胃内储积血量在 250~300ml 可引起呕血。一次出血量不超过 400ml 时，因轻度血容量减少可由组织液及脾脏贮血所补充，一般不引起全身症状。出血量超过 400ml，可出现全身症状，如头晕、心悸、乏力等。故选 E。

9.【答案】A

10.【答案】D

11.【答案】B

【解析】上消化道出血的临床表现主要取决于出血量和出血速度。呕血与黑便是上消化道出血的特征性表现。其他表现有失血性周围循环衰竭、贫血和血象变化、发热、氮质血症。选项 D（全身皮肤出血）不正确。其他几个选项中，选项 B 最恰当。急性大量失血由于循环血容量迅速减少而导致周围循环衰竭，未出现急性大量失血可以不出现休克症状。故选 B。

12.【答案】A

13.【答案】B

【解析】上消化道大量出血病情急、变化快，严重者可危及生命，应采取积极措施进行抢救。抗休克、迅速补充血容量治疗应放在一切医疗措施的首位。大出血患者应立即行深静脉穿刺插管或使用加压输血器以保证输血的速度，无条件行深静脉穿刺插管时可采用大隐静脉切开术。该患者出现低血容量性休克，必须及早、快速、大量补充血容量，根据原有的病因补充相应的全血、血浆等。需立即查血型和配血，尽快建立有效的静脉输液通道。在配血过程中，需先输平衡液或葡萄糖盐水，同时进行中心静脉压测定指导调整补液速度及补液量。故选 B。

14.【答案】E

【解析】胆道出血多因胆道感染结石蛔虫引发，常有发热、胆绞痛、黄疸三联征。临床并不少见。故选 E。

15.【答案】A

【解析】上消化道疾病及全身性疾病均可引起上消化道出血。临床上最常见的病因是消化性溃疡、食管-胃底静脉曲张破裂、急性糜烂出血性胃炎和胃癌。慢性、周期性、节律性上腹痛多提示出血来自消化性溃疡，特别是在出血前疼痛加剧，出血后减轻或缓解，更有助于消化性溃疡的诊断。故选 A。

16.【答案】E

17.【答案】A

【解析】①分流手术利与弊：将高压的门静脉系统血流导入下腔静脉，显著降低了门静脉系统的压力，使胃底、食管曲张静脉获得有效引流，其预防和治疗复发出血的效果是肯定的。肝脏失去了部分门静脉血灌流，肠道吸收的毒性代谢产物绕过肝脏使术后脑病的发生率上升。②断流术评价：各种断流术，除了脾切除术本身可能因为减少了脾静脉血的回流对降低门静脉压力有利之外，都是通过阻断门静脉系统与胃底、食管曲张静脉间反常的血流联系，降低曲张静脉的压力来治疗和预防出血的。这可导致门静脉系统的压力上升，与曲张静脉之间压力差更易扩大，重新形成侧支通路，因而手术后复发出血率较高。而且断流手术后，门静脉压力上升，易于引发门静脉血流淤滞、术后腹水及胃黏膜充血、水肿等胃黏膜病变甚至出血的发生率上升。A 选项中患者的肝脏储备功能不好，不宜行脾切除加大网膜腹膜后固定术。故选 A。

18.【答案】E

19.【答案】B

【解析】食管-胃底静脉曲张破裂出血往往出血量大、再出血率高、死亡率高。故选B。

【A_2 型题】

20.【答案】E

【解析】患者有服用阿司匹林1个月的用药史，20分钟前呕咖啡色液1次，量约300ml，伴上腹不适，剑突下轻压痛。余无其他阳性体征。因此考虑患者长期口服阿司匹林药物损伤胃黏膜引起出血，应选择急诊胃镜及镜下止血，选E。

21.【答案】A

22.【答案】C

23.【答案】B

【解析】慢性、周期性、节律性上腹痛多提示出血来自消化性溃疡，特别是在出血前疼痛加剧，出血后减轻或缓解，更有助于消化性溃疡的诊断。患者虽然有HBsAg（+），但是根据患者的症状体征，3年来间断性上腹痛，多在春秋发作，考虑此次消化道出血的主要原因还是消化性溃疡，所以选择B。

24.【答案】D

25.【答案】B

【解析】三腔二囊管止血法用于食管-胃底静脉曲张破裂出血。该患者为胃溃疡出血。故选B。

26.【答案】B

27.【答案】B

28.【答案】B

29.【答案】D

30.【答案】B

【解析】贲门周围血管离断术的禁忌证：肝功能分级Ⅲ级或Child分级C级，即有黄疸、腹水、凝血机制障碍或肝性脑病。故选B。

31.【答案】E

32.【答案】B

【解析】出血性胃炎，又名急性糜烂性胃炎，常因服用乙酰水杨酸、保泰松、吲哚美辛、肾上腺皮质激素，或因酗酒、严重创伤、大手术、重要脏器（心、肝、肾）功能衰竭引起。所有选项中最可能出现术后消化道出血的为B选项。故选B。

33.【答案】C

34.【答案】A

【解析】消化性溃疡是消化道出血最常见的原因。胃十二指肠溃疡有15%~20%可以无症状，所以最可能的原因为消化性溃疡。故选A。

【A_3/A_4型题】

35.【答案】B

【解析】该患者巩膜黄染，有肝病与门静脉高压的临床表现者，最可能是门静脉高压导致食管-胃底静脉曲张破裂出血。故选B。

36.【答案】C

【解析】患者有四肢湿冷及脉细速等休克症状，休克时血压可以正常。此时应输血抗休克。故选C。

37.【答案】A

【解析】胃镜检查在直视下顺序观察食管、胃、十二指肠球部直至降段，从而判断出血病变的部位、病因及出血情况。该患者最可能为食管-胃底静脉曲张破裂出血，行胃镜检查可明确诊断。故选A。

38.【答案】C

【解析】胆道出血多因胆道感染、结石、蛔虫引发，常有发热、胆绞痛、黄疸三联征。该患者症状符合胆道出血。故选C。

39.【答案】D

【解析】胆道出血的量一般不大，多可经非手术疗法，包括抗感染和止血药物的应用而使出血停止。故选D。

40.【答案】A

【解析】胆道出血手术治疗的适应证之一就是肝外伤后所致的胆道出血。故选A。

【B_1 型题】

41.【答案】B

【解析】胃溃疡大出血首选胃大部切除。故选B。

42.【答案】C

【解析】应激性溃疡首先是处理原发病，其次是维持胃内pH在4.0以上，包括预防性应用制酸剂和抗生素的使用，以及控制感染，静脉应用止血药等措施，必要时手术治疗。故选C。

第二十六章　结核性腹膜炎

1.【答案】B

【解析】结核性腹膜炎的病理特点可为三型，即渗出型、粘连型及干酪型。以粘连型为最多见，渗出型次之，干酪型最少。在疾病的发展过程中，可由一个类型转变为另一类型，或二三种类型同时存在。故选B。

2.【答案】A

【解析】结核性腹膜炎多数起病较缓，但急性发病者亦为数不鲜。主要症状为倦怠，发热、腹胀和腹痛，亦有畏寒、高热骤然起病者。轻型病例开始呈隐蔽状态。故选A。

3.【答案】B

4.【答案】B

【解析】粘连型及干酪型患者的腹部常可触及肿块，多位于中下腹部。肿块多由增厚的大网膜、肿大的肠系膜淋巴结、粘连成团的肠曲或干酪样坏死脓性物积聚而成，其活动度小，大小不一，边缘不整，表面不平，有时呈横形块状物或有结节感，多有轻微触痛。故选 B。

5.【答案】E

6.【答案】A

【解析】腹水检查对鉴别腹水性质有重要价值。结核性腹膜炎腹水为草黄色渗出液，静置后有自然凝固块，少数为淡血色，偶见乳糜性，以淋巴细胞为主。但有时因低白蛋白血症，腹水蛋白含量减少，检测血清-腹水白蛋白梯度有助诊断。结核性腹膜炎的腹水腺苷脱氨酶活性常增高，有一定特异性。结核性腹膜炎的腹水普通细菌培养结果为阴性，结核分枝杆菌培养的阳性率很低。故选 A。

7.【答案】E

【解析】结核性腹膜炎，腹腔镜检查对诊断有困难者有确诊价值。一般适用于有游离腹水的患者，可窥见腹膜、网膜、内脏表面有散在或集聚的灰白色结节，浆膜失去正常光泽，呈混浊粗糙。活组织检查有确诊价值。腹腔镜检查在腹膜有广泛粘连者属禁忌。故选 E。

8.【答案】D

【解析】结核性腹膜炎手术适应证包括：①并发完全性肠梗阻或有不全性肠梗阻经内科治疗而未见好转者。②急性肠穿孔，或腹腔脓肿经抗生素治疗未见好转者。③肠瘘经抗结核化疗与加强营养而未能闭合者。④本病诊断有困难，与急腹症不能鉴别时，可考虑剖腹探查。故选 D。

【A_2 型题】

9.【答案】E

10.【答案】C

11.【答案】B

12.【答案】A

【解析】患者低热、盗汗，腹痛、腹胀，移动性浊音阳性。腹水：比重 1.018、蛋白质含量在 30g/L 以上、白细胞计数超过 500×10^6/L、以淋巴细胞为主，符合结核性腹膜炎的诊断。故选 A。

13.【答案】D

14.【答案】B

15.【答案】A

16.【答案】E

17.【答案】C

18.【答案】C

【A_3/A_4 型题】

19.【答案】A

【解析】患者突起转移性右下腹痛，伴恶心、呕吐、发热。查体：右下腹明显压痛、反跳痛、肌紧张，符合急性阑尾炎的诊断。故选 A。

20.【答案】E

【解析】患者阑尾炎术后，出现直肠和膀胱刺激症状，下腹坠胀、里急后重、大便次数增多、排尿困难，符合盆腔脓肿的临床表现。故选 E。

21.【答案】A

【解析】结核性腹膜炎是由结核分枝杆菌引起的慢性弥漫性腹膜感染。以儿童、青壮年多见。女略多于男。临床表现主要为倦怠、发热、腹痛与腹胀等，可引起肠梗阻、肠穿孔和形成瘘管等并发症。故选 A。

22.【答案】B

【解析】对血行播散或结核毒血症严重的患者，在应用有效的抗结核药物治疗的基础上，亦可加用肾上腺皮质激素，以减轻中毒症状，防止肠粘连及肠梗阻发生。故选 B。

【B_1 型题】

23.【答案】D

24.【答案】E

25.【答案】B

26.【答案】C

第二十七章 继发性腹膜炎

【A_1 型题】

1.【答案】B

2.【答案】D

【A_2 型题】

3.【答案】E

4.【答案】D

5.【答案】E

【解析】胃十二指肠急性穿孔时抽出液呈黄色、混浊、含胆汁、无臭味。患者术中发现阑尾外观无明显异常，右髂窝内有淡黄色混浊液，提示十二指肠穿孔可能性大。故选 E。

6.【答案】B

【解析】患者转移性右下腹痛 30 小时，伴呕吐、发热。体温 38.5℃，下腹部有压痛，右侧为重，并有反跳痛、肌紧张，提示急性阑尾炎穿孔可能性大，急性阑尾炎穿孔时抽出液为稀薄、脓性、略有臭味。故选 B。

7.【答案】C

8.【答案】C

【解析】患者 1 周前患上感，然后出现腹膜炎症状，考虑可能是致病菌通过血行播散至腹膜所致，提示原发性腹膜炎可能性大。故选 C。

【A_3/A_4 型题】

9.【答案】B

【解析】患者饱餐后突发上腹部剧烈疼痛，并迅速扩展为全腹疼痛伴腹膜刺激征，符合上消化道穿孔合并腹膜炎特征性的临床表现。故选B。

10.【答案】D

11.【答案】C

【解析】①毕Ⅰ式：当十二指肠溃疡伴有炎症、瘢痕及粘连时，采用这种术式常有困难，有时为了避免胃十二指肠吻合口的张力过大，切除胃的范围不够，就容易引起溃疡复发。对胃酸分泌高的十二指肠溃疡患者不太适合，故此术式多用于胃溃疡。②毕Ⅱ式：是在胃大部切除后，将十二指残端闭合，而将胃的剩余部分与空肠上段吻合。胃切除多少不因吻合的张力而受限制，胃体可以切除较多。溃疡复发的机会较少，由于食物和胃酸不经过十二指肠，直接进入空肠，十二指肠溃疡即使未能切除（旷置式胃大部切除术），也因不再受刺激而愈合。因此临床上应用较广，适用于各种情况的胃十二指肠溃疡，特别用于十二指肠溃疡。故选C。

12.【答案】B

【解析】患者突发上腹部剧烈疼痛，并迅速扩展为全腹疼痛伴腹膜刺激征，符合上消化道穿孔合并腹膜炎特征性的临床表现。该病在站立位X线检查时，80%的患者可见膈下新月状游离气体影。故选B。

13.【答案】E

第二十八章 腹外疝

【A_1型题】

1.【答案】C

【解析】腹股沟斜疝和直疝的鉴别见表4-11-28-1。

表4-11-28-1 腹股沟斜疝与直疝的鉴别

项目	斜疝	直疝
患者年龄	多见于儿童及青壮年	多见于老年人
突出途径	经腹股沟管突出，可进阴囊	由直疝三角突出，不进阴囊
疝块外形	椭圆或梨形，上部呈蒂柄状	半球形，基底较宽
回纳疝块后压住内环	疝块不再突出	疝块仍可突出
精索与疝囊的关系	精索在疝囊后方	精索在疝囊前外方
疝囊颈与腹壁下动脉的关系	疝囊颈在腹壁下动脉外侧	疝囊颈在腹壁下动脉内侧
嵌顿机会	较多	极少

故选C。

2.【答案】B

3.【答案】C

【解析】加强或修补腹股沟管前壁的方法：以Ferguson法最常用。它是在精索前方将腹内斜肌下缘和联合腱缝至腹股沟韧带上，目的是消灭腹内斜肌弓状下缘与腹股沟韧带之间的空隙。适用于腹横筋膜无显著缺损、腹股沟管后壁尚健全的病例。加强或修补腹股沟管后壁的方法常用的有四种：Bassini法、Halsted法、McVay法、Shouldice法。故选C。

4.【答案】A

【解析】嵌顿性疝，疝囊颈较小而腹内压突然增高时，疝内容物可强行扩张囊颈而进入疝囊，随后因囊颈的弹性收缩，又将内容物卡住，使其不能回纳，这种情况称为嵌顿性疝。疝发生嵌顿后，如其内容物为肠管，肠壁及其系膜可在疝囊颈处受压，先使静脉回流受阻，导致肠壁充血和水肿，疝囊内肠壁及其系膜渐增厚，颜色由正常的淡红逐渐转为深红，囊内可有淡黄色渗液积聚。于是肠管受压情况加重而更难回纳。肠管嵌顿时肠系膜内动脉的搏动可扪及，嵌顿如能及时解除，病变肠管可恢复正常。肠管嵌顿如不及时解除，肠壁及其系膜受压情况不断加重可使动脉血流减少，最后导致完全阻断，即为绞窄性疝。此时肠系膜动脉搏动消失，肠壁逐渐失去其光泽、弹性和蠕动能力，最终变黑坏死。故选A。

5.【答案】D

【解析】有少数病程较长的疝，因内容物不断进入疝囊时产生的下坠力量将囊颈上方的腹膜逐渐推向疝囊，尤其是髂窝区后腹膜与后腹壁结合得极为松弛，更易被推移，以至盲肠（包括阑尾）、乙状结肠或膀胱随之下移而成为疝囊壁的一部分。这种疝称为滑动疝，也属难复性疝。故选D。

【A_2型题】

6.【答案】D

【解析】患者嵌顿性股疝，经用力按压还纳疝块后，腹部持续性痛伴下腹压痛、肌紧张、反跳痛，肠鸣音消失，提示嵌顿性股疝发展为绞窄性疝。故选D。

7.【答案】E

【解析】患者右腹股沟肿块10年，可回纳，今晨咳嗽后，突然出现肿块增大，局部出现持续性痛，阵发性加重。查体见肿块局部红肿有压痛，穿出暗红液少许，提示腹股沟疝发生嵌顿。疝一旦嵌顿，自行回纳的机会较少，多数患者的症状逐步加重。如不及时处理，将会发展成为绞窄性疝。因此，嵌顿疝一旦确诊，应急诊手术，解除嵌顿，观察疝内容物是否坏死，进一步确定下一步治疗方案。故选E。

8.【答案】D

【解析】患儿，1岁3个月，右腹股沟区肿块约鸽卵大小，在哭闹时明显，压迫内环后肿块不出现，提示患儿腹股沟斜疝。婴幼儿的腹肌在发育中可逐渐强壮而使腹壁加强，单纯疝囊高位结扎常能获得满意的疗效，不需施行修补术。故选D。

9.【答案】D

【解析】患者，右腹股沟可复性肿块5年并逐渐增大，站立时出现，平卧后消失，且外环扩大，压迫内环后肿块不出现，符合腹股沟斜疝的临床表现。故选D。

10.【答案】B

【解析】患者老年男性，双侧腹股沟区出现半圆形肿块，站立时明显，平卧后消失，压迫内环肿块仍出现，符合腹股沟直疝的临床表现。故选B。

【A_3/A_4型题】

11.【答案】D

【解析】患者右腹股沟肿块10年，站立时明显，平卧后消失，有时可降入阴囊，可还纳，且外环扩大，压迫内环后肿块不再出现，符合腹股沟斜疝的临床表现。故选D。

12.【答案】E

【解析】腹股沟疝手术的基本原则是疝囊高位结扎、加强或修补腹股沟管管壁。故选E。

13.【答案】D

14.【答案】C

【解析】Halsted法，与Bassini法（提起精索，在其后方把腹内斜肌下缘和联合腱缝至腹股沟韧带上，置精索于腹内斜肌与腹外斜肌腱膜之间）很相似，但把腹外斜肌腱膜也在精索后方缝合，从而把精索移至腹壁皮下层与腹外斜肌腱膜之间。故选C。

【B_1型题】

15.【答案】E

【解析】发病机制有先天性和后天性之分。①先天性解剖异常：如鞘突不闭锁或闭锁不完全，就成为先天性斜疝的疝囊。右侧睾丸下降比左侧略晚，鞘突闭锁也较迟，故右侧腹股沟疝较多。②后天性腹壁薄弱或缺损：任何腹外疝，都存在腹横筋膜不同程度的薄弱或缺损。此外，腹横肌和腹内斜肌发育不全对发病也起着重要作用。已知腹肌松弛时弓状下缘与腹股沟韧带是分离的。但在腹内斜肌收缩时，弓状下缘即被拉直而向腹股沟韧带靠拢，有利于覆盖精索并加强腹股沟管前壁。因此，腹内斜肌弓状下缘发育不全或位置偏高者，易发生腹股沟疝（特别是直疝）。故选E。

16.【答案】D

17.【答案】A

【解析】交通性鞘膜积液，又称先天性鞘膜积液。是由于精索部位鞘突在出生后仍未闭合，借鞘突与腹腔相通，囊肿与鞘突间为一细小裂孔。故选A。

18.【答案】B

【解析】难复性疝疝内容物不能回纳或不能完全回纳入腹腔内，但并不引起严重症状者，称难复性疝。疝内容物反复突出，致疝囊颈受摩擦而损伤，并产生粘连是导致疝内容物不能回纳的常见原因。这种疝的内容物多数是大网膜。故选B。

19.【答案】A

【解析】疝内容物是进入疝囊的腹内脏器或组织，以小肠为最多见，大网膜次之。此外如盲肠、阑尾、乙状结肠、横结肠、膀胱等均可作为疝内容物进入疝囊，但较少见。故选A。

20.【答案】C

【解析】滑动性疝是指自腹股沟管突出的脏器和/或其系膜构成部分疝囊的疝。滑出的脏器右侧常见为盲肠，左侧则为乙状结肠。盲肠或乙状结肠的浆膜层构成疝囊的后壁，并向两侧返折构成疝囊的两侧和前壁。有时滑出的脏器为膀胱。故选C。

第二十九章 腹部损伤

【A_1型题】

1.【答案】C

【解析】常见受损内脏在开放性损伤中依次是肝、小肠、胃、结肠、大血管等；在闭合性损伤中依次是脾、肾、小肠、肝、肠系膜等。脾是腹部内脏最容易受损的器官，在腹部闭合性损伤中，脾破裂占20%~40%。故选C。

2.【答案】C

【解析】脾切除术后凶险性感染是脾切除术后远期的一个特殊问题。脾切除后机体免疫功能削弱和抗感染能力下降，不仅易感性增高，而且可发生脾切除术后凶险性感染，主要是婴幼儿。故对脾损伤和某些脾疾病而有保留部分脾适应证者，可以选用部分脾切除术或部分脾动脉栓塞治疗。故选C。

3.【答案】D

【解析】脾原发性疾病及占位性病变中下列疾病有手术指征，需行脾切除或部分脾切除：①游走脾，又称异位脾。②脾囊肿。③脾肿瘤。④脾脓肿。故选D。

4.【答案】E

5.【答案】E

【解析】腹膜外位空腔脏器破

裂，气体进入腹膜后间隙，腹部X线平片可见腹膜后积气。横结肠和乙状结肠是腹膜内位器官，直肠上部和十二指肠球部为腹膜间位器官。十二指肠水平部是腹膜外位器官。故选E。

6.【答案】E

7.【答案】C

【解析】脾破裂的处理：①无休克或容易纠正的一过性休克，影像学检查证实脾裂伤比较局限、表浅，无其他腹腔脏器合并伤者，可在严密观察血压、脉搏、腹部体征、血细胞比容及影像学变化的条件下行非手术治疗。②观察中如发现继续出血或发现有其他脏器损伤，应立即中转手术。不符合非手术治疗条件的伤员，应尽快剖腹探查，以防延误。③彻底查明伤情后明确可能保留脾者，可根据伤情，采用生物胶粘合止血、物理凝固止血、单纯缝合修补、脾破裂捆扎、脾动脉结扎及部分脾切除等。④脾中心部碎裂，脾门撕裂或有大量失活组织，高龄及多发伤情况严重者需迅速施行全脾切除术。为防止小儿日后发生脾切除后凶险性感染，有主张可将1/3脾组织切成薄片或小块埋入大网膜囊内进行自体移植。成人的脾切除后凶险性感染发生率甚低，多无此必要。⑤在野战条件下或原先已呈病理性肿大的脾发生破裂，应行脾切除术。⑥脾被膜下破裂形成的血肿和少数脾真性破裂后被网膜等周围组织包裹形成的局限性血肿，可因轻微外力影响或胀破被膜或血凝块而发生为延迟性脾破裂。一般发生在伤后两周，也有迟至数月以后的。此种情况下应切除脾。故选C。

8.【答案】B

【解析】由于幼儿脾切除后易发生感染，故一般在4岁以下的儿童不宜施行脾切除。故选B。

9.【答案】D

10.【答案】C

【解析】脾切除的主要适应证为外伤性脾破裂、门静脉高压症脾功能亢进，其次为脾原发性疾病及占位性病变，以及造血系统疾病等。故选C。

11.【答案】E

【解析】抽不到液体并不完全排除内脏损伤的可能性，应继续严密观察，必要时可重复穿刺，或改行腹腔灌洗术。故选E。

12.【答案】E

【解析】脾功能亢进症，简称脾亢，许多疾病可以引起脾功能亢进，其中以各种不同原因引起的肝硬化最为多见，如肝炎后肝硬化，血吸虫性肝硬化、门脉性肝硬化等；其次为慢性感染引起，如疟疾等；而血液系统中的遗传性球形红细胞增多症，自身免疫性贫血，原发性血小板减少性紫癜等疾病也可引起脾功能亢进。临床表现为脾大，一种或多种血细胞减少，而骨髓造血细胞相应增生，脾切除后血象恢复，症状缓解。故选E。

13.【答案】B

【解析】诊断性腹腔穿刺术如果抽到不凝血，提示系实质性器官破裂所致内出血，因腹膜的去纤维作用而使血液不凝。抽不到液体并不完全排除内脏损伤的可能性，应继续严密观察，必要时可重复穿刺，或改行腹腔灌洗术。故选B。

14.【答案】B

15.【答案】C

16.【答案】A

17.【答案】B

【解析】闭合性损伤可能仅局限于腹壁，也可同时兼有内脏损伤。开放性损伤即使涉及内脏，其诊断常较明确；但如体表无伤口，要确定有无内脏损伤，有时很困难，故闭合性损伤更具有重要的临床意义。闭合性损伤诊断中需要认真考虑的是判断是否有内脏损伤，且绝大部分内脏损伤者需早期手术治疗；如不能及时诊断，可能贻误手术时机而导致严重后果。为此，腹部闭合性损伤的诊断应包括以下各点：①有无内脏损伤。②什么脏器受到损伤。③是否有多发性损伤。④诊断遇有困难怎么办。以上检查和分析未能明确诊断时，可采取以下措施。其他辅助检查：诊断性腹腔穿刺术和腹腔灌洗术；X线检查；B超检查；CT检查。进行严密观察。剖腹探查。故选B。

18.【答案】D

19.【答案】B

【解析】胃肠道、胆道、膀胱等空腔脏器破裂的主要临床表现是弥漫性腹膜炎。除胃肠道症状（恶心、呕吐、便血、呕血等）及稍后出现的全身性感染的表现外，最为突出的是腹部有腹膜刺激征，其程度因空腔器官内容物不同而异。通常是胃液、胆汁、胰液刺激最强，肠液次之，血液最轻。故选B。

20.【答案】B

【解析】诊断性腹腔穿刺术和腹腔灌洗术的阳性率可达90%以上，对于判断腹腔内脏有无损伤和哪一类脏器损伤有很大帮助。故选B。

21.【答案】E

【A_2型题】

22.【答案】E

【解析】对于腹部闭合性损伤，但又一时不能明确诊断的患者，进行短时间的严密观察十分必要。观察期间要反复检查伤情的演变，并根据这些变化，不断综合分析，尽早作出结论而不致贻误治疗。观察的内容一般应包括：①每15~30分钟测定一次脉率、呼吸和血压。②每30分钟检查一次腹部体征，注意腹膜刺激征程度和范围的改变。③每30~60分钟测定一次红细胞数、血红蛋白和血细胞比容，了解是否有所下降，并复查白细胞数是否上升。④必要时可重复进行诊断性腹腔穿刺术或灌洗术。除了随时掌握伤情变化外，观察期间应做到：①不随便搬动伤者，以免加重伤情。②不注射镇痛药，以免掩盖伤情。③不给饮食，以免万一有胃肠道穿孔而加重腹腔污染。为了给可能需要进行的手术治疗创造条件，观察期间还应进行以下处理：①积极补充血容量，并防治休克。②注射广谱抗生素以预防或治疗可能存在的腹内感染。③疑有空腔脏器破裂或有明显腹胀时，应进行胃肠减压。故选E。

23.【答案】C

【解析】患者肝破裂，出现血压下降、脉率增快、血红蛋白下降，提示肝破裂失血性休克可能性大，由于肝破裂出血速度快，应当在抗休克的同时早手术争取时间止血。故选C。

24.【答案】D

【解析】腹腔游离气体为胃肠道（主要是胃、十二指肠和结肠，少见于小肠）破裂的证据，立位腹部平片可表现为膈下新月形阴影。故选D。

25.【答案】C

26.【答案】C

【解析】患者有上腹部外伤史，查体见面色苍白、四肢厥冷、血压下降、脉率增快等休克征象，全腹轻度压痛、肌紧张及反跳痛，考虑腹腔实质性脏器损伤导致腹腔内出血可能性大。故选C。

27.【答案】D

【解析】患者有胸腹部外伤史，X线检查：右侧膈肌升高及右7、8、9肋骨骨折，提示肝破裂的可能性大。故选D。

28.【答案】C

【解析】患者2天前左胸部外伤，X线检查：左7、8肋骨骨折。今日下楼梯突然腹痛，查体见面色苍白、血压下降、脉率增快等休克征象及腹膜刺激征，且腹腔穿刺抽出不凝血，提示迟发性脾破裂可能性大。故选C。

29.【答案】D

【解析】对于腹部损伤一时不能明确诊断的患者，不能注射镇痛药，以免掩盖伤情。故选D。

30.【答案】C

【A_3/A_4型题】

31.【答案】B

【解析】患者腹部闭合性损伤后查体表现为腹膜刺激征阳性，提示腹腔内脏器损伤可能性大。血压正常，移动性浊音不明显，尿无异常，提示腹腔内实质脏器损伤及泌尿系统损伤的可能性小。故选B。

32.【答案】A

【解析】对于已确诊或高度怀疑腹内脏器损伤者的处理原则是做好紧急术前准备，力争早期手术。故选A。

33.【答案】E

【解析】患者移动性浊音阳性，诊断性腹腔穿刺术对于判断腹腔内脏有无损伤和哪一类脏器损伤有很大帮助。抽到液体后，应观察其性状（血液、胃肠内容物、混浊腹水、胆汁或尿液），借以推断哪类脏器受损。必要时可做液体的涂片检查。故选E。

34.【答案】A

【解析】患者被车撞伤后，右肋部擦伤。查体见右上腹压痛、全腹轻度肌紧张、移动性浊音阳性，出现血压下降、脉率增快等休克表现，考虑肝破裂失血性休克可能性大。故选A。

【B_1型题】

35.【答案】A

【解析】有膈面腹膜刺激表现——同侧肩部牵涉痛者，提示上腹脏器损伤，其中尤以肝和脾的破裂为多见。故选A。

36.【答案】C

【解析】腹部闭合性损伤时胃很少受累，只在胃膨胀时偶可发生。若损伤未波及胃壁全层（如浆膜或浆肌层裂伤、黏膜裂伤），可无明显症状。若全层破裂，立即出现剧烈腹痛及腹膜刺激征、肝浊音界消失，膈下有游离气体，胃管引流出血性物。但单纯胃后壁破裂时症状体征不典型，诊断有时不易。故选C。

第十二篇 泌尿系统（含男性生殖系统）

第一章 尿液检查

【A_1型题】

1.【答案】C

【解析】膀胱肿瘤是泌尿系统中最常见的肿瘤。在国外，膀胱肿瘤的发病率在男性泌尿生殖器肿瘤中仅次于前列腺癌，居第二位；在国内则占首位。男性发病率为女性的3～4倍，年龄以50～70岁为多。血尿为膀胱癌最常见的首发症状，85%的患者可出现反复发作的无痛性间歇性肉眼血尿。在膀胱癌发病的全过程100%或早或晚出现血尿。因此，老年人出现无痛性全程肉眼血尿，应首先考虑的疾病的是膀胱肿瘤。

2.【答案】E

【解析】血尿是指尿液中排出大量的红细胞，即新鲜晨尿离心后每高倍镜视野红细胞超过3个。根据血尿来源不同临床上血尿分为肾小球性和非肾小球性血尿。故选E。

3.【答案】E

【解析】记忆题。有助于鉴别肾盂肾炎与膀胱炎的尿液检查是白细胞管型，肾盂肾炎波及肾小管才能出现管型尿，因此答案选E。

4.【答案】E

5.【答案】C

6.【答案】E

【解析】肾小球源性血尿由于肾小球基底膜挤压变形和肾小管各段的渗透压变化，其血液来自肾小球内的毛细血管破裂，故为变形红细胞。故选E。

7.【答案】C

【解析】因机体内、外环境因素的变化所产生的蛋白尿，称生理性蛋白尿。包括功能性蛋白尿，体位性蛋白尿和偶然性蛋白尿。体位性蛋白尿又称直立性蛋白尿，在直立时出现蛋白尿而卧位时尿蛋白消失，且无血尿、高血压、水肿等现象。故选C。

8.【答案】C

【解析】蛋白尿是指尿中的蛋白质含量超过正常值。定性检查：尿蛋白（+）以上。定量检查：尿蛋白>150mg/d，大于3.5g/d为大量蛋白尿。分为假性蛋白尿、选择性蛋白尿和非选择性蛋白尿。故选C。

9.【答案】E

【解析】根据蛋白尿的发生机制，蛋白尿可以分为肾小球性蛋白尿、肾小管性蛋白尿、溢出性蛋白尿和生理性蛋白尿。故选E。

10.【答案】B

【解析】选择性蛋白尿，指蛋白质电泳特点是以分子量较小的蛋白质为主，如白蛋白、α_1球蛋白、转铁蛋白及γ球蛋白，而分子量较大的蛋白质，如α_2球蛋白、纤维蛋白原、β脂蛋白等含量较少。故选B。

11.【答案】B

12.【答案】D

【解析】血清β_2微球蛋白的增多可反映肾小球滤过功能受损或滤过负荷是否增加的情况；而尿液中排出β_2微球蛋白增多，则提示肾小管损害或滤过负荷增加。肾小管性蛋白尿是由于肾小管对滤出蛋白的回吸收障碍所致，见于肾小管间质病变、肾盂肾炎、先天性肾小管病、低钾肾病等，表现为尿β_2微球蛋白增多，而血β_2微球蛋白不增多。故选D。

13.【答案】E

【解析】血尿和血红蛋白尿是完全不同的，但在临床上很难从肉眼加以区别，但尿沉渣镜检可以作出区别。血红蛋白尿与血尿不同，离心沉淀后前者上清液仍为红色；血尿时离心后上清透明，镜检时不见红细胞或偶见溶解红细胞之碎屑，潜血试验强阳性。故选E。

【A_2型题】

14.【答案】D

【解析】选择性蛋白尿：肾小球病变较轻时，只有中、小分子量的蛋白质（以白蛋白为主，并有少量的小分子蛋白）从尿中排出，而大分子量蛋白质（如IgA、IgG等）排出较少，此种蛋白尿称为选择性蛋白尿。此患者反复尿蛋白阳性，且以白蛋白为主，故为选择性蛋白尿。故选D。

【B_1型题】

15.【答案】E

【解析】由于肾小球滤过膜的滤过作用和肾小管的重吸收作用，健康人尿中蛋白质（多指分子量较小的蛋白质）的含量很少（每日排出量小于150mg），蛋白质定性检查时，呈阴性反应。当尿中蛋白质含量增加，普通尿常规检查即可测出，称蛋白尿。如果尿蛋白含量≥3.5g/24h，则称为大量蛋白尿。故选E。

16.【答案】D

第二章 肾小球疾病概述

【A₁型题】

【答案】E

【解析】系统性红斑狼疮属于继发性肾小球疾病。

第三章 急性肾小球肾炎

【A₁型题】

1.【答案】A

【解析】急性肾小球肾炎常因乙型溶血性链球菌感染所致，常见于上呼吸道感染、猩红热、皮肤感染等链球菌感染后。急性肾小球肾炎主要是由感染所诱发的免疫反应引起，目前认为链球菌的致病抗原系胞质成分或分泌蛋白，诱发免疫反应后可通过循环免疫复合物沉积于肾小球致病，或种植于肾小球的抗原与循环中的特异抗体相结合形成原位免疫复合物而致病。自身免疫反应也可能参与了发病机制。故选A。

2.【答案】D

【解析】乙型溶血性链球菌感染是引起急性肾小球肾炎的常见病因，故选D。

3.【答案】A

【解析】急性肾小球肾炎时，由于肾小球滤过率降低，肾小管重吸收功能正常，造成“球-管失衡”和肾小球滤过分数下降，因而水、钠排泄减少，造成水肿。此外，毛细血管通透性增高可进一步加重水肿。故选A。

4.【答案】C

【解析】血尿及微量蛋白尿在急性肾小球肾炎临床表现中消失或恢复正常最慢，有的患者在肾炎治愈后，血尿始终存在。故选C。

5.【答案】D

【解析】急性肾小球肾炎发病初期血清C3及总补体下降，8周内逐渐恢复正常，对诊断本病意义很大。血清抗链球菌溶血素“O”滴度升高，提示近期内曾有过链球菌感染。另外，部分患者起病早期循环免疫复合物及血清冷球蛋白可呈阳性。故选D。

6.【答案】C

【解析】急性肾炎治疗以休息和对症治疗为主。急性肾损伤患者可予透析治疗，待其自然恢复。本病为自限性疾病，不宜使用糖皮质激素及细胞毒药物治疗。急性期应予低盐饮食，由于本病主要为链球菌感染后造成的免疫反应所致，急性肾炎发作时感染灶多数已经得到控制，因此，以往主张病初注射青霉素10~14天，但其必要性颇有争议。对于反复发作的慢性扁桃体炎，待病情稳定后可考虑扁桃体摘除，术前、术后2周需注射青霉素。故选C。

7.【答案】A

【解析】急性肾炎治疗以休息和对症治疗为主。故选A。

8.【答案】B

9.【答案】D

【解析】于链球菌感染后1~3周发生血尿、蛋白尿、水肿和高血压，甚至少尿及肾衰竭等急性肾炎综合征表现，伴血清C3下降，病情在发病8周内逐渐减轻到完全恢复正常者，即可临床诊断为急性肾炎。血尿和红细胞管型尿是急性肾小球肾炎的诊断依据中最关键的，故选D。

10.【答案】C

11.【答案】C

12.【答案】D

【解析】无论急性肾炎还是急进性肾炎均可有前驱链球菌感染史，均可表现为急性肾炎综合征，如血尿、蛋白尿、水肿、高血压等，因此可首先排除答案A、B、C、E。急进性肾炎多在早期出现少尿或无尿，肾功能进行性恶化为其临床特征。急性肾炎虽可有肾功能损害，但多为一过性轻度受损，多于1~2周逐渐恢复正常。故肾功能下降的速度和严重程度为两者最主要的鉴别点。故选D。

13.【答案】E

【解析】呋塞米适用于水肿性疾病包括充血性心力衰竭、肝硬化、肾脏疾病（肾炎、肾病及各种原因所致的急、慢性肾衰竭），尤其是应用其他利尿药效果不佳时，应用本类药物仍可能有效。故选E。

【A₂型题】

14.【答案】A

【解析】青少年，急性起病，上呼吸道感染后，蛋白尿、血尿，血补体C3降低，故考虑为急性肾炎。患者气促、不能平卧、端坐呼吸、血压升高、两肺底湿啰音，考虑为左心衰竭。故选A。

15.【答案】C

【解析】中年男性，急性起病，以水肿为主要表现，少尿、大量尿蛋白、血尿，考虑为急性肾炎。故选C。

16.【答案】C

17.【答案】E

【解析】青少年男性，上呼吸道感染后，急性起病，水肿、蛋白尿、红细胞管型，考虑为急性肾炎。患者血压明显升高，出现剧烈头痛、意识不清等症状，考虑为高血压脑病。故选E。

18.【答案】A

【解析】此患者为急性肾炎，目前存在高血压、肉眼血尿，临床上治疗应卧床休息，对症降压治疗。急性期应卧床休息，待肉眼血尿消失、水肿消退及血压恢复正常后逐步增加活动量。故选A。

19.【答案】A

20.【答案】E

【解析】急进性肾炎是以肾功能急剧恶化、多在早期出现少尿性急性肾损伤为特征。故选E。

【A_3/A_4型题】

21.【答案】A

22.【答案】E

【解析】急进性肾炎是以肾功能急剧恶化、多在早期出现少尿性急性肾损伤为特征。故选E。

23.【答案】B

【解析】此患者急性扁桃体炎后出现水肿、血压高、少尿，考虑为急性肾小球肾炎，应查血、尿常规，血清补体等明确诊断。故选B。

24.【答案】A

【解析】此患者目前的症状考虑为急性肾小球肾炎，出现血压高、少尿、呼吸困难、不能平卧等，考虑存在急性左心衰竭。故选A。

25.【答案】C

【解析】急性肾小球肾炎约80%患者出现一过性轻、中度高血压，常与水、钠潴留有关，利尿后血压可逐渐恢复正常。少数患者可出现严重高血压，甚至高血压脑病。此患者为急性肾小球肾炎，高血压考虑与水、钠潴留有关，故选C。

第四章　慢性肾小球肾炎

【A_1型题】

1.【答案】C

2.【答案】E

【解析】以急性肾炎综合征起病的慢性肾炎需与感染后急性肾炎鉴别。前者潜伏期较短，补体C3始终正常或持续降低，起病8周后也不恢复。慢性肾炎无自愈倾向，疾病不会在1~2个月内明显好转。故选E。

3.【答案】C

【解析】肾小球疾病时，由于水、钠排泄障碍，水、钠潴留而形成水肿。其中肾炎性水肿由于肾小球滤过率降低，肾小管重吸收功能正常，造成“球-管失衡”和肾小环滤过分数下降，因而水、钠排泄减少。故选C。

4.【答案】E

【解析】紫癜性肾炎是过敏性紫癜出现肾脏损害时的表现。临床表现除有皮肤紫癜、关节肿痛、腹痛、便血外，主要为血尿和蛋白尿，多发生于皮肤紫癜后1个月内，有的或可以同时并见皮肤紫癜、腹痛，有的仅是无症状性的尿异常。因此其与慢性肾炎的鉴别点是既往有过敏性紫癜史，故选E。

5.【答案】E

6.【答案】D

7.【答案】E

【解析】慢性肾炎的高血压的治疗目标：力争把血压控制在理想水平（<130/80mmHg）。慢性肾炎常有水、钠潴留引起的容量依赖性高血压，故应限盐（<6g/d），可选用噻嗪类利尿药，如Ccr<30ml/min时，噻嗪类无效应改为袢利尿药。ACEI和ARB除具有降低血压作用外，还有减少蛋白尿和延缓肾功能恶化的肾脏保护作用。避免使用加重肾脏损害的药物如甘露醇。故选E。

【A_2型题】

8.【答案】D

【解析】慢性肾炎指以蛋白尿、血尿、高血压、水肿为基本临床表现，起病方式各有不同，病情迁延，病变缓慢进展，可有不同程度的肾功能减退，具有肾功能恶化倾向和最终将发展为慢性肾衰竭的一组肾小球病。此患者为青年男性，慢性起病，蛋白尿、高血压、水肿、肾功能减退，伴有颗粒管型，故考虑为慢性肾炎。故选D。

9.【答案】C

10.【答案】A

11.【答案】E

【解析】此患者为慢性肾炎，近期出现少尿、水肿、贫血、高血压，应首选血肌酐浓度检查以明确肾功能损害程度。故选E。

【A_3/A_4型题】

12.【答案】B

【解析】慢性肾衰竭患者应限制蛋白及磷的摄入量，应采用优质低蛋白饮食［<0.6g/(kg·d)］，限盐。富含维生素饮食，如鸡蛋、牛奶和瘦肉等优质蛋白质。患者必须摄入足量热卡，一般为30~35kcal/(kg·d)。必要时主食可采用去植物蛋白的麦淀粉。故选B。

13.【答案】D

【解析】慢性肾衰竭透析指征：内生肌酐清除率（Ccr）

<10ml/min； BUN > 28. 6mmol/L，或 SCr>707. 2μmol/L；高钾血症；代谢性酸中毒；口中有尿毒症气味伴食欲丧失和恶心、呕吐等；慢性充血性心力衰竭、肾性高血压或尿毒症性心包炎用一般治疗无效者；出现尿毒症神经系统症状，如性格改变、不安腿综合征等。此患者慢性肾衰竭，目前血肌酐已高达 1220μmol/L，应进行透析治疗。故选 D。

14.【答案】E

【解析】慢性肾衰竭患者血液系统表现主要为肾性贫血和出血倾向。多数患者有轻、中度贫血，主要由于肾组织分泌促红细胞生成素减少所致。同时伴有缺铁、营养不良、出血等因素，可加重贫血程度。故选 E。

【B_1 型题】

15.【答案】B

【解析】慢性肾炎常有水、钠潴留引起的容量依赖性高血压，患者应限盐，可选用噻嗪类利尿药，Ccr<30ml/min 时，噻嗪类无效改用袢利尿药。故选 B。

16.【答案】C

第五章 肾病综合征

【A_1 型题】

1.【答案】A

2.【答案】C

【解析】肾病综合征发生血栓、栓塞并发症，低分子肝素的抗凝作用肯定。故选 C。

3.【答案】C

【解析】肾病综合征分为原发性和继发性两大类，可由多种不同类型的肾小球疾病所引起。原发性肾病综合征在儿童为微小病变型肾病，在青少年为系膜增生性肾小球肾炎、微小病变型肾病、局灶节段性肾小球硬化和系膜毛细血管性肾小球肾炎，在中老年人为膜性肾病。故选 C。

4.【答案】D

【解析】肾病综合征时大量白蛋白从尿中丢失，促进肝脏代偿性合成白蛋白增加，同时由于近端肾小管摄取滤过蛋白增多，也使肾小管分解蛋白增加。当肝脏白蛋白合成增加不足以克服丢失和分解时，则出现低白蛋白血症。胃肠道黏膜水肿导致食欲缺乏、蛋白质摄入不足、吸收不良或丢失，也是加重低白蛋白血症的原因。故肾病综合征低蛋白血症的主要原因是肾小球毛细血管壁通透性增强，大量白蛋白从尿中丢失。故选 D。

5.【答案】C

【解析】感染是肾病综合征的常见并发症，由于应用糖皮质激素，其感染的临床征象常不明显。感染与蛋白质营养不良、免疫功能紊乱及应用糖皮质激素治疗有关。常见的感染部位顺序为呼吸道、泌尿道和皮肤。故选 C。

6.【答案】A

【解析】肾病综合征最容易发生血栓、栓塞并发症，其中以肾静脉血栓最为常见，发生率为 10%~50%，其中 3/4 病例因血栓慢性形成，临床并无症状；此外，肺血管血栓、栓塞，下肢静脉，冠状血管血栓和脑血管血栓也不少见。血栓、栓塞并发症是直接影响肾病综合征治疗效果和预后的重要原因。故选 A。

7.【答案】E

【解析】肾病综合征患者，糖皮质激素通过抑制免疫炎症反应，抑制醛固酮和抗利尿激素分泌，影响肾小球基底膜通透性等综合作用而发挥其利尿、消除尿蛋白的疗效。故选 E。

8.【答案】E

9.【答案】C

【A_2 型题】

10.【答案】D

【解析】肾病综合征（NS）诊断标准是：①尿蛋白大于 3. 5g/d。②血浆白蛋白低于 30g/L。③水肿。④高脂血症。其中①②两项为诊断所必需。此患者符合肾病综合征的特点，故选 D。

11.【答案】B

【解析】根据此患者的临床特征，考虑为肾病综合征，血栓、栓塞并发症容易出现，而此患者表现为突然右下肢疼痛考虑为右下肢血栓形成。故选 B。

12.【答案】B

13.【答案】D

【解析】此患者全身高度水肿，腹水，大量蛋白尿，低蛋白血症，考虑为肾病综合征。而肾病综合征最主要的依据是大量蛋白尿。故选 D。

14.【答案】A

【解析】糖皮质激素通过抑制免疫炎症反应，抑制醛固酮和抗利尿激素分泌，影响肾小球基底膜通透性等综合作用而发挥其利尿、消除尿蛋白的疗效。所以判断此患者激素治疗有效的依据是尿量明显增多、水肿消退。故选 A。

15.【答案】B

16.【答案】D

17.【答案】A

【解析】此患者水肿、大量蛋白尿、低蛋白血症、高脂血症，考虑为肾病综合征。激素治疗的原则是：①起始足量，常用泼尼松 1mg/(kg · d)，口服 8 周，必要时延长至 12 周。②缓慢减药。

③长期维持。此患者已服用糖皮质激素4周，尿量增加，水肿消退，应继续原剂量治疗。故选A。

18.【答案】B

19.【答案】B

【解析】环磷酰胺是国内、外最常用的细胞毒药物，在体内被肝细胞微粒体羟化，代谢产物具有较强的免疫抑制作用。应用剂量为2mg/(kg·d)，分1~2次口服；或200mg，隔日静脉注射。累积量达6~8g后停药。主要不良反应为骨髓抑制及中毒性肝损害，并可出现性腺抑制、脱发、胃肠道反应及出血性膀胱炎。故选B。

【A_3/A_4型题】

20.【答案】E

【解析】糖皮质激素用于肾脏疾病，能减轻急性炎症时的渗出，稳定溶酶体膜，减少纤维蛋白的沉着，降低毛细血管通透性而减少尿蛋白漏出；此外，尚可抑制慢性炎症中的增生反应，降低成纤维细胞活性，减轻组织修复所致的纤维化。此患者为肾病综合征，应首先使用泼尼松治疗，故选E。

21.【答案】D

【解析】糖皮质激素对疾病的疗效反应在很大程度上取决于其病理类型，微小病变的疗效最为迅速和肯定。使用原则和方案一般是：起始足量，缓慢减药，长期维持。起始足量，泼尼松1mg/(kg·d)，1日1次，晨服。故选D。

22.【答案】E

【解析】泼尼松减量的标准是尿蛋白消失。故选E。

【B_1型题】

23.【答案】A

【解析】根据患者对糖皮质激素的治疗反应，可将其分为“激素敏感型”（用药8~12周内肾病综合征缓解）、“激素依赖型”（激素减药到一定程度即复发）和“激素抵抗型”（激素治疗无效）三类，用药2周尿蛋白阴性见于肾病综合征对激素高度敏感，故选A。

24.【答案】B

25.【答案】C

第六章 尿路感染

【A_1型题】

1.【答案】D

【解析】真性菌尿的存在表明存在尿路感染，但不能判定是上尿路还是下尿路感染，需进行定位诊断。上尿路感染常有发热、寒战，甚至出现毒血症症状，伴明显腰痛、输尿管点和肋脊点压痛、肾区叩击痛等。而下尿路感染，常以膀胱刺激征为突出表现，一般少有发热、腰痛等。以下情况提示为上尿路感染：膀胱冲洗后尿培养阳性；尿沉渣镜检有白细胞管型，并排除间质性肾炎、狼疮性肾炎等疾病；尿NAG升高；尿β_2-微球蛋白升高；尿渗透压降低。故选D。

2.【答案】D

【解析】慢性肾盂肾炎的疗效判定中治愈为症状消失，尿菌阴性，疗程结束后2周、6周复查尿菌仍阴性。故选D。

3.【答案】E

【解析】慢性肾盂肾炎的预防包括多饮水，勤排尿；注意会阴部清洁；尽量避免尿路器械的应用，必须使用时严格无菌操作，如必须留置导尿管前3天给予抗生素可延迟尿路感染的发生；与性生活有关的尿感，应于性交后立即排尿，并口服一次常用量抗生素；膀胱-输尿管反流者，要“二次排尿”，即每次排尿后数分钟，再排尿一次。故选E。

4.【答案】E

5.【答案】B

【解析】急性肾盂肾炎疗程通常为14天，90%可治愈。如尿菌仍阳性，应参考药敏试验选用有效抗生素继续治疗4~6周。故选B。

6.【答案】E

7.【答案】D

【解析】尿路感染的易感因素包括：尿路梗阻、膀胱-输尿管反流、机体免疫力低下（长期应用免疫抑制剂、糖尿病、长期卧床、严重的慢性病和艾滋病等）、神经源性膀胱、妊娠、性别和性活动、医源性因素、泌尿系统结构异常和遗传因素等。故选D。

8.【答案】B

【解析】孕妇患急性肾盂肾炎应静脉滴注抗生素，可用半合成广谱青霉素或第三代头孢菌素，疗程为2周。故选B。

9.【答案】E

【解析】慢性肾盂肾炎的诊断除有反复发作尿路感染病史之外，尚需结合影像学及肾脏功能检查：B超示肾外形凸凹不平，且双肾大小不等；静脉肾盂造影可见肾盂、肾盏变形，缩窄；持续性肾小管功能损害。故选E。

10.【答案】A

【A_2型题】

11.【答案】E

【解析】肾盂肾炎是由致病菌感染直接引起的肾盂、肾盏和肾实质的炎症。肾盂肾炎一般都伴有下尿路感染，好发于20~40岁女性。此患者尿中有红、白细胞，考虑为尿路感染，而尿中有白细胞管型，应考虑为肾盂肾炎。故选E。

12.【答案】B

【解析】病原菌经尿道上行至膀胱，甚至输尿管、肾盂引起的感染称为上行感染。此患者为上行感染，故选B。

13.【答案】C

【A_3/A_4 型题】

14.【答案】D

【解析】急性肾盂肾炎以育龄妇女最多见，起病急骤，高热、寒战，伴头痛、全身酸痛，热退时大汗等。有腰痛，多为钝痛或酸痛，程度不一，少数有腹部绞痛，沿输尿管向膀胱方向放射，查体时在上输尿管点或肋腰点有压痛，肾叩痛阳性。患者常有尿频、尿急、尿痛等膀胱刺激症状。此患者高热、腰痛、尿频、尿急、肾区叩击痛，尿中白细胞及白细胞管型，考虑为急性肾盂肾炎。故选D。

15.【答案】E

【解析】尿常规检查是最简便而可靠的检测尿路感染的方法。此患者诊断急性肾盂肾炎的主要依据为尿蛋白阳性，白细胞管型及尿中白细胞数量明显增多。故选E。

16.【答案】D

【解析】清洁中段尿培养菌落计数>10^5/ml有临床意义。故对于此患者如果确诊还需要进行尿细菌培养，故选D。

17.【答案】D

18.【答案】C

【解析】急性肾盂肾炎在留取尿细菌检查标本后立即开始治疗，首选对革兰阴性杆菌有效的药物。故选C。

19.【答案】A

【解析】72小时显效者无须换药，否则应按药敏结果更改抗生素。故选A。

【B_1 型题】

20.【答案】B

21.【答案】A

22.【答案】C

【解析】急性肾盂肾炎在留取尿细菌检查标本后立即开始治疗，首选对革兰阴性杆菌有效的药物。72小时显效者无须换药，否则应按药敏结果更改抗生素，疗程10~14天。故选C。

23.【答案】A

【解析】慢性肾盂肾炎的治疗应是敏感抗生素分组轮流使用，其治疗的关键是积极寻找并去除易感因素。故选A。

第七章 前列腺炎

【A_2 型题】

1.【答案】B

【解析】淋病性尿道炎是由淋球菌引起的尿道感染，常累及泌尿、生殖系的黏膜。淋球菌急性感染后，经过2~5日潜伏期发病。感染初期患者尿道口黏膜红肿、发痒和轻微刺痛，尿道排出多量脓性分泌物，排尿不适。病情发展可使黏膜红肿延伸到前尿道全部，阴茎肿胀，尿频、尿急、尿痛明显，有时可见血尿。两侧腹股沟淋巴结呈急性炎症反应。故选B。

2.【答案】A

【解析】患者青年男性，尿频、尿不尽感，前列腺液白细胞增多，考虑为慢性前列腺炎。故选A。

【A_3/A_4 型题】

3.【答案】C

【解析】肾周围炎是肾周围组织的化脓性炎症，主要临床表现为畏寒、发热、腰部疼痛和肌紧张，局部压痛明显。此患者左肾术后出现腰痛、高热，尿中白细胞，考虑为肾周围炎。故选C。

4.【答案】A

【解析】肾周围炎X线检查腹部平片示脊柱弯向患侧，腰大肌及肾影模糊。胸透可见患侧膈肌抬高，活动受限。排泄性尿路造影示患肾显影差或呼吸时移动范围减少，甚至不随呼吸移动。故选A。

5.【答案】B

【解析】早期肾周围炎在脓肿未形成前，若能及时应用合适的抗生素和局部理疗，炎症可以吸收。一旦脓肿形成，自行吸收而愈合的机会较少，应行切开引流术。此患者肾周围炎如有脓肿形成，应做穿刺或切开引流。如不是继发于肾脏疾病的肾周围脓肿早期进行切开引流术，预后良好。故选B。

第八章 肾 结 核

【A_1 型题】

1.【答案】B

【解析】膀胱刺激症状是肾结核的最重要、最主要也是最早出现的症状。当结核分枝杆菌对膀胱黏膜造成结核性炎症时，患者开始先有尿频，排尿次数在白天和晚上都逐渐增加，可以由每天数次增加到数10次，严重者每小时要排尿数次，直至可出现类似尿失禁现象。多数患者有尿频症状。在尿频的同时，可出现尿急、尿痛、排尿不能等待，必须立即排出，难以忍耐。故选B。

2.【答案】B

【解析】泌尿、生殖系统结核原发灶大多在肺，其次为骨关节及肠道。结核分枝杆菌经血行入侵泌尿、生殖系统首先在肾脏形成结核病灶，如治疗不及时，细菌可经尿流下行，依次感染输尿管、膀胱、尿道甚至生殖系统，泌尿、生殖系统结核最显著的临床表现多由膀胱结核引起。故选B。

3.【答案】D

【解析】血尿是肾结核的第二个重要症状。一般与尿频、尿急、尿痛等症状同时出现。血尿的来源大多来自膀胱病变，但也可来自肾脏本身。血尿的程度不等，多为轻度的肉眼血尿或为显微镜下血尿。血尿的出现多数为终末血尿，乃是膀胱的结核性炎症和溃疡在排尿时膀胱收缩引起出血。若血尿来自肾脏，则可为全程血尿。故选D。

4.【答案】E

【解析】膀胱挛缩和双侧肾积水是肾结核常见的晚期并发症。从肾结核而来的结核分枝杆菌经常反复侵袭膀胱，造成严重的结核性膀胱炎，在膀胱的黏膜膀胱肌层产生充血水肿、结核结节、结核溃疡、结核性肉芽，有大量淋巴细胞浸润和纤维组织形成，最后造成膀胱挛缩。膀胱挛缩引起膀胱的容量显著缩小，患者出现尿频现象。故选E。

5.【答案】C

6.【答案】B

【解析】部分肾切除术是药物治疗的补充。前提是所保留的肾组织基本是健康的，输尿管和膀胱功能良好。故选B。

7.【答案】A

8.【答案】D

【解析】泌尿系统结核多起源与肾，肾结核绝大多数起源于肺结核，少数起源于骨、关节结核或消化道结核。肺结核经血型播散引起肾结核要经过3~10年或更长时间，所以肾结核极少在10岁以内小儿发生。输尿管、膀胱和尿道结核继发于肾结核。故选D。

9.【答案】D

10.【答案】E

【解析】判断病变在何侧肾及损害程度是确定肾结核治疗方案必不可少的检查方法。泌尿系统造影在肾实质有明显破坏时才出现改变，早期表现肾盏边缘不光滑，继而肾盏失去杯形，形成空洞。逆行泌尿系统造影可以显示肾空洞型破坏，输尿管僵硬成“虫蛀”状，管腔狭窄。故选E。

11.【答案】C

【解析】肾结核药物治疗的适应证：尿中有结核分枝杆菌而肾盂、肾盏无明显形态学改变。如1~2个肾盏黏膜水肿、糜烂、溃疡引起肾盏杯形阴影模糊、不规则或“虫蛀”样改变，只要没有肾盂颈梗阻，药物可望治愈。故选C。

12.【答案】E

13.【答案】E

14.【答案】E

【解析】肾切除术的适应证：双侧肾结核，一侧破坏成“无功能”状态，一侧病变较轻，可在药物治疗一段时间后选择切除严重破坏的肾，留存肾继续药物治疗，肾结核对侧肾积水，梗阻严重，肾功能代偿不良，应争取先引流解决肾积水，挽救肾功能，而后再切除结核病肾。故选E。

15.【答案】C

16.【答案】B

【解析】肾结核手术治疗前、后均需配合抗结核药物治疗，手术前用药不应少于2周。前列腺、精囊结核一般用抗结核药物治疗。附睾结核有脓肿或有窦道形成时，应在药物配合下进行手术，术中尽可能保留睾丸；附睾结核病变稳定无脓肿者，可以药物治疗。故选B。

17.【答案】E

【解析】膀胱镜检查是肾结核的重要诊断手段，可以直接看到膀胱内的典型结核变化而确立诊断。早期膀胱结核可见膀胱黏膜有充血水肿及结核结节，病变范围多围绕在肾脏病变的同侧输尿管口周围，以后向膀胱三角区和其他部位蔓延。较严重的膀胱结核可见黏膜广泛充血水肿，有结核结节和溃疡，输尿管口向上回缩呈“洞穴”样变化。故选E。

【A_2型题】

18.【答案】E

【解析】患者肾结核，右肾不显影，肾盂、肾盏严重积水扩张，故应采取右肾切除术，术前、术后抗结核治疗。故选E。

19.【答案】E

【解析】泌尿系统结核出现以下情况时应考虑尿道改流术：①上尿路积水导致肾衰竭时，先引流尿液以挽救肾功能。②输尿管狭窄段过长，无法行重建术。③尿失禁严重影响生活且药物治疗无效。④膀胱以下尿路严重梗阻。先行尿道改流术，以改善肾功能（并为择期的手术调整患者的生理状态）。后可择期行肾切除。故选E。

20.【答案】D

【解析】此患者抗结核药物治疗效果不佳，所以应该保右侧的肾脏，解决膀胱挛缩容量小的情况，可行结肠扩大膀胱术。结核未治愈并不影响一些手术。如不进行，则肾功能进行性损害，结果更坏。故选 D。

21.【答案】A

【解析】患者有尿路刺激症状伴终末血尿，尿检有脓细胞和红细胞，IVU 示左肾未显影，左肾区可见斑片状高密度影，右肾盂、肾盏光滑少量积水，尿细菌培养阴性，考虑为左肾结核。故选 A。

22.【答案】C

【解析】左肾积水，尿道无法扩张，最佳的处理就是输尿管腹壁造口。乙状结肠膀胱扩大术适应证：①泌尿系结核，病肾已切除，膀胱已经瘢痕化，膀胱容量不足 100ml，经抗结核药物治疗半年以上，尿内已无脓细胞、结核菌，体内其他部位结核已稳定者。②非炎症性尿频，膀胱容量在 50ml 以内者。③女性间质性膀胱炎久治不愈者。④膀胱肿瘤行膀胱部分切除术膀胱容量太小，或膀胱全切除者。⑤输尿管乙状结肠吻合术后有严重并发症，不能控制，而下尿路已恢复正常者。故选 C。

23.【答案】E

24.【答案】D

【解析】肾结核的病变过程非常缓慢，临床表现以膀胱刺激症状为主。因此对肾结核的诊断，是以膀胱炎的症状（尿频、尿急、尿痛）为线索。除有引起膀胱炎的明显原因外，都应考虑肾结核的可能，诊断必须做进一步的系统性检查。此患者有膀胱刺激症状，终末血尿，抗感染治疗无效，考虑为肾结核。故选 D。

25.【答案】D

【解析】肾自截：指整个肾脏的多个干酪空洞发生广泛钙化。当肾功能完全丧失，输尿管完全闭塞，含有结核分枝杆菌的尿液不能流入膀胱，膀胱继发性结核病变逐渐好转和愈合，膀胱刺激症状也逐渐缓解甚至消失，尿液检查趋于正常，这种情况临床称为肾自截。肾自截为肾结核终末期病变。腹部平片显示病变肾不同程度钙化，IVP 检查病变肾无造影剂充填，同侧输尿管未显示。CT 在平肾门水平可见花瓣状或弯曲充盈肠腔样钙化，为 CT 诊断肾自截的典型特征。故选 D。

26.【答案】A

【解析】此患者尿路刺激症状，IVU 示右肾未显影，抗炎治疗无效，应高度怀疑右肾结核，应查尿找抗酸杆菌。故选 A。

27.【答案】D

【解析】患者左肾切除术 2 年后出现上段输尿管狭窄引起的右肾积水，首先考虑最大限度保留右肾功能，治疗首先行肾造口术以引流尿液，继续抗结核治疗，同时密切监测右肾功能。故选 D。

28.【答案】D

【解析】题中患者考虑为肾结核，IVU 示左肾实质内有数个大小不等异常充盈区，肾盂显示不佳，符合肾结核 IVU 的晚期表现，故考虑行左肾切除。右肾有轻度积水，但题中未提及有右肾功能不全。故暂不行尿道改流术，反之则要行尿道改流术。肾结核时，肾切除的手术指征：无功能肾；肾实质破坏 2/3 或 2 个大盏以上，且化疗无效；肾结核并发难以控制的高血压；肾结核并输尿管严重梗阻。故选 D。

【A_3/A_4型题】

29.【答案】B

30.【答案】B

31.【答案】D

32.【答案】A

【解析】此患者青年男性，尿路刺激症状，抗炎治疗无效，尿常规示红、白细胞，肾图示右肾严重损害，左肾积水，符合肾结核的临床特征，故初步诊断为肾结核，应进一步查 IVU 明确肾脏情况。故选 A。

33.【答案】A

【解析】患者目前考虑为右肾结核，但因肾图示右肾严重损害、左肾积水，故应进一步查血清肌酐水平了解肾功能情况。故选 A。

34.【答案】E

【解析】患者肾结核，右肾严重受损，左肾积水，左肾功能不佳，最佳治疗是抗结核治疗的同时给予左肾造瘘。故选 E。

【B_1型题】

35.【答案】A

【解析】膀胱刺激症状是肾结核的最重要、最主要也是最早出现的症状。血尿是肾结核的第二个重要症状，一般与尿频、尿急、尿痛等症状同时出现。由于肾脏和膀胱的结核性炎症，造成组织破坏，尿液中可出现大量脓细胞，同时在尿液内亦可混有干酪样物质，使尿液混浊不清，严重者呈米汤样脓尿。脓尿的发生率为 20%左右。故选 A。

36.【答案】C

【解析】大约有 90%以上的膀胱癌患者最初的临床表现是血尿，通常表现为无痛性、间歇性、肉眼全程血尿，有时也可为镜下血尿。出血量与血尿持续时间的长短，肿瘤的恶性程度、大小、范围和数目并不一定成正比。膀胱癌的主要表现为无痛性肉眼血尿。故选 C。

37.【答案】E

38.【答案】D

【解析】Wilms 瘤（肾母细胞瘤）是一种胚胎性恶性肿瘤。肾母细胞瘤患儿绝大多数是无意中被发现腹部肿块，通常肿块表面光滑平整、质地硬、无压痛，肿块通常比较固定。有的患儿腹部膨隆或两侧不对称。成人肾母细胞瘤的临床表现与肾癌患者的临床表现相似，表现为无症状血尿，腰、腹痛，腹部肿块等。故选 D。

第九章 肾损伤

【A_1型题】

1.【答案】B

【解析】逆行肾盂造影易导致感染，不适宜于肾损伤患者。故选B。

2.【答案】E

【解析】肾损伤非手术治疗措施如下。①病情观察：定时测量生命体征，观察血尿情况，观察腰、腹部肿胀程度，观察腹膜刺激症状，定时检查血常规，了解失血程度及有无感染发生。②绝对卧床2~4周，即使血尿消失，仍需继续卧床休息至预定时间，防止再出血；提供必要的生活护理。③输液、输血，应用止血药物和抗生素。④对症处理：高热者物理或药物降温；腰、腹部疼痛明显者可给予镇痛、镇静药，以减轻疼痛、避免躁动而加重出血。故选E。

3.【答案】E

【解析】已诊肾损伤有休克，需要先抗休克治疗，其他的是需要手术的。故选E。

4.【答案】D

【解析】若肾损伤患者在保守治疗期间发生以下情况，需施行手术治疗：经积极抗休克治疗后生命体征仍未见改善，提示有内出血；血尿逐渐加重，血红蛋白和红细胞比容继续降低；腰、腹部肿块明显增大；有腹腔脏器损伤可能。故选D。

5.【答案】A

【解析】肾挫伤可出现少量血尿，严重肾挫伤可出现大量肉眼血尿，并有血块阻塞尿路。血尿与损伤程度不一致，肾挫伤或轻微肾裂伤会导致肉眼血尿，而严重的肾裂伤可能只有轻微血尿或无血尿，如肾蒂血管断裂、肾动脉血栓形成、肾盂、输尿管断裂或血块阻塞等。故选A。

6.【答案】D

【解析】多数肾挫伤可用保守治疗，仅少数需手术。故选D。

7.【答案】E

【解析】闭合性肾损伤绝对卧床2~4周，病情稳定，血尿消失后才可以允许患者离床活动。故选E。

8.【答案】B

9.【答案】D

【解析】肾重度损伤患者经腹部切口施行手术，先探查并处理腹腔损伤脏器，再切开后腹膜，显露肾静脉、肾动脉，并阻断之，而后切开肾周围筋膜和肾脂肪囊，探查患肾。故选D。

【A_2型题】

10.【答案】D

【解析】肾裂伤的诊断：①腰部或上腹部外伤史。②休克。③血尿，尿常规有大量红细胞。④腰部疼痛与包块。⑤静脉肾盂造影或CT或MRI显示肾周血肿，造影剂外渗，皮质裂伤或肾蒂损伤。此患者应考虑为肾裂伤，故选D。

11.【答案】D

12.【答案】B

13.【答案】E

【解析】患者车撞左腰部，后出现腰痛、全程肉眼血尿伴血块，低血压，脉率增快，左腰包块伴触痛，输血后左腰部肿块增大，而B超示对侧肾正常，故考虑为肾裂伤伴休克，因对侧肾正常，应继续输血，先阻断肾蒂探查肾脏，根据情况采取肾修补，肾部分切除或肾切除术。故选E。

14.【答案】E

【解析】此患者考虑为肾裂伤伴腹腔出血，对侧肾正常，B超发现脾裂伤，故应经腹探查脾，先阻断肾蒂后探查肾脏。故选E。

15.【答案】C

16.【答案】E

【解析】肾蒂损伤后肾蒂血管撕裂时可致大出血，如肾蒂完全断裂，伤肾甚至可被挤压通过破裂的横膈进入胸腔。此患者左腰撞伤后休克，输血无好转，导尿尿色清亮，故考虑为肾蒂损伤，故选E。

【B_1型题】

17.【答案】D

【解析】肾损伤的患者根据损伤程度施行破裂的肾实质缝合修复、肾部分切除、肾切除或选择性肾动脉栓塞术。题中患者肾下极严重裂伤，不必全切肾脏，考虑部分切除。故选D。

18.【答案】A

19.【答案】A

20.【答案】B

【解析】对侧肾良好，患侧肾动脉损伤，可施行血管修复术，以挽救肾功能。故选B。

第十章 尿道损伤

【A_1型题】

1.【答案】D

2.【答案】E

【解析】尿道造影显示造影剂外溢于后尿道周围未进入膀胱，可确诊为后尿道完全撕裂。故选E。

3.【答案】B

4.【答案】C

【解析】骨盆骨折最易造成尿道膜部损伤。故选 C。

5.【答案】B

【解析】尿道球部损伤时，血液及尿液渗入会阴浅筋膜包绕的会阴浅袋，使会阴、阴囊、阴茎肿胀，有时向上扩展至腹壁。故选 B。

6.【答案】D

【A_2 型题】

7.【答案】B

【解析】尿道损伤在严格无菌操作下，如能顺利插入导尿管，则说明尿道连续而完整。一旦插入导尿管，应留置导尿 1 周以引流尿液并支撑尿管。故选 B。

8.【答案】B

【解析】此患者骑跨伤，排尿通畅，尿道痛，考虑为尿道挫伤，可用抗生素预防感染，并鼓励患者多饮水稀释尿液，减少刺激。故选 B。

9.【答案】C

【解析】此患者骨盆骨折，不能排尿，并且出现低血压和心率增快，考虑为严重出血导致休克，应立即采取抗休克措施，实行膀胱造瘘术。故选 C。

10.【答案】C

【解析】若导尿管不能进入膀胱，患者一般情况可（题中患者有休克，不宜），应早期行尿道会师复位术。若患者的一般情况差，或尿道会师手术不成功，可只做高位膀胱造瘘。该患者外伤后 10 小时，生命体征提示患者处于休克状态，应该在抗休克的基础上治疗原发疾病。故选 C。

11.【答案】D

【解析】此患者后尿道断裂、膀胱破裂，损伤严重伴大出血，故应在输血、补液下行膀胱修补，根据情况尿道行会师或缝合术。故选 D。

12.【答案】E

【解析】患者阴囊明显肿大、青紫，能触有波动感提示可能为球部远端和阴茎的尿道完全断裂，会阴、阴茎、阴囊形成巨大血肿，应即时经会阴部切口，清除血肿，直接行尿道端端吻合，留置导尿管 2~3 周。故选 E。

【A_3/A_4 型题】

13.【答案】C

【解析】骨盆骨折常导致尿道膜部损伤，故选 C。

14.【答案】E

【解析】尿道球部（前尿道）损伤特点：一般无休克；尿道流血较明显；损伤较严重时，因疼痛和括约肌痉挛，出现排尿困难；尿道完全断裂时，可发生急性尿潴留；尿外渗波及会阴、阴囊、阴茎和下腹部。尿道膜部（后尿道）损伤特点：出血量较多，约半数出现休克；尿道流血较少；急性尿潴留；尿外渗至耻骨后间隙和膀胱、前列腺周围的血肿。故选 E。

15.【答案】A

【解析】此患者治疗应预防和治疗休克，立即给予抗感染、补充血容量及合并损伤处理等，行耻骨上高位膀胱造瘘。故选 A。

16.【答案】D

【解析】患者若不能恢复排尿，造瘘后 3 个月再行尿道瘢痕切除及尿道端端吻合术。故选 D。

17.【答案】B

【解析】骑跨伤常导致球部尿道损伤，表现为尿道出血、疼痛、排尿困难、局部血肿和尿外渗。故选 B。

18.【答案】D

【解析】此患者尿道断裂，会阴部血肿，可以进行会阴部血肿清除，再做尿道端端吻合术。故选 D。

19.【答案】A

20.【答案】B

第十一章　尿　石　症

【A_1 型题】

1.【答案】E

【解析】膀胱结石的膀胱区摄 X 线平片多能显示结石阴影，B 超检查可探及膀胱内结石声影，膀胱镜检查可以确定有无结石及结石大小、形状、数目，而且还能发现 X 线透光的阴性结石及其他病变，如膀胱炎、前列腺增生、膀胱憩室等。故选 E。

2.【答案】A

3.【答案】B

【解析】变形杆菌等所含的尿素酶可分解尿中的尿素，使尿素呈碱性，而磷酸盐在碱性尿中的溶解度明显降低，易产生沉淀而形成磷酸铵镁和磷灰石性结石。故选 B。

4.【答案】E

【解析】尿路结石的复发率较高，碎石后往往有残石的遗留，提高了结石的复发率，预防尿结石的复发有以下措施：①饮水和运动。②含钙结石的预防：含钙结石的形成与高钙尿症、高草酸尿有关，在预防的同时，要检查排除甲状旁腺功能亢进、特发性高钙尿和肾小管性酸中毒等疾病。③尿酸结石的预防：尿酸结石患者除在饮食方面应减少海产品的摄入外，还要少饮酒，适量选用尿酸生成抑制剂，如别嘌呤醇，并用碱化尿液制剂，效果更佳。④感染结石的预防：对感染性结石，在去除病因、使用抗生素的同时，可酸化尿液，选用氯化铵等。故选E。

【A_2型题】

5.【答案】D

【解析】输尿管膀胱入口段结石：如果结石到达输尿管膀胱连接处则表现为耻骨上区绞痛伴膀胱刺激症状，这是因为输尿管远端肌肉与膀胱三角相连所致。膀胱结石多在膀胱内形成，少数自上尿路移行而来。老年人膀胱结石常为前列腺增生症的并发症。主要表现为尿路刺激症状，如尿频、尿急和终末性排尿疼痛，尿流突然中断伴剧烈疼痛且放射至会阴部或阴茎头，改变体位后又能继续排尿或重复出现尿流中断。故选D。

6.【答案】E

【解析】纯磷酸钙结石比较少见，主要发生于肾小管酸中毒。磷酸铵镁结石用抗生素（控制菌尿）+乙酰氧肟酸（解脲酶竞争性抑制剂）治疗。对有尿路感染证据者，可使有广谱抗生素，或根据药敏选用。减少钙吸收：服用氢氧化铝凝胶、氧化镁或氯化镁都可减少钙的吸收。同时镁还可和草酸结合，减少草酸钙的形成。磷酸盐结石，在治疗上选用抗感染和限制钙的吸收，故选E。

7.【答案】C

【解析】输尿管下段结石，临床症状均表现为右下腹痛。膀胱内结石主要表现为排尿不畅、尿痛、尿血。输尿管间壁段结石也可以疼痛，可放射至阴茎头。故选C。

【A_3/A_4型题】

8.【答案】C

【解析】此患者为膀胱结石，治疗后为预防结石，定期行X线或B超检查，观察有无复发，大量饮水，根据结石成分调节饮食，少进食高糖和含盐多的食物。故选C。

9.【答案】C

【解析】此患者为膀胱结石，上尿路未见异常改变，尿中无感染。膀胱结石多采用手术治疗，此患者结石较大，并且无感染，可行耻骨上膀胱切开取石术。故选C。

10.【答案】A

【解析】膀胱结石的治疗原则是取净结石，纠正结石成因。膀胱感染严重时，应用抗生素治疗。此患者膀胱结石合并感染，尿中白细胞满视野，故应先给予导尿，给予抗炎后再切开取石。故选A。

11.【答案】B

【解析】除营养不良的因素外，下尿路梗阻如前列腺增生、尿道狭窄、膀胱颈部肿瘤感染、膀胱异物、代谢性疾病等，均因尿液滞留诱发膀胱结石形成。此患者老年男性，排尿困难3年，尿流中断半年，故考虑膀胱结石的原因为前列腺增生。故选B。

【B_1型题】

12.【答案】C

【解析】尿液中尿酸溶解度下降和过饱和化是尿酸盐结石形成的前提。导致尿酸溶解度下降的因素主要有尿pH下降、尿酸量增加和尿量减少。碳酸氢钠可以碱化尿液，是有效的溶石方法。故选C。

13.【答案】B

【解析】磷酸钙、磷酸镁铵结石易碎，表面粗糙，不规则，呈灰白色、黄色或棕色，在X光片中可见分层现象，常形成鹿角形结石。磷酸钙结石占结石的6%~9%，在碱性尿中形成，也以男性青壮年多发。可用氯化铵碱化尿液。故选B。

14.【答案】E

15.【答案】A

【解析】草酸盐结石患者可口服维生素B_6或氧化镁，以减少尿中草酸含量或增加尿中草酸溶解度。故选A。

第十二章　肾、输尿管结石

【A_1型题】

1.【答案】E

2.【答案】A

【解析】腹部平片是尿路结石最有价值的检查，大约有95%的结石患者能在X线片上显影。必要时进一步做静脉肾盂造影，以了解肾功能和肾积水情况。故诊断上尿路结石首选的方法是腹部平片+静脉尿路造影。故选A。

3.【答案】B

【解析】肾和输尿管结石的主要表现是与活动有关的血尿和疼痛。有时活动后镜下血尿是上尿路结石的唯一临床表现。故选B。

4.【答案】A

【解析】双侧输尿管结石，先处理梗阻严重侧，条件许可，可同时取出双侧结石。一侧输尿管结石、对侧肾结石，先处理输尿管结石。双侧肾结石，根据结石情况及肾功能决定，原则上尽可能保留肾，一般先处理易于取出和安全的一侧，若肾功能极坏，梗阻严重，全身情况差，宜先行经皮肾造瘘，待情况改善后再处理结石。双侧上尿路结石或孤立肾上尿路结石引起急性完全性梗阻无尿时，在明确诊断后，若全身情况允许，应及时施行手术。故选A。

5.【答案】D

6.【答案】E

【解析】结石引起肾严重破坏、损失功能，或合并肾积脓时，而对侧肾功能良好，可切除病肾。故选E。

7.【答案】E

【解析】泌尿系结石可以引起泌尿系的直接损伤、梗阻、感染甚至恶变。但不导致憩室。故选E。

8.【答案】B

【解析】肾和输尿管结石，又称上尿路结石，主要症状是疼痛和血尿。①疼痛：肾、输尿管结石引起的疼痛常位于肋脊角、腰部、腹部，呈阵发性或持续性，可表现为钝痛或绞痛。大而活动度小的肾结石可无痛。小、活动度大的结石疼痛较重，甚至出现肾绞痛。疼痛呈刀割样，位于腰、腹部，并向下腹、外阴放射，常伴恶心、呕吐。②血尿：疼痛后出现血尿，多在身体活动时出现。③膀胱刺激症状：下段输尿管结石或伴感染时，可出现尿频、尿急、尿痛。④恶心、呕吐。故选B。

9.【答案】B

【解析】上尿路结石的主要症状是疼痛和血尿。其程度和结石部位、大小、活动与否及有无损伤、感染、梗阻等有关。故选B。

10.【答案】D

11.【答案】E

【A_2型题】

12.【答案】C

【解析】体外震波碎石适用于大多数上尿路结石，最适宜于直径<2.5cm的结石。故选C。

13.【答案】D

14.【答案】C

【解析】一侧输尿管结石合并对侧肾结石时，首先处理输尿管结石，因其对肾功能影响较大。双侧均为输尿管结石时，如果总肾功能正常，应当首先处理肾功能较差一侧的结石，尽早解除梗阻，挽救肾功能；如果总肾功能较差，应先治疗肾功能较好一侧的结石，亦可同时做对侧经皮肾穿刺造瘘，目的在于运用有限的残存肾功能来纠正氮质血症、改善全身状况以挽救患者生命。双侧输尿管结石的情况相似时，应先处理主观症状较重的或技术上容易处理的一侧，如果患者全身条件许可，亦可将双侧结石同时处理。题中此患者出现尿闭，首先解除尿路梗阻，膀胱镜下输尿管插管引流尿液缓解肾功能损伤。故选C。

15.【答案】E

【解析】膀胱结石的典型表现为排尿突然中断，并感疼痛，放射至阴茎头部和远端尿道，伴排尿困难和膀胱刺激症状。经跑跳及改变姿势后，能缓解症状和继续排尿。此患者为膀胱结石，故选E。

16.【答案】E

【解析】上尿路结石，结石直径小于0.6cm，光滑，无尿路梗阻，无感染，纯尿酸石及胱氨酸结石，可以采用保守治疗。此患者左肾结核，肾功能正常，右输尿管结石，结石直径0.8cm，故采用抗结核治疗同时进行输尿管结石体外震波碎石治疗。故选E。

17.【答案】A

【解析】此患者右肾结石，引起积水，穿刺液为脓性，结石引起严重破坏、损失功能，或合并肾积脓时，而对侧肾功能良好，可切除病肾。故选A。

18.【答案】C

【解析】输尿管切开取石术适用于嵌顿较久或经非手术治疗无效的结石。此患者已经出现右肾中度积水、输尿管上段扩张，结石下输尿管狭窄，故应行右输尿管切开取石，输尿管成形术。故选C。

19.【答案】B

【解析】此患者为右肾鹿角结石，轻度积水，右肾功能受损，左肾正常，输尿管正常，故考虑可行体外震波碎石术。故选B。

【A_3/A_4型题】

20.【答案】D

21.【答案】D

【解析】肾结石患者大量饮水，保持每天尿量在2000ml以上。含钙结石应限制含钙、草酸成分丰富的食物，避免高动物蛋白、高糖和高动物脂肪饮食。食用含纤维素丰富的食物。尿酸结石不宜服用高嘌呤食物如动物内脏。M型胆碱受体阻断药可以松弛输尿管平滑肌，缓解痉挛。肌内注射黄体酮可以抑制平滑肌的收缩而缓解痉挛，对镇痛和排石有一定的疗效；钙离子通道阻滞药硝苯地平，对缓解肾绞痛有一定的作用；α受体阻断药在缓解输尿管平滑肌痉挛，治疗肾绞痛中具有一定的效果。也可以中、西医结合治疗。故选D。

22.【答案】E

【解析】此患者右肾疼痛，行IVU明确诊断为输尿管结石，考虑为肾绞痛，输尿管结石绞痛发作时应给予药物解除绞痛症状，常用的解痉药物有盐酸消旋山莨菪碱、阿托品、硝苯地平、盐酸坦洛新；常用的镇痛药物有非甾体抗炎药（NSAIDs）和麻醉性镇痛药，如吗啡、哌替啶、布桂嗪、吲哚美辛栓等。故选E。

23.【答案】C

【解析】此患者输尿管结石，肾绞痛缓解，突然出现尿流中断及排尿终末痛，考虑为输尿管结石排到膀胱。故选C。

24.【答案】D

第十三章 肾肿瘤

【A_1型题】

1.【答案】C

【解析】对局限性或局部进展性（早期或中期）肾癌患者采用以外科手术为主的治疗方式，对转移性肾癌（晚期）应采用以内科为主的综合治疗方式。根治性肾切除术是一侧肾癌的主要治疗方法。故选C。

2.【答案】B

【解析】肾盂癌仍然以手术为主，辅助放疗、化疗进行治疗，除行根治性肾切除外，还应将全部输尿管及输尿管口周围的膀胱壁一并切除。各类肾恶性肿瘤于确诊后均应早期施行根治性肾切除术，包括肾周围脂肪组织、腹主动脉旁淋巴结、大部输尿管及周围组织、受累的肾上腺；如肾静脉内瘤栓已延及腔静脉则应将其一并摘除，然后再修复腔静脉。故选B。

3.【答案】C

【解析】肾癌局限在包膜内时恶性度较小，穿透假包膜后可经血液和淋巴转移。肿瘤可直接扩展至肾静脉、腔静脉形成癌栓，亦可转移至肺、脑、骨、肝等。淋巴转移最先到肾蒂淋巴结。故选C。

4.【答案】D

【解析】肾母细胞瘤患儿绝大多数是无意中被发现腹部肿块，如在给孩子洗澡、换衣服或触摸患儿腹部时触到肿块。通常肿块表面光滑平整、质地硬、无压痛，肿块通常比较固定。有的患儿腹部膨隆或两侧不对称。少数患儿有腹痛或恶心、呕吐、食欲缺乏的消化系统疾病症状。故选D。

【A_2型题】

5.【答案】A

【解析】此患者具有肾癌的典型三大症状：血尿、疼痛、肿块。间歇性无痛性血尿是肾癌的表现，且肾盂造影可见右肾中盏移位拉长变形。故选A。

6.【答案】B

7.【答案】D

【解析】患者间歇性肉眼血尿，腰痛，贫血，IVU示右肾未显影，肾动脉造影示右肾中、下极血管丰富，有肿瘤血管染色，故考虑为右肾肿瘤，故选D。

8.【答案】B

【解析】患儿，左上腹包块，可活动，首先考虑左肾母细胞瘤。肾母细胞瘤早期无症状，虚弱婴幼儿腹部有巨大包块是本病的特点，绝大多数是在给小儿洗澡、穿衣服时发现。肿块增长迅速，肿瘤很少侵入肾盂、肾盏，故血尿不明显。常见发热和高血压，血中肾素活性和红细胞生成素可高于正常。故选B。

9.【答案】A

【解析】此患者右肾下极恶性肿瘤，左肾形态和功能正常，故应行根治性右肾切除术。故选A。

10.【答案】D

【A_3/A_4型题】

11.【答案】A

12.【答案】E

13.【答案】B

14.【答案】C

【解析】此患者左肾癌，尿路造影示右肾正常，左肾肾盂、肾盏显影，但肾盏拉长移位，故最佳治疗选择为肾切除+肾周筋膜及肾蒂淋巴结切除，先结扎肾蒂。故选C。

15.【答案】C

【解析】肾癌的类型有透明细胞癌、颗粒细胞癌和未分化癌等，以透明细胞癌最常见。肾未分化癌细胞呈梭形，核分裂象较多，呈肉瘤样结构，恶性程度更高。故选C。

16.【答案】B

【解析】患者老年男性，无痛性肉眼血尿伴血块，左肾积水，细胞学检查未见癌细胞，故进一步查尿路平片和排泄性尿路造影以协助诊治。故选B。

17.【答案】D

18.【答案】E

【解析】肾盂癌大多数为移行上皮癌，少数为鳞状上皮癌及腺癌。肾盂长期受到慢性刺激，如结石和炎症，有时可诱发肾盂鳞状上皮癌或腺癌。鹿角形肾结石有较高的并发移行上皮癌的概率。部分肾盂移行上皮癌患者可同时出现膀胱移行上皮癌。如肾盂与输尿管同时有肿瘤，则出现膀胱癌的可能性增至75%。肾盂癌最常见的症状为血尿，早期可出现淋巴结转移肾盂造影常可显示肾盂内有充盈缺损。应早期施行根治性肾切除术，包括肾周围脂肪组织、腹主动脉旁淋巴结、大部输尿管及周围组织、受累的肾上腺。故选E。

第十四章 膀胱肿瘤

【A_1型题】

1.【答案】B

2.【答案】C

【解析】血尿为膀胱癌最常见的首发症状，85%的患者可出现反复发作的无痛性间歇性肉眼血尿。出血量可多可少，严重时带有血块。故选C。

3.【答案】C

【解析】T_0：无原发性肿瘤的证据。T_{is}：原位癌。T_a：非浸润性乳头状癌。T_1：肿瘤侵犯上皮下结缔组织。T_{2a}：肿瘤侵犯浅表肌肉（内半）；T_{2b}：肿瘤侵犯深部肌肉（外半）。T_3：肿瘤侵犯膀胱周围组织。T_{3a}：显微镜下发现肿瘤侵犯膀胱周围组织。T_{3b}：肉眼可见肿瘤侵犯膀胱周围组织（膀胱外肿块）。T_4：肿瘤已侵犯前列腺、子宫、阴道、盆壁、腹壁中的一个部位。T_{4a}：肿瘤侵犯前列腺、子宫或阴道。T_{4b}：肿瘤侵犯盆壁或腹壁。故选C。

4.【答案】E

5.【答案】B

【解析】膀胱癌在病理上最重要的是分化程度。Ⅰ级分化良好，为低度恶性；Ⅱ级中度恶性；Ⅲ级分化不良，属高度恶性。故选B。

6.【答案】D

7.【答案】B

【A_2型题】

8.【答案】B

【解析】膀胱癌手术方法包括以下几种。①电灼或电切法：对小的表浅肿瘤，可经尿道施行肿瘤电灼或电切术，对较大的肿瘤亦可进行经尿道肿瘤切除，对多发表浅肿瘤可切开膀胱施行电灼及电切术。②肿瘤及膀胱部分切除术：对已侵犯肌层的肿瘤可选择此种治疗方法，切除包括肿瘤的全层膀胱壁，切缘距肿瘤不少于2cm，肿瘤若邻近输尿管口则一并切除，另行输尿管膀胱移植术。③膀胱全切术：适用于肿痛浸润深、范围广或肿瘤位于三角区内难以上述方法手术治疗者则采用膀胱全切术。膀胱全切术又分单纯膀胱全切术及膀胱肿瘤根治全切术。后者包括清扫盆腔淋巴结及切除除直肠外的盆腔内器官。膀胱切除后尿流改道方式较多，如直肠膀胱术、回肠膀胱术、膀胱再生术，可控性肠管膀胱等，目前仍以回肠膀胱尿流改道者为多。故选B。

9.【答案】C

10.【答案】B

11.【答案】C

【解析】恶性程度高的肿瘤在生长旺盛时，血供丰富，注射噻替哌后隆起会较快消失。如隆起不消失，提示肿物内血供较差，可能恶性程度不高。膀胱乳头状癌在膀胱黏膜表面形成乳头状突起，有蒂与膀胱黏膜相连。恶性程度较高的肿瘤多无蒂，基底宽，突出于黏膜表面，并向壁内做不同程度的浸润。有些肿瘤不形成突起，表现为膀胱黏膜局部增厚呈扁平斑块状。这种类型早期可局限于黏膜内，但多数浸润至黏膜下，其恶性程度往往比乳头状癌高，表现可有溃疡形成、出血和伴发感染。此患者为一带蒂的肿瘤，术中肿瘤注射噻替哌见肿物隆起，初步推断其为恶性程度较低的肿瘤，故行膀胱肿瘤单纯切除治疗。故选C。

第十五章 良性前列腺增生症

【A_1型题】

1.【答案】B

【解析】前列腺增生的早期由于代偿，症状不典型，随着下尿路梗阻加重，症状逐渐明显，临床症状包括储尿期症状、排尿期症状及排尿后症状。进行性排尿困难是良性前列腺增生的最重要的症状，发病常很缓慢。故选B。

2.【答案】A

3.【答案】E

【解析】前列腺增生的症状主要取决于梗阻的程度、病变发展的速度、是否合并感染和结石。前列腺增生的症状不在于前列腺本身的增生程度。故选E。

4.【答案】B

【解析】充盈性尿失禁是指由于尿道梗阻（尿道狭窄、前列腺增生）和膀胱收缩无力等原因所导致的慢性尿潴留后，膀胱在极度充盈的情况下，膀胱内压力超过正常尿道括约肌的阻力，尿液从尿道溢出。当尿液增加使膀胱内压超过最大尿道压时，即使有少量尿液也不自主地溢出。长期升高的膀胱内压可造成上尿路梗阻而损害肾功能。临床常见病因有前列腺增生症、前列腺癌和神经源性膀胱等疾病。故选B。

5.【答案】B

【解析】前列腺增生伴尿潴留，首先考虑导尿，并保留导尿。故选B。

6.【答案】D

【解析】前列腺增生症应与如下疾病进行鉴别：①膀胱颈挛缩。②前列腺癌：前列腺癌尤其是导管癌类型可能以下尿路梗阻为首发症状。部分患者则是在前列腺增生的同时伴发前列腺癌，血清前列腺特异性抗原（PSA）升高，多大于10.0ng/ml。直肠指检前列腺表面不光滑，“岩石”样感觉。经直肠活检，B超引导更佳，经病理检查可明确诊断。③神经源性膀胱，逼尿肌、括约肌协同失调。④无力性膀胱。故选D。

7.【答案】C

【解析】前列腺增生手术治疗，前列腺切除术是切除前列腺的增生部分，而非整个前列腺。故选C。

8.【答案】C

【A_2型题】

9.【答案】B

【解析】此患者老年男性，渐进性排尿困难，夜尿增多，查体前列腺增大，超声示残余尿增多，前列腺侧叶增大，考虑为前列腺增生严重，只能做从耻骨后前列腺切除术。故选B。

10.【答案】C

【解析】此患者前列腺增生，目前出现急性尿潴留、肾衰竭、泌尿系感染，应首先解决急性尿潴留症状，给予留置导尿。故选C。

11.【答案】B

【解析】前列腺增生手术适应证：①症状明显，严重影响生活质量且药物治疗效果不好。②最大尿流率＜10ml/s，或/和残余尿>60ml。③伴并发症，如慢性尿潴留、膀胱结石、尿路感染、肾功能不全。该患者前列腺增生合并膀胱结石，应行经膀胱前列腺切除术。故选B。

12.【答案】D

【解析】此患者考虑为前列腺增生症，因多次尿潴留，长期留置导尿管，且目前存在心力衰竭，有慢性支气管炎病史，故考虑可行膀胱造瘘术。故选D。

13.【答案】D

【解析】前列腺增生症手术适应证为：有下尿路梗阻症状，尿流动力学检查已明显改变，或残余尿在60ml以上；不稳定膀胱症状严重；已引起上尿路梗阻及肾功能损害；多次发作急性尿潴留、尿路感染、肉眼血尿；并发膀胱结石者。患者老年男性，前列腺增生，轻度，曾有尿潴留病史，目前存在泌尿系感染，故可行经尿道前列腺切除术。故选D。

14.【答案】E

【解析】此患者考虑为前列腺增生，残余尿200ml，考虑存在尿潴留，为前列腺增生症手术适应证，故可行前列腺切除术。故选E。

【A_3/A_4型题】

15.【答案】E

16.【答案】B

17.【答案】E

18.【答案】E

【解析】直肠指诊为简单而重要的诊断方法，在膀胱排空后进行。应注意前列腺的界限、大小、质地。前列腺增生时，腺体可在长度或宽度上增大，或二者均有增大。但直肠指诊估计前列腺大小有一定误差。如中叶突向膀胱，直肠指诊时前列腺腺增大则不明显。同时，直肠指诊如发现前列腺上有可疑硬结，应做穿刺活检，以排除前列腺癌的可能。同时应注意肛门括约肌收缩功能，以排除神经源性膀胱功能障碍。前列腺增生的症状不在于前列腺增生的程度。故选E。

19.【答案】B

【解析】此患者老年男性，渐进性排尿困难，夜尿增多，考虑为前列腺增生症，可进一步查残余尿量，排尿后行B超检查是测定残余尿的最简便的无创方法。故选B。

20.【答案】A

【解析】前列腺增生的危害性在于引起下尿路梗阻后所产生的病理生理改变。其病理个体差异性很大，而且也不都呈进行性发展。一部分病变至一定程度即不再发展，所以即便出现轻度梗阻症状也并非均需手术。此患者应根据全身情况、梗阻程度、前列腺增生部位等确定治疗方法。故选A。

【B_1型题】

21.【答案】C

【解析】泌尿系统梗阻在不同的性别和年龄有一定的区别。在小儿先天性畸形较多见，成年人常见原因为结石、损伤、肿瘤和结核等。妇女可能与盆腔内疾病有关。老年男性患者最常见的原因是前列腺增生。故选C。

22.【答案】A

23.【答案】B

24.【答案】D

第十六章　急性尿潴留

【A_1型题】

1.【答案】B

【解析】急性尿潴留是泌尿外科最常见的急症之一，发病急，患者痛苦，需要紧急诊断和及时处理，包括机械性梗阻和动力性梗阻。其中机械性梗阻包括尿道损伤或结石、异物的突然阻塞或前列腺增生、尿道狭窄等。动力性梗阻包括中枢和周围神经急性损伤、炎症、肿瘤水肿出血、使用各种松弛平滑肌药物如阿托品、溴丙胺太林等。故选B。

2.【答案】D

【解析】急性尿潴留的治疗原则是解除病因，恢复排尿。但有时病因不能解除，或梗阻一时难以解除时，只能先做尿液引流，然后再做处理。导尿是急性尿潴留最常用的方法。不能插入导尿管时，可自耻骨上缘穿刺膀胱，抽出尿液，如需长期引流，可以行膀胱造瘘术。故选D。

第十七章　鞘膜积液

【A_1型题】

1.【答案】B

【解析】原发性睾丸鞘膜积液原因可能是由于鞘膜分泌增加、吸收减少，睾丸、附睾炎，鞘膜腔淋巴管系统存在缺陷等。继发性鞘膜积液有原发性疾病，如急性睾丸炎、附睾炎、精索炎等，刺激鞘膜渗出增加，造成积液。阴囊手术损伤淋巴管造成回流障碍及高热、心衰、腹水等，表现为急性鞘膜积液；慢性继发性积液常见于慢性睾丸炎、慢性附睾炎、梅毒、结核病、睾丸肿瘤等，造成鞘膜分泌增加而积液。另外，丝虫病和血吸虫病也可引起鞘膜积液，液体内常含有白细胞。故选B。

2.【答案】D

【A_2型题】

3.【答案】D

【解析】此患者右侧阴囊包块，卧位不消失，透光试验阳性，故为右侧睾丸鞘膜积液。故选D。

4.【答案】B

【解析】精索鞘膜积液的特点是鞘状突两端闭合，精索部分形成局限性鞘膜积液，与腹腔和睾丸鞘膜腔不相通。如为交通性鞘膜积液，则肿块大小可随体位的改变而改变。阴囊部囊性肿块，透光试验（+），如鞘膜增厚，则透光试验（-）。精索鞘膜积液一般体积较小，位于睾丸上方。睾丸鞘膜积液如积液较多，则往往摸不到睾丸。交通性鞘膜积液囊肿的大小可随体位变化而变化。故此患者为精索鞘膜积液，故选B。

5.【答案】D

第十八章　急性肾损伤（急性肾衰竭）

【A_2型题】

1.【答案】E

【解析】急性肾损伤患者，血钾增高，心率40次/分，考虑首选透析疗效是最好的，但如果没有条件，可以用静脉注射10%葡萄糖酸钙，缓解症状。故选E。

【A_3/A_4型题】

2.【答案】A

【解析】患者出现少尿、蛋白尿、贫血、高钾血症、血肌酐明显升高，有使用庆大霉素史，故考虑为庆大霉素导致的急性肾损伤。庆大霉素引起肾功能减退的发生率较妥布霉素为高。听力减退、耳鸣或耳部饱满感（耳毒性）、血尿、排尿次数显著减少或尿量减少、食欲缺乏、极度口渴（肾毒性）、步履不稳、眩晕（耳毒性，影响前庭；肾毒性）。发生率较低者有呼吸困难、嗜睡、极度软弱无力（神经肌肉阻滞或肾毒性）。故选A。

3.【答案】D

4.【答案】E

【解析】此患者考虑为急性肾损伤，血肌酐高达884μmol/L，并且出现高钾血症，血钾升高达6.5mmol/L，合并少尿，最应给予血液透析治疗。故选E。

第十九章　慢性肾脏病（慢性肾衰竭）

【A_1型题】

1.【答案】E

【解析】尿毒症患者消化系统的最早症状是食欲缺乏或消化不良，加重可出现食欲缺乏、恶心、呕吐或腹泻。这些症状的发生可能与肠道内细菌的尿素酶将尿素分解为氨，氨刺激胃肠道黏膜引起炎症和多发性表浅性小溃疡等有关。此外恶心、呕吐也与中枢神经系统的功能障碍有关。消化道出血也较常见，由于胃黏膜糜烂或消化性溃疡所致。故选E。

2.【答案】B

【解析】慢性肾衰竭（CRF）患者血液系统异常主要表现为肾性贫血和出血倾向。大多数患者一般均有轻、中度贫血，其原因主要由于促红细胞生成素缺乏，故称为肾性贫血。如同时伴有缺铁、营养不良、出血等因素，可加重贫血程度。晚期CRF患者出现血小板功能异常，有出血倾向，如皮下或黏膜出血点、瘀斑、胃肠道出血、脑出血等。故选B。

3.【答案】D

4.【答案】D

【解析】慢性肾衰竭渐进性发展的危险因素有高血糖、高血压、蛋白尿、低蛋白血症、吸烟、贫血、高脂血症、高同型半胱氨酸血症、老年、营养不良、尿毒症毒素蓄积等。慢性肾衰竭急性加重的危险因素包括：累及肾脏的疾病（原发性或继发性肾小球肾炎、高血压、糖尿病、缺血性肾病）复发或加重；有效血容量不足（低血压、脱水、大出血或休克等）；肾脏局部血供急剧减少（肾动脉狭窄患者应用ACEI、ARB等药物）；严重高血压未能控制；肾毒性药物；泌尿道梗阻；其他（严重感染、高钙血症、肝衰竭、心力衰竭等）。故选D。

5.【答案】B

【解析】肾性骨营养不良包括纤维囊性骨炎、骨生成不良、骨软化症及骨质疏松症。在透析前患者中骨骼X线发现异常者约35%，但出现骨痛、行走不便和自发性骨折相当少见。而骨活检约90%可发现异常，故早期诊断要靠骨活检。纤维囊性骨炎主要由于甲状旁腺素（PTH）过高引起，易发生骨盐溶化、肋骨骨折。X线检查可见骨骼囊样缺损及骨质疏松表现。故选B。

6.【答案】C

【解析】慢性肾衰竭患者周围神经病变很常见，以感觉神经障碍为主，最常见的是肢端袜套样分布的感觉丧失，也可有肢体麻木、烧灼感或疼痛感、深反射迟钝或消失，并可有神经、肌肉兴奋性增加（如肌肉震颤、痉挛、不宁腿综合征）以及肌萎缩、肌无力等。所以慢性肾衰竭周围神经病变中较明显症状的表现是不宁腿综合征，其他备选答案均为运动神经病变表现。不宁腿综合征是一种临床上比较常见的疾病，症状与体征分离，安静状态下表现严重，活动后反而消失，多发生在夜间睡眠时。故选C。

7.【答案】A

8.【答案】A

【解析】慢性肾衰竭时的水与电解质、紊乱表现如下。①低钠血症：常感疲乏无力、头晕、直立性低血压、肌肉抽搐、脉细而速，严重者可发生休克。②低钙和高磷：虽有明显低钙血症，但很少发生手足搐搦，这是因为pH下降时钙与血浆蛋白结合减少，游离钙增加。一旦酸中毒纠正，就会出现手足搐搦症。③高钾血症。④代谢性酸中毒：严重的酸中毒可导致呼吸中枢和血管运动中枢麻痹，是尿毒症最常见的死因之一。故选A。

9.【答案】D

【解析】CRF患者血液系统异常主要表现为肾性贫血和出血倾向。大多数患者一般均有轻、中度贫血，如同时伴有缺铁、营养不良、出血等因素，可加重贫血程度。晚期CRF患者出现血小板功能异常，有出血倾向，如皮下或黏膜出血点、瘀斑、胃肠道出血、脑出血等。故选D。

10.【答案】B

【解析】高磷血症、低钙血症或肾性骨病者，宜低磷饮食；使用氢氧化铝凝胶、碳酸钙、维生素D。高钾血症者，限制含钾的食物和药物摄入；促使钾离子移入细胞内，治疗代谢性酸中毒，提高血pH；10%～15%葡萄糖300ml加胰岛素，10%葡萄糖酸钙10～20ml加50%葡萄糖40ml；加速钾离子排出，呋塞米，钠型交换树脂，20%甘露醇，导泻；持续血清钾>6.5mmol/L者，应行透析治疗。除非存在需要快速纠正贫血的并发症，慢性肾衰竭贫血患者通常无须输注红细胞治疗。如发现有神经症状和体征时，应尽快解除病因，改善神经营养功能，并增强体质。故选B。

11.【答案】D

12.【答案】C

【解析】累及肾脏的疾病（原发性或继发性肾小球肾炎、高血压、糖尿病、缺血性肾病）复发或加重是慢性肾衰竭急性加重的危险因素。故选C。

【A_2型题】

13.【答案】E

14.【答案】E

【解析】患者微小病变型肾病，激素治疗过程中出线大量蛋白尿、水肿加重、肾功能恶化，故考虑为急性肾损伤，故选E。

15.【答案】C

【解析】此患者有慢性肾炎病史，近来出现无力、尿少、水肿、贫血、高血压，考虑慢性肾衰竭，故肌酐清除率最先出现异常。故选C。

16.【答案】C

【解析】患者胰腺炎腹腔引流术后，出线尿量减少、高钾血症，故考虑目前主要问题为肾衰竭，故选C。

17.【答案】E

【解析】患者高血压、水肿4年，近期出现出血、夜尿多、贫血，并有消化道出血及昏迷，考虑为慢性肾衰竭急性加重，故最先查血肌酐水平，故选E。

18.【答案】E

19.【答案】E

【解析】尿毒症期患者虽有明显低钙血症，但很少发生手足搐搦，这是因为pH下降时钙与血浆蛋白结合减少，游离钙增加。一旦酸中毒纠正，则会出现手足搐搦症。此患者纠酸过程中突然出现手足搐搦，考虑可能为补碱引起。故选E。

20.【答案】B

【解析】高血钾使心肌受抑，心肌张力减低，故有心动过和心脏扩大，心音减弱，易发生心律失常，甚至心搏骤停。心电图有特征性改变且与血钾升高的程度相关。当血钾大于5.5mmol/L时心电图表现为Q-T间期缩短，T波高尖对称，基底狭窄而呈帐篷状；血钾为7~8mmol/L时P波振幅降低，P-R间期延长以至P波消失。此患者急性肾损伤，血钾高达7.4mmol/L，故死亡原因考虑为高钾血症。故选B。

21.【答案】B

【解析】痛风性肾病简称痛风肾，是由于血尿酸产生过多或排泄减少形成高尿酸血症所致的肾损害。痛风性肾病的临床表现可有尿酸结石，小分子蛋白尿，水肿，夜尿，高血压，血、尿尿酸升高及肾小管功能损害。患者有关节炎史，尿酸明显增高，尿蛋白、血尿、血肌酐明显升高，故考虑为痛风肾，肾衰竭。故选B。

22.【答案】A

23.【答案】D

【解析】此患者慢性肾炎，高钾血症，K^+ 6.5mmol/L，并出现急性左心衰，故最宜采用血液透析。故选D。

24.【答案】C

【解析】患者有慢性肾炎，肾衰竭病史，目前尿毒症，少尿、利尿效果差、呼吸困难、肺底水泡音、心率明显增快，出现急性左心衰症状，故考虑为尿毒症合并急性左心衰，应给予强心、扩血管药物治疗。故选C。

25.【答案】E

【解析】肺出血-肾炎综合征可能系病毒感染和/或吸入某些化学性物质引起原发性肺损害。由于肺泡壁毛细血管基膜和肾小球基底膜存在交叉反应抗原，故可以引起继发性肾损伤。此患者病程特点考虑为肺出血-肾炎综合征诊断。对于常规治疗无效或治疗较迟而进入终末期肾脏病，以血液透析或腹透维持生命的患者。故此患者急需采取血液透析治疗，故选E。

26.【答案】E

【解析】患者目前症状及实验室检查考虑为尿毒症，急性心力衰竭，血压明显增高，应该紧急给予血管扩张剂，降压、强心、利尿。故选E。

27.【答案】E

【解析】患者肾衰竭，高度水肿、轻度左心衰，合并有严重的代谢性酸中毒，故应在药物纠正酸中毒时最好用5%碳酸氢钠。故选E。

28.【答案】D

【解析】患者肾炎，出现呼吸深大，查体双肺无啰音，心率不快，考虑可能存在代谢性酸中毒，治疗上应给与静脉滴注碳酸氢钠纠正酸中毒。故选D。

29.【答案】A

【解析】此患者肾衰竭，持续少尿，呼吸困难，查体：血压明显升高，心率增快，肺底湿啰音，考虑存在急性左心衰竭，二氧化碳结合力15mmol/L，呋塞米治疗效果欠佳，故应该考虑给予血液透析，故选A。

【A_3/A_4型题】

30.【答案】E

31.【答案】E

【解析】此患者昏迷，呼吸深大，血压高，贫血，尿蛋白阳性，血氨正常。查体：心、肺、腹无异常。考虑为尿毒症昏迷，主要依据是尿中有蜡样管型和血尿素氮升高，提示肾衰竭。故选E。

32.【答案】E

【解析】此患者考虑为尿毒症，呼吸深大，二氧化碳结合力18mmol/L，故考虑昏迷的原因为酸中毒。故选E。

33.【答案】D

【解析】此患者少尿、血尿、蛋白尿、昏迷、高血压、血尿素氮明显升高．故考虑可能为尿毒症昏迷，紧急给予静脉滴注呋塞米及降压治疗。故选D。

34.【答案】E

【解析】患者血肌酐升高到1030μmol/L，血尿素氮仍进行性升高，是血液透析的适应证，故最有效的措施是血液透析。故选E。

35.【答案】E

【解析】此患者肾衰竭，故肾活检是进一步确定诊断应采取的检查。故选E。

36.【答案】D

【解析】患者急性肾损伤，嗜睡，高血压，心电图示高钾血症表现，突然意识丧志，考虑为尿毒症昏迷，高钾血症，是血液透析的适应证，应紧急给予血液透析。故选D。

37.【答案】E

【解析】高钾血症时T波高尖对称，此患者心电图示T波高尖，为高钾血症的表现。故选E。

38.【答案】D

【解析】此患者青年男性，反复水肿，近日出现乏力、少尿、贫血、高血压，并且出现呼吸困难，不能平卧，肺底水泡音，考虑存在心力衰竭，结合血肌酐明显升高，考虑为尿毒症，心力衰竭，应给予扩血管药物及强心治疗。故选D。

39.【答案】E

【解析】患者尿毒症，肌酐清除率<10ml/min，为血液透析的适

应证，应给予血液透析治疗，故选E。

40.【答案】E

41.【答案】A

42.【答案】E

43.【答案】A

【解析】此患者青年男性，反复水肿，近日出现恶心、呕吐、头痛、呼吸困难、发热，查体血压明显升高，可闻及心包摩擦音，贫血，血肌酐明显升高，此患者曾行血液透析治疗，考虑目前肾功能恶化，结合病史及实验室检查，考虑为发热是引起肾功能恶化的诱因。故选A。

44.【答案】B

【解析】心包摩擦音是心包炎的表现，心包炎一般为尿毒症晚期的临床表现。故选B。

第十三篇　女性生殖系统

第一章　女性生殖系统解剖

【A_1 型题】

1.【答案】C

【解析】输卵管为一对细长而弯曲的管，全长 8~14cm。根据输卵管的形态可分为间质部、峡部、壶腹部、伞部，伞部有"拾卵"作用。输卵管内层为黏膜层，由单层高柱状上皮组成。输卵管肌肉的收缩和黏膜上皮细胞的形态、分泌及纤毛摆动均受性激素影响，有周期性变化。故选 C。

2.【答案】A

【解析】成年人子宫呈前后略扁的倒置梨形，长 7~8cm，宽 4~5cm，厚 2~3cm。宫体与宫颈的比例因年龄和卵巢功能而异，青春期前为 1∶2，育龄期妇女为 2∶1，绝经后为 1∶1。宫颈管成年妇女长 2.5~3.0cm。宫颈主要由结缔组织构成，亦含有平滑肌纤维、血管及弹性纤维。宫颈黏膜受性激素影响也有周期性变化。故选 A。

3.【答案】D

【解析】耻骨弓角度正常值为 90°，小于 80°为不正常，此角度反映骨盆出口横径的宽度。坐骨棘间径正常值 10cm，过小会影响分娩过程中胎头的下降。坐骨切迹宽度为坐骨棘与骶骨下部间的距离，即骶棘韧带宽度，正常值为 5.5~6.0cm（能容纳 3 横指）。坐骨结节间径又称出口横径，为两坐骨结节内侧缘之间的距离，正常值为 8.5~9.5cm，平均值 9cm。故选 D。

4.【答案】E

【解析】对角径也称骶耻内径，是自耻骨联合下缘至骶岬上缘中点的距离。正常值为 12.5~13.0cm。对角径值减去 1.5~2.0cm，即为骨盆入口前后径的长度，又称真结合径。故选 E。

5.【答案】D

【解析】圆韧带起于宫角的前面、输卵管近端的下方，有维持子宫前倾位置的作用。阔韧带位于子宫两侧呈翼状，自子宫侧缘向两侧延伸达盆壁而成，能够限制子宫向两侧倾斜。在宫体两侧的阔韧带中有丰富的血管、神经、淋巴管及大量疏松结缔组织。子宫动、静脉和输尿管均从阔韧带基底部穿过。主韧带在阔韧带的下部，横行于宫颈两侧和骨盆壁之间，是固定宫颈位置、防止子宫下垂的主要结构。宫骶韧带从宫颈后面的上侧方向两侧绕过直肠到达第 2、3 骶椎前面的筋膜，将宫颈向后向上牵引，维持子宫处于前倾位置。故选 D。

6.【答案】E

【解析】卵巢表面无腹膜，由单层立方上皮覆盖，称为生发上皮，上皮的深面有一层纤维组织称卵巢白膜。再往内为卵巢实质，分皮质与髓质。故选 E。

7.【答案】B

【解析】子宫动脉为髂内动脉前干分支，在腹膜后沿骨盆侧壁向下向前行。故选 B。

8.【答案】C

【解析】宫颈管黏膜上皮呈单层高柱状，其腺体可分泌碱性黏液，形成黏液栓堵塞子宫颈管，具有防御病原体入侵的功能；宫颈突向阴道部分为复层鳞状上皮覆盖，宫颈外口柱状上皮与鳞状上皮交接部是子宫颈癌的好发部位。因此 C 选项是错误的。

9.【答案】C

10.【答案】D

【解析】在宫体与宫颈之间形成最狭窄的部分称子宫峡部，宫颈下端伸入阴道内的部分称宫颈阴道部；在阴道以上的部分称宫颈阴道上部。故选 D。

11.【答案】D

【解析】卵巢动脉自腹主动脉分出（左侧可来自左肾动脉）。在腹膜后沿腰大肌前下行至骨盆腔，跨过输尿管与髂总动脉下段，经骨盆漏斗韧带向内横行，再经卵巢系膜进入卵巢门。故选 D。

12.【答案】A

【解析】根据输卵管的形态由内向外可分为以下 4 部分。①间质部：为通入子宫壁内的部分，管腔最窄。②峡部：在间质部外侧，管腔较窄。③壶腹部：在峡部外侧，管腔宽大且弯曲。④伞部：为输卵管的末端，开口于腹腔，游离端呈漏斗状，有许多须状组织。故选 A。

13.【答案】E

【解析】阴道下段淋巴引流主要入腹股沟浅淋巴结。阴道上段淋巴回流基本与宫颈淋巴回流相同，大部汇入闭孔淋巴结与髂内淋巴结，小部分汇入髂外淋巴结，并经髂总淋巴结汇入腰淋巴结或骶前淋巴结。宫体、宫底淋巴与输卵管、卵巢淋巴均汇入腰淋巴结。宫体两侧淋巴沿圆韧带汇入腹股沟浅淋巴结。当内、外生殖器官发生感染或癌瘤时，往往沿各部回流的淋巴管扩散或转移。故选E。

14.【答案】C

【解析】子宫的正常位置呈轻度前倾前屈位，主要靠子宫韧带及骨盆底肌和筋膜的支托作用。故选C。

15.【答案】D

【解析】阔韧带为一对翼状皱襞，由覆盖在子宫前后壁的腹膜沿子宫两侧缘向骨盆壁延伸形成。膀胱为一囊状肌性器官，位于耻骨联合之后、子宫之前。因此D选项是错误的。

16.【答案】A

【解析】子宫动脉为髂内动脉前干分支，距宫颈内口水平约2cm处横跨输尿管至子宫侧缘分为上、下两支：上支沿子宫上缘迂曲上行，称宫体支，至宫角处又分为宫底支（分布于宫底部）、卵巢支（与卵巢动脉末梢吻合）及输卵管支（分布于输卵管）；下支较细，分布于宫颈及阴道上段。阴道动脉为髂内动脉前干分支，有许多小分支分布于阴道中下段前后壁、膀胱顶、膀胱颈。故选A。

17.【答案】B

18.【答案】E

【解析】骨盆底有3层组织：外层为浅层筋膜与肌肉，包括肛门外括约肌；中层为泌尿生殖膈，由上、下两层坚韧的筋膜和一层薄肌肉组成；内层为盆膈，由肛提肌及其内、外面各覆的一层筋膜组成。会阴指阴道口与肛门之间的软组织，厚3~4cm，表面为皮肤及皮下脂肪，由外向内逐渐变窄呈楔状，内层为中心腱，又称会阴体。因此会阴体属于盆底组成部分，故E选项是错误的。

19.【答案】D

20.【答案】B

21.【答案】A

【解析】女性外生殖器又称外阴，指生殖器官的外露部分。阴阜青春期皮肤开始生长阴毛，分布呈尖端向下的三角形。两侧小阴唇前端相互融合，再分为两叶包绕阴蒂，前叶形成阴蒂包皮，后叶与对侧结合形成阴蒂系带。阴道前庭为两小阴唇之间的裂隙。前庭大腺向内侧开口于前庭后方小阴唇与处女膜之间的沟内。故选A。

【A_3/A_4型题】

22.【答案】A

【解析】大阴唇是靠近两股内侧一对隆起的皮肤皱襞，起于阴阜，止于会阴。大阴唇皮下脂肪层厚，内含丰富的血管、淋巴管和神经，局部受伤时，易出血形成大阴唇血肿。故选A。

【A_3/A_4型题】

23.【答案】E

24.【答案】C

【解析】患者因骨盆狭窄，诊断头盆不称，不宜静脉滴注缩宫素加强宫缩，以避免发生子宫破裂。因此C项描述错误。故选C。

25.【答案】B

26.【答案】A

【解析】患者由于中骨盆和出口狭窄，经阴道分娩的可能性很小。若要尽快结束分娩，宜采取急诊剖宫产。故选A。

【B_1型题】

27.【答案】B

28.【答案】A

29.【答案】E

第二章　女性生殖系统生理

【A_1型题】

1.【答案】C

【解析】绝经过渡期指开始出现绝经趋势直至最后一次月经的时期，一般自40岁开始，可历时10~20年。绝经开始表现为月经不规律，最终因卵巢功能衰竭，月经永久性停止，一般绝经年龄在44~54岁之间。世界卫生组织（WHO）将卵巢功能开始衰退至绝经后1年的时间称为围绝经期。此期由于卵巢功能逐渐减退，雌激素水平明显降低。无排卵性功血主要发生于青春期和围绝经期。故选C。

2.【答案】A

3.【答案】D

【解析】发育成熟的卵细胞被排出卵巢的过程称排卵，多发生在下次月经来潮前14日左右。孕激素使女性体温发生改变，其兴奋下丘脑体温调节中枢，使女性排卵后基础体温升高0.3~0.5℃，可作为判断排卵日期的标志之一。故选D。

4.【答案】A

5.【答案】B

【解析】卵巢主要分泌雌激素、孕激素和少量雄激素。①雌激素在卵泡期随卵泡发育逐渐增多，排卵前形成第一次高峰；排卵后黄体分泌雌激素，约在黄体成熟时形成第二次高峰，此峰值较平坦，峰的均值低于另一高峰；月经前雌激素水平降至最低。雌激素主要包括雌二醇、雌酮和雌三醇。②孕激素在排卵后由黄体分泌，至黄体成熟时形成高峰，以后逐渐下降。孕激素主要是孕酮。③卵巢能分泌少量雄激素，主要是睾酮。故选B。

6.【答案】D

【解析】孕激素的生理作用如下：①作用于生殖系统，使子宫肌纤维松弛，抑制子宫收缩，降低妊娠子宫对缩宫素的敏感性；使子宫内膜在增生的基础上转化为分泌状态；使子宫颈口闭合，黏液减少、质稠，拉丝易断；抑制输卵管收缩；促进阴道上皮细胞的脱落。②作用于乳腺，促进乳腺腺泡的发育。③代谢作用，促进水、钠排泄。④参与下丘脑、垂体的正、负反馈性调节。⑤使女性体温发生改变，其兴奋下丘脑体温调节中枢，使女性排卵后基础体温升高0.3~0.5℃，可作为判断排卵日期的标志之一。故选D。

7.【答案】A

【解析】雌激素的生理作用如下：①作用于生殖系统，促进子宫发育，增加子宫平滑肌收缩力及对缩宫素的敏感性；促进子宫内膜增生及修复；使子宫颈口松弛，宫颈黏液量增加、稀薄、易拉丝；促进输卵管发育；促进阴道上皮增生角化，增加细胞内糖原，增强局部抵抗力；可协同卵泡刺激素（FSH）促进卵泡发育；促进外生殖器官发育。②作用于乳腺，促进乳腺腺管增生，使乳头、乳晕着色。③代谢作用，促进钙盐和磷盐在骨质中的沉积；促进水、钠潴留。④参与下丘脑、垂体的正负反馈性调节。故选A。

8.【答案】C

【解析】排卵前随着雌激素水平逐渐增高，宫颈黏液分泌量增加、稀薄透明，至排卵期拉丝可达10cm以上，取黏液涂于玻片，干燥后可见“羊齿植物叶”状结晶。故选C。

9.【答案】B

【解析】子宫内膜的周期性变化受雌激素、孕激素的影响，子宫颈黏液、输卵管及阴道黏膜也发生周期性变化。故选B。

10.【答案】A

11.【答案】D

12.【答案】D

【解析】卵巢分泌雌激素、孕激素，后两者又通过正、负反馈作用影响下丘脑及垂体的分泌功能，从而保证月经周期的循环变化。故选D。

13.【答案】B

【解析】女婴出生时卵泡总数约200万个，至青春期卵泡总数下降至约30万，性成熟期每月一般只有一个优势卵泡可以成熟并排卵，妇女一生中有400~500个卵泡发育成熟，其余卵泡自行退化。故选B。

14.【答案】B

【解析】排卵前随雌激素水平逐渐增高，宫颈黏液分泌量增加、稀薄透明，至排卵期拉丝可达10cm以上，取黏液涂于玻片，干燥后可见羊齿植物叶状结晶；排卵后受孕激素影响，黏液分泌量减少、黏稠，拉丝易断，涂片可见成排的椭圆体。故选B。

15.【答案】C

【解析】功能层子宫内膜剥脱随月经血排出，仅留下基底层，在雌激素作用下内膜逐渐增厚，子宫内膜的增生与修复在月经期即已开始。月经周期的第15~23天，黄体形成，分泌孕激素和雌激素，子宫内膜继续增厚，为孕卵着床和发育提供充足营养。故选C。

16.【答案】E

17.【答案】C

【解析】雌激素在月经中期可起正反馈作用。在卵泡开始发育时，雌激素分泌量很少，随着卵泡渐趋成熟，雌激素分泌也逐渐增加，于排卵前形成一高峰，排卵后分泌稍减少，在排卵后7~8日黄体成熟时，形成又一高峰，但第二高峰较平坦，峰的均值低于第一高峰。黄体萎缩时，雌激素水平急骤下降，在月经前达最低水平。故选C。

18.【答案】C

19.【答案】C

【解析】黄体生成素（LH）能促进卵泡发育及成熟、促进排卵并形成黄体。故选C。

【A_2型题】

20.【答案】B

【解析】阴道黏膜排卵前在雌激素作用下阴道上皮增生、角化，细胞内糖原在阴道杆菌作用下分解成乳酸，使阴道处于酸性环境，防止致病菌的繁殖；排卵后在孕激素的作用下阴道上皮细胞大量脱落。临床上可通过检查阴道脱落细胞了解排卵情况及雌激素水平。故选B。

21.【答案】E

【解析】排卵后受孕激素影响，黏液分泌量减少、黏稠、拉丝易断。涂片检查时结晶逐渐模糊。至月经周期第22日左右完全消失，可见成排的椭圆体。患者宫颈黏液涂片见大量椭圆体结晶，所以患者现在处于月经周期第22日。故选E。

22.【答案】E

【解析】患者停经40天，基础体温未升高，提示无排卵，且年龄50岁，无排卵性功血可能性大。宫颈黏液涂片可见“羊齿植物叶”状结晶，提示雌激素水平增高，子宫内膜呈增生过长图像。

【A_3/A_4型题】

23.【答案】C

【解析】分段诊刮适应证：子宫异常出血或阴道排液者，证实或排除子宫内膜癌或其他病变（如子宫内膜炎、流产等）；功能失调性子宫出血或怀疑子宫性闭经者，了解子宫内膜变化及其对性激素的反应；女性不孕症患者，了解有无排卵及子宫内膜病变；功能失调性子宫出血或疑有宫腔内组织残留致长期多量出血者，刮宫有助于诊断并可快速止血。

24.【答案】D

【解析】患者45岁，不规则阴道流血1年多，加重20多天，伴贫血，且排出器质性病变，且基础体温单相，无排卵性功血的可能性大。故选D。

25.【答案】E

【解析】无排卵性功血患者治疗原则为：青春期和育龄期功血应以止血、调整月经、促使卵巢功能恢复为原则；绝经过渡期功血以止血、调整月经、减少经量，防止子宫内膜病变为原则。

【B_1型题】

26.【答案】C

【解析】雄激素功能为维持女性正常生育功能，维持第二性征，促进阴毛、腋毛的生长。促进蛋白质合成，促进肌肉和骨骼的发育，在青春期后可导致骨骺愈合，促进红细胞生成，促进血红蛋白及骨髓的红细胞增生。

27.【答案】B

【解析】孕激素对阴道上皮的作用是使增生阴道上皮中层和表层细胞脱落加快。故选B。

28.【答案】A

【解析】雌激素对阴道上皮的作用是促进阴道上皮增生和角化。故选A。

第三章 妊娠生理

【A_1型题】

1.【答案】D

【解析】记忆题，底蜕膜在妊娠过程中将发育为胎盘的母体部分。

2.【答案】D

【解析】自胚胎11~12周开始卵原细胞进入第一次减数分裂，并静止于前期双线期。故选D。

3.【答案】E

【解析】整个孕期卵巢略增大，排卵和新卵泡发育停止。妊娠6~7周前孕妇卵巢中的妊娠黄体产生雌激素及孕激素，以维持妊娠。妊娠10周后胎盘形成，取代黄体功能，黄体萎缩。故选E。

4.【答案】E

【解析】乳腺细胞膜有垂体催乳激素受体，细胞质内有雌激素和孕激素受体，胎盘形成后大量雌激素、孕激素、人胎盘生乳素产生，刺激乳腺腺管和腺泡发育，垂体催乳激素、胰岛素、皮质醇、甲状腺激素等也参与其中。妊娠晚期接近分娩时挤压乳房可有少量淡黄色稀薄液体溢出，称为初乳。产前无乳汁分泌可能与大量雌、孕激素抑制乳汁生成有关。分娩后新生儿频繁吸吮乳头，乳汁开始分泌。故选E。

5.【答案】B

【解析】人绒毛膜促性腺激素（hCG）均由α与β亚基组成，α亚基几乎相同，相互间能发生交叉反应，β-hCG亚基羧基端最后的24个氨基酸片段为其所有，故临床利用β-hCG特异抗血清即可检测母体血清β-hCG。故选B。

6.【答案】A

【解析】妊娠期肾脏略增大，肾血浆流量（RPF）及肾小球滤过率（GFR）于妊娠早期均增加，妊娠期间维持高水平，与非孕时相比，RPF约增加35%，GFR约增加50%。故选A。

7.【答案】C

【解析】受精卵着床必须具备的条件有：①透明带消失。②囊胚细胞滋养细胞分化出合体滋养细胞。③囊胚和子宫内膜同步发育且相互协调。④孕妇体内分泌足够量的孕酮。子宫有一个极短的窗口期允许受精卵着床。故选C。

8.【答案】D

【解析】子宫肌壁厚度非孕时约1cm，妊娠中期逐渐增厚达2.0~2.5cm，妊娠末期至足月厚度为1.0~1.5cm或更薄。D项错误，故选D。

9.【答案】E

10.【答案】E

【解析】当胎盘剥离娩出后，产妇血中胎盘生乳素、雌激素、孕激素水平急剧下降，缩宫素增加，抑制下丘脑分泌的催乳素因子释放，低雌激素、高催乳素水平导致乳汁开始分泌。故选E。

11.【答案】C

【解析】胎儿血自脐动脉至绒毛毛细血管网，与绒毛间隙间的母血进行物质交换，含氧量高且营养物质丰富的血液经脐静脉返回胎儿体内。故选C。

12.【答案】C

【解析】受精后第6日受精卵滋养层形成时，胚胎合体滋养细胞开始分泌微量hCG。故选C。

13.【答案】A

【解析】胎盘由胎儿部分的羊膜、叶状绒毛膜和母体部分的底蜕膜构成。故选A。

14.【答案】B

【解析】受精卵着床后10周血清hCG浓度达最高峰，持续约10日迅速下降，一般于产后2周内消失。故选B。

15.【答案】B

【解析】妊娠期垂体增大，妊娠后期尤为明显。催乳素自妊娠7周开始增多，随妊娠进展逐渐增加分泌量，妊娠足月分娩前达高峰约150μg/L，为非孕妇女的10倍。PRL促进乳腺发育，为产后泌乳做准备。分娩后若不哺乳，于产后3周内降至非孕时水平，哺乳者多在停止哺乳后一段时间内降至非孕时水平。故选B。

16.【答案】D

【解析】妊娠早期的羊水主要来源是母体血清经胎膜进入羊膜腔的透析液。妊娠中期以后胎儿尿液成为羊水的主要来源。妊娠晚期胎儿肺参与羊水的生成。此外，羊膜、脐带华通胶及胎儿皮肤渗出液也参与少量羊水的形成。故选D。

17.【答案】C

【解析】妊娠期凝血因子Ⅱ、Ⅴ、Ⅶ、Ⅷ、Ⅸ、Ⅹ均增加，使血液处于高凝状态，血小板数量轻度减少。妊娠后期红细胞沉降率加快，可达100mm/h。故选C。

18.【答案】D

【解析】胎盘附着部位全部修复需要至产后6周。故选D。

19.【答案】B

【A_2型题】

20.【答案】C

【解析】脐带表面有羊膜覆盖，呈灰白色，里面中央有一条脐静脉，两侧有两条脐动脉。

21.【答案】B

【解析】预产期以末次月经第1日算起，月份减3或加9，日数加7。若为农历，则月份减3或加9，日数加15。患者末次月经（LMP）4月1日，排卵应在4月15日左右，受精约16日，着床为22～23日。故选B。

22.【答案】D

【B_1型题】

23.【答案】C

【解析】乳头、乳晕着色加深，乳头变大，易勃起。乳晕外围的皮脂腺肥大形成散在结节状隆起，称为蒙氏结节。故选C。

24.【答案】D

【解析】自妊娠12～14周起，子宫可出现不规律无痛性收缩，持续时间不足30秒，不伴有宫颈扩张，宫腔压力低于25mmHg，属于生理性无痛宫缩，称为Braxton Hicks收缩。故选D。

第四章　妊娠诊断

【A_1型题】

1.【答案】D

【解析】胎方位是指胎儿先露部的指示点与母体骨盆的关系。先露部不同，指示点也不相同。

2.【答案】B

【解析】孕妇停经6周左右出现食欲缺乏、择食或厌恶油腻饮食，恶心、晨起呕吐、头晕、乏力、嗜睡等一系列症状，称早孕反应。多在停经12周左右自行消失。故选B。

3.【答案】A

【解析】一般在妊娠18周后B型超声检查可发现胎动，初产妇妊娠20周后可感觉到胎动，经产妇略早。正常胎动≥6次/2小时。故选A。

4.【答案】A

【解析】头先露中枕先露约占95.75%。故选A。

5.【答案】A

【解析】骶耻外径是骨盆外测量中最重要的径线。孕妇取左侧卧位，左腿屈曲，右腿伸直。测量第五腰椎棘突下（米氏菱形窝顶点）至耻骨联合上缘中点之间的距离，正常值为18～20cm。此径线可间接推测骨盆入口平面前后径长短。故选A。

6.【答案】C

【解析】听诊时应注意与腹主动脉搏动音、子宫血流杂音、脐带杂音相鉴别。子宫杂音、腹主动脉音与孕妇脉搏频率一致，脐带杂音与胎心频率一致，呈吹风样低音。故选C。

7.【答案】E

【解析】妊娠早期超声检查的主要目的是确定宫内妊娠、排除异位妊娠和滋养细胞疾病，估计胎龄、排除盆腔肿块或子宫异常等。故选E。

8.【答案】B

【解析】胎盘物质交换的主要转运方式有以下几种。①简单扩散：O_2、CO_2、水、钠、钾、电解质等通过细胞质膜从高浓度区向低浓度区扩散，为被动转运。②易化扩散：葡萄糖借助特异性载体通过细胞质膜从高浓度区向低浓度区扩散，但不消耗能量。③主动运输：氨基酸、水溶性维生素及钙、铁等物质借助载体通过细胞质膜从低浓度区转运至高浓度区，需要消耗能量。④其他：较大物质如大分子蛋白质、免疫球蛋白等，可通过细胞膜裂隙或细胞质膜内陷吞噬，将细胞外大分子物质移入细胞内。胎儿所需营养物质是以多种形式获得，胎盘相当于胎儿出生后消化系统的功能。葡萄糖以易化扩散方式通过胎盘供应，氨基酸、电解质及维生素以主动运输方式通过胎盘。故选B。

9.【答案】E

10.【答案】C

11.【答案】C

【解析】停经是妊娠最早也是最重要的症状，但并不是妊娠的特有症状。育龄期有性生活史且月经周期正常的妇女，一旦月经延期10天以上，首先考虑妊娠。若停经达2个月以上，妊娠的可能性更大。故选C。

12.【答案】D

【解析】临床有经腹部超声和经阴道超声两种途径诊断早期妊娠，方法简捷、快速、准确、对受检者无创伤。停经5周时，宫腔内可见到圆形或椭圆形光环，即妊娠囊。停经6周左右，妊娠囊内见到胚芽和有节律的原始心管搏动，可确诊为宫内妊娠、活胎并可了解孕周。故选D。

13.【答案】C

【解析】停经6~8周时，双合诊检查子宫峡部极软，感觉宫颈与宫体之间似不相连，称黑加（Hegar）征。故选C。

14.【答案】C

15.【答案】D

【解析】用腹部四步触诊法检查子宫大小、胎产式、胎先露、胎方位及先露部是否衔接。第一步目的是了解子宫形态及子宫底高度，估计胎儿大小与孕周是否相符，判断宫底部的胎儿部分，检查者将两手置于子宫底部。第二步目的是确定胎背及胎儿四肢的位置，检查者两手分别置于腹部左右两侧。第三步目的是判断胎先露部是胎头还是胎臀，先露部是否衔接。检查者右手拇指与其余4指分开，置于耻骨联合上方握住胎先露部并左右推动。第四步目的是再次判断胎先露部的诊断是否正确，并确定胎先露部入盆的程度。检查者两手分别置于胎先露部两侧，沿骨盆入口方向向下深按。故选D。

【A_2型题】

16.【答案】B

【解析】受精10日后在母血中用特异β-hCG抗血清即可检测出hCG，是诊断早孕的最敏感方法。受精卵着床后10周血清hCG浓度达最高峰，持续约10日迅速下降，产后2周内消失。患者既往月经规律，现停经37天，若受精现为受精20日。故选B。

17.【答案】A

【解析】正常妊娠40周末宫底位于脐与剑突之间或略高，宫高33（30.0~35.3）cm。患者现宫高33cm，符合正常妊娠宫底高度。故选A。

18.【答案】D

【解析】产妇末次月经4月7日，预产期为元月14日，产妇于11月10日就诊，妊娠应该满31周。但产妇宫底才脐上三横指，而正常妊娠28周末宫底应该脐上3横指。所以患者宫底高度低于正常妊娠。故选D。

【B_1型题】

19.【答案】C

【解析】胎体纵轴与母体纵轴的关系称胎产式。两纵轴平行称纵产式，占足月妊娠分娩总数的99.75%；两纵轴垂直称横产式，占足月分娩总数的0.25%；两纵轴交叉称斜产式，斜产式属过渡产式，在分娩过程中大多转为纵产式，偶尔转成横产式。

20.【答案】A

21.【答案】B

【解析】最先进入骨盆入口的胎儿部分称胎先露。纵产式有头先露、臀先露，横产式为肩先露。头先露时可根据胎头屈伸程度分为枕先露、前囟先露、额先露及面先露。臀先露包括混合臀先露、单臀先露、单足先露、双足先露。偶见到胎儿头先露或臀先露与胎手或胎足同时入盆，称复合先露。故选B。

22.【答案】D

【解析】骨盆轴又称产道轴，为连接骨盆各平面中点的假想曲线，具有一定屈度。产妇直立位时此轴上段向下、向后，中段向下，下段向下、向前。分娩时胎儿即沿此轴娩出。产妇长时间平卧、仰卧或截石位都不利于胎儿沿产轴下降。故选D。

第五章　产前检查与孕期保健

【A_1型题】

1.【答案】B

【解析】我国现阶段围产期是指妊娠满28周（即胎儿体重≥1000g或身长≥35cm）至产后1周。故选B。

2.【答案】D

【解析】子宫峡部非孕时长约1cm，妊娠后子宫峡部变软，逐渐伸展拉长变薄扩展成宫腔一部分，临产后伸展至7~10cm，成为产道一部分，称为子宫下段。因此子宫下段形成的时期是妊娠末期。

3.【答案】D

【解析】对角径也称骶耻内径，是自耻骨联合下缘至骶岬上缘中点的距离。检查者示指、中指深入阴道，用中指指尖触及骶岬上缘中点，示指上缘近虎口处紧贴耻骨联合下缘，另一手手指标注此接触点。用标尺测量中指尖到此接触点的距离，正常值为12.5~13.0cm，即为对角径。对角径值减去1.5~2.0cm，即为骨盆入口前后径的长度，又称真结合径。若中指不能触及骶岬上缘，表示对角径值大于12.5cm。此径可判断骨盆入口前后径的大小，与胎先露衔接有关。故选D。

4.【答案】C

【解析】孕妇对胎动的自我监

测是评估胎儿宫内情况最简便、有效的方法之一。孕妇自测胎动的方法为：每日早、中、晚分别左侧卧位 1 小时，数 1 小时胎动次数，每小时胎动次数应不少于 3 次，胎动≥6 次/2 小时为正常，2 小时内胎动计数少于 6 次，或减少 50%者，均提示子宫胎盘功能不良、胎儿宫内缺氧，应及时进行诊断和处理。故选 C。

5.【答案】D

6.【答案】D

【解析】正常胎心率（FHR）为 110~160bpm，若 FHR>160bpm 或<110bpm，历时 10 分钟称为心动过速或心动过缓。故选 D。

7.【答案】C

【解析】妊娠期羊水量逐渐增加，妊娠 38 周约 1000ml，此后羊水量逐渐减少。故选 C。

8.【答案】A

【解析】孕妇在 20 周后即能感觉到胎动，随着妊娠进展而逐渐加强且次数增加，至接近孕足月时因胎体逐渐增大，羊水量有所减少，胎儿活动空间缩小而胎动逐渐减少。故选 A。

9.【答案】C

【解析】坐骨结节间径又称出口横径。孕妇取仰卧位，双下肢屈曲，双手抱膝略分开。测量两坐骨结节内侧缘之间的距离，正常值为 8.5~9.5cm，平均值 9cm。若出口横径小于 8cm，应测量骨盆出口后矢状径，出口横径和出口后矢状径之和大于 15cm，一般足月胎儿可以经阴道分娩。

10.【答案】C

【解析】通过胎盘功能检查可以间接了解胎儿在宫内的健康状况，可选择的检查方法有如下几种。①胎动：与胎盘功能状态关系密切，胎盘功能低下时，胎动较前期有所减少。②孕妇尿雌三醇值检测：用于评估胎儿胎盘单位功能。正常值 > 15mg/24h，10~15mg/24h 为警戒值，<10mg/24h 为危险值。还可测尿雌激素/肌酐比值，>15 为正常值，10~15 为警戒值，<10 为危险值。③孕妇血清人胎盘生乳素（HPL）测定：足月妊娠 HPL 值应为 4~11mg/L。若足月妊娠时 HPL<4mg/L 或突然降低 50%，提示胎盘功能低下。

【A_2 型题】

11.【答案】C

【解析】患者末次月经 2013 年 4 月 25 日，预产期以末次月经第 1 日算起，月份减 3 或加 9，日数加 7，该产妇预产期应该为 2014 年 2 月 1 日。故选 C。

12.【答案】B

【解析】患者子宫呈纵椭圆形提示为纵式。胎先露较软且不规则，提示臀先露。且臀先露时胎心在脐右（左）上方，患者胎心就在脐上偏左。故选 B。

13.【答案】C

【解析】患者有停经史，阴道流血 3 天伴腹痛，妇科检查子宫增大。应行妊娠超声检查，主要目的是确定宫内妊娠、排除异位妊娠和滋养细胞疾病、估计胎龄、排除盆腔肿块或子宫异常等。

14.【答案】C

15.【答案】E

【解析】孕妇尿雌三醇值检测用于评估胎儿胎盘单位功能。患者停经才 40 天，不能行胎儿胎盘功能检查。故选 E。

16.【答案】E

【解析】受精卵着床后 10 周血清 hCG 浓度达最高峰，持续约 10 日迅速下降。患者现已经妊娠 36 周，检测 hCG 意义不大。

17.【答案】D

【B_1 型题】

18.【答案】B

【解析】产前检查妊娠 20~36 周期间每 4 周检查一次，自妊娠 37 周后每周检查一次。

19.【答案】C

【解析】骨盆内测量一般在孕 24~36 周孕妇阴道松弛时测量，骨盆外测量有狭窄者可进行骨盆内测量。故选 C。

20.【答案】A

【解析】在妊娠 18~24 周期间，通过超声对胎儿的各器官进行系统筛查，目的是发现严重致死性畸形。故选 A。

21.【答案】E

【解析】行染色体检查的羊水穿刺一般在妊娠 16~21 周进行，有条件的单位可以扩展到妊娠晚期。故选 E。

第六章　正常分娩

【A_1 型题】

1.【答案】D

【解析】单臀先露又称腿直臀先露，胎儿双髋关节屈曲、双膝关节伸直，以臀部为先露。

2.【答案】E

【解析】进入活跃期后，宫口不再扩张达 4 小时以上，称活跃期停滞。故选 E。

3.【答案】D

【解析】接产者站在产妇右侧，在会阴部铺无菌巾，当胎头拨露时保护会阴。故选 D。

4.【答案】D

【解析】肛诊触诊两侧坐骨棘是否突出，判断胎头下降位置。

5.【答案】C

【解析】衔接又称入盆，指胎头双顶径进入骨盆入口平面，胎头颅骨最低点接近或达到坐骨棘水平。故选C。

6.【答案】D

【解析】初产妇宫口扩张<4cm、经产妇<2cm时，可行温肥皂水灌肠，既能清除粪便，避免污染消毒区，又能通过反射作用刺激宫缩，加速产程进展。

7.【答案】C

【解析】通过肛门或阴道检查了解宫颈软硬度、厚薄，宫口扩张程度，胎头下降程度，胎方位，骨产道情况。故选C。

8.【答案】C

【解析】当胎头枕部逐渐露出于耻骨弓时，左手应协助胎头缓慢仰伸，此时若胎头娩出过快，应嘱产妇呼气以消除腹压，在宫缩间歇时稍向下屏气，使胎头缓慢娩出，以免过强的产力造成会阴撕裂。故选C。

9.【答案】B

10.【答案】B

【解析】胎头进入骨盆入口时多呈半俯屈状态，以枕额径衔接，由于枕额径大于骨盆入口前后径，枕左前位时胎头矢状缝坐落在骨盆入口右斜径上，胎儿枕骨在骨盆左前方。故选B。

11.【答案】B

【解析】子宫下段的形成：非孕时子宫峡部长约1cm。妊娠12周后，子宫峡部逐渐扩展成宫腔的一部分，孕末期子宫峡部被拉长、变薄，形成子宫下段。临产后由于子宫肌纤维的缩复作用，子宫上段肌壁越来越厚，子宫下段肌壁被牵拉伸长且越来越薄，达7～10cm，构成软产道的一部分。故选B。

12.【答案】A

【解析】临产前子宫颈管长2～3cm，初产妇较经产妇稍长。临产后规律宫缩牵拉子宫颈内口的肌纤维及周围韧带，胎先露部前羊水囊呈楔状，使子宫颈内口向上外扩张，宫颈管形成漏斗状，随后逐渐变短直至消失，成为子宫下段的一部分。初产妇一般子宫颈管先消失，继之宫口扩张；经产妇则多是子宫颈管消失与宫口扩张同时进行。故选A。

13.【答案】D

【解析】枕先露时，胎头枕部位置最低，到达骨盆底，肛提肌收缩力将胎头枕部推向阻力小、部位宽的前方，枕左前位的胎头枕部向前旋转45°，后囟门转至耻骨弓下方。故选D。

14.【答案】D

【解析】胎盘剥离征象有：①阴道少量流血。②脐带外露部分自行下降。③在耻骨联合上轻压子宫下段，宫体上升但外露脐带不再回缩。④宫底升高达脐上。

15.【答案】A

【解析】当胎头继续下降至骨盆底时，即骨盆轴弯曲处时，原来处于半俯屈状态的胎头遇肛提肌阻力，借杠杆作用进一步俯屈，使下颏接近胸部，将胎头衔接时的枕额径（11.3cm）变为枕下前囟径（9.5cm），以适应产道的最小径线，有利于胎头进一步下降。故选A。

16.【答案】D

【解析】胎头完成内旋转后，下降达阴道外口时，宫缩和腹压迫使胎头继续下降，而肛提肌收缩力又将胎头向前推进，两者的合力作用使胎头沿骨盆轴下段向下方向转向前，胎头枕骨下部达耻骨联合下缘时，以耻骨弓为支点，使胎头逐渐仰伸，胎头的顶、额、鼻、口、颏相继娩出。当胎头仰伸时，胎儿双肩径进入骨盆入口左斜径上。故选D。

17.【答案】C

18.【答案】E

【解析】胎头为适应骨盆纵轴而旋转，使其矢状缝与中骨盆及骨盆出口前后径相一致，称内旋转，多在第一产程末完成。故选E。

19.【答案】B

【解析】影响分娩的主要因素包括产力、产道、胎儿及产妇的精神心理因素。胎儿因素包括胎儿大小、胎位及有无畸形。故选B。

20.【答案】E

【解析】临产的标志是规律并逐渐增强的子宫收缩，持续时间30秒及以上，间歇5～6分钟，同时伴有进行性的子宫颈管消失、宫口扩张和胎先露下降。故选E。

21.【答案】D

【解析】骨盆轴为连接骨盆各平面中点的假想曲线，具有一定屈度。产妇直立位时此轴上段向下、向后，中段向下，下段向下、向前。故选D。

22.【答案】D

【解析】接产者站在产妇右侧，在会阴部铺无菌巾，当胎头拨露时，接产者右肘支在产床上，拇指与其他四指分开，手掌大鱼际肌顶住会阴体，当宫缩时向上、内方托压保护会阴；左手轻轻下压胎头枕部，协助胎头俯屈。宫缩间歇时，右手稍放松，以免引起会阴水肿。当胎头枕部逐渐露出于耻骨弓时，左手应协助胎头缓慢仰伸，此时若胎头娩出过快，应嘱产妇呼气以消除腹压，在宫缩间歇时稍向下屏气，使胎头缓慢娩出，以免过强的产力造成会阴撕裂。故选D。

23.【答案】A

【解析】第二产程又称胎儿娩出期，为从宫口开全至胎儿娩出。故选A。

24.【答案】C

【解析】阴道检查方法：以示指端掌侧探查子宫颈口，触清胎头的矢状缝及囟门，摸清其四周边缘，确定胎位及宫口扩张程度。故选 C。

25.【答案】D

【解析】胎肩在盆腔内继续下降，前（右）肩向前、向中线旋转 45°时，胎儿双肩径转成与骨盆出口前口径相一致的方向，胎儿枕部则需在外继续向左旋转 45°以保持胎儿与胎肩的垂直关系，称为外旋转。故选 D。

26.【答案】D

【解析】第一产程潜伏期可每隔 1~2 小时听胎心 1 次，进入活跃期后，在宫缩间歇时每 15~30 分钟听胎心 1 次，每次听诊 1 分钟，并及时记录。第二产程观察产程，通常每 5~10 分钟或每 1~2 次宫缩间歇时听诊，或用胎儿监护仪监测胎心率及其基线变异。故选 D。

27.【答案】B

【解析】产后妇女体温多在正常范围内。部分产妇产后 24 小时体温轻微升高，一般不超过 38℃，多在 24 小时后降为正常，可能与分娩过程中疲劳、脱水有关。产妇因乳房血管、淋巴管极度充盈，于产后 3~4 日可有发热，体温达 37.8~39.0℃，这种现象称泌乳热，一般持续 4~16 小时后降至正常。产后妇女脉搏每分钟 60~70 次，在正常范围内。胎盘娩出后，子宫复旧开始。子宫收缩呈球形，圆而硬，宫底在脐下一横指。产后第 1 日宫底上升至脐平，以后每日下降 1~2cm（1~2 横指），一般于产后 10 日宫底降入盆腔内。浆液恶露见于产后 4 日，持续约 10 日。正常产后 10 日内，白细胞计数增多。

28.【答案】C

【解析】胎头下降程度是决定产妇能否经阴道分娩的重要观察指标。以胎儿颅骨的最低点与坐骨棘平面的关系为标志，胎头颅骨最低点平坐骨棘时记为“0”，在坐骨棘平面以上 1cm 记为“-1”，以下 1cm 时记为“+1”。

29.【答案】D

30.【答案】A

31.【答案】C

【解析】胎头娩出后，接产者右手仍应注意保护会阴，不要急于娩出胎肩，而应先以左手自鼻根向下颏挤压，挤出胎儿口鼻内黏液和羊水。故选 C。

【A_2 型题】

32.【答案】D

【解析】据题例分析：产程已进展到第一产程活跃期的最大加速期，宫口扩张、胎先露下降情况均正常，胎膜破裂应在宫口近开全时，因此属于正常产程，不需要其他干预措施，应选择继续严密观察产程，故选 D。

33.【答案】E

【解析】患者宫口全开，进入第二产程。产力包括子宫收缩力、腹肌及膈肌收缩力和肛提肌收缩力。第二产程是三种产力全部参与的过程。故选 E。

34.【答案】D

【解析】患者由于疲乏致协调性宫缩乏力，此时提供利于产妇睡眠的休息环境，关心和安慰产妇，解除其紧张情绪，必要时遵医嘱应用镇静药，缓慢静脉推注地西泮 10mg 或肌内注射哌替啶 100mg。故选 D。

35.【答案】C

【解析】产后 1~2 日因子宫强烈收缩，产妇自觉下腹部阵发性疼痛，称产后宫缩痛，一般持续 2~3 日消失，以经产妇多见。产后的体温多数在正常范围内。若产程延长致过度疲劳时，体温可在产后最初 24 小时内略升高，一般不超过 38℃。不哺乳者于产后 3~4 日因乳房血管、淋巴管极度充盈也可发热，体温达 38.5℃，一般仅持续数小时，最多不超过 12 小时，体温即下降，不属病态。白细胞总数于产褥早期增多，一般 1~2 周恢复正常。患者无咽红，无腹泻，无感染征兆。故选 C。

36.【答案】C

【解析】胎膜破裂，应立即听胎心，观察羊水颜色、性状和流出量，并记录破膜时间。若羊水呈黄绿色，混有胎粪，应立即行阴道检查，注意有无脐带脱垂。破膜超过 12 小时者应遵医嘱给予抗生素预防感染。产妇现有规律宫缩，宫口 1 指，先露浮，处于第一产程。而第二产程，才需要加强对产妇屏气和用力的指导。

37.【答案】A

【解析】产妇现在产程进展顺利，胎心好，不用干涉，严密观察产程进展即可。故选 A。

38.【答案】D

【解析】初产妇宫口开全、经产妇宫口扩张 4cm 且宫缩规律有力时，应做好接产准备工作。产妇为经产妇，现宫口为 4cm，需要做好接生准备工作。故选 D。

39.【答案】C

【解析】活跃期为宫口开大 3cm 至宫口开全。目前国际上倾向于将宫口扩张 4cm 作为活跃期的开始。活跃期宫口扩张速度明显加快，需 4~8 小时，超过 8 小时为活跃期延长。产妇现宫口开大 5cm。故选 C。

40.【答案】D

【解析】内旋转是胎头为适应骨盆纵轴而旋转，使其矢状缝与中骨盆及骨盆出口前后径相一致，多在第一产程末完成。产妇宫口开全 1 小时，已经进入第二产程。胎心正常，头棘下 3 cm，但为 LOT，所以应该徒手将其转为枕前位。故选 D。

【A_3/A_4型题】

41.【答案】A

【解析】产妇胎头矢状缝与骨盆横径一致，说明胎头为横位。后囟门在3点，前囟门在9点，提示为LOT。故选A。

42.【答案】B

【解析】枕先露时，胎头枕部位置最低，到达骨盆底，肛提肌收缩力将胎头枕部推向阻力小、部位宽的前方，枕左前位的胎头枕部向前旋转45°，后囟门转至耻骨弓下方。产妇现为LOT，为横位。枕前位需要转45°，枕横位需要转90°。故选B。

43.【答案】B

【解析】潜伏期为临产至宫口开大3cm。此期宫口扩张速度较慢，平均2~3小时扩张1cm，初产妇潜伏期约8小时，超过16小时为潜伏期延长。产妇宫口开大2cm，处于潜伏期，现已经临产17小时，为潜伏期延长。

44.【答案】C

【解析】晚期减速提示胎儿宫内窘迫，产妇频繁地晚期减速，提示胎儿缺氧严重，而产妇此时为潜伏期，短时间根本不可能经阴道分娩，只能剖宫产迅速终止妊娠。故选C。

45.【答案】A

【解析】早期减速是由于宫缩时胎头受压引起，不受孕妇体位或吸氧而改变。特点是FHR曲线下降几乎和宫缩曲线上升同时开始，FHR曲线最低点和宫缩高峰相一致，即波谷对波峰，下降幅度<50bpm，子宫收缩后迅速恢复，持续时间短，不表示胎儿缺氧，且胎儿现在胎心率正常。

46.【答案】D

【解析】产妇现处于第一产程潜伏期，宫缩正常，不需要加强宫缩。故选D。

【B_1型题】

47.【答案】E

【解析】类人猿型骨盆：占14.2%~18%。入口呈长椭圆形，各横径均缩短，两侧壁稍内聚，坐骨棘较突出，耻骨弓较窄，但骶骨向后倾斜，故骨盆前部较窄而后部较宽。故选E。

48.【答案】C

【解析】扁平型骨盆：占23.2%~29%。入口呈扁椭圆形，前后径短而横径长，耻骨弓宽。

49.【答案】D

【解析】男性型骨盆：占1%~3.7%。入口略呈三角形，两侧壁内聚，坐骨棘突出，耻骨弓角度小，骶骨较直而前倾呈漏斗形，往往导致难产。故选D。

第七章 正常产褥

【A_1型题】

1.【答案】C

【解析】产褥期的临床表现：产后的体温多数在正常范围内，最初24小时内略升高，一般不超过38℃。产后的脉搏略慢，每分钟60~70次，1周后恢复正常。产后呼吸14~16次/分。产后血压平稳。产后3~4天因乳房血管、淋巴管极度充盈，乳房胀大，可伴有泌乳热，体温达37.8~39.0℃，一般仅持续4~16小时，体温即下降，不属病态。胎盘娩出后宫底在脐下一指，产后第1日略上升至脐平，以后每天下降1~2cm，至产后10日降入骨盆腔内。产后宫缩痛于产后1~2日出现，持续2~3日自行消退，多见于经产妇。产后正常恶露有血腥味，但无臭味，持续4~6周，总量为250~500ml。血性恶露约持续3天，逐渐转为浆液恶露，约2周后变为白色恶露，约持续3周干净。C项正确。

2.【答案】B

【解析】产后7日内分泌的乳汁称初乳，含有丰富的蛋白质，易消化，是新生儿早期的天然食物；产后7~14日分泌的乳汁为过渡乳，脂肪和乳糖含量逐渐增多；产后14日以后分泌的乳汁为成熟乳。初乳和成熟乳均含有大量的免疫抗体。故选B。

3.【答案】D

【解析】血性恶露见于产后3~4日。恶露呈鲜红色，量多，内含大量的红细胞、少量胎膜和坏死蜕膜组织，有时可有小血块。浆液恶露见于产后4日，持续约10日，色淡红，含少量红细胞、白细胞、较多的坏死蜕膜组织、宫腔渗出液、宫颈黏液、阴道排液及细菌。白色恶露见于产后2周，约持续3周。白色恶露颜色较白，质地黏稠，内含有大量白细胞、表皮细胞、坏死蜕膜组织和细菌。故选D。

4.【答案】A

【解析】初乳呈淡黄色，含有丰富蛋白质、矿物质及β-胡萝卜素，尤其是免疫球蛋白G（IgG）和分泌型免疫球蛋白A（sIgA），脂肪和乳糖含量较成熟乳少，极易消化，有防御感染和泻胎粪作用。故选A。

5.【答案】E

【解析】初产妇孕期乳房护理不良、哺乳方法不当或过度使用肥皂及干燥剂清洗乳头，易发生乳头皲裂，表现为乳头红、裂开，有时有出血，哺乳时疼痛。乳头皲裂者，应该哺乳前热敷乳房和乳头3~5分钟，大部分乳晕含在婴儿口内，增加哺乳次数，缩短每次哺喂时间，避免母亲乳头皲裂最主要的措施为保持新生儿正确吸吮母乳的姿势。故选E。

6.【答案】D

【解析】乳房胀痛护理要点：产后半小时内尽早哺乳。哺乳前热敷、按摩乳房3~5分钟，促使乳腺管畅通。两次哺乳间冷敷乳房，减少局部充血。让新生儿多吸吮双乳，婴儿吸吮力不足时，增加哺乳次数。乳汁过多不能吸尽者，应将余乳挤出。口服维生素B_6或中药芒硝或如意金黄散外敷。穿戴合适的、有支托性的乳罩扶托乳房。故选D。

7.【答案】D

【B_1型题】

8.【答案】E

【解析】当胎盘娩出后，子宫内原胎盘附着面立即缩小至原来的一半，压迫血管使出血减少直至停止，子宫内膜逐渐再生，形成新的子宫内膜。内膜完全恢复大约需要6周时间。故选E。

9.【答案】D

【解析】产后2~3日，宫颈口可通过2指；产后7日，宫颈内口闭合，宫颈管恢复至未孕状态；产后4周宫颈完全恢复正常形态。故选D。

10.【答案】C

【解析】胎盘娩出后宫体逐渐缩小，产后1周在耻骨联合上方可触及子宫底；产后10日子宫降到骨盆腔内，此时在腹部检查触摸不到子宫底；产后6周时，子宫恢复至正常妊娠前大小。故选C。

11.【答案】A

第八章 病理妊娠

第一节 自然流产

【A_1型题】

1.【答案】A

【解析】凡妊娠不足28周、胎儿体重不足1000g而终止者，称流产。故选A。

2.【答案】B

3.【答案】D

【解析】先兆流产停经后出现少量阴道流血，出血量少于月经量，有时伴下腹轻微酸胀痛，无妊娠物排出。妇科检查：宫颈口关闭，胎膜未破，子宫大小与停经周数相符。难免流产已不可避免。患者阴道流血量增多，下腹部阵发性疼痛加剧或出现阴道流液（胎膜破裂）。妇科检查：宫颈口已扩张，有时可见胚胎组织堵塞宫颈口内，子宫大小与停经周数相符或稍小。故两者的主要鉴别点是宫口开大与否。故选D。

4.【答案】A

【解析】流产发生时间不同，病理变化也不同。孕8周前的早期流产，胚胎多先死亡，继而底蜕膜出血，胚胎与宫壁分离后刺激子宫收缩，此时胎盘绒毛发育不成熟，与子宫蜕膜联系不牢固，故妊娠物多能完全排出，出血不多。妊娠8~12周胎盘绒毛发育茂盛，与底蜕膜联系较牢，此时发生流产，胎盘绒毛不易完全从子宫壁剥离，部分组织残留在宫腔内而影响子宫收缩，造成出血不止。而妊娠12周以后，胎盘已完全形成，其流产过程与足月产相似，先出现子宫收缩，继而胎儿及胎盘组织排出。故选A。

5.【答案】C

【解析】胚胎或胎儿染色体异常是早期流产的最常见原因，占50%~60%。染色体异常包括数目异常与结构异常，多为数目异常。染色体异常主要与遗传因素有关，此外，感染、药物因素亦可导致胚胎染色体异常。故选C。

6.【答案】C

【解析】晚期复发性流产常见于子宫解剖异常、子宫肌瘤、自身免疫异常等。故选C。

7.【答案】D

【解析】流产的治疗：①先兆流产：保胎治疗者，需绝对卧床休息，禁止性生活，减少刺激。必要时给予黄体酮、维生素E及对胎儿危害小的镇静药。②难免流产及不全流产：一旦确诊，应尽早清除宫腔内胚胎组织。有休克者应输血、输液抗休克同时实施清宫术，术后应用缩宫素和抗生素，以防大出血和感染。③完全流产：随诊观察，不需特殊处理。④复发性流产：认真查找原因，进行针对性治疗。宫颈功能不全者宜在妊娠14~18周之间行宫颈环扎术。⑤流产合并感染：积极控制感染，尽快清除宫腔残留组织。故选D。

8.【答案】B

【解析】患者体温升高，白细胞总数增加，有感染的指征。因此必须先抗感染，再刮宫。故选B。

9.【答案】B

【解析】宫颈妊娠确诊后可行搔刮宫颈管术或行吸刮宫颈管术，术前应该做好输血准备或于术前行子宫动脉栓塞术以减少术中出血；术后用纱布条填塞宫颈管创面，或者应用小水囊压迫止血。故选B。

10.【答案】C

【解析】稽留流产子宫小于12周者，可行刮宫术，术中肌内注射缩宫素，手术应该特别小心，避免子宫穿孔，一次不能刮净，于5~7日后再次刮宫。故选C。

11.【答案】C

【解析】难免流产时阴道流血增加，下腹痛加剧。妇科检查宫颈口已扩张，有时可见胚胎组织堵塞宫颈口内，子宫大小与停经周数相符或稍小。故选C。

12.【答案】C

【解析】复发性流产指同一性伴侣连续发生3次及以上的自然流产。复发性流产大多数为早期流产，其原因多为染色体异常、免疫因素、黄体功能不全、甲状腺功能低下等；晚期复发性流产常见于子宫解剖异常、子宫肌瘤、自身免疫异常等。故选C。

13.【答案】A

【解析】稽留流产时间过长，坏死退化的胎盘蜕膜释放凝血酶进入血液循环而引起弥散性血管内凝血，造成严重出血。故选A。

14.【答案】A

【解析】流产合并感染应该积极控制感染，尽快清除宫腔残留组织。若阴道流血不多，先选用广谱抗生素2~3日，待感染控制后再行刮宫。若阴道流血量多，静脉滴注抗生素及输血的同时，先用卵圆钳将宫腔内残留大块组织夹出，且不可用刮匙全面搔刮宫腔，以免造成感染扩散。术后继续用广谱抗生素，待感染控制后彻底刮宫。故选A。

15.【答案】D

【A_2型题】

16.【答案】A

【解析】难免流产患者阴道流血量增多，下腹部阵发性疼痛加剧或出现阴道流液（胎膜破裂）。妇科检查：宫颈口已扩张，有时可见胚胎组织堵塞宫颈口内，子宫大小与停经周数相符或稍小。患者有停经史，阴道流血多。妇科检查宫口开，有组织堵塞。符合“难免流产”的诊断。故选A。

17.【答案】C

18.【答案】A

【解析】稽留流产又称过期流产，指胚胎或胎儿已死亡滞留在宫腔尚未自然排出者。患者可有先兆流产症状，但随着孕周增加，子宫不增大反而缩小，早孕反应消失。若已到中期妊娠，孕妇腹部不见增大，无胎动感或胎动消失。妇科检查：宫口未开，子宫较停经周数小，未闻及胎心音。若胎儿死于宫腔过久，可发生凝血功能障碍。患者妊娠19周，但子宫只有8周大小。B超检查无胎心。符合“稽留流产”的诊断。故选A。

19.【答案】D

20.【答案】E

【解析】患者停经16周，阴道少量流血量1月余。妇科检查子宫大小明显小于停经周数。符合“稽留流产”的诊断。故选E。

21.【答案】A

【解析】患者有停经史，现阴道大出血，血压下降。妇科检查可见胚胎组织堵塞宫颈口内，子宫大小小于停经周数，符合“不全流产”的诊断。且患者畏寒、发热、子宫压痛，白细胞数升高。符合“不全流产伴感染”的诊断。不全流产一旦确诊，应尽早清除宫腔内胚胎组织。有休克者应输血、输液抗休克同时实施清宫术，术后应用缩宫素和抗生素，以防止大出血和感染发生。故选A。

22.【答案】C

【解析】患者有停经史、阴道流血、腹痛、宫口开、有组织堵塞宫口，子宫大小与妊娠周数相符。符合“难免流产”的诊断。故选C。

23.【答案】A

【解析】难免流产阴道流血量增多，下腹部阵发性疼痛加剧或出现阴道流液（胎膜破裂）。妇科检查：宫颈口已扩张，有时可见胚胎组织堵塞宫颈口内，子宫大小与停经周数相符或稍小。故选A。

【A_3/A_4型题】

24.【答案】D

【解析】复发性流产指同一性伴侣连续发生3次及以上的自然流产。患者有3次晚期自然流产史，现在妊娠4月余，又出现阴道流血、下腹下坠感。符合“复发性流产”的诊断。故选D。

25.【答案】E

【解析】患者子宫符合孕周大小，宫口开大约2cm，提示宫颈功能不全。宫颈功能不全者宜在妊娠14~18周之间行宫颈环扎术。故选E。

26.【答案】E

27.【答案】A

【解析】患者阴道流血量增多，下腹部阵发性疼痛加剧。妇科检查：宫颈口已扩张，可见胚胎组织堵塞宫颈口内，子宫大小与停经周数相符。符合“难免流产”的诊断。故选A。

28.【答案】A

【解析】难免流产一旦确诊，应尽早清除宫腔内胚胎组织。有休克者应输血、输液抗休克同时实施清宫术，术后应用缩宫素和抗生素，以防大出血和感染。故选A。

29.【答案】B

30.【答案】C

【解析】现在检测阴道液体pH，以明确是否发生胎膜早破。故选C。

31.【答案】C

【解析】患者现在妊娠4月余，若发生胎膜早破，不可能继续妊娠，所以应该行引产术。故选C。

32.【答案】B

【解析】患者有停经史，阴道流血不止伴腹痛，有组织排出。符合“不全流产”的诊断。故选B。

33.【答案】A

【解析】B型超声检查可以观察有无妊娠囊、妊娠囊形态及大小、有无胎心搏动，确定流产类型。故选A。

34.【答案】A

【解析】不全流产一旦确诊，应尽早清除宫腔内胚胎组织。故选A。

【B_1型题】

35.【答案】B

【解析】患者子宫大小小于妊娠月份。故选B。

36.【答案】C

37.【答案】E

38.【答案】A

【解析】稽留流产坏死退化的胎盘蜕膜释放凝血酶进入血液循环而引起弥散性血管内凝血。故选A。

39.【答案】B

【解析】不全流产患者阴道出血量多或持续不止，下腹部疼痛较重，出血过多可致休克。故选B。

第二节 早 产

【A_1型题】

1.【答案】D

【解析】早产是指妊娠满28周至不足37周（196~258日）间分娩者。此时娩出的新生儿称为早产儿，体重为1000~2499g，各器官发育不够健全。

2.【答案】B

第三节 过期妊娠

【A_1型题】

1.【答案】C

【解析】多数学者认为过期妊娠与胎儿肾上腺素皮质功能有关，如头盆不称、无脑儿畸胎合并羊水过多等情况。故选C。

2.【答案】C

【解析】凡平时月经周期规则，妊娠达到或超过42周（≥294日）尚未分娩者，称为过期妊娠。其发生率占妊娠总数的3%~15%，过期妊娠是胎儿窘迫、胎粪吸入综合征、过期综合征、新生儿窒息、围生儿死亡的重要原因。过期妊娠胎儿生长模式有如下三种：正常生长儿及巨大儿、胎儿过熟综合征、胎儿生长受限。故选C。

第四节 异位妊娠

【A_1型题】

1.【答案】A

【解析】输卵管妊娠流产多见于妊娠8~12周的输卵管壶腹部妊娠。故选A。

2.【答案】C

【解析】输卵管妊娠子宫稍大变软。胚胎死亡后，常有不规则阴道流血，呈暗红或深褐色，一般不超过月经量。阴道流血可伴有蜕膜管型或蜕膜碎片排出。故选C。

3.【答案】D

【解析】血β-hCG测定是早期诊断异位妊娠的重要方法。故选D。

4.【答案】B

【解析】输卵管妊娠流产手术治疗适用于：①生命体征改变或腹腔出血量较多者。②诊断不明确者。③异位妊娠病变进展者（如血hCG升高明显、附件区包块增大）。④药物治疗禁忌证或无效。⑤随诊不可靠者。故选B。

5.【答案】B

【解析】输卵管妊娠流产若胚胎受损或死亡，滋养细胞活力消失，蜕膜自宫壁剥离而发生阴道流血。故选B。

6.【答案】C

【解析】正常妊娠时，受精卵着床于子宫体腔内。受精卵在子宫体腔以外着床称为异位妊娠。故选C。

7.【答案】E

【解析】输卵管妊娠的发生部位以壶腹部最多见，约占78%，其次为峡部、伞部及间质部妊娠少见。故选E。

8.【答案】E

【解析】阴道后穹隆穿刺是一种简单可靠的诊断方法，主要用于怀疑腹腔有内出血的患者。内出血易积聚于直肠子宫陷凹，可经阴道后穹隆穿刺抽出血液。若抽出暗红色不凝血有助于诊断，但穿刺阴性不能排除输卵管妊娠。

故选E。

9.【答案】B

【解析】输卵管妊娠流产未破裂，经阴道后穹隆穿刺抽不出血液，但不能排除输卵管妊娠。故选B。

10.【答案】A

【解析】输卵管妊娠根治手术适用于无生育要求的输卵管妊娠、内出血并发休克的急症患者。应在积极纠正休克时，迅速打开腹腔，提出病变输卵管，用卵圆钳钳夹出血部位，暂时控制出血，并加快输血、输液，待血压上升后继续手术切除输卵管，并酌情处理对侧输卵管。故选A。

【A_2 型题】

11.【答案】B

【解析】输卵管妊娠多有6~8周停经史。输卵管妊娠发生流产或破裂前，常表现为一侧下腹部隐痛或酸胀感；发生流产或破裂后，患者突感一侧下腹部撕裂样疼痛。胚胎死亡后，常有不规则阴道流血，呈暗红或深褐色，一般不超过月经量。若出血多，患者可有面色苍白、出冷汗、脉搏细数、血压下降等休克表现。有腹腔内出血时，患者下腹部有明显压痛及反跳痛，尤以患侧为重。出血较多时，叩诊有移动性浊音。发生流产或破裂者，阴道后穹隆饱满，有触痛。宫颈举痛阳性。子宫稍大变软，内出血多时，检查子宫有漂浮感，在子宫一侧可触及边界不清楚，触痛明显的包块。患者有停经史、突发腹痛、休克体征、宫颈举痛阳性、附件包块。符合“输卵管妊娠”的诊断。故选B。

12.【答案】E

【解析】患者有停经史，妇科检查子宫稍大、附件包块，且β-hCG阳性，人流未见绒毛。符合“输卵管妊娠”的诊断。故选E。

13.【答案】D

【解析】陈旧性宫外孕发生输卵管妊娠流产或破裂时，由于反复内出血形成盆腔血肿未吸收，时间长血肿可机化变硬，并与周围组织粘连形成包块。患者有停经史，下腹隐痛，现阴道少量流血。符合“陈旧性宫外孕”的诊断。故选D。

【A_3/A_4 型题】

14.【答案】D

【解析】据题意分析：患者停经40天+突发右下腹剧痛4小时伴头晕及肛门坠胀感及休克征+下腹部压痛及反跳痛（+），右侧为著，肌紧张不明显，移动性浊音（+），以及宫颈举痛，宫体稍大，右附件区触及有压痛的不规则包块，最可能的诊断是输卵管妊娠破裂，故选D。

15.【答案】E

【解析】对于输卵管妊娠破裂疑有腹腔内出血的患者，经阴道后穹隆穿刺抽出暗红色不凝血，说明有血腹症存在，是一种简单可靠的诊断方法。故选E。

16.【答案】A

【解析】对于生命体征不稳定或有腹腔内出血征象的输卵管妊娠破裂患者应首选手术治疗。故选A。

17.【答案】C

【解析】患者有停经史，不规则阴道流血，现突发腹痛、有休克症状。子宫正常大小、软，附件包块，且β-hCG阳性、后穹隆穿刺抽出不凝血。符合“输卵管妊娠破裂”的诊断。故选C。

18.【答案】A

【解析】患者诊断明确，有休克征象，为了抢救生命，必须抗休克同时手术。故选A。

19.【答案】C

【解析】患者有子宫、阴道畸形，B超示宫腔内未见胎囊，但宫旁肿块有胚胎图像。符合“子宫残角妊娠”的诊断。故选C。

20.【答案】B

【解析】胚胎于子宫残角内无法继续生长发育，所以应该切除子宫残角，以免再次妊娠时又发生子宫残角妊娠。故选B。

第五节　妊娠期高血压疾病

【A_1 型题】

1.【答案】D

【解析】注射硫酸镁时应该注意观察：①患者膝反射存在。②呼吸≥16次/分。③尿量≥17ml/h或≥400ml/24h。若以上指征改变，提示出现硫酸镁毒性反应，而最先出现的毒性反应是膝反射减弱或消失。故选D。

2.【答案】D

3.【答案】C

【解析】重度子痫前期；出现下述任一不良情况可诊断：①血压持续升高：收缩压≥160mmHg和/或舒张压≥110mmHg。②蛋白尿≥5.0g/24h或随机蛋白尿≥（+++）。③持续性头痛或视觉障碍或其他脑神经症状。④持续性上腹部疼痛，肝包膜下血肿或肝破裂症状。⑤肝脏功能异常。⑥肾功能异常。⑦低蛋白血症伴胸腔积液或腹水。⑧血液系统异常。⑨心力衰竭、肺水肿。⑩胎儿生长受限或羊水过少。⑪早发型即妊娠34周以前发病。故选C。

4.【答案】C

【解析】妊娠期高血压疾病终止妊娠的指征：妊娠期高血压疾病、轻度子痫前期的孕妇可期待至足月。重度子痫前期患者：①妊娠不足26周经治疗病情不稳定者建议终止妊娠。②妊娠26~28周根据母、胎情况及当地母儿诊治能力决定是否期待治疗。③妊娠28~34周，如病情不稳定，经积极治疗24~48小时病情仍加重，促胎肺成熟后终止妊娠。④子痫前期患者孕周已超过34周，胎儿成熟后可考虑终止妊娠。⑤妊娠37周后的重度子痫前期患者应终止妊娠。⑥子痫控制后2小时可考虑终止妊娠。故选C。

5.【答案】D

【A_2型题】

6.【答案】D

第六节 前置胎盘

【A_1型题】

1.【答案】D

【解析】B型超声检查可清楚看到胎盘与宫颈口的关系，并能明确前置胎盘的类型。其方法简单可靠，且无损伤性，是目前最常用的诊断前置胎盘方法。前置胎盘应该减少刺激，避免增加腹压的动作，严禁肛查及阴道检查，以免诱发活动性出血。故选D。

2.【答案】D

【解析】一般完全性前置胎盘、部分性前置胎盘或伴有胎儿宫内窘迫多以剖宫产结束分娩；边缘性前置胎盘出血不多，胎心无异常者可经阴道试产，若试产失败，应立即改剖宫产结束分娩。故选D。

3.【答案】B

【解析】边缘性前置胎盘出血不多，胎心无异常者可经阴道试产，若试产失败，应立即改剖宫产结束分娩。故选B。

4.【答案】E

【解析】前置胎盘阴道流血多，出现失血性休克者，无论胎儿成熟与否，均应行剖宫产术终止妊娠。故选E。

5.【答案】D

【解析】完全性前置胎盘又称中央性前置胎盘，宫颈内口全部被胎盘组织所覆盖。因此不可能胎头已经衔接。故选D。

6.【答案】C

【解析】完全性前置胎盘宫颈内口全部被胎盘组织所覆盖，因此初次出血时间早，多在妊娠28周左右，反复出血次数频繁，量较多，一次性大出血可致休克。故选C。

7.【答案】D

【解析】前置胎盘子宫软无压痛，大小与停经周数相符，胎位清楚，因子宫下段有胎盘占据，影响胎先露入盆，先露高浮，常伴有胎位异常，出血量少时胎心音无异常，出血量多时胎儿可发生宫内窘迫，出现胎心音异常，甚至宫内死亡。故选D。

【A_2型题】

8.【答案】A

【解析】患者虽然为部分性前置胎盘，但宫口4cm，S^{+2}，估计能在短时间内结束分娩，可在输血、输液的条件下人工破膜，破膜后胎头下降压迫前置胎盘部位而止血，并可促进子宫收缩加快产程。故选A。

9.【答案】B

【解析】孕妇诊断为“妊娠36周、前置胎盘”。现阴道出血多、血压下降，虽然宫口4cm，但S^{-2}，估计短时间不能经阴道分娩，所以应该立即行剖宫产结束分娩。故选B。

10.【答案】C

【解析】前置胎盘患者禁止行肛诊、阴道检查。B型超声检查可清楚看到胎盘与宫颈口的关系，并能明确前置胎盘的类型。其方法简单可靠，且无损伤性，是目前最常用的诊断方法。故选C。

11.【答案】D

【解析】孕妇符合“孕39周，前置胎盘”的诊断。阴道流血多，出现失血性休克者，无论胎儿成熟与否，均应立终止妊娠。患者无宫缩，估计短时间不能经阴道分娩，应立即行剖宫产结束分娩。故选D。

12.【答案】E

【解析】孕妇符合“孕33周，前置胎盘，臀位”的诊断。期待疗法适用于阴道流血量不多，全身情况良好，胎儿存活但体重<2000g，妊娠<34周的孕妇。患者妊娠33周，少量阴道流血，生命体征平稳，胎心好，可行期待疗法，待胎儿成熟再决定分娩时机与方式。故选E。

13.【答案】A

14.【答案】C

【解析】孕妇妊娠30周，无痛性阴道流血，前置胎盘诊断的可能性大。B型超声检查可清楚看到胎盘与宫颈口的关系，并能明确前置胎盘的类型。故选C。

15.【答案】C

【解析】孕妇妊娠晚期发生无痛性阴道流血，符合“前置胎盘”的诊断。前置胎盘阴道流血多，出现失血性休克者，无论胎儿成熟与否，均应终止妊娠并应同时输血、补液纠正休克。故选 C。

【A_3/A_4 型题】

16.【答案】B

【解析】妊娠晚期或临产时发生无诱因、无痛性、反复阴道流血是前置胎盘的典型症状。故选 B。

17.【答案】C

【解析】B 型超声检查可清楚看到胎盘与宫颈口的关系，并能明确前置胎盘的类型。故选 C。

18.【答案】E

【解析】前置胎盘应该减少刺激，避免增加腹压的动作，严禁肛查及阴道检查，以免诱发活动性出血；加强营养，给予高蛋白、高维生素及富含铁的食物。故选 E。

19.【答案】B

【解析】患者晚期发生无诱因、无痛性、反复阴道流血。符合“前置胎盘”的诊断。前置胎盘时先露已衔接的可能性很小。故选 B。

20.【答案】C

21.【答案】D

【解析】孕妇诊断“前置胎盘合并休克”现胎心加快。阴道流血多，出现失血性休克者，无论胎儿成熟与否均应终止妊娠。故选 D。

第七节 胎盘早剥

【A_1 型题】

1.【答案】D

【解析】胎盘早剥治疗原则为早期识别、积极纠正休克、及时终止妊娠、防治并发症。可根据胎儿宫内状况、产程进展等情况决定分娩方式。Ⅰ度胎盘早剥的患者，一般情况良好，可行阴道分娩，产程中严密观察胎心、血压、阴道出血等变化；Ⅱ度或Ⅲ度胎盘早剥患者必须剖宫产终止妊娠。故选 D。

2.【答案】D

【解析】胎盘早剥严重威胁母儿的安全，可并发母体产后出血、羊水栓塞、急性肾衰竭，严重时可导致 DIC；也可造成胎儿急性缺氧、新生儿窒息、早产，使围生儿死亡率明显增高。

3.【答案】E

【解析】胎盘早剥Ⅲ度：胎盘剥离面积超过 1/2，临床症状较Ⅱ度更重，可伴有恶心、呕吐、面色苍白、出冷汗、血压下降等休克表现。休克程度与母血丢失成比例，而与阴道出血量不成正比例。子宫常大于孕周，宫体呈持续收缩状态，坚硬如板，全腹有压痛，胎位不清，胎心异常或消失。故选 E。

4.【答案】C

【解析】胎盘早剥是妊娠期发生 DIC 最常见原因，约 1/3 伴有死胎患者可发生，一旦发生 DIC，病死率较高，应该积极预防。故选 C。

5.【答案】B

【解析】产妇为胎盘早剥Ⅲ度，其宫口开大 4cm，短时间内无法经阴道分娩，因此必须剖宫产终止妊娠。故选 B。

6.【答案】A

7.【答案】A

【解析】胎盘早剥Ⅲ度：胎盘剥离面积超过 1/2，临床症状较Ⅱ度更重。子宫常大于孕周，宫体呈持续收缩状态，坚硬如板，宫底逐渐升高，少量阴道流血，全腹有压痛，胎位不清，胎心异常或消失。

8.【答案】E

9.【答案】B

【解析】发现有子宫胎盘卒中，在按摩子宫时可以用热盐水纱垫湿热敷子宫，多数子宫收缩转佳。若发生难以控制的大出血，应该快速输入新鲜血、凝血因子，并行子宫切除术。故选 B。

10.【答案】B

【解析】妊娠 20 周后或分娩期，正常位置的胎盘在胎儿娩出前，部分或全部从子宫壁剥离，称胎盘早剥。故选 B。

【A_2 型题】

11.【答案】A

【解析】患者诊断为重度胎盘早剥，但宫口 1cm，不可能立即经阴道分娩，必须剖宫产终止妊娠。故选 A。

12.【答案】C

【解析】孕妇胎盘早剥，分度不清。现在胎心加快，若继续观察有可能胎儿宫内窘迫，且妊娠已经 35 周，胎儿出生存活概率较大，所以必须剖宫产终止妊娠。

13.【答案】C

【解析】患者羊水多，破膜后放羊水也可能导致胎盘早剥。患者子宫呈强直性收缩、无间歇并呈板状硬，触痛明显，胎位无法触清，胎心消失。符合“Ⅱ度或Ⅲ度胎盘早剥”的诊断。此时应该行 B 型超声检查明确诊断。

【A_3/A_4 型题】

14.【答案】E

【解析】患者突发剧烈腹痛，有休克表现。宫体呈持续收缩状态，坚硬如板，全腹有压痛，胎位不清、胎心异常或消失。符合“胎盘早剥”的诊断。故选 E。

15.【答案】C

【解析】B 型超声检查是确诊胎盘早剥的重要辅助方法。超声下可见胎盘与子宫壁之间出现边缘不清的液性低回声区，亦可明确胎儿情况。故选C。

16.【答案】D

【解析】患者妊娠39周，且重度胎盘早剥患者必须剖宫产终止妊娠。故选D。

第八节 死 胎

【A_1型题】

1.【答案】C

【解析】死胎时孕妇自觉胎动停止，子宫停止增长，检查时听不到胎心，子宫大小与停经日期不符，B超检查可确诊。

【A_3/A_4型题】

2.【答案】C

【解析】患者妊娠26周，现在胎动停止2周，腹部不增大，B超未见胎心。符合“死胎”的诊断。故选C。

3.【答案】C

【解析】死胎在宫腔内停留太久能引起母体凝血功能障碍，所以患者需要行凝血功能检查。

4.【答案】D

【解析】患者现在妊娠26周，但近2周未感到胎动，可以推断发生死胎2周，胎儿有24周大小，应该行中期妊娠引产术。

第九节 胎儿窘迫

【A_1型题】

1.【答案】A

【解析】胎儿窘迫的病因包括母体血氧含量不足、胎盘病变、脐带血运受阻、胎儿疾病等。最常见原因为胎盘功能减退。

2.【答案】E

3.【答案】B

第十节 胎膜早破

【A_1型题】

1.【答案】E

2.【答案】B

【解析】胎膜早破的定义为胎膜在临产前破裂。未足月胎膜早破指妊娠37周前的胎膜早破。发生在妊娠满37周后称足月胎膜早破。

第九章 妊娠合并内、外科疾病

【A_1型题】

1.【答案】C

【解析】心脏病不影响受孕。病情轻、心功能Ⅰ~Ⅱ级、无心力衰竭史、无其他并发症者可以妊娠。病情重、心功能≥Ⅲ级、有心力衰竭病史、严重心律失常、肺动脉高压、围生期心肌病遗留有心脏扩大、右向左分流型先天性心脏病、风湿热活动期、心脏病并发细菌性心内膜炎、急性心肌炎等情况不宜妊娠。年龄在35岁以上，心脏病病程较长者不宜妊娠。故选C。

2.【答案】D

【解析】早期心力衰竭征象：①轻微活动后即出现胸闷、心悸、气促。②休息时心率超过每分钟110次，呼吸超过每分钟20次。③夜间常因胸闷而坐起呼吸，或需到窗口呼吸新鲜空气。④肺底部出现少量持续性湿啰音，咳嗽后不消失。故选D。

3.【答案】D

4.【答案】A

【解析】分娩期为心脏负担最重的时期。第一产程宫缩增加了回心血量；第二产程腹压加大进一步使回心血量增加；第三产程胎盘娩出后，子宫收缩使子宫血窦内血液突然进入体循环，回心血量骤增也会增加心脏负担。

5.【答案】C

6.【答案】D

7.【答案】D

【解析】妊娠期心脏负担加重。妊娠期血容量增加，尤其在32~34周达到高峰，引起心排血量增加和心率增快，心脏工作量增大，导致心肌轻度肥大。妊娠晚期子宫增大，膈肌上升使心脏向上向左移位，大血管扭曲。以上因素均增加了心脏负担，易诱发心力衰竭。故选D。

8.【答案】B

【解析】风心病产妇处理原则如下。①第二产程：每10分钟测血压、脉搏、呼吸、心率各1次，每5~10分钟测胎心率1次，或者上述指标使用监护仪连续监测。避免产妇屏气使用腹压；采用阴道助产术尽量缩短第二产程；做好抢救新生儿的准备工作。②第三产程：胎儿娩出后，立即在腹部放置沙袋24小时，以防腹压骤降诱发心力衰竭。肌内或静脉注射缩宫素10~20U加强宫缩以预防产后出血，禁用麦角新碱，以防静脉压升高。出血多者，遵医嘱输血、补液，严格控制输液速度，防止急性肺水肿发生。③产后3天，尤其24小时内，仍是发生心衰的危险时期，产妇应继续卧床休息，并密切观察心率、呼吸、血压和体温等变化。④应用广谱抗生素预防感染至产后1周左右，无感染征象时停药。心功能Ⅲ级或以上者不宜哺乳。不宜再妊娠者，可在产后1周行绝育术。故选B。

9.【答案】A

10.【答案】A

【解析】心脏病产妇胎儿娩出后，立即在腹部放置沙袋24小时，以防腹压骤降诱发心力衰竭。

【A_2型题】

11.【答案】E

【解析】风湿性心脏病患者产后出血过多时，应及时输血、输液，注意输液速度不可过快。

12.【答案】D

【解析】经阴道分娩的双胎妊娠平均产后出血量≥500ml，与子宫过度膨胀致产后宫缩乏力及胎盘附着面积增大有关。故选D。

【A_3/A_4型题】

13.【答案】D

【解析】无皮肤损伤的瘙痒是绝大多数妊娠期肝内胆汁淤积症（ICP）患者的首发症状。约80%的患者在妊娠30周后出现，个别出现较早。瘙痒程度不一，常呈持续性，夜间加剧，严重者可致失眠。瘙痒多始于手掌和脚掌，逐渐向肢体近端延伸甚至可发展到面部。多于分娩后24~48小时缓解，少数在1周及以后缓解。患者有无诱因的皮肤瘙痒，无其他不适。以前有同样病史。符合"妊娠期肝内胆汁淤积症"的诊断。故选D。

14.【答案】C

【解析】血清总胆汁酸测定是诊断ICP最主要的实验室证据，也是判断病情严重程度和胎儿预后的重要指标。无诱因的皮肤瘙痒及血清TBA>10μmol/L可作为ICP的诊断依据；血清TBA≥40μmol/L提示病情较重。故选C。

15.【答案】E

【解析】HBsAg是HBV感染的特异性标志，效价高低与传染性相关。故选E。

16.【答案】B

【解析】外周血血红蛋白<110g/L及血细胞比容<0.3，血清铁小于6.5μmol/L为妊娠期缺铁性贫血。产妇有头晕、乏力、食欲缺乏临床表现，且实验室检查符合缺铁性贫血条件。故选B。

17.【答案】B

【解析】当血红蛋白<100g/L时应补充铁剂。以口服铁剂为主，如硫酸亚铁0.3g或琥珀酸亚铁0.1g，3次/日，同时服用0.1~0.3g维生素C，以促进铁吸收。故选B。

【B_1型题】

18.【答案】B

【解析】妊娠期因子宫增大膈肌抬高，心脏向左、上、前移位，更贴近胸壁，心尖搏动左移1~2cm，心浊音界稍扩大，心电图检查因心脏左移出现电轴轻微左偏。心脏移位使大血管轻度扭曲，加之血流量增加及血流速度加快，多数孕妇在心尖区可闻及Ⅰ~Ⅱ级柔和收缩期吹风样杂音，产后逐渐消失。故选B。

19.【答案】C

20.【答案】A

【解析】妊娠并早期心力衰竭征象：①轻微活动后即出现胸闷、心悸、气促。②休息时心率超过每分钟110次，呼吸超过每分钟20次。③夜间常因胸闷而坐起呼吸，或需到窗口呼吸新鲜空气。④肺底部出现少量持续性湿啰音，咳嗽后不消失。故选A。

21.【答案】B

【解析】有心力衰竭病史不宜妊娠。患者有心力衰竭病史，所以不宜妊娠。不宜妊娠者，在妊娠12周内行治疗性人工流产术。故选B。

22.【答案】E

【解析】对顽固性心力衰竭孕妇行剖宫取胎术。故选E。

23.【答案】C

【解析】心功能Ⅰ~Ⅱ级、胎儿不大、胎位正常、宫颈条件良好的孕妇，可在严密监护下行阴道分娩，采取阴道助产术缩短第二产程。患者一般情况良好，宫口开全，头S+3，能短时间经阴道分娩。故选C。

第十章 异常分娩

【A_1 型题】

1.【答案】A

【解析】协调性宫缩乏力（低张性宫缩乏力）子宫收缩具有正常的节律性、对称性和极性，但收缩力弱。协调性宫缩乏力时由于宫腔内压力低，宫缩时产妇腹痛感不强，对胎儿也影响不大，但胎先露下降及子宫颈口扩张速度缓慢。由于宫缩乏力，较多的手术干预和并发产伤等，产后宫缩乏力影响胎盘剥离、娩出和子宫壁的血窦关闭，容易引起产后出血。协调性宫缩乏力容易造成胎先露下降缓慢，使产程延长，增加手术产和胎儿损伤的可能性。

2.【答案】D

【解析】一般情况下初产妇在预产期前 1~2 周胎头已经衔接，若骨盆入口狭窄时，即使临产胎头仍未入盆。故选 D。

3.【答案】E

【解析】从宫口扩张 3cm 开始至宫口开全称活跃期。故选 E。

4.【答案】D

【解析】进入活跃期后，宫口不再扩张达 4 小时以上，称活跃期停滞。故选 D。

5.【答案】C

【解析】不协调性子宫收缩乏力：调节宫缩以恢复子宫收缩的极性和对称性，可遵医嘱肌内注射哌替啶 100mg 或静脉推注地西泮 10mg。故选 C。

6.【答案】A

【解析】①人工破膜：宫口扩张≥3cm、无头盆不称、胎头已经衔接者，可行人工破膜。破膜后胎头可直接紧贴子宫下段，引起反射性子宫收缩，加速产程进展。②缩宫素静脉滴注：适用于协调性宫缩乏力、宫口扩张≥3cm、胎心良好、胎位正常、头盆相称者。一般将缩宫素 2.5U 加于生理盐水 500ml 内，从 4~5 滴/分开始，根据宫缩强弱进行调整，调整间隔为 15~30 分钟，每次增加 4~5 滴/分为宜，最大给药剂量通常不超过 60 滴/分。对于不敏感者，可酌情增加缩宫素剂量。缩宫素静脉滴注过程中，必须专人守护并随时记录，严密观察血压、宫缩、胎心率及产程进展情况。若 10 分钟内宫缩≥5 次、宫缩持续 1 分钟以上或胎心率异常，应立即停止缩宫素滴注。故选 A。

7.【答案】D

【解析】临产后由于胎臀不能紧贴子宫颈反射性加强宫缩，常出现宫缩乏力和产程延长，手术产可能性增多，故 B 是错误的。骶右前位时，胎臂的粗隆间衔接于骨盆入口右斜径，故 A 是错误的。胎臂进入盆腔，有胎便是正常现象，故 C 错误。臀位易发生脐带脱垂，故不宜灌肠，故 D 正确。故选 D。

8.【答案】D

【解析】缩宫素静脉滴注适用于协调性宫缩乏力、宫口扩张≥3cm、胎心良好、胎位正常、头盆相称者。故选 D。

9.【答案】A

【解析】因胎先露部下降受阻，子宫呈强直性或痉挛性收缩，子宫体部肌肉增厚变短，子宫下段肌肉变薄拉长，在两者之间形成环状凹陷，并逐渐上升达脐平或脐上，压痛明显，称为病理性缩复环。故选 A。

10.【答案】D

【解析】髂棘间径：孕妇取仰卧位，双下肢伸直，测量两髂前上棘外缘之间的距离，正常值为 23~26cm。中骨盆平面为骨盆最小平面，呈前后径长的纵椭圆形，其前方为耻骨联合下缘，两侧为坐骨棘，后方为骶骨下端，有两条径线：①中骨盆前后径，即耻骨联合下缘中点通过两侧坐骨棘连线中点至骶骨下端间的距离，正常值平均 11cm；②中骨盆横径，也称坐骨棘间径，指两坐骨棘间的距离，是中骨盆平面最短的径线，正常值平均 10cm，径线长短与胎先露内旋转关系密切，若胎头双顶径不能通过此径线将发生难产。故选 D。

11.【答案】B

【解析】均小骨盆骨盆外形仍属正常女型骨盆，但骨盆入口、中骨盆及骨盆出口平面均狭窄，每个平面径线均小于正常值 2cm 或更多。多见于身材矮小、体型匀称的妇女。故选 B。

12.【答案】E

【解析】坐骨结节间径与出口后矢状径之和<15cm，难以经阴道分娩，应行剖宫产术。故选 E。

13.【答案】E

14.【答案】C

【解析】女性型骨盆：入口呈横椭圆形，髂骨翼宽浅，入口横径较前后径稍长，耻骨弓较宽，两侧坐骨棘间径≥10cm。故选 C。

15.【答案】A

【解析】相对性骨盆狭窄、轻度头盆不称、估计胎儿体重小于 3kg 者，可在严密监护下试产。

16.【答案】D

17.【答案】A

【解析】初产妇臀位胎儿偏大时多选择剖宫产结束分娩，经产妇或初产妇胎儿小可行臀位助产分娩。横位足月活胎不能经阴道分娩，需要择期剖宫产。持续性枕后位/持续性枕横位可在阴道助产中协助转成枕前位娩出。面先露、额先露者常需要剖宫产结束分娩。

18.【答案】A

【A_2 型题】

19.【答案】A

【解析】协调性宫缩乏力子宫收缩具有正常的节律性、对称性和极性，但收缩力弱。表现为宫缩频率<2次/10分钟，持续时间短，间歇期长且不规律。患者胎头已经位于棘下，第一产程进展好，但由于宫缩乏力，导致第二产程延长。故选A。

20.【答案】C

【解析】若宫口开全，胎头已经位于棘下，骨盆测量正常，估计可经阴道分娩，应及时采取加强宫缩的措施。故选C。

21.【答案】B

【解析】产妇宫缩好，产程进展佳，现在行阴道检查排除骨产道异常后可以经阴道分娩。

22.【答案】E

【解析】骨盆入口平面狭窄Ⅱ级为相对性狭窄，对角径10.0～11.0cm（入口前后径8.5～9.5cm），此时需要经过试产后才能决定是否可以阴道分娩。患者对角径11.0cm，为相对性狭窄，现在产妇虽然产力正常，但胎头高浮，宫口2cm，阴道分娩不可能，应该尽快剖宫产。

23.【答案】E

24.【答案】C

【解析】进入活跃期后，宫口不再扩张达4小时以上，称活跃期停滞。产妇宫口4cm，进入活跃期，但4.5小时宫口扩展无进展，为活跃期停滞。故选C。

25.【答案】C

【解析】臀位臀小于头，后出头困难，易发生胎膜早破、脐带脱垂、胎儿窘迫、新生儿产伤等并发症，围生儿死亡率是枕先露的3～8倍。现发现产妇脐带脱垂，应该立即结束分娩，以免发生死产。因为宫口已经开全，所以立即行臀牵引术。故选C。

26.【答案】C

【解析】产妇为初产妇，临产10小时，宫口开大4cm，跨耻征阳性，可以诊断头盆不称。头盆不称或产力异常至无法经阴道分娩或导致胎儿宫内窘迫的产妇尽快剖宫产。故选C。

27.【答案】D

【解析】产妇胎头拨露，因胎儿窘迫需缩短第二产程，尽快结束分娩者，可以行会阴侧切、胎头吸引助产分娩。故选D。

28.【答案】E

【A_3/A_4 型题】

29.【答案】B

【解析】持续性枕后位/持续性枕横位为宫口近开全时，胎头的矢状缝仍在母亲骨盆的斜径或横径上。产妇宫口7cm，但胎头的矢状缝仍在母亲骨盆的横径上，枕骨在母体右侧。为持续性枕横位。故选B。

30.【答案】C

【解析】产妇有子宫病理性缩复环、胎心率改变、血尿及下腹压痛，这是先兆子宫破裂的四大表现。故选C。

31.【答案】A

【解析】先兆子宫破裂必须立即剖宫产。故选A。

32.【答案】A

33.【答案】A

【B_1 型题】

34.【答案】E

【解析】骨盆出口平面狭窄：以坐骨结节间径及骨盆出口后矢状径狭窄为主。按狭窄程度可分为3级：Ⅰ级为临界性狭窄，坐骨结节间径7.5cm，坐骨结节间径加出口后矢状径15cm；Ⅱ级为相对性狭窄，坐骨结节间径6.0～7.0cm，坐骨结节间径加出口后矢状径12.0～14.0cm；Ⅲ级为绝对性狭窄，坐骨结节间径≤5.5cm，坐骨结节间径加出口后矢状径≤11.0cm。故选E。

35.【答案】B

【解析】漏斗骨盆：骨盆入口各径线值正常，两侧骨盆壁向内倾斜，状似漏斗。其特点是中骨盆及骨盆出口平面均明显狭窄，使坐骨棘间径、坐骨结节间径缩短，耻骨弓角度<90°，坐骨结节间径与出口后矢状径之和<15cm。故选B。

36.【答案】A

【解析】从临产规律宫缩至宫口扩张3cm称为潜伏期。初产妇潜伏期正常约需8小时，最大时限16小时，超过16小时称潜伏期延长。故选A。

37.【答案】D

【解析】从宫口扩张3cm开始至宫口开全称活跃期。初产妇活跃期一般约需4小时，最大时限8小时，超过8小时称活跃期延长。故选D。

38.【答案】C

【解析】进入活跃期后，宫口不再扩张达4小时以上称活跃期停滞。故选C。

39.【答案】E

【解析】第二产程达1小时胎头下降无进展称第二产程停滞。故选E。

40.【答案】B

【解析】第二产程中如初产妇超过2小时（硬膜外麻醉无痛分娩时以超过3小时为标准），称第二产程延长。故选B。

41.【答案】C

【解析】原发性宫缩乏力：指产程一开始就出现宫缩乏力，表现为宫口不能如期扩张，胎先露部不能如期下降，产程延长。

42.【答案】D

【解析】继发性宫缩乏力：指

产程开始后子宫收缩正常，随着产程进展，在产程的某一个时间段子宫收缩转弱，出现产程进展缓慢甚至停滞。故选 D。

43.【答案】A

【解析】协调性宫缩乏力（低张性宫缩乏力）：子宫收缩具有正常的节律性、对称性和极性，但收缩力弱。表现为宫缩频率<2 次/10 分，持续时间短，间歇期长且不规律。故选 A。

44.【答案】B

【解析】不协调性宫缩乏力（高张性宫缩乏力）：子宫收缩的极性倒置，子宫收缩节律不协调，宫缩时宫腔内压力高，宫缩间歇期子宫壁也不完全松弛。故选 B。

45.【答案】C

【解析】胎头下降延缓：活跃期晚期至宫口开全，胎头下降速度<1.0cm/h。故选 C。

46.【答案】A

【解析】活跃期延长：从宫口扩张 3cm 开始至宫口开全称活跃期。目前国际上倾向于将宫口扩张 4cm 作为活跃期的起点。初产妇活跃期一般约需 4 小时，最大时限 8 小时，超过 8 小时为活跃期延长。故选 A。

第十一章 分娩期并发症

【A_1 型题】

1.【答案】D

【解析】产时胎心率异常：是急性胎儿窘迫的重要表现。早期可表现为胎心代偿性加快>160 次/分，严重缺氧时胎心率<110 次/分。胎儿电子监护可出现多发性晚期减速、重度变异减速，胎心率<100 次/分，基线变异≤5 次/分，伴频繁晚期减速提示胎儿严重缺氧，可随时死于宫内。胎动异常：初期胎动频繁，继而减弱、减少，甚至消失。羊水胎粪污染：不是胎儿窘迫的征象，需结合胎儿监护进行评估。出现羊水胎粪污染，如胎心监护正常，不需特殊处理；如胎心监护异常，存在宫内缺氧，会引起胎粪吸入综合征，造成胎儿不良结局。胎动减少或消失：胎动减少为胎儿缺氧的重要表现，应予警惕，临床常见胎动消失 24 小时后胎心消失。孕妇尿雌三醇值检测：用于评估胎儿胎盘单位功能，正常值>15mg/24h。故选 D。

2.【答案】C

【解析】产后出血指胎儿娩出后 24 小时内失血量超过 500ml，剖宫产时超过 1000ml，是分娩期严重并发症之一，其发病率为 2%~3%，居我国产妇死亡原因之首。故选 C。

3.【答案】D

【解析】羊水进入母体血液循环，其有形成分可直接形成栓子，经肺动脉进入肺循环阻塞小血管，肺小血管阻塞，反射性刺激迷走神经，使肺小血管痉挛，引起肺动脉高压。另外羊水中抗原成分引起变态反应，反射性引起肺内小血管痉挛，也可导致肺动脉压力升高。肺动脉高压可引起急性右心衰竭，继而呼吸循环衰竭。故选 D。

4.【答案】D

5.【答案】D

【解析】双胎妊娠第二个胎儿娩出后立即使用宫缩剂，并使其作用维持到产后 2 小时以上。

6.【答案】D

【解析】羊水栓塞一经发现，立即紧急处理。重点是解除肺动脉高压，缓解低氧血症，纠正呼吸、循环衰竭；抗过敏、抗休克；防止 DIC 和肾衰竭。在第二产程发生者可根据情况经阴道助产。故选 D。

7.【答案】D

【解析】胎儿娩出后，胎盘未及时娩出，并伴有大量阴道出血，应考虑胎盘因素，因此胎盘娩出后应该仔细检查胎盘、胎膜是否完整，特别留意胎儿面有无血管断裂，确定有无副胎盘残留。故选 D。

8.【答案】E

【解析】胎儿电子监护可出现多发性晚期减速、重度变异减速，胎心率<100 次/分，基线变异≤5 次/分，伴频繁晚期减速提示胎儿严重缺氧，可随时死于宫内。早期减速一般发生在第一产程后期，由于宫缩时胎头受压引起，不受孕妇体位或吸氧而改变。故选 E。

9.【答案】D

【解析】病理性缩复环常见于产程长、有梗阻性难产因素（如头盆不称）的产妇。故选 D。

10.【答案】A

【解析】胎儿娩出后，怀疑有胎盘滞留，立即宫腔检查，若胎盘已经完全剥离但未排出，可一手按摩子宫，另一手牵拉脐带协助胎盘排出；若胎盘部分剥离可行人工剥离胎盘术；如怀疑胎盘植入，应考虑手术切除子宫；若是胎盘残留，则可行刮宫术或钳刮术；胎盘粘连可行人工剥离胎盘术。故选 A。

11.【答案】E

【解析】胎儿电子监护可出现多发性晚期减速、重度变异减速，胎心率<100 次/分，基线变异≤5 次/分，伴频繁晚期减速提示胎儿严重缺氧，可随时死于宫内。故选 E。

【A_2型题】

12.【答案】D

【解析】分娩过程中，因阴道助产、胎儿过大、急产等因素可导致软产道撕裂，引起产后出血。软产道损伤症状是胎儿娩出后，立即出现大量、持续阴道流血，呈鲜红色。患者总产程少于3小时，为急产。患者胎儿娩出后立即出现大量、持续、鲜红色阴道流血，但胎盘胎膜娩出完整，符合软产道损伤的表现。故选D。

13.【答案】C

【解析】患者胎盘娩出后仔细检查胎盘、胎膜，发现有血管断裂，确定有副胎盘残留。胎盘部分残留可影响子宫收缩，导致产后出血。故选C。

14.【答案】C

【解析】产妇宫口开全，头棘下2cm，但羊水重度污染，胎心加快，提示胎儿宫内窘迫。现因胎儿宫内窘迫需缩短第二产程，尽快结束分娩者，所以行产钳助产。故选C。

15.【答案】D

【解析】患者有产钳史，胎儿娩出后阴道大量鲜血流出，且患者子宫收缩好，符合软产道损伤的表现。目前患者急性失血，血压偏低，应建立静脉通路，积极补液，同时缝合损伤的软产道。故选D。

16.【答案】D

【解析】产妇胎心监测晚期减速，pH 7.16，提示胎儿宫内窘迫，现宫口4～5cm，无法立即阴道分娩，宜行剖宫产。故选D。

【A_3/A_4型题】

17.【答案】C

【解析】产妇肛门坠胀有便意，考虑血肿或肠线穿过直肠。故选C。

18.【答案】C

【解析】缝合后检查阴道内及会阴伤口有无活动性出血，行肛门指诊以了解有无缝线穿过直肠黏膜或阴道壁血肿。如无异常，取出阴道内带尾纱条。故选C。

19.【答案】A

【解析】子宫肌纤维病变如子宫肌瘤或子宫畸形，可影响子宫产后正常收缩。产妇产后软产道无裂伤，胎盘胎膜完整，但子宫收缩欠佳，产后出血多，产妇又有子宫肌瘤病史。符合子宫收缩乏力的表现。故选A。

20.【答案】C

【解析】子宫收缩乏力处理原则：加强子宫收缩，是迅速有效的止血方法。具体有以下几种。①按摩子宫：有单手按摩子宫法、双手腹壁按摩子宫法、腹部-阴道双手按摩子宫法。②合理应用宫缩剂：缩宫素10U加入生理盐水500ml中静脉滴注，必要时缩宫素10U直接注射于宫体；缩宫素无效时，尽早使用前列腺素类药物。③无菌纱条填塞宫腔局部止血，24小时后取出，取出前应先静脉滴注缩宫素。填塞纱条过程中应预防性使用抗生素，警惕感染发生。④对于子宫收缩乏力、前置胎盘及DIC等引起的严重持久的产后出血，可采取结扎盆腔血管、栓塞髂内动脉或子宫动脉。⑤难以控制危及产妇生命的出血可切除子宫。故选C。

21.【答案】D

【解析】边缘性前置胎盘为胎盘边缘附着于子宫下段、不超越宫颈内口。其初次出血多发生在妊娠晚期或临产后，出血量少。产妇妊娠40周，无痛性阴道流血，宫口未见胎盘组织，提示边缘性前置胎盘。故选D。

22.【答案】C

【解析】羊水栓塞表现为在分娩过程中，尤其破膜不久，产妇突然出现寒战、恶心、呕吐、呛咳、烦躁不安、气促等症状，继而出现呼吸困难、抽搐、昏迷等，迅速进入休克状态，严重时产妇仅惊叫一声或打一哈欠后呼吸心搏骤停，于数分钟内死亡。产妇度过第一阶段后，即进入凝血功能障碍阶段，表现为阴道流血不止、手术切口、针眼渗血等，有时可出现呕血、便血、血尿等，严重者可死于失血性休克。经抢救存活的产妇因DIC导致肾缺血、缺氧引起肾组织损害，进入少尿、无尿等肾衰竭阶段。患者临床表现符合上述表现，故选C。

23.【答案】E

【B_1型题】

24.【答案】D

【解析】羊水栓塞在分娩过程中，尤其破膜不久，产妇突然出现寒战、恶心、呕吐、呛咳、烦躁不安、气促等症状，继而出现呼吸困难、抽搐、昏迷等呼吸功能障碍症状。故选D。

25.【答案】D

【解析】Ⅲ度胎盘早剥胎盘剥离面积超过1/2，临床症状较Ⅱ度更重，突然剧烈腹痛，可伴有恶心、呕吐、面色苍白、出冷汗、血压下降等休克表现。休克程度与母血丢失成比例，而与阴道出血量不成正比例。子宫常大于孕周，宫体呈持续收缩状态，坚硬如板，全腹有压痛，胎位不清、胎心异常或消失。故选D。

26.【答案】D

【解析】子宫不协调性收缩使宫颈内口附近肌肉痉挛性收缩，导致胎盘嵌顿于宫腔。故选D。

27.【答案】C

【解析】第三产程过早挤压子宫或牵拉脐带，引起胎盘剥离不全都能使血窦不能关闭而导致出血。故选C。

28.【答案】E

【解析】胎盘绒毛植入于子宫

肌层为胎盘植入。均可分为完全性或部分性。完全性胎盘粘连或植入时因胎盘未剥离而无出血；部分性胎盘粘连或植入时，已剥离面血窦开放，可发生大出血，甚至危及生命。故选 E。

第十二章　产褥感染

【A_1 型题】

1.【答案】C

【解析】产褥病率指分娩24小时以后到10日内，每日用口温表测量体温4次，间隔时间4小时，有2次≥38℃。产褥病率主要由产褥感染引起，也可由生殖道以外的感染，如急性乳腺炎、泌尿系统感染、上呼吸道感染、血栓性静脉炎等原因引起。

2.【答案】A

【解析】产褥感染指分娩期及产褥期生殖道受病原体侵袭，引起局部或全身感染。寄生于正常孕妇生殖道或其他部位的病原体，多数并不致病，当孕妇抵抗力降低或因分娩后产道有创面等感染诱因出现时可致病。孕期及产褥期生殖道内寄生大量需氧菌、厌氧菌、假丝酵母菌、衣原体及支原体等，以厌氧菌为主。故选 A。

3.【答案】C

【A_2 型题】

4.【答案】C

【解析】盆腔栓塞静脉炎于产后1~2周多见，表现为寒战、高热并反复发作。若为下肢血栓静脉炎，病变多在股静脉、腘静脉及大隐静脉，表现为弛张热，下肢持续性疼痛，局部静脉压痛或触及硬索条状物，血液回流受阻引起下肢水肿，皮肤发白，称“股白肿”。病变轻时无明显阳性体征，彩色超声多普勒检查可协助诊断。产妇产后1周寒战、高热、左下肢持续性疼痛，符合“血栓性静脉炎”的诊断。故选 C。

5.【答案】B

【解析】病原体经胎盘剥离面侵入，扩散到子宫蜕膜层称为子宫内膜炎；侵及子宫肌层称子宫肌炎，两者常伴发。患者临床表现为发热、恶露增多有臭味、下腹痛及压痛等。符合“子宫内膜炎及子宫肌炎”的诊断。

【A_3/A_4 型题】

6.【答案】D

【解析】子宫病理性缩复环、胎心率改变、血尿及下腹压痛是先兆子宫破裂的四大表现。患者只有宫体压痛，无其他症状。不符合“先兆子宫破裂”的诊断。故选 D。

7.【答案】D

【解析】患者胎心慢，有晚期减速，提示胎儿宫内窘迫，因此不能静脉滴注缩宫素促进阴道分娩，应该尽早剖宫产终止妊娠。故选 D。

8.【答案】E

【解析】感染性血栓脱落进入血液循环，可形成迁徙性脓肿，如肺、脑、肾脓肿或肺栓塞；产妇可出现持续寒战、高热等全身中毒症状及感染性休克症状，可危及产妇生命。患者临床表现符合上述表现，所以诊断为“脓毒血症及败血症”。而脓毒血症及败血症抗休克同时行子宫切除术。故选 E。

【B_1 型题】

9.【答案】B

10.【答案】C

第十三章　女性生殖系统炎症

【A_1 型题】

1.【答案】B

【解析】细菌性阴道病的诊断包括：①阴道分泌物为均匀一致的稀薄白带。②阴道 pH > 4.5。③氨试验阳性。④线索细胞阳性。

2.【答案】A

【解析】阴道内糖原增多，酸度增高，最适应于病菌大量繁殖而引起炎症。VVC 目前不主张阴道灌洗，因反复灌洗会破坏阴道正常的酸碱平衡。故选 A。

3.【答案】D

【解析】阴道毛滴虫能吞噬精子，可致不孕。故选 D。

4.【答案】D

【解析】滴虫阴道炎传播途径如下。①直接传播：经性交途径直接传播。②间接性传播：经公共浴室、浴巾、坐式便器、内衣裤及各种卫生用具等间接传播；还可通过污染的器械及敷料传播。

5.【答案】D

【解析】宫颈炎病原体主要为：①性传播疾病病原体，如淋球菌、沙眼衣原体。②内源性病原体，如支原体感染及细菌性阴道病等。故选 D。

6.【答案】C

【解析】盆腔炎后遗症：①有低热、疲乏感，下腹隐痛，腰骶部酸痛、肛门坠胀等慢性盆腔疼痛。②月经前后或性交后症状常加重。③易发生异位妊娠。④可有月经失调或经量增多、痛经及经期延长等，常伴有不孕症。⑤查体子宫常呈后倾后屈，活动受限或粘连固定。⑥盆腔炎性疼痛反复发生。故选C。

7.【答案】B

【解析】盆腔炎性疾病手术可根据情况选择经腹手术或腹腔镜手术。故选B。

8.【答案】D

9.【答案】C

【解析】孕妇、糖尿病患者、长期使用抗生素、激素及免疫抑制剂者最易感染假丝酵母菌；肥胖、穿紧身化纤内裤、偏嗜甜食、性交过频等因素均与外阴阴道假丝酵母菌病（VVC）发病有关。

10.【答案】B

【解析】生理情况下，雌激素使阴道上皮增生变厚并富含糖原，增加对病原体的抵抗力，阴道乳杆菌可使糖原分解为乳酸，维持正常阴道的酸性环境（pH4～5），可抑制其他病原体的生长繁殖称为阴道自净作用。

11.【答案】C

12.【答案】E

【解析】滴虫阴道炎不适宜全身用药者可选择阴道局部给药，但疗效低于口服用药。对于复发患者提倡全身和局部联合用药。

13.【答案】D

【解析】盆腔炎性疾病诊断标准的特异标准应该是腹腔镜检查发现盆腔炎性疾病征象。故选D。

14.【答案】A

15.【答案】E

16.【答案】A

【解析】盆腔炎性疾病诊断标准的附加标准应该是体温超过38.3℃（口表）。故选A。

17.【答案】C

18.【答案】D

【解析】阴道平时闭合，阴道前后壁紧贴；阴道分泌物中的乳铁蛋白、溶菌酶，可抑制细菌侵入子宫内膜；阴道中的乳酸菌维持正常阴道的酸性环境，抑制其他病原体生长，成为阴道自净作用。故选D。

19.【答案】B

【解析】细菌性阴道病首选方案是甲硝唑400mg，口服，2次/日，共7日；或甲硝唑阴道栓（片）200mg，阴道上药，1次/日，共7日。妊娠期用甲硝唑需采取知情选择原则，哺乳期选择局部用药，无须常规治疗性伴侣。

20.【答案】C

【解析】异位内膜在卵巢皮质内生长、反复周期性出血，形成单个或多个大小不一的囊肿，直径多在5cm左右，最大可达20cm，称为卵巢子宫内膜异位囊肿，因其内含似巧克力样黏稠陈旧血性液体，故又称为卵巢巧克力囊肿，其不是急性生殖器炎症后表现。故选C。

21.【答案】D

【解析】输卵管黏膜上皮细胞的纤毛向子宫腔方向摆动以及输卵管的蠕动，均有利于阻止病原体的侵入。故选D。

22.【答案】A

【解析】①急性子宫内膜炎和急性子宫肌炎：子宫内膜充血、水肿，镜下可见大量炎细胞浸润，严重者内膜坏死、脱落形成溃疡。子宫内膜炎可向深部播散形成子宫肌炎。②急性输卵管炎、输卵管积脓、输卵管卵巢脓肿：急性输卵管炎主要由化脓菌引起，轻者输卵管仅有轻度充血、肿胀、略增粗；重者输卵管明显增粗、弯曲，纤维素性脓性渗出物增多，造成与周围组织粘连。卵巢很少单独发生炎症，白膜是良好的防御屏障，卵巢常与发炎的输卵管伞端粘连而发生卵巢周围炎，称输卵管卵巢炎，习称附件炎。③急性盆腔腹膜炎：盆腔内器官发生严重感染时，往往蔓延到盆腔腹膜，使腹膜充血、水肿，并有少量含纤维素的渗出液，形成盆腔脏器粘连。④急性盆腔结缔组织炎：内生殖器急性炎症时，病原体经淋巴管进入盆腔结缔组织而引起结缔组织充血、水肿及中性粒细胞浸润。以宫旁结缔组织炎最常见，局部增厚，边界不清，以后向两侧盆壁浸润，若组织化脓则形成盆腔腹膜外脓肿，可自发破入直肠或阴道。⑤败血症及脓毒血症：当病原体毒性强、数量多、患者抵抗力降低时，常发生败血症。⑥肝周围炎：是指肝包膜炎症，无肝实质损害，淋球菌及衣原体感染均可引起。临床表现为继下腹痛后出现右上腹痛，或下腹疼痛与右上腹疼痛同时出现。⑦如果急性盆腔炎治疗不彻底，或患者体质较差病程迁延，可能发生一系列后遗症，即盆腔炎性疾病后遗症。主要病理改变为输卵管增粗、阻塞，输卵管积水、输卵管卵巢囊肿，当形成慢性盆腔结缔组织炎时，局部纤维组织增生、变硬，可使子宫粘连固定。故选A。

23.【答案】E

24.【答案】A

【解析】正常情况下有需氧菌及厌氧菌寄居于阴道内，形成正常阴道菌群。正常阴道内乳酸杆菌占优势，在维持阴道正常菌群中起关键作用。故选A。

25.【答案】C

26.【答案】D

【解析】阴道灌洗可破坏正常阴道的酸性环境，使其他病原体生长繁殖。故选D。

27.【答案】C

【解析】如果急性盆腔炎治疗不彻底，或患者体质较差病程迁延，可能发生一系列后遗症，即盆腔炎性疾病后遗症。主要病理改变为输卵管增粗、阻塞，输卵管积水、输卵管卵巢囊肿，当形成慢性盆腔结缔组织炎时，局部纤维组织增生、变硬，可使子宫粘连固定。故选 C。

28.【答案】B

【解析】根据流行情况、临床表现、微生物学、宿主情况，VVC 可分为单纯性 VVC 和复杂性 VVC，单纯性 VVC 宿主免疫功能正常，复杂性 VVC 免疫功能低下或应用免疫抑制剂或未控制糖尿病、妊娠。单纯性 VVC 真菌种类为白假丝酵母菌，复杂性 VVC 为非白假丝酵母菌。妊娠合并 VVC 不能口服用药。故选 B。

【A_2 型题】

29.【答案】C

【解析】患者白带增多，分泌物黏液脓性，性交后出血。妇科检查见宫颈黏膜外翻，符合“急性宫颈炎”的诊断。急性宫颈炎以抗生素药物治疗为主。故选 C。

30.【答案】A

【解析】患者典型增多的稀薄泡沫状白带及外阴瘙痒，符合“滴虫阴道炎”的诊断。其治疗：甲硝唑 200mg 口服，每日 3 次，7 天为 1 疗程；对初次感染患者单次口服甲硝唑 2g，可收到同样效果。故选 A。

31.【答案】C

【解析】患者主要表现为阴道分泌物增多，有鱼腥臭味。妇科检查分泌物为灰白色，稀薄、均匀一致。发现线索细胞，符合“细菌性阴道病”的诊断。

32.【答案】B

【解析】患者消瘦，下腹疼痛，伴发热，体温 38～40℃。妇科检查子宫两侧触及包块且压痛明显。符合“盆腔炎后遗症输卵管、卵巢囊肿”的诊断。盆腔炎后遗症输卵管、卵巢囊肿药物治疗无效者、患者中毒症状严重者可手术治疗以免脓肿破裂，对于可疑脓肿破裂者需立即开腹探查。故选 B。

33.【答案】B

【解析】内生殖器急性炎症时，病原体经淋巴管进入盆腔结缔组织而引起结缔组织充血、水肿及中性粒细胞浸润。以宫旁结缔组织炎最常见，局部增厚，边界不清，以后向两侧盆壁浸润，若组织化脓则形成盆腔腹膜外脓肿，可自发破入直肠或阴道导致急性盆腔结缔组织炎。患者有不孕史，现寒战、高热、下腹痛，附件区压痛，白细胞增多。符合“急性盆腔结缔组织炎”的诊断。故选 B。

【A_3/A_4 型题】

34.【答案】B

【解析】患者出现阴道脓性分泌物增多，分泌物刺激可引起外阴瘙痒及灼热感，有性交后出血等症状，此外，还有泌尿道症状，如尿急、尿频、尿痛。妇科检查见宫颈充血、水肿，有脓性分泌物从宫颈管流出，宫颈触痛，触之易出血。符合“急性宫颈炎”的诊断。故选 B。

35.【答案】C

【解析】急性宫颈炎患者获得病原体检测结果后，可根据病原体选择抗生素。单纯急性淋球菌宫颈炎，常用的药物有头孢曲松钠。治疗衣原体感染主要用四环素类、红霉素类、喹诺酮类等。若为衣原体、淋球菌感染，应对其性伴侣进行相关检查及治疗。故选 C。

36.【答案】B

【解析】留取标本前 24～48 小时避免性交、阴道灌洗或局部用药，取分泌物时窥器不涂润滑剂，分泌物取出后应及时送检并注意保暖，否则滴虫活动减弱，造成辨认困难。故选 B。

37.【答案】C

【解析】患者典型增多的稀薄泡沫状白带及外阴瘙痒。妇科检查见阴道黏膜充血，有散在出血斑点。符合“滴虫阴道炎”的诊断。故选 C。

38.【答案】B

39.【答案】C

【解析】患者人工流产术后下腹痛伴发热，有阴道分泌物增多。妇科检查：宫颈管内有大量脓性臭味分泌物；宫颈举痛；宫体增大，有压痛 活动受限。符合“急性盆腔腹膜炎”的诊断。

40.【答案】C

【解析】盆腔炎性疾病以抗生素治疗感染为主，辅以支持疗法、中药、理疗等。抗生素治疗以广谱、及时和个体化为原则。根据细菌培养和药敏试验选择细菌敏感抗生素。抗生素应用要求达到足量，注意毒性反应。故选 C。

【B_1 型题】

41.【答案】C

【解析】急性盆腔腹膜炎：盆腔内器官发生严重感染时，往往蔓延到盆腔腹膜，使腹膜充血、水肿，并有少量含纤维素的渗出液，形成盆腔脏器粘连。故选 C。

42.【答案】D

【解析】急性盆腔结缔组织炎：内生殖器急性炎症时，病原体经淋巴管进入盆腔结缔组织而引起结缔组织充血、水肿及中性粒细胞浸润。以宫旁结缔组织炎最常见，局部增厚，边界不清，以后向两侧盆壁浸润，若组织化脓则形成盆腔腹膜外脓肿，可自发破入直肠或阴道。故选 D。

43.【答案】B

【解析】女性不孕的病因包括以下几点。①输卵管性不孕：包括感染、子宫内膜异位症、输卵管结核、输卵管绝育术后等。其中输卵管炎症是最常见的病因。②排卵障碍导致的不孕。③免疫性不孕。④不明原因的不孕。

44.【答案】C

【解析】急性宫颈炎妇科检查见宫颈充血、水肿，有脓性分泌物从宫颈管流出，宫颈触痛，触之易出血是阴道脓血性分泌物最常见的病因。故选C。

45.【答案】B

【解析】急性盆腔炎子宫多后倾、后屈，活动受限或粘连固定。一侧或两侧宫旁有片状增厚、压痛，宫骶韧带常增粗、变硬，有触痛。输卵管积水或输卵管卵巢囊肿时，盆腔一侧或两侧可触及活动受限的囊性肿物。故选B。

46.【答案】E

【解析】卵巢巧克力囊肿时可以出现经期周期性下腹痛和附件区肿块。故选E。

47.【答案】C

48.【答案】A

49.【答案】B

【解析】阴道内糖原增多，酸度增高，最适应于病菌大量繁殖而引起炎症。孕妇、糖尿病患者、长期使用抗生素、激素及免疫抑制剂者最易感染假丝酵母菌；肥胖、穿紧身化纤内裤、偏嗜甜食、性交过频等因素均与外阴阴道假丝酵母菌病有关。故选B。

50.【答案】A

51.【答案】A

【解析】该患者为滴虫阴道炎，该病不适宜全身用药者可选择阴道局部用甲硝唑，但疗效低于口服用药。故选A。

52.【答案】D

【解析】该患者特点符合外阴阴道假丝酵母菌病。局部用药：首选阴道用药，用咪康唑栓剂400mg，每晚1次，共3日；或咪康唑栓剂200mg，每晚1次，共7日；或克霉唑栓剂500mg，单次用药；或克霉唑栓剂100mg，每晚1次，共7日；或制霉菌素栓剂10万U，每晚1次，共14日。故选D。

53.【答案】E

【解析】多数急性宫颈炎患者无临床自觉症状。少数患者可出现阴道脓性分泌物增多，分泌物刺激可引起外阴瘙痒及灼热感，也可有性交后出血等症状，此外，还可有泌尿道症状，如尿急、尿频、尿痛。妇科检查见宫颈充血、水肿，有脓性分泌物从宫颈管流出，宫颈触痛，触之易出血。

54.【答案】A

【解析】轻者症状轻微或无明显症状。常见症状为下腹痛伴发热，有阴道分泌物增多；重者可有高热、寒战、头痛、食欲缺乏。病程时间较长者可能出现神经衰弱症状，如失眠、精神不振、全身不适等。盆腔炎性疾病后遗症会出现不孕、异位妊娠和慢性盆腔痛。妇科检查：子宫多后倾、后屈，活动受限或粘连固定。一侧或两侧宫旁有片状增厚、压痛，宫骶韧带常增粗、变硬，有触痛。输卵管积水或输卵管卵巢囊肿时，盆腔一侧或两侧可触及活动受限的囊性肿物。血白细胞增多。

55.【答案】A

56.【答案】C

【解析】假丝酵母菌为机会致病菌，其繁殖、致病取决于宿主的抵抗力及阴道内环境的变化，当女性机体抵抗力降低及阴道内生态平衡失调时，假丝酵母菌由酵母相转为致病的菌丝相，侵袭组织而致病。故选C。

第十四章　女性生殖器官肿瘤

【A_1型题】

1.【答案】E

【解析】黏膜下和引起宫腔变形的肌壁间肌瘤可以引起不孕或流产。故选E。

2.【答案】B

【解析】卵巢恶性肿瘤以手术治疗为主，化疗是主要的辅助治疗方法。晚期患者主要行肿瘤细胞减灭术，目的是切除所有原发灶，尽可能切除转移灶。故选B。

3.【答案】D

4.【答案】D

5.【答案】B

【解析】盆腔B型超声检查可了解肿瘤的部位、大小、形态、性质和来源。临床诊断符合率>90%，对直径≤1~2cm的实性肿瘤不易测出。彩色多普勒超声扫描可测定卵巢肿瘤的血流信号，有助于诊断。故选B。

6.【答案】A

【解析】手术治疗为子宫内膜癌首选治疗方法。Ⅰ期患者行筋膜外全子宫切除及双侧附件切除术，必要时行盆、腹腔淋巴结切除或取样。故选A。

7.【答案】B

【解析】子宫肌瘤患者长期经量增多可继发贫血，出现乏力、心悸等症状。故选B。

8.【答案】E

【解析】子宫内膜癌镜下可见5种病理类型，即内膜样腺癌、腺癌伴鳞状上皮分化、浆液性癌、黏液性癌和透明细胞癌。其中以内膜样腺癌最常见，占80%~90%。故选E。

9.【答案】B

【解析】卵巢无性细胞瘤好发于青春期及生育期妇女，中度恶性。颗粒细胞瘤是最常见的功能性肿瘤；成人型颗粒细胞瘤占95%，属低度恶性肿瘤，好发于45~55岁妇女。卵泡膜细胞瘤常与颗粒细胞瘤合并存在，良性，多为单侧，大小不一，实性，质地较硬，表面光滑；由于可分泌雌激素，故有女性化作用；恶性卵泡膜细胞瘤较少见，预后较卵巢上皮性癌好。常见的库肯勃瘤是一种特殊的卵巢转移性腺瘤，其原发部位在胃肠道；镜下见典型的印戒细胞，能产生黏液，故又称印戒细胞癌；其恶性程度高，预后极差。卵黄囊瘤又称内胚窦瘤，较罕见，好发于儿童和青少年；恶性程度高，生长迅速，易发生早期转移，预后差，但对化疗十分敏感。故选 B。

10.【答案】D

【解析】子宫肌瘤红色样变多见于妊娠期或产褥期，是一种特殊类型的肌瘤坏死。但采取保守治疗通常可以缓解。故选 D。

11.【答案】A

【解析】浆液性囊腺癌为最常见的卵巢恶性肿瘤，占卵巢上皮性癌的 75%。多为双侧，囊实性相间，体积较大，呈结节状或分叶状，灰白色，囊壁有乳头生长，囊液混浊。肿瘤生长速度快，预后差，5 年生存率仅 20%～30%。故选 A。

12.【答案】D

【解析】宫颈癌早期病例应采用宫颈细胞学检查和/或高危型 HPV-DNA 检测、阴道镜检查及宫颈活组织检查的“三阶梯检查法”，宫颈癌确诊依据为活组织检查。故选 D。

13.【答案】B

14.【答案】A

15.【答案】E

【解析】宫颈癌与 HPV 感染、性生活紊乱、性生活过早（≤16 岁）、慢性宫颈炎、性传播疾病、经济状况低下、吸烟、口服避孕药和免疫抑制有关。故选 E。

16.【答案】A

【解析】卵巢浆液性囊腺瘤约占卵巢良性肿瘤的 25%，为最常见的卵巢肿瘤。多为单侧，球形囊性感，大小不等，表面光滑，囊内充满淡黄色清亮液体。

17.【答案】E

18.【答案】D

【解析】宫颈 CINⅢ级包括重度异型和原位癌。镜下见上皮全层细胞发生病变，细胞核异常增大，核分裂象多，细胞排列紊乱，极性消失。故选 D。

19.【答案】D

20.【答案】E

【解析】约 3% 卵巢肿瘤会发生破裂；感染较少见，A、C 不正确。蒂扭转为卵巢肿瘤最常见的并发症，约 10% 卵巢肿瘤并发蒂扭转。故选 E。

21.【答案】A

22.【答案】B

【解析】子宫颈癌的预后与临床期别、病理类型等密切相关，有淋巴结转移者预后差。故选 B。

23.【答案】C

【解析】子宫黏膜下肌瘤的临床表现：①白带增多。②不孕。③继发性贫血。④月经改变。为最常见的症状，表现为月经周期缩短，经量增多，经期延长，不规则阴道流血等。故选 C。

24.【答案】E

【解析】子宫内膜癌是发生于子宫内膜的一组上皮性恶性肿瘤，以腺癌为主。本病多见于老年女性，是女性生殖系统三大恶性肿瘤之一，占女性生殖道恶性肿瘤的 20%～30%，近年来发病率在世界范围内有上升趋势。

25.【答案】E

【解析】子宫颈癌ⅠA1 期为间质浸润深度 ≤ 3mm，宽度 ≤7mm。

26.【答案】B

【解析】分段诊断性刮宫是目前诊断子宫内膜癌最常用、最有价值的方法。先环刮宫颈管，后探宫腔，再搔刮宫腔内膜，标本分瓶做好标记，送病理检查。其目的是鉴别子宫内膜癌和子宫颈管腺癌，也可明确子宫内膜癌是否累及宫颈管，为制订治疗方案提供依据。故选 B。

27.【答案】E

【解析】子宫肌瘤肉瘤样变少见，见于绝经后妇女，其伴有疼痛和阴道出血。故选 E。

28.【答案】C

【解析】子宫颈癌转移途径主要为直接蔓延和淋巴转移，血行转移较少见。直接蔓延最常见。①直接蔓延：癌组织直接侵犯邻近器官和组织，常向下累及阴道壁，少数向上经子宫颈管累及宫腔，向两侧扩散到宫颈旁和阴道旁组织，甚至延伸至骨盆壁；晚期可向前、后蔓延侵犯膀胱、直肠。②淋巴转移：癌灶局部浸润后浸入淋巴管形成瘤栓，随淋巴液引流进入局部淋巴结，在淋巴管内扩散。③血行转移：较见少，晚期可转移至肺、肝或骨骼等。故选 C。

29.【答案】C

【解析】经量增多及经期延长为子宫肌瘤最常见症状，多见于较大肌壁间肌瘤和黏膜下肌瘤。

30.【答案】E

【解析】较大的浆膜下肌瘤或肌壁间肌瘤使子宫增大超过 3 个月妊娠大小时，可在下腹扪及包块；若黏膜下肌瘤脱出至阴道内或阴道外口，患者可有阴道内异物感，并可触及肿物。故选 E。

31.【答案】D

32.【答案】C

【解析】子宫颈癌阴道流血常表现为接触性出血，即性交或妇科检查后阴道流血，量少。也可表现为不规则阴道流血，或经量增多、经期延长。老年患者可出现绝经后不规则阴道流血。随着病灶扩大，阴道流血量可逐渐增多，一旦病灶侵蚀大血管，可导致阴道大流血，甚至危及生命。

故选 C。

33.【答案】C

34.【答案】E

【解析】子宫内膜癌发病可能与长期持续的雌激素刺激有关，易发生在肥胖、高血压、糖尿病、不孕或不育及绝经延迟的妇女，约 20%患者有家族史。故选 E。

35.【答案】C

36.【答案】D

【解析】子宫内膜癌治疗口服醋酸甲羟孕酮 200～400mg/d；己酸孕酮 500mg，肌内注射每周两次。长期使用可有水、钠潴留，水肿，药物性肝炎等不良反应，停药后即可恢复。故选 D。

37.【答案】D

【解析】卵巢纤维瘤多见于中年妇女。多为单侧，中等大小，表面光滑或结节状，切面灰白色，实性，坚硬。1%～5%纤维瘤患者可伴有腹水或胸腔积液，称梅格斯综合征，手术切除肿瘤后胸腔积液、腹水自行消失。故选 D。

38.【答案】D

【解析】在原始鳞-柱交接部和生理性鳞-柱交接部之间形成的区域称为移行带区，也称转化区，是宫颈癌的好发部位。故选 D。

39.【答案】D

40.【答案】A

【解析】卵巢肿瘤蒂扭转为常见妇科急腹症，好发于瘤蒂较长、活动度大、中等大小、重心偏于一侧的肿瘤，如成熟畸胎瘤。常在体位突然改变或妊娠期、产褥期子宫大小和位置改变时发生蒂扭转。发生急性扭转后，肿瘤可发生坏死、破裂和继发感染。典型症状为体位改变后，突然发生一侧下腹剧痛，常伴恶心、呕吐甚至休克。盆腔检查可触及压痛的肿块，以蒂部最明显。

41.【答案】A

【解析】卵巢恶性肿瘤早期常无症状，肿瘤生长迅速，出现症状时往往已属晚期，主要表现为腹胀、腹水、腹部包块和胃肠道症状，症状轻重取决于肿瘤大小、位置、侵犯邻近器官程度、有无并发症及肿瘤的组织学类型。当肿瘤向组织浸润或压迫神经，可引起腹痛、腰痛或下肢疼痛；压迫盆腔静脉，可出现水肿；晚期呈明显消瘦、贫血等恶病质表现。妇科检查可在直肠子宫陷凹处扪及质硬的结节或肿块，表面凹凸不平，固定，与子宫分界不清，有时可在腹股沟、腋下或锁骨上扪及肿大的淋巴结。故选 A。

【A_2 型题】

42.【答案】B

【解析】综合分析题。子宫肌瘤向子宫腔内生长形成宫腔内实性占位的黏膜下肌瘤，由于经血排出不畅，以及子宫内膜面积增大，可有月经量多及周期紊乱。据题意分析：患者有月经周期规律，经期延长，经量增加等月经失调的症状+子宫增大，质中等硬的体征+B 超提示宫腔实性占位，均符合子宫黏膜下肌瘤的诊断。故选 B。

43.【答案】B

【解析】肌瘤可压迫输卵管或改变宫腔形状，引起不孕或流产。患者有习惯性流产史，且 B 超提示肌壁间肌瘤。患者年轻，有生育要求，所以应行肌瘤剜除术。肌瘤剜除术适用于希望保留生育功能的患者，可经腹或经腹腔镜下切除肌瘤。故选 B。

44.【答案】B

【解析】子宫肌瘤红色样变多见于妊娠期或产褥期，是一种特殊类型的肌瘤坏死，患者可有剧烈腹痛伴恶心、呕吐、发热，白细胞数增加，检查发现肌瘤迅速增大、压痛。本产妇临床表现和妇科检查符合“妊娠合并子宫肌瘤红色样变”的诊断。故选 B。

45.【答案】C

【解析】卵黄囊瘤是卵巢恶性生殖细胞瘤来源的恶性肿瘤。发病年龄轻、病程发展快，常有腹部包块（76%）、腹胀、腹痛（50%）及腹水（86%）。卵黄囊瘤可以合成 AFP，是其特异的肿瘤标志物。血清甲胎蛋白（AFP）检测，可以起到明确诊断的作用。本例患者 22 岁，左侧卵巢实性肿物，直径 6cm，表面光滑，规则，无压痛。血 AFP 明显升高，符合卵黄囊瘤的诊断，故选 C。

46.【答案】A

【解析】子宫内膜癌Ⅰ期为肿瘤局限于子宫体。患者宫颈未侵犯，腹腔液未见癌细胞。符合“子宫内膜癌Ⅰ期”的诊断。手术治疗为首选治疗方法。Ⅰ期患者行筋膜外全子宫切除及双侧附件切除术，必要时行盆、腹腔淋巴结切除或取样。故选 A。

47.【答案】D

48.【答案】D

【解析】子宫内膜癌Ⅱ期为肿瘤侵犯宫颈间质，但无宫体外蔓延。患者宫颈被侵犯。符合“子宫内膜癌Ⅱ期”的诊断。Ⅱ期患者行改良广泛性子宫切除术、双侧附件切除术及盆腹腔淋巴结切除术。故选 D。

49.【答案】E

【解析】卵巢蒂扭转为常见妇科急腹症，好发于瘤蒂较长、活动度大、中等大小、重心偏于一侧的肿瘤，如成熟畸胎瘤。常在体位突然改变或妊娠期、产褥期子宫大小和位置改变时发生蒂扭转。患者附件区见一女拳大小包块，重心不均，容易发生蒂扭转。故选 E。

50.【答案】D

【解析】妊娠合并卵巢肿瘤的处理原则：早期妊娠发现肿瘤者可以等待至妊娠 12 周后手术，以免引起流产；妊娠晚期发现者可以等待至妊娠足月行剖宫产，同时切除肿瘤。患者妊娠8周，良性肿瘤可能性大，可以待1个月后手术治疗。故选D。

51.【答案】B

【解析】卵巢肿瘤发生急性扭转后，肿瘤可发生坏死、破裂和继发感染。典型症状为体位改变后，突然发生一侧下腹剧痛，常伴恶心、呕吐甚至休克。盆腔检查可触及压痛的肿块，以蒂部最明显。患者的表现符合“卵巢肿瘤蒂扭转”的诊断。故选B。

52.【答案】C

【解析】卵巢颗粒细胞瘤好发于45~55岁妇女。肿瘤能分泌雌激素，青春期前患者可出现性早熟，生育年龄患者出现月经紊乱，绝经后妇女则有子宫内膜增生过长，甚至发生子宫内膜癌变。肿瘤表面光滑，圆形或卵圆形，多为单则，实性或部分囊性，大小不一。患者56岁，绝经后阴道出血，附件区扪及囊性肿物，子宫内膜呈腺囊性增生。符合“卵巢颗粒细胞瘤”的诊断。故选C。

53.【答案】B

【解析】库肯勃瘤是特殊的卵巢转移性腺瘤，其原发部位在胃肠道。镜下见典型的印戒细胞，能产生黏液。患者胃部不适，月经不规则，双附件区实行包块。高度怀疑“库肯勃瘤”的诊断。故选B。

54.【答案】C

【解析】卵巢内胚窦瘤好发于儿童和青少年。恶性程度高，生长迅速。肿瘤多为单侧，圆形或卵圆形，切面部分囊性质脆。瘤细胞可产生甲胎蛋白（AFP），测定患者血清中AFP浓度可作为诊断和治疗监测时的重要指标。患者17岁，下腹包块生长迅速，血性腹水，AFP阳性。符合“卵巢内胚窦瘤”的诊断。故选C。

55.【答案】B

【解析】卵巢成熟畸胎瘤多为单侧，中等大小，表面光滑，壁厚，囊性但张力较大，囊内充满油脂和毛发，有时可见牙齿和骨质。患者右侧附件见囊性肿物、活动，腹部平片见肿物有钙化点。符合“成熟畸胎瘤”的诊断。故选B。

56.【答案】A

【解析】卵巢纤维瘤多见于中年妇女。多为单侧，中等大小，表面光滑或结节状，切面灰白色，实性，坚硬。1%~5%纤维瘤患者可伴有腹水或胸腔积液。患者48岁，附件区扪及实性肿物，腹水、胸腔积液。符合“卵巢纤维瘤”的诊断。故选A。

57.【答案】D

58.【答案】B

【解析】子宫颈癌ⅡB为有宫旁浸润，但未达盆壁。患者左侧宫旁组织厚硬。符合“子宫颈癌ⅡB期”的诊断。故选B。

59.【答案】D

【解析】患者阴道穹隆部有浸润，但未及盆壁。符合“子宫颈癌ⅡB期”的诊断。放射治疗适用于各期宫颈癌患者。主要用于有手术禁忌证、年老或晚期不能手术以及术后需做补充治疗的患者。故选D。

60.【答案】A

61.【答案】C

【解析】约20% CINⅡ会发展为CINⅢ，5%发展为浸润癌。故所有CINⅡ和CINⅢ均需要治疗。治疗方法可选择激光、冷冻、电熨等物理治疗，或者行宫颈锥切术，包括宫颈环形电切术（LEEP）和冷刀锥切术。LEEP采用环型钨丝电极，通过热效应切除病变宫颈，创面电凝止血，术后3~6个月随访一次。故选C。

62.【答案】A

63.【答案】D

【解析】本题患者也合并其他系统疾病，不能手术，所以选择放疗。故选D。

64.【答案】A

【A_3/A_4型题】

65.【答案】D

【解析】患者绝经后阴道不规则流血，伴有肥胖、糖尿病、高血压等。符合“子宫内膜癌”的诊断。故选D。

66.【答案】D

【解析】分段诊断性刮宫是目前诊断子宫内膜癌最常用、最有价值的方法。先环刮宫颈管，后探宫腔，再搔刮宫腔内膜，标本分瓶做好标记，送病理检查。其目的是鉴别子宫内膜癌和子宫颈管腺癌，也可明确子宫内膜癌是否累及宫颈管，为制订治疗方案提供依据。故选D。

67.【答案】B

【解析】子宫内膜癌Ⅱ期为肿瘤侵犯宫颈间质，但无宫体外蔓延。患者宫颈阳性。符合“子宫内膜癌Ⅱ期”的诊断。Ⅱ期患者行改良广泛性子宫切除术、双侧附件切除术及盆腹腔淋巴结切除术。故选B。

68.【答案】C

【解析】经量增多及经期延长为子宫肌瘤最常见症状，多见于较大肌壁间肌瘤和黏膜下肌瘤。妇科检查：较大的浆膜下肌瘤或肌壁间肌瘤使子宫增大超过3个月妊娠大小时，可在下腹扪及包块。患者经量多，妇科检查子宫增大、凹凸不平。符合“多发性子宫肌瘤”的诊断。故选C。

69.【答案】D

【解析】子宫肌瘤手术治疗适应证：月经过多而致严重贫血，药物治疗无效；腹痛严重或蒂扭转引起的急性腹痛；肿瘤引起压迫症状；证实肌瘤导致反复流产或不孕；疑有肌瘤恶变者，则需手术治疗。常用的手术方式如下。

①肌瘤切除术：适用于希望保留生育功能的患者，可经腹或经腹腔镜下切除肌瘤；黏膜下肌瘤可经阴道或宫腔镜切除，术后有50%左右复发。②子宫切除术：疑有肌瘤恶变，且不需要保留生育功能的患者，可行子宫切除术。患者40岁，无生育要求，且为多发性子宫肌瘤，可行子宫切除术。故选D。

70.【答案】A

【解析】盆腔B型超声检查可了解肿瘤的部位、大小、形态、性质和来源。临床诊断符合率>90%，对直径≤1cm的实性肿瘤不易测出。彩色多普勒超声扫描可测定卵巢肿瘤的血流信号，有助于诊断。故选A。

71.【答案】A

【解析】成熟畸胎瘤多为单侧，中等大小，表面光滑，壁厚，囊性但张力较大，囊内充满油脂和毛发，有时可见牙齿和骨质。患者B超示肿块有强光团，且LDH升高。符合"成熟畸胎瘤"的诊断。故选A。

72.【答案】C

【解析】卵巢良性肿瘤根据患者年龄、有无生育要求、肿瘤大小、对侧卵巢情况决定手术范围。常采用腹腔镜下或开腹行肿瘤剥除术、患侧附件切除术，绝经后女性宜行全子宫及双侧附件切除术。患者年轻，且良性肿瘤的可能性大，可以行肿块单纯切除术，术中送病检。故选C。

73.【答案】E

74.【答案】D

【解析】宫颈癌ⅢB期为肿瘤扩展到骨盆壁和/或累及阴道下1/3和/或引起肾盂积水或肾无功能。患者宫旁浸润达盆腔。符合"子宫颈癌ⅢB期"的诊断。故选D。

75.【答案】D

【解析】放射治疗适用于各期宫颈癌患者。主要用于有手术禁忌证、年老或晚期不能手术以及术后需做补充治疗的患者。故选D。

76.【答案】B

【解析】子宫颈癌ⅠA1期为间质浸润深度≤3mm、宽度≤7mm。患者宫颈间质浸润深度<3mm。符合"子宫颈癌ⅠA1期"的诊断。故选B。

77.【答案】E

【解析】子宫颈癌ⅠA1期多主张行全子宫切除术，对要求保留生育功能的年轻患者，可在充分沟通的前提下行宫颈锥形切除术，术后定期随访。故选E。

78.【答案】B

【解析】子宫颈癌ⅠA2期为间质浸润深度>3mm至≤5mm，宽度≤7mm。患者癌细胞突破基底膜3~5 mm。符合"子宫颈癌ⅠA2期"的诊断。故选B。

79.【答案】D

【解析】子宫颈癌ⅠA2期至ⅡA2期原则上行广泛性子宫切除术及盆腔淋巴结切除术，必要时采取新辅助化疗后再行手术。故选D。

80.【答案】B

【B_1型题】

81.【答案】A

【解析】子宫肌瘤小且无明显症状或已接近绝经期的妇女一般不需要治疗，每3~6个月随访一次。故选A。

82.【答案】D

【解析】患者子宫肌瘤体积大，无生育要求，可行子宫切除术。故选D。

83.【答案】E

【解析】疑有肌瘤恶变，且不需要保留生育功能的患者，可行子宫切除术加双侧附件切除术。故选E。

84.【答案】C

85.【答案】C

【解析】子宫颈癌Ⅱ期为肿瘤侵犯宫颈间质，但无宫体外蔓延。故选C。

86.【答案】B

【解析】子宫颈癌Ⅰ期为肿瘤局限于子宫体。故选B。

87.【答案】D

【解析】子宫颈癌ⅢA为肿瘤累及浆膜层和/或附件。故选D。

88.【答案】E

【解析】子宫颈癌ⅣA为肿瘤侵犯膀胱和/或直肠黏膜。故选E。

89.【答案】B

90.【答案】A

91.【答案】E

92.【答案】D

【解析】1%~5%卵巢纤维瘤患者可伴有腹水或胸腔积液，称梅格斯综合征。故选D。

93.【答案】A

94.【答案】B

95.【答案】C

96.【答案】D

97.【答案】C

【解析】卵巢恶性肿瘤主要以直接蔓延、腹腔种植及淋巴转移为主要转移途径，血行转移较少见。故选C。

98.【答案】E

【解析】绒毛膜癌主要的播散方式为血行转移，最常发生肺转移，其次可发生阴道、脑、肝、肾及消化道转移。

99.【答案】B

【解析】黄素囊肿在滋养细胞疾病中出现。由于滋养细胞显著增生，产生大量hCG，刺激卵巢颗粒细胞及卵泡膜细胞，使之过度黄素化所致，直径约10cm，多为双侧，表面光滑，一般无手术指征。故选E。

100.【答案】E

【解析】滤泡囊肿是卵泡在发育过程中，因停滞致不成熟或成熟但不排卵、卵泡液潴留而形成。

囊壁薄，滤泡液清，一般自然消退。故选 E。

101.【答案】E

【解析】内胚囊瘤可分泌甲胎蛋白（AFP），故血清 AFP 浓度明显升高。内胚囊瘤生长迅速，易早期转移，预后差。故选 E。

102.【答案】D

103.【答案】C

【解析】支持细胞-间质细胞瘤也称睾丸母细胞瘤，罕见，多发生于 40 岁以下妇女。常为单侧、较小、实性，表面光滑。肿瘤具有男性化作用，能分泌雄激素，少数无内分泌功能或呈现女性化。故选 C。

104.【答案】A

【解析】库肯勃瘤镜下见典型的印戒细胞，能产生黏液，故又称印戒细胞癌。其恶性程度高，预后极差。故选 A。

105.【答案】C

【解析】子宫颈癌ⅡB 期为有宫旁浸润，但未达盆壁。故选 C。

106.【答案】A

【解析】子宫颈癌ⅠA 期为肉眼未见癌灶，仅为镜下浸润癌。故选 A。

107.【答案】B

【解析】子宫颈癌ⅡA 期为病灶侵犯阴道上 2/3，无明显宫旁浸润。故选 B。

108.【答案】D

【解析】子宫颈癌ⅢA 期为肿瘤累及阴道下 1/3，没有扩展到骨盆壁。故选 D。

109.【答案】E

【解析】子宫颈癌ⅣA 期为肿瘤侵犯邻近的盆腔器官。故选 E。

110.【答案】C

【解析】早期病例应采用宫颈细胞学检查和/或高危型 HPV-DNA 检测、阴道镜检查及宫颈活组织检查的“三阶梯检查法”，子宫颈癌确诊依据为活组织检查。故选 C。

111.【答案】A

112.【答案】D

【解析】子宫颈癌ⅠB 期原则上行广泛性子宫切除术及盆腔淋巴结切除术，必要时采取新辅助化疗后再行手术。故选 D。

113.【答案】E

【解析】子宫颈癌ⅠA2 期原则上行改良性子宫切除术及盆腔淋巴结切除术，必要时采取新辅助化疗后再行手术。故选 E。

114.【答案】A

【解析】子宫颈癌是最常见的妇科恶性肿瘤，高发年龄为 30~55 岁，严重威胁广大妇女的生命健康。故选 A。

115.【答案】E

【解析】由于卵巢位于盆腔深部，体积小，无法直接扪及和窥视，导致早期病变不易发现。卵巢恶性肿瘤一旦发现时，往往已属晚期，其治疗效果和预后不佳，死亡率居妇科恶性肿瘤之首，已成为严重威胁妇女生命和健康的主要肿瘤。故选 E。

116.【答案】D

117.【答案】A

【解析】政府高度重视子宫颈癌的普查、普治工作，大力开展宫颈细胞学筛查，使子宫颈癌及 CIN 得以早期发现、早期诊断和早期治疗，晚期子宫颈癌的发病率和死亡率明显下降。故选 A。

第十五章 妊娠滋养细胞疾病

【A_1 型题】

1.【答案】A

2.【答案】B

【解析】绒毛膜癌多继发于葡萄胎，也可继发于流产、足月产或异位妊娠后，恶性程度高，早期即可通过血行转移。故选 B。

3.【答案】D

【解析】超声检查是诊断葡萄胎敏感可靠的检查。完全性葡萄胎可见子宫大于妊娠月份，无胎心搏动，宫腔内充满不均质密集状回声，呈“落雪状”或“蜂窝状”，子宫动脉血流丰富，但未侵及子宫肌层，常可探及卵巢囊肿。故选 D。

4.【答案】C

【解析】黄素囊肿在滋养细胞疾病中出现。由于滋养细胞显著增生，产生大量 hCG，刺激卵巢颗粒细胞及卵泡膜细胞，使之过度黄素化所致，直径约 10cm，多为双侧，表面光滑，一般无手术指征。故选 C。

5.【答案】B

【解析】脑转移为绒癌主要致死原因，一般同时有肺转移及阴道转移，初期多无症状。脑转移可分为 3 期，首先为瘤栓期，可表现为一过性脑缺血症状，如猝然跌倒，暂时性失语、失明；继而发展为脑瘤期，表现为头痛、喷射样呕吐、偏瘫等；最后进入脑疝期，患者因颅内出血水肿，导致颅内压升高，甚至脑疝死亡。故选 B。

6.【答案】C

【解析】化疗为绒癌首要治疗方法，一线化疗药物有氨甲蝶呤（MTX），放线菌素 D（Act-D）（或国产更生霉素，KSM），氟尿嘧啶（5-FU），环磷酰胺（CTX）等。低危患者选择单一药物化疗，高危患者选择联合化疗。故选 C。

7.【答案】D

8.【答案】C

【解析】超声检查常用经阴道

彩色多普勒超声，是诊断葡萄胎敏感可靠的检查。故选C。

9.【答案】E

【解析】①侵蚀性葡萄胎可见水泡状组织侵入子宫肌层，病灶接近浆膜层时，子宫表面见紫蓝色结节，亦可穿透子宫浆膜层或侵入阔韧带；镜下可见绒毛结构及增生的滋养细胞侵入肌层，绒毛结构也可退化仅留绒毛阴影。②绒毛膜癌可见病灶侵入子宫肌层，可突向宫腔或穿破浆膜，与周围组织分界清楚，质软而脆，伴明显出血坏死；镜下可见大量滋养细胞高度增生，广泛侵入子宫肌层破坏血管，造成出血坏死，但不形成绒毛或水泡状结构。故选E。

10.【答案】A

【解析】葡萄胎一旦确诊应及时清宫，对于子宫大于妊娠12周或者术中一次刮净有困难者，于1周后再次刮宫。卵巢黄素化囊肿在葡萄胎清宫后会自行消退，一般不需要处理。对有高危因素和随访困难的完全性葡萄胎患者可采用预防性化疗，但不常规推荐。对年龄接近绝经、无生育要求者可行全子宫切除术，保留两侧卵巢，术后定期随访。故选A。

11.【答案】E

【解析】侵蚀性葡萄胎可见水泡状组织侵入子宫肌层，病灶接近浆膜层时，子宫表面见紫蓝色结节，亦可穿透子宫浆膜层或侵入阔韧带。故选E。

12.【答案】A

【解析】侵蚀性葡萄胎镜下可见绒毛结构及增生的滋养细胞侵入肌层，绒毛结构也可退化仅留绒毛阴影。故选A。

13.【答案】A

【解析】葡萄胎随访的内容如下：①定期hCG测定。②询问病史：包括月经状况，有无异常阴道流血；有无咳嗽、咯血、胸痛、呼吸困难；有无头痛、一过性失语、失明等。③妇科检查，必要时行B型超声、X线胸片或CT检查。故选A。

14.【答案】D

【解析】葡萄胎应定期hCG测定：葡萄胎清宫后每周1次，直至连续3次阴性；以后每个月1次，共6个月；再改为每2个月1次，共6个月，自第一次阴性后共随访1年。故选D。

15.【答案】E

【A_2型题】

16.【答案】C

【解析】绒毛膜癌多继发于葡萄胎，也可继发于流产、足月产或异位妊娠后。胸部X线摄片是诊断肺转移主要方法，典型表现是肺部结节状或团块状阴影。患者有流产史，现阴道流血，尿hCG阳性，胸部平片见阴影。符合“绒毛膜癌”的诊断。故选C。

17.【答案】C

【解析】侵蚀性葡萄胎一般无腹痛，当病灶穿孔，或坏死继发感染时，可引起腹痛和腹腔内出血症状。患者有葡萄胎病史，现假孕、阴道不规则出血、咯血，子宫异常增大，hCG阳性。现在突发腹痛，血压下降，有移动性浊音。符合“侵蚀性葡萄胎穿孔”的诊断。故选C。

18.【答案】D

【解析】葡萄胎临床表现为停经后阴道流血、子宫异常增大、变软、妊娠呕吐、子痫前期征象、腹痛、卵巢黄素化囊肿、甲状腺功能亢进。患者有停经后阴道流血、子宫异常增大、变软以及双侧附件区囊性肿块的表现。符合“葡萄胎”的诊断。故选D。

19.【答案】C

【解析】葡萄胎排空后或流产、足月产、异位妊娠后，血hCG未如期下降、持续高水平或下降后又上升，排除妊娠残留及再次妊娠，结合临床表现即可确诊滋养细胞肿瘤。脑转移为绒癌主要致死原因，初期多无症状。脑转移可分为3期，首先为瘤栓期，可表现为一过性脑缺血症状，如猝然跌倒，暂时性失语、失明；继而发展为脑瘤期，表现为头痛、喷射样呕吐、偏瘫等；最后进入脑疝期，患者因颅内出血、水肿，导致颅内压升高，甚至脑疝死亡。患者有葡萄胎病史，现阴道不规则流血，且头痛、偏瘫、失语、抽搐，不排除“绒癌”的诊断。血清hCG定量测定：hCG水平是诊断的主要依据。CT和磁共振成像：CT用于肺部较小病灶和肝、脑的转移灶，而磁共振成像用于脑和盆腔病灶的诊断。故选C。

20.【答案】D

【解析】绒癌Ⅳ期为所有其他部位转移。故选D。

21.【答案】B

【解析】完全性葡萄胎可见子宫大于妊娠月份，B超示无胎心搏动，宫腔内充满不均质密集状回声，呈“落雪状”或“蜂窝状”，子宫动脉血流丰富，但未侵及子宫肌层，常可探及卵巢囊肿。患者停经11周，但子宫大于孕周，且B超示“落雪状”。符合“葡萄胎”的诊断。故选B。

22.【答案】A

【解析】绒毛膜癌多继发于葡萄胎，也可继发于流产、足月产或异位妊娠后，绒毛膜癌可见病灶侵入子宫肌层，可突向宫腔或穿破浆膜，与周围组织分界清楚，质软而脆，伴明显出血坏死；镜下可见大量滋养细胞高度增生，广泛侵入子宫肌层破坏血管，造成出血坏死，但不形成绒毛或水泡状结构。患者曾患葡萄胎，现阴道不规则流血，病理检查未见绒毛。符合“绒毛膜癌”的诊断。故选A。

23.【答案】D

【A_3/A_4型题】

24.【答案】E

【解析】滋养细胞肿瘤采取化疗为主，手术和放疗为辅的综合治疗措施。根据患者的临床分期、预后评分、全身情况、生育要求等，制订合适的治疗方案。故选E。

25.【答案】A

26.【答案】D

【解析】患者有停经后阴道流血、子宫异常增大、变软以及未闻胎心的表现。符合“葡萄胎”的诊断。超声检查是诊断葡萄胎敏感可靠的检查。故选D。

27.【答案】A

【解析】葡萄胎一旦确诊应及时清宫。故选A。

28.【答案】B

【解析】患者此时怀疑滋养细胞肿瘤，应该化疗。故选B。

29.【答案】C

【解析】患者有药物流产史，现在阴道不规则流血，附件区见一包块。可测hCG，以明确是否与妊娠或妊娠滋养细胞疾病相关，再行B超检查。故选C。

30.【答案】B

【解析】绒癌Ⅱ期为病变扩散，但仍局限于生殖器官（附件、阴道、阔韧带）。故选B。

31.【答案】B

【解析】绒癌Ⅱ期患者下步治疗应为化疗。故选B。

32.【答案】C

【解析】线毛膜癌多继发于葡萄胎，也可继发于流产、足月产或异位妊娠后。患者足月产后，阴道不规则出血，咳嗽、咳血痰，hCG阳性。高度怀疑“绒癌肺转移”。故选C。

33.【答案】B

【B_1型题】

34.【答案】A

35.【答案】E

第十六章　生殖内分泌疾病

【A_1型题】

1.【答案】A

【解析】下丘脑性闭经指中枢神经系统及下丘脑各种功能或器质性疾病引起的闭经，是最常见的一类闭经，以功能性原因为主。故选A。

2.【答案】C

3.【答案】E

4.【答案】D

【解析】雌激素、孕激素序贯试验：适用于孕激素试验阴性的闭经患者。具体方法：每晚睡前口服妊马雌酮1.25mg，连续21日，最后10日每日加服醋酸甲羟孕酮10mg，停药后出现撤药性出血为阳性反应，提示子宫内膜功能正常，排除子宫性闭经，闭经是患者体内雌激素水平低落引起，为Ⅱ度闭经，应进一步寻找病因。停药后无撤药性出血（阴性反应），应再重复试验一次，若仍为阴性反应，提示闭经是子宫内膜缺陷或受到破坏引起，为子宫性闭经。故选D。

5.【答案】C

【解析】宫颈黏液结晶检查、阴道脱落细胞检查等可以提示有无排卵。阴道脱落细胞涂片：无排卵型功血时反映有雌激素作用；黄体功能不全时反映孕激素作用不足，缺乏典型的细胞堆集和皱褶。故选C。

6.【答案】D

【解析】孕激素疗法适用于青春期或活组织检查为增生期内膜的功血患者，使增生期内膜出现分泌期改变。故选D。

7.【答案】A

【解析】为明确有无排卵或了解黄体功能应于月经来潮前或月经来潮6小时内刮宫。故选A。

8.【答案】C

9.【答案】B

【解析】孕激素试验：每日肌内注射黄体酮注射液20mg或口服醋酸甲羟孕酮10mg，连用5日。若停药后发生撤药性出血为阳性反应，说明体内存在一定水平雌激素，为Ⅰ度闭经。若停药后无撤药性出血者为阴性反应，应进行雌激素、孕激素序贯试验。故选B。

10.【答案】B

【解析】无排卵性功能失调性子宫出血由于子宫内膜受雌激素持续作用而无孕激素拮抗，呈不同程度的增生性反应，少数可呈萎缩改变。无排卵性功血主要发生于青春期和绝经过渡期。无排卵性功血基础体温呈单相型。故选B。

11.【答案】D

【解析】在下丘脑-垂体-卵巢轴的正常调节下，女性的正常月经周期、经期、经量呈现规律性和自限性。如果由于调节生殖的神经内分泌功能失常引起异常子宫出血，而全身及内、外生殖器无明显器质性疾病存在，称为功能失调性子宫出血，简称功血。故选D。

12.【答案】C

【解析】诊断性刮宫可了解子宫内膜情况，但不能确定闭经类型。故选C。

13.【答案】C

【解析】促排卵常用药物有氯米芬、人绒毛膜促性腺激素（hCG）、人绝经期促性腺激素和促性腺激素释放激素激动剂。促进卵泡发育首选氯米芬，hCG可以促进月经中期LH峰值形成，刺激黄体功能形成。故选C。

14.【答案】A

【解析】更年期症状是由于卵巢功能停止所致，提示卵巢功能衰退，生育能力终止。故选A。

15.【答案】C

【解析】功血对于药物治疗效果不佳或不宜用药、无生育需求，尤其是不易随访的年龄较大的患者、病例报告为癌前病变的患者，应考虑子宫内膜切除术或全子宫切除术。故选C。

16.【答案】E

【解析】垂体兴奋试验：又称GnRH刺激试验，用于评估垂体对GnRH的反应性。方法：溶解LHRH 100μg于5ml 0.9%氯化钠注射液中，于30秒内静脉注射完毕。分别在注射前及注射后15、30、60、120分钟采血测定LH含量。若注射后15~60分钟LH高峰值较注射前升高2~4倍，提示垂体功能正常，下丘脑功能异常；若反复重复试验LH值无升高或升高不明显，提示垂体功能减退。故选E。

17.【答案】B

18.【答案】C

【解析】排卵性功血多发生于生育期妇女。子宫内膜形态一般表现为分泌期内膜，可能存在腺体分泌不良，间质水肿不明显或腺体与间质发育不同步，内膜活检显示分泌反应落后2日。表现如下。①月经过多：表现为月经周期和经期正常但经量增多。②黄体功能不足：表现为月经周期缩短。③子宫内膜不规则脱落：表现为月经周期正常，经期延长且经量增多。④围排卵期出血：在排卵前后出血，出血时间不超过7日，量少。有排卵性功血黄体功能发育不良者基础体温虽呈双相型，但排卵后体温上升缓慢，或上升幅度偏低，高温相维持9~10日即下降。故选C。

19.【答案】C

【解析】卵巢功能检查范畴：性激素测定、基础体温测定、子宫内膜活组织检查、宫颈黏液检查、阴道细胞检查，以及B超监测卵泡等。而宫颈细胞学检查是为排除宫颈癌的特殊检查。故选C。

20.【答案】E

【解析】Asherman综合征为子宫性闭经中最常见的原因，是人工流产刮宫过度或产后、流产后出血刮宫损伤引起，尤其当伴有子宫内膜炎时，更易导致宫腔粘连而闭经，仅宫颈管粘连者可有月经产生、但不能流出，宫腔完全粘连者无月经。故选E。

21.【答案】B

【解析】无排卵性功血有各种不同的临床表现，最常见的症状是子宫不规则出血。故选B。

22.【答案】B

23.【答案】B

【解析】基础体温测定、阴道脱落细胞检查、宫颈黏液涂片等均可评估患者体内雌孕激素水平及有无排卵，其中基础体温测定是简单易行的方法。故选B。

24.【答案】D

【解析】产后严重失血导致腺垂体丧失正常功能的希恩综合征（Sheehan综合征），均能引发闭经。故选D。

【A_2型题】

25.【答案】B

【解析】黄体功能不足可应用低剂量雌激素、氯米芬等促进卵泡发育，还可以在排卵后使用hCG、天然黄体酮等延长黄体期，也可口服避孕药。故选B。

26.【答案】D

【解析】患者15岁，月经周期不规则，经期延长，诊断为“无排卵性功能失调性子宫出血”。为了止血，可用雌激素治疗。大剂量雌激素可迅速促进子宫内膜生长，短期内修复创面而止血，被称为“内膜修复法”。适用于急性大量出血的患者，常用药物如结合雌激素、苯甲酸雌二醇。故选D。

27.【答案】E

【解析】患者月经不调，但基础体温双相，诊断为“排卵性功能失调性子宫出血”，但黄体期短，提示黄体功能不足。黄体功能不足可应用低剂量雌激素、氯米芬等促进卵泡发育，还可以在排卵后使用hCG、天然黄体酮等延长黄体期，也可口服避孕药。故选E。

28.【答案】B

【解析】患者月经不规律，基础体温单相。符合“无排卵性功能失调性子宫出血”的诊断。故选B。

29.【答案】A

【解析】排卵性功能失调性子宫出血有时月经周期虽在正常范围内，但卵泡期延长，黄体期缩短，患者不易受孕或易早期流产。患者有习惯性流产史，基础体温双相，高温相短，符合“黄体功能不足”的诊断。故选A。

30.【答案】A

【解析】患者月经周期及经期不规律，基础体温单相。符合“无排卵性功能失调性子宫出血”的诊断。故选A。

31.【答案】D

【解析】患者月经周期延长，基础体温双相。符合“排卵性功能失调性子宫出血”的诊断，但高温相下降迟缓，提示子宫内膜不规则脱落。故选D。

32.【答案】C

【解析】患者月经周期正常，经期延长，基础体温双相。符合

"排卵性功能失调性子宫出血"的诊断，但高温相下降迟缓，提示子宫内膜不规则脱落。月经第5天子宫内膜有增生及分泌表现。故选C。

33.【答案】B

【解析】若月经周期中两次测定血FSH>40U/L，提示卵巢功能衰竭。故选B。

34.【答案】C

35.【答案】B

36.【答案】C

37.【答案】A

38.【答案】D

【解析】为了确定排卵或黄体功能，应在经前3~7天或月经来潮6小时内刮宫。故选D。

39.【答案】C

【解析】产后严重失血导致使腺垂体丧失正常功能的希恩（Sheehan）综合征，均能引发闭经。患者有产后大出血史，现在闭经、毛发脱落。符合"希恩综合征"的诊断。故选C。

40.【答案】A

【解析】若月经周期中两次测定血FSH>40U/L，提示卵巢功能衰竭。患者34岁，闭经1年，有更年期症状，且血FSH>40U/L。符合"卵巢功能早衰"的诊断。故选A。

41.【答案】E

【解析】患者45岁，阴道不规则出血，基础体温单相。符合"无排卵性功能失调性子宫出血"的诊断。对绝经过渡期及病程长的育龄期患者首先考虑刮宫术。刮宫可迅速止血，还可取内膜标本进行病理检查。故选E。

【A_3/A_4型题】

42.【答案】D

【解析】患者月经周期正常，经期延长，基础体温双相。符合"排卵性功能失调性子宫出血"的诊断。子宫内膜不规则脱落的内膜活检证实了诊断，考虑为黄体萎缩不全。故选D。

43.【答案】C

【解析】治疗以调节下丘脑-垂体-卵巢轴的反馈功能为原则，使黄体及时萎缩，内膜脱落。常用药物有hCG和孕激素。故选C。

44.【答案】C

45.【答案】D

【解析】绝经过渡期及病程长的育龄期患者首先考虑刮宫术。故选D。

46.【答案】B

【解析】对于药物治疗效果不佳或不宜用药、无生育需求，尤其是不易随访的年龄较大的患者、病例报告为癌前病变的患者，应考虑子宫内膜切除术或全子宫切除术。故选B。

47.【答案】D

【解析】患者为育龄妇女，尿hCG阴性，排除与妊娠和滋养细胞疾病有关的诊断。宫颈黏液涂片为羊齿状结晶，提示雌激素作用。结合病史患者阴道不规则流血1月余。符合"功能失调性子宫出血"的诊断。故选D。

48.【答案】A

【解析】现在采用刮宫术，刮宫可迅速止血，还可取内膜标本进行病理检查。故选A。

49.【答案】B

50.【答案】E

【解析】由于卵巢发育异常或卵巢功能异常引起卵巢分泌性激素水平低下，子宫内膜不能发生周期性变化而导致闭经，如卵巢功能性肿瘤、先天性卵巢未发育或发育不全、卵巢早衰和多囊卵巢综合征等。患者37岁，闭经，有更年期症状，雌激素试验阳性，子宫附件无异常可排除器质性疾病。符合"卵巢功能早衰"的诊断。故选E。

51.【答案】C

【解析】若月经周期中两次测定血FSH>40U/L，提示卵巢功能衰竭，所以患者FSH应该上升。故选C。

52.【答案】A

【解析】明确病因后，给予相应激素以补充机体激素不足或拮抗其过多，用雌-孕激素有贯治疗以达到治疗目的。故选A。

【B_1型题】

53.【答案】B

54.【答案】A

55.【答案】C

56.【答案】A

【解析】Asherman综合征：为子宫性闭经最常见原因。月经的调节功能正常，第二性征发育也正常，由于人工流产刮宫过度或产后、流产后出血刮宫损伤子宫内膜导致宫腔粘连而闭经。故选A。

57.【答案】B

【解析】Turner综合征属于性腺先天发育不全、性染色体异常。表现为原发性闭经、卵巢不发育、身体矮小、第二性征不发育。故选B。

58.【答案】D

【解析】产后严重失血导致使腺垂体丧失正常功能的Sheehan综合征，均能引发闭经。故选D。

第十七章　子宫内膜异位症和子宫腺肌病

【A_1型题】

1.【答案】C

【解析】子宫内膜异位症易于累及的部位：卵巢、直肠子宫陷凹、宫骶韧带以及子宫后壁下段，较少累及输卵管和宫颈等。

2.【答案】E

【解析】疼痛是内异症的主要症状，表现为继发性痛经、进行性加重。常于月经来潮时出现，以下腹部、腰骶部疼痛为主，可放射至会阴部及肛门，并持续至整个经期；一些患者表现为深部性交痛，尤其以月经来潮前性交最明显。故选E。

3.【答案】C

【解析】子宫腺肌病约15%合并内异症，约50%合并子宫肌瘤。子宫腺肌病患者多有分娩、人工流产等导致子宫内膜基底层损伤的病史，故认为本病是由于子宫内膜基底层侵入肌层生长所致。镜检可见肌层内有呈岛状分布的异位内膜腺体及间质，异位内膜细胞对卵巢激素，特别是孕激素不敏感，故异位腺体常呈增生期改变。故选C。

4.【答案】C

5.【答案】B

【解析】痛经常于月经来潮时出现，以下腹部、腰骶部疼痛为主，可放射至会阴部及肛门，并持续至整个经期。故选B。

6.【答案】E

【解析】子宫内膜异位症的预防包括以下几种方法。①避免医源性内膜异位种植：凡进入宫腔内的经腹手术，如剖宫产术，均应用纱布垫保护好子宫切口周围，以防子宫内膜随宫腔内容物溢入腹腔或腹壁切口；缝合子宫肌壁时应避免缝线穿透子宫内膜；关闭腹膜后应用生理盐水冲洗腹壁切口。②正确掌握妇科手术时机：各种经阴道及宫颈、宫腔的手术，如宫内节育器的放置和取出、输卵管通畅试验等，均不宜在经前及经期实施，否则有导致经血中的内膜碎片种植于手术创面或进入腹腔的危险。③减少宫腔内操作：积极宣传计划生育措施，选择恰当的避孕手段，尽量避免行人工流产术。在人工流产吸宫时，宫腔内负压不宜过高，以免内膜碎片被吸入腹腔引起种植。故选E。

【A_2型题】

7.【答案】D

【解析】子宫腺肌病主要表现为月经量增多、经期延长及进行性痛经，伴有腰骶部疼痛和肛门坠胀感，妇科检查子宫体一般呈均匀性增大，质地坚硬，有压痛，有时与子宫肌瘤难以鉴别。患者进行性痛经，妇科检查子宫体一般呈均匀性增大、质地坚硬。符合“子宫腺肌病”的诊断。故选D。

8.【答案】C

【解析】患者继发性痛经、进行性加重。妇科检查时可发现子宫活动欠佳，阴道后穹隆可见隆起的小结节。符合“子宫内膜异位症”的诊断。故选C。

9.【答案】D

【解析】患者继发性痛经、进行性加重，不孕，触及痛性小结节。符合“子宫内膜异位症”的诊断。腹腔镜检查是确诊内异症的最佳方法，尤其对不孕及慢性盆腔痛者，可在镜下确诊并给予相应治疗，同时可以确定其临床分期。故选D。

10.【答案】B

【解析】患者继发性痛经、进行性加重，不孕，子宫活动欠佳，阴道后穹隆可见隆起的小结节。符合“子宫内膜异位症”的诊断。药物治疗适用于慢性盆腔痛、痛经症状明显、有生育要求及无卵巢囊肿形成患者。临床常用使患者假孕或假绝经的性激素疗法。促性腺激素释放激素激动剂通过抑制垂体功能导致卵巢激素水平明显下降，出现暂时性闭经，又称药物性卵巢切除。故选B。

11.【答案】B

【解析】患者有人工流产史，临床表现为月经量增多、经期延长及进行性痛经，伴有腰骶部疼痛，妇科检查子宫体一般呈均匀性增大，质地坚硬。符合“子宫腺肌病”的诊断。故选B。

【A_3/A_4型题】

12.【答案】C

【解析】患者继发性痛经、进行性加重，不孕，子宫活动欠佳，可扪及痛性小结节，附件有小囊性包块。符合“子宫内膜异位症”的诊断。故选C。

13.【答案】C

【解析】患者痛经症状明显、有生育要求，可使用药物疗法。临床常用使患者假孕或假绝经的性激素疗法。促性腺激素释放激素激动剂通过抑制垂体功能导致卵巢激素水平明显下降，出现暂时性闭经。故选C。

【B_1型题】

14.【答案】B

【解析】长期连续服用避孕药造成类似妊娠的人工闭经，称假孕疗法。一般采用低剂量高效孕激素和炔雌醇复合制剂，每日1片口服，连续用6~9个月。故选 B。

15.【答案】E

【解析】促性腺激素释放激素激动剂通过抑制垂体功能导致卵巢激素水平明显下降，出现暂时性闭经，又称药物性卵巢切除。故选 E。

16.【答案】A

【解析】通过应用大量孕激素，造成高孕激素性闭经和内膜蜕膜样变化形成假孕。故选 A。

17.【答案】D

【解析】米非司酮为孕激素受体阻断药。故选 D。

18.【答案】B

【解析】对于症状轻微或无症状子宫内膜异位症患者，可采用定期随访，必要时给予前列腺素合成酶抑制剂处理病变引起的经期腹痛。希望生育者应尽早促使其受孕，一般妊娠后病灶可萎缩，分娩后症状缓解并有望治愈。故选 B。

19.【答案】D

【解析】手术治疗适用于药物治疗效果不满意或病变加剧者、卵巢内膜异位囊肿较大且迫切希望生育子宫内膜异位症患者。故选 D。

20.【答案】A

【解析】保留卵巢功能手术适用于症状明显且无生育要求的 45 岁以下子宫内膜异位症患者。术中切除子宫及盆腔内病灶，保留至少一侧或部分卵巢。故选 A。

第十八章　子宫脱垂

【A_1 型题】

1.【答案】E

【解析】子宫韧带：子宫主要靠 4 对韧带及骨盆底和筋膜的支托作用来维持正常位置。①圆韧带呈圆索状，起于两侧子宫角的前面，向前下方伸展达两侧骨盆壁，穿过腹股沟止于大阴唇前端，使子宫保持前倾位。②阔韧带为一对翼状皱襞，由覆盖在子宫前后壁的腹膜沿子宫两侧缘向骨盆壁延伸形成，维持子宫处于骨盆腔的正中位置。③主韧带横行于宫颈两侧和骨盆侧壁之间，为一对坚韧的平滑肌与结缔组织纤维束，又称宫颈横韧带，是固定子宫位置、防止其向下脱垂的重要组织。④宫骶韧带为起自子宫颈的后上侧方，向两侧绕过直肠，止于第 2、3 骶椎前面的筋膜，可将宫颈向后上牵引，保持子宫前倾位置。故选 E。

2.【答案】E

3.【答案】C

【解析】分娩损伤，特别是产钳或胎头吸引器困难的阴道助产，会使盆底肌、筋膜以及子宫韧带受到过度牵拉而降低其支持力，导致子宫脱垂的发生。故选 C。

4.【答案】B

【解析】Ⅱ度子宫脱垂重型为宫颈及部分宫体已脱出阴道口。故选 B。

5.【答案】C

6.【答案】C

【解析】以患者平卧用力向下屏气时子宫下降的最低点，将子宫脱垂分为 3 度。Ⅱ度子宫脱垂轻型为宫颈脱出阴道口，宫体仍在阴道内。故选 C。

7.【答案】E

【解析】重度子宫脱垂多伴有排便排尿困难，或出现压力性尿失禁且易并发膀胱炎。由于脱出肿物长期与裤子摩擦使得阴道壁和宫颈发生溃疡、出血，合并感染时常有脓性分泌物渗出。故选 E。

【A_2 型题】

8.【答案】C

【解析】Ⅱ度子宫脱垂轻型为宫颈脱出阴道口，宫体仍在阴道内。患者临床表现符合此诊断。故选 C。

9.【答案】B

【解析】Ⅱ度子宫脱垂重型为宫颈及部分宫体已脱出阴道口。患者临床表现符合此诊断。手术治疗适用于重度有症状、且能耐受手术的患者。根据患者的年龄、生育要求和健康状况选择手术方式，包括曼氏手术（Manchester 手术）。故选 B。

10.【答案】E

【解析】Ⅲ度子宫脱垂为宫颈和宫体全部脱出阴道口外。患者临床表现符合此诊断。此型采用经阴道子宫全切术及阴道前后壁修补术。故选 E。

11.【答案】C

12.【答案】B

【解析】子宫脱垂Ⅰ度轻型为宫颈外口距处女膜缘<4cm，未达处女膜缘。患者临床表现符合此诊断。故选 B。

【B_1 型题】

13.【答案】A

14.【答案】B

第十九章 不孕症

【A_1型题】

1.【答案】A

【解析】女性无避孕性生活至少12个月而未孕者，称为不孕症。故选A。

2.【答案】C

【解析】卵巢功能检查：主要有排卵监测和黄体功能检查，如B型超声监测排卵、基础体温测定、黄体期子宫内膜活检、宫颈黏液检查、女性激素水平测定等。故选C。

3.【答案】B

【解析】女性不孕盆腔因素占35%，其中输卵管因素又为主要原因。故选B。

4.【答案】C

【解析】在正常情况下，射精后大部分的精液射入阴道底部及子宫颈口，数分钟后精子进入子宫颈管。30分钟左右即可在输卵管出现，精子在女性生殖道内，能生存和保持活力为2~3天。故选C。

5.【答案】A

【解析】卵巢排出的卵，受精能力保持12~24小时，但精子与卵子结合的受精能力则仅为1~2天。故选A。

6.【答案】E

7.【答案】E

【解析】正常精液量为2~6ml，平均3ml，pH 7.0~7.8，在室温中放置30分钟内液化，精子密度（20~200）$\times 10^9$/L，精子活率>50%，正常形态精子占66%~88%。故选E。

8.【答案】A

【解析】辅助生殖技术（ART）是指在体外对配子和胚胎采用显微操作技术，帮助不孕夫妇受孕的一组方法。包括人工授精（AI）、体外授精与胚胎移植（IVF-ET）、卵细胞浆内单精子注射及其他衍生技术等。人工授精是将精子通过非性交方式放入女性生殖道内使其受孕的一种技术，人工授精按精子来源不同分为：使用丈夫精子人工授精（AIH）和使用供精者人工授精（AID）。故选A。

9.【答案】D

【解析】体外授精与胚胎移植（IVF-ET）是将不孕夫妇的卵子与精子取出于体外，于培养皿内授精并培育3~5日，再将发育到卵裂期或囊胚期的胚胎移植到宫腔内，使其着床发育成胎儿的全过程，又称“试管婴儿”。故选D。

10.【答案】E

【解析】诱发排卵常用药物有氯米芬、人绒毛膜促性腺激素、人绝经期促性腺激素和促性腺激素释放激素激动剂。促进卵泡发育首选氯米芬，hCG可以促进月经中期LH峰值形成，刺激黄体功能形成。故选E。

【A_2型题】

11.【答案】D

【解析】患者有流产史，现在继发不孕。其月经正常。妇科检查附件区有炎症，为了排除输卵管炎症，可行输卵管通畅度检查。常用方法有输卵管通液术及子宫输卵管造影。输卵管通液术操作简便，可判断输卵管是否通畅；子宫输卵管造影不仅能了解输卵管是否通畅，而且能观察阻塞部位及宫腔形态。故选D。

12.【答案】E

【解析】患者未见明显生殖器官器质性疾病，但月经紊乱，功能性子宫出血的可能性大，为了明确诊断，可行诊刮并送病检。故选E。

13.【答案】A

【A_3/A_4型题】

14.【答案】A

【解析】曾有过妊娠而后未避孕连续12个月不孕者称继发性不孕。患者妊娠3次，有流产史，且妇科检查附件区有炎症。符合“继发性不孕及附件炎”的诊断。故选A。

15.【答案】C

【解析】可行输卵管通液术，判断输卵管是否通畅，并予全身抗炎治疗。故选C。

【B_1型题】

16.【答案】C

【解析】曾有过妊娠而后未避孕连续12个月不孕者称继发性不孕。故选C。

17.【答案】B

第二十章 计划生育

【A_1型题】

1.【答案】D

【解析】人工流产负压吸引术禁忌证包括：生殖道炎症；各种疾病的急性期；全身情况不良，不能耐受手术；术前两次体温超过37.5℃。因此D项不确切。

2.【答案】A

【解析】术后阴道出血超过10日，血量过多，或流血停止后再次多量出血，均应考虑为吸宫不全。故选A。

3.【答案】E

【解析】宫内节育器放置术的不良反应如下。①阴道流血：常发生于放置IUD最初3个月内。一般表现为经量过多、经期延长或月经中期点滴出血。若经治疗无效，应考虑取出IUD或改用其他避孕方法。②腰腹部酸胀感：常因宫内节育器和宫腔大小形态不符所致。轻症无须处理，重者应考虑更换节育器。故选E。

4.【答案】A

【解析】手术流产：包括负压吸引术（妊娠10周以内）和钳刮术（妊娠11~14周）。故选A。

5.【答案】E

【解析】排空的膀胱位于耻骨联合之后、子宫之前，其大小、形状可因其盈、虚程度及邻近器官的情况而变化。膀胱充盈时可凸向骨盆腔甚至腹腔。因此膀胱排空与否可直接影响着妇科的诊疗质量，充盈的膀胱影响和妨碍着妇科双合诊的检查，不能够确切地诊断子宫、输卵管、卵巢、子宫韧带和宫旁结缔组织以及盆腔内其他器官和组织是否异常。医生在给患者做妇科手术前也必须查清子宫的大小、位置及形态，方可进行手术。在手术中，由于充盈的膀胱影响着子宫正常的解剖位置，除给手术操作带来不便外，手术中还易损伤膀胱。因此排空膀胱在做妇科检查及妇科手术中显得尤为重要和必不可少。故选E。

6.【答案】A

【解析】吸宫不全为手术流产后宫腔内部分妊娠产物残留，是最常见的人工流产并发症，与子宫体过度屈曲或操作技术不熟练有关。故选A。

7.【答案】C

【解析】宫内节育器是我国育龄期妇女接受的主要避孕措施，是一种易于接受，且安全、有效、简便、经济、可逆的避孕方法。故选C。

8.【答案】E

【解析】宫内节育器放置术术后注意事项：①术后休息3日，忌重体力劳动1周。②术后禁性生活、盆浴2周。③保持外阴部清洁。④术后3个月内每次行经或排便时注意有无宫内节育器脱落。⑤术后3、6、12个月各复查1次，以后每年复查1次，直至取出。⑥术后可有少量阴道出血及下腹部不适，无须特殊处理。若有发热、下腹痛加剧、阴道流血量增多、分泌物异常等，随时就诊。故选E。

9.【答案】B

【解析】人工流产综合征为少数妇女在术中或手术刚结束时出现心搏减慢、血压下降、面色苍白、出冷汗、头晕、恶心、呕吐及胸闷，严重者甚至出现晕厥和抽搐，多在手术停止后逐渐恢复。故选B。

10.【答案】A

【解析】人工流产综合征多出现在未采用麻醉镇痛的流产手术中，多因受术者精神紧张、疼痛及术中局部刺激，引起迷走神经反射所致。故选A。

11.【答案】E

【解析】妊娠14周以上需要终止妊娠者，需行引产术。可采用依沙吖啶（利凡诺）引产和水囊引产，前者多用。故选E。

12.【答案】E

【解析】宫内节育器并发症如下。①感染：手术无菌操作不严格、尾丝过长、生殖道存在感染灶、术后局部卫生不良等均可导致宫腔感染。明确宫腔感染者应取出宫内节育器，并选用广谱抗生素积极治疗。②宫内节育器脱落：宫内节育器与宫腔大小不符或未放置于宫底部、宫颈内口过松或经量过多等原因可导致宫内节育器脱落。脱落常发生在放置术后1年内。发现宫内节育器脱落者应及时再次放置或根据情况采取其他避孕措施。③宫内节育器嵌顿或断裂：多由于放置时损伤子宫壁、放置时间过长或绝经后取出过晚等引起，确诊后需尽快取出。④宫内节育器异位：常因术前未查清子宫大小及位置、术中操作不当导致子宫穿孔而使宫内节育器置于子宫外。一旦发生，需及时经腹或经阴道取出。⑤带器妊娠：多见于IUD下移、脱落或异位。一旦发生，可行人工流产同时取出IUD。故选E。

13.【答案】C

【解析】人工流产术前做好心理护理；术中动作轻柔；吸宫时注意掌握负玉；进出宫颈时阻断负压；一旦出现症状，给予硫酸阿托品0.5~1mg静脉注射即可迅速缓解。故选C。

14.【答案】C

【解析】人工流产术后阴道出血超过10日，血量过多，或流血停止后再次多量出血，均应考虑为吸宫不全。故选C。

15.【答案】C

【解析】绝经过渡期指妇女40岁左右开始出现内分泌、生物学变化与临床表现直至绝经。故选C。

16.【答案】D

【解析】非孕妇女在月经干净3~4日可以行输卵管结扎术。故选D。

17.【答案】E

【解析】探亲避孕药主要有抑制排卵、改变子宫内膜形态与功能、宫颈黏液变稠的作用。故选E。

18.【答案】C

【解析】输卵管结扎术禁忌证：①有感染情况，如腹部皮肤感染，产时、产后感染，盆腔炎等。②全身情况差，不能耐受手术者，如产后出血、休克、心力衰竭和其他疾病的急性阶段。③24小时内2次测量体温（间隔4小时）均为37.5℃以上者。故选C。

【A_2型题】

19.【答案】C

【解析】避孕药禁忌证：①严重心血管疾病患者，如冠状动脉硬化、高血压等。②急、慢性肝炎或肾炎、肝肾功能不良者。③内分泌疾病患者，如糖尿病、甲状腺疾病等。④血液病或血栓性疾病患者。⑤恶性肿瘤、癌前病变、子宫肿瘤或乳房肿块者。⑥精神病生活不能自理者。⑦月经异常者，如月经稀少等。⑧哺乳期妇女。⑨年龄大于35岁的吸烟妇女不宜长期服用避孕药。故选C。

20.【答案】B

【解析】患者手术流产后阴道出血超过10日，应考虑为吸宫不全。故选B。

21.【答案】B

22.【答案】C

【解析】探亲避孕药口服方法为在探亲前1日或当日中午服1片，以后每晚服1片，每月不少于12片。如探亲结束未服完12片，则需每日服1片，直至服满12片。故选C。

23.【答案】E

【解析】阴茎套又称避孕套，为男性使用的避孕工具，性生活时使精液排在阴茎套内，精子不能进入宫腔，从而达到避孕目的，同时可防止性传播疾病。患者患有乙型肝炎，使用阴茎套可防止性传播疾病。故选E。

24.【答案】D

【解析】患者流产手术时出现心搏减慢、血压下降及胸闷，提示发生人工流产综合征。此时应该给予硫酸阿托品0.5~1mg静脉注射即可迅速缓解。故选D。

25.【答案】C

【解析】滴虫阴道炎为性传播疾病，阴茎套可防止性传播疾病。故选C。

26.【答案】E

【解析】输卵管结扎术适用于患严重全身性疾病或遗传性疾病不宜生育者。患者患有慢性肾炎，应该行输卵管结扎术。故选E。

27.【答案】C

【解析】宫内节育器禁忌证：①妊娠或可疑妊娠者。②月经过频、经量过多或不规则阴道流血者。③生殖器官肿瘤，急、慢性生殖器官炎症，子宫畸形者。④产后或流产后疑有妊娠组织残留或感染者。⑤宫颈内口过松、重度宫颈裂伤或Ⅲ度子宫脱垂者。⑥患严重全身性疾病者。⑦铜过敏者禁止放置含铜IUD。患者子宫脱垂，所以不适合上宫内节育器。安全期避孕并不十分可靠，不推荐使用。阴道隔膜供应少，且患者阴道前后壁膨出，不适合使用。故选C。

【A_3/A_4型题】

28.【答案】B

【解析】患者手术流产后1周阴道又出血，且无发热，附件正常。应考虑为吸宫不全。故选B。

29.【答案】C

【解析】B型超声检查有助于诊断吸宫不全，了解是否有残留。故选C。

30.【答案】A

【解析】吸宫不全无明显感染征象者，行刮宫术，刮出物送病理检查，术后应用抗生素预防感染；伴感染者，需控制感染后再行刮宫术，术后继续抗感染治疗。患者现无感染症状，可行刮宫术。故选A。

31.【答案】D

【解析】在未采用麻醉镇痛的流产手术中患者出现心搏减慢、血压下降、面色苍白、出冷汗、头晕、恶心、呕吐及胸闷。符合“人工流产综合征”的诊断。故选D。

32.【答案】A

【解析】一旦出现人工流产综合征症状，给予硫酸阿托品0.5~1.0mg静脉注射即可迅速缓解。故选A。

33.【答案】B

【解析】人工流产术前做好心理护理；术中动作轻柔；吸宫时注意掌握负压；进出宫颈时阻断负压。故选B。

34.【答案】B

【解析】输卵管结扎术适应于自愿接受绝育手术且无禁忌证者；患严重全身性疾病或遗传性疾病不宜生育者。患者患有风心病，应该行输卵管结扎术。故选B。

35.【答案】A

【解析】输卵管结扎术时间为足月顺产者产后24小时内手术，剖宫产术同时可行绝育术。故选A。

36.【答案】D

【解析】经阴道输卵管结扎术手术视野小，偶有邻近器官如膀胱、直肠损伤者，异常情况需开腹处理，现在已经基本不做。故选D。

【B_1型题】

37.【答案】C

【解析】Asherman综合征：为子宫性闭经最常见原因。月经的调节功能正常，第二性征发育也正常，由于人工流产刮宫过度或产后、流产后出血刮宫损伤子宫内膜导致宫腔粘连而闭经。故选C。

38.【答案】E

【解析】子宫穿孔是手术流产的严重并发症。多见于哺乳期子宫、瘢痕子宫、子宫过度屈曲或畸形、术前未查清子宫大小及位置或操作技术不熟练。故选 E。

39.【答案】D

【解析】人工流产术器械进出宫颈时应该阻断负压，以免引起人工流产综合征。故选 D。

40.【答案】B

【解析】吸宫不全是手术流产后宫腔内部分妊娠产物残留，与子宫体过度屈曲或操作技术不熟练有关。术后阴道出血超过 10 日，血量过多，或流血停止后再次多量出血，均应考虑为吸宫不全，出血量多时可引起失血性休克。故选 B。

第二十一章 妇女保健

【A_1 型题】

1.【答案】B

【解析】妇女保健是开展以维护生殖健康为核心的贯穿妇女青春期、围婚期、生育期、围生期、围绝经期及老年期的各项保健工作，降低孕产妇及围生儿死亡率，减少患病率和伤残率，控制某些疾病发生及性传播疾病的传播，从而促进妇女身心健康。故选 B。

2.【答案】A

【解析】妇女保健三级预防指青春期女性疾病的治疗和康复。故选 A。

3.【答案】C

【解析】围婚期保健是指围绕结婚前后，为保障婚配双方及其后代健康所进行的一系列保健工作。包括婚前医学检查、围婚期健康教育及婚前卫生咨询。故选 C。

4.【答案】E

【解析】生育期保健应该以加强一级预防为重点：普及孕产期保健和计划生育技术指导；二级预防：使妇女在生育期因孕育或节育导致的各种疾病，能做到早发现、早防治，提高防治质量；三级预防：提高对高危孕产妇的处理水平，降低孕产妇死亡率和围产儿死亡率。故选 E。

5.【答案】C

【解析】围生期保健如下。①孕前期保健：指导夫妇双方选择最佳的受孕时期。长时间使用药物避孕者应停药改为工具避孕半年后再妊娠。积极治疗对妊娠有影响的疾病。对有不良孕产史者、遗传病、传染病史者，应接受产前咨询。对有严重疾病有可能危及孕妇生命安全者，应给予必要的医学指导。②孕期保健：孕期保健工作应从孕早期开始。包括孕期接受定期的产前检查；对胎儿生长发育、安危状况、成熟度的监护；对孕妇妊娠期间出现的一些症状予以及时处理；进行卫生指导。孕早期应该加强孕期卫生，饮食营养，休息与活动，心理适应等方面的健康教育。孕中期是胎儿生长发育较快的时期。应定期进行产前检查；对高危妊娠进行筛查；预防妊娠并发症；加强孕妇营养，指导孕妇体检和胎教。孕晚期是胎儿发育最快，孕妇体重增加最明显。应指导孕妇注意补充营养，防止贫血等并发症发生；重点指导孕妇掌握家庭自我监护胎儿宫内情况的方法；做好分娩前身体上、心理上和物质上的准备；注意监测胎盘功能及早发现并纠正胎儿宫内缺氧；做好乳房准备，以利产后哺乳。③分娩期保健：保健人员应了解护理对象的妊娠经过，通过全面护理评估，推测产时可能出现的问题。抓好“五防”“一加强”。五防是指防难产、防感染、防产伤、防出血、防窒息。一加强是指加强对高危妊娠的产时监护和产程处理，保证母儿平安。④产褥期保健：保持会阴、乳房的局部清洁，指导产妇的饮食营养和起居，提供计划生育指导，产褥期禁止性生活，及时做好产后检查。⑤哺乳期保健：中心任务是促成纯母乳喂养，广泛宣传母乳喂养的优越性，采取促进母乳喂养成功的措施，明确哺乳期保健护理人员的职责。故选 C。

6.【答案】C

【解析】妇女的老年保健主要目的是提高围绝经期妇女的自我保健意识和生活质量。介绍围绝经期生理卫生常识、常见病和多发病，保持外阴清洁以预防感染，鼓励进行缩肛运动，每天 2 次，每次 15 分钟，有助于预防发生子宫脱垂及张力性尿失禁，指导合理补充性激素及钙剂，以防治更年期骨质疏松症和心血管疾病。故选 C。

7.【答案】D

【解析】国际老龄学会规定 60~65 岁为老年前期，指导老年人定期体检，适度参加社会活动和从事力所能及的工作，适当参加社会活动；注意合理饮食；保持生活规律性，注意劳逸结合，保证身体健康。故选 D。

8.【答案】C

9.【答案】E

第十四篇　血液系统

第一章　贫血概述

【A_1型题】

1.【答案】B

2.【答案】A

3.【答案】A

【解析】红细胞生成分化的异常有两个方面：一是红细胞内合成较多的2,3-二磷酸甘油酸，以降低血红蛋白对氧的亲和力，使氧解离曲线右移，组织获得更多的氧，二是因贫血种类不同而异的改变，如红细胞膜、酶、血红蛋白的异常以及某些贫血时并发的白细胞和血小板质的改变。故选A。

【A_2型题】

4.【答案】C

【解析】自身免疫性溶血性贫血是因免疫调节功能发生异常，产生抗自身红细胞抗体致使红细胞破坏的一种溶血性贫血。以贫血、脾大和黄疸为特征，长期高胆红素血症可并发胆石症和肝功能损害。可并发血栓栓塞性疾病，以抗磷脂抗体阳性者多见。感染等可诱发溶血加重，发生溶血危象及再障危象。Coombs试验阳性，考虑为自身免疫性溶血性贫血。Ham试验阴性，排除阵发性睡眠性血红蛋白尿。故选C。

5.【答案】D

【解析】溶血性贫血是由于红细胞破坏速率增加（寿命缩短），超过骨髓造血的代偿能力而发生的贫血。此患者发热、黄疸、肝大，尿胆原阳性，尿潜血阳性，头晕可能提示贫血，故考虑可能为溶血性贫血，故选D。

6.【答案】E

7.【答案】E

【解析】血红蛋白尿可能为阵发性睡眠性血红蛋白尿的首发症状，重者尿液呈酱油或红葡萄酒样。此患者表现为浓茶色尿、贫血、黄疸、血小板减少、网织红细胞增多，肝、脾不大，考虑可能为阵发性睡眠性血红蛋白尿，应进一步查酸化血清溶血试验明确诊断。故选E。

8.【答案】C

【解析】遗传性球形红细胞增多症是一种遗传性红细胞膜缺陷导致的溶血性贫血，脾切除对本病有显著疗效。故选C。

9.【答案】C

【解析】自身免疫性溶血性贫血患者，感染等诱因可使溶血加重，发生溶血危象及再障危象。再障危象时全血细胞减少，网织红细胞减低，甚至缺如，骨髓增生减低。故选C。

10.【答案】B

【解析】阵发性冷性血红蛋白尿是全身或局部受寒后突然发生的以血红蛋白尿为特征的一种罕见疾病。诱发溶血的因素多为受寒后急性发病，但也有不明显者。数分钟或数小时后出现，短暂的寒战、发热、全身无力、腹部不适、腰背及下肢疼痛、恶心、呕吐。随后第1次尿液为血红蛋白尿，呈暗红色或黑色。从出现症状至血红蛋白尿发作数分钟至8小时。急性全身反应及血红蛋白尿可在几小时内消失，也可持续数天。患者有脾大及高胆红素血症。反复发作后可有含铁血黄素尿。除典型临床表现外，冷、热溶血试验阳性为诊断该病的依据。诊断标准和依据：①受寒后急性发病，严重贫血，血红蛋白尿。②冷、热溶血试验阳性。③Coombs试验阳性，C3型。故选B。

11.【答案】E

【解析】此患者以腰痛、下肢活动困难为主要临床表现，实验室检查示贫血、红细胞沉降率明显增高、尿蛋白阳性，故应考虑多发性骨髓瘤。骨痛为多发性骨髓瘤的常见症状，以腰骶部最多见，其次为胸背部、肋骨和下肢骨骼，活动或扭伤后剧痛者有自发性骨折的可能。故选E。

【A_3/A_4型题】

12.【答案】C

【解析】此患者主要表现为酱油色尿，贫血，网织红细胞升高，肝、脾不大，白细胞和血小板数量正常，尿潜血阴性，故考虑为阵发性睡眠性血红蛋白尿。故选C。

13.【答案】A

第二章　缺铁性贫血

【A_1型题】

1.【答案】B

2.【答案】D

【解析】缺铁性贫血（IDA）的临床表现如下。①贫血表现：常见乏力、易倦、头晕、头痛、耳鸣、心悸、气促、食欲缺乏等；伴苍白、心率增快。②组织缺铁表现：精神行为异常，如烦躁、易怒、注意力不集中、异食癖；体力、耐力下降；易感染；儿童生长发育迟缓、智力低下；口腔炎、舌炎、舌乳头萎缩、口角炎、缺铁性吞咽困难；毛发干枯、脱落；皮肤干燥、皱缩；指（趾）甲缺乏光泽、脆薄易裂，重者指（趾）甲变平，甚至凹下呈勺状（匙状甲）。③缺铁原发病表现。故选 D。

3.【答案】D

【解析】缺铁性贫血时血红蛋白、红细胞均减少，以血红蛋白减少更为明显。轻度贫血时红细胞形态无明显异常，中度以上贫血时红细胞体积减小，中心淡染区扩大，严重时红细胞可呈环状，并有嗜多色性红细胞及点彩红细胞增多。网织红细胞轻度增多或正常。白细胞计数及分类一般正常。血小板计数一般正常。故选 D。

4.【答案】D

【解析】缺铁在早期会动员体内的铁贮存，因而骨髓贮存铁是减少或者缺乏的，而其他的各项在最初不会有明显变化，故选 D。

5.【答案】C

【解析】IDA 早期为铁消耗期或称隐性缺铁前期，特点是血清铁水平正常，血清铁蛋白降低，骨髓铁贮备减少，形态学改变为正细胞正色素性贫血。病情继续发展则进入隐性缺铁期，又称为缺铁性红细胞生成期，此期铁贮备消耗竭，运铁蛋白饱和度降低，红细胞游离原卟啉升高，但血红蛋白仍保持在正常范围内。如缺铁继续加重，血红蛋白低于正常则进入 IDA 期。故选 C。

6.【答案】E

【解析】缺铁性贫血患者是先出现贮存铁减少，继之血清铁减少，然后再出现贫血，故选 E。

7.【答案】C

【解析】缺铁性贫血时，血清铁低于 8.95μmol/L，总铁结合力升高，大于 64.44 μmol/L；转铁蛋白饱和度降低，小于 15%，sTfR 浓度超过 8 mg/L。血清铁蛋白低于 12 μg/L。故选 C。

8.【答案】E

【解析】小细胞低色素性贫血常见疾病为：缺铁性贫血、铁粒幼细胞性贫血和珠蛋白生成障碍性蛋白。再生障碍性贫血属于正常细胞性贫血。故选 E。

9.【答案】C

【解析】治疗缺铁性贫血的原则是：根除病因，补足贮铁。故选 C。

10.【答案】D

11.【答案】E

【A_2 型题】

12.【答案】B

【解析】此患者粪便钩虫卵为阳性，贫血，考虑为肠道寄生虫感染导致的缺铁性贫血，首选口服铁剂，尽可能地去除导致缺铁的病因。寄生虫感染者应驱虫治疗。故选 B。

13.【答案】D

【解析】缺铁性贫血呈小细胞低色素性贫血，平均红细胞体积低于 80fl，平均红细胞血红蛋白量小于 27pg，平均红细胞血红蛋白浓度小于 32%，血片中可见红细胞体积小、中央淡染区扩大。网织红细胞数多正常或轻度增加。白细胞和血小板计数可正常或减低，也有部分患者血小板计数升高。故此患者应考虑缺铁性贫血。故选 D。

14.【答案】E

15.【答案】B

【解析】此患者考虑为缺铁性贫血，口服铁剂有效，首先表现为外周血网织红细胞增多，高峰在开始服药后 5~10 天，2 周后血红蛋白浓度上升。此患者口服铁剂 7 天，表现为网织红细胞增多，血红蛋白较前无变化。故选 B。

16.【答案】C

【解析】此患者存在月经过多导致失血，贫血，网织红细胞正常，血清铁降低，总铁结合力升高，故考虑为缺铁性贫血。故选 C。

17.【答案】C

【解析】缺铁性贫血是体内铁的储存不能满足正常红细胞生成的需要而发生的贫血。是由于铁摄入量不足、吸收量减少、需要量增加、铁利用障碍或丢失过多所致。形态学表现为小细胞低色素性贫血。此患者青年女性，贫血，白细胞正常，血清铁降低，故考虑可能为缺铁性贫血，故选 C。

18.【答案】B

【解析】此患者长期胃痛伴间断黑便，考虑为消化性溃疡并出血，存在慢性失血，血常规示白细胞和血小板正常，血红蛋白明显减少，贫血考虑为缺铁性贫血的可能性大。故选 B。

19.【答案】C

【解析】此患者贫血，白细胞和血小板正常，血片为红细胞大小不均，以小细胞为主，中心染色过浅，考虑为缺铁性贫血，故治疗上首选补充铁剂。故选 C。

20.【答案】C

21.【答案】A

【解析】此患者贫血，白细胞和血小板正常，血清铁降低，骨髓铁阴性，考虑缺铁性贫血诊断正确，口服铁剂 3 周后无效，可能原因为依从性差、胃肠道吸收障碍、存在干扰铁利用的因素或者患者仍存在慢性失血。故选 A。

【A_3/A_4 型题】

22.【答案】C

【解析】此患者为中年女性，头晕、乏力、月经量大，实验室检查示贫血，白细胞和血小板均正常，血片示红细胞中心淡染区扩大，符合缺铁性贫血的特征，故考虑为缺铁性贫血，除C项外其他选项的检查都应该做。故选C。

23.【答案】C

【解析】缺铁性贫血患者进行口服铁剂治疗之后，对疗效反应最早的指标是网织红细胞计数。故选C。

第三章 再生障碍性贫血

【A_1型题】

1.【答案】C

【解析】再生障碍性贫血（AA，简称再障）诊断标准：①全血细胞减少，网织红细胞绝对值减少。②一般无脾大。③骨髓检查显示至少一部位增生减低或重度减低（如增生活跃，巨核细胞应明显减少，骨髓小粒成分中应见非造血细胞增多。有条件者应做骨髓活检等检查）。④能除外其他引起全血细胞减少的疾病，如阵发性睡眠性血红蛋白尿、骨髓增生异常综合征中的难治性贫血、急性造血功能停滞、骨髓纤维化、急性白血病、恶性组织细胞病等。⑤一般抗贫血药物治疗无效。故选C。

2.【答案】C

【解析】再障的骨髓活检显示造血组织均匀减少。故选C。

3.【答案】D

【解析】再生障碍性贫血的血象：呈全血细胞减少，贫血属正常细胞型，亦可呈轻度大红细胞。红细胞轻度大小不一，但无明显畸形及多染现象，一般无幼红细胞出现。网织红细胞显著减少。骨髓象：急性型呈多部位增生减低或重度减低，三系造血细胞明显减少，尤其是巨核细胞和幼红细胞；非造血细胞增多，尤为淋巴细胞增多。慢性型不同部位穿刺所得骨髓象很不一致，可从增生不良到增生象，但至少要有一个部位增生不良；如增生良好，晚幼红细胞比例常增多，其核不规则分叶状，呈现脱核障碍，但巨核细胞明显减少。骨髓涂片肉眼观察油滴增多，骨髓小粒镜检非造血细胞和脂肪细胞增多，一般在60%以上。故选D。

4.【答案】C

【解析】雄激素通过直接刺激骨髓干细胞增加，提高内源性EPO生成治疗再障。故选C。

5.【答案】D

【解析】阵发性睡眠性血红蛋白尿（PNH）典型患者有血红蛋白尿发作，易与再生障碍性贫血鉴别，但PNH不典型者无血红蛋白尿发作，全血细胞减少，骨髓可增生减低，易误诊为AA，PNH患者骨髓或外周血可发现CD55、CD59的各系血细胞。故选D。

6.【答案】C

【解析】部分PNH患者可有全血细胞减少，有时在某一时期亦可发生骨髓增生低下，容易与再障相混淆。此外，再障与阵发性睡眠性血红蛋白尿有时可同时存在或互相转化。二者鉴别点为：PNH常有轻度黄疸，网织红细胞常有轻度增多，酸化血清溶血试验（Ham试验）、糖水试验、尿含铁血黄素试验均阳性，而再障则为阴性。故选C。

7.【答案】A

【解析】慢性再障性贫血的首选治疗药物应是雄激素，其治疗机制可能是直接刺激骨髓造血及增加EPO的作用。故选A。

8.【答案】A

【解析】正常细胞性贫血包括：再生障碍性贫血、纯红细胞再生障碍性贫血、溶血性贫血、骨髓病性贫血、急性失血性贫血。故选A。

9.【答案】B

【解析】急性重型再障以上呼吸道感染最常见，其次为牙龈炎、支气管炎、扁桃体炎，而肺炎、败血症等重症感染少见。常见感染菌种为革兰阴性杆菌和各类球菌。故选B。

10.【答案】B

11.【答案】E

12.【答案】C

【解析】再生障碍性贫血的发病机制检查：$CD4^+$细胞：$CD8^+$细胞比值减低，Th1：Th2型细胞比值增高，$CD8^+$ T抑制细胞和$\gamma\delta TCR^+$ T细胞比例增高，血清IL-2、IFN-γ、TNF水平增高；骨髓细胞染色体核型正常，骨髓铁染色示贮铁增多，中性粒细胞碱性磷酸酶染色强阳性；溶血检查均阴性。故选C。

13.【答案】C

【解析】网织红细胞绝对数是外周血中反应骨髓幼红细胞增生程度准确的指标。故选C。

14.【答案】E

15.【答案】D

16.【答案】D

【解析】缺铁性贫血应该补充铁剂，同时胃切除后引起缺铁性贫血为胃肠道正常解剖部位发生改变而影响铁的吸收，故用铁剂注射治疗，因此可以选择右旋糖酐铁注射。故选D。

17.【答案】C

【A_3/A_4型题】

18.【答案】B

19.【答案】C

20.【答案】A

【解析】此患者的临床表现为发热、鼻出血、皮肤紫癜，查体浅表淋巴结不大，实验室检查示贫血、白细胞和血小板均降低，三系降低提示骨髓增生障碍，合并右下肺炎，考虑为急性再生障碍性贫血，预后不良，如不积极治疗多于 6～12 个月内死亡。故选 A。

第四章　白　血　病

【A_1 型题】

1.【答案】C

【解析】类白血病反应是某种因素刺激机体的造血组织而引起的某种细胞增多或左移反应，似白血病现象。类白血病反应 NAP 活性增高，故选 C。

2.【答案】A

【解析】慢性粒细胞白血病加速期常有发热、虚弱、进行性体重下降、骨骼疼痛，逐渐出现贫血和出血。脾持续或进行性肿大。原来治疗有效的药物无效。加速期可维持几个月到数年。外周血或骨髓原始细胞≥20%，不明原因的血小板进行性减少或增加。除 Ph 染色体以外又出现其他染色体异常。粒-单系祖细胞培养，集簇增加而集落减少，骨髓活检显示胶原纤维显著增生。故选 A。

3.【答案】C

4.【答案】E

【解析】中枢神经系统白血病的治疗措施包括颅脊椎照射、鞘内注射化疗药（氨甲蝶呤、阿糖胞苷、糖皮质激素等）和高剂量的全身化疗药。故选 E。

5.【答案】C

【解析】M_3 为急性早幼粒细胞白血病，POX、SB、AS-D-NCE 和 ACP 染色均呈阳性或强阳性反应。AS-D-NAE 可呈阳性反应，但不被氟化钠抑制，α-萘酚丁酸酯酶染色阴性。髓系标志为主，CD13、CD33、MPO、CD68 等阳性，而 HLA-DR、CD34 为阴性。故选 C。

6.【答案】A

【解析】Ph 染色体（费城染色体）是一种特异性染色体。约有 95% CML 患者为 Ph 阳性，即 Ph 染色体对 CML 是特异性的，也可作为确诊 CML 的主要依据，5% 的 CML 有 BCR-ABL 融合基因阳性，而 Ph 染色阴性。Ph 染色体除见于 CML 外尚可见于急性白血病、骨髓增生异常综合征、淋巴瘤和骨髓瘤等其他疾病。故选 A。

7.【答案】A

【解析】M_1（急性粒细胞白血病未分化型）：未分化原粒细胞（Ⅰ型+Ⅱ型）≥90%（NEC），细胞为过氧化物酶染色（+）≥3%。故选 A。

8.【答案】B

【解析】慢性白血病中性粒细胞碱性磷酸酶（NAP）活性减低或呈阴性反应，治疗有效时中性粒细胞碱性磷酸酶活性可以恢复，疾病复发时又下降，合并细菌性感染时可略升高。故选 B。

9.【答案】C

【解析】慢性白血病中性粒细胞碱性磷酸酶活性减低或呈阴性反应，故选 C。

10.【答案】E

【解析】按白血病细胞分化程度可分为急性及慢性两大类。急性白血病的细胞分化停滞在较早阶段，多为原始细胞及早期幼稚细胞，病情发展迅速，自然病程仅几个月。慢性白血病的细胞分化停滞在较晚的阶段，多为较成熟幼稚细胞和成熟细胞，病情发展缓慢，自然病程为数年。故选 E。

11.【答案】C

【解析】CML 各期特点如下。慢性期：①白细胞增多，一般>20×10^9/L。②外周血碱性粒细胞增多。③外周血及骨髓原始细胞<5%，可见大量中晚幼粒细胞。加速期：①外周血及骨髓原始细胞占 10%～19%。②外周血碱性粒细胞≥20%。③持续血小板减少。④出现白血病细胞克隆进化的细胞遗传学。急变期：①外周血及骨髓原始细胞≥20%。②骨髓外原始细胞侵犯。故此题选 C。

12.【答案】E

13.【答案】D

【解析】急性髓细胞白血病（AML）M_3 亚型（急性早幼粒细胞白血病）的出血比急性淋巴细胞白血病 ALL 和 AML 其他亚型更严重而多见，其明显出血往往与血小板减少的程度不相适应，这是因为白血病细胞破坏，大量促凝物质和组织因子释放可发生弥散性血管内凝血伴原发纤维蛋白溶解。AML-M_3 是最易发生 DIC 的白血病。故选 D。

14.【答案】D

【解析】类白血病反应：红细胞与血红蛋白测定值基本正常，血小板计数正常。粒细胞型类白血病反应：白细胞计数 50×10^9/L 以上，或外周血出现原粒和幼粒细胞。成熟中性粒细胞胞质中往往出现中毒性颗粒和空泡，骨髓象除了有增生和左移现象外，没有白血病的细胞形态畸形，NAP 活性明显增高。故选 D。

15.【答案】D

16.【答案】C

【解析】白血病细胞侵犯蛛网膜或蛛网膜邻近神经组织而产生的临床症状和体征称为中枢神经系统白血病。由于多种化疗药物不易透过血脑屏障，隐藏在中枢神经系统的白血病细胞不能有效被杀灭，成为白血病细胞的庇护所，为髓外白血病复发的首要原因。白血病细胞进入中枢神经系统可由血流播散、颅骨骨髓白血病细胞的浸润或颅内点状出血所致。故选C。

17.【答案】B

【解析】羟基脲为细胞周期特异性化疗药，起效快，用药后两三天白细胞即可下降，停药后又很快回升。耐受性好，单独应用羟基脲的患者中位生存期约为5年，为治疗慢性粒细胞白血病首选化疗药。故选B。

18.【答案】B

【解析】急性白血病患者中，大量白血病细胞在血管中淤滞及浸润、血小板减少、凝血异常及感染是出血的主要原因。故选B。

19.【答案】B

20.【答案】B

【解析】95%以上的慢性粒细胞白血病（CML）细胞中出现Ph染色体（小的22号染色体），显带分析为t（9；22）（q34；q11）。9号染色体长臂上C-ABL原癌基因易位至22号染色体长臂的断裂点簇集区（BCR）形成BCR-ABL融合基因。故选B。

21.【答案】B

【解析】过氧化物酶（POX）染色意义：POX主要存在于粒细胞系，除原粒细胞外，随细胞成熟，POX阳性反应增强（嗜碱性粒细胞反应阴性）。单核细胞系从幼单核细胞起呈弱阳性反应，淋巴细胞系、红细胞系及巨核细胞系则任何阶段均呈阴性反应。本染色法最主要用于鉴别急性白血病细胞类型，急性粒细胞性白血病呈强阳性，单核细胞性白血病呈弱阳性，急性淋巴细胞性白血病呈阴性反应。非特异性酯酶染色：急单细胞呈强阳性，能被氟化钠明显抑制（>50%）；急粒细胞呈阳性或弱阳性，氟化钠轻度抑制（<50%）；急淋细胞一般呈阴性。故本题选B。

22.【答案】D

【解析】慢性粒细胞白血病患者出现脾区疼痛明显，并有脾摩擦感，可能发生脾梗死、脾周围炎。故选D。

23.【答案】C

【A_2型题】

24.【答案】D

【解析】慢性粒细胞白血病NAP活性明显降低，积分值常为0；类白血病反应的NAP活性极度增高，故可作为与慢性粒细胞白血病鉴别的一个重要指征，故选D。

25.【答案】D

【解析】此患者表现为贫血、出血、胸骨痛，实验室检查示白细胞、血红蛋白及血小板均降低，且可见幼稚细胞，符合急性白血病的特征，故最可能为急性白血病。故选D。

26.【答案】D

【解析】常见AL的细胞化学鉴别如表4-14-4-1，故选D。

表4-14-4-1 常见AL的细胞化学鉴别

项目	急淋白血病	急粒白血病	急单白血病
髓过氧化物酶（MPO）	（-）	分化差的原始细胞（-）~（+） 分化好的原始细胞（+）~（+++）	（-）~（+）
糖原染色（PAS）	（+）成块或粗颗粒状	（-）或（+） 弥漫性淡红色或细颗粒状	（-）或（+） 弥漫性淡红色或细颗粒状
非特异性酯酶（NSE）	（-）	（-）~（+） NaF抑制<50%	（+） NaF抑制≥50%

27.【答案】C

【解析】未经治疗的慢性粒细胞性白血病患者血液与尿中尿酸常常较高。如果使用大量的白消安容易导致血尿酸增高而发生继发性痛风性关节炎。白消安适用于慢性粒细胞白血病慢性斯的缓解治疗，虽然其不能治愈该症，但能非常有效地减轻粒细胞的总负荷，缓解症状及改善患者状态。故选C。

28.【答案】C

【解析】此患者青年女性，贫血、出血、感染、全血细胞减少，但外周血无幼稚细胞，骨髓穿刺可以鉴别各种血液病的诊断、鉴别诊断及治疗随访、不明原因的红细胞、白细胞、血小板数量增多或减少及形态学异常，故此患者需行骨髓穿刺明确骨髓增生程度及原始细胞多少，故选C。

29.【答案】B

【解析】急性粒细胞白血病多数患者骨髓极度增生，正常造血细胞被白血病细胞取代；少数患者骨髓增生低下，但原始细胞仍在30%以上。白血病细胞常有形态异常和核质发育不平衡。如胞质内发现Auer小体，更有助于排除ALL而确诊为AML。故选B。

30.【答案】A

【解析】此患者青年男性，白血病化疗后部分缓解，后出现左下肢疼痛，查体示腰椎椎旁压痛，直腿抬高试验阳性，故考虑为中枢神经系统白血病，应行腰穿检查脑脊液，鞘内注射MTX。故选A。

31.【答案】C

32.【答案】A

【解析】M_2（急性粒细胞白血

病部分分化型）：原粒细胞（Ⅰ型+Ⅱ型）占 30%～89%（NEC），单核细胞<20%，其他粒细胞>10%。故选 A。

33.【答案】C

【解析】M_5（急性单核细胞白血病）：骨髓原单核、幼单核≥30%（NEC）。如果原单核细胞（Ⅰ型+Ⅱ型）≥80%为 M_5a，<80%为 M_5b。故选 C。

34.【答案】A

【解析】慢性髓系白血病急变期为 CML 的终末期，多数急粒变，少数为急淋变或急单变，偶有巨核细胞及红细胞等类型的急性变。外周血中原粒+早幼粒细胞>30%，骨髓中原始细胞或原淋+幼淋或原单+幼单>20%，原粒+早幼粒细胞>50%，出现髓外原始细胞浸润。故选 A。

35.【答案】C

【A_3/A_4 型题】

36.【答案】E

【解析】患者中年男性，发热、咽痛，抗生素无效。查体：颈部浅表淋巴结肿大，下肢瘀斑。患者贫血、出血、感染，外周血白细胞及原始细胞明显增多，符合急性白血病的特征，考虑为急性白血病。故选 E。

37.【答案】E

【解析】此患者考虑为急性白血病，故明确诊断需要骨髓穿刺了解骨髓情况。故选 E。

38.【答案】D

【解析】患者青年男性，发热，皮肤散在紫癜；查体：颈部及腋下可触及肿大淋巴结，脾大，实验室检查示血红蛋白、白细胞、血小板都降低。发热、出血、贫血、脾大，三系减少，应考虑血液系统疾病，骨髓检查对诊断帮助最大，故选 D。

39.【答案】C

【解析】患者出现神经系统阳性体征，故考虑为中枢神经系统白血病，应给予化疗+鞘内注射 MTX。故选 C。

40.【答案】C

【解析】此患者中年男性，贫血、乏力、脾大、晚幼粒细胞增多，NAP（-），考虑为慢性粒细胞白血病，为了明确诊断应首先查骨髓穿刺了解骨髓情况。故选 C。

41.【答案】B

【解析】大约 95%的慢性粒细胞性白血病病例都是 Ph 阳性，因此它可以作为诊断的依据，也可以用以区别临床上相似但 Ph 为阴性的其他血液病（如骨髓纤维化等）。此患者考虑为慢性粒细胞白血病，应查 Ph 染色体，故选 B。

42.【答案】A

【解析】同种异基因骨髓移植是唯一可治愈 CML 的方法。故选 A。

【B_1 型题】

43.【答案】A

44.【答案】E

【解析】急性单核细胞白血病：髓过氧化物酶（-）～（+），糖原染色（-）或（+），弥漫性淡红色或细颗粒状，非特异性酯酶（+），NaF 抑制≥50%。故选 E。

45.【答案】D

【解析】再生障碍性贫血患者的骨髓抑制，骨髓增生低下，造血细胞减少。故选 D。

46.【答案】B

第五章　白细胞减少和粒细胞缺乏症

【A_1 型题】

1.【答案】E

【解析】粒细胞减少常继发于多种全身性疾病，临床表现以原发病为主。粒细胞缺乏起病急骤，因短期内大量粒细胞破坏，患者可突然畏寒、高热、出汗、周身不适。几乎都在 2～3 天内发生严重感染。肺、泌尿系、口咽部和皮肤最易发生感染。黏膜可有坏死性溃疡。感染时的体征和症状通常不明显。故选 E。

2.【答案】D

【解析】粒细胞缺乏患者出现发热即应做血、尿和其他有关的培养，并立即给予广谱抗生素治疗。对急性粒细胞缺乏症者必须给予严格的消毒隔离保护，最宜于置入空气净化的无菌室内，加强皮肤、口腔护理，以防交叉感染。粒细胞缺乏症者抗感染治疗常为抢救成功与否的关键。G-CSF 对周期性粒细胞减少和严重的先天性粒细胞缺乏儿童效果较好，它能加速化疗引起白细胞减少的恢复，亦可用于预防强烈化疗引起的白细胞减少和发热。故选 D。

【A_2 型题】

3.【答案】B

【解析】外周血中性粒细胞数目小于 $1.5\times10^9/L$ 定义为中性粒细胞减少症，$(1.0\sim1.5)\times10^9/L$ 为轻度减少，$(0.5\sim1.0)\times10^9/L$ 为中度减少，$(0.2\sim0.5)\times10^9/L$ 为重度减少，$<0.2\times10^9/L$ 为极重度减少。故选 B。

4.【答案】A

【解析】此患者中年女性，头晕、乏力，实验室检查示白细胞减少，血红蛋白和血小板是正常的，故应详细询问长期用药情况明确白细胞减少的原因。故选 A。

第六章 出血性疾病概述

【A_1 型题】

1.【答案】E

2.【答案】D

【解析】抗凝治疗是终止 DIC 病理过程，减轻器官损伤，重建凝血-抗凝平衡的重要措施。DIC 的抗凝治疗应在处理基础疾病的前提下，与凝血因子补充同步进行。临床常用的抗凝药为肝素，包括普通肝素和低分子量肝素。故选 D。

3.【答案】C

【解析】凝血酶原时间是外源凝血系统较为敏感和最为常用的筛选试验。主要反映外源性凝血是否正常。凝血酶原时间延长见于：先天性凝血因子缺乏，获得性凝血因子缺乏如继发性/原发性纤维蛋白溶解功能亢进、严重肝病等，使用肝素等。凝血酶原时间缩短见于妇女口服避孕药、血栓栓塞性疾病及高凝状态等。血友病患者 PT 正常，APTT 延长。故选 C。

4.【答案】C

【解析】纤溶异常的测定包括：鱼精蛋白副凝（3P）试验，FDP、D-二聚体、纤溶酶原、t-PA、纤溶酶原激活物抑制剂（PAI）及纤溶酶-抗纤溶酶复合物（PIC）测定等。故选 C。

【A_2 型题】

5.【答案】B

【解析】消耗性低凝状态：出血倾向，血小板及多种凝血因子水平低下，此期持续时间较长，常构成 DIC 的主要临床特点及实验室检测异常。故选 B。

6.【答案】D

【解析】患者幼年发病，关节出血而没有皮肤出血及紫癜，PT 正常，凝血时间延长，提示患者可能为Ⅷ因子缺乏的血友病，而血友病主要的障碍就是Ⅷ因子缺乏或者活性差，影响了内源性凝血的途径，为凝血活酶生成障碍。故选 D。

7.【答案】B

【解析】单纯性紫癜临床特点为皮肤细小的瘀点及大小不等的瘀斑，常见于下肢及臀部，反复发作，易发作于月经期，少数患者束臂试验可为阳性。患者青年女性，反复发作肢体紫癜，血小板计数、功能及凝血相关检查正常，考虑为单纯型紫癜。故选 B。

【B_1 型题】

8.【答案】D

【解析】抗凝异常的实验室检查：AT 抗原及活性或 TAT 测定，PC、PS 及 TM 测定等。故选 D。

9.【答案】E

第七章 过敏性紫癜

【A_1 型题】

1.【答案】A

【解析】过敏性紫癜分为单纯型过敏性紫癜（紫癜型）、腹型过敏性紫癜、关节型过敏性紫癜、肾型过敏性紫癜、混合型过敏性紫癜和其他。其中，单纯型过敏性紫癜最常见，主要表现为皮肤紫癜，局限于四肢，尤其是下肢及臀部，躯干极少累及。故选 A。

2.【答案】A

【解析】单纯型过敏性紫癜的紫癜常成批反复发生、对称分布，可同时伴发皮肤水肿、荨麻疹。紫癜大小不等，初呈深红色，按之不褪色，可融合成片形成瘀斑，数日内渐变成紫色、黄褐色、淡黄色，经 7～14 日逐渐消退。故选 A。

3.【答案】C

【解析】关节型过敏性紫癜除皮肤紫癜外，因关节部位血管受累出现关节肿胀、疼痛、压痛及功能障碍等表现，多发生于膝、踝、肘、腕等大关节，呈游走性、反复性发作，经数日而愈，不遗留关节畸形。故选 C。

【A_3/A_4 型题】

4.【答案】D

5.【答案】B

【解析】糖皮质激素有抑制抗原抗体反应、减轻炎症渗出、改善血管通透性等作用。此患者目前考虑为过敏性紫癜，故首选治疗措施应为给予糖皮质激素治疗。故选 B。

6.【答案】A

【解析】此患者目前考虑为过敏性紫癜，如糖皮质激素疗效不佳，或者近期内反复发作，可以使用免疫抑制剂、抗凝疗法、中医中药等，环磷酰胺属于免疫抑制剂。故选 A。

【B_1 型题】

7.【答案】C

【解析】过敏性紫癜是一种常见的血管变态反应性疾病，因机体对某些致敏物质产生变态反应，导致毛细血管脆性及通透性增加，血液外渗，产生紫癜、黏膜及某些器官出血，可同时伴有血管神经性水肿、荨麻疹等其他过敏表现。故选 C。

8.【答案】B

9.【答案】D

第八章 特发性血小板减少性紫癜

【A_1 型题】

1.【答案】E

【解析】特发性血小板减少性紫癜（ITP）是一组免疫介导的血小板过度破坏所致的出血性疾病。以广泛皮肤黏膜及内脏出血、血小板减少、骨髓巨核细胞发育成熟障碍、血小板生存时间缩短及血小板膜糖蛋白特异性自身抗体出现等为特征。故选 E。

2.【答案】D

【解析】ITP 患者骨髓增生活跃，巨核细胞一般明显增多，有时正常，较为突出的改变是巨核细胞的核质成熟不平衡，胞质中颗粒较少，产血小板巨核细胞明显减少或缺乏。ITP 患者做骨髓检查为了除外血小板减少的其他疾病。故选 D。

3.【答案】A

【解析】ITP 一般起病隐袭，表现为散在的皮肤出血点及其他较轻的出血症状，如鼻出血、牙龈出血等。紫癜及瘀斑可出现在任何部位的皮肤或黏膜，但常见于下肢及上肢远端。血小板数在（20~50）$\times10^9$/L之间，轻度外伤即可引起出血，少数为自发性出血，如瘀斑、瘀点等，血小板数小于 20×10^9/L，有严重出血的危险，血小板数小于 10×10^9/L，可能出现颅内出血。但 ITP 患者较少出现肌肉血肿。故选 A。

【A_2 型题】

4.【答案】B

【解析】患者有鼻出血及躯干四肢瘀点、瘀斑，实验室检查示血小板减少，出血时间延长，血小板功能正常，骨髓象增生，巨核细胞数量增多，幼稚巨核细胞增加，产血小板型巨核细胞显著减少，故考虑为急性 ITP，选 B。

【A_3/A_4 型题】

5.【答案】E

【解析】ITP 的实验室检查如下。①血小板：血小板计数减少，血小板平均体积偏大，出血时间延长，血小板的功能一般正常。②骨髓象：骨髓巨核细胞数量正常或增加，巨核细胞发育成熟障碍，幼稚巨核细胞增加，有血小板形成的巨核细胞显著减少，红系及粒、单核系正常。③血小板动力学：超过 2/3 的患者动力学无明显加速。④血浆血小板生成素水平：与正常人无统计学差异。⑤其他：可有程度不等的正常细胞或小细胞低色素性贫血，少数可发现自身免疫性溶血的证据。故选 E。

6.【答案】A

【解析】此患者考虑为特发性血小板减少性紫癜，糖皮质激素一般情况下为首选治疗，近期有效率约为 80%。故选 A。

7.【答案】C

8.【答案】A

【解析】此患者青年女性，牙龈出血、月经过多，双下肢散在出血点及紫癜，查体是肝、脾不大、贫血、血小板减少，白细胞及其分类正常，尿常规正常，故考虑为特发性血小板减少性紫癜，进一步明确诊断需做骨髓检查，骨髓象为巨核细胞数正常或增多，有成熟障碍。故选 A。

9.【答案】D

10.【答案】E

【解析】ITP 的一线治疗为糖皮质激素和静脉输注免疫球蛋白；二线治疗为脾切除，药物治疗（抗 CD20 单克隆抗体、血小板生成药物、长春新碱、环孢素 A、硫唑嘌呤、环磷酰胺、霉酚酸酯等免疫抑制剂等）。故选 E。

第九章 输 血

【A_1 型题】

1.【答案】B

【解析】常见的输血不良反应有变态反应、非溶血性发热反应、输血后紫癜、移植物抗宿主病、输血性血色病等。发热反应是指输血后短期内或输血过程中即发生寒战、发热，体温可到 38~41℃，是最常见的早期输血不良反应，患者可出现恶心、呕吐、皮肤潮红，反应持续 1~2 小时。反应发生时应立即停止输血，密切观察病情，寒战时给予保暖、镇静药，发热时可用退热药。故选 B。

2.【答案】E

【解析】Hb < 60g/L 并伴有严重代偿不全症状或在安静时也有贫血症状时可考虑输血。故选 E。

3.【答案】E

【解析】溶血反应是最严重的并发症，绝大多数是免疫性的，即输入 ABO 血型不配合的红细胞所致，少数是非免疫性的，如输入低渗液体、冷冻或过热破坏红细胞等。典型症状是输入几十毫升血后，出现休克、寒战、高热、呼吸困难、腰背酸痛、心前区压迫感、头痛、血红蛋白尿、异常出血等，可致死亡。麻醉中的手术患者唯一最早的征象是伤口渗血和低血压。故选 E。

4.【答案】A

【解析】输血可能传播疾病，最常见而严重的是输血后肝炎，主要有乙型肝炎和丙型肝炎。艾滋病、疟疾、梅毒、巨细胞病毒感染、黑热病、回归热和布鲁菌病等，均可通过输血传播。故选A。

5.【答案】B

6.【答案】A

【解析】血红蛋白大于100g/L不需要输血。故选A。

7.【答案】A

【解析】鲜血在采集后的3天之内，在4℃恒温保存。库存血保存在4℃的冰箱内，有效期2~3周，其成分以红细胞和血浆蛋白为主，适用于各种原因引起的大出血患者。库存血保存时间越长，血液成分变化越大，即酸性增加，钾离子浓度增高，故大量输库存血时，要防止酸中毒和高血钾。故选A。

8.【答案】A

【解析】无偿献血是保证血液安全的前提和基础。故选A。

9.【答案】C

【解析】自体输血禁忌证：血液已被细菌污染，血液可能被肿瘤细胞污染，严重贫血者及出凝血功能障碍者，脓毒血症或菌血症者，胸、腹开放性损伤超过4小时或血液在体腔中存留过久，全身重要脏器功能不全者。故选C。

10.【答案】C

【解析】大量输血的影响如下。①出血倾向：可因患者体内凝血因子被稀释、消耗引起。治疗可根据凝血因子缺乏的情况，补充有关血液成分，如新鲜冷冻血浆、凝血酶原复合物、血小板等。②酸碱平衡电解质紊乱：库血保存时间越长，血浆酸性物质和钾离子浓度越高；大量枸橼酸盐代谢后产生碳酸氢钠，可引起代谢性碱中毒；大量含枸橼酸钠的血制品可引起暂时性低血钙。③低体温：可因大量输入冷藏血引起。故选C。

【A_2型题】

11.【答案】D

【解析】输血的细菌污染反应较少见，但后果严重。临床表现轻者仅有畏寒、发热，与发热反应不易区别；重者表现为烦躁不安、剧烈寒战、高热、呼吸困难、发绀、腹痛等，甚至可发生中毒性休克、急性肾衰竭、肺水肿，致患者短期内死亡。常见的细菌为G^-杆菌，如大肠埃希菌，可在4~6℃的血液冷藏期内迅速繁殖，有时也可为G^+球菌。此患者出现高热、意识不清、烦躁、休克表现，考虑为细菌污染反应。

12.【答案】E

【解析】溶血性输血反应是指在输血中或输血后数分钟至数小时内发生的溶血。常出现高热、寒战、心悸、气促、腰背痛、血红蛋白尿甚至尿闭、急性肾衰竭和DIC等，甚至造成患者死亡。此患者输血后立即发生畏寒、发热、恶心、酱油色尿、低血压，故考虑为溶血性输血反应。故选E。

【A_3/A_4型题】

13.【答案】A

【解析】此患者输血20ml后出现头晕、恶心、寒战、呼吸困难、心前区压迫感，应怀疑溶血反应，故选A。

14.【答案】E

【解析】当怀疑有溶血反应时应立即停止输血，核对受血者与供血者姓名和血型，并抽静脉血以观察血浆色泽。溶血者血浆呈粉红色。同时做离心涂片检查，溶血时血清内含血红蛋白。观察患者每小时尿量及尿色，溶血时尿呈褐色或深褐色，做尿血红蛋白测定可发现尿内血红蛋白。收集供血者血袋内血和受血者输血前后血样本，重新做血型鉴定、交叉配合试验及做细菌涂片和培养以查明溶血的原因。故选E。

15.【答案】A

【解析】若怀疑有溶血反应时，应立即停止输血，抽取静脉血离心后观察血浆色泽，若为粉红色即证明有溶血。应进行以下治疗如下。①抗休克：静脉输入血浆、低分子右旋糖酐或同型新鲜全血以纠正休克，改善肾血流灌注。②保护肾功能：血压稳定时静脉输注20%甘露醇或呋塞米；静脉滴注5%碳酸氢钠碱化尿液。③维持水、电解质与酸碱平衡。④防治DIC。⑤发生少尿、无尿时按急性肾衰竭处理。故选A。

【B_1型题】

16.【答案】A

【解析】大量输入冷藏血可以引起低体温。低温反应由于快速大量输入从冰柜中取出的冷血液，如每5分钟输入量达1升时，正常体温将降至30℃以下，可发生心室纤颤。一般抢救输血常不须达到上述程度，如确实需要时，则稍加温后输注为宜。故选A。

17.【答案】B

18.【答案】C

第十五篇　代谢、内分泌系统

第一章　总　论

【A_1 型题】

1.【答案】D

【解析】激素具有调节新陈代谢、维持内环境的稳态、调节生长发育和生殖功能及增强机体对有害刺激的抵抗能力等基本生理功能。激素作用的一般特性：①激素的信息传递作用。不论何种激素，只能对靶细胞的生理、生化过程起加强或减弱的作用，在这些作用中，激素既不能添加成分，也不能提供能量，仅仅起将生物信息传递给靶细胞的“信使”作用，从而调节靶细胞固有的生理、生化反应。②激素的高效能生物放大作用。激素含量甚微，但其作用显著。③激素作用的相对特异性。激素只能与具有其相应受体的细胞结合而起效。④激素间的相互作用。表现为竞争作用、协同作用、拮抗作用和允许作用，以维持机体功能活动的稳态。故选D。

2.【答案】D

【解析】内分泌腺无排泄管，腺细胞排列缺乏极性，多聚集成团块状或索状。其分泌物（激素）直接进入细胞周围的血管和淋巴，由血液和淋巴输送到各组织或器官中。外分泌腺一般是由腺体和排泄分泌物的导管即排泄管两部分构成的，所以也称为导管腺。外分泌腺有排泄管，称腺导管，其分泌物通过腺导管输送到相应的组织或器官发挥其调节作用。故选D。

3.【答案】B

【解析】内分泌系统除其固有的内分泌腺（垂体、甲状腺、甲状旁腺、肾上腺、性腺和胰岛）外，尚有分布在心血管、胃肠、肾、脂肪组织、脑（尤其下丘脑）部位的内分泌组织和细胞。故选B。

4.【答案】C

5.【答案】D

【解析】恶性肿瘤可通过产生激素而导致相应临床表现的出现，称为伴瘤内分泌综合征，又称异位激素综合征，包括起源于非内分泌组织的肿瘤产生了某种激素，或是起源于内分泌腺的肿瘤（如甲状腺髓样癌）除产生此内分泌腺正常时分泌的激素（如降钙素）外，还释放其他激素（如ACTH）。异位激素主要为多肽激素，大多数多肽激素可由起源于非内分泌恶性肿瘤产生。故选D。

6.【答案】C

【解析】根据激素受体所在的部位不同，可将激素作用机制分为两类：①肽类激素、胺类激素、细胞因子、前列腺素作用于细胞膜受体。②类固醇激素、三碘甲腺原氨酸（T_3）、维生素D、视黄酸（维生素A酸）作用于细胞核内受体。故选C。

7.【答案】E

【解析】第二信使包括环磷酸腺苷（cAMP）、环磷酸鸟苷（cGMP）、钙离子（Ca^{2+}）、三磷酸肌醇（IP3）、二酰基甘油（DAG）、蛋白激酶C（PKC）等。故选E。

8.【答案】A

【解析】含氮类激素包括以下几种。①蛋白质激素：主要有胰岛素、甲状旁腺激素及腺垂体激素等。②肽类激素：包括下丘脑调节肽、神经垂体激素、降钙素和胃肠激素等。③胺类激素：如去甲肾上腺素、肾上腺素、甲状腺激素等。其中甲状腺激素通过细胞内受体发挥作用，其他含氮类激素主要与细胞膜受体结合而发挥作用。故选A。

9.【答案】E

【解析】甲状腺功能亢进症：甲状腺激素分泌增多。库欣综合征：糖皮质激素分泌增多。肢端肥大症：生长激素分泌增多。原发性醛固酮增多症：醛固酮分泌增多。嗜铬细胞瘤：儿茶酚胺分泌增多。故选E。

10.【答案】C

【解析】内分泌系统直接由下丘脑所调控，下丘脑含有重要的神经核，具有神经分泌细胞的功能，可以合成、释放激素和抑制激素，通过垂体门静脉系统进入腺垂体，调节腺垂体各种细胞激素的合成和分泌。神经垂体不能合成激素，下丘脑视上核及室旁核分别分泌血管升压素（抗利尿激素）与缩宫素，经过神经轴突进入神经垂体贮存并由此向血液释放激素。故选C。

11.【答案】C

【解析】神经内分泌细胞是指某些特化的神经细胞（结构上属于神经系统而非内分泌系统）能分泌一些生物活性物质，经血液循环或通过局部扩散调节其他器官的功能。这些生物活性物质叫作神经激素。神经内分泌细胞的特点是仍保留着神经细胞的结构和功能特征。从结构上看，这种细胞也是由胞体和突起（树突和轴突）组成，并具有尼氏体。细胞的一端与其他神经细胞具有突触联系。从功能上看，与一般神经细胞相似，它们也能兴奋和传播动作电位，并能对某些神经递质发生反应。故选C。

12.【答案】C

【解析】精氨酸加压素（AVP）又称血管升压素、抗利尿激素，由下丘脑的视上核和室旁核细胞产生。催乳素、黄体生成素、促甲状腺素及促黑激素由腺垂体产生。故选C。

13.【答案】E

【解析】抗利尿激素是由下丘脑的视上核和室旁核的神经细胞分泌的9肽激素，经下丘脑-垂体束到达垂体后叶后释放出来。生理剂量的抗利尿激素可促进肾远曲小管和集合管对水的重吸收，发挥抗利尿作用；在机体脱水和失血等情况下，抗利尿激素的释放量明显增加，能发挥其升高和维持血压以及保持体液的作用。损伤下丘脑的视上核、室旁核时引起的尿崩症称为继发性尿崩症，而不是特发性尿崩症。故选E。

14.【答案】D

【解析】完整的内分泌疾病诊断应包括功能诊断、定位诊断和病因诊断三个方面，首先易于确定的是功能诊断。故选D。

15.【答案】C

【解析】原发性靶腺功能减低时，靶腺本身存在病变，此时促靶腺激素水平正常或升高，但靶腺反应低下或无反应。继发性靶腺功能减低时，靶腺本身没有病变，功能正常，但促靶腺激素缺乏，故导致靶腺功能低下。所以测定促激素水平可以鉴别原发性和继发性靶腺功能减低。故选C。

16.【答案】E

【解析】甲状腺激素的分泌调节涉及促甲状腺激素的分泌调节、自身碘需求的调节、自主神经系统的调节，和钾离子无关。故选E。

17.【答案】C

【解析】内分泌疾病的病因诊断包括自身抗体检测、染色体检查及HLA鉴定等。视野测定为视觉功能检查，不属于病因学检查。故选C。

18.【答案】B

【解析】对于功能减退性的内分泌疾病主要采用：①有关缺乏激素的替代治疗。②内分泌腺组织移植。故选B。

19.【答案】A

【解析】内分泌功能亢进的原因：①内分泌腺肿瘤。②多内分泌腺瘤1型、2A型、2B型。③异位内分泌综合征。④激素代谢异常。⑤自身免疫。⑥基因的异常导致激素合成和释放调节的异常及激素分泌过量。⑦外源激素过量摄入。而内分泌腺破坏是内分泌功能减低的原因。故选A。

【A_2型题】

20.【答案】E

【解析】根据题干，患者除多饮外，无其他症状和体征，主动限水耐受性好，禁水试验尿比重达1.018，且影像学检查无异常，故最可能诊断为精神性多饮。故选E。

21.【答案】B

【解析】患者表现为躯体生长迟缓，身材矮小；性器官不发育，第二性征缺如；智力发育正常；胰岛素低血糖兴奋试验生长激素峰值 < 5μg/L（正常人可超过10μg/L），符合垂体性侏儒症的诊断。Laron侏儒症患者有严重生长激素缺乏的临床表现，但血浆生长激素水平正常或者升高。克汀病性侏儒患者除身材矮小外，常伴有甲状腺功能减退症的其他变化，智力常迟钝低下。体质性侏儒症患者智力发育正常，青春期无延迟现象，性器官发育也正常。青春期延迟患者身材矮小，但智力正常，无内分泌系统或全身性慢性疾病的证据。故选B。

22.【答案】C

【解析】甲亢一般FT_3、FT_4升高，TSH下降；甲减一般FT_3、FT_4下降，TSH升高。该患者轻度甲减，FT_3、FT_4升高，TSH也升高，应考虑外周组织摄取障碍。故选C。

23.【答案】A

【解析】Nelson综合征，为治疗库欣综合征行双侧肾上腺切除术后出现的进行性的皮肤黑色素沉着，并可出现垂体瘤或原有垂体瘤增大，血浆ACTH浓度显著升高，血皮质醇显著降低。故选A。

【A_3/A_4型题】

24.【答案】D

【解析】患者产后大出血伴晕厥，产后无乳汁分泌，然后继发闭经伴长期畏寒、乏力，毛发稀疏，双侧乳房萎缩，子宫体积小，体重下降，血压降低，血皮质醇、雌二醇降低，希恩综合征的诊断明确。故选D。

25.【答案】E

【解析】胰岛素负荷试验会引起低血糖，对于这个患者来说是具有危险性的。故选E。

26.【答案】A

【解析】对于功能减退性的内分泌疾病主要采用有关缺乏激素的替代治疗。故选A。

【B_1型题】

27.【答案】D

【解析】对内分泌学的认识，经历了三个阶段。①腺体内分泌学研究：将内分泌腺切除，观察切除前、后的生理生化改变以及激素补充后的恢复情况，丰富了对各个内分泌腺的认识。②组织内分泌学研究：激素的提纯及其抗体制备，进行放射免疫测定，奠定了微量激素测定较特异而敏感的方法，由此又推动了微量检测技术的发展。③分子内分泌学研究：目前内分泌学的研究已从细胞水平进入分子水平，通过激素与其受体的基因克隆、表达、转录和翻译的调控以及基因点突变、基因缺失、敲除和插入研究，探讨激素作用机制及对细胞代谢、增生、分化、凋亡的调节效应等。故选 D。

28.【答案】C

29.【答案】B

【解析】螺内酯属于利尿药，结构与醛固酮相似，为醛固酮的竞争性抑制剂，可对抗醛固酮对组织的作用。故选 B。

30.【答案】D

【解析】先天性肾上腺皮质增生症是由于肾上腺皮质激素生物合成酶系中某种或数种酶的先天性缺陷，使皮质醇等激素水平改变所致的一组疾病。由于皮质醇水平降低，负反馈抑制垂体释放 ACTH 的作用减弱，致 ACTH 分泌过多。糖皮质激素可负反馈抑制 ACTH 起到治疗作用。故选 D。

31.【答案】A

【解析】甲巯咪唑为抗甲状腺药物。其作用机制是抑制甲状腺内过氧化物酶，从而阻碍吸聚到甲状腺内碘化物的氧化及酪氨酸的偶联，阻碍 T_4 和 T_3 的合成。故选 A。

32.【答案】E

【解析】有些激素并不能直接对某些器官组织或细胞产生生物效应，但在他存在的条件下，却可使另一种激素的作用明显增强，这种现象称为激素的允许作用。如糖皮质激素本身对心肌和血管平滑肌无收缩作用，但是只有在糖皮质激素存在的时，儿茶酚胺才能充分发挥它对心血管的调节作用。故选 E。

第二章　腺垂体功能减退症

【A_1 型题】

1.【答案】B

2.【答案】D

【解析】垂体瘤占位性病变可影响局部和邻近组织，若向前上方发展可压迫视神经交叉出现视力减退、视野缺损，主要为颞侧偏盲或双颞侧上方偏盲。故选 D。

3.【答案】C

【解析】在手术切除的垂体瘤中以分泌催乳素、生长激素和阿片-黑素-促皮质素原腺瘤占绝大多数，其中催乳素瘤占 1/3 以上，促性腺激素瘤及促甲状腺激素瘤仅占不到 5%。故选 C。

4.【答案】A

【解析】腺垂体功能减退症时，促性腺激素、生长激素和催乳素缺乏为最早表现，促甲状腺激素缺乏次之，然后可伴有 ACTH 缺乏。故选 A。

5.【答案】B

【解析】腺垂体功能减退症的病因如下。①垂体瘤：为成人最常见的原因。②下丘脑病变。③垂体缺血性坏死：如产后大出血、糖尿病等。④蝶鞍区手术、放射治疗和创伤。⑤感染和炎症。⑥糖皮质激素长期治疗。⑦垂体卒中。⑧其他：自身免疫性垂体炎、空泡蝶鞍、海绵窦处颈内动脉瘤也可压迫垂体引起。故选 B。

6.【答案】E

【解析】抗利尿激素是下丘脑视上核和室旁核分泌的，在神经垂体中贮藏和释放，促性腺激素、促甲状腺激素、催乳素和促肾上腺皮质激素都是腺垂体分泌的，垂体门脉系统损伤时影响的是腺垂体，不影响神经垂体。故选 E。

7.【答案】E

【解析】腺垂体合成和分泌的激素共 7 种，即促甲状腺激素（TSH）、促肾上腺皮质激素（ACTH）、促卵泡激素（FSH）、黄体生成素（LH）、生长激素（GH）、催乳素（PRL）和促黑细胞激素（MSH）。其中 GH 和 ACTH 与糖代谢有关，二者具有升糖作用。故选 E。

【A_2 型题】

8.【答案】E

9.【答案】A

【解析】患者分娩后出现无乳、闭经、食欲缺乏、怕冷、面色苍白、毛发脱落，最可能是由产后大出血导致垂体缺血性坏死，从而引起的腺垂体功能减退症。故选 A。

【A_3/A_4 型题】

10.【答案】C

【解析】巨人症，垂体生长激素瘤，血生长激素升高，过多生长激素可拮抗胰岛素作用，在葡萄糖负荷试验后可呈糖耐量减低或糖尿病，升高的生长激素水平不为糖负荷所抑制。故选 C。

11.【答案】E

【解析】CT 示垂体增大向鞍上发展，应行手术治疗，术后予以放疗辅助。故选 E。

12.【答案】C

13.【答案】E

【解析】鉴别原发性或继发性

肾上腺皮质功能减低，ACTH 刺激试验最有意义，原发性肾上腺皮质功能减低经 ACTH 兴奋后，血皮质醇无明显增多。故选 E。

【B_1 型题】

14.【答案】A

15.【答案】B

【解析】溴隐亭为多巴胺受体激动药，通过增强多巴胺的抑制作用可减少催乳素的分泌，恢复下丘脑-垂体促性腺激素周期性分泌及卵巢对促性腺激素的反应性，消除闭经。故选 B。

16.【答案】E

17.【答案】B

【解析】垂体性尿崩症缺乏 AVP，注射加压素后尿量减少，尿比重增加；肾性尿崩症，肾脏对 AVP 不敏感，注射加压素后无反应。故选 B。

18.【答案】D

19.【答案】A

第三章 甲状腺功能亢进症

【A_1 型题】

1.【答案】A

2.【答案】B

3.【答案】C

4.【答案】D

5.【答案】D

【解析】甲亢的术前准备包括：①一般准备，对精神过度紧张或失眠者可适当给予镇静和安眠药以消除患者的恐惧心情。心率过快者可给予普萘洛尔。发生心力衰竭者应予以洋地黄制剂。②术前检查除全面的体格检查和必要的实验室检查外，还应包括：a. 颈部透视或摄片，了解有无气管受压或移位；b. 详细检查心脏有无扩大、杂音或心律不齐等，并做心电图检查；c. 喉镜检查，确定声带功能；d. 测定基础代谢率，了解甲亢程度，选择手术时机。③药物准备，是术前用于降低基础代谢率的重要环节。有两种方法：a. 可先用硫脲类药物，待甲亢症状得到基本控制后，改服碘剂 2 周，再进行手术；b. 开始即用碘剂。故选 D。

6.【答案】A

【解析】术后呼吸困难和窒息发生多在甲状腺大部切除术后 48 小时内，是术后最危急的并发症。常见原因为：①切口内出血压迫气管，因手术时止血（特别是腺体断面止血）不完善，或血管结扎线滑脱所引起。②喉头水肿，主要是手术创伤所致，也可因气管插管引起。③气管塌陷，是气管壁长期受肿大的甲状腺压迫，发生软化，切除甲状腺体的大部分后软化的气管壁失去支撑的结果。④双侧喉返神经损伤。故选 A。

7.【答案】E

【解析】目前认为抗甲状腺药物维持治疗 18~24 个月可以停药。下述指标预示甲亢可以治愈：①甲状腺肿消失。②TSAb 转为阴性。③T_3 抑制试验恢复正常。故选 E。

8.【答案】A

【解析】原发性甲状腺功能减退症一般血清 TSH 增高，TT_4、FT_4减低；继发性甲状腺功能减退症一般血清 TSH 正常或减低，TT_4、FT_4减低。故选 A。

9.【答案】B

【解析】碘剂的作用在于抑制蛋白水解酶，减少甲状腺球蛋白分解，从而抑制甲状腺素的释放。碘剂还能减少甲状腺的血流量使腺体充血减少，因而缩小变硬。但由于碘剂只抑制甲状腺素的释放，而不抑制其合成，因此一旦停服碘剂后，贮存于甲状腺滤泡内的甲状腺球蛋白大量分解，甲亢症状可重新出现，甚至比原来更严重。因此，凡不准备实施手术者，不要服用碘剂。故选 B。

10.【答案】C

【解析】WTO 推荐的成人每日碘摄入量为 150μg。尿碘是监测碘营养水平的公认指标，尿碘中位数（MUI）100~200μg/L 是最适当的碘营养状态。碘与甲状腺肿的患病率呈现一条“U”字形曲线，即碘缺乏时，甲状腺肿的患病率增加，称之为“低碘性甲状腺肿”；随着摄碘入量的增加，甲状腺肿的患病率逐渐下降，达到5%以下（即“U”字形曲线的底端）；如果摄入碘量再继续增多，甲状腺肿的患病率则回升，部分学者称这类甲状腺肿为“高碘性甲状腺肿”。故选 C。

11.【答案】D

【解析】放射性核素扫描对甲状腺自主高功能腺瘤的诊断最有意义，患者结节部分呈放射性浓聚的“热结节”，周围萎缩的甲状腺组织仅部分显示，甚至可在扫描时完全不显示。如用外源性 TSH 兴奋，周围甲状腺组织能重新显影。故选 D。

12.【答案】B

13.【答案】C

14.【答案】C

15.【答案】A

16.【答案】A

【解析】^{131}I 摄取率正常值为 3 小时 5% ~ 25%，24 小时 20%~45%，高峰在 24 小时出现。甲亢时^{131}I 摄取率表现为总摄取量增加，摄取高峰提前。故选 A。

17.【答案】E

【解析】Graves 病的主要特征

是血清中存在针对甲状腺细胞TSH受体的特异性自身抗体，称为TSH受体抗体（TRAb），也称为TSH结合抑制性免疫球蛋白（TBⅡ）。TRAb有两种类型，即TSH受体刺激性抗体（TSAb）和TSH受体刺激阻断性抗体（TSB-Ab）。50%～90%的GD患者也存在针对甲状腺的其他自身抗体，如甲状腺过氧化物酶抗体（TPO-Ab）、甲状腺球蛋白抗体（TgAb）。故选E。

18.【答案】C

【解析】Graves病的眼征分为两类：一类为单纯性突眼；另一类为浸润性突眼。病因与甲状腺毒症所致的交感神经兴奋性增高有关的是单纯性突眼。故选C。

19.【答案】A

【解析】甲亢诊断：①高代谢症状和体征。②甲状腺肿大。③血清TT_4、FT_4增高，TSH减低。故选A。

20.【答案】C

21.【答案】E

【解析】妊娠期雌激素刺激肝脏甲状腺激素结合球蛋白（TBG）增高，引起血清TT_4和TT_3增高，所以妊娠期甲亢的诊断应依赖血清FT_4、FT_3和TSH。故选E。

22.【答案】B

23.【答案】A

【解析】甲亢的手术指征为：①继发性甲亢或高功能腺瘤。②中度以上的原发性甲亢。③腺体较大伴有压迫症状，或胸骨后甲状腺肿等类型甲亢。④抗甲状腺药物或^{131}I治疗后复发者，或坚持长期用药有困难者。此外，鉴于甲亢对妊娠可造成不良影响（流产、早产等），而妊娠有可能加重甲亢。因此，妊娠早、中期的甲亢患者凡具有上述指征者，仍应考虑手术治疗。手术禁忌证为：①青少年患者。②症状较轻者。③老年患者或有器质性疾病不能耐受手术者。故选A。

24.【答案】C

25.【答案】A

【解析】妊娠期女性，可疑甲亢时，禁忌用放射性同位素诊断、治疗，以防止对胎儿的影响。故选A。

26.【答案】E

【解析】甲状腺危象是甲亢的严重并发症。临床观察发现，危象发生与术前准备不够、甲亢症状未能很好控制及手术应激有关。术前使基础代谢率降至正常是预防甲亢术后甲状腺危象的关键。故选E。

27.【答案】E

【解析】丙硫氧嘧啶治疗甲亢的不良反应如下。①粒细胞缺乏症：中性粒细胞$<1.5\times10^9/L$时应当停药，也不应该换另外一种抗甲状腺药物，应为它们之间存在交叉反应。②皮疹：发生严重皮疹者，需要停药，不能换用其他抗甲状腺药物，选择^{131}I或者手术治疗。③中毒性肝病。④血管炎。故选E。

28.【答案】E

29.【答案】D

【A_2型题】

30.【答案】C

【解析】甲亢的诊断要点：高代谢综合征+甲状腺肿大+血清FT_4、TT_4增高，TSH减低。少数患者无甲状腺肿大或仅表现明显消瘦或心房纤颤。本例年轻女性患者，有怕热伴消瘦等高代谢症状体征，并有烦躁精神神经症状，且有心悸、心动过速、脉压加大等心血管系统表现，首先应考虑甲状腺功能亢进症，需测血清TSH和甲状腺激素水平。故选C。

31.【答案】E

【解析】患者有甲亢心脏病，考虑^{131}I治疗。^{131}I治疗的适应证：①成人Graves甲亢伴甲状腺肿大Ⅱ度以上。②ATD治疗失败或过敏。③甲亢手术后复发。④甲状腺毒症心脏病或甲亢伴其他病因的心脏病。⑤甲亢合并白细胞和/或血小板减少或全血细胞减少。⑥老年甲亢。⑦甲亢合并糖尿病。⑧毒性多结节性甲状腺肿。⑨自主功能性甲状腺结节合并甲亢。故选E。

32.【答案】B

33.【答案】D

34.【答案】B

【解析】在使用抗甲状腺药物的治疗过程中出现甲状腺功能低下或甲状腺明显增大时可酌情加用左甲状腺素（L-T_4），同时减少ATD的剂量。故选B。

35.【答案】E

【解析】普萘洛尔能阻断β_2受体，可使支气管平滑肌收缩，对支气管哮喘患者可诱发或加重急性发作。故选E。

36.【答案】D

【解析】T_3抑制试验用药是甲状腺激素，甲状腺激素作用于心脏可引起心率加快，并能引起血容量增加，使心脏的负荷增加。本项试验对合并有高血压、器质性心脏病、心房颤动以及心力衰竭的患者禁用。故选D。

37.【答案】D

38.【答案】E

【解析】抗甲状腺药物（ATD）治疗，是否停药主要依据临床症状和体征。目前认为ATD维持治疗18～24个月可以停药。下述指标预示甲亢可能治愈：①甲状腺肿明显缩小。②TSAb（或TRAb）转为阴性。③T_3抑制试验恢复正常。故选E。

39.【答案】D

40.【答案】E

【解析】ATD可以引起白细胞减少，发生率约为5%，严重者可发生粒细胞缺乏症，发生率0.37%左右。主要发生在治疗开始后的2~3个月内，外周血白细胞低于3×10^9/L或中性粒细胞低于1.5×10^9/L时应当停药。由于甲亢本身也可以引起白细胞减少，所以要区分是甲亢所致，还是ATD所致。治疗前和治疗后定期检查白细胞是必须的，发现有白细胞减少时，应当先使用促进白细胞增生药。故选E。

41.【答案】B

42.【答案】E

43.【答案】C

【解析】患者检查发现右侧甲状腺结节，且患者有食量增加，易怒等表现，考虑甲状腺结节合并甲亢可能性大，FT_3、FT_4和TSH对甲亢有诊断意义。故选C。

44.【答案】D

【解析】患者气促，X线片可见上纵隔的肿瘤阴影压迫气管，提示胸骨后甲状腺肿压迫气管可能性大。故选D。

45.【答案】D

46.【答案】B

【解析】患者发现甲状腺结节20年，结节大小不等，不对称，结节逐渐增大引起压迫症状出现呼吸困难，符合结节性甲状腺肿的临床表现，患者家住山区，考虑由缺碘引起的结节性甲状腺肿可能性大。故选B。

47.【答案】E

【解析】甲状腺危象时患者主要表现为：高热（>39℃）、脉快（>120次/分），同时合并神经、循环及消化系统严重功能紊乱如烦躁、谵妄、大汗、呕吐、水泻等。喉上神经分内（感觉）、外（运动）两支。若损伤外支会使环甲肌瘫痪，引起声带松弛、音调降低。内支损伤，则喉部黏膜感觉丧失，进食特别是饮水时，容易误咽发生呛咳。出血致气管受压及喉头水肿，临床表现为进行性呼吸困难、烦躁、发绀，甚至发生窒息。喉返神经含支配声带的运动神经纤维，一侧喉返神经损伤，大都引起声嘶。双侧喉返神经损伤，视其损伤全支、前支抑或后支等不同的平面，可导致失音或严重的呼吸困难，甚至窒息，需立即做气管切开。该患者符合喉返神经损伤的特点。故选E。

48.【答案】E

【解析】手足抽搐因手术时误伤甲状旁腺或其血液供给受累所致，多在术后1~3天出现手足抽搐。发生手足抽搐后，应限制肉类、乳品和蛋类等食品，因含磷较高，影响钙的吸收。抽搐发作时，立即静脉注射10%葡萄糖酸钙或氯化钙10~20ml。故选E。

49.【答案】D

【解析】患者甲状腺弥漫性肿大，基础代谢率正常，无突眼，无甲状腺结节，摄碘率升高，符合单纯性甲状腺肿的临床表现。故选D。

50.【答案】C

【解析】患者颈部肿块，随吞咽上下移动，B超显示该肿块实性有包膜，相较其他选项，甲状腺腺瘤可能性大，颏下皮样囊肿、甲状腺舌管囊肿及囊状淋巴管瘤的肿块应有囊性感。故选C。

【A_3/A_4型题】

51.【答案】E

【解析】患者消瘦、乏力、多食、心悸，符合的甲亢临床表现，甲状腺肿大，上、下极可触及震颤，闻及血管杂音，为诊断甲亢的重要体征。故选E。

52.【答案】B

【解析】FT_3、FT_4不受血TBG变化的影响，直接反映甲状腺功能状态。其敏感性和特异性高于TT_3和TT_4。是临床诊断甲状腺功能亢的首选指征。促甲状腺激素（TSH）测定目前大多用敏感TSH（sTSH），有很高的灵敏度，甲亢中明显低于正常。TSH浓度的变化是反映甲状腺功能最敏感的指标。故选B。

53.【答案】C

54.【答案】B

【解析】妊娠时可以给予抗甲状腺药物治疗。因为抗甲状腺药物可以通过胎盘影响胎儿的甲状腺功能，尽可能地使用小剂量的抗甲状腺药物实现控制甲亢的目的。首选丙硫氧嘧啶，因该药不易通过胎盘。经丙硫氧嘧啶治疗控制甲亢症状后，可选择在妊娠4~6个月时做甲状腺次全切除。故选B。

55.【答案】A

56.【答案】D

57.【答案】C

【解析】患者最初表现为甲亢，但药物治疗仅2周就迅速出现甲减表现。考虑桥本甲亢或药物性甲低。故选C。

58.【答案】B

【解析】桥本甲状腺炎，甲状腺有广泛的淋巴细胞浸润。大多数患者TgAb、TPOAb明显升高。故选B。

59.【答案】D

60.【答案】C

61.【答案】E

【解析】患者的症状尚不重，暂不具有次全甲状腺切除术和放射性碘治疗的适应证，因有慢性活动性肝炎，也不宜使用抗甲状腺药物，可先予一般治疗，补充足够的热量和营养，限制碘的摄入，酌情给镇静药。故选E。

62.【答案】D

【解析】患者术后第2天突然发生窒息，面肌和手足持续性痉挛，考虑因手术时误伤及甲状旁腺或其血液供给受累所致。其血钙浓度下降。治疗：①发生手足抽搐后，应限制肉类、乳品和蛋类等食品（因含磷较高，影响钙的吸收）。②抽搐发作时，立即静脉注射10%葡萄糖酸钙或氯化钙10~20ml。③症状轻者可口服葡萄糖酸钙或乳酸钙。④症状较重或长期不能恢复者，可加服维生素D_3。⑤口服双氢速甾醇（DT10）油剂能明显提高血中钙含量，降低神经、肌肉的应激性。⑥同种异体带血管的甲状腺-甲状旁腺移植。预防：切除甲状腺时，注意保留腺体背面部分的完整。切下甲状腺标本时要立即仔细检查其背面甲状旁腺有无误切，发现时设法移植到胸锁乳突肌中等，均是避免此并发症发生的关键。故选D。

63.【答案】A

64.【答案】E

65.【答案】D

66.【答案】C

【解析】胸骨后甲状腺肿常有压迫症状，部分有继发性甲状腺功能亢进表现，其恶变倾向大，一旦确诊，应尽早行胸内甲状腺肿及甲状腺肿瘤切除术。故选C。

【B_1型题】

67.【答案】D

【解析】甲状腺髓样癌来源于甲状腺滤泡旁细胞（又称C细胞），分泌降钙素。故选D。

68.【答案】A

【解析】Graves病的发生与自身免疫有关，属于器官特异性自身免疫病。它与自身免疫甲状腺炎等同属于自身免疫性甲状腺病。故选A。

69.【答案】E

70.【答案】A

【解析】甲硫氧嘧啶为硫脲类抗甲状腺药，主要抑制甲状腺素的合成。故选A。

71.【答案】D

【解析】普萘洛尔属于β受体阻断药，其治疗甲亢的作用机制是：①阻断甲状腺激素对心脏的兴奋作用。②阻断外周组织T_4向T_3的转化。故选D。

72.【答案】B

【解析】复方碘溶液的作用在于抑制蛋白水解酶，减少甲状腺球蛋白分解，从而抑制甲状腺素的释放。故选B。

73.【答案】E

【解析】^{131}I治疗甲亢的目的是破坏甲状腺组织，减少甲状腺激素产生。治疗机制是^{131}I被甲状腺摄取后释放出β射线，破坏甲状腺组织细胞。故选E。

74.【答案】C

【解析】Graves病手术治疗主要并发症：①术后呼吸困难和窒息，多发生在术后48小时内，是术后最危急的并发症。常见原因为：a. 切口内出血压迫气管；b. 喉头水肿；c. 气管塌陷；d. 双侧喉返神经损伤。②喉返神经损伤。③喉上神经损伤。④甲状旁腺功能减退。⑤甲状腺危象。故选C。

75.【答案】A

76.【答案】D

【解析】慢性淋巴细胞性甲状腺炎，又称为桥本病、桥本甲状腺炎、自身免疫性甲状腺炎。是由于免疫功能紊乱而产生针对自身组织的免疫性炎症。怀疑桥本病的患者可进行甲状腺功能，TGAb（甲状腺球蛋白抗体），TPOAb（甲状腺过氧化物酶抗体），甲状腺扫描等检查，必要时可行甲状腺活检明确诊断。当甲状腺功能正常时，TgAb、TpoAb滴度显著增高，对于慢性淋巴细胞性甲状腺炎是最有意义的诊断指标。故答案选D。

77.【答案】A

【解析】记忆题。Graves病，也称Basedow病，Parryb病。临床主要表现为甲状腺毒症；弥漫性甲状腺肿；眼征（突眼）；胫前黏液性水肿。故选A。

第四章 甲状腺功能减退症

【A_1型题】

1.【答案】A

2.【答案】A

【解析】原发性甲状腺功能减退症一般血清TSH增高，TT_4、FT_4减低；继发性甲状腺功能减退症一般血清TSH正常或减低，TT_4、FT_4减低。故选A。

第五章 甲状腺癌

【A_1型题】

1.【答案】D

【解析】甲状腺滤泡状癌是较乳头状癌少见的一种甲状腺癌的类型，发病率约占甲状腺癌的20%。本病可见于任何年龄，多发生在中、老年人，女性多于男性，肿瘤生长较快为中度恶性肿瘤。早期易发生血道转移，预后较乳头状癌差。来源于甲状腺滤泡旁细胞的是甲状腺髓样癌。故选D。

2.【答案】C

【解析】甲状腺乳头状癌是最常见的甲状腺癌，恶性度也最轻。多见于年轻（40岁前）女性患者。甲状腺核素扫描时呈冷结节；颈部X线检查可显示瘤体有细点状或同心圆钙盐沉着。主要为局部淋巴结转移，且发生较早。故选C。

3.【答案】A

【解析】甲状腺髓样癌起源于

甲状腺滤泡旁细胞。故选A。

4.【答案】C

【解析】甲状腺癌的病理组织学类型有乳头状癌、滤泡型癌、髓样癌、未分化癌四大类，其中恶性程度最高的为未分化癌。故选C。

5.【答案】C

6.【答案】E

7.【答案】E

8.【答案】E

9.【答案】D

【A₂型题】

10.【答案】E

【解析】患者颈部结节，质硬，颈部淋巴结肿大，首选考虑甲状腺癌。故选E。

11.【答案】E

12.【答案】E

【解析】患者甲状腺结节，出现Horner综合征及右侧声带麻痹，提示甲状腺癌。故选E。

【A_3/A_4型题】

13.【答案】C

【解析】甲状腺细针抽吸细胞学检查是诊断甲状腺结节最准确、最经济的方法。故选C。

14.【答案】D

15.【答案】B

第六章　糖　尿　病

【A_1型题】

1.【答案】C

2.【答案】A

【解析】BCDE项都与糖尿病均有关系。糖尿病的高危因素不包括共同生活者患有糖尿病，选A。

3.【答案】D

【解析】DKA的治疗：对早期酮症患者，仅需给予足量胰岛素及补充液体，严密观察病情，定期查血糖、血酮体，调整胰岛素剂量；对酸中毒甚至昏迷患者一旦确诊应立即积极抢救。治疗原则：①尽快补液以恢复血容量、纠正失水状态。②降低血糖。③纠正电解质及酸碱平衡失调。④同时积极寻找和消除诱因，防治并发症，降低病死率。故选D。

4.【答案】B

【解析】妊娠糖尿病是指妊娠期间发生的不同程度的糖代谢异常。不包括孕前已诊断或已患糖尿病的患者，后者称为糖尿病合并妊娠。故选B。

5.【答案】C

【解析】糖尿病肾病：慢性肾脏病变的一种重要类型，是导致终末期肾衰的常见原因，是T1DM患者的主要死亡原因；在T2DM，其严重性仅次于心、脑血管病。故选C。

6.【答案】E

【解析】糖尿病酮症酸中毒（DKA）为最常见的糖尿病急症，临床表现为早期“三多一少”症状加重；酸中毒失代偿后，病情迅速恶化，疲乏、食欲缺乏、恶心、呕吐、多尿、口干、头痛、嗜睡、呼吸深快、呼气中有烂苹果味（丙酮）；后期严重失水，尿量减少，眼眶下陷，皮肤、黏膜干燥，血压下降，心率加快，四肢厥冷；晚期不同程度意识障碍，反射迟钝、消失，昏迷。感染等诱因引起的临床表现可被DKA的表现所掩盖。少数患者表现为腹痛，酷似急腹症，易误诊。虽患者常有感染，但其临床表现可被DKA的表现所掩盖且往往因外周血管扩张而体温不高，甚至偏低，是预后不良的表现。故选E。

7.【答案】D

【解析】糖尿病酮症酸中毒主要由酮体中酸性代谢产物引起，经输液和胰岛素治疗后，酮体水平下降，酸中毒可自行纠正，一般不必补碱。严重酸中毒影响心血管、呼吸和神经系统功能，应给予相应治疗，但补碱不宜过多、过快，补碱指征为血 $pH < 7.1$，$HCO_3^- < 5mmol/L$。补碱过多、过快，可产生不利影响，包括脑脊液反常性酸中毒加重、组织缺氧加重、血钾下降和反跳性碱中毒等。故选D。

8.【答案】E

9.【答案】C

【解析】微血管病变是糖尿病的特异性并发症，其典型改变是微循环障碍和微血管基底膜增厚。微血管病变可累及全身各组织器官，主要表现在视网膜、肾、神经和心肌组织，其中以糖尿病肾病和视网膜病尤为重要。故选C。

10.【答案】E

【解析】糖尿病患者常发生疖、痈等皮肤化脓性感染（金黄色葡萄球菌感染），可反复发生，有时引起败血症或脓毒血症。故选E。

11.【答案】B

12.【答案】E

【解析】高渗昏迷的胰岛素治疗方法与DKA相似，目前均采用小剂量（短效）胰岛素治疗方案。鱼精蛋白锌胰岛素（PZI）为长效胰岛素。故选E。

13.【答案】C

【解析】1型糖尿病分为以下两型。①自身免疫性1型糖尿病（1A型）：诊断时临床表现变化很大，可以是轻度非特异性症状、典型“三多一少”症状或昏迷，取决于病情发展阶段。多数青少年患者起病较急，症状较明显；未及时诊断治疗，当胰岛素严重缺乏或病情进展较快时，可出现糖尿病酮症酸中毒（DKA），危及生命。某些成年患者，起病缓慢，早期临床表现不明显，经历一段或长或短的糖尿病不需胰岛素治疗的阶段，有称为“成人隐匿性自身免疫性糖尿病（LADA）”。尽管起病急缓不一，一般很快进展到糖尿病需用胰岛素控制血糖或维持生命。这类患者很少肥胖，但肥胖不排除本病可能性。血浆基础胰岛素水平低于正常，葡萄糖刺激后胰岛素分泌曲线低平。胰岛β细胞自身抗体检查可以阳性。②特发性1型糖尿病（1B型）：通常急性起病，胰岛β细胞功能明显减退甚至衰竭，临床上表现为糖尿病酮症甚至酸中毒，但病程中β细胞功能可以好转以至于一段时期无须继续胰岛素治疗。胰岛β细胞自身抗体检查阴性。2型糖尿病为一组异质性疾病，包含许多不同病因者。可发生在任何年龄，但多见于成人，常在40岁以后起病；多数发病缓慢，症状相对较轻，半数以上无任何症状；不少患者因慢性并发症、伴发病或仅于健康检查时发现。很少自发性发生DKA，但在感染等应激情况下也可发生DKA。T2DM的IGR和糖尿病早期不需胰岛素治疗的阶段一般较长，随着病情进展，相当一部分患者需用胰岛素控制血糖、防治并发症或维持生命。常有家族史。临床上肥胖症、血脂异常、脂肪肝、高血压、冠心病、IGT或T2DM等疾病常同时或先后发生，并伴有高胰岛素血症，目前认为这些均与胰岛素抵抗有关，称为代谢综合征。有的早期患者进食后胰岛素分泌高峰延迟，餐后3~5小时血浆胰岛素水平不适当的升高，引起反应性低血糖，可成为这些患者的首发临床表现。故选C。

14.【答案】B

15.【答案】E

【解析】高渗高血糖综合征，是糖尿病急性代谢紊乱的另一临床类型，以严重高血糖、高血浆渗透压、脱水为特点，无明显酮症酸中毒，患者常有不同程度的意识障碍或昏迷。多见于老年糖尿病患者，原来无糖尿病病史，或仅有轻度症状，用饮食控制或口服降糖药治疗。故选E。

16.【答案】B

【解析】糖尿病诊断以血糖异常升高作为依据，血糖的正常值和糖代谢异常的诊断切点是依据血糖值与糖尿病和糖尿病特异性并发症（如视网膜病变）发生风险的关系来确定。故选B。

17.【答案】D

【解析】糖尿病酮症酸中毒一般采用小剂量短效胰岛素，每小时每千克体重0.1U，成人体重在40~60千克，故每小时静脉滴注4~6U。故选D。

18.【答案】D

【解析】糖化血红蛋白（GHbA1）是葡萄糖或其他糖与血红蛋白的氨基发生非酶催化反应（一种不可逆的蛋白糖化反应）的产物，其量与血糖浓度呈正相关。GHbA1有a、b、c三种，以GHbA1c（HbA1c）最为主要。正常人HbA1c占血红蛋白总量的3%~6%，不同实验室之间其参考值有一定差异。血糖控制不良者HbA1c升高，并与血糖升高的程度和持续时间相关。由于红细胞在血液循环中的寿命约为120天，因此HbA1c反映患者近8~12周平均血糖水平，为糖尿病控制情况的主要监测指标之一。对大多数非妊娠成人，HbA1c < 7.0%，而相对于病程短、预期寿命长、无明显CVD等患者可考虑更严格的HbA1c目标，对于有严重低血糖病史、预期寿命有限、已有显著微血管或大血管并发症糖尿病病程长的患者，应采用较为宽松的HbA1c目标。故选D。

19.【答案】C

【解析】由于胎儿先天性畸形危险性最大的时期是停经9周前及受孕7周内，因而糖尿病妇女应于接受胰岛素治疗使血糖控制达标后才受孕。孕前应进行全面检查，由内分泌医师和妇产科医师共同决定是否适合妊娠。应选用胰岛素控制血糖。密切监测孕妇血糖水平，避免低血糖。通常孕36周前早产婴儿死亡率较高，38周后胎儿宫内死亡率增高，故主张选择36~38周进行引产或剖宫产。但目前认为应根据胎儿和母亲的具体情况综合考虑，特别是妊娠糖尿病，可争取足月妊娠自然分娩。产后注意对新生儿低血糖症的预防和处理。故选C。

20.【答案】B

【解析】磺脲类（SUs）不良反应如下。①低血糖反应：最常见而重要，常发生于老年患者（60岁以上），肝、肾功能不全或营养不良者。药物剂量过大，体力活动过度，进食不规则或减少，饮含酒精饮料等为常见诱因。②体重增加。③皮肤变态反应：皮疹、皮肤瘙痒等。④消化系统：上腹不适、食欲缺乏等，偶见肝功能损害、胆汁淤积性黄疸。⑤心血管系统：某些SUs可减弱心肌缺血的预处理能力，可能会对心血管系统带来不利影响，但目前尚无资料证实会增加T2DM患者心血管疾病的发病率和病死率。故选B。

21.【答案】A

22.【答案】B

23.【答案】D

24.【答案】D

【解析】糖尿病的诊断标准为：糖尿病症状加任意时间血浆葡萄糖≥11.1mmol/L或空腹血糖（FPG）≥7.0mmol/L或OGTT 2hPG≥11.1mmol/L。需再测一次予以证实，诊断才能成立。随机血糖是指不考虑上次用餐时间，一天中任意时间的血糖。故选D。

25.【答案】E

26.【答案】D

【A_2型题】

27.【答案】A

【解析】糖尿病患者自主神经病变较常见，并可较早出现，影响胃肠、心血管、泌尿生殖系统功能。临床表现为瞳孔改变（缩小且不规则、光反射消失、调节反射存在），排汗异常（无汗、少汗或多汗），胃排空延迟（胃轻瘫）、腹泻（饭后或午夜）、便秘等，直立性低血压、持续心动过速、心搏间距延长等，以及残尿量增加、尿失禁、尿潴留、阳痿等。故选A。

28.【答案】A

【解析】患者为青少年，有明显的症状，经胰岛素治疗，症状时轻时重，提示1型糖尿病的可能性大。眼睑及下肢水肿，乏力，腰痛，BP 160/100mmHg，尿蛋白（++），颗粒管型少许，尿糖（++），均提示肾脏损害，且患者病史已经10年，符合糖尿病肾病的诊断。故选A。

29.【答案】D

【解析】糖尿病的诊断标准为：糖尿病症状加任意时间血浆葡萄糖（PG）≥11.1mmol/L，或空腹血糖≥7.0mmol/L，或口服葡萄糖耐量试验（OGTT）2hPG≥11.1mmol/L。需重复一次确认，诊断才能成立。故选D。

30.【答案】B

【解析】OGTT 2hPG<7.7mmol/L为正常糖耐量；7.8～11.0mmol/L为糖耐量低减（IGT）；≥11.1mmol/L应考虑糖尿病。故选B。

31.【答案】C

【解析】患者，妊娠后出现“三多”症状，空腹血糖11.7mmol/L，餐后2小时血糖16.3mmol/L，尿糖（+++），可诊断为糖尿病，因其既往无糖尿病，故为妊娠糖尿病。故选C。

32.【答案】C

【解析】双胍类药物能增强无氧酵解，抑制肝脏及肌肉对乳酸的摄取，抑制糖异生作用，故有致乳酸性酸中毒的作用。乳酸性酸中毒的临床表现特异性不强，视病因不同而异。症状轻者可仅有恶心、腹痛、食欲下降、头晕、嗜睡、呼吸稍深快。病情较重或严重患者可有恶心、呕吐、头痛、头晕、全身酸软、口唇发绀、低血压、体温低、脉弱、心率快、脱水、呼吸深大、意识障碍、四肢反射减弱、瞳孔扩大、深度昏迷或休克。糖尿病酮症酸中毒昏迷：①尿酮体强阳性。②呼吸有酮味。③血压低而尿量仍多。④血糖多数为16.7～33.3mmol/L，有时可达55.5mmol/L以上。非酮症高渗性糖尿病昏迷：①多见于老年人。②约2/3患者于发病前无糖尿病史，或仅有轻度症状。③常见诱因：急性胃肠炎。④无酮症或较轻。血尿素氮及肌酐升高。⑤突出表现：血糖常高于33.3mmol/L以上，一般为33.3～66.6mmol/L。⑥血钠升高可达155mmol/L。糖尿病肾病尿毒症昏迷：①明显的“三多一少”症状，常见于病史超过10年的患者，是1型糖尿病的主要死亡原因。②眼睑及下肢水肿、腰痛、高血压。③尿蛋白、管型。故选C。

33.【答案】C

【解析】患者空腹血糖5.6mmol/L，OGTT 1小时11.1mmol/L、2小时8.7mmol/L、3小时4.6mmol/L，可诊断为糖耐量减低。血浆胰岛素浓度及变化可能是空腹时正常，口服葡萄糖后迅速升高，持续时间长，以后下降。故选C。

34.【答案】B

【解析】患者OGTT 2hPG<7.7mmol/为正常糖耐量。故选B。

35.【答案】D

【解析】患者血压、血尿素氮、二氧化碳结合力均正常，既往糖尿病病史，胰岛素治疗，故考虑低血糖昏迷的可能性大。故选D。

36.【答案】E

【解析】此患者单独使用二甲双胍治疗后，空腹血糖现在正常范围，但餐后2小时血糖均高，且糖化血红蛋白偏高，说明近期血糖控制均不理想，因患者现空腹血糖正常而餐后2小时血糖高，故应加用α葡萄糖苷酶抑制剂，因其尤其适用于空腹血糖正常（或不太高）而餐后血糖明显升高者。故选E。

37.【答案】B

【解析】饮食治疗是糖尿病一项重要的基础治疗措施，应长期严格执行。患者胰岛素释放试验低平型，提示内源性胰岛素分泌不足，应给予胰岛素治疗，此时用格列吡嗪效果差。血糖常在16.7mmol/L以上，易出现酮症，胰岛素释放试验低平型的患者，因缺乏内源性胰岛素去促使骨骼肌吸收利用葡萄糖，因此机体所需能量将由脂肪动员和分解的方式产生，大量脂肪酸在肝脏经β氧化产生大量酮体，导致酮症的产生。所以易产生酮症的患者在进行运动前，必须要使血糖在16.7mmol/L以下，血酮、尿酮阴性，方可适当运动。故选B。

38.【答案】E

【解析】患者夜间有低血糖，晨起又出现高血糖，考虑Somogyi效应。Somogyi效应即在夜间曾有低血糖，在睡眠中未被察觉，但导致体内胰岛素拮抗素激素分泌增加，继而发生低血糖后的反跳性高血糖。应减少睡前胰岛素剂量，或睡前加餐。故选 E。

39.【答案】B

40.【答案】C

【解析】糖尿病患者如需施行择期大手术，尤其是在全身麻醉下施行手术，应至少在手术前 3 天即开始使用或改用胰岛素治疗，宜选用短效胰岛素或联合应用短效和中效制剂，术后恢复期再调整糖尿病治疗方案。故选 C。

41.【答案】B

42.【答案】E

【解析】糖尿病患者在急性应激时，如重症感染、急性心肌梗死、脑卒中或急症手术等，容易促使代谢紊乱迅速恶化。此时不论哪一种类型糖尿病，也不论原用哪一类药物，均应按实际需要，使用胰岛素治疗以度过急性期，待急性并发症痊愈或缓解后再调整糖尿病治疗方案。故选 E。

43.【答案】D

44.【答案】E

【解析】患者 45 岁，肥胖，空腹血糖 8.3mmol/L，提示 2 型糖尿病。部分 2 型糖尿病患者在患病初期由于餐后胰岛素分泌高峰延迟，可出现反应性低血糖，大多发生在餐后 2~4 小时，尤以单纯进食碳水化合物时为著。主要表现为发作性的心悸、出汗、乏力，有“不由自主”感。故选 E。

45.【答案】C

【解析】患者进食减少后仍按原剂量注射胰岛素而出现低血糖症，急诊处理应滴注葡萄糖以纠正低血糖。故选 C。

46.【答案】A

47.【答案】E

【解析】黎明现象：即夜间血糖控制良好，也无低血糖发生，仅于黎明短时间内出现高血糖，可能由于清晨皮质醇、生长激素等胰岛素拮抗激素分泌增多所致。故选 E。

【A_3/A_4型题】

48.【答案】E

【解析】患者嗜睡，神志蒙眬，皮肤干燥失水，尿糖（++++），尿酮体（±），既往无糖尿病史，再结合年龄，提示高渗高血糖综合征可能性大。故选 E。

49.【答案】A

50.【答案】D

【解析】高渗昏迷的胰岛素治疗方法与 DKA 相似，目前均采用小剂量（短效）胰岛素治疗方案。故选 D。

51.【答案】A

52.【答案】C

【解析】二甲双胍治疗 T2DM 尚伴有体重减轻、血脂改善、纤溶系统活性增加、血小板聚集性降低、动脉壁平滑肌细胞和成纤维细胞生长受抑制等，被认为可能有助于延缓或改善糖尿病血管并发症。该患者肥胖，易选用二甲双胍进行治疗。故选 C。

53.【答案】E

54.【答案】D

【解析】患者 45 岁，肥胖，近期出现口渴症状，尿糖阳性，空腹血糖 7.9mmol/L，餐后 2 小时血糖 12.1mmol/L，符合 2 型糖尿病的诊断。故选 D。

55.【答案】D

56.【答案】B

57.【答案】E

【解析】血浆有效渗透压 = 2×（钠离子 + 钾离子）+ 血糖浓度。血浆渗透压 = 血浆有效渗透压 + BUN。故选 E。

58.【答案】C

【解析】尽快补液以恢复血容量、纠正失水状态、降低血糖、纠正电解质及酸碱平衡失调，同时积极寻找和消除诱因，防治并发症，降低病死率。血钠高于 155mmol/L，可考虑输入适量低渗溶液。胰岛素治疗目前均采用小剂量（短效）胰岛素治疗方案，即每小时给予每千克体重 0.1U 胰岛素，通常将短效胰岛素加入生理盐水中持续静脉滴注，亦可间歇静脉注射，剂量均为每小时每千克体重 0.05 ~ 0.10U。故选 C。

59.【答案】C

【解析】患者多尿、多饮、消瘦，血糖 11.5mmol/L，口服降糖药后血糖控制理想，5 个月后血糖控制不佳，并经常出现酮症，符合成人隐匿性免疫性糖尿病（LADA）的临床表现。成人隐匿性免疫性糖尿病在临床上分为两个阶段：①非胰岛素依赖期：临床表现貌似 T_2DM，但三多一少症状较典型 T_2DM 明显，发病 6 个月内无酮症，血浆 C 肽水平较低，血糖短期内可用饮食和/或口服降糖药控制。②胰岛素依赖期：自起病后半年至数年后，出现胰岛 β 细胞功能进行性损伤，患者出现口服降糖药断发失效，最终依靠胰岛素治疗，并出现酮症倾向。故选 C。

60.【答案】A

61.【答案】E

62.【答案】D

【解析】妊娠糖尿病患者的医学营养治疗原则与非妊娠患者相同，务使孕妇体重正常增长。应选用短效和中效胰岛素，注意调节剂量。禁用口服降血糖药。在整个妊娠期间应密切监测孕妇血糖水平和胎儿情况。通常孕 36 周前早产婴儿死亡率较高，38 周后胎儿宫内死亡率增高，故主张选择 36 ~ 38 周进行引产或剖宫产。故选 D。

63.【答案】C

64.【答案】A

【解析】糖调节受损即糖尿病前期，主要包括空腹血糖受损

（IGT）和糖耐量减低（IGT），见表4-15-6-1。

表4-15-6-1 糖调节受损的标准

糖代谢分类	静脉血浆葡萄糖（mmol·L^{-1}）	
	空腹血糖（FPG）	糖负荷后2小时血糖（2h PPG）
空腹血糖受损（IFG）	6.1~7.0	<7.8
糖耐量减低（IGT）	<7.0	≥7.8~11.1

故选A。

65.【答案】E

【解析】患者已有糖尿病病史10年，出现尿蛋白、颗粒管型等肾脏受损表现，考虑为糖尿病肾病。故选E。

66.【答案】D

【解析】糖尿病肾损害的发生、发展可分五期，如下。①Ⅰ期：为糖尿病初期，肾体积增大，肾小球入球小动脉扩张，肾血浆流量增加，肾小球内压增加，肾小球滤过率（GFR）明显升高。②Ⅱ期：肾小球毛细血管基底膜增厚，尿白蛋白排泄率（UAER）多数正常，可间歇性增高（如运动后、应激状态），GFR轻度增高。③Ⅲ期：早期肾病，出现微量白蛋白尿，即UAER持续在20~200μg/min（正常<10μg/min），GFR仍高于正常或正常。④Ⅳ期：临床肾病，尿蛋白逐渐增多，UAER>200μg/min，相当于尿蛋白总量>0.5g/24h，GFR下降，可伴有水肿和高血压，肾功能逐渐减退。⑤Ⅴ期：尿毒症，多数肾单位闭锁，UAER降低，血肌酐升高，血压升高。故选D。

67.【答案】D

【解析】糖尿病肾病患者应用血管紧张素转换酶抑制药（ACEI）或血管紧张素Ⅱ受体阻断药（ARB）除可降低血压外，还可减轻微量白蛋白尿；减少蛋白质摄入量对早期肾病及肾功能不全的防治均有利，临床肾病（Ⅳ期）即要开始低蛋白饮食，肾功能正常的患者，饮食蛋白量为每天每kg体重0.8g，GFR下降后进一步减至0.6g并加用复方α-酮酸。故选D。

68.【答案】C

69.【答案】E

【B_1型题】

70.【答案】D

【解析】格列酮类被称为胰岛素增敏剂，明显减轻胰岛素抵抗，主要刺激外周组织的葡萄糖代谢，降低血糖；还可改善血脂谱、提高纤溶系统活性、改善血管内皮细胞功能、使C反应蛋白下降等，对心血管系统和肾脏显示出潜在的器官保护作用。主要不良反应为水肿、体重增加，有心脏病、心力衰竭倾向或肝病者不用或慎用。现有两种制剂：①罗格列酮。②吡格列酮。故选D。

71.【答案】E

【解析】双胍类药物能增强无氧酵解，抑制肝脏及肌肉对乳酸的摄取，抑制糖异生作用，故有致乳酸性酸中毒的作用。故选E。

72.【答案】A

【解析】α葡萄糖苷酶抑制剂（AGI）：AGI抑制α-葡萄糖苷酶，可延迟碳水化合物吸收，降低餐后高血糖。常见不良反应为胃肠反应，如腹胀、排气增多或腹泻。现有两种制剂：①阿卡波糖。②伏格列波糖饮。故选A。

73.【答案】D

74.【答案】B

【解析】肾性糖尿是指在血糖浓度正常或低于正常肾糖阈的情况下，由于近端肾小管重吸收葡萄糖功能减低所引起的糖尿的疾病。故选B。

75.【答案】A

76.【答案】A

【解析】Addison病，即原发性慢性肾上腺皮质功能减退症，由于双侧肾上腺的绝大部分被毁，导致肾上腺无法分泌足够的皮质醇所引发的疾病。故选A。

77.【答案】D

78.【答案】E

79.【答案】B

80.【答案】D

【解析】青年人中的成年发病型糖尿病（MODY）：是一组高度异质性的单基因遗传病。主要临床特征：①有三代或以上家族发病史，且符合常染色体显性遗传规律。②发病年龄小于25岁。③无酮症倾向，至少5年内不需用胰岛素治疗。故选D。

81.【答案】C

【解析】线粒体基因突变糖尿病的临床特点为：①母系遗传。②发病早，β细胞功能逐渐减退，自身抗体阴性。③身材多消瘦（BMI<24）。④常伴神经性耳聋或其他神经、肌肉表现。故选C。

82.【答案】A

【解析】糖尿病肾病的病理改变有3种类型：①结节性肾小球硬化型，有高度特异性。②弥漫性肾小球硬化型，最常见，对肾功能影响最大，但特异性较低，类似病变也可见于系膜毛细血管性肾小球肾炎和系统性红斑狼疮等疾病。③渗出性病变，特异性不高，也可见于慢性肾小球肾炎。肾活检所见组织学改变与临床表现和肾功能损害程度缺乏恒定的相关性。故选A。

83.【答案】B

84.【答案】D

85.【答案】E

第七章　水、电解质代谢和酸碱平衡失调

【A_1 型题】

1.【答案】B

2.【答案】B

【解析】代谢性酸中毒时钾转移到细胞外，H^+进入细胞内，血pH降低，血清钾升高。故选B。

3.【答案】A

4.【答案】C

5.【答案】C

6.【答案】A

7.【答案】D

【解析】高渗性缺水又称原发性缺水。虽有水和钠的同时丢失，但因缺水更多，故血清钠高于正常范围，细胞外液的渗透压升高。机体对高渗性缺水的代偿机制是：高渗状态刺激位于视丘下部的口渴中枢，患者感到口渴而饮水，使体内水分增加，以降低细胞外液渗透压。故选D。

8.【答案】A

【解析】等渗性失水病因如下。①消化道丢失：呕吐、腹泻、胃肠引流（减压、造瘘或肠梗阻）等致消化液丢失。②皮肤丢失：大面积烧伤、剥脱性皮炎等渗出性皮肤病变。③组织间液贮积：胸、腹腔炎性渗出液的引流，反复大量放胸腔积液、腹水等。故选A。

9.【答案】A

【解析】代谢性碱中毒，大多数是由于各种原因致肾小管HCO_3^-重吸收过多（如血容量不足，Cl^-或钾丧失）引起。故选A。

10.【答案】C

11.【答案】E

【解析】轻度高渗性失水：失水量达体重的2%~3%；中度：失水量达体重的4%~6%；重度：失水量达体重的7%~14%。故选E。

12.【答案】D

13.【答案】D

14.【答案】E

15.【答案】A

【解析】代谢性酸中毒是细胞外液H^+增加或HCO_3^-丢失而引起的以血浆HCO_3^-浓度原发性减少为特征的酸碱平衡紊乱类型。故选A。

16.【答案】C

【解析】血钾降至3.5mmol/L时，T波宽而低、Q-T间期延长，出现U波；重者T波倒置，ST段下移，出现多源性期前收缩或室性心动过速；更严重者可因心室扑动、心室颤动、心搏骤停或休克而猝死。故选C。

17.【答案】D

【解析】转移性高钾血症，常由细胞内钾释放或转移到细胞外所致，少尿或无尿诱发或加重病情，但机体总钾量可增多、正常或减少。常见于以下几方面。①组织破坏：细胞内钾进入细胞外液，如重度溶血性贫血、大面积烧伤、创伤、肿瘤接受大剂量化疗、血液透析、横纹肌溶解症等。②细胞膜转运功能障碍：a. 代谢性酸中毒时钾转移到细胞外，H^+进入细胞内，血pH降低，血清钾升高；b. 严重失水、休克致组织缺氧；c. 剧烈运动、癫痫持续状态、破伤风等；d. 使用琥珀胆碱、精氨酸等药物。故选D。

18.【答案】C

19.【答案】E

【解析】肾衰竭，少尿可由于肾排钾减少而导致高钾血症。故选E。

20.【答案】A

21.【答案】D

22.【答案】D

23.【答案】E

【解析】一般静脉补钾的速度以20~40mmol/h为宜，不能超过50~60mmol/h。故选E。

24.【答案】D

【解析】正常血钾浓度为3.5~5.5mmol/L低钾血症是指血清钾<3.5mmol/L的一种病理生理状态。高钾血症是指血清钾浓度>5.5mmol/L的一种病理生理状态，此时的本内钾总量可增多（钾过多）、正常或缺乏。故选D。

25.【答案】A

【解析】高渗性失水，血钠（>145mmol/L）和血浆渗透压均升高（>310mOsm/L），尿量减少，尿比重升高。等渗性失水，血钠、血浆渗透压正常，尿量少，尿钠少或正常。低渗性失水，血钠（<130mmol/L）和血浆渗透压降低（<280mOsm/L），尿量减少，尿比重低。故选A。

【A_3/A_4 型题】

26.【答案】B

【解析】高渗性失水的表现程度如下。①轻度：失水多于失钠，细胞外液量减少，渗透压升高。当失水量达体重的2%~3%时，渴感中枢兴奋，刺激抗利尿激素释放，水重吸收增加，尿量减少，尿比重增高。如伴有多饮，一般不造成细胞外液容量不足和渗透压异常，如伴渴感减退，可发生高渗性失水。②中度：当失水量达体重的4%~6%时，醛固酮分泌增加和血浆渗透压升高，此时口渴严重，咽下困难，声音嘶哑；有效循环容量不足，心率加快；皮肤干燥、弹性下降；进而因细胞内失水出现乏力、头晕、烦躁。③重度：当失水量达7%~14%时，脑细胞失水严重，出现神经系统异常症状如躁狂、谵妄、定向力

失常、幻觉、晕厥和脱水热。当失水量超过15%时，可出现高渗性昏迷、低血容量性休克、尿闭及急性肾衰竭。故选B。

27.【答案】C

【解析】补液总量应包括已丢失液体量及继续丢失的液体量两部分。已丢失量有4种计算方法，如下。①依据失水程度：轻度失水相当于体重的2%~3%；中度失水相当于体重的4%~6%，即2400~3600ml；重度失水相当于体重的7%~14%，更严重者可达15%以上。②依据体重减少量。③依据血钠浓度：有3种计算方法，a. 丢失量=正常体液总量-现有体液总量。正常体液总量=原体重×0.6。现有体液总量=正常血清钠÷实测血清钠×正常体液总量；b. 丢失量=（实测血清钠-正常血清钠）×现体重×0.6÷正常血清钠；c. 丢失量=现体重×K×（实测血清钠-正常血清钠）。公式中的系数K在男性为4，在女性为3。④依据血细胞比容适用于估计低渗性失水的失水量。继续丢失量是指就诊后发生的继续丢失量，包括生理需要量（约1500ml/d）及继续发生的病理丢失量（如大量出汗、肺呼出、呕吐等）。本题不包括当天生理需要量，依据失水程度估算，该患者符合中度失水，失水相当于体重的4%~6%，即2400~3600ml。故选C。

28.【答案】C

【解析】宜在尿量>30ml/h后补钾，一般浓度为3g/L，当尿量>500ml/d时，日补钾量可达10~12g。故选C。

29.【答案】C

30.【答案】C

【B_1型题】

31.【答案】D

【解析】低渗性缺水的主要病因有：①胃肠道消化液持续性丢失，如反复呕吐、长期胃肠减压引流或慢性肠梗阻，以致大量钠随消化液而排出。②大创面的慢性渗液。③应用排钠利尿药时，未注意补给适量的钠盐，以致体内缺钠程度多于缺水。④等渗性缺水治疗时补充水分过多。故选D。

32.【答案】B

【解析】代谢性酸中毒的主要病因：①碱性物质丢失过多，见于腹泻、肠瘘、胆瘘和胰瘘等，经粪便、消化液大量丢失HCO_3^-。②酸性物质过多失血性及感染性休克致急性循环衰竭、组织缺血缺氧，可使丙酮酸及乳酸大量产生，发生乳酸性酸中毒，这在外科很常见。糖尿病或长期不能进食，体内脂肪分解过多，可形成大量酮体，引起酮症酸中毒。抽搐、心搏骤停等也能同样引起体内有机酸的过多形成。为某些治疗的需要，应用氯化铵或盐酸精氨酸过多，以致血中Cl^-增多，也可引起酸中毒。③肾功能不全由于肾小管功能障碍，内生性H^+不能排出体外，或HCO_3^-吸收减少，均可致酸中毒。其中，远曲小管性酸中毒系泌H^+功能障碍所致，近曲小管性酸中毒则是HCO_3^-再吸收功能障碍所致。故选B。

33.【答案】E

【解析】高钾血症的常见原因为：①进入体内（或血液内）的钾量太多，如口服或静脉输入氯化钾，使用含钾药物，以及大量输入保存期较久的库血等。②肾排钾功能减退，如急性及慢性肾衰竭、应用保钾利尿药以及盐皮质激素不足等。③细胞内钾的移出，如溶血、组织损伤（如挤压综合征），以及酸中毒等。故选E。

34.【答案】C

35.【答案】A

36.【答案】B

37.【答案】D

【解析】水过多是指机体摄入或输入水过多，以致水在体内潴留，引起血液渗透压下降和循环血量增多的一种病理状态。若过多的水进入细胞内，导致细胞内水过多则称为水中毒。水过多和水中毒是稀释性低钠血症的病理表现。故选D。

38.【答案】C

39.【答案】B

【解析】①高渗性失水以补水为主，补钠为辅。②等渗性失水补充等渗溶液为主，首选0.9%氯化钠液，但长期使用可引起高氯性酸中毒。因为正常细胞外液的钠、氯比值是7∶5，下述配方更符合生理需要：0.9%氯化钠液1000ml+5%葡萄糖液500ml+5%碳酸氢钠液100ml。③低渗性失水补充高渗液为主。故选B。

40.【答案】D

【解析】高钾血症对机体的主要威胁是心脏抑制，治疗原则是迅速降低血钾水平，保护心脏。葡萄糖和胰岛素使血清钾转移至细胞内，降低血钾水平。故选D。

41.【答案】A

第十六篇 精神、神经系统

第一章 神经系统疾病概论

【A_1 型题】

1.【答案】B

【解析】内囊是感觉、运动等传导束的集中地，损伤时出现"三偏"综合征，即偏瘫、偏身感觉障碍和偏盲。

2.【答案】C

【解析】去皮质综合征为大脑皮质功能减退或丧失，皮质下功能仍保存，即上运动神经元功能受损，而下运动神经元功能保留。患者表现为上肢屈曲内收，腕及手指屈曲，双下肢伸直，足屈曲。因此患者上肢伸肌群比屈肌群瘫痪程度重。尽管锥体束主要支配对侧躯体，但仍有一小部分锥体束纤维始终不交叉，支配同侧脑神经运动核和脊髓前角运动神经元。因四肢远端比近端的同侧支配更少，锥体束损害导致的四肢瘫痪一般远端较重。

3.【答案】D

【解析】支配下肢的脊髓节段：股前为 $L_1 \sim L_3$，小腿前面为 $L_4 \sim L_5$，小腿及股后为 $S_1 \sim S_2$。

4.【答案】C

【解析】核间性眼肌麻痹，病变主要损害脑干的内侧纵束，故又称内侧纵束综合征。内侧纵束是眼球水平性同向运动的重要联络通路，它连接一侧动眼神经的内直肌核与对侧展神经核，同时还与脑桥的侧视中枢相连，而实现眼球的水平同向运动。

5.【答案】C

【解析】一个半综合征指一侧脑桥被盖部病变，引起脑桥侧视中枢和对侧已交叉过来的联络同侧动眼神经内直肌核的内侧纵束同时受累。表现为患侧眼球水平注视时既不能内收又不能外展；对侧眼球水平注视时不能内收，可以外展，但有水平眼震。

6.【答案】A

【解析】一侧小脑半球病变时表现为同侧肢体共济失调，上肢比下肢重，远端比近端重，精细动作比粗略动作重，指鼻试验、跟膝胫试验、轮替试验笨拙，常有水平性也可为旋转性眼震。

7.【答案】C

【解析】阿-罗瞳孔为顶盖前区的光反射径路受损所致。表现为两侧瞳孔较小，大小不等，边缘不整，光反射消失而调节发射存在。由于顶盖前区内支配光反射和调节反射的神经纤维并不相同，所以调节反射仍然存在。A、B、D 为埃迪瞳孔特征，E 为埃迪综合征特征。

8.【答案】B

【解析】面神经为混合性神经，其主要成分为运动神经，司面部的表情运动；次要成为为中间神经，含特殊内脏感觉纤维，司味觉；躯体感觉纤维，司内耳，外耳道等处的皮肤感觉；以及副交感神经纤维，司腺体（泪腺及唾液腺）的分泌。

9.【答案】C

【解析】舌咽神经和迷走神经均为混合性神经，都包括特殊内脏运动、一般内脏运动（副交感）、一般内脏感觉和躯体感觉四种成分。此外，舌咽神经还包含特殊内脏感觉纤维。

10.【答案】C

【解析】视觉径路的不同部位损害，可产生不同程度的视力障碍及不同类型的视野缺损。视束病变多引起两眼对侧视野的偏盲即同向性偏盲，故本题选 C。右侧视神经损害产生同侧（右侧）视力下降或全盲。视交叉外侧部病变引起同侧眼鼻侧视野缺损；视交叉正中部病变，可出现双眼颞侧偏盲；整个视交叉损害，可引起全盲。左侧颞叶视辐射受损出现双眼右侧视野的同向上象限盲。左侧顶叶视辐射受损出现双眼右侧视野的同向下象限盲。

11.【答案】C

【解析】位置觉和运动觉为深感觉，深感觉传导通路由三级神经元组成，第一级神经元位于脊神经节内，周围突分布于深部感受器；中枢突从脊髓后根内侧进入后索，分别形成薄束和楔束。薄束和楔束起始于第二级神经元，交叉后形成内侧丘系，止于丘脑腹后外侧核。由此发出第三级神经元形成丘脑皮质束，经内囊后肢投射于大脑皮质中央后回的中上部及中央旁小叶后部。

12.【答案】B

【解析】Brudzinski 征为脑膜刺激征：患者仰卧屈颈时出现双侧髋、膝部屈曲；一侧下肢膝关节屈曲位，检查者使该侧下肢向腹部屈曲，对侧下肢亦发生屈曲（下肢征），均为 Brudzinski 征阳性。

13.【答案】D

【解析】传导感觉的神经纤维由脊髓后根进入，故脊髓前根病损无感觉障碍。

14.【答案】E

【解析】下运动神经元瘫痪临床表现为：①受损的下运动神经元支配的肌力减弱。②肌张力减低或消失。③腱反射减弱或消失。④肌肉萎缩明显。

15.【答案】C

【解析】传导深感觉的第1级神经元为脊神经节细胞，终止于$C_8 \sim L_2$节段胸核。由胸核发出的2级纤维在同侧脊髓侧索组成脊髓小脑后束，向上经小脑小脚进入旧小脑皮质，传导躯干（除颈部外）和下肢深感觉。传导痛、温觉的第1级神经元为脊神经节细胞，在后根的外侧部入脊髓经背外侧束再终止于第2级神经元。第2级神经元发出纤维经白质前联合交叉至对侧，组成脊髓丘脑束，上行终止于背侧丘脑的腹后外侧核。腹后外侧核内的第3级神经元发出纤维称丘脑中央辐射，经内囊后肢投射到中央后回中、上部和中央旁小叶后部。因此右侧胸髓损伤可出现右下肢深感觉障碍和左侧损伤平面以下痛、温觉障碍。同时右侧胸髓损伤了脊髓前角细胞，出现下运动神经元损伤，所有发射弧均中断，浅反射、深反射均消失，也不出现病理发射，故右下肢膝反射消失、Babinski征（-）。

16.【答案】C

【解析】舌下神经位于延髓第四脑室底舌下神经三角深处的舌下神经核发出轴突在橄榄体与椎体之间出脑，经舌下神经管出颅，分布于同侧舌肌。

17.【答案】D

18.【答案】B

19.【答案】B

【解析】皮质脊髓束为下行纤维束，又称运动传导束，将大脑皮质运动区、红核、前庭核、脑干网状结构及上丘的冲动传至脊髓前角或侧角，继而支配躯干肌和四肢肌，参与锥体束和锥体外系的形成，与肌肉的随意运动、姿势和平衡有关。红核脊髓束支配屈肌的运动神经元，协调肢体运动。顶盖脊髓束兴奋对侧颈肌及抑制同侧颈肌活动，为头颈反射及视听反射的结构基础。前庭脊髓束主要兴奋躯干和肌肉的伸肌，以调节身体平衡。网状脊髓束主要参与躯干和肢体近端肌肉运动的控制。

20.【答案】D

【解析】上运动神经元瘫痪指脊髓前角细胞和脑神经运动核以上的锥体系损伤及锥体细胞或其轴突组成的锥体束的损伤。表现为：①随意运动障碍。②肌张力增高，故称痉挛性瘫痪（硬瘫），这是由于上运动神经元对下运动神经元的抑制作用丧失的缘故。③深反射亢进（因失去高级控制），浅反射（如腹壁反射，提睾反射等）减弱或消失（因锥体束的完整性被破坏）。④出现病理反射（如Babinski征，为锥体束损伤确凿症状之一）等，因锥体束的功能受到破坏所致。下运动神经元损伤表现为失去神经直接支配所致的随意运动障碍，肌张力降低，故之称弛缓性瘫痪。

21.【答案】C

【解析】传导痛、温觉的第2级神经元发出纤维经在白质前联合交叉至对侧，因此左侧颈膨大（$C_5 \sim T_2$）病变不会出现病变水平以下左侧痛、温觉减退。

22.【答案】B

【解析】分离性感觉障碍见于髓内型感觉障碍侧索型。

23.【答案】A

【解析】咀嚼肌由三叉神经运动纤维支配。

24.【答案】B

【解析】上肢桡侧为$C_5 \sim C_7$支配，前臂及手的尺侧为C_8及T_1支配，上臂内侧为T_2支配。前连合为两侧脊髓丘脑束的交叉纤维集中处，$C_5 \sim T_2$前连合受损意味着双上肢双侧节段性分布的对称性分离性感觉障碍，表现为痛、温觉消失而深感觉和触觉存在。

25.【答案】D

【解析】舌咽、迷走神经的运动核受双侧皮质脑干束支配，当双侧皮质延髓束损伤时才出现构音障碍和吞咽困难，而咽反射存在，称假性球麻痹。

26.【答案】D

【解析】动眼神经为支配眼肌的主要运动神经，包括运动纤维和副交感纤维两种成分。动眼神经核可分为三部分，如下。①外侧核：为运动核，支配上睑提肌、上直肌、内直肌、下斜肌和下直肌。②正中核或称佩利阿核：发出副交感纤维至两眼内直肌，主管两眼的辐辏运动。③E-W核：发出副交感神经节前纤维入睫状神经节交换神经元，其节后纤维支配瞳孔括约肌和睫状肌，参与缩瞳和调节反射。

27.【答案】B

【解析】运动系统由上运动神经元（椎体系统）、下运动神经元、椎体外系统和小脑组成。丘脑属于感觉系统。

28.【答案】D

【解析】痛觉、温度觉传导通路的第2级神经元，进白质前联合交叉至对侧外侧索，组成脊髓丘脑束，终止于丘脑腹后外侧核。因此一侧脊髓丘脑束损害可出现对侧皮肤痛、温觉减退或缺失。

29.【答案】E

【解析】牵涉性疼痛是指内脏病变时出现在相应体表区的疼痛。三叉神经痛引起的疼痛为局部性疼痛。神经根受到肿瘤或椎间盘的压迫出现的疼痛为放射性疼痛。牙痛时，疼痛扩散到其他三叉神经的分分支区域为扩散性疼痛。感到被切断的肢体仍然存在，且出现疼痛为幻肢痛。

30.【答案】A

【解析】上运动神经元起源于额叶中央前回运动区的大椎体细胞（Betz 细胞）及其轴突组成的皮质脊髓束（从大脑皮质至脊髓前角的纤维束）和皮质脑干束（从大脑皮质至脑干脑神经运动核的纤维束），故称其为椎体系统。

31.【答案】D

【解析】深感觉指来自肌腱、肌肉、骨骼和关节的运动觉、位置觉和振动觉。图形觉为复合感觉。

32.【答案】D

【解析】浅感觉指来自皮肤和黏膜的痛觉、温度觉及触觉。

33.【答案】C

【解析】迷走神经的一般躯体感觉纤维中枢突终止于三叉神经脊束核；一般内脏感觉纤维中枢突终止于孤束核；特殊内脏运动纤维起自疑核；副交感纤维起自迷走神经背核。

34.【答案】C

【解析】面神经中枢性损伤主要表现为病灶对侧下面部表情肌瘫痪，即鼻唇沟变浅，口角轻度下垂，而上部面肌（额肌和眼轮匝肌）不受累，皱眉，皱额和闭眼动作均无障碍。而面神经周围性损伤表现为同侧面肌瘫痪。

35.【答案】C

【解析】核上性眼肌麻痹又称为中枢性眼肌麻痹，是指大脑皮质眼球同向运动中枢，脑桥侧视中枢及其传导束损害，使双眼出现同向注视运动障碍。临床上有三个特点：①双眼同时受累。②无复视。③反射性运动仍保存。核上性眼肌麻痹不累及内侧纵束。

36.【答案】D

【解析】楔束与深感觉传导有关。脊髓丘脑前束为触觉传导通路。脊髓丘脑后束为痛觉、温度觉传导通路。胶状质为脊髓后角Ⅱ层，传导痛、温觉。外侧丘系传导听觉。

37.【答案】C

【解析】咀嚼肌由三叉神经的运动支支配，真性球麻痹时不会出现咀嚼费力。

38.【答案】D

【解析】视盘水肿是颅内压增高的主要客观体征之一，是由于颅内压增高影响视网膜中央静脉和淋巴回流所致。视盘水肿患者早期视力常正常，晚期减退。

39.【答案】C

【解析】脊髓半离断型病变侧损伤平面以下深感觉障碍及上运动神经元性瘫痪。对侧损伤平面以下痛、温觉缺失。

40.【答案】E

【解析】角膜反射通路为：角膜→三叉神经眼支→三叉神经半月神经节→三叉神经感觉主核→两侧面神经核→面神经→眼轮匝肌（出现闭眼反应）。角膜反射是由三叉神经的眼神经与面神经共同完成的。角膜直接反射存在，间接反射消失说明传出障碍，病变在对侧面神经。

41.【答案】B

【解析】感觉过敏：指一般情况下对正常人不会引起不适感觉或只能引起轻微感觉的刺激，患者却感觉非常强烈，甚至难以忍受。感觉过度：①潜伏期长。②感受性降低，兴奋阈增高。③不愉快的感觉。④扩散性。⑤延时性。感觉倒错：指对刺激产生的错误感觉，如冷的刺激产生热的感觉，触觉刺激或其他刺激误认为痛觉等。痛性麻痹：常见于脊髓空洞症，中枢神经、神经根或神经干刺激病变时，疼痛不仅发生在局部，而且扩散到受累神经的支配区。题干描述为感觉异常的特点。

42.【答案】C

【解析】舌下神经只受对侧皮质脑干束的支配。

43.【答案】C

44.【答案】B

【解析】内囊型感觉障碍为偏身型感觉障碍，即对侧偏身（包括面部）感觉缺失或减退，常伴有偏瘫及偏盲，称三偏综合征。

45.【答案】D

【解析】鼻黏膜感觉由三叉神经上颌支支配，真性球麻痹时不会出现咀嚼费力。

46.【答案】D

47.【答案】B

【解析】三叉神经脊束核损害表现为同侧面部洋葱皮样分离性感觉障碍，其特点如下。①分离性感觉障碍：痛、温觉缺失而触觉和深感觉存在。②洋葱皮样分布。

48.【答案】D

【解析】Hunt 综合征为面神经膝状神经节损害。表现为周围性面神经麻痹，舌前 2/3 味觉障碍及泪腺、唾液腺分泌障碍（鼓索受累），可伴有听觉过敏（镫骨肌神经受累），耳后剧烈疼痛，鼓膜和外耳道疱疹。患者无听力下降。

49.【答案】C

【解析】脊髓半侧损害表现为病变侧损伤平面以下深感觉障碍及上运动神经元性瘫痪，对侧损伤平面以下痛、温觉缺失，亦称为脊髓半切综合征。

50.【答案】D

【解析】摇摆步态：又称“鸭步”，指行走时躯干部，特别是臀部左右交替摆动的一种步态；多见于进行性肌营养不良、进行性脊肌萎缩、少年型脊肌萎缩。跨阈步态：又称“鸡步”，表现为向前迈步抬腿过高，脚悬起，落脚时总是足尖先触及地面，如跨门槛样；常见于腓总神经损害、脊髓灰质炎或进行性腓骨肌萎缩。痉挛性截瘫步态：又称“剪刀样步态”，表现为患者站立时双下肢伸直，大腿靠近，小腿略分来，双足下垂伴有内旋。行走时两大腿强烈内收，膝关节几乎紧贴，足前半和趾底部着地，用足尖走路，交叉前进，似剪刀状；常见于脑瘫。慌张步态：表现为身体前屈，头向前探，肘、腕、膝关节屈曲，双臂略内收于躯干前；行走时起步困难，小碎步前进，双上肢自然摆臂减少，停步困难，极易跌倒；转身时以一脚为轴，挪蹭转身；为帕金森病典型症状。题干描述为小脑步态的特征。

51.【答案】D

【解析】脑干型感觉障碍为交叉性感觉障碍。延髓背外侧病变损害脊髓丘脑侧束及三叉神经脊束和脊束核，出现同侧面部和对侧半身分离性感觉障碍（痛、温觉缺失而触觉存在），如Wallenberg综合征。

52.【答案】D

【解析】瞳孔散大见于动眼神经麻痹。直接对光反射是将光线直接照射被检查者瞳孔时，瞳孔立即缩小；间接对光反射是指光线直接照射一眼瞳孔时，对侧眼瞳孔立即缩小。光反射的传导通路为：光线→视网膜→视神经→视交叉→视束→上丘臂→上丘→中脑顶盖前区→两侧埃-魏核（E-W核）→动眼神经→睫状神经节→节后纤维→瞳孔括约肌。传导径路上任何一处损害均可引起瞳孔光反射消失和瞳孔散大。视神经损害时，该眼的直接对光反射消失，间接对光反射存在；动眼神经受损时，该眼的直接和间接对方反射都消失，对侧间接光反射存在。

53.【答案】D

【解析】一侧视束损害出现双眼对侧视野同向性偏盲，常见于颞叶肿瘤向内侧压迫时，故本题选D。糖尿病性视神经盘水肿多引起周边部视野缺损及生理盲点扩大。Graves病浸润性突眼主要因眼球活动受限而表现出复视，斜视。嗜铬细胞瘤阵发高血压眼底出血短期可出现视神经萎缩，以致失明。垂体瘤卒中导致整个视交叉损害，可引起全盲。

54.【答案】D

【解析】对侧患肢不同程度的共济失调，深感觉障碍多不重或呈一过性，为大脑顶叶性共济失调。

55.【答案】D

【解析】脑干病损时出现交叉性瘫痪，即病变侧脑神经麻痹和对侧肢体中枢性瘫痪。

56.【答案】A

【解析】下运动神经元瘫痪时，因失去神经直接支配所致的随意运动障碍，肌张力降低。由于神经营养障碍，还导致肌肉萎缩。因所有反射弧均中断，故浅反射和深反射都消失，也不出现病理反射。

【A_2型题】

57.【答案】E

【解析】右侧面神经病变可出现右耳部皮肤感觉障碍，右额纹消失，不能闭眼，口角歪向左侧，右鼻唇沟变浅；泪腺、下颌下腺、舌下腺分泌障碍，舌前2/3味觉障碍。右侧三叉神经病变可出现右侧头面部皮肤、口腔、鼻腔黏膜，牙和牙龈感觉障碍；右侧咀嚼肌瘫痪。左侧面神经病变类型同右侧面神经，但是病变部位在左侧。左侧动眼神经病变为左侧瞳孔散大，左眼的直接和间接对方反射都消失，左眼不能内收。右侧动眼神经病变可出现右侧瞳孔散大，右侧直接间接对光反射消失，右眼不能外展。

58.【答案】C

【解析】题干描述患者为前核间性眼肌麻痹的特点。后核间性眼肌麻痹表现为两眼同时注视时，患侧眼球不能外展，健侧眼球内收正常，辐辏反射正常。核上性眼肌麻痹表现为双眼同向注视运动障碍。核性眼肌麻痹表现为双眼球运动障碍，并有脑干内邻近结构损害及分离性眼肌麻痹。左侧动眼神经麻痹表现为左侧瞳孔散大，左眼不能内收。

59.【答案】B

【解析】中枢性面瘫表现为病灶对侧下部面部表情肌瘫痪，额支无损，皱额、皱眉和闭眼动作无障碍，本题患者右眼闭合不全，右侧额纹消失，故为周围性面瘫。

60.【答案】E

【解析】大脑皮质中央后回和旁中央小叶后部为皮质感觉中枢，受损时出现病灶对侧复合感觉障碍较重，而痛、温觉障碍轻；如为刺激性病灶，则出现局限性感觉性癫痫即发作性感觉异常。患者右侧复合感觉障碍重，深、浅感觉障碍轻，并伴有右上肢发作性感觉异常，则病损部位为左侧顶叶皮层。

61.【答案】D

【解析】双上肢弛缓性瘫痪为下运动神经元性瘫痪，双下肢痉挛性瘫痪为上运动神经元性瘫痪，故病变部位为颈膨大。

62.【答案】B

【解析】脊髓半侧损害的主要特点是病变阶段以下同侧上运动神经元性瘫痪，深感觉障碍、精细触觉障碍，对侧痛、温觉障碍。乳头平对T_4，患者右乳头痛、温觉消失，左病理征阳性提示左侧上运动神经元性瘫痪，同时伴有左侧深感觉障碍，提示病变在左侧胸髓4水平半侧损害。

63.【答案】A

【解析】患者讲话缓慢是由于小脑性共济失调导致发声器官如口唇、舌、咽喉等肌肉的共济失调；小脑蚓部病变可引起头和躯干的共济失调，导致平衡障碍，姿势和步态异常，故病变可能在小脑。

64.【答案】B

【解析】颈膨大（$C_5 \sim T_2$）损伤双上肢呈下运动神经元性瘫痪。双下肢呈上运动神经元性瘫痪。病灶平面以下各种感觉缺失。因为传导痛、温觉障碍的纤维交叉至对侧，所以左侧痛温觉障碍为右侧颈膨大受损。

65.【答案】D

【解析】肌张力高，腱反射亢进，病理征阳性为上运动神经元系统损害，故病变部位为椎体束。

66.【答案】D

【解析】来自后角的痛、温觉纤维在白质前联合处交叉，该处病变产生双侧对称的分离性感觉障碍，痛、温觉减弱或消失，触觉保留。

67.【答案】B

【解析】末梢型感觉障碍表现为四肢对称性的末梢各种感觉障碍（温、痛、触觉和深感觉），呈手套-袜套样分布，远端重于近端，常伴有自主神经功能障碍，见于多发性神经病。神经干型感觉障碍表现为受损害的某一种神经干分布区内各种感觉均减退或消失。髓内型感觉障碍后角型表现为损伤侧节段性分离性感觉障碍，出现病变侧痛、温觉障碍，而触觉和深感觉保存。后根受压为髓内型感觉障碍后索型，薄束、楔束损害，受损平面以下深感觉和精细触觉障碍，出现感觉性共济失调。横贯性脊髓损害表现病变平面以下所有感觉（温、痛、触、深）均缺失或减弱，平面上部可能有过敏带。

【A_3/A_4型题】

68.【答案】C

【解析】腹股沟为 T_{12} 支配，左侧 Babinski 阳性提示左侧锥体系受损，传导躯体运动的皮质脊髓束经过两次交叉（延髓锥体交叉和白质前联合交叉），终止于同侧前角运动神经元。因此病变定位为左半 T_{12} 节段。

69.【答案】B

【解析】患者右腹股沟以下痛、温觉减退，左下肢音叉振动觉消失，左膝反射、踝反射亢进，左侧病理征阳性提示病变侧损伤平面以下深感觉障碍及上运动神经元性瘫痪，对侧损伤平面以下痛、温觉缺失，为脊髓半切综合征表现，也称为髓内感觉障碍半离断型。

70.【答案】D

【解析】患者有阳性病理征提示上运动神经元损害，双侧肋缘下痛觉减退为感觉障碍，排尿困难为括约肌功能障碍。脊髓横贯性损害常有受损部位以下的运动、感觉及括约肌三大功能障碍。肌病：最常见的症状是肌无力以及病态性疲劳、肌痛与触痛、肌肉萎缩、肌肉假性肥大及肌强直等，无明显的感觉障碍。周围神经病变：由于脊神经是混合神经，受损时在其支配区有运动、感觉和自主神经的症状；运动障碍为下运动神经元性瘫痪。神经-肌肉接头病：存在病态性疲劳，无感觉障碍。颅内病变：表现为有意识水平和内容及精神障碍、偏瘫、偏身感觉障碍、偏盲、癫痫发作等。

71.【答案】B

【解析】双侧肋缘下痛觉减退，提示病变部位在胸髓。

【B_1型题】

72.【答案】A

【解析】视神经病变同侧全盲。视束病变出现双眼对侧视野同向性偏盲，偏盲侧瞳孔直接对光反射消失。视交叉中部病变出现双眼颞侧偏盲。视辐射全部受损，出现双眼对侧视野的同向性偏盲；视辐射下部受损，出现两眼对侧视野的同向上象限盲；视辐射上部受损，出现两眼对侧视野的同向下象限盲。枕叶病变：一侧枕叶视皮质中枢局限性病变，可出现对侧象限盲；一侧枕叶视中枢完全损害，可引起对侧偏盲，偏盲侧光反射存在，黄斑回避；枕叶视中枢刺激性损害，可使对侧视野出现闪光型幻视，枕叶前部受损引起视觉失认。

73.【答案】C

74.【答案】D

【解析】Kerning 征为脑膜刺激征。分离性感觉障碍见于脊髓后角型损害，这是由于痛、温觉纤维进入后角，而一部分触觉和深感觉纤维不经过后角直接进入后索。Babinski 征阳性为病理征，上运动神经元性瘫痪。共济失调为小脑病变。屈颈试验阳性：患者被动屈颈受限，称为颈强直，颈上节段的脊神经根受刺激引起颈强直。

75.【答案】C

76.【答案】B

77.【答案】D

【解析】左小脑半球病变表现为左侧肢体共济失调，右小脑半球病变表现为右侧肢体共济失调。

78.【答案】B

【解析】周围神经含有感觉和运动成分。感觉传入神经由脊神经后根神经节和脑神经的神经节构成，将皮肤、关节、肌腱和内脏神经的冲动由感受器传向中枢神经系统；运动传出神经由脊髓前角和侧角发出的脊神经前根和脑干运动核发出的脑神经构成，将神经冲动由中枢神经系统传出到周围的效应器。脊髓后角细胞为痛觉传导路第 2 级神经元。延髓下部薄束核及楔束核为深感觉传导路第 2 级神经元。脊神经后根神经节为痛觉及深感觉传导路第 1 级神经元。丘脑腹后外侧核为痛觉传导路第3级神经元。

79.【答案】D

80.【答案】B

【解析】去脑强直表现为四肢伸直、肌张力增高或角弓反张。去皮层强直表现为肌强直，双上肢屈曲，双下肢伸直。锥体束受损表现为四肢肌强直，呈“折刀”样。锥体外系受损表现为四肢肌强直，呈“铅管”样。小脑受损则出现共济失调。

81.【答案】C

82.【答案】D

83.【答案】D

84.【答案】E

85.【答案】A

86.【答案】B

第二章　急性炎症性脱髓鞘性多发性神经炎

【A_1型题】

1.【答案】E

【解析】吉兰-巴雷综合征（GBS）旧称格林-巴利综合征，是以周围神经和神经根的脱髓鞘病变及小血管炎性细胞浸润为病理特点的自身免疫性周围神经病。经典型的GBS称为急性炎症性脱髓鞘性多发性神经病（AIDP），临床表现为急性对称性弛缓性肢体瘫痪。故选E。

2.【答案】E

【解析】GBS首发症状多为肢体对称性弛缓性肌无力，肢体远端重于近端，感觉缺失相对轻。

3.【答案】C

【解析】脑脊液蛋白-细胞分离是GBS的特征之一，多数患者在发病数天内蛋白含量正常，2~4周内蛋白不同程度升高；糖和氯化物正常；白细胞计数一般$<10\times10^6$/L。

4.【答案】D

【解析】GBS免疫治疗主要为血浆交换和免疫球蛋白静脉注射。A项适用于脊髓灰质炎；B项适用于重症肌无力；C项适用于急性横贯性脊髓炎；E项低钾性周期性瘫痪。

【A_2型题】

5.【答案】A

【解析】脊髓灰质炎起病时多有发热，肢体瘫痪常局限于一侧下肢，无感觉障碍；周期性瘫痪为迅速出现的四肢弛缓性瘫，无感觉障碍，腱发射正常；急性脊髓炎发病前1~2周有发热病史，起病急，1~2日出现截瘫，受损平面以下运动障碍伴传导束性感觉障碍，早期出现尿、便障碍，脑神经不受累；重症肌无力受累骨骼肌病态疲劳，症状波动、晨轻暮重。

【A_3/A_4型题】

6.【答案】B

【解析】周期性瘫痪为迅速出现的四肢弛缓性瘫痪；癔症性瘫痪起病前多有暗示，肌肉瘫痪程度轻；急性脊髓炎发病前1~2周有发热史；受损平面以下运动障碍伴传导束性感觉障碍，早期出现尿、便障碍；重症肌无力受累骨骼肌病态疲劳、症状波动、晨轻暮重，新斯的明试验阳性。

7.【答案】B

【解析】腰椎穿刺检查出现脑脊液蛋白-细胞分离是GBS的特征之一。

8.【答案】E

【解析】GBS的免疫治疗为血浆交换（PE）和免疫球蛋白静脉注射（IVIG）。

第三章　偏　头　痛

【A_1型题】

1.【答案】D

【解析】无先兆偏头痛是最常见的偏头痛类型，约占偏头痛的80%。临床表现为反复发作的一侧或双侧额颞部疼痛，呈搏动性，常伴有恶心、呕吐、畏光、出汗、全身不适、头皮触痛等症状。

2.【答案】E

3.【答案】C

【解析】偏头痛并发症包括：①慢性偏头痛。②偏头痛持续状态。③无梗死的持续先兆。④偏头痛性脑梗死。⑤偏头痛诱发的痫样发作。

4.【答案】E

【解析】偏头痛血管学说认为偏头痛是原发性血管性疾病，由血管舒缩功能障碍引起。颅内血管收缩引起偏头痛先兆症状，随后颅外、颅内血管扩张导致搏动性的头痛产生。因此偏头痛发作时禁用血管扩张药。

【A_2型题】

5.【答案】A

【解析】患者头痛为单侧性，搏动性，持续10小时，神经系统检查无异常，脑电图正常，可排除癫痫精神运动性发作和颅内占位性病变，故考虑诊断为偏头痛。

6.【答案】E

【解析】患者反复发作性头痛3年，发作前有先兆症状，头痛呈搏动性，伴恶心、呕吐，考虑诊断为偏头痛。

7.【答案】B

【解析】麦角类制剂为 $5-HT_1$ 受体非选择性激动剂，其半衰期长、治疗偏头痛的复发率低，适用于发作持续时间长的患者。

【B_1 型题】

8.【答案】A

【解析】轻-中度头痛单用非甾体类抗炎药有效。中-重度头痛可选用偏头痛特异性治疗药物。麦角类制剂为 $5-HT_1$ 受体非选择性激动剂，曲普坦类为 $5-HT_{1B/1D}$ 受体选择性激动剂。偏头痛预防性治疗可选用β肾上腺素受体阻断药普萘洛尔和美托洛尔；钙离子拮抗剂氟桂利嗪和维拉帕米；抗癫痫药丙戊酸、托吡酯和加巴喷丁；抗抑郁药阿米替林；5-HT 用受体阻断药苯噻啶。

9.【答案】B

10.【答案】D

11.【答案】C

第四章　面神经炎

【A_1 型题】

1.【答案】C

【解析】耳后或下颌角后疼痛为三叉神经痛的症状。

【A_2 型题】

2.【答案】B

【解析】该患者为特发性面神经麻痹，急性期应尽早使用激素治疗。

【A_3/A_4 型题】

3.【答案】D

【解析】面神经麻痹患者露齿时口角歪向健侧。

4.【答案】B

【解析】面神经麻痹治疗原则为改善局部血液循环，减轻面神经水肿，缓解神经受压，促进神经功能恢复。急性期尽早使用皮质激素。

第五章　急性脊髓炎

【A_1 型题】

1.【答案】E

【解析】腰椎穿刺禁忌证为：①颅内压明显升高，或已有脑疝迹象，特别是怀疑后颅窝存在占位性病变。②穿刺部位有感染灶、脊柱结核或开放性损伤。③明显出血倾向或病情危重不宜搬动。④脊髓压迫症的脊髓功能处于即将丧失的临界状态。

【A_2 型题】

2.【答案】A

【解析】脊髓震荡为最轻微的脊髓损伤。脊髓遭受强烈震荡后立即发生弛缓性瘫痪，损伤的平面以下感觉、运动反射及括约肌功能全部丧失。因为在组织形态学上并没有病理变化发生，只是暂时性功能抑制，可以在数分钟或数小时内可以完全恢复。

【A_3/A_4 型题】

3.【答案】C

【解析】患者急性起病，迅速出现脊髓横贯性损害考虑为急性脊髓炎。脊髓出血很少见，起病急骤伴有剧烈背痛、肢体瘫痪和尿、便潴留，可有血性脑脊液；脊髓肿瘤多起病缓慢；GBS 多有前驱感染史，呈急性起病，进行性加重，多在 2 周左右达高峰；大脑旁脑膜瘤患者起病时不会有胸背部疼痛。

4.【答案】D

【解析】患者脐以下各种感觉障碍，脐平对 T_{10}，故应进行胸椎 MRI 检查。

5.【答案】C

【解析】患者慢性起病，病变从下往上发展，无全身结核及肿瘤相关症状，故排除脊柱结核、脑肿瘤和脊髓髓内肿瘤。患者右下肢上运动神经元性瘫痪，左侧痛温觉障碍，为右侧脊髓半切综合征，故考虑为右髓外硬膜内肿瘤。

6.【答案】E

【解析】左腹股沟平对 T_9，故首先做的检查为 T_9 为中心 X 线片。

第六章　颅内压增高

【A_1 型题】

1.【答案】E

【解析】对于颅内压增高昏迷患者，出现上呼吸道梗阻应最先采取的措施是气管插管。

2.【答案】B

【解析】颅内压急剧增高时，患者出现心搏和脉搏缓慢、呼吸节律减慢，血压升高，称为库欣反应。这种危象多见于急性颅内压增高病例。

3.【答案】C

【解析】颅内压增高可一侧或双侧展神经麻痹和复视，但无定位诊断价值。

4.【答案】B

【解析】颅内压增高时可见颅骨骨缝分离，指状压迹增多，鞍背骨质稀疏及蝶鞍扩大。

5.【答案】D

【解析】治疗脑水肿常用注射剂有：①20%甘露醇250ml。②20%尿素转换酶或尿素山梨醇溶液200ml。③呋塞米20～40mg。④浓缩2倍血浆100～200ml。⑤20%人血清清蛋白20～40ml。

6.【答案】E

【解析】位于脑室或中线部位的肿瘤，虽然体积不大，但由于堵塞室间孔、中脑导水管或第Ⅳ脑室脑脊液循环通路，易产生梗阻性脑积水，因而颅内压增高症状可早期出现而且显著。

7.【答案】C

【解析】颅高压患者需用轻泻剂来疏通大便，不能让患者用力排便，不可做高位灌肠，以免颅内压骤然增高。

8.【答案】E

【解析】CT快速、精确、无创伤，是诊断颅内病变首选检查，对绝大多数病变可作出定位诊断，也助于定性诊断。

9.【答案】C

【解析】颅内压的调节除部分依靠颅内的静脉血被排挤到颅外血液循环外，主要是通过脑脊液量的增减来调节。当颅内压高于70mmH$_2$O时，脑脊液的分泌较前减少而吸收增多，使颅内脑脊液量保持在正常范围，以代偿增加的颅内压。当颅内压低于70mmH$_2$O时，脑脊液的分泌则增加，而吸收减少，使颅内脑脊液量增多，以维持正常颅内压不变。

10.【答案】D

11.【答案】E

【解析】婴幼儿及小儿的颅缝未闭合或尚未牢固融合，颅内压增高可使颅缝裂开而相应地增加颅腔容积，从而延缓病情进展。

12.【答案】E

【解析】视神经盘水肿是颅内压增高的重要客观体征之一，表现为视神经盘充血，边缘模糊不清，中央凹陷消失，视盘隆起，静脉怒张。

13.【答案】D

14.【答案】A

【解析】颅内压增高患者，病情出现加重，应立即查头颅CT以明确病变的情况，同时行降颅压处理。

15.【答案】D

【解析】颅内压增高患者应用轻泻剂来疏通大便，不能让患者用力排便，不可做高位灌肠，以免颅内压骤然增高。

16.【答案】D

【解析】对昏迷的颅高压患者及咳嗽困难者要考虑做气管切开术，以保持呼吸道通畅，防止因呼吸不畅而使颅内压更加增高。

【A$_2$型题】

17.【答案】E

【解析】引起颅内压增高原因可分为五大类：①颅内占位性病变挤占了颅内空间，如颅内血肿、脑肿瘤、脑脓肿等。②脑组织体积增大，如脑水肿。③脑脊液循环和/或吸收障碍所致梗阻性脑积水和交通性脑积水。④脑血流过度灌注或静脉回流受阻，见于脑肿胀、静脉窦血栓等。⑤先天性畸形使颅腔的容积变小，如狭颅症、颅底凹陷等。

18.【答案】E

19.【答案】E

【解析】颅内压急剧增高时，患者出现心搏和脉搏缓慢、呼吸节律减慢，血压升高，称为库欣反应。

【A$_3$/A$_4$型题】

20.【答案】E

【解析】患者头痛、呕吐、视盘水肿，考虑颅内压增高。

21.【答案】D

22.【答案】D

23.【答案】B

【解析】患者右侧肢体无力，右下肢病理征阳性，不完全运动性失语，考虑为左额叶病变。

24.【答案】D

第七章 头皮损伤

【A$_1$型题】

1.【答案】B

【解析】头皮血肿诊断时应考虑是否伴有颅骨骨折，对伴有颅骨骨折者不宜强力加压包扎，以防血液经骨折缝流入颅内，引起硬脑膜外血肿。

2.【答案】A

【解析】头皮裂伤如发现脑脊液或脑组织外溢，应按开放性脑损伤处理，须立即缝合头皮，变开放损伤为闭合损伤，术后给予抗生素。

3.【答案】A

【解析】钝器或头部碰撞造成的头皮裂伤多不规则，创缘有挫伤痕迹，常伴有颅骨骨折或脑损伤。

4.【答案】E

【解析】开放性颅脑损伤应争取在6~8小时内施行清创术，在无明显污染并应用抗生素的前提下，早期清创的时限可延长到72小时。

【A_2型题】

5.【答案】D

【解析】患者意识清楚，但存在恶心，呕吐提示存在颅内压增高，患者可能存在硬膜外血肿，此时给予镇静药会掩盖患者的意识障碍。

6.【答案】D

【解析】患者为全头型帽状腱膜下血肿，血肿较大，应在严格皮肤准备和消毒下穿刺抽吸，然后再加压包扎。

【A_3/A_4型题】

7.【答案】D

【解析】头皮富含血管，遭受钝性打击或碰撞后，可使血管破裂，而头皮仍保持完整，形成血肿。CT示右额颞头皮肿胀，触之有波动性，患者为儿童，无神经系统定位症状，可考虑为帽状腱膜下血肿。

8.【答案】D

【解析】帽状腱膜下血肿较小者可加压包扎，待其自行吸收；若血肿较大，则应穿刺抽吸，然后再加压包扎。

第八章 颅骨骨折

【A_1型题】

1.【答案】A

【解析】颅盖线形骨折除可能伴有的头皮损伤（挫裂伤、头皮血肿）外，骨折本身仅靠触诊很难发现，常需要依赖X线平片或CT骨窗像。

2.【答案】D

【解析】与颅盖骨折不同，颅底骨折的诊断主要依靠临床表现，头颅X线平片的价值有限。但CT扫描对颅底骨折有诊断意义，通过对窗宽和窗距的调节（骨窗像）常能显示骨折部位，还能发现颅内积气。

3.【答案】E

【解析】颅底骨折的诊断主要依靠临床表现，主要有：①耳、鼻出血或脑脊液漏。②脑神经损伤。③皮下或黏膜下瘀血、瘀斑。

4.【答案】D

【解析】颅底骨颞骨岩部骨折常发生面神经损伤，但为周围性面瘫而非中枢性面瘫。

5.【答案】A

【解析】颅前窝骨折多累及额骨水平部（眶顶）和筛骨，常伴嗅神经损伤。

6.【答案】E

【解析】颅中窝骨折可累及蝶骨和颞骨。颞骨岩部骨折常发生面神经和听神经损伤。

【A_2型题】

7.【答案】A

【解析】颅底骨折合并脑脊液漏时，须预防颅内感染，不可堵塞或冲洗，不做腰穿，取头高位卧床休息，避免用力咳嗽、打喷嚏和擤鼻涕，给予抗生素。

8.【答案】E

【解析】颅底骨折如为闭合性，骨折本身无特殊处理。合并脑脊液漏时，须预防颅内感染，不可堵塞或冲洗，不做腰穿，取头高位卧床休息，给予抗生素。绝大多数漏口会在伤后1~2周内自行愈合。如超过1个月仍未停止漏液，可考虑行手术修补硬脑膜，以封闭瘘口。对伤后视力减退，疑为碎骨片挫伤或血肿压迫视神经，应争取在12小时内行视神经探查减压术。

9.【答案】C

【解析】颅底骨折合并脑脊液漏时，要预防颅内感染，不可堵塞或冲洗，不做腰穿。

【A_3/A_4型题】

10.【答案】C

【解析】患者车祸左顶枕部着地，左耳流出血性脑脊液即可考虑颅底骨折，脑脊液耳漏。

11.【答案】E

【解析】颅底骨折如为闭合性，骨折本身无特殊处理。合并脑脊液漏时，须预防颅内感染，不可堵塞或冲洗，不做腰穿，取头高位卧床休息，避免用力咳嗽，打喷嚏和擤鼻涕，给予抗生素。

12.【答案】D

13.【答案】E

14.【答案】C

【解析】凹陷骨折的整复指征为：①凹陷深度>1cm。②位于重要功能区。③骨折片刺入脑内。④骨折引起瘫痪、失语等功能障碍或局限性癫痫者，应手术治疗。

【B_1型题】

15.【答案】B

【解析】颅前窝骨折出血可经鼻流出，或进入眶内在眼睑和球结膜下形成淤血斑，俗称“熊猫眼”或“眼睛征”。

16.【答案】D

【解析】颅中窝骨折可累及蝶骨和颞骨。若骨折线累及颞骨岩部，血液和脑脊液可经中耳和破裂的鼓膜由外耳道流出，形成耳漏；如鼓膜未破，则可沿耳咽管入鼻腔形成鼻漏。

17.【答案】C

【解析】颅后窝骨折常累及岩骨和枕骨基底部。在乳突和枕下部可见皮下淤血，或在咽后壁发现黏膜下淤血。

第九章 脑损伤

【A_1 型题】

1.【答案】E

2.【答案】E

【解析】脑震荡神经系统检查多无明显阳性体征。如做腰椎穿刺，颅内压力和脑脊液在正常范围。CT检查颅内无异常。

3.【答案】C

【解析】弥漫性轴索损伤时头部遭受加速性旋转外力作用时，因剪应力而造成的以内脑神经轴索肿胀断裂为主要特征的损伤。组织撕裂出血在高分辨率CT上表现为胼胝体、脑干上端、内囊和底节区、白质等部位的小灶性高密度影，一般不伴周围水肿或其他损害，因此无广泛的脑皮层损伤。

4.【答案】B

【解析】下视丘损伤多表现为尿崩症，下视丘功能紊乱可出现高血糖、中枢性高热、应激性溃疡。但无早期锥体束征。

5.【答案】B

【解析】硬膜外血肿的主要来源是脑膜中动脉。该动脉经颅中窝底的棘孔入颅后，沿脑膜中动脉沟走行，在近翼点处分为前后两支，主干及分支均可因骨折而撕破，于硬脑膜外形成血肿。

6.【答案】D

7.【答案】C

【解析】颅内血肿最根本措施是采用骨瓣或骨窗开颅，清除血肿，妥善止血。

8.【答案】B

【解析】迟发性瞳孔散大而无脑疝表现为弥漫性轴索损伤的临床表现。

9.【答案】A

【解析】进行性意识障碍为急性硬膜外血肿的主要症状。临床有3种情况：①原发脑损伤轻，伤后无原发昏迷，待血肿形成后始出现意识障碍（清醒→昏迷）。②原发脑损伤略重，伤后一度昏迷，随后完全清醒或好转，但不久又陷入昏迷（昏迷→中间清醒或好转→昏迷）。③原发脑损伤较重，伤后昏迷进行性加重或持续。

10.【答案】C

【解析】慢性硬膜下血肿好发于老年人，多有轻微头部外伤史。部分患者无外伤，可能与营养不良、维生素C缺乏、硬脑膜出血性或血管性疾病等相关。

11.【答案】C

【解析】进行性意识障碍为急性颅内血肿的主要症状，头痛、恶心、呕吐则为颅内压增高症状，这些均为外伤后急性脑受压最可靠的临床表现。

12.【答案】A

【解析】颅内血肿是颅脑损伤中最常见、最严重的继发病变，如不能及时诊断、处理，多因进行性颅内压增高，形成脑疝而危及生命。

13.【答案】A

【A_2 型题】

14.【答案】C

【解析】硬膜外血肿最多见于颞部、额顶部和颞顶部。患者原发损伤轻，伤后无原发昏迷，伤后1小时出现昏迷；瞳孔散大提示颅内压增高形成脑疝，当血肿增大引起小脑幕切迹疝时，则可出现对侧锥体束征。硬膜下血肿多表现为持续昏迷或昏迷进行性加重。

15.【答案】A

【解析】硬膜外血肿患者可出现原发脑损伤轻，伤后无原发昏迷，待血肿形成后始出现意识障碍，故不能因为患者意识清楚，就让其回家观察。

16.【答案】D

【解析】由于枕骨内面比较平滑，而颅前窝和颅中窝底凹凸不平，即使着力部位在枕部，脑损伤均多见于额、颞叶前部和底部。患者左侧瞳孔散大，血肿部位是左额颞部。

17.【答案】E

【解析】颅内血肿患者CT扫描不仅可以直接显示硬脑膜外血肿，还可了解脑室受压和中线结构移位的程度及并存的脑挫裂伤、脑水肿等情况，应及早应用与疑有颅内血肿患者的检查。

18.【答案】D

【解析】根据伤后立即出现的意识障碍、局灶性症状和体征及较明显的头痛、恶心、呕吐等，脑挫裂伤的诊断多可成立。典型CT表现为局部脑组织内有高、低密度混杂影，点片状高密度影为出血灶，低密度影则为水肿区。腰穿脑脊液是否含血，可与脑震荡鉴别。脑脊液鼻漏多提示颅骨骨折。

19.【答案】C

【解析】脑挫裂伤CT表现为局部脑组织内有高、低密度混杂影，点片状高密度影为出血灶，低密度影则为水肿区。硬膜下血肿CT显示脑表面新月形或半月形低密度或等密度影，MRI则为短T_1，长T_2信号影。硬膜外血肿CT表现为颅骨内板与硬脑膜之间的双凸镜形或弓形高密度影。脑内血肿表现为脑挫裂伤区附近或脑深部白质内类圆形或不规则高密度影。高血压脑出血表现为高密度影区，出血可破入脑室或合并脑积水。

20.【答案】B

21.【答案】C

【解析】患者2个月前的外伤史，CT显示右额颞顶新月状低密度影，考虑慢性硬膜下血肿。

22.【答案】D

【解析】CT否认脑挫伤，排除B；脑震荡和颅底骨折不会出现深昏迷和去脑强直发作，排除A、E；轴索损伤的确诊需要影像学检查，排除C。患者去脑强直发作提示脑干损伤。

23.【答案】E

【解析】开放性颅脑损伤应争取在6~8小时内施行清创术，在无明显污染并应用抗生素的前提下，早期清创的时限可延长到72小时。

24.【答案】D

【解析】颅脑损伤昏迷患者应取侧俯卧位，及时清除口、鼻、气管内的血液、呕吐物或分泌物，必要时做气管插管，以确保呼吸道通畅。

25.【答案】B

【解析】患者有昏迷→清醒→昏迷期，提示硬膜外血肿。

26.【答案】A

【解析】脑震荡表现为伤后立即出现短暂的意识丧失，持续数分钟至10余分钟，一般不超过半小时。意识恢复后，对受伤当时和伤前近期的情况不能回忆，即逆行性遗忘。

27.【答案】D

【解析】急性硬膜外血肿患者的进行性意识障碍为颅内血肿的主要症状，其变化过程与原发性脑损伤的轻重和血肿形成的速度密切相关。

28.【答案】E

【解析】左枕部着地，可能存在对冲伤，患者出现进行性意识障碍，可考虑额颞硬膜下血肿，因右侧瞳孔散大，则为右额颞硬膜下血肿。

29.【答案】C

【解析】慢性硬膜下血肿好发于老年人，多有轻微头部外伤史。以颅内压增高症状为主，缺乏定位症状。

30.【答案】B

【解析】伤后立即出现与脑挫裂伤部位相应的神经功能障碍或体征，腰椎穿刺检查脑脊液是否含血，可与脑震荡鉴别。

【A_3/A_4型题】

31.【答案】B

【解析】患者有头部外伤史，伤后即有意识障碍，CT示右额颞叶高密度新月影，侧提示急性或亚急性脑膜下血肿，患者右侧瞳孔散大，提示脑疝形成。

32.【答案】B

【解析】急性硬脑膜下血肿的出血来源主要是脑皮质血管，大多由对冲性脑挫裂伤所致，患者左顶枕部头皮下血肿，CT示右侧额颞部硬膜下高密度影，即为对冲伤所致。

33.【答案】E

【解析】急性硬膜下血肿的治疗原则与硬脑膜外血肿相仿，最重要治疗为清除血肿，妥善止血。

34.【答案】B

【解析】患者有意识不清→清醒→昏迷，CT示右颞梭形高密度影，则提示右颞硬膜外血肿；患者已出现脑室中线受压移位，入院时右瞳孔散大，则提示脑疝形成。

35.【答案】B

【解析】当硬膜外血肿伴脑疝发生时，应优先处理脑疝。脑疝的处理原则是快速静脉输注高渗降颅内压药物，故选20%甘露醇静脉滴注。

36.【答案】E

【解析】硬膜外血肿的根本治疗措施是血肿清除术。

37.【答案】B

【解析】患者有意识障碍→好转→意识障碍期，CT示右额颞顶低密度新月状影像，患者病程有3个月，故为右额颞顶慢性硬膜下血肿。

38.【答案】D

【解析】患者已出现脑疝，病情危急，应直接手术钻孔探查，再扩大成骨窗清除血肿。故选钻孔冲洗引流术。

39.【答案】B

【解析】已行钻孔冲洗引流术减压，就无须进行术后20%甘露醇静脉滴注。

【B_1型题】

40.【答案】D

【解析】脑震荡是最轻的脑损伤，其特点为伤后即刻发生短暂的意识障碍和经事遗忘。脑挫伤与脑震荡的鉴别为腰椎穿刺检查脑脊液是否含血。

41.【答案】C

【解析】原发性脑干损伤表现为伤后昏迷，伴去脑强直发作。

42.【答案】E

43.【答案】A

44.【答案】A

45.【答案】C

46.【答案】D

第十章 出血性卒中

【A₁型题】

1.【答案】E

【解析】均匀血性脑脊液是蛛网膜下腔出血（SAH）的特征性表现。

2.【答案】E

【解析】脑出血总体预后较差。脑水肿、颅内压增高和脑疝形成是致死的主要原因。预后与出血量、出血部位、意识状态及有无并发症有关。

3.【答案】B

4.【答案】A

【解析】颈内动脉-后交通动脉瘤患者出现动眼神经受压的表现，常提示后交通动脉瘤。

5.【答案】E

【解析】皮质侧视中枢（额中回后部）受损可产生双眼侧视麻痹。破坏性病变（如脑室出血）出现双眼向病灶对侧凝视麻痹，故表现双眼向病灶侧共同偏视；刺激性病变（如癫痫）可引起双眼向病灶对侧共同偏视。蛛网膜下腔出血不会出现侧视麻痹，其他选项症状均会出现。

6.【答案】D

【解析】脑出血最常见的病因是高血压合并细小动脉硬化。

7.【答案】A

【解析】均匀血性脑脊液是SAH的特征性表现。血性脑脊液离心后上清液发生黄变，或者发现吞噬的红细胞、含铁血黄素或胆红素结晶的吞噬细胞，这些均提示脑脊液中红细胞已存在一段时间，支持SAH的诊断。

8.【答案】C

9.【答案】C

【解析】CT扫描时诊断脑出血的首选方法，起病后即可见高密度异常影，CT可清楚显示出血部位、出血量大小、血肿形态，是否破入脑室以及血肿周围有无低密度水肿带和占位效应等。病灶多呈圆形或卵圆形均匀高密度区，边界清楚，脑室大量积血时多呈高密度铸型，脑室扩大。

10.【答案】E

【解析】脑桥大量出血（血肿>5ml）累及双侧被盖部和基底部，患者迅即出现昏迷、双侧针尖样瞳孔、呕吐咖啡样胃内容物、中枢性高热、中枢性呼吸障碍、眼球浮动、四肢瘫痪和去大脑强直发作。

11.【答案】D

【解析】积极控制脑水肿、降低颅内压是脑出血急性期治疗的重要环节，因此需静脉滴注甘露醇。

12.【答案】E

【解析】脑水肿可使颅内压增高，并致脑疝形成，是影响脑出血死亡率及功能恢复的主要因素。

13.【答案】D

【解析】颈内动脉-后交通动脉瘤患者出现动眼神经受压的表现，常提示后交通动脉瘤。

14.【答案】B

【解析】豆纹动脉和旁正中动脉等深穿支动脉，自脑底部的动脉直角发出，承受压力较高的血流冲击，易导致血管破裂出血，故又称为出血动脉。

15.【答案】D

【解析】SAH的主要临床特征为头痛、脑膜刺激征、眼部症状以及精神症状等。

16.【答案】A

17.【答案】C

【解析】脑出血多在情绪激动或活动中突然发病，发病后病情常于数分钟至数小时内达到高峰。

18.【答案】C

【解析】颅内动脉瘤是SAH最常见的病因，其中先天性粟粒样动脉瘤最常见。

19.【答案】E

【解析】局限性丘脑出血常有对侧偏瘫、偏身感觉障碍。

20.【答案】B

【解析】绝大多数高血压脑出血发生在基底核的壳核及内囊区，约占ICH的70%。

【A₂型题】

21.【答案】D

【解析】综合分析题。据题意分析：患者突然起病的颅内出血（CT显示右额叶脑内血肿），无外伤史，患者年轻，最可能是脑血管畸形破裂引起蛛网膜下腔出血。故选D。

22.【答案】D

【解析】颈内动脉系统中大脑中动脉供血区的TIA可出现缺血对侧肢体的单瘫、轻偏瘫、面舌瘫，可伴有偏身感觉障碍和对侧同向偏盲，优势半球受损常出现失语和失用，非优势半球受损可出现空间定向障碍。

23.【答案】B

【解析】中老年患者突然出现局灶性脑功能损害症状，符合大脑中动脉缺血表现，并在短时间内症状完全恢复（持续20分钟），头CT检查正常，考虑为短暂性脑缺血发作。

24.【答案】C

【解析】TIA在短期时间内症状完全恢复。该患者病情进行性加重，故排除。

25.【答案】A

【解析】患者为老年男性，有高血压病史，急性起病，CT检查可与脑梗死相鉴别。

26.【答案】B

【解析】小脑出血常有头痛、

呕吐、眩晕和共济失调明显，起病突然，可伴有枕部疼痛。

27.【答案】A

【解析】CT 是高密度影，提出脑出血，双侧瞳孔不等大，右侧光反射消失，提示脑疝发生。

28.【答案】C

【解析】老年患者，突发局灶性脑功能损害症状，并在短期内症状完全恢复（多不超过 1 小时），则考虑 TIA。

29.【答案】C

【解析】患者 CT 显示左侧豆状核区有高密度影，考虑为基底节区壳核出血。左侧脑室体部有高密度影，考虑为继发性脑室出血，双侧瞳孔不等大，左侧光反应消失，则为颞叶钩回疝形成。

30.【答案】E

【解析】青年女性，突发持续性剧烈头痛、呕吐、脑膜刺激征阳性，无局灶神经系统体征，应高度怀疑蛛网膜下腔出血，首选头颅 CT 平扫检查，出血早期敏感性高，可检出 90%以上的 SAH。

31.【答案】A

【解析】青年男性，突然发生的持续性剧烈头痛、呕吐，脑膜刺激征阳性，考虑为蛛网膜下腔出血。

32.【答案】D

【解析】患者动脉瘤破裂导致 SAH，此时不能静脉滴注罂粟碱，会导致继发性出血。

【A_3/A_4型题】

33.【答案】B

【解析】颈内动脉颅内段缺血表现为眼动脉交叉瘫，即患者单眼一过性黑矇，对侧肢体偏瘫。

34.【答案】E

【解析】老年女性，有高血压病史，急性起病，应做头颅 CT 鉴别是脑缺血性还是出血性卒中。

35.【答案】A

36.【答案】C

37.【答案】A

【解析】脑出血最主要的处理是降颅压，预防脑水肿和脑疝形成。

38.【答案】A

【解析】CT 示高密度影提示脑出血。

39.【答案】A

【解析】患者左侧瞳孔散大，光发射消失，可考虑颞叶钩回疝。

40.【答案】C

41.【答案】E

【解析】中年男性，突然发生剧烈头痛，呕吐，脑膜刺激征阳性，无高血压病史，CT 示脑正中裂、大脑外侧裂高密度影。故优先考虑蛛网膜下腔出血。

42.【答案】A

【解析】患者右侧瞳孔散大，右上眼睑下垂，右眼球向上、向下、向内运动不能，受损脑神经为右侧动眼神经。

43.【答案】C

【解析】均匀血性脑脊液是蛛网膜下腔出血的特征性表现。

44.【答案】A

【解析】蛛网膜下腔出血的急性并发症是再出血。

【B_1型题】

45.【答案】C

【解析】蛛网膜下腔出血：突然发生的持续性剧烈头痛、呕吐、脑膜刺激征阳性，伴或不伴意识障碍，检查无局灶性神经系统体征，应高度怀疑蛛网膜下腔出血。同时 CT 证实脑池和蛛网膜下腔高密度征象或腰穿检查示压力增高和血性脑脊液等科临床确诊。

46.【答案】A

【解析】脑血栓形成：中年以上的高血压及动脉硬化患者，静息状态下或睡眠中急性起病，迅速出现局灶性脑损害的症状和体征，并能用某一动脉供血区功能损伤解释。

47.【答案】A

【解析】脑出血：中老年患者在活动中或情绪激动时突然发病，迅速出现局灶性神经功能缺损症状以及头痛、呕吐等颅高压症状应考虑出血的可能，结合头颅 CT 检查可明确诊断。

48.【答案】B

49.【答案】D

【解析】脑栓塞：骤然起病，数秒至数分钟达到高峰，出现偏瘫、失语等局灶性神经功能缺损，有栓子来源的基础疾病，如果心脏病，严重的骨折等，可初步作出临床诊断。

50.【答案】A

51.【答案】B

52.【答案】E

53.【答案】D

第十一章　缺血性卒中

【A_1型题】

1.【答案】B

【解析】大脑中动脉供血区的 TIA 可出现缺血对侧肢体的单瘫、轻偏瘫、面瘫和舌瘫，可伴有偏身感觉障碍和对侧同向偏盲，优势半球受损常出现失语和失用，非优势半球受损可出现空间定向障碍。

2.【答案】C

【解析】脑血栓形成可见于颈内动脉和椎基底动脉系统任何部位，以动脉分叉处多见，如颈总动脉与颈内、外动脉分叉处，大脑前、中动脉起始段，椎动脉在锁骨下动脉的起始部，椎动脉进入颅内段，基底动脉起始段及分叉部，其中最常发生于大脑中动脉。

3.【答案】C

4.【答案】B

5.【答案】E

【解析】脑膜刺激征见于脑膜炎、蛛网膜下腔出血、脑水肿及颅内压增高。

6.【答案】B

【解析】心源性脑栓塞可采用抗凝治疗，主要包括肝素、低分子肝素和华法林。

7.【答案】B

【解析】大脑中动脉主干闭塞导致三偏症状，即病灶对侧偏瘫（包括中枢性面、舌瘫和肢体瘫痪）、偏身感觉障碍及偏盲。

8.【答案】D

【解析】大脑中动脉皮质支闭塞特点：①上部分支闭塞导致病灶对侧面部、上肢、下肢瘫痪和感觉缺失，但下肢瘫痪较上肢轻，而且足部不受累，头、眼向病灶侧凝视程度轻，伴 Broca 失语（优势半球）和体象障碍（非优势半球），通常不伴意识障碍。②下部分闭塞较少单独出现，导致对侧同向性上 1/4 视野缺损，伴 Wernicke 失语（优势半球），急性意识模糊状态（非优势半球），无偏瘫。

9.【答案】D

【解析】延髓背外侧综合征由小脑后下动脉或椎动脉供应延髓外侧的分支动脉闭塞所致。

10.【答案】D

【解析】椎基底动脉血栓形成的表现有眩晕、呕吐、四肢瘫痪、共济失调、肺水肿、消化道出血、昏迷和高热等；脑桥病变出现针尖样瞳孔。不会出现失语。

11.【答案】E

【解析】急性脑梗死溶栓治疗禁忌之一是发病至静脉溶栓治疗开始的最大可能时间超过 4.5 小时。急性脑梗死患者在发病 24 小时后逐渐显示低密度梗死灶，如果患者头部 CT 出现低密度灶，则提示发病时间超过 4.5 小时，此时已不适合溶栓治疗。

12.【答案】D

【解析】基底动脉的脑桥支闭塞致双侧脑桥基底部梗死出现闭锁综合征。患者意识清醒，语言理解无障碍，出现双侧中枢性瘫痪，只能以眼球上、下运动示意，眼球水平运动障碍，不能讲话，双侧面瘫，舌、咽、构音及吞咽运动障碍，不能转颈耸肩，四肢全瘫，可有双侧病理反射，常被误认为昏迷。

13.【答案】E

【解析】脑梗死多数病例发病 24 小时后逐渐显示低密度梗死灶，发病后 2~15 日可见均匀片状或楔形的明显低密度灶。

14.【答案】C

【解析】内囊病变导致病灶对侧三偏综合征，故病变为右侧内囊。

15.【答案】E

16.【答案】C

17.【答案】A

【解析】心源性栓子占脑栓塞的 60%~75%，栓子在心内膜和瓣膜产生，脱落入脑后致病。

18.【答案】B

【解析】栓子常停止于颅内血管的分叉处或其他管腔的自然狭窄部位，常见于颈内动脉系统，其中大脑中动脉尤为多见，特别是上部的分支最易受累，而椎基底动脉系统少见。

19.【答案】D

【A_2 型题】

20.【答案】D

【解析】老年患者，有高血压病史，静息状态下起病，迅速出现局灶性脑损害的症状和体征，患者出现眼球活动障碍。基地动脉尖端分出小脑上动脉和大脑后动脉，闭塞后可导致眼球运动障碍。故患者可能为椎基底动脉系统血栓形成。

21.【答案】E

【解析】中年以上动脉硬化患者，静息状态下起病，迅速出现局灶性脑损害的症状和体征，如延髓背外侧综合征。主要表现为：①眩晕、呕吐（前庭神经核损害）。②声音嘶哑、吞咽困难（疑核及舌咽、迷走神经损害）。③病灶侧共济失调，如左侧指鼻试验不准（绳状体及脊髓小脑束、部分小脑半球损害）。④Horner 综合征，如左眼裂小、瞳孔小（交感神经下行纤维损害）。⑤交叉性感觉障碍，即左侧面部痛、温觉缺失（三叉神经脊束核损害），右侧偏身痛、温觉减退（脊髓丘脑束损害），因此考虑左侧小脑后下动脉血栓形成。

22.【答案】D

【解析】中年患者，有风湿性心脏病史，急性起病，迅速出现局灶性脑损害的症状和体征，考虑脑栓塞。

23.【答案】C

【解析】老年患者，急性起病，有局灶性脑损害的体征，CT 检查可鉴别脑梗死和脑出血。

24.【答案】D

【解析】患者突然出现深昏迷，双侧瞳孔不等大，提示有脑水肿合并脑疝。首要处理为降颅压，减轻脑水肿，预防脑疝发生。

25.【答案】B

【解析】患者为青年女性，有心源性疾病，活动中急性起病，无前驱症状，突发右侧肢体活动不灵，考虑脑栓塞。

26.【答案】D

【解析】青壮年男性，有心脏病史，骤然起病，数分钟出现抽搐、偏瘫等局灶神经功能缺损，考虑为脑栓塞。

27.【答案】B

【解析】CT 示高密度影，提示脑出血，此时不易抗凝治疗，容易引起再出血。

【A_3/A_4 型题】

28.【答案】B

【解析】中年女性，有心脏病史，急性起病，可考虑为脑栓塞，病灶对侧出现偏瘫，故可能诊断为左半球脑栓塞。

29.【答案】A

【B_1 型题】

30.【答案】B

【解析】颈内动脉血栓形成可出现单眼一过性黑矇，偶见永久性失明或 Horner 征。

31.【答案】C

【解析】大脑前动脉血栓形成可出现对侧足和下肢的感觉、运动障碍，而上肢和肩部的瘫痪轻，面部和手部不受累。可出现尿失禁、淡漠、反应迟钝、欣快和缄默等，对侧出现强握及吸吮反射和痉挛性强直。

32.【答案】A

【解析】A 椎基底动脉系统 TIA 最常见表现是眩晕、平衡障碍、眼球运动异常和复视。

33.【答案】A

第十二章　癫　痫

【A_1 型题】

1.【答案】C

【解析】临床上每次发作或每种发作的过程称为痫性发作，一个患者可有一种或数种形式的痫性发作。

2.【答案】C

【解析】癫痫全面性发作最初的症状学和脑电图提示发作起源于双侧脑部，多在发作初期就有意识丧失。

3.【答案】E

【解析】假性癫痫发作又称癔症样发作，是一种非癫痫性的发作性疾病，可有运动、感觉和意识模糊等类似癫痫发作症状，与癫痫全面强直-阵挛发作难以区分。

4.【答案】D

【解析】脑电图是诊断癫痫最重要的辅助检查方法。脑电图对发作性症状的诊断有很大价值，有助于明确癫痫的诊断及分型和确定特殊综合征。

5.【答案】A

【解析】癫痫成人部分性发作治疗药物：A 级，卡马西平和苯妥英钠；B 级，丙戊酸钠；C 级，加巴喷丁、拉莫三嗪、奥卡西平、苯巴比妥、托吡酯、氨己烯酸。

6.【答案】E

【解析】癫痫停药应遵循缓慢和逐渐减量的原则。全面强直-阵挛性发作、强直性发作、阵挛性发作完全控制 4~5 年后，失神发作停止半年后可考虑停药，但停药前应有缓慢减量的过程，一般不少于 1~1.5 年无发作者方可停药。

7.【答案】E

【解析】癫痫持续状态最常见的原因是不恰当地停用抗癫痫药物，全面强直-阵挛发作持续状态是临床最常见、最危险的癫痫状态。

8.【答案】A

【解析】理想的抗癫痫持续状态的药物应：①能静脉给药。②可快速进入脑内，阻止癫痫发作。③无难以接受的不良反应，可在脑内存在足够长的时间以防止再次发作。故地西泮为首选用药。

9.【答案】D

【解析】癫痫阵挛性发作几乎都发生于婴幼儿，特征是重复阵挛性抽动伴意识丧失，之前无强直期。

10.【答案】E

【解析】功能影像学检查如 SPECT、PET 等能从不同的角度反映脑局部代谢变化，辅助癫痫灶的定位。

11.【答案】E

【解析】症状性癫痫是指由各种明确的中枢神经系统结构损伤或功能异常所致。

12.【答案】E

【解析】假性癫痫发作又称癔症样发作，是一种非癫痫性的发作性疾病，是由心理障碍而非脑电紊乱引起的脑部功能异常。假性癫痫发作患者瞳孔正常，对光反射存在。

【A_2 型题】

13.【答案】C

【解析】经典的癫痫复杂部分性发作可从先兆开始，以上腹部异常感觉最常见。该患者有咀嚼、吞咽动作，喃喃自语，走动，似在找东西，呼唤无反应的自动症表现。自动症是指在癫痫发作过程中或发作后意识模糊状态下出现的具有一定协调性和适应性的无意识活动。故该患者发作类型为复杂部分性发作。

14.【答案】A

【解析】肌阵挛发作表现为快速、短暂、触电样肌肉收缩，可遍及全身，也可限于某个肌群或某个肢体。

15.【答案】A

【解析】单纯部分性发作：发作时程短，一般不超过 1 分钟，发作起始与结束均较突然，无意识障碍。故该患者为部分运动性发作。

16.【答案】B

【解析】典型失神发作的特征性表现是突然短暂的意识丧失和正在进行的动作中断，双眼茫然凝视，呼之不应，可伴简单自动性动作，或伴失张力如手中持物坠落或轻微阵挛，一般不会跌倒，事后对发作全无记忆，每日可发作数次至数百次。发作后立即清醒，无明显不适，可继续先前活动。醒后不能回忆。

17.【答案】E

【解析】复杂部分性发作，也称为精神运动性发作，可表现为意识障碍和自动症。

18.【答案】D

【解析】Jackson 发作：异常运动从局部开始，沿大脑皮质运动区移动，临床表现为抽搐自手指—腕部—前臂—肘—肩—口角—面部逐渐发展，称为 Jackson 发作。

19.【答案】D

【解析】全面强直-阵挛发作分为：强直期、阵挛期和发作后期。强直期表现为全身骨骼肌持续性收缩。阵挛期肌肉交替性收缩与松弛，可发生舌咬伤，并伴呼吸停止、血压升高、心率加快、瞳孔散大、对光反射消失、唾液和其他分泌物增多，Babinski 征可为阳性。发作后期全身肌肉松弛，括约肌松弛，尿液可自行流出而发生尿失禁，呼吸首先恢复，随后瞳孔、血压心率渐至正常。

【A_3/A_4型题】

20.【答案】B

【解析】典型失神发作为儿童期起病，青春期前停止发病。特征性表现是突然短暂的意识丧失和正在进行的动作中断，双眼茫然凝视、呼之不应。

21.【答案】E

【解析】丙戊酸是一种广谱抗癫痫药，是全面性发作，尤其是全面强直-阵挛发作合并典型失神发作的首选药。

22.【答案】A

【解析】地西泮静脉注射是癫痫持续状态的首选药物。

23.【答案】A

【解析】传统定义认为癫痫持续状态指“癫痫连续发作之间意识尚未完全恢复又频繁再发，或癫痫发作持续 30 分钟以上未自行停止”。目前观点认为，如果患者出现全面强直-阵挛性发作持续 5 分钟以上即有可能发生神经元损伤，对于全面强直-阵挛性发作的患者，若发作持续时间超过 5 分钟就该考虑癫痫持续状态的诊断。

24.【答案】B

【解析】癫痫持续状态最常见的原因是不恰当地停用抗癫痫药物。故应嘱患者正规服药。

第十三章 精神障碍

【A_1型题】

1.【答案】C

【解析】在诊断过程中，要根据等级诊断，首先确定患者是否有器质性因素，只有排除了器质性问题，才考虑“功能”性精神障碍。

2.【答案】B

【解析】协调性精神运动性兴奋表现为患者增多的动作行为及言语与思维、情感、意志等精神活动协调一致，并与环境保持较密切联系。多见于躁狂发作。

3.【答案】B

【解析】精神科横向诊断包括了精神科现状检查与精神活动的动态观察两个方面。纵向诊断过程即要结合患者的年龄、性别、职业、生活环境、既往人格特点、疾病史、家族史以及起病形式、病程特点来考虑诊断。

4.【答案】A

【解析】逆行性遗忘指对疾病发生之前一段时间内的经历不能回忆。多见于脑外伤、脑卒中发作后。

5.【答案】D

【解析】痴呆综合征是慢性全面性的精神功能紊乱，以缓慢出现的智力减退为主要临床特征，包括记忆、思维、理解、判断、计算等功能的减退和不同程度的人格改变，而没有意识障碍。

6.【答案】C

【解析】刻板言语或动作常见于精神分裂症、孤独症等

7.【答案】B

【解析】妄想为思维内容障碍，思维内容障碍是在病态推理和判断基础上形成的一种病理性的歪曲的信念。妄想内容与事实不符，缺乏客观现实基础，但患者仍坚信不疑。

8.【答案】B

【解析】自知力又称领悟力或内省力，是指患者对自己精神状态的认识和判断能力。

9.【答案】C

【解析】幻觉是没有现实刺激作用于感觉器官时出现的知觉体验，是一种虚幻的知觉。

10.【答案】A

【解析】在木僵的基础上，患者出现肢体任人摆布，即使是极不舒服的姿势，也能较长时间维持不动，形似蜡塑一般，故称为蜡样屈曲。

11.【答案】C

【解析】思维形式障碍主要为

思维过程的联想和逻辑障碍。常见的症状如下：思维奔逸、思维迟缓、思维贫乏、思维散漫、思维破裂、语词杂拌、思维不连贯、思维中断、思维被夺、思维插入、强制性思维和病理性赘述、思维化声、语词新作、象征性思维。

12.【答案】D

【解析】违拗症多见于紧张型精神分裂症。

13.【答案】D

【解析】谵妄状态是意识障碍的一种，意识障碍主要见于脑器质性精神障碍、躯体疾病所致精神障碍及中毒所致精神障碍等。

14.【答案】D

【解析】幻觉是没有现实刺激作用于感觉器官时出现的知觉体验，是一种虚幻的知觉。

15.【答案】D

【解析】A 感知综合障碍指患者对客观事物的整体属性能够正确感知，但对某些个别属性如大小、形状、颜色、距离、空间位置等产生错误的感知。B 错觉是对客观事物歪曲的知觉。C 内脏幻觉是患者身体内部某一种部位或某一脏器虚幻的知觉体验。

16.【答案】C

【解析】木僵指动作行为和言语活动被完全抑制，但无意识障碍。表现为患者不语、不动、不饮、不食，肌张力增高，面部表情固定，对刺激缺乏反应，经常保持一种固定姿势，甚至大小便潴留。

17.【答案】B

【解析】评论性幻听指患者听到的声音是言语性的，如评论、赞扬、辱骂、斥责或命令等。

18.【答案】C

【解析】记忆减退是记忆各个基本过程功能的普遍减退。多见于神经症、脑器质性精神障碍，也可见于正常老年人。

19.【答案】A

【解析】强制性思维是思维联想的自主性障碍。表现为患者感到脑内涌现大量无现实意义、不属于自己的联想，是被外力强加的。这些联想常常突然出现，突然消失，内容多变。多见于精神分裂症。

20.【答案】D

【解析】精神检查的沟通技巧之一就是肯定，指肯定患者感受的真实性，理解患者所叙述的感觉。

21.【答案】A

【解析】精神分裂症患者阳性症状（幻觉、妄想等）可能与大脑皮层下边缘系统多巴胺功能亢进有关，而阴性症状（情感淡漠、意志减退等）则可能为大脑皮层内尤其是前额叶皮质多巴胺功能相对低下所致。

22.【答案】A

【解析】思维破裂表现为患者的言语或书写内容有结构完整的句子，但各句含意互不相关，变成了语句堆积，整段内容令人不能理解。多见于精神分裂症。

23.【答案】E

【解析】超价观念是一种具有强烈情感色彩的错误观念，其发生一般均有一定事实根据，不十分荒谬离奇，也没有明显的逻辑推理错误。多见于人格障碍和心因性障碍。

24.【答案】B

【解析】焦虑是指在缺乏相应的客观刺激情况下出现的内心不安状态。表现为患者顾虑重重、紧张恐惧、坐立不安，严重时可表现为搓手顿足，惶惶不可终日，似有大祸临头的感觉，常伴有心悸、出汗、手抖、尿频等自主神经功能紊乱症状。多见于焦虑症。

25.【答案】D

【解析】意识障碍主要见于脑器质性精神障碍、躯体疾病所致精神障碍及中毒所致精神障碍等。

26.【答案】B

【解析】思维贫乏指联想概念与词汇贫乏，患者表现为寡言少语，谈话时言语内容空洞单调或词穷句短，回答问题简单，严重者对什么问题都回答“不知道”。多见于精神分裂症、脑器质性精神障碍及精神发育迟滞。

27.【答案】A

【解析】脑器质性精神障碍如痴呆，临床上以缓慢出现的智力减退为主要特征。

28.【答案】E

【解析】自杀的危险因素：①心理学因素。a. 精神应激：重大的负性生活事件常成为自杀的直接原因或诱因。b. 心理特征：自杀者一般存在不良的认知模式以及各种慢性的痛苦、焦虑、抑郁、愤怒、厌倦和内疚的情绪特征，多数自杀者表现为情绪不稳定、不成熟的神经质倾向具有冲动性和盲目性，不计后果等特点。②社会学因素：年龄、婚姻家庭、职业与社会阶层、地域与信仰。③生物学因素：性别、神经生物学因素、遗传。④疾病因素：精神障碍、躯体疾病。⑤其他因素：以往的自杀经历、社会支持系统及社会交往、教育年限、战争、移民、社会经济状况及社会认可度、媒体对自杀的报道等。

29.【答案】D

【解析】注意转移为注意转换性增强和稳定性降低，表现为主动注意不能持久，很容易受外界环境的影响而使注意对象不断转换。多见于躁狂发作等。

30.【答案】A

【解析】思维散漫属于思维形式障碍。

31.【答案】E

【解析】木僵可见于精神分裂症、严重抑郁发作、应激障碍、脑器质性精神障碍，严重药物反应等。

32.【答案】C

33.【答案】D

【解析】患者看到周围的人或物体的形状、大小、体积等方面发生了变化，为视物变形症；看到物体的形象比实际增大称为视物显大症。

34.【答案】A

【解析】思维障碍是精神分裂症的核心症状。故选A。精神分裂症的临床表现还有感知觉障碍，最突出的是幻觉；情感障碍，情感淡漠及情感反应不协调；意志和行为障碍，多数患者的意志减退甚至缺乏；认知功能障碍，如信息处理和选择性注意、工作记忆、短时记忆和学习、执行功能等认知缺陷。

35.【答案】C

【解析】全面性痴呆表现为大脑弥散性损害，智力活动的各个方面均受累及、从而影响患者全部的精神活动。常出现人格改变、定向力障碍及自知力缺乏。

36.【答案】A

【解析】患者觉得被跟踪，被监视，饭中有人下毒，属于被害妄想（A）。被害妄想是妄想症中最常见的一种。患者往往处于恐惧状态，感觉被人议论、诬陷，遭人暗算，财产被劫，被人强奸等。被害妄想往往有自杀企图。发生妄想症的人，往往有特殊性格缺陷，如主观、敏感、多疑、自尊心强、自我中心、好幻想等。这常与患者童年时期受过某些刺激，缺乏母爱，缺乏与人建立良好的人际关系等有关。

37.【答案】E

【解析】正常人的思维具有如下特征。①目的性：指思维围绕一定的目的进行，并解决某一问题。②连贯性：指思维过程中的概念前后衔接，相互联系。③逻辑性：指思维过程符合思维逻辑规律，有一定的道理。④实践性：指思维能够通过客观实践的检验。

38.【答案】B

【解析】错觉是对客观事物歪曲的知觉。A空间知觉障碍指患者对周围事物的距离、空间位置等感知错误。C幻觉是没有现实刺激作用于感觉器官时出现的知觉体验，是一种虚幻的知觉。D妄想指思维内容障碍，它是在病态推理和判断基础上形成的一种病理性的歪曲的信念。E非真实感又称现实解体，指患者感到周围事物和环境变得不真实，犹如隔了一层窗纱。

39.【答案】C

【解析】病理性错觉常在意识障碍时出现，多表现为错视和错听，并常带有恐怖色彩。

40.【答案】B

【解析】虚构指在遗忘的基础上，患者以想象的、未曾亲身经历的事件来填补记忆的缺损。由于虚构患者有严重的记忆障碍，因而虚构的内容自己也不能再记住，所以其叙述的内容常常变化，且容易受暗示的影响。

41.【答案】A

【解析】谵妄状态是指患者在意识清晰度降低的同时出现大量的幻觉、错觉，这些幻觉和错觉以形象鲜明的恐怖性幻视和错视为主。

42.【答案】E

43.【答案】D

【解析】原发性妄想是没有发生基础的妄想。表现为内容不可理解，不能用既往经历、当前处境及其他心理活动等加以解释。原发性妄想是精神分裂症的典型症状，对精神分裂症具有重要诊断价值。

44.【答案】E

【解析】朦胧状态指在意识清晰度降低的同时伴有意识范围缩小。常突然发作与终止，持续数分钟至数小时不等，事后遗忘或部分遗忘。

45.【答案】C

46.【答案】B

【解析】原发性妄想是没有发生基础的妄想。表现为内容不可理解，不能用既往经历、当前处境及其他心理活动等加以解释。

47.【答案】E

【解析】与视物显大症类似，看到物体的形象比实际缩小称为视物显小症。

48.【答案】C

【解析】思维迟缓指思维联想速度减慢、数量减少和转换困难。表现为语量少，语速慢，语音低和反应迟缓。患者感到脑子就像生锈了的机器一样，变笨了，反应变慢了，思考问题困难。多见于抑郁发作。

49.【答案】D

【解析】幻听可见于多种精神障碍，其中评论性幻听、议论性幻听和命令性幻听是精神分裂症的典型症状。

50.【答案】E

【解析】假性痴呆：在强烈的精神创伤后，部分患者可产生一种类似痴呆的表现，而大脑组织结构无任何器质性损害。经治疗后，痴呆样表现很容易消失。可见于分离（转换）障碍及应激障碍等。

51.【答案】B

【解析】感知觉包括感觉和知觉两个心理过程。感觉是大脑对客观刺激作用于感觉器官所产生的对事物个别属性的反映；知觉是在感觉基础上，大脑对事物的各种不同属性进行整合，并结合以往经验而形成的整体印象。

52.【答案】D

【解析】界限性遗忘指对某一特定时间段内的经历不能回忆，遗忘的发生通常与该时间段内的不愉快事件有关。多见于分离（转换）障碍，又称为分离性遗忘。

53.【答案】D

【解析】抑郁症是一种心境障碍，核心症状包括情绪低落、兴趣缺乏和易疲乏，可伴有多种躯体不适症状，食欲缺乏，睡眠障碍，自杀观念和行为等。Ⅰ型精神分裂症以阳性症状（指精神活动功能的异常或亢进）为主，Ⅱ型精神分裂症以阴性症状（指精神活动功能的减退或缺失）为主。游离转换障碍是一类复杂的心理生理紊乱过程，患者非自主地、间断地丧失部分或全部心理生理功能的整合能力，在感知觉、自我（身份）意识及环境意识等方面的失整合，相应生理无改变。强迫性神经症是指以反复出现强迫思维和/或强迫动作或仪式行为为主要特征的神经症性障碍。故选D。

【A_2型题】

54.【答案】A

【解析】情感低落是负性情感活动的明显增强。表现为忧愁、苦闷、唉声叹气、暗自落泪等，有时感到前途灰暗，没有希望，严重时可因悲观绝望而出现自杀企图及行为。

55.【答案】C

【解析】幻触是在没有任何刺激时，患者感到皮肤上有某种异常的感觉。

56.【答案】B

【解析】蒙眬状态指在意识清晰度降低的同时伴有意识范围缩小。表现为患者在狭窄的意识范围内，可有相对正常的感知觉，以及协调连贯的复杂行为，但除此范围以外的事物却不能进行正确感知。常突然发作与终止，持续数分钟至数小时不等，事后遗忘或部分遗忘。

57.【答案】D

【解析】思维破裂表现为患者的言语或书写内容有结构完整的句子，但各句含意互不相关，变成了语句的堆积，整段内容令人不能理解。

58.【答案】D

【解析】思维云集又称为强制性思维，是思维联想的自主性障碍。表现为患者感到脑内涌现大量无现实意义、不属于自己的联想，是被外力强加的。

59.【答案】E

【解析】情感倒错指情感表现与患者内心体验或处境明显不协调，甚至截然相反。

60.【答案】A

【解析】焦虑是指在缺乏相应的客观刺激情况下出现的内心不安状态。表现为患者顾虑重重、紧张恐惧，坐立不安，严重时可表现为搓手顿足，惶惶不可终日，似有大祸临头的感觉。

61.【答案】C

【解析】原发性妄想是没有发生基础的妄想。表现为内容不可理解，不能用既往经历、当前处境及其他心理活动等加以解释。

62.【答案】B

【解析】原发性妄想是没有发生基础的妄想。表现为内容不可理解，不能用既往经历、当前处境及其他心理活动等加以解释。

63.【答案】C

【解析】意志增强指意志活动增多。表现为在病态情感或妄想的支配下，患者持续地坚持某些行为，具有极大的顽固性。

64.【答案】C

【解析】意志减退指意志活动的减少。表现为动机不足，缺乏积极主动性及进取心，对周围一切事物缺乏兴趣，不愿活动，工作学习感到非常吃力，严重时整日呆坐或卧床不起，日常生活也懒于料理。

65.【答案】A

【解析】错觉是对客观事物歪曲的知觉。多见于器质性精神障碍的谵妄状态。

66.【答案】C

【解析】假性幻觉是存在于自己的主观空间内，不通过感觉器官而获得的幻觉。其特点为幻觉内容往往比较模糊、不清晰和不完整，故患者常常描述为没有通过耳朵或眼睛，大脑内就隐约出现了某种声音或影像，患者往往仍然比较肯定地相信幻觉内容。

67.【答案】E

【解析】遗忘综合征又称为柯萨可夫综合征，患者无意识障碍，智力相对完好，主要表现为近事记忆障碍、定向力障碍和虚构。多见于酒精中毒性精神障碍、颅脑损伤所致精神障碍，脑肿瘤及其他脑器质性精神障碍。

68.【答案】E

【解析】假性幻觉是存在于自己的主观空间内，不通过感觉器官而获得的幻觉。其特点为幻觉内容往往比较模糊、不清晰和不完整，故患者常常描述为没有通过耳朵或眼睛，大脑内就隐约出现了某种声音或影像。虽然此类幻觉与一般知觉不同，但患者往往仍然比较肯定地相信幻觉内容。

69.【答案】B

【解析】真性幻觉是来自于外部客观空间，通过感觉器官而获得的幻觉。其特点为幻觉内容就像感知外界真实事物一样生动、鲜明，故患者常述说是亲耳听到或亲眼看到的。患者对幻觉内容深信不疑，并作出相应的情感与行为反应。

70.【答案】D

【解析】关系妄想是指患者认为周围环境中所发生的与自己无关的事情均与自己有关。如认为周围人的谈话是在议论自己，别人的咳嗽是针对自己的，甚至认为电视上播出的和报纸上登载的内容也与自己有关。

71.【答案】B

【解析】思维散漫表现为在交谈时，患者联想松弛，内容散漫，缺乏主题，话题转换缺乏必要的联系。说话东扯西拉，以致别人弄不懂患者要阐述的是什么主题思想。

72.【答案】A

【解析】视物变形症指患者看到周围的人或物体的形状、大小、体积等方面发生了变化。

73.【答案】D

【解析】时间感知综合障碍指患者对时间的快慢出现不正确的感知体验。如感到时间凝固了，岁月不再流逝，外界事物停滞不前；或者感到时间在飞逝，似乎身处于“时空隧道”之中，外界事物的变化异乎寻常地快。

74.【答案】C

【解析】思维奔逸指思维联想速度加快、数量增多和转换加速。患者表现为特别健谈，说话滔滔不绝，口若悬河，感到脑子特别灵活，就像机器加了“润滑油”一样难以停顿下来。患者说话的语速快，语量多，主题极易随环境而发生改变（随境转移），也可有音韵联想（音联），或字意联想（意联）。

75.【答案】B

【解析】思维贫乏指联想概念与词汇贫乏，患者感到脑子空空荡荡，没有什么思想。表现为寡言少语，谈话时言语内容空洞单调或词穷句短，回答问题简单，严重者对什么问题都回答“不知道”。

76.【答案】A

【解析】思维破裂表现为患者的言语或书写内容有结构完整的句子，但各句含意互不相关，变成了语句堆积，整段内容令人不能理解。

77.【答案】C

【解析】思维不连贯表现与语词杂拌类似，但产生背景不同，它是在意识障碍背景下出现的言语支离破碎和杂乱无章状态，多见于谵妄状态。

78.【答案】A

【解析】刻板言语指患者机械刻板地反复重复某一单调的言语。

79.【答案】C

【解析】关系妄想指患者认为周围环境中所发生的与自己无关的事情均与自己有关。被害妄想指患者坚信自己被某些人或某组织进行迫害，如投毒、跟踪、监视、诽谤等。

【B_1 型题】

80.【答案】A

【解析】精神分裂症患者阳性症状可能与皮层下边缘系统多巴胺功能亢进有关，而阴性症状则可能为皮层内尤其是前额叶皮质多巴胺功能相对低下所致。5-羟色胺功能活动降低与抑郁症患者的抑郁心境、食欲缺乏、失眠、昼夜节律紊乱、内分泌功能紊乱、性功能障碍、焦虑不安、不能应付应激、活动减少等密切相关；而5-羟色胺功能活动增高可能与躁狂症的发病有关。

81.【答案】B

82.【答案】A

【解析】兴奋性氨基酸：谷氨酸；抑制性氨基酸：γ-氨基丁酸、甘氨酸；单胺类及相关神经递质：去甲肾上腺素、多巴胺、5-羟色胺。

83.【答案】C

84.【答案】D

【解析】思维被夺属于思维联想障碍，患者感到自己思想被某种外力突然抽走。思维被洞悉指患者觉察到内心所想的事情，虽然没有说出，也没有用文字书写出来，但被别人知道了。思维贫乏指联想概念与词汇贫乏，患者感到脑子空空荡荡，没有什么思想。思维散漫表现为在交谈时，患者联想松弛，内容散漫，缺乏主题，话题转换缺乏必要的联系。思维迟缓指思维联想速度减慢、数量减少和转换困难，表现为语量少，语速慢，语音低和反应迟缓。

85.【答案】C

86.【答案】B

【解析】被控制感又称物理影响妄想，患者感到自己的思想、情感或意志行为受到某种外界力量的控制而身不由己。运动性幻觉：是关于本体感受器如肌肉、肌腱、关节等运动位置的幻觉。

87.【答案】A

88.【答案】B

89.【答案】C

90.【答案】E

【解析】强制性思维是思维联想的自主性障碍。表现为患者感到脑内涌现大量无现实意义、不属于自己的联想，是被外力强加的。思维插入属于思维联想障碍，表现为患者感到有某种不属于自己的思想被强行塞入。联想散漫是思维的连贯性障碍，即联想概念之间缺乏必要的联系。思维奔逸是思维联想速度加快、数量增多和转换加速。强迫思维指在患者脑中反复出现的某一概念或相同内容的思维，明知不合理和没有必要，但又无法摆脱，常伴有痛苦体验。

91.【答案】D

92.【答案】C

【解析】物理影响妄想又称被控制感，患者感到自己的思想、情感或意志行为受到某种外界力量的控制而身不由己。强制性思维是思维联想的自主性障碍。表现为患者感到脑内涌现大量无现实意义、不属于自己的联想，是被外力强加的。痴呆是指较严重的、持续的认知障碍。临床上以缓慢出现的智力减退为主要特征，伴有不同程度的人格改变，但无意识障碍。关系妄想指患者认为周围环境中所发生的与自己无关的事情均与自己有关。木僵指动作行为和言语活动被完全抑制。表现为患者不语、不动、不饮、不食，肌张力增高，面部表情固定，对刺激缺乏反应，经常保持一种固定姿势，甚至大、小便潴留。

93.【答案】D

94.【答案】B

【解析】情感淡漠指对外界刺激缺乏相应的情感反应，缺乏内心体验。表现为面部表情呆板，对周围发生的事物漠不关心，即使对与自身有密切利害关系的事情也如此。多见于晚期精神分裂症。情感低落是负性情感活动的明显增强。表现为忧愁、苦闷、唉声叹气、暗自落泪等，有时感到前途灰暗，没有希望，严重时可因悲观绝望而出现自杀企图及行为。多见于抑郁发作。情绪高涨是正性情感活动的明显增强。表现为不同程度的、与周围环境不相称的病态喜悦，患者自我感觉良好，整日喜笑颜开，谈话时语音高昂，眉飞色舞，表情丰富。多见于躁狂发作。情感不稳是情感活动的稳定性障碍，表现为患者的情感反应极易发生变化，从一个极端波动至另一极端，显得喜怒无常，变化莫测。多见于脑器质性精神障碍。恐惧指面临某种事物或处境时出现的紧张不安反应。病态的恐惧是指与现实威胁不相符的恐惧反应，表现为过分害怕，提心吊胆，且常伴有明显的自主神经功能紊乱症状。多见于恐惧症。

95.【答案】C

96.【答案】E

【解析】童样痴呆以行为幼稚、模仿幼儿的言行为特征。表现为成人患者的言行类似儿童一样。见于分离（转换）障碍及应激障碍等。情感高涨是正性情感活动的明显增强。表现为不同程度的、与周围环境不相称的病态喜悦，患者自我感觉良好，整日喜笑颜开，谈话时语音高昂，眉飞色舞，表情丰富。多见于躁狂发作。强制性哭笑多见于脑血管性精神障碍。情感倒错指情感表现与其内心体验或处境明显不相协调，甚至截然相反。多见于精神分裂症。

97.【答案】A

98.【答案】A

【解析】被洞悉感又称为内心被揭露感，为思维联想内容障碍。强制性思维是思维联想的自主性障碍，属于思维形式障碍。

99.【答案】E

100.【答案】A

【解析】思维破裂为思维的连贯性障碍，即联想概念之间缺乏必要的联系。妄想内容与事实不符，缺乏客观现实基础，但患者仍坚信不疑。刻板言语指患者机械刻板地反复重复某一单调的言语。强迫思维指在患者脑中反复出现的某一概念或相同内容的思维，明知不合理和没有必要，但又无法摆脱，常伴有痛苦体验。

101.【答案】B

102.【答案】A

103.【答案】C

104.【答案】B

105.【答案】A

【解析】SCL-90（症状自评量表）广泛用于评定不同群体的心理卫生水平，如老年痴呆患者家属的心理健康状况、考试应激对学生心理状态的影响等。MMPI（明尼苏达多相个性调查表）既可以了解受评者的个性特征，又可以对精神科诊断起到一定的提示作用。Hamilton rating scale for depression（Hamilton 抑郁量表）主要用于评定抑郁患者的病情严重程度。PANSS（阳性与阴性症状量表）用于评定不同类型精神分裂症患者症状存在与否及其严重程度。MMSE（简易精神状态检查）可作为中重度痴呆患者的筛查与评定。

106.【答案】B

第十四章 脑器质性疾病所致精神障碍

【A_1 型题】

1.【答案】E

【解析】器质性精神障碍是指由于脑部疾病或躯体疾病引起的精神障碍。躯体疾病所致精神障碍是由脑以外的躯体疾病引起。

2.【答案】E

3.【答案】D

【解析】脑器质性精神障碍包括脑变性疾病、脑血管病、颅内感染、脑外伤、脑肿瘤、癫痫等所致精神障碍。

4.【答案】C

【解析】与阿尔茨海默病（AD）相比，血管性痴呆（VD）起病较急，病程可呈阶梯式恶化且波动较大。VD 较出现夜间精神错乱，人格改变较少见，早期自知力存在，可伴发抑郁、情绪不稳和情感失控等症状。患者有卒中或短暂性脑缺血发作的病史或有脑血管障碍危险因素病史，体格检查可有局灶性神经系统症状和体征。VD 的认知功能缺损通常较局限，记忆缺损可能不太严重。CT 及 MRI 可见多发性梗死灶，Hachinski 缺血评分≥7（≤4 分为 AD，5~6 分为混合性痴呆）。

5.【答案】B

【解析】近记忆障碍常为阿尔茨海默病的首发及最明显症状。

6.【答案】A

【解析】痴呆是指较严重的、持续的认知障碍。临床上以缓慢出现的智力减退为主要特征，伴有不同程度的人格改变，但无意识障碍。

7.【答案】E

【解析】谵妄是一组表现为急性、一过性、广泛性的认知障碍，尤以意识障碍为主要特征。谵妄的特征包括：意识障碍，神志恍惚，注意力不能集中，以及对周围环境与事物的觉察清晰度降低等。定向障碍包括时间和地点的定向障碍，严重者会有人物定向障碍。记忆障碍以即刻记忆和近记忆障碍最明显，患者尤对新近事件难以识记。感知障碍尤其常见，包括感觉过敏、错觉和幻觉。患者可因错觉和幻觉产生继发性片段妄想、冲动行为。

8.【答案】E

【解析】HIV 所致的精神障碍无法治愈。

9.【答案】C

【解析】老年性痴呆的病理学特点为脑萎缩、脑回变窄、脑沟增宽和脑室扩大；老年斑大量出现与大脑皮质和神经原纤维缠结大量出现于神经元，是诊断 AD 的两个主要依据。

【A_2 型题】

10.【答案】D

【解析】谵妄是一组表现为急性、一过性、广泛性的认知障碍，尤以意识障碍为主要特征。谵妄的特征包括：意识障碍，神志恍惚，注意力不能集中，以及对周围环境与事物的觉察清晰度降低等。定向障碍包括时间和地点的定向障碍，严重者会有人物定向障碍。记忆障碍以即刻记忆和近记忆障碍最明显，患者尤对新近事件难以识记。感知障碍尤其常见，包括感觉过敏、错觉和幻觉。患者可因错觉和幻觉产生继发性片段妄想、冲动行为。

11.【答案】A

【解析】患者脑电图提示各区暴发性尖慢活动，头部 CT 正常，患者出现人格改变如人际关系紧张，敏感多疑，同时伴随幻觉，结合精神症状，可考虑为癫痫性精神障碍。

12.【答案】D

【解析】患者有头部外伤史，然后出现人格改变，应考虑为脑外伤所致精神障碍。

13.【答案】B

【解析】患者脑电图见阵发性棘慢波，出现精神行为异常，应考虑为癫痫所致精神障碍。

14.【答案】C

【解析】患者有高血压史，CT 示数个小的梗死灶，并出现人格改变，行为异常，应考虑为脑血管病所致精神障碍。

15.【答案】E

【解析】患者有脑血管病史，并出现人格改变，精神行为异常，应考虑为脑血管病所致精神障碍。

16.【答案】D

【解析】患者有脑外伤史，出现易激惹等人格改变，同时出现了精神病性症状，如精神分裂样症状、情感症状和偏执症状等。应考虑为脑外伤所致精神障碍。

17.【答案】A

【解析】患者脑电图出现棘波和尖波，躯体检查正常，患者有朦胧状态，并出现了偏执。应考虑为癫痫性精神障碍。

18.【答案】A

【解析】病毒性脑炎所致精神障碍多为急性或亚急性起病，部分患者病前有上呼吸道或肠道感染史。部分患者可有轻度或中度发热。精神症状可以是首发症状，也可以是主要临床表现。精神运动性抑制症状多见，也可表现为精神运动性兴奋。可有视听幻觉、各种妄想等。多数患者在早期有意识障碍，表现为嗜睡、精神萎靡、神志恍惚、定向障碍、大小便失禁，甚至昏迷或呈去皮质状态。脑脊液检查压力增高，淋巴细胞增多或淋巴与多形核细胞增多，蛋白质正常或轻度增高，糖、氯化物正常。脑电图检查大多呈弥漫性改变或在弥漫性改变的基础上出现局灶性改变，且随临床症状好转而恢复正常，对诊断病毒性脑炎所致精神障碍有重要价值。

19.【答案】D

【解析】颅内肿瘤可损害正常脑组织、压迫邻近脑实质或脑血管，造成颅内压增高，出现局灶性神经系统症状、癫痫发作或精神症状。患者有自杀企图，并出现幻觉症状，头颅平片示蝶鞍明显扩大，鞍背及后床突已吸收消失。应考虑为垂体瘤所致精神障碍。

【A_3/A_4 型题】

20.【答案】A

【解析】患者为老年女性，急性起病，头痛，血压 200/90mmHg，性格急躁，易激惹，应做头部 CT 检查。该患者可考虑为脑血管病所致精神障碍。

21.【答案】A

22.【答案】D

【解析】脑血管病所致精神障碍应在脑血管病治疗的同时进行抗精神病治疗。

23.【答案】C

【解析】患者为老年男性，有高血压病史，慢性起病，肌张力高，双手震颤，应做头颅 CT 用来筛查脑血管意外。

24.【答案】C

【解析】老年男性，有高血压病史，并出现精神记忆障碍，行为异常，应考虑为脑血管病所致精神障碍。

25.【答案】E

【解析】脑血管病所致精神障碍应在治疗脑血管病的同时进行抗精神病治疗。

26.【答案】A

【解析】患者为老年男性，隐匿起病，进行性加重，无缓解。记忆障碍为首发症状，出现人格改变，生活不能自理。CT示脑萎缩，血清和脑脊液梅毒试验阴性。应考虑为阿尔茨海默病。

27.【答案】A

【解析】目前尚无特效药物可逆认知功能受损或有效阻止阿尔茨海默病病情进展。阿尔茨海默病预后不良。

28.【答案】A

【解析】患者有精神行为异常，有癫痫大发作病史，喷射性呕吐，眼底视盘水肿，右侧肢体肌张力增高，脑膜刺激征阳性，脑电图异常，应做头部CT，筛查脑器质性病变。

29.【答案】D

【解析】年轻患者，慢性起病，有躁狂发作，有癫痫发作，并出现病理征，应考虑为脑肿瘤所致精神障碍。

30.【答案】D

【解析】颅内肿瘤所致精神障碍患者，一经确诊，应及时转入神经外科进行手术治疗。

31.【答案】D

【解析】患者人格改变，记忆障碍，有冶游史，双侧瞳孔不等大，右瞳孔边缘不整齐，右侧瞳孔对光反射消失，可考虑为梅毒所致精神障碍，应做血清和脑脊液梅毒试验。

32.【答案】A

33.【答案】E

【解析】梅毒治疗首选青霉素。

34.【答案】A

35.【答案】B

【解析】老年女性患者，既往有高血压病史，脑梗死病史，此次起病时在脑梗死后，患者还发生了精神行为异常，应考虑为血管性痴呆，应做头部CT检查，以明确诊断。

36.【答案】A

37.【答案】B

38.【答案】B

【解析】患者有“兴奋，大声喊叫”等易激惹症状，同时伴有妄想等症状，“右瞳孔缩小，对光反射消失”即为阿-罗瞳孔，“有冶游史”等可考虑为梅毒所致精神障碍。血清和脑脊液梅毒试验阳性便可诊断。神经梅毒的治疗均应选择青霉素或其他抗生素治疗，但治疗剂量需确保脑脊液中可达到有效治疗浓度，抗精神病药和抗抑郁药可用于对症治疗。

39.【答案】A

40.【答案】A

【解析】老年女性，逐渐出现的记忆障碍，伴人格改变和行为异常，应考虑为老年性痴呆，应做头部CT以了解是否有脑血管事件发生。

41.【答案】A

42.【答案】C

43.【答案】E

【解析】病毒性脑炎所致精神障碍急性起病者，起病前可有上呼吸道感染史。精神运动性抑制症状较多见，表现为言语减少或缄默不语、情感淡漠、迟钝、呆板甚至不饮不食呈木僵状态。脑电图检查大多呈弥漫性改变或在弥漫性改变的基础上出现局灶性改变，且随临床症状好转而恢复正常，对诊断本病有重要价值。脑脊液检查压力增高，淋巴细胞增多或淋巴与多形核细胞增多，蛋白质正常或轻度增高，糖、氯化物正常。因此患者应行脑脊液检查。早期抗病毒治疗是关键，该患者可行抗病毒及抗精神病治疗。

44.【答案】D

45.【答案】D

46.【答案】C

【解析】患者有典型癫痫症状发生，同时伴有神游症，如无目的漫游以及人格、行为异常，应考虑为癫痫性精神障碍，应做脑电图检查。癫痫性精神障碍的治疗应在治疗癫痫的基础上根据精神症状选用药物，注意选择致癫痫作用较弱的药物。

第十五章　躯体疾病所致精神障碍

【A_1型题】

1.【答案】C

【解析】精神自动综合征是意识清晰状态下产生的一组症状，其中包括假性思维、被控制感、内心被揭露感，以及系统性的被害妄想、物理影响妄想等相互联系的症状综合。多见于精神分裂症。

2.【答案】C

【解析】躯体疾病在急性期、慢性期、迁延期均可以叠加精神病性症状、情感症状及神经症症状等。

3.【答案】D

【解析】甲状腺功能减退症所致精神障碍临床常表现抑郁，出现思维迟缓、言语缓慢、反应迟钝、记忆力减退和注意力不集中等症状。严重的患者可出现淡漠、退缩和痴呆表现，甚至会有幻觉和妄想等精神病性症状。

4.【答案】C

【解析】症状性精神病是由各种严重感染、中毒及内脏器官疾病所引起的精神障碍。症状性精神病以意识障碍为多见，可表现为时间、地址、人物定向障碍。

5.【答案】E

【解析】谵妄是一组表现为急性、一过性、广泛性的认知障碍，尤以意识障碍为主要特征。因急性起病、病程短暂、病情发展迅速，故又称为急性脑综合征。

6.【答案】D

【解析】急性脑病综合征即谵妄，其特征包括：意识障碍，神志恍惚，注意力不能集中，以及对周围环境与事物的觉察清晰度降低等。定向障碍包括时间和地点的定向障碍，严重者会出现人物定向障碍。感知障碍包括感觉过敏、错觉和幻觉。情绪紊乱非常突出，包括恐怖、焦虑、抑郁、愤怒或者欣快等。谵妄不会有关系妄想。

7.【答案】D

【解析】谵妄的治疗主要包括病因治疗、支持治疗和对症治疗。在整个患者精神状态改变期间，建议适当的环境控制以给患者充分的支持。应当给予患者强烈的白天或黑夜的线索提示。在白天，应当保持灯亮着，并营造一个活动的环境；在晚上，灯光应暗淡一些，居室应安静柔和。

8.【答案】A

【解析】甲状腺功能减退症患者有严重精神病性症状时应给予抗精神病药物治疗，但应注意吩噻嗪类药物可能引起甲状腺功能减退患者出现低体温性昏迷。利培酮为5-羟色胺和多巴胺受体阻断药。

9.【答案】B

【解析】甲状腺功能亢进所致精神障碍主要表现为精神运动性兴奋，包括失眠、话多、烦躁、易激惹等。严重者可出现精神病性症状如幻听、幻想和被害妄想、关系妄想等。

10.【答案】D

【解析】躯体疾病所致的精神障碍治疗原则如下。①病因治疗：首先必须 积极治疗原发的躯体疾病，停用可能引起精神障碍的药物等。②支持治疗：纠正水、电解质紊乱和酸碱平衡失调；补充营养、能量、维生素和水分；加强脑保护治疗。③控制精神症状：因年龄、躯体疾病、药物间的相互作用等原因，对于躯体疾病所致精神障碍的患者，使用精神药物要慎重，起始剂量应更低，剂量应逐渐增加，症状稳定时，应考虑逐渐减少剂量。④护理：保持宁静与安全的环境，防自杀、防冲动伤人和毁物、防跌倒和走失及其他意外发生。

【A_2型题】

11.【答案】D

【解析】对于甲状腺功能亢进所致精神障碍，患者的甲状腺功能正常时，抑郁和焦虑症状常不需要治疗即可消失。精神症状持续者应给予精神药物对症处理，同时也需要注意心理治疗对患者的作用，此外需要加强护理，防止患者产生出走、冲动等行为。

12.【答案】A

【解析】甲状腺功能低下所致精神障碍临床常表现抑郁、出现思维迟缓、言语缓慢、反应迟钝、记忆力减退和注意力不集中等症状。严重的患者出现淡漠、退缩和痴呆表现，甚至会有幻觉和妄想等精神病性症状。

13.【答案】C

【解析】甲状腺功能减退所致躯体和精神症状经甲状腺素替代治疗后均可以缓解。

【A_3/A_4型题】

14.【答案】D

15.【答案】B

16.【答案】D

【解析】甲状腺功能亢进所致精神障碍主要表现为精神运动性兴奋，包括失眠、话多、烦躁、易激惹等。同时患者有双手细震颤、语速快，应测定 T_3、T_4、TSH，以检测甲状腺功能。如果确诊为甲状腺功能亢进，患者可以进行外科手术治疗。

17.【答案】C

18.【答案】A

19.【答案】D

【解析】患者为中年男性，有多尿，多饮，多食病史，应考虑诊断为糖尿病。糖尿病患者中最常见的精神障碍是抑郁和焦虑状态。在发生糖尿病严重并发症的前驱期（高血糖阶段），患者可出现急性认知损害，临床表现为行为紊乱，病情加重后可出现意识障碍，包括谵妄状态。因此血糖测定对诊断有所帮助。患者应优先进行控制糖尿病的治疗，抗抑郁药物治疗和心理治疗均能在改善抑郁症状的同时促进血糖控制，并全面改善功能状态。

20.【答案】A

21.【答案】B

【解析】甲状腺功能亢进所致精神障碍主要表现为精神运动性兴奋，包括失眠、话多、烦躁、易激惹等。患者精神运动水平明显提高，并出现精神病性症状如幻听、幻视和被害妄想、关系妄想，应考虑为甲状腺功能亢进所致精神障碍。甲状腺功能检查可以帮助诊断。

第十六章 精神活性物质所致精神障碍

【A_1 型题】

1.【答案】E

【解析】酒精戒断反应包括单纯性戒断反应、震颤谵妄、癫痫样发作，少数单纯性戒断反应患者可有短暂性幻觉或错觉。

2.【答案】C

【解析】由于酒精与苯二氮䓬类药理作用相似，在临床上常用此类药物来缓解酒精的戒断症状。

3.【答案】A

【解析】苯二氮䓬类药物用于缓解酒精的戒断症状。首次要足量，不要缓慢加药，这样不仅可抑制戒断症状，而且还能预防可能发生的震颤谵妄、戒断性癫痫发作。以地西泮为例，剂量一般为每次 10kg，3 次/日。首次剂量可更大些，口服即可，2～3 日后逐渐减量，不必加用抗精神病药物。由于酒依赖者有依赖素质，所以应特别注意用药时间不宜太长，以免发生对苯二氮䓬类的依赖。

4.【答案】C

【解析】苯丙胺为中枢神经系统兴奋剂。

5.【答案】A

【解析】长期大量饮酒如果突然断酒，大约在 48 小时后会出现震颤谵妄，表现为意识模糊，分不清东西南北，不识亲人，不知时间，有大量的知觉异常。另一重要的特征是全身肌肉粗大震颤，伴有发热、大汗淋漓、心搏加快。

6.【答案】D

【解析】长期大量饮酒者如果突然断酒，大约在 48 小时后会出现震颤谵妄，表现为意识模糊，分不清东南西北，不识亲人，不知时间，有大量的知觉异常。

7.【答案】B

【解析】哌替啶即杜冷丁，为阿片类物质。

8.【答案】A

【解析】可卡因与苯丙胺类药物具有类似的药理作用。苯丙胺类药物较难产生躯体依赖而更容易产生精神依赖。苯丙胺类药物的急性中毒临床表现为中枢神经系统和交感神经系统的兴奋症状。使用苯丙胺类药物后，特别是静脉使用后，使用者很快出现头脑活跃、精力充沛，能力感增强，可体验到难以言表的快感，即所谓腾云驾雾感或全身电流传导般的快感。

9.【答案】A

【解析】酒精代谢场所主要在肝脏内，酒精脱氢酶系统和微粒体酒精氧化系统参与酒精的代谢。其中乙醛脱氢酶是酒精脱氢酶系统的限速酶。

10.【答案】E

【解析】中枢神经系统兴奋剂能兴奋中枢神经系统，如咖啡因、苯丙胺类药物、可卡因等。

11.【答案】D

【解析】阿片类毒品包括天然、人工合成或半合成的阿片类物质，如海洛因、吗啡、鸦片、美沙酮、二氢埃托啡、哌替啶（杜冷丁）、丁丙诺啡等。

12.【答案】B

【解析】吗啡和海洛因等短效药物的戒断反应一般在停药后 8～12 小时出现，极期在 48～72 小时，持续 7～10 天。

13.【答案】E

【解析】长期大量饮酒者如果突然断酒，大约在 48 小时后出现震颤谵妄。

14.【答案】C

【解析】替代治疗的理论基础是利用与毒品有相似作用的药物来替代毒品，以减轻戒断症状的严重程度，使患者能较好地耐受。然后在一定的时间（如 14～21 天）内将替代药物逐渐减少，最后停用。美沙酮首日剂量为 30～60mg，然后根据患者的躯体反应逐渐减量，原则是只减不加、先快后慢、限时减完。

15.【答案】E

【解析】海洛因为阿片类物质。

16.【答案】A

【解析】依赖是一组认知、行为和生理症状群，使用者尽管明白滥用成瘾物质会带来问题，但仍然继续使用。

17.【答案】E

【解析】精神活性物质滥用的相关因素如下。①社会因素：容易获得、家庭因素、同伴影响，同伴间压力、文化背景，社会环境等因素。②心理因素。③生物学因素：脑内的“犒赏系统”与药物依赖、代谢速度、遗传学因素。

18.【答案】A

【解析】吗啡成瘾不会出现智力障碍。

19.【答案】E

【解析】精神活性物质是指能够影响人类情绪、行为、改变意识状态，并有致依赖作用的一类化学物质，人们使用这些物质的目的在于取得或保持某些特殊的心理、生理状态。

20.【答案】B

【解析】病理性醉酒是少量饮酒后，出现不成比例的极度兴奋，带有攻击和暴力的特征，并常有被害观念。病理性醉酒属于精神疾病的一种。

21.【答案】A

【解析】大麻是世界上最古

老、最有名的致幻剂，适量吸入或食用可使人欢快，增加剂量可使人进入梦幻，陷入深沉而爽快的睡眠之中，其主要成分为Δ9-四氢大麻酚。

22.【答案】C

23.【答案】E

【解析】阿片类物质滥用的认知行为治疗主要目的在于：①改变导致适应不良行为的认知方式。②改变导致吸毒的行为方式。③帮助患者应付急性或慢性渴求。④提高患者社会技能、强化患者不吸毒行为。

24.【答案】C

【解析】阿片类物质依赖的非替代治疗，常用药物及治疗手段包括：①可乐定，为α_2受体激动药，主要用于脱毒治疗的辅助治疗。②中草药、针灸：与替代治疗相比，中药在缓解戒药后的前3天的戒断症状方面较差，但能有效促进机体的康复，促进食欲，重要的是不存在撤药困难问题。③其他：如镇静催眠药、莨菪碱类。

25.【答案】B

【解析】多巴胺是一种与愉快情绪有关的神经递质，在人高兴时，有关犒赏通路上的神经细胞会发出较多的兴奋性冲动，并释放出一定量的多巴胺。可卡因、苯丙胺类药物是通过抑制突触间隙多巴胺重吸收而增加多巴胺释放，而阿片类可能是通过激动μ、δ受体及解除GABA神经元对多巴胺的抑制作用，间接促进多巴胺的释放，使突触间隙中多巴胺增加，过多的多巴胺连续刺激下一个神经元受体，便产生了一连串强烈而短暂的刺激"高峰"，于是大脑犒赏中枢发出愉悦的信号，使吸食者主观上产生某种陶醉感和欣快感。

26.【答案】C

【解析】经口摄入的酒精，多数在小肠的上部吸收，经血液循环进入全身的脏器，2%～10%的酒精经呼气、尿、汗排泄；剩余的部分在体内代谢为乙醛、乙酸，最后代谢成水和二氧化碳。酒精的代谢场所主要在肝脏内，酒精脱氢酶系统和微粒体酒精氧化系统参与酒精的代谢。其中乙醛脱氢酶是酒精脱氢酶系统的限速酶。

27.【答案】D

【解析】戒断状态是指停止使用药物或减少使用剂量或使用拮抗剂占据受体后所出现的特殊的心理生理症状群，其机制是由于长期用药后，突然停药引起的适应性的反跳。不同药物所致的戒断症状因其药理特性不同而不同，一般表现为与所使用药物的药理作用相反的症状。

28.【答案】B

【解析】我国的毒品主要指阿片类、可卡因、大麻、苯丙胺类兴奋剂等药物。

29.【答案】D

【解析】长期大量饮酒后停止或减少饮酒量，则会出现单纯性戒断反应，表现为在数小时后出现手、舌或眼睑震颤，并有恶心或呕吐、失眠、头痛、焦虑、情绪不稳和自主神经功能亢进，如心搏加快、出汗、血压增高等，少数患者可有短暂性幻觉或错觉。

30.【答案】E

【解析】酒中毒性脑病为慢性酒中毒症状。

【A_2型题】

31.【答案】B

【解析】患者有长期饮酒史，有激惹，幻听，应考虑为酒精中毒性幻觉。

32.【答案】B

【解析】酒精依赖者神经系统的特有症状之一是记忆障碍，称之为Korsakoff综合征，主要表现为记忆障碍、虚构、定向障碍三大特征，患者还可能有幻觉。夜间谵妄等表现。

【A_3/A_4型题】

33.【答案】C

34.【答案】E

35.【答案】D

36.【答案】E

【解析】年轻男性，出现严重躯体症状和行为异常，应考虑药物滥用。患者要求注射哌替啶，可能是药物依赖而导致的成瘾性。尿检能准确而又方便地识别患者是否有阿片类物质依赖。

【B_1型题】

37.【答案】B

【解析】巴比妥类为中枢神经系统抑制剂。苯丙胺为中枢神经系统兴奋剂。Δ9-四氢大麻酚为大麻的主要成分。丁丙诺啡为阿片类物质。丙酮为挥发性溶剂。

38.【答案】A

39.【答案】C

40.【答案】D

41.【答案】E

42.【答案】D

43.【答案】B

44.【答案】A

45.【答案】D

【解析】哌替啶为阿片类物质。地西泮为苯二氮䓬类物质。苯丙胺为中枢神经系统兴奋剂。麦角酸二乙酰胺为致幻剂。尼古丁为烟草中的依赖性成分。

46.【答案】C

47.【答案】A

第十七章　精神分裂症

【A_1 型题】

1.【答案】D

【解析】听幻觉是精神分裂症最常见的阳性症状。幻听可以是非语言性的，也可以是言语性的。通常在意识清晰状态下出现评论性幻听、争论性幻听或命令性幻听常指向精神分裂症。

2.【答案】D

【解析】精神分裂症的阳性症状包括幻觉、妄想和瓦解症状群。瓦解症状群包括思维形式障碍、怪异行为、紧张症行为以及不适当的情感。

3.【答案】B

【解析】精神分裂症约占半数是偏执型。临床表现以相对稳定的妄想为主，往往伴有幻觉（特别是幻听）。多中年起病、缓慢发展，以关系、被害妄想最多见。此型自发缓解者少见，如能尽早系统治疗，预后较好。

4.【答案】A

【解析】精神分裂症紧张型大多起病于青、中年，起病较急，常表现紧张性兴奋和紧张性木僵交替出现，亦可单独发生，以木僵为多见。

【A_2 型题】

5.【答案】C

【解析】青年男性，慢性起病，出现个人行为异常，思维破裂，被控制感和妄想，同时出现紧张性行为，应考虑为精神分裂症。

6.【答案】C

【解析】青年男性，慢性起病，出现个人行为异常，对父母冷漠，孤僻，表情淡漠，应考虑为精神分裂症。

7.【答案】B

【解析】患者为年轻女性，慢性起病，行为紊乱，出现幻听和被害妄想，应考虑为精神分裂症。

8.【答案】B

【解析】患者青年男性，病程5年，有社交退缩如“性格孤僻、不上班”，行为异常，如“将自己的东西都卖掉、流浪街头、睡门洞、在饭店讨饭吃”；妄想如坚信“不能利用出现的一种倾向掩盖另一种倾向”，应考虑为精神分裂症。

9.【答案】A

【解析】老年男性患者，病程3~4年，社交退缩如“不愿与他人接触，喜独处沉思”，意志减退如“赤足露胸、生活懒散、衣着不整、不洗澡”，思维障碍如“思维贫乏”，应考虑为精神分裂症。

【A_3/A_4 型题】

10.【答案】B

11.【答案】B

12.【答案】C

【解析】精神分裂症半数为偏执型。临床表现以相对稳定的妄想为主，往往伴有幻觉，尤其是幻听。多中年起病，缓慢发展，初起多疑敏感逐渐发展成妄想，以关系、被害妄想最多见。患者在妄想、幻觉的支配下表现出相应的行为，如闭门不出，恐惧不安、报复、跟踪等。大多数患者不愿暴露自己的病态体验，沉湎于妄想或幻觉体验之中，行为孤僻，不与外界接触。利培酮是氟哌啶醇与5-HT2A阻滞剂坦色林化合而成的新型药物，对精神分裂症疗效较好。除药物治疗外，要防止发生意外。

13.【答案】B

14.【答案】D

15.【答案】E

【解析】“多次给公安机关写信反映母亲被害之事”为被害妄想，“失眠、情绪低沉、不愿与人交往”为情感低落，“感到自己的思维、情感不由自己支配，自己的想法还未说出已人人皆知”为被洞悉感，“近3个月来独处时常听见有声音对她讲话，说母亲病故与某人有关”为言语性幻听，应考虑为精神分裂症。应用利培酮治疗。

16.【答案】A

17.【答案】E

18.【答案】D

【解析】情感低落是负性情感活动的明显增强。表现为忧愁、苦闷、唉声叹气、暗自落泪等，有时感到前途灰暗，没有希望，严重时可因悲观绝望而出现自杀企图及行为。患者有紧张性行为，如蜡样屈曲、违拗及木僵，可考虑为精神分裂症，应选择抗精神病药物进行治疗。

第十八章　心境障碍

【A_1 型题】

1.【答案】E

【解析】抑郁发作的生物学症状包括以下几种。①睡眠障碍：主要表现为早醒，一般比平时早醒2~3小时，早醒后不能再入睡。②食欲下降、性欲减退：抑郁障碍对食欲的影响尤为明显。③精力缺失：抑郁障碍患者常诉说“太累了”或“完不成任务”“缺乏动力”。④其他躯体不适：可有非特异性的疼痛，躯体不适的主诉可涉及各脏器，如恶心、呕吐、心悸、胸闷、出汗、尿频、尿急、便秘、性欲减退、阳痿、闭经等。

2.【答案】C

【解析】躁狂发作患者可表现为情绪高涨、思维奔逸、活动增多、意志行为增强、夸大观念及夸大妄想，可存在持续数天的精力充沛、活动增多，有显著的自我感觉良好，注意力不集中、不持久，轻度挥霍，社交活动增多。

3.【答案】E

【解析】躁狂发作患者睡眠明显减少，患者常诉“我的睡眠质量非常高，不愿把有限的时间浪费在睡眠上”，终日奔波但无困倦感，是躁狂发作特征之一。

4.【答案】C

【解析】抑郁发作患者意志活动呈显著持久的抑制。表现为行动缓慢，生活被动、懒散，不想做事，不愿与周围人交往，常独坐一旁或整日卧床，少出门或不出门。回避社交。严重时不修边幅，甚至发展为不语、不动、不食，可达木僵状态，即“抑郁性木僵”。因此抑郁发作患者的木僵无意识障碍。

5.【答案】D

【解析】情感性精神障碍的鉴别诊断包括继发性心境障碍和精神分裂症，脑器质性疾病、躯体疾病、某些药物和精神活性物质等均可引起继发性心境障碍。

6.【答案】C

【解析】多数心境障碍患者预后较好，经治疗临床症状可基本或完全消失，社会功能可恢复。抑郁障碍大多数为急性或亚急性起病，好发于秋冬季。单相抑郁发病年龄较双相障碍晚。发作间期一般缓解完全，多次发作后可慢性化。

7.【答案】A

【解析】锂盐的治疗窗狭窄，中毒剂量与治疗剂量接近，易中毒。一旦出现毒性反应需立即停用锂盐，大量给予生理盐水或高渗钠盐加速锂的排泄，或进行人工血液透析。

8.【答案】D

【解析】多数心境障碍患者有反复发作的倾向，每次发作多可以缓解。多数心境障碍患者预后较好，经治疗临床症状可基本或完全消失，社会功能可恢复。

9.【答案】D

【解析】应用最广泛的抗抑郁药为苯二氮䓬类药物，其他还有5-HTA受体部分激动剂丁螺环酮、β肾上腺素受体阻断药如普萘洛尔。

10.【答案】D

【解析】三环类抗抑郁药的应用应从小剂量开始，并根据副作用情况和临床疗效，用1~2周的时间逐渐增加到最大有效剂量，例如丙米嗪应以25~50mg/d开始治疗，每日（甚至在更长时间内）增加25mg，直到日剂量达到100mg左右。患者维持此剂量大约1周后，如没有或只有轻微疗效，应在下一周把剂量增加到100~200mg/d。如果仍没有进一步改善，应检测血药浓度，如剂量足够，治疗6~8周无效或疗效不明显者，可考虑换药。因此三环类抗抑郁药每日治疗的常规剂量为100~200mg。

11.【答案】C

【解析】SSRIs为选择性5-羟色胺抑制剂，与传统药物相比疗效相当，毒副作用小，使用安全，为一线抗抑郁药。

12.【答案】C

【解析】抗抑郁药的治疗原则为：①全面考虑患者症状特点、年龄、躯体状况、药物的耐受性、有无并发症，因人而异的个体化合理用药。②剂量逐步递增，尽可能采用最小有效剂量，使不良反应减至最少，以提高服药依从性。停药时应逐渐减量，不要骤停，避免出现撤药综合征。③小剂量疗效不佳时，根据不良反应和耐受情况，增至足量（有效药物上限）和足够长的疗程（>4~6周）。④如仍无效，可考虑换药，换用同类另一种药物或作用机制不同的另一类药。⑤尽可能单一用药，足量、足疗程治疗。⑥治疗前向患者及其家人阐明药物性质、作用和可能发生的不良反应及对策，争取他们的主动配合，使患者能遵守医嘱按时按量服药。⑦治疗期间密切观察病情变化和不良反应，并及时处理。⑧抗抑郁药治疗过程中应密切关注诱发躁狂或快速循环发作的可能。⑨在药物治疗基础上辅以心理治疗，可望取得更佳效果。⑩积极治疗与抑郁共病的其他躯体疾病、物质依赖、焦虑障碍等。

13.【答案】C

【解析】抑郁发作主要表现为情绪低落、思维迟缓、意志活动减退“三低”症状。

14.【答案】C

【解析】锂盐的中毒早期不良反应主要有：无力、疲乏、嗜睡、手指震颤、厌食、上腹部不适、恶心、呕吐、稀便、腹泻、多尿、口干等。

15.【答案】E

【解析】影响抑郁复发的因素主要有：①维持治疗的抗抑郁药剂量及时间不足。②生活事件和应激。③社会适应不良。④慢性躯体疾病。⑤缺乏社会和家庭的支持。⑥阳性心境障碍家族史。

16.【答案】C

【解析】躁狂发作的典型临床

表现是情感高涨、思维奔逸、活动增多“三高”症状，可伴有夸大观念或妄想、冲动行为等。若躁狂发作较重，可伴有精神病性症状，可随着情感症状的好转而消失。

17.【答案】C

【解析】在心境障碍的长期自然病程中，始终仅有躁狂或轻躁狂发作者很少见。但是躁狂可一生仅发作一次，也可反复发作。

18.【答案】A

【解析】抑郁发作患者的核心症状为情绪低落、思维迟缓、意志活动减退“三低”症状。

19.【答案】D

【解析】躁狂发作临床表现如下。①情绪高涨：患者自我感觉良好，主观体验特别愉快，生活快乐、幸福，整日兴高采烈、得意扬扬、笑逐颜开。②思维奔逸：患者联想速度明显加快，思维内容丰富多变，自觉脑子聪明，反应敏捷。③活动增多、意志行为增强：多为协调性精神运动性兴奋，即内心体验、行为方式与外界环境相协调。④夸大观念及夸大妄想：患者的思维内容多与心境高涨一致。⑤睡眠需求减少。⑥其他症状：可有食欲增加，性欲亢进，有时则可在不适当的场合出现与人过分亲热而不顾别人的感受。

20.【答案】D

【解析】躁狂发作的典型临床表现是情感高涨、思维奔逸、活动增多“三高”症状。

21.【答案】B

【解析】抑郁发作时患者自觉情绪低沉、苦恼忧伤，情绪的基调是低沉、灰暗的。典型病例常有晨重夜轻节律改变的特点，即情绪低落在早晨较为严重，而傍晚时可有所减轻。

22.【答案】D

【解析】抑郁发作的诊断标准：患者通常具有心境低落、兴趣和愉快感丧失、精力不济或疲劳感等典型症状。其他常见症状有：①集中注意和注意的能力降低。②自我评价降低。③自罪观念和无价值感（即使在轻度发作中也有）。④认为前途暗淡悲观。⑤自伤或自杀的观念或行为。⑥睡眠障碍。⑦食欲下降。病程持续至少2周。

23.【答案】A

【解析】躁狂发作的典型临床表现是情感高涨、思维奔逸、活动增多“三高”症状，可伴有夸大观念或妄想、冲动行为等。

24.【答案】B

【解析】躁狂发作患者可存在持续数天的心境高涨、精力充沛、活动增多，有显著的自我感觉良好，注意力不集中、不持久，轻度挥霍，社交活动增多。

【A_2 型题】

25.【答案】E

【解析】躯体形式障碍是一种以持久地担心或相信各种躯体症状的优势观念为特征的精神障碍。患者因这些症状反复就医，但各种医学检查未发现异常。尽管症状的发生和持续与不愉快的生活事件、困难或冲突密切相关，但患者常否认心理因素的存在。病程多为慢性波动性病程。

26.【答案】D

【解析】患者情绪低落，兴趣缺乏、快感缺失、思维迟缓、食欲下降，精力缺失，应考虑为抑郁症。

27.【答案】E

【解析】患者自我感觉良好，主观体验特别愉快，整日兴高采烈，得意扬扬，笑逐颜开，思维奔逸，活动增多，意志行为增强，易激惹，行为鲁莽，应考虑为躁狂发作。

【A_3/A_4 型题】

28.【答案】C

29.【答案】D

30.【答案】E

31.【答案】B

【解析】患者“兴高采烈”为情感高涨，“自觉思维敏捷，脑子特别灵”为思维奔逸，自觉“自己有超人才能”为夸大妄想，“整日忙碌不停，精力旺盛”为活动增多。罪恶妄想又称自罪妄想，指患者毫无根据地坚信自己犯了严重的错误或罪恶，甚至认为自己罪大恶极、死有余辜，应受严厉惩罚。躁狂发作患者多为协调性精神运动性兴奋，即患者内心体验、行为方式与外界环境相协调。表现为患者自觉精力旺盛，能力强、爱接近异性，无疲倦感。患者无意志减退的表现。躁狂发作的药物治疗以心境稳定剂为主。目前比较公认的心境稳定剂主要包括锂盐（碳酸锂）和卡马西平、丙戊酸盐。

32.【答案】D

33.【答案】A

34.【答案】C

【解析】夸大妄想是指患者认为自己拥有非凡的才能、智慧、财富、权利、地位等。该患者以情绪低落，自我评价低为主。思维云集又称强制性思维，是思维联想的自主性障碍，表现为患者感到脑内涌现大量无现实意义、不属于自己的联想，是被外力强加的，这些联想常常突然出现，突然消失，内容多变，多见于精神分裂症。该患者“认为自己成了家庭和社会的累赘”，此为自杀观念，同时患者“多次自杀未遂”，因此首要注意的问题是防止患者自杀发生。

35.【答案】D

36.【答案】C

37.【答案】D

38.【答案】C

【解析】患者学习成绩下降，自我评价降低，自罪观念和无价值感，有自伤或自杀的观念或行为，睡眠障碍，应考虑为抑郁症。抑郁症首选抗抑郁治疗。抗抑郁药治疗应该足量足疗程。严重抑郁症的治疗，一般药物治疗2~4周起效。如果患者用药治疗6~8周无效，换用作用机制不同的另一类药物可能有效，或者加一种作用机制不同的抗抑郁药物。巩固治疗的目的是防止症状复发。巩固治疗至少4~6个月。

第十九章　神经症性及分离（转换）性障碍

【A1型题】

1.【答案】C

【解析】神经症性障碍为一种非器质性精神障碍，症状的特异性较差。

2.【答案】D

【解析】焦虑障碍患者常常有不明原因的提心吊胆、紧张不安、并有显著的自主神经功能紊乱症状、肌肉紧张及运动性不安。焦虑障碍患者无幻听。

3.【答案】B

【解析】神经衰弱常见症状包括：①肌肉疼痛感。②头晕。③紧张性头痛。④睡眠紊乱。⑤不能放松。⑥易激惹。⑦消化不良。意志减退为抑郁发作症状。

4.【答案】E

5.【答案】E

【解析】焦虑障碍不是脑器质性病变导致的精神障碍，因此焦虑障碍患者的发病与脑内病毒感染无关。

6.【答案】E

【解析】具有抗强迫作用的药物有SSRIs（氟西汀、氟伏沙明、舍曲林、帕罗西汀、西酞普兰）和氯米帕明（氯丙米嗪）。

7.【答案】D

【解析】暴露和反应预防是治疗强迫障碍强迫性仪式动作有效的行为治疗方法。暴露疗法是使患者面对引起焦虑的物品和环境；反应预防要求患者推迟、减少甚至放弃能减轻焦虑的行为。

8.【答案】A

【解析】分离性运动和感觉障碍症状临床表现复杂多样，主要为运动和感觉功能障碍，包括分离性运动障碍、分离性抽搐和分离性感觉障碍，其中分离性感觉障碍包括感觉缺失、感觉过敏、感觉异常（如患者常感到咽部有异物感或梗阻感，咽喉部检查不能发现异常，称为“癔症球”）、视觉障碍、听觉障碍。

9.【答案】C

【解析】分离（转换）性障碍的患者中，男性少见，多数学者认为文化落后、经济状况差的地区患病率较高。大多数患者在35岁以前发病，我国部分地区有儿童、青少年的集体发作的情况。

10.【答案】E

11.【答案】D

【解析】分离（转换）性障碍确诊必须存在以下各点：具有分离（转换）性障碍中各种障碍的临床特征；不存在可以解释症状的躯体障碍的证据；有心理致病的证据，表现在时间上与应激性事件、问题或紊乱的关系有明确的联系（即使患者否认这一点）。

12.【答案】C

【解析】分离性抽搐也称假性癫痫发作，是一种类似于癫痫发作的状态，但没有癫痫发作的临床特征和相应的电生理改变，常于情绪激动或受到暗示时突然发生，大多历时数十分钟后症状缓解，比癫痫时间长，发作后没有神情呆滞、睡眠，但可有木僵或意识状态改变，发作时没有EEG的相应改变。

13.【答案】E

【解析】分离（转换）性障碍的共同特点是部分或全部丧失了对过去的记忆或身份，或出现具有发泄特点的情感暴发。患者可暂时性的同时丧失个人身份感和对周围环境的完全意识，对过程有全部或部分遗忘（出神与附体）。可有分离性感觉障碍（包括感觉缺失、感觉过敏、感觉异常、视觉障碍、听觉障碍）和分离性运动障碍。

14.【答案】A

【解析】心理治疗在分离（转换）性障碍的治疗中有十分重要的作用。大多数分离（转换）性障碍患者多会自然缓解或经过行为治疗、暗示、环境支持缓解。早期充分治疗对防止症状反复发作和疾病的慢性化十分重要。

15.【答案】E

【解析】分离（转换）性障碍患者各项医学检查通常是正常的。

16.【答案】C

【解析】分离性抽搐也称假性癫痫发作，是一种类似于癫痫发作的状态，但没有癫痫发作的临床特征和相应的电生理改变，常于情绪激动或受到暗示时突然发生。发作时患者缓慢倒地或卧于床上，呼之不应，全身僵直，肢体一阵阵抖动，或在床上翻滚，或呈角弓反张姿势，呼吸时急时停，可有揪衣服、抓头发、捶胸，咬人等动作，有的患者表情痛苦，双眼噙泪，但无咬破舌头或大小便失禁；大多历时数十分钟后症状缓解，发作后没有神情呆滞、睡眠障碍，但可有木僵或意识状态改变，发作时没有 EEG 的相应改变。

【A_2 型题】

17.【答案】E

【解析】患者为青年女性，由于长期处于紧张和压力下，出现精神易兴奋和脑力易疲乏，并常伴有情绪烦恼、易激惹、睡眠障碍等。症状与心理社会因素有关，应考虑为神经衰弱。

18.【答案】C

【解析】患者为中年男性，“1 年前提拔到领导岗位”可能存在紧张和压力的因素，“出现脑力活动效率明显下降”为脑力易疲劳，“回忆和联想增多且控制不住”为精神易兴奋，易激惹，“肢体肌肉酸痛”为肌肉紧张性疼痛。符合神经衰弱的症状，应考虑为神经衰弱。

19.【答案】A

【解析】抗焦虑、抗抑郁药物可改善患者的焦虑和抑郁，也可使肌肉放松，消除一些躯体不适感。支持性和解释性的心理治疗可帮助患者认识疾病的性质和消除继发焦虑。

20.【答案】A

【解析】地西泮为苯二氮䓬类抗焦虑药物，可以改善神经衰弱患者的焦虑和抑郁症状。

21.【答案】E

【解析】患者为分离（转换）性障碍中的分离性抽搐，也称假性癫痫发作，是一种类似于癫痫发作的状态，但没有癫痫发作的临床特征和相应的电生理改变，常于情绪激动或受到暗示时突然发生。

22.【答案】D

23.【答案】E

【解析】该患者为分离（转换）性障碍中的情感暴发。情感暴发常在受到严重的精神创伤之后突然起病，意识障碍较轻，常在与人争吵、情绪激动时突然发作，表现为哭啼、叫喊、在地上打滚、捶胸顿足、撕衣毁物、扯头发或以头撞墙，其言语行为有尽情发泄内心情绪的特点。患者 3 个月前因工作失误，造成企业损失，在经理批评其时突然嚎啕痛哭，所以该患者应诊断为分离（转换）性障碍。

24.【答案】C

【解析】患者为分离（转换）性障碍中的出神与附体症状，出神与附体表现为暂时性的同时丧失个人身份感和对周围环境的完全意识，对过程有全部或部分遗忘。处于出神状态的人，如果其身份为神灵、鬼、他人或已死去的人所替代（患者自称村里一位已死 2 年的青年男性附在其身上），声称自己是某神或已死去的某人在说话，则称为附体状态。

25.【答案】A

【解析】患者为分离（转换）性障碍中的分离性运动障碍。患者在精神创伤后（“两日前因与邻居发生口角”）出现运动功能障碍，体格检查、神经系统检查都不能发现其内脏器官和神经系统有相应的器质性损害，其症状和体征不符合神经系统解剖生理特征，如“对方用镰刀砍中其右臂，之后其右下肢马上瘫痪”，经暗示治疗后可恢复，故该患者应考虑为分离（转换）性障碍。

26.【答案】B

【解析】患者为分离（转换）性障碍中的分离性运动障碍失声症。患者性格好强，有精神刺激诱因（“1 周前上课过程中，老师提问其未能正确回答，受到老师批评”），失声症为患者想说话，但发不出声音。查体：神经系统和发声器官无器质性病变，患者也无其他精神病状存在，故该患者最可能的诊断为分离（转换）性障碍。

27.【答案】D

【解析】患者为分离（转换）性障碍中的分离性感觉障碍。患者因“与丈夫争吵后”出现躯体感觉麻木。患者皮肤麻木的区域接近患者关于躯体疾病的概念，但与神经解剖不同，如“患者自述从头到脚均为左侧麻木，以正中为界限”，也与客观检查不符，如患者“头部 CT、MRI 均未见异常”。故应考虑为分离（转换）性障碍。

28.【答案】C

【解析】患者为分离（转换）性障碍中的分离性感觉障碍的视觉障碍。患者因“2 周前夜间路上遇劫”起病，表现为双目失明，突然发生“回家后即双目失明”，眼科检查无器质性疾病，故该患者最可能的诊断为分离（转换）性障碍。

29.【答案】C

【解析】患者为分离（转换）性障碍中的分离性感觉障碍的听觉障碍。听觉障碍患者多表现为突然听力丧失，电测听和听诱发电位检查正常。患者暗示治疗后听力恢复，故该患者最可能的诊断为分离（转换）性障碍。

30.【答案】E

【解析】患者为分离（转换）性障碍中的分离性抽搐，也称为假性癫痫发作，是一种类似于癫痫发作的状态，但没有癫痫发作的临床特征和相应的电生理改变。

【B_1 型题】

31.【答案】D

【解析】分离性抽搐：也称假性癫痫发作，是一种类似于癫痫发作的状态，但没有癫痫发作的临床特征和相应的电生理改变，常于情绪激动或受到暗示时突然发生。发作时患者缓慢倒地或卧于床上，呼之不应，全身僵直，肢体一阵阵抖动，或在床上翻滚，或呈角弓反张姿势，呼吸时急时停，可有揪衣服、抓头发、捶胸，咬人等动作，有的患者表情痛苦，双眼噙泪，但无咬破舌头或大小便失禁；大多历时数十分钟后症状缓解，发作后没有神情呆滞、睡眠障碍但可有木僵或意识状态改变，发作时没有EEG的相应改变。情感暴发：常在受到严重的精神创伤之后突然起病，意识障碍较轻，常在与人争吵、情绪激动时突然发作，表现为哭啼、叫喊、在地上打滚、捶胸顿足、撕衣毁物、扯头发或以头撞墙，其言语行为有尽情发泄内心情绪的特点。在多人围观的场合发作尤为剧烈。一般历时数十分钟即可安静下来，事后可有部分遗忘。出神与附体：表现为暂时性的同时丧失个人身份感和对周围环境的完全意识，对过程有全部或部分遗忘。处于出神状态的人，如果其身份为神灵、鬼、他人或已死去的人所替代，声称自己是某神或已死去的某人在说话，则称为附体状态。分离性木僵：常在精神创伤之后或被创伤体验所触发，患者出现精神活动的全面抑制，表现为在相当长时间维持固定的姿势，完全或几乎没有言语及自发的有目的运动，行为符合木僵的标准，检查找不到躯体疾病的证据，一般数十分钟即可自行醒转。分离性感觉障碍：可表现为躯体感觉麻木、丧失、过敏或异常，或特殊感觉障碍。患者皮肤麻木的区域接近患者关于躯体疾病的概念，而与神经解剖不同，也与客观检查不符。

32.【答案】A

第十七篇 运动系统

第一章 骨 折

【A₁型题】

1.【答案】C

【解析】3岁以下儿童采用垂直悬吊皮肤牵引。在牵引过程中，要定时测量肢体长度和进行床旁X线片，了解牵引力是否足够。

2.【答案】C

3.【答案】A

【解析】Smith骨折X线拍片可发现近折端向背侧移位，远折端向掌侧、桡侧移位。

4.【答案】B

【解析】闭合性骨折，因为局部血肿吸收，常有发热，但温度一般不超过38℃。

5.【答案】D

【解析】骨筋膜室综合征如有大量毒素进入血液循环，可导致休克、心律不齐和肾衰竭。

6.【答案】E

【解析】由于股骨粗隆间骨折为关节囊外骨折，骨折远端处于极度外旋位。

7.【答案】C

【解析】压缩性骨折：骨质因压缩而变形，多见于松质骨，如脊椎骨和跟骨。

8.【答案】C

9.【答案】B

【解析】齿状突骨折分为Ⅰ、Ⅱ、Ⅲ三型。Ⅰ型骨折为齿状突尖端撕脱骨折；Ⅱ型骨折又称基底部骨折，为齿状突与枢椎体连接处的骨折；Ⅲ型骨折为枢椎体上部骨折，骨折线常涉及一侧或两侧的枢椎上关节突。其中Ⅱ型骨折不易愈合。

10.【答案】E

【解析】骨盆骨折合并尿道完全断裂，最好的处理为尿道吻合术。膀胱穿刺和造瘘术仅是临时采用的尿液引流。

11.【答案】A

【解析】脊髓休克是脊髓功能短时间内的传导功能抑制，最终脊髓功能是可以恢复的。

12.【答案】A

13.【答案】E

【解析】肱骨中段横行骨折，为稳定性骨折，手法复位外固定，创伤小。

14.【答案】C

15.【答案】C

【解析】骨折急救的目的是用最为简单而有效的方法抢救生命、保护患肢、迅速转运，以便尽快得到妥善处理。其包括抢救休克、包扎伤口、妥善固定、迅速转运。

16.【答案】B

【解析】锁骨骨折治疗：①儿童的青枝骨折及成人的无移位骨折可不做特殊治疗。仅用三角巾悬吊患肢3~6周即可开始活动。②对有移位的锁骨中段骨折，手法复位满意的可采用横形“8”字绷带固定。③切开复位内固定。

17.【答案】E

18.【答案】D

【解析】桡神经在肱骨中下1/3处贴近骨干，此处肱骨骨折时桡神经易受损伤。

19.【答案】C

【解析】脂肪栓塞发生于成人，是由于骨折处髓腔内血肿张力过大，骨髓被破坏，脂肪滴进入破裂的静脉窦内，可引起肺、脑脂肪栓塞。

20.【答案】B

【解析】骨折端易移位或者复位后易再移位者，如斜行骨折、螺旋形骨折、粉碎性骨折等为不稳定性骨折。

21.【答案】A

22.【答案】D

【解析】开放性骨折，强调彻底清创，防止感染，尽可能一期愈合。

23.【答案】C

【解析】脊髓排尿中枢位于$S_{2\sim4}$水平，相当于脊椎的$T_1\sim L_{12}$水平。

24.【答案】C

【解析】骨折的特有体征：畸形、异常活动、骨擦音或骨擦感。

25.【答案】A

【解析】骨盆骨折最危险的并发症为腹膜后出血，术中禁忌将血肿切开，否则易因止血困难，导致大出血。

26.【答案】A

27.【答案】E

28.【答案】C

【解析】肘后三角关系异常是肘关节脱位的特征表现。

29.【答案】E

30.【答案】B

【解析】Colles骨折的特征畸形是“银叉”样畸形。

31.【答案】D

【解析】切开复位的缺点：①切开复位分离软组织和骨膜，减少骨折部位的血液供应影响愈合。②增加局部软组织损伤的程度，降低局部抵抗力，若无菌操作不严，易发生感染，导致化脓性骨髓炎。③切开复位后所用的内固定器材如选择不当，可能发生操作困难或影响固定效果。

32.【答案】C

33.【答案】B

【解析】耻骨骨折无明显移位，卧床休养，定时复查X线即可。

34.【答案】C

【解析】颈椎压缩性骨折最常见于$C_{4\sim5}$或$C_{6\sim7}$节段。Ⅰ度的压缩骨折可行颈部支具固定8~12周，Ⅱ度或Ⅲ度的不稳定骨折应行骨折椎体次全切除，内固定植骨融合。

35.【答案】A

【解析】①按照骨折线的部位，将股骨颈骨折分为股骨头下型、经股骨颈型和股骨颈基底型。②按骨折线Pauwells角指股骨颈骨折时远端骨折线与两髂嵴连线所形成的角度。外展型：Pauwel角<30°，为稳定骨折，多有嵌插，剪力小、较稳定，愈合率高；常可用持续牵引治疗，处理不当可发生移位，转为不稳定型。内收骨折：Pauwel角>50°，为不稳定骨折，常有移位，剪力大，固定困难，不连接率高，常需要内固定治疗。

36.【答案】D

37.【答案】C

【解析】Colles骨折X线片可见骨折远端向桡、背侧移位，近端向掌侧移位。

38.【答案】C

39.【答案】B

40.【答案】A

【解析】股骨颈骨折按骨折线部位分类，可分为股骨头下骨折，经股骨颈骨折，股骨颈基底骨折。其中股骨头下骨折，骨折线位于股骨头下，使旋股内、外侧动脉发出的营养支损伤，中断了股骨头的血供，使股骨头仅有供血量很少的股骨头小凹动脉供血，致使股骨头严重缺血，故发生股骨头缺血坏死的机会很大。

41.【答案】C

【解析】Chance骨折指横越椎骨的屈曲牵张性骨折，多见于高速公路紧急刹车时上身突然前屈所致。

42.【答案】D

43.【答案】D

【解析】稳定性骨折，骨折端不易移位的骨折，如裂缝骨折、青枝骨折、横形骨折、压缩性骨折、嵌插骨折等。

44.【答案】C

45.【答案】E

46.【答案】D

47.【答案】E

48.【答案】C

【解析】髓内针对骨折周围组织破坏小，不需切开骨折部位肌肉组织，减少肿瘤扩散。

49.【答案】B

【解析】肘内翻是常见的髁上骨折晚期畸形，发生率达30%。肘内翻畸形并不影响肘关节的伸屈活动，但影响外观及患者心理。畸形超过20°以上，伤后1~2年畸形稳定则可行肱骨髁上外侧楔形截骨术矫正。

50.【答案】C

51.【答案】C

【解析】骨盆骨折的体征：①骨盆分离试验与挤压试验阳性。②肢体长度不对称。③会阴部的瘀斑是耻骨和坐骨骨折的特有体征。

52.【答案】A

【解析】骨折后易发生骨缺血性坏死的部位有腕舟状骨骨折近侧骨折端缺血性坏死，股骨颈骨折后股骨头缺血性坏死。

53.【答案】D

【解析】体格检查比辅助检查具有更重要的临床意义。

54.【答案】B

【解析】肱骨髁上血管、神经分布相对集中，此处骨折容易合并血管、神经损伤。

55.【答案】D

【解析】腓骨小头与腓总神经毗邻，所以腓骨小头骨折时，可伴有腓总神经损伤，腓总神经分为腓浅神经和腓深神经，其中腓深神经支配小腿肌前群、足背肌及第1、2趾背面的相对缘皮肤。

56.【答案】E

57.【答案】A

58.【答案】E

【解析】骨折的晚期并发症常见于以下几种。①坠积性肺炎：多发生于骨折长期卧床的患者，特别是老年、体弱和患有慢性病的人。②压疮。③下肢深静脉血栓。④感染。⑤损伤性骨化。⑥创伤性骨关节炎。⑦关节僵硬。⑧急性骨萎缩。⑨缺血性骨坏死。⑩缺血性肌挛缩。

59.【答案】B

【解析】骨折晚期并发症包括：①坠积性肺炎。②压疮。③下肢静脉血栓。④感染。⑤损伤性骨化。⑥创伤性关节炎。⑦关节僵硬。⑧急性骨萎缩。⑨缺血性骨坏死。⑩缺血性肌痉挛。

60.【答案】B

【解析】随着肢体活动和负重，根据Wolff定律，骨的机械强度取决于骨的结构，成熟骨板经成骨细胞和破骨细胞相互作用，在应力轴线上成骨细胞相对活跃，有更多的新骨使之形成坚强的半层骨。

61.【答案】C

62.【答案】E

63.【答案】A

64.【答案】E

65.【答案】B

【解析】按照轻重缓急，应先抢救休克，然后尿道损伤，最后骨盆骨折。

66.【答案】E

【解析】锁骨后有臂丛神经及

锁骨下血管经过，若暴力作用强大，骨折移位明显，局部肿胀严重，有可能合并其他部位的骨折、肺部损伤、血管损伤和臂丛神经的损伤。

67.【答案】A

【解析】缺血性肌挛缩是严重的骨折晚期并发症，是骨筋膜室综合征的严重后果，由于上、下肢的血液供应不足或包扎过紧超过一定时限，肢体肌群缺血而坏死，终致机化，形成瘢痕组织，逐渐挛缩而形成特有畸形。前臂多见。肱骨髁间粉碎骨折，局部血肿严重，影响局部肢体血运，容易出现缺血性肌挛缩。

68.【答案】E

【解析】功能复位的标准是：①骨折部位的旋转移位、分离移位必须完全矫正。②缩短移位在成人下肢骨折不超过 1cm；儿童若无骨骺损伤，下肢缩短在 2cm 以内，在生长发育过程中可自行矫正。③成角移位：下肢骨折轻微地向前或向后成角，与关节活动方向一致，日后可在骨痂改造期内自行矫正。④长骨干横形骨折，骨折端对位至少达 1/3 左右，干骺端骨折至少应对位 3/4 左右。

69.【答案】B

【解析】因为胸椎骨性椎管相对较窄，所以胸椎骨折脱位更容易出现脊髓损伤，且多为完全性。

【A_2 型题】

70.【答案】B

【解析】胫腓骨中下 1/3 处，骨折远端缺少血供，易发生骨折不愈合。

71.【答案】C

【解析】前臂骨折患者，手法复位后骨折部位血肿，使骨筋膜室内压力升高，动、静脉受压，引起局部缺血表现。

72.【答案】D

73.【答案】E

【解析】骨折 1 年后髓腔硬化，提示骨折不愈合，需要行植骨融合，内固定结合外固定术，促进骨折愈合。

74.【答案】A

【解析】多发骨折，首先应观察生命体征，预防失血性休克。

75.【答案】C

【解析】短缩成角畸形首先考虑尺骨、桡骨双骨折，单纯的尺骨或桡骨骨折，没有短缩畸形。

76.【答案】D

【解析】股四头肌剧烈收缩导致髌骨间接暴力骨折。

77.【答案】E

【解析】骨折的急救强调妥善固定，股骨干闭合性骨折，因下肢肌肉力量发达，常将双下肢捆扎在一起。

78.【答案】B

【解析】上臂较对侧短 4cm 提示短缩移位，同时合并成角畸形，提示有成角移位。

79.【答案】C

【解析】关节内骨折，关节面遭到破坏，又未能准确复位，骨愈合后使关节面不平整，长期磨损易引起创伤性关节炎，致使关节活动时出现疼痛。

80.【答案】B

81.【答案】B

82.【答案】B

【解析】拇指骨折不能不处理，清创应在 6～8 小时内进行，为减少出血应使用止血带，肌腱神经损伤，必要时可行二期修复。清创从浅层到深层是正确的。

83.【答案】C

【解析】骨折患者并发脂肪栓塞临床上出现呼吸功能不全、发绀，胸部拍片有广泛性肺突变。动脉低血压可致烦躁不安、嗜睡，甚至昏迷和死亡。

84.【答案】C

【解析】腕关节不能背伸，桡神经损伤可能，局部畸形异常活动，考虑骨折后合并神经损伤，切开复位内固定，神经探查是最合理的处理方法。

85.【答案】C

【解析】畸形伴反常活动提示骨折，伴有创口流血，考虑开放性骨折，腕、手活动自如暂不考虑神经损伤。

86.【答案】E

【解析】骨折 6 个月，骨端有硬化现象，伴有骨折线，骨痂极少，考虑骨折延迟愈合，此时需切开植入内固定加外固定术。

87.【答案】C

88.【答案】E

【解析】儿童肱骨髁上骨折，短缩移位，成角移位，旋转移位需完全矫正，而不需完全矫正桡侧方移位。

89.【答案】D

【解析】前臂尺骨、桡骨骨折，经手法复位失败，应考虑切开复位内固定，防止畸形愈合。

90.【答案】A

【解析】锁骨骨折常合并臂丛神经损伤，术中应行探查术。

91.【答案】E

92.【答案】B

93.【答案】B

【解析】骨折 8 个月不愈合，骨折断端骨髓腔已封闭硬化，应切除硬化骨，植骨，钢板内固定加牢固的外固定。

94.【答案】C

95.【答案】E

【解析】老年患者桡骨远端骨折，对位、对线良好，嵌插畸形，手法复位、石膏固定即可。

96.【答案】E

【解析】下肢外旋角度大，粗隆间骨折可能性大。

97.【答案】C

98.【答案】A

【解析】稳定性骨折，可先采用皮牵引的方法，下肢免负重。

99.【答案】E

【解析】老年患者76岁，头下型股骨颈骨折，考虑股骨头置换术。

100.【答案】C

【解析】外伤后股骨局部肿胀畸形，足背动脉搏动消失，足趾发凉，最大可能是骨折伴有股动脉损伤。

101.【答案】D

【解析】右大腿外伤，中段肿胀，皮温高，畸形成角，血白细胞正常，股骨干骨折可能大。

102.【答案】E

【解析】骨折不愈合的治疗，应切除硬化骨，植骨，内固定加牢固的外固定。

103.【答案】D

【解析】注意刀砍伤后休克状态，应积极抢救休克，尽快清创，手术探查。

104.【答案】B

【解析】股骨干骨折手术治疗的指征：①非手术疗法失败。②同一肢体或其他部位有多处骨折。③合并神经、血管损伤。④老年人的骨折，不宜长期卧床者。⑤陈旧骨折不愈合。⑥开放性骨折。

105.【答案】E

106.【答案】C

107.【答案】A

【解析】胫骨或胫腓骨骨折会有小腿内侧的疼痛，有骨擦音存在，骨折的特有体征。

108.【答案】D

【解析】患者骨盆骨折，休克状态，已明确有腹膜后血肿，应首先积极抢救休克，病情稳定后考虑骨折复位内固定，禁忌打开腹膜止血。

109.【答案】E

110.【答案】E

【解析】2个月前外伤致腰椎压缩性骨折，目前第1腰椎体后缘骨嵴压迫脊髓，应积极手术治疗，后方椎板切除减压术，其他方法不适合陈旧骨折。

111.【答案】B

【解析】明确的外伤史，之后出现四肢瘫痪，排尿障碍，可以明确脊髓损伤，目前脊髓休克状态。

112.【答案】B

【解析】齿状突骨折最先采取的措施，应为颅骨牵引固定，该方法固定可靠，且有复位的作用，条件允许下完善术前准备，行切开复位内固定术。

113.【答案】D

【解析】颈脊髓损伤后，患者体温调节功能下降，持续高热，首先应采用物理降温。

114.【答案】D

115.【答案】B

【A_3/A_4型题】

116.【答案】D

【解析】桡神经损伤导致垂腕畸形，尺神经损伤导致爪形手畸形，正中神经损伤导致猿手畸形。

117.【答案】E

118.【答案】D

【解析】外伤明确，左小腿肿胀提示局部压力高，有骨折可能大，足背动脉搏动不清，提示压力增大后影响动脉血供。所以，骨筋膜室综合征可能最大。

119.【答案】C

120.【答案】D

【解析】锁骨中外1/3骨折，血压低，首先抢救休克。

121.【答案】E

【解析】患者出现桡动脉搏动触不到，手部发凉，皮色苍白，考虑血管损伤可能大，同时伴有休克，应积极抢救休克同时切开复位内固定加适当外固定。

122.【答案】B

123.【答案】D

【解析】首先应清创，预防感染，同时应行骨折复位固定，桡神经探查，加外固定。

124.【答案】A

【解析】伸直型肱骨髁上骨折表现为儿童有手着地受伤史，肘部出现疼痛、肿胀、皮下瘀斑，肘部向后突出并处于半屈位，应想到肱骨髁上骨折的可能。

125.【答案】E

126.【答案】C

【解析】中、老年人有摔倒受伤史，伤后感髋部疼痛，下肢活动受限，不能站立和行走，应怀疑股骨颈骨折。检查时可发现患肢外旋畸形，45°~60°。

127.【答案】A

128.【答案】D

129.【答案】C

【解析】多发外伤，尤其腹部外伤，应警惕腹部实质性脏器的损伤，注意失血性休克的抢救。

130.【答案】B

131.【答案】A

132.【答案】B

【解析】CT检查能较清晰地显示椎体骨折椎管压迫情况。

133.【答案】C

134.【答案】D

【解析】不能排尿提示尿道损伤，直肠指诊指套染血提示直肠损伤。

135.【答案】A

136.【答案】D

【解析】休克难以纠正时应结扎髂内动脉，止血，防止休克加重。

【B_1型题】

137.【答案】E

138.【答案】A

139.【答案】B

140.【答案】C

141.【答案】D

142.【答案】C

143.【答案】D

144.【答案】A

145.【答案】B

146.【答案】C

147.【答案】C
148.【答案】E
149.【答案】B
150.【答案】E
【解析】桡骨远端骨折主要采用手法复位，石膏或夹板外固定。
151.【答案】C
152.【答案】A
153.【答案】B
【解析】$C_{4\sim5}$骨折后脊髓损伤，上肢屈肘伸腕等功能丧失，四肢瘫。
154.【答案】C
【解析】$C_{6\sim7}$骨折后脊髓损伤，常可保留屈肘功能。

第二章　常见的关节脱位

【A_1 型题】

1.【答案】E
2.【答案】D
3.【答案】D
【解析】桡骨头半脱位是婴幼儿常见的肘部损伤之一。多发生在5岁以下儿童。本病的治疗主要是依靠手法复位，复位时不用麻醉，将肘关节从伸到屈的过程中旋转前臂，复位成功时可感觉到肱骨桡关节处的弹跳感。复位后肘部及前臂可活动自如，无须石膏固定。
4.【答案】D
【解析】只有对复杂性后脱位病例，目前在治疗方面还有争论，但考虑到合并有关节内骨折，日后产生创伤性骨关节炎的机会明显增多，因此主张早期切开复位与内固定。伤后3个月内患肢不能负重。
5.【答案】C
6.【答案】C
7.【答案】E
8.【答案】A
【解析】脱位通常影响活动的关节，如踝、膝、髋、腕、肘，但最常见的是肩和手指关节。
9.【答案】E
10.【答案】B
【解析】髋关节后脱位，指股骨头多有髂股韧带与坐股韧带之间的薄弱区穿出脱位，造成后关节囊及圆韧带撕裂。临床最为多见，占髋关节脱位的85%~90%。
11.【答案】A
【解析】肩关节脱位按肱骨头的位置分为前脱位和后脱位。肩关节前脱位者很多见，常因间接暴力所致。
12.【答案】C
【解析】髋关节后脱位一般均可手法复位，很少有困难。复位方法以屈髋屈膝位顺股骨轴线牵引较为稳妥可靠，Allis法为仰卧位牵引，Stimson法为俯卧位牵引。Allis法最为常用。
13.【答案】B
14.【答案】B
15.【答案】A
16.【答案】C
17.【答案】C
18.【答案】D

【A_2 型题】

19.【答案】C
【解析】股骨颈骨折多为下肢外旋短缩畸形，而该患者患肢短缩，屈曲，内收，内旋畸形符合髋关节后脱位表现。
20.【答案】C
【解析】儿童的腕、手有被向上牵拉的受伤史，患儿感肘部疼痛，活动受限，前臂处于半屈位及旋前位。检查肘部外侧有压痛，即应诊断为桡骨头、半脱位。X线摄片常不能发现桡骨头有脱位改变。
21.【答案】C
【解析】肩关节脱位，出现方肩畸形。
22.【答案】C
【解析】髋关节后脱位患者有明显外伤史，通常暴力很大。有明显的疼痛，髋关节不能主动活动。患肢缩短，髋关节呈屈曲、内收、内旋畸形。可以在臀部摸到脱出的股骨头，大转子上移明显。

【A_3/A_4 型题】

23.【答案】D
【解析】患肢屈曲内收内旋畸形，髋关节后脱位表现。
24.【答案】A
【解析】髋关节后脱位可合并坐骨神经损伤，发生率约为10%。多表现以腓总神经损伤的体征，出现足下垂、趾背伸无力和足背外侧感觉障碍等。
25.【答案】E
【解析】首先选择的方法为皮牵引，最安全可靠的方法为Allis手法复位。
26.【答案】C
27.【答案】D
【解析】桡骨头半脱位可能大，首选手法复位。
28.【答案】C
29.【答案】B

【B_1 型题】

30.【答案】A
31.【答案】A
32.【答案】C

第三章 手外伤及断肢（指）再植

【A_1 型题】

1.【答案】D

2.【答案】E

3.【答案】B

【解析】Allen 试验，检查手部的血液供应，桡动脉与尺动脉之间的吻合情况。①术者用双手同时按压桡动脉和尺动脉。②嘱患者反复用力握拳和张开手指5~7次至手掌变白。③松开对尺动脉的压迫，继续保持压迫桡动脉，观察手掌颜色变化。若手掌颜色15秒之内迅速变红或恢复正常，即Allen试验阳性，表明尺动脉和桡动脉间存在良好的侧支循环；相反，若15秒手掌颜色仍为苍白，即Allen试验阴性，这表明手掌侧支循环不良。禁做介入、动静脉内瘘等手术。

4.【答案】D

5.【答案】E

6.【答案】B

【解析】该患者已有骨外露，不适合皮片植皮。

7.【答案】A

【解析】皮瓣是由具有血液供应的皮肤及其附着的皮下脂肪组织所形成。在皮瓣形成与转移过程中，必须有一部分与本体（供皮瓣区）相连，此相连的部分称为蒂部，以保持血液供应，其他在面及深面均与本体分离，转移到另一创面后（受皮瓣区），暂时仍由蒂部血运供应营养，等受皮瓣区创面血管长入皮瓣，建立新的血运后，再将蒂部切断，始完成皮瓣转移的全过程，故又名带蒂皮瓣。

8.【答案】C

【解析】不能因为预防感染，而过多的切除皮缘，否则导致伤口缝合困难。

9.【答案】C

【解析】鼻烟窝为位于手背外侧部的浅凹，在拇指充分外展并后伸时明显。其桡侧界为拇长展肌腱和拇短伸肌腱，尺侧界为拇长伸肌腱，近侧界为桡骨茎突，窝底为手舟骨和大多角骨。窝内有桡动脉通过，可扪及其搏动。

10.【答案】B

【解析】屈腱修复后容易产生粘连，粘连是最重要影响功能的并发症，其次为指关节僵硬。任何缝合材料和缝合方法都不能允许患者能早日自主屈指而不引起断裂。国内外较为有用的方法有控制的自主活动及持续被动活动，或两者的结合。

11.【答案】E

【解析】若受伤现场离医院较远，离断肢（指）应采用干燥冷藏法保存，即将断肢（指）清洁或无药敷料包裹，置入塑料袋中密封，再放于加盖的容器内，外周放入冰块保护。

12.【答案】C

13.【答案】E

14.【答案】E

15.【答案】B

16.【答案】E

17.【答案】A

18.【答案】B

【解析】中国九分法：适于较大面积烧伤。头、面、颈部三者各占3%，也就是9%×1=9%（一个9%）。双上肢即双手、双前臂、双上臂各占5%、6%、7%，也就是18%，即9%×2=18%（两个9%）。躯干的前躯干、后躯干、会阴部各占13%、13%、1%，也就是9%×3=27%（三个9%）。双下肢包括臀、双大腿、双小腿和双足，依次各占5%、21%、13%、7%，即双下肢总面积为5%+21%+13%+7%=46%，也就是9%×5+1%（5个9%加上1%）。

19.【答案】E

【A_2 型题】

20.【答案】B

【解析】患者左手示指割伤，创口长3cm，出血不止，现场紧急处理应迅速有效止血，可以无菌或清洁布料加压包扎伤口。故选B。

21.【答案】B

22.【答案】A

23.【答案】D

24.【答案】C

【解析】切割伤，早期清创后尽可能一期缝合。

25.【答案】A

26.【答案】C

27.【答案】C

28.【答案】B

【解析】发现患指指甲发绀，指腹肿胀，毛细血管反应存在，皮温尚正常，提示动脉灌注尚可，除外A、C，考虑为B。正常情况下再植肢体的指（趾）腹饱满，如果切开指趾腹侧方，将在1~2秒内流出鲜红色液。如颜色由红润变成淡红色液，则是动脉血供不足的表现；如果颜色变成苍白、皮温下降、毛细血管回流消失、指腹干瘪，指腹切开不出血，则表示动脉供血中断；如指腹由红润变成暗紫色且指腹张力高、毛细血管回流加快、皮温从略升高而逐渐下降、指腹切开流出暗紫色血液，则是静脉回流障碍的表现。

29.【答案】E

30.【答案】D

31.【答案】D

【A_3/A_4型题】

32.【答案】E

【解析】中指呈伸直位，考虑屈指肌腱损伤；感觉障碍，手指苍白，考虑固有神经和指动脉损伤。

33.【答案】A

34.【答案】C

【解析】颜色变成苍白、皮温下降、毛细血管回流消失、指腹干瘪，指腹切开不出血，则表示动脉供血中断。应尽早探查。

35.【答案】B

36.【答案】D

37.【答案】A

【解析】如指腹由红润变成暗紫色且指腹张力高、毛细血管回流加快、皮温从略升高而逐渐下降、指腹切开流出暗紫色血液，则是静脉回流障碍的表现。

38.【答案】A

【B_1型题】

39.【答案】B

40.【答案】C

41.【答案】D

42.【答案】A

43.【答案】B

44.【答案】E

第四章　常见的神经损伤

【A_1型题】

1.【答案】D

【解析】腓总神经绕行腓骨颈处位置表浅，且与骨膜紧贴，故腓骨颈骨折或使用固定器材不当时可受累及，引起小腿伸肌瘫痪而导致足下垂。

2.【答案】B

【解析】①上臂受损时正中神经支配的肌肉完全麻痹，前臂不能旋前，屈腕力弱，拇指、示指和中指不能屈曲，握拳无力；拇指、示指也不能过伸，拇指不能对掌和外展，大鱼际肌萎缩，状如猿手；手指功能严重损害，持物困难，表现手严重伤残。②前臂中或下1/3损伤时，旋前圆肌、腕屈肌、指屈肌功能仍可保存，运动障碍仅限于拇指外展、屈曲和对掌。

3.【答案】E

4.【答案】E

【解析】拇指感觉障碍是正中神经或桡神经损伤后的表现。

5.【答案】A

6.【答案】D

7.【答案】C

8.【答案】A

【解析】胫神经于腘窝中间最浅，伴行腘动脉、腘静脉经比目鱼肌腱弓深面至小腿，小腿上2/3部行走于小腿三头肌和胫后肌之间，于内踝后方穿屈肌支持带进入足底，支配小腿后侧屈肌群和足底感觉。股骨髁上骨折及膝关节脱位易损伤胫神经，引起小腿后侧屈肌群及足底内在肌麻痹，出现足跖屈、内收、内翻，足趾跖屈、外展和内收障碍，小腿后侧、足背外侧、跟外侧和足底感觉障碍。

9.【答案】A

【A_2型题】

10.【答案】D

【解析】股骨髁上骨折及膝关节脱位易损伤胫神经，引起小腿后侧屈肌群及足底内在肌麻痹，出现足跖屈、内收、内翻，足趾跖屈、外展和内收障碍，小腿后侧、足背外侧、跟外侧和足底感觉障碍。

11.【答案】D

【A_3/A_3型题】

12.【答案】D

13.【答案】E

【解析】肱骨闭合性骨折并发桡神经损伤，多属神经挫伤，较少为断裂伤，一般先行保守治疗，2~3个月无效后手术探查。

14.【答案】D

15.【答案】A

16.【答案】C

第五章　化脓性骨髓炎

【A_1型题】

1.【答案】C

【解析】急性骨髓炎在急性期中，经过及时、积极的治疗，多数病例可获得治愈。形成慢性骨髓炎常见的原因如下：在急性期未能及时和适当治疗，有大量死骨形成；有死骨或弹片等异物和死腔的存在；局部广泛瘢痕组织及窦道形成，循环不佳，利于细菌生长，而抗菌药物又不能达到。

2.【答案】C

3.【答案】B

4.【答案】B

5.【答案】E

【解析】小儿骨骺板是抗御感染的天然屏障，脓肿不易进入关节腔，但成人骺板无抵御能力，较易并发关节炎。如干骺端位于关节囊（内如股骨颈位于髋关节囊内），则脓肿亦可穿破干骺端骨皮质进入关节，形成化脓性关节炎。

6.【答案】C

【解析】如干骺端位于关节囊内（如股骨颈位于髋关节囊内），则脓肿亦可穿破干骺端骨皮质进入关节，形成化脓性关节炎。

7.【答案】C

8.【答案】D

【解析】急性骨髓炎如已形成脓肿，应及时切开引流，以免脓液自行扩散，造成广泛骨质破坏。手术除切开软组织脓肿外，还需要在患骨处钻孔开窗，去除部分骨质，暴露髓腔感染部分，以求充分减压引流。

9.【答案】D

10.【答案】C

11.【答案】E

【解析】关节液是否培养出革兰阳性球菌是鉴别的关键。化脓性关节炎最多见的致病菌是金黄色葡萄球菌，而关节结核的致病菌是结核分枝杆菌，是不能培养出革兰阳性球菌的。

12.【答案】C

【A_2型题】

13.【答案】C

【解析】化脓性骨髓炎的诊断应包括：急骤的高热与毒血症表现；长骨干骺端疼痛剧烈而不愿活动肢体；该区有一个明显的压痛区；白细胞计数和中性粒细胞增多；局部分层穿刺见脓液和炎性分泌物。

14.【答案】D

15.【答案】C

16.【答案】B

【解析】患者目前是急性骨髓炎表现，分层穿刺见软组织内与骨膜下大量蓄脓，切开引流后体温下降，急性症状消退，但转归仍为慢性骨髓炎可能大。

17.【答案】D

【解析】对于已经出现脓液的化脓性骨髓炎，局部减压引流是治疗的关键。

18.【答案】E

【解析】局部治疗包括关节穿刺，患肢固定及手术切开引流等。如为闭合性者，应尽量抽出关节液，再注入抗生素，每日进行一次。如为脓汁或伤后感染，应及早切开引流，伤口也可用抗菌药物滴注引流法处理，或局部湿敷，尽快控制感染，而不是立即切开引流。

【A_3/A_4型题】

19.【答案】B

【解析】患者高热，右大腿下端的疼痛，查体干骺端深压痛，高度怀疑急性化脓性骨髓炎。所以查体重要的证据是局部深压痛。

20.【答案】D

【解析】辅助检查对于明确诊断有重要意义，对于急性骨髓炎来说，局部穿刺意义很大。

21.【答案】E

【解析】若已确诊，卧床休息、广谱抗生素、肢体制动、输液都是治疗方法，但是抗生素+钻孔引流是治疗的关键。

【B_1型题】

22.【答案】A

23.【答案】C

24.【答案】E

第六章　骨与关节结核

【A_1型题】

1.【答案】A

【解析】MRI（磁共振）检查对于脊柱结核具有早期诊断价值，在炎性浸润阶段即可显示异常信号，还可用以观察脊髓有无受压和变性。故选A。

2.【答案】D

【解析】成人椎体结核与椎体肿瘤的区别，成人椎体结核多为边缘型，X线片上表现为椎体边缘骨质破坏，椎间盘被侵犯，椎间隙狭窄，相邻椎体缘被累及。而椎体肿瘤为椎体骨破坏累及椎弓根，椎间隙正常不狭窄。故选D

3.【答案】C

【解析】脊柱结核发病率占骨与关节结核的首位，绝大部分发生于椎体。其中腰椎结核发生率最高，其次是胸椎、颈椎。故选C。

4.【答案】A

5.【答案】E

6.【答案】B

【解析】全关节结核合并寒性脓肿形成，为了挽救关节，如无手术禁忌证，应及时进行病灶清除术。术后继续牵引及抗结核药物治疗，在不承重情况下早期活动，可保全关节部分或大部分活动功能。故选B。

7.【答案】D

【解析】骨关节结核的好发部位，骨关节结核好发于负重大、活动多、易发生创伤的部位，脊柱发病率最高，约占50%，其次为膝、髋和肘关节。故选D。

8.【答案】E

【解析】骨关节结核手术治疗的适应证主要有：①经非手术治疗效果不佳，病变有进展。②病灶内有较大的死骨及寒性脓肿存在。③窦道经久不愈。④骨质破坏严重，脊柱不稳定。⑤出现脊髓和马尾神经受压迫症状或截瘫。⑥严重后凸畸形。根据排除法，选E。

9.【答案】E

【解析】腰椎结核患者从地上拾物时，不能弯腰，需挺腰屈膝屈髋下蹲才能取物，称拾物试验阳性。故选E。

【A_2型题】

10.【答案】A

【解析】骨与关节结核患者，体质虚弱，不能耐受手术，可先做非手术治疗，待情况好转后再争取手术治疗。混合感染且发热，宜暂予抗结核药及抗化脓菌感染药物治疗。故选A。

11.【答案】D

【解析】根据题干，患儿有颈痛、低热、颈部活动受限史，可考虑颈椎结核。X线侧位片示寰椎向前脱位，咽喉壁增宽，即可考虑寰、枢椎结核。故选D。

12.【答案】B

【解析】根据患者病史，进行性背痛，第7胸椎轻度后突，有叩痛，X线片示第6、7胸椎间隙变窄，椎旁软组织阴影膨隆，红细胞沉降率变快，胸椎结核诊断可能性大。

13.【答案】D

【解析】根据病史，下肢瘫痪，胸椎9、10压痛，平脐以下痛觉减退，可以初步诊断胸椎病变，再结合患者平素有背痛、乏力及低热病史，红细胞沉降率加快，不难考虑为胸椎结核可能。

14.【答案】D

【解析】A项多见于老年人，有疼痛症状且逐渐加重，X线片见骨破坏累及椎弓根，椎间隙高度正常，该患者是体检发现，无症状，可排除。B项多数有骶髂关节炎症，后背疼痛为主，X线无骨破坏与死骨，胸椎受累后会出现胸廓扩张受限等临床表现，与题干不符。C项胸椎关节受累时可导致胸壁的疼痛，出现类似肋间神经炎的症状。E项通常有畏寒、寒战及高热，体温可达40℃，毒血症症状明显。腰背痛或颈背痛明显，卧床不起，椎旁肌肉痉挛明显，并出现叩击痛。X线检查在1个月后出现椎体内虫蚀状破坏。骨破坏迅速发展，椎体形状不对称，成楔状改变，密度浓白成硬化骨，并向邻近椎体蔓延，使椎间隙变窄，并可见有椎旁脓肿。用抗生素后症状会改善，但会反复发作，因此整个病程表现为慢性迁延性病程。故选D。

15.【答案】C

【解析】改患者是结核复发症状，出现神经压迫症状，应在抗结核药物的保护下尽早行病灶清除术，解除神经压迫，重建脊柱稳定性。故选C。

16.【答案】C

【解析】5岁患儿，诊断肺结核及胸椎结核，未出现神经压迫症状，胸椎结核无椎旁脓肿形成。治疗原则应是支持治疗机全身抗结核治疗的同时行局部制动治疗。因患儿无脊柱畸形出现，无须用石膏固定矫形及矫正驼背治疗，排除选项B、E。无脓肿病灶，可排除选项A、D。

17.【答案】D

【解析】A项一般为急性发病，患者高热、寒战、血象检查白细胞增多，下肢呈外展、外旋畸形，急性期有脓毒症表现，血液及关节液中可检出化脓性致病菌。对慢性低毒性化脓感染，或已用抗生素而尚未控制的化脓性关节炎有时不易与关节结核作鉴别，需作穿刺、脓液细菌培养或滑膜活检等方法作鉴别。B项患侧骨盆前倾较多，所以患侧闭孔变小；患侧髋臼与股骨头骨质疏松，骨小梁变细，骨皮质变薄；关节间隙的改变：起初增宽，以后，关节间隙变窄，主要在上外侧部，多是不均匀的；患侧关节囊肿胀：可清晰地见到关节囊外脂肪层的透亮影像扩大，并且向外侧膨隆远离关节。C项由于髋关节的位置比较深在，其较早期的骨改变不易被发现，特别是那些较小的病灶。在X线片上观察到的往往是破坏较为显著且内含死骨的陈旧病灶，尤其是病灶位于边缘的时候更为明显。D项早期全关节结核：X线特点是骨质疏松范围比较广泛，但软骨下骨板大部尚完整，通常不发生骨膜变化，当然也有显著的关节间隙狭窄，同时也有关节囊及闭孔改变等现象。晚期全关节结核：该期破坏加重，软骨面游离，软骨板完全受侵，X线片上显示关节轮廓模糊甚至完全消失。晚期静止阶段，骨破坏的边缘表现出清晰的轮廓，尤其是髋臼部位。骨质疏松现象逐渐减轻，骨质边缘硬化加重，但残留骨破坏区更加显著。X线检查有时可发现软组织内存在的残余脓肿和钙化阴影，这一点在鉴别诊断上有其重要的意义。E项本病特征有多发性及对称性，有典型的晨僵表现，X线平片可见骶髂关节破坏。故选D。

【A_3/A_4型题】

18.【答案】C

19.【答案】B

【解析】该患者起病急骤，有寒战及高热，毒血症症状明显。患肢不敢活动，左大腿下端深压痛。血白细胞总数升高，根据病史，首先考虑急性化脓性骨髓炎。故18题选C。此类病例早期X线检查往往无异常发现，至少在1个月后才出现。需要做局部分层穿刺以确诊。治疗方法是选用有效、足量的抗生素及支持疗法，必要时选择手术治疗，一般预后较好。19题选B。

20.【答案】E

【解析】患者咳嗽伴低热，右

膝部外伤后出现跛行、右股四头肌萎缩、右膝肿胀，浮髌试验（+）。首先应该行胸部平片及右膝正、侧位片检查以明确诊断。故选E。

21.【答案】C

【解析】根据胸部平片示右上肺有散在钙化灶，红细胞沉降率高，90mm/h，初步诊断右膝为结核性关节炎。故选C。

22.【答案】B

23.【答案】C

【解析】该患者有肺结核病史，近1个月有腰背痛，伴低热、盗汗，查体示胸11～12棘突明显压痛。对该患者最简便有效的诊断方法是摄胸腰段X线片。故21题选B。考虑胸腰椎结核可能，拾物试验阳性，有助于诊断。应予以支持及抗结核药物治疗，如有神经压迫症状，予以手术治疗，故23题C项立即手术，清除病灶不妥。

【B_1型题】

24.【答案】C

25.【答案】A

26.【答案】D

【解析】慢性蜂窝织炎，皮肤常呈板样硬化、色素沉着或潮红、灼热，疼痛不明显，可见皮肤萎缩，类似硬皮病。早期急性血源性骨髓炎，病变区局部皮温高，有局限性压痛，疼痛剧烈，有时拒绝检查，肿胀并不明显。

27.【答案】C

【解析】化脓性关节炎的症状：起病急骤，全身不适，食欲缺乏，高热、恶寒，体温达38.5～40.0℃，出汗，脉搏快速。多为单关节发病。局部关节疼痛、红肿、皮温增高，关节部位明显压痛，活动时疼痛加剧，肌肉紧张。患肢不能负重，受累关节呈痉挛性屈曲。晚期则有关节畸形、病理性脱位、窦道或关节强直等后遗症。较浅表的关节如膝、肘、踝关节等，局部红、肿、压痛，关节积液较明显；位于深部的关节如髋关节，因周围有较厚的肌肉，早期皮肤常见不到明显的发红，但局部软组织常肿胀，关节处于屈伸、外展、外旋位，使关节囊较松弛以减轻疼痛，并常有沿大腿内侧向膝部内侧的放射性疼痛，肩关节化脓性感染时，患肢常处于半外展位，肩部肿胀。故选C。

28.【答案】A

29.【答案】E

【解析】此类题需记忆，上位颈椎结核可出现咽后壁脓肿，胸椎结核可出现椎旁脓肿，腰椎结核可出现髂窝脓肿。

第七章　运动系统慢性损伤

【A_1型题】

1.【答案】D

2.【答案】A

【解析】由于95%左右的椎间盘突出发生在腰$_{4\sim5}$及腰$_5$～骶$_1$间隙，故多伴有坐骨神经痛。坐骨神经痛多为逐渐发生，疼痛为放射性，由臀部、大腿后外侧、小腿外侧至足跟部或足背。

3.【答案】E

【解析】早期行局部封闭：用醋酸氢化可的松或泼尼松12.5～25.0mg加1%普鲁卡因2ml行局部鞘管内注射，每周一次，连续3～4次为一疗程。药物应准确注入鞘管内，疗效多满意。

4.【答案】C

5.【答案】D

6.【答案】D

7.【答案】C

【解析】中央型的腰椎间盘突出可压迫马尾神经、出现大小便障碍，鞍区感觉异常。急性发病时应作为急症手术的指征。

8.【答案】C

【解析】胫骨结节骨软骨病好发于青春发育期，12～14岁的男孩，多为单侧性多为发育加快，喜好运动者，可有剧烈运动或外伤史。

9.【答案】B

10.【答案】B

11.【答案】B

12.【答案】A

【解析】颈椎病分为神经根型、脊髓型、椎动脉型、交感神经型、混合型。其中神经根型最为常见。

13.【答案】D

【解析】①经正规非手术疗法3个月以上无效，临床表现、影像学所见及神经学定位相一致。②有进行性肌肉萎缩及疼痛剧烈。③虽非手术疗法有效，但由于症状反复发作影响工作、学习和生活。

14.【答案】C

15.【答案】D

【解析】鼓槌指又称杵状指，就是手指或脚趾第一节背面的软组织呈无痛性增大，致使指趾的末端变形，酷似鼓槌而得名。有鼓槌指者，要警惕呼吸道疾病。

16.【答案】E

【解析】无论肩周炎病程长、短，症状轻、重，均应每日进行肩关节的主动活动锻炼，活动时以不引起剧痛为限。故选E。

17.【答案】C

18.【答案】C

19.【答案】E

【解析】胫骨结节骨软骨病有自限性，即自行痊愈，无须药物治疗，仅嘱托患者注意休息，限制膝关节活动，避免跑、跳、蹦，长久步行。

20.【答案】A

【A_2 型题】

21.【答案】B

【解析】Mills 征，又称为伸肌腱牵拉试验：嘱患者肘伸直，握拳、屈腕，前臂旋前，发生肘外侧疼痛为阳性，或患者前臂旋前位，做对抗外力的旋后运动，发生肘外侧疼痛为阳性，可见于肱骨外上髁炎。

22.【答案】E

【解析】年龄介于 12~14 岁之间，X 线提示胫骨结节骨骺增大，无发热及骨破坏表现，考虑为骨软骨病。

23.【答案】B

【解析】直腿抬高试验阳性，符合腰椎间盘突出症表现，但在压痛区可触及肚大肿块，考虑肌疝可能大。

24.【答案】E

【解析】强直性脊柱炎（AS）是以骶髂关节和脊柱附着点炎症为主要症状的疾病。该病病因尚不明确，是以脊柱为主要病变部位的慢性病，累及骶髂关节，引起脊柱强直和纤维化，造成不同程度眼、肺、肌肉、骨骼病变，属自身免疫性疾病。

25.【答案】D

26.【答案】E

【解析】踝反射异常，足趾跖屈力减弱，提示骶$_1$神经根损伤，所以可能的诊断为：腰$_5$骶$_1$间盘突出。

27.【答案】E

28.【答案】A

【解析】单节段颈椎间盘突出，考虑人工间盘置换术。

29.【答案】D

30.【答案】C

【解析】患者有明确的感觉平面，下肢肌张力增高，肌力减退，提示脊髓受压可能大。X 线提示颈椎骨质退变，所以脊髓型颈椎病可能大。

31.【答案】C

【解析】患者有 2 年的病史，四肢麻木无力，此次外伤 X 线未提示骨折表现，除外颈椎骨折。患者有明确的感觉平面，四肢不能自主活动，病理征阳性，证实脊髓损伤存在。

32.【答案】E

【解析】交感型颈椎病的临床表现为头晕、眼花、耳鸣、手麻、心动过速、心前区疼痛等一系列交感神经症状，X 线片颈椎有失稳或退变。椎动脉造影阴性。该患者无此症状，考虑自主神经功能紊乱可能大。

【A_3/A_4 型题】

33.【答案】E

34.【答案】D

35.【答案】A

【解析】对非甾体抗炎药治疗 4~6 周无效的严重骨关节炎或不能耐受非甾体药物治疗持续疼痛、炎症明显者，可行关节腔内注射糖皮质激素。

36.【答案】B

【解析】脊髓型颈椎病的典型临床表现。

37.【答案】D

【解析】颈椎 MRI 可以了解颈椎管内脊髓受压情况。

38.【答案】D

【解析】脊髓型颈椎病，一旦诊断，早期应该手术治疗。

39.【答案】C

40.【答案】D

【解析】对患者最为不利的是，颈部突然剧烈运动，在颈椎退变的基础上，这种运动容易导致脊髓损伤。

41.【答案】E

【解析】老年女性，长期吸烟史，下肢疼痛伴有间歇性跛行，既可能是腰椎管狭窄症，也可能是动脉闭塞性脉管炎。

42.【答案】E

43.【答案】E

【B_1 型题】

44.【答案】D

【解析】Heberden 结节是指手指的远端指间关节病，临床常见，主要病变是指间关节的软骨变性和骨质肥大增生。多见于骨性关节炎。

45.【答案】C

46.【答案】A

47.【答案】A

48.【答案】E

49.【答案】C

【解析】肱骨外上髁炎患者逐渐出现肘关节外侧痛，在用力握拳、伸腕时疼痛加重以至不能持物。

50.【答案】B

51.【答案】D

52.【答案】A

第八章　非化脓性关节炎

【A_1 型题】

1.【答案】B

2.【答案】C

3.【答案】C

【解析】人工关节置换术是指采用金属、高分子聚乙烯、陶瓷等材料，根据人体关节的形态、构造及功能制成人工关节假体，通过外科技术植入人体内，代替患病关节功能，达到缓解关节疼痛，恢复关节功能的目的。年龄已非人工关节置换的决定性因素。最初，受限于早期的人工关节假体设计及材料磨损性能的限制，以及手术技术尚不成熟，一度认为人工关节置换只适用于65岁以上人群。越来越多的高龄人群和年轻人因为严重的关节疾病接受人工关节置换术。

4.【答案】C

【解析】骨关节炎为一种退行性病变，系由于增龄、肥胖、劳损、创伤、关节先天性异常、关节畸形等诸多因素引起的关节软骨退化损伤、关节边缘和软骨下骨反应性增生，又称骨关节病。

5.【答案】D

6.【答案】E

7.【答案】D

【解析】骨性关节炎多见于中老年人，女性多于男性。

8.【答案】D

【解析】骨关节炎由于关节软骨破坏、关节面不平、关节活动时出现骨擦音（感）、多见于膝关节。

【A_2型题】

9.【答案】B

第九章 骨 肿 瘤

【A_1型题】

1.【答案】A

【解析】内生软骨瘤是发生于骨内的良性软骨肿瘤，10～50岁多见。男性与女性发病率相当，发病部位多见于管状骨髓腔。大多数长骨孤立性软骨瘤的病例可经刮除而痊愈，病灶内应用自体骨、异体骨或人工骨植骨。

2.【答案】B

【解析】用外科GTM分期来指导骨肿瘤的治疗已被公认为是一个合理而有效的措施。外科分期是将外科分级（grade，G）、肿瘤解剖定位（territory，T）和区域性或远处转移（metastasis，M）结合起来综合评价。外科分级G决定于临床表现、影像学特点、组织学形态和实验室检查等变化，分为三级：G_0属良性，G_1属低度恶性，G_2属高度恶性。肿瘤解剖定位T是指肿瘤侵袭范围，以肿瘤囊和间室为界，T_0囊内，T_1间室内，T_2间室外。转移M指肿瘤区域或远处发现转移病灶。M_0无转移，M_1转移。骨软骨瘤是儿童期常见的良性骨肿瘤，通常位于干骺端的一侧骨皮质，向骨表面生长，又称外生骨疣。故其分期为B。

3.【答案】D

【解析】骨软骨瘤不属于严格意义上的肿瘤，是生长方面的异常或称错构瘤。病变位于干骺端。以股骨远端、胫骨近端和肱骨近端最为多见。临床上骨软骨瘤无疼痛或压痛，压迫神经时产生相应症状。

4.【答案】B

【解析】骨巨细胞瘤为常见的原发性骨肿瘤之一。骨巨细胞瘤具有较强侵袭性，对骨质的溶蚀破坏作用大，极少数有反应性新骨生成及自愈倾向，可穿过骨皮质形成软组织包块，刮除术后复发率高，少数可出现局部恶性变或肺转移（即所谓良性转移）。骨巨细胞瘤为交界性或行为不确定的肿瘤。

5.【答案】B

6.【答案】C

7.【答案】C

8.【答案】C

【解析】典型的骨肉瘤的X线表现为骨组织同时具有新骨生成和骨破坏的特点。肿瘤多位于长管状骨的干骺端，边缘不清，骨小梁破坏，肿瘤组织密度增高，穿破骨皮质后，肿瘤将骨膜顶起，产生该病具有特征性的X线征象：Codman三角或呈“日光射线”形态。

9.【答案】D

10.【答案】A

11.【答案】C

【解析】骨肉瘤经病理确诊后，即开始前期的化学或放射性治疗，切除肿瘤组织是骨肉瘤治疗中重要的步骤。随着肿瘤外科技术的提高和内置物研究的发展，肢体保存疗法显示了较好的治疗前景。肿瘤组织切除后的巩固性化学或放射性治疗对控制肿瘤转移，提高生存率非常重要。单纯根治性切除，5年存活率不高，主要原因是骨肉瘤早期有血行转移。近年来由于早期诊断和化疗迅速发展，骨肉瘤的5年存活率提高至50%以上。

【A_2型题】

12.【答案】B

13.【答案】A

【解析】如内生软骨瘤诊断成立，则应行病灶刮除术及自体骨植骨术。手术疗效较好。如果需要第二次手术，则应将第1次入路经过的组织一并切除。如果有恶性变或复发可采用局部整块切除。

14.【答案】B

15.【答案】A

【解析】可能起源于骨髓结缔组织间充质细胞，以基质细胞和多核细胞为主要结构，是一种潜在恶性或介于良恶之间的溶骨性肿瘤。病理特征按分化程度分为三级：Ⅰ级，基质细胞颇稀疏，核分裂少，多核细胞甚多；Ⅱ级，基质细胞多而密集，核分裂较多，多核细胞数目减少；Ⅲ级，以基质细胞为主，核异形性明显，分裂极多，多核细胞甚少。因此，Ⅰ级偏良性，Ⅱ级为中间性，Ⅲ级为恶性。本题目治疗选择截肢术。但目前研究发现，肿瘤的生物学行为、良恶性并不完全与病理分级一致。

16.【答案】B

17.【答案】B

18.【答案】C

【解析】青年患者，疼痛3个月，夜间重，股骨下端可见溶骨性破坏，Codman三角等表现符合骨肉瘤的诊断。

19.【答案】C

20.【答案】D

【解析】青年男性，无发热，股骨下端局部疼痛肿胀，有骨皮质破坏，恶性骨肿瘤可能大。

21.【答案】E

【解析】骨肉瘤经病理确诊后，即开始前期的化学或放射性治疗，切除肿瘤组织是骨肉瘤治疗中重要的步骤。肿瘤组织切除后的巩固性化学或放射性治疗对控制肿瘤转移，提高生存率非常重要。

【A_3/A_4型题】

22.【答案】D

23.【答案】D

24.【答案】C

25.【答案】D

【解析】边缘膨胀，中央肥皂泡样改变，无骨膜反应，为骨巨细胞瘤的特征表现。

26.【答案】B

27.【答案】E

【解析】骨巨细胞瘤的治疗以手术切除为主，应用切刮术加灭活处理，植入自体或异体松质骨或骨水泥，骨巨细胞瘤如为恶性，范围较大，有软组织浸润或术后复发，应根据具体情况考虑局部切除或截肢，安装假体。

28.【答案】B

29.【答案】E

【解析】诊断与鉴别诊断最有价值的是：组织活检，病理检查。

30.【答案】D

【解析】尤因肉瘤对放疗极为敏感，经小剂量照射后，肿瘤可迅速缩小，局部疼痛明显减轻。但由于易早期转移，单纯放疗远期疗效差。化疗也有效，但预后仍差。现采用放疗加化疗和手术（保肢或截肢）的综合治疗。

31.【答案】E

【解析】从题目描述看符合骨巨细胞瘤表现，1个月来出现肿胀加重，夜间疼痛难忍，X线摄片肥皂泡样阴性消失，云雾状，侵入软组织，考虑为骨巨细胞瘤恶变。

32.【答案】D

【解析】骨巨细胞瘤的治疗以手术切除为主，应用切刮术加灭活处理，植入自体或异体松质骨或骨水泥，骨巨细胞瘤如为恶性，范围较大，有软组织浸润或术后复发，应根据具体情况考虑局部切除或截肢。

33.【答案】B

【解析】复查时应注意，恶变后肿瘤的转移情况，应进行局部和胸部X线检查。

34.【答案】A

35.【答案】E

【解析】乳腺癌术后3年，出现股骨近端疼痛，X线发现有溶骨性骨破坏，首先考虑乳腺癌骨转移。骨转移肿瘤中以乳腺癌、肺癌、前列腺癌转移骨者为高。

36.【答案】E

37.【答案】A

【解析】乳腺癌出现骨转移癌后，应尽早除外肺部转移灶，应行胸部X线检查。

38.【答案】B

【解析】ECT成像是一种具有较高特异性的功能显像和分子显像，除显示结构外，着重提供脏器与病变组织的功能信息。对一些较易发生骨转移的癌症。如乳腺癌、肺癌、前列腺癌、食管癌等，即使没有骨痛，也可做术前或术后检查，以期早期发现转移灶。

【B_1型题】

39.【答案】A

40.【答案】E

41.【答案】B

42.【答案】B

43.【答案】D

44.【答案】C

45.【答案】D

【解析】骨肉瘤经病理确诊后，即开始前期的化学或放射性治疗，切除肿瘤组织是骨肉瘤治疗中重要的步骤。肿瘤组织切除后的巩固性化学或放射性治疗对控制肿瘤转移，提高生存率非常重要。

46.【答案】C

【解析】软骨肉瘤最有效的治疗是手术切除。明确诊断后，根据具体情况考虑做局部大块切除、节段截除或截肢术。多数软骨肉瘤的外科手术应力求局部彻底切除，对复发者或原发恶性程度高、发展快的病例做截肢或关节离断术。

第十八篇 风湿免疫性疾病

第一章 总 论

【A_1 型题】

1.【答案】A

【解析】风湿性疾病是泛指影响骨、关节及其周围软组织，如肌肉、滑囊、肌腱、筋膜、神经等的一组疾病。其病因可以是感染性、免疫性、代谢性、内分泌性、退行性、地理环境性、遗传性、肿瘤性等。故选A。

2.【答案】E

【解析】风湿性疾病的临床特点：①多为慢性起病，病程较长。②病程中发作与缓解交替出现。③同一疾病的临床表现有很大个体差异。④有复杂的免疫学异常。⑤对治疗的个体差异较大。故选E。

3.【答案】B

【解析】早晨起床后关节及其周围僵硬感，称"晨僵"，持续时间超过1小时者意义较大。晨僵出现在95%以上的类风湿关节炎（RA）患者。其他病因的关节炎也可出现晨僵，但不如RA明显和持久。故选B。

4.【答案】E

【解析】改变病情抗风湿药（DMARDs）包括：①氨甲蝶呤。②来氟米特。③柳氮磺吡啶。④羟氯喹和氯喹。⑤其他DMARDs：金制剂、青霉胺、硫唑嘌呤、环孢素。双氯芬酸（扶他林）属于非甾体抗炎药。故选E。

5.【答案】A

6.【答案】E

【解析】RA最为常见的关节畸形是腕和肘关节强直、掌指关节的半脱位、手指向尺侧偏斜和呈"天鹅颈"样及"纽扣花样"表现。故选E。

7.【答案】B

【解析】骨关节炎的一般易感因素包括高龄、遗传、肥胖、性激素、骨密度、过度运动、吸烟以及存在其他疾病等。故选B。

8.【答案】A

【解析】弥漫性结缔组织病包括类风湿关节炎、红斑狼疮、硬皮病、多肌炎、重叠综合征、血管炎等。强直性脊柱炎属于脊柱关节病。故选A。

9.【答案】C

10.【答案】D

【B_1 型题】

11.【答案】B

【解析】系统性红斑狼疮，其80%患者在病程中出现皮疹，包括颊部呈蝶形分布的红斑、盘状红斑、指掌部和甲周红斑、指端缺血、面部及躯干皮疹，其中以鼻梁及双颧颊部呈蝶形分布的红斑最具特征性。故选B。

12.【答案】C

【解析】类风湿关节炎，关节痛最常出现的部位为腕、掌指关节、近端指间关节，其次是足趾关节、膝关节、踝关节、肘关节、肩关节等关节。骨关节炎，好发部位为手、膝、髋、足及脊柱等。痛风单侧第1跖趾关节最常见，其余为趾关节、踝关节、膝关节、腕关节、指关节、肘关节。故选C。

13.【答案】A

【解析】猖獗性龋齿：为牙齿逐渐变黑，继而小片脱落，最终只留残根。见于约50%的患者，是干燥综合征患者的特征之一。故选A。

第二章 系统性红斑狼疮

【A_1 型题】

1.【答案】C

【解析】系统性红斑狼疮（SLE），其80%患者在病程中出现皮疹，包括颊部呈蝶形分布的红斑、盘状红斑、指掌部和甲周红斑、指端缺血、面部及躯干皮疹，其中以鼻梁及双颧颊部呈蝶形分布的红斑最具特征性。故选C。

2.【答案】B

【解析】抗双链DNA（dsDNA）抗体：多出现在SLE的活动期，抗dsDNA抗体的滴度与疾病活动性密切相关。抗Sm抗体：有助于早期和不典型患者的诊断或回顾性诊断，它与病情活动性不相关。故选B。

3.【答案】E

【解析】系统性红斑狼疮的分类标准（美国风湿病学会1997年推荐的SLE分类标准）：①颊部红斑。②盘状红斑。③光过敏。④口腔溃疡。⑤关节炎。⑥浆膜炎。⑦肾脏病变。⑧神经病变。⑨血液学疾病。⑩免疫学异常：

抗dsDNA抗体阳性，或抗Sm抗体阳性，或抗磷脂抗体阳性（包括抗心磷脂抗体，或狼疮抗凝物，或至少持续6个月的梅毒血清试验假阳性，三者中具备一项阳性）。⑪抗核抗体：在任何时间和未用药物诱发“药物性狼疮”的情况下，抗核抗体滴度异常。该分类标准的11项中，符合4项或4项以上者，在除外感染，肿瘤和其他结缔组织病后，可诊断系统性红斑狼疮，同时具备第7条肾脏病变即可诊断为狼疮性肾炎。故选E。

4.【答案】B

【解析】肾活检显示肾脏受累几乎为100%。故选B。

5.【答案】A

6.【答案】E

【解析】SLE的血液系统改变为：活动性SLE中血红蛋白下降、白细胞和/或血小板减少常见。其中10%属于Coombs试验阳性的溶血性贫血。类白血病反应是指患者在某些情况下出现外周血白细胞显著增高（$>50\times10^9$/L）和/或存在有异常未成熟白细胞，与某些白血病相类似，但随后病程或尸检证实没有白血病。故选E。

7.【答案】E

8.【答案】E

【解析】病情处于缓解期达半年以上者，没有中枢神经系统、肾脏或其他脏器严重损害，口服泼尼松剂量低于每日10mg，一般能安全地妊娠，并分娩出正常婴儿。非缓解期的SLE患者容易出现流产、早产和死胎，发生率约30%，故应避孕。妊娠前3个月至妊娠期应用大多数免疫抑制剂均可能影响胎儿的生长发育，故必须停用半年以上方能妊娠。妊娠可诱发SLE活动，特别在妊娠早期和产后6周内。激素通过胎盘时被灭活（但是地塞米松和倍他米松例外）不会对胎儿有害，妊娠时及产后1个月可按病情需要给予激素治疗。产后避免哺乳。故选E。

9.【答案】A

【解析】目前认为环磷酰胺冲击联合静脉应用甲泼尼龙是治疗重症狼疮性肾炎，防止发展成肾衰竭的最佳治疗方案。故选A。

【A_2型题】

10.【答案】D

【解析】患者面颊对称性红斑，手指关节肿痛，抗dsDNA抗体阳性，符合系统性红斑狼疮的临床特点，考虑SLE的可能性大。故选D。

【B_1型题】

11.【答案】A

【解析】SLE可出现面部对称性红斑。类风湿关节炎可出现手关节天鹅颈样畸形。贝赫切特病可出现口腔、外阴溃疡。皮肌炎可出现眼睑向阳性皮疹。系统性硬化症可出现面容刻板、张口困难。故选A。

12.【答案】B

13.【答案】E

14.【答案】B

【解析】抗核抗体（ANA）：见于几乎所有的SLE患者，由于它特异性低，它的阳性不能作为SLE与其他结缔组织病的鉴别。抗Sm抗体：特异性99%，但敏感性仅25%，有助于早期和不典型患者的诊断或回顾性诊断，它与病情活动性不相关。抗双链DNA（dsDNA）抗体：多出现在SLE的活动期，抗dsDNA抗体的滴度与疾病活动性密切相关。抗磷脂抗体：可表现为动脉和/或静脉血栓形成，习惯性自发性流产，血小板减少。故选B。

15.【答案】C

16.【答案】D

17.【答案】A

第三章　类风湿关节炎

【A_1型题】

1.【答案】A

【解析】类风湿关节炎关节受累的表现如下。①多关节受累：呈对称性多关节炎（常≥5个关节）。易受累关节有手、足、腕、踝及颞颌关节等，其他还可有肘、肩、颈椎、髋、膝关节等。②关节畸形：手的畸形有梭形肿胀、尺侧偏斜、天鹅颈样畸形、纽扣花样畸形等。足的畸形有跖骨头向下半脱位引起的仰趾畸形、外翻畸形、跖趾关节半脱位、弯曲呈锤状趾及足外翻畸形。宜选A。

2.【答案】A

【解析】类风湿关节炎的关节外表现为：①类风湿结节。②类风湿血管炎。③肺：受累很常见，其中男性多于女性，有时可为首发症状。肺间质病变；结节样改变；Caplan综合征；胸膜炎；肺动脉高压。④心脏受累：其中心包炎最常见。⑤胃肠道。⑥肾：本病的血管炎很少累及肾，偶有轻微膜性肾病、肾小球肾炎、肾内小血管炎以及肾脏的淀粉样变等报道。⑦神经系统。⑧血液系统。⑨干燥综合征。故选A。

3.【答案】B

【解析】Felty综合征是指RA患者伴有脾大、中性粒细胞减少，有的甚至有贫血和血小板减少。RA患者出现Felty综合征时并非都处于关节炎活动期，其中很多患者合并有下肢溃疡、色素沉着，皮下结节，关节畸形，以及发热、乏力、食欲缺乏和体重下降等全身表现。HLA-B27与强直性脊柱炎高度相关。故选B。

4.【答案】D

【解析】类风湿关节炎（RA）是一种病因未明的慢性、以炎性滑膜炎为主的系统性疾病。其特征是手、足小关节的多关节、对称性、侵袭性关节炎症，经常伴有关节外器官受累及血清类风湿因子阳性，可以导致关节畸形及功能丧失。手术治疗：早期可行受累关节滑膜切除术，以减少关节液渗出，防止血管翳形成，保护软骨和软骨下骨组织，改善关节功能；也可在关节镜下行关节清理、滑膜切除术；晚期，可根据病情行人工关节置换术。

5.【答案】C

【解析】类风湿关节炎常表现为关节疼痛及压痛，主要侵犯小关节，一般呈对称性，最常侵犯的是双手近端指间关节、掌指关节、腕关节，肘、膝、踝也可受累。晨僵指关节部位的发紧和僵硬感，在清晨起来时明显，活动关节后改善。晨僵见于多种关节炎，但在类风湿关节炎最为突出，95%的患者可出现晨僵。故选C。

【A_2型题】

6.【答案】D

【解析】患者双手近端指间关节、掌指关节、腕关节肿痛伴晨僵，抗CCP抗体阳性，符合类风湿关节炎的特点，故考虑RA的可能性大。故选D。

7.【答案】A

【解析】根据题干，患者RA的可能性大。RA新的抗体不断被发现，其中有些抗体诊断的特异性较RF明显提高，且可在疾病早期出现，如抗环瓜氨酸肽（CCP）抗体，抗核周因子（APF）抗体、抗角蛋白抗体（AKA）以及抗Sa抗体等。故选A。

【B_1型题】

8.【答案】E

【解析】非甾体抗炎药（NSAID）分为两大类，非选择性COX抑制剂和选择性COX-2抑制剂。非选择性COX抑制剂（如布洛芬、双氯芬酸、美洛昔康等），对COX-1和COX-2均有抑制作用，其对COX-1的抑制导致胃肠道保护能力降低，消化道不良反应（溃疡、出血等）发生率较高。而选择性COX-2抑制剂，针对性抑制COX-2，抗炎镇痛的同时大大降低了消化道不良反应，成功解决了传统NSAID胃肠损伤方面的难题。故选E。

9.【答案】B

【解析】双氯芬酸为一种新型的强效消炎镇痛药，其镇痛、消炎及解热作用比吲哚美辛强2.0～2.5倍，比阿司匹林强26～50倍。故选B。

10.【答案】C

第四章　痛　风

【A_1型题】

1.【答案】D

【解析】10%～25%的痛风患者肾有尿酸结石，较小者呈沙砾状随尿排出，可无明显症状。较大者引起肾绞痛、血尿、排尿困难、肾积水、肾盂肾炎或肾周围炎等。纯尿酸结石能被X线透过而不显影，所以对尿路平片阴性而B超阳性的肾结石患者应常规检查血尿酸并分析结石的性质。故选D。

2.【答案】E

【解析】痛风临床多见于40岁以上的男性，女性多在更年期后发病，近年发病有年轻化趋势。常有家族遗传史。表现为：①无症状期。②急性关节炎期，常有以下特点：a. 多在午夜或清晨突然起病，关节剧痛，呈撕裂样、刀割样或咬噬样，难以忍受；数小时内出现受累关节的红、肿、热、痛和功能障碍；b. 单侧第1跖趾关节最常见，其余为跖、踝、膝、腕、指、肘关节；c. 发作常呈自限性，多于数天或2周内自行缓解，受累关节局部皮肤脱屑和瘙痒；d. 可伴高尿酸血症，但部分患者急性发作时血尿酸水平正常；e. 关节液或皮下痛风石抽吸物中发现双折光的针形尿酸盐结晶是确诊本病的依据；f. 秋水仙碱可以迅速缓解关节症状；g. 可有发热等。常见的发病诱因有受寒、劳累、饮酒、高蛋白高嘌呤饮食、外伤、手术、感染等。③痛风石及慢性关节炎期。④肾脏病变，主要表现在两方面：痛风性肾病和尿酸性肾石。故选E。

3.【答案】C

【解析】海鲜、动物内脏等富含嘌呤。牛奶、鸡蛋、黄瓜及米饭嘌呤含量很少。故选C。

4.【答案】C

【A_3/A_4型题】

5.【答案】A

【解析】患者1年前发现血尿酸升高，当时无症状，未予重视。晨起右踇趾关节疼痛，局部肿胀、发热，以饮酒、高蛋白高嘌呤饮食为诱因。考虑痛风急性关节炎发作。故选A。

6.【答案】B

【解析】急性痛风性关节炎期

的治疗包括：绝对卧床、抬高患肢、避免负重，以下三类药物均应及早、足量使用，见效后逐渐减停。三类药物为：①非甾体抗炎药：吲哚美辛、双氯芬酸和依托考昔。②秋水仙碱。③糖皮质激素。苯溴马隆不能在痛风急性发作期服用，因为开始治疗阶段，有可能加重病症。故选B。

【B_1 型题】

7.【答案】B

8.【答案】D

【解析】别嘌呤醇通过抑制黄嘌呤氧化酶，使尿酸的生成减少，适用于尿酸生成过多或不适合使用排尿酸药物者。故选D。

第五章　脊柱关节炎

【A_1 型题】

1.【答案】A

【解析】临床上约90%的强直性脊柱炎患者HLA-B27阳性，而亚洲普通人群HLA-B27阳性率仅4%～8%，提示本病与HLA-B27高度相关。故选A。

2.【答案】D

【解析】强直性脊柱炎骶髂关节X线表现分级：0级为正常；Ⅰ级为可疑；Ⅱ级为轻度异常，可见局限性侵蚀、硬化，但关节间隙正常；Ⅲ级为明显异常，存在侵蚀、硬化、关节间隙增宽或狭窄、部分强直等1项或1项以上改变；Ⅳ级为严重异常，表现为完全性关节强直。故选D。

【A_3/A_4 型题】

3.【答案】C

【解析】患者排尿时疼痛继而出现，左膝、右腕关节肿痛，压痛明显，HLA-B27阳性，符合反应性关节炎的表现。反应性关节炎是指发生于尿道炎、宫颈炎和/或腹泻后短期内出现的炎症性、非对称性寡关节炎，可伴有结膜炎、虹膜炎或皮肤、黏膜损害等关节外表现。本病与HLA-B27相关。炎症性关节炎一般为非对称性小关节炎，可累及膝关节、踝关节、肩关节、腕关节、肘关节和髋关节，指（趾）也常累及。故选C。

4.【答案】B

5.【答案】D

【B_1 型题】

6.【答案】A

【解析】强直性脊柱炎常见体征为骶髂关节压痛，脊柱前屈、后伸、侧弯和转动受限，胸廓活动度减低，枕墙距>0等。故选A。

7.【答案】E

8.【答案】E

第十九篇 儿 科 学

第一章 绪 论

【A_1型题】

1.【答案】B

2.【答案】C

【解析】新生儿期为自胎儿娩出脐带结扎时开始至28天之前，按年龄划分，此期实际包含在婴儿期内。故选C。

3.【答案】A

【解析】自出生到1周岁之前为婴儿期。此期是生长发育极其迅速的阶段，因此对营养的需求量相对较高。故选A。

4.【答案】D

【解析】自1岁至满3周岁之前为幼儿期。此期体格生长发育速度较前稍减慢，而智力发育迅速，同时活动范围渐广，接触社会事物渐多。故选D。

5.【答案】D

【解析】正常足月儿皮肤红润、皮下脂肪丰满和毳毛少。早产儿皮肤绛红、水肿和毳毛多。故选D。

第二章 生长发育

【A_1型题】

1.【答案】E

【解析】幼儿期的生长发育特点如下：幼儿期是指自1周岁至3周岁。此期体格发育虽然快速地生长，但比婴儿期减慢。1周岁小儿已基本断奶，饮食从乳汁逐渐转换成儿童饮食，喂养不当小儿容易患营养不良、佝偻病或贫血，由于活动范围增加、与周围环境和人群接触更多，患传染病的机会也增加。此期小儿智力发育迅速，语言思维能力逐渐提高具备了早期教育的条件。但识别危险的能力较差，易发生意外伤和中毒，小儿能自主控制大小便。故答案选E。

2.【答案】D

【解析】婴儿期为是体格发育的第一个高峰，青春期受激素等因素影响，生长发育明显加快，是第二个高峰，此期也是儿童到成人的过渡期。故答案选D。

3.【答案】A

【解析】根据小儿身高(cm)＝年龄×7＋70(cm)，体重＝年龄×2＋8(kg)公式计算，5岁儿童，身高应为105cm，体重应为18kg，因此其生长发育属于正常范围，故选A。

4.【答案】D

5.【答案】A

【解析】小儿生长发育遵循由上到下、由近到远、由粗到细、由低级到高级、由简单到复杂的规律。故选A。

6.【答案】D

【解析】腕部于出生时无骨化中心，其出生后的出现次序为：头状骨、钩骨（3个月左右）、下桡骨骺（约1岁）、三角骨（2~2.5岁）、月骨（3岁左右）、大小多角骨（3.5~5岁）、舟骨（5~6岁）、下尺骨骺（6~7岁）、豌豆骨（9~10岁）。10岁时出全，共10个。故1~9岁腕部骨化中心的数目大约为其岁数加1。故选D。

7.【答案】E

【解析】12个月婴儿体重为10kg；1~12岁体重(kg)＝年龄(岁)×2+8。故选E。

8.【答案】A

【解析】3~4个月前的婴儿肌张力较高，凯尔尼格征可为阳性，2岁以下儿童Babinski征阳性亦可为生理现象。故选A。

9.【答案】A

【解析】语言的发育与大脑、咽喉部肌肉的正常发育及听觉的完善有关。要经过发音、理解和表达三个阶段。故选A。

10.【答案】D

【解析】前囟检查在儿科临床很重要，如脑发育不良时头围小、前囟小或关闭早，甲状腺功能低下时前囟闭合延迟，颅内压增高时前囟饱满，脱水时前囟凹陷。故选D。

【A_2型题】

11.【答案】B

【解析】正常小儿6月龄能独坐一会；用手摇玩具；能认识熟人和陌生人；自拉衣服；自握足玩。此小儿符合6月龄神经精神的发育规律。正常小儿前囟出生时1~2cm，以后随颅骨生长而增大，6月龄左右逐渐骨化而变小。此小儿符合6月龄小儿前囟的发育规律。故选B。

12.【答案】D

【解析】正常小儿7月龄会翻身；自己独坐很久；将玩具从一手换入另一手；能发“爸爸”“妈妈”等复音，但无意识；能听懂自己的名字；自握饼干吃。此小儿符合7月龄小儿神经精神的发育规律。故选D。

13.【答案】C

【解析】正常小儿12月龄会独走；弯腰拾东西；会将圈套在木棍上；能叫出物品的名字，如灯、碗；指出自己的手、眼；对人和事物有喜憎之分；穿衣能合作，用杯喝水。此小儿符合12月龄小儿神经精神的发育规律，且12月龄小儿体重为10kg。故选C。

14.【答案】C

【解析】婴儿出生时头围相对大，平均33~34cm，1岁时头围约为46cm；出生时胸围32cm，略小于头围1~2cm。1岁左右胸围约等于头围，为46cm。故选C。

15.【答案】C

【解析】1岁至青春前期胸围应大于头围，约为头围+年龄-1 cm，即该男孩胸围为53+9-1=61（cm）。故选C。

16.【答案】D

【解析】2~12岁身高为年龄（岁）×7+75，即该女孩身长为7×5+75=110（cm）；1~12岁体重为年龄（岁）×2+8，即该女孩体重为5×2+8=18（kg）。故选D。

17.【答案】E

【解析】正常4岁小儿身高为4×7+75=103（cm）；体重为4×2+8=16（kg）。有人认为在无条件测量体重和身高的地方，可用测量左上臂围来筛查1~5岁儿童营养状况：>13.5cm为营养良好，12.5~13.5cm为营养中等，<12.5cm为营养不良。此小儿体重、身高符合正常小儿的发育规律，上臂围13cm为营养中等。故选E。

【A_3/A_4型题】

18.【答案】A

【解析】婴儿生后1周内可出现暂时性体重下降或称生理性体重下降，约在生后第3~4日达最低点，以后逐渐回升，至出生后第7~10日应恢复到出生时的体重。此小儿体重与出生时的体重一样。故选A。

19.【答案】C

【解析】婴儿生后1周内因奶量摄入不足、水分丢失、胎粪排出，可出现暂时性体重下降或称生理性体重下降，约在生后第3~4日达最低点，下降范围为3%~9%。故选C。

20.【答案】D

【解析】1~9岁腕部骨化中心的数目大约为小儿岁数加1。故此小儿年龄为7-1=6（岁），身高为6×7+75=117（cm），体重为6×2+8=20（kg）。此小儿体重、身高均符合6岁的发育规律。故选D。

21.【答案】C

【解析】腕部于出生时无骨化中心，其出生后的出现次序为：头状骨、钩骨（3个月左右）、下桡骨骺（约1岁）、三角骨（2~2.5岁）、月骨（3岁左右）、大小多角骨（3.5~5岁）、舟骨（5~6岁）、下尺骨骺（6~7岁）、豌豆骨（9~10岁）。10岁时出全，共10个。故选C。

22.【答案】C

【解析】坐高是头顶到坐骨结节的长度。坐高增长代表头颅与脊柱的生长。故选C。

23.【答案】E

【解析】以坐高（顶臀长）与身高（长）的比例反映下肢的生长情况。坐高（顶臀长）占身高（长）的比例由出生时的0.67下降到14岁时的0.53。任何影响下肢生长的疾病，可使坐高（顶臀长）与身高（长）的比例停留在幼年状态，如甲状腺功能减退与软骨营养不良。患儿坐高（顶臀长）与身高（长）的比例为65/100=0.65，处于幼年状态。故选E。

第三章　儿童保健

【A_1型题】

1.【答案】B

【解析】见表4-19-3-1。

表 4-19-3-1 我国卫健委规定的儿童计划免疫程序

年龄	接种疫苗
出生	卡介苗 乙肝疫苗
1个月	乙肝疫苗
2个月	脊髓灰质炎三价混合疫苗
3个月	脊髓灰质炎三价混合疫苗、百白破混合制剂
4个月	脊髓灰质炎三价混合疫苗、百白破混合制剂
5个月	百白破混合制剂
6个月	乙肝疫苗
8个月	麻疹疫苗
1.5~2岁	百白破混合制剂复种
4岁	脊髓灰质炎三价混合疫苗复种
6岁	麻疹疫苗复种、百白破混合制剂复种

故选B。

2.【答案】A

3.【答案】A

4.【答案】B

5.【答案】B

第四章 营养和营养障碍疾病

【A_1型题】

1.【答案】D

【解析】营养不良皮下脂肪最后消失的部位是面颊部。故选D。

2.【答案】B

【解析】维生素D缺乏性手足搐搦典型发作包括惊厥、手足搐搦和喉痉挛。三种症状以无热惊厥为最常见。故选B。

3.【答案】B

4.【答案】C

【解析】营养性维生素D缺乏性手足抽搐在痉挛发作时应该先用镇静药迅速控制惊厥或喉痉挛，再用钙剂提高血钙浓度。故选C。

5.【答案】A

【解析】体重不增是营养不良的早期表现。随营养不良加重，体重逐渐下降，患儿主要表现为消瘦，皮下脂肪逐渐减少以致消失。故选A。

6.【答案】E

【解析】2岁儿童膳食中宏量营养素比例应当适当，即蛋白质应占总能量的10%~15%，脂类占总能量的25%~30%，碳水化合物占总能量的50%~60%。

7.【答案】D

【解析】维生素D缺乏性手足搐搦症血清钙多在1.75~1.88mmol/L，没有典型发作的症状，但可通过刺激神经肌肉而引出下列体征：①面神经征［佛斯特征（Chvostek征）］：以手指尖或叩诊锤骤击患儿颧弓与口角间的面颊部（第Ⅶ脑神经孔处），引起眼睑和口角抽动为面神经征阳性，新生儿期可呈假阳性。②腓反射（peroneal reflex）：以叩诊锤骤击膝下外侧腓骨小头上腓神经处，引起足向外侧收缩者即为腓反射阳性。③陶瑟征（Trousseau sign）：以血压计袖带包裹上臂，使血压维持在收缩压与舒张压之间，5分钟之内该手出现痉挛症状属陶瑟征阳性。故选D。

8.【答案】B

【解析】维生素D缺乏性佝偻病初期的临床表现：多数从3个月左右开始发病，以非特异性精神神经症状为主，患儿有睡眠不安、好哭、易出汗等现象，出汗后头皮痒而在枕头上摇头摩擦，出现枕部秃发。故选B。

9.【答案】D

【解析】体重低于同年龄、同性别参照人群值的均值减2SD以下为体重低下。如低于同年龄、同性别参照人群值的均值减2SD~3SD为中度；低于均值减3SD以下为重度。该项指标主要反映慢性或急性营养不良。故选D。

10.【答案】C

【解析】佝偻病激期X线显示长骨钙化带消失，干骺端呈毛刷样、杯口状改变；骨骺软骨盘（生长板）增宽（>2mm）；骨质稀疏，骨皮质变薄；可有骨干弯曲畸形或青枝骨折，骨折可无临床症状。故选C。

11.【答案】D

【解析】初期佝偻病多见于6个月以内的婴幼儿，特别是3个月以内的小婴儿。多为神经兴奋性增高的表现，如易激惹、烦闹、汗多刺激头皮而摇头等。但这些并非佝偻病的特异症状，仅作为临床早期诊断的参考依据。故选 D。

12.【答案】A

【解析】佝偻病恢复期治疗 2~3 周后骨骼 X 线改变有所改善，出现不规则的钙化线，以后钙化带致密增厚，骨骺软骨盘<2mm，逐渐恢复正常。故选 A。

13.【答案】B

【解析】佝偻病活动期给予维生素 D 的治疗目的在于控制活动期，防止骨骼畸形。治疗的原则应以口服为主，一般剂量为每日 50~125μg（2000~5000IU），1 月后改预防量 400IU/d。故选 B。

14.【答案】C

【解析】小于 6 个月的佝偻病婴儿，以颅骨软化为主，表现为囟门增大，边缘薄而软，呈“乒乓”颅。6 个月以后佝偻病婴儿，颅骨软化逐渐消失，至 7~8 个月时，额顶和枕顶骨向双侧呈对称性隆起，称方颅，重者可成马鞍状。手腕、足踝部亦可形成圆形隆起称手足镯。1 岁左右小儿可有胸骨畸形如串珠肋、鸡胸、漏斗胸及肋膈沟，还有“O”形腿、“X”形腿。由此可见，9~10 个月婴儿最常见的表现为方颅。故选 C。

15.【答案】A

【解析】蛋白质-能量营养不良可有多种维生素缺乏，尤以脂溶性维生素 A 缺乏常见。营养不良时，维生素 D 缺乏的症状不明显，恢复期生长发育加快时可伴有维生素 D 缺乏。故选 A。

16.【答案】E

【解析】营养性维生素 D 缺乏性钙剂治疗：尽快给予 10% 葡萄糖酸钙 5~10ml 加入 10% 葡萄糖液 5~20ml，缓慢静脉注射或滴注，迅速提高血钙浓度，惊厥停止后口服钙剂，不可皮下或肌内注射钙剂以免造成局部坏死。故选 E。

17.【答案】C

【解析】维生素 D 缺乏时，血钙下降而甲状旁腺不能代偿性分泌物增加；血钙继续降低，当总血钙低于 1.75 ~ 1.88mmol/L（7.0~7.5mg/dl），或离子钙低于 1.0mmol/L（4mg/dl）时可引起神经肌肉兴奋性增高，出现抽搐。故选 C。

18.【答案】B

【解析】6 月龄以内婴儿的佝偻病以颅骨改变为主，前囟边较软、颅骨薄，检查者用双手固定婴儿头部，指尖稍用力压迫枕骨或顶骨的后部，可有压乒乓球样的感觉。6 月龄以后，尽管病情仍在进展，但颅骨软化消失。故选 B。

19.【答案】B

【解析】维生素 D 缺乏性急救处理：氧气吸入、迅速控制惊厥或喉痉挛、钙剂治疗、维生素 D 治疗。故选 B。

20.【答案】E

【解析】佝偻病婴儿骨骺端因骨样组织堆积而膨大，沿肋骨方向于肋骨与肋软骨交界处可扪及圆形隆起，从上至下如串珠样突起，以第 7~10 肋骨最明显，称佝偻病串珠。故选 E。

21.【答案】A

【解析】当重症佝偻病有并发症或无法口服（维生素 D）者可大剂量肌内注射维生素 D20 万~30 万 IU 一次，3 个月后改预防量。故选 A。

22.【答案】A

23.【答案】B

【解析】佝偻病活动早期维生素 D 治疗原则应以口服为主，1 月后改预防量。故选 B。

24.【答案】A

【解析】皮肤的光照合成是人类维生素 D 的主要来源。人类皮肤中的 7-脱氢胆骨化醇，是维生素 D 生物合成的前体，经日光中紫外线（波长 290~320nm）照射变为胆骨化醇，即内源性维生素 D3。皮肤产生维生素 D3 的量与日照时间、波长、暴露皮肤的面积有关。故选 A。

25.【答案】D

【解析】牛乳中的乳糖含量低于人乳，主要为甲型乳糖，有利大肠埃希菌的生长。故选 D。

26.【答案】D

【解析】血清 25-(OH)D_3 水平为最可靠的诊断标准，但很多单位不能检测。血生化与骨骼 X 线的检查为维生素 D 缺乏诊断的“金标准”。故选 D。

【A_2 型题】

27.【答案】B

【解析】佝偻病活动期（激期）X 线显示长骨钙化带消失，干骺端呈毛刷样、杯口状改变；骨骺软骨盘（生长板）增宽（>2mm）；骨质稀疏，骨皮质变薄；可有骨干弯曲畸形或青枝骨折，骨折可无临床症状。严重佝偻病可有肋膈沟或郝氏沟、方头。血钙稍降低，血磷明显降低。患儿临床表现、体征、实验室检查符合“佝偻病活动期（激期）”的诊断。故选 B。

28.【答案】D

【解析】佝偻病活动期（激期）可出现 PTH 功能亢进和钙、磷代谢失常的典型骨骼改变；出现佝偻病串珠，手、足镯等症状。血钙稍降低，血磷明显降低。患儿临床表现、体征、实验室检查符合“佝偻病活动期（激期）”的诊断。故选 D。

29.【答案】D

【解析】维生素 D 缺乏性手足搐搦症血清钙低于 1.75mmol/L 时可出现惊厥、喉痉挛和手足搐搦。惊厥为突然发生四肢抽动，两眼上窜，面肌颤动，神志不清，发作时间可短至数秒钟，或长达数分钟以上，发作时间长者可伴口周发绀。发作停止后，意识恢复，精神萎靡而入睡，醒后活泼如常，发作次数可数日1次或1日数次，甚至多至1日数十次。而低血糖症常发生于清晨空腹时，有进食不足或腹泻史，重症病例惊厥后转入昏迷，一般口服或静脉注射葡萄糖液后立即恢复，血糖常低于2.2mmol/L。患儿血钙稍降低，血糖正常。患儿临床表现、体征、实验室检查符合“维生素D缺乏性手足搐搦症”的诊断。故选D。

30.【答案】C

【解析】婴儿需8%糖牛乳100ml/（kg·d），此小儿体重为5 kg，所以糖牛乳量为500 ml。故选C。

31.【答案】B

【解析】体重低于同年龄、同性别参照人群值的均值减2SD以下为体重低下。如低于同年龄、同性别参照人群值的均值减2~3SD为中度；低于均值减3SD以下为重度。该项指标主要反映慢性或急性营养不良。故选B。

32.【答案】C

【解析】婴儿需8%糖牛乳100ml/（kg·d）。全牛奶喂养时，因蛋白质与矿物质浓度较高，应两次喂哺之间加水，使奶与水量（总液量）达150ml/（kg·d）。$6\times100=600$ml，$6\times150=900$ml，$900-600=300$ml。故选C。

33.【答案】C

34.【答案】E

【解析】患儿由于喂养不当导致营养摄入不足，皮下脂肪减少，符合“营养不良”的诊断。营养不良的早期表现为体重不增或减轻。故选E。

35.【答案】D

【解析】患儿冬季出生，因紫外线不能透过玻璃窗，婴幼儿被长期过多地留在室内活动，使内源性维生素D生成不足。大城市高大建筑可阻挡日光照射，大气污染如烟雾、尘埃可吸收部分紫外线。气候的影响，如冬季日照短，紫外线较弱，亦可影响部分内源性维生素D的生成。佝偻病早期多见6个月以内，特别是3个月以内小婴儿。多为神经兴奋性增高的表现，如易激惹、烦闹、汗多刺激头皮而摇头等。但这些并非佝偻病的特异症状，仅作为临床早期诊断的参考依据。此期常无骨骼病变，骨骼X线可正常，或钙化带稍模糊；血清25-（OH）D_3下降，PTH升高，一过性血钙下降，血磷降低，碱性磷酸酶正常或稍高。患儿临床表现、体征、实验室检查符合“佝偻病早期”的诊断。故选D。

36.【答案】E

【解析】维生素D缺乏性手足搐搦症表现有突发无热惊厥，且反复发作，发作后神志清醒无神经系统体征，同时有佝偻病存在，总血钙低于1.75mmol/L，离子钙低于1.0mmol/L。急救处理应氧气吸入、迅速控制惊厥或喉痉挛、钙剂治疗、维生素D治疗。故选E。

37.【答案】C

【解析】患儿突发无热惊厥，且反复发作，发作后神志清醒无神经系统体征，同时有佝偻病体征（郝氏沟、方颅）存在，血钙为1.0mmol/L。患儿临床表现、体征、实验室检查符合“维生素D缺乏性手足搐搦症”的诊断。维生素D缺乏性手足搐搦症是维生素D缺乏性佝偻病的伴发症状之一，多见6个月以内的小婴儿。故选C。

38.【答案】E

【解析】营养不良性维生素D缺乏性佝偻病可以看成是机体为维持血钙水平而对骨骼造成的损害。长期严重维生素D缺乏造成肠道吸收钙、磷减少和低血钙症，以致甲状旁腺功能代偿性亢进，PTH分泌增加以动员骨钙释出，使血清钙浓度维持在正常或接近正常的水平；但PTH同时也抑制肾小管重吸收磷，继发机体严重钙、磷代谢失调，特别是严重低血磷的结果。故选E。

39.【答案】A

【解析】患儿消化吸收不良，现在体重不增，符合“营养不良”的诊断，而营养不良首先表现为皮下脂肪减少。故选A。

40.【答案】D

【解析】当重症佝偻病有并发症或无法口服维生素D者，可大剂量肌内注射维生素D 20万~30万IU 1次，3个月后改预防量。此患儿出现肺炎的症状与体征，故可以采取上述措施。故选D。

41.【答案】C

【解析】佝偻病正确的诊断必须依据维生素D缺乏的病因、临床表现、血生化及骨骼X线检查。血生化与骨骼X线的检查为诊断的“金标准”。故选C。

42.【答案】E

【解析】维生素D缺乏性手足搐搦症主要临床表现为惊厥、喉痉挛和手足搐搦，并有程度不等的活动期佝偻病的表现。①隐匿型：血清钙多在1.75~1.88mmol/L，没有典型发作的症状，但可通过刺激神经肌肉而引出下列体征：面神经征、腓反射、陶瑟征。②典型发作：血清钙低于1.75mmol/L时可出现惊厥、喉痉挛和手足搐搦。故选E。

43.【答案】E

【解析】患儿临床表现、体征、实验室检查符合“佝偻病活动期（激期）”的诊断。此期骨骺端因骨样组织堆积而膨大，沿肋骨方向于肋骨与肋软骨交界处可扪及圆形隆起，从上至下如串珠样突起，以第7~10肋骨最明显，称佝偻病串珠；手腕、足踝部亦可形成钝圆形环状隆起，称手、足镯。1岁左右的小儿可见到胸骨和邻近的软骨向前突起，形成“鸡胸样”畸形；严重佝偻病小儿胸廓的下缘形成一水平凹陷，即肋膈沟或郝氏沟。故选E。

【A_3/A_4型题】

44.【答案】D

【解析】此小儿正常身高应该为2×7+75=89cm，体重应为2×2+8=12kg。该患儿由于喂养不当导致营养摄入不足，身高、体重低于正常值，且重度营养不良可有重要脏器功能损害，如心脏功能下降，可有心音低钝、血压偏低、脉搏变缓、呼吸浅表等。故选D。

45.【答案】A

【解析】眼部的症状和体征是维生素A缺乏症的早期表现。干眼症的表现为外观眼结膜、角膜干燥，失去光泽，自觉痒感，泪减少，眼部检查可见结膜近角膜边缘处干燥起皱褶，角化上皮堆积形成泡沫状白斑，称结膜干燥斑或毕脱斑。故选A。

46.【答案】C

【解析】低血糖症常发生于清晨空腹时，有进食不足或腹泻史，重症病例惊厥后转入昏迷，一般口服或静脉注射葡萄糖液后立即恢复，血糖常低于2.2mmol/L。该患儿临床表现、体征、实验室检查符合“低血糖症”的诊断。故选C。

47.【答案】E

【解析】该患儿表现为突发无热惊厥，无神经系统体征，同时有佝偻病体征（枕部乒乓球感）存在，符合“维生素D缺乏性手足搐搦症”的诊断。故选E。

48.【答案】A

【解析】①迅速控制惊厥或喉痉挛可用10%水合氯醛，每次40~50mg/kg，保留灌肠；或地西泮每次0.1~0.3mg/kg肌内或静脉注射。②钙剂治疗：尽快给予10%葡萄糖酸钙5~10ml加入10%葡萄糖液5~20ml，缓慢静脉注射或滴注，迅速提高血钙浓度。故选A。

49.【答案】C

【解析】小儿处于生长发育的阶段，对营养素尤其是蛋白质的需要相对较多，喂养不当是导致营养不良的重要原因。重度营养不良可有精神萎靡、反应差、体温偏低、脉细无力、无食欲、腹泻、便秘交替。根据小儿年龄及喂养史、体重下降、皮下脂肪减少、全身各系统功能紊乱及其他营养素缺乏的临床症状和体征，此病例的诊断并不困难。体重低于同性别、同身高参照人群值的均值减2SD为消瘦。如低于同性别、同身高参照人群值的均值减2~3SD为中度；低于均值减3SD为重度，该小儿符合“重度营养不良”的诊断。故选C。

50.【答案】C

51.【答案】E

【解析】患儿由于未添加辅食致营养摄入不足。患儿突发无热惊厥，发作后神志清醒无神经系统体征（颈强直阴性），同时有佝偻病体征（方颅）存在。符合“营养不良性维生素D缺乏性手足搐搦症”的诊断。故选E。

52.【答案】A

53.【答案】A

【解析】佝偻病早期PTH升高，血钙下降，血磷降低，碱性磷酸酶正常或稍高。故选A。

54.【答案】D

【解析】患儿由于未添加辅食致营养摄入不足。佝偻病初期（早期）多为神经兴奋性增高的表现，如易激惹、烦闹、汗多刺激头皮而摇头等。早期维生素D缺乏的婴儿未经治疗，病情继续加重，可出现PTH功能亢进和钙、磷代谢失常的典型骨骼改变。6月龄以后，尽管病情仍在进展，但颅骨软化消失。正常婴儿的骨缝周围亦可有乒乓球样感觉。额骨和顶骨中心部分常常逐渐增厚，至7~8个月时，变成“方盒样”头型即方颅（从上向下看），头围也较正常增大。该患儿符合“佝偻病初期（早期）”的诊断。故选D。

55.【答案】A

56.【答案】E

【解析】佝偻病病因：①围生期维生素D不足：母亲妊娠期，特别是妊娠后期维生素D营养不足，如母亲严重营养不良、肝肾疾病、慢性腹泻，以及早产、双胎均可使得婴儿的体内维生素D贮存不足。②日照不足：因紫外线不能通过玻璃窗，婴幼儿被长期过多地留在室内活动，使内源性维生素D生成不足。大城市高大建筑可阻挡日光照射，大气污染如烟雾、尘埃可吸收部分紫外线。气候的影响，如冬季日照短、紫外线较弱，亦可影响部分内源性维生素D的生成。③生长速度快，需要增加：如早产及双胎婴儿生后生长发育快，需要维生素D多，且体内贮存的维生素D不足。婴儿早期生长速度较快，也易发生佝偻病。重度营养不良婴儿生长迟缓，发生佝偻病者不多。④食物中补充维生素D不足：因天然食物中含维生素D少，即使纯母乳喂养，婴儿若户外活动少亦易患佝偻病。⑤疾病影响：胃肠道或肝胆疾病影响维生素D吸收，如婴儿肝炎综合征、慢性腹泻等，肝、肾严重损害可致维生素D羟化障碍，$1,25\text{-}(OH)_2D_3$生成不足而引起佝偻病。长期服用抗惊厥药物可使体内维生素D不足，如苯妥英钠、苯巴比妥，可刺激肝细胞微粒体的氧化酶系统活性增加，使维生素D和$25\text{-}(OH)D_3$加速分解为无活性的代谢产物。糖皮质激素有对抗维生素D对钙的转运作用。故选E。

【B₁型题】

57.【答案】D

58.【答案】C

59.【答案】E

60.【答案】B

61.【答案】A

【解析】小儿每日水的需要量见表4-19-4-1。

表4-19-4-1 小儿每日需水量

年龄	需水量/ml·kg^{-1}
<1岁	120~160
1~3岁	100~140
4~9岁	70~110
10~14岁	50~90

故选A。

62.【答案】E

63.【答案】D

64.【答案】C

第五章 新生儿及新生儿疾病

【A₁型题】

1.【答案】B

【解析】新生儿系指从脐带结扎到生后28天内的婴儿。故选B。

2.【答案】D

【解析】ABO溶血主要发生在母亲O型而胎儿A型或B型，如母亲为AB型或婴儿O型，则不发生ABO溶血病。故选D。

3.【答案】A

【解析】正常足月儿生后半小时即可抱至母亲处哺乳，以促进乳汁分泌，提倡按需哺乳。无母乳者可给配方乳。早产儿也应酌情尽早母乳喂养。故选A。

4.【答案】A

【解析】病理性黄疸的特点为：①生后24小时内出现黄疸。②血清总胆红素值已达到相应月龄及相应危险因素下的光疗干预标准，或每日上升>85μmol/L（5mg/dl）或每小时>0.85μmol/L（0.5mg/dl）。③黄疸持续时间足月儿>2周，早产儿>4周。④黄疸退而复现。⑤血清结合胆红素>34μmol/L（2mg/dl）。具备上述任何一项者均可诊断为病理性黄疸。故选A。

5.【答案】C

【解析】新生儿缺氧缺血性脑病是指围生期窒息引起的部分或完全缺氧、脑血流减少或暂停而导致胎儿或新生儿脑损伤。故选C。

6.【答案】D

【解析】新生儿，尤其是早产儿，发生低体温和皮肤硬肿的原因较多。包括：①体温调节中枢不成熟。环境温度低时，其增加产热和减少散热的调节功能差，使体温降低。②体表面积相对较大，皮下脂肪少，皮肤薄，血管丰富，易于失热。寒冷时散热增加，导致低体温。③躯体小，总液体含量少，体内储存热量少，对失热的耐受能力差，寒冷时即使有少量热量丢失，体温便可降低。④新生儿由于缺乏寒战反应，寒冷时主要靠棕色脂肪（brown fat）代偿产热，但其代偿能力有限；早产儿由于其储存少（胎龄越小，储存越少），代偿产热能力更差；因此，寒冷时易出现低体温。棕色脂肪分布在颈、肩胛间、腋下、中心动脉、肾和肾上腺周围。⑤皮下脂肪（白色脂肪）中，饱和脂肪酸含量高（为成人3倍），由于其熔点高，低体温时易于凝固，出现皮肤硬肿。故选D。

7.【答案】B

【解析】新生儿早发型败血症：①生后7天内起病。②感染发生在出生前或出生时，与围生因素有关，常由母亲垂直传播引起，病原菌以大肠埃希菌等革兰阴性杆菌为主。③常伴有肺炎，并呈暴发性起病，多器官受累，死亡率高达5%~20%。故选B。

8.【答案】B

9.【答案】E

【解析】通常认为，血清胆红素：足月儿<221μmol/L（12.9mg/dl）和早产儿<257μmol/L（15mg/dl）定为生理性黄疸的界限。故选E。

10.【答案】C

【解析】Apgar评分作为判断新生儿窒息的标准，即8~10分为正常，4~7分为轻度窒息，0~3分为重度窒息。故选C。

11.【答案】C

【解析】母乳性黄疸，可能与母乳中的β-葡糖醛酸酐酶较高，增加肝肠循环有关，见于母乳喂养儿。几乎2/3母乳喂养新生儿在出生后1周内可出现。停喂母乳24~48小时，黄疸明显减轻或消退有助于诊断。故选C。

12.【答案】E

【解析】足月儿大脑皮层兴奋性低，睡眠时间长，觉醒时间一昼夜仅为2~3小时，大脑对下级中枢抑制较弱，且锥体束、纹状体发育不全，常出现不自主和不协调动作。新生儿出生时已具备多种暂时性原始反射。临床上常用的原始反射如下：觅食反射、吸吮反射、握持反射、拥抱反射。

正常情况下，上述反射生后数月自然消失。新生儿期如这些反射减弱或消失，或数月后仍不消失，常提示有神经系统疾病。此外，正常足月儿也可出现年长儿的病理性反射如克氏征（Kernig 征）、巴宾斯基征（Babinski 征）和佛斯特征（Chvostek 征）等，腹壁和提睾反射不稳定，偶可出现阵发性踝阵挛。故选 E。

13.【答案】C

【解析】先天性甲状腺功能减低症是由于患儿甲状腺先天性缺陷或因母孕期饮食中缺碘所致。其主要临床表现为体格和智力发育障碍。是小儿常见的内分泌疾病。目前多采用出生后 2~3 天的新生儿干血滴纸片检测 TSH 浓度作为新生儿初筛，结果大于 20mU/L 时，再检测血清 T_4、TSH 以确诊。该法采集标本简便，假阳性和假阴性率较低，故为患儿早期确诊、避免神经精神发育严重缺陷、减轻家庭和国家负担的极佳防治措施。故选 C。

14.【答案】D

【解析】胎便由胎儿肠道分泌物、胆汁及咽下的羊水等组成，呈糊状，为墨绿色。足月儿在生后 24 小时内排胎便，约 2~3 天排完。若生后 24 小时仍不排胎便，应排除肛门闭锁或其他消化道畸形。故选 D。

15.【答案】A

【解析】采用国际公认的 ABCDE 复苏方案。①A（airway）清理呼吸道。②B（breathing）建立呼吸。③C（circulation）维持正常循环。④D（drugs）药物治疗。⑤E（evaluation）评估。前三项最重要，其中 A 是根本，B 是关键，评估贯穿于整个复苏过程中。故选 A。

16.【答案】E

【解析】多数 ABO 溶血病的患儿黄疸在生后第 2~3 天出现。故选 E。

17.【答案】D

【解析】足月儿血压平均为 70/50mmHg。早产儿心率偏快，血压较低，部分可伴有动脉导管开放。故选 D。

18.【答案】D

【解析】新生儿基础热量消耗为 209kJ/kg（50kcal/kg），每日总热量需 418~502kJ/kg（100~120kcal/kg）。早产儿吸吮力弱，消化功能差，在生后数周内常不能达到上述需要量，因此常需肠道外营养。故选 D。

19.【答案】D

【解析】足月儿生后 2~3 天出现黄疸，4~5 天达高峰，5~7 天消退，最迟不超过 2 周。故选 D。

20.【答案】C

【解析】免疫球蛋白 IgG 虽可通过胎盘，但与胎龄相关，胎龄越小，IgG 含量越低；IgA 和 IgM 不能通过胎盘，因此新生儿易患细菌感染，尤其是革兰阴性杆菌感染。故选 C。

21.【答案】C

【解析】足月儿：37 周 ≤ GA <42 周（260~293 天）的新生儿。故选 C。

22.【答案】B

【解析】由于新生儿胆红素代谢特点，约 85% 足月儿和绝大多数早产儿出现生理性黄疸，其特点为：①一般情况良好。②足月儿生后 2~3 天出现黄疸，4~5 天达高峰，5~7 天消退，最迟不超过 2 周；早产儿黄疸多于生后 3~5 天出现，5~7 天达高峰，7~9 天消退，最长可延迟到 3~4 周。故选 B。

23.【答案】A

【解析】早产儿缺氧缺血性脑病主要表现为脑室周围白质软化和脑室周围-脑室内出血。故选 A。

24.【答案】D

25.【答案】A

【解析】新生儿缺氧缺血性脑病控制惊厥首选苯巴比妥，负荷量 20mg/kg，于 15~30 分钟静脉滴入，若不能控制惊厥，1 小时后可加 10mg/kg。12~24 小时后给维持量，每日 3~5mg/kg。肝功能不良者改用苯妥英钠，剂量同苯巴比妥；顽固性抽搐者加用地西泮，每次 0.1~0.3mg/kg 静脉滴注；或加用水合氯醛 50mg/kg 灌肠。故选 A。

26.【答案】D

【解析】足月儿出生时吞咽功能已经完善，但食管下部括约肌松弛，胃呈水平位，幽门括约肌较发达，易溢乳甚至呕吐。消化道面积相对较大，管壁薄、黏膜通透性高，有利于大量的流质及乳汁中营养物质的吸收，但肠腔内毒素和消化不全产物也容易进入血液循环，引起中毒症状。除淀粉酶外，消化道已能分泌充足的消化酶，因此不宜过早喂淀粉类食物。故选 D。

27.【答案】C

【解析】大多数 Rh 溶血病患儿生后 24 小时内出现黄疸并迅速加重。故选 C。

28.【答案】C

【解析】新生儿呼吸频率较快，安静时约为 40 次/分左右，如持续超过 60~70 次/分称呼吸急促，常由呼吸或其他系统疾病所致。故选 C。

29.【答案】A

30.【答案】A

31.【答案】A

【解析】引起新生儿败血症的病原菌因不同地区和年代而异。我国新生儿败血症的病原菌与发达国家有很大的区别，多年来一直以葡萄球菌最多见，其次为大肠埃希菌等革兰阴性杆菌。近年来随着 NICU 的发展，静脉留置针、气管插管和广谱抗生素的广泛应用以及极低出生体重儿存活率明显提高，已经使凝固酶阴性的葡萄球菌成为新生儿血培养的首位菌。B族溶血性链球菌和李斯特菌虽然为欧美等发达国家新生儿感染常见的致病菌，但我国及发展中国家少见。故选A。

32.【答案】B

【解析】出生体重指出生后1小时内的体重。①低出生体重儿：BW<2500g的新生儿，其中BW<1500g称极低出生体重儿，BW<1000g称超低出生体重儿。低出生体重儿中大多是早产儿，也有足月或过期小于胎龄儿。②正常出生体重儿：BW≥2500g并≤4000g的新生儿。③巨大儿：BW>4000g的新生儿。故选B。

33.【答案】B

【解析】皮肤硬肿即皮肤紧贴皮下组织，不能移动，按之似橡皮样感，呈暗红色或青紫色，伴水肿者有指压凹陷。硬肿常呈对称性，其发生顺序依次为：下肢→臀部→面颊→上肢→全身。硬肿的面积可按头颈部20%、双上肢18%、前胸及腹部14%、背部及腰骶部14%、臀部8%及双下肢26%进行计算。严重硬肿可妨碍关节活动，胸部受累可致呼吸困难。故选B。

34.【答案】D

【解析】新生儿初步复苏步骤如下。①保暖：新生儿娩出后立即置于预热的辐射保暖台上。②摆好体位：置新生儿头轻微伸仰位。③清理呼吸道：肩娩出前助产者用手挤捏出新生儿的口、咽、鼻中的分泌物。新生儿娩出后，立即用吸球或吸管，先口咽，后鼻腔，吸净口、咽和鼻腔的黏液。如羊水混有较多胎粪，且新生儿无活力，在婴儿呼吸前，应做气管插管，将胎粪吸出。如羊水清或羊水污染但新生儿有活力（有活力的定义：呼吸规则、肌张力好及心率>100次/分），则可以不进行气管内吸引。④擦干：用温热干毛巾快速擦干全身。⑤刺激：用手拍打或手指轻弹患儿的足底或摩擦背部2次以诱发自主呼吸。以上步骤应在30秒内完成。故选D。

【A_2型题】

35.【答案】E

【解析】生理性黄疸一般情况良好。足月儿生后2~3天出现黄疸，4~5天达高峰，5~7天消退，最迟不超过2周。每日血清胆红素升高<85μmol/L（5mg/dl）。足月儿<221μmol/L（12.9mg/dl）定为生理性黄疸的界限。故选E。

36.【答案】C

37.【答案】A

【解析】大多数Rh溶血病患儿生后24小时内出现黄疸并迅速加重，此患儿怀疑为“新生儿溶血病”，为了明确诊断可进行：①母子血型检查。检查母子ABO和Rh血型，证实有血型不合存在。②检查有无溶血。溶血时红细胞和血红蛋白减少，早期新生儿血红蛋白<145g/L可诊断为贫血；网织红细胞增高（>6%）；血涂片有核红细胞增多（>10/100个白细胞）；血清总胆红素和非结合胆红素明显增加。③致敏红细胞和血型抗体测定。故选A。

38.【答案】D

【解析】根据新生儿Apgar评分标准（表4-19-5-1），患儿为轻度窒息，应给予复苏。初步复苏步骤：保暖、摆好体位、清理呼吸道、擦干、刺激。故选D。

表4-19-5-1 新生儿Apgar评分标准

体征	评分标准			评分	
	0分	1分	2分	1分钟	5分钟
皮肤颜色	青紫或苍白	身体红，四肢青紫	全身红		
心率/次·分$^{-1}$	无	<100	>100		
弹足底或插鼻管反应	无反应	有些动作，如皱眉	哭，喷嚏		
肌张力	松弛	四肢略屈曲	四肢活动		
呼吸	无	慢，不规则	正常，哭声响		

39.【答案】A

40.【答案】E

41.【答案】B

【解析】多数ABO溶血病的患儿黄疸在生后第2~3天出现。故选B。

42.【答案】C

【解析】生理性黄疸足月儿生后2~3天出现黄疸。参见第20题解析。故选C。

43.【答案】E

【解析】新生儿呼吸窘迫综合征又称肺透明膜病，是由于肺表面活性物质缺乏所致，为生后不久出现呼吸窘迫并进行性加重的临床综合征。多见于早产儿，胎龄越小，发病率越高。故选E。

44.【答案】A

【解析】患儿有血型不合存在，抗体释放试验为阳性，该试验为新生儿溶血病的确诊试验。

光照疗法是降低血清非结合胆红素的简单而有效的方法。故选 A。

45.【答案】E

46.【答案】C

【解析】新生儿硬肿症多于生后1周内发病，早产儿多见。患者体温≥35℃、皮肤硬肿是本病的主要表现，为轻度硬肿症。故若患儿肛温<30℃，一般均应将患儿置于箱温比肛温高1~2℃的暖箱中进行外加温。每小时提高箱温0.5~1℃（箱温不超过34℃），在12~24小时内恢复正常体温。然后根据患儿体温调整暖箱温度。在患儿肛温>30℃，TA-R<0℃时，可通过减少散热使体温回升。将患儿置于已预热至中性温度的暖箱中，一般在6~12小时内可恢复正常体温。故选C。

47.【答案】C

【解析】足月儿：37周≤GA<42周（260~293天）的新生儿；适于胎龄儿：婴儿的BW在同胎龄儿平均出生体重的第10~90百分位之间；正常出生体重儿：BW≥2500g并≤4000g的新生儿。故选C。

48.【答案】C

【解析】正常足月儿肌腱反射较弱，凯尔尼格征（Kernig征）、巴宾斯基征和佛斯特征等可以阳性，腹壁和提睾反射不稳定，偶可出现阵发性踝阵挛。故选C。

49.【答案】C

50.【答案】D

【解析】早产儿为GA<37周（<259天）的新生儿。早产儿呼吸浅快、不规则，易出现周期性呼吸及呼吸暂停或青紫。呼吸暂停是指呼吸停止>20秒，伴心率<100次/分及发绀。此为早产儿正常现象，无须处理。故选D。

51.【答案】E

【解析】患儿1分钟与5分钟Apgar评分分别为3分、7分。新生儿缺氧缺血性脑病是指围生期窒息引起的部分或完全缺氧、脑血流减少或暂停而导致胎儿或新生儿脑损伤，其分度见表4-19-5-2。

表 4-19-5-2 新生儿缺血缺氧性脑病临床分度

临床表现	分度		
	轻度	中度	重度
意识	激惹	嗜睡	昏迷
肌张力	正常	减低	松软
原始反射			
拥抱反射	活跃	减弱	消失
吸吮反射	正常	减弱	消失
惊厥	可有肌阵挛	常有	有，可呈持续状态

新生儿缺氧缺血性脑病轻度为激惹，拥抱反射活跃。根据该患儿临床表现，可诊断为新生儿缺氧缺血性脑病轻度。故选E。

52.【答案】B

【解析】新生儿败血症晚发型为出生7天后起病。该患儿临床表现（黄疸迅速加重、消退延迟、呕吐、休克体征）符合“新生儿败血症晚发型”的诊断。故选B。

53.【答案】D

【解析】母血型O，子血型A，证实有血型不合存在。改良直接抗人球蛋白试验为阳性，表明红细胞已致敏。Rh溶血病改良直接抗人球蛋白试验阳性率高而ABO溶血病阳性率低。该试验为新生儿溶血病的确诊试验。Rh和ABO溶血病抗体释放试验一般均为阳性，该试验是检测致敏红细胞的敏感试验，故也为新生儿溶血病的确诊实验。故选D。

【A_3/A_4型题】

54.【答案】D

【解析】大多数Rh溶血病患儿生后24小时内出现黄疸并迅速加重。Rh溶血病患儿多有不同程度的肝脾增大。胆红素脑病为新生儿溶血病的最严重并发症，早产儿更易发生。一般于重度黄疸高峰后12~48小时出现症状。临床将其分为4期。警告期表现为嗜睡、反应低下、吮吸无力、拥抱反射减弱、肌张力减低等，偶有尖叫和呕吐。持续12~24小时。该患儿临床表现符合“新生儿溶血病警告期”的诊断。故选D。

55.【答案】E

【解析】光疗副作用可出现发热、腹泻和皮疹，但多不严重，可继续光疗；蓝光可分解体内核黄素，光疗超过24小时可引起核黄素减少，并进而降低红细胞谷胱甘肽还原酶活性而加重溶血，故光疗时应补充核黄素（光疗时每日3次，每次5mg；光疗后每日1次，连服3日）。血清结合胆红素增高的患儿，光疗可使皮肤呈青铜色即青铜症，停止光疗后，青铜症可自行消退。故选E。

56.【答案】B

【解析】早产儿为GA<37周（<259天）的新生儿。早产儿外观特点男婴表现为睾丸未降或未全降，皮肤绛红、水肿和毳毛多等。故选B。

57.【答案】C

【解析】婴儿生后第1天需水量为每日60～100ml/kg，以后每日增加30ml/kg，直至每日150～180ml/kg。故选C。

58.【答案】E

【解析】早产儿黄疸多于生后3～5天出现，5～7天达高峰，7～9天消退，最长可延迟到3～4周。故选E。

59.【答案】B

【解析】缺氧是新生儿缺氧缺血性脑病发病的核心，其中围生期窒息是最主要的病因。病变在脑干、丘脑者，可出现中枢性呼吸衰竭、瞳孔缩小或扩大、顽固性惊厥等脑干症状，并且常在24～72小时病情恶化或死亡。CT有助于了解颅内出血范围和类型，但对于脑水肿、基底核和丘脑损伤、脑梗死有一定的参考作用。该患儿临床表现符合“新生儿缺氧缺血性脑病”的诊断。故选B。

60.【答案】D

【解析】新生儿缺氧缺血性脑病控制惊厥首选苯巴比妥。故选D。

61.【答案】D

【解析】新生儿缺氧缺血性脑病支持疗法：①维持良好的通气功能是支持疗法的核心，保持PaO_2>60～80mmHg、$PaCO_2$和pH在正常范围。根据血气给予不同方式的氧疗，严重者可选用机械通气、NO吸入，但应避免PaO_2过高或$PaCO_2$过低。②维持脑和全身良好的血液灌注是支持疗法的关键措施，避免脑灌注过低或过高。低血压可用多巴胺（3～5mg/kg），也可同时加用等剂量的多巴酚丁胺。③维持血糖在正常高值［4.16～5.55mmol/L（75～100mg/dl）］，以提供神经细胞代谢所需能源。故选D。

62.【答案】C

63.【答案】D

64.【答案】E

【B_1型题】

65.【答案】E

【解析】乳腺肿大：男女新生儿生后4～7天均可有乳腺增大，如蚕豆或核桃大小，2～3周消退，切忌挤压，以免感染。故选E。

66.【答案】A

【解析】早产儿皮肤绛红、水肿和毳毛多，足月儿皮肤红润、皮下脂肪丰满和毳毛少。故选A。

67.【答案】B

68.【答案】D

【解析】早产儿呼吸浅快不规则，易出现周期性呼吸及呼吸暂停或青紫。呼吸暂停是指呼吸停止>20秒，伴心率<100次/分及发绀。其发生率与胎龄有关，胎龄越小、发生率越高，且常于生后第1、2天出现。故选D。

69.【答案】C

【解析】原因为肝细胞处理胆红素能力差。胆红素进入肝细胞后被肝细胞的受体蛋白Y、Z蛋白结合转运至滑面内质网，主要通过尿苷二磷酸葡糖醛酸基转移酶（UDPGT）的催化，形成水溶性的结合胆红素，经胆汁排泄至肠道。新生儿出生时肝细胞内Y蛋白含量极微（生后5～10天达正常），UDPGT含量低且活性不足（仅为正常的0～30%），故新生儿不仅摄取胆红素的能力不足，同时结合胆红素的能力低下，生成结合胆红素的量较少，早产儿更为明显，可出现暂时性肝内胆汁淤积。故选C。

第六章　遗传性疾病

【A_1型题】

1.【答案】A

【解析】21-三体综合征又称唐氏综合征。细胞遗传学特征是第21号染色体呈三体征，其发生主要是由于生殖细胞在减数分裂形成配子时，或受精卵在有丝分裂时，21号染色体发生不分离，使胚胎体细胞内存在一条额外的21号染色体。故选A。

2.【答案】B

【解析】21-三体综合征易位型染色体总数为46条，其中一条是额外的21号染色体的长臂与一条近端着丝粒染色体长臂形成的易位染色体，即发生于近着丝粒染色体的相互易位，称罗伯逊易位，亦称着丝粒融合。以14号及13号染色体最为常见，最常见的核型为46，XY（或XX），-14，+t（14q21q）。故选B。

3.【答案】B

【解析】先天愚型典型病例根据特殊面容、智力与生长发育落后、皮纹特点等不难作出临床诊断，但应做染色体核型分析以确诊。新生儿或症状不典型者更需核型分析确诊。故选B。

4.【答案】C

5.【答案】C

【解析】苯丙酮尿症是一种常染色体隐性遗传疾病，是先天性氨基酸代谢障碍中较为常见的一种，因患儿尿液中排出大量苯丙酮酸代谢产物而得名。发病率随种族不同而异，我国的发病率总体为1：11000。故选C。

6.【答案】C

【解析】苯丙酮尿症是由于患儿肝脏缺乏苯丙氨酸羟化酶活性，不能将苯丙氨酸转化为酪氨酸，导致苯丙氨酸在血液、脑脊液、各种组织中的浓度极度增高，通过旁路代谢产生大量苯丙酮酸、苯乙酸、苯乳酸和对羟基苯乙酸。高浓度的苯丙氨酸及其代谢产物能导致脑组织损伤。故选 C。

7.【答案】B

【解析】苯丙酮尿症患儿出生时正常，通常在 3~6 个月时始出现症状，1 岁时症状明显。故选 B。

8.【答案】E

【解析】苯丙酮尿症新生儿疾病筛查：新生儿哺乳 3 天后，针刺足跟采集外周血，滴于专用采血滤纸上，晾干后即寄送至筛查实验室，进行苯丙氨酸浓度测定。如苯丙氨酸浓度大于切割值，应进一步检查和确诊。故选 E。

【A_2 型题】

9.【答案】B

10.【答案】E

【解析】在易位型中，再发风险为 4%~10%，若母亲为 21q22q 平衡易位携带者，子代发病风险率为 100%。故选 E。

11.【答案】B

12.【答案】A

【解析】苯丙酮尿症患儿出生时正常，通常在 3~6 个月时始出现症状，1 岁时症状明显，表现为神经系统智力发育落后最为突出，智商常低于正常。有行为异常，如兴奋不安、忧郁、多动、孤僻等。可有癫痫小发作，少数呈现肌张力增高和腱反射亢进。患儿在出生数月后因黑色素合成不足，头发由黑变黄，皮肤白皙。皮肤湿疹较常见。由于尿和汗液中排出较多苯乙酸，可有明显鼠尿臭味。患儿临床表现符合“苯丙酮尿症”的诊断。故选 A。

13.【答案】D

【解析】根据患儿智力发育落后、头发由黑变黄、体鼠尿臭味和血苯丙氨酸升高，符合“苯丙酮尿症”的诊断。尿三氯化铁（$FeCl_3$）及 2,4-二硝基苯肼试验（DNPH）一般用于较大儿童的初筛。新生儿苯丙酮尿症因苯丙氨酸代谢旁路尚未健全，患儿尿液测定为阴性。故选 D。

14.【答案】B

【解析】见表 4-19-6-1。

表 4-19-6-1　不同年龄血苯丙氨酸理想控制范围

年龄	血苯丙氨酸浓度/μmol·L^{-1}
0~3 岁	120~240
3~9 岁	180~360
9~12 岁	180~480
12~16 岁	180~600
>16 岁	180~900

患儿现 2 岁。故选 B。

【A_3/A_4 型题】

15.【答案】B

【解析】患儿主要特征为智力落后、特殊面容和生长发育迟缓。符合 21-三体综合征的诊断。故选 B。

16.【答案】C

【解析】应做染色体核型分析以确诊。新生儿或症状不典型者更需核型分析确诊。故选 C。

17.【答案】B

18.【答案】D

【解析】患儿主要采用低苯丙氨酸配方奶治疗，待血浓度降到理想浓度时，可逐渐少量添加天然饮食，其中首选母乳，因母乳中苯丙氨酸含量仅为牛奶的 1/3。较大婴儿及儿童可加入牛奶、粥、面、蛋等，添加食品应以低蛋白、低苯丙氨酸食物为原则，其量和次数随血苯丙氨酸浓度而定。苯丙氨酸浓度过高或者过低都将影响生长发育。故选 D。

【B_1 型题】

19.【答案】A

【解析】患儿主要特征为智力落后、特殊面容和生长发育迟缓。故选 A。

20.【答案】C

【解析】多数先天性甲状腺功能减低症患儿常在出生半年后出现典型症状，如下。①特殊面容和体态：头大，颈短，皮肤粗糙、面色苍黄，毛发稀疏、无光泽，面部黏液水肿，眼睑水肿，眼距宽，鼻梁低平，唇厚，舌大而宽厚、常伸出口外。患儿身材矮小，躯干长而四肢短小，上部量/下部量>1.5，腹部膨隆，常有脐疝。②神经系统症状：智力发育低下，表情呆板、淡漠，神经反射迟钝；运动发育障碍，如翻身、坐、立、走的时间都延迟。③生理功能低下的表现：精神差、安静少动、对周围事物反应少、嗜睡、食欲缺乏、声音低哑、体温低而怕冷、脉搏、呼吸减慢，心音低钝、肌张力低、肠蠕动慢、腹胀、便秘。故选 C。

第七章　风湿免疫性疾病

【A_1 型题】

1.【答案】C

【解析】舞蹈病占风湿热患儿的 3%~10%。表现为全身或部分肌肉的无目的不自主快速运动，如伸舌歪嘴、挤眉弄眼、耸肩缩颈、语言障碍、书写困难、细微动作不协调等，兴奋或注意力集中时加剧，入睡后即消失。患儿常伴肌无力和情绪不稳定。舞蹈病常在其他症状出现后数周至数月出现；如风湿热其他症状较轻，舞蹈病可能为首发症状。舞蹈病病程1～3个月，个别病例在1～2年内反复发作。少数病儿遗留不同程度神经精神后遗症，如性格改变、偏头痛、细微运动不协调等。故选C。

2.【答案】E

【解析】心脏炎时宜早期使用糖皮质激素，泼尼松每日2mg/kg，最大量≤60mg/d，分次口服，2～4周后减量，总疗程8～12周。无心脏炎的患儿可用阿司匹林，每日100mg/kg，最大量≤3g/d，分次服用，2周后逐渐减量，疗程4～8周。故选E。

3.【答案】B

【解析】IgG是唯一能通过胎盘的Ig类别，其转运过程为主动性。大量IgG通过胎盘发生在妊娠后期。胎龄小于32周的胎儿或未成熟儿的血清IgG浓度低于400mg/dl，而足月新生儿血清IgG高于其母体5%～10%。故选B。

4.【答案】C

【解析】风湿热是A族乙型溶血性链球菌咽峡炎后的晚期并发症。0.3%～3%因该菌引起的咽峡炎患儿于1～4周后发生风湿热。皮肤及其他部位A族乙型溶血性链球菌感染不会引起风湿热。故选C。

5.【答案】C

6.【答案】A

【解析】急性风湿热应用青霉素80万单位肌内注射，每日2次，持续2周，以彻底清除链球菌感染。青霉素过敏者可改用其他有效抗生素如红霉素等。故选A。

7.【答案】A

【解析】风湿心脏炎心电图示P-R间期延长，伴有T波低平和ST段异常，或有心律失常。故选A。

8.【答案】D

【解析】见表4-19-7-1。

表4-19-7-1　风湿热的诊断标准

主要表现	次要表现	链球菌感染证据近期患过猩红热
心脏炎	发热 关节痛	咽拭子培养阳性
多发性关节炎	关节痛	抗链球菌抗体滴度升高
舞蹈病	红细胞沉降率增高	—
环形红斑	CRP阳性	—
皮下小结节	P-R间期延长、Q-T间期延长	—

主要表现为关节炎者，关节痛不再作为次要表现；主要表现为心脏炎者，P-R间期延长不再作为次要表现。在有链球菌感染证据的前提下，存在以下3项之一者亦应考虑风湿热：①排除其他原因的舞蹈病。②无其他原因可解释的隐匿性心肌炎。③以往已确诊为风湿热，存在一项主要表现，或有发热和关节痛，或急性期反应物质增高，提示风湿热复发。确诊风湿热后，应尽可能明确发病类型，特别应了解是否存在心脏损害。以往有风湿热病史者，应明确是否有风湿热活动。故选D。

9.【答案】A

【解析】心包炎心电图示低电压，早期ST段抬高，随后ST段回到等电线，并出现T波改变。故选A。

10.【答案】C

【解析】有充血性心力衰竭时应视为心脏炎复发，及时给予大剂量静脉注射糖皮质激素，如氢化可的松或甲基泼尼松龙每日1次，10～30mg/kg，共1～3次。多数情况在用药后2～3天即可控制心力衰竭，应慎用或不用洋地黄制剂，以免发生洋地黄中毒。应予以低盐饮食，必要时氧气吸入、给予利尿药和血管扩张剂。故选C。

11.【答案】E

12.【答案】A

13.【答案】B

【解析】皮下小结见于2%～16%的风湿热患儿，常伴有严重心肌炎，呈坚硬无痛结节，与皮肤不粘连，直径0.1～1.0cm，出现于肘、膝、腕、踝等关节伸面，或枕部、前额头皮以及胸、腰椎脊突的突起部位，经2～4周消失。故选B。

14.【答案】C

【解析】风湿热心脏炎时宜早期使用糖皮质激素。无心脏炎的患儿可用阿司匹林。故选C。

15.【答案】C

【解析】风湿热激素治疗总疗程：泼尼松每日2mg/kg，最大量≤60mg/d，分次口服，2～4周后减量，总疗程8～12周。故选C。

16.【答案】E

【解析】临床上有心包炎表现者，提示心脏炎严重，易发生心力衰竭。风湿性心脏炎初次发作有5%～10%患儿发生充血性心力衰竭，再发时发生率更高。风湿性心脏瓣膜病患儿伴有心力衰竭者，提示有活动性心脏炎存在。故选E。

17.【答案】A

18.【答案】D

【解析】风湿热活动指标包括白细胞计数和中性粒细胞增加、红细胞沉降率增快、C-反应蛋白阳性、α_2球蛋白和黏蛋白增高等，但仅能反映疾病的活动情况，对诊断本病并无特异性。故选D。

19.【答案】B

【解析】急性风湿热不伴心脏

炎患儿，给予阿司匹林每日100mg/kg，最大量≤3g/d，分次服用，2周后逐渐减量，疗程4~8周。故选B。

20.【答案】E

【解析】风湿性心肌炎心尖部轻度收缩期吹风样杂音，75%的初发患儿主动脉瓣区可闻舒张中期杂音。故选E。

21.【答案】C

【解析】风湿热环形红斑较少见，环形或半环形边界明显的淡色红斑，大小不等，中心苍白，出现在躯干和四肢近端，呈一过性，或时隐时现呈迁延性，可持续数周。故选C。

22.【答案】D

【解析】心包炎早期积液量很少时，临床上难以发现，可有心前区疼痛，有时于心底部听到心包摩擦音。积液量多时心前区搏动消失，心音遥远，有颈静脉怒张、肝大等心脏压塞表现。X线检查心影向两侧扩大呈烧瓶形；心电图示低电压，早期ST段抬高，随后ST段回到等电线，并出现T波改变；超声心动图可确诊少量心包积液。故选D。

23.【答案】C

24.【答案】C

25.【答案】C

【解析】咽拭子培养可发现A族乙型溶血性链球菌，链球菌感染1周后血清抗链球菌溶血素O（ASO）滴度开始上升，2个月后逐渐下降。故选C。

26.【答案】E

【解析】关节炎占急性风湿热总数的50%~60%，典型病例为游走性多关节炎，以膝、踝、肘、腕等大关节为主。表现为关节红、肿、热、痛，活动受限。每个受累关节持续数日后自行消退，愈后不留畸形，但此起彼伏，可延续3~4周。故选E。

27.【答案】D

【解析】人体血清免疫球蛋白的主要成分是IgG。IgG在机体合成的年龄要晚于IgM，在出生后第3个月开始合成，3~5岁接近成人水平。故选D。

【A_2型题】

28.【答案】B

【解析】风湿热多呈急性起病，临床主要表现为心脏炎、关节炎、舞蹈病、皮下小结和环形红斑，发热和关节炎是最常见的主诉。心肌炎轻者可无症状，重者可伴不同程度的心力衰竭；安静时心动过速，与体温升高不成比例；心脏扩大，心尖搏动弥散；心音低钝，可闻奔马律；心尖部轻度收缩期吹风样杂音，75%的初发患儿主动脉瓣区可闻舒张中期杂音。心电图示P-R间期延长，伴有T波低平和ST段异常，或有心律失常。患儿临床表现符合风湿热的诊断。故选B。

29.【答案】D

30.【答案】D

【解析】风湿热预防复发应该每3~4周肌内注射苄星青霉素（长效青霉素）120万单位，预防注射期限至少5年，最好持续至25岁；有风湿性心脏病者，宜做终生药物预防。故选D。

31.【答案】C

【解析】风湿热有充血性心力衰竭时应视为心脏炎复发，及时给予大剂量静脉注射糖皮质激素，如氢化可的松或甲基泼尼松龙每日1次，10~30mg/kg，共1~3次。多数情况在用药后2~3天即可控制心力衰竭，应慎用或不用洋地黄制剂，以免发生洋地黄中毒，用时应给予1/3~1/2的最小量。故选C。

32.【答案】C

【解析】风湿热无心脏炎的患儿可用阿司匹林，每日100mg/kg，最大量≤3g/d，分次服用，2周后逐渐减量，疗程4~8周。故选C。

33.【答案】B

【解析】患儿临床表现符合风湿热的诊断。清除链球菌感染应用青霉素80万单位肌内注射。无心脏炎的患儿可用阿司匹林，每日100mg/kg。故选B。

34.【答案】A

【解析】急性风湿热发生前1~5周有链球菌咽峡炎病史。参见第28题解析。患儿临床表现符合风湿热心肌炎的诊断。故选A。

35.【答案】D

【解析】应用青霉素清除链球菌感染。故选D。

36.【答案】C

【解析】风湿热是A族乙型溶血性链球菌咽峡炎后的晚期并发症。故选C。

37.【答案】C

【解析】风湿热卧床休息的期限取决于心脏受累程度和心功能状态。急性期无心脏炎患儿卧床休息2周，随后逐渐恢复活动，于2周后达正常活动水平；心脏炎无心力衰竭患儿卧床休息4周，随后于4周内逐渐恢复活动；心脏炎伴充血性心力衰竭患儿则需卧床休息至少8周，在以后2~3个月内逐渐增加活动量。故选C。

38.【答案】E

【解析】此患儿为风湿热、心脏炎，目前出现心力衰竭的表现，无心脏炎的患儿使用阿司匹林，有心脏炎患儿应用糖皮质激素。故选E。

39.【答案】E

40.【答案】B

【解析】链球菌感染1周后血清抗链球菌溶血素O（ASO）滴度开始上升，2个月后逐渐下降。80%风湿热患儿ASO升高。故选B。

41.【答案】C

【解析】患儿链球菌感染为2个月前，现在查ASO无意义。故选C。

42.【答案】A

【解析】风湿热心脏炎时宜早期使用糖皮质激素。故选A。

【A_3/A_4型题】

43.【答案】D

44.【答案】C

45.【答案】D

46.【答案】B

47.【答案】A

48.【答案】C

【B_1型题】

49.【答案】B

【解析】应用青霉素80万单位肌内注射，每日2次，持续2周。故选B。

50.【答案】E

【解析】心脏炎时宜早期使用糖皮质激素分次口服，2~4周后减量，总疗程8~12周。故选E。

51.【答案】C

【解析】无心脏炎的患儿可用阿司匹林，2周后逐渐减量，疗程4~8周。故选C。

52.【答案】D

【解析】每3~4周肌内注射苄星青霉素120万单位，预防注射期限至少5年，最好持续至25岁；有风湿性心脏病者，宜做终生药物预防。故选D。

53.【答案】B

54.【答案】D

55.【答案】D

56.【答案】C

第八章　感染性疾病

【A_1型题】

1.【答案】E

【解析】麻疹患者是唯一的传染源。感染早期病毒在患者呼吸道大量繁殖，含有病毒的分泌物经过患者的呼吸、咳嗽、喷嚏排出体外并悬浮于空气中，通过呼吸道进行传播。密切接触者亦可经污染病毒的手传播。故选E。

2.【答案】B

【解析】皮疹先出现于耳后、发际，渐及额、面、颈部，自上而下蔓延至躯干、四肢，最后达手掌与足底。故选B。

3.【答案】C

4.【答案】B

【解析】麻疹黏膜斑（Koplik斑）：是麻疹早期具有特征性的体征，一般在出疹前1~2天出现。开始时见于下磨牙相对的颊黏膜上，为直径0.5~1.0mm的灰白色小点，周围有红晕，迅速增多，可累及整个颊黏膜并蔓延至唇部黏膜，于出疹后1~2天逐渐消失。故选B。

5.【答案】A

【解析】接触麻疹后5天内立即给予免疫血清球蛋白0.25ml/kg可预防发病。如果是使用量不足或接触麻疹5天以后使用，仅可减轻症状。被动免疫只能维持3~8周，以后应采取主动免疫。故选A。

6.【答案】B

【解析】采用麻疹减毒活疫苗预防接种。我国儿童计划免疫程序规定出生8个月为麻疹疫苗的初种年龄，1岁6个月至2岁儿童要完成第2次接种。此外，根据麻疹流行病学情况，在一定范围、短时间内对高发人群开展强化免疫接种。故选B。

7.【答案】B

【解析】对麻疹患者要做到早发现、早报告、早隔离、早治疗。一般隔离至出疹后5天，合并肺炎者延长至出疹后10天。对接触麻疹的易感儿应隔离检疫3周，并给予被动免疫。故选B。

8.【答案】D

9.【答案】A

【解析】麻疹由麻疹病毒感染，临床表现为呼吸道卡他性炎症，结膜炎，发热第2~3天口腔麻疹黏膜斑，红色斑丘疹，自头面部→颈→躯干→四肢，退疹后有色素沉着及细小脱屑，发热3~4天后出疹，出疹期为发热的高峰期。风疹由风疹病毒感染，临床表现为全身症状轻，耳后、枕部淋巴结肿大并触痛，面部→躯干→四肢，斑丘疹，疹间有正常皮肤，退后无色素沉着及脱屑，症状出现后1~2天后出疹。故选A。

10.【答案】B

【解析】接触麻疹后5天内立即给予免疫血清球蛋白0.25ml/kg可预防发病。故选B。

11.【答案】C

【解析】麻疹患者出疹前、后的5天均有传染性，有并发症的患者传染性可延长至出疹后10天。以冬春季发病为多。故选C。

12.【答案】A

13.【答案】A

【解析】水痘皮疹特点：①首发于头、面和躯干，继而扩展到四肢，末端稀少，呈向心性分布。②最初的皮疹为红色斑疹和丘疹，继之变为透明饱满的水疱，24小时后水疱内容物变混浊并中央凹陷，水疱易破溃，2~3天迅速结痂。③皮疹陆续分批出现，伴明显痒感，在疾病高峰期可见到斑疹、丘疹、疱疹和结痂同时存在。④黏膜皮疹还可出现在口腔、眼结膜、生殖器等处，易破溃形成浅溃疡，全身症状和皮疹较轻。皮疹结痂后一般不留瘢痕。故选A。

14.【答案】D

15.【答案】B

【解析】猩红热由乙型溶血性链球菌感染引起，临床表现为高热、中毒症状重、咽峡炎、杨梅舌、环口苍白圈、扁桃体炎，皮肤弥漫充血，上有密集针尖大小丘疹，持续2~3天退疹，疹退后伴大片状脱皮，发热1~2天出疹，出疹时高热。故选B。

16.【答案】C

【解析】痢疾病原是痢疾杆菌，属于肠杆菌的志贺菌属，分A、B、C、D四群（志贺菌、福氏菌、鲍氏菌、宋内菌），我国以福氏志贺菌多见。志贺菌内毒素从肠壁吸收入血后，引起发热、毒血症及急性微循环障碍。中毒性菌痢可发生脑水肿甚至脑疝，出现昏迷、抽搐及呼吸衰竭，是中毒性菌痢死亡的主要原因。故选C。

【A_2型题】

17.【答案】E

【解析】麻疹的出疹期多在发热后3~4天出现皮疹。体温可突然升高至40.0~40.5℃，皮疹为稀疏不规则的红色斑丘疹，疹间皮肤正常。出疹顺序：始见于耳后、颈部、沿着发际边缘，24小时内向下发展，遍及面部、躯干及上肢，第3天皮疹累及下肢及足部。大部分皮疹压之褪色，但亦有出现瘀点者。题例中患儿的临床表现符合麻疹的发病特征，故答案选E。各种出疹性疾病的鉴别诊断见表4-19-8-1。

表4-19-8-1 各种出疹性疾病的鉴别诊断

疾病	临床表现
麻疹	发热较高，咳嗽流涕症状较明显，出疹前口腔颊黏膜处多有麻疹黏膜斑；出疹顺序：先耳后颈部，次及面部，再到躯干、四肢，手足心可见疹子；疹子逐渐出现，通常3天左右出齐；暗红色，稍隆起，形状大小不一，先稀后密，无痒感
风疹	一般发热不高，少有咳嗽，伴有耳后、枕部淋巴结肿大；风疹出疹快，通常24小时内出齐；淡红色，疹形细小，稀疏均匀，有痒感；由颈、面部及躯干，四肢、手足心无疹子
幼儿急疹	发热较高，2~3天后即自行退热；幼儿急疹发热消退后才出现，一般24小时内出齐；玫瑰色，疹形比风疹细碎而较稠密，无痒感；由颈、面部及躯干，四肢、手足心无疹子
猩红热	初起恶寒发热，咽喉红肿溃烂，出现“杨梅”样舌；猩红热皮疹出现快，24小时内蔓延全身；鲜红色，疹子大小不等，有细碎的，也有片状的，稠密无隙；由颈部、面部及躯干、四肢，全身难以分清健康皮肤，但口唇周围呈苍白圈
水痘	一般症状较轻，发热不高。水痘疹子分批出现，持续时间较长。初起为淡红色，成疱疹后根基周围有红晕，起初为米粒大小的红疹，继为疱疹，呈圆形或椭圆形，有痒感。由头面及躯干、四肢，呈向心性分布

18.【答案】B

19.【答案】B

20.【答案】C

21.【答案】E

【解析】对接触麻疹的易感儿应隔离检疫3周，并给予被动免疫。故选E。

22.【答案】B

【解析】风疹临床表现为全身症状轻，耳后、枕部淋巴结肿大并触痛，症状出现后1~2天出疹。患儿临床表现符合风疹的诊断。故选B。

23.【答案】D

【解析】幼儿急疹由人疱疹病毒6型感染引起，患儿一般情况好，高热时可有惊厥，耳后枕部淋巴结亦可肿大，常伴有轻度腹泻，有红色细小密集斑丘疹，头面颈及躯干部多见，四肢较少，1天出齐，次日开始消退。高热3~5天，热退疹出。患儿临床表现符合幼儿急疹的诊断。故选D。

24.【答案】E

25.【答案】D

26.【答案】C

27.【答案】D

【解析】中毒性菌痢脑型（脑微循环障碍型）因脑缺氧、水肿而发生反复惊厥、昏迷和呼吸衰竭。早期有嗜睡、呕吐、头痛、血压偏高，心率相对缓慢。随病情进展很快进入昏迷、频繁或持续惊厥。瞳孔大小不等、对光反射消失，呼吸深浅不匀、节律不整，甚至呼吸停止。此型较严重，病死率高。患儿临床表现符合中毒性菌痢脑型的诊断。故选D。

28.【答案】C

【解析】患儿有不洁饮食史，参见第27题解析，患儿临床表现符合中毒性菌痢脑型的诊断。故选C。

【A_3/A_4型题】

29.【答案】A

【解析】麻疹皮疹先出现于耳后、发际，渐及额、面、颈部，自上而下蔓延至躯干、四肢，最后达手掌与足底。皮疹初为红色斑丘疹，呈充血性，疹间可见正常皮肤，不伴痒感。以后部分融合成片，色加深呈暗红。此期肺部可闻干、湿啰音，X线检查可见肺纹理增多或轻重不等弥漫性肺部浸润。故选A。

30.【答案】C

【解析】麻疹患者出疹前后的5天均有传染性，有并发症的患者传染性可延长至出疹后10天。故选C。

31.【答案】B

【解析】接触麻疹后5天内立即给予免疫血清球蛋白0.25 ml/kg可预防发病。如果是使用量不足或接触麻疹5天以后使用，仅可减轻症状。被动免疫只能维持3~8周，以后应采取主动免疫。故选B。

32.【答案】A

33.【答案】B

【解析】多核巨细胞检查：于出疹前2天至出疹后1天，取患者鼻、咽分泌物或尿沉渣涂片，瑞氏染色后直接镜检，可见多核巨细胞或包涵体细胞，阳性率较高。故选B。

34.【答案】C

【解析】高热时可酌情使用退热剂，但应避免急骤退热，特别是在出疹期。烦躁可适当给予镇静药。频繁剧咳可用镇咳剂或雾化吸入。继发细菌感染可给抗生素，但患儿无继发感染症状，无须抗生素治疗。故选C。

35.【答案】B

【解析】中毒性菌痢潜伏期多数为1~2天，短者数小时。起病急，发展快，高热可>40℃（少数不高），迅速发生呼吸衰竭、休克或昏迷，肠道症状多不明显甚至无腹痛与腹泻，也有在发热、排便后2~3天始发展为中毒型。其休克型（皮肤内脏微循环障碍型）主要表现为感染性休克。患儿有不洁饮食史，临床表现符合中毒性菌痢休克型的诊断。故选B。

36.【答案】C

【解析】中毒性菌痢大便常规病初可正常，以后出现脓血黏液便，镜检有成堆脓细胞、红细胞和吞噬细胞。故选C。

【B_1型题】

37.【答案】C

38.【答案】B

39.【答案】D

40.【答案】A

第九章 小儿结核病

【A_1型题】

1.【答案】C

【解析】不典型结核性脑膜炎表现为：①婴幼儿起病急，进展较快，有时仅以惊厥为主诉。②早期出现脑实质损害者，可表现为舞蹈症或精神障碍。③早期出现脑血管损害者，可表现为肢体瘫痪。④合并脑结核瘤者可似颅内肿瘤表现。⑤当颅外结核病变极端严重时，可将脑膜炎表现掩盖而不易识别。⑥在抗结核治疗过程中发生脑膜炎时，常表现为顿挫型。故选C。

2.【答案】D

【解析】结核菌涂片阳性患者是小儿结核病的主要传染源，早期发现及合理治疗结核菌涂片阳性患者，是预防小儿结核病的根本措施。故选D。

3.【答案】B

4.【答案】D

5.【答案】C

【解析】结核性脑膜炎早期（前驱期）1~2周，主要症状为小儿性格改变，如少言、懒动、易倦、烦躁、易怒等。可有发热、食欲缺乏、盗汗、消瘦、呕吐、便秘（婴儿可为腹泻）等。故选C。

6.【答案】A

【解析】原发型肺结核是原发性结核病中最常见者，为结核分枝杆菌初次侵入肺部后发生的原发感染，是小儿肺结核的主要类型，占儿童各型肺结核总数的85.3%。故选A。

7.【答案】A

8.【答案】E

【解析】结核性脑膜炎中期（脑膜刺激期）因颅内压增高致剧烈头痛、喷射性呕吐、嗜睡或烦躁不安、惊厥等。出现明显脑膜刺激征。故选E。

9.【答案】E

10.【答案】D

【解析】结核性脑膜炎脑脊液改变：白细胞数多为（50~500）$\times10^6$/L，分类以淋巴细胞为主，但急性进展期，脑膜新病灶或结核瘤破溃时，白细胞数可>1 000$\times10^6$/L，其中1/3病例分类以中性粒细胞为主。糖和氯化物均降低为结核性脑膜炎的典型改变。蛋白量增高，一般多为1.0~3.0g/L，椎管阻塞时可高达40~50g/L。对脑脊液改变不典型者，需重复进行实验室检查，动态观察变化。脑脊液（5~10ml）沉淀物涂片抗酸染色镜检阳性率可达30%。故选D。

11.【答案】B

12.【答案】D

【解析】结核性脑膜炎中期（脑膜刺激期）1~2周，因颅内压增高致明显脑膜刺激征。幼婴则表现为前囟膨隆、颅缝裂开。故选D。

13.【答案】B

【解析】抗结核预防用化疗方法：异烟肼（INH）每日10mg/kg

（≤300mg/d），疗程6~9个月；或INH每日10mg/kg（≤300mg/d）联合利福平（RFP）每日10mg/kg（≤300mg/d），疗程3个月。故选B。

14.【答案】B

【解析】结核性脑膜炎中期（脑膜刺激期）可出现脑神经障碍，最常见者为面神经瘫痪，其次为动眼神经和展神经瘫痪。故选B。

15.【答案】C

【解析】结核病恶化：麻疹患儿因免疫反应受到暂时抑制，可使体内原有潜伏的结核病灶重趋活动恶化，甚至播散而致粟粒性肺结核或结核性脑膜炎。故选C。

16.【答案】C

17.【答案】B

【解析】小儿初次接触结核分枝杆菌后是否发展为结核病，主要与机体的免疫力、细菌的毒力和数量有关，尤其与细胞免疫力强弱相关。机体在感染结核菌后，在产生免疫力的同时，也产生变态反应，均为致敏T细胞介导的，是同一细胞免疫过程的两种不同表现。其发病机制包括细胞介导的免疫反应及迟发型变态反应两方面。故选B。

18.【答案】E

【解析】结核性脑膜炎早期诊断主要依靠详细的病史询问，周密的临床观察及对本病高度的警惕性，综合资料全面分析，最可靠的诊断依据是脑脊液中查见结核分枝杆菌。故选E。

19.【答案】E

20.【答案】C

【解析】PPD阳性反应见于：①接种卡介苗后。②年长儿无明显临床症状，仅呈一般阳性反应，表示曾感染过结核分枝杆菌。③婴幼儿尤其是未接种卡介苗者，阳性反应多表示体内有新的结核病灶。年龄越小，活动性结核可能性越大。④强阳性反应者，表示体内有活动性结核病。⑤由阴性反应转为阳性反应，或反应强度由原来小于10mm增至大于10mm，且增幅超过6mm时，表示新近有感染。故选C。

21.【答案】D

【解析】结核性脑膜炎治疗一般使用泼尼松，每日1~2mg/kg（<45mg/d），1个月后逐渐减量，疗程8~12周。故选D。

22.【答案】D

23.【答案】B

【解析】支气管淋巴结结核当胸内淋巴结高度肿大时，可产生一系列压迫症状：压迫支气管使其部分阻塞可出现喘鸣；压迫气管分叉处可出现类似百日咳样痉挛性咳嗽；压迫喉返神经可致声嘶；压迫静脉可致胸部一侧或双侧静脉怒张。故选B。

24.【答案】B

【解析】小儿受结核感染4~8周后，做结核菌素试验即呈阳性反应。结核菌素反应属于迟发型变态反应。故选B。

【A_2型题】

25.【答案】A

【解析】（1）PPD试验结果判断：在左前臂屈侧作皮内注射，48~72小时测量皮肤硬结直径。如≤4mm为阴性；5~9mm为弱阳性；10~19mm为阳性；≥20mm或虽<20mm但局部发生水疱和淋巴管炎者为强阳性。（2）PPD试验结果的临床意义：①阳性：一般仅表示受试者曾受过结核菌感染或已接种过卡介苗，并不一定存在结核病。②强阳性：常表示体内有活动性结核病；3岁以下，尤其是1岁以下未接种卡介苗的小儿，结核菌素试验呈阳性反应时，则表示体内有新的结核病灶。年龄越小，活动性结核的可能性越大。③阴性多表示受试者未受过结核菌感染。据题意分析：患儿反复咳嗽、偶伴发热，规范接种疫苗。PPD试验局部硬结直径20mm，血抗10mmol/L。胸部X线片未见异常。最可能的临床情况是体内有新近感染的结核病灶，故选A。

26.【答案】C

【解析】据题意分析：患儿发热2周伴食欲差、乏力，提示炎症的全身表现。近2天高热，头痛，喷射性呕吐，1天来烦躁，嗜睡，脑膜刺激征（+），巴氏征（+）提示病变波及脑膜。脑脊液压力高，外观呈无色透明或毛玻璃样，白细胞多，分类以单核细胞为主，蛋白定量增加，糖和氯化物同时减少，PPD（++），未接种卡介苗，均支持结核性脑膜炎的诊断。故答案选C。

27.【答案】B

【解析】活动性原发型肺结核宜采用直接督导下短程化疗（DOTS）。强化治疗阶段宜用3~4种杀菌药：INH、RFP、吡嗪酰胺（PZA）或链霉素（SM），2~3个月后以INH，RFP或乙胺丁醇（EMB）巩固维持治疗。常用方案为2HRZ/4HR。故选B。

28.【答案】B

29.【答案】C

【解析】原发复合征肺内原发灶大小不一。局部炎性淋巴结相对较大而肺部的初染灶相对较小是原发性肺结核的特征。婴幼儿病灶范围较广，可占据一肺段甚至一肺叶；年长儿病灶周围炎症较轻，阴影范围不大，多呈小圆形或小片状影。部分病例可见局部胸膜病变。小儿原发型肺结核在X线胸片上呈现典型哑铃状双极影者已少见。患儿临床表现及辅助检查符合原发复合征的诊断。故选C。

30.【答案】D

31.【答案】E

【解析】若患儿结核变态反应强烈，如患疱疹性结膜炎、结节性红斑或一过性多发性结核过敏性关节炎等，宜用1个结核菌素单位的PPD试验，以防局部的过度反应及可能的病灶反应。故选E。

32.【答案】D

【解析】硬结平均直径不足5 mm为阴性，5～9 mm为阳性（+）；10～19 mm为中度阳性（++），≥20 mm为强阳性（+++），局部除硬结外，还有水疱、破溃、淋巴管炎及双圈反应等为极强阳性反应（++++）。故选D。

33.【答案】D

34.【答案】D

【解析】PPD阳性反应见于：①接种卡介苗后。②年长儿无明显临床症状仅呈一般阳性反应，表示曾感染过结核分枝杆菌。③婴幼儿尤其是未接种卡介苗者，阳性反应多表示体内有新的结核病灶。年龄越小，活动性结核可能性越大。④强阳性反应者，表示体内有活动性结核病。⑤由阴性反应转为阳性反应，或反应强度由原来小于10mm增至大于10mm，且增幅超过6mm时，表示新近有感染。故选D。

35.【答案】C

【解析】患儿患百日咳，有使结核病恶化的诱因。其临床表现为剧烈头痛、喷射性呕吐、嗜睡或烦躁不安、惊厥等，出现明显脑膜刺激征。且脑脊液结核试验阳性。患儿临床表现及辅助检查符合结核性脑膜炎中期的诊断。故选C。

36.【答案】B

【解析】病毒性脑膜脑炎脑脊液外观清亮，压力正常或增加。白细胞数正常或轻度增多，分类早期以中性粒细胞为主，之后逐渐转为淋巴细胞为主，蛋白质大多正常或轻度增高，糖含量正常。患儿脑膜刺激征阳性，但脑脊液结核试验阴性，且白细胞计数正常。因此，病毒性脑膜炎可能性大。故选B。

37.【答案】A

38.【答案】C

39.【答案】D

40.【答案】E

【解析】应抓住抗结核治疗和降低颅高压两个重点环节。抗结核治疗：联合应用易透过血脑屏障的抗结核杀菌药物，分阶段治疗。强化治疗阶段联合使用INH、RFP、PZA及SM。糖皮质激素能抑制炎症渗出从而降低颅内压，可减轻中毒症状及脑膜刺激症状，有利于脑脊液循环，并可减少粘连，从而减轻或防止脑积水的发生，是抗结核药物有效的辅助疗法，早期使用效果好。故选E。

41.【答案】B

【解析】脑脊液检查对本病的诊断极为重要，糖和氯化物均降低为结核性脑膜炎的典型改变。故选B。

42.【答案】E

【A_3/A_4型题】

43.【答案】D

【解析】肺部原发病灶多位于右侧，肺上叶底部和下叶的上部，近胸膜处。基本病变为渗出、增生、坏死。渗出性病变以炎症细胞、单核细胞及纤维蛋白为主要成分；增生性改变以结核结节及结核性肉芽肿为主；坏死的特征性改变为干酪样改变，常出现于渗出性病变中。故选D。

44.【答案】C

【解析】活动性原发型肺结核宜采用直接督导下短程化疗（DOTS）。强化治疗阶段宜用3～4种杀菌药：INH、RFP、PZA或SM，2～3个月后以INH，RFP或EMB巩固维持治疗。常用方案为2HRZ/4HR。故选C。

45.【答案】D

46.【答案】D

【解析】标准剂量是5结核菌素单位（0.1ml），进行皮下注射，并在48～72小时后观察结果。故选D。

47.【答案】E

48.【答案】C

49.【答案】C

【解析】患儿低热、痉挛性咳嗽、眼疱疹性结膜炎、淋巴结肿大、肝大、肺门阴影，心肺体征无异常。符合支气管淋巴结结核的诊断。故选C。

50.【答案】C

51.【答案】C

【解析】密切接触家庭内开放性肺结核者预防措施：INH每日10mg/kg（≤300mg/d），疗程6～9个月；或INH每日10mg/kg（≤300mg/d）联合RFP每日10mg/kg（≤300mg/d），疗程3个月。故选C。

52.【答案】E

【解析】结核性脑膜炎强化治疗阶段：联合使用INH、RFP、PZA及SM。疗程3～4个月，其中INH每日15～25mg/kg，RFP每日10～15mg/kg（<450mg/d），PZA每日20～30 mg/kg（<750mg/d），SM每日15～20mg/kg（<750mg/d）。开始治疗的1～2周，将INH全日量的一半加入10%葡萄糖中静脉滴注，余量口服，待病情好转后改为全日量口服。糖皮质激素能抑制炎症渗出，减轻中毒症状及脑膜刺激症状。一般用泼尼松1～2mg/kg。故选E。

53.【答案】D

【解析】一般使用泼尼松疗程8～12周。故选D。

54.【答案】E

【解析】糖皮质激素能抑制炎症渗出从而降低颅内压，可减轻中毒症状及脑膜刺激症状，有利于脑脊液循环，并可减少粘连，从而减轻或防止脑积水的发生。故选E。

【B_1型题】

55.【答案】A

【解析】治疗量的异烟肼不良反应少，毒性小，可有头痛、眩晕等轻微反应。较大剂量（每日超过6mg/kg）常见外周神经炎、四肢感觉异常、反射消失、肌肉轻瘫和精神失常等，因而有癫痫、嗜酒、精神病史者慎用。故选A。

56.【答案】E

【解析】吡嗪酰胺不良反应与剂量疗程有关，目前应用常规剂量后，不良反应已少见。①肝损害：包括肝大、压痛、转氨酶升高、黄疸等。②关节痛：PZA的代谢产物可抑制尿酸的排泄，引致高尿酸血症和痛风样表现，停药后可恢复。故选E。

57.【答案】C

【解析】乙胺丁醇不良反应：①发生率较多者为视物模糊、眼痛、红绿色盲或视力减退、视野缩小（视神经炎每日按体重剂量25mg/kg以上时易发生）。视力变化可为单侧或双侧。②发生率较少者为畏寒、关节肿痛（尤其大趾、髁、膝关节）、病变关节表面皮肤发热拉紧感（急性痛风、高尿酸血症）。③发生率极少者为皮疹、发热、关节痛等变态反应；或麻木，针刺感、烧灼痛或手足软弱无力（周围神经炎）。故选C。

58.【答案】D

【解析】链霉素对第八对脑神经损害：耳前庭系损害，主要表现眩晕、头痛等。以后出现运动性共济失调等；耳蜗系损害：一般发生较迟，常在用药数月后或停药以后发生。其主要症状是耳鸣和耳聋。故选D。

59.【答案】C

60.【答案】D

第十章 消化系统疾病

【A_1型题】

1.【答案】B

【解析】一般当血清钾低于3mmol/L时即可出现症状，包括以下几方面。①神经肌肉：神经肌肉兴奋性降低，表现为骨骼肌、平滑肌及心肌功能的改变，如肌肉软弱无力，重者出现呼吸肌麻痹或麻痹性肠梗阻、胃扩张；膝反射、腹壁反射减弱或消失。②心血管：出现心律失常、心肌收缩力降低、血压降低，甚至发生心力衰竭；心电图表现为T波低宽、出现U波、Q-T间期延长，T波倒置以及ST段下降等。③肾损害：低血钾使肾脏浓缩功能下降，出现多尿，重者有碱中毒症状；长期低血钾可致肾单位硬化、间质纤维化，在病理上与慢性肾盂肾炎很难区分。此外，慢性低血钾可使生长激素分泌减少。故选B。

2.【答案】D

【解析】中度脱水表示有5%~10%的体重减少或相当于体液丢失50~100ml/kg。患儿精神萎靡或烦躁不安；皮肤苍白、干燥、弹性较差；眼窝和前囟明显凹陷，哭时泪少，口唇黏膜干燥；四肢稍凉，尿量明显减少。故选D。

3.【答案】D

【解析】小儿腹泻第1天补液：总量：包括补充累积损失量、继续损失量和生理需要量，一般轻度脱水为90~120ml/kg、中度脱水为120~150ml/kg、重度脱水为150~180ml/kg，对少数合并营养不良、肺炎以及心、肾功能不全的患儿应根据具体病情分别做较详细的计算。故选D。

4.【答案】C

【解析】由于婴儿贲门和胃底部肌张力低，幽门括约肌发育较好，故易发生幽门痉挛而出现呕吐。故选C。

5.【答案】E

【解析】补钾常以静脉输入，但如患儿情况允许，口服缓慢补钾更安全。应积极治疗原发病，控制钾的进一步丢失。静脉补钾时应精确计算补充的速度与浓度。因细胞对钾的恢复速率有一定的限制，即使在严重低钾患者快速补钾也有潜在危险，包括引起致死性的心律失常。肾功能障碍无尿时影响钾的排出，此时应见尿才能补钾。在补钾时应多次监测血清钾水平，有条件者给予心电监护。一般补钾的输注速度应小于每小时0.3mmol/kg，浓度小于40mmol/L（0.3%）。当低钾伴有碱中毒时，常伴有低血氯，故采用氯化钾液补充可能是最佳策略。故选E。

6.【答案】E

7.【答案】C

【解析】婴儿腹泻轻型：常由饮食因素及肠道外感染引起。起病可急可缓，以胃肠道症状为主，食欲缺乏，偶有溢乳或呕吐，大便次数增多，但每次大便量不多，稀薄或带水，呈黄色或黄绿色，有酸味，常见白色或黄白色奶瓣和泡沫。无脱水及全身中毒症状，多在数日内痊愈。重型：多由肠道内感染引起。常急性起病，也可由轻型逐渐加重、转变而来，除有较重的胃肠道症状外，还有较明显的脱水、电解质紊乱和全身感染中毒症状，如发热、精神烦躁或萎靡、嗜睡，甚至昏迷、休克。故选C。

8.【答案】A

【解析】假膜性小肠结肠炎由难辨梭状芽孢杆菌引起。除万古霉素和胃肠道外用的氨基糖苷类抗生素外，几乎各种抗生素均可诱发本病。可在用药1周内或迟至停药后4~6周发病。亦见于外科手术后或患有肠梗阻、肠套叠、巨结肠等病的体弱患者。故选A。

9.【答案】D

10.【答案】D

【解析】溶液中电解质溶液与非电解质溶液的比例应根据脱水性质（等渗性、低渗性、高渗性）分别选用，一般等渗性脱水用1/2张含钠液、低渗性脱水用2/3张含钠液、高渗性脱水用1/5~1/3张含钠液。故选D。

11.【答案】E

【解析】腹泻治疗原则为：调整饮食，预防和纠正脱水，合理用药，加强护理，预防并发症。不同时期的腹泻病治疗重点各有侧重，急性腹泻多注意维持水、电解质平衡及抗感染；迁延及慢性腹泻则应注意肠道菌群失调及饮食疗法，不可长期应用广谱抗生素。故选E。

12.【答案】E

13.【答案】A

【解析】重度脱水伴循环障碍者，用2∶1等张含钠液20ml/kg，30~60分内静脉推注或快速滴注。故选A。

14.【答案】D

【解析】高渗性脱水临床脱水体征并不明显，皮肤常温暖、有揉面感；神经系统可表现为嗜睡，但肌张力较高，反射活跃。尿量减少。因细胞外液减少并不严重，故循环衰竭和肾小球滤过率减少都较其他两种脱水轻。由于细胞内缺水，患儿常有剧烈口渴、高热、烦躁不安、肌张力增高等表现，甚至发生惊厥。由于脱水后肾脏负担明显增加，既要尽量回吸收水分，同时又要将体内废物排出体外，如果脱水继续加重，最终将出现氮质血症。故选D。

15.【答案】D

【解析】婴儿感染性腹泻的治疗原则：纠正水和电解质紊乱、继续饮食、合理用药。不能随意使用止泻剂。故选D。

16.【答案】C

【解析】小儿腹泻累积损失量（扣除扩容液量）一般在8~12小时内补完，每小时8~10ml/kg。故选C。

17.【答案】A

【解析】腹泻时进食和吸收减少，而肠黏膜损伤的恢复，发热时代谢旺盛，侵袭性肠炎丢失蛋白等因素使得营养需要量增加，如限制饮食过严或禁食过久常造成营养不良，并发酸中毒，以致病情迁延不愈影响生长发育。故应强调继续饮食，满足生理需要，补充疾病消耗，以缩短腹泻后的康复时间。有严重呕吐者可暂时禁食4~6小时（不禁水），好转后继续喂食，由少到多，由稀到稠。病毒性肠炎多有继发性双糖酶（主要是乳糖酶）缺乏，对疑似病例可暂停乳类喂养，改为淀粉代乳品，或发酵奶，或去乳糖配方奶粉以减轻腹泻，缩短病程。腹泻停止后逐渐恢复营养丰富的饮食。故选A。

18.【答案】C

【解析】低渗性脱水严重者可发生血压下降，进展至休克。由于血压下降，尿量减少，而出现氮质血症。尿中钠、氯离子极度减少，尿比重降低。临床表现多较严重。初期可无口渴的症状，除一般脱水现象如皮肤弹性降低、眼窝和前囟凹陷外，多有四肢厥冷、皮肤花斑、血压下降、尿量减少等休克症状。由于循环血量减少和组织缺氧，严重低血钠者可发生脑细胞水肿，因此多有嗜睡等神经系统症状，甚至发生惊厥和昏迷。高热、烦渴是高渗性脱水的表现。故选C。

19.【答案】C

【解析】重度脱水表示有10%以上的体重减少或相当于体液丢失100~120ml/kg。患儿呈重病容，精神极度萎靡，表情淡漠，昏睡甚至昏迷。皮肤发灰或有花纹、弹性极差；眼窝和前囟深凹陷，眼闭不合，两眼凝视，哭时无泪；口唇黏膜极干燥。因血容量明显减少可出现休克症状，如心音低钝、脉搏细速、血压下降、四肢厥冷、尿极少甚至无尿。故选C。

20.【答案】A

21.【答案】C

【解析】当血清钾下降1mmol/L时，体内总钾下降已达10%~30%。此时大多数患儿能耐受；起病缓慢者，体内缺钾虽达到严重的程度，而临床症状不一定很重。一般当血清钾低于3mmol/L时即可出现症状。故选C。

22.【答案】E

23.【答案】D

【解析】产毒性大肠埃希菌可黏附在小肠上皮刷状缘，在细胞外繁殖，产生不耐热肠毒素和耐热肠毒素而引起腹泻。故选D。

24.【答案】C

【解析】轮状病毒肠炎是秋、冬季婴幼儿腹泻最常见的病原，故曾被称为秋季腹泻。呈散发或小流行，经粪-口传播，也可通过气溶胶形式经呼吸道感染而致病。故选C。

25.【答案】E

【解析】因输入的混合溶液中已含有一部分碱性溶液，输液后循环和肾功能改善，酸中毒即可纠正。也可根据临床症状结合血气测定结果，另加碱性液纠正。对重度酸中毒可用 1.4%碳酸氢钠扩容，兼有扩充血容量及纠正酸中毒的作用。故选 E。

26.【答案】C

【解析】若临床判断脱水性质有困难时，可先按等渗性脱水处理。故选 C。

27.【答案】B

【解析】小儿腹泻第一天补液方法定性：等渗——1/2 张含钠液（2∶3∶1）；低渗——2/3 张含钠液（4∶3∶2）；高渗——1/3 张含钠液（2∶6∶1）。故选 B。

28.【答案】A

【解析】低钾的治疗主要为补钾。一般每天可给钾 3mmol/kg，严重低钾者可给 4~6mmol/kg。故选 A。

【A_2 型题】

29.【答案】C

30.【答案】C

【解析】生理性腹泻多见于 6 个月以内婴儿，外观虚胖，常有湿疹，生后不久即出现腹泻，除大便次数增多外，无其他症状，食欲好，不影响生长发育。近年来发现此类腹泻可能为乳糖不耐受的一种特殊类型，添加辅食后，大便即逐渐转为正常。患儿年龄、临床表现符合生理性腹泻的诊断。故选 C。

31.【答案】E

【解析】呼吸性酸中毒合并代谢性酸中毒，此种混合型酸碱平衡障碍可使血浆 pH 显著下降，血浆 HCO_3^- 可明显下降，$PaCO_2$ 可显著上升。患儿血气分析示 pH 降低，为失代偿性酸中毒，$PaCO_2$ 60mmHg 升高，为呼吸性酸中毒表现，BE 负值增加，考虑为代谢性酸中毒，故患儿符合呼吸性酸中毒合并代谢性酸中毒表现。故选 E。

32.【答案】E

33.【答案】B

【解析】等渗性脱水血清钠 130~150mmol/L，患儿血清钠为 135mmol/L，所以是等渗性脱水。等渗性脱水用 1/2 张含钠液（2∶3∶1）。第一天补液定量=累计损失量+继续损失量+生理需要量。中度脱水为 120~150ml/kg，120×6 = 720ml，150×6 = 900ml。故选 B。

34.【答案】D

【解析】经第 1 天补液后，脱水和电解质紊乱已基本纠正，第 2 天及以后主要是补充继续损失量（防止发生新的累积损失）和生理需要量，继续补钾，供给热量。一般可改为口服补液。故选 D。

35.【答案】E

【解析】患儿由于腹泻使碳酸氢盐经肾脏或小肠液丢失，出现代谢性酸中毒，此患者血气示 pH 明显降低，BE 负值明显增大，均提示代谢性酸中毒。当 pH<7.3 时应使用碱性液体纠酸治疗。故选 E。

36.【答案】C

【解析】轮状病毒肠炎是秋、冬季婴幼儿腹泻最常见的病原。多发生在 6~24 个月婴幼儿。起病急，常伴发热和上呼吸道感染症状，无明显感染中毒症状。病初 1~2 天常发生呕吐，随后出现腹泻。大便次数多、量多、水分多，黄色水样或蛋花样便带少量黏液，无腥臭味。患儿年龄（7 个月）、发病季节（9 月）、临床表现（发热、腹泻、蛋花样便）符合轮状病毒肠炎的诊断。故选 C。

37.【答案】B

【解析】产毒性细菌引起的肠炎重症腹泻频繁，量多，呈水样或蛋花样混有黏液，镜检无白细胞。而患儿为黏液便，镜检有红白细胞。可以排除产毒性大肠埃希菌肠炎。故选 B。

38.【答案】C

【解析】题中患儿为急性腹泻，考虑此时不宜用鞣酸蛋白。鞣酸蛋白在胃内不分解，至小肠分解出鞣酸，使蛋白凝固，形成一层保护膜而减轻刺激，减少炎症渗透物和减慢肠蠕动而起收敛止泻作用。鞣酸蛋白用于消化不良性腹泻、慢性腹泻。故选 C。

39.【答案】D

【解析】补钾原则：见尿补钾，浓度低于 0.3%，0.15 ~ 0.30g/（kg·d）。疗程需 4~6 天。故选 D。

40.【答案】E

41.【答案】C

【解析】患儿大便镜检：白细胞 2~3/HP，大便细菌培养阴性，没有提示有细菌感染。可排除 A、B、D。真菌性肠炎多为白念珠菌所致，2 岁以下婴儿多见；常伴鹅口疮；大便次数增多，黄色稀便，泡沫较多带黏液，有时可见豆腐渣样细块（菌落）；大便显微镜检查有真菌孢子和菌丝。患儿大便镜检未见真菌孢子和菌丝，可排除 E。故选 C。

42.【答案】A

【解析】患儿 3 个月，除大便次数增多外，无其他症状，食欲好，生长发育好。参见第 30 题解析，符合生理性腹泻的诊断。故选 A。

43.【答案】D

【解析】低渗性脱水时血清钠低于 130mmol/L，患儿血清钠为 125mmol/L，所以患儿是低渗性脱水。重度脱水患儿现为精神极度萎缩、昏睡，甚至昏迷；口渴非常严重，啼哭时无泪流出，尿量及尿次数明显数少。检查见患儿两眼窝明显下陷，口舌非常干燥，所以患儿是重度脱水。故选 D。

44.【答案】B

【解析】患儿便泻频繁，丢失大量的肠液，肠液是呈碱性的，大量的丢失易出现酸中毒。同时缺水导致组织灌注不良、缺氧、代谢产物堆积，也易产生酸中毒。故选B。

45.【答案】D

【解析】中度脱水患儿出现烦躁，易激惹；想喝水，啼哭时泪少，尿量及次数也减少。检查见患儿两眼窝下陷，口舌干燥，所以患儿是中度脱水。低渗性脱水时血清钠<130mmol/L，患儿血清钠为128mmol/L，所以患儿是低渗性脱水。故选D。

46.【答案】D

【解析】中度脱水患儿出现烦躁，易激惹；想喝水，啼哭时泪少，尿量及次数也减少。检查见患儿两眼窝下陷，口舌干燥，所以患儿是中度脱水。等渗性脱水时血清钠130～150mmol/L，患儿血清钠为136mmol/L，所以患儿是等渗性脱水。故选D。

47.【答案】A

【解析】重度脱水患儿现为精神极度萎缩、昏睡，甚至昏迷；口渴非常严重，啼哭时无泪流出，尿量及尿次数明显数少。所以患儿为重度脱水。腹泻丢失大量碱性物质可致代谢性酸中毒。参见第14题解析，患儿肠鸣音亢进，低钾血症证据不足。患儿未查血清钠，脱水性质不详。故选A。

48.【答案】A

【解析】分析题干患儿中度脱水。第1天补液：①总量：包括补充累积损失量、继续损失量和生理需要量，一般轻度脱水为90～120ml/kg、中度脱水为120～150ml/kg、重度脱水为150～180ml/kg，所以A选项是对的。②溶液种类：应根据脱水性质（等渗性、低渗性、高渗性）分别选用，一般等渗性脱水用1/2张含钠液、低渗性脱水用2/3张含钠液、高渗性脱水用1/3张含钠液。临床判断脱水性质有困难时，可先按等渗性脱水处理，所以B、C选项是错的。③输液速度：主要取决于脱水程度和继续损失的量和速度，对重度脱水有明显周围循环障碍者应先快速扩容，20ml/kg等渗含钠液，30～60分钟内快速输入，所以D选项是错的。④纠正低血钾：有尿或来院前6小时内有尿即应及时补钾；浓度不应超过0.3%，所以E选项是错的。故选A。

49.【答案】C

【解析】补充碳酸氢钠量（mmol/L）＝（正常CO_2CP－检验CO_2CP）×（体重×0.6）。（13－8）×（8kg×0.6）＝24mmol/L。5%碳酸氢钠溶液，每毫升含0.6mmol碳酸氢钠，推算1.4%碳酸氢钠液每毫升含0.17mmol。24mmol/L÷0.17mmol＝141.17ml。接近C。故选C。

50.【答案】A

【解析】低渗性脱水时血清钠<130mmol/L，患儿血清钠为127mmol/L，所以患儿是低渗性脱水。低渗性脱水用2/3张含钠液（4：3：2）。故选A。

51.【答案】B

【解析】题干没有给血钠值，不能明确判断属于什么性质的脱水，临床上针对无法判断的多按照等渗性脱水处理。等渗性脱水用1/2张含钠液（2：3：1）。故选B。

52.【答案】D

【解析】题中患儿为低渗性脱水，低渗性脱水用2/3张含钠液（4：3：2）。患儿中度脱水，中度脱水第一天补液为120～150ml/kg，见尿后补钾。故选D。

53.【答案】E

【解析】等渗性脱水时血清钠在130～150mmol/L，患儿血清钠为136mmol/L，所以患儿是等渗性脱水。等渗性脱水用1/2张含钠液（2：3：1）。患儿血钾低，应继续纠正低血钾。故选E。

54.【答案】C

【解析】中度脱水时临床表现较明显，精神不振或躁动不安、口渴、尿少、口唇干，眼窝凹陷，皮肤弹性差。此患儿是中度脱水。中度脱水第一天补液为120～150ml/kg。故选C。

55.【答案】C

【A_3/A_4型题】

56.【答案】D

【解析】检查见患儿两眼窝下陷，口舌干燥，所以患儿是中度脱水。低渗性脱水时血清钠<130mmol/L，患儿血清钠为128mmol/L，所以患儿是低渗性脱水。故选D。

57.【答案】D

【解析】中度脱水第一天补液为120～150ml/kg。故选D。

58.【答案】E

59.【答案】C

【解析】轮状病毒肠炎多发生在6～24个月婴幼儿，4岁以上者少见。起病急，常伴发热和上呼吸道感染症状，无明显感染中毒症状。病初1～2天常发生呕吐，随后出现腹泻。大便次数多、量多、水分多，黄色水样或蛋花样便带少量黏液，无腥臭味。常并发脱水、酸中毒及电解质紊乱。患儿年龄（10个月）、临床表现（发热和上呼吸道感染症状、呕吐、腹泻、蛋花样便）符合轮状病毒肠炎的诊断。故选C。

60.【答案】E

【解析】大便显微镜检查偶有少量白细胞，感染后1～3天即有大量病毒自大便中排出，最长可达6天。病毒较难分离，有条件可直接用电镜检测病毒，或用ELISA法检测病毒抗原和抗体，或PCR及核酸探针技术检测病毒抗原。故选E。

61.【答案】D

【解析】在脱水未纠正前，由于血液浓缩，酸中毒时钾由细胞内向细胞外转移，尿少而致钾排出量减少等原因，体内钾总量虽然减少，但血清钾多数正常。随着脱水、酸中毒被纠正、排尿后钾排出增加、大便继续失钾以及输入葡萄糖合成糖原时使钾从细胞外进入细胞内等因素使血钾迅速下降，出现不同程度的缺钾症状，如精神不振、无力、腹胀、心律失常、碱中毒等。患儿临床表现符合低钾血症。故选 D。

62.【答案】C

【解析】纠正低血钾应及时补钾，浓度不应超过 0.3%。故选 C。

63.【答案】B

【解析】坏死性肠炎表现为中毒症状较严重，腹痛、腹胀、频繁呕吐、高热，大便暗红色糊状，渐出现典型的“赤豆汤”样血便，常伴休克。患儿临床表现（腹痛、频繁呕吐、高热、典型的“赤豆汤”样血便）符合坏死性肠炎的诊断。故选 B。

64.【答案】E

【解析】坏死性肠炎腹部立、卧位 X 线摄片呈小肠局限性充气扩张，肠间隙增宽，肠壁积气等。故选 E。

65.【答案】A

【解析】重度脱水患儿表现为精神极度萎缩、昏睡，甚至昏迷；口渴非常严重，啼哭时无泪流出，尿量及尿次数明显数少。此患儿是重度脱水。二氧化碳结合力为 8mmol/L，考虑酸中毒。故选 A。

66.【答案】A

【解析】重度脱水伴循环障碍者，用 2：1 等张含钠液 20ml/kg，30~60 分内静脉推注或快速滴注。患儿是重度脱水，有循环衰竭表现，未告知体重。所以我们先估算体重。小于 6 个月时体重=出生体重+月龄×0.7，7~12 个月时体重=6+月龄×0.25。6 个月时体重，暂估计 7.5kg。重度脱水第一天补液总量为 = 7.5 × 150 或 180 = 1125ml 或 1350ml。因有循环衰竭表现，故先要扩容，用 2：1 液，20ml/kg，大概要 150ml。故选 A。

67.【答案】E

【解析】第一天补液计划定量=累计损失量+继续损失量+生理需要量。重度：150~180ml/kg。6 个月时体重，暂估计 7.5kg。E 选项最接近。故选 E。

68.【答案】D

【解析】产毒性大肠埃希菌肠炎起病较急，病情轻重不一。大便呈黄绿色蛋花汤样，有腥臭味，可发生脱水、电解质紊乱和酸中毒。大便镜检偶见白细胞。患儿临床表现（腹泻、黄绿色蛋花汤样便）和实验室检查（大便镜检偶见白细胞）符合产毒性大肠埃希菌肠炎的诊断。故选 D。

69.【答案】C

【解析】患儿临床表现提示重度脱水。血清钠值提示等渗性脱水。故选 C。

70.【答案】A

【解析】重度脱水伴循环障碍者，用 2：1 等张含钠液 20ml/kg，30~60 分内静脉推注或快速滴注。故选 A。

71.【答案】D

【解析】由于胃肠液中含钾较多，呕吐和腹泻丢失大量钾盐；进食少，钾的摄入量不足；肾脏保钾功能比保钠差，缺钾时仍有一定量钾继续排出，所以腹泻病时常有体内缺钾。但在脱水未纠正前，由于血液浓缩，酸中毒时钾由细胞内向细胞外转移，尿少而致钾排出量减少等原因，体内钾总量虽然减少，但血清钾多数正常。随着脱水、酸中毒被纠正、排尿后钾排出增加、大便继续失钾以及输入葡萄糖合成糖原时使钾从细胞外进入细胞内等因素使血钾迅速下降，出现不同程度的缺钾症状，如精神不振、无力、腹胀、心律失常、碱中毒等。患儿临床表现（腹胀、心律失常等）符合低钾血症的诊断。故选 D。

72.【答案】B

【解析】患儿考虑低钾血症，为明确诊断，应该查血电解质。故选 B。

73.【答案】D

【解析】纠正低血钾：有尿或来院前 6 小时内有尿即应及时补钾。故选 D。

74.【答案】D

【B_1 型题】

75.【答案】B

【解析】生理性腹泻生后不久即出现腹泻，除大便次数增多外，无其他症状。故选 B。

76.【答案】C

【解析】侵袭性细菌腹泻频繁，大便呈黏液状，带脓血，有腥臭味。故选 C。

77.【答案】D

【解析】坏死性肠炎大便暗红色糊状，渐出现典型的“赤豆汤”样血便。故选 D。

78.【答案】A

【解析】金黄色葡萄球菌肠炎典型大便为暗绿色，量多带黏液，少数为血便。故选 A。

79.【答案】E

【解析】真菌性肠炎大便次数增多，黄色稀便，泡沫较多带黏液，有时可见“豆腐渣”样细块（菌落）。故选 E。

80.【答案】B

【解析】低渗性脱水时，水从细胞外进入细胞内，使循环容量在体外丢失的情况下，因水向细胞内转移更进一步减少，严重者可发生血压下降，进展至休克。由于血压下降，内脏血管发生反射性收缩，肾血流量减少，肾小球滤过率减低，尿量减少，而出现氮质血症。肾小球滤过率降低的另一后果是进入肾小管内的钠离子减少，因而钠几乎全部被重吸收，加之血浆容量缩减引起醛固酮分泌增加，钠的回吸收更为完全，故尿中钠、氯离子极度减少，尿比重降低。故选 B。

81.【答案】C

【解析】在高渗性脱水，水从细胞内转移至细胞外，使细胞内、外的渗透压达到平衡，其结果是细胞内容量降低。由于细胞内缺水，患儿常有剧烈口渴、高热、烦躁不安、肌张力增高等表现，甚至发生惊厥。故选 C。

第十一章 呼吸系统疾病

【A_1 型题】

1.【答案】E

【解析】沙眼衣原体肺炎主要见于婴儿，多为 1～3 个月婴儿。起病缓慢，多不发热或仅有低热，一般状态良好。开始可有鼻塞、流涕等上呼吸道感染症状。主要表现为呼吸增快和具有特征性的明显的阵发性不连贯的咳嗽，一阵急促的咳嗽后继以一短促的吸气，但无百日咳样回声。阵咳可引起发绀和呕吐，亦可有呼吸暂停。肺部偶闻及干、湿啰音，甚至捻发音和哮鸣音。故选 E。

2.【答案】A

【解析】病毒分离和血清学试验：取气管吸取物、肺泡灌洗液接种于敏感的细胞株，进行病毒分离是诊断病毒性病原体的好方法。故选 A。

3.【答案】E

4.【答案】B

【解析】咳嗽变异性哮喘标准：①持续咳嗽>4 周，常在夜间和/或清晨发作或加剧，以干为主。②临床上无感染征象，或经较长时间抗生素治疗无效。③抗哮喘药物诊断性治疗有效。④排除其他原因引起的慢性咳嗽。⑤支气管激发试验阳性和/或 PET 每日变异率≥20%。⑥有个人或家族过敏史、家族哮喘病史、变应原检测阳性可作辅助诊断。故选 B。

5.【答案】D

【解析】支原体肺炎 X 线检查：早期肺纹理增强，透光度减低，以后两肺下野、中内带出现大小不等的点状或小斑片状影，或融合成片状阴影，甚至波及节段。可有肺气肿、肺不张。故选 D。

6.【答案】D

【解析】腺病毒肺炎临床特点为起病急骤、高热持续时间长、中毒症状重、啰音出现较晚、X 线改变较肺部体征出现早，易合并心肌炎和多器官衰竭。故选 D。

7.【答案】D

【解析】预防支气管哮喘发作应避免接触变应原，去除各种诱发因素（吸烟、呼吸道感染和气候变化等）。哮喘患儿的教育与管理是提高疗效、减少复发、提高患儿生活质量的主要措施。

8.【答案】A

【解析】支气管肺炎严重缺氧时，体内需氧代谢发生障碍，无氧酵解增加，酸性代谢产物增加，加上高热、进食少、脂肪分解等因素，常引起代谢性酸中毒；同时由于二氧化碳排出受阻，可产生呼吸性酸中毒，因此，严重者存在不同程度的混合性酸中毒。故选 A。

9.【答案】B

【解析】支气管肺炎有缺氧表现，如烦躁、口周发绀时需吸氧，多用鼻前庭导管给氧，经湿化的氧气的流量为 0.5～1L/min，氧浓度不超过 40%。故选 B。

10.【答案】D

【解析】金黄色葡萄球菌肺炎治疗：甲氧西林敏感者首选苯唑西林钠或氯唑西林钠，耐药者选用万古霉素或联用利福平。故选 D。

11.【答案】A

【解析】肺炎支原体和衣原体首选大环内酯类抗生素如红霉素、罗红霉素及阿奇霉素。故选 A。

12.【答案】C

【解析】呼吸道合胞病毒肺炎简称合胞病毒（RSV）肺炎，是最常见的病毒性肺炎。故选 C。

13.【答案】A

【解析】支气管肺炎是累及支气管壁和肺泡的炎症，为小儿时期最常见的肺炎，2 岁以内儿童多发。故选 A。

14.【答案】A

【解析】支气管肺炎病原体和毒素侵袭心肌，引起心肌炎；缺氧使肺小动脉反射性收缩，肺循环压力增高，使右心负荷增加。肺动脉高压和中毒性心肌炎是诱发心衰的主要原因。故选 A。

15.【答案】B

【解析】新生儿或婴幼儿可用面罩、氧帐、鼻塞给氧，面罩给氧流量为 2～4L/min，氧浓度为 50%～60%。故选 B。

16.【答案】E

【解析】肺炎合并心力衰竭的治疗：吸氧、镇静、利尿、强心、给予血管活性药物。强心药可使用地高辛或毛花苷 C 静脉注射。故选 E。

17.【答案】C

【解析】小儿重症肺炎发生中毒性肠麻痹时表现为频繁呕吐、严重腹胀，膈肌升高，加重了呼吸困难，听诊肠鸣音消失。故选 C。

18.【答案】D

【解析】哮喘患者常有家族史。哮喘表现为咳嗽和喘息呈阵发性发作，以夜间和清晨为重。发作前可有流涕、打喷嚏和胸闷，发作时呼吸困难，呼气相延长伴有喘鸣声。严重病例呈端坐呼吸，恐惧不安，大汗淋漓，面色青灰。体格检查可见桶状胸、三凹征，肺部满布哮鸣音，严重者气道广泛堵塞，哮鸣音反可消失，称“闭锁肺”，是哮喘最危险的体征。故选 D。

19.【答案】C

20.【答案】C

【解析】疱疹性咽峡炎病原体为柯萨奇 A 组病毒。好发于夏、秋季。起病急骤，临床表现为高热、咽痛、流涎、食欲缺乏、呕吐等。故选 C。

21.【答案】E

【解析】哮喘持续状态的处理包括：①氧疗：所有危重哮喘患儿均存在低氧血症，需用密闭面罩或双鼻导管提供高浓度湿化氧气。②补液、纠正酸中毒。③糖皮质激素：全身应用糖皮质激素作为儿童危重哮喘治疗的一线药物，应尽早使用。④支气管扩张剂的使用。⑤镇静药：可用水合氯醛灌肠，慎用或禁用其他镇静药。⑥抗生素酌情使用。⑦辅助机械通气。故选 E。

22.【答案】B

【解析】各种病毒和细菌均可引起急性上呼吸道感染，但 90% 以上为病毒，主要有鼻病毒、呼吸道合胞病毒、流感病毒、副流感病毒、腺病毒、冠状病毒等。故选 B。

23.【答案】B

24.【答案】C

【解析】支气管扩张剂的使用：可用吸入型速效 β_2 受体激动药、氨茶碱静脉滴注以及抗胆碱能药物、肾上腺素皮下注射。故选 C。

25.【答案】B

【解析】急性支气管炎大多先有上呼吸道感染症状，之后以咳嗽为主要症状，开始为干咳，以后有痰。故选 B。

26.【答案】E

【解析】金黄色葡萄球菌肺炎以肺组织广泛出血性坏死和多发性小脓肿形成为特点。由于病变发展迅速，组织破坏严重，故易形成肺脓肿、脓胸、脓气胸、肺大疱、皮下气肿、纵隔气肿。并可引起败血症及其他器官的迁徙性化脓灶，如化脓性心包炎、脑膜炎、肝脓肿、皮肤脓肿、骨髓炎和关节炎。故选 E。

27.【答案】A

【解析】①急性肺炎：病程<1 个月。②迁延性肺炎：病程 1~3 个月。③慢性肺炎：病程>3 个月。故选 A。

28.【答案】B

29.【答案】B

【解析】小儿肺活量为 50~70 ml/kg。在安静情况下，年长儿仅用肺活量的 12.5% 来呼吸，而婴幼儿则需用 30% 左右，说明婴幼儿呼吸功能储备量较小。故选 B。

30.【答案】B

【解析】毛细支气管炎主要由呼吸道合胞病毒（RSV）引起，副流感病毒、鼻病毒、某些腺病毒及肺炎支原体也可引起本病。故选 B。

31.【答案】C

32.【答案】D

33.【答案】B

【解析】肺炎合并脓胸和脓气胸者应及时进行穿刺引流，若脓液黏稠，经反复穿刺抽脓不畅或发生张力性气胸时，宜考虑胸腔闭式引流。故选 B。

34.【答案】B

【解析】肺炎早期合理治疗者并发症少见。若延误诊断或病原体致病力强者可引起并发症，如脓胸、脓气胸、肺大疱等。以上三种并发症多见于金黄色葡萄球菌肺炎和某些革兰阴性杆菌肺炎。故选 B。

35.【答案】A

【解析】控制药物是支气管哮喘抑制气道炎症需长期使用的药物，用于哮喘慢性持续期。包括：①吸入型糖皮质激素。②白三烯调节剂。③缓释茶碱。④长效 β_2 受体激动药。⑤肥大细胞膜稳定剂。⑥全身性糖皮质激素等。故选 A。

36.【答案】C

【解析】小儿呼吸频率快，年龄越小，频率越快。新生儿 40~44 次/分，1 岁内 30 次/分，1~3 岁 24 次/分，3~7 岁 22 次/分，7~14 岁 20 次/分，14~18 岁 16~18 次/分。故选 C。

37.【答案】B

【解析】支气管肺炎用药时间：一般应持续至体温正常后 5~7 天，症状、体征消失后 3 天停药。支原体肺炎至少使用抗菌药物 2~3 周。葡萄球菌肺炎在体温正常后 2~3 周可停药，一般总疗程≥6 周。故选 B。

【A_2 型题】

38.【答案】A

【解析】呼吸道合胞病毒肺炎多见于婴幼儿，尤多见于 1 岁以内小儿。轻症患者发热、呼吸困难等症状不重；中、重症者有较明显的呼吸困难、喘憋、口唇发绀、鼻扇及三凹征。发热可为低、中度热和高热。肺部听诊多有中、细湿啰音。X 线表现为两肺可见小点片状、斑片状阴影，部分病儿有不同程度的肺气肿。外周血白细胞总数大多正常。正常小儿血象特点 出生时中性粒细胞约占0.65，淋巴细胞约占0.30；生后4~6天时两者比例约相等；以后淋巴细胞约占0.60，中性粒细胞约占0.35，至4~6岁时两者又相等；7岁后白细胞分类与成人相似。患儿5个月，由此可见此男孩淋巴细胞增高，应为病毒感染所致。且患儿年龄（5个月）、临床表现（呼气性呼吸困难、鼻扇、三凹征，双肺以哮鸣音为主，肺底部可闻及细湿啰音）符合呼吸道合胞病毒肺炎的诊断。故选A。

39.【答案】C

【解析】重症肺炎由于严重的缺氧及毒血症，除呼吸系统改变外，可发生循环、神经和消化等系统功能障碍。肺炎合并心衰的表现：①呼吸突然加快>60次/分。②心率突然>180次/分。③突然极度烦躁不安，明显发绀，面色苍白或发灰，指（趾）甲微血管再充盈时间延长。以上三项不能用发热、肺炎本身和其他并发症解释者。④心音低钝、奔马律，颈静脉怒张。⑤肝脏迅速增大。⑥尿少或无尿，眼睑或双下肢水肿。具备前5项即可诊断为肺炎合并心力衰竭。患儿临床表现及体征符合肺炎合并心衰的诊断。故选C。

40.【答案】B

【解析】腺病毒肺炎多见于6个月至2岁小儿。症状表现为：①发热：可达39℃以上，呈稽留高热或弛张热，热程长，可持续2~3周。②中毒症状重：面色苍白或发灰，精神不振，嗜睡与烦躁交替。③呼吸道症状：咳嗽频繁，呈阵发性喘憋，轻重不等的呼吸困难和发绀。④消化系统症状：腹泻、呕吐和消化道出血。⑤可因脑水肿而致嗜睡、昏迷或惊厥发作。体格检查发现：①肺部啰音出现较迟，多于高热3~7天后才出现，肺部病变融合时可出现实变体征。②肝、脾大。③麻疹样皮疹。④出现心率加速、心音低钝等心肌炎表现；亦可有脑膜刺激征等中枢神经系统体征。患儿年龄（18个月）、临床表现（呈稽留高热或弛张热，面色苍白或发灰，萎靡嗜睡，烦躁不安，咳嗽剧烈并频繁）及体征（肺部啰音、肝大、心率加速、心音低钝）符合腺病毒肺炎的诊断，并伴有心率加快及心律不齐，心电图有ST-T改变，考虑为心肌炎。故选B。

41.【答案】E

【解析】金黄色葡萄球菌肺炎发热多呈弛张热型；患者面色苍白、烦躁不安、咳嗽、呻吟，呼吸浅快和发绀。肺部体征出现较早，两肺有散在中、细湿啰音，发生脓胸、脓气胸和皮下气肿时则有相应体征。可有各种类型皮疹，如荨麻疹或猩红热样皮疹等。X线检查：胸部X线可有小片状影，病变发展迅速，甚至数小时内可出现小脓肿、肺大疱或胸腔积液。患儿临床表现（呈稽留高热或弛张热，面色苍白，咳嗽、呻吟、呼吸困难，皮肤呈猩红热样或荨麻疹样皮疹）符合金黄色葡萄球菌肺炎的诊断。如出现皮疹就选金黄色葡萄球菌肺炎，这是提示点。故选E。

42.【答案】E

43.【答案】E

【解析】肺炎并发中毒性脑病至今尚无可靠的诊断方法，在确认肺炎后出现下列症状与体征者，可考虑为中毒性脑病：①烦躁、嗜睡，眼球上窜、凝视。②球结膜水肿，前囟隆起。③昏睡、昏迷、惊厥。④瞳孔改变：对光反应迟钝或消失。⑤呼吸节律不整，呼吸心搏解离（有心搏，无呼吸）。⑥有脑膜刺激征，脑脊液检查除压力增高外，其他均正常。在肺炎的基础上，除外高热惊厥、低血糖、低血钙及中枢神经系统感染（脑炎、脑膜炎），如有①、②提示脑水肿，伴其他一项以上者可确诊。患儿发热、咳嗽、气促、肺部中细湿啰音肺炎可能性大。脑脊液检查除压力增高外，其他均正常可以排除化脓性脑膜炎、结核性脑膜炎。患儿临床表现（嗜睡、凝视）、实验室检查（前囟隆起、脑膜刺激征阳性等）符合肺炎并发中毒性脑病的诊断。故选E。

44.【答案】A

【解析】呼吸道合胞病毒肺炎中、重症者有较明显的呼吸困难、喘憋、口唇发绀、鼻扇及三凹征。发热可为低、中度热和高热。肺部听诊多有中、细湿啰音。X线表现为两肺可见小点片状、斑片状阴影，部分病儿有不同程度的肺气肿。患儿临床表现（中低度发热，三凹征明显）符合呼吸道合胞病毒肺炎的诊断。第39题解析给予肺炎合并心衰的表现，患儿呼吸突然加快，心率突然>180次/分，肝脏迅速增大可诊断为肺炎合并心力衰竭。故选A。

45.【答案】E

【解析】腺病毒肺炎多见于6个月至2岁小儿。表现为稽留高热或弛张热，中毒症状重，阵发性喘憋。患儿年龄（14个月）、临床表现（呈稽留高热或弛张热，咳嗽剧烈）符合腺病毒肺炎的诊断。发生中毒性肠麻痹时表现为严重腹胀，膈肌升高，加重了呼吸困难，听诊肠鸣音消失。重症患儿还可呕吐咖啡样物，大便潜血阳性或柏油样便。患儿临床表现（腹胀明显、肠鸣音消失）符合中毒性肠麻痹的诊断。故选E。

46.【答案】D

【解析】肺炎2岁以下的婴幼儿多见，起病多数较急，发病前数日多先有上呼吸道感染，主要临床表现为发热、咳嗽、气促以及肺部固定性的中细湿啰音。患儿肺炎诊断成立。脓胸临床表现为：高热不退、呼吸困难加重、患侧呼吸运动受限、语颤减弱、叩诊呈浊音；听诊呼吸音减弱，其上方有时可听到管性呼吸音。当积脓较多时，患侧肋间隙饱满，纵隔和气管向健侧移位。胸部X线（立位）示患侧肋膈角变钝，或呈反抛物线阴影。胸腔穿刺可抽出脓液。患儿临床表现（呼吸困难加重）、体征（患侧呼吸运动受限、叩诊呈浊音、听诊呼吸音减弱）符合脓胸的诊断。故选D。

47.【答案】D

【解析】通过第46题解析，肺炎诊断成立。脓气胸肺边缘的脓肿破裂与肺泡或小支气管相通即造成脓气胸。表现为突然呼吸困难加剧，剧烈咳嗽，烦躁不安，面色发绀。胸部叩诊积液上方呈鼓音，听诊呼吸音减弱或消失。若支气管破裂处形成活瓣，气体只进不出，形成张力性气胸，可危及生命，必须积极抢救。立位X线检查可见液气面。患儿临床表现（呼吸困难加重、剧烈咳嗽、烦躁不安）、体征（面色青紫、胸部叩诊积液上方呈鼓音而下方浊音，听诊呼吸音减弱或消失）符合脓气胸的诊断。故选D。

48.【答案】C

【解析】急性支气管炎大多先有上呼吸道感染症状，之后以咳嗽为主要症状，开始为干咳，以后有痰。婴幼儿症状较重，常有发热、呕吐及腹泻等。一般无全身症状。双肺呼吸音粗糙，可有不固定的散在的干啰音和粗中湿啰音。婴幼儿有痰常不易咳出，可在咽喉部或肺部闻及痰鸣音。婴幼儿期伴有喘息的支气管炎，如伴有湿疹或其他过敏史者，少数可发展为哮喘。患儿临床表现双肺呼吸音粗糙及有不固定的干、湿啰音，胸片示肺纹理增粗。符合急性支气管炎的诊断。故选C。

49.【答案】A

50.【答案】C

【解析】患儿弛张高热，皮肤可见猩红热样皮疹，双肺闻及湿啰音，X线胸片可见多发性肺脓肿。符合金黄色葡萄球菌肺炎的诊断。故选C。

51.【答案】E

【解析】患儿临床表现（中低度发热、呼吸困难、喘憋、口唇发绀、鼻扇及三凹征），肺部听诊有中、细湿啰音，X线表现为两肺可见小点片状阴影。符合呼吸道合胞病毒肺炎的诊断。故选E。

52.【答案】A

【解析】患儿临床表现（弛张高热、咳嗽、呼吸浅快和发绀，皮肤有荨麻疹样皮疹），肺部听诊有散在中、细湿啰音，血白细胞总数和中性粒细胞比例明显增加，X线表现为两肺可见小片状影。符合金黄色葡萄球菌肺炎的诊断。故选A。

53.【答案】B

【解析】典型的支气管肺炎肺部啰音早期不明显，可有呼吸音粗糙、减低，以后可闻及较固定的中、细湿啰音，以背部两侧下方及脊柱两旁较多，于深吸气末更为明显。故选B。

54.【答案】B

【解析】一般类型上感全身症状多有发热，体温可高达39～40℃，热程2～3天至1周左右，起病1～2天可因高热引起惊厥。体格检查可见咽部充血，扁桃体肿大。肺部听诊一般正常。患儿符合高热引起惊厥的表现。患儿白细胞数正常，脑膜刺激征阴性可以排除中毒性脑病、脑炎。故选B。

55.【答案】C

【解析】急性支气管炎双肺呼吸音粗糙，可有不固定的散在的干啰音和粗中湿啰音。支气管肺炎肺部啰音早期不明显，可有呼吸音粗糙、减低，以后可闻及较固定的中细湿啰音，以背部两侧下方及脊柱两旁较多，于深吸气末更为明显。故选C。

56.【答案】D

【解析】咳嗽为肺炎支原体肺炎突出的症状，初为干咳，后转为顽固性剧咳。肺部体征多不明显，甚至全无。故体征与剧咳及发热等临床表现不一致，为本病特点之一。体征轻而X线改变明显是它的又一特点。综上所述，患儿肺炎支原体肺炎可能性大。冷凝集试验≥1：64有很大参考价值，该试验为非特异性，可作为过筛试验。故选D。

57.【答案】D

【解析】毛细支气管炎发生于2岁以下小儿，多数在6个月以内，常为首次发作。喘憋和肺部哮鸣音为其突出表现。主要表现为下呼吸道梗阻症状，出现呼气性呼吸困难。呼气相延长伴喘鸣。呼吸困难可呈阵发性，间歇期呼气性哮鸣消失。故选D。

58.【答案】C

【解析】支气管肺炎的体征如下。①呼吸增快：40～80次/分，并可见鼻翼扇动和吸气性凹陷。②发绀：口周、鼻唇沟和指（趾）端发绀，轻症可无发绀。③肺部啰音：早期不明显，可有呼吸音粗糙、减低，以后可闻及固定的中、细湿啰音，以背部两侧下方及脊柱旁较多，于深吸气末更为明显。故选C。

59.【答案】D

【解析】肺炎支原体肺炎好发学龄儿童及青年，咳嗽为突出的症状，体征与剧咳及发热等临床表现不一致。本病的重要诊断依据为肺部X线改变。特点为：①支气管肺炎。②间质性肺炎。③均匀一致的片状阴影似大叶性肺炎改变。④肺门阴影增浓。患儿咳嗽剧烈、肺部体征不明显、X

线片示云雾状影。符合的支原体肺炎诊断。故选D。

60.【答案】B

【解析】支气管肺炎的诊断比较简单，一般有发热、咳嗽、呼吸急促的症状，肺部听到中、细湿啰音或X线有肺炎的改变均可诊断为支气管肺炎。患儿临床表现、辅助检查符合支气管肺炎的诊断。故选B。

61.【答案】E

【解析】患儿呼吸突然加快>60次/分，心率180次/分，突然极度烦躁不安，明显发绀，面色苍白或发灰。心音低钝、奔马律，颈静脉怒张，肝脏迅速增大，可诊断为肺炎合并心力衰竭。故选E。

62.【答案】D

【解析】金黄色葡萄球菌肺炎一般为弛张高热，皮肤可见猩红热样皮疹，X线胸片可见多发性肺脓肿。患儿有皮肤感染史，弛张热4天，两肺有散在中、细湿啰音，胸部X线出现多发脓肿。患儿临床表现、辅助检查符合金黄色葡萄球菌肺炎的诊断。脓胸语颤减弱，叩诊呈浊音；脓气胸应该有液气平面，上方叩诊为清音，下方为浊音。患儿右肺叩诊浊音，提示合并脓胸。故选D。

63.【答案】B

【解析】患儿有痰咳不出，双肺未闻及中、小湿啰音为支气管炎诊断要点。故选B。

64.【答案】E

【解析】脓胸临床表现为高热不退、呼吸困难加重，患侧呼吸运动受限、语颤减弱，叩诊呈浊音，听诊呼吸音减弱，其上方有时可听到管性呼吸音。当积脓较多时，患侧肋间隙饱满，纵隔和气管向健侧移位。胸部X线（立位）示患侧肋膈角变钝，或呈反抛物线阴影。胸腔穿刺可抽出脓液。患儿在肺炎进展期间，突发呼吸困难，并咳嗽，且合并中毒症状。符合脓胸的诊断。故选E。

65.【答案】B

【解析】患儿右肺底闻及细小水泡音，这是支气管肺炎的诊断关键。故选B。

66.【答案】D

【解析】毛细支气管肺炎是一种婴幼儿较常见的下呼吸道感染，多见于1～6个月的小婴儿，以喘憋、三凹征和气促为主要临床特点。肺部体征主要为呼气相哮鸣音，亦可闻及中、细湿啰音，叩诊可呈鼓音。肝、脾可由于肺气肿而推向肋缘下，因此可触及肝脏和脾脏。患儿症状为喘、鼻扇(+)，胸片示双肺纹理增强，双肺透过度增加。符合毛细支气管肺炎的诊断。故选D。

67.【答案】B

【解析】毛细支气管肺炎控制喘憋：重症患儿可用沙丁胺醇喷射雾化吸入。糖皮质激素用于严重的喘憋发作或其他治疗不能控制者，琥珀酸氢化可的松5～10mg/(kg·d)或甲泼尼龙1～2mg/(kg·d)，数小时内静脉滴入。也可采用喷射雾化吸入吸入型糖皮质激素。故选B。

68.【答案】D

【解析】患儿表现为哮喘急性发作，出现咳嗽、喘息、呼吸困难、大汗淋漓，甚至表现出严重发绀及心肺功能不全的征象。符合支气管哮喘的诊断。故选D。

69.【答案】B

【解析】患儿反复发作的喘息，发作时双肺可闻及弥漫性哮鸣音。符合支气管哮喘的诊断。故选B。

70.【答案】A

【解析】儿童哮喘病情较重的急性病例应给予口服泼尼松短程治疗（1～7天），每日1～2mg/kg，分2～3次。一般不主张长期使用口服糖皮质激素治疗儿童哮喘。故选A。

71.【答案】E

【解析】哮喘急性期胸片正常或呈间质性改变，可有肺气肿或肺不张。胸片还可排除肺部其他疾病，如肺炎、肺结核、气管支气管异物和先天性畸形等。故选E。

72.【答案】E

【解析】患儿持续咳嗽>1个月，以夜间和/或清晨为著，运动后加重，痰少，经较长时间抗生素治疗无效。使用支气管舒张剂诊断性治疗可使咳嗽发作缓解。符合咳嗽变异性哮喘的诊断。故选E。

73.【答案】D

【解析】毛细支气管炎的治疗主要为氧疗、控制喘憋、病原治疗及免疫疗法。故选D。

【A_3/A_4型题】

74.【答案】A

【解析】患儿发热，咳嗽，喘憋，白细胞数正常。胸片示双肺见小片状影，肺纹理增强，肺气肿。符合肺炎的诊断。入院后第2天患儿突然面色灰白，极度烦躁不安，呼吸明显增快，60次/分。心率180次/分，呈奔马律，双肺闻及广泛的水泡音（可能有左心功能不全），肝肋下3cm（有右心功能不全的表现），下肢有水肿（有右心功能不全）。符合支气管肺炎合并心力衰竭的诊断。故选A。

75.【答案】B

【解析】病原体和毒素侵袭心肌，引起心肌炎；缺氧使肺小动脉反射性收缩，肺循环压力增高，使右心负荷增加。肺动脉高压和中毒性心肌炎是诱发心衰的主要原因。重症患儿常出现微循环障碍、休克甚至弥散性血管内凝血(DIC)。故选B。

76.【答案】C

【解析】肺炎合并心力衰竭的治疗：吸氧、镇静、利尿、强心、血管活性药物。强心药可使用地高辛或毛花苷 C 静脉注射。故选 C。

77.【答案】B

【解析】患儿临床表现（弛张热、咳嗽、气喘、呼吸困难），X 线检查（气管右移、左肺液气胸）。符合金黄色葡萄球菌肺炎合并脓气胸的诊断。故选 B。

78.【答案】E

【解析】脓胸和脓气胸者应及时进行穿刺引流，若脓液黏稠，经反复穿刺抽脓不畅或发生张力性气胸时，宜考虑胸腔闭式引流。故选 E。

79.【答案】E

80.【答案】E

【解析】患儿有皮肤感染史，发热、咳嗽，两肺有散在中、细湿啰音，白细胞数增高。患儿临床表现、辅助检查符合金黄色葡萄球菌肺炎的诊断。金黄色葡萄球菌肺炎使用糖皮质激素可减少炎症渗出，解除支气管痉挛，改善血管通透性和微循环，降低颅内压。使用指征为：①严重憋喘或呼吸衰竭。②全身中毒症状明显。③合并感染中毒性休克。④出现脑水肿。上述情况可短期应用激素。患儿现在病情无使用的指征。故选 E。

81.【答案】E

【解析】脓胸临床表现为：高热不退，呼吸困难加重；患侧呼吸运动受限，语颤减弱；叩诊呈浊音；听诊呼吸音减弱，其上方有时可听到管性呼吸音。当积脓较多时，患侧肋间隙饱满，纵隔和气管向健侧移位。胸部 X 线（立位）示患侧肋膈角变钝，或呈反抛物线阴影。胸腔穿刺可抽出脓液。患儿临床表现（呼吸困难加重）、体征（患侧呼吸运动受限、叩诊呈浊音、听诊呼吸音减弱）符合脓胸的诊断。脓胸和脓气胸者应及时进行穿刺引流，若脓液黏稠，经反复穿刺抽脓不畅或发生张力性气胸时，宜考虑胸腔闭式引流。故选 E。

82.【答案】A

83.【答案】A

【解析】腺病毒肺炎临床特点为起病急骤、高热持续时间长、阵发性喘憋、中毒症状重、啰音出现较晚、X 线改变较肺部体征出现早。患儿临床表现、辅助检查符合腺病毒肺炎的诊断。在确认肺炎后出现下列症状与体征者，可考虑为中毒性脑病：①烦躁、嗜睡，眼球上窜、凝视。②球结膜水肿，前囟隆起。③昏睡、昏迷、惊厥。④瞳孔改变：对光反应迟钝或消失。⑤呼吸节律不整，呼吸心搏解离（有心搏，无呼吸）。⑥有脑膜刺激征，脑脊液检查除压力增高外，其他均正常。在肺炎的基础上，除外高热惊厥、低血糖、低血钙及中枢神经系统感染（脑炎、脑膜炎），如有①、②提示脑水肿，伴其他一项以上者可确诊。患儿临床表现、辅助检查符合中毒性脑病的诊断。肺炎合并中毒性脑病的治疗：脱水疗法、改善通气、扩血管、止痉、糖皮质激素、促进脑细胞恢复。故选 A。

84.【答案】A

85.【答案】E

【解析】肺炎体征如下。①呼吸增快：40~80 次/分，并可见鼻翼扇动和三凹征。②发绀：口周、鼻唇沟和指趾端发绀，轻症病儿可无发绀。③肺部啰音：早期不明显，可有呼吸音粗糙、减低，以后可闻及较固定的中、细湿啰音，以背部两侧下方及脊柱两旁较多，于深吸气末更为明显。肺部叩诊多正常，病灶融合时，可出现实变体征。故选 E。

86.【答案】C

【解析】肺炎 X 线检查：早期肺纹理增强，透光度减低，以后两肺下野、中内带出现大小不等的点状或小斑片状影，或融合成片状阴影，甚至波及节段。可有肺气肿、肺不张。伴发脓胸时，早期患侧肋膈角变钝；积液较多时，可呈反抛物线状阴影，纵隔向健侧移位。并发脓气胸时，患侧胸腔可见液平面。肺大疱时则见完整薄壁、无液平面的大疱。故选 C。

87.【答案】D

【解析】肺炎采用综合治疗，原则为控制炎症、改善通气功能、对症治疗、防止和治疗并发症。故选 D。

88.【答案】C

【解析】患儿临床表现（喘憋、三凹征）、肺部听诊（有中、细湿啰音）、辅助检查（X 线表现为两肺可见小点片状阴影以及肺气肿）。符合呼吸道合胞病毒肺炎的诊断。故选 C。

89.【答案】A

【B_1 型题】

90.【答案】E

【解析】肺炎支原体肺炎咳嗽为本病突出的症状，一般于病后 2~3 天开始，初为干咳，后转为顽固性剧咳，常有黏稠痰液，偶带血丝，少数病例可类似百日咳样阵咳，可持续 1~4 周。故选 E。

91.【答案】C

【解析】金黄色葡萄球菌肺炎可有各种类型皮疹，如荨麻疹或猩红热样皮疹等。故选 C。

92.【答案】B

【解析】腺病毒肺炎咳嗽频繁，呈阵发性喘憋，轻重不等的呼吸困难和发绀。故选 B。

93.【答案】A

【解析】呼吸道合胞病毒肺炎中、重症者有较明显的呼吸困难、喘憋、口唇发绀、鼻扇及三凹征。

故选A。

94.【答案】A

【解析】腺病毒肺炎发热可达39℃以上，呈稽留高热或弛张热，热程长，可持续2~3周。故选A。

95.【答案】E

【解析】肺炎支原体肺炎2~3天后出现发热，体温常达39℃左右，可持续1~3周，可伴有咽痛和肌肉酸痛。故选E。

96.【答案】B

【解析】金黄色葡萄球菌肺炎发热多呈弛张热型，但早产儿和体弱儿有时可无发热或仅有低热。故选B。

97.【答案】C

【解析】金黄色葡萄球菌肺炎X线检查：胸部X线可有小片状影，病变发展迅速，甚至数小时内可出现小脓肿、肺大疱或胸腔积液，因此在短期内应重复摄片。故选C。

98.【答案】B

【解析】腺病毒肺炎X线特点：①肺部X线改变较肺部啰音出现早，故强调早期摄片。②大小不等的片状阴影或融合成大病灶，甚至一个大叶。③病灶吸收较慢，需数周或数月。故选B。

99.【答案】A

【解析】呼吸道合胞病毒肺炎X线表现为两肺可见小点片状、斑片状阴影，部分病儿有不同程度的肺气肿。故选A。

100.【答案】E

【解析】肺炎支原体肺炎重要诊断依据为肺部X线改变。特点为：①支气管肺炎。②间质性肺炎。③均匀一致的片状阴影似大叶性肺炎改变。④肺门阴影增浓。故选E。

101.【答案】A

【解析】呼吸道合胞病毒肺炎临床上轻症患者发热、呼吸困难等症状不重；中、重症者有较明显的呼吸困难、喘憋、口唇发绀、鼻扇及三凹征。故选A。

102.【答案】D

【解析】腺病毒肺炎肺部啰音出现较迟，多于高热3~7天后才出现，肺部病变融合时可出现实变体征。故选D。

103.【答案】D

【解析】腺病毒肺炎临床特点为起病急骤、高热持续时间长、中毒症状重、啰音出现较晚、X线改变较肺部体征出现早，易合并心肌炎和多器官衰竭。发热可达39℃以上，呈稽留高热或弛张热，热程长，可持续2~3周。故选D。

第十二章　心血管系统疾病

【A_1型题】

1.【答案】A

【解析】肺门舞蹈征是肺动脉高压特征性的伴随征象。常见于左向右分流或双向分流的先天性心脏病，如房、室间隔缺损及后天性二尖瓣病变等引起的右心室压力增高和排血受阻。故选A。

2.【答案】D

【解析】法洛四联症X线检查：心脏大小一般正常或稍增大，典型者前后位心影呈“靴状”，即心尖圆钝上翘，肺动脉段凹陷，上纵隔较宽，肺门血管影缩小，两侧肺纹理减少，透亮度增加，年长儿可因侧支循环形成，肺野呈网状纹理，25%的患儿可见到右位主动脉弓阴影。故选D。

3.【答案】C

【解析】继发孔型房间隔缺损最为常见，约占75%。缺损位于房间隔中心卵圆窝部位，亦称为中央型。故选C。

4.【答案】E

【解析】当左心房压力超过右心房时，卵圆孔瓣膜先在功能上关闭，到出生后5~7月，解剖上大多闭合。故选E。

5.【答案】B

【解析】震颤为器质性心脏病的体征。故选B。

6.【答案】E

【解析】法洛四联症常见的并发症为脑血栓、脑脓肿及感染性心内膜炎。故选E。

7.【答案】C

【解析】小型室缺（Roger病）：缺损直径小于5mm或缺损面积<0.5cm^2/m^2体表面积。缺损小，心室水平左向右分流量少，血流动力学变化不大，可无症状。故选C。

8.【答案】B

【解析】出生后左心房压高于右心房，房间隔缺损时则出现左向右分流，分流量与缺损大小、两侧心房压力差及心室的顺应性有关。生后初期左、右心室壁厚度相似，顺应性也相近，故分流量不多。随年龄增长，肺血管阻力及右心室压力下降，右心室壁较左心室壁薄，右心室充盈阻力也较左心室低，故分流量增加。由于右心血流量增加，舒张期负荷加重，故右房、右心室增大。故选B。

9.【答案】C

【解析】房间隔缺损由于右心室增大，大量的血流通过正常肺动脉瓣时（形成相对狭窄）在左第二肋间近胸骨旁可闻及2~3级喷射性收缩期杂音。故选C。

10.【答案】C

【解析】室间隔缺损小型缺损心电图可正常或表现为轻度左心

室肥大；中型缺损主要为左心室舒张期负荷增加表现，V_5、V_6导联R波升高伴深Q波，T波直立高尖对称，以左心室肥厚为主；大型缺损为双心室肥厚或右心室肥厚。症状严重、出现心力衰竭时，可伴有心肌劳损。故选C。

11.【答案】D

【解析】动脉导管未闭肺动脉瓣区第二音增强，婴幼儿期因肺动脉压力较高，主动脉、肺动脉压力差在舒张期不显著，因而往往仅听到收缩期杂音，当合并肺动脉高压或心力衰竭时，多仅有收缩期杂音。故选D。

12.【答案】E

【解析】近年来外科手术不断地进展，法洛四联症根治术的死亡率在不断下降。轻症患者可考虑于5~9岁行一期根治手术，但临床症状明显者应在生后6个月后行根治术。对重症患儿也可先行姑息手术，待一般情况改善，肺血管发育好转后，再做根治术。目前常用的姑息手术有：锁骨下动脉-肺动脉吻合术，上腔静脉-右肺动脉吻合术等。故选E。

13.【答案】E

【解析】足月儿约80%在生后10~15小时形成功能性关闭。约80%婴儿于生后3个月、95%婴儿于生后1年内形成解剖上关闭。若动脉导管持续未闭，可认为有畸形存在。脐血管则在血流停止后6~8周完全闭锁，形成韧带。故选E。

14.【答案】C

【解析】法洛四联症患儿多有蹲踞症状，每于行走、游戏时，常主动下蹲片刻。蹲踞时下肢屈曲，静脉回心血量减少，减轻了心脏负荷，同时下肢动脉受压，体循环阻力增加，使右向左分流量减少，从而缺氧症状暂时得以缓解。不会行走的小婴儿，常喜欢大人抱起，双下肢屈曲状。故选C。

15.【答案】A

【解析】室间隔缺损是先天性心脏病里最常见的类型。室间隔缺损种类很多，最多见为膜周部缺损，位于主动脉下，由膜部向与之接触的三个区域（流入道、流出道或小梁肌部）延伸而成。故选A。

16.【答案】B

17.【答案】C

18.【答案】E

【解析】原发孔型房间隔缺损也称为Ⅰ孔型房间隔缺损，约占15%，缺损位于心内膜垫与房间隔交接处。常合并二尖瓣或三尖瓣隔瓣裂，此时称为部分型房室间隔缺损，无肺动脉瓣裂。故选E。

19.【答案】B

20.【答案】A

【解析】法洛四联症患儿青紫为其主要表现，其程度和出现的早晚与肺动脉狭窄程度有关。多见于毛细血管丰富的浅表部位，如唇、指（趾）甲床、球结合膜等。故选A。

21.【答案】E

【解析】动脉导管未闭时当肺动脉压力超过主动脉压时，左向右分流明显减少或停止，产生肺动脉血流逆向分流入主动脉，患儿呈现差异性发绀，下半身青紫，左上肢有轻度青紫，右上肢正常。故选E。

22.【答案】D

【解析】室间隔缺损有时因扩张的肺动脉压迫喉返神经，引起声音嘶哑。故选D。

23.【答案】B

【解析】出生后脐血管被阻断，呼吸建立，肺泡扩张，肺小动脉管壁肌层逐渐退化，管壁变薄并扩张，肺循环压力下降。故选B。

24.【答案】A

【解析】房间隔缺损听诊有以下四个特点：①第一心音亢进，肺动脉第二心音增强。②由于右心室容量增加，收缩时喷射血流时间延长，肺动脉瓣关闭更落后于主动脉瓣，出现不受呼吸影响的第二心音固定分裂。③由于右心室增大，大量的血流通过正常肺动脉瓣时（形成相对狭窄）在左第二肋间近胸骨旁可闻及2~3级喷射性收缩期杂音。④当肺循环血流量超过体循环达1倍以上时，则在胸骨左下第4~5肋间隙处可出现三尖瓣相对狭窄的短促与低频的舒张早中期杂音，吸气时更响，呼气时减弱。随着肺动脉高压的进展，左向右分流逐渐减少，第二心音增强，固定性分裂消失，收缩期杂音缩短，舒张期杂音消失，但可出现肺动脉瓣及三尖瓣关闭不全的杂音。故选A。

25.【答案】D

【解析】测量血压时应根据不同的年龄选择不同宽度的袖带，袖带的宽度通常应为上臂长度的1/2~2/3。袖带过宽时测得的血压值较实际值偏低，过窄时则较实际值为高。故选D。

26.【答案】D

【解析】胎儿时期的营养和气体代谢是通过脐血管和胎盘与母体之间以弥散方式而进行交换的。由胎盘来的动脉血经脐静脉进入胎儿体内，至肝脏下缘，约50%血流入肝与门静脉血流汇合，另一部分经静脉导管入下腔静脉，与来自下半身的静脉血混合，共同流入右心房，因此脑静脉的血氧含量最高。由于下腔静脉瓣的阻隔，使来自下腔静脉的混合血（以动脉血为主）入右心房后，约1/3经卵圆孔入左心房，再经左心室流入升主动脉，主要供应心脏、脑及上肢；其余的流入右心室。从上腔静脉回流的、来自上半身的静脉血，入右心房后绝大部分流入右心室，与来自下腔静脉的血一起进入肺动脉。由于胎儿肺处于压缩状态，故肺动脉的血只有少量流入肺脏经肺静脉回到左心房，而约80%的血液经动脉导管与来自升主动脉的血汇合后，进入降主动脉（以静脉血为主），供应腹腔器官及下肢，同时经过脐动脉回至胎盘，换取营养及氧气。故胎儿期供应脑、心、肝及上肢的血氧量远远较下半身为高。右心室在胎儿期不仅要克服体循环的阻力，同时承担着远较左心室多的容量负荷。故选D。

27.【答案】B

【解析】原始心脏于胚胎第2周开始形成后，约于第4周起有循环作用，至第8周房室间隔已完全长成，即成为四腔心脏。先天性心脏畸形的形成主要就是在这一时期。故选B。

28.【答案】E

【解析】若体检发现心脏有典型的器质性杂音（胸骨左缘有Ⅱ级以上收缩期杂音）或有心脏扩大、形态异常，即可初步确定存在心血管畸形。其中以杂音最为重要，一般3岁以前听到的器质性杂音多为先天性心脏病。杂音于3、4岁以后出现，则也有可能是获得性心脏病，同时应与功能性杂音相鉴别。

29.【答案】C

【解析】动脉导管未闭的心导管检查：当肺血管阻力增加或疑有其他合并畸形时有必要施行心导管检查，它可发现肺动脉血氧含量较右心室为高。有时心导管可以从肺动脉通过未闭导管插入降主动脉。故选C。

30.【答案】C

【解析】动脉导管未闭体征：胸骨左缘上方有一连续性“机器”样杂音，占整个收缩期与舒张期，常伴有震颤，杂音向左锁骨下、颈部和背部传导，当肺血管阻力增高时，杂音的舒张期成分可能减弱或消失。分流量大者因相对性二尖瓣狭窄而在心尖部可闻及较短的舒张期杂音。肺动脉瓣区第二音增强，新生儿期因肺动脉压力较高，主、肺动脉压力差在舒张期不显著，因而往往仅听到收缩期杂音，当合并肺动脉高压或心力衰竭时，多仅有收缩期杂音。由于舒张压降低，脉压增宽，并可出现周围血管体征，如水冲脉、指甲床毛细血管搏动等。早产儿动脉导管未闭时，出现周围动脉搏动洪大，锁骨下或肩胛间闻及收缩期杂音（偶闻及连续性杂音），心前区搏动明显，肝脏增大，气促，并易发生呼吸衰竭而依赖机械辅助通气。故选B。

31.【答案】A

32.【答案】B

33.【答案】A

【解析】室间隔缺损大型缺损伴有明显肺动脉高压时（多见于儿童或青少年期），右心室压力显著升高，逆转为右向左分流，出现青紫，并逐渐加重，此时心脏杂音较轻而肺动脉第二音显著亢进。故选A。

34.【答案】E

【解析】法洛四联症股动脉血氧饱和度降低，常小于89%，说明右向左分流的存在。故选E。

35.【答案】D

【解析】室间隔缺损体格检查发现心界扩大，搏动活跃，胸骨左缘第3、4肋间可闻及Ⅲ~Ⅳ级粗糙的全收缩期杂音，向四周广泛传导，可扪及收缩期震颤。故选D。

36.【答案】A

【A_2 型题】

37.【答案】A

【解析】根据杂音特点，正常儿童在吸气时可有生理性 P_2 分裂，P_2 固定性分裂是房间隔缺损的独特体征。故选A。

38.【答案】B

【解析】患儿易患反复呼吸道感染，体格检查胸骨左缘第3、4肋间可闻及Ⅲ~Ⅳ级粗糙的全收缩期杂音，可扪及震颤。符合室间隔缺损的诊断。故选B。

39.【答案】A

【解析】根据患儿杂音特点，P_2 亢进伴固定分裂，胸片肺野充血，上述改变符合房间隔缺损特点。室间隔缺损为胸骨左缘第3、4肋间可闻及Ⅲ~Ⅳ级粗糙的全收缩期杂音，动脉导管未闭是全期杂音；法洛四联症是青紫型心脏病；肺动脉狭窄肺血少，而患儿胸片肺野充血。故选A。

40.【答案】E

【解析】患儿胸骨左缘第2、3肋间有一连续性杂音，伴震颤，提示动脉导管未闭。患儿“下肢水肿、气促、咳嗽、肝大”说明心力衰竭。感染性动脉炎、充血性心力衰竭、心内膜炎等是动脉导管未闭常见的并发症。亚急性感染性心内膜炎常发生于风湿性心脏瓣膜病、室间隔缺损、动脉导管未闭等心脏病的基础上，原无心脏病者也可发生。主要表现为低、中度发热、进行性贫血，乏力，盗汗，肝、脾大，杵状指(趾)。故选E。

41.【答案】B

【解析】房间隔缺损时左向右分流量较大时可在胸骨左缘下方听到舒张期杂音，系三尖瓣相对狭窄所致。故选B。

42.【答案】A

【解析】患儿临床表现（发育差、发绀）、体征（胸骨左缘可闻及Ⅲ级喷射性收缩期杂音）、X线检查心影呈“靴状”，两侧肺纹理减少，透亮度增加。符合法洛四联症的诊断。故选A。

43.【答案】D

【解析】房间隔缺损的症状随缺损大小而有所不同。缺损小的可无症状，仅在体格检查时发现胸骨左缘2~3肋间有收缩期杂音。心电图为电轴右偏，右心房和右心室肥大。P-R间期延长，V_1及V_3R导联呈rSr′或rsR′等不完全性右束支传导阻滞的图形。故选D。

44.【答案】B

【解析】室间隔缺损较大时左向右分流量多，体循环血流量相应减少，患儿多生长迟缓，体重不增，有消瘦、喂养困难、活动后乏力、气促、多汗、易患反复呼吸道感染等。体格检查发现心界扩大，搏动活跃，胸骨左缘第3、4肋间可闻及Ⅲ~Ⅳ级粗糙的全收缩期杂音，向四周广泛传导，可扪及收缩期震颤。大型缺损伴有明显肺动脉高压时（多见于儿童或青少年期），右心室压力显著升高，逆转为右向左分流，出现青紫，并逐渐加重，此时心脏杂音较轻而肺动脉第二音显著亢进。患儿临床表现（反复呼吸道感染、无发绀）、体征（胸骨左缘可闻及Ⅲ级粗糙喷射性收缩期杂音）。符合室间隔缺损的诊断。故选B。

45.【答案】D

【解析】艾森门格综合征临床表现为轻至中度发绀，于劳累后加重，逐渐出现杵状指（趾）、气促、乏力、头晕。体征示心脏浊音界增大，心前区有抬举性搏动，原有左至右分流时的杂音消失（动脉导管未闭连续性杂音的舒张期部分消失）或减轻（心室间隔缺损的收缩期杂音减轻），肺动脉瓣区出现收缩喷射音和收缩期吹风样喷射型杂音，第二心音亢进并可分裂，以后可有吹风样舒张期杂音（相对性肺动脉瓣关闭不全），胸骨左下缘可有收缩期吹风样反流型杂音（相对性三尖瓣关闭不全）。X线检查示右室、右房增大，肺动脉及左、右肺动脉均扩大，肺野轻度淤血或不淤血，血管纹理变细，左心情况因原发性畸形而定。故选D。

46.【答案】C

【解析】患儿症状（反复呼吸道感染）、体征（胸骨左缘可闻及Ⅲ级粗糙喷射性收缩期杂音）。符合室间隔缺损的诊断。患儿发热，呼吸明显增快，心率快，双肺闻及广泛的水泡音（可能有左心功能不全），肝大（有右心功能不全的表现），下肢有水肿（有右心功能不全）。符合肺炎合并心力衰竭的诊断。故选C。

47.【答案】E

【解析】患儿临床表现提示合并心力衰竭。室间隔缺损有自然闭合可能，中小型缺损可先在门诊随访至学龄前期，有临床症状如反复呼吸道感染和充血性心力衰竭时进行抗感染、强心、利尿、扩血管等内科处理。故选E。

48.【答案】E

49.【答案】D

【解析】患儿可能为室间隔缺损。超声心动图可解剖定位和测量大小，但<2 mm的缺损可能不被发现。二维超声可从多个切面显示缺损直接征象——回声中断的部位、时相、数目与大小等。彩色多普勒超声可显示分流束的起源、部位、数目、大小及方向。频谱多普勒超声可测量分流速度，计算跨隔压差和右室收缩压，估测肺动脉压。还可通过测定肺动脉瓣口和二尖瓣口血流量计算肺循环血流量（Qp）；测定主动脉瓣口和三尖瓣口血流量计算体循环血流量（Qs），正常时$Qp/Qs \approx 1$，此值增高≥ 1.5提示为中等量左向右分流，≥ 2.0为大量左向右分流。超声心动图应该为首选。B与C都是有创性检查。故选D。

50.【答案】A

【解析】胸骨左缘第3、4肋间闻及Ⅲ级粗糙收缩期杂音，肺动脉第二音稍强，是室间隔缺损的表现。患儿咳嗽、呼吸困难、肺部细小水泡音提示可能并发肺炎。故选A。

51.【答案】D

【解析】大型室间隔缺损伴有明显肺动脉高压时（多见于儿童或青少年期），右心室压力显著升高，所以右心室肥厚明显。故选D。

52.【答案】A

【解析】中型室间隔缺损，左、右心室增大，以左室增大为主。故选A。

53.【答案】C

【解析】由于主动脉在收缩期和舒张期的压力均超过肺动脉，因而通过未闭动脉导管的左向右分流的血液连续不断，肺动脉扩张，使肺循环及左心房、左心室、升主动脉的血流量明显增加。故选C。

54.【答案】B

【解析】患儿胸骨左缘第2~4肋间听到Ⅱ~Ⅲ级喷射性收缩期杂音提示收缩期负荷过高。法洛四联症临床上的杂音由右心室流出道梗阻所致而非室间隔缺损。右心室流出道的梗阻使右心室后负荷加重，引起右心室的代偿性肥厚。故选B。

55.【答案】D

【解析】肺纹理减少提示肺血流量减少，减少只有法洛四联症，其他畸形都是肺血流量增多。故选D。

56.【答案】C

【解析】法洛四联症临床症状出现的时间、发绀的严重性和右室肥厚程度取决于肺动脉血流梗阻的程度。当右室流出道梗阻严重时，肺动脉血流显著减少，表现为不同程度的缺氧。在缺氧发作时，可给予去氧肾上腺素、普萘洛尔，必要时皮下注射吗啡。普萘洛尔可减慢心率，改善心脏的血流动力学，减轻右心室流出道的梗阻状态，以治疗缺氧状态。故选C。

57.【答案】A

【解析】这几种先心病都会引起肺的血流动力学改变，前三种是充血，后一种是缺血。因为前三种先心病都会导致肺循环血量不同程度的增加，出现不同程度的肺淤血，且体循环血量不足导致患儿的营养不佳，故最容易发生肺炎。故选A。

58.【答案】E

【解析】室间隔缺损于生后第一年可通逐渐变小或自然愈合，20%~50%的小型室间隔缺损、膜周部、肌部缺损可能在5岁以内有自然闭合的可能，但大多发生在1岁内。故选E。

59.【答案】B

【解析】早产儿动脉导管未闭的处理视分流大小、呼吸窘迫综合征情况而定。症状明显者，需抗心力衰竭治疗，生后1周内使用吲哚美辛治疗，但仍有10%的患者需手术治疗。采用介入疗法，选择蘑菇伞等关闭动脉导管。故选B。

60.【答案】D

【解析】动脉导管未闭肺动脉高压时，肺门处肺动脉总干及其分支扩大，而远端肺野肺小动脉狭小，左心室有扩大肥厚征象。主动脉结正常或凸出。故选D。

61.【答案】B

【解析】患儿左第2肋间闻及Ⅱ~Ⅲ级喷射性收缩期杂音，X线表现示心影呈梨形，心电图示电轴右偏，V_1导联呈rsR型。符合房间隔缺损的诊断。故选B。

62.【答案】E

63.【答案】C

【解析】患儿胸骨左缘第2~3肋间闻及Ⅲ~Ⅳ级收缩期、Ⅱ级舒张期杂音，杂音部位在胸骨左缘上方，提示房间隔缺损或动脉导管未闭。杂音占据了整个收缩期和舒张期，进一步提示为动脉导管未闭（房间隔缺损时，胸骨左缘为收缩中期喷射性杂音）。主动脉弓增宽主要考虑动脉导管未闭。故选C。

64.【答案】D

【解析】法洛四联症肺动脉高压，所以肺纹理减少。而且题干胸片显示靴型心也说明是法洛四联症。故选D。

【A_3/A_4型题】

65.【答案】B

【解析】根据患儿杂音特点，P_2亢进伴固定分裂，胸片肺野充血，上述改变符合房间隔缺损特点。且这几种先心病只有房间隔缺损伴有房室传导阻滞，所以出现V_1导联呈rsR型。故选B。

66.【答案】A

【解析】房间隔缺损主要导致右房、右室代偿性增大。故选A。

67.【答案】B

【解析】小于3mm的房间隔缺损多在3个月内自然闭合，大于8mm的房间隔缺损一般不会自然闭合。房缺分流量较大时一般可在3~5岁时选择体外循环下手术治疗。反复呼吸道感染、发生心力衰竭或合并肺动脉高压者应尽早手术治疗。房间隔缺损也可通过介入性心导管术。故选B。

68.【答案】C

【解析】根据患儿咳嗽、气促、发热病史及两肺背部有细湿啰音、胸片示两肺下部有炎性渗出病灶，可以考虑诊断为肺炎。根据心前区隆起，胸骨左缘第3~4肋间有收缩期震颤伴Ⅲ级全收缩期杂音，广泛传导；动脉段凸出，左心室扩大，主动脉弓小。考虑为室间隔缺损。故选C。

69.【答案】B

【解析】患者右室流出有障碍，不适宜用强心类。故选B。

70.【答案】D

【解析】房间隔缺损时，胸骨左缘为收缩中期喷射性杂音，这几种先心病只有房间隔缺损伴有房室传导阻滞。故选D。

71.【答案】C

【解析】多普勒彩色血流显像可以提高诊断的可靠性并能判断分流的方向，应用多普勒超声可以估测分流量的大小，估测右心室收缩压及肺动脉压。故选C。

72.【答案】E

73.【答案】A

【解析】法洛四联症X线检查示心脏大小一般正常或稍增大，典型者前后位心影呈“靴状”，即心尖圆钝上翘，肺动脉段凹陷，上纵隔较宽，肺门血管影缩小，两侧肺纹理减少，透亮度增加，年长儿可因侧支循环形成，肺野呈网状纹理，25%的患儿可见到右位主动脉弓阴影。故选A。

74.【答案】D

【解析】法洛四联症常见的并发症为脑血栓、脑脓肿及感染性心内膜炎。故选D。

75.【答案】A

【解析】房间隔缺损胸骨左缘2~3肋间有收缩期杂音，P_2亢进伴固定分裂。心电图为电轴右偏，呈不完全性右束支传导阻滞的图形。故选A。

76.【答案】B

【解析】M型超声心动图可以显示右心房、右心室增大及室间隔的矛盾运动。二维超声可以显示房间隔缺损的位置及大小，结合彩色多普勒超声可以提高诊断的可靠性并能判断分流的方向，应用多普勒超声可以估测分流量的大小，估测右心室收缩压及肺动脉压力。故选B。

77.【答案】A

【解析】X线表现对分流较大的房间隔缺损具有诊断价值。心脏外形轻至中度增大，以右心房及右心室为主，心胸比大于0.5。肺动脉段突出，肺叶充血明显，主动脉影缩小。透视下可见肺动脉总干及分支随心脏搏动而一明一暗的“肺门舞蹈”征，心影略呈“梨形”。原发孔型房缺伴二尖瓣裂缺者，左心房及左心室增大。故选A。

78.【答案】B

79.【答案】C

【解析】脑血栓为法洛四联症常见并发症。室间隔缺损易并发支气管炎、充血性心力衰竭、肺水肿及感染性心内膜炎。故选C。

80.【答案】B

【解析】中型缺损心影轻度到中度增大，左、右心室增大，以左室增大为主。大型缺损心影中度以上增大，呈二尖瓣型，左、右心室增大，多以右心室增大为主。此患儿无青紫，无心脏杂音轻而P_2显著无进的体征、故考虑为中型缺损。故选B。

【B_1型题】

81.【答案】D

82.【答案】E

【解析】动脉导管未闭由于舒张压降低，脉压增宽，并可出现周围血管体征，如水冲脉、指甲床毛细血管搏动等。故选E。

83.【答案】B

【解析】动脉导管未闭当肺动脉压力超过主动脉压时，左向右分流明显减少或停止，产生肺动脉血流逆向分流入主动脉，患儿呈现差异性发绀，下半身青紫，左上肢有轻度青紫，右上肢正常。故选B。

84.【答案】D

【解析】法洛四联症阵发性缺氧发作多见于婴儿，发生的诱因为吃奶、哭闹、情绪激动、贫血、感染等。表现为阵发性呼吸困难，严重者可引起突然昏厥、抽搐，甚至死亡。其原因是在肺动脉漏斗部狭窄的基础上，突然发生该处肌部痉挛，引起一时性肺动脉梗阻，使脑缺氧加重所致。故选D。

85.【答案】A

86.【答案】D

【解析】小型室间隔缺损心肺X线检查无明显改变，或肺动脉段延长或轻微突出，肺野轻度充血。中型缺损心影轻度到中度增大，左、右心室增大，以左室增大为主，主动脉弓影较小，肺动脉段扩张，肺野充血。大型缺损心影中度以上增大，呈二尖瓣型，左、右心室增大，多以右心室增大为主，肺动脉段明显突出，肺野明显充血。当肺动脉高压转为双向或右向左分流时，出现艾森门格综合征，主要特点为肺动脉主支增粗，而肺外周血管影很少，宛如枯萎的秃枝，心影可基本正常或轻度增大。故选D。

87.【答案】C

【解析】动脉导管细者心血管影可正常。大分流量者心胸比率增大，左心室增大，心尖向下扩张，左心房亦轻度增大。肺血增多，肺动脉段突出，肺门血管影增粗。当婴儿有心力衰竭时，可见肺淤血表现，透视下左心室和主动脉搏动增强。肺动脉高压时，肺门处肺动脉总干及其分支扩大，而远端肺野肺小动脉狭小，左心室有扩大肥厚征象。主动脉结正常或凸出。故选C。

88.【答案】A

【解析】肺动脉轻、中度狭窄时心脏大小正常，重度狭窄时如心功能尚可，心脏仅轻度增大；如有心力衰竭，心脏则明显增大，主要为右心室和右心房扩大。狭窄后的肺动脉扩张为本病特征性的改变，有时扩张延伸到左肺动脉，但在婴儿期扩张多不明显。故选A。

第十三章　泌尿系统疾病

【A_1型题】

1.【答案】D

【解析】免疫抑制剂主要用于肾病综合征频繁复发，糖皮质激素依赖、耐药或出现严重副作用者。在小剂量糖皮质激素隔日使用的同时可选用免疫抑制剂。故选D。

2.【答案】A

3.【答案】E

【解析】肾病综合征诊断标准：大量蛋白尿（尿蛋白+++~++++，1周内3次，24小时尿蛋白定量≥50mg/kg）；血浆清蛋白低于30g/L；血浆胆固醇高于5.7mmol/L；明显水肿。选项中以大量蛋白尿和低清蛋白血症为必要条件。故选E。

4.【答案】B

【解析】新生女婴尿道长仅1cm（性成熟期3~5cm），且外口暴露而又接近肛门，易受细菌污染。男婴尿道虽较长，但常有包茎，尿垢积聚时也易引起上行性细菌感染。故选B。

5.【答案】B

【解析】肾病综合征显著水肿和严重高血压时应短期限制水、钠摄入，病情缓解后不必继续限盐。故选B。

6.【答案】A

【解析】急性肾炎的水肿一般最先出现在眼睑，呈下行性。故选A。

7.【答案】C

【解析】凡具有以下四项之一或多项者属于肾炎型肾病：①2周内分别3次以上离心尿检查RBC≥10/HPF，并证实为肾小球源性血尿者。②反复或持续高血压，学龄儿童≥130/90mmHg，学龄前儿童≥120/80mmHg，并除外糖皮质激素等原因所致。③肾功能不全，并排除由于血容量不足等所致。④持续低补体血症。故选D。

8.【答案】A

【解析】尽管急性肾小球肾炎有多种病因，但绝大多数的病例属A族乙型溶血性链球菌急性感染后引起的免疫复合性肾小球肾炎。溶血性链球菌感染后，肾炎的发生率一般在0~20%。故选A。

9.【答案】E

【解析】急性肾炎有感染灶时用青霉素10~14天。故选E。

10.【答案】E

【解析】肾病综合征并发症有感染、电解质紊乱和低血容量、血栓形成、急性肾衰竭、肾小管功能障碍。故选E。

11.【答案】C

【解析】正常排尿机制在婴儿期由脊髓反射完成，以后建立脑干-大脑皮层控制，至3岁已能控制排尿。在1.5~3岁，儿童主要通过控制尿道外括约肌和会阴肌控制排尿，若3岁后仍保持这种排尿机制，不能控制膀胱逼尿肌收缩，则出现不稳定膀胱，表现为白天尿频、尿急，偶然尿失禁和夜间遗尿。故选C。

12.【答案】D

13.【答案】B

【解析】急性肾小球肾炎在前驱感染后经1~3周无症状的间歇期而急性起病。咽炎为诱因者病前6~12天（平均10天）多有发热、颈淋巴结大及咽部渗出。皮肤感染见于病前14~28天（平均20天）。故选B。

14.【答案】D

【解析】急性肾小球肾炎70%的病例有水肿，一般仅累及眼睑及颜面部，重者2~3天遍及全身，呈非凹陷性。故选D。

15.【答案】C

【解析】急性肾小球肾炎往往有前期链球菌感染史，急性起病，具备血尿、蛋白尿和管型尿、水肿及高血压等特点，急性期血清ASO滴度升高，C3浓度降低。故选C。

16.【答案】B

【解析】急性肾炎有水肿、高血压者应限食盐及水。食盐以60mg/（kg·d）为宜。故选B。

17.【答案】C

【解析】肾病综合征发病年龄多为学龄前儿童，3~5岁为发病高峰。故选C。

18.【答案】D

【解析】急性肾炎ASO滴度升高仅表示近期有过链球菌感染，与急性肾小球肾炎的严重性无直接相关性。故选D。

19.【答案】B

【解析】肾病综合征初治病例诊断确定后应尽早选用泼尼松治疗。故选B。

20.【答案】E

【解析】急性肾小球肾炎病程早期突然惊厥，应首先想到高血压脑病。因此时患儿血压可很高，有时收缩压可达200mmHg以上，极易引起惊厥。抽风前多有头晕、眼花或呕吐等症状。故选E。

21.【答案】C

【解析】急性肾炎急性期需卧床2~3周，直到肉眼血尿消失，水肿减退，血压正常，即可下床做轻微活动。红细胞沉降率正常可上学，但应避免重体力活动。尿检正常后方可恢复体力活动。故选C。

22.【答案】B

【解析】急性肾炎少数患儿在疾病早期（2周之内）可出现严重症状。故选B。

23.【答案】E

24.【答案】B

【解析】儿童肾脏虽具备大部分成人肾的功能，但其发育是由未成熟逐渐趋向成熟。在胎龄36周时肾单位数量（每肾85万~100万）已达成人水平，出生后上述功能已基本具备，但调节能力较弱，贮备能力差，一般至1~2岁时接近成人水平。故选B。

【A_2型题】

25.【答案】C

【解析】患儿有前期链球菌感染史，急性起病，具备血尿、蛋白尿和管型尿、水肿及高血压等特点，急性期血清ASO滴度升高，C3浓度降低。考虑急性肾炎。故选C。

26.【答案】D

【解析】急性肾炎严重循环充血常发生在起病1周内，由于水、钠潴留，血浆容量增加而出现循环充血。当肾炎患儿出现呼吸急促和肺部有湿啰音时，应警惕循环充血的可能性，严重者可出现呼吸困难、端坐呼吸、颈静脉怒张、频咳、咳粉红色泡沫痰、两肺满布湿啰音、心脏扩大，甚至出现奔马律、肝大而硬、水肿加剧。少数可突然发生，病情急剧恶化。故选D。

27.【答案】B

【解析】单纯性肾病多发生于2~7岁儿童，有“三高一低”的特征，没有血尿、高血压、补体下降，尿素氮在正常范围。故选B。

28.【答案】E

【解析】急性肾炎急性期需卧床2~3周，直到肉眼血尿消失，水肿减退，血压正常，即可下床做轻微活动。红细胞沉降率正常可上学，但应避免重体力活动。尿检正常后方可恢复体力活动。

患儿红细胞沉降率正常，但尿沉渣细胞绝对计数不正常。故选 E。

29.【答案】D

30.【答案】E

【解析】病毒性肾炎与急性肾炎相比，病毒性肾炎的临床症状较轻，常无明显水肿、少尿和高血压；尿变化往往发生在病毒感染的极期或感染后的 3~5 天以内，开始有蛋白尿，但较轻微并迅速消失，以血尿为主，且镜下血尿持续较久；肾功能多正常，C3 不降低，抗“O”滴定度不升高，预后一般良好。故选 E。

31.【答案】B

【解析】患儿为近 3 年夜尿增多，一般超过 1 年是慢性肾炎，而且特点是多尿、夜尿、低比重尿。所以符合慢性肾炎表现。故选 B。

32.【答案】D

【解析】高血压脑病的治疗原则为选用降血压效力强而迅速的药物。首选硝普钠，5~20mg 加入 5% 葡萄糖液 100ml 中，以 1μg/(kg·min)速度静脉滴注，用药时严密监测血压，随时调节药液滴速，每分钟不宜超过 8μg/kg，以防发生低血压。滴注时针筒、输液管等须用黑纸覆盖，以免药物遇光分解。故选 D。

33.【答案】B

【解析】急进性肾小球肾炎：起病急，有尿改变（血尿、蛋白尿、管型尿）、高血压、水肿，并常有持续性少尿或无尿，进行性肾功能减退。若缺乏积极有效的治疗措施，预后严重。本病例血尿素氮升高，出现颗粒管型，均提示短时间内迅速出现肾功能不全，应为急进性肾炎。故选 B。

34.【答案】A

35.【答案】B

【解析】患儿不恰当长期禁用食盐或长期食用不含钠的食盐代用品、过多使用利尿药以及感染、呕吐、腹泻等因素均可致低钠血症。其临床表现可有食欲缺乏、乏力、懒言、嗜睡、血压下降甚至出现休克、抽搐等。另外由于低蛋白血症、血浆胶体渗透压下降、显著水肿、而常有血容量不足，尤在各种诱因引起低钠血症时易出现低血容量性休克。故选 B。

36.【答案】C

【解析】肾炎性肾病除了具有肾病的四大特征外，凡具有以下四项之一或多项者属于肾炎型肾病：①2 周内分别 3 次以上离心尿检查 RBC≥10/HPF，并证实为肾小球源性血尿者。②反复或持续高血压，学龄儿童≥130/90mmHg，学龄前儿童≥120/80mmHg。并除外糖皮质激素等原因所致。③肾功能不全，并排除由于血容量不足等所致。④持续低补体血症。患儿尿血常规红细胞多，血压高。符合肾炎性肾病的诊断。故选 C。

37.【答案】C

38.【答案】A

39.【答案】D

【解析】患儿急性肾炎的诊断成立。有感染灶时用青霉素 10~14 天。故选 D。

40.【答案】B

【解析】患儿符合肾病综合征的诊断。初治病例诊断确定后应尽早选用泼尼松治疗。中、长期疗法：可用于各种类型的肾病综合征。先以泼尼松 2mg/(kg·d)，最大量 60mg/d，分次服用。若 4 周内尿蛋白转阴，则自转阴后至少巩固 2 周方始减量，以后改为隔日 2mg/kg 早餐后顿服，继用 4 周，以后每 2~4 周减总量 2.5~5.0mg，直至停药。疗程必须达 6 个月（中程疗法）。开始治疗后 4 周尿蛋白未转阴者可继服至尿蛋白阴转后 2 周，一般不超过 8 周。以后再改为隔日 2mg/kg 早餐后顿服，继用 4 周，以后每 2~4 周减量一次，直至停药，疗程 9 个月（长程疗法）。故选 B。

41.【答案】C

【解析】水痘患者如果使用激素可以造成播散性水痘，所以应用激素不妥。故选 C。

42.【答案】B

【A_3/A_4 型题】

43.【答案】D

【解析】急性肾炎需抗感染，有感染灶时用青霉素 10~14 天。故选 D。

44.【答案】E

【解析】急性肾小球肾炎是免疫复合物引起的肾炎，发病前往往有链球菌引起的咽喉部感染。故选 E。

45.【答案】C

46.【答案】C

【解析】急性肾炎急性期需卧床 2~3 周，直到肉眼血尿消失，水肿减退，血压正常，即可下床做轻微活动。故选 C。

47.【答案】E

48.【答案】B

【解析】肾炎性肾病和单纯性肾病主要区别是有无血尿和高血压。患儿血压正常，尿常规红细胞少。符合单纯性肾病的诊断。故选 B。

49.【答案】A

【解析】儿童原发性肾病综合征的病理观察有以下类型：微小病变（76.4%），局灶性节段性肾小球硬化（6.9%），膜性增生性肾小球肾炎（7.5%），单纯系膜增生（2.3%），增生性肾小球肾炎（2.3%），局灶性球性硬化（1.7%），膜性肾病（1.5%），其他（1.4%）。儿童肾病综合征最主要的病理变化是微小病变型。故选 A。

50.【答案】C

51.【答案】C

【解析】出现腹胀无力，膝反

射弱，且心电图出现T波低平且有U波，为低钾表现。轻度低钾血症时口服治疗，较重时静脉滴注液含钾浓度一般不超过0.3%。故选C。

52.【答案】B

【解析】高血压脑病常发生在急性肾炎疾病早期，血压突然上升之后，血压往往在（150~160）mmHg/（100~110）mmHg以上。年长儿会主诉剧烈头痛、呕吐、复视或一过性失明，严重者突然出现惊厥、昏迷。患儿符合高血压脑病的表现。故选B。

53.【答案】D

【解析】原则为选用降血压效力强而迅速的药物。首选硝普钠。有惊厥者应及时止痉。故选D。

【B_1型题】

54.【答案】A

【解析】短程疗法：泼尼松2mg/（kg·d）（按身高标准体重，以下同），最大量60mg/d，分次服用，共4周。4周后不管效应如何，均改为泼尼松1.5mg/kg隔日晨顿服，共4周，全疗程共8周，然后骤然停药。现已经很少用。故选B。

55.【答案】B

【解析】泼尼松中、长程疗法：①先用泼尼松每日1.5~2.0mg/kg，分3~4次服用，共4周。②若4周内尿蛋白阴转，则改为泼尼松2mg/kg，隔日早餐后顿服，继用4周，以后每2~4周减量一次，直至停药。疗程达6个月者为中程疗法，达9个月者为长程疗法。故选B。

56.【答案】D

57.【答案】A

【解析】激素疗法疗效判断：①激素敏感：激素治疗后8周内尿蛋白转阴，水肿消退。②激素部分敏感：治疗8周内水肿消退，但尿蛋白仍“+~++”③激素耐药上治疗满8周，蛋白尿仍在“++”以上。④激素依赖：激素治疗后尿蛋白转阴，但停药或减量后又出现“+”以上，再次用药或恢复用量后尿蛋白转阴两次以上者（除外感染及其他因素）。以上尿变化指分布在7~10天内3次尿常规检查结果。故选A。

58.【答案】D

59.【答案】C

第十四章　血液系统疾病

【A_1型题】

1.【答案】E

【解析】理解记忆题。营养性巨幼细胞贫血，多见于2岁以内的婴幼儿。主要因缺乏维素B_{12}或叶酸所致。其特点为：各期红细胞大于正常，红细胞比血红蛋白减少更明显，粒细胞和血小板减少，粒细胞核右移，骨髓出现巨幼红细胞等造血特点，经维生素B_{12}及叶酸治疗有效。叶酸缺乏原因与叶酸摄入不足，小肠吸收叶酸障碍，治疗药物干扰叶酸代谢，叶酸需要量增加引起相对缺乏有关。而内因子的作用是促进维生素B_{12}的吸收，与叶酸缺乏无关。故选E。

2.【答案】D

【解析】在正常情况下，骨髓外造血极少。出生后，尤其在婴儿期，当发生感染性贫血或溶血性贫血等造血需要增加时，肝、脾和淋巴结可随时适应需要，恢复到胎儿时的造血状态，出现肝、脾、淋巴结肿大。同时外周血中可出现有核红细胞或/和幼稚中性粒细胞。这是小儿造血器官的一种特殊反应，称为“骨髓外造血”，感染及贫血纠正后即恢复正常。故选D。

3.【答案】C

【解析】胚胎第3周开始出现卵黄囊造血。自胚胎第6~8周开始，肝脏出现活动的造血组织，并成为胎儿中期的主要造血部位。胚胎第6周开始出现骨髓，但至胎儿4个月时才开始造血活动，并迅速成为主要的造血器官，直至出生2~5周后成为唯一的造血场所。故选C。

4.【答案】D

【解析】出生时婴儿中性粒细胞约占0.65，淋巴细胞约占0.30。随着白细胞总数的下降，中性粒细胞比例也相应下降，生后4~6天时两者比例约相等；至1~2岁时淋巴细胞约占0.60，中性粒细胞约占0.35，之后中性粒细胞比例逐渐上升，至4~6岁时两者比例又相等；以后白细胞分类与成人相似。此外，初生儿外周血中也可出现少量幼稚中性粒细胞，但在数天内即消失。故选D。

5.【答案】C

【解析】婴儿生长发育迅速，循环血量迅速增加等因素，红细胞数和血红蛋白量逐渐降低，至2~3个月时（早产儿较早）红细胞数降至3.0×10^{12}/L、血红蛋白量降至100g/L左右，出现轻度贫血，称为“生理性贫血”。“生理性贫血”呈自限性，3个月以后，红细胞数和血红蛋白量又缓慢增加，于12岁时达成人水平。故选C。

6.【答案】E

【解析】由于胎儿期处于相对缺氧状态，红细胞生成素合成增加，故红细胞数和血红蛋白量较高，出生时红细胞数（5.0~7.0）×10^{12}/L，血红蛋白量150~220g/L。故选E。

7.【答案】E

【解析】肝脾和淋巴结肿大是婴幼儿贫血常见的体征。肝、脾轻度肿大多提示髓外造血；如肝脾明显肿大且以脾大为主者，多提示遗传性溶血性贫血。故选E。

8.【答案】B

【解析】约4月龄以后，从母体获取的铁逐渐耗尽，加上此期生长发育迅速，造血活跃，因此对膳食铁的需要增加，而婴儿主食人乳和牛乳的铁含量均低，不能满足机体之需，贮存铁耗竭后即发生缺铁，故6个月至2岁的小儿缺铁性贫血发生率高。故选B。

9.【答案】C

10.【答案】C

【解析】初生时白细胞总数（15~20）×10^9/L，生后6~12小时达（21~28）×10^9/L，然后逐渐下降，1周时平均为12×10^9/L，婴儿期白细胞数维持在10×10^9/L左右，8岁以后接近成人水平。故选C。

11.【答案】E

【解析】足月新生儿体内总铁约75mg/kg，其中25%为贮存铁。生后由于"生理性溶血"释放的铁较多，随后是"生理性贫血"期造血相对较低下，加之从母体获取的铁一般能满足4个月之需，故婴儿早期不易发生缺铁。但早产儿从母体获取铁少，且生长发育更迅速，可较早发生缺铁。故选E。

12.【答案】B

【解析】铁摄入量不足是缺铁性贫血的主要原因。人乳、牛乳、谷物中含铁量均低，如不及时添加含铁较多的辅食，容易发生缺铁性贫血。故选B。

13.【答案】D

【解析】营养性巨幼细胞贫血可出现烦躁不安、易怒等症状。维生素B_{12}缺乏者表现为表情呆滞、目光发呆、对周围反应迟钝，嗜睡、不认亲人，少哭不笑，智力、动作发育落后甚至退步。重症病例可出现不规则性震颤，手足无意识运动，甚至抽搐、感觉异常、共济失调、踝阵挛和Babinski征阳性等。叶酸缺乏不发生神经系统症状，但可导致神经精神异常。故选D。

14.【答案】B

【解析】营养性缺铁性贫血外周血象血红蛋白减少比红细胞数减少明显，呈小细胞低色素性贫血。外周血涂片可见红细胞大小不等，以小细胞为多，中央淡染区扩大。故选B。

15.【答案】D

16.【答案】E

【解析】血清铁蛋白可较敏感地反映体内贮存铁的情况，因而是诊断缺铁性贫血缺铁ID期的敏感指标。其放射免疫法测定的正常值：<3个月婴儿为194~238μg/L，3个月后为18~91μg/L；低于12μg/L，提示缺铁。故选E。

17.【答案】B

18.【答案】C

【解析】红细胞内缺铁时红细胞游离原卟啉（FEP）不能完全与铁结合成血红素，血红素减少又反馈性地使FEP合成增多，未被利用的FEP在红细胞内堆积，导致FEP值增高，当FEP>0.9μmol/L（500μg/dl）即提示细胞内缺铁。故选C。

19.【答案】C

【解析】血清铁（SI）、总铁结合力（TIBC）和转铁蛋白饱和度（TS）这三项检查是反映血浆中铁含量，通常在IDA期才出现异常：即SI和TS降低，TIBC升高。故选C。

20.【答案】D

【解析】总铁结合力（TIBC）>62.7μmol/L（350μg/dl）有意义；其生理变异较小，在病毒性肝炎时可增高。故选D。

21.【答案】E

【解析】营养性缺铁性贫血根据病史，特别是喂养史、临床表现和血常规特点，一般可作出初步诊断。进一步做有关铁代谢的生化检查有确诊意义。必要时可做骨髓检查。用铁剂治疗有效可证实诊断。故选E。

22.【答案】D

【解析】营养性缺铁性贫血主要治疗原则为去除病因和补充铁剂。故选D。

23.【答案】B

【解析】营养性缺铁性贫血根治的关键是去除病因。对饮食不当者应纠正不合理的饮食习惯和食物组成，有偏食习惯者应予纠正。如有慢性失血性疾病，如钩虫病、肠道畸形等，应予及时治疗。故选B。

24.【答案】E

【解析】营养性缺铁性贫血一般不必输红细胞，输注红细胞的适应证是：①贫血严重，尤其是发生心力衰竭者。②合并感染者。③急需外科手术者。贫血越严重，每次输注量应愈少。Hb在30g/L以下者，应采用等量换血方法；Hb在30~60g/L者，每次可输注浓缩红细胞4~6ml/kg；Hb在60g/L以上者，不必输红细胞。故选E。

25.【答案】E

【解析】营养性缺铁性贫血常用的口服铁剂有硫酸亚铁（含元素铁20%）、富马酸亚铁（含元素铁33%）、葡萄糖酸亚铁（含元素铁12%）、琥珀酸亚铁（含元素铁

35%）等。口服铁剂的剂量为元素铁每日4~6mg/kg，分3次口服，一次量不应超过元素铁1.5~2.0mg/kg；以两餐之间口服为宜，为减少胃肠不良反应，可从小剂量开始，如无不良反应，可在1~2日内加至足量。同时服用维生素C，可增加铁的吸收。牛奶、茶、咖啡及抗酸药等与铁剂同服均可影响铁的吸收。故选E。

26.【答案】B

【解析】补充铁剂12~24小时后，细胞内含铁酶开始恢复，烦躁等精神症状减轻，食欲增加。网织红细胞于服药2~3天后开始上升，5~7日达高峰，2~3周后下降至正常。治疗1~2周后血红蛋白逐渐上升，通常于治疗3~4周达到正常。如3周内血红蛋白上升不足20g/L，注意寻找原因。如治疗反应满意，血红蛋白恢复正常后再继续服用铁剂6~8周，以增加铁储存。故选B。

27.【答案】E

28.【答案】D

【解析】营养性巨幼细胞贫血的病因如下。①摄入量不足：单纯母乳喂养而未及时添加辅食的婴儿、人工喂养不当及严重偏食的婴幼儿，其饮食中缺乏肉类、动物肝、肾及蔬菜，可致维生素B_{12}和叶酸缺乏。羊乳中叶酸量很低，单纯以羊奶喂养者，可致叶酸缺乏。②需要量增加：婴儿生长发育较快，对叶酸、维生素B_{12}的需要量也增加，严重感染者维生素B_{12}的消耗量增加，需要量相应增加。③吸收和运输障碍：食物中维生素B_{12}必须与胃底部壁细胞分泌的糖蛋白结合成复合物才能由末端回肠黏膜吸收，进入血液循环后再与转钴蛋白结合，运送到肝脏。慢性腹泻影响叶酸吸收，先天性叶酸代谢障碍也可致叶酸缺乏。故选D。

29.【答案】D

【解析】缺铁性贫血消化系统症状：食欲缺乏，少数有异食癖（如嗜食泥土、墙皮、煤渣等）。故选D。

30.【答案】A

【解析】营养性巨幼细胞贫血缺乏维生素B_{12}，维生素B_{12}能促使脂肪代谢产生的甲基丙二酸转变成琥珀酸而参与三羧酸循环，此作用与神经髓鞘中脂蛋白形成有关，因而能保持中枢和外周髓鞘神经纤维的功能完整性；当其缺乏时，可导致中枢和外周神经髓鞘受损，因而出现神经精神症状。故选A。

31.【答案】C

【解析】营养性巨幼细胞贫血的发病机制：叶酸经叶酸还原酶的还原作用和维生素B_{12}的催化作用后变成四氢叶酸，后者是DNA合成过程中必需的辅酶。当维生素B_{12}或叶酸缺乏后，使四氢叶酸减少，导致DNA合成减少。幼稚红细胞内的DNA合成减少使其分裂和增生时间延长，出现细胞核的发育落后于细胞质的发育而血红蛋白的合成不受影响，使红细胞的胞体变大，形成巨幼红细胞。由于红细胞生成速度慢，巨幼红细胞在骨髓内易被破坏，进入血液循环的红细胞寿命也较短，从而出现贫血。故选C。

32.【答案】D

【解析】维生素B_{12}缺乏性巨幼细胞贫血的确诊依据是血清维生素B_{12}和叶酸测定。血清维生素B_{12}正常值为200~800ng/L，<100ng/L为缺乏。血清叶酸水平正常值为5~6μg/L，<3μg/L为缺乏。故选D。

33.【答案】C

34.【答案】E

【解析】营养性巨幼细胞贫血有精神神经症状者，应以维生素B_{12}治疗为主，如单用叶酸反而有加重症状的可能。维生素B_{12} 500~1000μg一次肌内注射；或每次肌内注射100μg，每周2~3次，连用数周，直至临床症状好转、血常规恢复正常为止。故选E。

35.【答案】B

【解析】叶酸口服剂量为每次5mg，每日3次，连续数周至临床症状好转、血常规恢复正常为止。同时口服维生素C有助叶酸的吸收。故选B。

36.【答案】B

37.【答案】D

【解析】用维生素B_{12}治疗后6~7小时骨髓内巨幼红细胞可转为正常幼红细胞；一般精神症状2~4天后好转；网织红细胞2~4天开始增加，6~7天达高峰，2周后降至正常；精神神经症状恢复较慢。故选D。

38.【答案】C

39.【答案】A

40.【答案】B

【解析】使用叶酸、维生素B_{12}治疗贫血，新生的红细胞迅速利用钾，使钾进入细胞内，导致低钾血症。故选B。

41.【答案】E

42.【答案】B

43.【答案】A

44.【答案】E

【解析】做好喂养指导，无论是母乳或人工喂养的婴儿，均应及时添加含铁丰富且铁吸收率高的辅助食品，如精肉、血、内脏、鱼等，并注意膳食合理搭配，婴儿如以鲜牛乳喂养，必须加热处理以减少牛奶过敏所致肠道失血。故选E。

【A_2型题】

45.【答案】C

46.【答案】B

【解析】患儿临床表现、外周血象提示营养性巨幼细胞贫血。正常血清铁值为12.8~31.3μmol/L，患儿血清铁为正常范围，排除营养性缺铁性贫血。故选 B。

47.【答案】C

【解析】患儿皮肤呈现蜡黄色、表情呆滞、舌震颤；中性粒细胞呈分叶过多现象，均提示营养性巨幼细胞贫血。故选 C。

48.【答案】D

【解析】患儿腹泻、少哭不笑，智力发育落后、手足震颤、腱反射亢进，均提示营养性巨幼细胞贫血。故选 D。

49.【答案】E

【解析】患儿 Hb 40g/L，为重度贫血，且患营养性缺铁性贫血合并支气管肺炎。重度贫血合并感染治疗应输血。故选 E。

50.【答案】B

【解析】根据患儿病史特别是喂养史（10 个月龄母乳喂养）、临床表现（面色苍白，易疲乏，不爱活动）、体征（肝、脾轻度大）和血象特点，符合营养性缺铁性贫血的诊断。故选 E。

51.【答案】C

【解析】根据患儿病史特别是喂养史（14 个月龄牛奶喂养）、异食癖、肝、脾轻度大和血象特点，符合营养性缺铁性贫血的诊断。故选 C。

52.【答案】E

【解析】根据患儿临床表现（面色苍白，食欲欠佳），肝、脾轻度大和血象特点，符合营养性缺铁性贫血的诊断。故选 E。

53.【答案】D

【解析】根据患儿喂养史（10 个月龄牛奶喂养）、临床表现（面色苍白，易疲乏，不爱活动）和血常规特点，符合营养性缺铁性贫血的诊断。血清铁蛋白降低说明储存铁减少，是早期诊断的指标。故选 D。

54.【答案】D

【解析】皮肤散在出血点为巨幼细胞贫血特点之一。根据临床表现、血常规可诊断为巨幼细胞贫血。其血涂片可见红细胞大小不等，以大细胞为多，易见嗜多色性和嗜碱点彩红细胞，可见巨幼变的有核红细胞，中性粒细胞呈分叶过多现象。故选 D。

55.【答案】D

【解析】血红蛋白（Hb）从正常下限 ~ 90g/L 者为轻度；60 ~ 90g/L 者为中度；30 ~ 60g/L 者为重度；<30g/L 者为极重度。故选 D。

56.【答案】B

【解析】初生时白细胞总数（15 ~ 20）×10^9/L，生后 6 ~ 12 小时达（21 ~ 28）×10^9/L，然后逐渐下降，1 周时平均为 12×10^9/L，婴儿期白细胞数维持在 10×10^9/L 左右，8 岁以后接近成人水平。白细胞分类主要是中性粒细胞与淋巴细胞比例的变化。出生时中性粒细胞约占 0.65，淋巴细胞约占 0.30。故选 B。

57.【答案】B

【解析】根据病史特别是喂养史（母乳喂养）、临床表现（面色苍白、乏力）和血象特点，符合营养性缺铁性贫血的诊断。故选 B。

58.【答案】D

【解析】根据病史特别是喂养史（母乳喂养）、临床表现（面色苍白、乏力、食欲缺乏）、体征（肝、脾轻度大）和血常规特点，符合营养性缺铁性贫血的诊断。营养性缺铁性贫血由于髓外造血，肝、脾可轻度大。故选 D。

59.【答案】B

【解析】铁摄入量不足是缺铁性贫血的主要原因。人乳、牛乳、谷物中含铁量均低，如不及时添加含铁较多的辅食，容易发生缺铁性贫血。故选 B。

60.【答案】E

【解析】缺铁性贫血补铁治疗 1 ~ 2 周后血红蛋白逐渐上升，通常于治疗 3 ~ 4 周达到正常。如 3 周内血红蛋白上升不足 20g/L，注意寻找原因。故选 E。

61.【答案】B

【解析】对早产儿，尤其是非常低体重的早产儿，宜自 2 个月左右给予铁剂预防。故选 B。

62.【答案】B

【解析】根据喂养史（母乳喂养、母亲偏食）、临床表现（面色黄、呆滞、手颤）、体征（肝大、膝反射亢进）、血象和骨髓象可诊断为巨幼细胞贫血。故选 B。

63.【答案】C

【解析】出生时中性粒细胞约占 0.65，淋巴细胞约占 0.30。随着白细胞总数的下降，中性粒细胞比例也相应下降，生后 4 ~ 6 天时两者比例约相等；至 1 ~ 2 岁时淋巴细胞约占 0.60，中性粒细胞约占 0.35，之后中性粒细胞比例逐渐上升，至 4 ~ 6 岁时两者比例又相等；以后白细胞分类与成人相似。C 最接近。故选 C。

64.【答案】D

【解析】网织红细胞于服药 2 ~ 3 天后开始上升，5 ~ 7 日达高峰，2 ~ 3 周后下降至正常。故选 D。

65.【答案】E

【解析】营养性巨幼细胞贫血外周血象呈大细胞性贫血，MCV > 94fl，MCH > 32pg。血涂片可见红细胞大小不等，以大细胞为多，易见嗜多色性和嗜碱点彩红细胞，可见巨幼变的有核红细胞，中性粒细胞呈分叶过多现象。患儿血象符合此特点。故选 E。

66.【答案】D

【A_3/A_4型题】

67.【答案】D

【解析】根据病史特别是喂养史（偏食，不食鱼肉蛋）、临床表现（面色苍白、乏力）、体征（肝大）和血象特点，符合营养性缺铁性贫血的诊断。故选 D。

68.【答案】B

【解析】血清铁蛋白可较敏感地反映体内贮存铁的情况，因而是诊断缺铁ID期的敏感指标。故选B。

69.【答案】D

【解析】外源性铁主要来自食物，占人体铁摄入量的1/3；分为血红素铁和非血红素铁，前者吸收率高于后者。动物性食物含铁高且为血红素铁，吸收率达10%~25%；母乳与牛乳含铁量均低；但母乳的铁吸收率比牛乳高2~3倍。植物性食物中的铁是非血红素铁，吸收率1.7%~7.9%。患儿不食鱼、肉、蛋，所以血红素铁摄入少。故选D。

70.【答案】C

【解析】常用的口服铁剂有硫酸亚铁（含元素铁20%）、富马酸亚铁（含元素铁33%）、葡萄糖酸亚铁（含元素铁12%）、琥珀酸亚铁（含元素铁35%）等。口服铁剂的剂量为元素铁每日4~6mg/kg，分3次口服，一次量不应超过元素铁1.5~2.0mg/kg；以两餐之间口服为宜，为减少胃肠不良反应，可从小剂量开始。故选C。

71.【答案】D

【解析】网织红细胞于服药2~3天后开始上升，5~7日达高峰，2~3周后下降至正常。治疗1~2周后血红蛋白逐渐上升，通常于治疗3~4周达到正常。故选D。

72.【答案】D

【解析】如治疗反应满意，血红蛋白恢复正常后再继续服用铁剂6~8周，以增加铁储存。故选D。

73.【答案】C

【解析】单纯母乳喂养而未及时添加辅食的婴儿、人工喂养不当及严重偏食的婴幼儿，其饮食中缺乏肉类、动物肝、肾及蔬菜，可致维生素B_{12}和叶酸缺乏。且患儿面色黄、呆滞、手颤，可诊断为巨幼细胞贫血。故选C。

74.【答案】D

【解析】骨髓穿刺术是采集骨髓液的一种常用诊断技术，临床上骨髓穿刺液常用于血细胞形态学检查，也可用于造血干细胞培养、细胞遗传学分析及病原生物学检查等，以协助临床诊断、观察疗效和判断预后等。包括各种血液病的诊断、鉴别诊断及治疗随访；不明原因的红细胞、白细胞、血小板数量增多或减少及形态学异常；不明原因发热的诊断与鉴别诊断，可做骨髓培养，骨髓涂片找寄生虫等。故选D。

75.【答案】E

76.【答案】D

【解析】根据患儿病史特别是喂养史（14个月龄母乳喂养），异食癖，肝、脾轻度大和血象特点，符合营养性缺铁性贫血的诊断。故选D。

77.【答案】B

【解析】血清铁蛋白可较敏感地反映体内贮存铁情况，因而是诊断缺铁ID期的敏感指标。故选B。

78.【答案】A

【解析】口服铁剂同时服用维生素C，可增加铁的吸收。故选A。

【B_1型题】

79.【答案】D

【解析】血清铁蛋白可较敏感地反映体内贮存铁的情况，因而是诊断缺铁减少期的敏感指标，<12μg/L提示缺铁。故选D。

80.【答案】A

【解析】红细胞游离原卟啉（FEP）>500μg/dl提示细胞内缺铁，如血清铁蛋白降低，FEP升高而未出现贫血，是缺铁红细胞生成缺铁期的表现。故选A。

81.【答案】B

82.【答案】C

【解析】根据世界卫生组织（WHO）的资料，血红蛋白的低限值在6个月至6岁者为110g/L，6~14岁为120g/L。根据外周血血红蛋白含量或红细胞数可分为4度：①血红蛋白（Hb）从正常下限~90 g/L者为轻度。②90~60g/L者为中度。③60~30g/L者为重度。④<30g/L者为极重度。新生儿Hb为144~120g/L者为轻度，~90g/L者为中度，~60g/L者为重度，<60g/L者。故选C。

83.【答案】D

第十五章　神经系统疾病

【A_1型题】

1.【答案】E

【解析】年龄小于3个月的幼婴儿和新生儿化脓性脑炎表现多不典型，主要差异在：①体温可高可低或不发热，甚至体温不升。②颅内压增高表现可不明显。幼婴不会诉头痛，可能仅有吐奶、尖叫或颅缝开裂。③惊厥可不典型，如仅见面部、肢体局灶或多灶性抽动、局部或全身性肌阵挛或呈眨眼、呼吸不规则、屏气等各种不显性发作。④脑膜刺激征不明显，与婴儿肌肉不发达、肌力弱和反应低下有关。故选E。

2.【答案】E

【解析】小儿化脓性脑炎使用肾上腺皮质激素不仅可抑制多种炎症因子的产生，还可降低血管通透性，减轻脑水肿和颅内高压。常用地塞米松0.6mg/（kg·d），分4次静脉注射。一般连续用2~3天，过长使用并无益处。故选 E。

3.【答案】B

【解析】小儿化脓性脑炎典型病例表现为压力增高，外观混浊似米汤样。白细胞总数显著增多，≥1000×10^6/L，但有 20%的病例可能在 250×10^6/L 以下，分类中性粒细胞为主。糖含量常有明显降低，蛋白显著增高。故选 B。

4.【答案】C

【解析】新生儿化脓性脑炎脑膜刺激征不明显，与婴儿肌肉不发达，肌力弱和反应低下有关。故选 C。

5.【答案】E

【解析】化脓性脑膜炎脑脊液检查参见 3 题解析。而病毒性脑膜炎临床表现与化脓性脑膜炎相似，感染中毒及神经系统症状均比化脓性脑膜炎轻，病程自限，大多不超过 2 周。其脑脊液清亮，白细胞数 0 至数百$\times10^6$/L，分类以淋巴细胞为主，糖含量正常。故选 E。

6.【答案】E

【解析】30%～60%的化脓性脑膜炎并发硬脑膜下积液，若加上无症状者，其发生率可高达 80%。本症主要发生在 1 岁以下婴儿。凡经化脓性脑膜炎有效治疗 48～72 小时后脑脊液有好转，但体温不退或体温下降后再升高；或一般症状好转后又出现意识障碍、惊厥、前囟隆起或颅压增高等症状，首先应怀疑本病的可能性。头颅透光检查和 CT 扫描可协助诊断，但最后确诊仍有赖硬膜下穿刺放出积液。故选 E。

7.【答案】D

【解析】少量硬膜下积液无须处理。如积液量较大引起颅压增高症状时，应做硬膜下穿刺放出积液，放液量每次、每侧不超过 15ml。有的患儿需反复多次穿刺，大多数患儿积液逐渐减少而治愈。个别迁延不愈者，需外科手术引流。故选 D。

8.【答案】D

【解析】化脓性脑膜炎并发脑积水是由于炎症渗出物粘连堵塞脑室内脑脊液流出通道，如导水管、第Ⅳ脑室侧孔或正中孔等狭窄处，引起非交通性脑积水；也可因炎症破坏蛛网膜颗粒，或颅内静脉窦栓塞致脑脊液重吸收障碍，造成交通性脑积水。故选 D。

9.【答案】D

【解析】确认致病菌对明确化脓性脑膜炎的诊断和指导治疗均有重要意义，涂片革兰染色检查致病菌简便易行，检出阳性率甚至较细菌培养高。细菌培养阳性者应行药物敏感试验。以乳胶颗粒凝集法为基础的多种免疫学方法可检测出脑脊液中致病菌的特异性抗原，对涂片和培养未能检测到致病菌的患者诊断有参考价值。故选 D。

10.【答案】E

【解析】结核性脑膜炎脑脊液外观呈毛玻璃样，白细胞数多<500×10^6/L，分类以单核细胞为主，薄膜涂片抗酸染色和结核菌培养可帮助诊断确立。故选 E。

11.【答案】B

【解析】许多化脓菌都能引起化脓性脑膜炎。但 2/3 以上患儿是由脑膜炎球菌、肺炎链球菌和流感嗜血杆菌三种细菌引起。2 个月以下幼婴和新生儿以及原发或继发性免疫缺陷病者，易发生肠道革兰阴性杆菌和金黄色葡萄球菌脑膜炎，前者以大肠埃希菌最多见，其次如变形杆菌、铜绿假单胞菌或产气荚膜梭菌等。然而与国外不同，我国很少发生 B 族乙型溶血性链球菌颅内感染。由脑膜炎球菌引起的脑膜炎呈流行性。故选 B。

12.【答案】C

【解析】2 个月以下幼婴和新生儿以及原发或继发性免疫缺陷病者，易发生肠道革兰阴性杆菌和金黄色葡萄球菌脑膜炎，前者以大肠埃希菌最多见。故选 C。

13.【答案】A

【解析】化脓性脑膜炎致病菌最常见的途径是通过血流，即菌血症抵达脑膜微血管。当小儿免疫防御功能降低时，细菌通过血脑屏障到达脑膜。致病菌大多由上呼吸道入侵血流，新生儿的皮肤、胃肠道黏膜或脐部也常是感染的侵入门户。故选 A。

14.【答案】D

【解析】病原菌明确前的抗生素选择：包括诊断初步确立但致病菌尚未明确，或院外不规则治疗者。应选用对肺炎链球菌、脑膜炎球菌和流感嗜血杆菌三种常见致病菌皆有效的抗生素。目前主要选择能快速在患者脑脊液中达到有效灭菌浓度的第三代头孢菌素，包括头孢噻肟或头孢曲松，疗效不理想时可联合使用万古霉素。对 β 内酰胺类药物过敏的患儿，可改用氯霉素 100mg/(kg·d)。故选 D。

15.【答案】D

【解析】皮肤瘀点、瘀斑找菌是发现脑膜炎双球菌重要而简便的方法。故选 D。

【A_2 型题】

16.【答案】E

【解析】患儿 10 个月，化脓性脑膜炎有效治疗后有好转，现体温再升高，又出现惊厥、前囟隆起或颅压增高等症状，首先应怀疑硬膜下积液的可能性。故选 E。

17.【答案】B

【解析】患儿惊厥发作，应该及时控制惊厥发作，并防止再发。故选 B。

18.【答案】B

【解析】通过脑脊液检查，患儿为“化脓性脑膜炎”。主要选择能快速在患者脑脊液中达到有效灭菌浓度的第三代头孢菌素。头孢曲松易透过血脑屏障，在脑脊液中对最主要的脑膜炎病原菌可达到高的活性浓度，其抑制指数（脑脊液药浓度/最低杀菌浓度）明显高于青霉素和阿米卡星。故选B。

19.【答案】E

【解析】通过脑脊液检查，患儿为“化脓性脑膜炎”。患儿9个月，脑膜炎有效治疗后有好转，现体温再升高，又出现高热、呕吐、惊厥、前囟隆起症状，首先应怀疑硬膜下积液的可能性。故选E。

20.【答案】C

【解析】患儿应怀疑硬膜下积液的可能性。少量积液无须处理。如积液量较大引起颅压增高症状时，应做硬膜下穿刺放出积液，放液量每次、每侧不超过15ml。有的患儿需反复多次穿刺，大多数患儿积液逐渐减少而治愈。个别迁延不愈者，需外科手术引流。故选C。

21.【答案】E

【解析】患儿现无化脓性脑膜炎的并发症硬膜下积液的临床表现及体征。只有积液量较大引起颅压增高症状时，才做硬膜下穿刺放出积液。故选E。

22.【答案】C

【解析】凡急性发热起病，并伴有反复惊厥、意识障碍或颅内压增高表现的婴幼儿，均应注意化脓性脑膜炎可能性，应进一步依靠脑脊液检测确立诊断。故选C。

23.【答案】C

【解析】患儿为“化脓性脑膜炎”。患儿9个月，脑膜炎经抗生素治疗后有好转，现体温再升高，又出现高热、抽搐、前囟隆起症状，首先应怀疑硬膜下积液的可能性。故选C。

24.【答案】B

【解析】硬脑膜下积液最后确诊仍有赖硬膜下穿刺放出积液，同时也达到治疗目的。积液应送常规和细菌学检查。正常婴儿硬脑膜下积液量不超过2ml，蛋白定量小于0.4g/L。前囟膨，为硬膜下积液所致。故选B。

25.【答案】C

【解析】PPD直径0.5cm可排除结核性脑膜炎。通过脑脊液检查，患儿应为化脓性脑膜炎。故选C。

26.【答案】C

【解析】化脓性脑膜炎有脑膜刺激征，以颈项强直最常见，其他如Kernig征和Brudzinski征阳性。故选C。

27.【答案】D

【解析】患儿有脑水肿征象、脑疝先兆，需要控制脑水肿和颅内高压，可酌情采用以下方法：①严格限制液体入量。②过度通气，将$PaCO_2$控制于25~30mmHg。③静脉注射脱水剂，如甘露醇等。故选D。

28.【答案】C

【解析】化脓性脑膜炎发生脑积水后，患儿出现烦躁不安、嗜睡、呕吐、惊厥发作、头颅进行性增大、骨缝分离、前囟扩大饱满、头颅破壶音和头皮静脉扩张。至疾病晚期，持续的颅内高压使大脑皮层退行性萎缩，患儿出现进行性智力减退和其他神经功能倒退。患儿符合化脓性脑膜炎合并脑积水的诊断。故选C。

29.【答案】D

【解析】患儿临床表现符合化脓性脑膜炎的诊断。2个月以下幼婴和新生儿以及原发或继发性免疫缺陷病者，易发生肠道革兰阴性杆菌和金黄色葡萄球菌脑膜炎，前者以大肠埃希菌最多见，其次如变形杆菌、铜绿假单胞菌或产气荚膜梭菌等。故选D。

【A_3/A_4型题】

30.【答案】C

31.【答案】B

【解析】脑脊液检查是确诊化脓性脑膜炎的重要依据。故选B。

32.【答案】C

【解析】化脓性脑膜炎是在细菌毒素和多种炎症相关细胞因子作用下，形成以软脑膜、蛛网膜和表层脑组织为主的炎症反应，表现为广泛性血管充血、大量中性粒细胞浸润和纤维蛋白渗出，伴有弥漫性血管源性和细胞毒性脑水肿。故选C。

33.【答案】C

【解析】患儿符合化脓性脑膜炎的诊断。因为患儿为出生后24天的新生儿，所以症状不明显，脑膜刺激征可以是阴性的。故选C。

34.【答案】C

【解析】硬脑膜下积液主要发生在1岁以下婴儿。故选C。

35.【答案】D

【解析】头颅透光检查和CT扫描可协助诊断。故选D。

【B_1型题】

36.【答案】A

【解析】化脓性脑膜炎合并硬脑膜下积液主要发生在1岁以下婴儿。故选A。

37.【答案】B

【解析】结核性脑膜炎呈亚急性起病，不规则发热1~2周才出现脑膜刺激征、惊厥或意识障碍等表现，或于昏迷前先有脑神经或肢体麻痹。具有结核接触史、PPD阳转或肺部等其他部位结核病灶者支持结核诊断。故选B。

38.【答案】C

【解析】脑膜炎双球菌感染易有瘀点、瘀斑和休克。故选C。

39.【答案】B

【解析】化脓性脑膜炎脑脊液典型病例表现为压力增高，外观混浊似米汤样。白细胞总数显著增多，$\geqslant 1000\times10^6$/L，但有20%

的病例可能在 250×10^6/L 以下，分类中性粒细胞为主。糖含量常有明显降低，蛋白显著增高。故选 B。

40.【答案】D

【解析】病毒性脑膜炎脑脊液临床表现与化脓性脑膜炎相似，感染中毒及神经系统症状均比化脓性脑膜炎轻，病程自限，大多不超过 2 周。脑脊液清亮，白细胞数 0 至数百$\times10^6$/L，分类以淋巴细胞为主，糖含量正常。脑脊液中特异性抗体和病毒分离有助诊断。故选 D。

41.【答案】B

【解析】脑膜炎球菌大多数对青霉素依然敏感，故首先选用，剂量同前。少数耐青霉素者需选用上述第三代头孢菌素。故选 B。

42.【答案】A

【解析】由于当前半数以上的肺炎链球菌对青霉素耐药，故应继续按病原菌未明确方案选药头孢噻肟或头孢曲松。仅当药敏试验提示致病菌对青霉素敏感，可改用青霉素 20 万～40 万 U/(kg·d)。故选 A。

43.【答案】C

【解析】致病菌为金黄色葡萄球菌者应参照药敏试验选用万古霉素或利福平等。革兰阴性杆菌者除考虑上述第三代头孢菌素外，可加用氨苄西林或氯霉素。故选 C。

第十六章 内分泌系统疾病

【A1 型题】

1.【答案】B

【解析】先天性甲状腺功能低下根据病因的不同可分为以下两类。①散发性：系先天性甲状腺发育不良、异位或甲状腺激素合成途径中酶缺陷所造成，发生率约为 1/7000。②地方性：多见于甲状腺肿流行的山区，是由于该地区水、土和食物中碘缺乏所致，随着我国碘化食盐的广泛应用，其发病率明显下降。故选 B。

2.【答案】B

【解析】先天性无甲状腺或酶缺陷患儿在婴儿早期即可出现症状，甲状腺发育不良者常在生后 3～6 个月时出现症状，亦偶有数年之后才出现症状。故选 B。

3.【答案】A

【解析】地方性先天性甲低多因孕妇饮食缺碘，致使胎儿在胚胎期即因碘缺乏而导致甲状腺功能低下。故选 A。

4.【答案】B

【解析】新生儿甲状腺功能减退症患儿胎便排出延迟，生后常有腹胀、便秘、脐疝，易被误诊为先天性巨结肠；生理性黄疸期延长；患儿常处于睡眠状态，对外界反应低下，肌张力低，吮奶差，呼吸慢，哭声低且少，体温低（常<35℃），四肢冷，末梢循环差，皮肤出现斑纹或有硬肿现象等。以上症状和体征均无特异性，极易误诊为其他疾病。故选 B。

5.【答案】D

【解析】新生儿甲状腺功能减退症患儿常为过期产，出生体重常大于第 90 百分位数，身长和头围可正常，前、后囟大。故选 D。

6.【答案】C

【解析】多数先天性甲状腺功能减退症患儿常在出生半年后出现典型症状。故选 C。

7.【答案】E

【解析】先天性甲状腺功能减退症应早期确诊，尽早治疗，以减小对脑发育的损害。一旦诊断确立，应终身服用甲状腺制剂，不能中断，否则前功尽弃。故选 E。

8.【答案】D

【解析】我国 1995 年 6 月颁布的“母婴保健法”已将先天性甲状腺功能减退症列入筛查的疾病之一。目前多采用出生后 2～3 天的新生儿干血滴纸片检测 TSH 浓度作为初筛，结果大于 20mU/L（须根据所筛查实验室阳性切割值决定）时，再检测血清 T_4、TSH 以确诊。故选 D。

9.【答案】B

【解析】新生儿甲状腺功能减低症应在开始治疗 2～4 周内使血清 T_4水平上升至正常高限，6～9 周内使血清 TSH 水平降至正常范围。

10.【答案】D

【解析】L-甲状腺素钠：每片 100μg 或每片 50 μg，含 T_4，半衰期为 1 周，因 T_4浓度每日仅有小量变动，血清浓度较稳定，故每日服一次即可，一般起始剂量为每日 8～9μg/kg，维持量个体差异较大。故选 D。

11.【答案】B

【解析】一般 L-甲状腺素钠起始剂量为每日 8～9μg/kg，大剂量为每日 10～15μg/kg。故选 B。

12.【答案】E

【解析】见表 4-19-16-1。

表 4-19-16-1 甲状腺素替代治疗参考剂量

年 龄	μg/d	μg/(kg·d)
0～6 个月	25～50	8～10
6～12 个月	50～100	5～8
1～5 岁	75～100	5～6
6～12 岁	100～150	4～5
12 岁到成人	100～200	2～3

故选 E。

【A_2 型题】

13.【答案】E

【解析】患儿常为过期产，出生体重为4.5kg，大于第90百分位数；便秘，生理性黄疸期延长，对外界反应低下，肌张力低，吮奶差。高度怀疑“新生儿甲状腺功能减低症”。本病应早期确诊，尽早治疗，以减小对脑发育的损害。一旦诊断确立，应终身服用甲状腺制剂。故选E。

14.【答案】E

【解析】考虑为地方性先天性甲减，由于该地区水、土和食物中碘缺乏所致，孕妇饮食缺碘，致使胎儿在胚胎期即因碘缺乏而导致甲状腺功能低下。应该补充含碘食物，其发病率可明显下降。故选E。

15.【答案】A

【解析】甲状腺片药物过量可出现烦躁、多汗、消瘦、腹痛、腹泻、发热等。因此，在治疗过程中应注意随访，治疗开始时每2周随访1次；血清TSH和T_4正常后，每3个月1次；服药1～2年后，每6个月1次。在随访过程中根据血清T_4、TSH水平，及时调整剂量，并注意监测智力和体格发育情况。故选A。

16.【答案】E

17.【答案】E

【解析】患儿具有先天性甲状腺功能减退症患儿的典型症状：特殊面容和体态、神经系统症状以及生理功能低下。为了明确诊断，任何新生儿筛查结果可疑或临床可疑的小儿都应检测血清T_4、TSH浓度。故选E。

18.【答案】A

【解析】患儿常为过期产，出生体重为4.2kg，大于第90百分位数；哭声低哑、吮奶差、腹胀，生理性黄疸期延长。高度怀疑新生儿甲状腺功能减退症。故选A。

19.【答案】B

【A_3/A_4型题】

20.【答案】C

【解析】患儿高度怀疑“新生儿甲状腺功能减退症”。故选C。

21.【答案】C

22.【答案】C

【解析】先天性甲状腺功能减低应早期确诊，尽早治疗，应终身服用甲状腺制剂。故选C。

23.【答案】C

【解析】患儿高度怀疑“新生儿甲状腺功能减低症”。故选C。

24.【答案】B

【B_1 型题】

25.【答案】A

【解析】先天性甲状腺功能减退症特殊面容和体态：头大，颈短，皮肤粗糙、面色苍黄，毛发稀疏、无光泽，面部黏液水肿，眼睑水肿，眼距宽，鼻梁低平，唇厚，舌大而宽厚、常伸出口外。神经系统症状：智力发育低下，表情呆板、淡漠，神经反射迟钝；运动发育障碍，如翻身、坐、立、走的时间都延迟。故选A。

26.【答案】D

【解析】垂体性侏儒症外观矮小，全身比例匀称，智力正常。故选D。

27.【答案】C

【解析】软骨发育不全又称胎儿型软骨营养障碍、软骨营养障碍性侏儒等。是一种由于软骨内骨化缺陷的先天性发育异常，主要影响长骨，临床表现为特殊类型的侏儒-短肢型侏儒。智力及体力发育良好，患者常作为剧团或马戏团的杂技小丑。故选C。

28.【答案】E

29.【答案】D

30.【答案】C

【解析】为一组少见的先天性遗传疾病，主要因降解黏多糖（现称糖氨聚糖）所需的溶酶体水解酶的缺陷，致使组织内有大量黏多糖蓄积，造成骨骼发育障碍、肝脾大、智力迟钝和尿中黏多糖类排出增多。故选C。

第二十篇　传染病、性传播疾病

第一章　传染病总论

【A_1 型题】

1.【答案】E

【解析】感染是病原体与人体之间相互作用、相互斗争的过程。引起感染的病原体可来自宿主体外，也可来自宿主体内。来自宿主体外病原体引起的感染称为传染，传染主要指病原体通过一定方式从一个宿主个体到另一个宿主个体的感染。故选 E。

2.【答案】C

3.【答案】B

【解析】潜伏性感染又称潜在性感染，病原体感染人体后，寄生于某些部位，由于机体免疫功能足以将病原体局限化而不引起显性感染，但又不足以将病原体清除时，病原体便可长期潜伏起来，待机体免疫功能下降时，则可引起显性感染。故选 B。

4.【答案】C

5.【答案】C

【解析】传染病的流行过程就是传染病在人群中发生、发展和转归的过程。流行过程的发生需要有三个基本条件，包括传染源、传染途径和人群易感性。这三个环节必须同时存在，若切断任何一个环节，流行即告终止。流行过程本身又受社会因素和自然因素的影响。故选 C。

6.【答案】D

7.【答案】B

【解析】感染过程可出现五种不同的结局：①清除病原体。②隐性感染，在大多数病毒性传染病中隐性感染是最常见的表现形式，其数量常远远超过显性感染（10 倍以上）。③显性感染。④病原携带状态。⑤潜伏性感染。故选 B。

8.【答案】A

9.【答案】B

10.【答案】C

【解析】传染病与其他疾病的主要区别在于其具有下列四个基本特征：①病原体。②传染性。③流行病学特征。④感染后免疫。故选 C。

11.【答案】B

【解析】早期明确传染病的诊断有助于患者的隔离和治疗。传染病的诊断要综合分析下列 3 个方面的资料：①临床资料。②流行病学资料。③实验室及其他检查资料。故选 B。

12.【答案】B

【解析】治疗传染病的目的不仅在于促进患者康复而且还在于控制传染源，防止进一步传播。要坚持综合治疗的原则，即治疗与护理，隔离与消毒并重，一般治疗、对症治疗与病原治疗并重的原则。故选 B。

13.【答案】A

【解析】传染病的预防也是传染病工作者的一项重要任务。作为传染源的传染病患者总是由临床工作者首先发现因而及时报告和隔离患者就成为临床工作者不可推卸的责任。同时，应当针对构成传染病流行过程的三个基本环节采取综合性措施，并且根据各种传染病的特点，针对传播的主导环节，采取适当的措施，防止传染病继续传播。①管理传染源。②切断传播途径。③保护易感人群。故选 A。

14.【答案】C

【解析】①甲类传染病是指鼠疫、霍乱。②乙类传染病是指传染性非典型肺炎（严重急性呼吸综合征）、艾滋病、病毒性肝炎、脊髓灰质炎、人感染高致病性禽流感、麻疹、流行性出血热、狂犬病、流行性乙型脑炎、登革热、炭疽、细菌性和阿米巴性痢疾、肺结核、伤寒和副伤寒、流行性脑脊髓膜炎、百日咳、白喉、新生儿破伤风、猩红热、布氏菌病、淋病、梅毒、钩端螺旋体病、血吸虫病、疟疾、人感染 H7N9 禽流感。③丙类传染病是指流行性感冒（含甲型 H1N1 流感）、流行性腮腺炎、风疹、急性出血性结膜炎、麻风病、流行性和地方性斑疹伤寒、黑热病、包虫病、丝虫病，除霍乱、细菌性和阿米巴性痢疾、伤寒和副伤寒以外的感染性腹泻病、手足口病。故选 C。

15.【答案】A

【A_2 型题】

16.【答案】E

17.【答案】D

【解析】患者持续发热 17 天伴腹泻，肥达反应“O” 1∶160，“H” 1∶320，符合伤寒的特点，患者 6 个月前有血吸虫疫水接触史并伴有肝大，考虑伤寒合并血吸虫病可能性大。故选 D。

18.【答案】C

【解析】患者急性起病，有黄疸，肝性脑病及凝血机制障碍等肝衰竭表现，故考虑急性重型肝炎可能性大。故选 C。

19.【答案】E

【解析】患者8月发病，以高热、抽搐、休克症状为主，血白细胞 $21\times10^9/L$，符合休克型中毒性菌痢的特点，考虑中毒性菌痢可能性大。故选E。

20.【答案】D

【解析】病原体携带状态是指病原体侵入人体后，可以停留在入侵部位或侵入较远的脏器继续生长、繁殖，人体不出现任何的疾病状态，但能携带并排出病原体，成为传染病流行的传染源。患者HBsAg阳性，而无临床症状，考虑为病原体携带状态。故选D。

【A_3/A_4型题】

21.【答案】C

【解析】患者有发热、出血、肾损害的临床表现，考虑流行性出血热即肾综合征出血热的可能性大。尿中突然出现大量蛋白尿对诊断有很大帮助，血尿素氮及肌酐在低血压休克期开始升高，移行期末达高峰，多尿后期开始下降。故应行尿常规及肾功能检查以协助诊断。故选C。

22.【答案】B

【解析】该患者目前处于发热期，治疗包括：①抗病毒。②减轻外渗：每天输平衡盐溶液或盐水1000ml左右，可给予路丁、维生素C等。③改善中毒症状。④预防DIC。故选B。

23.【答案】B

【解析】患者持续发热，表情淡漠，肝、脾大、白细胞减少，提示伤寒的可能性大。由于骨髓中的单核吞噬细胞吞噬伤寒杆菌较多，伤寒杆菌存在的时间也较长，所以，骨髓培养的阳性率比血培养稍高，可达80%~95%。对血培养阴性或使用过抗菌药物诊断有困难的疑似患者，骨髓培养更有助于诊断。故选B。

24.【答案】D

【解析】目前，在没有伤寒药物敏感性试验的结果之前，伤寒经验治疗的首选药物推荐使用第三代喹诺酮类药物，儿童和孕妇伤寒患者宜首先选用第三代头孢菌素。故选D。

【B_1型题】

25.【答案】A

【解析】针对传播途径的措施消毒、杀虫。故选A。

26.【答案】D

【解析】针对传染源的措施隔离、留验、医学观察。故选D。

第二章　常见传染病

【A_1型题】

1.【答案】A

2.【答案】E

3.【答案】E

4.【答案】E

【解析】甲型肝炎主要由粪-口途径传播。乙型肝炎的主要传播途径有：①母婴传播。②血液、体液传播。③其他途径传播。丙型肝炎主要传播途径有：①输血及血制品。②注射、针刺、器官移植、骨髓移植、血液透析。③生活密切接触传播。④性传播。⑤母婴传播。丁型肝炎传播途径与乙型肝炎相似。戊型肝炎传播途径与甲型肝炎相似。故选E。

5.【答案】E

6.【答案】B

【解析】甲型肝炎无病毒携带状态，传染源为急性期患者和隐性感染者，后者数量远较前者多，故选B。

7.【答案】C

【解析】感染人类的疟原虫共有4种：①间日疟原虫。②卵形疟原虫。③三日疟原虫。④恶性疟原虫。故选C。

8.【答案】D

【解析】粪便内检查虫卵和孵出毛蚴是确诊血吸虫病的直接依据。一般急性期检出率较高，而慢性和晚期患者的阳性率不高。故选D。

9.【答案】E

【解析】血管壁的损伤、血小板减少和功能异常、肝素类物质增加和DIC导致的凝血机制异常是肾综合征出血热出血的原因。故选E。

10.【答案】A

11.【答案】E

【解析】肝性脑病的诱因有：大量利尿引起低钾和低钠血症、消化道大出血、高蛋白饮食、合并感染、使用镇静药、大量放腹水等。故选E。

12.【答案】A

【解析】典型疟疾的临床表现是间歇发作性寒战、高热、大量出汗，贫血和脾大。故选A。

13.【答案】A

【解析】药物预防是目前较常应用的措施，间断预防性治疗每周1次，有助于减少高危人群的感染，对高疟区的健康人群及外来人群可酌情选用。孕妇、儿童宜服用氯喹做预防。故选A。

14.【答案】B

【解析】ALT在肝细胞损伤时释放入血，是目前临床上反映肝细胞功能的最常用指标，对肝病诊断的特异性比AST高。故选B。

15.【答案】C

16.【答案】E

【解析】妊娠急性脂肪肝多以急性腹痛起病或并发急性胰腺炎，黄疸深，肝缩小，严重低血糖及低蛋白血症，尿胆红素阴性。故选 E。

17.【答案】D

18.【答案】D

【解析】乙型肝炎疫苗为主动免疫，免疫球蛋白属于被动免疫。故选 D。

19.【答案】A

【解析】在全球致死的寄生虫病中，疟疾居第一位，其次是血吸虫病和阿米巴病。故选 A。

20.【答案】E

【解析】在艾滋病期会出现各种机会性感染及肿瘤，表现如下。①呼吸系统：肺孢子菌引起的肺孢子菌肺炎，表现为咳嗽、发热、发绀，血氧血压降低。②中枢神经系统：新隐球菌脑膜炎、结核性脑膜炎、弓形虫脑病、各种病毒性脑膜炎。③消化系统。④口腔：鹅口疮、舌毛状白斑、复发性口腔溃疡、牙龈炎等。⑤皮肤：带状疱疹、传染性软疣等。⑥眼部表现。⑦肿瘤：恶性淋巴瘤、卡波西肉瘤等。故选 E。

21.【答案】C

【解析】输血后肝炎 70%以上是丙型肝炎。故选 C。

22.【答案】A

【解析】动物及临床试验证明吡喹酮的毒性较低、疗效好、给药方便、适应证广，可用于各期各型血吸虫病患者，是目前用于治疗日本血吸虫病最有效药物。故选 A。

23.【答案】C

24.【答案】D

【解析】粪便培养出相应病原体可确诊。故选 D。

25.【答案】B

26.【答案】E

【解析】急性肝衰竭，发病初期肝脏无明显缩小，约 1 周后肝细胞大块坏死或亚大块坏死或桥接坏死，坏死肝细胞占 2/3 以上，周围有中性粒细胞浸润，无纤维组织增生，亦无明显的肝细胞再生。故选 E。

27.【答案】C

【解析】肾综合征出血热，又称流行性出血热，是由汉坦病毒属的各型病毒引起的，以鼠类为传染源的一种自然疫源性疾病。故选 C。

28.【答案】B

【解析】菌痢的潜伏期一般为 1~4 天，短者数小时，长者可达 7 天。粪便镜检可见白细胞（≥15个/高倍镜视野）、脓细胞和少数红细胞，如有巨噬细胞则有助于诊断。其主要病理变化为直肠、乙状结肠的炎症与溃疡。故选 B。

29.【答案】A

【解析】我国曾先后发生多次流脑全国性大流行，流行菌株以脑膜炎球菌 A 群为主，自 1985 年开展 A 群疫苗接种之后，发病率持续下降，未再出现全国性大流行。近几年有上升趋势，尤其是 B 群和 C 群有增多趋势，在个别省份先后发生了 C 群引起的局部流行。故选 A。

30.【答案】E

31.【答案】A

【解析】重型肝炎患者 ACT 快速下降，胆红素不断升高的“胆酶分离”现象，提示肝细胞大量坏死。故选 A。

32.【答案】E

【解析】虫肉芽肿反应是日本血吸虫病的基本病理改变，但自尾蚴钻入皮肤至成虫产卵，每个发育阶段均可造成人体损害。①第 1 阶段：尾蚴钻入皮肤部位。②第 2 阶段：幼虫随血流至右心而达肺。③第 3 阶段：成虫及其代谢产物。④第 4 阶段：虫卵引起本病主要病理损害，形成典型的虫卵肉芽肿和纤维化病变。故选 E。

33.【答案】C

34.【答案】D

【解析】特异性 IgM 抗体测定：该抗体在病后 3~4 天即可出现，脑脊液中最早在病程第 2 天即可检测到，2 周时达高峰，可作为早期诊断指标。补体结合试验：补体结合抗体为 IgG 抗体，具有较高的特异性，多在发病后 2 周出现，5~6 周达高峰，抗体水平可维持 1 年左右，不能用于早期诊断，主要用于回顾性诊断或流行病学调查。血凝抑制试验：血凝抑制抗体出现较早，一般在病后 4~5 天出现，2 周时达高峰，抗体水平可维持 1 年以上。病毒分离：由于乙脑病毒主要存在于脑组织中，血及脑脊液中不易分离出病毒，在病程第 1 周内死亡病例的脑组织中可分离到病毒。故选 D。

35.【答案】C

【解析】肾综合征出血热的主要病理变化是全身小血管和毛细血管广泛性损害，临床上以发热、低血压休克、充血出血和肾损害为主要表现。故选 C。

36.【答案】B

37.【答案】E

【解析】急性丙型肝炎病毒（HCV）感染一般临床表现较轻，也可能出现较重的临床表现，但很少出现重型肝炎，且往往几周后随着 ALT 的降低，症状更加隐匿。丙型肝炎的慢性化率为 60%~85%。HCV 相关肝细胞癌发生率在感染 30 年后平均为 1%~3%，主要见于肝硬化和进展性肝纤维化患者，一旦发展为肝硬化，肝癌的年发生率为 1%~7%。故选 E。

38.【答案】C

【解析】重型肝炎出血主要是因为肝细胞坏死时凝血因子合成减少所致。故选 C。

39.【答案】A

【解析】根据 HIV 基因的差异，目前可将 HIV 分为 HIV-1 型和 HIV-2 型。包括我国在内，全球流行的主要毒株是 HIV-1。故选 A。

40.【答案】B

【解析】慢性肝炎抗病毒治疗的一般适应证：①HBV DNA≥10^5拷贝/ml。②ACT≥2×正常上限（VLN），如用干扰素素治疗，ACT 应≤10×ULN，血 TBIL≤2×ULN。③如 ACT<2×ULN，应排除其他原因引起的 ACT 升高。④HCV RNA阳性。故选 B。

41.【答案】A

【解析】高蛋白饮食容易诱发肝性脑病。故选 A。

42.【答案】D

43.【答案】A

44.【答案】C

【解析】肾综合征出血热潜伏期 4~46 天，一般为 7~14 天，以 2 周多见。故选 C。

45.【答案】C

46.【答案】B

【解析】肝衰竭并发肝性脑病者，可口服乳果糖、诺氟沙星等抑制肠道细菌等措施减少氨的产生和吸收；也可采用乳果糖保留灌肠，及时清除肠内含氨物质。故选 B。

47.【答案】B

【解析】流脑典型的脑膜炎期，压力增高，外观呈混浊“米汤”样甚至脓样；白细胞数增多至 $1000×10^6$/L 以上，以多核细胞为主；糖及氯化物明显减少，蛋白含量升高。故选 B。

48.【答案】D

49.【答案】B

【解析】肾综合征出血热病程的 3~7 天常出现低血压休克，称为原发性休克，少尿期以后发生的休克为继发性休克。原发性休克发生的主要原因是由于病毒及免疫反应广泛损伤全身小血管与毛细血管，加上血管活性物质的作用，导致血管扩张、血管通透性增加，血浆外渗使血容量下降。此外，由于血浆外渗使血液浓缩，血液黏稠度升高，促进 DIC 的发生，导致血液循环淤滞，血流受阻，因而使有效循环血量进一步降低。继发性休克的原因主要是大出血，继发感染和多尿期水与电解质补充不足，导致有效循环血量不足。故选 B。

50.【答案】E

51.【答案】E

【解析】急性肝衰竭，又称暴发型肝炎，特征是起病急，发病 2 周内出现Ⅱ度以上肝性脑病为特征的肝衰竭症候群。发病多有诱因。本型病死率高，病程不超过 3 周。故选 E。

52.【答案】B

【解析】抗-HBs 是一种保护性抗体，在急性感染后期，HBsAg 转阴后一段时间开始出现，6~12 个月内逐步上升至高峰，可持续多年。故选 B。

53.【答案】A

54.【答案】B

【解析】肾综合征出血热少尿期的治疗原则为“稳、促、导、透”，即：①稳定内环境。②促进利尿。③透析疗法。④导泻和放血疗法。少尿期应低蛋白饮食。故选 B。

55.【答案】B

【解析】间日疟和卵形疟既有速发型子孢子，又有迟发型子孢子。速发型子孢子在肝细胞内的发育较快，只需经过 12~20 天就能发育为成熟的裂殖体。迟发型子孢子则发育较缓慢，需经 6~11 个月才能发育为成熟的裂殖体。迟发型子孢子，又称为休眠子，是间日疟和卵形疟复发的根源。三日疟和恶性疟无迟发型子孢子，故无复发。故选 B。

56.【答案】C

【解析】肾综合征出血热病程 1~2 天白细胞计数多属正常，第三病日后逐渐升高，可达 $(15\sim30)\times10^9$/L，少数重型患者可达 $(50\sim100)\times10^9$/L。早期中性粒细胞增多，核左移，有中毒颗粒，重症患者可见幼稚细胞呈类白血病反应。第 4~5 病日后，淋巴细胞增多，并出现较多的异型淋巴细胞。由于血浆外渗，血液浓缩，所以从发热后期开始至低血压休克期，血红蛋白和红细胞数均升高，血小板从第二病日起开始减少，并可见异型血小板。故选 C。

57.【答案】B

【解析】异位血吸虫病见于门脉系统以外的器官或组织的血吸虫虫卵肉芽肿，人体常见的异位损害部位在肺和脑。故选 B。

58.【答案】D

【解析】肾综合征出血热治疗以综合治疗法为主，早期应用抗病毒治疗，中晚期则针对病理生理进行对症治疗。“三早一就”仍然是本病的治疗原则，即早发现、早期休息、早期治疗和就近治疗。治疗中应注意防治休克、肾衰竭和出血。故选 D。

59.【答案】A

【解析】晚期血吸虫病，根据晚期主要临床表现，可分为以下 4 型：①巨脾型，最为常见，占晚期血吸虫病绝大多数。②腹水型。③结肠肉芽肿型。④侏儒型，极少见。故选 A。

60.【答案】E

61.【答案】E

62.【答案】D

63.【答案】E

【解析】钉螺是日本血吸虫病必需的唯一中间宿主，消灭钉螺是预防本病的关键。故选 E。

64.【答案】D

【解析】中毒性菌痢，起病急骤，突起畏寒、发热，病势凶险，全身中毒症状严重，可有嗜睡、昏迷及抽搐，迅速发生呼吸和循环衰竭。临床以严重毒血症状、休克和/或中毒性脑病为主，而局部肠道症状很轻或缺如。故选 D。

65.【答案】E

66.【答案】B

【解析】艾滋病的潜伏期平均 9 年，可短至数月，长达 15 年。故选 B。

67.【答案】D

【解析】HIV 感染者和艾滋病患者是获得性免疫缺陷综合征唯一的传染源。故选 D。

68.【答案】E

【解析】肾综合征出血热的传播途径：①呼吸道传播。②消化道传播。③接触传播，被鼠咬伤或破损伤口接触带病毒的鼠类排泄物或血液后亦可导致感染。④垂直传播。⑤虫媒传播。虽本病四季均能发病，但有较明显的高峰季节，其中姬鼠传播者以 11~1 月份为高峰，5~7 月为小高峰。家鼠传播者以 3~5 月为高峰。林区姬鼠传播者以夏季为流行高峰。故选 E。

69.【答案】D

【解析】重症肝炎和肝硬化时，由于醛固酮分泌过多和利钠激素的减少导致钠潴留。钠潴留是早期腹水产生的主要原因。门脉高压、低蛋白血症和肝淋巴液生成增多是后期腹水的主要原因。故选 D。

70.【答案】C

71.【答案】A

72.【答案】E

【解析】流脑的诊断如下。①疑似病例：有流脑流行病学史；临床表现及脑脊液检查符合化脓性脑膜炎的表现。②临床诊断病例：有流脑流行病学史；临床表现及脑脊液检查符合化脓性脑膜炎的表现，伴有皮肤、黏膜瘀点、瘀斑。或虽无化脑表现，但在感染中毒性休克表现的同时伴有迅速增多的皮肤、黏膜瘀点、瘀斑。③确诊病例：在临床诊断病例的基础上，细菌学或流脑特异性血清免疫学检查阳性。故选 E。

73.【答案】E

74.【答案】B

【解析】急性肝炎包括急性黄疸型肝炎和急性无黄疸型肝炎，其中急性黄疸型肝炎总病程一般为 2~4 个月，急性无黄疸型肝炎恢复较快，病程多在 3 个月内。故选 B。

75.【答案】B

【解析】菌痢反复发作或迁延不愈达 2 个月以上者，即为慢性菌痢。根据临床表现可分为三型：①慢性迁延型。②急性发作型。③慢性隐匿型。故选 B。

76.【答案】E

【解析】甲型肝炎病毒（HAV）归类于微小 RNA 病毒科的嗜肝 RNA 病毒属。很多灵长类动物，如黑猩猩、狨猴、狒狒等均对 HAV 易感。在细胞培养中，HAV 复制生长缓慢，接种后约 4 周才可检出抗原，滴度低，很少释放到细胞外，一般不引起细胞病变，经多次传代后，HAV 的致病性大大减弱甚至消失。在血清型方面，能感染人的血清型只有 1 个，因此只有 1 个抗原抗体系统。故选 E。

77.【答案】A

【解析】肾综合征出血热休克期治疗：①补充血容量：液体应晶胶结合，以平衡盐为主，切忌单纯输入葡萄糖液。②纠正酸中毒；主要用 5% 碳酸氢钠溶液。③血管活性药和肾上腺皮质激素的应用：经补液、纠酸后，血压仍不稳者可用多巴胺。故血管活性药物不宜首先使用。故选 A。

78.【答案】D

【解析】暴发性流脑休克型的治疗：①尽早应用抗菌药物。②迅速纠正休克：a. 扩充血容量及纠正酸中毒治疗；b. 血管活性药物应用：首选药物为莨菪类，首选不良反应较小的山莨菪碱（654-2）。③DIC 的治疗。④肾上腺皮质激素的使用：适应证为毒血症症状明显的患者。⑤保护重要脏器的功能。故选 D。

79.【答案】A

【解析】肾综合征出血热的主要宿主动物是啮齿类，其他动物包括猫、猪、犬和兔等。在我国以黑线姬鼠、褐家鼠为主要宿主动物和传染源。故选 A。

80.【答案】E

【解析】中毒性菌痢做肛拭子或生理盐水灌肠镜检粪便，可见大量脓、白细胞。故选 E。

81.【答案】E

82.【答案】C

【解析】流脑病初或休克型患者，脑脊液多无改变，应 12 ~ 24 小时后复查。故选 C。

83.【答案】C

【解析】日本血吸虫雌雄异体，寄生在人或其他哺乳类动物的门静脉系统。成虫在血管内交配产卵，大部分产卵滞留于宿主肝及肠壁内，部分虫卵从肠壁穿破血管，随粪便排出体外。从粪便中排出的虫卵入水后在适宜温度（25 ~ 30℃）下孵出毛蚴，毛蚴又侵入中间宿主钉螺体内。故选 C。

84.【答案】B

85.【答案】C

【解析】艾滋病的传播途径：①性接触传播。②血液接触传播。③母婴传播。④其他：接受 HIV 感染者的器官移植、人工授精或污染的器械等，医务人员被 HIV 污染的针头刺伤或破损皮肤受污染也可受染。目前无证据表明食物、水、昆虫或生活接触传播。故选 C。

86.【答案】A

87.【答案】B

【解析】日本血吸虫主要寄生在肠系膜下静脉和直肠痔上静脉

内。虫卵沉积于宿主肠壁黏膜下层，并可顺门静脉血流至肝内分支，故病变以肝和结肠最为显著。故选B。

88.【答案】E

【解析】疟原虫在人体内的裂体增殖阶段为无性繁殖期。寄生于雌性按蚊体内的感染性子孢子于按蚊叮人吸血时随其唾液腺分泌物进入人体，经血液循环而迅速进入肝脏。在肝细胞内经过9~16天由裂殖子发育为成熟的裂殖体。当被寄生的肝细胞破裂时，释放出大量裂殖子，它们很快进入血液循环侵犯红细胞，开始红细胞内的无性繁殖周期。裂殖子侵入红细胞后发育为早期滋养体，即环状体，经滋养体发育为成熟的裂殖体。裂殖体内含数个至数10个裂殖子，当被寄生的红细胞破裂时，释放出裂殖子及其代谢产物，引起临床上典型的疟疾发作。血中的裂殖子再侵犯未被感染的红细胞，重新开始新一轮的无性繁殖，形成临床上周期性发作。间日疟和卵形疟于红细胞内的发育周期约为48小时。三日疟多为72小时。恶性疟的发育周期为36~48小时，且发育先后不一，故临床发作亦不规则。故选E。

89.【答案】C

90.【答案】A

【解析】艾滋病的高危人群为男同性恋、静脉药物依赖者、性乱者、血友病、多次接受输血或血制品者。故选A。

91.【答案】B

【解析】在我国，重要的疟疾传播媒介是中华按蚊，是平原地区间日疟的主要传播媒介。山区的疟疾传播以微小按蚊为主。在丘陵地区则以嗜人按蚊为重要媒介。在海南省的山林地区，主要的传播媒介是大劣按蚊。故选B。

92.【答案】C

【解析】肾综合征出血热典型病程中有发热期、低血压休克期、少尿期、多尿期和恢复期的五期经过，其中脑水肿多发生在少尿期。故选C。

93.【答案】C

【解析】带菌者和流脑患者是流脑的传染源。人是脑膜炎奈瑟菌（又称脑膜炎球菌）唯一的天然宿主。本病隐性感染率高，流行期间人群带菌者高达50%，病原菌主要经过咳嗽、打喷嚏借飞沫由呼吸道直接传播。流行菌株以A群为主。全年经常有散发病例出现，但在冬、春季节会出现发病高峰。故选C。

94.【答案】E

95.【答案】E

【A_2型题】

96.【答案】B

【解析】抗-HAV IgG阳性是既往感染甲型肝炎或免疫接种后的标志，HBeAg阳性表示患者处于高感染低应答期。故选B。

97.【答案】B

【解析】急性肝炎病程超过6个月，而目前仍有肝炎症状、体征及肝功能异常者，可以诊断为慢性肝炎。慢性肝炎根据病情轻重可分为轻、中、重三度。①轻度：病情较轻，可反复出现乏力、头晕、食欲缺乏、厌油、尿黄、肝区不适、睡眠欠佳、肝稍大有轻触痛，可有轻度脾大。部分病例症状、体征缺如。肝功能指标仅1项或2项轻度异常。②中度：症状、体征、实验室检查居于轻度和重度之间。③重度：有明显或持续的肝炎症状，如乏力、食欲缺乏、腹胀、尿黄、便溏等，伴有肝病面容、肝掌、蜘蛛痣、脾大，ALT和/或AST反复或持续升高，清蛋白降低、丙种球蛋白明显升高。故选B。

98.【答案】C

【解析】患者慢性乙肝病史，近1周出现黄疸加深，腹水及凝血酶原活动度30%等肝衰竭症候群，符合慢加急性肝衰竭的诊断。故选C。

99.【答案】B

【解析】患者无慢性肝炎史，1个月来出现重度乏力，黄疸进行性加深，移动性浊音（+），凝血酶原时间显著延长等肝衰竭症候群，符合亚急性肝衰竭的诊断。故选B。

100.【答案】D

【解析】患者有梗阻性黄疸的临床表现：皮肤瘙痒，粪便颜色变浅，肝大。B超显示：未见肿瘤、结石，肝内胆管无扩张，考虑淤胆型肝炎的可能性大。故选D。

101.【答案】D

【解析】患者肝硬化史，劳累受凉发热5天，出现黄疸进行性加深凝血酶原时间显著延长等肝衰竭症候群，符合急性肝衰竭的诊断。故选D。

102.【答案】C

103.【答案】A

【解析】HCV RNA阳性是丙肝病毒感染和复制的直接标志。抗-HCV阳性不是保护性抗体，是HCV感染的标志。抗-HBc IgG阳性提示为以往感染，无传染性。故选A。

104.【答案】C

105.【答案】B

【解析】患者起病急，黄疸进行性加深，病程第9天出现肝衰竭症候群，符合急性肝衰竭的诊断。故选B。

106.【答案】B

107.【答案】C

108.【答案】A

【解析】患者起病急，发热伴乏力、食欲缺乏、恶心、呕吐，尿色加深，皮肤、巩膜黄染，符合急性黄疸型肝炎的临床表现。故选A。

109.【答案】E

【解析】患者有黄疸表现。抗-HAV IgM 阳性是新近甲型肝炎感染的证据。无症状携带者和慢性患者 HBsAg 可持续多年存在。抗-HBc IgG 阳性提示为以往感染，无传染性。故选 E。

110.【答案】E

【解析】女性患慢性乙型肝炎10年，HBeAg 阳性表示患者处于高感染低应答期。其女儿3岁，抗-HBs 阳性表示对 HBV 有免疫力，可见于乙型肝炎恢复期、既往感染或乙肝疫苗接种后，而其女儿无任何临床症状，也未注射乙肝疫苗，考虑出生时垂直感染。故选 E。

111.【答案】E

【解析】患者起病初期仅有持续性乏力、腹胀、上腹部疼痛。2周后孕妇出现黄疸，且进行性加深，肝界缩小，血胆红素升高，但尿胆红素阴性，符合妊娠期急性脂肪肝即产科急性假性黄色肝萎缩的临床表现。故选 E。

112.【答案】C

【解析】抗-HAV IgM 阳性是新近甲型肝炎感染的证据，患者无黄染，尿胆红素定量正常，考虑为急性甲型无黄疸型肝炎。抗-HBs 阳性表示对 HBV 有免疫力，可见于乙型肝炎恢复期、既往感染或乙肝疫苗接种后。故选 C。

113.【答案】D

【解析】患者慢性乙型肝炎，抗-HDV IgM（+），抗-HDV IgM 不保护性抗体，阳性表示近期 HDV 感染。故选 D。

114.【答案】A

【解析】患者慢性乙型肝炎，伴恶心、呕吐，尿色加深，抗-HEV IgM 阳性是近期 HEV 感染的标志。故选 A。

115.【答案】C

116.【答案】A

【解析】中毒性菌痢脑型与乙脑的临床表现有相似之处，应予以鉴别。故选 A。

117.【答案】C

【解析】自身免疫性肝炎治疗的主要目的是缓解症状，改善肝功能及病理组织异常，减慢向肝纤维化的进展。单独应用糖皮质激素或联合硫唑嘌呤治疗是目前自身免疫性肝炎的标准治疗方案。故选 C。

118.【答案】D

【解析】患者皮肤、巩膜黄染进行性加深，皮肤瘙痒，粪便颜色变浅，CT 显示：未见肝外梗阻征象，肝内胆管无扩张，考虑淤胆型肝炎的可能性大。故选 D。

119.【答案】E

【解析】HBeAg 的存在表示病毒复制活跃且有较强的传染性。故选 E。

120.【答案】E

121.【答案】D

【解析】患者发热、出血、尿蛋白（+++）、白细胞 $35\times10^9/L$，符合肾综合征出血热的表现。故选 D。

122.【答案】D

123.【答案】A

124.【答案】C

【解析】患者已经肾破裂，随时可能出现失血性休克等危及生命的情况，应当绝对卧床减少活动，严密观察病情变化。不宜转院以免加重病情。故选 C。

125.【答案】B

【解析】肾综合征出血热患者少尿期的主要表现为尿毒症、酸中毒和水、电解质紊乱。严重者可出现高血容量综合征和肺水肿，表现为体静脉充盈，脉搏洪大，腹部胀满，心率增快，呼吸困难和咯血。故选 B。

126.【答案】E

【解析】肺水肿可以由肺毛细血管受损，肺泡内大量渗液所致，亦可由高血容量或心肌受损引起。故选 E。

127.【答案】C

【解析】患者目前为多尿期，此期若水和电解质补充不足或继发感染，可发生继发性休克，亦可发生低血钠、低血钾等症状。患者尿量增多后出现乏力、心悸等症状，考虑钾丢失过多。故选 C。

128.【答案】B

129.【答案】A

130.【答案】B

【解析】高血钾时心电图出现 T 波高尖，低血钾时出现 U 波。胸部 X 线对监测血钾无意义。故选 B。

131.【答案】C

【解析】患者发热、充血出血、腰痛、尿蛋白（+++），符合肾综合征出血热的表现，提示肾综合征出血热的可能性大。故选 C。

132.【答案】E

133.【答案】D

【解析】肾综合征出血热患者尿常规，病程第2天可出现尿蛋白，第4～6病日尿蛋白常达（+++～++++，）突然出现大量尿蛋白对诊断很有帮助。故选 D。

134.【答案】C

【解析】患者发热，头痛，咽部充血，皮下淤血，无尿，符合肾综合征出血热发热、充血出血、肾损害的临床表现。故选 C。

135.【答案】D

【解析】患者出现全腹压痛、肌紧张、反跳痛，考虑急腹症而误诊。故选 D。

136.【答案】B

137.【答案】E

【解析】高血容量综合征发生的基础是肾小管功能严重受损，肾小球滤过率下降，少尿。循环系统因尿少和体液过负荷，表现为高血压和心力衰竭。同时病毒诱发各种细胞因子的释放，减少了肾脏的血流量和肾小球滤过率，激活肾素-血管紧张素系统等。此时表现为水过多、代谢性酸中毒、高钾血症、低钠血症。故选E。

138.【答案】A

【解析】根据题干患者并发心衰、肺水肿，此时应控制输液或停止输液，并用强心药毛花苷C、镇静药地西泮及扩张血管和利尿药物，还可以进行导泻或透析治疗。故选A。

139.【答案】B

【解析】肾综合征出血热透析疗法的适应证：少尿4天以上后无尿24小时以上，或出现下列情况者。①明显氮质血症，血尿素氮>28.56 mmol/L，有严重尿毒症表现者。②高分解状态，每天血尿素氮升高>7.14mmol/L。③血钾>6 mmol/L，心电图有高耸T波的高钾表现。④高血容量综合征。故选B。

140.【答案】C

141.【答案】D

【解析】肾综合征出血热根据发热高低、中毒症状轻重和出血、休克、肾功损害严重程度的不同，临床上可分为五型：①轻型：体温39℃以下，中毒症状轻，除出血点外无其他出血现象，肾损害轻，无休克和少尿。②中型：体温39~40℃，中毒症状较重，有明显球结膜水肿，病程中收缩压低于90mmHg或脉压小于30mmHg，有明显出血及少尿期，尿蛋白（+++）。③重型：体温>40℃，中毒症及渗出征严重，可出现中毒性精神症状，并出现休克，有皮肤瘀斑和腔道出血，休克和肾损害严重，少尿持续5天以内或无尿2天以内。④危重型：在重型基础上并出现以下之一情况者：难治性休克；有重要脏器出血；少尿超出5天或无尿2天以内，BUN超出42.84mmol/L；出现心衰、肺水肿；出现脑水肿、脑出血或脑疝等中枢神经合并症；严重继发感染。⑤非典型：发热38℃以下，皮肤黏膜可有散在出血点，尿蛋白（±），血、尿特异性抗原或抗体阳性者。故选D。

142.【答案】D

143.【答案】B

【解析】肾综合征出血热休克，因患者血浆外渗严重，血液浓缩，导致血液中的血红蛋白和红细胞均升高。故选B。

144.【答案】E

【解析】患者有黑便，考虑消化道出血可能性大。故选E。

145.【答案】A

【解析】患者有发热，充血出血，腰部叩击痛等表现，并且患者为下水道工人，易接触到疫源，考虑肾综合征出血热的可能性大。故选A。

146.【答案】A

【解析】急性菌痢，根据毒血症和肠道症状轻重，可分成以下四型。①普通型：起病急，有畏寒、发热，体温可达39℃以上，伴头痛、乏力、食欲缺乏，并出现腹痛、腹泻，多先为稀水样便，1~2天后转成黏液脓血便，每天排便十余次至数十次，便量少，有时为脓血便，此时里急后重明显。常伴有肠鸣音亢进，左下腹压痛。自然病程1~2周，多数可自行恢复，少数转为慢性。②轻型（非典型）：全身中毒症状轻微，可无发热或仅有低热。表现为急性腹泻，每天排便10次以内，稀便有黏液但无脓血。有轻微腹痛及左下腹压痛，里急后重较轻或缺如。1周左右可自愈，少数转为慢性。③重型：多见于老年、体弱、营养不良患者，急起发热，腹泻每天30次以上，为稀水脓血便，偶尔排出片状假膜，甚至大便失禁，腹痛、里急后重明显。后期可出现严重腹胀及中毒性肠麻痹，常伴呕吐，严重失水可引起外周循环衰竭。④中毒型菌痢：以2~7岁儿童多见，成人偶有发生。起病急骤，突起畏寒、高热，病势凶险，全身中毒症状严重，可有嗜睡、昏迷及抽搐，迅速发生呼吸和循环衰竭，临床以严重毒血症状、休克和/或中毒性脑病为主，而局部肠道症状很轻或缺如。开始时可无腹痛及腹泻症状，但发病24小时内可出现痢疾样粪便。中按临床表现分为三型：休克型、脑型（呼吸衰竭型）及混合型。故选A。

147.【答案】A

【解析】患者突发高热，剧烈头痛，皮肤瘀点、瘀斑，颈强直，符合流脑的诊断。故选A。

148.【答案】A

【解析】根据题干，患者可诊断为伤寒，血培养和骨髓培养阳性有确诊意义。血培养在病程1~2周阳性率最高，可达80%~90%，第2周后逐渐下降，第3周末50%左右，以后迅速降低。再燃和复发时刻出现阳性。骨髓培养在病程中出现阳性的时间和血培养相仿。由于骨髓中的单核吞噬细胞吞噬伤寒沙门菌较多，伤寒沙门菌存在的时间也较长，所以骨髓培养阳性率比血培养稍高，可达80%~95%。对血培养阴性或使用过抗菌药物诊断有困难的疑似患者，骨髓培养更有助于诊断。故选A。

149.【答案】C

【解析】伤寒的再燃：部分患者于缓解期，体温还没有下降到正常时，又重新升高，持续5~7天后退热，称为再燃。此时血培养可再次出现阳性，可能与伤寒沙门菌菌血症尚未得到完全控制有关。复发：患者在退热后1~3周临床症状再度出现，称为复发。此时血培养可再获阳性结果，与病灶内的细菌未被完全清除，重新侵入血流有关。故选 C。

150.【答案】B

151.【答案】A

【解析】伤寒患者，血培养和骨髓培养阳性有确诊意义。故选 A。

152.【答案】A

153.【答案】C

【解析】患者起病急，高热，呕吐，抽搐，迅速出现循环衰竭，再结合年龄和发病季节，符合中毒性菌痢休克型的诊断。故选 C。

154.【答案】B

【解析】菌痢的治疗，喹诺酮药物，抗菌谱广，口服吸收好，不良反应小，耐药菌株相对较少，可作为首选药物。故选 B。

155.【答案】B

【解析】根据题干患者菌痢的可能性大，参见 154 题解析。故选 B。

156.【答案】A

【解析】患者消瘦明显，黏液脓血便，所以尚需与结肠癌相鉴别。故选 A。

157.【答案】C

158.【答案】D

159.【答案】B

【解析】根据题干，患者诊断为休克型流脑的可能性大。应迅速纠正休克：①补充血容量及纠正酸中毒。②血管活性药物的应用。故选 B。

160.【答案】C

【解析】患者发热，头痛，呕吐，皮肤瘀点、瘀斑，脑膜刺激征阳性，糖和氯化物明显降低，蛋白含量明显升高，符合普通型流脑脑膜脑炎期的临床表现。故选 C。

161.【答案】C

【解析】疟疾再燃：指疟疾初发停止后，体内尚存少量红细胞内的疟原虫，此时，患者为带虫者，外周血中可检出疟原虫，患者若无再感染，经数周到数月又引起疟疾发作，称为疟疾的再燃。再燃是由血液中残存的疟原虫引起的，因此四种疟疾都有发生再燃的可能性。疟疾复发：疟疾患者在适当治疗后，停止发作，症状消失，外周血中已检不出疟原虫，在无新感染的情况下，经数周至年余，又出现疟疾发作。复发是由寄生于肝细胞内的迟发型子孢子引起的，只见于间日疟和卵形疟。故选 C。

162.【答案】B

【解析】患者突发寒战、高热和大量出汗，隔日发作 1 次，血培养阴性，符合间日疟的临床表现，且患者 8 月曾去海南（疟原虫流行区），有疫源接触史，考虑诊断为疟疾。故选 B。

163.【答案】A

【解析】氯喹对少数患者，可引起心律失常，严重者可致阿-斯综合征，值得重视，若不及时抢救，可能导致死亡。所以冠心病患者不宜使用氯喹。故选 A。

164.【答案】D

【解析】患者发热，腹泻稀便，周身可见荨麻疹，肝、脾大，有轻压痛，外周血嗜酸性粒细胞显著增高，符合急性血吸虫病的临床表现，且患者为浙江人，曾捕鱼有疫水接触史，考虑诊断为急性血吸虫病。故选 D。

165.【答案】C

【解析】HIV-1/HIV-2 抗体检测是 HIV 感染诊断的金标准。经筛查试验（初筛和复检）确证试验两步。采用酶联免疫吸附法、化学发光法或免疫荧光检测法初筛/复检血清 gp24 及 gp120 抗体，灵敏度达 99%。抗体初筛检测结果通常要经蛋白印迹检测确认即确证试验。故选 C。

166.【答案】E

【解析】诊断 HIV/ARDS 必须是经确证试验证实 HIV 抗体阳性。故选 E。

167.【答案】C

【解析】患者有冶游史，发热，头痛，全身不适，全身淋巴结肿大，$CD4^+/CD8^+$ 比例倒置，考虑艾滋病可能性大。故选 C。

168.【答案】C

169.【答案】B

【解析】治疗艾滋病的抗反转录病毒的药物有六类，包括：①核苷类反转录酶抑制剂。②非核苷类反转录酶抑制剂。③蛋白酶抑制剂。④融合抑制剂。⑤整合抑制剂。⑥CCR5 抑制剂。叠氮脱氧胸苷为核苷类反转录酶抑制剂。而α-干扰素是一种广谱抗病毒剂，并不直接杀伤或抑制病毒，而主要是通过细胞表面受体作用使细胞产生抗病毒蛋白。戊烷脒在体外能直接杀死利什曼原虫治疗黑热病。故选 B。

170.【答案】D

【A_3/A_4型题】

171.【答案】A

【解析】患者起病急，周身乏力，食欲缺乏，恶心呕吐，尿色加深，皮肤巩膜黄染，肝大可扪及，并有轻度叩痛，符合急性黄疸型肝炎的临床表现。故选 A。

172.【答案】B

【解析】抗-HAVIgM 阳性是新近感染甲型肝炎的证据。抗-HBs 阳性表示对 HBV 有免疫力，见于乙型肝炎恢复期、既往感染及乙肝疫苗接种后。故选 B。

173.【答案】A

174.【答案】B

175.【答案】D

176.【答案】E

【解析】患者考虑为亚急性重症肝炎，因存在大量肝细胞坏死，故易发生坏死后肝硬化。故选 E。

177.【答案】C

【解析】患者发热，头痛，有出血表现，尿蛋白（++），外周血白细胞明显增高，血小板减少，出现异型淋巴细胞，符合肾综合征出血热的诊断。故选C。

178.【答案】A

【解析】根据题干该患者出现低血压休克，此时的治疗原则为积极补充血容量、注意纠正酸中毒和改善微循环。故选A。

179.【答案】D

【解析】血清、血细胞和尿中检出肾综合征出血热病毒抗原和血清中检出特异性IgM抗体可以明确诊断。故选D。

180.【答案】B

181.【答案】C

182.【答案】E

【解析】肾综合征出血热出血的原因：①血管壁的损伤。②血小板减少和功能异常。③肝素类物质增加。④DIC导致凝血机制异常。故选E。

183.【答案】E

184.【答案】A

185.【答案】A

【解析】患者腹泻，排黏液脓血便，里急后重，伴寒战、发热，符合菌痢的诊断。故选A。

186.【答案】D

【解析】粪便培养出痢疾杆菌可以确诊。故选D。

187.【答案】E

【解析】菌痢的治疗，喹诺酮药物，抗菌谱广，口服吸收好，不良反应小，耐药菌株相对较少，可作为首选药物。故选E。

188.【答案】A

189.【答案】D

【解析】患者突发高热、剧烈头痛、呕吐频繁，皮肤瘀点，颈项强直（±），血白细胞明显增加、中性粒细胞比例升高，脑脊液检查外观呈米汤样，白细胞总数明显增高，糖明显减少，符合普通型流脑脑膜脑炎期的表现。故选D。

190.【答案】E

【解析】流脑早期抗菌药物治疗，并发症和后遗症均已很少见。有中耳炎、化脓性关节炎、心内膜炎、心包炎、肺炎、脑积水、硬脑膜下积液、肢端坏死、眼病等，也可有瘫痪、癫痫和精神障碍。故选E。

191.【答案】A

【解析】目前，青霉素对脑膜炎球菌仍为一种高度敏感的杀菌药物。故选A。

192.【答案】C

【解析】患者，突发寒战、高热和大量出汗，出汗后热退，符合疟疾的临床表现。且患者曾去南方出差，有疫源接触史，考虑诊断为疟疾。故选C。

193.【答案】B

【解析】血液的厚、薄涂片经吉姆萨染色后用显微镜油镜检查，寻找疟原虫，具有确定诊断和判断疟原虫密度的重要意义。故选B。

194.【答案】B

【解析】疟原虫在人体内的裂体增殖阶段为无性繁殖期。寄生于雌性按蚊体内的感染性子孢子于按蚊叮人吸血时随其唾液腺分泌物进入人体，经血液循环而迅速进入肝脏。在肝细胞内经过9~16天由裂殖子发育为成熟的裂殖体。当被寄生的肝细胞破裂时，释放出大量裂殖子，它们很快进入血液循环侵犯红细胞，开始红细胞内的无性繁殖周期。裂殖子侵入红细胞后发育为早期滋养体，即环状体，经滋养体发育为成熟的裂殖体。裂殖体内含数个至数10个裂殖子，当被寄生的红细胞破裂时，释放出裂殖子及其代谢产物，引起临床上典型的疟疾发作。故选B。

195.【答案】B

【解析】根据题干，患者考虑诊断为急性血吸虫病。急性血吸虫病患者外周血嗜酸性粒细胞显著增高。故选B。

196.【答案】C

【解析】血吸虫病患者血清中球蛋白显著增高，血清ALT、AST轻度增高。晚期患者出现血清白蛋白减少，球蛋白增高，常出现白蛋白与球蛋白比例倒置现象。故选C。

197.【答案】E

【解析】动物及临床使用证明吡喹酮的毒性小、疗效好、给药方便、适应证广，可用于各型各期血吸虫病患者，是目前用于治疗日本血吸虫病最有效的药物。故选E。

198.【答案】D

【解析】患者国外居住史，持续发热，周身淋巴结肿大，口腔黏膜反复感染，大量抗生素治疗效果不佳，考虑艾滋病的可能性大。故选D。

199.【答案】B

【解析】HIV-1/HIV-2抗体检测是HIV感染诊断的金标准。故选B。

【B_1型题】

200.【答案】B

【解析】乙型肝炎病毒为DNA病毒，甲、丙、丁、戊型肝炎病毒均为RNA病毒。故选B。

201.【答案】D

【解析】丁型肝炎病毒是一种缺陷病毒，在血液中由HBsAg包被，其复制、表达抗原及引起肝损害须有HBV及其他嗜肝DNA病毒的辅佐。故选D。

202.【答案】C

【解析】输血后肝炎70%以上是丙型肝炎。故选C。

203.【答案】B

204.【答案】C

【解析】HCV基因组具有显著的异质性，同一基因组不同区段变异程度有显著差别。故选C。

205.【答案】D

【解析】甲、戊型不转为慢

性，成年急性乙型肝炎约10%转为慢性，丙型超过50%，丁型约70%转为慢性。故选D。

206.【答案】E

207.【答案】A

208.【答案】B

【解析】HBsAg本身只有抗原性，无传染性。抗-HBs是一种保护性抗体，其阳性表示对HBV有免疫力。故选B。

209.【答案】C

【解析】HBeAg的存在表示患者处于高感染低应答期，病毒复制活跃且有较强的传染性。故选C。

210.【答案】C

211.【答案】E

212.【答案】A

213.【答案】C

【解析】忌用对肾脏有毒性作用的抗生素。故选C。

214.【答案】E

【解析】甲硝唑类广泛用于厌氧菌感染的治疗。故选E。

215.【答案】B

216.【答案】B

217.【答案】B

218.【答案】A

219.【答案】D

220.【答案】B

221.【答案】C

【解析】传染性单核细胞增多症是主要由EB病毒原发感染所致的急性疾病。故选C。

222.【答案】B

223.【答案】A

【解析】艾滋病是获得性免疫缺陷综合征（AIDS）的简称，系由人免疫缺陷病毒（HIV）引起的慢性传染病。故选A。

224.【答案】A

【解析】肾综合征出血热的传染源：主要宿主动物为啮齿类，其他动物包括猫、猪、犬和兔。艾滋病的传染源：HIV感染者和艾滋病患者是本病唯一的传染源。乙脑的传染源：乙脑是人畜共患的一种自然疫源性疾病，人与许多动物（如猪、牛、马、羊、鸡、鸭、鹅等）都可以成为本病的传染源。狂犬病的传染源：我国狂犬病的主要传染源是病犬，其次是猫、猪、牛、马等。故选A。

225.【答案】D

226.【答案】B

227.【答案】A

228.【答案】E

【解析】乙型肝炎的主要传播途径有：①母婴传播。②血液、体液传播。③其他途径传播。故选E。

229.【答案】C

【解析】丙型肝炎主要传播途径有：①输血及血制品。②注射、针刺、器官移植、骨髓移植、血液透析。③生活密切接触传播。④性传播。⑤母婴传播。故选C。

230.【答案】A

【解析】戊型肝炎传播途径与甲型肝炎相似。故选A。

231.【答案】D

【解析】钩体病的传播途径：直接接触病原体是感染钩端螺旋体病的主要传播途径，带钩端螺旋体的动物排尿污染周围环境，人与环境中污染的水接触是钩端螺旋体病的主要感染方式。皮肤，尤其是破损的皮肤及黏膜是钩端螺旋体病最主要的入侵途径。故选D。

232.【答案】B

【解析】乙脑的传播途径：乙脑主要通过蚊叮咬而传播。库蚊、伊蚊和按蚊的某些种都能传播本病，而三带喙库蚊是主要传播媒介。故选B。

233.【答案】A

【解析】小儿伤寒：年龄越小临床表现越不典型。一般起病比较急，呕吐和腹泻等胃肠症状明显，热型不规则，便秘较少。多数患儿无相对缓脉，玫瑰疹较少见，肝、脾肿大明显。外周白细胞计数可不减少。容易并发支气管炎或肺炎，肠出血和肠穿孔少见。故选A。

234.【答案】E

【解析】逍遥型伤寒：起初症状不明显，患者能照常生活甚至工作，部分患者直至发生肠出血或肠穿孔才被诊断。故选E。

235.【答案】C

【解析】志贺菌血清型繁多，根据生化反应和O抗原不同，将志贺菌属分为4个血清型，即痢疾志贺菌、福氏志贺菌、鲍氏志贺菌和宋内志贺菌，又依次称为A、B、C、D群。我国以福氏和宋内志贺菌占优势。福氏志贺菌感染易转为慢性；宋内志贺菌感染引起症状轻，多呈不典型发作；痢疾志贺菌的毒力最强，可引起严重症状。志贺菌所有菌株都能产生内毒素，内毒素是引起全身反应如发热，毒血症及休克的重要因素。外毒素又称志贺毒素，有肠毒性、神经毒性和细胞毒性，分别导致相应临床症状。故选C。

236.【答案】D

237.【答案】A

238.【答案】B

【解析】霍乱弧菌：在小肠的碱性、富含营养素和胆盐的环境中迅速繁殖，并产生外毒素性质的霍乱肠毒素，霍乱肠毒素是引起霍乱症状的主要物质。激活环磷酸腺苷系统可刺激肠黏膜隐窝细胞过度分泌水、氯化物及碳酸氢盐，同时抑制肠绒毛细胞对钠的正常吸收，以致出现大量水分和电解质聚集在肠腔，形成本病特征性的剧烈水样腹泻。

239.【答案】C

【解析】痢疾杆菌：志贺菌经口进入，穿过胃酸屏障后，侵袭和生长在结肠黏膜上皮细胞经基底膜进入固有层，并在其中繁殖、释放毒素，引起炎症反应和小血管循环障碍，炎症介质的释放使志贺菌进一步侵入并加重炎症反应，导致肠黏膜炎症、坏死及溃疡。故选B。

240.【答案】B

【解析】流脑败血症期：主要病变是血管内皮损害，血管壁炎症、坏死和血栓形成，血管周围出血。皮肤黏膜局灶性出血，肺、心、胃肠道及肾上腺皮质亦可有广泛出血。也常见心肌炎和肺水肿。故选B。

241.【答案】D

【解析】流脑脑膜炎期：主要病变部位在软脑膜和蛛网膜，表现为血管充血、出血、炎症和水肿；大量纤维蛋白、中性粒细胞及血浆外渗，引起脑脊液混浊。颅底部由于化脓性炎症的直接侵袭和炎症后粘连引起的脑神经损害。暴发型脑膜炎的病变主要在脑实质，引起脑组织坏死、充血、出血及水肿。故选D。

242.【答案】D

【解析】硝基咪唑类对阿米巴滋养体有强大杀灭作用，是目前治疗肠内、外各型阿米巴病的首选药物，硝基咪唑类包括甲硝唑、替硝唑等。二氯尼特，又名糠酯酰胺是目前最有效的杀包虫药物。故选D。

243.【答案】A

【解析】药物预防是目前较常应用的措施，间断预防性治疗每周1次，有助于减少高危人群的感染，对高疟区的健康人群及外来人群可酌情选用。成人常用氯喹，在耐氯喹疟疾流行区，可用甲氟喹亦可选用乙胺嘧啶或多西环素。孕妇、儿童宜服用氯喹做预防。故选A。

244.【答案】A

【解析】抗疟药根据其主要环节分为两大类：①杀灭红细胞内裂体增殖疟原虫的药物：如青蒿琥酯、氯喹等。②杀灭红细胞内疟原虫配子体和迟发子孢子的药物：如磷酸伯氯喹、他非诺喹（特芬喹）等。故选A。

245.【答案】C

246.【答案】A

【解析】日本血吸虫病的外周血象：患者在急性期以嗜酸性粒细胞显著增多为其主要特点。白细胞总数在10×10^9/L以上。嗜酸性粒细胞一般占20%~40%，最多者可高达90%以上。慢性血吸虫患者一般轻度增多，在20%以内，而极重型急性血吸虫患者常不增多，甚至消失。晚期患者常因脾功能亢进引起红细胞、白细胞及血小板减少。故选A。

247.【答案】D

248.【答案】C

【解析】流脑的外周血象：白细胞总数明显增加，一般在$(10\sim20)\times10^9$/L以上，中性粒细胞数升高在90%以上。并发DIC者血小板减少。故选C。

249.【答案】E

250.【答案】A

【解析】华支睾吸虫病俗称肝吸虫病，是由华支睾吸虫寄生在人体肝内胆管引起的寄生虫病。成虫寄生在人或哺乳动物肝内的中、小胆管内，有时移居较大胆管或胆总管。产卵后，虫卵随胆汁进入肠道，随粪便排出体外。虫卵入水后被第一中间宿主（淡水螺）吞食后，在螺消化道内孵出毛蚴，并穿过肠壁向肝脏移行经胞蚴、雷蚴的无性增殖阶段产生大量尾蚴。尾蚴成熟后从螺体逸出，在水中侵入第二中间宿主（淡水鱼、虾）体内发育成囊蚴。终宿主（人或哺乳动物）因食入未煮熟的淡水鱼虾而受感染。故选A。

251.【答案】D

【解析】布鲁菌病可由食用含菌的乳类、水和食物而受染。故选D。

252.【答案】C

253.【答案】A

【解析】叠氮脱氧胸苷为核苷类反转录酶抑制剂（NRTIs），选择性抑制HIV反转录，掺入正在延长的DNA链中，抑制HIV复制。故选A。

254.【答案】B

【解析】α-干扰素，可用于慢性乙型肝炎和丙型肝炎抗病毒治疗，它主要通过诱导宿主产生细胞因子起作用，在多个环节抑制病毒复制。故选B。

255.【答案】C

第三章 性传播疾病

【A_1型题】

1.【答案】C

【解析】淋病是淋球菌引起的以泌尿生殖系统化脓性感染为主要表现的性传播疾病。淋球菌为革兰阴性双球菌，离开人体不易生存，一般消毒剂容易将其杀灭。对于无并发症淋病，如淋菌性尿道炎、宫颈炎、直肠炎，全身治疗首选头孢曲松，肌内注射，单次给药；或大观霉素肌内注射，单次给药；或头孢噻肟肌内注射，单次给药。因此急性淋病的治疗，首选药物是头孢曲松。故选C。

2.【答案】E

【解析】梅毒的传播途径：①性接触传播。②垂直传播。

③其他途径传播：冷藏3天以内的梅毒患者血液仍具有传染性，可经医源性途径输入此种血液发生感染；少数患者可通过接吻、握手、哺乳或接触污染衣物、用具而感染。故选E。

3.【答案】C

【解析】梅毒治疗：青霉素为首选药物。对青霉素过敏者可选用四环素、红霉素等。阿昔洛韦为核苷类抗病毒药。故选C。

4.【答案】C

【解析】妊娠期淋病治疗选用青霉素，过敏者每选用红霉素。根据孕妇梅毒的分期不同，采用相应的方案进行治疗，用法及用量与同期其他梅毒患者相同，但妊娠初3个月及妊娠末3个月各进行1疗程的治疗。故选C。

5.【答案】B

【解析】尖锐湿疣的治疗：治疗原则以局部去除疣体为主，辅助抗病毒和提高免疫功能药物。包括：①物理治疗：如激光、冷冻、电灼、微波等，可酌情选用，巨大疣体可手术切除。妊娠患者接受物理治疗可能诱发流产。②光动力治疗：适用于疣体较小者、尿道口尖锐湿疣及采用物理治疗或外用药物去除疣体后预防复发治疗。③外用药物。④抗病毒和提高免疫功能药物：可选用干扰素、转移因子或胸腺素等。故选B。

6.【答案】B

【解析】梅毒的分期如下。

（1）获得性梅毒（后天性梅毒）：①早期梅毒：一期梅毒、二期梅毒、早期潜伏梅毒。②晚期梅毒：三期梅毒、心血管梅毒、神经梅毒、晚期潜伏梅毒。

（2）胎传性梅毒（先天性梅毒）：①早期先天梅毒。②晚期先天梅毒：皮肤、黏膜、骨骼梅毒，心血管梅毒、神经梅毒、潜伏梅毒。故选B。

7.【答案】C

【解析】淋病由淋球菌（简称淋球菌）感染引起，主要表现为泌尿生殖道系统的化脓性感染，也可导致眼、咽、直肠感染和播散性淋球菌感染。淋病潜伏期短，传染性强，可导致多种并发症和后遗症。故选C。

8.【答案】A

【解析】治疗淋菌性尿道炎，可选用头孢曲松250mg一次肌内注射，或大观霉素2.0g一次肌内注射，或环丙沙星500mg顿服，或左氧氟沙星400mg顿服，或阿奇霉素1g顿服。故选A。

9.【答案】C

10.【答案】B

11.【答案】D

12.【答案】C

【解析】尖锐湿疣由人乳头瘤病毒所致，常发生在肛门及外生殖器等部位，主要通过性行为传染。故选C。

13.【答案】E

【解析】性传播疾病目前以宣传教育为主、标本兼治、综合治理的防治策略，政府领导、多部门合作、全社会参与的防治局面正在形成。包括：①完善法律保障。②重视宣传教育。③规范疫情报告。④加强行为干预。⑤避免交叉感染、酗酒或劳累，配偶或性伴同时治疗。故选E。

14.【答案】C

【解析】一期梅毒无神经梅毒。二期、三期才出现神经梅毒。故选C。

【A_2型题】

15.【答案】C

【解析】尖锐湿疣是由人乳头瘤病毒引起的性传播疾病。以20~30岁为发病高锋。典型临床表现为生殖器或肛周等潮湿部位出现丘疹，乳头状，菜花状或鸡冠状肉质赘生物。醋酸白试验阳性，病理切片可见角化不良及凹空细胞。根据患者症状体征考虑C项诊断。

16.【答案】A

【解析】患者症状符合淋病的特点，进行淋球菌涂片检查即便捷又准确。故选A。

17.【答案】C

【解析】根据患者症状及醋酸白试验阳性，考虑尖锐湿疣可能性大。故选C。

【A_3/A_4型题】

18.【答案】B

【解析】患者有性接触史，躯干、四肢可见玫瑰色椭圆形斑疹，且掌跖部黄豆大小铜红色领圈样脱屑具有一定的特征性，符合掌跖部位梅毒疹的特点，考虑梅毒可能性大。故选B。

19.【答案】A

【解析】梅毒血清学试验是梅毒主要的检查方法和确诊的主要依据，分为特异性试验（包括RPR、TRUST和VDRL试验）和非特异性试验（包括TPHA、TPPA和FTA-ABS）。故选A。

20.【答案】D

【解析】梅毒治疗：青霉素为首选药物。对青霉素过敏者可选用四环素、红霉素等。故选D。

21.【答案】C

【解析】患者有性接触史，之后出现尿道灼烧感，并出现黄色脓性分泌物，尿急，尿痛，符合男性急性淋病的特点，考虑淋病可能性大。故选C。

22.【答案】B

【B_1型题】

23.【答案】B

【解析】梅毒的病原体为梅毒螺旋体（TP），TP通常不易着色，又称苍白螺旋体。故选B。

24.【答案】D

【解析】尖锐湿疣由人乳头瘤病毒所致，常发生在肛门及外生殖器等部位，主要通过性行为传染。故选D。

25.【答案】A

【解析】一期梅毒主要表现为硬下疳和硬化性淋巴结炎，一般无全身症状。玫瑰疹和躯干红斑一般可出现在二期梅毒。故选A。

26.【答案】B

27.【答案】C

28.【答案】B

29.【答案】A

第二十一篇　其　他

第一章　围术期处理

【A_1 型题】

1.【答案】B

【解析】术后恶心、呕吐的原因：①常见为麻醉反应。②其他，如胃扩张、肠梗阻、颅压增高、糖尿病酸中毒、尿毒症、低钾、低钠等。故选 B。

2.【答案】E

【解析】术前胃肠道准备：从术前 8~12 小时开始禁食，术前 4 小时开始禁止饮水，以防因麻醉或手术过程中的呕吐而引起窒息或吸入性肺炎。必要时可用胃肠减压。故选 E。

3.【答案】D

4.【答案】E

5.【答案】C

【解析】物品经高压灭菌后，可保持包内无菌 2 周。故选 C。

6.【答案】E

【解析】对糖尿病患者的术前评估包括糖尿病慢性并发症（如心血管、肾疾病）和血糖控制情况，并做相应处理：①仅以饮食控制病情者，术前不需特殊准备。②口服降糖药的患者，应继续服用至手术的前 1 天晚上；如果服长效降糖药如氯磺丙脲，应在术前 2~3 日停服。禁食患者需静脉输注葡萄糖加胰岛素维持血糖轻度升高状态（5.6~11.2mmol/L）较为适宜。③平时用胰岛素者，术前应以葡萄糖和胰岛素维持正常糖代谢。在手术日晨停用胰岛素。④伴有酮酸中毒的患者，需要接受急症手术，应当尽可能纠正酸中毒、血容量不足、电解质失衡（特别是低血钾）。故选 E。

7.【答案】C

8.【答案】B

9.【答案】E

【解析】施行颅脑手术后，如无休克或昏迷，可取头高脚低斜坡卧位。施行颈、胸手术后，多采用高半坐位卧式，以便于呼吸及有效引流。腹部手术后，多取低半坐位卧式或斜坡卧位，以减少腹壁张力。脊柱或臀部手术后，可采用俯卧或仰卧位。故选 E。

10.【答案】E

【A_3/A_4 型题】

11.【答案】D

【解析】患者术后出现腹痛及面色苍白、皮肤湿冷、心率过快、血压下降等休克表现，考虑术后腹腔内出血可能性大。故选 D。

12.【答案】D

13.【答案】E

【解析】诊断为术后出血后，应当迅速再手术止血，清除血凝块，用盐水冲洗腹腔。故选 E。

【B_1 型题】

14.【答案】A

【解析】心脏病患者手术前准备的注意事项：①长期低盐饮食和使用利尿药物、水和电解质失调的患者，术前需纠正。②贫血患者携氧能力差，术前应少量多次输血。③心律失常者，根据不同原因区别对待。对偶发室性期前收缩，一般无须特别处理，如有房颤伴心室率增快达 100 次/分以上者，可给以毛花苷 C 静脉注射或口服普萘洛尔。老年人有冠心病者，如出现心动过缓、心室率在 50 次/分以下者，手术前可给阿托品注射。④急性心梗患者，6 个月内不施行择期手术。心力衰竭患者，最好在心衰控制 3~4 周后再施行手术。故选 A。

15.【答案】C

16.【答案】B

17.【答案】A

【解析】头，面，颈部手术切口拆线时间为术后 4~5 天。故选 A。下腹部、会阴部手术切口拆线时间为术后 6~7 天；胸部、上腹部、背部、臀部手术切口拆线时间为术后 7~9 天；四肢手术切口拆线时间为术后 10~12 天。年老体弱、营养不良、糖尿病延迟拆线。

18.【答案】C

【解析】腹部减张缝线拆线时间为术后 14 天，故选 C。

第二章　外科营养

【A_1 型题】

1.【答案】B

【解析】人体测量体重变化可反映营养状态，但应排除脱水或水肿等影响因素。体重低于标准体重的 15%，提示存在营养不良。故选 B。

2.【答案】E

【解析】血清清蛋白正常值应该大于35g/L，28～34g/L是轻度营养不良，21～27g/L是中度营养不良，小于21g/L是重度营养不良。故选E。

3.【答案】C

4.【答案】B

【解析】肠内营养并发症包括：①误吸：由于患者年老体弱，昏迷或存在胃潴留，当通过鼻胃管输入营养液时，可因呃逆后误吸而导致吸入性肺炎。②腹胀、腹泻：发生率30%～50%，与输入速度及溶液浓度有关，与溶液的渗透压也有关。输注太快是引起症状的主要原因，故应强调缓慢输入。故选B。

5.【答案】A

【解析】由于全营养混合液的渗透压不高，故经周围静脉输注并无困难，适宜于用量小、肠外营养（PN）支持不超过2周者。对于需长期PN支持者，则以经中心静脉导管输入为宜。该导管常经颈内静脉或锁骨下静脉穿刺置入至上腔静脉。故选A。

6.【答案】B

第三章 感 染

【A_1型题】

1.【答案】E

【解析】预防手术后感染的措施包括以下几种。①防止病原微生物侵入：a. 加强卫生宣教，注意个人清洁和公共卫生，减少体表、体内病原微生物滞留；b. 严格规范的无菌手术操作，及时地正确处理各种新鲜伤口清创，清除污染的细菌和异物，去除血块与无活力组织，减少组织创伤，正确使用引流有助于防止与减少创口感染。②增强机体的抗感染能力。③切断病原菌传播环节。故选E。

2.【答案】C

【解析】丹毒是皮肤淋巴管网的急性炎症感染，为乙型溶血性链球菌侵袭所致。好发部位是下肢与面部。起病急，开始即可有畏寒、发热、头痛、全身不适等。病变多见于下肢，表现为片状皮肤红疹、微隆起、色鲜红、中间稍淡、境界较清楚。局部有烧灼样疼痛，病变范围向外周扩展时，中央红肿消退而转变为棕黄。有的可起水疱，附近淋巴结常肿大、有触痛，但皮肤和淋巴结少见化脓破溃。故选C。

3.【答案】B

4.【答案】C

【解析】深部脓肿的特点：①局部水肿。②局部压痛明显，可触及肿块，无明显波动感。③穿刺可抽出脓液。④全身症状明显。故选C。

5.【答案】D

【解析】皮下浅层急性淋巴管炎在表皮下可见红色线条，中医称红丝疗。病变部位有触痛，扩展时红线向近心端延伸。皮下深层的淋巴管炎不出现红线，但有条形触痛区。故选D。

6.【答案】D

【解析】破伤风的前驱症状是全身乏力、头晕、头痛、咀嚼无力、局部肌肉发紧、扯痛、反射亢进等。典型症状是在肌紧张性收缩（肌强直、发硬）的基础上，阵发性强烈痉挛，通常最先受影响的肌群是咀嚼肌，随后顺序为面部表情肌、颈、背、腹、四肢肌，最后为膈肌。发作时神志清楚，表情痛苦。强烈的肌痉挛，可使肌断裂，甚至发生骨折。膀胱括约肌挛缩可引起尿潴留。故选D。

7.【答案】A

8.【答案】E

9.【答案】C

【解析】痈的治疗：初期仅有红肿时，可用50%硫酸镁湿敷，鱼石脂软膏、金黄散等敷贴，也可以碘附原液稀释10倍后每日涂3次。同时静脉给予抗生素，争取病变范围缩小。已出现多个脓点、表面紫褐色或已破溃流脓时，需要及时切开改善引流。在静脉麻醉下做“+”或“++”形切口切开引流，切口线应超出病变边缘皮肤，清除已化脓和尚未成脓、但已失活的组织；然后填塞生理盐水纱条，外加干纱布绷带包扎。故选C。

10.【答案】E

11.【答案】D

【解析】全身性感染的常见致病菌：①革兰染色阴性杆菌，当代外科感染中革兰阴性杆菌感染已超越革兰阳性球菌，常见为大肠埃希菌、铜绿假单胞菌、变形杆菌，克雷伯菌、肠杆菌等。②革兰染色阳性球菌，较常见的有3种：金黄葡萄球菌、表皮葡萄球菌、肠球菌。③无芽孢厌氧菌，常见的无芽孢厌氧菌是拟杆菌、梭状杆菌、厌氧葡萄球菌和厌氧链球菌。④真菌。破伤风梭菌是有芽孢厌氧菌，由它引起的破伤风是常和创伤相关联的一种特异性感染。故选D。

12.【答案】C

【解析】外科感染按病菌种类和病变性质可分为以下2类。①非特异性感染：亦称化脓性感染或一般性感染，占外科感染的大多数。致病菌有金黄葡萄球菌、溶血性链球菌、大肠埃希菌、变形杆菌、铜绿假单胞菌等，可由单一病菌导致感染，也可由几种病菌共同致病形成混合感染。②特异性感染：结核、破伤风、气性坏疽、炭疽、念珠菌病等属特异性感染，引起感染的致病菌如结核分枝杆菌、破伤风梭菌、产气荚膜梭菌、炭疽杆菌、白念珠菌等的致病作用不同于一般性感染的病菌，可以引起较为独特的病变。故选C。

13.【答案】E

【解析】脓血症是指局部化脓性病灶的细菌栓子或脱落的感染血栓，间歇地进入血液循环，并在身体各处的组织或器官内发生转移性脓肿者。故选E。

【A_3/A_4型题】

14.【答案】E

15.【答案】E

【解析】患儿出现转移性脓肿，故考虑脓毒血症可能性大。故选E。

16.【答案】C

17.【答案】C

18.【答案】E

【解析】确定致病菌应做体液和分泌物的细菌培养，但由于在发生脓毒症前多数患者已经抗菌药物治疗，以至血液培养常得不到阳性结果，故应多次、最好在发生寒战、发热时抽血做细菌培养，可提高阳性率。对多次血液细菌培养阴性者，应考虑厌氧菌或真菌性脓毒症，可抽血做厌氧性培养，或做尿和血液真菌检查和培养。故选E。

19.【答案】E

【B_1型题】

20.【答案】B

【解析】①革兰阳性细菌败血症：主要致病菌为金黄色葡萄球菌。多见于痈、蜂窝织炎或大面积烧伤时。表现为稽留热或弛张热，寒战少见，皮疹多见，谵妄、昏迷多见。血白细胞总数及中性粒细胞明显增多。②革兰阴性杆菌败血症：常为大肠埃希菌、铜绿假单胞菌、变形杆菌引起，多见于胆道、尿路、肠道和大面积烧伤感染时。一般以突发寒战开始，间歇发热；严重者体温不升；有时白细胞计数升高不明显，甚至减少；休克发生早，持续时间长；多无转移性脓肿。故选B。

21.【答案】A

22.【答案】E

第四章 损 伤

【A_1型题】

1.【答案】C

【解析】浅Ⅱ度烧伤：毁及部分生发层或真皮乳头层。伤区红、肿、剧痛，出现水疱或表皮与真皮分离，内含血浆样黄色液体，水疱去除后创面鲜红、湿润、疼痛更剧、渗出多。如无感染1～2周愈合。愈合后短期内可见痕迹或色素沉着，但不留瘢痕。故选C。

2.【答案】C

【解析】大多数火器伤需要清创，一般应在伤后8～12小时内施行。清创后伤口一般不做一期缝合，可做延期处理火器伤二期处理：①火器伤伤口的延期缝合：在清创处理后4～7天，伤口已有少量的肉芽组织形成，如创面无大量的脓液或渗液，周围组织无明显的炎症，可缝合伤口。伤口可能接近一期愈合。②二期缝合：清创后伤口发生感染，或因为其他原因错过了延期缝合的时机，此后所实行的伤口缝合称为二期缝合。早二期缝合在初期清创处理后8～14天内缝合；晚二期缝合在初期清创处理14天后缝合。故选C。

3.【答案】E

【解析】中国新九分法：将成人体表面积分为11个9%的等份，另加1%构成100%的体表面积，其中头面颈部为9%（发部3%、面部3%、颈部3%），双上肢为2个9%（双上臂7%，双前臂6%，双手5%），躯干前后（各占13%）及会阴（占1%）为3个9%，双下肢包括臀部为5个9%+1%＝46%（双大腿21%，双小腿13%，双臀和双足在成年男性分别为5%和7%，在成年女性各占6%）。儿童头大，下肢小，可按下法计算：头颈部面积＝［9+（12－年龄）］%，双下肢面积＝［46－（12－年龄）］%。所以成年女性背部、会阴和双臀的烧伤面积为13%＋1%＋6%＝20%。故选E。

4.【答案】D

【解析】感染是救治烧伤中突出的问题。烧伤死亡原因中，感染居首位（占51.8%）。故选D。

5.【答案】C

【解析】按照患儿的烧伤面积和体重计算，伤后第一个24小时，每1%烧伤面积Ⅱ度、Ⅲ度每千克体重应补胶体0.5 ml和电解质液1.0 ml，共1.5 ml（广泛深度烧伤者与小儿烧伤其比例可改为1：1，即共2.0ml），另加基础水分2000ml。故选C。

6.【答案】C

【解析】组织烧伤后的立即反应是体液渗出，一般要持续36～48小时。小面积浅度烧伤，体液的渗出量有限，通过人体的代偿，不致影响全身的有效循环血量。烧伤面积大而深者，由于体液的大量渗出和其他血流动力学的变化，可急剧发生休克。烧伤早期的休克基本属于低血容量性休克，但与一般急性失血不同之处在于体液的渗出是逐步的，伤后2～3小时最为急剧，8小时达高峰，随后逐渐减缓，至48小时渐趋恢复，渗出于组织间的水肿液开始回收。故选C。

7.【答案】E

【解析】电接触烧伤有较多特性。电压越高，电流强度越大；电流导入人体后，因不同组织的电阻不同（依大小顺序为骨、脂肪、皮肤、肌腱、肌肉、血管和神经），局部损害程度有所不同。如骨骼的电阻大，局部产生的热能也大，所以在骨骼周围可出现“套袖式”坏死。体表的电阻又因皮肤的厚薄和干湿情况而异。如手掌、足掌因角质层厚，电阻也高；皮肤潮湿、出汗时，因电阻低，电流易通过，迅速沿电阻低的血管运行，全身性损害重；反之皮肤干燥者，局部因电阻高，损害也较重，但全身性损害相对减轻。“入口”处邻近的血管易受损害，血管进行性栓塞常引起相关组织的进行性坏死和继发性血管破裂出血。电流通过肢体时，可引发强烈挛缩，关节屈面常形成电流短路，所以在肘、腋、膝、股等处可出现“跳跃式”深度烧伤。此外，交流电对心脏损害较大，电流通过脑、心等重要器官，后果较重。故选E。

【A_2型题】

8.【答案】C

【解析】额外丢失补液量＝2.0×10×10＝200 ml。故选C。

9.【答案】C

【解析】患者烧伤面积为右足＋右小腿＝7%÷2＋13%÷2＝10%。烧伤深度的识别采用三度四分法，即Ⅰ度、浅Ⅱ度、深Ⅱ度和Ⅲ度烧伤。Ⅰ度烧伤：仅伤及表皮浅层，生发层健在，再生能力强。表面红斑状、干燥，烧灼感，3～7天脱屑痊愈，短期内有色素沉着。浅Ⅱ度：伤及表皮的生发层、真皮乳头层。局部红肿明显，大小不一的水疱形成，内含淡黄色澄清液体，水疱皮如剥脱，创面红润、潮湿、疼痛明显。上皮再生靠残存的表皮生发层和皮肤附件（汗腺、毛囊）的上皮增生，如不感染，1～2周内愈合，一般不留瘢痕，多数有色素沉着。深Ⅱ度：伤及皮肤的真皮层，介于浅Ⅱ度和Ⅲ度之间，深浅不尽一致，也可有水疱，但去疱皮后，创面微湿，红白相间，痛觉较迟钝。由于真皮层内有残存的皮肤附件，可赖其上皮增殖形成上皮小岛，如不感染，可融合修复，需时3～4周。但常有瘢痕增生。Ⅲ度烧伤：是全皮层烧伤甚至达到皮下、肌或骨骼。创面无水疱，呈蜡白或焦黄色甚至炭化，痛觉消失，局部温度低，皮层凝固性坏死后形成焦痂，触之如皮革，痂下可显树枝状栓塞的血管。因皮肤及其附件已全部烧毁，无上皮再生的来源，必须靠植皮而愈合。只有很局限的小面积Ⅲ度烧伤，才有可能靠周围健康皮肤的上皮爬行而收缩愈合。根据题干描述，该患者属于浅Ⅱ度烧伤。故选C。

【A_3/A_4型题】

10.【答案】B

11.【答案】D

【解析】患者目前四肢活动好，无异常活动、畸形、骨擦音及骨擦感等骨折的特征、暂不考虑左股骨骨折。

12.【答案】E

【解析】患者目前血压正常，心率无明显增快，无休克表现，不需输血。故选E。

13.【答案】A

【解析】患者烧伤面积为面部＋躯干前面＋双前臂＋双手＋双小腿＋双足＝3%＋13%＋6%＋5%＋13% ＋7%＝47%。故选A。

14.【答案】B

15.【答案】B

【解析】烧伤第一个24小时补充晶体液、胶体液量＝1.5×47×60+2000＝6230 ml。故选B。

【B_1型题】

16.【答案】A

【解析】根据创伤和外科手术中污染的可能性将手术切口分为三类：①Ⅰ类切口即无菌切口。如颅脑、视觉器官、四肢躯干及不切开空腔脏器的胸、腹部手术切口。②Ⅱ类切口即可能污染的切口。即手术切口部位有污染的可能。如手术中必须切开或离断与体表相通连并有污染可能的空腔器疗的手术切口。包括消化道、呼吸道、泌尿道、阴道等以及阴囊、会阴部等不易彻底消毒皮肤的切口。③Ⅲ类切口即污染切口。即在邻近感染区域组织及直接暴露于感染物的切口。如各个系统或部位的脓肿切开引流，化脓性腹膜炎等手术切口均属此类。切口愈合分为三级，如下。①甲级：愈合优良，即没有不良反应的初级愈合，用“甲”字表示。②乙级：愈合欠佳，即愈合有缺点，但切口未化脓。为了反应愈合欠佳具体情况，可备注说明，如血肿、积液、皮肤坏死、切口破裂等，用“乙”字表示。③丙级：切口化脓，并因化脓需要敞开切口或切开引流者。用“丙”字表示。故选A。

17.【答案】C

18.【答案】E

19.【答案】C

20.【答案】A

第五章　乳房疾病

【A_1 型题】

1.【答案】E

2.【答案】D

3.【答案】C

【解析】乳腺癌的临床表现：早期表现为患侧乳房出现无痛、单发的小肿块，常是患者无意中发现而就医的主要症状。肿块质硬，表面不光滑，与周围组织分界不很清楚，在乳房内不易被推动。随着肿瘤增大，可引起乳房局部隆起。若累及 Cooper 韧带，可使其缩短而致肿瘤表面皮肤凹陷，即所谓“酒窝征”。邻近乳头或乳晕的癌肿因侵入乳管使之缩短，可把乳头牵向癌肿一侧，进而可使乳头扁平、回缩、凹陷。癌块继续增大，如皮下淋巴管被癌细胞堵塞，引起淋巴回流障碍，出现真皮水肿，皮肤呈“橘皮样”改变。故选 C。

4.【答案】B

【解析】乳腺癌的 TNM 分期。T_0：原发癌瘤未查出。Tis：原位癌（非浸润性癌及未查到肿块的乳头湿疹样乳腺癌）。T_1：癌瘤长径≤2cm。T_2：癌瘤长径>2cm，≤5cm。T_3：癌瘤长径>5cm。T_4：癌瘤大小不计，但侵及皮肤或胸壁（肋骨、肋间肌、前锯肌），炎性乳腺癌亦属之。N_0：同侧腋窝无肿大淋巴结。N_1：同侧腋窝有肿大淋巴结，尚可推动。N_2：同侧腋窝肿大淋巴结彼此融合，或与周围组织粘连。N_3：有同侧胸骨旁淋巴结转移，有同侧锁骨上淋巴结转移。M_0：无远处转移。M_1：有远处转移。根据以上情况进行组合，可把乳腺癌分为以下各期。0 期：$TisN_0M_0$。Ⅰ期：$T_1N_0M_0$。Ⅱ期：$T_{0\sim1}N_1M_0$，$T_2N_{0\sim1}M_0$，$T_3N_0M_0$。Ⅲ期：$T_{0\sim2}N_2M_0$，$T_3N_{1\sim2}M_0$，T_4任何 NM_0，任何 T N_3M_0。Ⅳ期：任何 T，任何 N，M_1。故选 B。

5.【答案】E

【解析】急性乳腺炎的临床表现：患者感觉乳房疼痛、局部红肿、发热。随着炎症发展，患者可有寒战、高热、脉搏加快，常有患侧淋巴结肿大、压痛，白细胞计数明显增加。故选 E。

6.【答案】D

【解析】脓肿形成后，主要治疗措施是及时做脓肿切开引流。手术时要有良好的麻醉，深部脓肿或乳房后脓肿可沿乳房下缘做弧形切口，经乳房后间隙引流之。切开后以手指轻轻分离脓肿的多房间隔，以利引流。脓腔较大时，可在脓腔的最低部位另加切口做对口引流。故选 D。

7.【答案】E

【解析】乳腺囊性增生病，也称慢性囊性乳腺病，简称乳腺病，是妇女多发病，常见于中年妇女。是乳腺实质的良性增生，其病理形态复杂，增生可发生于腺管周围并伴有大小不等的囊肿形成；或腺管内表现为不同程度的乳头状增生，伴乳管囊性扩张，也有发生于小叶实质者，主要为乳管及腺泡上皮增生。本病系体内女性激素代谢障碍，尤其是雌、孕激素比例失调，使乳腺实质增生过度和复旧不全。部分乳腺实质成分中女性激素受体的质和量异常，使乳房各部分的增生程度参差不齐。临床表现突出的表现是乳房胀痛和肿块，特点是部分患者具有周期性。疼痛与月经周期有关，往往在月经前疼痛加重，月经来潮后减轻或消失，有时整个月经周期都有疼痛。少数患者可有乳头溢液。本病病程较长，发展缓慢。故选 E。

8.【答案】A

9.【答案】B

10.【答案】D

11.【答案】A

【解析】乳腺囊性增生病的治疗：主要是对症治疗，可用中药或中成药调理，包括疏肝理气，调和冲任及调整卵巢功能。对局限性乳腺囊性增生病，应在月经后 1 周至 10 天内复查，若肿块变软、缩小或消退，则可予以观察并继续中药治疗。若肿块无明显消退者，或在观察过程中，对局部病灶有恶性病变可疑时，应予切除并做快速病理检查。如果有不典型上皮增生，则可结合其他因素决定手术范围，如有对侧乳腺癌或有乳腺癌家族史等高危因素者，以及年龄大，肿块周围乳腺组织增生也较明显者，可做单纯乳房切除术。故选 A。

12.【答案】C

13.【答案】B

【解析】急性乳腺炎的发病，有以下两方面原因。①乳汁淤积：乳汁是理想的培养基，乳汁淤积将有利于入侵细菌的生长繁殖。②细菌入侵：乳头破损或皲裂，使细菌沿淋巴管入侵是感染的主要途径。细菌也可直接侵入乳管，上行至腺小叶而致感染。故选 B。

14.【答案】A

15.【答案】C

16.【答案】B

【解析】炎性乳腺癌的预后最差。局部皮肤可呈炎症样表现，开始时比较局限，不久即扩展到乳房大部分皮肤，皮肤发红、水肿、增厚、粗糙、表面温度升高。故选 B。

17.【答案】D

【A_2型题】

18.【答案】A

19.【答案】D

【解析】女性乳头溢液大多因乳腺疾病所引起，发现乳头溢液症状，一定要积极检查原因，门诊应首选溢液涂片细胞学检查进行疾病筛查，进一步确诊依靠活检病理学检查。故选D。

20.【答案】B

【解析】据题意分析：中年女性+双侧乳腺多发小结节+与月经周期的关系密切的乳腺胀痛，考虑诊断为乳腺囊性增生病，故答案选B。鉴别诊断如下。①乳腺纤维腺瘤：多见于青年女性，常为单发无痛性肿块境界明显，移动良好，无触痛。②乳腺癌：常见于中、老年妇女，常为单一无痛性肿块，呈圆形、卵圆形或不规则形，质硬，活动度差，易与皮肤及周围组织发生粘连；与月经周期及情绪变化无关，可在短时间内迅速增大。乳房钼靶X线片表现为肿块影、细小钙化点、异常血管影及毛刺等。肿块针吸可找到异型细胞。③乳腺结核：多发生于20~40岁妇女，病程缓慢。初期乳房内有一个或数个结节，无疼痛或触痛，与周围组织分界不清，常有皮肤粘连，同侧腋窝淋巴结可肿大。肿块软化后形成冷脓肿，可向皮肤穿出形成瘘管或窦道，排出干酪样碎屑的稀薄脓液；少数患者的肿块经纤维化而变成硬块，使乳房外形改变和乳头内陷，需与乳腺癌鉴别。

21.【答案】C

【解析】手术治疗是乳腺癌的主要治疗方法之一，还有辅助化学药物、内分泌、放射治疗，以及生物治疗。故选C。

22.【答案】E

23.【答案】D

24.【答案】B

【解析】患者为$T_2N_1M_0$属于第Ⅱ期。故选B。

25.【答案】D

【解析】患者乳房出现质韧、边缘清晰、活动度大、无压痛且生长缓慢的肿块，结合年龄优先考虑乳房纤维腺瘤。故选D。

26.【答案】C

【解析】放射治疗是乳腺癌局部治疗的手段之一。在保留乳房的乳腺癌手术后，放射治疗是一重要组成部分，应于肿块局部广泛切除后给予较高剂量放射治疗。单纯乳房切除术后可根据患者年龄、疾病分期分类等情况，决定是否应用放疗。根治术后是否应用放疗，多数认为对Ⅰ期病例无益，对Ⅱ期以后病例可能降低局部复发率。故选C。

27.【答案】B

【解析】患者右乳外上象限无痛，质硬，边界欠清肿块，结合年龄考虑乳腺癌可能性大。故选B。

28.【答案】A

【解析】切开后以手指轻轻分离脓肿的多房间隔，以利引流。故选A。

【A_3/A_4型题】

29.【答案】E

30.【答案】A

【解析】患者右乳外上象限肿物，质硬，结合年龄考虑乳腺癌可能性大。故选A。

31.【答案】C

32.【答案】B

33.【答案】D

【解析】产后10天，左乳胀痛发热，红肿有压痛，有肿块形成中心有波动感，提示急性乳腺炎脓肿形成。脓肿形成后，主要治疗措施是及时做脓肿切开引流。故选D。

34.【答案】D

【B_1型题】

35.【答案】D

【解析】乳腺癌表现为患侧乳房出现无痛、单发的小肿块，肿块质硬，表面不光滑，与周围组织分界不很清楚，在乳房内不易被推动。故选D。

36.【答案】B

【解析】乳房纤维腺瘤，是女性常见的乳房肿瘤，患者常无明显自觉症状。肿块增大缓慢，质似硬橡皮球的弹性感，表面光滑，易于推动。月经周期对肿块的大小并无影响。故选B。

37.【答案】E

【解析】急性乳腺炎表现为乳房疼痛、局部红肿、发热。随着炎症发展，患者可有寒战、高热、脉搏加快，常有患侧淋巴结肿大、压痛，白细胞计数明显增加。故选E。

第六章　急性中毒

【A_1型题】

1.【答案】B

2.【答案】A

3.【答案】E

【解析】毒蕈碱样症状，又称M样症状。主要是副交感神经末梢过度兴奋，产生类似毒蕈碱样作用。平滑肌痉挛表现：瞳孔缩小、胸闷、气促、呼吸困难、恶心、呕吐、腹痛、腹泻。括约肌松弛表现：大、小便失禁。腺体分泌增加表现：大汗、流泪和流涎。气道分泌物明显增多：表现咳嗽、气促，双肺有干或湿啰音，严重者发生肺水肿。肌束颤动属于烟碱样症状。故选 E。

4.【答案】C

【解析】血胆碱酯酶活力是诊断有机磷农药中毒的特异性实验指标，对判断中毒程度、疗效和预后极为重要。故选 C。

5.【答案】D

【解析】CO 中毒时应迅速将患者转移到空气新鲜处，终止 CO 继续吸入。卧床休息，保暖，保持呼吸道畅通。故选 D。

6.【答案】B

7.【答案】A

【解析】有机磷农药的毒性作用是与真性胆碱酯酶酯解部位结合成稳定的磷酰化胆碱酯酶，使胆碱酯酶丧失分解乙酰胆碱能力，乙酰胆碱大量积聚引起一系列毒蕈碱、烟碱样和中枢神经系统症状，严重者常死于呼吸衰竭。长期接触有机磷农药的毒性时，胆碱酯酶活力虽明显下降，而临床症状往往较轻，可能是由于人体对积聚的乙酰胆碱耐受性增强。故选 A。

8.【答案】E

【解析】解磷定和氯解磷定属于胆碱酯酶复能药，胆碱酯酶复能药对甲拌磷、内吸磷、对硫磷、甲胺磷、碘依可酯和肟硫磷等中毒疗效好，对敌敌畏、美曲膦酯中毒疗效差，对乐果和马拉硫磷中毒疗效不明显。双复磷对敌敌畏及美曲膦酯中毒疗效较碘解磷定为好。故选 E。

9.【答案】C

10.【答案】E

【解析】根据病情，阿托品每 10~30 分钟或 1~2 小时给药一次，直到患者 M 样症状消失或出现"阿托品化"。阿托品化指征为瞳孔较前扩大、口干、皮肤干燥、心率增快和肺湿啰音消失。此时，应减少阿托品剂量或停用。如出现瞳孔明显扩大、神志模糊、烦躁不安、抽搐、昏迷和尿潴留等为阿托品中毒，立即停用阿托品。故选 E。

11.【答案】A

12.【答案】E

【解析】有机磷农药中毒的解救药物包括：①胆碱酯酶复能药，有氯解磷定、解磷定和双复磷。②胆碱受体阻断药，包括 M 胆碱受体阻断药和 N 胆碱受体阻断药。③复方制剂，是将生理性拮抗剂与中毒酶复能药组成的复方制剂。故选 E。

13.【答案】E

【解析】清除胃肠道尚未吸收的毒物的方法包括：①催吐。②鼻胃管抽吸。③洗胃。④导泻。⑤灌肠。故选 E。

14.【答案】A

【解析】急性中毒具有来势猛、变化快、病情重的特点，因此要求接诊医生分秒必争，快速作出诊断并提出正确治疗方案。然后根据轻、中、重的不同病情进行分诊治疗。在治疗措施上一般采取阻止毒物继续吸收，立即应用特效解毒剂，消除已被吸收的毒物和最大限度地保护和恢复器官功能的对症治疗。因此 A 项待毒物标本检验结果汇报后治疗是错误的。

15.【答案】A

【解析】解磷定属于胆碱酯酶复能药，胆碱酯酶复能药能有效解除烟碱样毒性作用，对 M 样症状和中枢性呼吸抑制作用无明显影响。故选 A。

16.【答案】C

【解析】急性中毒诊断分级：轻度中毒仅有 M 样症状，胆碱酯酶活力 50%~70%。中度中毒 M 样症状加重，出现 N 样症状，胆碱酯酶活力 30%~50%。重度中毒具有 M、N 样症状，并伴有肺水肿、抽搐、昏迷，呼吸肌麻痹和脑水肿，胆碱酯酶活力 30%以下。故选 C。

17.【答案】B

【解析】烟碱样症状，又称 N 样症状。在横纹肌神经-肌肉接头处乙酰胆碱蓄积过多，出现肌纤维颤动，甚至全身肌肉强直性痉挛，也可出现肌力减退或瘫痪，呼吸肌麻痹引起呼吸衰竭或停止。交感神经节受乙酰胆碱刺激，其节后交感神经纤维末梢释放儿茶酚胺，表现血玉增高和心律失常。故选 B。

18.【答案】C

【解析】有机磷杀虫药主要在肝内进行生物转化和代谢。有的有机磷杀虫药氧化后毒性反而增强，如对硫磷通过肝细胞微粒体的氧化酶系统氧化为对氧磷，后者对胆碱酯酶抑制作用要比前者强 300 倍。故选 C。

19.【答案】C

【解析】监测血中 COHb 浓度，不仅能明确诊断，而且有助于分型和估计预后。故选 C。

20.【答案】C

21.【答案】C

【解析】洗胃时，患者取左侧卧位，头稍低并转向一侧。应用较大口径胃管，涂液状石蜡润滑后由口腔将胃管向下送进 50cm 左右。如能抽出胃液，证明胃管确在胃内；如杲不能肯定胃管是否在胃内，可向胃管注入适量空气，如在胃区听到"咕噜"声，证明在胃内。首元吸出全部胃内容物，留送毒物分析。然后，每次向胃内注入 200~300ml 温开水。一次注入量过多则易促使毒物进入肠腔内。洗胃时，需要反复灌洗，直至洗出液清亮为止。洗胃液总量至少 2~5L，甚至可用到 6~8L，或更多。拔胃管时，要先将胃管尾部夹住，以免拔胃管过程中管内液体反流入气管内。故选 C。

22.【答案】C

【解析】中毒的治疗原则：①立即终止毒物接触。②紧急复苏和对症支持治疗。③清除体内尚未吸收的毒物。④应用解毒药。⑤预防并发症。昏迷、惊厥、休克状态、腐蚀性毒物摄入和无呕吐反射者禁用催吐。故选C。

23.【答案】B

24.【答案】E

【解析】急性CO中毒的治疗如下。①终止CO吸入：迅速将患者转移到空气新鲜处，终止CO继续吸入。卧床休息，保暖，保持呼吸道畅通。②氧疗：给予氧疗，迅速纠正缺氧状态。方法包括吸氧和高压氧舱。③机械通气。④防治脑水肿：静脉注射甘露醇，葡萄糖或呋塞米。⑤促进脑细胞代谢。⑥防治并发症和后发症。故选E。

25.【答案】D

【解析】有机磷中毒表现为：①急性中毒。中毒后，出现急性胆碱能危象，表现为：a. 毒蕈碱样症状，又称M样症状，主要是副交感神经末梢过度兴奋，产生类似毒蕈碱样作用；b. 烟碱样症状，又称N样症状；c. 中枢神经系统症状，过多乙酰胆碱刺激所致，表现头晕、头痛、烦躁不安、谵妄、抽搐和昏迷，有的发生呼吸、循环衰竭死亡；d. 局部损害，有些有机磷杀虫药接触皮肤后发生过敏性皮炎、皮肤水疱或剥脱性皮炎，污染眼部时，出现结膜充血和瞳孔缩小。②迟发性多发神经病。③中间型综合征。有机磷中毒呼出气为大蒜味。故选D。

26.【答案】E

【解析】有机磷农药中毒所致的呼吸肌麻痹是烟碱样症状，胆碱酯酶复能药能有效解除烟碱样毒性作用。故选E。

27.【答案】C

【解析】有机磷农药中毒所致的急性肺水肿属于毒蕈碱样症状，又称M样症状。解除M症状首选阿托品。故选C。

28.【答案】B

【解析】在体内，对硫磷和甲基对硫磷氧化分解为对硝基酚，美曲膦酯代谢为三氯乙醇。尿中测出对硝基酚或三氯乙醇有助于诊断上述毒物中毒。故选B。

29.【答案】D

30.【答案】B

31.【答案】A

【解析】有机磷杀虫药主要经过胃肠道、呼吸道、皮肤或黏膜吸收。吸收后迅速分布至全身各器官，其中以肝内浓度最高，其次为肾、肺、脾等，肌肉和脑含量最少。故选A。

32.【答案】E

33.【答案】E

【解析】急性CO中毒的症状与血液中COHb浓度有密切关系，同时也与患者中毒前的健康状况，如有无心、脑血管病及中毒时体力活动等情况有关。故选E。

34.【答案】A

35.【答案】D

【解析】阿托品化指征为瞳孔较前扩大、口干、皮肤干燥、心率增快和肺湿啰音消失。此时，应减少阿托品剂量或停用。如出现瞳孔明显扩大、神志模糊、烦躁不安、抽搐、昏迷和尿潴留等为阿托品中毒，立即停用阿托品。故选D。

36.【答案】B

37.【答案】C

38.【答案】B

【解析】由皮肤和黏膜吸收中毒处理：①除去污染的衣物，清除皮肤黏膜上的毒物，清洗被污染的皮肤与黏膜；皮肤接触腐蚀性毒物者，冲洗时间要求达15~30分钟，并用适当的中和液或解毒液冲洗。②由伤口或其他原因进入局部的药物中毒，要用止血带结扎，尽量减少毒物吸收，必要时做伤口引流排毒。③眼内污染毒物，必须立即用清水冲洗至少5分钟，并滴入相应的中和剂；对固体的腐蚀性毒物颗粒，要用器械的方法取出结膜和角膜异物。故选B。

39.【答案】B

40.【答案】B

【解析】有机磷农药分为：①剧毒类，如甲拌磷、内吸磷、对硫磷、速灭磷等。②高毒类，如甲基对硫磷、甲胺磷、氧乐果、敌敌畏、磷胺、久效磷、水胺硫磷、杀扑磷和亚砜磷等。③中度毒类，如乐果、倍硫磷、除线磷、碘依可酯、美曲膦酯、乙酰甲胺磷、敌匹硫磷（二嗪农）和亚胺硫磷等。④低毒类，如马拉硫磷、肟硫磷（辛硫磷）、甲基乙酯磷、碘硫磷和溴硫磷等。故选B。

【A_2型题】

41.【答案】E

【解析】一氧化碳中毒是含碳物质燃烧不全的产物经呼吸道吸入引起中毒。血液中HbCO占30%~40%时，临床患者可出现虚脱或昏迷；皮肤和黏膜呈现樱桃红色；可有恶心、呕吐、意识模糊、虚脱或昏迷。患者清晨在家中被发现昏迷，皮肤潮红，口唇樱桃红色，符合一氧化碳中毒的诊断，故选E。

【A_3/A_4型题】

42.【答案】C

【解析】患者血液COHb为60%，提示CO中毒可能性大。故选C。

43.【答案】E

44.【答案】D

【B_1型题】

45.【答案】D

46.【答案】B

47.【答案】E

48.【答案】A

49.【答案】B

第七章 中暑

【A₁型题】

1.【答案】D

【解析】中暑是指人体处于高气温或伴有湿度较大的环境中，以体温调节中枢障碍、汗腺功能衰竭和水电解质丧失过多为特征的急性疾病。对高温环境的适应能力不足是致病的主要原因。产生中暑的因素除了气温高外，还与湿度、日照、高温环境暴露时间、劳动强度、营养状况、水盐供给以及个体健康状况有关。故选D。

2.【答案】C

【解析】热射病症状特点：还有一部分人在高温环境中从事体力劳动的时间较长，身体产热过多，而散热不足，导致体温急剧升高。发病早期有大量冷汗，继而无汗、呼吸浅快、脉搏细速、躁动不安、神志模糊、血压下降，逐渐向昏迷伴四肢抽搐发展；严重者可产生脑水肿、肺水肿、心力衰竭等。故选C。

【A₂型题】

3.【答案】D

【解析】热衰竭的发病机制是指在高温环境下，由于出汗过多，导致失水、失钠、血液浓缩，继而出现皮肤血管扩张，血管舒缩功能失调，导致周围循环衰竭。该患者在高温环境下，剧烈运动后大量出汗，出现头晕、胸闷、心悸、恶心及左侧小腿肌肉痉挛，符合热衰竭的临床表现。故选D。

第二十二篇 实践综合

第一章 发热、咳嗽与咳痰、咯血、呼吸困难、发绀

【A1型题】

1.【答案】D

2.【答案】C

3.【答案】C

【解析】外源性致热原多为大分子物质，特别是细菌内毒素分子量非常大，不能通过血脑屏障直接作用于体温调节中枢，而是通过激活血液中的中性粒细胞、嗜酸性粒细胞和单核-吞噬细胞系统，使其产生并释放内源性致热原，引起发热。外源性致热原的种类甚多，包括：①各种微生物病原体及其产物，如细菌、病毒、真菌及支原体等。②炎性渗出物及无菌性坏死组织。③抗原抗体复合物。④某些类固醇物质。⑤多糖体成分及多核苷酸、淋巴细胞激活因子等。内源性致热原，又称白细胞致热原，如白介素（IL-1）、肿瘤坏死因子（TNF）和干扰素等。通过血-脑脊液屏障直接作用于体温调节中枢的体温调定点，使调定点（温阈）上升，体温调节中枢必须对体温加以重新调节发出冲动，并通过垂体内分泌因素使代谢增加或通过运动神经使骨骼肌阵缩（临床表现为寒战），使产热增多；另一方面可通过交感神经使皮肤血管及竖毛肌收缩，停止排汗，散热减少。这一综合调节作用使产热大于散热，体温升高引起发热。故选C。

4.【答案】C

【解析】临床上常见的热型有以下几种：①稽留热，是指体温恒定地维持在39～40℃以上的高水平，达数天或数周，24小时内体温波动范围不超过1℃。常见于大叶性肺炎、斑疹伤寒及伤寒高热期。②弛张热，又称败血症热型。体温常在39℃以上，波动幅度大，24小时内波动范围超过2℃，但都在正常水平以上。常见于败血症、风湿热、重症肺结核及化脓性炎等。③间歇热，体温骤升达高峰后持续数小时，又迅速降至正常水平，无热期（间歇期）可持续1天至数天，如此高热期与无热期反复交替出现。常见于疟疾、急性。肾盂肾炎等。④波状热体温逐渐上升达39℃或以上，数天后又逐渐下降至正常水平，持续数天后又逐渐升高，如此反复多次。常见于布鲁菌病。⑤回归热，体温急剧上升至39℃或以上，持续数天后又骤然下降至正常水平。高热期与无热期各持续若干天后规律性交替一次。可见于回归热、霍奇金淋巴瘤病等。⑥不规则热，发热的体温曲线无一定规律，可见于结核病、风湿热、支气管肺炎、渗出性胸膜炎等。故选C。

5.【答案】E

【解析】咳嗽是一种反射性防御动作，通过咳嗽可以清除呼吸道分泌物及气道内异物。但是咳嗽也有不利的一面，例如咳嗽可使呼吸道内感染扩散，剧烈的咳嗽可导致呼吸道出血，甚至诱发自发性气胸等。因此如果频繁的咳嗽影响工作与休息，则为病理状态。痰是气管、支气管的分泌物或肺泡内的渗出液，借助咳嗽将其排出称为咳痰。咳嗽是由于延髓咳嗽中枢受刺激引起。来自耳、鼻、咽、喉、支气管、胸膜等感受区的刺激传入延髓咳嗽中枢，该中枢再将冲动传向运动神经，即喉下神经、膈神经和脊髓神经，分别引起咽肌、膈肌和其他呼吸肌的运动来完成咳嗽动作，表现为深吸气后，声门关闭，继以突然剧烈的呼气，冲出狭窄的声门裂隙产生咳嗽动作和发出声音。咳痰是一种病态现象。故选E。

6.【答案】E

【解析】咯血量大小的标准尚无明确的界定，但一般认为每日咯血量在100ml以内为小量，100～500ml为中等量，500ml以上或一次咯血100～500ml为大量。故选E。

7.【答案】B

8.【答案】E

9.【答案】D

【解析】心性混合性发绀：由于异常通道分流，使部分静脉血未通过肺进行氧合作用而入体循环动脉，如分流量超过心排血量的1/3，即可出现发绀。常见于发绀型先天性心脏病，如法洛四联症、Eisenmenger综合征等。故选D。

10.【答案】E

【解析】高铁血红蛋白血症：当血中高铁血红蛋白量达到30g/L时可出现发绀。常见于苯胺、硝基苯、伯氨喹、亚硝酸盐、磺胺类等中毒所致发绀，其特点是发绀出现急剧，抽出的静脉血呈深棕色，虽给予氧疗但发绀不能改善，只有给予静脉注射亚甲蓝或大量维生素C，发绀方可消退，

用分光镜检查可证实血中高铁血蛋白存在。故选 E。

11.【答案】E

12.【答案】B

【解析】吸气性呼吸困难：主要特点表现为吸气显著费力，严重者吸气时可见“三凹征”，表现为胸骨上窝、锁骨上窝和肋间隙明显凹陷，此时亦可伴有干咳及高调吸气性喉鸣。“三凹征”的出现主要是由于呼吸肌极度用力，胸腔负压增加所致。常见于喉部、气管、大支气管的狭窄与阻塞。故选 B。

13.【答案】C

【解析】呼气性呼吸困难：主要特点表现为呼气费力、呼气缓慢、呼吸时间明显延长，常伴有呼气期哮鸣音。主要是由于肺泡弹性减弱和/或小支气管的痉挛或炎症所致。常见于慢性支气管炎（喘息型）、慢性阻塞性肺气肿、支气管哮喘、弥漫性泛细支气管炎等。故选 C。

14.【答案】D

【解析】混合性呼吸困难：主要特点表现为吸气期及呼气期均感呼吸费力、呼吸频率增快、深度变浅，可伴有呼吸音异常或病理性呼吸音。主要是由于肺或胸膜腔病变使肺呼吸面积减少导致换气功能障碍所致。常见于重症肺炎、重症肺结核、大面积肺栓塞（梗死）、弥漫性肺间质疾病、大量胸腔积液、气胸、广泛性胸膜增厚等。故选 D。

15.【答案】C

【解析】代谢性酸中毒可导致血中代谢产物增多，刺激颈动脉窦、主动脉体化学受体或直接兴奋刺激呼吸中枢引起呼吸困难。其主要表现为：①有引起代谢性酸中毒的基础病因，如尿毒症、糖尿病酮症等。②出现深长而规则的呼吸，可伴有鼾音，称为酸中毒大呼吸（Kussmaul 呼吸）。故选 C。

16.【答案】B

【解析】某些药物如吗啡类、巴比妥类等中枢抑制药物和有机磷杀虫药中毒时，可抑制呼吸中枢引起呼吸困难。其主要特点为：①有药物或化学物质中毒史。②呼吸缓慢、变浅伴有呼吸节律异常的改变如 Cheyne-Stokes 呼吸（潮式呼吸）或 Biots 呼吸（间停呼吸）。故选 B。

17.【答案】B

18.【答案】D

【解析】神经精神性呼吸困难：①神经性呼吸困难主要是由于呼吸中枢受增高的颅内压和供血减少的刺激，使呼吸变为慢而深，并常伴有呼吸节律的改变，如双吸气（抽泣样呼吸）、呼吸遏制（吸气突然停止）等。临床上常见于重症颅脑疾患，如脑出血、脑炎、脑膜炎、脑脓肿、脑外伤及脑肿瘤等。②精神性呼吸困难主要表现为呼吸频率快而浅，伴有叹息样呼吸或出现手足搐搦。临床上常见于癔症患者，患者可突然发生呼吸困难。其发生机制多为过度通气而发生呼吸性碱中毒所致，严重时也可出现意识障碍。故选 D。

【A_2 型题】

19.【答案】B

【解析】夜间咳嗽常见于左心衰竭和肺结核患者，引起夜间咳嗽的原因，可能与夜间肺淤血加重及迷走神经兴奋性增高有关。故选 B。

20.【答案】B

21.【答案】B

【解析】支气管扩张症典型的症状有慢性咳嗽、咳大量脓痰和反复咯血。故选 B。

22.【答案】A

23.【答案】C

【解析】根据题干，提示患者癔症发作，发生精神性过度通气的可能性大，精神性过度通气是呼吸性碱中毒的常见原因。故选 C。

24.【答案】E

【解析】呼吸性碱中毒的临床表现：①手、足、面部特别是口周麻木并有针刺样感觉。②胸闷、胸痛、头晕、恐惧，甚至四肢抽搐。③呼吸浅而慢。故选 E。

【A_3/A_4型题】

25.【答案】D

26.【答案】C

【解析】患者稽留热，玫瑰疹，肝、脾大，符合伤寒的特点。故选 C。

27.【答案】C

【解析】患者突然呼吸困难，右侧胸痛，发绀，既往肺结核史，再结合年龄为青壮年男性，考虑自发性气胸可能性大。故选 C。

28.【答案】D

【解析】胸部 X 线检查：气胸可显示不同程度的肺萎陷和胸膜腔积气，有时尚伴有少量胸腔积液。早期在哮喘发作时可见两肺透亮度增加，呈过度通气状态；在缓解期多无明显异常。故选 D。

29.【答案】B

【解析】气胸积气量多时，患侧胸廓饱满，肋间隙变宽，呼吸动度减弱；语音震颤及语音共振减弱或消失。气管、心脏移向健侧。叩诊患侧呈鼓音。右侧气胸时肝浊音界下移。听诊患侧呼吸音减弱或消失。故选 B。

30.【答案】C

31.【答案】B

【解析】患者突发呼吸困难，呼气时间延长，常伴有双肺哮鸣音，符合呼气性呼吸困难的特点。故选 B。

32.【答案】B

【解析】青年男性，急性起病，突发呼吸困难，查体两肺哮喘音，考虑为支气管哮喘。故选B。

33.【答案】E

【解析】支气管哮喘两肺满布干啰音。心源性哮喘两肺可闻及广泛的湿啰音和哮鸣音。故选E。

【B_1型题】

34.【答案】A

【解析】发热的伴随症状如下。①寒战：常见于大叶性肺炎、败血症、急性胆囊炎、急性肾盂肾炎、流行性脑脊髓膜炎、疟疾、钩端螺旋体病、药物热、急性溶血或输血反应等。②结膜充血：常见于麻疹、流行性出血热、斑疹伤寒、钩端螺旋体病等。③单纯疱疹：口唇单纯疱疹多出现于急性发热性疾病，常见于大叶性肺炎、流行性脑脊髓膜炎、间日疟、流行性感冒等。④淋巴结肿大：常见于传染性单核细胞增多症、风疹、淋巴结结核、局灶性化脓性感染、丝虫病、白血病、淋巴瘤、转移癌等。⑤肝、脾大：常见于传染性单核细胞增多症、病毒性肝炎、肝及胆道感染、布鲁菌病、疟疾、结缔组织病、白血病、淋巴瘤及黑热病、急性血吸虫病等。⑥出血：发热伴皮肤黏膜出血可见于重症感染及某些急性传染病，如流行性出血热、病毒性肝炎、斑疹伤寒、败血症等。也可见于某些血液病，如急性白血病、重症再生障碍性贫血、恶性组织细胞病等。⑦关节肿痛：常见于败血症、猩红热、布鲁菌病、风湿热、结缔组织病、痛风等。⑧皮疹：常见于麻疹、猩红热、风疹、水痘、斑疹伤寒、风湿热、结缔组织病、药物热等。⑨昏迷：先发热后昏迷者常见于流行性乙型脑炎、斑疹伤寒、流行性脑脊髓膜炎、中毒伴菌痢、中暑等；先昏迷后发热者见于脑出血、巴比妥类药物中毒等。故选A。

35.【答案】D

36.【答案】B

37.【答案】C

38.【答案】C

【解析】黏液性痰多见于急性支气管炎、支气管哮喘及大叶性肺炎的初期，也可见于慢性支气管炎、肺结核等。浆液性痰见于肺水肿。脓性痰见于化脓性细菌性下呼吸道感染。血性痰是由于呼吸道黏膜受侵害、损害毛细血管或血液渗入肺泡所致。铁锈色痰为典型肺炎链球菌肺炎的特征。粉红色泡沫痰是肺水肿的特征。砖红色胶冻痰为典型肺炎克雷伯菌肺炎的特征。故选C。

39.【答案】B

40.【答案】A

41.【答案】E

42.【答案】A

【解析】咳嗽的伴随症状如下。①咳声嘶哑：是声带发炎或肿瘤所致，可见于喉炎、喉结核、喉癌、喉返神经麻痹等。②犬吠样咳嗽：咳嗽声音如犬吠，多见于会厌、喉头疾患或气管受压。③咳声低微：咳嗽声音低微，可见于极度衰弱或声带麻痹的患者。④金属音调咳嗽：可由于纵隔肿瘤、主动脉瘤或支气管癌等直接压迫气管所致。故选A。

43.【答案】B

44.【答案】C

45.【答案】E

46.【答案】E

47.【答案】D

【解析】咯血的伴随症状如下。①咯血伴发热：多见于肺结核，肺炎、肺脓肿、流行性出血热、肺出血型钩端螺旋体病、支气管肺癌等。②咯血伴胸痛：多见于肺炎链球菌肺炎、肺结核、肺栓塞（梗死）、支气管肺癌等。③咯血伴呛咳：多见于支气管肺癌、支原体肺炎等。④咯血伴脓痰：多见于支气管扩张、肺脓肿、空洞性肺结核继发细菌感染等。其中干性支气管扩张则仅表现为反复咯血而无脓痰。⑤咯血伴皮肤、黏膜出血：可见于血液病、风湿病及肺出血型钩端螺旋体病和流行性出血热等。⑥咯血伴杵状指：多见于支气管扩张、肺脓肿、支气管肺癌等。⑦咯血伴黄疸：须注意钩端螺旋体病、肺炎链球菌肺炎、肺栓塞等。故选D。

48.【答案】A

49.【答案】B

50.【答案】B

【解析】血液中还原血红蛋白增加（真性发绀）包括：①中心性发绀。一般可分为：a. 肺性发绀，常见于各种严重的呼吸系统疾病，如喉、气管、支气管的阻塞、肺炎、阻塞性肺气肿、弥漫性肺间质纤维化、肺淤血、肺水肿、急性呼吸窘迫综合征、肺栓塞、原发性肺动脉高压等；b. 心性混合性发绀，常见于发绀型先天性心脏病，如 Fallot 四联症、Eisenmenger 综合征等。②周围性发绀。此型发绀可分为：a. 淤血性周围性发绀，常见于右心衰竭、渗出性心包炎心脏压塞、缩窄性心包炎、血栓性静脉炎、上腔静脉阻塞综合征、下肢静脉曲张等；b. 缺血性周围性发绀，常见于严重休克、暴露于寒冷中和血栓闭塞性脉管炎、雷诺病、肢端发绀症、冷球蛋白血症等。③混合性发绀：中心性发绀与周围性发绀同时存在，可见于心力衰竭等。故选B。

51.【答案】C

52.【答案】D

53.【答案】E

54.【答案】A

【解析】发绀的伴随症状：①发绀伴呼吸困难，常见于重症心、肺疾病及急性呼吸道梗阻、大量气胸等，而高铁血红蛋白血症虽有明显发绀，但一般无呼吸困难。②发绀伴杵状指（趾），提示病程较长。主要见于发绀型先天性心脏病及某些慢性肺部疾病。③发绀伴意识障碍及衰竭，主要见于某些药物或化学物质中毒、休克、急性肺部感染或急性心力衰竭等。故选A。

55.【答案】B

56.【答案】C

57.【答案】D

第二章　水肿、心悸、胸痛、心脏杂音

【A_1 型题】

1.【答案】D

【解析】Graham steell 杂音，多由于肺动脉扩张导致相对性关闭不全所致的功能性杂音。杂音柔和、较局限、呈舒张期递减型、吹风样，于吸气末增强，常合并 P_2 亢进，常见于二尖瓣狭窄伴明显肺动脉高压。故选D。

2.【答案】A

3.【答案】B

4.【答案】C

【解析】Austin Flint 杂音，主要见于中、重度主动脉瓣关闭不全，导致左室舒张期容量负荷过高，使二尖瓣基本处于半关闭状态，呈现相对狭窄而产生杂音。故选C。

5.【答案】E

【解析】收缩期杂音的强度一般采用 Levine 6 级分级法（表 4-22-2-1）。

表 4-22-2-1　Levine 6 级分级法

级别	响度	听诊特点	震颤
1	很轻	很弱，易被初学者或缺少心脏听诊经验者所忽视	无
2	轻度	能被初学者或缺少心脏听诊经验者听到	无
3	中度	明显的杂音	无
4	中度	明显的杂音	无
5	响亮	杂音很响	明显
6	响亮	杂音很响，即使听诊器稍离开胸壁也能听到	明显

故选E。

6.【答案】D

7.【答案】B

8.【答案】C

【解析】在正常人体中，血管内液体不断地从毛细血管小动脉端滤出至组织间隙成为组织液，另一方面组织液又不断从毛细血管小静脉端回吸收入血管中，两者经常保持动态平衡，因而组织间隙无过多液体积聚。保持这种平衡的主要因素有：①毛细血管内静水压。②血浆胶体渗透压。③组织间隙机械压力（组织压）。④组织液的胶体渗透压。当维持体液平衡的因素发生障碍出现组织间液的生成大于回吸收时，则可产生水肿。产生水肿的几项主要因素为：①钠与水的潴留，如继发性醛固酮增多症等。②毛细血管滤过压升高，如右心衰竭等。③毛细血管通透性增高，如急性肾炎等。④血浆胶体渗透压降低，如血清清蛋白减少、肾病综合征等。⑤淋巴回流受阻，如丝虫病等。故选C。

9.【答案】D

【解析】连续性杂音：常见于先天性心脏病动脉导管未闭。杂音粗糙、响亮似机器转动样，持续于整个收缩与舒张期，其间不中断，掩盖第二心音。在胸骨左缘第2肋间稍外侧闻及，常伴有震颤。故选D。

10.【答案】E

【解析】水肿是指人体组织间隙有过多的液体积聚使组织肿胀。水肿可分为全身性与局部性。当液体在体内组织间隙呈弥漫性分布时呈全身性水肿（常为凹陷性）；液体积聚在局部组织间隙时呈局部水肿；发生于体腔内称积液，如胸腔积液、腹水、心包积液。一般情况下，水肿这一术语，不包括内脏器官局部的水肿，如脑水肿、肺水肿等。故选E。

11.【答案】B

【解析】心包摩擦音指脏层与壁层心包由于生物性或理化因素致纤维蛋白沉积而粗糙，以致在心脏搏动时产生摩擦而出现的声音。音质粗糙、高音调、搔抓样、比较表浅，类似纸张摩擦的声音。见于各种感染性心包炎，也可见于急性心肌梗死、尿毒症、心脏损伤后综合征和系统性红斑狼疮等非感染性情况。当心包腔有一定积液量后，摩擦音可消失。故选B。

12.【答案】E

【解析】心悸是一种自觉心脏跳动的不适感或心悸感。当心率加快时感到心脏跳动不适，心率缓慢时则感到搏动有力。心悸时，心率可快、可慢，也可有心律失常，心率和心律正常者亦可有心悸。故选E。

13.【答案】A

【解析】心尖搏动主要由于心室收缩时心脏摆动，心尖向前冲击前胸壁相应部位而形成。正常成人心尖搏动位于第5肋间，左锁骨中线内侧0.5～1.0cm，搏动范围以直径计算为2.0～2.5cm。题干中心尖搏动位于左锁骨中线外第6肋，心尖搏动向左下移位，提示左心室增大，常见于主动脉瓣关闭不全。故选A。

14.【答案】B

【解析】二尖瓣关闭不全杂音特点：杂音性质粗糙、吹风样、高调，强度≥3/6级，持续时间长，可占全收缩期，甚至遮盖第一心音，并向左腋下传导。故选B。

15.【答案】D

【解析】反常分裂，又称逆分裂。指主动脉瓣关闭迟于肺动脉瓣，吸气时分裂变窄，呼气时变宽。第二心音逆分裂是病理性体征，见于完全性左束支传导阻滞。另外主动脉瓣狭窄或重度高血压时，左心排血受阻，排血时间延长使主动脉瓣关闭明显延迟，也可出现第二心音反常分裂。故选D。

16.【答案】E

17.【答案】C

18.【答案】B

【解析】舒张早期奔马律：最为常见，是病理性的第三心音。常伴有心率增快，使第二心音和第三心音的间距与第一心音和第二心音的间距相仿，听诊音调低、强度弱，又称第三心音奔马律。它与生理性第三心音的主要区别是后者见于健康人，尤其是儿童和青少年，在心率不快时易发现，第三心音与第二心音的间距短于第一心音与第二心音的间距，左侧卧位及呼气末明显，且在坐位或立位时第三心音可消失。故选B。

19.【答案】C

【解析】舒张晚期奔马律：又称收缩期前奔马律或房性奔马律，发生于第四心音出现的时间，为增强的第四心音。该奔马律的发生与心房收缩有关，是由于心室舒张末期压力增高或顺应性减退，以致心房为克服心室的充盈阻力而加强收缩所产生的异常心房音。多见于阻力负荷过重引起心室肥厚的心脏病，如高血压性心脏病、肥厚型心肌病、主动脉瓣狭窄等。听诊特点为音调较低，强度较弱，距第二心音较远，较接近第一心音（在第一心音前约0.1秒），在心尖部稍内侧听诊最清楚。故选C。

20.【答案】A

21.【答案】A

22.【答案】B

【解析】心悸伴晕厥或抽搐常见于高度房室传导阻滞、心室颤动或阵发性室性心动过速、病态窦房结综合征等。故选B。

23.【答案】B

【解析】第一心音：发生在心缩期，标志心室收缩期的开始。于心尖搏动处（前胸壁第5肋间隙左锁骨中线内侧）听得最清楚。第二心音：发生在心舒期，标志着心室舒张期的开始，它分为主动脉音和肺动脉音两个成分，分别在主动脉和肺动脉听诊区（胸骨左、右缘第二肋间隙）听得最清楚。第三心音发生在第二心音之后，持续较短（0.04～0.05秒），音调较低。它是在心室舒张早期，随着房室瓣的开放，心房及肺静脉的血液快速流入心室（心房未收缩前），引起心室壁和腱索的振动而产生。可在大部分儿童及约半数的青年人听到，不一定表示异常。在心率不快时易发现，第三心音与第二心音的间距短于第一心音与第二心音的间距，左侧卧位及呼气末明显，且在坐位或立位时第三心音可消失。第四心音发生在第一心音前的低频振动，持续约0.04秒。是由于心房收缩，血流快速充盈心室所引起的振动，又称心房音。故选B。

24.【答案】C

【解析】震颤为触诊时手掌感到的一种细小震动感，与在猫喉部摸到的呼吸震颤类似，又称猫喘。在一般情况下，震颤见于某些先天性心血管病或狭窄性瓣膜病变，而瓣膜关闭不全时，则较少有震颤，仅在房室瓣重度关闭不全时可触及震颤。故选C。

25.【答案】D

【解析】临床上凡触及震颤均可认为心脏有器质性病变。触诊有震颤者，多数也可所到响亮的杂音。但是，通常触诊对低频振动较敏感，而听诊对高频振动较敏感，对于某些低音调的舒张期杂音（如二尖瓣狭窄），可能该杂音不响亮或几乎听不到，听诊不够敏感，但触诊时仍可觉察到震颤，需引起注意。故选D。

26.【答案】B

27.【答案】D

28.【答案】A

【解析】额外心音，指在正常第一心音、动脉瓣部分二心音之外听到的病理性附加心音，与心脏杂音不同。多数为病理性，大部分出现在第二心音之后即舒张期，与原有的第一心音、第二心音构成三音律，如奔马律、开瓣音和心包叩击音等；也可出现在第一心音之后即收缩期，如收缩期喷射音。少数可出现两个附加心音，则构成四音律。故选 A。

29.【答案】D

【解析】直立性低血压（体位性低血压）：表现为在体位骤变，主要由卧位或蹲位突然站起时发生晕厥。可见于：①某些长期站立于固定位置及长期卧床者。②服用某些药物，如氯丙嗪、胍乙啶、亚硝酸盐类等或交感神经切除术后患者。③某些全身性疾病，如脊髓空洞症、多发性神经根炎、脑动脉粥样硬化、急性传染病恢复期、慢性营养不良等。发生机制可能是由于下肢静脉张力低，血液蓄积于下肢（体位性）、周围血管扩张淤血（服用亚硝酸盐药物）或血液循环反射调节障碍等因素，使回心血量减少、心排血量减少、血压下降导致脑供血不足所致。故选 D。

30.【答案】C

31.【答案】C

【解析】第一心音与第二心音的判断并无困难：①第一心音调较第二心音低，时限较长，在心尖区最响；第二心音时限较短，在心底部较响。②第一心至第二心音的距离较第二心音至下一心搏第一心音的距离短。但是，在复杂的心律失常时，往往需借助于下列两点进行判别：①心尖或颈动脉的向外搏动与第一心音同步或几乎同步，其中利用颈动脉搏动判别第一心音更为方便。②当心尖部听诊难以区分第一心音和第二心音时，可先听心底部即肺动脉瓣区和主动脉瓣区，心底部的第一心音与第二心音易于区分，再将听诊器体件逐步移向心尖部，边移边默诵第一心音、第二心音节律，进而确定心尖部的第一心音和第二心音。故选 C。

32.【答案】E

【解析】生理性杂音必须符合以下条件：只限于收缩期、心脏无增大、杂音柔和、吹风样、无震颤。故选 E。

33.【答案】B

【A_2 型题】

34.【答案】B

【解析】患者由病毒性心肌炎引起心源性晕厥。心源性晕厥是由于心脏病心排血量突然减少或心脏停搏，导致脑组织缺氧而发生。最严重的为 Adams-Stokes 综合征，主要表现是在心搏停止 5~10 秒出现晕厥，停搏 15 秒以上可出现抽搐，偶有大、小便失禁。故选 B。

35.【答案】E

【解析】根据题干，患者甲状腺放射治疗后引起甲减，甲减引起的水肿为非凹陷性水肿。故选 E。

36.【答案】A

【解析】患者心尖区舒张期隆隆样杂音，肝大，下肢水肿，肝功能正常，排除肝源性水肿，考虑心源性水肿可能性大。故选 A。

37.【答案】B

38.【答案】C

【解析】根据题干，患者的腹水有肝硬化引起的可能性大。肝硬化腹水的形成机制：①门静脉压增高：使腹腔静水压增高导致组织液回流减少。②低蛋白血症：由于腹水会引起清蛋白渗出，血浆胶体渗透压下降，压力改变内外环境失衡。③肝淋巴液生成过多。④肾因素：肝硬化时会导致有效循环回流不足，肾灌注下降会使人体肾素-血管紧张素-醛固酮系统的活性增强，三者的作用相加促使肾小球滤过降低，从而使钠、水潴留。⑤内分泌因素：继发的 ADTH 分泌增多，醛固酮增多症等。故选 C。

39.【答案】A

40.【答案】B

【解析】患者负性心尖搏动，排除粘连性心包炎，最可能是由于重度右室肥大所致心脏顺钟向转位，而使左心室向后移位引起负性心尖搏动。右室肥大可出现心前区隆起。故选 B。

41.【答案】D

【解析】患者胸骨左缘第 3~4 肋间收缩期震颤。心前区震颤的临床意义见表 4-22-2-2。

表 4-22-2-2　心前区震颤的临床意义

部位	时相	常见病变
胸骨右缘第 2 肋间	收缩期	主动脉狭窄
胸骨左缘第 2 肋间	收缩期	肺动脉狭窄
胸骨左缘第 3~4 肋间	收缩期	室间隔缺损
胸骨左缘第 2 肋间	连续性	动脉导管未闭
心尖区	舒张期	二尖瓣狭窄
心尖区	收缩期	重度二尖瓣关闭不全

故选 D。

42.【答案】C

43.【答案】B

【解析】高血压性心脏病，早期左室舒张功能减退、左室肥厚，逐步发展出现心肌收缩功能减退最终发生心力衰竭，体格检查发现心尖搏动增强呈抬举性，心界向左下扩大，主动脉瓣区第二心音亢进可呈金属调，肺动脉瓣听诊区可因肺动脉高压而出现第二心音亢进，心尖区或/和主动脉瓣区可闻及收缩期吹风样杂音，左心衰竭时心尖部可闻及舒张期奔马律。全心衰竭时，皮肤黏膜重度发绀、颈静脉怒张、肝大、水肿及出现胸腔积液和腹水等。故选 B。

44.【答案】B

45.【答案】C

46.【答案】D

47.【答案】A

【解析】患者触及心尖区舒张期震颤，提示二尖瓣狭窄。舒张期隆隆样杂音及开放拍击音（开瓣音）为二尖瓣狭窄的典型体征。故选A。

48.【答案】D

49.【答案】B

【解析】第一心音增强：常见于二尖瓣狭窄。由于心室充盈减慢、减少，以致在心室开始收缩时二尖瓣位置低垂，以及由于心室充盈减少，使心室收缩时左室内压上升加速和收缩时间缩短，造成瓣膜关闭振动幅度大，因而第一心音亢进。但是，二尖瓣狭窄时如果伴有严重的瓣叶病变，瓣叶显著纤维化或钙化，使瓣叶增厚、僵硬，瓣膜活动明显受限，则S1反而减弱。故选B。

50.【答案】D

51.【答案】D

52.【答案】D

【解析】患者X线检查示心影大小正常，左、右心缘变直，心包钙化，考虑到缩窄性心包炎可能性大。Grey-Turner征和Gullen征：急性胰腺炎时，血液、胰液及坏死组织液穿过筋膜与肌层渗入腹壁时，可见两侧胁腹皮肤呈灰紫色斑称之为Grey-Turner征。如果出现脐周皮肤青紫称为Gullen征。Ewart征（左肺受压迫征）：大量心包积液时，心脏向左后移位，压迫左肺，引起左肺下叶不张，在左肩胛下角区出现肺实变表现，称之为Ewart征。Broadbent征：心脏收缩时，心尖搏动内陷者，称为负性心尖搏动；当心包与周围组织有广泛粘连时，此现象又称Broadbent征。Murphy征：胆囊炎时，医师以左手掌平放于患者右肋下部，以拇指指腹勾压于右肋下胆囊点处，然后嘱患者缓缓深吸气，在吸气过程中发炎的胆囊下移时碰到用力按压的拇指，即可引起疼痛（此时称胆囊触痛），如因剧烈疼痛而致吸气终止称为Murphy征阳性。故选D。

53.【答案】D

【A_3/A_4型题】

54.【答案】D

55.【答案】E

56.【答案】D

57.【答案】E

【解析】心源性水肿静脉压升高。故选E。

58.【答案】A

【解析】患者冠心病史，突然出现呼吸困难，咳粉红色泡沫状态，提示出现心力衰竭。一般认为舒张早期奔马律是由于心室舒张期负荷过重，心肌张力减低与顺应性减退，以致心室舒张时，血液充盈引起室壁振动。舒张早期奔马律的出现，提示有严重器质性心脏病，常见于心力衰竭、急性心肌梗死、重症心肌炎与扩张型心肌病等。根据舒张早期奔马律不同来源又可分为左室奔马律与右室奔马律，以左室占多数。听诊部位为左室奔马律在心尖区稍内侧，呼气时响亮；右室奔马律则在剑突下或胸骨左缘第5肋间，吸气时响亮。故选A。

59.【答案】C

60.【答案】B

61.【答案】E

62.【答案】D

63.【答案】B

64.【答案】C

【解析】患者X线显示：心脏呈靴型扩大。靴型心主要是由于心脏浊音界向左下扩大，心腰部由钝角变为近似直角，使心浊音界呈靴型，因其常见于主动脉瓣关闭不全，也可见于主动脉瓣狭窄，又称为主动脉型心，也可见于高血压性心脏病，法洛四联症。主动脉瓣关闭不全时可有心尖搏动呈抬举性，胸骨左缘3~4肋间舒张期杂音，Duroziez杂音等。故选C。

65.【答案】D

66.【答案】B

67.【答案】D

68.【答案】D

【B_1型题】

69.【答案】D

【解析】①Graham steell杂音：多由于肺动脉扩张导致相对性关闭不全所致的功能性杂音。杂音柔和、较局限、呈舒张期递减型、吹风样，于吸气末增强，常合并P_2亢进，常见于二尖瓣狭窄伴明显肺动脉高压。②Austin F1int杂音：主要见于中、重度主动脉瓣关闭不全，导致左室舒张期容量负荷过高，使二尖瓣基本处于半关闭状态，呈现相对狭窄而产生杂音。③肥厚型梗阻性心肌病：胸骨左缘下段心尖内侧可听到收缩中期或晚期喷射性杂音，向心尖而不向心底传播，可伴有收缩期震颤，见于有心室流出道梗阻的患者。④收缩中晚期喀喇音：高调、短促、清脆，可伴收缩晚期杂音，在心尖区及其稍内侧最清楚，常见于二尖瓣脱垂。由于二尖瓣脱垂可造成二尖瓣关闭不全，血液由左室反流至左房，因而二尖瓣脱垂患者可同时伴有收缩晚期杂音。收缩中、晚期喀喇音合并收缩晚期杂音也称二尖瓣脱垂综合征。⑤连续性杂音：杂音粗糙、响亮似机器转动样，持续于整个收缩与舒张期，其间不中断，掩盖第二心音。在胸骨左缘第2肋间稍外侧闻及，常伴有震颤。常见于先天性心脏病动脉导管未闭。故选D。

70.【答案】C

71.【答案】E

第三章 消化系统、泌尿系统、血液系统、神经精神系统、运动系统症状

【A_1 型题】

1.【答案】A

【解析】意识障碍伴瞳孔散大：可见于颠茄类、酒精、氰化物等中毒以及癫痫、低血糖状态等。故选A。

2.【答案】D

【解析】腹痛与体位的关系：某些体位可使腹痛加剧或减轻，有可能成为诊断的线索。如胃黏膜脱垂患者左侧卧位可使疼痛减轻，十二指肠淤滞症患者膝胸或俯卧位可使腹痛及呕吐等症状缓解，胰体癌患者仰卧位时疼痛明显，而前倾位或俯卧位时减轻，反流性食管炎患者烧灼痛在躯体前屈时明显，直立位时减轻。故选D。

3.【答案】C

4.【答案】C

【解析】恶心的伴随症状：①伴腹痛、腹泻者多见于急性胃肠炎或细菌性食物中毒、霍乱、副霍乱及各种原因的急性中毒。②伴右上腹痛及发热、寒战或有黄疸者应考虑胆囊炎或胆石症。③伴头痛及喷射性呕吐者常见于颅内高压症或青光眼。④伴眩晕、眼球震颤者，见于前庭器官疾病如梅尼埃病。⑤应用某些药物如抗生素与抗癌药物等，则呕吐可能与药物副作用有关。⑥已婚育龄妇女早晨呕吐者应注意早孕。呕吐物的性质：带发酵、腐败气味提示胃潴留；带粪臭味提示低位小肠梗阻；不含胆汁说明梗阻平面多在十二指肠乳头以上，含多量胆汁则提示在此平面以下；含有大量酸性液体者多有胃泌素瘤或十二指肠溃疡，无酸味者可能为贲门狭窄或贲门失弛缓症所致。上消化道出血常呈咖啡色样呕吐物。故选C。

5.【答案】D

6.【答案】E

【解析】巨大的卵巢囊肿，亦可使腹部出现大面积浊音，其浊音非移动性，鉴别点如下：①卵巢囊肿所致浊音，于仰卧时常在腹中部，鼓音区则在腹部两侧，这是由于肠管被卵巢囊肿压挤至两侧腹部所致。②卵巢囊肿的浊音不呈移动性。③尺压试验也可鉴别，即当患者仰卧时，用一硬尺横置于腹壁上，检查者两手将尺下压，如为卵巢囊肿，则腹主动脉的搏动可经囊肿壁传到硬尺，使尺发生节奏性跳动；如为腹水，则搏动不能被传导，硬尺无此种跳动。故选E。

7.【答案】A

8.【答案】C

9.【答案】B

【解析】十二指肠淤滞症主要是由于Treitz韧带短，十二指肠位置较高，肠系膜上动脉根部淋巴结肿大，或肠系膜纤维组织增生肥厚粘连，或内脏下垂牵拉肠系膜所引起的肠系膜上动脉压迫十二指肠横部造成十二指肠梗阻，故又称肠系膜上动脉压迫综合征。主要的临床表现为十二指肠梗阻的表现，进食后上腹部饱胀、疼痛，随后出现恶心、呕吐，呕吐量较大，类似于幽门梗阻，本病突出的特点为症状与体位有关，仰卧位时由于向后压迫症状加重，而俯卧位，膝胸位，左侧位时可使症状缓解。故选B。

10.【答案】C

11.【答案】A

12.【答案】D

13.【答案】A

【解析】浅昏迷：意识大部分丧失，无自主运动，对声、光刺激无反应，对疼痛刺激尚可出现痛苦的表情或肢体退缩等防御反应。角膜反射、瞳孔对光反射、眼球运动、吞咽反射等可存在。故选A。

14.【答案】D

15.【答案】E

16.【答案】C

【解析】意识障碍是指人对周围环境及自身状态的识别和觉察能力出现障碍。多由于高级神经中枢功能活动（意识、感觉和运动）受损所引起，可表现为嗜睡、意识模糊、谵妄和昏睡，严重的意识障碍为昏迷。故选C。

17.【答案】C

【解析】正常情况下脾脏不能触及。内脏下垂或左侧胸腔积液、积气时膈下降，可使脾脏向下移位。除此以外，能触到脾脏则提示脾脏肿大至正常2倍以上。脾脏明显肿大而位置又较表浅时，用右手单手稍用力触诊即可查到。如果肿大的脾脏位置较深，应用双手触诊法进行检查，患者仰卧，两腿稍屈曲，医生左手绕过患者腹前方，手掌置于其左胸下部第9~11肋处，试将其脾脏从后向前托起，并限制了胸廓运动，右手掌平放于脐部，与左肋弓大致成垂直方向，自脐平面开始配合呼吸，如同触诊肝脏一样，迎触脾尖，直至触到脾缘或左肋缘为止。在脾脏轻度肿大而仰卧位不易触到时，可嘱患者取右侧卧位，双下肢屈曲，此时用双手触诊则容易触到。故选C。

18.【答案】D

【解析】皮下出血根据其直径大小及伴随情况分为以下几种：

①小于2mm称为瘀点。②3~5mm称为紫癜。③大于5mm称为瘀斑。④片状出血并伴有皮肤显著隆起称为血肿。故选D。

19.【答案】D

20.【答案】E

21.【答案】C

22.【答案】E

【解析】腹泻的发病机制相当复杂，有些因素又互为因果，从病理生理角度可归纳为下列几个方面：①分泌性腹泻，系肠道分泌大量液体超过肠黏膜吸收能力所致。②消化功能障碍性腹泻，由消化液分泌减少所引起。③渗透性腹泻，是由肠内容物渗透压增高，阻碍肠内水分与电解质的吸收而引起。④动力性腹泻，由肠蠕动亢进致肠内食糜停留时间缩短，未被充分吸收所致的腹泻。⑤吸收不良性腹泻，由肠黏膜的吸收面积减少或吸收障碍所引起。故选E。

23.【答案】B

24.【答案】A

25.【答案】D

26.【答案】D

【解析】引起意识障碍的颅脑感染疾病包括：脑炎、脑膜脑炎、脑型疟疾等。引起意识障碍的颅脑非感染性疾病包括：①脑血管疾病：脑缺血、脑出血、蛛网膜下腔出血、脑栓塞、脑血栓形成、高血压脑病等。②脑占位性疾病：如脑肿瘤、脑脓肿。③颅脑损伤：脑震荡、脑挫裂伤、外伤性颅内血肿、颅骨骨折等。④癫痫。故选D。

27.【答案】D

【解析】临床上不少疾病的腹痛涉及多种发生机制，如阑尾炎早期疼痛在脐周或上腹部，常有恶心、呕吐，为内脏性疼痛。随着疾病的发展，持续而强烈的炎症刺激影响相应脊髓节段的躯体传入纤维，出现牵涉痛，疼痛转移至右下腹麦氏（McBurney）点；当炎症进一步发展波及腹膜壁层，则出现躯体性疼痛，程度剧烈，伴以压痛、肌紧张及反跳痛。故选D。

28.【答案】C

【解析】头痛的伴随症状：①头痛伴剧烈呕吐者为颅内压增高，头痛在呕吐后减轻者见于偏头痛。②头痛伴眩晕者见于小脑肿瘤、椎基底动脉供血不足。③头痛伴发热者常见于感染性疾病，包括颅内或全身性感染。④慢性进行性头痛出现精神症状者应注意颅内肿瘤。⑤慢性头痛突然加剧并有意识障碍者提示可能发生脑疝。⑥头痛伴视力障碍者可见于青光眼或脑肿瘤。⑦头痛伴脑膜刺激征者提示有脑膜炎或蛛网膜下腔出血。⑧头痛伴癫痫发作者可见于脑血管畸形、脑内寄生虫病或脑肿瘤。⑨头痛伴神经功能紊乱症状者可能是神经功能性头痛。故选C。

29.【答案】D

30.【答案】D

31.【答案】B

【解析】正常成人24小时尿量为1000~2000ml。如24小时尿量少于400ml，或每小时尿量少于17ml称为少尿；如24小时尿量少于100ml，12小时完全无尿称为无尿；如24小时尿量超过2500ml称为多尿。故选B。

32.【答案】A

33.【答案】A

【解析】全身性疾病所致的腹痛包括：腹型过敏性紫癜、糖尿病酸中毒、尿毒症、铅中毒、血卟啉病等。故选A。

34.【答案】E

【解析】躯体性腹痛是由来自腹膜壁层及腹壁的痛觉信号，经体神经传至脊神经根，反映到相应脊髓节段所支配的皮肤所引起。其特点是：①定位准确，可在腹部一侧。②程度剧烈而持续。③可有局部腹肌强直。④腹痛可因咳嗽、体位变化而加重。常伴自主神经兴奋症状是内脏性腹痛的特点。故选E。

35.【答案】B

36.【答案】B

【解析】意识障碍伴伴瞳孔缩小可见于吗啡类、巴比妥类、有机磷杀虫药等中毒。故选B。

37.【答案】A

38.【答案】D

39.【答案】D

【解析】内脏性腹痛是腹内某一器官的痛觉信号由交感神经传入脊髓引起，其疼痛特点为：①疼痛部位不确切，接近腹中线。②疼痛感觉模糊，多为痉挛、不适、钝痛、灼痛。③常伴恶心、呕吐、出汗等其他自主神经兴奋症状。腹痛可体位变化而加重是躯体性腹痛的特点。故选D。

【A_2型题】

40.【答案】A

【解析】呕吐中枢位于延髓，它有两个功能不同的机构，一是神经反射中枢，即呕吐中枢，位于延髓外侧网状结构的背部，接受来自消化道、大脑皮质、内耳前庭、冠状动脉以及化学感受器触发带的传入冲动，直接支配呕吐的动作；二是化学感受器触发带，位于延髓第四脑室的底面，接受各种外来的化学物质或药物（如阿扑吗啡、洋地黄、吐根碱等）及内生代谢产物（如感染、酮中毒、尿毒症等）的刺激，并由此引发出神经冲动，传至呕吐中枢再引起呕吐。故选A。

41.【答案】E

【解析】腹痛的机制可分为三种，即内脏性腹痛、躯体性腹痛和牵涉痛。①内脏性腹痛，是腹内某一器官的痛觉信号由交感神经传入脊髓引起。②躯体性腹痛是由来自腹膜壁层及腹壁的痛觉信号，经体神经传至脊神经根，反映到相应脊髓节段所支配的皮肤所引起。③牵涉痛指内脏性疼痛牵涉到身体体表部位，即内脏痛觉信号传至相应脊髓节段，引起该节段支配的体表部位疼痛。特点是定位明确，疼痛剧烈，有压痛、肌紧张及感觉过敏等。故选 E。

42.【答案】A

43.【答案】A

44.【答案】E

【解析】出血量占循环血容量 10%以下时，患者一般无明显临床表现；出血量占循环血容量 10%~20%时，可有头晕、无力等症状，多无血压、脉搏等变化；出血量达循环血容量的 20%以上时，则有冷汗、四肢厥冷、心悸、脉搏增快等急性失血症状；若出血量在循环血容量的 30%以上，则有神志不清、面色苍白、心率加快、脉搏细弱、血压下降、呼吸急促等急性周围循环衰竭的表现。故选 E。

45.【答案】C

46.【答案】D

47.【答案】C

【解析】腹腔内有较多的液体存留时，因重力作用，液体多潴积于腹腔的低处，故在此处叩诊呈浊音。检查时先让患者仰卧，腹中部由于含气的肠管在液面浮起，叩诊呈鼓音，两侧腹部因腹水积聚叩诊呈浊音。检查者自腹中部脐水平面开始向患者左侧叩诊，发现浊音时，板指固定不动，嘱患者右侧卧，再度叩诊，如呈鼓音，表明浊音移动。同样方法向右侧叩诊，叩得浊音后嘱患者左侧卧，以核实浊音是否移动。这种因体位不同而出现浊音区变动的现象，称移动性浊音。这是发现有无腹水的重要检查方法。当腹腔内游离腹水在 1000ml 以上时，即可查出移动性浊音。故选 C。

48.【答案】E

49.【答案】B

50.【答案】D

51.【答案】B

【解析】正常成人 24 小时尿量为 1000~2000ml。如 24 小时尿量少于 400ml，或每小时尿量少于 17ml 称为少尿；如 24 小时尿量少于 100ml，12 小时完全无尿称为无尿；如 24 小时尿量超过 2500ml 称为多尿。夜尿增多是指夜尿量超过白天尿量或者夜尿持续超过 750ml。故选 B。

52.【答案】C

【解析】意识障碍可有下列不同程度的表现。①嗜睡：是最轻的意识障碍，是一种病理性倦睡，患者陷入持续的睡眠状态，可被唤醒，并能正确回答和作出各种反应，但当刺激去除后很快又再入睡。②意识模糊：是意识水平轻度下降，较嗜睡为深的一种意识障碍。患者能保持简单的精神活动，但对时间、地点、人物的定向能力发生障碍。③昏睡：是接近于人事不省的意识状态。患者处于熟睡状态，不易唤醒。虽在强烈刺激下（如压迫眶上神经，摇动患者身体等）可被唤醒，但很快又再入睡。醒时答话含糊或答非所问。④昏迷：是严重的意识障碍，表现为意识持续的中断或完全丧失。按其程度可分为三阶段。a. 轻度昏迷：意识大部分丧失，无自主运动，对声、光刺激无反应，对疼痛刺激尚可出现痛苦的表情或肢体退缩等防御反应。角膜反射、瞳孔对光反射、眼球运动、吞咽反射等可存在。b. 中度昏迷：对周围事物及各种刺激均无反应，对于剧烈刺激可出现防御反射。角膜反射减弱，瞳孔对光反射迟钝，眼球无转动。c. 深度昏迷：全身肌肉松弛，对各种刺激全无反应。深、浅反射均消失。故选 C。

【A_3/A_4 型题】

53.【答案】D

54.【答案】E

55.【答案】C

【解析】临床上不少疾病的腹痛涉及多种发生机制，如阑尾炎早期疼痛在脐周或上腹部，常有恶心、呕吐，为内脏性疼痛。随着疾病的发展，持续而强烈的炎症刺激影响相应脊髓节段的躯体传入纤维，出现牵涉痛，疼痛转移至右下腹麦氏（McBurney）点；当炎症进一步发展波及腹膜壁层，则出现躯体性疼痛，程度剧烈，伴以压痛、肌紧张及反跳痛。故选 C。

56.【答案】C

57.【答案】E

【解析】患者进餐后出现右上腹绞痛，考虑胆囊结石引起急性胆囊炎的可能性大。B 超检查可见胆囊增大、囊壁增厚（>4mm），明显水肿时见“双边征”，囊内结石显示强回声、其后有声影；对急性胆囊炎的诊断准确率为 85%~95%。在未确诊之前，禁用镇痛药镇痛，以免掩盖病情。急性胆囊炎患者体格检查 Murphy 征阳性。故选 E。

58.【答案】A

59.【答案】D

60.【答案】B

61.【答案】B

【解析】正常血清总胆红素为 1.7 ~ 17.1μmol/L（0.1 ~ 1.0mg/dl）。胆红素在 17.1~34.2μmol/L（1~2mg/dl），临床不易察觉，称为隐性黄疸，超过 34.2μmol/L（2mg/dl）时出现临床可见黄疸。故选 B。

62.【答案】B

【解析】胆总管结石引起的黄疸属于胆汁淤积性黄疸。胆汁淤积性黄疸时，由于结合胆红素不能从肝细胞和毛细胆管排出，总胆红素可达 510μmol/L 以上，以结合胆红素为主，结合胆红素和总胆红素比值常在 60%以上，最高的可达 90%。故选 B。

63.【答案】C

【解析】胆汁淤积性黄疸时，胆汁淤积使肝胆管内压增高，导致毛细胆管破裂，DBIL 不能排入肠道而逆流入血由尿中排出，故尿胆红素检查阳性；胆汁淤积性黄疸时，由于肝内、外胆汁淤积，胆汁排入肠道受阻，肠道中胆素原减少，由肠肝循环而漏入门静脉的胆素原也减少，故尿胆原排出减少。故选 C。

64.【答案】D

65.【答案】D

【解析】漏出液比重多在 1.018 以下，渗出液因含有多量蛋白及细胞，比重多高于 1.018。根据题干患者腹水比重 1.010，考虑漏出液可能性大。漏出液蛋白总量常小于 25g/L，而渗出液的蛋白总量常在 30g/L 以上。蛋白质如为 25～30g/L，则难以判明其性质。故选 D。

66.【答案】C

【解析】传统检测中，积液的比重和蛋白量测定被认为是最有价值的分类标准，但近年研究表明，应用积液/血清总蛋白的比值，积液/血清乳酸脱氢酶的比值和乳酸脱氢酶三项检测，可作出 100%正确的积液分类。在解释实验室结果时应结合临床考虑，若为渗出液，要区别是炎症性还是肿瘤性，此时应进行细胞学和细菌学检测。故选 C。

67.【答案】B

68.【答案】A

【解析】检查锁骨上淋巴结时，让被检查者取坐位或卧位，头部稍向前屈，用双手进行触诊，左手触诊右侧，右手触诊左侧，由浅部逐渐触摸至锁骨后深部。故选 A。

69.【答案】D

70.【答案】B

【解析】胃癌多向左侧锁骨上窝淋巴结群转移，因此处系胸导管进颈静脉的入口，这种肿大的淋巴结称为 Virchow 淋巴结，常为胃癌、食管癌转移的标志。故选 B。

71.【答案】C

72.【答案】E